KODEX

DES ÖSTERREICHISCHEN RECHTS

Herausgeber: Univ.-Prof. Dr. Werner Doralt
Redaktion: Dr. Veronika Doralt

NACHHALTIGKEITS RECHT

zusammengestellt von

Mag.iur. Dr.iur. Martin Wagner, LL.M. MBA MSc
Leiter Institut für Recht
Fachhochschule Wiener Neustadt

und

Mag.iur. Dr.iur. Levente Bela Bräuer-Nagy
Mag.iur. Lukas Fischer
Mag.iur. Mag.phil. Dr.iur. Katharina Häusler EMA
Mag.iur. Lisa Brandauer BSc
Mag.rer.nat. Sonja Reiselhuber-Schmölzer
jeweils externe/r Referent/in der Fachhochschule Wiener Neustadt

Rubbeln Sie Ihren persönlichen Code frei und laden
Sie diesen Kodexband kostenlos in die Kodex App!

1586782
HIER
RUBBELN!

Der Code kann bis zum Erscheinen der Neuauflage eingelöst werden.
Beachten Sie bitte, dass das Aufrubbeln des Feldes
zum Kauf des Buches verpflichtet!

LexisNexis®

KODEX

DES ÖSTERREICHISCHEN RECHTS

VERFASSUNGSRECHT
PARLAMENTSRECHT
EUROPARECHT (EU-VERFASSUNGSRECHT)
VÖLKERRECHT
SCHIEDSVERFAHREN
BASISGESETZE ABGB und B-VG
BÜRGERLICHES RECHT
UNTERNEHMENSRECHT
ZIVILGERICHTLICHES VERFAHREN
INTERNATIONALES PRIVATRECHT
MEDIATION
STRAFRECHT
IT-STRAFRECHT
GERICHTSORGANISATION
ANWALTS- UND GERICHTSTARIFE
NOTARIATSRECHT
JUSTIZGESETZE
WOHNUNGSGESETZE
FINANZMARKTRECHT I
FINANZMARKTRECHT II
FINANZMARKTRECHT III
FINANZMARKTRECHT IV
FINANZMARKTRECHT V
VERSICHERUNGSRECHT I + II
COMPLIANCE FÜR UNTERNEHMEN
WIRTSCHAFTSGESETZE I + II
UNLAUTERER WETTBEWERB
TELEKOMMUNIKATION
WETTBEWERBS- und KARTELLRECHT
DATENSCHUTZ
ENERGIERECHT
IP-/IT-RECHT
VERGABEGESETZE
ARBEITSRECHT
EU-ARBEITSRECHT
ARBEITNEHMERSCHUTZ
SOZIALVERSICHERUNG I + II
SV DURCHFÜHRUNGSVORSCHRIFTEN
STEUERGESETZE
STEUER-ERLÄSSE I – IV
EU-STEUERRECHT
EStG – RICHTLINIENKOMMENTAR
LSt – RICHTLINIENKOMMENTAR
KStG – RICHTLINIENKOMMENTAR
UmGrStG – RICHTLINIENKOMMENTAR
UStG – RICHTLINIENKOMMENTAR
DOPPELBESTEUERUNGSABKOMMEN
ZOLLRECHT UND VERBRAUCHSTEUERN
RECHNUNGSLEGUNG UND PRÜFUNG
INTERNATIONALE RECHNUNGSLEGUNG
VERKEHRSRECHT
WEHRRECHT
ÄRZTERECHT
KRANKENANSTALTENGESETZE
LEBENSMITTELRECHT
VETERINÄRRECHT
UMWELTRECHT
EU-UMWELTRECHT
EU-CHEMIKALIENRECHT
CHEMIKALIENGESETZE
WASSERRECHT
ABFALLRECHT
SCHULGESETZE
UNIVERSITÄTSRECHT
INNERE VERWALTNG
BESONDERES VERWALTUNGSRECHT
ASYL- UND FREMDENRECHT
POLIZEIRECHT
VERWALTUNGSVERFAHRENSGESETZE
LANDESRECHT TIROL I + II
LANDESRECHT VORARLBERG
STEIERMÄRKISCHES GEMEINDERECHT

ISBN: 978-3-7007-9093-8

LexisNexis Verlag ARD ORAC GmbH & CoKG, 1020 Wien, Trabrennstraße 2A
Druck: MDH-Media GmbH

Inhaltsverzeichnis

1. Übereinkommen von Paris

(Übersetzung)

Übereinkommen von Paris

StF: BGBl. III Nr. 197/2016 (NR: GP XXV RV 1193 AB 1198 S. 140. BR: AB 9640 S. 856.)

Letzte Novellierung: BGBl. III Nr. 36/2025

Vertragsparteien

*Afghanistan III 37/2017 *Ägypten III 131/2017 *Albanien III 197/2016 *Algerien III 197/2016 *Andorra III 80/2017 *Angola III 189/2020 *Antigua/Barbuda III 197/2016 *Äquatorialguinea III 192/2018 *Argentinien III 197/2016 *Armenien III 80/2017 *Aserbaidschan III 37/2017 *Äthiopien III 80/2017 *Australien III 3/2017 *Bahamas III 197/2016 *Bahrain III 3/2017 *Bangladesch III 197/2016 *Barbados III 197/2016 *Belarus III 197/2016 *Belgien III 80/2017 *Belize III 197/2016 *Benin III 3/2017 *Bhutan III 168/2017 *Bolivien III 197/2016 *Bosnien-Herzegowina III 80/2017 *Botsuana III 3/2017 *Brasilien III 197/2016 *Brunei III 197/2016 *Bulgarien III 3/2017 *Burkina Faso III 3/2017 *Burundi III 48/2018 *Cabo Verde III 168/2017 *Chile III 37/2017 *China III 197/2016 *Costa Rica III 197/2016 *Côte d'Ivoire III 3/2017 *Dänemark III 3/2017, III 124/2024 *Deutschland III 197/2016 *Dominica III 197/2016 *Dominikanische R III 168/2017 *Dschibuti III 3/2017 *Ecuador III 168/2017 *El Salvador III 80/2017 *Eritrea III 30/2023 *Estland III 3/2017 *Eswatini III 197/2016 *EU III 197/2016 *Fidschi III 197/2016 *Finnland III 3/2017 *Frankreich III 197/2016 *Gabun III 3/2017 *Gambia III 3/2017 *Georgien III 80/2017 *Ghana III 197/2016 *Grenada III 197/2016 *Griechenland III 197/2016 *Guatemala III 37/2017 *Guinea III 197/2016 *Guinea-Bissau III 192/2018 *Guyana III 197/2016 *Haiti III 131/2017 *Heiliger Stuhl III 151/2022 *Honduras III 197/2016 *Indien III 197/2016 *Indonesien III 3/2017 *Irak III 151/2022 *Irland III 3/2017 *Island III 197/2016 *Israel III 3/2017 *Italien III 3/2017 *Jamaika III 80/2017 *Japan III 3/2017 *Jordanien III 3/2017 *Kambodscha III 37/2017 *Kamerun III 197/2016 *Kanada III 197/2016 *Kasachstan III 3/2017 *Katar III 131/2017 *Kenia III 37/2017 *Kirgisistan III 25/2020 *Kiribati III 197/2016 *Kolumbien III 119/2018 *Komoren III 3/2017 *Kongo III 80/2017 *Kongo/DR III 48/2018 *Korea/DVR III 197/2016 *Korea/R III 3/2017 *Kroatien III 80/2017 *Kuba III 3/2017 *Kuwait III 119/2018 *Laos III 197/2016 *Lesotho III 37/2017 *Lettland III 80/2017 *Libanon III 25/2020 *Liberia III 192/2018 *Liechtenstein III 168/2017 *Litauen III 37/2017 *Luxemburg III 3/2017 *Madagaskar III 197/2016 *Malawi III 131/2017 *Malaysia III 3/2017 *Malediven III 197/2016 *Mali III 197/2016 *Malta III 197/2016 *Marokko III 197/2016 *Marshallinseln III 197/2016 *Mauretanien III 37/2017 *Mauritius III 197/2016 *Mexiko III 197/2016 *Mikronesien III 197/2016 *Moldau III 131/2017 *Monaco III 197/2016 *Mongolei III 197/2016 *Montenegro III 48/2018 *Mosambik III 119/2018 *Myanmar III 168/2017 *Namibia III 197/2016 *Nauru III 197/2016 *Nepal III 197/2016 *Neuseeland III 197/2016, III 3/2017, III 197/2017 *Nicaragua III 197/2017 *Niederlande III 131/2017 *Niger III 197/2016 *Nigeria III 80/2017 *Nordmazedonien III 48/2018 *Norwegen III 197/2016 *Oman III 159/2019 *Pakistan III 3/2017 *Palästina III 197/2016 *Palau III 197/2016 *Panama III 197/2016 *Papua-Neuguinea III 197/2016 *Paraguay III 197/2016 *Peru III 197/2016 *Philippinen III 80/2017 *Polen III 197/2016 *Portugal III 197/2016 *Ruanda III 197/2016 *Rumänien III 131/2017 *Russische F III 191/2019 *Salomonen III 197/2016 *Sambia III 3/2017 *Samoa III 197/2016 *San Marino III 192/2018 *São Tomé/Príncipe III 3/2017 *Saudi-Arabien III 3/2017 *Schweden III 197/2016 *Schweiz III 197/2017 *Senegal III 197/2016 *Serbien III 131/2017 *Seychellen III 197/2016 *Sierra Leone III 3/2017 *Simbabwe III 168/2017 *Singapur III 197/2016 *Slowakei III 197/2016 *Slowenien III 3/2017 *Somalia III 197/2016 *Spanien III 37/2017 *Sri Lanka III 197/2016 *St. Kitts/Nevis III 197/2016 *St. Lucia III 197/2016 *St. Vincent/Grenadinen III 197/2016 *Südafrika III 3/2017 *Sudan III 131/2017 *Südsudan III 156/2021 *Suriname III 58/2019 *Syrien III 197/2017 *Tadschikistan III 80/2017 *Tansania III 119/2018 *Thailand III 197/2016 *Timor-Leste III 168/2017 *Togo III 131/2017 *Tonga III 197/2016 *Trinidad/Tobago III 48/2018 *Tschad III 37/2017 *Tschechische R III 197/2017 *Tunesien III 37/2017 *Türkei III 156/2021 *Turkmenistan III 197/2016 *Tuvalu III 197/2016 *Uganda III 197/2016 *Ukraine III 197/2016 *Ungarn III 197/2016 *Uruguay III 197/2016 *USA III 197/2016, III 191/2019 K, III 17/2021, III 36/2025 K *Usbekistan III 58/2019 *Vanuatu III 197/2016 *Venezuela III 131/2017 *Vereinigte Arabische Emirate III 197/2016 *Vereinigtes Königreich III 3/2017, III 151/2022, III 153/2023, III 4/2024 *Vietnam III 3/2017 *Zentralafrikanische R III 197/2016 *Zypern III 37/2017

Präambel

Die Vertragsparteien dieses Übereinkommens –

als Vertragsparteien des Rahmenübereinkommens der Vereinten Nationen über Klimaänderungen, im Folgenden als „Rahmenübereinkommen“ bezeichnet,

gestützt auf die durch Beschluss 1/CP.17 der Konferenz der Vertragsparteien des Rahmenübereinkommens auf ihrer siebzehnten Tagung eingerichteten Durban-Plattform für verstärktes Handeln,

in Verfolgung des Zieles des Rahmenübereinkommens und geleitet von seinen Grundsätzen einschließlich des Grundsatzes der Gerechtigkeit und der gemeinsamen, aber unterschiedlichen Verantwortlichkeiten und jeweiligen Fähigkeiten angesichts der unterschiedlichen nationalen Gegebenheiten,

in Anerkennung der Notwendigkeit einer wirksamen und fortschreitenden Reaktion auf die akute Bedrohung durch Klimaänderungen auf der Grundlage der besten verfügbaren wissenschaftlichen Erkenntnisse,

zudem in Anerkennung der speziellen Bedürfnisse und besonderen Gegebenheiten der Vertragsparteien, die Entwicklungsländer sind, vor allem derjenigen, die besonders anfällig für die nachteiligen Auswirkungen der Klimaänderungen sind, wie im Rahmenübereinkommen vorgesehen,

unter voller Berücksichtigung der speziellen Bedürfnisse und der besonderen Lage der am wenigsten entwickelten Länder hinsichtlich der Finanzierung und der Weitergabe von Technologie,

in Anerkennung dessen, dass die Vertragsparteien nicht nur von den Klimaänderungen, sondern auch von den Auswirkungen der zu ihrer Bewältigung ergriffenen Maßnahmen betroffen sein können,

unter Betonung dessen, dass zwischen dem Vorgehen gegen und der Bewältigung von Klimaänderungen und ihren Auswirkungen sowie dem gerechten Zugang zu nachhaltiger Entwicklung und der Beseitigung der Armut ein innerer Zusammenhang besteht,

in Anerkennung dessen, dass die Gewährleistung der Ernährungssicherheit und die Beendigung des Hungers grundsätzlich Vorrang haben und dass die Systeme der Nahrungsmittelerzeugung gegenüber den nachteiligen Auswirkungen der Klimaänderungen besonders anfällig sind,

unter Berücksichtigung der zwingenden Notwendigkeit eines gerechten Strukturwandels für die arbeitende Bevölkerung und der Schaffung menschenwürdiger Arbeit und hochwertiger Arbeitsplätze im Einklang mit den national festgelegten Entwicklungsprioritäten,

in der Erkenntnis, dass die Klimaänderungen die ganze Menschheit mit Sorge erfüllen, sollen die Vertragsparteien beim Vorgehen gegen Klimaänderungen ihre jeweiligen Verpflichtungen im Hinblick auf die Menschenrechte, das Recht auf Gesundheit, die Rechte von indigenen Völkern, lokalen Gemeinschaften, Migranten, Kindern, Menschen mit Behinderungen und besonders schutzbedürftigen Menschen und das Recht auf Entwicklung sowie die Gleichstellung der Geschlechter, die Stärkung der Rolle der Frau und die Gerechtigkeit zwischen den Generationen achten, fördern und berücksichtigen,

in Anerkennung der Bedeutung der Erhaltung und gegebenenfalls Erweiterung von Senken und Speichern der im Rahmenübereinkommen genannten Treibhausgase,

in Anbetracht dessen, wie wichtig es ist, die Integrität aller Ökosysteme einschließlich der Meere und den Schutz der biologischen Vielfalt, in manchen Kulturen als Mutter Erde gewürdigt, zu gewährleisten, und in Anbetracht der großen Bedeutung, die der Begriff „Klimagerechtigkeit“ für manche im Zusammenhang mit dem Vorgehen gegen Klimaänderungen hat,

in Bekräftigung der Bedeutung von Bildung, Ausbildung und öffentlichem Bewusstsein, der Beteiligung der Öffentlichkeit, des öffentlichen Zugangs zu Informationen und der Zusammenarbeit auf allen Ebenen in den von diesem Übereinkommen erfassten Angelegenheiten,

in Anerkennung dessen, wie wichtig es ist, dass sich alle staatlichen Ebenen und verschiedene Akteure bei der Bewältigung der Klimaänderungen in Übereinstimmung mit den jeweiligen innerstaatlichen Rechtsvorschriften der Vertragsparteien einbringen,

zudem in der Erkenntnis, dass nachhaltige Lebensweisen und nachhaltige Konsum- und Produktionsmuster, hinsichtlich derer die Vertragsparteien, die entwickelte Länder sind, die Führung übernehmen, eine wichtige Rolle bei der Bewältigung der Klimaänderungen spielen –

sind wie folgt übereingekommen:

Artikel 1

Für die Zwecke dieses Übereinkommens finden die in Artikel 1 des Rahmenübereinkommens enthaltenen Begriffsbestimmungen Anwendung. Darüber hinaus

a) bedeutet „Rahmenübereinkommen“ das am 9. Mai 1992 in New York angenommene Rahmenübereinkommen der Vereinten Nationen über Klimaänderungen;
b) bedeutet „Konferenz der Vertragsparteien“ die Konferenz der Vertragsparteien des Rahmenübereinkommens;
c) bedeutet „Vertragspartei“ eine Vertragspartei dieses Übereinkommens.

Artikel 2

(1) Dieses Übereinkommen zielt darauf ab, durch Verbesserung der Durchführung des Rahmenübereinkommens einschließlich seines Zieles die weltweite Reaktion auf die Bedrohung durch Klimaänderungen im Zusammenhang mit nachhaltiger Entwicklung und den Bemühungen zur Beseitigung der Armut zu verstärken, indem unter anderem

a) der Anstieg der durchschnittlichen Erdtemperatur deutlich unter 2 °C über dem vorindustriellen Niveau gehalten wird und Anstrengungen unternommen werden, um den Temperaturanstieg auf 1,5 °C über dem vorindustriellen Niveau zu begrenzen, da erkannt wurde, dass dies die Risiken und Auswirkungen der Klimaänderungen erheblich verringern würde;
b) die Fähigkeit zur Anpassung an die nachteiligen Auswirkungen der Klimaänderungen erhöht und die Widerstandsfähigkeit gegenüber Klimaänderungen sowie eine hinsichtlich der Treibhausgase emissionsarme Entwicklung so gefördert wird, dass die Nahrungsmittelerzeugung nicht bedroht wird;
c) die Finanzmittelflüsse in Einklang gebracht werden mit einem Weg hin zu einer hinsichtlich der Treibhausgase emissionsarmen und gegenüber Klimaänderungen widerstandsfähigen Entwicklung.

(2) Dieses Übereinkommen wird als Ausdruck der Gerechtigkeit und des Grundsatzes der gemeinsamen, aber unterschiedlichen Verantwortlichkeiten und jeweiligen Fähigkeiten angesichts der unterschiedlichen nationalen Gegebenheiten durchgeführt.

Artikel 3

Zur Verwirklichung des in Artikel 2 genannten Zieles dieses Übereinkommens sind von allen Vertragsparteien als national festgelegte Beiträge zu der weltweiten Reaktion auf Klimaänderungen ehrgeizige Anstrengungen im Sinne der Artikel 4, 7, 9, 10, 11 und 13 zu unternehmen und zu übermitteln. Die Anstrengungen aller Vertragsparteien werden im Laufe der Zeit eine Steigerung darstellen, wobei die Notwendigkeit anerkannt wird, die Vertragsparteien, die Entwicklungsländer sind, bei der wirksamen Durchführung dieses Übereinkommens zu unterstützen.

Artikel 4

(1) Zum Erreichen des in Artikel 2 genannten langfristigen Temperaturziels sind die Vertragsparteien bestrebt, so bald wie möglich den weltweiten Scheitelpunkt der Emissionen von Treibhausgasen zu erreichen, wobei anerkannt wird, dass der zeitliche Rahmen für das Erreichen des Scheitelpunkts bei den Vertragsparteien, die Entwicklungsländer sind, größer sein wird, und danach rasche Reduktionen im Einklang mit den besten verfügbaren wissenschaftlichen Erkenntnissen herbeizuführen, um in der zweiten Hälfte dieses Jahrhunderts ein Gleichgewicht zwischen den anthropogenen Emissionen von Treibhausgasen aus Quellen und dem Abbau solcher Gase durch Senken auf der Grundlage der Gerechtigkeit und im Rahmen der nachhaltigen Entwicklung und der Bemühungen zur Beseitigung der Armut herzustellen.

(2) Jede Vertragspartei erarbeitet, übermittelt und behält aufeinanderfolgende national festgelegte Beiträge bei, die sie zu erreichen beabsichtigt. Die Vertragsparteien ergreifen innerstaatliche Minderungsmaßnahmen, um die Ziele dieser Beiträge zu verwirklichen.

(3) Jeder nachfolgende national festgelegte Beitrag einer Vertragspartei wird eine Steigerung gegenüber ihrem zum fraglichen Zeitpunkt geltenden national festgelegten Beitrag darstellen und ihre größtmögliche Ambition unter Berücksichtigung ihrer gemeinsamen, aber unterschiedlichen Verantwortlichkeiten und ihrer jeweiligen Fähigkeiten angesichts der unterschiedlichen nationalen Gegebenheiten ausdrücken.

(4) Die Vertragsparteien, die entwickelte Länder sind, sollen weiterhin die Führung übernehmen, indem sie sich zu absoluten gesamtwirtschaftlichen Emissionsreduktionszielen verpflichten. Die Vertragsparteien, die Entwicklungsländer sind, sollen ihre Minderungsanstrengungen weiter verstärken; sie werden ermutigt, mit der Zeit angesichts der unterschiedlichen nationalen Gegebenheiten auf gesamtwirtschaftliche Emissionsreduktions- oder -begrenzungsziele überzugehen.

(5) Den Vertragsparteien, die Entwicklungsländer sind, wird Unterstützung bei der Durchführung dieses Artikels in Übereinstimmung mit den Artikeln 9, 10 und 11 gewährt, wobei anerkannt wird, dass eine verstärkte Unterstützung ihnen die Möglichkeit eröffnen wird, sich für ihre Maßnahmen höhere Ambitionen zu setzen.

(6) Die am wenigsten entwickelten Länder und die kleinen Inselstaaten unter den Entwicklungsländern können Strategien, Pläne und Maßnahmen für eine hinsichtlich der Treibhausgase emissionsarme Entwicklung erarbeiten und übermitteln, die ihre besonderen Gegebenheiten widerspiegeln.

(7) Der Zusatznutzen für die Minderung, der sich aus den Anpassungsmaßnahmen und/oder Plänen zur wirtschaftlichen Diversifizierung der Vertragsparteien ergibt, kann zu den Minderungsergebnissen aufgrund dieses Artikels beitragen.

(8) Bei der Übermittlung ihrer national festgelegten Beiträge stellen alle Vertragsparteien die erforderlichen Informationen zur Gewährleistung der Eindeutigkeit, Transparenz und Verständlichkeit in Übereinstimmung mit Beschluss 1/CP.21 und allen einschlägigen Beschlüssen der als Tagung der Vertragsparteien dieses Übereinkommens dienenden Konferenz der Vertragsparteien zur Verfügung.

(9) Jede Vertragspartei übermittelt alle fünf Jahre einen national festgelegten Beitrag in Übereinstimmung mit Beschluss 1/CP.21 und allen einschlägigen Beschlüssen der als Tagung der Vertragsparteien dieses Übereinkommens dienenden Konferenz der Vertragsparteien; sie wird von den Ergebnissen der in Artikel 14 genannten weltweiten Bestandsaufnahme unterrichtet.

(10) Die als Tagung der Vertragsparteien dieses Übereinkommens dienende Konferenz der Vertragsparteien prüft auf ihrer ersten Tagung gemeinsame Zeitrahmen für die national festgelegten Beiträge.

(11) Eine Vertragspartei kann ihren bestehenden national festgelegten Beitrag jederzeit in Übereinstimmung mit den Leitlinien, die von der als Tagung der Vertragsparteien dieses Übereinkommens dienenden Konferenz der Vertragsparteien beschlossen werden, anpassen, um ihr Ambitionsniveau anzuheben.

(12) Die von den Vertragsparteien übermittelten national festgelegten Beiträge werden in ein vom Sekretariat geführtes öffentliches Register eingetragen.

(13) Die Vertragsparteien rechnen über ihre national festgelegten Beiträge ab. Bei der Abrechnung über die anthropogenen Emissionen und den Abbau entsprechend ihren national festgelegten Beiträgen fördern die Vertragsparteien die Umweltintegrität, Transparenz, Genauigkeit, Vollständigkeit, Vergleichbarkeit sowie Konsistenz und gewährleisten die Vermeidung von Doppelzählungen im Einklang mit den Leitlinien, die von der als Tagung der Vertragsparteien dieses Übereinkommens dienenden Konferenz der Vertragsparteien beschlossen werden.

(14) Im Zusammenhang mit ihren national festgelegten Beiträgen sollen die Vertragsparteien bei der Anerkennung und Umsetzung von Minderungsmaßnahmen im Hinblick auf die anthropogenen Emissionen und den Abbau, soweit angemessen, die aufgrund des Rahmenübereinkommens bestehenden Methoden und Leitlinien im Lichte des Absatzes 13 berücksichtigen.

(15) Bei der Durchführung dieses Übereinkommens berücksichtigen die Vertragsparteien die Sorgen derjenigen Vertragsparteien, deren Wirtschaft von den Auswirkungen der Gegenmaßnahmen am stärksten betroffen ist, insbesondere der Vertragsparteien, die Entwicklungsländer sind.

(16) Die Vertragsparteien einschließlich der Organisationen der regionalen Wirtschaftsintegration und ihrer Mitgliedstaaten, die eine Vereinbarung getroffen haben, bei der Anwendung des Absatzes 2 gemeinsam zu handeln, notifizieren dem Sekretariat zum Zeitpunkt der Übermittlung ihrer national festgelegten Beiträge die Bedingungen dieser Vereinbarung einschließlich des jeder Vertragspartei innerhalb der betreffenden Zeitraums zugeteilten Emissionsniveaus. Das Sekretariat unterrichtet seinerseits die Vertragsparteien und die Unterzeichner des Rahmenübereinkommens über die Bedingungen der Vereinbarung.

(17) Jede Partei einer solchen Vereinbarung ist in Übereinstimmung mit den Absätzen 13 und 14 dieses Artikels und mit den Artikeln 13 und 15 für ihr Emissionsniveau, das in der in Absatz 16 dieses Artikels bezeichneten Vereinbarung angegeben ist, verantwortlich.

(18) Wenn gemeinsam handelnde Vertragsparteien im Rahmen und zusammen mit einer Organisation der regionalen Wirtschaftsintegration handeln, die selbst Vertragspartei dieses Übereinkommens ist, ist jeder Mitgliedstaat dieser Organisation der regionalen Wirtschaftsintegration einzeln sowie zusammen mit der Organisation der regionalen Wirtschaftsintegration in Übereinstimmung mit den Absätzen 13 und 14 dieses Artikels und mit den Artikeln 13 und 15 für sein Emissionsniveau, das in der nach Absatz 16 dieses Artikels notifizierten Vereinbarung angegeben ist, verantwortlich.

(19) Eingedenk des Artikels 2 und unter Berücksichtigung ihrer gemeinsamen, aber unterschiedlichen Verantwortlichkeiten und jeweiligen Fähigkeiten angesichts der unterschiedlichen nationalen Gegebenheiten sollen sich alle Vertragsparteien um die Ausarbeitung und Übermittlung langfristiger Strategien für eine hinsichtlich der Treibhausgase emissionsarme Entwicklung bemühen.

Artikel 5

(1) Die Vertragsparteien sollen Maßnahmen zur Erhaltung und gegebenenfalls Verbesserung von

Senken und Speichern von Treibhausgasen, darunter Wälder, nach Artikel 4 Absatz 1 Buchstabe d des Rahmenübereinkommens ergreifen.

(2) Die Vertragsparteien werden ermutigt, unter anderem durch ergebnisbasierte Zahlungen Maßnahmen zur Umsetzung und Unterstützung des vorhandenen Rahmens zu ergreifen, der durch die aufgrund des Rahmenübereinkommens bereits vereinbarten diesbezüglichen Leitlinien und Beschlüsse geschaffen wurde, und zwar im Hinblick auf Politikansätze und positive Anreize für Tätigkeiten im Zusammenhang mit der Reduktion der Emissionen aufgrund der Entwaldung und der Verschlechterung des Zustands der Wälder und die Rolle der Erhaltung und nachhaltigen Bewirtschaftung der Wälder und die Erhöhung der in ihnen gespeicherten Kohlenstoffvorräte in den Entwicklungsländern sowie im Hinblick auf alternative Politikansätze wie etwa gemeinsame Minderungs- und Anpassungsansätze für die integrierte und nachhaltige Bewirtschaftung der Wälder, wobei erneut bekräftigt wird, wie wichtig gegebenenfalls die Förderung des mit diesen Ansätzen verbundenen Nutzens des Waldes über seine Funktion als Kohlenstoffspeicher hinaus durch bestimmte Anreize ist.

Artikel 6

(1) Die Vertragsparteien erkennen an, dass sich manche von ihnen für eine freiwillige Zusammenarbeit bei der Umsetzung ihrer national festgelegten Beiträge entscheiden, um sich für ihre Minderungs- und Anpassungsmaßnahmen höhere Ambitionen setzen zu können und um die nachhaltige Entwicklung und die Umweltintegrität zu fördern.

(2) Beteiligen sich Vertragsparteien auf freiwilliger Grundlage an kooperativen Ansätzen, die die Verwendung international übertragener Minderungsergebnisse zum Erreichen der national festgelegten Beiträge beinhalten, so fördern sie die nachhaltige Entwicklung und gewährleisten die Umweltintegrität und die Transparenz, auch beim Verwaltungshandeln; sie wenden im Einklang mit den Leitlinien, die von der als Tagung der Vertragsparteien dieses Übereinkommens dienenden Konferenz der Vertragsparteien beschlossen wurden, ein verlässliches Abrechnungsverfahren an, um unter anderem die Vermeidung von Doppelzählungen zu gewährleisten.

(3) Die Verwendung international übertragener Minderungsergebnisse zum Erreichen der national festgelegten Beiträge nach diesem Übereinkommen ist freiwillig und bedarf der Genehmigung durch die teilnehmenden Vertragsparteien.

(4) Hiermit wird ein Mechanismus zur Minderung der Emissionen von Treibhausgasen und zur Unterstützung der nachhaltigen Entwicklung unter der Weisungsbefugnis und Leitung der als Tagung der Vertragsparteien dieses Übereinkommens dienenden Konferenz der Vertragsparteien eingesetzt, der von den Vertragsparteien auf freiwilliger Grundlage genutzt werden kann. Er wird von einem Gremium beaufsichtigt, das von der als Tagung der Vertragsparteien dieses Übereinkommens dienenden Konferenz der Vertragsparteien bestimmt wird, und ist darauf gerichtet,

a) die Minderung der Emissionen von Treibhausgasen zu fördern und gleichzeitig die nachhaltige Entwicklung zu unterstützen;
b) die Beteiligung der durch eine Vertragspartei ermächtigten öffentlichen und privaten Rechtsträger an der Minderung der Emissionen von Treibhausgasen durch bestimmte Anreize zu fördern und zu erleichtern;
c) zur Absenkung des Emissionsniveaus bei der als Gastland dienenden Vertragspartei beizutragen, die Nutzen aus den Minderungstätigkeiten ziehen wird, aus denen sich Emissionsreduktionen ergeben, die auch von einer anderen Vertragspartei zur Erfüllung ihres national festgelegten Beitrags verwendet werden können;
d) eine allgemeine Minderung der weltweiten Emissionen zu erreichen.

(5) Die Emissionsreduktionen, die sich aus dem in Absatz 4 genannten Mechanismus ergeben, dürfen nicht zum Nachweis des Erreichens des national festgelegten Beitrags der als Gastland dienenden Vertragspartei verwendet werden, wenn sie von einer anderen Vertragspartei zum Nachweis des Erreichens ihres national festgelegten Beitrags verwendet werden.

(6) Die als Tagung der Vertragsparteien dieses Übereinkommens dienende Konferenz der Vertragsparteien stellt sicher, dass ein Teil der Erlöse aus Tätigkeiten im Rahmen des in Absatz 4 genannten Mechanismus dazu verwendet wird, die Verwaltungskosten zu decken sowie die für die nachteiligen Auswirkungen der Klimaänderungen besonders anfälligen Vertragsparteien, die Entwicklungsländer sind, dabei zu unterstützen, die Anpassungskosten zu tragen.

(7) Die als Tagung der Vertragsparteien dieses Übereinkommens dienende Konferenz der Vertragsparteien beschließt auf ihrer ersten Tagung Regeln, Modalitäten und Verfahren für den in Absatz 4 genannten Mechanismus.

(8) Die Vertragsparteien erkennen an, wie wichtig es ist, dass ihnen integrierte, ganzheitliche und ausgewogene nicht marktbasierte Ansätze zur Verfügung stehen, die sie bei der Umsetzung ihrer national festgelegten Beiträge im Zusammenhang mit nachhaltiger Entwicklung und der Beseitigung der Armut in abgestimmter und wirksamer Weise, unter anderem durch Minderung, Anpassung, Finanzierung, Weitergabe von Technologie und Aufbau von Kapazitäten, soweit angemessen, unterstützen. Diese Ansätze sind darauf gerichtet,

a) die Ambition auf dem Gebiet der Minderung und Anpassung zu fördern;
b) die Beteiligung des öffentlichen und des privaten Sektors an der Umsetzung der national festgelegten Beiträge zu verbessern;
c) Gelegenheiten für eine Koordinierung zwischen den Instrumenten und den einschlägigen institutionellen Regelungen zu ermöglichen.

(9) Hiermit wird ein Rahmen für nicht marktbasierte Ansätze für eine nachhaltige Entwicklung festgelegt, um die in Absatz 8 genannten nicht marktbasierten Ansätze zu fördern.

Artikel 7

(1) Hiermit legen die Vertragsparteien das globale Ziel für die Anpassung durch die Verbesserung der Anpassungsfähigkeit, die Stärkung der Widerstandsfähigkeit und die Verringerung der Anfälligkeit gegenüber Klimaänderungen fest, um einen Beitrag zu einer nachhaltigen Entwicklung zu leisten und eine angemessene Reaktion auf dem Gebiet der Anpassung im Zusammenhang mit dem in Artikel 2 genannten Temperaturziel zu gewährleisten.

(2) Die Vertragsparteien erkennen an, dass die Anpassung für alle eine weltweite Herausforderung mit lokalen, subnationalen, nationalen, regionalen und internationalen Dimensionen ist und dass sie als Schlüsselfaktor einen Beitrag zu der langfristigen weltweiten Reaktion auf die Klimaänderungen zum Schutz der Menschen, der Existenzgrundlagen und der Ökosysteme leistet, wobei die vordringlichen und unmittelbaren Bedürfnisse der für die nachteiligen Auswirkungen der Klimaänderungen besonders anfälligen Vertragsparteien, die Entwicklungsländer sind, berücksichtigt werden.

(3) Die Anpassungsbemühungen der Vertragsparteien, die Entwicklungsländer sind, werden im Einklang mit den Modalitäten anerkannt, die von der als Tagung der Vertragsparteien dieses Übereinkommens dienenden Konferenz der Vertragsparteien auf ihrer ersten Tagung zu beschließen sind.

(4) Die Vertragsparteien erkennen an, dass der derzeitige Anpassungsbedarf erheblich ist, dass sich durch ein höheres Minderungsniveau die Notwendigkeit zusätzlicher Anpassungsbemühungen verringern kann und dass ein höherer Anpassungsbedarf höhere Anpassungskosten mit sich bringen kann.

(5) Die Vertragsparteien bestätigen, dass mit den Anpassungsmaßnahmen ein von den Ländern ausgehender, geschlechtergerechter, partizipatorischer und vollständig transparenter Ansatz unter Berücksichtigung von besonders schutzbedürftigen Gruppen, Gemeinschaften und Ökosystemen verfolgt werden soll und dass die Anpassungsmaßnahmen auf die besten verfügbaren wissenschaftlichen Erkenntnisse und gegebenenfalls traditionelles Wissen, das Wissen indigener Völker und lokale Wissenssysteme gegründet und ausgerichtet sein sollen, um zu erreichen, dass die Anpassung, soweit angemessen, in die einschlägigen sozioökonomischen und umweltrelevanten Politiken und Maßnahmen einbezogen wird.

(6) Die Vertragsparteien erkennen an, wie wichtig Unterstützung und internationale Zusammenarbeit bei Anpassungsbemühungen sind, und wie wichtig es ist, die Bedürfnisse der Vertragsparteien, die Entwicklungsländer sind, vor allem derjenigen, die besonders anfällig für die nachteiligen Auswirkungen der Klimaänderungen sind, zu berücksichtigen.

(7) Die Vertragsparteien sollen ihre Zusammenarbeit bei der Verstärkung der Anpassungsbemühungen unter Berücksichtigung des Anpassungsrahmens von Cancún intensivieren, auch im Hinblick auf

a) den Austausch von Informationen, bewährten Verfahren, Erfahrungen und Erkenntnissen, gegebenenfalls auch solcher, die sich auf die Wissenschaft, die Planung, die Politik und die Umsetzung im Zusammenhang mit Anpassungsmaßnahmen beziehen;
b) die Stärkung der institutionellen Regelungen einschließlich derjenigen aufgrund des Rahmenübereinkommens, die diesem Übereinkommen dienen, um die Zusammenführung der einschlägigen Informationen und Kenntnisse und die Gewährung technischer Unterstützung und Beratung an die Vertragsparteien zu erleichtern;
c) die Verbesserung der klimawissenschaftlichen Erkenntnisse unter Einbeziehung der Forschung, der systematischen Beobachtung des Klimasystems und der Frühwarnsysteme in einer den Klimadiensten als Grundlage dienenden und die Entscheidungsfindung unterstützenden Weise;
d) die Unterstützung der Vertragsparteien, die Entwicklungsländer sind, bei der Bestimmung wirksamer Anpassungsverfahren, des Anpassungsbedarfs, der Prioritäten, der gewährten und erhaltenen Unterstützung für Anpassungsmaßnahmen und –bemühungen sowie der Probleme und Lücken in einer mit der Förderung bewährter Verfahren im Einklang stehenden Weise;
e) die Verbesserung der Wirksamkeit und Dauerhaftigkeit der Anpassungsmaßnahmen.

(8) Die Sonderorganisationen und die anderen Organisationen der Vereinten Nationen werden ermutigt, die Bemühungen der Vertragsparteien zur Durchführung der in Absatz 7 genannten Maßnahmen unter Berücksichtigung des Absatzes 5 zu unterstützen.

(9) Jede Vertragspartei befasst sich gegebenenfalls mit Prozessen zur Planung der Anpassung und der Durchführung von Maßnahmen einschließlich der Ausarbeitung oder Verbesserung

einschlägiger Pläne, Politiken und/oder Beiträge, wozu Folgendes gehören kann:

a) die Durchführung von Anpassungsmaßnahmen, -projekten und/oder -bemühungen;
b) der Prozess der Erstellung und Umsetzung nationaler Anpassungspläne;
c) die Abschätzung der Auswirkungen der Klimaänderungen und der Anfälligkeit gegenüber den Klimaänderungen, um die national festgelegten Vorrangmaßnahmen unter Berücksichtigung der besonders gefährdeten Menschen, Orte und Ökosysteme festzulegen;
d) die Überwachung und Bewertung der Anpassungspläne, -politiken, -programme und -maßnahmen und der damit verbundene Erkenntnisgewinn;
e) die Stärkung der Widerstandsfähigkeit der sozioökonomischen und ökologischen Systeme, unter anderem durch wirtschaftliche Diversifizierung und nachhaltige Bewirtschaftung der natürlichen Ressourcen.

(10) Jede Vertragspartei soll gegebenenfalls regelmäßig eine Anpassungsmitteilung, die ihre Prioritäten, ihren Durchführungs- und Unterstützungsbedarf, ihre Pläne und Maßnahmen enthalten kann, vorlegen und auf den neuesten Stand bringen, wobei für die Vertragsparteien, die Entwicklungsländer sind, keine zusätzliche Belastung entstehen soll.

(11) Die in Absatz 10 genannte Anpassungsmitteilung wird gegebenenfalls als Bestandteil von oder in Verbindung mit anderen Mitteilungen oder Dokumenten, darunter auch einem nationalen Anpassungsplan, einem national festgelegten Beitrag im Sinne des Artikels 4 Absatz 2 und/oder einer nationalen Mitteilung, vorgelegt und regelmäßig auf den neuesten Stand gebracht.

(12) Die in Absatz 10 genannten Anpassungsmitteilungen werden in ein vom Sekretariat geführtes öffentliches Register eingetragen.

(13) Den Vertragsparteien, die Entwicklungsländer sind, wird in Übereinstimmung mit den Artikeln 9, 10 und 11 fortlaufende und verstärkte internationale Unterstützung für die Durchführung der Absätze 7, 9, 10 und 11 gewährt.

(14) Durch die in Artikel 14 genannte weltweite Bestandsaufnahme werden unter anderem

a) die Anpassungsbemühungen der Vertragsparteien, die Entwicklungsländer sind, anerkannt;
b) die Durchführung der Anpassungsmaßnahmen unter Berücksichtigung der in Absatz 10 genannten Anpassungsmitteilungen verbessert;
c) die Angemessenheit und Wirksamkeit der Anpassung und der dafür gewährten Unterstützung überprüft;
d) die insgesamt erzielten Fortschritte beim Erreichen des in Absatz 1 genannten globalen Anpassungsziels überprüft.

Artikel 8

(1) Die Vertragsparteien erkennen an, wie wichtig es ist, Verluste und Schäden, die mit den nachteiligen Auswirkungen der Klimaänderungen einschließlich extremer Wetterereignisse und sich langsam anbahnender Ereignisse verbunden sind, zu vermeiden, auf ein Mindestmaß zu verringern und zu bewältigen, und welche Rolle die nachhaltige Entwicklung bei der Verringerung der Gefahr von Verlusten und Schäden spielt.

(2) Der Internationale Mechanismus von Warschau für Verluste und Schäden, die mit Klimaänderungen verbunden sind, unterliegt der Weisungsbefugnis und Leitung der als Tagung der Vertragsparteien dieses Übereinkommens dienenden Konferenz der Vertragsparteien und kann nach Maßgabe der als Tagung der Vertragsparteien dieses Übereinkommens dienenden Konferenz der Vertragsparteien verbessert und verstärkt werden.

(3) Die Vertragsparteien sollen das Verständnis, die Maßnahmen und die Unterstützung, gegebenenfalls auch im Rahmen des Internationalen Mechanismus von Warschau, in kooperativer und vermittelnder Weise im Hinblick auf die mit den nachteiligen Auswirkungen der Klimaänderungen verbundenen Verluste und Schäden verbessern.

(4) Folglich können zu den Bereichen der Kooperation und Vermittlung mit dem Ziel der Stärkung des Verständnisses, der Maßnahmen und der Unterstützung folgende gehören:

a) Frühwarnsysteme;
b) Notfallvorsorge;
c) sich langsam anbahnende Ereignisse;
d) möglicherweise zu unumkehrbaren und dauerhaften Verlusten und Schäden führende Ereignisse;
e) umfassende Risikobewertung und umfassendes Risikomanagement;
f) Risikoversicherungsfazilitäten, Bündelung von Klimarisiken und andere Versicherungslösungen;
g) nichtwirtschaftliche Verluste;
h) Widerstandsfähigkeit von Gemeinschaften, Existenzgrundlagen und Ökosystemen.

(5) Der Internationale Mechanismus von Warschau arbeitet mit den aufgrund des Übereinkommens bestehenden Gremien und Sachverständigengruppen sowie mit einschlägigen Organisationen und Sachverständigengremien außerhalb des Übereinkommens zusammen.

Artikel 9

(1) Die Vertragsparteien, die entwickelte Länder sind, stellen finanzielle Mittel bereit, um in Fortführung ihrer bestehenden Verpflichtungen aus dem Rahmenübereinkommen die Vertragsparteien, die Entwicklungsländer sind, sowohl bei der Minderung als auch bei der Anpassung zu unterstützen.

(2) Die anderen Vertragsparteien werden ermutigt, diese Unterstützung auf freiwilliger Grundlage zu gewähren oder fortzusetzen.

(3) Im Rahmen eines weltweiten Bemühens sollen die Vertragsparteien, die entwickelte Länder sind, weiterhin die Führung dabei übernehmen, Mittel der Klimafinanzierung aus ganz verschiedenen Quellen, mittels ganz verschiedener Instrumente und über ganz verschiedene Wege unter Beachtung der bedeutenden Rolle öffentlicher Mittel durch verschiedene Maßnahmen einschließlich der Unterstützung der von den Ländern ausgehenden Strategien zu mobilisieren, wobei sie die Bedürfnisse und Prioritäten der Vertragsparteien berücksichtigen, die Entwicklungsländer sind. Diese Mobilisierung von Mitteln der Klimafinanzierung soll eine Steigerung gegenüber den bisherigen Bemühungen darstellen.

(4) Durch die Bereitstellung zusätzlicher finanzieller Mittel soll ein Gleichgewicht zwischen Anpassung und Minderung angestrebt werden, und zwar unter Berücksichtigung der von den Ländern ausgehenden Strategien sowie der Prioritäten und Bedürfnisse der Vertragsparteien, die Entwicklungsländer sind, vor allem derjenigen, die besonders anfällig für die nachteiligen Auswirkungen der Klimaänderungen sind und erhebliche Kapazitätsengpässe haben, wie etwa die am wenigsten entwickelten Länder und die kleinen Inselstaaten unter den Entwicklungsländern, sowie unter Berücksichtigung der Notwendigkeit öffentlicher Mittel und aus Zuschüssen bestehender Mittel für die Anpassung.

(5) Die Vertragsparteien, die entwickelte Länder sind, übermitteln alle zwei Jahre als Anhaltspunkt dienende quantitative und qualitative Informationen im Zusammenhang mit den Absätzen 1 und 3, soweit zutreffend, einschließlich, soweit verfügbar, Informationen über die voraussichtliche Höhe der öffentlichen Finanzmittel, die den Vertragsparteien, die Entwicklungsländer sind, zur Verfügung gestellt werden sollen. Die anderen Vertragsparteien, die Mittel zur Verfügung stellen, werden ermutigt, diese Informationen alle zwei Jahre auf freiwilliger Grundlage zu übermitteln.

(6) Die in Artikel 14 genannte weltweite Bestandsaufnahme berücksichtigt die von den Vertragsparteien, die entwickelte Länder sind, und/oder den Organen dieses Übereinkommens zur Verfügung gestellten einschlägigen Informationen über die Bemühungen im Zusammenhang mit der Klimafinanzierung.

(7) Die Vertragsparteien, die entwickelte Länder sind, übermitteln alle zwei Jahre im Einklang mit den Modalitäten, Verfahren und Leitlinien, die von der als Tagung der Vertragsparteien dieses Übereinkommens dienenden Konferenz der Vertragsparteien auf ihrer ersten Tagung nach Artikel 13 Absatz 13 zu beschließen sind, transparente und konsistente Informationen über die geleistete und die durch öffentliches Handeln mobilisierte Unterstützung für die Vertragsparteien, die Entwicklungsländer sind. Die anderen Vertragsparteien werden ermutigt, dasselbe zu tun.

(8) Der Finanzierungsmechanismus des Rahmenübereinkommens einschließlich seiner Aufgaben erfüllenden Einrichtungen dient als Finanzierungsmechanismus dieses Übereinkommens.

(9) Die Institutionen, die diesem Übereinkommen dienen, einschließlich der Aufgaben erfüllenden Einrichtungen des Finanzierungsmechanismus des Rahmenübereinkommens bemühen sich um die Gewährleistung eines effizienten Zugangs zu finanziellen Mitteln durch vereinfachte Genehmigungsverfahren und verstärkte Unterstützung im Bereich der Leistungsbereitschaft für die Vertragsparteien, die Entwicklungsländer sind, insbesondere für die am wenigsten entwickelten Länder und die kleinen Inselstaaten unter den Entwicklungsländern, im Rahmen ihrer nationalen Klimaschutzstrategien und –pläne.

Artikel 10

(1) Die Vertragsparteien haben eine gemeinsame langfristige Vision von der Bedeutung einer uneingeschränkten Verwirklichung der Entwicklung und Weitergabe von Technologie für die Verbesserung der Widerstandsfähigkeit gegenüber Klimaänderungen und die Verringerung der Emissionen von Treibhausgasen.

(2) In Kenntnis der Bedeutung von Technologien für die Durchführung von Minderungs- und Anpassungsmaßnahmen im Rahmen dieses Übereinkommens und in Anerkennung der bisherigen Bemühungen um ihre Anwendung und Verbreitung verstärken die Vertragsparteien die gemeinsamen Maßnahmen im Bereich der Entwicklung und Weitergabe von Technologie.

(3) Der aufgrund des Rahmenübereinkommens geschaffene Technologiemechanismus dient diesem Übereinkommen.

(4) Hiermit wird ein Technologierahmen geschaffen, der übergeordnete Leitlinien für die Arbeit des Technologiemechanismus in Verbindung mit der Förderung und Erleichterung verstärkter Anstrengungen bei der Entwicklung und Weitergabe von Technologie vorgibt, um die Durchführung dieses Übereinkommens in Verfolgung der in Absatz 1 genannten langfristigen Vision zu unterstützen.

(5) Die Beschleunigung, Förderung und Ermöglichung von Innovationen ist von entscheidender Bedeutung für eine wirksame und langfristige weltweite Reaktion auf die Klimaänderungen und für die Förderung des Wirtschaftswachstums und

der nachhaltigen Entwicklung. Diese Bemühungen werden gegebenenfalls, auch durch den Technologiemechanismus und mit finanziellen Mitteln auch durch den Finanzierungsmechanismus des Rahmenübereinkommens, unterstützt, um partnerschaftliche Ansätze im Bereich der Forschung und Entwicklung zu fördern und den Vertragsparteien, die Entwicklungsländer sind, den Zugang zu Technologien, insbesondere in den Frühphasen des Technologiezyklus, zu erleichtern.

(6) Den Vertragsparteien, die Entwicklungsländer sind, wird Unterstützung einschließlich finanzieller Unterstützung bei der Durchführung dieses Artikels einschließlich der Verstärkung der gemeinsamen Maßnahmen im Bereich der Entwicklung und Weitergabe von Technologie in den verschiedenen Phasen des Technologiezyklus gewährt, um ein Gleichgewicht zwischen der Unterstützung bei der Minderung und der Unterstützung bei der Anpassung herzustellen. Die in Artikel 14 genannte weltweite Bestandsaufnahme berücksichtigt die verfügbaren Informationen über die Bemühungen im Zusammenhang mit der Unterstützung im Bereich der Entwicklung und Weitergabe von Technologie zugunsten der Vertragsparteien, die Entwicklungsländer sind.

Artikel 11

(1) Durch den Kapazitätsaufbau im Rahmen dieses Übereinkommens sollen die Kapazität und die Fähigkeit der Vertragsparteien, die Entwicklungsländer sind, insbesondere der Länder mit den geringsten Kapazitäten wie etwa der am wenigsten entwickelten Länder, und der für die nachteiligen Auswirkungen der Klimaänderungen besonders anfälligen Länder wie etwa der kleinen Inselstaaten unter den Entwicklungsländern, wirksame Schritte zur Bewältigung der Klimaänderungen unter anderem durch die Durchführung von Minderungs- und Anpassungsmaßnahmen zu ergreifen, gestärkt und die Entwicklung, Verbreitung und Anwendung von Technologie, der Zugang zu Klimafinanzierung, einschlägige Aspekte der Bildung, der Ausbildung und des öffentlichen Bewusstseins und die transparente, rechtzeitige und genaue Weiterleitung von Informationen erleichtert werden.

(2) Der Kapazitätsaufbau soll von den Ländern ausgehen, auf den nationalen Bedürfnissen beruhen und darauf eingehen und die Eigenverantwortung der Vertragsparteien, insbesondere der Vertragsparteien, die Entwicklungsländer sind, auch auf nationaler, subnationaler und lokaler Ebene fördern. Er soll sich auf die Erkenntnisse unter anderem aus den Tätigkeiten zum Kapazitätsaufbau aufgrund des Rahmenübereinkommens stützen und ein wirksamer, schrittweiser Prozess sein, der partizipatorisch, übergreifend und geschlechtergerecht ist.

(3) Alle Vertragsparteien sollen zusammenarbeiten, um die Kapazitäten der Vertragsparteien, die Entwicklungsländer sind, zur Durchführung dieses Übereinkommens zu stärken. Die Vertragsparteien, die entwickelte Länder sind, sollen die Unterstützung für Maßnahmen zum Kapazitätsaufbau in den Vertragsparteien, die Entwicklungsländer sind, verstärken.

(4) Alle Vertragsparteien, die die Kapazität der Vertragsparteien, die Entwicklungsländer sind, zur Durchführung dieses Übereinkommens unter anderem durch regionale, bilaterale und multilaterale Ansätze stärken, berichten regelmäßig über diese Tätigkeiten oder Maßnahmen zum Kapazitätsaufbau. Die Vertragsparteien, die Entwicklungsländer sind, sollen regelmäßig über die Fortschritte bei der Umsetzung der Pläne, Politiken, Tätigkeiten oder Maßnahmen zum Aufbau von Kapazitäten zur Durchführung dieses Übereinkommens berichten.

(5) Die Tätigkeiten zum Aufbau von Kapazitäten werden durch geeignete institutionelle Regelungen zur Unterstützung der Durchführung dieses Übereinkommens verstärkt, darunter auch die aufgrund des Rahmenübereinkommens geschaffenen institutionellen Regelungen, die diesem Übereinkommen dienen. Die als Tagung der Vertragsparteien dieses Übereinkommens dienende Konferenz der Vertragsparteien prüft und fasst auf ihrer ersten Tagung einen Beschluss über die anfänglichen institutionellen Regelungen für den Kapazitätsaufbau.

Artikel 12

Soweit angebracht, arbeiten die Vertragsparteien dabei zusammen, Maßnahmen zur Verbesserung der Bildung, der Ausbildung, des öffentlichen Bewusstseins, der Beteiligung der Öffentlichkeit und des öffentlichen Zugangs zu Informationen auf dem Gebiet der Klimaänderungen zu ergreifen, wobei sie die Bedeutung dieser Schritte für die Verstärkung der Maßnahmen aufgrund dieses Übereinkommens anerkennen.

Artikel 13

(1) Hiermit wird zur Stärkung des gegenseitigen Vertrauens und zur Förderung einer wirksamen Umsetzung ein erweiterter Transparenzrahmen für Maßnahmen und Unterstützung geschaffen, der durch eine inhärente Flexibilität die unterschiedlichen Kapazitäten der Vertragsparteien berücksichtigt und auf gemeinsamen Erfahrungen aufbaut.

(2) Der Transparenzrahmen bietet denjenigen Vertragsparteien, die Entwicklungsländer und in Anbetracht ihrer Kapazitäten darauf angewiesen sind, Flexibilität bei der Durchführung dieses Artikels. Die in Absatz 13 genannten Modalitäten, Verfahren und Leitlinien tragen dieser Flexibilität Rechnung.

(3) Der Transparenzrahmen stützt sich auf die Transparenzregelungen aufgrund des Rahmenübereinkommens und verstärkt sie, wobei die besonderen Gegebenheiten der am wenigsten entwickelten Länder und der kleinen Inselstaaten unter den Entwicklungsländern berücksichtigt werden; er wird in einer vermittelnden, zurückhaltenden und nicht auf Strafen ausgerichteten Weise unter Achtung der nationalen Souveränität angewendet und vermeidet es, die Vertragsparteien unangemessenen zu belasten.

(4) Die Transparenzregelungen aufgrund des Rahmenübereinkommens einschließlich der nationalen Mitteilungen, der Zweijahresberichte und der aktualisierten Zweijahresberichte, der internationalen Bewertung und Überprüfung und der internationalen Konsultation und Analyse sind Bestandteil der Erfahrungen, auf die bei der Erarbeitung der Modalitäten, Verfahren und Leitlinien nach Absatz 13 zurückgegriffen wird.

(5) Zweck des Rahmens für die Transparenz der Maßnahmen ist es, als Beitrag zu der weltweiten Bestandsaufnahme nach Artikel 14 ein klares Verständnis zu vermitteln über die Maßnahmen zur Bewältigung der Klimaänderungen im Lichte des Zieles des Rahmenübereinkommens nach dessen Artikel 2, unter anderem durch Verdeutlichung und Verfolgung der Fortschritte beim Erreichen der jeweiligen national festgelegten Beiträge der Vertragsparteien nach Artikel 4, und über die Anpassungsmaßnahmen der Vertragsparteien nach Artikel 7, unter Einbeziehung der bewährten Verfahren, Prioritäten, Bedürfnisse und Lücken.

(6) Zweck des Rahmens für die Transparenz der Unterstützung ist es, als Beitrag zu der weltweiten Bestandsaufnahme nach Artikel 14 klare Angaben über die von den einzelnen Vertragsparteien jeweils gewährte beziehungsweise erhaltene Unterstützung im Rahmen der Maßnahmen zur Bewältigung der Klimaänderungen nach den Artikeln 4, 7, 9, 10 und 11 zu erlangen und, soweit möglich, einen vollständigen Überblick über die insgesamt gewährte finanzielle Unterstützung zu bieten.

(7) Jede Vertragspartei übermittelt regelmäßig folgende Informationen:

a) einen nationalen Bericht mit einem Verzeichnis der anthropogenen Emissionen von Treibhausgasen aus Quellen und des Abbaus solcher Gase durch Senken, der anhand der von der Zwischenstaatlichen Sachverständigengruppe für Klimaänderungen anerkannten und von der als Tagung der Vertragsparteien dieses Übereinkommens dienenden Konferenz der Vertragsparteien vereinbarten Methoden der guten Praxis erstellt wird;
b) die erforderlichen Informationen zur Verfolgung der Fortschritte bei der Umsetzung und dem Erreichen ihres national festgelegten Beitrags nach Artikel 4.

(8) Jede Vertragspartei soll, soweit angebracht, auch Informationen über die Auswirkungen der Klimaänderungen und die Anpassung daran nach Artikel 7 übermitteln.

(9) Die Vertragsparteien, die entwickelte Länder sind, müssen – und die anderen Vertragsparteien, die Unterstützung gewähren, sollen – Informationen über die Unterstützung übermitteln, die sie den Vertragsparteien, die Entwicklungsländer sind, in Form von finanziellen Mitteln, Weitergabe von Technologie und Kapazitätsaufbau nach den Artikeln 9, 10 und 11 gewährt haben.

(10) Die Vertragsparteien, die Entwicklungsländer sind, sollen Informationen über die Unterstützung übermitteln, die sie in Form von finanziellen Mitteln, Weitergabe von Technologie und Kapazitätsaufbau nach den Artikeln 9, 10 und 11 benötigt und erhalten haben.

(11) Die von jeder Vertragspartei übermittelten Informationen nach den Absätzen 7 und 9 unterliegen einer technischen Überprüfung durch Sachverständige im Einklang mit Beschluss 1/CP.21. Bei den Vertragsparteien, die Entwicklungsländer und in Anbetracht ihrer Kapazitäten darauf angewiesen sind, umfasst der Überprüfungsprozess auch Hilfe bei der Bestimmung des Bedarfs im Bereich des Kapazitätsaufbaus. Außerdem beteiligt sich jede Vertragspartei an einer vermittelnden multilateralen Erörterung der Fortschritte im Hinblick auf die Bemühungen nach Artikel 9 und auf die jeweilige Umsetzung und das Erreichen ihres national festgelegten Beitrags.

(12) Die technische Überprüfung durch Sachverständige nach diesem Absatz besteht, soweit zutreffend, aus einer Prüfung der gewährten Unterstützung der Vertragspartei und ihrer Umsetzung und ihrem Erreichen ihres national festgelegten Beitrags. Die Überprüfung gibt außerdem Aufschluss über verbesserungswürdige Bereiche bei der Vertragspartei und umfasst auch eine Prüfung, ob die Informationen mit den in Absatz 13 genannten Modalitäten, Verfahren und Leitlinien unter Berücksichtigung der dieser Vertragspartei nach Absatz 2 eingeräumten Flexibilität entsprechen. Besondere Aufmerksamkeit gebührt bei der Überprüfung den jeweiligen nationalen Fähigkeiten und Gegebenheiten der Vertragsparteien, die Entwicklungsländer sind.

(13) Die als Tagung der Vertragsparteien dieses Übereinkommens dienende Konferenz der Vertragsparteien beschließt auf ihrer ersten Tagung auf der Grundlage der Erfahrungen aus den transparenzbezogenen Regelungen aufgrund des Rahmenübereinkommens und in Ausführung dieses Artikels gemeinsame Modalitäten, Verfahren beziehungsweise Leitlinien für die Transparenz der Maßnahmen und der Unterstützung.

(14) Den Vertragsparteien, die Entwicklungsländer sind, wird Unterstützung bei der Durchführung dieses Artikels gewährt.

(15) Ferner wird den Vertragsparteien, die Entwicklungsländer sind, fortlaufend Unterstützung beim Aufbau transparenzbezogener Kapazitäten gewährt.

Artikel 14

(1) Die als Tagung der Vertragsparteien dieses Übereinkommens dienende Konferenz der Vertragsparteien führt in regelmäßigen Abständen eine Bestandsaufnahme der Durchführung dieses Übereinkommens durch, um die gemeinsamen Fortschritte bei der Verwirklichung des Zwecks dieses Übereinkommens und seiner langfristigen Ziele zu bewerten (als „weltweite Bestandsaufnahme" bezeichnet). Sie handelt dabei in umfassender und vermittelnder Weise unter Berücksichtigung von Minderung, Anpassung und Mitteln zur Durchführung und Unterstützung sowie im Lichte der Gerechtigkeit und der besten verfügbaren wissenschaftlichen Erkenntnisse.

(2) Die als Tagung der Vertragsparteien dieses Übereinkommens dienende Konferenz der Vertragsparteien führt ihre erste weltweite Bestandaufnahme im Jahr 2023 und danach alle fünf Jahre durch, sofern sie nicht etwas anderes beschließt.

(3) Das Ergebnis der weltweiten Bestandsaufnahme dient zur Unterrichtung der Vertragsparteien für die auf nationaler Ebene zu entscheidende Aktualisierung und Verstärkung ihrer Maßnahmen und ihrer Unterstützung im Einklang mit den einschlägigen Bestimmungen dieses Übereinkommens sowie für die Verstärkung der internationalen Zusammenarbeit bei Klimaschutzmaßnahmen.

Artikel 15

(1) Hiermit wird ein Mechanismus zur Erleichterung der Durchführung und zur Förderung der Einhaltung der Bestimmungen dieses Übereinkommens eingerichtet.

(2) Der in Absatz 1 genannte Mechanismus besteht aus einem Ausschuss, der sich aus Sachverständigen zusammensetzt, einen vermittelnden Charakter hat und in einer transparenten, als nicht streitig angelegten und nicht auf Strafen ausgerichteten Weise handelt. Der Ausschuss berücksichtigt besonders die jeweiligen nationalen Fähigkeiten und Gegebenheiten der Vertragsparteien.

(3) Der Ausschuss nimmt seine Aufgaben nach den Modalitäten und Verfahren wahr, die von der als Tagung der Vertragsparteien dieses Übereinkommens dienenden Konferenz der Vertragsparteien auf ihrer ersten Tagung beschlossen werden, und erstattet dieser jährlich Bericht.

Artikel 16

(1) Die Konferenz der Vertragsparteien als oberstes Gremium des Rahmenübereinkommens dient als Tagung der Vertragsparteien dieses Übereinkommens.

(2) Vertragsparteien des Rahmenübereinkommens, die nicht Vertragsparteien dieses Übereinkommens sind, können an den Beratungen jeder Tagung der als Tagung der Vertragsparteien dieses Übereinkommens dienenden Konferenz der Vertragsparteien als Beobachter teilnehmen. Dient die Konferenz der Vertragsparteien als Tagung der Vertragsparteien dieses Übereinkommens, so werden Beschlüsse aufgrund dieses Übereinkommens nur von den Vertragsparteien dieses Übereinkommens gefasst.

(3) Dient die Konferenz der Vertragsparteien als Tagung der Vertragsparteien dieses Übereinkommens, so wird jedes Mitglied des Präsidiums der Konferenz der Vertragsparteien, das eine Vertragspartei des Rahmenübereinkommens, aber zu dem Zeitpunkt keine Vertragspartei dieses Übereinkommens vertritt, durch ein zusätzliches Mitglied ersetzt, das von den Vertragsparteien dieses Übereinkommens aus den eigenen Reihen zu wählen ist.

(4) Die als Tagung der Vertragsparteien dieses Übereinkommens dienende Konferenz der Vertragsparteien überprüft in regelmäßigen Abständen die Durchführung dieses Übereinkommens und fasst im Rahmen ihres Auftrags die notwendigen Beschlüsse, um seine wirksame Durchführung zu fördern. Sie erfüllt die ihr aufgrund dieses Übereinkommens zugewiesenen Aufgaben und

a) setzt die zur Durchführung dieses Übereinkommens für notwendig erachteten Nebenorgane ein;
b) erfüllt die zur Durchführung dieses Übereinkommens notwendigen sonstigen Aufgaben.

(5) Die Geschäftsordnung der Konferenz der Vertragsparteien und die aufgrund des Rahmenübereinkommens angewendete Finanzordnung finden sinngemäß im Rahmen dieses

Übereinkommens Anwendung, sofern nicht die als Tagung der Vertragsparteien dieses Übereinkommens dienende Konferenz der Vertragsparteien durch Konsens etwas anderes beschließt.

(6) Die erste Tagung der als Tagung der Vertragsparteien dieses Übereinkommens dienenden Konferenz der Vertragsparteien wird vom Sekretariat in Verbindung mit der ersten Tagung der Konferenz der Vertragsparteien einberufen, die nach Inkrafttreten dieses Übereinkommens anberaumt wird. Nachfolgende ordentliche Tagungen der als Tagung der Vertragsparteien dieses Übereinkommens dienenden Konferenz der Vertragsparteien finden in Verbindung mit ordentlichen Tagungen der Konferenz der Vertragsparteien statt, sofern nicht die als Tagung der Vertragsparteien dieses Übereinkommens dienende Konferenz der Vertragsparteien etwas anderes beschließt.

(7) Außerordentliche Tagungen der als Tagung der Vertragsparteien dieses Übereinkommens dienenden Konferenz der Vertragsparteien finden statt, wenn es die als Tagung der Vertragsparteien dieses Übereinkommens dienende Konferenz der Vertragsparteien für notwendig erachtet oder eine Vertragspartei schriftlich beantragt, sofern dieser Antrag innerhalb von sechs Monaten nach seiner Übermittlung durch das Sekretariat von mindestens einem Drittel der Vertragsparteien unterstützt wird.

(8) Die Vereinten Nationen, ihre Sonderorganisationen und die Internationale Atomenergie-Organisation sowie jeder Mitgliedstaat einer solchen Organisation oder jeder Beobachter bei einer solchen Organisation, der nicht Vertragspartei des Rahmenübereinkommens ist, können auf den Tagungen der als Tagung der Vertragsparteien dieses Übereinkommens dienenden Konferenz der Vertragsparteien als Beobachter vertreten sein. Jede Stelle, national oder international, staatlich oder nichtstaatlich, die in von diesem Übereinkommen erfassten Angelegenheiten fachlich befähigt ist und dem Sekretariat ihren Wunsch mitgeteilt hat, auf einer Tagung der als Tagung der Vertragsparteien dieses Übereinkommens dienenden Konferenz der Vertragsparteien als Beobachter vertreten zu sein, kann als solcher zugelassen werden, sofern nicht mindestens ein Drittel der anwesenden Vertragsparteien widerspricht. Die Zulassung und Teilnahme von Beobachtern unterliegen der in Absatz 5 bezeichneten Geschäftsordnung.

Artikel 17

(1) Das nach Artikel 8 des Rahmenübereinkommens eingesetzte Sekretariat dient als Sekretariat dieses Übereinkommens.

(2) Artikel 8 Absatz 2 des Rahmenübereinkommens über die Aufgaben des Sekretariats und Artikel 8 Absatz 3 des Rahmenübereinkommens über die für sein ordnungsgemäßes Arbeiten zu treffenden Vorkehrungen finden sinngemäß auf dieses Übereinkommen Anwendung. Das Sekretariat erfüllt darüber hinaus die ihm aufgrund dieses Übereinkommens und von der als Tagung der Vertragsparteien dieses Übereinkommens dienenden Konferenz der Vertragsparteien zugewiesenen Aufgaben.

Artikel 18

(1) Das Nebenorgan für wissenschaftliche und technologische Beratung und das Nebenorgan für die Durchführung, die nach Artikel 9 beziehungsweise 10 des Rahmenübereinkommens eingesetzt sind, dienen als Nebenorgan für wissenschaftliche und technologische Beratung beziehungsweise Nebenorgan für die Durchführung dieses Übereinkommens. Die Bestimmungen des Rahmenübereinkommens über die Arbeit dieser beiden Organe finden sinngemäß auf dieses Übereinkommen Anwendung. Tagungen des Nebenorgans für wissenschaftliche und technologische Beratung und des Nebenorgans für die Durchführung dieses Übereinkommens werden in Verbindung mit den Tagungen des Nebenorgans für wissenschaftliche und technologische Beratung beziehungsweise des Nebenorgans für die Durchführung des Rahmenübereinkommens abgehalten.

(2) Vertragsparteien des Rahmenübereinkommens, die nicht Vertragsparteien dieses Übereinkommens sind, können an den Beratungen jeder Tagung der Nebenorgane als Beobachter teilnehmen. Dienen die Nebenorgane als Nebenorgane dieses Übereinkommens, so werden Beschlüsse aufgrund dieses Übereinkommens nur von den Vertragsparteien dieses Übereinkommens gefasst.

(3) Erfüllen die aufgrund der Artikel 9 und 10 des Rahmenübereinkommens eingesetzten Nebenorgane ihre Aufgaben im Zusammenhang mit Angelegenheiten, die dieses Übereinkommen betreffen, so wird jedes Mitglied der Präsidien dieser Nebenorgane, das eine Vertragspartei des Rahmenübereinkommens, aber zu dem Zeitpunkt keine Vertragspartei dieses Übereinkommens vertritt, durch ein zusätzliches Mitglied ersetzt, das von den Vertragsparteien dieses Übereinkommens aus den eigenen Reihen zu wählen ist.

Artikel 19

(1) Die durch das Rahmenübereinkommen oder in seinem Rahmen eingesetzten Nebenorgane oder anderen institutionellen Regelungen, die nicht in diesem Übereinkommen genannt sind, dienen diesem Übereinkommen auf Beschluss der als Tagung der Vertragsparteien dieses Übereinkommens dienenden Konferenz der Vertragsparteien. Die als Tagung der Vertragsparteien dieses Übereinkommens dienende Konferenz der Vertragsparteien legt die von diesen Nebenorganen oder Regelungen zu erfüllenden Aufgaben fest.

(2) Die als Tagung der Vertragsparteien dieses Übereinkommens dienende Konferenz der Vertragsparteien kann diesen Nebenorganen und institutionellen Regelungen weitere Maßgaben erteilen.

Artikel 20

(1) Dieses Übereinkommen liegt für die Staaten und Organisationen der regionalen Wirtschaftsintegration, die Vertragsparteien des Rahmenübereinkommens sind, zur Unterzeichnung auf; es bedarf der Ratifikation, der Annahme oder der Genehmigung durch sie. Es liegt vom 22. April 2016 bis 21. April 2017 am Sitz der Vereinten Nationen in New York zur Unterzeichnung auf. Danach steht dieses Übereinkommen von dem Tag an, an dem es nicht mehr zur Unterzeichnung aufliegt, zum Beitritt offen. Die Ratifikations-, Annahme-

, Genehmigungs- und Beitrittsurkunden werden beim Verwahrer hinterlegt.

(2) Jede Organisation der regionalen Wirtschaftsintegration, die Vertragspartei dieses Übereinkommens wird, ohne dass einer ihrer Mitgliedstaaten Vertragspartei ist, ist durch alle Verpflichtungen aus diesem Übereinkommen gebunden. Sind ein oder mehrere Mitgliedstaaten einer Organisation der regionalen Wirtschaftsintegration Vertragspartei dieses Übereinkommens, so entscheiden die Organisation und ihre Mitgliedstaaten über ihre jeweiligen Verantwortlichkeiten hinsichtlich der Erfüllung ihrer Verpflichtungen aus diesem Übereinkommen. In diesen Fällen sind die Organisation und die Mitgliedstaaten nicht berechtigt, die Rechte aufgrund dieses Übereinkommens gleichzeitig auszuüben.

(3) In ihren Ratifikations-, Annahme-, Genehmigungs- oder Beitrittsurkunden erklären die Organisationen der regionalen Wirtschaftsintegration den Umfang ihrer Zuständigkeiten in Bezug auf die durch dieses Übereinkommen erfassten Angelegenheiten. Diese Organisationen teilen auch jede wesentliche Änderung des Umfangs ihrer Zuständigkeiten dem Verwahrer mit, der seinerseits die Vertragsparteien unterrichtet.

Artikel 21

(1) Dieses Übereinkommen tritt am dreißigsten Tag nach dem Zeitpunkt in Kraft, zu dem mindestens 55 Vertragsparteien des Rahmenübereinkommens, auf die insgesamt ein geschätzter Anteil von mindestens 55 v. H. der gesamten weltweiten Emissionen von Treibhausgasen entfällt, ihre Ratifikations-, Annahme-, Genehmigungs- oder Beitrittsurkunden hinterlegt haben.

(2) Einzig und allein für den Zweck des Absatzes 1 bedeutet „die gesamten weltweiten Emissionen von Treibhausgasen“ die aktuellste Menge, die von den Vertragsparteien des Rahmenübereinkommens an oder vor dem Tag der Annahme dieses Übereinkommens übermittelt wurde.

(3) Für jeden Staat oder für jede Organisation der regionalen Wirtschaftsintegration, der beziehungsweise die nach Erfüllung der in Absatz 1 vorgesehenen Bedingungen für das Inkrafttreten dieses Übereinkommen ratifiziert, annimmt, genehmigt oder ihm beitritt, tritt dieses Übereinkommen am dreißigsten Tag nach dem Zeitpunkt der Hinterlegung der Ratifikations-, Annahme-, Genehmigungs- oder Beitrittsurkunde durch den betreffenden Staat oder die betreffende Organisation der regionalen Wirtschaftsintegration in Kraft.

(4) Für die Zwecke des Absatzes 1 zählt eine von einer Organisation der regionalen Wirtschaftsintegration hinterlegte Urkunde nicht als zusätzliche Urkunde zu den von ihren Mitgliedstaaten hinterlegten Urkunden.

Artikel 22

Die Bestimmungen des Artikels 15 des Rahmenübereinkommens über die Beschlussfassung über Änderungen des Rahmenübereinkommens finden sinngemäß auf dieses Übereinkommen Anwendung.

Artikel 23

(1) Die Bestimmungen des Artikels 16 des Rahmenübereinkommens über die Beschlussfassung über Anlagen und Änderung von Anlagen des Rahmenübereinkommens finden sinngemäß auf dieses Übereinkommen Anwendung.

(2) Die Anlagen dieses Übereinkommens sind Bestandteil dieses Übereinkommens; sofern nicht ausdrücklich etwas anderes vorgesehen ist, stellt eine Bezugnahme auf dieses Übereinkommen gleichzeitig eine Bezugnahme auf die Anlagen dar. Solche Anlagen sind auf Listen, Formblätter und andere erläuternde Materialien wissenschaftlicher, technischer, verfahrensmäßiger oder verwaltungstechnischer Art beschränkt.

Artikel 24

Die Bestimmungen des Artikels 14 des Rahmenübereinkommens über die Beilegung von Streitigkeiten finden sinngemäß auf dieses Übereinkommen Anwendung.

Artikel 25

(1) Jede Vertragspartei hat eine Stimme, sofern nicht in Absatz 2 etwas anderes bestimmt ist.

(2) Organisationen der regionalen Wirtschaftsintegration üben in Angelegenheiten ihrer Zuständigkeit ihr Stimmrecht mit der Anzahl von Stimmen aus, die der Anzahl ihrer Mitgliedstaaten entspricht, die Vertragsparteien dieses Übereinkommens sind. Eine solche Organisation übt ihr Stimmrecht nicht aus, wenn einer ihrer Mitgliedstaaten sein Stimmrecht ausübt, und umgekehrt.

Artikel 26

Der Generalsekretär der Vereinten Nationen ist Verwahrer dieses Übereinkommens.

Artikel 27

Vorbehalte zu diesem Übereinkommen sind nicht zulässig.

Artikel 28

(1) Eine Vertragspartei kann jederzeit nach Ablauf von drei Jahren nach dem Zeitpunkt, zu dem dieses Übereinkommen für sie in Kraft getreten ist, durch eine an den Verwahrer gerichtete schriftliche Notifikation von diesem Übereinkommen zurücktreten.

(2) Der Rücktritt wird nach Ablauf eines Jahres nach dem Eingang der Rücktrittsnotifikation beim Verwahrer oder zu einem gegebenenfalls in der Rücktrittsnotifikation genannten späteren Zeitpunkt wirksam.

(3) Eine Vertragspartei, die vom Rahmenübereinkommen zurücktritt, gilt auch als von diesem Übereinkommen zurückgetreten.

Artikel 29

Die Urschrift dieses Übereinkommens, dessen arabischer, chinesischer, englischer, französischer, russischer und spanischer Wortlaut gleichermaßen verbindlich ist, wird beim Generalsekretär der Vereinten Nationen hinterlegt.

Geschehen zu Paris am 12. Dezember 2015.

Zu Urkund dessen haben die hierzu gehörig befugten Unterzeichneten dieses Übereinkommen unterschrieben.

2. EU Referenzwerte-Verordnung

ABl L 2019/317, S. 17 idgF

DAS EUROPÄISCHE PARLAMENT UND DER RAT DER EUROPÄISCHEN UNION —

gestützt auf den Vertrag über die Arbeitsweise der Europäischen Union, insbesondere auf Artikel 114,

auf Vorschlag der Europäischen Kommission,

nach Zuleitung des Entwurfs des Gesetzgebungsakts an die nationalen Parlamente,

nach Stellungnahme des Europäischen Wirtschafts- und Sozialausschusses [(1)],

gemäß dem ordentlichen Gesetzgebungsverfahren [(2)],

in Erwägung nachstehender Gründe:

(1) Am 25. September 2015 verabschiedete die Generalversammlung der Vereinten Nationen einen neuen globalen Rahmen zur nachhaltigen Entwicklung: die Agenda 2030 für nachhaltige Entwicklung (im Folgenden „Agenda 2030"), deren Kernstück die Ziele für nachhaltige Entwicklung sind. In der Mitteilung der Kommission vom 22. November 2016 über die nächsten Schritte für eine nachhaltige Zukunft Europas werden diese Nachhaltigkeitsziele mit dem politischen Rahmen der Union verbunden, damit in allen innen- und außenpolitischen Maßnahmen und Initiativen der Union die Ziele für nachhaltige Entwicklung von Beginn an berücksichtigt werden. In seinen Schlussfolgerungen vom 20. Juni 2017 hat der Rat die Entschlossenheit der Union und ihrer Mitgliedstaaten bekräftigt, die Agenda 2030 vollständig, kohärent, umfassend, integrativ und wirksam und in enger Zusammenarbeit mit den Partnern und anderen Akteuren umzusetzen.

(2) Das im Rahmen des Rahmenübereinkommens der Vereinten Nationen über Klimaänderungen geschlossene Übereinkommen von Paris (im Folgenden „Übereinkommen von Paris"), das die Union am 5. Oktober 2016 billigte [(3)] und das am 4. November 2016 in Kraft getreten ist, gibt das Ziel vor, entschlossener gegen Klimaänderungen vorzugehen, indem unter anderem, die Finanzmittelflüsse auf den Weg hin zu einer an Treibhausgase emissionsarmen und gegenüber Klimaänderungen widerstandsfähigen Entwicklung gebracht werden.

(3) Um die Ziele des Übereinkommens von Paris zu erreichen und die Risiken und Auswirkungen des Klimawandels deutlich zu verringern, besteht das globale Ziel darin, den Anstieg der globalen Durchschnittstemperatur deutlich unter 2 °C gegenüber dem vorindustriellen Niveau zu halten und Anstrengungen zu unternehmen, um den Temperaturanstieg auf 1,5 °C gegenüber dem vorindustriellen Niveau zu begrenzen.

(4) Am 8. Oktober 2018 veröffentlichte der Zwischenstaatliche Ausschuss für Klimaänderungen (Intergovernmental Panel on Climate Change, IPCC) den Sonderbericht über die Folgen einer globalen Erwärmung um 1,5 °C, in dem festgestellt wird, dass die Begrenzung der globalen Erwärmung auf 1,5 °C rasche weitreichende und beispiellose Veränderungen in allen Bereichen der Gesellschaft erfordert und dass die Begrenzung der globalen Erwärmung auf 1,5 °C statt auf 2 °C mit der Schaffung einer nachhaltigeren und gerechteren Gesellschaft Hand in Hand gehen könnte.

(5) Nachhaltigkeit und der Übergang zu einer CO_2-armen, gegenüber Klimaänderungen widerstandsfähigen und ressourceneffizienteren Kreislaufwirtschaft sind von entscheidender Bedeutung, um die langfristige Wettbewerbsfähigkeit der Wirtschaft der Union sicherzustellen. Nachhaltigkeit steht seit vielen Jahren im Mittelpunkt der Unionspolitik, und ihre soziale und umweltpolitische Dimension wird im Vertrag über die Europäische Union und im Vertrag über die Arbeitsweise der Europäischen Union (AEUV) anerkannt. Es bleibt jedoch nur wenig Zeit, um einen Wandel der vorherrschenden Denkweise in der Finanzwirtschaft hin zu Nachhaltigkeit zu bewirken und sicherzustellen, dass der Anstieg der weltweiten Durchschnittstemperatur deutlich unter 2 °C bleibt. Daher müssen Investitionen in neue Infrastruktur auf lange Sicht unbedingt nachhaltig sein.

(6) In ihrer Mitteilung vom 8. März 2018 veröffentlichte die Kommission ihren Aktionsplan zur Finanzierung nachhaltigen Wachstums, mit dem eine ehrgeizige und umfassende Strategie für ein nachhaltiges Finanzwesen auf den Weg gebracht wurde. Eines der Ziele des Plans besteht darin, die Kapitalflüsse in nachhaltige Investitionen umzulenken, um ein nachhaltiges und inklusives Wachstum zu erreichen. Es ist von entscheidender Bedeutung, dass der Verringerung der Auswirkungen des Klimawandels stärkeres Gewicht verliehen wird, da durch unvorhersehbare Witterungsbedingungen ausgelöste Katastrophen drastisch zugenommen haben.

(7) Im Beschluss Nr. 1386/2013/EU des Europäischen Parlaments und des Rates [(4)] wurde gefordert, umwelt- und klimabezogene Ausgaben

verstärkt durch die Privatwirtschaft zu finanzieren, insbesondere durch die Schaffung von Anreizen und Methoden, mit denen Unternehmen dazu angeregt werden, die umweltbezogenen Kosten ihres Unternehmens sowie die Vorteile zu bemessen, die sich aus der Nutzung von Umweltdienstleistungen ergeben.

(8) Um die Nachhaltigkeitsziele in der Union zu verwirklichen, müssen die Kapitalflüsse in nachhaltige Investitionen gelenkt werden. Dafür ist es wichtig, das Potenzial des Binnenmarktes in vollem Umfang auszuschöpfen. In diesem Zusammenhang ist es von entscheidender Bedeutung, Hindernisse für die effiziente Lenkung von Kapital in nachhaltige Investitionen im Binnenmarkt zu beseitigen und der Entstehung neuer Hindernisse vorzubeugen.

(9) In der Verordnung (EU) 2016/1011 des Europäischen Parlaments und des Rates [5] werden für verschiedene Arten von Referenzwerten in der Union einheitliche Vorschriften festgelegt. Immer mehr Anleger setzen auf Strategien für CO_2-arme Investitionen und verwenden entsprechende Referenzwerte zur Messung der Wertentwicklung ihrer Anlageportfolios. Durch die Einführung von EU-Referenzwerten für den klimabedingten Wandel und auf das Übereinkommen von Paris abgestimmten EU-Referenzwerten (im Folgenden: „Paris-abgestimmte EU-Referenzwerte“), die sich auf eine Methode stützen, die an die Verpflichtungen aus dem Übereinkommen von Paris im Zusammenhang mit CO_2-Emissionen gekoppelt ist, würde dazu beigetragen, dass mehr Transparenz herrscht und Grünfärberei („Greenwashing“) vorgebeugt wird.

(10) Ein breites Spektrum an Indizes wird derzeit unter der Bezeichnung „CO_2-arme Indizes“ zusammengefasst. Diese CO_2-armen Indizes werden als Referenzwerte für länderübergreifend vermarktete Anlageportfolios und -produkte verwendet. Qualität und Integrität von CO_2-armen Referenzwerten wirken sich auf das reibungslose Funktionieren des Binnenmarktes aus, da sie bei einer Vielzahl individueller und kollektiver Anlageportfolios Anwendung finden. Viele CO_2-arme Indizes, die verwendet werden, um die Wertentwicklung von Anlageportfolios, insbesondere bei getrennten Anlagekonten und Organismen für gemeinsame Anlagen zu messen, werden in einem Mitgliedstaat bereitgestellt, aber von Portfolio- und Vermögensverwaltern in anderen Mitgliedstaaten genutzt. Auch für die Absicherung ihres CO_2-Risikos verwenden Portfolio- und Vermögensverwalter häufig Referenzwerte aus anderen Mitgliedstaaten.

(11) Verschiedene Kategorien von unterschiedlich ambitionierten CO_2-armen Indizes stehen bereits auf dem Markt zur Verfügung. Während mit einigen Referenzwerten darauf abgezielt wird, den CO_2-Fußabdruck eines Standardanlageportfolios zu verringern, wird mit anderen das Ziel verfolgt, nur Komponenten auszuwählen, die dazu beitragen, das im Übereinkommen von Paris festgelegte Zwei-Grad-Ziel zu erreichen. Trotz der Unterschiede bei den verfolgten Zielen und angewandten Strategien werden viele dieser Referenzwerte in der Regel als Referenzwerte für CO_2-arme Investitionen beworben.

(12) Unterschiedliche Ansätze bei der Referenzwert-Methode führen zu einer Fragmentierung des Binnenmarktes, da es den Nutzern von Referenzwerten nicht klar ist, ob ein bestimmter CO_2-armer Index ein auf die Ziele des Übereinkommens von Paris ausgerichteter Referenzwert oder lediglich ein Referenzwert ist, der der Verringerung des CO_2-Fußabdrucks eines Standardanlageportfolios dienen soll. Um potenziell ungerechtfertigten Behauptungen von Administratoren zum CO_2-armen Charakter ihrer Referenzwerte zu begegnen, ist es wahrscheinlich, dass die Mitgliedstaaten ihre eigenen Vorschriften erlassen, um Anleger vor Verwechslung und Unklarheit über die Ziele und das Ambitionsniveau der verschiedenen Kategorien von sogenannten CO_2-armen Indizes, die als Referenzwerte für Portfolios mit CO_2-armen Anlagewerten verwendet werden, zu schützen.

(13) Da es bislang keinen harmonisierten Rahmen zur Sicherstellung der Genauigkeit und Integrität der wichtigsten Kategorien von Referenzwerten für CO_2-arme Investitionen gibt, die in individuellen oder in kollektiven Anlageportfolios verwendet werden, ist es wahrscheinlich, dass durch unterschiedliche Ansätze in den Mitgliedstaaten Hindernisse für das reibungslose Funktionieren des Binnenmarkts entstehen.

(14) Um das ordnungsgemäße Funktionieren des Binnenmarkts zugunsten der Anleger sicherzustellen, das Funktionieren des Binnenmarktes weiter zu verbessern und ein hohes Maß an Verbraucher- und Anlegerschutz zu gewährleisten, ist es angemessen, die Verordnung (EU) 2016/1011 zu ändern, indem ein Regulierungsrahmen eingeführt wird, in dem auf Unionsebene Mindestanforderungen an EU-Referenzwerte für den klimabedingten Wandel und Paris-abgestimmte EU-Referenzwerte festgelegt werden. In diesem Zusammenhang ist es von besonderer Bedeutung, dass durch solche Referenzwerte andere Ziele in den Bereichen Umwelt, Soziales und Governance (ESG) nicht erheblich beeinträchtigt werden.

(15) Die Einführung einer klaren Unterscheidung zwischen EU-Referenzwerten für den klimabedingten Wandel einerseits und Paris-abgestimmten EU-Referenzwerten andererseits sowie die Ausarbeitung von Mindeststandards

für jeden dieser Referenzwerte würde zur Kohärenz dieser Referenzwerte beitragen. Die Paris-abgestimmten EU-Referenzwerte sollten auf Indexebene mit den Zielen des Übereinkommens von Paris im Einklang stehen.

(16) Damit die Bezeichnungen „EU-Referenzwerte für den klimabedingten Wandel“ und „Paris-abgestimmter EU-Referenzwert“ verlässlich und für Anleger in der gesamten Union leicht erkennbar sind, sollten nur Administratoren, die die Anforderungen dieser Verordnung erfüllen, diese Bezeichnungen bei der Vermarktung von EU-Referenzwerten für den klimabedingten Wandel und Paris-abgestimmten EU-Referenzwerten in der Union verwenden dürfen.

(17) Um Unternehmen dazu zu bewegen, glaubwürdige Unternehmensziele für die Verringerung der CO_2-Emissionen offenzulegen, sollte der Administrator eines EU-Referenzwerts für den klimabedingten Wandel bei der Auswahl oder Gewichtung der zugrunde liegenden Vermögenswerte Unternehmen berücksichtigen, die darauf hinarbeiten, ihre CO_2-Emissionen in Richtung der Ziele des Übereinkommens von Paris zu verringern. Solche Unternehmensziele sollten veröffentlicht werden und in dem Sinne glaubwürdig sein, dass sie eine echte Dekarbonisierungsverpflichtung enthalten sowie hinreichend detailliert und technisch durchführbar sind.

(18) Wer Referenzwerte nutzt, verfügt nicht immer über die erforderlichen Informationen darüber, inwieweit ESG-Faktoren in der Methode von Referenzwert-Administratoren berücksichtigt werden. Solche Informationen liegen häufig nur verstreut vor oder sind gar nicht verfügbar, sodass kein aussagekräftiger Vergleich zum Zwecke von Investitionen über Staatsgrenzen hinweg möglich ist. Damit die Marktteilnehmer fundierte Entscheidungen treffen können, sollten alle Referenzwert-Administratoren abgesehen von Administratoren von Zinssatz- und Wechselkurs-Referenzwerten verpflichtet werden, in ihrer Referenzwert-Erklärung anzugeben, ob mit ihren Referenzwerten oder Referenzwert-Familien ESG-Ziele verfolgt werden und ob der Referenzwert-Administrator solche Referenzwerte anbietet.

(19) Um Anleger darüber zu unterrichten, in welchem Ausmaß wichtige Eigenkapital- und Anleihe-Referenzwerte sowie EU-Referenzwerte für den klimabedingten Wandel und Paris-abgestimmte EU-Referenzwerte dazu beitragen, die Ziele des Übereinkommens von Paris zu erreichen, sollten Referenzwert-Administratoren detaillierte Informationen darüber veröffentlichen, ob und inwieweit ein gewisses Maß an Ausrichtung auf das Ziel der Verringerung der CO_2-Emissionen bzw. auf die Verwirklichung der Ziele des Übereinkommens von Paris insgesamt sichergestellt ist.

(20) Administratoren von EU-Referenzwerten für den klimabedingten Wandel und Paris-abgestimmten EU-Referenzwerten sollten auch die für die Berechnung dieser Referenzwerte verwendete Methode veröffentlichen. Aus diesen Informationen sollte hervorgehen, wie die zugrunde liegenden Vermögenswerte ausgewählt und gewichtet wurden, welche Vermögenswerte und aus welchem Grund ausgeschlossen wurden. Um den Beitrag des jeweiligen Referenzwerts zur Verwirklichung der Umweltziele zu bewerten, sollte der Referenzwert-Administrator offenlegen, wie die CO_2-Emissionen der zugrunde liegenden Vermögenswerte gemessen wurden, und die entsprechenden Werte einschließlich des gesamten CO_2-Fußabdrucks des Referenzwerts sowie die Art und die Quellen der verwendeten Daten angeben. Damit Vermögensverwalter den für ihre Anlagestrategie am besten geeigneten Referenzwert auswählen können, sollten die Referenzwert-Administratoren die den Parametern ihrer Methode zugrunde liegende Logik erläutern und darlegen, wie der Referenzwert zur Verwirklichung der Umweltziele beiträgt. Die veröffentlichten Informationen sollten auch Einzelheiten über die Häufigkeit der Überprüfungen und das angewandte Verfahren umfassen.

(21) Die Methode, die für EU-Referenzwerte für den klimabedingten Wandel und für Paris-abgestimmte EU-Referenzwerte verwendet wird, sollte auf wissenschaftlich begründeten Dekarbonisierungszielpfaden beruhen oder insgesamt auf die Ziele des Übereinkommens von Paris abgestimmt sein.

(22) Damit zu keinem Zeitpunkt von dem erklärten Ziel der Eindämmung des Klimawandels abgewichen wird, sollten die Administratoren von EU-Referenzwerten für den klimabedingten Wandel und von Paris-abgestimmten EU-Referenzwerten regelmäßig ihre Methode überprüfen und die Nutzer über die anwendbaren Verfahren bei wesentlichen Änderungen dieser Methode informieren. Bei wesentlichen Änderungen sollten die Referenzwert-Administratoren die Gründe für diese Änderung offenlegen und erläutern, inwiefern diese Änderung mit den ursprünglichen Zielen der Zinssatz- und Wechselkurs- Referenzwerte vereinbar ist.

(23) Referenzwerte, deren zugrunde liegende Vermögenswerte keine Auswirkungen auf den Klimawandel haben, beispielsweise Zinssatz- und Wechselkurs-Referenzwerte, sollten von der Verpflichtung ausgenommen werden, in ihrer Referenzwert-Erklärung Angaben dazu zu machen, ob und in welchem Maß die Ausrichtung insgesamt auf ihr Unternehmensziel der Verringerung der CO_2-Emissionen bzw. die Verwirklichung der Ziele des Übereinkommens von Paris

sichergestellt ist. Bei jedem Referenzwert oder gegebenenfalls jeder Referenzwert-Familie, mit denen nicht das Ziel verfolgt wird, die CO_2-Emissionen zu verringern, sollte es außerdem ausreichen, das in der Referenzwert-Erklärung eindeutig anzugeben.

(24) Um die Transparenz zu erhöhen und ein angemessenes Maß an Harmonisierung zu gewährleisten, sollte der Kommission die Befugnis übertragen werden, gemäß Artikel 290 AEUV Rechtsakte zu erlassen, um den Mindestumfang der Offenlegungspflichten zu bestimmen, denen Administratoren von EU-Referenzwerten für den klimabedingten Wandel und Administratoren von Paris-abgestimmten EU-Referenzwerten unterliegen, und die Mindeststandards für die Harmonisierung der Methode für EU-Referenzwerte für den klimabedingten Wandel und Paris-abgestimmte EU-Referenzwerte, einschließlich der Methode für die Berechnung der mit den zugrunde liegenden Vermögenswerten verbundenen CO_2-Emissionen, festzulegen; dabei sollten die Methoden zur Berechnung des Umweltfußabdrucks von Produkten und Organisationen gemäß Abschnitt 2 Buchstaben a und b der Empfehlung 2013/179/EU der Kommission [6] und die Arbeit der Gruppe technischer Sachverständiger für nachhaltiges Finanzwesen (Technical Expert Group on Sustainable Finance, TEG) berücksichtigt werden. Es ist von besonderer Bedeutung, dass die Kommission im Zuge ihrer Vorbereitungsarbeit angemessene offene und öffentliche Konsultationen, auch auf Sachverständigenebene, zu jedem dieser delegierten Rechtsakte durchführt, die mit den Grundsätzen in Einklang stehen, die in der Interinstitutionellen Vereinbarung vom 13. April 2016 über bessere Rechtsetzung [7] niedergelegt wurden. Um insbesondere für eine gleichberechtigte Beteiligung an der Vorbereitung delegierter Rechtsakte zu sorgen, erhalten das Europäische Parlament und der Rat alle Dokumente zur gleichen Zeit wie die Sachverständigen der Mitgliedstaaten, ihre Sachverständigen haben systematisch Zugang zu den Sitzungen der Sachverständigengruppen der Kommission, die mit der Vorbereitung der delegierten Rechtsakte befasst sind, und sie erhalten die Protokolle aller Sitzungen der TEG.

(25) Mit der Verordnung (EU) 2016/1011 wurde ein Übergangszeitraum eingeführt, in dem Index-Anbieter, die am 30. Juni 2016 Referenzwerte bereitstellen, bis zum 1. Januar 2020 eine Zulassung oder Registrierung zu beantragen haben. Die Einstellung eines kritischen Referenzwerts könnte Auswirkungen auf die Integrität des Marktes, die Finanzstabilität, die Verbraucher, die Realwirtschaft und die Finanzierung von Haushalten und Unternehmen in den? Mitgliedstaaten haben. Die Einstellung eines kritischen Referenzwertes könnte auch die Gültigkeit von Finanzkontrakten oder Finanzinstrumenten beeinträchtigen und Beeinträchtigungen für Anleger und Verbraucher — mit möglicherweise schwerwiegenden Auswirkungen auf die Finanzstabilität — verursachen. Falls für kritische Referenzwerte keine Eingabedaten mehr verfügbar wären, könnte das zudem den repräsentativen Charakter dieser Referenzwerte untergraben und sich negativ auf die Eignung des Referenzwerts auswirken, den zugrunde liegenden Markt oder die zugrunde liegende wirtschaftliche Realität widerzuspiegeln. Daher sollten die maximalen Zeiträume für die Pflicht zur Verwaltung von kritischen Referenzwerten sowie für die Pflicht zur Lieferung von Beiträgen zu solchen Referenzwerten auf fünf Jahre verlängert werden. Kritische Referenzwerte sind derzeit Gegenstand eines Reformprozesses. Der Übergang von einem bestehenden kritischen Referenzwert zu einem geeigneten Nachfolgewert erfordert einen Übergangszeitraum, damit alle gesetzlichen und technischen Vorkehrungen, die für einen solchen Übergang notwendig sind, ohne Störungen abgeschlossen werden können. Während dieses Übergangszeitraums sollte der bestehende kritische Referenzwert zusammen mit dem letztendlichen Nachfolgewertveröffentlicht werden. Daher ist es notwendig, den Zeitraum zu verlängern, in dem ein bestehender kritischer Referenzwert veröffentlicht und verwendet werden kann, ohne dass sein Administrator eine Zulassung beantragt hat.

(26) Die Verordnung (EU) 2016/1011 sollte daher entsprechend geändert werden —

HABEN FOLGENDE VERORDNUNG ERLASSEN:

---

(1) ABl. C 62 vom 15.2.2019, S. 103.

(2) Standpunkt des Europäischen Parlaments vom 26. März 2019 (noch nicht im Amtsblatt veröffentlicht) und Beschluss des Rates vom 8. November 2019.

(3) Beschluss (EU) 2016/1841 des Rates vom 5. Oktober 2016 über den Abschluss des im Rahmen des Rahmenübereinkommens der Vereinten Nationen über Klimaänderungen geschlossenen Übereinkommens von Paris im Namen der Europäischen Union (ABl. L 282 vom 19.10.2016, S. 1).

(4) Beschluss Nr. 1386/2013/EU des Europäischen Parlaments und des Rates vom 20. November 2013 über ein allgemeines Umweltaktionsprogramm der Union für die Zeit bis 2020 „Gut leben innerhalb der Belastbarkeitsgrenzen unseres Planeten" (ABl. L 354 vom 28.12.2013, S. 171).

(5) Verordnung (EU) 2016/1011 des Europäischen Parlaments und des Rates vom 8. Juni 2016 über Indizes, die bei Finanzinstrumenten und Finanzkontrakten als Referenzwert oder zur Messung der Wertentwicklung eines Investmentfonds verwendet werden, und zur Änderung der Richtlinien 2008/48/EG und 2014/17/EU sowie der Verordnung (EU) Nr. 596/2014 (ABl. L 171 vom 29.6.2016, S. 1).

[6] Empfehlung 2013/179/EU der Kommission vom 9. April 2013 für die Anwendung gemeinsamer Methoden zur Messung und Offenlegung der Umweltleistung von Produkten und Organisationen (ABl. L 124 vom 4.5.2013, S. 1).
[7] ABl. L 123 vom 12.5.2016, S. 1.

Artikel 1
Änderung der Verordnung (EU) 2016/1011

Die Verordnung (EU) 2016/1011 wird wie folgt geändert:

1. In Artikel 3 Absatz 1 werden die folgenden Nummern eingefügt:

„23a. „EU-Referenzwert für den klimabedingten Wandel" einen Referenzwert, der als EU-Referenzwert für den klimabedingten Wandel bezeichnet wird und folgende Anforderungen erfüllt:

a) für die Zwecke von Nummer 1 Buchstabe b Ziffer ii dieses Absatzes und des Artikels 19b werden seine zugrunde liegenden Vermögenswerte so ausgewählt, gewichtet oder ausgeschlossen, dass sich das daraus resultierende Referenzwert-Portfolio auf einem Dekarbonisierungszielpfad befindet; und

b) er wurde nach den Mindeststandards erstellt, die in den in Artikel 19a Absatz 2 genannten delegierten Rechtsakten festgelegt wurden.

23b. „Paris-abgestimmter EU-Referenzwert" einen Referenzwert, der als Paris-abgestimmter EU-Referenzwert bezeichnet wird und die folgenden Anforderungen erfüllt:

a) für die Zwecke von Nummer 1 Buchstabe b Ziffer ii dieses Absatzes und des Artikels 19c werden seine zugrunde liegenden Vermögenswerte so ausgewählt, gewichtet oder ausgeschlossen, dass die CO_2-Emissionen des daraus resultierenden Referenzwert-Portfolios auf die Ziele des Übereinkommens von Paris — das im Rahmen des Rahmenübereinkommens der Vereinten Nationen über Klimaänderungen geschlossen wurde und das die Union am 5. Oktober 2016 billigte [*1] (im Folgenden „Übereinkommen von Paris") — ausgerichtet sind,

b) er wurde nach den Mindeststandards erstellt, die in den in Artikel 19a Absatz 2 genannten delegierten Rechtsakten festgelegt wurden, und

c) durch die Tätigkeiten im Zusammenhang mit seinen zugrunde liegenden Vermögenswerten werden andere Ziele in den Bereichen Umwelt, Soziales und Governance (ESG) nicht erheblich beeinträchtigt.

23c. „Dekarbonisierungszielpfad" einen messbaren, wissenschaftsgestützten, zeitgebundenen Zielpfad zur Ausrichtung auf die Ziele des Übereinkommens von Paris durch die Verringerung der in Anhang III Nummer 1 Buchstabe e genannten Scope-1-, Scope-2- und Scope-3- CO_2-Emissionen.

[*1] Beschluss (EU) 2016/1841 des Rates vom 5. Oktober 2016 über den Abschluss des im Rahmen des Rahmenübereinkommens der Vereinten Nationen über Klimaänderungen geschlossenen Übereinkommens von Paris im Namen der Europäischen Union (ABl. L 282 vom 19.10.2016, S. 1)." "

2. Artikel 13 wird wie folgt geändert:

a) Absatz 1 wird wie folgt geändert:

i) Folgender Buchstabe wird angefügt:

„d) eine Erläuterung, wie bei allen Referenzwerten oder Referenzwert-Familien, abgesehen von Zinssatz- und Wechselkurs-Referenzwerten, die wichtigsten Elemente der unter Buchstabe a festgelegten Methode den ESG-Faktoren Rechnung tragen."

ii) Folgender Unterabsatz wird angefügt:

„Referenzwert-Administratoren müssen die Anforderung des Unterabsatzes 1 Buchstabe d bis zum 30. April 2020 erfüllen."

b) Folgender Absatz wird eingefügt:

„(2a) Der Kommission wird die Befugnis übertragen, gemäß Artikel 49 delegierte Rechtsakte zu erlassen, um diese Verordnung durch Festlegung der Mindestangaben der in Absatz 1 Unterabsatz 1 Buchstaben d des vorliegenden Artikels genannten Erklärung und des zu verwendenden Standardformats zu ergänzen."

3. In Titel III wird folgendes Kapitel eingefügt:

„*KAPITEL 3a*

EU-Referenzwerte für den klimabedingten Wandel sowie Paris-abgestimmte EU-Referenzwerte

Artikel 19a
EU-Referenzwerte für den klimabedingten Wandel sowie Paris-abgestimmte EU-Referenzwerte

(1) Für die Bereitstellung von und das Beitragen zu EU-Referenzwerten für den klimabedingten Wandel und Paris-abgestimmten EU-Referenzwerten gelten die Anforderungen des Anhangs III zusätzlich zu den Anforderungen der Titel II, III und IV.

(2) Der Kommission wird die Befugnis übertragen, gemäß Artikel 49 delegierte Rechtsakte zu erlassen, um diese Verordnung durch Festlegung der Mindeststandards für EU-Referenzwerte für den klimabedingten Wandel und Pari- abgestimmte EU-Referenzwerte zu ergänzen und Folgendes genauer zu bestimmen:

a) die Kriterien für die Auswahl der zugrunde liegenden Vermögenswerte und gegebenenfalls auch etwaige Ausschlusskriterien für bestimmte Vermögenswerte;

b) die Kriterien und Methoden für die Gewichtung der dem Referenzwert zugrunde liegenden Vermögenswerte;

c) die Berechnung des Dekarbonisierungszielpfads für die EU-Referenzwerte für den klimabedingten Wandel.

(3) Referenzwert-Administratoren, die einen EU-Referenzwert für den klimabedingten Wandel oder einen Paris-abgestimmten EU-Referenzwert bereitstellen, muss bis zum 30. April 2020 die Anforderungen dieser Verordnung erfüllen.

Artikel 19b
Anforderungen an EU-Referenzwerte für den klimabedingten Wandel

Die Anbieter von EU-Referenzwerten für den klimabedingten Wandel müssen bis zum 31. Dezember 2022 gemäß den folgenden Anforderungen zugrunde liegende Vermögenswerte auswählen, gewichten oder ausschließen, die von Unternehmen ausgegeben werden, die einen Dekarbonisierungszielpfad verfolgen:

i) Die Unternehmen legen messbare Unternehmensziele für die Verringerung der CO_2-Emissionen offen, die innerhalb bestimmter Fristen zu erreichen sind,

ii) Die Unternehmen legen Daten über die Verringerung der CO_2-Emissionen offen, die bis zu der Ebene maßgeblicher operativer Tochtergesellschaften aufgeschlüsselt sind,

iii) Die Unternehmen legen jährliche Informationen über die Fortschritte bei der Verwirklichung dieser Unternehmensziele offen,

iv) Die Tätigkeiten im Zusammenhang mit den zugrunde liegenden Vermögenswerten beeinträchtigen nicht erheblich andere ESG-Ziele;

Artikel 19c
Ausschließungen für EU-Referenzwerte für den klimabedingten Wandel

(1) Die Kommission wird ermächtigt, bis zum 1. Januar 2021 einen delegierten Rechtsakt gemäß Artikel 49 zu erlassen, um diese Verordnung durch Benennung der Wirtschaftszweige zu ergänzen, die angesichts/wegen/aufgrund/anhand der Paris-abgestimmten EU-Referenzwerte auszuschließen sind, weil sie keine messbaren Unternehmensziele zur Verringerung von CO_2-Emissionen mit bestimmten Fristen haben, die mit den Zielen des Übereinkommens von Paris vereinbar sind. Die Kommission erlässt diesen delegierten Rechtsakt bis zum 1, Januar 2021 und aktualisiert ihn alle drei Jahre.

(2) Die Kommission berücksichtigt bei der Ausarbeitung des in Absatz 1 genannten delegierten Rechtsakts die Arbeiten der Gruppe technischer Sachverständiger für nachhaltiges Finanzwesen.

Artikel 19d
Bestreben zur Bereitstellung von EU-Referenzwerten für den klimabedingten Wandel

In der Union ansässige Administratoren, die signifikante Referenzwerte bereitstellen, die auf der Grundlage des Werts eines oder mehrerer zugrunde liegender Vermögenswerte oder Preise ermittelt wurden, bemühen sich, bis zum 1. Januar 2022 einen oder mehrere EU-Referenzwerte für den klimabedingten Wandel bereitzustellen.“

4. In Artikel 21 Absatz 3 erhält Unterabsatz 3 folgende Fassung:

„Bis zum Ende dieses Zeitraums überprüft die zuständige Behörde ihren Beschluss, den Administrator dazu zu verpflichten, den Referenzwert weiterhin zu veröffentlichen. Die zuständige Behörde kann diesen Zeitraum nötigenfalls um einen angemessenen Zeitraum von höchstens zwölf Monaten verlängern. Die Pflicht zur Verwaltung darf nicht länger als 5 Jahre bestehen.“

5. Artikel 23 wird wie folgt gändert:

a) In Absatz 6 erhält Unterabsatz 2 folgende Fassung:

„Die Beitragspflicht gemäß Unterabsatz 1 Buchstaben a und b darf nicht länger als 5 Jahre bestehen.“

b) Absatz 10 erhält folgende Fassung:

„(10) Falls die Bereitstellung eines kritischen Referenzwerts eingestellt wird, trägt jeder beaufsichtigte Kontributor zu diesem Referenzwert Eingabedaten während eines Zeitraums bei, der von der zuständigen Behörde bestimmt wird, aber den in Absatz 6 Unterabsatz 2 festgesetzten Zeitraum von höchstens 5 Jahren nicht übersteigt.“

6. In Artikel 27 werden die folgenden Absätze eingefügt:

„(2a) Bis zum 30. April 2020 wird für jede der in Absatz 2 genannten Anforderungen in einer Referenzwert-Erklärung erläutert, wie den ESG-Faktoren in allen bereitgestellten und veröffentlichten Referenzwerten oder Referenzwert-Familien Rechnung getragen wird. Bei Referenzwerten oder Referenzwert-Familien, mit denen keine ESG-Ziele verfolgt werden, ist es ausreichend, dass die Referenzwert-Administratoren in der Referenzwert-Erklärung eindeutig angeben, dass sie keine solchen Ziele verfolgen.

Ist in dem Portfolio des betreffenden Referenzwert-Administrators kein EU-Referenzwert für den klimabedingten Wandel oder kein Paris-abgestimmter EU-Referenzwert verfügbar oder hat der betreffende Referenzwert-Administrator keine Referenzwerte, mit denen ESG-Ziele verfolgt werden oder in denen ESG-Faktoren berücksichtigt werden, so wird das in den Referenzwert-Erklärungen aller von diesem Administrator bereitgestellten Referenzwerte angegeben. Für wichtige Eigenkapital- und Anleihe-Referenzwerte sowie für EU-Referenzwerte für den klimabedingten Wandel und Paris-abgestimmte EU-Referenzwerte veröffentlichen Referenzwert-Administratoren nach Maßgabe der Offenlegungsvorschriften für Finanzprodukte des Artikels 9 Absatz 3 der Verordnung (EU) 2019/2088 des Europäischen Parlaments und des Rates [*2] in ihren Referenzwert-Erklärungen Einzelheiten darüber, ob und in welchem Maß die Ausrichtung auf das Ziel der Verringerung der CO_2-Emissionen oder die Verwirklichung der Ziele des Übereinkommens von Paris insgesamt sichergestellt ist.

Bis zum 31. Dezember 2021 erläutern die Referenzwert-Administratoren für jeden Referenzwert oder gegebenenfalls jede Referenzwertfamilie, mit Ausnahme von Zinssatz- und Wechselkurs- Referenzwerten, in ihrer Referenzwert-Erklärung, inwiefern ihre Methode dem Ziel der Verringerung der CO_2-Emissionen dient oder die Ziele des Übereinkommens von Paris verwirklicht.

(2b) Der Kommission wird die Befugnis übertragen, gemäß Artikel 49 delegierte Rechtsakte zu erlassen, um diese Verordnung durch nähere Bestimmung der in der Referenzwert-Erklärung gemäß Absatz 2a zu machenden Angaben sowie des für Verweise auf ESG-Faktoren zu verwendenden Standardformats zu ergänzen, um die Marktteilnehmer in die Lage zu versetzen, fundierte Entscheidungen zu treffen, und um die technische Durchführbarkeit der Einhaltung des genannten Absatzes sicherzustellen.

[*2] Verordnung (EU) 2019/2088 des Europäischen Parlaments und des Rates vom 27. November 2019 über nachhaltigkeitsbezogene Offenlegungspflichten im Finanzdienstleistungssektor (ABl. L 317 vom 9.12.2019, S. 1).“ ”

7. Artikel 42 Absatz 1 Unterabsatz 1 erhält folgende Fassung:

„(1) Unbeschadet der Aufsichtsbefugnisse der zuständigen Behörden gemäß Artikel 41 und der Befugnis der Mitgliedstaaten, strafrechtliche Sanktionen vorzusehen und zu verhängen, statten die Mitgliedstaaten die zuständigen Behörden nach ihrem nationalen Recht mit der Befugnis aus, angemessene Verwaltungssanktionen und andere Verwaltungsmaßnahmen zumindest für die folgenden Verstöße zu verhängen:

a) wenn gegen die Artikel 4, 5, 6, 7, 8, 9, 10, 11, 12, 13, 14, 15, 16, 19a, 19b, 19c, 21, 23, 24, 25, 26, 27, 28, 29 oder 34 verstoßen wird, soweit jeweils anwendbar, und

b) wenn bei einer Untersuchung oder Prüfung nicht zusammengearbeitet oder einem unter Artikel 41 fallenden Ersuchen nicht nachgekommen wird.“

8. Artikel 49 erhält folgende Fassung:

„Artikel 49
Ausübung der Befugnisübertragung

(1) Die Befugnis zum Erlass delegierter Rechtsakte wird der Kommission unter den in diesem Artikel festgelegten Bedingungen übertragen.

(2) Die Befugnis zum Erlass der in Artikel 3 Absatz 2, Artikel 13 Absatz 2a, Artikel 19a Absatz 2, Artikel 19c Absatz 1, Artikel 20 Absatz 6, Artikel 24 Absatz 2, Artikel 27 Absatz 2b, Artikel 33 Absatz 7, Artikel 51 Absatz 6 und Artikel 54 Absatz 3 genannten Rechtsakte wird der Kommission für einen Zeitraum von 5 Jahren ab dem 10. Dezember 2019 übertragen. Die Kommission erstellt bis zum 11. März 2024 einen Bericht über die Befugnisübertragung. Die Befugnisübertragung verlängert sich stillschweigend um Zeiträume gleicher Länge, es sei denn, das Europäische Parlament oder der Rat widersprechen einer solchen Verlängerung spätestens drei Monate vor Ablauf des jeweiligen Zeitraums.

(3) Die Befugnisübertragung gemäß Artikel 3 Absatz 2, Artikel 13 Absatz 2a, Artikel 19a Absatz 2, Artikel 19c Absatz 1, Artikel 20 Absatz 6, Artikel 24 Absatz 2, Artikel 27 Absatz 2b, Artikel 33 Absatz 7, Artikel 51 Absatz 6 und Artikel 54 Absatz 3 kann vom Europäischen Parlament oder vom Rat jederzeit widerrufen werden. Der Beschluss über den Widerruf beendet die Übertragung der in dem Beschluss angegebenen Befugnis. Er wird am Tag nach seiner Veröffentlichung im *Amtsblatt der Europäischen Union* oder zu einem im Beschluss über den Widerruf angegebenen späteren Zeitpunkt wirksam. Die Gültigkeit von delegierten Rechtsakten, die bereits in Kraft sind, wird von dem Beschluss über den Widerruf nicht berührt.

(4) Vor dem Erlass eines delegierten Rechtsakts konsultiert die Kommission die von den einzelnen Mitgliedstaaten benannten Sachverständigen gemäß den in der Interinstitutionellen Vereinbarung vom 13. April 2016 über bessere Rechtsetzung niedergelegten Grundsätzen.

(5) Sobald die Kommission einen delegierten Rechtsakt erlässt, übermittelt sie ihn gleichzeitig dem Europäischen Parlament und dem Rat.

(6) Ein delegierter Rechtsakt, der gemäß Artikel 3 Absatz 2, Artikel 13 Absatz 2a, Artikel 19a Absatz 2, Artikel 19c Absatz 1, Artikel 20 Absatz 6, Artikel 24 Absatz 2, Artikel 27 Absatz 2, Artikel 33 Absatz 7, Artikel 51 Absatz 6 oder Artikel 54 Absatz 3 erlassen wurde, tritt nur in Kraft, wenn weder das Europäische Parlament noch der Rat innerhalb einer Frist von drei Monaten nach Übermittlung dieses Rechtsakts an das Europäische Parlament und den Rat Einwände erhoben haben oder wenn vor Ablauf dieser Frist sowohl das Europäische Parlament als auch der

Rat der Kommission mitgeteilt haben, dass sie keine Einwände erheben werden. Auf Initiative des Europäischen Parlaments oder des Rates wird diese Frist um drei Monate verlängert."

9. Artikel 51 wird wie folgt geändert:

a) Folgende Absätze werden eingefügt:

„(4a) Ein Index-Anbieter darf einen bestehenden Referenzwert, der durch einen von der Kommission gemäß Artikel 20 erlassenen Durchführungsrechtsakt als kritischer Referenzwert anerkannt wurde, bis zum 31. Dezember 2021 weiterhin bereitstellen; stellt der Index-Anbieter einen Antrag auf Genehmigung gemäß Absatz 1, so darf er den Referenzwert weiterhin bereitstellen, wenn und solange die Genehmigung nicht abgelehnt wird.

(4b) Ein bestehender Referenzwert, der durch einen von der Kommission gemäß Artikel 20 angenommenen Durchführungsrechtsakt als kritischer Referenzwert anerkannt worden ist, darf noch bis zum 31. Dezember 2021- in bestehenden und neuen Finanzinstrumenten, Finanzkontrakten oder zur Messung der Wertentwicklung eines Investmentfonds verwendet werden; stellt ein Index-Anbieter einen Antrag auf Genehmigung gemäß Absatz 1, so darf der Referenzwert verwendet werden, wenn und solange die Genehmigung nicht abgelehnt wird."

b) Absatz 5 erhält folgende Fassung:

„(5) Hat die Kommission keinen Beschluss über die Gleichwertigkeit gemäß Artikel 30 Absatz 2 oder 3 gefasst oder ist ein Administrator nicht gemäß Artikel 32 anerkannt worden oder ist ein Referenzwert nicht gemäß Artikel 33 übernommen worden, so ist die Verwendung eines Referenzwerts, der von einem in einem Drittstaat ansässigen Administrator bereitgestellt wurde und der in der Union bereits als Bezugsgrundlage für Finanzinstrumente und Finanzkontrakte oder zur Messung der Wertentwicklung von Investmentfonds verwendet wird, durch beaufsichtigte Unternehmen in der Union nur im Fall derjenigen Finanzinstrumente, Finanzkontrakte und Messungen der Wertentwicklung von Investmentfonds gestattet, die am 31. Dezember 2021 bereits auf diesen Referenzwert in der Union Bezug nehmen oder die vor dem 31. Dezember 2021 einen Bezug auf einen solchen Referenzwert hinzufügen."

10. In Artikel 54 werden folgende Absätze angefügt:

„(4) Bis zum 31. Dezember 2022 überprüft die Kommission die Mindeststandards für die EU-Referenzwerte für den klimabedingten Wandel und für die Paris-abgestimmten EU-Referenzwerte, damit die Auswahl der zugrunde liegenden Vermögenswerte mit ökologisch nachhaltigen Investitionen, die in einem unionsweiten Rahmen festgelegt werden, vereinbar ist.

(5) Vor dem 31. Dezember 2022 legt die Kommission dem Europäischen Parlament und dem Rat einen Bericht über die Auswirkungen dieser Verordnung und die Realisierbarkeit eines „ESG-Referenzwertes" vor, wobei sie der ständigen Weiterentwicklung der Nachhaltigkeitsindikatoren und den Methoden zu ihrer Messung Rechnung trägt. Dem Bericht wird erforderlichenfalls ein Legislativvorschlag beigefügt.

(6) Bis zum 1. April 2020 legt die Kommission dem Europäischen Parlament und dem Rat einen Bericht über die Auswirkungen dieser Verordnung Anwendung der Referenzwerte von Drittstaaten in der Union vor, einschließlich darüber, ob Referenzwert-Administratoren aus Drittstaaten auf Billigung, Anerkennung oder Gleichwertigkeit zurückgreifen, sowie über potenzielle Mängel des derzeitigen Rahmens. In diesem Bericht werden die Auswirkungen der Anwendung von Artikel 51 Absätze 4a, 4b und 4c auf Referenzwert-Administratoren in der Union und in Drittstaaten untersucht, auch unter dem Gesichtspunkt gleicher Wettbewerbsbedingungen. In dem Bericht wird insbesondere bewertet, ob eine Änderung dieser Verordnung erforderlich ist, und gegebenenfalls wird ihm ein Legislativvorschlag beigefügt."

11. Die Anhänge werden gemäß dem Anhang der vorliegenden Verordnung geändert.

Artikel 19a
EU-Referenzwerte für den klimabedingten Wandel sowie Paris-abgestimmte EU-Referenzwerte

(1) Für die Bereitstellung von und das Beitragen zu EU-Referenzwerten für den klimabedingten Wandel und Paris-abgestimmten EU-Referenzwerten gelten die Anforderungen des Anhangs III zusätzlich zu den Anforderungen der Titel II, III und IV.

(2) Der Kommission wird die Befugnis übertragen, gemäß Artikel 49 delegierte Rechtsakte zu erlassen, um diese Verordnung durch Festlegung der Mindeststandards für EU-Referenzwerte für den klimabedingten Wandel und Pari- abgestimmte EU-Referenzwerte zu ergänzen und Folgendes genauer zu bestimmen:

a) die Kriterien für die Auswahl der zugrunde liegenden Vermögenswerte und gegebenenfalls auch etwaige Ausschlusskriterien für bestimmte Vermögenswerte;

b) die Kriterien und Methoden für die Gewichtung der dem Referenzwert zugrunde liegenden Vermögenswerte;

c) die Berechnung des Dekarbonisierungszielpfads für die EU-Referenzwerte für den klimabedingten Wandel.

(3) Referenzwert-Administratoren, die einen EU-Referenzwert für den klimabedingten Wandel oder einen Paris-abgestimmten EU-Referenzwert

bereitstellen, muss bis zum 30. April 2020 die Anforderungen dieser Verordnung erfüllen.

Artikel 19b

Anforderungen an EU-Referenzwerte für den klimabedingten Wandel

Die Anbieter von EU-Referenzwerten für den klimabedingten Wandel müssen bis zum 31. Dezember 2022 gemäß den folgenden Anforderungen zugrunde liegende Vermögenswerte auswählen, gewichten oder ausschließen, die von Unternehmen ausgegeben werden, die einen Dekarbonisierungszielpfad verfolgen:

i) Die Unternehmen legen messbare Unternehmensziele für die Verringerung der CO_2-Emissionen offen, die innerhalb bestimmter Fristen zu erreichen sind,

ii) Die Unternehmen legen Daten über die Verringerung der CO_2-Emissionen offen, die bis zu der Ebene maßgeblicher operativer Tochtergesellschaften aufgeschlüsselt sind,

iii) Die Unternehmen legen jährliche Informationen über die Fortschritte bei der Verwirklichung dieser Unternehmensziele offen,

iv) Die Tätigkeiten im Zusammenhang mit den zugrunde liegenden Vermögenswerten beeinträchtigen nicht erheblich andere ESG-Ziele;

Artikel 19c

Ausschließungen für EU-Referenzwerte für den klimabedingten Wandel

(1) Die Kommission wird ermächtigt, bis zum 1. Januar 2021 einen delegierten Rechtsakt gemäß Artikel 49 zu erlassen, um diese Verordnung durch Benennung der Wirtschaftszweige zu ergänzen, die angesichts/wegen/aufgrund/anhand der Paris-abgestimmten EU-Referenzwerte auszuschließen sind, weil sie keine messbaren Unternehmensziele zur Verringerung von CO_2-Emissionen mit bestimmten Fristen haben, die mit den Zielen des Übereinkommens von Paris vereinbar sind. Die Kommission erlässt diesen delegierten Rechtsakt bis zum 1, Januar 2021 und aktualisiert ihn alle drei Jahre.

(2) Die Kommission berücksichtigt bei der Ausarbeitung des in Absatz 1 genannten delegierten Rechtsakts die Arbeiten der Gruppe technischer Sachverständiger für nachhaltiges Finanzwesen.

Artikel 19d

Bestreben zur Bereitstellung von EU-Referenzwerten für den klimabedingten Wandel

In der Union ansässige Administratoren, die signifikante Referenzwerte bereitstellen, die auf der Grundlage des Werts eines oder mehrerer zugrunde liegender Vermögenswerte oder Preise ermittelt wurden, bemühen sich, bis zum 1. Januar 2022 einen oder mehrere EU-Referenzwerte für den klimabedingten Wandel bereitzustellen.“

Artikel 2

Diese Verordnung tritt am Tag nach ihrer Veröffentlichung im *Amtsblatt der Europäischen Union* in Kraft.

ANHANG

Folgender Anhang wird angefügt:

„ANHANG III

EU-Referenzwerte für den klimabedingten Wandel sowie Paris-abgestimmte EU-Referenzwerte

Methode der EU-Referenzwerte für den klimabedingten Wandel

1. Der Administrator eines EU-Referenzwerts für den klimabedingten Wandel stellt jede Methode für die Berechnung des Referenzwerts schematisch dar und dokumentiert und veröffentlicht sie; dabei macht er unter Wahrung der Vertraulichkeit und des Schutzes von vertraulichem Know-how und vertraulichen Geschäftsinformationen (Geschäftsgeheimnissen) im Sinne der Richtlinie (EU) 2016/943 des Europäischen Parlaments und des Rates [*1] folgende Angaben:

a) eine Liste der wichtigsten Bestandteile des Referenzwerts;

b) sämtliche Kriterien und Methoden, einschließlich der für die Auswahl und die Gewichtung herangezogenen Faktoren, Parameter und Indikatoren, die bei der Methode des Referenzwerts verwendet werden;

c) die Kriterien, anhand deren Vermögenswerte oder Unternehmen von dem Referenzwert ausgeschlossen werden, denen ein CO_2-Fußabdruck zugeschrieben wird oder Reserven an fossilen Brennstoffen zugeschrieben werden, die nicht mit der Aufnahme in den Referenzwert vereinbar sind;

d) die Kriterien für die Bestimmung des Dekarbonisierungszielpfads;

e) die Art und die Quelle der Daten, die für die Bestimmung des Dekarbonisierungszielpfads verwendet werden für:

i) Scope-1- CO_2-Emissionen, d. h. die Emissionen, die von Quellen erzeugt werden, die von dem Unternehmen, das die zugrunde liegenden Vermögenswerte ausgibt, kontrolliert werden;

ii) Scope-2- CO_2-Emissionen, d. h. die Emissionen, die durch den Verbrauch von gekauftem Strom, Dampf oder anderen gekauften primären Energieformen verursacht werden, die in vorgelagerten Prozessen in dem Unternehmen, das die zugrunde liegenden Vermögenswerte ausgibt, erzeugt werden;

iii) Scope-3- CO_2-Emissionen, d. h. alle indirekten Emissionen, die nicht unter die Ziffern i und ii fallen, die in der Wertschöpfungskette des meldenden Unternehmens entstehen, einschließlich vor- und nachgelagerter Emissionen, insbesondere für Wirtschaftszweige mit großen Auswirkungen auf den Klimawandel und seine Eindämmung;

iv) ob bei den Daten die unter Abschnitt 2 Buchstaben a und b der Empfehlung der Kommission 2013/179/EU festgelegten Methoden zur Bestimmung des Umweltfußabdrucks von Produkten und Organisationen oder globale Standards wie die der Task-Force des Finanzstabilitätsrats für die Offenlegung klimabezogener Finanzinformationen verwendet werden;

f) die gesamten CO_2-Emissionen des Indexportfolios;

Wird für den Aufbau eines EU-Referenzwerts für den klimabedingten Wandel ein Mutterindex verwendet, so ist der Tracking-Error zwischen dem EU-Referenzwert für den klimabedingten Wandel und dem Mutterindex offenzulegen.

Wird für den Aufbau eines EU-Referenzwerts für den klimabedingten Wandel ein Mutterindex verwendet, so ist das Verhältnis zwischen dem Marktwert der Wertpapiere in dem EU-Referenzwert für den klimabedingten Wandel und dem Marktwert der Wertpapiere im Mutterindex offenzulegen.

Methode der Paris-abgestimmten EU-Referenzwerte

2. Zusätzlich zu den in Nummer 1 Buchstabe a, Nummer 1 Buchstabe b und Nummer 1 Buchstabe c genannten Punkten gibt der Administrator eines Paris-abgestimmten EU-Referenzwertes die Formel bzw. Berechnungsweise an, anhand deren ermittelt wird, ob die Emissionen den Zielen des Übereinkommens von Paris entsprechen, wobei die Vertraulichkeit und der Schutz vertraulichen Know-hows und vertraulicher Geschäftsinformationen (Geschäftsgeheimnisse) im Sinne der Richtlinie (EU) 2016/943 zu gewährleisten sind.

Änderungen der Methode

3. Die Administratoren von EU-Referenzwerten für den klimabedingten Wandel bzw. Paris-abgestimmten EU-Referenzwerten richten Verfahren für Änderungen ihrer Methode ein. Sie machen diese Verfahren sowie alle vorgeschlagenen Änderungen ihrer Methode mit den Gründen für diese Änderungen öffentlich zugänglich. Diese Verfahren müssen mit dem übergeordneten Ziel vereinbar sein, dass Referenzwert-Berechnungen Artikel 3 Absatz 1 Nummern 23a und 23b entsprechen. Diese Verfahren sehen Folgendes vor:

a) eine Vorankündigung innerhalb eindeutiger Fristen, damit die Nutzer von Referenzwerten im Hinblick auf die Gesamtberechnungen des Administrators ausreichend Gelegenheit haben, die Auswirkungen der vorgeschlagenen Änderungen zu analysieren und zu kommentieren;

b) die Möglichkeit, dass die Nutzer von Referenzwerten diese Änderungen kommentieren und die Administratoren zu den Kommentaren Stellung nehmen, wobei die Kommentare nach jedem Konsultationszeitraum zugänglich zu machen sind, es sei denn, der Kommentierende hat um Vertraulichkeit ersucht.

4. Die Administratoren von EU-Referenzwerten für den klimabedingten Wandel und von Paris-abgestimmten EU-Referenzwerten überprüfen ihre Methoden regelmäßig und mindestens jährlich, um sicherzustellen, dass in ihren Methoden die erklärten Ziele zuverlässig zum Ausdruck kommen, und sie verfügen über ein Verfahren, um den Ansichten aller relevanten Nutzer Rechnung zu tragen.

(*1) Beschluss (EU) 2016/1841 des Rates vom 5. Oktober 2016 über den Abschluss des im Rahmen des Rahmenübereinkommens der Vereinten Nationen über Klimaänderungen geschlossenen Übereinkommens von Paris im Namen der Europäischen Union (ABl. L 282 vom 19.10.2016, S. 1).“ ” Beschluss (EU) 2016/1841 des Rates vom 5. Oktober 2016 über den Abschluss des im Rahmen des Rahmenübereinkommens der Vereinten Nationen über Klimaänderungen geschlossenen Übereinkommens von Paris im Namen der Europäischen Union (ABl. L 282 vom 19.10.2016, S. 1).“ ”

(*1) für die Zwecke von Nummer 1 Buchstabe b Ziffer ii dieses Absatzes und des Artikels 19c werden seine zugrunde liegenden Vermögenswerte so ausgewählt, gewichtet oder ausgeschlossen, dass die CO2-Emissionen des daraus resultierenden Referenzwert-Portfolios auf die Ziele des Übereinkommens von Paris — das im Rahmen des Rahmenübereinkommens der Vereinten Nationen über Klimaänderungen geschlossen wurde und das die Union am 5. Oktober 2016 billigte (im Folgenden „Übereinkommen von Paris“) — ausgerichtet sind,

(*2) Verordnung (EU) 2019/2088 des Europäischen Parlaments und des Rates vom 27. November 2019 über nachhaltigkeitsbezogene Offenlegungspflichten im Finanzdienstleistungssektor (ABl. L 317 vom 9.12.2019, S. 1).“ ” Verordnung (EU) 2019/2088 des Europäischen Parlaments und des Rates vom 27. November 2019 über nachhaltigkeitsbezogene Offenlegungspflichten im Finanzdienstleistungssektor (ABl. L 317 vom 9.12.2019, S. 1).“ ”

(*2) Ist in dem Portfolio des betreffenden Referenzwert-Administrators kein EU-Referenzwert für den klimabedingten Wandel oder kein Paris-abgestimmter EU-Referenzwert verfügbar oder hat der betreffende Referenzwert-Administrator keine Referenzwerte, mit denen ESG-Ziele verfolgt werden oder in denen ESG-Faktoren berücksichtigt werden, so wird das in den Referenzwert-Erklärungen aller von diesem Administrator bereitgestellten Referenzwerte angegeben. Für wichtige Eigenkapital- und Anleihe-Referenzwerte sowie für EU-Referenzwerte für den klimabedingten Wandel und Paris-abgestimmte EU-Referenzwerte veröffentlichen Referenzwert-Administratoren nach Maßgabe der Offenlegungsvorschriften für Finanzprodukte des Artikels 9 Absatz 3 der Verordnung (EU) 2019/2088 des Europäischen Parlaments und des Rates in ihren Referenzwert-Erklärungen Einzelheiten darüber, ob und in welchem Maß die Ausrichtung auf das Ziel der Verringerung der CO2-Emissionen oder die Verwirklichung der Ziele des Übereinkommens von Paris insgesamt sichergestellt ist.

(*1) Richtlinie (EU) 2016/943 des Europäischen Parlaments und des Rates vom 8. Juni 2016 über den Schutz vertraulichen Know-hows und vertraulicher Geschäftsinformationen (Geschäftsgeheimnisse) vor rechtswidrigem Erwerb sowie rechtswidriger Nutzung und Offenlegung (ABl. L 157 vom 15.6.2016, S. 1).“ Richtlinie (EU) 2016/943 des Europäischen Parlaments und des Rates vom 8. Juni 2016 über den Schutz vertraulichen Know-hows und vertraulicher Geschäftsinformationen (Geschäftsgeheimnisse) vor rechtswidrigem Erwerb sowie rechtswidriger Nutzung und Offenlegung (ABl. L 157 vom 15.6.2016, S. 1).“

3. Offenlegungs-Verordnung

ABl L 2019/317, S. 1 idgF

GLIEDERUNG

DAS EUROPÄISCHE PARLAMENT UND DER RAT DER EUROPÄISCHEN UNION —

gestützt auf den Vertrag über die Arbeitsweise der Europäischen Union, insbesondere auf Artikel 114,

auf Vorschlag der Europäischen Kommission,

nach Zuleitung des Entwurfs des Gesetzgebungsakts an die nationalen Parlamente,

nach Stellungnahme des Europäischen Wirtschafts- und Sozialausschusses [(1)],

gemäß dem ordentlichen Gesetzgebungsverfahren [(2)],

in Erwägung nachstehender Gründe:

(1) Am 25. September 2015 hat die VN-Generalversammlung einen neuen globalen Rahmen zur nachhaltigen Entwicklung verabschiedet: die Agenda 2030 für nachhaltige Entwicklung (im Folgenden „Agenda 2030), deren Kernstück die Ziele für nachhaltige Entwicklung sind. Die Mitteilung der Kommission vom 22. November 2016 mit dem Titel "Auf dem Weg in eine nachhaltige Zukunft" verbindet diese Nachhaltigkeitsziele mit dem politischen Rahmen der Union, um sicherzustellen, dass bei allen innen- und außenpolitischen Maßnahmen und Initiativen der Union diese Ziele von Beginn an mitberücksichtigt werden. In seinen Schlussfolgerungen vom 20. Juni 2017 hat der Rat die Entschlossenheit der Union und ihrer Mitgliedstaaten bekräftigt, die Agenda 2030 vollständig, kohärent, umfassend, integrativ und wirksam und in enger Zusammenarbeit mit den Partnern und anderen Akteuren umzusetzen.

(2) Der Übergang zu einer CO^2-armen, nachhaltigeren, ressourceneffizienten Kreislaufwirtschaft in Übereinstimmung mit den Zielen für nachhaltige Entwicklung ist für die Sicherung der langfristigen Wettbewerbsfähigkeit der Wirtschaft in der Union von zentraler Bedeutung. Das im Rahmen des Rahmenübereinkommens der Vereinten Nationen über Klimaänderungen geschlossenen Übereinkommen von Paris (im Folgenden „Übereinkommen von Paris"), das am 5. Oktober 2016 von der Union genehmigt wurde [(3)] und am 4. November 2016 in Kraft getreten ist, zielt darauf ab, entschlossener gegen Klimaänderungen vorzugehen, indem unter anderem die Finanzmittelflüsse mit einem Weg hin zu einer hinsichtlich der Treibhausgase emissionsarmen und einer gegenüber Klimaänderungen widerstandsfähigen Entwicklung in Einklang gebracht werden.

(3) Um die Ziele des Übereinkommens von Paris zu erreichen und die Risiken und Auswirkungen des Klimawandels deutlich zu verringern, besteht das globale Ziel darin, den Anstieg der globalen Durchschnittstemperatur deutlich unter 2°C gegenüber dem vorindustriellen Niveau zu halten und Anstrengungen zu unternehmen, um den Temperaturanstieg auf 1,5 °C über dem vorindustriellen Niveau zu begrenzen.

(4) Die Richtlinien 2009/65/EG [(4)] , 2009/138/EG [(5)] , 2011/61/EU [(6)] , 2013/36/EU [(7)] , 2014/65/EU [(8)] , (EU) 2016/97 [(9)] , und (EU) 2016/2341 [(10)] des Europäischen Parlaments und des Rates sowie die Verordnungen (EU) Nr. 345/2013 [(11)] , (EU) Nr. 346/2013 [(12)] , (EU) 2015/760 [(13)] und (EU) 2019/1238 [(14)] des Europäischen Parlaments und des Rates haben das gemeinsame Ziel, die Aufnahme und Ausübung der Tätigkeiten von Organismen für gemeinsame Anlagen in Wertpapieren (OGAW), Kreditinstituten, Verwaltern alternativer Investmentfonds (AIFM), die alternative Investmentfonds verwalten oder vertreiben, einschließlich europäischer langfristiger Investmentfonds (European long-term investment funds, im Folgenden: ELTIF), Versicherungsunternehmen, Wertpapierfirmen, Versicherungsvermittlern, Einrichtungen der betrieblichen Altersversorgung (EbAV), Verwaltern qualifizierter Risikokapitalfonds (EuVECA-Verwaltern), Verwaltern qualifizierter Fonds für soziales Unternehmertum (EuSEF-Verwaltern) und Anbietern von Paneuropäischen Privaten Pensionsprodukten (pan-European personal pension products, im Folgenden: PEPP) zu erleichtern. Die genannten Richtlinien und Verordnungen gewährleisten einen einheitlicheren Schutz für Endanleger, machen es einfacher für sie, von einer breiten Auswahl an Finanzprodukten zu profitieren, und sehen gleichzeitig Vorschriften vor, die es Endanlegern ermöglichen, fundierte Investitionsentscheidungen zu treffen.

(5) Offenlegungen von Informationen gegenüber Endanlegern über die Einbeziehung von Nachhaltigkeitsrisiken, über die Berücksichtigung nachteiliger Nachhaltigkeitsauswirkungen und nachhaltiger Investitionsziele oder über die Bewerbung ökologischer oder sozialer Merkmale bei Investitionsentscheidungen und im Beratungsprozess) sind unzureichend entwickelt, da solche Offenlegungen noch keinen harmonisierten Anforderungen unterliegen.

(6) Der Umstand, dass Finanzberater, die weniger als drei Personen beschäftigen, von dieser Verordnung ausgenommen sind, sollte die Anwendung der nationalen Bestimmungen zur Umsetzung der Richtlinien 2014/65/EU und (EU) 2016/97, insbesondere der Vorschriften über Anlage- und Versicherungsberatung, unberührt lassen. Daher sind diese Berater zwar nicht verpflichtet, Informationen gemäß dieser Verordnung zur Verfügung zu stellen, sie müssen aber in ihren Beratungsprozessen die Nachhaltigkeitsrisiken berücksichtigen und einbeziehen.

(7) Unternehmen, die in den Geltungsbereich dieser Verordnung fallen, sollten – je nach Art ihrer Tätigkeit – die Regeln für Finanzmarktteilnehmer befolgen, wenn sie Finanzprodukte herstellen, oder die Regeln für Finanzberater befolgen, wenn sie eine Anlage- oder Versicherungsberatung anbieten. Daher sollten Unternehmen, die gleichzeitig Tätigkeiten sowohl von Finanzmarktteilnehmern als auch von Finanzberatern ausüben, als Finanzmarktteilnehmer eingestuft werden, wenn sie in der Eigenschaft als Hersteller von Finanzprodukten einschließlich der Bereitstellung von Portfolioverwaltung auftreten, und als Finanzberater eingestuft werden, wenn sie Wertpapier- oder Versicherungsberatung anbieten.

(8) Da sich die Union in zunehmendem Maße mit den katastrophalen und unabsehbaren Folgen des Klimawandels, der Ressourcenverknappung und anderer nachhaltigkeitsbezogener Probleme konfrontiert sieht, müssen dringend Maßnahmen ergriffen werden, um Kapital zu mobilisieren, und zwar nicht nur durch die Politik, sondern auch durch den Finanzdienstleistungssektor. Daher sollten Finanzmarktteilnehmer und Finanzberater verpflichtet werden, spezifische Informationen über ihre Ansätze für die Integration von Nachhaltigkeitsrisiken und die Berücksichtigung nachteiliger Nachhaltigkeitsauswirkungen offenzulegen.

(9) Ohne harmonisierte Vorschriften der Union über nachhaltigkeitsbezogene Offenlegungspflichten gegenüber Endanlegern ist davon auszugehen, dass weiterhin unterschiedliche Maßnahmen auf nationaler Ebene getroffen werden und in verschiedenen Finanzdienstleistungsbranchen unterschiedliche Ansätze fortbestehen. Diese divergierenden Maßnahmen und Ansätze würden wegen der großen Unterschiede bei den Offenlegungsstandards auch künftig erhebliche Wettbewerbsverzerrungen verursachen. Überdies bewirkt die parallele Entwicklung marktbasierter Verfahren, die auf kommerziellen Prioritäten beruhen und zu unterschiedlichen Ergebnissen führen, derzeit eine weitere Fragmentierung des Marktes und könnte Ineffizienzen im Funktionieren des Binnenmarkts in Zukunft noch weiter verschärfen. Unterschiede bei den Offenlegungsstandards und marktbasierten Verfahren machen Vergleiche zwischen verschiedenen Finanzprodukten überaus schwierig, führen zu ungleichen Wettbewerbsbedingungen für diese Produkte sowie für verschiedene Vertriebskanäle und lassen zusätzliche Hindernisse im Binnenmarkt entstehen. Solche Unterschiede könnten zudem für die Endanleger verwirrend sein und ihre Investitionsentscheidungen verfälschen. Es besteht die Gefahr, dass die

Mitgliedstaaten zur Einhaltung des Übereinkommens von Paris unterschiedliche nationale Maßnahmen ergreifen, die das reibungslose Funktionieren des Binnenmarkts behindern und nachteilige Auswirkungen für Finanzmarktteilnehmer und Finanzberater haben könnten. Darüber hinaus erschwert das Fehlen harmonisierter Transparenzvorschriften den Endanlegern, unterschiedliche Finanzprodukte in verschiedenen Mitgliedstaaten in Bezug auf ihre Umwelt-, Sozial- und Unternehmensführungsrisiken sowie auf nachhaltige Investitionsziele zu vergleichen. Daher müssen bestehende Hindernisse für das Funktionieren des Binnenmarkts beseitigt und die Vergleichbarkeit von Finanzprodukten verbessert werden, um absehbare künftige Hindernisse zu vermeiden.

(10) Ziel dieser Verordnung ist es, Informationsasymmetrien in den Beziehungen zwischen Auftraggebern und Auftragnehmern im Hinblick auf die Einbeziehung von Nachhaltigkeitsrisiken, die Berücksichtigung nachteiliger Nachhaltigkeitsauswirkungen, die Bewerbung ökologischer oder sozialer Merkmale sowie im Hinblick auf nachhaltige Investitionen dadurch abzubauen, dass Finanzmarktteilnehmer und Finanzberater zu vorvertraglichen Informationen und laufenden Offenlegungen gegenüber Endanlegern verpflichtet werden, wenn sie als Auftragnehmer im Namen der dieser Endanleger (Auftraggeber) handeln.

(11) Mit dieser Verordnung werden Offenlegungspflichten der Richtlinien 2009/65/EG, 2009/138/EG, 2011/61/EU, 2014/65/EU, (EU) 2016/97, (EU) 2016/2341 und der Verordnungen (EU) Nr. 345/2013, (EU) Nr. 346/2013, (EU) 2015/760 und (EU) 2019/1238 sowie des nationalen Rechts für persönliche und individuelle Altersvorsorgeprodukte ergänzt. Um die ordnungsgemäße und wirksame Überwachung der Erfüllung der Pflichten nach dieser Verordnung sicherzustellen, sollten sich die Mitgliedstaaten auf die im Rahmen der genannten Vorschriften bereits benannten zuständigen Behörden stützen.

(12) Durch diese Verordnung bleiben die Pflichten von Finanzmarktteilnehmern und Finanzberatern, im besten Interesse der Endanleger zu handeln, weiterhin bestehen, einschließlich unter anderem die Pflicht zur Durchführung einer angemessenen Sorgfaltsprüfung vor Tätigung der Anlage gemäß den Richtlinien 2009/65/EG, 2009/138/EG, 2011/61/EU, 2013/36/EU, 2014/65/EU, (EU) 2016/97, (EU) 2016/2341 und den Verordnungen (EU) Nr. 345/2013 und (EU) Nr. 346/2013 sowie dem nationalen Recht für persönliche und individuelle Altersvorsorgeprodukte. Um ihren Pflichten im Rahmen dieser Vorschriften nachzukommen, sollten Finanzmarktteilnehmer und Finanzberater nicht nur alle relevanten finanziellen Risiken, sondern auch einschließlich aller relevanten Nachhaltigkeitsrisiken, die in maßgeblicher Weise erhebliche negative Auswirkungen auf die Rendite einer Investition oder einer Beratung haben könnten, in ihre Verfahren, einschließlich ihrer Sorgfaltsprüfungsverfahren, einbeziehen und fortlaufend bewerten. Daher sollten Finanzmarktteilnehmer und Finanzberater in ihren Strategien angeben, wie sie diese Risiken einbeziehen, und diese Strategien veröffentlichen.

(13) Finanzmarktteilnehmer und Finanzberater, die Anlageberatung oder Versicherungsberatung für Versicherungsanlageprodukte (insurance-based investment products, im Folgenden: IBIP) anbieten, werden mit dieser Verordnung, ungeachtet der Gestaltung des Finanzprodukts und des Zielmarktes, verpflichtet schriftliche Strategien zur Einbeziehung von Nachhaltigkeitsrisiken zu veröffentlichen und für die Transparenz dieser Einbeziehung zu sorgen.

(14) Als Nachhaltigkeitsrisiko wird ein Ereignis oder eine Bedingung im Bereich Umwelt, Soziales oder Unternehmensführung bezeichnet, dessen beziehungsweise deren Eintreten erhebliche negative Auswirkungen auf den Wert der Investition haben könnte, wie in den sektoralen Rechtsvorschriften, insbesondere in den Richtlinien 2009/65/EG, 2009/138/EG, 2011/61/EU, 2013/36/EU, 2014/65/EU, (EU) 2016/97, (EU) 2016/2341 oder den gemäß diesen Richtlinien erlassenen delegierten Rechtsakten und technischen Regulierungsstandards, festgelegt.

(15) Diese Verordnung sollte unbeschadet der Vorschriften über die Einbeziehung von Risiken im Rahmen der Richtlinien 2009/65/EG, 2009/138/EG, 2011/61/EU, 2013/36/EU, 2014/65/EU, (EU) 2016/97, (EU) 2016/2341 und der Verordnungen (EU) Nr. 345/2013 und (EU) Nr. 346/2013 sowie des nationalen Rechts für persönliche und individuelle Altersvorsorgeprodukte, einschließlich unter anderem der einschlägigen anwendbaren Verhältnismäßigkeitskriterien wie Größe, interne Organisation und Art, Umfang und Komplexität der betreffenden Tätigkeiten gelten. Mit dieser Verordnung soll mehr Transparenz darüber geschaffen werden, wie Finanzmarktteilnehmer und Finanzberater Nachhaltigkeitsrisiken in ihre Investitionsentscheidung, Anlageberatung oder Versicherungsberatung einbeziehen. Führt die Bewertung der Nachhaltigkeitsrisiken zu dem Schluss, dass für das Finanzprodukt keine als relevant erachteten Nachhaltigkeitsrisiken vorliegen, so sollten die Gründe hierfür erläutert werden. Führt die Bewertung zu dem Schluss, dass die entsprechenden Risiken relevant sind, so sollte das Ausmaß, in dem Nachhaltigkeitsrisiken die Wertentwicklung des Finanzprodukts beeinflussen können, entweder in qualitativer oder in quantitativer Hinsicht offengelegt werden. Die Bewertungen der Nachhaltigkeitsrisiken und die damit verbundenen vorvertraglichen Informationen durch Finanzmarktteilnehmer sollten in die vorvertraglichen Informationen durch Finanzberater einflie-

ßen. Unabhängig von den Nachhaltigkeitspräferenzen der Endanleger sollten Finanzberater vor der Beratung offenlegen, wie sie Nachhaltigkeitsrisiken bei der Auswahl des den Endanlegern angebotenen Finanzprodukts berücksichtigen. Dies sollte unbeschadet der Anwendung der nationalen Bestimmungen zur Umsetzung der Richtlinien 2014/65/EU und Richtlinie (EU) 2016/97 erfolgen, insbesondere der Pflichten der Finanzmarktteilnehmer und Finanzberater bei der Produktüberwachung, den Bewertungen der Eignung und Angemessenheit und dem Wunsch- und Bedürfnistest.

(16) Investitionsentscheidungen und Anlageberatung können negative – wesentliche oder wahrscheinlich wesentliche – Auswirkungen auf die Nachhaltigkeitsfaktoren hervorrufen, dazu beitragen oder direkt damit verbunden sein.

(17) Im Interesse einer kohärenten und konsequenten Anwendung dieser Verordnung gilt es, eine harmonisierte Begriffsbestimmung für eine "nachhaltige Investition" festzulegen, wonach die Unternehmen, in die investiert wird, Verfahrensweisen einer guten Unternehmensführung anwenden und das Vorsorgeprinzip "keinen erheblichen Schaden verursachen" eingehalten wird, also weder das ökologische noch das soziale Ziel erheblich beeinträchtigt wird.

(18) Berücksichtigen Finanzmarktteilnehmer in Anbetracht ihrer Größe, der Art und des Umfangs ihrer Tätigkeiten und der Arten der von ihnen zugänglich gemachten Finanzprodukte die wichtigsten – wesentlichen oder wahrscheinlich wesentlichen – nachteiligen Auswirkungen von Investitionsentscheidungen auf Nachhaltigkeitsfaktoren, so sollten sie die Verfahren zur Berücksichtigung der wichtigsten nachteiligen Auswirkungen, zusammen mit den Verfahren zur Berücksichtigung der relevanten finanziellen Risiken und der relevanten Nachhaltigkeitsrisiken, in ihre Prozesse, einschließlich ihrer Sorgfaltsprüfungsverfahren, einbeziehen. In den Informationen über solche Verfahren könnte beschrieben werden, wie Finanzmarktteilnehmer ihrer Verantwortung bezüglich einer nachhaltigkeitsbezogenen Verwaltung oder anderen Verpflichtungen gegenüber den Aktionären nachkommen. Finanzmarktteilnehmer sollten Informationen über diese Verwaltungen und Beschreibungen der wichtigsten nachteiligen Auswirkungen auf ihren Internetseiten aufführen. In diesem Zusammenhang sollten der Gemeinsame Ausschuss der durch die Verordnung (EU) Nr. 1093/2010 des Europäischen Parlaments und des Rates [(15)] errichteten Europäischen Bankenaufsichtsbehörde (EBA), der durch die Verordnung (EU) Nr. 1094/2010 des Europäischen Parlaments und des Rates [(16)] errichteten Europäische Aufsichtsbehörde für das Versicherungswesen und die betriebliche Altersversorgung (EIOPA) und der durch die Verordnung (EU) Nr. 1095/2010 des Europäischen Parlaments und des Rates [(17)] vom 24. November 2010 errichteten Europäische Wertpapier- und Marktaufsichtsbehörde (ESMA) sowie Finanzmarktteilnehmer und Finanzberater die von der Organisation für wirtschaftliche Zusammenarbeit und Entwicklung erarbeiteten Leitsätze zur Erfüllung der Sorgfaltspflicht zur Förderung verantwortungsvollen unternehmerischen Handelns und die von den Vereinten Nationen unterstützten Grundsätze für verantwortungsbewusstes Investment (United Nations-supported Principles for Responsible Investment) berücksichtigen.

(19) Die Berücksichtigung von nachhaltigkeitsbezogenen Faktoren bei Investitionsentscheidungen und Beratungsprozessen kann über die Finanzmärkte hinausgehende Vorteile mit sich bringen. Dies kann die Widerstandsfähigkeit der Realwirtschaft und die Stabilität des Finanzsystems erhöhen. Dadurch kann letztlich eine Auswirkung auf das Risiko- und Ertragsprofil von Finanzprodukten erzielt werden. Daher ist es wichtig, dass Finanzmarktteilnehmer und Finanzberater die Informationen zur Verfügung stellen, die erforderlich sind, damit die Endanleger fundierte Investitionsentscheidungen treffen können.

(20) Finanzmarktteilnehmer, die die wichtigsten nachteiligen Auswirkungen von Investitionsentscheidungen auf die Nachhaltigkeitsfaktoren berücksichtigen, sollten in den vorvertraglichen Informationen für jedes Finanzprodukt in knapper Form, in qualitativer oder quantitativer Hinsicht, offenlegen, wie die wichtigsten nachteiligen Auswirkungen berücksichtigt werden; zudem sollten sie eine Erklärung darüber vorlegen, dass die Informationen über die wichtigsten nachteiligen Auswirkungen auf die Nachhaltigkeitsfaktoren im Rahmen der laufenden Berichterstattung verfügbar sind. Unter wichtigsten nachteiligen Auswirkungen sind diejenigen Auswirkungen von Investitionsentscheidungen und Anlageberatung zu verstehen, die negative Auswirkungen auf die Nachhaltigkeitsfaktoren haben.

(21) Es wurden bereits nachhaltige Produkte mit unterschiedlichem Ambitionsniveau entwickelt. Daher ist es für die Zwecke der vorvertraglichen Informationen und der Offenlegungen mittels regelmäßiger Berichte notwendig, zwischen den Anforderungen an Finanzprodukte, die ökologische oder soziale Merkmale bewerben, und den Anforderungen an Finanzprodukte, mit denen positive Auswirkungen auf Umwelt und Gesellschaft angestrebt werden, zu unterscheiden. Folglich sollten Finanzmarktteilnehmer in Bezug auf Finanzprodukte mit ökologischen oder sozialen Merkmalen offenlegen, ob und in welcher Weise der bestimmte Index – sei es ein Nachhaltigkeitsindex oder ein Standardindex – auf diese Merkmale ausgerichtet ist, und – falls kein Referenzwert verwendet wird – Informationen darüber offenlegen, wie die Nachhaltigkeitsmerkmale der Finanzprodukte erfüllt werden. Bei Finanzprodukten, mit denen positive

Auswirkungen auf Umwelt und Gesellschaft angestrebt werden, sollten Finanzmarktteilnehmer offenlegen, anhand welches Nachhaltigkeitsreferenzwerts sie die Wertentwicklung bei der Nachhaltigkeit messen, und – falls kein Referenzwert verwendet wird – erläutern, wie das Nachhaltigkeitsziel erreicht wird. Diese Offenlegungen mittels regelmäßiger Berichte sollten jährlich erfolgen.

(22) Diese Verordnung gilt unbeschadet der Vorschriften über die Vergütung oder Bewertung der Leistung von Mitarbeitern von Finanzmarktteilnehmern und Finanzberatern gemäß den Richtlinien 2009/65/EG, 2009/138/EG, 2011/61/EU, 2013/36/EU, 2014/65/EU, (EU) 2016/97, (EU) 2016/2341 und den Verordnungen (EU) Nr. 345/2013 und (EU) Nr. 346/2013 oder den Durchführungsrechtsakten und dem nationalen Recht für persönliche und individuelle Altersvorsorgeprodukte, einschließlich unter anderem der einschlägigen anwendbaren Verhältnismäßigkeitskriterien wie Größe, interne Organisation und Art, Umfang und Komplexität der betreffenden Tätigkeiten. Es ist jedoch zweckmäßig, in qualitativer oder quantitativer Hinsicht mehr Transparenz über die Vergütungspolitik von Finanzmarktteilnehmern und Finanzberatern bezüglich ihrer Anlage- oder Versicherungsberatung zu schaffen, die ein solides und wirksames Risikomanagement in Bezug auf Nachhaltigkeitsrisiken fördert, wobei die Vergütungsstruktur keine übermäßige Risikobereitschaft in Bezug auf Nachhaltigkeitsrisiken begünstigt und mit einer risikogewichteten Leistung verknüpft ist.

(23) Zur Erhöhung der Transparenz und Unterrichtung der Endanleger sollte der Zugang zu Informationen darüber, wie Finanzmarktteilnehmer und Finanzberater relevante – wesentliche oder wahrscheinlich wesentliche – Nachhaltigkeitsrisiken in ihre Investitionsentscheidungsprozessen einschließlich der Aspekte der Organisation, des Risikomanagements und der Unternehmensführung solcher Prozesse bzw.in Beratungsprozesse einbeziehen, reguliert werden, indem von den betreffenden Unternehmen verlangt wird, Kurzinformationen über diese Maßnahmen auf ihren Internetseiten bereitzustellen.

(24) Nach den im Unionsrecht derzeit festgelegten Offenlegungspflichten müssen nicht alle Informationen offengelegt werden, die erforderlich sind, um die Endanleger angemessen über die Nachhaltigkeitsauswirkung ihrer Investitionen in Finanzprodukte mit ökologischen oder sozialen Merkmalen oder in Finanzprodukte, mit denen Nachhaltigkeitsziele verfolgt werden, zu unterrichten. Daher ist es angezeigt, spezifischere und standardisierte Offenlegungspflichten in Bezug auf solche Investitionen festzulegen. So sollte beispielsweise regelmäßig anhand von Indikatoren, die für die Messung des angestrebten nachhaltigen Investitionsziels relevant sind, über die Gesamtnachhaltigkeitswirkung von Finanzprodukten Bericht erstattet werden. Wurde ein geeigneter Index als Referenzwert bestimmt, so sollten diese Informationen auch für den bestimmten Index sowie für einen breiten Marktindex bereitgestellt werden, um einen Vergleich zu ermöglichen. Stellen EuSEF-Verwalter gemäß der Verordnung (EU) Nr. 346/2013 Informationen zu den mit einem bestimmten Fonds angestrebten positiven sozialen Auswirkungen, zu den insgesamt erreichten sozialen Ergebnissen und zu den angewandten Methoden zur Verfügung, so können sie diese Informationen gegebenenfalls für die Zwecke der Offenlegungen im Rahmen dieser Verordnung verwenden.

(25) In der Richtlinie 2013/34/EU des Europäischen Parlaments und des Rates [(18)] sind Transparenzpflichten in Bezug auf ökologische, soziale Aspekte und Aspekte der Unternehmensführung im Rahmen der nichtfinanziellen Berichterstattung festgelegt. Die in der genannten Richtlinie vorgeschriebene Form und Darstellung ist jedoch nicht immer für eine direkte Verwendung durch Finanzmarktteilnehmer und Finanzberater im Umgang mit Endanlegern geeignet. Finanzmarktteilnehmern und Finanzberatern sollte die Möglichkeit eingeräumt werden, für die Zwecke dieser Verordnung gegebenenfalls Informationen aus den gemäß der genannten Richtlinie vorzulegenden Lageberichten und nichtfinanziellen Erklärungen zu verwenden.

(26) Um die Zuverlässigkeit der Informationen zu gewährleisten, die auf den Internetseiten von Finanzmarktteilnehmern und Finanzberatern veröffentlicht werden, sollten diese Informationen stets auf dem neuesten Stand gehalten werden und sollte jede Überarbeitung oder Änderung solcher Informationen klar erläutert werden.

(27) Auch wenn diese Verordnung nicht für die unter die Verordnungen (EG) Nr. 883/2004 und (EG) Nr. 987/2009 fallenden nationalen Systeme der sozialen Sicherheit gilt, sollten die Mitgliedstaaten die Option/Möglichkeit haben, diese Verordnung auf solche Systeme anzuwenden, angesichts der Tatsache, dass die Mitgliedstaaten Teile der Verwaltung von gesetzlichen Rentenversicherungssystemen innerhalb ihrer Systeme der sozialen Sicherheit zunehmend für Finanzmarktteilnehmer oder andere Einrichtungen nach Zivilrecht öffnen, dass diese Systeme Nachhaltigkeitsrisiken ausgesetzt sind und dass sie nachteilige Nachhaltigkeitsauswirkungen berücksichtigen oder ökologische oder soziale Merkmale fördern oder nachhaltige Investitionen verfolgen könnten, um Informationsasymmetrien abzubauen.

(28) Diese Verordnung sollte die Mitgliedstaaten nicht daran hindern, strengere Vorschriften

über die Veröffentlichung von Strategien zur Anpassung an den Klimawandel und zusätzliche Offenlegungen gegenüber Endanlegern über Nachhaltigkeitsrisiken einzuführen oder beizubehalten, sofern die betroffenen Finanzmarktteilnehmer und Finanzberater ihren Sitz in deren Hoheitsgebiet haben. Solche Bestimmungen sollten allerdings nicht die wirksame Anwendung dieser Verordnung oder die Erreichung ihrer Zielebehindern.

(29) Gemäß der Richtlinie (EU) 2016/2341 sind EbAV schon jetzt dazu verpflichtet, Unternehmensführungs- und Risikomanagementvorschriften bei ihren Anlageentscheidungen und Risikobewertungen anzuwenden, um Kontinuität und Ordnungsmäßigkeit zu gewährleisten. Anlageentscheidungen und die Bewertung relevanter Risiken, einschließlich Umwelt-, Sozial- und Unternehmensführungsrisiken, sollten in einer Weise erfolgen, die die Interessen der Versorgungsanwärter und Leistungsempfänger von EbAV wahrt. Die EIOPA sollte Leitlinien erlassen, in denen festgelegt wird, wie Anlageentscheidungen und Risikobewertungen durch EbAV Umwelt-, Sozial- und Unternehmensführungsrisiken gemäß der genannten Richtlinie berücksichtigen sollen.

(30) EBA, EIOPA und ESMA (zusammen "Europäische Aufsichtsbehörden") sollten beauftragt werden, über den Gemeinsamen Ausschuss Entwürfe für technische Regulierungsstandards auszuarbeiten, in denen gemäß den Artikeln 10 bis 14 der Verordnungen (EU) Nr. 1093/2010, (EU) Nr. 1094/2010 und (EU) Nr. 1095/2010 die Einzelheiten zu Inhalt, Methoden und Darstellung der Informationen über Nachhaltigkeitsindikatoren für das Klima und andere umweltbezogene nachteilige Auswirkungen, für die Bereiche Soziales und Beschäftigung, für die Achtung der Menschenrechte und für die Bekämpfung von Korruption und Bestechung, sowie die Einzelheiten zu Darstellung und Inhalt der in vorvertraglichen Dokumenten, in Jahresberichten und auf Internetseiten von Finanzmarktteilnehmern offenzulegenden Informationen über die Bewerbung ökologischer oder sozialer Merkmale und nachhaltige Investitionsziele festgelegt werden. Der Kommission sollte die Befugnis übertragen werden, diese technischen Regulierungsstandards im Wege von delegierten Rechtsakten gemäß Artikel 290 des Vertrags über die Arbeitsweise der Europäischen Union (TFEU) und gemäß den Artikeln 10 bis 14 der Verordnungen (EU) Nr. 1093/2010, (EU) Nr. 1094/2010 und (EU) Nr. 1095/2010 zu erlassen.

(31) Die Europäischen Aufsichtsbehörden sollten beauftragt werden, über den Gemeinsamen Ausschuss Entwürfe für technische Durchführungsstandards zur Festlegung der einheitlichen Darstellung der Information über die Bewerbung ökologischer oder sozialer Merkmale und nachhaltiger Investitionen in Marketingmitteilungen auszuarbeiten. Der Kommission sollte die Befugnis übertragen werden, diese technischen Durchführungsstandards im Wege eines Durchführungsrechtsakts gemäß Artikel 291 TFEU und gemäß Artikel 15 der Verordnungen (EU) Nr. 1093/2010, (EU) Nr. 1094/2010 und (EU) Nr. 1095/2010 zu erlassen.

(32) Da in den Jahresberichten grundsätzlich die Geschäftsergebnisse für vollständige Kalenderjahre vorgelegt werden, sollten die Bestimmungen dieser Verordnung über die Transparenzanforderungen für solche Berichte nicht vor dem 1. Januar 2022 zur Anwendung kommen.

(33) Die Offenlegungsvorschriften dieser Verordnung sollten die Bestimmungen der Richtlinien 2009/65/EG, 2009/138/EG, 2011/61/EU, 2014/65/EU, (EU) 2016/97 und (EU) 2016/2341 sowie der Verordnungen (EU) Nr. 345/2013 (EU) Nr. 346/2013, (EU) 2015/760 und (EU) 2019/1238 ergänzen.

(34) Diese Verordnung steht im Einklang mit den Grundrechten und Grundsätzen, die insbesondere mit der Charta der Grundrechte der Europäischen Union anerkannt wurden.

(35) Da die Ziele dieser Verordnung, nämlich die Verbesserung des Schutzes und der Information von Endanlegern, unter anderem in Fällen grenzüberschreitender Käufe durch Endanleger von den Mitgliedstaaten nicht ausreichend verwirklicht werden können, sondern vielmehr wegen der Notwendigkeit, einheitliche Offenlegungsanforderungen festzulegen, auf Unionsebene besser zu verwirklichen sind, kann die Union im Einklang mit dem in Artikel 5 des Vertrags über die Europäische Union verankerten Subsidiaritätsprinzip tätig werden. Entsprechend dem in demselben Artikel genannten Grundsatz der Verhältnismäßigkeit geht diese Verordnung nicht über das für die Erreichung dieser Ziele erforderliche Maß hinaus —

HABEN FOLGENDE VERORDNUNG ERLASSEN:

(1) ABl. C 62 vom 15.2.2019, S. 97.

(2) Standpunkt des Europäischen Parlaments vom 18. April 2019 (noch nicht im Amtsblatt veröffentlicht) und Beschluss des Rates vom 8. November 2019.

(3) Beschluss (EU) 2016/1841 des Rates vom 5. Oktober 2016 über den Abschluss des im Rahmen des Rahmenübereinkommens der Vereinten Nationen über Klimaänderungen geschlossenen Übereinkommens von Paris im Namen der Europäischen Union (ABl. L 282 vom 19.10.2016, S. 1).

(4) Richtlinie 2009/65/EG des Europäischen Parlaments und des Rates vom 13. Juli 2009 zur Koordinierung der Rechts- und Verwaltungsvorschriften betreffend bestimmte Organismen für gemeinsame Anlagen in Wertpapieren (OGAW) (ABl. L 302

vom 17.11.2009, S. 32).

(5) Richtlinie 2009/138/EG des Europäischen Parlaments und des Rates vom 25. November 2009 betreffend die Aufnahme und Ausübung der Versicherungs- und der Rückversicherungstätigkeit (Solvabilität II) (ABl. L 335 vom 17.12.2009, S. 1).

(6) Richtlinie 2011/61/EU des Europäischen Parlaments und des Rates vom 8. Juni 2011 über die Verwalter alternativer Investmentfonds (ABl. L 174 vom 1.7.2011, S. 1).

(7) Richtlinie 2013/36/EU des Europäischen Parlaments und des Rates vom 26. Juni 2013 über den Zugang zur Tätigkeit von Kreditinstituten und die Beaufsichtigung von Kreditinstituten und Wertpapierfirmen, zur Änderung der Richtlinie 2002/87/EG und zur Aufhebung der Richtlinien 2006/48/EG und 2006/49/EG (ABl. L 176 vom 27.6.2013, S. 338).

(8) Richtlinie 2014/65/EU des Europäischen Parlaments und des Rates vom 15. Mai 2014 über Märkte für Finanzinstrumente sowie zur Änderung der Richtlinien 2002/92/EG und 2011/61/EU (ABl. L 173 vom 12.6.2014, S. 349).

(9) Richtlinie (EU) 2016/97 des Europäischen Parlaments und des Rates vom 20. Januar 2016 über Versicherungsvertrieb (ABl. L 26 vom 2.2.2016, S. 19).

(10) Richtlinie (EU) 2016/2341 des Europäischen Parlaments und des Rates vom 14. Dezember 2016 über die Tätigkeiten und die Beaufsichtigung von Einrichtungen der betrieblichen Altersversorgung (EbAV) (ABl. L 354 vom 23.12.2016, S. 37).

(11) Verordnung (EU) Nr. 345/2013 des Europäischen Parlaments und des Rates vom 17. April 2013 über Europäische Risikokapitalfonds (ABl. L 115 vom 25.4.2013, S. 1).

(12) Verordnung (EU) Nr. 346/2013 des Europäischen Parlaments und des Rates vom 17. April 2013 über Europäische Fonds für soziales Unternehmertum (ABl. L 115 vom 25.4.2013, S. 18).

(13) Verordnung (EU) 2015/760 des Europäischen Parlaments und des Rates vom 29. April 2015 über europäische langfristige Investmentfonds (ABl. L 123 vom 19.5.2015, S. 98).

(14) Verordnung (EU) 2019/1238 des Europäischen Parlaments und des Rates vom 20. Juni 2019 über ein Paneuropäisches Privates Pensionsprodukt (PEPP) (ABl. L 198 vom 25.7.2019, S. 1).

(15) Verordnung (EU) Nr. 1093/2010 des Europäischen Parlaments und des Rates vom 24. November 2010 zur Errichtung einer Europäischen Aufsichtsbehörde (Europäische Bankenaufsichtsbehörde), zur Änderung des Beschlusses Nr. 716/2009/EG und zur Aufhebung des Beschlusses 2009/78/EG der Kommission (ABl. L 331 vom 15.12.2010, S. 12).

(16) Verordnung (EU) Nr. 1094/2010 des Europäischen Parlaments und des Rates vom 24. November 2010 zur Errichtung einer Europäischen Aufsichtsbehörde (Europäische Aufsichtsbehörde für das Versicherungswesen und die betriebliche Altersversorgung), zur Änderung des Beschlusses Nr. 716/2009/EG und zur Aufhebung des Beschlusses 2009/79/EG der Kommission (ABl. L 331 vom 15.12.2010, S. 48).

(17) Verordnung (EU) Nr. 1095/2010 des Europäischen Parlaments und des Rates vom 24. November 2010 zur Errichtung einer Europäischen Aufsichtsbehörde (Europäische Wertpapier- und Marktaufsichtsbehörde), zur Änderung des Beschlusses Nr. 716/2009/EG und zur Aufhebung des Beschlusses 2009/77/EG der Kommission (ABl. L 331 vom 15.12.2010, S. 84).

(18) Richtlinie 2013/34/EU des Europäischen Parlaments und des Rates vom 26. Juni 2013 über den Jahresabschluss, den konsolidierten Abschluss und damit verbundene Berichte von Unternehmen bestimmter Rechtsformen und zur Änderung der Richtlinie 2006/43/EG des Europäischen Parlaments und des Rates und zur Aufhebung der Richtlinien 78/660/EWG und 83/349/EWG des Rates (ABl. L 182 vom 29.6.2013, S. 19).

Artikel 1
Gegenstand

Mit dieser Verordnung werden harmonisierte Vorschriften für Finanzmarktteilnehmer und Finanzberater über Transparenz bei der Einbeziehung von Nachhaltigkeitsrisiken und der Berücksichtigung nachteiliger Nachhaltigkeitsauswirkungen in ihren Prozessen und bei der Bereitstellung von Informationen über die Nachhaltigkeit von Finanzprodukten festgelegt.

Artikel 2
Begriffsbestimmungen

Für die Zwecke dieser Verordnung bezeichnet der Ausdruck

1. "Finanzmarktteilnehmer"

a) ein Versicherungsunternehmen, das ein Versicherungsanlageprodukt (insurance-based investment product, IBIP) anbietet;

b) eine Wertpapierfirma, die Portfolioverwaltung erbringt;

c) eine Einrichtung der betrieblichen Altersversorgung (EbAV);

d) einen Hersteller eines Altersvorsorgeprodukts;

e) einen Verwalter alternativer Investmentfonds (alternative investment fund manager, AIFM);

f) einen Anbieter eines Paneuropäischen Privaten Pensionsprodukts (pan-European Personal Pension Product, PEPP-Anbieter);

g) einen Verwalter eines qualifizierten Risikokapitalfonds, der gemäß Artikel 14 der Verordnung (EU) Nr. 345/2013 registriert ist;

h) einen Verwalter eines qualifizierten Fonds für soziales Unternehmertum, der gemäß Artikel 15 der Verordnung (EU) Nr. 346/2013 registriert ist;

i) eine Verwaltungsgesellschaft für Organismen für gemeinsame Anlagen in Wertpapieren (OGAW-Verwaltungsgesellschaft); oder

j) ein Kreditinstitut, das Portfolioverwaltung erbringt;

2. "Versicherungsunternehmen" ein Versicherungsunternehmen, das gemäß Artikel 18 der Richtlinie 2009/138/EG zugelassen ist;

3. "IBIP" ("insurance-based investment product", Versicherungsanlageprodukt)

a) ein Versicherungsanlageprodukt im Sinne des Artikels 4 Nummer 2 der Verordnung (EU) Nr. 1286/2014 des Europäischen Parlaments und des Rates ((1)); oder

b) ein für einen professionellen Anleger bereitgestelltes Versicherungsprodukt, das einen Fälligkeitswert oder einen Rückkaufwert bietet, der vollständig oder teilweise direkt oder indirekt Marktschwankungen ausgesetzt ist;

4. "Verwalter alternativer Investmentfonds" oder "AIFM" einen AIFM im Sinne des Artikels 4 Absatz 1 Buchstabe b der Richtlinie 2011/61/EU;

5. "Wertpapierfirma" eine Wertpapierfirma im Sinne des Artikels 4 Absatz 1 Nummer 1 der Richtlinie 2014/65/EU;

6. "Portfolioverwaltung" eine Portfolioverwaltung im Sinne des Artikels 4 Absatz 1 Nummer 8 der Richtlinie 2014/65/EU;

7. "Einrichtung der betrieblichen Altersversorgung" oder "EbAV" eine Einrichtung der betrieblichen Altersversorgung, die gemäß Artikel 9 der Richtlinie (EU) 2016/2341 eingetragen oder zugelassen ist, mit Ausnahme einer Einrichtung, für die ein Mitgliedstaat sich für die Anwendung von Artikel 5 der genannten Richtlinie entschieden hat, oder eine Einrichtung, die Altersversorgungssysteme betreibt, denen insgesamt weniger als 15 Versorgungsanwärter angeschlossen sind;

8. "Altersvorsorgeprodukt"

a) ein Altersvorsorgeprodukt im Sinne des Artikels 2 Absatz 2 Buchstabe e der Verordnung (EU) Nr. 1286/2014; oder

b) ein individuelles Altersvorsorgeprodukt im Sinne des Artikels 2 Absatz 2 Buchstabe g der Verordnung (EU) Nr. 1286/2014;

9. "Paneuropäisches Privates Pensionsprodukt" oder "PEPP" ein Produkt im Sinne des Artikels 2 Nummer 2 der Verordnung (EU) 2019/1238;

10. "OGAW-Verwaltungsgesellschaft"

a) eine Verwaltungsgesellschaft im Sinne des Artikels 2 Absatz 1 Buchstabe b der Richtlinie 2009/65/EG; oder

b) eine gemäß der Richtlinie 2009/65/EG zugelassene Investmentgesellschaft, die keine nach der genannten Richtlinie zugelassene Verwaltungsgesellschaft für ihre Verwaltung benannt hat;

11. "Finanzberater"

a) einen Versicherungsvermittler, der Versicherungsberatung für IBIP erbringt;

b) ein Versicherungsunternehmen, das Versicherungsberatung für IBIP erbringt;

c) ein Kreditinstitut, das Anlageberatung anbietet;

d) eine Wertpapierfirma, die Anlageberatung anbietet;

e) einen AIFM, der Anlageberatung gemäß Artikel 6 Absatz 4 Buchstabe b Ziffer i der Richtlinie 2011/61/EU anbietet; oder

f) eine OGAW-Verwaltungsgesellschaft, die Anlageberatung gemäß Artikel 6 Absatz 3 Buchstabe b Ziffer i der Richtlinie 2009/65/EG anbietet;

12. "Finanzprodukt"

a) ein Portfolio, das gemäß Nummer 6 des vorliegenden Artikels verwaltet wird;

b) einen alternativen Investmentfonds (AIF);

c) ein IBIP;

d) ein Altersvorsorgeprodukt;

e) ein Altersversorgungssystem;

f) einen Organismus für gemeinsame Anlagen in Wertpapieren (OGAW); oder

g) ein PEPP;

13. "alternativer Investmentfonds" oder "AIF" einen AIF im Sinne des Artikels 4 Absatz 1 Buchstabe a der Richtlinie 2011/61/EU;

14. "Altersversorgungssystem" ein Altersversorgungssystem im Sinne des Artikels 6 Nummer 2 der Richtlinie (EU) 2016/2341;

15. "Organismus für gemeinsame Anlagen in Wertpapiere" oder "OGAW" einen Organismus, der gemäß Artikel 5 der Richtlinie 2009/65/EG zugelassen ist;

16. "Anlageberatung" eine Anlageberatung im Sinne des Artikels 4 Absatz 1 Nummer 4 der Richtlinie 2014/65/EU;

17. "nachhaltige Investition" eine Investition in eine wirtschaftliche Tätigkeit, die zur Erreichung eines Umweltziels beiträgt, gemessen beispielsweise an Schlüsselindikatoren für Ressourceneffizienz bei der Nutzung von Energie, erneuerbarer Energie, Rohstoffen, Wasser und Boden, für die Abfallerzeugung, und Treibhausgasemissionen oder für die Auswirkungen auf die biologische Vielfalt und die Kreislaufwirtschaft, oder eine Investition in eine wirtschaftliche Tätigkeit, die zur Erreichung eines sozialen Ziels beiträgt, insbesondere eine Investition, die zur Bekämpfung von Ungleichheiten beiträgt oder den sozialen Zusammenhalt, die soziale Integration und die Arbeitsbeziehungen fördert oder eine Investition in Humankapital oder zugunsten wirtschaftlich oder sozial benachteiligter Bevölkerungsgruppen, vorausgesetzt, dass diese Investitionen keines dieser Ziele erheblich beeinträchtigen und die Unternehmen, in die investiert wird, Verfahrensweisen einer guten Unternehmensführung anwenden, insbesondere bei soliden Managementstrukturen, den Beziehungen zu den Arbeitnehmern, der Vergütung von Mitarbeitern sowie der Einhaltung der Steuervorschriften;

18. "professioneller Anleger" einen Kunden, der die Kriterien des Anhangs II der Richtlinie 2014/65/EU erfüllt;

19. "Kleinanleger" einen Anleger, der kein professioneller Anleger ist;

20. "Versicherungsvermittler" einen Versicherungsvermittler im Sinne des Artikels 2 Absatz 1 Nummer 3 der Richtlinie (EU) 2016/97;

21. "Versicherungsberatung" eine Beratung im Sinne des Artikels 2 Absatz 1 Nummer 15 der Verordnung (EU) 2016/97;

22. "Nachhaltigkeitsrisiko" ein Ereignis oder eine Bedingung in den Bereichen Umwelt, Soziales oder Unternehmensführung, dessen beziehungsweise deren Eintreten tatsächlich oder potenziell wesentliche negative Auswirkungen auf den Wert der Investition haben könnte;

23. "europäischer langfristiger Investmentfonds" oder "ELTIF" Fonds, der gemäß Artikel 6 der Verordnung (EU) 2015/760 zugelassen ist;

24. "Nachhaltigkeitsfaktoren" Umwelt-, Sozial- und Arbeitnehmerbelange, die Achtung der Menschenrechte und die Bekämpfung von Korruption und Bestechung.

Artikel 2a
Grundsatz der Vermeidung erheblicher Beeinträchtigungen

(1) Die durch die Verordnungen (EU) Nr. 1093/2010, (EU) Nr. 1094/2010 und (EU) Nr. 1095/2010 des Europäischen Parlaments und des Rates eingerichteten Europäischen Aufsichtsbehörden arbeiten mithilfe des Gemeinsamen Ausschusses Entwürfe technischer Regulierungsstandards aus, um die Einzelheiten zu Inhalt und Darstellung der Informationen in Zusammenhang mit dem Grundsatz der Vermeidung erheblicher Beeinträchtigungen gemäß Artikel 2 Nummer 17 der vorliegenden Verordnung näher festzulegen, die Inhalt, Methoden und Darstellung von Nachhaltigkeits-Indikatoren für nachteilige Auswirkungen nach Artikel 4 Absätze 6 und 7 der vorliegenden Verordnung entsprechen.

(2) Die Europäischen Aufsichtsbehörden übermitteln der Kommission die in Absatz 1 genannten Entwürfe technischer Regulierungsstandards bis zum 30. Dezember 2020.

(3) Der Kommission wird die Befugnis übertragen, diese Verordnung durch Annahme der in Absatz 1 des vorliegenden Artikels genannten technischen Regulierungsstandards gemäß den Artikeln 10 bis 14 der Verordnungen (EU) Nr. 1093/2010, (EU) Nr. 1094/2010 und (EU) Nr. 1095/2010 zu ergänzen.

Artikel 3
Transparenz bei den Strategien für den Umgang mit Nachhaltigkeitsrisiken

(1) Finanzmarktteilnehmer veröffentlichen auf ihren Internetseiten Informationen zu ihren Strategien zur Einbeziehung von Nachhaltigkeitsrisiken bei ihren Investitionsentscheidungsprozessen.

(2) Finanzberater veröffentlichen auf ihren Internetseiten Informationen zu ihren Strategien zur Einbeziehung von Nachhaltigkeitsrisiken bei ihren Anlageberatungs- oder Versicherungsberatungstätigkeiten.

Artikel 4
Transparenz nachteiliger Nachhaltigkeitsauswirkungen auf Ebene des Unternehmens

(1) Finanzmarktteilnehmer veröffentlichen auf ihrer Internetseite folgende Informationen und halten sie auf dem aktuellen Stand:

a) wenn sie die wichtigsten nachteiligen Auswirkungen von Investitionsentscheidungen auf Nachhaltigkeitsfaktoren berücksichtigen, eine Erklärung über Strategien zur Wahrung der Sorgfaltspflicht im Zusammenhang mit diesen Auswirkungen in Anbetracht ihrer Größe, der Art und des Umfangs ihrer Tätigkeiten und der Arten der Finanzprodukte, die sie zur Verfügung stellen; oder

b) wenn sie nachteilige Auswirkungen von Investitionsentscheidungen auf Nachhaltigkeitsfaktoren nicht berücksichtigen, klare Gründe, warum sie das nicht tun, einschließlich gegebenenfalls Informationen darüber, ob und wann sie beabsichtigen, solche nachteiligen Auswirkungen zu berücksichtigen.

(2) Die Finanzmarktteilnehmer nehmen in die gemäß Absatz 1 Buchstabe a vorgelegten Informationen mindestens Folgendes auf:

a) Informationen über ihre Strategien zur Feststellung und Gewichtung der wichtigsten nachteiligen Nachhaltigkeitsauswirkungen und Nachhaltigkeitsindikatoren;

b) eine Beschreibung der wichtigsten nachteiligen Nachhaltigkeitsauswirkungen und aller in diesem Zusammenhang ergriffenen oder gegebenenfalls geplanten Maßnahmen;

c) gegebenenfalls kurze Zusammenfassungen ihrer Mitwirkungspolitik gemäß Artikel 3g der Richtlinie 2007/36/EG;

d) eine Bezugnahme auf ihre Beachtung eines Kodex für verantwortungsvolle Unternehmensführung und international anerkannter Standards für die Sorgfaltspflicht und die Berichterstattung sowie gegebenenfalls den Grad ihrer Ausrichtung auf die Ziele des Übereinkommens von Paris.

(3) Abweichend von Absatz 1 veröffentlichen Finanzmarktteilnehmer, die am Bilanzstichtag das Kriterium erfüllen, im Laufe des Geschäftsjahres durchschnittlich mehr als 500 Mitarbeiter zu beschäftigen, ab dem 30. Juni 2021 auf ihren Internetseiten eine Erklärung über Strategien zur Wahrung der Sorgfaltspflicht im Zusammenhang mit den wichtigsten nachteiligen Auswirkungen von Investitionsentscheidungen auf Nachhaltigkeitsfaktoren und halten diese Erklärung auf dem aktuellen Stand. Diese Erklärung umfasst zumindest die in Absatz 2 aufgeführten Informationen.

(4) Abweichend von Absatz 1 des vorliegenden Artikels veröffentlichen Finanzmarktteilnehmer, die Mutterunternehmen einer großen Gruppe im Sinne des Artikels 3 Absatz 7 der Richtlinie 2013/34/EU sind, die am Bilanzstichtag der Gruppe das Kriterium erfüllt, im Laufe des Geschäftsjahres konsolidiert durchschnittlich mehr als 500 Mitarbeiter zu beschäftigen, ab dem 30. Juni 2021 auf ihren Internetseiten eine Erklärung über Strategien zur Wahrung ihrer Sorgfaltspflicht im Zusammenhang mit den wichtigsten nachteiligen Auswirkungen von Investitionsentscheidungen auf Nachhaltigkeitsfaktoren und halten diese Erklärung auf dem aktuellen Stand halten. Diese Erklärung umfasst zumindest die in Absatz 2 aufgeführten Informationen.

(5) Finanzberater veröffentlichen auf ihrer Internetseite folgende Informationen und halten sie auf dem aktuellen Stand:

a) Informationen darüber, ob sie in Anbetracht ihrer Größe, der Art und des Umfangs ihrer Tätigkeiten und der Arten der Finanzprodukte, die Gegenstand ihrer Beratung sind, bei ihrer Anlage- oder Versicherungsberatung die wichtigsten nachteiligen Auswirkungen auf Nachhaltigkeitsfaktoren berücksichtigen; oder

b) Informationen darüber, warum sie nachteilige Auswirkungen von Investitionsentscheidungen auf Nachhaltigkeitsfaktoren bei ihrer Anlage- oder Versicherungsberatung nicht berücksichtigen, gegebenenfalls einschließlich Informationen darüber, ob und wann sie beabsichtigen, solche nachteiligen Auswirkungen zu berücksichtigen.

(6) Die Europäischen Aufsichtsbehörden arbeiten über den Gemeinsamen Ausschuss bis zum 30. Dezember 2020 Entwürfe für technische Regulierungsstandards gemäß den Artikeln 10 bis 14 der Verordnungen (EU) Nr. 1093/2010, (EU) Nr. 1094/2010 und (EU) Nr. 1095/2010 für Inhalt, Methoden und Darstellung der in den Absätzen 1 bis 5 des vorliegenden Artikels genannten Informationen über Nachhaltigkeitsindikatoren für nachteilige Auswirkungen auf das Klima und andere umweltbezogene nachteilige Aspekte aus.

Die Europäischen Aufsichtsbehörden bemühen sich gegebenenfalls um Beiträge der Europäischen Umweltagentur und der Gemeinsamen Forschungsstelle der Europäischen Kommission.

Der Kommission wird die Befugnis übertragen, diese Verordnung durch Annahme der in Unterabsatz 1 genannten technischen Regulierungsstandards gemäß den Artikeln 10 bis 14 der Verordnungen (EU) Nr. 1093/2010, (EU) Nr. 1094/2010 und (EU) Nr. 1095/2010 zu ergänzen.

(7) Die Europäischen Aufsichtsbehörden arbeiten über den Gemeinsamen Ausschuss bis zum 30. Dezember 2021 Entwürfe für technische Regulierungsstandards gemäß den Artikeln 10 bis 14 der Verordnungen (EU) Nr. 1093/2010, (EU) Nr. 1094/2010 und (EU) Nr. 1095/2010 für Inhalt, Methoden und Darstellung der den Absätzen 1 bis 5 des vorliegenden Artikels genannten Informationen über Nachhaltigkeitsindikatoren für nachteilige Auswirkungen in den Bereichen Soziales und Beschäftigung, Achtung der Menschenrechte und Bekämpfung von Korruption und Bestechung aus.

Der Kommission wird die Befugnis übertragen, diese Verordnung durch Annahme der in Unterabsatz 1 genannten technischen Regulierungsstandards gemäß den Artikeln 10 bis 14 der Verordnungen (EU) Nr. 1093/2010, (EU) Nr. 1094/2010 und (EU) Nr. 1095/2010 zu ergänzen.

Artikel 5
Transparenz der Vergütungspolitik im Zusammenhang mit der Berücksichtigung von Nachhaltigkeitsrisiken

(1) Finanzmarktteilnehmer und Finanzberater geben im Rahmen ihrer Vergütungspolitik an, inwiefern diese mit der Einbeziehung von Nachhaltigkeitsrisiken im Einklang steht, und veröffentlichen diese Informationen auf ihren Internetseiten.

(2) Die in Absatz 1 genannten Informationen sind in die Vergütungspolitik aufzunehmen, die Finanzmarktteilnehmer und Finanzberater gemäß den sektoralen Rechtsvorschriften, insbesondere den Richtlinien 2009/65/EG, 2009/138/EG, 2011/61/EU, 2013/36/EU, 2014/65/EU, (EU) 2016/97 und (EU) 2016/2341, festlegen und fortführen müssen.

Artikel 6
Transparenz bei der Berücksichtigung von Nachhaltigkeitsrisiken

(1) Finanzmarktteilnehmer geben in vorvertraglichen Informationen Erläuterungen zu folgenden Aspekten:

a) der Art und Weise, wie Nachhaltigkeitsrisiken bei ihren Investitionsentscheidungen einbezogen werden; und

b) den Ergebnissen der Bewertung der zu erwartenden Auswirkungen von Nachhaltigkeitsrisiken auf die Rendite der Finanzprodukte, die sie zur Verfügung stellen.

Wenn die Finanzmarktteilnehmer Nachhaltigkeitsrisiken als nicht relevant erachten, so enthalten die Erläuterungen zu den in Unterabsatz 1 genannten Aspekten eine klare und knappe Begründung dafür.

(2) Finanzberater geben in vorvertraglichen Informationen Erläuterungen zu Folgendem:

a) der Art und Weise, wie Nachhaltigkeitsrisiken bei ihrer Anlage- oder Versicherungsberatung einbezogen werden; und

b) dem Ergebnis der Bewertung der zu erwartenden Auswirkungen von Nachhaltigkeitsrisiken auf die Rendite der Finanzprodukte, die Gegenstand ihrer Beratung sind.

Wenn die Finanzberater Nachhaltigkeitsrisiken als nicht relevant erachten, so enthalten die Erläuterungen zu den in Unterabsatz 1 genannten Aspekten eine klare und knappe Begründung dafür.

(3) Die in den Absätzen 1 und 2 des vorliegenden Artikels genannten Informationen werden wie folgt offengelegt:

a) bei AIFM im Rahmen ihrer Informationspflichten gegenüber Anlegern nach Artikel 23 Absatz 1 der Richtlinie 2011/61/EU;

b) bei Versicherungsunternehmen im Rahmen der nach Artikel 185 Absatz 2 der Richtlinie 2009/138/EG bereitzustellenden Informationen oder gegebenenfalls gemäß Artikel 29 Absatz 1 der Richtlinie (EU) 2016/97;

c) bei EbAV im Rahmen der nach Artikel 41 der Richtlinie (EU) 2016/2341 bereitzustellenden Informationen;

d) bei Verwaltern eines qualifizierten Risikokapitalfonds im Rahmen der nach Artikel 13 Absatz 1 der Verordnung (EU) Nr. 345/2013 bereitzustellenden Informationen;

e) bei Verwaltern eines qualifizierten Fonds für soziales Unternehmertum im Rahmen der nach Artikel 14 Absatz 1 der Verordnung (EU) Nr. 346/2013 bereitzustellenden Informationen;

f) bei Herstellern von Altersvorsorgeprodukten in Schriftform und rechtzeitig, bevor ein Kleinanleger einen Vertrag über ein entsprechendes Altersvorsorgeprodukt abschließt;

g) bei OGAW-Verwaltungsgesellschaften in dem nach Artikel 69 der Richtlinie 2009/65/EG zu veröffentlichenden Prospekt;

h) bei Wertpapierfirmen, die Portfolioverwaltung oder Anlageberatung anbieten, gemäß Artikel 24 Absatz 4 der Richtlinie 2014/65/EU;

i) bei Kreditinstituten, die Portfolioverwaltung oder Anlageberatung anbieten, gemäß Artikel 24 Absatz 4 der Richtlinie 2014/65/EU;

j) bei Versicherungsvermittlern und Versicherungsunternehmen, die Versicherungsberatung für IBIP anbieten, und bei Versicherungsvermittlern, die Versicherungsberatung für Altersvorsorgeprodukte, die Marktschwankungen ausgesetzt sind, anbieten, gemäß Artikel 29 Absatz 1 der Richtlinie (EU) 2016/97;

k) bei AIFM, die ELTIF verwalten, in dem nach Artikel 23 der Verordnung (EU) 2015/760 zu veröffentlichenden Prospekt;

l) bei PEPP-Anbietern in dem in Artikel 26 der Verordnung (EU) 2019/1238 genannten PEPP-Basisinformationsblatt.

Artikel 7

Transparenz bei nachteiligen Nachhaltigkeitsauswirkungen auf Ebene des Finanzprodukts

(1) Spätestens ab dem 30. Dezember 2022 umfassen die in Artikel 6 Absatz 3 genannten Offenlegungen für jedes Finanzprodukt, sofern ein Finanzmarktteilnehmer Artikel 4 Absatz 1 Buchstabe a oder Artikel 4 Absatz 3 oder Absatz 4 anwendet, Folgendes:

a) klare und begründete Erläuterungen dazu, ob und – wenn ja – wie in einem Finanzprodukt die wichtigsten nachteiligen Auswirkungen auf Nachhaltigkeitsfaktoren berücksichtigt werden;

b) eine Erklärung, dass Informationen über die wichtigsten nachteiligen Auswirkungen auf Nachhaltigkeitsfaktoren im Rahmen der gemäß Artikel 11 Absatz 2 offenzulegenden Informationen verfügbar sind.

Sofern die Informationen gemäß Artikel 11 Absatz 2 eine Quantifizierung der wichtigsten nachteiligen Auswirkungen auf Nachhaltigkeitsfaktoren umfassen, können sich diese Informationen auf die Bestimmungen der gemäß Artikel 4 Absätze 6 und 7 angenommenen technischen Regulierungsstandards stützen.

(2) Die in Artikel 6 Absatz 3 genannten Offenlegungen beinhalten für jedes Finanzprodukt, sofern ein Finanzmarktteilnehmer Artikel 4 Absatz 1 Buchstabe b anwendet, eine Erklärung, dass der Finanzmarktteilnehmer die nachteiligen Auswirkungen von Investitionsentscheidungen auf Nachhaltigkeitsfaktoren nicht berücksichtigt, sowie eine Begründung dafür.

Artikel 8

Transparenz bei der Bewerbung ökologischer oder sozialer Merkmale in vorvertraglichen Informationen

(1) Werden mit einem Finanzprodukt unter anderem ökologische oder soziale Merkmale oder eine Kombination aus diesen Merkmalen beworben – sofern die Unternehmen, in die investiert wird, Verfahrensweisen einer guten Unternehmensführung anwenden –, so umfassen die gemäß Artikel 6 Absätze 1 und 3 offenzulegenden Informationen Folgendes:

a) Angaben dazu, wie diese Merkmale erfüllt werden;

b) wenn ein Index als Referenzwert bestimmt wurde, Angaben dazu, ob und wie dieser Index mit diesen Merkmalen vereinbar ist.

(2) Finanzmarktteilnehmer machen im Rahmen der nach Artikel 6 Absätze 1 und 3 offenzulegenden Informationen Angaben dazu, wo eine Beschreibung der Methode zur Berechnung des in Absatz 1 des vorliegenden Artikels genannten Indexes zu finden ist.

(2a) Stellen Finanzmarktteilnehmer ein Finanzprodukt nach Artikel 6 der Verordnung (EU) 2020/852 des Europäischen Parlaments und des Rates ([2]) bereit, so nehmen sie die nach Artikel 6 der Verordnung (EU) 2020/852 vorgeschriebenen Informationen in die gemäß Artikel 6 Absätze 1 und 3 der vorliegenden Verordnung offenzulegenden Informationen auf.

(3) Die Europäischen Aufsichtsbehörden arbeiten über den Gemeinsamen Ausschuss Entwürfe technischer Regulierungsstandards aus, um die Einzelheiten zu Inhalt und Darstellung der nach den Absätzen 1 und 2 des vorliegenden Artikels offenzulegenden Informationen näher festzulegen.

Bei der Ausarbeitung der in Unterabsatz 1 genannten Entwürfe technischer Regulierungsstandards berücksichtigen die Europäischen Aufsichtsbehörden die verschiedenen Arten von Finanzprodukten, ihre Merkmale und die Unterschiede zwischen ihnen sowie das Ziel, dass Offenlegungen zutreffend, redlich, klar, nicht irreführend, einfach und knapp sein müssen.

Die Europäischen Aufsichtsbehörden übermitteln der Kommission die in Unterabsatz 1 genannten Entwürfe technischer Regulierungsstandards bis zum 30. Dezember 2020.

Der Kommission wird die Befugnis übertragen, die vorliegende Verordnung durch Annahme der technischen Regulierungsstandards nach Unterabsatz 1 gemäß den Artikeln 10 bis 14 der Verordnung (EU) Nr. 1093/2010, der Verordnung (EU) Nr. 1094/2010 und der Verordnung (EU) Nr. 1095/2010 zu ergänzen.

(4) Die Europäischen Aufsichtsbehörden arbeiten über den Gemeinsamen Ausschuss Entwürfe technischer Regulierungsstandards aus, um die Einzelheiten zu Inhalt und Darstellung der in Absatz 2a des vorliegenden Artikels genannten Informationen näher festzulegen.

Bei der Ausarbeitung der in Unterabsatz 1 des vorliegenden Absatzes genannten Entwürfe technischer Regulierungsstandards berücksichtigen die Europäischen Aufsichtsbehörden die verschiedenen Arten von Finanzprodukten, ihre Merkmale und die Unterschiede zwischen ihnen sowie das Ziel, dass Offenlegungen zutreffend, redlich, klar, nicht irreführend, einfach und knapp sein müssen, und erstellen, soweit zur Erreichung dieses Ziels erforderlich, Änderungsentwürfe der in Absatz 3 des vorliegenden Artikels genannten technischen Regulierungsstandards. Die Entwürfe technischer Regulierungsstandards tragen den in Artikel 27 Absatz 2 Buchstaben a und b der Verordnung (EU) 2020/852 genannten Zeitpunkten des Geltungsbeginns für die Umweltziele des Artikels 9 der genannten Verordnung Rechnung.

Die Europäischen Aufsichtsbehörden legen der Kommission die in Unterabsatz 1 genannten Entwürfe technischer Regulierungsstandards:

a) für die in Artikel 9 Buchstaben a und b der Verordnung (EU) 2020/852 genannten Umweltziele bis zum 1. Juni 2021, und

b) für die in Artikel 9 Buchstaben c bis f der Verordnung (EU) 2020/852 genannten Umweltziele bis zum 1. Juni 2022 vor.

Der Kommission wird die Befugnis übertragen, diese Verordnung durch Annahme der in Unterabsatz 1 des vorliegenden Absatzes genannten technischen Regulierungsstandards gemäß den Artikeln 10 bis 14 der Verordnungen (EU) Nr. 1093/2010, (EU) Nr. 1094/2010 und (EU) Nr. 1095/2010 zu ergänzen.

Artikel 9
Transparenz in vorvertraglichen Informationen bei nachhaltigen Investitionen

(1) Wird mit einem Finanzprodukt eine nachhaltige Investition angestrebt und wurde ein Index als Referenzwert bestimmt, so wird den nach Artikel 6 Absätze 1 und 3 offenzulegenden Informationen Folgendes beigefügt:

a) Angaben dazu, wie der bestimmte Index auf das angestrebte Ziel ausgerichtet ist;

b) Erläuterungen dazu, warum und wie sich der bestimmte, auf das betreffende Ziel ausgerichtete Index von einem breiten Marktindex unterscheidet.

(2) Wird mit einem Finanzprodukt eine nachhaltige Investition angestrebt und wurde kein Index als Referenzwert bestimmt, so müssen die gemäß Artikel 6 Absätze 1 und 3 offenzulegenden Informationen Erläuterungen dazu enthalten, wie das angestrebte Ziel zu erreichen ist.

(3) Wird mit einem Finanzprodukt eine Reduzierung der CO2-Emissionen angestrebt, so enthalten die gemäß Artikel 6 Absätze 1 und 3 offenzulegenden Informationen eine ausführliche Erklärung dazu, wie die Ziele geringer CO2-Emissionen zur Verwirklichung der langfristigen Erderwärmungsziele des Übereinkommens von Paris gewährleistet werden.

Gibt es keinen EU-Referenzwert für Investitionen in eine klimafreundlichere Wirtschaft oder keinen EU-Referenzwert für auf das Übereinkommen von Paris abgestimmte Investitionen im Sinne der Verordnung (EU) 2016/1011 des Europäischen Parlaments und des Rates ([3]), so enthalten die nach Artikel 6 vorzulegenden Informationen – abweichend von Absatz 2 dieses Artikels – detaillierte Erläuterungen dazu, wie zur Verwirklichung der langfristigen Erderwärmungsziele des Übereinkommens von Paris sichergestellt wird, dass kontinuierliche Anstrengungen zur Verwirklichung des Ziels einer Reduzierung der CO_2-Emissionen unternommen werden.

(4) Finanzmarktteilnehmer machen im Rahmen der nach Artikel 6 Absätze 1 und 3 offenzulegenden Informationen Angaben dazu, wo die Methode für die Berechnung der in Absatz 1 des vorliegenden Artikels genannten Indizes und der in Absatz 3 Unterabsatz 2 des vorliegenden Artikels genannten Referenzwerte zu finden ist.

(4a) Finanzmarktteilnehmer nehmen die nach Artikel 5 der Verordnung (EU) 2020/852 erforderlichen Informationen in die gemäß Artikel 6 Absätze 1 und 3 der vorliegenden Verordnung offenzulegenden Informationen auf.

(5) Die Europäischen Aufsichtsbehörden arbeiten über den Gemeinsamen Ausschuss Entwürfe technischer Regulierungsstandards aus, um die Einzelheiten zu Inhalt und Darstellung der nach den Absätzen 1 bis 4 des vorliegenden Artikels offenzulegenden Informationen näher festzulegen.

Bei der Ausarbeitung der in Unterabsatz 1 des vorliegenden Absatzes genannten Entwürfe technischer Regulierungsstandards berücksichtigen die Europäischen Aufsichtsbehörden die verschiedenen Arten von Finanzprodukten, ihre Ziele gemäß den Absätzen 1, 2 und 3 und die Unterschiede zwischen ihnen, sowie das Ziel, dass Offenlegungen zutreffend, redlich, klar, nicht irreführend, einfach und knapp sein müssen.

Die Europäischen Aufsichtsbehörden übermitteln der Kommission die in Unterabsatz 1 genannten Entwürfe technischer Regulierungsstandards bis zum 30. Dezember 2020.

Der Kommission wird die Befugnis übertragen, die vorliegende Verordnung durch Annahme technischer Regulierungsstandards nach Unterabsatz 1 gemäß den Artikeln 10 bis 14 der Verordnungen (EU) Nr. 1093/2010, (EU) Nr. 1094/2010 und (EU) Nr. 1095/2010 zu ergänzen.

(6) Die Europäischen Aufsichtsbehörden arbeiten über den Gemeinsamen Ausschuss Entwürfe technischer Regulierungsstandards aus, um die Einzelheiten zu Inhalt und Darstellung der Informationen nach Absatz 4a des vorliegenden Artikels näher festzulegen.

Bei der Ausarbeitung der in Unterabsatz 1 des vorliegenden Absatzes genannten Entwürfe technischer Regulierungsstandards berücksichtigen die Europäischen Aufsichtsbehörden die verschiedenen Arten von Finanzprodukten, ihre/deren? Ziele gemäß Absatz 4a und die Unterschiede zwischen ihnen, sowie das Ziel, dass Offenlegungen zutreffend, redlich, klar, nicht irreführend, einfach und knapp sein müssen, und erstellen, soweit zur Erreichung dieses Ziels erforderlich, die in Absatz 5 genannten Änderungsentwürfe der technischen Regulierungsstandards. Die Entwürfe technischer Regulierungsstandards tragen den in Artikel 27 Absatz 2 Buchstaben a und b der Verordnung (EU) 2020/852 genannten Zeitpunkten des Geltungsbeginns für die Umweltziele des Artikels 9 der genannten Verordnung Rechnung.

Die Europäischen Aufsichtsbehörden legen der Kommission die in Unterabsatz 1 genannten Entwürfe technischer Regulierungsstandards

a) für die in Artikel 9 Buchstaben a und b der Verordnung (EU) 2020/852 genannten Umweltziele bis zum 1. Juni 2021 und

b) für die in Artikel 9 Buchstaben c bis f der Verordnung (EU) 2020/852 genannten Umweltziele bis zum 1. Juni 2022 vor.

Der Kommission wird die Befugnis übertragen, diese Verordnung durch Annahme der in Unterabsatz 1 des vorliegenden Absatzes genannten technischen Regulierungsstandards gemäß den Artikeln 10 bis 14 der Verordnungen (EU) Nr. 1093/2010, (EU) Nr. 1094/2010 und (EU) Nr. 1095/2010 zu ergänzen.

Artikel 10

Transparenz bei der Bewerbung ökologischer oder sozialer Merkmale und bei nachhaltigen Investitionen auf Internetseiten

(1) Finanzmarktteilnehmer veröffentlichen für jedes in Artikel 8 Absatz 1 und Artikel 9 Absätze 1, 2 oder 3 genannte Finanzprodukt folgende Informationen auf ihrer Internetseite und halten diese Informationen auf dem aktuellen Stand:

a) eine Beschreibung der ökologischen oder sozialen Merkmale oder des nachhaltigen Investitionsziels;

b) Angaben zu den Methoden, die angewandt werden, um die ökologischen oder sozialen Merkmale oder die Auswirkungen der für das Finanzprodukt ausgewählten nachhaltigen Investitionen zu bewerten, zu messen und zu überwachen, unter anderem Angaben zu den Datenquellen, zu den Kriterien für die Bewertung der zugrunde liegenden Vermögenswerte sowie zu den relevanten Nachhaltigkeitsindikatoren, die zur Messung der ökologischen oder sozialen Merkmale oder der Gesamtnachhaltigkeitsauswirkungen des Finanzprodukts herangezogen werden;

c) die in den Artikeln 8a und 9 genannten Informationen;

d) die in Artikel 11 genannten Informationen.

Die gemäß Unterabsatz 1 offenzulegenden Informationen müssen klar, prägnant und für Anleger verständlich sein. Sie sind in einer präzisen, redlichen, klaren, nicht irreführenden, einfachen und knappen Form und an deutlich sichtbarer und leicht zugänglicher Stelle der Internetseite zu veröffentlichen.

(2) Die Europäischen Aufsichtsbehörden arbeiten über den Gemeinsamen Ausschuss Entwürfe technischer Regulierungsstandards aus, in denen die Einzelheiten zum Inhalt der nach Absatz 1 Unterabsatz 1 Buchstaben a und b offenzulegenden Informationen und zu den Anforderungen an die Darstellung nach Absatz 1 Unterabsatz 2 näher festgelegt werden.

Bei der Ausarbeitung der in Unterabsatz 1 des vorliegenden Absatzes genannten Entwürfe technischer Regulierungsstandards berücksichtigen die Europäischen Aufsichtsbehörden die verschiedenen Arten von Finanzprodukten, ihre Merkmale und Ziele gemäß Absatz 1 und die Unterschiede zwischen ihnen. Die Europäischen Aufsichtsbehörden aktualisieren die technischen Regulierungsstandards unter Berücksichtigung rechtlicher und technischer Entwicklungen.

Die Europäischen Aufsichtsbehörden übermitteln der Kommission die im Unterabsatz 1 genannten Entwürfe technischer Regulierungsstandards bis zum 30. Dezember 2020.

Der Kommission wird die Befugnis übertragen, die vorliegende Verordnung durch Annahme technischer Regulierungsstandards nach Unterabsatz 1 gemäß den Artikeln 10 bis 14 der Verordnung (EU) Nr. 1093/2010, der Verordnung (EU) Nr. 1094/2010 und der Verordnung (EU) Nr. 1095/2010 zu ergänzen.

Artikel 11

Transparenz bei der Bewerbung ökologischer oder sozialer Merkmale und bei nachhaltigen Investitionen in regelmäßigen Berichten

(1) Stellen Finanzmarktteilnehmer ein in Artikel 8 Absatz 1 oder in Artikel 9 Absätze 1, 2 oder 3 genanntes Finanzprodukt bereit, so geben sie in ihren regelmäßigen Berichten Erläuterungen zu folgenden Aspekten:

a) für ein Finanzprodukt nach Artikel 8 Absatz 1, inwieweit die ökologischen oder sozialen Merkmale erfüllt wurden;

b) für ein Finanzprodukt nach Artikel 9 Absätze 1, 2 oder 3:

i) Gesamtnachhaltigkeitswirkung des Finanzprodukts, belegt durch relevante Nachhaltigkeitsindikatoren; oder

ii) wenn ein Index als Referenzwert bestimmt wurde, Vergleich der Gesamtnachhaltigkeitswirkung des Finanzprodukts mit den Wirkungen des bestimmten Indexes und bei Zugrundelegung eines breiten Marktindex anhand von Nachhaltigkeitsindikatoren;

c) für ein Finanzprodukt, für das Artikel 5 der Verordnung (EU) 2020/852 gilt, die Informationen gemäß jenem Artikel;

d) für ein Finanzprodukt, für das Artikel 6 der Verordnung (EU) 2020/852 gilt, die Informationen gemäß jenem Artikel.

(2) Die in Absatz 1 des vorliegenden Artikels genannten Informationen werden wie folgt offengelegt:

a) bei AIFM in dem in Artikel 22 der Richtlinie 2011/61/EU genannten Jahresbericht;

b) bei Versicherungsunternehmen jährlich in schriftlicher Form gemäß Artikel 185 Absatz 6 der Richtlinie 2009/138/EG;

c) bei EbAV in dem in Artikel 29 der Richtlinie (EU) 2016/2341 genannten Jahresbericht;

d) bei Verwaltern eines qualifizierten Risikokapitalfonds in dem in Artikel 12 der Verordnung (EU) Nr. 345/2013 genannten Jahresbericht;

e) bei Verwaltern eines qualifizierten Fonds für soziales Unternehmertum in dem in Artikel 13 der Verordnung (EU) Nr. 346/2013 genannten Jahresbericht;

f) bei Herstellern von Altersvorsorgeprodukten in schriftlicher Form im Jahresbericht oder in dem Bericht nach nationalem Recht;

g) bei OGAW-Verwaltungsgesellschaften in dem in Artikel 69 der Richtlinie 2009/65/EG genannten Jahresbericht;

h) bei Wertpapierfirmen, die Portfolioverwaltung anbieten, in einem in Artikel 25 Absatz 6 der Richtlinie 2014/65/EU genannten regelmäßigen Bericht;

i) bei Kreditinstituten, die Portfolioverwaltung anbieten, in einem in Artikel 25 Absatz 6 der Richtlinie 2014/65/EU genannten regelmäßigen Bericht;

j) bei PEPP-Anbietern in dem in Artikel 36 der Verordnung (EU) 2019/1238 genannten PEPP-Leistungsinformation.

(3) Für die Zwecke des Absatzes 1 des vorliegenden Artikels können Finanzmarktteilnehmer gegebenenfalls die Informationen aus den Lageberichten nach Artikel 19 der Richtlinie 2013/34/EU oder die Informationen aus den nichtfinanziellen Erklärungen nach Artikel 19a der genannten Richtlinie verwenden.

(4) Die Europäischen Aufsichtsbehörden arbeiten über den Gemeinsamen Ausschuss Entwürfe technischer Regulierungsstandards aus, in denen die Einzelheiten zu Inhalt und Darstellung der Informationen nach Absatz 1 Buchstaben a und b näher festgelegt werden.

Bei der Ausarbeitung der in Unterabsatz 1 genannten Entwürfe technischer Regulierungsstandards berücksichtigen die Europäischen Aufsichtsbehörden die verschiedenen Arten von Finanzprodukten, ihre Merkmale und Ziele und die Unterschiede zwischen ihnen. Die Europäischen Aufsichtsbehörden aktualisieren die technischen Regulierungsstandards unter Berücksichtigung rechtlicher und technischer Entwicklungen.

Die Europäischen Aufsichtsbehörden übermitteln der Kommission die in Unterabsatz 1 genannten Entwürfe technischer Regulierungsstandards bis zum 30. Dezember 2020.

Der Kommission wird die Befugnis übertragen, die vorliegende Verordnung durch Annahme technischer Regulierungsstandards nach Unterabsatz 1 gemäß den Artikeln 10 bis 14 der Verordnung (EU) Nr. 1093/2010, der Verordnung (EU) Nr. 1094/2010 und der Verordnung (EU) Nr. 1095/2010 zu ergänzen.

(5) Die Europäischen Aufsichtsbehörden arbeiten über den Gemeinsamen Ausschuss Entwürfe technischer Regulierungsstandards aus, um die Einzelheiten zu Inhalt und Darstellung der Informationen nach Absatz 1 Buchstaben c und d näher festzulegen.

Bei der Ausarbeitung der in Unterabsatz 1 des vorliegenden Absatzes genannten Entwürfe technischer Regulierungsstandards berücksichtigen die Europäischen Aufsichtsbehörden die verschiedenen Arten von Finanzprodukten, ihre Merkmale und Ziele und die Unterschiede zwischen ihnen und erstellen erforderlichenfalls Änderungsentwürfe der in Absatz 4 des vorliegenden Artikels genannten technischen Regulierungsstandards. Die Entwürfe technischer Regulierungsstandards tragen den in Artikel 27 Absatz 2 Buchstaben a und b der Verordnung (EU) 2020/852 festgelegten Zeitpunkten des Geltungsbeginns für die Umweltziele des Artikels 9 der genannten Verordnung Rechnung. Die Europäischen Aufsichtsbehörden aktualisieren die technischen Regulierungsstandards unter Berücksichtigung rechtlicher und technischer Entwicklungen.

Die Europäischen Aufsichtsbehörden legen der Kommission die in Unterabsatz 1 genannten Entwürfe technischer Regulierungsstandards

a) für die in Artikel 9 Buchstaben a und b der Verordnung (EU) 2020/852 genannten Umweltziele bis zum 1. Juni 2021 und

b) für die in Artikel 9 Buchstaben c bis f der Verordnung (EU) 2020/852 genannten Umweltziele bis zum 1. Juni 2022 vor.

Der Kommission wird die Befugnis übertragen, diese Verordnung durch Annahme der in Unterabsatz 1 des vorliegenden Absatzes genannten technischen Regulierungsstandards gemäß den Artikeln 10 bis 14 der Verordnungen (EU) Nr. 1093/2010, (EU) Nr. 1094/2010 und (EU) Nr. 1095/2010 zu ergänzen.

Artikel 12
Überprüfung der Informationen

(1) Die Finanzmarktteilnehmer stellen sicher, dass die gemäß Artikel 3, 5 oder 10 veröffentlichten Informationen stets auf dem aktuellen Stand sind. Nimmt ein Finanzmarktteilnehmer Änderungen an solchen Informationen vor, so veröffentlicht er auf derselben Internetseite eine klare Erläuterung der betreffenden Änderungen.

(2) Absatz 1 gilt sinngemäß auch für Finanzberater im Hinblick auf die von ihnen gemäß Artikel 3 und Artikel 5 veröffentlichten Informationen.

Artikel 13
Marketingmitteilungen

(1) Unbeschadet strengerer sektoraler Rechtsvorschriften, insbesondere der Richtlinien 2009/65/EG, 2014/65/EU und (EU) 2016/97 sowie der Verordnung (EU) Nr. 1286/2014, tragen Finanzmarktteilnehmer und Finanzberater dafür Sorge, dass ihre Marketingmitteilungen nicht im Widerspruch zu den gemäß der vorliegenden Verordnung veröffentlichten Informationen stehen.

(2) Die Europäischen Aufsichtsbehörden können über den Gemeinsamen Ausschuss Entwürfe technischer Durchführungsstandards ausarbeiten, um eine einheitliche Darstellung der Informationen über die Bewerbung ökologischer oder sozialer Merkmale und nachhaltiger Investitionen festzulegen.

Der Kommission wird die Befugnis übertragen, die in Unterabsatz 1 genannten technischen Durchführungsstandards gemäß Artikel 15 der Verordnung (EU) Nr. 1093/2010, der Verordnung (EU) Nr. 1094/2010 und der Verordnung (EU) Nr. 1095/2010 zu erlassen.

Artikel 14
Zuständige Behörden

(1) Die Mitgliedstaaten tragen dafür Sorge, dass die gemäß den sektoralen Rechtsvorschriften – insbesondere den in Artikel 6 Absatz 3 der vorliegenden Verordnung genannten sektoralen Rechtsvorschriften – und gemäß der Richtlinie 2013/36/EG benannten zuständigen Behörden die Einhaltung der in der vorliegenden Verordnung genannten Anforderungen durch Finanzmarktteilnehmer und Finanzberater überwachen. Die zuständigen Behörden erhalten alle Aufsichts- und Ermittlungsbefugnisse, die notwendig sind, um ihre Aufgaben gemäß dieser Verordnung zu erfüllen.

(2) Für die Zwecke dieser Verordnung arbeiten die zuständigen Behörden zusammen und übermitteln einander unverzüglich die Informationen, die für die Wahrnehmung ihrer Aufgaben gemäß dieser Verordnung von Bedeutung sind.

Artikel 15
Transparenz von EbAV und Versicherungsvermittlern

(1) EbAV veröffentlichen die in den Artikeln 3 bis 7 sowie in Artikel 10 Absatz 1 Unterabsatz 1 der vorliegenden Verordnung genannten Informationen gemäß Artikel 36 Absatz 2 Buchstabe f der Richtlinie (EU) 2016/2341 und halten diese auf dem aktuellen Stand.

(2) Versicherungsvermittler übermitteln die in Artikel 3, Artikel 4 Absatz 5, Artikel 5, Artikel 6 und Artikel 10 Absatz 1 Unterabsatz 1 der vorliegenden Verordnung genannten Informationen gemäß Artikel 23 der Richtlinie (EU) 2016/97.

Artikel 16
Altersvorsorgeprodukte im Sinne der Verordnungen (EG) Nr. 883/2004 und (EG) Nr. 987/2009

(1) Die Mitgliedstaaten können beschließen, diese Verordnung auf Hersteller von Altersvorsorgeprodukten anzuwenden, die unter die Verordnungen (EG) Nr. 883/2004 und (EG) Nr. 987/2009 fallende nationale Systeme der sozialen Sicherheit betreiben. In diesem Fall gehören zu den Herstellern von - in Artikel 2 Nummer 1 Buchstabe d der vorliegenden Verordnung genannten - Altersvorsorgeprodukten auch Hersteller von Altersvorsorgeprodukten, die nationale Systeme der sozialen

Sicherheit und in Artikel 2 Nummer 8 der vorliegenden Verordnung genannte Altersvorsorgeprodukte betreiben. In diesem Fall umfasst die Definition von Altersvorsorgeprodukten gemäß Artikel 2 Nummer 8 auch die in Satz 1 des vorliegenden Absatzes genannten Altersvorsorgeprodukte.

(2) Die Mitgliedstaaten melden der Kommission und den Europäischen Aufsichtsbehörden alle gemäß Absatz 1 angenommenen Beschlüsse.

Artikel 17

Ausnahmen

(1) Diese Verordnung gilt weder für Versicherungsvermittler, die Versicherungsberatung für IBIP anbieten, noch für Wertpapierfirmen, die Anlageberatung anbieten, bei denen es sich – unabhängig von ihrer Rechtsform – um Unternehmen handelt, einschließlich natürlicher Personen und Selbstständiger, sofern sie weniger als drei Personen beschäftigen.

(2) Die Mitgliedstaaten können beschließen, diese Verordnung auf die in Absatz 1 genannten Versicherungsvermittler, die Versicherungsberatung für IBIP anbieten, oder auf Wertpapierfirmen, die Anlageberatung anbieten, anzuwenden.

(3) Die Mitgliedstaaten melden der Kommission und den Europäischen Aufsichtsbehörden alle gemäß Absatz 2 angenommenen Beschlüsse.

Artikel 18

Berichterstattung

Die Europäischen Aufsichtsbehörden ziehen eine Bilanz über den Umfang der freiwilligen Offenlegungen gemäß Artikel 4 Absatz 1 Buchstabe a und gemäß Artikel 7 Absatz 1 Buchstabe a. Bis zum 10. September 2022 und danach jährlich legen die Europäischen Aufsichtsbehörden der Kommission einen Bericht über bewährte Verfahren vor und geben Empfehlungen für freiwillige Berichtsstandards ab. In diesem Jahresbericht werden die Auswirkungen der Verfahren zur Wahrung der Sorgfaltspflicht bei Offenlegungen gemäß dieser Verordnung berücksichtigt; zudem enthält er Leitlinien zu diesem Thema. Dieser Bericht wird veröffentlicht und dem Europäischen Parlament und dem Rat übermittelt.

Artikel 18a

Zugänglichkeit von Informationen im zentralen europäischen Zugangsportal

(1) Ab dem 10. Januar 2028 übermitteln Finanzmarktteilnehmer und Finanzberater die in Artikel 3 Absätze 1 und 2, Artikel 4 Absätze 1, 3 und 4, Artikel 5 Absatz 1 und Artikel 10 Absatz 1 der vorliegenden Verordnung genannten Informationen gleichzeitig mit der Veröffentlichung an die in Absatz 3 des vorliegenden Artikels genannte zuständige Sammelstelle, um sie im zentralen europäischen Zugangsportal (European Single Access Point, ESAP), das gemäß der Verordnung (EU) 2023/2859 des Europäischen Parlaments und des Rates ([(4)]) eingerichtet wird, zugänglich zu machen.

Diese Informationen müssen die nachstehenden Anforderungen erfüllen:

a) Sie werden in einem datenextrahierbaren Format im Sinne von Artikel 2 Nummer 3 der Verordnung (EU) 2023/2859 oder, sofern nach Unionsrecht vorgeschrieben, in einem maschinenlesbaren Format gemäß Artikel 2 Nummer 4 der genannten Verordnung übermittelt;

b) sie enthalten die folgenden Metadaten:

i) alle Namen des Finanzmarktteilnehmers oder Finanzberaters, auf den sich die Informationen beziehen;

ii) im Falle juristischer Personen die Rechtsträgerkennung des Finanzmarktteilnehmers bzw. Finanzberaters gemäß Artikel 7 Absatz 4 Buchstabe b der Verordnung (EU) 2023/2859;

iii) im Falle juristischer Personen die Größenklasse des Finanzmarktteilnehmers bzw. Finanzberaters gemäß Artikel 7 Absatz 4 Buchstabe d der genannten Verordnung;

iv) die Art der Informationen gemäß der Einstufung in Artikel 7 Absatz 4 Buchstabe c der genannten Verordnung;

v) eine Angabe, ob die Informationen personenbezogene Daten enthalten.

(2) Für die Zwecke von Absatz 1 Buchstabe b Ziffer ii lassen sich die Finanzmarktteilnehmer und Finanzberater, die juristische Personen sind, eine Rechtsträgerkennung ausstellen.

(3) Damit die in Absatz 1 des vorliegenden Artikels genannten Informationen im ESAP zugänglich gemacht werden, benennen die Mitgliedstaaten bis zum 9. Januar 2028 mindestens eine Sammelstelle im Sinne von Artikel 2 Nummer 2 der Verordnung (EU) 2023/2859 und teilen dies der ESMA mit.

(4) Um die effiziente Sammlung und Verwaltung der gemäß Absatz 1 übermittelten Informationen zu gewährleisten, arbeiten die ESA im Wege des Gemeinsamen Ausschusses Entwürfe technischer Durchführungsstandards aus, in denen Folgendes festgelegt wird:

a) etwaige sonstige Metadaten, die den Informationen beigefügt werden;

b) die Strukturierung der Daten in den Informationen;

c) für welche Informationen ein maschinenlesbares Format erforderlich und welches maschinenlesbare Format in diesen Fällen zu verwenden ist.

Für die Zwecke von Buchstabe c bewerten die ESA die Vor- und Nachteile verschiedener maschinenlesbarer Formate und führen zu diesem Zweck geeignete Feldversuche durch.

Diese Entwürfe technischer Durchführungsstandards legen die ESA der Kommission vor.

Der Kommission wird die Befugnis übertragen, die in Unterabsatz 1 dieses Absatzes genannten technischen Durchführungsstandards nach Artikel 15 der Verordnung (EU) Nr. 1093/2010, Artikel 15 der Verordnung (EU) Nr. 1094/2010 und Artikel 15 der Verordnung (EU) Nr. 1095/2010 zu erlassen.

(5) Erforderlichenfalls erlassen die ESA im Wege des Gemeinsamen Ausschusses Leitlinien, um sicherzustellen, dass die gemäß Absatz 4 Unterabsatz 1 Buchstabe a übermittelten Metadaten korrekt sind.

Artikel 19
Bewertung

(1) Die Kommission bewertet bis zum 30. Dezember 2022 die Anwendung dieser Verordnung vor; dabei bewertet sie insbesondere:

a) ob die Bezugnahme auf die durchschnittliche Zahl der Beschäftigten in Artikel 4 Absätze 3 und 4 beibehalten, ersetzt oder durch andere Kriterien ergänzt werden sollte; ferner prüft sie den Nutzen und die Verhältnismäßigkeit des damit verbundenen Verwaltungsaufwands;

b) ob das Funktionieren dieser Verordnung durch das Fehlen von Daten oder deren suboptimale Qualität behindert wird, einschließlich der Indikatoren zu nachteiligen Auswirkungen auf Nachhaltigkeitsfaktoren durch Unternehmen, in die investiert wird.

(2) Der in Absatz 1 genannten Bewertung werden gegebenenfalls Legislativvorschläge beigefügt.

Artikel 20
Inkrafttreten und Anwendung

(1) Diese Verordnung tritt am zwanzigsten Tag nach ihrer Veröffentlichung im *Amtsblatt der Europäischen Union* in Kraft.

(2) Sie gilt ab dem 10. März 2021.

(3) Abweichend von Absatz 2 des vorliegenden Artikels gelten:

a) Artikel 4 Absätze 6 und 7, Artikel 8 Absatz 3, Artikel 9 Absatz 5, Artikel 10 Absatz 2, Artikel 11 Absatz 4, Artikel 13 Absatz 2 ab dem 29. Dezember 2019;

b) Artikel 2a Artikel 8 Absatz 4, Artikel 9 Absatz 6, Artikel 11 Absatz 5 ab dem 12. Juli 2020;

c) Artikel 8 Absatz 2a und Artikel 9 Absatz 4a

i) für die in Artikel 9 Buchstabe a und b der Verordnung (EU) 2020/852 genannten Umweltziele ab dem 1. Januar 2022;

ii) für die in Artikel 9 Buchstaben c bis f der Verordnung (EU) 2020/852 genannten Umweltziele ab dem 1. Januar 2023.

d) Artikel 11 Absätze 1, 2 und 3 gelten ab dem 1. Januar 2022.

---

(1) Verordnung (EU) Nr. 1286/2014 des Europäischen Parlaments und des Rates vom 26. November 2014 über Basisinformationsblätter für verpackte Anlageprodukte für Kleinanleger und Versicherungsanlageprodukte (PRIIP) (ABl. L 352 vom 9.12.2014, S. 1).

(2) Verordnung (EU) 2020/852 des Europäischen Parlaments und des Rates vom 18. Juni 2020 über die Einrichtung eines Rahmens zur Erleichterung nachhaltiger Investitionen und der Änderungsverordnung (EU 2019/2088 (ABl. L 198 vom 22.6.2020, S. 13).

(3) Verordnung (EU) 2016/1011 des Europäischen Parlaments und des Rates vom 8. Juni 2016 über Indizes, die bei Finanzinstrumenten und Finanzkontrakten als Referenzwert oder zur Messung der Wertentwicklung eines Investmentfonds verwendet werden, und zur Änderung der Richtlinien 2008/48/EG und 2014/17/EU sowie der Verordnung (EU) Nr. 596/2014 (ABl. L 171 vom 29.6.2016, S. 1).

(4) Verordnung (EU) 2023/2859 des Europäischen Parlaments und des Rates vom 13. Dezember 2023 zur Einrichtung eines zentralen europäischen Zugangsportals für den zentralisierten Zugriff auf öffentlich verfügbare, für Finanzdienstleistungen, Kapitalmärkte und Nachhaltigkeit relevante Informationen (ABl. L, 2023/2859, 20.12.2023, ELI: http://data.europa.eu/eli/reg/2023/2859/oj).

4. TaxonomieVO

ABl L 2020/198, S. 13 idgF

GLIEDERUNG

DAS EUROPÄISCHE PARLAMENT UND DER RAT DER EUROPÄISCHEN UNION —

gestützt auf den Vertrag über die Arbeitsweise der Europäischen Union, insbesondere auf Artikel 114,

auf Vorschlag der Europäischen Kommission,

nach Zuleitung des Entwurfs des Gesetzgebungsakts an die nationalen Parlamente,

nach Stellungnahme des Europäischen Wirtschafts- und Sozialausschusses [(1)],

gemäß dem ordentlichen Gesetzgebungsverfahren [(2)],

in Erwägung nachstehender Gründe:

(1) Artikel 3 Absatz 3 des Vertrags über die Europäische Union stellt auf die Errichtung eines Binnenmarkts ab, mit dem unter anderem auf der Grundlage eines ausgewogenen Wirtschaftswachstums sowie eines hohen Maßes an Umweltschutz und Verbesserung der Umweltqualität auf die nachhaltige Entwicklung Europas hingewirkt wird.

(2) Am 25. September 2015 hat die VN-Generalversammlung einen neuen globalen Rahmen zur nachhaltigen Entwicklung verabschiedet: die Agenda 2030 für nachhaltige Entwicklung (im Folgenden „Agenda 2030“). Die Agenda 2030 hat als Kernstück die Ziele für nachhaltige Entwicklung und deckt die drei Dimensionen der Nachhaltigkeit ab: die wirtschaftliche, soziale und die Umweltdimension. Die Mitteilung der Kommissi-

on vom 22. November 2016 mit dem Titel „Auf dem Weg in eine nachhaltige Zukunft“ verbindet diese Nachhaltigkeitsziele mit dem politischen Rahmen der Union, um sicherzustellen, dass bei allen innen- und außenpolitischen Maßnahmen und Initiativen der Union diese Ziele von Beginn an mitberücksichtigt werden. In seinen Schlussfolgerungen vom 20. Juni 2017 hat der Rat die Entschlossenheit der Union und ihrer Mitgliedstaaten bekräftigt, die Agenda 2030 vollständig, kohärent, umfassend, integrativ und wirksam, in enger Zusammenarbeit mit den Partnern und anderen Akteuren, umzusetzen. Die Kommission hat am 11. Dezember 2019 ihre Mitteilung „über den europäischen Grünen Deal“ veröffentlicht.

(3) Am 5. Oktober 2016 wurde das im Rahmen des Rahmenübereinkommens der Vereinten Nationen über Klimaänderungen geschlossene Übereinkommen von Paris von der Union genehmigt [(3)]. In Artikel 2 Absatz 1 Buchstabe c des Übereinkommens von Paris wird das Ziel festgelegt, entschlossener gegen Klimaänderungen vorzugehen, indem unter anderem die Finanzmittelflüsse mit einem Weg hin zu einer hinsichtlich der Treibhausgase emissionsarmen und klimaresilienten Entwicklung in Einklang gebracht werden. In diesem Zusammenhang hat der Europäische Rat am 12. Dezember 2019 Schlussfolgerungen zum Klimawandel angenommen. Vor diesem Hintergrund stellt diese Verordnung einen wichtigen Schritt hin zum Ziel, bis 2050 eine klimaneutrale Union zu erreichen, dar.

(4) Nachhaltigkeit und der Übergang zu einer sicheren, klimaneutralen, klimaresilienten, ressourceneffizienteren und stärker kreislauforientierten Wirtschaft sind von zentraler Bedeutung für die Sicherung der langfristigen Wettbewerbsfähigkeit der Wirtschaft in der Union. Nachhaltigkeit steht seit vielen Jahren im Mittelpunkt der Unionspolitik, und ihre soziale und umweltpolitische Dimension wird im Vertrag über die Europäische Union und im Vertrag über die Arbeitsweise der Europäischen Union (AEUV) anerkannt.

(5) Im Dezember 2016 beauftragte die Kommission eine hochrangige Sachverständigengruppe mit der Ausarbeitung einer übergeordneten und umfassenden Strategie der Union für ein nachhaltiges Finanzwesen. In dem am 31. Januar 2018 veröffentlichten Bericht der hochrangigen Sachverständigengruppe wird gefordert, ein technisch robustes Klassifikationssystem auf Unionsebene einzuführen, um Klarheit darüber zu schaffen, welche Tätigkeiten als „grün“ oder „nachhaltig“ gelten sollen.

(6) In ihrer Mitteilung vom 8. März 2018 veröffentlichte die Kommission ihren Aktionsplan „Finanzierung nachhaltigen Wachstums“, in dem eine ehrgeizige und umfassende Strategie für nachhaltige Finanzierungen in die Wege geleitet wurde. Eines der Ziele dieses Aktionsplans ist die Neuausrichtung von Kapitalflüssen hin zu nachhaltigen Investitionen, um ein nachhaltiges und integratives Wachstum zu schaffen. Die Einführung eines einheitlichen Klassifikationssystems für nachhaltige Tätigkeiten ist die wichtigste und dringlichste Maßnahme, die im Aktionsplan vorgesehen ist. Im Aktionsplan wird anerkannt, dass die Verlagerung von Kapitalflüssen hin zu nachhaltigeren Tätigkeiten durch ein gemeinsames ganzheitliches Verständnis der ökologischen Nachhaltigkeit von Tätigkeiten und Investitionen untermauert werden muss. Als erster Schritt würde den Anlegern anhand klarer Leitlinien über Tätigkeiten, die zu umweltpolitischen Zielen beitragen können, Informationshilfe darüber geboten werden, mit welchen Investitionen ökologisch nachhaltige Wirtschaftstätigkeiten finanziert werden. Weitere Leitlinien zu den Tätigkeiten, die zu anderen Nachhaltigkeitszielen, einschließlich sozialer Ziele, beitragen, könnten zu einem späteren Zeitpunkt erarbeitet werden.

(7) Angesichts des systemischen Charakters der globalen Umweltprobleme bedarf es eines system- und zukunftsorientierten Ansatzes für die ökologische Nachhaltigkeit, mit dem den zunehmenden negativen Trends wie Klimawandel, Verlust an biologischer Vielfalt, weltweit übermäßige Inanspruchnahme von Ressourcen, Nahrungsknappheit, Ozonabbau, Versauerung der Ozeane, Verschlechterung des Süßwassersystems und Landsystemwandel sowie das Aufkommen neuer Bedrohungen, einschließlich gefährlicher Chemikalien und ihrer kombinierten Wirkungen, begegnet wird.

(8) Im Beschluss 1386/2013/EU des Europäischen Parlaments und des Rates [(4)] wurde eine verstärkte Finanzierung umwelt- und klimabezogener Ausgaben durch den Privatsektor gefordert, insbesondere durch die Schaffung von Anreizen und Methoden, mit denen Unternehmen dazu angeregt werden, die umweltbezogenen Kosten ihres Unternehmens sowie die Vorteile zu bemessen, die sich aus der Nutzung von Umweltdienstleistungen ergeben.

(9) Um die Nachhaltigkeitsziele in der Union zu verwirklichen, müssen die Kapitalflüsse hin zu nachhaltigen Investitionen gelenkt werden. Es ist von zentraler Bedeutung, das Potenzial des Binnenmarkts für die Verwirklichung dieser Ziele voll auszuschöpfen. In diesem Zusammenhang ist es entscheidend, Hindernisse zu beseitigen für die effiziente Lenkung von Kapital hin zu nachhaltigen Investitionen im Binnenmarkt und die Entstehung neuer Hindernisse zu vermeiden.

(10) Angesichts des Ausmaßes der Herausforderung und der Kosten, die durch Untätigkeit oder verzögertes Handeln entstehen, sollte das Finanzsystem nach und nach angepasst werden, in der es die Wirtschaft so unterstützt, dass diese nachhaltige funktionieren kann. Zu diesem Zweck muss ein nachhaltiges Finanzwesen zum Standard werden,

und müssen die Auswirkungen von Finanzprodukten und Finanzdienstleistungen auf die Nachhaltigkeit berücksichtigt werden.

(11) Die Bereitstellung von Finanzprodukten, mit denen ökologisch nachhaltige Ziele verfolgt werden, ist ein wirksames Mittel, um private Investitionen in nachhaltige Tätigkeiten zu lenken. Anforderungen an die Vermarktung von Finanzprodukten oder Unternehmensanleihen als ökologisch nachhaltige Investitionen, einschließlich der von den Mitgliedstaaten und der Union festgelegten Anforderungen, die die Finanzmarktteilnehmer oder Emittenten erfüllen müssen, um nationale Kennzeichnungen verwenden zu dürfen, sollen das Anlegervertrauen und das Bewusstsein für die Umweltauswirkungen dieser Finanzprodukte oder Unternehmensanleihen stärken, die Sichtbarkeit erhöhen und Bedenken in Bezug auf „Greenwashing“ ausräumen. Im Sinne dieser Verordnung wird „Greenwashing“ als die Praxis bezeichnet, durch die die Bewerbung eines Finanzprodukts als umweltfreundlich einen unfairen Wettbewerbsvorteil zu erlangen, obwohl den grundlegenden Umweltstandards nicht entsprochen wird. Derzeit haben einige Mitgliedstaaten bereits Kennzeichnungssysteme eingeführt. Diese bestehenden Systeme beruhen auf verschiedenen Klassifizierungssystemen für ökologisch nachhaltige Wirtschaftstätigkeiten. Vor dem Hintergrund der im Rahmen des Übereinkommens von Paris und auf Unionsebene getroffenen politischen Zusagen dürften immer mehr Mitgliedstaaten Kennzeichnungssysteme einführen oder andere Anforderungen an Finanzmarktteilnehmer oder Emittenten für die Bewerbung von Finanzprodukten oder Unternehmensanleihen, die als ökologisch nachhaltig vermarktet werden, festlegen. Dabei würden die Mitgliedstaaten ihre eigenen nationalen Klassifizierungssysteme verwenden, um zu bestimmen, welche Investitionen als nachhaltig eingestuft werden. Wenn solche nationalen Kennzeichnungssysteme oder Anforderungen unterschiedliche Kriterien verwenden, anhand deren Wirtschaftstätigkeiten als ökologisch nachhaltig eingestuft werden, so würde das Anleger davon abhalten, grenzüberschreitend zu investieren, da dadurch der Vergleich verschiedener Investitionsmöglichkeiten erschwert wird. Darüber hinaus müssten Wirtschaftsteilnehmer, die Investitionen aus der gesamten Union anziehen möchten, in den unterschiedlichen Mitgliedstaaten unterschiedliche Kriterien erfüllen, damit ihre Tätigkeiten als ökologisch nachhaltig eingestuft werden können. Ohne einheitliche Kriterien würden daher höhere Kosten und erhebliche Negativanreize für Wirtschaftsteilnehmer beim Zugang auf grenzüberschreitende Kapitalmärkte für nachhaltige Investitionen entstehen.

(12) Die Kriterien, anhand deren bestimmt wird, ob eine Wirtschaftstätigkeit ökologisch als nachhaltig einzustufen ist, sollten auf Unionsebene harmonisiert werden, um Hindernisse für das Funktionieren des Binnenmarkts im Hinblick auf die Mobilisierung von Finanzmitteln für nachhaltige Projekte zu beseitigen und das künftige Auftreten von Hindernissen für solche Projekte zu verhindern. Eine derartige Harmonisierung würde es den Wirtschaftsteilnehmern erleichtern, grenzüberschreitend Finanzmittel für ihre ökologisch nachhaltigen Tätigkeiten zu mobilisieren, da ihre Wirtschaftstätigkeiten dann anhand einheitlicher Kriterien bewertet werden könnten, um als zugrunde liegende Werte für ökologisch nachhaltige Investitionen ausgewählt zu werden. Eine derartige Harmonisierung würde somit grenzüberschreitende nachhaltige Investitionen innerhalb der Union erleichtern.

(13) Erläutern die Finanzmarktteilnehmer den Anlegern nicht, inwiefern die Tätigkeiten, in die sie investieren, zu Umweltzielen beitragen, oder ziehen die Finanzmarktteilnehmer unterschiedliche Konzepte heran, um näher zu bestimmen, was „ökologisch nachhaltige“ Wirtschaftstätigkeiten sind, so wird es für die Anleger unverhältnismäßig aufwendig, verschiedene Finanzprodukte zu prüfen und miteinander zu vergleichen. Es wurde festgestellt, dass solche Praktiken Anleger davon abhalten, in ökologisch nachhaltige Finanzprodukte zu investieren. Mangelndes Anlegervertrauen wirkt sich überdies deutlich negativ auf den Markt für nachhaltige Investitionen aus. Zudem hat sich gezeigt, dass nationale Vorschriften und marktgestützte Initiativen, mit denen das Problem auf einzelstaatlicher Ebene angegangen werden soll, zu einer Zersplitterung des Binnenmarkts führen. Legen die Finanzmarktteilnehmer offen, inwiefern und in welchem Umfang die Finanzprodukte, die als „ökologisch nachhaltig“ zur Verfügung gestellt werden, in Aktivitäten investieren, die die Kriterien für ökologisch nachhaltige Wirtschaftstätigkeiten gemäß dieser Verordnung erfüllen, und verwenden die Finanzmarktteilnehmer unionsweit einheitliche Kriterien, so würde das den Anlegern helfen, Investitionsmöglichkeiten grenzüberschreitend miteinander zu vergleichen, und es würde Anreize für Beteiligungsunternehmen schaffen, ihre Geschäftsmodelle ökologisch nachhaltiger zu gestalten. Zudem würden die Anleger mit größerem Vertrauen in ökologisch nachhaltige Finanzprodukte in der gesamten Union investieren, was dazu beiträgt, das Funktionieren des Binnenmarkts zu verbessern.

(14) Um die bestehenden Hindernisse für das Funktionieren des Binnenmarkts zu beseitigen, und um zu verhindern, dass solche Hindernisse in Zukunft entstehen, sollte vorgeschrieben werden, dass die Mitgliedstaaten und die Union ein gemeinsames Konzept für ökologisch nachhaltige Investitionen verwenden, wenn sie auf nationaler Ebene und auf Unionsebene Anforderungen an die Finanzmarktteilnehmer oder Emittenten zum Zweck der Kennzeichnung von Finanzprodukten

oder Unternehmensanleihen, die als ökologisch nachhaltig vermarktet werden, einführen. Um eine Marktfragmentierung und die Beeinträchtigung von Verbraucher- und Anlegerinteressen infolge unterschiedlicher Vorstellungen davon, was ökologisch nachhaltige Wirtschaftstätigkeiten sind, zu vermeiden, sollten sich die nationalen Anforderungen, die die Finanzmarktteilnehmer oder Emittenten erfüllen müssen, um Finanzprodukte oder Unternehmensanleihen als „ökologisch nachhaltig" zu bewerben, auf die einheitlichen Kriterien für ökologisch nachhaltige Wirtschaftstätigkeiten stützen. Zu diesen Finanzmarktteilnehmern und Emittenten zählen Finanzmarktteilnehmer, die ökologisch nachhaltige Finanzprodukte bereitstellen, sowie Nichtfinanzunternehmen, die ökologisch nachhaltige Unternehmensanleihen ausgeben.

(15) Die Festlegung von Kriterien für ökologisch nachhaltige Wirtschaftstätigkeiten könnte Wirtschaftsteilnehmer, die nicht unter diese Verordnung fallen, dazu veranlassen, auf ihrer Internetseite freiwillig Informationen über ihre ökologisch nachhaltigen Wirtschaftstätigkeiten zu veröffentlichen und offenzulegen. Anhand dieser Informationen werden die Finanzmarktteilnehmer und andere einschlägige Akteure auf den Finanzmärkten jene Wirtschaftsteilnehmer einfach ermitteln können, die ökologisch nachhaltige Wirtschaftstätigkeiten ausüben; aber die betreffenden Wirtschaftsteilnehmer könnten auf diese Weise auch leichter Finanzmittel für ihre ökologisch nachhaltigen Tätigkeiten mobilisieren.

(16) Eine Klassifikation ökologisch nachhaltiger Wirtschaftstätigkeiten auf Unionsebene dürfte der Entwicklung künftiger politischer Strategien der Union zugunsten eines nachhaltigen Finanzwesens förderlich sein, auch hinsichtlich der Festlegung unionsweiter Standards für ökologisch nachhaltige Finanzprodukte und schließlich der Einführung von Kennzeichnungen, mit denen die Einhaltung dieser Standards in der gesamten Union förmlich anerkannt wird. Diese Klassifikation dürfte ebenfalls die Grundlage für weitere wirtschaftliche und regulatorische Maßnahm bilden. Zur Bestimmung des Grads der ökologischen Nachhaltigkeit von Investitionen bedarf es einheitlicher rechtlicher Anforderungen, die auf einheitlichen Kriterien für ökologisch nachhaltige Wirtschaftstätigkeiten beruhen und auf die sich künftige Rechtsvorschriften der Union stützen können, mit denen die Verlagerung von Investitionen hin zu ökologisch nachhaltigen Wirtschaftstätigkeiten erleichtert werden soll.

(17) Im Zusammenhang mit der Verwirklichung der Nachhaltigkeitsziele in der Union haben politische Entscheidungen wie die Schaffung eines Europäischen Fonds für strategische Investitionen wirksam dazu beigetragen, neben öffentlichen Ausgaben auch private Investitionen hin zu nachhaltigen Investitionen zu lenken. In der Verordnung (EU) 2015/1017 des Europäischen Parlaments und des Rates [(5)] wurde festgelegt, dass 40 % der im Rahmen des Europäischen Fonds für strategische Investitionen durchgeführten Infrastruktur- und Innovationsprojekte zum Klimaschutzziel beitragen sollen. Gemeinsame Kriterien zur Bestimmung der Nachhaltigkeit von Wirtschaftstätigkeiten, einschließlich deren Auswirkungen auf die Umwelt, könnten die Grundlage für künftige ähnliche Initiativen der Union zur Mobilisierung von Investitionen bilden, mit denen klimarelevante oder andere Umweltziele verfolgt werden.

(18) Zur Wahrung der Anlegerinteressen sollten Fondsverwalter und institutionelle Anleger, die Finanzprodukte anbieten, offenlegen, auf welche Weise und in welchem Umfang sie die Kriterien für ökologisch nachhaltige Wirtschaftstätigkeiten anwenden, um die ökologische Nachhaltigkeit ihrer Investitionen zu ermitteln. Die offengelegten Informationen sollten es den Anlegern ermöglichen, nachzuvollziehen, wie hoch der prozentuale Anteil der Investitionen, die in dem Finanzprodukt zugrunde liegen, in die ökologisch nachhaltigen Wirtschaftstätigkeiten an der Gesamtheit der Investitionen ist, die dem Finanzprodukt zugrunde liegen und somit den Anlegern ermöglichen, nachzuvollziehen, inwieweit die Investition als ökologisch nachhaltig gilt. Gehen die Investitionen, die dem Finanzprodukt zugrunde liegen, in eine Wirtschaftstätigkeit, die zur Erreichung eines Umweltziels beiträgt, so sollte in den offenzulegenden Informationen angegeben werden, zu welchem Umweltziel oder zu welchen Umweltzielen die dem Finanzprodukt zugrunde liegende Investition beiträgt, sowie ferner, wie und in welchem Umfang mit den dem Finanzprodukt zugrunde liegenden Investitionen ökologisch nachhaltige Wirtschaftstätigkeiten finanziert werden, und sollte Einzelheiten zu den jeweiligen Anteilen von ermöglichenden Tätigkeiten und Übergangstätigkeiten einschließen. Die Kommission sollte präzisieren, welche Informationen in diesem Zusammenhang offenzulegen sind. Die nationalen zuständigen Behörden sollten anhand dieser Informationen leicht überprüfen können, ob die Offenlegungspflichten eingehalten werden, und deren Einhaltung gemäß den geltenden nationalen Rechtsvorschriften durchsetzen. Wenn Finanzmarktteilnehmer die Kriterien für ökologisch nachhaltige Investitionen nicht berücksichtigen, sollten sie eine entsprechende Erklärung abgeben. Um die Umgehung der Offenlegungspflicht zu verhindern, sollte diese Pflicht auch dann gelten, wenn Finanzprodukte mit ökologischen Merkmalen beworben werden, einschließlich solcher, die im weitesten Sinne auf den Umweltschutz abzielen.

(19) Die in der vorliegenden Verordnung festgelegten Offenlegungspflichten ergänzen die nachhaltigkeitsbezogenen Offenlegungsvorschriften

der Verordnung (EU) 2019/2088 des Europäischen Parlaments und des Rates [6]. Um die Transparenz zu erhöhen und einen objektiven Vergleichsmaßstab für Endanleger bereitzustellen, anhand dessen die Finanzmarktteilnehmer den Anteil an Investitionen, mit denen ökologisch nachhaltige Wirtschaftstätigkeiten finanziert werden, angeben, werden mit der vorliegenden Verordnung die Vorschriften zur Transparenz in vorvertraglichen Offenlegungen und regelmäßigen Berichten, die in der Verordnung (EU) 2019/2088 festgelegt sind, ergänzt. Die Begriffsbestimmung „nachhaltige Investition" in der Verordnung (EU) 2019/2088 umfasst Investitionen in ökologisch nachhaltige Wirtschaftstätigkeiten im Sinne der vorliegenden Verordnung. Darüber hinaus wird in der Verordnung (EU) 2019/2088 eine Investition nur dann als nachhaltige Investition erachtet, wenn diese keine der festgelegten Ziele der genannten Verordnung „erheblich beeinträchtigt".

(20) Um die Zuverlässigkeit, Kohärenz und Vergleichbarkeit von nachhaltigkeitsbezogenen Offenlegungspflichten im Finanzdienstleistungssektor zu gewährleisten, sollten bei Offenlegungen im Zusammenhang mit der vorliegenden Verordnung die bestehenden Nachhaltigkeitsindikatoren so weit herangezogen werden, wie es in der Entschließung des Europäischen Parlaments über ein nachhaltiges Finanzwesen vom 29. Mai 2018 [7] vorgeschlagen wurde. In diesem Zusammenhang sollten die technischen Bewertungskriterien so weit wie möglich auf den in der Verordnung (EU) 2019/2088 genannten Nachhaltigkeitsindikatoren beruhen.

(21) Was Wirtschaftstätigkeiten von Unternehmen, die nach der vorliegenden Verordnung nicht zur Offenlegung von Informationen verpflichtet sind, anbelangt, so könnte es Ausnahmefälle geben, in denen Finanzmarktteilnehmer die relevanten Informationen nach vernünftigem Ermessen nicht beschaffen können, die erforderlich sind, um die Angleichung an die technischen Bewertungskriterien, die gemäß dieser Verordnung festgelegt wurden, zuverlässig zu bestimmen. In solchen Ausnahmefällen und nur für die Wirtschaftstätigkeiten, für die keine vollständigen, zuverlässigen und zeitnahen Informationen beschafft werden konnten, sollten Finanzmarktteilnehmer ergänzende Bewertungen und Schätzungen auf der Grundlage von Informationen aus anderen Quellen heranziehen können. Solche Bewertungen und Schätzungen sollten nur für begrenzte und spezifische Teile der benötigten Datenelemente ersatzweise herangezogen und umsichtig ausgelegt werden. Um sicherzustellen, dass die Offenlegung für Anleger klar und nicht irreführend ist, sollten Finanzmarktteilnehmer die Grundlage für ihre Schlussfolgerungen sowie die Gründe dafür, warum zum Zwecke der Offenlegung für Endanleger solche ergänzenden Bewertungen und Schätzungen herangezogen werden müssen, schlüssig darlegen.

(22) In ihrer Mitteilung vom 20. Juni 2019 über „Leitlinien für die nichtfinanzielle Berichterstattung: Ergänzung zur Berichterstattung über klimabezogene Informationen" empfiehlt die Kommission, dass bestimmte große Unternehmen, auf der Grundlage des durch diese Verordnung geschaffenen Rahmens, über bestimmte wichtigste klimabezogene Leistungsindikatoren Bericht erstatten. Insbesondere Angaben dieser großen Nicht-Finanzunternehmen über den Anteil der Umsatzerlöse der Investitionsausgaben (CapEx) oder der Betriebsausgaben (OpEx), die mit ökologisch nachhaltigen Wirtschaftstätigkeiten verbunden sind, sowie über wichtigste Leistungsindikatoren, die auf große Finanzunternehmen zugeschnitten sind, sind für Anleger nützlich, die an Unternehmen interessiert sind, deren Produkte und Dienstleistungen wesentlich zur Erreichung eines der in dieser Verordnung festgelegten Umweltziele beitragen. Es ist daher angebracht, die jährliche Veröffentlichung solcher wichtigster Leistungsindikatoren durch diese großen Unternehmen vorzuschreiben und diese Anforderung in delegierten Rechtsakten, insbesondere in Bezug auf große Finanzunternehmen, näher zu definieren. Es wäre zwar unverhältnismäßig aufwendig, eine solche Anforderung auf kleinere Unternehmen auszuweiten, doch können kleinere Unternehmen freiwillig beschließen, solche Informationen zu veröffentlichen.

(23) Damit die ökologische Nachhaltigkeit einer Wirtschaftstätigkeit bestimmt werden kann, sollte eine vollständige Liste von Umweltzielen ausgearbeitet werden. Die sechs Umweltziele, welche diese Verordnung abdecken sollte, lauten: Klimaschutz, Anpassung an den Klimawandel, nachhaltige Nutzung und Schutz von Wasser- und Meeresressourcen, Übergang zu einer Kreislaufwirtschaft, Vermeidung und Verminderung der Umweltverschmutzung, und Schutz und Wiederherstellung der Biodiversität und der Ökosysteme.

(24) Eine Wirtschaftstätigkeit, mit der das Umweltziel des Klimaschutzes verfolgt wird, sollte wesentlich dazu beitragen, die Treibhausgasemissionen zu stabilisieren, indem sie vermieden oder verringert werden oder der Speicherung von Treibhausgasen verstärkt wird. Die Wirtschaftstätigkeit sollte gemäß dem langfristigen Temperaturziel des Übereinkommens von Paris stehen. Dieses Umweltziel sollte entsprechend dem einschlägigen Unionsrecht, einschließlich der Richtlinie 2009/31/EG des Europäischen Parlaments und des Rates [8], ausgelegt werden.

(25) Eine Wirtschaftstätigkeit, mit der das Umweltziel der Anpassung an den Klimawandel verfolgt wird, sollte wesentlich dazu beitragen, die

nachteiligen Auswirkungen des derzeitigen oder künftigen Klimas oder die Gefahr nachteiliger Auswirkungen auf die Tätigkeit selbst oder Menschen, die Natur oder Vermögenswerte zu verringern oder zu vermeiden. Dieses Umweltziel sollte entsprechend dem einschlägigen Unionsrecht und dem Sendai-Rahmen für Katastrophenvorsorge 2015-2030 ausgelegt werden.

(26) Das Umweltziel der nachhaltigen Nutzung und des Schutzes der Wasser- und Meeresressourcen sollte entsprechend den einschlägigen Rechtsvorschriften der Union ausgelegt werden, einschließlich der Verordnung (EU) Nr. 1380/2013 des Europäischen Parlaments und des Rates [9] und der Richtlinien 2000/60/EG [10], 2006/7/EG [11], 2006/118/EG [12], 2008/56/EG [13] und 2008/105/EG [14] des Europäischen Parlaments und des Rates, der Richtlinien 91/271/EWG [15], 91/676/EWG [16] und 98/83/EG [17] des Rates und des Beschlusses (EU) 2017/848 der Kommission [18] sowie der Mitteilungen der Kommission vom 18. Juli 2007 mit dem Titel „Antworten auf die Herausforderung von Wasserknappheit und Dürre in der Europäischen Union", vom 14. November 2012 mit dem Titel „Ein Blueprint für den Schutz der europäischen Wasserressourcen", sowie vom 11. März 2019 mit dem Titel „Strategischer Ansatz der Europäischen Union für Arzneimittel in der Umwelt".

(27) Das Umweltziel des Übergangs zu einer Kreislaufwirtschaft sollte entsprechend den einschlägigen Rechtsvorschriften der Union im Bereich Kreislaufwirtschaft, Abfall und Chemikalien ausgelegt werden, einschließlich der Verordnungen (EG) Nr. 1013/2006 [19], (EG) Nr. 1907/2006 [20] und (EU) 2019/1021 [21] des Europäischen Parlaments und des Rates, der Richtlinien, 94/62/EG [22], 2000/53/EG [23], 2006/66/EG [24], 2008/98/EG [25], 2010/75/EU, [26] 2011/65/EU [27], 2012/19/EU [28] „ (EU) 2019/883 [29] und (EU) 2019/904 [30] des Europäischen Parlaments und des Rates, der Richtlinie 1999/31/EG des Rates [31], der Verordnung (EU) Nr. 1357/2014 der Kommission [32] und der Beschlüsse 2000/532/EG [33] und 2014/955/EU [34] der Kommission sowie entsprechend den Mitteilungen der Kommission vom 2. Dezember 2015 mit dem Titel „Den Kreislauf schließen — Ein Aktionsplan der EU für die Kreislaufwirtschaft" und vom 16. Januar 2018 mit dem Titel „Eine Europäische Strategie für Kunststoffe in einer Kreislaufwirtschaft".

(28) Eine Wirtschaftstätigkeit kann auf verschiedene Weise wesentlich zum Umweltziel eines Übergangs zu einer Kreislaufwirtschaft beitragen. Sie kann beispielsweise die Haltbarkeit, Reparaturfähigkeit, Nachrüstbarkeit oder Wiederverwendbarkeit von Produkten verbessern oder den Ressourcenverbrauch durch Produktgestaltung und Auswahl von Materialien, Umfunktionierung, Demontage und Abbau im Gebäude- und Bausektor verringern, insbesondere um die Verwendung von Baumaterialien zu verringern und deren Wiederverwendung zu fördern. Sie kann wesentlich zum Umweltziel des Übergangs zu einer Kreislaufwirtschaft durch die Entwicklung von Geschäftsmodellen des Typs „Produkt als Dienstleistung" und von kreislaufgerechten Wertschöpfungsketten, wobei das Ziel ist, Nutzen und Wert von Produkten, Komponenten und Materialien so lange wie möglich auf dem höchsten Stand zu halten, beitragen. Jede Verringerung des Gehalts an gefährlichen Stoffen in Materialien und Produkten während des gesamten Lebenszyklus sollte, unter anderem indem sie durch sicherere Alternativen ersetzt werden, zumindest den Anforderungen des Unionsrechts genügen. Eine Wirtschaftstätigkeit kann auch wesentlich zum Umweltziel des Übergangs zu einer Kreislaufwirtschaft beitragen, indem sie die Entstehung von Lebensmittelabfällen in Produktion, Verarbeitung, Herstellung oder Vertrieb von Lebensmitteln verringert.

(29) Die Umweltziele der Vermeidung und Verminderung der Umweltverschmutzung sollte entsprechend den einschlägigen Rechtsvorschriften der Union ausgelegt werden, einschließlich der Richtlinien 2000/60/EG, 2004/35/EG [35], 2004/107/EG [36], 2006/118/EG, 2008/50/EG [37], 2008/105/EG, 2010/75/EU, (EU) 2016/802 [38] und (EU) 2016/2284 [39] des Europäischen Parlaments und des Rates.

(30) Die Umweltziele des Schutzes und der Wiederherstellung der Biodiversität und der Ökosysteme sollte entsprechend den einschlägigen Rechtsvorschriften der Union ausgelegt werden, einschließlich der Verordnungen (EU) Nr. 995/2010 [40], (EU) Nr. 511/2014 [41] und (EU) Nr. 1143/2014 [42] des Europäischen Parlaments und des Rates, der Richtlinie 2009/147/EG des Europäischen Parlaments und des Rates [43], der Verordnung (EG) Nr. 338/97 des Rates [44], der Richtlinien 91/676/EWG und 92/43/EWG [45] des Rates und der Mitteilungen der Kommission vom 21. Mai 2003 mit dem Titel „Rechtsdurchsetzung, Politikgestaltung und Handel im Forstsektor (FLEGT)", vom 3. Mai 2011 mit dem Titel „Lebensversicherung und Naturkapital: Eine Biodiversitätsstrategie der EU für das Jahr 2020", vom 6. Mai 2013 mit dem Titel „Grüne Infrastruktur (GI) — Aufwertung des europäischen Naturkapitals", vom 26. Februar 2016 mit dem Titel „Aktionsplan der EU zur Bekämpfung des illegalen Artenhandels" und vom 23. Juli 2019 mit dem Titel „Intensivierung der EU-Maßnahmen zum Schutz und zur Wiederherstellung der Wälder in der Welt".

(31) Eine Wirtschaftstätigkeit kann auf verschiedene Weise wesentlich zum Umweltziel des Schutzes und der Wiederherstellung der Biodiversität und der Ökosysteme beitragen, unter anderem durch Schutz, Erhaltung oder Wiederherstellung der Biodiversität und der Ökosysteme, und damit auch durch Verbesserung der Ökosystemdienstleistungen. Solche Dienstleistungen sind in vier Kategorien aufgeteilt, nämlich Versorgungsleistungen wie die Bereitstellung von Lebensmittel und Wasser, Regulierungsleistungen wie Klima und Krankheiten; Unterstützungsdienste wie Nährstoffkreisläufe und Sauerstofferzeugung; kulturelle Dienstleistungen wie das zur Verfügungstellen geistiger Werte und Erholungswert.

(32) Zum Zwecke dieser Verordnung sollte der Begriff „nachhaltige Waldbewirtschaftung“ so ausgelegt werden, dass die Praktiken und Nutzung von Wäldern und Waldflächen berücksichtigt werden, die dazu beitragen, die Biodiversität zu fördern oder die Degradation von Ökosystemen, Entwaldung und Verlust von Lebensraum aufzuhalten oder zu verhindern, dass berücksichtigt wird, dass die Pflege und Nutzung von Wäldern und Waldflächen in einer Art und Intensität erfolgt, die ihre biologische Vielfalt, ihre Produktivität, ihre Verjüngungsfähigkeit, ihre Vitalität und ihre Fähigkeit, gegenwärtig und in Zukunft wichtige ökologische, wirtschaftliche und soziale Funktionen auf lokaler, nationaler und globaler Ebene zu erfüllen, erhält und anderen Ökosystemen keinen Schaden zufügt, was der Begriffsbestimmung in der Entschließung H1 der zweiten Ministerkonferenz zum Schutz der Wälder in Europa vom 16.–17. Juni 1993 in Helsinki über „Allgemeine Leitlinien für die nachhaltige Bewirtschaftung der Wälder in Europa“ entspricht; und dass die Verordnungen (EU) Nr. 995/2010, (EU) 2018/841 des Europäischen Parlaments und des Rates [46] und die Richtlinie (EU) 2018/2001 des Europäischen Parlaments und des Rates [47] und die Mitteilung der Kommission vom 20. September 2013 mit dem Titel: „Eine neue EU- Waldstrategie: für Wälder und den forstbasierten Sektor berücksichtigt werden.

(33) Für die Zwecke der vorliegenden Verordnung wird der Begriff „Energieeffizienz“ im weiteren Sinn verwendet und sollte so ausgelegt werden, dass die einschlägigen Rechtsvorschriften der Union berücksichtigt werden, einschließlich der Richtlinie (EU) 2017/1369 des Europäischen Parlaments und des Rates [48] und der Richtlinien 2012/27/EU [49] und (EU) 2018/844 [50] des Europäischen Parlaments und des Rates sowie der gemäß der Richtlinie 2009/125/EG des Europäischen Parlaments und des Rates [51] angenommenen Durchführungsmaßnahmen.

(34) Für jedes Umweltziel sollten einheitliche Kriterien festgelegt werden, anhand deren geprüft wird, ob eine Wirtschaftstätigkeit wesentlich zu dem betreffenden Ziel beiträgt. Eines der im Rahmen der einheitlichen Kriterien zu berücksichtigenden Elemente sollte sein, dass eine erhebliche Beeinträchtigung der in der vorliegenden Verordnung festgelegten Umweltziele vermieden wird. Dadurch soll vermieden werden, dass Investitionen als ökologisch nachhaltig betrachtet werden, wenn sie in Wirtschaftstätigkeiten fließen, deren umweltschädigende Auswirkungen größer sind als ihr Beitrag zu einem Umweltziel. Solche Kriterien sollten dem Lebenszyklus der durch diese Wirtschaftstätigkeit bereitgestellten Produkte und Dienstleistungen — zusätzlich zu den Umweltauswirkungen der Tätigkeit selbst —, einschließlich von Erkenntnissen aus vorhandenen Lebenszyklusanalysen, Rechnung tragen, insbesondere indem ihre Produktion, ihre Verwendung und das Ende ihrer Lebensdauer berücksichtigt werden.

(35) Unter Hinweis auf die gemeinsame Verpflichtung des Europäischen Parlaments, des Rates und der Kommission, die in der europäischen Säule sozialer Rechte verankerten Grundsätze zur Förderung von nachhaltigem und integrativem Wachstum umzusetzen, und in Anerkennung der Bedeutung internationaler Mindeststandards für Menschenrechte und Arbeitsrechte sollte eine Bedingung dafür, dass Wirtschaftstätigkeiten als ökologisch nachhaltig betrachtet werden, die Einhaltung von Mindestschutzvorschriften sein. Aus diesem Grund sollten Wirtschaftstätigkeiten nur dann als ökologisch nachhaltig eingestuft werden, wenn sie gemäß den OECD-Leitsätzen für multinationale Unternehmen und den Leitprinzipien der Vereinten Nationen für Wirtschaft und Menschenrechte einschließlich der Erklärung über die grundlegenden Prinzipien und Rechte bei der Arbeit durch die Internationale Arbeitsorganisation (IAO), der acht Kernarbeitsnormen der IAO und der Internationalen Charta der Menschenrechte durchgeführt werden. In den Kernarbeitsnormen der IAO werden Menschen- und Arbeitnehmerrechte definiert, die die Unternehmen achten sollten. Einige dieser internationalen Standards sind in der Charta der Grundrechte der Europäischen Union verankert, insbesondere das Verbot von Sklaverei und Zwangsarbeit sowie der Grundsatz der Nichtdiskriminierung. Dieser Mindestschutz lässt gegebenenfalls die Anwendung von im Unionsrecht festgelegten strengeren Anforderungen in Bezug auf Umwelt, Gesundheit, Sicherheit sowie soziale Nachhaltigkeit unberührt. Bei der Einhaltung dieses Mindestschutzes sollten sich die Unternehmen an den Grundsatz „Vermeidung erheblicher Beeinträchtigungen“ gemäß der Verordnung (EU) 2019/2088 halten und die technischen Regulierungsstandards gemäß jener Verordnung zur Präzisierung dieses Grundsatzes berücksichtigen.

(36) Um die Kohärenz zwischen der vorliegenden Verordnung und der Verordnung (EU)

2019/2088 zu wahren, sollte mit der vorliegenden Verordnung die Verordnung (EU) 2019/2088 dahin gehend geändert werden, dass die, durch die Verordnungen (EU) Nr. 1093/2010 [(52)], (EU) Nr. 1094/2010 [(53)] und (EU) Nr. 1095/2010 [(54)] des Europäischen Parlaments und des Rates eingerichteten Europäischen Aufsichtsbehörden (zusammen „Europäische Aufsichtsbehörden") bevollmächtigt werden, gemeinsam technische Regulierungsstandards auszuarbeiten, mit denen die Einzelheiten zu Inhalt und Darstellung der Informationen im Zusammenhang mit dem Grundsatz „Vermeidung erheblicher Beeinträchtigungen" näher festgelegt werden. Diese technischen Regulierungsstandards sollten mit Inhalt, Methoden und Darstellung von Indikatoren der Nachhaltigkeit für nachteilige Auswirkungen nach Verordnung (EU) 2019/2088 in Einklang stehen. Wirtschaftstätigkeiten sollten auch mit den Grundsätzen in Einklang stehen, die in der europäischen Säule sozialer Rechte, den OECD-Leitsätzen für multinationale Unternehmen, den Leitprinzipien der Vereinten Nationen für Wirtschaft und Menschenrechte einschließlich der Erklärung der IAO über die grundlegenden Prinzipien und Rechte bei der Arbeit, der acht Kernarbeitsnormen der IAO und der Internationalen Charta der Menschenrechte verankert sind.

(37) Die Verordnung (EU) 2019/2088 sollte weiter geändert werden, um die Europäischen Aufsichtsbehörden zu bevollmächtigen, über den Gemeinsamen Ausschuss Entwürfe technischer Regulierungsstandards zur Ergänzung auszuarbeiten, um die Vorschriften über die Transparenz zur Förderung ökologischer Merkmale sowie ökologisch nachhaltiger Investitionen in vorvertraglichen Offenlegungen und regelmäßigen Berichten zu ergänzen.

(38) Angesichts der spezifischen technischen Details, die für die Bewertung der Umweltauswirkungen einer Wirtschaftstätigkeit erforderlich sind, und des raschen Wandels in Wissenschaft und Technologie sollten die Kriterien für ökologisch nachhaltige Wirtschaftstätigkeiten in diesen Bereichen regelmäßig angepasst werden, um solche Änderungen widerzuspiegeln. Damit die Kriterien auf der Grundlage wissenschaftlicher Erkenntnisse und der Beiträge von Sachverständigen und einschlägigen Interessenträgern auf dem neuesten Stand sind, sollten die Bedingungen dafür, dass ein wesentlicher Beitrag geleistet oder eine erhebliche Beeinträchtigung verursacht wird, für verschiedene Wirtschaftstätigkeiten detaillierter spezifiziert und regelmäßig aktualisiert werden. Zu diesem Zweck sollte die Kommission ausgehend von den technischen Beiträgen einer Multi-Stakeholder-Plattform für ein nachhaltiges Finanzwesen detaillierte und kalibrierte technische Bewertungskriterien für die verschiedenen Wirtschaftstätigkeiten festlegen.

(39) Da es einige Wirtschaftstätigkeiten gibt, die sich negativ auf die Umwelt auswirken, kann ein wesentlicher Beitrag zu einem oder mehreren Umweltzielen auch darin bestehen, dass solche negativen Auswirkungen verringert werden. Für derartige Wirtschaftstätigkeiten sollten technische Bewertungskriterien festgelegt werden, die auf eine wesentliche Verbesserung der Umweltleistung — unter anderem im Vergleich zum Branchendurchschnitt — abstellen, gleichzeitig jedoch während der Lebensdauer der finanzierten Wirtschaftstätigkeit umweltschädliche — einschließlich kohlenstoffintensiver — Lock-in-Effekte verhindern. Diese Kriterien sollten auch die langfristigen Auswirkungen einer bestimmten Wirtschaftstätigkeit berücksichtigen.

(40) Eine Wirtschaftstätigkeit sollte nicht als ökologisch nachhaltig gelten, wenn die von ihr verursachten Umweltschäden ihren Nutzen für die Umwelt übersteigen. In den technischen Bewertungskriterien sollten die Mindestanforderungen festgelegt werden, die erforderlich sind, um eine erhebliche Beeinträchtigung anderer Ziele zu vermeiden, unter anderem indem auf gemäß dem Unionsrecht festgelegten Mindestanforderungen aufgebaut wird. Die Kommission sollte bei der Festlegung und Aktualisierung der technischen Bewertungskriterien sicherstellen, dass diese Kriterien auf verfügbaren wissenschaftlichen Nachweisen beruhen, unter Berücksichtigung von Erwägungen im Zusammenhang mit dem Lebenszyklus, einschließlich vorhandener Lebenszyklusanalysen, erarbeitet und regelmäßig aktualisiert werden. Lässt sich ein Risiko nicht mit hinreichender Sicherheit anhand einer wissenschaftlichen Bewertung bestimmen, so sollte das Vorsorgeprinzip gemäß Artikel 191 AEUV gelten.

(41) Bei der Festlegung und Aktualisierung der technischen Bewertungskriterien für das Umweltziel Klimaschutz sollte die Kommission den laufenden und notwendigen Übergang hin zu einer klimaneutralen Wirtschaft gemäß Artikel 10 Absatz 2 der vorliegenden Verordnung berücksichtigen und Anreize für diesen schaffen. Neben der Nutzung klimaneutraler Energie und mehr Investitionen in Wirtschaftstätigkeiten und Sektoren, die bereits „CO_2-arm" sind, erfordert der Übergang eine erhebliche Verringerung der Treibhausgasemissionen bei anderen Wirtschaftstätigkeiten und Sektoren, für die es keine technisch und wirtschaftlich durchführbaren CO_2-armen Alternativen gibt. Bei diesen Übergangswirtschaftstätigkeiten sollte davon ausgegangen werden, dass sie einen wesentlichen Beitrag zum Klimaschutz leisten, wenn ihre Treibhausgasemissionen erheblich unter dem Sektor- oder dem Branchendurchschnitt liegen, wenn sie die Entwicklung und den Einsatz CO_2-armer Alternativen nicht behindern

und wenn sie nicht zu Lock-in-Effekten bei Vermögenswerten führen, die mit dem Ziel der Klimaneutralität unvereinbar sind, wobei die wirtschaftliche Lebensdauer dieser Vermögenswerte zu berücksichtigen ist. Die technischen Bewertungskriterien für diese Übergangswirtschaftstätigkeiten sollten sicherstellen, dass diese Übergangstätigkeiten eine glaubwürdige Entwicklung in Richtung Klimaneutralität haben und sollten in regelmäßigen Abständen entsprechend angepasst werden.

(42) Es sollte davon ausgegangen werden, dass eine Wirtschaftstätigkeit einen wesentlichen Beitrag zu einem oder mehreren der in dieser Verordnung genannten Umweltziele leistet, indem sie unmittelbar ermöglichend darauf hinwirkt, dass andere Tätigkeiten einen wesentlichen Beitrag zu einem oder mehreren dieser Ziele leisten. Solche ermöglichenden Tätigkeiten sollten nicht zu Lock-in-Effekten bei Vermögenswerten führen, die den langfristigen Umweltzielen abträglich sind, wobei die wirtschaftliche Lebensdauer dieser Vermögenswerte zu berücksichtigen ist, und sollte auf der Grundlage von Erwägungen im Zusammenhang mit dem Lebenszyklus eine erhebliche positive Auswirkung auf die Umwelt haben.

(43) Bei der Festlegung und Aktualisierung der technischen Bewertungskriterien sollte die Kommission das einschlägige Unionsrecht berücksichtigen, darunter die Verordnungen (EG) Nr. 1221/2009 [(55)] und (EG) Nr. 66/2010 [(56)] des Europäischen Parlaments und des Rates sowie der Empfehlung 2013/179/EU der Kommission [(57)] und der Mitteilung der Kommission vom 16. Juli 2018 mit dem Titel „Vergabe öffentlicher Aufträge für eine bessere Umwelt". Um unnötige Unstimmigkeiten im Zusammenhang mit bereits für andere Zwecke bestehenden Klassifikationen von Wirtschaftstätigkeiten zu vermeiden, sollte die Kommission auch die statistischen Klassifikationen des Sektors Umweltgüter und -dienstleistungen berücksichtigen, d. h. die Klassifikation der Umweltschutzaktivitäten (CEPA) und die Klassifikation der Ressourcenmanagementaktivitäten (CReMA) der Verordnung (EU) Nr. 538/2014 des Europäischen Parlaments und des Rates [(58)]. Die Kommission sollte bei der Festlegung und Aktualisierung der technischen Bewertungskriterien die bestehenden Umweltindikatoren und Berichterstattungsrahmen, die unter anderem von der Kommission und dem Europäischen Umweltamt entwickelt wurden, sowie die bestehenden internationalen Standards, wie sie unter anderem von der OECD entwickelt wurden, berücksichtigen.

(44) Zudem sollte die Kommission bei der Festlegung und Aktualisierung der technischen Bewertungskriterien die Besonderheiten des Infrastruktursektors berücksichtigen und sollte den ökologischen, sozialen und wirtschaftlichen externen Effekten im Rahmen einer Kosten-Nutzen-Analyse Rechnung tragen. Hierbei sollte die Kommission einschlägige Rechtsvorschriften der Union, unter anderem die Richtlinien 2001/42/EG [(59)], 2011/92/EU [(60)], 2014/23/EU [(61)], 2014/24/EU [(62)] und 2014/25/EU [(63)] des Europäischen Parlaments und des Rates, die geltenden Normen und Methodik wie auch die Arbeit internationaler Organisationen wie der OECD berücksichtigen. Vor diesem Hintergrund sollten die technischen Bewertungskriterien dazu beitragen, dass geeignete Steuerungsrahmen gefördert werden, die — nach Maßgabe der von den Vereinten Nationen unterstützten Grundsätze für verantwortungsvolle Investitionen — Faktoren aus den Bereichen Umwelt, Soziales und Unternehmensführung in allen Phasen des Projektlebenszyklus einbinden.

(45) Die technischen Bewertungskriterien sollten gewährleisten, dass die relevanten Wirtschaftstätigkeiten innerhalb eines bestimmten Sektors als ökologisch nachhaltig angesehen werden können und gleich behandelt werden, wenn sie im selben Maße zu einem oder mehreren der in dieser Verordnung festgelegten Umweltziele beitragen. Die potenzielle Fähigkeit, einen Beitrag zu diesen Umweltzielen zu leisten, kann je nach Sektor variieren, was sich in den Kriterien widerspiegeln sollte. Innerhalb der einzelnen Sektoren sollten diese Kriterien jedoch bestimmte Wirtschaftstätigkeiten nicht in unangemessener Weise gegenüber anderen Wirtschaftstätigkeiten benachteiligen, sofern beide im selben Umfang zu den Umweltzielen beitragen.

(46) Bei der Festlegung und Aktualisierung technischer Bewertungskriterien für ökologisch nachhaltige Tätigkeiten sollte die Kommission prüfen, ob durch die Festlegung dieser Kriterien eine Werteverfall von Vermögenswerten, uneinheitliche Anreize oder sonstige nachteilige Auswirkungen auf die Finanzmärkte entstehen würden.

(47) Um zu vermeiden, dass den Wirtschaftsteilnehmern übermäßig hohe Befolgungskosten entstehen, sollte die Kommission technische Bewertungskriterien festlegen, die ausreichende Rechtsklarheit bieten, praktikabel und leicht anzuwenden sind und deren Befolgung im Rahmen eines angemessenen Kosten-Nutzen-Verhältnisses überprüft werden kann, ohne dass ein übermäßiger Verwaltungsaufwand entsteht. Technische Bewertungskriterien könnten die Durchführung einer Lebenszyklusanalyse erfordern, sofern das praktikabel und notwendig ist.

(48) Damit gewährleistet ist, dass die Investitionen zu den Wirtschaftstätigkeiten gelenkt werden, die die größten positiven Auswirkungen auf die Umweltziele haben, sollte die Kommission prioritär für jene Wirtschaftstätigkeiten technische Bewertungskriterien festlegen, die potenziell den größten Beitrag zur Erreichung der Umweltziele leisten.

(49) Es sollten geeignete technische Bewertungskriterien für den Verkehrssektor festgelegt werden, auch für rollendes Material. Diese Bewertungskriterien sollten berücksichtigen, dass der Verkehrssektor, einschließlich des internationalen Seeverkehrs, fast 26 % der gesamten Treibhausgasemissionen in der Union verursacht. Wie dem Aktionsplan „Finanzierung nachhaltigen Wachstums" zu entnehmen ist, entfallen etwa 30 % des zusätzlichen jährlichen Investitionsbedarfs für nachhaltige Entwicklung in der Union auf den Verkehrssektor, beispielsweise durch den Ausbau der Elektrifizierung oder durch die Unterstützung beim Übergang zu umweltfreundlicheren Verkehrsträgern im Zuge der Förderung von Verkehrsverlagerung und besseres Verkehrsmanagement.

(50) Es ist von besonderer Bedeutung, dass die Kommission bei der Entwicklung der technischen Bewertungskriterien angemessene Konsultationen durchführt, die in Einklang mit der Agenda für bessere Rechtsetzung stehen. Am Verfahren zur Festlegung und Aktualisierung der technischen Bewertungskriterien sollten die einschlägigen Interessenträger beteiligt werden, und die Beratung durch Sachverständige, die über nachgewiesene Kenntnisse und Erfahrung in den betreffenden Bereichen verfügen, sollte ebenfalls einfließen. Zu diesem Zweck sollte die Kommission eine Plattform für ein nachhaltiges Finanzwesen (im Folgenden „Plattform") einrichten. Die Plattform sollte sich aus Sachverständigen aus dem öffentlichen sowie dem privaten Sektor zusammensetzen. Zu den Sachverständigen des öffentlichen Sektors sollten Vertreter der Europäischen Umweltagentur, der Europäischen Aufsichtsbehörden und der Europäischen Investitionsbank sowie der Agentur der Europäischen Union für Grundrechte zählen. Zu den Sachverständigen aus dem Privatsektor sollten Finanzmarkt und Nichtfinanzmarktteilnehmer sowie Unternehmen, die einschlägige Branchen repräsentieren, und Personen mit Expertenwissen im Bereich Rechnungslegung und Berichterstattung zählen. Die Plattform sollte auch Sachverständige umfassen, die die Zivilgesellschaft repräsentieren, auch Experten im Bereich Umwelt, Soziales, Arbeitswelt und Unternehmensführung. Die Finanzmarktteilnehmer sollten dazu angehalten werden, die Kommission zu unterrichten, wenn sie der Auffassung sind, dass eine Wirtschaftstätigkeit, die nicht die technischen Bewertungskriterien erfüllt oder für die noch keine derartigen Kriterien festgelegt worden sind, als ökologisch nachhaltig erachtet werden sollte, um der Kommission bei der Bewertung zu helfen, ob die technischen Bewertungskriterien zu ergänzen oder zu aktualisieren sind.

(51) Die Plattform sollte gemäß den geltenden horizontalen Vorschriften für die Einsetzung und Arbeitsweise von Expertengruppen der Kommission eingerichtet werden, auch im Hinblick auf das Auswahlverfahren. Das Auswahlverfahren sollte darauf abzielen, ein hohes Maß an Expertenwissen, geografische Ausgewogenheit und ein ausgewogenes Verhältnis von Frauen und Männern sowie eine ausgewogene Vertretung des einschlägigen Know-hows unter Berücksichtigung der spezifischen Aufgaben der Plattform zu gewährleisten. Während des Auswahlverfahrens sollte die Kommission nach Maßgabe der horizontalen Vorschriften eine Bewertung vornehmen, um festzustellen, ob potenzielle Interessenkonflikte bestehen, und sollte gegebenenfalls geeignete Maßnahmen zur Bewältigung solcher Konflikte ergreifen.

(52) Die Plattform sollte die Kommission zur Entwicklung, Analyse und Prüfung der technischen Bewertungskriterien beraten, einschließlich zu den potenziellen Auswirkungen auf die Bewertung von Vermögenswerten, die als ökologisch nachhaltige Vermögenswerte angesehen werden. Darüber hinaus sollte die Plattform die Kommission in der Frage beraten, ob die technischen Bewertungskriterien geeignet sind, um künftig im Rahmen weiterer politischer Initiativen der Union zur Förderung nachhaltiger Investitionen angewandt zu werden, und in der Frage, welche Rolle Standards für die Nachhaltigkeitsrechnungslegung und -berichterstattung bei der Anwendung der technischen Bewertungskriterien spielen könnten. Die Plattform sollte die Kommission bei der Entwicklung weiterer Maßnahmen zur Verbesserung der Datenverfügbarkeit und -qualität beraten, wobei dem Ziel, unnötigen Verwaltungsaufwand zu vermeiden, Rechnung zu tragen ist und auf andere Nachhaltigkeitsziele, einschließlich sozialer Ziele, sowie das Funktionieren des Mindestschutzes und dessen möglicherweise erforderlichen Ergänzung einzugehen ist.

(53) Die Kommission sollte die bestehende Sachverständigengruppe der Mitgliedstaaten für nachhaltiges Finanzwesen weiterführen und ihr einen formellen Status verleihen. Die Aufgabe dieser Sachverständigengruppe wird u. a. darin bestehen, die Kommission hinsichtlich der Angemessenheit der technischen Bewertungskriterien und des Ansatzes der Plattform zur Entwicklung dieser Kriterien zu beraten. Zu diesem Zweck sollte die Kommission die Mitgliedstaaten im Wege regelmäßiger Sitzungen der Sachverständigengruppe der Mitgliedstaaten für nachhaltiges Finanzwesen auf dem Laufenden halten.

(54) Um die in dieser Verordnung festgelegten Anforderungen genauer festzulegen und insbesondere detaillierte und kalibrierte technische Bewertungskriterien für verschiedene Wirtschaftstätigkeiten festzulegen und zu aktualisieren, anhand deren bestimmt wird, was als „wesentlicher Beitrag" und was als „erhebliche Beeinträchtigung im Hinblick auf die Umweltziele" gilt, sollte der Kommission die Befugnis übertragen werden, gemäß Artikel 290 AEUV Rechtsakte hinsichtlich

der erforderlichen Informationen zur Erfüllung der Offenlegungspflichten gemäß der vorliegenden Verordnung und hinsichtlich der technischen Bewertungskriterien zu erlassen. Es ist von besonderer Bedeutung, dass die Kommission im Zuge ihrer Vorbereitungsarbeit angemessene Konsultationen, auch auf der Ebene von Sachverständigen, wie etwa über die Plattform und die Sachverständigengruppe der Mitgliedstaaten für nachhaltiges Finanzwesen, durchführt, die mit den Grundsätzen in Einklang stehen, die in der Interinstitutionellen Vereinbarung vom 13. April 2016 über bessere Rechtsetzung [(64)] niedergelegt wurden. Um insbesondere für eine gleichberechtigte Beteiligung an der Vorbereitung delegierter Rechtsakte zu sorgen, erhalten das Europäische Parlament und der Rat alle Dokumente zur gleichen Zeit wie die Sachverständigen der Mitgliedstaaten, und ihre Sachverständigen haben systematisch Zugang zu den Sitzungen der Sachverständigengruppen der Kommission, die mit der Vorbereitung der delegierten Rechtsakte befasst sind.

(55) Die vorliegende Verordnung ergänzt die in der Verordnung (EU) 2019/2088 festgelegten Offenlegungspflichten. Um eine ordnungsgemäße und wirksame Überwachung der Einhaltung der vorliegenden Verordnung durch die Finanzmarktteilnehmer sicherzustellen, sollten die Mitgliedstaaten sich auf die zuständigen Behörden stützen, die gemäß der Verordnung (EU) 2019/2088 benannt sind. Um die Einhaltung durchzusetzen, sollten die Mitgliedstaaten Vorschriften zu Maßnahmen und Sanktionen festlegen, die wirksam, verhältnismäßig und abschreckend sein sollten. Die nationalen zuständigen Behörden und die Europäischen Aufsichtsbehörden sollten die gemäß den Verordnungen (EU) Nr. 600/2014 [(65)], (EU) Nr. 1286/2014 [(66)] und (EU) 2019/1238 [(67)] des Europäischen Parlaments und des Rates festgelegten Produktinterventionsbefugnisse auch in Bezug auf missbräuchliche Verkaufspraktiken oder irreführende Offenlegungen von Informationen im Zusammenhang mit der Nachhaltigkeit, einschließlich der Informationspflichten gemäß der vorliegenden Verordnung, ausüben.

(56) Um eine effiziente und nachhaltige Organisation der Arbeits- und Sitzungsgepflogenheiten sowohl bezüglich der Plattform als auch der Sachverständigengruppe der Mitgliedstaaten für nachhaltiges Finanzwesen zu gewährleisten und um eine breite Beteiligung und eine effiziente Interaktion innerhalb der Gruppen, deren Untergruppen, der Kommission und der Interessenträger zu ermöglichen, sollte die verstärkte Nutzung digitaler einschließlich virtueller Technologien gegebenenfalls in Erwägung gezogen werden.

(57) Damit den relevanten Beteiligten genügend Zeit eingeräumt wird, sich mit den Kriterien dieser Verordnung für ökologisch nachhaltige Wirtschaftstätigkeiten vertraut zu machen und ihre Anwendung vorzubereiten, sollten die in dieser Verordnung festgelegten Verpflichtungen für jedes Umweltziel zwölf Monate nach Festlegung der einschlägigen technischen Bewertungskriterien anwendbar werden.

(58) Die Bestimmung dieser Verordnung, die sich auf vor dem Inkrafttreten dieser Verordnung bestehende Regelungen für Steueranreize auf der Grundlage von Zertifikaten bezieht, berührt nicht die in den Verträgen festgelegten jeweiligen Zuständigkeiten der Union und der Mitgliedstaaten für Steuervorschriften.

(59) Die Anwendung dieser Verordnung sollte regelmäßig überprüft werden, um unter anderem zu beurteilen: die Fortschritte im Hinblick auf die Entwicklung technischer Bewertungskriterien für ökologisch nachhaltige Wirtschaftstätigkeiten; die gegebenenfalls notwendige Überarbeitung und Ergänzung jener Kriterien für die Einstufung einer Wirtschaftstätigkeit als ökologisch nachhaltig; die Wirksamkeit des Klassifizierungssystems für ökologisch nachhaltige Wirtschaftstätigkeiten, wenn es darum geht, private Investitionen hin zu solchen Tätigkeiten zu lenken, und insbesondere im Hinblick auf die Eigenkapitalflüsse hin zu privaten Unternehmen und anderen Rechtsträgern; und die Weiterentwicklung des derzeitigen Klassifizierungssystems einschließlich der Ausweitung ihres Anwendungsbereichs über ökologisch nachhaltige Wirtschaftstätigkeiten hinaus auf Wirtschaftstätigkeiten, die die Umwelt erheblich beeinträchtigen, sowie auf andere Nachhaltigkeitsziele, einschließlich sozialer Ziele.

(60) Da die Ziele dieser Verordnung von den Mitgliedstaaten nicht ausreichend verwirklicht werden können, sondern vielmehr wegen der Notwendigkeit, auf Unionsebene einheitliche Kriterien für ökologisch nachhaltige Wirtschaftstätigkeiten einzuführen, auf Unionsebene besser zu verwirklichen sind, kann die Union gemäß dem in Artikel 5 des Vertrags über die Europäische Union verankerten Subsidiaritätsprinzip tätig werden. Entsprechend dem in demselben Artikel genannten Grundsatz der Verhältnismäßigkeit geht diese Verordnung nicht über das für die Verwirklichung dieser Ziele erforderliche Maß —

HABEN FOLGENDE VERORDNUNG ERLASSEN:

---

(1) ABl. C 62 vom 15.2.2019, S. 103.

(2) Standpunkt des Europäischen Parlaments vom 28. März 2019 (noch nicht im Amtsblatt veröffentlicht) und Standpunkt des Rates in erster Lesung vom 15. April 2020 (ABl. C 184 vom 3.6.2020, S. 1). Standpunkt des Europäischen Parlaments vom 17. Juni 2020 (noch nicht im Amtsblatt veröffentlicht).

(3) Beschluss (EU) 2016/1841 des Rates vom 5. Oktober 2016 über den Abschluss des im Rahmen des Rahmenübereinkom-

mens der Vereinten Nationen über Klimaänderungen geschlossenen Übereinkommens von Paris im Namen der Europäischen Union (ABl. L 282 vom 19.10.2016, S. 1).

(4) Beschluss Nr. 1386/2013/EU des Europäischen Parlaments und des Rates vom 20. November 2013 über ein allgemeines Umweltaktionsprogramm der Union für die Zeit bis 2020 „Gut leben innerhalb der Belastbarkeitsgrenzen unseres Planeten" (ABl. L 354 vom 28.12.2013, S. 171).

(5) Verordnung (EU) 2015/1017 des Europäischen Parlaments und des Rates vom 25. Juni 2015 über den Europäischen Fonds für strategische Investitionen, die europäische Plattform für Investitionsberatung und das europäische Investitionsvorhabenportal sowie zur Änderung der Verordnungen (EU) Nr. 1291/2013 und (EU) Nr. 1316/2013 — der Europäische Fonds für strategische Investitionen(ABl. L 169 vom 1.7.2015, S. 1).

(6) Verordnung (EU) 2019/2088 des Europäischen Parlaments und des Rates vom 27. November 2019 über nachhaltigkeitsbezogene Offenlegungspflichten im Finanzdienstleistungssektor (ABl. L 317 vom 9.12.2019, S. 1).

(7) ABl. C 76 vom 9.3.2020, S. 23.

(8) Richtlinie 2009/31/EG des Europäischen Parlaments und des Rates vom 23. April 2009 über die geologische Speicherung von Kohlendioxid und zur Änderung der Richtlinie 85/337/EWG des Rates sowie der Richtlinien 2000/60/EG, 2001/80/EG, 2004/35/EG, 2006/12/EG und 2008/1/EG des Europäischen Parlaments und des Rates sowie der Verordnung (EG) Nr. 1013/2006 (ABl. L 140 vom 5.6.2009, S. 114).

(9) Verordnung (EU) Nr. 1380/2013 des Europäischen Parlaments und des Rates vom 11. Dezember 2013 über die Gemeinsame Fischereipolitik und zur Änderung der Verordnungen (EG) Nr. 1954/2003 und (EG) Nr. 1224/2009 des Rates sowie zur Aufhebung der Verordnungen (EG) Nr. 2371/2002 und (EG) Nr. 639/2004 des Rates und des Beschlusses 2004/585/EG des Rates (ABl. L 354 vom 28.12.2013, S. 22).

(10) Richtlinie 2000/60/EG des Europäischen Parlaments und des Rates vom 23. Oktober 2000 zur Schaffung eines Ordnungsrahmens für Maßnahmen der Gemeinschaft im Bereich der Wasserpolitik (ABl. L 327 vom 22.12.2000, S. 1).

(11) Richtlinie 2006/7/EG des Europäischen Parlaments und des Rates vom 15. Februar 2006 über die Qualität der Badegewässer und deren Bewirtschaftung und zur Aufhebung der Richtlinie 76/160/EWG (ABl. L 64 vom 4.3.2006, S. 37).

(12) Richtlinie 2006/118/EG des Europäischen Parlaments und des Rates vom 12. Dezember 2006 zum Schutz des Grundwassers vor Verschmutzung und Verschlechterung (ABl. L 372 vom 27.12.2006, S. 19).

(13) Richtlinie 2008/56/EG des Europäischen Parlaments und des Rates vom 17. Juni 2008 zur Schaffung eines Ordnungsrahmens für Maßnahmen der Gemeinschaft im Bereich der Meeresumwelt (Meeresstrategie-Rahmenrichtlinie) (ABl. L 164 vom 25.6.2008, S. 19).

(14) Richtlinie 2008/105/EG des Europäischen Parlaments und des Rates vom 16. Dezember 2008 über Umweltqualitätsnormen im Bereich der Wasserpolitik und zur Änderung und anschließenden Aufhebung der Richtlinien des Rates 82/176/EWG, 83/513/EWG, 84/156/EWG, 84/491/EWG und 86/280/EWG sowie zur Änderung der Richtlinie 2000/60/EG des Europäischen Parlaments und des Rates (ABl. L 348 vom 24.12.2008, S. 84).

(15) Richtlinie 91/271/EWG des Rates vom 21. Mai 1991 über die Behandlung von kommunalem Abwasser (ABl. L 135 vom 30.5.1991, S. 40).

(16) Richtlinie 91/676/EWG des Rates vom 12. Dezember 1991 zum Schutz der Gewässer vor Verunreinigung durch Nitrat aus landwirtschaftlichen Quellen (ABl. L 375 vom 31.12.1991, S. 1).

(17) Richtlinie 98/83/EG des Rates vom 3. November 1998 über die Qualität von Wasser für den menschlichen Gebrauch (ABl. L 330 vom 5.12.1998, S. 32).

(18) Beschluss (EU) 2017/848 der Kommission vom 17. Mai 2017 zur Festlegung der Kriterien und methodischen Standards für die Beschreibung eines guten Umweltzustands von Meeresgewässern und von Spezifikationen und standardisierten Verfahren für die Überwachung und Bewertung sowie zur Aufhebung des Beschlusses 2010/477/EU (ABl. L 125 vom 18.5.2017, S. 43).

(19) Verordnung (EG) Nr. 1013/2006 des Europäischen Parlaments und des Rates vom 14. Juni 2006 über die Verbringung von Abfällen (ABl. L 190 vom 12.7.2006, S. 1).

(20) Verordnung (EG) Nr. 1907/2006 des Europäischen Parlaments und des Rates vom 18. Dezember 2006 zur Registrierung, Bewertung, Zulassung und Beschränkung chemischer Stoffe (REACH), zur Schaffung einer Europäischen Agentur für chemische Stoffe, zur Änderung der Richtlinie 1999/45/EG und zur Aufhebung der Verordnung (EWG) Nr. 793/93 des Rates, der Verordnung (EG) Nr. 1488/94 der Kommission, der Richtlinie 76/769/EWG des Rates sowie der Richtlinien 91/155/EWG, 93/67/EWG, 93/105/EG und 2000/21/EG der Kommission (ABl. L 396 vom 30.12.2006, S. 1) mit Änderungen.

(21) Verordnung (EU) 2019/1021 des Europäischen Parlaments und des Rates vom 20. Juni 2019 über persistente organische Schadstoffe (ABl. L 169 vom 25.6.2019, S. 45).

(22) Richtlinie 94/62/EG des Europäischen Parlaments und des Rates vom 20. Dezember 1994 über Verpackungen und Verpackungsabfälle (ABl. L 365 vom 31.12.1994, S. 10).

(23) Richtlinie 2000/53/EG des Europäischen Parlaments und des Rates vom 18. September 2000 über Altfahrzeuge (ABl. L 269 vom 21.10.2000, S. 34).

(24) Richtlinie 2006/66/EG des Europäischen Parlaments und des Rates vom 6. September 2006 über Batterien und Akkumulatoren sowie Altbatterien und Altakkumulatoren und zur Aufhebung der Richtlinie 91/157/EWG (ABl. L 266 vom 26.9.2006, S. 1).

(25) Richtlinie 2008/98/EG des Europäischen Parlaments und des Rates vom 19. November 2008 über Abfälle und zur Aufhebung bestimmter Richtlinien (ABl. L 312 vom 22.11.2008, S. 3).

(26) Richtlinie 2010/75/EU des Europäischen Parlaments und des Rates vom 24. November 2010 über Industrieemissionen (integrierte Vermeidung und Verminderung der Umweltverschmutzung) (ABl. L 334 vom 17.12.2010, S. 17).

(27) Richtlinie 2011/65/EU des Europäischen Parlaments und des Rates vom 8. Juni 2011 zur Beschränkung der Verwendung bestimmter gefährlicher Stoffe in Elektro- und Elektronikgeräten (ABl. L 174 vom 1.7.2011, S. 88).

(28) Richtlinie 2012/19/EU des Europäischen Parlaments und des Rates vom 4. Juli 2012 über Elektro- und Elektronik-Altgeräte (ABl. L 197 vom 24.7.2012, S. 38).

(29) Richtlinie (EU) 2019/883 des Europäischen Parlaments und des Rates vom 17. April 2019 über Hafenauffangeinrichtungen für die Entladung von Abfällen von Schiffen, zur Änderung der Richtlinie 2010/65/EU und zur Aufhebung der Richtlinie

2000/59/EG (ABl. L 151 vom 7.6.2019, S. 116).

(30) Richtlinie (EU) 2019/904 des Europäischen Parlaments und des Rates vom 5. Juni 2019 über die Verringerung der Auswirkungen bestimmter Kunststoffprodukte auf die Umwelt (ABl. L 155 vom 12.6.2019, S. 1).

(31) Richtlinie 1999/31/EG des Rates vom 26. April 1999 über Abfalldeponien (ABl. L 182 vom 16.7.1999, S. 1).

(32) Verordnung (EU) Nr. 1357/2014 der Kommission vom 18. Dezember 2014 zur Ersetzung von Anhang III der Richtlinie 2008/98/EG des Europäischen Parlaments und des Rates über Abfälle und zur Aufhebung bestimmter Richtlinien (ABl. L 365 vom 19.12.2014, S. 89).

(33) Entscheidung 2000/532/EG der Kommission vom 3. Mai 2000 zur Ersetzung der Entscheidung 94/3/EG über ein Abfallverzeichnis gemäß Artikel 1 Buchstabe a der Richtlinie 75/442/EWG des Rates über Abfälle und der Entscheidung 94/904/EG des Rates über ein Verzeichnis gefährlicher Abfälle im Sinne von Artikel 1 Absatz 4 der Richtlinie 91/689/EWG über gefährliche Abfälle (ABl. L 226 vom 6.9.2000, S. 3).

(34) Beschluss 2014/955/EU der Kommission vom 18. Dezember 2014 zur Änderung der Entscheidung 2000/532/EG über ein Abfallverzeichnis gemäß der Richtlinie 2008/98/EG des Europäischen Parlaments und des Rates (ABl. L 370 vom 30.12.2014, S. 44).

(35) Richtlinie 2004/35/EG des Europäischen Parlaments und des Rates vom 21. April 2004 über Umwelthaftung zur Vermeidung und Sanierung von Umweltschäden (ABl. L 143 vom 30.4.2004, S. 56).

(36) Richtlinie 2004/107/EG des Europäischen Parlaments und des Rates vom 15. Dezember 2004 über Arsen, Kadmium, Quecksilber, Nickel und polyzyklische aromatische Kohlenwasserstoffe in der Luft (ABl. L 23 vom 26.1.2005, S. 3).

(37) Richtlinie 2008/50/EG des Europäischen Parlaments und des Rates vom 21. Mai 2008 über Luftqualität und saubere Luft für Europa (ABl. L 152 vom 11.6.2008, S. 1).

(38) Richtlinie (EU) 2016/802 des Europäischen Parlaments und des Rates vom 11. Mai 2016 über eine Verringerung des Schwefelgehalts bestimmter flüssiger Kraft- oder Brennstoffe (ABl. L 132 vom 21.5.2016, S. 58).

(39) Richtlinie (EU) 2016/2284 des Europäischen Parlaments und des Rates vom 14. Dezember 2016 über die Reduktion der nationalen Emissionen bestimmter Luftschadstoffe, zur Änderung der Richtlinie 2003/35/EG und zur Aufhebung der Richtlinie 2001/81/EG (ABl. L 344 vom 17.12.2016, S. 1).

(40) Verordnung (EU) Nr. 995/2010 des Europäischen Parlaments und des Rates vom 20. Oktober 2010 über die Verpflichtungen von Marktteilnehmern, die Holz und Holzerzeugnisse in Verkehr bringen (ABl. L 295 vom 12.11.2010, S. 23).

(41) Verordnung (EU) Nr. 511/2014 des Europäischen Parlaments und des Rates vom 16. April 2014 über Maßnahmen für die Nutzer zur Einhaltung der Vorschriften des Protokolls von Nagoya über den Zugang zu genetischen Ressourcen und die ausgewogene und gerechte Aufteilung der sich aus ihrer Nutzung ergebenden Vorteile in der Union (ABl. L 150 vom 20.5.2014, S. 59).

(42) Verordnung (EU) Nr. 1143/2014 des Europäischen Parlaments und des Rates vom 22. Oktober 2014 über die Prävention und das Management der Einbringung und Ausbreitung invasiver gebietsfremder Arten (ABl. L 317 vom 4.11.2014, S. 35).

(43) Richtlinie 2009/147/EG des Europäischen Parlaments und des Rates vom 30. November 2009 über die Erhaltung der wildlebenden Vogelarten (ABl. L 20 vom 26.1.2010, S. 7).

(44) Verordnung (EG) Nr. 338/97 des Rates vom 9. Dezember 1996 über den Schutz von Exemplaren wildlebender Tier- und Pflanzenarten durch Überwachung des Handels (ABl. L 61 vom 3.3.1997, S. 1).

(45) Richtlinie 92/43/EWG des Rates vom 21. Mai 1992 zur Erhaltung der natürlichen Lebensräume sowie der wildlebenden Tiere und Pflanzen (ABl. L 206 vom 22.7.1992, S. 7).

(46) Verordnung (EU) 2018/841 des Europäischen Parlaments und des Rates vom 30. Mai 2018 über die Einbeziehung der Emissionen und des Abbaus von Treibhausgasen aus Landnutzung, Landnutzungsänderungen und Forstwirtschaft in den Rahmen für die Klima- und Energiepolitik bis 2030 und zur Änderung der Verordnung (EU) Nr. 525/2013 und des Beschlusses Nr. 529/2013/EU (ABl. L 156 vom 19.6.2018, S. 1).

(47) Richtlinie (EU) 2018/2001 des Europäischen Parlaments und des Rates vom 11. Dezember 2018 zur Förderung der Nutzung von Energie aus erneuerbaren Quellen (ABl. L 328 vom 21.12.2018, S. 82).

(48) Verordnung (EU) 2017/1369 des Europäischen Parlaments und des Rates vom 4. Juli 2017 zur Festlegung eines Rahmens für die Energieverbrauchskennzeichnung und zur Aufhebung der Richtlinie 2010/30/EU (ABl. L 198 vom 28.7.2017, S. 1).

(49) Richtlinie 2012/27/EU des Europäischen Parlaments und des Rates vom 25. Oktober 2012 zur Energieeffizienz, zur Änderung der Richtlinien 2009/125/EG und 2010/30/EU und zur Aufhebung der Richtlinien 2004/8/EG und 2006/32/EG (ABl. L 315 vom 14.11.2012, S. 1).

(50) Richtlinie (EU) 2018/844 des Europäischen Parlaments und des Rates vom 30. Mai 2018 zur Änderung der Richtlinie 2010/31/EU über die Gesamtenergieeffizienz von Gebäuden und der Richtlinie 2012/27/EU über Energieeffizienz (ABl. L 156 vom 19.6.2018, S. 75).

(51) Richtlinie 2009/125/EG des Europäischen Parlaments und des Rates vom 21. Oktober 2009 zur Schaffung eines Rahmens für die Festlegung von Anforderungen an die umweltgerechte Gestaltung energieverbrauchsrelevanter Produkte (ABl. L 285 vom 31.10.2009, S. 10).

(52) Verordnung (EU) Nr. 1093/2010 des Europäischen Parlaments und des Rates vom 24. November 2010 zur Errichtung einer Europäischen Aufsichtsbehörde (Europäische Bankenaufsichtsbehörde), zur Änderung des Beschlusses Nr. 716/2009/EG und zur Aufhebung des Beschlusses 2009/78/EG der Kommission (ABl. L 331 vom 15.12.2010, S. 12).

(53) Verordnung (EU) Nr. 1094/2010 des Europäischen Parlaments und des Rates vom 24. November 2010 zur Errichtung einer Europäischen Aufsichtsbehörde (Europäische Aufsichtsbehörde für das Versicherungswesen und die betriebliche Altersversorgung), zur Änderung des Beschlusses Nr. 716/2009/EG und zur Aufhebung des Beschlusses 2009/79/EG der Kommission (ABl. L 331 vom 15.12.2010, S. 48).

(54) Verordnung (EU) Nr. 1095/2010 des Europäischen Parlaments und des Rates vom 24. November 2010 zur Errichtung einer Europäischen Aufsichtsbehörde (Europäische Wertpapier- und Marktaufsichtsbehörde), zur Änderung des Beschlusses Nr. 716/2009/EG und zur Aufhebung des Beschlusses 2009/77/EG der Kommission (ABl. L 331 vom 15.12.2010, S. 84).

(55) Verordnung (EG) Nr. 1221/2009 des Europäischen Parlaments und des Rates vom 25. November 2009 über die freiwillige Teilnahme von Organisationen an einem Gemeinschaftssystem für Umweltmanagement und Umweltbetriebsprüfung und zur

Aufhebung der Verordnung (EG) Nr. 761/2001, sowie der Beschlüsse der Kommission 2001/681/EG und 2006/193/EG (ABl. L 342 vom 22.12.2009, S. 1).

(56) Verordnung (EG) Nr. 66/2010 des Europäischen Parlaments und des Rates vom 25. November 2009 über das EU-Umweltzeichen (ABl. L 27 vom 30.1.2010, S. 1).

(57) Empfehlung 2013/179/EU der Kommission vom 9. April 2013 für die Anwendung gemeinsamer Methoden zur Messung und Offenlegung der Umweltleistung von Produkten und Organisationen (ABl. L 124 vom 4.5.2013, S. 1).

(58) Verordnung (EU) Nr. 538/2014 des Europäischen Parlaments und des Rates vom 16. April 2014 zur Änderung der Verordnung (EU) Nr. 691/2011 über europäische umweltökonomische Gesamtrechnungen (ABl. L 158 vom 27.5.2014, S. 113).

(59) Richtlinie 2001/42/EG des Europäischen Parlaments und des Rates vom 27. Juni 2001 über die Prüfung der Umweltauswirkungen bestimmter Pläne und Programme (ABl. L 197 vom 21.7.2001, S. 30).

(60) Richtlinie 2011/92/EU des Europäischen Parlaments und des Rates vom 13. Dezember 2011 über die Umweltverträglichkeitsprüfung bei bestimmten öffentlichen und privaten Projekten (ABl. L 26 vom 28.1.2012, S. 1).

(61) Richtlinie 2014/23/EU des Europäischen Parlaments und des Rates vom 26. Februar 2014 über die Konzessionsvergabe (ABl. L 94 vom 28.3.2014, S. 1).

(62) Richtlinie 2014/24/EU des Europäischen Parlaments und des Rates vom 26. Februar 2014 über die öffentliche Auftragsvergabe und zur Aufhebung der Richtlinie 2004/18/EG (ABl. L 94 vom 28.3.2014, S. 65).

(63) Richtlinie 2014/25/EU des Europäischen Parlaments und des Rates vom 26. Februar 2014 über die Vergabe von Aufträgen durch Auftraggeber im Bereich der Wasser-, Energie- und Verkehrsversorgung sowie der Postdienste und zur Aufhebung der Richtlinie 2004/17/EG (ABl. L 94 vom 28.3.2014, S. 243).

(64) ABl. L 123 vom 12.5.2016, S. 1.

(65) Verordnung (EU) Nr. 600/2014 des Europäischen Parlaments und des Rates vom 15. Mai 2014 über Märkte für Finanzinstrumente und zur Änderung der Verordnung (EU) Nr. 648/2012 (ABl. L 173 vom 12.6.2014, S. 84).

(66) Verordnung (EU) Nr. 1286/2014 des Europäischen Parlaments und des Rates vom 26. November 2014 über Basisinformationsblätter für verpackte Anlageprodukte für Kleinanleger und Versicherungsanlageprodukte (PRIIP) (ABl. L 352 vom 9.12.2014, S. 1).

(67) Verordnung (EU) 2019/1238 des Europäischen Parlaments und des Rates vom 20. Juni 2019 über ein Paneuropäisches Privates Pensionsprodukt (PEPP) (ABl. L 198 vom 25.7.2019, S. 1).

KAPITEL I GEGENSTAND, ANWENDUNGSBEREICH UND BEGRIFFSBESTIMMUNGEN

Artikel 1

Gegenstand und Anwendungsbereich

(1) Diese Verordnung enthält die Kriterien zur Bestimmung, ob eine Wirtschaftstätigkeit als ökologisch nachhaltig einzustufen ist, um damit den Grad der ökologischen Nachhaltigkeit einer Investition ermitteln zu können.

(2) Diese Verordnung gilt für

a) von den Mitgliedstaaten oder der Union verabschiedete Maßnahmen zur Festlegung von Anforderungen an Finanzmarktteilnehmer oder Emittenten im Zusammenhang mit Finanzprodukten oder Unternehmensanleihen, die als ökologisch nachhaltig bereitgestellt werden;

b) Finanzmarktteilnehmer, die Finanzprodukte bereitstellen;

c) Unternehmen, für die die Verpflichtung gilt, eine nichtfinanzielle Erklärung oder eine konsolidierte nichtfinanzielle Erklärung nach Artikel 19a bzw. Artikel 29a der Richtlinie 2013/34/EU des Europäischen Parlaments und des Rates ([1]) zu veröffentlichen.

Artikel 2

Begriffsbestimmungen

Für die Zwecke dieser Verordnung bezeichnet der Ausdruck

1. „ökologisch nachhaltige Investition" eine Investition, in eine oder mehrere Wirtschaftstätigkeiten, die gemäß dieser Verordnung als ökologisch nachhaltig gelten;

2. „Finanzmarktteilnehmer" einen Finanzmarktteilnehmer im Sinne des Artikels 2 Nummer 1 der Verordnung (EU) 2019/2088; darunter fällt auch der Hersteller eines Altersvorsorgeprodukts, wenn ein Mitgliedstaat beschlossen hat, die genannte Verordnung gemäß ihres Artikels 16 auf diesen Hersteller anzuwenden;

3. „Finanzprodukt" ein Finanzprodukt im Sinne des Artikels 2 Nummer 12 der Verordnung (EU) 2019/2088;

4. „Emittent" einen Emittenten im Sinne des Artikels 2 Buchstabe h der Verordnung (EU) 2017/1129 des Europäischen Parlaments und des Rates ([2]);

5. „Klimaschutz" die Vorgehensweise, den Anstieg der durchschnittlichen Erdtemperatur deutlich unter 2 °C zu halten und Anstrengungen zu seiner Begrenzung auf 1,5 °C über dem vorindustriellen Niveau zu unternehmen, wie im Übereinkommen von Paris festgelegt;

6. „Anpassung an den Klimawandel" den Vorgang der Anpassung an den tatsächlichen und den erwarteten Klimawandel und dessen Auswirkungen;

7. „Treibhausgas" ein in Anhang I der Verordnung (EU) Nr. 525/2013 des Europäischen Parlaments und des Rates ([3]) aufgeführtes Treibhausgas;

8. „Abfallhierarchie" die in Artikel 4 der Richtlinie 2008/98/EG festgelegte Abfallhierarchie;

9. „Kreislaufwirtschaft" ein Wirtschaftssystem, bei dem der Wert von Produkten, Materialien und anderen Ressourcen in der Wirtschaft so lange wie möglich erhalten bleibt und ihre effiziente

Nutzung in Produktion und Verbrauch verbessert wird, wodurch die Auswirkungen ihrer Nutzung auf die Umwelt reduziert und das Abfallaufkommen sowie die Freisetzung gefährlicher Stoffe in allen Phasen ihres Lebenszyklus minimiert werden, auch durch Anwendung der Abfallhierarchie;

10. „Schadstoffe" Stoffe, Erschütterungen, Wärme, Lärm, Licht oder andere Kontaminanten in Luft, Wasser oder Boden, die der menschlichen Gesundheit oder der Umwelt schaden, die zu einer Schädigung von Sachwerten oder zu einer Beeinträchtigung oder Störung von Annehmlichkeiten und anderen legitimen Nutzungen der Umwelt führen können;

11. „Boden" die oberste Schicht der Erdkruste, die sich zwischen dem Grundgestein und der Oberfläche befindet und die aus Mineralpartikeln, organischem Material, Wasser, Luft und lebenden Organismen besteht;

12. „Verschmutzung"

a) die durch menschliches Handeln direkt oder indirekt bewirkte Zuführung von Schadstoffen in Luft, Wasser oder Boden;

b) im Bereich der Meeresumwelt Verschmutzung im Sinne des Artikels 3 Nummer 8 der Richtlinie 2008/56/EG;

c) im Bereich der Wasserumwelt Verschmutzung im Sinne des Artikels 2 Nummer 33 der Richtlinie 2000/60/EG;

13. „Ökosystem" ein komplexes dynamisches Wirkungsgefüge von Pflanzen-, Tier- und Mikroorganismengemeinschaften und ihrer abiotischen Umwelt, die eine funktionelle Einheit bilden;

14. „Ökosystemdienstleistungen" die direkten und indirekten Beiträge von Ökosystemen zu den wirtschaftlichen, sozialen, kulturellen und sonstigen Vorteilen, die Menschen aus diesen Ökosystemen ziehen;

15. „Biodiversität" die Vielfalt unter lebenden Organismen jeder Herkunft, darunter Land-, Meeres- und sonstige aquatische Ökosysteme und die ökologischen Komplexe, zu denen sie gehören das umfasst auch die Vielfalt innerhalb der Arten, zwischen verschiedenen Arten und die Vielfalt der Ökosysteme;

16. „guter Zustand" in Verbindung mit einem Ökosystem dass sich das Ökosystem in einem guten physikalischen, chemischen und biologischen Zustand befindet oder von guter physikalischer, chemischer und biologischer Qualität ist, das in der Lage ist, sich selbst zu reproduzieren oder sich selbst zu regenerieren, und bei dem die Artenzusammensetzung, die Ökosystemstruktur und die ökologischen Funktionen nicht beeinträchtigt sind;

17. „Energieeffizienz" eine effizientere Energienutzung entlang der gesamten Energieversorgungskette von der Erzeugung bis zum Endverbrauch;

18. „Meeresgewässer" Meeresgewässer im Sinne des Artikels 3 Nummer 1 der Richtlinie 2008/56/EG;

19. „Oberflächengewässer" Oberflächengewässer im Sinne des Artikels 2 Nummer 1 der Richtlinie 2000/60/EG;

20. „Grundwasser" Grundwasser im Sinne des Artikels 2 Nummer 2 der Richtlinie 2000/60/EG;

21. „guter Umweltzustand" den guten Umweltzustand im Sinne des Artikels 3 Nummer 5 der Richtlinie 2008/56/EG;

22. „guter Zustand"

a) im Fall von Oberflächengewässern, sowohl einen „guten ökologischen Zustand" im Sinne des Artikels 2 Nummer 22 der Richtlinie 2000/60/EG als auch einen „guten chemischen Zustand des Oberflächengewässers" gemäß Artikel 2 Nummer 24 jener Richtlinie;

b) im Fall von Grundwasser, sowohl einen „guten chemischen Zustand des Grundwassers" im Sinne des Artikels 2 Nummer 25 der Richtlinie 2000/60/EG als auch einen „guten mengenmäßigen Zustand" gemäß Artikel 2 Nummer 28 jener Richtlinie;

23. „gutes ökologisches Potenzial" ein gutes ökologisches Potenzial im Sinne des Artikels 2 Nummer 23 gemäß der Richtlinie 2000/60/EG;

KAPITEL II
ÖKOLOGISCH NACHHALTIGE WIRTSCHAFTSTÄTIGKEITEN

Artikel 3
Kriterien für ökologisch nachhaltige Wirtschaftstätigkeiten

Zum Zwecke der Ermittlung des Grades der ökologischen Nachhaltigkeit einer Investition gilt eine Wirtschaftstätigkeit als ökologisch nachhaltig, wenn diese Wirtschaftstätigkeit:

a) gemäß den Artikeln 10 bis 16 einen wesentlichen Beitrag zur Verwirklichung eines oder mehrerer der Umweltziele des Artikels 9 leistet;

b) nicht zu einer in Artikel 17 bestimmten erheblichen Beeinträchtigung eines oder mehrerer der Umweltziele des Artikels 9 führt;

c) unter Einhaltung des in Artikel 18 festgelegten Mindestschutzes ausgeübt wird;

d) technischen Bewertungskriterien, die die Kommission gemäß Artikel 10 Absatz 3, Artikel 11 Absatz 3, Artikel 12 Absatz 2, Artikel 13 Absatz 2, Artikel 14 Absatz 2 und Artikel 15 Absatz 2 festgelegt hat, entspricht.

Artikel 4
Anwendung der Kriterien für ökologisch nachhaltige Wirtschaftstätigkeiten bei öffentlichen Maßnahmen, Normen und Kennzeichnungen

Die Mitgliedstaaten und die Union bestimmen anhand der Kriterien des Artikels 3, ob eine Wirtschaftstätigkeit als eine ökologisch nachhaltige Wirtschaftstätigkeit für die Zwecke aller Maßnahmen einzustufen ist, mit denen für Finanzmarktteilnehmer oder Emittenten Anforderungen an Finanzprodukte oder Unternehmensanleihen festgelegt werden, die als „ökologisch nachhaltig" bereitgestellt werden.

Artikel 5
Transparenz in vorvertraglichen Informationen und regelmäßigen Berichten bei ökologisch nachhaltigen Investitionen

Wird mit einem Finanzprodukt im Sinne des Artikels 9 Absätze 1, 2 oder 3 der Verordnung (EU) 2019/2088 in eine Wirtschaftstätigkeit investiert, die zu einem Umweltziel im Sinne des Artikels 2 Nummer 17 der genannten Verordnung beiträgt, so umfassen die gemäß Artikel 6 Absatz 3 und Artikel 11 Absatz 2 der genannten Verordnung offenzulegenden Informationen Folgendes:

a) die Informationen über das Umweltziel oder die Umweltziele gemäß Artikel 9 der vorliegenden Verordnung, zu dessen bzw. deren Erreichung die dem Finanzprodukt zugrunde liegende Investition beiträgt; und

b) eine Beschreibung, wie und in welchem Umfang die dem Finanzprodukt zugrunde liegenden Investitionen solche in Wirtschaftstätigkeiten sind, die gemäß Artikel 3 der vorliegenden Verordnung als ökologisch nachhaltig einzustufen sind.

In der Beschreibung gemäß Absatz 1 Buchstabe b des vorliegenden Artikels ist der Anteil der Investitionen in ökologisch nachhaltige Wirtschaftstätigkeiten, die für das Finanzprodukt ausgewählt wurden, einschließlich Einzelheiten zu den Anteilen der in Artikel 16 beziehungsweise Artikel 10 Absatz 2 genannten ermöglichenden Tätigkeiten und der Übergangstätigkeiten, als Prozentsatz aller für das Finanzprodukt ausgewählten Investitionen anzugeben.

Artikel 6
Transparenz in vorvertraglichen Informationen und regelmäßigen Berichten bei Finanzprodukten, mit denen ökologische Merkmale beworben werden

Werden mit einem Finanzprodukt nach Artikel 8 Absatz 1 der Verordnung (EU) 2019/2088 ökologische Merkmale beworben, so gilt Artikel 5 der vorliegenden Verordnung entsprechend.

Den gemäß Artikel 6 Absatz 3 und Artikel 11 Absatz 2 der Verordnung (EU) 2019/2088 offenzulegenden Informationen wird die folgende Erklärung beigefügt:

„Der Grundsatz „Vermeidung erheblicher Beeinträchtigungen" findet nur bei denjenigen dem Finanzprodukt zugrunde liegenden Investitionen Anwendung, die die EU-Kriterien für ökologisch nachhaltige Wirtschaftsaktivitäten berücksichtigen.

Die dem verbleibenden Teil dieses Finanzprodukts zugrunde liegenden Investitionen berücksichtigen nicht die EU-Kriterien für ökologisch nachhaltige Wirtschaftsaktivitäten."

Artikel 7
Transparenz in vorvertraglichen Informationen und regelmäßigen Berichten bei anderen Finanzprodukten

Fällt ein Finanzprodukt nicht unter Artikel 8 Absatz 1 oder Artikel 9 Absatz 1, 2 oder 3 der Verordnung (EU) 2019/2088, so wird den Informationen, die gemäß den Bestimmungen der in Artikel 6 Absatz 3 und Artikel 11 Absatz 2 jener Verordnung genannten sektoralen Rechtsvorschriften offenzulegen sind, die folgende Erklärung beigefügt:

„Die diesem Finanzprodukt zugrunde liegenden Investitionen berücksichtigen nicht die EU-Kriterien für ökologisch nachhaltige Wirtschaftsaktivitäten."

Artikel 8
Transparenz in nichtfinanziellen Erklärungen bei Unternehmen

(1) Jedes Unternehmen, das verpflichtet ist, nichtfinanzielle Angaben nach Artikel 19a oder Artikel 29a der Richtlinie 2013/34/EU zu veröffentlichen, nimmt in seine nichtfinanzielle Erklärung oder konsolidierte nichtfinanzielle Erklärung Angaben darüber auf, wie und in welchem Umfang die Tätigkeiten des Unternehmens mit Wirtschaftstätigkeiten verbunden sind, die als ökologisch nachhaltige Wirtschaftstätigkeiten gemäß Artikel 3 und Artikel 9 der vorliegenden Verordnung einzustufen sind.

(2) Insbesondere geben Nicht-Finanzunternehmen Folgendes an:

a) den Anteil ihrer Umsatzerlöse, der mit Produkten oder Dienstleistungen, erzielt wird, die mit Wirtschaftstätigkeiten verbunden sind, die als ökologisch nachhaltige gemäß Artikel 3 und Artikel 9 einzustufen sind; und

b) den Anteil ihrer Investitionsausgaben und, soweit zutreffend, den Anteil der Betriebsausgaben im Zusammenhang mit Vermögensgegenständen oder Prozessen, die mit Wirtschaftstätigkeiten verbunden sind, die als ökologisch nachhaltig gemäß Artikel 3 und Artikel 9 einzustufen sind.

(3) Veröffentlicht ein Unternehmen nichtfinanzielle Angaben nach Artikel 19a oder Artikel 29a der Richtlinie 2013/34/EU in einem gesonderten Bericht gemäß Artikel 19a Absatz 4 oder Artikel 29a Absatz 4 der Richtlinie 2013/34/EU, so werden die in den Absätzen 1 und 2 des vorliegenden Artikels genannten Angaben in dem gesonderten Bericht veröffentlicht.

(4) Die Kommission erlässt gemäß Artikel 23 einen delegierten Rechtsakt zur Ergänzung der

Absätze 1 und 2 des vorliegenden Artikels, in dem der Inhalt und die Darstellung der gemäß den genannten Absätzen zu machenden Angaben, einschließlich der Methode näher erläutert wird, die anzuwenden ist, um diesen Absätzen zu entsprechen, und trägt dabei den Besonderheiten sowohl der Finanzunternehmen als auch der Nicht-Finanzunternehmen und den technischen Bewertungskriterien Rechnung, die gemäß der vorliegenden Verordnung erlassen wurden. Die Kommission erlässt diesen delegierten Rechtsakt bis zum 1. Juni 2021.

Artikel 9
Umweltziele

Für die Zwecke der vorliegenden Verordnung gilt Folgendes als Umweltziel:

a) Klimaschutz;

b) Anpassung an den Klimawandel;

c) die nachhaltige Nutzung und Schutz von Wasser- und Meeresressourcen;

d) der Übergang zu einer Kreislaufwirtschaft;

e) Vermeidung und Verminderung der Umweltverschmutzung;

f) der Schutz und Wiederherstellung der Biodiversität und der Ökosysteme.

Artikel 10
Wesentlicher Beitrag zum Klimaschutz

(1) Eine Wirtschaftstätigkeit wird als ein wesentlicher Beitrag zum Klimaschutz eingestuft, wenn sie wesentlich dazu beiträgt, die Treibhausgaskonzentrationen in der Atmosphäre auf einem Niveau zu stabilisieren, das eine gefährliche anthropogene Störung des Klimasystems verhindert, indem im Einklang mit dem langfristigen Temperaturziel des Übereinkommens von Paris Treibhausgasemissionen vermieden oder verringert werden oder die Speicherung von Treibhausgasen verstärkt wird, einschließlich durch Prozess- oder Produktinnovationen, durch:

a) Erzeugung, Übertragung, Speicherung, Verteilung oder Nutzung erneuerbarer Energien gemäß der Richtlinie (EU) 2018/2001, unter anderem durch den Einsatz innovativer Technologien mit Potenzial für erhebliche zukünftige Einsparungen oder durch eine notwendige Netzverstärkung oder -erweiterung;

b) Steigerung der Energieeffizienz; hiervon ausgenommen sind die in Artikel 19 Absatz 3 genannten Tätigkeiten zur Stromerzeugung;

c) Ausbau sauberer oder klimaneutraler Mobilität;

d) Umstellung auf die Nutzung erneuerbarer Materialien nachhaltiger Herkunft;

e) verstärkte Nutzung umweltverträglicher Technologien der CO_2-Abscheidung und -Nutzung (CCU) bzw. der CO_2-Abscheidung und -Speicherung (CCS), die Nettoemissionsminderungen bei Treibhausgasen bewirken;

f) Stärkung von CO_2-Senken auf dem Land, unter anderem durch Verhinderung von Entwaldung und Waldschädigung, durch Wiederherstellung von Wäldern, durch nachhaltige Bewirtschaftung und Wiederherstellung von Ackerflächen, Grünflächen und Feuchtgebieten, durch Aufforstung und durch regenerative Landwirtschaft;

g) Einrichtung der Energieinfrastruktur, die für die Ermöglichung der Dekarbonisierung der Energiesysteme erforderlich ist;

h) Erzeugung sauberer und effizienter Kraftstoffe aus erneuerbaren oder CO_2-neutralen Quellen; oder

i) Ermöglichung jeder der in den Buchstaben a bis h dieses Absatzes genannten Tätigkeiten gemäß Artikel 16.

(2) Für die Zwecke von Absatz 1 leistet eine Wirtschaftstätigkeit, für die es keine technologisch und wirtschaftlich durchführbare CO_2-arme Alternative gibt, einen wesentlichen Beitrag zum Klimaschutz, wenn sie den Übergang zu einer klimaneutralen Wirtschaft unterstützt, im Einklang mit dem Weg hin zur Begrenzung des Temperaturanstiegs auf 1,5 °C gegenüber dem vorindustriellen Niveau, auch durch die schrittweise Einstellung von Treibhausgasemissionen, insbesondere aus festen fossilen Brennstoffen, und wenn diese Wirtschaftstätigkeit

a) Treibhausgasemissionswerte aufweist, die den besten Leistungen des Sektors oder der Industrie entsprechen,

b) die Entwicklung und Einführung CO_2-armer Alternativen nicht behindert, und

c) in Anbetracht der wirtschaftlichen Lebensdauer von CO_2-intensiven Vermögenswerten nicht zu Lock-in-Effekten bei diesen Vermögenswerten führt.

Für den Zweck dieses Absatzes und die Festlegung technischer Bewertungskriterien gemäß Artikel 19 bewertet die Kommission den potenziellen Beitrag und die Durchführbarkeit aller relevanten bestehenden Technologien.

(3) Die Kommission erlässt gemäß Artikel 23 einen delegierten Rechtsakt, um

a) zur Ergänzung der Absätze 1 und 2 des vorliegenden Artikels technische Bewertungskriterien festzulegen, anhand deren bestimmt wird unter welchen Bedingungen davon auszugehen ist, dass eine bestimmte Wirtschaftstätigkeit einen wesentlichen Beitrag zum Klimaschutz leistet; und

b) zur Ergänzung von Artikel 17 technische Bewertungskriterien für jedes relevante Umweltziel festzulegen, anhand deren bestimmt wird ob eine Wirtschaftstätigkeit, für die gemäß Buchstabe a des vorliegenden Absatzes technische Bewertungskriterien festgelegt werden, eines oder mehrere dieser Ziele erheblich beeinträchtigt.

(4) Vor dem Erlass des delegierten Rechtsakts nach Absatz 3 des vorliegenden Artikels konsultiert die Kommission die in Artikel 20 genannte Plattform zu den in Absatz 3 dieses Artikels genannten technischen Bewertungskriterien.

(5) Die Kommission legt die in Absatz 3 des vorliegenden Artikels genannten technischen Bewertungskriterien in einem einzigen delegierten Rechtsakt fest und trägt dabei den Anforderungen des Artikels 19 Rechnung.

(6) Die Kommission erlässt den in Absatz 3 genannten delegierten Rechtsakt bis zum 31. Dezember 2020, um seine Anwendung ab dem 1. Januar 2022 zu gewährleisten.

Artikel 11
Wesentlicher Beitrag zur Anpassung an den Klimawandel

(1) Eine Wirtschaftstätigkeit wird dann als einen wesentlichen Beitrag zur Anpassung an den Klimawandel leistend eingestuft, wenn sie

a) Anpassungslösungen umfasst, die entweder das Risiko der nachteiligen Auswirkungen des gegenwärtigen und des erwarteten künftigen Klimas auf die Wirtschaftstätigkeit selbst erheblich verringern oder diese nachteiligen Auswirkungen erheblich verringern, ohne das Risiko nachteiliger Auswirkungen auf Menschen, Natur oder Vermögenswerte zu erhöhen; oder

b) Anpassungslösungen bietet, die zusätzlich zur Erfüllung der Anforderungen des Artikels 16 wesentlich dazu beitragen, das Risiko der nachteiligen Auswirkungen des gegenwärtigen und des erwarteten künftigen Klimas auf Menschen, Natur oder Vermögenswerte zu vermeiden oder zu verringern, ohne das Risiko nachteiliger Auswirkungen auf Menschen, Natur oder Vermögenswerte zu erhöhen.

(2) Die in Absatz 1 Buchstabe a genannten Anpassungslösungen werden bewertet und unter Heranziehung der besten verfügbaren Klimaprognosen nach Prioritäten gereiht; sie müssen mindestens Folgendes vermeiden oder verringern:

a) die standort- und kontextspezifischen nachteiligen Auswirkungen des Klimawandels auf die Wirtschaftstätigkeit; oder

b) die etwaigen nachteiligen Auswirkungen des Klimawandels auf die Umwelt, in der die Wirtschaftstätigkeit stattfindet.

(3) Die Kommission erlässt einen delegierten Rechtsakt gemäß Artikel 23, um

a) in Ergänzung der Absätze 1 und 2 des vorliegenden Artikels technische Bewertungskriterien festzulegen, anhand deren bestimmt wird, unter welchen Bedingungen davon auszugehen ist, dass eine bestimmte Wirtschaftstätigkeit einen wesentlichen Beitrag zur Anpassung an den Klimawandel leistet; und

b) in Ergänzung des Artikels 17 technische Bewertungskriterien für jedes relevante Umweltziel festzulegen, anhand deren bestimmt wird, ob eine Wirtschaftstätigkeit, für die gemäß Buchstabe a des vorliegenden Absatzes technische Bewertungskriterien festgelegt worden sind, eines oder mehrere dieser Ziele erheblich beeinträchtigt.

(4) Vor dem Erlass des delegierten Rechtsakts nach Absatz 3 des vorliegenden Artikels konsultiert die Kommission die in Artikel 20 genannte Plattform zu den in Absatz 3 dieses Artikels genannten technischen Bewertungskriterien.

(5) Die Kommission legt die in Absatz 3 des vorliegenden Artikels genannten technischen Bewertungskriterien in einem einzigen delegierten Rechtsakt fest und trägt dabei den Anforderungen des Artikels 19 Rechnung.

(6) Die Kommission erlässt den in Absatz 3 genannten delegierten Rechtsakt bis zum 31. Dezember 2020, um seine Anwendung ab dem 1. Januar 2022 zu gewährleisten.

Artikel 12
Wesentlicher Beitrag zur nachhaltigen Nutzung und zum Schutz von Wasser- und Meeresressourcen

(1) Eine Wirtschaftstätigkeit leistet einen wesentlichen Beitrag zur nachhaltigen Nutzung und zum Schutz von Wasser- und Meeresressourcen, wenn sie entweder wesentlich zur Erreichung des guten Zustands von Gewässern, einschließlich Oberflächenwasser und Grundwasserkörper, oder zur Vermeidung der Verschlechterung von Gewässern, wenn sie sich bereits in gutem Zustand befinden, oder zur Erreichung des guten Umweltzustands von Meeresgewässern oder zur Vermeidung einer Verschlechterung von Meeresgewässern, die sie sich bereits in gutem Umweltzustand befinden, beiträgt durch:

a) Schutz der Umwelt vor den nachteiligen Auswirkungen der Einleitung von städtischem und industriellem Abwasser, unter anderem vor zunehmend besorgniserregenden Kontaminanten wie Arzneimittel und Mikroplastik, indem beispielsweise die sachgerechte Sammlung, Behandlung und Entsorgung kommunaler und industrieller Abwässer sichergestellt wird;

b) Schutz der menschlichen Gesundheit vor den nachteiligen Auswirkungen einer Verunreinigung von Wasser für den menschlichen Verbrauch, indem sichergestellt wird, dass es frei von Mikroorganismen, Parasiten und Stoffen ist, die eine potenzielle Gefährdung der menschlichen Gesundheit darstellen, und indem der Zugang der Bevölkerung zu sauberem Trinkwasser Wasser für den menschlichen Verbrauch für alle, insbesondere für benachteiligte Gruppen und Randgruppen, verbessert oder aufrechterhalten wird;

c) Verbesserung der Wasserbewirtschaftung und der Wassereffizienz, auch durch den Schutz und die Verbesserung des Zustands aquatischer Ökosysteme, durch Förderung der nachhaltigen Nutzung von Wasser mithilfe eines langfristigen Schutzes von verfügbaren Wasserressourcen unter anderem durch Nutzung von Maßnahmen wie der Wiederverwendung von Wasser durch die Sicherstellung der schrittweisen Verringerung von Schadstoffemissionen in Oberflächengewässer und Grundwässer, dabei einen Beitrag zur Verringerung der Auswirkungen von Überschwemmungen und Dürren leistend, oder jede andere Tätigkeit, die den Zustand von Gewässern in qualitativer und quantitativer Hinsicht schützt oder verbessert;

d) Gewährleistung der nachhaltigen Nutzung der Dienstleistungen von marinen Ökosystemen oder Leistung von Beiträgen zum guten Umweltzustand von Meeresgewässern, unter anderem durch Schutz, Erhaltung oder Wiederherstellung der Meeresumwelt und durch Vermeidung oder Verringerung von Einträgen in die Meeresumwelt; oder

e) Ermöglichung jeder der in Buchstaben a bis d dieses Absatzes aufgeführten Tätigkeiten gemäß Artikel 16.

(2) Die Kommission erlässt gemäß Artikel 23 einen delegierten Rechtsakt, um

a) in Ergänzung des Absatzes 1 des vorliegenden Artikels technische Bewertungskriterien festzulegen, anhand deren bestimmt wird, unter welchen Bedingungen davon auszugehen ist, dass eine bestimmte Wirtschaftstätigkeit einen wesentlichen Beitrag zur nachhaltigen Nutzung und zum Schutz von Wasser- und Meeresressourcen leistet; und

b) in Ergänzung des Artikels 17 technische Bewertungskriterien für jedes relevante Umweltziel festzulegen, anhand deren bestimmt wird, ob eine Wirtschaftstätigkeit, für die gemäß Buchstabe a des vorliegenden Absatzes technische Bewertungskriterien festgelegt werden, eines oder mehrere dieser Ziele erheblich beeinträchtigt.

(3) Vor dem Erlass des delegierten Rechtsakts nach Absatz 2 des vorliegenden Artikels konsultiert die Kommission die in Artikel 20 genannte Plattform in Bezug auf die in Absatz 2 dieses Artikels genannten technischen Bewertungskriterien.

(4) Die Kommission legt die in Absatz 2 des vorliegenden Artikels genannten technischen Bewertungskriterien in einem einzigen delegierten Rechtsakt fest und trägt dabei den Anforderungen des Artikels 19 Rechnung.

(5) Die Kommission erlässt den in Absatz 2 genannten delegierten Rechtsakt bis zum 31. Dezember 2021, um seine Anwendung ab dem 1. Januar 2023 zu gewährleisten.

Artikel 13
Wesentlicher Beitrag zum Übergang zur Kreislaufwirtschaft

(1) Eine Wirtschaftstätigkeit leistet einen wesentlichen Beitrag zum Übergang zu einer Kreislaufwirtschaft einschließlich Abfallvermeidung, Wiederverwendung und Recycling, wenn sie:

a) die natürlicher Ressourcen, einschließlich beschaffter biobasierter und anderer Rohstoffe nachhaltiger Herkunft, in der Produktion, effizienter nutzt, unter anderem durch

i) einen reduzierten Einsatz von Primärrohstoffen oder eine Steigerung der Verwendung von Nebenprodukten und Sekundärrohstoffen; oder

ii) Ressourcen- und Energieeffizienzmaßnahmen;

b) die Haltbarkeit, Reparaturfähigkeit, Nachrüstbarkeit oder Wiederverwendbarkeit von Produkten, insbesondere bei den Entwicklungs- und Fertigungstätigkeiten, verbessert;

c) die Recyclingfähigkeit von Produkten, einschließlich der der in diesen Produkten enthaltenen einzelnen Materialien, unter anderem durch die Ersetzung oder eingeschränkte Verwendung von nicht wiederverwendbaren Produkten und Materialien, insbesondere bei den Entwicklungs- und Fertigungstätigkeiten, verbessert;

d) den an gefährlichen Stoffen wesentlich verringert und besonders besorgniserregender Stoffe in Materialien und Produkten während ihres gesamten Lebenszyklus gemäß den im Unionsrecht festgelegten Zielen ersetzt, unter anderem durch Ersetzung dieser Stoffe durch sicherere Alternativen und durch Gewährleistung der Rückverfolgbarkeit;

e) die Nutzung von Produkten, unter anderem durch Wiederverwendung, Design für Langlebigkeit, Umfunktionierung, Demontage, Wiederaufarbeitung, Modernisierung und Reparatur sowie gemeinsame Nutzung von Produkten, verlängert;

f) Sekundärrohstoffe verstärkt nutzt und ihre Qualität steigert, unter anderem durch eine hochwertiges Recycling von Abfällen;

g) die Abfallerzeugung, einschließlich der Erzeugung von Abfall bei der Gewinnung von Mineralien sowie bei Bau und Abriss von Gebäuden, vermieden oder verringert;

h) die Wiederverwendung und das Recycling von Abfällen verstärkt vorbereitet;

i) die Infrastruktur für die Abfallbewirtschaftung, die für die Vermeidung, die Vorbereitung für die Wiederverwendung und das Recycling erforderlich ist, stärker ausbaut, wobei gleichzeitig gewährleistet wird, dass die wiedergewonnenen

Materialien als hochwertige Sekundärrohstoffe für die Produktion unter Vermeidung eines Downcycling recycelt werden;

j) die Abfallverbrennung möglichst verringert und die Abfallbeseitigung, einschließlich der Deponierung, vermeidet, gemäß den Grundsätzen der Abfallhierarchie;

k) Abfall vermeidet oder verringert, oder

l) jede der in den Buchstaben a bis k dieses Absatzes genannten Tätigkeiten gemäß Artikel 16 fördert.

(2) Die Kommission erlässt gemäß Artikel 23 einen delegierten Rechtsakt, um

a) in Ergänzung des Absatzes 1 dieses Artikels technische Bewertungskriterien festzulegen, anhand deren festgestellt wird, unter welchen Bedingungen davon auszugehen ist, dass eine bestimmte Wirtschaftstätigkeit einen wesentlichen Beitrag zum Übergang zu einer kreislauforientierten Wirtschaft leistet; und

b) in Ergänzung des Artikels 17 technische Bewertungskriterien für jedes relevante Umweltziel festzulegen, anhand deren festgestellt wird, ob davon auszugehen ist, dass eine Wirtschaftstätigkeit, für die gemäß Buchstabe a des vorliegenden Absatzes technische Bewertungskriterien festgelegt werden, eines oder mehrere dieser Ziele erheblich beeinträchtigt.

(3) Vor dem Erlass des delegierten Rechtsakts nach Absatz 2 des vorliegenden Artikels konsultiert die Kommission die in Artikel 20 genannte Plattform zu den in Absatz 2 des vorliegenden Artikels genannten technischen Bewertungskriterien

(4) Die Kommission legt die in Absatz 2 des vorliegenden Artikels genannten technischen Bewertungskriterien in einem einzigen delegierten Rechtsakt fest und trägt dabei den Anforderungen des Artikels 19 Rechnung.

(5) Die Kommission erlässt den in Absatz 2 genannten delegierten Rechtsakt bis zum 31. Dezember 2021, um seine Anwendung ab dem 1. Januar 2023 zu gewährleisten.

Artikel 14
Wesentlicher Beitrag zur Vermeidung und Verminderung der Umweltverschmutzung

(1) Eine Wirtschaftstätigkeit leistet einen wesentlichen Beitrag zur Vermeidung und Verminderung der Umweltverschmutzung, wenn sie wesentlich zum Schutz vor Umweltverschmutzung beiträgt durch:

a) Vermeidung oder, sofern nicht durchführbar, Verringerung von Emissionen, mit Ausnahme von Treibhausgasen, in Luft, Wasser oder Boden;

b) Verbesserung der Luft-, Wasser- oder Bodenqualität in den Gebieten, in denen die Wirtschaftstätigkeit stattfindet, bei gleichzeitiger Minimierung aller nachteiligen Auswirkungen auf die menschliche Gesundheit und die Umwelt oder Risiken solcher Auswirkungen;

c) Vermeidung oder Minimierung nachteiliger Auswirkungen auf die menschliche Gesundheit und die Umwelt bei der Herstellung, Verwendung oder Beseitigung von Chemikalien;

d) Beseitigung von Abfällen und sonstigen Schadstoffen; oder

e) Ermöglichung jeder der in Buchstaben a bis d des vorliegenden Absatzes genannten Tätigkeiten gemäß Artikel 16.

(2) Die Kommission erlässt gemäß Artikel 23 einen delegierten Rechtsakt, um

a) zur Ergänzung des Absatzes 1 des vorliegenden Artikels technische Bewertungskriterien festzulegen, anhand deren bestimmt wird, unter welchen Bedingungen davon auszugehen ist, dass eine bestimmte Wirtschaftstätigkeit einen wesentlichen Beitrag zur Vermeidung und Verminderung der Umweltverschmutzung leistet; und

b) zur Ergänzung von Artikel 17 technische Bewertungskriterien für jedes relevante Umweltziel festzulegen, anhand deren bestimmt wird, ob eine Wirtschaftstätigkeit, für die gemäß Buchstabe a des vorliegenden Absatzes technische Bewertungskriterien festgelegt werden, eines oder mehrere dieser Ziele erheblich beeinträchtigt.

(3) Vor dem Erlass des delegierten Rechtsakts nach Absatz 2 des vorliegenden Artikels konsultiert die Kommission die in Artikel 20 genannte Plattform zu den in Absatz 2 dieses Artikels genannten technischen Bewertungskriterien

(4) Die Kommission legt die in Absatz 2 des vorliegenden Artikels genannten technischen Bewertungskriterien in einem einzigen delegierten Rechtsakt fest und trägt dabei den Anforderungen des Artikels 19 Rechnung.

(5) Die Kommission erlässt den in Absatz 2 delegierten Rechtsakt bis zum 31. Dezember 2021, um seine Anwendung ab dem 1. Januar 2023 zu gewährleisten.

Artikel 15
Wesentlicher Beitrag zum Schutz und zur Wiederherstellung der Biodiversität und der Ökosysteme

(1) Eine Wirtschaftstätigkeit leistet einen wesentlichen Beitrag zum Schutz und zur Wiederherstellung der Biodiversität und der Ökosysteme, wenn sie wesentlich zum Schutz, zur Erhaltung oder zur Wiederherstellung der Biodiversität oder zur Erreichung des guten Zustands von Ökosystemen oder zum Schutz von Ökosystemen, die sich bereits in gutem Zustand befinden, beiträgt durch:

a) Erhaltung der Natur und der Biodiversität, einschließlich der Erreichung eines günstigen Erhaltungszustands von natürlichen und naturnahen Lebensräumen und Arten oder der Vermeidung einer Verschlechterung, wenn sie sich bereits in einem günstigen Erhaltungszustand befinden, des Schutzes und der Wiederherstellung von terrestrischen, marinen und anderen aquatischen Ökosystemen, um ihren Zustand und ihre Fähigkeit zur Erbringung von Ökosystemdienstleistungen zu verbessern;

b) nachhaltige Landnutzung und -bewirtschaftung, einschließlich eines angemessenen Schutzes der Biodiversität in Böden, Neutralität gegenüber der Landdegradation Bodendegradierung und Sanierung schadstoffbelasteter Standorte;

c) nachhaltige landwirtschaftliche Verfahren, einschließlich solcher, die dazu beitragen, Biodiversität zu fördern oder Bodendegradierung und die Degradierung anderer Ökosysteme, Entwaldung oder Verlust von Lebensraum aufzuhalten oder zu verhindern;

d) nachhaltige Waldbewirtschaftung, einschließlich Handhabung und Nutzung von Wäldern und Waldflächen, die dazu beitragen, die Biodiversität zu fördern oder die Degradation von Ökosystemen, Entwaldung und Verlust von Lebensraum aufzuhalten oder zu verhindern; oder

e) Ermöglichung jeder der unter Buchstaben a bis d dieses Absatzes genannten Tätigkeiten gemäß Artikel 16.

(2) Die Kommission erlässt gemäß Artikel 23 einen delegierten Rechtsakt, um

a) in Ergänzung des Absatzes 1 des vorliegenden Artikels technische Bewertungskriterien festzulegen, anhand deren bestimmt wird, unter welchen Bedingungen davon auszugehen ist, dass eine bestimmte Wirtschaftstätigkeit einen wesentlichen Beitrag zum Schutz und zur Wiederherstellung der Biodiversität und der Ökosysteme leistet; und

b) in Ergänzung von Artikel 17 technische Bewertungskriterien für jedes relevante Umweltziel festzulegen, anhand deren bestimmt wird, ob eine Wirtschaftstätigkeit, für die gemäß Buchstabe a des vorliegenden Absatzes technische Bewertungskriterien festgelegt werden, eines oder mehrere dieser Ziele erheblich beeinträchtigt.

(3) Vor dem Erlass des delegierten Rechtsakts nach Absatz 2 des vorliegenden Artikels konsultiert die Kommission die in Artikel 20 genannte Plattform zu den in Artikel 20 genannten technischen Bewertungskriterien.

(4) Die Kommission legt die in Absatz 2 des vorliegenden Artikels genannten technischen Bewertungskriterien in einem einzigen delegierten Rechtsakt fest und trägt dabei den Anforderungen des Artikels 19 Rechnung.

(5) Die Kommission erlässt den in Absatz 2 genannten delegierten Rechtsakt bis zum 31. Dezember 2021, um seine Anwendung ab dem 1. Januar 2023 zu gewährleisten.

Artikel 16
Ermöglichende Tätigkeiten

Eine Wirtschaftstätigkeit leistet einen wesentlichen Beitrag zu einem oder mehreren der in Artikel 9 genannten Umweltziele, indem sie es unmittelbar anderen Tätigkeiten ermöglicht, einen wesentlichen Beitrag zu einem oder mehreren dieser Ziele leisten, und wenn diese Wirtschaftstätigkeit

a) in Anbetracht der wirtschaftlichen Lebensdauer von Vermögenswerten, die den langfristigen Umweltzielen abträglich sind, nicht zu Lock-in-Effekten bei diesen Vermögenswerten führt; und

b) auf der Grundlage von Lebenszyklusüberlegungen wesentliche positive Auswirkungen auf die Umwelt hat.

Artikel 17
Erhebliche Beeinträchtigung der Umweltziele

(1) Für die Zwecke des Artikels 3 Buchstabe b gilt eine Wirtschaftstätigkeit — unter Berücksichtigung des Lebenszyklus der durch eine Wirtschaftstätigkeit bereitgestellten Produkte und Dienstleistungen, darunter auch von Erkenntnissen aus vorhandenen Lebenszyklusanalysen, — als erheblich beeinträchtigend für

a) den Klimaschutz, wenn diese Tätigkeit zu erheblichen Treibhausgasemissionen führt;

b) die Anpassung an den Klimawandel, wenn diese Tätigkeit die nachteiligen Auswirkungen des derzeitigen und des erwarteten zukünftigen Klimas auf die Tätigkeit selbst oder auf Menschen, die Natur oder Vermögenswerte verstärkt;

c) die nachhaltige Nutzung und den Schutz der Wasser- und Meeresressourcen, wenn diese Tätigkeit

i) den guten Zustand oder das gute ökologische Potenzial von Gewässern, einschließlich Oberflächengewässern und Grundwässern; oder

ii) den guten Umweltzustand von Meeresgewässern schädigt;

d) die Kreislaufwirtschaft, einschließlich Abfallvermeidung und Recycling, wenn

i) diese Tätigkeit zu einer erheblichen Ineffizienz bei der Materialnutzung oder der unmittelbaren oder mittelbaren Nutzung natürlicher Ressourcen wie nicht erneuerbaren Energiequellen, Rohstoffen, Wasser und Boden in einer oder mehreren Phasen des Lebenszyklus von Produkten führt, unter anderem bei Haltbarkeit, Reparaturfähigkeit, Nachrüstbarkeit, Wiederverwendbarkeit oder Recyclingfähigkeit der Produkte;

ii) diese Tätigkeit zu einer deutlichen Zunahme bei der Erzeugung, Verbrennung oder Beseitigung von Abfällen — mit Ausnahme der Verbrennung von nicht recycelbaren gefährlichen Abfällen — führt, oder

iii) die langfristige Abfallbeseitigung eine erhebliche und langfristige Beeinträchtigung der Umwelt verursachen kann;

e) die Vermeidung und Verminderung der Umweltverschmutzung, wenn diese Tätigkeit — im Vergleich zur Lage vor Beginn der Tätigkeit — zu einem erheblichen Anstieg der Schadstoffemissionen in Luft, Wasser oder Boden führt; oder

f) den Schutz und die Wiederherstellung der Biodiversität und der Ökosysteme, wenn diese Tätigkeit

i) den guten Zustand und die Widerstandsfähigkeit von Ökosystemen erheblich schädigt, oder

ii) den Erhaltungszustand der Lebensräume und Arten, einschließlich derjenigen von Unionsinteresse, schädigt.

(2) Bei der Bewertung einer Wirtschaftstätigkeit anhand der Kriterien des Absatzes 1 ist sowohl den Umweltauswirkungen der Tätigkeit selbst als auch den Umweltauswirkungen der durch diese Tätigkeit bereitgestellten Produkte und Dienstleistungen während ihres gesamten Lebenszyklus zu berücksichtigen, insbesondere durch Beachtung der Herstellung, der Verwendung und des Endes der Lebensdauer dieser Produkte und Dienstleistungen.

Artikel 18
Mindestschutz

(1) Bei dem in Artikel 3 Buchstabe c genannten Mindestschutz handelt es sich um Verfahren, die von einem eine Wirtschaftstätigkeit ausübenden Unternehmen durchgeführt werden, um sicherzustellen, dass die OECD-Leitsätze für multinationale Unternehmen und die Leitprinzipien der Vereinten Nationen für Wirtschaft und Menschenrechte, einschließlich der Grundprinzipien und Rechte aus den acht Kernübereinkommen, die in der Erklärung der Internationalen Arbeitsorganisation über grundlegende Prinzipien und Rechte bei der Arbeit festgelegt sind, und aus der Internationalen Charta der Menschenrechte, befolgt werden.

(2) Bei der Umsetzung der Verfahren gemäß Absatz 1 des vorliegenden Artikels halten sich die Unternehmen an den Grundsatz „Vermeidung erheblicher Beeinträchtigungen" nach Artikel 2 Nummer 17 der Verordnung (EU) 2019/2088.

Artikel 19
Anforderungen an technische Bewertungskriterien

(1) Die gemäß Artikel 10 Absatz 3, Artikel 11 Absatz 3, Artikel 12 Absatz 2, Artikel 13 Absatz 2, Artikel 14 Absatz 2 und Artikel 15 Absatz 2 festgelegten technischen Bewertungskriterien müssen

a) die wichtigsten potenziellen Beiträge zu dem jeweiligen Umweltziel unter Wahrung des Grundsatzes der Technologieneutralität nennen und dabei sowohl die kurzfristigen als auch die langfristigen Auswirkungen einer bestimmten Wirtschaftstätigkeit berücksichtigen;

b) die Mindestanforderungen angeben, die erfüllt sein müssen, um eine erhebliche Beeinträchtigung auch nur eines einschlägigen Umweltziele zu vermeiden, und dabei sowohl die kurzfristigen als auch die langfristigen Auswirkungen einer bestimmten Wirtschaftstätigkeit berücksichtigen;

c) quantitativer Art sein und Schwellenwerte enthalten, soweit das möglich ist, und andernfalls qualitativer Art sein;

d) gegebenenfalls auf Kennzeichnungs- und Zertifizierungssystemen der Union, auf Unionsmethoden für die Bewertung des ökologischen Fußabdrucks und auf statistischen Klassifizierungssystemen der Union aufbauen und dabei einschlägige bestehende Unionsvorschriften berücksichtigen;

e) Nachhaltigkeitsindikatoren nach Artikel 4 Absatz 6 der Verordnung (EU) 2019/2088, verwenden, soweit das durchführbar ist;

f) sich auf schlüssige wissenschaftliche Erkenntnisse und auf das in Artikel 191 AEUV verankerte Vorsorgeprinzip stützen;

g) dem Lebenszyklus sowie den Erkenntnissen aus vorhandenen Lebenszyklusanalysen Rechnung tragen, indem sowohl die Umweltauswirkung der Wirtschaftstätigkeit selbst als auch die Umwelteinwirkungen der durch sie bereitgestellten Produkte und Dienstleistungen berücksichtigt werden, insbesondere durch Beachtung der Herstellung, der Verwendung und des Endes der Lebensdauer dieser Produkte und Dienstleistungen;

h) Art und Umfang der Wirtschaftstätigkeit berücksichtigen, darunter auch die Frage,

i) ob es sich um eine ermöglichende Tätigkeit t nach Artikel 16 handelt;

ii) ob es sich um eine Übergangstätigkeit nach Artikel 10 Absatz 2 handelt;

i) die potenziellen Auswirkungen des Übergangs zu einer nachhaltigeren Wirtschaft auf den Markt berücksichtigen, einschließlich des Risikos, dass bestimmte Vermögenswerte infolge des Übergangs wertlos werden, sowie des Risikos, widersprüchliche Anreize für nachhaltige Investitionen zu schaffen;

j) alle relevanten Wirtschaftstätigkeiten innerhalb eines bestimmten Sektors abdecken und sicherstellen, dass diese Tätigkeiten gleich behandelt werden, wenn sie in gleichem Maße zur Erreichung der Umweltziele des Artikels 9 der vorliegenden Verordnung beitragen, um eine Wettbewerbsverzerrung auf dem Markt zu vermeiden; und

k) einfach anzuwenden sein und so festgelegt werden, dass die Überprüfung ihrer Einhaltung erleichtert wird.

Ferner ist in den technischen Bewertungskriterien klar und deutlich anzugeben, ob die Wirtschaftstätigkeit einer der unter Buchstabe h genannten Kategorien angehört.

(2) Die in Absatz 1 genannten technischen Bewertungskriterien umfassen auch Kriterien für Tätigkeiten im Zusammenhang mit dem Übergang zu sauberer Energie, der mit dem Weg hin zur Begrenzung des Temperaturanstiegs auf 1,5 °C gegenüber dem vorindustriellen Niveau vereinbar ist, insbesondere mit Energieeffizienz und erneuerbaren Energien, soweit diese Tätigkeiten wesentlich zur Erreichung mindestens eines der Umweltziele beitragen.

(3) Die in Absatz 1 genannten technischen Bewertungskriterien müssen sicherstellen, dass Stromerzeugungstätigkeiten, bei denen feste fossile Brennstoffe verwendet werden, nicht als ökologisch nachhaltige Wirtschaftstätigkeiten gelten.

(4) Die in Absatz 1 genannten technischen Bewertungskriterien umfassen auch Kriterien für Tätigkeiten im Zusammenhang mit dem Übergang zu sauberer oder klimaneutraler Mobilität, auch durch Verkehrsverlagerung, Effizienzmaßnahmen und alternative Kraftstoffe, soweit diese wesentlich zur Erreichung mindestens eines der Umweltziele beitragen.

(5) Die Kommission überprüft die in Absatz 1 genannten technischen Bewertungskriterien regelmäßig und passt die gemäß dieser Verordnung erlassenen delegierten Rechtsakte gegebenenfalls an wissenschaftliche und technische Entwicklungen an.

In diesem Zusammenhang bewertet die Kommission vor der Änderung oder Ersetzung eines delegierten Rechtsakts die Umsetzung dieser Kriterien unter Berücksichtigung des Ergebnisses ihrer Anwendung durch Finanzmarktteilnehmer und ihre Auswirkungen auf die Kapitalmärkte, einschließlich der Lenkung von Investitionen hin zu ökologisch nachhaltigen Wirtschaftstätigkeiten.

Um sicherzustellen, dass die in Artikel 10 Absatz 2 genannten Wirtschaftstätigkeiten beim Übergang zu einer klimaneutralen Wirtschaft auf einem damit vereinbaren glaubwürdigen Weg bleiben, überprüft die Kommission die technischen Bewertungskriterien für diese Tätigkeiten mindestens alle drei Jahre und ändert gegebenenfalls den in Artikel 10 Absatz 3 genannten delegierten Rechtsakt entsprechend den wissenschaftlichen und technologischen Entwicklungen.

Artikel 20
Plattform für ein nachhaltiges Finanzwesen

(1) Die Kommission richtet eine Plattform für ein nachhaltiges Finanzwesen (im Folgenden „Plattform“) ein. Diese setzt sich in ausgewogener Weise aus folgenden Gruppen zusammen:

a) Vertreter:

i) der Europäischen Umweltagentur,

ii) der ESAs,

iii) der Europäischen Investitionsbank und des Europäischen Investitionsfonds,

iv) der Agentur der Europäischen Union für Grundrechte;

b) Sachverständigen, die einschlägige private Interessenträger vertreten, unter anderem Finanz- und Nichtfinanzmarktteilnehmer und Unternehmen, die einschlägige Wirtschaftszweige repräsentieren, und Personen mit Expertenwissen im Bereich Rechnungslegung und Berichterstattung;

c) Sachverständigen, die die Zivilgesellschaft repräsentieren, auch Personen mit Expertenwissen im Bereich Umwelt, Soziales, Arbeitswelt und Unternehmensführung;

d) ad personam ernannten Sachverständigen, die nachweislich über Kenntnisse und Erfahrungen in den von dieser Verordnung erfassten Bereichen verfügen;

e) Sachverständigen, die die akademische Welt einschließlich Universitäten, Forschungsinstituten und anderen wissenschaftlichen Einrichtungen repräsentieren, auch Personen mit umfassendem Fachwissen.

(2) Die Plattform

a) berät die Kommission zu den in Artikel 19 genannten technischen Bewertungskriterien sowie zu einer gegebenenfalls erforderlichen Aktualisierung dieser Kriterien;

b) analysiert die Auswirkungen der technischen Bewertungskriterien in Form von potenziellen Kosten und Nutzen ihrer Anwendung;

c) unterstützt die Kommission bei der Prüfung von Anfragen von Interessenträgern in Bezug auf die Ausarbeitung oder Änderung technischer Bewertungskriterien für eine bestimmte Wirtschaftstätigkeit;

d) berät die Kommission — soweit angemessen — zur möglichen Rolle von Standards für die Nachhaltigkeitsrechnungslegung und -berichterstattung bei der Förderung der Anwendung der technischen Bewertungskriterien;

e) beobachtet bei Kapitalflüssen in nachhaltige Investitionen auf Ebene der Union und der Mitgliedstaaten und erstattet der Kommission regelmäßig darüber Bericht;

f) berät die Kommission zu der möglicherweise erforderlichen Entwicklung weiterer Maßnahmen zur Verbesserung der Datenverfügbarkeit und -qualität;

g) berät die Kommission zur Nutzbarkeit der technischen Bewertungskriterien unter Berücksichtigung der Notwendigkeit, unnötigen Verwaltungsaufwand zu vermeiden;

h) berät die Kommission zu einer gegebenenfalls erforderlichen Änderung dieser Verordnung;

i) berät die Kommission zu der Bewertung und Entwicklung von politischen Maßnahmen, die auf ein nachhaltiges Finanzwesen ausgerichtet sind, darunter auch zu Fragen der Politikkohärenz;

j) berät die Kommission zu dem Eingehen auf andere Nachhaltigkeitsziele, einschließlich sozialer Ziele;

k) berät die Kommission zur Anwendung des Artikels 18 und einer möglicherweise erforderlichen Ergänzung der Anforderungen des genannten Artikels.

(3) Die Plattform berücksichtigt die Ansichten eines breiten Spektrums von Interessenträgern.

(4) Den Vorsitz der Plattform führt die Kommission, und die Plattform wird entsprechend den horizontalen Regeln der Kommission über die Einsetzung und die Arbeitsweise von Sachverständigengruppen konstituiert. In diesem Zusammenhang kann die Kommission ad hoc Sachverständige mit besonderem Fachwissen einladen.

(5) Die Plattform nimmt ihre Aufgaben gemäß dem Grundsatz der Transparenz wahr. Die Kommission veröffentlicht die Protokolle der Sitzungen der Plattform sowie andere einschlägige Dokumente auf der Internetseite der Kommission.

(6) Falls Finanzmarktteilnehmer der Ansicht sind, dass eine Wirtschaftstätigkeit, die nicht den gemäß dieser Verordnung festgelegten technischen Bewertungskriterien entspricht, oder für die noch keine solchen technischen Bewertungskriterien festgelegt worden sind, als ökologisch nachhaltig gelten sollte, können sie die Plattform davon in Kenntnis setzen.

Artikel 21
Zuständige Behörden

(1) Die Mitgliedstaaten tragen dafür Sorge, dass die in Artikel 14 Absatz 1 der Verordnung (EU) 2019/2088 genannten zuständigen Behörden die Einhaltung der Anforderungen der Artikel 5, 6 und 7 der vorliegenden Verordnung durch die Finanzmarktteilnehmer überwachen. Die Mitgliedstaaten stellen sicher, dass ihre zuständigen Behörden sämtliche Aufsichts- und Ermittlungsbefugnisse erhalten, die notwendig sind, um ihre Aufgaben gemäß der vorliegenden Verordnung zu erfüllen.

(2) Für die Zwecke dieser Verordnung arbeiten die zuständigen Behörden zusammen und übermitteln einander unverzüglich die Informationen, die für die Wahrnehmung ihrer Aufgaben gemäß dieser Verordnung von Bedeutung sind.

Artikel 22
Maßnahmen und Sanktionen

Die Mitgliedstaaten legen die Vorschriften für Maßnahmen und Sanktionen bei Verstößen gegen die Artikel 5, 6 und 7 fest. Die vorgesehenen Maßnahmen und Sanktionen müssen wirksam, verhältnismäßig und abschreckend sein.

Artikel 23
Ausübung der Befugnisübertragung

(1) Die Befugnis zum Erlass delegierter Rechtsakte wird der Kommission unter den in diesem Artikel festgelegten Bedingungen übertragen.

(2) Die Befugnis zum Erlass delegierter Rechtsakte gemäß Artikel 8 Absatz 4, Artikel 10 Absatz 3, Artikel 11 Absatz 3, Artikel 12 Absatz 2, Artikel 13 Absatz 2, Artikel 14 Absatz 2 und Artikel 15 Absatz 2 wird der Kommission auf unbestimmte Zeit ab dem 12. Juli 2020 übertragen.

(3) Die Befugnisübertragung gemäß Artikel 8 Absatz 4, Artikel 10 Absatz 3, Artikel 11 Absatz 3, Artikel 12 Absatz 2, Artikel 13 Absatz 2, Artikel 14 Absatz 2 und Artikel 15 Absatz 2 kann vom Europäischen Parlament oder vom Rat jederzeit widerrufen werden. Der Beschluss über den Widerruf beendet die Übertragung der in diesem Beschluss angegebenen Befugnis. Er wird am Tag nach seiner Veröffentlichung im *Amtsblatt der Europäischen Union* oder zu einem im Beschluss über den Widerruf angegebenen späteren Zeitpunkt wirksam. Die Gültigkeit von delegierten Rechtsakten, die bereits in Kraft sind, wird von dem Beschluss über den Widerruf nicht berührt.

(4) Die Kommission holt vor der Annahme und während der Ausarbeitung delegierter Rechtsakte das gesamte erforderliche Fachwissen ein, unter anderem durch Konsultation der Sachverständigen der in Artikel 24 genannten Sachverständigengruppe der Mitgliedstaaten für nachhaltiges Finanzwesen. Vor dem Erlass eines delegierten Rechtsakts handelt die Kommission gemäß den in der Interinstitutionellen Vereinbarung vom 13. April 2016 über bessere Rechtsetzung enthaltenen Grundsätzen und Verfahren.

(5) Sobald die Kommission einen delegierten Rechtsakt erlässt, übermittelt sie ihn gleichzeitig dem Europäischen Parlament und dem Rat.

(6) Ein delegierter Rechtsakt, der gemäß Artikel 8 Absatz 4, Artikel 10 Absatz 3, Artikel 11 Absatz 3, Artikel 12 Absatz 2, Artikel 13 Absatz 2, Artikel 14 Absatz 2 und Artikel 15 Absatz 2 erlassen wurde, tritt nur in Kraft, wenn weder das Europäische Parlament noch der Rat innerhalb einer Frist von vier Monaten nach Übermittlung dieses Rechtsakts an das Europäische Parlament und den Rat Einwände erhoben haben oder wenn vor Ablauf dieser Frist sowohl das Europäische Parlament als auch der Rat der Kommission mitgeteilt haben, dass sie keine Einwände erheben werden. Auf Initiative des Europäischen Parla-

ments oder des Rates wird diese Frist um zwei Monate verlängert.

Artikel 24
Sachverständigengruppe der Mitgliedstaaten für nachhaltiges Finanzwesen

(1) Eine Sachverständigengruppe der Mitgliedstaaten für nachhaltiges Finanzwesen (im Folgenden „Sachverständigengruppe der Mitgliedstaaten“) berät die Kommission über die Angemessenheit der technischen Bewertungskriterien und des Ansatzes, den die Plattform zur Ausarbeitung der Kriterien gemäß Artikel 19 verfolgt.

(2) Die Kommission unterrichtet die Mitgliedstaaten im Wege von Sitzungen der Sachverständigengruppe der Mitgliedstaaten, um einen raschen Gedankenaustausch zwischen den Mitgliedstaaten und der Kommission zu erleichtern, insbesondere was die wichtigsten Ergebnisse der Plattform anbelangt, wie z. B. neue technische Bewertungskriterien oder wesentliche Aktualisierungen derselben oder Entwürfe von Berichten.

KAPITEL III
SCHLUSSBESTIMMUNGEN

Artikel 25
Änderung der Verordnung (EU) 2019/2088

Die Verordnung (EU) 2019/2088 wird wie folgt geändert:

1. Folgender Artikel wird eingefügt:

„Artikel 2a

Grundsatz der Vermeidung erheblicher Beeinträchtigungen

(1) Die durch die Verordnungen (EU) Nr. 1093/2010, (EU) Nr. 1094/2010 und (EU) Nr. 1095/2010 des Europäischen Parlaments und des Rates eingerichteten Europäischen Aufsichtsbehörden arbeiten mithilfe des Gemeinsamen Ausschusses Entwürfe technischer Regulierungsstandards aus, um die Einzelheiten zu Inhalt und Darstellung der Informationen in Zusammenhang mit dem Grundsatz der Vermeidung erheblicher Beeinträchtigungen gemäß Artikel 2 Nummer 17 der vorliegenden Verordnung näher festzulegen, die Inhalt, Methoden und Darstellung von Nachhaltigkeits-Indikatoren für nachteilige Auswirkungen nach Artikel 4 Absätze 6 und 7 der vorliegenden Verordnung entsprechen.

(2) Die Europäischen Aufsichtsbehörden übermitteln der Kommission die in Absatz 1 genannten Entwürfe technischer Regulierungsstandards bis zum 30. Dezember 2020.

(3) Der Kommission wird die Befugnis übertragen, diese Verordnung durch Annahme der in Absatz 1 des vorliegenden Artikels genannten technischen Regulierungsstandards gemäß den Artikeln 10 bis 14 der Verordnungen (EU) Nr. 1093/2010, (EU) Nr. 1094/2010 und (EU) Nr. 1095/2010 zu ergänzen.“

2. Artikel 8 wird wie folgt geändert:

a) Folgender Absatz wird eingefügt:

„(2a) Stellen Finanzmarktteilnehmer ein Finanzprodukt nach Artikel 6 der Verordnung (EU) 2020/852 des Europäischen Parlaments und des Rates ([*1]) bereit, so nehmen sie die nach Artikel 6 der Verordnung (EU) 2020/852 vorgeschriebenen Informationen in die gemäß Artikel 6 Absätze 1 und 3 der vorliegenden Verordnung offenzulegenden Informationen auf.“

b) Absatz 3 Unterabsatz 1 erhält folgende Fassung:

„3. Die Europäischen Aufsichtsbehörden arbeiten über den Gemeinsamen Ausschuss Entwürfe technischer Regulierungsstandards aus, um die Einzelheiten zu Inhalt und Darstellung der nach den Absätzen 1 und 2 des vorliegenden Artikels offenzulegenden Informationen näher festzulegen.

c) Folgender Absatz wird angefügt:

„(4) Die Europäischen Aufsichtsbehörden arbeiten über den Gemeinsamen Ausschuss Entwürfe technischer Regulierungsstandards aus, um die Einzelheiten zu Inhalt und Darstellung der in Absatz 2a des vorliegenden Artikels genannten Informationen näher festzulegen.

Bei der Ausarbeitung der in Unterabsatz 1 des vorliegenden Absatzes genannten Entwürfe technischer Regulierungsstandards berücksichtigen die Europäischen Aufsichtsbehörden die verschiedenen Arten von Finanzprodukten, ihre Merkmale und die Unterschiede zwischen ihnen sowie das Ziel, dass Offenlegungen zutreffend, redlich, klar, nicht irreführend, einfach und knapp sein müssen, und erstellen, soweit zur Erreichung dieses Ziels erforderlich, Änderungsentwürfe der in Absatz 3 des vorliegenden Artikels genannten technischen Regulierungsstandards. Die Entwürfe technischer Regulierungsstandards tragen den in Artikel 27 Absatz 2 Buchstaben a und b der Verordnung (EU) 2020/852 genannten Zeitpunkten des Geltungsbeginns für die Umweltziele des Artikels 9 der genannten Verordnung Rechnung.

Die Europäischen Aufsichtsbehörden legen der Kommission die in Unterabsatz 1 genannten Entwürfe technischer Regulierungsstandards:

a) für die in Artikel 9 Buchstaben a und b der Verordnung (EU) 2020/852 genannten Umweltziele bis zum 1. Juni 2021, und

b) für die in Artikel 9 Buchstaben c bis f der Verordnung (EU) 2020/852 genannten Umweltziele bis zum 1. Juni 2022 vor.

Der Kommission wird die Befugnis übertragen, diese Verordnung durch Annahme der in Unterabsatz 1 des vorliegenden Absatzes genannten technischen Regulierungsstandards gemäß den Artikeln 10 bis 14 der Verordnungen (EU) Nr. 1093/2010, (EU) Nr. 1094/2010 und (EU) Nr. 1095/2010 zu ergänzen.“

3. Artikel 9 wird wie folgt geändert:

a) Folgender Absatz wird eingefügt:

„(4a) Finanzmarktteilnehmer nehmen die nach Artikel 5 der Verordnung (EU) 2020/852 erforderlichen Informationen in die gemäß Artikel 6 Absätze 1 und 3 der vorliegenden Verordnung offenzulegenden Informationen auf."

b) Absatz 5 Unterabsatz 1 erhält folgende Fassung:

„5. Die Europäischen Aufsichtsbehörden arbeiten über den Gemeinsamen Ausschuss Entwürfe technischer Regulierungsstandards aus, um die Einzelheiten zu Inhalt und Darstellung der nach den Absätzen 1 bis 4 des vorliegenden Artikels offenzulegenden Informationen näher festzulegen."

c) Folgender Absatz wird angefügt:

„(6) Die Europäischen Aufsichtsbehörden arbeiten über den Gemeinsamen Ausschuss Entwürfe technischer Regulierungsstandards aus, um die Einzelheiten zu Inhalt und Darstellung der Informationen nach Absatz 4a des vorliegenden Artikels näher festzulegen.

Bei der Ausarbeitung der in Unterabsatz 1 des vorliegenden Absatzes genannten Entwürfe technischer Regulierungsstandards berücksichtigen die Europäischen Aufsichtsbehörden die verschiedenen Arten von Finanzprodukten, ihre/deren? Ziele gemäß Absatz 4a und die Unterschiede zwischen ihnen, sowie das Ziel, dass Offenlegungen zutreffend, redlich, klar, nicht irreführend, einfach und knapp sein müssen, und erstellen, soweit zur Erreichung dieses Ziels erforderlich, die in Absatz 5 genannten Änderungsentwürfe der technischen Regulierungsstandards. Die Entwürfe technischer Regulierungsstandards tragen den in Artikel 27 Absatz 2 Buchstaben a und b der Verordnung (EU) 2020/852 genannten Zeitpunkten des Geltungsbeginns für die Umweltziele des Artikels 9 der genannten Verordnung Rechnung.

Die Europäischen Aufsichtsbehörden legen der Kommission die in Unterabsatz 1 genannten Entwürfe technischer Regulierungsstandards

a) für die in Artikel 9 Buchstaben a und b der Verordnung (EU) 2020/852 genannten Umweltziele bis zum 1. Juni 2021 und

b) für die in Artikel 9 Buchstaben c bis f der Verordnung (EU) 2020/852 genannten Umweltziele bis zum 1. Juni 2022 vor.

Der Kommission wird die Befugnis übertragen, diese Verordnung durch Annahme der in Unterabsatz 1 des vorliegenden Absatzes genannten technischen Regulierungsstandards gemäß den Artikeln 10 bis 14 der Verordnungen (EU) Nr. 1093/2010, (EU) Nr. 1094/2010 und (EU) Nr. 1095/2010 zu ergänzen."

4. Artikel 11 wird wie folgt geändert:

a) In Absatz 1 werden folgende Buchstaben angefügt:

„c) für ein Finanzprodukt, für das Artikel 5 der Verordnung (EU) 2020/852 gilt, die Informationen gemäß jenem Artikel;

d) für ein Finanzprodukt, für das Artikel 6 der Verordnung (EU) 2020/852 gilt, die Informationen gemäß jenem Artikel."

b) Absatz 4 Unterabsatz 1 erhält folgende Fassung:

„4. Die Europäischen Aufsichtsbehörden arbeiten über den Gemeinsamen Ausschuss Entwürfe technischer Regulierungsstandards aus, in denen die Einzelheiten zu Inhalt und Darstellung der Informationen nach Absatz 1 Buchstaben a und b näher festgelegt werden."

c) Folgender Absatz wird angefügt:

„(5) Die Europäischen Aufsichtsbehörden arbeiten über den Gemeinsamen Ausschuss Entwürfe technischer Regulierungsstandards aus, um die Einzelheiten zu Inhalt und Darstellung der Informationen nach Absatz 1 Buchstaben c und d näher festzulegen.

Bei der Ausarbeitung der in Unterabsatz 1 des vorliegenden Absatzes genannten Entwürfe technischer Regulierungsstandards berücksichtigen die Europäischen Aufsichtsbehörden die verschiedenen Arten von Finanzprodukten, ihre Merkmale und Ziele und die Unterschiede zwischen ihnen und erstellen erforderlichenfalls Änderungsentwürfe der in Absatz 4 des vorliegenden Artikels genannten technischen Regulierungsstandards. Die Entwürfe technischer Regulierungsstandards tragen den in Artikel 27 Absatz 2 Buchstaben a und b der Verordnung (EU) 2020/852 festgelegten Zeitpunkten des Geltungsbeginns für die Umweltziele des Artikels 9 der genannten Verordnung Rechnung. Die Europäischen Aufsichtsbehörden aktualisieren die technischen Regulierungsstandards unter Berücksichtigung rechtlicher und technischer Entwicklungen.

Die Europäischen Aufsichtsbehörden legen der Kommission die in Unterabsatz 1 genannten Entwürfe technischer Regulierungsstandards

a) für die in Artikel 9 Buchstaben a und b der Verordnung (EU) 2020/852 genannten Umweltziele bis zum 1. Juni 2021 und

b) für die in Artikel 9 Buchstaben c bis f der Verordnung (EU) 2020/852 genannten Umweltziele bis zum 1. Juni 2022 vor.

Der Kommission wird die Befugnis übertragen, diese Verordnung durch Annahme der in Unterabsatz 1 des vorliegenden Absatzes genannten technischen Regulierungsstandards gemäß den Artikeln 10 bis 14 der Verordnungen (EU) Nr. 1093/2010, (EU) Nr. 1094/2010 und (EU) Nr. 1095/2010 zu ergänzen."

5. Artikel 20 Absatz 3 erhält folgende Fassung:

„(3) Abweichend von Absatz 2 des vorliegenden Artikels gelten:

a) Artikel 4 Absätze 6 und 7, Artikel 8 Absatz 3, Artikel 9 Absatz 5, Artikel 10 Absatz 2, Artikel 11 Absatz 4, Artikel 13 Absatz 2 ab dem 29. Dezember 2019;

b) Artikel 2a Artikel 8 Absatz 4, Artikel 9 Absatz 6, Artikel 11 Absatz 5 ab dem 12. Juli 2020;

c) Artikel 8 Absatz 2a und Artikel 9 Absatz 4a

i) für die in Artikel 9 Buchstabe a und b der Verordnung (EU) 2020/852 genannten Umweltziele ab dem 1. Januar 2022;

ii) für die in Artikel 9 Buchstaben c bis f der Verordnung (EU) 2020/852 genannten Umweltziele ab dem 1. Januar 2023.

d) Artikel 11 Absätze 1, 2 und 3 gelten ab dem 1. Januar 2022."

Artikel 26
Überprüfung

(1) Die Kommission veröffentlicht spätestens am 13. Juli 2022 und danach alle drei Jahre einen Bericht über die Anwendung dieser Verordnung. In diesem Bericht wird Folgendes bewertet:

a) die Fortschritte bei der Durchführung dieser Verordnung bei der Entwicklung technischer Bewertungskriterien für ökologisch nachhaltige Wirtschaftstätigkeiten;

b) die gegebenenfalls notwendige Überarbeitung und Ergänzung der in Artikel 3 festgelegten Kriterien für die Einstufung einer Wirtschaftstätigkeit als ökologisch nachhaltig;

c) die Verwendung der Begriffsbestimmung für ökologisch nachhaltige Investitionen im Unionsrecht und auf Ebene der Mitgliedstaaten, einschließlich der Bestimmungen, die für die Einführung von Mechanismen zur Überprüfung der Einhaltung der in der vorliegenden Verordnung festgelegten Kriterien erforderlich sind;

d) die Wirksamkeit der Anwendung der technischen Bewertungskriterien gemäß dieser Verordnung auf die Lenkung privater Investitionen hin zu ökologisch nachhaltigen Wirtschaftstätigkeiten, insbesondere der Kapitalflüsse — einschließlich Eigenkapital — in private Unternehmen und andere Rechtsträger, sowohl durch Finanzprodukte, die unter diese Verordnung fallen als auch durch andere Finanzprodukte;

e) der Zugang von Finanzmarktteilnehmern im Sinne dieser Verordnung und von Anlegern zu zuverlässigen, raschen und überprüfbaren Informationen und Daten über private Unternehmen und andere Rechtsträger, einschließlich Unternehmen, in die investiert wird, innerhalb und außerhalb des Anwendungsbereichs dieser Verordnung, und in beiden Fällen hinsichtlich Eigen- und Fremdkapital, wobei der damit verbundene Verwaltungsaufwand zu berücksichtigen ist, sowie die Verfahren zur Überprüfung der Daten, die zur Bestimmung des Grades der Angleichung an die technischen Bewertungskriterien und zur Gewährleistung von deren Einhaltung erforderlich sind;

f) die Anwendung der Artikel 21 und 22.

(2) Die Kommission veröffentlicht spätestens am 31. Dezember 2021 einen Bericht, in dem die Bestimmungen, die für die Ausweitung des Anwendungsbereichs dieser Verordnung über ökologisch nachhaltige Wirtschaftstätigkeiten hinaus notwendig wären, und die erforderlichen Bestimmungen erläutert werden, um Folgendes abzudecken:

a) ökologisch Wirtschaftstätigkeiten, die keine erheblichen Auswirkungen auf die ökologische Nachhaltigkeit haben, sowie Wirtschaftstätigkeiten, die die ökologische Nachhaltigkeit erheblich beeinträchtigen, sowie die Überprüfung der Angemessenheit besonderer Offenlegungspflichten im Zusammenhang mit Übergangstätigkeiten und ermöglichenden Tätigkeiten; und

b) andere Nachhaltigkeitsziele wie soziale Ziele.

(3) Die Kommission bewertet spätestens am 13. Juli 2022 die Wirksamkeit der Beratungsverfahren für die Ausarbeitung der technischen Bewertungskriterien dieser Verordnung.

Artikel 27
Inkrafttreten und Anwendung

(1) Diese Verordnung tritt am zwanzigsten Tag nach ihrer Veröffentlichung im *Amtsblatt der Europäischen Union* in Kraft.

(2) Die Artikel 4, 5, 6 und 7 sowie Artikel 8 Absätze 1, 2 und 3 finden Anwendung:

a) ab dem 1. Januar 2022 auf die Umweltziele nach Artikel 9 Buchstaben a und b;

b) ab dem 1. Januar 2023 auf die Umweltziele nach Artikel 9 Buchstaben c bis f.

(3) Artikel 4 gilt nicht für Steueranreize auf Grundlage von Zertifikaten, die vor Inkrafttreten dieser Verordnung bestehen und mit denen Anforderungen an Finanzprodukte festgelegt werden, die zur Finanzierung nachhaltiger Projekte dienen sollen.

Diese Verordnung ist in allen ihren Teilen verbindlich und gilt unmittelbar in jedem Mitgliedstaat.

---

(1) Richtlinie 2013/34/EU des Europäischen Parlaments und des Rates vom 26. Juni 2013 über den Jahresabschluss, den konsolidierten Abschluss und damit verbundene Berichte von Unternehmen bestimmter Rechtsformen und zur Änderung der Richtlinie 2006/43/EG des Europäischen Parlaments und des Rates und zur Aufhebung der Richtlinien 78/660/EWG und 83/349/EWG des Rates (ABl. L 182 vom 29.6.2013, S. 19).

(2) Verordnung (EU) 2017/1129 des Europäischen Parlaments und des Rates vom 14. Juni 2017 über den Prospekt, der beim öffentlichen Angebot von Wertpapieren oder bei deren Zulassung zum Handel an einem geregelten Markt zu veröffentlichen ist

und zur Aufhebung der Richtlinie 2003/71/EG (ABl. L 168 vom 30.6.2017, S. 12).
(3) Verordnung (EU) Nr. 525/2013 des Europäischen Parlaments und des Rates vom 21. Mai 2013 über ein System für die Überwachung von Treibhausgasemissionen sowie für die Berichterstattung über diese Emissionen und über andere klimaschutzrelevante Informationen auf Ebene der Mitgliedstaaten und der Union und zur Aufhebung der Entscheidung Nr. 280/2004/EG (ABl. L 165 vom 18.6.2013, S. 13).
(*1) Verordnung (EU) 2020/852 des Europäischen Parlaments und des Rates vom 18. Juni 2020 über die Einrichtung eines Rahmens zur Erleichterung nachhaltiger Investitionen und der Änderungsverordnung (EU 2019/2088 (ABl. L 198 vom 22.6.2020, S. 13)“

5. EUDR (Entwaldungsverordnung)

ABl L 2023/150, S. 206 idgF

GLIEDERUNG

DAS EUROPÄISCHE PARLAMENT UND DER RAT DER EUROPÄISCHEN UNION —

gestützt auf den Vertrag über die Arbeitsweise der Europäischen Union, insbesondere auf Artikel 192 Absatz 1,

auf Vorschlag der Europäischen Kommission,

nach Zuleitung des Entwurfs des Gesetzgebungsakts an die nationalen Parlamente,

nach Stellungnahme des Europäischen Wirtschafts- und Sozialausschusses [(1)],

nach Anhörung des Ausschusses der Regionen,

gemäß dem ordentlichen Gesetzgebungsverfahren [(2)],

in Erwägung nachstehender Gründe:

(1) Wälder bieten vielfältigen ökologischen, wirtschaftlichen und sozialen Nutzen, darunter die Bereitstellung von Holz und anderen forstwirtschaftlichen Erzeugnissen und die Erbringung von Umweltleistungen, die für die Menschheit von wesentlicher Bedeutung sind, da die Wälder den größten Teil der terrestrischen biologischen Vielfalt der Erde beherbergen. Sie erhalten Ökosystemfunktionen aufrecht, tragen zum Schutz des Klimasystems bei, sorgen für saubere Luft und spielen eine entscheidende Rolle für die Reinigung von Gewässern und Böden sowie für die Wasserrückhaltung und -speicherung. Große Waldflächen dienen als Feuchtigkeitsquelle und tragen dazu bei, die Wüstenbildung in kontinentalen Regionen zu verhindern. Darüber hinaus dienen Wälder etwa einem Drittel der Weltbevölkerung als Lebensgrundlage und Einkommensquelle, und die Zerstörung von Wäldern hat schwerwiegende Folgen für die Lebensgrundlagen der am stärksten gefährdeten Bevölkerungsgruppen, einschließlich indigener Völker und lokaler Gemeinschaften, die stark von Waldökosystemen abhängig sind. Außerdem werden durch Entwaldung und Waldschädigung wesentliche Kohlenstoffsenken verkleinert. Entwaldung und Waldschädigung erhöhen zudem die Wahrscheinlichkeit von Kontakten zwischen wildlebenden Tieren, Nutztieren und Menschen, wodurch die Gefahr der Ausbreitung neuer Krankheiten steigt und die Gefahr neuer Epidemien und Pandemien zunimmt.

(2) Die Geschwindigkeit, mit der Entwaldung und Waldschädigung vonstattengehen, ist besorgniserregend. Die Ernährungs- und Landwirtschaftsorganisation der Vereinten Nationen (FAO) schätzt, dass zwischen 1990 und 2020 weltweit 420 Mio. Hektar Wald — etwa 10 % der verbleibenden Wälder der Welt und eine Fläche, die größer ist als die Europäische Union — verloren gegangen sind. Entwaldung und Waldschädigung sind wiederum wichtige Ursachen für die Erderwärmung und den Verlust an biologischer Vielfalt — die beiden wichtigsten ökologischen Herausforderungen unserer Zeit. Dennoch verliert die Erde jedes Jahr weitere 10 Mio. Hektar Wald. Auch der Klimawandel wirkt sich stark auf die Wälder aus und es müssen zahlreiche Herausforderungen bewältigt werden, um die Anpassungsfähigkeit und Widerstandsfähigkeit der Wälder in den kommenden Jahrzehnten sicherzustellen.

(3) Entwaldung und Waldschädigung tragen auf vielfältige Weise zur globalen Klimakrise bei. Vor allem die Treibhausgasemissionen erhöhen sich durch mit ihnen verbundene Waldbrände, die dauerhafte Beseitigung der Kapazitäten für CO2-Senken, die Verringerung der Widerstandsfähigkeit des betroffenen Gebiets gegen den Klimawandel und die erhebliche Verringerung seiner biologischen Vielfalt und seiner Widerstandsfähigkeit gegenüber Krankheiten und Schädlingen. Die Entwaldung allein verursacht 11 % der Treibhausgasemissionen, wie im Sonderbericht des Zwischenstaatlichen Ausschusses für Klimaänderungen (Intergovernmental Panel on Climate Change, IPCC) zum Klimawandel und Landbewirtschaftung von 2019 dargelegt.

(4) Die Klimakrise führt weltweit zum Verlust an biologischer Vielfalt, und dieser Verlust verschärft wiederum den Klimawandel; sie sind also untrennbar miteinander verbunden, wie jüngste Studien bestätigt haben. Biologische Vielfalt und gesunde Ökosysteme sind für eine klimaresiliente Entwicklung von grundlegender Bedeutung. Insekten, Vögel und Säugetiere wirken als Bestäuber, tragen zur Verbreitung von Samen bei und können dabei helfen, Kohlenstoff effizienter direkt oder indirekt speichern. Wälder sorgen auch für eine kontinuierliche Wiederauffüllung der Wasservorräte und wirken Dürren und ihren schädlichen Auswirkungen auf lokale Gemeinschaften, einschließlich indigener Völker, entgegen. Die drastische Eindämmung der Entwaldung und Waldschädigung sowie die systemische Wiederherstellung von Wäldern und anderen Ökosystemen stellen die größte naturbasierte Chance für den Klimaschutz dar.

(5) Die biologische Vielfalt ist für die Widerstandsfähigkeit von Ökosystemen und Ökosystemleistungen sowohl auf lokaler als auch auf globaler Ebene von entscheidender Bedeutung. Mehr als die Hälfte des weltweiten Bruttoinlandsprodukts ist abhängig von der Natur und den Leistungen, die sie erbringt. Drei wichtige Wirtschaftssektoren — der Bau-, der Landwirtschafts- und der Lebensmittel- und Getränkesektor — sind in hohem Maße auf die Natur angewiesen. Der Verlust der biologischen Vielfalt bedroht nachhaltige Wasserkreisläufe und Lebensmittelsysteme, wodurch Ernährungssicherheit und Ernährung gefährdet werden. Mehr als 75 % der weltweiten Nahrungsmittelkulturen sind auf die Bestäubung durch Tiere angewiesen. Darüber hinaus sind mehrere Industriesektoren auf genetische Vielfalt und Ökosystemleistungen als entscheidende Produktions-

faktoren angewiesen, insbesondere in der Arzneimittelproduktion, einschließlich der Erzeugung antimikrobieller Mittel.

(6) Klimawandel, Verlust der biologischen Vielfalt und Entwaldung sind Anliegen von größter Bedeutung weltweit, die sich auf das Überleben der Menschheit und die dauerhaften Lebensbedingungen auf der Erde auswirken. Die Beschleunigung des Klimawandels, der Verlust an biologischer Vielfalt und die Umweltzerstörung gepaart mit konkreten Beispielen ihrer verheerenden Auswirkungen auf die Natur, die Lebensbedingungen der Menschen und die lokale Wirtschaft haben dazu geführt, dass der ökologische Wandel als bestimmendes Ziel unserer Zeit und als Frage der Geschlechter- und der Generationengerechtigkeit anerkannt wurde.

(7) Verteidiger umweltbezogener Menschenrechte, die sich um den Schutz und die Förderung der Menschenrechte im Zusammenhang mit der Umwelt — einschließlich des Zugangs zu sauberem Wasser, sauberer Luft und sauberem Land — bemühen, sind häufig das Ziel von Verfolgung und tödlichen Angriffen. Diese Angriffe betreffen in unverhältnismäßig hohem Maße indigene Völker. Berichten aus dem Jahr 2020 zufolge waren über zwei Drittel der Opfer dieser Angriffe im Einsatz für den Schutz der Wälder der Welt vor Entwaldung und industrieller Entwicklung.

(8) Der Verbrauch in der Union ist eine wichtige Ursache für Entwaldung und Waldschädigung auf der ganzen Welt. In der Folgenabschätzung dieser Verordnung wurde geschätzt, dass die Entwaldung aufgrund des Unions-Verbrauchs und der Erzeugung von sechs Rohstoffen (Rinder, Kakao, Kaffee, Ölpalme, Soja und Holz) allein bis 2030 jährlich auf eine Fläche von etwa 248 000 Hektar ansteigen wird, wenn keine angemessenen regulatorischen Maßnahmen ergriffen werden.

(9) In Bezug auf die Lage der Wälder in der Union heißt es im Bericht über den Zustand der Wälder in Europa von 2020, dass die Waldfläche in Europa zwischen 1990 und 2020 um 9 %, der in der Biomasse gespeicherte Kohlenstoff um 50 % und das Holzangebot um 40 % zugenommen haben. Primärwälder und sich natürlich verjüngende Wälder sind unter anderem durch intensive Bewirtschaftung gefährdet und ihre einzigartige biologische Vielfalt und ihre strukturellen Merkmale sind bedroht. Außerdem hat die Europäische Umweltagentur festgestellt, dass heutzutage weniger als 5 % der europäischen Waldflächen als ungestört oder natürlich gelten; demgegenüber wurden 10 % der europäischen Waldflächen als intensiv bewirtschaftet eingestuft. Die Waldökosysteme müssen mit einer Vielzahl von durch den Klimawandel verursachten Belastungen, die von extremen Wetterverhältnissen bis hin zu Schädlingsbefall reichen, und mit menschlichen Tätigkeiten, die sich negativ auf Ökosysteme und Lebensräume auswirken, zurechtkommen. Insbesondere können Kahlschlag und die Entfernung von Totholz intensiv bewirtschaftete Wälder mit gleichmäßiger Altersstruktur erhebliche Auswirkungen auf ganze Lebensräume haben.

(10) Im Jahr 2019 verabschiedete die Kommission mehrere Initiativen zur Bewältigung der globalen Umweltkrisen, darunter spezifische Maßnahmen in Bezug auf die Entwaldung. In ihrer Mitteilung vom 23. Juli 2019 mit dem Titel „Intensivierung der EU-Maßnahmen zum Schutz und zur Wiederherstellung der Wälder in der Welt" („Mitteilung zur Intensivierung der EU-Maßnahmen zum Schutz und zur Wiederherstellung der Wälder in der Welt") hat die Kommission die Verringerung des Flächen-Fußabdrucks der Union als Priorität benannt und zur Förderung des Verbrauchs von Erzeugnissen aus entwaldungsfreien Lieferketten in der Union aufgerufen. In ihrer Mitteilung vom 11. Dezember 2019 über den europäischen Grünen Deal stellte die Kommission eine neue Wachstumsstrategie vor, mit der sich die Union zu einer fairen und wohlhabenden Gesellschaft mit einer modernen, ressourceneffizienten und wettbewerbsfähigen, auf einem nachhaltigen und regelbasierten freien Handel aufbauenden Wirtschaft wandeln soll, in der im Jahr 2050 keine Netto-Treibhausgasemissionen mehr freigesetzt werden, das Wirtschaftswachstum von der Ressourcennutzung abgekoppelt ist und kein Mensch bzw. kein Ort zurückgelassen wird. Damit sollen das Naturkapital der Union geschützt, bewahrt und verbessert und die Gesundheit und das Wohlergehen der Bürger und zukünftiger Generationen vor umweltbedingten Risiken und Auswirkungen geschützt werden. Darüber hinaus hat der europäische Grüne Deal das Ziel, unter anderem für frische Luft, sauberes Wasser, gesunden Boden und biologische Vielfalt für die Bürger und künftigen Generationen zu sorgen. Zu diesem Zweck wird in der Mitteilung der Kommission vom 20. Mai 2020 mit dem Titel „EU-Biodiversitätsstrategie für 2030: Mehr Raum für die Natur in unserem Leben" (im Folgenden „EU-Biodiversitätsstrategie für 2030"), der Mitteilung der Kommission vom 20. Mai 2020 über die Strategie „Vom Hof auf den Tisch — eine Strategie für ein faires, gesundes und umweltfreundliches Lebensmittelsystem" (im Folgenden „Vom Hof auf den Tisch Strategie"), der Mitteilung der Kommission vom 16. Juli 2021 über die Neue EU-Waldstrategie für 2030, der Mitteilung der Kommission vom 12. Mai 2021 mit dem Titel „Auf dem Weg zu einem gesunden Planeten für alle EU-Aktionsplan: Schadstofffreiheit von Luft, Wasser und Boden" sowie in weiteren maßgeblichen, im Rahmen des europäischen Grünen Deals entwickelten Strategien wie beispielsweise der Mitteilung der Kommission vom 30. Juni 2021 mit dem Titel „Eine langfristige Vision für die ländlichen Gebiete der EU — Für stärkere, vernetzte, resiliente und florierende ländliche Gebiete bis 2040" die Bedeutung von

Maßnahmen zum Schutz und zur Widerstandsfähigkeit der Wälder hervorgehoben. Insbesondere die EU-Biodiversitätsstrategie für 2030 zielt darauf ab, die Natur zu schützen und die Schädigung der Ökosysteme umzukehren. Schließlich wird durch die Mitteilung der Kommission vom 11. Oktober 2018 mit dem Titel „Eine nachhaltige Bioökonomie für Europa: Stärkung der Verbindungen zwischen Wirtschaft, Gesellschaft und Umwelt" der Schutz der Umwelt und der Ökosysteme gestärkt und sie trägt zugleich der steigenden Nachfrage nach Lebens- und Futtermitteln, Energie, Materialien und Erzeugnissen Rechnung, indem neue Erzeugungs- und Verbrauchsmuster angestrebt werden.

(11) Die Mitgliedstaaten haben wiederholt ihre Besorgnis über die anhaltende Entwaldung und Waldschädigung zum Ausdruck gebracht. Sie haben betont, dass die derzeitigen globalen Strategien und Maßnahmen zur Erhaltung, Wiederherstellung und nachhaltigen Bewirtschaftung der Wälder nicht ausreichten, um Entwaldung, Waldschädigung und den Verlust an biologischer Vielfalt zu stoppen, weshalb verstärkte Maßnahmen der Union erforderlich seien, um wirksamer zur Erreichung der Ziele für nachhaltige Entwicklung (Sustainable Development Goals — SDG) im Rahmen der Agenda 2030 für nachhaltige Entwicklung beizutragen, die 2015 von allen Mitgliedstaaten der Vereinten Nationen (VN) angenommen wurde. Der Rat hat insbesondere die Ankündigung der Kommission in ihrer Mitteilung mit dem Titel „Intensivierung der EU-Maßnahmen zum Schutz und zur Wiederherstellung der Wälder in der Welt", zusätzliche legislative und nicht legislative Maßnahmen zu prüfen und Vorschläge für beide Arten von Maßnahmen vorzulegen, unterstützt. Die Union und die Mitgliedstaaten haben außerdem die VN-Aktionsdekade zur Erreichung der SDG, die VN-Dekade zur Wiederherstellung von Ökosystemen und die VN-Dekade der landwirtschaftlichen Familienbetriebe unterstützt.

(12) Das Europäische Parlament hat betont, dass die anhaltende Zerstörung, Schädigung und Umwandlung der Wälder und der natürlichen Ökosysteme der Welt sowie Menschenrechtsverletzungen in hohem Maße mit der Ausweitung der landwirtschaftlichen Erzeugung zusammenhängen, insbesondere durch die Umwandlung von Wäldern in landwirtschaftliche Flächen, die für die Erzeugung einer Reihe von Rohstoffen und Erzeugnissen mit hoher Nachfrage bestimmt sind. Am 22. Oktober 2020 hat das Europäische Parlament gemäß Artikel 225 des Vertrags über die Arbeitsweise der Europäischen Union (AEUV) eine Entschließung angenommen, in der es die Kommission aufforderte, gestützt auf Artikel 192 Absatz 1 AEUV einen Vorschlag für einen EU-Rechtsrahmen zur Eindämmung und Umkehrung der von der EU verursachten weltweiten Entwaldung auf der Grundlage einer verbindlichen Sorgfaltspflicht vorzulegen.

(13) Die Bekämpfung von Entwaldung und Waldschädigung ist ein wichtiger Bestandteil des Pakets von Maßnahmen, die zur Verringerung der Treibhausgasemissionen und zur Erfüllung der Verpflichtungen der Union im Rahmen des europäischen Grünen Deals sowie des Rahmenübereinkommens der Vereinten Nationen über Klimaänderungen (im Folgenden „Übereinkommen von Paris") [(3)], des mit dem Beschluss (EU) 2022/591 des Europäischen Parlaments und des Rates [(4)] angenommenen achten Umweltaktionsprogramms sowie der rechtsverbindlichen Verpflichtung im Rahmen der Verordnung (EU) 2021/1119 des Europäischen Parlaments und des Rates [(5)] erforderlich sind, um bis spätestens 2050 Klimaneutralität zu erreichen und die Treibhausgasemissionen bis 2030 um mindestens 55 % gegenüber dem Niveau von 1990 zu senken.

(14) Die Bekämpfung von Entwaldung und Waldschädigung ist auch ein wichtiger Bestandteil des Pakets von Maßnahmen, die für die Bekämpfung des Verlusts an biologischer Vielfalt und zur Erfüllung der Verpflichtungen der Union im Rahmen des Übereinkommens der Vereinten Nationen über die biologische Vielfalt (CBD) [(6)], des europäischen Grünen Deals, der EU-Biodiversitätsstrategie für 2030 und der damit einhergehenden Unions-Ziele für die Wiederherstellung der Natur erforderlich sind.

(15) Primärwälder sind einzigartig und unersetzlich. Die Zusammensetzung der biologischen Vielfalt von Plantagenwäldern und durch Pflanzung entstandenen Wäldern und die von ihnen erbrachten Ökosystemleistungen unterscheiden sich von der bzw. denen der Primärwälder und sich natürlich verjüngenden Wälder.

(16) Die Ausdehnung der Landwirtschaft verursacht fast 90 % der weltweiten Entwaldung, wobei mehr als die Hälfte des Waldverlusts durch die Umwandlung von Wäldern in Ackerflächen verursacht wird, während die Weidehaltung für fast 40 % des Waldverlusts verantwortlich ist.

(17) Die Erzeugung von Futtermitteln für die Viehhaltung kann zur Entwaldung und Waldschädigung beitragen. Die Förderung von alternativen, nachhaltigen landwirtschaftlichen Verfahren kann den Herausforderungen in Bezug auf Umwelt und Klima entgegenwirken und Entwaldung und Waldschädigung weltweit verhindern. Anreize für eine ausgewogenere, gesündere und nahrhaftere Ernährung und einen nachhaltigeren Lebensstil können den Druck auf Flächen und Ressourcen mindern.

(18) Die Union hat zwischen 1990 und 2008 ein Drittel der weltweit gehandelten landwirtschaftlichen Erzeugnisse, die in Verbindung mit Entwaldung stehen, eingeführt und verbraucht. In diesem Zeitraum war der Unionsverbrauch für 10 %

der weltweiten Entwaldung im Zusammenhang mit der Erzeugung von Waren oder der Erbringung von Dienstleistungen verantwortlich. Selbst wenn der relative Anteil des Unionsverbrauchs abnimmt, trägt der Unionsverbrauch in unverhältnismäßig hohem Maß zur Entwaldung bei. Die Union sollte daher Maßnahmen ergreifen, um die weltweite Entwaldung und Waldschädigung, die durch den Verbrauch bestimmter Rohstoffe und Erzeugnisse bedingt sind, auf ein Mindestmaß zu beschränken, um so ihren Beitrag zu Treibhausgasemissionen und zum weltweiten Verlust an biologischer Vielfalt zu verringern sowie nachhaltige Erzeugungs- und Verbrauchsmuster in der Union und weltweit zu fördern. Um die größtmögliche Wirkung zu erzielen, sollte die Politik der Union darauf abzielen, Einfluss auf den gesamten Weltmarkt und nicht nur auf die Lieferketten der Union auszuüben. In diesem Zusammenhang sind Partnerschaften und eine effiziente internationale Zusammenarbeit — einschließlich Freihandelsabkommen — mit Erzeuger- und Verbraucherländern von grundlegender Bedeutung.

(19) Die Union ist entschlossen, im Einklang mit der Charta der Grundrechte der Europäischen Union, insbesondere Artikel 37, dem zufolge ein hohes Umweltschutzniveau und die Verbesserung der Umweltqualität in die Politik der Union einbezogen und nach dem Grundsatz der nachhaltigen Entwicklung sichergestellt werden sollen, weltweit eine ehrgeizige Umwelt- und Klimapolitik zu fördern und umzusetzen. Als Teil der externen Dimension des europäischen Grünen Deals sollten die Maßnahmen im Rahmen dieser Verordnung die Bedeutung bestehender globaler Übereinkünfte, Verpflichtungen und Rahmen, die zur Verringerung der Entwaldung und Waldschädigung beitragen, berücksichtigen, wie etwa des Strategischen Plans der Vereinten Nationen für Wälder 2017-2030 und der darin festgelegten globalen Waldziele, des Rahmenübereinkommens der Vereinten Nationen über Klimaänderungen (UN Framework Convention on Climate Change — UNFCCC) und des Übereinkommens von Paris, des CBD und seines Rahmens für die biologische Vielfalt für die Zeit nach 2020, des globalen Strategieplans für die biologische Vielfalt 2011-2020 und seiner Biodiversitätsziele von Aichi und des VN-Übereinkommens zur Bekämpfung der Wüstenbildung, sowie des multilateralen Rahmens zur Unterstützung der Bekämpfung der Ursachen von Entwaldung und Waldschädigung, wie etwa der SDG und der Erklärung der Vereinten Nationen über die Rechte der indigenen Völker.

(20) Die Beendigung der Entwaldung und die Wiederherstellung geschädigter Wälder sind wesentliche Bestandteile der SDG. Diese Verordnung sollte insbesondere dazu beitragen, die Ziele in den Bereichen Leben an Land (SDG 15), Klimaschutz (SDG 13), nachhaltige Konsum- und Erzeugungsmuster (SDG 12), kein Hunger (SDG 2) und Gesundheit und Wohlergehen (SDG 3) zu erreichen. Die einschlägige Zielvorgabe 15.2, die Entwaldung bis 2020 zu stoppen, wurde nicht erreicht, was die Dringlichkeit ehrgeiziger und wirksamer Maßnahmen unterstreicht.

(21) Diese Verordnung sollte auch der Erklärung von New York über Wälder entsprechen, einer nicht rechtsverbindlichen politischen Erklärung, in der ein globaler Zeitplan für die Halbierung der natürlichen Waldverluste bis 2020 gebilligt wird, und sollte anstreben, diese Verluste bis 2030 zu beenden. Die Erklärung wurde von Dutzenden Regierungen, vielen der größten Unternehmen der Welt sowie einflussreichen Organisationen der Zivilgesellschaft und Indigenen-Organisationen gebilligt. Außerdem wurde der Privatsektor darin aufgefordert, das Ziel zu erfüllen, die Entwaldung bei der Erzeugung von landwirtschaftlichen Rohstoffen wie Palmöl, Soja, Papier und Rindfleisch bis spätestens 2020 zu beenden — ein Ziel, das nicht erreicht wurde. Darüber hinaus sollte die Verordnung einen Beitrag zum Strategischen Plan der Vereinten Nationen für Wälder 2017–2030 leisten, dessen erstes globales Ziel (Global Forest Goal 1) darin besteht, den weltweiten Verlust an Waldflächen durch nachhaltige Waldbewirtschaftung, einschließlich Schutz, Wiederherstellung, Aufforstung und Wiederaufforstung, umzukehren und die Bemühungen zur Verhinderung der Waldschädigung zu verstärken und zu den weltweiten Bemühungen bei der Bekämpfung des Klimawandels beizutragen.

(22) Diese Verordnung sollte auch auf die Erklärung der Staats- und Regierungschefs von Glasgow zu Wäldern und Landnutzung, die auf der Klimakonferenz der Vereinten Nationen im November 2021 veröffentlicht wurde, eingehen, in der anerkannt wird, dass „das Erreichen unserer Ziele in den Bereichen Landnutzung, Klima, biologische Vielfalt und nachhaltige Entwicklung sowohl weltweit als auch auf nationaler Ebene weitere transformative Maßnahmen in den miteinander verknüpften Bereichen der nachhaltigen Erzeugung und des nachhaltigen Verbrauchs, des Infrastrukturaufbaus, des Handels, der Finanzen und Investitionen sowie der Unterstützung für Kleinbauern, indigene Völker und lokale Gemeinschaften erfordert". Die Unterzeichner verpflichteten sich, gemeinsam darauf hinzuarbeiten, bis 2030 den Rückgang der Wälder und die Landdegradation zu stoppen und umzukehren, und betonten, dass sie ihre gemeinsamen Anstrengungen verstärken würden, um eine Handels- und Entwicklungspolitik auf internationaler und nationaler Ebene zu erleichtern, die nachhaltige Entwicklung sowie nachhaltige Rohstofferzeugung und nachhaltigen Rohstoffkonsum fördert und zum gegenseitigen Nutzen der Länder beiträgt.

(23) Als Mitglied der Welthandelsorganisation (WTO) setzt sich die Union für ein universelles,

regelbasiertes, offenes, transparentes, berechenbares, inklusives, diskriminierungsfreies und gerechtes multilaterales Handelssystem im Rahmen der WTO sowie für eine offene, nachhaltige und entschlossene Handelspolitik ein. Der Anwendungsbereich dieser Verordnung sollte sich daher auf in der Union erzeugte Rohstoffe und Erzeugnisse sowie auf in die Union eingeführte Rohstoffe und Erzeugnisse erstrecken.

(24) Die Herausforderungen, denen sich die Welt aufgrund des Klimawandels und des Verlusts an biologischer Vielfalt stellen muss, können nur durch ein globales Vorgehen bewältigt werden. Die Union sollte hierbei als führender globaler Akteur auftreten, der sowohl mit gutem Beispiel vorangeht als auch die Führungsrolle bei der internationalen Zusammenarbeit übernimmt, um ein offenes und faires multilaterales System zu schaffen, in dem nachhaltiger Handel als zentrales Instrument des ökologischen Wandels zur Bekämpfung des Klimawandels und zur Umkehrung des Verlustes an biologischer Vielfalt dient.

(25) Diese Verordnung folgt auch den Mitteilungen der Kommission vom 22. Juni 2022„Die Macht von Handelspartnerschaften: gemeinsam für ein grünes und gerechtes Wirtschaftswachstum“ und vom 18. Februar 2021 mit dem Titel „Überprüfung der Handelspolitik — Eine offene, nachhaltige und entschlossene Handelspolitik“, in denen festgestellt wird, dass die Union angesichts der neuen internen und externen Herausforderungen und insbesondere vor dem Hintergrund eines neuen, nachhaltigeren Wachstumsmodells im Sinne des europäischen Grünen Deals und der europäischen Digitalstrategie, die in der Mitteilung der Kommission vom 19. Februar 2020 mit dem Titel „Gestaltung der digitalen Zukunft Europas“ enthalten ist, eine neue handelspolitische Strategie benötigt, die ihre innen- und außenpolitischen Ziele unterstützt und entsprechend ihrer Zusage, die SDG vollständig umzusetzen, eine größere Nachhaltigkeit fördert. Die Handelspolitik muss ihren vollen Beitrag zur Erholung der Union von der COVID-19-Pandemie, zum ökologischen und digitalen Wandel der Wirtschaft und zum Aufbau einer widerstandsfähigeren Union in der Welt leisten.

(26) Im Einklang mit ihrer Mitteilung vom 22. Juni 2022 mit dem Titel „Die Macht von Handelspartnerschaften: gemeinsam für ein grünes und gerechtes Wirtschaftswachstum“ intensiviert die Kommission ihre Zusammenarbeit mit Handelspartnern, um die Einhaltung internationaler Arbeits- und Umweltnormen zu fördern. In der Mitteilung sind solide Kapitel zu nachhaltiger Entwicklung vorgesehen, die Bestimmungen zu Entwaldung und Waldschädigung enthalten. Die Gewährleistung der Durchsetzung der geltenden Handelsabkommen und der Abschluss neuer Handelsabkommen, die solche Kapitel enthalten, werden die Ziele dieser Verordnung ergänzen.

(27) Diese Verordnung sollte andere Maßnahmen ergänzen, die in der Mitteilung mit dem Titel „Intensivierung der EU-Maßnahmen zum Schutz und zur Wiederherstellung der Wälder in der Welt“ vorgeschlagen werden, insbesondere partnerschaftliche Zusammenarbeit mit den Erzeugerländern, um diese bei der Bekämpfung der Ursachen der Entwaldung wie etwa schwache Regierungsführung, unwirksame Rechtsdurchsetzung und Korruption zu unterstützen, sowie die Stärkung internationaler Zusammenarbeit mit wichtigen Verbraucherländern, indem unter anderem der Handel mit Erzeugnissen aus entwaldungsfreien Lieferketten und die Annahme ähnlicher Maßnahmen angeregt wird, um zu verhindern, dass Erzeugnisse aus Lieferketten, die mit Entwaldung und Waldschädigung in Verbindung stehen, in Verkehr gebracht werden.

(28) Diese Verordnung sollte den Grundsatz der Politikkohärenz im Interesse der Entwicklung berücksichtigen und der Förderung und Erleichterung der Zusammenarbeit mit Entwicklungsländern, insbesondere den am wenigsten entwickelten Ländern (LDC) dienen, unter anderem — sofern möglich und zweckmäßig — durch die Bereitstellung von technischer und finanzieller Hilfe.

(29) Die Kommission sollte in Abstimmung mit den Mitgliedstaaten weiterhin partnerschaftlich mit den Erzeugerländern und allgemein mit internationalen Organisationen und Einrichtungen sowie mit vor Ort tätigen relevanten Interessenträgern im Rahmen von Dialogen zwischen den verschiedenen Interessenträgern zusammenarbeiten. Die Kommission sollte ihre Unterstützung und Anreize im Hinblick auf folgende Aspekte verstärken: den Schutz der Wälder und den Übergang zu einer entwaldungsfreien Erzeugung, die Anerkennung und Stärkung der Rolle und Rechte indigener Völker und lokaler Gemeinschaften sowie von Kleinbauern und Kleinstunternehmen, kleinen und mittleren Unternehmen (KMU), die Verbesserung der Regierungsführung und der Landbesitzverhältnisse, die Stärkung der Rechtsdurchsetzung und die Förderung einer nachhaltigen Waldbewirtschaftung mit Schwerpunkt auf naturnahen forstwirtschaftlichen Verfahren auf der Grundlage wissenschaftlich fundierter Indikatoren und Schwellenwerte, einen umweltfreundlichen Tourismus, eine klimaresiliente Landwirtschaft, Diversifizierung, Agroökologie und Agroforstwirtschaft. Dabei sollte die Kommission die Rolle und Rechte indigener Völker und lokaler Gemeinschaften beim Schutz der Wälder in vollem Umfang anerkennen und zugleich den Grundsatz der freiwilligen und in Kenntnis der Sachlage erteilten vorherigen Zustimmung (principle of free, prior and informed consent, im Folgenden „FPIC-Grundsatz“) berücksichtigen. Aufbauend auf den Erfahrungen und Erkenntnissen, die im Rahmen

bestehender Initiativen gewonnen wurden, sollten die Union und die Mitgliedstaaten auf Partnerschaften mit den Erzeugerländern hinarbeiten, sofern sie von diesen darum ersucht werden, und globale Herausforderungen angehen und dabei zugleich die Bedürfnisse vor Ort berücksichtigen und den Herausforderungen für Kleinbauern im Einklang mit der Mitteilung mit dem Titel „Intensivierung der EU-Maßnahmen zum Schutz und zur Wiederherstellung der Wälder in der Welt" Aufmerksamkeit schenken. Der Partnerschaftsansatz sollte den Erzeugerländern und deren Landesteilen dabei helfen, Wälder zu schützen, wiederherzustellen und nachhaltig zu nutzen, und damit zum Ziel dieser Verordnung beitragen, Entwaldung und Waldschädigung zu verringern, auch durch die Nutzung von digitalen Technologien und Geoinformation sowie durch den Aufbau von Kapazitäten.

(30) Marktteilnehmer und Händler sollten an die Verpflichtungen dieser Verordnung gebunden sein, unabhängig davon, ob die Bereitstellung auf dem Markt mit traditionellen Mitteln oder über das Internet erfolgt. Daher sollte die Verordnung gewährleisten, dass es in jeder Lieferkette einen Marktteilnehmer im Sinne dieser Verordnung mit Sitz in der Union gibt, der bei Nichterfüllung der Verpflichtungen aus dieser Verordnung verantwortlich gemacht werden kann. Die Kommission und die Mitgliedstaaten sollten die Umsetzung dieser Verordnung genau verfolgen und ermitteln, ob infolge der digitalen und technologischen Entwicklungen gegebenenfalls künftig weitere Spezifikationen oder Initiativen erforderlich werden.

(31) Eine weitere wichtige Maßnahme, die in der Mitteilung mit dem Titel „Intensivierung der EU-Maßnahmen zum Schutz und zur Wiederherstellung der Wälder in der Welt" angekündigt wurde, ist die Einrichtung der EU-Beobachtungsstelle für Entwaldung, Waldschädigung, Veränderungen der Waldbedeckung weltweit sowie die damit verbundenen Faktoren (im Folgenden „EU-Beobachtungsstelle"), die von der Kommission eingerichtet wurde, um Veränderungen in der weltweiten Waldbedeckung und die damit verbundenen Faktoren besser zu überwachen. Die EU-Beobachtungsstelle sollte auf der Grundlage bestehender Überwachungsinstrumente, darunter Copernicus-Produkte und andere öffentlich oder privat verfügbare Quellen, den Zugang zu Informationen über Lieferketten für öffentliche Einrichtungen, Verbraucher und Unternehmen erleichtern und leicht verständliche Daten und Informationen bereitstellen, die Entwaldung, Waldschädigung und Veränderungen der weltweiten Waldbedeckung mit der Nachfrage der Union nach Rohstoffen und Erzeugnissen bzw. dem Handel der Union damit verknüpfen. Die EU-Beobachtungsstelle sollte daher die Durchführung dieser Verordnung unterstützen, indem sie wissenschaftliche Erkenntnisse über die weltweite Entwaldung und Waldschädigung und den damit verbundenen Handel vorlegt. Die EU-Beobachtungsstelle sollte Landnutzungskarten, auch mit Zeitreihen ab dem in dieser Verordnung festgelegten Stichtag, bereitstellen und eine Reihe von Kategorien zur Beurteilung der Landschaftszusammensetzung vorsehen. Die EU-Beobachtungsstelle sollte sich an der Entwicklung eines Frühwarnsystems beteiligen, das Forschungs- und Überwachungskapazitäten kombiniert. In Bezug auf diese Verordnung sollte das Ziel des Frühwarnsystems — wenn technisch machbar — darin bestehen, Teil einer Plattform zu sein, die den zuständigen Behörden, Marktteilnehmern, Händlern und relevanten Interessenträgern Unterstützung leisten kann und für eine fortlaufende Überwachung und frühzeitige Meldung etwaiger Entwaldungs- oder waldschädigender Aktivitäten sorgen kann. Diese Plattform sollte baldmöglichst einsatzbereit sein. Die EU-Beobachtungsstelle sollte mit den zuständigen Behörden, einschlägigen internationalen Organisationen und Einrichtungen, Forschungsinstituten, Nichtregierungsorganisationen, Marktteilnehmern, Händlern, Drittländern und sonstigen einschlägigen Interessenträgern zusammenarbeiten.

(32) Der bestehende Unions-Rechtsrahmen konzentriert sich auf die Bekämpfung des illegalen Holzeinschlags und des damit verbundenen Handels und befasst sich nicht direkt mit der Entwaldung. Er besteht aus der Verordnung (EU) Nr. 995/2010 des Europäischen Parlaments und des Rates (7), und der Verordnung (EG) Nr. 2173/2005 des Rates (8). Beide Verordnungen wurden im Rahmen einer Eignungsprüfung bewertet, bei der festgestellt wurde, dass die Rechtsvorschriften zwar positive Auswirkungen auf die Politikgestaltung im Forstsektor hatten, die Ziele der beiden Verordnungen — die Eindämmung des illegalen Holzeinschlags und des damit verbundenen Handels und die Verringerung des Verbrauchs von Holz aus illegalem Einschlag in der Union — jedoch nicht erreicht wurden, und es wurde das Fazit gezogen, dass der alleinige Schwerpunkt auf der Legalität des Holzes nicht ausreicht, um die gesetzten Ziele zu erreichen.

(33) Die verfügbaren Berichte bestätigen, dass ein erheblicher Teil der derzeitigen Entwaldung nach den Rechtsvorschriften des jeweiligen Erzeugerlandes legal ist. In einem im Mai 2021 veröffentlichten Bericht der Initiative zu Waldpolitik, Handel und Finanzierung (Forest Policy Trade and Finance Initiative) wird geschätzt, dass zwischen 2013 und 2019 rund 30 % der Entwaldung, die für die kommerzielle Landwirtschaft in tropischen Ländern vorgenommen wurde, legal waren. Die verfügbaren Daten konzentrieren sich tendenziell auf Länder mit einer schwachen Regierungsführung (der weltweite Anteil der illegalen Entwaldung könnte geringer sein), liefern aber bereits eindeutige Daten, die darauf hindeuten, dass

die Nichtberücksichtigung von im Erzeugerland legaler Entwaldung die Wirksamkeit politischer Maßnahmen untergräbt.

(34) In der Folgenabschätzung möglicher politischer Maßnahmen zur Bekämpfung der von der Union verursachten Entwaldung und Waldschädigung, in den Schlussfolgerungen des Rates vom 16. Dezember 2019 und in der Entschließung des Europäischen Parlaments vom 22. Oktober 2020 wird eindeutig festgestellt, dass Entwaldung und Waldschädigung Leitkriterien für künftige Maßnahmen der Union sein müssen. Liegt ein Fokus lediglich auf der Legalität, so besteht möglicherweise die Gefahr, dass Umweltnormen gesenkt werden, um Zugang zum Markt zu erhalten. Daher sollte sich der neue rechtliche Rahmen der Union sowohl mit der Legalität als auch mit der Frage befassen, ob die Erzeugung relevanter Rohstoffe und Erzeugnisse entwaldungsfrei ist.

(35) Die Definition des Begriffs „entwaldungsfrei" sollte weit genug gefasst sein, um die Entwaldung und die Waldschädigung abzudecken, Rechtsklarheit schaffen und auf der Grundlage quantitativer, objektiver und international anerkannter Daten messbar sein.

(36) Für die Zwecke dieser Verordnung sollte der Begriff „landwirtschaftliche Nutzung" die Nutzung von Flächen zu landwirtschaftlichen Zwecken bezeichnen. In dieser Hinsicht sollte die Kommission Leitlinien ausarbeiten, um die Auslegung dieser Begriffsbestimmung zu präzisieren, insbesondere in Bezug auf die Umwandlung von Wäldern in Flächen, deren Zweck nicht die landwirtschaftliche Nutzung ist.

(37) Im Einklang mit den FAO sollten Agroforstsysteme, einschließlich wenn Kulturen unter Bäumen angebaut werden, sowie Waldfeldbau, Waldweiden und landwirtschaftliche Waldweiden nicht als Wälder, sondern als landwirtschaftliche Nutzung gelten.

(38) Diese Verordnung sollte auf Rohstoffe Anwendung finden, deren Verbrauch in der Union für die weltweite Entwaldung und Waldschädigung am relevantesten ist und für die eine politische Intervention der Union den größten Nutzen je Handelswerteinheit bringen könnte. Im Rahmen der Studie zur Unterstützung der Folgenabschätzung für diese Verordnung wurde eine umfassende Auswertung der relevanten wissenschaftlichen Literatur, nämlich von Primärquellen zur Schätzung der Auswirkungen des Verbrauchs in der Union auf die weltweite Entwaldung, die diesen ökologischen Fußabdruck mit bestimmten Rohstoffen verknüpfen, durchgeführt und durch umfassende Konsultationen mit Interessenträgern abgeglichen. Dieses Verfahren lieferte eine erste Liste von acht Rohstoffen. Holz wurde direkt in den Anwendungsbereich einbezogen, da es bereits durch die Verordnung (EU) Nr. 995/2010 abgedeckt war. Laut einem für die Effizienzanalyse herangezogenen aktuellen Forschungsbericht [(9)] entfällt der größte Anteil der von der Union verursachten Entwaldung auf sieben der acht in diesem Forschungsbericht analysierten Rohstoffe: Ölpalme (34,0 %), Soja (32,8 %), Holz (8,6 %), Kakao (7,5 %), Kaffee (7,0 %), Rinder (5,0 %) und Kautschuk (3,4 %).

(39) Um sicherzustellen, dass die Ziele dieser Verordnung erreicht werden, muss gewährleistet sein, dass Futtermittel für Tiere, die in den Anwendungsbereich dieser Verordnung fallen, nicht zu Entwaldung führen. Daher sollten Marktteilnehmer, die relevante Erzeugnisse auf dem Markt in Verkehr bringen oder ausführen, die Rind enthalten oder unter Verwendung von Rindern hergestellt wurden, welche mit relevanten Erzeugnissen gefüttert wurden, die ihrerseits andere relevante Rohstoffe enthalten oder unter Verwendung anderer relevanter Rohstoffe oder Erzeugnisse hergestellt wurden, im Rahmen ihrer Sorgfaltspflichtregelungen sicherstellen, dass die Futtermittel aus entwaldungsfreier Erzeugung stammen. In diesem Fall sollten sich die Geolokalisierungsanforderungen gemäß dieser Verordnung auf die geografische Lage der einzelnen Betriebe beschränken, in denen die Rinder aufgezogen wurden, und es sollten keine Geolokalisierungsinformationen für die Futtermittel selbst erforderlich sein. Wenn die zuständigen Behörden einschlägige Informationen, einschließlich Informationen auf der Grundlage begründeter Bedenken Dritter, erlangen oder davon in Kenntnis gesetzt werden, dass die Futtermittel möglicherweise gegen diese Verordnung verstoßen, sollte die zuständige Behörde unverzüglich ausführliche Informationen zu diesen Futtermitteln anfordern. Unterlagen die Futtermittel bereits auf einer früheren Stufe der Lieferkette der Sorgfaltspflicht, so sollten die Marktteilnehmer die einschlägigen Rechnungen und/oder Referenznummern der jeweiligen Sorgfaltserklärungen oder alle sonstigen einschlägigen Unterlagen, aus denen hervorgeht, dass die Futtermittel aus entwaldungsfreier Erzeugung stammen, als diesbezüglichen Nachweis verwenden und sie könnten verpflichtet werden, diese Nachweise den zuständigen Behörden auf Verlangen zur Verfügung zu stellen. Der Nachweis sollte die Lebensdauer der Tiere bis zu einem Zeitraum von höchstens fünf Jahren abdecken.

(40) Im Hinblick darauf, dass die Verwendung von rezyklierten relevanten Rohstoffen und Erzeugnissen gefördert werden sollte und dass die Aufnahme solcher Rohstoffe und Erzeugnisse in den Anwendungsbereich dieser Verordnung den Marktteilnehmern einen unangemessenen Aufwand zumuten würde, sollten gebrauchte Rohstoffe und Erzeugnisse, die das Ende ihres Lebenszyklus erreicht haben und andernfalls als Abfall gemäß Artikel 3 Nummer 1 der Richtlinie 2008/98/EG des Europäischen Parlaments und

des Rates [10] entsorgt würden, vom Anwendungsbereich dieser Verordnung ausgenommen werden. Dies sollte jedoch nicht für bestimmte Nebenprodukte aus dem Herstellungsprozess gelten.

(41) Diese Verordnung sollte Verpflichtungen in Bezug auf relevante Rohstoffe und Erzeugnisse festlegen, um die Entwaldung und Waldschädigung wirksam zu bekämpfen und entwaldungsfreie Lieferketten zu fördern und dabei zugleich den Schutz der Menschenrechte und die Rechte indigener Völker und lokaler Gemeinschaften sowohl in der Union als auch in Drittländern zu berücksichtigen.

(42) Bei der Bewertung des Risikos der Nichtkonformität relevanter Rohstoffe und Erzeugnisse, die in Verkehr gebracht oder ausgeführt werden sollen, sollten Menschenrechtsverletzungen im Zusammenhang mit Entwaldung oder Waldschädigung, darunter auch die Verletzung der Rechte indigener Völker und lokaler Gemeinschaften sowie gewohnheitsmäßiger Landbesitzrechte, berücksichtigt werden.

(43) Viele internationale Organisationen und Gremien, wie etwa die FAO, der IPCC, das Umweltprogramm der Vereinten Nationen und die Internationale Union für die Erhaltung der Natur, haben sich mit dem Bereich der Entwaldung und Waldschädigung befasst und internationale Übereinkommen, wie das Übereinkommen von Paris und das CBD, sind in jenem Bereich geschlossen worden; die Begriffsbestimmungen in dieser Verordnung stützen sich auf diese Arbeit.

(44) In dieser Verordnung muss auch das Problem der Waldschädigung behandelt werden. Die Bestimmung des Begriffs „Waldschädigung“ sollte auf international vereinbarten Konzepten beruhen und sicherstellen, dass die damit verbundenen Verpflichtungen von den Marktteilnehmern und den zuständigen Behörden leicht erfüllt werden können. Die genannten Verpflichtungen sollten operativ messbar und überprüfbar sowie klar und eindeutig sein, um für Rechtssicherheit zu sorgen. Vor diesem Hintergrund sollte die vorliegende Verordnung auf die wichtigsten Elemente der Waldschädigung abstellen, die messbar und überprüfbar und — gestützt auf die aktuellsten wissenschaftlichen Daten — für die Vermeidung von Auswirkungen auf die Umwelt besonders relevant sind. Daher sollte die Bestimmung des Begriffs Waldschädigung auf international vereinbarten Konzepten aufbauen, die von der FAO definiert werden. Die Bestimmung des Begriffs „Waldschädigung“ sollte gemäß dieser Verordnung überprüft werden, um zu bewerten, ob sie auf weitere Ursachen der Waldschädigung und auf Waldökosysteme weltweit ausgeweitet werden sollte, um die Umweltziele dieser Verordnung weiter zu fördern, wobei die im Rahmen internationaler Beratungen zu diesem Thema erzielten Fortschritte ebenso berücksichtigt werden müssen wie die Vielfalt der Waldökosysteme und der forstwirtschaftlichen Praktiken weltweit. Die Überprüfung sollte auf der Grundlage einer eingehenden Analyse in enger Zusammenarbeit mit den Mitgliedstaaten und nach Konsultation einschlägiger Interessenträger, internationaler Organisationen und Einrichtungen sowie der Wissenschaftsgemeinschaft erfolgen.

(45) Diese Verordnung sollte für ein ausgewogenes Verhältnis zwischen dem Schutz des berechtigten Vertrauens der Marktteilnehmer und Händler, die die relevanten Rohstoffe und Erzeugnisse in Verkehr bringen oder ausführen, wobei plötzliche Unterbrechungen der Lieferketten zu minimieren sind, und dem in Artikel 37 der Grundrechtecharta der Europäischen Union niedergelegten Grundrecht auf Umweltschutz sorgen. Zu diesem Zweck sollte ein Stichtag festgelegt werden, der als Grundlage für die Bewertung dient, ob die betreffenden Flächen Entwaldung oder Waldschädigung erfahren haben, sodass keine Rohstoffe und Erzeugnisse, die unter diese Verordnung fallen, in Verkehr gebracht oder ausgeführt werden können, wenn sie nach diesem Stichtag auf Flächen erzeugt wurden, die von Entwaldung oder Waldschädigung betroffen sind.

(46) Der Stichtag sollte den bestehenden internationalen Verpflichtungen der SDG und der New Yorker Erklärung über Wälder entsprechen, mit denen die Ziele verfolgt werden, bis 2020 die Entwaldung zu beenden, geschädigte Wälder wiederherzustellen und die Aufforstung und Wiederaufforstung weltweit beträchtlich zu erhöhen, und er sollte somit auf den 31. Dezember 2020 festgelegt werden. Dieses Datum steht auch im Einklang mit der Ankündigung der Absicht der Kommission in ihrer Mitteilung mit dem Titel „Intensivierung der EU-Maßnahmen zum Schutz und zur Wiederherstellung der Wälder in der Welt“, dem europäischen Grünen Deal, der EU-Biodiversitätsstrategie für 2030 sowie der Vom Hof auf den Tisch Strategie, die Entwaldung zu bekämpfen. Im Einklang mit dem Vorsorgeprinzip liegt der im Kommissionsvorschlag für diese Verordnung angegebene Stichtag vor dem Datum des Inkrafttretens dieser Verordnung. Der Stichtag wurde gewählt, um eine erwartete Beschleunigung der Aktivitäten, die zu Entwaldung und Waldschädigung führen, zwischen der Ankündigung im Kommissionsvorschlag und dem Inkrafttreten dieser Verordnung zu verhindern. Diese Verordnung sollte dem angestrebten Umweltziel Rechnung tragen und den vorgeschlagenen Stichtag bestätigen, damit gewährleistet ist, dass es Erzeugern und Marktteilnehmern, die während der Verhandlungen über diese Verordnung Entwaldung und Waldschädigung verursacht haben, nicht gestattet ist, die betreffenden relevanten Rohstoffe und relevanten Erzeugnisse in Verkehr zu bringen oder auszuführen.

(47) Die Beschränkungen für die Ausübung der Grundrechte und den Schutz des berechtigten Vertrauens der Marktteilnehmer und Händler, die sich aus der Wahl des Stichtags ergeben, sollten verhältnismäßig und unbedingt notwendig für die Verfolgung des im Allgemeininteresse liegenden Ziels des Schutzes der Umwelt sein. Um zu diesem Ziel beizutragen, sollte diese Verordnung nicht für relevante Rohstoffe und relevante Erzeugnisse gelten, die vor dem Datum des Inkrafttretens dieser Verordnung erzeugt wurden. Der spätere Geltungsbeginn von Bestimmungen dieser Verordnung, die die Verpflichtungen von Marktteilnehmern und Händlern regeln, die ihre relevanten Rohstoffe und relevanten Erzeugnisse in Verkehr bringen oder ausführen wollen, räumt diesen Personen auch einen angemessenen Zeitraum für die Anpassung an die neuen Anforderungen dieser Verordnung ein.

(48) Um den Beitrag der Union zur Eindämmung der Entwaldung und Waldschädigung zu verstärken und sicherzustellen, dass relevante Erzeugnisse aus Lieferketten in Verbindung mit Entwaldung und Waldschädigung nicht auf dem Markt in Verkehr gebracht oder ausgeführt werden, sollten relevante Erzeugnisse weder auf dem Markt in Verkehr gebracht oder bereitgestellt noch ausgeführt werden, es sei denn, sie sind entwaldungsfrei und wurden im Einklang mit den einschlägigen Rechtsvorschriften des Erzeugerlandes erzeugt. Um zu bestätigen, dass dies der Fall ist, sollte ihnen stets eine Sorgfaltserklärung beigefügt werden.

(49) Auf der Grundlage eines systemischen Ansatzes sollten die Marktteilnehmer geeignete Maßnahmen einleiten, um sicherzustellen, dass die relevanten Erzeugnisse, die sie in Verkehr bringen wollen, den Entwaldungs- und Legalitätsanforderungen dieser Verordnung entsprechen. Zu diesem Zweck sollten die Marktteilnehmer Sorgfaltspflichtregelungen schaffen und umsetzen. Diese Sorgfaltspflichtregelungen sollten drei Elemente umfassen, nämlich Informationsanforderungen, Risikobewertung und Maßnahmen zur Risikominderung, ergänzt um Berichtspflichten. Die Sorgfaltspflichtregelungen sollten so gestaltet sein, dass sie den Zugang zu Informationen über die Quellen und Lieferanten der Rohstoffe und Erzeugnisse, die in Verkehr gebracht werden, ermöglichen, einschließlich Informationen, die belegen, dass keine Entwaldung oder Waldschädigung vorliegt und dass die Legalitätsanforderungen erfüllt sind, unter anderem durch Angabe des Erzeugerlandes oder dessen Landesteile und einschließlich der Koordinaten der Geolokalisierung relevanter Grundstücke. Für diese Koordinaten der Geolokalisierung, die auf Zeitplanung, Ortung und/oder Erdbeobachtung beruhen, könnten Weltraumdaten und -dienste genutzt werden, die im Rahmen des Weltraumprogramms der Union (EGNOS/Galileo und Copernicus) bereitgestellt werden. Die Marktteilnehmer sollten auf der Grundlage dieser Informationen eine Risikobewertung vornehmen. Wird ein Risiko festgestellt, so sollten die Marktteilnehmer dieses Risiko mindern, um kein oder nur ein vernachlässigbares Risiko zu erreichen. Dem Marktteilnehmer sollte es nur gestattet werden, relevante Erzeugnisse in Verkehr zu bringen oder sie auszuführen, wenn der Marktteilnehmer nach Erfüllung der Sorgfaltspflicht zu dem Schluss gelangt, dass kein oder lediglich ein vernachlässigbares Risiko dahin gehend besteht, dass die relevanten Erzeugnisse gegen diese Verordnung verstoßen.

(50) Beim Bezug von Erzeugnissen sollten zumutbare Anstrengungen unternommen werden, um sicherzustellen, dass die Erzeuger, insbesondere Kleinbauern, einen fairen Preis erhalten, damit ein existenzsicherndes Einkommen ermöglicht und Armut als eine der Ursachen der Entwaldung wirksam bekämpft wird.

(51) Die Marktteilnehmer sollten die Verantwortung für die Konformität der relevanten Erzeugnisse, die sie in Verkehr bringen oder ausführen wollen, förmlich übernehmen, indem sie Sorgfaltserklärungen zur Verfügung stellen. In dieser Verordnung sollte ein Muster für solche Erklärungen vorgesehen werden. Diese Sorgfaltserklärungen dürften die Durchsetzung dieser Verordnung durch die zuständigen Behörden und Gerichte erleichtern und die Einhaltung durch die Marktteilnehmer verbessern.

(52) Um bewährte Verfahren anzuerkennen, können Zertifizierungssysteme oder andere von Dritten überprüfte Systeme im Rahmen des Risikobewertungsverfahrens verwendet werden. Diese sollten jedoch die Verantwortung des Marktteilnehmers in Bezug auf die Sorgfaltspflicht nicht ersetzen.

(53) Die Händler sollten dafür verantwortlich sein, Informationen zu sammeln und aufzubewahren, um für Transparenz in Bezug auf die Lieferkette der relevanten Erzeugnisse, die sie auf dem Markt bereitstellen, zu sorgen. Nicht-KMU-Händler haben erheblichen Einfluss auf die Lieferketten und spielen eine wichtige Rolle dabei, sicherzustellen, dass diese Lieferketten entwaldungsfrei sind. Sie sollten daher die gleichen Verpflichtungen wie die Marktteilnehmer haben, die Verantwortung für die Konformität der relevanten Erzeugnisse mit dieser Verordnung tragen und vor der Bereitstellung der relevanten Erzeugnisse auf dem Markt gewährleisten, dass sie nach Erfüllung der Sorgfaltspflicht gemäß dieser Verordnung zu dem Schluss gelangt sind, dass kein oder lediglich ein vernachlässigbares Risiko dahingehend besteht, dass die relevanten Erzeugnisse gegen diese Verordnung verstoßen.

(54) Um die Transparenz zu fördern und die Durchsetzung zu erleichtern, sollten Marktteilnehmer, die nicht in die Kategorien KMU, Kleinstun-

ternehmen oder natürliche Personen fallen, jährlich öffentlich über ihre Sorgfaltspflichtregelung Bericht erstatten, einschließlich über die zur Erfüllung ihrer Verpflichtungen eingeleiteten Maßnahmen.

(55) Die Marktteilnehmer sollten in der Lage sein, begründete Bedenken von interessierten Parteien zu erfassen, einschließlich auf elektronischem Wege, und sollten allen erfassten begründeten Bedenken sorgfältig nachgehen.

(56) Andere Rechtsakte der Union, die Anforderungen an die Sorgfaltspflicht in der Wertschöpfungskette in Bezug auf nachteilige Auswirkungen auf die Menschenrechte oder die Umwelt vorsehen, sollten insoweit Anwendung finden, als es in dieser Verordnung keine spezifischen Bestimmungen mit demselben Ziel, derselben Art und derselben Wirkung gibt, die im Lichte künftiger Änderungen von Rechtsakten der Union angepasst werden können. Die Existenz dieser Verordnung sollte die Anwendung anderer Rechtsakte der Union, in denen Anforderungen an die Sorgfaltspflicht in der Wertschöpfungskette festgelegt sind, nicht ausschließen. Sehen solche anderen Rechtsakte der Union spezifischere Bestimmungen vor oder fügen sie Anforderungen zu den Bestimmungen dieser Verordnung hinzu, so sollten diese Bestimmungen in Verbindung mit den Bestimmungen dieser Verordnung angewandt werden. Darüber hinaus sollten in Fällen, in denen diese Verordnung spezifischere Bestimmungen enthält, diese nicht so ausgelegt werden, dass die wirksame Anwendung anderer Rechtsakte der Union über die Sorgfaltspflicht oder die Verwirklichung ihres allgemeinen Ziels untergraben wird. Die Kommission sollte in der Lage sein, klare und leicht verständliche Leitlinien für die Einhaltung dieser Verordnung durch Marktteilnehmer und Händler — insbesondere KMU — herauszugeben.

(57) Die Wahrung der Rechte der indigenen Völker in Bezug auf Wälder und den FPIC-Grundsatz, wie unter anderem in der Erklärung der Vereinten Nationen über die Rechte der indigenen Völker verankert, trägt dazu bei, die biologische Vielfalt zu schützen, den Klimawandel einzudämmen und den damit einhergehenden Bedenken in Bezug auf Interessen der Öffentlichkeit Rechnung zu tragen. Indigene Völker besitzen ein traditionelles Wissen von ökologischem und medizinischem Wert und bieten sehr häufig ein Modell für die nachhaltige Nutzung von Waldressourcen. Dies kann zur In-situ-Erhaltung im Einklang mit den Bestrebungen des CBD beitragen. Darüber hinaus geht aus Studien hervor, dass indigenen Waldvölkern bei der Bekämpfung des Klimawandels eine zweifache Rolle zukommt: Zum einen wehren sie sich gegen die Inbesitznahme und Entwaldung der Landflächen, die sie seit Generationen bewohnen, und zum anderen betrachten einige indigene Gemeinschaften es als ihre Verantwortung, die Wälder zu schützen, um den Klimawandel einzudämmen.

(58) Die Grundsätze der Rio-Erklärung der Vereinten Nationen über Umwelt und Entwicklung von 1992, insbesondere Grundsatz 10, der die Bedeutung der öffentlichen Bewusstseinsbildung und die Beteiligung der Öffentlichkeit in Umweltfragen betrifft, und Grundsatz 22 in Bezug auf die grundlegende Rolle der indigenen Bevölkerung bei der Bewirtschaftung und Entwicklung der Umwelt sind im Zusammenhang mit der Gewährleistung nachhaltiger Waldbewirtschaftung von Bedeutung.

(59) Das FPIC-Konzept der indigenen Bevölkerung wurde im Laufe der Jahre seit der Annahme des Übereinkommens über eingeborene und in Stämmen lebende Völker in unabhängigen Ländern der Internationalen Arbeitsorganisation von 1989 (Nr. 169) weiterentwickelt und spiegelt sich in der Erklärung der Vereinten Nationen über die Rechte der indigenen Völker wider. Es ist darauf angelegt, als Gewährleistung dafür zu dienen, dass die potenziellen Auswirkungen auf indigene Völker im Rahmen der Entscheidungsprozesse über Projekte, die sie betreffen, stets berücksichtigt werden.

(60) Marktteilnehmer, die in den Anwendungsbereich anderer Rechtsakte der Union fallen, in denen Anforderungen an die Sorgfaltspflicht in der Wertschöpfungskette in Bezug auf nachteilige Auswirkungen auf die Menschenrechte oder die Umwelt festgelegt sind, sollten in der Lage sein, die Berichterstattungspflichten gemäß dieser Verordnung zu erfüllen, indem sie die erforderlichen Informationen in die Berichterstattung im Rahmen des anderen Rechtsakte der Union aufnehmen.

(61) Die Verantwortung für die Durchsetzung dieser Verordnung sollte bei den Mitgliedstaaten liegen, und die zuständigen Behörden der Mitgliedstaaten sollten sicherstellen, dass dieser Verordnung uneingeschränkt entsprochen wird. Eine einheitliche Durchsetzung dieser Verordnung in Bezug auf relevante Erzeugnisse, die auf den Markt gelangen oder diesen verlassen, kann nur durch einen systematischen Informationsaustausch und eine Zusammenarbeit zwischen den zuständigen Behörden, den Zollbehörden und der Kommission erreicht werden.

(62) Die wirksame und effiziente Umsetzung und Durchsetzung dieser Verordnung sind für die Verwirklichung ihrer Ziele von wesentlicher Bedeutung. Zu diesem Zweck sollte die Kommission ein Informationssystem einrichten und verwalten, das die Marktteilnehmer und die zuständigen Behörden bei der Vorlage der und beim Zugang zu den erforderlichen Informationen über die in

Verkehr gebrachten relevanten Erzeugnisse unterstützt. Die Marktteilnehmer sollten die Sorgfaltserklärungen an das Informationssystem übermitteln. Das Informationssystem sollte den zuständigen Behörden und den Zollbehörden zugänglich sein, um diesen die Erfüllung ihrer Verpflichtungen im Rahmen dieser Verordnung zu erleichtern, und es sollte den Informationsaustausch zwischen den Mitgliedstaaten, den zuständigen Behörden und den Zollbehörden ermöglichen. Die geschäftlich nicht sensiblen Daten sollten auch für eine breitere Öffentlichkeit zugänglich sein, wobei die Daten — mit Ausnahme der Informationen, die die Liste der endgültigen Gerichtsurteile gegen juristische Personen infolge von Verstößen gegen diese Verordnung und die gegen diese Personen verhängten Sanktionen betreffen — anonymisiert und im Einklang mit der in der Richtlinie (EU) 2019/1024 des Europäischen Parlaments und des Rates [(11)] festgelegten Politik des offenen Datenzugangs der Union in einem offenen und maschinenlesbaren Format bereitgestellt werden sollten.

(63) Im Hinblick auf die relevanten Erzeugnisse, die auf den Markt gelangen oder diesen verlassen, sollten die zuständigen Behörden beauftragt werden, die Konformität relevanter Erzeugnisse mit dieser Verordnung unter anderem auf der Grundlage der von den Marktteilnehmern übermittelten Sorgfaltserklärungen zu überprüfen. Die Aufgabe des Zolls sollte darin bestehen, sicherzustellen, dass gegebenenfalls in der Zollanmeldung auf eine Sorgfaltserklärung verwiesen wird. Darüber hinaus sollten die Zollbehörden ab dem Zeitpunkt, an dem die elektronische Schnittstelle für den Austausch von Informationen zwischen den Zollbehörden und den zuständigen Behörden eingerichtet wurde, den Status der Sorgfaltserklärung überprüfen, nachdem die zuständigen Behörden eine erste Risikoanalyse im Informationssystem durchgeführt haben. Die Zollbehörden sollten geeignete Maßnahmen ergreifen, wie etwa einen relevanten Rohstoff oder ein relevantes Erzeugnis auf der Grundlage des Status der Erklärung zur Sorgfaltspflicht im Informationssystem auszusetzen oder abzulehnen, wenn sie auf der Grundlage des Status der Sorgfaltserklärungen im Informationssystem darum ersucht werden. Durch diese spezifische Organisation der Kontrollen wird die Anwendbarkeit von Kapitel VII der Verordnung (EU) 2019/1020 des Europäischen Parlaments und des Rates [(12)] aufgehoben, soweit sie die Anwendung und Durchsetzung der vorliegenden Verordnung betrifft.

(64) Die Mitgliedstaaten sollten gewährleisten, dass stets entsprechende finanzielle Mittel für die angemessene Ausstattung der zuständigen Behörden mit Ressourcen und Personal bereitstehen. Ein hohes Maß an Ressourcen ist erforderlich, um wirksame Kontrollen durchzuführen, und stabile Ressourcen sollten in einer Höhe zur Verfügung gestellt werden, die den Durchsetzungserfordernissen zum jeweiligen Zeitpunkt entspricht. Die Mitgliedstaaten sollten die Möglichkeit haben, die öffentlichen Finanzmittel durch Rückforderung der Kosten von den jeweiligen Marktteilnehmern zu ergänzen, die bei der Durchführung der Kontrollen im Zusammenhang mit relevanten Rohstoffen und Erzeugnissen entstehen, deren Nichtkonformität festgestellt wurde.

(65) Diese Verordnung lässt andere Rechtsakte der Union über Waren und Erzeugnisse, die auf den Markt gelangen oder diesen verlassen, insbesondere die Bestimmungen der Verordnung (EU) Nr. 952/2013 des Europäischen Parlaments und des Rates [(13)] in Bezug auf die Befugnisse der Zollbehörden und die Zollkontrollen, unberührt. Einführer sollten daran erinnert werden, dass die Artikel 220, 254, 256, 257 und 258 jener Verordnung vorsehen, dass auf den Markt gelangende Produkte, die eine weitere Verarbeitung erfordern, in das entsprechende Zollverfahren überführt werden, das eine solche Verarbeitung erlaubt. Grundsätzlich sollte die Überlassung zum zollrechtlich freien Verkehr oder zur Ausfuhr nicht als Nachweis für die Konformität mit dem Unionsrecht gelten, weil diese Überlassung nicht zwangsläufig eine vollständige Konformitätskontrolle umfasst.

(66) Um den Prozess der Kontrolle, auch durch Minimierung des Verwaltungsaufwands, für relevante Erzeugnisse, die auf den Markt gelangen oder diesen verlassen, zu optimieren, muss eine interoperable elektronische Schnittstelle eingerichtet werden, die eine automatische Datenübertragung zwischen den Zollsystemen und dem Informationssystem der zuständigen Behörden ermöglicht. Die Single-Window-Umgebung der Europäischen Union für den Zoll bietet sich naturgemäß für die Ermöglichung solcher Datenübermittlungen an. Die Schnittstelle sollte in hohem Maße automatisiert und benutzerfreundlich sein, und die Verfahren für die Zollbehörden und die Marktteilnehmer erleichtern. Darüber hinaus ist es angesichts der begrenzten Unterschiede zwischen den Daten, die den Zollbehörden zur Verfügung zu stellen sind und den in der Sorgfaltserklärung anzugebenden Daten angemessen, auch einen „Unternehmen zu Verwaltung-Ansatz" vorzuschlagen, bei dem Händler und Wirtschaftsbeteiligte die Sorgfaltserklärung für ein relevantes Erzeugnis über die nationale Single-Window-Umgebung für den Zoll zur Verfügung stellen und diese Erklärung automatisch an das von den zuständigen Behörden verwendete Informationssystem gemäß dieser Verordnung übermittelt wird. Die Zollbehörden und die zuständigen Behörden sollten zur Festlegung der zu übermittelnden Daten und sonstiger technischer Anforderungen beitragen.

(67) Das Risiko, dass nicht konforme Erzeugnisse in Verkehr gebracht oder ausgeführt werden,

hängt von den jeweiligen Rohstoffen und Erzeugnissen sowie von ihrem Ursprungs- und Erzeugerland oder deren Landesteilen ab. Marktteilnehmer, die Rohstoffe und Erzeugnisse aus Ländern oder Landesteilen beziehen, die ein geringes Risiko dahingehend aufweisen, dass der Anbau, die Ernte oder die Erzeugung relevanter Rohstoffe dort unter Verstoß gegen diese Verordnung erfolgt, sollten weniger Verpflichtungen unterliegen, wodurch die Befolgungskosten und der Verwaltungsaufwand verringert werden, es sei denn, der Marktteilnehmer hat Kenntnis davon oder Grund zu der Annahme, dass das Risiko eines Verstoßes gegen diese Verordnung besteht. Erlangt eine zuständige Behörde Kenntnis von einem Risiko dahingehend, dass diese Verordnung umgangen wird, beispielsweise wenn ein relevanter Rohstoff oder ein relevantes Erzeugnis in einem Land mit hohem Risiko erzeugt wurde und anschließend in einem Land mit geringem Risiko oder dessen Landesteilen verarbeitet wird, aus dem es in Verkehr gebracht wird, auf den Markt gelangt oder ihn verlässt, während aus der Sorgfaltserklärung oder der Zollanmeldung hervorgeht, dass der relevante Rohstoff oder das relevante Erzeugnis in einem Land mit geringem Risiko erzeugt wurde, so sollte die zuständige Behörde durch weitere Kontrollen prüfen, ob ein Verstoß vorliegt, und erforderlichenfalls geeignete Maßnahmen ergreifen, wie etwa eine Beschlagnahmung der relevanten Rohstoffe oder des relevanten Erzeugnisses und eine Aussetzung des Inverkehrbringens oder der Ausfuhr des relevanten Rohstoffes oder des relevanten Erzeugnisses, sowie zusätzliche Kontrollen durchführen. Die zuständigen Behörden sollten verpflichtet sein für relevante Rohstoffe und relevante Erzeugnisse aus Ländern mit hohem Risiko oder Teilen dieser Länder eine verstärkte Kontrolle durchzuführen.

(68) Darüber hinaus sollte die Kommission das Risiko der Entwaldung und Waldschädigung in einem Land oder in Teilen eines Landes anhand einer Reihe von Kriterien bewerten, die sowohl quantitativen, objektiven und international anerkannten Daten als auch Hinweisen darauf Rechnung tragen, dass sich die Länder aktiv für die Bekämpfung von Entwaldung und Waldschädigung einsetzen. Solche Benchmarking-Informationen sollten es den Marktteilnehmern in der Union erleichtern, die Sorgfaltspflicht zu erfüllen, den zuständigen Behörden die Überwachung und Durchsetzung der Konformität erleichtern und gleichzeitig den Erzeugerländern einen Anreiz bieten, die Nachhaltigkeit ihrer landwirtschaftlichen Erzeugungssysteme zu verbessern und ihre Auswirkungen auf die Entwaldung zu verringern. Dies dürfte dabei helfen, die Lieferketten transparenter und nachhaltiger zu gestalten. Das Benchmarking-System sollte auf einem dreistufigen System zur Einstufung von Ländern als Länder mit geringem, normalem oder hohem Risiko beruhen. Um für angemessene Transparenz und Klarheit zu sorgen, sollte die Kommission insbesondere die für das Benchmarking-System verwendeten Daten, die Gründe für die vorgeschlagene Änderung der Einstufung und die Antwort des betreffenden Landes öffentlich zugänglich machen. Bei relevanten Erzeugnissen aus Ländern mit geringem Risiko oder deren Landesteilen sollte es den Marktteilnehmern gestattet sein, eine vereinfachte Sorgfaltspflicht zu erfüllen. Bei relevanten Erzeugnissen aus Ländern mit hohem Risiko oder deren Landesteilen sollten die zuständigen Behörden verpflichtet werden eine verstärkte Kontrolle durchzuführen. Der Kommission sollte die Befugnis übertragen werden, Durchführungsrechtsakte zu erlassen, um die Liste derjenigen Länder oder deren Landesteile festzulegen, die ein geringes oder hohes Risiko aufweisen.

(69) Die Kommission sollte mit Ländern, die als Länder mit hohem Risiko eingestuft wurden oder werden könnten, und mit relevanten Interessenträgern in diesen Ländern zusammenarbeiten, um auf eine Senkung des Risikoniveaus hinzuwirken.

(70) Die zuständigen Behörden sollten im Rahmen regelmäßiger Kontrollen der Marktteilnehmer und Händler überprüfen, dass diese die in dieser Verordnung festgelegten Verpflichtungen tatsächlich einhalten. Des Weiteren sollten die zuständigen Behörden Kontrollen auf der Grundlage relevanter Informationen vornehmen, die sich in ihrem Besitz befinden, einschließlich begründeter Bedenken Dritter. Die zuständigen Behörden sollten bei der Festlegung der durchzuführenden Kontrollen einen risikobasierten Ansatz verfolgen. Bezüglich relevanter Erzeugnisse aus Ländern mit hohem Risiko oder aus deren Landesteilen, bezüglich der jeweiligen Marktteilnehmer und Händler sowie bezüglich ihres Anteils an relevanten Rohstoffen und relevanten Erzeugnissen sollte ein doppelter Ansatz angewandt werden, der eine umfassende Abdeckung bietet. Die zuständigen Behörden sollten demnach verpflichtet sein, einen bestimmten Prozentsatz der Marktteilnehmer und Händler zu kontrollieren, wobei auch ein bestimmter Prozentsatz der relevanten Erzeugnisse zu erfassen ist. Bei relevanten Erzeugnissen aus Ländern mit geringem oder normalem Risiko oder aus deren Landesteilen sollten die zuständigen Behörden verpflichtet sein, zumindest einen bestimmten Prozentsatz der Marktteilnehmer und Händler zu kontrollieren. Der Umfang der Kontrollen sollte für relevante Erzeugnisse aus Ländern mit hohem Risiko oder aus deren Landesteilen höher sein, wohingegen er für Länder mit geringem oder normalem Risiko oder für deren Landesteile niedriger sein könnte. Bei der Überprüfung dieser Verordnung sollte die Kommission quantifizierte Ziele für die von den zuständigen Behörden durchzuführenden jährlichen Kontrollen bewerten und festlegen, die geeignet

sind, die Durchsetzung dieser Verordnung und einen harmonisierten Ansatz in der gesamten Union sicherzustellen.

(71) Die von den zuständigen Behörden bei den Marktteilnehmern und Händlern durchgeführten Kontrollen sollten sich auf die Sorgfaltspflichtregelungen und die Konformität der relevanten Erzeugnisse mit dieser Verordnung erstrecken. Die Kontrollen sollten auf einem risikobasierten Plan beruhen, der Risikokriterien enthält, die es den zuständigen Behörden ermöglichen, eine Risikoanalyse der von Marktteilnehmern und Händlern übermittelten Sorgfaltserklärungen durchzuführen. Die Risikokriterien sollten das Risiko der Entwaldung im Zusammenhang mit relevanten Rohstoffen im Erzeugerland, die bisherigen Verstöße gegen die Verpflichtungen dieser Verordnung durch Marktteilnehmer und Händler sowie alle übrigen einschlägigen Informationen, die den zuständigen Behörden vorliegen, berücksichtigen. Die Risikoanalyse von Sorgfaltserklärungen sollte es den zuständigen Behörden ermöglichen, diejenigen der Marktteilnehmer, Händler und relevanten Erzeugnisse festzustellen, die überprüft werden müssen. Diese Risikoanalyse sollte mithilfe elektronischer Datenverarbeitungstechniken in dem Informationssystem, an das die Sorgfaltserklärungen übermittelt werden, durchgeführt werden. Falls notwendig und technisch möglich, sollten die zuständigen Behörden nach Konsultation und in enger Zusammenarbeit mit den Behörden von Drittländern auch in der Lage sein, Kontrollen vor Ort durchzuführen.

(72) Ergibt die Risikoanalyse der Sorgfaltserklärungen ein hohes Risiko der Nichtkonformität bestimmter relevanter Erzeugnisse, so sollten die zuständigen Behörden in der Lage sein, unverzüglich vorläufige Maßnahmen zu ergreifen, um zu verhindern, dass diese Erzeugnisse in Verkehr gebracht, auf dem Markt bereitgestellt oder ausgeführt werden. Falls solche relevanten Erzeugnisse auf den Markt gelangen oder diesen verlassen, sollten die zuständigen Behörden die Zollbehörden ersuchen, die Überlassung zum zollrechtlich freien Verkehr oder die Ausfuhr auszusetzen, damit die zuständigen Behörden die erforderlichen Kontrollen durchführen können. Solche Ersuchen sollten über das Schnittstellensystem zwischen den Zollbehörden und den zuständigen Behörden übermittelt werden. Die Aussetzung des Inverkehrbringens oder der Bereitstellung auf dem Markt, der Überlassung zum zollrechtlich freien Verkehr oder der Ausfuhr sollte auf drei Arbeitstage bzw. im Falle verderblicher relevanter Erzeugnisse auf 72 Stunden begrenzt werden, es sei denn, die zuständigen Behörden benötigen mehr Zeit, um die Konformität der relevanten Rohstoffe und Erzeugnisse mit dieser Verordnung zu prüfen. In diesen Fällen sollten die zuständigen Behörden zusätzliche vorläufige Maßnahmen ergreifen, um den Aussetzungszeitraum zu verlängern, oder — im Falle relevanter Erzeugnisse, die auf den Markt gelangen oder diesen verlassen — eine solche Verlängerung bei den Zollbehörden beantragen.

(73) Die zuständigen Behörden sollten ihre Kontrollpläne regelmäßig unter Berücksichtigung der Ergebnisse ihrer Umsetzung aktualisieren. Marktteilnehmer, die durchgehend Konformität nachweisen können, könnten weniger häufig kontrolliert werden.

(74) Um die Durchführung und wirksame Durchsetzung dieser Verordnung zu gewährleisten, sollten die Mitgliedstaaten befugt sein, nichtkonforme Erzeugnisse zurückzunehmen und zurückzurufen und geeignete Abhilfemaßnahmen zu ergreifen. Sie sollten außerdem sicherstellen, dass Verstöße gegen diese Verordnung durch Marktteilnehmer und Händler angemessenen und abschreckenden Sanktionen unterliegen.

(75) Um die Rechenschaftspflicht für Marktteilnehmer und Händler zu erhöhen, sollte die Kommission auf ihrer Website die Liste der gegen juristische Personen verhängten endgültigen Urteile infolge von Verstößen gegen diese Verordnung und die gegen diese Personen verhängten Sanktionen veröffentlichen. Diese Informationen könnten für die zuständigen Behörden und die anderen Marktteilnehmer und Händler bei ihren Risikobewertungen hilfreich sein und das Bewusstsein der Verbraucher und der Zivilgesellschaft in Bezug auf Marktteilnehmer und Händler, die gegen diese Verordnung verstoßen, stärken.

(76) Für die Umsetzung dieser Verordnung sind ausreichende Ressourcen und Kapazitäten erforderlich. In diesem Zusammenhang sollten die Mitgliedstaaten zusätzlich zu den nationalen Ressourcen so weit wie möglich die Unterstützungsangebote und -möglichkeiten nutzen, die auf Unionsebene und durch andere Mittel, einschließlich Kohäsionsfonds und Instrumente zum Kapazitätsaufbau, insbesondere im Rahmen des Instruments für technische Unterstützung, das mit der Verordnung (EU) 2021/240 des Europäischen Parlaments und des Rates [(14)] geschaffen wurde, zur Verfügung stehen.

(77) Unter Berücksichtigung des internationalen Charakters der Entwaldung, der Waldschädigung und des damit verbundenen Handels sollten die zuständigen Behörden untereinander und mit den Zollbehörden der Mitgliedstaaten, mit der Kommission sowie mit den Verwaltungsbehörden von Drittländern zusammenarbeiten. Die zuständigen Behörden sollten auch mit denjenigen Behörden zusammenarbeiten, die für die Überwachung und Durchsetzung anderer Rechtsakte der Union zuständig sind, in denen Anforderungen an die Sorgfaltspflicht in der Wertschöpfungskette in Bezug auf nachteilige Auswirkungen auf die Menschenrechte oder die Umwelt festgelegt sind.

(78) Nach ständiger Rechtsprechung des Gerichtshofs der Europäischen Union ist es Sache

der Gerichte der Mitgliedstaaten, den gerichtlichen Schutz der Rechte zu gewährleisten, die einer Person aus dem Unionsrecht erwachsen. Ferner sind die Mitgliedstaaten nach Artikel 19 Absatz 1 des Vertrags über die Europäische Union (EUV) verpflichtet, Rechtsbehelfe bereitzustellen, die ausreichen, um einen wirksamen Rechtsschutz in den vom Unionsrecht erfassten Bereichen zu gewährleisten. In diesem Zusammenhang sollten die Mitgliedstaaten sicherstellen, dass die Öffentlichkeit, einschließlich natürlicher oder juristischer Personen, die begründete Bedenken gemäß dieser Verordnung geltend machen, im Einklang mit den Verpflichtungen, die die Mitgliedstaaten als Vertragsparteien des Übereinkommens der Wirtschaftskommission der Vereinten Nationen für Europa (UN Economic Commission for Europe — UNECE) über den Zugang zu Informationen, die Öffentlichkeitsbeteiligung an Entscheidungsverfahren und den Zugang zu Gerichten in Umweltangelegenheiten vom 25. Juni 1998 (im Folgenden „Übereinkommen von Aarhus") eingegangen sind, Zugang zur Justiz erhält.

(79) Um sicherzustellen, dass diese Verordnung weiterhin relevant bleibt und im Einklang mit den Handelsentwicklungen und den wissenschaftlichen und technologischen Entwicklungen steht, sollte der Kommission die Befugnis übertragen werden, gemäß Artikel 290 AEUV Rechtsakte in Bezug auf die in Anhang I dieser Verordnung enthaltene Liste der KN Codes für relevante Erzeugnisse zu erlassen. Es ist von besonderer Bedeutung, dass die Kommission im Zuge ihrer Vorbereitungsarbeit angemessene Konsultationen, auch auf der Ebene von Sachverständigen, durchführt, die mit den Grundsätzen in Einklang stehen, die in der Interinstitutionellen Vereinbarung vom 13. April 2016 über bessere Rechtsetzung [(15)] niedergelegt wurden. Um insbesondere eine gleichberechtigte Beteiligung an der Ausarbeitung der delegierten Rechtsakte zu gewährleisten, erhalten das Europäische Parlament und der Rat alle Dokumente zur gleichen Zeit wie die Sachverständigen der Mitgliedstaaten, und ihre Sachverständigen haben systematisch Zugang zu den Sitzungen der Sachverständigengruppen der Kommission, die mit der Ausarbeitung der delegierten Rechtsakte befasst sind.

(80) Gemäß der Verordnung (EU) Nr. 995/2010 ist das Inverkehrbringen von Holz und Holzerzeugnissen aus illegalem Einschlag auf dem Unionsmarkt verboten. Sie sieht vor, dass Marktteilnehmer, die Holz erstmals in Verkehr bringen, die Sorgfaltspflicht erfüllen müssen, und dass Händler Aufzeichnungen über ihre Lieferanten und Kunden führen müssen. Die vorliegende Verordnung sollte die Verpflichtung beibehalten, die Legalität der relevanten Erzeugnisse, einschließlich Holz und Holzerzeugnissen, die in Verkehr gebracht werden, sicherzustellen, und sollte diese Verpflichtung um eine Anforderung der Nachhaltigkeit ergänzen. Die Verordnung (EU) Nr. 995/2010 und die dazugehörige Durchführungsverordnung (EU) Nr. 607/2012 [(16)] der Kommission werden daher durch die vorliegende Verordnung gegenstandslos und sollten aufgehoben werden. Holz und Holzerzeugnisse im Sinne von Artikel 2 Buchstabe a der Verordnung (EU) Nr. 995/2010 sind die Entsprechung von Holz und Holzerzeugnissen gemäß Anhang I der vorliegenden Verordnung, die gemäß dieser Verordnung Holz enthalten oder unter Verwendung von Holz hergestellt wurden.

(81) Mit der Verordnung (EG) Nr. 2173/2005 wird ein Genehmigungssystem im Rahmen des Aktionsplans „Rechtsdurchsetzung, Politikgestaltung und Handel im Forstsektor" (im Folgenden „FLEGT") für Holzeinfuhren in die Union eingerichtet. Das Genehmigungssystem wird über mit Holzerzeugerländern geschlossene freiwillige Partnerschaftsabkommen umgesetzt, die dem illegalen Holzeinschlag Einhalt gebieten und die Politikgestaltung im Forstsektor und den Handel in diesem Sektor verbessern sollen. Diese Verordnung sollte auf den bisherigen positiven Ergebnissen des FLEGT-Genehmigungssystem aufbauen, insbesondere was die stärkere Beteiligung von Interessenträgern und die bessere Politikgestaltung im Forstsektor anbelangt. In bestimmten Fällen könnten freiwillige Partnerschaftsabkommen diese Verordnung hinsichtlich der Legalität der Holzerzeugnisse ergänzen. Um die derzeitigen bilateralen Verpflichtungen zu erfüllen und die Fortschritte zu erhalten, die mit Partnerländern erzielt wurden, die über ein funktionierendes System verfügen (FLEGT-Genehmigungsstadium), und um — sofern zweckmäßig und entsprechend vereinbart — mit den aktuellen Partnern im Rahmen der Freiwilligen Partnerschaftsabkommen darauf hinzuarbeiten, dass sie dieses Stadium erreichen, sollte die vorliegende Verordnung eine Vorschrift enthalten, der zufolge Holz und Holzerzeugnisse, für die eine FLEGT-Genehmigung erteilt wurde, als der Legalitätsanforderung der Verordnung (EG) Nr. 2173/2005 entsprechend geltend.

(82) Die vorliegende Verordnung befasst sich zwar mit der Entwaldung und der Waldschädigung, wie in der Mitteilung mit dem Titel „Intensivierung der EU-Maßnahmen zum Schutz und zur Wiederherstellung der Wälder in der Welt" vorgesehen, der Schutz der Wälder sollte jedoch nicht zur Umwandlung oder Schädigung anderer natürlicher Ökosysteme führen. Ökosysteme, einschließlich bewirtschafteter Ökosysteme, wie Feuchtgebiete, Savannen und Torfgebiete sind für die weltweiten Anstrengungen zur Bekämpfung des Klimawandels und der Biodiversitätskrise sowie für weitere SDG von großer Bedeutung, und ihre Umwandlung oder Schädigung muss dringend gezielt bekämpft und verhindert werden. Angesichts des Fußabdrucks der Union in Bezug auf

natürliche Ökosysteme, bei denen es sich nicht um Wälder handelt, sollte die Kommission spätestens ein Jahr nach Inkrafttreten dieser Verordnung eine Bewertung im Hinblick auf eine Ausweitung des Anwendungsbereichs dieser Verordnung auf sonstige bewaldete Flächen vornehmen und gegebenenfalls einen entsprechenden Gesetzgebungsvorschlag vorlegen. Ferner sollte die Kommission spätestens zwei Jahre nach dem Inkrafttreten eine Bewertung im Hinblick auf eine Ausweitung des Anwendungsbereichs dieser Verordnung auf andere natürliche Ökosysteme, einschließlich sonstiger Flächen mit hohen Kohlenstoffbeständen und hohem Wert für die biologische Vielfalt, wie Grünland, Torf- und Feuchtgebiete, vornehmen und gegebenenfalls einen entsprechenden Gesetzgebungsvorschlag vorlegen. Die Ökosysteme stehen aufgrund der Erzeugung von Rohstoffen für den Unionsmarkt ebenfalls zunehmend unter dem Druck der Umwandlung und Schädigung. Die Kommission sollte außerdem spätestens zwei Jahre nach Inkrafttreten dieser Verordnung prüfen, ob deren Anwendungsbereich auf weitere Rohstoffe ausgeweitet werden muss, und ob dies umsetzbar ist. Gleichzeitig sollte die Kommission auch eine Überprüfung der in Anhang I dieser Verordnung enthaltenen Liste der KN-Codes der relevanten Erzeugnisse vornehmen.

(83) Unter Berücksichtigung der Forderung, die sowohl das Europäische Parlament in seiner Entschließung vom 22. Oktober 2020 zu einem EU-Rechtsrahmen zur Eindämmung und Umkehrung der von der EU verursachten weltweiten Entwaldung als auch die große Mehrheit der annähernd 1,2 Mio. Teilnehmer an der öffentlichen Konsultation der Kommission erhoben haben, sollte die Kommission den Schwerpunkt ihrer Bewertung und jedes künftigen Gesetzgebungsvorschlags auf die Ausweitung des Anwendungsbereichs dieser Verordnung auf Ökosysteme, bei denen es sich nicht um Wälder handelt, und deren Umwandlung und Schädigung legen.

(84) Ist die Verarbeitung personenbezogener Daten für die Zwecke dieser Verordnung notwendig, geschieht dies im Einklang mit dem Unionsrecht über den Schutz personenbezogener Daten. Jede Verarbeitung personenbezogener Daten im Rahmen dieser Verordnung fällt unter die Verordnung (EU) 2016/679 des Europäischen Parlaments und des Rates [17] bzw. die Verordnung (EU) 2018/1725 des Europäischen Parlaments und des Rates [18].

(85) Da das Ziel dieser Verordnung, nämlich die Bekämpfung der Entwaldung und Waldschädigung durch die Verringerung des Anteils des Unionsverbrauchs, von den Mitgliedstaaten nicht ausreichend verwirklicht werden kann, sondern vielmehr wegen ihres Umfangs besser auf Unionsebene zu verwirklichen ist, kann die Union im Einklang mit dem in Artikel 5 EUV niedergelegten Subsidiaritätsprinzip tätig werden. Entsprechend dem in demselben Artikel genannten Grundsatz der Verhältnismäßigkeit geht diese Verordnung nicht über das für die Verwirklichung dieses Ziels erforderliche Maß hinaus.

(86) Die Marktteilnehmer, die Händler und die zuständigen Behörden sollten über einen angemessenen Zeitraum verfügen, um sich auf die Einhaltung der Anforderungen dieser Verordnung vorbereiten zu können

HABEN FOLGENDE VERORDNUNG ERLASSEN:

---

(1) ABl. C 275 vom 18.7.2022, S. 88.

(2) Standpunkt des Europäischen Parlaments vom 19. April 2023 (noch nicht im Amtsblatt veröffentlicht) und Beschluss des Rates vom 16. Mai 2023.

(3) ABl. L 282 vom 19.10.2016, S. 4.

(4) Beschluss (EU) 2022/591 des Europäischen Parlaments und des Rates vom 6. April 2022 über ein allgemeines Umweltaktionsprogramm der Union für die Zeit bis 2030 (ABl. L 114 vom 12.4.2022, S. 22).

(5) Verordnung (EU) 2021/1119 des Europäischen Parlaments und des Rates vom 30. Juni 2021 zur Schaffung des Rahmens für die Verwirklichung der Klimaneutralität und zur Änderung der Verordnungen (EG) Nr. 401/2009 und (EU) 2018/1999 („Europäisches Klimagesetz“) (ABl. L 243 vom 9.7.2021, S. 1).

(6) Beschluss des Rates vom 25. Oktober 1993 über den Abschluss des Übereinkommens über die biologische Vielfalt (93/626/EWG) (ABl. L 309 vom 13.12.1993, S. 1).

(7) Verordnung (EU) Nr. 995/2010 des Europäischen Parlaments und des Rates vom 20. Oktober 2010 über die Verpflichtungen von Marktteilnehmern, die Holz und Holzerzeugnisse in Verkehr bringen (ABl. L 295 vom 12.11.2010, S. 23).

(8) Verordnung (EG) Nr. 2173/2005 des Rates vom 20. Dezember 2005 zur Einrichtung eines FLEGT-Genehmigungssystems für Holzeinfuhren in die Europäische Gemeinschaft (ABl. L 347 vom 30.12.2005, S. 1).

(9) Pendrill F., Persson U. M., Kastner, T. 2020. Deforestation risk embodied in production and consumption of agricultural and forestry commodities 2005-2017 (Version 1.0). Zenodo.

(10) Richtlinie 2008/98/EG des Europäischen Parlaments und des Rates vom 19. November 2008 über Abfälle und zur Aufhebung bestimmter Richtlinien (ABl. L 312 vom 22.11.2008, S. 3).

(11) Richtlinie (EU) 2019/1024 des Europäischen Parlaments und des Rates vom 20. Juni 2019 über offene Daten und die Weiterverwendung von Informationen des öffentlichen Sektors (ABl. L 172 vom 26.6.2019, S. 56).

(12) Verordnung (EU) 2019/1020 des Europäischen Parlaments und des Rates vom 20. Juni 2019 über Marktüberwachung und die Konformität von Produkten sowie zur Änderung der Richtlinie 2004/42/EG und der Verordnungen (EG) Nr. 765/2008 und (EU) Nr. 305/2011 (ABl. L 169 vom 25.6.2019, S. 1).

(13) Verordnung (EU) Nr. 952/2013 des Europäischen Parlaments und des Rates vom 9. Oktober 2013 zur Festlegung des

Zollkodex der Union (ABl. L 269 vom 10.10.2013, S. 1).
[14] Verordnung (EU) 2021/240 des Europäischen Parlaments und des Rates vom 10. Februar 2021 zur Schaffung eines Instruments für technische Unterstützung (ABl. L 57 vom 18.2.2021, S. 1).
[15] ABl. L 123 vom 12.5.2016, S. 1.
[16] Durchführungsverordnung (EU) Nr. 607/2012 der Kommission vom 6. Juli 2012 über die detaillierten Bestimmungen für die Sorgfaltspflichtregelung und die Häufigkeit und Art der Kontrollen der Überwachungsorganisationen gemäß der Verordnung (EU) Nr. 995/2010 des Europäischen Parlaments und des Rates über die Verpflichtungen von Marktteilnehmern, die Holz und Holzerzeugnisse in Verkehr bringen (ABl. L 177 vom 7.7.2012, S. 16).
[17] Verordnung (EU) 2016/679 des Europäischen Parlaments und des Rates vom 27. April 2016 zum Schutz natürlicher Personen bei der Verarbeitung personenbezogener Daten, zum freien Datenverkehr und zur Aufhebung der Richtlinie 95/46/EG (Datenschutz-Grundverordnung) (ABl. L 119 vom 4.5.2016, S. 1).
[18] Verordnung (EU) 2018/1725 des Europäischen Parlaments und des Rates vom 23. Oktober 2018 zum Schutz natürlicher Personen bei der Verarbeitung personenbezogener Daten durch die Organe, Einrichtungen und sonstigen Stellen der Union, zum freien Datenverkehr und zur Aufhebung der Verordnung (EG) Nr. 45/2001 und des Beschlusses Nr. 1247/2002/EG (ABl. L 295 vom 21.11.2018, S. 39).

KAPITEL 1
ALLGEMEINE BESTIMMUNGEN

Artikel 1
Gegenstand und Anwendungsbereich

(1) Diese Verordnung enthält Vorschriften für das Inverkehrbringen und die Bereitstellung auf dem Unionsmarkt sowie für die Ausfuhr aus der Union von relevanten Erzeugnissen gemäß Anhang I, die relevante Rohstoffe, nämlich Rinder, Kakao, Kaffee, Ölpalme, Kautschuk, Soja und Holz enthalten, mit diesen gefüttert wurden oder unter deren Verwendung hergestellt wurden, um

a) den Beitrag der Union zur weltweiten Entwaldung und Waldschädigung zu minimieren und damit zur Verringerung der weltweiten Entwaldung beizutragen;

b) den Beitrag der Union zu Treibhausgasemissionen und zum weltweiten Verlust an biologischer Vielfalt zu verringern.

(2) Abgesehen von der Regelung des Artikels 37 Absatz 3 gilt diese Verordnung nicht für die in Anhang I aufgeführten relevanten Erzeugnisse, die vor dem in Artikel 38 Absatz 1 genannten Datum erzeugt wurden.

Artikel 2
Begriffsbestimmungen

Für die Zwecke dieser Verordnung bezeichnet der Ausdruck

1. „relevante Rohstoffe“ Rinder, Kakao, Kaffee, Ölpalme, Kautschuk, Soja und Holz;

2. „relevante Erzeugnisse“ Erzeugnisse gemäß Anhang I, die relevante Rohstoffe enthalten, mit diesen gefüttert wurden oder unter deren Verwendung hergestellt wurden;

3. „Entwaldung“ die Umwandlung von Wäldern in landwirtschaftlich genutzte Flächen, unabhängig davon, ob sie vom Menschen herbeigeführt wird oder nicht;

4. „Wald“ Flächen von mehr als 0,5 Hektar mit über 5 m hohen Bäumen und einer Überschirmung von mehr als 10 % oder mit Bäumen, die auf dem jeweiligen Standort diese Werte erreichen können, ausgenommen Flächen, die überwiegend landwirtschaftlich oder städtisch genutzt werden;

5. „landwirtschaftliche Nutzung“ die Nutzung einer Fläche für landwirtschaftliche Zwecke, einschließlich landwirtschaftlicher Plantagen und stillgelegter landwirtschaftlicher Flächen, sowie für Flächen für die Aufzucht von Tieren

6. „landwirtschaftliche Plantagen“ Flächen mit Baumbeständen in landwirtschaftlichen Erzeugungssystemen wie Obstbaumplantagen, Ölpalmenplantagen oder Olivenhainen und in agroforstwirtschaftlichen Systemen, wenn Kulturen unter Bäumen angebaut werden; dazu gehören alle Plantagen relevanter Rohstoffe außer Holz; landwirtschaftliche Plantagen sind von der Definition des Begriffs „Wald“ ausgenommen;

7. „Waldschädigung“ strukturelle Veränderungen der Waldbedeckung in Form der Umwandlung von

a) Primärwäldern oder sich natürlich verjüngenden Wäldern in Plantagenwälder oder in sonstige bewaldete Flächen oder

b) Primärwäldern in durch Pflanzung entstandene Wälder;

8. „Primärwald“ natürlich verjüngte Wälder mit einheimischen Baumarten, in denen es keine deutlich sichtbaren Anzeichen für menschliche Eingriffe gibt und die ökologischen Prozesse nicht wesentlich gestört sind;

9. „sich natürlich verjüngende Wälder“ Wälder, die vorwiegend aus Bäumen bestehen, die durch Naturverjüngung entstanden sind; dies schließt die folgenden Punkte mit ein:

a) Wälder, in deren Fall eine Unterscheidung zwischen Entstehung durch Pflanzung und Entstehung durch Naturverjüngung nicht möglich ist,

b) Wälder mit einer Mischung aus natürlich verjüngten einheimischen Baumarten und durch Pflanzung oder Aussaat entstandenen Bäumen, in deren Fall die natürlich verjüngten Bäume bei Reife voraussichtlich den Hauptteil des Holzbestands ausmachen werden,

c) Ausschlag von Bäumen, die ursprünglich durch Naturverjüngung entstanden sind,

d) natürlich verjüngte Bäume eingeführter Arten;

10. „durch Pflanzung entstandener Wald" einen Wald, dessen Bäume überwiegend angepflanzt und/oder absichtlich ausgesät wurden, vorausgesetzt die durch Anpflanzung oder Aussaat entstandenen Bäume bei Reife voraussichtlich mehr als 50 % des Holzbestands ausmachen werden; dazu zählt auch Ausschlag von Bäumen, deren Bestand ursprünglich auf Anpflanzen oder Aussaat zurückzuführen ist;

11. „Plantagenwald" einen durch Pflanzung entstandenen Wald, der intensiv bewirtschaftet wird, und der bei reifer Bepflanzung und reifem Bestand alle der folgenden Kriterien erfüllt: ein oder zwei Arten, einheitliche Altersklasse und regelmäßige Baumabstände; dazu zählen Plantagen mit Kurzumtrieb für die Holz-, Faser- und Energiegewinnung, aber keine Wälder, die zum Schutz oder zur Wiederherstellung von Ökosystemen gepflanzt wurden, und keine durch Anpflanzen oder Aussaat angelegten Wälder, die bei reifem Bestand sich natürlich verjüngenden Wäldern ähnlich sind oder sein werden;

12. „sonstige bewaldete Flächen" nicht als „Wald" eingestufte Flächen von mehr als 0,5 Hektar mit über 5 m hohen Bäumen und einer Überschirmung von 5 bis 10 % oder mit Bäumen, die auf dem jeweiligen Standort diese Werte erreichen können, oder Flächen, die zu über 10 % mit Sträuchern, Büschen und Bäumen bewachsen sind, ausgenommen Flächen, die überwiegend landwirtschaftlich oder städtisch genutzt werden;

13. „entwaldungsfrei" die Tatsache,

a) dass die relevanten Erzeugnisse relevante Rohstoffe enthalten, mit diesen gefüttert wurden oder unter deren Verwendung hergestellt wurden, die auf Flächen erzeugt wurden, die nach dem 31. Dezember 2020 nicht entwaldet wurden, und

b) im Fall relevanter Erzeugnisse, die Holz enthalten oder unter Verwendung von Holz hergestellt wurden — dass das Holz aus dem Wald geschlagen wurde, ohne dass es dort nach dem 31. Dezember 2020 zu Waldschädigung gekommen ist;

14. „erzeugt" angebaut, geerntet, gewonnen oder aufgezogen auf betreffenden Grundstücken oder — in Bezug auf Rinder — in Betrieben;

15. „Marktteilnehmer" jede natürliche oder juristische Person, die im Rahmen einer gewerblichen Tätigkeit relevante Erzeugnisse in Verkehr bringt oder ausführt;

16. „Inverkehrbringen" die erstmalige Bereitstellung eines relevanten Rohstoffs oder relevanten Erzeugnisses auf dem Unionsmarkt;

17. „Händler" jede Person in der Lieferkette mit Ausnahme des Marktteilnehmers, die im Rahmen einer gewerblichen Tätigkeit relevante Erzeugnisse auf dem Markt bereitstellt;

18. „Bereitstellung auf dem Markt" jede entgeltliche oder unentgeltliche Abgabe eines relevanten Erzeugnisses zum Vertrieb, Verbrauch oder zur Verwendung auf dem Unionsmarkt im Rahmen einer gewerblichen Tätigkeit;

19. „im Rahmen einer gewerblichen Tätigkeit" zum Zweck der Verarbeitung, zum Vertrieb an gewerbliche oder nichtgewerbliche Verbraucher oder zur Verwendung im Unternehmen des Marktteilnehmers oder Händlers selbst;

20. „Person" eine natürliche Person, eine juristische Person oder jegliche Personenvereinigung, die keine juristische Person, jedoch nach Unionsrecht oder nach einzelstaatlichem Recht rechtsfähig ist;

21. „in der Union niedergelassene Person"

a) im Falle einer natürlichen Person, jede Person, deren Wohnsitz in der Union liegt;

b) im Falle einer juristischen Person oder einer Personenvereinigung, jede Person, deren eingetragener Sitz, Hauptsitz oder ständige Niederlassung in der Union liegt;

22. „Bevollmächtigter" jede in der Union niedergelassene natürliche oder juristische Person, die gemäß Artikel 6 von einem Marktteilnehmer oder von einem Händler schriftlich beauftragt wurde, in seinem Namen bestimmte Aufgaben zur Erfüllung seiner aus dieser Verordnung resultierenden Verpflichtungen wahrzunehmen;

23. „Ursprungsland" ein Land oder Gebiet im Sinne des Artikels 60 der Verordnung (EU) Nr. 952/2013;

24. „Erzeugerland" das Land oder Gebiet, in dem die relevanten Rohstoffe oder die relevanten Rohstoffe, die bei der Erzeugung eines Erzeugnisses verwendet wurden oder darin enthalten sind, erzeugt wurden;

25. „nichtkonforme Erzeugnisse" relevante Erzeugnisse, die gegen Artikel 3 verstoßen;

26. „vernachlässigbares Risiko" das Risikoniveau, das bei relevanten Rohstoffen und relevanten Erzeugnissen vorliegt, wenn bei diesen aufgrund einer vollständigen Bewertung der produktspezifischen und der allgemeinen Informationen sowie gegebenenfalls der Anwendung geeigneter Risikominderungsmaßnahmen kein Anlass zur Besorgnis darüber besteht, dass sie gegen Artikel 3 Buchstaben a oder b verstoßen;

27. „Grundstück" ein Stück Land innerhalb einer einzigen Immobilie gemäß den Rechtsvorschriften des Erzeugerlandes, das homogen genug ist, um eine Bewertung des aggregierten Risikoniveaus in Bezug auf Entwaldung und Waldschädigung in Verbindung mit relevanten Rohstoffen, die auf dieser Fläche erzeugt werden, zu ermöglichen;

28. „Geolokalisierung" die geografische Lage eines Grundstücks, angegeben durch Breiten- und Längenkoordinaten in Form von mindestens einem Breitengrad- und einem Längengradwert und

unter Verwendung von mindestens sechs Dezimalstellen; bei Grundstücken mit einer Fläche von mehr als vier Hektar, die für die Erzeugung der anderen relevanten Rohstoffen als Rinder genutzt werden, wird dies in Gestalt von Polygonen, unter Verwendung von genügend Breitengrad- und Längengradwerten angegeben, um den Umriss jedes Grundstücks zu beschreiben;

29. „Betrieb“ jedes Betriebsgelände bzw. jede Räumlichkeit, Struktur oder im Fall der Freilandhaltung jede Umgebung oder jeden Ort, in der bzw. an dem vorübergehend oder dauerhaft Tiere gehalten werden;

30. „Kleinstunternehmen, kleine und mittlere Unternehmen“ oder „KMU“ Kleinstunternehmen sowie kleine und mittlere Unternehmen im Sinne des Artikels 3 der Richtlinie 2013/34/EU des Europäischen Parlaments und des Rates ((1));

31. „begründete Bedenken“ eine gebührend begründete Behauptung auf der Grundlage objektiver und überprüfbarer Informationen über Verstöße gegen diese Verordnung, die ein Tätigwerden der zuständigen Behörden erfordern könnte;

32. „zuständige Behörden“ die nach Artikel 14 Absatz 1 benannten Behörden;

33. „Zollbehörden“ die Zollbehörden gemäß der Begriffsbestimmung in Artikel 5 Nummer 1 der Verordnung (EU) Nr. 952/2013;

34. „Zollgebiet“ das Gebiet im Sinne von Artikel 4 der Verordnung (EU) Nr. 952/2013;

35. „Drittland“ ein Land oder Gebiet außerhalb des Zollgebiets der Union;

36. „Überlassung zum zollrechtlich freien Verkehr“ das Verfahren gemäß Artikel 201 der Verordnung (EU) Nr. 952/2013;

37. „Ausfuhr“ das Verfahren gemäß Artikel 269 der Verordnung (EU) Nr. 952/2013;

38. „relevante Erzeugnisse, die auf den Markt gelangen“ relevante Erzeugnisse aus Drittländern, die in das Zollverfahren zur Überlassung zum zollrechtlich freien Verkehr übergeführt werden, und die für das Inverkehrbringen auf dem Unionsmarkt und nicht für private Zwecke oder für den privaten Verbrauch im Zollgebiet der Union bestimmt sind;

39. „relevante Erzeugnisse, die den Markt verlassen“ relevante Erzeugnisse, die in das Zollverfahren zur Ausfuhr übergeführt werden;

40. „einschlägige Rechtsvorschriften des Erzeugerlandes“ die im Erzeugerland geltenden gesetzlichen Bestimmungen zum rechtlichen Status des Erzeugungsgebiets in Bezug auf

a) Landnutzungsrechte,

b) Umweltschutz,

c) forstbezogene Vorschriften, einschließlich Regelungen der Forstwirtschaft und zur Erhaltung der biologischen Vielfalt, wenn sie in direktem Bezug zur Holzgewinnung stehen,

d) Rechte Dritter,

e) Arbeitnehmerrechte,

f) völkerrechtlich geschützte Menschenrechte,

g) den Grundsatz der freiwilligen und in Kenntnis der Sachlage erteilten vorherigen Zustimmung (the principle of free, prior and informed consent — FPIC), auch entsprechend der Verankerung in der Erklärung der Vereinten Nationen über die Rechte indigener Völker,

h) Steuer-, Korruptionsbekämpfungs-, Handels- und Zollvorschriften.

Artikel 3
Verbot

Relevante Rohstoffe und relevante Erzeugnisse dürfen nur dann in Verkehr gebracht oder auf dem Markt bereitgestellt oder ausgeführt werden, wenn alle folgenden Voraussetzungen erfüllt sind:

a) sie sind entwaldungsfrei,

b) sie wurden gemäß den einschlägigen Rechtsvorschriften des Erzeugerlandes erzeugt und

c) für sie liegt eine Sorgfaltserklärung vor.

KAPITEL 2
VERPFLICHTUNGEN DER MARKTTEILNEHMER UND HÄNDLER

Artikel 4
Verpflichtungen der Marktteilnehmer

(1) Die Marktteilnehmer müssen die Sorgfaltspflicht gemäß Artikel 8 erfüllen, bevor sie relevante Erzeugnisse in Verkehr bringen oder ausführen, um nachzuweisen, dass die relevanten Erzeugnisse Artikel 3 entsprechen.

(2) Ohne vorherige Vorlage einer Sorgfaltserklärung dürfen Marktteilnehmer keine relevanten Erzeugnisse in Verkehr bringen oder ausführen. Marktteilnehmer, die auf Grundlage der Erfüllung der in Artikel 8 beschriebenen Sorgfaltspflicht zu dem Schluss gekommen sind, dass die relevanten Erzeugnisse Artikel 3 entsprechen, übermitteln den zuständigen Behörden bevor sie relevante Erzeugnisse in Verkehr bringen oder ausführen über das Informationssystem gemäß Artikel 33 eine Sorgfaltserklärung. Diese elektronisch abrufbare und übermittelbare Sorgfaltserklärung muss die in Anhang II für die relevanten Erzeugnisse aufgeführten Informationen enthalten sowie eine Erklärung des Marktteilnehmers darüber, dass er die Sorgfaltspflicht erfüllt hat, und dass kein oder lediglich ein vernachlässigbares Risiko festgestellt wurde.

(3) Mit der Übermittlung der Sorgfaltserklärung an die zuständigen Behörden übernimmt der Marktteilnehmer die Verantwortung dafür, dass die relevanten Erzeugnisse Artikel 3 entsprechen. Die Marktteilnehmer bewahren die Sorgfaltserklärungen für einen Zeitraum von fünf Jahren ab dem Zeitpunkt der Übermittlung der Erklärung über das Informationssystem gemäß Artikel 33 auf.

(4) Marktteilnehmer dürfen die relevanten Erzeugnisse weder in Verkehr bringen noch ausführen, wenn einer oder mehrere der folgenden Fälle vorliegen:

a) Die relevanten Erzeugnisse sind nichtkonform;

b) die Erfüllung der Sorgfaltspflicht hat ergeben, dass ein nicht vernachlässigbares Risiko dahin gehend besteht, dass die relevanten Erzeugnisse nichtkonform sind;

c) der Marktteilnehmer war nicht in der Lage, den Verpflichtungen gemäß den Absätzen 1 und 2 nachzukommen.

(5) Marktteilnehmer, die neue Informationen, einschließlich begründeter Bedenken, darüber erhalten oder davon in Kenntnis gesetzt werden, dass die Gefahr besteht, dass ein relevantes Erzeugnis, das sie bereits in Verkehr gebracht haben, nicht dieser Verordnung entspricht, unterrichten unverzüglich die zuständigen Behörden der Mitgliedstaaten, in denen sie das relevante Erzeugnis in Verkehr gebracht haben, sowie die Händler, an die sie das relevante Erzeugnis geliefert haben. Bei Ausfuhren unterrichten die Marktteilnehmer die zuständige Behörde des Mitgliedstaats, der das Erzeugerland ist.

(6) Die Marktteilnehmer bieten den zuständigen Behörden jede zur Erleichterung der Durchführung der Kontrollen gemäß Artikel 18 erforderliche Hilfestellung an, unter anderem hinsichtlich des Zutritts zum Betriebsgelände und der Bereitstellung von Unterlagen und Aufzeichnungen.

(7) Marktteilnehmer teilen Marktteilnehmern und Händlern der nachgelagerten Lieferkette diejenigen relevanten Erzeugnisse mit, die sie in Verkehr gebracht oder ausgeführt haben, sowie alle Informationen, die als Nachweis dafür, dass die Sorgfaltspflicht erfüllt wurde, und dafür, dass kein oder nur ein vernachlässigbares Risiko besteht, erforderlich sind, einschließlich der Referenznummern der diesen Erzeugnissen zugeordneten Sorgfaltserklärungen.

(8) Abweichend von Absatz 1 sind Marktteilnehmer, bei denen es sich um KMU (im Folgenden „KMU-Marktteilnehmer") handelt, nicht verpflichtet, bei den relevanten Erzeugnissen, die in relevanten Erzeugnissen enthalten sind oder aus denen relevante Erzeugnisse hergestellt werden, die Sorgfaltspflicht zu erfüllen, wenn diese Erzeugnisse bereits gemäß Absatz 1 der Sorgfaltspflicht unterlagen und für sie bereits gemäß Artikel 33 eine Sorgfaltserklärung übermittelt wurde In diesen Fällen legen die KMU-Marktteilnehmer den zuständigen Behörden auf Verlangen die Referenznummer der Sorgfaltserklärung vor. Für Bestandteile von relevanten Erzeugnissen, die noch nicht der Sorgfaltspflicht unterlagen, ist die Sorgfaltspflicht gemäß Absatz 1 von KMU-Marktteilnehmern zu erfüllen.

(9) Marktteilnehmer, die keine KMU sind, (im Folgenden „nicht-KMU-Marktteilnehmer") dürfen nur dann auf die bereits gemäß Artikel 33 übermittelten Sorgfaltserklärungen verweisen, nachdem sie festgestellt haben, dass die Sorgfaltspflicht gemäß Absatz 1 für die relevanten Erzeugnisse, die in relevanten Erzeugnissen enthalten sind, oder die aus relevanten Erzeugnissen hergestellt werden, erfüllt wurde. Sie geben die Referenznummern der Sorgfaltserklärungen, die bereits gemäß Artikel 33 übermittelt wurden, in den von ihnen nach Absatz 2 des vorliegenden Artikels übermittelten Sorgfaltserklärungen an. Für Bestandteile von Erzeugnissen, die noch nicht der Sorgfaltspflicht unterlagen, ist die Sorgfaltspflicht gemäß Absatz 1 von nicht-KMU-Marktteilnehmern zu erfüllen

10. Marktteilnehmer, die auf eine Sorgfaltserklärung verweisen, die bereits gemäß Artikel 33 übermittelt wurde, tragen weiterhin die Verantwortung dafür, dass das relevante Erzeugnis Artikel 3 entspricht, einschließlich dafür, dass vor dem Inverkehrbringen oder der Ausfuhr solcher relevanten Erzeugnisse kein oder nur ein vernachlässigbares Risiko festgestellt wurde.

Artikel 5
Verpflichtungen der Händler

(1) Händler, die keine KMU sind (im Folgenden „nicht-KMU-Händler"), gelten als nicht-KMU-Marktteilnehmer und unterliegen in Bezug auf die relevanten Rohstoffe und relevanten Erzeugnisse, die sie auf dem Markt bereitstellen, den Verpflichtungen und Bestimmungen in den Artikeln 3, 4 und 6, den Artikeln 8 bis 13, Artikel 16 Absätze 8 bis 11 sowie Artikel 18.

(2) Händler, bei denen es sich um KMU handelt (im Folgenden „KMU-Händler"), dürfen relevante Erzeugnisse nur dann auf dem Markt bereitstellen, wenn sie im Besitz der nach Absatz 3 erforderlichen Informationen sind.

(3) KMU-Händler sammeln und speichern folgende Informationen zu den relevanten Erzeugnissen, die sie auf dem Markt bereitstellen wollen:

a) den Namen, den eingetragenen Handelsnamen oder die eingetragene Handelsmarke, die Postanschrift, die E-Mail-Adresse und, falls verfügbar, eine Internetadresse derjenigen Marktteilnehmer oder Händler, die ihnen die relevanten Erzeugnisse geliefert haben, sowie die Referenznummern der diesen Erzeugnissen zugeordneten Sorgfaltserklärungen;

b) den Namen, den eingetragenen Handelsnamen oder die eingetragene Handelsmarke, die Postanschrift, die E-Mail-Adresse und, falls verfügbar, eine Internetadresse der Händler, an die sie die relevanten Erzeugnisse geliefert haben.

(4) KMU-Händler bewahren die in Absatz 3 genannten Informationen ab dem Datum der Bereitstellung auf dem Markt mindestens fünf Jahre

lang auf und stellen sie den zuständigen Behörden auf Verlangen zur Verfügung.

(5) KMU-Händler, die neue Informationen, einschließlich begründeter Bedenken, erhalten oder davon in Kenntnis gesetzt werden, dass die Gefahr besteht, dass ein relevantes Erzeugnis, das sie bereits auf dem Markt bereitgestellt haben, gegen diese Verordnung verstoßen, unterrichten unverzüglich die zuständigen Behörden der Mitgliedstaaten, in denen sie die relevanten Erzeugnisse auf dem Markt bereitgestellt haben, sowie die Händler, an die sie das relevante Erzeugnis geliefert haben.

(6) Unabhängig davon, ob es sich um KMU handelt, bieten die Händler den zuständigen Behörden jede zur Erleichterung der Durchführung der Kontrollen gemäß den Artikeln 18 und 19 erforderliche Hilfestellung an, unter anderem den Zutritt zum Betriebsgelände und die Vorlage von Unterlagen und Aufzeichnungen.

Artikel 6
Bevollmächtigte

(1) Marktteilnehmer oder Händler können einen Bevollmächtigten beauftragen, die Sorgfaltserklärung gemäß Artikel 4 Absatz 2 in ihrem Namen zu übermitteln. In diesem Fall behält der Marktteilnehmer die Verantwortung dafür, dass die relevanten Erzeugnisse Artikel 3 entsprechen.

(2) Der Bevollmächtigte stellt den zuständigen Behörden auf Verlangen eine Kopie der Vollmacht in einer Amtssprache der Union sowie eine Kopie in einer Amtssprache des Mitgliedstaats, in dem die Sorgfaltserklärung bearbeitet wird, oder, falls dies nicht möglich ist, in englischer Sprache zur Verfügung.

(3) Ein Markteilnehmer, bei dem es sich um eine natürliche Person oder ein Kleinstunternehmen handelt, kann den nächsten Marktteilnehmer oder Händler der nachgelagerten Lieferkette, bei dem es sich nicht um eine natürliche Person oder ein Kleinstunternehmen handelt, beauftragen, als Bevollmächtigter zu fungieren. Dieser nächste Marktteilnehmer oder Händler der nachgelagerten Lieferkette darf relevante Erzeugnisse nicht in Verkehr bringen oder auf dem Markt bereitstellen oder ausführen, ohne die Sorgfaltserklärung gemäß Artikel 4 Absatz 2 im Namen dieses Marktteilnehmers zu übermitteln. In solchen Fällen trägt der Marktteilnehmer, bei dem es sich um eine natürliche Person oder ein Kleinstunternehmen handelt, weiter die Verantwortung dafür, dass das relevante Erzeugnis Artikel 3 entspricht, und übermittelt dem betreffenden nächsten Marktteilnehmer oder Händler der nachgelagerten Lieferkette alle Informationen, die erforderlich sind, um zu bestätigen, dass die Sorgfaltspflicht erfüllt wurde und kein oder nur ein vernachlässigbares Risiko festgestellt wurde.

Artikel 7
Inverkehrbringen durch in Drittländern niedergelassene Marktteilnehmer

Wenn eine außerhalb der Union niedergelassene natürliche oder juristische Person relevante Erzeugnisse in Verkehr bringt, gilt die erste in der Union niedergelassene natürliche oder juristische Person, die diese relevanten Erzeugnisse auf dem Markt bereitstellt, als Marktteilnehmer im Sinne dieser Verordnung.

Artikel 8
Sorgfaltspflicht

(1) Bevor Marktteilnehmer relevante Erzeugnisse in Verkehr bringen oder auf dem Markt bereitstellen oder ausführen, müssen sie in Bezug auf alle relevanten Erzeugnisse, die von jedem einzelnen Lieferanten geliefert werden, die Sorgfaltspflicht erfüllen.

(2) Die Sorgfaltspflicht umfasst Folgendes:

a) die Sammlung von Informationen, Daten und Unterlagen, die erforderlich sind, um die Anforderungen gemäß Artikel 9 zu erfüllen;

b) Maßnahmen zur Risikobewertung gemäß Artikel 10;

c) Maßnahmen zur Risikominderung gemäß Artikel 11.

Artikel 9
Informationsanforderungen

(1) Die Marktteilnehmer sammeln Informationen, Unterlagen und Daten, aus denen hervorgeht, dass die relevanten Erzeugnisse Artikel 3 entsprechen. Zu diesem Zweck sammelt und organisiert der Marktteilnehmer die folgenden, durch Nachweise belegten Informationen und bewahrt sie ab dem Datum der Bereitstellung der relevanten Erzeugnisse auf dem Markt bzw. deren Ausfuhr für einen Zeitraum von fünf Jahren auf:

a) eine Beschreibung, einschließlich des Handelsnamens und der Art der relevanten Erzeugnisse sowie — bei relevanten Erzeugnissen, die Holz enthalten oder unter Verwendung von Holz hergestellt wurden — des gebräuchlichen Namens der Art und ihres vollständigen wissenschaftlichen Namens. Die Beschreibung des Erzeugnisses umfasst eine Liste der relevanten Rohstoffe und relevanten Erzeugnisse, die darin enthalten sind oder zu ihrer Herstellung verwendet wurden;

b) die Menge der relevanten Erzeugnisse; für relevante Erzeugnisse, die auf den Markt gelangen oder diesen verlassen, ist die Menge in Kilogramm Eigenmasse und gegebenenfalls in der besonderen Maßeinheit, die bei dem angegebenen Code des Harmonisierten Systems in Anhang I der Verordnung (EWG) Nr. 2658/87 des Rates (

[2]) aufgelistet ist, anzugeben; in allen anderen Fällen ist die Menge in Eigenmasse oder gegebenenfalls in Eigenvolumen oder Stückzahl anzugeben; eine besondere Maßeinheit ist anzugeben, wenn eine solche kohärent für alle möglichen Unterpositionen des in der Sorgfaltserklärung angegebenen Codes des Harmonisierten Systems definiert ist:

c) das Erzeugerland und gegebenenfalls dessen Landesteile;

d) die Geolokalisierung aller Grundstücke, auf denen die relevanten Rohstoffe, die das relevante Erzeugnis enthält oder unter deren Verwendung es hergestellt wurde, erzeugt wurden, sowie den Zeitpunkt oder Zeitraum der Erzeugung; enthält ein relevantes Erzeugnis relevante Rohstoffe, die auf verschiedenen Grundstücken erzeugt wurden, oder wurde es unter Verwendung solcher relevanten Rohstoffe hergestellt, so ist die Geolokalisierung für jedes der jeweiligen Grundstücke anzugeben; jede Entwaldung oder Waldschädigung auf den betreffenden Grundstücken hat automatisch zur Folge, dass alle relevanten Erzeugnisse und relevanten Rohstoffe von diesen Grundstücken vom Inverkehrbringen, von der Bereitstellung auf dem Unionsmarkt oder von der Ausfuhr ausgeschlossen sind. Bei relevanten Erzeugnissen, die Rind enthalten oder unter Verwendung von Rindern hergestellt wurden, und bei relevanten Erzeugnissen, die mit relevanten Erzeugnissen gefüttert wurden, bezieht sich die Geolokalisierung auf alle Betriebe, in denen die Rinder gehalten wurden; bei allen anderen Erzeugnissen des Anhangs I bezieht sich die Geolokalisierung auf die Grundstücke;

e) der Name, die Anschrift und die E-Mail-Adresse aller Unternehmen oder Personen, von denen sie mit den relevanten Erzeugnissen beliefert wurden;

f) der Name, die Anschrift und die E-Mail-Adresse aller Unternehmen, Marktteilnehmer oder Händler, an die die relevanten Erzeugnisse geliefert wurden;

g) angemessen schlüssige und überprüfbare Informationen darüber, dass die relevanten Erzeugnisse entwaldungsfrei sind;

h) angemessen schlüssige und überprüfbare Informationen darüber, dass die Erzeugung der relevanten Rohstoffe im Einklang mit den einschlägigen Rechtsvorschriften des Erzeugerlandes erfolgt ist, einschließlich aller Vereinbarungen, die das Recht begründen, das betreffende Gebiet für die Erzeugung der relevanten Rohstoffe zu nutzen.

(2) Der Marktteilnehmer stellt den zuständigen Behörden auf Verlangen die gemäß diesem Artikel zusammengetragenen Informationen, Unterlagen und Daten zur Verfügung.

Artikel 10
Risikobewertung

(1) Die Marktteilnehmer überprüfen und analysieren die gemäß Artikel 9 zusammengetragenen Informationen und alle sonstigen einschlägigen Unterlagen. Auf der Grundlage dieser Informationen und Unterlagen führen die Marktteilnehmer eine Risikobewertung durch, um festzustellen, ob die Gefahr besteht, dass die relevanten Erzeugnisse, die in Verkehr gebracht oder ausgeführt werden sollen, nichtkonform sind. Marktteilnehmer dürfen die relevanten Erzeugnisse weder in Verkehr bringen noch ausführen, es sei denn, die Risikobewertung ergibt, dass kein oder nur ein vernachlässigbares Risiko dahin gehend besteht, dass die relevanten Erzeugnisse nichtkonform sind.

(2) Bei der Risikobewertung werden insbesondere die folgenden Kriterien berücksichtigt:

a) die Zuordnung des Risikos zu dem betreffenden Erzeugerland oder dessen Landesteilen davon gemäß Artikel 29;

b) die Präsenz von Wäldern im Erzeugerland oder dessen Landesteilen;

c) die Präsenz von indigenen Völkern im Erzeugerland oder dessen Landesteilen;

d) die Konsultation von und Kooperation mit indigenen Völkern im Erzeugerland oder dessen Landesteilen nach Treu und Glauben;

e) das Vorhandensein von gebührend begründeten Ansprüchen indigener Völker aufgrund objektiver und überprüfbarer Informationen in Bezug auf die Nutzung des Gebiets oder die Eigentumsverhältnisse in dem Gebiet, das zur Erzeugung des relevanten Rohstoffs genutzt wird;

f) die Verbreitung der Entwaldung oder Waldschädigung im Erzeugerland oder dessen Landesteilen;

g) die Quelle, Zuverlässigkeit und Gültigkeit der in Artikel 9 Absatz 1 genannten Informationen sowie Links zu anderen verfügbaren Unterlagen dazu;

h) Bedenken in Bezug auf das Erzeuger- und Ursprungsland oder deren Landesteile, wie beispielsweise im Hinblick auf das Ausmaß der Korruption, die Verbreitung der Fälschung von Dokumenten und Daten, mangelnde Strafverfolgung, Verstöße gegen die völkerrechtlichen Menschenrechte, bewaffnete Konflikte oder bestehende Sanktionen, die vom Sicherheitsrat der Vereinten Nationen oder vom Rat der Europäischen Union verhängt wurden;

i) die Komplexität der betreffenden Lieferkette und die Verarbeitungsstufe der relevanten Erzeugnisse, insbesondere Schwierigkeiten bei der Zuordnung relevanter Erzeugnisse zu dem Grundstück, auf dem die relevanten Rohstoffe erzeugt wurden,

j) das Risiko der Umgehung dieser Verordnung bzw. das Risiko der Vermischung mit relevanten Erzeugnissen unbekannten Ursprungs oder erzeugt in Gebieten, in denen Entwaldung oder Waldschädigung stattgefunden hat oder stattfindet;

k) Schlussfolgerungen der Sitzungen der Sachverständigengruppen der Kommission, die zur Durchführung dieser Verordnung beitragen entsprechend der Veröffentlichung im Register der Sachverständigengruppe der Kommission;

l) begründete Bedenken, die gemäß Artikel 31 geäußert werden, und Informationen über bisherige Verstöße gegen diese Verordnung durch Marktteilnehmer oder Händler entlang der betreffenden Lieferkette;

m) jegliche Informationen, die darauf schließen lassen, dass die Gefahr besteht, dass die relevanten Erzeugnisse nichtkonform sind;

n) ergänzende Informationen zur Einhaltung dieser Verordnung, die Informationen aus Zertifizierungssystemen oder anderen von Dritten verifizierten Systemen, darunter freiwillige Systeme, die von der Kommission gemäß Artikel 30 Absatz 5 der Richtlinie (EU) 2018/2001 des Europäischen Parlaments und des Rates ([(3)]) anerkannt wurden, umfassen können, unter der Voraussetzung, dass die Informationen die in Artikel 9 festgelegten Anforderungen dieser Verordnung erfüllen.

(3) Holzerzeugnisse, die in den Anwendungsbereich der Verordnung (EG) Nr. 2173/2005 fallen und über eine gültige FLEGT-Genehmigung im Rahmen eines bestehenden Genehmigungssystems verfügen, gelten als Artikel 3 Buchstabe b der vorliegenden Verordnung entsprechend.

(4) Die Marktteilnehmer dokumentieren die Risikobewertungen und überprüfen diese mindestens jährlich und stellen sie den zuständigen Behörden auf Verlangen zur Verfügung. Die Marktteilnehmer müssen nachweisen können, wie die gesammelten Informationen anhand der Kriterien für die Risikobewertung gemäß Absatz 2 überprüft wurden, und wie der Marktteilnehmer den Umfang des Risikos ermittelt hat.

Artikel 11
Risikominderung

(1) Mit Ausnahme der Fälle, in denen eine gemäß Artikel 10 durchgeführte Risikobewertung ergeben hat, dass kein oder lediglich ein vernachlässigbares Risiko dahingehend besteht, dass die relevanten Erzeugnisse nichtkonform sind, wendet der Marktteilnehmer vor dem Inverkehrbringen der relevanten Erzeugnisse oder ihrer Ausfuhr Verfahren und Maßnahmen zur Risikominderung an, die dahingehend geeignet sind, dass kein Risiko oder nur noch ein vernachlässigbares Risiko besteht. Diese Verfahren und Maßnahmen können Folgendes umfassen:

a) die Anforderung zusätzlicher Informationen, Daten oder Unterlagen,

b) die Durchführung unabhängiger Erhebungen oder Audits,

c) das Ergreifen anderer Maßnahmen im Zusammenhang mit den Informationsanforderungen gemäß Artikel 9.

Diese Verfahren und Maßnahmen können auch die Unterstützung der Lieferanten dieses Marktteilnehmers, insbesondere Kleinbauern, bei der Einhaltung dieser Verordnung durch den Aufbau von Kapazitäten und durch Investitionen umfassen.

(2) Die Marktteilnehmer verfügen über angemessene und verhältnismäßige Strategien, Kontrollen und Verfahren, um das Risiko der Nichtkonformität der relevanten Erzeugnisse zu mindern und wirksam zu steuern. Zu diesen Strategien, Kontrollen und Verfahren gehören:

a) Modellverfahren für das Risikomanagement, Berichterstattung, Aufzeichnungen, interne Kontrolle und Compliance-Management, für nicht-KMU-Marktteilnehmer einschließlich der Benennung eines Compliance-Beauftragten auf der Führungsebene;

b) eine unabhängige Prüfstelle zur Überprüfung der unter Buchstabe a genannten internen Strategien, Kontrollen und Verfahren für alle nicht-KMU-Marktteilnehmer.

(3) Die Entscheidungen über Verfahren und Maßnahmen zur Risikominderung werden dokumentiert, mindestens einmal jährlich überprüft und den zuständigen Behörden auf Verlangen durch die Marktteilnehmer zur Verfügung gestellt. Die Marktteilnehmer müssen nachweisen können, wie Entscheidungen über Verfahren und Maßnahmen zur Risikominderung getroffen wurden.

Artikel 12
Einführung und Handhabung der Sorgfaltspflichtregelungen, Berichterstattung und Aufzeichnungen

(1) Zur Erfüllung der Sorgfaltspflicht gemäß Artikel 8 führen die Marktteilnehmer einen Rahmen von Verfahren und Maßnahmen ein und halten diesen auf dem neuesten Stand, um sicherzustellen, dass die von ihnen in Verkehr gebrachten oder ausgeführten relevanten Erzeugnisse Artikel 3 entsprechen („Sorgfaltspflichtregelung").

(2) Die Marktteilnehmer überprüfen die Sorgfaltspflichtregelung mindestens jährlich. Sobald die Marktteilnehmer von neuen Entwicklungen Kenntnis erlangen, die die der Sorgfaltspflichtregelung beeinflussen könnten, so aktualisieren sie die Sorgfaltspflichtregelung, um diesen Entwicklungen Rechnung zu tragen. Die Marktteilnehmer bewahren die Aufzeichnungen über derartige Aktualisierungen entsprechend ihren Sorgfaltspflichtregelungen für einen Zeitraum von fünf Jahren auf.

(3) Marktteilnehmer, die nicht in die Kategorien KMU, einschließlich Kleinstunternehmen oder natürliche Person fallen, berichten jährlich

öffentlich (auch im Internet) zugänglich und möglichst umfassend über ihre Sorgfaltspflichtregelung, einschließlich der Schritte, die sie eingeleitet haben, um ihre Verpflichtungen gemäß Artikel 8 zu erfüllen. Marktteilnehmer, die auch in den Anwendungsbereich anderer Rechtsakte der Union fallen, in denen Anforderungen an die Sorgfaltspflicht in der Wertschöpfungskette festgelegt sind, können ihre Berichterstattungspflichten gemäß diesem Absatz erfüllen, indem sie die erforderlichen Informationen in die Berichterstattung im Zusammenhang mit diesen anderen Rechtsakten der Union aufnehmen.

(4) Unbeschadet der Datenschutzvorschriften der Union enthalten die Berichte nach Absatz 3 die folgenden Informationen über die relevanten Rohstoffe und relevanten Erzeugnisse:

a) eine Übersicht der in Artikel 9 Absatz 1 Buchstaben a, b und c genannten Informationen;

b) die Schlussfolgerungen der gemäß Artikel 10 durchgeführten Risikobewertung und die gemäß Artikel 11 ergriffenen Maßnahmen sowie eine Erläuterung der für die Risikobewertung erlangten und verwendeten Informationen und Nachweise;

c) gegebenenfalls eine Beschreibung des Prozesses zur Konsultation von indigenen Völkern, lokalen Gemeinschaften und anderen Inhabern gewohnheitsmäßiger Landrechte oder derjenigen Organisationen der Zivilgesellschaft, die im Gebiet der Erzeugung der relevanten Rohstoffe und relevanten Erzeugnisse ansässig sind.

(5) Die Marktteilnehmer bewahren alle mit der Sorgfaltspflicht in Zusammenhang stehenden Unterlagen, wie beispielsweise alle Aufzeichnungen, Maßnahmen und Verfahren gemäß Artikel 8, mindestens fünf Jahre lang auf. Diese Unterlagen stellen sie auf Verlangen den zuständigen Behörden zur Verfügung.

Artikel 13
Vereinfachte Sorgfaltspflicht

(1) Wenn Marktteilnehmer relevante Erzeugnisse in Verkehr bringen oder ausführen, müssen sie die Verpflichtungen nach den Artikeln 10 und 11 nicht erfüllen, wenn sie sich nach Bewertung der Komplexität der betreffenden Lieferkette und des Risikos einer Umgehung dieser Verordnung bzw. des Risiko einer Vermischung mit Erzeugnissen unbekannten Ursprungs oder mit Ursprung in Ländern oder Landesteilen mit einem hohen oder normalen Risiko vergewissert haben, dass alle relevanten Rohstoffe und relevanten Erzeugnisse in Ländern oder Landesteilen erzeugt wurden, für die gemäß Artikel 29 ein geringes Risiko festgestellt wurde. In diesen Fällen muss der Marktteilnehmer der zuständigen Behörde auf Verlangen einschlägige Unterlagen zugänglich machen, die aufzeigen, dass ein vernachlässigbares Risiko der Umgehung dieser Verordnung oder der Vermischung mit Erzeugnissen unbekannten Ursprungs oder aus Ländern oder Landesteilen mit einem hohen oder normalen Risiko besteht.

(2) Erlangt der Marktteilnehmer jedoch — unter anderem im Rahmen der gemäß Absatz 1 dieses Artikels durchgeführten Bewertungen — einschlägige Informationen, einschließlich gemäß Artikel 31 geäußerter begründeter Bedenken, oder wird er davon in Kenntnis gesetzt, dass ein Risiko dahin gehend vorliegt, dass die relevanten Erzeugnisse gegen diese Verordnung verstoßen, oder dass die Vorschriften dieser Verordnung umgangen werden, so muss der Marktteilnehmer ungeachtet des Absatzes 1 alle Verpflichtungen gemäß den Artikeln 10 und 11 erfüllen und die einschlägigen Informationen unverzüglich der zuständigen Behörde übermitteln.

(3) Werden einer zuständigen Behörde Informationen zur Kenntnis gebracht, die auf das Risiko einer Umgehung dieser Verordnung schließen lassen, einschließlich in Fällen, in denen relevante Rohstoffe oder relevante Erzeugnisse, die in einem Land mit normalem oder hohem Risiko oder dessen Landesteilen erzeugt wurden, anschließend in einem Land mit geringem Risiko verarbeitet, aus dem es in Verkehr gebracht wird oder den Markt verlässt, so ergreift die zuständige Behörde im Einklang mit Artikel 17 Absatz 1 unverzüglich Maßnahmen und erlässt erforderlichenfalls einstweilige Maßnahmen gemäß Artikel 23.

KAPITEL 3
VERPFLICHTUNGEN DER MITGLIEDSTAATEN UND IHRER ZUSTÄNDIGEN BEHÖRDEN

Artikel 14
Zuständige Behörden

(1) Die Mitgliedstaaten benennen eine oder mehrere Behörden, die für die Erfüllung der in dieser Verordnung festgelegten Pflichten zuständig sind.

(2) Bis spätestens zum 30. Dezember 2023 teilen die Mitgliedstaaten der Kommission die Namen, Anschriften und Kontaktdaten der zuständigen Behörden gemäß Absatz 1 mit. Die Mitgliedstaaten unterrichten die Kommission unverzüglich über jede Änderung dieser Informationen.

(3) Die Kommission macht die Liste der zuständigen Behörden ohne ungebührliche Verzögerung auf ihrer Website öffentlich zugänglich. Die Kommission aktualisiert die Liste regelmäßig auf der Grundlage der von den Mitgliedstaaten übermittelten neuen Daten.

(4) Die Mitgliedstaaten stellen sicher, dass die zuständigen Behörden über angemessene Befugnisse, funktionale Unabhängigkeit und Ressour-

cen verfügen, um die in diesem Kapitel festgelegten Verpflichtungen erfüllen zu können.

Artikel 15
Technische Unterstützung, Anleitung und Informationsaustausch

(1) Unbeschadet der Verpflichtung der Marktteilnehmer zur Erfüllung der Sorgfaltspflicht gemäß Artikel 8 können die Mitgliedstaaten den Marktteilnehmern technische und sonstige Unterstützung sowie Anleitung gewähren. Außerdem kann die Kommission Marktteilnehmern und zuständigen Behörden in Zusammenarbeit mit Mitgliedstaaten gegebenenfalls Beratung gewähren. Bei der technischen und sonstigen Unterstützung sowie Anleitung ist die Lage von KMU, einschließlich Kleinstunternehmen und natürlichen Personen — auch in Bezug auf die Umwandlung von Daten aus einschlägigen Systemen zur Ermittlung der Geolokalisierung im Informationssystem gemäß Artikel 33 — zu berücksichtigen, um die Einhaltung dieser Verordnung zu erleichtern. Sie sollten auch die einschlägigen geltenden und künftigen Rechtsakte der Union, die Sorgfaltspflichten enthalten, berücksichtigen.

(2) Die Mitgliedstaaten erleichtern den Austausch und die Verbreitung relevanter Informationen, insbesondere zur Unterstützung der Marktteilnehmer bei der Bewertung von Risiken gemäß Artikel 10, und über bewährte Praktiken zur Durchführung dieser Verordnung.

(3) Die zuständigen Behörden und die Kommission überwachen kontinuierlich jede wesentliche Veränderung im Handelsgefüge der relevanten Erzeugnisse, die zur Umgehung dieser Verordnung führen kann, und tauschen Informationen darüber aus.

(4) Die Unterstützung ist in einer Weise zu gewähren, die die Aufgaben der zuständigen Behörden oder ihre Unabhängigkeit bei der Durchsetzung dieser Verordnung nicht beeinträchtigt wird.

(5) Die Kommission kann die harmonisierte Durchführung dieser Verordnung erleichtern, indem sie einschlägige Leitlinien herausgibt und einen angemessenen Informationsaustausch, die Koordinierung und die Zusammenarbeit zwischen den zuständigen Behörden, zwischen den zuständigen Behörden und den Zollbehörden sowie zwischen den zuständigen Behörden und der Kommission fördert.

Artikel 16
Verpflichtung zur Durchführung von Kontrollen

(1) Die zuständigen Behörden führen in ihrem Gebiet Kontrollen durch, um festzustellen, ob in der Union niedergelassene Marktteilnehmer und Händler dieser Verordnung entsprechen. Die zuständigen Behörden führen in ihrem Gebiet Kontrollen durch, um festzustellen, ob die relevanten Erzeugnisse, die der Marktteilnehmer oder Händler in Verkehr gebracht, auf dem Markt bereitgestellt oder ausgeführt hat bzw. beabsichtigt, in Verkehr zu bringen, auf dem Markt bereitzustellen oder auszuführen, dieser Verordnung entsprechen.

(2) Die in Absatz 1 genannten Kontrollen werden gemäß den Artikeln 18 und 19 durchgeführt.

(3) Die zuständigen Behörden verwenden einen risikobasierten Ansatz, um die durchzuführenden Kontrollen zu bestimmen. Die Risikokriterien werden auf der Grundlage einer Analyse der Risiken von Verstößen gegen diese Verordnung ermittelt, wobei insbesondere die relevanten Rohstoffe, die Komplexität und die Länge der Lieferketten, einschließlich der Frage einer etwaigen Vermischung relevanter Erzeugnisse, die Verarbeitungsstufe des relevanten Erzeugnisses, die Frage, ob die betreffenden Grundstücke an Wälder grenzen, der Ländern oder Landesteilen zugeordnete Risikograd gemäß Artikel 29 — unter besonderer Beachtung der Lage von Ländern oder Landesteilen, für die ein hohes Risiko festgestellt wurde —, bisherige Verstöße gegen diese Verordnung durch Marktteilnehmer oder Händler, die Risiken einer Umgehung sowie alle sonstigen einschlägigen Informationen berücksichtigt werden. Die Risikoanalyse beruht auf den in den Artikeln 9 und 10 genannten Informationen, kann sich auf die Informationen stützen, die in dem in Artikel 33 genannten Informationssystem enthalten sind, und kann durch weitere einschlägige Quellen wie Überwachungsdaten, Risikoprofile internationaler Organisationen, gemäß Artikel 31 geäußerte begründete Bedenken oder Schlussfolgerungen der Sitzungen von Sachverständigengruppen der Kommission gestützt werden.

(4) Die Kommission legt gegebenenfalls auf Unionsebene vorläufige Risikokriterien gemäß Absatz 3 fest, überprüft und aktualisiert diese regelmäßig und teilt sie den zuständigen Behörden mit.

(5) Zur Durchführung der in Absatz 1 genannten Kontrollen erstellen die zuständigen Behörden Jahrespläne, die mindestens Folgendes umfassen:

a) gemäß Absatz 3 festgelegte nationale Risikokriterien für die Ermittlung der notwendigen Kontrollen, die auf den von der Kommission gemäß Absatz 4 auf Unionsebene festgelegten vorläufigen Risikokriterien beruhen und systematisch Risikokriterien in Bezug auf Länder oder Landesteile enthalten, für die ein hohes Risiko festgestellt wurde;

b) die Auswahl der zu kontrollierenden Marktteilnehmer und Händler; diese Auswahl stützt sich auf die nationalen Risikokriterien gemäß Buchstabe a, wobei unter anderem Informationen aus dem Informationssystem gemäß Artikel 33 und Verfahren der elektronischen Datenverarbeitung zu verwenden sind; für jeden zu kontrollierenden

Marktteilnehmer oder Händler können die zuständigen Behörden spezifische Sorgfaltserklärungen festlegen, die überprüft werden müssen.

(6) Die jährliche Überprüfung der Pläne durch die zuständigen Behörden stützt sich systematisch auf die Ergebnisse der Kontrollen und die Erfahrungen bei der Umsetzung der Pläne nach Absatz 5, um ihre Wirksamkeit zu verbessern.

(7) Die zuständigen Behörden übermitteln ihre erstellten Kontrollpläne sowie deren Aktualisierungen den anderen zuständigen Behörden und der Kommission. Die zuständigen Behörden tauschen mit den zuständigen Behörden anderer Mitgliedstaaten und mit der Kommission Informationen über die Entwicklung und Anwendung der in Absatz 5 genannten Risikokriterien aus und koordinieren diese, um die Wirksamkeit der Durchsetzung dieser Verordnung zu verbessern.

(8) Jeder Mitgliedstaat stellt sicher, dass sich die jährlichen Kontrollen, die gemäß Absatz 1 von seinen zuständigen Behörden durchgeführt werden, auf mindestens 3 % der Marktteilnehmer erstrecken, die relevante Erzeugnisse in Verkehr bringen oder auf dem Markt bereitstellen oder ausführen, die relevante Rohstoffe enthalten oder unter deren Verwendung hergestellt wurden, die in einem Erzeugerland oder dessen Landesteilen hergestellt werden, für das bzw. die gemäß Artikel 29 ein normales Risiko festgestellt wurde.

(9) Jeder Mitgliedstaat stellt sicher, dass sich die jährlichen Kontrollen, die gemäß Absatz 1 diese Artikels von seinen zuständigen Behörden durchgeführt werden, auf mindestens 9 % der Marktteilnehmer, die relevante Erzeugnisse in Verkehr bringen oder auf dem Markt bereitstellen oder ausführen, die relevante Rohstoffe enthalten oder unter deren Verwendung hergestellt wurden, sowie auf 9 % der Menge jedes relevanten Erzeugnisses erstrecken, das relevante Rohstoffe enthält oder unter deren Verwendung hergestellt wurde, die in einem Land oder in Landesteilen hergestellt werden, für das bzw. die gemäß Artikel 29 ein hohes Risiko festgestellt wurde.

(10) Jeder Mitgliedstaat stellt sicher, dass sich die jährlichen Kontrollen, die gemäß Absatz 1 dieses Artikels von seinen zuständigen Behörden durchgeführt werden, auf mindestens 1 % der Marktteilnehmer erstrecken, die relevante Erzeugnisse in Verkehr bringen oder auf dem Markt bereitstellen oder ausführen, die relevante Rohstoffe enthalten oder unter deren Verwendung hergestellt wurden, die in einem Land oder in Landesteilen hergestellt werden, für das bzw. die gemäß Artikel 29 ein geringes Risiko festgestellt wurde.

(11) Die quantifizierten Ziele der Kontrollen, die von den zuständigen Behörden durchzuführen sind, sind für jeden der relevanten Rohstoffe einzeln zu erfüllen. Die quantifizierten Ziele werden anhand der Gesamtzahl der Marktteilnehmer, die im Vorjahr relevante Erzeugnisse in Verkehr gebracht oder auf dem Markt bereitgestellt oder ausgeführt haben, und gegebenenfalls anhand der Menge berechnet. Marktteilnehmer gelten als überprüft, wenn die zuständige Behörde die gemäß Artikel 18 Absatz 1 Buchstaben a und b einschlägigen Elemente überprüft hat.

(12) Unbeschadet der gemäß Absatz 5 vorab geplanten Kontrollen führen die zuständigen Behörden Kontrollen gemäß Absatz 1 durch, wenn sie einschlägige Informationen, einschließlich auf Grundlage begründeter Bedenken Dritter gemäß Artikel 31, in Bezug auf einen möglichen Verstoß gegen diese Verordnung erlangen oder davon in Kenntnis gesetzt werden.

(13) Die Kontrollen erfolgen ohne vorherige Ankündigung gegenüber dem Marktteilnehmer oder Händler, es sei denn, eine vorherige Benachrichtigung des Marktteilnehmers oder Händlers ist erforderlich, um die Wirksamkeit der Kontrollen zu gewährleisten.

(14) Die zuständigen Behörden führen Aufzeichnungen über die Kontrollen, aus denen insbesondere deren Art und Ergebnisse hervorgehen, sowie über die bei Verstößen ergriffenen Maßnahmen. Die Aufzeichnungen über alle Kontrollen werden mindestens zehn Jahre lang aufbewahrt.

(15) Die Aufzeichnungen über die gemäß dieser Verordnung durchgeführten Kontrollen und die Berichte über deren Ergebnisse gelten als Umweltinformationen für die Zwecke der Richtlinie 2003/4/EG des Europäischen Parlaments und des Rates ([4]) und sind auf Anfrage zur Verfügung zu stellen.

Artikel 17

Sofortiger Handlungsbedarf bei relevanten Erzeugnissen

(1) Die zuständigen Behörden ermitteln Situationen, in denen das Risiko von Verstößen gegen Artikel 3 bei relevanten Erzeugnissen so hoch ist, dass seitens der zuständigen Behörden sofortiger Handlungsbedarf besteht, bevor diese relevanten Erzeugnisse in Verkehr gebracht oder auf dem Markt bereitgestellt oder ausgeführt werden. Die zuständigen Behörden registrieren die ermittelten Situationen in dem gemäß Artikel 33 eingerichteten Informationssystem.

(2) Wenn die zuständigen Behörden die in Absatz 1 genannten Situationen feststellen, einschließlich wenn für entsprechende relevante Erzeugnisse eine Sorgfaltserklärung vorgelegt wird, erkennt das Informationssystem gemäß Artikel 33 das hohe Risiko dahingehend, dass gegen Artikel 3 verstoßen wird, und informiert die zuständigen Behörden, die

a) unverzüglich vorläufige Maßnahmen gemäß Artikel 23 ergreifen, um das Inverkehrbringen oder die Bereitstellung dieser relevanten Erzeugnisse auf dem Markt auszusetzen, oder

b) sobald die elektronische Schnittstelle gemäß Artikel 28 Absatz 1 eingerichtet ist, im Falle relevanter Erzeugnisse, die auf den Markt gelangen oder diesen verlassen, die Zollbehörden auffordern, die Überlassung dieser relevanter Erzeugnisse zum zollrechtlich freien Verkehr oder zur Ausfuhr gemäß Artikel 26 Absatz 7 auszusetzen.

(3) Eine Aussetzung nach Absatz 2 endet binnen drei Arbeitstagen oder, bei verderblichen relevanten Erzeugnissen, binnen 72 Stunden, jeweils ab dem Moment, an dem das hohe Risiko eines Verstoßes im Informationssystem gemäß Artikel 33 festgestellt wird. Kommen die zuständigen Behörden auf der Grundlage der Ergebnisse der in diesem Zeitraum durchgeführten Kontrollen zu dem Schluss, dass sie mehr Zeit benötigen, um festzustellen, ob die relevanten Erzeugnisse Artikel 3 entsprechen, so verlängern sie den Zeitraum der Aussetzung um zusätzliche Zeiträume von drei Arbeitstagen, durch einstweilige Maßnahmen gemäß Artikel 23 oder — im Falle relevanter Erzeugnisse, die auf den Markt gelangen oder diesen verlassen — durch Benachrichtigung der Zollbehörden, dass die Aussetzung gemäß Artikel 26 Absatz 7 aufrechterhalten werden muss.

Artikel 18
Kontrollen der Marktteilnehmer und nicht-KMU-Händler

(1) Die Kontrollen der Marktteilnehmer und nicht-KMU-Händler umfassen

a) eine Prüfung ihrer Sorgfaltspflichtregelung, einschließlich der Risikobewertungs- und Risikominderungsverfahren, sowie eine Prüfung der Unterlagen und Aufzeichnungen, mit denen das ordnungsgemäße Funktionieren der Sorgfaltspflichtregelung belegt wird;

b) eine Prüfung von Unterlagen und Aufzeichnungen, aus denen hervorgeht, dass ein bestimmtes relevantes Erzeugnis, das der Marktteilnehmer in Verkehr gebracht hat, in Verkehr zu bringen beabsichtigt oder auszuführen beabsichtigt, oder das der nicht-KMU-Händler auf dem Markt bereitstellt oder breitzustellen beabsichtigt, dieser Verordnung entspricht, einschließlich gegebenenfalls durch Risikominderungsmaßnahmen, sowie eine Prüfung der einschlägigen Sorgfaltserklärungen.

(2) Die Kontrollen der Marktteilnehmer und nicht-KMU-Händler können gegebenenfalls auch Folgendes umfassen, insbesondere wenn die in Absatz 1 genannten Prüfungen Fragen aufgeworfen haben:

a) eine Prüfung der relevanten Rohstoffe oder der relevanten Erzeugnisse vor Ort, um deren Übereinstimmung mit den für die Erfüllung der Sorgfaltspflicht verwendeten Unterlagen zu überprüfen,

b) eine Prüfung der gemäß Artikel 24 ergriffenen Korrekturmaßnahmen,

c) alle technischen und wissenschaftlichen Mittel, einschließlich anatomischer Analysen, chemischer Analysen oder DNA-Analysen, die zur Bestimmung der Art oder des genauen Ortes, an dem der relevante Rohstoff oder das relevante Erzeugnis erzeugt wurde, geeignet sind,

d) alle zur Feststellung, ob die relevanten Erzeugnisse entwaldungsfrei sind, geeigneten technischen und wissenschaftlichen Mittel, einschließlich Erdbeobachtungsdaten wie aus dem Copernicus-Programm und entsprechenden Werkzeugen oder aus anderen öffentlich oder privat verfügbaren Quellen, und

e) Stichprobenkontrollen, einschließlich Vor-Ort-Prüfungen, gegebenenfalls und sofern diese zustimmen auch in Drittländern in Zusammenarbeit mit den Verwaltungsbehörden dieser Drittländer.

Artikel 19
Kontrollen der KMU-Händler

(1) Die Kontrollen der KMU-Händler, umfassen die Prüfung von Unterlagen und Aufzeichnungen, die die Einhaltung von Artikel 5 Absätze 2, 3 und 4 belegen.

(2) Die Kontrollen der KMU-Händler können zudem gegebenenfalls, insbesondere wenn die Prüfungen nach Absatz 1 Fragen aufgeworfen haben, Stichproben, einschließlich Vor-Ort-Prüfungen, umfassen.

Artikel 20
Erstattung der Kosten der zuständigen Behörden

(1) Die Mitgliedstaaten können ihre zuständigen Behörden ermächtigen, von den Marktteilnehmern oder Händlern die Erstattung sämtlicher Kosten ihrer Tätigkeit im Zusammenhang mit Verstößen zu verlangen.

(2) Die in Absatz 1 genannten Kosten können die Kosten der Durchführung von Prüfungen, für die Verwahrung und für Tätigkeiten im Zusammenhang mit den relevanten Erzeugnissen, bei denen eine Nichtkonformität festgestellt wurde, und die vor ihrer Überlassung zum zollrechtlich freien Verkehr oder vor ihrem Inverkehrbringen oder ihrer Ausfuhr einer Korrekturmaßnahme bedurften, beinhalten.

Artikel 21
Zusammenarbeit und Informationsaustausch

(1) Die zuständigen Behörden arbeiten untereinander, mit den Zollbehörden ihres Mitgliedstaats, mit den zuständigen Behörden und Zollbehörden anderer Mitgliedstaaten, mit der Kommission und erforderlichenfalls mit den Verwaltungsbehörden von Drittländern zusammen, um die Einhaltung dieser Verordnung, auch im Hinblick auf

die Durchführung von Vor-Ort-Prüfungen, zu gewährleisten.

(2) Die zuständigen Behörden treffen mit der Kommission Verwaltungsvereinbarungen über die Übermittlung von Informationen zu Untersuchungen und die Durchführung von Untersuchungen.

(3) Die zuständigen Behörden tauschen die für die Durchsetzung dieser Verordnung erforderlichen Informationen unter anderem über das Informationssystem gemäß Artikel 33 aus. Dies beinhaltet, dass die zuständigen Behörden anderer Mitgliedstaaten Zugang zu Informationen über Marktteilnehmer und Händler, einschließlich Sorgfaltserklärungen, und über die Art der durchgeführten Kontrollen und deren Ergebnisse erhalten und entsprechende Daten mit ihnen ausgetauscht werden, um die Durchsetzung dieser Verordnung zu erleichtern.

(4) Die zuständigen Behörden warnen die zuständigen Behörden anderer Mitgliedstaaten und die Kommission unverzüglich, wenn sie etwaige Verstöße gegen diese Verordnung und schwerwiegende Mängel, die mehr als einen Mitgliedstaat betreffen könnten, feststellen. Die zuständigen Behörden unterrichten insbesondere die zuständigen Behörden anderer Mitgliedstaaten, wenn sie ein relevantes Erzeugnis auf dem Markt entdecken, das sie für ein nichtkonformes Erzeugnis halten, um die Rücknahme oder den Rückruf dieses Erzeugnisse vom Verkauf in allen Mitgliedstaaten zu ermöglichen.

(5) Auf Verlangen einer zuständigen Behörde stellen die Mitgliedstaaten ihr die Informationen zur Verfügung, die erforderlich sind, um die Einhaltung dieser Verordnung sicherzustellen.

Artikel 22
Berichterstattung

(1) Bis zum 30. April jedes Jahres stellen die Mitgliedstaaten der Öffentlichkeit und der Kommission Informationen über die Anwendung dieser Verordnung im vorangegangenen Kalenderjahr zur Verfügung. Diese Informationen umfassen

a) die Kontrollpläne und die Risikokriterien, die für diese Pläne als Grundlage dienten,

b) die Anzahl und die Ergebnisse der Kontrollen, die bei Marktteilnehmern, bei nicht-KMU-Händlern und bei anderen Händlern durchgeführt wurden, im Verhältnis zur Gesamtzahl der Marktteilnehmer, der nicht-KMU-Händler und anderer Händler, einschließlich der Art der festgestellten Verstöße,

c) die Menge der geprüften relevanten Erzeugnisse im Verhältnis zur Gesamtmenge der in Verkehr gebrachten oder ausgeführten relevanten Erzeugnisse sowie die Erzeugerländer; für relevante Erzeugnisse, die auf den Markt gelangen oder diesen verlassen, ist die Menge in Kilogramm Eigenmasse anzugeben und gegebenenfalls in der besonderen Maßeinheit, die bei dem angegebenen Code des Harmonisierten Systems in Anhang I der Verordnung (EWG) Nr. 2658/87 des Rates festgelegt ist; in allen anderen Fällen ist die Menge in Eigenmasse oder gegebenenfalls in Volumen oder Stückzahl anzugeben; eine besondere Maßeinheit ist anzugeben, wenn eine solche konsequent für alle möglichen Unterpositionen des in der Sorgfaltserklärung angegebenen Codes des Harmonisierten Systems definiert ist.

d) bei Verstößen die gemäß Artikel 24 ergriffene Korrekturmaßnahme und die gemäß Artikel 25 verhängten Sanktionen,

e) den prozentualen Anteil der Kontrollen, die gemäß Artikel 16 Absatz 13 mit einer vorherigen Ankündigung durchgeführt wurden, deren Anwendung von den zuständigen Behörden in ihren Kontrollberichten zu begründen ist.

(2) Bis zum 30. Oktober jedes Jahres veröffentlichen die Kommissionsdienststellen einen unionsweiten Überblick über die Anwendung dieser Verordnung auf der Grundlage der von den Mitgliedstaaten nach Absatz 1 eingereichten Daten.

Artikel 23
Einstweilige Maßnahmen

Die Mitgliedstaaten sehen die Möglichkeit vor, dass ihre zuständigen Behörden unverzüglich einstweilige Maßnahmen, einschließlich der Beschlagnahme der relevanten Rohstoffe oder relevanten Erzeugnisse, der Aussetzung des Inverkehrbringens oder der Bereitstellung auf dem Markt oder der Aussetzung der Ausfuhr der relevanten Rohstoffe oder relevanten Erzeugnisse aus dem Unionsmarkt einleiten können, wenn mögliche Verstöße gegen diese Verordnung auf der Grundlage eines der folgenden Umstände festgestellt wurden:

a) einer Prüfung von Nachweisen oder anderer einschlägiger Informationen, einschließlich gemäß Artikel 21 ausgetauschter Informationen oder gemäß Artikel 31 geäußerter begründeter Bedenken,

b) Kontrollen im Sinne der Artikel 18 und 19,

c) der Feststellung von Risiken durch das Informationssystem gemäß Artikel 33.

Die Mitgliedstaaten setzen gegebenenfalls die Kommission und die zuständigen Behörden der anderen Mitgliedstaaten unverzüglich von derartigen Maßnahmen in Kenntnis.

Artikel 24
Korrekturmaßnahmen bei Verstößen

(1) Stellen die zuständigen Behörden unbeschadet des Artikels 25 fest, dass ein Marktteilnehmer oder Händler gegen diese Verordnung verstoßen hat, oder dass ein in Verkehr gebrachtes, auf dem

Markt bereitgestelltes oder ausgeführtes relevantes Erzeugnis nichtkonform ist, so fordern sie den betreffenden Marktteilnehmer oder Händler unverzüglich auf, geeignete und verhältnismäßige Korrekturmaßnahmen zu ergreifen, um den Verstoß innerhalb einer festgelegten, angemessenen Frist zu beenden.

(2) Für die Zwecke von Absatz 1 umfassen die vom Marktteilnehmer oder Händler zu ergreifenden Korrekturmaßnahmen mindestens eine der folgenden Handlungen:

a) Behebung formeller Verstöße, insbesondere gegen die Anforderungen aus Kapitel 2;

b) Verhinderung, dass das relevante Erzeugnis auf in Verkehr gebracht, auf dem Markt bereitgestellt oder ausgeführt wird;

c) sofortige Rücknahme vom Markt oder sofortiger Rückruf des relevanten Erzeugnisses;

d) Spende des relevanten Erzeugnisses an gemeinnützige oder im öffentlichen Interesse liegende Zwecke oder, falls dies nicht möglich ist, Entsorgung des Erzeugnisses im Einklang mit den Abfallbewirtschaftungsvorschriften der Union.

(3) Unabhängig von den nach Absatz 2 ergriffenen Korrekturmaßnahmen behebt der Marktteilnehmer oder Händler jegliche Mängel in der Sorgfaltspflichtregelung, um der Gefahr weiterer Verstöße gegen diese Verordnung vorzubeugen.

(4) Ergreift der Marktteilnehmer oder Händler innerhalb der von der zuständigen Behörde gemäß Absatz 1 festgelegten Frist keine Korrekturmaßnahmen nach Absatz 2 oder wird ein Verstoß nach Absatz 1 nicht beseitigt, so stellen die zuständigen Behörden nach Ablauf dieser Frist die Umsetzung der vorgeschriebenen Korrekturmaßnahme nach Absatz 2 mit allen ihnen gemäß dem Recht des betreffenden Mitgliedstaats zur Verfügung stehenden Mitteln sicher.

Artikel 25
Sanktionen

(1) Unbeschadet der Verpflichtungen, denen sie gemäß der Richtlinie 2008/99/EG des Europäischen Parlaments und des Rates ([(5)]) unterliegen, erlassen die Mitgliedstaaten Vorschriften über Sanktionen, die bei Verstößen gegen diese Verordnung durch Marktteilnehmer und Händler zu verhängen sind, und treffen alle für die Anwendung der Sanktionen erforderlichen Maßnahmen. Die Mitgliedstaaten teilen der Kommission diese Vorschriften und Maßnahmen mit und melden ihr unverzüglich alle diesbezüglichen Änderungen.

(2) Die nach Absatz 1 vorgesehenen Sanktionen müssen wirksam, verhältnismäßig und abschreckend sein. Diese Sanktionen umfassen

a) Geldstrafen oder Geldbußen, die im Verhältnis zu der Umweltschädigung und zum Wert der relevanten Rohstoffe oder relevanten Erzeugnisse stehen, wobei die Höhe solcher Geldstrafen oder Geldbußen so berechnet wird, dass bei den Verantwortlichen der wirtschaftliche Gewinn aus ihren Verstößen tatsächlich abgeschöpft wird, und die Sanktionen bei wiederholten Verstößen schrittweise angehoben werden; wenn es sich um eine juristische Person handelt, wird der Höchstbetrag der Geldstrafe oder Geldbuße auf mindestens 4 % des nach dem Verfahren zur Berechnung des Gesamtumsatzes gemäß Artikel 5 Absatz 1 der Verordnung (EG) Nr. 139/2004 des Rates ([(6)]) berechneten jährlichen unionsweiten Gesamtumsatzes des Marktteilnehmers oder Händlers in dem Geschäftsjahr vor der Entscheidung über die Verhängung der Geldstrafe oder Geldbuße festgelegt und gegebenenfalls so erhöht, dass er höher ausfällt als der potenzielle wirtschaftliche Gewinn;

b) die Einziehung der relevanten Erzeugnisse beim Marktteilnehmer und/oder Händler;

c) die Einziehung der Einnahmen, die der Marktteilnehmer und/oder Händler aus einer Transaktion mit den relevanten Erzeugnissen erzielt hat;

d) den vorübergehenden, im Höchstfall 12 Monate dauernden Ausschluss von Verfahren zur Vergabe öffentlicher Aufträge und vom Zugang zu öffentlicher Finanzierung, darunter auch Ausschreibungsverfahren, Finanzhilfen und Konzessionen;

e) das vorübergehende Verbot des Inverkehrbringens oder der Bereitstellung auf oder der Ausfuhr aus dem Markt von relevanten Rohstoffen und relevanten Erzeugnissen im Falle eines schwerwiegenden Verstoßes oder wiederholter Verstöße;

f) das Verbot der Anwendung der vereinfachten Sorgfaltspflicht gemäß Artikel 13 im Falle eines schwerwiegenden Verstoßes oder wiederholter Verstöße;

(3) Die Mitgliedstaaten setzen die Kommission unter Berücksichtigung der einschlägigen Datenschutzvorschriften innerhalb von 30 Tagen nach dem Datum, an dem die Urteile rechtskräftig werden, von den endgültigen Entscheidungen, die aufgrund von Verstößen gegen diese Verordnung gegen juristische Personen ergangen ist, und von den gegen diese Personen verhängten Sanktionen in Kenntnis. Die Kommission veröffentlicht auf ihrer Website eine Liste entsprechender Entscheidungen, in der Folgendes angegeben ist:

a) der Name der juristischen Person,

b) das Datum der endgültigen Entscheidung,

c) eine Zusammenfassung der Tätigkeiten, die für den Verstoß der juristischen Person gegen diese Verordnung ursächlich sind, und

d) die Art der verhängten Sanktion und, wenn diese finanzieller Art ist, ihre Höhe.

EUDR

KAPITEL 4
VERFAHREN FÜR RELEVANTE ERZEUGNISSE, DIE AUF DEN MARKT GELANGEN ODER DIESEN VERLASSEN

Artikel 26
Kontrollen

(1) Relevante Erzeugnisse, die in das Zollverfahren zur Überlassung zum zollrechtlich freien Verkehr oder zur Ausfuhr übergeführt werden, unterliegen den in diesem Kapitel festgelegten Kontrollen und Maßnahmen. Die Anwendung dieses Kapitels lässt andere Bestimmungen dieser Verordnung sowie andere Rechtsakte der Union über die Überlassung zum zollrechtlich freien Verkehr oder zur Ausfuhr von Waren, insbesondere die Verordnung (EU) Nr. 952/2013 und dessen Artikel 46, 47, 134 und 267, unberührt. Kapitel VII der Verordnung (EU) 2019/1020 gilt jedoch nicht für Kontrollen relevanter Erzeugnisse, die auf den Markt gelangen, soweit es die Anwendung und Durchsetzung dieser Verordnung betrifft.

(2) Die zuständigen Behörden sind für die allgemeine Durchsetzung dieser Verordnung in Bezug auf relevante Erzeugnisse, die auf den Markt gelangen oder diesen verlassen, verantwortlich. Insbesondere ist es gemäß Artikel 16 Aufgabe der zuständigen Behörden, auf der Grundlage eines risikobasierten Ansatzes festzustellen, welche Kontrollen durchzuführen sind, und anhand der Kontrollen gemäß Artikel 16 festzustellen, ob ein solches Erzeugnis Artikel 3 entspricht. Die zuständigen Behörden führen diese Zuständigkeiten gemäß den einschlägigen Bestimmungen des Kapitels 3 aus.

(3) Unbeschadet des Absatzes 2 des vorliegenden Artikels führen die Zollbehörden Kontrollen der Zollanmeldungen für relevante Erzeugnisse durch, die gemäß den Artikeln 46 und 48 der Verordnung (EU) Nr. 952/2013 auf den Markt gelangen oder diesen verlassen. Diese Kontrollen stützen sich gemäß Artikel 46 Absatz 2 der Verordnung (EU) Nr. 952/2013 in erster Linie auf eine Risikoanalyse.

(4) Die Referenznummer der Sorgfaltserklärung wird den Zollbehörden vor der Überlassung zum zollrechtlich freien Verkehr oder zur Ausfuhr eines relevanten Erzeugnisses, das auf den Markt gelangt oder diesen verlässt, zur Verfügung gestellt. Zu diesem Zweck stellt die Person, die die Zollanmeldung zur Überlassung zum zollrechtlich freien Verkehr oder zur Ausfuhr des relevanten Erzeugnisses abgibt, den Zollbehörden die Referenznummer der Sorgfaltserklärung, die über das Informationssystem gemäß Artikel 33 zugewiesen wurde, zur Verfügung, es sei denn, die Sorgfaltserklärung wird über die in Artikel 28 Absatz 2 genannte elektronische Schnittstelle bereitgestellt.

(5) Um bei der Erlaubnis zur Überlassung zum zollrechtlich freien Verkehr oder zur Ausfuhr eines relevanten Erzeugnisses der Einhaltung dieser Verordnung Rechnung zu tragen, gilt Folgendes:

a) Bis zur Einrichtung der elektronischen Schnittstelle gemäß Artikel 28 Absatz 1 gelten die Absätze 6 bis 9 des vorliegenden Artikels nicht, und die Zollbehörden müssen gemäß Artikel 27 mit den zuständigen Behörden Informationen austauschen und zusammenarbeiten sowie gegebenenfalls diesen Informationsaustausch und diese Zusammenarbeit bei der Genehmigung der Überlassung relevanter Erzeugnisse berücksichtigen.

b) Sobald die elektronische Schnittstelle gemäß Artikel 28 Absatz 1 eingerichtet ist, gelten die Absätze 6 bis 9 des vorliegenden Artikels und Mitteilungen und Ersuchen nach den Absätzen 6 bis 9 des vorliegenden Artikels erfolgen über diese elektronische Schnittstelle.

(6) Bei der Durchführung der Kontrollen von Zollanmeldungen zur Überlassung zum zollrechtlich freien Verkehr oder zur Ausfuhr von relevanten Erzeugnissen, die auf den Markt gelangen oder diesen verlassen, prüfen die Zollbehörden unter Nutzung der elektronischen Schnittstelle gemäß Artikel 28 Absatz 1 den Status, der der entsprechenden Sorgfaltserklärung von den zuständigen Behörden in dem Informationssystem gemäß Artikel 33 zugewiesen wurde.

(7) Geht aus dem Status nach Absatz 6 des vorliegenden Artikels hervor, dass für das relevante Erzeugnis, das auf den Markt gelangt oder diesen verlässt, gemäß Artikel 17 Absatz 2 festgestellt wurde, dass es vor dem Inverkehrbringen, der Bereitstellung auf dem Markt oder der Ausfuhr kontrolliert werden muss, so setzen die Zollbehörden die Überlassung zum zollrechtlich freien Verkehr oder zur Ausfuhr dieses relevanten Erzeugnisses aus.

(8) Sind alle sonstigen Anforderungen und Formalitäten nach Unionsrecht oder nationalem Recht in Bezug auf die Überlassung zum zollrechtlich freien Verkehr oder zur Ausfuhr erfüllt, so gestatten die Zollbehörden die Überlassung des relevanten Erzeugnisses, das auf den Markt gelangt oder diesen verlässt, zum zollrechtlich freien Verkehr oder die Ausfuhr, wenn einer der folgenden Umstände vorliegt:

a) aus dem Status nach Absatz 6 des vorliegenden Artikels geht nicht hervor, dass für das relevante Erzeugnis gemäß Artikel 17 Absatz 2 festgestellt wurde, dass es vor dem Inverkehrbringen, der Bereitstellung auf dem Markt oder der Ausfuhr kontrolliert werden muss;

b) die Überlassung zum zollrechtlich freien Verkehr oder zur Ausfuhr wurde gemäß Absatz 7 des vorliegenden Artikels ausgesetzt und die zuständigen Behörden haben nicht beantragt, die Aussetzung gemäß Artikel 17 Absatz 3aufrechtzuerhalten;

c) die Überlassung zum zollrechtlich freien Verkehr oder zur Ausfuhr wurde gemäß Absatz 7 ausgesetzt, und die zuständigen Behörden haben den Zollbehörden mitgeteilt, dass die Aussetzung der Überlassung der relevanten Erzeugnisse zum zollrechtlich freien Verkehr oder zur Ausfuhr aufgehoben werden kann.

(9) Gelangen die zuständigen Behörden zu dem Schluss, dass ein relevantes Erzeugnis, das auf den Markt gelangt oder diesen verlässt, nichtkonform ist, so teilen sie dies den Zollbehörden mit, und die Überlassung des relevanten Erzeugnisses zum zollrechtlich freien Verkehr oder zur Ausfuhr wird von den Zollbehörden nicht gestattet.

(10) Die Überlassung zum zollrechtlich freien Verkehr oder zur Ausfuhr gilt nicht als Nachweis für die Einhaltung des Unionsrechts und insbesondere dieser Verordnung.

Artikel 27
Zusammenarbeit und Informationsaustausch zwischen Behörden

(1) Um den risikobasierten Ansatz nach Artikel 16 Absatz 5 für relevante Erzeugnisse, die auf den Markt gelangen oder ihn verlassen, zu ermöglichen und um sicherzustellen, dass die Kontrollen wirksam sind und im Einklang mit dieser Verordnung durchgeführt werden, arbeiten die Kommission, die zuständigen Behörden und die Zollbehörden eng zusammen und tauschen Informationen aus.

(2) Die Zollbehörden und die zuständigen Behörden arbeiten im Einklang mit Artikel 47 Absatz 2 der Verordnung (EU) Nr. 952/2013 zusammen und tauschen Informationen aus, die für die Erfüllung ihrer Aufgaben im Rahmen dieser Verordnung erforderlich sind, auch auf elektronischem Wege.

(3) Die Zollbehörden dürfen im Einklang mit Artikel 12 Absatz 1 der Verordnung (EU) Nr. 952/2013 vertrauliche Informationen, die sie im Zuge der Wahrnehmung ihrer Aufgaben erheben oder die ihnen auf vertraulicher Basis übermittelt werden, an die zuständige Behörde des Mitgliedstaats übermitteln, in dem der Marktteilnehmer, Händler oder Bevollmächtigter niedergelassen ist.

(4) Haben die zuständigen Behörden Informationen gemäß dem vorliegenden Artikel erhalten, so können diese zuständigen Behörden diese Informationen gemäß Artikel 21 Absatz 3 an die zuständigen Behörden anderer Mitgliedstaaten weiterleiten.

(5) Risikobezogene Informationen werden wie folgt ausgetauscht

a) zwischen den Zollbehörden gemäß Artikel 46 Absatz 5 der Verordnung (EU) Nr. 952/2013 und

b) zwischen den Zollbehörden und der Kommission gemäß Artikel 47 Absatz 2 der Verordnung (EU) Nr. 952/2013;

c) zwischen den Zollbehörden und zuständigen Behörden, einschließlich zuständiger Behörden anderer Mitgliedstaaten, gemäß Artikel 47 Absatz 2 der Verordnung (EU) Nr. 952/2013.

Artikel 28
Elektronische Schnittstelle

(1) Die Kommission entwickelt eine elektronische Schnittstelle auf der Grundlage der mit der Verordnung (EU) 2022/2399 des Europäischen Parlaments und des Rates ([7]) eingerichteten Single Window Umgebung der Europäischen Union für den Zoll, um die Übermittlung von Daten, insbesondere den Mitteilungen und Ersuchen gemäß Artikel 26 Absätze 6 bis 9 der vorliegenden Verordnung, zwischen den nationalen Zollsystemen und dem Informationssystem gemäß Artikel 33 zu ermöglichen. Diese elektronische Schnittstelle steht bis zum 30. Juni 2028 zur Verfügung.

(2) Die Kommission entwickelt eine elektronische Schnittstelle gemäß Artikel 12 der Verordnung (EU) 2022/2399, um Folgendes zu ermöglichen:

a) dass Marktteilnehmer und Händler der Verpflichtung, die Sorgfaltserklärung für einen relevanten Rohstoff oder ein relevantes Erzeugnis gemäß Artikel 4 der vorliegenden Verordnung zu übermitteln, entsprechen können, indem sie diese über die nationale zentrale Anlaufstelle für den Zoll gemäß Artikel 8 der Verordnung (EU) 2022/2399 zur Verfügung stellen, und von den zuständigen Behörden diesbezüglich Rückmeldung erhalten können und

b) dass die Sorgfaltserklärung an das in Artikel 33 genannte Informationssystem übermittelt werden kann.

(3) Die Kommission erlässt Durchführungsrechtsakte zur Festlegung der Einzelheiten der Durchführungsbestimmungen zu den Absätzen 1 und 2 dieses Artikels und insbesondere zur Festlegung der gemäß den Absätzen 1 und 2 dieses Artikels zu übermittelnden Daten, einschließlich ihres Formats. In dem Durchführungsrechtsakt wird ebenfalls präzisiert, wie Änderungen des Status, den die zuständigen Behörden den Sorgfaltserklärungen im Informationssystem gemäß Artikel 33 zugewiesen haben, den zuständigen Zollbehörden über die elektronische Schnittstelle nach Absatz 1 dieses Artikels unverzüglich und automatisch mitgeteilt werden. In den Durchführungsrechtsakten kann auch festgelegt werden, dass bestimmte spezifische Daten, die in der Sorgfaltserklärung zur Verfügung stehen und für die Tätigkeiten der Zollbehörden, einschließlich der Überwachung und Bekämpfung von Betrug, erforderlich sind, in den Zollsystemen der Union und der Mitgliedstaaten übermittelt und registriert werden. Diese Durchführungsrechtsakte werden gemäß dem in Artikel 36 Absatz 2 genannten Prüfverfahren erlassen.

KAPITEL 5
LÄNDER-BENCHMARKINGSYSTEM UND ZUSAMMENARBEIT MIT DRITTLÄNDERN
Artikel 29
Bewertung von Ländern

(1) Mit dieser Verordnung wird ein dreistufiges System zur Bewertung von Ländern oder Landesteilen eingeführt. Zu diesem Zweck werden Mitgliedstaaten und Drittländer bzw. deren Landesteile in eine der folgenden Risikokategorien eingestuft:

a) Als Länder oder Landesteile mit „hohem Risiko" gelten Länder oder Landesteile, für die im Rahmen der Bewertung nach Absatz 3 ein außergewöhnlich hohes Risiko dahingehend festgestellt wird, dass dort relevante Rohstoffe erzeugt werden, für die die relevanten Erzeugnisse gegen Artikel 3 Buchstabe a verstoßen.

b) Als Länder oder Landesteile mit „geringem Risiko" gelten Länder oder Landesteile, für die im Rahmen der Bewertung nach Absatz 3 festgestellt wird, dass eine ausreichende Gewähr dafür besteht, dass Fälle der Erzeugung von relevanten Rohstoffen, für die die relevanten Erzeugnisse gegen Artikel 3 Buchstabe a verstoßen, in diesen Ländern oder Landesteilen die Ausnahme sind.

c) Als Länder oder Landesteile mit „normalem Risiko" gelten Länder oder Landesteile, die weder in die Kategorie „hohes Risiko" noch in die Kategorie „geringes Risiko" fallen.

(2) Am 29. Juni 2023 wird allen Ländern ein normales Risiko zugeordnet. Die Kommission stuft die Länder oder Landesteile ein, die gemäß Absatz 1 dieses Artikels ein geringes oder ein hohes Risiko aufweisen. Die Liste der Länder oder Landesteile, die ein geringes oder hohes Risiko aufweisen, wird im Wege von Durchführungsrechtsakten veröffentlicht, die spätestens am 30. Juni 2025 gemäß dem in Artikel 36 Absatz 2 genannten Prüfverfahren erlassen werden. Diese Liste wird überprüft und gegebenenfalls, sooft es nötig ist, im Lichte neuer Erkenntnisse aktualisiert.

(3) Die Einstufung von Ländern oder Landesteilen mit geringem Risiko und hohem Risiko gemäß Absatz 1 erfolgt auf der Grundlage einer objektiven und transparenten Bewertung durch die Kommission, bei der die neuesten wissenschaftlichen Erkenntnisse und international anerkannte Quellen berücksichtigt werden. Der Einstufung werden in erster Linie die folgenden Bewertungskriterien zugrunde gelegt:

a) Ausmaß der Entwaldung und Waldschädigung;

b) Ausmaß der Erweiterung landwirtschaftlicher Flächen für relevante Rohstoffe;

c) Erzeugungstrends bei relevanten Rohstoffen und relevanten Erzeugnissen.

(4) Bei der Bewertung nach Absatz 3 kann auch Folgendes berücksichtigt werden:

a) von dem Land und den betreffenden regionalen Behörden, Marktteilnehmern, Nichtregierungsorganisationen und Dritten, einschließlich indigener Völker, lokaler Gemeinschaften und Organisationen der Zivilgesellschaft, vorgelegte Informationen dazu, ob der beabsichtigte nationale Beitrag zum Rahmenübereinkommen der Vereinten Nationen über Klimaänderungen UNFCCC wirksam Emissionen und den Abbau von Treibhausgasen durch Landwirtschaft, Forstwirtschaft und Landnutzung abdeckt;

b) Abkommen und andere zwischen dem betreffenden Land und der Union und/oder ihren Mitgliedstaaten geschlossene Übereinkünfte zur Bekämpfung der Entwaldung und der Waldschädigung und zur Erleichterung der Einhaltung von Artikel 3 durch relevante Rohstoffe und relevante Erzeugnisse sowie ihre wirksame Umsetzung;

c) ob in dem betreffenden Land nationale oder subnationale Rechtsvorschriften, auch im Einklang mit Artikel 5 des Übereinkommens von Paris, in Kraft sind und das Land wirksame Durchsetzungsmaßnahmen ergreift, um gegen Entwaldung und Waldschädigung vorzugehen und Tätigkeiten, die zu Entwaldung und Waldschädigung führen, zu verhindern und mit Sanktionen zu belegen, und insbesondere, ob es Sanktionen von hinreichender Strenge verhängt, um mögliche Vorteile aus Entwaldung oder Waldschädigung abzuschöpfen;

d) ob das betreffende Land einschlägige Daten auf transparente Weise zur Verfügung stellt, und gegebenenfalls das Vorhandensein, die Einhaltung und die wirksame Durchsetzung von Rechtsvorschriften zum Schutz der Menschenrechte, der Rechte indigener Völker, lokaler Gemeinschaften und anderer Inhaber gewohnheitsmäßiger Landrechte;

e) vom Sicherheitsrat der Vereinten Nationen oder vom Rat der Europäischen Union verhängte Sanktionen für die Einfuhr oder Ausfuhr der relevanten Rohstoffe und relevanten Erzeugnisse.

(5) Die Kommission nimmt einen spezifischen Dialog mit allen Ländern auf, die als Land mit hohem Risiko eingestuft werden oder denen eine solche Einstufung droht, mit dem Ziel, sie bei der Senkung ihres Risikoniveaus zu unterstützen.

(6) Unbeschadet des Absatzes 5 teilt die Kommission dem betreffenden Land formal ihre Absicht mit, dieses Land oder einen Teil davon in eine andere Risikokategorie einzustufen, und fordert es auf, alle in dieser Hinsicht für nützlich erachteten Informationen vorzulegen. Die Kommission setzt auch die zuständigen Behörden über diese Absicht in Kenntnis.

Die Kommission nimmt folgende Angaben in die Benachrichtigung auf:

a) den Grund oder die Gründe für die beabsichtigte Änderung der Risikokategorie des Landes oder Landesteils;

b) die Aufforderung, der Kommission schriftlich bezüglich der beabsichtigten Änderung der Risikoeinstufung des Landes oder Landesteils zu antworten;

c) die Folgen der Einstufung als Land mit hohem oder geringem Risiko.

(7) Die Kommission räumt dem betreffenden Land ausreichend Zeit ein, um auf die Benachrichtigung zu antworten. Betrifft die Benachrichtigung die Absicht der Kommission, das Land oder einen Teil davon in eine höhere Risikokategorie einzustufen, so kann das betreffende Land der Kommission Informationen über Maßnahmen zur Verfügung stellen, die es ergriffen hat, um Abhilfe zu schaffen.

(8) Die Kommission unterrichtet das betreffende Land und die zuständigen Behörden ohne ungebührliche Verzögerung über die Aufnahme eines Landes oder Landesteils in die in Absatz 2 genannte Liste oder über die Streichung aus dieser Liste.

Artikel 30
Zusammenarbeit mit Drittländern

(1) Im Rahmen ihrer jeweiligen Zuständigkeitsbereiche arbeiten die Kommission — im Namen der Union — und interessierte Mitgliedstaaten nach einem koordinierten Ansatz mit den von dieser Verordnung betroffenen Erzeugerländern und deren Landesteilen — insbesondere mit jenen, die im Einklang mit Artikel 29 mit einem hohes Risiko eingestuft wurden — im Rahmen bestehender Partnerschaften und anderer einschlägiger Kooperationsmechanismen zusammen, um gemeinsam mit ihnen gegen die Ursachen von Entwaldung und Waldschädigung vorzugehen. Die Kommission entwickelt einen umfassenden Strategierahmen der Union für eine solche Zusammenarbeit und prüft die Mobilisierung einschlägiger Instrumente der Union. Diese Partnerschaften und Kooperationsmechanismen konzentrieren sich auf die Erhaltung, Wiederherstellung und nachhaltige Nutzung von Wäldern, die Entwaldung, die Waldschädigung und den Übergang zur Nachhaltigkeit bei der Erzeugung, beim Verbrauch und bei der Verarbeitung von Rohstoffen sowie auf Handelsmethoden. Partnerschaften und Kooperationsmechanismen können strukturierte Dialoge, Verwaltungsvereinbarungen und bestehende Vereinbarungen bzw. deren Bestimmungen sowie gemeinsame Fahrpläne umfassen, die den Übergang zu einer landwirtschaftlichen Erzeugung ermöglichen, die die Einhaltung dieser Verordnung unter besonderer Berücksichtigung der Bedürfnisse von indigenen Völkern, lokalen Gemeinschaften und Kleinbauern sowie unter Gewährleistung der Teilhabe aller Interessenträger erleichtert.

(2) Partnerschaften und Kooperationen ermöglichen die uneingeschränkte Beteiligung aller Interessenträger, einschließlich der Zivilgesellschaft, indigener Völker, lokaler Gemeinschaften, Frauen, des Privatsektors, einschließlich Kleinstunternehmen und anderer KMU sowie Kleinbauern. Im Rahmen von Partnerschaften und Kooperationen wird auch ein inklusiver und partizipatorischer Dialog im Hinblick auf nationale Rechts- und Verwaltungsreformen unterstützt oder aufgenommen, um auf eine verantwortlichere Politikgestaltung im Forstsektor hinzuwirken und auf die zur Entwaldung beitragenden inländischen Faktoren zu reagieren.

(3) Partnerschaften und Zusammenarbeit fördern die Entwicklung von integrierten Landnutzungsplanungsprozessen, einschlägigen Rechtsvorschriften von Erzeugerländern, Multi-Stakeholder-Prozessen, steuerlichen oder geschäftlichen Anreizen und anderen einschlägigen Instrumenten zur Verbesserung der Erhaltung der Wälder und der biologischen Vielfalt sowie der nachhaltigen Bewirtschaftung und Wiederherstellung von Wäldern, zur Bewältigung der Umwandlung von Wäldern und gefährdeten Ökosystemen in andere Formen der Flächennutzung, zur Optimierung des Nutzens für die Landschaft, die Sicherheit der Besitzverhältnisse, die Produktivität und Wettbewerbsfähigkeit der Landwirtschaft sowie für transparente Lieferketten, zur Stärkung der Rechte der von Wäldern abhängigen Gemeinschaften einschließlich Kleinbauern, lokaler Gemeinschaften und indigener Völker, deren Rechte in der Erklärung der Vereinten Nationen über die Rechte der indigenen Völker verankert sind, und zur Gewährleistung des öffentlichen Zugangs zu Waldbewirtschaftungsdokumenten und anderen einschlägigen Informationen.

(4) Im Rahmen ihrer jeweiligen Zuständigkeitsbereiche nehmen die Kommission — im Namen der Union — oder die Mitgliedstaaten oder beide an internationalen bilateralen und multilateralen Gesprächen über Strategien und Maßnahmen zur Eindämmung der Entwaldung und Waldschädigung teil, unter anderem in multilateralen Foren wie dem Übereinkommen über die biologische Vielfalt (Convention on Biological Diversity — CBD), der Ernährungs- und Landwirtschaftsorganisation der Vereinten Nationen (Food and Agriculture Organisation of the United Nations — FAO), dem Übereinkommen der Vereinten Nationen zur Bekämpfung der Wüstenbildung, der Umweltversammlung der Vereinten Nationen, dem Waldforum der Vereinten Nationen, dem UNFCCC, der Welthandelsorganisation, der G7 und der G 20. Dieses Engagement umfasst die Förderung des Übergangs zu einer nachhaltigen landwirtschaftlichen Erzeugung und einer nachhaltigen Waldbewirtschaftung sowie die Entwicklung transparenter und nachhaltiger Lieferketten sowie weitere Anstrengungen zur Ermittlung und

Vereinbarung robuster Standards und Definitionen, die ein hohes Schutzniveau für Wald und andere natürliche Ökosysteme sowie damit verbundene Menschenrechte gewährleisten.

(5) Im Rahmen ihrer jeweiligen Zuständigkeitsbereiche nehmen die Kommission — im Namen der Union — und interessierte Mitgliedstaaten einen Dialog mit anderen großen Verbraucherländern auf und arbeiten mit ihnen zusammen, um die Annahme ehrgeiziger Anforderungen mit dem Ziel zu fördern, den Beitrag dieser Länder zur Entwaldung und Waldschädigung so gering wie möglich zu halten und weltweit gleiche Wettbewerbsbedingungen zu fördern.

KAPITEL 6
BEGRÜNDETE BEDENKEN

Artikel 31
Begründete Bedenken natürlicher oder juristischer Personen

(1) Natürliche oder juristische Personen können begründete Bedenken bei den zuständigen Behörden geltend machen, wenn sie der Auffassung sind, dass ein oder mehrere Marktteilnehmer oder Händler gegen diese Verordnung verstoßen.

(2) Die zuständigen Behörden bewerten ohne ungebührliche Verzögerung, sorgfältig und unparteiisch die begründeten Bedenken, einschließlich der Frage, ob die Behauptungen begründet sind, und ergreifen die erforderlichen Maßnahmen, einschließlich der Durchführung von Kontrollen und Anhörungen von Marktteilnehmern und Händlern, um potenzielle Verstöße gegen diese Verordnung aufzudecken und gegebenenfalls vorläufige Maßnahmen gemäß Artikel 23 zu ergreifen, um zu verhindern, dass die relevanten Erzeugnisse, die Gegenstand der Untersuchung sind, in Verkehr gebracht, auf dem Markt bereitgestellt oder ausgeführt werden.

(3) Sofern im nationalen Recht nichts anderes vorgesehen ist, unterrichtet die zuständige Behörde innerhalb von 30 Tagen nach Eingang der begründeten Bedenken die in Absatz 1 genannten Personen, die die begründeten Bedenken geltend gemacht haben, über die daraufhin getroffenen Maßnahmen und begründet diese Entscheidung.

(4) Unbeschadet der Verpflichtungen gemäß der Richtlinie (EU) 2019/1937 des Europäischen Parlaments und des Rates ([8]) sehen die Mitgliedstaaten Maßnahmen zum Schutz der Identität der natürlichen oder juristischen Personen vor, die begründete Bedenken vorlegen oder Untersuchungen durchführen, um die Einhaltung der Bestimmungen dieser Verordnung durch Marktteilnehmer oder Händler zu überprüfen.

Artikel 32
Zugang zur Justiz

(1) Jede natürliche oder juristische Person, die entsprechend den geltenden nationalen Rechtsbehelfssystemen ein ausreichendes Interesse hat — auch wenn diese Personen etwaigen im nationalen Recht festgelegten Kriterien entsprechen, einschließlich derjenigen, die begründete Bedenken gemäß Artikel 31 geäußert haben — haben Zugang zu Verwaltungs- oder Gerichtsverfahren, zur Überprüfung der Rechtmäßigkeit der Entscheidungen, Handlungen oder Unterlassungen der zuständigen Behörden nach dieser Verordnung.

(2) Diese Verordnung lässt einzelstaatliche Rechtsvorschriften über den Zugang zu Gerichten und diejenigen Rechtsvorschriften unberührt, die vor Einleitung eines Gerichtsverfahrens die Ausschöpfung der Verwaltungsverfahren vorschreiben.

KAPITEL 7
INFORMATIONSSYSTEM

Artikel 33
Informationssystem

(1) Bis zum 30. Dezember 2024 errichtet und unterhält danach die Kommission ein Informationssystem, das die gemäß Artikel 4 Absatz 2 zur Verfügung gestellten Sorgfaltserklärungen enthält.

(2) Unbeschadet der Erfüllung der Verpflichtungen nach den Kapiteln 2 und 3 umfasst das Informationssystem mindestens die folgenden Funktionen:

a) Registrierung von Marktteilnehmern und Händlern und ihren Bevollmächtigten in der Union; für Marktteilnehmer, die relevante Erzeugnisse in das Zollverfahren zur Überlassung zum zollrechtlich freien Verkehr oder zur Ausfuhr einbringen, wird in ihr Registrierungsprofil die gemäß Artikel 9 der Verordnung (EU) Nr. 952/2013 festgelegte Registrierungs- und Identifizierungsnummer (EORI-Nummer) aufgenommen;

b) Registrierung von Sorgfaltserklärungen, einschließlich der Übermittlung einer Referenznummer für jede durch das Informationssystem übermittelte Sorgfaltserklärung an den betreffenden Marktteilnehmer oder Händler;

c) Bereitstellung der Referenznummern bestehender Sorgfaltserklärungen gemäß Artikel 4 Absätze 8 und 9;

d) wenn möglich die Umwandlung von Daten aus einschlägigen Systemen zur Ermittlung der Geolokalisierung;

e) Registrierung der Ergebnisse der Kontrollen von Sorgfaltserklärungen;

f) Zusammenschaltung mit dem Zoll über die Single-Window-Umgebung der Europäischen Union für den Zoll gemäß Artikel 28, auch um die Mitteilungen und Ersuchen nach Artikel 26 Absätze 6 bis 9 zu ermöglichen;

g) Bereitstellung einschlägiger Informationen zur Unterstützung der Erstellung der Risikoprofile für den Kontrollplan gemäß Artikel 16 Absatz 5, einschließlich der Kontrollergebnisse, der Risikoprofile für Marktteilnehmer, Händler sowie relevante Rohstoffe und relevante Erzeugnisse zum Zweck der Ermittlung — auf der Grundlage elektronischer Datenverarbeitungstechniken — der Marktteilnehmer und Händler, die gemäß Artikel 16 Absatz 5 zu kontrollieren sind, sowie der relevanten Erzeugnisse, die von den zuständigen Behörden zu kontrollieren sind;

h) Erleichterung der Amtshilfe und Zusammenarbeit zwischen den zuständigen Behörden sowie zwischen den zuständigen Behörden und der Kommission beim Austausch von Informationen und Daten;

i) Unterstützung der Kommunikation zwischen den zuständigen Behörden und den Marktteilnehmern und Händlern für die Zwecke der Durchführung dieser Verordnung, einschließlich gegebenenfalls durch den Einsatz digitaler Instrumente zum Lieferkettenmanagement.

(3) Die Kommission legt im Wege von Durchführungsrechtsakten Vorschriften für die Funktionsweise des Informationssystems nach diesem Artikel fest, darunter Vorschriften für den Schutz personenbezogener Daten und den Datenaustausch mit anderen IT-Systemen. Diese Durchführungsrechtsakte werden nach dem in Artikel 36 Absatz 2 genannten Prüfverfahren erlassen.

(4) Die Kommission gewährt den Zollbehörden, den zuständigen Behörden, den Marktteilnehmern und den Händlern und gegebenenfalls deren Bevollmächtigten im Einklang mit deren jeweiligen Verpflichtungen im Rahmen dieser Verordnung Zugang zu diesem Informationssystem.

(5) Im Einklang mit der Politik des offenen Datenzugangs der Union gewährt die Kommission der breiten Öffentlichkeit Zugang zu den vollständigen anonymisierten Datensätzen des Informationssystems in einem offenen Format, das maschinenlesbar ist und Interoperabilität, Weiterverwendung und Zugänglichkeit gewährleistet.

KAPITEL 8
ÜBERPRÜFUNG
Artikel 34
Überprüfung

(1) Spätestens am 30. Juni 2024 legt die Kommission eine Folgenabschätzung und gegebenenfalls einen Gesetzgebungsvorschlag vor, um den Anwendungsbereich dieser Verordnung auf sonstige bewaldete Flächen auszuweiten. Die Folgenabschätzung beinhaltet unter anderem den Stichtag gemäß Artikel 2, um den Beitrag der Union zur Umwandlung und Schädigung natürlicher Ökosysteme zu minimieren. Als Teil der Überprüfung werden die Auswirkungen der relevanten Rohstoffe auf die Entwaldung und Waldschädigung bewertet.

(2) Spätestens am 30. Juni 2025 legt die Kommission eine Folgenabschätzung und gegebenenfalls einen Gesetzgebungsvorschlag vor, um den Anwendungsbereich dieser Verordnung auf andere natürliche Ökosysteme, einschließlich sonstiger Flächen mit hohen Kohlenstoffbeständen und mit hohem Wert für die biologische Vielfalt wie Grünland, Torf- und Feuchtgebiete, auszuweiten. Die Folgenabschätzung umfasst eine mögliche Ökosystemausweitung, unter anderem auf der Grundlage des Stichtags gemäß Artikel 2, um den Beitrag der Union zur Umwandlung und Schädigung natürlicher Ökosysteme zu minimieren. Im Rahmen der Überprüfung wird auch die Notwendigkeit und Umsetzbarkeit einer Ausweitung des Anwendungsbereichs dieser Verordnung auf weitere Erzeugnisse einschließlich Mais bewertet. Als Teil der Überprüfung werden die Auswirkungen der relevanten Rohstoffe auf die Entwaldung und Waldschädigung entsprechend wissenschaftlichen Erkenntnisse bewertet, wobei Veränderungen des Verbrauchs berücksichtigt werden.

(3) Im Rahmen der Folgenabschätzung gemäß Absatz 2 wird auch geprüft, ob es angezeigt ist, die Liste der in Anhang I aufgeführten relevanten Erzeugnisse zu ändern oder zu ergänzen, um sicherzustellen, dass die relevantesten Erzeugnisse, die relevante Rohstoffe enthalten, mit ihnen gefüttert wurden oder unter ihrer Verwendung hergestellt wurden, in diese Liste aufgenommen werden. Bei dieser Folgenabschätzung wird der möglichen Aufnahme von Biokraftstoffen (HS-Code 382600) in Anhang I besondere Aufmerksamkeit gewidmet.

(4) Im Rahmen der Bewertung gemäß Absatz 2 wird auch geprüft, welche Rolle Finanzinstitute dabei spielen können, Finanzströme zu unterbinden, die mittelbar oder unmittelbar zu Entwaldung und Waldschädigung beitragen, sowie ob diesbezüglich spezifische Verpflichtungen für Finanzinstitute in Rechtsakten der Union vorgesehen werden müssen, wobei geltende horizontale oder sektorspezifische Rechtsvorschriften zu berücksichtigen sind.

(5) Die Kommission kann gemäß Artikel 35 delegierte Rechtsakte zur Änderung des Anhangs I in Bezug auf die entsprechenden KN-Codes von relevanten Erzeugnissen erlassen, die relevante Rohstoffe enthalten, mit diesen gefüttert oder unter deren Verwendung hergestellt wurden.

(6) Bis zum 30. Juni 2028 und danach mindestens alle fünf Jahre führt die Kommission eine allgemeine Überprüfung dieser Verordnung durch und legt dem Europäischen Parlament und dem Rat einen Bericht vor, dem gegebenenfalls ein Gesetzgebungsvorschlag beigefügt ist. Der erste der

Berichte enthält auf der Grundlage spezifischer Studien insbesondere eine Bewertung

a) der Notwendigkeit und Umsetzbarkeit zusätzlicher Instrumente zur Handelserleichterung, insbesondere für die am wenigsten entwickelten Länder, die von dieser Verordnung stark betroffen sind, sowie Länder oder deren Landesteile, die mit normalem oder hohem Risiko eingestuft wurden, um die Verwirklichung der Ziele dieser Verordnung zu unterstützen;

b) der Auswirkungen dieser Verordnung auf Landwirte, insbesondere Kleinbauern, indigene Völker und lokale Gemeinschaften, und des möglichen Bedarfs an zusätzlicher Unterstützung zugunsten des Übergangs zu nachhaltigen Lieferketten und für Kleinbauern bei der Einhaltung der Anforderungen dieser Verordnung;

c) der weiteren Ausdehnung der Begriffsbestimmung für „Waldschädigung“ auf der Grundlage einer eingehenden Analyse und unter Berücksichtigung der Fortschritte, die bei internationalen Beratungen zu diesem Thema erzielt wurden;

d) der Schwelle für die verpflichtende Verwendung von Polygonen nach Artikel 2 Nummer 28 unter Berücksichtigung der diesbezüglichen Auswirkungen auf die Bekämpfung von Entwaldung und Waldschädigung;

e) der Veränderungen des Handelsgefüges bei den unter diese Verordnung fallenden relevanten Rohstoffen und relevanten Erzeugnissen, wenn diese Veränderungen auf eine Umgehungspraktik hindeuten könnten;

f) der Frage, ob mit den durchgeführten Kontrollen wirksam sichergestellt werden konnte, dass relevante Rohstoffe und relevante Erzeugnisse, die auf dem Markt bereitgestellt oder ausgeführt werden, Artikel 3 entsprechen.

KAPITEL 9
SCHLUSSBESTIMMUNGEN

Artikel 35
Ausübung der Befugnisübertragung

(1) Die Befugnis zum Erlass delegierter Rechtsakte wird der Kommission unter den in diesem Artikel festgelegten Bedingungen übertragen.

(2) Die Befugnis zum Erlass delegierter Rechtsakte gemäß Artikel 34 Absatz 5 wird der Kommission für einen Zeitraum von fünf Jahren ab dem 29. Juni 2023 übertragen. Die Kommission erstellt spätestens sechs Monate vor Ablauf des Zeitraums von fünf Jahren einen Bericht über die Befugnisübertragung. Die Befugnisübertragung verlängert sich stillschweigend um Zeiträume gleicher Länge, es sei denn, das Europäische Parlament oder der Rat widersprechen einer solchen Verlängerung spätestens drei Monate vor Ablauf des jeweiligen Zeitraums.

(3) Die Befugnisübertragung gemäß Artikel 34 Absatz 5 kann vom Europäischen Parlament oder vom Rat jederzeit widerrufen werden. Der Beschluss über den Widerruf beendet die Übertragung der in diesem Beschluss angegebenen Befugnis. Er wird am Tag nach seiner Veröffentlichung im *Amtsblatt der Europäischen Union* oder zu einem im Beschluss über den Widerruf angegebenen späteren Zeitpunkt wirksam. Die Gültigkeit von delegierten Rechtsakten, die bereits in Kraft sind, wird von dem Beschluss über den Widerruf nicht berührt.

(4) Vor dem Erlass eines delegierten Rechtsakts konsultiert die Kommission die von den einzelnen Mitgliedstaaten benannten Sachverständigen, im Einklang mit den in der Interinstitutionellen Vereinbarung vom 13. April 2016 über bessere Rechtsetzung enthaltenen Grundsätzen.

(5) Sobald die Kommission einen delegierten Rechtsakt erlässt, übermittelt sie ihn gleichzeitig dem Europäischen Parlament und dem Rat.

(6) Ein delegierter Rechtsakt, der gemäß Artikel 34 Absatz 5 erlassen wurde, tritt nur in Kraft, wenn weder das Europäische Parlament noch der Rat innerhalb einer Frist von zwei Monaten nach Übermittlung dieses Rechtsakts an das Europäische Parlament und den Rat Einwände erhoben haben, oder wenn vor Ablauf dieser Frist das Europäische Parlament und der Rat beide der Kommission mitgeteilt haben, dass sie keine Einwände erheben werden. Auf Initiative des Europäischen Parlaments oder des Rates wird diese Frist um zwei Monate verlängert.

Artikel 36
Ausschussverfahren

(1) Die Kommission wird von einem Ausschuss unterstützt. Dieser Ausschuss ist ein Ausschuss im Sinne der Verordnung (EU) Nr. 182/2011 des Europäischen Parlaments und des Rates ([9]).

(2) Wird auf diesen Absatz Bezug genommen, gilt Artikel 5 der Verordnung (EU) Nr. 182/2011 unter Beachtung von deren Artikel 11.

Artikel 37
Aufhebung

(1) Die Verordnung (EU) Nr. 995/2010 wird mit Wirkung vom 30. Dezember 2025 aufgehoben.

(2) Die Verordnung (EU) Nr. 995/2010 gilt jedoch bis zum 31. Dezember 2028 weiterhin für Holz und Holzerzeugnisse im Sinne von Artikel 2 Buchstabe a der Verordnung (EU) Nr. 995/2010, die vor dem 29. Juni 2023 erzeugt und ab dem 30. Dezember 2025 in Verkehr gebracht wurden.

(3) Abweichend von Artikel 1 Absatz 2 der vorliegenden Verordnung müssen Holz und Holzerzeugnisse im Sinne von Artikel 2 Buchstabe a der Verordnung (EU) Nr. 995/2010, die vor

dem 29. Juni 2023 erzeugt und ab dem 31. Dezember 2028 in Verkehr gebracht wurden, Artikel 3 der vorliegenden Verordnung entsprechen.

Artikel 38

Inkrafttreten und Geltungsbeginn

(1) Diese Verordnung tritt am zwanzigsten Tag nach ihrer Veröffentlichung im *Amtsblatt der Europäischen Union* in Kraft.

(2) Vorbehaltlich Absatz 3 des vorliegenden Artikels beginnt die Geltung der Artikel 3 bis 13, der Artikel 16 bis 24 und der Artikel 26, 31 und 32 ab dem 30. Dezember 2025.

(3) Für Marktteilnehmer, die am 31. Dezember 2020 gemäß Artikel 3 Absatz 1 oder 2 der Richtlinie 2013/34/EU als Kleinstunternehmen bzw. als kleines Unternehmen niedergelassen waren, gelten die in Absatz 2 des vorliegenden Artikels genannten Artikel ab dem 30. Juni 2026, jedoch nicht bezüglich Erzeugnissen, die unter den Anhang der Verordnung (EU) Nr. 995/2010 fallen.

ANHANG I

Relevante Rohstoffe und relevante Erzeugnisse gemäß Artikel 1

In der nachstehenden Tabelle sind Waren gemäß ihrer Einreihung in die Kombinierte Nomenklatur nach Anhang I der Verordnung (EWG) Nr. 2658/87 aufgeführt, auf die in Artikel 1 der vorliegenden Verordnung Bezug genommen wird.

Die vorliegende Verordnung gilt nicht für Waren, die ausschließlich aus Material erzeugt sind, dessen Lebenszyklus abgeschlossen ist, und das anderenfalls als Abfall im Sinne des Artikels 3 Nummer 1 der Richtlinie 2008/98/EG entsorgt worden wäre; diese Ausnahmeregelung gilt nicht für Nebenprodukte eines Verarbeitungsprozesses, bei dem Material verwendet wird, bei dem es sich nicht um Abfall im Sinne des Artikels 3 Nummer 1 der genannten Richtlinie handelt.

Relevanter Rohstoff	Relevante Erzeugnisse
Rinder	0102 21 , 0102 29 Rinder, lebend ex 02 01 Fleisch von Rindern, frisch oder gekühlt ex 02 02 Fleisch von Rindern, gefroren ex 0206 10 Genießbare Schlachtnebenerzeugnisse von Rindern, frisch oder gekühlt ex 0206 22 Genießbare Lebern von Rindern, gefroren ex 0206 29 Genießbare Schlachtnebenerzeugnisse von Rindern (ohne Zungen und Lebern), gefroren ex 1602 50 sonstiges Fleisch, Schlachtnebenerzeugnisse oder Blut, anders zubereitet oder haltbar gemacht, von Rindern ex 41 01 Rohe Häute und Felle von Rindern und Kälbern (frisch oder gesalzen, getrocknet, geäschert, gepickelt oder anders konserviert, jedoch weder gegerbt noch zu Pergament- oder Rohhautleder konserviert, noch zugerichtet), auch enthaart oder gespalten ex 41 04 Gegerbte, auch getrocknete Häute und Felle von Rindern und Kälbern, enthaart, auch gespalten, aber nicht zugerichtet ex 41 07 Nach dem Gerben oder Trocknen zugerichtetes Leder, einschließlich Pergament- oder Rohhautleder, von Rindern und Kälbern, enthaart, auch gespalten, mit Ausnahme von Leder unter Position 4114
Kakao	1801 Kakaobohnen und Kakaobohnenbruch, roh oder geröstet 1802 Kakaoschalen, Kakaohäutchen und anderer Kakaoabfall 1803 Kakaomasse, auch entfettet 1804 Kakaobutter, Kakaofett und Kakaoöl 1805 Kakaopulver ohne Zusatz von Zucker oder anderen Süßmitteln 1806 Schokolade und andere kakaohaltige Lebensmittelzubereitungen
Kaffee	0901 Kaffee, auch geröstet oder entkoffeiniert; Kaffeeschalen und Kaffeehäutchen; Kaffeemittel mit beliebigem Kaffeegehalt

Ölpalme	1207 10 Palmnüsse und Palmkerne 1511 Palmöl und seine Fraktionen, auch raffiniert, jedoch nicht chemisch modifiziert 1513 21 Palmkernöl und Babassuöl sowie deren Fraktionen, roh, auch raffiniert, jedoch nicht chemisch modifiziert 1513 29 Palmkernöl und Babassuöl und deren Fraktionen, auch raffiniert, jedoch chemisch unmodifiziert (ausgenommen rohe Öle) 2306 60 Ölkuchen und andere feste Rückstände aus der Gewinnung von Fetten und Ölen aus Palmnüssen oder Palmkernen, auch gemahlen oder in Form von Pellets ex 2905 45 Glycerin mit einer Reinheit von mindestens 95 % (berechnet anhand des Gewichts des trockenen Erzeugnisses) 2915 70 Palmitinsäure, Stearinsäure, ihre Salze und Ester 2915 90 Carbonsäuren, gesättigt, acyclisch, einbasisch, ihre Anhydride, Halogenide, Peroxide und Peroxysäuren; ihre Halogen-, Sulfo-, Nitro- oder Nitrosoderivate, (ausgenommen Ameisensäure,Essigsäure, Mono-, Di- oder Trichloressigsäure, Propionsäure, Butansäuren, Pentansäuren, Palmitinsäure,Stearinsäure, ihre Salze und Ester, Essigsäureanhydrid) 3823 11 Stearinsäure, technische 3823 12 Ölsäure, technische 3823 19 Technische einbasisch Fettsäuren, saure Öle aus der Raffination (ausgenommen Stearinsäure, Ölsäure und Tallölfettsäuren) 3823 70 Technische Fettalkohole
Kautschuk	4001 Naturkautschuk, Balata, Guttapercha, Guayule, Chicle und ähnliche natürliche Kautschukarten; in Primärformen oder in Platten, Blättern oder Streifen ex 40 05 Kautschukmischungen, nicht vulkanisiert, in Primärformen oder in Platten, Blättern oder Streifen ex 40 06 Andere Formen (z. B. Stäbe, Stangen, Rohre, Profile) und Waren (z. B. Scheiben, Ringe), aus nicht vulkanisiertem Kautschuk ex 40 07 Fäden und Schnüre aus vulkanisiertem Kautschuk ex 40 08 Platten, Blätter, Streifen, Stäbe, Stangen und Profile aus Weichkautschuk ex 40 10 Förderbänder und Treibriemen aus vulkanisiertem Kautschuk ex 40 11 Luftreifen aus Kautschuk, neu ex 40 12 Luftreifen aus Kautschuk, runderneuert oder gebraucht; Vollreifen oder Hohlkammerreifen, Überreifen und Felgenbänder aus Kautschuk ex 40 13 Luftschläuche aus Kautschuk ex 40 15 Kleidung und Bekleidungszubehör (einschließlich Fingerhandschuhe. Handschuhe ohne Fingerspitzen und Fausthandschuhe) für alle Zwecke aus Weichkautschuk ex 40 16 sonstige Waren aus Weichkautschuk, a. n. g. in Kapitel 40 ex 40 17 Hartkautschuk (z. B. Ebonit) in allen Formen, einschließlich Abfälle und Bruch; Waren aus Hartkautschuk
Soja	1201 Sojabohnen, auch geschrotet 1208 10 Mehl von Sojabohnen 1507 Sojaöl und seine Fraktionen, auch raffiniert, jedoch nicht chemisch modifiziert 2304 Ölkuchen und andere feste Rückstände aus der Gewinnung von Sojaöl, auch gemahlen oder in Form von Pellets

Holz

4401 Brennholz in Form von Rundlingen, Scheiten, Zweigen, Reisigbündeln oder ähnlichen Formen; Holz in Form von Plättchen oder Schnitzeln; Sägespäne, Holzabfälle und Holzausschuss, auch zu Pellets, Briketts, Scheiten oder ähnlichen Formen zusammengepresst

4402 Holzkohle (einschließlich Kohle aus Schalen oder Nüssen), auch zusammengepresst

4403 Rohholz, auch entrindet, vom Splint befreit oder zwei- oder vierseitig grob zugerichtet

4404 Holz für Fassreifen; Holzpfähle, gespalten; Pfähle und Pflöcke aus Holz, gespitzt, nicht in der Längsrichtung gesägt; Holz, nur grob zugerichtet oder abgerundet, jedoch weder gedrechselt, gebogen noch anders bearbeitet, für Spazierstöcke, Regenschirme, Werkzeuggriffe, Werkzeugstiele und dergleichen; Holzspan, Holzstreifen, Holzbänder und dergleichen

4405 Holzwolle; Holzmehl

4406 Bahnschwellen aus Holz

4407 Holz, in der Längsrichtung gesägt oder gesäumt, gemessert oder geschält, auch gehobelt, geschliffen oder an den Enden verbunden, mit einer Dicke von mehr als 6 mm

4408 Furnierblätter (einschließlich der durch Messern von Lagenholz gewonnenen Blätter), Blätter für Sperrholz oder ähnliches Lagenholz und anderes Holz, in der Längsrichtung gesägt, gemessert oder geschält, auch gehobelt, geschliffen, an den Kanten oder an den Enden verbunden, mit einer Dicke von 6 mm oder weniger

4409 Holz (einschließlich Stäbe und Friese für Parkett, nicht zusammengesetzt), entlang einer oder mehrerer Kanten, Enden oder Flächen profiliert (gekehlt, genutet, gefedert, gefalzt, abgeschrägt, gefriest, gerundet oder in ähnlicher Weise bearbeitet), auch gehobelt, geschliffen oder an den Enden verbunden

4410 Spanplatten, „oriented strand board"-Platten (OSB) und ähnliche Platten (z. B. „waferboard"-Platten) aus Holz oder anderen holzigen Stoffen, auch mit Harz oder anderen organischen Bindemitteln hergestellt

4411 Faserplatten aus Holz oder anderen holzigen Stoffen, auch mit Harz oder anderen organischen Stoffen hergestellt

4412 Sperrholz, furniertes Holz und ähnliches Lagenholz

4413 verdichtetes Holz in Blöcken, Platten, Brettern oder Profilen

4414 Holzrahmen für Bilder, Fotografien, Spiegel oder dergleichen

4415 Kisten, Kistchen, Verschläge, Trommeln und ähnliche Verpackungsmittel, aus Holz; Kabeltrommeln aus Holz; Flachpaletten, Boxpaletten und andere Ladungsträger, aus Holz; Palettenaufsatzwände aus Holz
(ohne Verpackungsmaterial, das ausschließlich als Verpackungsmaterial zum Stützen, zum Schutz oder zum Tragen eines anderen in Verkehr gebrachten Erzeugnisses verwendet wird.)

4416 Fässer, Tröge, Bottiche, Kübel und andere Böttcherwaren und Teile davon, aus Holz, einschließlich Fassstäbe

4417 Werkzeuge, Werkzeugfassungen, Werkzeuggriffe und Werkzeugstiele, Fassungen, Stiele und Griffe für Besen, Bürsten und Pinsel, aus Holz; Schuhformen, Schuhleisten und Schuhspanner, aus Holz

4418 Bautischler- und Zimmermannsarbeiten, einschließlich Verbundplatten mit Hohlraum-Mittellagen, zusammengesetzte Fußbodenplatten, Schindeln („shingles" und „shakes"), aus Holz

4419 Holzwaren zur Verwendung bei Tisch oder in der Küche

4420 Hölzer mit Einlegearbeit (Intarsien oder Marketerie); Schmuckkassetten, Besteckkästchen und ähnliche Waren, aus Holz; Statuetten und andere Ziergegenstände, aus Holz; Innenausstattungsgegenstände aus Holz, ausgenommen Waren des Kapitels 94

4421 Andere Waren aus Holz

Halbstoffe und Papier der Kapitel 47 und 48 der Kombinierten Nomenklatur, ausgenommen Erzeugnisse auf Bambusbasis und Wiedergewinnungsprodukte (Abfälle und Ausschuss)

ex 49 Bücher, Zeitungen, Bilddrucke und andere Erzeugnisse des grafischen Gewerbes, hand- oder maschinengeschriebene Schriftstücke und Pläne

ex 94 01 Sitzmöbel (ausgenommen solche der Position 9402), auch wenn sie in Liegen umgewandelt werden können, und Teile davon, aus Holz

9403 30 , 9403 40 , 9403 50 , 9403 60 und 9403 91 Holzmöbel und Teile davon

9406 10 Vorgefertigte Gebäude aus Holz

ANHANG II

Sorgfaltserklärung

Angaben, die in der Sorgfaltserklärung gemäß Artikel 4 Absatz 2 enthalten sein müssen:

1. Name und Anschrift des Marktteilnehmers sowie bei relevanten Rohstoffen und relevanten Erzeugnissen, die auf den Markt gelangen oder diesen verlassen, die gemäß Artikel 9 der Verordnung (EU) Nr. 952/2013 festgelegte Registrierungs- und Identifizierungsnummer für Wirtschaftsbeteiligte (EORI-Nummer);

2. Code des Harmonisierten Systems (HS-Code), Freitextbeschreibung, einschließlich der Handelsbezeichnung sowie gegebenenfalls der vollständigen wissenschaftlichen Bezeichnung, und Menge des relevanten Erzeugnisses, das der Marktteilnehmer beabsichtigt, in Verkehr zu bringen oder auszuführen. Für relevante Erzeugnisse, die auf den Markt gelangen oder diesen verlassen, ist die Menge in Kilogramm Eigenmasse anzugeben und gegebenenfalls in der besonderen Maßeinheit, die bei dem angegebenen Code des Harmonisierten Systems in Anhang I der Verordnung (EWG) Nr. 2658/87 des Rates festgelegt ist; in allen anderen Fällen ist die Menge in Eigenmasse oder gegebenenfalls in Eigenvolumen oder Stückzahl anzugeben; eine besondere Maßeinheit ist anzugeben, wenn eine solche konsequent für alle möglichen Unterpositionen des in der Sorgfaltserklärung angegebenen Codes des Harmonisierten Systems definiert ist.

3. Erzeugerland und Geolokalisierung aller Grundstücke, auf denen die relevanten Rohstoffe erzeugt wurden. Bei relevanten Erzeugnissen, die Rind enthalten oder unter Verwendung von Rindern hergestellt wurden, und bei relevanten Erzeugnissen, die mit relevanten Erzeugnissen gefüttert wurden, bezieht sich die Geolokalisierung auf alle Betriebe, in denen die Rinder gehalten wurden. Enthält ein relevantes Erzeugnis Rohstoffe, die auf verschiedenen Grundstücken erzeugt wurden, oder wurde es unter Verwendung dieser Rohstoffe hergestellt, so sind die Koordinaten der Geolokalisierung aller Grundstücke gemäß Artikel 9 Absatz 1 Buchstabe d anzugeben;

4. Für Marktteilnehmer, die gemäß Artikel 4 Absätze 8 und 9 auf eine bestehende Sorgfaltserklärung Bezug nehmen, die Referenznummer jener Sorgfaltserklärung.

5. Folgende Erklärung: „Durch Übermittlung dieser Sorgfaltserklärung bestätigt der Marktteilnehmer, dass er die Sorgfaltspflicht gemäß der Verordnung (EU) 2023/1115 durchgeführt erfüllt hat, und dass kein oder lediglich ein vernachlässigbares Risiko dahingehend festgestellt wurde, dass die relevanten Erzeugnisse gegen Artikel 3 Buchstaben a oder b dieser Verordnung verstoßen."

6. Unterschrift im folgenden Format:

„Unterzeichnet für und im Namen von:

Datum:

Name und Funktion: Unterschrift:"

---

(1) Richtlinie 2013/34/EU des Europäischen Parlaments und des Rates vom 26. Juni 2013 über den Jahresabschluss, den konsolidierten Abschluss und damit verbundene Berichte von Unternehmen bestimmter Rechtsformen und zur Änderung der Richtlinie 2006/43/EG des Europäischen Parlaments und des Rates und zur Aufhebung der Richtlinien 78/660/EWG und 83/349/EWG des Rates (ABl. L 182 vom 29.6.2013, S. 19).

(2) Verordnung (EWG) Nr. 2658/87 des Rates vom 23. Juli 1987 über die zolltarifliche und statistische Nomenklatur sowie den Gemeinsamen Zolltarif (ABl. L 256 vom 7.9.1987, S. 1).

(3) Richtlinie (EU) 2018/2001 des Europäischen Parlaments und des Rates vom 11. Dezember 2018 zur Förderung der Nutzung von Energie aus erneuerbaren Quellen (ABl. L 328 vom 21.12.2018, S. 82).

(4) Richtlinie 2003/4/EG des Europäischen Parlaments und des Rates vom 28. Januar 2003 über den Zugang der Öffentlichkeit zu Umweltinformationen und zur Aufhebung der Richtlinie 90/313/EWG des Rates (ABl. L 41 vom 14.2.2003, S. 26).

(5) Richtlinie 2008/99/EG des Europäischen Parlaments und des Rates vom 19. November 2008 über den strafrechtlichen Schutz der Umwelt (ABl. L 328 vom 6.12.2008, S. 28).

(6) Verordnung (EG) Nr. 139/2004 des Rates vom 20. Januar 2004 über die Kontrolle von Unternehmenszusammenschlüssen („EG-Fusionskontrollverordnung") (ABl. L 24 vom 29.1.2004, S. 1).

(7) Verordnung (EU) 2022/2399 des Europäischen Parlaments und des Rates vom 23. November 2022 zur Einrichtung der Single-Window-Umgebung der Europäischen Union für den Zoll und zur Änderung der Verordnung (EU) Nr. 952/2013 (ABl. L 317 vom. 9.12.2022, S. 1).

(8) Richtlinie (EU) 2019/1937 des Europäischen Parlaments und des Rates vom 23. Oktober 2019 zum Schutz von Personen, die Verstöße gegen das Unionsrecht melden (ABl. L 305 vom 26.11.2019, S. 17).

(9) Verordnung (EU) Nr. 182/2011 des Europäischen Parlaments und des Rates vom 16. Februar 2011 zur Festlegung der allgemeinen Regeln und Grundsätze, nach denen die Mitgliedstaaten die Wahrnehmung der Durchführungsbefugnisse durch die Kommission kontrollieren (ABl. L 55 vom 28.2.2011, S. 13).

6. CSRD VO 2022/2464 - Corporate Sustainability Reporting Directive

ABl L 2022/322, S. 15 idgF

DAS EUROPÄISCHE PARLAMENT UND DER RAT DER EUROPÄISCHEN UNION —

gestützt auf den Vertrag über die Arbeitsweise der Europäischen Union, insbesondere auf die Artikel 50 und 114,

auf Vorschlag der Europäischen Kommission,

nach Zuleitung des Entwurfs des Gesetzgebungsakts an die nationalen Parlamente,

nach Stellungnahme des Europäischen Wirtschafts- und Sozialausschusses [(1)],

gemäß dem ordentlichen Gesetzgebungsverfahren [(2)],

in Erwägung nachstehender Gründe:

(1) In ihrer Mitteilung vom 11. Dezember 2019 mit dem Titel „Der europäische Grüne Deal" verpflichtete sich die Europäische Kommission, die die nichtfinanzielle Berichterstattung betreffenden Bestimmungen der Richtlinie 2013/34/EU des Europäischen Parlaments und des Rates [(3)] zu überprüfen. Der Grüne Deal ist die neue Wachstumsstrategie der Union. Er zielt darauf ab, die Union bis 2050 zu einer modernen, ressourcenschonenden und wettbewerbsfähigen Wirtschaft ohne Netto-Treibhausgasemissionen zu machen. Außerdem soll er das Naturkapital der Union schützen, bewahren und verbessern und die Gesundheit und das Wohlergehen der Unionsbürgerinnen und -bürger vor umweltbedingten Risiken und Auswirkungen schützen. Der Grüne Deal ist ferner darauf ausgerichtet, das Wirtschaftswachstum von der Ressourcennutzung zu entkoppeln und sicherzustellen, dass alle Regionen und Unionsbürgerinnen und -bürger an einem sozial gerechten Übergang zu einem nachhaltigen Wirtschaftssystem teilhaben, sodass niemand zurückgelassen und kein Standort abgehängt wird. Er wird zu den Zielen beitragen, eine Wirtschaft im Dienste der Menschen aufzubauen, die soziale Marktwirtschaft der Union zu stärken und sicherzustellen, dass diese zukunftsfähig ist und Stabilität, Arbeitsplätze, Wachstum und nachhaltige Investitionen schafft.

Diese Ziele sind insbesondere angesichts der durch die COVID-19-Pandemie entstandenen sozioökonomischen Schäden und der Notwendigkeit einer nachhaltigen, inklusiven und fairen Erholung von besonderer Bedeutung. Mit der Verordnung (EU) 2021/1119 des Europäischen Parlaments und des Rates [(4)] wird das Ziel der Klimaneutralität bis 2050 in der Union verbindlich gemacht. Darüber hinaus verpflichtet sich die Kommission in ihrer Mitteilung vom 20. Mai 2020 mit dem Titel „EU-Biodiversitätsstrategie für 2030 – Mehr Raum für die Natur in unserem Leben", dafür zu sorgen, dass bis 2050 alle Ökosysteme weltweit wiederhergestellt, widerstandsfähig und angemessen geschützt sind. Ziel dieser Strategie ist es, die biologische Vielfalt in Europa bis 2030 auf einen Pfad der Erholung zu bringen.

(2) In ihrer Mitteilung vom 8. März 2018 mit dem Titel „Aktionsplan: Finanzierung nachhaltigen Wachstums" (im Folgenden "Aktionsplan zur Finanzierung nachhaltigen Wachstums") legte die Kommission Maßnahmen dar, mit denen folgende Ziele erreicht werden sollen: Umlenkung der Kapitalflüsse auf nachhaltige Investitionen, um ein nachhaltiges und inklusives Wachstum zu erreichen, Bewältigung finanzieller Risiken, die sich aus dem Klimawandel, der Ressourcenknappheit, der Umweltzerstörung und sozialen Problemen ergeben, und Förderung von Transparenz und Langfristigkeit in der Finanz- und Wirtschaftstätigkeit. Eine Grundvoraussetzung für die Erreichung dieser Ziele ist, dass Unternehmen bestimmte Kategorien relevanter, vergleichbarer und zuverlässiger Nachhaltigkeitsinformationen offenlegen. Im Zuge der Umsetzung des Aktionsplans zur Finanzierung nachhaltigen Wachstums haben das Europäische Parlament und der Rat eine Reihe von Rechtsakten angenommen. So regelt die Verordnung (EU) 2019/2088 des Europäischen Parlaments und des Rates [(5)], wie Finanzmarktteilnehmer und Finanzberater Nachhaltigkeitsinformationen gegenüber Endanlegern und Eigentümern von Vermögenswerten offenzulegen haben.

Mit der Verordnung (EU) 2020/852 des Europäischen Parlaments und des Rates [(6)] wird ein Klassifikationssystem für ökologisch nachhaltige Wirtschaftstätigkeiten geschaffen, um nachhaltige Investitionen zu fördern und gegen das „Greenwashing" von zu Unrecht als nachhaltig dargestellten Finanzprodukten vorzugehen. Mit der Verordnung (EU) 2019/2089 des Europäischen Parlaments und des Rates [(7)], ergänzt durch die Delegierten Verordnungen (EU) 2020/1816 [(8)], (EU) 2020/1817 [(9)] und (EU) 2020/1818 [(10)] der Kommission, werden Offenlegungsanforderungen für Referenzwert-Administratoren im Hinblick auf Umwelt-, Sozial- und Governance-Faktoren (ESG) sowie Mindeststandards für EU-Referenzwerte für den klimabedingten Wandel und für Paris-abgestimmte EU-Referenzwerte eingeführt.

Nach der Verordnung (EU) Nr. 575/2013 des Europäischen Parlaments und des Rates [11] müssen große Institute, die zum Handel an einem geregelten Markt zugelassene Wertpapiere emittiert haben, ab dem 28. Juni 2022 Informationen zu ESG-Risiken offenlegen. Der mit der Verordnung (EU) 2019/2033 des Europäischen Parlaments und des Rates [12] und der Richtlinie (EU) 2019/2034 des Europäischen Parlaments und des Rates [13] geschaffene Aufsichtsrahmen für Wertpapierfirmen enthält Bestimmungen zur Einbeziehung von ESG-Risiken in den Prozess der aufsichtlichen Überprüfung und Bewertung (Supervisory Review and Evaluation Process, SREP) durch die zuständigen Behörden sowie Anforderungen bezüglich der Offenlegung von ESG-Risiken durch Wertpapierfirmen, die ab dem 26. Dezember 2022 gelten. Am 6. Juli 2021 verabschiedete die Kommission außerdem einen Vorschlag für eine Verordnung des Europäischen Parlaments und des Rates über europäische grüne Anleihen, womit dem Aktionsplan zur Finanzierung nachhaltigen Wachstums Folge geleistet werden soll.

(3) In ihrer Mitteilung vom 17. Juni 2019 mit dem Titel „Leitlinien für die Berichterstattung über nichtfinanzielle Informationen: Nachtrag zur klimabezogenen Berichterstattung“ (im Folgenden „Leitlinien für die klimabezogene Berichterstattung“) hat die Kommission die Vorteile hervorgehoben, die die Berichterstattung über klimabezogene Informationen für Unternehmen mit sich bringt, insbesondere durch die stärkere Sensibilisierung und das bessere Verständnis hinsichtlich klimabezogener Risiken und Chancen innerhalb des Unternehmens, die Diversifizierung der Anlegerbasis, die Senkung der Kapitalkosten und die Verbesserung des konstruktiven Dialogs mit allen Interessenträgern. Des Weiteren könnte sich Vielfalt in Leitungsorganen von Unternehmen auf die Entscheidungsfindung, die Unternehmensführung und die Widerstandsfähigkeit auswirken.

(4) In seinen Schlussfolgerungen vom 5. Dezember 2019 zur Vertiefung der Kapitalmarktunion betonte der Rat die Bedeutung zuverlässiger, vergleichbarer und relevanter Informationen zu Risiken, Chancen und Auswirkungen von Nachhaltigkeit und forderte die Kommission auf, die Entwicklung eines europäischen Standards für die nichtfinanzielle Berichterstattung in Erwägung zu ziehen.

(5) In seiner Entschließung vom 29. Mai 2018 zu einem nachhaltigen Finanzwesen [14] forderte das Europäische Parlament die Weiterentwicklung der Anforderungen an die nichtfinanzielle Berichterstattung im Rahmen der Richtlinie 2013/34/EU. In seiner Entschließung vom 17. Dezember 2020 zu der nachhaltigen Unternehmensführung [15] begrüßte das Europäische Parlament die Zusage der Kommission zur Überarbeitung der Richtlinie 2013/34/EU und wies darauf hin, dass ein umfassender Unionsrahmen für die Angabe nichtfinanzieller Informationen geschaffen werden müsse, der verpflichtende Standards der Union für die Berichterstattung über nichtfinanzielle Informationen enthält. Das Europäische Parlament forderte ferner eine Erweiterung des Geltungsbereichs der Berichterstattungsanforderungen auf weitere Unternehmenskategorien sowie die Einführung einer Prüfungspflicht.

(6) In seiner Resolution vom 25. September 2015 mit dem Titel „Transformation unserer Welt: Agenda 2030 für nachhaltige Entwicklung“ (im Folgenden „Agenda 2030“) verabschiedete die Generalversammlung der Vereinten Nationen einen neuen globalen Rahmen zur nachhaltigen Entwicklung. Die Agenda 2030 hat als Kernstück die Ziele der Vereinten Nationen für nachhaltige Entwicklung und deckt die drei Dimensionen der Nachhaltigkeit ab: die wirtschaftliche, soziale und die Umweltdimension. In der Mitteilung der Kommission vom 22. November 2016 mit dem Titel „Auf dem Weg in eine nachhaltige Zukunft – Europäische Nachhaltigkeitspolitik“ wurden die Ziele für nachhaltige Entwicklung mit dem politischen Rahmen der Union verbunden, um sicherzustellen, dass bei allen innen- und außenpolitischen Maßnahmen und Initiativen der Union diese Ziele von Beginn an mitberücksichtigt werden. In seinen Schlussfolgerungen vom 20. Juni 2017 mit dem Titel „Eine nachhaltige Zukunft für Europa: Reaktion der EU auf die Agenda 2030 für nachhaltige Entwicklung“ bekräftigte der Rat die Entschlossenheit der Union und ihrer Mitgliedstaaten, die Agenda 2030 vollständig, kohärent, umfassend, integrativ und wirksam sowie in enger Zusammenarbeit mit den Partnern und anderen Akteuren umzusetzen.

(7) Mit der Richtlinie 2014/95/EU des Europäischen Parlaments und des Rates [16] wurde die Richtlinie 2013/34/EU im Hinblick auf die Offenlegung nichtfinanzieller Informationen durch bestimmte große Unternehmen und Gruppen geändert. Mit der Richtlinie 2014/95/EU wurden Unternehmen verpflichtet, mindestens über Umwelt-, Sozial-, und Arbeitnehmerbelange, die Achtung der Menschenrechte und die Bekämpfung von Korruption und Bestechung Bericht zu erstatten und dabei Informationen zu folgenden Berichterstattungsbereichen offenzulegen: Geschäftsmodell; Konzepte, einschließlich der Due-Diligence-Prozesse; Ergebnisse dieser Konzepte; Risiken und deren Handhabung sowie wichtigste Leistungsindikatoren, die für die betreffende Geschäftstätigkeit von Bedeutung sind.

(8) Viele Interessenträger halten den Begriff „nichtfinanziell“ für unzutreffend, insbesondere, weil er impliziert, dass betreffende Informationen in finanzieller Hinsicht nicht von Relevanz sind. Allerdings haben solche Informationen zunehmend sehr wohl finanzielle Rele-

vanz. Viele einschlägige Organisationen, Initiativen und Fachleute im Bereich Nachhaltigkeitsberichterstattung verwenden den Begriff „Nachhaltigkeitsinformationen". Deshalb sollte anstelle des Begriffs „nichtfinanzielle Informationen" vorzugsweise der Begriff „Nachhaltigkeitsinformationen" verwendet werden. Daher sollte die Richtlinie 2013/34/EU geändert werden, um dieser neuen Terminologie Rechnung zu tragen.

(9) Wenn Unternehmen eine bessere Nachhaltigkeitsberichterstattung durchführen würden, würde dies letztendlich Bürgerinnen und Bürgern und Sparern, einschließlich Gewerkschaften und Arbeitnehmervertretern, zugutekommen, indem sie angemessen informiert wären und sich so besser in den sozialen Dialog einbringen könnten. Sparer, die nachhaltig investieren wollen, werden fortan die Möglichkeit haben, dies zu tun, während von einem stabilen, nachhaltigen und inklusiven Wirtschaftssystem alle Bürgerinnen und Bürger profitieren würden. Damit sich diese Vorteile auch verwirklichen, müssen die in den Jahresberichten der Unternehmen offengelegten Nachhaltigkeitsinformationen zunächst zwei Hauptnutzergruppen erreichen. Bei der ersten Gruppe von Nutzern handelt es sich um Anleger, einschließlich Vermögensverwalter, die die Risiken und Chancen von Nachhaltigkeitsfragen für ihre Investitionen sowie die Auswirkungen entsprechender Investitionen auf Mensch und Umwelt besser verstehen wollen. Bei der zweiten Gruppe handelt es sich um Akteure der Zivilgesellschaft, einschließlich Nichtregierungsorganisationen und Sozialpartner, die Unternehmen im Hinblick auf ihre Auswirkungen auf Mensch und Umwelt stärker in die Verantwortung nehmen wollen. Die in den Jahresberichten offengelegten Nachhaltigkeitsinformationen könnten auch von anderen Interessenträgern genutzt werden, insbesondere zur Erhöhung der Vergleichbarkeit zwischen Marktsektoren und innerhalb von Marktsektoren.

So könnten Geschäftspartner von Unternehmen, einschließlich Kunden, sich auf Nachhaltigkeitsinformationen stützen, um ihre Nachhaltigkeitsrisiken und -auswirkungen über die gesamte Wertschöpfungskette hinweg zu verstehen und gegebenenfalls darüber Bericht zu erstatten. Politische Entscheidungsträger und Umweltagenturen können diese Informationen – insbesondere in aggregierter Form – nutzen, um ökologische und soziale Entwicklungen zu überwachen, die umweltökonomische Gesamtrechnung zu fördern und die öffentliche Politik zu informieren. Zwar konsultieren nur wenige Bürgerinnen und Bürger und Verbraucher die Jahresberichte von Unternehmen direkt, doch könnten sie die darin enthaltenen Nachhaltigkeitsinformationen indirekt nutzen, z. B. bei der Prüfung von Empfehlungen oder Stellungnahmen von Finanzberatern oder Nichtregierungsorganisationen. Viele Anleger und Vermögensverwalter erwerben Nachhaltigkeitsinformationen von externen Datenanbietern, die diese verschiedenen Quellen, unter anderem öffentlichen Unternehmensberichten, entnehmen und sammeln.

(10) Der Markt für Nachhaltigkeitsinformationen wächst schnell, und angesichts neuer Verpflichtungen, die Anleger und Vermögensverwalter erfüllen müssen, gewinnt die Rolle der Drittanbieter von Daten an Bedeutung. Da zunehmend aufgeschlüsselte Daten zur Verfügung stehen, dürften Nachhaltigkeitsinformationen kostengünstiger werden. Mit den in dieser Änderungsrichtlinie vorgesehenen Änderungen der Richtlinie 2013/34/EU wird darauf abgezielt, die Vergleichbarkeit von Daten zu erhöhen und Standards anzugleichen. Es wird erwartet, dass sich die Verfahren der Drittanbieter von Daten verbessern werden und die Sachkenntnis in diesem Bereich zunehmen wird, was Potenzial für die Schaffung neuer Arbeitsplätze birgt.

(11) Die Nachfrage nach Nachhaltigkeitsinformationen von Unternehmen ist in den letzten Jahren sehr stark gestiegen, insbesondere seitens der Anleger. Dieser Anstieg bei der Nachfrage ergibt sich daraus, dass sich die Art der Risiken für Unternehmen im Wandel befindet und das Bewusstsein der Anleger für die finanziellen Auswirkungen jener Risiken zunimmt. Dies gilt insbesondere für klimabezogene finanzielle Risiken. Es gibt auch ein wachsendes Bewusstsein für Risiken und Chancen, die sich für Unternehmen und Investitionen im Zusammenhang mit sonstigen Umweltfragen, etwa was den Verlust der biologischen Vielfalt anbelangt, sowie Gesundheitsfragen und sozialen Fragen, einschließlich der Kinder- und der Zwangsarbeit, ergeben. Der Anstieg bei der Nachfrage nach Nachhaltigkeitsinformationen wird auch durch die Zunahme von Anlageprodukten angetrieben, deren erklärtes Ziel es ist, bestimmte Nachhaltigkeitsstandards zu erfüllen oder bestimmte Nachhaltigkeitsziele zu erreichen und für Kohärenz mit den Zielen des am 12. Dezember 2015 angenommenen Übereinkommens von Paris im Rahmen des Rahmenübereinkommens der Vereinten Nationen über Klimaänderungen (im Folgenden „Übereinkommen von Paris"), des Übereinkommens der Vereinten Nationen über die biologische Vielfalt und der Politik der Union zu sorgen. Zum Teil ist dieser Anstieg die logische Konsequenz zuvor erlassener Rechtsvorschriften der Union, insbesondere der Verordnungen (EU) 2019/2088 und (EU) 2020/852. Angesichts des raschen Wandels im öffentlichen Bewusstsein, bei Verbraucherpräferenzen und Marktpraktiken wäre ein Teil dieses Anstiegs jedoch in jedem Fall eingetreten. Die COVID-19-Pandemie hat dazu geführt, dass der Informationsbedarf der Nutzer weiter zunimmt, zumal sie die Schwachstellen im Hinblick auf Arbeitnehmer sowie auf Wertschöpfungsketten von Unternehmen offengelegt hat. Informationen zu Umweltauswirkungen

sind auch mit Blick auf die Abmilderung künftiger Pandemien relevant, da das Auftreten und die Ausbreitung von Krankheiten zunehmend mit menschenverursachten Störungen von Ökosystemen in Verbindung stehen.

(12) Auch den Unternehmen selbst kommt eine qualitativ hochwertige Berichterstattung zu Nachhaltigkeitsaspekten zugute. Die wachsende Zahl der auf Nachhaltigkeitsziele ausgerichteten Anlageprodukte zeigt, dass Unternehmen durch eine gute Nachhaltigkeitsberichterstattung einen besseren Zugang zu Finanzkapital erlangen können. Die Nachhaltigkeitsberichterstattung kann es Unternehmen erleichtern, die eigenen Risiken und Chancen im Zusammenhang mit Nachhaltigkeitsaspekten zu ermitteln und zu steuern. Sie kann ferner als Grundlage für einen besseren Dialog und eine bessere Kommunikation zwischen Unternehmen und ihren Interessenträgern dienen und Unternehmen zu einem besseren Ruf verhelfen. Darüber hinaus würde eine einheitliche Grundlage für die Nachhaltigkeitsberichterstattung in Form von Standards für die Nachhaltigkeitsberichterstattung dazu führen, dass relevante und ausreichende Informationen bereitgestellt werden und somit die Zahl von Ad-hoc-Auskunftsersuchen erheblich verringern.

(13) Im Bericht der Kommission vom 21. April 2021 über die Überprüfungsklausel der Richtlinien 2013/34/EU, 2014/95/EU und 2013/50/EU und in der dazugehörigen Eignungsprüfung der Berichterstattung von Unternehmen (im Folgenden „Bericht der Kommission über die Überprüfungsklauseln und die dazugehörige Eignungsprüfung") wurden Probleme hinsichtlich der Wirksamkeit der Richtlinie 2014/95/EU aufgezeigt. Es gibt deutliche Hinweise darauf, dass viele Unternehmen nicht zu allen wichtigen Nachhaltigkeitsthemen wesentliche Informationen offenlegen, einschließlich Informationen im Zusammenhang mit dem Klima, etwa zu allen Treibhausgasemissionen und Faktoren, die die Biodiversität beeinträchtigen. In dem Bericht wurden auch die begrenzte Vergleichbarkeit und Zuverlässigkeit von Nachhaltigkeitsinformationen als erhebliche Probleme ausgemacht. Darüber hinaus sind viele Unternehmen, deren Nachhaltigkeitsinformationen Nutzer benötigen würden, nicht zur Berichterstattung über Informationen verpflichtet. Dementsprechend besteht ein eindeutiger Bedarf an einem soliden und erschwinglichen Rahmen für die Berichterstattung, der mit wirksamen Prüfverfahren einhergeht, um die Zuverlässigkeit der Daten zu gewährleisten und „Greenwashing" sowie Doppelzählung zu verhindern.

(14) Ohne ein politisches Handeln dürfte die Kluft zwischen dem Informationsbedarf der Nutzer und den von den Unternehmen bereitgestellten Nachhaltigkeitsinformationen wachsen. Diese Kluft hat erhebliche negative Auswirkungen. So sind Anleger nicht in der Lage, Risiken und Chancen im Zusammenhang mit Nachhaltigkeitsfragen bei ihren Anlageentscheidungen hinreichend zu berücksichtigen. Gebündelt können eine Vielzahl von Anlageentscheidungen, bei denen Nachhaltigkeitsrisiken nicht angemessen Rechnung getragen wird, potenziell zu systemischen Risiken und somit zu einer Gefährdung der Finanzstabilität führen. Die Europäische Zentralbank (EZB) und internationale Organisationen wie der Rat für Finanzstabilität haben auf diese Systemrisiken hingewiesen, insbesondere in Bezug auf Klimafragen. Darüber hinaus ist es so für Anleger schwieriger, Finanzmittel in Unternehmen und Wirtschaftstätigkeiten zu investieren, die soziale und ökologische Probleme nicht verschärfen, sondern zu ihrer Lösung beitragen, wodurch die Ziele des Grünen Deals, des Aktionsplans zur Finanzierung nachhaltigen Wachstums und des Übereinkommens von Paris untergraben werden. Nichtregierungsorganisationen, Sozialpartner, von den Tätigkeiten der Unternehmen betroffene Gemeinschaften und andere Interessenträger sind weniger in der Lage, Unternehmen im Hinblick auf ihre Auswirkungen auf Mensch und Umwelt in die Verantwortung zu nehmen. Dies führt zu einem Mangel an Rechenschaftspflicht und könnte bewirken, dass Bürgerinnen und Bürger weniger Vertrauen in Unternehmen haben, was wiederum negative Auswirkungen auf das reibungslose Funktionieren der sozialen Marktwirtschaft haben könnte. Überdies macht es der Mangel an allgemein anerkannten Parametern und Methoden für die Messung, Bewertung und Bewältigung von Nachhaltigkeitsrisiken für Unternehmen schwieriger, ihre Geschäftsmodelle und Tätigkeiten nachhaltig zu gestalten. Der Mangel an von Unternehmen bereitgestellten Nachhaltigkeitsinformationen schränkt zudem die Fähigkeit der Interessenträger ein, darunter die Akteure der Zivilgesellschaft, die Gewerkschaften und die Arbeitnehmervertreter, mit den Unternehmen einen Dialog über Nachhaltigkeitsaspekte aufzunehmen.

(15) Im Bericht der Kommission über die Überprüfungsklauseln und in der dazugehörigen Eignungsprüfung wurde zudem eine erhebliche Zunahme der an Unternehmen gerichteten Ersuchen um Informationen zu Nachhaltigkeitsaspekten, die darauf abzielen, die bestehende Informationslücke zwischen dem Informationsbedarf der Nutzer und den vorhandenen Nachhaltigkeitsinformationen von Unternehmen zu schließen, aufgezeigt. Darüber hinaus dürften die vorherrschenden Erwartungen gegenüber Unternehmen, eine Vielzahl unterschiedlicher Rahmen und Standards zu verwenden, anhalten und sich möglicherweise sogar noch verstärken, da immer mehr Wert auf Nachhaltigkeitsinformationen gelegt wird. Ohne ein politisches Handeln zur Bildung eines Konsenses über die von den Unternehmen bereitzustellenden

Informationen werden die Kosten und der Aufwand für Bericht erstattende Unternehmen und die Nutzer solcher Informationen erheblich steigen.

(16) Die bestehende Informationslücke erhöht die Wahrscheinlichkeit, dass einzelne Mitgliedstaaten zunehmend voneinander abweichende nationale Vorschriften oder Standards einführen werden. Unterschiedliche Berichterstattungsanforderungen in den einzelnen Mitgliedstaaten könnten zu zusätzlichen Kosten und mehr Komplexität für grenzüberschreitend tätige Unternehmen führen und somit den Binnenmarkt sowie das Niederlassungsrecht und den freien Kapitalverkehr in der gesamten Union untergraben. Diese unterschiedlichen Berichterstattungsanforderungen könnten auch dazu führen, dass Informationen, über die Bericht erstattet wurde, grenzübergreifend weniger gut vergleichbar sind, was eine Beeinträchtigung der Kapitalmarktunion zur Folge hat.

(17) Die Artikel 19a und 29a der Richtlinie 2013/34/EU gelten für große Unternehmen von öffentlichem Interesse mit einer durchschnittlichen Mitarbeiterzahl von mehr als 500 bzw. für Unternehmen von öffentlichem Interesse, bei denen es sich um Mutterunternehmen einer großen Gruppe mit einer durchschnittlichen Mitarbeiterzahl von mehr als 500 auf konsolidierter Basis handelt. Angesichts des wachsenden Bedarfs der Nutzer an Nachhaltigkeitsinformationen sollten zusätzliche Kategorien von Unternehmen zur Berichterstattung über Nachhaltigkeitsinformationen verpflichtet werden. Daher sollten sämtliche großen Unternehmen sowie sämtliche Unternehmen – mit Ausnahme von Kleinstunternehmen –, deren Wertpapiere zum Handel auf einem geregelten Markt in der Union zugelassen sind, dazu verpflichtet werden, Nachhaltigkeitsinformationen bereitzustellen. In den Bestimmungen dieser Änderungsrichtlinie, mit denen die Artikel 19a und 29a der Richtlinie 2013/34/EU geändert werden, wird der Umfang der Berichterstattungsanforderungen unter Bezugnahme auf die Artikel 2 und 3 der Richtlinie 2013/34/EU ausdrücklich festgelegt. Daher stellen sie keine Vereinfachung oder Änderung einer anderen Anforderung dar, und die Einschränkung der Befreiungen für Unternehmen von öffentlichem Interesse gemäß Artikel 40 der Richtlinie 2013/34/EU findet keine Anwendung. Insbesondere sollten Unternehmen von öffentlichem Interesse für die Zwecke der Anwendung der Anforderungen an die Nachhaltigkeitsberichterstattung nicht als große Unternehmen behandelt werden. Dementsprechend sollten kleine und mittlere Unternehmen, deren Wertpapiere zum Handel auf einem geregelten Markt in der Union zugelassen sind und bei denen es sich um Unternehmen von öffentlichem Interesse handelt, gemäß den Standards für die Nachhaltigkeitsberichterstattung für kleine und mittlere Unternehmen Bericht erstatten dürfen. Darüber hinaus sollten alle Unternehmen, die Mutterunternehmen einer großen Gruppe sind, Nachhaltigkeitsberichte auf Gruppenebene erstellen. Da in Artikel 8 der Verordnung (EU) 2020/852 zudem auf Artikel 19a und Artikel 29a der Richtlinie 2013/34/EU Bezug genommen wird, werden die Unternehmen, die in den Anwendungsbereich der Anforderungen der Nachhaltigkeitsberichterstattung aufgenommen wurden, auch Artikel 8 der Verordnung (EU) 2020/852 einhalten müssen.

(18) Die Anforderung dieser Änderungsrichtlinie, dass auch große Unternehmen, deren Wertpapiere nicht zum Handel auf einem geregelten Markt in der Union zugelassen sind, Informationen zu Nachhaltigkeitsaspekten offenlegen sollten, liegt in erster Linie in Bedenken hinsichtlich der Auswirkungen und der Rechenschaftspflicht solcher Unternehmen, auch im Hinblick auf ihre Wertschöpfungsketten, begründet. Für sämtliche großen Unternehmen sollten demnach dieselben Anforderungen zur öffentlichen Berichterstattung über Nachhaltigkeitsinformationen gelten. Darüber hinaus benötigen auch Finanzmarktteilnehmer Informationen von solchen großen Unternehmen, deren Wertpapiere nicht zum Handel auf einem geregelten Markt in der Union zugelassen sind.

(19) Mit der Anforderung dieser Änderungsrichtlinie, dass auch Drittlandsunternehmen, deren Wertpapiere zum Handel auf einem geregelten Markt in der Union zugelassen sind, Informationen zu Nachhaltigkeitsaspekten offenlegen sollten, soll dem Umstand Rechnung getragen werden, dass Finanzmarktteilnehmer die Informationen solcher Unternehmen benötigen, um die Risiken und Auswirkungen ihrer Investitionen verstehen und ihre in der Verordnung (EU) 2019/2088 festgelegten Offenlegungspflichten erfüllen zu können.

(20) Drittlandsunternehmen, die in erheblichem Umfang im Hoheitsgebiet der Union tätig sind, sollten ebenfalls verpflichtet werden, Nachhaltigkeitsinformationen vorzulegen, insbesondere über ihre Auswirkungen auf soziale und ökologische Belange, um sicherzustellen, dass Drittlandsunternehmen für ihre Auswirkungen auf Mensch und Umwelt verantwortlich sind und dass für die im Binnenmarkt tätigen Unternehmen gleiche Wettbewerbsbedingungen herrschen. Daher sollten Drittlandunternehmen, die in der Union einen Nettoumsatz von mehr als 150 Mio. EUR erzielen und über ein Tochterunternehmen oder eine Zweigniederlassung im Gebiet der Union verfügen, den Anforderungen der Union an die Nachhaltigkeitsberichterstattung unterliegen. Um die Verhältnismäßigkeit und Durchsetzbarkeit solcher Anforderungen zu gewährleisten, sollte der Schwellenwert eines Nettoumsatzes von mehr als 40 Mio. EUR auch für die Zweigniederlassungen von Unternehmen aus Drittländern gelten, und die Schwellenwerte in Bezug auf die Einordnung als großes Unternehmen oder als kleines oder

mittleres Unternehmen, dessen Wertpapiere zum Handel auf einem geregelten Markt in der Union zugelassen sind, sollte für die Tochterunternehmen von Drittlandsunternehmen gelten, da diese Tochterunternehmen und Zweigniederlassungen für die Veröffentlichung des Nachhaltigkeitsberichts des Drittlandsunternehmens verantwortlich sein sollten. Die von dem Tochterunternehmen oder der Zweigniederlassung eines Drittlandsunternehmens veröffentlichten Nachhaltigkeitsberichte sollten im Einklang mit Standards erstellt werden, die bis zum 30. Juni 2024 von der Kommission im Wege delegierter Rechtsakte verabschiedet werden.

Das Tochterunternehmen oder die Zweigniederlassung eines Drittlandunternehmens sollte zudem in der Lage sein, gemäß den Standards, die für in der Union niedergelassene Unternehmen gelten, oder gemäß Standards, die gemäß einem Durchführungsrechtsakt als gleichwertig gelten, Bericht zu erstatten. Werden von dem Drittlandsunternehmen nicht alle gemäß dieser Änderungsrichtlinie erforderlichen Informationen zur Verfügung gestellt, obwohl sich das Tochterunternehmen oder die Zweigniederlassung dieses Drittlandsunternehmens nach besten Kräften bemüht hat, die erforderlichen Informationen einzuholen, so sollte dieses Tochterunternehmen oder diese Zweigniederlassung alle in seinem/ihrem Besitz befindlichen Informationen zur Verfügung stellen und eine Erklärung abgeben, aus der hervorgeht, dass das Drittlandsunternehmen die restlichen erforderlichen Informationen nicht zur Verfügung gestellt hat. Um die Qualität und Zuverlässigkeit der Berichterstattung zu gewährleisten, sollten die Nachhaltigkeitsberichte von Drittlandsunternehmen zusammen mit einem Bestätigungsurteil veröffentlicht werden, das einem von einer Person oder Gesellschaft abgegebenen wurde, die nach dem nationalen Recht des Drittlandsunternehmens oder eines Mitgliedstaats zur Abgabe eines Bestätigungsurteils über die Nachhaltigkeitsberichterstattung befugt ist. Wird ein solches Bestätigungsurteil nicht abgegeben, sollte das Tochterunternehmen oder die Zweigniederlassung des Drittlandsunternehmens eine Erklärung abgeben, aus der hervorgeht, dass das Drittlandsunternehmen das erforderliche Bestätigungsurteil nicht abgegeben hat. Der Nachhaltigkeitsbericht sollte der Öffentlichkeit über die Zentral-, Handels- oder Gesellschaftsregister der Mitgliedstaaten oder alternativ auf der Website des Tochterunternehmens oder der Zweigniederlassung des Drittlandsunternehmens kostenlos zugänglich gemacht werden.

Die Mitgliedstaaten sollten in der Lage sein, die Kommission jährlich über die Tochterunternehmen oder Zweigniederlassungen der Drittlandsunternehmen zu informieren, die die Veröffentlichungspflicht erfüllt haben, sowie über die Fälle, in denen zwar ein Bericht veröffentlicht wurde, das Tochterunternehmen oder die Zweigniederlassung des Drittlandsunternehmens jedoch erklärt hat, dass es/sie die erforderlichen Informationen von dem Drittlandsunternehmen nicht einholen konnte. Die Kommission sollte auf ihrer Website eine Liste der Drittlandsunternehmen öffentlich zugängig machen, die einen Nachhaltigkeitsbericht veröffentlicht haben.

(21) Angesichts der zunehmenden Bedeutung von Nachhaltigkeitsrisiken und unter Berücksichtigung der Tatsache, dass kleine und mittlere Unternehmen, deren Wertpapiere zum Handel auf einem geregelten Markt in der Union zugelassen sind, einen erheblichen Anteil aller Unternehmen ausmachen, deren Wertpapiere zum Handel auf einem geregelten Markt in der Union zugelassen sind, sollten zur Gewährleistung des Anlegerschutzes auch kleine und mittlere Unternehmen – mit Ausnahme von Kleinstunternehmen –, deren Wertpapiere zum Handel auf einem geregelten Markt in der Union zugelassen sind, verpflichtet werden, Informationen zu Nachhaltigkeitsaspekten offenzulegen. Mit der Einführung dieser Anforderung wird mit dazu beigetragen, dass Finanzmarktteilnehmer auch kleinere Unternehmen, deren Wertpapiere zum Handel auf einem geregelten Markt in der Union zugelassen sind, in ihre Anlageportfolios aufnehmen können, da diese sodann die von Finanzmarktteilnehmern benötigten Nachhaltigkeitsinformationen bereitstellen.

So wird dazu beigetragen, den Zugang kleinerer Unternehmen, deren Wertpapiere zum Handel auf einem geregelten Markt in der Union zugelassen sind, zu Finanzkapital zu erhalten und zu verbessern und zu vermeiden, dass solche Unternehmen von den Finanzmarktteilnehmern vernachlässigt werden. Die Einführung der Anforderung für kleine und mittlere Unternehmen – mit Ausnahme von Kleinstunternehmen –, deren Wertpapiere zum Handel auf einem geregelten Markt in der Union zugelassen sind, Informationen zu Nachhaltigkeitsaspekten offenzulegen, ist überdies erforderlich, um sicherzustellen, dass Finanzmarktteilnehmer über die Informationen verfügen, die sie von den Unternehmen, in die investiert wird, benötigen, um ihre eigenen nachhaltigkeitsbezogenen Offenlegungspflichten gemäß der Verordnung (EU) 2019/2088 erfüllen zu können. Kleinen und mittleren Unternehmen, deren Wertpapiere zum Handel auf einem geregelten Markt in der Union zugelassen sind, sollte die Möglichkeit gegeben werden, sich bei ihrer Berichterstattung nach Standards zu richten, die in einem angemessenen Verhältnis zu ihren Kapazitäten und Ressourcen stehen und dem Umfang und der Komplexität ihrer Tätigkeiten entsprechen. Kleine und mittlere Unternehmen, deren Wertpapiere nicht zum Handel auf einem geregelten Markt in der Union zugelassen sind, sollten ebenfalls die Möglichkeit haben, sich dafür zu entscheiden, solche verhältnismäßigen Standards freiwillig anzuwenden.

Die Standards für die Nachhaltigkeitsberichterstattung von kleinen und mittleren Unternehmen werden den in den Anwendungsbereich der durch diese Änderungsrichtlinie eingeführten Anforderungen fallenden Unternehmen als Referenz für den Umfang der Nachhaltigkeitsinformationen dienen, die sie von kleinen und mittleren Unternehmen, die Zulieferer oder Abnehmer entlang ihrer Wertschöpfungsketten dieser Unternehmen sind, vertretbarerweise verlangen können. Kleinen und mittleren Unternehmen, deren Wertpapiere zum Handel auf einem geregelten Markt in der Union zugelassen sind, sollte – aufgrund ihrer geringeren Größe und ihrer begrenzten Ressourcen sowie unter Berücksichtigung der schwierigen wirtschaftlichen Umstände infolge der COVID-19-Pandemie – zudem ausreichend Zeit eingeräumt werden, um sich auf die Anwendung der Bestimmungen, die die Nachhaltigkeitsberichterstattung vorschreiben, vorzubereiten. Daher sollten die Bestimmungen über die Nachhaltigkeitsberichterstattung von Unternehmen in Bezug auf kleine und mittlere Unternehmen – mit Ausnahme von Kleinstunternehmen –, deren Wertpapiere zum Handel auf einem geregelten Markt in der Union zugelassen sind, für Geschäftsjahre gelten, die am oder nach dem 1. Januar 2026 beginnen. Nach diesem Datum sollten kleine und mittlere Unternehmen, deren Wertpapiere zum Handel auf einem geregelten Markt in der Union zugelassen sind, während eines Übergangszeitraums von zwei Jahren die Möglichkeit haben, von den in dieser Änderungsrichtlinie festgelegten Anforderungen an die Nachhaltigkeitsberichterstattung abzuweichen, sofern sie in ihrem Lagebericht kurz darlegen, weshalb die Nachhaltigkeitsinformationen nicht bereitgestellt wurden.

(22) Den Mitgliedstaaten sollte es freistehen, die Auswirkungen ihrer nationalen Umsetzungsmaßnahmen auf kleine und mittlere Unternehmen zu prüfen, um sicherzustellen, dass sie nicht unverhältnismäßig beeinträchtigt werden, wobei Kleinstunternehmen besondere Aufmerksamkeit zu widmen und unnötiger Verwaltungsaufwand zu vermeiden ist. Die Mitgliedstaaten sollten die Einführung von Maßnahmen zur Unterstützung von kleinen und mittleren Unternehmen bei der Anwendung der Standards für die Nachhaltigkeitsberichterstattung in Erwägung ziehen.

(23) Die Richtlinie 2004/109/EG des Europäischen Parlaments und des Rates [(17)] gilt für Unternehmen, deren Wertpapiere zum Handel auf einem geregelten Markt in der Union zugelassen sind. Um sicherzustellen, dass Unternehmen, deren Wertpapiere zum Handel auf einem geregelten Markt in der Union zugelassen sind, einschließlich Emittenten aus einem Drittland, denselben Anforderungen an die Nachhaltigkeitsberichterstattung unterliegen, sollte die Richtlinie 2004/109/EG die erforderlichen Querverweise auf etwaige Anforderungen an die Nachhaltigkeitsberichterstattung im Jahresfinanzbericht enthalten.

(24) Mit Artikel 23 Absatz 4 Unterabsatz 1 Buchstabe i und Artikel 23 Absatz 4 Unterabsatz 4 der Richtlinie 2004/109/EG wird der Kommission jeweils die Befugnis übertragen, Maßnahmen zur Einführung eines Mechanismus für die Feststellung der Gleichwertigkeit von gemäß jener Richtlinie erforderlichen Informationen bzw. zur Aufstellung allgemeiner Äquivalenzkriterien für Rechnungslegungsstandards zu erlassen. Nach Artikel 23 Absatz 4 Unterabsatz 3 der Richtlinie 2004/109/EG ist die Kommission zudem befugt, die notwendigen Beschlüsse über die Gleichwertigkeit der Rechnungslegungsstandards, die von Emittenten mit Sitz in Drittländern angewandt werden, zu fassen. Damit der Erweiterung der Richtlinie 2004/109/EG um Nachhaltigkeitsanforderungen Rechnung getragen ist, sollte der Kommission die Befugnis übertragen werden, einen Mechanismus für die Feststellung der Gleichwertigkeit der von Emittenten mit Sitz in Drittländern angewandten Standards für die Nachhaltigkeitsberichterstattung einzurichten, ähnlich der bestehenden Verordnung (EG) Nr. 1569/2007 der Kommission [(18)], in der die Kriterien für die Feststellung der Gleichwertigkeit der von Emittenten mit Sitz in Drittländern angewandten Rechnungslegungsstandards festgelegt sind. Aus demselben Grund sollte die Kommission zudem die Befugnis erhalten, die notwendigen Beschlüsse über die Gleichwertigkeit der Standards für die Nachhaltigkeitsberichterstattung, die von Emittenten mit Sitz in Drittländern angewandt werden, zu fassen. Die mit dieser Änderungsrichtlinie eingeführten Änderungen werden einheitliche Gleichwertigkeitsregelungen für die Anforderungen an die Nachhaltigkeitsberichterstattung und für die Anforderungen an die Finanzberichterstattung im Zusammenhang mit dem Jahresfinanzbericht sicherstellen.

(25) Nach Artikel 19a Absatz 3 und Artikel 29a Absatz 3 der Richtlinie 2013/34/EU sind sämtliche Tochterunternehmen von der Pflicht zur Berichterstattung über nichtfinanzielle Informationen befreit, sofern diese Unternehmen und ihre Tochterunternehmen in den konsolidierten Lagebericht ihres Mutterunternehmens einbezogen werden und dieser Bericht nichtfinanzielle Informationen umfasst, die gemäß der genannten Richtlinie bereitzustellen sind. Es muss jedoch sichergestellt werden, dass Nachhaltigkeitsinformationen für die Nutzer leicht zugänglich sind, und es muss für Transparenz hinsichtlich der Frage gesorgt werden, welches das auf Gruppenebene Bericht erstattende Mutterunternehmen des befreiten Tochterunternehmens ist. Diese Tochterunternehmen müssen daher verpflichtet werden, in ihren Lagebericht den Namen und den Sitz des

Mutterunternehmens, das über Nachhaltigkeitsinformationen auf Gruppenebene Bericht erstattet, die Weblinks zum konsolidierten Lagebericht ihres Mutterunternehmens und einen Hinweis darauf, dass sie von der Nachhaltigkeitsberichterstattung befreit sind, aufnehmen. Die Mitgliedstaaten sollten vorschreiben können, dass das Mutterunternehmen den konsolidierten Lagebericht in den von ihnen akzeptierten Sprachen veröffentlicht und die erforderlichen Übersetzungen in diese Sprachen vorlegt. Derartige Befreiungen sollten auch dann gelten, wenn es sich bei dem auf Gruppenebene Bericht erstattenden Mutterunternehmen um ein Drittlandsunternehmen handelt, dessen Nachhaltigkeitsberichterstattung gemäß gleichwertigen Standards für die Nachhaltigkeitsberichterstattung erfolgt.

Die Richtlinie 2004/109/EG in der mit der vorliegenden Änderungsrichtlinie geänderten Fassung sollte geeignete Mechanismen zur Feststellung der Gleichwertigkeit von Standards für die Nachhaltigkeitsberichterstattung vorsehen, und Unternehmen, deren Wertpapiere zum Handel auf einem geregelten Markt in der Union zugelassen sind, sowie Unternehmen, deren Wertpapiere nicht zum Handel auf einem geregelten Markt in der Union zugelassen sind, sollten einer Berichtspflicht nach denselben Standards für die Nachhaltigkeitsberichterstattung unterliegen. In diesem Zusammenhang sollten die gemäß Artikel 23 Absatz 4 Unterabsatz 1 Ziffer i und Artikel 23 Absatz 4 Unterabsatz 4 der Richtlinie 2004/109/EG von der Kommission erlassenen Durchführungsrechtsakte zur Einrichtung eines Mechanismus zur Feststellung der Gleichwertigkeit von Standards für die Feststellung verwendet werden, um zu bestimmen, ob Tochterunternehmen von Mutterunternehmen aus Drittländern im Rahmen der Regelung der Richtlinie 2013/34/EU zu befreien sind. Daher sollte das Tochterunternehmen befreit werden, wenn die konsolidierte Nachhaltigkeitsberichterstattung gemäß den nach dem durch die vorliegende Änderungsrichtlinie eingeführten Artikel 29b der Richtlinie 2013/34/EU von der Kommission erlassenen Standards für die Nachhaltigkeitsberichterstattung oder in einer Weise durchgeführt wurde, die diesen Standards für die Nachhaltigkeitsberichterstattung gleichwertig ist, was in einem gemäß Artikel 23 Absatz 4 Unterabsatz 3 der Richtlinie 2004/109/EG erlassenen Durchführungsrechtsakt über die Gleichwertigkeit der Standards für die Nachhaltigkeitsberichterstattung festgestellt wurde. Diese Befreiung sollte aus Gründen des Anlegerschutzes nicht für große Unternehmen gelten, deren Wertpapiere zum Handel auf einem geregelten Markt in der Union zugelassen sind, um mehr Transparenz in Bezug auf diese Unternehmen sicherzustellen.

(26) Nach Artikel 23 der Richtlinie 2013/34/EU sind Mutterunternehmen von der Verpflichtung zur Erstellung eines konsolidierten Abschlusses und eines konsolidierten Lageberichts ausgenommen, sofern sie Tochterunternehmen eines anderen Mutterunternehmens sind, das dieser Verpflichtung nachkommt. Es sollte jedoch präzisiert werden, dass die Ausnahmeregelung für konsolidierte Abschlüsse und konsolidierte Lageberichte unabhängig von der Ausnahmeregelung für die konsolidierte Nachhaltigkeitsberichterstattung Anwendung findet. Es ist daher möglich, dass ein Unternehmen von den Anforderungen zur konsolidierten Finanzberichterstattung, nicht aber von den Anforderungen zur konsolidierten Nachhaltigkeitsberichterstattung befreit ist, wenn sein oberstes Mutterunternehmen konsolidierte Abschlüsse und konsolidierte Lageberichte im Einklang mit dem Unionsrecht oder – im Fall von Unternehmen mit Sitz in einem Drittland – gemäß gleichwertigen Anforderungen erstellt, jedoch keine konsolidierte Nachhaltigkeitsberichterstattung im Einklang mit dem Unionsrecht oder – im Fall von Unternehmen mit Sitz in einem Drittland – gemäß gleichwertigen Anforderungen vornimmt. Mutterunternehmen, die auf Gruppenebene Bericht erstatten, müssen ein angemessenes Verständnis der Risiken für ihre Tochterunternehmen und der Auswirkungen ihrer Tochterunternehmen vermitteln, gegebenenfalls einschließlich Informationen über ihre Due-Diligence-Prozesse. Es kann Fälle geben, in denen die Unterschiede bei der Situation der Gruppe und der Situation ihrer einzelnen Tochterunternehmen oder bei der Situation einzelner Tochterunternehmen in verschiedenen Bereichen besonders groß sind und die Nutzer der Information in Ermangelung zusätzlicher Informationen über das betreffende Tochterunternehmen zu einer stark abweichenden Schlussfolgerung hinsichtlich der Risiken für ihre oder Auswirkungen ihres Tochterunternehmens veranlassen würden.

(27) Kreditinstitute und Versicherungsunternehmen spielen beim Übergang zu einem gänzlich nachhaltigen und inklusiven Wirtschafts- und Finanzsystem im Einklang mit dem Grünen Deal eine entscheidende Rolle. Sie können durch ihre Kreditvergabe-, Anlage- und Versicherungstätigkeiten erhebliche positive und negative Auswirkungen haben. Kreditinstitute und Versicherungsunternehmen, die nicht zur Einhaltung der Richtlinie 2013/34/EU verpflichtet sind, einschließlich Genossenschaften und Gegenseitigkeitsgesellschaften, sollten daher, sofern sie bestimmte Größenkriterien erfüllen, Anforderungen an die Nachhaltigkeitsberichterstattung unterliegen. Die Nutzer von Nachhaltigkeitsinformationen würden somit in die Lage versetzt, sowohl die gesellschaftlichen und ökologischen Auswirkungen solcher Kreditinstitute und Versicherungsunternehmen als auch die sich aus Nachhaltigkeitsaspekten ergebenden Risiken, denen solche Kreditinstitute und Versicherungsunternehmen ausgesetzt sein könnten, zu bewerten. Die Richtlinie 2013/34/EU sieht drei mögliche Kriterien vor, um festzustellen, ob ein Unternehmen als „großes Unternehmen“

gilt, nämlich die Bilanzsumme, die Nettoumsatzerlöse und die durchschnittliche Zahl der während des Geschäftsjahres Beschäftigten.

Das Kriterium der Nettoumsatzerlöse muss für Kreditinstitute und Versicherungsunternehmen angepasst werden, indem anstelle der allgemeinen Definition der Richtlinie 2013/34/EU auf die Definition der Nettoumsatzerlöse in den Richtlinien 86/635/EWG [(19)] und 91/674/EWG [(20)] des Rates Bezug genommen wird. Zur Gewährleistung der Kohärenz mit den Berichterstattungsanforderungen der Richtlinie 86/635/EWG können die Mitgliedstaaten in diesem Zusammenhang beschließen, die Anforderungen an die Nachhaltigkeitsberichterstattung nicht auf die in Artikel 2 Absatz 5 der Richtlinie 2013/36/EU des Europäischen Parlaments und des Rates [(21)] genannten Kreditinstitute anzuwenden.

(28) Die Liste der Nachhaltigkeitsaspekte, über die Unternehmen Bericht erstatten müssen, sollte so weit wie möglich im Einklang mit der Bestimmung des Begriffs „Nachhaltigkeitsfaktoren" im Sinne der Verordnung (EU) 2019/2088 stehen, um eine Nichtübereinstimmung der von Datennutzern verlangten Informationen und den Informationen, über die Unternehmen Bericht zu erstatten haben, zu verhindern. Diese Liste sollte zudem den Bedürfnissen und Erwartungen der Nutzer sowie der Unternehmen entsprechen, die zur Kategorisierung der drei wichtigsten Nachhaltigkeitsaspekte häufig die Begriffe „Umwelt", „Soziales" und „Unternehmensführung" verwenden. Der Aspekt der Unternehmensführung wird von der Verordnung (EU) 2019/2088 festgelegten Definition des Begriffs „Nachhaltigkeitsfaktoren" jedoch nicht ausdrücklich erfasst. Die Definition des Begriffs "Nachhaltigkeitsaspekte" in der Richtlinie 2013/34/EU in der durch die vorliegende Änderungsrichtlinie geänderten Fassung sollte daher Umwelt-, Sozial- und Menschenrechts- sowie Governance-Faktoren abdecken und die Bestimmung des Begriffs „Nachhaltigkeitsfaktoren" im Sinne der Verordnung (EU) 2019/2088 miteinschließen. Die Berichterstattungsanforderungen der Richtlinie 2013/34/EU sollten die nationalen Berichterstattungspflichten unberührt lassen.

(29) Nach Artikel 19a Absatz 1 und Artikel 29a Absatz 1 der Richtlinie 2013/34/EU muss die Berichterstattung nicht nur Angaben umfassen, die für das Verständnis des Geschäftsverlaufs, des Geschäftsergebnisses und der Lage des Unternehmens erforderlich sind, sondern auch Angaben, die für das Verständnis der Auswirkungen der Tätigkeiten des Unternehmens im Hinblick auf Umwelt-, Sozial-, und Arbeitnehmerbelange, die Achtung der Menschenrechte und die Bekämpfung von Korruption und Bestechung erforderlich sind. Nach diesen Artikeln sind Unternehmen daher verpflichtet, sowohl über die Auswirkungen der Tätigkeiten des Unternehmens auf Mensch und Umwelt als auch über die Auswirkungen der Nachhaltigkeitsaspekte auf das Unternehmen Bericht zu erstatten. Dies wird als Konzept der doppelten Wesentlichkeit bezeichnet, bei dem die Risiken für das Unternehmen sowie dessen Auswirkungen jeweils einen Wesentlichkeitsaspekt darstellen. Die Eignungsprüfung der Berichterstattung von Unternehmen zeigt, dass diese beiden Aspekte häufig nicht korrekt verstanden oder angewandt werden. Daher muss klargestellt werden, dass Unternehmen jeden Wesentlichkeitsaspekt eigenständig betrachten und sowohl Informationen, die nach beiden Aspekten wesentlich sind, als auch Informationen offenlegen sollten, die nur nach einem Aspekt wesentlich sind.

(30) Nach Artikel 19a Absatz 1 und Artikel 29a Absatz 1 der Richtlinie 2013/34/EU müssen Unternehmen Informationen zu fünf Berichterstattungsbereichen offenlegen: Geschäftsmodell; Konzepte, einschließlich der angewandten Due-Diligence-Prozesse; Ergebnisse dieser Konzepte; Risiken und deren Handhabung sowie wichtigste Leistungsindikatoren, die für die betreffende Geschäftstätigkeit von Bedeutung sind. Artikel 19a Absatz 1 der Richtlinie 2013/34/EU enthält keine ausdrücklichen Verweise auf andere Berichterstattungsbereiche, die Nutzer von Informationen für relevant halten und von denen einige mit Offenlegungen in internationalen Rahmenwerken, einschließlich der Empfehlungen der Taskforce „Klimabezogene Finanzinformationen", im Einklang stehen. Die Offenlegungspflichten sollten hinreichend spezifiziert werden, um sicherzustellen, dass Unternehmen Bericht über Informationen über ihre Widerstandsfähigkeit im Zusammenhang mit Nachhaltigkeitsrisiken erstatten. Zusätzlich zu den in Artikel 19a Absatz 1 und Artikel 29a Absatz 1 der Richtlinie 2013/34/EU genannten Berichterstattungsbereichen sollten Unternehmen zur Offenlegung von Informationen zu folgenden Bereichen und Fragen verpflichtet werden: Geschäftsstrategie und Widerstandsfähigkeit des Geschäftsmodells und der Strategie im Zusammenhang mit Nachhaltigkeitsrisiken. Sie sollten auch verpflichtet werden, etwaige Pläne offenzulegen, mit denen die Vereinbarkeit ihres Geschäftsmodells und ihrer Geschäftsstrategie mit dem Übergang zu einer nachhaltigen Wirtschaft und mit den Zielen der Begrenzung der Erderwärmung auf 1,5 °C ohne oder mit nur begrenzter Überschreitung im Einklang mit dem Übereinkommen von Paris und der Verwirklichung der Klimaneutralität bis 2050 gemäß der Verordnung (EU) 2021/1119 sichergestellt werden soll.

Es ist besonders wichtig, dass klimabezogene Pläne auf den neuesten wissenschaftlichen Erkenntnissen beruhen, einschließlich der Berichte des Zwischenstaatlichen Ausschusses für Klimaänderungen (IPCC) und der Berichte des europäischen wissenschaftlichen Beirats für Klimaänderungen. Mit gemäß Artikel 8 der Verordnung

(EU) 2020/852 offengelegten Informationen über die Höhe der Investitionsausgaben (CapEx) oder der Betriebsausgaben (OpEx) im Zusammenhang mit den taxonomiekonformen Tätigkeiten könnten gegebenenfalls Finanz- und Investitionspläne im Zusammenhang mit diesen Plänen unterstützt werden. Unternehmen sollten daher ebenfalls dazu verpflichtet werden, offenzulegen, ob und wie ihr Geschäftsmodell und ihre Geschäftsstrategie den Interessen der Interessenträger Rechnung tragen; etwaige Chancen des Unternehmens im Zusammenhang mit Nachhaltigkeitsaspekten; Umsetzung jener Aspekte der Geschäftsstrategie, die Auswirkungen auf Nachhaltigkeitsaspekte haben oder von Nachhaltigkeitsaspekten betroffen sind; etwaige Nachhaltigkeitsziele des Unternehmens und diesbezüglich erzielte Fortschritte; die Rolle des Verwaltungsrats und der Geschäftsleitung im Hinblick auf Nachhaltigkeitsaspekte; die wesentlichen – tatsächlichen und potenziellen – nachteiligen Auswirkungen im Zusammenhang mit den Tätigkeiten des Unternehmens; und wie das Unternehmen die Informationen, die Gegenstand der Berichterstattung sind, ermittelt. Sobald die Offenlegung von Elementen wie den Zielen und den diesbezüglich erzielten Fortschritten verpflichtend eingeführt wird, wird eine gesonderte Verpflichtung zur Offenlegung der Ergebnisse von Konzepten hinfällig.

(31) Zur Gewährleistung der Kohärenz mit internationalen Instrumenten wie den „Leitprinzipien der Vereinten Nationen für Unternehmen und Menschenrechte: Umsetzung des Rahmens der Vereinten Nationen „Schutz, Achtung und Abhilfe““ (im Folgenden "Leitprinzipien der Vereinten Nationen für Wirtschaft und Menschenrechte"), den OECD-Leitsätzen für multinationale Unternehmen und den OECD-Leitsätzen für die Erfüllung der Sorgfaltspflicht für verantwortungsvolles unternehmerisches Handeln sollten die Offenlegungspflichten im Hinblick auf Due-Diligence-Prozesse genauer spezifiziert werden, als dies in Artikel 19a Absatz 1 Buchstabe b und Artikel 29a Absatz 1 Buchstabe b der Richtlinie 2013/34/EU aktuell der Fall ist. Due-Diligence-Prozesse werden von Unternehmen mit dem Ziel durchgeführt, die wesentlichen – tatsächlichen und potenziellen – nachteiligen Auswirkungen im Zusammenhang mit ihren Tätigkeiten zu ermitteln, zu überwachen, zu verhüten, zu mildern, wiedergutzumachen oder zu beseitigen; dabei wird auch ermittelt, wie die Unternehmen diesen nachteiligen Auswirkungen begegnen. Die Auswirkungen im Zusammenhang mit den Tätigkeiten eines Unternehmens schließen die unmittelbar vom Unternehmen verursachten Auswirkungen, die Auswirkungen, zu denen das Unternehmen beiträgt, sowie jene Auswirkungen ein, die anderweitig mit der Wertschöpfungskette des Unternehmens zusammenhängen. Der Due-Diligence-Prozess deckt die gesamte Wertschöpfungskette des Unternehmens ab, einschließlich seiner eigenen Tätigkeiten, seiner Produkte und Dienstleistungen, seiner Geschäftsbeziehungen und seiner Lieferketten. Im Einklang mit den Leitprinzipien der Vereinten Nationen für Wirtschaft und Menschenrechte sind tatsächliche oder potenzielle nachteilige Auswirkungen als wesentliche Auswirkungen anzusehen, wenn sie im Hinblick auf die nachstehenden Faktoren zu den größten Auswirkungen im Zusammenhang mit den Tätigkeiten des betreffenden Unternehmens zählen. Schwere der Auswirkungen auf Mensch oder Umwelt; Anzahl der Personen, die betroffen sind oder betroffen sein könnten, bzw. Ausmaß der Umweltschäden; und Aufwand, der erforderlich ist, um die Schäden zu beheben und – mit Blick auf die Umwelt bzw. die betroffenen Menschen – den ursprünglichen Zustand wiederherzustellen.

(32) Nach der Richtlinie 2013/34/EU ist die Offenlegung von Angaben über immaterielle Ressourcen, bei denen es sich nicht um in der Bilanz angesetzte immaterielle Anlagewerte handelt, nicht erforderlich. Es ist weithin anerkannt, dass über Informationen zu immateriellen Anlagewerten und anderen immateriellen Faktoren, einschließlich intern geschaffener immaterieller Ressourcen, in zu geringem Maße Bericht erstattet wird, wodurch eine ordnungsgemäße Bewertung des Geschäftsverlaufs, des Geschäftsergebnisses und der Lage eines Unternehmens sowie die Überwachung von Investitionen erschwert wird. Um Anlegern ein besseres Verständnis der bei zahlreichen Unternehmen und in vielen Wirtschaftszweigen zunehmend beobachteten Diskrepanz zwischen Buchwert und Marktbewertung zu verschaffen, sollte von allen großen Unternehmen und allen Unternehmen– mit Ausnahme von Kleinstunternehmen –, deren Wertpapiere zum Handel auf einem geregelten Markt in der Union zugelassen sind, eine angemessene Berichterstattung über immaterielle Ressourcen verlangt werden. Nichtsdestotrotz sind bestimmte Informationen über immaterielle Ressourcen untrennbar mit Nachhaltigkeitsaspekten verbunden und sollten daher Teil der Nachhaltigkeitsberichterstattung sein. Beispielsweise sind Informationen über die Fähigkeiten der Beschäftigten, ihre Kompetenzen, ihre Erfahrung, ihre Loyalität gegenüber dem Unternehmen und ihre Motivation zur Verbesserung von Prozessen, Waren und Dienstleistungen Nachhaltigkeitsinformationen zu sozialen Aspekten, die auch als Informationen über immaterielle Ressourcen betrachtet werden könnten. Ebenso sind Informationen über die Qualität der Beziehungen zwischen dem Unternehmen und seinen Interessenträgern, einschließlich Kunden, Lieferanten und Gemeinschaften, die von den Tätigkeiten des Unternehmens betroffen sind, Nachhaltigkeitsinformationen, die für Sozial- oder Governance-Aspekte relevant sind und ebenfalls als Informationen über immaterielle Ressourcen betrachtet werden könnten. Diese Beispiele verdeutlichen, dass es in manchen Fällen nicht möglich ist, Informationen über immaterielle Ressourcen von

Informationen über Nachhaltigkeitsaspekte zu unterscheiden.

(33) In Artikel 19a Absatz 1 und Artikel 29a Absatz 1 der Richtlinie 2013/34/EU wird nicht spezifiziert, ob die Informationen, über die Bericht zu erstatten ist, zukunftsbezogen sein oder frühere Entwicklungen betreffen sollen. Derzeit ist ein Mangel an zukunftsbezogenen Offenlegungen zu verzeichnen, die von Nutzern von Nachhaltigkeitsinformationen besonders geschätzt werden. In Artikel 19a und Artikel 29a der Richtlinie 2013/34/EU sollte daher spezifiziert werden, dass die bereitgestellten Nachhaltigkeitsinformationen sowohl zukunfts- als auch vergangenheitsbezogene Informationen und sowohl qualitative als auch quantitative Informationen umfassen müssen. Die Informationen sollten sich gegebenenfalls auf schlüssige wissenschaftliche Erkenntnisse stützen. Die Informationen sollten zudem harmonisiert und vergleichbar sein und gegebenenfalls auf einheitlichen Indikatoren beruhen, wobei eine unternehmensspezifische Berichterstattung möglich sein sollte, die die Geschäftslage des Unternehmens nicht gefährdet. Die bereitgestellten Nachhaltigkeitsinformationen sollten zudem kurz-, mittel- und langfristige Zeiträume abdecken und Informationen zur gesamten Wertschöpfungskette des Unternehmens, einschließlich – sofern zweckmäßig – seiner eigenen Tätigkeiten, seiner Produkte und Dienstleistungen, seiner Geschäftsbeziehungen und seiner Lieferketten, enthalten. Informationen zur gesamten Wertschöpfungskette des Unternehmens würden sowohl Informationen zu dessen Wertschöpfungskette in der Union als auch Informationen in Bezug auf Drittländer umfassen, sofern die Wertschöpfungskette des Unternehmens über die Grenzen der Union hinausgeht. Für die ersten drei Jahre der Anwendung der von den Mitgliedstaaten gemäß dieser Änderungsrichtlinie angenommenen Maßnahmen und für den Fall, dass nicht alle erforderlichen Informationen über seine Wertschöpfungskette verfügbar sind, sollte das Unternehmen erläutern, welche Anstrengungen unternommen wurden, um die Informationen über seine Wertschöpfungskette zu erhalten, begründen, warum diese Informationen nicht eingeholt werden konnten, und seine Pläne darlegen, um künftig die entsprechenden Informationen einzuholen.

(34) Diese Änderungsrichtlinie zielt nicht darauf ab, Unternehmen zur Offenlegung von geistigem Kapital, geistigem Eigentum, Know-how oder Innovationsergebnissen zu verpflichten, die als Geschäftsgeheimnisse im Sinne der Richtlinie (EU) 2016/943 des Europäischen Parlaments und des Rates [(22)] einzustufen sind. Die in dieser Änderungsrichtlinie vorgesehenen Berichterstattungsanforderungen sollten daher unbeschadet der Richtlinie (EU) 2016/943 gelten.

(35) Nach Artikel 19a Absatz 1 und Artikel 29a Absatz 1 der Richtlinie 2013/34/EU müssen Unternehmen in ihre nichtfinanzielle Berichterstattung auch Hinweise auf im Jahresabschluss ausgewiesene Beträge und zusätzliche Erläuterungen dazu aufnehmen. Nach diesen Artikeln sind Unternehmen jedoch nicht dazu verpflichtet, im Lagebericht auf andere Informationen hinzuweisen oder solche Informationen um zusätzliche Erläuterungen zu ergänzen. Folglich mangelt es derzeit an Kohärenz zwischen den nichtfinanziellen Informationen, über die Bericht erstattet wurde, und den übrigen im Lagebericht offengelegten Informationen. Es ist erforderlich, diesbezüglich klare Anforderungen festzulegen.

(36) Nach Artikel 19a Absatz 1 und Artikel 29a Absatz 1 der Richtlinie 2013/34/EU müssen Unternehmen, die in Bezug auf einen oder mehrere der in diesen Artikeln aufgeführten Belange kein Konzept verfolgen, eine klare und begründete Erklärung dafür vorlegen. Dass Offenlegungen zu den etwaigen bestehenden Konzepten von Unternehmen anders behandelt werden als Offenlegungen in den anderen in diesen Artikeln aufgeführten Berichterstattungsbereichen, hat bei den Bericht erstattenden Unternehmen für Verwirrung gesorgt und keineswegs zur Verbesserung der Qualität der Informationen, über die Bericht erstattet wurde, beigetragen. Es ist daher nicht erforderlich, diese unterschiedliche Behandlung von Konzepten in der genannten Richtlinie beizubehalten. In den Standards für die Nachhaltigkeitsberichterstattung sollte festgelegt werden, welche Informationen für jeden der in den Artikeln 19a und 29a der Richtlinie 2013/34/EU in der durch die vorliegenden Änderungsrichtlinie geänderten Fassung genannten Berichterstattungsbereiche offengelegt werden müssen.

(37) Unternehmen, die in den Anwendungsbereich von Artikel 19a Absatz 1 und Artikel 29a Absatz 1 der Richtlinie 2013/34/EU fallen, können sich auf nationale, unionsbasierte oder internationale Rahmenwerke für die Berichterstattung stützen und haben, wenn sie hiervon Gebrauch machen, anzugeben, auf welche Rahmenwerke sie sich gestützt haben. Nach der Richtlinie 2013/34/EU sind Unternehmen jedoch nicht dazu verpflichtet, einen gemeinsamen Rahmen oder Standard für die Berichterstattung zu verwenden, und Unternehmen werden nicht daran gehindert, überhaupt keine Rahmenwerke oder Standards für die Berichterstattung zu verwenden. Gemäß Artikel 2 der Richtlinie 2014/95/EU veröffentlichte die Kommission am 5. Juli 2017 eine Mitteilung mit dem Titel „Leitlinien für die Berichterstattung über nichtfinanzielle Informationen (Methode zur Berichterstattung über nichtfinanzielle Informationen)“ (im Folgenden „Leitlinien für die Berichterstattung über nichtfinanzielle Informationen“), die unverbindliche Leitlinien

für in den Anwendungsbereich jener Richtlinie fallende Unternehmen enthält.

Am 17. Juni 2019 verabschiedete die Kommission ihre Leitlinien für die klimabezogene Berichterstattung mit zusätzlichen Leitlinien, die insbesondere die klimabezogene Berichterstattung zum Gegenstand hatten. In diesen Leitlinien für die klimabezogene Berichterstattung fanden die Empfehlungen der Taskforce „Klimabezogene Finanzinformationen“ ausdrückliche Berücksichtigung. Die verfügbaren Informationen deuten darauf hin, dass die Leitlinien für die Berichterstattung über nichtfinanzielle Informationen keine wesentlichen Auswirkungen auf die Qualität der Berichterstattung über nichtfinanzielle Informationen von in den Anwendungsbereich von Artikel 19a und Artikel 29a der Richtlinie 2013/34/EU fallenden Unternehmen hatten. Angesichts des unverbindlichen Charakters der Leitlinien steht es den Unternehmen frei zu entscheiden, ob sie diese anwenden oder nicht. Die Leitlinien allein können daher weder die Vergleichbarkeit der von verschiedenen Unternehmen offengelegten Informationen noch die Offenlegung sämtlicher von den Nutzern dieser Informationen für relevant erachteten Informationen gewährleisten. Deshalb sind verbindliche gemeinsame Standards für die Nachhaltigkeitsberichterstattung erforderlich, um sicherzustellen, dass die Informationen vergleichbar sind und alle relevanten Informationen offengelegt werden. Aufbauend auf dem Grundsatz der doppelten Wesentlichkeit sollten die Standards alle Informationen abdecken, die für Nutzer dieser Informationen wesentlich sind. Gemeinsame Standards für die Nachhaltigkeitsberichterstattung sind überdies erforderlich, um die Bestätigung und Digitalisierung der Nachhaltigkeitsberichterstattung zu ermöglichen und deren Beaufsichtigung und Durchsetzung zu erleichtern.

Die Entwicklung verbindlicher gemeinsamer Standards für die Nachhaltigkeitsberichterstattung ist notwendig, um zu erreichen, dass Nachhaltigkeitsinformationen einen vergleichbaren Status haben wie Finanzinformationen. Mit der Verabschiedung von Standards für die Nachhaltigkeitsberichterstattung im Wege delegierter Rechtsakte würde eine unionsweit harmonisierte Nachhaltigkeitsberichterstattung gewährleistet werden. Somit würde ein Unternehmen die Anforderungen der Richtlinie 2013/34/EU an die Nachhaltigkeitsberichterstattung erfüllen, wenn es gemäß den Standards für die Nachhaltigkeitsberichterstattung Bericht erstattet. Bei der Festlegung solcher Standards ist es von wesentlicher Bedeutung, die wichtigsten weltweit angewandten Standards für die Nachhaltigkeitsberichterstattung im größtmöglichen Umfang gebührend zu berücksichtigen, ohne dabei die Ziele dieser Änderungsrichtlinie und der auf ihrer Grundlage erlassenen delegierten Rechtsakte zu mindern.

(38) Kein bestehender Standard und kein bestehendes Rahmenwerk entspricht den Bedürfnissen der Union im Hinblick auf eine Nachhaltigkeitsberichterstattung. Die nach der Richtlinie 2013/34/EU erforderlichen Informationen müssen Informationen, die für beide Wesentlichkeitsaspekte relevant sind, umfassen, sämtliche Nachhaltigkeitsaspekte abdecken und gegebenenfalls mit anderen nach dem Unionsrecht bestehenden Verpflichtungen zur Offenlegung von Nachhaltigkeitsinformationen, einschließlich der in den Verordnungen (EU) 2019/2088 und (EU) 2020/852 vorgesehenen Verpflichtungen, in Einklang gebracht werden. Darüber hinaus sollten solche verbindlichen Standards für die Nachhaltigkeitsberichterstattung von Unternehmen in der Union den Zielsetzungen des Grünen Deals sowie dem Ziel der Union, bis 2050 Klimaneutralität zu erreichen, und den Zwischenzielen gemäß der Verordnung (EU) 2021/1119 gerecht werden. Der Kommission muss daher die Befugnis übertragen werden, Standards der Union für die Nachhaltigkeitsberichterstattung anzunehmen, damit diese rasch verabschiedet werden können und sichergestellt ist, dass der Inhalt dieser Standards für die Nachhaltigkeitsberichterstattung den Bedürfnissen der Union entspricht.

(39) Die Europäische Beratungsgruppe für Rechnungslegung (European Financial Reporting Advisory Group – EFRAG) ist eine nach belgischem Recht gegründete Vereinigung ohne Gewinnerzielungsabsicht, die dem öffentlichen Interesse dient, indem sie die Kommission bei der Übernahme internationaler Rechnungslegungsstandards berät. Die EFRAG genießt den Ruf eines europäischen Kompetenzzentrums für Unternehmensberichterstattung und ist gut aufgestellt, um die Koordinierung zwischen Standards der Union für die Nachhaltigkeitsberichterstattung und internationalen Initiativen zur Entwicklung weltweit einheitlicher Standards zu fördern. Im März 2021 veröffentlichte eine von der EFRAG eingesetzte Arbeitsgruppe verschiedener Interessenträger Empfehlungen für die mögliche Entwicklung von Standards für die Nachhaltigkeitsberichterstattung für die Union. Diese Empfehlungen enthalten Vorschläge zur Entwicklung kohärenter und umfassender Standards für die Nachhaltigkeitsberichterstattung, die gemäß dem Konzept der doppelten Wesentlichkeit sämtliche Nachhaltigkeitsaspekte abdecken. Die Empfehlungen enthalten zudem einen detaillierten Fahrplan für die Entwicklung solcher Standards sowie Vorschläge für eine auf gegenseitigen Nutzen ausgelegte Zusammenarbeit zwischen globalen Standardsetzungsinitiativen und Standardsetzungsinitiativen der Union. Im März 2021 veröffentlichte der Präsident des EFRAG-Aufsichtsrats für den Fall, dass die EFRAG zur Ausarbeitung technischer Empfehlungen für Standards für die Nachhaltigkeitsberichterstattung aufgefordert werden sollte,

Empfehlungen für mögliche Änderungen an der Governance der EFRAG. Die Empfehlungen des Präsidenten des EFRAG-Aufsichtsrats betreffen unter anderem die Errichtung einer neuen Säule der Nachhaltigkeitsberichterstattung innerhalb der EFRAG, wobei an der bestehenden Säule der Rechnungslegung keine wesentlichen Änderungen vorgenommen werden sollen. Im März 2022 ernannte die Generalversammlung der EFRAG die Mitglieder des neu geschaffenen Gremiums für Nachhaltigkeitsberichterstattung der EFRAG. Bei der Annahme von Standards für die Nachhaltigkeitsberichterstattung sollte die Kommission technische Empfehlungen berücksichtigen, die von der EFRAG ausarbeitet werden.

Zur Gewährleistung hochwertiger Standards, die zum europäischen Gemeinwohl beitragen und den Bedürfnissen der Unternehmen und der Nutzer der bereitgestellten Informationen entsprechen, sollte die EFRAG über ausreichende öffentliche Mittel verfügen, um ihre Unabhängigkeit zu gewährleisten. Ihre technischen Empfehlungen sollten in einem einwandfreien Verfahren mit angemessener öffentlicher Aufsicht und Transparenz und auf der Grundlage des Fachwissens einer ausgewogenen Vertretung einschlägiger Interessenträger, einschließlich Unternehmen, Investoren, Organisationen der Zivilgesellschaft und Gewerkschaften, weiterentwickelt werden und mit Kosten-Nutzen-Analysen einhergehen. Die Teilnahme an der Arbeit der EFRAG auf technischer Ebene sollte von Fachwissen im Bereich der Nachhaltigkeitsberichterstattung und nicht von finanziellen Beiträgen abhängig gemacht werden, unbeschadet der Beteiligung öffentlicher Stellen und nationaler Standardsetzungseinrichtungen an dieser Arbeit. Es sollte ein transparentes Verfahren zur Vermeidung von Interessenkonflikten gewährleistet werden. Um sicherzustellen, dass die Standards der Union für die Nachhaltigkeitsberichterstattung den Standpunkten der Mitgliedstaaten Rechnung tragen, sollte die Kommission vor der Annahme dieser Standards die in der Verordnung (EU) 2020/852 genannte Sachverständigengruppe der Mitgliedstaaten für nachhaltiges Finanzwesen (im Folgenden "Sachverständigengruppe der Mitgliedstaaten für nachhaltiges Finanzwesen") und den in der Verordnung (EG) Nr. 1606/2002 des Europäischen Parlaments und des Rates [(23)] genannten Regelungsausschuss für Rechnungslegung (im Folgenden "Regelungsausschuss für Rechnungslegung") zu den technischen Empfehlungen der EFRAG konsultieren.

Die Europäische Wertpapier- und Marktaufsichtsbehörde (ESMA), die Europäische Bankenaufsichtsbehörde (EBA) und die Europäische Aufsichtsbehörde für das Versicherungswesen und die betriebliche Altersversorgung (EIOPA) sind gemäß der Verordnung (EU) 2019/2088 an der Ausarbeitung technischer Regulierungsstandards beteiligt, und zwischen diesen technischen Regulierungsstandards und den Standards für die Nachhaltigkeitsberichterstattung muss Kohärenz bestehen. Gemäß der Verordnung (EU) Nr. 1095/2010 des Europäischen Parlaments und des Rates [(24)] trägt die ESMA auch zur Förderung der aufsichtlichen Konvergenz bei der Durchsetzung der Unternehmensberichterstattung von Emittenten bei, deren Wertpapiere zum Handel auf einem geregelten Markt in der Union zugelassen sind und die zur Mitteilung im Einklang mit diesen Standards für die Nachhaltigkeitsberichterstattung verpflichtet sein werden. Daher sollten die ESMA, die EBA und die EIOPA verpflichtet werden, eine Stellungnahme zur fachlichen Stellungnahme der EFRAG abzugeben. Diese Stellungnahmen sollten innerhalb von zwei Monaten nach Eingang des entsprechenden Antrags der Kommission vorgelegt werden. Darüber hinaus sollte die Kommission die Europäische Umweltagentur, die Agentur der Europäischen Union für Grundrechte, die EZB, den Ausschuss der Europäischen Aufsichtsstellen für Abschlussprüfer (im Folgenden „Ausschuss der Aufsichtsstellen") und die Plattform für ein nachhaltiges Finanzwesen konsultieren, um sicherzustellen, dass die Standards für die Nachhaltigkeitsberichterstattung mit den einschlägigen Strategien und Rechtsvorschriften der Union im Einklang stehen. Beschließt eine dieser Einrichtungen, eine Stellungnahme zu übermitteln, so sollte sie diese binnen zwei Monaten nach ihrer Konsultation durch die Kommission vorlegen.

(40) Im Sinne der Förderung der demokratischen Überwachung, Kontrolle und Transparenz sollte die Kommission mindestens einmal jährlich das Europäische Parlament sowie die Sachverständigengruppe der Mitgliedstaaten für nachhaltiges Finanzwesen und den Regelungsausschuss für Rechnungslegung gemeinsam zum Arbeitsprogramm der EFRAG im Hinblick auf die Entwicklung von Standards für die Nachhaltigkeitsberichterstattung konsultieren.

(41) Die Standards für die Nachhaltigkeitsberichterstattung sollten mit anderem Unionsrecht im Einklang stehen. Diese Standards sollten insbesondere an die in der Verordnung (EU) 2019/2088 festgelegten Offenlegungspflichten angepasst werden und die zugrunde liegenden Indikatoren und Methoden, die in den verschiedenen gemäß der Verordnung (EU) 2020/852 erlassenen delegierten Rechtsakten festgelegt sind, genauso berücksichtigen wie die gemäß der Verordnung (EU) 2016/1011 des Europäischen Parlaments und des Rates [(25)] für Referenzwert-Administratoren geltenden Offenlegungspflichten, die Mindeststandards für EU-Referenzwerte

für den klimabedingten Wandel und für Paris-abgestimmte EU-Referenzwerte sowie alle Arbeiten der EBA zur Umsetzung der Säule-III-Offenlegungspflichten nach der Verordnung (EU) Nr. 575/2013.

Die Standards sollten den Umweltvorschriften der Union, einschließlich der Verordnung (EG) Nr. 1221/2009 des Europäischen Parlaments und des Rates [26] und Richtlinie 2003/87/EG des Europäischen Parlaments und des Rates [27], sowie auch der Empfehlung 2013/179/EU der Kommission [28] und deren Anhängen, einschließlich ihrer aktualisierten Fassungen, Rechnung tragen. Anderes Unionsrecht, einschließlich der Richtlinie 2010/75/EU des Europäischen Parlaments und des Rates [29], sowie andere im Unionsrecht für Unternehmen geltenden Anforderungen im Hinblick auf die Pflichten von Vorständen und Due Diligence sollten ebenfalls berücksichtigt werden.

(42) Die Standards für die Nachhaltigkeitsberichterstattung sollten den Leitlinien für die Berichterstattung über nichtfinanzielle Informationen sowie den Leitlinien für die klimabezogenen Berichterstattung Rechnung tragen. Sie sollten auch anderen in der Richtlinie 2013/34/EU vorgesehenen Berichterstattungsanforderungen Rechnung tragen, die nicht unmittelbar Nachhaltigkeitsaspekte betreffen, damit den Nutzern der bereitgestellten Informationen – durch engere Verknüpfungen zwischen Nachhaltigkeitsinformationen und anderen gemäß der Richtlinie 2013/34/EU bereitzustellenden Informationen – ein besseres Verständnis des Geschäftsverlaufs, des Geschäftsergebnisses, der Lage des Unternehmens sowie der Auswirkungen seiner Tätigkeit vermittelt wird.

(43) Die Standards für die Nachhaltigkeitsberichterstattung sollten verhältnismäßig sein und den Unternehmen, die sie anwenden müssen, keinen unnötigen Verwaltungsaufwand auferlegen. Damit Unternehmen, die bereits Nachhaltigkeitsinformationen bereitstellen, so geringe Störungen wie möglich entstehen, sollten die Standards für die Nachhaltigkeitsberichterstattung gegebenenfalls bereits bestehende Standards und Rahmenwerke für nachhaltigkeitsbezogene Berichterstattung und Rechnungslegung berücksichtigen. Zu solchen bestehenden Standards und Rahmenwerken gehören die Global Reporting Initiative, das Sustainability Accounting Standards Board, der International Integrated Reporting Council, das International Accounting Standards Board, die Taskforce „Klimabezogene Finanzinformationen", das Carbon Disclosure Standards Board und CDP, früher bekannt als Carbon Disclosure Project.

Die Standards der Union sollten sämtlichen Standards für die Nachhaltigkeitsberichterstattung Rechnung tragen, die unter der Schirmherrschaft der International Financial Reporting Standards Foundation entwickelt wurden. Zur Vermeidung einer unnötigen regulatorischen Fragmentierung, die negative Folgen für weltweit tätige Unternehmen haben könnte, sollten die Standards der Union für die Nachhaltigkeitsberichterstattung auf globaler Ebene zur Konvergenz der Standards für die Nachhaltigkeitsberichterstattung beitragen, indem die Arbeit des International Sustainability Standards Board (ISSB) unterstützt wird. Anhand Standards der Union für die Nachhaltigkeitsberichterstattung sollte das Risiko inkohärenter Berichterstattungsanforderungen für weltweit tätige Unternehmen verringert werden, indem der Inhalt der vom ISSB zu entwickelnden globalen Basisstandards einbezogen wird, soweit der Inhalt dieser Basisstandards mit dem Rechtsrahmen der Union und den Zielen des Grünen Deals im Einklang steht.

(44) Um einen angemessenen Umgang mit Umweltrisiken zu gewährleisten, für angemessene Klimaschutzmöglichkeiten zu sorgen und die damit verbundenen Transaktionskosten zu senken, verpflichtete sich die Europäische Kommission im Grünen Deal, Unternehmen und andere Interessenträger bei der Entwicklung standardisierter Verfahren für die Naturkapitalbilanzierung in der EU und auf internationaler Ebene zu unterstützen.

Im Rahmen des mit Mitteln aus dem durch die Verordnung (EU) 2021/783 des Europäischen Parlaments und des Rates [30] eingerichteten Programm für die Umwelt- und Klimapolitik (LIFE) geförderten Projekts „Transparent" wird eine erste Methodik für die Naturkapitalbilanzierung entwickelt, mit der Vergleichbarkeit und Transparenz der bestehenden Methoden verbessert und Hemmnisse für die Unternehmen gegenüber einer Einführung und Nutzung von Systemen zur zukunftssicheren Gestaltung ihrer Geschäftstätigkeiten abgebaut werden sollen. Das Natural Capital Protocol ist im Zusammenhang mit der Naturkapitalbilanzierung ebenfalls eine wichtige Referenz. Zwar dienen die Methoden für die Naturkapitalbilanzierung in erster Linie der Untermauerung interner Unternehmensentscheidungen, doch sollten sie auch bei der Festlegung von Standards für die Nachhaltigkeitsberichterstattung gebührend berücksichtigt werden. Einige Methoden der Naturkapitalbilanzierung zielen darauf ab, die Auswirkungen von Unternehmenstätigkeiten auf die Umwelt anhand eines monetären Werts auszudrücken; dies könnte den Nutzern von Nachhaltigkeitsinformationen dabei helfen, solche Auswirkungen besser zu verstehen. Standards für die Nachhaltigkeitsberichterstattung sollten daher monetäre Indikatoren für Nachhaltigkeitsauswirkungen einschließen können, sofern dies für notwendig erachtet wird.

(45) Standards für die Nachhaltigkeitsberichterstattung sollten auch international anerkannten Grundsätzen und Rahmenbestimmungen für

verantwortungsvolles unternehmerisches Handeln, soziale Verantwortung von Unternehmen und nachhaltige Entwicklung Rechnung tragen, wie etwa den Zielen für nachhaltige Entwicklung, den Leitprinzipien der Vereinten Nationen für Wirtschaft und Menschenrechte, den OECD-Leitsätzen für multinationale Unternehmen, den OECD-Leitsätzen zur Erfüllung der Sorgfaltspflicht zur Förderung verantwortungsvollen unternehmerischen Handelns und damit verbundenen sektoralen Leitlinien, dem Globalen Pakt, der Trilateralen Grundsatzerklärung der Internationalen Arbeitsorganisation zu multinationalen Unternehmen und zur Sozialpolitik, der ISO-Norm 26000 „Leitfaden zur gesellschaftlichen Verantwortung" und den Grundsätzen der Vereinten Nationen für verantwortungsvolle Investitionen.

(46) Es sollte sichergestellt werden, dass die Informationen, über die Unternehmen gemäß den Standards für die Nachhaltigkeitsberichterstattung Bericht erstatten, den Bedürfnissen der Nutzer entsprechen und den Bericht erstattenden Unternehmen sowie den als Teil der Wertschöpfungskette dieser Unternehmen indirekt Betroffenen keine unverhältnismäßig hohe Last in Bezug auf Aufwand und Kosten auferlegen. In den Standards für die Nachhaltigkeitsberichterstattung sollte daher festgelegt werden, welche Informationen die Unternehmen zu den wichtigen Umweltfaktoren offenlegen müssen, einschließlich Angaben zu ihren Auswirkungen auf Klima, Luft, Boden, Wasser und biologische Vielfalt und damit verbundenen Abhängigkeiten. Die Verordnung (EU) 2020/852 enthält eine Klassifizierung der Umweltziele der Union.

Aus Gründen der Kohärenz empfiehlt es sich, bei der Ermittlung der Umweltfaktoren, auf die Standards für die Nachhaltigkeitsberichterstattung Bezug nehmen sollten, eine ähnliche Klassifizierung zu verwenden. In den Standards für die Nachhaltigkeitsberichterstattung sollten alle geografischen und sonstigen kontextbezogenen Informationen berücksichtigt und präzisiert werden, die Unternehmen offenlegen sollten, um ein besseres Verständnis der wichtigsten nachhaltigkeitsrelevanten Auswirkungen ihrer Tätigkeiten und der größten Risiken, denen sie im Zusammenhang mit Nachhaltigkeitsaspekten ausgesetzt sind, zu vermitteln. Bei der Präzisierung der Informationen über die Umweltfaktoren, die Unternehmen offenlegen müssen, sollte für Kohärenz mit den Begriffsbestimmungen in Artikel 2 der Verordnung (EU) 2020/852 sowie den Berichterstattungsanforderungen gemäß Artikel 8 der genannten Verordnung und den gemäß der genannten Verordnung erlassenen delegierten Rechtsakten gesorgt werden.

(47) Klimabezogene Informationen sind bei den Nutzern insbesondere im Hinblick auf physische Risiken und Übergangsrisiken und die Widerstandsfähigkeit der Unternehmen in verschiedenen Klimaszenarien sowie ihre entsprechenden Pläne zur Anpassung sowie auf das Ziel der Union, bis 2050 Klimaneutralität zu erreichen, sowie ihre entsprechenden Pläne zur Anpassung gefragt. Ferner interessieren diese Nutzer sich für Angaben zu Menge und Umfang der dem Unternehmen zugeordneten Emissionen und des erreichten Abbaus von Treibhausgasen, einschließlich des Umfangs, in dem das Unternehmen Kompensationen nutzt, und der Quelle, aus der diese stammen. Um eine klimaneutrale Wirtschaft zu erreichen, müssen Standards für die Anrechnung und Kompensation von Treibhausgasemissionen aufeinander abgestimmt werden. Doppelzählungen und Überbewertungen bergen Risiken für das Erreichen klimabezogener Ziele, weshalb die Nutzer zuverlässige Informationen über Kompensationen benötigen, bei denen Bedenken hinsichtlich möglicher Doppelzählungen und Überbewertungen Rechnung getragen wird. Bei diesen Nutzern sind auch die Bemühungen der Unternehmen um deutlich reduzierte absolute Treibhausgasemissionen im Rahmen ihrer Strategien für den Klimaschutz und die Anpassung an den Klimawandel, einschließlich Scope-1- und Scope-2-Emissionen und gegebenenfalls Scope-3-Emissionen gefragt.

In Bezug auf Scope-3-Emissionen besteht eine Priorität in Bezug auf die Nutzer darin, dass diese Informationen darüber erhalten, welche Kategorien von Scope 3 im Falle des Unternehmens von Bedeutung sind, sowie über die Emissionen in jeder dieser Kategorien von Scope 3. Daher sollte in den Standards für die Nachhaltigkeitsberichterstattung festgelegt werden, über welche Informationen die Unternehmen in Bezug auf solche Aspekte Bericht erstatten sollten.

(48) Die Ziele einer klimaneutralen Kreislaufwirtschaft ohne Verschmutzung aus diffusen Quellen können nur erreicht werden, wenn es gelingt, sämtliche Wirtschaftszweige uneingeschränkt zu mobilisieren. Die Verringerung des Energieverbrauchs und die Steigerung der Energieeffizienz sind in diesem Zusammenhang von entscheidender Bedeutung, da Energie über Lieferketten hinweg genutzt wird. Daher sollten in den Standards für die Nachhaltigkeitsberichterstattung Energieaspekte, insbesondere im Zusammenhang mit umwelt- und klimarelevanten Aspekten, gebührend berücksichtigt werden.

(49) In den Standards für die Nachhaltigkeitsberichterstattung sollte festgelegt werden, welche Informationen Unternehmen zu sozialen Faktoren, einschließlich Arbeitsbedingungen, Beteiligung der Sozialpartner, Tarifverhandlungen, Gleichstellung, Nichtdiskriminierung, Vielfalt und Inklusion sowie Menschenrechten, offenlegen sollten. Diese Informationen sollten die Auswirkungen des Unternehmens auf Menschen, einschließlich der Arbeitnehmer, und die Auswirkungen auf die

menschliche Gesundheit abdecken. Die Informationen, die Unternehmen über Menschenrechte offenlegen, sollten gegebenenfalls auch Angaben über Zwangsarbeit und Kinderarbeit in ihren Wertschöpfungsketten umfassen. Anforderungen an die Nachhaltigkeitsberichterstattung in Bezug auf Zwangsarbeit sollten die Behörden nicht von ihrer Verantwortung befreien, mit handelspolitischen und diplomatischen Mitteln gegen die Einfuhr von Waren vorzugehen, die infolge von Menschenrechtsverletzungen, einschließlich Zwangsarbeit, hergestellt wurden. Unternehmen sollte es ferner möglich sein, über mögliche Risiken und Tendenzen in Bezug auf Beschäftigung und Einkommen Bericht zu erstatten.

In Standards für die Nachhaltigkeitsberichterstattung, die sich mit sozialen Faktoren befassen, sollte präzisiert werden, welche Informationen Unternehmen im Hinblick auf für sie relevante Grundsätze der europäischen Säule sozialer Rechte offenlegen sollten, einschließlich Angaben zur Chancengleichheit für alle und zu den Arbeitsbedingungen. In dem von der Kommission am 4. März 2021 angenommenen Aktionsplan zur europäischen Säule sozialer Rechte werden strengere Anforderungen bezüglich der Berichterstattung der Unternehmen über soziale Fragen gefordert. In den Standards für die Nachhaltigkeitsberichterstattung sollte auch festgelegt werden, welche Informationen Unternehmen in Bezug auf die Menschenrechte, Grundfreiheiten, demokratischen Grundsätze und Normen offenlegen sollten, die in der Internationalen Charta der Menschenrechte und anderen grundlegenden Menschenrechtsübereinkommen der Vereinten Nationen, einschließlich des Übereinkommens der Vereinten Nationen über die Rechte von Menschen mit Behinderungen, der Erklärung der Vereinten Nationen über die Rechte der indigenen Völker, des Übereinkommens der Vereinten Nationen über die Rechte des Kindes, der Erklärung der Internationalen Arbeitsorganisation über grundlegende Prinzipien und Rechte bei der Arbeit, den grundlegenden Übereinkommen der Internationalen Arbeitsorganisation, der Europäischen Konvention zum Schutze der Menschenrechte und Grundfreiheiten, der Europäischen Sozialcharta und der Charta der Grundrechte der Europäischen Union festgelegt sind. Die Berichterstattung über Sozialfaktoren sowie über Umwelt- und Governance-Faktoren sollte in einem angemessenen Verhältnis zum Anwendungsbereich und zu den Zielen dieser Änderungsrichtlinie stehen. In Standards für die Nachhaltigkeitsberichterstattung, die die Gleichstellung der Geschlechter und gleichen Lohn bei gleichwertiger Arbeit betreffen, sollte unter anderem festgelegt werden, über welche Informationen bezüglich des geschlechtsspezifischen Lohngefälles Bericht erstattet werden sollte, wobei anderem einschlägigen Unionsrecht Rechnung getragen werden sollte. In Standards für die Nachhaltigkeitsberichterstattung, die die Beschäftigung und Inklusion von Menschen mit Behinderungen betreffen, sollte unter anderem festgelegt werden, über welche Informationen bezüglich der vom Unternehmen ergriffenen Barrierefreiheitsmaßnahmen Bericht erstattet werden sollte.

In Standards für die Nachhaltigkeitsberichterstattung, die die Bereiche Ausbildung und Kompetenzentwicklung betreffen, sollte unter anderem festgelegt werden, über welche Informationen bezüglich des Anteils und der Aufschlüsselung der an der Ausbildung teilnehmenden Arbeitnehmer Bericht erstattet werden sollte. In Standards für die Nachhaltigkeitsberichterstattung, die Tarifverhandlungen betreffen, sollte unter anderem festgelegt werden, welche Informationen über die Existenz von Betriebsräten sowie über das Bestehen von Tarifverträgen und den Anteil der Arbeitnehmer, für die solche Vereinbarungen gelten, offengelegt werden sollten. In Standards für die Nachhaltigkeitsberichterstattung, die die Arbeitnehmerbeteiligung betreffen, sollte unter anderem festgelegt werden, welche Informationen über die Beteiligung von Arbeitnehmern an Verwaltungs- und Aufsichtsorganen offengelegt werden sollten. In Standards für die Nachhaltigkeitsberichterstattung, die das Thema Vielfalt betreffen, sollte unter anderem festgelegt werden, über welche Informationen über die Geschlechtervielfalt auf der obersten Führungsebene und die Zahl der Mitglieder des unterrepräsentierten Geschlechts in ihren Leitungsorganen Bericht erstattet werden sollte.

(50) Die Nutzer benötigen Informationen über Governance-Faktoren. Die für die Nutzer relevantesten Governance-Faktoren werden in verbindlichen Rahmen für die Berichterstattung, etwa jenen der Global Reporting Initiative und der Taskforce „Klimabezogene Finanzinformationen", sowie in verbindlichen globalen Rahmen wie den Global Governance Principles des International Corporate Governance Network und den G20/OECD-Grundsätzen der Corporate Governance aufgeführt. In Standards für die Nachhaltigkeitsberichterstattung sollte festgelegt werden, welche Informationen Unternehmen zu Governance-Faktoren offenlegen sollten. Diese Informationen sollten sich auf die Rolle der Verwaltungs-, Leitungs- und Aufsichtsorgane eines Unternehmens in Bezug auf Nachhaltigkeitsaspekte, das zur Erfüllung dieser Rolle notwendige Fachwissen und die entsprechend notwendigen Fähigkeiten oder den Zugang dieser Organe zu solchen Fachkenntnissen und Fähigkeiten sowie darauf erstrecken, ob das Unternehmen eine mit den Nachhaltigkeitsaspekten verknüpfte Strategie in Bezug auf Anreize für Mitglieder, die in diesen Organen tätig sind, verfolgt, sowie auf Informationen über die internen Kontroll- und Risikomanagementsysteme eines Unternehmens in

Bezug auf den Nachhaltigkeitsberichterstattungsprozess. Die Nutzer benötigen ferner Informationen über Unternehmenskultur und Unternehmensethik, die anerkannte Elemente der verbindlichen Corporate-Governance-Rahmen wie der Global Governance Principles des International Corporate Governance Network sind, einschließlich Informationen über die Bekämpfung von Korruption und Bestechung, sowie über Tätigkeiten und Verpflichtungen des Unternehmens im Hinblick auf die Ausübung seines politischen Einflusses, einschließlich seiner Lobbytätigkeiten.

Informationen über die Leitung des Unternehmens und die Qualität der Beziehungen zu Kunden, Lieferanten und Gemeinschaften, die von den Tätigkeiten des Unternehmens betroffen sind, vermitteln den Nutzern ein besseres Verständnis der Risiken eines Unternehmens und der Auswirkungen im Zusammenhang mit Nachhaltigkeitsaspekten. Informationen über die Beziehungen zu Lieferanten umfassen Zahlungspraktiken in Bezug auf Zahlungstermine oder Zahlungsfristen, den Zinssatz für verspätete Zahlungen oder die Entschädigung für in der Richtlinie 2011/7/EU des Europäischen Parlaments und des Rates [(31)] genannte Beitreibungskosten. Jedes Jahr müssen Tausende von Unternehmen, insbesondere kleine und mittlere Unternehmen (KMU), administrative und finanzielle Belastungen tragen, weil sie verspätet oder gar nicht bezahlt werden. Letztendlich führt Zahlungsverzug zu Insolvenz und Konkurs mit destruktiven Auswirkungen auf ganze Wertschöpfungsketten. Wenn Unternehmen mehr Informationen über Zahlungspraktiken zur Verfügung gestellt werden, dürften sie besser in der Lage sein, schnelle und zuverlässige Zahler zu ermitteln, unlautere Zahlungspraktiken aufzudecken, sich über Unternehmen, mit denen sie Handel treiben, zu informieren und fairere Zahlungsbedingungen auszuhandeln.

(51) Die Standards für die Nachhaltigkeitsberichterstattung sollten darauf ausgerichtet sein, einen stärker integrierten Gesamtüberblick über die Informationen, die die Unternehmen in ihrem Lagebericht veröffentlichen, zu ermöglichen und so den Nutzern dieser Informationen ein besseres Verständnis des Geschäftsverlaufs, des Geschäftsergebnisses, der Lage des Unternehmens sowie der Auswirkungen seiner Tätigkeit zu vermitteln. In den Standards für die Nachhaltigkeitsberichterstattung sollte erforderlichenfalls zwischen Informationen, die Unternehmen bei der Berichterstattung auf Einzelebene und solchen, die sie bei der Berichterstattung auf Gruppenebene offenlegen sollten, unterschieden werden. Die Standards für die Nachhaltigkeitsberichterstattung sollten auch Leitlinien zu dem Verfahren enthalten, anhand dessen Unternehmen die in den Lagebericht aufzunehmenden Nachhaltigkeitsinformationen ermitteln, da ein Unternehmen nur zur Offenlegung der Informationen verpflichtet werden sollte, die für das Verständnis seiner Auswirkungen auf Nachhaltigkeitsaspekte von Belang sind oder die für das Verständnis der Auswirkungen von Nachhaltigkeitsaspekten auf Geschäftsverlauf, Geschäftsergebnis und Lage des Unternehmens von Belang sind.

(52) Die Mitgliedstaaten sollten sicherstellen, dass die Nachhaltigkeitsberichterstattung im Einklang mit dem Recht der Arbeitnehmer auf Unterrichtung und Anhörung durchgeführt wird. Die Unternehmensleitung sollte daher die Arbeitnehmervertreter auf geeigneter Ebene informieren und mit ihnen die einschlägigen Informationen und die Mittel zur Einholung und Überprüfung von Nachhaltigkeitsinformationen erörtern. Dies setzt für die Zwecke dieser Änderungsrichtlinie die Aufnahme eines Dialogs und eines Meinungsaustauschs zwischen den Arbeitnehmervertretern und der zentralen Leitung oder jeder anderen besser geeigneten Leitungsebene voraus, und zwar zu einem Zeitpunkt, in einer Weise und mit einem Inhalt, der es den Arbeitnehmervertretern ermöglicht, Stellung zu nehmen. Ihre Stellungnahme sollte, wo angezeigt, den zuständigen Verwaltungs-, Leitungs- oder Aufsichtsorganen mitgeteilt werden.

(53) Unternehmen derselben Branche sind häufig ähnlichen nachhaltigkeitsbezogenen Risiken ausgesetzt und haben häufig ähnliche Auswirkungen auf Gesellschaft und Umwelt. Vergleiche zwischen Unternehmen derselben Branche sind für Anleger und andere Nutzer von Nachhaltigkeitsinformationen besonders wertvoll. Daher sollte in den Standards für die Nachhaltigkeitsberichterstattung festgelegt werden, welche Informationen die Unternehmen sämtlicher Branchen und welche Informationen die Unternehmen je nach Tätigkeitsbereich offenlegen sollten. Sektorspezifische Standards für die Nachhaltigkeitsberichterstattung sind besonders wichtig für Wirtschaftszweige, die mit hohen Nachhaltigkeitsrisiken für oder mit Auswirkungen auf Umwelt, Menschenrechte und Governance verbunden sind, einschließlich der in Anhang I Abschnitte A bis H und Abschnitt L der Verordnung (EG) Nr. 1893/2006 des Europäischen Parlaments und des Rates [(32)] aufgeführten Wirtschaftszweige und der einschlägigen Tätigkeiten in diesen Wirtschaftszweigen. Bei der Annahme sektorspezifischer Standards für die Nachhaltigkeitsberichterstattung sollte die Kommission sicherstellen, dass die in diesen Standards für die Nachhaltigkeitsberichterstattung vorgeschriebenen Informationen in einem angemessenen Verhältnis zum Ausmaß der Risiken und Auswirkungen im Zusammenhang mit Nachhaltigkeitsaspekten stehen, die für jeden Wirtschaftszweig spezifisch sind, wobei berücksichtigt werden sollte, dass die Risiken und Auswirkungen einiger Wirtschaftszweige im Vergleich höher sind. Die Kommission

sollte auch berücksichtigen, dass nicht alle Tätigkeiten in diesen Wirtschaftszweigen notwendigerweise mit hohen Nachhaltigkeitsrisiken oder -auswirkungen verbunden sind. Für Unternehmen, die in Wirtschaftszweigen tätig sind, die in besonderem Maße auf natürliche Ressourcen angewiesen sind, würden sektorspezifische Standards für die Nachhaltigkeitsberichterstattung die Offenlegung der naturbezogenen Auswirkungen auf die biologische Vielfalt und die Ökosysteme sowie der entsprechenden Risiken erfordern.

In den Standards für die Nachhaltigkeitsberichterstattung sollte auch berücksichtigt werden, dass es für Unternehmen nicht immer problemlos möglich ist, Informationen bei Akteuren entlang ihrer gesamten Wertschöpfungskette, insbesondere Lieferanten, bei denen es sich um kleine und mittlere Unternehmen handelt, und Lieferanten aus Schwellenländern und aufstrebenden Märkten, einzuholen. In den Standards für die Nachhaltigkeitsberichterstattung sollten Offenlegungen in Bezug auf Wertschöpfungsketten festgelegt werden, die dem Umfang und der Komplexität der Tätigkeiten der Unternehmen sowie den Kapazitäten und Merkmalen von Unternehmen in Wertschöpfungsketten, insbesondere den Kapazitäten und Merkmalen von Unternehmen, die nicht den Anforderungen an die Nachhaltigkeitsberichterstattung nach dieser Änderungsrichtlinie unterliegen, angemessen sind und entsprechen. In den Standards für die Nachhaltigkeitsberichterstattung sollten keine Offenlegungen festgelegt werden, die Unternehmen verpflichten würden, Informationen von kleinen und mittleren Unternehmen in ihrer Wertschöpfungskette einzuholen, die über die Informationen hinausgehen, die gemäß den Standards für die Nachhaltigkeitsberichterstattung für kleine und mittlere Unternehmen offenzulegen sind. Dies sollte unbeschadet der Anforderungen der Union an Unternehmen, einen Due-Diligence-Prozess durchzuführen, gelten.

(54) Um den Informationsbedarf der Nutzer rechtzeitig zu decken und angesichts des besonderen dringlichen Informationsbedarfs von Finanzmarktteilnehmern, die den Anforderungen der gemäß Artikel 4 Absätze 6 und 7 der Verordnung (EU) 2019/2088 erlassenen delegierten Rechtsakte unterliegen, sollte die Kommission bis zum 30. Juni 2023 mittels delegierter Rechtsakte ein erstes Paket von Standards für die Nachhaltigkeitsberichterstattung festlegen. In diesem Paket von Standards für die Nachhaltigkeitsberichterstattung sollte festgelegt werden, welche Informationen Unternehmen in Bezug auf alle Berichterstattungsbereiche und Nachhaltigkeitsaspekte offenlegen sollten; gleichzeitig sollte von den Finanzmarktteilnehmern verlangt werden, den Offenlegungspflichten der Verordnung (EU) 2019/2088 nachzukommen. Die Kommission sollte spätestens bis zum 30. Juni 2024 mittels delegierter Rechtsakte ein zweites Paket von Standards für die Nachhaltigkeitsberichterstattung annehmen, in denen festgelegt wird, welche ergänzenden Informationen Unternehmen in Bezug auf Nachhaltigkeitsaspekte und Berichterstattungsbereiche erforderlichenfalls offenlegen sollten und welche spezifischen Informationen sie für den Sektor, in dem sie tätig sind, offenlegen sollten. Die Kommission sollte die Standards für die Nachhaltigkeitsberichterstattung, einschließlich der Standards für die Nachhaltigkeitsberichterstattung für kleine und mittlere Unternehmen, alle drei Jahre überprüfen, um relevanten Entwicklungen, einschließlich der Entwicklung internationaler Standards, Rechnung zu tragen.

(55) Die Richtlinie 2013/34/EU schreibt nicht vor, dass der Lagebericht in digitalem Format vorgelegt werden muss, was es schwieriger macht, die Informationen, über die Bericht erstattet wurde, zu finden und zu nutzen. Die Nutzer von Nachhaltigkeitsinformationen erwarten zunehmend, dass diese Informationen in digitalem Format auffindbar, vergleichbar und maschinenlesbar sind. Die Mitgliedstaaten sollten vorschreiben können, dass Unternehmen, die den Anforderungen der Richtlinie 2013/34/EU an die Nachhaltigkeitsberichterstattung unterliegen, ihre Lageberichte der Öffentlichkeit kostenlos auf ihren Websites zugänglich machen. Die Digitalisierung eröffnet Möglichkeiten für eine effizientere Nutzung von Informationen und birgt sowohl für Nutzer als auch für Unternehmen das Potenzial erheblicher Kosteneinsparungen. Die Digitalisierung ermöglicht auch die Zentralisierung von Daten auf Ebene der Union und der Mitgliedstaaten in einem offenen, barrierefreien Format, das das Lesen erleichtert und den Vergleich von Daten ermöglicht. Unternehmen sollten daher dazu verpflichtet werden, den Lagebericht im elektronischen Berichtsformat gemäß Artikel 3 der Delegierten Verordnung (EU) 2019/815 der Kommission [33] zu erstellen und Nachhaltigkeitsberichterstattung, einschließlich der nach Artikel 8 der Verordnung (EU) 2020/852 erforderlichen Angaben, im Einklang mit dem elektronischen Berichtsformat gemäß der genannten Delegierten Verordnung (EU) 2019/815 auszuzeichnen, sobald dies entsprechend festgelegt wurde.

Um Informationen, über die Bericht erstattet wurde, gemäß den Standards der Union für die Nachhaltigkeitsberichterstattung kennzeichnen zu können, wird eine entsprechende digitale Taxonomie benötigt. Diese Anforderungen sollten in die von der Kommission in ihrer Mitteilung vom 19. Februar 2020 mit dem Titel „Eine europäische Datenstrategie“ und in ihrer Mitteilung vom 24. September 2020 mit dem Titel „Strategie für ein digitales Finanzwesen in der EU“ angekündigten Arbeiten zur Digitalisierung einfließen. Diese Anforderungen würden zudem die Schaffung des in der Mitteilung der Kommission vom 24. September 2020 mit dem Titel „Eine Kapitalmarktunion für die Menschen und Unternehmen – neuer Aktionsplan" vorgesehenen einheitlichen europäischen Zugangspunkts (European Single Access Point – ESAP) für öffentliche Unternehmensinformationen ergänzen, in der der Bedarf an der Bereitstellung vergleichbarer Informationen in einem digitalen Format ebenfalls thematisiert wird.

(56) Um die Einbeziehung der Nachhaltigkeitsinformationen, über die Bericht erstattet wurde, in den ESAP zu ermöglichen, sollten die Mitgliedstaaten sicherstellen, dass Unternehmen, deren Wertpapiere nicht zum Handel auf einem geregelten Markt in der Union zugelassen sind, ihren Lagebericht, einschließlich der Nachhaltigkeitsberichterstattung, in dem in Artikel 3 der Delegierten Verordnung (EU) 2019/815 vorgeschriebenen elektronischen Berichtsformat veröffentlichen.

(57) Gemäß Artikel 19a Absatz 4 der Richtlinie 2013/34/EU können Mitgliedstaaten Unternehmen von der gemäß Artikel 19a Absatz 1 der genannten Richtlinie festgelegten Pflicht zur Abgabe der nichtfinanziellen Erklärung befreien. Die Mitgliedstaaten können dies tun, wenn das betreffende Unternehmen einen gesonderten Bericht erstellt, der zusammen mit dem Lagebericht gemäß Artikel 30 der genannten Richtlinie veröffentlicht wird, oder wenn dieser Bericht innerhalb eines angemessenen Zeitraums von höchstens sechs Monaten nach dem Bilanzstichtag auf der Website des Unternehmens öffentlich zugänglich gemacht wird und im Lagebericht auf ihn Bezug genommen wird. Dieselbe Möglichkeit besteht gemäß der Richtlinie 2013/34/EU bei der konsolidierten nichtfinanziellen Erklärung. 20 Mitgliedstaaten haben von dieser Möglichkeit Gebrauch gemacht. Die Möglichkeit, einen gesonderten Bericht zu veröffentlichen, verringert jedoch die Verfügbarkeit von Informationen, die Finanz- und Nachhaltigkeitsaspekte miteinander verbinden. Sie behindert auch die Auffindbarkeit und Zugänglichkeit von Informationen für Nutzer; dies gilt insbesondere für Anleger, die an Finanz- und Nachhaltigkeitsinformationen gleichermaßen interessiert sind. Wenn Finanz- und Nachhaltigkeitsinformationen zudem zu unterschiedlichen Zeitpunkten veröffentlicht werden können, wird dieses Problem weiter verschärft. Außerdem kann die Veröffentlichung in einem gesonderten Bericht intern und extern den Eindruck erwecken, dass Nachhaltigkeitsinformationen zu einer Kategorie von weniger relevanten Informationen gehören, was sich negativ auf die wahrgenommene Zuverlässigkeit der Informationen auswirken kann. Unternehmen sollten über Nachhaltigkeitsinformationen daher in einem dafür vorgesehenen Abschnitt klar erkennbar Bericht erstatten, und die Mitgliedstaaten sollten Unternehmen nicht länger von der Verpflichtung befreien können, Informationen über Nachhaltigkeitsaspekte in den Lagebericht aufzunehmen.

Eine solche Verpflichtung würde auch dazu beitragen, klarzustellen, welche Rolle den nationalen zuständigen Behörden bei der Aufsicht der Nachhaltigkeitsberichterstattung als Teil des gemäß der Richtlinie 2004/109/EG erstellten Lageberichts zukommt. Darüber hinaus sollten Unternehmen, die Bericht über Nachhaltigkeitsinformationen erstatten müssen, in keinem Fall von der Pflicht zur Veröffentlichung des Lageberichts befreit werden, da sichergestellt werden muss, dass Nachhaltigkeitsinformationen öffentlich zugänglich sind.

(58) Gemäß Artikel 20 der Richtlinie 2013/34/EU müssen Unternehmen, deren Wertpapiere zum Handel auf einem geregelten Markt in der Union zugelassen sind, in ihren Lagebericht eine Erklärung zur Unternehmensführung aufnehmen, die unter anderem eine Beschreibung des im Zusammenhang mit den Verwaltungs-, Leitungs- und Aufsichtsorganen des Unternehmens verfolgten Diversitätskonzepts enthalten muss. Artikel 20 der Richtlinie 2013/34/EU räumt den Unternehmen die Möglichkeit ein, selbst zu entscheiden, über welche Diversitätsaspekte sie Bericht erstatten. Die Unternehmen werden nicht ausdrücklich dazu verpflichtet, Informationen über bestimmte Diversitätsaspekte aufzunehmen. Um Fortschritte in Richtung einer ausgewogeneren Beteiligung von Frauen und Männern am wirtschaftlichen Entscheidungsprozess zu erzielen, muss sichergestellt werden, dass Unternehmen, deren Wertpapiere zum Handel auf einem geregelten Markt in der Union zugelassen sind, stets über ihr Konzept zur Förderung der Geschlechtervielfalt und dessen Umsetzung Bericht zu erstatten. Um jedoch unnötigen Verwaltungsaufwand zu vermeiden, sollten diese Unternehmen die Möglichkeit haben, über einige der gemäß Artikel 20 der Richtlinie 2013/34/EU erforderlichen Informationen zusammen mit anderen Nachhaltigkeitsinformationen Bericht zu erstatten. Wenn sie sich hierfür entscheiden, sollte die Erklärung zur Unternehmensführung einen Verweis auf die Nachhaltigkeitsberichterstattung des Unternehmens enthalten, und die gemäß Artikel 20 der Richtlinie 2013/34/EU erforderlichen Informationen sollten weiterhin den Anforderungen an die Bestätigung der Erklärung zur Unternehmensführung unterliegen.

(59) Gemäß Artikel 33 der Richtlinie 2013/34/EU müssen die Mitgliedstaaten dafür sorgen, dass die Mitglieder der Verwaltungs-, Leitungs- und Aufsichtsorgane eines Unternehmens die gemeinsame Aufgabe haben sicherzustellen, dass der Jahresabschluss, der konsolidierte Abschluss, der Lagebericht, der konsolidierte Lagebericht, die Erklärung zur Unternehmensführung und die konsolidierte Erklärung zur Unternehmensführung entsprechend den Anforderungen der genannten Richtlinie erstellt

und offengelegt werden. Diese gemeinsame Verantwortung sollte auf die in der Delegierten Verordnung (EU) 2019/815 festgelegten Digitalisierungsanforderungen, auf die Anforderung, die Standards der Union für die Nachhaltigkeitsberichterstattung einzuhalten, und die Anforderung, die Nachhaltigkeitsberichterstattung auszuzeichnen, ausgeweitet werden.

(60) Es wird zwischen Aufträgen zur Erlangung einer begrenzten Prüfungssicherheit und einer hinreichenden Prüfungssicherheit unterschieden. Bei einem Auftrag zur Erlangung begrenzter Prüfungssicherheit erfolgt die Feststellung in Form einer Negativaussage, d. h. durch die Angabe, dass keine Sachverhalte bekannt geworden sind, die zu der Annahme veranlassen, dass wesentliche falsche Darstellungen enthalten sind. In diesem Fall werden weniger Prüfungen vorgenommen als im Rahmen eines Auftrags zur Erlangung hinreichender Prüfungssicherheit. Die Erlangung begrenzter Prüfungssicherheit verursacht deshalb weniger Arbeitsaufwand als die Erlangung hinreichender Prüfungssicherheit. Ein Auftrag zur Erlangung hinreichender Prüfungssicherheit erfordert umfangreiche Verfahren, einschließlich der Betrachtung der internen Kontrollen des Bericht erstattenden Unternehmens und vertiefter Prüfungen, und ist daher mit deutlich höherem Arbeitsaufwand verbunden als ein Auftrag zur Erlangung begrenzter Prüfungssicherheit.

Bei hinreichender Prüfungssicherheit wird in der Regel eine positive Feststellung getroffen, und sie resultiert in einem Urteil über die Messung des Prüfgegenstands an im Voraus festgelegten Kriterien. Gemäß der Richtlinie 2013/34/EU müssen die Mitgliedstaaten sicherstellen, dass der Abschlussprüfer oder die Prüfungsgesellschaft prüft, ob die nichtfinanzielle Erklärung oder der gesonderte Bericht vorgelegt wurde. Die Richtlinie schreibt nicht vor, dass ein unabhängiger Erbringer von Bestätigungsleistungen die Informationen überprüft, gestattet es den Mitgliedstaaten jedoch, eine solche Überprüfung zu verlangen, wenn sie dies für sinnvoll halten. Wenn im Gegensatz zur Verpflichtung des Abschlussprüfers, die Abschlussprüfung auf der Grundlage einer hinreichenden Prüfungssicherheit durchzuführen, bei der Nachhaltigkeitsberichterstattung keine Bestätigung verlangt werden würde, so würde dies der Glaubwürdigkeit der offengelegten Nachhaltigkeitsinformationen schaden und würden die Bedürfnisse der Nutzer, für die diese Informationen bestimmt sind, nicht erfüllt. Bei der Finanzberichterstattung und bei der Nachhaltigkeitsberichterstattung soll letztlich ein ähnliches Maß an Prüfungssicherheit erreicht werden, doch besteht in Ermangelung eines gemeinsam vereinbarten Standards für die Bestätigung der Nachhaltigkeitsberichterstattung die Gefahr einer unterschiedlichen Auslegung und unterschiedlicher Erwartungen hinsichtlich dessen, was ein Auftrag zur Erlangung hinreichender Prüfungssicherheit bei verschiedenen Kategorien von Nachhaltigkeitsinformationen, insbesondere bei zukunftsgerichteten und qualitativen Offenlegungen, beinhaltet.

Daher sollte im Hinblick auf Nachhaltigkeitsinformationen ein Ansatz zur progressiven Erhöhung der verlangten Prüfungssicherheit in Betracht gezogen werden, beginnend mit der Verpflichtung des Abschlussprüfers oder der Prüfungsgesellschaft, auf der Grundlage eines Auftrags zur Erlangung begrenzter Prüfungssicherheit ein Urteil darüber abzugeben, ob die Nachhaltigkeitsberichterstattung den Anforderungen der Union entspricht. Dabei sollte nicht nur die Einhaltung der Standards der Union für die Nachhaltigkeitsberichterstattung bewertet werden, sondern auch das vom Unternehmen genutzte Verfahren zur Ermittlung der Informationen, über die gemäß den Standards für die Nachhaltigkeitsberichterstattung Bericht erstattet wurde, und die Erfüllung der Pflicht zur Auszeichnung der Nachhaltigkeitsberichterstattung. Der Prüfer sollte ferner bewerten, ob das Unternehmen in seiner Berichterstattung den Berichterstattungsanforderungen gemäß Artikel 8 der Verordnung (EU) 2020/852 genügt. Wenn die Kommission bis spätestens 1. Oktober 2028 nach einer Bewertung dessen, ob hinreichende Prüfungssicherheit für Prüfer und Unternehmen möglich wäre, mittels delegierter Rechtsakte Standards für die Erlangung hinreichender Prüfungssicherheit bei der Bestätigung der Nachhaltigkeitsberichterstattung annimmt, sollte zur Gewährleistung eines gemeinsamen Verständnisses und gemeinsamer Erwartungen hinsichtlich dessen, was unter hinreichender Prüfungssicherheit zu verstehen ist, der Abschlussprüfer oder die Prüfungsgesellschaft verpflichtet sein, auf der Grundlage eines Auftrags zur Erlangung hinreichender Prüfungssicherheit ein Urteil über die Übereinstimmung der Nachhaltigkeitsberichterstattung mit den Anforderungen der Union abzugeben.

Der allmähliche Übergang von der begrenzten Prüfungssicherheit zur hinreichenden Prüfungssicherheit würde auch die Voraussetzung dafür schaffen, dass allmählich ein Markt für die Bestätigung von Nachhaltigkeitsinformationen entsteht und die Unternehmen eine bestimmte Berichterstattungspraxis entwickeln. Dieser allmähliche Ansatz würde schrittweise zu einem Anstieg der Kosten für die Bericht erstattenden Unternehmen führen, da die Bestätigung der Nachhaltigkeitsberichterstattung auf der Grundlage einer hinreichenden Prüfungssicherheit mit höheren Kosten verbunden ist als die Bestätigung der Nachhaltigkeitsberichterstattung auf der Grundlage einer begrenzten Prüfungssicherheit. Unternehmen, die Anforderungen an die Nachhaltigkeitsberichterstattung unterliegen, sollten sich dafür entscheiden können, ein Bestätigungsurteil zu ihrer Nachhaltigkeitsberichterstattung auf der Grundlage eines Auftrags zur Erlangung hinreichender Prüfungssicherheit einzuholen, wenn sie dies wünschen, wobei in diesem Fall davon ausgegangen werden sollte, dass sie der Verpflichtung nachgekommen sind, ein Urteil auf der Grundlage eines Auftrags zur Erlangung begrenzter Prüfungssicherheit einzuholen. Das Urteil auf der Grundlage eines Auftrags zur Erlangung hinreichender Prüfungssicherheit bei zukunftsbezogenen Informationen bietet lediglich Gewähr dafür, dass diese Informationen im Einklang mit den geltenden Standards erstellt wurden.

(61) Abschlussprüfer oder Prüfungsgesellschaften überprüfen bereits Jahresabschluss und Lagebericht. Die Bestätigung der Nachhaltigkeitsberichterstattung durch die Abschlussprüfer oder Prüfungsgesellschaften würde dazu beitragen, die Verknüpfung zwischen Finanz- und Nachhaltigkeitsinformationen und deren Kohärenz zu gewährleisten, was für die Nutzer von Nachhaltigkeitsinformationen von besonderer Bedeutung ist. Allerdings besteht die Gefahr einer weiteren Konzentration am Markt für Abschlussprüfungen, wodurch die Unabhängigkeit der Prüfer gefährdet würde und sich die Abschlussprüfungshonorare oder die Honorare in Bezug auf die Bestätigung der Nachhaltigkeitsberichterstattung erhöhen könnten.

Angesichts der Schlüsselrolle, die Abschlussprüfer bei der Bestätigung der Nachhaltigkeitsberichterstattung und der Gewährleistung zuverlässiger Nachhaltigkeitsinformationen spielen, hat die Kommission angekündigt, dass sie tätig werden wird, damit sich die Qualität der Abschlussprüfung weiter verbessert und ein offenerer, stärker diversifizierter Prüfungsmarkt entsteht, was die Voraussetzung für die erfolgreiche Anwendung dieser Änderungsrichtlinie darstellt. Darüber hinaus ist es im Zusammenhang mit der Bestätigung der Nachhaltigkeitsberichterstattung wünschenswert, dass die Unternehmen auf eine größere Auswahl an unabhängigen Erbringern von Bestätigungsleistungen zurückgreifen können. Die Mitgliedstaaten sollten daher die Möglichkeit haben, unabhängige Erbringer von Bestätigungsleistungen gemäß der Verordnung (EG) Nr. 765/2008 des Europäischen Parlaments und des Rates [34] für die Abgabe eines Bestätigungsurteils über die Nachhaltigkeitsberichterstattung zur gemeinsamen Veröffentlichung mit dem Lagebericht zu akkreditieren. Darüber hinaus sollten die Mitgliedstaaten die Möglichkeit haben, einem anderen Abschlussprüfer als dem- oder denjenigen, die die Abschlussprüfung durchführen, zu gestatten, ein Bestätigungsurteil über die Nachhaltigkeitsberichterstattung abzugeben. Gestatten sie zudem unabhängigen Erbringern von Bestätigungsleistungen, die Bestätigung der Nachhaltigkeitsberichterstattung durchzuführen, so sollten die Mitgliedstaaten auch einem anderen Abschlussprüfer als dem- oder denjenigen, die die Abschlussprüfung durchführen, gestatten, ein Bestätigungsurteil über die Nachhaltigkeitsberichterstattung abzugeben.

Die Mitgliedstaaten sollten Anforderungen festlegen, mit denen die Qualität der von unabhängigen Erbringern von Bestätigungsleistungen durchgeführten Bestätigungen der Nachhaltigkeitsberichterstattung sowie kohärente Ergebnisse bei der Bestätigung der Nachhaltigkeitsberichterstattung sichergestellt werden. Daher sollten alle unabhängigen Erbringer von Bestätigungsleistungen Anforderungen unterliegen, die in Bezug auf die Bestätigung der Nachhaltigkeitsberichterstattung den in der Richtlinie 2006/43/EG des Europäischen Parlaments und des Rates [35] festgelegten Anforderungen gleichwertig sind, jedoch an die Merkmale unabhängiger Erbringer von Bestätigungsleistungen, die keine Abschlussprüfungen durchführen, angepasst sind. Insbesondere sollten die Mitgliedstaaten gleichwertige Anforderungen an Ausbildung und Eignungsprüfung, kontinuierliche Fortbildung, Qualitätssicherungssysteme, Berufsgrundsätze, Unabhängigkeit, Unparteilichkeit, Verschwiegenheit und Berufsgeheimnis, Bestellung und Abberufung, die Organisation der Arbeit der unabhängigen Erbringer von Bestätigungsleistungen, Untersuchungen und Sanktionen sowie die Meldung von Unregelmäßigkeiten festlegen. Dies würde zudem gleiche Wettbewerbsbedingungen für alle Personen und Gesellschaften gewährleisten, die von den Mitgliedstaaten dazu befugt werden, ein Bestätigungsurteil über die Nachhaltigkeitsberichterstattung abzugeben, einschließlich Abschlussprüfern. Beschließt ein Unternehmen, das Urteil über seine Nachhaltigkeitsberichterstattung bei einem akkreditierten unabhängigen Erbringer von Bestätigungsleistungen einzuholen, der nicht sein Abschlussprüfer ist, so sollte es nicht zusätzlich ein Bestätigungsurteil des Abschlussprüfers zu seiner Nachhaltigkeitsberichterstattung einholen müssen.

Unabhängige Erbringer von Bestätigungsleistungen, die bereits von einem Mitgliedstaat für die Bestätigung der Nachhaltigkeitsberichterstattung akkreditiert wurden, sollten ebensolche auch weiterhin durchführen dürfen. Ebenso sollten die Mitgliedstaaten sicherstellen, dass unabhängige Erbringer von Bestätigungsleistungen, die zum Zeitpunkt des Inkrafttretens der neuen Anforderungen an Ausbildung und Eignungsprüfung ihr Akkreditierungsverfahren durchlaufen, diesen neuen Akkreditierungsanforderungen nicht unterliegen, sofern sie das Verfahren innerhalb von zwei Jahren nach dem Geltungsbeginn dieser neuen Anforderungen abschließen. Die Mitgliedstaaten sollten jedoch sicherstellen, dass alle unabhängigen Erbringer von Bestätigungsleistungen, die innerhalb von zwei Jahren nach dem Geltungsbeginn der neuen Akkreditierungsanforderungen für die Bestätigung der Nachhaltigkeitsberichterstattung durch einen Mitgliedstaat akkreditiert wurden, durch kontinuierliche berufliche Fortbildung die erforderlichen Kenntnisse auf dem Gebiet der Nachhaltigkeitsberichterstattung und deren Bestätigung erwerben.

(62) Um den freien Dienstleistungsverkehr zu fördern, sollten die Mitgliedstaaten unabhängigen Erbringern von Bestätigungsleistungen, die in einem anderen Mitgliedstaat niedergelassen sind, gestatten, die Bestätigung der Nachhaltigkeitsberichterstattung in ihrem Hoheitsgebiet durchzuführen. Dies würde auch die Öffnung des Marktes für Bestätigungsleistungen begünstigen, auch wenn nicht alle Mitgliedstaaten die Akkreditierung unabhängiger Erbringer von Bestätigungsleistungen in ihrem Hoheitsgebiet zulassen. Wenn unabhängige Erbringer von Bestätigungsleistungen die Bestätigung der Nachhaltigkeitsberichterstattung im Hoheitsgebiet eines Aufnahmemitgliedstaats durchführen, sollte dieser Aufnahmemitgliedstaat beschließen können, unabhängige Erbringer von Bestätigungsleistungen zu beaufsichtigen, wobei die Möglichkeit besteht, den umgesetzten Rahmen für die Beaufsichtigung von Abschlussprüfern, die Bestätigungen der Nachhaltigkeitsberichterstattung durchführen, zu nutzen.

(63) Die Mitgliedstaaten sollten sicherstellen, dass in Fällen, in denen ein Unternehmen nach dem Unionsrecht verpflichtet ist, Teile seiner Nachhaltigkeitsberichterstattung durch eine akkreditierte unabhängige dritte Partei prüfen zu lassen, der Bericht der akkreditierten unabhängigen dritten Partei entweder als Anlage zum Lagebericht oder auf andere öffentlich zugängliche Weise bereitgestellt werden sollte. Eine solche Bereitstellung sollte dem Ergebnis des Bestätigungsurteils, das von der Überprüfung durch dritte Parteien unabhängig bleiben sollte, nicht vorgreifen. Es sollte nicht zu Doppelarbeit zwischen dem Abschlussprüfer oder dem unabhängigen Erbringer von Bestätigungsleistungen, der das Bestätigungsurteil abgibt, und der akkreditierten unabhängigen dritten Partei führen.

(64) Die Richtlinie 2006/43/EG des Europäischen Parlaments und des Rates enthält Vorschriften für die Abschlussprüfung von Jahresabschlüssen und konsolidierten Abschlüssen. Bei den Regeln für die Prüfung von Abschlüssen und die Bestätigung der Nachhaltigkeitsberichterstattung durch den Abschlussprüfer muss Kohärenz gewährleistet sein. Wenn das Bestätigungsurteil über die Nachhaltigkeitsberichterstattung von einem Abschlussprüfer oder einer Prüfungsgesellschaft abgegeben wird, sollte die Richtlinie 2006/43/EG gelten.

(65) Im Rahmen der Vorschriften über die Zulassung und Anerkennung von Abschlussprüfern und Prüfungsgesellschaften sollten Abschlussprüfer sich auch für die Bestätigung der Nachhaltigkeitsberichterstattung qualifizieren können. Die Mitgliedstaaten sollten sicherstellen, dass Abschlussprüfer, die sich für die Bestätigung der Nachhaltigkeitsberichterstattung qualifizieren möchten, über die erforderlichen theoretischen Kenntnisse in Bereichen, die für die Bestätigung der Nachhaltigkeitsberichterstattung relevant sind, verfügen und dass sie in der Lage sind, diese Kenntnisse in der Praxis anzuwenden.

Daher sollten Abschlussprüfer eine mindestens achtmonatige praktische Ausbildung zur Bestätigung der jährlichen und konsolidierten Nachhaltigkeitsberichterstattung oder in anderen nachhaltigkeitsbezogenen Dienstleistungen absolvieren, wobei frühere Berufserfahrung berücksichtigt werden sollte. Abschlussprüfer, die bereits von einem Mitgliedstaat zugelassen oder anerkannt wurden, sollten weiterhin Bestätigungen der Nachhaltigkeitsberichterstattung durchführen dürfen. Ebenso sollten die Mitgliedstaaten sicherstellen, dass natürliche Personen, die zum Zeitpunkt des Inkrafttretens solcher neuen Anforderungen an die Bestätigung der Nachhaltigkeitsberichterstattung das Zulassungsverfahren durchlaufen, diesen Anforderungen nicht unterliegen, sofern sie das Verfahren innerhalb der folgenden zwei Jahre abschließen. Die Mitgliedstaaten sollten jedoch sicherstellen, dass Abschlussprüfer, die innerhalb von zwei Jahren nach dem Geltungsbeginn dieser Anforderungen zugelassen werden und Bestätigung der Nachhaltigkeitsberichterstattung durchführen wollen, durch kontinuierliche berufliche Fortbildung die erforderlichen Kenntnisse im Bereich der Nachhaltigkeitsberichterstattung und deren Bestätigung erwerben. Natürliche Personen, die sich entschließen, lediglich eine Zulassung als Abschlussprüfer für die Abschlussprüfung zu erwerben, sollten sich zu einem späteren Zeitpunkt entschließen können, sich auch für die Bestätigung der Nachhaltigkeitsberichterstattung zu qualifizieren. Hierzu sollten diese Personen die Anforderungen erfüllen, die von den Mitgliedstaaten festgelegt wurden, um sicherzustellen, dass sie auch über die erforderlichen theoretischen Kenntnisse in Bereichen, die für die Bestätigung der Nachhaltigkeitsberichterstattung relevant sind, verfügen und dass sie in der Lage sind, diese Kenntnisse in der Praxis anzuwenden.

(66) Es sollte sichergestellt werden, dass Abschlussprüfer in Bezug auf die Abschlussprüfung und die Bestätigung der Nachhaltigkeitsberichterstattung kohärenten Anforderungen unterliegen. Daher sollte mindestens eine benannte Person aktiv an der Durchführung der Bestätigung der Nachhaltigkeitsberichterstattung beteiligt sein („verantwortlicher Nachhaltigkeitspartner“). Abschlussprüfer sollten verpflichtet sein, bei der Durchführung der Bestätigung der Nachhaltigkeitsberichterstattung ausreichend Zeit für das Mandat aufzubringen und die zur angemessenen Wahrnehmung

ihrer Aufgaben erforderlichen Ressourcen und das entsprechend notwendige Fachwissen vorzusehen. In der Mandantendatei sollten die Gebühren angegeben werden, die für die Bestätigung der Nachhaltigkeitsberichterstattung in Rechnung gestellt werden, und es sollte eine Bestätigungsakte angelegt werden, die Informationen über die Bestätigung der Nachhaltigkeitsberichterstattung enthält. Führt derselbe Abschlussprüfer die Abschlussprüfung des Jahresabschlusses und die Bestätigung der Nachhaltigkeitsberichterstattung durch, so sollte die Bestätigungsakte in die Prüfungsakte aufgenommen werden können. Anforderungen an Abschlussprüfer in Bezug auf die Bestätigung der Nachhaltigkeitsberichterstattung sollten jedoch nur für die Abschlussprüfer gelten, die die Bestätigung der Nachhaltigkeitsberichterstattung durchführen.

(67) Abschlussprüfer oder Prüfungsgesellschaften, die die Bestätigung der Nachhaltigkeitsberichterstattung durchführen, sollten über ein hohes Maß an technischem und spezifischem Fachwissen auf dem Gebiet der Nachhaltigkeit verfügen.

(68) Gemäß der Richtlinie 2006/43/EG sorgen die Mitgliedstaaten für eine angemessene Regelung, die vermeidet, dass Honorare für Abschlussprüfungen von der Erbringung zusätzlicher Leistungen für das geprüfte Unternehmen beeinflusst oder bestimmt oder an Bedingungen geknüpft werden. Gemäß der genannten Richtlinie sorgen die Mitgliedstaaten ebenfalls dafür, dass Abschlussprüfer, die Abschlussprüfungen durchführen, Anforderungen im Hinblick auf Berufsgrundsätze, Unabhängigkeit, Unparteilichkeit, Verschwiegenheit und Berufsgeheimnis erfüllen. Aus Gründen der Kohärenz sollten diesen Vorschriften auch auf Abschlussprüfer, die Bestätigungen der Nachhaltigkeitsberichterstattung durchführen, ausgeweitet werden.

(69) Um bei der Nachhaltigkeitsberichterstattung unionsweit einheitliche Bestätigungsverfahren und eine hochwertige Bestätigung der Nachhaltigkeitsberichterstattung zu gewährleisten, sollte der Kommission die Befugnis übertragen werden, mittels delegierter Rechtsakte Standards für die Bestätigung der Nachhaltigkeitsberichterstattung anzunehmen. Den Mitgliedstaaten sollte die Möglichkeit eingeräumt werden, nationale Bestätigungsstandards, -verfahren oder -anforderungen anzuwenden, solange die Kommission keine Bestätigungsstandards, die für denselben Bereich gelten, mittels delegierter Rechtsakte angenommen hat. In diesen Standards sollten die Verfahren festgelegt werden, anhand deren der Abschlussprüfer seine Schlussfolgerungen zur Bestätigung der Nachhaltigkeitsberichterstattung zu ziehen hat. Daher sollte die Kommission vor dem 1. Oktober 2026 mittels delegierter Rechtsakte Bestätigungsstandards für die begrenzte Prüfungssicherheit erlassen. Um die Harmonisierung der Bestätigung der Nachhaltigkeitsberichterstattung in den Mitgliedstaaten zu erleichtern, sollte der Ausschuss der Aufsichtsstellen ermutigt werden, unverbindliche Leitlinien anzunehmen, um die Verfahren festzulegen, die bei der Abgabe eines Bestätigungsurteils über die Nachhaltigkeitsberichterstattung anzuwenden sind, bis die Kommission Bestätigungsstandards für denselben Bereich annimmt.

(70) Die Richtlinie 2006/43/EG enthält Vorschriften für die Abschlussprüfung von Unternehmensgruppen. Ähnliche Vorschriften sollten für die Bestätigung der konsolidierten Nachhaltigkeitsberichterstattung festgelegt werden.

(71) Gemäß der Richtlinie 2006/43/EG legen der Abschlussprüfer oder die Prüfungsgesellschaften die Ergebnisse der Abschlussprüfung in einem Bestätigungsvermerk dar. Ähnliche Vorschriften sollten für die Bestätigung der Nachhaltigkeitsberichterstattung festgelegt werden. Die Ergebnisse der Bestätigung der Nachhaltigkeitsberichterstattung sollten in einem Prüfungsvermerk dargelegt werden. Führt derselbe Abschlussprüfer die Abschlussprüfung des Jahresabschlusses und die Bestätigung der Nachhaltigkeitsberichterstattung durch, so sollten die Informationen über die Bestätigung der Nachhaltigkeitsberichterstattung in den Bestätigungsvermerk aufgenommen werden können.

(72) Gemäß der Richtlinie 2006/43/EG richten die Mitgliedstaaten ein Qualitätssicherungssystem für Abschlussprüfer und Prüfungsgesellschaften ein. Um sicherzustellen, dass auch bei der Bestätigung der Nachhaltigkeitsberichterstattung eine Qualitätssicherung erfolgt und dass die Qualitätssicherungsprüfer über eine angemessene fachliche Ausbildung und einschlägige Erfahrung auf dem Gebiet der Nachhaltigkeitsberichterstattung und der Bestätigung der Nachhaltigkeitsberichterstattung verfügen, sollte diese Anforderung zur Einrichtung eines Systems der Qualitätssicherungsprüfung auch für die Bestätigung der Nachhaltigkeitsberichterstattung gelten. Als Übergangsmaßnahme sollten die Personen, die Qualitätssicherungsprüfungen im Zusammenhang mit der Bestätigung der Nachhaltigkeitsberichterstattung durchführen, bis zum 31. Dezember 2025 von der Anforderung befreit werden, über einschlägige Erfahrung auf dem Gebiet der Nachhaltigkeitsberichterstattung und der Bestätigung der Nachhaltigkeitsberichterstattung oder anderer nachhaltigkeitsbezogener Dienstleistungen zu verfügen.

(73) Gemäß der Richtlinie 2006/43/EG müssen die Mitgliedstaaten über ein System für Untersuchungen und Sanktionen für Abschlussprüfer und Prüfungsgesellschaften, die Abschlussprüfungen durchführen, verfügen. Gemäß der genannten Richtlinie müssen die Mitgliedstaaten ein wirksames System für die öffentliche Aufsicht einrichten und sicherstellen, dass die Regelungen

für öffentliche Aufsichtssysteme auf Unionsebene eine wirksame Zusammenarbeit bei den Aufsichtstätigkeiten der Mitgliedstaaten ermöglichen. Diese Anforderungen sollten auch für Abschlussprüfer und Prüfungsgesellschaften gelten, die die Nachhaltigkeitsberichterstattung bestätigen, um die Kohärenz von Untersuchungen, Sanktionen und Aufsichtsrahmen für die Arbeit des Prüfers im Bereich der Abschlussprüfung und der Bestätigung der Nachhaltigkeitsberichterstattung sicherzustellen.

(74) Die Richtlinie 2006/43/EG enthält Vorschriften über die Bestellung und Entlassung von Abschlussprüfern und Prüfungsgesellschaften, die Abschlussprüfungen durchführen. Diese Vorschriften sollten auch für die Bestätigung der Nachhaltigkeitsberichterstattung gelten, um die Kohärenz der Vorschriften, denen Prüfer im Bereich der Abschlussprüfung und der Bestätigung der Nachhaltigkeitsberichterstattung unterliegen, sicherzustellen.

(75) Gemäß Artikel 6 der Richtlinie 2007/36/EG des Europäischen Parlaments und des Rates [36] haben die Mitgliedstaaten sicherzustellen, dass Aktionäre von Unternehmen, deren Wertpapiere zum Handel auf einem geregelten Markt in der Union zugelassen sind, die einzeln oder gemeinsam handeln, das Recht haben, Punkte auf die Tagesordnung der Hauptversammlung der Aktionäre zu setzen, sofern jedem dieser Punkte eine Begründung oder ein Beschlussentwurf beigefügt ist, der in der Hauptversammlung anzunehmen ist, und dass sie das Recht haben, Beschlussentwürfe für Punkte einzureichen, die in die Tagesordnung einer Hauptversammlung aufgenommen wurden oder aufgenommen werden sollen. Sind diese Rechte an die Bedingung geknüpft, dass der bzw. die betreffenden Aktionäre eine Mindestbeteiligung am Unternehmen halten, so darf diese Mindestbeteiligung 5 % des Gesellschaftskapitals nicht überschreiten. Was die Bestätigung der Nachhaltigkeitsberichterstattung betrifft, sollten die Aktionäre die in Artikel 6 der Richtlinie 2007/36/EG festgelegten Rechte ausüben können, um Beschlussentwürfe, die in der Hauptversammlung anzunehmen sind, vorzulegen, nach denen zum einen ein zugelassener Dritter, der nicht derselben Prüfungsgesellschaft oder demselben -netzwerk angehört wie der Abschlussprüfer oder die Prüfungsgesellschaft, der bzw. die die Abschlussprüfung durchführt, einen Bericht über bestimmte Teile der Nachhaltigkeitsberichterstattung erstellen muss und zum anderen dieser Bericht der Hauptversammlung zur Verfügung gestellt werden muss.

Bei Unternehmen, die den durch diese Änderungsrichtlinie eingeführten Anforderungen an die Nachhaltigkeitsberichterstattung unterliegen und nicht in den Anwendungsbereich von Artikel 6 der Richtlinie 2007/36/EG fallen, sollten Aktionäre, die einzeln oder gemeinsam mehr als 5 % der Stimmrechte oder 5 % des Kapitals des Unternehmens vertreten bzw. halten, auch das Recht erhalten, ein Beschlussentwurf, die in der Hauptversammlung anzunehmen ist, auf die Tagesordnung zu setzen, nach der zum einen ein akkreditierter Dritter, der nicht derselben Prüfungsgesellschaft oder demselben Netzwerk angehört wie der Abschlussprüfer oder die Prüfungsgesellschaft, die bzw. der die Abschlussprüfung durchführt, einen Bericht über bestimmte Teile der Nachhaltigkeitsberichterstattung erstellen muss und zum anderen dieser Bericht der Hauptversammlung zur Verfügung gestellt werden muss.

(76) Die Richtlinie 2006/43/EG verlangt, dass die Mitgliedstaaten sicherstellen, dass jedes Unternehmen von öffentlichem Interesse einen Prüfungsausschuss hat, und legt dessen Aufgaben im Zusammenhang mit der Abschlussprüfung fest. Diesem Prüfungsausschuss sollten bestimmte Aufgaben im Zusammenhang mit der Bestätigung der Nachhaltigkeitsberichterstattung übertragen werden. Diese Aufgaben sollten auch die Verpflichtung umfassen, das Verwaltungs- oder Aufsichtsorgan des Unternehmens von öffentlichem Interesse über die Ergebnisse der Bestätigung der Nachhaltigkeitsberichterstattung zu unterrichten und zu erläutern, wie der Prüfungsausschuss zur Integrität der Nachhaltigkeitsberichterstattung beigetragen hat und welche Rolle der Prüfungsausschuss dabei spielte. Die Mitgliedstaaten sollten gestatten können, dass die dem Prüfungsausschuss übertragenen Aufgaben im Zusammenhang mit der Nachhaltigkeitsberichterstattung und im Zusammenhang mit der Bestätigung der Nachhaltigkeitsberichterstattung von dem Verwaltungs- oder Aufsichtsorgan in seiner Gesamtheit oder von einem vom Verwaltungs- oder Aufsichtsorgan eigens eingerichteten Gremium wahrgenommen werden.

(77) Die Richtlinie 2006/43/EG enthält Anforderungen an die Registrierung von Abschlussprüfern und Prüfungsgesellschaften aus Drittländern und die Aufsicht über diese. Um einen kohärenten Rahmen für die Tätigkeiten der Prüfer bei der Abschlussprüfung und bei der Bestätigung der Nachhaltigkeitsberichterstattung sicherzustellen, müssen diese Anforderungen auch für die Bestätigung der Nachhaltigkeitsberichterstattung gelten.

(78) Die Verordnung (EU) Nr. 537/2014 des Europäischen Parlaments und des Rates [37] gilt für Abschlussprüfer und Prüfungsgesellschaften, die Abschlussprüfungen bei Unternehmen von öffentlichem Interesse durchführen. Um die Unabhängigkeit des Abschlussprüfers bei der Durchführung einer Abschlussprüfung zu gewährleisten, wird in der genannten Verordnung eine Begrenzung der Honorare, die er für andere Leistungen erhalten kann, festgelegt. Es ist wichtig klarzustellen, dass die Bestätigung der Nachhaltigkeitsberichterstattung bei der Berechnung dieser Begrenzung nicht berücksichtigt werden sollte.

Darüber hinaus verbietet die Verordnung (EU) Nr. 537/2014 während bestimmter Zeiträume die Erbringung bestimmter Nichtprüfungsleistungen, wenn der Abschlussprüfer die Abschlussprüfung durchführt. Leistungen im Zusammenhang mit der Erstellung der Nachhaltigkeitsberichtsersttattung, einschließlich jeglicher Beratungsleistungen, sollten während des in der Verordnung (EU) Nr. 537/2014 festgelegten Zeitraums ebenfalls als verbotene Leistungen betrachtet werden. Das Verbot der Erbringung solcher Leistungen sollte in allen Fällen gelten, in denen der Abschlussprüfer die Abschlussprüfung durchführt.

Um die Unabhängigkeit des Abschlussprüfers zu gewährleisten, sollten auch bestimmte Nichtprüfungsleistungen verboten werden, wenn der Abschlussprüfer die Bestätigung der Nachhaltigkeitsberichterstattung durchführt. Gemäß der Verordnung (EU) Nr. 537/2014 sind Abschlussprüfer verpflichtet, Unregelmäßigkeiten dem geprüften Unternehmen und unter bestimmten Umständen den von den Mitgliedstaaten benannten Behörden, die für die Untersuchung solcher Unregelmäßigkeiten verantwortlich sind, zu melden. Solche Pflichten sollten gegebenenfalls auch auf Abschlussprüfer und Prüfungsgesellschaften im Hinblick auf ihre Tätigkeiten zur Bestätigung der Nachhaltigkeitsberichterstattung bei Unternehmen von öffentlichem Interesse ausgeweitet werden.

(79) In der Richtlinie 2004/109/EG wird die Aufgabe der Durchsetzung der Anforderungen an die Unternehmensberichterstattung durch Unternehmen, deren Wertpapiere zum Handel auf einem geregelten Markt in der Union zugelassen sind, den nationalen Aufsichtsbehörden übertragen. Artikel 4 der genannten Richtlinie legt den Inhalt der Jahresfinanzberichte fest, enthält jedoch keinen expliziten Verweis auf die Artikel 19a und 29a der Richtlinie 2013/34/EU, in denen die Erstellung einer nichtfinanziellen Erklärung und einer konsolidierten nichtfinanziellen Erklärung vorgeschrieben ist. Dies bedeutet in der Folge, dass die zuständigen nationalen Behörden einiger Mitgliedstaaten rechtlich nicht befugt sind, diese nichtfinanziellen Erklärungen zu überwachen, insbesondere wenn diese nichtfinanziellen Erklärungen in einem gesonderten Bericht außerhalb des Jahresabschlusses veröffentlicht werden, was die Mitgliedstaaten derzeit zulassen können. Daher ist es notwendig, in Artikel 4 Absatz 5 der Richtlinie 2004/109/EG einen Verweis auf die Nachhaltigkeitsberichterstattung aufzunehmen. Außerdem müssen die verantwortlichen Personen beim Emittenten dazu verpflichtet werden, im Jahresfinanzbericht zu bestätigen, dass der Lagebericht nach ihrem besten Wissen entsprechend den Standards für die Nachhaltigkeitsberichterstattung erstellt wird.

Darüber hinaus sollte die ESMA angesichts des neuartigen Charakters dieser Anforderungen an die Nachhaltigkeitsberichterstattung Leitlinien für die zuständigen nationalen Behörden herausgeben, um eine konvergierende Aufsicht der Nachhaltigkeitsberichterstattung durch Emittenten, die der Richtlinie 2004/109/EG unterliegen, zu fördern. Diese Leitlinien sollten nur für die Beaufsichtigung von Unternehmen gelten, deren Wertpapiere zum Handel auf einem geregelten Markt in der Union zugelassen sind.

(80) Um die Anforderungen dieser Änderungsrichtlinie festzulegen, sollte der Kommission die Befugnis übertragen werden, gemäß Artikel 290 des Vertrags über die Arbeitsweise der Europäischen Union Rechtsakte hinsichtlich der Festlegung von Standards für die Nachhaltigkeitsberichterstattung, der Festlegung gleichwertiger Standards für Drittlandsunternehmen und der Festlegung von Standards für die Bestätigung der Nachhaltigkeitsberichterstattung zu erlassen. Es ist von besonderer Bedeutung, dass die Kommission im Zuge ihrer Vorbereitungsarbeit angemessene Konsultationen, auch auf der Ebene von Sachverständigen, durchführt, die mit den Grundsätzen in Einklang stehen, die in der Interinstitutionellen Vereinbarung vom 13. April 2016 über bessere Rechtsetzung [(38)] niedergelegt wurden. Um insbesondere für eine gleichberechtigte Beteiligung an der Vorbereitung delegierter Rechtsakte zu sorgen, erhalten das Europäische Parlament und der Rat alle Dokumente zur gleichen Zeit wie die Sachverständigen der Mitgliedstaaten, und ihre Sachverständigen haben systematisch Zugang zu den Sitzungen der Sachverständigengruppen der Kommission, die mit der Vorbereitung der delegierten Rechtsakte befasst sind.

(81) Die Kommission sollte dem Europäischen Parlament und dem Rat einen Bericht über die Umsetzung dieser Änderungsrichtlinie vorlegen, der unter anderem Folgendes umfasst: eine Bewertung der Erreichung der Ziele dieser Änderungsrichtlinie, einschließlich der Konvergenz der Berichterstattungsverfahren zwischen Mitgliedstaaten; eine Bewertung der Zahl der kleinen und mittleren Unternehmen, die freiwillig Standards für die Nachhaltigkeitsberichterstattung anwenden; eine Bewertung, ob und wie der Anwendungsbereich der Berichterstattungsanforderungen ausgeweitet werden sollte, insbesondere in Bezug auf kleine und mittlere Unternehmen und Drittlandsunternehmen, die ohne ein Tochterunternehmen oder eine Zweigniederlassung im Gebiet der Union unmittelbar im Binnenmarkt der Union tätig sind; eine Bewertung der Umsetzung der mit dieser Änderungsrichtlinie eingeführten Berichterstattungsanforderungen für Tochterunternehmen und Zweigniederlassungen von Drittlandsunternehmen, einschließlich einer Bewertung der Zahl der Drittlandsunternehmen, die über ein Tochterunternehmen oder eine Zweigniederlassung verfügen, das bzw. die Berichterstattungsanforderungen gemäß der Richtlinie 2013/34/EU unterliegt bzw. unterliegen; eine Bewertung des

Durchsetzungsmechanismus und der einschlägigen in der Richtlinie 2013/34/EU festgelegten Schwellenwerte; eine Bewertung, ob und wie der Zugang von Menschen mit Behinderungen zu der Nachhaltigkeitsberichterstattung sichergestellt werden kann, die von Unternehmen veröffentlicht wird, die in den Anwendungsbereich dieser Änderungsrichtlinie fallen.

Der Bericht über die Umsetzung dieser Änderungsrichtlinie sollte bis zum 30. April 2029 und danach alle drei Jahre veröffentlicht und gegebenenfalls durch Legislativvorschläge ergänzt werden. Bis zum 31. Dezember 2028 sollte die Kommission den Konzentrationsgrad des Marktes für die Bestätigung der Nachhaltigkeitsprüfung überprüfen und darüber Bericht erstatten. Bei der Überprüfung sollten die für unabhängige Erbringer von Bestätigungsleistungen geltenden nationalen Regelungen berücksichtigt werden, und es sollte bewertet werden, ob und inwieweit diese nationalen Regelungen zur Öffnung des Marktes für Bestätigungsleistungen beitragen. Bis zum 31. Dezember 2028 sollte die Kommission mögliche rechtliche Maßnahmen prüfen, um eine ausreichende Diversifizierung des Marktes für die Bestätigung der Nachhaltigkeitsprüfung und eine angemessene Qualität der Nachhaltigkeitsberichterstattung zu gewährleisten. Der Bericht über den Konzentrationsgrad des Marktes für die Bestätigung der Nachhaltigkeitsprüfung sollte dem Europäischen Parlament und dem Rat bis zum 31. Dezember 2028 übermittelt und gegebenenfalls durch Legislativvorschläge ergänzt werden.

(82) Da die Ziele dieser Änderungsrichtlinie von den Mitgliedstaaten nicht ausreichend verwirklicht werden können, sondern vielmehr wegen des Umfangs oder der Wirkungen der Maßnahme auf Unionsebene besser zu verwirklichen sind, kann die Union im Einklang mit dem in Artikel 5 des Vertrags über die Europäische Union verankerten Subsidiaritätsprinzip tätig werden. Entsprechend dem in demselben Artikel genannten Grundsatz der Verhältnismäßigkeit geht diese Änderungsrichtlinie nicht über das für die Verwirklichung dieser Ziele erforderliche Maß hinaus.

(83) Die Verordnung (EU) Nr. 537/2014 und die Richtlinien 2004/109/EG, 2006/43/EG und 2013/34/EU sollten daher entsprechend geändert werden.

(84) Die EZB wurde angehört und hat ihre Stellungnahme am 7. September 2021 abgegeben —

HABEN FOLGENDE RICHTLINIE ERLASSEN:

---

[1] ABl. C 517 vom 22.12.2021, S. 51.

[2] Standpunkt des Europäischen Parlaments vom 10. November 2022 (noch nicht im Amtsblatt veröffentlicht) und Beschluss des Rates vom 28. November 2022.

[3] Richtlinie 2013/34/EU des Europäischen Parlaments und des Rates vom 26. Juni 2013 über den Jahresabschluss, den konsolidierten Abschluss und damit verbundene Berichte von Unternehmen bestimmter Rechtsformen und zur Änderung der Richtlinie 2006/43/EG des Europäischen Parlaments und des Rates und zur Aufhebung der Richtlinien 78/660/EWG und 83/349/EWG des Rates (ABl. L 182 vom 29.6.2013, S. 19).

[4] Verordnung (EU) 2021/1119 des Europäischen Parlaments und des Rates vom 30. Juni 2021 zur Schaffung des Rahmens für die Verwirklichung der Klimaneutralität und zur Änderung der Verordnungen (EG) Nr. 401/2009 und (EU) 2018/1999 („Europäisches Klimagesetz“) (ABl. L 243 vom 9.7.2021, S. 1).

[5] Verordnung (EU) 2019/2088 des Europäischen Parlaments und des Rates vom 27. November 2019 über nachhaltigkeitsbezogene Offenlegungspflichten im Finanzdienstleistungssektor (ABl. L 317 vom 9.12.2019, S. 1).

[6] Verordnung (EU) 2020/852 des Europäischen Parlaments und des Rates vom 18. Juni 2020 über die Einrichtung eines Rahmens zur Erleichterung nachhaltiger Investitionen und zur Änderung der Verordnung (EU) 2019/2088 (ABl. L 198 vom 22.6.2020, S. 13).

[7] Verordnung (EU) 2019/2089 des Europäischen Parlaments und des Rates vom 27. November 2019 zur Änderung der Verordnung (EU) 2016/1011 hinsichtlich EU-Referenzwerten für den klimabedingten Wandel, hinsichtlich auf das Übereinkommen von Paris abgestimmter EU-Referenzwerte sowie hinsichtlich nachhaltigkeitsbezogener Offenlegungen für Referenzwerte (ABl. L 317 vom 9.12.2019, S. 17).

[8] Delegierte Verordnung (EU) 2020/1816 der Kommission vom 17. Juli 2020 zur Ergänzung der Verordnung (EU) 2016/1011 des Europäischen Parlaments und des Rates hinsichtlich der Erläuterung in der Referenzwert-Erklärung, wie Umwelt-, Sozial- und Governance-Faktoren in den einzelnen Referenzwerten, die zur Verfügung gestellt und veröffentlicht werden, berücksichtigt werden (ABl. L 406 vom 3.12.2020, S. 1).

[9] Delegierte Verordnung (EU) 2020/1817 der Kommission vom 17. Juli 2020 zur Ergänzung der Verordnung (EU) 2016/1011 des Europäischen Parlaments und des Rates hinsichtlich des Mindestinhalts der Erläuterung, wie Umwelt-, Sozial- und Governance-Faktoren in der Referenzwert-Methodik berücksichtigt werden (ABl. L 406 vom 3.12.2020, S. 12).

[10] Delegierte Verordnung (EU) 2020/1818 der Kommission vom 17. Juli 2020 zur Ergänzung der Verordnung (EU) 2016/1011 des Europäischen Parlaments und des Rates im Hinblick auf Mindeststandards für EU-Referenzwerte

für den klimabedingten Wandel und für Paris-abgestimmte EU-Referenzwerte (ABl. L 406 vom 3.12.2020, S. 17).

(11) Verordnung (EU) Nr. 575/2013 des Europäischen Parlaments und des Rates vom 26. Juni 2013 über Aufsichtsanforderungen an Kreditinstitute und zur Änderung der Verordnung (EU) Nr. 648/2012 (ABl. L 176 vom 27.6.2013, S. 1).

(12) Verordnung (EU) 2019/2033 des Europäischen Parlaments und des Rates vom 27. November 2019 über Aufsichtsanforderungen an Wertpapierfirmen und zur Änderung der Verordnungen (EU) Nr. 1093/2010, (EU) Nr. 575/2013, (EU) Nr. 600/2014 und (EU) Nr. 806/2014 (ABl. L 314 vom 5.12.2019, S. 1).

(13) Richtlinie (EU) 2019/2034 des Europäischen Parlaments und des Rates vom 27. November 2019 über die Beaufsichtigung von Wertpapierfirmen und zur Änderung der Richtlinien 2002/87/EG, 2009/65/EG, 2011/61/EU, 2013/36/EU, 2014/59/EU und 2014/65/EU (ABl. L 314 vom 5.12.2019, S. 64).

(14) ABl. C 76 vom 9.3.2020, S. 23.

(15) ABl. C 445 vom 29.10.2021, S. 94.

(16) Richtlinie 2014/95/EU des Europäischen Parlaments und des Rates vom 22. Oktober 2014 zur Änderung der Richtlinie 2013/34/EU im Hinblick auf die Angabe nichtfinanzieller und die Diversität betreffender Informationen durch bestimmte große Unternehmen und Gruppen (ABl. L 330 vom 15.11.2014, S. 1).

(17) Richtlinie 2004/109/EG des Europäischen Parlaments und des Rates vom 15. Dezember 2004 zur Harmonisierung der Transparenzanforderungen in Bezug auf Informationen über Emittenten, deren Wertpapiere zum Handel auf einem geregelten Markt zugelassen sind, und zur Änderung der Richtlinie 2001/34/EG (ABl. L 390 vom 31.12.2004, S. 38).

(18) Verordnung (EG) Nr. 1569/2007 der Kommission vom 21. Dezember 2007 über die Einrichtung eines Mechanismus zur Festlegung der Gleichwertigkeit der von Drittstaatemittenten angewandten Rechnungslegungsgrundsätze gemäß den Richtlinien 2003/71/EG und 2004/109/EG des Europäischen Parlaments und des Rates (ABl. L 340 vom 22.12.2007, S. 66).

(19) Richtlinie 86/635/EWG des Rates vom 8. Dezember 1986 über den Jahresabschluss und den konsolidierten Abschluss von Banken und anderen Finanzinstituten (ABl. L 372 vom 31.12.1986, S. 1).

(20) Richtlinie 91/674/EWG des Rates vom 19. Dezember 1991 über den Jahresabschluss und den konsolidierten Abschluss von Versicherungsunternehmen (ABl. L 374 vom 31.12.1991, S. 7).

(21) Richtlinie 2013/36/EU des Europäischen Parlaments und des Rates vom 26. Juni 2013 über den Zugang zur Tätigkeit von Kreditinstituten und die Beaufsichtigung von Kreditinstituten, zur Änderung der Richtlinie 2002/87/EG und zur Aufhebung der Richtlinien 2006/48/EG und 2006/49/EG (ABl. L 176 vom 27.6.2013, S. 338).

(22) Richtlinie (EU) 2016/943 des Europäischen Parlaments und des Rates vom 8. Juni 2016 über den Schutz vertraulichen Know-hows und vertraulicher Geschäftsinformationen (Geschäftsgeheimnisse) vor rechtswidrigem Erwerb sowie rechtswidriger Nutzung und Offenlegung (ABl. L 157 vom 15.6.2016, S. 1).

(23) Verordnung (EG) Nr. 1606/2002 des Europäischen Parlaments und des Rates vom 19. Juli 2002 betreffend die Anwendung internationaler Rechnungslegungsstandards (ABl. L 243 vom 11.9.2002, S. 1).

(24) Verordnung (EU) Nr. 1095/2010 des Europäischen Parlaments und des Rates vom 24. November 2010 zur Errichtung einer Europäischen Aufsichtsbehörde (Europäische Wertpapier- und Marktaufsichtsbehörde), zur Änderung des Beschlusses Nr. 716/2009/EG und zur Aufhebung des Beschlusses 2009/77/EG der Kommission (ABl. L 331 vom 15.12.2010, S. 84).

(25) Verordnung (EU) 2016/1011 des Europäischen Parlaments und des Rates vom 8. Juni 2016 über Indizes, die bei Finanzinstrumenten und Finanzkontrakten als Referenzwert oder zur Messung der Wertentwicklung eines Investmentfonds verwendet werden, und zur Änderung der Richtlinien 2008/48/EG und 2014/17/EU sowie der Verordnung (EU) Nr. 596/2014 (ABl. L 171 vom 29.6.2016, S. 1).

(26) Verordnung (EG) Nr. 1221/2009 des Europäischen Parlaments und des Rates vom 25. November 2009 über die freiwillige Teilnahme von Organisationen an einem Gemeinschaftssystem für Umweltmanagement und Umweltbetriebsprüfung (EMAS) und zur Aufhebung der Verordnung (EG) Nr. 761/2001, sowie der Beschlüsse der Kommission 2001/681/EG und 2006/193/EG (ABl. L 342 vom 22.12.2009, S. 1).

(27) Richtlinie 2003/87/EG des Europäischen Parlaments und des Rates vom 13. Oktober 2003 über ein System für den Handel mit Treibhausgasemissionszertifikaten in der Gemeinschaft und zur Änderung der Richtlinie 96/61/EG des Rates (ABl. L 275 vom 25.10.2003, S. 32).

(28) Empfehlung 2013/179/EU der Kommission vom 9. April 2013 für die Anwendung gemeinsamer Methoden zur Messung und Offenlegung der Umweltleistung von Produkten und Organisationen (ABl. L 124 vom 4.5.2013, S. 1).

[29] Richtlinie 2010/75/EU des Europäischen Parlaments und des Rates vom 24. November 2010 über Industrieemissionen (integrierte Vermeidung und Verminderung der Umweltverschmutzung) (ABl. L 334 vom 17.12.2010, S. 17).

[30] Verordnung (EU) 2021/783 des Europäischen Parlaments und des Rates vom 29. April 2021 zur Einrichtung des Programms für die Umwelt- und Klimapolitik (LIFE) und zur Aufhebung der Verordnung (EU) Nr. 1293/2013 (ABl. L 172 vom 17.5.2021, S. 53).

[31] Richtlinie 2011/7/EU des Europäischen Parlaments und des Rates vom 16. Februar 2011 zur Bekämpfung von Zahlungsverzug im Geschäftsverkehr (ABl. L 48 vom 23.2.2011, S. 1).

[32] Verordnung (EG) Nr. 1893/2006 des Europäischen Parlaments und des Rates vom 20. Dezember 2006 zur Aufstellung der statistischen Systematik der Wirtschaftszweige NACE Revision 2 und zur Änderung der Verordnung (EWG) Nr. 3037/90 des Rates sowie einiger Verordnungen der EG über bestimmte Bereiche der Statistik (ABl. L 393 vom 30.12.2006, S. 1).

[33] Delegierte Verordnung (EU) 2019/815 der Kommission vom 17. Dezember 2018 zur Ergänzung der Richtlinie 2004/109/EG des Europäischen Parlaments und des Rates im Hinblick auf technische Regulierungsstandards für die Spezifikation eines einheitlichen elektronischen Berichtsformats (ABl. L 143 vom 29.5.2019, S. 1).

[34] Verordnung (EG) Nr. 765/2008 des Europäischen Parlaments und des Rates vom 9. Juli 2008 über die Vorschriften für die Akkreditierung und zur Aufhebung der Verordnung (EWG) Nr. 339/93 des Rates (ABl. L 218 vom 13.8.2008, S. 30).

[35] Richtlinie 2006/43/EG des Europäischen Parlaments und des Rates vom 17. Mai 2006 über Abschlussprüfungen von Jahresabschlüssen und konsolidierten Abschlüssen, zur Änderung der Richtlinien 78/660/EWG und 83/349/EWG des Rates und zur Aufhebung der Richtlinie 84/253/EWG des Rates (ABl. L 157 vom 9.6.2006, S. 87).

[36] Richtlinie 2007/36/EG des Europäischen Parlaments und des Rates vom 11. Juli 2007 über die Ausübung bestimmter Rechte von Aktionären in börsennotierten Gesellschaften (ABl. L 184 vom 14.7.2007, S. 17).

[37] Verordnung (EU) Nr. 537/2014 des Europäischen Parlaments und des Rates vom 16. April 2014 über spezifische Anforderungen an die Abschlussprüfung bei Unternehmen von öffentlichem Interesse und zur Aufhebung des Beschlusses 2005/909/EG der Kommission (ABl. L 158 vom 27.5.2014, S. 77).

[38] ABl. L 123 vom 12.5.2016, S. 1.

[39] Richtlinie 2009/138/EG des Europäischen Parlaments und des Rates vom 25. November 2009 betreffend die Aufnahme und Ausübung der Versicherungs- und der Rückversicherungstätigkeit (Solvabilität II) (ABl. L 335 vom 17.12.2009, S. 1).

---

[1] ABl. C 517 vom 22.12.2021, S. 51.

[2] Standpunkt des Europäischen Parlaments vom 10. November 2022 (noch nicht im Amtsblatt veröffentlicht) und Beschluss des Rates vom 28. November 2022.

[3] Richtlinie 2013/34/EU des Europäischen Parlaments und des Rates vom 26. Juni 2013 über den Jahresabschluss, den konsolidierten Abschluss und damit verbundene Berichte von Unternehmen bestimmter Rechtsformen und zur Änderung der Richtlinie 2006/43/EG des Europäischen Parlaments und des Rates und zur Aufhebung der Richtlinien 78/660/EWG und 83/349/EWG des Rates (ABl. L 182 vom 29.6.2013, S. 19).

[4] Verordnung (EU) 2021/1119 des Europäischen Parlaments und des Rates vom 30. Juni 2021 zur Schaffung des Rahmens für die Verwirklichung der Klimaneutralität und zur Änderung der Verordnungen (EG) Nr. 401/2009 und (EU) 2018/1999 („Europäisches Klimagesetz") (ABl. L 243 vom 9.7.2021, S. 1).

[5] Verordnung (EU) 2019/2088 des Europäischen Parlaments und des Rates vom 27. November 2019 über nachhaltigkeitsbezogene Offenlegungspflichten im Finanzdienstleistungssektor (ABl. L 317 vom 9.12.2019, S. 1).

[6] Verordnung (EU) 2020/852 des Europäischen Parlaments und des Rates vom 18. Juni 2020 über die Einrichtung eines Rahmens zur Erleichterung nachhaltiger Investitionen und zur Änderung der Verordnung (EU) 2019/2088 (ABl. L 198 vom 22.6.2020, S. 13).

[7] Verordnung (EU) 2019/2089 des Europäischen Parlaments und des Rates vom 27. November 2019 zur Änderung der Verordnung (EU) 2016/1011 hinsichtlich EU-Referenzwerten für den klimabedingten Wandel, hinsichtlich auf das Übereinkommen von Paris abgestimmter EU-Referenzwerte sowie hinsichtlich nachhaltigkeitsbezogener Offenlegungen für Referenzwerte (ABl. L 317 vom 9.12.2019, S. 17).

[8] Delegierte Verordnung (EU) 2020/1816 der Kommission vom 17. Juli 2020 zur Ergänzung der Verordnung (EU) 2016/1011 des Europäischen Parlaments und des Rates hinsichtlich der Erläuterung in der Referenzwert-Erklärung, wie Umwelt-, Sozial- und Governance-Faktoren in den einzelnen Referenzwerten, die zur Verfügung gestellt und veröffentlicht werden, berücksichtigt werden (ABl. L 406 vom 3.12.2020, S. 1).

[9] Delegierte Verordnung (EU) 2020/1817 der Kommission vom 17. Juli 2020 zur Ergänzung der Verordnung (EU) 2016/1011 des Europäischen Parlaments und des Rates hinsichtlich des Mindestinhalts der Erläuterung, wie Umwelt-, Sozial- und Governance-Faktoren in der Referenzwert-Methodik berücksichtigt werden (ABl. L 406 vom 3.12.2020, S. 12).

[10] Delegierte Verordnung (EU) 2020/1818 der Kommission vom 17. Juli 2020 zur Ergänzung der Verordnung (EU) 2016/1011 des Europäischen Parlaments und des Rates im Hinblick auf Mindeststandards für EU-Referenzwerte für den klimabedingten

Wandel und für Paris-abgestimmte EU-Referenzwerte (ABl. L 406 vom 3.12.2020, S. 17).

(11) Verordnung (EU) Nr. 575/2013 des Europäischen Parlaments und des Rates vom 26. Juni 2013 über Aufsichtsanforderungen an Kreditinstitute und zur Änderung der Verordnung (EU) Nr. 648/2012 (ABl. L 176 vom 27.6.2013, S. 1).

(12) Verordnung (EU) 2019/2033 des Europäischen Parlaments und des Rates vom 27. November 2019 über Aufsichtsanforderungen an Wertpapierfirmen und zur Änderung der Verordnungen (EU) Nr. 1093/2010, (EU) Nr. 575/2013, (EU) Nr. 600/2014 und (EU) Nr. 806/2014 (ABl. L 314 vom 5.12.2019, S. 1).

(13) Richtlinie (EU) 2019/2034 des Europäischen Parlaments und des Rates vom 27. November 2019 über die Beaufsichtigung von Wertpapierfirmen und zur Änderung der Richtlinien 2002/87/EG, 2009/65/EG, 2011/61/EU, 2013/36/EU, 2014/59/EU und 2014/65/EU (ABl. L 314 vom 5.12.2019, S. 64).

(14) ABl. C 76 vom 9.3.2020, S. 23.

(15) ABl. C 445 vom 29.10.2021, S. 94.

(16) Richtlinie 2014/95/EU des Europäischen Parlaments und des Rates vom 22. Oktober 2014 zur Änderung der Richtlinie 2013/34/EU im Hinblick auf die Angabe nichtfinanzieller und die Diversität betreffender Informationen durch bestimmte große Unternehmen und Gruppen (ABl. L 330 vom 15.11.2014, S. 1).

(17) Richtlinie 2004/109/EG des Europäischen Parlaments und des Rates vom 15. Dezember 2004 zur Harmonisierung der Transparenzanforderungen in Bezug auf Informationen über Emittenten, deren Wertpapiere zum Handel auf einem geregelten Markt zugelassen sind, und zur Änderung der Richtlinie 2001/34/EG (ABl. L 390 vom 31.12.2004, S. 38).

(18) Verordnung (EG) Nr. 1569/2007 der Kommission vom 21. Dezember 2007 über die Einrichtung eines Mechanismus zur Festlegung der Gleichwertigkeit der von Drittstaatemittenten angewandten Rechnungslegungsgrundsätze gemäß den Richtlinien 2003/71/EG und 2004/109/EG des Europäischen Parlaments und des Rates (ABl. L 340 vom 22.12.2007, S. 66).

(19) Richtlinie 86/635/EWG des Rates vom 8. Dezember 1986 über den Jahresabschluss und den konsolidierten Abschluss von Banken und anderen Finanzinstituten (ABl. L 372 vom 31.12.1986, S. 1).

(20) Richtlinie 91/674/EWG des Rates vom 19. Dezember 1991 über den Jahresabschluss und den konsolidierten Abschluss von Versicherungsunternehmen (ABl. L 374 vom 31.12.1991, S. 7).

(21) Richtlinie 2013/36/EU des Europäischen Parlaments und des Rates vom 26. Juni 2013 über den Zugang zur Tätigkeit von Kreditinstituten und die Beaufsichtigung von Kreditinstituten, zur Änderung der Richtlinie 2002/87/EG und zur Aufhebung der Richtlinien 2006/48/EG und 2006/49/EG (ABl. L 176 vom 27.6.2013, S. 338).

(22) Richtlinie (EU) 2016/943 des Europäischen Parlaments und des Rates vom 8. Juni 2016 über den Schutz vertraulichen Know-hows und vertraulicher Geschäftsinformationen (Geschäftsgeheimnisse) vor rechtswidrigem Erwerb sowie rechtswidriger Nutzung und Offenlegung (ABl. L 157 vom 15.6.2016, S. 1).

(23) Verordnung (EG) Nr. 1606/2002 des Europäischen Parlaments und des Rates vom 19. Juli 2002 betreffend die Anwendung internationaler Rechnungslegungsstandards (ABl. L 243 vom 11.9.2002, S. 1).

(24) Verordnung (EU) Nr. 1095/2010 des Europäischen Parlaments und des Rates vom 24. November 2010 zur Errichtung einer Europäischen Aufsichtsbehörde (Europäische Wertpapier- und Marktaufsichtsbehörde), zur Änderung des Beschlusses Nr. 716/2009/EG und zur Aufhebung des Beschlusses 2009/77/EG der Kommission (ABl. L 331 vom 15.12.2010, S. 84).

(25) Verordnung (EU) 2016/1011 des Europäischen Parlaments und des Rates vom 8. Juni 2016 über Indizes, die bei Finanzinstrumenten und Finanzkontrakten als Referenzwert oder zur Messung der Wertentwicklung eines Investmentfonds verwendet werden, und zur Änderung der Richtlinien 2008/48/EG und 2014/17/EU sowie der Verordnung (EU) Nr. 596/2014 (ABl. L 171 vom 29.6.2016, S. 1).

(26) Verordnung (EG) Nr. 1221/2009 des Europäischen Parlaments und des Rates vom 25. November 2009 über die freiwillige Teilnahme von Organisationen an einem Gemeinschaftssystem für Umweltmanagement und Umweltbetriebsprüfung (EMAS) und zur Aufhebung der Verordnung (EG) Nr. 761/2001, sowie der Beschlüsse der Kommission 2001/681/EG und 2006/193/EG (ABl. L 342 vom 22.12.2009, S. 1).

(27) Richtlinie 2003/87/EG des Europäischen Parlaments und des Rates vom 13. Oktober 2003 über ein System für den Handel mit Treibhausgasemissionszertifikaten in der Gemeinschaft und zur Änderung der Richtlinie 96/61/EG des Rates (ABl. L 275 vom 25.10.2003, S. 32).

(28) Empfehlung 2013/179/EU der Kommission vom 9. April 2013 für die Anwendung gemeinsamer Methoden zur Messung und Offenlegung der Umweltleistung von Produkten und Organisationen (ABl. L 124 vom 4.5.2013, S. 1).

(29) Richtlinie 2010/75/EU des Europäischen Parlaments und des Rates vom 24. November 2010 über Industrieemissionen (integrierte Vermeidung und Verminderung der Umweltverschmutzung) (ABl. L 334 vom 17.12.2010, S. 17).

(30) Verordnung (EU) 2021/783 des Europäischen Parlaments und des Rates vom 29. April 2021 zur Einrichtung des Programms für die Umwelt- und Klimapolitik (LIFE) und zur Aufhebung der Verordnung (EU) Nr. 1293/2013 (ABl. L 172 vom 17.5.2021, S. 53).

(31) Richtlinie 2011/7/EU des Europäischen Parlaments und des Rates vom 16. Februar 2011 zur Bekämpfung von Zahlungsverzug im Geschäftsverkehr (ABl. L 48 vom 23.2.2011, S. 1).

(32) Verordnung (EG) Nr. 1893/2006 des Europäischen Parlaments und des Rates vom 20. Dezember 2006 zur Aufstellung der statistischen Systematik der Wirtschaftszweige NACE Revision 2 und zur Änderung der Verordnung (EWG) Nr. 3037/90 des Rates sowie einiger Verordnungen der EG über bestimmte Bereiche der Statistik (ABl. L 393 vom 30.12.2006, S. 1).

(33) Delegierte Verordnung (EU) 2019/815 der Kommission vom 17. Dezember 2018 zur Ergänzung der Richtlinie 2004/109/EG des Europäischen Parlaments und des Rates im Hinblick auf technische Regulierungsstandards für die Spezifikation eines einheitlichen elektronischen Berichtsformats (ABl. L 143 vom 29.5.2019, S. 1).

(34) Verordnung (EG) Nr. 765/2008 des Europäischen Parlaments und des Rates vom 9. Juli 2008 über die Vorschriften für die Akkreditierung und zur Aufhebung der Verordnung (EWG) Nr. 339/93 des Rates (ABl. L 218 vom 13.8.2008, S. 30).

(35) Richtlinie 2006/43/EG des Europäischen Parlaments und des Rates vom 17. Mai 2006 über Abschlussprüfungen von Jahresabschlüssen und konsolidierten Abschlüssen, zur Änderung der Richtlinien 78/660/EWG und 83/349/EWG des Rates und zur Aufhebung der Richtlinie 84/253/EWG des Rates (ABl. L 157 vom 9.6.2006, S. 87).

(36) Richtlinie 2007/36/EG des Europäischen Parlaments und des Rates vom 11. Juli 2007 über die Ausübung bestimmter Rechte von Aktionären in börsennotierten Gesellschaften (ABl. L 184 vom 14.7.2007, S. 17).

[37] Verordnung (EU) Nr. 537/2014 des Europäischen Parlaments und des Rates vom 16. April 2014 über spezifische Anforderungen an die Abschlussprüfung bei Unternehmen von öffentlichem Interesse und zur Aufhebung des Beschlusses 2005/909/EG der Kommission (ABl. L 158 vom 27.5.2014, S. 77).
[38] ABl. L 123 vom 12.5.2016, S. 1.
[1] nach Stellungnahme des Europäischen Wirtschafts- und Sozialausschusses ,
[2] gemäß dem ordentlichen Gesetzgebungsverfahren ,
[3] In ihrer Mitteilung vom 11. Dezember 2019 mit dem Titel „Der europäische Grüne Deal" verpflichtete sich die Europäische Kommission, die die nichtfinanzielle Berichterstattung betreffenden Bestimmungen der Richtlinie 2013/34/EU des Europäischen Parlaments und des Rates zu überprüfen. Der Grüne Deal ist die neue Wachstumsstrategie der Union. Er zielt darauf ab, die Union bis 2050 zu einer modernen, ressourcenschonenden und wettbewerbsfähigen Wirtschaft ohne Netto-Treibhausgasemissionen zu machen. Außerdem soll er das Naturkapital der Union schützen, bewahren und verbessern und die Gesundheit und das Wohlergehen der Unionsbürgerinnen und -bürger vor umweltbedingten Risiken und Auswirkungen schützen. Der Grüne Deal ist ferner darauf ausgerichtet, das Wirtschaftswachstum von der Ressourcennutzung zu entkoppeln und sicherzustellen, dass alle Regionen und Unionsbürgerinnen und -bürger an einem sozial gerechten Übergang zu einem nachhaltigen Wirtschaftssystem teilhaben, sodass niemand zurückgelassen und kein Standort abgehängt wird. Er wird zu den Zielen beitragen, eine Wirtschaft im Dienste der Menschen aufzubauen, die soziale Marktwirtschaft der Union zu stärken und sicherzustellen, dass diese zukunftsfähig ist und Stabilität, Arbeitsplätze, Wachstum und nachhaltige Investitionen schafft.
[4] Diese Ziele sind insbesondere angesichts der durch die COVID-19-Pandemie entstandenen sozioökonomischen Schäden und der Notwendigkeit einer nachhaltigen, inklusiven und fairen Erholung von besonderer Bedeutung. Mit der Verordnung (EU) 2021/1119 des Europäischen Parlaments und des Rates wird das Ziel der Klimaneutralität bis 2050 in der Union verbindlich gemacht. Darüber hinaus verpflichtet sich die Kommission in ihrer Mitteilung vom 20. Mai 2020 mit dem Titel „EU-Biodiversitätsstrategie für 2030 – Mehr Raum für die Natur in unserem Leben", dafür zu sorgen, dass bis 2050 alle Ökosysteme weltweit wiederhergestellt, widerstandsfähig und angemessen geschützt sind. Ziel dieser Strategie ist es, die biologische Vielfalt in Europa bis 2030 auf einen Pfad der Erholung zu bringen.
[5] In ihrer Mitteilung vom 8. März 2018 mit dem Titel „Aktionsplan: Finanzierung nachhaltigen Wachstums" (im Folgenden "Aktionsplan zur Finanzierung nachhaltigen Wachstums") legte die Kommission Maßnahmen dar, mit denen folgende Ziele erreicht werden sollen: Umlenkung der Kapitalflüsse auf nachhaltige Investitionen, um ein nachhaltiges und inklusives Wachstum zu erreichen, Bewältigung finanzieller Risiken, die sich aus dem Klimawandel, der Ressourcenknappheit, der Umweltzerstörung und sozialen Problemen ergeben, und Förderung von Transparenz und Langfristigkeit in der Finanz- und Wirtschaftstätigkeit. Eine Grundvoraussetzung für die Erreichung dieser Ziele ist, dass Unternehmen bestimmte Kategorien relevanter, vergleichbarer und zuverlässiger Nachhaltigkeitsinformationen offenlegen. Im Zuge der Umsetzung des Aktionsplans zur Finanzierung nachhaltigen Wachstums haben das Europäische Parlament und der Rat eine Reihe von Rechtsakten angenommen. So regelt die Verordnung (EU) 2019/2088 des Europäischen Parlaments und des Rates , wie Finanzmarktteilnehmer und Finanzberater Nachhaltigkeitsinformationen gegenüber Endanlegern und Eigentümern von Vermögenswerten offenzulegen haben.
[6] Mit der Verordnung (EU) 2020/852 des Europäischen Parlaments und des Rates wird ein Klassifikationssystem für ökologisch nachhaltige Wirtschaftstätigkeiten geschaffen, um nachhaltige Investitionen zu fördern und gegen das „Greenwashing" von zu Unrecht als nachhaltig dargestellten Finanzprodukten vorzugehen. Mit der Verordnung (EU) 2019/2089 des Europäischen Parlaments und des Rates , ergänzt durch die Delegierten Verordnungen (EU) 2020/1816 , (EU) 2020/1817 und (EU) 2020/1818 der Kommission, werden Offenlegungsanforderungen für Referenzwert-Administratoren im Hinblick auf Umwelt-, Sozial- und Governance-Faktoren (ESG) sowie Mindeststandards für EU-Referenzwerte für den klimabedingten Wandel und für Paris-abgestimmte EU-Referenzwerte eingeführt.
[7] Mit der Verordnung (EU) 2020/852 des Europäischen Parlaments und des Rates wird ein Klassifikationssystem für ökologisch nachhaltige Wirtschaftstätigkeiten geschaffen, um nachhaltige Investitionen zu fördern und gegen das „Greenwashing" von zu Unrecht als nachhaltig dargestellten Finanzprodukten vorzugehen. Mit der Verordnung (EU) 2019/2089 des Europäischen Parlaments und des Rates , ergänzt durch die Delegierten Verordnungen (EU) 2020/1816 , (EU) 2020/1817 und (EU) 2020/1818 der Kommission, werden Offenlegungsanforderungen für Referenzwert-Administratoren im Hinblick auf Umwelt-, Sozial- und Governance-Faktoren (ESG) sowie Mindeststandards für EU-Referenzwerte für den klimabedingten Wandel und für Paris-abgestimmte EU-Referenzwerte eingeführt.
[8] Mit der Verordnung (EU) 2020/852 des Europäischen Parlaments und des Rates wird ein Klassifikationssystem für ökologisch nachhaltige Wirtschaftstätigkeiten geschaffen, um nachhaltige Investitionen zu fördern und gegen das „Greenwashing" von zu Unrecht als nachhaltig dargestellten Finanzprodukten vorzugehen. Mit der Verordnung (EU) 2019/2089 des Europäischen Parlaments und des Rates , ergänzt durch die Delegierten Verordnungen (EU) 2020/1816 , (EU) 2020/1817 und (EU) 2020/1818 der Kommission, werden Offenlegungsanforderungen für Referenzwert-Administratoren im Hinblick auf Umwelt-, Sozial- und Governance-Faktoren (ESG) sowie Mindeststandards für EU-Referenzwerte für den klimabedingten Wandel und für Paris-abgestimmte EU-Referenzwerte eingeführt.
[9] Mit der Verordnung (EU) 2020/852 des Europäischen Parlaments und des Rates wird ein Klassifikationssystem für ökologisch nachhaltige Wirtschaftstätigkeiten geschaffen, um nachhaltige Investitionen zu fördern und gegen das „Greenwashing" von zu Unrecht als nachhaltig dargestellten Finanzprodukten vorzugehen. Mit der Verordnung (EU) 2019/2089 des Europäischen Parlaments und des Rates , ergänzt durch die Delegierten Verordnungen (EU) 2020/1816 , (EU) 2020/1817 und (EU) 2020/1818 der Kommission, werden Offenlegungsanforderungen für Referenzwert-Administratoren im Hinblick auf Umwelt-, Sozial- und Governance-Faktoren (ESG) sowie Mindeststandards für EU-Referenzwerte für den klimabedingten Wandel und für Paris-abgestimmte EU-Referenzwerte eingeführt.
[10] Mit der Verordnung (EU) 2020/852 des Europäischen Parlaments und des Rates wird ein Klassifikationssystem für ökologisch nachhaltige Wirtschaftstätigkeiten geschaffen, um nachhaltige Investitionen zu fördern und gegen das „Greenwashing" von zu Unrecht als nachhaltig dargestellten Finanzprodukten vorzugehen. Mit der Verordnung (EU) 2019/2089 des Europäischen Parlaments und des Rates , ergänzt durch die Delegierten Verordnungen (EU) 2020/1816 , (EU) 2020/1817 und (EU) 2020/1818 der Kommission, werden Offenlegungsanforderungen für Referenzwert-Administratoren im Hinblick auf Umwelt-, Sozial- und Governance-Faktoren (ESG) sowie Mindeststandards für EU-Referenzwerte für den klimabedingten

Wandel und für Paris-abgestimmte EU-Referenzwerte eingeführt.

(11) Nach der Verordnung (EU) Nr. 575/2013 des Europäischen Parlaments und des Rates müssen große Institute, die zum Handel an einem geregelten Markt zugelassene Wertpapiere emittiert haben, ab dem 28. Juni 2022 Informationen zu ESG-Risiken offenlegen. Der mit der Verordnung (EU) 2019/2033 des Europäischen Parlaments und des Rates und der Richtlinie (EU) 2019/2034 des Europäischen Parlaments und des Rates geschaffene Aufsichtsrahmen für Wertpapierfirmen enthält Bestimmungen zur Einbeziehung von ESG-Risiken in den Prozess der aufsichtlichen Überprüfung und Bewertung (Supervisory Review and Evaluation Process, SREP) durch die zuständigen Behörden sowie Anforderungen bezüglich der Offenlegung von ESG-Risiken durch Wertpapierfirmen, die ab dem 26. Dezember 2022 gelten. Am 6. Juli 2021 verabschiedete die Kommission außerdem einen Vorschlag für eine Verordnung des Europäischen Parlaments und des Rates über europäische grüne Anleihen, womit dem Aktionsplan zur Finanzierung nachhaltigen Wachstums Folge geleistet werden soll.

(12) Nach der Verordnung (EU) Nr. 575/2013 des Europäischen Parlaments und des Rates müssen große Institute, die zum Handel an einem geregelten Markt zugelassene Wertpapiere emittiert haben, ab dem 28. Juni 2022 Informationen zu ESG-Risiken offenlegen. Der mit der Verordnung (EU) 2019/2033 des Europäischen Parlaments und des Rates und der Richtlinie (EU) 2019/2034 des Europäischen Parlaments und des Rates geschaffene Aufsichtsrahmen für Wertpapierfirmen enthält Bestimmungen zur Einbeziehung von ESG-Risiken in den Prozess der aufsichtlichen Überprüfung und Bewertung (Supervisory Review and Evaluation Process, SREP) durch die zuständigen Behörden sowie Anforderungen bezüglich der Offenlegung von ESG-Risiken durch Wertpapierfirmen, die ab dem 26. Dezember 2022 gelten. Am 6. Juli 2021 verabschiedete die Kommission außerdem einen Vorschlag für eine Verordnung des Europäischen Parlaments und des Rates über europäische grüne Anleihen, womit dem Aktionsplan zur Finanzierung nachhaltigen Wachstums Folge geleistet werden soll.

(13) Nach der Verordnung (EU) Nr. 575/2013 des Europäischen Parlaments und des Rates müssen große Institute, die zum Handel an einem geregelten Markt zugelassene Wertpapiere emittiert haben, ab dem 28. Juni 2022 Informationen zu ESG-Risiken offenlegen. Der mit der Verordnung (EU) 2019/2033 des Europäischen Parlaments und des Rates und der Richtlinie (EU) 2019/2034 des Europäischen Parlaments und des Rates geschaffene Aufsichtsrahmen für Wertpapierfirmen enthält Bestimmungen zur Einbeziehung von ESG-Risiken in den Prozess der aufsichtlichen Überprüfung und Bewertung (Supervisory Review and Evaluation Process, SREP) durch die zuständigen Behörden sowie Anforderungen bezüglich der Offenlegung von ESG-Risiken durch Wertpapierfirmen, die ab dem 26. Dezember 2022 gelten. Am 6. Juli 2021 verabschiedete die Kommission außerdem einen Vorschlag für eine Verordnung des Europäischen Parlaments und des Rates über europäische grüne Anleihen, womit dem Aktionsplan zur Finanzierung nachhaltigen Wachstums Folge geleistet werden soll.

(14) In seiner Entschließung vom 29. Mai 2018 zu einem nachhaltigen Finanzwesen forderte das Europäische Parlament die Weiterentwicklung der Anforderungen an die nichtfinanzielle Berichterstattung im Rahmen der Richtlinie 2013/34/EU. In seiner Entschließung vom 17. Dezember 2020 zu der nachhaltigen Unternehmensführung begrüßte das Europäische Parlament die Zusage der Kommission zur Überarbeitung der Richtlinie 2013/34/EU und wies darauf hin, dass ein umfassender Unionsrahmen für die Angabe nichtfinanzieller Informationen geschaffen werden müsse, der verpflichtende Standards der Union für die Berichterstattung über nichtfinanzielle Informationen enthält. Das Europäische Parlament forderte ferner eine Erweiterung des Geltungsbereichs der Berichterstattungsanforderungen auf weitere Unternehmenskategorien sowie die Einführung einer Prüfungspflicht.

(15) In seiner Entschließung vom 29. Mai 2018 zu einem nachhaltigen Finanzwesen forderte das Europäische Parlament die Weiterentwicklung der Anforderungen an die nichtfinanzielle Berichterstattung im Rahmen der Richtlinie 2013/34/EU. In seiner Entschließung vom 17. Dezember 2020 zu der nachhaltigen Unternehmensführung begrüßte das Europäische Parlament die Zusage der Kommission zur Überarbeitung der Richtlinie 2013/34/EU und wies darauf hin, dass ein umfassender Unionsrahmen für die Angabe nichtfinanzieller Informationen geschaffen werden müsse, der verpflichtende Standards der Union für die Berichterstattung über nichtfinanzielle Informationen enthält. Das Europäische Parlament forderte ferner eine Erweiterung des Geltungsbereichs der Berichterstattungsanforderungen auf weitere Unternehmenskategorien sowie die Einführung einer Prüfungspflicht.

(16) Mit der Richtlinie 2014/95/EU des Europäischen Parlaments und des Rates wurde die Richtlinie 2013/34/EU im Hinblick auf die Offenlegung nichtfinanzieller Informationen durch bestimmte große Unternehmen und Gruppen geändert. Mit der Richtlinie 2014/95/EU wurden Unternehmen verpflichtet, mindestens über Umwelt-, Sozial-, und Arbeitnehmerbelange, die Achtung der Menschenrechte und die Bekämpfung von Korruption und Bestechung Bericht zu erstatten und dabei Informationen zu folgenden Berichterstattungsbereichen offenzulegen: Geschäftsmodell; Konzepte, einschließlich der Due-Diligence-Prozesse; Ergebnisse dieser Konzepte; Risiken und deren Handhabung sowie wichtigste Leistungsindikatoren, die für die betreffende Geschäftstätigkeit von Bedeutung sind.

(17) Die Richtlinie 2004/109/EG des Europäischen Parlaments und des Rates gilt für Unternehmen, deren Wertpapiere zum Handel auf einem geregelten Markt in der Union zugelassen sind. Um sicherzustellen, dass Unternehmen, deren Wertpapiere zum Handel auf einem geregelten Markt in der Union zugelassen sind, einschließlich Emittenten aus einem Drittland, denselben Anforderungen an die Nachhaltigkeitsberichterstattung unterliegen, sollte die Richtlinie 2004/109/EG die erforderlichen Querverweise auf etwaige Anforderungen an die Nachhaltigkeitsberichterstattung im Jahresfinanzbericht enthalten.

(18) Mit Artikel 23 Absatz 4 Unterabsatz 1 Buchstabe i und Artikel 23 Absatz 4 Unterabsatz 4 der Richtlinie 2004/109/EG wird der Kommission jeweils die Befugnis übertragen, Maßnahmen zur Einführung eines Mechanismus für die Feststellung der Gleichwertigkeit von gemäß jener Richtlinie erforderlichen Informationen bzw. zur Aufstellung allgemeiner Äquivalenzkriterien für Rechnungslegungsstandards zu erlassen. Nach Artikel 23 Absatz 4 Unterabsatz 3 der Richtlinie 2004/109/EG ist die Kommission zudem befugt, die notwendigen Beschlüsse über die Gleichwertigkeit der Rechnungslegungsstandards, die von Emittenten mit Sitz in Drittländern angewandt werden, zu fassen. Damit der Erweiterung der Richtlinie 2004/109/EG um Nachhaltigkeitsanforderungen Rechnung getragen ist, sollte der Kommission die Befugnis übertragen werden, einen Mechanismus für die Feststellung der Gleichwertigkeit der von Emittenten mit Sitz in Drittländern angewandten Standards für die Nachhaltigkeitsberichterstattung einzurichten, ähnlich der bestehenden Verordnung (EG) Nr. 1569/2007 der Kommission , in der die Kriterien für die Feststellung der Gleichwertigkeit der von Emittenten mit Sitz in Drittländern angewandten Rechnungslegungsstandards festgelegt sind. Aus demselben Grund sollte die Kommission zudem die Befugnis erhalten, die notwendigen Beschlüsse über die Gleichwertigkeit der Standards für die Nachhaltigkeitsberichterstattung, die von Emittenten mit Sitz in

Drittländern angewandt werden, zu fassen. Die mit dieser Änderungsrichtlinie eingeführten Änderungen werden einheitliche Gleichwertigkeitsregelungen für die Anforderungen an die Nachhaltigkeitsberichterstattung und für die Anforderungen an die Finanzberichterstattung im Zusammenhang mit dem Jahresfinanzbericht sicherstellen.

(19) Das Kriterium der Nettoumsatzerlöse muss für Kreditinstitute und Versicherungsunternehmen angepasst werden, indem anstelle der allgemeinen Definition der Richtlinie 2013/34/EU auf die Definition der Nettoumsatzerlöse in den Richtlinien 86/635/EWG und 91/674/EWG des Rates Bezug genommen wird. Zur Gewährleistung der Kohärenz mit den Berichterstattungsanforderungen der Richtlinie 86/635/EWG können die Mitgliedstaaten in diesem Zusammenhang beschließen, die Anforderungen an die Nachhaltigkeitsberichterstattung nicht auf die in Artikel 2 Absatz 5 der Richtlinie 2013/36/EU des Europäischen Parlaments und des Rates genannten Kreditinstitute anzuwenden.

(20) Das Kriterium der Nettoumsatzerlöse muss für Kreditinstitute und Versicherungsunternehmen angepasst werden, indem anstelle der allgemeinen Definition der Richtlinie 2013/34/EU auf die Definition der Nettoumsatzerlöse in den Richtlinien 86/635/EWG und 91/674/EWG des Rates Bezug genommen wird. Zur Gewährleistung der Kohärenz mit den Berichterstattungsanforderungen der Richtlinie 86/635/EWG können die Mitgliedstaaten in diesem Zusammenhang beschließen, die Anforderungen an die Nachhaltigkeitsberichterstattung nicht auf die in Artikel 2 Absatz 5 der Richtlinie 2013/36/EU des Europäischen Parlaments und des Rates genannten Kreditinstitute anzuwenden.

(21) Das Kriterium der Nettoumsatzerlöse muss für Kreditinstitute und Versicherungsunternehmen angepasst werden, indem anstelle der allgemeinen Definition der Richtlinie 2013/34/EU auf die Definition der Nettoumsatzerlöse in den Richtlinien 86/635/EWG und 91/674/EWG des Rates Bezug genommen wird. Zur Gewährleistung der Kohärenz mit den Berichterstattungsanforderungen der Richtlinie 86/635/EWG können die Mitgliedstaaten in diesem Zusammenhang beschließen, die Anforderungen an die Nachhaltigkeitsberichterstattung nicht auf die in Artikel 2 Absatz 5 der Richtlinie 2013/36/EU des Europäischen Parlaments und des Rates genannten Kreditinstitute anzuwenden.

(22) Diese Änderungsrichtlinie zielt nicht darauf ab, Unternehmen zur Offenlegung von geistigem Kapital, geistigem Eigentum, Know-how oder Innovationsergebnissen zu verpflichten, die als Geschäftsgeheimnisse im Sinne der Richtlinie (EU) 2016/943 des Europäischen Parlaments und des Rates einzustufen sind. Die in dieser Änderungsrichtlinie vorgesehenen Berichterstattungsanforderungen sollten daher unbeschadet der Richtlinie (EU) 2016/943 gelten.

(23) Zur Gewährleistung hochwertiger Standards, die zum europäischen Gemeinwohl beitragen und den Bedürfnissen der Unternehmen und der Nutzer der bereitgestellten Informationen entsprechen, sollte die EFRAG über ausreichende öffentliche Mittel verfügen, um ihre Unabhängigkeit zu gewährleisten. Ihre technischen Empfehlungen sollten in einem einwandfreien Verfahren mit angemessener öffentlicher Aufsicht und Transparenz und auf der Grundlage des Fachwissens einer ausgewogenen Vertretung einschlägiger Interessenträger, einschließlich Unternehmen, Investoren, Organisationen der Zivilgesellschaft und Gewerkschaften, weiterentwickelt werden und mit Kosten-Nutzen-Analysen einhergehen. Die Teilnahme an der Arbeit der EFRAG auf technischer Ebene sollte von Fachwissen im Bereich der Nachhaltigkeitsberichterstattung und nicht von finanziellen Beiträgen abhängig gemacht werden, unbeschadet der Beteiligung öffentlicher Stellen und nationaler Standardsetzungseinrichtungen an dieser Arbeit. Es sollte ein transparentes Verfahren zur Vermeidung von Interessenkonflikten gewährleistet werden. Um sicherzustellen, dass die Standards der Union für die Nachhaltigkeitsberichterstattung den Standpunkten der Mitgliedstaaten Rechnung tragen, sollte die Kommission vor der Annahme dieser Standards die in der Verordnung (EU) 2020/852 genannte Sachverständigengruppe der Mitgliedstaaten für nachhaltiges Finanzwesen (im Folgenden "Sachverständigengruppe der Mitgliedstaaten für nachhaltiges Finanzwesen") und den in der Verordnung (EG) Nr. 1606/2002 des Europäischen Parlaments und des Rates genannten Regelungsausschuss für Rechnungslegung (im Folgenden "Regelungsausschuss für Rechnungslegung") zu den technischen Empfehlungen der EFRAG konsultieren.

(24) Die Europäische Wertpapier- und Marktaufsichtsbehörde (ESMA), die Europäische Bankenaufsichtsbehörde (EBA) und die Europäische Aufsichtsbehörde für das Versicherungswesen und die betriebliche Altersversorgung (EIOPA) sind gemäß der Verordnung (EU) 2019/2088 an der Ausarbeitung technischer Regulierungsstandards beteiligt, und zwischen diesen technischen Regulierungsstandards und den Standards für die Nachhaltigkeitsberichterstattung muss Kohärenz bestehen. Gemäß der Verordnung (EU) Nr. 1095/2010 des Europäischen Parlaments und des Rates trägt die ESMA auch zur Förderung der aufsichtlichen Konvergenz bei der Durchsetzung der Unternehmensberichterstattung von Emittenten bei, deren Wertpapiere zum Handel auf einem geregelten Markt in der Union zugelassen sind und die zur Mitteilung im Einklang mit diesen Standards für die Nachhaltigkeitsberichterstattung verpflichtet sein werden. Daher sollten die ESMA, die EBA und die EIOPA verpflichtet werden, eine Stellungnahme zur fachlichen Stellungnahme der EFRAG abzugeben. Diese Stellungnahmen sollten innerhalb von zwei Monaten nach Eingang des entsprechenden Antrags der Kommission vorgelegt werden. Darüber hinaus sollte die Kommission die Europäische Umweltagentur, die Agentur der Europäischen Union für Grundrechte, die EZB, den Ausschuss der Europäischen Aufsichtsstellen für Abschlussprüfer (im Folgenden „Ausschuss der Aufsichtsstellen") und die Plattform für ein nachhaltiges Finanzwesen konsultieren, um sicherzustellen, dass die Standards für die Nachhaltigkeitsberichterstattung mit den einschlägigen Strategien und Rechtsvorschriften der Union im Einklang stehen. Beschließt eine dieser Einrichtungen, eine Stellungnahme zu übermitteln, so sollte sie diese binnen zwei Monaten nach ihrer Konsultation durch die Kommission vorlegen.

(25) Die Standards für die Nachhaltigkeitsberichterstattung sollten mit anderem Unionsrecht im Einklang stehen. Diese Standards sollten insbesondere an die in der Verordnung (EU) 2019/2088 festgelegten Offenlegungspflichten angepasst werden und die zugrunde liegenden Indikatoren und Methoden, die in den verschiedenen gemäß der Verordnung (EU) 2020/852 erlassenen delegierten Rechtsakten festgelegt sind, genauso berücksichtigen wie die gemäß der Verordnung (EU) 2016/1011 des Europäischen Parlaments und des Rates für Referenzwert-Administratoren geltenden Offenlegungspflichten, die Mindeststandards für EU-Referenzwerte für den klimabedingten Wandel und für Paris-abgestimmte EU-Referenzwerte sowie alle Arbeiten der EBA zur Umsetzung der Säule-III-Offenlegungspflichten nach der Verordnung (EU) Nr. 575/2013.

(26) Die Standards sollten den Umweltvorschriften der Union, einschließlich der Verordnung (EG) Nr. 1221/2009 des Europäischen Parlaments und des Rates und Richtlinie 2003/87/EG des Europäischen Parlaments und des Rates , sowie auch der Empfehlung 2013/179/EU der Kommission und deren Anhängen, einschließlich ihrer aktualisierten Fassungen, Rechnung tragen. Anderes Unionsrecht, einschließlich der Richtlinie 2010/75/EU des Europäischen Parlaments und des Rates , sowie andere im Unionsrecht für Unternehmen geltenden Anforderungen im Hinblick auf die Pflichten von Vorständen und Due

Diligence sollten ebenfalls berücksichtigt werden.

(27) Die Standards sollten den Umweltvorschriften der Union, einschließlich der Verordnung (EG) Nr. 1221/2009 des Europäischen Parlaments und des Rates und Richtlinie 2003/87/EG des Europäischen Parlaments und des Rates , sowie auch der Empfehlung 2013/179/EU der Kommission und deren Anhängen, einschließlich ihrer aktualisierten Fassungen, Rechnung tragen. Anderes Unionsrecht, einschließlich der Richtlinie 2010/75/EU des Europäischen Parlaments und des Rates , sowie andere im Unionsrecht für Unternehmen geltenden Anforderungen im Hinblick auf die Pflichten von Vorständen und Due Diligence sollten ebenfalls berücksichtigt werden.

(28) Die Standards sollten den Umweltvorschriften der Union, einschließlich der Verordnung (EG) Nr. 1221/2009 des Europäischen Parlaments und des Rates und Richtlinie 2003/87/EG des Europäischen Parlaments und des Rates , sowie auch der Empfehlung 2013/179/EU der Kommission und deren Anhängen, einschließlich ihrer aktualisierten Fassungen, Rechnung tragen. Anderes Unionsrecht, einschließlich der Richtlinie 2010/75/EU des Europäischen Parlaments und des Rates , sowie andere im Unionsrecht für Unternehmen geltenden Anforderungen im Hinblick auf die Pflichten von Vorständen und Due Diligence sollten ebenfalls berücksichtigt werden.

(29) Die Standards sollten den Umweltvorschriften der Union, einschließlich der Verordnung (EG) Nr. 1221/2009 des Europäischen Parlaments und des Rates und Richtlinie 2003/87/EG des Europäischen Parlaments und des Rates , sowie auch der Empfehlung 2013/179/EU der Kommission und deren Anhängen, einschließlich ihrer aktualisierten Fassungen, Rechnung tragen. Anderes Unionsrecht, einschließlich der Richtlinie 2010/75/EU des Europäischen Parlaments und des Rates , sowie andere im Unionsrecht für Unternehmen geltenden Anforderungen im Hinblick auf die Pflichten von Vorständen und Due Diligence sollten ebenfalls berücksichtigt werden.

(30) Im Rahmen des mit Mitteln aus dem durch die Verordnung (EU) 2021/783 des Europäischen Parlaments und des Rates eingerichteten Programm für die Umwelt- und Klimapolitik (LIFE) geförderten Projekts „Transparent" wird eine erste Methodik für die Naturkapitalbilanzierung entwickelt, mit der Vergleichbarkeit und Transparenz der bestehenden Methoden verbessert und Hemmnisse für die Unternehmen gegenüber einer Einführung und Nutzung von Systemen zur zukunftssicheren Gestaltung ihrer Geschäftstätigkeiten abgebaut werden sollen. Das Natural Capital Protocol ist im Zusammenhang mit der Naturkapitalbilanzierung ebenfalls eine wichtige Referenz. Zwar dienen die Methoden für die Naturkapitalbilanzierung in erster Linie der Untermauerung interner Unternehmensentscheidungen, doch sollten sie auch bei der Festlegung von Standards für die Nachhaltigkeitsberichterstattung gebührend berücksichtigt werden. Einige Methoden der Naturkapitalbilanzierung zielen darauf ab, die Auswirkungen von Unternehmenstätigkeiten auf die Umwelt anhand eines monetären Werts auszudrücken; dies könnte den Nutzern von Nachhaltigkeitsinformationen dabei helfen, solche Auswirkungen besser zu verstehen. Standards für die Nachhaltigkeitsberichterstattung sollten daher monetäre Indikatoren für Nachhaltigkeitsauswirkungen einschließen können, sofern dies für notwendig erachtet wird.

(31) Informationen über die Leitung des Unternehmens und die Qualität der Beziehungen zu Kunden, Lieferanten und Gemeinschaften, die von den Tätigkeiten des Unternehmens betroffen sind, vermitteln den Nutzern ein besseres Verständnis der Risiken eines Unternehmens und der Auswirkungen im Zusammenhang mit Nachhaltigkeitsaspekten. Informationen über die Beziehungen zu Lieferanten umfassen Zahlungspraktiken in Bezug auf Zahlungstermine oder Zahlungsfristen, den Zinssatz für verspätete Zahlungen oder die Entschädigung für in der Richtlinie 2011/7/EU des Europäischen Parlaments und des Rates genannte Beitreibungskosten. Jedes Jahr müssen Tausende von Unternehmen, insbesondere kleine und mittlere Unternehmen (KMU), administrative und finanzielle Belastungen tragen, weil sie verspätet oder gar nicht bezahlt werden. Letztendlich führt Zahlungsverzug zu Insolvenz und Konkurs mit destruktiven Auswirkungen auf ganze Wertschöpfungsketten. Wenn Unternehmen mehr Informationen über Zahlungspraktiken zur Verfügung gestellt werden, dürften sie besser in der Lage sein, schnelle und zuverlässige Zahler zu ermitteln, unlautere Zahlungspraktiken aufzudecken, sich über Unternehmen, mit denen sie Handel treiben, zu informieren und fairere Zahlungsbedingungen auszuhandeln.

(32) Unternehmen derselben Branche sind häufig ähnlichen nachhaltigkeitsbezogenen Risiken ausgesetzt und haben häufig ähnliche Auswirkungen auf Gesellschaft und Umwelt. Vergleiche zwischen Unternehmen derselben Branche sind für Anleger und andere Nutzer von Nachhaltigkeitsinformationen besonders wertvoll. Daher sollte in den Standards für die Nachhaltigkeitsberichterstattung festgelegt werden, welche Informationen die Unternehmen sämtlicher Branchen und welche Informationen die Unternehmen je nach Tätigkeitsbereich offenlegen sollten. Sektorspezifische Standards für die Nachhaltigkeitsberichterstattung sind besonders wichtig für Wirtschaftszweige, die mit hohen Nachhaltigkeitsrisiken für oder mit Auswirkungen auf Umwelt, Menschenrechte und Governance verbunden sind, einschließlich der in Anhang I Abschnitte A bis H und Abschnitt L der Verordnung (EG) Nr. 1893/2006 des Europäischen Parlaments und des Rates aufgeführten Wirtschaftszweige und der einschlägigen Tätigkeiten in diesen Wirtschaftszweigen. Bei der Annahme sektorspezifischer Standards für die Nachhaltigkeitsberichterstattung sollte die Kommission sicherstellen, dass die in diesen Standards für die Nachhaltigkeitsberichterstattung vorgeschriebenen Informationen in einem angemessenen Verhältnis zum Ausmaß der Risiken und Auswirkungen im Zusammenhang mit Nachhaltigkeitsaspekten stehen, die für jeden Wirtschaftszweig spezifisch sind, wobei berücksichtig werden sollte, dass die Risiken und Auswirkungen einiger Wirtschaftszweige im Vergleich höher sind. Die Kommission sollte auch berücksichtigen, dass nicht alle Tätigkeiten in diesen Wirtschaftszweigen notwendigerweise mit hohen Nachhaltigkeitsrisiken oder -auswirkungen verbunden sind. Für Unternehmen, die in Wirtschaftszweigen tätig sind, die in besonderem Maße auf natürliche Ressourcen angewiesen sind, würden sektorspezifische Standards für die Nachhaltigkeitsberichterstattung die Offenlegung der naturbezogenen Auswirkungen auf die biologische Vielfalt und die Ökosysteme sowie der entsprechenden Risiken erfordern.

(33) Die Richtlinie 2013/34/EU schreibt nicht vor, dass der Lagebericht in digitalem Format vorgelegt werden muss, was es schwieriger macht, die Informationen, über die Bericht erstattet wurde, zu finden und zu nutzen. Die Nutzer von Nachhaltigkeitsinformationen erwarten zunehmend, dass diese Informationen in digitalem Format auffindbar, vergleichbar und maschinenlesbar sind. Die Mitgliedstaaten sollten vorschreiben können, dass Unternehmen, die den Anforderungen der Richtlinie 2013/34/EU an die Nachhaltigkeitsberichterstattung unterliegen, ihre Lageberichte der Öffentlichkeit kostenlos auf ihren Websites zugänglich machen. Die Digitalisierung eröffnet Möglichkeiten für eine effizientere Nutzung von Informationen und birgt sowohl für Nutzer als auch für Unternehmen das Potenzial erheblicher Kosteneinsparungen. Die Digitalisierung ermöglicht auch die Zentralisierung von Daten auf Ebene der Union und der Mitgliedstaaten in einem offenen, barrierefreien Format, das das Lesen

erleichtert und den Vergleich von Daten ermöglicht. Unternehmen sollten daher dazu verpflichtet werden, den Lagebericht im elektronischen Berichtsformat gemäß Artikel 3 der Delegierten Verordnung (EU) 2019/815 der Kommission zu erstellen und Nachhaltigkeitsberichterstattung, einschließlich der nach Artikel 8 der Verordnung (EU) 2020/852 erforderlichen Angaben, im Einklang mit dem elektronischen Berichtsformat gemäß der genannten Delegierten Verordnung (EU) 2019/815 auszuzeichnen, sobald dies entsprechend festgelegt wurde.

(34) Angesichts der Schlüsselrolle, die Abschlussprüfer bei der Bestätigung der Nachhaltigkeitsberichterstattung und der Gewährleistung zuverlässiger Nachhaltigkeitsinformationen spielen, hat die Kommission angekündigt, dass sie tätig werden wird, damit sich die Qualität der Abschlussprüfung weiter verbessert und ein offenerer, stärker diversifizierter Prüfungsmarkt entsteht, was die Voraussetzung für die erfolgreiche Anwendung dieser Änderungsrichtlinie darstellt. Darüber hinaus ist es im Zusammenhang mit der Bestätigung der Nachhaltigkeitsberichterstattung wünschenswert, dass die Unternehmen auf eine größere Auswahl an unabhängigen Erbringern von Bestätigungsleistungen zurückgreifen können. Die Mitgliedstaaten sollten daher die Möglichkeit haben, unabhängige Erbringer von Bestätigungsleistungen gemäß der Verordnung (EG) Nr. 765/2008 des Europäischen Parlaments und des Rates für die Abgabe eines Bestätigungsurteils über die Nachhaltigkeitsberichterstattung zur gemeinsamen Veröffentlichung mit dem Lagebericht zu akkreditieren. Darüber hinaus sollten die Mitgliedstaaten die Möglichkeit haben, einem anderen Abschlussprüfer als dem- oder denjenigen, die die Abschlussprüfung durchführen, zu gestatten, ein Bestätigungsurteil über die Nachhaltigkeitsberichterstattung abzugeben. Gestatten sie zudem unabhängigen Erbringern von Bestätigungsleistungen, die Bestätigung der Nachhaltigkeitsberichterstattung durchzuführen, so sollten die Mitgliedstaaten auch einem anderen Abschlussprüfer als dem- oder denjenigen, die die Abschlussprüfung durchführen, gestatten, ein Bestätigungsurteil über die Nachhaltigkeitsberichterstattung abzugeben.

(35) Die Mitgliedstaaten sollten Anforderungen festlegen, mit denen die Qualität der von unabhängigen Erbringern von Bestätigungsleistungen durchgeführten Bestätigungen der Nachhaltigkeitsberichterstattung sowie kohärente Ergebnisse bei der Bestätigung der Nachhaltigkeitsberichterstattung sichergestellt werden. Daher sollten alle unabhängigen Erbringer von Bestätigungsleistungen Anforderungen unterliegen, die in Bezug auf die Bestätigung der Nachhaltigkeitsberichterstattung den in der Richtlinie 2006/43/EG des Europäischen Parlaments und des Rates festgelegten Anforderungen gleichwertig sind, jedoch an die Merkmale unabhängiger Erbringer von Bestätigungsleistungen, die keine Abschlussprüfungen durchführen, angepasst sind. Insbesondere sollten die Mitgliedstaaten gleichwertige Anforderungen an Ausbildung und Eignungsprüfung, kontinuierliche Fortbildung, Qualitätssicherungssysteme, Berufsgrundsätze, Unabhängigkeit, Unparteilichkeit, Verschwiegenheit und Berufsgeheimnis, Bestellung und Abberufung, die Organisation der Arbeit der unabhängigen Erbringer von Bestätigungsleistungen, Untersuchungen und Sanktionen sowie die Meldung von Unregelmäßigkeiten festlegen. Dies würde zudem gleiche Wettbewerbsbedingungen für alle Personen und Gesellschaften gewährleisten, die von den Mitgliedstaaten dazu befugt werden, ein Bestätigungsurteil über die Nachhaltigkeitsberichterstattung abzugeben, einschließlich Abschlussprüfern. Beschließt ein Unternehmen, das Urteil über seine Nachhaltigkeitsberichterstattung bei einem akkreditierten unabhängigen Erbringer von Bestätigungsleistungen einzuholen, der nicht sein Abschlussprüfer ist, so sollte es nicht zusätzlich ein Bestätigungsurteil des Abschlussprüfers zu seiner Nachhaltigkeitsberichterstattung einholen müssen.

(36) Gemäß Artikel 6 der Richtlinie 2007/36/EG des Europäischen Parlaments und des Rates haben die Mitgliedstaaten sicherzustellen, dass Aktionäre von Unternehmen, deren Wertpapiere zum Handel auf einem geregelten Markt in der Union zugelassen sind, die einzeln oder gemeinsam handeln, das Recht haben, Punkte auf die Tagesordnung der Hauptversammlung der Aktionäre zu setzen, sofern jedem dieser Punkte eine Begründung oder ein Beschlussentwurf beigefügt ist, der in der Hauptversammlung anzunehmen ist, und dass sie das Recht haben, Beschlussentwürfe für Punkte einzureichen, die in die Tagesordnung einer Hauptversammlung aufgenommen wurden oder aufgenommen werden sollen. Sind diese Rechte an die Bedingung geknüpft, dass der bzw. die betreffenden Aktionäre eine Mindestbeteiligung am Unternehmen halten, so darf diese Mindestbeteiligung 5 % des Gesellschaftskapitals nicht überschreiten. Was die Bestätigung der Nachhaltigkeitsberichterstattung betrifft, sollten die Aktionäre die in Artikel 6 der Richtlinie 2007/36/EG festgelegten Rechte ausüben können, um Beschlussentwürfe, die in der Hauptversammlung anzunehmen sind, vorzulegen, nach denen zum einen ein zugelassener Dritter, der nicht derselben Prüfungsgesellschaft oder demselben -netzwerk angehört wie der Abschlussprüfer oder die Prüfungsgesellschaft, der bzw. die die Abschlussprüfung durchführt, einen Bericht über bestimmte Teile der Nachhaltigkeitsberichterstattung erstellen muss und zum anderen dieser Bericht der Hauptversammlung zur Verfügung gestellt werden muss.

(37) Die Verordnung (EU) Nr. 537/2014 des Europäischen Parlaments und des Rates gilt für Abschlussprüfer und Prüfungsgesellschaften, die Abschlussprüfungen bei Unternehmen von öffentlichem Interesse durchführen. Um die Unabhängigkeit des Abschlussprüfers bei der Durchführung einer Abschlussprüfung zu gewährleisten, wird in der genannten Verordnung eine Begrenzung der Honorare, die er für andere Leistungen erhalten kann, festgelegt. Es ist wichtig klarzustellen, dass die Bestätigung der Nachhaltigkeitsberichterstattung bei der Berechnung dieser Begrenzung nicht berücksichtigt werden sollte. Darüber hinaus verbietet die Verordnung (EU) Nr. 537/2014 während bestimmter Zeiträume die Erbringung bestimmter Nichtprüfungsleistungen, wenn der Abschlussprüfer die Abschlussprüfung durchführt. Leistungen im Zusammenhang mit der Erstellung der Nachhaltigkeitsberichtserstattung, einschließlich jeglicher Beratungsleistungen, sollten während des in der Verordnung (EU) Nr. 537/2014 festgelegten Zeitraums ebenfalls als verbotene Leistungen betrachtet werden. Das Verbot der Erbringung solcher Leistungen sollte in allen Fällen gelten, in denen der Abschlussprüfer die Abschlussprüfung durchführt.

(38) Um die Anforderungen dieser Änderungsrichtlinie festzulegen, sollte der Kommission die Befugnis übertragen werden, gemäß Artikel 290 des Vertrags über die Arbeitsweise der Europäischen Union Rechtsakte hinsichtlich der Festlegung von Standards für die Nachhaltigkeitsberichterstattung, der Festlegung gleichwertiger Standards für Drittlandsunternehmen und der Festlegung von Standards für die Bestätigung der Nachhaltigkeitsberichterstattung zu erlassen. Es ist von besonderer Bedeutung, dass die Kommission im Zuge ihrer Vorbereitungsarbeit angemessene Konsultationen, auch auf der Ebene von Sachverständigen, durchführt, die mit den Grundsätzen in Einklang stehen, die in der Interinstitutionellen Vereinbarung vom 13. April 2016 über bessere Rechtsetzung niedergelegt wurden. Um insbesondere für eine gleichberechtigte Beteiligung an der Vorbereitung delegierter Rechtsakte zu sorgen, erhalten das Europäische Parlament und der Rat alle Dokumente zur gleichen Zeit wie die Sachverständigen der Mitgliedstaaten, und ihre Sachverständigen haben systematisch Zugang zu den Sitzungen der Sachverständigengruppen der Kommission, die mit der Vorbereitung der delegierten Rechtsakte befasst sind.

(39)

Artikel 1

Änderung der Richtlinie 2013/34/EU

Die Richtlinie 2013/34/EU wird wie folgt geändert:

1. Dem Artikel 1 werden die folgenden Absätze angefügt:

„(3) Die in den Artikeln 19a, 29a, 29d, 30 und 33, Artikel 34 Absatz 1 Unterabsatz 2 Buchstabe aa, Artikel 34 Absätze 2 und 3 sowie Artikel 51 der vorliegenden Richtlinie vorgeschriebenen Koordinierungsmaßnahmen gelten unabhängig von der jeweiligen Rechtsform auch für die Rechts- und Verwaltungsvorschriften der Mitgliedstaaten für folgende Unternehmen, sofern es sich um große Unternehmen oder um kleine und mittlere Unternehmen – mit Ausnahme von Kleinstunternehmen –, handelt, die Unternehmen von öffentlichem Interesse im Sinne von Artikel 2 Nummer 1 Buchstabe a der vorliegenden Richtlinie sind:

a) Versicherungsunternehmen im Sinne von Artikel 2 Absatz 1 der Richtlinie 91/674/EWG des Rates ([*1]);

b) Kreditinstitute im Sinne von Artikel 4 Absatz 1
Nummer 1 der Verordnung (EU) Nr. 575/2013 des Europäischen Parlaments und des Rates ([*2]).

Die Mitgliedstaaten können beschließen, die in Unterabsatz 1 genannten Koordinierungsmaßnahmen nicht auf die in Artikel 2 Absatz 5 Nummern 2 bis 23 der Richtlinie 2013/36/EU des Europäischen Parlaments und des Rates ([*3]) genannten Unternehmen anzuwenden.

(4) Die in den Artikeln 19a, 29a und 29d vorgeschriebenen Koordinierungsmaßnahmen gelten nicht für Finanzprodukte nach Artikel 2 Nummer 12 Buchstaben b und f der Verordnung (EU) 2019/2088 des Europäischen Parlaments und des Rates ([*4]).

(5) Die in den Artikeln 40a bis 40d vorgeschriebenen Koordinierungsmaßnahmen gelten auch für die Rechts- und Verwaltungsvorschriften der Mitgliedstaaten für Tochterunternehmen und Zweigniederlassungen von Unternehmen, die nicht dem Recht eines Mitgliedstaats unterliegen, deren Rechtsform aber den in Anhang I genannten Rechtsformen vergleichbar ist.

2. Artikel 2 wird wie folgt geändert:

a) Nummer 5 erhält folgende Fassung:

„5. ‚Nettoumsatzerlöse' die Beträge, die sich aus dem Verkauf von Produkten und der Erbringung von Dienstleistungen nach Abzug von Erlösschmälerungen und der Mehrwertsteuer sowie sonstigen direkt mit dem Umsatz verbundenen Steuern ergeben; für Versicherungsunternehmen nach Artikel 1 Absatz 3 Unterabsatz 1 Buchstabe a der vorliegenden Richtlinie wird der Begriff ‚Nettoumsatzerlöse' jedoch gemäß Artikeln 35 und Artikel 66 Nummer 2 der Richtlinie 91/674/EWG des Rates ([*5]) definiert; für Kreditinstitute nach Artikel 1 Absatz 3 Unterabsatz 1 Buchstabe b der vorliegenden Richtlinie wird der Begriff ‚Nettoumsatzerlöse' gemäß Artikel 43 Absatz 2 Buchstabe c der Richtlinie 86/635/EWG des Rates ([*6]) definiert; und für Unternehmen, die in den Anwendungsbereich von Artikel 40a Absatz 1 dieser Richtlinie fallen, bezeichnet der Begriff ‚Nettoumsatzerlöse' die Einnahmen gemäß der Definition durch die bzw. im Sinne der Rechnungslegungsgrundsätze, auf deren Grundlage die Abschlüsse des Unternehmens erstellt werden;

b) Folgende Nummern werden angefügt:

„17. ‚Nachhaltigkeitsaspekte' Umwelt-, Sozial- und Menschenrechtsfaktoren sowie Governance-Faktoren, einschließlich Nachhaltigkeitsfaktoren im Sinne von Artikel 2 Nummer 24 der Verordnung (EU) 2019/2088;

18. ‚Nachhaltigkeitsberichterstattung' die Berichterstattung über Informationen über Nachhaltigkeitsaspekte gemäß den Artikeln 19a, 29a und 29d;

19. ‚wichtigste immaterielle Ressourcen' Ressourcen ohne physische Substanz, von denen das Geschäftsmodell des Unternehmens grundlegend abhängt und die eine Wertschöpfungsquelle für das Unternehmen darstellen;

20. ‚unabhängiger Erbringer von Bestätigungsleistungen' eine Konformitätsbewertungsstelle, die gemäß der Verordnung (EG) Nr. 765/2008 des Europäischen Parlaments und des Rates ([*7]) für die in Artikel 34 Absatz 1 Unterabsatz 2 Buchstabe aa der vorliegenden Richtlinie genannte Konformitätsbewertung akkreditiert ist.

3. In Artikel 19 Absatz 1 wird folgender Unterabsatz angefügt:

„Große Unternehmen sowie kleine und mittlere Unternehmen – mit Ausnahme von Kleinstunternehmen –, bei denen es sich um Unternehmen von öffentlichem Interesse im Sinne von Artikel 2 Nummer 1 Buchstabe a handelt, erstatten Bericht über Informationen über die wichtigsten immateriellen Ressourcen und erläutern, inwiefern das Geschäftsmodell des Unternehmens grundlegend von diesen Ressourcen abhängt und inwiefern diese Ressourcen eine Wertschöpfungsquelle für das Unternehmen darstellen."

4. Artikel 19a erhält folgende Fassung:

„Artikel 19a

Nachhaltigkeitsberichterstattung

(1) Große Unternehmen sowie kleine und mittlere Unternehmen – mit Ausnahme von Kleinstunternehmen –, bei denen es sich um Unternehmen von öffentlichem Interesse im Sinne von Artikel 2 Nummer 1 Buchstabe a handelt, nehmen in den Lagebericht Angaben auf, die für das Verständnis

der Auswirkungen der Tätigkeiten des Unternehmens auf Nachhaltigkeitsaspekte sowie das Verständnis der Auswirkungen von Nachhaltigkeitsaspekten auf Geschäftsverlauf, Geschäftsergebnis und Lage des Unternehmens erforderlich sind.

Die in Unterabsatz 1 genannten Angaben müssen im Lagebericht mittels eines dafür vorgesehenen Abschnitts klar erkennbar sein.

(2) Die in Absatz 1 genannten Informationen umfassen Folgendes:

a) eine kurze Beschreibung von Geschäftsmodell und Strategie des Unternehmens, einschließlich Angaben

i) zur Widerstandsfähigkeit von Geschäftsmodell und Strategie des Unternehmens gegenüber Risiken im Zusammenhang mit Nachhaltigkeitsaspekten;

ii) zu den Chancen des Unternehmens im Zusammenhang mit Nachhaltigkeitsaspekten;

iii) zu der Art und Weise, einschließlich Durchführungsmaßnahmen und zugehörigen Finanz- und Investitionsplänen, wie das Unternehmen beabsichtigt sicherzustellen, dass sein Geschäftsmodell und seine Strategie mit dem Übergang zu einer nachhaltigen Wirtschaft und der Begrenzung der Erderwärmung auf 1,5 °C im Einklang mit dem am 12. Dezember 2015 angenommenen Übereinkommen von Paris im Rahmen des Rahmenübereinkommens der Vereinten Nationen über Klimaänderungen (im Folgenden „Übereinkommen von Paris") und dem in der Verordnung (EU) 2021/1119 des Europäischen Parlaments und des Rates ([*8]) verankerten Ziel der Verwirklichung der Klimaneutralität bis 2050 vereinbar sind, und gegebenenfalls die Exposition des Unternehmens gegenüber Aktivitäten mit Bezug zu Kohle, Öl und Gas;

iv) zu der Art und Weise, wie das Unternehmen den Belangen seiner Interessenträger und den Auswirkungen seiner Tätigkeiten auf Nachhaltigkeitsaspekte in seinem Geschäftsmodell und seiner Strategie Rechnung trägt;

v) zu der Art und Weise, wie die Strategie des Unternehmens im Hinblick auf Nachhaltigkeitsaspekte umgesetzt wird;

b) eine Beschreibung der zeitgebundenen Nachhaltigkeitsziele, die sich das Unternehmen gesetzt hat, gegebenenfalls einschließlich der absoluten Ziele für die Verringerung der Treibhausgasemissionen mindestens für 2030 und 2050, eine Beschreibung der Fortschritte, die das Unternehmen im Hinblick auf die Erreichung dieser Ziele erzielt hat, und eine Erklärung, ob die auf Umweltfaktoren bezogenen Ziele des Unternehmens auf schlüssigen wissenschaftlichen Beweisen beruhen;

c) eine Beschreibung der Rolle der Verwaltungs-, Leitungs- und Aufsichtsorgane im Zusammenhang mit Nachhaltigkeitsaspekten sowie ihres Fachwissens und ihrer Fähigkeiten zur Wahrnehmung dieser Rolle oder ihres Zugangs zu solchem Fachwissen und solchen Fähigkeiten;

d) eine Beschreibung der Unternehmenspolitik hinsichtlich Nachhaltigkeit;

e) Angaben über das Vorhandensein von mit Nachhaltigkeitsaspekten verknüpften Anreizsystemen, die Mitgliedern der Verwaltungs-, Leitungs- und Aufsichtsorgane angeboten werden;

f) eine Beschreibung

i) des vom Unternehmen mit Blick auf Nachhaltigkeitsaspekte und gegebenenfalls im Einklang mit
den Anforderungen der Union für Unternehmen zur Durchführung eines Due-Diligence-Prozesses durchgeführten Due-Diligence-Prozesses;

ii) der wichtigsten tatsächlichen oder potenziellen negativen Auswirkungen, die mit der eigenen Geschäftstätigkeit des Unternehmens und mit seiner Wertschöpfungskette, einschließlich seiner Produkte und Dienstleistungen, seiner Geschäftsbeziehungen und seiner Lieferkette, verknüpft sind, der Maßnahmen zur Ermittlung und Überwachung dieser Auswirkungen, und anderer negativer Auswirkungen, die das Unternehmen gemäß anderen Anforderungen der Union für Unternehmen zur Durchführung eines Due-Diligence-Prozesses ermitteln muss;

iii) jeglicher Maßnahmen des Unternehmens zur Verhinderung, Minderung, Behebung oder Beendigung tatsächlicher oder potenzieller negativer Auswirkungen und des Erfolgs dieser Maßnahmen;

g) eine Beschreibung der wichtigsten Risiken, denen das Unternehmen im Zusammenhang mit Nachhaltigkeitsaspekten ausgesetzt ist, einschließlich einer Beschreibung der wichtigsten Abhängigkeiten in diesem Bereich, und der Handhabung dieser Risiken durch das Unternehmen;

h) Indikatoren, die für die unter den Buchstaben a bis g genannten Offenlegungen relevant sind.

Die Unternehmen erstattet über den Prozess zur Ermittlung der gemäß Absatz 1 in den Lagebericht aufgenommenen Informationen Bericht. Die in Unterabsatz 1 des vorliegenden Absatzes aufgeführten Informationen umfassen gegebenenfalls Informationen über kurz-, mittel- und langfristige Zeiträume.

(3) Gegebenenfalls umfassen die in den Absätzen 1 und 2 genannten Informationen Angaben zur eigenen Geschäftstätigkeit des Unternehmens und zu seiner Wertschöpfungskette, einschließlich Angaben zu seinen Produkten und Dienstleistungen, seinen Geschäftsbeziehungen und seiner Lieferkette.

Für die ersten drei Jahre der Anwendung der von den Mitgliedstaaten gemäß Artikel 5 Absatz 2 der Richtlinie (EU) 2022/2464 des Europäischen Parlaments und des Rates ([*9]) angenommenen

Maßnahmen und für den Fall, dass nicht alle erforderlichen Informationen über seine Wertschöpfungskette verfügbar sind, erläutert das Unternehmen, welche Anstrengungen unternommen wurden, um die erforderlichen Informationen über seine Wertschöpfungskette zu erhalten, begründet das Unternehmen, warum nicht alle erforderlichen Informationen eingeholt werden konnten, und erläutert das Unternehmen seine Pläne, um künftig die erforderlichen Informationen einzuholen.

Gegebenenfalls umfassen die in den Absätzen 1 und 2 genannten Angaben auch Verweise auf andere gemäß Artikel 19 in den Lagebericht aufgenommene Angaben und zusätzliche Erläuterungen dazu sowie auf die im Jahresabschluss ausgewiesenen Beträge.

Die Mitgliedstaaten können gestatten, dass Informationen über künftige Entwicklungen oder Belange, über die Verhandlungen geführt werden, in Ausnahmefällen weggelassen werden, wenn eine solche Angabe nach der ordnungsgemäß begründeten Einschätzung der Mitglieder der Verwaltungs-, Leitungs- und Aufsichtsorgane, die im Rahmen der ihnen durch einzelstaatliche Rechtsvorschriften übertragenen Zuständigkeiten handeln und gemeinsam für diese Einschätzung zuständig sind, der Geschäftslage des Unternehmens ernsthaft schaden würde, sofern eine solche Nichtaufnahme ein den tatsächlichen Verhältnissen entsprechendes und ausgewogenes Verständnis des Geschäftsverlaufs, des Geschäftsergebnisses und der Lage des Unternehmens, sowie der Auswirkungen seiner Tätigkeit nicht verhindert.

(4) Die Unternehmen erstatten Bericht über die in den Absätzen 1 bis 3 des vorliegenden Artikels genannten Informationen gemäß den im Einklang mit Artikel 29b angenommenen Standards für die Nachhaltigkeitsberichterstattung.

(5) Die Unternehmensleitung unterrichtet die Arbeitnehmervertreter auf geeigneter Ebene und erörtert mit ihnen die einschlägigen Informationen und die Mittel zur Einholung und Überprüfung von Nachhaltigkeitsinformationen. Die Stellungnahme der Arbeitnehmervertreter wird gegebenenfalls den zuständigen Verwaltungs-, Leitungs- oder Aufsichtsorganen mitgeteilt.

(6) Abweichend von den Absätzen 2 bis 4 und unbeschadet der Absätze 9 und 10 können kleine und mittlere Unternehmen nach Absatz 1, kleine und nicht komplexe Institute im Sinne von Artikel 4 Absatz 1 Nummer 145 der Verordnung (EU) Nr. 575/2013, firmeneigene Versicherungsunternehmen im Sinne von Artikel 13 Nummer 2 der Richtlinie 2009/138/EG des Europäischen Parlaments und des Rates ([*10]) und firmeneigene Rückversicherungsunternehmen im Sinne von Artikel 13 Nummer 5 der genannten Richtlinie ihre Nachhaltigkeitsberichterstattung auf folgende Informationen beschränken:

a) eine kurze Beschreibung von Geschäftsmodell und Strategie des Unternehmens;

b) eine Beschreibung der Unternehmenspolitik hinsichtlich Nachhaltigkeit;

c) die wichtigsten tatsächlichen oder potenziellen negativen Auswirkungen des Unternehmens in Bezug auf Nachhaltigkeitsaspekte sowie jegliche Maßnahmen zur Ermittlung, Überwachung, Verhinderung, Minderung oder Behebung solcher tatsächlichen oder potenziellen negativen Auswirkungen;

d) die wichtigsten Risiken, denen das Unternehmen im Zusammenhang mit Nachhaltigkeitsaspekten ausgesetzt ist, und die Handhabung dieser Risiken durch das Unternehmen;

e) Schlüsselindikatoren, die für die unter den Buchstaben a bis d genannten Offenlegungen erforderlich sind.

Kleine und mittlere Unternehmen, kleine und nicht komplexe Institute sowie firmeneigene Versicherungs- und Rückversicherungsunternehmen, die von der Ausnahmeregelung gemäß Unterabsatz 1 Gebrauch machen, erstatten gemäß den Standards für die Nachhaltigkeitsberichterstattung durch kleine und mittlere Unternehmen nach Artikel 29c Bericht.

(7) Für Geschäftsjahre, die vor dem 1. Januar 2028 beginnen, können kleine und mittlere Unternehmen, bei denen es sich um Unternehmen von öffentlichem Interesse im Sinne von Artikel 2 Nummer 1 Buchstabe a handelt, abweichend von Absatz 1 des vorliegenden Artikels beschließen, die in Absatz 1 genannten Informationen nicht in ihren Lagebericht aufzunehmen. In solchen Fällen gibt das Unternehmen jedoch in seinem Lagebericht kurz an, warum die Nachhaltigkeitsberichterstattung nicht vorgelegt wurde.

(8) Bei Unternehmen, die die Anforderungen der Absätze 1 bis 4 des vorliegenden Artikels erfüllen, und Unternehmen, die von der Ausnahmeregelung nach Absatz 6 des vorliegenden Artikels Gebrauch machen, wird davon ausgegangen, dass sie die Anforderung von Artikel 19 Absatz 1 Unterabsatz 3 erfüllen.

(9) Sofern die in Unterabsatz 2 des vorliegenden Absatzes festgelegten Bedingungen erfüllt sind, wird ein Unternehmen, das ein Tochterunternehmen ist, von den in den Absätzen 1 bis 4 des vorliegenden Artikels festgelegten Pflichten befreit (im Folgenden „befreites Tochterunternehmen"), wenn dieses Unternehmen und seine Tochterunternehmen in den konsolidierten Lagebericht eines Mutterunternehmens einbezogen werden und dieser konsolidierte Lagebericht gemäß Artikel 29 und Artikel 29a erstellt wird. Ein Unternehmen, das Tochterunternehmen eines in einem Drittland niedergelassenen Mutterunternehmens ist, wird ebenfalls von den in den Absätzen 1 bis 4 des vorliegenden Artikels festgelegten Pflichten befreit, wenn dieses Unternehmen

und seine Tochterunternehmen in die konsolidierte Nachhaltigkeitsberichterstattung dieses in einem Drittland niedergelassenen Mutterunternehmens einbezogen werden und diese konsolidierte Nachhaltigkeitsberichterstattung gemäß den nach Artikel 29b erlassenen Standards für die Nachhaltigkeitsberichterstattung oder in einer Weise durchgeführt wird, die diesen Standards für die Nachhaltigkeitsberichterstattung gleichwertig ist, was in einem gemäß Artikel 23 Absatz 4 Unterabsatz 3 der Richtlinie 2004/109/EG des Europäischen Parlaments und des Rates ((*11)) erlassenen Durchführungsrechtsakt über die Gleichwertigkeit der Standards für die Nachhaltigkeitsberichterstattung festgestellt wurde.

Die Befreiung nach Unterabsatz 1 ist an folgende Bedingungen geknüpft:

a) Der Lagebericht des befreiten Tochterunternehmens enthält alle folgenden Informationen:

i) Namen und Sitz des Mutterunternehmens, das über Informationen auf Gruppenebene gemäß dem vorliegenden Artikel oder in einer Weise Bericht erstattet, die den nach Artikel 29b der vorliegenden Richtlinie erlassenen Standards für die Nachhaltigkeitsberichterstattung gleichwertig ist, was in einem gemäß Artikel 23 Absatz 4 Unterabsatz 3 der Richtlinie 2004/109/EG erlassenen Durchführungsrechtsakt über die Gleichwertigkeit der Standards für die Nachhaltigkeitsberichterstattung festgestellt wurde;

ii) die Weblinks zum konsolidierten Lagebericht des Mutterunternehmens oder gegebenenfalls zu der konsolidierten Nachhaltigkeitsberichterstattung des Mutterunternehmens nach Unterabsatz 1 des vorliegenden Absatzes und zu dem Bestätigungsurteil nach Artikel 34 Absatz 1 Unterabsatz 2 Buchstabe aa der vorliegenden Richtlinie oder zum Bestätigungsurteil nach Buchstabe b dieses Unterabsatzes;

iii) die Information, dass das Unternehmen von den in den Absätzen 1 bis 4 dieses Artikels genannten Pflichten befreit ist;

b) ist das Mutterunternehmen in einem Drittland niedergelassen, so werden seine konsolidierte Nachhaltigkeitsberichterstattung und das Bestätigungsurteil zu der konsolidierten Nachhaltigkeitsberichterstattung, das von einer oder mehreren Personen oder Gesellschaften abgegeben wurde, die nach dem für dieses Mutterunternehmen geltenden Recht zur Abgabe eines Urteils über die Bestätigung der Nachhaltigkeitsberichterstattung befugt sind, gemäß Artikel 30 der vorliegenden Richtlinie und im Einklang mit dem Recht des Mitgliedstaats, dem das befreite Tochterunternehmen unterliegt, veröffentlicht;

c) ist das Mutterunternehmen in einem Drittland niedergelassen, so werden die in Artikel 8 der Verordnung (EU) 2020/852 des Europäischen Parlaments und des Rates ((*12)) festgelegten Offenlegungen über die Tätigkeiten des in der Union niedergelassenen befreiten Tochterunternehmens und seiner Tochterunternehmen in den Lagebericht des befreiten Tochterunternehmens oder in der konsolidierten Nachhaltigkeitsberichterstattung des in einem Drittland niedergelassenen Mutterunternehmens aufgenommen.

Der Mitgliedstaat, dessen einzelstaatlichem Recht das befreite Tochterunternehmen unterliegt, kann verlangen, dass der konsolidierte Lagebericht des Mutterunternehmens oder gegebenenfalls der konsolidierte Nachhaltigkeitsbericht des Mutterunternehmens in einer von diesem Mitgliedstaat akzeptierten Sprache offengelegt wird und dass alle erforderlichen Übersetzungen in diese Sprache bereitgestellt werden. Jede Übersetzung, die nicht beglaubigt wurde, muss eine entsprechende Erklärung enthalten.

Unternehmen, die gemäß Artikel 37 von der Erstellung eines Lageberichts befreit sind, brauchen die in Unterabsatz 2 Buchstabe a Ziffern i bis iii dieses Absatzes genannten Informationen nicht vorzulegen, sofern diese Unternehmen den konsolidierten Lagebericht gemäß Artikel 37 offenlegen.

Für die Zwecke von Unterabsatz 1 dieses Absatzes und in Fällen, in denen Artikel 10 der Verordnung (EU) Nr. 575/2013 Anwendung findet, werden Kreditinstitute nach Artikel 1 Absatz 3 Unterabsatz 1 Buchstabe b dieser Richtlinie, die einer Zentralorganisation ständig zugeordnet sind, welche sie unter den in Artikel 10 der Verordnung (EU) Nr. 575/2013 festgelegten Bedingungen beaufsichtigt, wie Tochterunternehmen dieser Zentralorganisation behandelt.

Für die Zwecke von Unterabsatz 1 werden Versicherungsunternehmen nach Artikel 1 Absatz 3 Unterabsatz 1 Buchstabe a der vorliegenden Richtlinie, die auf der Grundlage einer in Artikel 212 Absatz 1 Buchstabe c Ziffer ii der Richtlinie 2009/138/EG genannten finanziellen Beziehung einer Gruppe angehören und gemäß Artikel 213 Absatz 2 Buchstaben a bis c der genannten Richtlinie der Gruppenaufsicht unterliegen, wie Tochterunternehmen des Mutterunternehmens der Gruppe behandelt.

(10) Die Befreiung nach Absatz 9 gilt auch für Unternehmen von öffentlichem Interesse, die den Anforderungen dieses Artikels unterliegen, mit Ausnahme großer Unternehmen, bei denen es sich um Unternehmen von öffentlichem Interesse im Sinne von Artikel 2 Nummer 1 Buchstabe a dieser Richtlinie handelt.

(5) Artikel 20 Absatz 1 wird wie folgt geändert:

a) Buchstabe g erhält folgende Fassung:

„g) eine Beschreibung des Diversitätskonzepts, das im Zusammenhang mit den Verwaltungs-, Leitungs- und Aufsichtsorganen des Unternehmens in Bezug auf das Geschlecht sowie andere Aspekte wie beispielsweise Alter, Behinderungen oder Bildungs- und Berufshintergrund verfolgt wird, der Ziele dieses Diversitätskonzepts sowie der Art und Weise der Umsetzung dieses Konzepts und der Ergebnisse im Berichtszeitraum. Wird ein derartiges Konzept nicht angewendet, wird in der Erklärung erläutert, warum dies der Fall ist."

b) Folgender Unterabsatz wird eingefügt:

„Bei Unternehmen, die Artikel 19a unterliegen, wird davon ausgegangen, dass sie die Pflichten gemäß Unterabsatz 1 Buchstabe g erfüllen, wenn sie die nach diesem Buchstaben erforderlichen Angaben in ihre Nachhaltigkeitsberichterstattung aufnehmen und in der Erklärung zur Unternehmensführung ein Verweis darauf aufgenommen wird."

(6) Artikel 23 wird wie folgt geändert:

a) Absatz 4 Buchstabe b erhält folgende Fassung:

„b) der konsolidierte Abschluss nach Buchstabe a und der konsolidierte Lagebericht des größeren Kreises von Unternehmen sind von dem Mutterunternehmen dieses Kreises von Unternehmen nach dem Recht des Mitgliedstaats, dem das Mutterunternehmen unterliegt, im Einklang mit dieser Richtlinie, ausgenommen den in Artikel 29a festgelegten Anforderungen, oder mit gemäß der Verordnung (EG) Nr. 1606/2002 übernommenen internationalen Rechnungslegungsstandards aufgestellt;"

b) Absatz 8 Buchstabe b Ziffer i erhält folgende Fassung:

„i) im Einklang mit dieser Richtlinie, ausgenommen den Anforderungen des Artikels 29a,"

c) Absatz 8 Buchstabe b Ziffer iii erhält folgende Fassung:

„iii) derart, dass sie einem nach dieser Richtlinie erstellten konsolidierten Abschluss und konsolidierten Lagebericht gleichwertig sind, ausgenommen den Anforderungen des Artikels 29a, oder".

7. Artikel 29a erhält folgende Fassung:

„Artikel 29a

Konsolidierte Nachhaltigkeitsberichterstattung

(1) Mutterunternehmen einer großen Gruppe nach Artikel 3 Absatz 7 nehmen in den konsolidierten Lagebericht Angaben auf, die für das Verständnis der Auswirkungen der Gruppe auf Nachhaltigkeitsaspekte sowie das Verständnis der Auswirkungen von Nachhaltigkeitsaspekten auf Geschäftsverlauf, Geschäftsergebnis und Lage der Gruppe erforderlich sind.

Die in Unterabsatz 1 genannten Angaben müssen im konsolidierten Lagebericht mittels eines dafür vorgesehenen Abschnitts erkennbar ausgewiesen sein.

(2) Die in Absatz 1 genannten Informationen umfassen Folgendes:

a) eine kurze Beschreibung von Geschäftsmodell und Strategie der Gruppe, einschließlich Angaben

i) zur Widerstandsfähigkeit von Geschäftsmodell und Strategie der Gruppe gegenüber Risiken im Zusammenhang mit Nachhaltigkeitsaspekten;

ii) zu den Chancen der Gruppe im Zusammenhang mit Nachhaltigkeitsaspekten;

iii) zu der Art und Weise, einschließlich Durchführungsmaßnahmen und zugehörigen Finanz- und Investitionsplänen, wie die Gruppe beabsichtigt sicherzustellen, dass ihr Geschäftsmodell und ihre Strategie mit dem Übergang zu einer nachhaltigen Wirtschaft und der Begrenzung der Erderwärmung auf 1,5 °C im Einklang mit dem Übereinkommen von Paris und dem in der Verordnung (EU) 2021/1119 verankerten Ziel der Verwirklichung der Klimaneutralität bis 2050 vereinbar sind, und gegebenenfalls die Exposition des Unternehmens gegenüber Aktivitäten mit Bezug zu Kohle, Öl und Gas;

iv) zu der Art und Weise, wie die Gruppe in ihrem Geschäftsmodell und ihrer Strategie den Belangen ihrer Interessenträger und den nachhaltigkeitsrelevanten Auswirkungen ihrer Tätigkeiten Rechnung trägt;

v) zu der Art und Weise, wie die Strategie der Gruppe mit Blick auf Nachhaltigkeitsaspekte umgesetzt wird;

b) eine Beschreibung der zeitgebundenen Nachhaltigkeitsziele, die sich die Gruppe gesetzt hat, gegebenenfalls einschließlich der absoluten Ziele für die Verringerung der Treibhausgasemissionen mindestens für 2030 und 2050, eine Beschreibung der Fortschritte, die die Gruppe im Hinblick auf die Erreichung dieser Ziele erzielt hat, und eine Erklärung, ob die auf Umweltfaktoren bezogenen Ziele der Gruppe auf schlüssigen wissenschaftlichen Beweisen beruhen;

c) eine Beschreibung der Rolle der Verwaltungs-, Leitungs- und Aufsichtsorgane im Zusammenhang mit Nachhaltigkeitsaspekten sowie ihres Fachwissens und ihrer Fähigkeiten zur Wahrnehmung dieser Rolle oder ihres Zugangs zu solchem Fachwissen und solchen Fähigkeiten;

d) eine Beschreibung der Unternehmenspolitik der Gruppe hinsichtlich Nachhaltigkeit;

e) Angaben über das Vorhandensein von mit Nachhaltigkeitsaspekten verknüpften Anreizsystemen, die Mitgliedern der Verwaltungs-, Leitungs- und Aufsichtsorgane angeboten werden;

f) eine Beschreibung

i) des von der Gruppe mit Blick auf Nachhaltigkeitsaspekte und gegebenenfalls im Einklang mit den Anforderungen der Union für Unternehmen zur Durchführung eines Due-Diligence-Prozesses angewandten Due-Diligence-Prozesses;

ii) der wichtigsten tatsächlichen oder potenziellen negativen Auswirkungen, die mit der eigenen Geschäftstätigkeit der Gruppe und mit ihrer Wertschöpfungskette, einschließlich ihrer Produkte und Dienstleistungen, ihrer Geschäftsbeziehungen und ihrer Lieferkette, verknüpft sind, der Maßnahmen zur Ermittlung und Überwachung dieser Auswirkungen, und anderer negativer Auswirkungen, die das Unternehmen gemäß anderen Anforderungen der Union zur Durchführung eines Due-Diligence-Prozesses ermitteln muss;

iii) jeglicher Maßnahmen der Gruppe zur Verhinderung, Minderung, Behebung oder Beendigung tatsächlicher oder potenzieller negativer Auswirkungen und des Ergebnisses dieser Maßnahmen;

g) eine Beschreibung der wichtigsten Risiken, denen die Gruppe im Zusammenhang mit Nachhaltigkeitsaspekten ausgesetzt ist, einschließlich der wichtigsten Abhängigkeiten in diesem Bereich, und der Art und Weise, wie die Gruppe solche Risiken steuert;

h) Indikatoren, die für die unter den Buchstaben a bis g genannten Offenlegungen relevant sind.

Die Mutterunternehmen teilen das Verfahren zur Ermittlung der im Einklang mit Absatz 1 dieses Artikels in den konsolidierten Lagebericht eingeflossenen Informationen mit. Die in Unterabsatz 1 dieses Absatzes aufgeführten Informationen umfassen gegebenenfalls Informationen über kurz-, mittel- und langfristige Zeiträume.

(3) Gegebenenfalls umfassen die in den Absätzen 1 und 2 genannten Informationen Angaben zur eigenen Geschäftstätigkeit der Gruppe und zu ihrer Wertschöpfungskette, einschließlich Angaben zu ihren Produkten und Dienstleistungen, ihren Geschäftsbeziehungen und ihrer Lieferkette.

Für die ersten drei Jahre der Anwendung der von den Mitgliedstaaten gemäß Artikel 5 Absatz 2 der Richtlinie (EU) 2022/2464 angenommenen Maßnahmen und für den Fall, dass nicht alle erforderlichen Informationen über seine Wertschöpfungskette verfügbar sind, erläutert das Mutterunternehmen, welche Anstrengungen unternommen wurden, um die erforderlichen Informationen über seine Wertschöpfungskette zu erhalten, begründet das Mutterunternehmen, warum nicht alle erforderlichen Informationen eingeholt werden konnten, und erläutert das Mutterunternehmen seine Pläne, um künftig alle erforderlichen Informationen einzuholen.

Gegebenenfalls umfassen die in den Absätzen 1 und 2 genannten Informationen auch Verweise auf andere gemäß Artikel 29 in den konsolidierten Lagebericht aufgenommene Informationen und zusätzliche Erläuterungen dazu sowie auf die im konsolidierten Abschluss ausgewiesenen Beträge.

Die Mitgliedstaaten können gestatten, dass Informationen über künftige Entwicklungen oder Belange, über die Verhandlungen geführt werden, in Ausnahmefällen weggelassen werden, wenn nach der ordnungsgemäß begründeten Einschätzung der Mitglieder der Verwaltungs-, Leitungs- und Aufsichtsorgane, die im Rahmen der ihnen durch einzelstaatliche Rechtsvorschriften übertragenen Zuständigkeiten handeln und die gemeinsam für diese Einschätzung zuständig sind, eine solche Offenlegung von Informationen der Geschäftslage der Gruppe ernsthaft schaden würde, sofern eine solche Nichtaufnahme ein den tatsächlichen Verhältnissen entsprechendes und ausgewogenes Verständnis des Geschäftsverlaufs, des Geschäftsergebnisses und der Lage der Gruppe sowie der Auswirkungen ihrer Tätigkeit nicht verhindert.

(4) Stellt das Bericht erstattende Unternehmen erhebliche Unterschiede zwischen den Risiken für die Gruppe oder Auswirkungen der Gruppe und den Risiken für ein oder mehrere Tochterunternehmen oder Auswirkungen eines oder mehrerer Tochterunternehmen fest, so muss es gegebenenfalls ein hinreichendes Verständnis der Risiken für das betreffende bzw. die betreffenden Tochterunternehmen und Auswirkungen des betreffenden Tochterunternehmens bzw. der betreffenden Tochterunternehmen vermitteln.

Die Unternehmen geben an, welche in die Konsolidierung einbezogenen Tochterunternehmen von der jährlichen oder konsolidierten Nachhaltigkeitsberichterstattung gemäß Artikel 19a Absatz 9 bzw. Artikel 29a Absatz 8 befreit sind.

(5) Die Mutterunternehmen erstatten Bericht über die in den Absätzen 1 bis 3 dieses Artikels genannten Informationen gemäß den im Einklang mit Artikel 29b angenommenen Standards für die Nachhaltigkeitsberichterstattung.

(6) Die Unternehmensleitung des Mutterunternehmens unterrichtet die Arbeitnehmervertreter auf geeigneter Ebene und erörtert mit ihnen die einschlägigen Informationen und die Mittel zur Einholung und Überprüfung von Nachhaltigkeitsinformationen. Die Stellungnahme der Arbeitnehmervertreter wird gegebenenfalls den zuständigen Verwaltungs-, Leitungs- oder Aufsichtsorganen mitgeteilt.

(7) Wenn ein Mutterunternehmen die Anforderungen nach den Absätzen 1 bis 5 des vorliegenden Artikels erfüllt, wird davon ausgegangen, dass es die Anforderungen nach Artikel 19 Absatz 1 Unterabsatz 3 und Artikel 19a erfüllt.

(8) Sofern die in Unterabsatz 2 des vorliegenden Absatzes festgelegten Bedingungen erfüllt sind, wird ein Mutterunternehmen, das auch ein Tochterunternehmen ist, von den in den Absätzen 1 bis 5 des vorliegenden Artikels festgelegten Pflichten befreit (im Folgenden „befreites Mutterunternehmen"), wenn dieses Mutterunternehmen

und seine Tochterunternehmen in den konsolidierten Lagebericht eines anderen Unternehmens einbezogen werden und dieser konsolidierte Lagebericht gemäß Artikel 29 und dem vorliegenden Artikel erstellt wird. Ein Mutterunternehmen, das Tochterunternehmen eines in einem Drittland niedergelassenen Mutterunternehmens ist, wird ebenfalls von den in den Absätzen 1 bis 5 des vorliegenden Artikels festgelegten Pflichten befreit, wenn dieses Mutterunternehmen und seine Tochterunternehmen in die konsolidierte Nachhaltigkeitsberichterstattung dieses in einem Drittland niedergelassenen Mutterunternehmens einbezogen werden und diese konsolidierte Nachhaltigkeitsberichterstattung gemäß den nach Artikel 29b erlassenen Standards für die Nachhaltigkeitsberichterstattung oder in einer Weise durchgeführt wird, die diesen Standards für die Nachhaltigkeitsberichterstattung gleichwertig ist, was in einem gemäß Artikel 23 Absatz 4 Unterabsatz 3 der Richtlinie 2004/109/EG erlassenen Durchführungsrechtsakt über die Gleichwertigkeit der Standards für die Nachhaltigkeitsberichterstattung festgestellt wurde.

Die Befreiung nach Unterabsatz 1 ist an folgende Bedingungen geknüpft:

a) Der Lagebericht des befreiten Mutterunternehmens enthält alle folgenden Informationen:

i) Namen und Sitz des Mutterunternehmens, das über Informationen auf Gruppenebene gemäß dem vorliegenden Artikel oder in einer Weise Bericht erstattet, die den nach Artikel 29b der vorliegenden Richtlinie erlassenen Standards für die Nachhaltigkeitsberichterstattung gleichwertig ist, was in einem gemäß Artikel 23 Absatz 4 Unterabsatz 3 der Richtlinie 2004/109/EG erlassenen Durchführungsrechtsakt über die Gleichwertigkeit der Standards für die Nachhaltigkeitsberichterstattung festgestellt wurde;

ii) die Weblinks zum konsolidierten Lagebericht des Mutterunternehmens oder gegebenenfalls zu der konsolidierten Nachhaltigkeitsberichterstattung des Mutterunternehmens nach Unterabsatz 1 des vorliegenden Absatzes und zu dem Bestätigungsurteil nach Artikel 34 Absatz 1 Unterabsatz 2 Buchstabe aa der vorliegenden Richtlinie oder zum Bestätigungsurteil nach Buchstabe b dieses Unterabsatzes;

iii) einen Hinweis auf die Befreiung des Unternehmens von den in den Absätzen 1 bis 5 dieses Artikels genannten Pflichten.

b) Ist das Mutterunternehmen in einem Drittland niedergelassen, so werden seine konsolidierten Nachhaltigkeitsberichterstattung und das Bestätigungsurteil, das von einer oder mehreren Personen oder Gesellschaften abgegeben wurde, die nach dem für das Mutterunternehmen geltenden einzelstaatlichen Recht zur Abgabe eines Urteils über die Bestätigung der Nachhaltigkeitsberichterstattung befugt sind, gemäß Artikel 30 und im Einklang mit dem Recht des Mitgliedstaats, dem das befreite Mutterunternehmen unterliegt, veröffentlicht.

c) Ist das Mutterunternehmen in einem Drittland niedergelassen, werden die in Artikel 8 der Verordnung (EU) 2020/852 festgelegten Angaben über die Tätigkeiten des in der Union niedergelassenen Tochterunternehmens, das gemäß Artikel 19a Absatz 9 der vorliegenden Richtlinie von der Nachhaltigkeitsberichterstattung ausgenommen ist, in den Lagebericht des befreiten Mutterunternehmens oder in die von dem in einem Drittland niedergelassenen Mutterunternehmen durchgeführte konsolidierte Nachhaltigkeitsberichterstattung, aufgenommen.

Der Mitgliedstaat, dessen einzelstaatlichem Recht das befreite Mutterunternehmen unterliegt, kann verlangen, dass der konsolidierte Lagebericht des Mutterunternehmens oder gegebenenfalls der konsolidierte Nachhaltigkeitsbericht des Mutterunternehmens in einer von diesem Mitgliedstaat akzeptierten Sprache offengelegt wird und dass alle erforderlichen Übersetzungen in diese Sprache bereitgestellt werden. Jede Übersetzung, die nicht beglaubigt wurde, muss eine entsprechende Erklärung enthalten.

Mutterunternehmen, die gemäß Artikel 37 von der Erstellung eines Lageberichts befreit sind, brauchen die in Unterabsatz 2 Buchstabe a Ziffern i bis iii dieses Absatzes genannten Informationen nicht vorzulegen, sofern diese Unternehmen den konsolidierten Lagebericht gemäß Artikel 37 offenlegen.

Für die Zwecke von Unterabsatz 1 und in Fällen, in denen Artikel 10 der Verordnung (EU) Nr. 575/2013 Anwendung findet, werden Kreditinstitute nach Artikel 1 Absatz 3 Unterabsatz 1 Buchstabe b dieser Richtlinie, die einer Zentralorganisation ständig zugeordnet sind, welche sie unter den in Artikel 10 der Verordnung (EU) Nr. 575/2013 festgelegten Bedingungen beaufsichtigt, wie Tochterunternehmen dieser Zentralorganisation behandelt.

Für die Zwecke von Unterabsatz 1 werden Versicherungsunternehmen nach Artikel 1 Absatz 3 Unterabsatz 1 Buchstabe a der vorliegenden Richtlinie, die auf der Grundlage einer in Artikel 212 Absatz 1 Buchstabe c Ziffer ii der Richtlinie 2009/138/EG genannten finanziellen Beziehungen einer Gruppe angehören und gemäß Artikel 213 Absatz 2 Buchstaben a bis c der genannten Richtlinie der Gruppenaufsicht unterliegen, wie Tochterunternehmen des Mutterunternehmens der Gruppe behandelt.

(9) Die Befreiung nach Absatz 8 gilt auch für Unternehmen von öffentlichem Interesse, die den Anforderungen dieses Artikels unterliegen, mit Ausnahme großer Unternehmen, bei denen es sich um Unternehmen von öffentlichem Interesse im

Sinne von Artikel 2 Nummer 1 Buchstabe a dieser Richtlinie handelt.“

8. Folgendes Kapitel wird eingefügt:

„KAPITEL 6a
STANDARDS FÜR DIE NACHHALTIGKEITSBERICHTERSTATTUNG

Artikel 29b

Standards für die Nachhaltigkeitsberichterstattung

(1) Die Kommission erlässt delegierte Rechtsakte nach Artikel 49 zur Ergänzung dieser Richtlinie, um Standards für die Nachhaltigkeitsberichterstattung festzulegen. In diesen Standards für die Nachhaltigkeitsberichterstattung wird festgelegt, über welche Informationen Unternehmen im Einklang mit den Artikeln 19a und 29a Bericht erstatten müssen, und gegebenenfalls, in welcher Struktur diese Informationen vorzulegen sind.

In den in Unterabsatz 1 des vorliegenden Absatzes genannten delegierten Rechtsakten legt die Kommission bis zum 30. Juni 2023 fest, über welche Informationen Unternehmen im Einklang mit Artikel 19a Absätze 1 und 2 und gegebenenfalls Artikel 29a Absätze 1 und 2 Bericht erstatten müssen, was zumindest die Informationen umfasst, die Finanzmarktteilnehmer, die den Offenlegungspflichten der Verordnung (EU) 2019/2088 unterliegen, benötigen, um diesen Verpflichtungen nachzukommen.

In den in Unterabsatz 1 genannten delegierten Rechtsakten legt die Kommission bis zum 30. Juni 2024 Folgendes fest:

i) ergänzende Informationen, über die Unternehmen in Bezug auf Nachhaltigkeitsaspekte und die unter Artikel 19a Absatz 2 aufgeführten Bereiche der Berichterstattung erforderlichenfalls Bericht zu erstatten haben;

ii) Informationen, über die Unternehmen Bericht zu statten haben, die für den Sektor, in dem sie tätig sind, spezifisch sind.

Die Berichterstattungsanforderungen, die in den in Unterabsatz 1 genannten delegierten Rechtsakten festgelegt sind, treten frühestens vier Monate nach ihrem Erlass durch die Kommission in Kraft.

Beim Erlass delegierter Rechtsakte zur Festlegung der nach Unterabsatz 3 Ziffer ii erforderlichen Informationen achtet die Kommission besonders auf das Ausmaß der Risiken und Auswirkungen im Zusammenhang mit Nachhaltigkeitsaspekten für jeden Sektor, wobei sie der Tatsache Rechnung trägt, dass die Risiken und Auswirkungen für einige Sektoren höher sind als für andere.

Die Kommission überprüft mindestens alle drei Jahre nach deren Geltungsbeginn die gemäß diesem Artikel erlassenen delegierten Rechtsakte unter Berücksichtigung der fachlichen Stellungnahme der Europäischen Beratungsgruppe für Rechnungslegung (European Financial Reporting Advisory Group – EFRAG) und ändert diese delegierten Rechtsakte, falls dies nötig ist, um relevanten Entwicklungen, einschließlich Entwicklungen im Zusammenhang mit internationalen Standards, Rechnung zu tragen.

Die Kommission konsultiert mindestens einmal jährlich das Europäische Parlament und konsultiert die in Artikel 24 der Verordnung (EU) 2020/852 genannte Sachverständigengruppe der Mitgliedstaaten für nachhaltiges Finanzwesen und den in Artikel 6 der Verordnung (EG) Nr. 1606/2002 genannten Regelungsausschuss für Rechnungslegung gemeinsam zum Arbeitsprogramm der EFRAG im Hinblick auf die Entwicklung von Standards für die Nachhaltigkeitsberichterstattung.

(2) Durch die Standards für die Nachhaltigkeitsberichterstattung wird die Qualität der Informationen sichergestellt, über die Bericht erstattet wird, indem darin vorgeschrieben wird, dass die Informationen verständlich, relevant, überprüfbar und vergleichbar sein und in wahrheitsgetreuer Weise dargestellt werden müssen. Die Standards für die Nachhaltigkeitsberichterstattung müssen einen unverhältnismäßigen Verwaltungsaufwand für Unternehmen vermeiden, unter anderem dadurch, dass die Arbeit globaler Standardsetzungsinitiativen für die Nachhaltigkeitsberichterstattung gemäß Absatz 5 Buchstabe a im größtmöglichen Umfang berücksichtigt wird.

In den Standards für die Nachhaltigkeitsberichterstattung werden unter Berücksichtigung des jeweiligen Gegenstands des Standards für die Nachhaltigkeitsberichterstattung

a) die Informationen präzisiert, die Unternehmen zu folgenden Umweltfaktoren offenlegen müssen:

i) Klimaschutz, auch in Bezug auf Scope-1-, Scope-2- und gegebenenfalls Scope-3-Treibhausgasemissionen;

ii) Anpassung an den Klimawandel;

iii) Wasser- und Meeresressourcen;

iv) Ressourcennutzung und die Kreislaufwirtschaft;

v) Verschmutzung;

vi) Biodiversität und Ökosysteme;

b) die Informationen präzisiert, die Unternehmen zu folgenden Sozial- und Menschenrechtsfaktoren offenlegen müssen:

i) Gleichbehandlung und Chancengleichheit für alle, einschließlich Geschlechtergerechtigkeit und gleichem Lohn bei gleichwertiger Arbeit, Ausbildung und Kompetenzentwicklung, Beschäftigung und Inklusion von Menschen mit Behinderungen, Maßnahmen gegen Gewalt und Belästigung am Arbeitsplatz sowie Vielfalt;

ii) Arbeitsbedingungen, einschließlich sicherer Beschäftigung, Arbeitszeit, angemessene Löhne, sozialer Dialog, Vereinigungsfreiheit, Existenz von Betriebsräten, Tarifverhandlungen, einschließlich des Anteils der Arbeitnehmer, für die Tarifverträge gelten, Informations-, Anhörungs- und Mitbestimmungsrechte der Arbeitnehmer, Vereinbarkeit von Beruf und Privatleben sowie Gesundheit und Sicherheit;

iii) Achtung der Menschenrechte, Grundfreiheiten, demokratischen Grundsätze und Standards, die in der Internationalen Charta der Menschenrechte und anderen grundlegenden Menschenrechtsübereinkommen der Vereinten Nationen, einschließlich des Übereinkommens der Vereinten Nationen über die Rechte von Menschen mit Behinderungen und der Erklärung der Vereinten Nationen über die Rechte der indigenen Völker, sowie in der Erklärung der Internationalen Arbeitsorganisation über grundlegende Prinzipien und Rechte bei der Arbeit und den grundlegenden Übereinkommen der IAO, der Europäischen Konvention zum Schutz der Menschenrechte und Grundfreiheiten, der europäischen Sozialcharta und der Charta der Grundrechte der Europäischen Union festgelegt sind;

c) die Informationen präzisiert, die Unternehmen zu folgenden Governance-Faktoren offenlegen müssen:

i) die Rolle der Verwaltungs-, Leitungs- und Aufsichtsorgane des Unternehmens im Zusammenhang mit Nachhaltigkeitsaspekten und ihre Zusammensetzung sowie ihr Fachwissen und ihre Fähigkeiten zur Wahrnehmung dieser Rolle oder ihr Zugang zu solchem Fachwissen und solchen Fähigkeiten;

ii) die Hauptmerkmale der internen Kontroll- und Risikomanagementsysteme des Unternehmens in Bezug auf den Prozess der Nachhaltigkeitsberichterstattung und der Beschlussfassung;

iii) Unternehmensethik und Unternehmenskultur, einschließlich der Bekämpfung von Korruption und Bestechung, des Schutzes von Hinweisgebern und des Tierwohls;

iv) Tätigkeiten und Verpflichtungen des Unternehmens im Zusammenhang mit der Ausübung seines politischen Einflusses, einschließlich seiner Lobbytätigkeiten;

v) die Pflege und die Qualität der Beziehungen zu Kunden, Lieferanten und Gemeinschaften, die von den Tätigkeiten des Unternehmens betroffen sind, einschließlich Zahlungspraktiken, insbesondere in Bezug auf verspätete Zahlungen an kleine und mittlere Unternehmen.

(3) In den Standards für die Nachhaltigkeitsberichterstattung werden die zukunfts- und vergangenheitsbezogenen, qualitativen und quantitativen Informationen, über die die Unternehmen gegebenenfalls Bericht zu erstatten haben, spezifiziert.

(4) In den Standards für die Nachhaltigkeitsberichterstattung wird berücksichtigt, dass es für Unternehmen nicht immer problemlos möglich ist, Informationen bei Akteuren entlang ihrer gesamten Wertschöpfungskette einzuholen, insbesondere bei Akteuren, die nicht den Anforderungen an die Nachhaltigkeitsberichterstattung gemäß Artikel 19a oder 29a unterliegen, und bei Lieferanten aus Schwellenländern und aufstrebenden Märkten. In den Standards für die Nachhaltigkeitsberichterstattung werden Angaben zu Wertschöpfungsketten vorgegeben, die den Kapazitäten und Merkmalen von Unternehmen in Wertschöpfungsketten sowie dem Umfang und der Komplexität ihrer Tätigkeiten, insbesondere von Unternehmen, die nicht den Anforderungen an die Nachhaltigkeitsberichterstattung nach Artikel 19a oder 29a unterliegen, angemessen sind und entsprechen. In den Standards für die Nachhaltigkeitsberichterstattung werden keine Angaben festgelegt, die Unternehmen verpflichten würden, Informationen von kleinen und mittleren Unternehmen in ihrer Wertschöpfungskette einzuholen, die über die Informationen hinausgehen, die gemäß den Standards für die Nachhaltigkeitsberichterstattung für kleine und mittlere Unternehmen gemäß Artikel 29c anzugeben sind.

Unterabsatz 1 gilt unbeschadet der Anforderungen der Union an Unternehmen, einen Due-Diligence-Prozess durchzuführen.

(5) Beim Erlass delegierter Rechtsakte gemäß Absatz 1 berücksichtigt die Kommission im größtmöglichen Umfang

a) die Arbeit globaler Standardsetzungsinitiativen für die Nachhaltigkeitsberichterstattung und bestehende Standards und Rahmen für die Naturkapitalbilanzierung und die Bilanzierung von Treibhausgasen, verantwortungsvolles unternehmerisches Handeln, soziale Verantwortung der Unternehmen und nachhaltige Entwicklung;

b) die Informationen, die Finanzmarktteilnehmer benötigen, um ihren Offenlegungspflichten gemäß der Verordnung (EU) 2019/2088 und gemäß den nach der genannten Verordnung erlassenen delegierten Rechtsakten nachzukommen;

c) die Kriterien, Indikatoren und Methoden, die in den gemäß der Verordnung (EU) 2020/852 erlassenen delegierten Rechtsakten festgelegt sind, einschließlich der gemäß Artikel 10 Absatz 3, Artikel 11 Absatz 3, Artikel 12 Absatz 2, Artikel 13 Absatz 2, Artikel 14 Absatz 2 und Artikel 15 Absatz 2 der genannten Verordnung festgelegten technischen Bewertungskriterien und der Berichterstattungsanforderungen, die in dem gemäß Artikel 8 der genannten Verordnung erlassenen delegierten Rechtsakt festgelegt sind;

d) die Offenlegungspflichten für Referenzwert-Administratoren in der Referenzwert-Erklärung und in der Referenzwert-Methodik sowie die Mindestanforderungen für die Konzipierung von

EU-Referenzwerten für den klimabedingten Wandel und Paris-abgestimmten EU-Referenzwerten gemäß den Delegierten Verordnungen (EU) 2020/1816 ([*13]), (EU) 2020/1817 ([*14]) und (EU) 2020/1818 ([*15]) der Kommission;

e) die Offenlegungen, die in den gemäß Artikel 434a der Verordnung (EU) Nr. 575/2013 erlassenen Durchführungsrechtsakten festgelegt sind;

f) die Empfehlung 2013/179/EU der Kommission ([*16]);

g) die Richtlinie 2003/87/EG des Europäischen Parlaments und des Rates ([*17]);

h) die Verordnung (EU) 2021/1119;

i) die Verordnung (EG) Nr. 1221/2009 des Europäischen Parlaments und des Rates ([*18]);

j) die Richtlinie (EU) 2019/1937 des Europäischen Parlaments und des Rates ([*19]).

Artikel 29c

Standards für die Nachhaltigkeitsberichterstattung für kleine und mittlere Unternehmen

(1) Die Kommission erlässt bis zum 30. Juni 2024 delegierte Rechtsakte nach Artikel 49 zur Ergänzung dieser Richtlinie, um Standards für die Nachhaltigkeitsberichterstattung festzulegen, die den Kapazitäten und Merkmalen kleiner und mittlerer Unternehmen und dem Umfang und der Komplexität ihrer Tätigkeiten angemessen sind und entsprechen. In diesen Standards für die Nachhaltigkeitsberichterstattung ist für kleine und mittlere Unternehmen nach Artikel 2 Nummer 1 Buchstabe a spezifiziert, über welche Informationen gemäß Artikel 19a Absatz 6 Bericht zu erstatten ist.

Die Berichterstattungsanforderungen, die in den in Unterabsatz 1 genannten delegierten Rechtsakten festgelegt sind, treten frühestens vier Monate nach ihrem Erlass durch die Kommission in Kraft.

(2) Bei den Standards für die Nachhaltigkeitsberichterstattung für kleine und mittlere Unternehmen werden die in Artikel 29b Absätze 2 bis 5 festgelegten Kriterien berücksichtigt. Darüber hinaus wird soweit möglich die Struktur spezifiziert, in der diese Informationen vorzulegen sind.

(3) Die Kommission überprüft mindestens alle drei Jahre nach deren Geltungsbeginn die gemäß diesem Artikel erlassenen delegierten Rechtsakte unter Berücksichtigung der fachlichen Stellungnahme der EFRAG und ändert diese delegierten Rechtsakte, falls dies nötig ist, um relevanten Entwicklungen, einschließlich Entwicklungen im Zusammenhang mit internationalen Standards, Rechnung zu tragen.

9. Folgendes Kapitel wird eingefügt:

„KAPITEL 6b
EINHEITLICHES ELEKTRONISCHES BERICHTSFORMAT

Artikel 29d

Einheitliches elektronisches Berichtsformat

(1) Unternehmen, die den Anforderungen von Artikel 19a dieser Richtlinie unterliegen, stellen ihren Lagebericht im in Artikel 3 der Delegierten Verordnung (EU) 2019/815 der Kommission ([*20]) dargelegten einheitlichen elektronischen Berichtsformat auf und zeichnen ihre Nachhaltigkeitsberichterstattung, einschließlich der Angaben nach Artikel 8 der Verordnung (EU) 2020/852, gemäß dem in jener Delegierten Verordnung dargelegten elektronischen Berichtsformat aus.

(2) Mutterunternehmen, die den Anforderungen von Artikel 29a unterliegen, stellen ihren konsolidierten Lagebericht im in Artikel 3 der Delegierten Verordnung (EU) 2019/815 dargelegten elektronischen Berichtsformat aus und zeichnen die Nachhaltigkeitsberichterstattung, einschließlich der Angaben nach Artikel 8 der Verordnung (EU) 2020/852, gemäß dem in jener Delegierten Verordnung dargelegten elektronischen Berichtsformat aus.

10. Artikel 30 Absatz 1 erhält folgende Fassung:

„(1) Die Mitgliedstaaten sorgen dafür, dass Unternehmen innerhalb einer angemessenen Frist, die zwölf Monate nach dem Bilanzstichtag nicht überschreiten darf, den ordnungsgemäß gebilligten Jahresabschluss und den Lagebericht gegebenenfalls in dem in Artikel 29d dieser Richtlinie genannten elektronischen Berichtsformat zusammen mit den Urteilen und der Erklärung des Abschlussprüfers oder der Prüfungsgesellschaft gemäß Artikel 34 dieser Richtlinie nach den Rechtsvorschriften der einzelnen Mitgliedstaaten im Einklang mit Titel 1 Kapitel III der Richtlinie (EU) 2017/1132 des Europäischen Parlaments und des Rates ([*21]) offenlegen.

Die Mitgliedstaaten können von Unternehmen, die den Artikeln 19a und 29a unterliegen, verlangen, dass sie den Lagebericht der Öffentlichkeit auf ihrer Website kostenlos zur Verfügung stellen. Wenn ein Unternehmen keine Website betreibt, können die Mitgliedstaaten von ihm verlangen, dass es auf Anfrage eine schriftliche Kopie seines Lageberichts zur Verfügung stellt.

Wird das Urteil im Sinne von Artikel 34 Absatz 1 Unterabsatz 2 Buchstabe aa von einem unabhängigen Erbringer von Bestätigungsleistungen abgegeben, ist dieses Urteil zusammen mit den in Unterabsatz 1 genannten Dokumenten offenzulegen.

Die Mitgliedstaaten können jedoch Unternehmen von der Pflicht zur Offenlegung eines Lageberichts befreien, wenn es möglich ist, eine vollständige oder teilweise Ausfertigung dieses Berichts einfach auf Antrag zu einem Entgelt zu erhalten, das die Verwaltungskosten nicht übersteigt.

Die Befreiung nach Unterabsatz 4 findet keine Anwendung auf Unternehmen, die den Anforderungen an die Nachhaltigkeitsberichterstattung nach den Artikeln 19a und 29a unterliegen.

11. Artikel 33 Absatz 1 erhält folgende Fassung:

„(1) Die Mitgliedstaaten sorgen dafür, dass die Mitglieder der Verwaltungs-, Leitungs- und Aufsichtsorgane eines Unternehmens im Rahmen der ihnen durch einzelstaatliche Rechtsvorschriften übertragenen Zuständigkeiten die gemeinsame Aufgabe haben, sicherzustellen, dass die folgenden Dokumente im Einklang mit den Anforderungen dieser Richtlinie und gegebenenfalls mit den gemäß der Verordnung (EG) Nr. 1606/2002 angenommenen internationalen Rechnungslegungsstandards, mit der Delegierten Verordnung (EU) 2019/815, mit den Standards für die Nachhaltigkeitsberichterstattung nach Artikel 29b oder Artikel 29c dieser Richtlinie und mit den Anforderungen des Artikels 29d dieser Richtlinie aufgestellt und offengelegt werden:

a) der Jahresabschluss, der Lagebericht und die Erklärung zur Unternehmensführung, wenn sie gesondert abgegeben wird; und

b) der konsolidierte Abschluss, der konsolidierte Lagebericht und die konsolidierte Erklärung zur Unternehmensführung, wenn sie gesondert abgegeben wird."

12. Die Überschrift von Kapitel 8 erhält folgende Fassung:

„Abschlussprüfung und Bestätigung der Nachhaltigkeitsberichterstattung".

13. Artikel 34 wird wie folgt geändert:

a) Absatz 1 Unterabsatz 2 wird wie folgt geändert:

i) Buchstabe a Ziffer ii erhält folgende Fassung:

„ii) ob der Lagebericht nach den geltenden rechtlichen Anforderungen, ausgenommen der Anforderungen an die Nachhaltigkeitsberichterstattung nach Artikel 19a dieser Richtlinie, aufgestellt wurde;"

ii) Folgender Buchstabe wird eingefügt:

„aa) gegebenenfalls ein Urteil auf der Grundlage eines Auftrags zur Erlangung begrenzter Prüfungssicherheit darüber abzugeben, ob die Nachhaltigkeitsberichterstattung mit den Anforderungen dieser Richtlinie übereinstimmt, einschließlich der Frage, ob die Nachhaltigkeitsberichterstattung mit den nach Artikel 29b oder Artikel 29c angenommenen Standards für die Berichterstattung übereinstimmt, und über das vom Unternehmen durchgeführte Verfahren zur Ermittlung von Informationen, über die nach diesen Standards für die Berichterstattung Bericht zu erstatten ist, ob die Anforderung zur Auszeichnung der Nachhaltigkeitsberichterstattung im Einklang mit Artikel 29d eingehalten wird und ob die Anforderungen an die Berichterstattung nach Artikel 8 der Verordnung (EU) 2020/852 eingehalten werden;"

b) Absatz 3 erhält folgende Fassung:

„(3) Die Mitgliedstaaten können gestatten, dass ein anderer Abschlussprüfer oder eine andere Prüfungsgesellschaft als der- oder diejenige(n), die die Abschlussprüfung durchführen, das Urteil nach Absatz 1 Unterabsatz 2 Buchstabe aa abgibt."

c) Folgende Absätze werden angefügt:

„(4) Die Mitgliedstaaten können einem in ihrem Hoheitsgebiet niedergelassenen unabhängigen Erbringer von Bestätigungsleistungen gestatten, das Urteil nach Absatz 1 Unterabsatz 2 Buchstabe aa abzugeben, sofern dieser unabhängige Erbringer von Bestätigungsleistungen Anforderungen unterliegt, die den in der Richtlinie 2006/43/EG des Europäischen Parlaments und des Rates ([*22]) festgelegten Anforderungen hinsichtlich der Bestätigung der Nachhaltigkeitsberichterstattung im Sinne von Artikel 2 Nummer 22 der genannten Richtlinie gleichwertig sind, insbesondere die Anforderungen an Folgendes:

a) Ausbildung und Eignungsprüfung, um sicherzustellen, dass unabhängige Erbringer von Bestätigungsleistungen das erforderliche Fachwissen auf dem Gebiet der Nachhaltigkeitsberichterstattung und deren Bestätigung erwerben;

b) kontinuierliche Fortbildung;

c) Qualitätssicherungssysteme;

d) Berufsgrundsätze, Unabhängigkeit, Unparteilichkeit, Verschwiegenheit und Berufsgeheimnis;

e) Bestellung und Abberufung;

f) Untersuchungen und Sanktionen;

g) die Organisation der Arbeit des unabhängigen Erbringers von Bestätigungsleistungen, insbesondere im Hinblick auf notwendige Mittel und Personal sowie die Führung von Mandantendateien und Akten, und

h) die Meldung von Unregelmäßigkeiten.

Die Mitgliedstaaten stellen sicher, dass das Urteil in Fällen, in denen es nach Absatz 1 Unterabsatz 2 Buchstabe aa von einem unabhängigen Erbringer von Bestätigungsleistungen abgegeben wird, gemäß den Artikeln 26a, 27a und 28a der Richtlinie 2006/43/EG erstellt wird und dass der Prüfungsausschuss oder ein gesonderter Ausschuss gegebenenfalls die Unabhängigkeit des unabhängigen Erbringers von Bestätigungsleistungen gemäß Artikel 39 Absatz 6 Buchstabe e der Richtlinie 2006/43/EG überprüft und überwacht.

Die Mitgliedstaaten stellen sicher, dass unabhängige Erbringer von Bestätigungsleistungen, die vor dem 1. Januar 2024 gemäß der Verordnung

(EG) Nr. 765/2008 für die Bestätigung der Nachhaltigkeitsberichterstattung akkreditiert wurden, nicht den Ausbildungs- und Prüfungsanforderungen nach Unterabsatz 1 Buchstabe a des vorliegenden Absatzes unterliegen.

Die Mitgliedstaaten stellen sicher, dass unabhängige Erbringer von Bestätigungsleistungen, die am 1. Januar 2024 gemäß den einschlägigen einzelstaatlichen Anforderungen das Akkreditierungsverfahren durchlaufen, im Hinblick auf die Bestätigung der Nachhaltigkeitsberichterstattung nicht den Ausbildungs- und Prüfungsanforderungen nach Unterabsatz 1 Buchstabe a unterliegen, sofern sie dieses Verfahren bis zum 1. Januar 2026 abschließen.

Die Mitgliedstaaten stellen sicher, dass die in den Unterabsätzen 3 und 4 genannten unabhängigen Erbringer von Bestätigungsleistungen im Rahmen der Weiterbildungsanforderung nach Unterabsatz 1 Buchstabe b die erforderlichen Kenntnisse auf dem Gebiet der Nachhaltigkeitsberichterstattung und deren Bestätigung erwerben.

Beschließt ein Mitgliedstaat gemäß Unterabsatz 1, einem unabhängigen Erbringer von Bestätigungsleistungen die Abgabe des Urteils nach Absatz 1 Unterabsatz 2 Buchstabe aa zu gestatten, so gestattet er dies auch einem anderen Abschlussprüfer als demjenigen, der die Abschlussprüfung durchführt, wie in Absatz 3 vorgesehen.

(5) Ab dem 6. Januar 2027 gestattet ein Mitgliedstaat, der von der Möglichkeit nach Absatz 4 Gebrauch gemacht hat (im Folgenden „Aufnahmemitgliedstaat"), es unabhängigen Erbringern von Bestätigungsleistungen, die in einem anderen Mitgliedstaat (im Folgenden „Herkunftsmitgliedstaat") niedergelassen sind, die Bestätigung der Nachhaltigkeitsberichterstattung vorzunehmen.

Der Herkunftsmitgliedstaat ist für die Beaufsichtigung der in seinem Hoheitsgebiet niedergelassenen unabhängigen Erbringer von Bestätigungsleistungen zuständig, es sei denn, der Aufnahmemitgliedstaat entscheidet, die von unabhängigen Erbringern von Bestätigungsleistungen in seinem Hoheitsgebiet durchgeführten Bestätigung der Nachhaltigkeitsberichterstattung zu beaufsichtigen.

Beschließt der Aufnahmemitgliedstaat, die Bestätigung der Nachhaltigkeitsberichterstattung, die in seinem Hoheitsgebiet von unabhängigen Erbringern von Bestätigungsleistungen durchgeführt wird, die in einem anderen Mitgliedstaat registriert sind, zu beaufsichtigen, so gilt für den Aufnahmemitgliedstaat Folgendes:

a) Er darf für derartige unabhängige Erbringer von Bestätigungsleistungen keine strengeren Anforderungen oder keine umfassendere Haftung vorsehen als sie nach einzelstaatlichem Recht für die Bestätigung der Nachhaltigkeitsberichterstattung von den unabhängigen Erbringern von Bestätigungsleistungen oder Abschlussprüfern verlangt werden, die in diesem Aufnahmemitgliedstaat niedergelassen sind; und

b) er muss die anderen Mitgliedstaaten von seinem Beschluss in Kenntnis setzen, die Bestätigung der Nachhaltigkeitsberichterstattung, die von unabhängigen Erbringern von Bestätigungsleistungen durchgeführt wird, die in anderen Mitgliedstaaten niedergelassen sind, zu beaufsichtigen.

(6) Die Mitgliedstaaten stellen sicher, dass in Fällen, in denen ein Unternehmen nach dem Unionsrecht verpflichtet ist, Teile seiner Nachhaltigkeitsberichterstattung durch eine akkreditierte unabhängige dritte Partei überprüfen zu lassen, der Bericht der akkreditierten unabhängigen dritten Partei entweder als Anlage zum Lagebericht oder auf andere öffentlich zugängliche Weise bereitgestellt wird.

14. Folgendes Kapitel wird eingefügt:

„KAPITEL 9a

BERICHTERSTATTUNG BETREFFEND DRITTLANDUNTERNEHMEN

Artikel 40a

Nachhaltigkeitsberichte betreffend Drittlandunternehmen

(1) Ein Mitgliedstaat schreibt vor, dass ein in seinem Hoheitsgebiet niedergelassenes Tochterunternehmen, dessen oberstes Mutterunternehmen dem Recht eines Drittlandes unterliegt, einen Nachhaltigkeitsbericht offengelegt und zugänglich macht, der die in Artikel 29a Absatz 2 Buchstabe a Ziffern iii bis v, Buchstaben b bis f und gegebenenfalls Buchstabe h aufgeführten Informationen auf Gruppenebene dieses obersten Drittland-Mutterunternehmens enthält.

Unterabsatz 1 gilt nur für große Tochterunternehmen sowie für kleine und mittlere Tochterunternehmen – mit Ausnahme von Kleinstunternehmen –, die Unternehmen von öffentlichem Interesse im Sinne von Artikel 2 Nummer 1 Buchstabe a sind.

Ein Mitgliedstaat schreibt vor, dass eine in seinem Hoheitsgebiet ansässige Zweigniederlassung, die eine Zweigniederlassung eines dem Recht eines Drittlands unterliegenden Unternehmens ist, das entweder nicht Teil einer Gruppe ist oder auf oberster Ebene von einem Unternehmen gehalten wird, das nach dem Recht eines Drittlands geschaffen wurde, einen Nachhaltigkeitsbericht offenlegt und zugänglich macht, der die in Artikel 29a Absatz 2 Buchstabe a Ziffern iii bis v, Buchstaben b bis f und gegebenenfalls Buchstabe h aufgeführten Informationen auf Gruppenebene oder, falls dies nicht zutrifft, auf Einzelebene des Drittlandunternehmens enthält.

Die in Unterabsatz 3 genannte Vorschrift gilt für eine Zweigniederlassung nur, wenn das Drittlandunternehmen kein Tochterunternehmen im

Sinne von Unterabsatz 1 hat und die Zweigniederlassung im vorangegangenen Geschäftsjahr Nettoumsatzerlöse von mehr als 40 Mio. EUR erzielt hat.

Die Unterabsätze 1 und 3 gelten nur für die in diesen Unterabsätzen genannten Tochterunternehmen oder Zweigniederlassungen, wenn das Drittlandunternehmen auf Gruppenebene oder, falls dies nicht zutrifft, auf Einzelebene in den beiden letzten aufeinander folgenden Geschäftsjahren in der Union Nettoumsatzerlöse von jeweils mehr als 150 Mio. EUR erzielt hat.

Die Mitgliedstaaten können von den in den Unterabsätzen 1 und 3 genannten Tochterunternehmen oder Zweigniederlassungen verlangen, dass sie ihnen Angaben über die von den Drittlandunternehmen in ihrem Gebiet und in der Union erzielten Nettoumsatzerlöse übermitteln.

(2) Die Mitgliedstaaten schreiben vor, dass der von dem Tochterunternehmen oder der Zweigniederlassung gemäß Absatz 1 übermittelte Nachhaltigkeitsbericht im Einklang mit den gemäß Artikel 40b angenommenen Standards erstellt wird.

Abweichend von Unterabsatz 1 des vorliegenden Absatzes kann der in Absatz 1 des vorliegenden Artikels genannte Nachhaltigkeitsbericht gemäß den nach Artikel 29b erlassenen Standards für die Nachhaltigkeitsberichterstattung oder in einer Weise erstellt werden, die diesen Standards für die Nachhaltigkeitsberichterstattung gleichwertig ist, was in einem gemäß Artikel 23 Absatz 4 Unterabsatz 3 der Richtlinie 2004/109/EG erlassenen Durchführungsrechtsakt über die Gleichwertigkeit der Standards für die Nachhaltigkeitsberichterstattung festgestellt wurde.

Wenn die in Unterabsatz 1 genannten Informationen, die für die Erstellung eines Nachhaltigkeitsberichts erforderlich sind, nicht vorliegen, fordert das in Absatz 1 genannte Tochterunternehmen oder die in Absatz 1 des vorliegenden Absatzes genannte Zweigniederlassung das Drittlandunternehmen auf, ihnen alle erforderlichen Informationen zu übermitteln, damit sie in der Lage sind, ihren Verpflichtungen nachzukommen.

Falls nicht alle erforderlichen Informationen zur Verfügung gestellt werden, erstellt das in Absatz 1 genannte Tochterunternehmen oder die in Absatz 1 genannte Zweigniederlassung den in Absatz 1 genannten Nachhaltigkeitsbericht und legt diesen offen, der alle in seinem bzw. ihrem Besitz befindlichen, erlangten oder erworbenen Informationen enthält, und gibt eine Erklärung ab, aus der hervorgeht, dass das Drittlandunternehmen die erforderlichen Informationen nicht bereitgestellt hat.

(3) Die Mitgliedstaaten schreiben vor, dass der in Absatz 1 genannte Nachhaltigkeitsbericht zusammen mit einem Bestätigungsurteil offengelegt wird, das von einer oder mehreren Personen oder Gesellschaften abgegeben wurde, die nach dem einzelstaatlichen Recht, das für das Drittlandunternehmen oder für einen Mitgliedstaat gilt, zur Abgabe eines Urteils über die Bestätigung der Nachhaltigkeitsberichterstattung befugt ist bzw. sind.

Falls das Drittlandunternehmen das Bestätigungsurteil gemäß Unterabsatz 1 nicht zur Verfügung stellt, gibt das Tochterunternehmen oder die Zweigniederlassung eine Erklärung ab, aus der hervorgeht, dass das Drittlandunternehmen das erforderliche Bestätigungsurteil nicht bereitgestellt hat.

(4) Die Mitgliedstaaten können die Kommission jährlich über die Tochterunternehmen oder Zweigniederlassungen von Drittlandunternehmen, die die Offenlegungspflicht nach Artikel 40d erfüllt haben, sowie über die Fälle unterrichten, in denen ein Bericht offengelegt wurde, das Tochterunternehmen oder die Zweigniederlassung jedoch gemäß Absatz 2 Unterabsatz 4 des vorliegenden Artikels gehandelt hat. Die Kommission macht auf ihrer Website eine Liste der Drittlandunternehmen, die einen Nachhaltigkeitsbericht offenlegen, öffentlich zugänglich.

Artikel 40b

Standards für die Nachhaltigkeitsberichterstattung für Drittlandunternehmen

Die Kommission erlässt bis spätestens 30. Juni 2024 einen delegierten Rechtsakt gemäß Artikel 49 zur Ergänzung dieser Richtlinie, um Standards für die Nachhaltigkeitsberichterstattung für Drittlandsunternehmen festzulegen, durch die präzisiert wird, welche Angaben die in Artikel 40a genannten Nachhaltigkeitsberichte enthalten müssen.

Artikel 40c

Verantwortlichkeit für die Erstellung, Offenlegung und Zugänglichmachung der Nachhaltigkeitsberichte betreffend Drittlandunternehmen

Die Mitgliedstaaten sehen vor, dass die Zweigniederlassungen von Drittlandunternehmen die Verantwortung dafür tragen, nach bestem Wissen und Vermögen sicherzustellen, dass ihr Nachhaltigkeitsbericht gemäß Artikel 40a erstellt wird und dass dieser Bericht gemäß Artikel 40d offengelegt und zugänglich gemacht wird.

Die Mitgliedstaaten sehen vor, dass die Mitglieder der Verwaltungs-, Leitungs- und Aufsichtsorgane der Tochterunternehmen nach Artikel 40a die gemeinsame Verantwortung dafür tragen, nach bestem Wissen und Vermögen sicherzustellen, dass ihr Nachhaltigkeitsbericht gemäß Artikel 40a erstellt wird und dass dieser Bericht gemäß Artikel 40d offengelegt und zugänglich gemacht wird.

Artikel 40d

Offenlegung

(1) Die in Artikel 40a Absatz 1 der vorliegenden Richtlinie genannten Tochterunternehmen

und Zweigniederlassungen legen ihren Nachhaltigkeitsbericht zusammen mit dem Bestätigungsurteil und gegebenenfalls der in Artikel 40a Absatz 2 Unterabsatz 4 dieser Richtlinie genannten Erklärung innerhalb von zwölf Monaten nach dem Bilanzstichtag des Geschäftsjahres, für das der Bericht erstellt wird, gemäß den mit den Artikeln 14 bis 28 der Richtlinie (EU) 2017/1132 und gegebenenfalls mit Artikel 36 der genannten Richtlinie in Einklang stehenden Rechtsvorschriften eines jeden Mitgliedstaats offen.

(2) Wenn der Nachhaltigkeitsbericht zusammen mit dem Bestätigungsurteil und gegebenenfalls der Erklärung, die gemäß Absatz 1 des vorliegenden Artikels offengelegt wird, der Öffentlichkeit nicht kostenlos auf der Website des in Artikel 16 der Richtlinie (EU) 2017/1132 genannten Registers zugänglich gemacht werden, stellen die Mitgliedstaaten sicher, dass der Nachhaltigkeitsbericht zusammen mit dem Bestätigungsurteil und gegebenenfalls mit der Erklärung, die von den Unternehmen gemäß Absatz 1 des vorliegenden Artikels offengelegt wird, der Öffentlichkeit in mindestens einer der Amtssprachen der Union spätestens zwölf Monate nach dem Bilanzstichtag des Geschäftsjahres, für das der Bericht erstellt wird, auf der Website des Tochterunternehmens oder der Zweigniederlassung gemäß Artikel 40a Absatz 1 dieser Richtlinie kostenlos zugänglich gemacht wird."

15. Die Überschrift von Kapitel 11 erhält folgende Fassung:

„KAPITEL 11

ÜBERGANGS- UND SCHLUSSBESTIMMUNGEN "

16. Folgender Artikel wird eingefügt:

„Artikel 48i

Übergangsbestimmungen

(1) Bis zum 6. Januar 2030 gestatten die Mitgliedstaaten es einem Unions-Tochterunternehmen, das Artikel 19a oder 29a unterliegt und dessen Mutterunternehmen nicht den Rechtsvorschriften eines Mitgliedstaats unterliegt, eine konsolidierte Nachhaltigkeitsberichterstattung gemäß den Anforderungen des Artikels 29a zu erstellen, der alle Unions-Tochterunternehmen dieses Mutterunternehmens einschließt, die Artikel 19a oder 29a unterliegen.

Bis zum 6. Januar 2030 gestatten die Mitgliedstaaten, dass die in Unterabsatz 1 des vorliegenden Absatzes genannte konsolidierte Nachhaltigkeitsberichterstattung die in Artikel 8 der Verordnung (EU) 2020/852 festgelegten Offenlegungen enthält, die sich auf die Tätigkeiten aller Unions-Tochterunternehmen des in Unterabsatz 1 des vorliegenden Absatzes genannten Mutterunternehmens beziehen, die Artikel 19a oder 29a dieser Richtlinie unterliegen.

(2) Bei dem in Absatz 1 genannten Unions-Tochterunternehmen muss es sich um eines der Unions-Tochterunternehmen der Gruppe handeln, die – gegebenenfalls auf konsolidierter Basis – in mindestens einem der fünf vorangegangenen Geschäftsjahre in der Union die größten Umsatzerlöse erzielt hat.

(3) Die in Absatz 1 des vorliegenden Artikels genannte konsolidierte Nachhaltigkeitsberichterstattung wird im Einklang mit Artikel 30 offengelegt.

(4) Für die Zwecke der in Artikel 19a Absatz 9 und Artikel 29a Absatz 8 vorgesehenen Befreiung gilt die Berichterstattung gemäß Absatz 1 des vorliegenden Artikels als Berichterstattung eines Mutterunternehmens auf Gruppenebene in Bezug auf die in die Konsolidierung einbezogenen Unternehmen. Die Berichterstattung gemäß Absatz 1 Unterabsatz 2 des vorliegenden Artikels gilt als Erfüllung der Bedingungen in Artikel 19a Absatz 9 Unterabsatz 2 Buchstabe c bzw. in Artikel 29a Absatz 8 Unterabsatz 2 Buchstabe c."

17. Artikel 49 wird wie folgt geändert:

a) Die Absätze 2 und 3 erhalten folgende Fassung:

„(2) Die Befugnis zum Erlass delegierter Rechtsakte gemäß Artikel 1 Absatz 2, Artikel 3 Absatz 13, Artikel 29b, Artikel 29c, Artikel 40b und Artikel 46 Absatz 2 wird der Kommission für einen Zeitraum von fünf Jahren ab dem 5. Januar 2023 übertragen. Die Kommission erstellt spätestens neun Monate vor Ablauf des Zeitraums von fünf Jahren einen Bericht über die Befugnisübertragung. Die Befugnisübertragung verlängert sich stillschweigend um Zeiträume gleicher Länge, es sei denn, das Europäische Parlament oder der Rat widersprechen einer solchen Verlängerung spätestens drei Monate vor Ablauf des jeweiligen Zeitraums.

(3) Die Befugnisübertragung gemäß Artikel 1 Absatz 2, Artikel 3 Absatz 13, Artikel 29b, Artikel 29c, Artikel 40b und Artikel 46 Absatz 2 kann vom Europäischen Parlament oder vom Rat jederzeit widerrufen werden. Der Beschluss über den Widerruf beendet die Übertragung der in diesem Beschluss angegebenen Befugnis. Er wird am Tag nach seiner Veröffentlichung im *Amtsblatt der Europäischen Union* oder zu einem im Beschluss über den Widerruf angegebenen späteren Zeitpunkt wirksam. Die Gültigkeit von delegierten Rechtsakten, die bereits in Kraft sind, wird von dem Beschluss über den Widerruf nicht berührt."

b) Folgender Absatz wird eingefügt:

„(3b) Beim Erlass delegierter Rechtsakte nach den Artikeln 29b und 29c berücksichtigt die Kommission die fachliche Stellungnahme der EFRAG, sofern

a) eine solche Stellungnahme in einem einwandfreien Verfahren mit angemessener öffentlicher Aufsicht und Transparenz erstellt und dabei auf das Fachwissen einschlägiger Interessenträger zurückgegriffen wurde und sie mit ausreichenden öffentlichen Mitteln, so dass ihre Unabhängigkeit gewährleistet ist, und auf der Grundlage eines Arbeitsprogramms, zu dem die Kommission konsultiert wurde, erstellt wurde;

b) einer solchen Stellungnahme Kosten-Nutzen-Analysen beigefügt sind, einschließlich Analysen der Auswirkungen der fachlichen Stellungnahme auf Nachhaltigkeitsaspekte;

c) einer solchen Stellungnahme eine Erläuterung beigefügt ist, wie die in Artikel 29b Absatz 5 aufgeführten Elemente berücksichtigt werden;

d) die Mitwirkung an der Arbeit der EFRAG auf technischer Ebene auf Fachwissen im Bereich der Nachhaltigkeitsberichterstattung beruht und nicht von einem finanziellen Beitrag abhängig ist.

Die Buchstaben a und d gelten unbeschadet der Beteiligung von öffentlichen Stellen und einzelstaatlichen Standardsetzungseinrichtungen an den technischen Arbeiten der EFRAG.

Die der fachlichen Stellungnahme der EFRAG beigefügten Dokumente sind zusammen mit dieser fachlichen Stellungnahme vorzulegen.

Die Kommission konsultiert die in Artikel 24 der Verordnung (EU) 2020/852 genannte Sachverständigengruppe der Mitgliedstaaten für nachhaltiges Finanzwesen und den in Artikel 6 der Verordnung (EG) Nr. 1606/2002 genannten Regelungsausschuss für Rechnungslegung gemeinsam zu den Entwürfen delegierter Rechtsakte vor ihrer Annahme gemäß den Artikeln 29b und 29c dieser Richtlinie.

Die Kommission holt die Stellungnahme der Europäischen Wertpapier- und Marktaufsichtsbehörde (ESMA), der Europäischen Bankenaufsichtsbehörde (EBA) und der Europäischen Aufsichtsbehörde für das Versicherungswesen und die betriebliche Altersversorgung (EIOPA) zur fachlichen Stellungnahme der EFRAG ein, insbesondere im Hinblick auf deren Kohärenz mit der Verordnung (EU) 2019/2088 und den delegierten Rechtsakten, die gemäß jener Verordnung angenommen wurden. ESMA, EBA und EIOPA übermitteln ihre Stellungnahmen binnen zwei Monaten nach Eingang des Ersuchens der Kommission.

Darüber hinaus konsultiert die Kommission die Europäische Umweltagentur, die Agentur der Europäischen Union für Grundrechte, die Europäische Zentralbank, den Ausschuss der Europäischen Aufsichtsstellen für Abschlussprüfer und die nach Artikel 20 der Verordnung (EU) 2020/852 eingerichtete Plattform für ein nachhaltiges Finanzwesen zu der von der EFRAG bereitgestellten fachlichen Stellungnahme vor Annahme der in den Artikeln 29b und 29c dieser Richtlinie genannten delegierten Rechtsakte. Beschließt eine dieser Stellen, eine Stellungnahme zu übermitteln, so legt sie diese binnen zwei Monaten nach ihrer Konsultation durch die Kommission vor.“

c) Absatz 5 erhält folgende Fassung:

„(5) Ein delegierter Rechtsakt, der gemäß Artikel 1 Absatz 2, Artikel 3 Absatz 13, Artikel 29b, Artikel 29c oder Artikel 40b, oder Artikel 46 Absatz 2 erlassen wurde, tritt nur in Kraft, wenn weder das Europäische Parlament noch der Rat innerhalb einer Frist von zwei Monaten nach Übermittlung dieses Rechtsakts an das Europäische Parlament und den Rat Einwände erhoben haben oder wenn vor Ablauf dieser Frist das Europäische Parlament und der Rat beide der Kommission mitgeteilt haben, dass sie keine Einwände erheben werden. Auf Initiative des Europäischen Parlaments oder des Rates wird diese Frist um zwei Monate verlängert.“

Artikel 2

Änderung der Richtlinie 2004/109/EG

Die Richtlinie 2004/109/EG wird wie folgt geändert:

1. In Artikel 2 Absatz 1 wird folgender Buchstabe angefügt:

„r) „Nachhaltigkeitsberichterstattung“ ist die Nachhaltigkeitsberichterstattung gemäß Artikel 2 Nummer 18 der Richtlinie 2013/34/EU des Europäischen Parlaments und des Rates ([*23]),

2. Artikel 4 wird wie folgt geändert:

a) Absatz 2 Buchstabe c erhält folgende Fassung:

„c) Erklärungen, in denen die beim Emittenten verantwortlichen Personen unter Angabe ihres Namens und ihrer Stellung versichern, dass der im Einklang mit den maßgebenden Rechnungslegungsstandards aufgestellte Abschluss ihres Wissens ein den tatsächlichen Verhältnissen entsprechendes Bild der Vermögenswerte und Verbindlichkeiten sowie der Finanz- und der Ertragslage des Emittenten und der Gesamtheit der in die Konsolidierung einbezogenen Unternehmen vermittelt und dass der Lagebericht den Geschäftsverlauf, das Geschäftsergebnis und die Lage der Gesamtheit der in die Konsolidierung einbezogenen Unternehmen so darstellt, dass ein den tatsächlichen Verhältnissen entsprechendes Bild entsteht, dass er die wesentlichen Risiken und Ungewissheiten, denen sie ausgesetzt sind, beschreibt, und, sofern angebracht, dass er in Einklang mit den Standards für die Nachhaltigkeitsberichterstattung nach Artikel 29b der Richtlinie 2013/34/EU und mit den gemäß Artikel 8 Absatz 4 der Verordnung (EU) 2020/852 des Europäischen Parlaments und des Rates ([*24]) angenommenen Spezifikationen aufgestellt wurde.

b) Die Absätze 4 und 5 erhalten folgende Fassung:

„(4) Die Abschlüsse werden gemäß Artikel 34 Absatz 1 Unterabsatz 1 und Artikel 34 Absatz 2 der Richtlinie 2013/34/EU geprüft.

Der Abschlussprüfer gibt das Urteil und die Erklärung zum Lagebericht nach Artikel 34 Absatz 1 Unterabsatz 2 Buchstaben a und b und Artikel 34 Absatz 2 der Richtlinie 2013/34/EU ab.

Der von der oder den für die Durchführung der in Artikel 34 Absätze 1 und 2 der Richtlinie 2013/34/EU festgelegten Arbeiten zuständigen Person oder Personen erteilte Bestätigungsvermerk nach Artikel 28 der Richtlinie 2006/43/EG des Europäischen Parlaments und des Rates ((*25)) wird in vollem Umfang zusammen mit dem Jahresfinanzbericht offengelegt.

Gegebenenfalls wird gemäß Artikel 34 Absatz 1 Unterabsatz 2 Buchstabe aa und Artikel 34 Absätze 2 bis 5 der Richtlinie 2013/34/EU ein Bestätigungsurteil über die Nachhaltigkeitsberichterstattung abgegeben.

Der Prüfungsvermerk über die Nachhaltigkeitsberichterstattung nach Artikel 28a der Richtlinie 2006/43/EG wird zusammen mit dem Jahresfinanzbericht vollständig offengelegt.

(5) Der Lagebericht wird gemäß den Artikeln 19, 19a und 20 und Artikel 29d Absatz 1 der Richtlinie 2013/34/EU aufgestellt und umfasst die gemäß Artikel 8 Absatz 4 der Verordnung (EU) 2020/852 angenommenen Spezifikationen, wenn er von den in diesen Bestimmungen genannten Unternehmen aufgestellt wird.

Ist der Emittent verpflichtet, einen konsolidierten Abschluss aufzustellen, wird der konsolidierte Lagebericht gemäß den Artikeln 29 und 29a und Artikel 29d Absatz 2 der Richtlinie 2013/34/EU aufgestellt und umfasst die gemäß Artikel 8 Absatz 4 der Verordnung (EU) 2020/852 angenommenen Spezifikationen, wenn er von den in diesen Bestimmungen genannten Unternehmen aufgestellt wird.

3. Artikel 23 Absatz 4 wird wie folgt geändert:

a) Die Unterabsätze 3 und 4 erhalten folgende Fassung:

„Die Kommission fasst nach dem in Artikel 27 Absatz 2 dieser Richtlinie genannten Verfahren die notwendigen Beschlüsse über die Gleichwertigkeit der Rechnungslegungsstandards unter den in Artikel 30 Absatz 3 dieser Richtlinie festgelegten Bedingungen und über die Gleichwertigkeit der Standards für die Nachhaltigkeitsberichterstattung nach Artikel 29b der Richtlinie 2013/34/EU, die von Emittenten mit Sitz in Drittländern angewandt werden. Kommt die Kommission zu dem Schluss, dass die Rechnungslegungsstandards oder die Standards für die Nachhaltigkeitsberichterstattung eines Drittlandes nicht gleichwertig sind, kann sie den betroffenen Emittenten die weitere Anwendung dieser Standards während einer angemessenen Übergangsperiode gestatten.

In Zusammenhang mit Unterabsatz 3 des vorliegenden Absatzes erlässt die Kommission im Wege delegierter Rechtsakte, die im Einklang mit Artikel 27 Absätze 2a, 2b und 2c angenommen werden, und unter den in den Artikeln 27a und 27b festgelegten Bedingungen zudem Maßnahmen zur Festlegung allgemeiner Kriterien für die Gleichwertigkeit von Rechnungslegungsstandards und Standards für die Nachhaltigkeitsberichterstattung, die für Emittenten aus mehr als einem Land relevant sind.“

b) Folgender Unterabsatz wird angefügt:

„Durch die Kriterien, die die Kommission zur Bewertung der Gleichwertigkeit der Standards für die Nachhaltigkeitsberichterstattung heranzieht, die von Emittenten mit Sitz in Drittländern gemäß Unterabsatz 3 verwendet werden, ist zumindest gewährleistet,

a) dass die Standards für die Nachhaltigkeitsberichterstattung die Unternehmen verpflichten, Informationen über Umwelt-, Sozial- und Governance-Faktoren offenzulegen;

b) dass die Standards für die Nachhaltigkeitsberichterstattung die Unternehmen verpflichten, Informationen offenzulegen, die für das Verständnis ihrer nachhaltigkeitsrelevanten Auswirkungen sowie das Verständnis der Auswirkungen von Nachhaltigkeitsaspekten auf ihren Geschäftsverlauf, ihr Geschäftsergebnis und ihre Lage erforderlich sind.“

4. Folgender Artikel wird eingefügt:

„Artikel 28d

Leitlinien der ESMA

Nach Konsultation der Europäischen Umweltagentur und der Agentur der Europäischen Union für Grundrechte gibt die ESMA im Einklang mit Artikel 16 der Verordnung (EU) Nr. 1095/2010 Leitlinien über die Beaufsichtigung der Nachhaltigkeitsberichterstattung durch die zuständigen nationalen Behörden heraus.“

Artikel 3
Änderung der Richtlinie 2006/43/EG

Die Richtlinie 2006/43/EG wird wie folgt geändert:

1. Artikel 1 erhält folgende Fassung:

„Artikel 1

Gegenstand

Diese Richtlinie regelt die Abschlussprüfung des Jahresabschlusses und des konsolidierten Abschlusses und die Bestätigung der jährlichen und konsolidierten Nachhaltigkeitsberichterstattung.“

2. Artikel 2 wird wie folgt geändert:

a) Die Nummern 2 bis 6 erhalten folgende Fassung:

„(2) „Abschlussprüfer“ ist eine natürliche Person, die von den zuständigen Stellen eines Mitgliedstaats nach dieser Richtlinie für die Durchführung von Abschlussprüfungen und gegebenenfalls von für die Bestätigung der Nachhaltigkeitsberichterstattung zugelassen wurde;

(3) „Prüfungsgesellschaft" ist eine juristische Person oder eine sonstige Einrichtung gleich welcher Rechtsform, die von den zuständigen Stellen eines Mitgliedstaats nach dieser Richtlinie für die Durchführung von Abschlussprüfungen und gegebenenfalls von für die Bestätigung der Nachhaltigkeitsberichterstattung zugelassen wurde;

(4) „Prüfungsunternehmen aus einem Drittland" ist ein Unternehmen gleich welcher Rechtsform, das die Prüfungen des Jahresabschlusses oder des konsolidierten Abschlusses oder gegebenenfalls die Bestätigung der Nachhaltigkeitsberichterstattung von in einem Drittland eingetragenen Gesellschaften durchführt und das nicht in einem Mitgliedstaat infolge einer Zulassung gemäß Artikel 3 als Prüfungsgesellschaft registriert ist;

(5) „Prüfer aus einem Drittland" ist eine natürliche Person, die die Prüfungen des Jahresabschlusses oder des konsolidierten Abschlusses oder gegebenenfalls die Bestätigung der Nachhaltigkeitsberichterstattung von in einem Drittland eingetragenen Gesellschaften durchführt und die nicht in einem Mitgliedstaat infolge einer Zulassung gemäß den Artikeln 3 und 44 als Abschlussprüfer registriert ist;

(6) „Konzernabschlussprüfer" sind der oder die Abschlussprüfer bzw. die Prüfungsgesellschaft oder -gesellschaften, die die Abschlussprüfung konsolidierter Abschlüsse durchführen oder gegebenenfalls die Bestätigung der Nachhaltigkeitsberichterstattung durchführen;"

b) Folgende Nummer wird eingefügt:

„16a. „Verantwortliche(r) Nachhaltigkeitspartner" ist/sind

a) der oder die Abschlussprüfer, der/die von einer Prüfungsgesellschaft für einen bestimmten Bestätigungsauftrag hinsichtlich der Nachhaltigkeitsberichterstattung als vorrangig verantwortlich für die Durchführung der Bestätigung der Nachhaltigkeitsberichterstattung im Auftrag der Prüfungsgesellschaft bestimmt ist/sind; oder

b) im Fall der Bestätigung einer konsolidierten Nachhaltigkeitsberichterstattung mindestens der/die Abschlussprüfer, der/die von einer Prüfungsgesellschaft als vorrangig verantwortlich für die Durchführung der Bestätigung der Nachhaltigkeitsberichterstattung auf Konzernebene bestimmt ist/sind, und der/die Abschlussprüfer, der/die als vorrangig verantwortlich auf der Ebene bedeutender Tochterunternehmen bestimmt ist/sind; oder

c) der/die Abschlussprüfer, der/die den Prüfungsvermerk über die Nachhaltigkeitsberichterstattung nach Artikel 28a unterzeichnet/unterzeichnen;"

c) Folgende Nummern werden angefügt:

„21. „Nachhaltigkeitsberichterstattung" ist die Nachhaltigkeitsberichterstattung gemäß Artikel 2 Nummer 18 der Richtlinie 2013/34/EU.

22. „Bestätigung der Nachhaltigkeitsberichterstattung" ist die Durchführung von Verfahren, die zu dem Urteil des Abschlussprüfers oder der Prüfungsgesellschaft nach Artikel 34 Absatz 1 Unterabsatz 2 Buchstabe aa und Artikel 34 Absatz 2 der Richtlinie 2013/34/EU führen.

23. „Unabhängiger Erbringer von Bestätigungsleistungen" ist eine Konformitätsbewertungsstelle, die gemäß der Verordnung (EG) Nr. 765/2008 des Europäischen Parlaments und des Rates ([(*26)]) für die in Artikel 34 Absatz 1 Unterabsatz 2 Buchstabe aa der Richtlinie 2013/34/EU genannte Konformitätsbewertung akkreditiert ist.

3. Artikel 6 erhält folgende Fassung:

„Artikel 6

Ausbildung

(1) Unbeschadet des Artikels 11 kann eine natürliche Person nur zur Durchführung von Abschlussprüfungen zugelassen werden, wenn sie nach Erlangung der Hochschulreife oder einer entsprechenden Ausbildungsstufe eine theoretische und eine praktische Ausbildung absolviert und sich mit Erfolg einer staatlichen oder staatlich anerkannten beruflichen Eignungsprüfung auf dem Niveau eines Hochschulabschlusses oder eines entsprechenden Niveaus in dem betreffenden Mitgliedstaat unterzogen hat.

(2) Zusätzlich zu der Zulassung zur Durchführung von Abschlussprüfungen gemäß Absatz 1 dieses Artikels kann eine natürliche Person zur Durchführung der Bestätigung der Nachhaltigkeitsberichterstattung zugelassen werden, wenn die zusätzlichen spezifischen Anforderungen von Artikel 7 Absatz 2, Artikel 8 Absatz 3, Artikel 10 Absatz 1 Unterabsatz 2 und Artikel 14 Absatz 2 Unterabsatz 4 dieser Richtlinie erfüllt sind.

(3) Die in Artikel 32 genannten zuständigen Behörden arbeiten im Hinblick auf eine Angleichung der in diesem Artikel genannten Anforderungen zusammen. Bei der Aufnahme dieser Zusammenarbeit tragen diese zuständigen Behörden den Entwicklungen im Prüfungswesen und im Berufsstand der Prüfer und insbesondere der Angleichung Rechnung, die bereits in dem Berufsstand erreicht wurde. Sie arbeiten mit dem Ausschuss der Europäischen Aufsichtsstellen für Abschlussprüfer (im Folgenden „Ausschuss der Aufsichtsstellen") und den in Artikel 20 der Verordnung (EU) Nr. 537/2014 genannten zuständigen Behörden zusammen, sofern es bei dieser Angleichung um die Abschlussprüfung und die Bestätigung der Nachhaltigkeitsberichterstattung bei Unternehmen von öffentlichem Interesse geht."

4. Artikel 7 erhält folgende Fassung:

„Artikel 7

Prüfung der beruflichen Eignung

(1) Die in Artikel 6 genannte Eignungsprüfung garantiert die erforderlichen theoretischen Kenntnisse auf den für die Abschlussprüfung maßgebenden Sachgebieten sowie die Fähigkeit, diese Kenntnisse praktisch anzuwenden. Diese Eignungsprüfung muss zumindest teilweise schriftlich erfolgen.

(2) Falls der Abschlussprüfer auch zur Durchführung der Bestätigung der Nachhaltigkeitsberichterstattung zugelassen werden soll, garantiert die in Artikel 6 genannte Eignungsprüfung die erforderlichen theoretischen Kenntnisse auf den für die Bestätigung der Nachhaltigkeitsberichterstattung maßgebenden Sachgebieten sowie die Fähigkeit, diese Kenntnisse praktisch anzuwenden. Diese Eignungsprüfung muss zumindest teilweise schriftlich erfolgen."

5. In Artikel 8 wird folgender Absatz angefügt:

„(3) Falls der Abschlussprüfer auch zur Durchführung der Bestätigung der Nachhaltigkeitsberichterstattung zugelassen werden soll, umfasst die in Absatz 1 genannte Prüfung der theoretischen Kenntnisse außerdem zumindest die folgenden Sachgebiete:

a) gesetzliche Vorschriften und Standards für die Aufstellung der jährlichen und konsolidierten Nachhaltigkeitsberichterstattung;

b) Nachhaltigkeitsanalyse;

c) Due-Diligence-Prozesse mit Blick auf Nachhaltigkeitsaspekte;

d) rechtliche Anforderungen an und Standards für die Bestätigung der Nachhaltigkeitsberichterstattung nach Artikel 26a."

6. In Artikel 10 Absatz 1 wird folgender Unterabsatz angefügt:

„Falls der Abschlussprüfer oder der Auszubildende auch zur Durchführung der Bestätigung der Nachhaltigkeitsberichterstattung zugelassen werden soll, bestehen mindestens acht Monate der praktischen Ausbildung nach Absatz 1 in der Bestätigung jährlicher oder konsolidierter Nachhaltigkeitsberichterstattung oder anderen nachhaltigkeitsbezogenen Leistungen."

7. Artikel 12 erhält folgende Fassung:

„Artikel 12

Kombination von praktischer und theoretischer Ausbildung

(1) Die Mitgliedstaaten können vorsehen, dass Zeiten, in denen eine theoretische Ausbildung in den in Artikel 8 Absätze 1 und 2 genannten Sachgebieten absolviert wurde, auf die in Artikel 11 genannten Berufsjahre angerechnet werden, wenn diese Ausbildung mit einer durch den Mitgliedstaat anerkannten Prüfung abgeschlossen wurde. Diese Ausbildung muss mindestens ein Jahr dauern und darf höchstens mit vier Jahren auf die berufliche Tätigkeit angerechnet werden.

(2) Berufstätigkeit und praktische Ausbildung dürfen nicht kürzer sein als die theoretische Ausbildung zusammen mit der in Artikel 10 Absatz 1 Unterabsatz 1 vorgeschriebenen praktischen Ausbildung."

8. In Artikel 14 Absatz 2 wird folgender Unterabsatz angefügt:

„Falls der Abschlussprüfer auch zur Durchführung der Bestätigung der Nachhaltigkeitsberichterstattung zugelassen werden soll, erstreckt sich die Eignungsprüfung nach Unterabsatz 1 darauf, ob der Abschlussprüfer über angemessene Kenntnisse der Rechtsvorschriften des Aufnahmemitgliedstaats verfügt, soweit diese Kenntnisse für die Bestätigung der Nachhaltigkeitsberichterstattung relevant sind."

9. Folgender Artikel wird eingefügt:

„Artikel 14a

Vor dem 1. Januar 2024 zugelassene oder anerkannte Abschlussprüfer und Personen, die am 1. Januar 2024 das Zulassungsverfahren für Abschlussprüfer durchlaufen

Die Mitgliedstaaten stellen sicher, dass Abschlussprüfer, die vor dem 1. Januar 2024 für die Durchführung von Abschlussprüfungen zugelassen oder anerkannt wurden, nicht den Anforderungen von Artikel 7 Absatz 2, Artikel 8 Absatz 3, Artikel 10 Absatz 1 Unterabsatz 2 und Artikel 14 Absatz 2 Unterabsatz 4 unterliegen.

Die Mitgliedstaaten stellen sicher, dass Personen, die am 1. Januar 2024 das in den Artikeln 6 bis 14 vorgesehene Zulassungsverfahren durchlaufen, nicht den Anforderungen von Artikel 7 Absatz 2, Artikel 8 Absatz 3, Artikel 10 Absatz 1 Unterabsatz 2 und Artikel 14 Absatz 2 Unterabsatz 4 unterliegen, sofern sie dieses Verfahren bis zum 1. Januar 2026 abschließen.

Die Mitgliedstaaten stellen sicher, dass vor dem 1. Januar 2026 zugelassene Abschlussprüfer, die Bestätigung der Nachhaltigkeitsberichterstattung durchführen wollen, die erforderlichen Kenntnisse über Nachhaltigkeitsberichterstattung und deren Bestätigung, einschließlich der in Artikel 8 Absatz 3 aufgeführten Sachgebiete, im Wege der kontinuierlichen Fortbildung nach Artikel 13 erwerben."

10. Artikel 16 wird wie folgt geändert:

a) Absatz 1 erhält folgende Fassung:

„(1) Für Abschlussprüfer werden im öffentlichen Register zumindest die folgenden Angaben geführt:

a) Name, Anschrift und Registrierungsnummer;

b) gegebenenfalls Name, Anschrift, Internet-Adresse und Registrierungsnummer der Prüfungsgesellschaft(en), bei der/denen der Abschlussprüfer angestellt ist oder der/denen er als Partner angehört oder in ähnlicher Form verbunden ist;

c) Angabe, ob der Abschlussprüfer auch für die Bestätigung der Nachhaltigkeitsberichterstattung zugelassen ist;

d) andere Registrierung(en) als Abschlussprüfer bei den zuständigen Stellen anderer Mitgliedstaaten und als Prüfer in Drittländern, einschließlich Name(n) der Zulassungsbehörde(n) und gegebenenfalls Registrierungsnummer(n), und Angabe, ob die Registrierung die Abschlussprüfung, die Bestätigung der Nachhaltigkeitsberichterstattung oder beides betrifft."

b) In Absatz 2 wird folgender Unterabsatz angefügt:

„Im Register wird angegeben, ob die Prüfer aus Drittländern nach Unterabsatz 1 für die Durchführung der Abschlussprüfung, die Bestätigung der Nachhaltigkeitsberichterstattung oder beides registriert sind."

11. Artikel 17 wird wie folgt geändert:

a) Absatz 1 Buchstabe e erhält folgende Fassung:

„e) Name und Registrierungsnummer aller Abschlussprüfer, die bei der Prüfungsgesellschaft angestellt sind oder ihr als Partner angehören oder in ähnlicher Form mit ihr verbunden sind, und Angabe, ob sie auch zur Durchführung der Bestätigung der Nachhaltigkeitsberichterstattung zugelassen sind;"

b) Absatz 1 Buchstabe i erhält folgende Fassung:

„i) andere Registrierung(en) als Prüfungsgesellschaft bei den zuständigen Stellen anderer Mitgliedstaaten und als Prüfungsunternehmen in Drittländern, einschließlich Name(n) der Zulassungsbehörde(n), und gegebenenfalls Registrierungsnummer(n), und Angabe, ob die Registrierung die Abschlussprüfung, die Bestätigung der Nachhaltigkeitsberichterstattung oder beides betrifft;"

c) In Absatz 2 wird folgender Unterabsatz angefügt:

„Im Register wird angegeben, ob die Prüfungsunternehmen aus Drittländern nach Unterabsatz 1 für die Durchführung der Abschlussprüfung, die Bestätigung der Nachhaltigkeitsberichterstattung oder beides registriert sind."

12. Artikel 24b wird wie folgt geändert:

a) Absatz 1 erhält folgende Fassung:

„(1) Die Mitgliedstaaten sorgen dafür, dass eine Prüfungsgesellschaft, die die Abschlussprüfung durchführt, zumindest einen verantwortlichen Prüfungspartner benennt. Die Prüfungsgesellschaft stellt dem verantwortlichen Prüfungspartner oder den verantwortlichen Prüfungspartnern die zur angemessenen Wahrnehmung seiner bzw. ihrer Aufgaben notwendigen Mittel und Personal mit der notwendigen Kompetenz und den notwendigen Fähigkeiten zur Verfügung.

Die Mitgliedstaaten sorgen dafür, dass eine Prüfungsgesellschaft, die die Bestätigung der Nachhaltigkeitsberichterstattung durchführt, zumindest einen verantwortlichen Nachhaltigkeitspartner benennt, bei dem es sich um den bzw. einen der verantwortlichen Prüfungspartner handeln kann. Die Prüfungsgesellschaft stellt dem verantwortlichen Nachhaltigkeitspartner oder den verantwortlichen Nachhaltigkeitspartnern die zur angemessenen Wahrnehmung seiner bzw. ihrer Aufgaben notwendigen Mittel und Personal mit der notwendigen Kompetenz und den notwendigen Fähigkeiten zur Verfügung.

Die Hauptkriterien, nach denen die Prüfungsgesellschaft den oder die zu benennenden verantwortlichen Prüfungspartner und gegebenenfalls den oder die verantwortlichen Nachhaltigkeitspartner bestimmt, sind die Sicherstellung der Qualität der Prüfung und Bestätigung, Unabhängigkeit und Kompetenz.

Der verantwortliche oder die verantwortlichen Prüfungspartner ist/sind aktiv an der Durchführung der Abschlussprüfung beteiligt. Der verantwortliche Nachhaltigkeitspartner ist aktiv an der Durchführung der Bestätigung der Nachhaltigkeitsberichterstattung beteiligt."

b) Folgender Absatz wird eingefügt:

„(2a) Der Abschlussprüfer wendet bei der Durchführung der Bestätigung der Nachhaltigkeitsberichterstattung ausreichend Zeit auf und sieht ausreichende Ressourcen vor, um seine Aufgaben angemessen wahrzunehmen."

c) Absatz 4 Buchstaben b und c erhalten folgende Fassung:

„b) bei einer Prüfungsgesellschaft den/die Name(n) des verantwortlichen Prüfungspartners bzw. der verantwortlichen Prüfungspartner und gegebenenfalls den/die Name(n) des verantwortlichen Nachhaltigkeitspartners bzw. der verantwortlichen Nachhaltigkeitspartner,

c) für jedes Geschäftsjahr die für die Abschlussprüfung, für die Bestätigung der Nachhaltigkeitsberichterstattung und für andere Leistungen in Rechnung gestellten Honorare."

d) Folgender Absatz wird eingefügt:

„(5a) Abschlussprüfer und Prüfungsgesellschaften legen für jeden Bestätigungsauftrag hinsichtlich der Nachhaltigkeitsberichterstattung eine Bestätigungsakte an.

Der Abschlussprüfer oder die Prüfungsgesellschaft dokumentiert zumindest die gemäß Artikel 22b aufgezeichneten Daten im Hinblick auf die Bestätigung der Nachhaltigkeitsberichterstattung.

Der Abschlussprüfer oder die Prüfungsgesellschaft bewahrt alle sonstigen Daten und Unterlagen auf, die zur Begründung des Prüfungsvermerks über die Nachhaltigkeitsberichterstattung nach Artikel 28a und zur Beobachtung der Einhaltung dieser Richtlinie und anderer geltender rechtlicher Anforderungen im Hinblick auf die Bestätigung der Nachhaltigkeitsberichterstattung von Bedeutung sind.

Die Bestätigungsakte wird spätestens 60 Tage nach Unterzeichnung des Prüfungsvermerks über die Nachhaltigkeitsberichterstattung nach Artikel 28a geschlossen.

Führt derselbe Abschlussprüfer die Abschlussprüfung des Jahresabschlusses und die Bestätigung der Nachhaltigkeitsberichterstattung durch, so kann die Bestätigungsakte in die Prüfungsakte aufgenommen werden."

e) Absatz 6 erhält folgende Fassung:

„Der Abschlussprüfer oder die Prüfungsgesellschaft bewahrt alle etwaigen schriftlichen Beschwerden über die Durchführung der ausgeführten Abschlussprüfungen und über die Durchführung jedes ausgeführten Bestätigungsauftrags hinsichtlich der Nachhaltigkeitsberichterstattung auf."

13. Artikel 25 erhält folgende Fassung:

„Artikel 25

Prüfungs- und Bestätigungshonorare

Die Mitgliedstaaten sorgen für eine angemessene Regelung, die gewährleistet, dass die Honorare für Abschlussprüfungen und die Bestätigung der Nachhaltigkeitsberichterstattung

a) nicht von der Erbringung zusätzlicher Leistungen für das Unternehmen, das Gegenstand der Abschlussprüfung oder der Bestätigung der Nachhaltigkeitsberichterstattung ist, beeinflusst oder bestimmt werden; und

b) an keinerlei Bedingungen geknüpft werden dürfen."

14. Folgende Artikel werden eingefügt:

„Artikel 25b

Berufsgrundsätze, Unabhängigkeit, Unparteilichkeit, Verschwiegenheit und Berufsgeheimnis bei der Bestätigung der Nachhaltigkeitsberichterstattung

Die Anforderungen der Artikel 21 bis 24a, die sich auf die Abschlussprüfung beziehen, sind entsprechend auf die Bestätigung der Nachhaltigkeitsberichterstattung anzuwenden.

Artikel 25c

Nichtprüfungsleistungen, die verboten sind, wenn der Abschlussprüfer bei einem Unternehmen von öffentlichem Interesse die Bestätigung der Nachhaltigkeitsberichterstattung durchführt

(1) Der Abschlussprüfer oder die Prüfungsgesellschaft, der bzw. die bei einem Unternehmen von öffentlichem Interesse die Bestätigung der Nachhaltigkeitsberichterstattung durchführt, und jedes Mitglied eines Netzwerks, dem der Abschlussprüfer bzw. die Prüfungsgesellschaft angehört, dürfen weder direkt noch indirekt für das Unternehmen von öffentlichem Interesse, das Gegenstand der Bestätigung der Nachhaltigkeitsberichterstattung ist, dessen Mutterunternehmen oder die von ihm beherrschten Unternehmen in der Union die in Artikel 5 Absatz 1 Unterabsatz 2 Buchstaben b und c sowie Buchstaben e bis k der Verordnung (EU) Nr. 537/2014 genannten verbotenen Nichtprüfungsleistungen erbringen, und zwar

a) innerhalb des Zeitraums zwischen dem Beginn des Zeitraums, der Gegenstand der Bestätigung der Nachhaltigkeitsberichterstattung ist, und der Abgabe des Prüfungsvermerks über die Nachhaltigkeitsberichterstattung und

b) in Bezug auf die in Artikel 5 Absatz 1 Unterabsatz 2 Buchstabe e der Verordnung (EU) Nr. 537/2014 genannten Leistungen innerhalb des Geschäftsjahrs, das dem in Buchstabe a des vorliegenden Absatzes genannten Zeitraum unmittelbar vorausgeht.

(2) Ein Abschlussprüfer oder eine Prüfungsgesellschaft, der bzw. die bei Unternehmen von öffentlichem Interesse die Bestätigung der Nachhaltigkeitsberichterstattung durchführt, und – wenn der Abschlussprüfer bzw. die Prüfungsgesellschaft einem Netzwerk angehört – jedes Mitglied eines solchen Netzwerks dürfen für das Unternehmen von öffentlichem Interesse, dessen Nachhaltigkeitsberichterstattung bestätigt wird, für dessen Mutterunternehmen oder für die von ihm beherrschten Unternehmen andere Leistungen erbringen als die verbotenen Nichtprüfungsleistungen nach Absatz 1 dieses Artikels oder gegebenenfalls als die verbotenen Nichtprüfungsleistungen nach Artikel 5 Absatz 1 Unterabsatz 2 der Verordnung (EU) Nr. 537/2014 oder als die Leistungen, die nach Ansicht von Mitgliedstaaten eine Gefährdung ihrer Unabhängigkeit nach Artikel 5 Absatz 2 dieser Verordnung darstellen könnten, sofern der Prüfungsausschuss nach einer ordnungsgemäßen Beurteilung der Gefährdungen für die Unabhängigkeit und der ergriffenen Schutzmaßnahmen gemäß Artikel 22b dieser Richtlinie seine Zustimmung erteilt hat.

(3) Wenn ein Mitglied eines Netzwerks, dem der Abschlussprüfer bzw. die Prüfungsgesellschaft, der bzw. die bei einem Unternehmen von öffentlichem Interesse die Bestätigung der Nachhaltigkeitsberichterstattung durchführt, angehört, für ein Unternehmen mit Sitz in einem Drittland, das von dem der Bestätigung der Nachhaltigkeitsberichterstattung unterzogenen Unternehmen von öffentlichem Interesse beherrscht wird, die verbotenen Nichtprüfungsleistungen nach Absatz 1 dieses Artikels erbringt, beurteilt der Abschlussprüfer bzw. die Prüfungsgesellschaft, ob diese Erbringung von Leistungen durch ein Mitglied des Netzwerks seine bzw. ihre Unabhängigkeit beeinträchtigt.

Wird seine bzw. ihre Unabhängigkeit beeinträchtigt, so wendet der Abschlussprüfer bzw. die Prüfungsgesellschaft Schutzmaßnahmen zur Verminderung der durch die Erbringung verbotener Nichtprüfungsleistungen nach Absatz 1 dieses Artikels in einem Drittland hervorgerufenen Gefahren an. Der Abschlussprüfer bzw. die Prüfungsgesellschaft darf die Bestätigung der Nachhaltigkeitsberichterstattung des Unternehmens von öffentlichem Interesse nur dann fortsetzen, wenn er bzw. sie gemäß Artikel 22b begründen kann, dass die Erbringung dieser Leistungen weder seine bzw. ihre fachliche Einschätzung noch den Prüfungsvermerk über die Nachhaltigkeitsberichterstattung beeinträchtigt.

Artikel 25d

Unregelmäßigkeiten

Artikel 7 der Verordnung (EU) Nr. 537/2014 gilt entsprechend für Abschlussprüfer bzw. Prüfungsgesellschaften, die bei Unternehmen von öffentlichem Interesse Bestätigungen der Nachhaltigkeitsberichterstattung durchführen."

15. Folgender Artikel wird eingefügt:

„Artikel 26a

Standards für die Bestätigung der Nachhaltigkeitsberichterstattung

(1) Die Mitgliedstaaten verpflichten die Abschlussprüfer und Prüfungsgesellschaften, die Bestätigung der Nachhaltigkeitsberichterstattung unter Beachtung der von der Kommission nach Absatz 3 angenommenen Standards für die Bestätigung durchzuführen.

(2) Die Mitgliedstaaten können nationale Standards, Verfahren oder Anforderungen für die Bestätigung so lange anwenden, wie die Kommission keinen Standard für die Bestätigung, der für denselben Bereich gilt, angenommen hat.

Die Mitgliedstaaten teilen der Kommission die nationalen Standards, Verfahren oder Anforderungen für die Bestätigung spätestens drei Monate vor deren Inkrafttreten mit.

(3) Der Kommission nimmt spätestens am 1. Oktober 2026 delegierte Rechtsakte gemäß Artikel 48a zur Ergänzung dieser Richtlinie an, um Standards für begrenzte Prüfungssicherheit für die vom Abschlussprüfer und der Prüfungsgesellschaft oder den Prüfungsgesellschaften für seine bzw. ihre Schussfolgerungen über die Prüfung der Nachhaltigkeitsberichterstattung durchzuführenden Verfahren, einschließlich Auftragsplanung, Risikoerwägungen und Reaktion auf Risiken, und die Art der in dem Prüfungsvermerk über die Nachhaltigkeitsberichterstattung oder gegebenenfalls im Bestätigungsvermerk zu berücksichtigenden Schlussfolgerungen festzulegen.

Die Kommission nimmt spätestens am 1. Oktober 2028 delegierte Rechtsakte gemäß Artikel 48a zur Ergänzung dieser Richtlinie an, um nach einer Bewertung, mit der festgestellt werden soll, ob hinreichende Prüfungssicherheit für die Prüfer und für die Unternehmen machbar ist, diese Richtlinie so zu ändern, dass sie Standards für die Erlangung hinreichender Prüfungssicherheit enthält. Unter Berücksichtigung der Ergebnisse dieser Bewertung und wenn es daher angemessen ist, wird in diesen delegierten Rechtsakten das Datum angegeben, ab dem das in Artikel 34 Absatz 1 Unterabsatz 2 Buchstabe aa genannte Urteil auf einen Auftrag zur Erlangung hinreichender Prüfungssicherheit gestützt werden muss, der auf diesen Standards für die Erlangung hinreichender Prüfungssicherheit beruht.

Die Kommission darf die in den Unterabsätzen 1 und 2 genannten Standards für die Bestätigung nur annehmen, wenn sie

a) in einem einwandfreien Verfahren mit angemessener öffentlicher Aufsicht und Transparenz erstellt wurden;

b) bei der jährlichen oder konsolidierten Nachhaltigkeitsberichterstattung zu einem hohen Maß an Glaubwürdigkeit und Qualität beitragen; und

c) dem Gemeinwohl der Union dienen."

16. Folgender Artikel wird eingefügt:

„Artikel 27a

Bestätigung der konsolidierten Nachhaltigkeitsberichterstattung

(1) Die Mitgliedstaaten stellen sicher, dass im Falle von Bestätigungsaufträgen in Bezug auf die konsolidierte Nachhaltigkeitsberichterstattung eines Konzerns

a) der Konzernabschlussprüfer in Bezug auf die konsolidierte Nachhaltigkeitsberichterstattung die volle Verantwortung für den Prüfungsvermerk über die Nachhaltigkeitsberichterstattung nach Artikel 28a trägt;

b) der Konzernabschlussprüfer die von unabhängigen Erbringern von Bestätigungsleistungen, Prüfern aus einem Drittland, Abschlussprüfern, Prüfungsunternehmen aus einem Drittland oder Prüfungsgesellschaften für die Zwecke der Bestätigung der konsolidierten Nachhaltigkeitsberichterstattung durchgeführten Bestätigungstätigkeiten bewertet und die Art, den Zeitplan und das Ausmaß der von diesen Prüfern durchgeführten Arbeit dokumentiert, wozu gegebenenfalls auch die Durchsicht von relevanten Teilen der Bestätigungsunterlagen dieser Prüfer durch den Konzernabschlussprüfer zählt, und

c) der Konzernabschlussprüfer die von unabhängigen Erbringern von Bestätigungsleistungen, Prüfern aus einem Drittland, Abschlussprüfern, Prüfungsunternehmen aus einem Drittland oder Prüfungsgesellschaften für die Zwecke der Bestätigung der konsolidierten Nachhaltigkeitsberichterstattung durchgeführten Bestätigungstätigkeiten überprüft und dokumentiert.

Die von dem Konzernabschlussprüfer aufbewahrten Unterlagen müssen so beschaffen sein, dass die entsprechende zuständige Behörde die Arbeit des Konzernabschlussprüfers überprüfen kann.

Für die Zwecke von Unterabsatz 1 Buchstabe c dieses Absatzes verlangt der Konzernabschlussprüfer als Voraussetzung dafür, dass er sich auf die Arbeit von unabhängigen Erbringern von Bestätigungsleistungen, Prüfern aus einem Drittland, Abschlussprüfern, Prüfungsunternehmen aus einem Drittland oder Prüfungsgesellschaften stützen kann, dass die betreffenden unabhängigen Erbringer von Bestätigungsleistungen, Prüfer aus einem Drittland, Abschlussprüfer, Prüfungsunternehmen aus einem Drittland oder Prüfungsgesellschaften in die Weitergabe relevanter Unterlagen während der Bestätigung der konsolidierten Nachhaltigkeitsberichterstattung einwilligen.

(2) Ist es dem Konzernabschlussprüfer nicht möglich, die Bestimmungen in Absatz 1 Unterabsatz 1 Buchstabe c zu erfüllen, so ergreift er geeignete Maßnahmen und unterrichtet die jeweils zuständige Behörde entsprechend.

Solche Maßnahmen umfassen gegebenenfalls zusätzliche Bestätigungstätigkeiten bei dem betreffenden Tochterunternehmen, die entweder direkt oder im Wege einer Auslagerung durchgeführt werden.

(3) Wird der Konzernabschlussprüfer in Bezug auf die Prüfung der konsolidierten Nachhaltigkeitsberichterstattung eines Konzerns einer Qualitätssicherungsprüfung oder Untersuchung unterzogen, so stellt er der zuständigen Behörde auf Verlangen die relevanten ihm vorliegenden Unterlagen zur Verfügung, die die von den betreffenden unabhängigen Erbringern von Bestätigungsleistungen, Prüfern aus einem Drittland, Abschlussprüfern, Prüfungsunternehmen aus einem Drittland oder Prüfungsgesellschaften für die Zwecke der Prüfung der konsolidierten Nachhaltigkeitsberichterstattung durchgeführten Bestätigungstätigkeiten betreffen, wozu auch sämtliche für die Bestätigung der konsolidierten Nachhaltigkeitsberichterstattung relevanten Arbeitspapiere zählen.

Die zuständige Behörde kann verlangen, dass die jeweils zuständigen Behörden gemäß Artikel 36 zusätzliche Unterlagen zu den von Abschlussprüfern oder Prüfungsgesellschaften für die Zwecke der Bestätigung der konsolidierten Nachhaltigkeitsberichterstattung durchgeführten Bestätigungstätigkeiten zur Verfügung stellen.

Wird die Bestätigung der Nachhaltigkeitsberichterstattung eines Mutter- oder Tochterunternehmens eines Konzerns von einem oder mehreren Prüfern oder Prüfungsunternehmen aus einem Drittland durchgeführt, so kann die zuständige Behörde verlangen, dass die jeweils zuständigen Drittlandsbehörden im Rahmen der Vereinbarung zur Zusammenarbeit zusätzliche Unterlagen zu den von Prüfern oder Prüfungsunternehmen aus einem Drittland durchgeführten Bestätigungstätigkeiten zur Verfügung stellen.

Abweichend von Unterabsatz 3 trägt der Konzernabschlussprüfer für den Fall, dass ein unabhängiger Erbringer von Bestätigungsleistungen, ein oder mehrere Prüfer aus einem Drittland oder ein oder mehrere Prüfungsunternehmen aus einem Drittland, die nicht über eine Vereinbarung zur Zusammenarbeit verfügen, die Bestätigung der Nachhaltigkeitsberichterstattung eines Mutter- oder Tochterunternehmens eines Konzerns durchführen, zudem dafür Sorge, dass – sollte dies verlangt werden – die zusätzlichen Unterlagen zu den von diesem unabhängigen Erbringer von Bestätigungsleistungen, Prüfer oder Prüfungsunternehmen bzw. von diesen unabhängigen Erbringern von Bestätigungsleistungen, Prüfern oder Prüfungsunternehmen aus einem Drittland durchgeführten Bestätigungstätigkeiten samt der für die Bestätigung der konsolidierten Nachhaltigkeitsberichterstattung relevanten Arbeitspapiere ordnungsgemäß ausgehändigt werden. Zur Sicherstellung dieser Aushändigung bewahrt der Konzernabschlussprüfer eine Kopie dieser Unterlagen auf oder vereinbart andernfalls mit dem unabhängigen Erbringer von Bestätigungsleistungen, Prüfer oder Prüfungsunternehmen bzw. den unabhängigen Erbringern von Bestätigungsleistungen, Prüfern oder Prüfungsunternehmen aus einem Drittland, dass auf Antrag unbeschränkter Zugang zu diesen Unterlagen gestattet wird, oder er trifft sonstige geeignete Maßnahmen. Verhindern rechtliche oder andere Hindernisse, dass die die Bestätigung betreffenden Arbeitspapiere aus einem Drittland an den Konzernabschlussprüfer weitergegeben werden können, so müssen die vom Konzernabschlussprüfer aufbewahrten Unterlagen Nachweise dafür enthalten, dass er die geeigneten Verfahren durchgeführt hat, um Zugang zu den Bestätigungsunterlagen zu erhalten, sowie, im Fall anderer als durch die Rechtsvorschriften des betroffenen Drittlands entstandener rechtlicher Hindernisse, Nachweise für das Vorhandensein eines solchen Hindernisses.“

17. Artikel 28 Absatz 2 Buchstabe e erhält folgende Fassung:

„e) enthält ein Prüfungsurteil und eine Erklärung, die jeweils auf den gemäß Artikel 34 Absatz 1 Unterabsatz 2 Buchstaben a und b der Richtlinie 2013/34/EU im Laufe der Prüfung durchgeführten Arbeiten basieren;“

18. Folgender Artikel wird eingefügt:

„Artikel 28a

Prüfungsvermerk zur Nachhaltigkeitsberichterstattung

(1) Der oder die Abschlussprüfer bzw. die Prüfungsgesellschaft oder -gesellschaften legt/legen die Ergebnisse der Bestätigung der Nachhaltigkeitsberichterstattung in einem Prüfungsvermerk zur Nachhaltigkeitsberichterstattung dar. Dieser

Vermerk wird entsprechend den Anforderungen der von der Kommission mittels nach Artikel 26a Absatz 3 delegierter Rechtsakte angenommenen Standards für die Bestätigung oder bis zum Erlass dieser Standards für die Bestätigung durch die Kommission im Einklang mit den nationalen Standards für die Bestätigung gemäß Artikel 26a Absatz 2 erstellt.

(2) Der Prüfungsvermerk zur Nachhaltigkeitsberichterstattung wird schriftlich abgefasst und

a) nennt das Unternehmen, dessen jährliche oder konsolidierte Nachhaltigkeitsberichterstattung Gegenstand des Bestätigungsauftrags ist; gibt an, ob es sich um eine jährliche oder eine konsolidierte Nachhaltigkeitsberichterstattung handelt und nennt das Datum und den Zeitraum, auf den er sich bezieht; und gibt den Rahmen für die Nachhaltigkeitsberichterstattung an, der bei seiner Aufstellung verwendet wurde;

b) enthält eine Beschreibung des Umfangs der Bestätigung der Nachhaltigkeitsberichterstattung, die zumindest Angaben über die Standards für die Bestätigung enthält, nach denen die Bestätigung der Nachhaltigkeitsberichterstattung durchgeführt wurde;

c) enthält das Urteil gemäß Artikel 34 Absatz 1 Unterabsatz 2 Buchstabe aa der Richtlinie 2013/34/EU.

(3) Wurde die Bestätigung der Nachhaltigkeitsberichterstattung von mehr als einem Abschlussprüfer oder einer Prüfungsgesellschaft durchgeführt, so einigen sich diese auf die Ergebnisse der Bestätigung der Nachhaltigkeitsberichterstattung und erstellen einen gemeinsamen Bericht und ein gemeinsames Urteil. Bei Uneinigkeit gibt jeder Abschlussprüfer bzw. jede Prüfungsgesellschaft in einem gesonderten Absatz des Prüfungsvermerks zur Nachhaltigkeitsberichterstattung ein eigenes Urteil ab und legt die Gründe für die Uneinigkeit dar.

(4) Der Prüfungsvermerk zur Nachhaltigkeitsberichterstattung ist vom Abschlussprüfer, der die Bestätigung der Nachhaltigkeitsberichterstattung durchführt, unter Angabe des Datums zu unterzeichnen. Wird die Bestätigung der Nachhaltigkeitsberichterstattung von einer Prüfungsgesellschaft durchgeführt, so wird der Prüfungsvermerk zur Nachhaltigkeitsberichterstattung zumindest von dem Abschlussprüfer oder den Abschlussprüfern, der bzw. die die Bestätigung der Nachhaltigkeitsberichterstattung für die Prüfungsgesellschaft durchgeführt hat bzw. haben, unterzeichnet. Sind mehr als ein Abschlussprüfer oder eine Prüfungsgesellschaft gleichzeitig beauftragt worden, so wird der Prüfungsvermerk zur Nachhaltigkeitsberichterstattung von allen Abschlussprüfern oder zumindest von den Abschlussprüfern, die die Bestätigung der Nachhaltigkeitsberichterstattung für jede Prüfungsgesellschaft durchgeführt haben, unterzeichnet. Unter besonderen Umständen können die Mitgliedstaaten vorsehen, dass diese Unterschrift(en) nicht öffentlich bekannt gemacht werden muss bzw. müssen, weil eine solche Offenlegung zu einer absehbaren und ernst zu nehmenden Gefahr für die persönliche Sicherheit einer Person führen würde.

In jedem Fall müssen die jeweils zuständigen Behörden die Namen der beteiligten Personen kennen.

(5) Die Mitgliedstaaten können verlangen, dass der Prüfungsvermerk zur Nachhaltigkeitsberichterstattung als gesonderter Abschnitt in den Bestätigungsvermerk aufgenommen wird, falls derselbe Abschlussprüfer die Abschlussprüfung des Jahresabschlusses und die Bestätigung der Nachhaltigkeitsberichterstattung durchführt.

(6) Der Bericht des Abschlussprüfers oder der Prüfungsgesellschaft zur konsolidierten Nachhaltigkeitsberichterstattung hat den Anforderungen nach den Absätzen 1 bis 5 zu genügen."

19. Artikel 29 wird wie folgt geändert:

a) Absatz 1 Buchstabe d erhält folgende Fassung:

„d) die Personen, die die Qualitätssicherungsprüfungen durchführen, müssen über eine angemessene fachliche Ausbildung und einschlägige Erfahrungen auf den Gebieten der Abschlussprüfung und Rechnungslegung und gegebenenfalls der Nachhaltigkeitsberichterstattung und der Bestätigung der Nachhaltigkeitsberichterstattung oder anderen nachhaltigkeitsbezogenen Dienstleistungen verfügen und darüber hinaus eine spezielle Ausbildung für Qualitätssicherungsprüfungen absolviert haben;"

b) Absatz 1 Buchstabe f erhält folgende Fassung:

„f) die Qualitätssicherungsprüfung muss auf der Grundlage angemessener Überprüfungen von ausgewählten Prüfungsakten und gegebenenfalls Bestätigungsakten eine Beurteilung der Einhaltung einschlägiger Standards für die Bestätigung und Unabhängigkeitsanforderungen und eine Beurteilung der Quantität und der Qualität von eingesetzten Ressourcen, der berechneten Prüfungshonorare und Honorare für die Bestätigung der Nachhaltigkeitsberichterstattung sowie des internen Qualitätssicherungssystems der Prüfungsgesellschaft umfassen;"

c) Absatz 1 Buchstabe h erhält folgende Fassung:

„h) Qualitätssicherungsprüfungen müssen auf der Grundlage einer Risikoanalyse und im Fall von Abschlussprüfern und Prüfungsgesellschaften, die Abschlussprüfungen im Sinne des Artikels 2 Absatz 1 Buchstabe a und gegebenenfalls Bestätigungen der Nachhaltigkeitsberichterstattung durchführen, mindestens alle sechs Jahre stattfinden;"

d) Absatz 2 Buchstabe a erhält folgende Fassung:

„a) Die Qualitätssicherungsprüfer verfügen über eine angemessene fachliche Ausbildung und einschlägige Erfahrungen auf den Gebieten der Abschlussprüfung und Rechnungslegung und gegebenenfalls der Nachhaltigkeitsberichterstattung und der Bestätigung der Nachhaltigkeitsberichterstattung oder anderen nachhaltigkeitsbezogenen Dienstleistungen und haben eine spezielle Ausbildung in Qualitätssicherungsprüfungen absolviert."

e) Folgender Absatz wird eingefügt:

„(2a) Die Mitgliedstaaten können Personen, die Qualitätssicherungsprüfungen im Zusammenhang mit der Bestätigung der Nachhaltigkeitsberichterstattung durchführen, bis zum 31. Dezember 2025 von der Anforderung befreien, über einschlägige Erfahrung auf dem Gebiet der Nachhaltigkeitsberichterstattung und der Bestätigung der Nachhaltigkeitsberichterstattung oder anderer nachhaltigkeitsbezogener Dienstleistungen zu verfügen."

20. Artikel 30 Absätze 1 und 2 erhalten folgende Fassung:

„(1) Die Mitgliedstaaten sorgen für wirksame Untersuchungen und Sanktionen, um eine unzureichende Durchführung von Abschlussprüfungen und Bestätigung der Nachhaltigkeitsberichterstattung aufzudecken, zu berichtigen und zu verhindern.

(2) Unbeschadet ihrer zivilrechtlichen Haftungsvorschriften sehen die Mitgliedstaaten wirksame, verhältnismäßige und abschreckende Sanktionen für Abschlussprüfer und Prüfungsgesellschaften vor, die sich bei der Durchführung von Abschlussprüfungen oder Bestätigungen der Nachhaltigkeitsberichterstattung nicht an die Vorschriften halten, die zur Umsetzung dieser Richtlinie und gegebenenfalls der Verordnung (EU) Nr. 537/2014 angenommen wurden.

Die Mitgliedstaaten können beschließen, für Verstöße, die bereits dem einzelstaatlichen Strafrecht unterliegen, keine Vorschriften für verwaltungsrechtliche Sanktionen festzulegen. In diesem Fall teilen sie der Kommission die einschlägigen strafrechtlichen Vorschriften mit."

21. In Artikel 30a Absatz 1 wird folgender Buchstabe eingefügt:

„ca) ein dem Abschlussprüfer, der Prüfungsgesellschaft oder dem verantwortlichen Nachhaltigkeitspartner auferlegtes vorübergehendes Verbot der Durchführung von Bestätigungen der Nachhaltigkeitsberichterstattung und/oder der Unterzeichnung von Prüfungsvermerken zur Nachhaltigkeitsberichterstattung von bis zu drei Jahren;"

22. In Artikel 30a Absatz 1 wird folgender Buchstabe eingefügt:

„da) eine Erklärung, dass der Prüfungsvermerk zur Nachhaltigkeitsberichterstattung nicht die Anforderungen des Artikels 28a dieser Richtlinie erfüllt;"

23. Artikel 32 wird wie folgt geändert:

a) Absatz 3 Unterabsatz 1 erhält folgende Fassung:

„(3) Die zuständige Behörde wird von Nichtberufsausübenden geleitet, die in den für Abschlussprüfungen und gegebenenfalls für Bestätigungen der Nachhaltigkeitsberichterstattung relevanten Bereichen über entsprechende Kenntnisse verfügen. Diese Personen werden in einem unabhängigen und transparenten Verfahren ausgewählt."

b) Absatz 4 Buchstabe b erhält folgende Fassung:

„b) die Annahme von Berufsgrundsätzen, von Standards für die interne Qualitätssicherung von Prüfungsgesellschaften, von Prüfungsstandards sowie von Standards für die Bestätigung der Nachhaltigkeitsberichterstattung zu beaufsichtigen, es sei denn, diese Standards werden von anderen mitgliedstaatlichen Behörden angenommen oder genehmigt;"

24. Folgender Artikel wird eingefügt:

„Artikel 36a

Gegenseitige Anerkennung der mitgliedstaatlichen Regelungen für die Bestätigung der Nachhaltigkeitsberichterstattung

Die Anforderungen der Artikel 34 und 36, die sich auf die Abschlussprüfung beziehen, sind entsprechend auf die Bestätigung der Nachhaltigkeitsberichterstattung anzuwenden."

25. Artikel 37 wird wie folgt geändert:

a) In Absatz 1 wird folgender Unterabsatz angefügt:

„Unterabsatz 1 gilt auch für die Bestellung des Abschlussprüfers oder der Prüfungsgesellschaft zum Zweck der Bestätigung der Nachhaltigkeitsberichterstattung."

b) in Absatz 2 wird folgender Unterabsatz angefügt:

„Unterabsatz 1 gilt auch für die Bestellung des Abschlussprüfers oder der Prüfungsgesellschaft zum Zweck der Bestätigung der Nachhaltigkeitsberichterstattung."

c) Absatz 3 erhält folgende Fassung:

„(3) Jegliche Vertragsklausel, die die Auswahlmöglichkeiten der Gesellschafterversammlung oder der Aktionärshauptversammlung des geprüften Unternehmens gemäß Absatz 1 in Bezug auf Ernennung eines Abschlussprüfers oder einer Prüfungsgesellschaft zur Durchführung der Abschlussprüfung und gegebenenfalls der Bestätigung der Nachhaltigkeitsberichterstattung bei diesem Unternehmen auf bestimmte Kategorien oder Listen von Abschlussprüfern oder Prüfungsgesellschaften beschränkt, ist untersagt. Jede bestehende Klausel dieser Art ist nichtig.

Die Mitgliedstaaten sorgen dafür, dass Aktionäre oder Gesellschafter großer Unternehmen, für die die Artikel 19a und 29a der Richtlinie 2013/34/EU gelten, ausgenommen in Artikel 2

Nummer 1 Buchstabe a der genannten Richtlinie genannte Unternehmen, die mehr als 5 % der Stimmrechte oder 5 % des Kapitals des Unternehmens ausmachen, einzeln oder gemeinsam das Recht haben, Beschlussentwürfe einzureichen, die in der Gesellschafterversammlung oder der Aktionärshauptversammlung anzunehmen sind, in der verlangt wird, dass eine akkreditierte dritte Partei, die nicht zu derselben Prüfungsgesellschaft oder demselben Netzwerk wie der Abschlussprüfer oder die Prüfungsgesellschaft, die die Abschlussprüfung vornimmt, einen Bericht über bestimmte Bestandteile der Nachhaltigkeitsberichterstattung ausarbeitet und dass dieser Bericht der Gesellschafterversammlung bzw. Aktionärshauptversammlung zur Verfügung gestellt wird."

26. Artikel 38 wird wie folgt geändert:

a) Absatz 1 erhält folgende Fassung:

„(1) Die Mitgliedstaaten stellen sicher, dass Abschlussprüfer oder Prüfungsgesellschaften nur bei Vorliegen triftiger Gründe abberufen werden können. Meinungsverschiedenheiten über Bilanzierungsmethoden, Prüfverfahren oder gegebenenfalls die Nachhaltigkeitsberichterstattung oder entsprechende Bestätigungsverfahren sind kein triftiger Grund für eine Abberufung."

b) In Absatz 2 wird folgender Unterabsatz angefügt:

„Die Unterrichtungspflicht nach Unterabsatz 1 gilt auch für die Bestätigung der Nachhaltigkeitsberichterstattung."

c) In Absatz 3 wird folgender Unterabsatz angefügt:

„Unterabsatz 1 gilt auch für die Bestätigung der Nachhaltigkeitsberichterstattung."

27. Artikel 39 wird wie folgt geändert:

a) Folgender Absatz wird eingefügt:

„(4a) Die Mitgliedstaaten können gestatten, dass die dem Prüfungsausschuss übertragenen Aufgaben im Zusammenhang mit der Nachhaltigkeitsberichterstattung und im Zusammenhang mit der Bestätigung der Nachhaltigkeitsberichterstattung von dem Verwaltungs- oder Aufsichtsorgan in seiner Gesamtheit oder von einem vom Verwaltungs- oder Aufsichtsorgan eigens eingerichteten Gremium wahrgenommen werden."

b) Absatz 6 Buchstaben a bis e erhalten folgende Fassung:

„a) das Verwaltungs- oder Aufsichtsorgan des geprüften Unternehmens über das Ergebnis der Abschlussprüfung und gegebenenfalls das Ergebnis der Bestätigung der Nachhaltigkeitsberichterstattung zu unterrichten und darzulegen, wie die Abschlussprüfung und die Bestätigung der Nachhaltigkeitsberichterstattung zur Integrität der Rechnungslegung bzw. der Nachhaltigkeitsberichterstattung beigetragen haben und welche Rolle der Prüfungsausschuss in diesem Prozess gespielt hat;

b) den Rechnungslegungsprozess und gegebenenfalls der Nachhaltigkeitsberichterstattungsprozess, einschließlich des Prozesses der elektronischen Berichterstattung nach Artikel 29d der Richtlinie 2013/34/EU und des vom Unternehmen durchgeführten Prozesses zur Ermittlung der Informationen, über die Bericht erstattet wurde, im Einklang mit den nach Artikel 29b der genannten Richtlinie angenommenen Standards für die Nachhaltigkeitsberichterstattung, zu beobachten und Empfehlungen oder Vorschläge zur Gewährleistung ihrer Integrität zu unterbreiten;

c) die Wirksamkeit des internen Kontrollsystems und des Risikomanagementsystems sowie gegebenenfalls der internen Revision des Unternehmens, die die Rechnungslegung und gegebenenfalls die Nachhaltigkeitsberichterstattung des Unternehmens berühren, einschließlich des Prozesses der elektronischen Berichterstattung nach Artikel 29d der Richtlinie 2013/34/EU, zu beobachten, ohne dass seine Unabhängigkeit verletzt wird;

d) die Abschlussprüfung des Jahresabschlusses und des konsolidierten Abschlusses und gegebenenfalls die Bestätigung der jährlichen und konsolidierten Nachhaltigkeitsberichterstattung zu beobachten, insbesondere deren Leistung unter Berücksichtigung der Erkenntnisse und Schlussfolgerungen der zuständigen Behörde nach Artikel 26 Absatz 6 der Verordnung (EU) Nr. 537/2014;

e) die Unabhängigkeit der Abschlussprüfer oder Prüfungsgesellschaften gemäß den Artikeln 22, 22a, 22b, 24a, 24b, 25b, 25c und 25d dieser Richtlinie sowie gemäß Artikel 6 der Verordnung (EU) Nr. 537/2014 und insbesondere die Angemessenheit der für das geprüfte Unternehmen erbrachten Nichtprüfungsleistungen gemäß Artikel 5 jener Verordnung zu überprüfen und zu beobachten;"

28. Artikel 45 wird wie folgt geändert:

a) Absatz 1 erhält folgende Fassung:

„(1) Die zuständigen Behörden eines Mitgliedstaats registrieren gemäß den Artikeln 15, 16 und 17 der vorliegenden Richtlinie alle Prüfer und Prüfungsunternehmen aus Drittländern, wenn diese Prüfer oder Prüfungsunternehmen aus Drittländern einen Bestätigungsvermerk zu dem Jahresabschluss oder konsolidierten Abschluss oder gegebenenfalls einen Prüfungsvermerk zur jährlichen oder konsolidierten Nachhaltigkeitsberichterstattung eines Unternehmens mit Sitz außerhalb der Union erteilen, dessen übertragbare Wertpapiere zum Handel an einem geregelten Markt dieses Mitgliedstaats im Sinne von Artikel 4 Absatz 1 Nummer 21 der Richtlinie 2014/65/EU des Europäischen Parlaments und des Rates ([*27]) zugelassen sind, es sei denn, das Unternehmen ist ein Emittent ausschließlich ausstehender Schuldtitel, die eines der folgenden Merkmale aufweisen:

a) Diese Titel wurden vor dem 31. Dezember 2010 zum Handel an einem geregelten Markt in einem Mitgliedstaat im Sinne von Artikel 4 Absatz 1 Nummer 21 der Richtlinie 2014/65/EU mit einer Mindeststückelung von 50 000 EUR am Ausgabetag oder, wenn es sich um Schuldtitel handelt, die auf eine andere Währung als Euro lauten, mit einer Mindeststückelung, deren Wert am Ausgabetag mindestens 50 000 EUR entspricht, zugelassen.

b) Diese Titel wurden ab dem 31. Dezember 2010 zum Handel an einem geregelten Markt in einem Mitgliedstaat im Sinne von Artikel 4 Absatz 1 Nummer 21 der Richtlinie 2014/65/EU mit einer Mindeststückelung von 100 000 EUR am Ausgabetag oder, wenn es sich um Schuldtitel handelt, die auf eine andere Währung als Euro lauten, mit einer Mindeststückelung, deren Wert am Ausgabetag mindestens 100 000 EUR entspricht, zugelassen.

b) Die Absätze 4 bis 6 erhalten folgende Fassung:

„(4) Unbeschadet des Artikels 46 haben Bestätigungsvermerke zu Jahresabschlüssen oder konsolidierten Abschlüssen oder gegebenenfalls Prüfungsvermerke zu jährlicher oder konsolidierter Nachhaltigkeitsberichterstattung nach Absatz 1 des vorliegenden Artikels, die von in dem Mitgliedstaat nicht registrierten Prüfern oder Prüfungsunternehmen aus Drittländern erteilt werden, in diesem Mitgliedstaat keinerlei Rechtswirkung.

(5) Ein Mitgliedstaat kann ein Prüfungsunternehmen aus einem Drittland zum Zweck der Abschlussprüfung nur registrieren, wenn

a) die Mehrheit der Mitglieder des Verwaltungs- bzw. Leitungsorgans des Prüfungsunternehmens aus einem Drittland Voraussetzungen erfüllt, die den Vorgaben der Artikel 4 bis 10 – mit Ausnahme von Artikel 7 Absatz 2, Artikel 8 Absatz 3 und Artikel 10 Absatz 1 Unterabsatz 2 – gleichwertig sind;

b) der Prüfer aus einem Drittland, der die Prüfung im Auftrag des Prüfungsunternehmens aus einem Drittland durchführt, Voraussetzungen erfüllt, die den Vorgaben der Artikel 4 bis 10 – mit Ausnahme von Artikel 7 Absatz 2, Artikel 8 Absatz 3 und Artikel 10 Absatz 1 Unterabsatz 2 – gleichwertig sind;

c) die Prüfungen des Jahresabschlusses bzw. konsolidierten Abschlusses nach Absatz 1 dieses Artikels in Übereinstimmung mit den internationalen Prüfungsstandards gemäß Artikel 26 und den in den Artikeln 22, 22b und 25 niedergelegten Anforderungen oder gleichwertigen Standards und Anforderungen durchgeführt werden;

d) das Prüfungsunternehmen aus einem Drittland auf seiner Website einen jährlichen Transparenzbericht veröffentlicht, der die in Artikel 13 der Verordnung (EU) Nr. 537/2014 genannten Informationen enthält, oder gleichwertige Anforderungen an die Offenlegung erfüllt.

Ein Mitgliedstaat kann ein Prüfungsunternehmen aus einem Drittland zum Zweck der Bestätigung der Nachhaltigkeitsberichterstattung nur registrieren, wenn

a) die Mehrheit der Mitglieder des Verwaltungs- bzw. Leitungsorgans des Prüfungsunternehmens aus einem Drittland Voraussetzungen erfüllt, die den Vorgaben der Artikel 4 bis 10 gleichwertig sind;

b) der Prüfer aus einem Drittland, der die Bestätigung im Auftrag des Prüfungsunternehmens aus einem Drittland durchführt, Voraussetzungen erfüllt, die den Vorgaben der Artikel 4 bis 10 gleichwertig sind;

c) die Bestätigung der jährlichen oder konsolidierten Nachhaltigkeitsberichterstattung nach Absatz 1 in Übereinstimmung mit den Standards für die Bestätigung gemäß Artikel 26a und den in den Artikeln 22, 22b, 25 und 25b niedergelegten Anforderungen oder gleichwertigen Standards und Anforderungen durchgeführt wird;

d) das Prüfungsunternehmen aus einem Drittland auf seiner Website einen jährlichen Transparenzbericht veröffentlicht, der die in Artikel 13 der Verordnung (EU) Nr. 537/2014 genannten Informationen enthält, oder gleichwertige Anforderungen an die Offenlegung erfüllt.

(5a) Ein Mitgliedstaat darf einen Prüfer aus einem Drittland zum Zweck der Abschlussprüfung nur registrieren, wenn er die Anforderungen nach Absatz 5 Unterabsatz 1 Buchstaben b, c und d dieses Artikels erfüllt.

Ein Mitgliedstaat darf einen Prüfer aus einem Drittland zum Zweck der Bestätigung der Nachhaltigkeitsberichterstattung nur registrieren, wenn er die Anforderungen nach Absatz 5 Unterabsatz 2 Buchstaben b, c und d dieses Artikels erfüllt.

(6) Um einheitliche Bedingungen für die Anwendung von Absatz 5 Unterabsatz 1 Buchstabe c und Absatz 5 Unterabsatz 2 Buchstabe c dieses Artikels zu gewährleisten, wird die Kommission ermächtigt, über die darin genannte Gleichwertigkeit im Wege von Durchführungsrechtsakten zu entscheiden. Diese Durchführungsrechtsakte werden gemäß dem in Artikel 48 Absatz 2 genannten Prüfverfahren erlassen.

Bis zu einer solchen Entscheidung der Kommission können die Mitgliedstaaten die Gleichwertigkeit im Sinne von Absatz 5 Unterabsatz 1 Buchstabe c und Absatz 5 Unterabsatz 2 Buchstabe c dieses Artikels selbst beurteilen.

Die Kommission wird zum Erlass delegierter Rechtsakte gemäß Artikel 48a zur Ergänzung dieser Richtlinie ermächtigt, um allgemeine Kriterien für die Beurteilung der Gleichwertigkeit festzulegen, die bei der Beurteilung der Frage heranzuziehen sind, ob die Abschlussprüfungen und gegebenenfalls die Bestätigungen der Nachhaltigkeitsberichterstattung nach Absatz 1 im Einklang mit den internationalen Prüfungsstandards nach Artikel 26 bzw. den Standards für die Bestätigung der Nachhaltigkeitsberichterstattung entsprechend der Definition in Artikel 26a und den in den Artikeln 22, 24 und 25 niedergelegten Anforderungen durchgeführt wurden. Die Mitgliedstaaten ziehen bei der Beurteilung der Gleichwertigkeit auf nationaler Ebene diese für alle Drittländer geltenden Kriterien heran."

29. Artikel 48a wird wie folgt geändert:

a) In Absatz 2 wird folgender Unterabsatz angefügt:

„Die Befugnis zum Erlass der in Artikel 26a Absatz 2 genannten delegierten Rechtsakte wird der Kommission auf unbestimmte Zeit übertragen."

b) Absatz 3 erhält folgende Fassung:

„(3) Die Befugnisübertragung gemäß Artikel 26 Absatz 3, Artikel 26a Absatz 3, Artikel 45 Absatz 6, Artikel 46 Absatz 2 und Artikel 47 Absatz 3 kann vom Europäischen Parlament oder vom Rat jederzeit widerrufen werden. Der Beschluss über den Widerruf beendet die Übertragung der in diesem Beschluss angegebenen Befugnis. Er wird am Tag nach seiner Veröffentlichung im *Amtsblatt der Europäischen Union* oder zu einem im Beschluss über den Widerruf angegebenen späteren Zeitpunkt wirksam. Die Gültigkeit von delegierten Rechtsakten, die bereits in Kraft sind, wird von dem Beschluss über den Widerruf nicht berührt."

c) Absatz 5 erhält folgende Fassung:

„(5) Ein delegierter Rechtsakt, der gemäß Artikel 26 Absatz 3, Artikel 26a Absatz 3, Artikel 45 Absatz 6, Artikel 46 Absatz 2 oder Artikel 47 Absatz 3 erlassen wurde, tritt nur in Kraft, wenn weder das Europäische Parlament noch der Rat innerhalb einer Frist von vier Monaten nach Übermittlung dieses Rechtsakts an das Europäische Parlament und den Rat Einwände erhoben haben oder wenn vor Ablauf dieser Frist das Europäische Parlament und der Rat beide der Kommission mitgeteilt haben, dass sie keine Einwände erheben werden. Auf Initiative des Europäischen Parlaments oder des Rates wird diese Frist um zwei Monate verlängert."

Artikel 4
Änderung der Verordnung (EU) Nr. 537/2014

Die Verordnung (EU) Nr. 537/2014 wird wie folgt geändert:

1. Artikel 4 Absatz 2 Unterabsatz 2 erhält folgende Fassung:

„Bestätigungen der Nachhaltigkeitsberichterstattung und andere als die in Artikel 5 Absatz 1 genannten Nichtprüfungsleistungen, die nach Unionsrecht oder nationalem Recht erforderlich sind, sind für die Zwecke der in Unterabsatz 1 des vorliegenden Absatzes genannten Beschränkungen ausgenommen."

2. Artikel 5 wird wie folgt geändert:

a) Absatz 1 Unterabsatz 2 Buchstabe c erhält folgende Fassung:

„c) Buchhaltung und Erstellung von Unterlagen der Rechnungslegung und von Abschlüssen sowie Erstellung von Nachhaltigkeitsberichterstattung;"

b) In Absatz 4 wird nach Unterabsatz 1 folgender Unterabsatz eingefügt:

„Die Billigung des Prüfungsausschusses nach Unterabsatz 1 ist für die Durchführung von Bestätigungen der Nachhaltigkeitsberichterstattung nicht erforderlich."

Artikel 5
Umsetzung

(1) Die Mitgliedstaaten setzen die erforderlichen Rechts- und Verwaltungsvorschriften in Kraft, um den Artikeln 1 bis 3 dieser Richtlinie spätestens bis zum 6. Juli 2024 nachzukommen. Sie teilen der Kommission unverzüglich den Wortlaut dieser Vorschriften mit.

(2) Die Mitgliedstaaten wenden die erforderlichen Vorschriften an, um Artikel 1, mit Ausnahme von Nummer 14, nachzukommen:

a) auf am oder nach dem 1. Januar 2024 beginnende Geschäftsjahre

i) für große Unternehmen im Sinne von Artikel 3 Absatz 4 der Richtlinie 2013/34/EU, bei denen es sich um Unternehmen von öffentlichem Interesse im Sinne von Artikel 2 Nummer 1 der genannten Richtlinie handelt und die am Bilanzstichtag die durchschnittliche Zahl von 500 während des Geschäftsjahres Beschäftigten überschreiten;

ii) für Unternehmen von öffentlichem Interesse im Sinne von Artikel 2 Nummer 1 der Richtlinie 2013/34/EU, bei denen es sich um Mutterunternehmen einer großen Gruppe im Sinne von Artikel 3 Absatz 7 der genannten Richtlinie handelt und die am Bilanzstichtag auf konsolidierter Basis die durchschnittliche Zahl von 500 während des Geschäftsjahres Beschäftigten überschreiten;

b) auf am oder nach dem 1. Januar 2027 beginnende Geschäftsjahre

i) für große Unternehmen im Sinne von Artikel 3 Absatz 4 der Richtlinie 2013/34/EU, die nicht unter Buchstabe a Ziffer i dieses Unterabsatzes fallen;

ii) für Mutterunternehmen einer großen Gruppe im Sinne von Artikel 3 Absatz 7 der Richtlinie 2013/34/EU, die nicht unter Buchstabe a Ziffer ii dieses Unterabsatzes fallen;

c) auf am oder nach dem 1. Januar 2028 beginnende Geschäftsjahre

i) für kleine und mittlere Unternehmen im Sinne von Artikel 3 Absätze 2 und 3 der Richtlinie 2013/34/EU, die Unternehmen von öffentlichem

Interesse im Sinne von Artikel 2 Nummer 1 Buchstabe a der genannten Richtlinie sind und bei denen es sich nicht um Kleinstunternehmen im Sinne von Artikel 3 Absatz 1 der genannten Richtlinie handelt;

ii) für kleine und nicht komplexe Institute gemäß der Definition in Artikel 4 Absatz 1 Nummer 145 der Verordnung (EU) Nr. 575/2013, sofern sie große Unternehmen im Sinne von Artikel 3 Absatz 4 der Richtlinie 2013/34/EU sind oder kleine und mittlere Unternehmen im Sinne von Artikel 3 Absätze 2 und 3 der genannten Richtlinie sind, die Unternehmen von öffentlichem Interesse im Sinne von Artikel 2 Nummer 1 Buchstabe a der genannten Richtlinie sind und bei denen es sich nicht um Kleinstunternehmen im Sinne von Artikel 3 Absatz 1 der genannten Richtlinie handelt;

iii) für firmeneigene Versicherungsunternehmen gemäß der Definition in Artikel 13 Nummer 2 der Richtlinie 2009/138/EG des Europäischen Parlaments und des Rates ([1]), und firmeneigene Rückversicherungsunternehmen gemäß der Definition in Artikel 13 Nummer 5 der genannten Richtlinie, sofern es sich um große Unternehmen im Sinne von Artikel 3 Absatz 4 der Richtlinie 2013/34/EU handelt oder es sich um kleine und mittlere Unternehmen im Sinne von Artikel 3 Absätze 2 und 3 der genannten Richtlinie handelt, die Unternehmen von öffentlichem Interesse im Sinne von Artikel 2 Nummer 1 Buchstabe a der genannten Richtlinie sind und bei denen es sich nicht um Kleinstunternehmen im Sinne von Artikel 3 Absatz 1 der genannten Richtlinie handelt.

Auf am oder nach dem 1. Januar 2028 beginnende Geschäftsjahre wenden die Mitgliedstaaten die erforderlichen Vorschriften an, um Artikel 1 Absatz 14 nachzukommen.

Die Mitgliedstaaten wenden die erforderlichen Vorschriften an, um Artikel 2 nachzukommen:

a) auf am oder nach dem 1. Januar 2024 beginnende Geschäftsjahre

i) für Emittenten im Sinne von Artikel 2 Absatz 1 Buchstabe d der Richtlinie 2004/109/EG, bei denen es sich um große Unternehmen im Sinne von Artikel 3 Absatz 4 der Richtlinie 2013/34/EU handelt und die am Bilanzstichtag die durchschnittliche Zahl von 500 während des Geschäftsjahres Beschäftigten überschreiten;

ii) für Emittenten im Sinne von Artikel 2 Absatz 1 Buchstabe d der Richtlinie 2004/109/EG, bei denen es sich um Mutterunternehmen einer großen Gruppe im Sinne von Artikel 3 Absatz 7 der Richtlinie 2013/34/EU handelt und die am Bilanzstichtag auf konsolidierter Basis die durchschnittliche Zahl von 500 während des Geschäftsjahres Beschäftigten überschreiten;

b) auf am oder nach dem 1. Januar 2027 beginnende Geschäftsjahre

i) für Emittenten im Sinne von Artikel 2 Absatz 1 Buchstabe d der Richtlinie 2004/109/EG, bei denen es sich um große Unternehmen im Sinne von Artikel 3 Absatz 4 der Richtlinie 2013/34/EU handelt und die nicht unter Buchstabe a Ziffer i dieses Unterabsatzes fallen;

ii) für Emittenten im Sinne von Artikel 2 Absatz 1 Buchstabe d der Richtlinie 2004/109/EG, bei denen es sich um Mutterunternehmen einer großen Gruppe im Sinne von Artikel 3 Absatz 7 der Richtlinie 2013/34/EU handelt und die nicht unter Buchstabe a Ziffer ii dieses Unterabsatzes fallen;

c) auf am oder nach dem 1. Januar 2028 beginnende Geschäftsjahre

i) für Emittenten im Sinne von Artikel 2 Absatz 1 Buchstabe d der Richtlinie 2004/109/EG, die kleine und mittlere Unternehmen im Sinne von Artikel 3 Absätze 2 und 3 der Richtlinie 2013/34/EU und bei denen es sich nicht um Kleinstunternehmen im Sinne von Artikel 3 Absatz 1 der Richtlinie 2013/34/EU handelt;

ii) für in Artikel 4 Absatz 1 Nummer 145 der Verordnung (EU) Nr. 575/2013 als kleine und nicht komplexe Institute definierte Emittenten, sofern es sich um große Unternehmen im Sinne von Artikel 3 Absatz 4 der Richtlinie 2013/34/EU handelt oder es sich um kleine und mittlere Unternehmen im Sinne von Artikel 3 Absätze 2 und 3 der genannten Richtlinie handelt, die Unternehmen von öffentlichem Interesse im Sinne von Artikel 2 Nummer 1 Buchstabe a der genannten Richtlinie sind und bei denen es sich nicht um Kleinstunternehmen im Sinne von Artikel 3 Absatz 1 der genannten Richtlinie handelt;

iii) für in Artikel 13 Nummer 2 der Richtlinie 2009/138/EG als firmeneigene Versicherungsunternehmen oder in Artikel 13 Nummer 5 der genannten Richtlinie als firmeneigene Rückversicherungsunternehmen definierte Emittenten, sofern es sich um große Unternehmen im Sinne von Artikel 3 Absatz 4 der Richtlinie 2013/34/EU handelt oder es sich um kleine und mittlere Unternehmen im Sinne von Artikel 3 Absätze 2 und 3 der genannten Richtlinie handelt, die Unternehmen von öffentlichem Interesse im Sinne von Artikel 2 Nummer 1 Buchstabe a der genannten Richtlinie sind und bei denen es sich nicht um Kleinstunternehmen im Sinne von Artikel 3 Absatz 1 der genannten Richtlinie handelt.

Auf am oder nach dem 1. Januar 2024 beginnende Geschäftsjahre wenden die Mitgliedstaaten die erforderlichen Vorschriften an, um Artikel 3 nachzukommen.

(3) Bei Erlass dieser in Absatz 1 genannten Vorschriften nehmen die Mitgliedstaaten in diesen Vorschriften selbst oder durch einen Hinweis bei der amtlichen Veröffentlichung auf die vorliegende Richtlinie Bezug. Die Mitgliedstaaten regeln die Einzelheiten dieser Bezugnahme.

(4) Die Mitgliedstaaten teilen der Kommission den Wortlaut der wichtigsten nationalen Vorschriften mit, die sie auf dem unter diese Richtlinie fallenden Gebiet erlassen.

Artikel 6

Überprüfung und Berichterstattung

(1) Die Kommission legt dem Europäischen Parlament und dem Rat einen Bericht über die Umsetzung dieser Änderungsrichtlinie vor, der unter anderem Folgendes umfasst:

a) eine Bewertung der Erreichung der Ziele dieser Änderungsrichtlinie, einschließlich der Konvergenz der Berichterstattungsverfahren zwischen Mitgliedstaaten;

b) eine Bewertung der Zahl der kleinen und mittleren Unternehmen, die freiwillig die in Artikel 29c der Richtlinie 2013/34/EU genannten Standards für die Nachhaltigkeitsberichterstattung anwenden;

c) eine Bewertung, ob und wie der Anwendungsbereich der durch diese Änderungsrichtlinie geänderten Vorschriften weiter ausgedehnt werden sollte, insbesondere in Bezug auf kleine und mittlere Unternehmen und Drittlandsunternehmen, die ohne ein Tochterunternehmen oder eine Zweigniederlassung im Gebiet der Union unmittelbar im Binnenmarkt der Union tätig sind;

d) eine Bewertung der Anwendung der durch diese Änderungsrichtlinie eingeführten Berichterstattungsanforderungen auf Tochterunternehmen und Zweigniederlassungen von Drittlandsunternehmen, einschließlich einer Bewertung der Zahl der Drittlandsunternehmen, die ein Tochterunternehmen oder eine Zweigniederlassung besitzen, die gemäß Artikel 40a der Richtlinie 2013/34/EU Bericht erstattet; eine Bewertung des Durchsetzungsmechanismus und der in dem genannten Artikel festgelegten Schwellenwerte;

e) eine Bewertung, ob und wie die Barrierefreiheit der Nachhaltigkeitsberichte, die von in den Anwendungsbereich dieser Änderungsrichtlinie fallenden Unternehmen veröffentlicht werden, für Menschen mit Behinderungen sichergestellt werden kann.

Der Bericht wird bis zum 30. April 2029 und danach alle drei Jahre veröffentlicht und gegebenenfalls durch Legislativvorschläge ergänzt.

(2) Bis zum 31. Dezember 2028 überprüft die Kommission den Konzentrationsgrad des Marktes für die Bestätigung der Nachhaltigkeitsprüfung und erstattet darüber Bericht. Bei der Überprüfung werden die für unabhängige Erbringer von Bestätigungsleistungen geltenden nationalen Regelungen berücksichtigt, und es wird bewertet, ob und inwieweit die genannten nationalen Regelungen zur Öffnung des Marktes für Bestätigungsleistungen beitragen.

Bis zum 31. Dezember 2028 prüft die Kommission mögliche rechtliche Maßnahmen, um eine ausreichende Diversifizierung des Marktes für die Bestätigung der Nachhaltigkeitsprüfung und eine angemessene Qualität der Nachhaltigkeitsberichterstattung zu gewährleisten. Die Kommission überprüft die in Artikel 34 der Richtlinie 2013/34/EU genannten Maßnahmen und bewertet, ob sie auf weitere große Unternehmen ausgeweitet werden müssen.

Der Bericht wird dem Europäischen Parlament und dem Rat bis zum 31. Dezember 2028 übermittelt und gegebenenfalls durch Legislativvorschläge ergänzt.

Artikel 7

Inkrafttreten und Anwendung

Diese Richtlinie tritt am zwanzigsten Tag nach ihrer Veröffentlichung im *Amtsblatt der Europäischen Union* in Kraft.

Artikel 4 dieser Richtlinie wird ab dem 1. Januar 2024 auf am oder nach dem 1. Januar 2024 beginnende Geschäftsjahre angewandt.

Artikel 8

Adressaten

Diese Richtlinie ist an die Mitgliedstaaten gerichtet.

Artikel 4 ist in allen seinen Teilen verbindlich und gilt unmittelbar in jedem Mitgliedstaat.

(*1)
(*2)
(*3)
(*4)
(*5)
(*6)
(*7)
(*8)
(*9)
(*10)
(*11)
(*12)
(*13)
(*14)
(*15)

(*16)
(*17)
(*18)
(*19)
(*20)
(*21)
(*22)
(*23)
(*24)
(*25)
(*26)
(*27)
(1)

7. VO 2021/1119 Europäisches Klimagesetz

ABl L 2021/243, S. 1 idgF

DAS EUROPÄISCHE PARLAMENT UND DER RAT DER EUROPÄISCHEN UNION —

gestützt auf den Vertrag über die Arbeitsweise der Europäischen Union, insbesondere auf Artikel 192 Absatz 1,

auf Vorschlag der Europäischen Kommission,

nach Zuleitung des Entwurfs des Gesetzgebungsakts an die nationalen Parlamente,

nach Stellungnahme des Europäischen Wirtschafts- und Sozialausschusses (1),

nach Stellungnahme des Ausschusses der Regionen (2),

gemäß dem ordentlichen Gesetzgebungsverfahren (3),

in Erwägung nachstehender Gründe:

(1) Der Klimawandel stellt eine existenzielle Bedrohung dar, die eine ehrgeizigere Zielsetzung und verstärkte Klimaschutzmaßnahmen durch die Union und die Mitgliedstaaten erfordert. Die Union hat zugesagt, sich verstärkt um die Bekämpfung des Klimawandels und die Umsetzung des im Rahmen des Rahmenübereinkommens der Vereinten Nationen über Klimaänderungen geschlossenen Übereinkommens von Paris (im Folgenden „Übereinkommen von Paris") (4) zu bemühen, und zwar auf der Grundlage ihrer Prinzipien und der besten verfügbaren wissenschaftlichen Erkenntnisse im Kontext des langfristigen Temperaturziels des Übereinkommens von Paris.

(2) Die Kommission stellte in ihrer Mitteilung vom 11. Dezember 2019 über den europäischen Grünen Deal (im Folgenden „europäischer Grüner Deal") eine neue Wachstumsstrategie vor, mit der sich die Union zu einer fairen und wohlhabenden Gesellschaft mit einer modernen, ressourceneffizienten und wettbewerbsfähigen Wirtschaft wandeln soll, in der im Jahr 2050 keine Netto-Treibhausgasemissionen mehr freigesetzt werden und das Wirtschaftswachstum von der Ressourcennutzung abgekoppelt ist. Außerdem sollen durch den europäischen Grünen Deal das Naturkapital der Union geschützt, bewahrt und verbessert und die Gesundheit und das Wohlergehen der Menschen vor umweltbedingten Risiken und Auswirkungen geschützt werden. Gleichzeitig muss dieser Übergang gerecht und inklusiv sein, ohne dass jemand zurückgelassen wird.

(3) Der Zwischenstaatliche Ausschuss für Klimaänderungen (Intergovernmental Panel for Climate Change, IPCC) liefert in seinem Sonderbericht aus dem Jahr 2018 über die Folgen einer globalen Erwärmung um 1,5 °C gegenüber vorindustriellen Niveau und die damit verbundenen globalen Treibhausgasemissionspfade im Zusammenhang mit einer Stärkung der weltweiten Reaktion auf die Bedrohung durch den Klimawandel, nachhaltiger Entwicklung und Anstrengungen zur Beseitigung von Armut eine fundierte wissenschaftliche Grundlage für die Bekämpfung des Klimawandels und verdeutlicht, dass schnell noch mehr für den Klimaschutz und für den Übergang zu einer klimaneutralen Wirtschaft getan werden muss. Dieser Bericht bestätigt, dass die Treibhausgasemissionen dringend reduziert werden müssen und dass die Erwärmung durch den Klimawandel auf 1,5 °C begrenzt werden muss, insbesondere um die Wahrscheinlichkeit extremer Wetterereignisse und des Erreichens von Kipppunkten zu verringern. Der Weltbiodiversitätsrat (Intergovernmental Science-Policy Platform on Biodiversity and Ecosystem Services, IPBES) hat in seinem Globalen Sachstandsbericht über biologische Vielfalt und Ökosystemleistungen aus dem Jahr 2019 auf einen weltweiten Verlust an biologischer Vielfalt hingewiesen, für den der Klimawandel der drittwichtigste Faktor ist.

(4) Ein festes langfristiges Ziel ist von entscheidender Bedeutung, damit zum wirtschaftlichen und gesellschaftlichen Wandel, zu hochwertiger Beschäftigung, zu nachhaltigem Wachstum und zur Verwirklichung der Ziele der Vereinten Nationen für nachhaltige Entwicklung beigetragen wird und das langfristige Temperaturziel des Übereinkommens von Paris in gerechter, sozial ausgewogener, fairer und kosteneffizienter Weise erreicht wird.

(5) Es ist notwendig, die durch den Klimawandel verursachten wachsenden Bedrohungen für die Gesundheit, wie etwa häufigere und stärkere Hitzewellen, Waldbrände und Überschwemmungen, Bedrohungen für die Lebensmittel- und Wassersicherheit und die Ernährungssicherheit sowie die Entstehung und Verbreitung von Infektionskrankheiten, anzugehen. Wie in ihrer Mitteilung vom 24. Februar 2021 mit dem Titel „Ein klimaresilientes Europa aufbauen — die neue EU-Strategie für die Anpassung an den Klimawandel" angekündigt, hat die Kommission im Rahmen der Europäischen Plattform für Klimaanpassung

Climate-ADAPT eine Europäische Beobachtungsstelle für Klima und Gesundheit eingerichtet, damit die durch den Klimawandel verursachten Bedrohungen für die Gesundheit besser verstanden, vorhergesehen und minimiert werden können.

(6) Diese Verordnung steht mit den Grundrechten und den Grundsätzen, die mit der Charta der Grundrechte der Europäischen Union anerkannt wurden, im Einklang, insbesondere mit Artikel 37 dieser Charta, dem zufolge ein hohes Umweltschutzniveau und die Verbesserung der Umweltqualität nach dem Grundsatz der nachhaltigen Entwicklung in die Politiken der Union einbezogen werden müssen.

(7) Der Klimaschutz sollte eine Chance für alle Wirtschaftszweige in der Union sein, eine weltweite Führungsrolle der Industrie im Bereich Innovationen sicherzustellen. Dank des Rechtsrahmens der Union und der von der Wirtschaft unternommenen Anstrengungen ist es möglich, Wirtschaftswachstum und Treibhausgasemissionen voneinander zu entkoppeln. So konnten etwa die Treibhausgasemissionen in der Union zwischen 1990 und 2019 um 24 % verringert werden, während die Wirtschaftsleistung im selben Zeitraum um 60 % zunahm. Unbeschadet der geltenden Rechtsvorschriften und anderer Initiativen auf Unionsebene sollten alle Wirtschaftszweige — unter anderem Energie, Industrie, Verkehr, Wärme- und Kälteerzeugung und Gebäude, Landwirtschaft, Abfallwirtschaft und Landnutzung, Landnutzungsänderungen und Forstwirtschaft —, unabhängig davon, ob das Emissionshandelssystem der Union (EU-EHS) für diese Wirtschaftszweige gilt oder nicht, dazu beitragen, dass die Union bis 2050 klimaneutral wird. Damit alle Wirtschaftsbeteiligten stärker einbezogen werden, sollte die Kommission sektorspezifische Klimadialoge und Partnerschaften fördern, indem sie die wichtigsten Akteure in inklusiver und repräsentativer Weise zusammenführt, damit die Wirtschaftszweige selbst dazu angeregt werden, indikative freiwillige Fahrpläne zu entwerfen und den Übergang zur Erreichung des Ziels der Klimaneutralität der Union bis 2050 zu planen. Mit derartigen Fahrplänen könnte den Wirtschaftszweigen die Planung der für den Übergang zu einer klimaneutralen Wirtschaft erforderlichen Investitionen erleichtert werden und sie könnten zudem das Engagement der Wirtschaftszweige steigern, klimaneutrale Lösungen zu finden. Derartige Fahrpläne könnten zudem bestehende Initiativen wie die Europäische Batterie-Allianz und die europäische Allianz für sauberen Wasserstoff ergänzen, die die Zusammenarbeit von Unternehmen beim Übergang zur Klimaneutralität fördern.

(8) Das Übereinkommen von Paris enthält in Artikel 2 Absatz 1 Buchstabe a ein langfristiges Temperaturziel und zielt darauf ab, die weltweite Reaktion auf die Bedrohung durch den Klimawandel zu verstärken, gemäß Artikel 2 Absatz 1 Buchstabe b, indem die Fähigkeit zur Anpassung an die nachteiligen Auswirkungen der Klimaänderungen verbessert wird, und gemäß Artikel 2 Absatz 1 Buchstabe c, indem die Finanzmittelflüsse mit einem Weg hin zu einer hinsichtlich der Treibhausgase emissionsarmen und gegenüber Klimaänderungen widerstandsfähigen Entwicklung in Einklang gebracht werden. Die vorliegende Verordnung bildet den allgemeinen Rahmen für den Beitrag der Union zum Übereinkommen von Paris und soll dafür Sorge tragen, dass sowohl die Union als auch die Mitgliedstaaten zur weltweiten Reaktion auf den Klimawandel gemäß dem Übereinkommen von Paris beitragen.

(9) Die Klimaschutzmaßnahmen der Union und der Mitgliedstaaten zielen darauf ab, im Rahmen der Agenda 2030 der Vereinten Nationen für nachhaltige Entwicklung und gemäß den Zielen des Übereinkommens von Paris die Menschen und den Planeten, das Wohlergehen, den Wohlstand, die Wirtschaft, die Gesundheit, die Lebensmittelsysteme, die Integrität der Ökosysteme und die biologische Vielfalt vor der Bedrohung durch den Klimawandel zu schützen, den Wohlstand innerhalb der Belastungsgrenzen des Planeten zu maximieren, die Widerstandsfähigkeit der Gesellschaft zu erhöhen und ihre Anfälligkeit gegenüber Klimaänderungen zu verringern. Daher sollten die Maßnahmen der Union und der Mitgliedstaaten vom Vorsorgeprinzip und dem Verursacherprinzip gemäß dem Vertrag über die Arbeitsweise der Europäischen Union geleitet werden und den Grundsatz „Energieeffizienz an erster Stelle" der Energieunion sowie den Grundsatz der Schadensvermeidung des europäischen Grünen Deals berücksichtigen.

(10) Zur Verwirklichung der Klimaneutralität sollten alle Wirtschaftszweige, für die die Emissionen bzw. der Abbau von Treibhausgasen im Unionsrecht geregelt werden, ihren Beitrag leisten.

(11) Angesichts der Bedeutung der Energieerzeugung und des Energieverbrauchs für die Treibhausgasemissionen muss für den Übergang zu einem sicheren, nachhaltigen, erschwinglichen und gesicherten Energiesystem, das auf dem Einsatz erneuerbarer Energien, einem gut funktionierenden Energiebinnenmarkt und der Verbesserung der Energieeffizienz beruht, Sorge getragen werden, bei gleichzeitiger Verringerung der Energiearmut. Digitaler Wandel, technologische Innovation sowie Forschung und Entwicklung sind ebenfalls wichtige Triebkräfte für die Verwirklichung des Ziels der Klimaneutralität.

(12) Die Union hat einen Rechtsrahmen dafür geschaffen, ihre 2014, also vor dem Inkrafttreten des Übereinkommens von Paris, festgelegte Zielvorgabe für die Verringerung der Treibhausgasemissionen bis 2030 zu erreichen. Zu den Rechtsvorschriften zur Umsetzung dieser Zielvorgabe

gehören unter anderem die Richtlinie 2003/87/EG des Europäischen Parlaments und des Rates [(5)], mit der das EU-EHS geschaffen wurde, die Verordnung (EU) 2018/842 des Europäischen Parlaments und des Rates [(6)], mit der nationale Ziele für die Reduzierung der Treibhausgasemissionen bis 2030 eingeführt wurden, und die Verordnung (EU) 2018/841 des Europäischen Parlaments und des Rates [(7)], nach der die Mitgliedstaaten verpflichtet sind, die Emissionen und den Abbau von Treibhausgasen aus Landnutzung, Landnutzungsänderungen und Forstwirtschaft auszugleichen.

(13) Das EU-EHS ist ein Eckpfeiler der Klimapolitik der Union und stellt ihr zentrales Instrument zur kostenwirksamen Reduzierung der Treibhausgasemissionen dar.

(14) Die Kommission stellte in ihrer Mitteilung vom 28. November 2018 mit dem Titel „Ein sauberer Planet für alle: Eine europäische strategische, langfristige Vision für eine wohlhabende, moderne, wettbewerbsfähige und klimaneutrale Wirtschaft" eine Vision vor, um in der Union durch einen sozial gerechten und kostenwirksamen Übergang bis zum Jahr 2050 Netto-Treibhausgasemissionen von null zu erreichen.

(15) Mit dem Paket „Saubere Energie für alle Europäer" vom 30. November 2016 verfolgt die Union eine ehrgeizige Dekarbonisierungsagenda, insbesondere durch den Aufbau einer soliden Energieunion, in die die Ziele für 2030 der Richtlinien 2012/27/EU [(8)] und (EU) 2018/2001 [(9)] des Europäischen Parlaments und des Rates in Bezug auf die Energieeffizienz und die Nutzung erneuerbarer Energien eingebunden sind, sowie durch den Ausbau der einschlägigen Rechtsvorschriften, einschließlich der Richtlinie 2010/31/EU des Europäischen Parlaments und des Rates [(10)].

(16) Die Union ist ein weltweiter Vorreiter beim Übergang zur Klimaneutralität, und sie ist entschlossen, unter Einsatz aller ihr zur Verfügung stehenden Instrumente, einschließlich der Klimadiplomatie, dazu beizutragen, dass weltweit ehrgeizigere Ziele festgelegt werden und die globale Reaktion auf den Klimawandel gestärkt wird.

(17) Die Union sollte ihre Klimaschutzmaßnahmen und ihre internationale Führungsrolle im Bereich des Klimaschutzes auch nach 2050 weiterführen, um die Menschen und den Planeten vor der Bedrohung durch gefährliche Klimaänderungen zu schützen, wobei sie das im Übereinkommen von Paris festgelegte langfristige Temperaturziel verfolgen und den wissenschaftlichen Bewertungen des IPCC, des IPBES und des europäischen wissenschaftlichen Beirats für Klimawandel sowie den Bewertungen anderer internationaler Gremien nachkommen sollte.

(18) Das Risiko einer Verlagerung von CO_2-Emissionen besteht weiterhin bei internationalen Partnern, die nicht dieselben Klimaschutzstandards teilen wie die der Union. Daher plant die Kommission, für bestimmte Wirtschaftszweige ein CO_2-Grenzausgleichssystem vorzuschlagen, um diese Risiken in einer Weise zu verringern, die mit den Regeln der Welthandelsorganisation in Einklang steht. Zudem müssen wirksame strategische Anreize für technische Lösungen und Innovationen beibehalten werden, die den Übergang zu einer wettbewerbsfähigen klimaneutralen Unionswirtschaft fördern und gleichzeitig für Investitionssicherheit sorgen.

(19) Das Europäische Parlament forderte in seiner Entschließung vom 15. Januar 2020 zum europäischen Grünen Deal, dass der notwendige Übergang zu einer klimaneutralen Gesellschaft bis spätestens 2050 verwirklicht und zu einer europäischen Erfolgsgeschichte wird, und rief in seiner Entschließung vom 28. November 2019 zum Klima- und Umweltnotstand einen Klima- und Umweltnotstand aus. Zudem forderte es die Union immer wieder auf, ihr Klimaziel für 2030 höher anzusetzen und dieses erhöhte Ziel in die vorliegende Verordnung aufzunehmen. Der Europäische Rat verständigte sich in seinen Schlussfolgerungen vom 12. Dezember 2019 auf das Ziel, bis 2050 im Einklang mit den Zielen des Übereinkommens von Paris eine klimaneutrale Union zu erreichen, wobei er auch anerkannte, dass günstige Rahmenbedingungen geschaffen werden müssen, die allen Mitgliedstaaten zugutekommen und angemessene Instrumente, Anreize, Unterstützung und Investitionen einschließen, um einen kosteneffizienten, gerechten, sozial ausgewogenen und fairen Übergang zu gewährleisten, wobei den unterschiedlichen nationalen Gegebenheiten in Bezug auf die Ausgangssituation Rechnung zu tragen ist. Er wies zudem darauf hin, dass der Übergang erhebliche öffentliche und private Investitionen erfordert. Am 6. März 2020 legte die Union ihre langfristige Strategie für eine hinsichtlich der Treibhausgase emissionsarme Entwicklung und am 17. Dezember 2020 ihren national festgelegten Beitrag zum Rahmenübereinkommen der Vereinten Nationen über Klimaänderungen (UNFCCC) vor, nachdem diese vom Rat gebilligt worden waren.

(20) Die Union sollte bestrebt sein, bis 2050 innerhalb der Union ein Gleichgewicht zwischen den wirtschaftsweiten anthropogenen Emissionen durch Quellen und dem Abbau von Treibhausgasen durch Senken herzustellen und danach gegebenenfalls negative Emissionen zu erreichen. Dieses Ziel sollte die Emissionen und den Abbau von Treibhausgasen in der gesamten Union, der im Unionsrecht geregelt wird, umfassen. Es sollte möglich sein, diese Emissionen und den Abbau von Treibhausgasen im Rahmen der Überprüfung der einschlägigen Klima- und Energiebestimmungen anzugehen. Senken

beinhalten natürliche und technologische Lösungen, wie sie in den an die UNFCCC übermittelten Treibhausgasinventaren der Union berichtet werden. Lösungen, die auf Technologien der CO_2-Abscheidung und -Speicherung (CCS) sowie der CO_2-Abscheidung und -Nutzung (CCU) beruhen, können in den Mitgliedstaaten, die sich für diese Technologie entscheiden, bei der Dekarbonisierung, insbesondere im Hinblick auf die Minderung von Prozessemissionen in der Industrie, eine Rolle spielen. Das unionsweite Ziel der Klimaneutralität bis 2050 sollte von allen Mitgliedstaaten gemeinsam verfolgt werden und die Mitgliedstaaten, das Europäische Parlament, der Rat und die Kommission sollten die erforderlichen Maßnahmen ergreifen, um die Verwirklichung dieses Ziels zu ermöglichen. Maßnahmen auf Unionsebene werden einen wichtigen Teil der Maßnahmen ausmachen, die zur Erreichung dieses Ziels erforderlich sind.

(21) In seinen Schlussfolgerungen vom 8. und 9. März 2007 und vom 23. und 24. Oktober 2014 billigte der Europäische Rat die Zielvorgabe der Union für die Verringerung der Treibhausgasemissionen bis 2020 bzw. den Rahmen für die Klima- und Energiepolitik bis 2030. Die Bestimmungen dieser Verordnung über die Festlegung des Klimaziels der Union für 2040 lassen die in den Verträgen verankerten Rolle des Europäischen Rates bei der Festlegung der allgemeinen politischen Zielvorstellungen und Prioritäten der Union für die Entwicklung der Klimapolitik der Union unberührt.

(22) Kohlenstoffsenken sind für den Übergang zur Klimaneutralität in der Union von wesentlicher Bedeutung, und insbesondere die Land- und Forstwirtschaft sowie die Landnutzung leisten in diesem Zusammenhang einen wichtigen Beitrag. Wie sie in ihrer Mitteilung vom 20. Mai 2020 mit dem Titel „„Vom Hof auf den Tisch' — eine Strategie für ein faires, gesundes und umweltfreundliches Lebensmittelsystem" ankündigte, wird die Kommission ein neues grünes Geschäftsmodell fördern, mit dem Landbewirtschafter im Rahmen der kommenden Initiative für eine klimaeffiziente Landwirtschaft für die Verringerung von Treibhausgasemissionen und Kohlenstoffeinbindungen belohnt werden. Zudem hatte die Kommission sich in ihrer Mitteilung vom 11. März 2020 mit dem Titel „Ein neuer Aktionsplan für die Kreislaufwirtschaft — Für ein saubereres und wettbewerbsfähigeres Europa" dazu verpflichtet, einen Rechtsrahmen für die Zertifizierung von Kohlenstoffeinbindungen auf der Grundlage einer glaubwürdigen und transparenten Kohlendioxidbilanzierung zu entwickeln, damit überwacht und geprüft werden kann, ob die Kohlenstoffeinbindungen ihre Funktion tatsächlich erfüllen, und gleichzeitig dafür Sorge zu tragen, dass es keine negativen Auswirkungen auf die Umwelt, insbesondere auf die biologische Vielfalt, die öffentliche Gesundheit und soziale bzw. wirtschaftliche Zielsetzungen, gibt.

(23) Die Wiederherstellung von Ökosystemen würde dazu beitragen, natürliche Senken zu erhalten, zu bewirtschaften und zu verbessern, die biologische Vielfalt zu fördern und gleichzeitig den Klimawandel zu bekämpfen. Zudem trägt die dreifache Bedeutung der Wälder (nämlich als Kohlenstoffsenken sowie bei der Speicherung und Substitution) zur Reduzierung der Treibhausgase in der Atmosphäre bei, wobei sicherzustellen ist, dass die Wälder weiter wachsen und viele weitere Leistungen erbringen können.

(24) Wissenschaftliches Fachwissen und die besten verfügbaren aktuellen Erkenntnisse sind ebenso wie faktengestützte und transparente Informationen über den Klimawandel unerlässlich und müssen die Basis für die Klimaschutzmaßnahmen der Union und ihre Bemühungen zur Erreichung von Klimaneutralität bis 2050 bilden. Es sollte ein europäischer wissenschaftlicher Beirat für Klimawandel (im Folgenden „Beirat") eingesetzt werden, der aufgrund seiner Unabhängigkeit und seines wissenschaftlichen und technischen Fachwissens als Bezugspunkt für wissenschaftliche Erkenntnisse im Zusammenhang mit dem Klimawandel dient. Der Beirat sollte die Arbeit der Europäischen Umweltagentur (EUA) ergänzen, bei der Wahrnehmung seiner Aufgaben jedoch unabhängig handeln. Sein Auftrag sollte sich in keinerlei Hinsicht mit dem auf internationaler Ebene bestehenden Auftrag des IPCC überschneiden. Damit der Beirat eingesetzt werden kann, sollte daher die Verordnung (EG) Nr. 401/2009 des Europäischen Parlaments und des Rates [(11)] geändert werden. Nationale Klimaberatungsgremien können eine wichtige Rolle spielen, unter anderem durch die fachliche wissenschaftliche Beratung zur Klimapolitik der zuständigen nationalen Behörden, wie dies in den Mitgliedstaaten, in denen sie bestehen, vom jeweiligen Mitgliedstaat vorgeschrieben ist. Mitgliedstaaten, die dies noch nicht getan haben, sind daher eingeladen, ein nationales Klimaberatungsgremium einzurichten.

(25) Der Übergang zur Klimaneutralität macht Veränderungen in allen Politikfeldern und gemeinsame Anstrengungen aller Teile von Wirtschaft und Gesellschaft erforderlich, wie im europäischen Grünen Deal hervorgehoben wird. Der Europäische Rat stellte ferner in seinen Schlussfolgerungen vom 12. Dezember 2019 fest, dass alle einschlägigen Rechtsvorschriften und politischen Maßnahmen der Union mit dem Ziel der Klimaneutralität im Einklang stehen und zu seiner Verwirklichung beitragen müssen, wobei auf gleiche Rahmenbedingungen zu achten ist, und ersuchte die Kommission zu prüfen, ob dazu eine Anpassung der geltenden Vorschriften erforderlich ist.

(26) Wie im europäischen Grünen Deal angekündigt, bewertete die Kommission die Unionsvorgabe für die Senkung der Treibhausgasemissionen bis 2030 in ihrer Mitteilung vom 17. September 2020 mit dem Titel „Mehr Ehrgeiz für das Klimaziel Europas 2030 — In eine klimaneutrale Zukunft zum Wohl der Menschen investieren". Die Bewertung der Kommission basiert auf einer umfassenden Folgenabschätzung und berücksichtigt ihre Analyse der integrierten nationalen Energie- und Klimapläne, die ihr gemäß der Verordnung (EU) 2018/1999 des Europäischen Parlaments und des Rates [(12)] vorgelegt wurden. Angesichts des Ziels der Klimaneutralität bis 2050 sollten die Emissionen von Treibhausgasen bis 2030 gesenkt und der Abbau dieser Gase gesteigert werden, damit die Nettotreibhausgasemissionen, d. h. die Emissionen nach Abzug des Abbaus, in der gesamten Wirtschaft und innerhalb der Union bis 2030 um mindestens 55 % gegenüber dem Stand von 1990 gesenkt werden. Dieses Ziel wurde vom Europäischen Rat in seinen Schlussfolgerungen vom 10. und 11. Dezember 2020 gebilligt. Ferner wurden darin erste Leitlinien für die Umsetzung des Ziels vorgegeben. Diese neue Klimazielvorgabe der Union für 2030 ist eine Folgevorgabe für die Zwecke von Artikel 2 Nummer 11 der Verordnung (EU) 2018/1999 und ersetzt damit die unter dieser Nummer definierte Vorgabe für Treibhausgasemissionen der Union bis 2030. Darüber hinaus sollte die Kommission bis zum 30. Juni 2021 bewerten, wie die einschlägigen Rechtsvorschriften der Union zur Umsetzung der Klimazielvorgabe der Union für 2030 geändert werden müssten, um eine solche Senkung der Nettoemissionen zu erreichen. Zu diesem Zweck hat die Kommission eine Überarbeitung der einschlägigen Rechtsvorschriften in den Bereichen Klima und Energie angekündigt, die in Form eines Pakets verabschiedet werden, das unter anderem erneuerbare Energieträger, Energieeffizienz, Landnutzung, Energiebesteuerung, CO_2-Emissionsnormen für Personenkraftwagen und leichte Nutzfahrzeuge, Lastenteilung und das EU-EHS umfasst.

Die Kommission beabsichtigt die Auswirkungen der Einführung zusätzlicher Maßnahmen der Union, die die derzeitigen Maßnahmen ergänzen könnten, zu bewerten, zum Beispiel die Auswirkungen marktbasierter Maßnahmen, die einen starken Solidaritätsmechanismus umfassen.

(27) Abschätzungen der Kommission zufolge führen die bestehenden Verpflichtungen gemäß Artikel 4 der Verordnung (EU) 2018/841 zu einer Netto-Kohlenstoffsenke von 225 Mio. Tonnen CO_2-Äquivalent im Jahr 2030. Um sicherzustellen, dass bis 2030 ausreichende Klimaschutzmaßnahmen ergriffen werden, ist es angemessen, den Beitrag des Nettoabbaus zum Klimaziel der Union für 2030 auf dieses Niveau zu begrenzen. Dies gilt unbeschadet der Überprüfung der einschlägigen Rechtsvorschriften der Union, womit die Verwirklichung des Ziels ermöglicht werden soll.

(28) Ausgaben im Rahmen des Unionshaushalts und des durch die Verordnung (EU) 2020/2094 des Rates [(13)] geschaffenen Aufbauinstruments der Europäischen Union tragen zu Klimazielen bei, indem auf der Grundlage einer wirksamen Methodik und im Einklang mit sektorale Rechtsvorschriften mindestens 30 % des Gesamtbetrags der Ausgaben für die Unterstützung der Klimaziele aufgewendet werden.

(29) Angesichts des Ziels, bis 2050 Klimaneutralität zu erreichen, und angesichts der internationalen Verpflichtungen im Rahmen des Übereinkommens von Paris sind weitere Anstrengungen erforderlich, um die allmähliche Abschaffung von Energiesubventionen, die mit diesem Ziel unvereinbar sind, insbesondere für fossile Brennstoffe, sicherzustellen, ohne die Anstrengungen zur Reduzierung der Energiearmut zu beeinträchtigen.

(30) Um Vorhersehbarkeit und Vertrauen für alle Wirtschaftsakteure, einschließlich Unternehmen, Arbeitnehmer, Investoren und Verbraucher, zu schaffen, eine schrittweise Reduktion von Treibhausgasemissionen im Laufe der Zeit sicherzustellen und sicherzustellen, dass der Übergang zur Klimaneutralität unumkehrbar ist, sollte die Kommission gegebenenfalls ein Zwischenklimaziel der Union für 2040 vorschlagen, spätestens innerhalb von sechs Monaten nach der ersten weltweiten Bestandsaufnahme im Rahmen des Übereinkommens von Paris. Die Kommission kann Vorschläge zur Überarbeitung des Zwischenziels vorlegen, wobei die Erkenntnisse aus den Fortschritten und Maßnahmen der Union und den Maßnahmen auf nationaler Ebene sowie die Ergebnisse der weltweiten Bestandsaufnahme und internationaler Entwicklungen, auch in Bezug auf gemeinsame Zeitrahmen für die national festgelegten Beiträge, berücksichtigt werden. Die Kommission sollte bei der Vorlage ihres Legislativvorschlags für das Klimaziel der Union für 2040 das projizierte indikative Treibhausgasbudget der Union für den Zeitraum von 2030 bis 2050, definiert als die indikative Gesamtmenge der Netto-Treibhausgasemissionen, die voraussichtlich in diesem Zeitraum emittiert werden, ohne dadurch die Verpflichtungen der Union gemäß dem Übereinkommen von Paris zu gefährden, sowie die diesem indikativen Budget zugrunde liegende Methodik als Instrument zur Erhöhung der Transparenz und der Rechenschaftspflicht im Rahmen der Klimapolitik der Union veröffentlichen.

(31) Die Anpassung ist ein Schlüsselfaktor der langfristigen weltweiten Reaktion auf den Klimawandel. Die negativen Folgen des Klimawandels können die Anpassungsfähigkeiten der Mitgliedstaaten möglicherweise übersteigen. Daher sollten

die Mitgliedstaaten und die Union gemäß Artikel 7 des Übereinkommens von Paris ihre Anpassungsfähigkeit verbessern, die Widerstandsfähigkeit stärken und die Anfälligkeit gegenüber Klimaänderungen verringern sowie die positiven Nebeneffekte in Verbindung mit anderen Politiken und Rechtsvorschriften maximieren. Die Kommission sollte eine Unionsstrategie für die Anpassung an den Klimawandel im Einklang mit dem Übereinkommen von Paris erlassen. Die Mitgliedstaaten sollten umfassende nationale Anpassungsstrategien und -pläne annehmen, die sich auf solide Analysen des Klimawandels und der Anfälligkeit, Fortschrittsbewertungen und Indikatoren stützen und sich dabei von den besten verfügbaren und neuesten wissenschaftlichen Erkenntnissen leiten lassen. Die Union sollte bestrebt sein, ein günstiges Regelungsumfeld für nationale Strategien und Maßnahmen zu schaffen, die von den Mitgliedstaaten zur Anpassung an den Klimawandel festgelegt werden. Um die Klimaresilienz und die Anpassungsfähigkeit gegenüber dem Klimawandel zu verbessern, sind gemeinsame Anstrengungen aller Teile von Wirtschaft und Gesellschaft sowie Kohärenz und Einheitlichkeit bei allen einschlägigen Rechtsvorschriften und politischen Maßnahmen erforderlich.

(32) Die wesentlichen Folgen des Klimawandels, wie extreme Hitze, Überschwemmungen, Dürren, Wasserknappheit, Meeresspiegelanstieg, Gletscherschmelze, Waldbrände, Windbruch und Verluste in der Landwirtschaft, werden sich auf die Ökosysteme, Menschen und Volkswirtschaften in allen Regionen der Union auswirken. Die jüngsten Extremereignisse hatten bereits erhebliche Auswirkungen auf die Ökosysteme und beeinträchtigten die Fähigkeit von Wäldern und landwirtschaftlichen Flächen zur Kohlenstoffbindung und -speicherung. Die Verbesserung der Anpassungsfähigkeit und der Resilienz unter Berücksichtigung der Ziele der Vereinten Nationen für nachhaltige Entwicklung trägt dazu bei, die Auswirkungen des Klimawandels zu minimieren, seine unvermeidbaren Folgen auf eine sozial ausgewogene Weise zu bewältigen und die Lebensbedingungen in den betroffenen Gebieten zu verbessern. Eine frühzeitige Vorbereitung auf solche Folgen ist kostenwirksam und kann wesentliche positive Nebeneffekte für Ökosysteme, die Gesundheit und die Wirtschaft mit sich bringen. Insbesondere naturbasierte Lösungen können dem Klimaschutz, der Anpassung an den Klimawandel und dem Schutz der Biodiversität zugutekommen.

(33) In den einschlägigen Programmen, die im Zuge des mehrjährigen Finanzrahmens eingerichtet wurden, ist die Überprüfung von Projekten vorgesehen, um durch eine Bewertung der Klimaanfälligkeit und der Klimarisiken sowie durch entsprechende Anpassungsmaßnahmen sicherzustellen, dass sie den potenziellen nachteiligen Auswirkungen des Klimawandels standhalten und dass in ihrem Rahmen die Kosten der Treibhausgasemissionen und die positiven Auswirkungen von Klimaschutzmaßnahmen in die Kosten-Nutzen-Analyse einbezogen werden. Dies trägt dazu bei, dass bei Investitions- und Planungsentscheidungen im Rahmen des Unionshaushalts Risiken im Zusammenhang mit dem Klimawandel sowie Bewertungen der Klimaanfälligkeit und der Anpassung an den Klimawandel Rechnung getragen wird.

(34) Beim Ergreifen der einschlägigen Maßnahmen auf Unionsebene und auf nationaler Ebene zur Verwirklichung des Ziels der Klimaneutralität sollten die Mitgliedstaaten sowie das Europäische Parlament, der Rat und die Kommission unter anderem Folgendem Rechnung tragen: dem Beitrag, den der Übergang zur Klimaneutralität zur öffentlichen Gesundheit, zur Qualität der Umwelt, zum Wohlergehen der Bürger, zum Wohlstand der Gesellschaft, zur Beschäftigung und zur Wettbewerbsfähigkeit der Wirtschaft leistet; der Energiewende, der Stärkung der Energiesicherheit und der Bekämpfung der Energiearmut; der sicheren Lebensmittelversorgung zu erschwinglichen Preisen; der Entwicklung nachhaltiger und intelligenter Mobilitäts- und Verkehrssysteme; der Fairness und Solidarität zwischen und in den Mitgliedstaaten im Hinblick auf ihre wirtschaftliche Leistungsfähigkeit, ihre nationalen Gegebenheiten, etwa der Besonderheiten von Inseln, und der Notwendigkeit, im Laufe der Zeit Konvergenz zu erreichen; der Notwendigkeit einer fairen und sozial gerechten Gestaltung des Übergangs durch geeignete Bildungs- und Ausbildungsprogramme; den besten verfügbaren und neuesten wissenschaftlichen Erkenntnissen, insbesondere vom IPCC veröffentlichten Erkenntnissen; der Notwendigkeit, Risiken im Zusammenhang mit dem Klimawandel bei Investitions- und Planungsentscheidungen zu berücksichtigen; der Kosteneffizienz und der Technologieneutralität im Hinblick auf die Verringerung von Treibhausgasemissionen und deren Abbau sowie auf die Erhöhung der Widerstandsfähigkeit; und der Verbesserung der Umweltintegrität und der Anhebung des Ambitionsniveaus im Laufe der Zeit.

(35) Wie im europäischen Grünen Deal angekündigt, hat die Kommission am 9. Dezember 2020 eine Mitteilung mit dem Titel „Strategie für nachhaltige und intelligente Mobilität: Den Verkehr in Europa auf Zukunftskurs bringen" veröffentlicht. Die Strategie enthält einen Fahrplan für eine nachhaltige und intelligente Zukunft für den Verkehr in Europa mit einem Aktionsplan für die Verwirklichung des Ziels, die verkehrsbedingten Emissionen bis 2050 um 90 % zu senken.

(36) Um sicherzustellen, dass die Union und die Mitgliedstaaten bei der Verwirklichung des Ziels der Klimaneutralität auf Kurs bleiben und Fortschritte bei der Anpassung machen, sollte die

Kommission die Fortschritte regelmäßig bewerten und sich dabei auf die in dieser Verordnung genannten Informationen stützen, einschließlich Informationen, die gemäß der Verordnung (EU) 2018/1999 vorgelegt und gemeldet werden. Um eine rechtzeitige Vorbereitung der weltweiten Bestandsaufnahme gemäß Artikel 14 des Übereinkommens von Paris zu ermöglichen, sollten die Schlussfolgerungen dieser Bewertung ab 2023 alle fünf Jahre bis zum 30. September veröffentlicht werden. Dies bedeutet, dass die Berichte gemäß Artikel 29 Absatz 5 und Artikel 35 der genannten Verordnung und — in den betreffenden Jahren — die damit verbundenen Berichte gemäß Artikel 29 Absatz 1 und Artikel 32 der genannten Verordnung gleichzeitig mit den Schlussfolgerungen aus der genannten Bewertung an das Europäische Parlament und den Rat übermittelt werden sollten. Sollten die kollektiven Fortschritte der Mitgliedstaaten bei der Verwirklichung des Ziels der Klimaneutralität oder bei der Anpassung unzureichend sein oder die Maßnahmen der Union nicht mit dem Ziel der Klimaneutralität vereinbar sein bzw. nicht geeignet sein, die Anpassungsfähigkeit zu verbessern, die Widerstandsfähigkeit zu stärken oder die Anfälligkeit zu verringern, so sollte die Kommission die erforderlichen Maßnahmen im Einklang mit den Verträgen ergreifen. Die Kommission sollte auch die einschlägigen nationalen Maßnahmen regelmäßig bewerten, und Empfehlungen aussprechen, wenn sie feststellt, dass die Maßnahmen eines Mitgliedstaats nicht mit dem Ziel der Klimaneutralität vereinbar sind bzw. nicht geeignet sind, die Anpassungsfähigkeit zu verbessern, die Widerstandsfähigkeit zu stärken und die Anfälligkeit gegenüber Klimaänderungen zu verringern.

(37) Die Kommission sollte eine solide und objektive Bewertung gewährleisten, die auf den aktuellsten wissenschaftlichen, technischen und sozioökonomischen Erkenntnissen beruht und ein breites Spektrum an unabhängigem Sachverstand erfasst, und sich bei ihrer Bewertung auf einschlägige Informationen stützen, einschließlich der von den Mitgliedstaaten vorgelegten und gemeldeten Informationen, der Berichte der EUA, des Beirats und der Gemeinsamen Forschungsstelle der Kommission, der besten verfügbaren und neuesten wissenschaftlichen Erkenntnisse wie der neuesten Berichte des IPCC, des IPBES und anderer internationaler Gremien sowie der vom Europäischen Erdbeobachtungsprogramm „Copernicus“ zur Verfügung gestellten Erdbeobachtungsdaten. Die Kommission sollte ihre Bewertungen ferner auf einen indikativen, linearen Zielpfad stützen, der die Klimaziele der Union für 2030 und 2040 — sofern diese angenommen wurden — mit dem Unionsziel der Klimaneutralität verknüpft und als indikatives Instrument zur Einschätzung und Bewertung der gemeinsamen Fortschritte bei der Verwirklichung des Unionsziels der Klimaneutralität dient. Der indikative, lineare Zielpfad greift etwaigen Entscheidungen zur Festlegung eines Klimaziels der Union für 2040 nicht vor. Da die Kommission sich verpflichtet hat zu prüfen, wie der öffentliche Sektor die EU-Taxonomie im Zusammenhang mit dem europäischen Grünen Deal nutzen kann, sollten auch mit der Verordnung (EU) 2020/852 des Europäischen Parlaments und des Rates [14] im Einklang stehende Informationen über ökologisch nachhaltige Investitionen der Union oder der Mitgliedstaaten einbezogen werden, sobald diese Informationen vorliegen. Die Kommission sollte, soweit verfügbar, europäische und globale Statistiken und Daten heranziehen und sich um eine Prüfung durch Sachverständige bemühen. Die EUA sollte die Kommission erforderlichenfalls und im Einklang mit ihrem Jahresarbeitsprogramm unterstützen.

(38) Da die Bürgerinnen und Bürger sowie die Gemeinschaften großen Einfluss darauf haben, dass der Übergang zur Klimaneutralität vorankommt, sollte ein starkes öffentliches und gesellschaftliches Engagement für den Klimaschutz in einem inklusiven und zugänglichen Prozess auf allen Ebenen, darunter auf nationaler, regionaler und lokaler Ebene, gefördert und erleichtert werden. Die Kommission sollte sich daher an alle Teile der Gesellschaft — darunter Interessenträger, die verschiedene Wirtschaftszweige repräsentieren — wenden und Möglichkeiten für deren Engagement für eine klimaneutrale und klimaresiliente Gesellschaft schaffen, unter anderem durch den Europäischen Klimapakt.

(39) Im Einklang mit dem Bekenntnis der Kommission zu den Grundsätzen der besseren Rechtsetzung sollte die Kohärenz der Unionsinstrumente im Hinblick auf die Verringerung der Treibhausgasemissionen angestrebt werden. Das System zur Messung der Fortschritte bei der Verwirklichung des Ziels der Klimaneutralität sowie der Vereinbarkeit der ergriffenen Maßnahmen mit diesem Ziel sollte auf dem Governance-Rahmen der Verordnung (EU) 2018/1999 aufbauen und mit ihm in Einklang stehen und allen fünf Dimensionen der Energieunion Rechnung tragen. Insbesondere sollte das System zur regelmäßigen Berichterstattung und die zeitliche Abfolge der Bewertungen und Maßnahmen der Kommission auf der Grundlage der Berichterstattung an die Anforderungen der Verordnung (EU) 2018/1999 an die Informationsübermittlung und Berichterstattung durch die Mitgliedstaaten angepasst werden. Die Verordnung (EU) 2018/1999 sollte daher geändert werden, um das Ziel der Klimaneutralität in die einschlägigen Bestimmungen aufzunehmen.

(40) Der Klimawandel ist naturgemäß eine grenzüberschreitende Herausforderung und es bedarf koordinierten Vorgehens auf Unionsebene, um die nationalen Strategien wirksam zu ergänzen und zu verstärken. Da das Ziel dieser Verordnung,

nämlich die Verwirklichung der Klimaneutralität in der Union bis 2050, von den Mitgliedstaaten nicht ausreichend verwirklicht werden kann, sondern vielmehr wegen des Umfangs und der Wirkungen auf Unionsebene besser zu verwirklichen ist, kann die Union im Einklang mit dem in Artikel 5 des Vertrags über die Europäische Union verankerten Subsidiaritätsprinzip tätig werden. Entsprechend dem in demselben Artikel genannten Grundsatz der Verhältnismäßigkeit geht diese Verordnung nicht über das für die Erreichung dieses Ziels erforderliche Maß hinaus —

HABEN FOLGENDE VERORDNUNG ERLASSEN:

(1) ABl. C 364 vom 28.10.2020, S. 143, und ABl. C 10 vom 11.1.2021, S. 69.

(2) ABl. C 324 vom 1.10.2020, S. 58.

(3) Standpunkt des Europäischen Parlaments vom 24. Juni 2021 (noch nicht im Amtsblatt veröffentlicht) und Beschluss des Rates vom 28. Juni 2021.

(4) ABl. L 282 vom 19.10.2016, S. 4.

(5) Richtlinie 2003/87/EG des Europäischen Parlaments und des Rates vom 13. Oktober 2003 über ein System für den Handel mit Treibhausgasemissionszertifikaten in der Union und zur Änderung der Richtlinie 96/61/EG des Rates (ABl. L 275 vom 25.10.2003, S. 32).

(6) Verordnung (EU) 2018/842 des Europäischen Parlaments und des Rates vom 30. Mai 2018 zur Festlegung verbindlicher nationaler Jahresziele für die Reduzierung der Treibhausgasemissionen im Zeitraum 2021 bis 2030 als Beitrag zu Klimaschutzmaßnahmen zwecks Erfüllung der Verpflichtungen aus dem Übereinkommen von Paris sowie zur Änderung der Verordnung (EU) Nr. 525/2013 (ABl. L 156 vom 19.6.2018, S. 26).

(7) Verordnung (EU) 2018/841 des Europäischen Parlaments und des Rates vom 30. Mai 2018 über die Einbeziehung der Emissionen und des Abbaus von Treibhausgasen aus Landnutzung, Landnutzungsänderungen und Forstwirtschaft in den Rahmen für die Klima- und Energiepolitik bis 2030 und zur Änderung der Verordnung (EU) Nr. 525/2013 und des Beschlusses Nr. 529/2013/EU (ABl. L 156 vom 19.6.2018, S. 1).

(8) Richtlinie 2012/27/EU des Europäischen Parlaments und des Rates vom 25. Oktober 2012 zur Energieeffizienz, zur Änderung der Richtlinien 2009/125/EG und 2010/30/EU und zur Aufhebung der Richtlinien 2004/8/EG und 2006/32/EG (ABl. L 315 vom 14.11.2012, S. 1).

(9) Richtlinie (EU) 2018/2001 des Europäischen Parlaments und des Rates vom 11. Dezember 2018 zur Förderung der Nutzung von Energie aus erneuerbaren Quellen (ABl. L 328 vom 21.12.2018, S. 82).

(10) Richtlinie 2010/31/EU des Europäischen Parlaments und des Rates vom 19. Mai 2010 über die Gesamtenergieeffizienz von Gebäuden (ABl. L 153 vom 18.6.2010, S. 13).

(11) Verordnung (EG) Nr. 401/2009 des Europäischen Parlaments und des Rates vom 23. April 2009 über die Europäische Umweltagentur und das Europäische Umweltinformations- und Umweltbeobachtungsnetz (ABl. L 126 vom 21.5.2009, S. 13).

(12) Verordnung (EU) 2018/1999 des Europäischen Parlaments und des Rates vom 11. Dezember 2018 über das Governance-System für die Energieunion und für den Klimaschutz, zur Änderung der Verordnungen (EG) Nr. 663/2009 und (EG) Nr. 715/2009 des Europäischen Parlaments und des Rates, der Richtlinien 94/22/EG, 98/70/EG, 2009/31/EG, 2009/73/EG, 2010/31/EU, 2012/27/EU und 2013/30/EU des Europäischen Parlaments und des Rates, der Richtlinien 2009/119/EG und (EU) 2015/652 des Rates und zur Aufhebung der Verordnung (EU) Nr. 525/2013 des Europäischen Parlaments und des Rates (ABl. L 328 vom 21.12.2018, S. 1).

(13) Verordnung (EU) 2020/2094 des Rates vom 14. Dezember 2020 zur Schaffung eines Aufbauinstruments der Europäischen Union zur Unterstützung der Erholung nach der COVID-19-Krise (ABl. L 433 I vom 22.12.2020, S. 23).

(14) Verordnung (EU) 2020/852 des Europäischen Parlaments und des Rates vom 18. Juni 2020 über die Einrichtung eines Rahmens zur Erleichterung nachhaltiger Investitionen und zur Änderung der Verordnung (EU) 2019/2088 (ABl. L 198 vom 22.6.2020, S. 13).

Artikel 1
Gegenstand und Anwendungsbereich

Mit dieser Verordnung wird ein Rahmen für die unumkehrbare, schrittweise Senkung der anthropogenen Emissionen von Treibhausgasen aus Quellen und die Steigerung des Abbaus von Treibhausgasen durch Senken, die im Unionsrecht geregelt werden, geschaffen.

Diese Verordnung gibt das verbindliche Ziel vor, für die Verwirklichung des in Artikel 2 Absatz 1 Buchstabe a des Übereinkommens von Paris festgelegten langfristigen Temperaturziels bis zum Jahr 2050 in der Union Klimaneutralität zu erreichen, und schafft einen Rahmen für Fortschritte bei der Verwirklichung des in Artikel 7 des Übereinkommens von Paris festgelegten globalen Ziels für die Anpassung. Außerdem wird in der vorliegenden Verordnung eine verbindliche Unionsvorgabe für die Senkung der Nettotreibhausgasemissionen innerhalb der Union für 2030 festgelegt.

Diese Verordnung gilt für die anthropogenen Emissionen aus Quellen der in Anhang V Teil 2 der Verordnung (EU) 2018/1999 aufgeführten Treibhausgase und deren Abbau durch Senken.

Artikel 2
Ziel der Klimaneutralität

(1) Die unionsweiten im Unionsrecht geregelten Treibhausgasemissionen und deren Abbau müssen in der Union bis spätestens 2050 ausgeglichen sein, sodass die Emissionen bis zu diesem Zeitpunkt auf netto null reduziert sind, und die Union strebt danach negative Emissionen an.

(2) Die zuständigen Organe der Union und die Mitgliedstaaten treffen auf Unionsebene bzw. auf

nationaler Ebene die notwendigen Maßnahmen, um die gemeinsame Verwirklichung des in Absatz 1 festgelegten Ziels der Klimaneutralität zu ermöglichen, und berücksichtigen dabei die Bedeutung der Förderung sowohl von Fairness als auch von Solidarität zwischen den Mitgliedstaaten und von Kostenwirksamkeit bei der Verwirklichung dieses Ziels.

Artikel 3

Wissenschaftliche Beratung zum Klimawandel

(1) Der mit Artikel 10 Buchstabe a der Verordnung (EG) Nr. 401/2009 eingesetzte europäische wissenschaftliche Beirat für Klimawandel (im Folgenden „Beirat") dient der Union aufgrund seiner Unabhängigkeit und seines wissenschaftlichen und technischen Fachwissens als Bezugspunkt für wissenschaftliche Erkenntnisse im Zusammenhang mit dem Klimawandel.

(2) Der Beirat hat folgende Aufgaben:

a) Berücksichtigung der neusten wissenschaftlichen Erkenntnisse aus den Berichten des IPCC und der wissenschaftlichen Klimadaten, insbesondere der für die Union relevanten Informationen,

b) wissenschaftliche Beratung und Erstellung von Berichten über bestehende und vorgeschlagene Maßnahmen, Klimaziele und indikative Treibhausgasbudgets der Union sowie deren Vereinbarkeit mit den Zielen dieser Verordnung und den internationalen Verpflichtungen der Union gemäß dem Übereinkommen von Paris,

c) Beitrag zum Austausch unabhängiger wissenschaftlicher Erkenntnisse in den Bereichen Modellierung, Überwachung, vielversprechende Forschung und Innovationen, die zur Verringerung der Emissionen oder zur Steigerung des Abbaus von Treibhausgasen beitragen,

d) Ermittlung von Maßnahmen und Möglichkeiten, die erforderlich sind, um die Klimaziele der Union zu verwirklichen,

e) Schärfung des Bewusstseins für den Klimawandel und seine Auswirkungen sowie Förderung des Dialogs und der Zusammenarbeit zwischen wissenschaftlichen Gremien innerhalb der Union als Ergänzung der bestehenden Tätigkeiten und Anstrengungen.

(3) Der Beirat lässt sich in seiner Tätigkeit von den besten verfügbaren und neuesten wissenschaftlichen Erkenntnissen leiten, einschließlich der neuesten Berichte des IPCC, des IPBES und anderer internationaler Gremien. Der Beirat wendet ein vollständig transparentes Verfahren an und macht seine Berichte öffentlich zugänglich. Er kann gegebenenfalls die Tätigkeit der in Absatz 4 erwähnten nationalen Klimaberatungsgremien berücksichtigen.

(4) Im Zusammenhang mit der Stärkung der Rolle der Wissenschaft im Bereich der Klimapolitik wird jeder Mitgliedstaat eingeladen, ein nationales Klimaberatungsgremium einzurichten, das dafür zuständig ist, den zuständigen nationalen Behörden gemäß den Vorgaben des betreffenden Mitgliedstaats wissenschaftliche fachkundige Beratung zur Klimapolitik zur Verfügung zu stellen. Beschließt ein Mitgliedstaat, ein solches Beratungsgremium einzurichten, so setzt er die EUA davon in Kenntnis.

Artikel 4

Klimazwischenziele der Union

(1) Um das in Artikel 2 Absatz 1 vorgegebene Ziel der Klimaneutralität zu erreichen, gilt als verbindliche Klimazielvorgabe der Union bis 2030 die Senkung der Nettotreibhausgasemissionen (Emissionen nach Abzug des Abbaus) innerhalb der Union um mindestens 55 % gegenüber dem Stand von 1990.

Bei der Umsetzung des in Unterabsatz 1 genannten Ziels priorisieren die zuständigen Organe der Union und die Mitgliedstaaten rasche und vorhersehbare Emissionsreduktionen und verbessern gleichzeitig den Abbau von Treibhausgasen durch natürliche Senken.

Um sicherzustellen, dass bis 2030 ausreichende Minderungsmaßnahmen ergriffen werden, wird für die Zwecke dieser Verordnung und unbeschadet der in Absatz 2 genannten Überprüfung der Rechtsvorschriften der Union der Beitrag des Nettoabbaus von Treibhausgasen zum Klimaziel der Union für 2030 auf 225 Mio. Tonnen CO_2-Äquivalent begrenzt. Um die Kohlenstoffsenken der Union im Einklang mit dem Ziel, bis 2050 Klimaneutralität zu erreichen, zu verbessern, strebt die Union an, bis 2030 einen größeren Umfang ihrer Netto-Kohlenstoffsenke zu erreichen.

(2) Bis zum 30. Juni 2021 überprüft die Kommission die einschlägigen Rechtsvorschriften der Union, damit die in Absatz 1 genannte Zielvorgabe und das in Artikel 2 Absatz 1 genannte Ziel der Klimaneutralität erreicht werden können, und prüft, welche Maßnahmen zu ergreifen sind, einschließlich der Annahme von Legislativvorschlägen im Einklang mit den Verträgen.

Im Rahmen der Überprüfung gemäß Unterabsatz 1 und künftiger Überprüfungen bewertet die Kommission insbesondere, inwieweit nach Unionsrecht angemessene Instrumente und Anreize zur Mobilisierung der erforderlichen Investitionen zur Verfügung stehen, und schlägt erforderlichenfalls Maßnahmen vor.

Nach Annahme der Legislativvorschläge durch die Kommission beobachtet sie die Gesetzgebungsverfahren für die einzelnen Vorschläge und kann dem Europäischen Parlament und dem Rat darüber Bericht erstatten, ob das in Absatz 1 festgelegte Ziel durch die abzusehenden Ergebnisse dieser Gesetzgebungsverfahren in ihrer Gesamtheit erreicht wird. Führen die abzusehenden Ergebnisse nicht dazu, dass das in Absatz 1 festgelegte Ziel erreicht wird, kann die Kommission im Einklang mit den Verträgen die erforderlichen

Maßnahmen, einschließlich der Annahme von Legislativvorschlägen, ergreifen.

(3) Im Hinblick auf die Verwirklichung des Ziels der Klimaneutralität gemäß Artikel 2 Absatz 1 der vorliegenden Verordnung wird ein unionsweites Klimaziel für 2040 festgelegt. Zu diesem Zweck legt die Kommission gegebenenfalls spätestens sechs Monate nach der ersten weltweiten Bestandsaufnahme gemäß Artikel 14 des Übereinkommens von Paris einen Legislativvorschlag auf der Grundlage einer ausführlichen Folgenabschätzung vor, um diese Verordnung dahingehend zu ändern, dass das Klimaziel der Union für 2040 darin aufgenommen wird, wobei die Schlussfolgerungen aus den in den Artikeln 6 und 7 der vorliegenden Verordnung genannten Bewertungen und die Ergebnisse der weltweiten Bestandsaufnahme berücksichtigt werden.

(4) Bei der Vorlage ihres Legislativvorschlags für das Klimaziel der Union für 2040 gemäß Absatz 3 veröffentlicht die Kommission gleichzeitig in einem gesonderten Bericht das projizierte indikative Treibhausgasbudget der Union für den Zeitraum von 2030 bis 2050, definiert als die indikative Gesamtmenge der Netto-Treibhausgasemissionen (als CO_2-Äquivalent und mit gesonderten Informationen über die Emissionen und den Abbau von Treibhausgasen), die voraussichtlich in diesem Zeitraum emittiert werden, ohne dadurch die Verpflichtungen der Union gemäß dem Übereinkommen von Paris zu gefährden. Das projizierte indikative Treibhausgasbudget der Union gründet sich auf die besten verfügbaren wissenschaftlichen Erkenntnisse, wobei die Empfehlungen des Beirats sowie, soweit angenommen, die einschlägigen Rechtsvorschriften der Union zur Umsetzung des Klimaziels der Union für 2030, berücksichtigt werden. Die Kommission veröffentlicht ebenfalls die Methodik, die dem projizierten indikativen Treibhausgasbudget der Union zugrunde liegt.

(5) Wenn die Kommission das Klimaziel der Union für 2040 gemäß Absatz 3 vorschlägt, berücksichtigt sie dabei Folgendes:

a) die besten verfügbaren und neuesten wissenschaftlichen Erkenntnisse, einschließlich der neuesten Berichte des IPCC und des Beirats,

b) die sozialen, wirtschaftlichen und ökologischen Auswirkungen, einschließlich der Kosten der Untätigkeit,

c) die Notwendigkeit einer fairen und sozial gerechten Gestaltung des Übergangs für alle,

d) die Kostenwirksamkeit und wirtschaftliche Effizienz,

e) die Wettbewerbsfähigkeit der Wirtschaft der Union, insbesondere der kleinen und mittleren Unternehmen und der Wirtschaftszweige, in denen das größte Risiko einer Verlagerung von CO_2-Emissionen besteht,

f) die besten verfügbaren, kostenwirksamen, sicheren und skalierbaren Technologien,

g) die Energieeffizienz und den Grundsatz „Energieeffizienz an erster Stelle", die Erschwinglichkeit von Energie und die Versorgungssicherheit,

h) die Fairness und Solidarität zwischen und in den Mitgliedstaaten,

i) die Notwendigkeit, Umweltwirksamkeit und Fortschritte im Laufe der Zeit sicherzustellen,

j) die Notwendigkeit, natürliche Senken langfristig zu erhalten, zu bewirtschaften und zu verbessern sowie die biologische Vielfalt zu schützen und wiederherzustellen,

k) den Investitionsbedarf und die Investitionsmöglichkeiten,

l) die internationalen Entwicklungen und die zur Verwirklichung der langfristigen Ziele des Übereinkommens von Paris und des endgültigen Ziels der UNFCCC unternommenen internationalen Anstrengungen,

m) die vorhandenen Informationen über das in Absatz 4 genannte projizierte indikative Treibhausgasbudget der Union für den Zeitraum von 2030 bis 2050.

(6) Innerhalb von sechs Monaten nach der zweiten weltweiten Bestandsaufnahme gemäß Artikel 14 des Übereinkommens von Paris kann die Kommission vorschlagen, das Klimaziel der Union für 2040 gemäß Artikel 11 der vorliegenden Verordnung zu ändern.

(7) Die Bestimmungen dieses Artikels werden im Lichte internationaler Entwicklungen und der Anstrengungen, die zur Verwirklichung der langfristigen Ziele des Übereinkommens von Paris unternommen werden, fortlaufend überprüft, auch in Bezug auf die Ergebnisse internationaler Beratungen über gemeinsame Zeitrahmen für die national festgelegten Beiträge.

Artikel 5
Anpassung an den Klimawandel

(1) Die zuständigen Organe der Union und die Mitgliedstaaten sorgen für kontinuierliche Fortschritte bei der Verbesserung der Anpassungsfähigkeit, der Stärkung der Widerstandsfähigkeit und der Verringerung der Anfälligkeit gegenüber Klimaänderungen gemäß Artikel 7 des Übereinkommens von Paris.

(2) Die Kommission nimmt eine Unionsstrategie zur Anpassung an den Klimawandel gemäß dem Übereinkommen von Paris an und überprüft sie regelmäßig im Rahmen der Überprüfung gemäß Artikel 6 Absatz 2 Buchstabe b dieser Verordnung.

(3) Die zuständigen Organe der Union und die Mitgliedstaaten sorgen außerdem dafür, dass die Maßnahmen zur Anpassung an den Klimawandel in der Union und in den Mitgliedstaaten stimmig

sind, einander befördern und positive Nebeneffekte für sektorspezifische politische Maßnahmen haben, und sie arbeiten auf eine bessere und kohärente Einbeziehung der Anpassung an den Klimawandel in alle Politikbereiche, gegebenenfalls auch in die einschlägigen sozioökonomischen und ökologischen Strategien und Maßnahmen, sowie in das außenpolitische Handeln der Union hin. Dabei legen sie einen besonderen Schwerpunkt auf die schutzbedürftigsten und am stärksten betroffenen Bevölkerungsgruppen und Wirtschaftszweige und ermitteln in Konsultation mit der Zivilgesellschaft die diesbezüglichen Mängel.

(4) Die Mitgliedstaaten nehmen nationale Anpassungsstrategien und -pläne an und setzen diese um, bei denen die Unionsstrategie zur Anpassung an den Klimawandel nach Absatz 2 dieses Artikels berücksichtigt wird, die sich auf solide Klimawandel- und Anfälligkeitsanalysen und auf Fortschrittsbewertungen und Indikatoren stützen und die sich von den besten verfügbaren und neuesten wissenschaftlichen Erkenntnissen leiten lassen. Bei ihren nationalen Anpassungsstrategien tragen die Mitgliedstaaten der besonderen Anfälligkeit der betroffenen Bereiche Rechnung, zu denen unter anderem die Landwirtschaft und die Wasser- und Lebensmittelsysteme sowie die Ernährungssicherheit gehören, und fördern naturbasierte Lösungen und eine ökosystembasierte Anpassung. Die Mitgliedstaaten aktualisieren die Strategien regelmäßig und nehmen die einschlägigen, auf den neuesten Stand gebrachten Informationen in den gemäß Artikel 19 Absatz 1 der Verordnung (EU) 2018/1999 vorzulegenden Berichten auf.

(5) Bis zum 30. Juli 2022 erlässt die Kommission Leitlinien mit gemeinsamen Grundsätzen und Verfahren für die Ermittlung, Einstufung und aufsichtsrechtliche Bewältigung wesentlicher physischer Klimarisiken bei der Planung, Entwicklung, Durchführung und Überwachung von Projekten und Programmen.

Artikel 6
Bewertung der Fortschritte und Maßnahmen der Union

(1) Bis zum 30. September 2023 und danach alle fünf Jahre bewertet die Kommission zusammen mit der in Artikel 29 Absatz 5 der Verordnung (EU) 2018/1999 vorgesehenen Bewertung

a) die gemeinsamen Fortschritte aller Mitgliedstaaten bei der Verwirklichung des Ziels der Klimaneutralität gemäß Artikel 2 Absatz 1 der vorliegenden Verordnung,

b) die gemeinsamen Fortschritte aller Mitgliedstaaten bei der Anpassung gemäß Artikel 5 der vorliegenden Verordnung.

Die Kommission unterbreitet dem Europäischen Parlament und dem Rat die Schlussfolgerungen dieser Bewertung zusammen mit dem in dem entsprechenden Kalenderjahr im Einklang mit Artikel 35 der Verordnung (EU) 2018/1999 erstellten Bericht über die Lage der Energieunion.

(2) Bis zum 30. September 2023 und danach alle fünf Jahre überprüft die Kommission

a) die Vereinbarkeit der Unionsmaßnahmen mit dem Ziel der Klimaneutralität gemäß Artikel 2 Absatz 1,

b) die Vereinbarkeit der Unionsmaßnahmen mit der Sicherstellung von Fortschritten bei der Anpassung gemäß Artikel 5.

(3) Stellt die Kommission anhand der in den Absätzen 1 und 2 dieses Artikels genannten Bewertungen fest, dass die Unionsmaßnahmen nicht mit dem Ziel der Klimaneutralität gemäß Artikel 2 Absatz 1 vereinbar sind bzw. nicht damit vereinbar sind, Fortschritte bei der Anpassung gemäß Artikel 5 sicherzustellen, oder dass die Fortschritte bei der Verwirklichung dieses Ziels der Klimaneutralität oder bei der Anpassung gemäß Artikel 5 unzureichend sind, so trifft sie die erforderlichen Maßnahmen im Einklang mit den Verträgen.

(4) Die Kommission bewertet die Vereinbarkeit eines jeden Entwurfs einer Maßnahme bzw. eines jeden Legislativvorschlags, einschließlich Haushaltsvorschlägen, vor der Annahme mit dem Ziel der Klimaneutralität gemäß Artikel 2 Absatz 1 und mit den Klimazielen der Union für 2030 und 2040, und sie nimmt diese Bewertung in die Folgenabschätzungen zu diesen Maßnahmen oder Vorschlägen auf und macht das Bewertungsergebnis zum Zeitpunkt der Annahme öffentlich zugänglich. Die Kommission bewertet auch, ob diese Maßnahmenentwürfe oder Legislativvorschläge, einschließlich Haushaltsvorschlägen, damit vereinbar sind, Fortschritte bei der Anpassung gemäß Artikel 5 sicherzustellen. Bei der Ausarbeitung ihrer Maßnahmenentwürfe und Legislativvorschläge bemüht sich die Kommission darum, sie mit den Zielen der vorliegenden Verordnung in Einklang zu bringen. Werden die Vorschläge nicht mit den Zielen in Einklang gebracht, legt die Kommission im Rahmen der in diesem Absatz genannten Bewertung der Vereinbarkeit die Gründe hierfür dar.

Artikel 7
Bewertung der nationalen Maßnahmen

(1) Bis zum 30. September 2023 und danach alle fünf Jahre bewertet die Kommission

a) die Vereinbarkeit von nationalen Maßnahmen, die auf der Grundlage der gemäß der Verordnung (EU) 2018/1999 vorgelegten integrierten nationalen Energie- und Klimapläne, nationalen langfristigen Strategien und zweijährlichen Fortschrittsberichte ermittelt werden, soweit diese für die Verwirklichung des Ziels der Klimaneutralität gemäß Artikel 2 Absatz 1 der vorliegenden Verordnung von Belang sind, mit diesem Ziel,

b) die Vereinbarkeit der einschlägigen nationalen Maßnahmen mit der Sicherstellung von Fortschritten bei der Anpassung gemäß Artikel 5, wobei die nationalen Anpassungsstrategien gemäß Artikel 5 Absatz 4 berücksichtigt werden.

Die Kommission unterbreitet dem Europäischen Parlament und dem Rat die Schlussfolgerungen dieser Bewertung zusammen mit dem in dem entsprechenden Kalenderjahr im Einklang mit Artikel 35 der Verordnung (EU) 2018/1999 erstellten Bericht über die Lage der Energieunion.

(2) Stellt die Kommission nach gebührender Berücksichtigung der gemäß Artikel 6 Absatz 1 bewerteten gemeinsamen Fortschritte fest, dass die Maßnahmen eines Mitgliedstaats nicht mit dem Ziel der Klimaneutralität gemäß Artikel 2 Absatz 1 vereinbar sind bzw. nicht damit vereinbar sind, Fortschritte bei der Anpassung gemäß Artikel 5 sicherzustellen, kann sie diesem Mitgliedstaat Empfehlungen aussprechen. Die Kommission macht derartige Empfehlungen öffentlich zugänglich.

(3) Für gemäß Absatz 2 ausgesprochene Empfehlungen gelten folgende Grundsätze:

a) Der jeweilige Mitgliedstaat unterrichtet die Kommission binnen sechs Monaten nach Erhalt der Empfehlungen darüber, wie er beabsichtigt, den Empfehlungen im Geiste der Solidarität zwischen den Mitgliedstaaten und der Union sowie zwischen den Mitgliedstaaten untereinander gebührend Rechnung zu tragen.

b) Nach Übermittlung der in Buchstabe a dieses Absatzes genannten Unterrichtung erläutert der betreffende Mitgliedstaat in seinem folgenden integrierten nationalen energie- und klimabezogenen Fortschrittsbericht gemäß Artikel 17 der Verordnung (EU) 2018/1999, den er in dem auf das Jahr der Empfehlungen folgenden Jahr vorlegt, wie er den Empfehlungen gebührend Rechnung getragen hat; beschließt der betreffende Mitgliedstaat, die Empfehlungen oder einen wesentlichen Bestandteil davon nicht aufzugreifen, so begründet er dies der Kommission gegenüber.

c) Die Empfehlungen ergänzen die jüngsten länderspezifischen Empfehlungen im Rahmen des Europäischen Semesters.

Artikel 8
Gemeinsame Bestimmungen für die Bewertung durch die Kommission

(1) Die Kommission stützt ihre erste und zweite Bewertung gemäß den Artikeln 6 und 7 auf einen indikativen, linearen Zielpfad, der einen Pfad zur Verringerung der Netto-Emissionen auf Unionsebene aufzeigt und das in Artikel 4 Absatz 1 genannte Klimaziel der Union für 2030, das Klimaziel der Union für 2040 — sobald ein solches Ziel angenommen wurde — und das Ziel der Klimaneutralität gemäß Artikel 2 Absatz 1 miteinander verbindet.

(2) Nach der ersten und zweiten Bewertung stützt die Kommission jede weitere Bewertung gemäß Absatz 1 auf einen indikativen, linearen Zielpfad, durch den das Klimaziel der Union für 2040 — sobald ein solches Ziel angenommen wurde — mit dem Ziel der Klimaneutralität gemäß Artikel 2 Absatz 1 verknüpft wird.

(3) Zusätzlich zu den in Artikel 7 Absatz 1 Buchstabe a genannten nationalen Maßnahmen stützt die Kommission ihre Bewertungen gemäß den Artikeln 6 und 7 zumindest auf

a) Informationen, die gemäß der Verordnung (EU) 2018/1999 vorgelegt und gemeldet werden,

b) Berichte der EUA, des Beirats und der Gemeinsamen Forschungsstelle der Kommission,

c) europäische und globale Statistiken und Daten, einschließlich Statistiken und Daten des europäischen Erdbeobachtungsprogramms Copernicus, Daten über gemeldete und prognostizierte Verluste aufgrund negativer Klimaauswirkungen und Schätzungen der durch Untätigkeit und verspätetes Handeln entstehenden Kosten, soweit verfügbar,

d) die besten verfügbaren und neuesten wissenschaftlichen Erkenntnisse, einschließlich der neuesten Berichte des IPCC, des IPBES und anderer internationaler Gremien, und

e) jede weitere Information über ökologisch nachhaltige Investitionen der Union oder der Mitgliedstaaten, einschließlich, sofern verfügbar, über mit der Verordnung (EU) 2020/852 im Einklang stehende Investitionen.

(4) Die EUA unterstützt die Kommission bei der Vorbereitung der Bewertungen gemäß den Artikeln 6 und 7 im Einklang mit ihrem Jahresarbeitsprogramm.

Artikel 9
Öffentlichkeitsbeteiligung

(1) Die Kommission wendet sich an alle Teile der Gesellschaft, um ihnen zu ermöglichen und sie in die Lage zu versetzen, Maßnahmen zur fairen und sozial gerechten Gestaltung des Übergangs zu einer klimaneutralen und klimaresilienten Gesellschaft zu ergreifen. Die Kommission fördert einen inklusiven, zugänglichen Prozess auf allen Ebenen, einschließlich auf nationaler, regionaler und lokaler Ebene sowie mit den Sozialpartnern, der Wissenschaft, der Wirtschaft, den Bürgern und der Zivilgesellschaft, um bewährte Verfahren auszutauschen und Maßnahmen zu ermitteln, die zur Verwirklichung der Ziele dieser Verordnung beitragen. Die Kommission kann sich auch auf die von den Mitgliedstaaten gemäß den Artikeln 10 und 11 der Verordnung (EU) 2018/1999 eingerichteten öffentlichen Konsultationen und Mehr-Ebenen-Dialoge über klima- und energiepolitische Fragen stützen.

(2) Die Kommission nutzt alle geeigneten Instrumente, einschließlich des europäischen Klimapakts, um Bürger, Sozialpartner und Interessenträger einzubinden und den Dialog und die Verbreitung wissenschaftlich fundierter Informationen über den Klimawandel und seine sozialen und geschlechtsspezifischen Aspekte zu fördern.

Artikel 10

Sektorspezifische Fahrpläne

Die Kommission arbeitet mit Wirtschaftssektoren in der Union zusammen, die sich dafür entschieden, indikative freiwillige Fahrpläne für die Verwirklichung des Ziels der Klimaneutralität gemäß Artikel 2 Absatz 1 auszuarbeiten. Die Kommission beobachtet die Entwicklung solcher Fahrpläne. Ihre Arbeit umfasst die Erleichterung des Dialogs auf Unionsebene und den Austausch bewährter Verfahren zwischen den einschlägigen Interessenträgern.

Artikel 11

Überprüfung

Innerhalb von sechs Monaten nach jeder weltweiten Bestandsaufnahme gemäß Artikel 14 des Übereinkommens von Paris legt die Kommission dem Europäischen Parlament und dem Rat einen Bericht über die Durchführung der vorliegenden Verordnung zusammen mit den Schlussfolgerungen der Bewertungen gemäß den Artikeln 6 und 7 dieser Verordnung vor, wobei Folgendes berücksichtigt wird:

a) beste verfügbare und neueste wissenschaftliche Erkenntnisse, einschließlich der neuesten Berichte des IPCC und des Beirats,

b) internationale Entwicklungen und Bemühungen zur Verwirklichung der langfristigen Ziele des Übereinkommens von Paris.

Dem Bericht der Kommission können gegebenenfalls Legislativvorschläge zur Änderung dieser Verordnung beigefügt werden.

Artikel 12

Änderungen der Verordnung (EG) Nr. 401/2009

Die Verordnung (EG) Nr. 401/2009 wird wie folgt geändert:

1. Folgender Artikel wird eingefügt:

„Artikel 10a

(1) Es wird ein europäischer wissenschaftlicher Beirat für Klimawandel (im Folgenden ‚Beirat') eingesetzt.

(2) Der Beirat setzt sich aus 15 hochrangigen wissenschaftlichen Sachverständigen zusammen, die ein breites Spektrum einschlägiger Disziplinen abdecken. Die Mitglieder des Beirats erfüllen die in Absatz 3 genannten Kriterien. Höchstens zwei Mitglieder des Beirats besitzen die Staatsangehörigkeit desselben Mitgliedstaats. Die Mitglieder des Beirats müssen jede Gewähr für Unabhängigkeit bieten.

(3) Der Verwaltungsrat benennt die Mitglieder des Beirats im Anschluss an ein offenes, faires und transparentes Auswahlverfahren für eine Amtszeit von vier Jahren, die einmal verlängert werden kann. Bei der Auswahl der Mitglieder des Beirats bemüht sich der Verwaltungsrat um ein breit gefächertes Fachwissen in verschiedenen Disziplinen und Sektoren sowie ein ausgewogenes Geschlechterverhältnis und geografische Ausgewogenheit. Die Auswahl erfolgt anhand folgender Kriterien:

a) wissenschaftliche Exzellenz;

b) Erfahrung mit der Durchführung wissenschaftlicher Bewertungen und wissenschaftlicher Beratung in den einschlägigen Fachgebieten;

c) breit gefächertes Fachwissen auf dem Gebiet der Klima- und Umweltwissenschaft oder in anderen wissenschaftlichen Bereichen, die für die Verwirklichung der Klimaziele der Union von Bedeutung sind;

d) Berufserfahrung in einem interdisziplinären Umfeld in einem internationalen Kontext.

(4) Die Mitglieder des Beirats werden ad personam ernannt und geben ihre Stellungnahmen völlig unabhängig von den Mitgliedstaaten und den Organen der Union ab. Der Beirat wählt unter seinen Mitgliedern für einen Zeitraum von vier Jahren einen Vorsitz und gibt sich eine Geschäftsordnung.

(5) Der Beirat ergänzt die Arbeit der Agentur, handelt bei der Wahrnehmung seiner Aufgaben jedoch unabhängig. Der Beirat legt sein jährliches Arbeitsprogramm unabhängig fest und konsultiert dabei den Verwaltungsrat. Der Vorsitz des Beirats unterrichtet den Verwaltungsrat und den Exekutivdirektor über dieses Programm und seine Durchführung."

2. In Artikel 11 wird folgender Absatz angefügt:

„(5) Der Haushaltsplan der Agentur schließt auch die Ausgaben für den Beirat ein."

Artikel 13

Änderungen der Verordnung (EU) 2018/1999

Die Verordnung (EU) 2018/1999 wird wie folgt geändert:

1. Artikel 1 Absatz 1 Buchstabe a erhält folgende Fassung:

„a) zur Umsetzung von Politiken und Maßnahmen, um die Ziele und Vorgaben der Energieunion und die langfristigen Verpflichtungen der Union im Bereich Treibhausgasemissionen im Einklang mit dem Übereinkommen von Paris, insbesondere das Unionsziel der Klimaneutralität gemäß Artikel 2 Absatz 1 der Verordnung (EU) 2021/1119 des Europäischen Parlaments und des Rates [*1] und — im ersten Zehnjahreszeitraum

2021-2030 — insbesondere die energie- und klimapolitischen Vorgaben der Union für 2030 zu erreichen,

(*1) Verordnung (EU) 2021/1119 des Europäischen Parlaments und des Rates vom 30. Juni 2021 zur Schaffung des Rahmens für die Verwirklichung der Klimaneutralität und zur Änderung der Verordnungen (EG) Nr. 401/2009 und (EU) 2018/1999 („Europäisches Klimagesetz") (ABl. L 243 vom 9.7.2021, S. 1)." "

2. Artikel 2 Nummer 7 erhält folgende Fassung:

„7. ‚Projektionen' bezeichnet Projektionen anthropogener Emissionen von Treibhausgasen aus Quellen und des Abbaus dieser Gase durch Senken oder von Entwicklungen des Energiesystems, die mindestens quantitative Schätzungen für eine Reihe von sechs Jahren mit den Endziffern 0 bzw. 5 enthalten, die unmittelbar auf das Berichtsjahr folgen;".

3. Artikel 3 Absatz 2 Buchstabe f erhält folgende Fassung:

„f) eine Folgenabschätzung zu den zum Erreichen der Ziele gemäß Buchstabe b dieses Absatzes geplanten Politiken und Maßnahmen, einschließlich ihrer Kohärenz mit dem Unionsziel der Klimaneutralität gemäß Artikel 2 Absatz 1 der Verordnung (EU) 2021/1119, mit den langfristigen Zielen der Reduktion der Treibhausgasemissionen im Rahmen des Übereinkommens von Paris und mit den langfristigen Strategien gemäß Artikel 15 der vorliegenden Verordnung;".

4. In Artikel 8 Absatz 2 wird folgender Buchstabe angefügt:

„e) die Art und Weise, wie die derzeitigen Politiken und Maßnahmen und die geplanten Politiken und Maßnahmen zur Verwirklichung des Unionsziels der Klimaneutralität gemäß Artikel 2 Absatz 1 der Verordnung (EU) 2021/1119 beitragen.".

5. Artikel 11 erhält folgende Fassung:

„Artikel 11
Dialog über klima- und energiepolitische Fragen auf mehreren Ebenen

Jeder Mitgliedstaat richtet gemäß seinen jeweiligen nationalen Vorschriften einen Dialog über klima- und energiepolitische Fragen auf mehreren Ebenen ein, in den sich lokale Gebietskörperschaften, Organisationen der Zivilgesellschaft, die Wirtschaft, Investoren, andere bedeutende Interessenträger und die Allgemeinheit aktiv einbringen können und in dem sie die Verwirklichung des Unionsziels der Klimaneutralität gemäß Artikel 2 Absatz 1 der Verordnung (EU) 2021/1119 und die verschiedenen, auch langfristigen Szenarien, die in der Energie- und Klimapolitik ins Auge gefasst werden, erörtern und die Fortschritte überprüfen können, es sei denn, der Mitgliedstaat hat bereits eine Struktur, die dem gleichen Zweck dient. Im Rahmen dieses Dialogs können die integrierten nationalen Energie- und Klimapläne erörtert werden."

6. Artikel 15 wird wie folgt geändert:

a) Absatz 1 erhält folgende Fassung:

„(1) Bis zum 1. Januar 2020 und anschließend bis zum 1. Januar 2029 und danach alle zehn Jahre erstellt jeder Mitgliedstaat seine jeweilige langfristige Strategie mit einer Perspektive von 30 Jahren und im Einklang mit dem Unionsziel der Klimaneutralität gemäß Artikel 2 Absatz 1 der Verordnung (EU) 2021/1119 und übermittelt sie der Kommission. Die Mitgliedstaaten sollten diese Strategien erforderlichenfalls alle fünf Jahre aktualisieren."

b) Absatz 3 Buchstabe c erhält folgende Fassung:

„c) der Erzielung von langfristigen Reduktionen von Treibhausgasemissionen sowie eines verstärkten Abbaus dieser Gase durch Senken in allen Sektoren im Einklang mit dem Unionsziel der Klimaneutralität gemäß Artikel 2 Absatz 1 der Verordnung (EU) 2021/1119 im Kontext erforderlicher Reduktionen von Treibhausgasemissionen und des verstärkten Abbaus der Gase durch Senken laut Zwischenstaatlichem Ausschuss für Klimaänderungen (Intergovernmental Panel for Climate Change, IPCC), um die Treibhausgasemissionen der Union kosteneffizient zu verringern und zur Verwirklichung der Temperaturziele gemäß dem Übereinkommen von Paris den Abbau durch Senken zu verbessern, damit ein Gleichgewicht zwischen anthropogenen Emissionen von Treibhausgasen aus Quellen und ihrem Abbau durch Senken in der Union hergestellt wird und danach, falls möglich, negative Emissionen erreicht werden;".

7. Artikel 17 wird wie folgt geändert:

a) Absatz 2 Buchstabe a erhält folgende Fassung:

„a) Informationen über die Fortschritte, die bei der Verwirklichung der Ziele, einschließlich im Hinblick auf das Unionsziel der Klimaneutralität gemäß Artikel 2 Absatz 1 der Verordnung (EU) 2021/1119, der Vorgaben und der Beiträge des integrierten nationalen Energie- und Klimaplans sowie bei der Finanzierung und Umsetzung der zu ihrer Verwirklichung erforderlichen Politiken und Maßnahmen erzielt wurden, einschließlich einer Übersicht über die tatsächlichen Investitionen im Vergleich zu den ursprünglichen Annahmen hinsichtlich Investitionen;";

b) Absatz 4 Unterabsatz 1 erhält folgende Fassung:

„Die Kommission erlässt mit Unterstützung des in Artikel 44 Absatz 1 Buchstabe b genannten Ausschusses für die Energieunion Durchführungsrechtsakte, um Struktur, Format, technische Einzelheiten und das Verfahren für die Vorlage der

Informationen gemäß den Absätzen 1 und 2 festzulegen, einschließlich einer Methode für die Berichterstattung über die allmähliche Abschaffung der Energiesubventionen, insbesondere für fossile Brennstoffe, gemäß Artikel 25 Buchstabe d."

8. Artikel 29 Absatz 1 Buchstabe b erhält folgende Fassung:

„b) die Fortschritte der einzelnen Mitgliedstaaten bei der Verwirklichung ihrer Ziele, einschließlich im Hinblick auf das Unionsziel der Klimaneutralität gemäß Artikel 2 Absatz 1 der Verordnung (EU) 2021/1119, ihrer Vorgaben und ihrer Beiträge sowie bei der Durchführung der Politiken und Maßnahmen ihres integrierten nationalen Energie- und Klimaplans;".

9. Artikel 45 erhält folgende Fassung:

„Artikel 45

Überprüfung

Die Kommission berichtet dem Europäischen Parlament und dem Rat innerhalb von sechs Monaten nach jeder weltweiten Bestandsaufnahme gemäß Artikel 14 des Übereinkommens von Paris über die Durchführung dieser Verordnung, ihren Beitrag zur Governance der Energieunion, ihren Beitrag zu den langfristigen Zielen des Übereinkommens von Paris, Fortschritte zur Erreichung der klima- und energiepolitischen Ziele für 2030 und des Unionsziels der Klimaneutralität gemäß Artikel 2 Absatz 1 der Verordnung (EU) 2021/1119, zusätzliche Zielvorgaben der Energieunion und die Konformität der Planungs-, Berichterstattungs- und Überwachungsbestimmungen der vorliegenden Verordnung mit anderen Rechtsakten der Union oder Beschlüssen im Rahmen des UNFCCC und des Übereinkommens von Paris. Den Berichten der Kommission können erforderlichenfalls Gesetzgebungsvorschläge beigefügt werden."

10. Anhang I Teil 1 wird wie folgt geändert:

a) Abschnitt A Nummer 3.1.1 Ziffer i erhält folgende Fassung:

„i) Politiken und Maßnahmen zur Erfüllung der in der Verordnung (EU) 2018/842 festgelegten und in Nummer 2.1.1 dieses Abschnitts genannten Vorgabe sowie Politiken und Maßnahmen zur Einhaltung der Verordnung (EU) 2018/841, die alle wichtigen Emissionssektoren und die für die Steigerung des Abbaus geeigneten Sektoren erfassen, mit Blick auf das Unionsziel der Klimaneutralität gemäß Artikel 2 Absatz 1 der Verordnung (EU) 2021/1119";

b) In Abschnitt B wird folgende Nummer angefügt:

„5.5. Beitrag der geplanten Politiken und Maßnahmen zur Verwirklichung des Unionsziels der Klimaneutralität gemäß Artikel 2 Absatz 1 der Verordnung (EU) 2021/1119".

11. Anhang VI Buchstabe c Ziffer viii erhält folgende Fassung:

„viii) eine Bewertung des Beitrags der Politik oder Maßnahme zur Verwirklichung des Unionsziels der Klimaneutralität gemäß Artikel 2 Absatz 1 der Verordnung (EU) 2021/1119 und zur Umsetzung der langfristigen Strategie gemäß Artikel 15 dieser Verordnung;".

Artikel 14

Inkrafttreten

Diese Verordnung tritt am zwanzigsten Tag nach ihrer Veröffentlichung im *Amtsblatt der Europäischen Union* in Kraft.

(*1) Verordnung (EU) 2021/1119 des Europäischen Parlaments und des Rates vom 30. Juni 2021 zur Schaffung des Rahmens für die Verwirklichung der Klimaneutralität und zur Änderung der Verordnungen (EG) Nr. 401/2009 und (EU) 2018/1999 („Europäisches Klimagesetz") (ABl. L 243 vom 9.7.2021, S. 1)." " Verordnung (EU) 2021/1119 des Europäischen Parlaments und des Rates vom 30. Juni 2021 zur Schaffung des Rahmens für die Verwirklichung der Klimaneutralität und zur Änderung der Verordnungen (EG) Nr. 401/2009 und (EU) 2018/1999 („Europäisches Klimagesetz") (ABl. L 243 vom 9.7.2021, S. 1)." "

(*1) zur Umsetzung von Politiken und Maßnahmen, um die Ziele und Vorgaben der Energieunion und die langfristigen Verpflichtungen der Union im Bereich Treibhausgasemissionen im Einklang mit dem Übereinkommen von Paris, insbesondere das Unionsziel der Klimaneutralität gemäß Artikel 2 Absatz 1 der Verordnung (EU) 2021/1119 des Europäischen Parlaments und des Rates und — im ersten Zehnjahreszeitraum 2021-2030 — insbesondere die energie- und klimapolitischen Vorgaben der Union für 2030 zu erreichen,

8. Forstgesetz (Auszug)

Bundesgesetz über das Forstwesen (Forstgesetz 1975 – ForstG)

StF: BGBl. Nr. 440/1975 (NR: GP XIII RV 1266 AB 1677 S. 150. BR: 1392 AB 1425 S. 344.)

Letzte Novellierung: BGBl. I Nr. 144/2023

GLIEDERUNG

I. ABSCHNITT
WALD, ALLGEMEINES
Nachhaltigkeit

§ 1. (1) Der Wald mit seinen Wirkungen auf den Lebensraum für Menschen, Tiere und Pflanzen ist eine wesentliche Grundlage für die ökologische, ökonomische und soziale Entwicklung Österreichs. Seine nachhaltige Bewirtschaftung, Pflege und sein Schutz sind Grundlage zur Sicherung seiner multifunktionellen Wirkungen hinsichtlich Nutzung, Schutz, Wohlfahrt und Erholung in einer sich durch den Klimawandel verändernden Umwelt.

(2) Ziel dieses Bundesgesetzes ist

1. die Erhaltung des Waldes und des Waldbodens,
2. die Sicherstellung einer Waldbehandlung, dass die Produktionskraft des Bodens erhalten und seine Wirkungen im Sinne des § 6 Abs. 2 nachhaltig gesichert bleiben und
3. die Sicherstellung einer nachhaltigen Waldbewirtschaftung.

(3) Nachhaltige Waldbewirtschaftung im Sinne dieses Bundesgesetzes bedeutet die Pflege und Nutzung der Wälder auf eine Art und in einem Umfang, dass deren biologische Vielfalt, Produktivität, Regenerationsvermögen, Kohlenstoffaufnahme- und Kohlenstoffspeicherfähigkeit, Vitalität sowie Potenzial dauerhaft erhalten wird, um derzeit und in Zukunft ökologische, ökonomische und gesellschaftliche Funktionen auf lokaler, nationaler und globaler Ebene, ohne andere Ökosysteme zu schädigen, zu erfüllen. Insbesondere ist bei Nutzung des Waldes unter Berücksichtigung des langfristigen forstlichen Erzeugungszeitraumes und allenfalls vorhandener Planungen vorzusorgen, dass Nutzungen entsprechend der forstlichen Zielsetzung den nachfolgenden Generationen vorbehalten bleiben.

Begriffsbestimmungen

§ 1a. (1) Wald im Sinne dieses Bundesgesetzes sind mit Holzgewächsen der im Anhang oder in der Verordnung gemäß Abs. 1a angeführten Arten (forstlicher Bewuchs) bestockte Grundflächen, soweit die Bestockung mindestens eine Fläche von 1 000 m^2 und eine durchschnittliche Breite von 10 m erreicht.

(1a) Der Bundesminister für Land- und Forstwirtschaft, Regionen und Wasserwirtschaft kann im Einvernehmen mit der Bundesministerin für Klimaschutz, Umwelt, Energie, Innovation und Technologie durch Verordnung ergänzend zu den im Anhang genannten Arten weitere vor dem Hintergrund des Klimawandels standortstaugliche Arten festlegen.

(2) Wald im Sinne des Abs. 1 sind auch Grundflächen, deren forstlicher Bewuchs infolge Nutzung oder aus sonstigem Anlaß vorübergehend vermindert oder beseitigt ist.

(3) Unbeschadet ihrer besonderen Nutzung gelten als Wald im Sinne des Abs. 1 auch dauernd unbestockte Grundflächen, insoweit sie in einem unmittelbaren räumlichen und forstbetrieblichen Zusammenhang mit Wald stehen und unmittelbar dessen Bewirtschaftung dienen (wie forstliche Bringungsanlagen, Holzlagerplätze, Waldschneisen und Rückewege).

(4) Nicht als Wald im Sinne des Abs. 1 gelten

a) unbeschadet anderer Bestimmungen dieses Bundesgesetzes Grundflächen, die anders als forstlich genutzt werden und deren Bewuchs mit einem Alter von wenigstens 60 Jahren eine Überschirmung von drei Zehntel nicht erreicht hat,
b) bestockte Flächen, die infolge des parkmäßigen Aufbaues ihres Bewuchses überwiegend anderen als Zwecken der Waldwirtschaft dienen,
c) forstlich nicht genutzte Strauchflächen mit Ausnahme solcher, die als Niederwald bewirtschaftet wurden oder für welche die Schutzwaldeigenschaft festgestellt (§ 23) oder die Bannlegung ausgesprochen (§ 30) wurde,
d) Baumreihen, soweit es sich nicht um Windschutzanlagen (§ 2 Abs. 3) handelt,
e) Grenzflächen im Sinne des § 1 Z 2 des Staatsgrenzgesetzes, BGBl. Nr. 9/1974, soweit sie auf Grund von Staatsverträgen, die die Vermessung und Vermarkung der Staatsgrenze regeln, von Bewuchs freizuhalten sind.

Die Bestimmungen der §§ 43 bis 46 finden Anwendung.

(5) Nicht als Wald im Sinne des Abs. 1 gelten auch Flächen, die im Kurzumtrieb mit einer Umtriebszeit bis zu 30 Jahren genutzt werden, sowie Forstgärten, Forstsamenplantagen, Christbaumkulturen und Agroforstflächen wie Mehrnutzenhecken oder Plantagen von Holzgewächsen zum Zwecke der Gewinnung von Früchten wie Walnuß oder Edelkastanie, soweit sie nicht auf Waldboden angelegt wurden und ihre Inhaber die beabsichtigte Betriebsform der Behörde binnen 10 Jahren nach Durchführung der Aufforstung oder Errichtung dieser Anlagen gemeldet haben. Erfolgt eine solche Meldung nicht, findet § 4 Anwendung.

(6) Auf die im Abs. 5 erster Satz angeführten Anlagen finden die Bestimmungen der §§ 43 bis 45, auf Forstgärten und Forstsamenplantagen überdies jene des Forstlichen Vermehrungsgutgesetzes Anwendung.

(7) Wald, dessen Bewuchs eine Überschirmung von weniger als drei Zehnteln aufweist, wird als Räumde, Waldboden ohne jeglichen Bewuchs als Kahlfläche bezeichnet.

Kampfzone des Waldes, Windschutzanlagen

§ 2. (1) Die Bestimmungen dieses Bundesgesetzes sind auch auf den forstlichen Bewuchs in der Kampfzone des Waldes und auf Windschutzanlagen anzuwenden, ungeachtet der Benützungsart der Grundflächen und des flächenmäßigen Aufbaues des Bewuchses.

(2) Unter der Kampfzone des Waldes ist die Zone zwischen der natürlichen Grenze forstlichen Bewuchses und der tatsächlichen Grenze des geschlossenen Baumbewuchses zu verstehen.

(3) Unter Windschutzanlagen sind Streifen oder Reihen von Bäumen oder Sträuchern zu verstehen, die vorwiegend dem Schutz vor Windschäden, insbesondere für landwirtschaftliche Grundstücke, sowie der Schneebindung dienen. Gemäß § 1a Abs. 5 gemeldete Agroforstflächen gelten nicht als Windschutzanlagen, auch wenn sie die vorgenannten Schutzfunktionen aufweisen.

Wald im Verhältnis zum Grenz- und Grundsteuerkataster

§ 3. (1) Ist eine Grundfläche (Grundstück oder Grundstücksteil) im Grenzkataster oder im Grundsteuerkataster der Benützungsart Wald zugeordnet und wurde

1. für diese Grundfläche eine dauernde Rodungsbewilligung nicht erteilt oder
2. eine angemeldete dauernde Rodung dieser Grundfläche nicht gemäß § 17a durchgeführt,

so gilt sie als Wald im Sinne dieses Bundesgesetzes, solange die Behörde nicht festgestellt hat, dass es sich nicht um Wald handelt.

(2) Die Behörde hat von allen Bescheiden, die für die Eintragung der Benützungsart Wald im Grenzkataster oder im Grundsteuerkataster von Bedeutung sind, wie Rodungsbewilligungen und Bescheide über die Feststellung eines Grundstückes oder Grundstücksteiles als Wald, nach Eintritt der Rechtskraft eine Ausfertigung dem Vermessungsamt zu übermitteln.

(3) Das Vermessungsamt hat, wenn es anläßlich von Erhebungen eine Änderung in der Benützungsart Wald festgestellt hat, hievon der Behörde Mitteilung zu machen und geeignete Unterlagen zur Verfügung zu stellen.

(4) Sofern es sich um agrargemeinschaftliche oder um mit Einforstungsrechten belastete Grundstücke handelt, hat die Behörde von den im Abs. 2 genannten Bescheiden auch der Agrarbehörde Mitteilung zu machen.

(5) Wird in einer Katastralgemeinde das Verfahren zur allgemeinen Neuanlegung des Grenzkatasters eingeleitet, so hat die Behörde durch Kundmachung die Eigentümer der Grundstücke dieser Katastralgemeinde aufzufordern, in Zweifelsfällen innerhalb einer bestimmten Frist Anträge nach § 5 Abs. 1 bei der Behörde einzubringen. Die Frist ist so zu bemessen, daß die Entscheidungen über diese Anträge im Verfahren zur allgemeinen Neuanlegung des Grenzkatasters berücksichtigt werden können. Ist im Feststellungsverfahren ein Augenschein vorzunehmen, so ist er tunlichst gleichzeitig mit der Grenzverhandlung der Vermessungsbehörde (§ 24 des Vermessungsgesetzes, BGBl. Nr. 306/1968) durchzuführen.

Neubewaldung

§ 4. (1) Grundflächen, die bisher nicht Wald waren, unterliegen den Bestimmungen dieses Bundesgesetzes im Fall

1. der Aufforstung (Saat oder Pflanzung) nach Ablauf von zehn Jahren ab der Durchführung,
2. der Naturverjüngung nach Erreichen einer Überschirmung von fünf Zehnteln ihrer Fläche mit einem Bewuchs von wenigstens 3 m Höhe.

Die Bestimmungen des IV. Abschnittes sind jedoch bereits ab dem Vorhandensein des Bewuchses anzuwenden.

(1a) Der Bundesminister für Land- und Forstwirtschaft, Umwelt und Wasserwirtschaft kann nach Maßgabe forstfachlicher Erfordernisse für bestimmte Baumarten eine von Abs. 1 Z 2 abweichende Bewuchshöhe festlegen.

(2) Grundflächen, auf denen eine Ersatzaufforstung (§ 18 Abs. 2) durchgeführt wurde, gelten ab Sicherung der Kultur im Sinne des § 13 Abs. 8 als Wald.

(3) Grundflächen, zu deren Aufforstung Förderungsmittel gemäß den Bestimmungen des X. Abschnittes gewährt wurden, gelten mit dem Zeitpunkt der Auszahlung der Förderungsmittel als Waldboden; im Falle von Aufforstungen in Hochlagen, das ist die Zone innerhalb von 500 Höhenmetern unterhalb der natürlichen Baumgrenze, gilt dies jedoch erst ab Sicherung der Kultur im Sinne des § 13 Abs. 8.

Feststellungsverfahren

§ 5. (1) Bestehen Zweifel, ob

a) eine Grundfläche Wald ist oder
b) ein bestimmter Bewuchs in der Kampfzone des Waldes oder als Windschutzanlage den Bestimmungen dieses Bundesgesetzes unterliegt,

so hat die Behörde von Amts wegen oder auf Antrag eines gemäß § 19 Abs. 1 Berechtigten ein Feststellungsverfahren durchzuführen. § 19 Abs. 4 ist sinngemäß anzuwenden.

(2) Stellt die Behörde fest, dass die Grundfläche zum Zeitpunkt der Antragstellung oder innerhalb der vorangegangenen zehn Jahre Wald im Sinne dieses Bundesgesetzes war, so hat sie mit Bescheid auszusprechen, dass es sich bei dieser Grundfläche um Wald im Sinne dieses Bundesgesetzes handelt. Weist der Antragsteller nach, dass

1. die Voraussetzungen des ersten Satzes nicht zutreffen oder
2. eine dauernde Rodungsbewilligung erteilt oder eine angemeldete dauernde Rodung gemäß § 17a durchgeführt wurde,

und ist inzwischen keine Neubewaldung erfolgt, so hat die Behörde mit Bescheid auszusprechen, dass es sich bei dieser Grundfläche nicht um Wald im Sinne dieses Bundesgesetzes handelt.

(2a) Bei Grundflächen, für die eine befristete Rodung im Sinne des § 18 Abs. 4 bewilligt wurde, ist die Dauer der befristeten Rodung in den Zeitraum von zehn Jahren (Abs. 2 Z 1) nicht einzurechnen. Dies gilt auch, wenn die Dauer der befristeten Rodung zehn Jahre übersteigt.

(3) Sind solche Grundflächen mit Weiderechten belastet, so ist vor der Entscheidung die Agrarbehörde zu hören.

II. ABSCHNITT
FORSTLICHE RAUMPLANUNG
Aufgabe der forstlichen Raumplanung

§ 6. (1) Aufgabe der Raumplanung für den Lebensraum Wald (forstlichen Raumplanung) ist die Darstellung und vorausschauende Planung der Waldverhältnisse des Bundesgebietes oder von Teilen desselben.

(2) Zur Erfüllung der im Abs. 1 genannten Aufgabe ist das Vorhandensein von Wald in solchem Umfang und in solcher Beschaffenheit anzustreben, daß seine Wirkungen, nämlich

a) die Nutzwirkung, das ist insbesondere die wirtschaftlich nachhaltige Hervorbringung des Rohstoffes Holz,
b) die Schutzwirkung, das ist insbesondere der Schutz vor Elementargefahren und schädigenden Umwelteinflüssen sowie die Erhaltung der Bodenkraft gegen Bodenabschwemmung und –verwehung, Geröllbildung und Hangrutschung,
c) die Wohlfahrtswirkung, das ist der Einfluss auf die Umwelt, und zwar insbesondere auf den Ausgleich des Klimas einschließlich der Bedeutung für die Kohlenstoffaufnahme und -speicherung, auf den Ausgleich des Wasserhaushaltes, auf die Reinigung und Erneuerung von Luft und Wasser und auf den Erhalt der biologischen Vielfalt,
d) die Erholungswirkung, das ist insbesondere die Wirkung des Waldes als Erholungsraum auf die Waldbesucher

bestmöglich zur Geltung kommen und sichergestellt sind.

(3) Zur Erreichung der Ziele der forstlichen Raumplanung muß insbesondere darauf Bedacht genommen werden, daß

a) in Gebieten mit Konzentration von Wohn- und Arbeitsstätten sowie von Verkehrsflächen die räumliche Anordnung und Ausgestaltung der Wälder so beschaffen sein soll, daß die Schutz-, Wohlfahrts- und Erholungswirkungen des Waldes gewährleistet sind;
b) in Gebieten, in denen den Schutz- und Wohlfahrtswirkungen des Waldes eine besondere Bedeutung zukommt, wie als Hochwasser-, Lawinen- oder Windschutz oder als Wasserspeicher, eine dieser Bedeutung entsprechende räumliche Gliederung des Waldes vorhanden sein soll.

(4) Im Rahmen der forstlichen Raumplanung ist die Koordinierung aller in Betracht kommenden und dafür bedeutsamen öffentlichen Interessen anzustreben.

...

Wiederbewaldung

§ 13. (1) Der Waldeigentümer hat Kahlflächen und Räumden, im Schutzwald nach Maßgabe des § 22 Abs. 3, mit standortstauglichem Vermehrungsgut forstlicher Holzgewächse rechtzeitig wiederzubewalden.

(2) Die Wiederbewaldung gilt als rechtzeitig, wenn die hiezu erforderlichen Maßnahmen (Saat oder Pflanzung) bis längstens Ende des fünften, dem Entstehen der Kahlfläche oder Räumde nachfolgenden Kalenderjahres ordnungsgemäß durchgeführt wurden.

(3) Die Wiederbewaldung soll durch Naturverjüngung erfolgen, wenn in einem Zeitraum von zehn Jahren eine Naturverjüngung durch Samen, Stock- oder Wurzelausschlag vorhanden ist, die eine volle Bestockung der Wiederbewaldungsfläche erwarten lässt.

(4) Bringt in Hochlagen die Naturverjüngung offensichtlich Vorteile gegenüber der Aufforstung, kann die Behörde die gemäß Abs. 3 vorgeschriebene Frist um höchstens fünf Jahre verlängern, sofern gegen die Verlängerung keine Bedenken aus den Gründen des § 82 Abs. 1 lit. a bestehen.

(5) Die Behörde hat die gemäß den Abs. 2 und 3 vorgeschriebenen Wiederbewaldungsfristen um höchstens zwei Jahre zu verlängern, wenn erwiesen ist, daß der Waldeigentümer durch Krankheit oder eine Katastrophensituation in seinem land- und forstwirtschaftlichen Betrieb (wie Brand oder Viehseuche) vorübergehend in eine Notlage geraten ist. Diese Bestimmung gilt nicht für Wälder, auf die die §§ 21, 25 Abs. 1 und 27 Abs. 1 Anwendung finden.

(6) Ist eine großflächige Schadenssituation, wie durch flächenhaften Windwurf, eingetreten, so beginnt für die davon betroffene Fläche die Wiederbewaldungsfrist (Abs. 2) mit Beendigung der Schadholzaufarbeitung. Diese Frist darf von der Behörde um höchstens fünf Jahre verlängert werden. Die Fristverlängerung ist zu bewilligen, wenn der Waldeigentümer innerhalb des ersten Jahres der Wiederbewaldungsfrist einen Wiederbewaldungsplan vorgelegt hat, der die Wiederbewaldung in der kürzestmöglichen Zeit, längstens jedoch innerhalb der verlängerten Frist, vorsieht.

(7) Die Verjüngung (durch Aufforstung erzielte Verjüngung oder Naturverjüngung) ist im Bedarfsfalle so lange nachzubessern, bis sie gesichert ist.

(8) Eine Verjüngung gilt als gesichert, wenn sie durch mindestens drei Wachstumsperioden angewachsen ist, eine nach forstwirtschaftlichen Erfordernissen ausreichende Pflanzenzahl aufweist und keine erkennbare Gefährdung der weiteren Entwicklung vorliegt.

(9) Bestehen bei Kahlflächen oder Räumden, die zwecks Ausübung der Waldweide mit Einforstungs- oder Gemeindegutnutzungsrechten belastet sind, Zweifel, ob die Ausübung dieser Rechte nach der Wiederbewaldung gewährleistet ist, steht dem Waldeigentümer und dem Nutzungsberechtigten das Recht zu, bei der Behörde ein Feststellungsverfahren zu beantragen. Die Behörde hat hierüber mit Bescheid zu entscheiden; vor dessen Erlassung hat sie das Einvernehmen mit der Agrarbehörde herzustellen.

(10) Soweit der Bestand einer energiewirtschaftlichen Leitungsanlage die volle Entwicklung des Höhenwachstums auf der Trasse ausschließt und eine Ausnahmebewilligung nach § 81 Abs. 1 lit. b erteilt wurde, hat der Leitungsberechtigte nach jeder Fällung für die rechtzeitige Wiederbewaldung der Trassenfläche zu sorgen.

Waldbehandlung entlang der Eigentumsgrenzen

§ 14. (1) Der Eigentümer eines an Wald angrenzenden Grundstückes hat aus dem nachbarlichen Wald das Überhängen von Ästen in den Luftraum und das Eindringen von Wurzeln in das Erdreich seines Grundstückes dann zu dulden, wenn die Beseitigung (§ 422 ABGB) den nachbarlichen Wald einer offenbaren Gefährdung durch Wind oder Sonnenbrand aussetzen würde. Wird durch das Überhängen von Ästen oder das Eindringen von Wurzeln die ortsübliche Benutzung des nachbarlichen Grundstückes wesentlich beeinträchtigt, so hat dessen Eigentümer für die dadurch eingetreten vermögensrechtlichen Nachteile gegenüber dem Eigentümer des nachbarlichen Waldes Anspruch auf angemessene Entschädigung. Über die Bemessung der Entschädigung entscheidet die Behörde mit Bescheid. Dieser tritt außer Kraft, wenn eine der Parteien innerhalb eines Jahres nach Rechtskraft des Bescheides die Bemessung der Entschädigung bei dem Bezirksgericht, in dessen Sprengel der Wald liegt, beantragt. Für das gerichtliche Verfahren gelten die Bestimmungen über das Verfahren außer Streitsachen. Das Eisenbahnenteignungsgesetz 1954, BGBl. Nr. 71, ist sinngemäß anzuwenden. Das Recht auf Entschädigung kann erst nach Ablauf von 25 Jahren, gerechnet ab dem Zeitpunkt des Inkrafttretens dieses Bundesgesetzes, in Anspruch genommen werden.

(2) Jeder Waldeigentümer hat Fällungen entlang seiner Eigentumsgrenzen in einer Entfernung von weniger als 40 Metern zu unterlassen, wenn durch die Fällung nachbarlicher Wald einer offenbaren Windgefährdung ausgesetzt würde (Deckungsschutz).

(3) Der Deckungsschutz ist jedem Eigentümer des angrenzenden Waldes sowie den Eigentümern etwaiger an diesen angrenzender Wälder zu gewähren, sofern die jeweilige Entfernung von der Eigentumsgrenze des zum Deckungsschutz Verpflichteten weniger als 40 Meter beträgt; allfällige zwischen den Waldflächen liegende, unter § 1a Abs. 1 nicht fallende Grundflächen von weniger als 10 Meter Breite sind hiebei nicht einzurechnen.

(4) Reicht der Deckungsschutz zur wirksamen Hintanhaltung einer Windgefahr in besonders gelagerten Fällen (wie bei Wäldern in stark windgefährdeten Lagen oder mit besonderen windanfälligen Aufbauformen) nicht aus, so hat die Behörde auf Antrag des Eigentümers, dessen Wald des Deckungsschutzes bedarf, oder von Amts wegen mit Bescheid den Deckungsschutz über eine Entfernung von mehr als 40 Metern, nicht jedoch von mehr als 80 Metern, auszudehnen.

(5) Eines Deckungsschutzes bedarf es nicht, wenn

a) der nachbarliche Wald im Sinne der Abs. 2 bis 4 ein um 30 Jahre über der Obergrenze der Hiebsunreife (§§ 80 Abs. 3 und 4 sowie 95 Abs. 1 lit. a) liegendes Alter erreicht hat und der zum Deckungsschutz Verpflichtete die Fällungsabsicht dem Eigentümer des nachbarlichen Waldes nachweislich mindestens sechs Monate vor Durchführung der beabsichtigten Fällung angezeigt hat oder
b) die Fällung im Zusammenhang mit Maßnahmen gemäß § 44 Abs. 2 von der Behörde angeordnet wurde.
c) eine Ausnahmebewilligung nach § 81 Abs. 1 lit. b oder nach § 82 Abs. 3 lit. d erteilt wurde oder Fällungen gemäß § 85 oder § 86 zur Errichtung einer energiewirtschaftlichen Leitungsanlage durchgeführt werden.

(6) Im Falle des Abs. 5 lit. c hat die Behörde dem Leitungsberechtigten Maßnahmen vorzuschreiben, die zur Hintanhaltung oder Verminderung nachteiliger Wirkungen für die umliegenden Wälder geeignet sind. Der Eigentümer des nachbarlichen Waldes (Abs. 2 und 3) hat gegenüber dem Leitungsberechtigten jeweils Anspruch auf Entschädigung der durch den Verlust des Deckungsschutzes verursachten vermögensrechtlichen Nachteile. Die Bestimmungen des Abs. 1, dritter bis sechster Satz, sind anzuwenden.

Waldteilung

§ 15. (1) Die Teilung von Grundstücken, die zumindest teilweise die Benützungsart Wald aufweisen, ist verboten, wenn durch die Teilung Grundflächen mit der Benützungsart Wald betroffen sind und Grundstücke entstehen, auf denen die Waldfläche das für die Walderhaltung und eine zweckmäßige Waldbewirtschaftung erforderliche Mindestausmaß unterschreitet.

(2) Vom Teilungsverbot nach Abs. 1 ausgenommen sind Teilungen, auf die die Voraussetzungen des § 15 des Liegenschaftsteilungsgesetzes, BGBl. Nr. 3/1930, zutreffen.

(3) Ferner hat die Behörde in besonders begründeten Fällen mit Bescheid eine Ausnahme vom Teilungsverbot gemäß Abs. 1 zu bewilligen.

(4) Die Landesgesetzgebung wird gemäß Art. 10 Abs. 2 B-VG ermächtigt, das Mindestausmaß unter Berücksichtigung der örtlichen Verhältnisse sowie die Voraussetzungen für die Ausnahmen, wie für Trassenführungen oder Errichtung von Anlagen der militärischen Landesverteidigung, gemäß Abs. 3 festzusetzen.

Grundbuchsrechtliche Bestimmungen

§ 15a. (1) Das Grundbuchsgericht darf – mit Ausnahme der Fälle des § 15 Abs. 2 und 3 – die Teilung eines Grundstückes, das im Grenz- oder Grundsteuerkataster zumindest teilweise die Benützungsart Wald aufweist, nur dann bewilligen oder anordnen, wenn

1. keine Grundfläche mit der Benützungsart Wald geteilt werden soll oder
2. eine Bescheinigung der Behörde vorliegt, dass die Eintragung nicht gegen § 15 verstößt.

(2) Verstößt eine Grundbuchseintragung gegen § 15, kann dies die Behörde von Amts wegen mit Bescheid feststellen. Auf Grund dieses Bescheides ist auf Antrag der Behörde der frühere Grundbuchsstand wiederherzustellen, soweit dadurch nicht bücherliche Rechte dritter Personen berührt werden, die inzwischen auf Grund eines Rechtsgeschäftes erwirkt wurden. Der Antrag ist nur innerhalb von drei Jahren nach der Grundbuchseintragung zulässig.

(3) Die Einleitung eines Verfahrens gemäß Abs. 2 ist auf Antrag der Behörde im Grundbuch anzumerken. Die Anmerkung hat die Wirkung, daß bücherliche Rechte, die nach der Überreichung des Anmerkungsantrages erwirkt wurden, die Wiederherstellung des früheren Grundbuchsstandes nicht hindern.

Waldverwüstung

§ 16. (1) Jede Waldverwüstung ist verboten. Dieses Verbot richtet sich gegen jedermann.

(2) Eine Waldverwüstung liegt vor, wenn durch Handlungen oder Unterlassungen

a) die Produktionskraft des Waldbodens wesentlich geschwächt oder gänzlich vernichtet,
b) der Waldboden einer offenbaren Rutsch- oder Abtragungsgefahr ausgesetzt,
c) die rechtzeitige Wiederbewaldung unmöglich gemacht oder
d) der Bewuchs offenbar einer flächenhaften Gefährdung, insbesondere durch Wind, Schnee, wildlebende Tiere mit Ausnahme der jagdbaren, unsachgemäße Düngung, Immissionen aller Art, ausgenommen solche gemäß § 47, ausgesetzt wird oder Abfall (wie Müll, Gerümpel, Klärschlamm) abgelagert wird.

(3) Wurde eine Waldverwüstung festgestellt, so hat die Behörde die erforderlichen Maßnahmen zur Abstellung der Waldverwüstung und zur Beseitigung der Folgen derselben vorzukehren. Insbesondere kann sie hiebei in den Fällen des Abs. 2 eine bestimmte Nutzungsart vorschreiben, innerhalb einer zu bestimmenden angemessenen Frist jede Fällung an eine behördliche Bewilligung binden oder anordnen, daß der Verursacher die Gefährdung und deren Folgewirkungen in der Natur abzustellen oder zu beseitigen hat. Privatrechtliche Ansprüche des Waldeigentümers bleiben unberührt.

(4) Wurde Abfall im Wald abgelagert (Abs. 2 lit. d) oder weggeworfen (§ 174 Abs. 3 lit. c), so hat die Behörde die Person, die die Ablagerung des Abfalls vorgenommen hat oder die hiefür verantwortlich ist, festzustellen und ihr die Entfernung des Abfalls aus dem Wald aufzutragen. Läßt sich eine solche Person nicht feststellen, so hat die Behörde der Gemeinde, in deren örtlichem Bereich die Ablagerung des Abfalls im Wald erfolgt ist, die Entfernung des Abfalls auf deren Kosten aufzutragen. Wird die Person nachträglich festgestellt, so hat ihr die Behörde den Ersatz dieser Kosten vorzuschreiben. Die von der Gemeinde zu besorgende Aufgabe ist eine solche des eigenen Wirkungsbereiches.

(5) **(Verfassungsbestimmung)** Wurde eine durch jagdbare Tiere verursachte flächenhafte Gefährdung des Bewuchses festgestellt, so sind durch das zuständige Organ des Forstaufsichtsdienstes ein Gutachten über Ursachen, Art und Ausmaß der Gefährdung und Vorschläge zur Abstellung der Gefährdung an die Jagdbehörde und an den Leiter des Forstaufsichtsdienstes beim Amt der Landesregierung zu erstatten. Diesem kommt in den landesgesetzlich vorgesehenen Verfahren zum Schutz des Waldes gegen waldgefährdende Wildschäden Antragsrecht und Parteistellung zu.

(6) Der Bundesminister für Land- und Forstwirtschaft, Umwelt und Wasserwirtschaft hat jährlich einen Bericht über Art und Ausmaß der Waldverwüstungen und insbesondere der flächenhaften Gefährdungen des Bewuchses durch Wild, die Gutachtertätigkeit der Forstbehörden und die Maßnahmen der Jagdbehörden sowie deren Erfolg, gegliedert nach Bundesländern, im Internet zu veröffentlichen.

(7) Dieser Bericht ist bis zum 1. September jedes Folgejahres dem Nationalrat zur Behandlung vorzulegen.

Rodung

§ 17. (1) Die Verwendung von Waldboden zu anderen Zwecken als für solche der Waldkultur (Rodung) ist verboten.

(2) Unbeschadet der Bestimmungen des Abs. 1 kann die Behörde eine Bewilligung zur Rodung erteilen, wenn ein besonderes öffentliches Interesse an der Erhaltung dieser Fläche als Wald nicht entgegensteht.

(3) Kann eine Bewilligung nach Abs. 2 nicht erteilt werden, kann die Behörde eine Bewilligung zur Rodung dann erteilen, wenn ein öffentliches Interesse an einer anderen Verwendung der zur Rodung beantragten Fläche das öffentliche Interesse an der Erhaltung dieser Fläche als Wald überwiegt.

(4) Öffentliche Interessen an einer anderen Verwendung im Sinne des Abs. 3 sind insbesondere begründet in der umfassenden Landesverteidigung, im Eisenbahn-, Luft- oder öffentlichen Straßenverkehr, im Post- oder öffentlichen Fernmeldewesen, im Bergbau, im Wasserbau, in der Energiewirtschaft, in der Agrarstrukturverbesserung, im Siedlungswesen oder im Naturschutz.

(5) Bei der Beurteilung des öffentlichen Interesses im Sinne des Abs. 2 oder bei der Abwägung der öffentlichen Interessen im Sinne des Abs. 3 hat die Behörde insbesondere auf eine die erforderlichen Wirkungen des Waldes gewährleistende Waldausstattung Bedacht zu nehmen. Unter dieser Voraussetzung sind die Zielsetzungen der Raumordnung zu berücksichtigen.

(6) In Gebieten, die dem Bundesheer ständig als militärisches Übungsgelände zur Verfügung stehen (Truppenübungsplätze), bedürfen Rodungen für Zwecke der militärischen Landesverteidigung keiner Bewilligung. Dies gilt nicht für Schutzwälder oder Bannwälder. Der Bundesminister für Landesverteidigung hat zu Beginn jeden Jahres dem Bundesminister für Land- und Forstwirtschaft, Umwelt und Wasserwirtschaft jene Flächen bekannt zu geben, die im vorangegangenen Jahr gerodet wurden.

Anmeldepflichtige Rodung

§ 17a. (1) Einer Rodungsbewilligung bedarf es nicht, wenn

1. die Rodungsfläche ein Ausmaß von 1 000 m² nicht übersteigt und
2. der Antragsberechtigte das Rodungsvorhaben unter Anschluss der in § 19 Abs. 2 genannten Unterlagen bei der Behörde anmeldet und
3. die Behörde dem Anmelder nicht innerhalb von sechs Wochen ab Einlangen der Anmeldung mitteilt, dass die Rodung aus Rücksicht auf das öffentliche Interesse an der Walderhaltung ohne Erteilung einer Rodungsbewilligung nach § 17 nicht durchgeführt werden darf. § 91 Abs. 2 gilt sinngemäß.

(2) In das Flächenausmaß einer angemeldeten Rodung einzurechnen sind alle an die zur Rodung angemeldete Fläche unmittelbar angrenzenden und für den selben Zweck nach Abs. 1 durchgeführten Rodungen, sofern diese nicht länger als zehn Jahre zurückliegen.

(3) Die Gültigkeit der Anmeldung erlischt, wenn die angemeldete Rodung nicht innerhalb eines Jahres ab Einlangen der Anmeldung bei der Behörde durchgeführt wird.

(4) Im Falle der Anmeldung einer befristeten Rodung im Sinne des § 18 Abs. 4, die nach Abs. 1 Z 3 durchgeführt werden darf, ist die Waldfläche vom Rodungsberechtigten bis spätestens fünf Jahre nach Ablauf der in der Anmeldung angeführten Frist im Sinne des § 13 wiederzubewalden.

Rodungsbewilligung; Vorschreibungen

§ 18. (1) Die Rodungsbewilligung ist erforderlichenfalls an Bedingungen, Fristen oder Auflagen zu binden, durch welche gewährleistet ist, dass die Walderhaltung über das bewilligte Ausmaß hinaus nicht beeinträchtigt wird. Insbesondere sind danach

1. ein Zeitpunkt festzusetzen, zu dem die Rodungsbewilligung erlischt, wenn der Rodungszweck nicht erfüllt wurde,
2. die Gültigkeit der Bewilligung an die ausschließliche Verwendung der Fläche zum beantragten Zweck zu binden oder
3. Maßnahmen vorzuschreiben, die
   a) zur Hintanhaltung nachteiliger Wirkungen für die umliegenden Wälder oder
   b) zum Ausgleich des Verlustes der Wirkungen des Waldes (Ersatzleistung)

geeignet sind.

(2) In der die Ersatzleistung betreffenden Vorschreibung ist der Rodungswerber im Interesse der Wiederherstellung der durch die Rodung entfallenden Wirkungen des Waldes zur Aufforstung einer Nichtwaldfläche (Ersatzaufforstung) oder zu Maßnahmen zur Verbesserung des Waldzustandes zu verpflichten. Die Vorschreibung kann auch dahin lauten, dass der Rodungswerber die Ersatzaufforstung oder die Maßnahmen zur Verbesserung des Waldzustands auf Grundflächen eines anderen Grundeigentümers in der näheren Umgebung der Rodungsfläche auf Grund einer nachweisbar getroffenen Vereinbarung durchzuführen hat. Kann eine Vereinbarung zum Zeitpunkt der Erteilung der Rodungsbewilligung nicht nachgewiesen werden, ist die Vorschreibung einer Ersatzleistung mit der Wirkung möglich, dass die bewilligte Rodung erst durchgeführt werden darf, wenn der Inhaber der Rodungsbewilligung die

schriftliche Vereinbarung mit dem Grundeigentümer über die Durchführung der Ersatzleistung der Behörde nachgewiesen hat.

(3) Ist eine Vorschreibung gemäß Abs. 2 nicht möglich oder nicht zumutbar, so hat der Rodungswerber einen Geldbetrag zu entrichten, der den Kosten der Neuaufforstung der Rodungsfläche, wäre sie aufzuforsten, entspricht. Der Geldbetrag ist von der Behörde unter sinngemäßer Anwendung der Kostenbestimmungen der Verwaltungsverfahrensgesetze vorzuschreiben und einzuheben. Er bildet eine Einnahme des Bundes und ist für die Durchführung von Neubewaldungen oder zur rascheren Wiederherstellung der Wirkungen des Waldes (§ 6 Abs. 2) nach Katastrophenfällen zu verwenden.

(4) Geht aus dem Antrag hervor, dass der beabsichtigte Zweck der Rodung nicht von unbegrenzter Dauer sein soll, so ist im Bewilligungsbescheid die beantragte Verwendung ausdrücklich als vorübergehend zu erklären und entsprechend zu befristen (befristete Rodung). Ferner ist die Auflage zu erteilen, dass die befristete Rodungsfläche nach Ablauf der festgesetzten Frist wieder zu bewalden ist.

(5) Abs. 1 Z 3 lit. b und Abs. 2 und 3 finden auf befristete Rodungen im Sinn des Abs. 4 keine Anwendung.

(6) Zur Sicherung

1. der Erfüllung einer im Sinne des Abs. 1 vorgeschriebenen Auflage oder
2. der Durchführung der Wiederbewaldung nach Ablauf der festgesetzten Frist im Sinne des Abs. 4

kann eine den Kosten dieser Maßnahmen angemessene Sicherheitsleistung vorgeschrieben werden. Vor deren Erlag darf mit der Durchführung der Rodung nicht begonnen werden. Die Bestimmungen des § 89 Abs. 2 bis 4 finden sinngemäß Anwendung.

(7) Es gelten

1. sämtliche Bestimmungen dieses Bundesgesetzes für befristete Rodungen ab dem Ablauf der Befristung,
2. die Bestimmungen des IV. Abschnittes und der §§ 172 und 174 für alle Rodungen bis zur Entfernung des Bewuchses.

Rodungsverfahren

§ 19. (1) Zur Einbringung eines Antrags auf Rodungsbewilligung sind berechtigt:

1. der Waldeigentümer,
2. der an der zur Rodung beantragten Waldfläche dinglich oder obligatorisch Berechtigte in Ausübung seines Rechtes unter Nachweis der Zustimmung des Waldeigentümers,
3. die zur Wahrnehmung der öffentlichen Interessen im Sinne des § 17 Abs. 3 Zuständigen,
4. in den Fällen des § 20 Abs. 2 auch die Agrarbehörde,
5. in den Fällen von Rodungen für Anlagen zur Erzeugung, Fortleitung, Verteilung und Speicherung von Energieträgern die Unternehmen, die solche Anlagen betreiben, soweit zu ihren Gunsten enteignet werden kann oder Leitungsrechte begründet werden können, vorbehaltlich der Zustimmung des gemäß Z 3 Zuständigen,
6. in den Fällen von Rodungen für Eisenbahnzwecke die Inhaber von Konzessionen gemäß § 14 Abs. 1 des Eisenbahngesetzes 1957, BGBl. Nr. 60, oder gemäß § 25 des Seilbahngesetzes 2003, BGBl. I Nr. 103.

(2) Der Antrag hat zu enthalten:

1. das Ausmaß der beantragten Rodungsfläche,
2. den Rodungszweck,
3. im Fall der Belastung der Rodungsfläche mit Einforstungsrechten oder Gemeindegutnutzungsrechten die daraus Berechtigten und
4. die Eigentümer nachbarlich angrenzender Grundstücke (Anrainer).

Dem Antrag sind ein Grundbuchsauszug, der nicht älter als drei Monate sein darf und eine Lageskizze, die eine eindeutige Feststellung der zur Rodung beantragten Fläche in der Natur ermöglicht, anzuschließen. Die Lageskizze, deren Maßstab nicht kleiner sein darf als der Maßstab der Katastralmappe, ist in dreifacher Ausfertigung, in den Fällen des § 20 Abs. 1 in vierfacher Ausfertigung vorzulegen; von diesen Ausfertigungen hat die Behörde eine dem Vermessungsamt, im Fall des § 20 Abs. 1 eine weitere der Agrarbehörde zu übermitteln.

(3) Anstelle von Grundbuchsauszügen kann auch ein Verzeichnis der zur Rodung beantragten Grundstücke – beinhaltend deren Gesamtfläche und die beanspruchte Fläche sowie deren Eigentümer unter gleichzeitiger Anführung von Rechten, die auf den zur Rodung beantragten Flächen lasten – treten. Dieses Verzeichnis ist von einer mit öffentlichem Glauben versehenen Person zu bestätigen. Im Fall des § 20 Abs. 2 ist dieses Verzeichnis, in dem auch die Weginteressenten anzuführen sind, von der Agrarbehörde zu bestätigen.

(4) Parteien im Sinne des § 8 AVG sind:

1. die Antragsberechtigten im Sinn des Abs. 1 im Umfang ihres Antragsrechtes,
2. der an der zur Rodung beantragten Waldfläche dinglich Berechtigte,
3. der Bergbauberechtigte, soweit er auf der zur Rodung beantragten Waldfläche nach den bergrechtlichen Vorschriften zum Aufsuchen oder Gewinnen bergfreier oder bundeseigener mineralischer Rohstoffe befugt ist,
4. der Eigentümer und der dinglich Berechtigte der an die zur Rodung beantragten Waldfläche angrenzenden Waldflächen, wobei § 14 Abs. 3 zweiter Halbsatz zu berücksichtigen ist, und

5. das zuständige Militärkommando, wenn sich das Verfahren auf Waldflächen bezieht, die der Sicherung der Verteidigungswirkung von Anlagen der Landesverteidigung dienen.

(5) Im Rodungsverfahren sind

1. die Gemeinde, in der die zur Rodung beantragte Fläche liegt, zur Wahrnehmung von örtlichen öffentlichen Interessen und
2. die Behörden, die in diesem Verfahren zur Wahrnehmung sonstiger öffentlicher Interessen berufen sind,

zu hören.

(6) Das Recht auf Anhörung gemäß Abs. 5 Z 1 wird von den Gemeinden im eigenen Wirkungsbereich wahrgenommen.

(7) Werden im Verfahren zivilrechtliche Einwendungen erhoben, so hat die Behörde auf eine gütliche Einigung der Parteien hinzuwirken. Kommt eine solche nicht zustande, so hat die Behörde in ihrer Entscheidung über den Rodungsantrag die Parteien unter ausdrücklicher Anführung der durch den Bescheid nicht erledigten zivilrechtlichen Einwendungen zur Austragung derselben auf den Zivilrechtsweg zu verweisen.

(8) Wird auf Grund eines Antrags gemäß Abs. 1 Z 3, 5 oder 6 eine Rodungsbewilligung erteilt, so darf die Rodung erst durchgeführt werden, wenn derjenige, zu dessen Gunsten die Rodungsbewilligung erteilt worden ist, das Eigentumsrecht oder ein sonstiges dem Rodungszweck entsprechendes Verfügungsrecht an der zur Rodung bewilligten Waldfläche erworben hat.

Verhältnis zu den Agrarbehörden

§ 20. (1) Bestehen am Wald Einforstungs- oder Gemeindegutnutzungsrechte, so hat die Behörde die Agrarbehörde zu verständigen und das Rodungsverfahren bis zu deren Entscheidung über Bestehen und Ausmaß solcher Rechte auszusetzen.

(2) Wird für die Errichtung oder Ausgestaltung einer Bringungsanlage im Sinne des § 1 des Güter- und Seilwege-Grundsatzgesetzes 1967, BGBl. Nr. 198, eine Rodungsbewilligung erforderlich, so kommt der Agrarbehörde Parteistellung zu.

(Anm.: Abs. 3 aufgehoben durch BGBl. Nr. 576/1987)

B. Wälder mit Sonderbehandlung

Schutzwald, Begriff

§ 21. (1) Standortschutzwälder (Wälder auf besonderen Standorten) im Sinne dieses Bundesgesetzes sind Wälder, deren Standort durch die abtragenden Kräfte von Wind, Wasser oder Schwerkraft gefährdet ist und die eine besondere Behandlung zum Schutz des Bodens und des Bewuchses sowie zur Sicherung der Wiederbewaldung erfordern. Diese sind

1. Wälder auf Flugsand- oder Flugerdeböden,
2. Wälder auf zur Verkarstung neigenden oder stark erosionsgefährdeten Standorten,
3. Wälder in felsigen, seichtgründigen oder schroffen Lagen, wenn ihre Wiederbewaldung nur unter schwierigen Bedingungen möglich ist,
4. Wälder auf Hängen, wo gefährliche Abrutschungen zu befürchten sind,
5. der Bewuchs in der Kampfzone des Waldes,
6. der an die Kampfzone unmittelbar angrenzende Waldgürtel.

(2) Objektschutzwälder im Sinne dieses Bundesgesetzes sind Wälder, die Menschen, menschliche Siedlungen oder Anlagen oder kultivierten Boden insbesondere vor Elementargefahren oder schädigenden Umwelteinflüssen schützen und die eine besondere Behandlung zur Erreichung und Sicherung ihrer Schutzwirkung erfordern.

(3) Die Bestimmungen über Objektschutzwälder gelten auch für den forstlichen Bewuchs in der Kampfzone des Waldes, sofern dem Bewuchs eine hohe Schutzwirkung im Sinne des § 6 Abs. 2 lit. b zukommt.

Behandlung und Nutzung des Schutzwaldes

§ 22. (1) Der Eigentümer eines Schutzwaldes hat diesen entsprechend den örtlichen Verhältnissen jeweils so zu behandeln, daß seine Erhaltung als möglichst stabiler, dem Standort entsprechender Bewuchs mit kräftigem inneren Gefüge bei rechtzeitiger Erneuerung gewährleistet ist.

(2) Liegen bei einem Wald die Voraussetzungen für die Qualifikation als Schutzwald gemäß § 21 vor, so hat der Waldeigentümer den Wald, auch wenn der Schutzwaldcharakter nicht bescheidmäßig festgestellt worden ist, als Schutzwald zu behandeln.

(3) Der Eigentümer eines Standortschutzwaldes, der nicht Objektschutzwald im Sinne des § 21 Abs. 2 ist, ist zur Durchführung von Maßnahmen gemäß den Abs. 1 und 4 insoweit verpflichtet, als die Kosten dieser Maßnahmen aus den Erträgnissen von Fällungen in diesem Standortschutzwald gedeckt werden können. Darüber hinaus ist er zur Wiederbewaldung von Kahlflächen oder Räumden, ausgenommen in ertragslosem Standortschutzwald, sowie zu Forstschutzmaßnahmen gemäß den §§ 40 bis 45 verpflichtet.

(3a) Der Eigentümer eines Objektschutzwaldes ist zur Durchführung von Maßnahmen gemäß den Abs. 1 und 4 insoweit verpflichtet, als die Kosten dieser Maßnahmen durch öffentliche Mittel oder Zahlungen durch Begünstigte gedeckt sind. Unabhängig davon ist der Eigentümer zur Wiederbewaldung von Kahlflächen oder Räumden sowie zu Forstschutzmaßnahmen gemäß den §§ 40 bis 45 verpflichtet. Die übrigen Verpflichtungen des Waldeigentümers auf Grund dieses Bundesgesetzes bleiben unberührt.

(4) Der Bundesminister für Land- und Forstwirtschaft, Umwelt und Wasserwirtschaft hat die

Behandlung und Nutzung der Schutzwälder durch Verordnung näher zu regeln. In dieser kann insbesondere angeordnet werden, daß

a) freie Fällungen einer Bewilligung bedürfen (§ 85), soweit nicht § 96 Abs. 1 lit. a und § 97 lit. a Anwendung findet,
b) die Wiederbewaldungsfrist abweichend von § 13 festzusetzen ist,
c) ein von einer Verordnung nach § 80 Abs. 4 abweichendes Alter der Hiebsunreife einzuhalten ist.

Feststellungsverfahren bei Schutzwald

§ 23. (1) Bestehen Zweifel, ob ein Wald oder Teile desselben Schutzwald sind, so hat die Behörde auf Antrag des Waldeigentümers zu entscheiden.

(2) Das Feststellungsverfahren ist von Amts wegen einzuleiten, wenn dies zur Hintanhaltung einer nachteiligen Behandlung von Schutzwald erforderlich erscheint. Eine dem § 22 zuwiderlaufende Waldbehandlung hat die Behörde vorläufig zu untersagen.

(3) Sind die Voraussetzungen für die Qualifikation eines Waldes als Schutzwald gegeben, so hat die Behörde dies, erforderlichenfalls nach Durchführung einer mit einem Augenschein verbundenen Verhandlung, durch Bescheid festzustellen; sind sie nicht oder nicht mehr gegeben, so hat die Behörde auf Antrag des Waldeigentümers oder von Amts wegen durch Bescheid festzustellen, daß Schutzwald nicht vorliegt.

Maßnahmen zur Sanierung von Schutzwald

§ 24. (1) Der Landeshauptmann hat, wenn zur Sicherung des Schutzwaldes Sanierungsmaßnahmen erforderlich sind, für das betreffende Schutzwaldgebiet einen besonders ausgestalteten Waldentwicklungsplan zu erstellen oder einen bestehenden Waldentwicklungsplan durch besondere Ausgestaltung anzupassen.

(2) Sanierungsmaßnahmen gemäß Abs. 1 können insbesondere sein

a) die Wiederbewaldung unzureichend verjüngter und in ihrer Schutzfunktion beeinträchtigter Schutzwälder,
b) die zur Erhaltung der Schutzfunktion erforderliche Behandlung des Schutzwaldgebietes, auch im Hinblick auf dessen Erschließung.

(3) Die besondere Ausgestaltung des Waldentwicklungsplanes hat zu umfassen:

a) die kartenmäßige Erfassung der Schutzwälder hinsichtlich des Zustandes und der Eigentums- und sonstigen Rechtsverhältnisse,
b) die gemäß Abs. 1 zur Erhaltung der Schutzwälder oder zur Verbesserung ihres Zustandes erforderlichen Maßnahmen, deren zeitlichen Ablauf und Kosten.

(4) Ist zur Durchführung von Sanierungsmaßnahmen gemäß Abs. 1 eine Fällung überalterter Bestände zum Zwecke der Verjüngung erforderlich, so hat der Waldeigentümer diese nach behördlicher Auszeige durchzuführen. Ist in einem Betrieb ein leitendes Forstorgan bestellt, so kann die Auszeige auch von diesem vorgenommen werden. § 22 findet Anwendung.

(5) Für die Durchführung der im Abs. 3 lit. b umschriebenen Maßnahmen können nach Maßgabe des Abschnittes X Bundesmittel bewilligt werden. Die Verpflichtung des Waldeigentümers, die im § 22 Abs. 3 und 3a vorgesehenen Maßnahmen durchzuführen, bleibt hievon unberührt.

(6) Sofern die Kostenaufbringung gesichert ist, hat der Landeshauptmann die sich aus der besonderen Ausgestaltung des Waldentwicklungsplanes zur Schutzwaldsanierung ergebenden Maßnahmen sowie deren zeitlichen Ablauf festzulegen und die Durchführung der Maßnahmen durch Bescheid vorzuschreiben.

Sonderbestimmungen für die Kampfzone des Waldes und für Windschutzanlagen

§ 25. (1) In der Kampfzone des Waldes finden die Bestimmungen der §§ 22 bis 24 sinngemäß Anwendung. Darüber hinaus hat jedoch die Behörde, soweit es die örtlichen Verhältnisse erfordern und es sich nicht um Schadholzaufarbeitung handelt, durch Bescheid die Fällung an eine Bewilligung zu binden oder gänzlich zu untersagen. Im Falle der Bewilligung ist die Fällung an die behördliche Auszeige zu binden. Der Bescheid ist aufzuheben, sobald die Gründe für seine Erlassung weggefallen sind.

(2) Eine nicht nur vorübergehende Verringerung des Bewuchses in der Kampfzone des Waldes bedarf der behördlichen Bewilligung. Die Bewilligung ist zu erteilen, wenn und insoweit dem Bewuchs keine hohe Schutzwirkung im Sinne des § 6 Abs. 2 lit. b zukommt. Keiner Bewilligung bedarf das Entfernen des Bewuchses auf Grundflächen, die im Grenz- oder Grundsteuerkataster den Benützungsarten Alpen oder landwirtschaftlich genutzte Grundflächen zugeordnet sind und nicht durch Neubewaldung im Sinne des § 4 zu Wald geworden sind, sofern dem Bewuchs keine hohe Schutzwirkung im Sinne des § 6 Abs. 2 lit. b zukommt.

(3) Einer behördlichen Bewilligung bedarf auch die durch Entfernen des Bewuchses und Neubewaldung an einer anderen Stelle herbeigeführte örtliche Veränderung des Bewuchses in der Kampfzone des Waldes, wenn dem Bewuchs eine hohe Schutzwirkung im Sinne des § 6 Abs. 2 lit. b zukommt. Die Bewilligung ist zu erteilen, wenn durch diese Veränderung der Anteil der überschirmten Fläche nicht verringert und die Schutzfunktion des Bewuchses nicht beeinträchtigt wird. Die Bewilligung ist erforderlichenfalls an Bedingungen und Auflagen zu binden.

(4) Auf die nach den Abs. 2 und 3 durchzuführenden Verfahren finden die Bestimmungen der §§ 18 bis 20 sinngemäß Anwendung.

(5) Windschutzanlagen sind so zu behandeln, daß dadurch deren Schutzfunktion nicht beeinträchtigt wird.

Ermächtigung der Landesgesetzgebung

§ 26. (1) Die Landesgesetzgebung wird gemäß Art. 10 Abs. 2 B-VG ermächtigt, zur Ausführung des § 25 Abs. 1 bis 3 Bestimmungen zu erlassen, durch die im Zusammenwirken mit den zuständigen Landesbehörden die volle Schutzwirkung des Bewuchses gewährleistet ist.

(2) Die Landesgesetzgebung wird ferner gemäß Art. 10 Abs. 2 B-VG ermächtigt, unbeschadet der Vorschriften in den Angelegenheiten der Bodenreform (Art. 12 Abs. 1 Z 3 B-VG), näher zu regeln:

a) die Voraussetzungen zur Einleitung eines Verfahrens zur Errichtung von Windschutzanlagen sowie das Verfahren selbst einschließlich des Enteignungsverfahrens,
b) das Verfahren zur Feststellung, ob bereits bestehende Wälder den Charakter von Windschutzanlagen haben und
c) die Nutzung der Windschutzanlagen, deren Behandlung im einzelnen sowie die Voraussetzungen für das Auflassen einer Windschutzanlage.

Bannwald

§ 27. (1) Durch Bescheid in Bann zu legen sind

1. Objektschutzwälder, die der direkten Abwehr bestimmter Gefahren von Menschen, menschlichen Siedlungen oder Anlagen oder kultiviertem Boden dienen,
2. Wälder, deren Wohlfahrtswirkung gegenüber der Nutzwirkung ein Vorrang zukommt, und
3. Wälder, die der direkten Abwehr von Gefahren dienen, die sich aus dem Zustand des Waldes oder seiner Bewirtschaftung ergeben,

sofern das zu schützende volkswirtschaftliche oder sonstige öffentliche Interesse (Bannzweck) sich als wichtiger erweist als die mit der Einschränkung der Waldbewirtschaftung infolge der Bannlegung verbundenen Nachteile (Bannwald).

(2) Bannzwecke im Sinne des Abs. 1 sind insbesondere

a) der Schutz vor Lawinen, Felssturz, Steinschlag, Schneeabsitzung, Erdabrutschung, Hochwasser, Wind oder ähnlichen Gefährdungen,
b) die Abwehr der durch Emissionen bedingten Gefahren,
c) der Schutz von Heilquellen sowie von Fremdenverkehrsorten und Ballungsräumen vor Beeinträchtigung der Erfordernisse der Hygiene und Erholung sowie die Sicherung der für diese Zwecke notwendigen Bewaldung der Umgebung solcher Orte,
d) die Sicherung eines Wasservorkommens,
e) die Sicherung der Benutzbarkeit von Verkehrsanlagen und energiewirtschaftlichen Leitungsanlagen,
f) die Sicherung der Verteidigungswirkung von Anlagen der Landesverteidigung,
g) der Schutz vor Gefahren, die sich aus dem Zustand des Waldes oder aus seiner Bewirtschaftung ergeben.

Inhalt der Bannlegung

§ 28. (1) Die Bannlegung besteht in der Vorschreibung der nach dem Bannzweck und den örtlichen Verhältnissen erforderlichen Maßnahmen und Unterlassungen sowie in der bestmöglichen Gewährleistung der Durchführung der Maßnahmen.

(2) Soweit es zur Erfüllung der im Abs. 1 umschriebenen Aufgaben erforderlich ist, hat die Behörde insbesondere

a) Maßnahmen zur Aufrechterhaltung oder Herbeiführung eines Bewuchses anzuordnen, der den Bannzweck am besten zu erfüllen vermag, wie überhaupt eine bestimmte Waldbehandlung zu verbieten oder aufzuerlegen,
b) bestimmte Fällungen oder Nutzungsarten vorzuschreiben, einzuschränken oder zu verbieten,
c) im Bannwald bestehende Nutzungsrechte einzuschränken oder aufzuheben,
d) bestimmte Bringungsarten oder die Benützung bestimmter Bringungsanlagen vorzuschreiben, örtlich oder zeitlich zu beschränken oder zu verbieten,
e) auf Antrag des Begünstigten den Eigentümer des Bannwaldes zu verpflichten, besondere Maßnahmen (wie die Errichtung und Erhaltung von Anlagen zum Schutze vor Steinschlag, Vermurungen und Lawinen, die Durchführung von Anpflanzungen u. dgl.) im erforderlichen Ausmaß zu dulden.

(3) Die Behörde hat ferner erforderlichenfalls

a) die Fällung an die vorherige Anmeldung oder forstfachliche Auszeige oder an eine Bewilligung zu binden,
b) die Bewirtschaftung nach einem behördlich genehmigten Wirtschaftsplan vorzuschreiben,
c) den Begünstigten die Bestellung und Namhaftmachung einer für die Überwachung der Einhaltung der angeordneten Maßnahmen verantwortlichen Person vorzuschreiben,
d) ein allgemeines, gemäß § 34 Abs. 10 ersichtlich zu machendes Verbot des Betretens des Bannwaldes durch Unbefugte zu erlassen.

(4) Auf Verlangen des Eigentümers des Bannwaldes hat die Behörde die Durchführung der gemäß Abs. 2 und 3 vorgesehenen und für den Bann-

zweck erforderlichen Maßnahmen dem durch den Bannwald Begünstigten aufzutragen.

Bannlegung im Interesse von Verkehrsanlagen

§ 29. (1) Wird Wald zugunsten einer Verkehrsanlage in Bann gelegt und erscheint es im Interesse eines gefahrlosen Verkehrs erforderlich, so hat die Behörde, abgesehen von den im § 28 Abs. 2 und 3 vorgesehenen Maßnahmen, im Bannlegungsbescheid insbesondere noch anzuordnen, daß die beabsichtigte Durchführung von Waldarbeiten mindestens 48 Stunden vor Beginn dem für die Verkehrsanlage örtlich zuständigen technischen Aufsichtsdienst anzuzeigen ist.

(2) Dem Erhalter der Verkehrsanlage obliegt es, in Bannwäldern die im § 28 Abs. 2 lit. e näher umschriebenen Maßnahmen auf eigene Kosten zu treffen.

(3) Werden in einem Bannwald Waldarbeiten durchgeführt, die im Interesse der Sicherheit des Straßenverkehrs oder des schienen- oder seilgebundenen Verkehrs die Anwesenheit eines Überwachungsorgans des Straßen bzw. des Bahnaufsichtsdienstes erforderlich machen, so hat der Straßenerhalter bzw. das Verkehrsunternehmen für die Entsendung eines solchen Organs auf eigene Kosten Sorge zu tragen.

(4) Das Überwachungsorgan ist berechtigt, soweit es zur ungestörten und sicheren Aufrechterhaltung des Verkehrs notwendig ist, die Einstellung der Waldarbeiten vor und während des Verkehrs, allenfalls auch durch Signalgebung, zu verfügen.

(5) Der Waldeigentümer ist verpflichtet,

a) das Betreten des Bannwaldes durch Überwachungsorgane zwecks Erhebung von allfälligen, die Verkehrsanlage oder den Verkehr gefährdenden Gebrechen sowie die Ausführung etwaiger Vorkehrungen im Sinne des Abs. 2 zu dulden und
b) den Anordnungen des Überwachungsorgans (Abs. 4) Folge zu leisten.

(6) Die Verpflichtung gemäß Abs. 5 lit. b trifft auch die Leute des Waldeigentümers, sowie den Käufer von Holz auf dem Stock, den Schlag- und den Bringungsunternehmer und deren Leute.

(7) Vor Erlassung des Bannlegungsbescheides ist die für die Verkehrsanlage zuständige Aufsichtsbehörde zu hören.

Bannlegungsverfahren

§ 30. (1) Das Bannlegungsverfahren ist von Amts wegen oder auf Antrag einzuleiten.

(2) Zur Antragstellung sind berechtigt:

a) der Waldeigentümer,
b) das Land vom Standpunkt der Landesraumplanung,
c) darüber hinaus hinsichtlich der Bannzwecke gemäß § 27 Abs. 2

1. lit. a bis d:
alle physischen oder juristischen Personen, die ein rechtliches Interesse an der Bannlegung nachzuweisen vermögen,
2. lit. a überdies:
Dienststellen gemäß § 102 Abs. 1,
3. lit. e:
der Erhalter der Verkehrsanlage oder der energiewirtschaftlichen Leitungsanlage,
4. lit. f:
der Bundesminister für Landesverteidigung.

(3) Der Antrag hat alle für die Einleitung des Verfahrens notwendigen Angaben zu enthalten, insbesondere den Bannzweck, die genaue Bezeichnung des zur Bannlegung beantragten Waldes, seine Eigentümer, die beantragten Beschränkungen und den Kreis der voraussichtlich Begünstigten.

(4) Bezieht sich ein Bannlegungsverfahren auch auf das Einzugsgebiet eines Wildbaches oder einer Lawine, so ist die Dienststelle gemäß § 102 Abs. 1 zu hören.

(5) Die Bannlegung erfolgt durch Bescheid der Behörde. Entsprechend dem Bannzweck ist sie auf eine bestimmte Dauer oder auf eine unbestimmte Zeit auszusprechen.

(6) Sind die Voraussetzungen der Bannlegung weggefallen, so ist diese auf Antrag des Waldeigentümers, des Begünstigten oder von Amts wegen aufzuheben.

(7) Im Verfahren gemäß Abs. 6 kommt den darin bezeichneten Personen Parteistellung zu.

Entschädigung

§ 31. (1) Der Waldeigentümer hat, sofern ihm aus der Bannlegung vermögensrechtliche Nachteile erwachsen, Anspruch auf Entschädigung. Die Kosten für die Ausführung angeordneter Maßnahmen hat der Begünstigte zu zahlen, soweit nicht für die Ausführung dieser Maßnahmen öffentliche Mittel gewährt wurden.

(2) Die Entschädigung entfällt insoweit, als der Waldeigentümer nach anderen Bestimmungen dieses Bundesgesetzes oder nach sonstigen gesetzlichen Vorschriften oder aus einem Privatrechtstitel zur Durchführung oder Duldung von Maßnahmen verpflichtet ist.

(3) Ist die Bannlegung ihrem Bannzwecke nach voraussichtlich eine bleibende und zugleich mit solchen Erschwernissen der Bewirtschaftung verbunden, daß eine ordnungsgemäße Nutzung durch den Waldeigentümer dauernd ausgeschlossen erscheint, so ist auf dessen Verlangen statt auf Entschädigung auf die gänzliche Ablösung des Waldes durch den Begünstigten zu erkennen.

(4) Bei der Ermittlung der Entschädigung sind die Vorschriften der §§ 4 bis 9 Abs. 1 des Eisenbahnenteignungsgesetzes 1954, BGBl. Nr. 71,

dem Sinne nach anzuwenden. Der Gesamtbetrag der Entschädigung oder die erste Rente ist binnen zwei Monaten ab Rechtskraft des Entschädigungsbescheides auszuzahlen. Auf Verlangen des Waldeigentümers hat die Behörde dem Begünstigten die Leistung einer angemessenen Vorauszahlung im Bannlegungsbescheid vorzuschreiben.

(5) Nach den vorstehenden Grundsätzen sind auch Personen, die Nutzungsrechte am Bannwald haben, für die mit der Bannlegung etwa verbundenen vermögensrechtlichen Nachteile zu entschädigen.

(6) Die Entschädigung ist vom Begünstigten zu leisten; gereicht jedoch die Bannlegung mehreren Begünstigten zum Vorteil, so ist die Entschädigung von diesen im Verhältnis des erlangten Vorteiles oder abgewendeten Nachteiles zu tragen. Auch eine Begünstigung des Waldeigentümers selbst ist hiebei einzurechnen.

(7) Die Höhe der Entschädigung ist auf Antrag von der Behörde mit Bescheid festzusetzen; sofern die Bannlegung mehreren Begünstigten zum Vorteil gereicht, hat die Behörde im Bescheid auch die Aufteilung der Entschädigung zu bestimmen.

(7a) Wird nach Festsetzung der Entschädigung gemäß Abs. 7 ein Auftrag gemäß § 28 Abs. 4 erteilt, kann der Begünstigte die Neufestsetzung der Entschädigung beantragen.

(8) Innerhalb eines Jahres nach Eintritt der Rechtskraft des Entschädigungsbescheides kann jede der Parteien die Festlegung der Entschädigung bei dem nach der örtlichen Lage des Bannwaldes zuständigen Bezirksgericht beantragen. Der Entschädigungsbescheid tritt durch diesen Antrag außer Kraft. Wurde die Entschädigung in Form einer Rente zuerkannt, kann jede der Parteien die Neufestsetzung durch das Bezirksgericht jederzeit beantragen.

(9) Anträge gemäß Abs. 8 können nur mit Zustimmung des Antragsgegners zurückgenommen werden.

(10) Für das gerichtliche Verfahren zur Feststellung der Entschädigung ist § 24 Abs. 1 des Eisenbahnenteignungsgesetzes anzuwenden.

(11) Im Streitfall hat die Behörde die Höhe der Kosten gemäß Abs. 1 zweiter Satz auf Antrag festzustellen und vorzuschreiben.

Einforstungswälder

§ 32. (1) Unbeschadet der sonstigen Bestimmungen dieses Bundesgesetzes sind Wälder, auf denen Nutzungsrechte (Einforstungsrechte) im Sinne des § 1 Abs. 1 des Grundsatzgesetzes 1951 über die Behandlung der Wald- und Weidenutzungsrechte sowie besonderer Felddienstbarkeiten, BGBl. Nr. 103, lasten (Einforstungswälder), unter Bedachtnahme auf die Grundsätze des § 1 von ihren Eigentümern so zu bewirtschaften, daß die Ausübung der Einforstungsrechte gewährleistet ist.

(2) Die Bestimmungen des Abs. 1 gelten auch für Wälder, die Gemeindegut sind (Gemeindegutswälder) und für Nutzungsrechte an diesen Wäldern (Gemeindegutnutzungsrechte).

Wälder mit besonderem Lebensraum

§ 32a. (1) Als Wälder mit besonderem Lebensraum (Biotopschutzwälder) gelten Naturwaldreservate auf Grund privatrechtlicher Vereinbarungen, Waldflächen in Nationalparken oder Waldflächen, die in Naturschutzgebieten oder durch Gesetz, Verordnung oder Bescheid festgelegten Schutzgebieten nach der Richtlinie 92/43/EWG des Rates zur Erhaltung der natürlichen Lebensräume sowie der wildlebenden Tiere und Pflanzen (ABl. Nr. L 206 vom 22. Juli 1992, S 7) oder der Richtlinie 79/409/EWG des Rates über die Erhaltung der wildlebenden Vogelarten (ABl. Nr. L 103 vom 25. April 1979, S 1) liegen.

(2) Die Behörde kann auf Antrag des Waldeigentümers oder einer zur Wahrnehmung der mit den Wäldern nach Abs. 1 verbundenen öffentlichen Interessen zuständigen Behörde mit Zustimmung des Waldeigentümers mit Bescheid Ausnahmen von der Geltung einzelner Bestimmungen dieses Bundesgesetzes, nämlich betreffend

1. die Wiederbewaldung nach § 13,
2. die Waldverwüstung nach § 16,
3. die Behandlung und Nutzung des Schutzwaldes nach § 22,
4. Maßnahmen bei Schädlingsbefall oder gefahrdrohender Schädlingsvermehrung nach §§ 44 und 45 und
5. den Schutz hiebsunreifer Bestände nach § 80 Abs. 1,

anordnen, wenn öffentliche Interessen der Walderhaltung nicht entgegenstehen.

(3) Bei Gefahr in Verzug oder bei Wegfall der Voraussetzungen hat die Behörde von Amts wegen oder auf Antrag des Waldeigentümers einen nach Abs. 2 ergangenen Bescheid abzuändern oder aufzuheben und die nach Abs. 2 erteilte Ausnahme zur Gänze oder teilweise zu widerrufen. Bei Gefahr in Verzug für einen nicht unter Abs. 1 fallenden Wald, der an einen Wald im Sinne des Abs. 1 angrenzt, hat die Behörde auch auf Antrag des Eigentümers des gefährdeten nachbarlichen Waldes zu entscheiden.

(4) Die Behörde hat in Verfahren gemäß § 17, § 81 und § 85, die Wälder mit besonderem Lebensraum gemäß Abs. 1 betreffen, vor der Entscheidung die Bezirksverwaltungsbehörde als Naturschutzbehörde zu hören.

C. Benützung des Waldes zu Erholungszwecken

Arten der Benützung

§ 33. (1) Jedermann darf, unbeschadet der Bestimmungen der Abs. 2 und 3 und des § 34, Wald zu Erholungszwecken betreten und sich dort aufhalten.

(2) Zu Erholungszwecken gemäß Abs. 1 dürfen nicht benützt werden:

a) Waldflächen, für die die Behörde ein Betretungsverbot aus den Gründen des § 28 Abs. 3 lit. d, § 41 Abs. 2 oder § 44 Abs. 7 verfügt hat,
b) Waldflächen mit forstbetrieblichen Einrichtungen, wie Forstgärten und Saatkämpe, Holzlager- und Holzausformungsplätze, Material- und Gerätelagerplätze, Gebäude, Betriebsstätten von Bringungsanlagen, ausgenommen Forststraßen, einschließlich ihres Gefährdungsbereiches,
c) Wiederbewaldungsflächen sowie Neubewaldungsflächen, diese unbeschadet des § 4 Abs. 1, solange deren Bewuchs eine Höhe von drei Metern noch nicht erreicht hat.

(3) Eine über Abs. 1 hinausgehende Benutzung, wie Lagern bei Dunkelheit, Zelten, Befahren oder Reiten, ist nur mit Zustimmung des Waldeigentümers, hinsichtlich der Forststraßen mit Zustimmung jener Person, der die Erhaltung der Forststraße obliegt, zulässig. Das Abfahren mit Schiern im Wald ist im Bereich von Aufstiegshilfen nur auf markierten Pisten oder Schirouten gestattet. Schilanglaufen ohne Loipen ist unter Anwendung der nötigen Vorsicht gestattet; eine darüber hinausgehende Benützung des Waldes, wie das Anlegen und die Benützung von Loipen, ist jedoch nur mit Zustimmung des Waldeigentümers gestattet. Eine Zustimmung kann auf bestimmte Benützungsarten oder –zeiten eingeschränkt werden. Sie gilt als erteilt, wenn die Zulässigkeit der Benützung und deren Umfang im Sinne des § 34 Abs. 10 ersichtlich gemacht wurde.

(4) Soweit es die ordnungsgemäße Bewirtschaftung der Wälder zuläßt, hat der Erhalter der Forststraße deren Befahren durch Fahrzeuge im Rettungseinsatz oder zur Versorgung von über die Forststraße erreichbaren Schutzhütten zu dulden; einer Ersichtlichmachung im Sinne des § 34 Abs. 10 bedarf es nicht. Ist die Forststraße abgesperrt, so ist zwischen dem Erhalter der Forststraße und der für den Rettungseinsatz zuständigen Stelle eine für den Erhalter der Forststraße zumutbare Vereinbarung über die Zugänglichmachung der Forststraße zu treffen. Der Erhalter der Forststraße hat gegenüber dem Inhaber der Schutzhütte Anspruch auf eine dem Umfang der Benützung der Forststraße entsprechende Entschädigung für vermögensrechtliche Nachteile. Die Bestimmungen des § 14 Abs. 1 dritter bis sechster Satz sind sinngemäß anzuwenden.

(5) Durch die Benutzung des Waldes zu Erholungszwecken tritt eine Ersitzung (§§ 1452 ff. ABGB) nicht ein.

(6) Die Sicherstellung der Einhaltung der Bestimmungen des Abs. 3 darf von Organen des öffentlichen Sicherheitsdienstes wahrgenommen werden.

Benützungsbeschränkungen

§ 34. (1) Unbeschadet der Bestimmungen des § 33 Abs. 2 darf Wald von der Benutzung zu Erholungszwecken vom Waldeigentümer befristet (Abs. 2) oder dauernd (Abs. 3) ausgenommen werden (Sperre).

(2) Befristete Sperren sind nur zulässig für folgende Flächen:

a) Baustellen von Bringungsanlagen und anderen forstbetrieblichen Hoch- und Tiefbauten;
b) Gefährdungsbereiche der Holzfällung und –bringung bis zur Abfuhrstelle auf die Dauer der Holzerntearbeiten;
c) Waldflächen, in denen durch atmosphärische Einwirkungen Stämme in größerer Anzahl geworfen oder gebrochen wurden und noch nicht aufgearbeitet sind, bis zur Beendigung der Aufarbeitung;
d) Waldflächen, in denen Forstschädlinge bekämpft werden, solange es der Bekämpfungszweck erfordert;
e) Waldflächen, wenn und solange sie wissenschaftlichen Zwecken dienen und diese ohne Sperre nicht erreicht werden können.

(3) Dauernde Sperren sind nur zulässig für Waldflächen, die

a) aus forstlichen Nebennutzungen entwickelten Sonderkulturen, wie der Christbaumzucht, gewidmet sind;
b) der Besichtigung von Tieren oder Pflanzen, wie Tiergärten oder Alpengärten, oder besonderen Erholungseinrichtungen, ohne Rücksicht auf eine Eintrittsgebühr gewidmet sind;
c) der Waldeigentümer sich oder seinen Beschäftigten im engeren örtlichen Zusammenhang mit ihren Wohnhäusern vorbehält und die insgesamt 5% von dessen Gesamtwaldfläche, höchstens aber 15 ha, nicht übersteigen; bei einer Gesamtwaldfläche unter 10 ha dürfen bis zu 0,5 ha gesperrt werden.

(4) Beabsichtigt der Waldeigentümer eine befristete Sperre von Waldflächen, deren Dauer vier Monate übersteigt, oder eine dauernde Sperre von Waldflächen, deren Ausmaß 5 ha übersteigt, so hat er hiefür bei der Behörde eine Bewilligung zu beantragen. In diesem Antrag, dem eine Lageskizze anzuschließen ist, sind die Grundstücksnummer, der Sperrgrund und die beabsichtigte Dauer der Sperre und gegebenenfalls die Größe der zu sperrenden Waldfläche anzugeben. Dem Antrag ist stattzugeben, wenn dies zur Erreichung des Zweckes der Sperre unumgänglich ist.

(5) Wald, der von der Benützung zu Erholungszwecken ausgenommen wird, ist in den Fällen

a) des Abs. 1 und des § 33 Abs. 2 lit. b vom Waldeigentümer,
b) des § 33 Abs. 2 lit. a von der Behörde zu kennzeichnen. Flächen gemäß § 33 Abs. 2 lit. c sowie Flächen, hinsichtlich derer eine Kundmachung nach § 41 Abs. 3 erlassen worden ist, bedürfen keiner Kennzeichnung.

(6) Die Kennzeichnung gemäß Abs. 5 ist mittels Hinweistafeln an jenen Stellen, wo öffentliche Straßen und Wege, markierte Wege, Güterwege und Forststraßen sowie markierte Schirouten, –pisten und –loipen in die zu kennzeichnende gesperrte Fläche führen oder an diese unmittelbar angrenzen, anzubringen.

(7) Ist die Benützung einer Waldfläche zu Erholungszwecken aus den in den Abs. 2 und 3 sowie im § 33 Abs. 2 lit. a und b angeführten Gründen nicht zulässig, so erstreckt sich die Sperre

a) in den Fällen des Abs. 2 lit. a bis d sowie des § 33 Abs. 2 lit. a auch auf alle durch die Waldfläche führenden nichtöffentlichen Wege,
b) in den Fällen des Abs. 2 lit. e, des Abs. 3 sowie des § 33 Abs. 2 lit. b auf nichtöffentliche Wege, jedoch unbeschadet bestehender Benützungsrechte.

(8) Im Fall einer Sperre gemäß Abs. 3 hat der Waldeigentümer die Umgehung der gesperrten Fläche zu ermöglichen; erforderlichenfalls hat er geeignete Umgehungswege anzulegen. Ist dies nach der Lage der gesperrten Waldfläche nicht möglich, so hat er, im Falle die Sperre durch Beschilderung gekennzeichnet ist, die Möglichkeit der Benützung der durch die gesperrte Waldfläche führenden Wege durch Hinweistafeln zu kennzeichnen, im Falle die Waldfläche eingezäunt ist, diese Möglichkeit durch Überstiege oder Tore zu gewährleisten.

(9) Innerhalb von Waldflächen, die wegen einer Sperre gemäß Abs. 1 oder eines Betretungsverbotes gemäß § 33 Abs. 2 lit. c zu Erholungszwecken nicht benützt werden dürfen, dürfen Wege, soweit sie nicht bereits gemäß Abs. 7 in die Sperre miteinbezogen sind, nicht verlassen werden.

(10) Der Bundesminister für Land- und Forstwirtschaft, Umwelt und Wasserwirtschaft hat durch Verordnung die Arten der Kennzeichnung, Form und Wortlaut von Hinweistafeln sowie die Art der Ersichtlichmachung näher zu regeln. Bei befristeten Sperren ist auf oder unter der Hinweistafel Beginn und Ende der Sperre ersichtlich zu machen. Wenn mit Gefahren durch Waldarbeit zu rechnen ist, ist auf den Hinweistafeln darauf besonders zu verweisen.

Behördliche Überprüfung der Benützungsbeschränkungen

§ 35. (1) Die Behörde hat Sperren

1. im Fall von Zweifeln an deren Zulässigkeit von Amts wegen,
2. im Fall eines Antrags auf Überprüfung eines nach Abs. 4 Berechtigten oder
3. im Fall eines Antrags auf Bewilligung nach § 34 Abs. 4

auf ihre Zulässigkeit zu prüfen.

(2) Ergibt die Überprüfung die Zulässigkeit der Sperre, so hat die Behörde in den Fällen des Abs. 1 Z 1 und 2 dies mit Bescheid festzustellen, in den Fällen des Abs. 1 Z 3 die Bewilligung zu erteilen. Ergibt die Überprüfung die Unzulässigkeit der Sperre oder der Sperreinrichtung, so hat die Behörde dies mit Bescheid festzustellen und dem Waldeigentümer die Beseitigung der Sperre oder Sperreinrichtung mit Bescheid aufzutragen. Ergibt die Überprüfung, dass die Sperre auf einem anderen Bundesgesetz oder Landesgesetz beruht, kann die Behörde dem Waldeigentümer die Errichtung von Toren oder Überstiegen mit Bescheid auftragen, soweit dies mit dem Zweck und dem Rechtsgrund der Sperre vereinbar ist. Ergibt die Überprüfung, dass nur das Ausmaß der gesperrten Fläche überschritten wurde, so hat die Behörde das zulässige Ausmaß mit Bescheid festzulegen und dem Waldeigentümer mit Bescheid aufzutragen, bestehende Sperreinrichtungen, soweit sie der Sperre über das festgelegte Ausmaß hinaus dienen, zu beseitigen.

(3) Die Sperre ist unzulässig, wenn

a) Gründe gemäß den §§ 33 Abs. 2 oder 34 Abs. 2 oder 3 nicht vorliegen,
b) in den Fällen des § 34 Abs. 4 durch sie der nach den örtlichen Verhältnissen nachweisbare Bedarf für Erholung nicht mehr gedeckt und dies auch durch Gestaltungseinrichtungen (§ 36 Abs. 5) nicht ausgeglichen werden kann,
c) die Behörde festgestellt hat, daß der Waldeigentümer Vorschreibungen gemäß § 34 Abs. 8 nicht entsprochen hat.

(4) Antragsberechtigt im Sinne des Abs. 1 Z 2 sind

a) die Gemeinde, in der die gesperrte Fläche liegt,
b) die nach den landesgesetzlichen Vorschriften zur Wahrnehmung der Interessen des Fremdenverkehrs berufene Stelle,
c) Organisationen, deren Mitglieder bisher die gesperrte Fläche regelmäßig begangen haben,
d) der Waldeigentümer.

Erklärung zum Erholungswald

§ 36. (1) Besteht an der Benützung von Wald für Zwecke der Erholung ein öffentliches Interesse, weil

a) für die Bevölkerung bestimmter Gebiete, insbesondere von Ballungsräumen, ein Bedarf an Erholungsraum besteht, der infolge seines Umfanges in geordnete Bahnen gelenkt werden soll, oder

b) die Schaffung, Erhaltung und Gestaltung von Erholungsräumen in Fremdenverkehrsgebieten wünschenswert erscheint,

so kann die Erklärung zum Erholungswald (Abs. 3) beantragt werden, sofern es sich nicht um Waldflächen gemäß § 34 Abs. 3 handelt oder nicht eine örtlich erforderliche Schutzwirkung im Sinne des § 6 Abs. 2 lit. b dadurch gefährdet würde. Zum Erholungswald ist bei gleicher Eignung für die Erholung vorzugsweise Wald zu erklären, der im Eigentum von Gebietskörperschaften steht.

(2) Antragsberechtigt gemäß Abs. 1 sind

a) das Land vom Standpunkte der Landesraumplanung,
b) die Gemeinde, in der die Waldfläche liegt oder aus der erfahrungsgemäß die überwiegende Anzahl der Waldbesucher kommt,
c) die nach den landesgesetzlichen Vorschriften zur Wahrnehmung der Interessen des Fremdenverkehrs berufene Stelle,
d) Organisationen, deren Mitglieder die Waldfläche regelmäßig begehen,
e) der Waldeigentümer.

(3) Die Behörde hat die Anträge, unter Bedachtnahme auf die Gewährleistung der Wirkungen des Waldes (§ 6 Abs. 2), auf die Sicherstellung der ordentlichen Erhaltung der Gestaltungseinrichtungen (Abs. 5) sowie auf Bergbau- und Gewerbeberechtigungen, auf ihre Zulässigkeit zu prüfen und die beantragte Waldfläche mit Bescheid zum Erholungswald zu erklären, wenn hienach keine schwerwiegenden Bedenken entgegenstehen und die Voraussetzungen gemäß den Abs. 1 und 2 gegeben sind; nach Rechtskraft des Bescheides hat der Landeshauptmann diese Waldfläche im Waldentwicklungsplan als erklärten Erholungswald auszuweisen.

(4) Ist Wald gemäß Abs. 3 zum Erholungswald erklärt, so hat die Behörde auf Antrag des Waldeigentümers oder eines Antragsberechtigten gemäß Abs. 2 lit. a bis d, sofern dieser die Zustimmungserklärung des Waldeigentümers nachweist, zur Schaffung und Benutzung von Gestaltungseinrichtungen (Abs. 5)

a) Rodungen, insbesondere befristete Rodungen (§ 18),
b) Ausnahmen vom Verbot der Fällung hiebsunreifer Hochwaldbestände (§ 81),
c) Ausnahmen von den Bestimmungen der §§ 13 Abs. 1, 33 Abs. 2 lit. a, 40 Abs. 3 und der nach § 45 Abs. 2 zu erlassenden Verordnung

zu bewilligen, wenn und soweit dadurch die Erholungswirkung des Waldes erhöht und das öffentliche Interesse an der Schutz- und Wohlfahrtswirkung des Waldes (§ 6 Abs. 2) nicht wesentlich beeinträchtigt wird.

(5) Gestaltungseinrichtungen im Sinne des Abs. 4 sind insbesondere Parkplätze, Spiel- und Lagerwiesen, Sitzgelegenheiten, Wander-, Radfahr- und Reitwege, Hütten oder sonstige Baulichkeiten für den Erholungsverkehr, Tiergehege, Waldlehr- und –sportpfade und Sporteinrichtungen durch deren Art und Ausmaß die Wirkungen des Waldes (§ 6 Abs. 2) möglichst gewahrt bleiben.

(6) Auf die Kostentragung für die Maßnahmen im Erholungswald sowie für die als Folge der Erklärung desselben dem Waldeigentümer erwachsenden vermögensrechtlichen Nachteile finden die Bestimmungen des § 31 und des Abschnittes X Anwendung.

(7) Sind die Voraussetzungen gemäß den Abs. 1, 3 und 4 nicht mehr gegeben, so hat die Behörde auf Antrag oder von Amts wegen die Erklärung zum Erholungswald und Bewilligungen nach Abs. 4 zu widerrufen.

D. Wälder mit Nebennutzungen Waldweide; Schneeflucht

§ 37. (1) Durch die Waldweide darf die Erhaltung des Waldes und seiner Wirkungen (§ 6 Abs. 2) nicht gefährdet werden.

(2) Der Viehtrieb ist unter Rücksichtnahme auf die nötige Waldschonung, erforderlichenfalls auch auf zumutbaren Umwegen, durchzuführen.

(3) In zur Verjüngung bestimmten Waldteilen, in denen das Weidevieh die bereits bestehende oder erst heranzuziehende Verjüngung schädigen könnte (Schonungsflächen), darf die Waldweide nicht ausgeübt werden. Die Weidetiere sind von den Schonungsflächen fernzuhalten. Auf Antrag des Waldeigentümers oder des Weideberechtigten hat die Behörde unter Bedachtnahme auf die im § 1 festgelegten Grundsätze den Umfang, die Dauer und die Kennzeichnung der Schonungsflächen durch Bescheid festzulegen.

(4) Die für Weiderechte in Einforstungswäldern geltenden Bestimmungen der Regulierungsurkunden werden durch die Regelungen der Abs. 1 und 3 nicht berührt.

(5) Im Falle drohender Elementargefahren und für die Dauer des Anhaltens dieser Gefahren ist jeder Waldeigentümer

a) berechtigt, Weidevieh in seinen Wald einzutreiben, darin zu bergen und weiden zu lassen und
b) verpflichtet, fremdes Weidevieh zur Bergung in seinen Wald eintreiben zu lassen (Schneeflucht).

(6) Der gemäß Abs. 5 lit. b verpflichtete Waldeigentümer hat Anspruch auf Entschädigung für vermögensrechtliche Nachteile. Hinsichtlich der

Entschädigung des verpflichteten Waldeigentümers sind die Bestimmungen des § 14 Abs. 1 dritter bis sechster Satz sinngemäß anzuwenden.

Streugewinnung

§ 38. (1) Bodenstreu, wie Laub- oder Nadelstreu u. dgl., darf nur unter Schonung des Waldbodens gewonnen werden. Die Gewinnung von Rechstreu ist nur mit Holzrechen und auf derselben Stelle höchstens jedes vierte Jahr zulässig. In Wäldern, deren Böden zur Verarmung neigen, in Schutzwäldern sowie auf Waldflächen, auf denen die Streunutzung die Wiederbewaldung gefährden würde, ist die Gewinnung vn Bodenstreu gänzlich untersagt.

(2) Die Aststreugewinnung an stehenden Bäumen (Schneiteln) ist verboten.

...

VI. ABSCHNITT
NUTZUNG DER WÄLDER
A. Generelle Nutzungsbeschränkungen
Schutz hiebsunreifer Bestände

§ 80. (1) In hiebsunreifen Hochwaldbeständen sind Kahlhiebe sowie über das pflegliche Ausmaß hinausgehende Einzelstammentnahmen (Abs. 2) verboten.

(2) Das pflegliche Ausmaß im Sinne des Abs. 1 wird überschritten, wenn nach der Einzelstammentnahme weniger als sechs Zehntel der vollen Überschirmung zurückbleiben würden. Dieser Wert kann bei Pflegeeingriffen unterschritten werden, wenn

a) das Alter der solcherart behandelten Bestände die Hälfte des in den Abs. 3 und 4 angegebenen Alters nicht überschreitet und
b) zu erwarten ist, daß spätestens fünf Jahre nach dem Pflegeeingriff wieder eine Überschirmung von mehr als sechs Zehnteln erreicht sein wird.

(3) Hiebsunreif sind Hochwaldbestände von nicht raschwüchsigen Baumarten

a) in gleichaltrigen Beständen mit einem Alter von noch nicht 60 Jahren,
b) in ungleichaltrigen Beständen mit einem Durchschnittsalter von noch nicht 60 Jahren, wenn mehr als die Hälfte der Anzahl der Stämme des Bestandes ein Alter von 60 Jahren noch nicht erreicht hat.

(3a) Für die Baumart Fichte gilt 50 Jahre als Alter im Sinne des Abs. 3.

(4) Der Bundesminister für Land- und Forstwirtschaft, Umwelt und Wasserwirtschaft hat durch Verordnung die raschwüchsigen Baumarten festzustellen und erforderlichenfalls für diese das Alter der Hiebsunreife festzusetzen.

(5) In der Verordnung gemäß Abs. 4 kann zur Ermittlung der Obergrenze der Hiebsunreife an Stelle oder neben einer Altersgrenze ein dieser entsprechender Mindestdurchmesser festgesetzt werden. Wurde ein solcher festgesetzt, ist er für die Beurteilung des Zutreffens der Voraussetzungen gemäß § 81 Abs. 1 lit. d jedenfalls anzuwenden.

(6) Das Verbot gemäß Abs. 1 gilt nicht für Fällungen

a) auf Waldboden, der für die Errichtung einer Bringungsanlage in Anspruch genommen wird, sowie für Fällungen gemäß § 86 Abs. 1 lit. c,
b) auf Waldboden, der ausdrücklich der Christbaumzucht oder dem Kurzumtrieb gewidmet ist, nach Maßgabe des Abs. 7,
c) die für Aufhiebe, wie Los-, Frei- oder Grenzhiebe erforderlich sind, wenn ihre Breite nicht mehr als zehn Meter beträgt,
d) die als Vorbereitungsmaßnahmen für die Aufforstung von Räumden erforderlich sind.

(7) Die beabsichtigte Widmung im Sinne des Abs. 6 lit. b ist der Behörde binnen zehn Jahren, gerechnet ab dem Zeitpunkt der Errichtung, anzuzeigen. Die Behörde hat die Widmung innerhalb von drei Monaten zu untersagen, wenn

a) nach der Art des Aufbaues des Bewuchses anzunehmen ist, daß dieser dem Widmungszweck nicht entspricht, oder
b) es sich um Schutzwald, Bannwald oder Bewuchs in der Kampfzone des Waldes, sofern dem Bewuchs in der Kampfzone eine hohe Schutzwirkung im Sinne des § 6 Abs. 2 lit. b zukommt, handelt.

Ausnahmebewilligung

§ 81. (1) Die Behörde hat auf Antrag Ausnahmen vom Verbot des § 80 Abs. 1 zu bewilligen, wenn

a) Aufhiebe mit einer Breite von mehr als zehn Metern für forstbetriebliche Maßnahmen, wie Los-, Frei- oder Grenzhiebe oder für im Interesse der Walderhaltung gelegene Maßnahmen der Wildstandsbewirtschaftung, erforderlich sind,
b) Trassenaufhiebe zum Zwecke der Errichtung und für die Dauer des rechtmäßigen Bestandes einer energiewirtschaftlichen Leitungsanlage erforderlich sind,
c) zwischen der Produktionskraft des Waldbodens und der Ertragsleistung des darauf stockenden Bestandes ein offenbares Mißverhältnis besteht, das nur durch Räumung des Bestandes und durch ertragsteigernde forstliche Maßnahmen beseitigt werden kann, oder
d) Maßnahmen zur Zuwachssteigerung durchgeführt werden (Abs. 4) und keine Gefährdung der Wirkungen des Waldes zu erwarten ist.

Für die Antragstellung gelten die Bestimmungen des § 87 sinngemäß.

ForstG

(2) Ist durch außergewöhnliche Unglücksfälle der Fortbestand des land- und forstwirtschaftlichen Betriebes gefährdet, so kann die Behörde auf Antrag des Waldeigentümers eine Ausnahme vom Verbot des § 80 Abs. 1 bewilligen, wenn nur dadurch diese Gefährdung abgewendet werden kann, Bedenken aus den Gründen des § 16 Abs. 2 oder des § 82 Abs. 1 lit. a nicht bestehen und die Wiederbewaldung sichergestellt ist.

(3) Fälle der im Abs. 1 lit. c genannten Art liegen insbesondere vor bei geringer oder geringwertiger Bestockung, bei Bestockung mit standortsuntauglichen oder schlechtrassigen Baumarten, bei erheblicher Beschädigung der Bestände durch Wild, Weidevieh, Forstschädlinge oder Rotfäule.

(4) Als Maßnahmen im Sinne des Abs. 1 lit. d gelten solche, durch die der stehende Holzvorrat des zur Fällung beantragten Bestandes den eines gleichartigen, durchschnittlich bestockten, hiebsreifen Bestandes überschreitet, in dem keine zuwachssteigernden Maßnahmen, wie Walddüngung oder intensive Bestandeserziehung, erfolgten.

(5) Die forstlichen Maßnahmen im Sinne des Abs. 1 lit. c sind im Antrag anzugeben. Ergeben die hiezu durchgeführten Erhebungen, daß diese Maßnahmen geeignet sind, die angegebenen Zwecke zu erreichen, so hat sie die Behörde im Bewilligungsbescheid als Auflagen vorzuschreiben, andernfalls ist der Antrag abzuweisen. Hinsichtlich der Vorschreibung einer Sicherheitsleistung ist in den Fällen des Abs. 1 lit. c und Abs. 2 § 89 sinngemäß anzuwenden.

(6) Hinsichtlich des Inhaltes des Bewilligungsbescheides finden § 88 Abs. 4 und § 92 Anwendung.

(7) Eine Bewilligung gemäß Abs. 1 ist nicht erforderlich für Fälle gemäß Abs. 1 lit. c, wenn die beabsichtigte Fällung in einem Förderungsvertrag als Teil eines Förderungsprojektes gemäß § 142 Abs. 2 Z 11 vorgesehen ist.

(8) Die Bestimmungen des Abs. 1 lit. c und d sowie des Abs. 2 finden auf Schutzwald, Bannwald oder Bewuchs in der Kampfzone des Waldes keine Anwendung.

Verbot von Kahlhieben

§ 82. (1) Verboten sind

a) Kahlhiebe, die
   1. die Produktionskraft des Waldbodens dauernd vermindern,
   2. den Wasserhaushalt des Waldbodens erheblich oder dauernd beeinträchtigen,
   3. eine stärkere Abschwemmung oder Verwehung von Waldboden herbeiführen oder
   4. die Wirkung von Schutz- oder Bannwäldern gefährden,
b) Großkahlhiebe im Hochwald.

(2) Ein Großkahlhieb gemäß Abs. 1 lit. b liegt vor, wenn die entstehende Kahlfläche

a) bei einer Breite bis zu 50 Meter über eine Länge von 600 Metern hinausgeht oder
b) bei einer Breite über 50 Meter ein Ausmaß von 2 ha überschreitet.

Hiebei sind angrenzende Kahlflächen oder noch nicht gesicherte Verjüngungen ohne Rücksicht auf die Eigentumsgrenzen anzurechnen.

(3) Die Behörde hat auf Antrag Ausnahmen vom Verbot des Abs. 1 lit. b zu bewilligen, wenn

a) forstbetriebliche Gründe, wie insbesondere schwierige Bringungsverhältnisse oder die Notwendigkeit der Beseitigung minderproduktiver oder gefährdeter Bestände (§ 81 Abs. 1 lit. c und Abs. 3), vorliegen,
b) eine Bewilligung gemäß § 81 Abs. 1 lit. d erteilt worden ist,
c) ansonsten der Fortbestand des land- und forstwirtschaftlichen Betriebes gefährdet wäre oder
d) dies zur Errichtung einer energiewirtschaftlichen Leitungsanlage erforderlich ist

und gegen den Großkahlhieb Bedenken aus den Gründen des Abs. 1 lit. a oder des § 16 Abs. 2 nicht bestehen. Für die Antragstellung gelten die Bestimmungen des § 87 sinngemäß.

B. Behördliche Überwachung der Fällungen

Bewilligungspflichtige Fällungen

§ 85. (1) Einer Bewilligung der Behörde bedürfen

a) Kahlhiebe und diesen gleichzuhaltende Einzelstammentnahmen (Abs. 2) auf einer zusammenhängenden Fläche ab einer Größe von einem halben Hektar,
b) Kahlhiebe und diesen gleichzuhaltende Einzelstammentnahmen, wenn die vorgesehene Hiebsfläche, ohne Rücksicht auf Eigentumsgrenzen, unmittelbar an Kahlflächen oder an Flächen mit nicht gesicherter Verjüngung angrenzt und im Falle der Fällung die danach entstehende gesamte unbestockte Fläche oder die vorgesehene Hiebsfläche zusammen mit der nicht gesichert verjüngten Fläche ein halbes Hektar oder mehr als dieses betragen würde,
c) Fällungen in Wäldern, die wegen Übertretungen des Waldeigentümers (Abs. 3) einer besonderen, durch Bescheid der Behörde festgelegten behördlichen Überwachung bedürfen.

(2) Einzelstammentnahmen sind Kahlhieben gleichzuhalten, wenn nach ihrer Ausführung weniger als fünf Zehntel der vollen Überschirmung zurückbleiben würde. Gesicherte Verjüngungen auf Teilflächen sind bei dieser Berechnung als voll überschirmt einzubeziehen.

(3) Übertretungen im Sinne des Abs. 1 lit. c liegen vor, wenn der Waldeigentümer wegen

a) Waldverwüstung (§ 16),
b) wiederholten Verstoßes gegen § 13,

c) wiederholten Verstoßes gegen die im Abs. 1 vorgesehene Bewilligungspflicht oder gegen bescheidmäßig vorgeschriebene Bedingungen und Auflagen (§ 88 Abs. 4)

rechtskräftig bestraft wurde und das Straferkenntnis nicht länger als fünf Jahre, gerechnet ab dem Beginn der beabsichtigten Fällung, zurückliegt.

Freie Fällungen

§ 86. (1) Freie Fällungen sind

a) Fällungen, nach deren Durchführung eine gesicherte Verjüngung zurückbleibt (Räumung),
b) Fällungen infolge höherer Gewalt, die sich aus der notwendigen Aufarbeitung von Schadhölzern einschließlich allfälliger Schlagfrontbegradigungen sowie der Durchführung behördlicher Aufträge ergeben,
c) Fällungen von Einzelstämmen und Baumgruppen auf Waldflächen, auf denen ein Bringungsrecht nach dem Güter- und Seilwegegrundsatzgesetz 1967, BGBl. Nr. 198, ohne Errichtung einer Bringungsanlage eingeräumt wird, in dem für die Bringung notwendigen Ausmaß,
d) alle sonstigen Fällungen, soweit auf sie nicht § 85 Abs. 1 anzuwenden ist.

(2) Der Waldeigentümer hat Fällungen gemäß Abs. 1 lit. a und b, sofern diese ein halbes Hektar oder mehr umfassen, spätestens eine Woche vor deren Beginn der Behörde zu melden. § 87 Abs. 4 findet sinngemäß Anwendung.

(3) Bei der Fällung und Aufarbeitung ist jede Beschädigung stehender Bäume und Jungbäume tunlichst zu vermeiden.

(4) Die Bestimmungen über Beschränkungen von Fällungen in Schutz- und Bannwäldern sowie in der Kampfzone des Waldes bleiben unberührt.

Fällungsantrag

§ 87. (1) Die Erteilung einer Fällungsbewilligung hat der Waldeigentümer zu beantragen. Steht das Verfügungsrecht über den Wald, der Gegenstand des Bewilligungsverfahrens ist, auf Grund einer Fruchtnießung nicht dem Waldeigentümer zu, so hat der danach Verfügungsberechtigte den Antrag zu stellen.

(2) Neben den im Abs. 1 bezeichneten Personen steht das Recht zur Antragstellung auch sonstigen Verfügungsberechtigten zu, soweit die Ausübung ihrer Rechte Fällungen erforderlich macht.

(3) Wird in den Fällen des Abs. 1 zweiter Satz oder des Abs. 2 das Recht zur Antragstellung ausgeübt, so kommt in den Verfahren hierüber dem Waldeigentümer Parteistellung zu.

(4) Der Antrag hat die für seine Erledigung erforderlichen Angaben, wie über Hiebsort und –fläche, Zeitraum der Fällung, zu enthalten.

Fällungsbewilligung

§ 88. (1) Die Fällungsbewilligung ist zu erteilen, wenn der beantragten Fällung Bestimmungen dieses Bundesgesetzes nicht entgegenstehen.

(2) Hat der Antragsteller einer gemäß § 13 bestehenden Verpflichtung zur Wiederbewaldung wiederholt nicht entsprochen, so ist die beantragte Fällungsbewilligung jedenfalls solange zu versagen, bis er der Verpflichtung entsprochen hat.

(3) Unbeschadet der Bestimmung des Abs. 2 ist bei Vorhandensein von Aufforstungsrückständen die Fällungsbewilligung jedenfalls mit der Auflage zu verbinden, daß die ausständige Wiederbewaldung innerhalb einer angemessenen Frist nachgeholt wird. § 13 Abs. 4 bis 6 findet Anwendung.

(4) Die Bewilligung ist erforderlichenfalls unter Bedingungen und Auflagen zu erteilen, die geeignet sind, eine den Bestimmungen dieses Bundesgesetzes entsprechende Waldbehandlung zu gewährleisten (wie Vorschreibungen über die Wiederbewaldung oder über eine pflegliche Bringung des gefällten Holzes, die Anordnung von Forstschutzmaßnahmen oder der Auszeige der zur Fällung bewilligten Bestände oder Stämme durch ein Behördenorgan u. dgl.). Soweit die behördliche Auszeige vorgeschrieben wird, ist für diese der Waldhammer (§ 172 Abs. 7) zu verwenden.

(5) Die Behörde hat dahin zu wirken, daß sonstige nach bundesrechtlichen Vorschriften erforderliche Amtshandlungen tunlichst zugleich mit den Amtshandlungen gemäß diesem Abschnitt vorgenommen werden.

Sicherheitsleistung

§ 89. (1) Bestehen begründete Zweifel an der Erfüllung der Pflicht zur Wiederbewaldung durch den Antragsteller, so ist eine den Kosten der Wiederbewaldung angemessene Sicherheitsleistung vorzuschreiben. Vor deren Erlag darf mit der Fällung nicht begonnen werden.

(2) Die Sicherheitsleistung kann in der Hinterlegung von Bargeld, Staatsobligationen oder anderen für mündelsicher erklärten Wertpapieren oder Einlagebüchern inländischer Geldinstitute bei der Behörde, in der Begründung einer Höchstbetragshypothek oder in der unwiderrufbaren Erklärung eines Geldinstitutes bestehen, für den vorgeschriebenen Betrag als Bürge und Zahler gegenüber der Behörde zu haften.

(3) Eine Sicherheitsleistung kann dem Antragsteller auch nachträglich vorgeschrieben werden, wenn die Frist für die Wiederbewaldung überschritten wurde. Dies gilt auch für Fällungen, die bewilligungsfrei sind.

(4) Die Sicherheitsleistung ist dem Erleger nach Maßgabe der durchgeführten Wiederbewaldungsarbeiten auszufolgen; wurde eine Höchstbetragshypothek begründet, so ist eine Löschungsquittung auszustellen. Der Restbetrag ist nach ordnungsgemäßer Durchführung, spätestens aber

nach gesicherter Aufforstung ohne Verzug freizugeben. Wurde die Sicherheitsleistung zur Deckung der Kosten einer Ersatzvornahme in Anspruch genommen, so hat die Behörde dem Erleger Rechnung zu legen und allenfalls nicht in Anspruch genommene Werte der Sicherheitsleistung auszufolgen.

Verpflichtung sonstiger Personen aus der Bewilligung

§ 90. (1) Wird einem Berechtigten gemäß § 87 Abs. 1 oder 2 die Fällungsbewilligung erteilt, so tritt dieser, unbeschadet allfälliger zivilrechtlicher Vereinbarungen, hinsichtlich der Rechte und der Verpflichtungen aus der Fällungsbewilligung an die Stelle des Waldeigentümers. Kommt der gemäß § 87 Abs. 1 Berechtigte den Verpflichtungen nicht nach, so hat für deren Erfüllung der Waldeigentümer Sorge zu tragen.

(2) Schlägerungsunternehmer und Käufer von Holz auf dem Stock sind wie der Waldeigentümer für die Einhaltung der Bestimmungen über die Fällung und Bringung verantwortlich. Sie haben sich auch vor Beginn der Fällung zu unterrichten, ob und zutreffendenfalls unter welchen Bedingungen und Auflagen eine Fällungsbewilligung erteilt wurde.

Entscheidung über den Fällungsantrag

§ 91. (1) Die Behörde hat über den Fällungsantrag binnen sechs Wochen nach dessen Einlangen zu entscheiden. Trifft sie innerhalb dieser Frist keine Entscheidung, so darf der Antragsteller die beantragte Fällung unter Einhaltung der Bestimmungen dieses Bundesgesetzes durchführen.

(2) Verhindern die Witterungsverhältnisse die Vornahme erforderlicher Erhebungen an Ort und Stelle, so darf die Behörde die sechswöchige Frist bis zum voraussichtlichen Wegfallen der Verhinderung verlängern. Hievon ist der Antragsteller durch Bescheid in Kenntnis zu setzen.

(3) Werden im Verfahren zivilrechtliche Einwendungen vorgebracht, so hat die Behörde auf eine gütliche Einigung der Parteien hinzuwirken. Kommt eine solche nicht zustande, so hat die Behörde in ihrer Entscheidung über die forstrechtliche Zulässigkeit der Fällung die Parteien unter ausdrücklicher Anführung der durch den Bescheid nicht erledigten Einwendungen zur Austragung derselben auf den Zivilrechtsweg zu verweisen.

Geltungsdauer der Fällungsbewilligung

§ 92. (1) Die Geltungsdauer einer Fällungsbewilligung erlischt mit Ablauf von fünf Jahren nach Eintritt der Rechtskraft des Bescheides.

(2) Die Geltungsdauer erlischt ferner bei Wechsel im Eigentum des Waldes, ausgenommen bei Übergang von Todes wegen oder auf Grund von Übergabsverträgen.

(3) In den Fällen des § 81 Abs. 1 lit. b erlischt die Geltungsdauer der Ausnahmebewilligung mit Ende des rechtmäßigen Bestandes der energiewirtschaftlichen Leitungsanlage.

C. Ermächtigung der Landesgesetzgebung
Allgemeine Ermächtigung der Landesgesetzgebung

§ 95. (1) Die Landesgesetzgebung wird gemäß Art. 10 Abs. 2 B-VG ermächtigt,

a) die gemäß § 80 Abs. 3 festgelegte Obergrenze der Hiebsunreife von Hochwaldbeständen für bestimmte Gebiete des Landes auf 50 Jahre herab- oder bis auf 80 Jahre hinaufzusetzen, sofern nicht die Bestimmung des § 22 Abs. 4 lit. c Anwendung findet,
b) Fällungsanträge, die bis zu einem zu bestimmenden Zeitpunkt in Form einer Eintragung in ein von der Gemeinde zu führendes Verzeichnis eingebracht werden, als solche im Sinne des § 87 Abs. 4 gelten zu lassen,
c) die Geltungsdauer der Fällungsbewilligung bis auf ein Jahr herabzusetzen.

(2) Wird gemäß Abs. 1 lit. a die Altersgrenze herab- oder hinaufgesetzt, so ist auf § 81 Abs. 4 entsprechend Bedacht zu nehmen.

Sonderbestimmungen für Tirol, Vorarlberg und Oberösterreich

§ 96. (1) Die Landesgesetzgebung der Länder Tirol und Vorarlberg wird gemäß Art. 10 Abs. 2 B-VG ermächtigt,

a) das Ausmaß der freien Fällungen, ausgenommen jene, die durch § 86 Abs. 1 lit. c erfaßt sind, herabzusetzen,
b) alle Fällungen in den Gemeindevermögens- und unverteilten Agrargemeinschaftswäldern sowie in den Schutz- und Bannwäldern für bewilligungspflichtig zu erklären,
c) die forstlichen Nebennutzungen (wie Streugewinnung, Weide) näher zu regeln und
d) für den Fällungsantrag abweichend von § 87 Abs. 4 weitere Angaben festzulegen.

(2) Die Landesgesetzgebung der Länder Tirol, Vorarlberg und Oberösterreich wird gemäß Art. 10 Abs. 2 B-VG ermächtigt,

a) den Aufgabenbereich der Forstaufsichtsorgane der Behörde, das sind die dieser zur Erfüllung ihrer behördlichen Aufgaben zugewiesenen Hilfsorgane, festzulegen,
b) soweit solche Organe mit forstwirtschaftlichen Aufgaben betraut sind, vorzuschreiben, daß sie einen mehrwöchigen Ausbildungskurs an einer forstlichen Lehranstalt oder an einer forstlichen Ausbildungsstätte mit Erfolg besucht haben müssen, und die Gestaltung dieses Kurses näher zu regeln.

(3) Die Landesgesetzgebung der Länder Tirol und Vorarlberg wird überdies gemäß Art. 10 Abs. 2 B-VG ermächtigt, soweit für die Behandlung von im Abs. 1 bezeichneten Angelegenheiten in Gemeinden Forsttagsatzungskommissionen als Behörden erster Instanz eingerichtet sind, deren Aufgabenbereich und die Abkürzung des Instanzenzuges zu regeln.

(4) Die Landesgesetzgebung der Länder Tirol und Vorarlberg wird schließlich für den Fall, daß sie die Einrichtung von Forstaufsichtsorganen vorsieht, gemäß Art. 10 Abs. 2 B-VG ermächtigt, festzulegen, daß in Forstaufsichtsgebieten die Bestimmungen des § 104 Abs. 1 bis 3 sowie die §§ 113 bis 116 keine Anwendung finden.

(5) Die Bestimmungen des § 104 Abs. 1 bis 3 und der §§ 113 bis 116 bleiben unberührt, soweit sich aus Abs. 4 nicht anderes ergibt.

Sonderbestimmungen für Salzburg

§ 97. Die Landesgesetzgebung des Landes Salzburg wird gemäß Art. 10 Abs. 2 B-VG ermächtigt,

a) das Ausmaß der freien Fällungen, ausgenommen jene, die durch § 86 Abs. 1 lit. c erfaßt sind, herabzusetzen,
b) alle Fällungen in einem den gewöhnlichen Haus- und Gutsbedarf übersteigenden Umfang für bewilligungspflichtig zu erklären und
c) die forstlichen Nebennutzungen (wie Streugewinnung, Waldweide) näher zu regeln.

...

9. Wasserrechtsgesetz (Auszug)

Wasserrechtsgesetz 1959 – WRG. 1959.
StF: BGBl. Nr. 215/1959 (WV)
Letzte Novellierung: BGBl. I Nr. 73/2018

GLIEDERUNG

ERSTER ABSCHNITT.
Von der rechtlichen Eigenschaft der Gewässer

Einteilung der Gewässer.

§ 1. Die Gewässer sind entweder öffentliche oder private; jene bilden einen Teil des öffentlichen Gutes (§ 287 ABGB.).

Öffentliche Gewässer.

§ 2. (1) Öffentliche Gewässer sind:

a) die im Anhang A zu diesem Bundesgesetze namentlich aufgezählten Ströme, Flüsse, Bäche und Seen mit allen ihren Armen, Seitenkanälen und Verzweigungen;
b) Gewässer, die schon vor Inkrafttreten dieses Bundesgesetzes anläßlich der Erteilung einer wasserrechtlichen Bewilligung als öffentliche behandelt wurden, von der betreffenden Stelle angefangen;
c) alle übrigen Gewässer, sofern sie nicht in diesem Bundesgesetze ausdrücklich als Privatgewässer bezeichnet werden.

(2) Insoweit für die im Abs. 1 genannten Gewässer ein besonderer vor dem Jahre 1870 entstandener Privatrechtstitel nachgewiesen wird, sind diese Gewässer als Privatgewässer anzusehen. Das Eigentum an den Ufergrundstücken oder dem Bette des Gewässers bildet keinen solchen Privatrechtstitel.

(3) Durch die zu anderen als Verbrauchszwecken vorgenommene Ableitung aus einem öffentlichen Gewässer verliert der abgeleitete Teil seine Eigenschaft als öffentliches Gewässer nicht.

(4) Öffentliche Gewässer behalten diese rechtliche Eigenschaft auch in ihren unterirdischen Strecken sowie auch dann, wenn ihr Bett nicht ständig Wasser enthält.

Privatgewässer.

§ 3. (1) Außer den im § 2 Abs. 2 bezeichneten Gewässern sind folgende Gewässer Privatgewässer und gehören, wenn nicht von anderen erworbene Rechte vorliegen, dem Grundeigentümer:

a) das in einem Grundstück enthaltene unterirdische Wasser (Grundwasser) und das aus einem Grundstücke zutage quellende Wasser;
b) die sich auf einem Grundstück aus atmosphärischen Niederschlägen sammelnden Wässer;
c) das in Brunnen, Zisternen, Teichen oder anderen Behältern enthaltene und das in Kanälen, Röhren usw. für Verbrauchszwecke abgeleitete Wasser;

ferner, soweit nicht die Bestimmungen des § 2 Abs. 1 lit. a und b entgegenstehen,

d) Seen, die nicht von einem öffentlichen Gewässer gespeist oder durchflossen werden;
e) die Abflüsse aus den vorgenannten Gewässern bis zu ihrer Vereinigung mit einem öffentlichen Gewässer.

(2) Für die dem Salzmonopol unterliegenden Salzquellen, für die zum Bergregal gehörenden Zementwässer und für die Grubenwässer gelten die bezüglichen besonderen gesetzlichen Bestimmungen.

(3) Die im Abs. 1 lit. d und e genannten Privatgewässer sind, insofern nichts anderes nachgewiesen wird, als Zugehör der Grundstücke zu betrachten, auf oder zwischen denen sie sich befinden und zwar nach Maßgabe der Uferlänge eines jeden Grundstückes.

Öffentliches Wassergut

§ 4. (1) Wasserführende und verlassene Bette öffentlicher Gewässer sowie deren Hochwasserabflußgebiet (§ 38) sind öffentliches Wassergut, wenn der Bund als Eigentümer in den öffentlichen Büchern eingetragen ist. Sie gelten aber bis zum Beweis des Gegenteiles auch dann als öffentliches Wassergut, wenn sie wegen ihrer Eigenschaft als öffentliches Gut in kein öffentliches Buch aufgenommen sind oder in den öffentlichen Büchern ihre Eigenschaft als öffentliches Gut zwar ersichtlich gemacht (§ 12 des Allgemeinen Grundbuchsanlegungsgesetzes, BGBl. Nr. 2/1930), aber kein Eigentümer eingetragen ist.

(2) Öffentliches Wassergut dient unter Bedachtnahme auf den Gemeingebrauch (§ 8) insbesondere

a) der Erhaltung des ökologischen Zustands der Gewässer,
b) dem Schutz ufernaher Grundwasservorkommen,
c) dem Rückhalt und der Abfuhr von Hochwasser, Geschiebe und Eis,
d) der Instandhaltung der Gewässer sowie der Errichtung und Instandhaltung von Wasserbauten und gewässerkundlicher Einrichtungen,
e) der Erholung der Bevölkerung.

(3) Eisenbahngrundstücke sowie Grundstücke, die zu einer öffentlichen Straßen- oder Wegeanlage gehören oder in der Verwaltung eines Bundesbetriebes stehen, zählen nicht zum öffentlichen Wassergut.

(3a) Flächen gemäß Abs. 1, die die Österreichische Bundesforste AG im eigenen oder fremden Namen verwaltet, sind nicht öffentliches Wassergut. Sie sind öffentlichem Wassergut jedoch insoweit gleichzuhalten, als die Abs. 2, 6, 8 und 9 sinngemäß gelten.

(4) Wasserführende und verlassene Bette öffentlicher Gewässer sowie deren Hochwasserabflußgebiet (§ 38), die den in Abs. 2 genannten Zwecken dienlich sein können, werden öffentliches Wassergut, sobald der Bund Eigentum an diesen Flächen erwirbt; dies gilt nicht für Grundstücke nach Abs. 3.

(5) Das Eigentum an Inseln, die in einem Gewässerbett entstehen, das zum öffentlichen Wassergut gehört, ist dem Bund auch dann vorbehalten, wenn die Insel nicht in einem schiffbaren Fluß (§ 407 ABGB) entsteht.

(6) Durch Ersitzung kann das Eigentum oder ein anderes dingliches Recht am öffentlichen Wassergut nicht mehr erworben werden.

(7) § 12 Abs. 2 des Allgemeinen Grundbuchsanlegungsgesetzes bleibt unberührt.

(8) Bei den zum öffentlichen Wassergut gehörenden Liegenschaften ist unbeschadet der für die Veräußerung oder Belastung von unbeweglichem Bundesvermögen geltenden Vorschriften bei sonstiger Nichtigkeit des Rechtsaktes

– die Übertragung des Eigentums erst nach bescheidmäßiger Feststellung der dauernden Entbehrlichkeit für die mit der Widmung als öffentliches Wassergut verbundenen Zwecke (Ausscheidung),
– die Einräumung eines anderen dinglichen Rechtes erst nach bescheidmäßiger Feststellung, daß hiedurch keine Beeinträchtigung der Widmungszwecke (Abs. 2) eintritt,

zulässig.

(9) Feststellungsbescheide nach Abs. 8 sind vom Landeshauptmann zu erlassen. Parteien sind der Bund sowie derjenige, der einen Rechtstitel für den Erwerb der beanspruchten Liegenschaft besitzt.

(10) Für wasserführende und verlassene Bette öffentlicher Gewässer sowie deren Hochwasserabflußgebiet (§ 38), die den in Abs. 2 genannten Zwecken dienlich sein können, aber nach Abs. 3 verwaltet werden, gelten die Abs. 6, 8 und 9 sinngemäß.

ZWEITER ABSCHNITT.
Von der Benutzung der Gewässer

Benutzungsberechtigung.

§ 5. (1) Die Benutzung der öffentlichen Gewässer ist innerhalb der durch die Gesetze gezogenen Schranken jedermann gestattet. Bezieht sich die Benutzung jedoch lediglich auf das Bett und geht sie hiebei über den Gemeingebrauch (§ 8) hinaus, so ist jedenfalls die Einwilligung des Grundeigentümers erforderlich.

(2) Die Benutzung der Privatgewässer steht mit den durch Gesetz oder durch besondere Rechtstitel begründeten Beschränkungen denjenigen zu, denen sie gehören.

Schiff- und Floßfahrt; Überfuhren.

§ 6. (1) Für die Benutzung der Gewässer zur Schiff- und Floßfahrt gelten die jeweils hiefür bestehenden besonderen Bestimmungen.

(2) Die Errichtung von Überfuhranlagen bedarf unbeschadet einer sonst erforderlichen Genehmigung auch der wasserrechtlichen Bewilligung, insofern es sich um Anlagen der im § 38 bezeichneten Art handelt.

Gemeingebrauch an öffentlichen und privaten Gewässern.

§ 8. (1) In öffentlichen Gewässern ist der gewöhnliche ohne besondere Vorrichtungen vorgenommene, die gleiche Benutzung durch andere nicht ausschließende Gebrauch des Wassers, wie insbesondere zum Baden, Waschen, Tränken, Schwemmen, Schöpfen, dann die Gewinnung von Pflanzen, Schlamm, Erde, Sand, Schotter, Steinen und Eis, schließlich die Benutzung der Eisdecke überhaupt, soweit dadurch weder der Wasserlauf, die Beschaffenheit des Wassers oder die Ufer gefährdet noch ein Recht verletzt oder ein öffentliches Interesse beeinträchtigt noch jemandem ein Schaden zugefügt wird, ohne besondere Bewilligung der Wasserrechtsbehörde unentgeltlich erlaubt.

(2) Der Gebrauch des Wassers der privaten Flüsse, Bäche und Seen zum Tränken und zum Schöpfen mit Handgefäßen ist, soweit er ohne Verletzung von Rechten oder öffentlicher oder privater

Interessen mit Benutzung der dazu erlaubten Zugänge stattfinden kann, jedermann ohne besondere Erlaubnis und ohne Bewilligung der Wasserrechtsbehörde unentgeltlich gestattet.

(3) In Werkskanälen ist ein über das Schöpfen hinausgehender Gemeingebrauch (Abs. 1 oder 2) nur insoweit zulässig, als hiefür besondere polizeiliche Anordnungen (Abs. 4) bestehen.

(4) Die Wasserrechtsbehörde kann – auch abgesehen von den im § 15 geregelten Fällen – über die Ausübung des Gemeingebrauches wasserpolizeiliche Anordnungen treffen, durch die das öffentliche Interesse und die Ausübung des Gemeingebrauches durch andere gewahrt oder die Grenzen des Gemeingebrauches näher bezeichnet werden.

Besondere Wasserbenutzung an öffentlichen Gewässern und privaten Tagwässern.

§ 9. (1) Einer Bewilligung der Wasserrechtsbehörde bedarf jede über den Gemeingebrauch (§ 8) hinausgehende Benutzung der öffentlichen Gewässer sowie die Errichtung oder Änderung der zur Benutzung der Gewässer dienenden Anlagen. Auf Antrag hat die Behörde festzustellen ob eine bestimmte Benutzung eines öffentlichen Gewässers über den Gemeingebrauch hinausgeht.

(2) Die Benutzung der privaten Tagwässer sowie die Errichtung oder Änderung der hiezu dienenden Anlagen bedarf dann einer Bewilligung der Wasserrechtsbehörde, wenn hiedurch auf fremde Rechte oder infolge eines Zusammenhanges mit öffentlichen Gewässern oder fremden Privatgewässern auf das Gefälle, auf den Lauf oder die Beschaffenheit des Wassers, namentlich in gesundheitsschädlicher Weise, oder auf die Höhe des Wasserstandes in diesen Gewässern Einfluß geübt oder eine Gefährdung der Ufer, eine Überschwemmung oder Versumpfung fremder Grundstücke herbeigeführt werden kann.

(3) Gehören die gegenüberliegenden Ufer eines fließenden Privatgewässers verschiedenen Eigentümern, so haben diese, wenn kein anderes nachweisbares Rechtsverhältnis obwaltet, nach der Länge ihres Uferbesitzes ein Recht auf die Benutzung der Hälfte der vorüberfließenden Wassermenge.

Benutzung des Grundwassers.

§ 10. (1) Der Grundeigentümer bedarf zur Benutzung des Grundwassers für den notwendigen Haus- und Wirtschaftsbedarf keiner Bewilligung der Wasserrechtsbehörde wenn die Förderung nur durch handbetriebene Pump- oder Schöpfwerke erfolgt oder wenn die Entnahme in einem angemessenen Verhältnis zum eigenen Grunde steht.

(2) In allen anderen Fällen ist zur Erschließung oder Benutzung des Grundwassers und zu den damit im Zusammenhang stehenden Eingriffen in den Grundwasserhaushalt sowie zur Errichtung oder Änderung der hiefür dienenden Anlagen die Bewilligung der Wasserrechtsbehörde erforderlich.

(3) Artesische Brunnen bedürfen jedenfalls der Bewilligung nach Abs. 2.

(4) Wird durch eine Grundwasserbenutzung nach Abs. 1 der Grundwasserstand in einem solchen Maß verändert, daß rechtmäßig geübte Nutzungen des Grundwassers wesentlich beeinträchtigt werden, so hat die Wasserrechtsbehörde auf Antrag eine Regelung nach Rücksicht der Billigkeit so zu treffen, daß der Bedarf aller in Betracht kommenden Grundeigentümer bei wirtschaftlicher Wasserbenutzung möglichste Deckung findet. Ein solcher Bescheid verliert seine bindende Kraft, wenn sich die Parteien in anderer Weise einigen oder wenn sich die maßgebenden Verhältnisse wesentlich ändern.

Bewilligung.

§ 11. (1) Bei Erteilung einer nach § 9 oder § 10 Abs. 2 erforderlichen Bewilligung sind jedenfalls der Ort, das Maß und die Art der Wasserbenutzung zu bestimmen.

(2) Die Wasserrechtsbehörde kann dem Bewilligungswerber, soweit dies ausnahmsweise notwendig erscheint, die Leistung einer angemessenen Sicherstellung für die Erfüllung der Bedingungen, unter denen die Bewilligung erteilt wurde, für die ordnungsmäßige Erhaltung und für die Kosten einer allfälligen späteren Beseitigung der Anlage auferlegen, und zwar entweder für alle oder nur für einzelne der genannten Zwecke.

(3) Ist der Grund für die Sicherstellung weggefallen, so hat die Wasserrechtsbehörde die Aufhebung der Sicherstellung zu veranlassen.

Grundsätze für die Bewilligung hinsichtlich öffentlicher Interessen und fremder Rechte.

§ 12. (1) Das Maß und die Art der zu bewilligenden Wasserbenutzung ist derart zu bestimmen, daß das öffentliche Interesse (§ 105) nicht beeinträchtigt und bestehende Rechte nicht verletzt werden.

(2) Als bestehende Rechte im Sinne des Abs. 1 sind rechtmäßig geübte Wassernutzungen mit Ausnahme des Gemeingebrauches (§ 8), Nutzungsbefugnisse nach § 5 Abs. 2 und das Grundeigentum anzusehen.

(3) Inwiefern jedoch bestehende Rechte – abgesehen von den Bestimmungen des Abs. 4 des § 19 Abs. 1 und des § 40 Abs. 3 – durch Einräumung von Zwangsrechten beseitigt oder beschränkt werden können, richtet sich nach den Vorschriften des achten Abschnittes.

(4) Die mit einer geplanten Wasserbenutzungsanlage verbundene Änderung des Grundwasserstandes steht der Bewilligung nicht entgegen, wenn das betroffene Grundstück auf die bisher

geübte Art benutzbar bleibt. Doch ist dem Grundeigentümer für die nach fachmännischer Voraussicht etwa eintretende Verschlechterung der Bodenbeschaffenheit eine angemessene Entschädigung (§ 117) zu leisten.

Stand der Technik

§ 12a. (1) Der Stand der Technik im Sinne dieses Bundesgesetzes ist der auf den einschlägigen wissenschaftlichen Erkenntnissen beruhende Entwicklungsstand fortschrittlicher Verfahren, Einrichtungen oder Betriebsweisen, deren Funktionstüchtigkeit erprobt und erwiesen ist. Bei der Bestimmung des Standes der Technik sind insbesondere jene vergleichbaren Verfahren, Einrichtungen oder Betriebsweisen heranzuziehen, welche am wirksamsten zur Erreichung eines allgemein hohen Schutzniveaus für die Umwelt insgesamt sind. Bei der Festlegung des Standes der Technik sind unter Beachtung der sich aus einer bestimmten Maßnahme ergebenden Kosten und ihres Nutzens und des Grundsatzes der Vorsorge und der Vorbeugung im Allgemeinen wie auch im Einzelfall die Kriterien des Anhangs G zu berücksichtigen.

(2) Der Bundesminister für Land- und Forstwirtschaft, Umwelt und Wasserwirtschaft kann durch Verordnung für bestimmte Wasserbenutzungen sowie für diesem Bundesgesetz unterliegende Anlagen und Maßnahmen den maßgeblichen Stand der Technik bestimmen.

(3) Der Stand der Technik ist bei allen Wasserbenutzungen sowie diesem Bundesgesetz unterliegenden Anlagen und Maßnahmen, nach Maßgabe der nachfolgenden Bestimmungen sowie den auf diesem Bundesgesetz basierenden Verordnungen einzuhalten. Sofern der Antragsteller nachweist, dass im Einzelfall auf Grund besonderer Umstände mit wirtschaftlich zumutbarem Aufwand der Stand der Technik nicht eingehalten werden kann bzw. technisch nicht herstellbar ist, darf eine Bewilligung mit weniger strengen Regelungen dann erteilt werden, wenn dies im Hinblick auf die gegebenen wasserwirtschaftlichen Verhältnisse vorübergehend hingenommen werden kann. Eine solche Ausnahme ist kurz zu befristen und mit den gebotenen Vorkehrungen, Auflagen oder Nebenbestimmungen zu versehen. Dem Antrag sind die zu seiner Prüfung erforderlichen Unterlagen, insbesondere jene nach § 103 anzuschließen. Es besteht die Möglichkeit zur Erhebung einer Amtsbeschwerde (§ 116).

(4) In einer Verordnung nach Abs. 2 kann für bestimmte Vorhaben die Anwendung des Anzeigeverfahrens (§ 114) vorgesehen werden.

Vorhaben von minderer wasserwirtschaftlicher Bedeutung

§ 12b. (1) Der Bundesminister für Land- und Forstwirtschaft, Umwelt und Wasserwirtschaft kann durch Verordnung Vorhaben von minderer wasserwirtschaftlicher Bedeutung nach den §§ 9, 10, 31c, 32 und 38 bewilligungsfrei stellen. Ein Vorhaben von minderer wasserwirtschaftlicher Bedeutung ist dann gegeben, wenn unter Zugrundelegung der wasserwirtschaftlichen Verhältnisse und Entwicklung öffentliche Interessen (§ 105) nicht beeinträchtigt werden. Derartige Vorhaben sind der Behörde zu melden.

(2) Wenn die wasserwirtschaftlichen Verhältnisse es auf Grund des Zusammentreffens mehrerer bewilligungsfreier Tatbestände erfordern, kann der Landeshauptmann durch Verordnung Vorhaben der Bewilligungspflicht unterstellen sowie geeignete Maßnahmen verfügen, um negative Auswirkungen von Summationseffekten hintanzuhalten.

Typengenehmigung

§ 12c. (1) Der Bundesminister für Land- und Forstwirtschaft, Umwelt und Wasserwirtschaft kann durch Verordnung die Möglichkeit einer Typisierung von Anlagen oder Anlagenteilen vorsehen.

(2) Eine Typengenehmigung kann auf Antrag für Anlagen oder Anlagenteile erteilt werden. Die für eine Typisierung beantragten Anlagen oder Anlagenteile sind einem Typenprüfungsverfahren zu unterziehen. Die positive Beurteilung der geprüften Anlage oder des geprüften Anlagenteils ist Voraussetzung für die Erlangung der Typengenehmigung. Genehmigende Stelle ist der Bundesminister für Land- und Forstwirtschaft, Umwelt und Wasserwirtschaft. Er kann sich erforderlichenfalls gemäß Abs. 5 auch unabhängiger nichtamtlicher technischer Sachverständiger bedienen.

(3) Bei der Typengenehmigung ist ein Typengenehmigungszeichen zu vergeben. Ist eine Type gemäß dieser Bestimmung genehmigt, so gelten alle Anlagen oder Anlagenteile, die dieser Type entsprechen, als genehmigt. Die Entsprechung von Type und seriellem Produkt wird durch Werkskontrollen überprüft.

(4) Der Bundesminister für Land- und Forstwirtschaft, Umwelt und Wasserwirtschaft kann durch Verordnung folgende Bereiche einer näheren Regelung unterziehen:

1. Inhalt und Ausstattung der Typengenehmigungsanträge sowie Bestimmungen über die Antragslegitimation;
2. Inhalt und Ausgestaltung des Typenprüfungsverfahrens;
3. Inhalt, Ausgestaltung und Dauer der Typengenehmigung;
4. Bestimmungen über das Typengenehmigungszeichen;
5. Bestimmungen über Werkskontrollen.

(5) Der Bundesminister für Land- und Forstwirtschaft, Umwelt und Wasserwirtschaft kann unabhängige nichtamtliche technische Sachverständige bestellen. Die Sachverständigen müssen für diesen Zweck besonders geeignet sein. Die Eignungsvoraussetzungen für die Bestellung als Sachverständiger sowie nähere Festlegungen über die Ausübung der Tätigkeit und deren Vergütung können durch Verordnung des Bundesministers für Land- und Forstwirtschaft, Umwelt und Wasserwirtschaft im Einvernehmen mit dem Bundesminister für wirtschaftliche Angelegenheiten sowie dem Bundesminister für Finanzen festgelegt werden.

Ein Verzeichnis der bestellten Sachverständigen ist im Bundesministerium für Land- und Forstwirtschaft zur allgemeinen Einsicht aufzulegen.

(6) Die Kosten des Typenprüfungsverfahrens sowie der Überprüfungen trägt der Antragsteller, sie werden durch Verordnung des Bundesministers für Land- und Forstwirtschaft, Umwelt und Wasserwirtschaft im Einvernehmen mit dem Bundesminister für Finanzen tarifmäßig festgesetzt.

Maß und Art der Wasserbenutzung.

§ 13. (1) Bei der Bestimmung des Maßes der Wasserbenutzung ist auf den Bedarf des Bewerbers sowie auf die bestehenden wasserwirtschaftlichen Verhältnisse, insbesondere auf das nach Menge und Beschaffenheit vorhandene Wasserdargebot mit Rücksicht auf den wechselnden Wasserstand, beim Grundwasser auch auf seine natürliche Erneuerung, sowie auf möglichst sparsame Verwendung des Wassers Bedacht zu nehmen. Dabei sind die nach dem Stand der Technik möglichen und im Hinblick auf die bestehenden wasserwirtschaftlichen Verhältnisse gebotenen Maßnahmen vorzusehen.

(2) Ergeben sich bei einer bestehenden Anlage Zweifel über das Maß der dem Berechtigten zustehenden Wassernutzung, so hat als Regel zu gelten, daß sich das Wasserbenutzungsrecht bloß auf den zur Zeit der Bewilligung maßgebenden Bedarf des Unternehmens erstreckt, sofern die Leistungsfähigkeit der Anlage nicht geringer ist.

(3) Das Maß und die Art der Wasserbenutzung dürfen keinesfalls so weit gehen, daß Gemeinden, Ortschaften oder einzelnen Ansiedlungen das für die Abwendung von Feuersgefahren, für sonstige öffentliche Zwecke oder für Zwecke des Haus- und Wirtschaftsbedarfes ihrer Bewohner erforderliche Wasser entzogen wird.

(4) Das Maß der Wasserbenutzung ist in der Bewilligung in der Weise zu beschränken, daß ein Teil des jeweiligen Zuflusses zur Erhaltung des ökologischen Zustandes des Gewässers sowie für andere, höherwertige Zwecke, insbesondere solche der Wasserversorgung, erhalten bleibt. Ausnahmen hievon können befristet zugelassen werden, insoweit eine wesentliche Beeinträchtigung des öffentlichen Interesses nicht zu besorgen ist.

Verkehrssicherung.

§ 14. Bei Wasserbauten aller Art ist dem Bewilligungswerber die Herstellung der zum Schutze der Sicherheit von Personen und Eigentum erforderlichen Vorkehrungen sowie der zur Aufrechterhaltung der bisherigen zur Vermeidung wesentlicher Wirtschaftserschwernisse notwendigen Verkehrsverbindungen (Brücken, Durchlässe und Wege) aufzuerlegen, sofern nicht die Herstellung solcher Verkehrsanlagen durch Zusammenlegung von Grundstücken oder auf andere geeignete Weise entbehrlich oder abgegolten wird.

Einschränkung zugunsten der Fischerei.

§ 15. (1) Die Fischereiberechtigten können anläßlich der Bewilligung von Vorhaben mit nachteiligen Folgen für ihre Fischwässer Maßnahmen zum Schutz der Fischerei begehren. Dem Begehren ist Rechnung zu tragen, insoweit hiedurch das geplante Vorhaben nicht unverhältnismäßig erschwert wird. Für sämtliche aus einem Vorhaben erwachsenden vermögensrechtlichen Nachteile gebührt den Fischereiberechtigten eine angemessene Entschädigung (§ 117).

(2) Auf Antrag der Fischereiberechtigten oder der nach den landesgesetzlichen Vorschriften zur Wahrnehmung der Fischereiinteressen berufenen Stellen (Landesfischereirat, Fischereirevierausschüsse) sind Wasserstrecken oder Wasserflächen, die zum Laichen der Fische oder zur Entwicklung der jungen Brut besonders geeignet erscheinen, von der Wasserrechtsbehörde nach Anhörung der Parteien und Beteiligten (§ 102) gegen Widerruf als Laichschonstätten zu erklären, wenn nicht Rücksichten von überwiegender Bedeutung entgegenstehen.

(3) Das gleiche gilt für die Erklärung entsprechender Wasserstrecken oder Wasserflächen als Winterlager der Fische.

(4) In den Laichschonstätten ist während der von der Wasserrechtsbehörde zu bestimmenden Zeit jede mit einer Gefährdung des Laichens oder der Fischbrut verbundene Tätigkeit verboten, insbesondere das Abmähen und Ausreißen der im Wasserbette wurzelnden Pflanzen, die Entnahme von Sand, Schotter und Schlamm, das Fahren mit Wasserfahrzeugen, das Baden, die Errichtung von Uferbauten, das Fällen von Uferholz, das Eintreiben, Einlassen, Schwemmen und Tränken von Haustieren, namentlich von Wassergeflügel. Die von der Wasserrechtsbehörde bestimmten Laichschonstätten kann der Fischereiberechtigte während der Laichzeit einzäunen, um das Einlassen, Schwemmen und Tränken von Haustieren zu verhindern.

(5) In Winterlagern ist verboten, die Eisdecke zu entfernen oder Schlamm, Sand, Kies, Steine und Pflanzen zu entnehmen.

(6) Die Wasserrechtsbehörde kann in einzelnen Fällen Ausnahmen von den in den Abs. 4 und 5 ausgesprochenen Verboten gestatten.

(7) Die Fischereiberechtigten haben Laichschonstätten oder Winterlager durch Aufstellung von Zeichen oder durch Aufschriften kenntlich zu machen, jedoch außerhalb des Gewässers auf fremdem Grunde nur dann, wenn sie hiezu berechtigt sind. Die mit der Erklärung als Laichschonstätten oder Winterlager zusammenhängenden Verbote (Abs. 4 und 5) sind von der Wasserrechtsbehörde durch Verfügung eines Anschlages an der Amtstafel der betreffenden Gemeinde kundzumachen.

Widerstreit zwischen bestehenden Wasserrechten und geplanten Wasserbenutzungen.

§ 16. Treten geplante Wasserbenutzungen mit schon bestehenden Wasserrechten in Widerstreit, so ist der Bedarf der neuen Wasserbenutzungen – wenn nicht die Bestimmungen des achten Abschnittes Anwendung finden – erst nach Sicherung der auf bestehenden Wasserrechten beruhenden Ansprüche und unter den für das neue Unternehmen sich hieraus ergebenden Einschränkungen zu befriedigen.

Widerstreit zwischen geplanten Wasserbenutzungen.

§ 17. (1) Stehen verschiedene Bewerbungen (§ 109) um geplante Wasserbenutzungen in Widerstreit, so gebührt jener der Vorzug, die dem öffentlichen Interesse (§ 105) besser dient. Dabei sind die Bewerbungen vornehmlich auf die in einem anerkannten Rahmenplan dargestellte im öffentlichen Interesse gelegene Ordnung zu prüfen.

(2) Die Bewilligung des sonach bevorzugten Unternehmens kann mit einer zeitlichen Beschränkung oder mit Bedingungen verbunden werden, die – ohne seine zweckmäßige Ausführung auszuschließen – eine entsprechende Berücksichtigung anderer Vorhaben ermöglichen.

(3) Gestattet die Beurteilung nach Abs. 1 keine Entscheidung, so ist das vorhandene Wasser unter besonderer Bedachtnahme auf die Bedürfnisse der Wasserversorgung nach Rücksichten der Billigkeit, insbesondere durch den Gebrauch regelnde Bedingungen, in der Art zu verteilen, daß alle sich als gleichwertig darstellenden Ansprüche so weit als möglich und zweckmäßig befriedigt werden. Ist dies nicht möglich, so sind vorzugsweise jene Bewerbungen zu berücksichtigen, welche die bessere Erreichung des angestrebten Zweckes oder eine geringere Rückwirkung auf Dritte erwarten lassen.

Mitbenutzung von Stau- und Wasserführungsanlagen.

§ 19. (1) Läßt sich die Benutzung des Wassers am zweckmäßigsten durch Mitbenutzung bestehender Stau- oder Wasserführungsanlagen erzielen, so kann der Berechtigte durch Bescheid der Wasserrechtsbehörde verhalten werden, die Mitbenutzung zu gestatten, wenn er hiedurch in der Ausübung des ihm zustehenden Wasserbenutzungsrechtes nicht erheblich beeinträchtigt wird und wenn entweder öffentliche Interessen die Einräumung des Mitbenutzungsrechtes erheischen oder die aus der Mitbenutzung zu gewärtigenden Vorteile wesentlich größer sind als die der bestehenden Anlage dadurch voraussichtlich erwachsenden Nachteile.

(2) Der Mitbenutzungsberechtigte ist verpflichtet, die Kosten der etwa erforderlichen Abänderungen der bestehenden Anlagen zu tragen, einen entsprechenden Teil der für die Herstellung der mitbenutzten Anlagen aufgewendeten Kosten zu ersetzen und zur Instandhaltung einschließlich der Aufsicht und Wartung dieser Anlagen einen angemessenen Beitrag zu leisten (§ 117).

(3) Außerdem gebührt dem durch die Mitbenutzung Belasteten eine angemessene Entschädigung (§ 117) für die durch die Einräumung der Mitbenutzung bewirkte Beeinträchtigung seines Benutzungsrechtes.

(4) Kommen Stau- oder Wasserführungsanlagen von Eisenbahnen in Betracht, so ist im Einvernehmen mit der Eisenbahnbehörde vorzugehen.

Abgabe ungenutzter Wassermengen

§ 20. (1) Bei Triebwerken an öffentlichen Gewässern hat die Wasserrechtsbehörde die infolge regelmäßig wiederkehrender Betriebseinstellungen oder infolge Stillstandes der Werke an Sonn- oder Feiertagen oder zur Nachtzeit oder aus sonstigen Anlässen jeweils tatsächlich ungenutzt abfließende Wassermenge innerhalb der Zeit der Betriebsunterbrechung für Zwecke der Benutzung des Gewässers an andere Bewerber zu vergeben, wenn und insolange hiedurch keine Beeinträchtigung des ordnungsmäßigen Betriebes der Werke oder anderer Rechte hervorgerufen wird.

(2) Kommen mehrere Bewerber in Betracht, so sind auf die Verteilung der zu vergebenden Wassermenge die Bestimmungen des § 17 Abs. 3 sinngemäß anzuwenden.

(3) Bedingt die Einräumung derartiger Benutzungsrechte eine Änderung der bestehenden Einrichtungen, so sind die Kosten dieser Änderung und die durch sie bedingte Erhöhung der Erhaltungs- und Betriebskosten von denjenigen

zu tragen, denen die im Abs. 1 bezeichnete Benutzung des Gewässers gestattet wird.

Dauer der Bewilligung; Zweck der Wasserbenutzung

§ 21. (1) Die Bewilligung zur Benutzung eines Gewässers ist nach Abwägung des Bedarfes des Bewerbers und des wasserwirtschaftlichen Interesses sowie der wasserwirtschaftlichen und technischen Entwicklung gegebenenfalls unter Bedachtnahme auf eine abgestufte Projektsverwirklichung, auf die nach dem Ergebnis der Abwägung jeweils längste vertretbare Zeitdauer zu befristen. Die Frist darf bei Wasserentnahmen für Bewässerungszwecke 25 Jahre sonst 90 Jahre nicht überschreiten.

(2) Wurde die Bestimmung der Bewilligungsdauer unterlassen, kann der Bescheid binnen drei Monaten ab Erlassung ergänzt werden. Im Rahmen eines Beschwerdeverfahrens kann das Verwaltungsgericht – sofern es gemäß § 28 VwGVG in der Sache selbst zu entscheiden hat – die Frist festsetzen. Erfolgt eine Ergänzung nicht, gilt die im Abs. 1 genannte Frist. Bescheide, die vor dem 1.Juli 1990 erlassen wurden, werden davon nicht berührt.

(3) Ansuchen um Wiederverleihung eines bereits ausgeübten Wasserbenutzungsrechtes können frühestens fünf Jahre, spätestens sechs Monate vor Ablauf der Bewilligungsdauer gestellt werden. Wird das Ansuchen rechtzeitig gestellt, hat der bisher Berechtigte Anspruch auf Wiederverleihung des Rechtes, wenn öffentliche Interessen nicht im Wege stehen und die Wasserbenutzung unter Beachtung des Standes der Technik erfolgt. Der Ablauf der Bewilligungsdauer ist in diesem Fall bis zur rechtskräftigen Entscheidung über das Ansuchen um Wiederverleihung gehemmt; wird gegen die Abweisung eines Ansuchens um Wiederverleihung der Verwaltungsgerichtshof oder der Verfassungsgerichtshof angerufen, wird die Bewilligungsdauer bis zur Entscheidung dieses Gerichtes verlängert. Im Widerstreit mit geplanten Wasserbenutzungen gilt eine solche Wasserbenutzung als bestehendes Recht im Sinne des § 16.

(4) Der Zweck der Wasserbenutzung darf nicht ohne Bewilligung geändert werden. Diese ist zu erteilen, wenn die Wasserbenutzung dem Stand der Technik entspricht, der Zweck nicht für die Erteilung der Bewilligung oder die Einräumung von Zwangsrechten entscheidend war und dem neuen Zweck nicht öffentliche Interessen oder fremde Rechte entgegenstehen.

(5) Bei Bewilligung von Änderungen bestehender Wasserbenutzungen, die zur Anpassung an den Stand der Technik oder an die wasserwirtschaftlichen Verhältnisse erfolgen und die mit einer Änderung des Maßes oder der Art der Wasserbenutzung verbunden sind, ist die Frist gemäß Abs. 1 neu zu bestimmen.

Abänderung von Bewilligungen

§ 21a. (1) Ergibt sich nach Erteilung der Bewilligung insbesondere unter Beachtung der Ergebnisse der Bestandsaufnahme (§ 55d), dass öffentliche Interessen (§ 105) trotz Einhaltung der im Bewilligungsbescheid oder in sonstigen Bestimmungen enthaltenen Auflagen und Vorschriften nicht hinreichend geschützt sind, hat die Behörde vorbehaltlich § 52 Abs. 2 zweiter Satz die nach dem nunmehrigen Stand der Technik (§ 12a) zur Erreichung dieses Schutzes erforderlichen anderen oder zusätzliche Auflagen vorzuschreiben, Anpassungsziele festzulegen und die Vorlage entsprechender Projektsunterlagen über die Anpassung aufzutragen. Art und Ausmaß der Wasserbenutzung vorübergehend oder auf Dauer einzuschränken oder die Wasserbenutzung vorübergehend oder auf Dauer zu untersagen.

(2) Für die Erfüllung von Anordnungen nach Abs. 1 sowie für die Planung der erforderlichen Anpassungsmaßnahmen und die Vorlage von diesbezüglichen Projektsunterlagen sind von der Behörde jeweils angemessene Fristen einzuräumen; hinsichtlich des notwendigen Inhalts der Projektsunterlagen gilt § 103. Diese Fristen sind zu verlängern, wenn der Verpflichtete nachweist, daß ihm die Einhaltung der Frist ohne sein Verschulden unmöglich ist. Ein rechtzeitig eingebrachter Verlängerungsantrag hemmt den Ablauf der Frist. Bei fruchtlosem Ablauf der Frist findet § 27 Abs. 4 sinngemäß Anwendung.

(3) Die Behörde darf Maßnahmen nach Abs. 1 nicht vorschreiben, wenn diese Maßnahmen unverhältnismäßig sind. Dabei gelten folgende Grundsätze:

a) der mit der Erfüllung dieser Maßnahmen verbundene Aufwand darf nicht außer Verhältnis zu dem damit angestrebten Erfolg stehen, wobei insbesondere Art, Menge und Gefährlichkeit der von der Wasserbenutzung ausgehenden Auswirkungen und Beeinträchtigungen sowie die Nutzungsdauer, die Wirtschaftlichkeit und die technische Besonderheit der Wasserbenutzung zu berücksichtigen sind;
b) bei Eingriffen in bestehende Rechte ist nur das jeweils gelindeste noch zum Ziele führende Mittel zu wählen;
c) verschiedene Eingriffe können nacheinander vorgeschrieben werden.

(Anm.: lit. d aufgehoben durch BGBl. I Nr. 82/2003)

(4) Liegt ein genehmigter Sanierungsplan (§ 92) oder ein Sanierungsprogramm (§ 33d) vor, so dürfen Maßnahmen nach Abs. 1 darüber nicht hinausgehen.

(5) Die Abs. 1 bis 4 finden auf sonstige Anlagen und Bewilligungen nach den Bestimmungen dieses Bundesgesetzes sinngemäß Anwendung.

§ 21b. Die nach diesem Bundesgesetz vorgeschriebenen Auflagen sind auf Antrag mit Bescheid aufzuheben oder abzuändern, wenn und soweit die Voraussetzungen für ihre Vorschreibung nicht mehr vorliegen.

Persönliche oder dingliche Gebundenheit der Wasserbenutzungsrechte.

§ 22. (1) Bei nicht ortsfesten Wasserbenutzungsanlagen ist die Bewilligung auf die Person des Wasserberechtigten beschränkt; bei allen anderen Wasserbenutzungsrechten ist Wasserberechtigter der jeweilige Eigentümer der Betriebsanlage oder Liegenschaft, mit der diese Rechte verbunden sind. Wasserbenutzungsrechte sind kein Gegenstand grundbücherlicher Eintragung.

(2) Die Übertragung von Betriebsanlagen oder Liegenschaften, mit denen Wasserbenutzungsrechte verbunden sind, ist vom neuen Wasserberechtigten der Wasserbuchbehörde zur Ersichtlichmachung im Wasserbuch (§ 124) anzuzeigen.

(Anm.: Abs. 3 aufgehoben durch Art. I Z 9, BGBl. Nr. 252/1990)

Verhaimung.

§ 23. (1) Bei allen Triebwerken und Stauanlagen ist der erlaubte höchste und, wenn es die Rücksicht auf den geregelten Ablauf des Wassers verlangt, auch der niederste zulässige Wasserstand durch Staumaße auf Kosten desjenigen zu bezeichnen, dem die Benutzung dieser Werke und Anlagen zusteht. Diese Bezeichnung ist bei neuen Triebwerken und Stauanlagen gleich bei ihrer Errichtung, bei bereits bestehenden solchen Werken aber, bei denen sie fehlt, nachträglich zu bewerkstelligen. Das Staumaß muß von dem Wasserberechtigten an einer Stelle, an der es leicht beobachtet werden kann und für die Beteiligten zugänglich ist, in solcher Weise hergestellt und erhalten werden, daß es gegen absichtliche Einwirkungen sowie gegen Zerstörung durch Zeit und Zufall möglichst gesichert ist. Die Höhenlage des Staumaßes ist gegenüber mindestens einem nahegelegenen unverrückbaren Festpunkt, der zugleich zur Überprüfung der Höhenlage aller wesentlichen Teile der Stau- und Werksanlage herangezogen werden kann, festzulegen.

(2) Die Form der Staumaße und Festpunkte und der Vorgang bei ihrer Anbringung werden durch Verordnung bestimmt.

Talsperrenverantwortlicher

§ 23a. (1) Für Talsperren und Speicher, Flußkraftwerke ausgenommen, deren Höhe über Gründungssohle 15 m übersteigt oder durch die eine zusätzliche Wassermenge von mehr als 500 000 m^3 zurückgehalten wird, ist vom Wasserberechtigten ein fachlich qualifizierter, verläßlicher und mit der Anlage vertrauter Talsperrenverantwortlicher sowie eine entsprechende Stellvertretung schriftlich zu bestellen und der Bezirksverwaltungsbehörde, der Gewässeraufsicht sowie dem Bundesminister für Land- und Forstwirtschaft, Umwelt und Wasserwirtschaft bekanntzugeben. Der Talsperrenverantwortliche und seine Vertretung müssen dem technischen Führungsstab des Unternehmens angehören, die Befugnis haben, alle im Interesse der Talsperrensicherheit erforderlichen Maßnahmen zu veranlassen, und in angemessener Frist leicht erreichbar sein.

(2) Auf Antrag des Wasserberechtigten kann die Wasserrechtsbehörde ausnahmsweise mit Bescheid gestatten, daß die Funktion des Talsperrenverantwortlichen und seiner Vertretung von Personen ausgeübt wird, die nicht dem Unternehmen angehören. In diesem Fall hat der Wasserberechtigte mit der Funktion des Talsperrenverantwortlichen oder dessen Vertretung einen fachlich qualifizierten, verläßlichen und mit der Anlage vertrauten Befugten (§ 134 GewO 1994, § 1 ZTG) der Fachbereiche Bauwesen oder Kulturtechnik und Wasserwirtschaft zu bestellen und mit allen Befugnissen auszustatten.

(3) Der Talsperrenverantwortliche hat die Einhaltung der auf die Sicherheit der Talsperre bezughabenden Vorschriften und Verwaltungsakte zu überwachen. Er hat festgestellte Mängel abzustellen, den Wasserberechtigten hierüber unverzüglich zu informieren und besondere Vorkommnisse der Wasserrechtsbehörde, der Gewässeraufsicht und dem Bundesminister für Land- und Forstwirtschaft, Umwelt und Wasserwirtschaft unverzüglich mitzuteilen. Umfassende Berichte über die Stand- und Betriebssicherheit der Gesamtanlage sind der Gewässeraufsicht und dem Bundesminister für Land- und Forstwirtschaft, Umwelt und Wasserwirtschaft jährlich vorzulegen. Durch Verordnung des Bundesministers für Land- und Forstwirtschaft, Umwelt und Wasserwirtschaft können Aufgaben und Tätigkeit des Talsperrenverantwortlichen näher geregelt werden.

Einhaltung der Stauhöhe.

§ 24. (1) Sobald das Wasser über die durch das Staumaß festgesetzte Höhe wächst, muß der Wasserberechtigte durch Öffnen der Schleusen, durch Betätigung aller sonst bestehenden Vorrichtungen, durch deren Indienststellung eine Absenkung des Wasserspiegels erreicht werden kann, sowie überhaupt durch Wegräumung der Hindernisse den Wasserabfluß so lange fördern, bis das Wasser wieder auf die normale Stauhöhe herabgesunken ist. Sobald aber das Wasser unter den niedersten zulässigen Wasserstand sinkt, muß der Wasserberechtigte durch Betätigung der Reguliervorrichtungen diesen Wasserstand in einer die anderen Wasserberechtigten möglichst wenig schädigenden Weise wiederherstellen.

(2) Kommt der Wasserberechtigte dieser Verpflichtung nicht nach, so kann die Bezirksverwaltungsbehörde – in dringenden Fällen die Ortspolizeibehörde – die entsprechende Abflußregelung

auf Kosten und Gefahr der Säumigen bewerkstelligen.

Einschränkung bestehender Wasserbenutzungsrechte bei Wassermangel.

§ 25. Wenn wegen eingetretenen Wassermangels bereits bestehende Wasserbenutzungsrechte nicht vollständig befriedigt werden können, hat in Ermangelung von Übereinkommen die Wasserrechtsbehörde das vorhandene Wasser unter Wahrung des nach § 13 den Gemeinden, Ortschaften und einzelnen Ansiedlungen zustehenden Anspruches nach Rücksichten der Billigkeit, namentlich durch Festsetzung gewisser Gebrauchszeiten oder durch andere, den Gebrauch entsprechend regelnde Bedingungen, durch Bescheid in der Art zu verteilen, daß jeder Anspruch aus einem bestehenden Wasserbenutzungsrechte bei wirtschaftlicher Wasserbenutzung und allfälliger Verwendung einfacher, behelfsmäßiger Einrichtungen soweit als möglich befriedigt wird.

Schadenshaftung.

§ 26. (1) Die Verpflichtung des Wasserberechtigten zum Ersatze des Schadens, der aus dem Bestand oder Betrieb einer Wasserbenutzungsanlage entsteht, ist, soweit dieses Bundesgesetz nichts anderes bestimmt, nach den Vorschriften des 30. Hauptstückes des II. Teiles des Allgemeinen bürgerlichen Gesetzbuches zu beurteilen.

(2) Wird jedoch durch den rechtmäßigen Bestand oder Betrieb einer Wasserbenutzungsanlage eine Liegenschaft oder ein Bauwerk, das schon zur Zeit der Erteilung der Bewilligung bestanden hat, beschädigt oder ein älteres Wasserbenutzungsrecht der im § 12 Abs. 2 bezeichneten Art oder ein Fischereirecht oder ein Nutzungsrecht im Sinne des Grundsatzgesetzes 1951 über die Behandlung der Wald- und Weidenutzungsrechte sowie besonderer Felddienstbarkeiten, BGBl. Nr. 103, beeinträchtigt, so haftet der Wasserberechtigte für den Ersatz des Schadens, wenn bei der Erteilung der Bewilligung mit dem Eintritte dieser nachteiligen Wirkung überhaupt nicht oder nur in einem geringeren Umfange gerechnet worden ist.

(3) Der Wasserberechtigte haftet außer dem Falle des Abs. 2 für eine der dort bezeichneten Beschädigungen oder Beeinträchtigungen solchen Parteien, die ohne ihr Verschulden außer Stande waren, ihre Einwendungen rechtzeitig geltend zu machen.

(4) Ist in den Fällen der Abs. 2 und 3 die nachteilige Wirkung durch höhere Gewalt verursacht worden oder sind das beeinträchtigte Wasserbenutzungsrecht und sein Besitzer (§ 22 Abs. 2) weder im Wasserbuch ersichtlich gemacht noch zur Ersichtlichmachung bei der Wasserbuchbehörde angemeldet, so ist der Wasserberechtigte zum Ersatz des Schadens nicht verpflichtet.

(5) Soweit nach den Abs. 1 bis 4 für Schäden durch Gewässerverunreinigung (§ 30 Abs. 2) zu haften ist, wird vermutet, daß sie von denjenigen verursacht worden sind, die örtlich und nach der Beschaffenheit der Abwässer (Einwirkung) in Betracht kommen; diese Vermutung wird durch den Nachweis der Unwahrscheinlichkeit der Verursachung entkräftet. Mehrere Personen haften zur ungeteilten Hand, wenn sie den Schaden vorsätzlich oder mit auffallender Sorglosigkeit zugefügt haben. Sonst haftet jeder nur für seinen Anteil an der Schadenszufügung; lassen sich jedoch die Anteile nicht bestimmen, so haften mehrere Personen zu gleichen Teilen.

(6) Schadenersatzansprüche nach den Abs. 1 bis 3 sind im ordentlichen Rechtswege geltend zu machen. Hat sich aber die Wasserrechtsbehörde gemäß § 117 Abs. 1 die Nachprüfung und anderweitige Festsetzung einer anläßlich der Bewilligung zugesprochenen Entschädigung für die voraussichtlich eintretenden Nachteile vorbehalten, so kann nur eine Erhöhung dieser Entschädigung bei der Wasserrechtsbehörde begehrt werden.

Erlöschen der Wasserbenutzungsrecht.

§ 27. (1) Wasserbenutzungsrechte erlöschen:

a) durch den der Wasserrechtsbehörde zur Kenntnis gebrachten Verzicht des Berechtigten;
b) durch Nichteinwendung des Rechtes in einem wasserrechtlichen Verfahren, insoweit eine mit diesem Rechte offensichtlich in Widerspruch stehende Anlage bewilligt und ausgeführt wird, jedoch unbeschadet eines allfälligen Schadenersatzanspruches nach § 26 Abs. 3;
c) durch Ablauf der Zeit bei befristeten und durch den Tod des Berechtigten bei höchstpersönlichen Rechten sowie durch dauernde Einschränkung oder Untersagung nach § 21a;
d) durch Zurücknahme nach Abs. 3 oder Entziehung nach Abs. 4;
e) durch Enteignung (§ 64 Abs. 4);
f) durch Unterlassung der Inangriffnahme des Baues oder der Fertigstellung der bewilligten Anlagen binnen der im Bewilligungsbescheide hiezu bestimmten oder nachträglich verlängerten Frist;
g) durch den Wegfall oder die Zerstörung der zur Wasserbenutzung nötigen Vorrichtungen, wenn die Unterbrechung der Wasserbenutzung über drei Jahre gedauert hat, wobei der Wegfall oder die Zerstörung wesentlicher Teile der Anlage dem gänzlichen Wegfall oder der gänzlichen Zerstörung gleichzuhalten ist;
h) durch Wegfall oder eigenmächtige Veränderung des Zweckes der Anlage, wenn das Wasserbenutzungsrecht im Sinne der Bestimmungen des § 21 Abs. 4 an einen bestimmten Zweck gebunden wurde.

(2) Die Wasserrechtsbehörde kann die im Abs. 1 lit. g bestimmte Frist bei Vorliegen außerordentlicher oder wirtschaftlicher Schwierigkeiten bis zu fünf Jahren verlängern.

(3) War nach erfolgter Herstellung und Inbetriebsetzung einer genehmigten Anlage der ordnungsgemäße Betrieb während dreier aufeinanderfolgender Jahre eingestellt, ohne daß die Voraussetzungen des Erlöschens nach Abs. 1 lit. g vorliegen, so kann dem Berechtigten, falls nicht die Betriebseinstellung erweislich durch die Betriebsverhältnisse oder außerordentliche vom Willen des Berechtigten unabhängige Umstände bedingt war, von Amts wegen oder auf Antrag anderer Interessenten von der zur Genehmigung der Anlage berufenen Behörde eine angemessene, mindestens mit einem Jahre zu bemessende Frist zur Wiederaufnahme des ordnungsmäßigen Betriebes mit der Ankündigung bestimmt werden, daß nach fruchtlosem Ablaufe der Frist das Wasserbenutzungsrecht als erloschen erklärt würde.

(4) Die Behörde hat eine Bewilligung zu entziehen, wenn ungeachtet wiederholter Mahnung unter Hinweis auf die Rechtsfolgen die anläßlich der Bewilligung, der Änderung der Bewilligung (§ 21a) oder Überprüfung angeordneten Maßnahmen nicht durchgeführt oder Auflagen nicht eingehalten werden.

(5) Das Erlöschen eines Wasserbenutzungsrechtes durch Ablauf der Zeit hat auch das Erlöschen eines nach § 19 oder § 68 entstandenen Mitbenutzungsrechtes zur Folge. In allen anderen Fällen des Erlöschens eines Wasserbenutzungsrechtes bleibt das Mitbenutzungsrecht für die restliche Dauer der ursprünglichen Bewilligung erhalten, wenn der Mitbenutzungsberechtigte die Verpflichtung zur ordnungsgemäßen Instandhaltung der ursprünglichen Anlage übernimmt.

(6) Das Erlöschen kann sich auch bloß auf einen Teil der Wasserbenutzung beziehen. In diesem Fall hat die Wasserrechtsbehörde auszusprechen, inwieweit das Wasserbenutzungsrecht aufrecht bleibt.

Wiederherstellung zerstörter Anlagen.

§ 28. (1) Die Absicht der Wiederherstellung einer zerstörten Wasserbenutzungsanlage hat der Wasserberechtigte unter Vorlage der Pläne innerhalb der in § 27 Abs. 1 lit. g bezeichneten Frist der Wasserrechtsbehörde anzuzeigen; hiedurch wird der Ablauf dieser Frist gehemmt. Die Wasserrechtsbehörde hat bescheidmäßig festzustellen, ob das Vorhaben dem früheren Zustand entspricht oder ob etwa beabsichtigte Änderungen durch die Art und Maß der Wasserbenutzung nicht oder nicht wesentlich berührt werden, vom Standpunkt öffentlicher Interessen und fremder Rechte zulässig sind.

(2) Stehen der Wiederherstellung der Anlage öffentliche Interessen entgegen, sind im Bescheid (Abs. 1) die Abänderungen vorzuschreiben, deren Durchführung dem Wasserberechtigten billigerweise zugemutet werden kann. Darüber hinausgehende Abänderungen dürfen nur vorgeschrieben werden, wenn die Leistung einer angemessenen Entschädigung (§ 117) an den Wasserberechtigten sichergestellt ist. Soweit erforderlich, kann auch eine entsprechende Verlängerung der Bewilligungsdauer zugestanden werden.

(3) Im Feststellungsbescheid ist eine Frist für die Vollendung der Wiederherstellungsarbeiten zu bestimmen, bei deren Einhaltung die Wiederherstellung der Anlage keiner neuerlichen Bewilligung bedarf.

Vorkehrungen bei Erlöschen von Wasserbenutzungsrechten.

§ 29. (1) Den Fall des Erlöschens eines Wasserbenutzungsrechtes hat die zur Bewilligung zuständige Wasserrechtsbehörde festzustellen und hiebei auszusprechen, ob und inwieweit der bisher Berechtigte aus öffentlichen Rücksichten, im Interesse anderer Wasserberechtigter oder in dem der Anrainer binnen einer von der Behörde festzusetzenden angemessenen Frist seine Anlagen zu beseitigen, den früheren Wasserlauf wiederherzustellen oder in welcher anderen Art er die durch die Auflassung notwendig werdenden Vorkehrungen zu treffen hat.

(2) In dem im § 27 Abs. 1 lit. g bezeichneten Fall ist die Wasserrechtsbehörde schon vor Eintritt des Erlöschens befugt, erforderlichenfalls die zur Hintanhaltung einer Verletzung öffentlicher Interessen oder fremder Rechte notwendigen Vorkehrungen auf Kosten des Wasserberechtigten vorzuschreiben.

(3) Ist die weitere Erhaltung einer Anlage nach Erlöschen des Wasserbenutzungsrechtes im öffentlichen Interesse, insbesondere zum Schutze, zur Abwehr oder zur Pflege der Gewässer erforderlich, so können die öffentlichen Körperschaften (Bund, Länder, Gemeinden, Gemeindeverbände und Wasserverbände), wenn dagegen die Erhaltung nur im Interesse von Beteiligten wünschenswert erscheint, diese Beteiligten von dem bisher Berechtigten die Überlassung der vorhandenen Wasserbauten, soweit dies notwendig ist, ohne Entgelt verlangen. Dabei hat jene Körperschaft den Vorzug, die mit den bisher Wasserberechtigten einen Vertrag, betreffend die Übernahme dieser Anlagen abgeschlossen hat. Die weitere Erhaltung und die Leistung der erst künftig fällig werdenden Entschädigungen für etwa aufrecht bleibende Zwangsrechte (§ 70 Abs. 1) obliegt denjenigen, denen die Anlage überlassen wurde.

(4) Hat der bisher Berechtigte den im Sinne des Abs. 1 ergangenen behördlichen Anordnungen entsprochen, worüber auf Grund eines Überprüfungsverfahrens (§ 121) mit Bescheid zu erkennen ist, so ist er zur weiteren Erhaltung des auf

diese Weise herbeigeführten Zustandes auch dann nicht mehr verpflichtet, wenn eine Überlassung der Anlage nach Abs. 3 nicht stattfindet.

(5) Im Falle des Erlöschens eines Wasserbenutzungsrechtes hat die Behörde auch ausdrücklich auszusprechen, daß die durch das Erlöschen des Wasserbenutzungsrechtes entbehrlich gewordenen, nicht im Grundbuch eingetragenen Dienstbarkeiten (§ 70 Abs. 1 erster Satz) erloschen sind.

(6) Bei Anlagen, die keine besondere Bedeutung haben, das sind ua. solche, die weder öffentliche Interessen in größerem Umfang berühren noch fremden Rechten nachteilig sind, kann die Behörde im Erlöschensbescheid vorschreiben, dass die Bekanntgabe, dass den behördlichen Anordnungen gem. Abs. 1 entsprochen wurde, entweder nach Abs. 7 oder nach Abs. 8 zu erfolgen hat. In diesen Fällen entfällt die Überprüfung durch die Behörde gem. Abs. 4.

(7) Die Bekanntgabe, dass den behördlichen Anordnungen gem. Abs. 1 entsprochen wurde, ist der zuständigen Behörde vom bisher Berechtigten schriftlich anzuzeigen. Mit der Ausführungsanzeige übernimmt der bisher Berechtigte der Behörde gegenüber die Verantwortung für die bescheidmäßige und fachtechnische Ausführung der behördlichen Anordnungen.

(8) Der Ausführungsanzeige nach Abs. 7 ist eine von einem gewerberechtlich oder nach dem Ziviltechnikergesetz 1993 Befugten des einschlägigen Fachbereiches, der an den Ausführungarbeiten der behördlichen Anordnung nicht beteiligt gewesen sein darf, ausgestellte Bestätigung über die bescheidmäßige und fachtechnische Ausführung der behördlichen Anordnungen anzuschließen.

Maßnahmen anlässlich der endgültigen Einstellung der Tätigkeit bzw. der Auflassung von Anlagen in denen gewisse industrielle Tätigkeiten durchgeführt werden

§ 29a. (1) Betreiber von Anlagen, in denen eine oder mehrere der in Anhang I der Richtlinie 2010/75/EU über Industrieemissionen (integrierte Vermeidung und Verminderung der Umweltverschmutzung), ABl. Nr. L 334 vom 17. Dezember 2010 S 17, in der Fassung der Berichtigung ABl. Nr. L 158 vom 19 Juni 2012 S 25, angeführten Tätigkeiten durchgeführt werden, haben – unbeschadet § 29 – bei endgültiger Einstellung ihrer Tätigkeiten den Stand der Grundwasserverschmutzung durch relevante gefährliche Stoffe, die durch die Anlage verwendet, erzeugt oder freigesetzt wurden, ein letztes Mal zu bewerten (§ 134a).

(2) Im Fall der endgültigen Einstellung der Tätigkeit einer Anlage, die Anhang I der Richtlinie 2010/75/EU unterliegt, hat der Betreiber dieser Anlage erforderlichenfalls die jeweiligen Maßnahmen gemäß Z 1 und 2 oder 3 zu setzen:

1. Bei Vorliegen eines Berichts über den Ausgangszustand gemäß § 134a Abs. 1 und wenn durch die Anlage erhebliche Grundwasserverschmutzungen mit relevanten gefährlichen Stoffen im Vergleich zu dem im Bericht über den Ausgangszustand angegebenen Zustand verursacht wurden, hat der Anlagenbetreiber – unter Berücksichtigung der technischen Durchführbarkeit – alle erforderlichen Maßnahmen zur Beseitigung dieser Verschmutzung zu setzen, um das Anlagengelände in den im Bericht über den Ausgangszustand (§ 134a Abs. 1) festgestellten Zustand zurückzuführen.
2. Bei Vorliegen eines Berichts über den Ausgangszustand gemäß § 134a Abs. 1 und sofern infolge genehmigter Tätigkeiten vom Betreiber bereits vor dem 7. Jänner 2013 verursachte Grundwasserverschmutzungen auf dem Anlagengelände eine ernsthafte Gefährdung der menschlichen Gesundheit oder der Umwelt zur Folge haben, hat der Anlagenbetreiber die erforderlichen Maßnahmen zur Beseitigung, Verhütung, Eindämmung oder Verringerung relevanter gefährlicher Stoffe zu ergreifen, damit das Anlagengelände unter Berücksichtigung seiner derzeitigen oder genehmigten künftigem Nutzung keine solche Gefährdung mehr darstellt.
3. Liegt ein Bericht über den Ausgangszustand gemäß § 134a Abs. 1 nicht vor, weil die Genehmigung noch nicht aktualisiert worden ist oder keine Verpflichtung des Betreibers zur Erstellung eines Berichtes über den Ausgangszustand besteht, hat der Betreiber dennoch für das Anlagengelände die erforderlichen Maßnahmen zur Beseitigung, Verhütung, Eindämmung oder Verringerung relevanter gefährlicher Stoffe zu treffen, damit das Anlagengelände unter Berücksichtigung seiner derzeitigen oder genehmigten künftigem Nutzung infolge genehmigter gleichartiger Tätigkeiten, keine ernsthafte Gefährdung der menschlichen Gesundheit oder der Umwelt mehr darstellen.

(3) Alle auf Grundlage der letztmaligen Bewertung notwendigen Maßnahmen gemäß Abs. 2 sind der zuständigen Behörde unverzüglich nach endgültiger Einstellung der Tätigkeit unter Vorlage entsprechender Unterlagen anzuzeigen. Diese hat dem Anlagenbetreiber die Durchführung der gemäß Abs. 2 jeweils erforderlichen Maßnahmen unter Setzung einer angemessenen Frist mit Bescheid aufzutragen. § 29 Abs. 4 gilt sinngemäß.

DRITTER ABSCHNITT
Von der nachhaltigen Bewirtschaftung, insbesondere vom Schutz und der Reinhaltung der Gewässer

Ziele

§ 30. (1) Alle Gewässer einschließlich des Grundwassers sind im Rahmen des öffentlichen

Interesses und nach Maßgabe der folgenden Bestimmungen so reinzuhalten und zu schützen,

1. dass die Gesundheit von Mensch und Tier nicht gefährdet werden kann,
2. dass Beeinträchtigungen des Landschaftsbildes und sonstige fühlbare Schädigungen vermieden werden können,
3. dass eine Verschlechterung vermieden sowie der Zustand der aquatischen Ökosysteme und der direkt von ihnen abhängenden Landökosysteme und Feuchtgebiete im Hinblick auf ihren Wasserhaushalt geschützt und verbessert werden,
4. dass eine nachhaltige Wassernutzung auf der Grundlage eines langfristigen Schutzes der vorhandenen Ressourcen gefördert wird,
5. dass eine Verbesserung der aquatischen Umwelt, ua. durch spezifische Maßnahmen zur schrittweisen Reduzierung von Einleitungen, Emissionen und Verlusten von gefährlichen Schadstoffen gewährleistet wird.

Insbesondere ist Grundwasser sowie Quellwasser so reinzuhalten, dass es als Trinkwasser verwendet werden kann. Grundwasser ist weiters so zu schützen, dass eine schrittweise Reduzierung der Verschmutzung des Grundwassers und Verhinderung der weiteren Verschmutzung sichergestellt wird. Oberflächengewässer sind so reinzuhalten, dass Tagwässer zum Gemeingebrauch sowie zu gewerblichen Zwecken benutzt und Fischwässer erhalten werden können.

(2) Abs. 1 soll beitragen

1. zu einer Minderung der Auswirkungen von Dürren und Überschwemmungen, insbesondere der Freihaltung von Überflutungsräumen;
2. zu einer ausreichenden Versorgung (§ 13) mit Oberflächen- und Grundwasser guter Qualität, wie es für eine nachhaltige, ausgewogene und gerechte Wassernutzung erforderlich ist;
3. zu einer wesentlichen Reduzierung der Grundwasserverschmutzung;
4. zum Schutz der Hoheitsgewässer und Meeresgewässer im Rahmen internationaler Übereinkommen.

(3) 1. Unter Reinhaltung der Gewässer wird in diesem Bundesgesetz die Erhaltung der natürlichen Beschaffenheit des Wassers in physikalischer, chemischer und biologischer Hinsicht (Wassergüte), unter Verunreinigung jede Beeinträchtigung dieser Beschaffenheit und jede Minderung des Selbstreinigungsvermögens verstanden.

2. Unter Schutz der Gewässer wird in diesem Bundesgesetz die Erhaltung der natürlichen Beschaffenheit von Oberflächengewässern einschließlich ihrer hydro-morphologischen Eigenschaften und der für den ökologischen Zustand maßgeblichen Uferbereiche sowie der Schutz des Grundwassers verstanden.

3. Verschmutzung ist die durch menschliche Tätigkeiten direkt oder indirekt bewirkte Freisetzung von Stoffen oder Wärme in Wasser die der menschlichen Gesundheit oder der Qualität der aquatischen Ökosysteme oder der direkt von ihnen abhängigen Landökosysteme schaden können oder eine Beeinträchtigung oder Störung des Erholungswertes und anderer legitimer Nutzungen der Umwelt mit sich bringen

Umweltziele für Oberflächengewässer

§ 30a. (1) Oberflächengewässer einschließlich erheblich veränderter und künstlicher Gewässer (§ 30b) sind derart zu schützen, zu verbessern und zu sanieren, dass – unbeschadet § 104a – eine Verschlechterung des jeweiligen Zustandes verhindert und – unbeschadet der §§ 30e und 30f – bis spätestens 22. Dezember 2015 der Zielzustand erreicht wird. Der Zielzustand in einem Oberflächengewässer ist dann erreicht, wenn sich der Oberflächenwasserkörper zumindest in einem guten ökologischen und einem guten chemischen Zustand befindet. Der Zielzustand in einem erheblich veränderten oder künstlichen Gewässer ist dann erreicht, wenn sich der Oberflächenwasserkörper zumindest in einem guten ökologischen Potential und einem guten chemischen Zustand befindet.

(2) Der Bundesminister für Land- und Forstwirtschaft, Umwelt und Wasserwirtschaft hat mit Verordnung die gemäß Abs. 1 zu erreichenden Zielzustände sowie die im Hinblick auf das Verschlechterungsverbot maßgeblichen Zustände für Oberflächengewässer (Abs. 3) mittels charakteristischer Eigenschaften sowie Grenz- oder Richtwerten näher zu bezeichnen.

Er hat dabei insbesondere

1. den guten ökologischen Zustand, das gute ökologische Potential sowie die jeweiligen Referenzzustände auf der Grundlage des Anhangs C sowie der Ergebnisse des Interkalibrationsverfahrens festzulegen;
2. den guten chemischen Zustand sowie die chemischen Komponenten des guten ökologischen Zustandes für synthetische und nichtsynthetische Schadstoffe in Form von Umweltqualitätsnormen auf der Grundlage des Anhangs E festzulegen;
3. im Hinblick auf die Abweichungsanalyse (§ 55d) die Kriterien, insbesondere für die Ermittlung und Beurteilung der Messergebnisse für das Entsprechungsregime sowie für eine stufenweise Ausweisung, unter anderem unter Berücksichtigung der natürlichen Bedingungen von Oberflächenwasserkörpern vorzugeben.

Dabei ist eine Differenzierung insbesondere nach Gewässertypen oder nach der Charakteristik der Einzugsgebiete im gebotenen Ausmaß zu treffen.

Bei der Festlegung der Umweltziele sind einheitliche Vorgaben für die Probenahme, die statistische Datenauswertung, Auswertungsmethoden und für Mindestanforderungen an die analytisch-chemischen Analyseverfahren zu treffen.

(3) 1. Oberflächengewässer sind alle an der Erdoberfläche stehenden und fließenden Gewässer.

2. Ein Oberflächenwasserkörper ist ein einheitlicher und bedeutender Abschnitt eines Oberflächengewässers.
3. Der Zustand des Oberflächengewässers ist die allgemeine Bezeichnung für den Zustand eines Oberflächenwasserkörpers auf der Grundlage des jeweils schlechteren Wertes für den ökologischen und den chemischen Zustand.
4. Der ökologische Zustand ist die Qualität von Struktur und Funktionsfähigkeit aquatischer, in Verbindung mit Oberflächengewässern stehender Ökosysteme (Gewässer, samt der für den ökologischen Zustand maßgeblichen Uferbereiche) gemäß einer auf Anhang C basierenden Verordnung (Abs. 2 Z 1).
5. Das ökologische Potential ist der ökologische Zustand eines erheblich veränderten oder künstlichen Oberflächenwasserkörpers, der den Kriterien einer auf Anhang C basierenden Verordnung entspricht.
6. Schadstoff ist jeder Stoff, der zu einer Verschmutzung der Gewässer führen kann, insbesondere Stoffe des Anhangs E Abschnitt I.
7. Gefährliche Stoffe sind Stoffe oder Gruppen von Stoffen, die toxisch, persistent und bioakkumulierbar sind und sonstige Stoffe und Gruppen von Stoffen, die in ähnlichem Maße Anlass zu Besorgnis geben.
8. Prioritäre Stoffe sind Stoffe des Anhangs E Abschnitt II.
9. Prioritäre gefährliche Stoffe sind Stoffe des Anhangs E Abschnitt III.

Einstufung als künstliche oder erheblich veränderte Oberflächenwasserkörper

§ 30b. (1) Der Bundesminister für Land- und Forstwirtschaft, Umwelt und Wasserwirtschaft kann mit Verordnung Oberflächenwasserkörper als künstliche oder erheblich veränderte, gegliedert nach Planungsräumen (§ 55b Abs. 2) einstufen, wenn

1. die zur Erreichung eines guten ökologischen Zustands erforderlichen Änderungen der hydromorphologischen Merkmale des Oberflächenwasserkörpers signifikante negative Auswirkungen hätten auf
   a) die Umwelt im weiteren Sinne oder
   b) die Schifffahrt, einschließlich Hafenanlagen oder die Freizeitnutzung oder
   c) die Tätigkeiten, zu deren Zweck das Wasser gespeichert wird, wie Trinkwasserversorgung, Stromerzeugung oder Bewässerung oder
   d) die Wasserregulierung, Schutz vor Überflutungen, Landentwässerung oder
   e) andere ebenso wichtige nachhaltige Entwicklungstätigkeiten des Menschen und
2. die nutzbringenden Ziele, denen die veränderten Merkmale des Oberflächenwasserkörpers dienen, nicht in sinnvoller Weise durch andere Mittel erreicht werden können. Diese anderen Mittel müssen
   a) technisch durchführbar sein und
   b) jedenfalls eine wesentlich bessere Umweltoption darstellen und
   c) keine unverhältnismäßigen Kosten verursachen.

(2) Diese Einstufung und deren Gründe sind im Rahmen der Bestandsaufnahme (§ 55d) im Nationalen Gewässerbewirtschaftungsplan (§ 55c) im einzelnen darzulegen und alle sechs Jahre zu überprüfen. Für die Erstellung des ersten Nationalen Gewässerbewirtschaftungsplans (§ 55c) erfolgt eine endgültige Einstufung gemäß Abs. 1 nach Vorliegen der Überwachungsergebnisse. Eine vorläufige Benennung von potentiell als künstlich oder erheblich verändert einzustufenden Oberflächenwasserkörpern erfolgt im Rahmen und nach dem Verfahren der Ist-Bestandsanalyse (§ 55h Abs. 1).

(3) 1. Ein künstlicher Oberflächenwasserkörper ist ein von Menschenhand geschaffener Oberflächenwasserkörper.

2. Ein erheblich veränderter Oberflächenwasserkörper ist ein Oberflächenwasserkörper, der durch physikalische Veränderungen durch den Menschen in seinem Wesen erheblich verändert wurde und gemäß Abs. 2 entsprechend eingestuft wurde.

Umweltziele für Grundwasser

§ 30c. (1) Grundwasser ist derart zu schützen, zu verbessern und zu sanieren, dass – unbeschadet § 104a – eine Verschlechterung des jeweiligen Zustandes verhindert und – unbeschadet der §§ 30e und 30f – bis spätestens 22. Dezember 2015 der gute Zustand erreicht wird. Der gute Zustand im Grundwasser ist dann erreicht, wenn sich der Grundwasserkörper zumindest in einem guten mengenmäßigen und einem guten chemischen Zustand befindet.

(2) Der Bundesminister für Land- und Forstwirtschaft, Umwelt und Wasserwirtschaft hat mit Verordnung den gemäß Abs. 1 zu erreichenden Zustand sowie die im Hinblick auf das Verschlechterungsverbot maßgeblichen Kriterien zu bezeichnen. Er hat insbesondere

1. für Stoffe, durch die Grundwasser für Zwecke der Wasserversorgung (§ 30 Abs. 1) untauglich zu werden droht oder die das Grundwasser so nachhaltig beeinflussen können, dass die Wiederherstellung geordneter Grundwasserverhältnisse nur mit erheblichem Aufwand

oder nur über einen längeren Zeitraum möglich ist, Schwellenwerte festzusetzen und dabei zu berücksichtigen, dass

a) die Umweltziele für in Verbindung stehende Oberflächengewässer erreicht werden, insbesondere die ökologische oder chemische Qualität derartiger Gewässer nicht signifikant verringert wird,
b) die Landökosysteme, die unmittelbar von dem Grundwasserkörper abhängen, nicht signifikant geschädigt werden und
c) keine Anzeichen für das Zuströmen von Salzwässern oder andere Intrusionen gegeben sind;

2. Kriterien für die Ermittlung und Beurteilung der Messergebnisse sowie gegebenenfalls Kriterien für eine stufenweise Ausweisung unter Berücksichtigung der natürlichen Bedingungen von Grundwasserkörpern und Teilen von Grundwasserkörpern als Beobachtungs- und voraussichtliche Maßnahmengebiete vorzugeben;
3. Kriterien für die Ermittlung signifikanter und anhaltender steigender Trends sowie für die Festlegung der Ausgangspunkte für die Trendumkehr festzusetzen;
4. Kriterien für die Bestimmung des guten mengenmäßigen Zustandes eines Grundwasserkörpers derart festzulegen, dass die mittleren jährlichen Entnahmen langfristig das vorhandene nutzbare Grundwasserdargebot (die verfügbare Grundwasserressource) nicht überschreiten. Dabei ist zu beachten, dass der Grundwasserspiegel keinen anthropogenen Veränderungen unterliegt, die zu einem Verfehlen der ökologischen Umweltziele für in Verbindung stehende Oberflächengewässer oder zu einer signifikanten Verringerung der Qualität dieser Oberflächengewässer oder zu einer signifikanten Schädigung von Landökosystemen, die unmittelbar von dem Grundwasserkörper abhängen, oder zum Zuströmen von Salzwässern oder zu anderen Intrusionen führen würden.
5. Regelungen über die im Zusammenhang mit den Z 1 bis Z 4 bei der Überwachung zu beachtenden Verfahren und Methoden, über Referenzanalyseverfahren sowie über sonstige für die Aussagekraft von Überwachungsergebnissen maßgebliche Gesichtspunkte zu treffen.

(3) 1. Grundwasserkörper ist ein abgegrenztes Grundwasservolumen innerhalb eines oder mehrerer Grundwasserleiter.

2. Grundwasserleiter sind unter der Erdoberfläche liegende Boden- oder Gesteinskörper oder andere geologische Formationen mit hinreichender Porosität und Permeabilität, sodass entweder ein nennenswerter Grundwasserstrom oder die Entnahme erheblicher Grundwassermengen möglich ist.

Ziele für Schutzgebiete

§ 30d. (1) In den nachstehenden Schutzgebieten sind allfällige für diese festgelegte Umweltziele, vorbehaltlich der und entsprechend den dort festgelegten Bestimmungen – unbeschadet der §§ 30e, 30f und 104a – bis 22. Dezember 2015 zu erreichen:

1. In Gebieten mit Wasserentnahmen gemäß § 59b Abs. 1 Z 1 sowie
2. in nährstoffsensiblen Gebieten, sofern solche gemäß § 55p in Umsetzung der Richtlinie (EWG) Nr. 91/271 über die Behandlung von kommunalem Abwasser, ABl. Nr. L 135 vom 30. Mai 1991, S 40 und der Richtlinie (EWG) Nr. 91/676 über den Schutz der Gewässer vor Verunreinigung durch Nitrat aus landwirtschaftlichen Quellen, ABl. Nr. L 375 vom 31. Dezember 1991, S 1 ausgewiesen wurden;
3. in Gebieten, die zum Schutz wirtschaftlich bedeutsamer aquatischer Arten ausgewiesen wurden;
4. in Gebieten, die gemäß § 2 Abs. 7 Bäderhygienegesetz, BGBl. Nr. 254/1976 idF BGBl. I Nr. 98/2001 als Badegewässer ausgewiesen wurden sowie
5. in Gebieten, die auf Grund von landesgesetzlichen Bestimmungen in Umsetzung der Richtlinie (EWG) Nr. 92/43 zur Erhaltung der natürlichen Lebensräume sowie der wildlebenden Tiere und Pflanzen, ABl. Nr. L 206 vom 22. Juli 1992, S 7 und der Richtlinie (EWG) 79/409 über die Erhaltung der wildlebenden Vogelarten, ABl. Nr. L 103 vom 25. April 1979, S 1 ausgewiesen wurden, sofern die Erhaltung oder Verbesserung des Wasserzustandes ein wichtiger Faktor für diesen Schutz ist.

(2) Sofern auf einen bestimmten Oberflächenwasserkörper oder Grundwasserkörper mehr als eines der gemäß den §§ 30a, c und d festgelegten Umweltziele anzuwenden ist, bleibt das weitreichendere Umweltziel unberührt und gilt weiterhin.

Stufenweise Zielerreichung

§ 30e. (1) Zur stufenweisen Umsetzung der gemäß §§ 30a, c und d festgelegten Umweltziele können die dort vorgesehenen Fristen über den Zeitraum zweier Aktualisierungen ausgehend vom ersten Nationalen Gewässerbewirtschaftungsplan (§ 55c), das ist bis zum 22. Dezember 2021 bzw. bis zum 22. Dezember 2027, im Rahmen der Bestandsaufnahme (§ 55d in Verbindung mit § 55h Abs. 1) verlängert werden, wenn

1. der Zustand des beeinträchtigten Oberflächenwasser- oder Grundwasserkörpers nicht weiter verschlechtert wird und
2. eine Abschätzung ergibt, dass innerhalb des vorgegebenen Zeitrahmens

a) der Umfang der erforderlichen Verbesserungen aus Gründen der technischen Durchführbarkeit nur in Schritten erreicht werden kann, oder
b) die Verwirklichung der Verbesserungen unverhältnismäßig hohe Kosten verursachen würde, oder
c) die natürlichen Gegebenheiten keine rechtzeitige Verbesserung des Zustands des Oberflächenwasser- oder Grundwasserkörpers zulassen.

(2) Hat eine Prüfung gemäß Abs. 1 ergeben, dass eine Zielerreichung bis 22. Dezember 2027 auf Grund von Beeinträchtigungen durch menschliche Tätigkeiten (§§ 59, 59a) oder auf Grund von natürlichen Gegebenheiten nicht möglich ist, kann unter Einhaltung der Voraussetzungen des Abs. 1 für bestimmte Oberflächenwasser- oder Grundwasserkörper die Verwirklichung weniger strenger Umweltziele, als sie gemäß §§ 30a, c und d festgelegt worden sind, vorgesehen werden, wenn die ökologischen und sozioökonomischen Erfordernisse, denen solche menschliche Tätigkeiten dienen, nicht durch andere Mittel erreicht werden können, die eine wesentlich bessere und nicht mit unverhältnismäßig hohen Kosten verbundene Umweltoption darstellen.

(3) Die Verlängerung der Frist sowie die Ausnahme vom Umweltziel und die entsprechenden Gründe erfolgen im Nationalen Gewässerbewirtschaftungsplan (§ 55c) und sind im Einzelnen darzulegen und zu erläutern. Diese Festlegungen zur stufenweisen Zielerreichung sind im Verwaltungsverfahren für die Beurteilung der als im öffentlichen Interesse gelegenen anzustrebenden wasserwirtschaftlichen Ordnung heranzuziehen.

(4) Darüber hinaus hat der Nationale Gewässerbewirtschaftungsplan zu enthalten:

1. in den Fällen des Abs. 1 (Fristverlängerung)
a) eine Zusammenfassung derjenigen Maßnahmen (§ 55c Abs. 2 Z 5), die als erforderlich angesehen werden, um die Oberflächenwasser- oder Grundwasserkörper bis zum Ablauf der verlängerten Frist schrittweise in den geforderten Zustand zu überführen,
b) die Gründe für jede signifikante Verzögerung bei der Umsetzung dieser Maßnahmen und den voraussichtlichen Zeitplan für die Durchführung dieser Maßnahmen (§ 55c Abs. 2 Z 5);
2. in den Fällen des Abs. 2 (Ausnahme vom Umweltziel)
a) eine Zusammenfassung derjenigen Maßnahmen (§ 55c Abs. 2 Z 5), die als erforderlich angesehen werden, um im Hinblick auf Oberflächenwasserkörper unter Berücksichtigung der Auswirkungen, die infolge der Art der menschlichen Tätigkeiten oder der Verschmutzung nach vernünftigem Ermessen nicht hätten vermieden werden können, den bestmöglichen ökologischen und chemischen Zustand zu gewährleisten,
b) eine Zusammenfassung derjenigen Maßnahmen (§ 55c Abs. 2 Z 5), die als erforderlich angesehen werden, um im Hinblick auf Grundwasserkörper unter Berücksichtigung der Auswirkungen, die infolge der Art der menschlichen Tätigkeiten oder der Verschmutzung nach vernünftigem Ermessen nicht hätten vermieden werden können, die geringst möglichen Veränderungen des guten Grundwasserzustandes zu gewährleisten.

Die aktualisierten Fassungen des Nationalen Gewässerbewirtschaftungsplans haben eine Überprüfung der Durchführung dieser Maßnahmen und eine Zusammenfassung aller etwaigen zusätzlichen Maßnahmen zu enthalten.

(5) Die Vorgehensweise nach Abs. 1 bis 3 darf die Verwirklichung der Umweltziele in anderen Oberflächenwasser- oder Grundwasserkörpern im Planungsraum nicht dauerhaft ausschließen oder gefährden.

Ereignisse unter außergewöhnlichen Umständen

§ 30f. (1) Eine vorübergehende Verschlechterung des Zustands von Oberflächenwasser- oder Grundwasserkörpern verstößt nicht gegen die in §§ 30a, c und d festgelegten Ziele, wenn sie

a) durch aus natürlichen Ursachen herrührende oder durch höhere Gewalt bedingte Umstände, die außergewöhnlich sind oder nach vernünftiger Einschätzung nicht vorhersehbar waren, insbesondere starke Überschwemmungen oder lang anhaltende Dürren bedingt ist oder
b) durch nach vernünftiger Einschätzung nicht vorhersehbare Unfälle entstanden ist

und wenn sämtliche nachstehende Bedingungen erfüllt sind:

1. Es werden alle praktikablen Vorkehrungen getroffen, um eine weitere Verschlechterung des Zustands zu verhindern und um die Verwirklichung der Umweltziele in von diesen Umständen nicht betroffenen Oberflächenwasser- oder Grundwasserkörpern nicht zu gefährden.
2. Im Nationalen Gewässerbewirtschaftungsplan wird festgehalten, unter welchen Bedingungen solche unvorhergesehenen oder außergewöhnlichen Umstände geltend gemacht werden können und welche Indikatoren hierbei zu verwenden sind.
3. Die Maßnahmen, die unter solchen außergewöhnlichen Umständen zu ergreifen sind, sind im Maßnahmenprogramm (§ 55c Abs. 2 Z 5) aufgeführt und dürfen, wenn die außergewöhnlichen Umstände vorüber sind, nicht die Wiederherstellung des Zustands des Oberflächenwasser- oder Grundwasserkörpers gefährden.

(2) Die Auswirkungen von Umständen, die außergewöhnlich sind oder nach vernünftiger Einschätzung nicht vorhersehbar waren, sind jährlich von den zuständigen Stellen zu überprüfen. Es sind vorbehaltlich einer Abwägung der in § 30e Abs. 1 Z 2 angeführten Gründe alle praktikablen Maßnahmen zu ergreifen, um jenen Zustand, den der Oberflächenwasser- oder Grundwasserkörper hatte, bevor er von solchen Umständen betroffen wurde, sobald wie nach vernünftiger Einschätzung möglich, wiederherzustellen.

(3) In die nächste aktualisierte Fassung des Nationalen Gewässerbewirtschaftungsplans ist eine zusammenfassende Darlegung der Auswirkungen der Umstände und der Maßnahmen, die entsprechend Abs. 1 lit. a und b getroffen wurden beziehungsweise noch zu treffen sind, aufzunehmen.

Kombinierter Ansatz für Punktquellen und diffuse Quellen

§ 30g. (1) Entsprechend dem kombinierten Ansatz sind

1. Emissionen aus Punktquellen, insbesondere aus Abwasserreinigungsanlagen, in Gewässer auf der Grundlage des Standes der Technik (§ 12a) zu begrenzen,
2. diffuse Auswirkungen so zu begrenzen, dass sie gegebenenfalls die beste verfügbare Umweltpraxis einschließen.

Das Erfordernis einer Fortschreibung des Standes der Technik oder der besten verfügbaren Umweltpraxis ist jedenfalls dann gegeben, wenn es gemeinschaftsrechtliche Vorschriften oder die Bestandsaufnahme (§ 55d) erfordern.

(2) Sofern auf Grund von gemäß §§ 30a, c und d festgelegten Umweltzielen strengere Begrenzungen erforderlich sind, als sie aus einer Anwendung des Abs. 1 zu erfüllen wären, so sind für diese Oberflächenwasser- oder Grundwasserkörper im Maßnahmenprogramm beziehungsweise in Umsetzung der Maßnahmenprogramme dementsprechend strengere Emissionsbegrenzungen festzulegen.

(3) Sofern auf Grund von gemäß §§ 30a, c und d festgelegten Umweltzielen weniger strenge Begrenzungen zulässig sind, als sie aus einer Anwendung des Abs. 1 zu erfüllen wären, dürfen – soweit nicht gemeinschaftsrechtliche Regelungen entgegenstehen – weniger strenge Begrenzungen festgelegt werden. Für Abwassereinleitungen (Abs. 1 Z 1) gilt dies nur unter den Voraussetzungen der §§ 33b Abs. 10 bzw. 33c Abs. 8.

Allgemeine Sorge für die Reinhaltung.

§ 31. (1) Jedermann, dessen Anlagen, Maßnahmen oder Unterlassungen eine Einwirkung auf Gewässer herbeiführen können, hat mit der im Sinne des § 1297, zutreffendenfalls mit der im Sinne des § 1299 des allgemeinen bürgerlichen Gesetzbuches gebotenen Sorgfalt seine Anlagen so herzustellen, instandzuhalten und zu betreiben oder sich so zu verhalten, daß eine Gewässerverunreinigung vermieden wird, die den Bestimmungen des § 30 zuwiderläuft und nicht durch eine wasserrechtliche Bewilligung gedeckt ist.

(2) Tritt dennoch die Gefahr einer Gewässerverunreinigung ein, hat der nach Abs. 1 Verpflichtete unverzüglich die zur Vermeidung einer Verunreinigung erforderlichen Maßnahmen zu treffen und die Bezirksverwaltungsbehörde, bei Gefahr im Verzug den Bürgermeister oder die nächst Dienststelle des öffentlichen Sicherheitsdienstes zu verständigen. Bei Tankfahrzeugunfällen hat der Lenker, sofern dieser hiezu nicht oder nicht allein in der Lage ist auch der Beifahrer, die erforderlichen Sofortmaßnahmen im Sinne der Betriebsanweisung für Tankfahrzeuge zu treffen. Die Verständigungs- und Hilfeleistungspflicht nach anderen Verwaltungsvorschriften, wie vor allem nach der Straßenverkehrsordnung, wird dadurch nicht berührt. Sind außer den Sofortmaßnahmen weitere Maßnahmen zur Vermeidung einer Gewässerverunreinigung erforderlich, so ist zu ihrer Durchführung der Halter des Tankfahrzeuges verpflichtet.

(3) Wenn die zur Vermeidung einer Gewässerverunreinigung erforderlichen Maßnahmen nicht oder nicht rechtzeitig getroffen werden, so hat die Wasserrechtsbehörde, soweit nicht der unmittelbare Werksbereich eines Bergbaues betroffen wird, die entsprechenden Maßnahmen dem Verpflichteten aufzutragen oder bei Gefahr im Verzuge unmittelbar anzuordnen und gegen Ersatz der Kosten durch den Verpflichteten nötigenfalls unverzüglich durchführen zu lassen. Wenn wegen Gefahr im Verzuge eine Anordnung der Wasserrechtsbehörde nicht abgewartet werden kann, ist der Bürgermeister befugt, die zur Vermeidung einer Gewässerverunreinigung erforderlichen Maßnahmen – soweit nicht dem Bergrecht unterliegende Anlagen betroffen werden – unmittelbar anzuordnen und gegen Ersatz der Kosten durch den Verpflichteten nötigenfalls unverzüglich durchführen zu lassen. Gefahr im Verzug ist jedenfalls gegeben, wenn eine Wasserversorgung gefährdet ist.

(3a) Soweit in außergewöhnlichen Katastrophenereignissen, insbesondere Hochwässern, Erdrutschen, Vermurungen und Lawinen, auch Anordnungen gemäß Abs. 3 getroffen werden oder wurden, gelten diese als Anordnungen nach den einschlägigen Katastrophenschutzbestimmungen.

(4) Kann der nach Abs. 1 Verpflichtete nicht gemäß Abs. 3 beauftragt oder zum Kostenersatz herangezogen werden, dann kann an seiner Stelle dem Liegenschaftseigentümer der Auftrag erteilt oder der Kostenersatz auferlegt werden, wenn er den Anlagen oder Maßnahmen, von denen die Gefahr ausgeht, zugestimmt oder sie freiwillig geduldet und ihm zumutbare Abwehrmaßnahmen unterlassen hat. Dies gilt auch für Rechtsnachfolger des Liegenschaftseigentümers, wenn sie von

den Anlagen oder Maßnahmen, von denen die Gefahr ausgeht, Kenntnis hatten oder bei gehöriger Aufmerksamkeit Kenntnis haben mußten.

(5) Maßnahmen, die Gegenstand einer behördlichen Anordnung oder eines behördlichen Auftrages gemäß Abs. 3 oder 4 sind, bedürfen keiner wasserrechtlichen Bewilligung oder einer Bewilligung nach anderen Vorschriften. Soweit durch solche Maßnahmen Rechte Dritter berührt werden, findet § 72 Anwendung.

(6) Abs. 4 ist auf Anlagen Maßnahmen oder Unterlassungen, die vor dem 1. Juli 1990 entstanden sind oder gesetzt wurden, mit der Maßgabe anzuwenden, daß der Liegenschaftseigentümer nur zu Leistungen nach Abs. 3 herangezogen werden kann, wenn er die Anlagen, Maßnahmen oder Unterlassungen, welche die Gewässerverunreinigung verursachen, auf eigenem Boden ausdrücklich gestattet und daraus in Form einer Vergütung für die Inanspruchnahme seines Eigentums einen Vorteil gezogen hat. Seine Leistungspflicht ist jedoch auf jenen Wert des Vorteils begrenzt, der die übliche Vergütung für die Inanspruchnahme seines Eigentums überstieg. Läßt sich die übliche Vergütung nicht vergleichsweise feststellen, ist sie nach dem Wert des verursachten Nutzungsentganges und der verursachten sonstigen Nachteile – ausgenommen die Leistungspflicht nach Abs. 4 – zu bemessen.

Anlagen zur Lagerung und Leitung wassergefährdender Stoffe

§ 31a. (1) Anlagen zur Lagerung oder Leitung wassergefährdender Stoffe müssen so beschaffen sein und so errichtet, betrieben und aufgelassen werden, daß eine Verunreinigung der Gewässer oder eine sonstige nachteilige Veränderung ihrer Eigenschaften nicht zu erwarten ist. Wassergefährdend sind Stoffe, die zufolge ihrer schädlichen Eigenschaften für den Menschen oder für Wassertiere oder -pflanzen, insbesondere wegen Giftigkeit, geringer biologischer Abbaubarkeit, Anreicherungsfähigkeit, sensorischer Auswirkungen und Mobilität, bei Einwirkung auf Gewässer deren ökologischen Zustand oder Nutzbarkeit, vor allem zur Wasserversorgung, nachhaltig zu beeinträchtigen vermögen.

(2) Für Anlagen nach Abs. 1 ist, sofern dieses Bundesgesetz nicht anderes bestimmt, keine wasserrechtliche Bewilligung erforderlich. Die §§ 34, 35, 37 und 54 werden davon nicht berührt.

(3) Anlagen nach Abs. 1, die auf Grund ihres Gefährdungspotentials, ihrer Bauweise, ihrer Häufigkeit oder auf Grund gemeinschaftsrechtlicher Bestimmungen einer Kontrolle bedürfen, sind durch Verordnung des Bundesministers für Land- und Forstwirtschaft, Umwelt und Wasserwirtschaft zu bezeichnen und sind gegebenenfalls Mengenschwellen festzulegen.

(4) Anlagen zur Lagerung oder Leitung wassergefährdender Stoffe nach Abs. 3 sind vor deren Errichtung oder wesentlicher Änderung der zuständigen Behörde zu melden. Zuständige Behörde für die Meldung von Anlagen zur Beheizung von Gebäuden sowie für Anlagen, die ausschließlich zur Betankung von Kraftfahrzeugen mit Dieselkraftstoffen bis zu einer Lagerkapazität von 5 000 kg dienen, ist der Bürgermeister.

(5) Der Bundesminister für Land- und Forstwirtschaft, Umwelt und Wasserwirtschaft kann durch Verordnung eine Bewilligungspflicht für die Errichtung oder wesentliche Änderung von Anlagen zur Lagerung oder Leitung wassergefährdender Stoffe festlegen, soweit dies gemeinschaftsrechtlich geboten ist und eine Bewilligungspflicht nicht bereits in anderen bundesrechtlichen Vorschriften, die gewässerschutzrelevante Kriterien berücksichtigen, vorgesehen ist.

(6) Bei Anlagen, die nach anderen bundesrechtlichen Vorschriften einer Anzeige oder Bewilligung bedürfen, nach denen die gewässerschutzrelevanten Kriterien berücksichtigt werden, entfällt die wasserrechtliche Meldepflicht. Die §§ 21a, 27 Abs. 4, 29, 55 Abs. 5, 133 Abs. 2 und 138 sind sinngemäß auf diese Anlagen anwendbar.

(7) Die für die Aufsicht zuständige Behörde ist

1. für Anlagen, die dem Gewerberecht, dem Eisenbahnrecht, dem Luftreinhalterecht, dem Rohrleitungsrecht, dem Bergrecht, dem Schifffahrtsrecht, dem Luftfahrtsrecht unterliegen, die nach diesen Vorschriften zuständige Behörde,
2. für Anlagen zur Beheizung von Gebäuden sowie zur Betankung von Kraftfahrzeugen mit Dieselkraftstoff gemäß Abs. 4, soweit sie nicht unter Z 1 fallen, der Bürgermeister,
3. sonst die Wasserrechtsbehörde.

(Anm.: Abs. 8 aufgehoben durch BGBl. I Nr. 155/1999)

Sonstige Vorsorge gegen Wassergefährdung

§ 31c. (1) Unbeschadet der Bestimmungen der §§ 9, 32, 34 und 38 bedarf die Gewinnung von Sand und Kies der wasserrechtlichen Bewilligung, wenn sie mit besonderen Vorrichtungen erfolgt.

(2) Bei Vorhaben nach Abs. 1, die nach den gewerberechtlichen Vorschriften genehmigungspflichtig sind oder die dem Mineralrohstoffgesetz unterliegen, entfällt die Bewilligungspflicht, wenn das Vorhaben außerhalb wasserrechtlich besonders geschützter Gebiete geplant ist.

(3) In den Fällen des Abs. 1 und 2 hat die jeweils zuständige Behörde insbesondere die zur Vermeidung einer Gewässerverunreinigung (§ 30) notwendigen und nach dem Stand der Technik möglichen Vorkehrungen zu treffen, die nach Beendigung der Entnahme zu treffenden Maßnahmen

aufzutragen sowie darauf zu achten, daß Gemeinden in der Versorgung ihrer Bewohner mit Trinkwasser nicht beeinträchtigt werden. Die Bewilligung kann auch zeitlich befristet erteilt werden.

(4) Auf die in Abs. 1 bis 3 genannten Vorhaben finden die §§ 27 Abs. 4 und 29, soweit es sich um Vorhaben handelt, die der Gewerbeordnung oder dem Bergrecht unterliegen, diese Vorschriften sinngemäß Anwendung.

(5) Die Abs. 1 bis 4 finden sinngemäß Anwendung auf

a) Anlagen zur Gewinnung von Erdwärme in wasserrechtlich besonders geschützten Gebieten (§§ 34, 35 und 55g Abs. 1 Z 1) und in geschlossenen Siedlungsgebieten ohne zentrale Trinkwasserversorgung;
b) Anlagen zur Gewinnung von Erdwärme in Form von Vertikalkollektoren (Tiefsonden), soweit sie nicht von lit. a erfasst sind, sofern sie eine Tiefe von 300 m überschreiten oder in Gebieten mit gespannten oder artesisch gespannten Grundwasservorkommen. Die Grenzen derartiger Gebiete sind im Wasserbuch in geeigneter Weise ersichtlich zu machen.
c) Anlagen zur Wärmenutzung der Gewässer.

Auf Vorhaben gem. lit. a, b und c ist das Anzeigeverfahren gemäß § 114 anzuwenden. In Abweichung von § 114 Abs. 4 sind Bewilligungen mit 25 Jahren ab Einbringung der Anzeige befristet.

Bestehende Anlagen

§ 31d. Anlagen und Maßnahmen, für die mit § 31c eine wasserrechtliche Bewilligungspflicht ab dem 1. Juli 1990 eingeführt wurde und die am 1. Juli 1990 bereits bestanden haben, gelten als bewilligt, wenn sie binnen Jahresfrist unter Angabe der Lage und der wesentlichen Merkmale der Anlage sowie des Berechtigten der Behörde angezeigt werden, oder wenn nach Ablauf dieser Frist der Berechtigte den gesetzmäßigen Bestand der Anlage zum Stichtag nachweist. Diese Anzeigen sind nicht gebührenpflichtig.

Bewilligungspflichtige Maßnahmen.

§ 32. (1) Einwirkungen auf Gewässer, die unmittelbar oder mittelbar deren Beschaffenheit (§ 30 Abs. 3) beeinträchtigen, sind nur nach wasserrechtlicher Bewilligung zulässig. Bloß geringfügige Einwirkungen, insbesondere der Gemeingebrauch (§ 8) sowie die ordnungsgemäße land- und forstwirtschaftliche Bodennutzung (Abs. 8), gelten bis zum Beweis des Gegenteils nicht als Beeinträchtigung.

(2) Nach Maßgabe des Abs. 1 bedürfen einer Bewilligung insbesondere

a) die Einbringung von Stoffen in festem, flüssigem oder gasförmigem Zustand in Gewässer (Einbringungen) mit den dafür erforderlichen Anlagen,
b) Einwirkungen auf Gewässer durch ionisierende Strahlung oder Temperaturänderung,
c) Maßnahmen, die zur Folge haben, daß durch Eindringen (Versickern) von Stoffen in den Boden das Grundwasser verunreinigt wird,
d) die Reinigung von gewerblichen oder städtischen Abwässern durch Verrieselung oder Verregnung,
e) eine erhebliche Änderung von Menge oder Beschaffenheit der bewilligten Einwirkung.
f) das Ausbringen von Handelsdünger, Klärschlamm, Kompost oder anderen zur Düngung ausgebrachten Abfällen, ausgenommen auf Gartenbauflächen, soweit die Düngergabe auf landwirtschaftlichen Nutzflächen ohne Gründeckung 175 kg Stickstoff je Hektar und Jahr, auf landwirtschaftlichen Nutzflächen mit Gründeckung einschließlich Dauergrünland oder mit stickstoffzehrenden Fruchtfolgen 210 kg Stickstoff je Hektar und Jahr übersteigt. Dabei ist jene Menge an Stickstoff in feldfallender Wirkung anzurechnen, die gemäß einer Verordnung des Bundesministers für Land- und Forstwirtschaft, Umwelt und Wasserwirtschaft über das Aktionsprogramm zum Schutz der Gewässer vor Verunreinigung durch Nitrat aus landwirtschaftlichen Quellen § 55p) in zulässiger Weise durch Wirtschaftsdünger ausgebracht wird.

(Anm.: lit. g aufgehoben durch BGBl. I Nr. 87/2005)

(3) Einer Bewilligung bedarf auch die ohne Zusammenhang mit einer bestimmten Einwirkung geplante Errichtung oder Änderung von Anlagen zur Reinigung öffentlicher Gewässer oder Verwertung fremder Abwässer.

(4) Einer Bewilligung bedarf auch die künstliche Anreicherung von Grundwasser für Zwecke der öffentlichen Grundwasserbewirtschaftung.

(5) Auf Einwirkungen, Maßnahmen und Anlagen, die nach Abs. 1 bis 4 bewilligt werden, finden die für Wasserbenutzungen (Wasserbenutzungsanlagen) geltenden Bestimmungen dieses Bundesgesetzes sinngemäß Anwendung.

(6) Genehmigungen oder Bewilligungen nach anderen Rechtsvorschriften befreien nicht von der Verpflichtung, die nach diesem Bundesgesetz zur Reinhaltung erforderlichen Vorkehrungen und die von der Wasserrechtsbehörde vorgeschriebenen Maßnahmen durchzuführen.

(7) Als ordnungsgemäß (Abs. 1) gilt die land- und forstwirtschaftliche Bodennutzung, wenn sie unter Einhaltung der bezughabenden Rechtsvorschriften, insbesondere betreffend Chemikalien, Pflanzenschutz- und Düngemittel, Klärschlamm, Bodenschutz und Waldbehandlung, sowie besonderer wasserrechtlicher Anordnungen erfolgt.

Einbringungsbeschränkungen und -verbote

§ 32a. (1) Der Bundesminister für Land- und Forstwirtschaft, Umwelt und Wasserwirtschaft kann zum Schutz der Gewässer (§ 30), insbesondere zur Erreichung der gemäß §§ 30a, c und d festgelegten Umweltziele mit Verordnung sowohl die Einbringung bestimmter Stoffe in Oberflächenwasserkörper oder Kanalisationen als auch die direkt (ohne Bodenpassage) vorgenommene Einbringung in Grundwasserkörper im allgemeinen Interesse an der Reinhaltung der Gewässer sowie in Erfüllung gemeinschaftsrechtlicher Verpflichtungen verbieten. Solche Verbote gelten nicht für

a) Haushaltsabwässer aus Einzelobjekte in Streulage außerhalb von Schutz- und Schongebieten (§§ 34, 35, 54),
b) Stoffe nach Satz 1 in so geringer Menge und Konzentration, dass jede gegenwärtige oder künftige Gefahr einer Beeinträchtigung des Grundwassers ausgeschlossen ist, insbesondere die Einbringung geringfügiger Mengen von Stoffen für wissenschaftliche Zwecke zum Studium, zum Schutz oder zur Sanierung der Oberflächenwasser- oder Grundwasserkörper. Diese Mengen müssen auf das zu diesen Zwecken unbedingt erforderliche Mindestmaß beschränkt bleiben. Derartige Einbringungen dürfen das Erreichen der für den betreffenden Oberflächenwasser- oder Grundwasserkörper festgelegten Umweltziele nicht gefährden.

(2) Der Bundesminister für Land- und Forstwirtschaft, Umwelt und Wasserwirtschaft kann ferner im allgemeinen Interesse an der Reinhaltung des Grundwassers sowie in Erfüllung gemeinschaftsrechtlicher Verpflichtungen durch Verordnung Beschränkungen für die Bewilligung der Einbringung bestimmter Stoffe in das Grundwasser verfügen.

(3) Anläßlich des Wiedereinleitens von

a) Wasser, das im Rahmen geothermischer Verfahren verwendet wird,
b) Grubenwasser aus Bergwerken oder Steinbrüchen, einschließlich Tiefengrundwasser aus dem Bohrlochbergbau,
c) Wasser, das für bestimmte Bauarbeiten abgepumpt wird,

in dieselbe Grundwasserschicht kann die Ableitung auch solcher Stoffe, die in einer Verordnung nach Abs. 1 oder 2 angeführt sind, bewilligt werden, sofern dies die wasserwirtschaftlichen Verhältnisse grundsätzlich zulassen und dies in den Fällen der lit. b darüber hinaus aus bergbautechnischen Gründen notwendig ist.

(4) Die Einleitung von Klärschlamm in Oberflächengewässer, insbesondere von Schiffen oder durch Leitungssysteme, ist verboten.

(5) Durch die Abs. 1 bis 4 werden die sonstigen Bestimmungen dieses Bundesgesetzes, insbesondere die Reinhaltungsverpflichtungen, nicht berührt.

Indirekteinleiter

§ 32b. (1) Wer Einleitungen in eine wasserrechtlich bewilligte Kanalisationsanlage eines anderen vornimmt, hat die gemäß § 33b Abs. 3 vom Bundesminister für Land- und Forstwirtschaft, Umwelt und Wasserwirtschaft erlassenen Emissionsbegrenzungen einzuhalten. Abweichungen von diesen Anforderungen können vom Kanalisationsunternehmen zugelassen werden, soweit dieses sein bewilligtes Maß der Wasserbenutzung einhält. Einleitungen bedürfen der Zustimmung des Kanalisationsunternehmens.

(2) Wer mit Zustimmung des Kanalisationsunternehmens Abwasser, dessen Beschaffenheit nicht nur geringfügig von der des häuslichen abweicht, in eine wasserrechtlich bewilligte Kanalisation einbringt, hat vor Beginn der Ableitung dem Kanalisationsunternehmen die einzubringenden Stoffe, die Frachten, die Abwassermenge sowie andere Einleitungs- und Überwachungsgegebenheiten mitzuteilen. Eine wasserrechtliche Bewilligung ist nicht erforderlich. Der Bundesminister für Land- und Forstwirtschaft, Umwelt und Wasserwirtschaft kann durch Verordnung jene erforderlichen Daten festlegen, die eine Mitteilung an das Kanalisationsunternehmen zu beinhalten hat.

(3) Der Indirekteinleiter hat dem Kanalisationsunternehmen in Abständen von längstens zwei Jahren einen Nachweis über die Beschaffenheit der Abwässer durch einen Befugten zu erbringen. Das Kanalisationsunternehmen bleibt dafür verantwortlich, daß seine wasserrechtliche Bewilligung zur Einbringung in den Vorfluter nicht überschritten wird.

(4) Das Kanalisationsunternehmen hat ein Verzeichnis der gemäß Abs. 2 mitgeteilten Einleiter zu führen und dieses in jährlichen Intervallen zu aktualisieren. Darüber ist der Wasserrechtsbehörde zu berichten. Die Berichte sind Teil des Wasserinformationssystems (§ 59). Den Inhalt und die Häufigkeit dieser Berichte hat der Bundesminister für Land- und Forstwirtschaft, Umwelt und Wasserwirtschaft durch Verordnung festzulegen.

(5) Der Bundesminister für Land- und Forstwirtschaft, Umwelt und Wasserwirtschaft hat durch Verordnung jene Herkunftsbereiche für Abwasser sowie Mengenschwellen festzulegen, für die auf Grund ihrer Gefährlichkeit, des Abwasseranfalles oder auf Grund gemeinschaftsrechtlicher Bestimmungen ein Verfahren (§ 114) erforderlich ist. In dieser Verordnung ist auch eine Mitteilungspflicht an das Kanalisationsunternehmen im Sinne des Abs. 2 festzulegen. Auf bewilligungspflichtige Indirekteinleitungen finden die für Wasserbenutzungen (Wasserbenutzungsanlagen) geltenden Bestimmungen dieses Bundesgesetzes sinngemäß Anwendung.

(6) Der Bundesminister für Land- und Forstwirtschaft, Umwelt und Wasserwirtschaft kann ferner durch Verordnung nähere Festlegungen über die Überwachung der Emissionsbegrenzungen für Einleitungen gemäß Abs. 1 und 5 treffen.

Reinhaltungspflicht.

§ 33. (1) Wer zur Einwirkung auf die Beschaffenheit von Gewässern berechtigt ist, hat die ihm obliegenden Reinhaltungsverpflichtungen durchzuführen. Wer eine solche Bewilligung anstrebt, hat im Sinne der §§ 12, 12a, 30 und 31 die zur Reinhaltung der Gewässer und zur Vermeidung von Schäden erforderlichen Maßnahmen vorzusehen; in der Bewilligung ist auf die technischen und wasserwirtschaftlichen Verhältnisse, insbesondere auch auf das Selbstreinigungsvermögen des Gewässers oder Bodens, entsprechend Bedacht zu nehmen.

(Anm.: Abs. 2 aufgehoben durch BGBl. I Nr. 82/2003)

(3) Soweit notwendig, kann dem Wasserberechtigten (§ 32) durch Bescheid die Bestellung einer für die Abwässerreinigung verantwortlichen Person, ferner die Duldung, Durchführung oder Vorlage von zweckdienlichen Untersuchungen, Messungen und Beobachtungen über die aus dem Betrieb anfallenden Abwässer oder Stoffe, die das Gewässer verunreinigen können, aufgetragen werden.

Emissionsbegrenzung für Abwasserinhaltsstoffe

§ 33b. (1) Bei der Bewilligung von Abwassereinleitungen in Gewässer oder in eine bewilligte Kanalisation hat die Behörde jedenfalls die nach dem Stand der Technik möglichen Auflagen zur Begrenzung von Frachten und Konzentrationen schädlicher Abwasserinhaltsstoffe vorzuschreiben. Bei Abwassereinleitungen in eine bewilligte Kanalisation kann dabei die Wirkung bzw. Berücksichtigung der Reinigungsleistung einer Abwasserreinigungsanlage bei der Festsetzung der Emissionsgrenzwerte der betreffenden Anlage berücksichtigt werden, sofern ein insgesamt gleichwertiges Umweltschutzniveau sichergestellt wird und es nicht zu einer höheren Belastung der Umwelt kommt.

(2) Die Einleitung gefährlicher Abwasserinhaltsstoffe darf nur so weit bewilligt werden, als nach dem Stand der Technik die Vermeidung nicht möglich ist und die wasserwirtschaftlichen Verhältnisse, insbesondere bestehende Nutzungen und die bereits vorhandene Belastung, eine Einleitung zulassen. Gefährliche Abwasserinhaltsstoffe, deren Einleitung auf Grund der Bestimmung des § 33b seit 1. Juli 1990 befristet bewilligt worden ist, gelten auf die Dauer des Gesamtkonsenses als bewilligt. Anläßlich der Vorlage des Überprüfungsbefundes im Sinne des § 134 Abs. 2 hat der Wasserberechtigte darzulegen, ob die Einleitung gefährlicher Abwasserinhaltsstoffe nach dem Stand der Technik weiterhin nicht vermeidbar ist.

(3) Der Bundesminister für Land- und Forstwirtschaft, Umwelt und Wasserwirtschaft hat durch Verordnung unter Bedachtnahme auf die wasserwirtschaftlichen Verhältnisse, auf den Stand der Abwasserreinigungstechnik sowie unter Bedachtnahme auf die Möglichkeiten zur Verringerung des Abwasseranfalls Emissionswerte in Form von Grenzwerten oder Mittelwerten für Konzentrationen oder spezifische Frachten festzulegen. Die Emissionswerte für bestehende (§ 33c) und neu zu bewilligende Anlagen sind, soweit es nach dem Stand der Abwasserreinigungstechnik oder nach dem Stand der Vermeidungstechnik erforderlich ist, getrennt festzulegen. Eine derartige Verordnung bedarf hinsichtlich des zugrundezulegenden Standes der Technik zur Abwasserreinigung und der Möglichkeiten zur Verringerung des Abwasseranfalls des Einvernehmens mit dem Bundesminister für wirtschaftliche Angelegenheiten und dem Bundesminister für Umwelt, Jugend und Familie.

(4) Die Auswahl schädlicher und gefährlicher Abwasserinhaltsstoffe sowie die Festlegung von Emissionswerten (Abs. 3) hat insbesondere unter Bedachtnahme auf Art, Herkunft und spezifische Besonderheiten der Abwässer sowie der zu ihrer Reinigung dienenden Anlagen zu erfolgen.

(5) Zugleich mit der Festlegung der Emissionswerte (Abs. 3 und 4) sind die erforderlichen Regelungen über die bei der Überwachung zu beachtenden Verfahren und Methoden, über Referenzanalyseverfahren sowie über sonstige für die Aussagekraft von Überwachungsergebnissen maßgebliche Gesichtspunkte zu treffen.

(6) Bestehen Verordnungen zur Emissionsbegrenzung nach Abs. 3, so dürfen strengere als die darin getroffenen Emissionsbeschränkungen durch Vorschreibung von Auflagen nur dann getroffen werden, wenn dies auf Grund der Vorbelastung der Gewässer oder auf Grund von Regelungen nach den §§ 33 Abs. 2, 33d, 34, 35 oder 55g Abs. 1 Z 1 notwendig ist. Für eine Anlage, bei der eine der in Anhang I der Richtlinie 2010/75/EU genannten industriellen Tätigkeiten durchgeführt wird, sind strengere Regelungen auch dann vorzuschreiben, wenn eine Entscheidung der Europäischen Kommission über eine Schlussfolgerung zu den besten verfügbaren Techniken (BVT – Schlussfolgerung) strengere Emissionswerte enthält, diese aber noch nicht in einer Verordnung umgesetzt wurden.

(7) Die Abs. 1, 3, 4 und 5 sind auch auf wesentliche Eigenschaften von Abwässern wie pH-Wert, Farbe, Geruch, Anteil an absetzbaren Stoffen, Temperatur, Toxizität usw. sinngemäß anzuwenden, sofern dies zur Erreichung des Reinhaltezieles erforderlich ist.

(8) Das Erreichen der nach den vorstehenden Bestimmungen vorgeschriebenen Emissionswerte durch Verdünnung des Abwassers ist unzulässig.

(9) Zur Sicherung einer ausreichenden Abwasserreinigung können Vorschreibungen nach Abs. 1 und 2 auch für Abwasserteilströme getroffen werden.

(10) Ist im Einzelfall auf Grund besonderer Umstände mit wirtschaftlich zumutbarem Aufwand das Einhalten von nach Abs. 3 verordneten Emissionswerten technisch nicht möglich, darf eine Bewilligung der Abwassereinleitung mit weniger strengen Regelungen dann erteilt werden, wenn

a) das öffentliche Interesse an der die Einleitung erfordernden Maßnahme jenes an der Gewässerreinhaltung überwiegt, oder wenn
b) die Überschreitung der Emissionswerte im Hinblick auf die gegebenen wasserwirtschaftlichen Verhältnisse vorübergehend hingenommen werden kann.

Dem Antrag sind die zu seiner Prüfung erforderlichen Unterlagen, insbesondere jene nach § 103 anzuschließen. Eine solche Ausnahmebewilligung ist kurz zu befristen und mit den gebotenen Emissionsbeschränkungen zu versehen. Es besteht die Möglichkeit zur Erhebung einer Amtsbeschwerde (§ 116).

Wird für eine Anlage, bei der eine der in Anhang I der Richtlinie 2010/75/EU genannte industrielle Tätigkeit durchgeführt wird, ein weniger strenger Emissionsgrenzwert als in einer BVT-Schlussfolgerung zugestanden, ist diese Information sowie die Gründe für die Ausnahme von der zuständigen Behörde der Öffentlichkeit auch über das Internet zugänglich zu machen.

(11) 1. Schädliche Abwasserinhaltsstoffe sind im Abwasser enthaltene Schadstoffe (§ 30a Abs. 3 Z 6).

2. Gefährliche Abwasserinhaltsstoffe sind im Abwasser enthaltene gefährliche Stoffe (§ 30a Abs. 3 Z 7).
3. Grenzwerte sind verbindliche Werte, ausgedrückt in Form von Konzentrationen, spezifischen Frachten oder sonstigen, die Wasserqualität beschreibenden Parametern.
4. Mittelwerte sind das arithmetische Mittel aus den in einem bestimmten Zeitraum gemessenen Werten.
5. Konzentrationen sind die Menge des jeweiligen Abwasserinhaltsstoffes je Menge Abwasser bzw. Wasser.
6. Spezifische Frachten sind die Menge des jeweiligen Abwasserinhaltsstoffes je Menge der im Produktionsprozess eingesetzten Menge des Stoffes oder je Menge des erzeugten Produktes.
7. Frachten sind die Menge der Abwasserinhaltsstoffe je Zeiteinheit.

Sanierung von Altanlagen

§ 33c. (1) Bei der Festlegung von Emissionswerten durch Verordnung nach § 33b Abs. 3 und 4 hat der Bundesminister für Land- und Forstwirtschaft, Umwelt und Wasserwirtschaft zehn Jahre nicht überschreitende Fristen für die erstmalige generelle Anpassung bestehender Anlagen sowie für die Anpassung von in Abs. 6 Z 1 genannten Anlagen zu bestimmen.

Der Wasserberechtigte hat innerhalb von zwei Jahren nach Inkrafttreten der Verordnung oder gegebenenfalls einer Verordnung des Landeshauptmannes gem. § 55g Abs. 1 Z 2 der Wasserrechtsbehörde hinsichtlich der sanierungspflichtigen Anlagen oder Anlagenteile ein Sanierungsprojekt zur wasserrechtlichen Bewilligung vorzulegen oder die Anlage mit Ablauf der in einer Verordnung festgelegten Sanierungsfrist stillzulegen.

(2) Die Wasserrechtsbehörde hat die in der Verordnung festgelegten Sanierungsfristen unter Berücksichtigung der technischen Durchführbarkeit und nach Maßgabe der wasserwirtschaftlichen Verhältnisse insgesamt oder hinsichtlich einzelner Parameter zu verkürzen, wenn

a) die Emission das Dreifache der in der Verordnung festgelegten Emissionswerte überschreitet oder
b) die Sanierung ohne erheblichen technischen oder wirtschaftlichen Aufwand möglich ist.

(3) Über Antrag des Wasserberechtigten ist die Sanierungsfrist unbeschadet des Abs. 3 um höchstens fünf Jahre zu verlängern, wenn unter Berücksichtigung der gegebenen wasserwirtschaftlichen Verhältnisse der Aufwand für die sofortige Sanierung im Hinblick auf den dadurch für die Reinhaltung der Gewässer erzielbaren Erfolg unverhältnismäßig wäre; dem Antrag sind die zu seiner Prüfung erforderlichen Unterlagen, insbesondere jene nach § 103 anzuschließen. Wird der Antrag rechtzeitig gestellt, dann ist der Ablauf der Sanierungsfrist bis zur rechtskräftigen Entscheidung über den Verlängerungsantrag gehemmt. Wird gegen die Abweisung des Verlängerungsantrages der Verwaltungsgerichtshof oder der Verfassungsgerichtshof angerufen, wird der Ablauf der Sanierungsfrist bis zur Entscheidung dieses Gerichtes verlängert.

(4) Die Fristen nach Abs. 1 bis 4 sind über Antrag des Wasserberechtigten zu verlängern, wenn ihm die Einhaltung der Frist ohne sein Verschulden unmöglich war oder er bereits wesentliche Schritte zur Anpassung unternommen hat; der Antrag ist entsprechend zu begründen. Wird der Antrag rechtzeitig gestellt, dann ist der Ablauf der Sanierungsfrist bis zur rechtskräftigen Entscheidung über den Verlängerungsantrag gehemmt. Wird gegen die Abweisung des Verlängerungsantrages der Verwaltungsgerichtshof oder der Verfassungsgerichtshof angerufen, wird der Ablauf der Sanierungsfrist bis zur Entscheidung dieses Gerichtes verlängert.

(5) Bei fruchtlosem Ablauf der nach Abs. 1 bis 5 bestimmten Fristen findet § 27 Abs. 4 mit der Maßgabe Anwendung, daß eine mehrmalige Mahnung nicht erforderlich ist.

(6) Unbeschadet § 21a sind für bestehende Anlagen, für die bereits einmal eine generelle Anpassungspflicht nach § 33c ausgelöst wurde, weitere Sanierungen im Falle einer neuerlichen Verordnung gemäß § 33b Abs. 3 und 4 nur vorzunehmen, wenn

1. es sich um Anlagen handelt, die eine in Anhang I der Richtlinie 2010/75/EU genannte industrielle Tätigkeiten durchführen, oder
2. es sich um Anlagen eines Wasserverbandes handelt,
   a) in denen Abwasser behandelt wird, das unter die Richtlinie 91/271/EG fällt,
   b) in die zumindest ein Verbandsmitglied einleitet, das eine in Anhang I der Richtlinie 2010/75/EU genannte industrielle Tätigkeit durchführt und
   c) die daher gemeinsam mit dem kommunalen Abwasser, einen überwiegenden Anteil an industriellem Abwasser reinigen und einleiten, oder
3. eine Verordnung gemäß § 55g Abs. 1 Z 2 dies vorsieht.

(7) Eine Sanierungspflicht besteht dann nicht, wenn die Abwassereinleitung im wesentlichen dem Stand der Abwasserreinigungstechnik entspricht und der mit der Sanierung verbundene Aufwand außer Verhältnis zu dem angestrebten Erfolg steht sowie die wasserwirtschaftlichen Verhältnisse und die Bedachtnahme auf die öffentlichen Interessen dies zulassen.

Immissionsbeschränkung

§ 33d. (1) Der Landeshauptmann hat, sofern der Zielzustand innerhalb der vom Gewässerbewirtschaftungsplan vorgesehenen Zeiträume nicht nach anderen Bestimmungen dieses Bundesgesetzes, wie etwa durch Abänderung von Bewilligungen in Verfahren gem. § 21a zweckmäßiger erreichbar ist, für Oberflächenwasserkörper oder Teile von Oberflächenwasserkörpern (Sanierungsgebiet), die einen schlechteren als in einer Verordnung nach § 30a festgelegten guten Zustand aufweisen, entsprechend den im Nationalen Gewässerbewirtschaftungsplan festgelegten Prioritäten zur stufenweisen Zielerreichung mit Verordnung ein Sanierungsprogramm (Abs. 2) zu erstellen.

(2) Ein Programm zur Verbesserung des Zustandes von Oberflächenwasserkörpern oder Teilen von Oberflächenwasserkörpern hat in den wesentlichen Grundzügen Sanierungsziele, Schwerpunkte, Reihenfolge und Art der zu treffenden Sanierungsmaßnahmen derart festzulegen, dass unter Wahrung des Grundsatzes der Verhältnismäßigkeit (§ 21a Abs. 3) eine Verbesserung der hydromorphologischen Bedingungen, eine Verringerung und eine wirksame Reinigung der Abwässer, eine Verringerung des Schadstoffeintrages aus anderen Quellen und durch sonstige Maßnahmen die Zielzustände (§ 30a) erreicht werden. Erforderlichenfalls können auch Teilsanierungsziele zur stufenweisen Zielerreichung festgelegt werden. Für rechtmäßig bestehende Wasserbenutzungsanlagen, Schutz- und Regulierungswasserbauten oder sonstige Wasseranlagen sind nach Maßgabe der Prioritäten zur stufenweisen Zielerreichung angemessene Sanierungsfristen festzulegen. Die Ziele des Sanierungsprogrammes sind, als Teile des anzustrebenden Zielzustandes, bei allen wasserwirtschaftlichen Maßnahmen als öffentliches Interesse (§ 105) und als Gesichtspunkte für die Handhabung der Bestimmungen dieses Bundesgesetzes zu beachten.

(3) Werden in einem Sanierungsprogramm (Abs. 2) Sanierungsfristen für bestehende Anlagen festgelegt, hat der Wasserberechtigte spätestens zwei Jahre nach Inkrafttreten des Sanierungsprogramms der Behörde hinsichtlich der im Sanierungsgebiet liegenden sanierungspflichtigen Anlagen oder Anlagenteile ein den Vorgaben des Programms entsprechendes Sanierungsprojekt zur wasserrechtlichen Bewilligung vorzulegen oder die Anlage mit Ablauf der in der Verordnung festgelegten Sanierungsfrist stillzulegen. Bei fruchtlosem Ablauf der Frist findet § 27 Abs. 4 mit der Maßgabe Anwendung, dass eine mehrmalige Mahnung nicht erforderlich ist.

(4) Über Antrag des Wasserberechtigten ist die Sanierungsfrist sowie erforderlichenfalls die Projektvorlagefrist um längstens drei Jahre zu verlängern, wenn der Wasserberechtigte nachweist, dass unter Berücksichtigung der gegebenen wasserwirtschaftlichen Verhältnisse der Aufwand für die sofortige Sanierung im Hinblick auf den für den Schutz der Gewässer erzielbaren Erfolg unverhältnismäßig wäre (zB mit Projektierungsarbeiten bereits begonnen wurde, die technische Durchführbarkeit sich aufgrund der Notwendigkeit der Planung und Durchführung nicht standardisierter Maßnahmen schwierig gestaltet). Dem Antrag sind die zu seiner Prüfung erforderlichen Unterlagen, insbesondere jene nach § 103 anzuschließen. Über Antrag des Wasserberechtigten sind die Sanierungsfrist sowie erforderlichenfalls die Projektvorlagefrist unter den obengenannten Voraussetzungen einmalig um weitere drei Jahre zu verlängern. Eine Verlängerung der Sanierungsfrist im letzten Planungszyklus darf nicht über den 22. Dezember 2027 hinaus erfolgen, die Verlängerung der Projektvorlagefrist nicht über den 22. Dezember 2025.

Programm zur Verbesserung der Qualität von Grundwasser

§ 33f. (1) Mit dem Ziel, eine Verschlechterung des Grundwasserzustandes in Grundwasserkörpern zu verhindern sowie Grundwasserkörper zu verbessern, hat der Bundesminister für Land- und Forstwirtschaft, Umwelt und Wasserwirtschaft mit Verordnung den allgemeinen Rahmen für jene jedenfalls freiwillig zu setzenden Maßnahmen festzulegen, aus denen der Landeshauptmann erforderlichenfalls bei Erlassung der konkreten Programme (Abs. 4) zu wählen hat.

(2) Der Landeshauptmann hat unter Heranziehung aller ihm zur Verfügung stehenden Daten entsprechend den Vorgaben des § 30c Abs. 2 Z 1 und 2 jene Grundwasserkörper, in denen ein nach § 30c Abs. 2 Z 1 und 2 festgelegter Schwellenwert nicht nur vorübergehend überschritten wird, abzugrenzen und in einem Verzeichnis als Beobachtungs- und voraussichtliche Maßnahmengebiete evident zu halten. Er hat, sofern dies auf Grund der vorhandenen Informationen möglich ist, Grundwasserkörper auf Teile von Grundwasserkörpern einzugrenzen.

(3) Entsprechend der stufenweisen Ausweisung hat der Landeshauptmann für Beobachtungs- und voraussichtliche Maßnahmengebiete durch Verordnung anzuordnen, dass jedermann, durch dessen Handlungen oder Unterlassungen die festgestellten Schadstoffe in das Grundwasser gelangen können, verpflichtet ist, in zumutbarem und erforderlichem Umfang seine Anlagen zu überprüfen sowie bestimmte Aufzeichnungen über den Anfall und die Verwendung von Stoffen, in denen diese enthalten sind, zu führen, wenn die Ursache der Schwellenwertüberschreitung anders nicht oder nur mit unverhältnismäßigem Aufwand feststellbar ist.

(4) Für voraussichtliche Maßnahmengebiete hat der Landeshauptmann mit Verordnung entsprechend den Vorgaben des Abs. 1 jene konkreten Maßnahmen bekannt zu geben, welche voraussichtlich zur Verbesserung der Qualität des Grundwassers erforderlich sein werden, sofern auf Grund der Erhebungen nach Abs. 3 eine Behebung der Schwellenwertüberschreitungen nicht nach anderen Bestimmungen dieses Bundesgesetzes durch Anordnung von Maßnahmen gegenüber dem festgestellten Verursacher erfolgt.

(5) Innerhalb von drei Jahren ab Kundmachung der Verordnung nach Abs. 4 können im voraussichtlichen Maßnahmengebiet liegende Grundstücke dem Landeshauptmann primär vom Betroffenen gemeldet werden. Dabei ist zu belegen, dass bereits seit dem der Meldung vorangegangenen Jahr auf den betroffenen Grundstücken entweder Maßnahmen im Einklang mit den vom Landeshauptmann vorgeschlagenen freiwilligen Maßnahmen gesetzt werden oder dass von Maßnahmen und Anlagen auf den betroffenen Grundstücken die in Betracht kommenden Auswirkungen auf das Grundwasser nicht ausgehen. Der Landeshauptmann hat in der Verordnung auf diese Möglichkeit sowie den Ort und die Zeiträume, während denen diese Meldung vorgenommen werden kann, hinzuweisen. Die derart ordnungsgemäß gemeldeten Grundstücke sind im jeweiligen Umfang der erfassten Maßnahmen von einer Verordnung nach Abs. 6 nicht zu erfassen. Dies gilt auch für Grundstücke, für die dem Landeshauptmann dieser Beleg auf andere geeignete Weise zur Kenntnis gebracht wurde.

(6) Nach Maßgabe des Abs. 5 hat der Landeshauptmann mit Verordnung aus den angekündigten Nutzungsbeschränkungen oder Reinhaltemaßnahmen jene zu verfügen, die sich als erforderlich erweisen, um die Belastung des Grundwassers unter den Schwellenwert zu senken. Vor Erlassung einer derartigen Verordnung sind die Landes-Landwirtschaftskammer und die Landes-Wirtschaftskammer zu hören. Wenn der Landeshauptmann davon Kenntnis erlangt, dass Maßnahmen nicht mehr entsprechend Abs. 5 gesetzt werden, so sind die davon betroffenen Grundstücke im jeweiligen Umfang von der Verordnung auch nachträglich zu erfassen. Eine solche Verordnung ist außer Kraft zu setzen, wenn der für ihre Erlassung maßgebliche Schwellenwert ein Jahr lang unterschritten wird.

(7) Allfällig notwendige Anpassungen der in einer Verordnung gemäß Abs. 4 bekannt gegebenen Maßnahmen haben entsprechend den Vorgaben der Absätze 4 bis 6 zu erfolgen.

(8) Weitergehende Anordnungen nach anderen Bestimmungen dieses Bundesgesetzes oder der darauf gestützten Verordnungen bleiben unberührt. Desgleichen werden bestehende Regelungen im Sinne der §§ 34 und 35 durch weitergehende Anordnungen gemäß Abs. 6 nicht berührt.

(Anm.: Abs. 9 aufgehoben durch BGBl. I Nr.14/2011)

Bestehende Kläranlagen und Indirekteinleiter:

§ 33g. (1) Eine Einleitung von kommunalem (häuslichem) Abwasser aus Abwasserreinigungsanlagen in ein Oberflächengewässer oder in den Untergrund (Versickerung) ist nach Maßgabe einer allenfalls bestehenden sonstigen Bewilligung von der Bewilligungspflicht nach § 32 ausgenommen, wenn die Abwasserreinigungsanlage am 1. Juli 1990 bestanden hat sowie ordnungsgemäß betrieben und instand gehalten wird und

1. mit einer maximalen täglichen Schmutzfracht von nicht größer als 10 EW_60 belastet wird oder
2. mit einer maximalen täglichen Schmutzfracht von größer als 10 EW_60 bis nicht größer als 50 EW_60 belastet wird und nach verlässlichen konkreten Planungen und Rechtsvorschriften der Gemeinde eines Verbandes oder des Landes der Anschluss an eine öffentliche Kanalisation zu erwarten ist.

Diese Ausnahme endet, sofern die Frist nicht durch Verordnung nach Abs. 2 verlängert wird, am 31. Dezember 2005, längstens aber mit In-Kraft-Treten einer Maßnahmenverordnung gemäß § 33f für das betroffene Grundwassergebiet. Auf eine solche Einleitung findet § 33c keine Anwendung. Bei der Auflassung einer solchen Einleitung sind die zur Vermeidung von Gewässerverunreinigungen erforderlichen Maßnahmen zu treffen. Eine derartige Anlage ist der Behörde zu melden. § 12b Abs. 2 gilt sinngemäß.

(2) Der Landeshauptmann kann mit Verordnung die Ausnahme von der Bewilligungspflicht für Einleitungen gemäß Abs. 1

1. in einem geschlossenen Siedlungsgebiet, in dem häusliche Abwässer mit einer maximalen täglichen Schmutzfracht von insgesamt weniger als 2 000 EW_60 anfallen und nach verlässlichen konkreten Planungen und Rechtsvorschriften der Gemeinde eines Verbandes oder des Landes der Anschluss an eine öffentliche Kanalisation zu erwarten ist oder
2. außerhalb von geschlossenen Siedlungsgebieten

bis längstens 22. Dezember 2021 verlängern, wenn auf Grund der Ergebnisse der Bestandsaufnahme (§ 55d) die Verwirklichung der Umweltziele gemäß § 30a, c und d nicht gefährdet wird. Ist der Anschluss an eine öffentliche Kanalisation vor Ablauf der in Abs. 1 und in diesem Absatz genannten Fristen möglich, endet die Ausnahme von der Bewilligungspflicht, sobald diese Anschlussmöglichkeit besteht.

Ein derartiger Verordnungsentwurf sowie die dafür maßgeblichen rechtlichen und fachlichen Grundlagen sind dem Bundesministerium für Land- und Forstwirtschaft, Umwelt und Wasserwirtschaft sechs Monate vor Erlassung zur Kenntnis zu bringen.

(3) Indirekteinleiter (§ 32b), für die mit 1. Juli 1990 eine Bewilligungspflicht neu eingeführt wurde, gelten als bewilligt, wenn sie den für sie sonst geltenden Vorschriften gemäß betrieben werden. § 33c findet mit der Maßgabe Anwendung, daß die in § 33c Abs. 2 sowie die nach § 33c Abs. 1 bestimmten Fristen nicht vor dem 1. Juli 1993 zu laufen beginnen. Die Bewilligung endet am 31. Dezember 2002.

Schutz von Wasserversorgungsanlagen (Wasserschutzgebiete)

§ 34. (1) Zum Schutze von Wasserversorgungsanlagen gegen Verunreinigung (§ 30 Abs. 2) oder gegen eine Beeinträchtigung ihrer Ergiebigkeit kann die zur Bewilligung dieser Anlagen zuständige Wasserrechtsbehörde – zum Schutze von nicht bewilligungspflichtigen Wasserversorgungsanlagen die Bezirksverwaltungsbehörde – durch Bescheid besondere Anordnungen über die Bewirtschaftung oder sonstige Benutzung von Grundstücken und Gewässern treffen, die Errichtung bestimmter Anlagen untersagen und entsprechende Schutzgebiete bestimmen. Darüber hinaus kann – nach Anhörung der gesetzlichen Interessenvertretungen – auch der Betrieb bestehender Anlagen und Unternehmungen im notwendigen Ausmaß eingeschränkt werden. Die besonderen Anordnungen sind tunlichst gleichzeitig in jenem Bescheid, mit dem die wasserrechtliche Bewilligung für die zu schützende Anlage erteilt wird, zu treffen. Die Änderung solcher Anordnungen ist zulässig, wenn der Schutz der Wasserversorgung dies gestattet oder erfordert.

(2) Zum Schutz der allgemeinen Wasserversorgung kann der Landeshauptmann ferner mit Verordnung bestimmen, daß in einem näher zu bezeichnenden Teil des Einzugsgebietes (Schongebiet) Maßnahmen, die die Beschaffenheit, Ergiebigkeit oder Spiegellage des Wasservorkommens zu gefährden vermögen, vor ihrer Durchführung der Wasserrechtsbehörde anzuzeigen sind oder der wasserrechtlichen Bewilligung bedürfen, oder nicht oder nur in bestimmter Weise zulässig sind. Zugleich kann die wasserrechtliche Bewilligung für solche Maßnahmen an die Wahrung bestimmter Gesichtspunkte gebunden werden. Solche Regelungen sind im gebotenen Maße nach Maßgabe der örtlichen Verhältnisse abgestuft zu treffen. Die Anordnung von Betretungsverboten darf überdies nur insoweit erfolgen, als das Interesse am Schutz der Wasserversorgung die Interessen von Berechtigten oder der Allgemeinheit am freien Zugang zu den in Betracht kommenden Flächen übersteigt.

(2a) Der Bundesminister für Land- und Forstwirtschaft, Umwelt und Wasserwirtschaft ist zur Erlassung einer Verordnung nach Abs. 2 zuständig, wenn

a) eine ländergrenzenübergreifende Regelung erforderlich ist, oder
b) die Regelung gemeinsam mit einer wasserwirtschaftlichen Rahmenverfügung zu treffen ist.

(3) Auf anzeigepflichtige Maßnahmen gemäß Abs. 2 findet § 114 Anwendung.

(4) Wer nach den vorstehenden Bestimmungen seine Grundstücke und Anlagen oder ein Nutzungsrecht im Sinne des Grundsatzgesetzes 1951 über die Behandlung der Wald- und Weidenutzungsrechte sowie besonderer Felddienstbarkeiten, BGBl. Nr. 103, nicht auf die Art oder in dem Umfang nutzen kann, wie es ihm auf Grund bestehender Rechte zusteht, ist dafür vom Wasserberechtigten angemessen zu entschädigen (§ 117).

(5) Auf Antrag der Wasserrechtsbehörde sind die sich aus ihren Anordnungen ergebenden Beschränkungen im Grundbuch ersichtlich zu machen.

(6) Soweit Maßnahmen und Anlagen, die eine Wasserversorgung im Sinne der vorstehenden Bestimmungen beeinträchtigen können, den Gegenstand eines behördlichen Verfahrens bilden, hat

das in Betracht kommende Wasserversorgungsunternehmen oder die in Betracht kommende Gemeinde Parteistellung im Sinne des § 8 AVG.

(7) Die Vollziehung einer gemäß Abs. 2 oder 2a erlassenen Verordnung obliegt der Bezirksverwaltungsbehörde. Bedarf eine gemäß Abs. 2 bewilligungs- oder anzeigepflichtige Maßnahme noch einer weiteren, in die Zuständigkeit des Landeshauptmannes oder des Bundesministers für Land- und Forstwirtschaft, Umwelt und Wasserwirtschaft fallenden wasserrechtlichen Bewilligung, so ist diese Behörde zuständig.

Sicherung der künftigen Wasserversorgung.

§ 35. Zur Sicherung des künftigen Trink- und Nutzwasserbedarfes können, wenn das zu schützende Wasservorkommen geeignet und dafür erforderlich ist, nach Prüfung der Verhältnisse und Abwägung der Interessen gleichfalls Anordnungen im Sinne des § 34 erlassen werden. Einschränkungen fremder Rechte sind jedoch nur so weit zulässig, als eine nach § 34 Abs. 4 gebührende Entschädigungsleistung gesichert ist. Wer eine solche Entschädigungsleistung übernommen hat, ist in allen das geschützte Wasservorkommen betreffenden Verfahren Partei.

Anschlußzwang bei öffentlichen Wasserversorgungsanlagen.

§ 36. (1) Zur Wahrung der Interessen eines gemeinnützigen öffentlichen Wasserversorgungsunternehmens kann ein Anschlußzwang vorgesehen, ferner die Einschränkung der Errichtung eigener Wasserversorgungsanlagen oder deren Auflassung dann verfügt werden, wenn und insoweit die Weiterbenutzung bestehender Anlagen die Gesundheit gefährden oder die Errichtung neuer Anlagen den Bestand der öffentlichen Wasserleitung in wirtschaftlicher Beziehung bedrohen könnte. Die näheren Bestimmungen bleiben der Landesgesetzgebung überlassen.

(2) Gegenüber Betriebswasserleitungen öffentlicher Eisenbahnen darf ein Anschlußzwang nur vorgesehen werden, wenn und insoweit die Benutzung solcher Anlagen die Gesundheit gefährden könnte.

Schutz von Heilquellen und Heilmooren.

§ 37. Auf den Schutz natürlicher oder künstlich erschlossener Heilquellen und Heilmoore gegen Beeinflussung ihrer Beschaffenheit und Ergiebigkeit finden die Bestimmungen des § 34 sinngemäß Anwendung.

VIERTER ABSCHNITT

Von der Abwehr und Pflege der Gewässer

Besondere bauliche Herstellungen.

§ 38. (1) Zur Errichtung und Abänderung von Brücken, Stegen und von Bauten an Ufern, dann von anderen Anlagen innerhalb der Grenzen des Hochwasserabflusses fließender Gewässer oder in Gebieten, für die ein gemäß § 42a Abs. 2 Z 2 zum Zweck der Verringerung hochwasserbedingter nachteiliger Folgen erlassenes wasserwirtschaftliches Regionalprogramm (§ 55g Abs. 1 Z 1) eine wasserrechtliche Bewilligungspflicht vorsieht, sowie von Unterführungen unter Wasserläufen, schließlich von Einbauten in stehende öffentliche Gewässer, die nicht unter die Bestimmungen des § 127 fallen, ist nebst der sonst etwa erforderlichen Genehmigung auch die wasserrechtliche Bewilligung einzuholen, wenn eine solche nicht schon nach den Bestimmungen des § 9 oder § 41 dieses Bundesgesetzes erforderlich ist. Die Bewilligung kann auch zeitlich befristet erteilt werden.

(2) Bei den nicht zur Schiff- oder Floßfahrt benutzten Gewässerstrecken bedürfen einer Bewilligung nach Abs. 1 nicht:

a) Drahtüberspannungen in mehr als 3 m lichter Höhe über dem höchsten Hochwasserspiegel, wenn die Stützen den Hochwasserablauf nicht fühlbar beeinflussen;
b) kleine Wirtschaftsbrücken und -stege; erweist sich jedoch eine solche Überbrückung als schädlich oder gefährlich, so hat die Wasserrechtsbehörde über die zur Beseitigung der Übelstände notwendigen Maßnahmen zu erkennen.

(3) Als Hochwasserabflußgebiet (Abs. 1) gilt das bei 30jährlichen Hochwässern überflutete Gebiet. Die Grenzen der Hochwasserabflußgebiete sind im Wasserbuch in geeigneter Weise ersichtlich zu machen.

Änderung der natürlichen Abflußverhältnisse.

§ 39. (1) Der Eigentümer eines Grundstückes darf den natürlichen Abfluß der darauf sich ansammelnden oder darüber fließenden Gewässer zum Nachteile des unteren Grundstückes nicht willkürlich ändern.

(2) Dagegen ist auch der Eigentümer des unteren Grundstückes nicht befugt, den natürlichen Ablauf solcher Gewässer zum Nachteile des oberen Grundstückes zu hindern.

(3) Die Abs. 1 und 2 gelten nicht für eine Änderung der Ablaufverhältnisse, die durch die ordnungsmäßige Bearbeitung eines landwirtschaftlichen Grundstückes notwendigerweise bewirkt wird.

Entwässerungsanlagen.

§ 40. (1) Entwässerungsanlagen bedürfen der wasserrechtlichen Bewilligung, sofern es sich um eine zusammenhängende Fläche von mehr als 3 ha handelt oder eine nachteilige Beeinflussung der Grundwasserverhältnisse des Vorfluters oder fremder Rechte zu befürchten ist.

(2) Die zeitweilige oder ständige Entwässerung von Flächen bei Tunnelanlagen oder Stollenbauten in einem Karst- oder Kluftgrundwasserkörper bedarf einer wasserrechtlichen Bewilligung,

wenn die maximale hydraulische Leistungsfähigkeit der zu installierenden Einrichtungen für die Förderung oder Ableitung des Wassers größer ist als 20 l/s oder wenn die über diese Einrichtungen jährlich maximal ableitbare Wassermenge größer ist als 10% der mittleren Grundwasserneubildung des von der Maßnahme betroffenen Teiles des Karst- oder Kluftgrundwasserkörpers.

(3) Bei der Bewilligung finden die Vorschriften des § 12 Abs. 3 und 4, bei der Auflassung jene des § 29 sinngemäß Anwendung.

(4) Abs. 2 findet auf Vorhaben, für die vor dem in § 145a Abs. 1 bezeichneten Zeitpunkt ein nach den Verwaltungsvorschriften erforderliches Genehmigungsverfahren eingeleitet wurde, keine Anwendung. Dies gilt auch für zum in § 145a Abs. 1 bezeichneten Zeitpunkt bereits bestehende Anlagen.

Schutz- und Regulierungswasserbauten.

§ 41. (1) Zu allen Schutz- und Regulierungswasserbauten in öffentlichen Gewässern einschließlich der Vorkehrungen zur unschädlichen Ableitung von Gebirgswässern nach dem Gesetze vom 30. Juni 1884, RGBl. Nr. 117, muß, sofern sie nicht unter die Bestimmungen des § 127 fallen, vor ihrer Ausführung die Bewilligung der Wasserrechtsbehörde eingeholt werden.

(2) Bei Privatgewässern ist die Bewilligung zu derartigen Bauten, sofern sie nicht unter die Bestimmungen des § 127 fallen, dann erforderlich, wenn hiedurch auf fremde Rechte oder auf die Beschaffenheit, den Lauf oder die Höhe des Wassers in öffentlichen oder fremden privaten Gewässern eine Einwirkung entstehen kann.

(3) Der Eigentümer des Ufers an den nicht zur Schiff- oder Floßfahrt benutzten Strecken der fließenden Gewässer ist jedoch befugt, Stein-, Holz- oder andere Verkleidungen zum Schutz und zur Sicherung seines Ufers sowie die Räumung des Bettes und Ufers auch ohne Bewilligung auszuführen. Er muß aber über Auftrag und nach Weisung der Wasserrechtsbehörde auf seine Kosten binnen einer bestimmten Frist solche Vorkehrungen, falls sie öffentlichen Interessen oder Rechten Dritter nachteilig sind, umgestalten oder den früheren Zustand wiederherstellen.

(4) Schutz- und Regulierungswasserbauten einschließlich größerer Räumungsarbeiten sind so auszuführen, daß öffentliche Interessen nicht verletzt werden und eine Beeinträchtigung fremder Rechte vermieden wird. Die Bestimmungen des § 12 Abs. 3 und 4 finden sinngemäß Anwendung.

(5) Bei der Ausführung von Schutz- und Regulierungswasserbauten haben die §§ 14 und 15 Abs. 1, ferner, wenn mit solchen Bauten Stauanlagen in Verbindung sind, auch die §§ 23 und 24 bei Auflassung von derlei Bauten § 29 sinngemäße Anwendung zu finden.

(Anm.: Abs. 6 aufgehoben durch Art. I Z 34, BGBl. Nr. 252/1990)

Herstellung von Schutz- und Regulierungswasserbauten.

§ 42. (1) Die Herstellung von Vorrichtungen und Bauten gegen die schädlichen Einwirkungen des Wassers bleibt, insofern Verpflichtungen anderer nicht bestehen und unbeschadet der Bestimmungen der §§ 44, 47 und 50 zunächst denjenigen überlassen, denen die bedrohten oder beschädigten Liegenschaften und Anlagen gehören.

(2) Unterlassen die sonach Berufenen diesen Schutz und entsteht hieraus die Gefahr daß für fremdes Eigentum ein Schaden eintritt, so müssen sie in Ermanglung von Verpflichtungen Dritter jedenfalls die Ausführung der nötigen Schutzmaßregeln auf Kosten derjenigen, von welchen diese Gefahr abgewendet werden soll, entweder selbst vornehmen oder deren Vornahme gestatten und hiezu nach Verhältnis des erlangten Vorteiles oder nach dem Grade des abgewendeten Nachteiles beitragen (§ 117).

Vorsorgen in Gebieten mit potenziellem signifikantem Hochwasserrisiko

§ 42a. (1) Für Gebiete mit potenziellem signifikantem Hochwasserrisiko hat der Bundesminister für Land- und Forstwirtschaft, Umwelt und Wasserwirtschaft mit dem Ziel der Verringerung hochwasserbedingter nachteiliger Folgen auf die menschliche Gesundheit, die Umwelt, das Kulturerbe und wirtschaftliche Tätigkeiten Hochwasserrisikomanagementpläne (§ 55l) zu erstellen.

(2) Insbesondere für Gebiete mit potenziellem signifikantem Hochwasserrisiko

1. sind – sofern nicht bereits ausreichender Hochwasserschutz besteht oder Planungen vorliegen, die den nachstehenden Planungen gleichwertig sind – zur Erreichung der gemäß § 55l Abs. 2 festgelegten Ziele Gefahrenzonenplanungen zu erstellen und
2. können auf der Grundlage der Gefahrenzonenplanungen wasserwirtschaftliche Regionalprogramme (§ 55g Abs. 1 Z 1) erlassen werden.

Bis zum Vorliegen des ersten Hochwasserrisikomanagementplans können wasserwirtschaftliche Regionalprogramme auf der Grundlage von Planungen, die den Gefahrenzonenplanungen gleichwertig sind, erlassen werden.

(3) Zur Erstellung der Gefahrenzonenplanungen und deren Anpassung an den jeweiligen Stand der Entwicklung ist der Bundesminister für Land- und Forstwirtschaft, Umwelt und Wasserwirtschaft in Zusammenarbeit mit den Ländern zuständig. Die aus diesen Planungen resultierenden Gefahrenzonen und Funktionsbereiche sind im Wasserbuch in geeigneter Weise ersichtlich zu machen. Der Entwurf der Gefahrenzonenplanungen ist dem Bürgermeister zu übermitteln und von diesem durch

vier Wochen in der Gemeinde zur allgemeinen Einsicht aufzulegen. Die Auflegung ist öffentlich kundzumachen. Jedermann, der ein berechtigtes Interesse glaubhaft machen kann, ist berechtigt, innerhalb der Auflegungsfrist zum Entwurf des Gefahrenzonenplanes schriftlich Stellung zu nehmen. Auf diese Bestimmung ist in der Kundmachung ausdrücklich hinzuweisen. Die Stellungnahmen sind bei der Ausarbeitung und vor der Ersichtlichmachung der Gefahrenzonenplanungen zu berücksichtigen. In den Gefahrenzonenplanungen gemäß Abs. 2 Z 1 sind die Gebiete, die nach den Szenarien gemäß § 55k Abs. 2 überflutet werden können, darzustellen. Unter Verwendung geeigneter Methoden sind Gefahrenzonen auf Basis des Bemessungsereignisses (Hochwasser mittlerer Wahrscheinlichkeit gemäß § 55k Abs. 2 Z 2) und Funktionsbereiche auf der Grundlage der relevanten Szenarien abzuleiten, in denen

1. eine Freihaltung dieser Gebiete
   a) wegen der voraussichtlichen Schadenswirkung oder Gefährdung,
   b) zur Verhinderung eines Zuwachses des Schadenspotenzials,
   c) zur Reduktion der Hochwassergefahren,
   d) für Zwecke späterer schutzwasserwirtschaftlicher Maßnahmen

   erforderlich ist oder
2. die Voraussetzungen zur Reduktion bestehender Risiken zu schaffen sind.

Nähere Vorschriften über den Inhalt sowie die Form und Ausgestaltung der Gefahrenzonenplanungen hat der Bundesminister für Land- und Forstwirtschaft, Umwelt und Wasserwirtschaft durch Verordnung zu erlassen. Die Regelungen über die Gefahrenzonenpläne für Wildbäche und Lawinen (§ 11 Forstgesetz 1975) bleiben durch diese Bestimmung unberührt.

Vorsorgen gegen wiederkehrende Überschwemmungen.

§ 43. (1) Soweit dies zur Unterstützung der Umsetzung der planerischen Vorgaben des Hochwasserrisikomanagementplanes erforderlich ist, ist in Gebieten, die mit hoher Wahrscheinlichkeit von Hochwasser überflutet werden können, durch die Bildung einer Wassergenossenschaft (§ 73) oder eines Wasserverbandes (§ 87) für die Ausführung von Maßnahmen des Hochwasserrisikomanagements Sorge zu tragen oder es sind die von Fall zu Fall durch Bundesgesetz bestimmten anderweitigen Vorsorgen zu treffen. Insoweit es sich nicht um vom Bunde betreute Gewässer (§§ 7 und 8 des Wasserbautenförderungsgesetzes 1985) oder solche Gewässer handelt, welche die Grenze zwischen zwei Bundesländern oder gegen das Ausland bilden, ist die Landesgesetzgebung ermächtigt, fallweise die an Stelle der Bildung einer Wassergenossenschaft oder eines Wasserverbandes tretenden besonderen Maßnahmen, wie insbesondere Konkurrenzbildung und dergleichen durch Ausführungsgesetze zu regeln.

(2) In solchen Landesgesetzen können, wenn es sich um umfassende Regulierungs- und Verbauungsmaßnahmen zum Schutz eines ganzen Talgebietes gegen Wasserverheerungen handelt, die dem Talgebiet angehörigen oder durch die beabsichtigten Baumaßnahmen geschützten Gemeinden Verkehrswege und Wasserwerke zur Beitragsleistung zu den Bau- und Erhaltungskosten herangezogen werden.

Beitragsverpflichtung zu öffentlichen Schutz- und Regulierungswasserbauten.

§ 44. (1) Werden Schutz- und Regulierungswasserbauten sowie Arbeiten zur Instandhaltung der Gewässer unter Aufwendung von Bundes- oder Landesmitteln unternommen und gereichen sie zugleich den angrenzenden Liegenschaften oder den benachbarten Wasseranlagen durch Zuwendung eines Vorteiles oder durch Abwendung eines Nachteiles in erheblichem Grade zum Nutzen, so sind auf Verlangen des Bundes oder Landes die Eigentümer der Liegenschaften und die Wasserberechtigten durch Bescheid der Wasserrechtsbehörde zu verhalten, im Verhältnis des erlangten Vorteiles oder abgewendeten Nachteiles einen angemessenen Beitrag zu den Baukosten und zu den Kosten der Erhaltung zu leisten (§ 117).

(2) Erstrecken sich Bauten der im Abs. 1 bezeichneten Art oder deren günstige Auswirkung über mehrere Gemeinden, so können durch Bescheid des Landeshauptmannes anstatt der Eigentümer der Liegenschaften die infolge Zuwendung eines Vorteils oder Abwendung eines Nachteiles (Abs. 1) beteiligten Gemeinden, Bezirke und allenfalls Straßenbezirke zur Beitragsleistung verpflichtet werden. Die Aufbringung dieser Beiträge ist eine innere Angelegenheit jeder einzelnen Gemeinde, jedes Bezirkes und Straßenbezirkes und richtet sich nach den einschlägigen gesetzlichen Vorschriften. Im Bescheid ist auch auszusprechen, ob und inwieweit Wasserberechtigte und zur Erhaltung von öffentlichen Verkehrswegen anderweitig Verpflichtete unter sinngemäßer Anwendung des Abs. 1 beitragspflichtig sind.

Beitragsverhältnis; Vorauszahlungen.

§ 45. In den Bescheiden über die Verpflichtung zu Beitragsleistungen gemäß § 44 Abs. 1 und 2 ist jedenfalls zugleich auch das Beitragsverhältnis der als beitragspflichtig erklärten Parteien festzusetzen. Vorauszahlungen auf die zu leistenden Beiträge können nach Maßgabe des Baufortschrittes, nötigenfalls während des Baues, aufgetragen werden. Hiebei macht es keinen Unterschied, ob den Beitragspflichtigen schon aus den zunächst in Angriff genommenen oder erst aus späteren, im Rahmen des festgestellten Entwurfes liegenden

Arbeiten die im § 44 vorgesehene Zuwendung eines Vorteiles oder Abwendung eines Nachteiles erwächst.

Instandhaltung der Gewässer und des Überschwemmungsgebietes.

§ 47. (1) Im Interesse der Instandhaltung der Gewässer sowie zur Hintanhaltung von Überschwemmungen kann den Eigentümern der Ufergrundstücke durch Bescheid der Wasserrechtsbehörde aufgetragen werden:

a) die Abstockung und Freihaltung der Uferböschungen und der im Bereiche der regelmäßig wiederkehrenden Hochwässer gelegenen Grundstücke von einzelnen Bäumen, Baumgruppen und Gestrüpp und die entsprechende Bewirtschaftung der vorhandenen Bewachsung;
b) die entsprechende Bepflanzung der Ufer und Bewirtschaftung der Bewachsung;
c) die Beseitigung kleiner Uferbrüche und Einrisse und die Räumung kleiner Gerinne von Stöcken, Bäumen, Schutt und anderen den Abfluß hindernden oder die Ablagerung von Sand und Schotter fördernden Gegenständen, soweit dies keine besonderen Fachkenntnisse erfordert und nicht mit beträchtlichen Kosten verbunden ist.

(2) Wird eine Verfügung nach Abs. 1 von einem Beteiligten verlangt, so kann dieser auf Antrag des Ufereigentümers zu einem seinem Interesse an der betreffenden Maßnahme entsprechenden Kostenbeiträge (§ 117) verhalten werden.

Wirtschaftsbeschränkungen im Bereich von Gewässern.

§ 48. (1) Bei Gewässern, die häufig ihre Ufer überfluten, dürfen an den Ufern und innerhalb der Grenzen des Hochwasserabflusses (Überschwemmungsgebietes, § 38 Abs. 3) keine Ablagerungen vorgenommen werden, die Wasserverheerungen erheblich vergrößern oder die Beschaffenheit des Wassers wesentlich beeinträchtigen können. Dasselbe gilt für die Ablagerung von Abfällen in aufgelassenen Brunnen oder in Sand- und Schottergruben.

(2) Überdies kann der Landeshauptmann, soweit dies zur Instand- und Reinhaltung von Gewässern sowie zur Vermeidung von Wasserschäden für bestimmte Gewässerstrecken oder Grundwasserbereiche – ausgenommen zum Schutz von Wasserversorgungsanlagen nach § 34 – notwendig ist, durch Verordnung untersagen oder regeln:

a) die Ausübung der Viehweide auf den Uferböschungen und Dämmen sowie im Bereich der Uferpflanzungen,
b) jede die Lockerung und den Abbruch des Erdreiches fördernde Art der Bodenbenutzung,
c) die Ablagerung von Abfälle und anderen die Beschaffenheit der Gewässer beeinträchtigenden Stoffen an den Ufern und in Überschwemmungsgebieten,
d) die Verwendung näher zu bezeichnender Stoffe zur Düngung oder Schädlingsbekämpfung.

(3) Weitergehende Anordnungen der gemäß § 140 Abs. 1 Z 5 aufrechterhaltenen Gesetze bleiben unberührt.

Hilfeleistung in Notfällen.

§ 49. (1) Müssen zur augenblicklichen Verhütung der Gefahr von Ufer- oder Dammbrüchen oder von Überschwemmungen schleunige Maßnahmen ergriffen werden, so sind auf Anordnung der Bezirksverwaltungsbehörde oder, bei Gefahr im Verzuge, des Bürgermeisters der bedrohten Gemeinde alle im Gemeindegebiete anwesenden tauglichen Personen zur unentgeltlichen Leistung von Diensten verpflichtet. In solchen Fällen müssen auch vorhandene Baustoffe und Geräte, die zur Bekämpfung der Gefahr erforderlich sind, gegen Entgelt (§ 117) abgegeben werden. Von den genannten Stellen können auch die benachbarten Gemeinden zur Leistung der erforderlichen Hilfe herangezogen werden.

(2) Die Gemeinde, der die Hilfe geleistet wurde, hat den Nachbargemeinden auf deren Verlangen die durch die Hilfeleistung erwachsenen baren Auslagen zu ersetzen. Der Anspruch hierauf ist bei sonstigem Verluste binnen drei Monaten nach Beendigung der Hilfeleistung bei der Bezirksverwaltungsbehörde geltend zu machen.

...

10. Abfallwirtschaftsgesetz (Auszug)

Bundesgesetz über eine nachhaltige Abfallwirtschaft (Abfallwirtschaftsgesetz 2002 – AWG 2002)

StF: BGBl. I Nr. 102/2002 (NR: GP XXI RV 984 AB 1008 S. 94. BR: 6576 AB 6584 S. 685.)

Letzte Novellierung: BGBl. I Nr. 84/2024

GLIEDERUNG

1. Abschnitt
Allgemeine Bestimmungen
Ziele und Grundsätze

§ 1. (1) Die Abfallwirtschaft ist im Sinne des Vorsorgeprinzips und der Nachhaltigkeit danach auszurichten, dass

1. schädliche oder nachteilige Einwirkungen auf Mensch, Tier und Pflanze, deren Lebensgrundlagen und deren natürliche Umwelt vermieden oder sonst das allgemeine menschliche Wohlbefinden beeinträchtigende Einwirkungen so gering wie möglich gehalten werden,
2. die Emissionen von Luftschadstoffen und klimarelevanten Gasen so gering wie möglich gehalten werden; dies gilt auch für den Transport der Abfälle (zB Wahl des Transportmittels Bahn);
3. Ressourcen (Rohstoffe, Wasser, Energie, Landschaft, Flächen, Deponievolumen) geschont werden und die Effizienz der Ressourcennutzung verbessert wird,

3a. Abfälle getrennt gesammelt und nicht mit anderen Abfällen oder anderen Materialien mit andersartigen Eigenschaften vermischt werden, wenn dies zur Einhaltung der Ziele und Grundsätze dieses Bundesgesetzes und insbesondere der Hierarchie gemäß Abs. 2 und 2a und zur Erleichterung oder Verbesserung der Vorbereitung zur Wiederverwendung, des Recyclings oder anderer Verwertungsverfahren erforderlich ist,

4. bei der stofflichen Verwertung die Abfälle oder die aus ihnen gewonnenen Stoffe kein höheres Gefährdungspotential aufweisen als vergleichbare Primärrohstoffe oder Produkte aus Primärrohstoffen und
5. nur solche Abfälle zurückbleiben, deren Ablagerung keine Gefährdung für nachfolgende Generationen darstellt.

(2) Diesem Bundesgesetz liegt folgende Hierarchie zugrunde:

1. Abfallvermeidung;
2. Vorbereitung zur Wiederverwendung;
3. Recycling;
4. sonstige Verwertung, zB energetische Verwertung;
5. Beseitigung.

(2a) Bei Anwendung der Hierarchie gemäß Abs. 2 gilt Folgendes:

1. Es sind die ökologische Zweckmäßigkeit und technische Möglichkeit zu berücksichtigen sowie, dass die dabei entstehenden Mehrkosten im Vergleich zu anderen Verfahren der Abfallbehandlung nicht unverhältnismäßig sind und ein Markt für die gewonnenen Stoffe oder die gewonnene Energie vorhanden ist oder geschaffen werden kann.
2. Eine Abweichung von dieser Hierarchie ist zulässig, wenn eine gesamthafte Betrachtung hinsichtlich der gesamten Auswirkungen bei der Erzeugung und Verwendung eines Produktes sowie der Sammlung und Behandlung der nachfolgend anfallenden Abfälle bei bestimmten Abfallströmen unter Berücksichtigung von Z 1 ergibt, dass eine andere Option das beste Ergebnis unter dem Aspekt des Umweltschutzes erbringt.
3. Nicht verwertbare Abfälle sind je nach ihrer Beschaffenheit durch biologische, thermische, chemische oder physikalische Verfahren zu behandeln. Feste Rückstände sind reaktionsarm ordnungsgemäß abzulagern.
4. Die Ausrichtung der Abfallwirtschaft hat in der Weise zu erfolgen, dass die Kreislaufwirtschaft einschließlich der Abfallvermeidung – zB durch die Erhöhung des Anteils von wiederverwendbaren Verpackungen – gefördert wird und unionsrechtliche Zielvorgaben, insbesondere in Hinblick auf das Recycling und die Zielvorgaben gemäß Anhang 1a, erreicht werden.
5. Anreize für die Anwendung der Abfallhierarchie können durch wirtschaftliche Instrumente und andere Maßnahmen, wie zB die in **Anhang 1b** aufgeführten Maßnahmen, geschaffen werden.

(3) Im öffentlichen Interesse ist die Sammlung, Lagerung, Beförderung und Behandlung als Abfall erforderlich, wenn andernfalls

1. die Gesundheit der Menschen gefährdet oder unzumutbare Belästigungen bewirkt werden können,
2. Gefahren für Wasser, Luft, Boden, Tiere oder Pflanzen und deren natürlichen Lebensbedingungen verursacht werden können,
3. die nachhaltige Nutzung von Wasser oder Boden beeinträchtigt werden kann,
4. die Umwelt über das unvermeidliche Ausmaß hinaus verunreinigt werden kann,
5. Brand- oder Explosionsgefahren herbeigeführt werden können,
6. Geräusche oder Lärm im übermäßigen Ausmaß verursacht werden können,
7. das Auftreten oder die Vermehrung von Krankheitserregern begünstigt werden können,
8. die öffentliche Ordnung und Sicherheit gestört werden kann oder
9. Orts- und Landschaftsbild sowie Kulturgüter erheblich beeinträchtigt werden können.

(4) Für Abfälle, die in Behandlungsanlagen beseitigt werden, sind die Entsorgungsautarkie und die Beseitigung in einer der am nächsten gelegenen geeigneten Anlagen anzustreben. Dies gilt auch für Behandlungsanlagen zur Verwertung von gemischten Siedlungsabfällen, die von privaten Haushalten gesammelt worden sind, auch wenn dabei Abfälle anderer Erzeuger eingesammelt werden.

Begriffsbestimmungen

§ 2. (1) Abfälle im Sinne dieses Bundesgesetzes sind bewegliche Sachen,

1. deren sich der Besitzer entledigen will oder entledigt hat oder
2. deren Sammlung, Lagerung, Beförderung und Behandlung als Abfall erforderlich ist, um die öffentlichen Interessen (§ 1 Abs. 3) nicht zu beeinträchtigen.

(2) Als Abfälle gelten Sachen, deren ordnungsgemäße Sammlung, Lagerung, Beförderung und Behandlung als Abfall im öffentlichen Interesse erforderlich ist, auch dann, wenn sie eine die Umwelt beeinträchtigende Verbindung mit dem Boden eingegangen sind. Die Sammlung, Lagerung, Beförderung und Behandlung als Abfall im öffentlichen Interesse kann auch dann erforderlich sein, wenn für eine bewegliche Sache ein Entgelt erzielt werden kann.

(3) Eine geordnete Sammlung, Lagerung, Beförderung und Behandlung im Sinne dieses Bundesgesetzes ist jedenfalls solange nicht im öffentlichen Interesse (§ 1 Abs. 3) erforderlich, solange
1. eine Sache nach allgemeiner Verkehrsauffassung neu ist oder
2. sie in einer nach allgemeiner Verkehrsauffassung für sie bestimmungsgemäßen Verwendung steht.

Die Sammlung, Lagerung, Beförderung und Behandlung von Mist, Jauche, Gülle und organisch kompostierbarem Material als Abfall ist dann nicht im öffentlichen Interesse (§ 1 Abs. 3) erforderlich, wenn diese im Rahmen eines land- und forstwirtschaftlichen Betriebs anfallen und im unmittelbaren Bereich eines land- und forstwirtschaftlichen Betriebs einer zulässigen Verwendung zugeführt werden.

(3a) Ein Stoff oder Gegenstand, der das Ergebnis eines Herstellungsverfahrens ist, dessen Hauptziel nicht die Herstellung dieses Stoffes oder Gegenstands ist, gilt als Nebenprodukt und nicht als Abfall, wenn folgende Voraussetzungen erfüllt sind:
1. es ist sicher, dass der Stoff oder Gegenstand weiterverwendet wird;
2. der Stoff oder Gegenstand kann direkt ohne weitere Verarbeitung, die über die normalen industriellen Verfahren hinausgeht, verwendet werden;
3. der Stoff oder Gegenstand wird als integraler Bestandteil eines Herstellungsprozesses erzeugt und
4. die weitere Verwendung ist zulässig, insbesondere ist der Stoff oder Gegenstand unbedenklich für den beabsichtigten sinnvollen Zweck einsetzbar, es werden keine Schutzgüter (vergleiche § 1 Abs. 3) durch die Verwendung beeinträchtigt und es werden alle einschlägigen Rechtsvorschriften eingehalten.

Der Besitzer des Stoffes oder Gegenstandes hat die Erfüllung aller Voraussetzungen nachzuweisen. Die Nachweise sind mindestens sieben Jahre aufzubewahren und den Behörden auf Verlangen vorzulegen.

(4) Im Sinne dieses Bundesgesetzes sind
1. „Altstoffe“
a) Abfälle, welche getrennt von anderen Abfällen gesammelt werden, oder
b) Stoffe, die durch eine Behandlung aus Abfällen gewonnen werden,

um diese Abfälle nachweislich einer zulässigen Verwertung zuzuführen.
2. „Siedlungsabfälle“
a) gemischte Abfälle und getrennt gesammelte Abfälle aus Haushalten, einschließlich Papier und Karton, Glas, Metall, Kunststoff, Bioabfälle, Holz, Textilien, Verpackungen, Elektro- und Elektronik-Altgeräte, Altbatterien und Altakkumulatoren sowie Sperrmüll, einschließlich Matratzen und Möbel;
b) gemischte Abfälle und getrennt gesammelte Abfälle aus anderen Herkunftsbereichen, sofern diese Abfälle in ihrer Beschaffenheit und Zusammensetzung Abfällen aus Haushalten ähnlich sind.

Siedlungsabfälle umfassen keine Abfälle aus Produktion, Landwirtschaft, Forstwirtschaft, Fischerei, Klärgruben, Kanalisation und Kläranlagen, einschließlich Klärschlämme, Altfahrzeuge und keine Bau- und Abbruchabfälle. Gemischte Siedlungsabfälle gelten auch dann weiterhin als gemischte Siedlungsabfälle, wenn sie einem Behandlungsverfahren unterzogen worden sind, das ihre Eigenschaften nicht wesentlich verändert hat.
3. „gefährliche Abfälle“ jene Abfälle, die gemäß einer Verordnung nach § 4 als gefährlich festgelegt sind.
3a. „nicht gefährliche Abfälle“ jene Abfälle, die nicht unter die Z 3 fallen.
4. „Problemstoffe“ gefährliche Abfälle, die üblicherweise in privaten Haushalten anfallen. Weiters gelten als Problemstoffe jene gefährlichen Abfälle aller übrigen Abfallerzeuger, die nach Art und Menge mit üblicherweise in privaten Haushalten anfallenden gefährlichen Abfällen vergleichbar sind. In beiden Fällen gelten diese Abfälle so lange als Problemstoffe, wie sie sich in der Gewahrsame der Abfallerzeuger befinden.
5. „Altöle“ alle mineralischen oder synthetischen Schmier- oder Industrieöle, die für den Verwendungszweck, für den sie ursprünglich bestimmt waren, ungeeignet geworden sind, zB gebrauchte Verbrennungsmotoren- und Getriebeöle, Schmieröle, Turbinen- und Hydrauliköle.
6. „Bau- und Abbruchabfälle“ Abfälle, die durch Bau- und Abbruchtätigkeiten entstehen.

7. „Bioabfälle“ biologisch abbaubare Garten- und Parkabfälle, Nahrungsmittel- und Küchenabfälle aus Haushalten, Büros, Gaststätten, Großhandel, Kantinen, Cateringgewerbe und aus dem Einzelhandel sowie vergleichbare Abfälle aus Nahrungsmittelverarbeitungsbetrieben.
8. „Lebensmittelabfälle“ alle Lebensmittel gemäß Art. 2 der Verordnung (EG) Nr. 178/2002 zur Festlegung der allgemeinen Grundsätze und Anforderungen des Lebensmittelrechts, zur Errichtung der Europäischen Behörde für Lebensmittelsicherheit und zur Festlegung von Verfahren zur Lebensmittelsicherheit, ABl. Nr. L 31 vom 01.02.2002 S. 1, die zu Abfall geworden sind.
9. „POP-Abfälle“ Abfälle, die aus in Anhang IV der Verordnung (EU) Nr. 2019/1021 über persistente organische Schadstoffe, ABl. Nr. L 169 vom 25.06.2019 S. 45, zuletzt geändert durch Delegierte Verordnung (EU) Nr. 2021/277, ABl. Nr. L 62 vom 23.02.2021 S. 1, zuletzt berichtigt durch ABl. Nr. L 220 vom 09.07.2020 S. 11, (im Folgenden: EU–POP–V) aufgelisteten Stoffen bestehen, sie enthalten oder durch sie verunreinigt sind und die einen oder mehrere der in Anhang IV der EU–POP–V aufgeführten Konzentrationsgrenzwerte erreichen oder überschreiten.

(5) Im Sinne dieses Bundesgesetzes

1. ist „Abfallbehandlung“ jedes Verwertungs- oder Beseitigungsverfahren, einschließlich der Vorbereitung vor der Verwertung oder Beseitigung.
2. ist „stoffliche Verwertung“ die ökologisch zweckmäßige Behandlung von Abfällen zur Nutzung der stofflichen Eigenschaften des Ausgangsmaterials mit dem Hauptzweck, die Abfälle oder die aus ihnen gewonnenen Stoffe unmittelbar für die Substitution von Rohstoffen oder von aus Primärrohstoffen erzeugten Produkten zu verwenden, ausgenommen die Abfälle oder die aus ihnen gewonnenen Stoffe werden einer thermischen Verwertung zugeführt.

2a. ist „stoffliche Verwertung gemäß § 16 Abs. 7 und **Anhang 1a**“ jedes Verwertungsverfahren in Bezug auf Abfälle, die durch Bau- und Abbruchtätigkeiten entstehen, ausgenommen die energetische Verwertung und die Aufbereitung zu Materialien, die als Brennstoff oder anderes Mittel der Energieerzeugung verwendet werden sollen. Dazu zählen unter anderem die Vorbereitung zur Wiederverwendung, das Recycling und die Verfüllung.

3. sind „Abfallvermeidung“ Maßnahmen, die ergriffen werden, bevor ein Produkt zu Abfall geworden ist, und die Folgendes verringern:
   a) die Abfallmenge, auch durch die Wiederverwendung von Produkten oder die Verlängerung ihrer Lebensdauer;
   b) die nachteiligen Auswirkungen des nachfolgend anfallenden Abfalls auf die Umwelt und die menschliche Gesundheit oder
   c) den Gehalt an gefährlichen Stoffen in Materialien und Produkten.
4. ist „Wiederverwendung“ jedes Verfahren, bei dem Produkte sowie Bestandteile, die keine Abfälle sind, wieder für denselben Zweck verwendet werden, für den sie ursprünglich eingesetzt und bestimmt waren.
5. ist „Verwertung“ jedes Verfahren, als deren Hauptergebnis Abfälle innerhalb der Anlage oder in der Wirtschaft in umweltgerechter Weise einem sinnvollen Zweck zugeführt werden, indem
   a) sie andere Materialien ersetzen, die ansonsten zur Erfüllung einer bestimmten Funktion verwendet worden wären, oder
   b) – im Falle der Vorbereitung zur Wiederverwendung – die Abfälle so vorbereitet werden, dass sie diese Funktion erfüllen.

Als Verwertung gilt die Vorbereitung zur Wiederverwendung, das Recycling und jede sonstige Verwertung (zB die energetische Verwertung, die Aufbereitung von Materialien, die für die Verwendung als Brennstoff bestimmt sind, oder die Verfüllung) einschließlich der Vorbehandlung vor diesen Maßnahmen. Anhang 2 Teil 1 enthält eine nicht erschöpfende Liste von Verwertungsverfahren.

6. ist „Vorbereitung zur Wiederverwendung“ jedes Verwertungsverfahren der Prüfung, Reinigung oder Reparatur, bei dem Produkte sowie Bestandteile von Produkten, die zu Abfällen geworden sind, so vorbereitet werden, dass sie ohne weitere Vorbehandlung wiederverwendet werden können.
7. ist „Recycling“ jedes Verwertungsverfahren, durch das Abfallmaterialien zu Produkten, Sachen oder Stoffen entweder für den ursprünglichen Zweck oder für andere Zwecke aufbereitet werden. Es schließt die Aufbereitung organischer Materialien ein, aber nicht die energetische Verwertung und die Aufbereitung zu Materialien, die für die Verwendung als Brennstoff oder zur Verfüllung bestimmt sind.

7a. ist „Verfüllung“ jedes Verwertungsverfahren, bei dem geeignete nicht gefährliche Abfälle zum Zweck der Rekultivierung von Abgrabungen oder zu bautechnischen Zwecken bei der Landschaftsgestaltung verwendet werden. Die für die Verfüllung verwendeten Abfälle müssen Materialien, die keine Abfälle sind, ersetzen, für die vorstehend genannten Zwecke geeignet und auf die für die Erfüllung dieser Zwecke unbedingt erforderlichen Mengen beschränkt sein.

8. ist „Beseitigung" jedes Verfahren, das keine zulässige Verwertung ist, auch wenn das Verfahren zur Nebenfolge hat, dass Stoffe oder Energie zurückgewonnen werden. Anhang 2 Teil 2 enthält eine nicht erschöpfende Liste von Beseitigungsverfahren.
9. ist „Sammlung" das Einsammeln von Abfällen durch Abholung, Entgegennahme oder rechtliches Verfügen über die Abholung oder Entgegennahme durch einen beauftragten Dritten. Die Sammlung schließt die vorläufige Sortierung und vorläufige Lagerung der Abfälle zum Zwecke des Transports zu einer Behandlungsanlage ein.
10. ist „getrennte Sammlung" die Sammlung, bei der ein Abfallstrom nach Art und Beschaffenheit des Abfalls getrennt gehalten wird, um eine bestimmte Behandlung zu erleichtern.

(6) Im Sinne dieses Bundesgesetzes

1. ist „Abfallbesitzer"
a) der Abfallerzeuger oder
b) jede Person, welche die Abfälle innehat;
2. ist „Abfallerzeuger"
a) jede Person, durch deren Tätigkeit Abfälle anfallen (Abfallersterzeuger), oder
b) jede Person, die Vorbehandlungen, Mischungen oder andere Arten der Behandlung vornimmt, die eine Veränderung der Natur oder der Zusammensetzung dieser Abfälle bewirken;
3. ist „Abfallsammler" jede Person, die von Dritten erzeugte Abfälle selbst oder durch andere
a) abholt,
b) entgegennimmt oder
c) über deren Abholung oder Entgegennahme rechtlich verfügt;
4. ist „Abfallbehandler" jede Person, die Abfälle verwertet oder beseitigt;
5. sind „Nachbarn" Personen, die durch die Errichtung, den Bestand, den Betrieb oder eine Änderung einer Behandlungsanlage gefährdet oder belästigt oder deren Eigentum oder deren dingliche Rechte gefährdet werden könnten. Nicht als Nachbarn gelten Personen, die sich vorübergehend in der Nähe der Behandlungsanlage aufhalten und die nicht Eigentümer oder dinglich berechtigt sind. Als Nachbarn gelten jedoch die Inhaber von Einrichtungen (zB Beherbergungsbetriebe, Krankenanstalten, Heime, Schulen), in denen sich regelmäßig Personen vorübergehend aufhalten, hinsichtlich des Schutzes dieser Personen. Als Nachbarn gelten auch Eigentümer von grenznahen Liegenschaften im Ausland, wenn in dem betreffenden Staat österreichische Nachbarn in den entsprechenden Verfahren rechtlich oder tatsächlich den gleichen Nachbarschutz genießen;
6. sind „befugte Fachpersonen oder Fachanstalten" Personen oder Einrichtungen,
a) die Beurteilungen von biologischen, chemischen und physikalischen Untersuchungen durchführen. Das sind
aa) akkreditierte Konformitätsbewertungsstellen im Umfang ihrer Akkreditierung (Akkreditierungsgesetz 2012, BGBl. I Nr. 28/2012, in der jeweils geltenden Fassung),
bb) Einrichtungen des Bundes oder eines Bundeslandes oder von Körperschaften öffentlichen Rechts,
cc) gesetzlich autorisierte Stellen oder
dd) Ziviltechniker des einschlägigen Fachgebietes, technische Büros des einschlägigen Fachgebietes und chemische Laboratorien.

Die unter lit. a genannten Personen oder Einrichtungen sind nur dann als befugte Fachperson oder Fachanstalt anzusehen, wenn sie für die Beurteilung über die entsprechenden fachlichen Kenntnisse und Fähigkeiten betreffend Probenahmeplanung, Probenahme und Beurteilung nach dem Stand der Technik verfügen, ein entsprechendes Qualitätssicherungssystem eingerichtet haben und Maßnahmen zur Vermeidung von Interessenkonflikten getroffen haben. Sofern die befugte Fachperson oder Fachanstalt biologische, chemische und physikalische Untersuchungen durchführt, hat sie zusätzlich für die zu untersuchenden Materialien an Laborvergleichstests nach dem Stand der Technik unter Berücksichtigung der zu bestimmenden Parameter, der Matrix und der Probenahme teilzunehmen und nur validierte Methoden zu verwenden;

b) für die Durchführung hygienischer Untersuchungen Personen oder Einrichtungen, die zusätzlich zur Erfahrung und zur Qualitätssicherung eine Berechtigung zum Umgang mit pathogenen Mikroorganismen besitzen.

Gleiches gilt für Personen oder Einrichtungen eines Mitgliedstaates der Europäischen Union oder eines anderen Staates, der Vertragspartei des Abkommens über den Europäischen Wirtschaftsraum (EWR-Abkommen), BGBl. Nr. 909/1993, ist, welche den genannten Stellen gleichwertig und staatlich anerkannt sind und die genannten Bedingungen erfüllen.

(7) Im Sinne dieses Bundesgesetzes sind

1. „Behandlungsanlagen" ortsfeste oder mobile Einrichtungen, in denen Abfälle behandelt werden, einschließlich der damit unmittelbar verbundenen, in einem technischen Zusammenhang stehenden Anlagenteile;
1a. „Lager" ortsfeste Einrichtungen, die zur Durchführung der Behandlungsverfahren R13 oder D15 des **Anhangs 2** sowie zur Aussortierung von Störstoffen, zur Zusammenstellung von Chargen und zur Zerkleinerung oder Verdichtung von Abfällen ausschließlich für Transport- oder Lagerzwecke verwendet werden;

2. „mobile Behandlungsanlagen“ Einrichtungen, die an verschiedenen Standorten vorübergehend betrieben und in denen Abfälle behandelt werden. Nicht als mobile Behandlungsanlagen gelten ihrer Natur nach zwar bewegliche Einrichtungen, die länger als sechs Monate an einem Standort betrieben werden, ausgenommen Behandlungsanlagen zur Sanierung von kontaminierten Standorten;
3. „IPPC-Behandlungsanlagen“ jene Teile ortsfester Behandlungsanlagen, in denen eine oder mehrere in Anhang 5 Teil 1 genannte Tätigkeiten und andere unmittelbar damit verbundene, in einem technischen Zusammenhang stehende Tätigkeiten, die Auswirkungen auf die Emissionen und die Umweltverschmutzung haben können, durchgeführt werden;
4. „Deponien“ Anlagen, die zur langfristigen Ablagerung von Abfällen oberhalb oder unterhalb (dh. unter Tage) der Erdoberfläche errichtet oder verwendet werden, einschließlich betriebseigener Anlagen für die Ablagerung von Abfällen, oder auf Dauer (dh. für länger als ein Jahr) eingerichtete Anlagen, die für die vorübergehende Lagerung von Abfällen genutzt werden. Nicht als Deponien gelten
a) Anlagen, in denen Abfälle abgeladen werden, damit sie für den Weitertransport zur Behandlung an einem anderen Ort vorbereitet werden können,
b) Anlagen zur Zwischenlagerung von Abfällen vor der Verwertung, sofern die Dauer der Zwischenlagerung drei Jahre nicht überschreitet, und
c) Anlagen zur Zwischenlagerung von Abfällen vor der Beseitigung, sofern die Dauer der Zwischenlagerung ein Jahr nicht überschreitet;
5. „mittelgroße Feuerungsanlagen“ Behandlungsanlagen, die der Richtlinie (EU) 2015/2193 zur Begrenzung der Emissionen bestimmter Schadstoffe aus mittelgroßen Feuerungsanlagen in die Luft, ABl. Nr. L 313 vom 28.11.2015 S. 1, unterliegen.

(8) Im Sinne dieses Bundesgesetzes ist oder sind

1. „Stand der Technik“ (beste verfügbare Techniken – BVT) der auf den einschlägigen wissenschaftlichen Erkenntnissen beruhende Entwicklungsstand fortschrittlicher Verfahren, Einrichtungen oder Betriebsweisen, deren Funktionstüchtigkeit erprobt und erwiesen ist. Bei der Bestimmung des Standes der Technik sind insbesondere jene vergleichbaren Verfahren, Einrichtungen oder Betriebsweisen heranzuziehen, welche am wirksamsten zur Erreichung eines allgemein hohen Schutzniveaus für die Umwelt insgesamt sind. Bei der Festlegung des Standes der Technik sind unter Beachtung der sich aus einer bestimmten Maßnahme ergebenden Kosten und ihres Nutzens und des Grundsatzes der Vorsorge und der Vorbeugung im Allgemeinen wie auch im Einzelfall die Kriterien des Anhangs 4 zu berücksichtigen;
2. „Umweltverschmutzung“ die durch menschliche Tätigkeiten direkt oder indirekt bewirkte Freisetzung von Stoffen, Erschütterungen, Wärme oder Lärm in die Luft, das Wasser oder den Boden, die der menschlichen Gesundheit oder der Umweltqualität schadet oder zu einer Schädigung von Sachwerten oder zu einer unzumutbaren Beeinträchtigung oder Störung des durch die Umwelt bedingten Wohlbefindens eines gesunden, normal empfindenden Menschen oder anderer zulässiger Nutzungen der Umwelt führen kann;
3. „wesentliche Änderung“ eine Änderung einer Behandlungsanlage, die erhebliche nachteilige Auswirkungen auf den Menschen oder auf die Umwelt haben kann; als wesentliche Änderung gilt auch eine Änderung einer Verbrennungs- oder Mitverbrennungsanlage für nicht gefährliche Abfälle, welche die Verbrennung gefährlicher Abfälle mit sich bringt; als wesentliche Änderung einer IPPC-Behandlungsanlage gilt auch eine Änderung mit einer Kapazitätsausweitung von mindestens 100 Prozent des im Anhang 5 festgelegten Schwellenwertes; als wesentliche Änderung einer Behandlungsanlage gilt auch eine Änderung oder Erweiterung, durch die die Kapazitätsschwellenwerte in Anhang 5 erreicht werden;
4. „Ausstufung“ das Verfahren zum Nachweis, dass ein bestimmter Abfall, welcher gemäß einer Verordnung nach § 4 als gefährlich erfasst ist, im Einzelfall nicht gefährlich ist;

4a. „Regime der erweiterten Herstellerverantwortung“ ein Bündel von Maßnahmen, die getroffen werden, um sicherzustellen, dass die Hersteller von Erzeugnissen die Vorgaben des § 9 berücksichtigen und die finanzielle Verantwortung oder die finanzielle und organisatorische Verantwortung für die Bewirtschaftung in der Abfallphase des Produktlebenszyklus übernehmen;

5. „Sammel- und Verwertungssystem“ eine Rechtsperson, welche die Verpflichtungen einer Verordnung gemäß § 14 Abs. 1 und nach Maßgabe dieser Verordnung die Verpflichtungen gemäß § 13a betreffend die Sammlung und Behandlung von bestimmten Produkten oder Abfällen und die diesbezügliche Nachweisführung rechtswirksam übernehmen kann;
6. „Branchencode“ die Branchenzuordnung (vierstellig) gemäß der Verordnung (EG) Nr. 1893/2006 zur Aufstellung der statistischen Systematik der Wirtschaftszweige NACE Revision 2 und zur Änderung der Verordnung (EWG) Nr. 3037/90 sowie einiger Verordnungen der EG über bestimmte Bereiche der Statistik, ABl. Nr. L 393 vom 30.12.2006 S. 1;

7. „BVT-Merkblatt" ein aus dem gemäß Art. 13 der Richtlinie 2010/75/EU über Industrieemissionen (integrierte Vermeidung und Verminderung der Umweltverschmutzung) (im Folgenden: IE-Richtlinie), ABl. Nr. L 334 vom 17.12.2010 S 17, in der Fassung der Berichtigung ABl. Nr. L 158 vom 19.06.2012 S 25, organisierten Informationsaustausch hervorgehendes Dokument, das für bestimmte Tätigkeiten erstellt wird und insbesondere die angewandten Techniken, die derzeitigen Emissions- und Verbrauchswerte, die für die Festlegung der besten verfügbaren Techniken sowie der BVT-Schlussfolgerungen berücksichtigten Techniken sowie alle Zukunftstechniken beschreibt, wobei den Kriterien in Anhang 4 besonders Rechnung getragen wird;
8. „BVT-Schlussfolgerungen" ein Dokument, das die Teile eines BVT-Merkblatts mit den Schlussfolgerungen zu den besten verfügbaren Techniken, ihrer Beschreibung, Informationen zur Bewertung ihrer Anwendbarkeit, den mit den besten verfügbaren Techniken assoziierten Emissionswerten, den dazugehörigen Überwachungsmaßnahmen, den dazugehörigen Verbrauchswerten sowie gegebenenfalls einschlägigen Standortsanierungsmaßnahmen enthält;
9. „mit den besten verfügbaren Techniken assoziierte Emissionswerte" der Bereich von Emissionswerten, die unter normalen Betriebsbedingungen unter Verwendung einer besten verfügbaren Technik oder einer Kombination von besten verfügbaren Techniken entsprechend der Beschreibung in den BVT-Schlussfolgerungen erzielt werden, ausgedrückt als Mittelwert für einen vorgegebenen Zeitraum unter spezifischen Referenzbedingungen;
10. „Zukunftstechnik" eine neue Technik für eine industrielle Tätigkeit, die bei gewerblicher Nutzung entweder ein höheres allgemeines Umweltschutzniveau oder zumindest das gleiche Umweltschutzniveau und größere Kostenersparnisse bieten könnte als bestehende beste verfügbare Techniken;
11. „gefährliche Stoffe" Stoffe oder Gemische gemäß Art. 3 in Verbindung mit Art. 1 Abs. 3 der Verordnung (EG) Nr. 1272/2008 über die Einstufung, Kennzeichnung und Verpackung von Stoffen und Gemischen, zur Änderung und Aufhebung der Richtlinien 67/548/EWG und 1999/45/EG und zur Änderung der Verordnung (EG) Nr. 1907/2006, ABl. Nr. L 353 vom 31.12.2008 S 1, zuletzt geändert durch die Verordnung (EU) Nr. 286/2011, ABl. Nr. L 83 vom 30.03.2011, S 1;
12. „Bericht über den Ausgangszustand" Informationen über den Stand der Verschmutzung des Bodens und des Grundwassers durch die relevanten gefährlichen Stoffe. Der Bericht enthält die Informationen, die erforderlich sind, um den Stand der Boden- und Grundwasserverschmutzung zu ermitteln, damit ein quantifizierter Vergleich mit dem Zustand bei der Auflassung, Stilllegung oder endgültigen Schließung der Anlage vorgenommen werden kann. Der Bericht enthält mindestens:
a) Informationen über die derzeitige Nutzung und – falls verfügbar – über die frühere Nutzung des Geländes;
b) – falls verfügbar – bestehende Informationen über Boden- und Grundwassermessungen, die den Zustand zum Zeitpunkt der Erstellung des Berichts widerspiegeln, oder alternativ dazu neue Boden- und Grundwassermessungen bezüglich der Möglichkeit einer Verschmutzung des Bodens und des Grundwassers durch die gefährlichen Stoffe, die durch die betreffende Behandlungsanlage verwendet, erzeugt oder freigesetzt werden sollen;
13. „Boden in der Z 12 sowie in den §§ 39 Abs. 3 Z 9, 51 Abs. 2a, 62 Abs. 9, 65 Abs. 1 Z 3a und 78a Abs. 3 und 4" die oberste Schicht der Erdkruste, die sich zwischen dem Grundgestein und der Oberfläche befindet. Sie besteht aus Mineralpartikeln, organischem Material, Wasser, Luft und lebenden Organismen;
14. „Umweltinspektionen" alle Maßnahmen, einschließlich Besichtigungen vor Ort, Überwachung der Emissionen und Überprüfung interner Berichte und Folgedokumente, Überprüfung der Eigenüberwachung, Prüfung der angewandten Techniken und der Eignung des Umweltmanagements der IPPC-Behandlungsanlage, die von der zuständigen Behörde oder in ihrem Namen zur Prüfung und Förderung der Einhaltung der Genehmigung durch die Behandlungsanlage und gegebenenfalls zur Überwachung ihrer Auswirkungen auf die Umwelt getroffen werden.

(9) Im Hinblick auf die Beherrschung der Gefahren schwerer Unfälle mit Seveso-Stoffen gemäß den §§ 59a bis 59m ist bzw. sind

1. „Seveso-Stoffe" Stoffe oder Gemische, die die in **Anhang 6** Teil 1 festgelegten Kriterien erfüllen oder die in **Anhang 6** Teil 2 angeführt sind, einschließlich in Form eines Rohstoffs, End-, Zwischen- oder Nebenprodukts oder Rückstands;
2. „Seveso-Betrieb" der unter Aufsicht eines Inhabers stehende Bereich, in dem Seveso-Stoffe in einer oder in mehreren gemäß § 37 Abs. 1, § 52 oder § 54 genehmigungspflichtigen bzw. genehmigten Behandlungsanlagen, ausgenommen Deponien, vorhanden sind. Seveso-Betriebe sind entweder Betriebe der unteren Klasse (Z 3) oder Betriebe der oberen Klasse (Z 4).
3. „Betrieb der unteren Klasse" ein Seveso-Betrieb, in dem Seveso-Stoffe in Mengen vorhanden sind, die den in **Anhang 6** Teil 1 Spalte 2 oder in **Anhang 6** Teil 2 Spalte 2 genannten

Mengen entsprechen oder diese überschreiten, aber unter den in **Anhang 6** Teil 1 Spalte 3 oder **Anhang 6** Teil 2 Spalte 3 genannten Mengen liegen, wobei gegebenenfalls die Additionsregel gemäß **Anhang 6** Anmerkung 4 Anwendung findet;

4. „Betrieb der oberen Klasse" ein Seveso-Betrieb, in dem Seveso-Stoffe in Mengen vorhanden sind, die den in **Anhang 6** Teil 1 Spalte 3 oder in **Anhang 6** Teil 2 Spalte 3 genannten Mengen entsprechen oder diese überschreiten, wobei gegebenenfalls die Additionsregel gemäß **Anhang 6** Anmerkung 4 Anwendung findet;
5. „benachbarter Betrieb" ein Seveso-Betrieb oder ein anderer Betrieb, der sich so nahe bei einem Seveso-Betrieb befindet, dass dadurch das Risiko oder die Folgen eines schweren Unfalls vergrößert werden;
6. „neuer Seveso-Betrieb"
   a) ein Seveso-Betrieb, der am oder nach dem 1. Juni 2015 errichtet oder in Betrieb genommen wird,
   b) ein Betrieb, der am oder nach dem 1. Juni 2015 aufgrund von Änderungen der Anlagen oder Tätigkeiten, die eine Änderung des Verzeichnisses von Seveso-Stoffen (§ 59d Abs. 1 Z 3) zur Folge haben, den §§ 59a bis 59m unterliegt,
   c) ein Betrieb der unteren Klasse, der am oder nach dem 1. Juni 2015 aufgrund von Änderungen der Anlagen oder Tätigkeiten, die eine Änderung des Verzeichnisses von Seveso-Stoffen zur Folge haben, zu einem Betrieb der oberen Klasse wird,
   d) ein Betrieb der oberen Klasse, der am oder nach dem 1. Juni 2015 aufgrund von Änderungen der Anlagen oder Tätigkeiten, die eine Änderung des Verzeichnisses von Seveso-Stoffen zur Folge haben, zu einem Betrieb der unteren Klasse wird;
7. „bestehender Seveso-Betrieb" ein Seveso-Betrieb, der nach der bis zum 31. Mai 2015 geltenden Rechtslage dem § 59 unterlag;
8. „sonstiger Seveso-Betrieb"
   a) ein Betrieb, der am oder nach dem 1. Juni 2015 aus anderen als in der Z 6 lit. b genannten Gründen den §§ 59a bis 59m unterliegt,
   b) ein Betrieb der unteren Klasse, der am oder nach dem 1. Juni 2015 aus anderen als in der Z 6 lit. c genannten Gründen zu einem Betrieb der oberen Klasse wird,
   c) ein Betrieb der oberen Klasse, der am oder nach dem 1. Juni 2015 aus anderen als in der Z 6 lit. d genannten Gründen zu einem Betrieb der unteren Klasse wird;
9. „Gemisch" ein Gemisch oder eine Lösung, die aus zwei oder mehr Stoffen besteht;
10. „Vorhandensein von Seveso-Stoffen" das tatsächliche oder vorgesehene Vorhandensein von Seveso-Stoffen im Seveso-Betrieb oder von Seveso-Stoffen, bei denen vernünftigerweise vorhersehbar ist, dass sie bei außer Kontrolle geratenen Prozessen, einschließlich Lagerungstätigkeiten, in einer der Anlagen innerhalb des Betriebs anfallen, und zwar in Mengen, die den im **Anhang 6** Teil 1 oder Teil 2 angeführten Mengenschwellen entsprechen oder darüber liegen;
11. „schwerer Unfall" ein Ereignis, das sich aus unkontrollierten Vorgängen in einem Seveso-Betrieb ergibt (etwa eine Emission, ein Brand oder eine Explosion größeren Ausmaßes), das unmittelbar oder später innerhalb oder außerhalb des Seveso-Betriebs zu einer ernsten Gefahr für die menschliche Gesundheit oder die Umwelt führt und bei dem ein oder mehrere Seveso-Stoffe beteiligt sind;
12. „Beinahe-Unfall" ein in dem Seveso-Betrieb aufgetretener Vorfall, der zu einem schweren Unfall hätte führen können;
13. „Gefahr" das Wesen eines Seveso-Stoffes oder einer konkreten Situation, das darin besteht, der menschlichen Gesundheit oder der Umwelt Schaden zufügen zu können;
14. „Risiko" die Wahrscheinlichkeit, dass innerhalb einer bestimmten Zeitspanne oder unter bestimmten Umständen eine bestimmte Wirkung eintritt;
15. „Lagerung von Seveso-Stoffen" das Vorhandensein einer Menge von Seveso-Stoffen zum Zweck der Einlagerung, der Hinterlegung zur sicheren Aufbewahrung oder der Lagerhaltung;
16. „Inspektion" alle Maßnahmen, einschließlich Besichtigungen vor Ort, Überprüfungen von internen Maßnahmen, Systemen, Berichten und Folgedokumenten sowie alle notwendigen Folgemaßnahmen, die von der Behörde durchgeführt werden, um die Einhaltung der Bestimmungen der §§ 59a bis 59m zu überprüfen und zu fördern.

(10) Im Hinblick auf die §§ 13j bis 13q ist oder sind

1. „Kunststofftragetaschen" Tragetaschen mit Tragegriff oder ohne Tragegriff aber mit Griffloch aus Kunststoff, die den Verbrauchern in der Verkaufsstelle der Waren oder Produkte oder bei Übergabe der Waren oder Produkte angeboten werden;
2. „Kunststoff" ein Polymer im Sinne von Artikel 3 Nummer 5 der Verordnung (EG) Nr. 1907/2006 zur Registrierung, Bewertung, Zulassung und Beschränkung chemischer Stoffe (REACH), zur Schaffung einer Europäischen Agentur für chemische Stoffe, zur Änderung der Richtlinie 1999/45/EG und zur Aufhebung der Verordnung (EWG) Nr. 793/93,

der Verordnung (EG) Nr. 1488/94, der Richtlinie 76/769/EWG sowie der Richtlinien 91/155/EWG, 93/67/EWG, 93/105/EG und 2000/21/EG, ABl. Nr. L 396 vom 30.12.2006 S. 1, zuletzt geändert durch die Verordnung (EU) 2017/1000, ABl. Nr. L 150 vom 14.06.2017 S. 14, dem unter Umständen Zusatzstoffe oder andere Stoffe zugesetzt wurden und das als Hauptstrukturbestandteil von Tragetaschen oder sonstigen Kunststoffprodukten dienen kann; ausgenommen sind natürliche Polymere, die nicht chemisch modifiziert wurden;

3. „sehr leichte Kunststofftragetaschen“ Kunststofftragetaschen mit einer Wandstärke unter 0,015 mm;
4. „leichte Kunststofftragetaschen“ Kunststofftragetaschen mit einer Wandstärke unter 0,05 mm;
5. „Inverkehrsetzen“ die erwerbsmäßige Übergabe an eine andere Rechtsperson, einschließlich des Fernabsatzes, in Österreich;
6. „Eigenkompostierung“ die Benützung und Betreuung einer Einrichtung, die zur Umwandlung von biogenen Abfällen, die auf der betreffenden Liegenschaft oder einer unmittelbar angrenzenden Liegenschaft angefallen sind, in humusähnliche Stoffe (Kompost) dient;
7. „Einwegkunststoffprodukt“ ein ganz oder teilweise aus Kunststoff bestehendes Produkt, das nicht konzipiert, entwickelt und in Verkehr gesetzt wird, um während seiner Lebensdauer mehrere Produktkreisläufe zu durchlaufen, indem es zur Wiederbefüllung oder Wiederverwendung zum ursprünglichen Verwendungszweck an einen Hersteller zurückgegeben wird;
8. „oxo-abbaubare Kunststoffe“ Kunststoffe, die Additive enthalten, die durch Oxidation einen Zerfall des Kunststoffs in Mikropartikel oder einen chemischen Abbau herbeiführen.

Ausnahmen vom Geltungsbereich

§ 3. (1) Keine Abfälle im Sinne dieses Bundesgesetzes sind

1. Abwasser einschließlich sonstiger Wässer, die in § 1 Abs. 1 Z 1 bis 4 und Z 6 und Abs. 2 der Verordnung über die allgemeine Begrenzung von Abwasseremissionen in Fließgewässer und öffentliche Kanalisationen (AAEV), BGBl. Nr. 186/1996, genannt sind,
2. gasförmige Ableitungen in die Atmosphäre,

2a. Kohlendioxid, das

a) für die Zwecke der geologischen Speicherung abgeschieden und transportiert sowie gemäß der Richtlinie 2009/31/EG über die geologische Speicherung von Kohlendioxid, ABl. Nr. L 140 vom 5.6.2009 S 114, geologisch gespeichert wird oder

b) mit einem geplanten Gesamtspeichervolumen von weniger als 100 Kilotonnen zu Forschungszwecken oder zur Entwicklung oder Erprobung neuer Produkte und Verfahren geologisch gespeichert wird (Art. 2 Abs. 2 der Richtlinie 2009/31/EG),

3. Abfälle, die unmittelbar beim Aufsuchen, Gewinnen, Speichern oder Aufbereiten mineralischer Rohstoffe anfallen (bergbauliche Abfälle), sofern diese Tätigkeiten dem Mineralrohstoffgesetz, BGBl. I Nr. 38/1999, unterliegen und diese Abfälle innerhalb eines Bergbaubetriebs verwendet oder abgelagert werden; keine bergbaulichen Abfälle sind Abfälle, die nicht direkt auf diese Tätigkeiten zurückzuführen sind;
4. radioaktive Stoffe gemäß Strahlenschutzgesetz, BGBl. Nr. 227/1969,
5. a) Körper von Tieren, die nicht durch Schlachtung zu Tode gekommen sind, einschließlich Körper von Tieren, die zur Tilgung von Tierseuchen getötet wurden und im Einklang mit der Verordnung (EG) Nr. 1069/2009 mit Hygienevorschriften für nicht für den menschlichen Verzehr bestimmte tierische Nebenprodukte und zur Aufhebung der Verordnung (EG) Nr. 1774/2002 (Verordnung über tierische Nebenprodukte), ABl. Nr. L 300 vom 14.11.2009 S. 1, in der Fassung der Richtlinie 2010/63/EU zum Schutz der für wissenschaftliche Zwecke verwendeten Tiere, ABl. Nr. L 276 vom 20.10.2010 S. 33, zu beseitigen sind, und

   b) sonstige tierische Nebenprodukte einschließlich verarbeitete Erzeugnisse, die unter die Verordnung (EG) Nr. 1069/2009 fallen, mit Ausnahme derjenigen, die für spezifische Abfallbehandlungsanlagen wie die Verbrennung in einer Verbrennungs- oder Mitverbrennungsanlage, oder die Behandlung in einer Biogas- oder Kompostieranlage bestimmt sind,
6. Sprengstoffabfälle aus dem zivilen oder militärischen Bereich, ausgenommen Abfälle von pyrotechnischen Erzeugnissen, die aus Fahrzeugen oder Altfahrzeugen ausgebaut wurden,
7. nicht kontaminierte Sedimente, die zum Zweck der Bewirtschaftung von Gewässern und Wasserstraßen oder der Vorbeugung gegen Überschwemmungen oder der Abschwächung der Auswirkungen von Überschwemmungen und Dürren oder zur Landgewinnung bei Oberflächengewässern umgelagert werden.
8. nicht kontaminierte Böden und andere natürlich vorkommende Materialien, die im Zuge von Bauarbeiten ausgehoben wurden, sofern sichergestellt ist, dass die Materialien in ihrem natürlichen Zustand an dem Ort, an dem sie ausgehoben wurden, für Bauzwecke verwendet werden,

9. Stoffe, die für die Verwendung als Einzelfuttermittel gemäß Art. 3 Abs. 2 Buchstabe g der Verordnung (EG) Nr. 767/2009 über das Inverkehrbringen und die Verwendung von Futtermitteln, zur Änderung der Verordnung (EG) Nr. 1831/2003 und zur Aufhebung der Richtlinien 79/373/EWG, 80/511/EWG, 82/471/EWG, 83/228/EWG, 93/74/EWG, 93/113/EG und 96/25/EG und der Entscheidung 2004/217/EG, ABl. Nr. L 229 vom 01.09.2009 S. 1, bestimmt sind, die weder aus tierischen Nebenprodukten bestehen, noch tierische Nebenprodukte enthalten.

(2) Das Bundesheer und die Heeresverwaltung unterliegen beim Einsatz gemäß § 2 Abs. 1 lit. a des Wehrgesetzes 2001, BGBl. I Nr. 146, und bei der unmittelbaren Vorbereitung dieses Einsatzes nicht diesem Bundesgesetz.

Abfallverzeichnis

§ 4. Die Bundesministerin für Klimaschutz, Umwelt, Energie, Mobilität, Innovation und Technologie wird ermächtigt, mit Verordnung festzulegen:

1. die Abfallarten in Form eines Abfallverzeichnisses, welches die Abfallarten des Verzeichnisses im Sinne des Art. 7 der Richtlinie 2008/98/EG über Abfälle umfasst;
2. die Abfallarten, die gefährlich sind; dabei sind die gefahrenrelevanten Eigenschaften gemäß Anhang III der Richtlinie 2008/98/EG über Abfälle heranzuziehen; als gefährlich zu erfassen sind jene Abfallarten, welche im Verzeichnis im Sinne des Art. 7 der Richtlinie 2008/98/EG über Abfälle als gefährlich gekennzeichnet sind;

2a. die Zusammenfassung der Abfallarten gemäß Z 1 und 2 nach typisierten Merkmalen in Abfallartenpools für bestimmte Anwendungsbereiche im Erlaubnisrecht gemäß den §§ 24a ff und im Anlagenrecht gemäß den §§ 37 ff, wobei deren Eignung zur Beeinträchtigung der öffentlichen Interessen gemäß § 1 Abs. 3 sowie die gefahrenrelevanten Eigenschaften gemäß Anhang III der Richtlinie 2008/98/EG über Abfälle zu berücksichtigen sind;

3. die Voraussetzungen, unter denen die Ausstufung eines bestimmten Abfalls (§ 7) im Einzelfall möglich ist; dabei sind die gefahrenrelevanten Eigenschaften gemäß Z 2 heranzuziehen; insbesondere sind die Probenahme, Untersuchungsmethoden, Art, Umfang, Inhalt und Dauer der Geltung des Nachweises und der Beurteilungsgrundlagen und die Form der Übermittlung der Anzeige und der Beurteilungsunterlagen, einschließlich der Vorgaben für eine fälschungssichere Übermittlung von Daten zur Abfallbeurteilung, festzulegen;
4. Kriterien für spezifische Stoffe und Gegenstände für die Anwendung der in § 2 Abs. 3a festgelegten Bedingungen für Nebenprodukte.

Abfallende

§ 5. (1) Soweit eine Verordnung gemäß Abs. 2 oder eine Verordnung gemäß Art. 6 Abs. 2 der Richtlinie 2008/98/EG über Abfälle nicht anderes bestimmt, gelten Altstoffe so lange als Abfälle, bis sie oder die aus ihnen gewonnenen Stoffe unmittelbar als Substitution von Rohstoffen oder von aus Primärrohstoffen erzeugten Produkten verwendet werden. Im Falle einer Vorbereitung zur Wiederverwendung im Sinne von § 2 Abs. 5 Z 6 ist das Ende der Abfalleigenschaft mit dem Abschluss dieses Verwertungsverfahrens erreicht. Das Ende der Abfalleigenschaft kann nur erreicht werden, wenn die einschlägigen, für Produkte geltenden Anforderungen eingehalten werden.

(1a) Der Besitzer des Stoffes oder Produktes gemäß Abs. 1 hat das Ende der Abfalleigenschaft nachzuweisen. Die Nachweise sind mindestens sieben Jahre aufzubewahren und den Behörden auf Verlangen vorzulegen.

(2) Die Bundesministerin für Klimaschutz, Umwelt, Energie, Mobilität, Innovation und Technologie wird ermächtigt, in Übereinstimmung mit den Zielen und Grundsätzen der Abfallwirtschaft, unter Wahrung der öffentlichen Interessen (§ 1 Abs. 3) und unter Bedachtnahme auf die Vorgaben des Bundes-Abfallwirtschaftsplans mit Verordnung abweichend zu Abs. 1 festzulegen, unter welchen Voraussetzungen, zu welchem Zeitpunkt und für welchen Verwendungszweck bei bestimmten Abfällen die Abfalleigenschaft endet. Eine derartige Verordnung ist nur zu erlassen, wenn

1. die Sache für einen bestimmten Verwendungszweck eingesetzt werden soll,
2. ein Markt dafür existiert,
3. Qualitätskriterien, welche die abfallspezifischen Schadstoffe berücksichtigen, insbesondere in Form von technischen oder rechtlichen Normen oder anerkannten Qualitätsrichtlinien, vorliegen und
4. keine höhere Umweltbelastung und kein höheres Umweltrisiko von dieser Sache ausgeht als bei einem vergleichbaren Primärrohstoff oder einem vergleichbaren Produkt aus Primärrohstoff.

(3) Eine Verordnung gemäß Abs. 2 hat entsprechend den Erfordernissen des Umweltschutzes insbesondere folgende Punkte zu enthalten:

1. die Konkretisierung (Beschreibung) der Sache;
2. die Festlegung der Verwendungszwecke für den Anwendungsbereich der Verordnung;
3. die Festlegung von Qualitätskriterien entsprechend einem Produkt oder einem Rohstoff und von zulässigen Behandlungsverfahren und -methoden;

4. die Begrenzung abfallspezifischer Schadstoffe;
5. Anforderungen an Managementsysteme zum Nachweis der Einhaltung der Kriterien für das Ende der Abfalleigenschaft einschließlich an die Qualitätskontrolle und Eigenüberwachung sowie gegebenenfalls Akkreditierung;
6. unter Berücksichtigung der Abfallart und der Verwendungszwecke Art, Form und Umfang der Aufzeichnungen gemäß Abs. 5 und Art, Form, Umfang und Übermittlung der Meldungen gemäß Abs. 4 und 5 und
7. das Erfordernis einer Konformitätserklärung.

Hinsichtlich der Festlegung von Qualitätsanforderungen zur Vermeidung unzulässiger Auswirkungen auf Gewässer ist das Einvernehmen mit der Bundesministerin für Landwirtschaft, Regionen und Tourismus herzustellen.

(4) Wer die Abfalleigenschaft eines bestimmten Abfalls gemäß einer Verordnung nach Abs. 2 enden lassen will, hat dies der Bundesministerin für Klimaschutz, Umwelt, Energie, Mobilität, Innovation und Technologie zu melden und eine Erklärung anzuschließen, dass das Vermischungsverbot gemäß § 15 Abs. 2 und die einschlägigen, für Produkte geltenden Anforderungen eingehalten werden. Das Ende der Abfalleigenschaft kann nur erreicht werden, wenn die einschlägigen, für Produkte geltenden Anforderungen eingehalten werden.

(5) Wer eine Meldung gemäß Abs. 4 erstattet, hat, getrennt für jedes Kalenderjahr, Aufzeichnungen zur Einhaltung der Verordnung gemäß Abs. 2 betreffend Art, Menge, Herkunft und Verbleib fortlaufend zu führen. Diese Aufzeichnungen und die entsprechenden Nachweise sind, vom Tag der letzten Eintragung an gerechnet, mindestens sieben Jahre aufzubewahren. Den Behörden ist Einsicht in diese Aufzeichnungen und Nachweise zu gewähren. Die Aufzeichnungen und Nachweise sind den Behörden auf Verlangen vorzulegen. Die genannten Verpflichtungen gelten im Zusammenhang mit einer Anlage für den jeweiligen Inhaber. Weiters sind nach Maßgabe einer Verordnung gemäß Abs. 2 bis spätestens 10. April jeden Jahres Meldungen, die Angaben über Art und Menge der bestimmten Abfälle des vorangegangenen Kalenderjahres beinhalten, an die Bundesministerin für Klimaschutz, Umwelt, Energie, Mobilität, Innovation und Technologie zu erstatten. Sofern sich wesentliche Änderungen in Bezug auf den vorgesehenen Verwendungszweck oder die vorgesehenen Abnehmer ergeben, sind diese zugleich mit der jährlichen Meldung der Bundesministerin für Klimaschutz, Umwelt, Energie, Mobilität, Innovation und Technologie bekannt zu geben.

(6) Die Bundesministerin für Klimaschutz, Umwelt, Energie, Mobilität, Innovation und Technologie wird ermächtigt, in einer Verordnung nach Abs. 2 abweichend zu den §§ 17 Abs. 5 und 21 Abs. 3 Eintragungspflichten hinsichtlich Identifikation der Abfallersterzeuger und Standorte in das elektronische Datenregister sowie über Jahressummenwerte pro Abfallart hinausgehende Meldepflichten festzulegen.

(7) Die Bundesministerin für Klimaschutz, Umwelt, Energie, Mobilität, Innovation und Technologie ist für die Anwendung von Verordnungen gemäß Art. 6 Abs. 2 der Richtlinie 2008/98/EG über Abfälle zuständige Behörde. Wer Stoffe, Produkte oder Sachen, die gemäß einer Verordnung gemäß Art. 6 Abs. 2 der Richtlinie 2008/98/EG nicht mehr als Abfälle anzusehen sind, an eine andere Rechtsperson übergibt, hat dem Übernehmer eine Abschrift der Konformitätserklärung gemäß dieser Verordnung zu übergeben. Die Aufzeichnungen, Nachweise und Konformitätserklärungen gemäß dieser Verordnungen sind mindestens sieben Jahre aufzubewahren. Eine Aufbewahrung in elektronischer Form ist zulässig, wenn eine Sicherung der elektronischen Dokumente vor Datenverlust nach dem Stand der Technik erfolgt.

Feststellungsbescheide

§ 6. (1) Bestehen begründete Zweifel,

1. ob eine Sache Abfall im Sinne dieses Bundesgesetzes ist,
2. welcher Abfallart diese Sache gegebenenfalls zuzuordnen ist oder
3. ob eine Sache gemäß den unionsrechtlichen Abfallvorschriften, insbesondere der Verordnung (EG) Nr. 1013/2006 über die Verbringung von Abfällen (im Folgenden: EG-VerbringungsV), ABl. Nr. L 190 vom 12.07.2006 S. 1, bei der Verbringung notifizierungspflichtiger Abfall ist,

hat der Landeshauptmann dies entweder von Amts wegen oder auf Antrag des Verfügungsberechtigten oder auf Veranlassung der Bundespolizei nach Maßgabe des § 82 oder der Zollorgane nach Maßgabe des § 83 mit Bescheid festzustellen. Der Verfügungsberechtigte hat die für die Beurteilung erforderlichen Unterlagen vorzulegen. Ein Feststellungsbescheid gemäß Z 2 darf nur beantragt werden, sofern nicht § 7 zur Anwendung kommt.

(2) Im Fall des § 70 Abs. 3 oder im Fall der Veranlassung durch die Bundespolizei nach Maßgabe des § 82 oder durch die Zollorgane nach Maßgabe des § 83 hat der Landeshauptmann den Bescheid von Amts wegen innerhalb einer Frist von fünf Werktagen nach ihrer Befassung zu erlassen. Der Bescheid gilt als zugestellt, wenn er dem Lenker des Beförderungsmittels oder demjenigen, der eine gleichwertige Tätigkeit ausübt, ausgefolgt wurde. In diesem Fall hat der Landeshauptmann den Transporteur von der Ausfolgung des Bescheides unverzüglich zu verständigen.

(3) Örtlich zuständige Behörde für Feststellungsbescheide gemäß Abs. 1 ist der Landeshauptmann, in dessen Wirkungsbereich sich die Sache zum Zeitpunkt der Einleitung des Verfahrens befindet.

(4) Die Behörde hat den Bescheid samt einer Kopie der diesbezüglichen Akten gleichzeitig mit der Zustellung an die Partei an die sachlich in Betracht kommende Oberbehörde zu übermitteln. Unbeschadet des § 68 des Allgemeinen Verwaltungsverfahrensgesetzes 1991 (AVG), BGBl. Nr. 51, kann ein Feststellungsbescheid von der sachlich in Betracht kommenden Oberbehörde innerhalb von sechs Wochen nach Einlangen abgeändert oder aufgehoben werden, wenn

1. der dem Bescheid zugrunde liegende Sachverhalt unrichtig festgestellt oder aktenwidrig angenommen wurde oder
2. der Inhalt des Bescheides rechtswidrig ist.

Die Zeit des Parteiengehörs ist nicht in die Frist einzurechnen.

(5) Bestehen begründete Zweifel, ob oder inwieweit eine Sache einer Verordnung gemäß § 14 Abs. 1 unterliegt oder welcher Produktgruppe einer Verordnung nach § 13h Abs. 2 eine Verpackung zuzuordnen ist, hat die Bundesministerin für Klimaschutz, Umwelt, Energie, Mobilität, Innovation und Technologie auf Antrag eines Verpflichteten oder von Amts wegen innerhalb von drei Monaten einen Feststellungsbescheid zu erlassen.

(6) Der Landeshauptmann hat auf Antrag eines Projektwerbers oder des Umweltanwaltes oder von Amts wegen innerhalb von drei Monaten festzustellen, ob

1. eine Anlage der Genehmigungspflicht gemäß § 37 Abs. 1 oder 3 oder gemäß § 52 unterliegt oder eine Ausnahme gemäß § 37 Abs. 2 gegeben ist,
2. eine Anlage eine IPPC-Behandlungsanlage ist,
3. eine Änderung einer Behandlungsanlage der Genehmigungspflicht gemäß § 37 Abs. 1 oder 3 unterliegt oder gemäß § 37 Abs. 4 anzeigepflichtig ist.

Parteistellung hat neben dem Projektwerber der Umweltanwalt.

(7) Bestehen begründete Zweifel über den Umfang

1. einer Erlaubnis gemäß § 24a oder
2. einer Genehmigung gemäß den §§ 37, 52 oder 54, insbesondere hinsichtlich der Abfallarten, Abfallmengen oder der Anlagenkapazität,

hat der Landeshauptmann auf Antrag des Inhabers der Berechtigung oder der Anlagengenehmigung oder von Amts wegen einen Feststellungsbescheid zu erlassen. Abs. 4 gilt sinngemäß.

Ausstufung

§ 7. (1) Eine Ausstufung wird eingeleitet, indem

1. der Abfallbesitzer oder der Inhaber der Deponie für eine vorliegende Menge eines bestimmten Abfalls (Ausstufung einer Einzelcharge) oder
2. der Abfallerzeuger oder der Inhaber der Deponie für bestimmte Abfälle aus einem definierten Energieerzeugungs-, Produktions- oder Abfallbehandlungsprozess mit gleichbleibender Qualität in Bezug auf die für die jeweilige Behandlung einzuhaltenden Grenzwerte (Ausstufung eines Abfallstroms) oder
3. der Abfallerzeuger oder der Inhaber der Deponie für bestimmte Abfälle aus einem definierten Energieerzeugungs-, Produktions- oder Abfallbehandlungsprozess mit nicht gleichbleibender Qualität in Bezug auf die für die jeweilige Behandlung einzuhaltenden Grenzwerte (Ausstufung eines wiederkehrenden Abfalls)

den Nachweis der Nichtgefährlichkeit gemäß einer Verordnung nach § 4 auf Grundlage einer Beurteilung durch eine externe befugte Fachperson oder Fachanstalt der Bundesministerin für Klimaschutz, Umwelt, Energie, Mobilität, Innovation und Technologie anzeigt. Die Anzeige kann in Abstimmung mit der Bundesministerin für Klimaschutz, Umwelt, Energie, Mobilität, Innovation und Technologie elektronisch übermittelt werden. Wird die Beurteilungsmenge während der Ausstufung einem Dritten übergeben, gilt die Anzeige als zurückgezogen. Die Übergabe der Beurteilungsmenge ist der Bundesministerin für Klimaschutz, Umwelt, Energie, Mobilität, Innovation und Technologie unverzüglich zu melden.

(2) Bei Mängeln der Anzeige, einschließlich der Beurteilungsunterlagen gemäß einer Verordnung nach § 4, gilt § 13 Abs. 3 AVG mit der Maßgabe, dass bei Entsprechung des Verbesserungsauftrags die Anzeige an dem Tag als eingebracht gilt, an dem die verbesserten Unterlagen bei der Bundesministerin für Klimaschutz, Umwelt, Energie, Mobilität, Innovation und Technologie einlangen. Kommt der Abfallbesitzer dem Auftrag zur Verbesserung nicht in vollem Umfang oder nicht rechtzeitig nach, ist die Anzeige binnen sechs Wochen ab Fristablauf des Verbesserungsauftrags zurückzuweisen.

(3) Wenn offensichtlich eine Untersuchung zusätzlicher gefahrenrelevanter Eigenschaften oder eine Analyse zusätzlicher Parameter zur Beurteilung des bestimmten Abfalls erforderlich ist, oder bei offensichtlichen Widersprüchen der Untersuchungs- oder Analysenergebnisse hat die Bundesministerin für Klimaschutz, Umwelt, Energie, Mobilität, Innovation und Technologie dem Abfallbesitzer die Verbesserung binnen angemessener Frist aufzutragen. Wird dem Auftrag zur Verbesserung entsprochen, so gilt die Anzeige ab dem Tag, an dem die verbesserten Unterlagen einlangen, als eingebracht. Kommt der Abfallbesitzer dem Auftrag zur Verbesserung nicht in vollem Umfang oder nicht rechtzeitig nach, ist die Anzeige binnen sechs Wochen ab Fristablauf des Verbesserungsauftrages zurückzuweisen.

(4) Äußert sich die Bundesministerin für Klimaschutz, Umwelt, Energie, Mobilität, Innovation und Technologie innerhalb von sechs Wochen ab Einlangen der Anzeige oder innerhalb der in Abs. 2 oder 3 angegebenen Fristen nicht, gilt der bestimmte Abfall als nicht gefährlich. Die Zeit des Parteiengehörs ist nicht in die Frist einzurechnen. Diese Rechtsfolge tritt nicht ein, wenn der Anzeige eine falsche oder verfälschte Beurteilung zugrunde liegt. Eine Beurteilung gilt als falsch, wenn die Nichtgefährlichkeit bestätigt wurde, obwohl eine gefahrenrelevante Eigenschaft offensichtlich zutrifft. Eine Beurteilung gilt als verfälscht, wenn der Inhalt betreffend das Vorliegen einer gefahrenrelevanten Eigenschaft verändert wird. Auf Verlangen des Abfallbesitzers hat die Bundesministerin für Klimaschutz, Umwelt, Energie, Mobilität, Innovation und Technologie mitzuteilen, dass der Nachweis der Nichtgefährlichkeit angezeigt wurde und nicht gemäß Abs. 2 und 3 vorzugehen ist; der bestimmte Abfall gilt mit Einlangen der Mitteilung beim Abfallbesitzer, spätestens jedoch innerhalb von sechs Wochen ab Einlangen der Anzeige, im Fall eines Verbesserungsauftrags gemäß Abs. 2 oder 3 innerhalb von sechs Wochen ab Einlangen der verbesserten Unterlagen, als nicht gefährlich.

(5) Leitet der Inhaber einer Deponie für einen bestimmten Abfall zum Zweck der Deponierung auf seiner Deponie eine Ausstufung einer Einzelcharge, eine Ausstufung eines Abfallstroms oder eine Ausstufung eines wiederkehrenden Abfalls mit einer Anzeige ein, so gilt dieser Abfall mit der Einbringung in die Deponie nach der ordnungsgemäßen Anzeige gemäß Abs. 1 als nicht gefährlich. Die Abs. 2 bis 4 sind nicht anwendbar. Diese Rechtsfolge tritt nicht ein, wenn der Anzeige eine falsche oder verfälschte Beurteilung im Sinne des Abs. 4 zugrunde liegt.

(6) Die Ausstufung von gefährlichen immobilisierten oder stabilisierten Abfällen ist nur für den Zweck der Deponierung zulässig.

(7) Wer im Rahmen einer Ausstufung eines Abfallstroms oder einer Ausstufung eines wiederkehrenden Abfalls den Nachweis der Nichtgefährlichkeit erbracht hat, hat bis spätestens 10. April jeden Jahres die Menge des ausgestuften Abfalls des vorangegangenen Kalenderjahres der Bundesministerin für Klimaschutz, Umwelt, Energie, Mobilität, Innovation und Technologie zu melden.

Bundes-Abfallwirtschaftsplan

§ 8. (1) Zur Verwirklichung der Ziele und Grundsätze des § 1 Abs. 1, 2, 2a und 4 hat die Bundesministerin für Klimaschutz, Umwelt, Energie, Mobilität, Innovation und Technologie mindestens alle sechs Jahre einen Bundes-Abfallwirtschaftsplan zu erstellen.

(2) Der Entwurf des Bundes-Abfallwirtschaftsplans ist über die Internetseite des Bundesministeriums für Klimaschutz, Umwelt, Energie, Mobilität, Innovation und Technologie der Öffentlichkeit zugänglich zu machen; dies ist in zwei im Bundesgebiet weit verbreiteten Tageszeitungen bekannt zu machen. In der Bekanntmachung ist darauf hinzuweisen, dass jedermann innerhalb von sechs Wochen ab der Bekanntmachung bei der Bundesministerin für Klimaschutz, Umwelt, Energie, Mobilität, Innovation und Technologie eine Stellungnahme abgeben kann. Die Landesregierungen, die Bundesministerin für Digitalisierung und Wirtschaftsstandort, die Bundesministerin für Landwirtschaft, Regionen und Tourismus, der Österreichische Städtebund, der Österreichische Gemeindebund, die Wirtschaftskammer Österreich, die Bundeskammer für Arbeiter und Angestellte und die Landwirtschaftskammer Österreich sind schriftlich auf die Stellungnahmemöglichkeit hinzuweisen. Die Stellungnahmen sind bei der Überarbeitung des Entwurfs zu berücksichtigen. Der Bundes-Abfallwirtschaftsplan ist auf der Internetseite des Bundesministeriums für Klimaschutz, Umwelt, Energie, Mobilität, Innovation und Technologie zu veröffentlichen. Sofern keine zusammenfassende Erklärung gemäß § 8a Abs. 6 zu veröffentlichen ist, hat die Bundesministerin für Klimaschutz, Umwelt, Energie, Mobilität, Innovation und Technologie gemeinsam mit dem Bundes-Abfallwirtschaftsplan die getroffenen Entscheidungen über die eingelangten Stellungnahmen und die Gründe, auf denen die Entscheidungen beruhen, und Angaben zum Verfahren zur Beteiligung der Öffentlichkeit auf der Internetseite des Bundesministeriums für Klimaschutz, Umwelt, Energie, Mobilität, Innovation und Technologie zu veröffentlichen. Der Umstand der Veröffentlichung ist in zwei im Bundesgebiet weit verbreiteten Tageszeitungen bekannt zu machen.

(3) Der Bundes-Abfallwirtschaftsplan hat – unbeschadet der den Bundesländern zustehenden Planungsbefugnisse – mindestens zu umfassen:

1. eine Bestandsaufnahme der Situation der Abfallwirtschaft und eine Abschätzung der zukünftigen Entwicklungen der Abfallströme;
2. die regionale Verteilung der Anlagen zur Beseitigung von Abfällen und bedeutender Anlagen zur Verwertung von Abfällen;
3. die Beurteilung der Notwendigkeit der Stilllegung von Anlagen;
4. die Beurteilung der Notwendigkeit zusätzlicher Anlageninfrastruktur zur Errichtung und Aufrechterhaltung eines Netzes an Anlagen zur Sicherstellung von Entsorgungsautarkie und Sicherstellung der Behandlung von Abfällen in einer der am nächsten gelegenen geeigneten Anlagen, einschließlich einer Bewertung der dafür benötigten Investitionen und sonstigen Finanzmittel;

5. die Beurteilung bestehender Abfallsammelsysteme, einschließlich der Materialien, die getrennt gesammelt werden, der geografischen Gebiete, in denen die getrennte Sammlung erfolgt, und der Maßnahmen zur Verbesserung der getrennten Sammlung für Abfälle, die nicht getrennt gesammelt werden, sowie die Beurteilung der Notwendigkeit neuer Sammelsysteme;
6. im Falle grenzüberschreitender Vorhaben im Rahmen der Erstellung des Bundes-Abfallwirtschaftsplans die Darstellung der Zusammenarbeit mit betroffenen Mitgliedsstaaten und der Europäischen Kommission;
7. aus § 1 abgeleitete konkrete Vorgaben
a) zur Reduktion der Mengen und Schadstoffgehalte und nachteiligen Umwelt- und Gesundheitsauswirkungen der Abfälle,
b) zur Förderung der Vorbereitung zur Wiederverwendung, des Recyclings und der sonstigen Verwertung von Abfällen, insbesondere im Hinblick auf eine Ressourcenschonung,
c) zur umweltgerechten und volkswirtschaftlich zweckmäßigen Verwertung von Abfällen,
d) zur Beseitigung der nicht vermeidbaren oder verwertbaren Abfälle,
e) zur Verbringung von Abfällen nach oder aus Österreich zur Verwertung oder Beseitigung;
8. die zur Erreichung dieser Vorgaben geplanten Maßnahmen des Bundes;
8a. Maßnahmen zur Bekämpfung und Verhinderung von Vermüllung (Littering) sowie zur Müllsäuberung;
8b. geeignete qualitative und quantitative Indikatoren und Zielvorgaben, auch in Bezug auf die Menge des anfallenden Abfalls und seine Behandlung und auf die Siedlungsabfälle, die beseitigt oder energetisch verwertet werden;
9. allgemeine Strategien und besondere Vorkehrungen für bestimmte Abfälle (einschließlich Altöl; gefährliche Abfälle; Abfälle, die erhebliche Mengen kritischer Rohstoffe enthalten, und Abfallströme, für die spezielle Rechtsvorschriften der Europäischen Union gelten), insbesondere Behandlungspflichten und Programme einschließlich der Strategie zur Verwirklichung der Verringerung der zur Deponierung bestimmten biologisch abbaubaren Abfälle gemäß Art. 5 der Richtlinie 1999/31/EG über Abfalldeponien, ABl. Nr. L 182 vom 16. 7. 1999 S 1, geändert durch die Verordnung (EG) Nr. 1137/2008, ABl. Nr. L 311 vom 21. 11. 2008 S 1, und der Abfallplanung gemäß Art. 14 der Richtlinie 94/62/EG über Verpackungen und Verpackungsabfälle, ABl. Nr. L 365 vom 31. 12. 1994 S 10, geändert durch die Verordnung (EG) Nr. 219/2009, ABl. L 87 vom 31. 3. 2009 S 109, Maßnahmen zur Erreichung der Zielvorgaben gemäß Art. 5 Abs. 3a der Richtlinie 1999/31/EG über Abfalldeponien und der Zielvorgaben gemäß Art. 11 Abs. 2 und 3 der Richtlinie 2008/98/EG über Abfälle sowie Maßnahmen zur Durchführung der Richtlinie (EU) 2019/904 über die Verringerung der Auswirkungen bestimmter Kunststoffprodukte auf die Umwelt (im Folgenden: Richtlinie (EU) 2019/904 (SUP – single-use plastics), ABl. Nr. L 155 vom 12.06.2019 S. 1.

Der Bundes-Abfallwirtschaftsplan hat für die Zwecke der Vermeidung von Vermüllung (Littering) den Anforderungen gemäß Art. 13 der Richtlinie 2008/56/EG zur Schaffung eines Ordnungsrahmens für Maßnahmen der Gemeinschaft im Bereich der Meeresumwelt (Meeresstrategie-Rahmenrichtlinie), ABl. Nr. L 164 vom 26.06.2008 S. 19, und den Anforderungen gemäß Art. 11 der Richtlinie 2000/60/EG zur Schaffung eines Ordnungsrahmens für Maßnahmen der Gemeinschaft im Bereich der Wasserpolitik, ABl. Nr. L 327 vom 22.12.2000 S. 1, zu entsprechen.

(4) Die Bundesministerin für Klimaschutz, Umwelt, Energie, Mobilität, Innovation und Technologie hat den Bundes-Abfallwirtschaftsplan dem Nationalrat vorzulegen. Bei der Vorlage sind die getroffenen Maßnahmen zur Abfallvermeidung und Verwertung, die Effizienz der Maßnahmen und die getroffenen Maßnahmen zur Kontrolle der Behandlungsanlagen, der Abfallströme und der Abfallsammler und -behandler, einschließlich der Sammel- und Verwertungssysteme, auszuweisen.

(5) Der Landeshauptmann hat den erstellten Landes-Abfallwirtschaftsplan der Bundesministerin für Klimaschutz, Umwelt, Energie, Mobilität, Innovation und Technologie vorzulegen. Die Inhalte der Landes-Abfallwirtschaftspläne betreffend Anlagen zur Beseitigung nicht gefährlicher Abfälle sind in den Bundes-Abfallwirtschaftsplan aufzunehmen. Inhalte des Landes-Abfallwirtschaftsplans, welche gemäß der Richtlinie 2001/42/EG über die Prüfung der Umweltauswirkungen bestimmter Pläne und Programme, ABl. Nr. L 197 vom 21. 7. 2001 S 30, einer Umweltprüfung unterzogen werden müssen, dürfen nur dann in den Bundes-Abfallwirtschaftsplan aufgenommen werden, wenn die Umweltprüfung bereits auf Landesebene durchgeführt wurde. Diese Inhalte sind keiner Umweltprüfung gemäß § 8a zu unterziehen.

Umweltprüfung

§ 8a. (1) Eine Umweltprüfung ist durchzuführen, wenn der Bundes-Abfallwirtschaftsplan einen Rahmen für die künftige Genehmigung von Vorhaben, die im Anhang 1 des Umweltverträglichkeitsprüfungsgesetzes 2000 (UVP-G 2000), BGBl. Nr. 697/1993, angeführt sind, festlegt oder seine Umsetzung voraussichtlich Auswirkungen auf Natura-2000-Gebiete hat. Weiters ist eine Umweltprüfung durchzuführen, wenn der Bundes-Abfallwirtschaftsplan einen Rahmen für die künftige Genehmigung sonstiger Projekte festlegt und seine Umsetzung voraussichtlich erhebliche Umweltauswirkungen haben wird.

(2) Wird nur ein Rahmen für die künftige Genehmigung sonstiger Projekte festgelegt oder werden nur geringfügige Änderungen des Bundes-Abfallwirtschaftsplans vorgenommen, hat unter Berücksichtigung der Kriterien des Anhangs 7 Teil 1 eine Prüfung zu erfolgen, ob die Umsetzung voraussichtlich erhebliche Umweltauswirkungen haben wird. Den Landesregierungen wird in Wahrung ihrer Umwelt- und Planungskompetenzen eine Stellungnahmemöglichkeit eingeräumt.

(3) Wenn keine Umweltprüfung durchgeführt wird, hat die Bundesministerin für Klimaschutz, Umwelt, Energie, Mobilität, Innovation und Technologie die Ergebnisse der Prüfung gemäß Abs. 2 einschließlich der Gründe für die Entscheidung, keine Umweltprüfung durchzuführen, auf der Internetseite des Bundesministeriums für Klimaschutz, Umwelt, Energie, Mobilität, Innovation und Technologie zu veröffentlichen.

(4) Ist eine Umweltprüfung durchzuführen, so hat die Bundesministerin für Klimaschutz, Umwelt, Energie, Mobilität, Innovation und Technologie einen Umweltbericht gemäß Anhang 7 Teil 2 zu erstellen. In diesem Bericht werden die voraussichtlichen erheblichen Auswirkungen der Umsetzung des Bundes-Abfallwirtschaftsplans auf die Umwelt und mögliche Alternativen, welche die Ziele und den geografischen Anwendungsbereich des Bundes-Abfallwirtschaftsplans berücksichtigen, ermittelt, beschrieben und bewertet. Der Umweltbericht enthält die Angaben, die vernünftigerweise verlangt werden können, und berücksichtigt den gegenwärtigen Wissensstand und aktuelle Prüfmethoden, den Inhalt und den Detaillierungsgrad des Bundes-Abfallwirtschaftsplans und dessen Stellung im Entscheidungsprozess. Den Landesregierungen wird in Wahrnehmung ihrer Umwelt- und Planungskompetenzen bei der Festlegung des Umfangs und Detaillierungsgrads der in den Umweltbericht aufzunehmenden Informationen eine Stellungnahmemöglichkeit eingeräumt.

(5) Die Bundesministerin für Klimaschutz, Umwelt, Energie, Mobilität, Innovation und Technologie hat den Umweltbericht der Öffentlichkeit über die Internetseite des Bundesministeriums für Klimaschutz, Umwelt, Energie, Mobilität, Innovation und Technologie zugänglich zu machen; dies ist in zwei weit verbreiteten Tageszeitungen bekannt zu machen. In der Bekanntmachung ist darauf hinzuweisen, dass jedermann innerhalb von sechs Wochen ab der Bekanntmachung bei der Bundesministerin für Klimaschutz, Umwelt, Energie, Mobilität, Innovation und Technologie eine Stellungnahme abgeben kann. Die Landesregierungen werden auf die Stellungnahmemöglichkeit in Wahrnehmung ihrer Umwelt- und Planungskompetenzen schriftlich hingewiesen. Der Umweltbericht und die eingelangten Stellungnahmen sind bei der Erarbeitung des Bundes-Abfallwirtschaftsplans zu berücksichtigen.

(6) Wenn der Bundes-Abfallwirtschaftsplan einer Umweltprüfung unterzogen wurde, hat die Bundesministerin für Klimaschutz, Umwelt, Energie, Mobilität, Innovation und Technologie eine zusammenfassende Erklärung über die Umweltprüfung gemeinsam mit dem Bundes-Abfallwirtschaftsplan auf der Internetseite des Bundesministeriums für Klimaschutz, Umwelt, Energie, Mobilität, Innovation und Technologie zu veröffentlichen. In der zusammenfassenden Erklärung ist darzulegen,

1. wie die Umwelterwägungen in den Plan einbezogen wurden,
2. wie der Umweltbericht, die eingelangten Stellungnahmen und gegebenenfalls die Ergebnisse grenzüberschreitender Konsultationen gemäß § 8b berücksichtigt wurden,
3. aus welchen Gründen und nach Abwägung welcher geprüften Alternativen die Erstellung des Plans erfolgt ist und
4. welche Maßnahmen zur Überwachung der erheblichen Auswirkungen der Umsetzung des Bundes-Abfallwirtschaftsplans auf die Umwelt vorgesehen sind.

(7) Die Bundesministerin für Klimaschutz, Umwelt, Energie, Mobilität, Innovation und Technologie hat dafür Sorge zu tragen, dass die erheblichen Auswirkungen der Umsetzung des Bundes-Abfallwirtschaftsplans auf die Umwelt überwacht werden, um unter anderem frühzeitig unvorhergesehene negative Auswirkungen ermitteln zu können und erforderlichenfalls geeignete Abhilfemaßnahmen zu ergreifen.

Grenzüberschreitende Konsultationen bei einer Umweltprüfung

§ 8b. (1) Wenn

1. die Umsetzung eines Bundes-Abfallwirtschaftsplans voraussichtlich erhebliche Auswirkungen auf die Umwelt eines anderen Mitgliedstaates der Europäischen Union haben wird oder
2. ein von den Auswirkungen der Durchführung des Bundes-Abfallwirtschaftsplans voraussichtlich erheblich betroffener Mitgliedstaat ein diesbezügliches Ersuchen stellt,

hat die Bundesministerin für Klimaschutz, Umwelt, Energie, Mobilität, Innovation und Technologie diesem Mitgliedstaat spätestens zum jeweiligen Zeitpunkt der Bekanntmachung den Umweltbericht und den Entwurf des Bundes-Abfallwirtschaftsplans zu übermitteln. Dem anderen Mitgliedstaat ist bei der Übermittlung des Umweltberichts eine angemessene Frist für die Mitteilung, ob er an der Umweltprüfung teilnehmen will, einzuräumen.

(2) Dem anderen Mitgliedstaat ist eine angemessene Frist einzuräumen, damit er den in ihrem umweltbezogenen Aufgabenbereich betroffenen Behörden und der Öffentlichkeit Gelegenheit zur Stellungnahme einräumen kann. Erforderlichenfalls sind Konsultationen über die voraussichtlichen grenzüberschreitenden Auswirkungen auf die Umwelt, welche die Durchführung des Bundes-Abfallwirtschaftsplans hat, und über die geplanten Maßnahmen zur Verminderung oder Vermeidung solcher Auswirkungen durchzuführen. Für die Konsultationen ist ein angemessener Zeitrahmen mit dem anderen Mitgliedstaat zu vereinbaren. Dem anderen Mitgliedstaat ist der veröffentlichte Bundes-Abfallwirtschaftsplan und die Erklärung gemäß § 8a Abs. 6 zu übermitteln.

(3) Wird im Rahmen der Erstellung eines Plans im Bereich der Abfallwirtschaft in einem anderen Mitgliedstaat der Bundesministerin für Klimaschutz, Umwelt, Energie, Mobilität, Innovation und Technologie der Umweltbericht oder der Entwurf des Plans übermittelt, so hat er die Landeshauptmänner jener Bundesländer, auf deren Umwelt die Durchführung des Plans erhebliche Auswirkungen haben könnte und die Öffentlichkeit in den betreffenden Bundesländern einzubeziehen. Die Einbeziehung erfolgt gemäß § 8 Abs. 2. Bei der Bundesministerin für Klimaschutz, Umwelt, Energie, Mobilität, Innovation und Technologie eingelangte Stellungnahmen sind dem anderen Mitgliedstaat zu übermitteln und erforderlichenfalls hat die Bundesministerin für Klimaschutz, Umwelt, Energie, Mobilität, Innovation und Technologie Konsultationen mit dem anderen Mitgliedstaat zu führen.

2. Abschnitt
Abfallvermeidung und -verwertung

Mindestziele der Abfallvermeidungsmaßnahmen

§ 9. Abfallvermeidungsmaßnahmen zielen insbesondere darauf ab,

1. die Mengen und die Schadstoffgehalte der Abfälle zu verringern und zur Nachhaltigkeit beizutragen;
2. nachhaltige Produktions- und Konsummodelle zu fördern und zu unterstützen;
3. das Design, die Herstellung, die Bearbeitung, die sonstige Gestaltung und die Verwendung von Produkten zu fördern, die ressourceneffizient, langlebig (auch in Bezug auf ihre Lebensdauer und auf den Ausschluss geplanter Obsoleszenz), reparierbar, wiederverwendbar oder aktualisierbar sind und dass die nach ihrer bestimmungsgemäßen Verwendung verbleibenden Abfälle erforderlichenfalls zerlegt oder bestimmte Bestandteile getrennt werden können, und dass die Bestandteile oder die aus den Abfällen gewonnenen Stoffe weitgehend wiederverwendet werden können;
4. Produkte so zu gestalten, dass bei ihrer Herstellung, ihrem Ge- und Verbrauch und nach ihrer bestimmungsgemäßen Verwendung unter Berücksichtigung der relevanten Umweltaspekte keine Beeinträchtigungen der öffentlichen Interessen (§ 1 Abs. 3) bewirkt werden, insbesondere möglichst wenige und möglichst schadstoffarme Abfälle zurückbleiben;
5. Produkte so zu gebrauchen, dass die Umweltbelastungen, insbesondere der Anfall von Abfällen, so gering wie möglich gehalten werden;
6. Produkte, die kritische Rohstoffe enthalten, gezielt ausfindig zu machen, um zu verhindern, dass diese Materialien zu Abfall werden;
7. die Wiederverwendung von Produkten und die Schaffung von Systemen zur Förderung von Aktivitäten zur Reparatur und der Wiederverwendung, insbesondere von Elektro- und Elektronikgeräten, Textilien und Möbeln, Verpackungs- sowie Baumaterialien und -produkten, zu unterstützen;
8. in angemessener Weise und unbeschadet der Rechte des geistigen Eigentums die Verfügbarkeit von Ersatzteilen, Bedienungsanleitungen, technischen Informationen oder anderen Mitteln und Geräten sowie Software zu fördern, die es ermöglichen, Produkte ohne Beeinträchtigung ihrer Qualität und Sicherheit zu reparieren und wiederzuverwenden;
9. die Abfallerzeugung bei Prozessen im Zusammenhang mit der industriellen Produktion, der Gewinnung von Mineralen, der Herstellung, Bau- und Abbruchtätigkeiten unter Berücksichtigung der besten verfügbaren Techniken zu verringern;
10. die Verschwendung von Lebensmitteln in der Primärerzeugung, Verarbeitung und Herstellung, im Einzelhandel und anderen Formen des Vertriebs von Lebensmitteln, in Gaststätten und Verpflegungsdienstleistungen sowie in privaten Haushalten zu verringern, um zu dem Ziel der Vereinten Nationen für nachhaltige Entwicklung beizutragen, bis 2030 die weltweit auf Ebene des Einzelhandels und auf Verbraucherebene pro Kopf anfallenden Lebensmittelabfälle zu halbieren und die Verluste von Lebensmitteln entlang der Produktions- und Lieferkette zu reduzieren;
11. Lebensmittelspenden und andere Formen der Umverteilung von Lebensmitteln für den menschlichen Verzehr zu fördern, damit der Gebrauch durch den Menschen Vorrang gegenüber dem Einsatz als Tierfutter und der Verarbeitung zu Non–food-Erzeugnissen hat;
12. die Entstehung von Abfällen zu reduzieren, insbesondere von Abfällen, die sich nicht für die Vorbereitung zur Wiederverwendung oder für das Recycling eignen, zB durch Vertriebsformen, durch Rücknahme- oder Sammel- und Verwertungssysteme oder durch Pfandeinhebung;

13. den Anfall von Abfällen beim Letztverbraucher so gering wie möglich zu halten, zB durch Vertriebsformen, durch Rücknahme- oder Sammel- und Verwertungssysteme oder durch Pfandeinhebung;
14. die Produkte zu ermitteln, die Hauptquellen der Vermüllung insbesondere der Natur und der Meeresumwelt sind, und zur Vermeidung und Reduzierung des durch diese Produkte verursachten Müllaufkommens geeignete Maßnahmen zu treffen;
15. die Entstehung von Meeresmüll zu beenden, als Beitrag zu dem Ziel der Vereinten Nationen für nachhaltige Entwicklung, jegliche Formen der Meeresverschmutzung zu vermeiden und deutlich zu reduzieren;
16. Informationskampagnen zu entwickeln und zu unterstützen, in deren Rahmen für Abfallvermeidung und Vermüllung sensibilisiert wird;
17. im Hinblick auf eine deutliche und dauerhafte Verminderung des Verbrauchs betreffend die Einwegkunststoffprodukte

a) Getränkebecher, einschließlich ihrer Verschlüsse und Deckel, und

b) Lebensmittelverpackungen, dh. Behältnisse wie Boxen (mit oder ohne Deckel) für Lebensmittel, die

aa) dazu bestimmt sind, unmittelbar vor Ort verzehrt oder als Take–away-Gericht mitgenommen zu werden,

bb) in der Regel aus der Verpackung heraus verzehrt werden und

cc) ohne weitere Zubereitung wie Kochen, Sieden oder Erhitzen verzehrt werden können,

einschließlich Verpackungen für Fast Food oder andere Speisen zum unmittelbaren Verzehr, ausgenommen Getränkebehälter, Teller sowie Säckchen und Folienverpackungen (Wrappers) mit Lebensmittelinhalt,

eine deutliche Trendumkehr beim steigenden Verbrauch dieser Einwegkunststoffprodukte zu bewirken. Diese Maßnahmen zielen darauf ab, bis zum Jahr 2026 gegenüber dem Jahr 2022 eine messbare quantitative Verminderung des Verbrauchs dieser Produkte herbeizuführen. Über Abfallvermeidungsmaßnahmen, die diesem Ziel entsprechend ausgerichtet wurden, ist der Öffentlichkeit, bis zum Zeitpunkt ihrer erstmaligen Veröffentlichung im Abfallvermeidungsprogramm gemäß § 9a, eine Beschreibung zugänglich zu machen;

18. bis zum Jahr 2025 gegenüber dem Jahr 2018 eine Verminderung der in Verkehr gesetzten Einwegkunststoff-Verpackungen um 20% herbeizuführen;
19. den Ausbau von Mehrwegsystemen für Verpackungen, insbesondere für Getränkeverpackungen, zu fördern.

Die Abfallvermeidungsziele können insbesondere durch die Verwendung von geeigneten Herstellungs-, Bearbeitungs-, Verarbeitungs- und Vertriebsformen, durch die Entwicklung geeigneter Arten und Formen von Produkten und durch ein abfallvermeidungsbewusstes Verhalten der Letztverbraucher erreicht werden.

Abfallvermeidungsprogramm

§ 9a. (1) Die Bundesministerin für Klimaschutz, Umwelt, Energie, Mobilität, Innovation und Technologie hat mindestens alle sechs Jahre ein Abfallvermeidungsprogramm mit dem Ziel, das Wirtschaftswachstum von den mit der Abfallerzeugung verbundenen Umweltauswirkungen zu entkoppeln, zu erstellen. Dieses kann Teil des Bundes-Abfallwirtschaftsplans sein.

(2) Das Abfallvermeidungsprogramm hat mindestens zu umfassen:

1. Ziele der Abfallvermeidungsmaßnahmen;
2. eine Beschreibung der bestehenden Abfallvermeidungsmaßnahmen einschließlich einer Zuordnung der Abfallvermeidungsmaßnahmen zu den Zielen gemäß § 9;
3. eine Bewertung der Zweckmäßigkeit der in Anhang 1 angegebenen beispielhaften Maßnahmen oder anderer geeigneter Maßnahmen und eine Beschreibung des Beitrags, den die in **Anhang 1b** aufgeführten Instrumente und Maßnahmen zur Abfallvermeidung leisten;
4. qualitative oder quantitative Maßstäbe zur Überwachung und Bewertung der durch die Maßnahmen erzielten Fortschritte;
5. im Falle grenzüberschreitender Vorhaben die Darstellung der Zusammenarbeit mit betroffenen Mitgliedstaaten und der Europäischen Kommission;
6. ein spezielles Programm zur Vermeidung von Lebensmittelabfällen.

(3) Die Bundesministerin für Klimaschutz, Umwelt, Energie, Mobilität, Innovation und Technologie hat das Abfallvermeidungsprogramm dem Nationalrat vorzulegen.

(4) § 8 Abs. 2, § 8a und § 8b sind anzuwenden.

Abfallwirtschaftskonzept

§ 10. (1) Für Anlagen, bei deren Betrieb Abfälle anfallen und in denen mehr als 20 Arbeitnehmer beschäftigt sind, ist ein Abfallwirtschaftskonzept zu erstellen. Wird eine Anlage von mehreren Rechtspersonen betrieben, ist es zulässig, ein gemeinsames Abfallwirtschaftskonzept zu erstellen. Eine gültige Umwelterklärung gemäß der Verordnung (EG) Nr. 1221/2009 über die freiwillige Beteiligung von Organisationen an einem Gemeinschaftssystem für das Umweltmanagement und die Umweltbetriebsprüfung (EMAS), ABl. Nr. L 342 vom 22. 12. 2009 S. 1, eines an EMAS beteiligten Betriebs gilt als Abfallwirtschaftskonzept.

(2) Das Abfallwirtschaftskonzept hat innerhalb von zwölf Monaten nach Aufnahme des Betriebs oder nach Aufnahme des 21sten Arbeitnehmers vorzuliegen.

(3) Das Abfallwirtschaftskonzept hat zu enthalten:

1. Angaben über die Branche und den Zweck der Anlage und eine Auflistung sämtlicher Anlagenteile;
2. eine verfahrensbezogene Darstellung des Betriebs;
3. eine abfallrelevante Darstellung des Betriebs;
4. organisatorische Vorkehrungen zur Einhaltung abfallwirtschaftlicher Rechtsvorschriften und
5. eine Abschätzung der zukünftigen Entwicklung.

(4) Das Abfallwirtschaftskonzept ist auf Verlangen der Behörde vorzulegen. Die Behörde hat die Verbesserung des Abfallwirtschaftskonzepts mit Bescheid aufzutragen, wenn das Abfallwirtschaftskonzept unvollständig ist.

(5) Das Abfallwirtschaftskonzept ist bei einer wesentlichen abfallrelevanten Änderung der Anlage, jedoch mindestens alle sieben Jahre fortzuschreiben. Die Fortschreibung einer gültigen Umwelterklärung gemäß EMAS gilt als Fortschreibung gemäß diesem Bundesgesetz.

(6) Auf Abfallwirtschaftskonzepte, die im Rahmen der Genehmigung einer Anlage gemäß § 37, gemäß der Gewerbeordnung 1994 (GewO 1994), BGBl. Nr. 194, oder gemäß dem Mineralrohstoffgesetz zu erstellen sind, finden der letzte Satz des Abs. 1 und die Abs. 3 bis 5 Anwendung.

Abfallbeauftragter

§ 11. (1) In Betrieben mit mehr als 100 Arbeitnehmern ist ein fachlich qualifizierter Abfallbeauftragter zu bestellen. Der Betriebsinhaber hat den Abfallbeauftragten bei der Wahrnehmung seiner Aufgaben zu unterstützen, insbesondere hat er ihm für seine Tätigkeit ausreichend Zeit während der Arbeitszeit und Aus- und Weiterbildungsmöglichkeiten zu gewähren und die erforderlichen Hilfsmittel zur Verfügung zu stellen.

(2) Die Bestellung oder Abbestellung des Abfallbeauftragten ist der Behörde unverzüglich elektronisch im Wege des Registers gemäß § 22 Abs. 1 zu melden. Nachweise über die Zustimmung des Abfallbeauftragten und die fachliche Qualifikation sind im Betrieb bis ein Jahr nach der Abbestellung aufzubewahren und auf Verlangen der Behörde vorzulegen.

(3) Der Abfallbeauftragte hat

1. die Einhaltung der den Betrieb betreffenden abfallrechtlichen Vorschriften und darauf beruhender Bescheide zu überwachen und den Betriebsinhaber über seine Wahrnehmungen, insbesondere über festgestellte Mängel, unverzüglich zu informieren,
2. auf eine sinnvolle Organisation der Umsetzung der den Betrieb betreffenden abfallrechtlichen Vorschriften hinzuwirken,
3. den Betriebsinhaber in allen den Betrieb betreffenden abfallwirtschaftlichen Fragen, einschließlich der abfallwirtschaftlichen Aspekte bei der Beschaffung, zu beraten und
4. im Zuge der Erstellung oder Fortschreibung des Abfallwirtschaftskonzeptes die Kosten der Abfallbehandlung und die Erlöse der Altstoffe dem Betriebsinhaber darzustellen.

(4) Durch die Bestellung eines Abfallbeauftragten wird die Verantwortlichkeit des Betriebsinhabers für die Einhaltung der abfallrechtlichen Vorschriften und darauf beruhender Bescheide nicht berührt. Dem Abfallbeauftragten darf keine Verantwortlichkeit für die Einhaltung von abfallrechtlichen Vorschriften übertragen werden.

Transparenz zur Vermeidung der Lebensmittelverschwendung

§ 11a. (1) Lebensmitteleinzelhändler mit mindestens einer Verkaufsstelle über 400m^2 oder mit mindestens fünf Verkaufsstellen und buchführungspflichtige Lebensmittelgroßhändler haben pro Kalenderquartal bis spätestens zum 10. des zweitfolgenden Monats folgende Daten zu melden:

a) die Masse der Lebensmittel, die unentgeltlich zum menschlichen Verzehr weitergegeben wurden (in Kilogramm Nettogewicht);
b) die Masse der Lebensmittel, die als Abfall weitergegeben wurden (in Kilogramm Nettogewicht), sofern möglich untergliedert nach Warengruppen.

Diese Daten sind in automationsunterstützt verarbeitbarer Form und elektronisch – soweit eingerichtet im Wege des Registers gemäß § 22 Abs. 1 – an die Bundesministerin für Klimaschutz, Umwelt, Energie, Mobilität, Innovation und Technologie zu übermitteln. Diese Meldung hat erstmalig für das vierte Kalenderquartal 2023 zu erfolgen. Die Bundesministerin für Klimaschutz, Umwelt, Energie, Mobilität, Innovation und Technologie veröffentlicht vierteljährlich einen Bericht über die gemeldeten Daten.

Verpflichtungen betreffend Motoröle und Ölfilter

§ 12. (1) Die gewerbsmäßige Abgabe von Motorölen an Letztverbraucher ist nur durch Inhaber von Tankstellen, Kraftfahrzeugmechaniker, Maschinen-Service-Stellen, den Mineralölfachhandel und durch Personen, welche die Genannten mit Motorölen beliefern (Großhandel), unter den Voraussetzungen der Abs. 2 und 3 zulässig.

(2) Inhaber von Tankstellen, Kraftfahrzeugmechaniker, Maschinen-Service-Stellen und der Mineralölfachhandel haben von einzelnen Letztverbrauchern zurückgebrachte gebrauchte Motoröle bis zur Menge der jeweils abgegebenen Motoröle

zurückzunehmen. Bis zu einer Menge von 24 Liter pro Abgabe hat dies jedenfalls unentgeltlich zu erfolgen.

(3) Die Abgabe von Ölfiltern für Kraftfahrzeuge an private Letztverbraucher ist nur bei gleichzeitiger unentgeltlicher Rücknahme des gebrauchten Filters mitsamt der darin befindlichen Ölmenge oder unter Einhebung eines Pfandbetrages von 3 € zulässig; im zweiten Fall hat der Abgeber den ersetzten gebrauchten Ölfilter unentgeltlich zurückzunehmen und das Pfand zu erstatten.

Hersteller von bestimmten Produkten

§ 12a. (1) Als Hersteller von Elektro- und Elektronikgeräten gilt jede Person, die unabhängig von der Verkaufsmethode, einschließlich des Fernabsatzes im Sinne des § 3 Z 2 des Fern- und Auswärtsgeschäfte-Gesetzes (FAGG), BGBl. I Nr. 33/2014,

1. in Österreich niedergelassen ist und Elektro– oder Elektronikgeräte herstellt oder konzipieren und herstellen lässt und unter ihrem Markennamen verkauft oder
2. in Österreich niedergelassen ist und Geräte anderer Anbieter unter ihrem Markennamen weiterverkauft, wobei der Weiterverkäufer nicht als Hersteller anzusehen ist, sofern der Markenname des Herstellers gemäß Z 1 auf dem Gerät angebracht ist, oder
3. in Österreich niedergelassen ist und Elektro– oder Elektronikgeräte erwerbsmäßig nach Österreich einführt oder aus Österreich zur Abgabe an Letztverbraucher ausführt oder
4. a) Elektro- oder Elektronikgeräte in Österreich an andere als Letztverbraucher vertreibt,
   b) ihren Sitz in einem anderen Mitgliedstaat der Europäischen Union hat und
   c) nach Maßgabe einer Verordnung gemäß § 12b Abs. 1 einen Bevollmächtigten zur Erfüllung der Verpflichtungen gemäß einer Verordnung nach § 14 bestellt hat oder
5. Elektro- oder Elektronikgeräte in Österreich mit Hilfe der Fernkommunikationstechnik gewerblich direkt an Letztverbraucher vertreibt und in einem anderen Mitgliedstaat oder in einem Drittland niedergelassen ist.

(2) Als Hersteller von Geräte- oder Fahrzeug- oder Industriebatterien oder -akkumulatoren gilt

1. jede Person mit Sitz oder Niederlassung im örtlichen Geltungsbereich dieses Bundesgesetzes, die unabhängig von der Verkaufsmethode, einschließlich des Fernabsatzes im Sinne des § 3 Z 2 FAGG Batterien oder Akkumulatoren, einschließlich in Geräte oder Fahrzeuge eingebaute Batterien oder Akkumulatoren, erstmals in Österreich gewerblich in Verkehr bringt,
2. jede Person, die
   a) gewerblich Geräte- oder Fahrzeug- oder Industriebatterien oder -akkumulatoren in Österreich an andere als Letztverbraucher vertreibt,
   b) ihren Sitz in einem anderen Mitgliedstaat der Europäischen Union hat und
   c) nach Maßgabe einer Verordnung gemäß § 12b Abs. 1 einen Bevollmächtigten zur Erfüllung der Verpflichtungen gemäß einer Verordnung nach § 14 bestellt hat oder
3. jede Person, die gewerblich Geräte- oder Fahrzeug- oder Industriebatterien oder –akkumulatoren in Österreich mit Hilfe der Fernkommunikationstechnik direkt an Letztverbraucher vertreibt und in einem anderen Mitgliedstaat oder in einem Drittland niedergelassen ist.

(3) Als Hersteller von Fahrzeugen gilt

1. jede Person, die als Fahrzeughersteller auftritt, indem sie ihren Namen, ihre Marke oder ein anderes Erkennungszeichen auf dem Fahrzeug anbringt,
2. jede Person, die gewerblich Fahrzeuge nach Österreich einführt; die Einfuhr von mehr als fünf Fahrzeugen pro Kalenderjahr durch eine Person gilt jedenfalls als gewerblich,
3. jede Person, die
   a) Fahrzeuge in Österreich an andere als Letztverbraucher vertreibt,
   b) ihren Sitz in einem anderen Mitgliedstaat der Europäischen Union hat und
   c) nach Maßgabe einer Verordnung gemäß § 12b Abs. 1 einen Bevollmächtigten zur Erfüllung der Verpflichtungen gemäß einer Verordnung nach § 14 bestellt hat oder
4. jede Person, die gewerblich Fahrzeuge in Österreich mit Hilfe der Fernkommunikationstechnik direkt an private Letztverbraucher vertreibt und in einem anderen Mitgliedstaat oder in einem Drittland niedergelassen ist.

(4) Als Hersteller von Einwegkunststoffprodukten gemäß einer Verordnung nach § 14, ausgenommen Verpackungen, gilt

1. jede Person mit Sitz oder Niederlassung im örtlichen Geltungsbereich dieses Bundesgesetzes, die unabhängig von der Verkaufsmethode, einschließlich des Fernabsatzes im Sinne des § 3 Z 2 FAGG Einwegkunststoffprodukte, ausgenommen Verpackungen, erstmals in Österreich gewerblich in Verkehr bringt,
2. jede Person, die
   a) Einwegkunststoffprodukte, ausgenommen Verpackungen, gewerblich in Österreich an andere als private Letztverbraucher vertreibt,
   b) ihren Sitz in einem anderen Mitgliedstaat der Europäischen Union hat und
   c) nach Maßgabe einer Verordnung gemäß § 12b Abs. 1 einen Bevollmächtigten zur Erfüllung der Verpflichtungen gemäß einer Verordnung nach § 14 bestellt hat oder

3. jede Person, die Einwegkunststoffprodukte, ausgenommen Verpackungen, gewerblich in Österreich mit Hilfe der Fernkommunikationstechnik direkt an private Letztverbraucher vertreibt und in einem anderen Mitgliedstaat oder in einem Drittland niedergelassen ist.

(5) Als Hersteller von Fanggeräten, die Kunststoff enthalten, gemäß einer Verordnung nach § 14 gilt

1. jede Person mit Sitz oder Niederlassung im örtlichen Geltungsbereich dieses Bundesgesetzes, die Fanggeräte, die Kunststoff enthalten, gewerblich herstellt oder importiert und unabhängig von der Verkaufsmethode, einschließlich des Fernabsatzes im Sinne des § 3 Z 2 FAGG, erstmals in Österreich in Verkehr bringt,
2. jede Person, die
a) Fanggeräte, die Kunststoff enthalten, gewerblich in Österreich an andere als private Letztverbraucher vertreibt,
b) ihren Sitz in einem anderen Mitgliedstaat der Europäischen Union hat und
c) nach Maßgabe einer Verordnung gemäß § 12b Abs. 1 einen Bevollmächtigten zur Erfüllung der Verpflichtungen gemäß einer Verordnung nach § 14 bestellt hat, oder
3. jede Person, die Fanggeräte, die Kunststoff enthalten, gewerblich in Österreich mit Hilfe der Fernkommunikationstechnik direkt an private Letztverbraucher vertreibt und in einem anderen Mitgliedstaat oder in einem Drittland niedergelassen ist.

Nicht als Hersteller von Fanggeräten gelten Personen, die einer Fischereitätigkeit im Sinne des Artikels 4 Nummer 28 der Verordnung (EU) Nr. 1380/2013 über die Gemeinsame Fischereipolitik und zur Änderung der Verordnungen (EG) Nr. 1954/2003 und (EG) Nr. 1224/2009 sowie zur Aufhebung der Verordnungen (EG) Nr. 2371/2002 und (EG) Nr. 639/2004 und des Beschlusses 2004/585/EG, ABl. Nr. L 354 vom 28.12.2013 S. 22, nachgehen.

Bevollmächtigter

§ 12b. (1) Hersteller gemäß § 12a Abs. 1 Z 5, Abs. 2 Z 3, Abs. 3 Z 4, Abs. 4 Z 3, Abs. 5 Z 3 und Primärverpflichtete gemäß § 13g Abs. 1 Z 5 haben einen Bevollmächtigten für ausländische Fernabsatzhändler zu bestellen, der für die Erfüllung ihrer Verpflichtungen gemäß einer Verordnung nach § 14 in Österreich verantwortlich ist.

(2) Hersteller gemäß § 12a Abs. 1 Z 4, Abs. 2 Z 2, Abs. 3 Z 3, Abs. 4 Z 2, Abs. 5 Z 2 und Personen, die

1. ihren Sitz in einem anderen Mitgliedstaat der Europäischen Union haben und
2. Verpackungen, einschließlich Serviceverpackungen, oder verpackte Waren in Österreich an andere als private Letztverbraucher vertreiben,

können nach Maßgabe einer Verordnung gemäß Abs. 6 einen Bevollmächtigten zur Erfüllung ihrer Verpflichtungen gemäß einer Verordnung nach § 14 bestellen.

(3) Natürliche und juristische Personen mit Sitz im Inland, die beabsichtigen als Bevollmächtigte nach Maßgabe einer Verordnung gemäß Abs. 1 zu agieren, haben dies der Bundesministerin für Klimaschutz, Umwelt, Energie, Mobilität, Innovation und Technologie anzuzeigen und darzulegen, dass die Voraussetzungen gemäß einer Verordnung nach Abs. 1 für die Kennzeichnung als Bevollmächtigte gegeben sind und sich sowie jeden ihn bevollmächtigenden Hersteller im Register gemäß § 22 Abs. 1 unter Angabe der Daten gemäß § 21 Abs. 1 Z 1 bis 8 zu registrieren. Sofern die Voraussetzungen erfüllt sind, hat die Bundesministerin für Klimaschutz, Umwelt, Energie, Mobilität, Innovation und Technologie die Bevollmächtigten im Register gemäß § 22 Abs. 1 zu kennzeichnen. Bevollmächtigte haben unverzüglich der Bundesministerin für Klimaschutz, Umwelt, Energie, Mobilität, Innovation und Technologie den Wegfall einer Voraussetzung für die Registrierung mitzuteilen. Über die Ablehnung der Kennzeichnung oder im Fall des Wegfallens einer Voraussetzung nach einer Verordnung gemäß Abs. 1 und die damit verbundene Entfernung der Kennzeichnung hat die Bundesministerin für Klimaschutz, Umwelt, Energie, Mobilität, Innovation und Technologie auf Verlangen mit Bescheid abzusprechen. Die Beschwerde gegen den Bescheid hat keine aufschiebende Wirkung. Die Anzeige der Bevollmächtigung und die Mitteilung des Wegfallens einer Voraussetzung einer Bevollmächtigung hat elektronisch im Wege des Registers gemäß § 22 Abs. 1 zu erfolgen.

(4) Die Bestellung eines Bevollmächtigten, Änderungen oder die Beendigung einer Bevollmächtigung können nur mit Ablauf eines Kalenderquartals wirksam werden.

(5) Zur Erfüllung der Verpflichtungen einer Verordnung nach § 14 kann ein Hersteller jeweils nur einen Bevollmächtigten bestellen. Die Bestellung eines Bevollmächtigten kann nur jeweils gesamthaft für in einer Verordnung nach § 14 festgelegten Produktgruppe erfolgen. Die Bestellung eines Bevollmächtigten muss durch den Hersteller direkt erfolgen, eine Übertragung der Bestellung an eine dritte Person ist nur in jenen Fällen zulässig, in denen die dritte Person eine ausdrückliche und beglaubigte Vollmacht des Herstellers vorweisen kann. Für bereits bestehende Übertragungen der Bestellung an eine dritte Person ohne eine ausdrückliche und beglaubigte Vollmacht des Herstellers ist eine Vollmacht bis spätestens 1. Juli 2022 nachzureichen.

(6) Die Bundesministerin für Klimaschutz, Umwelt, Energie, Mobilität, Innovation und Technologie wird ermächtigt, durch Verordnung nähere

Bestimmungen über die Bestellung und die Verpflichtungen eines Bevollmächtigten für Hersteller gemäß § 12a Abs. 1 Z 4 und 5, Abs. 2 Z 2 und 3, Abs. 3 Z 3 und 4, Abs. 4 Z 2 und 3 und Abs. 5 Z 2 und 3 sowie § 13g Abs. 1 Z 5 festzulegen.

Pflichten für elektronische Marktplätze und für Fulfilment-Dienstleister

§ 12c. (1) Betreiber von elektronischen Marktplätzen – das sind natürliche oder juristische Personen oder Personengesellschaften, die einen elektronischen Marktplatz (eine Website oder jedes andere Instrument, mit dessen Hilfe Informationen über das Internet zur Verfügung gestellt werden) unterhalten und es Dritten ermöglichen, auf diesem Marktplatz Produkte in Österreich anzubieten oder bereitzustellen – haben in den Verträgen mit

1. Primärverpflichteten von Verpackungen gemäß § 13g Abs. 1,
2. Herstellern von Einwegkunststoffprodukten gemäß § 12a Abs. 4,
3. Herstellern von Elektro- und Elektronikgeräten gemäß § 12a Abs. 1 Z 1 bis 3 und 5 und
4. Herstellern von Gerätebatterien gemäß § 12a Abs. 2

sicherzustellen, dass im Falle des Inverkehrsetzens der jeweiligen Produkte in Österreich diese Hersteller oder Primärverpflichteten die Vorgaben des § 13a Abs. 1 sowie die jeweiligen Vorgaben einer Verordnung gemäß § 14 Abs. 1 betreffend die Sammlung und Verwertung gemäß § 13a Abs. 3 und 4 und die Verpflichtung zur Teilnahme an einem Sammel- und Verwertungssystem gemäß § 13g Abs. 2 eingehalten werden. Wird das nicht sichergestellt, hat der Betreiber des elektronischen Marktplatzes den jeweiligen Hersteller oder Primärverpflichteten von der Nutzung des elektronischen Marktplatzes auszuschließen.

(2) Fulfilment-Dienstleister – das sind natürliche oder juristische Personen oder Personengesellschaften, die im Rahmen einer Geschäftstätigkeit zumindest zwei der folgenden Dienstleistungen in Österreich anbieten: Lagerhaltung, Verpackung, Adressierung oder Versand für in Abs. 1 genannte Produkte, an denen sie kein Eigentumsrecht haben, ausgenommen Post-, Paketzustell- oder sonstige Frachtverkehrsdienstleister – haben sicherzustellen, im Falle des Inverkehrsetzens der jeweiligen Produkte in Österreich diese Hersteller die Vorgaben des § 13a Abs. 1 betreffend die Sammlung und Verwertung oder die Verpflichtung zur Teilnahme an einem Sammel- und Verwertungssystem gemäß § 13a Abs. 3 und § 13g Abs. 2 eingehalten werden. Wird das nicht sichergestellt, hat der Fulfilment-Dienstleister diese Dienstleistung zu unterlassen.

Meldepflicht für den Versandhandel

§ 13. Hersteller, Importeure und Vertreiber, die Produkte im Rahmen des Versandhandels, einschließlich des elektronischen Versandhandels, an Letztverbraucher vertreiben, sind nach Maßgabe einer Verordnung nach § 14 Abs. 1 verpflichtet, der Bundesministerin für Klimaschutz, Umwelt, Energie, Mobilität, Innovation und Technologie jährlich Daten über die im vorangegangenen Kalenderjahr in anderen Mitgliedstaaten der Europäischen Union in Verkehr gesetzten Arten und Mengen dieser Produkte zu melden und Maßnahmen über die Einhaltung der Verpflichtungen gemäß der Verordnung für diese Produkte darzulegen. Diese Meldepflicht besteht nur, sofern sie im Rahmen der Umsetzung unionsrechtlicher Vorschriften notwendig ist.

Pflichten für Hersteller von bestimmten Produkten

§ 13a. (1) Hersteller von Elektro- und Elektronikgeräten oder von Gerätebatterien oder –akkumulatoren haben nach Maßgabe einer Verordnung nach § 14 Abs. 1 für die Übernahme von Altgeräten vom Handel zumindest eine Sammelstelle in jedem politischen Bezirk zu errichten und an diesen Sammelstellen Elektro- und Elektronik-Altgeräte oder Gerätealtbatterien oder -akkumulatoren zumindest unentgeltlich zu übernehmen.

(2) Hersteller von Fahrzeugbatterien oder -akkumulatoren haben nach Maßgabe einer Verordnung nach § 14 Abs. 1 auf Aufforderung einer Gemeinde (eines Gemeindeverbands) Fahrzeugaltbatterien oder -akkumulatoren von deren (dessen) Sammelstelle ab einer Mindestmasse von 600 kg binnen 20 Tagen oder bei Nichterreichen dieser Mindestmasse zumindest einmal im Kalenderjahr binnen sechs Wochen unentgeltlich abzuholen; im Fall der Aufforderung obliegt die Auswahl des Herstellers der Gemeinde (dem Gemeindeverband).

(3) Hersteller gemäß § 12a haben nach Maßgabe einer Verordnung nach § 14 Abs. 1

1. für Elektroaltgeräte, welche bis zum Ablauf des 12. August 2005 in Verkehr gesetzt wurden,
2. für Geräte- oder Fahrzeugbatterien oder -akkumulatoren,
3. für Einwegkunststoffprodukte und
4. für Fanggeräte, die Kunststoff enthalten,

an einem Sammel- und Verwertungssystem teilzunehmen.

(4) Hersteller von Elektro- und Elektronikgeräten gemäß § 12a Abs. 1, die Elektro- und Elektronikgeräte für private Haushalte in Verkehr setzen und beabsichtigen, ihre Rücknahmeverpflichtung individuell zu erfüllen, haben dies der Bundesministerin für Klimaschutz, Umwelt, Energie, Mobilität, Innovation und Technologie unter Angabe der Daten gemäß § 22 Abs. 2 Z 1 bis 3 und 10 und der Art der Geräte anzuzeigen und darzulegen, dass die Voraussetzungen für die individuelle Rücknahme für alle von ihnen in Verkehr gesetzten Geräte gegeben sind. Die Bundesministerin

für Klimaschutz, Umwelt, Energie, Mobilität, Innovation und Technologie hat diese Hersteller und Importeure im Register gemäß § 22 Abs. 1 zu registrieren und – sofern die Voraussetzungen erfüllt sind – als individuelle Rücknehmer zu kennzeichnen. Über die Ablehnung der Kennzeichnung oder im Fall des Wegfallens einer Voraussetzung und die damit verbundene Streichung der Kennzeichnung hat die Bundesministerin für Klimaschutz, Umwelt, Energie, Mobilität, Innovation und Technologie mit Bescheid abzusprechen. Nur jene Hersteller gemäß § 12a Abs. 1, die im Register gemäß § 22 Abs. 1 als individuelle Rücknehmer gekennzeichnet sind, können ihre Verpflichtungen individuell erfüllen. Änderungen der Daten gemäß dem ersten Satz sind unverzüglich vom Hersteller über das Register gemäß § 22 Abs. 1 zu melden. Die Einstellung der Tätigkeit ist innerhalb von einem Monat über das Register gemäß § 22 Abs. 1 zu melden.

(5) Hersteller gemäß § 12a Abs. 1 und 2, die

1. ihre Rücknahmeverpflichtung nicht individuell erfüllen oder
2. Elektro- und Elektronikgeräte in Verkehr setzen und beabsichtigen, ihre Rücknahmeverpflichtung individuell zu erfüllen oder
3. Industriebatterien oder -akkumulatoren in Verkehr setzen und beabsichtigen, ihre Rücknahmeverpflichtung individuell zu erfüllen,

haben nach Maßgabe einer Verordnung nach § 14 Abs. 1 ihre Daten gemäß § 22 Abs. 2 Z 1 bis 3 und 10 und die Daten ihrer Sammelstellen gemäß § 22 Abs. 2 Z 1, 2 und 10 und die Öffnungszeiten für ihre Sammelstellen gemäß Abs. 1 elektronisch über die Internetseite edm.gv.at zu registrieren. Änderungen der Daten gemäß dem ersten Satz sind unverzüglich vom Hersteller über das Register gemäß § 22 Abs. 1 zu melden. Die Einstellung der Tätigkeit ist innerhalb von einem Monat über das Register gemäß § 22 Abs. 1 zu melden. Sofern dem Verpflichteten keine technischen Möglichkeiten zur elektronischen Übermittlung zur Verfügung stehen, kann er gegen einen Kostenbeitrag von 40 Euro die Registrierung oder die Änderung der Daten beim Umweltbundesamt schriftlich einbringen.

(6) Hersteller gemäß § 12a Abs. 3 von Fahrzeugen und sonstige Meldepflichtige gemäß einer Verordnung nach § 14 Abs. 1 über Altfahrzeuge haben die Daten gemäß § 22 Abs. 2 Z 1 bis 3 und 10 elektronisch über die Internetseite edm.gv.at zu registrieren. Änderungen der Daten gemäß dem ersten Satz sind unverzüglich vom Hersteller über das Register gemäß § 22 Abs. 1 zu melden. Die Einstellung der Tätigkeit ist innerhalb von einem Monat über das Register gemäß § 22 Abs. 1 zu melden. Sofern dem Verpflichteten keine technischen Möglichkeiten zur elektronischen Übermittlung zur Verfügung stehen, kann er gegen einen Kostenbeitrag von 40 Euro die Registrierung oder die Änderung der Daten beim Umweltbundesamt schriftlich einbringen.

(7) Hersteller gemäß § 12a Abs. 4 haben für die von ihnen in Verkehr gesetzten Einwegkunststoffprodukte an einem gemäß den §§ 29 ff genehmigten Sammel- und Verwertungssystem für Haushaltsverpackungen teilzunehmen.

Koordinierungsaufgaben

§ 13b. (1) Die Bundesministerin für Klimaschutz, Umwelt, Energie, Mobilität, Innovation und Technologie hat zur Koordinierung der Sammlung, Bereitstellung, Abholung und Verwertung von Abfällen, welche einer Verordnung gemäß § 14 Abs. 1 unterliegen, nach Maßgabe dieser Verordnung folgende Aufgaben wahrzunehmen:

1. Abschluss von Vereinbarungen mit Sammel- und Verwertungssystemen über die Abholung von Abfällen, über die Sammelinfrastruktur, über die Information der Letztverbraucher und über die Festlegung einer Schlichtungsstelle sowie über die Finanzierung der Sammelinfrastruktur und der Information der Letztverbraucher;
2. Koordinierung der Maßnahmen gemäß den Vereinbarungen;
3. Koordinierung von Maßnahmen zur Steigerung der Effizienz von Sammel- und Verwertungssystemen, insbesondere durch Harmonisierung von Meldeformularen und der Sammelinfrastruktur unter Berücksichtigung der Vorgaben einer Verordnung gemäß § 14 Abs. 1;
4. Entgegennahme der Mengenmeldungen der Sammel- und Verwertungssysteme über die in Verkehr gesetzten Produkte und Ermittlung des diesbezüglichen Massenanteils der einzelnen Systeme an der gesamten Menge der von Systemteilnehmern in einem Zeitraum in Verkehr gesetzten Produkte; die Massenanteile der Sammel- und Verwertungssysteme sind zu veröffentlichen;
5. Evaluierung der Mengenmeldungen gemäß Z 4, erforderlichenfalls durch entsprechende Markterhebungen und Studien;
6. sofern kein Einvernehmen über eine Abholung erfolgt ist, Entgegennahme von Meldungen eines Abholbedarfs einer Sammelstelle (Abgabestelle) und Festlegung des verpflichteten Sammel- und Verwertungssystems;
7. Durchführung der Abholung auf Kosten des verpflichteten Sammel- und Verwertungssystems, sofern dieses seiner Abholverpflichtung nach Z 6 nicht nachgekommen ist;
8. Entgegennahme der Meldungen über die gesammelten Abfallmengen und die verwerteten Fraktionen;
9. Vorbereitung der jeweiligen Berichtspflichten an die EU-Kommission im Rahmen des festgelegten Wirkungsbereiches;

10. Zusammenführung und erforderlichenfalls eine Änderung der Kontrollkonzepte gemäß § 29 Abs. 2 Z 8a und deren koordinierte Umsetzung; die Quote von 80% der unter Vertrag genommenen Massen bezogen auf die jeweilige Gerätekategorie für Elektro- und Elektronikgeräte und Gerätebatterien ist auf die gesamte Teilnahmemasse aller Sammel- und Verwertungssysteme zu beziehen; für Gerätekategorien für Elektro- und Elektronikgeräte, die weniger als 5% der gesamten Teilnahmemasse betragen, kann vom Erreichen dieser 80%-Quote abgesehen werden, wenn über alle Gerätekategorien für Elektro- und Elektronikgeräte die 80%-Quote erfüllt ist; eine Änderung des Kontrollkonzepts bewirkt keine Änderungsgenehmigung gemäß § 29 Abs. 1;
11. Verteilung und Verwendung der Mittel, die die Sammel- und Verwertungssysteme für Elektro- und Elektronik-Altgeräte aufbringen, um die Abfallvermeidung und die Vorbereitung zur Wiederverwendung insbesondere durch ökosoziale Betriebe zu fördern.

(2) Die Bundesministerin für Klimaschutz, Umwelt, Energie, Mobilität, Innovation und Technologie wird ermächtigt, von Amts wegen mit Bescheid eine nicht auf Gewinn ausgerichtete Rechtsperson als Koordinierungsstelle mit den Aufgaben gemäß Abs. 1 zu betrauen. Die Betrauung darf nur an eine Rechtsperson erfolgen, welche für die genannten Aufgaben geeignet erscheint. Bei der Prüfung der Eignung ist darauf Bedacht zu nehmen, dass

1. die Rechtsperson die personellen, technischen und finanziellen Voraussetzungen für die Aufgaben erfüllt,
2. keine wichtigen Gründe vorliegen, die geeignet sind, die volle Unbefangenheit bei der Wahrnehmung der Aufgaben in Zweifel zu ziehen, und
3. eine Gleichbehandlung der Verpflichteten einer Verordnung gemäß § 14 Abs. 1 gesichert erscheint.

Die Betrauung darf jeweils nur für einen Zeitraum von zehn Jahren erfolgen und bedarf der schriftlichen Zustimmung der Rechtsperson.

(3) Die Bundesministerin für Klimaschutz, Umwelt, Energie, Mobilität, Innovation und Technologie kann die Betrauung und die damit erteilten Befugnisse mit sofortiger Wirkung widerrufen, wenn eine Voraussetzung gemäß Abs. 2 wegfällt, die Rechtsperson eine Auflage des Bescheids nach Ablauf einer gesetzten Nachfrist nicht erfüllt oder schriftlichen Weisungen gemäß § 13d nach Ablauf einer gesetzten Nachfrist nicht nachkommt oder die Rechtsperson einen diesbezüglichen Antrag stellt.

(4) Die Beschäftigten der Rechtsperson sind bei der Erfüllung der Aufgaben der Koordinierungsstelle zur Verschwiegenheit über alle ihnen ausschließlich aus ihrer Tätigkeit bekannt gewordenen Tatsachen auch nach dem Ende ihres Beschäftigungsverhältnisses verpflichtet.

(5) Die Tätigkeit der Koordinierungsstelle ist dem öffentlichen Bereich im Sinne des § 26 Abs. 1 des Datenschutzgesetzes 2000, BGBl. I Nr. 165/1999, zuzurechnen.

Finanzierung der Koordinierungsstelle

§ 13c. (1) Die Koordinierungsstelle ist berechtigt, zur Finanzierung ihrer Aufgaben ein die Kosten ihrer Tätigkeit deckendes Finanzierungsentgelt, bezogen auf die Massenanteile der in Verkehr gesetzten Produkte je Sammel- und Behandlungskategorie gemäß einer Verordnung nach § 14 Abs. 1, in vier Teilbeträgen jeweils zu Beginn jedes Quartals des Geschäftsjahres den Sammel- und Verwertungssystemen für die Abfälle von diesen Produkten in Rechnung zu stellen.

(2) Die Gesamthöhe des Finanzierungsentgeltes bemisst sich auf Grund einer Vorschaurechnung für das jeweilige Geschäftsjahr der Koordinierungsstelle. Überschüsse und Fehlbeträge aus Vorjahren sind in der Vorschaurechnung zu berücksichtigen.

Aufsichtsrecht

§ 13d. (1) Die Tätigkeit der Koordinierungsstelle unterliegt der Aufsicht der Bundesministerin für Klimaschutz, Umwelt, Energie, Mobilität, Innovation und Technologie.

(2) Die Bundesministerin für Klimaschutz, Umwelt, Energie, Mobilität, Innovation und Technologie kann in Ausübung seines Aufsichtsrechts der Koordinierungsstelle Weisungen erteilen.

(3) Die Koordinierungsstelle hat der Bundesministerin für Klimaschutz, Umwelt, Energie, Mobilität, Innovation und Technologie die erforderlichen Auskünfte zu erteilen und die entsprechenden Unterlagen zu übermitteln.

Richtlinien für die Koordinierungsstelle

§ 13e. (1) Die Koordinierungsstelle hat in Abstimmung mit der Bundesministerin für Klimaschutz, Umwelt, Energie, Mobilität, Innovation und Technologie ein Konzept für ihre Tätigkeit zu erstellen und jährlich zu überarbeiten. Sie hat bei ihren Maßnahmen insbesondere auf die abfallwirtschaftlichen und volkswirtschaftlichen Rahmenbedingungen Bedacht zu nehmen.

(2) Die Koordinierungsstelle hat ihre Aufgaben unter Berücksichtigung der Grundsätze der Sparsamkeit, Wirtschaftlichkeit und Zweckmäßigkeit zu erfüllen. Weiters hat sie der Bundesministerin für Klimaschutz, Umwelt, Energie, Mobilität, Innovation und Technologie unverzüglich Vorschläge über allenfalls notwendige Änderungen

der Rahmenbedingungen für die Tätigkeit der Koordinierungsstelle zu erstatten.

Tätigkeitsbericht

§ 13f. Die Koordinierungsstelle hat jährlich einen Tätigkeitsbericht zu erstellen und diesen der Bundesministerin für Klimaschutz, Umwelt, Energie, Mobilität, Innovation und Technologie unter Anschluss des Geschäftsberichts (jedenfalls des um die Anlage erweiterten Jahresabschlusses) zu übermitteln. Im Tätigkeitsbericht sind insbesondere die wahrgenommenen Aufgaben, die Personalentwicklung und die aufgewendeten Finanzmittel darzustellen.

Pflichten für Primärverpflichtete von Verpackungen

§ 13g. (1) Als Primärverpflichtete für Verpackungen gelten folgende Personen, die unabhängig von der Vertriebsmethode, einschließlich des Fernabsatzes im Sinne des § 5a KSchG, Verpackungen in Österreich erwerbsmäßig in Verkehr setzen:

1. Hersteller und Importeure von Serviceverpackungen im Sinne einer Verordnung gemäß § 14 Abs. 1 mit Sitz oder Niederlassung im örtlichen Geltungsbereich dieses Bundesgesetzes,
2. Abpacker mit Sitz oder Niederlassung im örtlichen Geltungsbereich dieses Bundesgesetzes hinsichtlich der von ihnen erstmals eingesetzten Verpackungen, die keine Serviceverpackungen sind,
3. Importeure mit Sitz oder Niederlassung im örtlichen Geltungsbereich dieses Bundesgesetzes hinsichtlich der Verpackungen der von ihnen importierten Waren oder Güter,
4. Eigenimporteure mit Sitz oder Niederlassung im örtlichen Geltungsbereich dieses Bundesgesetzes hinsichtlich der Verpackungen von Waren oder Gütern, die für den Betrieb des eigenen Unternehmens aus dem Ausland erworben werden und die im Unternehmen als Abfall anfallen, und
5. Versandhändler, die keinen Sitz und keine Niederlassung im örtlichen Geltungsbereich dieses Bundesgesetzes haben und die Verpackungen oder Waren oder Güter in Verpackungen in Österreich an einen privaten Letztverbraucher im Rahmen des Fernabsatzes im Sinne des § 5a KSchG übergeben.

(2) Primärverpflichtete gemäß § 13g Abs. 1 Z 1 bis 3 und 5 haben für die von ihnen in Verkehr gesetzten Verpackungen an einem gemäß der §§ 29ff genehmigten Sammel- und Verwertungssystem für Haushaltsverpackungen oder für gewerbliche Verpackungen teilzunehmen.

(3) Die Teilnahmeverpflichtung gemäß Abs. 2 entfällt

1. in dem Umfang, in dem
   a) eine vorgelagerte Vertriebsstufe, die ihren Sitz im örtlichen Geltungsbereich dieses Bundesgesetzes hat, oder
   b) im Fall von gewerblichen Verpackungen eine nachgelagerte Vertriebsstufe, oder
   c) der Auftraggeber eines Lohnabpackers, oder
   d) eine Person, die ihren Sitz in einem anderen Mitgliedstaat der Europäischen Union hat und Verpackungen, einschließlich Serviceverpackungen, oder verpackte Waren in Österreich an andere als private Letztverbraucher vertreibt und einen Bevollmächtigten gemäß § 12b Abs. 2 bestellt hat

   nachweislich an einem Sammel- und Verwertungssystem teilnimmt; der Primärverpflichtete hat die Nachweise auf Verlangen der Behörde vorzulegen; und

1a. in dem Umfang, in dem ein Primärverpflichteter Verpackungen nachweislich an Großanfallstellen gemäß einer Verordnung nach § 14 liefert, und

2. für nachweislich bepfandete Verpackungen, die zur Wiederverwendung bestimmt sind (Mehrwegverpackungen); gleiches gilt für Verpackungen, die zur Wiederverwendung bestimmt sind und bei einer Lieferung im direkten Austausch zwischen Lieferanten und Kunden den Besitzer wechseln, ohne dass bei diesem Vorgang ein Pfandbetrag verrechnet wird, und
3. für Verpackungen, die mit gefährlichen Abfällen oder mit Anhaftungen in einer Weise verunreinigt sind, dass sie die Wiederverwendung oder Verwertung verhindern oder unverhältnismäßig erschweren,
4. in dem Umfang, in dem verpackte Waren direkt an Großanfallstellen gemäß einer Verordnung nach § 14 geliefert werden, und
5. gemäß § 14c bepfandete Verpackungen.

(4) Sofern ein Primärverpflichteter für Verpackungen nicht oder nicht ausreichend an einem Sammel- und Verwertungssystem teilgenommen und dies zu einer rechtskräftigen Bestrafung geführt hat, hat der Primärverpflichtete nachträglich an einem Sammel- und Verwertungssystem teilzunehmen und dies der Bundesministerin für Klimaschutz, Umwelt, Energie, Mobilität, Innovation und Technologie nachzuweisen.

(5) Meldepflichtige gemäß einer Verordnung nach § 14 Abs. 1 über Verpackungen haben die Daten gemäß § 22 Abs. 2 Z 1 bis 3 und 10 elektronisch über die Internetseite edm.gv.at zu registrieren. Änderungen der Daten gemäß dem ersten Satz sind unverzüglich vom Meldepflichtigen über das Register gemäß § 22 Abs. 1 zu melden. Die Einstellung der Tätigkeit ist innerhalb von einem Monat über das Register gemäß § 22 Abs. 1 zu melden. Sofern dem Meldepflichtigen keine technischen Möglichkeiten zur elektronischen Übermittlung zur Verfügung stehen, kann er gegen einen Kostenbeitrag von 40 Euro die Registrierung

oder die Änderung der Daten beim Umweltbundesamt schriftlich einbringen.

Haushaltsverpackungen und gewerbliche Verpackungen

§ 13h. (1) Als Haushaltsverpackungen gelten Verpackungen,

1. die folgende Größe aufweisen:

a) eine Fläche bis einschließlich 1,5 m^2 oder
b) im Falle von Hohlkörpern ein Nennfüllvolumen bis einschließlich 5 Litern oder
c) im Falle von Verpackungen aus expandiertem Polystyrol (EPS – zB Styropor) eine Masse bis einschließlich 0,15 kg pro Verkaufseinheit

und

2. üblicherweise

a) in privaten Haushalten oder
b) in hinsichtlich der anfallenden Verpackungen mit Haushalten vergleichbaren Anfallstellen; dazu zählen insbesondere Gaststätten, Hotels, Kantinen, Trafiken, Verwaltungsgebäude, Kasernen, Krankenhäuser, Arztpraxen, Bildungseinrichtungen, Kanzleien von Rechtsanwälten, Notare, Beratungsunternehmen und Wirtschaftstreuhänder, karitative Einrichtungen, Kinos, Theatergebäude, Opernhäuser und Museen, oder Ferienanlagen, Parkanlagen, Sportstätten, Freibäder, Solarien, Fitnesscenter und Raststätten, öffentliche Plätze und sonstige Kleinstunternehmen

anfallen.

Weiters gelten Serviceverpackungen im Sinne einer Verordnung nach § 14 Abs. 1, Tragetaschen und Knotenbeutel und Verpackungen aus Glas und Getränkeverbundkartons – jeweils – unabhängig von ihrer Größe – jedenfalls als Haushaltsverpackungen. Verpackungen aus Papier, Karton, Pappe und Wellpappe, die der Definition einer Verkaufsverpackung im Sinne einer Verordnung nach § 14 Abs. 1 entsprechen, gelten unabhängig von ihrer Größe als Haushaltsverpackungen, sofern die Z 2 zutrifft.

(2) Die Bundesministerin für Klimaschutz, Umwelt, Energie, Mobilität, Innovation und Technologie wird ermächtigt, in einer Verordnung jenen Anteil an Verpackungen festzulegen, der grundsätzlich der Definition des Abs. 1 entspricht, aber in anderen Anfallstellen, als in den Abs. 1 Z 2 genannten Stellen anfällt. Weiters wird die Bundesministerin für Klimaschutz, Umwelt, Energie, Mobilität, Innovation und Technologie ermächtigt, jenen Anteil an Verpackungen festzulegen, der grundsätzlich nicht der Definition gemäß Abs. 1 Z 1 entspricht, aber in Haushalten oder in vergleichbaren Anfallstellen gemäß Abs. 1 Z 2 anfällt. Eine derartige Verordnung kann festgelegt werden, wenn folgende Unterlagen vorliegen:

1. eine Auflistung der betroffenen Verpackungen,
2. eine repräsentative Marktanalyse zur Darstellung der Distributionswege der Verpackungen und
3. eine Darstellung der anfallenden Massen an Verpackungsabfällen inklusive der jeweiligen Anfallstellen, gegebenenfalls gegliedert nach Branchen oder Produktgruppen.

Der zeitliche Geltungsbereich einer derartigen Verordnung ist mit längstens fünf Jahren zu befristen.

(3) Als gewerbliche Verpackungen gelten:

1. Verpackungen, die keine Haushaltsverpackungen gemäß Abs. 1 sind,
2. Verpackungen aus Papier, Karton, Pappe und Wellpappe, die der Definition einer Transportverpackung im Sinne einer Verordnung nach § 14 Abs. 1 entsprechen,
3. Paletten sowie Umreifungs- und Klebebänder und
4. der Anteil an Verpackungen, der grundsätzlich der Definition des Abs. 1 entspricht, aber im Rahmen einer Verordnung gemäß Abs. 2 als in anderen Anfallstellen, als in den Abs. 1 Z 2 genannten Stellen anfallend festgelegt wurde.

Pflichten für Hersteller und Importeure von Einweggeschirr und -besteck

§ 13i. Hersteller, Importeure und Eigenimporteure im Sinne des § 13g Abs. 1 von Einweggeschirr und -besteck haben nach Maßgabe einer Verordnung gemäß § 14 Abs. 1 hinsichtlich des von ihnen in Verkehr gebrachten Einweggeschirrs und -bestecks an einem nach den §§ 29ff genehmigten Sammel- und Verwertungssystem für Haushaltsverpackungen teilzunehmen.

Verbot des Inverkehrsetzens von Kunststofftragetaschen

§ 13j. Das Inverkehrsetzen von Kunststofftragetaschen ab dem 1. Jänner 2020 ist verboten.

Ausnahmen vom Inverkehrsetzungsverbot von Kunststofftragetaschen

§ 13k. Ausgenommen vom Verbot des Inverkehrsetzens gemäß § 13j sind

1. sehr leichte Kunststofftragetaschen, die nachweislich aus überwiegend nachwachsenden Rohstoffen hergestellt werden und entsprechend dem Stand der Technik für eine Eigenkompostierung geeignet sind, sowie
2. wiederverwendbare Taschen, die folgende Kriterien erfüllen:

a) bestehend aus Kunststoffgewebe oder Materialien von vergleichbarer Stabilität, die einen Kunststoffanteil aufweisen,
b) mit vernähten Verbindungen oder Verbindungen mit vergleichbarer Stabilität und
c) mit vernähten Tragegriffen oder Tragegriffen mit vergleichbarer Stabilität.

Übergangsbestimmungen für Kunststofftragetaschen

§ 13l. Letztvertreiber können Kunststofftragetaschen bis zum Ablauf des 31. Dezember 2020 an Letztverbraucher abgeben.

Meldungen von Kunststofftragetaschen

§ 13m. (1) Hersteller und Importeure von Kunststofftragetaschen (§ 13g Abs. 1 Z 1) haben zumindest einmal jährlich, spätestens bis zum 15. März, die Anzahl der von ihnen im vorangegangenen Kalenderjahr in Österreich in Verkehr gesetzten Kunststofftragetaschen gegliedert nach

1. sehr leichten Kunststofftragetaschen gemäß § 2 Abs. 10 Z 3 und
2. leichten Kunststofftragetaschen gemäß § 2 Abs. 10 Z 4 mit einer Wandstärke ab 0,015 mm

dem entpflichtenden Sammel- und Verwertungssystem für Haushaltsverpackungen zu melden.

(2) Sammel- und Verwertungssysteme für Haushaltsverpackungen haben die gemäß Abs. 1 gemeldeten Daten gegliedert nach sehr leichten Kunststofftragetaschen und leichten Kunststofftragetaschen mit einer Wandstärke ab 0,015 mm jeweils zusammenzufassen und der Bundesministerin für Klimaschutz, Umwelt, Energie, Mobilität, Innovation und Technologie im Tätigkeitsbericht gemäß § 9 Abs. 6 Z 4 Verpackungsverordnung 2014 mitzuteilen.

Verbot von Einwegkunststoffprodukten

§ 13n. (1) Das Inverkehrsetzen von folgenden Einwegkunststoffprodukten (im Sinne der Richtlinie (EU) 2019/904 (SUP)) ist verboten:

1. Wattestäbchen, ausgenommen Abstrichstäbchen für medizinische Verwendungszwecke, die in den Geltungsbereich der Richtlinie 90/385/EWG zur Angleichung der Rechtsvorschriften der Mitgliedstaaten über aktive implantierbare medizinische Geräte, ABl. Nr. L 189 vom 20.07.1990 S. 17, oder der Richtlinie 93/42/EWG über Medizinprodukte, ABl. Nr. L 169 vom 12.07.1993 S. 1, fallen,
2. Besteck (Gabeln, Messer, Löffel, Essstäbchen),
3. Teller,
4. Trinkhalme, ausgenommen Trinkhalme für medizinische Verwendungszwecke, die unter den Geltungsbereich der Richtlinie 90/385/EWG oder der Richtlinie 93/42/EWG fallen,
5. Rührstäbchen,
6. Luftballonstäbe, die zur Stabilisierung an den Ballons (ausgenommen Ballons für industrielle oder sonstige gewerbliche Verwendungszwecke und Anwendungen, die nicht an Verbraucher abgegeben werden) befestigt werden, einschließlich der Halterungsmechanismen,
7. Lebensmittelverpackungen aus expandiertem Polystyrol, dh. Behältnisse wie Boxen (mit oder ohne Deckel) für Lebensmittel, die
   a) dazu bestimmt sind, unmittelbar vor Ort verzehrt oder als Take-away-Gericht mitgenommen zu werden,
   b) in der Regel aus der Verpackung heraus verzehrt werden und
   c) ohne weitere Zubereitung wie Kochen, Sieden oder Erhitzen verzehrt werden können,

   einschließlich Verpackungen für Fast Food oder andere Speisen zum unmittelbaren Verzehr, ausgenommen Getränkebehälter, Teller sowie Säckchen und Folienverpackungen (Wrappers) mit Lebensmittelinhalt,
8. Getränkebehälter aus expandiertem Polystyrol, einschließlich ihrer Verschlüsse und Deckel,
9. Getränkebecher aus expandiertem Polystyrol, einschließlich ihrer Verschlüsse und Deckel.

(2) Als Inverkehrsetzen im Sinne des Abs. 1 gilt die erstmalige, entgeltliche oder unentgeltliche Abgabe eines Produkts zum Vertrieb, zum Verbrauch oder zur Verwendung auf dem österreichischen Markt im Rahmen einer Geschäftstätigkeit.

Verbot von oxo-abbaubaren Kunststoffprodukten

§ 13o. Das Inverkehrsetzen von Produkten aus oxo-abbaubaren Kunststoffen ist verboten. Als Inverkehrsetzen im Sinne dieser Bestimmung gilt die erstmalige, entgeltliche oder unentgeltliche Abgabe eines Produkts zum Vertrieb, zum Verbrauch oder zur Verwendung auf dem österreichischen Markt im Rahmen einer Geschäftstätigkeit.

Kennzeichnungspflichten für bestimmte Einwegkunststoffprodukte

§ 13p. Getränkebecher, Tabakprodukte, Feuchttücher und Damenhygieneprodukte (im Sinne der Richtlinie (EU) 2019/904 (SUP)) dürfen nur mit einer Kennzeichnung auf ihrer Verpackung oder auf dem Produkt selbst gemäß der Durchführungsverordnung (EU) 2020/2151 zur Festlegung harmonisierter Kennzeichnungsvorschriften für in Teil D des Anhangs der Richtlinie (EU) 2019/904 über die Verringerung der Auswirkungen bestimmter Kunststoffprodukte auf die Umwelt aufgeführte Einwegkunststoffartikel, ABl. Nr. L 428 vom 18.12.2020 S. 57, in der Fassung der Berichtigung ABl. Nr. L 77 vom 05.03.2021 S. 40, in Verkehr gesetzt werden. Als Inverkehrsetzen im Sinne dieser Bestimmung gilt die erstmalige, entgeltliche oder unentgeltliche Abgabe eines Produkts zum Vertrieb, zum Verbrauch oder zur Verwendung auf dem österreichischen Markt im Rahmen einer Geschäftstätigkeit. Die Bestimmungen des Tabak- und Nichtraucherinnen- bzw.

Nichtraucherschutzgesetzes, BGBl. Nr. 431/1995, bleiben unberührt.

Auszeichnung von Einweg- und Mehrweggetränkeverpackungen

§ 13q. Letztvertreiber gemäß § 14b Abs. 2 und 4 von Getränkeverpackungen sind verpflichtet, Einweg- und Mehrweggetränkeverpackungen in der Verkaufsstelle deutlich sicht- und lesbar auszuzeichnen. Dazu sind die Worte „EINWEG" und „MEHRWEG" in unmittelbarer Nähe zu den jeweiligen Getränkeverpackungen so anzubringen, dass die entsprechenden Getränkeverpackungen eindeutig zugeordnet werden können. Von dieser Verpflichtung ausgenommen sind jene Letztvertreiber, die nur Standorte betreiben, die weniger als 400 m² Verkaufsfläche aufweisen. Letztvertreiber gemäß § 14 Abs. 1, die Getränkeverpackungen im Rahmen des Versandhandels, einschließlich des elektronischen Versandhandels, vertreiben, haben ihren Kunden diese Information rechtzeitig vor deren Entscheidung über den Erwerb des Getränks, zB in ihrem Katalog, auf ihrer Internetseite sowie in den jeweiligen Bestellformularen bekannt zu geben.

Maßnahmen für die Abfallvermeidung und -verwertung

§ 14. (1) Soweit dies zur Erreichung der Ziele und Grundsätze der Abfallwirtschaft, insbesondere der Hierarchie gemäß § 1 Abs. 2 und 2a und der Ziele der Abfallvermeidungsmaßnahmen gemäß § 9 zur Verringerung der Abfallmengen und Schadstoffgehalte und zur Förderung der Kreislaufwirtschaft erforderlich ist, wird die Bundesministerin für Klimaschutz, Umwelt, Energie, Mobilität, Innovation und Technologie ermächtigt, Maßnahmen gemäß Abs. 2 zur Wahrung der öffentlichen Interessen (§ 1 Abs. 3) und unter Bedachtnahme auf die Vorgaben des Bundes-Abfallwirtschaftsplans im Einvernehmen mit der Bundesministerin für Digitalisierung und Wirtschaftsstandort mit Verordnung festzulegen. Dabei ist auf die Erfüllung der Anforderungen an die Warenverteilung und auf die technischen und wirtschaftlichen Möglichkeiten Bedacht zu nehmen.

(2) Folgende Pflichten für Hersteller, Importeure, Vertreiber, Sammel- und Verwertungssysteme, Abfallsammler, -behandler und Letztverbraucher können festgelegt werden:

1. die Kennzeichnung von Produkten, die auf die Notwendigkeit einer Demontage einzelner Teile oder einer Trennung von Bestandteilen oder einer Rückgabe oder die auf die Beschaffenheit, insbesondere die Schadstoffgehalte, und die bei der Sammlung oder Behandlung zu beachtenden Vorsichtsmaßnahmen, auf eine Wiederverwendung oder eine bestimmte Behandlung hinweist; weiters die Kennzeichnung von Produkten über eine ordnungsgemäße Entsorgung und über negative Auswirkungen des achtlosen Wegwerfens oder eines falschen Entsorgungsweges;
2. die Information über die verwertungsgerechte Konstruktion oder Beschaffenheit von Produkten, über die Demontage oder Trennung einzelner Bestandteile, über die umweltgerechte Behandlung, über die Entwicklung und Optimierung von Möglichkeiten zur Wiederverwendung und zur Verwertung, einschließlich der dazu erforderlichen Prüfung der Teile zur Wiederverwendung und zur Verwertung, und über die bei der Verwertung erzielten Fortschritte zur Verringerung der zu beseitigenden Abfälle und zur Erhöhung der Verwertungsquoten;

2a. öffentlich zugängliche Informationen darüber, ob und inwieweit das Produkt wiederverwendbar und recycelbar ist;

3. die Rückgabe, die Rücknahme, die Wiederverwendung, die Vorbereitung zur Wiederverwendung, das Recycling oder die sonstige Verwertung von Produkten oder Abfällen oder die Beteiligung an einem Sammel- und Verwertungssystem;

3a. die Erhöhung des Angebots und der Nachfrage von Mehrwegverpackungen; zB durch Festlegung von Quoten oder einer entsprechenden Kennzeichnung;

3b. die Übernahme der Kosten der Sammlung der in öffentlichen Sammelsystemen entsorgten Abfälle bestimmter Produkte, einschließlich der Infrastruktur und ihres Betriebs, sowie der Kosten von Reinigungsaktionen von Abfällen bestimmter Produkte und der jeweiligen Kosten der anschließenden Beförderung und Behandlung sowie der Kosten der Errichtung spezifischer Infrastrukturen für die Sammlung bestimmter Einwegkunststoffprodukte;

4. die Einhaltung von Abfallvermeidungs-, Erfassungs-, Sammel-, Recycling- oder Verwertungsquoten innerhalb eines bestimmten Zeitraums;
5. die Einhebung eines Pfandbetrages;

5a. die Gestaltung von Produkten oder Bestandteilen von Produkten, sodass sie mehrfach verwendbar sind, recycelte Materialien enthalten, technisch langlebig sowie leicht reparierbar sind, Einträge in die Umwelt verringert werden und, nachdem sie zu Abfall geworden sind, zur Vorbereitung zur Wiederverwendung und zum Recycling geeignet sind, um die Umweltfolgen bei deren Herstellung und des anschließenden Gebrauchs und das Abfallaufkommen zu verringern;

6. die Abgabe von Produkten nur in einer die Abfallsammlung und -behandlung wesentlich entlastenden Form und Beschaffenheit;
7. die Unterlassung des In-Verkehr-Setzens von Produkten mit bestimmten Inhaltsstoffen, um ihrer Freisetzung in die Umwelt vorzubeugen, die Vorbereitung zur Wiederverwendung und

das Recycling zu erleichtern, die Beseitigung nicht zu erschweren oder die Beseitigung gefährlicher Abfälle zu vermeiden;

8. die Untersagung der Verwendung einzelner Schmiermittelarten auf herkömmlicher Mineralölbasis, soweit für den jeweiligen Verwendungszweck technisch gleichwertige, biologisch abbaubare Schmiermittel in ausreichenden Mengen zur Verfügung stehen;

die Untersagung oder Zulassung von Zusätzen zu biologisch abbaubaren Schmiermitteln, Mindest- und Höchstgehalte an pflanzlichem und mineralischem Ölanteil und deren Abbauraten;

9. die Aufzeichnungs-, Nachweis- und Meldepflichten, soweit diese für die Überprüfung der Verpflichtungen gemäß Z 3 und 4 erforderlich sind;
10. die Abführung eines Behandlungsbeitrags; der Behandlungsbeitrag hat dem Wert der Produkte und den Behandlungskosten angemessen zu sein, er darf jedoch die Höhe beider Beträge nicht übersteigen;
11. ein Verbot der unentgeltlichen Abgabe von Kunststofftragetaschen an Letztverbraucher, Mindestentgelte für die Abgabe von Kunststofftragetaschen und Aufzeichnungs- und Meldepflichten über die Menge der in Verkehr gesetzten Kunststofftragetaschen.

Bei der Festlegung von Maßnahmen gemäß § 14 Abs. 2 Z 7 ist hinsichtlich der Vermeidung unzulässiger Auswirkungen auf Gewässer das Einvernehmen mit der Bundesministerin für Landwirtschaft, Regionen und Tourismus herzustellen.

(2a) Die Bundesministerin für Klimaschutz, Umwelt, Energie, Mobilität, Innovation und Technologie wird ermächtigt, die Betrauung der Rechtsperson als Koordinierungsstelle gemäß § 13b und den Widerruf der Betrauung mit Verordnung kundzumachen.

(2b) Die Bundesministerin für Klimaschutz, Umwelt, Energie, Mobilität, Innovation und Technologie wird ermächtigt, durch Verordnung nähere Bestimmungen über den Inhalt der Sicherstellung gemäß § 13a Abs. 5, deren Festsetzung, Art, Bemessung, Leistung, Zugriff, Verfall, Verwendung und Freiwerden, deren Nachweis- und Meldepflichten und nähere Bestimmungen über die Berechnung der Finanzierung der Sammlung und Behandlung von Abfällen, die einer Verordnung gemäß Abs. 1 unterliegen, festzulegen.

(3) Die Bundesministerin für Klimaschutz, Umwelt, Energie, Mobilität, Innovation und Technologie wird ermächtigt, in einer Verordnung gemäß Abs. 1 für Verpflichtete, bei denen bestimmte Abfälle ab einer in der Verordnung festzulegenden Mengenschwelle anfallen, gleichwertige alternative Pflichten zur Rückgabe, Rücknahme, Wiederverwendung oder sonstigen Verwertung von Produkten oder Abfällen oder zur Beteiligung an einem Sammel- und Verwertungssystem oder zu den erforderlichen Aufzeichnungs-, Nachweis- und Meldepflichten festzulegen.

(4) Sofern ein Verpflichteter einer Verordnung gemäß Abs. 1 die alternativen Pflichten gemäß Abs. 3 erfüllen will, ist er in ein von der Bundesministerin für Klimaschutz, Umwelt, Energie, Mobilität, Innovation und Technologie zu führendes öffentlich zugängliches Register unter Angabe seines Namens und seiner Adresse (Betriebsstätte) einzutragen. Auf Verlangen des Verpflichteten hat die Bundesministerin für Klimaschutz, Umwelt, Energie, Mobilität, Innovation und Technologie über die Ablehnung der Eintragung in dieses Register oder im Falle des Wegfallens einer Voraussetzung über die Streichung aus dem Register mit Bescheid abzusprechen.

(5) In anderen Gesetzen geregelte Pflichten zur Kennzeichnung, Information, Rückgabe, Rücknahme, Einhebung eines Pfandbetrages oder Unterlassung des In-Verkehr-Setzens von Produkten bleiben davon unberührt.

(6) Für Verpackungen wird die Bundesministerin für Klimaschutz, Umwelt, Energie, Mobilität, Innovation und Technologie ermächtigt, im Einvernehmen mit der Bundesministerin für Digitalisierung und Wirtschaftsstandort mit Verordnung festzulegen:

1. ein zu erreichendes Abfallvermeidungsziel;
2. eine angemessene Frist zur Zielerreichung oder Fristen im Rahmen eines Stufenplans;
3. das Verfahren zur Feststellung der Zielerreichung;
4. regelmäßige Informationspflichten der Bundesministerin für Klimaschutz, Umwelt, Energie, Mobilität, Innovation und Technologie über das Ausmaß oder die Abschätzung der Zielerreichung;
5. die Art der Maßnahmen gemäß Abs. 2, die festgelegt werden, wenn das Ziel im Rahmen eines Stufenplans nicht erreicht wird.

(7) Die Bundesministerin für Klimaschutz, Umwelt, Energie, Mobilität, Innovation und Technologie wird ermächtigt, im Einvernehmen mit der Bundesministerin für Digitalisierung und Wirtschaftsstandort in einer Verordnung nach Abs. 1 abweichend zu den §§ 17 Abs. 5 und 21 Abs. 3 Eintragungspflichten hinsichtlich Identifikation der Abfallersterzeuger und Standorte in das elektronische Datenregister sowie über Jahressummenwerte pro Abfallart hinausgehende Meldepflichten festzulegen.

(8) Die Festlegung von Maßnahmen gemäß Abs. 2 Z 10 bedarf des Einvernehmens mit dem Hauptausschuss des Nationalrates.

Maßnahmen zur Reduktion von Einwegkunststoff-Verpackungen

§ 14a. (1) Die Bundesministerin für Klimaschutz, Umwelt, Energie, Mobilität, Innovation und Technologie wird ermächtigt, im Einvernehmen mit der Bundesministerin für Digitalisierung und Wirtschaftsstandort zur Verminderung der in Verkehr gesetzten Einwegkunststoff-Verpackungen bis zum Jahr 2025 um 20% gegenüber dem Jahr 2018 (§ 9 Z 18) und zur Förderung des Ausbaus von Mehrwegsystemen für Verpackungen, insbesondere für Getränkeverpackungen (§9 Z 19), folgende Pflichten für Gebietskörperschaften, Hersteller, Importeure, Vertreiber, Sammel- und Verwertungssysteme, Abfallsammler, -behandler und Letztverbraucher durch Verordnung festzulegen:

1. Vorlage von durchgeführten und geplanten Reduktions- oder Förderungsmaßnahmen samt Zeitplan, beispielsweise in einem Abfallwirtschaftskonzept,
2. Maßnahmen, die gewährleisten, dass dem Letztverbraucher wiederverwendbare Alternativen zu Einwegkunststoff-Verpackungen angeboten werden,
3. Mindestentgelte für die Abgabe bestimmter Einwegkunststoff-Verpackungen und Maximalentgelte für die Abgabe von Mehrwegverpackungen,
4. Verbot der unentgeltlichen Abgabe bestimmter Einwegkunststoff-Verpackungen an Letztverbraucher oder die Verpflichtung zur Rücknahme von Mehrwegverpackungen,
5. Produktanforderungen oder Kennzeichnungspflichten für Einweg- und Mehrwegverpackungen,
6. die Verpflichtung zur Rückgabe, zur Rücknahme oder zur Wiederverwendung,
7. die Einhaltung von Abfallvermeidungsquoten für die Reduktion von Einwegkunststoff-Verpackungen für bestimmte Bereiche oder Produktkategorien innerhalb eines bestimmten Zeitraums oder die Einhaltung von Mindestquoten für den Einsatz von Mehrwegverpackungen für bestimmte Bereiche oder Produktkategorien innerhalb eines bestimmten Zeitraums,
8. Anforderungen für die Abgabe von Produkten nur in einer die Abfallvermeidung begünstigenden Form und Beschaffenheit,
9. Sensibilisierungsmaßnahmen und Informationspflichten in Bezug auf Abfallvermeidung und Vermeidung von Vermüllung,
10. Fristen, Zwischenziele und Stufenpläne zur Zielerreichung,
11. Aufzeichnungs- und Meldepflichten zum Nachweis der Effektivität der Maßnahmen, insbesondere über die Menge der in Verkehr gesetzten Einwegkunststoff-Verpackungen und Mehrweg-Verpackungen.

(2) Die Bundesministerin für Klimaschutz, Umwelt, Energie, Mobilität, Innovation und Technologie wird ermächtigt, im Einvernehmen mit der Bundesministerin für Digitalisierung und Wirtschaftsstandort für die Zwecke des Abs. 1 durch Verordnung Verfahren zur Feststellung des Beitrags der gewählten Maßnahme zur Zielerreichung und Informationspflichten über das Ausmaß oder die Abschätzung der Zielerreichung festzulegen.

Rahmenbedingungen und konkrete Ziele für den Ausbau von Mehrwegsystemen für Getränkeverpackungen

§ 14b. (1) Ziel ist es die Mehrwegquote der insgesamt in Österreich in Verkehr gesetzten Getränke in Regelgebinden bis 2025 auf zumindest 25% und bis 2030 auf zumindest 30% zu erhöhen. Dabei sind folgende Getränkekategorien heranzuziehen:

1. Bier (einschließlich alkoholfreies Bier und Biermischgetränke),
2. Wässer (Mineralwasser, Tafelwasser, Sodawasser und sonstiges abgefülltes Wasser; ohne Aromatisierung),
3. Saft (Fruchtsaft, Gemüsesaft und Nektar),
4. alkoholfreie Erfrischungsgetränke (Limonaden, aromatisiertes Wasser, Frucht- und Gemüsesaftgetränke, isotonische Getränke, Energydrinks, Getränke auf Teebasis wie Eistee, Kombucha, Milch auf pflanzlicher Basis wie Sojamilch oder Haferdrink, Molkegetränke und Malzgetränke) und
5. Milch (Kuh-, Schaf-, Ziegenmilch, sämtliche Fettgehalte; ausgenommen haltbare Konsummilch dh. ultrahoch erhitzte Milch).

(2) Jeder Letztvertreiber, der Getränke im Lebensmitteleinzelhandel abgibt, ist verpflichtet ab dem 1. Jänner 2024 in mindestens 35% seiner Verkaufsstellen über 400 m^2, ab dem 1. Jänner 2025 in mindestens 90% seiner Verkaufsstellen über 400 m^2 und längstens mit Ablauf des Kalenderjahres 2025 in allen Verkaufsstellen über 400 m^2 Getränke in Mehrwegverpackungen in den in Abs. 1 genannten Getränkekategorien und unter Einhaltung der Quoten gemäß Abs. 3 anzubieten. Dies gilt auch für den Vertrieb über Fernabsatz.

(3) Folgende Mehrwegquoten gemäß Abs. 2 bezogen auf die Anzahl der insgesamt angebotenen Artikel in den einzelnen Getränkekategorien sind einzuhalten: Für Bier und Wässer jeweils mindestens 15%; für Saft, alkoholfreie Erfrischungsgetränke und Milch jeweils mindestens 10%. Bei der Berechnung der Mehrwegquote für Wässer, Saft und alkoholfreie Erfrischungsgetränke werden vom Geltungsbereich des § 14c umfasste Getränke in Kunststoff-Einwegverpackungen und Einwegdosen bis einschließlich 0,5 l nicht einbezogen.

(4) Die Verpflichtung gemäß Abs. 2 gilt auch als erfüllt, wenn ein Letztvertreiber, der Getränke im Lebensmitteleinzelhandel abgibt, insgesamt über alle Getränkekategorien gemäß Abs. 1 ab dem Kalenderjahr 2024 25% des Volumens in Mehrwegverpackungen abgibt. Dies gilt auch für den Vertrieb über Fernabsatz. Der Letztvertreiber hat ab

dem 1. Jänner 2024 in mindestens 35% seiner Verkaufsstellen über 400 m^2, ab dem 1. Jänner 2025 in mindestens 90% seiner Verkaufsstellen über 400 m^2 und längstens mit Ablauf des Kalenderjahres 2025 in allen Verkaufsstellen über 400 m^2 Getränke in Mehrwegverpackungen in allen Getränkekategorien gemäß Abs. 1 anzubieten.

(5) Mehrweg-Getränkeverpackungen sind Getränkeverpackungen, die so konzipiert und ausgelegt sind und in Verkehr gebracht werden, dass ihre Beschaffenheit während ihrer Lebensdauer mehrere Kreislaufdurchgänge ermöglicht, indem sie an einen Hersteller, insbesondere an einen Abpacker gemäß § 13g Abs. 1 Z 2, zurückgegeben und ihrer ursprünglichen Zweckbestimmung entsprechend wiederbefüllt oder wiederverwendet werden.

(6) Der Letztvertreiber gemäß Abs. 2 und 4 hat Nachweise über die Erfüllung der Verpflichtung gemäß Abs. 2 oder 4 bis zum 15. März des Folgejahres in einem vom Bundesministerium für Klimaschutz, Umwelt, Energie, Mobilität, Innovation und Technologie vorgegebenen Format elektronisch – soweit eingerichtet im Wege des Registers gemäß § 22 Abs. 1 – an die Bundesministerin für Klimaschutz, Umwelt, Energie, Mobilität, Innovation und Technologie zu übermitteln. Für die Erfüllung der Verpflichtung gemäß Abs. 2 sind auch die angebotenen Getränkeartikel und das Volumen der vom Letztvertreiber insgesamt jährlich in Verkehr gesetzten Einweg- und Mehrweg-Getränke, gegliedert nach Getränkekategorien gemäß Abs. 1 zu übermitteln. Die Bundesministerin für Klimaschutz, Umwelt, Energie, Mobilität, Innovation und Technologie hat darüber einen jährlichen Bericht, einschließlich der gemeldeten aggregierten Daten, erstmals für das Berichtsjahr 2024 zu veröffentlichen.

Pfand für Einweggetränkeverpackungen

§ 14c. (1) Zur Erreichung der Sammel- und Recyclingziele sind Primärverpflichtete gemäß § 13g verpflichtet ab 1. Jänner 2025 für Einweggetränkeverpackungen aus Kunststoff oder Metall mit einem Füllvolumen ab 0,1 l und maximal 3 l ein Pfand einzuheben. In dem Umfang, in dem ein Auftraggeber eines Lohnabpackers die Einhebung eines Pfandes übernimmt, entfällt die Pflicht zur Einhebung durch den Primärverpflichteten.

(2) Die Bundesministerin für Klimaschutz, Umwelt, Energie, Mobilität, Innovation und Technologie wird ermächtigt im Einvernehmen mit der Bundeministerin für Digitalisierung und Wirtschaftsstandort nähere Bestimmungen insbesondere über die Produktgruppe, die Art des Materials, die Organisation, die Material- und Finanzflüsse, die koordinierende Stelle (zentrale Stelle) und deren Aufgaben, die Pfandhöhe, die Kennzeichnung, die Registrierung der Beteiligten und der Produkte, die zu übermittelnden Daten und Intervalle, die Verwendung der nicht ausbezahlten Pfandbeträge (Pfandschlupf) und die Rücknahmepflicht der Letztvertreiber festzulegen.

(2a) Erstinverkehrsetzer und Rücknahmeverpflichtete gemäß einer Verordnung nach Abs. 2 haben eine nicht auf Gewinn gerichtete koordinierende zentrale Stelle in Form einer Gesellschaft mit beschränkter Haftung (GmbH) einzurichten. Diese GmbH hat einen Aufsichtsrat und ein In-Sich-Geschäfte-Gremium als Sonderaufsichtsrat an Stelle des Aufsichtsrats einzurichten. Dieses In-Sich-Geschäfte-Gremium hat ein Zustimmungsrecht über Verträge, die zwischen der zentralen Stelle und Erstinverkehrsetzern oder Rücknahmeverpflichteten geschlossen werden sollen. Personen, die eine operative Leistung für die zentrale Stelle erbringen wollen, und sonstige Personen, die ein wirtschaftliches Interesse hinsichtlich dieser Leistungen haben, dürfen nicht Mitglied dieses In-Sich-Geschäfte-Gremiums sein. Um Geschäfts- und Betriebsgeheimnisse zu schützen, dürfen auch keine Mitglieder bestellt werden, die in einem Wettbewerbsverhältnis zu diesen Personen stehen.

(3) Die gemäß Abs. 2 eingerichtete zentrale Stelle hat für die Vermeidung von Abfällen 0,5% der Produzentenbeiträge und 0,5% der jährlichen nicht ausgezahlten Pfandbeiträge (Pfandschlupf) für Abfallvermeidungsprojekte zur Verfügung zu stellen.

(4) Die zentrale Stelle hat nach Maßgabe einer Verordnung gemäß § 29b Abs. 5 für die gemeinsam mit gemischten Siedlungsabfällen erfassten Einweggetränkeverpackungen gemäß einer Verordnung nach § 14c Verträge über die Abgeltung der angemessenen Kosten der Erfassung und Behandlung mit jenen Gemeinden oder Gemeindeverbänden, die die Sammlung von gemischten Siedlungsabfällen betreiben, abzuschließen. Weiters hat die zentrale Stelle in diesen Verträgen sicherzustellen, dass sie die erforderlichen Daten der erfassten Einweggetränkeverpackungen gemäß einer Verordnung nach § 14c über das Recycling und die thermische Verwertung erhält.

Aufsicht über die zentrale Stelle

§ 14d. (1) Die zentrale Stelle im Sinne des § 14c Abs. 2 unterliegt der Aufsicht der Bundesministerin für Klimaschutz, Umwelt, Energie, Mobilität, Innovation und Technologie. Die Aufsicht bezieht sich auf die Erfüllung der Verpflichtungen der zentralen Stelle entsprechend den Bestimmungen dieses Bundesgesetzes und der auf Grund dieses Bundesgesetzes erlassenen Verordnungen und Bescheide.

(2) Folgende Maßnahmen stehen zur Verfügung:

1. die Abgabe von Empfehlungen für Maßnahmen zur Behebung von Mängeln und zur Verbesserung der Erfüllung der Verpflichtungen;

2. die Erteilung von Aufträgen, mit denen Maßnahmen im Sinne der Z 1 verbindlich vorgeschrieben werden, die innerhalb angemessener Frist zu setzen und der Bundesministerin für Klimaschutz, Umwelt, Energie, Mobilität, Innovation und Technologie nachzuweisen sind.

(3) Die zentrale Stelle hat der Bundesministerin für Klimaschutz, Umwelt, Energie, Mobilität, Innovation und Technologie alle für die Aufsicht erforderlichen Unterlagen auf Verlangen zu übermitteln.

Verpflichtungen der zentralen Stelle

§ 14e. (1) Die zentrale Stelle im Sinne des § 14c Abs. 2 ist verpflichtet, im Rahmen ihres Wirkungsbereiches mit jedem Verpflichteten nach einer Verordnung gemäß § 14c Verträge abzuschließen, sofern dies der Verpflichtete wünscht und dies sachlich gerechtfertigt ist.

(2) Sofern die zentrale Stelle auch ein anderes Geschäftsfeld oder mehrere Geschäftsfelder betreibt, darf sie diese Bereiche nicht quersubventionieren und hat durch eine geeignete organisatorische oder rechnerische Trennung der Geschäftsfelder die Transparenz der Zahlungs- und Leistungsströme zwischen diesen Geschäftsfeldern sicherzustellen. Das Verbot der Quersubventionierung gilt auch für die unterschiedlichen Packstoffe gemäß der Verpackungsverordnung 2014, BGBl. II Nr. 184/2014, in der Fassung der Verordnung BGBl. II Nr. 597/2022.

(3) Die zentrale Stelle hat der Bundesministerin für Klimaschutz, Umwelt, Energie, Mobilität, Innovation und Technologie jährlich bis spätestens 1. April für das vorangegangene Kalenderjahr einen Bericht über die Erfüllung der Verpflichtungen nach diesem Bundesgesetz, nach einer Verordnung gemäß § 14c und gegebenenfalls nach einem Bescheid gemäß § 14d Abs. 2 Z 2 vorzulegen.

(4) Weiters hat die zentrale Stelle jährlich bis spätestens 1. Juli jedes Jahres einen Geschäftsbericht, einschließlich des um den Anhang erweiterten Jahresabschlusses über das vorangegangene Kalenderjahr, inklusive Lagebericht und eine Übersicht der Nachkalkulation der im vorangegangenen Kalenderjahr gültigen Produzentenbeiträge an die Bundesministerin für Klimaschutz, Umwelt, Energie, Mobilität, Innovation und Technologie zu übermitteln. Im Geschäftsbericht sind die Einnahmen getrennt nach Geschäftsbereichen und Packstoffen gesondert auszuweisen.

(5) Die zentrale Stelle hat sich unter Angabe der Daten gemäß § 22 Abs. 2 Z 1 bis 3 und 10 elektronisch über die Internetseite edm.gv.at im Register gemäß § 22 Abs. 1 zu registrieren und jährlich die Meldungen gemäß einer Verordnung nach § 14c elektronisch an die Bundesministerin für Klimaschutz, Umwelt, Energie, Mobilität, Innovation und Technologie über das Register einzubringen. Änderungen der Registrierungsdaten sind unverzüglich über das Register gemäß § 22 Abs. 1 zu melden.

3. Abschnitt

Allgemeine Pflichten von Abfallbesitzern

Allgemeine Behandlungspflichten für Abfallbesitzer

§ 15. (1) Bei der Sammlung, Beförderung, Lagerung und Behandlung von Abfällen und beim sonstigen Umgang mit Abfällen sind

1. die Ziele und Grundsätze gemäß § 1 Abs. 1 und 2 zu beachten und
2. Beeinträchtigungen der öffentlichen Interessen (§ 1 Abs. 3) zu vermeiden.

(2) Das Vermischen oder Vermengen eines Abfalls mit anderen Abfällen oder Sachen ist unzulässig, wenn

1. abfallrechtlich erforderliche Untersuchungen oder Behandlungen erschwert oder behindert werden,
2. nur durch den Mischvorgang
   a) abfallspezifische Grenzwerte oder Qualitätsanforderungen oder
   b) anlagenspezifische Grenzwerte in Bezug auf die eingesetzten Abfälle

eingehalten werden oder

3. dieser Abfall im Widerspruch zu § 1 Abs. 3 behandelt oder verwendet wird.

Die gemeinsame Behandlung von verschiedenen Abfällen oder von Abfällen und Sachen in einer Anlage gilt jedenfalls dann nicht als Vermischen oder Vermengen im Sinne dieser Bestimmung, wenn diese Behandlung für jeden einzelnen Abfall zulässig ist. Das gemeinsame Sammeln von verschiedenen Abfallarten oder von Abfällen derselben Art mit unterschiedlich hohen Schadstoffgehalten ist dann zulässig, wenn keine chemische Reaktion zwischen den Abfällen auftritt und die gemeinsame Verwendung oder Behandlung entsprechend den genannten Kriterien zulässig ist.

(3) Abfälle dürfen außerhalb von

1. hiefür genehmigten Anlagen oder
2. für die Sammlung oder Behandlung vorgesehenen geeigneten Orten

nicht gesammelt, gelagert oder behandelt werden. Eine Ablagerung von Abfällen darf nur in hiefür genehmigten Deponien erfolgen.

(4) Abfälle sind gemäß § 16 oder nach Maßgabe einer Verordnung gemäß § 14 Abs. 1 oder § 23 zu verwerten.

(4a) Eine Verwertung ist nur zulässig, wenn der betreffende Abfall unbedenklich für den beabsichtigten sinnvollen Zweck einsetzbar ist und keine Schutzgüter (im Sinne von § 1 Abs. 3) durch diesen Einsatz beeinträchtigt werden können, sowie durch diese Maßnahme nicht gegen Vorschriften dieses Bundesgesetzes oder der auf Grund dieses Bundesgesetzes erlassenen Verordnungen einschließlich des Bundes-Abfallwirtschaftsplans verstoßen wird.

(4b) Das Verbrennen von Abfällen, die nach Maßgabe einer Verordnung gemäß § 23 Abs. 1 oder gemäß § 28b für die Vorbereitung zur Wiederverwendung oder für das Recycling getrennt gesammelt wurden, ist unzulässig.

(5) Ist der Abfallbesitzer zu einer entsprechenden Behandlung nicht berechtigt oder imstande, hat er die Abfälle einem zur Sammlung oder Behandlung Berechtigten zu übergeben. Die Übergabe hat so rechtzeitig zu erfolgen, dass Beeinträchtigungen der öffentlichen Interessen (§ 1 Abs. 3) vermieden werden; Abfälle sind regelmäßig, mindestens einmal in drei Jahren, einem zur Sammlung oder Behandlung Berechtigten zu übergeben.

(5a) Der Abfallbesitzer ist dafür verantwortlich, dass

a) die Abfälle an einen in Bezug auf die Sammlung oder Behandlung der Abfallart berechtigten Abfallsammler oder -behandler übergeben werden und
b) die umweltgerechte Verwertung oder Beseitigung dieser Abfälle explizit beauftragt wird.

(5b) Wer Abfälle nicht gemäß Abs. 5a übergibt, kann bis zur vollständigen umweltgerechten Verwertung oder Beseitigung dieser Abfälle als Verpflichteter gemäß § 73 Abs. 1 mit Behandlungsauftrag in Anspruch genommen werden.

(5c) Wer im Vertrauen auf die Richtigkeit der Eintragungen im Register gemäß § 22 einen Abfall an eine andere Person übergibt, die als ein zur Übernahme dieser Abfallart berechtigter Abfallsammler oder -behandler im Register gemäß § 21 Abs. 1 veröffentlicht ist, hat seine Verpflichtung zur Übergabe des Abfalls an einen Berechtigten gemäß Abs. 5 erster Satz und Abs. 5a lit. a erfüllt.

(6) Der Abfallbesitzer ist verpflichtet, nach Maßgabe einer Verordnung gemäß § 23 Abs. 3 Z 1 Abfälle vor der Übergabe an einen Deponieinhaber von einer befugten Fachperson oder Fachanstalt beurteilen zu lassen und dem Deponieinhaber eine Abschrift des Untersuchungsergebnisses zu übermitteln. Für die Probenahmeprotokolle und Untersuchungsergebnisse gilt § 17 Abs. 5 erster bis dritter Satz.

(7) Wer gewerbsmäßig nicht gefährliche Abfälle befördert, hat bei der Beförderung ein Dokument mitzuführen, aus welchem der Übergeber und der Übernehmer der Abfälle, die Masse der beförderten Abfälle und eine kurze Beschreibung der beförderten Abfälle ersichtlich sind.

(8) Während der Beförderung von Stoffen, Produkten oder Sachen, die gemäß einer Verordnung gemäß Art. 6 Abs. 2 der Richtlinie 2008/98/EG über Abfälle nicht mehr als Abfälle anzusehen sind, ist eine Abschrift der Konformitätserklärung gemäß dieser Verordnung mitzuführen.

(9) Transporte von Abfällen mit einem Gesamtgewicht von mehr als zehn Tonnen mit einer Transportstrecke auf der Straße von über

1. 300 km in Österreich haben ab 1. Jänner 2023,
2. 200 km in Österreich haben ab 1. Jänner 2024,
3. 100 km in Österreich haben ab 1. Jänner 2026,

haben per Bahn oder durch andere Verkehrsmittel mit gleichwertigem oder geringerem Schadstoff- oder Treibhausgaspotential (zB Antrieb mittels Brennstoffzelle oder Elektromotor) zu erfolgen. Dies gilt nicht, wenn nachgewiesen wird, dass von der Bahn keine entsprechenden Kapazitäten bereitgestellt werden können, oder wenn beim Bahntransport die auf der Straße zurückzulegende Transportstrecke für die An- und Abfahrt zu und von einer der am nächstgelegenen Verladestellen im Vergleich zum ausschließlichen Transport auf der Straße 25% oder mehr betragen würde. Die entsprechenden Nachweise sind beim Transport mitzuführen und der Behörde auf Verlangen vorzulegen. Bis zum 1. Dezember 2022 ist vom Bundesministerium für Klimaschutz, Umwelt, Energie, Mobilität, Innovation und Technologie in Abstimmung mit der Wirtschaftskammer Österreich eine digitale Plattform einzurichten, die eine Abfrage von Angeboten für Abfalltransporte im Schienengüterverkehr und, sofern keine entsprechenden Kapazitäten bereit gestellt werden können, die Erstellung einer Bestätigung darüber binnen zwei Werktagen ermöglicht. Als Nachweis darüber, dass keine entsprechenden Kapazitäten bereitgestellt werden können, gilt ausschließlich die Bestätigung durch die digitale Plattform. Die Bundesministerin für Klimaschutz, Umwelt, Energie, Mobilität, Innovation und Technologie hat die Wirksamkeit dieser Regelung bis zum 31. Dezember 2024 zu evaluieren. Im Rahmen der Evaluierung ist unter Beiziehung der Bundeswettbewerbsbehörde ein Wettbewerbsmonitoring, insbesondere über die Entwicklung der Wettbewerbsintensität, durchzuführen.

(10) Personenbezogene Daten von Abfragen sind in der digitalen Plattform gemäß Abs. 9 und § 69 Abs. 10 längstens sieben Jahre aufzubewahren.

Besondere Behandlungspflichten für Abfallbesitzer

§ 16. (1) Unbeschadet von § 15 Abs. 3 ist das Ablagern von gefährlichen Abfällen nur in einer Untertagedeponie für gefährliche Abfälle zulässig; dies gilt nicht für

1. Abfälle, die vor dem 16. Juli 2001 zulässigerweise in einer Deponie abgelagert wurden, und
2. gemäß einer Verordnung nach § 65 Abs. 1 festgelegte, stabile, nicht reaktive und nicht auslaugbare gefährliche Abfälle.

(2) Für PCB-haltige Abfälle [Abfälle, welche polychlorierte Biphenyle (PCB), polychlorierte Terphenyle (PCT), Monomethyltetrachloridiphenylmethan, Monomethyldichloridiphenylmethan oder Monomethyldibromodiphenylmethan mit einem Summengehalt über 30 ppm enthalten] gilt:

1. PCB-haltige Abfälle sind in dafür genehmigten Anlagen thermisch zu beseitigen; andere Verfahren der Beseitigung sind zulässig, soweit im Vergleich zur Verbrennung gleichwertige Vorschriften zum Schutz der Umwelt und der Stand der Technik eingehalten werden.
2. PCB-haltige Abfälle sind unverzüglich einem berechtigten Abfallsammler oder -behandler zu übergeben.
3. Das Heraustrennen aus anderen Stoffen zum Zwecke der Wiederverwendung ist nicht zulässig.
4. Soweit dies mit vertretbarem Aufwand durchführbar ist, sind PCB-haltige Geräte, die Bestandteile anderer Geräte sind, zu entfernen und getrennt zu sammeln, sobald die betreffenden Geräte außer Betrieb gestellt, zur Wiederverwendung vorbereitet, recycelt, sonstig verwertet oder beseitigt werden.
5. Bei den Aufzeichnungen gemäß § 17 und den Meldungen gemäß § 18 Abs. 3 oder 4 ist der Gehalt der im ersten Satz genannten Stoffe anzugeben.

(3) Für Altöle gilt:

1. Altöle sind einer Aufbereitung oder einem anderen Recyclingverfahren, das für den Umweltschutz zu einem gleichwertigen oder besseren Ergebnis führt als die Aufbereitung, (R9 gemäß Anhang 2) zuzuführen, wenn es technisch möglich ist, aus dem Altöl ein Basisöl zu erzeugen, und dies für den Abfallbesitzer unter Berücksichtigung der jeweils anfallenden Mengen, der Transportwege und der entstehenden Kosten wirtschaftlich zumutbar ist. Werden Altöle einem Recycling zugeführt, so dürfen die dadurch entstandenen Mineralölprodukte nicht mehr als 5 ppm PCB/PCT und nicht mehr als 0,03 vH Halogene – bezogen auf die Masse – enthalten.
2. Altöle mit einem Gehalt bis zu 50 ppm PCB/PCT, die nach Maßgabe der Z 1 nicht recycelt werden, sind thermisch zu verwerten.
3. Altöle mit einem Gehalt von mehr als 50 ppm PCB/PCT sind umweltgerecht zu beseitigen.
4. Die Beimischung von Stoffen, die im Vorprodukt des Altöls naturgemäß nicht enthalten sind, ist nicht zulässig. Bei einem Recycling dürfen jedoch die aus technologischen Gründen erforderlichen Zuschlagstoffe zugesetzt werden.
5. Die Beimischung von Halogenen, PCB oder PCT und anderen gefährlichen Abfällen ist nicht zulässig.
6. Wer Altöle sammelt, hat zur Dokumentation der Qualität der Altöle gemäß Z 1 bis 5 eine Probe zu ziehen und zu analysieren und, sofern er nicht zur Behandlung von Altölen berechtigt ist, diese dem Abfallbehandler zur Verfügung zu stellen. Die Proben sind ein Jahr, die Analysenergebnisse sieben Jahre aufzubewahren und auf Verlangen den Behörden vorzulegen.

(4) POP–Abfälle sind in einer dafür genehmigten Anlage thermisch oder chemisch/physikalisch so zu behandeln, dass der Gehalt an persistenten organischen Schadstoffen zerstört oder unumkehrbar umgewandelt wird, damit die verbleibenden Abfälle und Freisetzungen nicht die Eigenschaften persistenter organischer Schadstoffe aufweisen. Für bestimmte in Anhang V der EU–POP–V genannte Abfälle, die Metalle und Metallverbindungen enthalten, ist das Verwertungsverfahren Recycling/Rückgewinnung von Metallen und Metallverbindungen (R4) zulässig, sofern sich die Vorgänge auf die Rückgewinnung von Eisen und Eisenlegierungen (Hochofen, Schachtofen und Herdofen) und Nichteisenmetallen (Wälzrohrverfahren, Badschmelzverfahren in vertikalen oder horizontalen Öfen) unter Einhaltung der für Verbrennungs- und Mitverbrennungsanlagen festgesetzten Grenzwerte für PCDD- und PCDF-Emissionen nach einer Verordnung gemäß § 65 beschränken. Die Ablagerung gemäß Anhang V Teil 2 der EU–POP–V unter Tage in sicheren, tief gelegenen Felsformationen, in Salzbergwerken oder auf Deponien für gefährliche Abfälle ist für die in Anhang V Teil 2 der EU–POP–V genannten POP-Abfälle bis zu den in diesem Anhang genannten Grenzwerten zulässig, sofern ein Nachweis gemäß Art. 7 Abs. 4 Buchstabe b Z i der EU–POP–V erbracht wird, dass diese abweichende Behandlung die unter Umweltgesichtspunkten vorzuziehende Möglichkeit darstellt.

(5) Problemstoffe sind getrennt zu sammeln und einem berechtigten Abfallsammler oder -behandler zu übergeben.

(6) Altspeisefette und -öle sind getrennt zu sammeln und einem berechtigten Abfallsammler oder -behandler zu übergeben. Altspeisefette und -öle sind einer Verwertung zuzuführen, sofern dies ökologisch zweckmäßig und technisch möglich ist und dies nicht mit unverhältnismäßigen Kosten verbunden ist.

(7) Für Bau- und Abbruchabfälle gilt:

1. Verwertbare Materialien sind einer stofflichen Verwertung zuzuführen, sofern dies ökologisch zweckmäßig und technisch möglich ist und dies nicht mit unverhältnismäßigen Kosten verbunden ist.
2. Nicht verwertbare Abfälle sind ordnungsgemäß zu beseitigen.

Aufzeichnungspflichten für Abfallbesitzer

§ 17. (1) Abfallbesitzer (Abfallersterzeuger, -sammler und -behandler) haben, getrennt für jedes Kalenderjahr, fortlaufende Aufzeichnungen über Art, Menge, Herkunft und Verbleib von Abfällen zu führen. Bilanzpflichtige Abfallsammler und -behandler haben auch den Branchencode des Übergebers der Abfälle aufzuzeichnen; dies gilt nicht für vereinfachte Aufzeichnungen gemäß einer Verordnung nach § 23 Abs. 3. Abfallsammler und -behandler haben diese Aufzeichnungen nach Maßgabe einer Verordnung gemäß § 23 Abs. 3 elektronisch zu führen. Für Transporteure gilt die Aufzeichnungspflicht mit Sammlung und Aufbewahrung der Begleitscheine gemäß § 18 Abs. 1 oder mit der Übermittlung der Begleitscheindaten durch den Übernehmer an das Register gemäß § 22 Abs. 1 als erfüllt.

(2) Nicht der Aufzeichnungspflicht unterliegen

1. private Haushalte,
2. nicht buchführungspflichtige land- und forstwirtschaftliche Betriebe [§ 125 der Bundesabgabenordnung (BAO), BGBl. Nr. 194/1961] hinsichtlich der bei ihnen anfallenden
   a) gefährlichen Abfälle, sofern diese einem rücknahmeberechtigten Abfallsammler oder -behandler im Sinne des § 24a Abs. 2 Z 5 übergeben werden, und
   b) nicht gefährlichen Abfälle und Problemstoffe,
3. Personen, die erwerbsmäßig Produkte abgeben und gemäß § 24a Abs. 2 Z 5 lit. a von der Erlaubnispflicht befreit sind, in Bezug auf die Rücknahme von Abfällen gleicher oder gleichwertiger Produkte, welche dieselbe Funktion erfüllen, und
4. Transporteure hinsichtlich nicht gefährlicher Abfälle, soweit sie diese Abfälle im Auftrag des Abfallbesitzers nur befördern.

(3) Inhaber einer Deponie haben, getrennt für jedes Kalenderjahr, fortlaufende Aufzeichnungen über die Art, Menge und Herkunft der Abfälle (einschließlich der Abfallerzeuger oder bei Abfällen aus Haushalten und bei Abfällen vergleichbarer Art oder Zusammensetzung der Abfallsammler), das Anlieferungsdatum, die charakteristischen Eigenschaften der Abfälle, die Untersuchungen der Abfälle, die Abfallannahme, die genaue Lage (Einbaustelle) der Abfälle auf der Deponie und die gemäß den Mess- und Überwachungsmaßnahmen vorliegenden Ergebnisse zu führen. Inhaber einer Deponie haben bei der Annahme der Abfälle sicherzustellen, dass ihnen die für die Aufzeichnungen erforderlichen Daten von den Übergebern der Abfälle bekannt gegeben werden. Die Aufzeichnungen sind nach Maßgabe einer Verordnung gemäß § 23 Abs. 3 elektronisch zu führen.

(4) Bei elektronischer Aufzeichnung ist nach Maßgabe einer Verordnung gemäß § 23 Abs. 3 zur Identifikation von Abfallbesitzern und Standorten, sofern diese bereits im Register gemäß § 22 Abs. 1 enthalten sind, für Anlagentypen, Behandlungsverfahren und Abfallarten die entsprechende Identifikationsnummer der Register und der Zuordnungstabellen gemäß § 22 Abs. 1 zu verwenden. Es sind nach Maßgabe einer Verordnung gemäß § 23 Abs. 3 im elektronischen Aufzeichnungssystem Schnittstellen einzurichten, sodass unverzüglich ein definierter Auszug aus den aktuellen Daten und aus den aufzubewahrenden Daten erstellt werden kann. Hiermit ist kein Zugriff auf das elektronische Aufzeichnungssystem des Abfallbesitzers durch die Behörden und die beauftragten Dienstleister gemäß § 22 Abs. 1 verbunden.

(5) Die Aufzeichnungen sind, vom Tag der letzten Eintragung an gerechnet, mindestens sieben Jahre aufzubewahren. Den Behörden ist Einsicht in diese Aufzeichnungen zu gewähren. Die Aufzeichnungen sind den Behörden auf Verlangen vorzulegen. Den Behörden ist zum Zweck der Kontrolle über die Einhaltung der Bestimmungen dieses Bundesgesetzes und der nach diesem Bundesgesetz erlassenen Verordnungen Auskunft über Art, Menge, Herkunft und Verbleib einzelner Abfallarten oder der gesamten Abfälle zu erteilen; dem Verlangen nach Summenbildungen über Art, Herkunft oder Verbleib ist zu entsprechen. Für die innerbetrieblichen Aufzeichnungspflichten gemäß Abs. 4 besteht hinsichtlich der Identifikation von Abfallersterzeugern und Standorten keine Verpflichtung, diese an das elektronische Register gemäß § 22 zu übermitteln. Die genannten Verpflichtungen gelten im Zusammenhang mit einer Anlage für den jeweiligen Inhaber.

(6) Die Bundeministerin für Klimaschutz, Umwelt, Energie, Mobilität, Innovation und Technologie wird ermächtigt, Vorgaben für POP–Abfälle für elektronische Aufzeichnungen und Meldungen im Register zu erlassen.

Übergabe von gefährlichen Abfällen und von POP–Abfällen

§ 18. (1) Wer gefährliche Abfälle, ausgenommen Problemstoffe, einer anderen Rechtsperson (Übernehmer) übergibt oder sie in der Absicht, sie einer anderen Rechtsperson zu übergeben, zu diesem befördert oder befördern lässt, hat Art, Menge, Herkunft und Verbleib der gefährlichen Abfälle und seine Identifikationsnummer in einem Begleitschein zu deklarieren. Besondere Gefahren, die mit der Behandlung verbunden sein können, sind bekannt zu geben. Besonderheiten der Abfälle, insbesondere ob es sich um POP–Abfälle handelt, sind bekannt zu geben.

(2) Im Fall einer notifizierungspflichtigen Verbringung von Abfällen (7. Abschnitt) sind Art, Menge, Herkunft und Verbleib der gefährlichen Abfälle im Notifizierungsformular gemäß Anhang IA und im Begleitformular gemäß Anhang IB der EG-VerbringungsV zu deklarieren. Abs. 3 und 4 sind nicht anzuwenden.

(2a) Im Fall einer grenzüberschreitenden, nicht notifizierungspflichtigen Verbringung von Abfällen gelten die Informationen, die gemäß Art. 18 Abs. 1 der EG-VerbringungsV mitzuführen sind, als Begleitschein im Sinne des Abs. 1. Die Identifikationsnummern (§ 22 Abs. 1 zweiter Satz) des Übernehmers und des Übergebers sind im Falle der elektronischen Aufzeichnungspflicht des Übernehmers bei der Meldung gemäß Abs. 3 anzugeben. Diese Meldungen sind wie Begleitscheine mit der entsprechenden Begleitscheinnummer zu nummerieren.

(3) Wer gefährliche Abfälle, ausgenommen Problemstoffe, als Abfallsammler oder -behandler übernimmt, hat innerhalb einer von einer Verordnung gemäß § 23 Abs. 3 festgelegten Frist dem Landeshauptmann im Wege des Registers gemäß § 22 AWG 2002 Art, Menge, Herkunft und Verbleib dieser Abfälle und den Transporteur zu melden. Dies gilt nicht für Transporteure gemäß § 24a Abs. 2 Z 2 und für Sammel- und Verwertungssysteme.

(4) Wer im eigenen Betrieb anfallende gefährliche Abfälle selbst behandelt, hat innerhalb einer von einer Verordnung gemäß § 23 Abs. 3 festgelegten Frist dem Landeshauptmann Art, Menge, Herkunft und Verbleib dieser Abfälle zu melden.

(5) Für Begleitscheine, Notifizierungs- und Begleitformulare (Abs. 2), Informationen (Abs. 2a) und Meldungen gemäß Abs. 4 gilt § 17 Abs. 5 erster bis dritter Satz sinngemäß.

(6) Abs. 1 und 3 gilt nicht für die Übergabe von gefährlichen Abfällen von privaten Haushalten als Abfallersterzeuger.

(7) Die Deklaration im Begleitschein gemäß Abs. 1, das Mitführen von Begleitscheinen gemäß § 19 Abs. 1 und die Meldung gemäß Abs. 3 haben nach Maßgabe einer Verordnung gemäß § 23 Abs. 3 im Wege des elektronischen Registers zu erfolgen.

(8) Abs. 1 und 3 bis 7 gelten sinngemäß für nicht gefährliche Abfälle, die POP–Abfälle sind.

Beförderung von gefährlichen Abfällen und von POP–Abfällen

§ 19. (1) Während der Beförderung der gefährlichen Abfälle, ausgenommen Problemstoffe, sind

1. Begleitscheine (§ 18 Abs. 1) oder
2. im Falle einer notifizierungspflichtigen Verbringung von Abfällen (§§ 66 ff) Abschriften des Notifizierungs- und des Begleitformulars (§ 18 Abs. 2) für die grenzüberschreitende Verbringung von Abfällen und Abschriften der erforderlichen Bewilligung (§ 69) oder

2a. im Falle einer grenzüberschreitenden, nicht notifizierungspflichtigen Verbringung von Abfällen die Informationen, die gemäß Art. 18 Abs. 1 der EG-VerbringungsV mitzuführen sind, oder

3. im Falle einer Beförderung von gefährlichen Abfällen von einem Standort eines Abfallbesitzers zu einem anderen Standort desselben Abfallbesitzers (interner Transport) Unterlagen, die Angaben zum Abfall (Beschreibung), Name und Anschrift des Abfallbesitzers und den Bestimmungsort beinhalten,

mitzuführen oder nach Maßgabe einer Verordnung die Begleitscheindaten vor Beginn der Beförderung an das Register zu übermitteln und den Behörden, den Organen des öffentlichen Sicherheitsdienstes (§ 82) oder den Zollorganen (§ 83) auf Verlangen jederzeit vorzuweisen.

(2) Können die gefährlichen Abfälle nicht bestimmungsgemäß zugestellt werden, hat der Transporteur diese Abfälle dem Übergeber zurückzustellen. Ist dies nicht möglich oder für den Transporteur nicht zumutbar, hat er eine entsprechende Behandlung der gefährlichen Abfälle auf seine Kosten durchzuführen oder durchführen zu lassen. Ersatzansprüche an den Übergeber bleiben unberührt.

(3) Abs. 1 Z 1 und 3 und Abs. 2 gelten sinngemäß für nicht gefährliche Abfälle, die POP–Abfälle sind.

Meldepflichten der Abfallersterzeuger gefährlicher Abfälle

§ 20. (1) Ein Abfallersterzeuger, bei dem Altöle in einer Jahresmenge von mindestens 200 Liter oder sonstige gefährliche Abfälle wiederkehrend, mindestens einmal jährlich, anfallen, und welcher seine Tätigkeit nach dem 12. Juli 2007 aufnimmt, hat sich innerhalb von einem Monat nach Aufnahme der Tätigkeit elektronisch über die Internetseite edm.gv.at im Register gemäß § 22 Abs. 1 Z 1 unter Angabe folgender Daten zu registrieren:

1. Name, Anschrift (zB Sitz) und eine für die Zustellung maßgebliche inländische Geschäftsanschrift, einschließlich der Telefaxnummer,
2. gegebenenfalls die Firmenbuchnummer, Vereinsregisternummer oder Ergänzungsregisternummer,
3. Branchencode (vierstellig),
4. Adressen der Standorte (zB Betriebsstätten), von denen gefährliche Abfälle an Dritte übergeben werden,
5. Kontaktadresse, einschließlich einer vorhandenen E-Mail-Adresse, und Kontaktperson.

(1a) Abweichend zu Abs. 1 kann die Registrierung auch über andere zu Zwecken der Verwaltung sowie des E–Governments des Bundes eingerichtete Register gestartet werden.

(2) Abs. 1 gilt nicht für

1. private Haushalte,
2. nicht buchführungspflichtige land- und forstwirtschaftliche Betriebe (§ 125 BAO) hinsichtlich der bei ihnen anfallenden

a) gefährlichen Abfälle, sofern diese einem rücknahmeberechtigten Abfallsammler oder -behandler im Sinne des § 24a Abs. 2 Z 5 übergeben werden, und
b) Problemstoffe.

(3) Änderungen der Daten gemäß Abs. 1 oder die Einstellung der Tätigkeit ist innerhalb von einem Monat über das Register gemäß § 22 Abs. 1 zu melden.

(4) Zuständige Behörde ist der Landeshauptmann, in dessen Bundesland der Abfallersterzeuger seinen Sitz oder seine Hauptniederlassung hat; sofern bei einem Unternehmen kein Sitz und keine Hauptniederlassung im Inland gegeben ist, bestimmt sich die Zuständigkeit nach dem Ort der Zweigniederlassung des Unternehmens; bei mehreren Zweigniederlassungen im Inland bestimmt sich die Zuständigkeit nach dem Ort der frühesten Zweigniederlassung.

(Anm.: Abs. 5 aufgehoben durch BGBl. I Nr. 43/20007)

(6) Die Bundesministerin für Klimaschutz, Umwelt, Energie, Mobilität, Innovation und Technologie hat dem Abfallersterzeuger eine Identifikationsnummer gemäß § 22 Abs. 1 zweiter Satz, bei mehreren Standorten weitere Identifikationsnummern, zuzuteilen.

Quecksilberabfälle

§ 20a. Zuständige Behörde gemäß Art. 12 und 14 der Verordnung (EU) 2017/852 über Quecksilber und zur Aufhebung der Verordnung (EG) Nr. 1102/2008 (im Folgenden: EU-QuecksilberV), ABl. Nr. L 137 vom 24.05.2017 S. 1, ist die Bundesministerin für Klimaschutz, Umwelt, Energie, Mobilität, Innovation und Technologie. Die Aufzeichnungen und Bescheinigungen gemäß dieser Verordnung sind mindestens sieben Jahre aufzubewahren. Eine Aufbewahrung in elektronischer Form ist zulässig, wenn eine Sicherung der elektronischen Dokumente vor Datenverlust nach dem Stand der Technik erfolgt.

Registrierungs- und Meldepflichten für Abfallsammler und -behandler und gemäß EG–VerbringungsV Verpflichtete

§ 21. (1) Abfallsammler und -behandler haben sich vor Aufnahme der Tätigkeit elektronisch über die Internetseite edm.gv.at bei der Bundesministerin für Klimaschutz, Umwelt, Energie, Mobilität, Innovation und Technologie unter Angabe folgender Daten im Register gemäß § 22 Abs. 1 Z 1 zu registrieren:

1. Name, Anschrift (zB Sitz) des Abfallsammlers und -behandlers und eine für die Zustellung maßgebliche inländische Geschäftsanschrift, einschließlich der Telefaxnummer,
2. gegebenenfalls die Firmenbuchnummer, Vereinsregisternummer oder Ergänzungsregisternummer,
3. Branchencode (vierstellig),
4. Adressen der Standorte (zB Betriebsstätten),
5. Anlagen, Anlagentypen und nach Maßgabe einer Verordnung gemäß § 23 Berichtseinheiten, IPPC-Behandlungsanlagen sind nach der mündlichen Verhandlung vor Erlassung der Genehmigung der Behandlungsanlage im Register anzulegen.
6. Behandlungsverfahren,
7. Kontaktadresse, einschließlich einer vorhandenen E-Mail-Adresse, und Kontaktperson und
8. für IPPC-Behandlungsanlagen Art und Umfang ihrer Tätigkeiten gemäß Anhang 5 Teil 1 und die Haupttätigkeit der IPPC-Behandlungsanlage.

(1a) Abweichend zu Abs. 1 kann die Registrierung auch über andere zum Zwecke der Verwaltung sowie des E–Governments des Bundes eingerichtete Register gestartet werden.

(2) Änderungen der Daten gemäß Abs. 1 sind unverzüglich vom Abfallsammler und -behandler über das Register gemäß § 22 Abs. 1 zu melden. Die Einstellung der Tätigkeit ist innerhalb von einem Monat über das Register gemäß § 22 Abs. 1 zu melden.

(Anm.: Abs. 2a aufgehoben durch BGBl. I Nr. 43/2007)

(2b) Abs. 1 und 2 gelten nicht für

1. Personen, die erwerbsmäßig Produkte abgeben in Bezug auf die Rücknahme von Abfällen dieser Produkte von Letztverbrauchern zur Sammlung und Weitergabe an einen berechtigten Abfallsammler oder -behandler,

(Anm.: Z 2 aufgehoben durch Z 104, BGBl. I Nr. 200/2021)

3. Personen, die Abfälle zum Nutzen der Landwirtschaft oder der Ökologie auf den Boden aufbringen.

(2c) Die Bundesministerin für Klimaschutz, Umwelt, Energie, Mobilität, Innovation und Technologie ist ermächtigt, für Personen gemäß Abs. 2b und für Abfallersterzeuger, ausgenommen für private Haushalte, neben den Identifikationsnummern die abfallwirtschaftlichen Stammdaten (§ 22 Abs. 2) in den Registern gemäß § 22 Abs. 1 zu verarbeiten. Die Personen gemäß Abs. 2b haben bei der Erfassung dieser Daten mitzuwirken.

(2d) Die Bundesministerin für Klimaschutz, Umwelt, Energie, Mobilität, Innovation und Technologie hat dem Abfallsammler und -behandler auf Grund der Registrierung eine Identifikationsnummer gemäß § 22 Abs. 1 zweiter Satz, bei mehreren Standorten oder Anlagen weitere Identifikationsnummern, zuzuteilen.

(3) Gemäß § 17 aufzeichnungspflichtige Abfallsammler und -behandler einschließlich Personen gemäß § 24a Abs. 2 Z 5 lit. b – mit Ausnahme von Personen gemäß § 24a Abs. 2 Z 11 und 12 und von Transporteuren, soweit sie Abfälle im Auftrag

des Abfallbesitzers nur befördern – haben nach Maßgabe einer Verordnung gemäß § 23 Abs. 3 über das vorangangene Kalenderjahr eine Aufstellung über die Herkunft der übernommenen Abfallarten, die jeweiligen Mengen und den jeweiligen Verbleib, einschließlich Art und Menge der in den Wirtschaftskreislauf zurückgeführten Stoffe, vorzunehmen (Jahresabfallbilanz). Von Abfallerstzeugern übernommene Abfälle sind als Summenwert pro Abfallart, gegliedert nach dem Branchencode und dem jeweiligen Bundesland der Abfallherkunft, auszuweisen; für nach Maßgabe einer Verordnung gemäß § 23 festgelegte Abfälle hat eine Gliederung nach der jeweiligen Gemeinde zu erfolgen. In allen übrigen Fällen hat eine Untergliederung nach dem jeweiligen Übergeber oder Übernehmer der Abfälle zu erfolgen. Die Jahresabfallbilanzen sind bis spätestens 15. März jeden Jahres dem Landeshauptmann zu melden. § 17 Abs. 5 ist – mit Ausnahme des Teilsatzes über die Summenbildung – anzuwenden. Ein Abfallsammler oder -behandler, der seine Tätigkeit nicht dauernd eingestellt hat und im vorangegangenen Kalenderjahr Abfälle weder übernommen noch übergeben und auch keine Abfallbehandlungen durchgeführt hat, hat als Jahresabfallbilanz eine Leermeldung einzubringen.

(3a) Abfallbehandler von Altbatterien und -akkumulatoren haben der Bundesministerin für Klimaschutz, Umwelt, Energie, Mobilität, Innovation und Technologie jährlich spätestens vier Monate nach Ablauf des jeweiligen Kalenderjahres die Meldungen nach den Anhängen IV bis VI der Verordnung (EU) Nr. 493/2012 mit Durchführungsbestimmungen zur Berechnung der Recyclingeffizienzen von Recyclingverfahren für Altbatterien und Altakkumulatoren gemäß der Richtlinie 2006/66/EG, ABl. Nr. L 151 vom 12.06.2012 S. 9, zu übermitteln.

(4) Inhaber einer Deponie haben die im vorangegangenen Kalenderjahr insgesamt abgelagerten Abfallmengen, gegliedert nach Abfallbesitzer und Abfallart, und die Restkapazität in Kubikmeter der Bundesministerin für Klimaschutz, Umwelt, Energie, Mobilität, Innovation und Technologie bis spätestens 15. März jeden Jahres zu melden. Weiters haben die Inhaber der Deponie die Messergebnisse des Mess- und Überwachungsverfahrens (§ 47 Abs. 2 Z 2) der im vorangegangenen Kalenderjahr vorgenommenen Messungen bis spätestens 10. April jeden Jahres der für die Überwachung zuständigen Behörde zu melden. § 17 Abs. 5 ist mit Ausnahme des vorletzten Satzes anzuwenden.

(5) Folgende Daten sind nach Maßgabe einer Verordnung gemäß § 23 Abs. 3 in elektronischer Form an ein Register gemäß § 22 Abs. 1 zu übermitteln:

1. Meldungen gemäß Abs. 3 und 4, Meldungen gemäß den §§ 5 Abs. 4 und 5, 18 Abs. 3 und 4 und 60,
2. Mitteilungen gemäß den Art. 15 Buchstabe c, d und e und Art. 16 Buchstabe b, d und e der EG-VerbringungsV durch den jeweils nach EG-VerbringungsV Verpflichteten.

(6) Sofern Personen, die gemäß der EG-VerbringungsV oder gemäß einer Verordnung nach § 72 Z 1 beabsichtigen, eine notifizierungspflichtige Verbringung von Abfällen aus Österreich durchzuführen, nicht bereits im Register gemäß § 22 Abs. 1 Z 1 registriert sind, haben sie sich über die Internetseite edm.gv.at unter Angabe folgender Daten im Register zu registrieren:

1. Name, Anschrift (zB Sitz) und eine für die Zustellung maßgebliche inländische Geschäftsanschrift, einschließlich der Telefaxnummer,
2. gegebenenfalls die Firmenbuchnummer, Vereinsregisternummer oder Ergänzungsregisternummer,
3. Branchencode (vierstellig),
4. Adressen der Standorte (zB Betriebsstätten),
5. Kontaktadresse, einschließlich einer vorhandenen E-Mail-Adresse, und Kontaktperson.

Elektronische Register

§ 22. (1) Die Bundesministerin für Klimaschutz, Umwelt, Energie, Mobilität, Innovation und Technologie hat nach Anhörung der Landeshauptmänner

1. ein elektronisches Register für Stammdaten und
2. ein elektronisches Register
a) der an die nach diesem Bundesgesetz oder auf Grund dieses Bundesgesetzes erlassenen Verordnungen jeweils zuständige Behörde zu übermittelnden Daten,
b) der Daten gemäß den §§ 8 Abs. 3 Z 1 und 69 Abs. 1 und gemäß der EG-VerbringungsV betreffend die grenzüberschreitende Verbringung von Abfällen,
c) der zur Erfüllung von unionsrechtlichen Berichtspflichten der Bundesministerin für Klimaschutz, Umwelt, Energie, Mobilität, Innovation und Technologie erforderlichen Daten und
d) der Daten, die zur Erfüllung der Aufgaben der jeweils zuständigen Behörde im Rahmen der Vollziehung dieses Bundesgesetzes oder der auf Grund dieses Bundesgesetzes erlassenen Verordnungen oder im Rahmen der Vollziehung anderer Bestimmungen zum Schutz der Menschen und der Umwelt erforderlich sind,

einzurichten und zu führen und Zuordnungstabellen für Abfallarten, Behandlungsverfahren, Anlagentypen und personenkreisbezogene Identifikationsnummern anzulegen. Für die Identifikation ist eine Nummer zu verwenden, die eine international genormte einheitliche Identifikation für Lokationen und Artikel darstellt und die möglichst in den elektronischen Datenverkehr der Wirtschaft integriert werden kann. Die Bundesministerin für Klimaschutz, Umwelt, Energie, Mobilität, Innovation und Technologie wird ermächtigt die Register entsprechend dem Stand der Technik weiterzuentwickeln. Dies beinhaltet die Erweiterung der Schnittstellen zu anderen Registern und Softwareherstellern zur Automatisierung der Datenverarbeitung.

(2) Folgende Stammdaten dürfen neben den zugehörigen Identifikationsnummern in den Registern gemäß Abs. 1 verarbeitet werden:

1. Namen, Anschriften (zB Sitz) – einschließlich der Angabe des Bezirkes und des Bundeslandes – der Person und eine für die Zustellung maßgebliche inländische Geschäftsanschrift, einschließlich einer Telefaxnummer,
2. Firmenbuchnummern, Vereinsregisternummern, Ergänzungsregisternummern oder bei natürlichen Personen die bereichsspezifischen Personenkennzeichen,
3. Branchencode (vierstellig),
4. Adressen – einschließlich der Angabe des Bezirkes und des Bundeslandes – der Standorte und die ÖSTAT-Gemeindekennzahl,
5. Angabe der Grundstücke (Grundstücksnummern) der Standorte und Behandlungsverfahren,
6. Geodaten der Standorte und der Anlagen,
7. Anlagen, Anlagentypen und Berichtseinheiten,
8. von den Anlagengenehmigungen für Behandlungsanlagen umfasste Abfallarten und sonstige relevante Genehmigungsinhalte von Anlagen, insbesondere Emissionsgrenzwerte und Abfallannahmekriterien, einschließlich einer Ausfertigung des Bescheides,
9. Umfang der Berechtigungen zur Sammlung und Behandlung, einschließlich einer Ausfertigung des Bescheides,
10. Kontaktadressen, einschließlich vorhandener E-Mail-Adressen, und Kontaktpersonen,
11. Aufsichts- und Kontrollorgane,
12. das Geburtsdatum natürlicher Personen,
13. Name, Anschrift und Geburtsdatum der abfallrechtlichen Geschäftsführer, deren Verantwortungsbereiche und Zustelladressen,
14. Name, Anschrift und Geburtsdatum der verantwortlichen Person gemäß § 26 Abs. 6,
15. sofern erforderlich Maschinennummer, Motornummer, Betriebsart, mechanische Nutzleistung sowie Hersteller- und Typenangabe bei mobilen Anlagen,
16. Angaben über die jeweils zuständigen Behörden (zB genehmigende Behörde bei mobilen Anlagen),
17. Art und Umfang der Tätigkeiten von Anlagen und Zusammenfassungen von Anlagen einschließlich Tätigkeiten gemäß Anhang 5 Teil 1 für IPPC-Behandlungsanlagen und Name, Anschrift und Geburtsdatum der nichtamtlichen Sachverständigen für Anlagen,
18. Software, die über eine Schnittstelle zu den Registern verfügt, und Softwarehersteller.

(3) Sofern einer zur Registrierung verpflichteten Person keine technischen Möglichkeiten zur elektronischen Übermittlung zur Verfügung stehen, kann sie gegen einen Kostenbeitrag von 40 Euro die Registrierung oder die Änderung der Daten beim Umweltbundesamt schriftlich einbringen. Die Bundesministerin für Klimaschutz, Umwelt, Energie, Mobilität, Innovation und Technologie kann bei geringfügigen Änderungen der Daten von einer Einhebung des Kostenbeitrages absehen.

(4) Die Bundesministerin für Klimaschutz, Umwelt, Energie, Mobilität, Innovation und Technologie und die Landeshauptleute verarbeiten die Daten der Register als gemeinsam für die Verarbeitung Verantwortliche im Sinne des Art. 4 Z 7 in Verbindung mit Art. 26 der Verordnung (EU) Nr. 2016/697 zum Schutz natürlicher Personen bei der Verarbeitung personenbezogener Daten, zum freien Datenverkehr und zur Aufhebung der Richtlinie 95/46/EG (Datenschutz-Grundverordnung), ABl. Nr. L 119 vom 4.5.2016 S. 1 (im Folgenden: DSGVO). Die Bundesministerin für Klimaschutz, Umwelt, Energie, Mobilität, Innovation und Technologie legt die im Rahmen des Betriebs, der Weiterentwicklung und der Wartung der Register erforderlichen technischen Maßnahmen fest. Für das Register gemäß Abs. 1 Z 2 ist die Umweltbundesamt Gesellschaft mit beschränkter Haftung (Umweltbundesamt) datenschutzrechtlicher Auftragsverarbeiter gemäß Art. 4 Z 8 in Verbindung mit Art. 28 Abs. 1 DSGVO. Bei Bedarf können auch andere Auftragsverarbeiter herangezogen werden. Auftragsverarbeiter sind verpflichtet, die Datenschutzpflichten gemäß Art. 28 Abs. 3 lit. a bis h DSGVO wahrzunehmen.

(5) Die Bundesministerin für Klimaschutz, Umwelt, Energie, Mobilität, Innovation und Technologie ist ermächtigt, die Daten der Register im Rahmen ihrer Zuständigkeit zur Erfüllung ihrer Aufgaben im Rahmen ihres Wirkungsbereiches zu verarbeiten. Gleiches gilt für die Behörden und Organe, die Angelegenheiten aus dem Wirkungsbereich der Bundesministerin für Klimaschutz, Umwelt, Energie, Mobilität, Innovation und Technologie in mittelbarer Bundesverwaltung vollziehen.

(5a) Der Bundesminister für Finanzen und das Zollamt Österreich sind ermächtigt, im Rahmen ihrer Zuständigkeit die zum Zweck der Einhebung der Altlastenbeiträge notwendigen Daten der Register in Abstimmung mit der Bundesministerin für Klimaschutz, Umwelt, Energie, Mobilität, Innovation und Technologie zu verarbeiten.

(5b) Die Bundesministerin für Digitalisierung und Wirtschaftsstandort ist ermächtigt, im Rahmen ihrer Zuständigkeit in Angelegenheiten des Gewerbes und der Industrie, des Energiewesens sowie des Maschinen- und Kesselwesens für die Zwecke der Planung, der Nachvollziehbarkeit und der Plausibilitätsprüfung von Meldungen und Aufzeichnungen sowie der Erfüllung von Melde- und Berichtspflichten die Daten der Register zur Erfüllung ihrer Aufgaben in Abstimmung mit der Bundesministerin für Klimaschutz, Umwelt, Energie, Mobilität, Innovation und Technologie zu verarbeiten. Gleiches gilt für die Behörden und Organe, die Angelegenheiten aus dem Wirkungsbereich der Bundesministerin für Digitalisierung und Wirtschaftsstandort vollziehen.

(5c) Der Bundesminister für Soziales, Gesundheit, Pflege und Konsumentenschutz ist ermächtigt, im Rahmen ihrer Zuständigkeit in Angelegenheiten des Veterinärwesens und der Nahrungsmittelkontrolle zum Zwecke der Nachvollziehbarkeit und der Plausibilitätsprüfung von Meldungen und Aufzeichnungen sowie der Erfüllung von Melde- und Berichtspflichten die Daten der Register zur Erfüllung ihrer Aufgaben zu verarbeiten. Gleiches gilt für die Behörden und Organe, die Angelegenheiten aus dem Wirkungsbereich des Bundesministers für Soziales, Gesundheit, Pflege und Konsumentenschutz in mittelbarer Bundesverwaltung vollziehen.

(5d) Die Landesregierungen können in Abstimmung mit der Bundesministerin für Klimaschutz, Umwelt, Energie, Mobilität, Innovation und Technologie die Register zur Erfüllung ihrer Aufgaben im selbständigen Wirkungsbereich der Länder im Rahmen ihrer Zuständigkeit nach Maßgabe der landesgesetzlichen Vorschriften verwenden. Gleiches gilt für die Behörden und Organe, die diese Angelegenheiten aus dem Wirkungsbereich der Länder vollziehen.

(5e) Die Bundesministerin für Landwirtschaft, Regionen und Tourismus ist ermächtigt, im Rahmen ihrer Zuständigkeit zur Erfüllung ihrer Aufgaben im Rahmen ihres Wirkungsbereichs die Daten der Register in Abstimmung mit der Bundesministerin für Klimaschutz, Umwelt, Energie, Mobilität, Innovation und Technologie zu verarbeiten. Gleiches gilt für die Behörden und Organe, die Angelegenheiten aus dem Wirkungsbereich der Bundesministerin für Landwirtschaft, Regionen und Tourismus in mittelbarer Bundesverwaltung vollziehen.

(6) Die Bundesministerin für Klimaschutz, Umwelt, Energie, Mobilität, Innovation und Technologie ist ermächtigt, für Abfallersterzeuger, ausgenommen private Haushalte, für Transporteure, soweit sie Abfälle befördern, für nichtamtliche Sachverständige, für Gutachter und für befugte Fachpersonen oder Fachanstalten im Register gemäß § 22 Abs. 1 neben den Identifikationsnummern die abfallwirtschaftlichen Stammdaten gemäß Abs. 2 Z 1 bis 4, 10, 12 und 16 zu verarbeiten. Die Abfallersterzeuger, die Transporteure, die nichtamtlichen Sachverständigen, die Gutachter und die befugten Fachpersonen und Fachanstalten haben bei der Erfassung dieser Daten mitzuwirken.

(6a) Personen, die im Register gemäß § 22 erfasst sind und nicht eindeutig einer Person im Unternehmensregister gemäß § 25 des Bundesstatistikgesetzes 2000 zugeordnet werden können, haben bei ihrer Identifizierung zur Herstellung eines eindeutigen Bezugs mitzuwirken.

(7) Die Bundesministerin für Klimaschutz, Umwelt, Energie, Mobilität, Innovation und Technologie und in Abstimmung mit diesem sonstige informationspflichtige Stellen können die Register für die Verbreitung von Umweltinformationen gemäß § 9 Abs. 3 des Umweltinformationsgesetzes (UIG), BGBl. Nr. 495/1993, zuletzt geändert durch das Bundesgesetz BGBl. I Nr. 50/2012, verwenden.

(8) Soweit es sich um personenbezogene Daten der Register handelt, die die jeweilige betroffene Person nicht selbst abfragen oder ändern kann (§ 22b), obliegt die Erfüllung von Informations-, Auskunfts-, Berichtigungs-, Löschungs- und sonstigen Pflichten nach den Bestimmungen der DSGVO gegenüber der betroffenen Person jedem Verantwortlichen hinsichtlich jener Daten, die im Zusammenhang mit den von ihm geführten Verfahren oder den von ihm gesetzten Maßnahmen verarbeitet werden. Im Hinblick auf Daten der Register gemäß § 22 Abs. 1 Z 1, ausgenommen die Daten gemäß § 22a Abs. 1 lit. a, b und c, Abs. 3a und 4, ist die Bundesministerin für Klimaschutz, Umwelt, Energie, Mobilität, Innovation und Technologie Anlaufstelle im Sinne des Art. 26 DSGVO für die betroffene Person.

(9) Das Recht gemäß Art. 16 DSGVO besteht nicht hinsichtlich einer Berichtigung, Aktualisierung oder Vervollständigung von personenbezogenen Daten, die in einer Meldung enthalten und für Kontrollaufgaben der Behörde erforderlich sind.

(10) Die Bundesministerin für Klimaschutz, Umwelt, Energie, Mobilität, Innovation und Technologie darf die Daten der Register, die sie zu den in § 87 genannten Zwecken verarbeitet, auch zu wissenschaftlichen oder historischen Forschungszwecken und zu statistischen Zwecken verarbeiten.

(11) Zur Weiterentwicklung der Register wird die Bundesministerin für Klimaschutz, Umwelt, Energie, Mobilität, Innovation und Technologie ermächtigt, Stammdaten gemäß § 22 Abs. 2 und zugehörige Identifikationsnummern aus anderen

Registern, die zum Zwecke der öffentlichen Verwaltung oder des E–Governments des Bundes eingerichtet worden sind, abzugleichen oder zu übernehmen und bereits aufgrund der Registrierung im Register gemäß § 22 Abs. 1 zugeteilte Identifikationsnummern aus anderen Registern, die zum Zwecke der öffentlichen Verwaltung oder des E–Governments des Bundes eingerichtet worden sind, zu verwenden.

Dateneingabe in ein Register gemäß § 22 Abs. 1

§ 22a. (1) Sofern ein Register gemäß § 22 Abs. 1 bereits für den jeweiligen Teilbereich eingerichtet ist und keine Verpflichtung des Abfallbesitzers, der meldepflichtigen Person oder des Anlageninhabers besteht, seine Daten in elektronischer Form an ein Register gemäß § 22 Abs. 1 zu übermitteln, hat

1. der Landeshauptmann folgende Daten in das jeweilige Register zu übertragen:

a) die Daten einer Erlaubnis gemäß § 24a betreffend den Umfang der Erlaubnis. Im Falle von gemäß § 77 Abs. 1 Z 6 übergeleiteten Berechtigungen sind die Daten auf Grund einer Anzeige des Berechtigten, welche Abfälle er zur Sammlung oder Behandlung übernehmen will, oder auf Grund eines Feststellungsbescheides gemäß § 6 Abs. 7 in das Register zu übertragen;

(Anm.: lit. b aufgehoben durch Z 20, BGBl. I Nr. 71/2019)

c) die Daten betreffend die Anlagenkapazität und die von der Anlagengenehmigung umfassten Abfallarten und relevante Inhalte des Anlagengenehmigungsbescheides, wie insbesondere Emissionsgrenzwerte und Abfallannahmekriterien; für vor dem 1. Jänner 2006 genehmigte Anlagen sind diese Daten bei einer gemäß § 37 Abs. 1 genehmigungspflichtigen Änderung oder auf Grund eines Feststellungsbescheides gemäß § 6 Abs. 7 in das Register zu übertragen; für vor dem 1. März 2008 genehmigte Deponien sind die Abfallannahmekriterien ehestmöglich einzutragen;

d) die amtliche Nummer nach dem Tiermaterialiengesetz für Betriebe, welche tierische Nebenprodukte gemäß dem Tiermaterialiengesetz behandeln;

e) die Daten gemäß § 18 Abs. 3 und 4 und

f) eine Ausfertigung des Bescheides in Bezug auf § 37 und § 24a (durch Upload);

g) Name, Anschrift, Geburtsdatum und Verantwortungsbereiche der abfallrechtlichen Geschäftsführer und der verantwortlichen Personen;

2. die Bundesministerin für Klimaschutz, Umwelt, Energie, Mobilität, Innovation und Technologie die Daten gemäß den §§ 5, 7 und 69 Abs. 1 und die Daten der Notifizierung gemäß der EG-VerbringungsV betreffend die grenzüberschreitende Verbringung von Abfällen sowie die Daten von gemäß § 24a Abs. 2 Z 3 vorgelegten gleichwertigen Erlaubnissen betreffend den Umfang der Erlaubnis in das jeweilige Register zu übertragen.

(2) Zuständige Behörde für die Übertragung der Daten gemäß Abs. 1 Z 1 ist der Landeshauptmann, der für die Entgegennahme der jeweiligen Anzeige oder Meldung oder für die Erlassung des jeweiligen Bescheides zuständig ist.

(3) Der Landeshauptmann kann die Bezirksverwaltungsbehörde mit der Eintragung der amtlichen Nummer nach dem Tiermaterialiengesetz für Betriebe, welche tierische Nebenprodukte gemäß Tiermaterialiengesetz behandeln, betrauen.

(3a) Der Landeshauptmann kann die Bezirksverwaltungsbehörde im Fall der Delegation gemäß § 38 Abs. 6 mit der Erfassung der Daten gemäß Abs. 1 Z 1 lit. c und f betrauen.

(4) Die jeweils zuständige Behörde kann das Deponieaufsichtsorgan ermächtigen, Daten gemäß Abs. 1 Z 1 lit. c an das Register zu übermitteln.

(5) Die jeweils zuständige Behörde kann in einem Register gemäß § 22 Abs. 1 enthaltene Daten, insbesondere im Zuge der Kontrolle von Meldungen, der Übertragung von Daten gemäß Abs. 1 und bei einem Abgleich der in einem Register enthaltenen Daten mit Daten des Firmenbuchregisters gemäß § 87 Abs. 7 besonders kennzeichnen, sodass diese Daten vom Registrierten nicht geändert werden können.

(6) Sofern mehrere Behörden für die Eintragung von Daten im jeweiligen Register zuständig sind, so haben diese Behörden im Zweifel über die Richtigkeit der Daten einvernehmlich vorzugehen.

(7) Die jeweils zuständige Behörde hat für IPPC-Behandlungsanlagen Bescheidinhalte gemäß § 40 Abs. 1c, Informationen über die Auflassung, Stilllegung oder endgültige Schließung gemäß § 40 Abs. 1d sowie die Zusammenfassungen der Umweltinspektionsberichte gemäß § 63a Abs. 7 in das Register zu übertragen.

Berichtigung von Daten der Register

§ 22b. (1) Jede registrierungspflichtige oder mitwirkungspflichtige Person ist für die Richtigkeit und Vollständigkeit der in den Registern von ihr selbst einzutragenden oder von ihr selbst eingetragenen eigenen Daten verantwortlich. Unrichtig in den Registern erfasste eigene Daten sind vom Verpflichteten im Register zu berichtigen.

(2) Erlangt eine registrierungspflichtige oder mitwirkungspflichtige Person Kenntnis von unrichtig in den Registern erfassten eigenen Daten, die sie im Register nicht selbst ändern kann, so hat sie der Behörde die richtigen Daten mitzuteilen und die Behörde hat die Daten richtig zu stellen.

(3) Wird die Übertragung einer Anlage oder eines Standortes in einem Register gemäß § 22

Abs. 1 eingetragen, ist die Person, der diese Daten einschließlich der technischen Datenverarbeitungsrechte übertragen wurden, mit dem Akzeptieren dieser Übertragung im Wege des Registers gemäß § 22 Abs. 1 für die Richtigkeit, Vollständigkeit und Berichtigung der übertragenen Daten verantwortlich.

(4) Die datenschutzrechtlich Verantwortlichen sind ermächtigt, Berichtigungen und Ergänzungen von Stammdaten von Amts wegen vorzunehmen. Die registrierte Person ist von rechtlich relevanten Datenanpassungen zu verständigen, nach Tunlichkeit auf elektronischem Wege.

Elektronische Anbringen

§ 22c. (1) Sofern die Register für den jeweiligen Teilbereich eingerichtet sind, gilt ein Anbringen, das im Wege des Registers an die jeweils zuständige Behörde übermittelt wird, mit Einlangen der Daten im Behördenbereich des Registers, auf den die zuständige Behörde Zugriff hat, als eingebracht. § 13 AVG bleibt unberührt. Anbringen an die Behörde, für die kein Teilbereich eingerichtet ist, können nicht im Wege des Registers übermittelt werden.

(2) Die jeweiligen Identifikationsnummern der Register gemäß § 22 Abs. 1 oder gegebenenfalls die in einer Zuordnungstabelle auf der Internetseite edm.gv.at veröffentlichten personenkreisbezogenen Identifikationsnummern sind bei elektronischen Anbringen gemäß diesem Bundesgesetz oder den auf Grund dieses Bundesgesetzes erlassenen Verordnungen zu verwenden.

(3) Die Bundesministerin für Klimaschutz, Umwelt, Energie, Mobilität, Innovation und Technologie kann den Registrierten zum Zweck der Bearbeitung von Anbringen vor dem Einbringen einen den Registern vorgelagerten, privaten Datenbereich zur Verfügung stellen. Zum Zugriff auf diesen privaten Datenbereich ist ausschließlich der Registrierte oder eine von ihm dazu berechtigte Person befugt.

Allgemeine Sorgfaltspflichten

§ 22d. (1) Personen haben ihre Zugangsdaten zum Register sorgfältig zu verwahren, Zugriffe darauf zu verhindern und die Weitergabe der Zugangsdaten zu unterlassen. Die Einräumung weiterer Zugänge an andere Personen ist im eigenen Verantwortungsbereich des Registrierten nach Maßgabe der zur Verfügung stehenden Funktionen zulässig; die so berechtigten Personen haben dieselben Sorgfaltspflichten, insbesondere dürfen die Zugangsdaten nicht weitergegeben werden. Die registrierte Person darf Zugänge nur einer natürlichen Person zuordnen.

(2) Ein unter einem Zugang gestelltes Anbringen oder eine unter einem Zugang gesetzte Handlung gilt – unabhängig davon, wer die Übermittlung tatsächlich durchführt – als Anbringen oder Handlung der registrierten Person, es sei denn, die registrierte Person macht glaubhaft, dass das Anbringen bzw. die Handlung trotz Einhaltung ihrer Sorgfaltspflichten unter missbräuchlicher Verwendung der Zugangsdaten durch einen Dritten gestellt wurde. Dies gilt auch für die Übermittlung mittels Webservice.

(3) Für einen Zugriff auf einzelne Bereiche der Register können registrierten Personen im eigenen Verantwortungsbereich nach Maßgabe der eingerichteten Funktionalitäten Applikationspasswörter zugeteilt werden. Abs. 2 gilt auch bei Verwendung von Applikationspasswörtern.

Nähere Bestimmungen für elektronische Datenübermittlungen

§ 22e. (1) Nähere Regelungen für elektronische Datenübermittlungen und Datenabfragen können durch Verordnung der Bundesministerin für Klimaschutz, Umwelt, Energie, Mobilität, Innovation und Technologie erfolgen. Sicherzustellen ist, dass Software mit einer Schnittstelle zu den Registern auf diskriminierungsfreie Weise interoperabel agiert und insbesondere eine vollständige und unverfälschte Datenübermittlung erfolgt.

(2) Die für eine Datenübermittlung und für Datenabfragen im Wege des Registers erforderlichen technischen und organisatorischen Spezifikationen sind auf edm.gv.at abrufbar zu halten.

(3) Im Rahmen der vollelektronischen Datenübermittlung werden zum Zweck der einfachen und raschen Abwicklung auch die Mobiltelefonnummern und E-Mail-Adressen der registrierten Personen und ihrer Kontaktpersonen im Rahmen der Register und der Schnittstelle gemäß Abs. 1 verwendet.

Nähere Bestimmungen für die allgemeinen Pflichten von Abfallbesitzern

§ 23. (1) Zur Verwirklichung der Ziele und Grundsätze der Abfallwirtschaft, zur Förderung der Kreislaufwirtschaft und Materialeffizienz und zur Sicherstellung der umweltgerechten Sammlung, Lagerung, Beförderung und Behandlung von Abfällen wird die Bundesministerin für Klimaschutz, Umwelt, Energie, Mobilität, Innovation und Technologie ermächtigt, unter Bedachtnahme auf die Vorgaben des Bundes-Abfallwirtschaftsplans, im Einvernehmen mit der Bundesministerin für Digitalisierung und Wirtschaftsstandort mit Verordnung festzulegen:

1. die Abfälle, die getrennt zu sammeln sind;
2. die Behandlung, der die Abfälle zuzuführen sind, einschließlich der Entfernung von Stoffen, Gemischen oder Bestandteilen aus Abfällen vor oder während der Behandlung;
3. Anforderungen an die Sammlung, Lagerung und Beförderung von Abfällen einschließlich der Kennzeichnung und Ausstattung von Fahrzeugen; dies gilt nicht für die Bereitstellung und die kommunale Sammlung und Abfuhr von nicht gefährlichen Siedlungsabfällen;

4. Anforderungen an die Behandlung von Abfällen nach dem Stand der Technik, einschließlich der Anforderungen an die bei der Behandlung entstehenden Produkte oder Abfälle und die dem Stand der Technik entsprechenden diesbezüglichen Messverfahren;
5. Aufzeichnungs-, Nachweis- und Meldepflichten, soweit diese für die Überprüfung der Verpflichtungen gemäß Z 1 bis 4 erforderlich sind.

Hinsichtlich der Festlegung von Qualitätsanforderungen zur Vermeidung unzulässiger Auswirkungen auf Gewässer ist das Einvernehmen mit der Bundesministerin für Landwirtschaft, Regionen und Tourismus herzustellen.

(1a) Von den Regelungen gemäß Abs. 1 Z 1 kann abgewichen werden, wenn mindestens eine der folgenden Bedingungen erfüllt ist:

1. Die gemeinsame Sammlung bestimmter Abfallarten beeinträchtigt nicht ihre Möglichkeit, im Einklang mit § 1 Abs. 2 und 2a zur Wiederverwendung vorbereitet, recycelt oder sonstig verwertet zu werden, und die Qualität des Outputs dieser Verfahren ist mit der Qualität des Outputs bei getrennter Sammlung vergleichbar.
2. Die getrennte Sammlung führt unter Berücksichtigung der Gesamtauswirkungen auf die Umwelt, die mit der Bewirtschaftung der entsprechenden Abfallströme verbunden sind, nicht zum bestmöglichen Ergebnis unter dem Aspekt des Umweltschutzes.
3. Die getrennte Sammlung ist unter Berücksichtigung der bewährten Verfahren der Abfallsammlung technisch nicht möglich.
4. Die getrennte Sammlung würde unverhältnismäßig hohe wirtschaftliche Kosten mit sich bringen, unter Berücksichtigung der Kosten im Zusammenhang mit den nachteiligen Auswirkungen der Sammlung und Behandlung gemischter Abfälle auf die Umwelt und die Gesundheit, der Möglichkeit für Effizienzverbesserungen der Abfallsammlung und -behandlung, der Einnahmen aus dem Verkauf von Sekundärrohstoffen sowie der Anwendung des Verursacherprinzips und der erweiterten Herstellerverantwortung.

(2) Die Bundesministerin für Klimaschutz, Umwelt, Energie, Mobilität, Innovation und Technologie wird ermächtigt, durch Verordnung Qualitätsanforderungen an Komposte oder Erden aus Abfällen, insbesondere die Art und Herkunft der Ausgangsmaterialien, Gütekriterien für Komposte oder Erden aus Abfällen, Schadstoffe, von denen in Komposten oder Erden aus Abfällen keine nachweisbaren Anteile vorhanden sein dürfen, Messverfahren und Vorgaben zur Sicherstellung der erforderlichen Qualitäten festzulegen. Weiters wird die Bundesministerin für Klimaschutz, Umwelt, Energie, Mobilität, Innovation und Technologie ermächtigt, zum Schutz vor Täuschung oder im Interesse einer ausreichenden Information der beteiligten Verkehrskreise Bestimmungen über Bezeichnungen für Komposte oder Erden aus Abfällen, Art und Umfang der Kennzeichnung und eine bestimmte Art von Verpackung für das In-Verkehr-Bringen von Komposten oder Erden aus Abfällen zu erlassen. Komposte oder Erden aus Abfällen dürfen nur dann in Verkehr gebracht werden, wenn sie den durch Verordnung der Bundesministerin für Klimaschutz, Umwelt, Energie, Mobilität, Innovation und Technologie festgelegten Qualitätsanforderungen entsprechen.

Hinsichtlich der Festlegung von Qualitätsanforderungen zur Vermeidung unzulässiger Auswirkungen auf Gewässer ist das Einvernehmen mit der Bundesministerin für Landwirtschaft, Regionen und Tourismus herzustellen.

(3) Die Bundesministerin für Klimaschutz, Umwelt, Energie, Mobilität, Innovation und Technologie wird ermächtigt, zur Nachvollziehbarkeit der umweltgerechten Sammlung, Lagerung, Beförderung und Behandlung der Abfälle im Einvernehmen mit der Bundesministerin für Digitalisierung und Wirtschaftsstandort mit Verordnung festzulegen:

1. die Anforderung, dass Abfälle zur Zuordnung zu einer Abfallart oder zu bestimmten Qualitäten und Verwendungsmöglichkeiten zu untersuchen sind, und die Art der Probenahme und des Messverfahrens – einschließlich Art und Form der diesbezüglichen Aufzeichnungen; von der Verpflichtung der Untersuchung kann in Umsetzung der Entscheidung 2003/33/EG zur Festlegung von Kriterien und Verfahren für die Annahme von Abfällen auf Abfalldeponien gemäß Artikel 16 und Anhang II der Richtlinie 1999/31/EG, ABl. Nr. L 11 vom 16. 1. 2003, S 27, in einer Verordnung gemäß § 65 Abs. 1 abgesehen werden;
2. Art und Form der Aufzeichnungen gemäß § 17 einschließlich möglicher Erleichterungen für Siedlungsabfälle oder für bestimmte Altstoffe und möglicher Erleichterungen für bestimmte Abfallsammler und -behandler betreffend die Abfalljahresbilanzen, abhängig von Art und Umfang der Tätigkeit, und die Dauer der jeweiligen Aufbewahrungsfristen von Aufzeichnungen für Deponien;
3. Art und Form der Meldungen an die Behörden gemäß diesem Bundesgesetz oder auf Grund dieses Bundesgesetzes erlassenen Verordnungen und die Form der Übermittlung der Daten an die Behörden dieser Meldungen und der Aufzeichnungen und Unterlagen gemäß den §§ 15 Abs. 6, 17 Abs. 5 und 75 einschließlich der Vorgaben für eine fälschungssichere Übermittlung von Daten zur Abfallbeurteilung;
4. Schnittstellen und Nachrichten für elektronische Aufzeichnungen und Übermittlungen samt zugehöriger Nutzungsbedingungen zur

Sicherstellung einer effizienten und störungsfreien elektronischen Datenübermittlung; dabei ist auf eine möglichst große Integration in den elektronischen Datenverkehr der Wirtschaft Bedacht zu nehmen;
5. Fristen, innerhalb der die Registrierungspflichten gemäß § 21 und die bei In-Kraft-Treten einer Verordnung bestehenden Aufzeichnungs- und Meldepflichten an die Verordnung anzupassen sind;
6. von den §§ 18 und 19 abweichende Zuordnungen der Verpflichtungen betreffend Art, Menge, Herkunft und Verbleib der Abfälle im Rahmen der vollelektronischen Abwicklung.

(4) Die Bundesministerin für Klimaschutz, Umwelt, Energie, Mobilität, Innovation und Technologie wird ermächtigt, im Einvernehmen mit der Bundesministerin für Digitalisierung und Wirtschaftsstandort, für das Berichterstattungssystem zur Umsetzung der erweiterten Herstellerverantwortung gemäß Art. 8a Abs. 4 Buchstabe a der Richtlinie 2008/98/EG über Abfälle und gemäß Art. 8 Abs. 3 Buchstabe c der Richtlinie (EU) 2019/904 (SUP) und zur Sicherstellung des regulären Betriebs und der Wartung funktionsfähiger Anwendungen der Register gemäß § 22 einen angemessenen Aufwandsersatz zur Einhebung durch den Dienstleister dieser Register mit Verordnung festzulegen. Bei der Feststellung der Angemessenheit sind die erbrachten Leistungen und der Verwaltungsentlastungseffekt darzustellen.

(5) Die Bundesministerin für Klimaschutz, Umwelt, Energie, Mobilität, Innovation und Technologie wird zur Sicherstellung der elektronischen Abwicklung von E–Government-Verfahren ermächtigt, Teilbereiche des Registers gemäß § 22 zur verpflichtenden Verwendung festzulegen.

4. Abschnitt
Abfallsammler und -behandler
Erlaubnis für die Sammlung und Behandlung von Abfällen

§ 24a. (1) Wer Abfälle sammelt oder behandelt bedarf einer Erlaubnis durch den Landeshauptmann. Das Anbieten des Sammelns oder des Behandelns von Abfällen gegenüber einem größeren Kreis von Personen ist der Ausübung der jeweiligen Tätigkeit gleichzuhalten. Der Antrag kann, sofern dieser Teilbereich in einem Register gemäß § 22 Abs. 1 eingerichtet ist, über dieses Register erfolgen.

(2) Der Erlaubnispflicht unterliegen nicht:
1. Personen, die ausschließlich im eigenen Betrieb anfallende Abfälle behandeln; diese Ausnahme gilt nicht für die Verbrennung und Ablagerung von Abfällen;
2. Transporteure, soweit sie Abfälle im Auftrag des Abfallbesitzers nur befördern;
3. Inhaber einer gleichwertigen Erlaubnis eines Mitgliedstaates der Europäischen Union oder eines anderen Staates, der Mitglied des EWR-Abkommens ist. Die Erlaubnis ist der Bundesministerin für Klimaschutz, Umwelt, Energie, Mobilität, Innovation und Technologie vor Aufnahme der Tätigkeit vorzulegen;
4. Sammel- und Verwertungssysteme;
5. Personen, die erwerbsmäßig Produkte abgeben,
a) in Bezug auf die Rücknahme im Sinne von § 2 Abs. 6 Z 3 lit. b von Abfällen gleicher oder gleichwertiger Produkte, welche dieselbe Funktion erfüllen, zur Weitergabe an einen berechtigten Abfallsammler oder Abfallbehandler und
b) in Bezug auf die Vorbereitung zur Wiederverwendung der zurückgenommenen Abfälle.

Dies gilt nicht, sofern es sich bei den zurückgenommenen Abfällen um gefährliche Abfälle handelt und die Menge der zurückgenommenen gefährlichen Abfälle unverhältnismäßig größer ist als die Menge der abgegebenen Produkte; ein diesbezüglicher Nachweis ist zu führen und auf Verlangen der Behörde vorzulegen;
6. Personen, die nicht gefährliche Abfälle zum Nutzen der Landwirtschaft oder der Ökologie auf den Boden aufbringen;
7. Gebietskörperschaften und Gemeindeverbände, soweit sie gesetzlich verpflichtet sind, nicht gefährliche Abfälle zu sammeln und abzuführen;
8. Inhaber einer Deponie, in Bezug auf die Übernahme von Abfällen, für die der Inhaber der Deponie gemäß § 7 Abs. 5 eine Ausstufung anzeigt;
9. Universitäten und technische Versuchsanstalten sowie Personen, die erwerbsmäßig Abfallbehandlungsanlagen entwickeln oder herstellen, für Versuchs- und Testzwecke;
10. Personen, die Abfälle in einem gemäß § 44 Abs. 2 genehmigten Versuchsbetrieb behandeln;
11. Personen, die aus Anlass einer wirtschaftlichen Tätigkeit, die nicht auf die Sammlung von Abfällen gerichtet ist, wie zB Reparaturen, Instandhaltungen, Wartungsarbeiten, Gartenarbeiten, Abbruch- oder Aushubarbeiten, im Zuge der Ausführung eines Auftrags, anfallende Abfälle Dritter übernehmen und nachweislich einem berechtigten Abfallsammler oder -behandler übergeben;
12. Hausverwalter und Gebäudemanager, deren Tätigkeit nicht auf die Sammlung von Abfällen gerichtet ist und die, in Ausübung dieser Tätigkeit, angefallene Abfälle Dritter übernehmen und nachweislich einem berechtigten Abfallsammler oder -behandler übergeben.

(3) Der Antrag gemäß Abs. 1 hat zu enthalten:

1. Angaben über die Person,
2. Angaben über die Art der Abfälle oder die Abfallartenpools, die gesammelt oder behandelt werden sollen,
3. eine verbale Beschreibung der Art der Sammlung oder Behandlung der Abfälle einschließlich einer Darlegung, dass die Sammlung und Behandlung der Abfälle umweltgerecht, sorgfältig und sachgerecht erfolgt, sodass die öffentlichen Interessen (§ 1 Abs. 3) nicht beeinträchtigt werden,
4. Angaben über die fachlichen Kenntnisse und Fähigkeiten für die Sammlung und Behandlung der Abfälle, für welche die Erlaubnis beantragt wird,
5. Angaben über die Verlässlichkeit, insbesondere aktueller Strafregisterauszug und Verwaltungsstrafregisterauszug oder Bestätigung der zuständigen Verwaltungsstrafbehörde,
6. die Darlegung, dass die Lagerung oder Zwischenlagerung in einem geeigneten genehmigten Lager oder Zwischenlager erfolgt,
7. die Darlegung, dass die Behandlung in einer geeigneten genehmigten Behandlungsanlage oder an einem für diese Behandlung geeigneten Ort erfolgt.

Die Behörde kann die Vorlage von Antragsunterlagen in elektronischer Form verlangen. Bei der Vorlage von Antragsunterlagen in elektronischer Form auf Verlangen der Behörde sind die Abfallarten oder die Abfallartenpools und die jeweils zugehörigen Behandlungsverfahren in einem durch die zuständige Behörde bearbeitbaren Format zu übermitteln.

(4) Örtlich zuständige Behörde

1. für eine Erlaubnis zur Behandlung von Abfällen ist der Landeshauptmann, in dessen Bundesland der Abfallbehandler seinen Sitz hat. Liegt der Sitz des Abfallbehandlers nicht im Bundesgebiet und erfolgt entweder die Behandlung in einer mobilen Behandlungsanlage oder eine zulässige Behandlung vor Ort, so ist der Landeshauptmann zuständig, in dessen Bundesland erstmals die mobile Behandlungsanlage aufgestellt werden soll oder die Abfälle vor Ort behandelt werden sollen.
2. für eine Erlaubnis zur Sammlung von Abfällen ist der Landeshauptmann, in dessen Bundesland der Abfallsammler seinen Sitz hat; liegt der Sitz nicht im Bundesgebiet, ist der Landeshauptmann in zuständig, in dessen Bundesland erstmals die Abfälle gesammelt werden sollen. Wird sowohl eine Behandler- als auch Sammlertätigkeit beantragt, oder ausgeübt, richtet sich die Zuständigkeit nach Z 1.

Bestimmungen für die Erlaubnis für die Sammlung oder Behandlung von Abfällen

§ 25a. (1) Die zuständige Behörde hat innerhalb von drei Monaten nach Einbringen eines vollständigen und mangelfreien Antrages gemäß § 24a Abs. 1 mit Bescheid abzusprechen.

(2) Die Erlaubnis ist zu erteilen, wenn:

1. die Art der Sammlung oder Behandlung den §§ 15, 16 sowie 23 Abs. 1 und 2 und den Zielen und Grundsätze (§ 1 Abs. 1 und 2) entspricht sowie den öffentlichen Interessen (§ 1 Abs. 3) nicht widerspricht,
2. die Art der Sammlung oder Behandlung für die jeweiligen Abfälle geeignet ist,
3. die Lagerung und Behandlung gefährlicher Abfälle in einer geeigneten genehmigten Anlage sichergestellt ist;

a) jedenfalls hat ein Abfallsammler gefährlicher Abfälle über ein geeignetes genehmigtes Zwischenlager zu verfügen, ein Abfallbehandler gefährlicher Abfälle eine geeignete genehmigte Behandlungsanlage zu betreiben; dies gilt nicht für einen Abfallbehandler, der zulässigerweise vor Ort Sanierungen, wie Asbestsanierungen, Bodenluftabsaugungen oder eine Grundwasserreinigung, durchführt;

b) erforderlichenfalls kann die Behörde verlangen, dass ein Abfallbehandler nicht gefährlicher Abfälle über eine geeignete genehmigte Behandlungsanlage verfügt;

Von einer geeigneten genehmigten Behandlungsanlage ist jedenfalls auszugehen, wenn die beantragten Abfallarten und Behandlungstätigkeiten von den in das Register gemäß § 22 übertragenen Genehmigungsinhalten der Behandlungsanlage umfasst sind,

4. die Verlässlichkeit in Bezug auf die auszuübende Tätigkeit gegeben ist,
5. die fachlichen Kenntnisse und Fähigkeiten zur Sammlung oder Behandlung der Abfälle, für welche die Erlaubnis beantragt wird, nachgewiesen sind.

(3) Verlässlich im Sinne dieses Bundesgesetzes ist eine Person, deren Qualifikation und bisherige Tätigkeit die Annahme rechtfertigen, dass sie die beantragte Tätigkeit sorgfältig und sachgerecht ausüben und die gesetzlichen Verpflichtungen vollständig erfüllen wird. Keinesfalls als verlässlich gilt eine Person,

1. der die Erlaubnis als Sammler oder Behandler von Abfällen oder als abfallrechtlicher Geschäftsführer (§ 26) innerhalb der letzten fünf Jahre entzogen wurde,
2. die dreimal wegen einer Übertretung von Bundes- oder Landesgesetzen zum Schutz der Umwelt, wie insbesondere dieses Bundesgesetzes, der GewO 1994, des Wasserrechtsgesetzes 1959 (WRG 1959), BGBl. Nr. 215, oder der durch dieses Bundesgesetz aufgehobenen Rechtsvorschriften bestraft worden ist,

solange die Strafen noch nicht getilgt sind; nicht einzubeziehen sind dabei geringfügige Verstöße gegen Formvorschriften.

(4) Unbeschadet Abs. 3 gilt weiters im Falle der Sammlung oder Behandlung von gefährlichen Abfällen, ausgenommen Asbestzement, eine Person keinesfalls als verlässlich

1. die von einem Gericht verurteilt worden ist
   a) wegen betrügerischer Krida, Schädigung fremder Gläubiger, Begünstigung eines Gläubigers oder grob fahrlässiger Beeinträchtigung von Gläubigerinteressen (§§ 156 bis 159 des Strafgesetzbuches (StGB), BGBl. Nr. 60/1974) oder
   b) wegen einer sonstigen strafbaren Handlung zu einer drei Monate übersteigenden Freiheitsstrafe oder zu einer Geldstrafe von mehr als 180 Tagessätzen und

die Verurteilung noch nicht getilgt ist. Dies gilt auch, wenn ein vergleichbarer Tatbestand im Ausland verwirklicht wurde,

2. über deren Vermögen das Insolvenzverfahren mangels kostendeckenden Vermögens rechtskräftig nicht eröffnet wurde und der Zeitraum, in dem in der Insolvenzdatei Einsicht in den genannten Insolvenzfall gewährt wird, noch nicht abgelaufen ist. Dies gilt auch, wenn ein vergleichbarer Tatbestand im Ausland verwirklicht wurde, oder
3. die wegen der Finanzvergehen des Schmuggels, der Hinterziehung von Eingangs- und Ausgangsabgaben, der Abgabenhehlerei nach § 37 Abs. 1 lit. a des Finanzstrafgesetzes, BGBl. Nr. 129/1958, in der jeweils geltenden Fassung, der Hinterziehung von Monopoleinnahmen, des vorsätzlichen Eingriffs in ein staatliches Monopolrecht oder der Monopolhehlerei nach § 46 Abs. 1 lit. a des Finanzstrafgesetzes von einer Finanzstrafbehörde bestraft worden ist und wegen eines solchen Finanzvergehens eine Geldstrafe von mehr als 726 Euro oder neben einer Geldstrafe eine Freiheitsstrafe verhängt wurde und wenn seit der Bestrafung noch nicht fünf Jahre vergangen sind. Dies gilt auch, wenn ein vergleichbarer Tatbestand im Ausland verwirklicht wurde.

(5) Die Erlaubnis ist für bestimmte Abfallarten und Behandlungsverfahren und erforderlichenfalls unter Auflagen, Bedingungen und Befristungen zu erteilen, wenn deren Erfüllung oder Einhaltung für die Ausübung der Tätigkeit oder zur Wahrung der Voraussetzungen gemäß Abs. 2 geboten ist. Sofern es zur Wahrung der Interessen gemäß Abs. 2 erforderlich ist, sind auch nach Erteilung der Erlaubnis Auflagen, Bedingungen und Befristungen vorzuschreiben.

(5a) Eine Erlaubnis zur Sammlung von Elektroaltgeräten umfasst auch die händische Entnahme von Batterien und Kondensatoren mit einfachen Mitteln. Nicht umfasst ist eine Zerlegung. Eine Erlaubnis zur Sammlung von Altfahrzeugen umfasst auch die händische Entnahme von Batterien. Dies gilt sinngemäß auch für Personen, die gemäß § 24a Abs. 2 im Hinblick auf die Sammlung von Elektroaltgeräten und Altfahrzeugen nicht der Erlaubnispflicht unterliegen.

(6) Wenn die Voraussetzungen des Abs. 2 nicht mehr vorliegen, ist die Erlaubnis ganz oder teilweise zu entziehen. Die Behörde ist berechtigt, die Erlaubnis nur für eine bestimmte Zeit zu entziehen, wenn nach den Umständen des Falles erwartet werden kann, dass diese Maßnahme ausreicht, um ein späteres einwandfreies Verhalten des Inhabers der Erlaubnis zu sichern. Die Bescheide gemäß Abs. 1 sind im Sinne des § 68 Abs. 4 Z 4 AVG mit Nichtigkeit bedroht, wenn der Nachweis der fachlichen Kenntnisse und Fähigkeiten oder die Angaben über die Verlässlichkeit unrichtig sind.

(6a) Dem Inhaber einer gleichwertigen Erlaubnis gemäß § 24a Abs. 2 Z 3 ist die weitere Durchführung der Sammlung oder Behandlung zu untersagen, wenn

1. anzunehmen ist, dass der Erlaubnisinhaber oder eine verantwortliche Person des Erlaubnisinhabers die Tätigkeit nicht sachgerecht und sorgfältig ausübt oder die gesetzlichen Verpflichtungen nicht vollständig erfüllt oder
2. der Erlaubnisinhaber oder eine verantwortliche Person des Erlaubnisinhabers mindestens dreimal wegen einer Übertretung von Bundes- oder Landesgesetzen zum Schutz der Umwelt, wie insbesondere dieses Bundesgesetzes, der GewO 1994, des WRG 1959 oder der durch dieses Bundesgesetz aufgehobenen Rechtsvorschriften bestraft worden ist und die Strafen noch nicht getilgt sind; nicht einzubeziehen sind dabei geringfügige Verstöße gegen Formvorschriften.

(7) Die Behörde hat Nachsicht vom Erfordernis der Voraussetzung gemäß Abs. 3 Z 2 oder Abs. 4 Z 1 lit. b hinsichtlich des gesamten Erlaubnisumfangs oder eines Teils zu erteilen, wenn nach der Eigenart der strafbaren Handlung und nach der Persönlichkeit des Bestraften bzw. Verurteilten die Begehung der gleichen oder einer ähnlichen Verwaltungsübertretung bzw. Straftat bei der Sammlung oder Behandlung von Abfällen nicht zu befürchten ist. Die Nachsicht ist nicht zu erteilen, wenn andere Voraussetzungen, als jene für die die Nachsicht erteilt werden soll, nicht vorliegen.

(8) Die Beantragung bzw. die Erteilung der Erlaubnis kann auch für Abfallartenpools (§ 4 Z 2a) erfolgen.

Abfallrechtlicher Geschäftsführer, fachkundige Person, verantwortliche Person

§ 26. (1) Wenn die Tätigkeit der Sammlung und Behandlung von gefährlichen Abfällen, ausgenommen Asbestzement, nicht von einer natürlichen Person ausgeübt werden soll oder der Erlaubniswerber die in Bezug auf die auszuübende Tätigkeit erforderlichen fachlichen Kenntnisse und Fähigkeiten nicht selbst nachweist, ist eine hauptberuflich tätige Person als abfallrechtlicher Geschäftsführer zu bestellen. Die Bestellung mehrerer hauptberuflich tätiger Personen als abfallrechtlicher Geschäftsführer mit eindeutig abgegrenzten Tätigkeitsbereichen ist zulässig. Zum abfallrechtlichen Geschäftsführer darf nur bestellt werden, wer

1. die Verlässlichkeit im Sinne des § 25a Abs. 3 und 4 in Bezug auf die auszuübende Tätigkeit und die fachlichen Kenntnisse und Fähigkeiten im Sinne des § 25a Abs. 2 Z 5 zur Sammlung und Behandlung der Abfälle, für welche die Erlaubnis erteilt wird, besitzt,
2. die Voraussetzungen eines verantwortlichen Beauftragten im Sinne des § 9 des Verwaltungsstrafgesetzes 1991 (VStG), BGBl. Nr. 52, erfüllt und
3. in der Lage ist, sich im Betrieb entsprechend zu betätigen.

(2) Die Bestellung des Geschäftsführers bedarf der Erlaubnis gemäß § 24a Abs. 1. § 24a Abs. 3 Z 1, 4 und 5 und Abs. 4 und § 25a Abs. 3 bis 6 sind anzuwenden.

(3) Der abfallrechtliche Geschäftsführer ist verantwortlicher Beauftragter im Sinne des § 9 VStG und für die fachlich einwandfreie Ausübung der Tätigkeit gemäß Abs. 1 und die Einhaltung der abfallrechtlichen Vorschriften, einschließlich abfallrechtlicher Genehmigungen, verantwortlich.

(4) Die Gemeinde oder der Gemeindeverband hinsichtlich der Aufgaben, die von der Gemeinde übertragen worden sind, hat – abweichend von Abs. 1 und 6 – dem Landeshauptmann eine fachkundige Person namhaft zu machen, die neben der Verlässlichkeit folgende fachliche Kenntnisse und Fähigkeiten aufweist:

1. Kenntnisse betreffend die Einstufung, das Gefährdungspotential und die vorgesehene Behandlungsart der zu sammelnden und der zu behandelnden Abfälle;
2. chemische Grundkenntnisse;
3. Kenntnisse über Erste–Hilfe–Maßnahmen;
4. Kenntnisse über Sicherheitseinrichtungen;
5. Kenntnisse über das Brand- und Löschverhalten der Stoffe;
6. Grundkenntnisse der abfallwirtschaftlichen Vorschriften und
7. Kenntnisse über Behandlungsmöglichkeiten.

Gleiches gilt für den Bund im Rahmen der Sammlung und Behandlung von Abfällen für die Zwecke der Halonbank gemäß Halonbankverordnung, BGBl. II Nr. 77/2000.

(5) Scheidet der bestellte abfallrechtliche Geschäftsführer aus dem Betrieb aus, so hat der Erlaubnisinhaber unverzüglich einen neuen abfallrechtlichen Geschäftsführer zu bestellen und die Erlaubnis (Abs. 2) einzuholen. Erfolgt diese Bestellung und der Antrag (Abs. 2) nicht innerhalb von drei Monaten, so ist die Tätigkeit einzustellen. Gleiches gilt sinngemäß für eine fachkundige Person gemäß Abs. 4 oder eine verantwortliche Person gemäß Abs. 6.

(5a) Die Abbestellung eines abfallrechtlichen Geschäftsführers oder einer verantwortlichen Person ist der Behörde anzuzeigen.

(6) Wird die Tätigkeit der Sammlung und Behandlung von nicht gefährlichen Abfällen oder Asbestzement nicht von einer natürlichen Person ausgeübt oder weist der Erlaubniswerber die in Bezug auf die auszuübende Tätigkeit erforderlichen fachlichen Kenntnisse und Fähigkeiten nicht selbst nach, ist eine verantwortliche Person zu bestellen, welche die Kriterien des Abs. 1 Z 1 bis 3 erfüllt. Die verantwortliche Person ist verantwortlicher Beauftragter im Sinne des § 9 VStG und für die fachlich einwandfreie Ausübung der Tätigkeit der Sammlung und Behandlung von nicht gefährlichen Abfällen und die Einhaltung der abfallrechtlichen Vorschriften, einschließlich abfallrechtlicher Genehmigungen, verantwortlich.

Umgründung, Einstellung betreffend die Sammlung oder Behandlung von Abfällen

§ 27. (1) Bei Umgründungen (Verschmelzungen, Umwandlungen, Einbringungen, Zusammenschlüssen, Realteilungen oder Spaltungen) hat der Rechtsnachfolger innerhalb von drei Monaten nach der Eintragung in das Firmenbuch die Umgründung unter Anschluss der entsprechenden Nachweise dem zuständigen Landeshauptmann zu melden. Sofern sich bei der Sammlung oder Behandlung von gefährlichen Abfällen der Erlaubnisumfang oder die abfallrechtlichen Verantwortlichen und ihr Aufgabenbereich ändern, ist innerhalb von drei Monaten eine neue Erlaubnis zu beantragen. Bis zur rechtskräftigen Entscheidung über diesen Antrag darf die Tätigkeit im bisherigen Umfang ausgeübt werden.

(2) Der Abfallsammler oder -behandler hat eine dauernde Einstellung der Tätigkeit unverzüglich dem Landeshauptmann schriftlich zu melden.

(3) Eine dauernde Einstellung bewirkt das Erlöschen der Berechtigung. Übermittelt der Abfallsammler oder -behandler für einen längeren Zeitraum als zwei aufeinander folgende Berichtszeiträume keine Abfallbilanz gemäß § 21 Abs. 3, gilt eine gemäß § 24a Abs. 1 erteilte Erlaubnis als erloschen.

Problemstoffsammlung

§ 28. (1) Die Gemeinden (Gemeindeverbände) haben bei Bedarf, jedoch mindestens zweimal jährlich, eine getrennte Sammlung (Abgabemöglichkeit) von Problemstoffen, ausgenommen Elektro- und Elektronik-Altgeräte und Altbatterien und -akkumulatoren gemäß einer Verordnung nach § 14 Abs. 1, durchzuführen oder durchführen zu lassen, sofern für deren Sammlung in der Gemeinde (im Verbandsbereich) nicht in anderer Weise Vorsorge getroffen ist.

(2) Die Gemeinde hat für die Problemstoffsammlungen bestimmte Termine und die Einsammlungsorte festzulegen und auf geeignete Weise rechtzeitig bekannt zu geben. Die Gemeinde darf – sofern die Verordnung gemäß § 14 Abs. 1 nicht anderes bestimmt – für die Sammlung und Behandlung von Problemstoffen, für die Rücknahmepflichten gemäß einer Verordnung nach § 14 Abs. 1 bestehen oder die nicht von privaten Haushalten abgegeben werden, ein Entgelt festlegen und hat dieses Entgelt auf geeignete Weise rechtzeitig bekannt zu geben.

Sammlung von Elektro- und Elektronik-Altgeräten aus privaten Haushalten und von Gerätealtbatterien und -akkumulatoren

§ 28a. Die Gemeinden (Gemeindeverbände) haben eine Abgabestelle für Elektro- und Elektronik-Altgeräte aus privaten Haushalten und für Gerätealtbatterien und -akkumulatoren einzurichten. Die Gemeinden (Gemeindeverbände) haben die Abgabestelle und deren Öffnungszeiten bekannt zu geben. Elektro- und Elektronik-Altgeräte und Gerätealtbatterien und -akkumulatoren sind an diesen Abgabestellen zumindest unentgeltlich zu übernehmen. Die Gemeinden (Gemeindeverbände) können ab einer in einer Verordnung gemäß § 14 Abs. 1 festzulegenden Mengenschwelle, zumindest zweimal im Kalenderjahr, einen Abholbedarf an die Koordinierungsstelle gemäß § 13b melden; die Sammel- und Behandlungskategorie gemäß einer Verordnung nach § 14 Abs. 1 und die verwendeten Sammelbehälter sind anzugeben.

Getrennte Sammlung für Papier-, Metall-, Kunststoff-, Glas-, Bio- und Textilabfälle

§ 28b. (1) Für Papier-, Metall-, Kunststoff-, Glas-, Bio- und Textilabfälle sind jeweils getrennte Sammlungen durchzuführen.

(2) Die getrennte Sammlung gemäß Abs. 1 ist in der Weise durchzuführen, die eine Vorbereitung zur Wiederverwendung oder ein qualitativ hochwertiges Recycling der getrennt gesammelten Abfälle ermöglicht.

…

6. Abschnitt

Behandlungsanlagen

Genehmigungs- und Anzeigepflicht für ortsfeste Behandlungsanlagen

§ 37. (1) Die Errichtung, der Betrieb und die wesentliche Änderung von ortsfesten Behandlungsanlagen bedarf der Genehmigung der Behörde. Die Genehmigungspflicht gilt auch für ein Sanierungskonzept gemäß § 57 Abs. 4.

(2) Der Genehmigungspflicht gemäß Abs. 1 unterliegen nicht

1. Behandlungsanlagen zur ausschließlichen stofflichen Verwertung von nicht gefährlichen Abfällen, sofern sie der Genehmigungspflicht gemäß den §§ 74 ff GewO 1994 unterliegen,
2. Behandlungsanlagen zur Vorbehandlung (Vorbereitung für die stoffliche Verwertung) von nicht gefährlichen Abfällen, sofern diese Behandlungsanlagen im unmittelbaren örtlichen Zusammenhang mit einer in Z 1 genannten Behandlungsanlage stehen und der Genehmigungspflicht gemäß den §§ 74 ff GewO 1994 unterliegen,
3. Behandlungsanlagen zur ausschließlichen stofflichen Verwertung von im eigenen Betrieb anfallenden Abfällen, sofern sie der Genehmigungspflicht gemäß den §§ 74 ff GewO 1994 unterliegen,

3a. Behandlungsanlagen zur Vorbereitung zur Wiederverwendung von Altfahrzeugen, Elektro- und Elektronikaltgeräten, Abfällen der Abfallart 35203 „Fahrzeuge, Arbeitsmaschinen und -teile, mit umweltrelevanten Mengen an gefährlichen Anteilen oder Inhaltsstoffen (zB Starterbatterie, Bremsflüssigkeit, Motoröl)“ gemäß Abfallverzeichnisverordnung, BGBl. II Nr. 570/2003 in der Fassung BGBl. II Nr. 498/2008 und Gebinden (Werkstätten zur Reparatur einschließlich unmittelbar damit verbundener Zerlegearbeiten), sofern sie der Genehmigungspflicht gemäß den §§ 74 ff GewO 1994 unterliegen,

4. Verbrennungs- oder Mitverbrennungsanlagen zur thermischen Verwertung für nicht gefährliche Abfälle mit einer thermischen Leistung bis zu 2,8 Megawatt, sofern sie der Genehmigungspflicht gemäß den §§ 74 ff GewO 1994 unterliegen,
5. Lager für Abfälle, die der Genehmigungspflicht gemäß den §§ 74 ff GewO 1994, gemäß dem Mineralrohstoffgesetz oder gemäß dem Emissionsschutzgesetz für Kesselanlagen (EG–K), BGBl. I Nr. 150/2004, unterliegen, ausgenommen IPPC-Behandlungsanlagen,
6. Anlagen privater Haushalte, in denen zulässigerweise die im Haushalt anfallenden Abfälle behandelt werden,
7. Anlagen, die im Zusammenhang mit einer wasserrechtlich bewilligten Abwassereinleitung der Reinigung – einschließlich einer Trocknung von Klärschlamm im Rahmen des Abwasserreinigungsprozesses – der in der öffentlichen Kanalisation gesammelten Abwässer dienen, wenn

a) in diesen Anlagen ausschließlich Abfälle eingesetzt werden, die

aa) beim Betrieb dieser Kanalisation oder beim anschließenden Abwasserreinigungsprozess anfallen,
bb) beim Betrieb einer anderen Kanalisation oder beim anschließenden Abwasserreinigungsprozess anfallen, sofern vergleichbare Abwässer abgeleitet und gereinigt werden, zB Abfälle aus klärtechnischen Einrichtungen, oder
cc) in ihrer Zusammensetzung und in ihren Eigenschaften nach mit den kommunalen Abwässern vergleichbar sind, zB Senkgrubeninhalte, und
b) der Einsatz dieser Abfälle wasserrechtlich bewilligt ist,
8. Einrichtungen in Produktionsbetrieben, die Abfallbehandlungsanlagen entwickeln oder herstellen, zum Zweck der kurzfristigen Erprobung, sofern es sich um gewerbliche Betriebsanlagen gemäß § 74 Abs. 1 GewO 1994 handelt,
9. Einrichtungen im Labor- oder Technikumsmaßstab in Universitäten und technischen Versuchsanstalten, die, ausschließlich zur Erforschung, Entwicklung oder Erprobung, Abfälle einsetzen.

(3) Folgende Behandlungsanlagen – sofern es sich nicht um IPPC-Behandlungsanlagen oder Seveso-Betriebe handelt – und Änderungen einer Behandlungsanlage sind nach dem vereinfachten Verfahren (§ 50) zu genehmigen:

1. Deponien, in denen ausschließlich Bodenaushub- und Abraummaterial, welches durch Ausheben oder Abräumen von im Wesentlichen natürlich gewachsenem Boden oder Untergrund anfällt, abgelagert werden, sofern das Gesamtvolumen der Deponie unter 100 000 m^3 liegt;
2. Verbrennungs- oder Mitverbrennungsanlagen zur thermischen Verwertung für nicht gefährliche Abfälle mit einer thermischen Leistung bis zu 2,8 Megawatt;
3. sonstige Behandlungsanlagen für nicht gefährliche Abfälle, ausgenommen Deponien, mit einer Kapazität von weniger als 10 000 Tonnen pro Jahr;
4. a) Behandlungsanlagen zur Zerlegung von Altfahrzeugen,
b) Behandlungsanlagen zur Zerlegung von Elektro- und Elektronikgeräten, die gefährliche Abfälle darstellen,
c) Lager von gefährlichen Abfällen

mit einer Kapazität von weniger als 1 000 Tonnen pro Jahr und

5. eine Änderung, die nach den gemäß § 38 mitanzuwendenden Vorschriften oder nach dem Baurecht des jeweiligen Bundeslandes genehmigungspflichtig ist und keine wesentliche Änderung darstellt.

(4) Folgende Maßnahmen sind – sofern nicht eine Genehmigungspflicht gemäß Abs. 1 oder 3 vorliegt – der Behörde anzuzeigen:

1. eine Änderung zur Anpassung an den Stand der Technik;
2. die Behandlung oder Lagerung zusätzlicher Abfallarten;

(Anm.: Z 3 aufgehoben durch Z 33, BGBl. I Nr. 71/2019)

4. sonstige Änderungen hinsichtlich der anzuwendenden Methoden und der Sicherheitsmaßnahmen;
5. eine Unterbrechung des Betriebs;
6. der Verzicht auf das Recht, bestimmte genehmigte Abfallarten zu behandeln, oder die Einschränkung der genehmigten Kapazität;
7. die Auflassung der Behandlungsanlage oder eines Anlagenteils oder die Stilllegung der Deponie oder eines Teilbereichs der Deponie oder die Beendigung der Maßnahmen für die Nachsorge der Deponie oder die Auflassung einer IPPC-Behandlungsanlage;
8. sonstige Änderungen, die nach den gemäß § 38 mitanzuwendenden Vorschriften oder nach dem Baurecht des jeweiligen Bundeslandes anzeigepflichtig sind;
9. sonstige Änderungen, die das Emissionsverhalten der Anlage nicht nachteilig beeinflussen.

(4a) Änderungen betreffend die bis 30. April 2021 befristete Ausweitung der genehmigten Kapazität von Lagern in Zusammenhang mit dem Coronavirus (COVID-19) sind der Behörde anzuzeigen.

(5) Der Antragsteller kann für Maßnahmen gemäß Abs. 3 oder 4 eine Genehmigung gemäß Abs. 1 beantragen. Der Antragsteller kann für Maßnahmen gemäß Abs. 1, 3 oder 4 eine Genehmigung gemäß Abs. 1 mit Öffentlichkeitsbeteiligung entsprechend § 42 Abs. 1 beantragen.

Konzentration und Zuständigkeit

§ 38. (1) **(Verfassungsbestimmung)** Im Genehmigungsverfahren und Anzeigeverfahren für gemäß § 37 genehmigungspflichtige Behandlungsanlagen sind alle Vorschriften – mit Ausnahme der Bestimmungen über die Parteistellung, die Behördenzuständigkeit und das Verfahren – anzuwenden, die im Bereich des Gas-, Elektrizitätswirtschafts-, Landesstraßen-, Naturschutz- und Raumordnungsrechts für Bewilligungen, Genehmigungen oder Untersagungen des Projekts anzuwenden sind. Hinsichtlich dieser landesrechtlichen Vorschriften hat die Behörde im selben Bescheid in einem eigenen Spruchpunkt zu entscheiden. Die behördlichen Befugnisse und Aufgaben zur Überprüfung der Ausführung einer Behandlungsanlage und der Übereinstimmung mit dem Genehmigungsbescheid, zur Kontrolle, zur Herstellung des gesetzmäßigen Zustands, zur

Gefahrenabwehr, zur nachträglichen Konsensanpassung und zur Vorschreibung und Durchführung von Maßnahmen bei Errichtung, Betrieb, Änderung und Auflassung sind vom Landeshauptmann entsprechend den folgenden Bestimmungen dieses Abschnittes wahrzunehmen. In Angelegenheiten des Landesrechts ist der Landeshauptmann als Mitglied der Landesregierung oberstes Organ der Landesvollziehung.

(1a) Im Genehmigungsverfahren und Anzeigeverfahren für gemäß § 37 genehmigungspflichtige Behandlungsanlagen sind alle Vorschriften – mit Ausnahme der Bestimmungen über die Parteistellung, die Behördenzuständigkeit und das Verfahren – anzuwenden, die im Bereich des Gewerbe-, Wasser-, Forst-, Mineralrohstoff-, Strahlenschutz-, Luftfahrt-, Schifffahrts-, Luftreinhalte-, Immissionsschutz-, Rohrleitungs-, Eisenbahn-, Bundesstraßen-, Gaswirtschafts- und Denkmalschutzrechts für Bewilligungen, Genehmigungen oder Untersagungen des Projekts anzuwenden sind. Die Genehmigung oder Nicht-Untersagung ersetzt die nach den genannten bundesrechtlichen Vorschriften erforderlichen Bewilligungen, Genehmigungen oder Nicht-Untersagungen. Die behördlichen Befugnisse und Aufgaben zur Überprüfung der Ausführung einer Behandlungsanlage und der Übereinstimmung mit dem Genehmigungsbescheid, zur Kontrolle, zur Herstellung des gesetzmäßigen Zustands, zur Gefahrenabwehr, zur nachträglichen Konsensanpassung und zur Vorschreibung und Durchführung von Maßnahmen bei Errichtung, Betrieb, Änderung und Auflassung sind vom Landeshauptmann entsprechend den folgenden Bestimmungen dieses Abschnittes wahrzunehmen.

(2) **(Verfassungsbestimmung)** Im Genehmigungsverfahren und Anzeigeverfahren sind die bautechnischen Bestimmungen des jeweiligen Bundeslandes anzuwenden; in diesen Fällen entfällt eine baubehördliche Bewilligungspflicht.

(3) Im Genehmigungsverfahren und Anzeigeverfahren für gemäß den §§ 37, 52 und 54 genehmigungspflichtige Behandlungsanlagen sind gemäß dem 8. Abschnitt des ArbeitnehmerInnenschutzgesetzes, BGBl. Nr. 450/1994, die Belange des Arbeitnehmerschutzes zu berücksichtigen.

(4) **(Verfassungsbestimmung)** Im Interesse der zweckmäßigen, raschen, einfachen und Kosten sparenden Verfahrensdurchführung kann die Behörde im Genehmigungsverfahren und Anzeigeverfahren zu bestimmten Sach- und Rechtsfragen mitwirkende Behörden beiziehen. Als mitwirkende Behörden gelten jene Behörden, die nach den Verwaltungsvorschriften für das Genehmigungsverfahren für das Projekt zuständig wären, wenn für die Behandlungsanlage nicht eine Genehmigung gemäß den §§ 37 oder 44 durchzuführen wäre. Diese Behörden haben an der fachlichen und rechtlichen Beurteilung des Projekts im erforderlichen Ausmaß mitzuwirken.

(5) Die Behörde hat das Verfahren und die Auflagen mit den Behörden, die für andere als die von Abs. 1 erfassten anlagenbezogenen Vorschriften zuständig sind, zu koordinieren.

(6) Zuständige Behörde für diesen Abschnitt dieses Bundesgesetzes ist der Landeshauptmann, sofern Abs. 7 nicht anderes bestimmt. Bei mobilen Behandlungsanlagen, einschließlich der Änderungsgenehmigungen und nachträglicher Auflagen, ist die örtlich zuständige Behörde der Landeshauptmann, in dessen Bundesland der Antragsteller seinen Sitz hat; liegt der Sitz des Antragstellers nicht im Bundesgebiet, ist der Landeshauptmann zuständig, in dessen Bundesland die mobile Behandlungsanlage erstmals aufgestellt und betrieben werden soll.

(6a) Der Landeshauptmann als zuständige Anlagenbehörde gemäß Abs. 6 kann für bestimmte Behandlungsanlagen der Bezirksverwaltungsbehörde die Zuständigkeit

1. zur Durchführung eines Verfahrens oder
2. zur Vollziehung der §§ 53 Abs. 2, 57 bis 64 und 75

ganz oder teilweise übertragen und die Bezirksverwaltungsbehörde zur Entscheidung im eigenen Namen ermächtigen, sofern dies im Interesse der Zweckmäßigkeit, Klarheit, Kostenersparnis und Einfachheit gelegen ist. Gesetzliche Mitwirkungs- und Anhörungsrechte werden dadurch nicht berührt.

(6b) Der Landeshauptmann als zuständige Anlagenbehörde gemäß Abs. 6 kann durch Verordnung für bestimmte Anlagentypen der Bezirksverwaltungsbehörde die Zuständigkeit

1. zur Durchführung von Verfahren oder
2. zur Vollziehung der §§ 53 Abs. 2, 57 bis 64 und 75

ganz oder teilweise übertragen und die Bezirksverwaltungsbehörde zur Entscheidung im eigenen Namen ermächtigen, sofern dies im Interesse der Zweckmäßigkeit, Klarheit, Kostenersparnis und Einfachheit gelegen ist. Gesetzliche Mitwirkungs- und Anhörungsrechte werden dadurch nicht berührt.

(7) Zuständige Behörde für Behandlungsanlagen gemäß § 54 ist die Bezirksverwaltungsbehörde.

(Anm.: Abs. 8 aufgehoben durch BGBl. I Nr. 97/2013)

(9) Wenn nach den gemäß § 38 anzuwendenden Vorschriften eine IPPC-Genehmigung erforderlich ist, sind § 6 Abs. 6, § 39 Abs. 3, § 40,

§ 42 Abs. 1 Z 13 und 14, § 43 Abs. 3 und 6, § 47 Abs. 3, § 57, § 60 und § 78 Abs. 5 anzuwenden.

Antragsunterlagen

§ 39. (1) Dem Antrag auf eine Genehmigung gemäß § 37 sind in vierfacher Ausfertigung insbesondere anzuschließen:

1. Angaben über die Eignung des vorgesehenen Standortes;
2. Angaben über Art, Zweck, Umfang und Dauer des Projekts;
3. die grundbücherliche Bezeichnung der von der Behandlungsanlage betroffenen Liegenschaft unter Anführung des Eigentümers und unter Anschluss eines amtlichen Grundbuchsauszugs, der nicht älter als sechs Wochen ist;
4. die Zustimmungserklärung des Liegenschaftseigentümers, auf dessen Liegenschaft die Behandlungsanlage errichtet werden soll, wenn der Antragsteller nicht selbst Eigentümer ist;
5. die Bekanntgabe der Inhaber rechtmäßig geübter Wassernutzungen;
6. eine Betriebsbeschreibung einschließlich der Angaben der zu behandelnden Abfallarten oder Abfallartenpools, der Behandlungsverfahren, der Kapazität und eines Verzeichnisses der Maschinen und sonstiger Betriebseinrichtungen;

6a. für Anlagen zur Verbrennung oder Mitverbrennung mit energetischer Verwertung eine Darstellung der Energieeffizienz;

7. eine Baubeschreibung mit den erforderlichen Plänen und Skizzen;
8. eine Beschreibung der beim Betrieb der Behandlungsanlage zu erwartenden Abfälle und eine Beschreibung der Maßnahmen zur Vermeidung, zur Vorbereitung zur Wiederverwendung, zum Recycling, zur sonstigen Verwertung und zur Beseitigung der von der Behandlungsanlage erzeugten Abfälle (Abfallwirtschaftskonzept gemäß § 10 Abs. 3);
9. eine Beschreibung der zu erwartenden Emissionen der Behandlungsanlage und Angaben über die Vermeidung oder, sofern dies nicht möglich ist, die Verringerung der Emissionen;
10. eine Beschreibung der Vorkehrungen zur Einhaltung der Behandlungspflichten gemäß den § 15 Abs. 1 bis 4 und § 16 und gemäß einer Verordnung nach § 23;
11. die Identifikationsnummern der Behandlungsanlage im Register.

(2) Dem Antrag auf eine Genehmigung eines Deponieprojekts sind zusätzlich zu Abs. 1 folgende Unterlagen in vierfacher Ausfertigung anzuschließen:

1. Angaben zu den hydrologischen, geologischen und wasserwirtschaftlichen Merkmalen des Standortes;
2. Angaben über die Deponie(unter)klasse und das vorgesehene Gesamtvolumen;
3. eine Beschreibung der Betriebs- und Überwachungsmaßnahmen (Betriebs- und Überwachungsplan) einschließlich einer Beschreibung der zum Schutz der Umwelt, insbesondere der Luft und der Gewässer, vorgesehenen Maßnahmen unter Angabe der vorgesehenen Messverfahren, Angaben zu den deponietechnischen Anforderungen und den sicherheitstechnischen Maßnahmen;
4. Angaben über Maßnahmen zur Verhinderung von Unfällen und zur Begrenzung von deren Folgen für die Menschen und die Umwelt;
5. Angaben über die für die Stilllegung des Deponiebetriebs vorgesehenen Maßnahmen (vorläufiger Stilllegungsplan) und die Nachsorgemaßnahmen, insbesondere ein Überwachungsplan;
6. Angaben über die Art und Höhe der Sicherstellung;
7. die Darstellung der Abdeckung der Kosten der Errichtung, der geschätzten Kosten des Betriebs, der Stilllegung und der Nachsorge im in Rechnung zu stellenden Entgelt für die Ablagerung aller Abfälle auf der Deponie.

(3) Soweit nicht bereits nach Abs. 1 und 2 erforderlich, hat der Genehmigungsantrag für eine IPPC-Behandlungsanlage zu enthalten:

1. Angaben über die in der Behandlungsanlage eingesetzten und

erzeugten Stoffe und Energie;

2. eine Beschreibung des Zustands des Anlagengeländes;
3. eine Beschreibung der Quellen der Emissionen aus der Behandlungsanlage;
4. eine Beschreibung der Art und Menge der vorhersehbaren Emissionen aus der Behandlungsanlage in jedes Umweltmedium;
5. eine Beschreibung der zu erwartenden erheblichen Auswirkungen der Emissionen auf die Umwelt;
6. Angaben über Maßnahmen zur Überwachung der Emissionen;
7. Angaben über sonstige Maßnahmen zur Erfüllung der Voraussetzungen gemäß § 43 Abs. 3;

7a. die wichtigsten vom Antragsteller gegebenenfalls geprüften Alternativen in einer Übersicht;

8. Angaben über Art und Umfang der Tätigkeiten der IPPC-Behandlungsanlage gemäß Anhang 5 Teil 1;
9. einen Bericht über den Ausgangszustand im Hinblick auf eine mögliche Verschmutzung des Bodens und Grundwassers auf dem Gelände der Behandlungsanlage, wenn im Rahmen einer Tätigkeit einer IPPC-Behandlungsanlage relevante gefährliche Stoffe verwendet, erzeugt oder freigesetzt werden;
10. die vorgesehene Technologie und sonstige Techniken zur Vermeidung der Emissionen aus der IPPC-Behandlungslage oder, sofern dies nicht möglich ist, Verminderung derselben;

11. eine allgemein verständliche Zusammenfassung der Angaben gemäß Z 1 bis 10 und gemäß Abs. 1 Z 1, 2, 8 und 9.

(4) Die Behörde kann die Vorlage zusätzlicher Ausfertigungen der Antragsunterlagen verlangen, wenn dies zur Beteiligung mitwirkender Behörden oder zur Begutachtung durch Sachverständige erforderlich ist. Die Behörde kann, insbesondere bei einem vereinfachten Verfahren, von der Beibringung einzelner Angaben oder Unterlagen absehen, sofern diese für das Genehmigungsverfahren entbehrlich sind.

(4a) Die Behörde kann die Vorlage von Antragsunterlagen in elektronischer Form verlangen. Bei der Vorlage von Antragsunterlagen in elektronischer Form auf Verlangen der Behörde sind die Abfallarten oder Abfallartenpools und die jeweils zugehörigen Behandlungsverfahren in einem durch die zuständige Behörde bearbeitbaren Format zu übermitteln. Abweichend zu Abs. 1 sind Antragsunterlagen in elektronischer Form in einfacher Ausfertigung zu übermitteln.

(5) Der Antragsteller hat Antragsunterlagen, die nach seiner Auffassung Geschäfts- oder Betriebsgeheimnisse enthalten, besonders zu kennzeichnen.

Öffentlichkeitsbeteiligung bei IPPC-Behandlungsanlagen und Verbrennungs- oder Mitverbrennungsanlagen

§ 40. (1) Im redaktionellen Teil einer im Bundesland weit verbreiteten Tageszeitung oder einer im Bundesland weit verbreiteten Wochenzeitung sind Antragsteller, Standort, Projektname und kurze Beschreibung des Projekts zu veröffentlichen und durch Verweis auf die folgenden über eine Internetseite (Link) zugänglichen Dokumente

1. der Antrag für eine Genehmigung für eine IPPC-Behandlungsanlage gemäß § 37 Abs. 1,
2. der Antrag für eine oder Aktualisierung einer Genehmigung gemäß § 37 Abs. 1 für eine Verbrennungs- oder Mitverbrennungsanlage, die einer Verordnung gemäß § 65 Abs. 1 unterliegt,
3. der Antrag für eine oder Aktualisierung einer Genehmigung für eine IPPC-Behandlungsanlage gemäß § 47a Abs. 3 oder § 57 Abs. 3 Z 1

bekannt zu geben. In der Bekanntmachung ist darauf hinzuweisen, bei welcher Behörde der Antrag und die wichtigsten entscheidungsrelevanten Berichte und Empfehlungen, welche zu diesem Zeitpunkt der Behörde vorliegen, innerhalb einer bestimmten, mindestens sechs Wochen betragenden Frist zur Einsichtnahme aufliegen, wann diese Unterlagen eingesehen werden können und dass jedermann innerhalb dieser Frist zum Antrag Stellung nehmen kann. Weiters ist in der Bekanntmachung darauf hinzuweisen, dass die Entscheidung mit Bescheid erfolgt, und gegebenenfalls auf die Tatsache, dass Konsultationen gemäß Abs. 2 bis 5 erforderlich sind.

(1a) Andere entscheidungsrelevante Informationen, die zum Zeitpunkt der Bekanntmachung des Genehmigungsantrags noch nicht vorliegen, sind in der Folge während des Genehmigungsverfahrens zur Einsichtnahme bei der Behörde aufzulegen.

(1b) Ein Genehmigungsbescheid gemäß § 37 Abs. 1 für eine IPPC-Behandlungsanlage oder eine Verbrennungs- oder Mitverbrennungsanlage, die einer Verordnung gemäß § 65 Abs. 1 unterliegt, ist mindestens sechs Wochen bei der Behörde aufzulegen. Die Auflage ist in geeigneter Form auf der Internetseite der Behörde bekannt zu machen. Die Bekanntmachung hat Angaben über das Verfahren zur Beteiligung der Öffentlichkeit zu enthalten. Mit Ablauf von zwei Wochen nach dieser Bekanntmachung gilt der Bescheid auch gegenüber jenen Umweltorganisationen, die gemäß § 19 Abs. 7 UVP-G 2000 anerkannt sind, als zugestellt, die sich am Verfahren nicht oder nicht rechtzeitig (§§ 42, 44a, in Verbindung mit 44b AVG) beteiligt und deshalb keine Parteistellung erlangt haben. Ab dem Tag der Bekanntmachung im Internet ist solchen Umweltorganisationen, die glaubhaft machen, dass ihnen ein Beschwerderecht zukommt, Einsicht in den Verwaltungsakt zu gewähren. Diese Bestimmung ist sinngemäß auf Anträge und Bescheide gemäß § 37 Abs. 1 betreffend die Genehmigung oder wesentliche Änderung bei Seveso-Betrieben anzuwenden.

(1c) Der Spruch der Genehmigung, die Bezeichnung des maßgeblichen BVT-Merkblatts, die Begründung der Genehmigung und allfällige Ausnahmen gemäß § 47a Abs. 3 und § 57 Abs. 2 sind der Öffentlichkeit auf der Internetseite edm.gv.at zugänglich zu machen.

(1d) Folgende Informationen sind der Öffentlichkeit – in Bezug auf Z 1 auch auf der Internetseite edm.gv.at – zugänglich zu machen:

1. relevante Informationen zu den vom Anlageninhaber bei der Auflassung, Stilllegung oder endgültigen Schließung gemäß § 51 Abs. 2a oder § 62 Abs. 8, 9 und 10 getroffenen Maßnahmen und
2. Ergebnisse der entsprechend der Genehmigung erforderlichen Überwachung der Emissionen, die bei der zuständigen Behörde vorliegen.

(2) Wenn

1. die Errichtung, der Betrieb oder eine wesentliche Änderung einer IPPC-Behandlungsanlage erhebliche Auswirkungen auf die Umwelt eines anderen Staates haben könnten oder
2. ein von den Auswirkungen der Errichtung, des Betriebs oder der wesentlichen Änderung der IPPC-Behandlungsanlage betroffener anderer Staat (Z 1) ein diesbezügliches Ersuchen stellt,

hat die Behörde diesen Staat spätestens zum Zeitpunkt der Bekanntmachung gemäß Abs. 1 über das Projekt zu benachrichtigen. Verfügbare Informationen über mögliche grenzüberschreitende Auswirkungen und über den Ablauf des Genehmigungsverfahrens sind zu erteilen. Dem anderen Staat ist eine angemessene Frist für die Mitteilung, ob er am Verfahren teilnehmen will, einzuräumen. Bei wasserrelevanten grenzüberschreitenden Auswirkungen ist bei Verfahrenseinleitung die Grenzgewässerkommission zu informieren.

(3) Will der Staat (Abs. 2) am Verfahren teilnehmen, sind ihm die Unterlagen gemäß Abs. 1 und 1a zu übermitteln. Eine angemessene Frist zur Stellungnahme ist einzuräumen, damit der Staat die Unterlagen der Öffentlichkeit zugänglich machen und ihr Gelegenheit zur Stellungnahme einräumen kann. Erforderlichenfalls sind Konsultationen über mögliche grenzüberschreitende Auswirkungen und allfällige Maßnahmen zur Vermeidung oder Verminderung schädlicher grenzüberschreitender Umweltauswirkungen zu führen. Einem am Verfahren teilnehmenden Staat sind ferner die Ergebnisse des Ermittlungsverfahrens und die Entscheidung über den Genehmigungsantrag zu übermitteln und Informationen gemäß Abs. 1c zugänglich zu machen.

(3a) Soweit für die Durchführung eines grenzüberschreitenden IPPC-Verfahrens erforderlich, hat der Antragsteller der Behörde auf Verlangen Übersetzungen der von ihm vorgelegten Unterlagen in die Sprache des betroffenen Staates vorzulegen.

(4) Werden im Rahmen eines in einem anderen Staat durchgeführten Verfahrens gemäß Abs. 1 betreffend IPPC-Behandlungsanlagen Informationen gemäß Abs. 1 bis 1d übermittelt, so hat die Behörde, in deren Wirkungsbereich erhebliche Auswirkungen auf die Umwelt möglich sind, gemäß Abs. 1 bis 1d vorzugehen. Bei der Behörde eingelangte Stellungnahmen sind dem verfahrensführenden Staat zu übermitteln. Entscheidungen, die in einem anderen Staat getroffen worden sind und die der Behörde vorliegen, sind gemäß Abs. 1c und 1d der Öffentlichkeit zugänglich zu machen. Bei wasserrelevanten grenzüberschreitenden Auswirkungen ist bei Verfahrenseinleitung die Grenzgewässerkommission zu informieren.

(5) Die Abs. 2 und 3 gelten für Staaten, die nicht Vertragspartei des EWR-Abkommens sind, nur nach Maßgabe des Grundsatzes der Gegenseitigkeit. Besondere staatsvertragliche Regelungen bleiben unberührt.

Informationen bei sonstigen Behandlungsanlagen

§ 40a. (1) Bei Bescheiden gemäß § 37 Abs. 1, die nicht der Öffentlichkeitsbeteiligung gemäß § 40 unterliegen, sind

1. Projektwerber, Standort, Projektname und kurze Beschreibung des Projektes, sowie
2. das Datum der Kundmachung und Angaben zum Rechtsschutz

auf der Internetseite der Behörde und auf der Internetseite edm.gv.at kundzumachen und dort für die Dauer von sechs Wochen bereitzustellen. Mit Ablauf von zwei Wochen nach Kundmachung auf der Internetseite der Behörde gilt der Bescheid gegenüber Umweltorganisationen, die gemäß § 42 Abs. 3 zur Ergreifung eines Rechtsmittels berechtigt sind, als zugestellt. Ab dem Tag der Kundmachung auf der Internetseite der Behörde ist einer Umweltorganisation, die gemäß § 19 Abs. 7 UVP-G 2000 anerkannt ist und die ihre Rechtsmittelbefugnis glaubhaft macht, Einsicht in den Verwaltungsakt zu gewähren.

(2) Abs. 1 gilt nicht für Bescheide gemäß § 37 Abs. 1 betreffend Bodenaushubdeponien.

Kundmachung der mündlichen Verhandlung

§ 41. Die Anberaumung einer mündlichen Verhandlung gemäß § 37 Abs. 1 ist im Verfahren vor den Verwaltungsbehörden zusätzlich durch Veröffentlichung auf der Internetseite der Behörde kundzumachen.

Parteistellung und nachträgliches Überprüfungsrecht

§ 42. (1) Parteistellung in einem Genehmigungsverfahren gemäß § 37 Abs. 1 haben

1. der Antragsteller,
2. die Eigentümer der Liegenschaften, auf denen die Anlage errichtet werden soll,
3. Nachbarn,
4. derjenige, der zu einer Duldung verpflichtet werden soll,
5. die Inhaber rechtmäßig geübter Wassernutzungen gemäß § 12 Abs. 2 WRG 1959,
6. die Gemeinde des Standortes und die unmittelbar an die Liegenschaft der Behandlungsanlage angrenzende Gemeinde,
7. das Arbeitsinspektorat gemäß dem Arbeitsinspektionsgesetz 1993, BGBl. Nr. 27/1993,
8. der Umweltanwalt; der Umweltanwalt kann die Einhaltung von naturschutzrechtlichen Vorschriften im Verfahren geltend machen; dem Umweltanwalt wird das Recht eingeräumt, Rechtsmittel zu ergreifen, einschließlich Beschwerde an das Verwaltungsgericht sowie Revision an den Verwaltungsgerichtshof zu erheben,
9. Gemeinden oder Wasserversorgungsunternehmen zur Wahrung der Versorgung ihrer Bürger oder Kunden mit Trinkwasser hinsichtlich der Genehmigungsvoraussetzungen gemäß § 43 Abs. 2 Z 5,
10. diejenigen, deren wasserwirtschaftliche Interessen gemäß den §§ 34 Abs. 6 oder 35 WRG 1959 gefährdet werden könnten,

11. diejenigen, deren wasserwirtschaftliche Interessen durch eine wasserwirtschaftliche Rahmenverfügung als rechtliche Interessen anerkannt wurden, und
12. das wasserwirtschaftliche Planungsorgan in Wahrnehmung seiner Aufgaben,
13. Umweltorganisationen, die gemäß § 19 Abs. 7 UVP-G 2000 anerkannt sind, jeweils im Rahmen ihrer örtlichen Anerkennung, in Verfahren betreffend IPPC-Behandlungsanlagen oder Seveso-Betriebe, soweit sie während der Auflagefrist gemäß § 40 schriftliche Einwendungen erhoben haben; die Umweltorganisationen können die Einhaltung von Umweltschutzvorschriften im Verfahren geltend machen und Rechtsmittel ergreifen,
14. Umweltorganisationen aus einem anderen Staat,
    a) sofern für die zu genehmigende Errichtung, den zu genehmigenden Betrieb oder die zu genehmigende wesentliche Änderung der IPPC-Behandlungsanlage eine Benachrichtigung des anderen Staates gemäß § 40 Abs. 2 erfolgt ist,
    b) sofern die zu genehmigende Errichtung, der zu genehmigende Betrieb oder die zu genehmigende wesentliche Änderung der IPPC-Behandlungsanlage voraussichtlich Auswirkungen auf jenen Teil der Umwelt des anderen Staates hat, für deren Schutz die Umweltorganisation eintritt,
    c) sofern sich die Umweltorganisation im anderen Staat am Genehmigungsverfahren betreffend eine IPPC-Behandlungsanlage beteiligen könnte, wenn die IPPC-Behandlungsanlage im anderen Staat errichtet, betrieben oder wesentlich geändert wird, und
    d) soweit sie während der Auflagefrist gemäß § 40 schriftliche Einwendungen erhoben haben; die Umweltorganisationen können die Einhaltung von Umweltschutzvorschriften im Verfahren geltend machen und Rechtsmittel ergreifen.

(1a) Werden im Rechtsmittelverfahren von einer Umweltorganisation, die gemäß § 19 Abs. 7 UVP–G 2000 anerkannt ist und sich an einem Verfahren als Partei beteiligt hat, Einwendungen oder Gründe erstmals vorgebracht, sind diese nicht zulässig, wenn ihr erstmaliges Vorbringen im Rechtsmittelverfahren missbräuchlich oder unredlich ist.

(2) Die Fischereiberechtigten können anlässlich der Genehmigung einer Behandlungsanlage mit nachteiligen Folgen für ihre Fischwässer Maßnahmen zum Schutz der Fischerei begehren. Dem Begehren ist Rechnung zu tragen, sofern die Errichtung oder der Betrieb der Behandlungsanlage nicht unverhältnismäßig erschwert wird. Für sämtliche aus der Errichtung oder dem Betrieb einer Behandlungsanlage erwachsenden vermögensrechtlichen Nachteile gebührt den Fischereiberechtigten eine angemessene Entschädigung. § 46 Abs. 2 ist anzuwenden.

(3) Umweltorganisationen, die gemäß § 19 Abs. 7 UVP-G 2000 anerkannt sind, sind jeweils im Rahmen ihrer örtlichen Anerkennung berechtigt, gegen Bescheide, die den Kundmachungsvorschriften des § 40a Abs. 1 unterliegen, Rechtsmittel aufgrund von Rechtswidrigkeit wegen der Verletzung von unionsrechtlich bedingten Umweltschutzvorschriften zu ergreifen.

(4) Im Rechtsmittelverfahren kann das zuständige Verwaltungsgericht für Konkretisierungen der Beschwerden und für sonstige Stellungnahmen und Beweisanträge angemessene Fristen setzen mit der Wirkung, dass nach Ablauf dieser Fristen erstattete Vorbringen im weiteren Verfahren nicht zu berücksichtigen sind. § 39 Abs. 3 AVG ist mit der Maßgabe anzuwenden, dass neue Tatsachen und Beweismittel, sofern diese in noch zulässiger Weise vorgebracht werden können, spätestens in der mündlichen Verhandlung vorzubringen sind und der Schluss des Ermittlungsverfahrens auch für einzelne Teilbereiche der Sache erklärt werden kann. § 39 Abs. 4 erster und zweiter Satz und Abs. 5 AVG sind nicht anzuwenden.

Genehmigungsvoraussetzungen

§ 43. (1) Eine Genehmigung gemäß § 37 ist zu erteilen, wenn zu erwarten ist, dass die Behandlungsanlage neben den Voraussetzungen der gemäß § 38 anzuwendenden Vorschriften folgende Voraussetzungen erfüllt:

1. Das Leben und die Gesundheit des Menschen werden nicht gefährdet.
2. Die Emissionen von Schadstoffen werden jedenfalls nach dem Stand der Technik begrenzt.
3. Nachbarn werden nicht durch Lärm, Geruch, Rauch, Staub, Erschütterung oder in anderer Weise unzumutbar belästigt.
4. Das Eigentum und sonstige dingliche Rechte der Nachbarn werden nicht gefährdet; unter einer Gefährdung des Eigentums ist nicht die Möglichkeit einer bloßen Minderung des Verkehrswertes zu verstehen.
5. Die beim Betrieb der Behandlungsanlage nicht vermeidbaren anfallenden Abfälle werden nach dem Stand der Technik einer Vorbereitung zur Wiederverwendung, einem Recycling oder einer sonstigen Verwertung zugeführt oder – soweit dies wirtschaftlich nicht vertretbar ist – ordnungsgemäß beseitigt.

5a. Die Behandlungspflichten gemäß den §§ 15 und 16 und gemäß einer Verordnung nach § 23 werden eingehalten.

6. Auf die sonstigen öffentlichen Interessen (§ 1 Abs. 3) wird Bedacht genommen.

(2) Eine Genehmigung für ein Deponieprojekt ist zu erteilen, wenn zu erwarten ist, dass die Behandlungsanlage neben den Voraussetzungen des Abs. 1 folgende Voraussetzungen erfüllt:

1. Die geplante Deponie steht mit dem Bundes-Abfallwirtschaftsplan im Einklang.
2. Der Stand der Technik, einschließlich einer fachkundigen Betriebsführung, wird eingehalten.
3. Die Überwachung und Betreuung der Deponie erscheint auf die vermutliche Dauer einer Umweltgefährdung sichergestellt.
4. Es werden die notwendigen Maßnahmen ergriffen, um Unfälle zu vermeiden und deren Folgen zu begrenzen.
5. Hinsichtlich des Schutzgutes Gewässer:

a) Es ist keine erhebliche Beeinträchtigung des Ablaufs der Hochwässer und des Eises zu besorgen.
b) Die Deponie steht im Einklang mit bestehenden oder in Aussicht genommenen Regulierungen von Gewässern.
c) Es ist kein schädlicher Einfluss auf den Lauf, die Höhe, das Gefälle oder die Ufer der natürlichen Gewässer zu besorgen.
d) Es ist keine nachteilige Beeinflussung der Beschaffenheit der Gewässer zu besorgen.
e) Es ist keine wesentliche Behinderung des Gemeingebrauchs und keine Gefährdung der notwendigen Wasserversorgung zu besorgen.
f) Es liegt kein Widerspruch zu den Interessen der wasserwirtschaftlichen Planung an der Sicherung der Trink- und Nutzwasserversorgung vor.
g) Es ist keine wesentliche Beeinträchtigung der ökologischen Funktionsfähigkeit der Gewässer zu besorgen.

(2a) Die Ablagerung von in Anhang V Teil 2 der EG-POP-V aufgeführten POP-Abfällen bis zu den in diesem Anhang der EG-POP-V angegebenen Konzentrationsgrenzwerten auf einer Deponie für gefährliche Abfälle darf nur genehmigt werden, wenn hinreichend nachgewiesen ist, dass die Dekontamination der POP-Abfälle nicht durchführbar ist und dass die Zerstörung oder unumkehrbare Umwandlung des Gehaltes an persistenten organischen Schadstoffen nach dem Stand der Technik nicht die unter Umweltgesichtspunkten vorzuziehende Möglichkeit darstellt; die Behörde hat der Bundesministerin für Klimaschutz, Umwelt, Energie, Mobilität, Innovation und Technologie den diesbezüglichen rechtskräftigen Genehmigungsbescheid in Kopie zu übermitteln.

(2b) Genehmigungen, die eine Verbrennung oder Mitverbrennung mit energetischer Verwertung umfassen, dürfen nur erteilt werden, wenn bei der energetischen Verwertung ein hoher Grad an Energieeffizienz erreicht wird.

(3) Soweit nicht bereits nach den Abs. 1 bis 2b geboten, ist eine Genehmigung für eine IPPC-Behandlungsanlage zu erteilen, wenn zu erwarten ist, dass die IPPC-Behandlungsanlage folgende Voraussetzungen erfüllt:

1. Alle geeigneten und wirtschaftlich verhältnismäßigen Vorsorgemaßnahmen gegen Umweltverschmutzungen sind insbesondere durch den Einsatz von dem Stand der Technik entsprechenden Verfahren, Einrichtungen und Betriebsweisen getroffen.
2. Die Energie wird effizient eingesetzt.
3. Die notwendigen Maßnahmen werden ergriffen, um Unfälle zu verhindern und deren Folgen zu begrenzen.
4. Die notwendigen Maßnahmen werden getroffen, um nach der Auflassung der Behandlungsanlage die Gefahr einer Umweltverschmutzung zu vermeiden und um erforderlichenfalls einen zufrieden stellenden Zustand des Geländes der Behandlungsanlage wiederherzustellen.

Bei der Erteilung der Genehmigung ist auf die Stellungnahmen gemäß § 40 Bedacht zu nehmen.

(4) Erforderlichenfalls hat die Behörde zur Wahrung der Voraussetzungen gemäß Abs. 1 bis 3 geeignete Auflagen, Bedingungen oder Befristungen vorzuschreiben. Dies gilt auch, wenn im Einzelfall durch die Einhaltung der Bestimmungen zum Stand der Technik einer Verordnung gemäß § 65 Abs. 1 die gemäß § 43 wahrzunehmenden Interessen nicht hinreichend geschützt sind. Sofern die Voraussetzungen nicht erfüllt sind und auch durch die Vorschreibung von Auflagen, Bedingungen oder Befristungen nicht erfüllt werden können, ist der Genehmigungsantrag abzuweisen.

(5) Abweichungen von einer nach § 65 Abs. 1 erlassenen Verordnung sind auf Antrag mit Bescheid zuzulassen, wenn der Antragsteller durch geeignete Maßnahmen, wie Ausstattung und Betriebsweise, Kontrolle und Überwachung während des Betriebs und Nachsorge, sicherstellt, dass der gleiche Schutz erreicht wird, wie er bei Einhaltung der Verordnung zu erwarten wäre. Davon ausgenommen ist das Verbot der Deponierung gemäß einer Verordnung nach § 65 Abs. 1.

(6) Abs. 5 gilt nicht für IPPC-Behandlungsanlagen.

Anwendung von BVT-Schlussfolgerungen für IPPC-Behandlungsanlagen

§ 43a. (1) BVT-Schlussfolgerungen sind als Referenzdokumente für die Erteilung einer Genehmigung für eine IPPC-Behandlungsanlage mit dem Tag der Veröffentlichung im Amtsblatt der Europäischen Union anzuwenden.

(2) Schlussfolgerungen zu den besten verfügbaren Techniken aus BVT-Merkblättern, die von der Europäischen Kommission vor dem 6. Jänner 2011 angenommen worden sind, gelten bis zum Vorliegen von BVT-Schlussfolgerungen gemäß Abs. 1 als Referenzdokumente für die Erteilung einer Genehmigung, insbesondere Auflagen, für eine IPPC-Behandlungsanlage, mit Ausnahme

der Festlegung von Emissionsgrenzwerten gemäß § 47a Abs. 2 und 3.

(3) Die Bundesministerin für Klimaschutz, Umwelt, Energie, Mobilität, Innovation und Technologie hat die für IPPC-Behandlungsanlagen relevanten BVT-Schlussfolgerungen und BVT-Merkblätter auf der Internetseite edm.gv.at zu veröffentlichen.

Probebetrieb, Vorarbeiten

§ 44. (1) Für gemäß § 37 Abs. 1 genehmigungspflichtige Behandlungsanlagen, ausgenommen Deponien, kann im Genehmigungsbescheid angeordnet werden, dass die Behandlungsanlage oder Teile dieser Behandlungsanlage erst auf Grund einer gesonderten Betriebsgenehmigung in Betrieb genommen werden dürfen, wenn im Zeitpunkt der Genehmigung nicht ausreichend beurteilt werden kann, ob die die Auswirkungen der Behandlungsanlage oder von Teilen dieser Behandlungsanlage betreffenden Auflagen des Genehmigungsbescheides die gemäß § 43 wahrzunehmenden Interessen hinreichend schützen oder zur Erreichung dieses Schutzes andere oder zusätzliche Auflagen erforderlich sind. Bei Vorschreibung einer gesonderten Betriebsgenehmigung ist ein befristeter Probebetrieb anzuordnen. Der Probebetrieb darf höchstens zwei Jahre dauern. Für Behandlungsanlagen oder Teile von Behandlungsanlagen, die erst auf Grund einer gesonderten Betriebsgenehmigung in Betrieb genommen werden dürfen, ist bei der Erteilung dieser Genehmigung die Vorschreibung von anderen oder zusätzlichen Auflagen, Bedingungen oder Befristungen zulässig. Im Verfahren betreffend die gesonderte Betriebsgenehmigung haben die im § 42 genannten Personen Parteistellung. Nachbarn kommt Parteistellung zu, wenn sie bereits im Zuge des Errichtungs- oder Änderungsverfahrens Einwendungen erhoben haben.

(2) Die Behörde kann im Rahmen eines Genehmigungsverfahrens gemäß § 37, erforderlichenfalls unter Vorschreibung bestimmter, geeigneter Auflagen oder Bedingungen, schon vor der Genehmigung der Errichtung, des Betriebs oder der Änderung der Behandlungsanlage oder von Teilen dieser Behandlungsanlage die erforderlichen Vorarbeiten (zB Versuchsbetrieb) genehmigen, wenn

1. zur Ausarbeitung des Projektes Vorarbeiten erforderlich sind oder
2. das Vorliegen des Ergebnisses bestimmter Vorarbeiten für die Entscheidung der Behörde von wesentlicher Bedeutung ist

und anzunehmen ist, dass die Errichtung und der Betrieb der Behandlungsanlage bei Vorschreibung bestimmter Auflagen, Bedingungen oder Befristungen zulässig sein wird. Für die Durchführung der Vorarbeiten ist in der Genehmigung eine angemessene, höchstens zwei Jahre betragende Frist ab dem Zeitpunkt zu setzen, ab dem diese Vorarbeiten tatsächlich durchgeführt werden. Die Genehmigung gilt auch als entsprechende Genehmigung, Bewilligung oder Nicht-Untersagung gemäß den nach § 38 mitanzuwendenden Vorschriften für die Vorarbeiten. Gegen die Genehmigung ist ein abgesondertes Rechtsmittel nicht zulässig. Parteistellung hat nur der Antragsteller.

Zivilrechtliche Einwendungen

§ 45. Werden von Nachbarn privatrechtliche Einwendungen gegen die Behandlungsanlage vorgebracht, so hat der Verhandlungsleiter auf eine Einigung hinzuwirken; eine herbeigeführte Einigung ist in der Niederschrift über die Verhandlung zu beurkunden. Im Übrigen ist bei solchen Einwendungen auf den Zivilrechtsweg zu verweisen.

Duldungspflicht

§ 46. (1) Die Behörde hat erforderlichenfalls die Liegenschaftseigentümer und die an der Liegenschaft dinglich Berechtigten mit Bescheid zu verpflichten, Untersuchungen, die zur Beurteilung der Auswirkungen der Behandlungsanlage auf den Boden, das Wasser, die Luft oder die Pflanzen unbedingt erforderlich sind, zu dulden. Durch den Wechsel des Liegenschaftseigentümers oder des an der Liegenschaft dinglich Berechtigten wird die Wirksamkeit des Bescheides nicht berührt.

(2) Soweit dem Duldungspflichtigen ein Schaden entsteht, ist dieser angemessen zu entschädigen. Für die Entschädigung und das Verfahren gelten die §§ 18 bis 20a des Bundesstraßengesetzes, BGBl. Nr. 286/1971. Zuständige Behörde ist die Genehmigungsbehörde.

Bescheidinhalte

§ 47. (1) Der Bescheid, mit dem eine Behandlungsanlage gemäß § 37 genehmigt wird, hat jedenfalls zu enthalten:

1. die zu behandelnden Abfallarten oder Abfallartenpools, die Mengen dieser Abfallarten oder Abfallartenpools, die Kapazität und das Behandlungsverfahren;
2. technische Vorschreibungen, insbesondere Maßnahmen zur Begrenzung der Emissionen;
3. Sicherheitsvorkehrungen;
4. Maßnahmen zur Abfallvermeidung, -verwertung und -beseitigung betreffend die im Betrieb anfallenden Abfälle;
5. Maßnahmen für die Unterbrechung des Betriebs und vorläufige Maßnahmen für die Auflassung der Behandlungsanlage oder zur Stilllegung der Deponie (Stilllegungsplan).

Für Behandlungsanlagen ist die Identifikationsnummer der Behandlungsanlage im Register anzugeben.

(2) Der Bescheid, mit dem eine Deponie genehmigt wird, hat zusätzlich zu Abs. 1 jedenfalls zu enthalten:

1. die Deponie(unter)klasse und das Gesamtvolumen der Deponie;

2. Maßnahmen betreffend die Errichtung, Ausstattung und den Betrieb (Betriebsplan einschließlich der Eingangskontrolle, Vorschreibungen für verfestigte, stabilisierte oder immobilisierte Abfälle, Qualitätssicherung), die Begrenzung der Emissionen, die Mess- und Überwachungsverfahren (Mess-, Überwachungs- und Notfallplan im Sinne der Richtlinie 1999/31/EG über Abfalldeponien, ABl. Nr. L 182 vom 16. 7. 1999,

S 1) und die Information der Behörde;

3. Maßnahmen für die Nachsorge der Deponie.

(3) Soweit nicht bereits nach Abs. 1 und 2 erforderlich, hat der Bescheid, mit dem eine IPPC-Behandlungsanlage genehmigt wird, insbesondere zu enthalten:

1.a) Emissionsgrenzwerte für Schadstoffe gemäß einer Verordnung nach § 65 Abs. 1 oder gemäß einer Regelung von mitanzuwendenden Vorschriften; sind die in österreichischen Rechtsvorschriften enthaltenen Emissionsgrenzwerte weniger streng als jene, die sich aus BVT-Schlussfolgerungen, die nach dem 6. Jänner 2011 veröffentlicht worden sind, ergeben würden, müssen Grenzwerte gemäß § 47a vorgeschrieben werden; und

b) Emissionsgrenzwerte für Schadstoffe des Anhangs 5 Teil 2 und sonstige Schadstoffe, wenn sie von der Anlage in relevanter Menge emittiert werden können und die in keiner Verordnung gemäß § 65 Abs. 1 oder mitanzuwendenden Vorschrift geregelt sind; und

c) Emissionsgrenzwerte für weitere Schadstoffe, wenn dies in BVT-Schlussfolgerungen, die nach dem 6. Jänner 2011 veröffentlicht worden sind, vorgesehen ist.

Dabei ist die mögliche Verlagerung der Verschmutzung von einem Medium (Wasser, Luft, Boden) in ein anderes zu berücksichtigen, um zu einem hohen Schutzniveau der Umwelt insgesamt beizutragen; gegebenenfalls dürfen Emissionsgrenzwerte, soweit sie nicht in einer Verordnung gemäß § 65 oder in einer mitanzuwendenden Vorschrift geregelt sind, durch äquivalente Parameter oder äquivalente technische Maßnahmen erweitert oder ersetzt werden. Die in der Genehmigung festgelegten Emissionsgrenzwerte und die äquivalenten Parameter oder Maßnahmen sind auf den Stand der Technik zu stützen; hiebei sind die technische Beschaffenheit der betreffenden Behandlungsanlage, ihr Standort und die jeweiligen örtlichen Umweltbedingungen zu berücksichtigen;

2. erforderlichenfalls vorübergehende Ausnahmen von den Anforderungen gemäß Z 1, sofern ein entsprechender Sanierungsplan vorliegt und genehmigt wird und die Umsetzung des Projektes zu einer Verminderung der Umweltverschmutzung führt; der Sanierungsplan hat die Einhaltung der Anforderungen gemäß Z 1 binnen sechs Monaten sicherzustellen;

3. Anforderungen an die Überwachung der Emissionen (einschließlich der Messmethode, der Messhäufigkeit, des Bewertungsverfahrens und sofern erforderlich des Messorts); die Vorgabe, dass in den Fällen, in denen § 47a Abs. 2 angewendet wurde, die Ergebnisse der genannten Emissionsüberwachung für die gleichen Zeiträume und Referenzbedingungen verfügbar sind wie für die mit den besten verfügbaren Techniken assoziierten Emissionswerte; die Überwachungsauflagen stützen sich gegebenenfalls auf die in den BVT-Schlussfolgerungen beschriebenen Überwachungsanforderungen;“

4. angemessene Auflagen zum Schutz des Bodens und des Grundwassers; angemessene Anforderungen für die regelmäßige Wartung und für die Überwachung der Maßnahmen zur Vermeidung der Verschmutzung des Bodens und des Grundwassers;

4a. angemessene Anforderungen für die wiederkehrende Überwachung des Bodens und des Grundwassers auf die relevanten gefährlichen Stoffe, die wahrscheinlich vor Ort anzutreffen sind, unter Berücksichtigung möglicher Boden- und Grundwasserverschmutzungen auf dem Gelände der IPPC-Behandlungsanlage; die wiederkehrende Überwachung muss mindestens alle fünf Jahre für das Grundwasser und mindestens alle zehn Jahre für den Boden durchgeführt werden, es sei denn, diese Überwachung erfolgt anhand einer systematischen Beurteilung des Verschmutzungsrisikos;

5. Maßnahmen für andere als normale Betriebsbedingungen, wie das An- und Abfahren, das unbeabsichtigte Austreten von Stoffen, Störungen, kurzzeitiges Abfahren sowie die Auflassung, Stilllegung oder endgültige Schließung des Betriebs;

6. über den Stand der Technik hinausgehende bestimmte Auflagen, wenn und soweit dies zur Verhinderung des Überschreitens eines unionsrechtlich festgelegten Immissionsgrenzwertes erforderlich ist;

7. erforderlichenfalls Auflagen für Vorkehrungen zur weitestgehenden Verminderung der weiträumigen oder grenzüberschreitenden Verschmutzung;

8. eine Verpflichtung des Anlageninhabers, der zuständigen Behörde regelmäßig, mindestens einmal jährlich, Folgendes zu übermitteln:

a) Informationen auf der Grundlage der Ergebnisse der in Z 3 genannten Emissionsüberwachung und sonstige erforderliche Daten, die der zuständigen Behörde die Prüfung der Einhaltung der Genehmigung ermöglichen, und

b) in den Fällen, in denen gemäß § 47a Abs. 2 bei den Emissionsgrenzwerten Abweichungen von mit den besten verfügbaren Techniken assoziierten Emissionswerten in Bezug auf Werte, Zeiträume und Referenzbedingungen festgelegt werden, eine Zusammenfassung der Ergebnisse der Emissionsüberwachung, die einen Vergleich mit den den besten verfügbaren Techniken assoziierten Emissionswerten ermöglicht.

Emissionsgrenzwerte, äquivalente Parameter und äquivalente technische Maßnahmen für IPPC-Behandlungsanlagen

§ 47a. (1) Die Emissionsgrenzwerte für Schadstoffe gelten an dem Punkt, an dem die Emissionen die Behandlungsanlage verlassen, wobei eine etwaige Verdünnung vor diesem Punkt bei der Festsetzung der Grenzwerte nicht berücksichtigt wird. Die emittierte Stofffracht ist das zu minimierende Kriterium. Die wasserrechtlichen Vorschriften bleiben unberührt.

(2) Die Behörde hat gemäß § 47 Abs. 3 Z 1 Emissionsgrenzwerte in Genehmigungen festzulegen, mit denen sichergestellt wird, dass die Emissionen unter normalen Betriebsbedingungen die mit den besten verfügbaren Techniken assoziierten Emissionswerte der BVT-Schlussfolgerungen gemäß § 43a Abs. 1 nicht überschreiten. Diese Emissionsgrenzwerte werden für die gleichen oder kürzere Zeiträume und unter denselben Referenzbedingungen ausgedrückt wie die mit den besten verfügbaren Techniken assoziierten Emissionswerte. Unbeschadet einer Verordnung nach § 65 Abs. 1 oder einer mitanzuwendenden Vorschrift kann die Behörde Emissionsgrenzwerte festlegen, die in Bezug auf Werte, Zeiträume und Referenzbedingungen abweichen. Werden Abweichungen festgelegt, hat die Behörde mindestens jährlich die Ergebnisse der Emissionsüberwachung zu bewerten, um sicherzustellen, dass die Emissionen unter normalen Betriebsbedingungen die mit den besten verfügbaren Techniken assoziierten Emissionswerte nicht überschritten haben.

(3) Abweichend von Abs. 2 kann die Behörde auf Antrag unbeschadet (mit)anzuwendender Vorschriften in besonderen Fällen weniger strenge Grenzwerte festlegen. Voraussetzung dafür ist das Ergebnis einer Bewertung, dass die Erreichung der mit den besten verfügbaren Techniken assoziierten Emissionswerte entsprechend der Beschreibung in den BVT-Schlussfolgerungen aufgrund des geografischen Standortes und der lokalen Umweltbedingungen der betroffenen IPPC-Behandlungsanlage oder der technischen Merkmale der betroffenen Behandlungsanlage gemessen am Umweltnutzen zu unverhältnismäßig höheren Kosten führen würde. Das Vorliegen dieser Voraussetzungen ist vom Antragsteller im Antrag darzulegen. Die Behörde hat die Ergebnisse dieser Bewertung sowie die festgelegten Auflagen in der Genehmigung zu begründen und gemäß § 40 Abs. 1c zu veröffentlichen. Die zuständige Behörde führt als Teil jeder Überprüfung gemäß § 57 eine erneute Bewertung durch.

(4) Die Behörde kann für einen Gesamtzeitraum von höchstens neun Monaten vorübergehende Abweichungen von den Auflagen gemäß Abs. 2 und gemäß § 43 Abs. 1 Z 2 und Abs. 3 Z 1 für die Erprobung und Anwendung von Zukunftstechniken genehmigen, sofern nach dem festgelegten Zeitraum die Anwendung der betreffenden Technik beendet wird oder im Rahmen der Tätigkeit mindestens die mit den besten verfügbaren Techniken assoziierten Emissionswerte erreicht werden.

Bestimmungen für Deponiegenehmigungen

§ 48. (1) Die Einbringung von Abfällen in eine Deponie darf jeweils nur für einen Zeitraum von 20 Jahren genehmigt werden, sofern die Behörde nicht unter Bedachtnahme auf besondere Umstände kürzere Zeiträume festlegt. Unterbleibt im Genehmigungsbescheid eine Bestimmung des Einbringungszeitraums, dann gilt ein Zeitraum von 20 Jahren ab Rechtskraft des Genehmigungsbescheides als festgelegt. Bei Deponien, die am 1. Juli 1996 nach § 29 Abs. 1 des Abfallwirtschaftsgesetzes (im Folgenden: AWG 1990), BGBl. Nr. 325/1990, genehmigt oder wasserrechtlich bewilligt waren, endet der Einbringungszeitraum, sofern die Genehmigung nicht anderes normiert, 20 Jahre ab Rechtskraft des Genehmigungsbescheides, nicht aber vor dem 1. Jänner 2004. Ein Antrag auf Verlängerung des Einbringungszeitraumes ist frühestens fünf Jahre und spätestens sechs Monate vor Ablauf der festgelegten Dauer zulässig; der Ablauf der Genehmigungsdauer ist in diesem Fall bis zur rechtskräftigen Entscheidung über den Antrag der Verlängerung des Einbringungszeitraumes gehemmt; wird gegen die Abweisung eines Antrags auf Verlängerung des Einbringungszeitraumes der Verwaltungsgerichtshof oder der Verfassungsgerichtshof angerufen, wird die Einbringungsdauer bis zur Entscheidung dieses Gerichts verlängert. Wird der Antrag rechtzeitig gestellt, hat der Inhaber der Deponie Anspruch auf Fristverlängerung, wenn die Voraussetzungen des § 43 nach Maßgabe des § 76 erfüllt sind.

(2) Zugleich mit der Erteilung der Genehmigung hat die Behörde die Leistung einer angemessenen Sicherstellung zur Erfüllung der mit der Genehmigung verbundenen Auflagen und Verpflichtungen, insbesondere für die ordnungsgemäße Erhaltung und Stilllegung oder Schließung der Deponie einschließlich der Nachsorge, aufzuerlegen. Als Leistung einer Sicherstellung gilt eine finanzielle Sicherheitsleistung oder etwas Gleichwertiges, wie zB eine ausreichende Haftungserklärung einer Gebietskörperschaft oder eines Wasser- oder

Abfallverbandes. Für den Fall, dass die Maßnahmen betreffend die Einhaltung der Auflagen und Verpflichtungen gemäß dem ersten Satz nicht vom Deponieinhaber gesetzt werden, einschließlich für den Fall der Insolvenz des Deponieinhabers, muss die Sicherstellung der Behörde als Vermögenswert für die Durchführung der erforderlichen Maßnahmen zur Verfügung stehen.

(2a) Die Berechnung einer Sicherstellung für eine Deponie hat bezogen auf die Auflagen und Verpflichtungen gemäß Abs. 2 erster Satz im Einzelfall zu erfolgen. Sofern keine finanzmathematische Berechnung der Sicherstellung erfolgt, hat die Behörde die Sicherstellung anhand des Baukostenindexes für den Straßenbau wertzusichern; bei einer aufsummierten Steigerung über fünf Prozentpunkte des Baukostenindexes gegenüber der geleisteten Sicherstellung hat der Deponieinhaber die Sicherstellung entsprechend zu erhöhen; sofern Teilbeträge vorgeschrieben sind, ist die Wertsteigerung bei der Bestimmung dieser Teilbeträge zu berücksichtigen. Bei einer Haftungserklärung einer Gebietskörperschaft oder eines Wasser- oder Abfallverbandes muss der Deponieinhaber mit einem Testat eines Wirtschaftsprüfers oder eines für derartige Gutachten allgemein beeideten und gerichtlich zertifizierten Sachverständigen der Behörde nachweisen, dass die Kosten für die Einhaltung der Auflagen und Verpflichtungen gemäß Abs. 2 erster Satz in den Abfallübernahmepreisen im vollen Umfang berücksichtigt sind; weiters ist ein derartiges Testat bei jeder Senkung der Abfallübernahmepreise, jedenfalls aber alle fünf Jahre während der Ablagerungsphase, der Behörde vorzulegen.

(2b) Die Behörde hat die bescheidmäßig festgelegte Sicherstellung, insbesondere die Höhe, zu überprüfen und erforderlichenfalls bescheidmäßig anzupassen, wenn sich die rechtlichen Verpflichtungen, deren Erfüllung von der Sicherstellung umfasst ist, ändern. Eine Änderung der rechtlichen Verpflichtungen kann sich insbesondere durch eine Änderung der Verordnung gemäß § 65 Abs. 1 über Deponien oder durch eine Änderung des Genehmigungsbescheides ergeben.

(2c) Abs. 2b gilt nicht für Deponien, für die der Einbringungszeitraum beendet oder die genehmigte Gesamtkapazität erreicht ist.

(3) Deponiegenehmigungen und die damit verbundenen Verpflichtungen sind im Grundbuch von Amts wegen als Belastung ersichtlich zu machen. Die Ersichtlichmachung hat zur Folge, dass sich niemand, der eine spätere Eintragung erwirkt, auf die Unkenntnis der Belastung berufen kann.

(4) Für Deponien gemäß § 37 Abs. 3 Z 1 (Bodenaushubdeponien unter 100 000 m^3, soweit ausschließlich nicht verunreinigtes Bodenaushubmaterial abgelagert wird) gilt Folgendes:

1. Abs. 2, die §§ 39 Abs. 2, 49, 76 Abs. 2 dieses Bundesgesetzes und die §§ 22 bis 32, 35 bis 38 und 41 Abs. 2 Z 5 und 7 bis 9 und Abs. 6 der Deponieverordnung 2008, BGBl. II Nr. 39/2008, sind nicht anzuwenden. Die §§ 19 und 20 der Deponieverordnung 2008 sind nur für nicht verunreinigtes Bodenaushubmaterial, das aus einem Bauvorhaben stammt, bei dem mehr als 2 000 Tonnen Bodenaushubmaterial insgesamt als Abfall anfallen, anzuwenden.
2. Für Bodenaushubdeponien unter 35 000 m^3 sind weiters die §§ 33 und 39 der Deponieverordnung 2008 nicht anzuwenden. Anlagen innerhalb des Deponiebereichs sind auf Bodenaushubdeponien unter 35 000 m^3 nicht zulässig.
3. Von der Bestellung einer Deponieaufsicht kann abgesehen werden, wenn seitens der Behörde die Deponie regelmäßig kontrolliert wird.
4. Dem Antrag betreffend die Genehmigung einer Bodenaushubdeponie unter 100 000 m^3 sind Angaben zur Standorteignung und zur Standsicherheit, einschließlich der erforderlichen Maßnahmen zur Ableitung oberirdischer Wässer während der Ablagerungsphase, anzuschließen.
5. Der Deponieinhaber hat dafür Sorge zu tragen, dass bei der Übernahme von nicht verunreinigtem Bodenaushubmaterial und beim Abfalleinbau weder Personen noch die Standsicherheit der Deponie gefährdet werden und keine über das unvermeidliche Ausmaß hinausgehende Staub- und Lärmentwicklung erfolgt.

AWG

Bestellung einer Bauaufsicht für Deponien

§ 49. (1) Die Behörde hat zur Überwachung der Bauausführung bei Deponien geeignete Aufsichtsorgane durch Bescheid zu bestellen.

(2) Die Bauaufsicht erstreckt sich auf die fach- und vorschriftsgemäße Ausführung der Bauarbeiten, einschließlich der Einhaltung der entsprechenden Auflagen, Bedingungen oder Befristungen des Genehmigungsbescheides.

(3) Die Aufsichtsorgane sind berechtigt, jederzeit Untersuchungen, Vermessungen und Prüfungen an der Baustelle vorzunehmen, Einsicht in Behelfe oder sonstige Unterlagen zu nehmen und erforderlichenfalls Baustoffe, Bauteile und bautechnische Maßnahmen zu beanstanden. Wird keine Übereinstimmung über die zu treffenden Maßnahmen erzielt, so ist unverzüglich die Entscheidung der Behörde einzuholen.

(4) Die Aufsichtsorgane sind zur Wahrung der ihnen zur Kenntnis gelangenden Betriebs- und Geschäftsgeheimnisse verpflichtet.

(5) Durch die Abs. 1 bis 4 werden andere einschlägige Bestimmungen, wie bau- oder gewerbepolizeiliche Vorschriften, nicht berührt. Auch

wird die Verantwortlichkeit der Inhaber einer Deponie und der Bauführer durch die Bestellung einer Bauaufsicht nicht eingeschränkt.

(6) Die Kosten der Bauaufsicht sind vom Inhaber der Deponie zu tragen. Über diese Kosten ist vom Aufsichtsorgan bis 30. August des Folgejahres beim Inhaber der Deponie Rechnung zu legen. Bei Fristversäumnis erlischt der Kostenanspruch. Diese Kosten sind innerhalb von zwei Monaten ab Einlangen der Rechnung vom Inhaber der Deponie zu bezahlen. Wenn die Kosten nicht beglichen werden, hat das Aufsichtsorgan innerhalb von einem Jahr nach Vorlage der Rechnung bei der Behörde einen Antrag auf bescheidmäßige Erledigung einzubringen. Bringt das Aufsichtsorgan diesen Antrag nicht fristgerecht ein, erlischt der Anspruch.

Vereinfachtes Verfahren

§ 50. (1) Im vereinfachten Verfahren sind die §§ 38, 39, 43 und 46 bis 49 nach Maßgabe der folgenden Absätze anzuwenden.

(2) Die Behörde hat einen Antrag für eine Genehmigung gemäß § 37 Abs. 3 vier Wochen aufzulegen. Die Auflage ist in geeigneter Weise, wie Anschlag in der Standortgemeinde oder Veröffentlichung auf der Internetseite der Behörde, bekannt zu geben. Die Nachbarn können innerhalb der Auflagefrist Einsicht nehmen und sich zum geplanten Projekt äußern. Die Behörde hat bei der Genehmigung auf die eingelangten Äußerungen Bedacht zu nehmen.

(3) Ein Bescheid ist innerhalb von vier Monaten nach Einlangen des Antrags zu erlassen.

(4) Parteistellung im vereinfachten Verfahren hat der Antragsteller, derjenige, der zu einer Duldung verpflichtet werden soll, das Arbeitsinspektorat gemäß dem Arbeitsinspektionsgesetz 1993, die Gemeinde des Standortes hinsichtlich der Verfahren gemäß § 37 Abs. 3 Z 1 mit dem Recht, die Wahrung der öffentlichen Interessen gemäß § 1 Abs. 3 Z 1 bis 4 im Verfahren geltend zu machen, das wasserwirtschaftliche Planungsorgan in Wahrnehmung seiner Aufgaben und der Umweltanwalt mit dem Recht, die Einhaltung von naturschutzrechtlichen Vorschriften und hinsichtlich der Verfahren gemäß § 37 Abs. 3 Z 2 bis 4 die Wahrung der öffentlichen Interessen gemäß § 1 Abs. 3 Z 1 bis 4 im Verfahren geltend zu machen. Dem Umweltanwalt wird das Recht eingeräumt, Rechtsmittel zu ergreifen, einschließlich Beschwerde an das Verwaltungsgericht sowie Revision an den Verwaltungsgerichtshof zu erheben.

Anzeigeverfahren

§ 51. (1) Maßnahmen gemäß § 37 Abs. 4 Z 1, 2, 4 und 8 sind der Behörde drei Monate vor Durchführung unter Anschluss der Antragsunterlagen gemäß § 39, soweit diese Unterlagen erforderlich sind, anzuzeigen. Die Behörde hat diese Anzeige erforderlichenfalls unter Erteilung der zur Wahrung der Interessen gemäß § 43 geeigneten Aufträge mit Bescheid innerhalb von drei Monaten zur Kenntnis zu nehmen. Dieser Bescheid bildet einen Bestandteil des Genehmigungsbescheides. Mit den Maßnahmen darf erst nach Rechtskraft des Kenntnisnahmebescheides begonnen werden. § 56 ist sinngemäß anzuwenden.

(2) Maßnahmen gemäß § 37 Abs. 4 Z 5 bis 7, 9 und Abs. 4a sind der Behörde anzuzeigen und können mit Einlangen der Anzeige vorgenommen werden. Einer Anzeige gemäß § 37 Abs. 4 Z 7 ist die Beschreibung der vorgesehenen Auflassungs- oder Stilllegungsmaßnahmen anzuschließen. Einer Anzeige gemäß § 37 Abs. 4 Z 9 ist neben den Antragsunterlagen gemäß § 39, soweit diese Unterlagen erforderlich sind, die begründete Darlegung anzuschließen, dass das Emissionsverhalten der Behandlungsanlage nicht nachteilig beeinflusst wird. Anzeigen gemäß § 37 Abs. 4 Z 9 hat die Behörde mit Bescheid zur Kenntnis zu nehmen, Anzeigen gemäß § 37 Abs. 4 Z 5 bis 7 und Abs. 4a nur auf Antrag. Im Fall des § 37 Abs. 4 Z 6 und Z 9 bildet dieser Bescheid einen Bestandteil des Genehmigungsbescheides. Reichen bei Maßnahmen gemäß § 37 Abs. 4 Z 4, 5, 7, 8, 9 oder Abs. 4a die vom Inhaber der Behandlungsanlage zur Wahrung der Interessen gemäß § 43 getroffenen Maßnahmen nicht aus, hat die Behörde die erforderlichen Aufträge zu erteilen.

(2a) Im Fall der Anzeige der Auflassung oder Stilllegung einer IPPC-Behandlungsanlage gemäß § 37 Abs. 4 Z 7 hat der Inhaber der IPPC-Behandlungsanlage der Anzeige eine Bewertung und erforderlichenfalls eine Darstellung der Maßnahmen gemäß Z 1 oder 2 anzuschließen:

1. bei Vorliegen eines Berichts über den Ausgangszustand gemäß § 2 Abs. 8 Z 12, eine Bewertung des Standes der Boden- und Grundwasserverschmutzung durch relevante gefährliche Stoffe, die durch die Behandlungsanlage verwendet, erzeugt oder freigesetzt werden; wurden durch die Behandlungsanlage erhebliche Boden- und Grundwasserverschmutzungen mit relevanten gefährlichen Stoffen im Vergleich zu dem im Bericht über den Ausgangszustand angegebenen Zustand verursacht, eine Darstellung der erforderlichen Maßnahmen zur Beseitigung dieser Verschmutzung, um das Gelände in jenen Zustand zurückzuführen;
2. liegt ein Bericht über den Ausgangszustand gemäß § 2 Abs. 8 Z 12 nicht vor, weil die Genehmigung noch nicht gemäß § 57 aktualisiert worden ist oder keine Verpflichtung zur Erstellung besteht, eine Bewertung, ob die Verschmutzung von Boden und Grundwasser auf dem Gelände eine erhebliche Gefährdung der menschlichen Gesundheit oder der

Umwelt als Folge der genehmigten Tätigkeiten darstellt; bei Vorhandensein einer Gefährdung, eine Darstellung der erforderlichen Maßnahmen zur Beseitigung, Verhütung, Eindämmung oder Verringerung relevanter gefährlicher Stoffe, damit das Gelände unter Berücksichtigung seiner derzeitigen oder genehmigten künftigen Nutzung keine solche Gefährdung mehr darstellt.

(3) Wird eine Anzeige gemäß § 37 Abs. 4 erstattet und bestehen begründete Zweifel, ob die gesetzlichen Voraussetzungen für ein Anzeigeverfahren vorliegen, hat der Landeshauptmann von Amts wegen einen Feststellungsbescheid gemäß § 6 Abs. 6 zu erlassen. Das Anzeigeverfahren ist bis zur rechtskräftigen Entscheidung des Feststellungsverfahrens auszusetzen. Weiters ist das Anzeigeverfahren bis zur rechtskräftigen Entscheidung des Feststellungsverfahrens auszusetzen, wenn während des Anzeigeverfahrens ein Feststellungsbescheid gemäß § 6 Abs. 6 beantragt wird.

(4) Parteistellung im Anzeigeverfahren hat der Inhaber der Behandlungsanlage. Neben dem Inhaber der Behandlungsanlage hat das Arbeitsinspektorat gemäß dem Arbeitsinspektionsgesetz 1993 Parteistellung.

Genehmigung von mobilen Behandlungsanlagen

§ 52. (1) Eine mobile Behandlungsanlage, die in einer Verordnung gemäß § 65 Abs. 3 genannt ist, oder eine wesentliche Änderung einer solchen mobilen Behandlungsanlage ist von der Behörde zu genehmigen.

(2) Dem Antrag auf Genehmigung einer mobilen Behandlungsanlage sind folgende Unterlagen in vierfacher Ausfertigung anzuschließen:

1. Angaben über Art, Zweck und Umfang der vorgesehenen Behandlung;
2. Angaben über die zu behandelnden Abfallarten und die Behandlungsverfahren;
3. allgemeine Kriterien für die Aufstellungsorte;
4. eine Anlagenbeschreibung, einschließlich der erforderlichen Pläne und Skizzen;
5. eine Beschreibung der beim Betrieb der Behandlungsanlage zu erwartenden anfallenden Abfälle und der Vorkehrungen zu deren Vermeidung, Verwertung oder Beseitigung (Abfallwirtschaftskonzept gemäß § 10 Abs. 3);
6. eine Beschreibung der zu erwartenden Emissionen und Angaben über die Vermeidung oder, sofern dies nicht möglich ist, die Verringerung der Emissionen.

Für Behandlungsanlagen ist die Identifikationsnummer der Behandlungsanlage im Register anzugeben.

(3) Neben dem Antragsteller haben das Arbeitsinspektorat gemäß dem Arbeitsinspektionsgesetz 1993 und der Umweltanwalt des Bundeslandes, in dem der Antrag gestellt wurde, Parteistellung. Der Umweltanwalt hat das Recht, die Wahrung der öffentlichen Interessen gemäß § 1 Abs. 3 geltend zu machen und Rechtsmittel zu ergreifen, einschließlich Beschwerde an das Verwaltungsgericht sowie Revision an den Verwaltungsgerichtshof zu erheben.

(4) Eine Genehmigung für eine mobile Behandlungsanlage ist zu erteilen, wenn zu erwarten ist, dass die mobile Behandlungsanlage die Voraussetzungen gemäß § 43 Abs. 1 Z 1 bis 6 bezogen auf die Auswirkungen der mobilen Behandlungsanlage erfüllt.

(5) Erforderlichenfalls hat die Behörde zur Wahrung der Voraussetzungen gemäß § 43 Abs. 1 Z 1 bis 6 geeignete Auflagen, Bedingungen oder Befristungen vorzuschreiben. Jedenfalls sind die grundsätzlichen Anforderungen an mögliche Standorte, unter Berücksichtigung ihrer Umgebung und der zu erwartenden Emissionen, und die Maßnahmen zum Schutz möglicher Nachbarn vorzuschreiben. Sofern die Voraussetzungen gemäß Abs. 4 nicht erfüllt sind und auch durch die Vorschreibung von Auflagen, Bedingungen oder Befristungen nicht erfüllt werden können, ist der Genehmigungsantrag abzuweisen.

(6) Beabsichtigt der Inhaber einer mobilen Behandlungsanlage eine Maßnahme zu setzen, die im § 37 Abs. 4 angeführt ist, hat er diese Maßnahme anzuzeigen. § 51 ist unter der Maßgabe anzuwenden, dass zu erwarten ist, dass die Voraussetzungen gemäß § 43 Abs. 1 Z 1 bis 6 bezogen auf die Auswirkungen der mobilen Behandlungsanlage erfüllt werden.

(7) Der Genehmigungsinhaber hat die mobile Behandlungsanlage regelmäßig wiederkehrend darauf zu kontrollieren, ob sie dem Genehmigungsbescheid und den sonst für die Anlage geltenden abfallrechtlichen Vorschriften entspricht. Der Genehmigungsinhaber hat sich für die wiederkehrenden Eigenkontrollen einer befugten Fachperson oder Fachanstalt zu bedienen. Die Eigenkontrolle hat mindestens eine Vorortkontrolle zu umfassen. Sofern im Genehmigungsbescheid oder in den genannten sonstigen Vorschriften nicht anderes bestimmt ist, betragen die Fristen für die wiederkehrenden Eigenkontrollen fünf Jahre. Über jede wiederkehrende Eigenkontrolle ist ein Bericht zu erstellen, der insbesondere festgestellte Mängel und Vorschläge zu deren Behebung zu enthalten hat. Sind in einem Bericht bei der wiederkehrenden Eigenkontrolle festgestellte Mängel festgehalten, so hat der Genehmigungsinhaber unverzüglich eine Kopie dieses Berichtes und innerhalb angemessener Frist eine Darstellung der zur Mängelbehebung getroffenen Maßnahmen der

zur Genehmigung der mobilen Behandlungsanlage zuständigen Behörde zu übermitteln. Der Bericht und sonstige die Eigenkontrolle betreffende Unterlagen sind vom Genehmigungsinhaber der mobilen Behandlungsanlage mindestens sieben Jahre lang aufzubewahren und der zuständigen Behörde auf Verlangen vorzulegen.

(8) Abweichend von Abs. 2 bis 5 hat nach Maßgabe einer Verordnung gemäß § 65 für mobile Behandlungsanlagen, die ausschließlich nicht gefährliche Abfälle behandeln, die Genehmigung auf Grundlage einer Prüfung und Ausstellen einer Prüfbescheinigung, mit der bestätigt wird, dass die mobile Behandlungsanlage den Anforderungen gemäß einer Verordnung nach § 65 entspricht, durch Kenntnisnahme der Prüfbescheinigung mit Bescheid durch die zuständige Behörde zu erfolgen. Die Prüfbescheinigung hat eine eindeutige Referenz zur mobilen Behandlungsanlage zu enthalten. Erforderlichenfalls hat die zuständige Behörde geeignete Auflagen, Bedingungen oder Befristungen vorzuschreiben oder den Betrieb der Behandlungsanlage zu untersagen, wenn zu erwarten ist, dass die Behandlung für den jeweiligen Abfall den Behandlungspflichten gemäß den §§ 15 oder 16 oder einer Verordnung nach § 23 oder den Zielen und Grundsätzen (§ 1 Abs. 1, 2 und 2a) nicht entspricht oder die öffentlichen Interessen (§ 1 Abs. 3) beeinträchtigt werden.

Aufstellung von mobilen Behandlungsanlagen

§ 53. (1) Der Inhaber einer Genehmigung gemäß § 52 Abs. 1 ist berechtigt, die mobile Behandlungsanlage an einem gemäß der Genehmigung in Betracht kommenden Standort längstens sechs Monate aufzustellen und zu betreiben.

(2) Sind die gemäß § 43 Abs. 1 Z 1 bis 6 wahrzunehmenden Interessen trotz Einhaltung der im Genehmigungsbescheid enthaltenen Auflagen, Bedingungen oder Befristungen an einem bestimmten Standort nicht hinreichend geschützt, hat die Behörde, in deren örtlichen Zuständigkeitsbereich die mobile Behandlungsanlage aufgestellt und betrieben wird, die erforderlichen geeigneten Maßnahmen anzuordnen. Können die gemäß § 43 Abs. 1 Z 1 bis 6 wahrzunehmenden Interessen trotz Anordnungen nicht erfüllt werden, ist die Aufstellung und der Betrieb an diesem Standort zu untersagen.

(2a) Die Behörde, in deren örtlichen Zuständigkeitsbereich die mobile Behandlungsanlage aufgestellt und betrieben wird, kann für diesen Standort auf Antrag von der Einhaltung einzelner Auflagen absehen, wenn die gemäß § 43 wahrzunehmenden Interessen auch ohne Einhaltung dieser Auflagen hinreichend geschützt sind.

(3) Abweichend zu Abs. 1 dürfen mobile Behandlungsanlagen zur Sanierung oder Sicherung von kontaminierten Standorten auf Antrag für einen längeren, bescheidmäßig festzulegenden Zeitraum, längstens aber bis zum Abschluss der Sanierung am selben Ort betrieben werden.

Öffentlich zugängliche Altstoffsammelzentren und Sammelstellen für Problemstoffe

§ 54. (1) Die Errichtung, der Betrieb und eine wesentliche Änderung von

1. öffentlich zugänglichen Altstoffsammelzentren für Siedlungsabfälle und sonstige nicht gefährliche Abfälle, die in privaten Haushalten anfallen und in haushaltsüblichen Mengen übernommen werden, einschließlich jener, in denen eine Vorbereitung zur Wiederverwendung der gesammelten Abfälle durchgeführt wird oder
2. öffentlich zugänglichen Sammelstellen für Problemstoffe

bedürfen einer Genehmigung durch die Behörde, sofern sie nicht der Genehmigungspflicht gemäß den §§ 74 ff GewO 1994 unterliegen. Im Antrag ist darzulegen, dass die öffentlichen Interessen (§ 1 Abs. 3) nicht beeinträchtigt werden. Eine Einschränkung der Kapazität ist der Behörde zur Kenntnis zu bringen. Sofern eine oder mehrere in Anhang 5 Teil 1 genannte Tätigkeiten durchgeführt werden, unterliegt die Errichtung, der Betrieb und eine wesentliche Änderung der Genehmigungspflicht gemäß § 37.

(1a) Die Genehmigung des öffentlichen Altstoffsammelzentrums für Siedlungsabfälle umfasst auch die Lagerung von sonstigen nicht gefährlichen Abfällen, die im privaten Haushalt angefallen sind und in haushaltsüblichen Mengen übernommen wurden.

(2) Eine Genehmigung gemäß Abs. 1 ist binnen drei Monaten erforderlichenfalls unter Vorschreibung der geeigneten Auflagen, Bedingungen oder Befristungen zu erteilen, wenn zu erwarten ist, dass die öffentlichen Interessen (§ 1 Abs. 3) nicht beeinträchtigt werden. Sofern die Voraussetzungen nicht erfüllt sind oder durch die Vorschreibung von Auflagen, Bedingungen oder Befristungen nicht erfüllt werden können, ist die Errichtung und der Betrieb zu untersagen.

(3) Die Behörde hat die weitere Durchführung der Sammlung, Lagerung oder Behandlung zu untersagen, wenn nachträglich die öffentlichen Interessen (§ 1 Abs. 3) beeinträchtigt werden.

(4) Parteistellung hat der Antragsteller. Neben dem Antragsteller hat das Arbeitsinspektorat gemäß dem Arbeitsinspektionsgesetz 1993 Parteistellung.

Erlöschen der Genehmigung

§ 55. (1) Eine Genehmigung gemäß den §§ 37, 44 oder 52 erlischt, wenn der Betrieb der Behandlungsanlage nicht binnen fünf Jahren nach rechtskräftiger Genehmigung in zumindest einem für die Erfüllung des Anlagenzwecks wesentlichen Teil der Behandlungsanlage aufgenommen oder durch mehr als fünf Jahre in allen für die Erfüllung des Anlagenzwecks wesentlichen Teilen unterbrochen wird.

(2) Die Behörde hat über Antrag die Frist zur Inbetriebnahme der Behandlungsanlage auf Grund eines vor Fristablauf gestellten Antrags um längstens zwei Jahre zu verlängern, wenn es Art und Umfang des Projekts erfordern oder die Fertigstellung der Behandlungsanlage auf Grund unvorhergesehener Schwierigkeiten nicht rechtzeitig möglich ist. Durch den Antrag wird der Ablauf der Frist bis zur rechtskräftigen Entscheidung gehemmt.

(3) Abs. 2 gilt sinngemäß auch für die Unterbrechung des Betriebs.

(4) Für Deponien gelten die Abs. 1 und 2 nur, sofern noch kein Abfall in die Deponie eingebracht wurde.

Betreiben vor Rechtskraft, Einhaltung von Auflagen

§ 56. (1) Behandlungsanlagen dürfen schon vor Rechtskraft des Genehmigungsbescheides gemäß den §§ 37, 44 oder 52 errichtet, betrieben oder geändert werden, wenn nur der Antragsteller gegen den Bescheid Beschwerde erhoben hat und die Auflagen dieses Bescheides eingehalten werden.

(2) Die Behörde kann mit Bescheid zulassen, dass einzelne Auflagen erst ab einem dem Zeitaufwand der dafür erforderlichen Maßnahmen entsprechend festzulegenden Zeitpunkt einzuhalten sind, wenn dagegen keine Bedenken vom Standpunkt der bei der Genehmigung wahrzunehmenden Interessen bestehen.

Überprüfung und Aktualisierung der Genehmigung für eine IPPC-Behandlungsanlage

§ 57. (1) Innerhalb eines Jahres nach der Veröffentlichung von BVT-Schlussfolgerungen zur Haupttätigkeit einer IPPC-Behandlungsanlage hat der Anlageninhaber der Behörde mitzuteilen, ob

1. zur Anpassung der IPPC-Behandlungsanlage an den Stand der Technik insbesondere an diese BVT-Schlussfolgerungen eine genehmigungs- oder anzeigepflichtige Änderung nach § 37 und
2. eine Aktualisierung der Genehmigung

erforderlich sind. Stellt die Anpassung eine genehmigungs- oder anzeigepflichtige Änderung nach § 37 dar, ist der Antrag oder die Anzeige nach § 37 mit den erforderlichen Unterlagen und einer Darstellung der Entwicklung des Standes der Technik unverzüglich nach dieser Mitteilung an die Behörde zu übermitteln.

(2) Innerhalb von vier Jahren nach der Veröffentlichung von BVT-Schlussfolgerungen zur Haupttätigkeit einer IPPC-Behandlungsanlage hat die Behörde die Genehmigung zu überprüfen und erforderlichenfalls, insbesondere in Bezug auf Emissionsgrenzwerte, zu aktualisieren. Wenn die Behörde bei der Überprüfung und Aktualisierung der Genehmigung in begründeten Fällen feststellt, dass mehr als vier Jahre ab Veröffentlichung von BVT-Schlussfolgerungen zur Einführung des Standes der Technik notwendig sind, kann sie in der Genehmigung einen längeren Zeitraum festlegen, sofern die Voraussetzungen des § 47a Abs. 3 erfüllt sind. Dabei ist auf die Ziele und Grundsätze gemäß § 1 Bedacht zu nehmen. Der Anlageninhaber hat regelmäßig, jedenfalls innerhalb von vier Jahren nach der Veröffentlichung von BVT-Schlussfolgerungen zur Haupttätigkeit einer IPPC-Behandlungsanlage die erforderlichen Anpassungsmaßnahmen an den Stand der Technik zu treffen.

(3) Die Behörde hat die Genehmigung zu überprüfen und zu aktualisieren, wenn

1. die durch die IPPC-Behandlungsanlage verursachte Umweltverschmutzung so erheblich ist, dass die in der Genehmigung festgelegten Emissionsgrenzwerte überprüft oder neue Emissionsgrenzwerte vorgesehen werden müssen,
2. die Betriebssicherheit die Anwendung anderer Techniken erfordert,
3. eine im Genehmigungsverfahren anzuwendende oder mitanzuwendende Rechtsvorschrift, die neu oder geändert worden ist, eine Anpassung erfordert oder
4. für die IPPC-Behandlungsanlage keine BVT-Schlussfolgerungen gelten, Entwicklungen des Standes der Technik jedoch eine erhebliche Verminderung der Emissionen ermöglichen.

(4) Im Falle des Abs. 3 Z 1 hat die Behörde dem Inhaber der IPPC-Behandlungsanlage die Vorlage eines Sanierungskonzepts als Genehmigungsantrag gemäß § 37 Abs. 1 innerhalb einer angemessenen Frist bescheidmäßig aufzutragen.

(5) Ist zur Anpassung nach Abs. 3 Z 2 bis 4 eine nach § 37 genehmigungs- oder anzeigepflichtige Änderung der IPPC-Behandlungsanlage erforderlich, kann die Behörde mit Bescheid die Vorlage eines Projekts innerhalb einer angemessenen Frist verlangen. In den Fällen des Abs. 1 Z 1 und Abs. 3 sind Baubeginn- und Bauvollendungsfristen für die erforderlichen Umsetzungsmaßnahmen festzulegen.

(6) Auf Verlangen der Behörde hat der Anlageninhaber alle für die Überprüfung der IPPC-Behandlungsanlage und Aktualisierung der Genehmigung erforderlichen Informationen, insbesondere Ergebnisse der Emissionsüberwachung und sonstige Daten, die einen Vergleich des Betriebs

der IPPC-Behandlungsanlage mit dem Stand der Technik gemäß der geltenden BVT-Schlussfolgerungen und mit den besten verfügbaren Techniken assoziierten Emissionswerten ermöglichen, zu übermitteln.

(7) Hat der Inhaber einer IPPC-Behandlungsanlage nach Ablauf der Fristen gemäß dieser Bestimmung nach wiederholter Mahnung unter Hinweis auf die Rechtsfolgen keine Anpassung an den Stand der Technik durchgeführt, so hat die Behörde die Schließung der IPPC-Behandlungsanlage oder der Anlagenteile, von der oder denen eine Umweltverschmutzung ausgeht, zu verfügen. Die Verfügung ist aufzuheben, wenn die erforderlichen Umsetzungsmaßnahmen abgeschlossen sind.

Sanierungskonzept Immissionsschutz

§ 58. (1) Die Behörde hat dem Inhaber einer Behandlungsanlage, die

1. gemäß § 37 genehmigungspflichtig ist,
2. in einem Sanierungsgebiet gemäß Immissionsschutzgesetz – Luft (IG-L), BGBl. I Nr. 115/1997, liegt und
3. von Anordnungen einer Verordnung gemäß § 10 IG-L betroffen ist,

erforderlichenfalls mit Bescheid aufzutragen, zur Erfüllung dieser Anordnungen innerhalb einer dem hiefür erforderlichen Zeitaufwand angemessenen Frist ein Sanierungskonzept für die Behandlungsanlage vorzulegen.

(2) Ist das vom Inhaber einer Behandlungsanlage vorgelegte Sanierungskonzept zur Erfüllung der gemäß § 10 IG-L festgelegten Anforderungen geeignet, ist es von der Behörde erforderlichenfalls unter Vorschreibung bestimmter geeigneter Auflagen, Bedingungen oder Befristungen zu genehmigen. Gleichzeitig ist dem Inhaber der Behandlungsanlage die Verwirklichung des genehmigten Konzepts innerhalb der sich aus gemäß § 10 IG-L ergebenden Frist aufzutragen.

Beherrschung der Gefahren schwerer Unfälle mit Seveso-Stoffen

§ 59a. Ziel der §§ 59b bis 59m ist es, schwere Unfälle mit Seveso-Stoffen zu verhüten und ihre Folgen zu begrenzen.

Allgemeine Betreiberpflicht

§ 59b. Der Inhaber des Seveso-Betriebs hat alle nach dem Stand der Technik notwendigen Maßnahmen zu ergreifen, um schwere Unfälle zu verhüten und deren Folgen für die menschliche Gesundheit und die Umwelt zu begrenzen.

Nachweispflicht

§ 59c. Der Inhaber des Seveso-Betriebs hat nachzuweisen, dass er alle erforderlichen Maßnahmen gemäß den §§ 59b und 59d bis 59m getroffen hat.

Mitteilungen des Inhabers des Seveso-Betriebs

§ 59d. (1) Der Inhaber des Seveso-Betriebs hat der Behörde folgende Angaben zu übermitteln:

1. Name, Sitz und Anschrift des Inhabers sowie vollständige Anschrift des Seveso-Betriebs einschließlich der mit der Anschrift übereinstimmenden geografischen Koordinaten;
2. Name und Funktion der für den Seveso-Betrieb verwaltungsstrafrechtlich verantwortlichen Person, falls von Z 1 abweichend;
3. ausreichende Angaben zur Identifizierung der Seveso-Stoffe oder der Kategorie von Seveso-Stoffen und über die Zuordnung der Seveso-Stoffe zur entsprechenden Gefahrenkategorie des Teils 1 oder zur entsprechenden Ziffer des Teils 2 des **Anhangs 6**, sowie Ort und Art der Aufbewahrung der Seveso-Stoffe im Seveso-Betrieb (Verzeichnis von Seveso-Stoffen);
4. Menge und physikalische Form der Seveso-Stoffe;
5. die im Seveso-Betrieb ausgeübten oder beabsichtigten Tätigkeiten;
6. Beschreibung der unmittelbaren Umgebung des Seveso-Betriebs unter Berücksichtigung der Faktoren, die einen schweren Unfall auslösen oder dessen Folgen erhöhen können, einschließlich – soweit verfügbar – Einzelheiten zu benachbarten Betrieben und ortsfesten Einrichtungen, von denen ein schwerer Unfall ausgehen könnte oder die das Risiko oder die Folgen eines schweren Unfalls oder von Domino-Effekten vergrößern könnten.

(2) Die Mitteilung gemäß Abs. 1 muss der Behörde innerhalb folgender Fristen übermittelt werden:

1. bei Seveso-Betrieben, die zum Zeitpunkt des Inkrafttretens des Bundesgesetzes BGBl. I Nr. 70/2017 den §§ 59a bis 59m unterliegen, unverzüglich;
2. in den von der Z 1 nicht erfassten Fällen binnen einer angemessenen Frist vor Inbetriebnahme bzw. Vornahme der Änderung, die eine Änderung des Verzeichnisses von Seveso-Stoffen zur Folge hat bzw. ab dem Zeitpunkt, ab dem sich die Einstufung des Betriebs ändert.

(3) Vor

1. einer wesentlichen Vergrößerung oder Verringerung der in der Mitteilung gemäß Abs. 1 angegebenen Menge oder
2. einer wesentlichen Änderung der Beschaffenheit oder der physikalischen Form der vorhandenen Seveso-Stoffe (Änderung des Verzeichnisses der Seveso-Stoffe) oder
3. einer wesentlichen Änderung der Verfahren, bei denen diese Stoffe eingesetzt werden, oder

4. einer Änderung des Seveso-Betriebs, aus der sich erhebliche Auswirkungen auf die Gefahren im Zusammenhang mit schweren Unfällen ergeben können,

hat der Inhaber des Seveso-Betriebs der Behörde eine entsprechend geänderte Mitteilung zu übermitteln.

(4) Der Inhaber des Seveso-Betriebs hat der Behörde eine Änderung der Angaben im Sinne des Abs. 1 Z 1 und Z 2 sowie die endgültige Schließung oder die Unterbrechung des Betriebs im Voraus mitzuteilen.

(5) Nach einem schweren Unfall hat der Inhaber des Seveso-Betriebs nach Maßgabe einer Verordnung gemäß § 65 Abs. 1 Z 6 unverzüglich in der am besten geeigneten Weise

1. der Behörde die Umstände des Unfalls, die beteiligten Seveso-Stoffe, die zur Beurteilung der Unfallfolgen für die menschliche Gesundheit, die Umwelt und Sachwerte verfügbaren Daten sowie die eingeleiteten Sofortmaßnahmen mitzuteilen;
2. die Behörde über die Schritte zu unterrichten, die vorgesehen sind, um die mittel- und langfristigen Unfallfolgen abzumildern und eine Wiederholung eines solchen Unfalls zu vermeiden;
3. diese Informationen zu aktualisieren, wenn sich bei einer eingehenderen Untersuchung zusätzliche relevante Fakten ergeben.

Sicherheitskonzept

§ 59e. (1) Der Inhaber des Seveso-Betriebs hat nach Maßgabe einer Verordnung gemäß § 65 Abs. 1 Z 6 ein Konzept zur Verhütung schwerer Unfälle (Sicherheitskonzept) auszuarbeiten, zu verwirklichen und zur Einsichtnahme durch die Behörde bereitzuhalten.

(2) Das Sicherheitskonzept muss innerhalb folgender Fristen erstellt werden:

1. bei Seveso-Betrieben, die zum Zeitpunkt des Inkrafttretens des Bundesgesetzes BGBl. I Nr. 70/2017 den §§ 59a bis 59m unterliegen, unverzüglich;
2. in den von der Z 1 nicht erfassten Fällen binnen einer angemessenen Frist vor Inbetriebnahme bzw. Vornahme der Änderung, die eine Änderung des Verzeichnisses von Seveso-Stoffen zur Folge hat bzw. ab dem Zeitpunkt, ab dem sich die Einstufung des Betriebs ändert.

(3) Das Sicherheitskonzept muss durch ein Sicherheitsmanagementsystem nach Maßgabe einer Verordnung gemäß § 65 Abs. 1 Z 6 umgesetzt werden. In Bezug auf Betriebe der unteren Klasse darf die Verpflichtung, das Konzept umzusetzen, durch andere angemessene Mittel, Strukturen und Managementsysteme ersetzt werden, wobei den Grundsätzen eines Sicherheitsmanagementsystems gemäß Anhang III der Richtlinie 2012/18/EU zur Beherrschung der Gefahren schwerer Unfälle mit gefährlichen Stoffen, zur Änderung und anschließenden Aufhebung der Richtlinie 96/82/EG (Seveso-III-Richtlinie), ABl. Nr. L 197 vom 24.07.2012 S. 1, Rechnung getragen werden muss.

Sicherheitsbericht

§ 59f. (1) Der Inhaber eines Betriebs der oberen Klasse muss einen Sicherheitsbericht nach Maßgabe einer Verordnung gemäß § 65 Abs. 1 Z 6 erstellen, in dem dargelegt wird, dass

1. ein Sicherheitskonzept umgesetzt wurde und ein Sicherheitsmanagementsystem zu seiner Anwendung vorhanden ist;
2. die Gefahren schwerer Unfälle ermittelt und alle erforderlichen Maßnahmen zur Verhütung derartiger Unfälle und zur Begrenzung der Folgen für Mensch und Umwelt ergriffen wurden;
3. die Auslegung, die Errichtung, der Betrieb und die Instandhaltung sämtlicher Anlagenteile und die für ihr Funktionieren erforderlichen Infrastrukturen, die im Zusammenhang mit der Gefahr schwerer Unfälle im Betrieb stehen, ausreichend sicher und zuverlässig sind;
4. ein interner Notfallplan vorliegt, damit bei einem schweren Unfall die erforderlichen Maßnahmen ergriffen werden können, und dem zu entnehmen ist, dass den für die Erstellung des externen Notfallplans zuständigen Behörden Informationen bereitgestellt wurden, um die Erstellung des externen Notfallplans zu ermöglichen;
5. den für die örtliche und die überörtliche Raumplanung zuständigen Behörden ausreichende Informationen als Grundlage für Entscheidungen über die Ansiedlung neuer Tätigkeiten oder Entwicklungen in der Nachbarschaft bestehender Betriebe bereitgestellt wurden.

(2) Der Sicherheitsbericht muss der Behörde innerhalb folgender Fristen übermittelt werden:

1. bei neuen Seveso-Betrieben binnen einer angemessenen Frist vor Inbetriebnahme bzw. Vornahme der Änderung, die eine Änderung des Verzeichnisses von Seveso-Stoffen zur Folge hat bzw. ab dem Zeitpunkt, ab dem sich die Einstufung des Betriebs ändert;
2. bei sonstigen Seveso-Betrieben innerhalb einer Frist von zwei Jahren ab dem Zeitpunkt, ab dem der Seveso-Betrieb den §§ 59a bis 59m unterliegt.

Überprüfung und Änderung von Sicherheitskonzept oder Sicherheitsbericht

§ 59g. (1) Der Inhaber des Seveso-Betriebs hat das Sicherheitskonzept oder den Sicherheitsbericht zu überprüfen und zu aktualisieren, wenn neue Sachverhalte oder neue sicherheitstechnische Erkenntnisse dies erfordern, mindestens jedoch alle fünf Jahre; nach einem schweren Unfall muss der Sicherheitsbericht jedenfalls überprüft und erforderlichenfalls aktualisiert werden. Der

Sicherheitsbericht muss auch auf Aufforderung der Behörde aktualisiert werden, wenn dies durch neue Erkenntnisse gerechtfertigt ist. Die aktualisierten Teile des Sicherheitsberichts müssen der Behörde unverzüglich übermittelt werden.

(2) Bei einer Änderung des Seveso-Betriebs,

1. aus der sich erhebliche Auswirkungen für die Gefahren in Zusammenhang mit schweren Unfällen ergeben können, oder
2. die dazu führt, dass ein Betrieb der unteren Klasse zu einem Betrieb der oberen Klasse wird, oder
3. die dazu führt, dass ein Betrieb der oberen Klasse zu einem Betrieb der unteren Klasse wird,

hat der Inhaber des Seveso-Betriebs die Mitteilungen im Sinne des § 59d, das Sicherheitskonzept, den Sicherheitsbericht und das Sicherheitsmanagementsystem zu überprüfen und erforderlichenfalls zu ändern. Der Inhaber des Seveso-Betriebs hat die Behörde vor Durchführung der Änderung des Betriebs im Einzelnen über die Änderungen des Sicherheitsberichts zu unterrichten.

Interner Notfallplan

§ 59h. (1) Inhaber von Betrieben der oberen Klasse haben nach Beteiligung des Betriebsrats, wenn ein solcher besteht, und der Beschäftigten einschließlich des relevanten langfristig beschäftigten Personals von Subunternehmen einen internen Notfallplan für Maßnahmen innerhalb des Betriebs nach Maßgabe einer Verordnung gemäß § 65 Abs. 1 Z 6 zu erstellen. Dieser interne Notfallplan ist der Behörde anzuzeigen und auf Verlangen vorzulegen. Der interne Notfallplan ist im Anlassfall anzuwenden und durch den Betriebsinhaber spätestens alle drei Jahre zu überprüfen, zu erproben und erforderlichenfalls im Hinblick auf Veränderungen im Betrieb und in den Notdiensten sowie auf neue Erkenntnisse und Erfahrungen zu aktualisieren.

(2) Die Verpflichtung gemäß Abs. 1 muss binnen folgender Fristen erfüllt werden:

1. bei neuen Seveso-Betrieben binnen einer angemessenen Frist vor Inbetriebnahme bzw. Vornahme der Änderung, die eine Änderung des Verzeichnisses von Seveso-Stoffen zur Folge hat bzw. ab dem Zeitpunkt, ab dem sich die Einstufung des Betriebs ändert;
2. bei sonstigen Seveso-Betrieben innerhalb einer Frist von zwei Jahren ab dem Zeitpunkt, ab dem der Seveso-Betrieb den §§ 59a bis 59m unterliegt.

Domino-Effekt

§ 59i. Zwischen Seveso-Betrieben und benachbarten Betrieben, bei denen aufgrund ihres Standortes und ihrer Nähe zueinander sowie ihrer Seveso-Stoffe ein erhöhtes Risiko schwerer Unfälle besteht oder diese Unfälle folgenschwerer sein können (Domino-Effekt), hat ein Austausch zweckdienlicher Informationen stattzufinden, die für das Sicherheitskonzept, für den Sicherheitsbericht, den internen Notfallplan oder das Sicherheitsmanagementsystem von Bedeutung sind.

Informationsverpflichtung

§ 59j. Der Inhaber des Seveso-Betriebs ist verpflichtet, der Behörde auf Verlangen sämtliche Informationen bereitzustellen, die erforderlich sind, um die Möglichkeit des Eintritts eines schweren Unfalls beurteilen zu können, insbesondere soweit sie für die Erfüllung der Verpflichtung zur Durchführung von Inspektionen, zur Beurteilung der Möglichkeit des Auftretens von Domino-Effekten und zur genaueren Beurteilung der Eigenschaften von Seveso-Stoffen notwendig sind.

Inspektionssystem

§ 59k. (1) Die Behörde hat für die in ihrem örtlichen Zuständigkeitsbereich liegenden Seveso-Betriebe ein System von Inspektionen oder sonstigen Kontrollmaßnahmen zu erstellen und auf der Grundlage dieses Systems die Einhaltung der Pflichten der Inhaber der Seveso-Betriebe planmäßig und systematisch zu überwachen.

(2) Das Inspektionssystem besteht aus einem Inspektionsplan (Abs. 3) und einem Inspektionsprogramm (Abs. 4) und muss für die Überprüfung der betriebstechnischen, organisatorischen und managementspezifischen Systeme des jeweiligen Seveso-Betriebs geeignet sein, und zwar insbesondere dahingehend, ob der Inhaber des Seveso-Betriebs im Zusammenhang mit den betriebsspezifischen Tätigkeiten die zur Verhütung schwerer Unfälle erforderlichen Maßnahmen ergriffen hat, ob der Inhaber des Seveso-Betriebs angemessene Mittel zur Begrenzung der Folgen schwerer Unfälle vorgesehen hat und ob die im Sicherheitsbericht oder in anderen Berichten enthaltenen Angaben und Informationen den Gegebenheiten im Seveso-Betrieb genau entsprechen und ob die Öffentlichkeit im Sinne des § 14 des Umweltinformationsgesetzes, BGBl. Nr. 495/1993, in der jeweils geltenden Fassung, unterrichtet wurde. Im Rahmen einer solchen Überprüfung dürfen unbeschadet des § 75 Betriebsangehörige über ihre den angewendeten Sicherheitsmanagementsystemen dienenden Tätigkeiten als Auskunftspersonen befragt und Kontrollen des Bestandes an Seveso-Stoffen vorgenommen werden.

(3) Der Inspektionsplan muss folgende Einzelheiten umfassen:

1. eine allgemeine Beurteilung einschlägiger Sicherheitsfragen,
2. den räumlichen Anwendungsbereich des Plans,
3. eine Liste der vom Plan erfassten Seveso-Betriebe,
4. allfällige Angaben zu Domino-Effekten,

5. jene Seveso-Betriebe, bei denen externe Gefahrenquellen das Risiko eines schweren Unfalls erhöhen oder die Folgen des Unfalls verschlimmern können,
6. Verfahren für routinemäßige Inspektionen,
7. Verfahren für nicht routinemäßige Inspektionen und
8. Bestimmungen für die Zusammenarbeit zwischen Inspektionsbehörden.

(4) Auf der Grundlage des Inspektionsplans hat die Behörde ein Inspektionsprogramm über die zeitliche Abfolge der Inspektionen zu erstellen. Die zeitlichen Abstände für die Vor-Ort-Überprüfung der Betriebe der oberen Klasse dürfen nicht mehr als ein Jahr betragen, für Betriebe der unteren Klasse nicht mehr als drei Jahre, es sei denn, die Behörde hat im Inspektionsprogramm auf der Grundlage einer systematischen Bewertung der Gefahren schwerer Unfälle des in Betracht kommenden Betriebs anderes festgelegt. Bei dieser systematischen Bewertung sind folgende Kriterien in Betracht zu ziehen:
1. mögliche Auswirkungen der betreffenden Seveso-Betriebe auf die menschliche Gesundheit und auf die Umwelt;
2. nachweisliche Einhaltung der Anforderungen der Bestimmungen der §§ 59a bis 59k.

(5) Zusätzlich zu den routinemäßigen Inspektionen sind nicht routinemäßige Inspektionen dann durchzuführen, wenn dies nach Einschätzung der Behörde wegen schwerwiegender Beschwerden, ernster Unfälle, Zwischenfälle, Beinahe-Unfälle oder der Nichteinhaltung von Anforderungen gemäß den §§ 59a bis 59m angemessen ist. Wurde ein bedeutender Verstoß gegen Anforderungen gemäß den §§ 59a bis 59m bei einer Inspektion gemäß dem Inspektionsprogramm festgestellt, so hat die zusätzliche Inspektion längstens innerhalb von sechs Monaten nach der vorhergehenden Inspektion stattzufinden.

(6) Über jede Überprüfung muss eine Niederschrift verfasst werden. Innerhalb von vier Monaten nach jeder Inspektion muss die Behörde dem Inhaber des Seveso-Betriebs ihre Schlussfolgerungen und alle ermittelten erforderlichen Maßnahmen mitteilen. Der Inhaber des Seveso-Betriebs hat diese Maßnahmen innerhalb eines angemessenen Zeitraums nach Erhalt der Schlussfolgerungen der Inspektion einzuleiten. Innerhalb von vier Monaten nach der Vor-Ort-Überprüfung hat die Behörde auf der Internetseite edm.gv.at bekannt zu geben, wann diese Überprüfung stattgefunden hat und wo weiterführende Informationen zu erhalten sind. Geschäfts- und Betriebsgeheimnisse sind zu wahren.

Behördenpflichten

§ 59l. (1) Die Behörde hat die einen Seveso-Betrieb betreffenden Informationen gemäß § 59d Abs. 1 Z 1 und 5 sowie § 59d Abs. 3 und 4 unverzüglich nach ihrem Vorliegen der Bundesministerin für Klimaschutz, Umwelt, Energie, Mobilität, Innovation und Technologie weiterzuleiten.

(2) In den Fällen des § 59f Abs. 2 Z 1 hat die Behörde vor Beginn der Inbetriebnahme, in den Fällen des § 59f Abs. 2 Z 2, des § 59g Abs. 1 und 2 sowie des § 78b binnen angemessener Frist, den Sicherheitsbericht zu überprüfen und dem Inhaber des Seveso-Betriebs das Ergebnis der Prüfung des Sicherheitsberichts mitzuteilen. Erforderlichenfalls ist die Inbetriebnahme oder die Weiterführung zu untersagen. Die Untersagung ist aufzuheben, wenn die Voraussetzungen nicht mehr vorliegen.

(3) Die Behörde muss festlegen, bei welchen Seveso-Betrieben und benachbarten Betrieben der Informationsaustausch gemäß § 59i stattzufinden hat. Dafür muss sie erforderlichenfalls zusätzliche Angaben vom Inhaber des Seveso-Betriebs einholen und die anlässlich einer Inspektion erlangten Informationen verwenden. Der Inhaber des Seveso-Betriebs hat die diesbezüglichen Informationen zur Verfügung zu stellen, sofern sie für die Erfüllung dieser Bestimmung erforderlich sind. Wenn die Behörde über weitere Informationen verfügt, die für die Erfüllung dieser Bestimmung durch den Inhaber des Seveso-Betriebs erforderlich sind, so muss sie diese dem Inhaber zur Verfügung stellen.

(4) Unbeschadet des Abs. 2 hat die Behörde nach Konsultation des Inhabers des Seveso-Betriebs die Inbetriebnahme oder das Weiterführen des Betriebs ganz oder teilweise zu untersagen, wenn die vom Inhaber des Seveso-Betriebs getroffenen Maßnahmen zur Verhütung schwerer Unfälle oder zur Begrenzung von Unfallfolgen nach dem Stand der Technik eindeutig unzureichend sind oder wenn der Inhaber des Seveso-Betriebs Maßnahmen im Sinne des § 59k Abs. 6 nicht oder nicht vollständig setzt. Gleiches gilt, wenn der Inhaber des Seveso-Betriebs die gemäß den §§ 59a bis 59m erforderlichen Mitteilungen, Berichte oder sonstigen Informationen nicht fristgerecht übermittelt und deshalb eine Beurteilung des Seveso-Betriebs nach dem Stand der Technik nicht gewährleistet ist. Die Untersagung ist aufzuheben, wenn die Voraussetzungen nicht mehr vorliegen.

(5) Die Behörde hat zur Sicherstellung der Wahrnehmung der Aufgaben im Bereich der Flächenausweisung und Flächennutzung die Mitteilung nach § 59d Abs. 1 sowie Änderungen der Mitteilung im Sinne des § 59d Abs. 3 und 4 an die für die örtliche Raumplanung zuständigen Behörden weiterzuleiten.

(6) Nach Einlangen einer Meldung über den Eintritt eines schweren Unfalls oder der Aktualisierung einer solchen Meldung (§ 59d Abs. 5)

hat die Behörde die Meldung oder ihre Aktualisierung auf Vollständigkeit zu überprüfen, den Inhaber des Seveso-Betriebs erforderlichenfalls zur Vervollständigung der Informationen aufzufordern und die vollständigen Unterlagen an die Bundesministerin für Klimaschutz, Umwelt, Energie, Mobilität, Innovation und Technologie weiterzuleiten.

(7) Nach einem schweren Unfall hat die Behörde jedenfalls eine Inspektion gemäß § 59k Abs. 5 zur vollständigen Analyse der Unfallursachen vorzunehmen. Dabei sind die technischen, organisatorischen und managementspezifischen Gesichtspunkte des Unfalls festzustellen. Weiters ist zu überprüfen, ob der Inhaber des Seveso-Betriebs alle erforderlichen Abhilfemaßnahmen zur Begrenzung der Unfallfolgen getroffen hat, und es sind dem Inhaber des Seveso-Betriebs Empfehlungen über künftige Verhütungsmaßnahmen in Zusammenhang mit dem eingetretenen schweren Unfall bekannt zu geben. Die Behörde hat das Ergebnis der Analyse der Unfallursachen zusammenzufassen und diese Zusammenfassung der Bundesministerin für Klimaschutz, Umwelt, Energie, Mobilität, Innovation und Technologie mitzuteilen.

(8) Die Bundesministerin für Klimaschutz, Umwelt, Energie, Mobilität, Innovation und Technologie hat die ihm von der Behörde gemäß Abs. 1, 6 und 7 zur Verfügung gestellten Informationen der Erfüllung der Berichtspflichten der Seveso-III-Richtlinie zugrunde zu legen.

Bundeswarnzentrale

§ 59m. Die Bundeswarnzentrale beim Bundesministerium für Inneres unterrichtet andere EU-Mitgliedstaaten oder Vertragsstaaten der „Helsinki-Konvention“ (des UN-ECE-Übereinkommens über die grenzüberschreitenden Auswirkungen von Industrieunfällen, BGBl. III Nr. 119/2000) über im Bundesgebiet eingetretene schwere Unfälle mit möglicherweise grenzüberschreitenden Folgen und hat die Entgegennahme oder Weiterleitung von Ersuchen für internationale Hilfeleistung wahrzunehmen. Die Behörde hat die Bundeswarnzentrale unverzüglich über eingetretene schwere Unfälle in Kenntnis zu setzen und die Möglichkeit und das Ausmaß grenzüberschreitender Auswirkungen abzuschätzen. Die Bundeswarnzentrale hat unbeschadet bilateraler Abkommen einzelner Bundesländer eine Benachrichtigung der Rettungs- und Notfalldienste möglicherweise betroffener Staaten in die Wege zu leiten.

Aufzeichnungs- und Meldepflichten für Tätigkeiten gemäß EG-PRTR-V, Verbrennungs- oder Mitverbrennungsanlagen und IPPC-Behandlungsanlagen

§ 60. (1) Wer nach diesem Bundesgesetz, den mitanzuwendenden Bestimmungen oder auf Grund von darauf beruhenden Verordnungen oder Bescheiden verpflichtet ist, Messungen zur Bestimmung von Emissionen aus einer Behandlungsanlage, in der eine Tätigkeit gemäß Anhang 1 der Verordnung (EG) Nr. 166/2006 über die Schaffung eines Europäischen Schadstofffreisetzungs- und -verbringungsregisters und zur Änderung der Richtlinien 91/689/EWG und 96/61/EG (im Folgenden: EG-PRTR-V), ABl. Nr. L 33 vom 04.02.2006 S. 1, durchgeführt wird, oder aus einer Verbrennungs- oder Mitverbrennungsanlage durchzuführen, hat darüber Aufzeichnungen zu führen und die Daten gemäß der EG-PRTR-V oder einer Verordnung nach § 65 über die Abfallverbrennung in elektronischer Form im Wege des Registers gemäß § 22 Abs. 1 zu übermitteln. Weiters haben die Meldepflichtigen gemäß der EG-PRTR-V die Daten über Abfälle gemäß Art. 5 und 6 der EG-PRTR-V aufzuzeichnen und in elektronischer Form im Wege des Registers gemäß § 22 Abs. 1 zu übermitteln.

(2) Sofern keine Messungen durchzuführen sind, sind Emissionsmeldungen unter Verwendung von Emissionsfaktoren, Energie- und Massenbilanzen oder Analyseergebnissen zu berechnen. Ist eine Berechnung nicht möglich, sind die Emissionen in Form eines Gutachtens abzuschätzen.

(3) Der Inhaber einer IPPC-Behandlungsanlage, ausgenommen einer Deponie, hat der für die Überwachung zuständigen Behörde unverzüglich alle Störungen und Unfälle mit erheblichen Umweltauswirkungen zu melden.

(4) Der Inhaber einer IPPC-Behandlungsanlage, welche in einem Ballungsraum gemäß § 3 Abs. 3 des Bundes-Umgebungslärmschutzgesetzes (Bundes-LärmG), BGBl. I Nr. 60/2005, mit einer insgesamt jedenfalls 250 000 Einwohner übersteigenden Einwohnerzahl liegt, hat bis längstens vier Wochen nach der rechtskräftigen Genehmigung der IPPC-Behandlungsanlage oder nach der rechtskräftigen Genehmigung einer wesentlichen Änderung dieser Anlage der Genehmigungsbehörde die von dieser IPPC-Behandlungsanlage ausgehenden Lärmemissionen (bezogen auf die Lärmquelle und die Betriebsanlagengrenze) und deren Quellen zu melden. Der Inhaber von einer am 1. Jänner 2006 bestehenden IPPC-Behandlungsanlage, welche in einem gemäß § 3 Abs. 3 Bundes-LärmG festgelegten Ballungsraum mit einer insgesamt jedenfalls 250 000 Einwohner übersteigenden Einwohnerzahl liegt, hat der Genehmigungsbehörde die von seiner IPPC-Behandlungsanlage ausgehenden Lärmemissionen (bezogen auf die Lärmquelle und die Betriebsanlagengrenze) und deren Quellen bis spätestens 30. Juni 2006 zu melden. Die Genehmigungsbehörde hat die Meldungen auf Plausibilität zu prüfen und an die Bundesministerin für Klimaschutz, Umwelt, Energie, Mobilität, Innovation und Technologie weiterzuleiten.

(5) Der Inhaber einer IPPC-Behandlungsanlage, welche in einem Ballungsraum gemäß § 3 Abs. 3 Bundes-LärmG mit einer insgesamt jedenfalls 100 000 Einwohner übersteigenden Einwohnerzahl liegt, hat bis längstens vier Wochen nach der rechtskräftigen Genehmigung der IPPC-Behandlungsanlage oder nach der rechtskräftigen Genehmigung einer wesentlichen Änderung dieser Anlage der Genehmigungsbehörde die von dieser IPPC-Behandlungsanlage ausgehenden Lärmemissionen (bezogen auf die Lärmquelle und die Betriebsanlagengrenze) und deren Quellen zu melden. Der Inhaber von einer am 1. Jänner 2011 bestehenden IPPC-Behandlungsanlage, welche in einem gemäß § 3 Abs. 3 Bundes-LärmG festgelegten Ballungsraum mit einer insgesamt jedenfalls 100 000 Einwohner übersteigenden Einwohnerzahl liegt, hat der Genehmigungsbehörde die von seiner IPPC-Behandlungsanlage ausgehenden Lärmemissionen (bezogen auf die Lärmquelle und die Betriebsanlagengrenze) und deren Quellen bis spätestens 1. März 2011 zu melden. Die Genehmigungsbehörde hat die Meldungen auf Plausibilität zu prüfen und an die Bundesministerin für Klimaschutz, Umwelt, Energie, Mobilität, Innovation und Technologie weiterzuleiten.

Bestimmungen für den Betrieb einer Deponie

§ 61. (1) Der Inhaber der Deponie hat die Errichtung einer Deponie oder eines Deponieabschnittes der Behörde anzuzeigen. Er darf erst nach einer Überprüfung der Anlagen und Maßnahmen (§ 63 Abs. 1) Abfälle in die Deponie oder den Deponieabschnitt einbringen. Der Inhaber der Deponie hat den jeweiligen Stand der Technik, gegebenenfalls unter Berücksichtigung zugelassener Abweichungen (§ 43 Abs. 5), einzuhalten.

(2) Der Inhaber der Deponie hat jede Zurückweisung eines Abfalls, den er in seiner Deponie nicht annehmen darf, unverzüglich der für die Überwachung zuständigen Behörde zu melden.

(3) Der Inhaber der Deponie hat alle erheblichen nachteiligen Auswirkungen auf die Umwelt, die durch die Mess- und Überwachungsverfahren (§ 47 Abs. 2 Z 2) festgestellt werden, unverzüglich der für die Überwachung zuständigen Behörde zu melden.

Überwachung von Behandlungsanlagen und Maßnahmen für die Betriebs- und Abschlussphase

§ 62. (1) Die Behörde hat Behandlungsanlagen, die gemäß den §§ 37, 52 oder 54 genehmigungspflichtig sind, längstens alle fünf Jahre zu überprüfen. IPPC-Behandlungsanlagen sind entsprechend den Fristen gemäß § 63a Abs. 4 zu überprüfen.

(2) Besteht der Verdacht eines konsenswidrigen Betriebs einer Behandlungsanlage, die gemäß den §§ 37, 52 oder 54 genehmigungspflichtig ist, so hat die Behörde – unabhängig von der Einleitung eines Strafverfahrens – den Inhaber einer Behandlungsanlage zur Herstellung des der Rechtsordnung entsprechenden Zustands innerhalb einer angemessenen Frist aufzufordern. Kommt der Inhaber dieser Aufforderung innerhalb der gesetzten Frist nicht nach, so hat die Behörde mit Bescheid die zur Herstellung des der Rechtsordnung entsprechenden Zustands erforderlichen, geeigneten Maßnahmen, wie die Stilllegung von Maschinen oder die teilweise oder gänzliche Schließung, zu verfügen.

(2a) Ist es offenkundig, dass eine Behandlungsanlage ohne Genehmigung betrieben wird oder der Inhaber der Behandlungsanlage gefährliche Abfälle sammelt oder behandelt, ohne über eine Erlaubnis gemäß § 24a zu verfügen, hat die Behörde ohne vorausgehendes Verfahren die Schließung des gesamten der Rechtsordnung nicht entsprechenden Betriebs bescheidmäßig zu verfügen.

(2b) Wird durch den Betrieb einer Behandlungsanlage die Gesundheit, das Leben oder das Eigentum eines Dritten gefährdet oder stellt der Betrieb einer Behandlungsanlage eine unmittelbare erhebliche Gefährdung der Umwelt dar, hat die Behörde ohne vorausgehendes Verfahren die erforderlichen Maßnahmen, wie die Stilllegung von Maschinen oder die teilweise oder gänzliche Schließung, bescheidmäßig zu verfügen.

(2c) Die Bescheide gemäß Abs. 2a oder 2b sind sofort vollstreckbar. Liegen die Voraussetzungen für die Erlassung eines Bescheides gemäß Abs. 2, 2a oder 2b nicht mehr vor, so hat die Behörde die getroffenen Maßnahmen ehestmöglich zu widerrufen.

(3) Ergibt sich nach der Erteilung einer Genehmigung gemäß den §§ 37, 44, 52 oder 54, dass die gemäß § 43 wahrzunehmenden Interessen trotz Einhaltung der im Genehmigungsbescheid enthaltenen Auflagen, Bedingungen oder Befristungen nicht hinreichend geschützt sind, so hat die Behörde die erforderlichen, nach dem nunmehrigen Stand der Technik geeigneten Maßnahmen vorzuschreiben. Geeignete Maßnahmen sind insbesondere Untersuchungen, Beprobungen, Messungen, nachträgliche Auflagen, Erstellung und Durchführung eines Sanierungskonzepts, Beseitigung von bereits eingetretenen Folgen von Auswirkungen der Behandlungsanlage, vorübergehende oder dauernde Einschränkungen der Behandlungsanlage oder die gänzliche oder teilweise Einstellung des Betriebs.

(3a) Zugunsten von Personen, die erst nach Genehmigung der Behandlungsanlage Nachbarn im Sinne des § 2 Abs. 6 Z 5 geworden sind, sind Maßnahmen im Sinne des Abs. 3 nur soweit vorzuschreiben, als diese zur Vermeidung einer Gefährdung des Lebens oder der Gesundheit dieser Personen notwendig sind.

(4) Bei Gefahr im Verzug hat die Behörde die geeigneten Maßnahmen unmittelbar anzuordnen

und gegen Ersatz der Kosten durch den Inhaber der Behandlungsanlage nötigenfalls unverzüglich durchführen zu lassen.

(5) Maßnahmen gemäß Abs. 2 bis 4 bedürfen keiner Bewilligung oder Genehmigung nach anderen bundesrechtlichen Vorschriften.

(6) Die nach den §§ 43 Abs. 4, 44, 52 Abs. 5 oder 8 oder 54 Abs. 2 vorgeschriebenen Auflagen, Bedingungen oder Befristungen sind auf Antrag mit Bescheid aufzuheben oder abzuändern, wenn sich nach ihrer Vorschreibung ergibt, dass sie für die nach § 43 wahrzunehmenden Interessen nicht erforderlich sind oder für die Wahrnehmung dieser Interessen auch mit, den Inhaber der Behandlungsanlage weniger belastenden Auflagen, Bedingungen oder Befristungen das Auslangen gefunden werden kann. Dies gilt auch für Aufträge gemäß § 51.

(7) Werden vom Anlageninhaber bei einer Unterbrechung oder bei der Einstellung des Betriebs nicht die zur Vermeidung der Beeinträchtigung der öffentlichen Interessen erforderlichen Maßnahmen gesetzt, hat die zuständige Behörde diese bescheidmäßig aufzutragen. Der Bescheid ist sofort vollstreckbar.

(8) Wird eine gänzliche Schließung einer IPPC-Behandlungsanlage verfügt, hat der Inhaber der IPPC-Behandlungsanlage eine erforderliche Bewertung und allfällig notwendige Maßnahmen gemäß § 51 Abs. 2a Z 1 oder 2 der Behörde vorzulegen und durchzuführen.

(9) Werden vom Inhaber einer IPPC-Behandlungsanlage bei der Auflassung, Stilllegung oder endgültigen Schließung die gemäß § 51 Abs. 2a Z 1 erforderliche Bewertung oder allfällig notwendige Maßnahmen nicht angezeigt und durchgeführt, hat die Behörde bei durch die Tätigkeiten verursachten erheblichen Boden- oder Grundwasserverschmutzungen mit relevanten gefährlichen Stoffen im Vergleich zu dem im Bericht über den Ausgangszustand angegebenen Zustand die erforderlichen Maßnahmen zur Beseitigung dieser Verschmutzung bescheidmäßig aufzutragen, um das Gelände in jenen Zustand zurückzuführen. Dabei kann die technische Durchführbarkeit solcher Maßnahmen berücksichtigt werden. Der Bescheid ist sofort vollstreckbar.

(10) Werden vom Inhaber einer IPPC-Behandlungsanlage bei der Auflassung, Stilllegung oder endgültigen Schließung die gemäß § 51 Abs. 2a Z 2 erforderliche Bewertung oder allfällig notwendige Maßnahmen nicht angezeigt und durchgeführt, hat die Behörde bei einer durch die Tätigkeiten verursachten erheblichen Gefährdung der menschlichen Gesundheit oder der Umwelt die erforderlichen Maßnahmen zur Beseitigung, Verhütung, Eindämmung oder Verringerung relevanter gefährlicher Stoffe bescheidmäßig aufzutragen, damit das Gelände unter Berücksichtigung seiner derzeitigen oder genehmigten künftigen Nutzung keine solche Gefährdung mehr darstellt. Der Bescheid ist sofort vollstreckbar.

Zusätzliche Bestimmungen betreffend die Überwachung einer Deponie

§ 63. (1) Unmittelbar nach erfolgter Errichtung der Deponie oder eines Teilbereichs der Deponie und vor Einbringung der Abfälle hat die Behörde die Übereinstimmung der Anlage und der Maßnahmen mit der erteilten Genehmigung zu überprüfen. Parteistellung in diesem Verfahren hat der Antragsteller und der von einer Abweichung in seinen Rechten Betroffene. Über das Ergebnis dieser Überprüfung ist bescheidmäßig abzusprechen und die Behebung der dabei etwa wahrgenommenen Mängel und Abweichungen ist zu veranlassen. Die Einbringung von Abfällen in die Deponie oder den Teilbereich der Deponie ist erst nach Behebung der wahrgenommenen Mängel oder Abweichungen zulässig. Geringfügige Abweichungen, die den gemäß § 43 wahrzunehmenden Interessen nicht widersprechen oder denen der von der Abweichung in seinen Rechten Betroffene zustimmt, dürfen im Überprüfungsbescheid nachträglich genehmigt werden.

(2) Stilllegungsmaßnahmen sind in sinngemäßer Anwendung des Abs. 1 von der Behörde zu überprüfen.

(3) Die Behörde hat zur Überprüfung von Deponien mit Bescheid eine Deponieaufsicht zu bestellen; § 49 Abs. 3 bis 6 gelten sinngemäß. Die Deponieaufsicht hat die Einhaltung dieses Bundesgesetzes und der darauf beruhenden Verordnungen und Bescheide, insbesondere betreffend die Instandhaltung, den Betrieb, einschließlich der zu führenden Aufzeichnungen, und die Nachsorge, regelmäßig zu überprüfen. Sie hat der Behörde darüber jährlich zu berichten. Wird bei Beanstandungen keine Übereinstimmung zwischen dem Deponieaufsichtsorgan und dem Inhaber der Deponie über die zu treffenden Maßnahmen erzielt, ist unverzüglich der Behörde zu berichten. Weitere Maßnahmen sind, soweit im Einzelfall erforderlich, von der Behörde mit Bescheid festzulegen.

(4) Unbeschadet des § 79 hat die Behörde das vorübergehende Verbot der Einbringung von Abfällen oder die Schließung der Deponie anzuordnen, wenn ungeachtet wiederholter Mahnung unter Hinweis auf die Rechtsfolgen Verpflichtungen aus diesem Bundesgesetz oder einer Verordnung nach § 65 über Deponien oder Auflagen des Genehmigungsbescheides oder Anordnungen nicht eingehalten werden. Dies gilt auch, wenn keine angemessene Sicherstellung geleistet wird.

Umweltinspektionen für IPPC-Behandlungsanlagen

§ 63a. (1) IPPC-Behandlungsanlagen sind regelmäßigen Umweltinspektionen zu unterziehen. Die §§ 52 bis 53a AVG sind anzuwenden.

(2) Die Bundesministerin für Klimaschutz, Umwelt, Energie, Mobilität, Innovation und Technologie hat einen Umweltinspektionsplan zu erstellen, der alle IPPC-Anlagen enthält. Soweit dadurch der Wirkungsbereich eines anderen Bundesministers berührt wird, ist das Einvernehmen herzustellen. Der Umweltinspektionsplan ist regelmäßig zu überprüfen und gegebenenfalls zu aktualisieren. Vor Veröffentlichung des Umweltinspektionsplans sind die Landeshauptmänner anzuhören.

(3) Der Umweltinspektionsplan hat zu umfassen:

1. eine allgemeine Bewertung der wichtigen Umweltprobleme;
2. den räumlichen Geltungsbereich des Inspektionsplans;
3. ein Verzeichnis der in den Geltungsbereich des Plans fallenden IPPC-Anlagen, wobei die im EDM-Stammdatenregister enthaltenen Identifikationsnummern zu verwenden sind;
4. Verfahren für die Aufstellung von Programmen für routinemäßige Umweltinspektionen gemäß Abs. 4;
5. Verfahren für nicht routinemäßige Umweltinspektionen gemäß Abs. 6;
6. gegebenenfalls Bestimmungen für die Zusammenarbeit zwischen verschiedenen Inspektionsbehörden.

(4) Auf Grundlage des Umweltinspektionsplanes hat der Landeshauptmann regelmäßig ein Programm für routinemäßige Umweltinspektionen zu erstellen, in denen auch die Häufigkeit der Vor-Ort-Besichtigungen für die verschiedenen Arten von Anlagen anzugegeben ist. Der Zeitraum zwischen zwei Vor-Ort-Besichtigungen richtet sich nach einer systematischen Beurteilung der mit der IPPC-Behandlungsanlage verbundenen Umweltrisiken und darf ein Jahr bei IPPC-Behandlungsanlagen der höchsten Risikostufe und drei Jahre bei IPPC-Behandlungsanlagen der niedrigsten Risikostufe nicht überschreiten. Wurde bei einer Inspektion festgestellt, dass eine Anlage in schwerwiegender Weise gegen die Genehmigung verstößt, so hat innerhalb der nächsten sechs Monate nach dieser Inspektion eine zusätzliche Vor-Ort-Besichtigung zu erfolgen.

(5) Die systematische Beurteilung der Umweltrisiken stützt sich mindestens auf folgende Kriterien:

1. potenzielle und tatsächliche Auswirkungen der betreffenden IPPC-Behandlungsanlage auf die menschliche Gesundheit und auf die Umwelt unter Berücksichtigung der Emissionswerte und -typen, der Empfindlichkeit der örtlichen Umgebung und des Unfallrisikos;
2. bisherige Einhaltung der Genehmigung;
3. Teilnahme des Anlageninhabers am Unionssystem für das Umweltmanagement und die Umweltbetriebsprüfung (EMAS) gemäß der Verordnung (EG) Nr. 1221/2009 oder Eintragung als Organisation gemäß einer Verordnung nach § 15 Abs. 5 UMG.

(6) Nicht routinemäßige Umweltinspektionen sind durchzuführen, um bei Beschwerden wegen ernsthaften Umweltbeeinträchtigungen, bei ernsthaften umweltbezogenen Unfällen und Vorfällen und bei Verstößen gegen die Vorschriften sobald wie möglich und gegebenenfalls vor der Ausstellung, Erneuerung oder Aktualisierung einer Genehmigung Untersuchungen vorzunehmen.

(7) Nach jeder Vor-Ort-Besichtigung hat die zuständige Behörde einen Bericht mit relevanten Feststellungen bezüglich der Einhaltung der Genehmigung durch die betreffende IPPC-Behandlungsanlage und Schlussfolgerungen zur etwaigen Notwendigkeit weiterer Maßnahmen zu erstellen. Der Bericht einschließlich der Zusammenfassung des Berichts ist dem betreffenden Anlageninhaber binnen zwei Monaten nach der Vor-Ort-Besichtigung zu übermitteln; gleichzeitig mit der Übermittlung des Berichts ist eine angemessene Frist zu setzen, innerhalb derer der Inhaber eine Stellungnahme erstatten kann. Die zuständige Behörde hat die Zusammenfassung des Berichts, sowie den Hinweis wo weiterführende Informationen zu erhalten sind, binnen vier Monaten nach der Vor-Ort-Besichtigung auf der Internetseite edm.gv.at zu veröffentlichen. In Bezug auf Mängel gilt § 62 Abs. 2.

(8) Die Überprüfung durch eine Deponieaufsicht gemäß § 63 gilt in dem Umfang, in dem diese einer Umweltinspektion entspricht, als Umweltinspektion.

Wechsel des Inhabers einer Behandlungsanlage

§ 64. (1) Durch den Wechsel des Inhabers einer Behandlungsanlage wird

1. die Wirksamkeit einer Genehmigung gemäß den §§ 37, 44, 52 oder 54 und
2. die Wirksamkeit der Anordnungen oder Aufträge gemäß den §§ 51, 53 Abs. 2, 57, 58 und 62 Abs. 2 bis 3 und gemäß § 591 Abs. 2 und 4

nicht berührt.

(2) Der Wechsel des Inhabers ist vom nunmehrigen Inhaber zu melden; die Meldung ist vom vormaligen Inhaber gegenzuzeichnen.

Nähere Bestimmungen für Behandlungsanlagen

§ 65. (1) Die Bundesministerin für Klimaschutz, Umwelt, Energie, Mobilität, Innovation und Technologie wird ermächtigt, in Übereinstimmung mit den Zielen und Grundsätzen der Abfallwirtschaft, zur Wahrung der öffentlichen Interessen (§ 1 Abs. 3) und unter Bedachtnahme auf die Vorgaben des Bundes-Abfallwirtschaftsplans im Einvernehmen mit der Bundesministerin für Digitalisierung und Wirtschaftsstandort mit Verordnung festzulegen:

AWG

1. nähere Bestimmungen über die dem Stand der Technik entsprechende Ausstattung und Betriebsweise von Behandlungsanlagen, einschließlich der Festlegung der Art und Qualität der zu behandelnden Abfälle, der Kriterien und Grenzwerte für die Zuordnung der Abfälle zu diesen Anlagen, der anzuwendenden Messverfahren, der Überwachung während des Betriebs und der Nachsorge und die von diesen Anlagen einzuhaltenden, dem Stand der Technik entsprechenden Emissionsgrenzwerte; nähere Anforderungen an die Messungen oder andere geeignete Verfahren zur Bestimmung von Emissionen entsprechend den einzelnen Anlagentypen oder Schadstoffen;

Zugänglichmachung von Informationen über Emissionen und die Prozessführung bei IPPC-Behandlungsanlagen und Verbrennungs- und Mitverbrennungsanlagen;

2. abweichende Regelungen zu den Bestimmungen gemäß Z 1 für bereits genehmigte Behandlungsanlagen, wenn sie wegen der Unverhältnismäßigkeit zwischen dem Aufwand zur Erfüllung der betreffenden Verordnungsbestimmungen und dem dadurch erreichbaren Nutzen für die zu schützenden Interessen sachlich gerechtfertigt sind; Fristen, innerhalb der bei In-Kraft-Treten einer Verordnung bestehende, rechtskräftig genehmigte Behandlungsanlagen an die Bestimmungen der Verordnung anzupassen sind; dies gilt nicht, wenn sich der Inhaber innerhalb der durch Verordnung festzulegenden Frist, die zwölf Monate ab dem In-Kraft-Treten der Verordnung nicht überschreitet, gegenüber der zuständigen Behörde unwiderruflich verpflichtet, die Behandlungsanlage in der vorgeschriebenen Weise innerhalb der in der Verordnung festgelegten Frist zu schließen;
3. zusätzliche Antragsunterlagen und Bescheidinhalte unter Berücksichtigung der unionsrechtlichen Vorschriften entsprechend dem Anlagentyp und der zu behandelnden Abfälle;

3a. nähere Bestimmungen über die Inhaltserfordernisse des Berichts über den Ausgangszustand für IPPC-Behandlungsanlagen, Kriterien für das Vorliegen relevanter gefährlicher Stoffe, Art und Umfang von Boden- und Grundwassermessungen, Kriterien für einen Vergleich des Ausgangszustandes mit dem Endzustand sowie Maßnahmen zur Beseitigung einer Verschmutzung oder erheblichen Gefährdung der menschlichen Gesundheit oder Umwelt infolge von IPPC-Tätigkeiten;

4. unter Bedachtnahme auf eine ausreichende, sichere und genaue Erfassung und Beurteilung der zu behandelnden Abfälle und der Emissionen nähere Bestimmungen über Art und Form der Aufzeichnungen und über Zeitpunkt, Art und Form der diesbezüglichen Meldungen;
5. in Abhängigkeit vom Anlagentyp nähere Bestimmungen über den Inhalt der Sicherstellung, deren Festsetzung, Art, Bemessung, Leistung, Zugriff, Verfall, Verwendung und Freiwerden, einschließlich einer angemessenen Sicherstellung für bestehende Behandlungsanlagen;
6. nähere Bestimmungen betreffend die Beherrschung der Gefahren bei schweren Unfällen, insbesondere über die Pflichten des Betriebsinhabers nach einem schweren Unfall, über das Sicherheitskonzept, das Sicherheitsmanagementsystem, den Sicherheitsbericht, die internen Notfallpläne und die Information über die Gefahren, die Sicherheitsmaßnahmen und das richtige Verhalten bei Unfällen.

Bei Festlegungen gemäß Z 1 im Hinblick auf den Stand der Technik zur Vermeidung und Rückhaltung von Stoffen, die in das Wasser gelangen können, und bei Festlegungen gemäß Z 3a ist das Einvernehmen mit der Bundesministerin für Landwirtschaft, Regionen und Tourismus herzustellen.

(2) Die Bundesministerin für Klimaschutz, Umwelt, Energie, Mobilität, Innovation und Technologie wird ermächtigt, im Einvernehmen mit der Bundesministerin für Digitalisierung und Wirtschaftsstandort mit Verordnung festzulegen, welche Behandlungsanlagen zur Verwertung von Abfällen und welche Behandlungsanlagen zur Beseitigung von im eigenen Betrieb anfallenden bestimmten nicht gefährlichen Abfällen jedenfalls von der Genehmigungspflicht gemäß § 37 ausgenommen sind. In dieser Verordnung sind nähere Bestimmungen über die Abfallarten und -mengen, die Behandlungsmethoden und Bedingungen für die Verwertung gefährlicher Abfälle, einschließlich der Art der Tätigkeiten, sowie alle anderen notwendigen Anforderungen an die Durchführung verschiedener Arten der Verwertung und gegebenenfalls die Grenzwerte für den Schadstoffgehalt der Abfälle sowie die Emissionsgrenzwerte festzulegen.

(3) Die Bundesministerin für Klimaschutz, Umwelt, Energie, Mobilität, Innovation und Technologie wird ermächtigt, im Einvernehmen mit der Bundesministerin für Digitalisierung und Wirtschaftsstandort mit Verordnung jene genehmigungspflichtigen mobilen Behandlungsanlagen festzulegen, die vergleichbare Auswirkungen auf den Mensch oder die Umwelt haben wie ortsfeste Behandlungsanlagen. Weiters wird die Bundesministerin für Klimaschutz, Umwelt, Energie, Mobilität, Innovation und Technologie ermächtigt, im Einvernehmen mit der Bundesministerin für Digitalisierung und Wirtschaftsstandort für diese genehmigungspflichtigen mobilen Behandlungsanlagen mit Verordnung nähere Bestimmungen über die Ausstattung und Betriebsweise, einschließlich Bestimmungen über Aufstellungsort,

Aufstellungszeit und Mindestabstand, sowie nähere Bestimmungen über die Durchführung der Prüfung und die Prüfbescheinigung festzulegen.

(4) Die Bundesministerin für Klimaschutz, Umwelt, Energie, Mobilität, Innovation und Technologie wird ermächtigt, durch Verordnung festzulegen, für welche mobilen Behandlungsanlagen, die ausschließlich nicht gefährliche Abfälle behandeln, das vereinfachte Verfahren gemäß § 52 Abs. 8 anzuwenden ist.

...

11. Umweltverträglichkeitsprüfungsgesetz (Auszug)

Bundesgesetz über die Prüfung der Umweltverträglichkeit (Umweltverträglichkeitsprüfungsgesetz 2000 – UVP-G 2000)

StF: BGBl. Nr. 697/1993 (NR: GP XVIII RV 269 AB 1179 S. 131. BR: 4639 AB 4624 S. 574.)

Letzte Novellierung: BGBl. I Nr. 35/2025

GLIEDERUNG

UVP-G

1. ABSCHNITT

Aufgabe von Umweltverträglichkeitsprüfung und Bürgerbeteiligung

§ 1. (1) Aufgabe der Umweltverträglichkeitsprüfung (UVP) ist es, unter Beteiligung der Öffentlichkeit auf fachlicher Grundlage

1. die unmittelbaren und mittelbaren Auswirkungen festzustellen, zu beschreiben und zu bewerten, die ein Vorhaben
   a) auf Menschen und die biologische Vielfalt einschließlich der, Tiere, Pflanzen und deren Lebensräume,
   b) auf Fläche und Boden, Wasser, Luft und Klima,
   c) auf die Landschaft und
   d) auf Sach- und Kulturgüter

   hat oder haben kann, wobei Wechselwirkungen mehrerer Auswirkungen untereinander miteinzubeziehen sind,
2. Maßnahmen zu prüfen, durch die schädliche, belästigende oder belastende Auswirkungen des Vorhabens auf die Umwelt verhindert oder verringert oder günstige Auswirkungen des Vorhabens vergrößert werden,
3. die Vor- und Nachteile der vom Projektwerber/von der Projektwerberin geprüften Alternativen sowie die umweltrelevanten Vor- und Nachteile des Unterbleibens des Vorhabens darzulegen und
4. bei Vorhaben, für die gesetzlich die Möglichkeit einer Enteignung oder eines Eingriffs in private Rechte vorgesehen ist, die umweltrelevanten Vor- und Nachteile der vom Projektwerber/von der Projektwerberin geprüften Standort- oder Trassenvarianten darzulegen.

(2) Durch dieses Bundesgesetz werden folgende Rechtsakte der Europäischen Union umgesetzt oder begleitend umgesetzt:

1. Richtlinie 2011/92/EU über die Umweltverträglichkeitsprüfung bei bestimmten öffentlichen und privaten Projekten, ABl. Nr. L 26 vom 28.01.2012 S. 1, in der Fassung der

Richtlinie 2014/52/EU, ABl. Nr. L 124 vom 25.04.2014 S. 1;
2. Verordnung (EU) 2022/869 zu Leitlinien für die transeuropäische Energieinfrastruktur, zur Änderung der Verordnungen (EG) Nr. 715/2009, (EU) 2019/942 und (EU) 2019/943 sowie der Richtlinien 2009/73/EG und (EU) 2019/944 und zur Aufhebung der Verordnung (EU) Nr. 347/2013, ABl. L 152 vom 03.06.2022 S. 45, zuletzt geändert durch die Verordnung (EU) 2024/1991, ABl. Nr. L 1991 vom 29.07.2024 S. 1;
3. Richtlinie (EU) 2021/1187 über die Straffung von Maßnahmen zur rascheren Verwirklichung des transeuropäischen Verkehrsnetzes (TEN–V), ABl. Nr. L 258 vom 20.07.2021 S.1.

Begriffsbestimmungen

§ 2. (1) Mitwirkende Behörden sind jene Behörden, die nach den Verwaltungsvorschriften

1. für die Genehmigungen oder Überwachung des Vorhabens zuständig wären, wenn für das Vorhaben nicht eine Umweltverträglichkeitsprüfung nach diesem Bundesgesetz durchzuführen wäre,
2. für die Überwachung des Vorhabens oder die Erlassung von zur Ausführung des Vorhabens (Errichtung oder Betrieb) notwendigen Verordnungen zuständig sind oder
3. an den jeweiligen Verfahren zu beteiligen sind.

(2) Vorhaben ist die Errichtung einer Anlage oder ein sonstiger Eingriff in Natur und Landschaft unter Einschluss sämtlicher damit in einem räumlichen und sachlichen Zusammenhang stehender Maßnahmen. Ein Vorhaben kann eine oder mehrere Anlagen oder Eingriffe umfassen, wenn diese in einem räumlichen und sachlichen Zusammenhang stehen.

(3) Als Genehmigungen gelten die in den einzelnen Verwaltungsvorschriften für die Zulässigkeit der Ausführung eines Vorhabens vorgeschriebenen behördlichen Akte oder Unterlassungen, wie insbesondere Genehmigungen, Bewilligungen oder Feststellungen. Davon ist auch die Einräumung von Dienstbarkeiten nach § 111 Abs. 4 erster Satz des Wasserrechtsgesetzes 1959, nicht jedoch die Einräumung sonstiger Zwangsrechte erfasst.

(4) Umweltanwalt ist ein Organ, das vom Bund oder vom betroffenen Land besonders dafür eingerichtet wurde, um den Schutz der Umwelt in Verwaltungsverfahren wahrzunehmen.

(5) Kapazität ist die genehmigte oder beantragte Größe oder Leistung eines Vorhabens, die bei Angabe eines Schwellenwertes im Anhang 1 in der dort angegebenen Einheit gemessen wird. Anlage ist in diesem Zusammenhang eine örtlich gebundene Einrichtung oder eine in engem räumlichen und sachlichen Zusammenhang stehende Gesamtheit solcher Einrichtungen, die einem im Anhang 1 angeführten Zweck dient.

(6) Standortanwalt ist ein Organ, das vom Bund oder vom betroffenen Land besonders dafür eingerichtet wurde, die öffentlichen Interessen an der Verwirklichung eines Vorhabens in Verwaltungsverfahren wahrzunehmen.

(7) Vorhaben der Energiewende sind Projekte, die der Errichtung, Erweiterung oder Änderung von Anlagen zur Erzeugung, Speicherung oder Leitung erneuerbarer Energien dienen sowie Projekte des Eisenbahnausbaus nach § 23b oder der Z 10 des Anhanges 1.

(8) Standortgemeinden sind jene Gemeinden, in denen ein Vorhaben gemäß Abs. 2 errichtet werden soll. Gemeinden, in denen nur Ausgleichs- oder Ersatzmaßnahmen vorgesehen werden, gelten nicht als Standortgemeinden.

Gegenstand der Umweltverträglichkeitsprüfung

§ 3. (1) Vorhaben, die in Anhang 1 angeführt sind, sowie Änderungen dieser Vorhaben sind nach Maßgabe der folgenden Bestimmungen einer Umweltverträglichkeitsprüfung zu unterziehen. Für Vorhaben, die in Spalte 2 und 3 des Anhanges 1 angeführt sind, ist das vereinfachte Verfahren durchzuführen. Im vereinfachten Verfahren sind § 3a Abs. 2, § 6 Abs. 1 Z 1 lit. d, § 7 Abs. 2, § 12, § 16 Abs. 2, § 20 Abs. 5 und § 22 nicht anzuwenden, stattdessen sind die Bestimmungen des § 3a Abs. 3, § 7 Abs. 3 und § 12a anzuwenden.

(2) Bei Vorhaben des Anhanges 1, die die dort festgelegten Schwellenwerte nicht erreichen oder Kriterien nicht erfüllen, die aber mit anderen Vorhaben gemeinsam den jeweiligen Schwellenwert erreichen oder das Kriterium erfüllen, hat die Behörde im Einzelfall festzustellen, ob auf Grund einer Kumulierung der Auswirkungen mit erheblichen schädlichen, belästigenden oder belastenden Auswirkungen auf die Umwelt zu rechnen und daher eine Umweltverträglichkeitsprüfung für das geplante Vorhaben durchzuführen ist. Für die Kumulierung zu berücksichtigen sind andere gleichartige und in einem räumlichen Zusammenhang stehende Vorhaben, die bestehen oder genehmigt sind, oder Vorhaben, die mit vollständigem Antrag auf Genehmigung bei einer Behörde früher eingereicht oder nach §§ 4 oder 5 früher beantragt wurden. Eine Einzelfallprüfung ist nicht durchzuführen, wenn das geplante Vorhaben eine Kapazität von weniger als 25 % des Schwellenwertes aufweist. Bei der Entscheidung im Einzelfall sind die Kriterien des Abs. 5 Z 1 bis 3 zu berücksichtigen, die Abs. 7 und 8 sind anzuwenden. Die Umweltverträglichkeitsprüfung ist im vereinfachten Verfahren durchzuführen. Die Einzelfallprüfung entfällt, wenn der Projektwerber/die Projektwerberin die Durchführung einer Umweltverträglichkeitsprüfung beantragt.

(3) Wenn ein Vorhaben einer Umweltverträglichkeitsprüfung zu unterziehen ist, sind die nach den bundes- oder landesrechtlichen Verwaltungsvorschriften, auch soweit sie im eigenen Wirkungsbereich der Gemeinde zu vollziehen sind, für die Ausführung des Vorhabens erforderlichen materiellen Genehmigungsbestimmungen von der Behörde (§ 39) in einem konzentrierten Verfahren mit anzuwenden (konzentriertes Genehmigungsverfahren). Ausgenommen davon sind Vorhaben der Z 18 lit. a bis d und f des Anhanges 1.

(4) Bei Vorhaben, für die in Spalte 3 des Anhanges 1 ein Schwellenwert in bestimmten schutzwürdigen Gebieten festgelegt ist, hat die Behörde bei Zutreffen dieses Tatbestandes im Einzelfall zu entscheiden, ob zu erwarten ist, dass unter Berücksichtigung des Ausmaßes und der Nachhaltigkeit der Umweltauswirkungen der schützenswerte Lebensraum (Kategorie B des Anhanges 2) oder der Schutzzweck, für den das schutzwürdige Gebiet (Kategorien A, C, D und E des Anhanges 2) festgelegt wurde, wesentlich beeinträchtigt wird. Bei dieser Prüfung sind schutzwürdige Gebiete der Kategorien A, C, D oder E des Anhanges 2 nur zu berücksichtigen, wenn sie am Tag der Einleitung des Verfahrens ausgewiesen oder in die Liste der Gebiete mit gemeinschaftlicher Bedeutung (Kategorie A des Anhanges 2) aufgenommen sind. Ist mit einer solchen Beeinträchtigung zu rechnen, ist eine Umweltverträglichkeitsprüfung durchzuführen. Bei der Entscheidung im Einzelfall sind die Kriterien des Abs. 5 Z 1 bis 3 zu berücksichtigen, Abs. 7 und 8 sind anzuwenden. Die Einzelfallprüfung entfällt, wenn der Projektwerber/die Projektwerberin die Durchführung einer Umweltverträglichkeitsprüfung beantragt.

(4a) Bei Vorhaben, für die in Spalte 3 des Anhanges 1 andere als in Abs. 4 genannte besondere Voraussetzungen festgelegt sind, hat die Behörde bei Zutreffen dieser Voraussetzungen unter Anwendung des Abs. 7 im Einzelfall festzustellen, ob durch das Vorhaben mit erheblichen schädlichen oder belastenden Auswirkungen auf die Umwelt im Sinn des § 1 Abs. 1 Z 1 zu rechnen ist. Bei Vorhaben der Z 18 lit. f, 19 lit. d, 19 lit. f und 21 lit. c des Anhanges 1 hat sich diese Prüfung darauf zu beschränken, ob durch das Vorhaben mit erheblichen schädlichen oder belastenden Auswirkungen auf die Schutzgüter Fläche und Boden zu rechnen ist. Stellt sie solche fest, ist eine Umweltverträglichkeitsprüfung nach dem vereinfachten Verfahren durchzuführen. Die Einzelfallprüfung entfällt, wenn der Projektwerber/die Projektwerberin die Durchführung einer Umweltverträglichkeitsprüfung beantragt.

(5) Bei der Entscheidung im Einzelfall hat die Behörde folgende Kriterien, soweit relevant, zu berücksichtigen:

1. Merkmale des Vorhabens (Größe des Vorhabens, Nutzung der natürlichen Ressourcen, Abfallerzeugung, Umweltverschmutzung und Belästigungen, vorhabensbedingte Anfälligkeit für Risiken schwerer Unfälle und von Naturkatastrophen, einschließlich solcher, die wissenschaftlichen Erkenntnissen zufolge durch den Klimawandel bedingt sind, Risiken für die menschliche Gesundheit),
2. Standort des Vorhabens (ökologische Empfindlichkeit unter Berücksichtigung bestehender oder genehmigter Landnutzung, Reichtum, Verfügbarkeit, Qualität und Regenerationsfähigkeit der natürlichen Ressourcen einschließlich des Bodens, der Fläche, des Wassers und der biologischen Vielfalt des Gebietes und seines Untergrunds, Belastbarkeit der Natur, gegebenenfalls unter Berücksichtigung der in Anhang 2 angeführten Gebiete),
3. Merkmale der potentiellen Auswirkungen des Vorhabens auf die Umwelt (Art, Umfang und räumliche Ausdehnung der Auswirkungen, grenzüberschreitender Charakter der Auswirkungen, Schwere und Komplexität der Auswirkungen, erwarteter Zeitpunkt des Eintretens, Wahrscheinlichkeit von Auswirkungen, Dauer, Häufigkeit und Reversibilität der Auswirkungen, Möglichkeit, die Auswirkungen wirksam zu vermeiden oder zu vermindern) sowie Veränderung der Auswirkungen auf die Umwelt bei Verwirklichung des Vorhabens im Vergleich zu der Situation ohne Verwirklichung des Vorhabens.

Bei in Spalte 3 des Anhanges 1 angeführten Vorhaben ist die Veränderung der Auswirkungen im Hinblick auf das schutzwürdige Gebiet maßgeblich. Bei Vorhaben der Z 18 lit. f, 19 lit. d, 19 lit. f und 21 lit. c des Anhanges 1 ist die Veränderung der Auswirkungen im Hinblick auf die Schutzgüter Fläche und Boden maßgeblich. Der Bundesminister/die Bundesministerin für Klimaschutz, Umwelt, Energie, Mobilität, Innovation und Technologie kann mit Verordnung nähere Einzelheiten über die Durchführung der Einzelfallprüfung regeln.

(6) Vor Abschluss der Umweltverträglichkeitsprüfung oder der Einzelfallprüfung dürfen für Vorhaben, die einer Prüfung gemäß Abs. 1, 2, 4 oder 4a unterliegen, Genehmigungen nicht erteilt werden und kommt nach Verwaltungsvorschriften getroffenen Anzeigen vor Abschluss der Umweltverträglichkeitsprüfung keine rechtliche Wirkung zu. Entgegen dieser Bestimmung erteilte Genehmigungen können von der gemäß § 39 Abs. 3 zuständigen Behörde innerhalb einer Frist von drei Jahren als nichtig erklärt werden.

(7) Die Behörde hat auf Antrag des Projektwerbers/der Projektwerberin, einer mitwirkenden Behörde oder des Umweltanwaltes festzustellen, ob für ein Vorhaben eine Umweltverträglichkeitsprüfung nach diesem Bundesgesetz durchzuführen ist

und welcher Tatbestand des Anhanges 1 oder des § 3a Abs. 1 bis 3 durch das Vorhaben verwirklicht wird. Diese Feststellung kann auch von Amts wegen erfolgen. Der Projektwerber/die Projektwerberin hat der Behörde Unterlagen vorzulegen, die zur Identifikation des Vorhabens und zur Abschätzung seiner Umweltauswirkungen ausreichen, im Fall einer Einzelfallprüfung ist hiefür Abs. 8 anzuwenden. Hat die Behörde eine Einzelfallprüfung nach diesem Bundesgesetz durchzuführen, so hat sie sich dabei hinsichtlich Prüftiefe und Prüfumfang auf eine Grobprüfung zu beschränken. Die Entscheidung ist innerhalb von sechs Wochen mit Bescheid zu treffen. In der Entscheidung sind nach Durchführung einer Einzelfallprüfung unter Verweis auf die in Abs. 5 angeführten und für das Vorhaben relevanten Kriterien die wesentlichen Gründe für die Entscheidung, ob eine Umweltverträglichkeitsprüfung durchzuführen ist oder nicht, anzugeben. Bei Feststellung, dass keine Verpflichtung zur Durchführung einer Umweltverträglichkeitsprüfung besteht, ist in der Entscheidung auf allfällige seitens des Projektwerbers/der Projektwerberin geplante projektintegrierte Aspekte oder Maßnahmen des Vorhabens, mit denen erhebliche nachteilige Umweltauswirkungen vermieden oder verhindert werden sollen, Bezug zu nehmen. Parteistellung und das Recht, Beschwerde an das Bundesverwaltungsgericht zu erheben, haben der Projektwerber/die Projektwerberin, der Umweltanwalt und die Standortgemeinde. Vor der Entscheidung sind die mitwirkenden Behörden und das wasserwirtschaftliche Planungsorgan zu hören. Die Entscheidung ist von der Behörde in geeigneter Form kundzumachen und der Bescheid jedenfalls zur öffentlichen Einsichtnahme aufzulegen und auf der Internetseite der UVP-Behörde, auf der Kundmachungen gemäß § 9 Abs. 4 erfolgen, zu veröffentlichen; der Bescheid ist als Download für sechs Wochen bereitzustellen. Die Standortgemeinde kann gegen die Entscheidung des Bundesverwaltungsgerichts Revision an den Verwaltungsgerichtshof erheben. Der Umweltanwalt und die mitwirkenden Behörden sind von der Verpflichtung zum Ersatz von Barauslagen befreit.

(8) Der Projektwerber/die Projektwerberin hat der Behörde für die Zwecke einer Einzelfallprüfung Angaben zu folgenden Aspekten vorzulegen:

1. Beschreibung des Vorhabens:
   a) Beschreibung der physischen Merkmale des gesamten Vorhabens und, soweit relevant, von Abbrucharbeiten,
   b) Beschreibung des Vorhabensstandortes, insbesondere der ökologischen Empfindlichkeit der geografischen Räume, die durch das Vorhaben voraussichtlich beeinträchtigt werden,
2. Beschreibung der vom Vorhaben voraussichtlich erheblich beeinträchtigten Umwelt, wobei Schutzgüter, bei denen nachvollziehbar begründet werden kann, dass mit keiner nachteiligen Umweltauswirkung zu rechnen ist, nicht beschrieben werden müssen, sowie
3. Beschreibung der voraussichtlich erheblichen Auswirkungen des Vorhabens auf die Umwelt unter Berücksichtigung aller vorliegenden Informationen, infolge der erwarteten Rückstände und Emissionen und gegebenenfalls der Abfallerzeugung und der Nutzung der natürlichen Ressourcen, insbesondere Boden, Flächen, Wasser und biologische Vielfalt.

Bei Vorhaben der Spalte 3 des Anhanges 1 hat sich die Beschreibung auf die voraussichtliche wesentliche Beeinträchtigung des schützenswerten Lebensraums (Kategorie B des Anhanges 2) oder des Schutzzwecks, für den das schutzwürdige Gebiet (Kategorien A, C, D und E des Anhanges 2) festgelegt wurde, zu beziehen. Der Projektwerber/die Projektwerberin kann hierbei verfügbare Ergebnisse anderer einschlägiger Bewertungen der Auswirkungen auf die Umwelt berücksichtigen. Der Projektwerber/die Projektwerberin kann darüber hinaus eine Beschreibung aller Aspekte des Vorhabens oder aller Maßnahmen zur Verfügung stellen, mit denen erhebliche nachteilige Auswirkungen auf die Umwelt vermieden oder verhindert werden sollen.

(9) Stellt die Behörde gemäß Abs. 7 fest, dass für ein Vorhaben keine Umweltverträglichkeitsprüfung durchzuführen ist, ist eine gemäß § 19 Abs. 7 anerkannte Umweltorganisation oder ein Nachbar/eine Nachbarin gemäß § 19 Abs. 1 Z 1 berechtigt, Beschwerde an das Bundesverwaltungsgericht zu erheben. Ab dem Tag der Veröffentlichung im Internet ist einer solchen Umweltorganisation oder einem solchen Nachbarn/ einer solchen Nachbarin Einsicht in den Verwaltungsakt zu gewähren. Für die Beschwerdelegitimation der Umweltorganisation ist der im Anerkennungsbescheid gemäß § 19 Abs. 7 ausgewiesene Zulassungsbereich maßgeblich.

(10) Der Bundesminister/die Bundesministerin für Klimaschutz, Umwelt, Energie, Mobilität, Innovation und Technologie kann durch Verordnung jene Gebiete (Kategorie D des Anhanges 2) des jeweiligen Bundeslandes festlegen, in denen die Immissionsgrenzwerte des Immissionsschutzgesetzes-Luft, BGBl. I Nr. 115/1997, in der jeweils geltenden Fassung wiederholt oder auf längere Zeit überschritten werden.

Änderungen

§ 3a. (1) Änderungen von Vorhaben,

1. die eine Kapazitätsausweitung von mindestens 100% des in Spalte 1 oder 2 des Anhanges 1 festgelegten Schwellenwertes, sofern ein

solcher festgelegt wurde, erreichen, sind einer Umweltverträglichkeitsprüfung zu unterziehen; dies gilt nicht für Schwellenwerte in spezifischen Änderungstatbeständen;

2. für die in Anhang 1 ein Änderungstatbestand festgelegt ist, sind einer Umweltverträglichkeitsprüfung zu unterziehen, wenn dieser Tatbestand erfüllt ist und die Behörde im Einzelfall feststellt, dass durch die Änderung mit erheblichen schädlichen, belästigenden oder belastenden Auswirkungen auf die Umwelt im Sinn des § 1 Abs. 1 Z 1 zu rechnen ist.

(2) Für Änderungen sonstiger in Spalte 1 des Anhanges 1 angeführten Vorhaben ist eine Umweltverträglichkeitsprüfung durchzuführen, wenn

1. der Schwellenwert in Spalte 1 durch die bestehende Anlage bereits erreicht ist oder bei Verwirklichung der Änderung erreicht wird und durch die Änderung eine Kapazitätsausweitung von mindestens 50% dieses Schwellenwertes erfolgt oder
2. eine Kapazitätsausweitung von mindestens 50% der bisher genehmigten Kapazität des Vorhabens erfolgt, falls in Spalte 1 des Anhanges 1 kein Schwellenwert angeführt ist,

und die Behörde im Einzelfall feststellt, dass durch die Änderung mit erheblichen schädlichen, belästigenden oder belastenden Auswirkungen auf die Umwelt im Sinne des § 1 Abs. 1 Z 1 zu rechnen ist.

(3) Für Änderungen sonstiger in Spalte 2 oder 3 des Anhanges 1 angeführten Vorhaben ist eine Umweltverträglichkeitsprüfung nach dem vereinfachten Verfahren durchzuführen, wenn

1. der in Spalte 2 oder 3 festgelegte Schwellenwert durch die bestehende Anlage bereits erreicht ist oder durch die Änderung erreicht wird und durch die Änderung eine Kapazitätsausweitung von mindestens 50% dieses Schwellenwertes erfolgt oder
2. eine Kapazitätsausweitung von mindestens 50% der bisher genehmigten Kapazität des Vorhabens erfolgt, falls in Spalte 2 oder 3 kein Schwellenwert festgelegt ist,

und die Behörde im Einzelfall feststellt, dass durch die Änderung mit erheblichen schädlichen, belästigenden oder belastenden Auswirkungen auf die Umwelt im Sinne des § 1 Abs. 1 Z 1 zu rechnen ist.

(4) Bei der Feststellung im Einzelfall hat die Behörde die in § 3 Abs. 5 Z 1 bis 3 angeführten Kriterien zu berücksichtigen. § 3 Abs. 7 und 8 sind anzuwenden. Die Einzelfallprüfung gemäß Abs. 1 Z 2, Abs. 2, 3 und 6 entfällt, wenn der Projektwerber/die Projektwerberin die Durchführung einer Umweltverträglichkeitsprüfung beantragt.

(5) Soweit nicht eine abweichende Regelung in Anhang 1 getroffen wurde, ist für die Beurteilung der UVP-Pflicht eines Änderungsprojektes gemäß Abs. 1 Z 2 sowie Abs. 2 und 3 die Summe der Kapazitäten, die innerhalb der letzten fünf Jahre genehmigt wurden einschließlich der beantragten Kapazitätsausweitung heranzuziehen, wobei die beantragte Änderung eine Kapazitätsausweitung von mindestens 25% des Schwellenwertes oder, wenn kein Schwellenwert festgelegt ist, der bisher genehmigten Kapazität erreichen muss.

(6) Bei Änderungen von Vorhaben des Anhanges 1, die die in Abs. 1 bis 5 angeführten Schwellenwerte nicht erreichen oder Kriterien nicht erfüllen, die aber mit anderen Vorhaben gemeinsam den jeweiligen Schwellenwert oder das Kriterium des Anhanges 1 erreichen oder erfüllen, hat die Behörde im Einzelfall festzustellen, ob auf Grund einer Kumulierung der Auswirkungen mit erheblichen schädlichen, belästigenden oder belastenden Auswirkungen auf die Umwelt zu rechnen und daher eine Umweltverträglichkeitsprüfung für die geplante Änderung durchzuführen ist. Für die Kumulierung zu berücksichtigen sind andere gleichartige und in einem räumlichen Zusammenhang stehende Vorhaben, die bestehen oder genehmigt sind, oder Vorhaben, die mit vollständigem Antrag auf Genehmigung bei einer Behörde früher eingereicht oder nach §§ 4 oder 5 früher beantragt wurden. Eine Einzelfallprüfung ist nicht durchzuführen, wenn das geplante Änderungsvorhaben eine Kapazität von weniger als 25 % des Schwellenwertes aufweist. Bei der Entscheidung im Einzelfall sind die Kriterien des § 3 Abs. 5 Z 1 bis 3 zu berücksichtigen, § 3 Abs. 7 ist anzuwenden. Die Umweltverträglichkeitsprüfung ist im vereinfachten Verfahren durchzuführen.

(7) Die Genehmigung der Änderung hat auch das bereits genehmigte Vorhaben soweit zu umfassen, als es wegen der Änderung zur Wahrung der in § 17 Abs. 1 bis 5 angeführten Interessen erforderlich ist.

(Anm.: Abs. 8 aufgehoben durch BGBl. I Nr. 95/2013)

Sachverständige, Kosten

§ 3b. (1) Die Beiziehung von nicht amtlichen Sachverständigen in Verfahren nach diesem Bundesgesetz ist auch ohne das Vorliegen der Voraussetzungen des § 52 Abs. 2 und 3 AVG zulässig. Es können auch fachlich einschlägige Anstalten, Institute oder Unternehmen als Sachverständige bestellt werden.

(2) Kosten, die der Behörde bei der Durchführung der Verfahren nach diesem Bundesgesetz erwachsen, wie Gebühren oder Honorare für Sachverständige, sind vom Projektwerber/von der Projektwerberin zu tragen. Die Behörde kann dem Projektwerber/der Projektwerberin durch Bescheid auftragen, diese Kosten nach Prüfung der sachlichen und rechnerischen Richtigkeit durch die Behörde, direkt zu bezahlen.

2. ABSCHNITT
UMWELTVERTRÄGLICHKEITSPRÜFUNG UND KONZENTRIERTES GENEHMIGUNGSVERFAHREN

Vorverfahren und Investorenservice

§ 4. (1) Auf Antrag des Projektwerbers/der Projektwerberin ist ein Vorverfahren durchzuführen. Dem Antrag sind eine Darlegung der Grundzüge des Vorhabens und ein Konzept für die Umweltverträglichkeitserklärung anzuschließen. In diesem Konzept können die Angaben zum Untersuchungsrahmen gemessen an den zu erwartenden Umweltauswirkungen in prioritär und nicht prioritär gegliedert werden.

(2) Die Behörde hat gegenüber dem Projektwerber/der Projektwerberin zu den Unterlagen gemäß Abs. 1 ehestmöglich, spätestens aber drei Monate nach deren Einlangen, nach Beiziehung der mitwirkenden Behörden und allenfalls auch Dritter Stellung zu nehmen. Dabei sind insbesondere offensichtliche Mängel des Vorhabens oder des Konzeptes für die Umweltverträglichkeitserklärung (§ 6) aufzuzeigen, Angaben zum Untersuchungsrahmen hinsichtlich der Gliederung in prioritär und nicht prioritär zu beurteilen und voraussichtlich zusätzlich erforderliche Angaben in der Umweltverträglichkeitserklärung anzuführen. Die Stellungnahme ist bei der Erstellung der Umweltverträglichkeitserklärung zu berücksichtigen.

(3) Die Behörde kann die Projektwerber/innen auf deren Anfrage durch die Übermittlung von Informationen, über die die Behörde verfügt und die der Projektwerber/die Projektwerberin für die Vorbereitung der Unterlagen gemäß § 5 Abs. 1 benötigt, unterstützen. Dabei sind bei der Behörde in elektronischer Form vorhandene Umweltdaten dem Projektwerber/der Projektwerberin zugänglich zu machen. Auf die Wahrung von Betriebs- und Geschäftsgeheimnissen ist Bedacht zu nehmen. Im Falle der kostenlosen Bereitstellung dürfen die Informationen nur für die Realisierung des Projektes verwendet werden. Die für das Genehmigungsverfahren voraussichtlich wesentlichen Themen und Fragestellungen können im Rahmen dieses Investorenservice zur Projektvorbereitung von der Behörde bekannt gegeben werden.

Windkraftanlagen

§ 4a. (1) Windkraftanlagen sind vorrangig auf dafür planungsrechtlich bestimmten Flächen nach Maßgabe der aktuellen, im Einklang mit den Ausbauzielen des § 4 Erneuerbaren-Ausbau-Gesetzes (EAG) stehenden verbindlichen planungsrechtlichen Festlegung und Zonierung auf überörtlicher Ebene für Windkraftanlagen (aktuelle überörtliche Windenergieraumplanung) des jeweiligen Bundeslandes zu realisieren.

(2) Gibt es in einem Bundesland eine aktuelle überörtliche Windenergieraumplanung, aber fehlt die erforderliche Konkretisierung auf der örtlichen Planungsebene (Flächenwidmung), so ist diese Zulässigkeitsvoraussetzung für die überörtlich vorgesehenen Flächen nicht anzuwenden. Die Genehmigung von Windkraftanlagen ist an einem gewählten Standort auf diesen Vorrangs- oder Eignungsflächen nach Maßgabe der näheren Vorschreibungen zum Schutz der Rechte Dritter und der öffentlichen Interessen zulässig, soweit dies nicht zwingenden Vorschriften des Unionsrechts widerspricht. Dies gilt sinngemäß, wenn es in einem Bundesland eine aktuelle überörtliche Windenergieraumplanung gibt, wonach Windkraftanlagen auch außerhalb der überörtlich vorgesehenen Flächen zulässig sind, der gewählte Standort in keiner Ausschlusszone liegt und die sonstigen in einem Bundesland festgelegten Zulässigkeitsvoraussetzungen (Mindestabstände und Leistungsdaten) erfüllt sind.

(3) Fehlen in einem Bundesland eine aktuelle überörtliche Windenergieraumplanung und die erforderliche Konkretisierung auf der örtlichen Planungsebene (Flächenwidmung), so sind diese Zulässigkeitsvoraussetzungen nicht anzuwenden. Die Genehmigung von Windkraftanlagen ist an einem gewählten Standort nach Maßgabe der näheren Vorschreibungen zum Schutz der Rechte Dritter und der öffentlichen Interessen zulässig, soweit dies nicht zwingenden Vorschriften des Unionsrechts widerspricht. Der Projektwerber/die Projektwerberin hat mit dem Genehmigungsantrag nach § 5 Abs. 1 die Zustimmung der Standortgemeinde/n, auf deren Gemeindegebiet die Fundamente der Windkraftanlagen errichtet werden sollen, nachzuweisen.

Einleitung der Umweltverträglichkeitsprüfung

§ 5. (1) Der Projektwerber/die Projektwerberin eines Vorhabens, für das gemäß §§ 3 oder 3a eine Umweltverträglichkeitsprüfung durchzuführen ist, hat bei der Behörde einen Genehmigungsantrag einzubringen, der die nach den Verwaltungsvorschriften für die Genehmigung des Vorhabens erforderlichen Unterlagen und die Umweltverträglichkeitserklärung in der jeweils erforderlichen Anzahl enthält. Diese Dokumente sind, soweit technisch möglich, elektronisch einzubringen. Die Behörde kann weitere Vorgaben zur elektronischen Einbringung, zur Verfahrensführung, zur Strukturierung von Unterlagen und zu Mindestinhalten festlegen. Nicht als erforderlich gelten Nachweise über Berechtigungen, soweit diesbezüglich in einer Verwaltungsvorschrift die Einräumung von Zwangsrechten vorgesehen ist. Der Projektwerber/die Projektwerberin hat auch anzugeben, ob und in welcher Weise er/sie die Öffentlichkeit vom Vorhaben informiert hat. Projektunterlagen, die nach Auffassung des Projektwerbers/der Projektwerberin Geschäfts- oder Betriebsgeheimnisse enthalten, sind besonders zu kennzeichnen.

(2) Fehlen im Genehmigungsantrag Unterlagen gemäß Abs. 1 oder sind die Angaben in der Umweltverträglichkeitserklärung unvollständig, so hat die Behörde, auch wenn sich dies erst im Zuge des Genehmigungsverfahrens ergibt, dem Projektwerber/der Projektwerberin gemäß § 13 Abs. 3 AVG unverzüglich die Ergänzung des Genehmigungsantrages oder der Umweltverträglichkeitserklärung aufzutragen. Bei Erteilung eines Verbesserungsauftrages sind allfällige gemäß § 4 ergangene Stellungnahmen der Behörde sowie gemäß § 6 Abs. 2 erfolgte Abstimmungen zwischen Behörde und Projektwerber/Projektwerberin zu berücksichtigen. Die Behörde kann festlegen, dass bestimmte Angaben und Unterlagen, die nicht für die Abschätzung der Umweltauswirkungen notwendig sind, erst in einem späteren Verfahrensstadium nachgereicht werden können.

(3) Die Behörde hat unverzüglich den mitwirkenden Behörden den Genehmigungsantrag, die sie betreffenden Projektunterlagen und die Umweltverträglichkeitserklärung zur Stellungnahme zu übermitteln. Die Behörden gemäß § 2 Abs. 1 Z 1 haben an der fachlichen und rechtlichen Beurteilung des Vorhabens im erforderlichen Ausmaß mitzuwirken und Vorschläge für die erforderlichen Fachbereiche und jeweiligen Fachgutachter/innen zu erstatten.

(4) Dem Umweltanwalt und der Standortgemeinde ist die Umweltverträglichkeitserklärung unverzüglich zu übermitteln. Diese können dazu binnen vier Wochen Stellung nehmen.

(5) Sonstige Formalparteien und Amtsstellen, die nach den anzuwendenden Verwaltungsvorschriften zu beteiligen sind, hat die Behörde über das Einlangen des Genehmigungsantrages zu informieren. Sind in den anzuwendenden Verwaltungsvorschriften Gutachten ausdrücklich vorgesehen, sind diese einzuholen.

(6) Der Antrag ist in jeder Lage des Verfahrens abzuweisen, wenn sich im Zuge des Verfahrens auf unzweifelhafte Weise ergibt, dass das Vorhaben bestimmten Genehmigungsvoraussetzungen in einem Maße zuwiderläuft, dass diese Mängel durch Auflagen, Bedingungen, Befristungen, Projektmodifikationen oder Ausgleichsmaßnahmen nicht behoben werden können.

(7) Ergänzend zu § 39 Abs. 2 zweiter Satz AVG kann die Behörde von Amts wegen oder auf Antrag eines Projektwerbers/einer Projektwerberin bestimmen, dass für zwei oder mehrere im Anhang 1 angeführte Vorhaben, die in einem räumlichen Zusammenhang stehen, die Umweltverträglichkeitsprüfung (Umweltverträglichkeitsgutachten oder zusammenfassende Bewertung, Stellungnahmen, Konsultationen nach § 10, allfällige öffentliche Erörterung) gemeinsam durchzuführen ist.

Umweltverträglichkeitserklärung

§ 6. (1) Die Umweltverträglichkeitserklärung hat folgende Angaben zu enthalten:

1. Eine Beschreibung des Vorhabens nach Standort, Art und Umfang, insbesondere:

a) eine Beschreibung der physischen Merkmale des gesamten Vorhabens einschließlich allfälliger erforderlicher Abbrucharbeiten sowie des Bedarfs an Flächen und Boden während des Baus und des Betriebes;

b) eine Beschreibung der wichtigsten Merkmale während des Betriebes (zB der Produktions- oder Verarbeitungsprozesse), insbesondere hinsichtlich Art und Menge der verwendeten Materialien und natürlichen Ressourcen;

c) die Art und Menge der zu erwartenden Rückstände und Emissionen (Belastung des Wassers, der Luft, des Bodens und Untergrunds, Lärm, Erschütterungen, Licht, Wärme, Strahlung usw.), die sich aus dem Bau und dem Betrieb ergeben;

d) die durch das Vorhaben entstehende Immissionszunahme;

e) ein Klima- und Energiekonzept: Energiebedarf, aufgeschlüsselt nach Anlagen, Maschinen und Geräten sowie nach Energieträgern, verfügbare energetische Kennzahlen, Darstellung der Energieflüsse, Maßnahmen zur Energieeffizienz; Darstellung der vom Vorhaben ausgehenden klimarelevanten Treibhausgase (§ 3 Z 3 des Emissionszertifikategesetzes) und Maßnahmen zu deren Reduktion im Sinne des Klimaschutzes; Bestätigung eines befugten Ziviltechnikers oder technischen Büros, dass die im Klima- und Energiekonzept enthaltenen Maßnahmen dem Stand der Technik entsprechen;

f) eine Darstellung der vorhabensbedingten Anfälligkeit für Risiken schwerer Unfälle oder von Naturkatastrophen sowie gegenüber Klimawandelfolgen (insbesondere aufgrund der Lage);

g) ein Bodenschutzkonzept: Flächenbedarf während Bau- und Betriebsphase in Form von Flächenbilanzen (Gegenüberstellung der Flächennutzung mit und ohne Vorhaben, Angabe der überbauten, der nicht überbauten und der vorübergehend beanspruchten Flächen), Angabe der Versiegelung, Charakterisierung der Böden anhand einer Bodenfunktionsbewertung, Maßnahmen zur Reduktion der Inanspruchnahme von Flächen bzw. Boden sowie Maßnahmen zur Geringhaltung der Versiegelung, jeweils aufgeschlüsselt nach Bodenfunktion und jeweiligem Funktionserfüllungsgrad, Maßnahmen zur Wiederherstellung, zum Ausgleich oder zur Verbesserung von Bodenfunktionen, Begründung des gewählten Vorhabendesigns aus Sicht des Bodenschutzes;

2. eine Beschreibung der anderen vom Projektwerber/von der Projektwerberin geprüften realistischen Lösungsmöglichkeiten, die für das Vorhaben und seine spezifischen Merkmale relevant sind (zB in Bezug auf Projektdesign, Technologie, Standort, Dimension), der Nullvariante und Angabe der wesentlichen Auswahlgründe sowie Angaben zum Vergleich der für die Auswahl der eingereichten Variante maßgeblichen Umweltauswirkungen; im Fall des § 1 Abs. 1 Z 4 die vom Projektwerber/von der Projektwerberin geprüften Standort- oder Trassenvarianten.
3. eine Beschreibung der voraussichtlich vom Vorhaben erheblich beeinträchtigten Umwelt, wozu insbesondere die Menschen, die biologische Vielfalt einschließlich der Tiere, Pflanzen und deren Lebensräume, die in Anspruch genommenen Flächen, der Boden, das Wasser, die Luft, das Klima, die Landschaft und die Sachgüter einschließlich der Kulturgüter sowie die Wechselwirkungen zwischen diesen Schutzgütern gehören;
4. eine Beschreibung der voraussichtlichen erheblichen Auswirkungen des Vorhabens auf die Umwelt, infolge
   a) des Baus und des Betriebes des Vorhabens (ua. unter Berücksichtigung der eingesetzten Techniken und Stoffe sowie der Flächeninanspruchnahme),
   b) der Nutzung der natürlichen Ressourcen,
   c) der Emission von Schadstoffen, Lärm, Erschütterungen, Licht, Wärme und Strahlung, der Verursachung von Belästigungen und der Art, Menge und Entsorgung von Abfällen,
   d) des Zusammenwirkens der Auswirkungen mit anderen bestehenden oder genehmigten Vorhaben,
   e) des vorhabensbedingten Risikos schwerer Unfälle oder von Naturkatastrophen sowie des Klimawandels

   sowie eine Beschreibung der zur Ermittlung der Umweltauswirkungen angewandten Methoden;
5. eine Beschreibung der Maßnahmen, mit denen wesentliche nachteilige Auswirkungen des Vorhabens auf die Umwelt vermieden, eingeschränkt oder, soweit möglich, ausgeglichen werden sollen und allfälliger Präventiv- oder Minderungsmaßnahmen für den Fall von schweren Unfällen oder von Naturkatastrophen, sowie allfälliger Maßnahmen zur Beweissicherung, zur begleitenden Kontrolle und zur Nachsorge. Bei Ausgleichsmaßnahmen sind jedenfalls der Maßnahmenraum sowie die Wirkungsziele zu beschreiben;
6. eine allgemein verständliche Zusammenfassung der Informationen gemäß Z 1 bis 5;
7. Referenzangaben zu den Quellen, die für die oben angeführten Beschreibungen herangezogen wurden sowie eine kurze Angabe allfälliger Schwierigkeiten (insbesondere technische Lücken oder fehlende Daten) des Projektwerbers/der Projektwerberin bei der Zusammenstellung der geforderten Angaben;
8. einen Hinweis auf durchgeführte strategische Umweltprüfungen im Sinn der Richtlinie 2001/42/EG über die Prüfung von Umweltauswirkungen bestimmter Pläne und Programme, ABl. Nr. L 197 vom 21.07.2001 S. 30, mit Bezug zum Vorhaben.

(2) Der Projektwerber/die Projektwerberin hat dafür zu sorgen, dass die Umweltverträglichkeitserklärung von kompetenten Fachleuten erstellt wird. Soweit relevante Ergebnisse anderer umweltbezogener Prüfungen, insbesondere einer strategischen Umweltprüfung, oder einschlägiger Risikobewertungen vorliegen, sind diese zu berücksichtigen. Die Angaben gemäß Abs. 1 sind, gemessen an den zu erwartenden Umweltauswirkungen, in „prioritär“ oder „nicht prioritär“ zu gliedern, und der jeweilige Untersuchungsaufwand ist dementsprechend abzustufen. Dabei hat sich der Projektwerber/die Projektwerberin mit der Behörde abzustimmen. Sind einzelne Angaben nach Abs. 1 für das Vorhaben nicht relevant oder ist deren Vorlage im Hinblick auf den Kenntnisstand und die Prüfungsmethoden dem Projektwerber/der Projektwerberin billigerweise nicht zumutbar, so kann davon abgesehen werden. Dies ist in der Umweltverträglichkeitserklärung anzuführen und nachvollziehbar zu begründen (No Impact Statement). § 5 Abs. 2 bleibt unberührt. Der Projektwerber/die Projektwerberin ist nicht verpflichtet, Eingangsdaten für Berechnungen, Beurteilungen oder Modelle vorzulegen, die für die Prüfung der Umweltverträglichkeitserklärung aus fachlicher Sicht nicht erforderlich sind.

(3) Der/die Bundesminister/in für Klimaschutz, Umwelt, Energie, Mobilität, Innovation und Technologie kann durch Verordnung für einzelne Arten von Vorhaben nähere Bestimmungen über die gemäß Abs. 1 vorzulegenden Angaben erlassen.

Zeitplan

§ 7. (1) Die Behörde hat einen Zeitplan für den Ablauf des Verfahrens zu erstellen, in dem für die einzelnen Verfahrensschritte unter Berücksichtigung der durch Art, Größe und Standort des Vorhabens notwendigen Erhebungen und Untersuchungen Fristen festgelegt werden. Der Zeitplan ist im Internet zu veröffentlichen und bei erheblichen Änderungen von der Behörde zu aktualisieren. Erhebliche Überschreitungen des Zeitplans sind im Genehmigungsbescheid zu begründen.

(2) Bei Vorhaben, die in Spalte 1 des Anhanges 1 angeführt sind, hat die Behörde erster Instanz die Entscheidung (§ 73 AVG) über den Antrag gemäß § 5 ohne unnötigen Aufschub, spätestens neun Monate nach Antragstellung zu treffen.

(3) Bei Vorhaben, die in Spalte 2 oder 3 des Anhanges 1 angeführt sind, hat die Behörde die Entscheidung (§ 73 AVG) über den Antrag gemäß

§ 5 ohne unnötigen Aufschub, spätestens sechs Monate nach Antragstellung zu treffen.

(4) Hat die Behörde aus anderen Verfahren wesentliche Kenntnisse über Inhalte eines Vorhabens erlangt, so ist auf solche aktuellen Kenntnisse zurückzugreifen und die Entscheidungsfristen gemäß Abs. 2 und 3 sind um jeweils drei Monate zu verkürzen, sofern der Antrag gemäß § 5 in zeitlich engem Zusammenhang mit diesen steht.

(5) Sind auf Grund von Vereinbarungen mit internationalen Organisationen für Großveranstaltungen Fristen für die Verwirklichung eines besonderen Voraussetzungen gemäß § 3 Abs. 4a unterliegenden Vorhabens gegeben, so ist anzustreben, die Entscheidung innerhalb von vier Monaten zu treffen.

Öffentliche Auflage

§ 9. (1) Die Behörde hat der Standortgemeinde den Genehmigungsantrag, die in § 5 Abs. 1 genannten Unterlagen und die Umweltverträglichkeitserklärung, soweit technisch verfügbar und möglich, in elektronischer Form zu übermitteln. Diese sind bei der Behörde und bei der Gemeinde mindestens sechs Wochen lang zur öffentlichen Einsicht, soweit technisch möglich, in elektronischer Form bereitzustellen, und auf Verlangen ist Einsicht in einer technisch geeigneten Form zu gewähren.

(2) Bei Vorhaben, die sich auf mindestens fünf Standortgemeinden erstrecken, ist es zulässig, die in Abs. 1 genannten Unterlagen nur bei der Behörde, in der Bezirksverwaltungsbehörde und in einer von der Behörde zu bestimmenden Standortgemeinde für jeden vom Vorhaben berührten Bezirk aufzulegen.

(3) Die Behörde hat das Vorhaben im Internet auf der Website der Behörde, in einer im Bundesland weit verbreiteten Tageszeitung sowie in einer weiteren, in den betroffenen Gemeinden gemäß § 19 Abs. 3 verbreiteten periodisch erscheinenden Zeitung kundzumachen. Diese Kundmachung hat jedenfalls zu enthalten:

1. den Gegenstand des Antrages und eine Beschreibung des Vorhabens,
2. die Tatsache, dass das Vorhaben Gegenstand einer Umweltverträglichkeitsprüfung ist, welche Behörde zur Entscheidung zuständig ist, die Art der möglichen Entscheidung und, falls zutreffend, dass voraussichtlich ein grenzüberschreitendes UVP-Verfahren nach § 10 durchzuführen ist,
3. einen Hinweis, wenn das Verfahren als Großverfahren geführt wird,
4. Ort und Zeit der möglichen Einsichtnahme,
5. einen Hinweis auf die gemäß Abs. 5 jedermann offen stehende Möglichkeit zur Stellungnahme und darauf, dass Personengruppen durch eine gemeinsame Stellungnahme gemäß § 19 Abs. 4 Parteistellung als Bürgerinitiative erlangen können und
6. einen Hinweis, dass Einwendungen bei der Behörde schriftlich innerhalb der Auflagefrist gemäß Abs. 1 zu erheben sind und Personen ihre Stellung als Partei verlieren, soweit sie nicht rechtzeitig bei der Behörde schriftlich Einwendungen erheben.

Der Termin der mündlichen Verhandlung (§ 16) kann in einem mit dem Vorhaben kundgemacht werden.

(4) Der Kundmachung im Internet sind jedenfalls der Genehmigungsantrag, eine Kurzbeschreibung des Vorhabens und die Zusammenfassung der Umweltverträglichkeitserklärung gemäß § 6 Abs. 1 Z 6 anzuschließen. Diese im Internet veröffentlichten Daten sind bis zur Rechtskraft des verfahrensbeendenden Bescheides online zu halten.

(5) Jedermann kann innerhalb der Auflagefrist gemäß Abs. 1 zum Vorhaben und zur Umweltverträglichkeitserklärung eine schriftliche Stellungnahme an die Behörde abgeben.

(6) Einwendungen sind bei der Behörde schriftlich innerhalb der Auflagefrist gemäß Abs. 1 zu erheben. Personen verlieren ihre Stellung als Partei, soweit sie nicht rechtzeitig bei der Behörde schriftlich Einwendungen erheben.

Auflage und Kundmachung von Edikten im Großverfahren

§ 9a. In Großverfahren nach diesem sowie in Verfahren nach dem 3. und dem 6. Abschnitt ist für die Auflage der Unterlagen § 9 Abs. 1 anzuwenden. Auf die Kundmachung von Edikten (§§ 44a bis 44f AVG) in Großverfahren nach diesem sowie nach dem 3. und dem 6. Abschnitt ist § 9 Abs. 3 anzuwenden.

Grenzüberschreitende Umweltauswirkungen

§ 10. (1) Wenn das Vorhaben erhebliche Auswirkungen auf die Umwelt eines anderen Staates haben könnte oder wenn ein Staat, der von den Auswirkungen des Vorhabens betroffen sein könnte, ein diesbezügliches Ersuchen stellt, hat die Behörde

1. diesen Staat so früh wie möglich und sofern für die Berücksichtigung grenzüberschreitender Auswirkungen sinnvoll bereits im Vorverfahren, spätestens jedoch wenn die Öffentlichkeit informiert wird, über das Vorhaben zu benachrichtigen, wobei eine Beschreibung des Vorhabens, verfügbare Informationen über mögliche grenzüberschreitende Auswirkungen und gegebenenfalls das Konzept der Umweltverträglichkeitserklärung beizuschließen sind,
2. ihn über den Ablauf des UVP-Verfahrens und die Art der möglichen Entscheidung zu informieren und ihm eine angemessene Frist für die Mitteilung einzuräumen, ob er am UVP-Verfahren teilzunehmen wünscht oder nicht.

UVP-G

(2) Teilt der Staat mit, dass er am UVP-Verfahren teilzunehmen wünscht, sind ihm

1. der Genehmigungsantrag, die Umweltverträglichkeitserklärung und allenfalls andere entscheidungsrelevante Unterlagen, die der Behörde zum Zeitpunkt der Kundmachung gemäß § 9 vorliegen, zuzuleiten,
2. unter Einräumung einer angemessenen Frist die Möglichkeit zur Stellungnahme zu geben, wobei diese Frist so zu bemessen ist, dass es dem Staat auch ermöglicht wird, die Antragsunterlagen der Öffentlichkeit zugänglich zu machen und ihr Gelegenheit zur Stellungnahme zu geben, und
3. das Umweltverträglichkeitsgutachten oder die zusammenfassende Bewertung zu übermitteln.

(3) Auf Grundlage der übermittelten Unterlagen und der Ergebnisse des Umweltverträglichkeitsgutachtens oder der zusammenfassenden Bewertung sind erforderlichenfalls Konsultationen über mögliche grenzüberschreitende Auswirkungen und allfällige Maßnahmen zur Vermeidung oder Verminderung von schädlichen grenzüberschreitenden Umweltauswirkungen zu führen. Diese Konsultationen haben tunlichst im Wege der durch zwischenstaatliche Übereinkommen bereits eingerichteten Stellen im Rahmen ihrer Zuständigkeiten, insbesondere der Grenzgewässerkommissionen, zu erfolgen. Bezüglich der Dauer der Konsultationsphase ist ein angemessener Zeitrahmen zu vereinbaren.

(4) Die Entscheidung über den Genehmigungsantrag, die wesentlichen Entscheidungsgründe, Angaben über das Verfahren zur Beteiligung der Öffentlichkeit und eine Beschreibung der wichtigsten Maßnahmen zur Vermeidung oder Verminderung oder zum Ausgleich erheblicher schädlicher, belästigender oder belastender Auswirkungen auf die Umwelt sind dem betroffenen Staat zu übermitteln.

(5) Für die Bestimmungen der Abs. 1 bis 4 gilt hinsichtlich Staaten, die nicht Vertragsparteien des Abkommens über den Europäischen Wirtschaftsraum sind, der Grundsatz der Gegenseitigkeit.

(6) Der Projektwerber/die Projektwerberin hat der Behörde, soweit für die Durchführung des grenzüberschreitenden UVP-Verfahrens erforderlich, auf Verlangen Übersetzungen der von ihm vorgelegten Unterlagen in die Sprache des betroffenen Staates vorzulegen.

(7) Werden im Rahmen eines in einem anderen Staat durchgeführten UVP-Verfahrens Unterlagen über die Umweltauswirkungen eines Vorhabens im Ausland, das erhebliche Auswirkungen auf die Umwelt in Österreich haben könnte, übermittelt und ist auf Grund völkerrechtlicher Verpflichtungen eine Beteiligung der Öffentlichkeit durchzuführen, so ist bezüglich Unterlagen, die den in Abs. 2 Z 1 angeführten Unterlagen entsprechen, von der betroffenen Landesregierung gemäß § 9 vorzugehen, wobei sich die Dauer der Auflagefrist nach den Bestimmungen jenes Staates richtet, in dem das Vorhaben zur Ausführung gelangen soll. Anderen in ihrem umweltbezogenen Aufgabenbereich berührten Behörden ist die Möglichkeit zur Stellungnahme zu geben. Eingelangte Stellungnahmen und auf Ersuchen des anderen Staates auch Informationen über die möglicherweise betroffene Umwelt sind von der Landesregierung dem Staat, in dem das Vorhaben verwirklicht werden soll, zu übermitteln. Werden im Verfahren weitere Unterlagen wie Gutachten oder Entscheidungen übermittelt, so sind diese der Öffentlichkeit in geeigneter Form zugänglich zu machen.

(8) Besondere staatsvertragliche Regelungen bleiben unberührt.

Umweltverträglichkeitsgutachten

§ 12. (1) Für Vorhaben der Spalte 1 des Anhanges 1 hat die Behörde Sachverständige der betroffenen Fachgebiete mit der Erstellung eines Umweltverträglichkeitsgutachtens zu beauftragen. Im Umweltverträglichkeitsgutachten sind auch abweichende Auffassungen von mitwirkenden Sachverständigen festzuhalten.

(2) Die vom Projektwerber/der Projektwerberin im Rahmen der Umweltverträglichkeitserklärung oder im Verfahren vorgelegten oder sonstige der Behörde zum selben Vorhaben oder zum Standort vorliegende Gutachten und Unterlagen oder darauf Bezug nehmende strategische Umweltprüfungen im Sinn der Richtlinie 2001/42/EG sind bei der Erstellung des Umweltverträglichkeitsgutachtens mitzuberücksichtigen.

(3) Das Umweltverträglichkeitsgutachten hat

1. die zur Beurteilung der Auswirkungen des Vorhabens vorgelegte Umweltverträglichkeitserklärung und andere relevante vom Projektwerber/von der Projektwerberin vorgelegte Unterlagen gemäß § 1 nach dem Stand der Technik und dem Stand der sonst in Betracht kommenden Wissenschaften in einer umfassenden und zusammenfassenden Gesamtschau und unter Berücksichtigung der Genehmigungskriterien des § 17 aus fachlicher Sicht zu bewerten und allenfalls zu ergänzen,
2. sich mit den gemäß § 5 Abs. 3 und 4, § 9 Abs. 5 und § 10 vorgelegten Stellungnahmen fachlich auseinander zu setzen, wobei gleichgerichtete oder zum gleichen Themenbereich eingelangte Stellungnahmen zusammen behandelt werden können,
3. Vorschläge für Maßnahmen gemäß § 1 Abs. 1 Z 2 auch unter Berücksichtigung des Arbeitnehmer/innen/schutzes zu machen,
4. Darlegungen gemäß § 1 Abs. 1 Z 3 und 4 zu enthalten und

5. fachliche Aussagen zu den zu erwartenden Auswirkungen des Vorhabens auf die Entwicklung des Raumes unter Berücksichtigung öffentlicher Konzepte und Pläne und im Hinblick auf eine nachhaltige Nutzung von Ressourcen zu enthalten. Sofern der Standort des Vorhabens in einer strategischen Umweltprüfung im Sinn der Richtlinie 2001/42/EG zu einem Plan oder Programm bereits einer Prüfung unterzogen und der Plan oder das Programm erlassen wurde, können sich diese Aussagen auf die Übereinstimmung mit diesem Plan oder Programm beschränken.

(4) Weiters sind Vorschläge zur Beweissicherung, zur begleitenden und zur nachsorgenden Kontrolle nach Stilllegung zu machen.

(5) Das Umweltverträglichkeitsgutachten hat eine allgemein verständliche Zusammenfassung zu enthalten.

(6) Der Projektwerber/die Projektwerberin hat der Behörde und den Sachverständigen alle für die Erstellung der Gutachten erforderlichen Auskünfte zu erteilen.

(7) Für die Beurteilung des Standes der Technik ist, soweit dieser nicht durch Gesetz oder Verordnung oder durch Rechtsakte der Europäischen Union verbindlich festgelegt ist, der Zeitpunkt des Beginns der öffentlichen Auflage (§ 9) maßgeblich.

Zusammenfassende Bewertung der Umweltauswirkungen

§ 12a. Für Vorhaben, die in Spalte 2 oder 3 des Anhanges 1 angeführt sind, hat die Behörde, aufbauend auf den im Rahmen der Umweltverträglichkeitserklärung oder im Verfahren erstellten oder vorgelegten oder sonstigen der Behörde zum selben Vorhaben oder zum Standort vorliegenden Gutachten und Unterlagen sowie den eingelangten Stellungnahmen und unter Berücksichtigung der Genehmigungskriterien des § 17 eine zusammenfassende Bewertung der Umweltauswirkungen vorzunehmen. § 12 Abs. 6 und 7 sind mit der Maßgabe anzuwenden, dass an Stelle eines Umweltverträglichkeitsgutachtens eine zusammenfassende Bewertung erstellt wird.

Information über das Umweltverträglichkeitsgutachten oder die zusammenfassende Bewertung

§ 13. (1) Dem Projektwerber/der Projektwerberin, den mitwirkenden Behörden, dem Umweltanwalt, dem Standortanwalt, dem wasserwirtschaftlichen Planungsorgan und dem Bundesminister/der Bundesministerin für Klimaschutz, Umwelt, Energie, Mobilität, Innovation und Technologie ist das Umweltverträglichkeitsgutachten oder die zusammenfassende Bewertung unverzüglich zu übermitteln.

(2) Das Umweltverträglichkeitsgutachten (§ 12) oder die zusammenfassende Bewertung der Umweltauswirkungen (§ 12a) ist unverzüglich bei der Behörde und in der Standortgemeinde mindestens vier Wochen lang zur öffentlichen Einsicht aufzulegen. Diese Auflage ist in geeigneter Form kundzumachen. § 9 Abs. 2 und § 44b Abs. 2 zweiter bis vierter Satz AVG sind anzuwenden.

Strukturierung des Verfahrens

§ 14. (1) Die Behörde kann mit oder nach der öffentlichen Auflage und Kundmachung des Umweltverträglichkeitsgutachtens oder der zusammenfassenden Bewertung angemessene Fristen für weitere Vorbringen (Konkretisierungen zu Einwendungen und sonstige Stellungnahmen und Beweisanträge) der Verfahrensparteien zum Vorhaben oder zu einzelnen Fachbereichen setzen, mit der Wirkung, dass nach Ablauf dieser Fristen erstattete weitere Vorbringen im weiteren Verfahren nicht zu berücksichtigen sind.

(2) Soweit nicht Abs. 1 zur Anwendung kommt, sind Konkretisierungen von Vorbringen jedenfalls bis spätestens eine Woche vor dem Termin der mündlichen Verhandlung (§ 16) schriftlich bei der Behörde einzubringen. Verspätete Vorbringen sind im Verfahren nicht mehr zu berücksichtigen.

(3) Die mündliche Verhandlung darf erst nach Ablauf der Fristen gemäß § 13 Abs. 2 oder nach Ablauf der angemessenen Fristen gemäß Abs. 1 stattfinden.

Mündliche Verhandlung und weiteres Verfahren

§ 16. (1) Die Behörde hat eine für alle anzuwendenden Verwaltungsvorschriften gemeinsame mündliche Verhandlung an dem Ort abzuhalten, der der Sachlage nach am zweckmäßigsten erscheint. Die mündliche Verhandlung ist unter Zuziehung der mitwirkenden Behörden und der anderen Formalparteien und Amtsstellen, die nach den anzuwendenden Verwaltungsvorschriften zu beteiligen sind, vorzunehmen und jedenfalls durch Anschlag in der Gemeinde kundzumachen. Eine mündliche Verhandlung kann unterbleiben, wenn keine begründeten Bedenken in einer Stellungnahme gemäß § 9 Abs. 5 oder, wenn der Antrag gemäß § 44a AVG kundgemacht wurde, innerhalb der Ediktalfrist keine Einwendungen gegen das Vorhaben abgegeben wurden und die Behörde die Abhaltung einer mündlichen Verhandlung nicht zur Erhebung des Sachverhaltes für erforderlich erachtet. Werden Einwendungen nur zu bestimmten Fachbereichen erhoben, so kann eine mündliche Verhandlung auf diese Fachbereiche eingeschränkt werden.

(2) Zeigen sich im Zuge des Genehmigungsverfahrens große Interessenkonflikte zwischen dem Projektwerber/der Projektwerberin und den sonstigen Parteien oder Beteiligten, kann die Behörde das Verfahren auf Antrag des Projektwerbers/der

Projektwerberin zur Einschaltung eines Mediationsverfahrens unterbrechen. Die Ergebnisse des Mediationsverfahrens können der Behörde übermittelt und von dieser im Rahmen der gesetzlichen Möglichkeiten im weiteren Genehmigungsverfahren und in der Entscheidung berücksichtigt werden. Darüber hinausgehende Vereinbarungen zwischen dem Projektwerber/der Projektwerberin und den Parteien oder Beteiligten können im Bescheid beurkundet werden. Der Projektwerber/die Projektwerberin kann jederzeit einen Antrag auf Fortführung des Genehmigungsverfahrens stellen.

(3) § 39 Abs. 3 AVG ist mit der Maßgabe anzuwenden, dass der Schluss des Ermittlungsverfahrens auch für einzelne Teilbereiche der Sache erklärt werden kann. § 39 Abs. 4 erster und zweiter Satz und Abs. 5 AVG sind in UVP-Verfahren nicht anzuwenden.

(Anm.: Abs. 4 aufgehoben durch Z 32, BGBl. I Nr. 26/2023)

Online- oder Hybrid Verhandlung

§ 16a. (1) Die Behörde kann unter Berücksichtigung von Zweckmäßigkeit, Raschheit, Einfachheit und Kostenersparnis die mündliche Verhandlung gemäß § 16 Abs. 1 teilweise (hybrid) oder gänzlich (online) unter Verwendung geeigneter technischer Einrichtungen zur Wort- und Bildübertragung am Sitz der Behörde oder an dem Ort abhalten, der nach der Sachlage am zweckmäßigsten erscheint. Vorrangig sollen Verhandlungen in Präsenz oder hybrid abgehalten werden.

(2) Findet die Verhandlung online statt, ist den Parteien und Beteiligten, den erforderlichen Sachverständigen und den sonst zur mündlichen Verhandlung beizuziehenden Personen Gelegenheit zu geben, unter Verwendung der technischen Einrichtungen zur Wort- und Bildübertragung an der Verhandlung teilzunehmen. Die Behörde hat die Parteien und Beteiligten aufzufordern, bekanntzugeben, ob ihnen solche technischen Einrichtungen zur Wort- und Bildübertragung zur Verfügung stehen; ist dies nicht der Fall, so kann die Verhandlung auch in ihrer Abwesenheit durchgeführt werden. Die Behörde hat diesfalls den Parteien und Beteiligten, die aus diesem Grund an der Verhandlung nicht teilnehmen können, in sonst geeigneter Weise Gelegenheit zu geben, ihre Rechte auszuüben bzw. bei der Feststellung des Sachverhalts mitzuwirken.

(3) Findet die mündliche Verhandlung hybrid statt, so können die Parteien und Beteiligten unter Verwendung der technischen Einrichtungen zur Wort- und Bildübertragung oder persönlich an der Verhandlung teilnehmen. Die Behörde hat die Parteien und Beteiligten aufzufordern, bekanntzugeben, ob sie in Präsenz oder online teilnehmen.

(4) Wird eine Verhandlung hybrid oder online durchgeführt, so braucht eine Niederschrift, außer vom Verhandlungsleiter, von keiner weiteren Person unterschrieben zu werden. Wird die Niederschrift elektronisch erstellt, so kann an die Stelle der Unterschrift des Verhandlungsleiters ein Verfahren zum Nachweis der Identität (§ 2 Z 1 E–GovG) des Leiters der mündlichen Verhandlung und der Authentizität (§ 2 Z 5 E–GovG) der Niederschrift treten. § 14 Abs. 1 bis 4, 6 und 7 AVG bleibt unberührt.

Entscheidung

§ 17. (1) Die Behörde hat bei der Entscheidung über den Antrag die in den betreffenden Verwaltungsvorschriften und im Abs. 2 bis 6 vorgesehenen Genehmigungsvoraussetzungen anzuwenden. Die Zustimmung Dritter ist insoweit keine Genehmigungsvoraussetzung, als für den betreffenden Teil des Vorhabens in einer Verwaltungsvorschrift die Möglichkeit der Einräumung von Zwangsrechten vorgesehen ist. Die Genehmigung ist in diesem Fall jedoch unter dem Vorbehalt des Erwerbs der entsprechenden Rechte zu erteilen.

(2) Soweit dies nicht schon in anzuwendenden Verwaltungsvorschriften vorgesehen ist, gelten im Hinblick auf eine wirksame Umweltvorsorge zusätzlich nachstehende Genehmigungsvoraussetzungen:

1. Emissionen von Schadstoffen, einschließlich der Treibhausgase Kohlenstoffdioxid (CO_2), Methan (CH_4), Distickstoffoxid (N_2O), teilhalogenierte Fluorkohlenwasserstoffe (H–FKW), perfluorierte Kohlenwasserstoffe (P–FKW), Schwefelhexafluorid (SF_6) und Stickstofftrifluorid (NF_3), sind nach dem Stand der Technik zu begrenzen,
2. die Immissionsbelastung zu schützender Güter ist möglichst gering zu halten, wobei jedenfalls Immissionen zu vermeiden sind, die
   a) das Leben oder die Gesundheit von Menschen oder das Eigentum oder sonstige dingliche Rechte der Nachbarn/Nachbarinnen gefährden,
   b) erhebliche Belastungen der Umwelt durch nachhaltige Einwirkungen verursachen, jedenfalls solche, die geeignet sind, den Boden, die Luft, den Pflanzen- oder Tierbestand oder den Zustand der Gewässer bleibend zu schädigen, oder
   c) zu einer unzumutbaren Belästigung der Nachbarn/Nachbarinnen im Sinne des § 77 Abs. 2 der Gewerbeordnung 1994 führen,
3. Abfälle sind nach dem Stand der Technik zu vermeiden oder zu verwerten oder, soweit dies wirtschaftlich nicht vertretbar ist, ordnungsgemäß zu entsorgen.

Der Entscheidung sind die vom Vorhaben voraussichtlich ausgehenden Auswirkungen zugrunde zu legen. Für gemäß § 4 Emissionszertifikategesetz 2011 (EZG 2011) genehmigte Anlagen dürfen gemäß Z 1 keine Emissionsgrenzwerte für direkte Emissionen der in Anhang 3 EZG 2011 jeweils genannten Treibhausgase vorgeschrieben werden, außer es ist erforderlich, um eine erhebliche lokale Umweltverschmutzung zu vermeiden.

(3) Für Vorhaben der Z 9 bis 11 und Z 16 des Anhanges 1 sind an Stelle des Abs. 2 die Kriterien des § 24f Abs. 1 und 2 anzuwenden. Gleiches gilt für Vorhaben der Z 14, sofern sie Flughäfen gemäß § 64 des Luftfahrtgesetzes, BGBl. Nr. 253/1957, betreffen; für diese Vorhaben der Z 14 sowie für Vorhaben der Z 9 bis 11 des Anhanges 1 sind weiters die Bestimmungen des § 24f Abs. 15 Satz 1 und 2 sowie die Bestimmungen des Eisenbahn-Enteignungsentschädigungsgesetzes anzuwenden.

(4) Die Ergebnisse der Umweltverträglichkeitsprüfung (insbesondere Umweltverträglichkeitserklärung, Umweltverträglichkeitsgutachten oder zusammenfassende Bewertung, Stellungnahmen, einschließlich der Stellungnahmen und dem Ergebnis der Konsultationen nach § 10, Ergebnis einer allfälligen öffentlichen Erörterung) sind in der Entscheidung zu berücksichtigen. Durch geeignete Auflagen, Bedingungen, Befristungen, Projektmodifikationen, Ausgleichsmaßnahmen oder sonstige Vorschreibungen, insbesondere auch für Überwachungsmaßnahmen für erhebliche nachteilige Auswirkungen, Mess- und Berichtspflichten und Maßnahmen zur Sicherstellung der Nachsorge, ist zu einem hohen Schutzniveau für die Umwelt in ihrer Gesamtheit beizutragen. Die Überwachungsmaßnahmen sind je nach Art, Standort und Umfang des Vorhabens sowie Ausmaß seiner Auswirkungen auf die Umwelt angemessen festzulegen, die aufgrund der mitanzuwendenden Verwaltungsvorschriften notwendigen Maßnahmen sind hierbei zu berücksichtigen. Soweit dies durch Landesgesetz festgelegt ist, können Ausgleichs- oder Ersatzmaßnahmen, die auf Vorratsflächen durchgeführt werden (Flächenpools), angerechnet werden. Die Beauftragung zur Unterhaltung und die rechtliche Sicherung der Flächen sind im Bescheid zu dokumentieren.

(5) Ergibt die Gesamtbewertung, dass durch das Vorhaben und seine Auswirkungen, insbesondere auch durch Wechselwirkungen, Kumulierung oder Verlagerungen, unter Bedachtnahme auf die öffentlichen Interessen, insbesondere des Umweltschutzes, schwerwiegende Umweltbelastungen zu erwarten sind, die durch Auflagen, Bedingungen, Befristungen, sonstige Vorschreibungen, Ausgleichsmaßnahmen oder Projektmodifikationen nicht verhindert oder auf ein erträgliches Maß vermindert werden können, ist der Antrag abzuweisen. Bei Vorhaben der Energiewende darf eine Abweisung nicht ausschließlich aufgrund von Beeinträchtigungen des Landschaftsbilds erfolgen, wenn im Rahmen der Energieraumplanung eine strategische Umweltprüfung durchgeführt wurde. Im Rahmen dieser Abwägung sind auch relevante Interessen der Materiengesetze oder des Gemeinschaftsrechts, die für die Realisierung des Vorhabens sprechen, zu bewerten. Dabei gelten Vorhaben der Energiewende als in hohem öffentlichen Interesse.

(5a) Ist eine hinreichende Konkretisierung von Ausgleichs- oder Ersatzmaßnahmen noch nicht möglich, kann ein Konzept mit Maßnahmen, mit welchen die geplanten Eingriffe kompensiert werden sollen, genehmigt werden. Dieses hat jedenfalls Angaben zu Flächenumfang, Maßnahmenraum, Wirkungsziel, Standortanforderung sowie falls bereits möglich Angaben zur grundsätzlichen Maßnahmenbeschreibung, zum Zeitpunkt der Umsetzung, zur Beschreibung der Pflegeerfordernisse und des Monitorings und zum Status der Flächensicherung zu enthalten. Über die Konkretisierung der Ausgleichs- oder Ersatzmaßnahmen ist als Änderung gemäß § 18b zu entscheiden. Soweit dies durch Bundes- oder Landesgesetz vorgesehen ist, kann eine Ausgleichszahlung vorgeschrieben werden.

(6) In der Genehmigung können angemessene Fristen für die Fertigstellung des Vorhabens, einzelner Teile davon oder für die Inanspruchnahme von Rechten festgesetzt werden. Die Behörde kann diese Fristen aus wichtigen Gründen verlängern, wenn der Projektwerber/die Projektwerberin dies vor Ablauf beantragt. In diesem Fall ist der Ablauf der Frist bis zur rechtskräftigen Entscheidung oder zur Entscheidung des Verwaltungsgerichtshofes oder Verfassungsgerichtshofes über die Abweisung des Verlängerungsantrages gehemmt. Im Rahmen eines Beschwerdeverfahrens oder eines Verfahrens gemäß § 18b können die Fristen von Amts wegen geändert werden.

(7) Der Genehmigungsbescheid ist jedenfalls bei der Behörde und in der Standortgemeinde mindestens acht Wochen zur öffentlichen Einsicht aufzulegen. Der Bescheid hat die Entscheidungsgründe sowie Angaben über die Beteiligung der Öffentlichkeit und eine Beschreibung der wichtigsten Maßnahmen, mit denen erhebliche nachteilige Auswirkungen vermieden, verringert und überwacht sowie, soweit möglich, ausgeglichen werden, zu enthalten. Die Auflage ist in geeigneter Form, jedenfalls auch im Internet, kundzumachen. Mit Ablauf von zwei Wochen nach dieser Kundmachung gilt der Bescheid auch gegenüber jenen Personen als zugestellt, die sich am UVP-Verfahren nicht oder nicht rechtzeitig (§§ 9 und 9a dieses Bundesgesetzes bzw. §§ 44a iVm 44b AVG) beteiligt und deshalb die Parteistellung verloren haben. Ab dem Tag der Kundmachung im Internet ist solchen Personen, die glaubhaft machen, dass ihnen ein Beschwerderecht zukommt, Einsicht in den Verwaltungsakt zu gewähren.

(8) Erfolgt die Zustellung behördlicher Schriftstücke gemäß § 44f AVG durch Edikt, so ist die öffentliche Auflage abweichend von § 44f Abs. 2 AVG bei der Behörde und in der Standortgemeinde vorzunehmen.

(9) Der Genehmigungsbescheid hat dingliche Wirkung. Genehmigungsbescheide betreffend Vorhaben der Z 18 des Anhanges 1 haben bindende Wirkung in Verfahren zur Genehmigung von Ausführungsprojekten nach den darauf anzuwendenden Verwaltungsvorschriften.

(10) Genehmigungsbescheide betreffend Vorhaben der Z 18 des Anhanges 1, ausgenommen der lit. e, können bis zu deren Ausführung nach den Bestimmungen des § 18b geändert werden. Änderungen im Sinne von § 18b sind betreffend Vorhaben der Z 18 des Anhanges 1, ausgenommen der lit. e, nur Änderungen der Flächeninanspruchnahme oder der Bruttogeschoßfläche, des Ausmaßes der Versickerungsflächen, der Anzahl und räumlichen Verteilung der KFZ-Stellplätze, der Gebäudehöhen, der Art der Nutzung und der räumlichen Verteilung der Gesamtkontingente (Bruttogeschoßfläche samt prozentueller Anteile der Nutzungsarten), der Energieversorgung, des Verkehrs- und Erschließungssystems sowie des Systems der Abfall- und Abwasserentsorgung, soweit unter Zugrundelegung des Beurteilungsmaßstabes im durchgeführten UVP-Verfahren nachteilige Auswirkungen auf die Schutzgüter zu erwarten sind.

Ausschluss der aufschiebenden Wirkung bei Vorhaben der Energiewende

§ 17a. (1) Bei Vorhaben der Energiewende hat die Behörde bis zur Vorlage der Beschwerde die aufschiebende Wirkung der Beschwerde gegen die Entscheidung nach §§ 17, 18 oder 18b mit Bescheid auszuschließen (Ausschlussbescheid), wenn in dieser vom Beschwerdeführer/von der Beschwerdeführerin die Verletzung in den von ihm bzw. ihr geltend zu machenden Rechten nicht hinreichend konkret dargelegt wurde, obwohl diese Beeinträchtigung bereits im Genehmigungsbescheid beurteilt wurde. Eine Beschwerde gegen den Ausschlussbescheid hat keine aufschiebende Wirkung.

(2) Das Bundesverwaltungsgericht hat aufgrund einer Beschwerde gegen den Ausschlussbescheid diesen unverzüglich aufzuheben, wenn die Voraussetzungen für den Ausschluss nach Abs. 1 nicht vorliegen. Im Übrigen bleiben die §§ 13 und 22 VwGVG unberührt.

Grundsätzliche Genehmigung und Detailgenehmigungen

§ 18. (1) Die Behörde kann auf Antrag der Projektwerberin oder des Projektwerbers zunächst über alle Belange absprechen, die zur Beurteilung der grundsätzlichen Umweltverträglichkeit des Vorhabens erforderlich sind. Diesfalls sind nur die zur Beurteilung der grundsätzlichen Umweltverträglichkeit notwendigen Unterlagen vorzulegen. In der grundsätzlichen Genehmigung der Umweltverträglichkeit des Vorhabens kann auf Antrag des Projektwerbers auch bereits über die Zulässigkeit des Vorhabens in Teilbereichen abgesprochen werden. In der grundsätzlichen Genehmigung ist auch darüber abzusprechen, welche Bereiche Detailgenehmigungen vorbehalten bleiben.

(2) Auf der Grundlage der bereits ergangenen grundsätzlichen Genehmigung hat die Behörde über die Detailgenehmigungen nach Vorlage der hiefür erforderlichen weiteren Unterlagen im Detailverfahren unter Anwendung der Genehmigungsvoraussetzungen gemäß § 17 zu entscheiden. § 16 ist in den Detailverfahren nicht anzuwenden. Die vom Detailprojekt betroffenen Parteien bzw. Beteiligten gemäß § 19 und mitwirkenden Behörden sind beizuziehen.

(3) Änderungen des grundsätzlich genehmigten Vorhabens können in der Detailgenehmigung insoweit vorgenommen werden, als

1. sie nach den Ergebnissen der Umweltverträglichkeitsprüfung dem § 17 Abs. 2 bis 5 nicht widersprechen und
2. die von der Änderung betroffenen Beteiligten gemäß § 19 Gelegenheit hatten, ihre Interessen wahrzunehmen.

Abschnittsgenehmigungen

§ 18a. Vorhaben, die sich auf mindestens drei Standortgemeinden erstrecken, kann die Behörde auf Antrag des Projektwerbers/der Projektwerberin nach Durchführung der Umweltverträglichkeitsprüfung für das Gesamtvorhaben in Abschnitten genehmigen, sofern dies wegen der räumlichen Ausdehnung des Vorhabens zweckmäßig ist. Für jede einzelne Abschnittsgenehmigung sind die §§ 16, 17 und 18 sowie 19 bis 23 anzuwenden.

Änderung des Bescheides vor Zuständigkeitsübergang

§ 18b. Änderungen einer gemäß § 17 oder § 18 erteilten Genehmigung sind vor dem in § 21 genannten Zeitpunkt unter Anwendung der Genehmigungsvoraussetzungen gemäß § 17 zulässig, wenn

1. sie nach den Ergebnissen der Umweltverträglichkeitsprüfung dem § 17 Abs. 2 bis 5 nicht widersprechen und
2. die von der Änderung betroffenen Beteiligten gemäß § 19 Gelegenheit hatten, ihre Interessen wahrzunehmen.

Die Behörde hat dabei das Ermittlungsverfahren und die Umweltverträglichkeitsprüfung insoweit zu ergänzen, als dies im Hinblick auf ihre Zwecke notwendig ist. Die Bestimmungen über die Auflage und Kundmachung des § 17 Abs. 7 Satz 3 bis 5 gelten sinngemäß.

Technologische Weiterentwicklungen vor Zuständigkeitsübergang

§ 18c. (1) Änderungen einer gemäß § 17 oder § 18 erteilten Genehmigung, die immissionsneutral sind oder technologische Weiterentwicklungen mit nicht erheblichen nachteiligen Auswirkungen auf die Schutzgüter des § 1 Abs. 1 darstellen und nach den Ergebnissen der Umweltverträglichkeitsprüfung dem § 17 Abs. 2 bis 5 nicht widersprechen, können bei der Behörde vor Zuständigkeitsübergang angezeigt werden.

(2) Werden Änderungen nach Abs. 1 der Behörde angezeigt, so hat der Projektwerber/die Projektwerberin der Anzeige über das Vorliegen der Voraussetzungen nach Abs. 1 eine im Rahmen seiner Befugnis ausgestellte Bestätigung eines Ziviltechnikers oder Ingenieurbüros anzuschließen und der Behörde mindestens vier Wochen vor Durchführung zu übermitteln.

(3) Wird eine Anzeige gemäß Abs. 1 erstattet und hat die Behörde begründete Zweifel, ob die Voraussetzungen nach Abs. 1 vorliegen, so hat die Behörde von Amts wegen ein Änderungsverfahren nach § 18b einzuleiten. Wird binnen vier Wochen ab Einbringen der Anzeige kein Änderungsverfahren nach § 18b eingeleitet, so sind die angezeigten Änderungen nicht genehmigungspflichtig und der Projektwerber/die Projektwerberin kann mit der Durchführung beginnen.

Partei- und Beteiligtenstellung sowie Rechtsmittelbefugnis

§ 19. (1) Parteistellung haben

1. Nachbarn/Nachbarinnen: Als Nachbarn/Nachbarinnen gelten Personen, die durch die Errichtung, den Betrieb oder den Bestand des Vorhabens gefährdet oder belästigt oder deren dingliche Rechte im In- oder Ausland gefährdet werden könnten, sowie die Inhaber/Inhaberinnen von Einrichtungen, in denen sich regelmäßig Personen vorübergehend aufhalten, hinsichtlich des Schutzes dieser Personen; als Nachbarn/Nachbarinnen gelten nicht Personen, die sich vorübergehend in der Nähe des Vorhabens aufhalten und nicht dinglich berechtigt sind; hinsichtlich Nachbarn/Nachbarinnen im Ausland gilt für Staaten, die nicht Vertragsparteien des Abkommens über den Europäischen Wirtschaftsraum sind, der Grundsatz der Gegenseitigkeit;
2. die nach den anzuwendenden Verwaltungsvorschriften vorgesehenen Parteien, soweit ihnen nicht bereits nach Z 1 Parteistellung zukommt;
3. der Umweltanwalt gemäß Abs. 3;
4. das wasserwirtschaftliche Planungsorgan zur Wahrnehmung der wasserwirtschaftlichen Interessen gemäß §§ 55, 55g und 104a WRG 1959;
5. Gemeinden gemäß Abs. 3;
6. Bürgerinitiativen gemäß Abs. 4;
7. Umweltorganisationen, die gemäß Abs. 7 anerkannt wurden und
8. der Standortanwalt gemäß Abs. 12.

(Anm.: Abs. 2 aufgehoben durch Z 46, BGBl. I Nr. 26/2023)

(3) Der Umweltanwalt, die Standortgemeinde und die an diese unmittelbar angrenzenden österreichischen Gemeinden, die von wesentlichen Auswirkungen des Vorhabens auf die Umwelt betroffen sein können, haben im Genehmigungsverfahren und im Verfahren nach § 20 Parteistellung. Der Umweltanwalt ist berechtigt, die Einhaltung von Rechtsvorschriften, die dem Schutz der Umwelt dienen, als subjektives Recht im Verfahren geltend zu machen und Beschwerde an das Bundesverwaltungsgericht sowie Revision an den Verwaltungsgerichtshof zu erheben. Gemeinden im Sinne des ersten Satzes sind berechtigt, die Einhaltung von Rechtsvorschriften, die dem Schutz der Umwelt oder der von ihnen wahrzunehmenden öffentlichen Interessen dienen, als subjektives Recht im Verfahren geltend zu machen und Beschwerde an das Bundesverwaltungsgericht sowie Revision an den Verwaltungsgerichtshof zu erheben.

(4) Eine Stellungnahme gemäß § 9 Abs. 5 kann durch Eintragung in eine Unterschriftenliste unterstützt werden, wobei Name, Anschrift und Geburtsdatum anzugeben und die datierte Unterschrift beizufügen ist. Die Unterschriftenliste ist gleichzeitig mit der Stellungnahme einzubringen. Wurde eine Stellungnahme von mindestens 200 Personen, die zum Zeitpunkt der Unterstützung in der Standortgemeinde oder in einer an diese unmittelbar angrenzenden Gemeinde für Gemeinderatswahlen wahlberechtigt waren, unterstützt, dann nimmt diese Personengruppe (Bürgerinitiative) am Verfahren zur Erteilung der Genehmigung für das Vorhaben und nach § 20 als Partei teil. Als Partei ist sie berechtigt, die Einhaltung von Umweltschutzvorschriften als subjektives Recht im Verfahren geltend zu machen und Beschwerde an das Bundesverwaltungsgericht und Revision an den Verwaltungsgerichtshof sowie Beschwerde an den Verfassungsgerichtshof zu erheben.

(5) Vertreter/in der Bürgerinitiative ist die in der Unterschriftenliste als solche bezeichnete Person, mangels einer solchen Bezeichnung die in der Unterschriftenliste an erster Stelle genannte Person. Der Vertreter/die Vertreterin ist auch Zustellungsbevollmächtigter gemäß § 9 Abs. 1 des Zustellgesetzes, BGBl. Nr. 200/1982. Scheidet der Vertreter/die Vertreterin aus, so gilt als Vertreter/in der Bürgerinitiative die in der Unterschriftenliste jeweils nächstgereihte Person. Der Vertreter/die Vertreterin kann mittels schriftlicher Erklärung an die Behörde durch eine/n andere/n ersetzt werden. Eine solche Erklärung bedarf der Unterschrift der Mehrheit der Bürgerinitiative.

(6) Umweltorganisation ist ein Verein oder eine Stiftung,

1. der/die als vorrangigen Zweck gemäß Vereinsstatuten oder Stiftungserklärung den Schutz der Umwelt hat,
2. der/die gemeinnützige Ziele im Sinn der §§ 35 und 36 BAO, BGBl. Nr. 194/1961, verfolgt und
3. der/die vor Antragstellung gemäß Abs. 7 mindestens drei Jahre mit dem unter Z 1 angeführten Zweck bestanden hat.

Der Verein muss aus mindestens hundert Mitgliedern bestehen. Ein Verband muss mindestens fünf Mitgliedsvereine umfassen, die die Kriterien des Abs. 6 Z 1 bis 3 erfüllen und die gemeinsam die für fünf anerkannte Umweltorganisationen erforderliche Mitgliederzahl erreichen. Die entsprechende Anzahl ist der Behörde glaubhaft zu machen.

(7) **(Verfassungsbestimmung)** Der Bundesminister/die Bundesministerin für Land- und Forstwirtschaft, Umwelt und Wasserwirtschaft hat im Einvernehmen mit dem Bundesminister/der Bundesministerin für Wirtschaft und Arbeit auf Antrag mit Bescheid zu entscheiden, ob eine Umweltorganisation die Kriterien des Abs. 6 erfüllt und in welchen Bundesländern die Umweltorganisation zur Ausübung der Parteienrechte befugt ist.

(8) Dem Antrag gemäß Abs. 7 sind geeignete Unterlagen anzuschließen, aus denen hervorgeht, dass die Kriterien des Abs. 6 erfüllt werden und auf welches Bundesland/welche Bundesländer sich der Tätigkeitsbereich der Umweltorganisation erstreckt. Eine Ausübung der Parteienrechte ist in Verfahren betreffend Vorhaben möglich, die in diesem Bundesland/in diesen Bundesländern oder daran unmittelbar angrenzenden Bundesland/Bundesländern verwirklicht werden sollen. Der Bundesminister/die Bundesministerin für Klimaschutz, Umwelt, Energie, Mobilität, Innovation und Technologie veröffentlicht auf der Homepage des Bundesministeriums für Klimaschutz, Umwelt, Energie, Mobilität, Innovation und Technologie eine Liste jener Umweltorganisationen, die mit Bescheid gemäß Abs. 7 anerkannt wurden. In der Liste ist anzuführen, in welchen Bundesländern die Umweltorganisation zur Ausübung der Parteienrechte befugt ist.

(9) Eine gemäß Abs. 7 anerkannte Umweltorganisation ist verpflichtet, den Wegfall eines in Abs. 6 festgelegten Kriteriums unverzüglich dem Bundesminister/der Bundesministerin für Klimaschutz, Umwelt, Energie, Mobilität, Innovation und Technologie zu melden. Auf Verlangen des Bundesministers/der Bundesministerin für Klimaschutz, Umwelt, Energie, Mobilität, Innovation und Technologie hat die Umweltorganisation geeignete Unterlagen vorzulegen, aus denen hervorgeht, dass die Kriterien des Abs. 6 weiterhin erfüllt werden. Wird dem Bundesminister/der Bundesministerin für Klimaschutz, Umwelt, Energie, Mobilität, Innovation und Technologie bekannt, dass eine anerkannte Umweltorganisation ein Kriterium gemäß Abs. 6 nicht mehr erfüllt, ist dies mit Bescheid im Einvernehmen mit dem Bundesminister/der Bundesministerin für Arbeit und Wirtschaft festzustellen. Die Liste gemäß Abs. 8 ist entsprechend zu ändern. Auf Verlangen des Bundesministers/der Bundesministerin für Klimaschutz, Umwelt, Energie, Mobilität, Innovation und Technologie, jedenfalls aber alle drei Jahre ab Zulassung, hat die Umweltorganisation geeignete Unterlagen vorzulegen, aus denen hervorgeht, dass die Kriterien des Abs. 6 weiterhin erfüllt werden. Eine solche Überprüfung ist auch auf Verlangen einer UVP-Behörde durchzuführen.

(10) Eine gemäß Abs. 7 anerkannte Umweltorganisation hat Parteistellung und ist berechtigt, die Einhaltung von Umweltschutzvorschriften im Verfahren geltend zu machen, soweit sie während der Auflagefrist gemäß § 9 Abs. 1 schriftlich Einwendungen erhoben hat. Sie ist auch berechtigt, Beschwerde an das Bundesverwaltungsgericht sowie, wenn sie im Verfahren vor dem Bundesverwaltungsgericht Parteistellung hatte, Revision an den Verwaltungsgerichtshof zu erheben.

(11) Eine Umweltorganisation aus einem anderen Staat kann die Rechte gemäß Abs. 10 wahrnehmen, wenn eine Benachrichtigung des anderen Staates gemäß § 10 Abs. 1 Z 1 erfolgt ist, sich die Auswirkungen auf jenen Teil der Umwelt des anderen Staates erstrecken, für deren Schutz die Umweltorganisation eintritt und sich die Umweltorganisation im anderen Staat am Verfahren zur Umweltverträglichkeitsprüfung und am Genehmigungsverfahren beteiligen könnte, wenn das Vorhaben in diesem Staat verwirklicht würde.

(12) Der Standortanwalt hat in Genehmigungsverfahren Parteistellung und ist berechtigt, die Einhaltung von Vorschriften über öffentliche Interessen, die für die Verwirklichung des Vorhabens sprechen, geltend zu machen und zur Einhaltung dieser Vorschriften Beschwerde an das Bundesverwaltungsgericht sowie Revision an den Verwaltungsgerichtshof zu erheben.

Abnahmeprüfung

§ 20. (1) Die Fertigstellung des Vorhabens ist der Behörde vor der Inbetriebnahme vom Projektwerber/von der Projektwerberin anzuzeigen. Sollen Teile des Vorhabens in Betrieb genommen werden (Abs. 3), so ist deren Fertigstellung anzuzeigen. Die Anzeige hat auch gemäß § 18c Abs. 1 angezeigte Änderungen zu enthalten.

(2) Die Behörde hat das Vorhaben darauf zu überprüfen, ob es der Genehmigung entspricht und darüber einen Bescheid zu erlassen. Die Behörde hat die in den Verwaltungsvorschriften bestehenden Bestimmungen über Betriebsbewilligungen, Benutzungsbewilligungen, Kollaudierungen und dergleichen anzuwenden. Der Abnahme-

bescheid ersetzt die nach diesen Verwaltungsvorschriften jeweils vorgesehenen Bescheide. Der Abnahmeprüfung sind die mitwirkenden Behörden und die Parteien gemäß § 19 Abs. 1 Z 3 bis 7 sowie § 19 Abs. 11 beizuziehen.

(3) Sofern dies nach der Art des Vorhabens zweckmäßig ist, kann die Behörde die Abnahmeprüfung in Teilen durchführen. In diesem Fall sind Abnahmebescheide über die entsprechenden Teile des Vorhabens zu erlassen.

(4) Im Abnahmebescheid ist die Beseitigung festgestellter Abweichungen aufzutragen. Die Behörde kann jedoch in Anwendung des § 18 Abs. 3 nachträglich geringfügige Abweichungen genehmigen, sofern den betroffenen Parteien gemäß § 19 Abs. 1 Gelegenheit zur Wahrung ihrer Interessen gegeben wurde. Als geringfügige Abweichungen gelten jedenfalls immissionsneutrale Änderungen oder Änderungen, die technologische Weiterentwicklungen mit nicht erheblichen nachteiligen Auswirkungen auf die Schutzgüter des § 1 Abs. 1 darstellen. Änderungen nach § 18c sind im Abnahmebescheid festzustellen.

(5) Für Vorhaben der Spalte 1 ist im Abnahmebescheid auch festzulegen, bis zu welchem Zeitpunkt die Nachkontrolle (§ 22) durchzuführen ist.

(6) Sofern eine Abnahmeprüfung der Art des Vorhabens nach nicht sinnvoll ist, hat die Behörde bereits im Genehmigungsbescheid festzulegen, bis zu welchem Zeitpunkt (drei bis fünf Jahre nach Genehmigung) die Nachkontrolle durchzuführen ist. Für Vorhaben der Z 18 des Anhanges 1 erfolgt keine Abnahmeprüfung.

Zuständigkeitsübergang

§ 21. (1) Mit Rechtskraft des Abnahmebescheides geht die Zuständigkeit der Behörde auf die nach den Verwaltungsvorschriften zur Vollziehung der für die Genehmigungen nach den §§ 17 bis 18b relevanten Vorschriften zuständigen Behörden über, sofern nicht Abs. 2 anzuwenden ist.

(2) In Fällen des § 20 Abs. 6 geht die Zuständigkeit mit Rechtskraft des Genehmigungsbescheides auf die nach den Verwaltungsvorschriften zur Vollziehung der für die Genehmigungen nach den §§ 17 bis 18b relevanten Vorschriften zuständigen Behörden über.

(3) Wurden eine grundsätzliche Genehmigung und Detailgenehmigungen (§ 18) erteilt, erfolgt der Zuständigkeitsübergang mit Rechtskraft der Abnahmebescheide oder, wenn eine Abnahmeprüfung nicht durchgeführt wird, mit Rechtskraft der gemäß § 18 erteilten Genehmigungsbescheide.

(4) Die Zuständigkeit zur Vollziehung und Überwachung der Einhaltung des Genehmigungsbescheides richtet sich ab dem Zuständigkeitsübergang gemäß Abs. 1 und 2 nach den angewendeten Verwaltungsvorschriften. Auf § 17 Abs. 2 bis 4 und 6 gestützte Nebenbestimmungen und sonstige Pflichten sind von der Landesregierung zu vollziehen und auf ihre Einhaltung zu überwachen. In Bezug darauf hat diese, wenn der Verdacht einer Übertretung gemäß § 45 Z 2 lit. a oder b besteht, die in § 360 Abs. 1 und 3 der Gewerbeordnung 1994 genannten Maßnahmen zu treffen. Aus Gründen der Zweckmäßigkeit oder der Kostenersparnis kann sie diese Befugnis auf die Bezirksverwaltungsbehörden übertragen.

(5) Auf Vorhaben der Z 18 lit. b und d des Anhanges 1 finden die Absätze 1 bis 4 keine Anwendung. Mit Rechtskraft des Genehmigungsbescheides für Vorhaben der Z 18 lit. b und d des Anhanges 1 geht die Zuständigkeit für die Vollziehung und Überwachung des Genehmigungsbescheides auf die Behörden über, die nach den Verwaltungsvorschriften gemäß ihrem Wirkungsbereich für die Genehmigung der Ausführungsprojekte zuständig sind. Für die in § 17 Abs. 10 genannten Änderungen im Sinne von § 18b bleibt die Behörde nach § 39 Abs. 1 zuständig.

Nachkontrolle

§ 22. (1) Für Vorhaben der Spalte 1 des Anhanges 1 haben die Behörden gemäß § 21 auf Initiative der Behörde gemäß § 39 das Vorhaben frühestens drei Jahre, spätestens fünf Jahre nach Anzeige der Fertigstellung gemäß § 20 Abs. 1 oder zu dem gemäß § 20 Abs. 6 im Genehmigungsbescheid festgelegten Zeitpunkt gemeinsam daraufhin zu überprüfen, ob der Genehmigungsbescheid eingehalten wird und ob die Annahmen und Prognosen der Umweltverträglichkeitsprüfung mit den tatsächlichen Auswirkungen des Vorhabens auf die Umwelt übereinstimmen. Die Behörde gemäß § 39 sowie die mitwirkenden Behörden sind jedenfalls beizuziehen. Die Nachkontrolle ist spätestens bis zu dem im Abnahmebescheid gemäß § 20 Abs. 5 bezeichneten Zeitpunkt durchzuführen.

(2) Die Ergebnisse der Nachkontrolle sind von den Behörden der Behörde gemäß § 39 und dem Bundesminister/der Bundesministerin für Klimaschutz, Umwelt, Energie, Mobilität, Innovation und Technologie zu übermitteln.

(3) Die zuständigen Behörden haben die Beseitigung von im Rahmen der Nachkontrolle wahrgenommenen Mängeln und Abweichungen zu veranlassen.

Kontrollen und Duldungspflichten

§ 23. (1) Soweit dies zur Vollziehung der auf das jeweilige Vorhaben anzuwendenden Rechtsvorschriften erforderlich ist, sind die Behörden und die von diesen herangezogenen Sachverständigen und Organe befugt, Grundstücke, Gebäude und Anlagen zu betreten und zu besichtigen, Proben in einer für Zwecke der Untersuchung erforderlichen Menge entschädigungslos zu entnehmen,

Messungen durchzuführen und in Unterlagen einzusehen. Störungen und Behinderungen des Betriebes sind dabei möglichst zu vermeiden. Der Eigentümer/die Eigentümerin der Liegenschaft bzw. der Betreiber/die Betreiberin oder der Vertreter/die Vertreterin dieser Personen sind spätestens beim Betreten der Liegenschaft oder der Anlage zu verständigen. Ist Gefahr im Verzug oder ist weder der Eigentümer/die Eigentümerin der Liegenschaft noch der Genehmigungsinhaber/die Genehmigungsinhaberin oder der Vertreter/die Vertreterin dieser Personen erreichbar, so genügt die nachträgliche Verständigung.

(2) Die Eigentümer/innen der Liegenschaften, die Betreiber/innen oder ihre Vertreter/innen haben die Kontrollen nach Abs. 1 zu dulden, die zur Durchführung von Kontrollen erforderlichen Auskünfte zu erteilen und erforderliche Unterlagen zur Verfügung zu stellen.

...

12. Mediengesetz (Auszug)

Bundesgesetz vom 12. Juni 1981 über die Presse und andere publizistische Medien (Mediengesetz – MedienG)

StF: BGBl. Nr. 314/1981 (NR: GP XV RV 2 AB 743 S. 79. BR: 2350 AB 2351 S. 412.)

Letzte Novellierung: BGBl. I Nr. 182/2023

GLIEDERUNG

Erster Abschnitt
Begriffsbestimmungen

§ 1. (1) Im Sinn der Bestimmungen dieses Bundesgesetzes ist

1. **„Medium“:** jedes Mittel zur Verbreitung von Mitteilungen oder Darbietungen mit gedanklichem Inhalt in Wort, Schrift, Ton oder Bild an einen größeren Personenkreis im Wege der Massenherstellung oder der Massenverbreitung;

1a. **„Medieninhalte“:** Mitteilungen oder Darbietungen mit gedanklichem Inhalt in Wort, Schrift, Ton oder Bild, die in einem Medium enthalten sind;

2. **„periodisches Medium“:** ein periodisches Medienwerk oder ein periodisches elektronisches Medium;

3. **„Medienwerk“:** ein zur Verbreitung an einen größeren Personenkreis bestimmter, in einem Massenherstellungsverfahren in Medienstücken vervielfältigter Träger von Mitteilungen oder Darbietungen mit gedanklichem Inhalt;

4. **„Druckwerk“:** ein Medienwerk, durch das Mitteilungen oder Darbietungen ausschließlich in Schrift oder in Standbildern verbreitet werden;

5. **„periodisches Medienwerk oder Druckwerk“:** ein Medienwerk oder Druckwerk, das unter demselben Namen in fortlaufenden Nummern wenigstens viermal im Kalenderjahr in gleichen oder ungleichen Abständen erscheint und dessen einzelne Nummern, mag auch jede ein in sich abgeschlossenes Ganzes bilden, durch ihren Inhalt im Zusammenhang stehen;

5a. **„periodisches elektronisches Medium“:** ein Medium, das auf elektronischem Wege

a) ausgestrahlt wird (Rundfunkprogramm) oder
b) abrufbar ist (Website) oder

c) wenigstens vier Mal im Kalenderjahr in vergleichbarer Gestaltung verbreitet wird (wiederkehrendes elektronisches Medium);

6. „**Medienunternehmen**": ein Unternehmen, in dem die inhaltliche Gestaltung des Mediums besorgt wird sowie
a) seine Herstellung und Verbreitung oder
b) seine Ausstrahlung oder Abrufbarkeit

entweder besorgt oder veranlasst werden;

7. „**Mediendienst**": ein Unternehmen, das Medienunternehmen wiederkehrend mit Beiträgen in Wort, Schrift, Ton oder Bild versorgt;
8. „**Medieninhaber**": wer
a) ein Medienunternehmen oder einen Mediendienst betreibt oder
b) sonst die inhaltliche Gestaltung eines Medienwerks besorgt und dessen Herstellung und Verbreitung entweder besorgt oder veranlasst oder
c) sonst im Fall eines elektronischen Mediums dessen inhaltliche Gestaltung besorgt und dessen Ausstrahlung, Abrufbarkeit oder Verbreitung entweder besorgt oder veranlasst oder
d) sonst die inhaltliche Gestaltung eines Mediums zum Zweck der nachfolgenden Ausstrahlung, Abrufbarkeit oder Verbreitung besorgt;
9. „**Herausgeber**": wer die grundlegende Richtung des periodischen Mediums bestimmt;
10. „**Hersteller**": wer die Massenherstellung von Medienwerken besorgt;
11. „**Medienmitarbeiter**": wer in einem Medienunternehmen oder Mediendienst an der inhaltlichen Gestaltung eines Mediums oder der Mitteilungen des Mediendienstes journalistisch mitwirkt, sofern er als Angestellter des Medienunternehmens oder Mediendienstes oder als freier Mitarbeiter diese journalistische Tätigkeit ständig und nicht bloß als wirtschaftlich unbedeutende Nebenbeschäftigung ausübt;
12. „**Medieninhaltsdelikt**": eine durch den Inhalt eines Mediums begangene, mit gerichtlicher Strafe bedrohte Handlung, die in einer an einen größeren Personenkreis gerichteten Mitteilung oder Darbietung besteht.

(2) Zu den Medienwerken gehören auch die in Medienstücken vervielfältigten Mitteilungen der Mediendienste. Im übrigen gelten die Mitteilungen der Mediendienste ohne Rücksicht auf die technische Form, in der sie geliefert werden, als Medien.

Zweiter Abschnitt
Schutz der journalistischen Berufsausübung; Redaktionsstatuten

Überzeugungsschutz

§ 2. (1) Jeder Medienmitarbeiter hat das Recht, seine Mitarbeit an der inhaltlichen Gestaltung von Beiträgen oder Darbietungen, die seiner Überzeugung in grundsätzlichen Fragen oder den Grundsätzen des journalistischen Berufes widersprechen, zu verweigern, es sei denn, daß seine Überzeugung der im Sinn des § 25 veröffentlichten grundlegenden Richtung des Mediums widerspricht. Die technisch-redaktionelle Bearbeitung von Beiträgen oder Darbietungen anderer und die Bearbeitung von Nachrichten dürfen nicht verweigert werden.

(2) Aus einer gerechtfertigten Weigerung darf dem Medienmitarbeiter kein Nachteil erwachsen.

Schutz namentlich gezeichneter Beiträge

§ 3. Wird ein Beitrag oder eine Darbietung in einer den Sinngehalt betreffenden Weise geändert, so darf die Veröffentlichung unter dem Namen des Medienmitarbeiters nur mit seiner Zustimmung geschehen. Der Angabe des Namens des Verfassers ist die Bezeichnung mit einem von ihm bekanntermaßen gebrauchten Decknamen oder Zeichen gleichzuhalten.

MedienG

Kein Veröffentlichungszwang

§ 4. Die vorstehenden Bestimmungen räumen dem Medienmitarbeiter nicht das Recht ein, die Veröffentlichung eines von ihm verfaßten Beitrages oder einer Darbietung, an deren inhaltlichen Gestaltung er mitgewirkt hat, zu erzwingen.

Redaktionsstatuten

§ 5. (1) Für die Medienunternehmen und Mediendienste können Redaktionsstatuten abgeschlossen werden, die die Zusammenarbeit in publizistischen Angelegenheiten regeln.

(2) Ein Redaktionsstatut wird zwischen dem Medieninhaber und einer Redaktionsvertretung vereinbart, die von der Redaktionsversammlung nach dem Grundsatz der Verhältniswahl zu wählen ist. Die Vereinbarung bedarf zu ihrer Wirksamkeit der Genehmigung der Redaktionsversammlung, die diese mit der Mehrheit von zwei Dritteln ihrer Angehörigen erteilt. Der Redaktionsversammlung gehören alle fest angestellten Medienmitarbeiter an.

(3) Durch die Bestimmungen eines Redaktionsstatuts dürfen die Rechte der Betriebsräte nicht berührt werden.

(4) Allgemeine Grundsätze von Redaktionsstatuten können von den kollektivvertragsfähigen Körperschaften der im Medienwesen tätigen Arbeitnehmer und Arbeitgeber vereinbart werden.

Dritter Abschnitt
Persönlichkeitsschutz

Erster Unterabschnitt
Entschädigungstatbestände

Üble Nachrede, Beschimpfung, Verspottung und Verleumdung

§ 6. (1) Wird in einem Medium der objektive Tatbestand der üblen Nachrede, der Beschimpfung, der Verspottung oder der Verleumdung hergestellt, so hat der Betroffene gegen den Medieninhaber Anspruch auf eine Entschädigung für die erlittene persönliche Beeinträchtigung (§ 8 Abs. 1).

(2) Der Anspruch nach Abs. 1 besteht nicht, wenn

1. es sich um einen wahrheitsgetreuen Bericht über eine Verhandlung in einer öffentlichen Sitzung des Nationalrates, des Bundesrates, der Bundesversammlung, eines Landtages oder eines Ausschusses eines dieser allgemeinen Vertretungskörper handelt,
2. im Falle einer üblen Nachrede
a) die Veröffentlichung wahr ist oder
b) ein überwiegendes Interesse der Öffentlichkeit an der Veröffentlichung bestanden hat und auch bei Aufwendung der gebotenen journalistischen Sorgfalt hinreichende Gründe vorgelegen sind, die Behauptung für wahr zu halten,
3. es sich um eine unmittelbare Ausstrahlung im Rundfunk (Live-Sendung) handelt, ohne daß ein Mitarbeiter oder Beauftragter des Rundfunks die gebotene journalistische Sorgfalt außer acht gelassen hat,
3a. es sich um die Abrufbarkeit auf einer Website handelt, ohne dass der Medieninhaber oder einer seiner Mitarbeiter oder Beauftragten die gebotene Sorgfalt außer Acht gelassen hat, oder
4. es sich um eine wahrheitsgetreue Wiedergabe der Äußerung eines Dritten handelt und ein überwiegendes Interesse der Öffentlichkeit an der Kenntnis der zitierten Äußerung bestanden hat.

(3) Bezieht sich die Veröffentlichung auf den höchstpersönlichen Lebensbereich, so ist der Anspruch nach Abs. 1 nur aus dem Grunde des Abs. 2 Z 1, des Abs. 2 Z 2 lit. a, des Abs. 2 Z 3 oder des Abs. 2 Z 3a ausgeschlossen, im Falle des Abs. 2 Z 2 lit. a aber nur, wenn die veröffentlichten Tatsachen in unmittelbarem Zusammenhang mit dem öffentlichen Leben stehen.

Verletzung des höchstpersönlichen Lebensbereiches

§ 7. (1) Wird in einem Medium der höchstpersönliche Lebensbereich einer Person in einer Weise erörtert oder dargestellt, die geeignet ist, sie in der Öffentlichkeit bloßzustellen, so hat der Betroffene gegen den Medieninhaber Anspruch auf eine Entschädigung für die erlittene persönliche Beeinträchtigung (§ 8 Abs. 1).

(2) Der Anspruch nach Abs. 1 besteht nicht, wenn

1. es sich um einen wahrheitsgetreuen Bericht über eine Verhandlung in einer öffentlichen Sitzung des Nationalrates, des Bundesrates, der Bundesversammlung, eines Landtages oder eines Ausschusses eines dieser allgemeinen Vertretungskörper handelt,
2. die Veröffentlichung wahr ist und in unmittelbarem Zusammenhang mit dem öffentlichen Leben steht,
3. nach den Umständen angenommen werden konnte, daß der Betroffene mit der Veröffentlichung einverstanden war,
4. es sich um eine unmittelbare Ausstrahlung im Rundfunk (Live-Sendung) handelt, ohne daß ein Mitarbeiter oder Beauftragter des Rundfunks die gebotene journalistische Sorgfalt außer acht gelassen hat, oder
5. es sich um die Abrufbarkeit auf einer Website handelt, ohne dass der Medieninhaber oder einer seiner Mitarbeiter oder Beauftragten die gebotene Sorgfalt außer Acht gelassen hat.

Schutz vor Bekanntgabe der Identität in besonderen Fällen

§ 7a. (1) Werden in einem Medium der Name, das Bild oder andere Angaben veröffentlicht, die geeignet sind, in einem nicht unmittelbar informierten größeren Personenkreis zum Bekanntwerden der Identität einer Person zu führen, die

1. Opfer (§ 65 Z 1 StPO) einer mit gerichtlicher Strafe bedrohten Handlung geworden ist,
2. einer solchen Handlung verdächtig ist oder wegen einer solchen verurteilt wurde oder
3. als Auskunftsperson vor einem Untersuchungsausschuss des Nationalrates angehört wurde,

und werden dadurch schutzwürdige Interessen dieser Person verletzt, so hat der Betroffene gegen den Medieninhaber Anspruch auf Entschädigung für die erlittene persönliche Beeinträchtigung (§ 8 Abs. 1), es sei denn, dass wegen der Stellung des Betroffenen in der Öffentlichkeit, wegen eines sonstigen Zusammenhanges mit dem öffentlichen Leben oder aus anderen Gründen ein überwiegendes Interesse der Öffentlichkeit an der Veröffentlichung dieser Angaben bestanden hat.

(1a) Werden in einem Medium der Name oder das Bild einer Person veröffentlicht, die

1. Angehöriger (§ 72 StGB) einer in Abs. 1 Z 1 oder 2 genannten Person ist, die nicht schon selbst Opfer im Sinne des § 65 Z 1 lit. b StPO ist, oder
2. Zeuge einer mit gerichtlicher Strafe bedrohten Handlung war,

und werden dadurch schutzwürdige Interessen dieser Person verletzt, so hat der Betroffene gegen den Medieninhaber Anspruch auf Entschädigung für die erlittene persönliche Beeinträchtigung (§ 8 Abs. 1), es sei denn, dass ein überwiegendes Interesse der Öffentlichkeit an der Veröffentlichung dieser Angaben (Abs. 1) bestanden hat.

(2) Schutzwürdige Interessen des Betroffenen werden jedenfalls verletzt, wenn die Veröffentlichung

1. in den Fällen des Abs. 1 Z 1 oder des Abs. 1a geeignet ist, einen Eingriff in den höchstpersönlichen Lebensbereich oder eine Bloßstellung herbeizuführen oder berechtigte Sicherheitsinteressen des Opfers, des Angehörigen oder des Zeugen zu beeinträchtigen,
2. im Fall des Abs. 1 Z 2 sich auf einen Jugendlichen oder bloß auf ein Vergehen bezieht oder das Fortkommen des Betroffenen unverhältnismäßig beeinträchtigen kann.

(3) Der Anspruch nach Abs. 1 besteht nicht, wenn

1. es sich um einen wahrheitsgetreuen Bericht über eine Verhandlung in einer öffentlichen Sitzung des Nationalrates, des Bundesrates, der Bundesversammlung, eines Landtages oder eines Ausschusses eines dieser allgemeinen Vertretungskörper handelt,
2. die Veröffentlichung der Angaben zur Person amtlich veranlaßt war, insbesondere für Zwecke der Strafrechtspflege oder der Sicherheitspolizei,
3. der Betroffene mit der Veröffentlichung einverstanden war oder diese auf einer Mitteilung des Betroffenen gegenüber einem Medium beruht,
4. es sich um eine unmittelbare Ausstrahlung im Rundfunk (Live-Sendung) handelt, ohne daß ein Mitarbeiter oder Beauftragter des Rundfunks die gebotene journalistische Sorgfalt außer acht gelassen hat, oder
5. es sich um die Abrufbarkeit auf einer Website handelt, ohne dass der Medieninhaber oder einer seiner Mitarbeiter oder Beauftragten die gebotene Sorgfalt außer Acht gelassen hat.

Schutz der Unschuldsvermutung

§ 7b. (1) Wird in einem Medium eine Person, die einer mit gerichtlicher Strafe bedrohten Handlung verdächtig, aber nicht rechtskräftig verurteilt ist, als überführt oder schuldig hingestellt oder als Täter dieser strafbaren Handlung und nicht bloß als tatverdächtig bezeichnet, so hat der Betroffene gegen den Medieninhaber Anspruch auf eine Entschädigung für die erlittene persönliche Beeinträchtigung (§ 8 Abs. 1).

(2) Der Anspruch nach Abs. 1 besteht nicht, wenn

1. es sich um einen wahrheitsgetreuen Bericht über eine Verhandlung in einer öffentlichen Sitzung des Nationalrates, des Bundesrates, der Bundesversammlung, eines Landtages oder eines Ausschusses eines dieser allgemeinen Vertretungskörper handelt,
2. es sich um einen wahrheitsgetreuen Bericht über ein Strafurteil erster Instanz handelt und dabei zum Ausdruck gebracht wird, daß das Urteil nicht rechtskräftig ist,
3. der Betroffene öffentlich oder gegenüber einem Medium die Tat eingestanden und dies nicht widerrufen hat,
4. es sich um eine unmittelbare Ausstrahlung im Rundfunk (Live-Sendung) handelt, ohne daß ein Mitarbeiter oder Beauftragter des Rundfunks die gebotene journalistische Sorgfalt außer acht gelassen hat,

4a. es sich um die Abrufbarkeit auf einer Website handelt, ohne dass der Medieninhaber oder einer seiner Mitarbeiter oder Beauftragten die gebotene Sorgfalt außer Acht gelassen hat, oder

5. es sich um eine wahrheitsgetreue Wiedergabe der Äußerung eines Dritten handelt und ein überwiegendes Interesse der Öffentlichkeit an der Kenntnis der zitierten Äußerung bestanden hat.

Schutz vor verbotener Veröffentlichung

§ 7c. (1) Wird in einem Medium eine Mitteilung über den Inhalt von Aufnahmen, Bildern oder schriftlichen Aufzeichnungen aus der Überwachung von Nachrichten im Sinne des § 134 Z 3 StPO oder aus einer optischen oder akustischen Überwachung von Personen unter Verwendung technischer Mittel veröffentlicht, ohne daß insoweit von den Aufnahmen oder von den Bildern und schriftlichen Aufzeichnungen in öffentlicher Hauptverhandlung Gebrauch gemacht wurde, so hat jeder Betroffene, dessen schutzwürdige Interessen verletzt sind, gegen den Medieninhaber Anspruch auf eine Entschädigung für die erlittene persönliche Beeinträchtigung (§ 8 Abs. 1).

(2) In den im § 7a Abs. 3 erwähnten Fällen besteht kein Anspruch nach Abs. 1.

Gemeinsame Bestimmungen

§ 8. (1) Die Höhe des Entschädigungsbetrages nach den §§ 6, 7, 7a, 7b oder 7c ist insbesondere nach Maßgabe des Umfangs, des Veröffentlichungswerts und der Auswirkungen der Veröffentlichung, etwa der Art und des Ausmaßes der Verbreitung des Mediums, bei Websites auch der Zahl der Endnutzer, die die Veröffentlichung aufgerufen haben, zu bemessen; die Auswirkungen sind in der Regel als geringer anzusehen, wenn eine Veröffentlichung im Anschluss an frühere vergleichbare Veröffentlichungen, jedoch noch vor erstinstanzlichem Zuspruch eines Entschädigungsbetrages nach diesem Unterabschnitt für diese, erfolgt ist. Hat ein Betroffener auf Grund einer Veröffentlichung nach mehreren Bestimmungen dieses Unterabschnitts Anspruch auf Entschädigung, so ist ein einziger, entsprechend höher bemessener Entschädigungsbetrag festzusetzen. Auf die Wahrung der wirtschaftlichen Existenz des Medieninhabers ist Bedacht zu nehmen. Der Entschädigungsbetrag ist mit mindestens 100 Euro festzusetzen und darf den Betrag von 40 000 Euro, nach den §§ 6, 7 oder 7c bei besonders schwerwiegenden Auswirkungen der Veröffentlichung und grob fahrlässigem oder vorsätzlichem Verhalten des Medieninhabers oder seines Mitarbeiters jedoch den Betrag von 100 000 Euro nicht übersteigen.

(2) Den Anspruch auf einen Entschädigungsbetrag nach den §§ 6, 7, 7a, 7b oder 7c kann der Betroffene in dem Strafverfahren, an dem der Medieninhaber als Beschuldigter oder nach dem § 41 Abs. 6 beteiligt ist, bis zum Schluss der Hauptverhandlung geltend machen. Kommt es nicht zu einem solchen Strafverfahren, so kann der Anspruch mit einem selbstständigen Antrag geltend gemacht werden (§ 8a). Das Gericht ist bei der Entscheidung über einen Entschädigungsanspruch nach den §§ 6, 7, 7a, 7b oder 7c an die rechtliche Beurteilung des Betroffenen nicht gebunden; der Betroffene kann jedoch erklären, sich auf einzelne der Bestimmungen dieses Unterabschnitts nicht zu stützen.

(3) Das Vorliegen der Ausschlußgründe nach § 6 Abs. 2, § 7 Abs. 2, § 7a Abs. 3 und § 7b Abs. 2 hat der Medieninhaber zu beweisen. Beweise darüber sind nur aufzunehmen, wenn sich der Medieninhaber auf einen solchen Ausschlußgrund beruft.

(4) Im Urteil, in dem ein Entschädigungsbetrag zuerkannt wird, ist eine Leistungsfrist von vierzehn Tagen festzusetzen. Das Urteil kann dem Grunde und der Höhe nach mit Berufung angefochten werden. Die Zuerkennung ist ein Exekutionstitel im Sinn des § 1 EO.

Selbständiges Entschädigungsverfahren

§ 8a. (1) Für das Verfahren über einen selbständigen Antrag gelten, soweit in diesem Bundesgesetz nichts anderes bestimmt ist, die Bestimmungen für das strafgerichtliche Verfahren auf Grund einer Privatanklage dem Sinne nach.

(2) Der selbstständige Antrag muss bei sonstigem Verlust des Anspruchs binnen sechs Monaten, ist der Antragsteller jedoch Opfer im Sinn von § 65 Z 1 lit. a und b StPO, binnen einem Jahr, nach der erstmaligen, dem Anspruch zu Grunde liegenden Verbreitung, Ausstrahlung oder Abrufbarkeit bei dem nach den §§ 40, 41 Abs. 2 zuständigen Strafgericht eingebracht werden. Die Öffentlichkeit der Hauptverhandlung ist auf Verlangen des Antragstellers jedenfalls auszuschließen, soweit Tatsachen des höchstpersönlichen Lebensbereiches erörtert werden.

(3) Im Verfahren über einen selbständigen Antrag sind die Bestimmungen der Zivilprozeßordnung (§§ 63 bis 73 ZPO) über die Verfahrenshilfe mit der Maßgabe sinngemäß anzuwenden, daß den Parteien gegen Beschlüsse in Verfahrenshilfeangelegenheiten die Beschwerde an das übergeordnete Gericht zusteht.

(4) § 8 Abs. 4 ist anzuwenden.

(5) Im Verfahren über einen selbständigen Antrag auf Entschädigung nach den §§ 6, 7, 7b oder 7c hat das Gericht auf Antrag des Betroffenen die Veröffentlichung einer kurzen Mitteilung über das eingeleitete Verfahren anzuordnen, wenn anzunehmen ist, daß die Anspruchsvoraussetzungen vorliegen; im übrigen ist § 37 sinngemäß anzuwenden.

(6) Im Urteil, in dem auf Grund eines selbständigen Antrags eine Entschädigung nach den §§ 6, 7, 7b oder 7c zuerkannt wird, ist auf Antrag des Betroffenen auf Urteilsveröffentlichung zu erkennen; § 34 ist sinngemäß anzuwenden.

Zweiter Unterabschnitt
Gegendarstellung und nachträgliche Mitteilung über den Ausgang eines Strafverfahrens

Gegendarstellung

§ 9. (1) Jede durch eine Tatsachenmitteilung, die in einem periodischen Medium verbreitet worden ist, nicht bloß allgemein betroffene natürliche oder juristische Person (Behörde) hat Anspruch auf unentgeltliche Veröffentlichung einer Gegendarstellung in diesem Medium, es sei denn, daß die Gegendarstellung unwahr oder ihre Veröffentlichung aus anderen Gründen ausgeschlossen ist.

(2) Einer Gegendarstellung zugängliche Tatsachenmitteilungen sind Angaben, die ihrer Art nach einer Prüfung auf ihre Richtigkeit und Vollständigkeit zugänglich sind und deren wesentliche Aussage nicht bloß in einer persönlichen Meinungsäußerung, einer Wertung oder einer Warnung vor dem zukünftigen Verhalten eines anderen besteht.

(3) In der Gegendarstellung ist in knapper Weise auszuführen, daß und inwieweit die Tatsachenmitteilung unrichtig oder unvollständig sei und woraus sich dies ergebe. Die Gegendarstellung kann sprachlich frei gestaltet werden. Sie muß entweder die Tatsachen anführen, die im Gegensatz zur Tatsachenmitteilung richtig seien oder letztere in einem erheblichen Punkt ergänzen, oder sich sonst unmittelbar auf die Tatsachenmitteilung und deren Unrichtigkeit oder irreführende Unvollständigkeit beziehen. Ihr Umfang darf nicht außer Verhältnis zu dem der Tatsachenmitteilung stehen. Sie muß in der Sprache der Veröffentlichung, auf die sie sich bezieht, abgefaßt sein.

Nachträgliche Mitteilung über den Ausgang eines Strafverfahrens

§ 10. (1) Auf Verlangen einer Person, über die in einem periodischen Medium berichtet worden ist, sie sei einer gerichtlich strafbaren Handlung verdächtig oder gegen sie werde bei der Staatsanwaltschaft oder bei Gericht ein Strafverfahren geführt, ist, wenn

1. die Staatsanwaltschaft von der Verfolgung der Straftat abgesehen und das Ermittlungsverfahren eingestellt hat,
2. die Staatsanwaltschaft von der Verfolgung der Straftat zurückgetreten ist,

3. das Gericht das Strafverfahren eingestellt hat oder
4. der Angeklagte freigesprochen worden ist,

eine Mitteilung darüber in dem periodischen Medium unentgeltlich zu veröffentlichen.

(2) Die nachträgliche Mitteilung muß sich in ihrem Inhalt auf das zu dem angestrebten Rechtsschutz Erforderliche beschränken und in der Sprache der Veröffentlichung, auf die sie sich bezieht, abgefaßt sein.

(3) Die Richtigkeit einer nachträglichen Mitteilung ist durch Vorlage einer Ausfertigung der das Verfahren beendigenden Entscheidung oder durch ein besonderes Amtszeugnis nachzuweisen. Auf Antrag des Betroffenen ist in den Fällen des Abs. 1 Z 1 und 2 die Staatsanwaltschaft verpflichtet, ein solches Amtszeugnis auszustellen, sonst das Gericht.

Ausschluß der Veröffentlichungspflicht

§ 11. (1) Die Pflicht zur Veröffentlichung einer Gegendarstellung oder nachträglichen Mitteilung besteht nicht,

1. wenn die Gegendarstellung oder nachträgliche Mitteilung einen wahrheitsgetreuen Bericht über eine Verhandlung in einer öffentlichen Sitzung des Nationalrates, des Bundesrates, der Bundesversammlung, eines Landtages oder eines Ausschusses eines dieser allgemeinen Vertretungskörper betrifft;
2. wenn die Gegendarstellung eine als solche gehörig gekennzeichnete Anzeige, die dem geschäftlichen Verkehr dient, betrifft;
3. wenn die Gegendarstellung oder nachträgliche Mitteilung eine Tatsachenmitteilung betrifft, zu deren Veröffentlichung eine gesetzliche Pflicht bestanden hat;
4. wenn die begehrte Gegendarstellung, sei es auch nur in einzelnen Teilen, ihrem Inhalt nach unwahr ist;
5. wenn die Tatsachenmitteilung für den Betroffenen unerheblich ist;
6. wenn die Veröffentlichung, auf die sich die Gegendarstellung bezieht, auch die Behauptung des Betroffenen wiedergibt und diese Wiedergabe einer Gegendarstellung gleichwertig ist;
7. wenn dem Betroffenen zu einer Stellungnahme in derselben oder einer anderen gleichwertigen Veröffentlichung angemessen Gelegenheit geboten worden ist, er davon aber keinen Gebrauch gemacht hat;
8. wenn vor Einlangen der Gegendarstellung bereits eine gleichwertige redaktionelle Richtigstellung oder Ergänzung veröffentlicht worden ist;
9. wenn, auf wessen Verlangen immer, bereits die gleichwertige Veröffentlichung einer im wesentlichen inhaltsgleichen gesetzesgemäßen Gegendarstellung erwirkt worden ist, mag die Veröffentlichung auch verspätet geschehen sein; oder
10. wenn die Gegendarstellung nicht binnen zwei Monaten nach Ablauf des Tages, an dem die Tatsachenmitteilung veröffentlicht oder abrufbar gemacht worden ist, die nachträgliche Mitteilung nicht binnen zwei Monaten nach Ablauf des Tages, an dem der Betroffene vom Absehen von der Verfolgung oder der Beendigung des Verfahrens Kenntnis erhalten hat, beim Medieninhaber oder in der Redaktion des Medienunternehmens eingelangt ist. Enthält ein periodisches Medium Angaben über den Tag des Erscheinens, so ist das Begehren jedenfalls rechtzeitig gestellt, wenn es binnen zwei Monaten nach Ablauf des auf der Nummer angegebenen Tages einlangt.

(2) Die Veröffentlichung der Gegendarstellung ist zu verweigern, wenn ihre Verbreitung den objektiven Tatbestand einer mit gerichtlicher Strafe bedrohten Handlung herstellen oder eine Verletzung des höchstpersönlichen Lebensbereiches darstellen würde.

Veröffentlichungsbegehren

§ 12. (1) Das Veröffentlichungsbegehren ist schriftlich an den Medieninhaber oder an die Redaktion des Medienunternehmens zu richten. Wird zur Gegendarstellung die Veröffentlichung eines Stand- oder Laufbildes begehrt, so kann dem Begehren ein hiefür geeignetes Bild beigelegt werden.

(2) Dem Veröffentlichungsbegehren kann auch dadurch entsprochen werden, daß in dem Medium spätestens zu dem im § 13 bezeichneten Zeitpunkt eine gleichwertige redaktionelle Richtigstellung, Ergänzung oder Mitteilung veröffentlicht wird. Der Medieninhaber oder die Redaktion hat den Betroffenen davon schriftlich in Kenntnis zu setzen.

Zeitpunkt und Form der Veröffentlichung

§ 13. (1) Die Gegendarstellung oder nachträgliche Mitteilung ist,

1. wenn das periodische Medium täglich oder mindestens fünfmal in der Woche erscheint, ausgestrahlt oder verbreitet wird oder ständig abrufbar ist (Website), spätestens am fünften Werktag,
2. wenn das periodische Medium monatlich oder in längeren Zeitabschnitten erscheint, ausgestrahlt oder verbreitet wird und die Gegendarstellung oder nachträgliche Mitteilung mindestens vierzehn Tage vor dem Erscheinen, der Ausstrahlung oder der Verbreitung einlangt, in der ersten Nummer oder Programmausstrahlung,
3. in allen anderen Fällen spätestens in der zweiten Nummer oder Programmausstrahlung

nach dem Tag des Einlangens zu veröffentlichen. Die Gegendarstellung oder nachträgliche Mitteilung ist zu einem späteren Zeitpunkt zu veröffentlichen, wenn nur auf diese Weise dem ausdrücklichen Verlangen des Betroffenen nach Veröffentlichung in der gleichen Beilage, Artikelserie oder Sendereihe entsprochen werden kann.

(2) Die Veröffentlichung ist als „Gegendarstellung" oder „Nachträgliche Mitteilung" zu bezeichnen. Sie hat den Namen des Betroffenen und einen Hinweis darauf zu enthalten, auf welche Nummer oder Sendung sie sich bezieht.

(3) Die Gegendarstellung oder die nachträgliche Mitteilung ist so zu veröffentlichen, daß ihre Wiedergabe den gleichen Veröffentlichungswert hat wie die Veröffentlichung, auf die sie sich bezieht. Erscheint das periodische Medium in mehreren Ausgaben oder wird es in mehreren Programmen ausgestrahlt, so hat die Veröffentlichung in den Ausgaben oder in den Programmen zu geschehen, in denen die Tatsachenmitteilung, auf die sie sich bezieht, verbreitet worden ist.

(3a) Bei Veröffentlichung auf einer Website ist die Gegendarstellung oder nachträgliche Mitteilung einen Monat lang abrufbar zu machen. Ist die Tatsachenmitteilung jedoch weiterhin abrufbar, so ist die Gegendarstellung oder nachträgliche Mitteilung ebenso lange wie die Tatsachenmitteilung und bis zu einem Zeitpunkt abrufbar zu halten, der einen Monat nach der Löschung der Tatsachenmitteilung liegt.

(4) Bei Veröffentlichung in einem periodischen Druckwerk oder auf einer Website ist ein gleicher Veröffentlichungswert jedenfalls dann gegeben, wenn die Gegendarstellung oder die nachträgliche Mitteilung im selben Teil und in der gleichen Schrift wie die Tatsachenmitteilung wiedergegeben wird. Bei einer Tatsachenmitteilung auf der Titelseite eines periodischen Druckwerks oder auf der Startseite einer Website genügt auf der Titelseite oder Startseite eine Verweisung auf die Gegendarstellung oder die nachträgliche Mitteilung im Blattinneren oder ein Link zu dieser. Die Verweisung muss den Gegenstand der Gegendarstellung oder der nachträglichen Mitteilung und den Umstand, dass es sich um eine solche handelt, deutlich erkennen lassen sowie, wenn der Name des Betroffenen in der Tatsachenmitteilung enthalten war, auch diesen enthalten. Soweit die Tatsachenmitteilung in einer Überschrift enthalten war, ist ein gleicher Veröffentlichungswert auch dann gegeben, wenn die Überschrift der Gegendarstellung (nachträglichen Mitteilung) oder die Verweisung den gleichen Raum wie die von ihr betroffene Überschrift einnimmt. Bei der Veröffentlichung von Gegendarstellungen zu Tatsachenmitteilungen in Überschriften, auf Titelseiten periodischer Druckwerke oder auf Startseiten von Websites kann statt des Wortes „Gegendarstellung" das Wort „Entgegnung" oder unter Nennung des Betroffenen der Ausdruck „... entgegnet" verwendet werden.

(5) Die Veröffentlichung im Rundfunk oder in anderen in technischer Hinsicht gleichen Medien hat durch Verlesung des Textes durch einen Sprecher zu geschehen. Ist eine Tatsachenmitteilung in einem Programm wiederholt verbreitet worden, so genügt die einmalige Veröffentlichung der Gegendarstellung oder der nachträglichen Mitteilung zu jenem der in Betracht kommenden Zeitpunkte, zu dem sie den größten Veröffentlichungswert hat.

(6) Eine Gegendarstellung ist in Form eines Stand- oder Laufbildes zu veröffentlichen, wenn die Tatsachenmitteilung gleichfalls in Form einer bildlichen Darstellung verbreitet worden ist und der mit der Gegendarstellung angestrebte Rechtsschutz nur mit dieser Veröffentlichungsform erreicht werden kann.

(7) Die Veröffentlichung hat ohne Einschaltungen und Weglassungen zu geschehen. Ein Zusatz hat sich von ihr deutlich abzuheben.

(8) Der Medieninhaber oder die Redaktion hat den Betroffenen von der Veröffentlichung der Gegendarstellung oder nachträglichen Mitteilung unter Hinweis auf die Nummer oder Sendung, in der sie erfolgt, oder von der Verweigerung der Veröffentlichung unverzüglich in Kenntnis zu setzen.

Gerichtliches Verfahren

§ 14. (1) Wird die Gegendarstellung oder die nachträgliche Mitteilung nicht oder nicht gehörig veröffentlicht, so kann der Betroffene binnen sechs Wochen bei Gericht einen Antrag gegen den Medieninhaber als Antragsgegner auf Anordnung der Veröffentlichung der Gegendarstellung oder der nachträglichen Mitteilung stellen. Diese Frist beginnt mit dem Zeitpunkt, zu dem dem Betroffenen die schriftliche Verweigerung der Veröffentlichung zugekommen oder die Gegendarstellung oder nachträgliche Mitteilung nicht gehörig veröffentlicht worden ist oder spätestens hätte veröffentlicht werden sollen.

(2) Ein Antrag nach Abs. 1 ist bei dem in den §§ 40, 41 Abs. 2 bezeichneten Gericht zu stellen. Die Verhandlung und die Entscheidung in erster Instanz obliegen dem Einzelrichter des Landesgerichts.

(3) In dem Verfahren über einen Antrag nach Abs. 1 hat der Antragsteller die Rechte des Privatanklägers, der Antragsgegner die Rechte des Angeklagten. § 455 Abs. 2 und 3 StPO ist anzuwenden. Auch im übrigen gelten für das Verfahren über einen Antrag nach Abs. 1, soweit im folgenden nichts anderes bestimmt ist, die Bestimmungen der Strafprozeßordnung 1975 für das Verfahren auf Grund einer Privatanklage dem Sinne nach mit der Maßgabe, daß eine Delegierung nur im

fortgesetzten Verfahren (§ 16) zulässig ist und ein offensichtlich unberechtigter Antrag nur nach öffentlicher mündlicher Verhandlung abgewiesen werden darf, sofern der Antragsteller nicht ausdrücklich auf eine solche verzichtet.

(4) Das Gericht hat den Antrag unverzüglich dem Antragsgegner mit der Aufforderung zuzustellen, binnen fünf Werktagen Einwendungen und Beweismittel dem Gericht schriftlich bekanntzugeben, widrigenfalls dem Antrag Folge gegeben werde. Allfällige Einwendungen sind dem Antragsteller zu einer Gegenäußerung und zur Bekanntgabe von Beweismitteln, wofür ihm eine Frist von fünf Werktagen zu setzen ist, zuzustellen.

§ 15. (1) Wurden Einwendungen innerhalb der gesetzlichen Frist nicht erhoben, so hat das Gericht binnen fünf Werktagen nach Ablauf der Frist durch Beschluss zu entscheiden. Dem Antrag ist ohne Verhandlung stattzugeben; ist der Antrag jedoch offensichtlich nicht berechtigt, so ist nach öffentlicher mündlicher Verhandlung zu entscheiden, sofern der Antragsteller nicht ausdrücklich auf eine solche verzichtet.

(2) War der Antragsgegner ohne sein oder seines Vertreters Verschulden durch unabwendbare Umstände gehindert, rechtzeitig Einwendungen vorzubringen, so ist auf sein Verlangen die Wiedereinsetzung in den vorigen Stand zu bewilligen; § 364 StPO ist mit der Maßgabe sinngemäß anzuwenden, daß um die Wiedereinsetzung innerhalb von fünf Werktagen ab Zustellung des Beschlusses nach Abs. 1 anzusuchen ist und über die Wiedereinsetzung das Gericht zu entscheiden hat, das diesen Beschluß gefaßt hat.

(3) Werden Einwendungen erhoben, so hat das Gericht über den Antrag binnen vierzehn Tagen nach Einlangen der Gegenäußerung oder nach Ablauf der hiefür gesetzten Frist nach Durchführung einer Hauptverhandlung durch Urteil zu erkennen. Die Öffentlichkeit der Verhandlung ist auf Verlangen des Antragstellers jedenfalls auszuschließen, soweit Tatsachen des höchstpersönlichen Lebensbereiches erörtert werden.

(4) Der Antragsgegner hat zu beweisen, daß die Pflicht zur Veröffentlichung nicht bestanden hat. Hat der Antragsgegner eingewendet, die Gegendarstellung sei ihrem Inhalt nach unwahr, so steht diese Einwendung einer Entscheidung auf vollständige oder teilweise Veröffentlichung der Gegendarstellung nicht entgegen, wenn die dazu angebotenen Beweise entweder nicht innerhalb der für eine Entscheidung gesetzten Frist aufgenommen werden können oder nicht ausreichen, als erwiesen anzunehmen, daß die Gegendarstellung zur Gänze oder zum Teil unwahr ist.

(5) Das Urteil kann nur insoweit mit Berufung angefochten werden, als es nicht die Entscheidung über die Einwendung der Unwahrheit der Gegendarstellung betrifft. Die Berufung hat, insoweit auf Veröffentlichung der Gegendarstellung oder nachträglichen Mitteilung erkannt worden ist, keine aufschiebende Wirkung.

Nachträgliche Fortsetzung des Verfahrens

§ 16. (1) Soweit das Gericht im Urteil nach § 15 Abs. 3 auch über die Einwendung der Unwahrheit der Gegendarstellung entschieden hat, ist das Verfahren auf Verlangen des Antragstellers oder des Antragsgegners fortzusetzen. Der Antrag muß binnen sechs Wochen vom Eintritt der Rechtskraft des Urteils an gestellt werden. Das fortgesetzte Verfahren hat sich auf die Einwendung, die Gegendarstellung sei unwahr, sowie auf die vorbehaltene Entscheidung über die Geldbuße zu beschränken; dazu können neue Beweismittel vorgebracht werden. Über den Antrag ist nach Durchführung einer Hauptverhandlung durch Urteil zu erkennen.

(2) Ergibt das fortgesetzte Verfahren, daß das Begehren nach Veröffentlichung der Gegendarstellung ganz oder zu einem Teil abzuweisen gewesen wäre, so ist das frühere Urteil für aufgehoben zu erklären und der Antragsgegner, wenn er die Gegendarstellung veröffentlicht hat, auf sein Verlangen zu ermächtigen, binnen einer angemessenen Frist jene Teile des Urteils in einer dem § 13 entsprechenden Form zu veröffentlichen, deren Mitteilung zur Unterrichtung der Öffentlichkeit erforderlich ist. Die zur Veröffentlichung bestimmten Teile des Urteils sind im Urteilsspruch anzuführen. Hiebei kann das Gericht, soweit dies zur leichteren Verständlichkeit des Urteilsinhalts oder zur Beschränkung des Umfangs der Veröffentlichung geboten erscheint, den Wortlaut von Teilen des Urteils durch eine gedrängte Darstellung ersetzen.

(3) Im Urteil nach Abs. 2 sind dem Antragsteller ferner der Ersatz der Kosten dieser Urteilsveröffentlichung und der auf Grund des früheren Urteils erfolgten Veröffentlichung sowie der Rückersatz der Verfahrenskosten an den Antragsgegner aufzuerlegen. Über die Höhe dieser Kosten ist auf Antrag mit Beschluß zu entscheiden, wobei eine Leistungsfrist von vierzehn Tagen festzusetzen ist. In Härtefällen kann das Gericht eine längere, ein Jahr nicht übersteigende Leistungsfrist festsetzen. Der Beschluß ist ein Exekutionstitel im Sinn des § 1 EO.

Gerichtliche Anordnung der Veröffentlichung

§ 17. (1) Auf Veröffentlichung der Gegendarstellung oder der nachträglichen Mitteilung ist zu erkennen, wenn sie zu Unrecht nicht oder nicht gehörig veröffentlicht worden ist. Entsprechen einzelne Teile der Gegendarstellung oder der nachträglichen Mitteilung nicht den gesetzlichen Voraussetzungen, so hat das Gericht zu entscheiden, welche Teile der Gegendarstellung oder der nachträglichen Mitteilung zu veröffentlichen sind. Entsprechen Teile der Gegendarstellung oder der nachträglichen Mitteilung nicht den gesetzlichen Voraussetzungen, sind sie aber durch Änderung ihres Wortlauts ohne Änderung des Sinngehaltes verbesserungsfähig, so hat das Gericht den Antragsteller in der Verhandlung anzuleiten, die Gegendarstellung oder die nachträgliche Mitteilung zu verbessern, und sodann auf Veröffentlichung in dieser verbesserten Form zu erkennen. Soweit nicht auf Veröffentlichung erkannt wird, ist der Antrag auf Veröffentlichung abzuweisen.

(2) Ist auf Veröffentlichung in verbesserter Form erkannt worden und können Zweifel über den Wortlaut der Veröffentlichung bestehen, so hat das Gericht bei der Urteilsverkündung dem Antragsgegner auf Verlangen den Wortlaut schriftlich zur Verfügung zu stellen.

(3) Die vom Gericht angeordnete Veröffentlichung hat in sinngemäßer Anwendung des § 13 zu geschehen.

(4) Wurde auf Grund eines Urteils erster Instanz eine Gegendarstellung oder eine nachträgliche Mitteilung veröffentlicht und wird einer gegen das Urteil erhobenen Berufung ganz oder teilweise Folge gegeben, so ist der Antragsgegner auf sein Verlangen zu ermächtigen, binnen einer angemessenen Frist jene Teile des Berufungsurteils in einer dem § 13 entsprechenden Form zu veröffentlichen, deren Mitteilung zur Unterrichtung der Öffentlichkeit erforderlich ist. Die zur Veröffentlichung bestimmten Teile des Urteils sind im Urteilsspruch anzuführen. Hiebei kann das Gericht, soweit dies zur leichteren Verständlichkeit des Urteilsinhalts oder zur Beschränkung des Umfangs der Veröffentlichung geboten erscheint, den Wortlaut von Teilen des Urteils durch eine gedrängte Darstellung ersetzen.

(5) Ferner hat das Berufungsgericht den Antragsteller zum Ersatz der Kosten der zu Unrecht erwirkten Veröffentlichung der Gegendarstellung oder der nachträglichen Mitteilung und der Veröffentlichung des Berufungsurteils zu verurteilen. Über die Höhe dieser Kosten ist auf Antrag mit Beschluß zu entscheiden, wobei eine Leistungsfrist von vierzehn Tagen festzusetzen ist. In Härtefällen kann das Gericht eine längere, ein Jahr nicht übersteigende Leistungsfrist festsetzen. Der Beschluß ist ein Exekutionstitel im Sinn des § 1 EO.

Geldbuße

§ 18. (1) Auf Verlangen des Antragstellers ist dem Antragsgegner die Zahlung einer Geldbuße an den Antragsteller aufzuerlegen, wenn die Gegendarstellung zu Unrecht nicht oder nicht gehörig oder verspätet veröffentlicht worden ist, es sei denn, daß weder den Medieninhaber noch den mit der Veröffentlichung Beauftragten ein Verschulden trifft. Diesen Umstand hat der Antragsgegner zu beweisen.

(2) Über die Geldbuße ist in der Entscheidung über den Antrag auf Veröffentlichung der Gegendarstellung zu erkennen. Ist aber nach § 15 Abs. 4 zweiter Satz eingewendet worden, die Gegendarstellung sei ihrem Inhalt nach unwahr, so ist die Entscheidung über die begehrte Geldbuße dem Urteil in dem allenfalls fortgesetzten Verfahren vorzubehalten, sofern das Verlangen nicht aus anderen Gründen abzuweisen ist. Über die Geldbuße wegen verspäteter Veröffentlichung hat das Gericht in sinngemäßer Anwendung des § 14 Abs. 4 durch Beschluß zu entscheiden. Wird über die Geldbuße durch Beschluß entschieden, so steht die Beschwerde an das übergeordnete Gericht zu.

(3) Die Höhe der Geldbuße ist nach Maßgabe des Grades des Verschuldens, des Umfangs und der Auswirkungen der Verbreitung der Tatsachenmitteilung sowie des Ausmaßes der Verzögerung zu bestimmen; auf die Wahrung der wirtschaftlichen Existenz des Medieninhabers ist Bedacht zu nehmen. Die Geldbuße darf bei verspäteter Veröffentlichung und wenn über die Geldbuße im Verfahren nach § 15 Abs. 1 entschieden wird, 1 000 Euro, sonst 5 000 Euro nicht übersteigen.

(4) Für die Zahlung der Geldbuße ist eine Leistungsfrist von vierzehn Tagen zu bestimmen. Die Zuerkennung ist ein Exekutionstitel im Sinn des § 1 EO.

Verfahrenskosten

§ 19. (1) Die Kosten des Verfahrens sind dem Antragsgegner aufzuerlegen, wenn der Antragsteller mit seinem Antrag auf Veröffentlichung zur Gänze obsiegt.

(2) Das Gericht entscheidet nach billigem Ermessen, von wem und in welchem Verhältnis die Kosten des Verfahrens zu ersetzen sind, wenn

1. auf Veröffentlichung der Gegendarstellung oder der nachträglichen Mitteilung nach Verbesserungen erkannt wird;
2. auf Veröffentlichung nur eines Teiles der Gegendarstellung oder der nachträglichen Mitteilung erkannt wird; oder
3. der Veröffentlichungsantrag deshalb abgewiesen wird, weil die Gegendarstellung oder nachträgliche Mitteilung oder eine gleichwertige redaktionelle Richtigstellung, Ergänzung oder Mitteilung (§ 12 Abs. 2) zwar gehörig veröffentlicht worden ist, der Antragsteller jedoch vor der Antragstellung von der Veröffentlichung nicht verständigt worden ist.

(3) In allen anderen Fällen sind die Kosten des Verfahrens dem Antragsteller aufzuerlegen.

(4) Die vorstehenden Bestimmungen sind dem Sinne nach in dem Verfahren zur nachträglichen Festsetzung einer Geldbuße anzuwenden.

(5) Vor Schluß der Verhandlung haben die Parteien nach Aufforderung des Richters Kostenverzeichnisse vorzulegen. Hiebei kann die Höhe der Kostenersatzansprüche erörtert werden.

(6) Im Urteil ist auszusprechen, welche Partei in welchem Ausmaß einer anderen Kostenersatz zu leisten hat. Das verkündete Urteil kann die

ziffernmäßige Festsetzung der Kostenbeträge der schriftlichen Ausfertigung vorbehalten. Der § 54 der Zivilprozeßordnung gilt sinngemäß.

(7) Die Abs. 5 und 6 sind im Berufungsverfahren sinngemäß anzuwenden.

Durchsetzung der Veröffentlichung

§ 20. (1) Wurde auf Veröffentlichung einer Gegendarstellung oder einer nachträglichen Mitteilung erkannt und dem gerichtlichen Veröffentlichungsauftrag nicht rechtzeitig oder nicht gehörig entsprochen, so hat das Gericht auf Verlangen des Antragstellers nach Anhörung des Antragsgegners durch Beschluß dem Antragsgegner die Zahlung einer Geldbuße an den Antragsteller aufzuerlegen. Für jede erschienene Nummer, jeden Sendetag oder jeden Tag, an dem die Website abrufbar ist, gebührt ab dem im § 13 Abs. 1 (§ 17 Abs. 3) bezeichneten Zeitpunkt, in dem eine gehörige Veröffentlichung der Gegendarstellung oder nachträglichen Mitteilung hätte erfolgen sollen, eine Geldbuße bis zu 1 000 Euro. Für die Bestimmung der Höhe der Geldbuße gilt § 18 Abs. 3 erster Satz.

(2) Das Verlangen muß binnen sechs Wochen gestellt werden. Diese Frist beginnt im Falle nicht rechtzeitiger Veröffentlichung ab dem Zeitpunkt zu laufen, in dem dem Veröffentlichungsauftrag spätestens hätte entsprochen werden sollen, im Falle einer nicht gehörigen Veröffentlichung ab dem Veröffentlichungstag, und zwar auch dann, wenn in diesem Zeitpunkt die Veröffentlichungsfrist noch nicht abgelaufen war. Der Antrag, eine Geldbuße wegen nicht gehöriger Veröffentlichung aufzuerlegen, ist abzuweisen, soweit er Mängel betrifft, die vom Antragsteller schon in einem früher gestellten Antrag hätten geltend gemacht werden können.

(3) Sobald die Gegendarstellung oder nachträgliche Mitteilung gehörig veröffentlicht worden ist, kann das Gericht in berücksichtigungswürdigen Fällen auf Antrag des Antragsgegners von der Auferlegung von Geldbußen absehen und noch nicht gezahlte Geldbußen nachsehen. Soweit das der Fall ist, sind die Kosten des Durchsetzungsverfahrens dennoch dem Antragsgegner aufzuerlegen.

(4) Gegen Beschlüsse des Gerichtes über die Auferlegung oder Nachsicht von Geldbußen steht die Beschwerde an das übergeordnete Gericht zu. Wurde eine Geldbuße auferlegt, weil die Veröffentlichung nicht gehörig erfolgt sei, und wurde gegen den Beschluß über die Geldbuße Beschwerde erhoben, so sind für die Dauer des Beschwerdeverfahrens keine weiteren Geldbußen aufzuerlegen, wenn die Veröffentlichung, deren Gehörigkeit strittig ist, in einer Weise erfolgte, die einer gehörigen Veröffentlichung nahekommt.

Einschränkung der Anwendung auf bestimmte Websites

§ 21. Die §§ 9 bis 20 sind nur auf Websites anzuwenden, die einen über die Darstellung des persönlichen Lebensbereiches oder die Präsentation des Medieninhabers hinausgehenden Informationsgehalt aufweisen, der geeignet ist, die öffentliche Meinungsbildung zu beeinflussen.

Dritter Unterabschnitt

Bild- und Tonaufnahmen und -übertragungen

Verbot von Fernseh-, Hörfunk-, Film- und Fotoaufnahmen

§ 22. Fernseh- und Hörfunkaufnahmen und -übertragungen sowie Film- und Fotoaufnahmen von Verhandlungen der Gerichte sind unzulässig.

Vierter Unterabschnitt

Verbotene Einflussnahme auf ein Strafverfahren

Verbotene Einflußnahme auf ein Strafverfahren

§ 23. Wer in einem Medium während eines Hauptverfahrens nach Rechtswirksamkeit der Anklageschrift, im Verfahren vor dem Einzelrichter des Landesgerichts oder im bezirksgerichtlichen Verfahren nach Anordnung der Hauptverhandlung, vor dem Urteil erster Instanz den vermutlichen Ausgang des Strafverfahrens oder den Wert eines Beweismittels in einer Weise erörtert, die geeignet ist, den Ausgang des Strafverfahrens zu beeinflussen, ist vom Gericht mit Geldstrafe bis zu 180 Tagessätzen zu bestrafen.

Vierter Abschnitt

Impressum, Offenlegung und Kennzeichnung

Impressum

§ 24. (1) Auf jedem Medienwerk sind der Name oder die Firma des Medieninhabers und des Herstellers sowie der Verlags- und der Herstellungsort anzugeben.

(2) Auf jedem periodischen Medienwerk sind zusätzlich die Anschrift des Medieninhabers und der Redaktion des Medienunternehmens sowie Name und Anschrift des Herausgebers anzugeben. Enthält ein periodisches Medienwerk ein Inhaltsverzeichnis, so ist darin auch anzugeben, an welcher Stelle sich das Impressum befindet.

(3) In jedem wiederkehrenden elektronischen Medium sind der Name oder die Firma sowie die Anschrift des Medieninhabers und des Herausgebers anzugeben.

(4) Die Pflicht zur Veröffentlichung trifft den Medieninhaber. Handelt es sich bei dem Medieninhaber um einen Diensteanbieter im Sinne des § 3 Z 2 ECG, BGBl. I Nr. 152/2001, so können

die Angaben zum Impressum gemeinsam mit den Angaben zu § 5 ECG zur Verfügung gestellt werden.

(5) Dem Impressum kann die Angabe über den Verleger nach den §§ 1172f ABGB angefügt werden.

Offenlegung

§ 25. (1) Der Medieninhaber jedes periodischen Mediums hat die in den Abs. 2 bis 4 bezeichneten Angaben zu veröffentlichen. Bei periodischen Medienwerken ist dazu im Impressum auch darüber zu informieren, unter welcher Web-Adresse diese Angaben ständig leicht und unmittelbar auffindbar sind oder es sind diese Angaben jeweils dem Medium anzufügen. Bei Rundfunkprogrammen sind alle diese Angaben entweder ständig auf einer leicht auffindbaren Teletextseite zur Verfügung zu stellen oder im Amtsblatt zur „Wiener Zeitung“ binnen eines Monats nach Beginn der Ausstrahlung und im ersten Monat jedes Kalenderjahres zu verlautbaren. Auf einer Website sind diese Angaben ständig leicht und unmittelbar auffindbar zur Verfügung zu stellen. Bei wiederkehrenden elektronischen Medien ist entweder anzugeben, unter welcher Web-Adresse diese Angaben ständig leicht und unmittelbar auffindbar sind, oder es sind diese Angaben jeweils dem Medium anzufügen. Handelt es sich bei dem Medieninhaber um einen Diensteanbieter im Sinne des § 3 Z 2 ECG, BGBl. I Nr. 152/2001, so können die Angaben zur Offenlegung gemeinsam mit den Angaben zu § 5 ECG zur Verfügung gestellt werden.

(2) Anzugeben sind der Medieninhaber mit Namen oder Firma, Unternehmensgegenstand, Wohnort oder Sitz (Niederlassung) und den Namen der vertretungsbefugten Organe des Medieninhabers, im Falle des Bestehens eines Aufsichtsrates auch dessen Mitglieder. Darüber hinaus sind für sämtliche der an einem Medieninhaber direkt oder indirekt beteiligten Personen die jeweiligen Eigentums-, Beteiligungs-, Anteils-, und Stimmrechtsverhältnisse anzugeben. Ferner sind allfällige stille Beteiligungen am Medieninhaber und an den an diesem direkt oder indirekt im Sinne des vorstehenden Satzes beteiligten Personen anzugeben und Treuhandverhältnisse für jede Stufe offenzulegen. Im Fall der direkten oder indirekten Beteiligung von Stiftungen sind auch der Stifter und die jeweiligen Begünstigten der Stiftung offenzulegen. Ist der Medieninhaber ein Verein oder ist am Medieninhaber direkt oder indirekt ein Verein beteiligt, so sind für den Verein dessen Vorstand und der Vereinszweck anzugeben. Direkt oder indirekt beteiligte Personen, Treugeber, Stifter und Begünstigte einer Stiftung sind verpflichtet, nach Aufforderung durch den Medieninhaber diesem die zur Erfüllung seiner Offenlegungspflicht erforderlichen Angaben mitzuteilen.

(3) Ist eine nach den vorstehenden Bestimmungen anzugebende Person zugleich Inhaber eines anderen Medienunternehmens oder Mediendienstes, so müssen auch die Firma, der Unternehmensgegenstand und der Sitz dieses Unternehmens angeführt werden.

(4) Zu veröffentlichen ist ferner eine Erklärung über die grundlegende Richtung eines periodischen Druckwerks (Blattlinie) oder sonst eines periodischen Mediums. Im Sinne des § 2 werden Änderungen und Ergänzungen der grundlegenden Richtung erst wirksam, sobald sie veröffentlicht sind.

(5) Für ein Medium im Sinne von § 1 Abs. 1 Z 5a lit. b und c, das keinen über die Darstellung des persönlichen Lebensbereichs oder die Präsentation des Medieninhabers hinausgehenden Informationsgehalt aufweist, der geeignet ist, die öffentliche Meinungsbildung zu beeinflussen, sind nur der Name oder die Firma, gegebenenfalls der Unternehmensgegenstand, sowie der Wohnort oder der Sitz des Medieninhabers anzugeben. Abs. 3 und 4 finden auf solche Medien keine Anwendung.

Kennzeichnung entgeltlicher Veröffentlichungen und politischer Werbung

§ 26. (1) Ankündigungen, Empfehlungen sowie sonstige Beiträge und Berichte, für deren Veröffentlichung ein Entgelt geleistet wird, müssen in periodischen Medien als „Anzeige“, „entgeltliche Einschaltung“ oder „Werbung“ gekennzeichnet sein, es sei denn, dass Zweifel über die Entgeltlichkeit durch Gestaltung oder Anordnung ausgeschlossen werden können.

(2) Bei allen entgeltlichen Veröffentlichungen (Abs. 1) mit Bezugnahme auf eine Wahl zum Nationalrat, zum Europäischen Parlament und zum Bundespräsidenten, mit Bezugnahme auf eine politische Partei gemäß § 2 Z 1 PartG, BGBl. I Nr. 56/2012, eine wahlwerbende Partei gemäß § 2 Z 2 PartG, eine nahestehende Organisation gemäß § 2 Z. 3 PartG oder ein Personenkomitee gem. § 2 Z. 3a PartG, auf Wahlwerber oder den Wahltag, ist im Zeitraum zwischen Stichtag der Wahl und Wahltag neben der Kennzeichnung gemäß Abs. 1 auch der Name des Auftraggebers der entgeltlichen Veröffentlichung zu nennen. Dies gilt auch für Veröffentlichungen, bei denen gemäß Abs. 1 kein Zweifel über die Entgeltlichkeit besteht.

Verwaltungsübertretung

§ 27. (1) Eine Verwaltungsübertretung begeht und ist hiefür von der Bezirksverwaltungsbehörde, im Gebiet einer Gemeinde, für das die Landespolizeidirektion zugleich Sicherheitsbehörde erster Instanz ist, von der Landespolizeidirektion, mit Geldstrafe bis zu 20 000 Euro zu bestrafen, wer

1. der ihm obliegenden Pflicht zur Veröffentlichung eines Impressums oder der im § 25 Abs. 2 und 3 bezeichneten Angaben nicht oder

nicht rechtzeitig nachkommt oder bei Veröffentlichung unrichtige oder unvollständige Angaben macht oder seine Auskunftspflicht verletzt;
2. als Medieninhaber oder verantwortlicher Beauftragter bewirkt, dass Ankündigungen, Empfehlungen, sonstige Beiträge und Berichte entgegen den Vorschriften des § 26 Abs. 1 veröffentlicht werden;
3. als Medieninhaber oder verantwortlicher Beauftragter bewirkt, dass entgeltliche Veröffentlichungen entgegen den Vorschriften des § 26 Abs. 2 veröffentlicht werden.

(2) Für die örtliche Zuständigkeit ist im Fall der Verletzung des § 24 der Herstellungsort, sonst der Sitz des Medienunternehmens, wenn aber das Medium nicht von einem Medienunternehmen verbreitet wird, der Verlagsort maßgeblich.

Fünfter Abschnitt
Strafrechtliche Bestimmungen

Medienrechtliche Verantwortlichkeit

§ 28. Die strafrechtliche Verantwortlichkeit für Medieninhaltsdelikte bestimmt sich, soweit im folgenden nichts anderes bestimmt ist, nach den allgemeinen Strafgesetzen.

Wahrnehmung journalistischer Sorgfalt

§ 29. (1) Der Medieninhaber oder ein Medienmitarbeiter ist wegen eines Medieninhaltsdelikts, bei dem der Wahrheitsbeweis zulässig ist, nicht nur bei erbrachtem Wahrheitsbeweis, sondern auch dann nicht zu bestrafen, wenn ein überwiegendes Interesse der Öffentlichkeit an der Veröffentlichung bestanden hat und auch bei Aufwendung der gebotenen journalistischen Sorgfalt für ihn hinreichende Gründe vorgelegen sind, die Behauptung für wahr zu halten. Wegen eines Medieninhaltsdelikts, das den höchstpersönlichen Lebensbereich betrifft, ist der Medieninhaber oder ein Medienmitarbeiter jedoch nur dann nicht zu bestrafen, wenn die Behauptung wahr ist und im unmittelbaren Zusammenhang mit dem öffentlichen Leben steht.

(2) Diese Beweise sind nur aufzunehmen, wenn sich der Beschuldigte darauf beruft. Das Gericht hat in den Fällen des Abs. 1 erster Satz den vom Beschuldigten angebotenen und zulässigen Wahrheitsbeweis auch dann aufzunehmen, wenn es die Erfüllung der journalistischen Sorgfaltspflicht als erwiesen annimmt.

(3) Wird der Angeklagte nur deshalb freigesprochen, weil die im Abs. 1 erster Satz bezeichneten Voraussetzungen vorliegen, so hat das Gericht in sinngemäßer Anwendung des § 34 auf Veröffentlichung der Feststellung, daß der Beweis der Wahrheit nicht angetreten worden oder mißlungen ist, und darauf zu erkennen, daß der Angeklagte die Kosten des Strafverfahrens einschließlich der Kosten einer solchen Veröffentlichung zu tragen hat.

(4) Die §§ 111 Abs. 3 und 112 StGB sind nicht anzuwenden.

Parlamentsberichterstattung

§ 30. Wahrheitsgetreue Berichte über die Verhandlungen in den öffentlichen Sitzungen des Nationalrates, des Bundesrates, der Bundesversammlung, eines Landtages oder eines Ausschusses eines dieser allgemeinen Vertretungskörper bleiben von jeder Verantwortung frei.

Schutz des Redaktionsgeheimnisses

§ 31. (1) Medieninhaber, Herausgeber, Medienmitarbeiter und Arbeitnehmer eines Medienunternehmens oder Mediendienstes haben das Recht, in einem Strafverfahren oder sonst in einem Verfahren vor Gericht oder einer Verwaltungsbehörde als Zeugen die Beantwortung von Fragen zu verweigern, die die Person des Verfassers, Einsenders oder Gewährsmannes von Beiträgen und Unterlagen oder die ihnen im Hinblick auf ihre Tätigkeit gemachten Mitteilungen betreffen.

(2) Das im Abs. 1 angeführte Recht darf nicht umgangen werden, insbesondere dadurch, daß dem Berechtigten die Herausgabe von Schriftstücken, Druckwerken, Bild- oder Tonträgern oder Datenträgern, Abbildungen und anderen Darstellungen mit solchem Inhalt aufgetragen wird oder diese beschlagnahmt werden.

(3) Inwieweit die Überwachung von Nachrichten von Teilnehmeranschlüssen eines Medienunternehmens und eine optische oder akustische Überwachung von Personen unter Verwendung technischer Mittel in Räumlichkeiten eines Medienunternehmens zulässig sind, bestimmt die Strafprozeßordnung.

Verjährung

§ 32. Die Frist der Verjährung der Strafbarkeit eines Medieninhaltsdelikts beginnt zu der Zeit, da mit der Verbreitung im Inland begonnen wird; § 58 Abs. 1 StGB ist nicht anzuwenden. Die Verjährungsfrist beträgt ein Jahr; ist die strafbare Handlung aber mit einer drei Jahre übersteigenden Freiheitsstrafe bedroht oder wurde sie durch den Inhalt eines abrufbaren periodischen elektronischen Mediums begangen, so richtet sich die Frist nach § 57 Abs. 3 StGB.

Einziehung

§ 33. (1) Im Strafurteil wegen eines Medieninhaltsdeliktes ist auf Antrag des Anklägers auf die Einziehung der zur Verbreitung bestimmten Medienstücke oder die Löschung der die strafbare Handlung begründenden Stellen der Website zu erkennen (Einziehung). Gleiches gilt, unbeschadet des § 446 StPO, für freisprechende Urteile nach § 29 Abs. 3.

(2) Auf Antrag des Anklägers oder des zur Anklage Berechtigten ist auf Einziehung in einem

selbständigen Verfahren zu erkennen, wenn in einem Medium der objektive Tatbestand einer strafbaren Handlung hergestellt worden ist und die Verfolgung einer bestimmten Person nicht durchführbar ist, nicht beantragt oder nicht aufrechterhalten wird oder die Verurteilung aus Gründen nicht möglich ist, die eine Bestrafung ausschließen, etwa weil die Strafbarkeit der Tat verjährt ist. Wäre der Täter bei erbrachtem Wahrheitsbeweis nicht strafbar, so steht dieser Beweis nach Maßgabe des § 29 auch dem Medieninhaber als Beteiligtem (§ 41 Abs. 6) offen.

(2a) Die Einziehung ist unzulässig, wenn es sich um die Wiedergabe der Äußerung eines Dritten im Sinn des § 6 Abs. 2 Z 4 gehandelt hat.

(Anm.: Abs. 3 aufgehoben durch Art. 9 Z 28, BGBl. I Nr. 148/2020)

(4) An Stelle der Einziehung ist dem Medieninhaber auf seinen Antrag hin aufzutragen, innerhalb einer ihm zu setzenden angemessenen Frist durch Abtrennung von Teilen, Überklebung oder auf eine andere geeignete Weise dafür zu sorgen, daß die die strafbare Handlung begründenden Stellen bei einer weiteren Verbreitung der Medienstücke nicht mehr wahrnehmbar sind.

(5) Wird auf Einziehung im selbständigen Verfahren erkannt, so treffen die Kosten des Verfahrens den Medieninhaber.

Einziehung wegen Beeinträchtigung des Arbeit- oder Dienstgebers

§ 33a. (1) Wird in einem Medium im Zusammenhang mit der Tätigkeit eines Arbeit- oder Dienstnehmers gegenüber diesem der objektive Tatbestand der üblen Nachrede, der Beschimpfung, der Verspottung oder der Verleumdung hergestellt oder wird er gefährlich bedroht (§ 74 Abs. 1 Z 5 StGB) und ist dieses Verhalten geeignet, die Möglichkeiten des Arbeit- oder Dienstgebers, den Arbeit- oder Dienstnehmer einzusetzen, erheblich zu beeinträchtigen oder das Ansehen des Arbeit- oder Dienstgebers erheblich zu schädigen, so ist dieser berechtigt, einen Antrag auf Einziehung der zur Verbreitung bestimmten Medienstücke oder Löschung der betreffenden Stellen der Website zu stellen. Entsprechendes gilt für ehrenamtlich Tätige und Organe einer Körperschaft. Die Geltendmachung des Anspruchs des Arbeit- oder Dienstgebers ist nicht von der Zustimmung des Arbeit- oder Dienstnehmers abhängig. Eine Pflicht zur gerichtlichen Geltendmachung für den Arbeit- oder Dienstgeber bezüglich die den Arbeit- oder Dienstnehmer betreffende Persönlichkeitsrechtsverletzung insbesondere aufgrund der arbeitsrechtlichen Fürsorgepflicht besteht nicht.

(2) Der Anspruch auf Einziehung besteht im Fall der üblen Nachrede nicht, wenn ein Ausschlussgrund nach § 6 Abs. 2 Z 2 oder 4 vorliegt. § 33 Abs. 2 zweiter Satz ist anzuwenden.

(3) Der Arbeit- oder Dienstgeber kann die Einziehung in einem Strafverfahren bis zum Schluss der Hauptverhandlung oder mit einem selbstständigen Antrag begehren. Für das Verfahren über einen solchen Antrag ist § 33 Abs. 4 und 5 anzuwenden.

(4) Der Antrag kann auch in einem selbstständigen Verfahren gestellt werden, das über einen Antrag des Betroffenen wegen derselben Veröffentlichung geführt wird, und umgekehrt.

Urteilsveröffentlichung

§ 34. (1) Im Strafurteil wegen eines Medieninhaltsdelikts ist auf Antrag des Anklägers auf die Veröffentlichung der Teile des Urteils zu erkennen, deren Mitteilung zur Unterrichtung der Öffentlichkeit über die strafbare Handlung und ihre Aburteilung erforderlich ist. Die zu veröffentlichenden Teile des Urteils sind im Urteilsspruch anzuführen. Hiebei kann das Gericht, soweit dies zur leichteren Verständlichkeit des Urteilsinhalts oder zur Beschränkung des Umfangs der Veröffentlichung geboten erscheint, den Wortlaut von Teilen des Urteils durch eine gedrängte Darstellung ersetzen.

(2) Bei einer Verleumdung, einer strafbaren Handlung gegen die Ehre oder wenn eine andere mit Strafe bedrohte Handlung Umstände oder Tatsachen des Privat- oder Familienlebens betrifft, darf auf Urteilsveröffentlichung nur mit Zustimmung des Opfers erkannt werden, auch wenn zur Verfolgung der strafbaren Handlung eine Ermächtigung nicht erforderlich oder bereits erteilt worden ist.

(3) Auf Antrag des Anklägers oder des zur Anklage Berechtigten ist auf Urteilsveröffentlichung in einem selbständigen Verfahren zu erkennen, wenn in einem Medium der objektive Tatbestand einer strafbaren Handlung hergestellt worden ist und die Verfolgung einer bestimmten Person nicht durchführbar ist, nicht beantragt oder nicht aufrechterhalten wird oder die Verurteilung aus Gründen nicht möglich ist, die eine Bestrafung ausschließen, etwa weil die Strafbarkeit der Tat verjährt ist. § 33 Abs. 2 zweiter Satz ist anzuwenden.

(3a) Die Urteilsveröffentlichung ist unzulässig, wenn es sich um die Wiedergabe der Äußerung eines Dritten im Sinn des § 6 Abs. 2 Z 4 gehandelt hat.

(4) Ist das Medieninhaltsdelikt in einem periodischen Medium begangen worden, so hat die Urteilsveröffentlichung in diesem Medium in sinngemäßer Anwendung des § 13 zu erfolgen, wobei die Veröffentlichungsfrist beginnt, sobald das Urteil in Rechtskraft erwachsen und zugestellt worden ist. Für die Durchsetzung gilt § 20 singgemäß.

(5) Auf Veröffentlichung in einem anderen periodischen Medium ist zu erkennen, wenn das periodische Medium, in dem das Medieninhaltsdelikt begangen worden ist, nicht mehr besteht oder

wenn das Medieninhaltsdelikt in einem anderen als einem periodischen oder in einem ausländischen Medium begangen worden ist. Die Kosten einer solchen Urteilsveröffentlichung gehören zu den Kosten des Strafverfahrens. Hinsichtlich der Durchsetzung gilt § 46.

(6) Wird auf Urteilsveröffentlichung im selbständigen Verfahren erkannt, so treffen die Kosten des Verfahrens den Medieninhaber.

Beschlagnahme

§ 36. (1) Ist anzunehmen, dass auf Einziehung nach §§ 33 oder 33a erkannt werden wird, so kann das Gericht die Beschlagnahme der zur Verbreitung bestimmten Stücke eines Medienwerkes oder die Löschung der die strafbare Handlung begründenden Stellen der Website anordnen (Beschlagnahme), wenn die nachteiligen Folgen der Beschlagnahme nicht unverhältnismäßig schwerer wiegen als das Rechtsschutzinteresse, dem die Beschlagnahme dienen soll. Die Beschlagnahme ist jedenfalls unzulässig, wenn diesem Rechtsschutzinteresse auch durch Veröffentlichung einer Mitteilung über das eingeleitete Verfahren (§ 37) Genüge getan werden kann.

(2) Die Beschlagnahme setzt voraus, daß ein Strafverfahren oder ein selbständiges Verfahren wegen eines Medieninhaltsdelikts oder nach § 33a geführt oder zugleich beantragt wird, und daß der Ankläger oder Antragsteller im selbständigen Verfahren die Beschlagnahme ausdrücklich beantragt.

(3) In dem die Beschlagnahme anordnenden Beschluß ist anzugeben, wegen welcher Stelle oder Darbietung und wegen des Verdachtes welcher strafbaren Handlung die Beschlagnahme angeordnet wird. § 33 Abs. 4 gilt sinngemäß.

(4) Die Entscheidung über die Beschlagnahme kann mit Beschwerde an das übergeordnete Gericht angefochten werden. Die Beschwerde hat keine aufschiebende Wirkung.

(5) Eine neuerliche Beschlagnahme desselben Medienwerkes wegen einer anderen Veröffentlichung auf Antrag desselben Berechtigten ist nicht zulässig.

Durchsetzung der Einziehung und Beschlagnahme bei Websites

§ 36a. (1) Wird auf Löschung der die strafbare Handlung begründenden Stellen der Website erkannt (Einziehung) oder die Löschung der die strafbare Handlung begründenden Stellen der Website angeordnet (Beschlagnahme), so ist der Medieninhaber aufzufordern, innerhalb einer ihm zu setzenden angemessenen Frist dem gerichtlichen Auftrag zu entsprechen. Der Medieninhaber hat den Ankläger oder Antragsteller von der Löschung der die strafbare Handlung begründenden Stellen der Website unverzüglich in Kenntnis zu setzen.

(2) Wurde der gerichtlichen Aufforderung nicht fristgerecht oder nicht gehörig entsprochen, so ist auf Antrag des Anklägers oder Antragstellers im selbstständigen Verfahren nach Anhörung des Medieninhabers diesem mit Beschluss die Zahlung einer Geldbuße an den Ankläger oder Antragsteller aufzuerlegen. Eine Geldbuße bis zu 2 000 Euro gebührt für jeden Tag, an dem die Stellen der Website, welche die strafbare Handlung begründen, nach Ablauf der gerichtlichen Frist weiterhin abrufbar sind. Die Höhe der Geldbuße ist nach dem Gewicht des Strafverfahrens oder des selbstständigen Verfahrens, der Bedeutung der die strafbare Handlung begründenden Veröffentlichung und nach den persönlichen oder wirtschaftlichen Umständen des Medieninhabers zu bestimmen. § 20 Abs. 2 bis 4 gilt sinngemäß.

Durchsetzung der Einziehung, der Beschlagnahme und der Urteilsveröffentlichung bei Websites gegen Diensteanbieter

§ 36b. Hat der Medieninhaber seinen Sitz im Ausland oder kann der Medieninhaber aus anderen Gründen nicht belangt werden, so hat das Gericht auf Antrag des Anklägers oder des Antragstellers im selbstständigen Verfahren dem Hostingdiensteanbieter (Art. 6 der Verordnung (EU) 2022/2065 über einen Binnenmarkt für digitale Dienste und zur Änderung der Richtlinie 2000/31/EG (Gesetz über digitale Dienste), ABl. Nr. L 277 vom 27.10.2022, S. 1) die Löschung der betreffenden Stellen der Website (Einziehung oder Beschlagnahme – §§ 33, 33a, 36) oder die Veröffentlichung der Teile des Urteils (§ 34) aufzutragen.

Veröffentlichung einer Mitteilung über das Verfahren

§ 37. (1) Auf Antrag des Anklägers oder des Antragstellers in einem selbständigen Verfahren hat das Gericht mit Beschluß die Veröffentlichung einer kurzen Mitteilung über das eingeleitete Verfahren anzuordnen, wenn anzunehmen ist, daß der objektive Tatbestand eines Medieninhaltsdelikts hergestellt worden ist. Die Veröffentlichung kann auch eine Sachverhaltsdarstellung umfassen, soweit diese zur Unterrichtung der Öffentlichkeit erforderlich ist.

(2) Ein Beschluß nach Abs. 1 ist unzulässig, wenn die Beschlagnahme angeordnet wird.

(3) Die §§ 34 und 36 Abs. 4 gelten sinngemäß.

Verbreitungs- und Veröffentlichungsverbot

§ 38. (1) Solange die Beschlagnahme dauert, sind die weitere Verbreitung der Medienstücke in einer Form, in der der strafbare Inhalt wahrnehmbar ist, und die neuerliche Veröffentlichung der den Verdacht einer strafbaren Handlung begründenden Stelle oder Darbietung verboten.

(2) Wer entgegen dem Abs. 1 Medienstücke verbreitet oder den der Beschlagnahme zugrunde liegenden Inhalt veröffentlicht, ist vom Gericht mit Geldstrafe bis zu 90 Tagessätzen zu bestrafen.

Entschädigung für ungerechtfertigte Beschlagnahme

§ 38a. (1) Wird die Beschlagnahme vom Gericht aufgehoben, ohne dass ein Schuldspruch ergeht oder auf Einziehung im selbstständigen Verfahren erkannt wird, so hat der Medieninhaber gegen den Privatankläger oder Antragsteller Anspruch auf Ersatz der durch die Beschlagnahme und das Verbreitungs- und Veröffentlichungsverbot entstandenen vermögensrechtlichen Nachteile. Liegt der Beendigung des Verfahrens eine vertragliche Einigung zu Grunde, so haftet der Privatankläger oder Antragsteller nur insoweit, als dies vertraglich vereinbart wurde.

(2) Der Anspruch nach Abs. 1 ist bei sonstigem Verlust binnen sechs Wochen nach rechtskräftiger Beendigung des Strafverfahrens oder des selbstständigen Verfahrens geltend zu machen. Das Gericht hat den Antrag unverzüglich dem Privatankläger oder Antragsteller zur Äußerung binnen zwei Wochen zuzustellen. Das Gericht hat die Höhe der Entschädigung nach freier Überzeugung (§ 273 ZPO) mit Beschluss festzusetzen und eine Leistungsfrist von vierzehn Tagen zu bestimmen. Gegen diese Entscheidung steht die binnen 14 Tagen einzubringende Beschwerde an das übergeordnete Gericht zu. Die Beschwerde hat aufschiebende Wirkung. Der Beschluss über die Zuerkennung einer Entschädigung ist ein Exekutionstitel im Sinn des § 1 EO.

Ersatz für Veröffentlichungskosten

§ 39. (1) Wurde eine Mitteilung nach § 8a Abs. 5 oder nach § 37 veröffentlicht und wird das Verfahren beendet, ohne dass ein Schuldspruch ergeht, auf Einziehung oder Urteilsveröffentlichung im selbstständigen Verfahren erkannt oder dem Antragsteller eine Entschädigung zuerkannt wird, so ist der Medieninhaber auf Antrag zu ermächtigen, eine kurze Mitteilung darüber in einer dem § 13 entsprechenden Form zu veröffentlichen. Der Antrag ist binnen sechs Wochen nach rechtskräftiger Beendigung des Verfahrens zu stellen. Der Medieninhaber hat gegen den Privatankläger oder Antragsteller Anspruch auf Ersatz der Kosten dieser Veröffentlichung sowie der Veröffentlichung der Mitteilung nach § 8a Abs. 5 oder nach § 37. Der Anspruch auf Kostenersatz für eine Veröffentlichung nach § 8a Abs. 5 oder nach § 37 ist binnen sechs Wochen nach rechtskräftiger Beendigung des Verfahrens, jener für eine Veröffentlichung nach Satz 1 binnen sechs Wochen nach Veröffentlichung der Mitteilung über den Verfahrensausgang geltend zu machen. Im Übrigen ist § 38a Abs. 2 anzuwenden. Liegt der Beendigung des Verfahrens eine vertragliche Einigung zu Grunde, so hat der Privatankläger oder Antragsteller Veröffentlichungskosten nur insoweit zu tragen, als dies vertraglich vereinbart wurde.

(2) Wurde eine Mitteilung nach § 8a Abs. 5 oder nach § 37 veröffentlicht und wird auf Einziehung oder Urteilsveröffentlichung erkannt, liegt aber eine unmittelbare Ausstrahlung im Sinn des § 6 Abs. 2 Z 3 oder eine Abrufbarkeit auf einer Website im Sinn des § 6 Abs. 2 Z 3a vor, so ist der Medieninhaber auf Antrag zu ermächtigen, eine kurze Mitteilung darüber in einer dem § 13 entsprechenden Form zu veröffentlichen. Der Antrag ist binnen sechs Wochen nach rechtskräftiger Beendigung des Verfahrens zu stellen. Der Medieninhaber hat gegen den Urheber des Medieninhaltsdeliktes Anspruch auf Ersatz der Kosten dieser Veröffentlichung, der Veröffentlichung der Mitteilung nach § 8a Abs. 5 oder nach § 37 sowie der Urteilsveröffentlichung. Die Ansprüche sind auf dem Zivilrechtsweg geltend zu machen.

(3) Für Mitteilungen über den Verfahrensausgang gilt § 34 Abs. 5 sinngemäß.

Örtliche Zuständigkeit

§ 40. (1) Für das Ermittlungsverfahren wegen eines Medieninhaltsdeliktes ist die Staatsanwaltschaft örtlich zuständig, in deren Sprengel der Medieninhaber seinen Wohnsitz, seinen Aufenthalt oder seinen Sitz hat. Ist dieser im Impressum unrichtig angegeben, so ist auch die Staatsanwaltschaft örtlich zuständig, in deren Sprengel der im Impressum angegebene Ort liegt. Für das Hauptverfahren, für selbstständige Verfahren (§§ 8a, 33 Abs. 2, 34 Abs. 3) sowie für Verfahren über eine Gegendarstellung oder eine nachträgliche Mitteilung (§§ 14 ff) gelten diese Zuständigkeitsregeln sinngemäß für das Gericht.

(2) Liegen die in Abs. 1 angegebenen Orte im Ausland oder können sie nicht festgestellt werden, so ist der Ort maßgebend, von dem aus das Medium im Inland zuerst verbreitet, ausgestrahlt oder abrufbar gemacht wurde, fehlt es auch an einem solchen, jeder Ort, an dem das Medium im Inland verbreitet worden ist, empfangen oder abgerufen werden konnte.

(3) Handelt es sich um einen an bestimmten Orten vorgeführten Film, so ist jede Staatsanwaltschaft oder jedes Gericht zuständig, in deren oder dessen Sprengel der Film öffentlich vorgeführt wurde.

Ergänzende Verfahrensbestimmungen

§ 41. (1) Für Strafverfahren wegen eines Medieninhaltsdeliktes und für selbstständige Verfahren (§§ 8a, 33 Abs. 2, 33a Abs. 3, 34 Abs. 3) gelten, soweit in diesem Bundesgesetz nichts Anderes bestimmt ist, die Bestimmungen der Strafprozessordnung 1975.

(2) Für die Leitung des Ermittlungsverfahrens ist die Staatsanwaltschaft, für das Hauptverfahren und die sonst in Abs. 1 bezeichneten Verfahren

das mit der Gerichtsbarkeit in Strafsachen betraute Landesgericht zuständig.

(3) Das Landesgericht übt seine Tätigkeit in den im Abs. 1 bezeichneten Verfahren, wenn sonst nach Art und Höhe der angedrohten Strafe das Bezirksgericht zuständig wäre, durch den Einzelrichter aus. Dieses ist auch an Stelle des Geschworenen- und Schöffengerichtes zur Verhandlung und Entscheidung im selbständigen Verfahren zuständig.

(4) In jedem Verfahren vor dem Einzelrichter des Landesgerichts ist § 455 Abs. 2 und 3 StPO anwendbar.

(5) Auf das Verfahren auf Grund einer Privatanklage ist § 71 StPO anzuwenden; ebenso sind die dort für das selbstständige Verfahren über vermögensrechtliche Anordnungen getroffenen Regelungen auf das selbstständige Verfahren nach § 8a, § 33 Abs. 2, § 33a Abs. 3 und § 34 Abs. 3 sinngemäß anzuwenden. Das Gericht hat die Anklage oder den Antrag auf Einleitung des selbstständigen Verfahrens nach § 485 StPO zu prüfen, wobei es in den Fällen des § 485 Abs. 1 Z 3 in Verbindung mit § 212 Z 1 und 2 StPO nach öffentlicher mündlicher Verhandlung zu entscheiden hat, sofern der Privatankläger oder Antragsteller nicht ausdrücklich auf eine solche verzichtet.

(6) In den im Abs. 1 bezeichneten Verfahren ist der Medieninhaber zur Hauptverhandlung zu laden. Er hat die Rechte des Angeklagten; insbesondere steht ihm das Recht zu, alle Verteidigungsmittel wie der Angeklagte vorzubringen und das Urteil in der Hauptsache anzufechten. Doch werden das Verfahren und die Urteilsfällung durch sein Nichterscheinen nicht gehemmt; auch kann er gegen ein in seiner Abwesenheit gefälltes Urteil keinen Einspruch erheben.

(7) In den im Abs. 1 bezeichneten Verfahren ist, wenn die Durchsetzung der Einziehung (§ 33) oder der Urteilsveröffentlichung (§ 34) nach § 36b beantragt wird, der Hostingdiensteanbieter zur Hauptverhandlung zu laden, doch werden durch sein Nichterscheinen das Verfahren, die Urteilsfällung und die Entscheidung über den Antrag nach § 36b nicht gehemmt. Der Hostingdiensteanbieter hat das Recht, zu den Voraussetzungen des § 36b gehört zu werden. Wird dem Hostingdiensteanbieter die Durchsetzung der Beschlagnahme (§ 36) nach § 36b aufgetragen oder die Durchsetzung der Einziehung oder Urteilsveröffentlichung erst nach der rechtskräftigen Entscheidung über diese beantragt und aufgetragen, so sind ihm der Beschluss, der die Beschlagnahme anordnet, oder die Entscheidung über die Einziehung oder Urteilsveröffentlichung und der Beschluss, mit dem ihm die Durchsetzung der Entscheidung nach § 36b aufgetragen wird, zuzustellen.

(8) Die Entscheidungen über die Einziehung und die Urteilsveröffentlichung bilden Teile des Ausspruches über die Strafe und können zugunsten und zum Nachteil des Verurteilten oder des Medieninhabers mit Berufung angefochten werden.

(9) Psychosoziale und juristische Prozessbegleitung (§ 66b Abs. 2 StPO) ist auf ihr Verlangen den in § 66b Abs. 1 StPO angeführten Personen unter den dort angeführten Voraussetzungen auch für selbstständige Anträge nach § 8a, § 33 Abs. 2 und § 34 Abs. 3 zu gewähren.

Anklageberechtigung

§ 42. Wird gegen ein periodisches Medium eine gerichtlich strafbare Handlung gegen die Ehre gerichtet, ohne daß erkennbar ist, auf welche Person der Angriff abzielt, so ist der Herausgeber berechtigt, Anklage einzubringen.

Sechster Abschnitt
Bibliotheksstücke
Anbietungs- und Ablieferungspflicht bei Druckwerken

§ 43. (1) Von jedem Druckwerk, das im Inland verlegt wird oder erscheint, hat der Medieninhaber eine durch Verordnung zu bestimmende Anzahl von Stücken

1. an die Österreichische Nationalbibliothek und an die durch Verordnung zu bestimmenden Universitäts-, Studien- oder Landesbibliotheken abzuliefern und
2. der Parlamentsbibliothek und der Administrativen Bibliothek des Bundeskanzleramtes anzubieten und, wenn diese das binnen einem Monat verlangen, auf eigene Kosten zu übermitteln.

(2) Die Anbietungs- und Ablieferungspflicht nach Abs. 1 trifft den Hersteller eines Druckwerkes, wenn dieses im Ausland verlegt wird und erscheint, jedoch im Inland hergestellt wird.

(3) Der Anbietungspflicht bei periodischen Druckwerken wird auch dadurch entsprochen, daß das Druckwerk beim erstmaligen Erscheinen zum laufenden Bezug angeboten wird.

(4) Bei Bestimmung der Bibliotheken und der Stückzahl ist auf die Aufgaben der Archivierung und Information und die Interessen von Wissenschaft, Forschung, Lehre und Unterricht sowie auf die bundesstaatliche Gliederung der Republik Österreich Bedacht zu nehmen. Unter diesen Gesichtspunkten kann auch die Ablieferung bestimmter Arten von Druckwerken der im § 50 Z 4 bezeichneten Beschaffenheit wegen ihres über den unmittelbaren Tageszweck hinausgehenden Informationsgehalts an die Österreichische Nationalbibliothek angeordnet, und es können Druckwerke aus bestimmten Fachgebieten oder bestimmter Art von der Ablieferung an bestimmte Bibliotheken

ausgenommen werden, wenn diese solche Druckwerke zur Erfüllung ihrer Aufgaben nicht benötigen. Die Stückzahl darf insgesamt bei periodischen Druckwerken nicht mehr als zwölf, sonst nicht mehr als sieben betragen.

Anbietungs- und Ablieferungspflicht bei sonstigen Medienwerken

§ 43a. (1) Der Anbietungs- und Ablieferungspflicht gemäß § 43 unterliegen auch sonstige Medienwerke mit Ausnahme von Schallträgern und Trägern von Laufbildern (Filmwerken oder kinematographischen Erzeugnissen). Medienwerke, die als elektronische Datenträger in technischer Weiterentwicklung von Druckwerken neben schriftlichen Mitteilungen oder Standbildern auch Darbietungen in Wort, Ton oder Laufbildern enthalten, unterliegen der Anbietungs- und Ablieferungspflicht.

(2) Durch Verordnung können die Kategorien von Medienwerken, die der Anbietungs- und Ablieferungspflicht unterliegen, vom Bundeskanzler im Einvernehmen mit dem Bundesminister für Bildung, Wissenschaft und Kultur näher festgelegt werden.

(3) Ist ein Medienwerk seiner Art nach nicht von der Verordnung im Sinne des vorhergehenden Absatzes erfasst, so hat auf Antrag des möglichen Verpflichteten oder der möglichen empfangsberechtigten Stelle der Bundeskanzler nach Anhörung des Bundesministers für Bildung, Wissenschaft und Kultur festzustellen, ob die Verpflichtung zur Ablieferung oder Anbietung gemäß Abs. 1 besteht, weil das Medienwerk nach seiner Aufmachung und nach der Art der Verwendung als eine technische Weiterentwicklung eines Druckwerkes angesehen werden kann.

(4) § 43 Abs. 4 ist mit der Maßgabe anzuwenden, dass insgesamt die Anzahl der abzuliefernden Stücke nicht mehr als fünf betragen darf.

Sammlung und Ablieferung periodischer elektronischer Medien

§ 43b. (1) Die Österreichische Nationalbibliothek ist höchstens viermal jährlich zur generellen automatisierten Sammlung von Medieninhalten periodischer elektronischer Medien gemäß § 1 Abs. 1 Z 5a lit. b oder c berechtigt, die öffentlich zugänglich und

1. unter einer „.at"-Domain abrufbar sind oder
2. einen inhaltlichen Bezug zu Österreich aufweisen.

(2) Die Österreichische Nationalbibliothek ist zur Sammlung von öffentlich zugänglichen Medieninhalten einzelner periodischer elektronischer Medien gemäß § 1 Abs. 1 Z 5a lit. b oder c berechtigt. Sie hat den Medieninhaber darüber vor Beginn der Sammlung schriftlich in Kenntnis zu setzen.

(3) Medieninhaber eines periodischen elektronischen Mediums gemäß § 1 Abs. 1 Z 5a lit. b oder c haben dessen Medieninhalte an die Österreichische Nationalbibliothek abzuliefern, wenn das Medium

1. einer Zugangskontrolle im Sinne des Zugangskontrollgesetzes, BGBl. I Nr. 60/2000 unterliegt, oder
2. sich seiner Art nach an die Allgemeinheit richtet und einer sonstigen Zugangsbeschränkung unterliegt, die von einer Zugangskontrolle nur dadurch abweicht, dass das Medium auch ohne Entrichtung eines Entgelts zugänglich ist, oder
3. zwar keiner Zugangskontrolle oder sonstigen Zugangsbeschränkung unterliegt, aber aus technischen Gründen dessen Inhalte von der Österreichischen Nationalbibliothek nicht auf Grund von Abs. 2 gesammelt werden können.

(4) Die Berechtigung gemäß Abs. 2 und die Ablieferungspflicht gemäß Abs. 3 bestehen nicht hinsichtlich Medieninhalten

1. die in identischer oder weitgehend identischer Form bereits im Rahmen eines Medienwerks, das der Anbietungs- und Ablieferungspflicht nach diesem Bundesgesetz unterliegt, abgeliefert werden, oder
2. die überwiegend aus Darbietungen in Ton oder Laufbildern bestehen, oder
3. von Medien, die die Voraussetzungen des § 25 Abs. 5 erster Satz erfüllen, oder
4. an deren bibliothekarischer Bewahrung kein wissenschaftliches, kulturelles oder sonstiges öffentliches Interesse besteht.

(5) Die Ablieferungspflicht gemäß Abs. 3 entsteht mit der schriftlichen Aufforderung durch die Österreichische Nationalbibliothek. Die Österreichische Nationalbibliothek hat von einer Aufforderung zur Ablieferung abzusehen, wenn

1. die Ablieferung, Speicherung oder Bewahrung der Medieninhalte mit den verfügbaren technischen Mitteln nicht mit angemessenem Aufwand durchgeführt werden könnten, oder
2. die ihr aufgrund der Ablieferung, Sammlung oder Bewahrung entstehenden Kosten in keinem angemessenen Verhältnis zum bibliothekarischen Wert des betroffenen Medieninhalts stehen.

(6) Medieninhaber haben der Ablieferungspflicht durch Ablieferung der Medieninhalte frei von technischen Schutzmaßnahmen oder unter gleichzeitiger Übermittlung der Mittel zur Aufhebung dieser Schutzmaßnahmen nachzukommen. Sie können der Ablieferungspflicht in jeder technischen Form nachkommen, die zwischen ihnen und der Österreichischen Nationalbibliothek vereinbart ist, insbesondere auch durch Anbieten der abzuliefernden Medieninhalte zur Abholung im elektronischen Weg. Der Bundeskanzler hat nach Anhörung der Bundesministerin für Unterricht,

Kunst und Kultur mit Verordnung bestimmte nach dem Stand der Technik mögliche, einfache und kostengünstige Ablieferungs- oder Anbietungsverfahren zu benennen, deren sich die Medieninhaber nach vorheriger Mitteilung an die Österreichischen Nationalbibliothek jedenfalls bedienen können. Vor Erlassung einer solchen Verordnung sind die Österreichische Nationalbibliothek sowie die Interessensvertretungen der Medieninhaber zu hören.

(7) Die Österreichische Nationalbibliothek hat gesammelte oder abgelieferte Medieninhalte anderen Bibliotheken und Institutionen auf deren Verlangen wie folgt zur Verfügung zu stellen:

1. Medieninhalte, die gemäß Abs. 1 oder 2 gesammelt oder gemäß Abs. 3 abgeliefert wurden der Administrativen Bibliothek des Bundeskanzleramtes und der Parlamentsbibliothek;
2. Medieninhalte, die gemäß Abs. 1 gesammelt wurden dem Österreichischen Staatsarchiv und den durch Verordnung zu bestimmenden Universitäts-, Studien- und Landesbibliotheken;
3. Medieninhalte, die gemäß Abs. 2 gesammelt oder gemäß Abs. 3 abgeliefert wurden den durch Verordnung zu bestimmenden Universitäts-, Studien- und Landesbibliotheken, wenn der Medieninhaber des betroffenen Mediums seinen Sitz im regionalen Wirkungsbereich der betreffenden Bibliothek hat;
4. Medieninhalte, die gemäß Abs. 2 gesammelt oder gemäß Abs. 3 abgeliefert wurden dem Österreichischen Staatsarchiv, wenn diese Medieninhalte unter einer „.gv.at"-Domain abrufbar sind oder der Bund Medieninhaber des betroffenen Mediums ist.

Die Verordnung gemäß Z 2 und 3 ist vom Bundeskanzler im Einvernehmen mit der Bundesministerin für Unterricht, Kunst und Kultur zu erlassen.

(8) Die Österreichische Nationalbibliothek kann mit Medieninhabern abweichende Vereinbarungen über die Modalitäten der Ablieferung von Medieninhalten und deren Benützung treffen. Soweit die in Abs. 7 genannten Bibliotheken nicht Vertragspartei einer solchen Vereinbarung sind, findet für sie § 43d Anwendung.

(9) Gesetzliche Verschwiegenheitspflichten bleiben durch diese Bestimmung unberührt.

Zulässigkeit von Vervielfältigungen gesammelter oder abgelieferter Medieninhalte

§ 43c. Wenn Medieninhalte, die von der Österreichischen Nationalbibliothek nach § 43b Abs. 1 oder 2 gesammelt oder die ihr auf Grund von § 43b Abs. 6 zur elektronischen Abholung angeboten werden, durch das Urheberrecht oder ein verwandtes Schutzrecht geschützt sind, dann darf die Österreichische Nationalbibliothek jeweils ein Vervielfältigungsstück herstellen. Soweit andere in § 43b Abs. 7 genannte Bibliotheken verlangen, ihnen diese Medieninhalte zur Verfügung zu stellen, darf die Österreichische Nationalbibliothek auch für jede dieser Bibliotheken jeweils ein Vervielfältigungsstück herstellen; wenn die Österreichische Nationalbibliothek die Medieninhalte diesen Bibliotheken jedoch zur Abholung im elektronischen Weg anbietet, dann dürfen diese selbst jeweils ein Vervielfältigungsstück herstellen.

Benützung gesammelter oder abgelieferter Medieninhalte

§ 43d. (1) Medieninhaber eines einer Zugangskontrolle unterliegenden periodischen elektronischen Mediums sind berechtigt, anlässlich der Ablieferung eines Medieninhaltes gemäß § 43b Abs. 3 den Ausschluss der Benützung dieses Medieninhaltes durch Bibliotheksbenutzer für einen Zeitraum von bis zu einem Jahr ab Ablieferung festzulegen. Diese Festlegung hat durch schriftliche Mitteilung an die Österreichische Nationalbibliothek zu erfolgen, die sich auch auf erst zukünftig abzuliefernde Medieninhalte beziehen kann.

(2) Medieninhaber eines periodischen elektronischen Mediums, dessen Medieninhalte gemäß § 43b Abs. 2 von der Österreichischen Nationalbibliothek gesammelt werden, sind berechtigt, den Ausschluss der Benützung der gesammelten Medieninhalte durch Bibliotheksbenutzer für längstens ein Jahr nach Sammlung durch Mitteilung an die Österreichische Nationalbibliothek festzulegen, wenn sie glaubhaft machen, dass für diese Medieninhalte eine Zugangskontrolle zu einem späteren Zeitpunkt als jenem der Veröffentlichung in Kraft treten soll. Diese Festlegung hat durch schriftliche Mitteilung an die Österreichische Nationalbibliothek zu erfolgen, die sich auch auf erst zukünftig gesammelte Medieninhalte beziehen kann.

(3) Soweit und solange Medieninhalte einem Ausschluss von der Benützung gemäß Abs. 1 oder Abs. 2 unterliegen, dürfen sie von der Österreichischen Nationalbibliothek und den sonstigen in § 43b Abs. 7 genannten Bibliotheken ihren Benutzern nicht zugänglich gemacht werden.

(4) Unbeschadet Abs. 3 dürfen die Österreichische Nationalbibliothek und die in § 43b Abs. 7 genannten Bibliotheken gemäß § 43b gesammelte oder abgelieferte Medieninhalte ihren Benutzern nur an ihrem Standort zugänglich machen. Gemäß § 43b gesammelte oder abgelieferte Inhalte von Medien, die einer Zugangskontrolle unterliegen, dürfen die Österreichische Nationalbibliothek und die in § 43b Abs. 7 genannten Bibliotheken ihren Benutzern darüber hinaus nur mit der Maßgabe zugänglich machen, dass zum gleichen Zeitpunkt jeweils nur einem Benutzer der betreffenden Bibliothek der Zugang zu Inhalten eines bestimmten

elektronischen periodischen Mediums ermöglicht wird und dass die Bibliothek für die Benutzer oder diese selbst Ausdrucke dieser Medieninhalte anfertigen dürfen. Eine elektronische Vervielfältigung dieser Medieninhalte durch oder für die Benutzer ist unzulässig.

(5) Die Österreichische Nationalbibliothek und die in § 43b Abs. 7 genannten Bibliotheken haben alle nötigen technischen und organisatorischen Vorkehrungen zu treffen, um die Sicherheit und Integrität der gesammelten oder der abgelieferten Medieninhalte zu gewährleisten und eine Verwendung der Medieninhalte zu verhindern, die den Bestimmungen dieses Paragraphen zuwiderläuft. Sie haben die ablieferungspflichtigen Medieninhaber auf deren Verlangen über die getroffenen Vorkehrungen in Kenntnis zu setzen. Im Falle eines begründeten Verdachts der ungesetzlichen Verwendung gesammelter oder abgelieferter Medieninhalte haben die Österreichische Nationalbibliothek und die in § 43b Abs. 7 genannten Bibliotheken dem betroffenen Medieninhaber Einblick in die Prozesse der Speicherung, Übermittlung und Nutzung der Daten zu gewähren.

Ablieferung und Vergütung

§ 44. (1) Der Ablieferungspflicht nach § 43 Abs. 1 Z 1 und § 43a hat der Medieninhaber binnen einem Monat nach Beginn der Verbreitung, der Hersteller in den Fällen des § 43 Abs. 2 binnen einem Monat ab Herstellung nachzukommen. Gleiches gilt für die Anbietungspflichten nach § 43 Abs. 1 Z 2 und § 43a; dem Verlangen der Bibliotheken nach Übermittlung ist binnen einem weiteren Monat ab Einlangen der Aufforderung zu entsprechen.

(1a) Der Ablieferungspflicht nach § 43b Abs. 3 hat der Medieninhaber binnen eines Monats nach Aufforderung durch die Österreichische Nationalbibliothek nachzukommen. Ist die Ablieferung mit besonderer technischer Komplexität verbunden, hat der Medieninhaber die Österreichische Nationalbibliothek vor Ablauf dieser Frist davon zu verständigen. Durch eine solche Verständigung verlängert sich die Frist zur Ablieferung um einen weiteren Monat.

(2) In den Fällen des § 43 Abs. 2 genügt die Ablieferung oder Übermittlung von Stücken der vom Hersteller ausgelieferten Art. Gleiches gilt für Medienwerke gemäß § 43a.

(3) Werden Druckwerke, deren Ladenpreis den Betrag von 145 Euro übersteigt, nicht binnen sechs Wochen zurückgestellt, so hat die empfangsberechtigte Stelle die Hälfte des Ladenpreises zu vergüten. Bei Werken, die aus zwei oder mehreren einzeln verkäuflichen Teilen bestehen, ist eine Vergütung für jeden dieser Werkteile zu leisten, dessen Ladenpreis den angegebenen Betrag übersteigt.

(4) Werden sonstige Medienwerke, deren Ladenpreis den Betrag von 72 Euro übersteigt, nicht binnen sechs Wochen zurückgestellt, so hat die empfangsberechtigte Stelle die Hälfte des Ladenpreises zu vergüten. Bei Werken, die aus zwei oder mehreren einzeln verkäuflichen Teilen bestehen, ist eine Vergütung für jeden dieser Werkteile zu leisten, dessen Ladenpreis den angegebenen Betrag übersteigt. Werden sonstige Medienwerke, deren Ladenpreis den Betrag von 72 Euro nicht übersteigt, nicht zurückgestellt, so hat die empfangsberechtigte Stelle dem zur Ablieferung Verpflichteten, wenn für das abgelieferte Medienwerk nachweislich eine Vergütung an Dritte für die Einräumung von Lizenzen zu leisten war, diesen Aufwand zu ersetzen.

(5) Übersteigen die dem Medieninhaber anlässlich der erstmaligen Ablieferung von Medieninhalten eines periodischen elektronischen Mediums gemäß § 43b Abs. 3 entstehenden einmaligen unvermeidlichen Kosten für erforderliche Aufwendungen, insbesondere solche für die Bereitstellung der Daten, für die Umwandlung der Daten in ein anderes Format oder für die Einrichtung einer Schnittstelle den Betrag von 250 Euro, so hat der Medieninhaber, bevor er Schritte zur Ablieferung von Medieninhalten setzt, die Österreichische Nationalbibliothek darüber zu verständigen. Eine Ablieferung hat in diesem Fall nur zu erfolgen, wenn die Österreichische Nationalbibliothek ihre Aufforderung wiederholt. In diesem Fall hat die Österreichische Nationalbibliothek den diesen Betrag übersteigenden Anteil zu tragen. Wenn die Österreichische Nationalbibliothek in späterer Folge die Ablieferung weiterer Medieninhalte vom selben Medieninhaber verlangt, so hat sie nur die dadurch entstehenden, technisch unvermeidlichen zusätzlichen Kosten zu tragen, soweit diese den genannten Betrag überschreiten.

(6) Fordert die Österreichische Nationalbibliothek zur Ablieferung der Inhalte eines periodischen elektronischen Mediums auf,

1. das der Allgemeinheit unentgeltlich zur Verfügung gestellt und ohne Erwerbsabsicht und ohne Zusammenhang mit einer Erwerbstätigkeit betrieben wird, oder
2. dessen Medieninhaber seine wirtschaftliche Tätigkeit nicht länger als zwei Jahre vor dem Zeitpunkt der Aufforderung aufgenommen hat,

so gilt Abs. 5 mit der Maßgabe, dass der Medieninhaber die Österreichische Nationalbibliothek schon dann zu verständigen hat, wenn ihm durch die Ablieferung einmalige unvermeidliche Kosten für erforderliche Aufwendungen entstehen. Wiederholt die Österreichische Nationalbibliothek daraufhin ihre Aufforderung, so hat sie alle entstehenden unvermeidlichen Kosten zu tragen. Die genannten Umstände sind vom Medieninhaber glaubhaft zu machen.

(7) Soweit anderen Bibliotheken oder dem Österreichischen Staatsarchiv gemäß § 43b Abs. 7 Medieninhalte zur Verfügung gestellt wurden, haben sie der Österreichischen Nationalbibliothek die ihr durch die Zurverfügungstellung erwachsenden zusätzlichen Kosten zu erstatten.

(8) Der Kostenersatzanspruch gemäß Abs. 5, 6 und 7 ist vor den ordentlichen Gerichten geltend zu machen.

Durchsetzung

§ 45. (1) Werden Bibliotheksstücke oder Medieninhalte gemäß § 43b nicht rechtzeitig abgeliefert oder angeboten oder wird dem Verlangen auf Übermittlung der angebotenen Stücke nicht rechtzeitig entsprochen, so können die empfangsberechtigten Stellen zur Durchsetzung ihres Anspruches die Erlassung eines Bescheides durch die im Abs. 2 bezeichneten Behörden begehren, in dem die Ablieferung dem nach § 43, § 43a oder § 43b dazu Verpflichteten aufgetragen wird.

(2) Wer der ihm nach § 43, § 43a oder aufgrund eines nach Abs. 1 erlassenen Bescheides obliegenden Ablieferungs- oder Anbietungspflicht nicht nachkommt, begeht eine Verwaltungsübertretung und ist hiefür von der nach dem Verlags- oder Herstellungsort zuständigen Bezirksverwaltungsbehörde, im Gebiet einer Gemeinde, für das die Landespolizeidirektion zugleich Sicherheitsbehörde erster Instanz ist, von der Landespolizeidirektion, mit Geldstrafe bis zu 2 180 Euro zu bestrafen.

(3) Wenn eine Bibliothek eine Sammlung nach § 43b Abs. 1 oder 2 entgegen den gesetzlichen Bestimmungen durchführt oder den Ausschluss von der Benutzung oder die Nutzungsbeschränkungen gemäß § 43d gegenüber den Bibliotheksbenutzern nicht durchsetzt, so ist sie von der nach dem Sitz der Bibliothek örtlich zuständigen Bezirksverwaltungsbehörde, im Gebiet einer Gemeinde, für das die Landespolizeidirektion zugleich Sicherheitsbehörde erster Instanz ist, von der Landespolizeidirektion, mit Geldstrafe bis zu 2 180 Euro zu bestrafen.

(4) Eine Strafbarkeit nach Abs. 2 oder 3 besteht nicht, wenn die Tat mit gerichtlicher Strafe bedroht ist.

Siebenter Abschnitt
Veröffentlichung von Anordnungen und Entscheidungen

Veröffentlichungspflicht

§ 46. (1) In periodischen Medienwerken, die Anzeigen veröffentlichen, müssen

1. Aufrufe und Anordnungen von Bundes- und Landesbehörden in Krisen- und Katastrophenfällen nach Maßgabe der technischen Möglichkeiten umgehend und
2. gerichtliche Entscheidungen, auf deren Veröffentlichung in diesem Medienwerk erkannt worden ist, bis zu dem im § 13 Abs. 1 bezeichneten Zeitpunkt

in der gesamten Ausgabe gegen Vergütung des üblichen Einschaltungsentgeltes veröffentlicht werden.

(2) In den Programmen des Rundfunks sind nur solche gerichtliche Entscheidungen zu veröffentlichen, die sich auf eine Veröffentlichung in einer Sendung des betreffenden Programms beziehen. Soweit die bundesgesetzlichen Vorschriften, auf Grund deren auf die Veröffentlichung erkannt wird, nicht anderes bestimmen, hat die Veröffentlichung binnen acht Tagen nach Einsendung an das Medienunternehmen durch Verlesung des Textes zu geschehen. § 5 Abs. 2 des Bundesgesetzes BGBl. Nr. 397/1974 bleibt unberührt.

(3) Die Veröffentlichung gerichtlicher Entscheidungen hat ohne Einschaltungen und Weglassungen zu geschehen. Ein Zusatz hat sich von ihr deutlich abzuheben. § 26 gilt für solche Veröffentlichungen nicht. Der Medieninhaber hat die erfolgte Veröffentlichung binnen acht Tagen von dem Zeitpunkt an, bis zu dem sie nach Abs. 1 oder 2 zu geschehen hat, dem Gericht nachzuweisen, das in erster Instanz erkannt hat.

(4) Der Medieninhaber, der der Veröffentlichungspflicht nicht nachkommt, begeht eine Verwaltungsübertretung und ist hiefür von der nach dem Sitz des Medienunternehmens oder dem Verlagsort zuständigen Bezirksverwaltungsbehörde, im Gebiet einer Gemeinde, für das die Landespolizeidirektion zugleich Sicherheitsbehörde erster Instanz ist, von der Landespolizeidirektion, mit Geldstrafe bis zu 2 180 Euro zu bestrafen.

Achter Abschnitt
Vorschriften über die Verbreitung

Verbreitung periodischer Druckwerke

§ 47. (1) Periodische Druckwerke dürfen, unbeschadet der sich aus anderen Rechtsvorschriften ergebenden Beschränkungen, sowohl von einem festen Standort aus als auch auf der Straße verbreitet, jedoch nicht von Haus zu Haus vertrieben werden.

(2) Auf der Straße und an anderen öffentlichen Orten dürfen periodische Druckwerke von Personen unter achtzehn Jahren nicht vertrieben und von Personen unter vierzehn Jahren überdies auch nicht unentgeltlich verteilt werden. Von diesem Verbot ist der Vertrieb von Schülerzeitungen durch Personen, die das vierzehnte Lebensjahr vollendet haben, ausgenommen.

(3) Auf jeder Nummer eines periodischen Druckwerkes, das zum Verkauf an öffentlichen Or-

ten bestimmt ist, muß ihr Preis deutlich vermerkt sein.

Anschlagen von Druckwerken

§ 48. Zum Anschlagen, Aushängen und Auflegen eines Druckwerkes an einem öffentlichen Ort bedarf es keiner behördlichen Bewilligung. Doch kann die Bezirksverwaltungsbehörde, im Gebiet einer Gemeinde, für das die Landespolizeidirektion zugleich Sicherheitsbehörde erster Instanz ist, die Landespolizeidirektion, zur Aufrechterhaltung der öffentlichen Ordnung durch Verordnung anordnen, daß das Anschlagen nur an bestimmten Plätzen erfolgen darf.

Verwaltungsübertretung

§ 49. Wer der Bestimmung des § 47 oder einer Verordnung nach § 48 zuwiderhandelt, begeht eine Verwaltungsübertretung und ist hiefür von der Bezirksverwaltungsbehörde, im Gebiet einer Gemeinde, für das die Landespolizeidirektion zugleich Sicherheitsbehörde erster Instanz ist, von der Landespolizeidirektion, mit Geldstrafe bis zu 2 180 Euro zu bestrafen.

Neunter Abschnitt
Geltungsbereich

§ 50. Die §§ 1, 23, 28 bis 42, 43 Abs. 4, 47 Abs. 1 und 2, 48, 49, im Falle der Z 3 dieser Bestimmung auch § 43b Abs. 1, 2 und 7 sowie im Falle der Z 4 dieser Bestimmung auch § 25 Abs. 5, nicht aber die anderen Bestimmungen dieses Bundesgesetzes, sind auch anzuwenden auf

1. die Medien ausländischer Medienunternehmen (Anm. 1), es sei denn, dass das Medium zur Gänze oder nahezu ausschließlich im Inland verbreitet wird;
2. von einem fremden Staat herausgegebene oder verlegte Medienwerke und Medienwerke, die von einer in Österreich akkreditierten oder mitakkreditierten Mission, einer in Österreich errichteten konsularischen Vertretung oder einer über- oder zwischenstaatlichen Einrichtung, der Österreich angehört oder mit der es offizielle Beziehungen unterhält, herausgegeben oder verlegt werden; Gleiches gilt für von den genannten Stellen oder Einrichtungen verbreitete wiederkehrende elektronische Medien sowie für Websites dieser Stellen oder Einrichtungen;
3. Medienwerke oder wiederkehrende elektronische Medien oder Websites, die vom Nationalrat, Bundesrat, von der Bundesversammlung oder einem Landtag oder die von einer Behörde in Erfüllung von Aufgaben der Hoheitsverwaltung oder der Gerichtsbarkeit herausgegeben oder verlegt werden, im Fall wiederkehrender elektronischer Medien oder Websites verbreitet oder abrufbar gehalten werden und als amtlich erkennbar sind, sowie als amtlich erkennbare Teile von Medienwerken, sofern die angeführten Voraussetzungen nur auf diese zutreffen;
4. Schülerzeitungen sowie Medien, die im Verkehr, im häuslichen, geselligen, kulturellen, wissenschaftlichen oder religiösen Leben, im Vereinsleben, im Wirtschaftsleben, im Rahmen der Tätigkeit eines Amtes oder einer Interessenvertretung oder bei einer anderen vergleichbaren Betätigung als Hilfsmittel dienen.

(

*Anm. 1: Art. 9 Z 39 der Novelle BGBl. I Nr. 148/2020 lautet: „In § 50 Z 1 wird das Wort „Medienunternehm**er**" durch das Wort „Medieninhaber" ersetzt." Die Anweisung konnte nicht durchgeführt werden.)*

§ 51. Auf Mitteilungen oder Darbietungen in einem Medium, dessen Medieninhaber seinen Sitz im Ausland hat (ausländisches Medium), sind über § 50 Z 1 hinaus die §§ 6 bis 21, 23 sowie 28 bis 42 anzuwenden,

1. wenn das Medium im Inland verbreitet worden ist, empfangen oder abgerufen werden konnte,
2. soweit der Verletzte oder Betroffene zur Zeit der Verbreitung Österreicher war oder einen Wohnsitz oder Aufenthalt im Inland hatte oder sonst schwerwiegende österreichische Interessen verletzt worden sind und
3. soweit durch die Mitteilung oder Darbietung eines der folgenden Rechtsgüter verletzt worden ist:

a. Ehre und wirtschaftlicher Ruf,
b. Privat- und Geheimsphäre,
c. sexuelle Integrität und Selbstbestimmung,
d. Sicherheit des Staates oder
e. öffentlicher Friede.

Zehnter Abschnitt
Schlussbestimmungen

Begutachtungsrecht der Medien

§ 52. Den kollektivvertragsfähigen Körperschaften der im Medienwesen tätigen Arbeitnehmer und Arbeitgeber ist unter Einräumung einer angemessenen Frist Gelegenheit zu geben, zu Gesetzes- und Verordnungsentwürfen, die das Medienwesen betreffen, Stellung zu nehmen.

Inkrafttreten der Stammfassung

§ 53. (1) Dieses Bundesgesetz tritt mit dem 1. Jänner 1982 in Kraft.

(2) Mit Ablauf des 31. Dezember 1981 treten mit der sich aus Artikel VI ergebenden Einschränkung außer Kraft:

1. das Gesetz betreffend einige Ergänzungen des allgemeinen Strafgesetzes, RGBl. Nr. 8/1863, soweit es noch in Geltung steht;
2. das Bundesgesetz vom 7. April 1922, BGBl. Nr. 218, über die Presse;
3. die Strafgesetznovelle 1929, BGBl. Nr. 440, soweit sie noch in Geltung steht.

(3) Eine Verordnung auf Grund des § 43 kann bereits von dem der Kundmachung dieses Bundesgesetzes folgenden Tag an erlassen werden. Sie darf frühestens mit dem im Abs. 1 bezeichneten Zeitpunkt in Kraft gesetzt werden.

Übergangsbestimmungen

§ 54. (1) Bei Inkrafttreten dieses Bundesgesetzes bestehende Redaktionsstatuten werden mit diesem Zeitpunkt nicht deshalb unwirksam, weil sie nicht auf die im § 5 dieses Bundesgesetzes angeführte Weise zustande gekommen sind.

(2) Die die Entgegnung betreffenden Bestimmungen des Bundesgesetzes vom 7. April 1922, BGBl. Nr. 218, über die Presse und des Bundesgesetzes vom 10. Juli 1974, BGBl. Nr. 397, über die Aufgaben und die Einrichtung des Österreichischen Rundfunks, jeweils in der geltenden Fassung, sind auch nach dem Inkrafttreten dieses Bundesgesetzes anzuwenden, wenn das Begehren nach Aufnahme der Entgegnung vor diesem Zeitpunkt gestellt worden ist.

(3) Wird nach den §§ 27, 45 und 46 dieses Bundesgesetzes eine Verwaltungsbehörde zur Ahndung einer bis dahin gerichtlich strafbaren Handlung zuständig und ist bei Inkrafttreten das Urteil erster Instanz noch nicht gefällt, so ist das Verfahren der zuständigen Bezirksverwaltungsbehörde, im örtlichen Wirkungsbereich einer Bundespolizeibehörde aber dieser abzutreten. Die Zeit von der Erstattung der Strafanzeige bis zur Abtretung an die Verwaltungsbehörde ist in die Verjährungsfrist (§ 31 Abs. 2 VStG 1950) nicht einzurechnen.

(4) Die §§ 23, 33 bis 35 und 38 dieses Bundesgesetzes sind auch auf Taten anzuwenden, die vor dem Inkrafttreten dieses Bundesgesetzes begangen werden, es sei denn, daß die Bestimmungen, die zur Zeit der Tat gegolten haben, für den Täter in ihrer Gesamtauswirkung günstiger wären oder bei Inkrafttreten das Urteil erster Instanz bereits gefällt ist.

(5) In den Fällen der Abs. 3 und 4 ist nach Aufhebung des Urteils erster Instanz infolge eines Rechtsmittels oder einer Wiederaufnahme des Strafverfahrens so vorzugehen, als wäre das Urteil nicht gefällt worden.

(6) Auf Veröffentlichungen in einem Medium, die vor Ablauf des 31. Dezember 1981 erfolgt sind, sind die §§ 29 Abs. 2 und 30 des Bundesgesetzes vom 7. April 1922, BGBl. Nr. 218, über die Presse in der geltenden Fassung weiterhin anzuwenden, sofern die Veröffentlichung den Tatbestand der Verleumdung, der üblen Nachrede oder der Verspottung herstellt.

(7) Die §§ 29 bis 32, 36, 37 und 39 bis 41 dieses Bundesgesetzes sind auch auf die im Zeitpunkt dessen Inkrafttretens bereits anhängigen Verfahren mit der Maßgabe anzuwenden, daß die Änderungen der Zuständigkeit der Gerichte durch dieses Bundesgesetz auf bereits anhängige Strafverfahren keinen Einfluß haben.

(8) Mit Inkrafttreten dieses Bundesgesetzes sind Strafverfahren, die nach dem § 19 Abs. 2 oder § 22 (im Hinblick auf eine Verletzung des § 20) des Bundesgesetzes vom 7. April 1922, BGBl. Nr. 218, über die Presse geführt werden, ohne Rücksicht auf den Stand des Verfahrens einzustellen.

Inkrafttretensbestimmungen zu Novellen ab der Novelle BGBl. I Nr. 75/2000

§ 55. (1) Art. I §§ 43a, 44 und 45 sowie Art. VII in der Fassung des Bundesgesetzes BGBl. I Nr. 75/2000 treten mit 1. September 2000 in Kraft.

(2) Art. I § 27 Abs. 1, § 44 Abs. 3 und 4, § 45 Abs. 2, § 46 Abs. 4, § 49 in der Fassung des Bundesgesetzes BGBl. I Nr. 136/2001 treten mit 1. Jänner 2002 in Kraft.

(3) Die §§ 1, 5, 6, 7, 7a, 7b, 7c, 8, 8a, 11, 12, 13, 14, 18, 20, 21, 24, 25, 27, 29, 31, 33, 34, 35, 36, 36a, 37, 38a, 39, 40, 41, 43, 44, 46, 50 und 51 des Art. I, Art. VIa, VIb und Art. VII in der Fassung des Bundesgesetzes BGBl. I Nr. 49/2005 treten mit 1. Juli 2005 in Kraft.

(4) Art. I § 35 tritt mit 1.Jänner 2006 außer Kraft. Art. I § 41 Abs. 7 in der Fassung des Bundesgesetzes BGBl. I Nr. 151/2005 tritt mit 1. Jänner 2006 in Kraft.

(5) Art. I § 7c Abs. 1, § 8 Abs. 1, § 8a Abs. 3, § 10 Abs. 1 und 3, § 14 Abs. 3, § 15 Abs. 1, § 18 Abs. 2, § 20 Abs. 4, § 23, § 29 Abs. 2 und 3 *(Anm.: § 29 Abs. 2 von Novelle nicht betroffen)*, § 31 Abs. 1 und 3, § 34 Abs. 2 und 6, § 36 Abs. 1, 2 und 4, § 36a Abs. 2, § 38a Abs. 2, § 40 Abs. 1 und 3, § 41 Abs. 2 bis 6 und § 42 in der Fassung des Bundesgesetzes BGBl. I Nr. 112/2007 treten mit 1. Jänner 2008 in Kraft.

(6) Die §§ 1, 43b, 43c, 43d, 44, 45, 50, 52, 53, 54, 55, 56 und 57 samt den dazu gehörigen Überschriften und Zwischenbezeichnungen in der Fassung der Novelle BGBl. I Nr. 8/2009 treten mit 1. März 2009 in Kraft.

(7) § 25 und § 27 in der Fassung des Bundesgesetzes BGBl. I Nr. 131/2011 treten mit 1. Juli 2012 in Kraft.

(8) § 27 Abs. 1, § 45 Abs. 2 und 3, § 46 Abs. 4, § 48 und § 49 in der Fassung des Bundesgesetzes BGBl. I Nr. 50/2012 treten mit 1. September 2012 in Kraft.

(9) In der Fassung des Bundesgesetzes BGBl. I Nr. 101/2014 treten in Kraft:

1. § 22 mit 1. Jänner 2014;
2. § 7a Abs. 1 mit 1. Jänner 2015.

(10) § 43b Abs. 9 in der Fassung des Materien-Datenschutz-Anpassungsgesetzes 2018, BGBl. I Nr. 32/2018, tritt mit 25. Mai 2018 in Kraft.

(11) Die Bezeichnungen und Überschriften des Ersten, Zweiten, Dritten und Vierten Unterabschnitts des Dritten Abschnitts, § 6 Abs. 1, § 7 Abs. 1, § 7a Abs. 1, 1a und 2, § 7b Abs. 1, § 7c Abs. 1, § 8 Abs. 1, 2 und 4, § 8a Abs. 2 und 4, § 10 Abs. 1 Z 3, § 11 Abs. 1 Z 10, § 13 Abs. 7, § 14 Abs. 2 und 3, § 15 Abs. 1 und 3, § 16 Abs. 1, § 20 Abs. 2, § 30, § 32, § 33 Abs. 2, § 33a, § 34 Abs. 3, § 36 Abs. 1 und 2, § 36b, § 41 Abs. 1, 5, 7, 8 und 9, § 42 und § 50 Z 1 in der Fassung der Novelle BGBl. I Nr. 148/2020 treten mit 1. Jänner 2021 in Kraft; zum selben Zeitpunkt tritt § 33 Abs. 3 außer Kraft.

(Anm.:(12)) (2) Die §§ 26 und 27 samt Überschriften in der Fassung der Novelle BGBl. I Nr. 125/2022 treten mit 1. Jänner 2023 in Kraft.

(13) § 36b in der Fassung des Bundesgesetzes BGBl. I Nr. 182/2023 tritt mit 17. Februar 2024 in Kraft; § 7a Abs. 1 Z 1 und 2, § 7a Abs. 1a Z 1, § 13 Abs. 1 Z 2, § 13 Abs. 4, § 16 Abs. 3, § 17 Abs. 5, § 34 Abs. 3 und § 38a Abs. 1 in der Fassung des Bundesgesetzes BGBl. I Nr. 182/2023 treten mit dem der Kundmachung folgenden Tag in Kraft.

Übergangsbestimmungen zu Novellen

§ 56. (1) Die §§ 6, 7, 7a, 7b, 7c, 8a, 13, 18, 20, 33, 34, 36, 36a, 37, 38a, 39, 40, 41 und 51 in der Fassung des Bundesgesetzes BGBl. I Nr. 49/2005 sind nur auf Mitteilungen oder Darbietungen anzuwenden, die nach In-Kraft-Treten des Bundesgesetzes BGBl. I Nr. 49/2005 verbreitet wurden.

(2) Verordnungen auf Grund des § 43b in der Fassung der Novelle BGBl. I Nr. 8/2009 können bereits von dem der Kundmachung der Novelle folgenden Tag an erlassen werden. Sie dürfen frühestens mit dem in § 55 Abs. 6 bezeichneten Tag in Kraft treten.

(3) § 6 Abs. 1, § 7 Abs. 1, § 7a Abs. 1, 1a und 2, § 7b Abs. 1, § 7c Abs. 1, § 8 Abs. 1, 2 und 4, § 8a Abs. 2 und 4, § 10 Abs. 1 Z 3, § 11 Abs. 1 Z 10, § 13 Abs. 7, § 14 Abs. 2 und 3, § 15 Abs. 1 und 3, § 16 Abs. 1, § 20 Abs. 2, § 30, § 32, § 33 Abs. 2, § 33a, § 34 Abs. 3, § 36 Abs. 1 und 2, § 36b, § 41 Abs. 1, 5, 7, 8 und 9, § 42 und § 50 Z 1 in der Fassung der Novelle BGBl. I Nr. 148/2020 sind nur auf Mitteilungen oder Darbietungen anzuwenden, die nach Inkrafttreten des Bundesgesetzes BGBl. I Nr. 148/2020 verbreitet wurden.

Umsetzung von Richtlinien der Europäischen Union

§ 57. §§ 33, 33a, 36, 36a und 36b dienen der Umsetzung

1. von Art. 21 der Richtlinie (EU) 2017/541 zur Terrorismusbekämpfung und zur Ersetzung des Rahmenbeschlusses 2002/475/JI des Rates und zur Änderung des Beschlusses 2005/671/JI des Rates, ABl. Nr. L 88 vom 31.3.2017, S. 6, und
2. von Art. 25 der Richtlinie 2011/93/EU zur Bekämpfung des sexuellen Missbrauchs und der sexuellen Ausbeutung von Kindern sowie der Kinderpornografie sowie zur Ersetzung des Rahmenbeschlusses 2004/68/JI des Rates, ABl. Nr. L 335 vom 17.12.2011, S. 1.

Vollziehung

§ 58. Mit der Vollziehung dieses Bundesgesetzes sind betraut:

1. hinsichtlich der § 1 Abs. 1 Z 12, §§ 6 bis 23, §§ 28 bis 42, § 43c, § 46 Abs. 1 bis 3 und § 51, des § 54 Abs. 2 bis 8 sowie des § 56 Abs. 1 die Bundesministerin für Justiz;
2. hinsichtlich der §§ 2 bis 5 und des § 54 Abs. 1 die Bundesministerin für Justiz und der Bundesminister für Wirtschaft und Arbeit;
3. hinsichtlich der §§ 27, 45, 46 Abs. 4 und 49 der Bundesminister für Inneres;
4. hinsichtlich der §§ 43a und 43b der Bundeskanzler im Einvernehmen mit der Bundesministerin für Unterricht, Kunst und Kultur;
5. hinsichtlich der §§ 47 und 48 der Bundesminister für Inneres und der Bundeskanzler;
6. hinsichtlich des § 50 der Bundeskanzler und die Bundesministerin für Justiz;
7. hinsichtlich des § 52 der jeweils zuständige Bundesminister;
8. im Übrigen der Bundeskanzler.

Artikel 12
Notifikation

(Anm.: aus BGBl. I Nr. 148/2020, zu den §§ 6, 7, 7a, 7b, 7c, 8, 8a, 9, 10, 11, 13, 14, 15, 16, 20, 22, 23, 30, 32, 33, 33a, 34, 36, 36b, 41, 42 und 50, BGBl. Nr. 314/1981)

Der Inhalt dieser Vorschrift wurde nach den Bestimmungen der Richtlinie (EU) 2015/1535 des Europäischen Parlaments und des Rates vom 9. September 2015 über ein Informationsverfahren auf dem Gebiet der technischen Vorschriften und der Vorschriften für die Dienste der Informationsgesellschaft zu den Notifizierungsnummern 2020/547/A und 2020/548/A notifiziert.

Artikel III
Inkrafttreten und Übergangsbestimmungen

(Anm.: aus BGBl. Nr. 20/1993, zu den §§ 6-9, 11, 13-20, 22, 27, 33-35, 37, 39, 41, 44, 45, 46 und 49, BGBl. Nr. 314/1981)

(1) Dieses Bundesgesetz tritt mit 1. Juli 1993 in Kraft.

(2) Die Bestimmungen des Art. I über Entschädigungsansprüche (§§ 6, 7, 7a, 7b, 8 Abs. 2 des Mediengesetzes) gelten für Veröffentlichungen nach dem Inkrafttreten dieses Bundesgesetzes.

(3) Die Bestimmungen des Art. I über die Gegendarstellung sind anzuwenden, wenn das Verlangen nach Veröffentlichung der Gegendarstellung nach dem Inkrafttreten dieses Bundesgesetzes gestellt wird.

(4) Die verfahrensrechtlichen Änderungen durch Art. I dieses Bundesgesetzes sind auch in Verfahren anzuwenden, die im Zeitpunkt des Inkrafttretens bereits anhängig sind. Änderungen der Zuständigkeit sowie der § 41 Abs. 5 des Mediengesetzes in der Fassung des Art. I haben jedoch auf anhängige Verfahren keinen Einfluß.

(5) Die Erhöhung des Höchstmaßes der Geldstrafe in den §§ 27, 45 Abs. 2, 46 Abs. 4 und 49 des Mediengesetzes durch Art. I dieses Bundesgesetzes gilt nur für Verwaltungsübertretungen, die nach dem Inkrafttreten begangen werden.

(Anm.: Abs. 6 betrifft das Rechtsanwaltstarifgesetz)

Artikel VII

(Anm.: aus BGBl. I Nr. 105/1997, zu den §§ 8, 8a und 31, BGBl. Nr. 314/1981)

(1) Der Art. I mit Ausnahme des § 149d Abs. 1 Z 3 und des VII. Abschnittes des XII. Hauptstückes der StPO und der darauf Bezug nehmenden Bestimmungen sowie die Art. II bis IV dieses Bundesgesetzes treten mit 1. Jänner 1998 in Kraft. Der VII. Abschnitt des XII. Hauptstückes der StPO und die darauf Bezug nehmenden Bestimmungen sowie der Art. VI dieses Bundesgesetzes treten mit 1. Oktober 1997, § 149d Abs. 1 Z 3 und die darauf Bezug nehmenden Bestimmungen mit 1. Juli 1998 in Kraft.

(1a) Der Art. I *(Anm.: richtig: Art. VII)* in der Fassung des Bundesgesetzes BGBl. I Nr. 130/2001 tritt mit 1. Jänner 2002 in Kraft.

(2) Im Zusammenhang mit Art. I, V und VI dieses Bundesgesetzes können bereits von dem der Kundmachung folgenden Tag an organisatorische und personelle Maßnahmen getroffen sowie Durchführungsverordnungen erlassen werden; letztere dürfen aber erst mit dem Inkrafttreten dieses Bundesgesetzes in Wirksamkeit gesetzt werden.

(3) Spätestens sechs Monate vor dem Außerkrafttreten nach Abs. 1 haben der Bundesminister für Inneres und der Bundesminister für Justiz dem Nationalrat einen Bericht über die Erfahrungen mit der Anwendung, Durchführung und Kontrolle der besonderen Ermittlungsmaßnahmen vorzulegen.

(4) Mit der Vollziehung der Art. I bis IV dieses Bundesgesetzes ist der Bundesminister für Justiz, mit der Vollziehung des Art. VI der Bundesminister für Inneres betraut.

Übergangsbestimmungen

(Anm.: aus BGBl. Nr. 233/1988, zu § 41 Abs. 2, BGBl. Nr. 314/1981)

§ 2. (1) Auf Verfahren, die vor dem 1. Jänner 1989 anhängig geworden sind, sind die bisherigen Vorschriften anzuwenden. Dies gilt auch für Entscheidungen und Verfügungen, die nach der rechtskräftigen Beendigung dieser Verfahren – etwa auch infolge einer Nichtigkeits- oder Wiederaufnahmsklage – zu treffen sind.

(2) Wird aber ein vom Landesgericht für Strafsachen Wien rechtskräftig beendetes Strafverfahren nach dem 31. Dezember 1988 erneuert (§§ 292, 359, 362 StPO), so richtet sich die Zuständigkeit für dieses Verfahren nach dem Art. VII.

(3) Soweit in anderen Vorschriften als in den Art. I bis VII auf die Zuständigkeitsbereiche des Landesgerichtes für Zivilrechtssachen Wien, des Landesgerichtes für Strafsachen Wien oder des Handelsgerichtes Wien verwiesen wird, sind die bisher geltenden Bestimmungen anzuwenden.

Verwaltungsmaßnahmen

(Anm.: aus BGBl. Nr. 233/1988, zu § 41 Abs. 2, BGBl. Nr. 314/1981)

§ 3. Bereits von dem der Kundmachung dieses Bundesgesetzes folgenden Tag an *(Anm.: Das ist der 12. Mai 1988)* können organisatorische und personelle Maßnahmen im Zusammenhang mit den Art. I bis VII vorbereitet und Durchführungsverordnungen erlassen werden; sie dürfen aber erst mit dem im § 1 genannten Zeitpunkt *(Anm.: Das ist der 1. Jänner 1989)* in Wirksamkeit gesetzt werden.

Anhängige Verfahren

(Anm.: aus BGBl. Nr. 31/1993, zu § 41, BGBl. Nr. 314/1981)

§ 2. (1) Nicht anzuwenden sind auf Verfahren,

1. die vor dem 1. März 1993 anhängig geworden sind, der § 5 Abs. 2 der Allerhöchsten Bestimmungen über die Einrichtung der Gerichtsbehörden in der Fassung des Art. I Z 2 und die Art. II bis VII *(Anm.: Art. VI: Änderung des Mediengesetzes)* auch nach dem 28. Februar 1993;
2. die vor dem 1. Jänner 1997 anhängig geworden sind, der Art. X auch nach dem 31. Dezember 1996.

(2) Abs. 1 gilt auch für Verfahrenshandlungen, Entscheidungen und Verfügungen, die nach der rechtskräftigen Beendigung dieser Verfahren – etwa auch infolge einer Nichtigkeits oder Wiederaufnahmsklage – vorzunehmen sind oder vorgenommen werden.

(3) Wird ein rechtskräftig beendetes Strafverfahren erneuert (§§ 292, 359, 362 StPO), so richtet sich die Zuständigkeit für das erneuerte Verfahren

1. nach dem 28. Februar 1993 nach Art. VI;
2. nach dem 31. Dezember 1996 nach Art. X.

(4) Für Rechtssachen, bei denen sich die Zuständigkeit nach einem bei ihnen anhängigen oder anhängig gewesenen Verfahren bestimmt, bleiben

1. auch nach dem 28. Februar 1993 entgegen den Art. I bis VII *(Anm.: Art. VI: Änderung des Mediengesetzes)* die bisherigen Landesgerichte,
2. auch nach dem 31. Dezember 1996 entgegen dem Art. X das Landesgericht für Zivilrechtssachen Wien, das Handelsgericht Wien, das Arbeits- und Sozialgericht Wien, das Landesgericht für Strafsachen Wien und der Jugendgerichtshof Wien

zuständig.

(5) Hingegen geht die Zuständigkeit des Handeslgerichts Wien nach dem Art. X auch für noch am 1. Jänner 1997 anhängige Firmenbuchsachen auf die Landesgerichte Korneuburg, Sankt Pölten und Wiener Neustadt über, soweit diese Rechtsträger betreffen, die ihren Sitz im Sprengel eines der in Art. X § 1 genannten Bezirksgerichte haben. Das Handelsgericht Wien hat solche Firmenbuchsachen dem jeweiligen Landesgericht von Amts wegen zu überweisen und ihm gleichzeitig die bisher beim Handelsgericht Wien aufbewahrten Akten und Urkunden (Urkundensammlung) zu übersenden.

(6) Abs. 5 ist auf Firmenbuchsachen von Zweigniederlassungen sinngemäß anzuwenden.

(7) Ungeachtet des Art. X und des Abs. 1 Z 2 sind die bisher zuständigen Gerichtshöfe erster Instanz zur Entscheidung in zweiter Instanz weiter zuständig, wenn das Datum einer angefochtenen Entscheidung erster Instanz vor dem 1. Jänner 1997 liegt.

Artikel XII
Übergangsbestimmung

(Anm.: aus BGBl. I Nr. 130/2001, zu den §§ 6, 7 – 7c, 18 und 20, BGBl. Nr. 314/1981)

(1) Die durch dieses Bundesgesetz geänderten Strafbestimmungen sind in Strafsachen nicht anzuwenden, in denen vor ihrem In-Kraft-Treten das Urteil in erster Instanz gefällt worden ist. Nach Aufhebung eines Urteils infolge Nichtigkeitsbeschwerde, Berufung, Wiederaufnahme oder Erneuerung des Strafverfahrens oder infolge eines Einspruches ist jedoch im Sinne der §§ 1, 61 StGB vorzugehen.

(Anm.: Abs. 2 betrifft das Strafgesetzbuch)

Artikel XXIV
Übergangsbestimmung

(Anm.: aus BGBl. I Nr. 112/2007, zu den §§ 7c, 8, 8a, 10, 14, 15, 18, 20, 23, 29, 31, 34, 36, 36a, 38a, 40, 41, und 42, BGBl. Nr. 314/1981)

Die durch dieses Bundesgesetz geänderten Strafbestimmungen sind in Strafsachen nicht anzuwenden, in denen vor ihrem Inkrafttreten das Urteil in erster Instanz gefällt worden ist. Nach Aufhebung eines Urteils infolge Nichtigkeitsbeschwerde, Berufung, Wiederaufnahme oder Erneuerung des Strafverfahrens oder infolge eines Einspruchs ist jedoch im Sinne der §§ 1, 61 StGB vorzugehen.

13. Gewerbeordnung (Auszug)

Gewerbeordnung 1994 – GewO 1994
StF: BGBl. Nr. 194/1994 (WV)
Letzte Novellierung: BGBl. I Nr. 150/2024

GLIEDERUNG

I. Hauptstück
Allgemeine Bestimmungen
1. Geltungsbereich

§ 1. (1) Dieses Bundesgesetz gilt, soweit nicht die §§ 2 bis 4 anderes bestimmen, für alle gewerbsmäßig ausgeübten und nicht gesetzlich verbotenen Tätigkeiten.

(2) Eine Tätigkeit wird gewerbsmäßig ausgeübt, wenn sie selbständig, regelmäßig und in der Absicht betrieben wird, einen Ertrag oder sonstigen wirtschaftlichen Vorteil zu erzielen, gleichgültig für welche Zwecke dieser bestimmt ist; hiebei macht es keinen Unterschied, ob der durch die Tätigkeit beabsichtigte Ertrag oder sonstige wirtschaftliche Vorteil im Zusammenhang mit einer in den Anwendungsbereich dieses Bundesgesetzes fallenden Tätigkeit oder im Zusammenhang mit einer nicht diesem Bundesgesetz unterliegenden Tätigkeit erzielt werden soll.

(3) Selbständigkeit im Sinne dieses Bundesgesetzes liegt vor, wenn die Tätigkeit auf eigene Rechnung und Gefahr ausgeübt wird.

(4) Auch eine einmalige Handlung gilt als regelmäßige Tätigkeit, wenn nach den Umständen des Falles auf die Absicht der Wiederholung geschlossen werden kann oder wenn sie längere Zeit erfordert. Das Anbieten einer den Gegenstand eines Gewerbes bildenden Tätigkeit an einen größeren Kreis von Personen oder bei Ausschreibungen wird der Ausübung des Gewerbes gleichgehalten. Die Veröffentlichung über eine den Gegenstand eines Gewerbes bildenden Tätigkeit in Registern gilt nicht als Ausübung, wenn die Veröffentlichung auf Grund von gesetzlichen Verpflichtungen erfolgt.

(5) Die Absicht, einen Ertrag oder sonstigen wirtschaftlichen Vorteil zu erzielen, liegt auch dann vor, wenn der Ertrag oder sonstige wirtschaftliche Vorteil den Mitgliedern einer Personenvereinigung zufließen soll.

(6) Bei Vereinen gemäß dem Vereinsgesetz 1951 liegt die Absicht, einen Ertrag oder sonstigen wirtschaftlichen Vorteil zu erzielen, auch dann vor, wenn die Vereinstätigkeit das Erscheinungsbild eines einschlägigen Gewerbebetriebes aufweist und diese Tätigkeit – sei es mittelbar oder

unmittelbar – auf Erlangung vermögensrechtlicher Vorteile für die Vereinsmitglieder gerichtet ist. Übt ein Verein gemäß dem Vereinsgesetz 1951 eine Tätigkeit, die bei Vorliegen der Gewerbsmäßigkeit in den Anwendungsbereich dieses Bundesgesetzes fiele, öfter als einmal in der Woche aus, so wird vermutet, daß die Absicht vorliegt, einen Ertrag oder sonstigen wirtschaftlichen Vorteil zu erzielen.

§ 2. (1) Dieses Bundesgesetz ist – unbeschadet weiterer ausdrücklich angeordneter Ausnahmen durch besondere bundesgesetzliche Vorschriften – auf die in den nachfolgenden Bestimmungen angeführten Tätigkeiten nicht anzuwenden:

1. die Land- und Forstwirtschaft (Abs. 2 und 3);
2. die Nebengewerbe der Land- und Forstwirtschaft (Abs. 4);
3. die Vermittlung von im Abs. 4 Z 4 bis 8 angeführten Leistungen durch Vereine im Sinne des Vereinsgesetzes 1951, BGBl. Nr. 233, deren satzungsgemäßer Zweck diese Vermittlungstätigkeit umfaßt, zwischen ihren Mitgliedern;
4. die nachstehenden Tätigkeiten land- und forstwirtschaftlicher Erwerbs- und Wirtschaftsgenossenschaften nach Maßgabe des Abs. 7, soweit der Geschäftsbetrieb dieser Genossenschaften im wesentlichen der Förderung des Erwerbes oder der Wirtschaft ihrer Mitglieder dient:

a) der Betrieb von Sägen, Mühlen, Molkereien, Brennereien, Keltereien und sonstigen nach altem Herkommen üblichen Zweigen der Verarbeitung land- und forstwirtschaftlicher Erzeugnisse;
b) die Vermittlung des Einkaufes und Verkaufes sowie die Versteigerung von Zuchtvieh;
c) der Verkauf unverarbeiteter pflanzlicher Erzeugnisse – ausgenommen Getreide und Kartoffeln – sowie von Ferkeln, Fischen, Geflügel, Eiern und Honig, auch im Wege der Versteigerung;
d) der im Zusammenhang mit den Tätigkeiten gemäß lit. c vorgenommene Einkauf von Verpackungen und Umhüllungen für die von der lit. c erfaßten Erzeugnisse;
e) die Züchtung, Vermehrung, Bearbeitung, Verwertung und Beschaffung von Saatgut;
f) die Nutzung von land- und forstwirtschaftlichen Grundstücken und ortsfesten land- und forstwirtschaftlichen Betriebseinrichtungen, sofern diese Tätigkeit der Hervorbringung und Gewinnung pflanzlicher Erzeugnisse (Abs. 3 Z 1) oder dem Halten von Nutztieren (Abs. 3 Z 2) dient, sowie die Nutzung von Kühlanlagen, diese jedoch nur für den Eigenverbrauch der Mitglieder;
g) die Wahrnehmung der Rechte der Mitglieder hinsichtlich der Ausübung von Nutzungsrechten im Sinne des Grundsatzgesetzes 1951 über die Behandlung der Wald- und Weidenutzungsrechte sowie besonderer Felddienstbarkeiten, BGBl. Nr. 103;

(Anm.: lit. h aufgehoben durch BGBl. I Nr. 111/2002)

5. den Buschenschank (Abs. 9);
6. den Bergbau (Abs. 10);
7. die literarische Tätigkeit, die Ausübung der schönen Künste (Abs. 11) sowie die Ausübung des Selbstverlages der Urheber;
8. die gegen Stunden- oder Taglohn oder gegen Werksentgelt zu leistenden Verrichtungen einfachster Art;
9. die nach ihrer Eigenart und ihrer Betriebsweise in die Gruppe der häuslichen Nebenbeschäftigungen fallenden und durch die gewöhnlichen Mitglieder des eigenen Hausstandes betriebenen Erwerbszweige;
10. die zur Berufsausübung zählenden und in deren Rahmen vorgenommenen Tätigkeiten der Rechtsanwälte, Notare, Verteidiger in Strafsachen, Ziviltechniker, Patentanwälte, Versicherungstechniker, Wirtschaftstreuhänder, Bilanzbuchhalter, Personalverrechner, Buchhalter und Börsesensale, den Betrieb von autorisierten Untersuchungs-, Erprobungs- und Materialprüfungsanstalten und den Betrieb von akkreditierten (zugelassenen) Prüf-, Überwachungs- und Zertifizierungsstellen und von öffentlichen Wäg- und Messanstalten sowie die Tätigkeiten sonstiger Personen oder Anstalten, die von der Behörde hiefür besonders bestellt und in Pflicht genommen wurden, die Revision und die damit im Zusammenhang ausgeübte Beratung von Erwerbs- und Wirtschaftsgenossenschaften und ihnen gleichgestellten Vereinen, alle Auswanderungsgeschäfte;
11. die Ausübung der Heilkunde, der Psychotherapie und des psychologischen Berufes im Bereich des Gesundheitswesens, die zur Berufsausübung zählenden und in deren Rahmen vorgenommenen Tätigkeiten der Dentisten, Hebammen, der Tierärzte sowie der Apotheker, die Krankenpflegefachdienste, die medizinisch-technischen Dienste sowie die Sanitätshilfsdienste, den Betrieb von Kranken- und Kuranstalten, die in Anstalten zur Wiederherstellung der Arbeitsfähigkeit oder im Rahmen von Rehabilitationsprogrammen öffentlich-rechtlicher Körperschaften zu leistenden gewerblichen Arbeiten;
12. die Ausübung der Erwerbszweige des Privatunterrichtes und der Erziehung und den Betrieb jener Anstalten, die diesen Aufgaben dienen, ferner die gewerblichen Arbeiten von öffentlichen Schulen oder mit dem Öffentlichkeitsrecht ausgestatteten Privatschulen;

GewO

13. die gewerblichen Arbeiten von Anstalten, die von öffentlichen Wohlfahrts- und Fürsorgeeinrichtungen betrieben werden, ferner von Integrativen Betrieben im Rahmen der Behindertenhilfe sowie von Anstalten für den Vollzug von Freiheitsstrafen und von mit Freiheitsentzug verbundenen vorbeugenden Maßnahmen;
14. den Betrieb von Bankgeschäften einschließlich der nach dem Wertpapieraufsichtsgesetz 2018 erbrachten Dienstleistungen mit Ausnahme der Tätigkeiten eines vertraglich gebundenen Vermittlers gemäß § 1 Z 44 oder eines Wertpapiervermittlers gemäß § 1 Z 45 des Wertpapieraufsichtsgesetzes 2018 – WAG 2018, BGBl. I Nr. 107/2007, den Betrieb von Versicherungsunternehmen sowie den Betrieb von Pensionskassen, Zahlungsinstituten oder E-Geld-Instituten. Soweit das BWG nicht besondere Regelungen vorsieht, gelten für die Ausübung der Versicherungsvermittlung durch Kreditinstitute die Bestimmungen dieses Bundesgesetzes, ausgenommen die Bestimmungen über Betriebsanlagen;
15. den Betrieb von Eisenbahnunternehmen und von deren Hilfseinrichtungen sowie deren Hilfstätigkeiten einschließlich des Betriebes von Seilbahnen im Sinne des Seilbahngesetzes 2003, BGBl. I Nr. 103, im Falle der Gegenseitigkeit die Bewirtschaftung von Speisewagen und Schlafwagen in- und ausländischer Eisenbahnunternehmen durch ausländische Unternehmen bei Fahrten vom Ausland aus durch Österreich oder vom Ausland aus nach Österreich oder umgekehrt, den Betrieb von Schiffahrtsunternehmen mit Wasserfahrzeugen, im Falle der Gegenseitigkeit die Bewirtschaftung von Schiffsrestaurants und -buffets auf Wasserfahrzeugen ausländischer Schiffahrtsunternehmen durch ausländische Unternehmen bei Fahrten vom Ausland aus durch Österreich oder vom Ausland aus nach Österreich oder umgekehrt, den Betrieb von Fähren (Überfuhren) und von Kraftfahrlinienunternehmen;
16. den Betrieb von Luftverkehrsunternehmen (Luftbeförderungsunternehmen und Luftfahrzeug-Vermietungsunternehmen), von Zivilflugplatzunternehmen sowie von Hilfsbetrieben der Luftbeförderungs- und Zivilflugplatzunternehmen;
17. den Betrieb von Theatern und Lichtspieltheatern und von Unternehmen öffentlicher Belustigungen und Schaustellungen aller Art, musikalische und literarische Darbietungen;
18. die Herausgabe, das Herstellen und das Verbreiten periodischer Druckwerke durch das Medienunternehmen des Medieninhabers sowie den Kleinverkauf solcher Druckwerke;
19. die Tätigkeit der Berg- und Schiführer;
20. den Betrieb von Elektrizitätsunternehmen (§ 7 Z 11 Elektrizitätswirtschafts- und –organisationsgesetz 2010 – ElWOG 2010) und jenen Erdgasunternehmen (§ 7 Abs. 1 Z 16 Gaswirtschaftsgesetz 2011 – GWG 2011), die nicht Erdgashändler (§ 7 Abs. 1 Z 14 GWG 2011) sind;
21. die unter das Sprengmittelgesetz 2010 – SprG fallenden Erzeugungs-, Verarbeitungs- und Verkaufstätigkeiten;
22. die Vermittlung und den Abschluß von Wetten aus Anlaß sportlicher Veranstaltungen (Tätigkeit der Totalisateure und Buchmacher);
23. die vom Arbeitsmarktservice oder gemeinnützigen Einrichtungen durchgeführte Arbeitsvermittlung und Berufsberatung;
24. den Betrieb der dem Bund zustehenden Monopole und Regalien sowie die Erzeugung von Blatternimpfstoff;
25. die Verabreichung von Speisen und der Ausschank von Getränken im Rahmen und Umfang von Veranstaltungen im Sinne des § 5 Z 12 des Körperschaftsteuergesetzes 1988 durch Körperschaften des öffentlichen Rechtes sowie sonstige juristische Personen, die im Sinne der §§ 34 BAO gemeinnützig, kirchlich tätig sind, und durch deren Dienststellen sowie juristische Personen, die gemäß § 1 Abs. 3 Z 2 und § 5 Z 12 lit. b und c des Körperschaftsteuergesetzes 1988 wie Körperschaften des öffentlichen Rechts zu behandeln sind. Diese Veranstalter haben § 112 Abs. 4 und 5 und § 114 sowie die einschlägigen gesundheits-, lebensmittel-, wasser- und abfallrechtlichen Vorschriften einzuhalten.

(2) Die Ausnahme der Land- und Forstwirtschaft von den Bestimmungen dieses Bundesgesetzes (Abs. 1 Z 1) gilt nicht für die Bestimmungen des § 53 Abs. 5 und § 367 Z 19.

(3) Zur Land- und Forstwirtschaft im Sinne dieses Bundesgesetzes (Abs. 1 Z 1) gehören

1. die Hervorbringung und Gewinnung pflanzlicher Erzeugnisse mit Hilfe der Naturkräfte, einschließlich des Wein- und Obstbaues, des Gartenbaues und der Baumschulen; hinsichtlich des Weinbaues ferner der Zukauf von höchstens 1 500 l aus dem EWR stammenden Wein oder 2 000 kg aus dem EWR stammenden Trauben pro Hektar bewirtschafteter Betriebsfläche und Kalenderjahr; im Bundesland Steiermark der Zukauf von höchstens 3 000 kg Trauben pro Hektar bewirtschafteter Betriebsfläche und Kalenderjahr, die insgesamt aus demselben Weinbaugebiet (§ 25 Abs. 3 des Weingesetzes 1985) stammen, in dem der Betrieb gelegen ist; hinsichtlich aller Betriebszweige mit Ausnahme des Weinbaues ferner der Zukauf von aus dem EWR stammenden Erzeugnissen des jeweiligen Betriebszweiges, wenn deren Einkaufswert nicht mehr als 25 vH des Verkaufswertes aller Erzeugnisse des jeweiligen Betriebszweiges beträgt;

hinsichtlich aller Betriebszweige ferner der Zukauf von aus dem EWR stammenden Erzeugnissen des jeweiligen Betriebszweiges im ernteausfallsbedingten Umfang;

2. das Halten von Nutztieren zur Zucht, Mästung oder Gewinnung tierischer Erzeugnisse;
3. Jagd und Fischerei,
4. das Einstellen von höchstens 25 Einstellpferden, sofern höchstens 2 Einstellpferde pro ha landwirtschaftlich genutzter Fläche gehalten werden und diese Flächen sich in der Region befinden.

(3a) Der Bundesminister für Wirtschaft und Arbeit hat im Einvernehmen mit dem Bundesminister für Land- und Forstwirtschaft, Umwelt und Wasserwirtschaft, dem Bundesminister für soziale Sicherheit und Generationen und dem Bundesminister für Finanzen durch Verordnung festzulegen, welche von Land- und Forstwirten hergestellten Produkte der land- und forstwirtschaftlichen Urproduktion zugehörig sind. Dabei ist vom alten Herkommen, der langjährigen Übung, der Abnehmererwartung hinsichtlich Angebotsform und -zustand des Produktes, der sich wandelnden Auffassung über eine Vermarktungsfähigkeit und den Erfordernissen einer Sicherung der Nahversorgung im ländlichen Raum auszugehen.

(4) Unter Nebengewerbe der Land- und Forstwirtschaft im Sinne dieses Bundesgesetzes (Abs. 1 Z 2) sind zu verstehen:

1. die Verarbeitung und Bearbeitung überwiegend des eigenen Naturproduktes unter der Voraussetzung, daß der Charakter des jeweiligen Betriebes als land- und forstwirtschaftlicher Betrieb gewahrt bleibt; die Be- und Verarbeitung kann auch durch einen befugten Gewerbetreibenden im Lohnverfahren erfolgen; der Wert der allenfalls mitverarbeiteten Erzeugnisse muß gegenüber dem Wert des bearbeiteten oder verarbeiteten Naturproduktes untergeordnet sein;
2. das Verarbeiten von Wein zu Sekt (Obstschaumwein), wenn dies durch einen gewerblich befugten Schaumweinerzeuger im Lohnverfahren erfolgt;
3. der Abbau der eigenen Bodensubstanz;
4. Dienstleistungen, ausgenommen Fuhrwerksdienste (Z 5 und 6), mit land- und forstwirtschaftlichen Betriebsmitteln, die im eigenen Betrieb verwendet werden, für andere land- und forstwirtschaftliche Betriebe in demselben oder einem angrenzenden Verwaltungsbezirk; mit Mähdreschern vorgenommene Dienstleistungen nur für landwirtschaftliche Betriebe in demselben Verwaltungsbezirk oder in einer an diesen Verwaltungsbezirk angrenzenden Ortsgemeinde; Dienstleistungen
   a) zur Kulturpflege im ländlichen Raum (Mähen von Straßenrändern und -böschungen sowie von öffentlichen Grünflächen, Pflege von Biotopen, Kulturpflege der Rasenflächen von Sportanlagen, Stutzen von Hecken im Zusammenhang mit den vorstehend angeführten Tätigkeiten, Abtransport des bei diesen Tätigkeiten anfallenden Mähgutes usw.),
   b) zur Verwertung von organischen Abfällen (Sammeln und Kompostieren von fremden, kompostierbaren Abfällen mit den in der Land- und Forstwirtschaft üblichen Methoden),
   c) für den Winterdienst (Schneeräumung, einschließlich Schneetransport und Streuen von Verkehrsflächen, die hauptsächlich der Erschließung land- und forstwirtschaftlich genutzter Grundflächen dienen);
5. Fuhrwerksdienste mit hauptsächlich im eigenen land- und forstwirtschaftlichen Betrieb verwendeten selbstfahrenden Arbeitsmaschinen, Zugmaschinen, Motorkarren und Transportkarren, die ihrer Leistungsfähigkeit nach den Bedürfnissen des eigenen land- und forstwirtschaftlichen Betriebes entsprechen, für andere land- und forstwirtschaftliche Betriebe in demselben Verwaltungsbezirk oder in einer an diesen Verwaltungsbezirk angrenzenden Ortsgemeinde zur Beförderung von land- und forstwirtschaftlichen Erzeugnissen, von Gütern zur Bewirtschaftung land- und forstwirtschaftlich genutzter Grundstücke oder von Gütern, die der Tierhaltung dienen, zwischen Wirtschaftshöfen und Betriebsgrundstücken oder zwischen diesen und der nächstgelegenen Abgabe-, Übernahme-, Verarbeitungs- oder Verladestelle;
6. Fuhrwerksdienste mit anderen als Kraftfahrzeugen sowie das Vermieten und Einstellen von Reittieren; wird die landwirtschaftliche Einstellpferdehaltung gemäß Abs. 3 Z 4 als Urproduktion und nicht als Nebengewerbe ausgeübt, ist lediglich das Einstellen von anderen Reittieren als Einstellpferden im Nebengewerbe möglich.
7. das Vermieten von land- und forstwirtschaftlichen Betriebsmitteln, die im eigenen land- und forstwirtschaftlichen Betrieb verwendet werden, an andere land- und forstwirtschaftliche Betriebe in demselben oder in einem angrenzenden Verwaltungsbezirk für andere als Beförderungszwecke;
8. das Vermieten von land- und forstwirtschaftlichen Betriebsmitteln, die im eigenen land- und forstwirtschaftlichen Betrieb verwendet werden, an andere land- und forstwirtschaftliche Betriebe in demselben Verwaltungsbezirk oder in einer an diesen Verwaltungsbezirk angrenzenden Ortsgemeinde für Beförderungszwecke im Umfang der Z 5,

9. der Betrieb von Anlagen zur Erzeugung und Lieferung von Wärme aus Biomasse mit einer Brennstoffwärmeleistung bis einschließlich vier MW durch natürliche Personen, Gesellschaften bürgerlichen Rechts oder land- und forstwirtschaftlichen Erwerbs- und Wirtschaftsgenossenschaften, wenn in dem betreffenden Gebiet im Zeitpunkt des Einlangens des Ansuchens gemäß § 353 bei der Behörde keine leitungsgebundenen Energieträger, ausgenommen elektrische Energie, vorhanden sind. Der Landeshauptmann kann für bestimmte örtlich begrenzte Gebiete, in denen leitungsgebundene Energieträger vorhanden sind, durch Verordnung festlegen, dass solche Anlagen diesem Bundesgesetz nicht unterliegen, wenn dies im Interesse einer ökologisch sinnvollen Nutzung von Energie und im Interesse der Verbesserung der Energieversorgung der in dem betreffenden Gebiet ansässigen Bevölkerung liegt,
10. die Verabreichung und das Ausschenken selbsterzeugter Produkte sowie von ortsüblichen, in Flaschen abgefüllten Getränken im Rahmen der Almbewirtschaftung.

(5) Werden für ein land- und forstwirtschaftliches Nebengewerbe Anlagen eingesetzt, die weder für den Betrieb der Land- und Forstwirtschaft im Sinne des Abs. 1 Z 1 noch für den Betrieb von Nebengewerben, die bis zum Inkrafttreten des Bundesgesetzes BGBl. I Nr. 63/1997 als land- und forstwirtschaftliches Nebengewerbe anerkannt sind, verwendet werden, gelten für diese Anlagen die Bestimmungen über die Betriebsanlagen und die zusammenhängenden Bestimmungen dieses Bundesgesetzes (§§ 74 bis § 84p, 333 bis 338, 353 bis 360, 362, 366 bis 369 und 371 bis 373); dies aber nur unter der Voraussetzung, daß der Kapitaleinsatz zur Bearbeitung und Verarbeitung im Vergleich zum Kapitaleinsatz, der im Rahmen der Land- und Forstwirtschaft (Abs. 1 Z 1) erfolgt, unverhältnismäßig hoch ist oder wenn fremde Arbeitskräfte überwiegend für die Be- und Verarbeitung der Naturprodukte beschäftigt werden.

(Anm.: Abs. 6 aufgehoben durch BGBl. Nr. 691/1995)

(7) Wird eine der im Abs. 1 Z 4 lit. a bis c angeführten Tätigkeiten gemeinsam mit einer den Bestimmungen dieses Bundesgesetzes unterworfenen Tätigkeit ausgeübt, so unterliegt die land- und forstwirtschaftliche Erwerbs- und Wirtschaftsgenossenschaft auch hinsichtlich der Tätigkeiten gemäß Abs. 1 Z 4 lit. a bis d den Bestimmungen dieses Bundesgesetzes.

(8) Die Ausnahme von Tätigkeiten land- und forstwirtschaftlicher Erwerbs- und Wirtschaftsgenossenschaften von den Bestimmungen dieses Bundesgesetzes (Abs. 1 Z 4) gilt nicht für die Bestimmungen über das Feilbieten im Umherziehen, die Bestimmungen über das Sammeln und die Entgegennahme von Bestellungen, die Schutzbestimmungen und die Bestimmungen über die Betriebsanlagen (§§ 53 bis 62, §§ 69 bis 84h, 333 bis 338, 353 bis 360, 362, 366 bis 369 und 371 bis 373).

(9) Unter Buschenschank im Sinne dieses Bundesgesetzes (Abs. 1 Z 5) ist der buschenschankmäßige Ausschank von Wein und Obstwein, von Trauben- und Obstmost und von Trauben- und Obstsaft sowie von selbstgebrannten geistigen Getränken durch Besitzer von Wein- und Obstgärten, soweit es sich um deren eigene Erzeugnisse handelt, zu verstehen; im Rahmen des Buschenschankes ist auch die Verabreichung von kalten Speisen und der Ausschank von Mineralwasser und kohlensäurehältigen Getränken zulässig, jedoch nur unter der Voraussetzung, daß diese Tätigkeiten dem Herkommen im betreffenden Bundesland in Buschenschenken entsprechen. Die Verabreichung von warmen Speisen auf Grund dieser Ausnahmebestimmung ist nicht zulässig. Die Buschenschankbetreiber haben den § 114 einzuhalten.

(10) Inwieweit der Bergbau (Abs. 1 Z 6) vom Anwendungsbereich dieses Bundesgesetzes ausgenommen ist, ergibt sich aus den bergrechtlichen Vorschriften.

(11) Unter Ausübung der schönen Künste im Sinne dieses Bundesgesetzes (Abs. 1 Z 7) ist die eigenschöpferische Tätigkeit in einem Kunstzweig zu verstehen. Die Restaurierung von Kunstwerken ist dann Ausübung der schönen Künste, wenn für die Wiederherstellung eine nachgestaltende künstlerische Fähigkeit erforderlich ist.

(12) Auf die Anlagen der dem Bund zustehenden Monopole und Regalien sowie zur Erzeugung von Blatternimpfstoff (Abs. 1 Z 24) finden – sofern andere Rechtsvorschriften keine diesbezüglichen Bestimmungen enthalten – die Bestimmungen über die Betriebsanlagen und die damit zusammenhängenden Bestimmungen dieses Bundesgesetzes (§§ 74 bis 84h, 333 bis 338, 353 bis 360, 362, 366 bis 369 und 371 bis 373) Anwendung.

(13) Für in den Anwendungsbereich dieses Bundesgesetzes fallende Tätigkeiten, die ohne die erforderliche Gewerbeberechtigung ausgeübt werden, gelten die die Ausübung dieser Tätigkeit regelnden Vorschriften dieses Bundesgesetzes oder von auf Grund dieses Bundesgesetzes erlassenen Verordnungen sinngemäß. Normen der kollektiven Rechtsgestaltung, die für Arbeitsverhältnisse zu Arbeitgebern gelten, welche ihre Tätigkeiten auf Grund von Gewerbeberechtigungen ausüben, haben auch für Arbeitsverhältnisse zu jenen Arbeitgebern Geltung, welche diese Tätigkeiten ohne die erforderliche Gewerbeberechtigung ausüben. Dasselbe gilt auch für Arbeitsverhältnisse zu jenen Arbeitgebern, die diese Tätigkeiten auf Grund eines sonstigen Rechts gemäß § 32 Abs. 1a

in einem eigenen Betrieb oder einer organisatorisch und fachlich abgegrenzten Betriebsabteilung (§ 9 Abs. 2 ArbVG) ausüben, sofern ansonsten für diese Arbeitsverhältnisse keine Norm der kollektiven Rechtsgestaltung gelten würde.

(14) Die Ausnahme der in Abs. 1 angeführten Tätigkeiten von diesem Bundesgesetz gilt nicht für Tätigkeiten, wodurch Waren (§ 69 Abs. 1) oder Maschinen, Geräte, Ausrüstungen oder deren Teile und Zubehör (§ 71), von denen wegen der Bauart oder Wirkungsweise Gefahren für das Leben oder die Gesundheit der Benützer herbeigeführt werden können und für die Verordnungen über das Inverkehrbringen und über grundlegende Sicherheitsanforderungen erlassen wurden, in Verkehr gebracht werden, auch wenn sie für den Eigengebrauch erzeugt, zusammengefügt oder eingeführt werden.

(15) Wird eine ausländische Reisegesellschaft von einem befugten Reisebetreuer (Reiseleiter) aus dem Ausland dauernd in der Weise begleitet, dass der Reisebetreuer (Reiseleiter) die Gruppe durchgehend vom ausländischen Ausgangspunkt der Reise bis zum ausländischen Endpunkt der Reise betreut, ist auf dessen Tätigkeit als Reisebetreuer dieses Bundesgesetz nicht anzuwenden.

(16) Auf Anlagen zur Erzeugung oder Verarbeitung von Schieß- und Sprengmitteln im Sinne des § 3 Abs. 1 Z 1 und Z 4 des Sprengmittelgesetzes 2010, BGBl. I Nr. 121/2009, zuletzt geändert durch das Bundesgesetz BGBl. I Nr. 161/2013, die die Kriterien der Z 4.6 der **Anlage 3** erfüllen oder auf Anlagen zur Erzeugung, Verarbeitung und bzw. oder Lagerung von Schieß- und Sprengmitteln, in denen gefährliche Stoffe in Mengen vorhanden sind, die den in **Anlage 5** Teil 1 Spalte 2 oder in **Anlage 5** Teil 2 Spalte 2 genannten Mengen entsprechen oder diese überschreiten, finden die Bestimmungen über die Betriebsanlagen und die damit zusammenhängenden Bestimmungen dieses Bundesgesetzes (§§ 74 bis 84p, 333 bis 338, 353 bis 360, 362, 366 und 371 bis 373) Anwendung. Auf diese Anlagen sind die Bestimmungen des Schieß- und Sprengmittelrechts unbeschadet des § 376 Z 48 nicht anzuwenden.

§ 3. (1) Auf die im § 31 des Patentgesetzes 1970, BGBl. Nr. 259, genannten Personen sind hinsichtlich der Ausübung der Erfindung folgende Vorschriften dieses Bundesgesetzes nicht anzuwenden:

1. die Vorschriften über die Gewerbeanmeldung sowie die Vorschriften über die für die Gewerbeausübung erforderliche Befähigung;
2. die Vorschriften des § 8 Abs. 1 bis 4, des § 9 Abs. 3 bis 5, der §§ 10 bis 14, des § 29, des § 30, des § 41 Abs. 1 Z 2 und 3, des § 43, des § 46, des § 48, des § 52 Abs. 1 hinsichtlich der Verpflichtung zur Anzeige, der §§ 85 bis 90, des § 91 Abs. 2 und des § 93.

(2) Andere als im Abs. 1 angeführte Vorschriften dieses Bundesgesetzes sind auf die im § 31 des Patentgesetzes 1970 genannten Personen sinngemäß anzuwenden.

(3) Wenn die in § 85 Z 2, § 87 Abs. 1 oder in § 91 Abs. 2 angeführten Voraussetzungen auf die im § 31 des Patentgesetzes 1970 genannten Personen zutreffen, so ist die Ausübung der Erfindung zu untersagen, und zwar auch dann, wenn diese Voraussetzungen schon vor der Anzeige der Ausübung der Erfindung eingetreten sind. § 87 Abs. 2 bis 6 sind sinngemäß anzuwenden.

(4) Wenn die Voraussetzungen gemäß § 26 oder § 27 sinngemäß zutreffen, so hat die Behörde die Nachsicht von der Untersagung der Ausübung zu erteilen.

...

GewO

c) Weitere Betriebsstätten, Verlegung des Betriebes

§ 46. (1) Soweit in diesem Bundesgesetz nicht anderes bestimmt ist, berechtigt die Gewerbeberechtigung zur Ausübung des Gewerbes in weiteren Betriebsstätten entsprechend den Anzeigen gemäß Abs. 2.

(2) Der Gewerbeinhaber hat folgende Vorgänge der Behörde anzuzeigen:

1. den Beginn und die Einstellung der Ausübung des Gewerbes in einer weiteren Betriebsstätte,
2. die Verlegung des Betriebes eines Gewerbes in einen anderen Standort und
3. die Verlegung des Betriebes einer weiteren Betriebsstätte in einen anderen Standort.

Die Anzeige ist so rechtzeitig zu erstatten, dass sie spätestens am Tag der Aufnahme oder Einstellung der Gewerbeausübung in der weiteren Betriebsstätte oder in den Fällen der Z 2 und 3 mit dem Tag der Aufnahme der Gewerbeausübung im neuen Standort bei der Behörde einlangt.

(3) Die Anzeigepflicht gilt nicht für:

1. die Ausübung des Gewerbes auf Messen und messeähnlichen Veranstaltungen im Rahmen der für die Messe oder messeähnliche Veranstaltung geltenden Bestimmungen und
2. Räumlichkeiten, die nur der Aufbewahrung von Waren oder Betriebsmitteln dienen oder in denen in einem Standort des Gewerbes verkaufte Waren nur ausgefolgt werden.

(4) Die Behörde hat folgende Bezirksverwaltungsbehörden zu verständigen:

1. von den Anzeigen gemäß Abs. 2 Z 1 die für den Standort der Gewerbeberechtigung zuständige Bezirksverwaltungsbehörde,
2. von den Anzeigen gemäß Abs. 2 Z 2 die für den letzten Standort zuständige Bezirksverwaltungsbehörde und

3. von den Anzeigen gemäß Abs. 2 Z 3 die für den letzten Standort der weiteren Betriebsstätte und die für den Standort der Gewerbeberechtigung zuständige Bezirksverwaltungsbehörde.

§ 47. (1) Der Gewerbetreibende kann für die Ausübung des Gewerbes in einer weiteren Betriebsstätte eine Person bestellen, die der Behörde gegenüber für die Einhaltung der gewerberechtlichen Vorschriften in der weiteren Betriebsstätte verantwortlich ist (Filialgeschäftsführer).

(2) Der Filialgeschäftsführer muß den für die Ausübung des Gewerbes vorgeschriebenen persönlichen Voraussetzungen entsprechen, seinen Wohnsitz im Inland haben und in der Lage sein, sich in der weiteren Betriebsstätte entsprechend zu betätigen, insbesondere dem Abs. 1 entsprechende, selbstverantwortliche Anordnungsbefugnis besitzen. Er muß der Erteilung der Anordnungsbefugnis und seiner Bestellung nachweislich zugestimmt haben. § 39 Abs. 2a zweiter Satz gilt sinngemäß.

(3) Der Gewerbetreibende hat die Bestellung und das Ausscheiden eines Filialgeschäftsführers für die Ausübung eines Gewerbes in einer weiteren Betriebsstätte der Behörde (§ 345 Abs. 2) anzuzeigen. Die Behörde hat die Bezirksverwaltungsbehörde des Standortes von der Bestellung und dem Ausscheiden des Filialgeschäftsführers zu verständigen.

(4) Der Gewerbetreibende ist von seiner Verantwortung für die Einhaltung der gewerberechtlichen Vorschriften in der Betriebsstätte, für die der Filialgeschäftsführer bestellt ist, im Rahmen des § 370 befreit, wenn er die Bestellung eines dem Abs. 2 entsprechenden Filialgeschäftsführers gemäß Abs. 3 angezeigt hat.

§ 48. Das Recht zur Ausübung eines der im § 94 Z 18, 55, 65 und 80 genannten Gewerbe in einer weiteren Betriebsstätte erlischt mit dem Einlangen der Anzeige des Gewerbeinhabers über die Einstellung der Gewerbeausübung in der weiteren Betriebsstätte bei der Behörde.

d) Gewerbliche Tätigkeiten außerhalb von Betriebsstätten

§ 50. (1) Gewerbetreibende dürfen insbesondere, soweit gesetzlich nicht anderes bestimmt ist, im Rahmen ihres Gewerbes

1. Waren, Roh- und Hilfsstoffe und Betriebsmittel überall einkaufen und einsammeln;
2. Waren auf Bestellung überallhin liefern;
3. bestellte Arbeiten überall verrichten;
4. Tätigkeiten des Gewerbes, die ihrer Natur nach nur außerhalb von Betriebsstätten vorgenommen werden können, überall verrichten;
5. nach Maßgabe der Bestimmungen der §§ 54 bis 62 Personen zum Zwecke des Sammelns von Bestellungen aufsuchen und Bestellungen entgegennehmen, in den Fällen des § 55 Abs. 2 zweiter Satz und Abs. 3 die dort bezeichneten Waren auch schon bei der Entgegennahme der Bestellung ausfolgen;
6. Waren für andere als Privatpersonen (§ 57 Abs. 1) in geschlossenen Räumlichkeiten ausstellen, verkaufen oder Bestellungen entgegennehmen, wenn nur mittels an bestimmte Personen gerichteter Einladungen zum Besuch der Ausstellung aufgefordert wird;
7. auf Märkten und marktähnlichen Veranstaltungen nach Maßgabe der §§ 286 ff. Waren verkaufen und Bestellungen entgegennehmen;
8. auf Messen und messeähnlichen Veranstaltungen im Rahmen der einschlägigen Bestimmungen Waren verkaufen, Bestellungen entgegennehmen und Kostproben verabreichen oder ausschenken;
9. unentgeltlich Kostproben in den zum Verkauf bestimmten Räumen eines anderen Gewerbetreibenden verabreichen oder ausschenken, sofern letzterer zum Verkauf der betreffenden Waren berechtigt ist;
10. bei Festen, sportlichen Veranstaltungen, Landesausstellungen oder sonstigen Anlässen, die mit größeren Ansammlungen von Menschen verbunden sind, den Kleinverkauf von Lebensmitteln, Nahrungsergänzungsmitteln und sonstigen Waren, die zu diesen Gelegenheiten üblicherweise angeboten werden, vorübergehend ausüben, jedoch nicht im Umherziehen von Ort zu Ort oder von Haus zu Haus;
11. vorübergehend aus Anlaß einzelner besonderer Gelegenheiten (Volksfeste, Wohltätigkeitsveranstaltungen, Ausstellungen, Märkte, Sportveranstaltungen, größere Baustellen u. dgl.) außerhalb der Betriebsräume und allfälligen sonstigen Betriebsflächen des Standortes ihres Gastgewerbes Speisen verabreichen und Getränke ausschenken.

(2) Der Versandhandel mit Giften, Arzneimitteln, Heilbehelfen (ausgenommen Kontaktlinsen), Waffen und Munition sowie pyrotechnischen Artikeln an Letztverbraucher ist unzulässig. Dieses Verbot gilt auch für den Absatz von aus eigener Erzeugung stammenden Waren oder von zugekauften Waren in der Art des Versandhandels an Letztverbraucher.

(3) Der Bundesminister für wirtschaftliche Angelegenheiten hat, wenn es Gründe der öffentlichen Sicherheit erfordern, im Einvernehmen mit dem Bundesminister für Inneres, wenn es Gründe der Volksgesundheit oder des Konsumentenschutzes erfordern, im Einvernehmen mit dem Bundesminister für Gesundheit, Sport und Konsumentenschutz, wenn es Gründe des Jugendschutzes erfordern, im Einvernehmen mit dem Bundesminister für Umwelt, Jugend und Familie, oder wenn es – neben den Fällen des Abs. 2 – wegen der besonderen Gefahr einer Irreführung oder Benachteiligung der Bevölkerung erforderlich ist, mit Verordnung auch weitere Waren zu bezeichnen,

hinsichtlich derer der Versandhandel an Letztverbraucher unzulässig ist. Ein solches Verbot gilt auch für den Absatz von aus eigener Erzeugung stammenden Waren oder von zugekauften Waren in der Art des Versandhandels an Letztverbraucher.

(4) Als Gifte im Sinne des Abs. 2 sowie der §§ 57 Abs. 1, 104 und 116 gelten Stoffe und Zubereitungen, die nach den Vorschriften des Chemikaliengesetzes 1996, BGBl. I Nr. 53/1997, als sehr giftig oder giftig einzustufen sind.

...

h) Schutzbestimmungen

§ 69. (1) Der Bundesminister für Wissenschaft, Forschung und Wirtschaft kann zur Vermeidung einer Gefährdung von Leben oder Gesundheit von Menschen oder zur Vermeidung von Belastungen der Umwelt (§ 69a) durch Verordnung festlegen, welche Maßnahmen die Gewerbetreibenden bei der Gewerbeausübung hinsichtlich der Einrichtung der Betriebsstätten, hinsichtlich der Waren, die sie erzeugen oder verkaufen oder deren Verkauf sie vermitteln, hinsichtlich der Einrichtungen oder sonstigen Gegenstände, die sie zur Benützung bereithalten, oder hinsichtlich der Dienstleistungen, die sie erbringen, zu treffen haben. In der Verordnung kann auch festgelegt werden, wie der Gewerbetreibende die Erfüllung der vorgeschriebenen Maßnahmen nachzuweisen hat. Gewerbetreibende haben in jenen Betriebsstätten, in denen das Gewerbe der Augenoptiker, Hörgeräteakustiker, Bandagisten, Orthopädietechniker, Orthopädieschuhmacher, Zahntechniker, Friseure und Perückenmacher, Masseure, Kosmetiker (Schönheitspfleger) oder Fußpfleger ausgeübt wird und in denen sie nicht selbst überwiegend tätig sind, einen fachkundigen Arbeitnehmer, der nach den Bestimmungen des Sozialversicherungsrechtes voll versicherungspflichtig ist, hauptberuflich zu beschäftigen. Soweit durch Verordnung nicht anderes festgelegt ist, ist eine Person jedenfalls dann als fachkundig anzusehen, wenn sie die Lehrabschlußprüfung in dem Lehrberuf erfolgreich abgelegt hat, der dem in der Betriebsstätte ausgeübten Gewerbe entspricht. Der Bundesminister für Wissenschaft, Forschung und Wirtschaft kann durch Verordnung festlegen, daß der Nachweis der Fachkundigkeit durch andere Prüfungen als die Lehrabschlußprüfung oder durch sonstige Ausbildungsgänge oder Verwendungszeiten zu erbringen ist. Die Verpflichtung zur Beschäftigung eines fachkundigen Arbeitnehmers besteht ab 1. Jänner 1996.

(2) Der Bundesminister für Wissenschaft, Forschung und Wirtschaft hat im Einvernehmen mit dem Bundesminister für Arbeit, Soziales und Konsumentenschutz durch Verordnung festzulegen, welche Maßnahmen die Gewerbetreibenden bei der Gewerbeausübung hinsichtlich der Einrichtung der Betriebsstätten, hinsichtlich der Waren, die sie erzeugen, verkaufen oder vermieten oder deren Verkauf sie vermitteln, hinsichtlich der Einrichtungen oder sonstigen Gegenstände, die sie zur Benützung bereithalten, oder hinsichtlich der Dienstleistungen, die sie erbringen, zu treffen haben, soweit dies zum Schutz der Interessen der von der Gewerbeausübung betroffenen Personen, insbesondere zum Schutz vor Vermögensschäden oder vor Belästigung wie etwa durch Eindringen in die Privatsphäre, erforderlich ist (Ausübungsregeln). Bei der Erlassung solcher Verordnungen ist insbesondere auch auf die Beobachtungen und Berichte von Konsumentenberatungseinrichtungen sowie auf die Berichte des Bundesministers für Arbeit, Soziales und Konsumentenschutz über die Lage der Verbraucher Bedacht zu nehmen. Weiters kann der Bundesminister für Wissenschaft, Forschung und Wirtschaft nach Anhörung der zuständigen Gliederung der Bundeskammer der gewerblichen Wirtschaft durch Verordnung Regeln über die Verhaltensweisen, die bei der Ausübung eines bestimmten Gewerbes einzuhalten sind, und über die für die Gewerbeausübung erforderliche Betriebsausstattung festlegen (Standesregeln); hiebei ist auf die Gewohnheiten und Gebräuche, die in diesem Gewerbe von Personen, die die Sorgfalt eines ordentlichen Kaufmannes anwenden, eingehalten werden und auf die Anforderungen, die von den die Leistungen dieses Gewerbes in Anspruch nehmenden Personen üblicherweise gestellt werden, sowie darauf Bedacht zu nehmen, daß das Ansehen des betreffenden Gewerbes und das Vertrauen aller von der Gewerbeausübung berührten Personen in die das Gewerbe ausübenden Gewerbetreibenden gewahrt bleibt; soweit dabei der Schutz des Vertrauens der von der Gewerbeausübung betroffenen Personen im Vordergrund steht, insbesondere hinsichtlich der Festlegung von Höchstbeträgen im Sinne der Z 5, ist hiebei das Einvernehmen mit dem Bundesminister für Arbeit, Soziales und Konsumentenschutz herzustellen. Verordnungen über Standesregeln können zum Gegenstand haben zum Beispiel Bestimmungen über

1. das standesgemäße Verhalten im Geschäftsverkehr mit den Auftraggebern,
2. das standesgemäße Verhalten gegenüber anderen Berufsangehörigen oder Angehörigen anderer Berufe, die durch die Gewerbeausübung berührt werden,
3. das standesgemäße Verhalten gegenüber Personen, die weder Auftraggeber noch Berufsangehörige sind, auf die sich aber die Gewerbeausübung bezieht oder die von der Gewerbeausübung betroffen sind,
4. die Ausstattung des Betriebes, die eine standesgemäße Berufsausübung gewährleistet,

5. für das Gewerbe der Arbeitsvermittlung (§ 94 Z 1), der Immobilienmakler (§ 94 Z 35), der Immobilienverwalter (§ 94 Z 35), der Inkassoinstitute (§ 94 Z 36) und der Personalkreditvermittler (§ 94 Z 75) die Höchstbeträge der den Gewerbetreibenden gebührenden Provisionssätze oder sonstigen Vergütungen.

(3) Die Bestimmungen der Abs. 1 und 2 gelten nicht auf den Gebieten des Gesundheitswesens, der Nahrungsmittelkontrolle, der Arzneimittelkontrolle, des Giftwesens sowie des Arbeitnehmerschutzes.

(4) Die Bezirksverwaltungsbehörde kann erforderlichenfalls einem Gewerbetreibenden Maßnahmen im Sinne des Abs. 1 mit Bescheid auftragen, wenn diesbezüglich keine Regelung in einer Verordnung gemäß Abs. 1 erlassen worden ist.

(5) Die Bezirksverwaltungsbehörde kann auf Antrag von den Bestimmungen einer Verordnung gemäß Abs. 1 abweichende Maßnahmen im Sinne des Abs. 1 mit Bescheid zulassen, wenn hiedurch der gleiche Schutz erreicht wird.

(6) Beziehen sich die Maßnahmen, die gemäß Abs. 4 mit Bescheid aufgetragen oder gemäß Abs. 5 mit Bescheid zugelassen werden sollen, nur auf die Gewerbeausübung in einer weiteren Betriebsstätte, so ist zur Erlassung der Bescheide gemäß Abs. 4 oder 5 die für die weitere Betriebsstätte zuständige Bezirksverwaltungsbehörde berufen.

§ 69a. Belastungen der Umwelt, die durch Verordnungen gemäß § 69 Abs. 1, § 76 Abs. 1 und § 82 Abs. 1 zu vermeiden sind, sind jedenfalls solche nachteiligen Einwirkungen, die geeignet sind, insbesondere den Boden, den Pflanzenbestand oder den Tierbestand bleibend zu schädigen.

§ 70. (1) Der Bundesminister für Wirtschaft und Arbeit kann durch Verordnung Arbeiten bezeichnen, die in besonderem Maße Leben oder Gesundheit von Menschen gefährden können. Dies gilt auch für Arbeiten, deren unfachgemäße Vornahme die ordnungsgemäße Funktion von dem Schutz vor solchen Gefahren dienenden Maschinen, Geräten oder Ausrüstungen beeinträchtigen kann. Die durch eine solche Verordnung bezeichneten Arbeiten haben die Gewerbetreibenden von Personen ausführen zu lassen, die zur Ausführung dieser Arbeiten fachlich befähigt sind. Diese Personen haben ihre Befähigung durch Belege im Sinne des § 18 Abs. 2 nachzuweisen. Der Bundesminister für Wirtschaft und Arbeit kann in der im ersten Satz genannten Verordnung unter Bedachtnahme auf die für die jeweils bezeichnete Arbeit erforderlichen Fähigkeiten festlegen, dass die Befähigung durch das Zeugnis über eine erfolgreich abgelegte Prüfung nachzuweisen ist, wenn als Befähigungsnachweis für das Gewerbe, in dem die gefährlichen Arbeiten ausgeführt werden, eine Prüfung vorgesehen ist. Eine solche Prüfung ist vor der für die Prüfung zum Nachweis der Befähigung zuständigen Prüfungskommission abzulegen; die §§ 350 bis 352a gelten sinngemäß.

(2) Der Ausbildung von Lehrlingen im Rahmen der Bestimmungen des Berufsausbildungsgesetzes, BGBl. Nr. 142/1969, stehen Abs. 1 und die Bestimmungen der auf Grund des Abs. 1 erlassenen Verordnungen nicht entgegen.

(3) Eine Verordnung gemäß Abs. 1 darf nicht erlassen werden, wenn der mit einer solchen Verordnung verfolgte Zweck durch eine Regelung über die Befähigung der Arbeitnehmer auf Grund der Vorschriften zum Schutze der Arbeitnehmer erreicht wird.

§ 71. (1) Gewerbetreibende dürfen Maschinen, Geräte, Ausrüstungen oder deren Teile oder Zubehör, wenn wegen der Bauart oder Wirkungsweise Gefahren für das Leben oder die Gesundheit von Personen herbeigeführt werden können, nur dann in den inländischen Verkehr bringen oder im Inland ausstellen, wenn eine Übereinstimmungserklärung (Abs. 3) vorliegt.

(2) Als Inverkehrbringen gilt nicht:

a) das Überlassen von Maschinen, Geräten, Ausrüstungen oder deren Teilen oder Zubehör zum Zwecke der Lagerung, Verschrottung, Abänderung oder Instandsetzung,
b) das Rückliefern von zur Lagerung, Abänderung oder Instandsetzung übernommenen Maschinen, Geräten, Ausrüstungen oder deren Teilen oder Zubehör an den Auftraggeber,
c) das Überlassen oder Verwenden von Maschinen, Geräten, Ausrüstungen oder deren Teilen oder Zubehör zum Zusammenbau, wenn nach dem Zusammenbau die Voraussetzungen des Abs. 1 erfüllt sind.

(3) Durch die Übereinstimmungserklärung hat der Gewerbetreibende, allenfalls unter Zugrundelegung einer Prüfbescheinigung einer zugelassenen Stelle (Zertifizierungsstelle, Prüfstelle, Überwachungsstelle) (Abs. 5) festzustellen, dass die Maschine, das Gerät, die Ausrüstung oder deren Teile oder Zubehör den auf sie zutreffenden Bestimmungen einer Verordnung gemäß Abs. 4 entsprechen. Die näheren Bestimmungen über die Übereinstimmungserklärung und die Prüfbescheinigung sowie über die der Übereinstimmungserklärung zugrunde liegende technische Dokumentation hat der Bundesminister für Wirtschaft und Arbeit durch Verordnung festzulegen.

(4) Der Bundesminister für Arbeit und Wirtschaft hat für Maschinen, Geräte, Ausrüstungen sowie deren Teile und Zubehör, die wegen der Bauart oder Wirkungsweise Gefahren für das Leben oder die Gesundheit ihrer Benützer herbeiführen können, durch Verordnung festzulegen, welche grundlegenden Sicherheitsanforderungen

hinsichtlich der Konstruktion, des Baus und weiterer Schutzmaßnahmen einschließlich der Beigabe von Beschreibungen und Bedienungsanleitungen zumindest zu treffen sind. Er kann dabei auch auf einschlägige harmonisierte oder sonstige rein österreichische oder nationale Normen, bei deren Anwendung davon auszugehen ist, dass den jeweiligen grundlegenden Sicherheitsanforderungen entsprochen wird, verweisen. In den Verordnungen können des Weiteren nach Maßgabe der Verordnung (EU) 2019/1020 über Marktüberwachung und die Konformität von Produkten sowie zur Änderung der Richtlinie 2004/42/EG und der Verordnungen (EG) Nr. 765/2008 und (EU) Nr. 305/2011, ABl. Nr. L 169 vom 25.06.2019 S. 1 und weiterer einschlägiger unionsrechtlicher Regelungen jeweils auch Anforderungen hinsichtlich des Inverkehrbringens, der Bereitstellung auf dem Markt und der Inbetriebnahme der genannten Maschinen, Geräte, Ausrüstung sowie deren Teile und Zubehöre, Pflichten der Wirtschaftsakteure und nähere Bestimmungen zur Marktüberwachung festgelegt werden.

(5) Für die Prüfung, ob Maschinen, Geräte, Ausrüstungen oder deren Teile oder Zubehör den auf sie zutreffenden Bestimmungen einer Verordnung gemäß Abs. 4 und gegebenenfalls den auf sie zutreffenden Normen entsprechen, weiters für die Ausstellung von Prüfbescheinigungen sowie für die Abgabe von Gutachten für Genehmigungen, ist eine für das jeweilige Sachgebiet geeignete Akkreditierungsstelle gemäß Art. 2 Z 11 der Verordnung (EU) Nr. 765/2008 über die Vorschriften für die Akkreditierung und Marktüberwachung im Zusammenhang mit der Vermarktung von Produkten und zur Aufhebung der Verordnung (EWG) Nr. 339/93 des Rates, ABl. Nr. L 218 vom 13.08.2008 S. 30 heranzuziehen. Der Bundesminister für Arbeit und Wirtschaft ist die für den Bereich der Maschinen, Geräte, Ausrüstungen oder deren Teile oder Zubehör zuständige Notifizierungsbehörde und hat in den jeweiligen Verordnungen gemäß Abs. 4 die Mindestkriterien und Anforderungen an benannte (notifizierte) Stellen sowie die Leitlinien für ihre Prüftätigkeit und für das Ausstellen, Verweigern oder Zurückziehen von Prüfbescheinigungen festzulegen sowie die näheren Bestimmungen für das Notifizierungsverfahren nach Maßgabe der einschlägigen unionsrechtlichen Regelungen zu treffen.

(6) Das Vorliegen einer Übereinstimmungserklärung (EU–Konformitätserklärung) oder einer Genehmigung ist durch den Gewerbetreibenden bzw. Wirtschaftsakteur vor dem Inverkehrbringen oder Ausstellen durch Anbringen eines Zeichens oder einer Plakette an der Maschine, dem Gerät, der Ausrüstung oder deren Teilen oder Zubehör nachzuweisen. Die näheren Bestimmungen über dieses Zeichen oder diese Plakette sind vom Bundesminister für Arbeit und Wirtschaft nach Maßgabe der unionsrechtlichen Bestimmungen durch Verordnung festzulegen.

(7) Gewerbetreibende, die den Kauf von gebrauchten Maschinen, Geräten, Ausrüstungen oder deren Teilen oder Zubehör vermitteln oder diese abändern oder instand setzen, haben, wenn diese den auf sie zutreffenden Bestimmungen einer Verordnung gemäß Abs. 4 oder den in der Übereinstimmungserklärung angeführten Bestimmungen einschlägiger Normen nicht oder nicht mehr entsprechen, den Erwerber oder Auftraggeber nachweislich darauf aufmerksam zu machen.

(Anm.: Abs. 8 aufgehoben durch BGBl. I Nr. 88/2000)

§ 71a. (1) Der Stand der Technik (beste verfügbare Techniken – BVT) im Sinne dieses Bundesgesetzes ist der auf den einschlägigen wissenschaftlichen Erkenntnissen beruhende Entwicklungsstand fortschrittlicher Verfahren, Einrichtungen, Bau- oder Betriebsweisen, deren Funktionstüchtigkeit erprobt und erwiesen ist. Bei der Bestimmung des Standes der Technik sind insbesondere jene vergleichbaren Verfahren, Einrichtungen Bau- oder Betriebsweisen heranzuziehen, welche am wirksamsten zur Erreichung eines allgemein hohen Schutzniveaus für die Umwelt insgesamt sind; weiters sind unter Beachtung der sich aus einer bestimmten Maßnahme ergebenden Kosten und ihres Nutzens und des Grundsatzes der Vorsorge und der Vorbeugung im Allgemeinen wie auch im Einzelfall die Kriterien der Anlage 6 zu diesem Bundesgesetz zu berücksichtigen.

(2) Für Wasserbenutzungen, Maßnahmen, Einwirkungen und Anlagen, für die der Stand der Technik nach dem WRG 1959 festgelegt ist oder wird, ist dieser maßgebend.

(3) Für Anlagen, in denen Abfälle behandelt werden, für die der Stand der Technik nach dem AWG festgelegt ist oder wird, ist dieser maßgebend.

§ 71b. Im Sinne dieses Bundesgesetzes ist bzw. sind

1. „IPPC-Anlage“ eine in der **Anlage 3** zu diesem Bundesgesetz angeführte Betriebsanlage oder jene Teile einer Betriebsanlage, in denen eine oder mehrere der in der **Anlage 3** zu diesem Bundesgesetz angeführten Tätigkeiten sowie andere unmittelbar damit verbundene, in einem technischen Zusammenhang stehende Tätigkeiten, die Auswirkungen auf die Emissionen und die Umweltverschmutzung haben können, durchgeführt werden;
2. „BVT-Merkblatt“ ein aus dem gemäß Art. 13 der Richtlinie 2010/75/EU über Industrieemissionen (integrierte Vermeidung und Verminderung der Umweltverschmutzung), ABl. Nr. L 334 vom 17.12.2010 S. 17, in der Fassung der Berichtigung ABl. Nr. L 158 vom

19.06.2012 S. 25, organisierten Informationsaustausch hervorgehendes Dokument, das für bestimmte Tätigkeiten erstellt wird und insbesondere die angewandten Techniken, die derzeitigen Emissions- und Verbrauchswerte, die für die Festlegung des Standes der Technik sowie der BVT-Schlussfolgerungen (Z 3) berücksichtigten Techniken sowie alle Zukunftstechniken (Z 5) beschreibt, wobei den Kriterien in der **Anlage 6** zu diesem Bundesgesetz besonders Rechnung getragen wird;

3. „BVT-Schlussfolgerungen" ein Dokument, das die Teile eines BVT-Merkblatts mit den Schlussfolgerungen zum Stand der Technik, ihrer Beschreibung, Informationen zur Bewertung ihrer Anwendbarkeit, den mit den besten verfügbaren Techniken assoziierten Emissionswerten, den dazugehörigen Überwachungsmaßnahmen, den dazugehörigen Verbrauchswerten sowie gegebenenfalls einschlägigen Standortsanierungsmaßnahmen enthält;
4. „mit den besten verfügbaren Techniken assoziierte Emissionswerte" der Bereich von Emissionswerten, die unter normalen Betriebsbedingungen unter Verwendung einer Maßnahme oder einer Kombination von Maßnahmen gemäß dem Stand der Technik entsprechend der Beschreibung in den BVT-Schlussfolgerungen erzielt werden, ausgedrückt als Mittelwert für einen vorgegebenen Zeitraum unter spezifischen Referenzbedingungen;
5. „Zukunftstechnik" eine neue Technik für eine industrielle Tätigkeit, die bei gewerblicher Nutzung entweder ein höheres allgemeines Umweltschutzniveau oder zumindest das gleiche Umweltschutzniveau und größere Kostenersparnisse bieten könnte, als der bestehende Stand der Technik;
6. „gefährliche Stoffe" Stoffe oder Gemische gemäß Art. 3 der Verordnung (EG) Nr. 1272/2008 über die Einstufung, Kennzeichnung und Verpackung von Stoffen und Gemischen, zur Änderung und Aufhebung der Richtlinien 67/548/EWG und 1999/45/EG und zur Änderung der Verordnung (EG) Nr. 1907/2006, ABl Nr. 353 vom 31.12.2008 S. 1, zuletzt geändert durch Verordnung (EU) Nr. 618/2012, ABl Nr. 179 vom 11.07.2012 S. 3;
7. „Bericht über den Ausgangszustand" Informationen über den Stand der Verschmutzung des Bodens und des Grundwassers durch die relevanten gefährlichen Stoffe (Z 6);
8. „Boden" die oberste Schicht der Erdkruste, die sich zwischen dem Grundgestein und der Oberfläche befindet; der Boden besteht aus Mineralpartikeln, organischem Material, Wasser, Luft und lebenden Organismen;
9. „Umweltinspektionen" alle Maßnahmen, einschließlich Besichtigungen vor Ort, Überwachung der Emissionen und Überprüfung interner Berichte und Folgedokumente, Überprüfung der Eigenkontrolle, Prüfung der angewandten Techniken und der Eignung des Umweltmanagements der IPPC-Anlage, die von der Behörde oder in ihrem Namen zur Prüfung und Förderung der Einhaltung des Genehmigungskonsenses durch die IPPC-Anlagen und gegebenenfalls zur Überwachung ihrer Auswirkungen auf die Umwelt getroffen werden;
10. „Umweltverschmutzung" die durch menschliche Tätigkeiten direkt oder indirekt bewirkte Freisetzung von Stoffen, Erschütterungen, Wärme oder Lärm in Luft, Wasser oder Boden, die der menschlichen Gesundheit oder der Umweltqualität schaden oder zu einer Schädigung von Sachwerten oder zu einer unzumutbaren Beeinträchtigung oder Störung des durch die Umwelt bedingten Wohlbefindens eines gesunden, normal empfindenden Menschen oder von anderen zulässigen Nutzungen der Umwelt führen können;
11. „CO_2-Strom" ein Stofffluss, der sich aus den Verfahren der CO_2-Abscheidung ergibt. Ein CO_2–Strom besteht ganz überwiegend aus Kohlenstoffdioxid; es dürfen keine Abfälle oder anderen Stoffe zum Zweck der Entsorgung hinzugefügt werden. Ein CO_2-Strom darf jedoch zufällig anfallende Stoffe aus der Quelle oder aus dem Abscheidungs- oder Injektionsverfahren enthalten, und es dürfen Spurenstoffe zur Überwachung der CO_2-Migration hinzugefügt werden. Die Konzentrationen aller zufällig vorhandenen oder hinzugefügten Stoffe dürfen ein Niveau nicht überschreiten, das die Integrität der Speicherstätte oder der einschlägigen Transportinfrastruktur nachteilig beeinflusst oder ein erhebliches Risiko für die Umwelt oder die menschliche Gesundheit darstellen oder gegen geltendes Unionsrecht verstoßen würde.

§ 71c. (1) Die in den BVT-Merkblättern enthaltenen BVT-Schlussfolgerungen sind als Referenzdokumente für die Genehmigung, die wesentliche Änderung und die Anpassung (§ 81b) von IPPC-Anlagen mit dem Tag der Veröffentlichung im Amtsblatt der Europäischen Union anzuwenden. Bis zum Vorliegen von BVT-Schlussfolgerungen im Sinne des ersten Satzes gelten – mit Ausnahme der Festlegung von Emissionsgrenzwerten gemäß § 77b Abs. 2 und 3 – Schlussfolgerungen zum Stand der Technik aus BVT-Merkblättern, die von der Europäischen Kommission vor dem 6. Jänner 2011 angenommen worden sind, als Referenzdokumente für die Genehmigung oder die wesentliche Änderung von IPPC-Anlagen.

(2) Der Bundesminister für Wirtschaft, Familie und Jugend veröffentlicht die Fundstellen der für IPPC-Anlagen relevanten BVT-Schlussfolgerungen und BVT-Merkblätter auf der Homepage des Bundesministeriums für Wirtschaft, Familie und Jugend.

§ 72. (1) Gewerbetreibende dürfen Maschinen oder Geräte, die im Leerlauf oder bei üblicher Belastung einen größeren A-bewerteten Schalleistungspegel als 80 dB entwickeln, nur dann in den inländischen Verkehr bringen, wenn die Maschinen und Geräte mit einer deutlich sichtbaren und gut lesbaren sowie dauerhaften Aufschrift versehen sind, die den entsprechend der Verordnung gemäß Abs. 2 bestimmten A-bewerteten Schalleistungspegel bei Leerlauf und bzw. oder bei üblicher Belastung enthält.

(2) Der Bundesminister für wirtschaftliche Angelegenheiten hat entsprechend der Art der Maschinen und Geräte und dem Stand der Technik (§ 71a) durch Verordnung festzulegen, von wem und wie der A-bewertete Schalleistungspegel bei Leerlauf und bzw. oder bei üblicher Belastung zu bestimmen ist.

(3) Werden nicht unter Abs. 1 fallende Maschinen oder Geräte mit einer Aufschrift über die Geräuschentwicklung in den inländischen Verkehr gebracht, so hat diese Aufschrift, sofern für die in Betracht kommenden Arten von Maschinen oder Geräten eine Verordnung gemäß Abs. 2 besteht, den A-bewerteten Schalleistungspegel bei Leerlauf und bzw. oder bei üblicher Belastung zu enthalten, der entsprechend der Verordnung gemäß Abs. 2 ermittelt worden ist.

§ 73. (1) Wenn Gewerbetreibende regelmäßig Geschäftsbedingungen verwenden, so haben sie diese Geschäftsbedingungen in den für den Verkehr mit Kunden bestimmten Geschäftsräumen ersichtlich zu machen.

(2) Gewerbetreibende, die für vom Bundesminister für wirtschaftliche Angelegenheiten in einer Verordnung gemäß Abs. 3 bezeichnete gewerbliche Tätigkeiten Geschäftsbedingungen verwenden, sind verpflichtet, spätestens mit dem Beginn der Verwendung dieser Geschäftsbedingungen eine Ausfertigung dieser Geschäftsbedingungen dem Verein für Konsumenteninformation zu übermitteln; diese Verpflichtung gilt sinngemäß auch für Änderungen der bereits einer Anzeige angeschlossenen Geschäftsbedingungen. Verwendet ein Gewerbetreibender nicht mehr Geschäftsbedingungen, so hat er dies dem Verein für Konsumenteninformation innerhalb eines Monats mitzuteilen.

(3) Der Bundesminister für wirtschaftliche Angelegenheiten hat unter Bedachtnahme auf die Interessen der Kunden und die Wahrung der Rechtssicherheit im Geschäftsverkehr die dem Abs. 2 unterliegenden gewerblichen Tätigkeiten zu bezeichnen, bei deren Inanspruchnahme im Hinblick auf die Eigenart der betreffenden gewerblichen Tätigkeiten den Kunden Vermögensnachteile erwachsen können. In der Verordnung ist auch jener Zeitpunkt festzulegen, bis zu dem die Gewerbetreibenden, die in der Verordnung bezeichnete gewerbliche Tätigkeiten ausüben und im Zeitpunkt des Inkrafttretens der Verordnung hiefür Geschäftsbedingungen verwenden, ihre Geschäftsbedingungen gemäß Abs. 2 zu übermitteln haben.

(Anm.: Abs. 4 aufgehoben durch BGBl. I Nr. 28/2010)

(5) Verordnungen gemäß Abs. 4 können insbesondere Bestimmungen über Informationspflichten hinsichtlich der Kreditkosten (etwa Gesamtkreditkosten, Jahreszinssatz uä.) und der Zahlungsmodalitäten in bezug auf zu gewährende Kredite sowie Methoden für die Berechnung der Kreditkosten zum Gegenstand haben. Weiters können in einer Verordnung gemäß Abs. 4 bestimmte Kreditgewährungen und das Anbieten bestimmter Kredite – auch im Hinblick auf die Höhe des zu gewährenden Kredites – vom Geltungsbereich einer Verordnung gemäß Abs. 4 ausgenommen werden, wenn nach objektiven Gesichtspunkten ein Informationsbedürfnis im Sinne des Abs. 4 nicht oder nur in geringem Maße gegeben ist.

(6) Bis zum Inkrafttreten einer Verordnung gemäß Abs. 4 und 5 bleibt § 73 Abs. 6 und 7 in der Fassung der Gewerberechtsnovelle 1988, BGBl. Nr. 399, weiterhin in Geltung.

§ 73a. Gewerbetreibende, die Waren zum Verkauf feilhalten, deren Preis nach der Masse berechnet wird, oder die Waren zur Entnahme durch den Käufer feilhalten und hiefür eine bestimmte Masse angeben, müssen über eine geeignete Waage verfügen, die es dem Käufer ermöglicht, die Masse der von ihm gekauften Waren in der Verkaufsstelle nachprüfen zu lassen. Dies gilt nicht für Waren mit Masseangabe, die dem Gewerbetreibenden vorverpackt und originalverschlossen angeliefert werden.

8. Betriebsanlagen

§ 74. (1) Unter einer gewerblichen Betriebsanlage ist jede örtlich gebundene Einrichtung zu verstehen, die der Entfaltung einer gewerblichen Tätigkeit nicht bloß vorübergehend zu dienen bestimmt ist.

(2) Gewerbliche Betriebsanlagen dürfen nur mit Genehmigung der Behörde errichtet oder betrieben werden, wenn sie wegen der Verwendung von Maschinen und Geräten, wegen ihrer Betriebsweise, wegen ihrer Ausstattung oder sonst geeignet sind,

1. das Leben oder die Gesundheit des Gewerbetreibenden, der nicht den Bestimmungen des ArbeitnehmerInnenschutzgesetzes, BGBl. Nr. 450/1994, in der jeweils geltenden Fassung, unterliegenden mittätigen Familienangehörigen oder des nicht den Bestimmungen

des ArbeitnehmerInnenschutzgesetzes, BGBl. Nr. 450/1994, in der jeweils geltenden Fassung, unterliegenden mittätigen eingetragenen Partners, der Nachbarn oder der Kunden, die die Betriebsanlage der Art des Betriebes gemäß aufsuchen, oder das Eigentum oder sonstige dingliche Rechte der Nachbarn zu gefährden; als dingliche Rechte im Sinne dieses Bundesgesetzes gelten auch die im § 2 Abs. 1 Z 4 lit. g angeführten Nutzungsrechte,
2. die Nachbarn durch Geruch, Lärm, Rauch, Staub, Erschütterung oder in anderer Weise zu belästigen,
3. die Religionsausübung in Kirchen, den Unterricht in Schulen, den Betrieb von Kranken- und Kuranstalten oder die Verwendung oder den Betrieb anderer öffentlichen Interessen dienender benachbarter Anlagen oder Einrichtungen zu beeinträchtigen,
4. die Sicherheit, Leichtigkeit und Flüssigkeit des Verkehrs an oder auf Straßen mit öffentlichem Verkehr wesentlich zu beeinträchtigen oder
5. eine nachteilige Einwirkung auf die Beschaffenheit der Gewässer herbeizuführen, sofern nicht ohnedies eine Bewilligung auf Grund wasserrechtlicher Vorschriften vorgeschrieben ist.

(3) Die Genehmigungspflicht besteht auch dann, wenn die Gefährdungen, Belästigungen, Beeinträchtigungen oder nachteiligen Einwirkungen nicht durch den Inhaber der Anlage oder seine Erfüllungsgehilfen, sondern durch Personen in der Betriebsanlage bewirkt werden können, die die Anlage der Art des Betriebes gemäß in Anspruch nehmen.

(4) Bergbauanlagen, in denen vom Bergbauberechtigten auch gewerbliche Tätigkeiten ausgeübt werden, die mit Tätigkeiten der im § 2 Abs. 1 oder im § 107 des Mineralrohstoffgesetzes – MinroG, BGBl. I Nr. 38/1999, in der jeweils geltenden Fassung, genannten Art in wirtschaftlichem und fachlichem Zusammenhang stehen, bedürfen keiner Genehmigung gemäß Abs. 2, wenn sie nach bergrechtlichen Vorschriften bewilligt sind und der Charakter der Anlage als Bergbauanlage gewahrt bleibt. Weist eine Anlage nicht mehr den Charakter einer Bergbauanlage, sondern den Charakter einer gewerblichen Betriebsanlage auf, so hat dies der Anlageninhaber unverzüglich der Bergbehörde, die die Anlage bewilligt hat, und der nunmehr zur Genehmigung der Anlage zuständigen Gewerbebehörde anzuzeigen. Ab dem Einlangen dieser Anzeige bei der Gewerbebehörde gilt die Anlagenbewilligung nach bergrechtlichen Vorschriften als Genehmigung gemäß Abs. 2.

(5) Anlagen zur Erzeugung elektrischen Stroms, die auch der mit dieser Tätigkeit in wirtschaftlichem und fachlichem Zusammenhang stehenden Gewinnung und Abgabe von Wärme dienen, bedürfen keiner Genehmigung gemäß Abs. 2, wenn sie nach anderen bundesrechtlichen Vorschriften für derartige Anlagen bewilligt sind und der Charakter der Anlage als Stromerzeugungsanlage gewahrt bleibt.

(6) Abs. 4 vorletzter und letzter Satz gilt sinngemäß für eine nach anderen als bergrechtlichen Vorschriften genehmigte oder bewilligte Anlage, die nicht mehr den Charakter einer solchen vom Geltungsbereich dieses Bundesgesetzes ausgenommenen Anlage, sondern den Charakter einer gewerblichen Betriebsanlage im Sinne des Abs. 2 aufweist.

(7) Der Bundesminister für wirtschaftliche Angelegenheiten kann Arten von Betriebsanlagen, für die jedenfalls keine Genehmigung erforderlich ist, durch Verordnung bezeichnen, wenn von ihnen erwartet werden kann, daß die gemäß § 74 Abs. 2 wahrzunehmenden Interessen hinreichend geschützt sind.

§ 75. (1) Unter einer Gefährdung des Eigentums im Sinne des § 74 Abs. 2 Z 1 ist die Möglichkeit einer bloßen Minderung des Verkehrswertes des Eigentums nicht zu verstehen.

(2) Nachbarn im Sinne dieses Bundesgesetzes sind alle Personen, die durch die Errichtung, den Bestand oder den Betrieb einer Betriebsanlage gefährdet oder belästigt oder deren Eigentum oder sonstige dingliche Rechte gefährdet werden könnten. Als Nachbarn gelten nicht Personen, die sich vorübergehend in der Nähe der Betriebsanlage aufhalten und nicht im Sinne des vorherigen Satzes dinglich berechtigt sind. Als Nachbarn gelten jedoch die Inhaber von Einrichtungen, in denen sich, wie etwa in Beherbergungsbetrieben, Krankenanstalten und Heimen, regelmäßig Personen vorübergehend aufhalten, hinsichtlich des Schutzes dieser Personen, und die Erhalter von Schulen hinsichtlich des Schutzes der Schüler, der Lehrer und der sonst in Schulen ständig beschäftigten Personen.

(3) Als Nachbarn sind auch die im Abs. 2 erster Satz genannten Personen zu behandeln, die auf grenznahen Grundstücken im Ausland wohnen, wenn in dem betreffenden Staat österreichische Nachbarn in den entsprechenden Verfahren rechtlich oder doch tatsächlich den gleichen Nachbarschaftsschutz genießen.

§ 76. (1) Der Bundesminister für wirtschaftliche Angelegenheiten kann durch Verordnung Maschinen, Geräte und Ausstattungen bezeichnen, deren Verwendung für sich allein die Genehmigungspflicht einer Anlage nicht begründet, weil sie so beschaffen sind oder mit Schutzvorrichtungen so versehen oder für ihre Verwendung andere Schutzmaßnahmen, zu denen auch die Beigabe von Aufstellungs-, Montage-, Bedienungs-, Kontroll- und Wartungsanleitungen zählt, so getroffen sind, daß nach dem Stand der Technik (§ 71a) und dem Stand der medizinischen oder der sonst in Betracht kommenden Wissenschaften zu erwarten ist, daß Gefährdungen, Belästigungen,

Beeinträchtigungen oder nachteilige Einwirkungen im Sinne des § 74 Abs. 2 oder Belastungen der Umwelt (§ 69a) vermieden werden.

(2) Ist diesbezüglich keine Regelung in einer Verordnung gemäß Abs. 1 erlassen worden, so hat der Bundesminister für wirtschaftliche Angelegenheiten für eine bestimmte Bauart, für eine bestimmte Maschine, für ein bestimmtes Gerät oder für eine bestimmte Ausstattung auf Antrag durch Bescheid festzustellen, ob die Voraussetzungen gemäß Abs. 1 dafür gegeben sind, daß die Verwendung dieser Bauart, dieser Maschine, dieses Gerätes oder dieser Ausstattung für sich allein die Genehmigungspflicht einer Anlage nicht begründet. Der Antrag kann vom Erzeuger oder auch von anderen Personen gestellt werden, die ein sachliches Interesse an der Feststellung nachweisen.

(3) Im Genehmigungsverfahren sind unter Abs. 1 oder Abs. 2 fallende Maschinen, Geräte oder Ausstattungen nur dann zu berücksichtigen, wenn durch die Verbindung der Maschine, des Gerätes oder der Ausstattung mit anderen Anlageteilen oder durch die Anzahl der Maschinen, Geräte oder Ausstattungen Gefährdungen, Belästigungen, Beeinträchtigungen oder nachteilige Einwirkungen im Sinne des § 74 Abs. 2 bewirkt werden können.

§ 76a. (1) Für Gastgärten, die sich auf öffentlichem Grund befinden oder an öffentliche Verkehrsflächen angrenzen, ist für die Zeit von 8 bis 23 Uhr keine Genehmigung erforderlich, wenn

1. sie ausschließlich der Verabreichung von Speisen und dem Ausschank von Getränken dienen,
2. sie über nicht mehr als 75 Verabreichungsplätze verfügen,
3. in ihnen lauteres Sprechen als der übliche Gesprächston der Gäste, Singen und Musizieren vom Gastgewerbetreibenden untersagt ist und auf dieses Verbot hinweisende Anschläge dauerhaft und von allen Zugängen zum Gastgarten deutlich erkennbar angebracht sind, und
4. auf Grund der geplanten Ausführung zu erwarten ist, dass die gemäß § 74 Abs. 2 wahrzunehmenden Interessen hinreichend geschützt sind und Belastungen der Umwelt (§ 69a) vermieden werden; eine wesentliche Beeinträchtigung des Verkehrs im Sinne des § 74 Abs. 2 Z 4 ist jedenfalls nicht zu erwarten, wenn der Gastgarten gemäß § 82 Straßenverkehrsordnung 1960 – StVO 1960, BGBl. Nr. 159/1960, in der jeweils geltenden Fassung, bewilligt ist.

(2) Für Gastgärten, die sich weder auf öffentlichem Grund befinden noch an öffentliche Verkehrsflächen angrenzen, ist für die Zeit von 9 bis 22 Uhr keine Genehmigung erforderlich, wenn die Voraussetzungen gemäß Abs. 1 Z 1 bis Z 4 sinngemäß erfüllt sind.

(3) Der Betrieb eines Gastgartens im Sinne des Abs. 1 oder des Abs. 2 ist der Behörde vorher anzuzeigen. Dieser Anzeige sind Unterlagen im Sinne des § 353 Z 1 lit. a bis lit. c in vierfacher Ausfertigung anzuschließen; werden die Unterlagen elektronisch eingebracht, genügt der Anschluss in einfacher Ausfertigung.

(4) Sind die Voraussetzungen gemäß Abs. 1 oder Abs. 2 nicht erfüllt, so hat die Behörde unbeschadet eines Verfahrens nach §§ 366 ff dies festzustellen und den Betrieb des Gastgartens zu untersagen. Die Behörde hat diesen Bescheid spätestens drei Monate nach Einlangen der Anzeige samt Unterlagen zu erlassen.

(5) Wenn die in Abs. 1 oder Abs. 2 angeführten Voraussetzungen wiederholt nicht eingehalten werden, hat die Behörde den Gastgarteninhaber mit Verfahrensanordnung zur Einhaltung der Voraussetzungen aufzufordern. Kommt der Gewerbetreibende dieser Aufforderung nicht nach, so hat die Behörde mit Bescheid die Schließung des Gastgartens zu verfügen. § 360 Abs. 4 letzter Satz und Abs. 5 sind sinngemäß anzuwenden.

(6) Mit Erteilung einer Genehmigung gemäß § 81 treten Bescheide gemäß Abs. 4 oder Abs. 5 außer Wirksamkeit.

(7) Gastgärten, die im Sinne des Abs. 1 Z 1 bis Z 4, jedoch über die in Abs. 1 oder Abs. 2 angeführten Zeiten hinaus betrieben werden, bedürfen einer Genehmigung, wenn es zur Wahrung der im § 74 Abs. 2 umschriebenen Interessen erforderlich ist.

(8) Auf Gastgärten, die im Sinne des Abs. 1 oder Abs. 2 betrieben werden, sind die §§ 79 und 79a mit der Maßgabe anzuwenden, dass Auflagen und Einschränkungen der Betriebszeit zugunsten von Nachbarn im Sinne des § 75 Abs. 2 und 3 nur soweit vorzuschreiben sind, als diese notwendig sind.

(9) Die Gemeinde kann mit Verordnung abweichende Regelungen betreffend die in Abs. 1 und Abs. 2 festgelegten Zeiten für solche Gebiete festlegen, die insbesondere wegen ihrer Flächenwidmung, ihrer Verbauungsdichte, der in ihnen bestehenden Bedürfnisse im Sinne des § 113 Abs. 1 und ihrer öffentlichen Einrichtungen, wie Krankenhäuser, Altersheime, Bahnhöfe, Theater, Sportplätze und Parks, diese Sonderregelung rechtfertigen. Im Besonderen kann in der Verordnung auch in Gebieten mit besonderen touristischen Einrichtungen oder Erwartungshaltungen (Tourismusgebiete) eine Zeit insbesondere bis 24 Uhr als gerechtfertigt angesehen werden.

§ 77. (1) Die Betriebsanlage ist zu genehmigen, wenn nach dem Stand der Technik (§ 71a) und dem Stand der medizinischen und der sonst in Betracht kommenden Wissenschaften zu erwarten ist, daß überhaupt oder bei Einhaltung der erforderlichenfalls vorzuschreibenden bestimmten geeigneten Auflagen die nach den Umständen des Einzelfalles voraussehbaren Gefährdungen im Sinne des § 74 Abs. 2 Z 1 vermieden und Belästigungen, Beeinträchtigungen oder nachteilige Einwirkungen im Sinne des § 74 Abs. 2 Z 2 bis 5 auf ein zumutbares Maß beschränkt werden. Die nach dem ersten Satz vorzuschreibenden Auflagen haben erforderlichenfalls auch Maßnahmen für den Fall der Unterbrechung des Betriebes und der Auflassung der Anlage zu umfassen; die Behörde kann weiters zulassen, daß bestimmte Auflagen erst ab einem dem Zeitaufwand der hiefür erforderlichen Maßnahmen entsprechend festzulegenden Zeitpunkt nach Inbetriebnahme der Anlage oder von Teilen der Anlage eingehalten werden müssen, wenn dagegen keine Bedenken vom Standpunkt des Schutzes der im § 74 Abs. 2 umschriebenen Interessen bestehen.

(2) Ob Belästigungen der Nachbarn im Sinne des § 74 Abs. 2 Z 2 zumutbar sind, ist danach zu beurteilen, wie sich die durch die Betriebsanlage verursachten Änderungen der tatsächlichen örtlichen Verhältnisse auf ein gesundes, normal empfindendes Kind und auf einen gesunden, normal empfindenden Erwachsenen auswirken.

(3) Die Behörde hat Emissionen von Luftschadstoffen jedenfalls nach dem Stand der Technik (§ 71a) zu begrenzen. Die für die zu genehmigende Anlage in Betracht kommenden Bestimmungen einer Verordnung gemäß § 10 des Immissionsschutzgesetzes-Luft (IG-L), BGBl. I Nr. 115/1997, in der jeweils geltenden Fassung, sind anzuwenden. Sofern in dem Gebiet, in dem eine neue Anlage oder eine emissionserhöhende Anlagenerweiterung genehmigt werden soll, bereits mehr als 35 Überschreitungen des Tagesmittelwertes für PM_10 gemäß Anlage 1a zum IG-L oder eine Überschreitung

- des um 10 µg/m³ erhöhten Jahresmittelwertes für Stickstoffdioxid gemäß Anlage 1a zum IG-L,
- des Jahresmittelwertes für PM_10 gemäß Anlage 1a zum IG-L,
- des Jahresmittelwertes für PM_2,5 gemäß Anlage 1b zum IG-L,
- eines in einer Verordnung gemäß § 3 Abs. 5 IG-L festgelegten Immissionsgrenzwertes,
- des Halbstundenmittelwertes für Schwefeldioxid gemäß Anlage 1a zum IG-L,
- des Tagesmittelwertes für Schwefeldioxid gemäß Anlage 1a zum IG-L,
- des Halbstundenmittelwertes für Stickstoffdioxid gemäß Anlage 1a zum IG-L,
- des Grenzwertes für Blei in PM_10 gemäß Anlage 1a zum IG-L oder
- eines Grenzwertes gemäß Anlage 5b zum IG-L

vorliegt oder durch die Genehmigung zu erwarten ist, ist die Genehmigung nur dann zu erteilen, wenn

1. die Emissionen der Anlage keinen relevanten Beitrag zur Immissionsbelastung leisten oder
2. der zusätzliche Beitrag durch emissionsbegrenzende Auflagen im technisch möglichen und wirtschaftlich zumutbaren Ausmaß beschränkt wird und die zusätzlichen Emissionen erforderlichenfalls durch Maßnahmen zur Senkung der Immissionsbelastung, insbesondere auf Grund eines Programms gemäß § 9a IG-L oder eines Maßnahmenkatalogs gemäß § 10 des Immissionsschutzgesetzes-Luft in der Fassung des Bundesgesetzes BGBl. I Nr. 34/2003, ausreichend kompensiert werden, so dass in einem realistischen Szenario langfristig keine weiteren Überschreitungen der in diesem Absatz angeführten Werte anzunehmen sind, sobald diese Maßnahmen wirksam geworden sind.

(4) Die Betriebsanlage ist erforderlichenfalls unter Vorschreibung bestimmter geeigneter Auflagen zu genehmigen, wenn die Abfälle (§ 2 Abfallwirtschaftsgesetz) nach dem Stand der Technik (§ 71a) vermieden oder verwertet oder, soweit dies wirtschaftlich nicht vertretbar ist, ordnungsgemäß entsorgt werden. Ausgenommen davon sind Betriebsanlagen, soweit deren Abfälle nach Art und Menge mit denen der privaten Haushalte vergleichbar sind.

(Anm.: Abs. 5 bis 9 aufgehoben durch BGBl. I Nr. 111/2010)

§ 77a. (1) Im Genehmigungsbescheid, in dem auf die eingelangten Stellungnahmen (§ 356a Abs. 2 und 4) Bedacht zu nehmen ist, ist über § 77 hinaus sicherzustellen, dass IPPC-Anlagen so errichtet, betrieben und aufgelassen werden, dass:

1. alle geeigneten Vorsorgemaßnahmen gegen Umweltverschmutzungen, insbesondere durch den Einsatz von dem Stand der Technik entsprechenden technologischen Verfahren, Einrichtungen und Betriebsweisen sowie durch die effiziente Verwendung von Energie, getroffen werden;
2. die notwendigen Maßnahmen ergriffen werden, um Unfälle zu verhindern und deren Folgen zu begrenzen;
3. die erforderlichen Maßnahmen getroffen werden, um bei der Auflassung der IPPC-Anlage die Gefahr einer Umweltverschmutzung zu vermeiden und um einen zufrieden stellenden Zustand des IPPC-Anlagengeländes im Sinne des § 83a wiederherzustellen.

(2) Soweit nicht bereits nach Abs. 1 geboten, hat der Genehmigungsbescheid für IPPC-Anlagen zu enthalten:

1. jedenfalls dem Stand der Technik entsprechende Emissionsgrenzwerte für in der **Anlage 4** zu diesem Bundesgesetz genannte Schadstoffe sowie für sonstige Schadstoffe, sofern sie von der IPPC-Anlage in relevanter Menge emittiert

werden können, wobei die mögliche Verlagerung der Verschmutzung von einem Medium (Wasser, Luft, Boden) in ein anderes zu berücksichtigen ist, um zu einem hohen Schutzniveau für die Umwelt insgesamt beizutragen; gegebenenfalls dürfen andere dem Stand der Technik entsprechende technische Maßnahmen vorgesehen werden, die zu einem gleichwertigen Ergebnis führen, hierbei sind die technische Beschaffenheit der betreffenden IPPC-Anlage, ihr geographischer Standort und die jeweiligen örtlichen Umweltbedingungen zu berücksichtigen;

2. Anforderungen an die Überwachung der Emissionen (einschließlich Messmethodik, Messhäufigkeit und Bewertungsverfahren sowie in den Fällen des § 77b Abs. 2 Z 2 der Vorgabe, dass die Ergebnisse der Überwachung der Emissionen für die gleichen Zeiträume und Referenzbedingungen verfügbar sein müssen wie für die mit den besten verfügbaren Techniken assoziierten Emissionswerte); die Überwachungsauflagen sind gegebenenfalls auf die in den BVT-Schlussfolgerungen beschriebenen Überwachungsanforderungen zu stützen;
3. die Verpflichtung des Anlageninhabers, der Behörde regelmäßig, mindestens jedoch einmal jährlich, folgende Unterlagen zu übermitteln:
   a) Informationen auf der Grundlage der Ergebnisse der Emissionsüberwachung (Z 2) und sonstige erforderliche Daten, die der Behörde die Überprüfung der Einhaltung des konsensgemäßen Zustands ermöglichen und
   b) in den Fällen des § 77b Abs. 2 Z 2 eine Zusammenfassung der Ergebnisse der Emissionsüberwachung, die einen Vergleich mit den mit den besten verfügbaren Techniken assoziierten Emissionswerten ermöglicht;
4. angemessene Auflagen zum Schutz des Bodens und des Grundwassers sowie angemessene Anforderungen an die regelmäßige Wartung und die Überwachung der Maßnahmen zur Vermeidung der Verschmutzung des Bodens und des Grundwassers;
5. angemessene Anforderungen betreffend die wiederkehrende Überwachung des Bodens und des Grundwassers auf die relevanten gefährlichen Stoffe (§ 71b Z 6), die wahrscheinlich vor Ort anzutreffen sind, unter Berücksichtigung möglicher Boden- und Grundwasserverschmutzungen auf dem Gelände der IPPC-Anlage; die wiederkehrende Überwachung muss mindestens alle fünf Jahre für das Grundwasser und mindestens alle zehn Jahre für den Boden durchgeführt werden, es sei denn, diese Überwachung erfolgt anhand einer systematischen Beurteilung des Verschmutzungsrisikos;
6. Maßnahmen für andere als normale Betriebsbedingungen.

(3) Wird dem Genehmigungsbescheid ein Stand der Technik zugrunde gelegt, der in keiner der einschlägigen BVT-Schlussfolgerungen beschrieben ist, muss gewährleistet sein, dass die angewandte Technologie und die Art und Weise, wie die IPPC-Anlage geplant, gebaut, gewartet, betrieben und aufgelassen wird, unter Berücksichtigung der in der **Anlage 6** zu diesem Bundesgesetz angeführten Kriterien bestimmt wird und dass die Anforderungen des § 77b erfüllt werden.

(4) Enthalten die einschlägigen BVT-Schlussfolgerungen keine mit den besten verfügbaren Techniken assoziierten Emissionswerte, so muss gewährleistet sein, dass die gemäß Abs. 3 festgelegte Technik ein Umweltschutzniveau erreicht, das dem in den einschlägigen BVT-Schlussfolgerungen beschriebenen Stand der Technik gleichwertig ist.

(5) Liegen für eine Tätigkeit oder einen Produktionsprozess in einer IPPC-Anlage keine BVT-Schlussfolgerungen vor oder decken diese Schlussfolgerungen nicht alle möglichen Umweltauswirkungen der Tätigkeit oder des Prozesses ab, so hat die Behörde nach Konsultation des Genehmigungswerbers die erforderlichen Auflagen auf der Grundlage des Standes der Technik unter Berücksichtigung der in der **Anlage 6** zu diesem Bundesgesetz angeführten Kriterien vorzuschreiben.

(6) Im Genehmigungsbescheid für IPPC-Anlagen sind über den Stand der Technik hinausgehende bestimmte, geeignete Auflagen vorzuschreiben, wenn und soweit dies zur Verhinderung des Überschreitens eines unionsrechtlich festgelegten Immissionsgrenzwertes erforderlich ist.

(7) Die Behörde hat in einer in der betroffenen Gemeinde verbreiteten periodisch erscheinenden Zeitung und im Internet bekannt zu geben, dass die Entscheidung über die Genehmigung einer IPPC-Anlage innerhalb eines bestimmten, mindestens sechs Wochen betragenden, Zeitraums bei der Behörde während der Amtsstunden zur Einsichtnahme aufliegt. Diese Bekanntgabe hat auch Angaben über das Verfahren zur Beteiligung der Öffentlichkeit zu enthalten. Der Inhalt der Entscheidung ist der Öffentlichkeit jedenfalls auch im Internet (Weblink) zugänglich zu machen; dies gilt auch für Bescheide gemäß § 81b. Betriebs- und Geschäftsgeheimnisse sind zu wahren.

(8) Mit Ablauf von zwei Wochen nach der Bekanntgabe gemäß Abs. 7 gilt der Bescheid betreffend die Genehmigung einer IPPC-Anlage auch gegenüber jenen Personen als zugestellt, die sich am Verfahren nicht oder nicht rechtzeitig (§ 42 AVG) beteiligt und deshalb keine Parteistellung erlangt haben. Ab dem Tag der Kundmachung im

Internet ist solchen Personen, die glaubhaft machen, dass ihnen ein Beschwerderecht zukommt, Einsicht in den Verwaltungsakt zu gewähren.

(9) Werden in einer Beschwerde gegen den Bescheid betreffend die Genehmigung einer IPPC-Anlage Einwendungen oder Gründe erstmals vorgebracht, so sind diese nur zulässig, wenn in der Beschwerde begründet wird, warum sie nicht bereits während der Einwendungsfrist im Genehmigungsverfahren geltend gemacht werden konnten, und der Beschwerdeführer glaubhaft macht, dass ihn am Unterbleiben der Geltendmachung während der Einwendungsfrist kein Verschulden oder nur ein minderer Grad des Versehens trifft. Wenn dies bei sämtlichen Beschwerdegründen nicht glaubhaft gemacht werden kann, ist die Beschwerde als unzulässig zurückzuweisen, wenn jedoch nur teilweise Gründe betroffen sind, ist die Beschwerde in diesen Punkten nicht zu behandeln.

§ 77b. (1) Die Emissionsgrenzwerte für Schadstoffe im Sinne des § 77a Abs. 2 Z 1 gelten an dem Punkt, an dem die Emissionen die IPPC-Anlagenteile verlassen, wobei eine etwaige Verdünnung vor diesem Punkt bei der Festsetzung der Grenzwerte nicht berücksichtigt wird. Die emittierte Schadstofffracht ist das zu minimierende Kriterium. Die wasserrechtlichen Vorschriften bleiben unberührt.

(2) Hinsichtlich der Emissionsgrenzwerte im Sinne des § 77a Abs. 2 muss durch eine der folgenden Maßnahmen sichergestellt werden, dass die Emissionen unter normalen Betriebsbedingungen die mit den besten verfügbaren Techniken assoziierten Emissionswerte der BVT-Schlussfolgerungen gemäß § 71c Abs. 1 nicht überschreiten:

1. Festlegung von Emissionsgrenzwerten, die die mit den besten verfügbaren Techniken assoziierten Emissionswerte nicht überschreiten; diese Emissionsgrenzwerte werden für die gleichen oder kürzeren Zeiträume und unter denselben Referenzbedingungen ausgedrückt wie die mit den besten verfügbaren Techniken assoziierten Emissionswerte;

oder

2. Festlegung von Emissionsgrenzwerten, die in Bezug auf Werte, Zeiträume und Referenzbedingungen von den in der Z 1 angeführten Emissionsgrenzwerten abweichen; in diesem Fall hat die Behörde mindestens jährlich die Ergebnisse der Emissionsüberwachung zu bewerten, um sicherzustellen, dass die Emissionen unter normalen Betriebsbedingungen die mit den besten verfügbaren Techniken assoziierten Emissionswerte nicht überschritten haben.

(3) Abweichend von Abs. 2 darf die Behörde unbeschadet des § 77a Abs. 6 in besonderen Fällen weniger strenge Emissionsgrenzwerte festlegen, wenn eine Bewertung ergibt, dass die Erreichung der mit den besten verfügbaren Techniken assoziierten Emissionswerte entsprechend der Beschreibung in den BVT-Schlussfolgerungen wegen des geografischen Standorts und der lokalen Umweltbedingungen der IPPC-Anlage oder der technischen Merkmale der IPPC-Anlage gemessen am Umweltnutzen zu unverhältnismäßig höheren Kosten führen würde. Jedenfalls ist sicherzustellen, dass keine erheblichen Umweltverschmutzungen verursacht werden und ein hohes Schutzniveau für die Umwelt insgesamt erreicht wird. Im Genehmigungsbescheid sind die Ergebnisse der Bewertung festzuhalten und die Vorschreibung weniger strenger Emissionsgrenzwerte im Sinne des ersten Satzes und die entsprechenden Auflagen zu begründen.

(4) Die Behörde darf für einen Gesamtzeitraum von höchstens neun Monaten vorübergehende Abweichungen von den Auflagen im Sinne der Absätze 2 und 3 sowie von den gemäß § 77a Abs. 1 Z 1 zu treffenden Vorsorgemaßnahmen für die Erprobung und Anwendung von Zukunftstechniken genehmigen, sofern nach dem festgelegten Zeitraum die Anwendung der betreffenden Technik beendet wird oder im Rahmen der Tätigkeit mindestens die mit den besten verfügbaren Techniken assoziierten Emissionswerte erreicht werden.

§ 78. (1) Anlagen oder Teile von Anlagen dürfen vor Eintritt der Rechtskraft des Genehmigungsbescheides errichtet und betrieben werden, wenn dessen Auflagen bei der Errichtung und beim Betrieb der Anlage eingehalten werden. Dieses Recht endet mit der Erlassung des Erkenntnisses über die Beschwerde gegen den Genehmigungsbescheid, spätestens jedoch drei Jahre nach der Zustellung des Genehmigungsbescheides an den Genehmigungswerber. Die zur Entscheidung berufene Behörde hat die Inanspruchnahme dieses Rechtes auszuschließen, wenn der Begründung der Beschwerde zu entnehmen ist, daß auf Grund der besonderen Situation des Einzelfalles trotz Einhaltung der Auflagen des angefochtenen Bescheides eine Gefährdung des Lebens oder der Gesundheit zu erwarten ist.

(Anm.: Abs. 2 aufgehoben durch BGBl. I Nr. 85/2013)

(3) Die Behörde kann bei der Genehmigung von Rohrleitungsanlagen, mit denen brennbare Gase mit einem den atmosphärischen Druck um mehr als 1 bar übersteigenden Betriebsdruck oder Erdöl oder flüssige Erdölprodukte befördert werden, im Genehmigungsbescheid auch den Abschluß und den Fortbestand einer Haftpflichtversicherung vorschreiben, wenn der Ersatz für Schädigungen, die im Hinblick auf die besondere Gefährlichkeit des Betriebes solcher Anlagen möglich sind, in anderer Weise nicht gesichert ist. Diese

Bestimmung gilt nicht für Rohrleitungsanlagen, die der Verteilung von brennbaren Gasen, Erdöl oder Erdölprodukten innerhalb von Gebäuden oder abgegrenzten Grundstücken dienen.

§ 79. (1) Ergibt sich nach Genehmigung der Anlage, daß die gemäß § 74 Abs. 2 wahrzunehmenden Interessen trotz Einhaltung der im Genehmigungsbescheid vorgeschriebenen Auflagen nicht hinreichend geschützt sind, so hat die Behörde die nach dem Stand der Technik (§ 71a) und dem Stand der medizinischen und der sonst in Betracht kommenden Wissenschaften zur Erreichung dieses Schutzes erforderlichen anderen oder zusätzlichen Auflagen (§ 77 Abs. 1) vorzuschreiben; die Auflagen haben gegebenenfalls auch die zur Erreichung dieses Schutzes erforderliche Beseitigung eingetretener Folgen von Auswirkungen der Anlage zu umfassen; die Behörde hat festzulegen, daß bestimmte Auflagen erst nach Ablauf einer angemessenen, höchstens drei Jahre, in besonders berücksichtigungswürdigen Fällen (zB bei Betriebsübernahmen) höchstens fünf Jahre, betragenden Frist eingehalten werden müssen, wenn der Inhaber der Betriebsanlage nachweist, daß ihm (zB wegen der mit der Übernahme des Betriebes verbundenen Kosten) die Einhaltung dieser Auflagen erst innerhalb dieser Frist wirtschaftlich zumutbar ist, und gegen die Fristeinräumung keine Bedenken vom Standpunkt des Schutzes der im § 74 Abs. 2 umschriebenen Interessen bestehen. Die Behörde hat solche Auflagen nicht vorzuschreiben, wenn sie unverhältnismäßig sind, vor allem wenn der mit der Erfüllung der Auflagen verbundene Aufwand außer Verhältnis zu dem mit den Auflagen angestrebten Erfolg steht. Dabei sind insbesondere Art, Menge und Gefährlichkeit der von der Anlage ausgehenden Emissionen und der von ihr verursachten Immissionen sowie die Nutzungsdauer und die technischen Besonderheiten der Anlage zu berücksichtigen.

(2) Zugunsten von Personen, die erst nach Genehmigung der Betriebsanlage Nachbarn im Sinne des § 75 Abs. 2 und 3 geworden sind, sind Auflagen im Sinne des Abs. 1 nur soweit vorzuschreiben, als diese zur Vermeidung einer Gefährdung des Lebens oder der Gesundheit dieser Personen notwendig sind. Auflagen im Sinne des Abs. 1 zur Vermeidung einer über die unmittelbare Nachbarschaft hinausreichenden beträchtlichen Belastung durch Luftschadstoffe, Lärm oder gefährliche Abfälle sind, sofern sie nicht unter den ersten Satz fallen, zugunsten solcher Personen nur dann vorzuschreiben, wenn diese Auflagen im Sinne des Abs. 1 verhältnismäßig sind.

(3) Könnte der hinreichende Schutz der gemäß § 74 Abs. 2 wahrzunehmenden Interessen nach Abs. 1 oder 2 nur durch die Vorschreibung solcher anderer oder zusätzlicher Auflagen erreicht werden, durch die die genehmigte Betriebsanlage in ihrem Wesen verändert würde, so hat die Behörde dem Inhaber der Anlage mit Bescheid aufzutragen, zur Erreichung des hinreichenden Interessenschutzes und der Begrenzung der Emissionen von Luftschadstoffen nach dem Stand der Technik innerhalb einer dem hiefür erforderlichen Zeitaufwand angemessenen Frist ein Sanierungskonzept für die Anlage zur Genehmigung vorzulegen; für dieses Sanierungskonzept ist der Grundsatz der Verhältnismäßigkeit (Abs. 1) maßgebend. Im Bescheid, mit dem die Sanierung genehmigt wird, hat die Behörde, erforderlichenfalls unter Vorschreibung bestimmter Auflagen, eine dem Zeitaufwand für die vorgesehenen Sanierungsmaßnahmen entsprechende Frist zur Durchführung der Sanierung festzulegen. § 81 Abs. 1 ist auf diese Sanierung nicht anzuwenden.

(4) Die Behörde hat dem Inhaber einer genehmigten Betriebsanlage, die in einem Sanierungsgebiet liegt und von Anordnungen einer Verordnung gemäß § 10 des Immissionsschutzgesetzes – Luft, in der jeweils geltenden Fassung, betroffen ist, erforderlichenfalls mit Bescheid aufzutragen, zur Erfüllung dieser Anordnungen innerhalb einer dem hiefür erforderlichen Zeitaufwand angemessenen Frist ein Sanierungskonzept für die Anlage vorzulegen. Im Bescheid, mit dem die Sanierung, erforderlichenfalls unter Vorschreibung bestimmter Auflagen, genehmigt wird, hat die Behörde dem Anlageninhaber die Durchführung der genehmigten Sanierung innerhalb der Sanierungsfrist aufzutragen, die sich aus der Verordnung gemäß § 10 IG-L oder aus dem Programm gemäß § 9a IG-L ergibt. § 81 Abs. 1 ist auf diese Sanierung nicht anzuwenden.

§ 79a. (1) Die Behörde hat ein Verfahren gemäß § 79 Abs. 1 von Amts wegen oder nach Maßgabe des Abs. 2 auf Antrag des Bundesministers für Umwelt, Jugend und Familie oder nach Maßgabe des Abs. 3 auf Antrag eines Nachbarn einzuleiten.

(2) Der Bundesminister für Umwelt, Jugend und Familie kann den Antrag gemäß Abs. 1 stellen, wenn auf Grund der ihm vorliegenden Nachbarbeschwerden oder Meßergebnisse anzunehmen ist, daß der Betrieb der Anlage zu einer über die unmittelbare Nachbarschaft hinausreichenden beträchtlichen Belastung der Umwelt durch Luftschadstoffe, Lärm oder gefährliche Abfälle führt.

(3) Der Nachbar muß in seinem Antrag gemäß Abs. 1 glaubhaft machen, daß er als Nachbar vor den Auswirkungen der Betriebsanlage nicht hinreichend geschützt ist, und nachweisen, daß er bereits im Zeitpunkt der Genehmigung der Betriebsanlage oder der betreffenden Betriebsanlagenänderung Nachbar im Sinne des § 75 Abs. 2 und 3 war.

(4) Durch die Einbringung des dem Abs. 3 entsprechenden Antrages erlangt der Nachbar Parteistellung. Der Nachbar ist nicht gemäß § 76 Abs. 1 AVG zur Kostentragung verpflichtet, wenn auf Grund seines Antrages andere oder zusätzliche Auflagen vorgeschrieben wurden.

§ 79b. Ergibt sich nach der Genehmigung der Anlage, daß die gemäß § 77 Abs. 4 wahrzunehmenden Interessen trotz Einhaltung des Abfallwirtschaftskonzeptes (§ 353 Z 1 lit. c) und der im Genehmigungsbescheid vorgeschriebenen Auflagen nicht hinreichend gewahrt sind, so hat die Behörde die nach dem Stand der Technik (§ 71a) zur hinreichenden Wahrung dieser Interessen erforderlichen anderen oder zusätzlichen Auflagen im Sinne des § 77 Abs. 4 vorzuschreiben. Die Behörde hat solche Auflagen nicht vorzuschreiben, wenn sie unverhältnismäßig sind, vor allem wenn der mit der Erfüllung der Auflagen verbundene Aufwand außer Verhältnis zu dem mit den Auflagen angestrebten Erfolg steht.

§ 79c. (1) Vorgeschriebene Auflagen sind mit Bescheid aufzuheben oder abzuändern, wenn sich nach der Vorschreibung von Auflagen ergibt, dass die vorgeschriebenen Auflagen für die nach § 74 Abs. 2 wahrzunehmenden Interessen nicht erforderlich sind oder für die Wahrnehmung dieser Interessen auch mit den Inhaber der Betriebsanlage weniger belastenden Auflagen das Auslangen gefunden werden kann. § 77 ist sinngemäß anzuwenden, für IPPC-Anlagen ist auch § 77a sinngemäß anzuwenden.

(2) Abweichungen vom Genehmigungsbescheid einschließlich seiner Bestandteile sind mit Bescheid zuzulassen, soweit dem nicht der Schutz der nach § 74 Abs. 2 wahrzunehmenden Interessen entgegensteht, erforderlichenfalls unter Aufhebung oder Abänderung von vorgeschriebenen Auflagen oder auch Vorschreibung zusätzlicher Auflagen. § 77 ist sinngemäß anzuwenden, für IPPC-Anlagen ist auch § 77a sinngemäß anzuwenden.

(3) Die Behörde hat ein Verfahren nach Abs. 1 oder 2 auf Antrag des Inhabers der Betriebsanlage einzuleiten. Im Antrag ist das Vorliegen der Voraussetzungen glaubhaft zu machen, andernfalls der Antrag zurückzuweisen ist.

(4) Die nach diesem Bundesgesetz oder nach anderen Verwaltungsvorschriften des Bundes bei Erteilung der Genehmigung mitanzuwendenden materiellrechtlichen Genehmigungs-(Bewilligungs-)Regelungen sind in den Verfahren nach Abs. 1 oder Abs. 2 mitanzuwenden.

§ 79d. (1) Aus Anlass einer Betriebsübernahme kann der übernehmende Inhaber der Betriebsanlage beantragen, dass ihm eine Zusammenstellung der die Genehmigung der Betriebsanlage nach diesem Bundesgesetz betreffenden Bescheide übermittelt wird. Auf sein Verlangen sind ihm auf seine Kosten Kopien oder Ausdrucke der darin angeführten Genehmigungsbescheide einschließlich deren Bestandteile nach § 359 Abs. 2 zu übermitteln. Der Antrag ist spätestens innerhalb von sechs Wochen nach erfolgter Betriebsübernahme zu stellen.

(2) Innerhalb von sechs Wochen nach Übermittlung der Zusammenstellung nach Abs. 1 oder innerhalb von sechs Wochen nach erfolgter Betriebsübernahme kann der übernehmende Inhaber der Betriebsanlage beantragen, dass

1. ein Verfahren nach § 79c Abs. 1 oder 2 durchgeführt wird,
2. bestimmte nach § 77, § 79, § 81 Abs. 1 oder Abs. 2 Z 7 vorgeschriebene Auflagen durch Festlegung der Behörde erst nach Ablauf einer angemessenen, höchstens drei Jahre betragenden Frist eingehalten werden müssen, wenn dem übernehmenden Inhaber der Betriebsanlage (zB wegen der mit der Übernahme des Betriebes verbundenen Kosten) die Einhaltung dieser Auflagen erst innerhalb dieser Frist wirtschaftlich zumutbar ist und gegen die Fristeinräumung keine Bedenken vom Standpunkt des Schutzes der im § 74 Abs. 2 umschriebenen Interessen bestehen.

(3) Fristen nach Abs. 2 Z 2 und § 79 Abs. 1 dürfen insgesamt fünf Jahre nicht übersteigen.

(4) Im Antrag ist das Vorliegen der Voraussetzungen gemäß Abs. 2 glaubhaft zu machen, andernfalls der Antrag zurückzuweisen ist.

(5) Wurde ein Antrag nach Abs. 2 gestellt, so sind andere Verfahren nach diesem Bundesgesetz, bei denen die vom Antrag erfassten Auflagen oder Teile des Genehmigungsbescheides auch anzuwenden sind, bis zur Rechtskraft eines Bescheides über den Antrag nur soweit weiterzuführen, als dies zur Vermeidung einer Gefährdung des Lebens oder der Gesundheit von Personen notwendig ist.

§ 80. (1) Die Genehmigung der Betriebsanlage erlischt, wenn der Betrieb der Anlage nicht binnen fünf Jahren nach erteilter Genehmigung in zumindest einem für die Erfüllung des Anlagenzwecks wesentlichen Teil der Anlage aufgenommen oder durch mehr als fünf Jahre in allen für die Erfüllung des Anlagenzwecks wesentlichen Teilen der Anlage unterbrochen wird. Der Inhaber einer genehmigten Anlage, deren Betrieb gänzlich oder teilweise unterbrochen wird, hat die notwendigen Vorkehrungen zu treffen, um eine sich aus der Betriebsunterbrechung ergebende Gefährdung, Belästigung, Beeinträchtigung oder nachteilige Einwirkung im Sinne des § 74 Abs. 2 zu vermeiden. Er hat, soweit Abs. 2 nicht anderes bestimmt, die Betriebsunterbrechung und seine Vorkehrungen anläßlich der Betriebsunterbrechung der zur Genehmigung der Anlage zuständigen Behörde innerhalb eines Monats nach Eintritt der Betriebsunterbrechung anzuzeigen, wenn diese Unterbrechung zumindest einen für die Erfüllung des Anlagenzwecks wesentlichen Teil der Anlage betrifft und voraussichtlich länger als ein Jahr dauern wird. Reichen die angezeigten Vorkehrungen nicht aus, um den Schutz der im § 74 Abs. 2 umschriebenen Interessen zu gewährleisten, oder hat der Inhaber der Anlage anläßlich der

Betriebsunterbrechung die zur Erreichung dieses Schutzes notwendigen Vorkehrungen nicht oder nur unvollständig getroffen, so hat ihm die zur Genehmigung der Anlage zuständige Behörde die notwendigen Vorkehrungen mit Bescheid aufzutragen. Durch einen Wechsel in der Person des Inhabers der Anlage wird die Wirksamkeit dieses bescheidmäßigen Auftrages nicht berührt.

(2) Der Inhaber einer genehmigten Anlage hat durch Elementarereignisse oder sonstige besondere Umstände bewirkte Unterbrechungen des Betriebes der zur Genehmigung der Anlage zuständigen Behörde und, wenn diese Behörde nicht die Bezirksverwaltungsbehörde ist, auch der Bezirksverwaltungsbehörde unverzüglich anzuzeigen, wenn er Grund zur Annahme haben muß, daß betriebliche Vorkehrungen nicht ausreichen, um den Schutz der im § 74 Abs. 2 umschriebenen Interessen zu wahren oder Belastungen der Umwelt im Sinne des § 69a zu vermeiden. Abs. 1 vorletzter und letzter Satz gilt sinngemäß.

(3) Die Behörde hat die Frist zur Inbetriebnahme der Anlage auf Grund eines vor Ablauf der Frist gestellten Antrages zu verlängern, wenn es Art und Umfang des Vorhabens erfordern oder die Fertigstellung des Vorhabens unvorhergesehenen Schwierigkeiten begegnet. Durch den Antrag wird der Ablauf der Frist bis zur rechtskräftigen Entscheidung gehemmt. Die Frist zur Inbetriebnahme der Anlage darf insgesamt sieben Jahre nicht übersteigen.

(4) Abs. 3 ist auf die Unterbrechung des Betriebes sinngemäß anzuwenden.

(5) Durch einen Wechsel in der Person des Inhabers der Anlage wird die Wirksamkeit der Genehmigung nicht berührt.

§ 81. (1) Wenn es zur Wahrung der im § 74 Abs. 2 umschriebenen Interessen erforderlich ist, bedarf auch die Änderung einer genehmigten Betriebsanlage einer Genehmigung im Sinne der vorstehenden Bestimmungen. Diese Genehmigung hat auch die bereits genehmigte Anlage so weit zu umfassen, als es wegen der Änderung zur Wahrung der im § 74 Abs. 2 umschriebenen Interessen gegenüber der bereits genehmigten Anlage erforderlich ist.

(2) Eine Genehmigungspflicht nach Abs. 1 ist jedenfalls in folgenden Fällen nicht gegeben:

1. bescheidmäßig zugelassene Änderungen gemäß § 79c Abs. 2,
2. Änderungen zur Einhaltung von anderen oder zusätzlichen Auflagen gemäß § 79 Abs. 1 oder § 79b,
3. Änderungen zur Anpassung an Verordnungen auf Grund des § 82 Abs. 1,
4. Bescheiden gemäß § 82 Abs. 3 oder 4 entsprechende Änderungen,
5. Ersatz von Maschinen, Geräten oder Ausstattungen durch gleichartige Maschinen, Geräte oder Ausstattungen; Maschinen, Geräte oder Ausstattungen sind gleichartig, wenn ihr Verwendungszweck dem der in der Anlage befindlichen Maschinen, Geräte oder Ausstattungen entspricht und die von ihnen zu erwartenden Auswirkungen von den Auswirkungen der in der Anlage befindlichen Maschinen, Geräte oder Ausstattungen nicht so abweichen, daß der Ersatz als genehmigungspflichtige Änderung gemäß Abs. 1 zu behandeln ist.
6. Änderungen durch den Einsatz von Maschinen, Geräten oder Ausstattungen, die unter Verordnungen gemäß § 76 Abs. 1 fallen oder in Bescheiden gemäß § 76 Abs. 2 angeführt sind, sofern § 76 Abs. 3 nicht entgegensteht,
7. Änderungen, die das Emissionsverhalten der Anlage zu den Nachbarn nicht nachteilig beeinflussen und die auf Grund der besonderen Situation des Einzelfalles erwarten lassen, dass überhaupt oder bei Einhaltung der erforderlichenfalls vorzuschreibenden Auflagen Gefährdungen des Lebens oder der Gesundheit von Personen vermieden und Beeinträchtigungen oder nachteilige Einwirkungen im Sinne des § 74 Abs. 2 Z 3 bis 5 auf ein zumutbares Maß beschränkt werden,
8. Sanierung gemäß § 12 des Luftreinhaltegesetzes für Kesselanlagen, BGBl. Nr. 380/1988,
9. Änderungen, die das Emissionsverhalten der Anlage nicht nachteilig beeinflussen,
10. Fortschreibung des Abfallwirtschaftskonzeptes (§ 353 Z 1 lit. c),
11. Änderungen von vorübergehender, vier Wochen nicht überschreitender Dauer, die keine Gefährdung des Lebens oder der Gesundheit von Personen bewirken und aus Anlass von Ereignissen oder Veranstaltungen, die in kulturellem oder sportlichem Interesse überregional breiter Kreise der Bevölkerung stattfinden, vorgenommen werden.

(3) Änderungen gemäß Abs. 2 Z 7 sind der zur Genehmigung der Anlage zuständigen Behörde vorher anzuzeigen.

(4) Im Fall einer genehmigungspflichtigen Änderung nach Abs. 1, jedoch mindestens alle sieben Jahre, ist das Abfallwirtschaftskonzept fortzuschreiben. Die Fortschreibung einer gültigen Umwelterklärung gemäß der Verordnung (EG) Nr. 1221/2009 über die freiwillige Teilnahme von Organisationen an einem Gemeinschaftssystem für Umweltmanagement und Umweltbetriebsprüfung (EMAS), ABl. Nr. L 342 vom 22. 12. 2009, S. 1, gilt als Fortschreibung im Sinne dieses Bundesgesetzes.

§ 81a. Für die Änderung einer IPPC-Anlage gilt Folgendes:

1. die wesentliche Änderung (das ist eine Änderung, die erhebliche nachteilige Auswirkungen auf den Menschen oder die Umwelt haben kann) bedarf einer Genehmigung im Sinne der §§ 77a und 77b; die Änderungsgenehmigung hat auch die bereits genehmigte Betriebsanlage so weit zu umfassen, als es wegen der Änderung zur Wahrung der im § 77a Abs. 1 umschriebenen Interessen gegenüber der bereits genehmigten Betriebsanlage erforderlich ist; als wesentliche Änderung gilt jedenfalls eine Änderung, die für sich genommen den in der **Anlage 3** zu diesem Bundesgesetz jeweils festgelegten Schwellenwert erreicht, sofern ein solcher in der **Anlage 3** zu diesem Bundesgesetz festgelegt ist;
2. eine Änderung des Betriebs (das ist die Änderung der Beschaffenheit oder der Funktionsweise oder eine Erweiterung der Betriebsanlage, die Auswirkungen ausschließlich auf die Umwelt haben kann) ist der Behörde vom Betriebsanlageninhaber vier Wochen vorher anzuzeigen; die Behörde hat diese Anzeige, erforderlichenfalls unter Erteilung von bestimmten, geeigneten Aufträgen zur Erfüllung der in den §§ 77a und 77b und in den nach § 356b Abs. 1 mit anzuwendenden Verwaltungsvorschriften festgelegten Anforderungen, mit Bescheid zur Kenntnis zu nehmen; dieser Bescheid bildet einen Bestandteil des Genehmigungsbescheids;
3. auf eine weder unter Z 1 noch unter Z 2 fallende Änderung ist § 81 anzuwenden, sofern dessen Voraussetzungen zutreffen.

§ 81b. (1) Innerhalb eines Jahres nach der Veröffentlichung von BVT-Schlussfolgerungen zur Haupttätigkeit einer IPPC-Anlage hat der Anlageninhaber der Behörde mitzuteilen, ob sich der seine IPPC-Anlage betreffende Stand der Technik geändert hat; die Mitteilung hat gegebenenfalls den Antrag auf Festlegung weniger strenger Emissionsgrenzwerte im Sinne des § 77b Abs. 3 zu enthalten. Gegebenenfalls sind umgehend die zur Anpassung an den Stand der Technik erforderlichen Anpassungsmaßnahmen zu treffen. Die Mitteilung und die Anpassungsmaßnahmen haben auch jenen die IPPC-Anlage betreffenden BVT-Schlussfolgerungen Rechnung zu tragen, deren Erlassung oder Aktualisierung seit der Genehmigung oder seit der letzten Anpassung der IPPC-Anlage veröffentlicht wurden. § 81a bleibt unberührt.

(2) Auf Aufforderung der Behörde hat der Betriebsanlageninhaber alle für die Überprüfung der Genehmigungsauflagen erforderlichen Informationen, insbesondere Ergebnisse der Emissionsüberwachung und sonstige Daten, die einen Vergleich des Betriebs der Anlage mit dem Stand der Technik gemäß der geltenden BVT-Schlussfolgerungen und mit den mit den besten verfügbaren Techniken assoziierten Emissionswerten ermöglichen, zu übermitteln.

(3) Ergibt die Überprüfung der Behörde, dass der Anlageninhaber Maßnahmen im Sinne des ersten Absatzes nicht ausreichend getroffen hat, oder ist dies im Hinblick auf eine Vorschreibung von Emissionsgrenzwerten im Sinne des § 77b erforderlich, so hat die Behörde entsprechende Maßnahmen mit Bescheid anzuordnen. § 81a ist auf die Durchführung solcher behördlich angeordneter Maßnahmen nicht anzuwenden. Auf Antrag im Sinne des Abs. 1 erster Satz zweiter Teilsatz dürfen unter den Voraussetzungen des § 77b Abs. 3 weniger strenge Emissionsgrenzwerte festgelegt werden; diese müssen bei der nächsten Anpassung im Sinne dieser Bestimmungen neu beurteilt werden. Für die Überprüfung der IPPC-Anlage hat die Behörde die im Zuge der Überwachung oder der Umweltinspektionen (§ 82a) erlangten Informationen heranzuziehen.

(4) Durch die Maßnahmen im Sinne der Absätze 1 und 3 muss sichergestellt sein, dass die IPPC-Anlage innerhalb von vier Jahren nach der Veröffentlichung der BVT-Schlussfolgerungen zur Haupttätigkeit der IPPC-Anlage den Anforderungen im Sinne der Absätze 1 und 3 entspricht.

(5) Wenn die Behörde bei der Anpassung der Genehmigungsauflagen im Sinne dieser Bestimmungen in begründeten Fällen feststellt, dass mehr als vier Jahre ab Veröffentlichung von BVT-Schlussfolgerungen zur Einführung neuer bester verfügbarer Techniken notwendig sind, kann sie in den Genehmigungsauflagen im Einklang mit den Bestimmungen des § 77b Abs. 3 einen längeren Zeitraum festlegen. Dabei ist auf die Ziele und Grundsätze gemäß § 77a Abs. 1 Bedacht zu nehmen.

(6) Die Behörde hat jedenfalls auch dann den Konsens der IPPC-Anlage zu überprüfen und erforderlichenfalls entsprechende Anpassungsmaßnahmen im Sinne des Abs. 3 mit Bescheid anzuordnen, wenn

1. die Betriebssicherheit die Anwendung anderer Techniken erfordert,
2. dies zur Verhinderung des Überschreitens eines neuen oder geänderten unionsrechtlich festgelegten Immissionsgrenzwertes im Sinne des § 77a Abs. 6 erforderlich ist;
3. die IPPC-Anlage von keinen BVT-Schlussfolgerungen erfasst ist und Entwicklungen des Standes der Technik eine erhebliche Verminderung der Emissionen ermöglichen.

(7) Würden die gemäß Abs. 3 bis 6 vorzuschreibenden Maßnahmen eine IPPC-Anlage in ihrem Wesen verändern, so hat die Behörde § 79 Abs. 3 sinngemäß anzuwenden.

(8) Ist die durch die Anlage verursachte Umweltverschmutzung (§ 71b Z 10) so stark, dass neue Emissionsgrenzwerte festgelegt werden müssen, so hat die Behörde den Inhaber einer IPPC-Anlage mit Bescheid zur Vorlage eines Konzepts zur

Durchführung von Anpassungsmaßnahmen im Sinne des Abs. 1 innerhalb einer angemessenen Frist aufzufordern; die Vorlage dieses Konzepts gilt als Antrag auf Genehmigung einer wesentlichen Änderung gemäß § 81a Z 1. Im Änderungsgenehmigungsbescheid hat die Behörde jedenfalls eine angemessene Frist zur Durchführung der Anpassungsmaßnahmen festzulegen.

§ 81c. Der Inhaber einer IPPC-Anlage hat die Behörde unverzüglich über einen nicht unter den Abschnitt 8a fallenden Unfall mit erheblichen Auswirkungen auf die Umwelt oder Vorfall mit erheblichen Auswirkungen auf die Umwelt zu unterrichten. Er hat unverzüglich Maßnahmen zur Begrenzung der Umweltauswirkungen und zur Vermeidung weiterer möglicher Unfälle oder Vorfälle zu ergreifen. Die Behörde hat erforderlichenfalls darüber hinausgehende geeignete Maßnahmen zur Begrenzung der Umweltauswirkungen und zur Vermeidung weiterer möglicher Unfälle oder Vorfälle mit Bescheid anzuordnen.

§ 81d. (1) Der Inhaber einer IPPC-Anlage hat die Behörde bei Nichteinhaltung des Genehmigungskonsenses unverzüglich zu informieren und unverzüglich die erforderlichen Maßnahmen zu ergreifen, um sicherzustellen, dass die Einhaltung der Anforderungen so schnell wie möglich wieder hergestellt wird. Die Behörde hat gegebenenfalls weitere zur Wiederherstellung der Einhaltung des Genehmigungskonsenses erforderliche Maßnahmen mit Bescheid aufzutragen.

(2) Gemäß Abs. 1 angezeigte Mängel oder Abweichungen, für die in der Information Vorschläge zur unverzüglichen Behebung der Mängel oder zur unverzüglichen Beseitigung der Abweichungen vom konsensgemäßen Zustand enthalten sind, bilden keine Verwaltungsübertretungen im Sinne des § 366 Abs. 1 Z 3 oder gemäß § 367 Z 25, sofern die Voraussetzungen für eine Maßnahme gemäß § 360 Abs. 4 nicht vorliegen und die Behebung oder die Beseitigung der Behörde unverzüglich nachgewiesen werden.

§ 82. (1) Der Bundesminister für Wirtschaft, Familie und Jugend kann im Einvernehmen mit dem Bundesminister für Land- und Forstwirtschaft, Umwelt und Wasserwirtschaft durch Verordnung für genehmigungspflichtige Arten von Anlagen die nach dem Stand der Technik (§ 71a) und dem Stand der medizinischen und der sonst in Betracht kommenden Wissenschaften zum Schutz der im § 74 Abs. 2 umschriebenen Interessen und zur Vermeidung von Belastungen der Umwelt (§ 69a) sowie die zur Anpassung an neue oder geänderte BVT-Schlussfolgerungen erforderlichen näheren Vorschriften über die Bauart, die Betriebsweise, die Ausstattung oder das zulässige Ausmaß der Emissionen von Anlagen oder Anlagenteilen erlassen. Für bereits genehmigte Anlagen sind in einer solchen Verordnung abweichende Bestimmungen oder Ausnahmen von den nicht unter den nächsten Satz fallenden Verordnungsbestimmungen festzulegen, wenn sie nach dem Stand der Technik und dem Stand der medizinischen und der sonst in Betracht kommenden Wissenschaften wegen der Unverhältnismäßigkeit zwischen dem Aufwand zur Erfüllung der betreffenden Verordnungsbestimmungen und dem dadurch erreichbaren Nutzen für die zu schützenden Interessen sachlich gerechtfertigt sind; bei IPPC-Anlagen muss jedenfalls den Vorgaben des § 77b und des § 81b Abs. 4 entsprochen werden. Betreffen Verordnungsbestimmungen solche Maßnahmen zur Vermeidung einer Gefahr für das Leben oder die Gesundheit der im § 74 Abs. 2 Z 1 genannten Personen, wie sie ohne Regelung in der Verordnung mit Bescheid gemäß § 79 vorgeschrieben werden müssten, so dürfen in der Verordnung keine von diesen entsprechend zu bezeichnenden Verordnungsbestimmungen abweichenden Bestimmungen oder Ausnahmen festgelegt werden.

(2) Weist der Inhaber einer bereits genehmigten Betriebsanlage nach, daß seine Anlage wegen der verwendeten Maschinen und Geräte, wegen ihrer Betriebsweise, wegen ihrer Ausstattung oder aus sonstigen Gründen (wie wegen besonderer örtlicher Gegebenheiten) von den in einer Verordnung gemäß Abs. 1 für bestehende Anlagen festgelegten abweichenden Bestimmungen oder Ausnahmen nicht erfaßt wird, so ist die erforderliche Anpassung der Anlage an die Verordnung mit Bescheid aufzutragen; hiebei sind Abweichungen oder Ausnahmen von der Verordnung unter den Voraussetzungen des Abs. 1 zweiter Satz festzulegen.

(3) Von den Bestimmungen einer Verordnung gemäß Abs. 1 abweichende Maßnahmen dürfen von Amts wegen mit Bescheid aufgetragen oder auf Antrag mit Bescheid zugelassen werden, wenn hiedurch der gleiche Schutz erreicht wird. Abweichungen von einer Verordnung gemäß Abs. 1 dürfen auf Antrag mit Bescheid ferner zugelassen werden, wenn durch geeignete Maßnahmen, wie Einrichtungen, Verfahren oder Betriebsweisen, sichergestellt ist, daß der gleiche Schutz erreicht ist, wie er bei Einhaltung einer Verordnung nach Abs. 1 ohne solche Maßnahmen zu erwarten ist.

(3a) In einer Verordnung gemäß Abs. 1 kann vorgesehen werden, dass Inhaber von Betriebsanlagen an Stelle der Erfüllung der Anforderungen nach Abs. 1 die Emissionen nach Maßgabe eines betrieblichen Reduktionsplans verringern dürfen und dass dieser Reduktionsplan der bescheidmäßigen Genehmigung durch die Behörde bedarf; wenn der Reduktionsplan erfüllt ist, muss eine gleichwertige Verringerung der Emissionen erreicht sein wie bei der Erfüllung der entsprechenden Anforderungen der Verordnung. In der Verordnung können auch nähere Anforderungen an die Reduktionspläne sowie darüber, wie der Inhaber der Betriebsanlage die Erfüllung der vorgeschriebenen Reduktionspläne nachzuweisen hat, festgelegt werden.

(4) Wird im Einzelfall durch die Einhaltung der Bestimmungen einer Verordnung gemäß Abs. 1 der mit dieser Verordnung angestrebte Schutz nicht gewährleistet, so sind zur Erreichung dieses Schutzes auch über die Bestimmungen der Verordnung hinausgehende Auflagen vorzuschreiben.

(5) Für die Erfüllung der nicht unter Abs. 1 dritter Satz fallenden Bestimmungen einer Verordnung gemäß Abs. 1 darf auf Antrag mit Bescheid eine angemessene, höchstens fünf Jahre betragende Frist eingeräumt werden, wenn die Erfüllung dieser Verordnungsbestimmungen für den Betriebsinhaber erst innerhalb dieser Frist wirtschaftlich zumutbar ist. Auf IPPC-Anlagen ist § 77b Abs. 3 sinngemäß anzuwenden.

§ 82a. (1) IPPC-Anlagen müssen regelmäßigen Umweltinspektionen im Sinne der Absätze 2 bis 5 unterzogen werden; hinsichtlich der Beiziehung von Sachverständigen finden die §§ 52 bis 53a AVG Anwendung.

(2) Auf Grundlage eines gemäß § 63a Abs. 2 und 3 AWG 2002 erstellten oder aktualisierten Inspektionsplans hat der Landeshauptmann regelmäßig Programme für routinemäßige Umweltinspektionen zu erstellen, in denen auch die Häufigkeit der Vor-Ort-Besichtigungen für die verschiedenen Arten von IPPC-Anlagen angegeben ist. Der Zeitraum zwischen zwei Vor-Ort-Besichtigungen hat sich nach einer systematischen Beurteilung der mit der IPPC-Anlage verbundenen Umweltrisiken zu richten und darf ein Jahr bei IPPC-Anlagen der höchsten Risikostufe und drei Jahre bei IPPC-Anlagen der niedrigsten Risikostufe nicht überschreiten. Wird bei einer Inspektion festgestellt, dass eine IPPC-Anlage in schwerwiegender Weise gegen den Genehmigungskonsens verstößt, so muss innerhalb der nächsten sechs Monate nach dieser Inspektion eine zusätzliche Vor-Ort-Besichtigung erfolgen.

(3) Die systematische Beurteilung der Umweltrisiken hat sich mindestens auf folgende Kriterien zu stützen:

1. mögliche und tatsächliche Auswirkungen der betreffenden IPPC-Anlagen auf die menschliche Gesundheit und auf die Umwelt unter Berücksichtigung der Emissionswerte und -typen, der Empfindlichkeit der örtlichen Umgebung und des Unfallrisikos;
2. bisherige Einhaltung des Genehmigungskonsenses;
3. Teilnahme des IPPC-Anlageninhabers an einer Umweltbetriebsprüfung im Sinne der Verordnung (EG) Nr. 1221/2009 (EMAS) oder an einer Umweltbetriebsprüfung im Sinne der ÖNORM EN ISO 14001 „Umweltmanagementsysteme – Anforderungen mit Anleitung zur Anwendung (ISO 14001:2004 + Cor.1:2009) (konsolidierte Fassung)“ vom 15. 8. 2009 (erhältlich beim Austrian Standards Institute/Österreichischen Normungsinstitut, Heinestraße 38, 1021 Wien).

(4) Nicht routinemäßige Umweltinspektionen müssen durchgeführt werden, um bei Beschwerden wegen ernsthaften Umweltbeeinträchtigungen, bei ernsthaften umweltbezogenen Unfällen und Vorfällen und bei Verstößen gegen die einschlägigen Rechtsvorschriften sobald wie möglich und gegebenenfalls vor Erteilung einer Genehmigung, einer Änderungsgenehmigung oder der Anpassung einer IPPC-Anlage im Sinne des § 81b Untersuchungen vorzunehmen.

(5) Nach jeder Vor-Ort-Besichtigung hat die Behörde einen Bericht mit relevanten Feststellungen bezüglich der Einhaltung des Genehmigungskonsenses durch die betreffende IPPC-Anlage und Schlussfolgerungen zur etwaigen Notwendigkeit weiterer Maßnahmen zu erstellen. Innerhalb von zwei Monaten nach der Vor-Ort-Besichtigung muss der Bericht dem IPPC-Anlageninhaber zur Stellungnahme übermittelt werden; innerhalb von vier Monaten nach der Vor-Ort-Besichtigung hat die Behörde den Bericht im Internet bekannt zu geben; diese Bekanntgabe hat jedenfalls eine Zusammenfassung des Berichts zu enthalten sowie den Hinweis, wo weiterführende Informationen zu erhalten sind. Betriebs- und Geschäftsgeheimnisse sind zu wahren. Die Behörde muss sicherstellen, dass der IPPC-Anlageninhaber die in dem Bericht angeführten Maßnahmen binnen angemessener Frist ergreift.

§ 82b. (1) Der Inhaber einer genehmigten Betriebsanlage hat diese regelmäßig wiederkehrend zu prüfen oder prüfen zu lassen, ob sie dem Genehmigungsbescheid und den sonst für die Anlage geltenden gewerberechtlichen Vorschriften entspricht; die Prüfung hat sich erforderlichenfalls auch darauf zu erstrecken, ob die Betriebsanlage dem Abschnitt 8a betreffend die Beherrschung der Gefahren bei schweren Unfällen unterliegt, und auch die gemäß § 356b mit anzuwendenden Bestimmungen zu umfassen. Sofern im Genehmigungsbescheid oder in den genannten sonstigen Vorschriften nicht anderes bestimmt ist, betragen die Fristen für die wiederkehrenden Prüfungen sechs Jahre für die unter § 359b fallenden Anlagen und fünf Jahre für sonstige genehmigte Anlagen. Über jede wiederkehrende Prüfung ist eine Prüfbescheinigung zu erstellen, der eine vollständige Dokumentation der Prüfung anzuschließen ist, aus der insbesondere der Umfang und der Inhalt der Prüfung hervorgeht; diese Dokumentation bildet einen notwendigen Bestandteil der Prüfbescheinigung.

(2) Die wiederkehrenden Prüfungen gemäß Abs.1 sind von

1. Akkreditierten Stellen im Rahmen des fachlichen Umfangs ihrer Akkreditierung,
2. staatlich autorisierten Anstalten,
3. Ziviltechnikern oder Gewerbetreibenden, jeweils im Rahmen ihrer Befugnisse,
4. dem Inhaber der Betriebsanlage, sofern er geeignet und fachkundig ist, oder
5. sonstigen geeigneten und fachkundigen Betriebsangehörigen

durchzuführen. Als geeignet und fachkundig sind Personen anzusehen, wenn sie nach ihrem Bildungsgang und ihrer bisherigen Tätigkeit die für die jeweilige Prüfung notwendigen fachlichen Kenntnisse und Erfahrungen besitzen und auch die Gewähr für eine gewissenhafte Durchführung der Prüfungsarbeiten bieten.

(3) Die Prüfbescheinigung ist, sofern im Genehmigungsbescheid oder in den sonst für die Anlage geltenden gewerberechtlichen Vorschriften nicht anderes bestimmt ist, vom Anlageninhaber bis zum Vorliegen der nächsten Prüfbescheinigung in der Anlage zur jederzeitigen Einsicht der Behörde aufzubewahren; er hat die Prüfbescheinigung der Behörde auf Aufforderung innerhalb der von der Behörde zu bestimmenden angemessenen Frist zu übermitteln.

(4) Werden im Rahmen der Prüfung Mängel oder Abweichungen vom konsensgemäßen Zustand festgestellt, hat die Prüfbescheinigung entsprechende Vorschläge samt angemessenen Fristen für die Behebung der Mängel oder für die Beseitigung der Abweichungen zu enthalten. Der Inhaber der Anlage hat in diesem Fall unverzüglich eine Ausfertigung dieser Prüfbescheinigung sowie eine diesbezügliche Darstellung der getroffenen und zu treffenden Maßnahmen der zuständigen Behörde zu übermitteln.

(5) Gemäß Abs. 4 angezeigte Mängel oder Abweichungen, für die in der Prüfbescheinigung Vorschläge zur Behebung der Mängel oder zur Beseitigung der Abweichungen vom konsensgemäßen Zustand innerhalb einer angemessenen Frist enthalten sind, bilden keine Verwaltungsübertretungen im Sinne des § 366 Abs. 1 Z 3 oder gemäß § 367 Z 25, sofern die Voraussetzungen für eine Maßnahme gemäß § 360 Abs. 4 nicht vorliegen und die Behebung oder die Beseitigung innerhalb der angemessenen Frist der Behörde nachgewiesen werden.

(6) Anlageninhaber, deren Betrieb in ein Register gemäß § 15 des Umweltmanagementgesetzes – UMG, BGBl. I Nr. 96/2001, in der jeweils geltenden Fassung, eingetragen ist, sind zu einer wiederkehrenden Prüfung im Sinne der Abs. 1 bis 5 nicht verpflichtet.

§ 83. (1) Beabsichtigt der Inhaber einer Anlage im Sinne des § 74 Abs. 2 die Auflassung seiner Anlage oder eines Teiles seiner Anlage, so hat er die notwendigen Vorkehrungen zur Vermeidung einer von der in Auflassung begriffenen oder aufgelassenen Anlage oder von dem in Auflassung begriffenen oder aufgelassenen Anlagenteil ausgehenden Gefährdung, Belästigung, Beeinträchtigung oder nachteiligen Einwirkung im Sinne des § 74 Abs. 2 zu treffen.

(2) Der Anlageninhaber hat den Beginn der Auflassung und seine Vorkehrungen anläßlich der Auflassung der zur Genehmigung der Anlage zuständigen Behörde (Genehmigungsbehörde) vorher anzuzeigen.

(3) Reichen die vom Anlageninhaber gemäß Abs. 2 angezeigten Vorkehrungen nicht aus, um den Schutz der im § 74 Abs. 2 umschriebenen Interessen zu gewährleisten, oder hat der jeweilige Inhaber der in Auflassung begriffenen Anlage oder der Anlage mit dem in Auflassung begriffenen Anlagenteil (auflassender Anlageninhaber) die zur Erreichung dieses Schutzes notwendigen Vorkehrungen nicht oder nur unvollständig getroffen, so hat ihm die Genehmigungsbehörde die notwendigen Vorkehrungen mit Bescheid aufzutragen.

(4) Durch einen Wechsel in der Person des auflassenden Anlageninhabers wird die Wirksamkeit des bescheidmäßigen Auftrages gemäß Abs. 3 nicht berührt.

(5) Der auflassende Anlageninhaber hat der Genehmigungsbehörde anzuzeigen, daß er die gemäß Abs. 2 angezeigten und bzw. oder die von der Genehmigungsbehörde gemäß Abs. 3 aufgetragenen Vorkehrungen getroffen hat.

(6) Reichen die getroffenen Vorkehrungen aus, um den Schutz der im § 74 Abs. 2 umschriebenen Interessen zu gewährleisten, und sind daher dem auflassenden Anlageninhaber keine weiteren Vorkehrungen im Sinne des Abs. 3 mit Bescheid aufzutragen, so hat die Genehmigungsbehörde dies mit Bescheid festzustellen. Dieser Feststellungsbescheid ist außer in begründeten Ausnahmefällen innerhalb von drei Monaten nach Erstattung der im Abs. 2 angeführten Anzeige bzw. nach Erlassung des im Abs. 3 angeführten Bescheides zu erlassen. Mit Eintritt der Rechtskraft dieses Feststellungsbescheides ist die Auflassung beendet und erlischt im Falle der gänzlichen Auflassung der Anlage die Anlagengenehmigung.

§ 83a. (1) Im Fall der Auflassung einer IPPC-Anlage hat die Anzeige des Anlageninhabers gemäß § 83 Abs. 2 Folgendes zu enthalten:

1. Bei Vorliegen eines Berichts über den Ausgangszustand gemäß § 353a Abs. 3 eine Bewertung des Standes der Boden- und Grundwasserverschmutzung durch relevante gefährliche Stoffe, die durch die IPPC-Anlage verwendet, erzeugt oder freigesetzt werden. Wurden durch die IPPC-Anlage erhebliche Boden- und Grundwasserverschmutzungen mit relevanten gefährlichen Stoffen (§ 71b Z 6) im

GewO

Vergleich zu dem im Bericht über den Ausgangszustand angegebenen Zustand verursacht, eine Darstellung der erforderlichen Maßnahmen zur Beseitigung dieser Verschmutzung, um das Gelände in jenen Zustand zurückzuführen.

2. Liegt ein Bericht über den Ausgangszustand gemäß § 353a Abs. 3 nicht vor, weil die Anpassung im Sinne des § 81b noch nicht erfolgt ist oder keine Verpflichtung zur Erstellung besteht, eine Bewertung, ob die Verschmutzung von Boden und Grundwasser auf dem Gelände eine ernsthafte Gefährdung der menschlichen Gesundheit oder der Umwelt als Folge der genehmigten Tätigkeiten darstellt. Bei Vorhandensein einer Gefährdung eine Darstellung der erforderlichen Maßnahmen zur Beseitigung, Verhütung, Eindämmung oder Verringerung relevanter gefährlicher Stoffe, damit das Gelände unter Berücksichtigung seiner derzeitigen oder genehmigten künftigen Nutzung keine solche Gefährdung mehr darstellt.

(2) Werden vom Inhaber einer IPPC-Anlage bei endgültiger Einstellung der Tätigkeiten die gemäß Abs. 1 Z 1 erforderliche Bewertung oder allfällig notwendige Maßnahmen nicht angezeigt oder durchgeführt, hat die zuständige Behörde bei durch die Tätigkeiten verursachten erheblichen Boden- und Grundwasserverschmutzungen mit relevanten gefährlichen Stoffen im Vergleich zu dem im Bericht über den Ausgangszustand angegebenen Zustand die erforderlichen Maßnahmen zur Beseitigung dieser Verschmutzung mit Bescheid aufzutragen, um das Gelände in jenen Zustand zurückzuführen. Dabei kann die technische Durchführbarkeit solcher Maßnahmen berücksichtigt werden.

(3) Werden vom Inhaber einer IPPC-Anlage bei endgültiger Einstellung der Tätigkeiten die gemäß Abs. 1 Z 2 erforderliche Bewertung oder allfällig notwendige Maßnahmen nicht angezeigt oder durchgeführt, hat die zuständige Behörde bei einer durch die Tätigkeiten verursachten ernsthaften Gefährdung der menschlichen Gesundheit oder der Umwelt die erforderlichen Maßnahmen zur Beseitigung, Verhütung, Eindämmung oder Verringerung relevanter gefährlicher Stoffe mit Bescheid aufzutragen, damit das Gelände unter Berücksichtigung seiner derzeitigen oder genehmigten künftigen Nutzung keine solche Gefährdung mehr darstellt.

(4) Die Behörde hat die bei der Auflassung einer IPPC-Anlage getroffenen Maßnahmen im Internet bekannt zu geben.

§ 84. Werden gewerbliche Arbeiten außerhalb der Betriebsanlage (§ 74 Abs. 1) ausgeführt, so hat die Behörde erforderlichenfalls von Amts wegen dem Gewerbetreibenden die für die Ausführung dieser Arbeiten notwendigen Vorkehrungen zur Vorbeugung gegen oder zur Abstellung von Gefährdungen von Menschen oder unzumutbaren Belästigungen der Nachbarn mit Bescheid aufzutragen.

8a. Abschnitt
Beherrschung der Gefahren schwerer Unfälle mit gefährlichen Stoffen

Ziel und Anwendungsbereich

§ 84a. (1) Ziel dieses Abschnitts ist es, schwere Unfälle mit gefährlichen Stoffen zu verhüten und ihre Folgen zu begrenzen.

(2) Dieser Abschnitt gilt für Betriebe im Sinne des § 84b Z 1.

(3) Die Anforderungen dieses Abschnitts müssen zusätzlich zu den Anforderungen nach anderen Bestimmungen dieses Bundesgesetzes erfüllt sein; sie sind keine Genehmigungsvoraussetzung im Sinne der §§ 77 und 77a und begründen keine Parteistellung im Sinne des § 356.

(4) Dieser Abschnitt gilt nicht für

1. von Stoffen ausgehende Gefahren durch ionisierende Strahlung,
2. Deponien.

Begriffe

§ 84b. Im Sinne dieses Abschnitts ist bzw. sind:

1. „Betrieb“ der unter der Aufsicht eines Inhabers stehende Bereich (gewerbliche Betriebsanlage im Sinne des § 74 Abs. 1), in dem gefährliche Stoffe in einer oder in mehreren technischen Anlagen (Z 8) vorhanden sind, einschließlich gemeinsamer oder verbundener Infrastrukturen und Tätigkeiten; Betriebe sind entweder Betriebe der unteren Klasse (Z 2) oder Betriebe der oberen Klasse (Z 3);
2. „Betrieb der unteren Klasse“ ein Betrieb, in dem gefährliche Stoffe in Mengen vorhanden sind, die den in **Anlage 5** Teil 1 Spalte 2 oder in **Anlage 5** Teil 2 Spalte 2 genannten Mengen entsprechen oder diese überschreiten, aber unter den in **Anlage 5** Teil 1 Spalte 3 oder **Anlage 5** Teil 2 Spalte 3 genannten Mengen liegen, wobei gegebenenfalls die Additionsregel gemäß den Anmerkungen zur **Anlage 5** Z 4 Anwendung findet;
3. „Betrieb der oberen Klasse“ ein Betrieb, in dem gefährliche Stoffe in Mengen vorhanden sind, die den in **Anlage 5** Teil 1 Spalte 3 oder in **Anlage 5** Teil 2 Spalte 3 genannten Mengen entsprechen oder diese überschreiten, wobei gegebenenfalls die Additionsregel gemäß den Anmerkungen zur **Anlage** 5 Z 4 Anwendung findet;
4. „benachbarter Betrieb“ ein Betrieb, der sich so nah bei einem anderen Betrieb befindet, dass dadurch das Risiko oder die Folgen eines schweren Unfalls vergrößert werden;
5. „neuer Betrieb“

a) ein Betrieb, der am oder nach dem 1. Juni 2015 errichtet oder in Betrieb genommen wird,
b) eine nicht unter die Z 1 fallende gewerbliche Betriebsanlage, die am oder nach dem 1. Juni 2015 auf Grund von Änderungen, die eine Änderung des Verzeichnisses gefährlicher Stoffe (§ 84d Abs. 1 Z 3) zur Folge haben, unter diesen Abschnitt fällt,
c) ein Betrieb der unteren Klasse, der am oder nach dem 1. Juni 2015 auf Grund von Änderungen, die eine Änderung des Verzeichnisses gefährlicher Stoffe zur Folge haben, zu einem Betrieb der oberen Klasse wird,
d) ein Betrieb der oberen Klasse, der am oder nach dem 1. Juni 2015 auf Grund von Änderungen, die eine Änderung des Verzeichnisses gefährlicher Stoffe zur Folge haben, zu einem Betrieb der unteren Klasse wird;

6. „bestehender Betrieb" ein Betrieb, der nach der bis zum 31. Mai 2015 geltenden Rechtslage unter das gewerbliche Industrieunfallrecht gefallen ist und der ab dem 1. Juni 2015 ohne Änderung der Einstufung der gefährlichen Stoffe unter diesen Abschnitt fällt;
7. „sonstiger Betrieb"

a) ein Betrieb, der am oder nach dem 1. Juni 2015 aus anderen als in der Z 5 lit. b genannten Gründen unter diesen Abschnitt fällt,
b) ein Betrieb der unteren Klasse, der am oder nach dem 1. Juni 2015 aus anderen als in der Z 5 lit. c genannten Gründen zu einem Betrieb der oberen Klasse wird,
c) ein Betrieb der oberen Klasse, der am oder nach dem 1. Juni 2015 aus anderen als in der Z 5 lit. d genannten Gründen zu einem Betrieb der unteren Klasse wird;

8. „technische Anlage" eine technische Einheit innerhalb eines Betriebs, unabhängig davon, ob ober- oder unterirdisch, in der gefährliche Stoffe hergestellt, verwendet, gehandhabt oder gelagert werden. Sie umfasst alle Einrichtungen, Bauwerke, Rohrleitungen, Maschinen, Werkzeuge, Lager, Privatgleisanschlüsse, Hafenbecken, Umschlageinrichtungen, Anlegebrücken oder ähnliche, auch schwimmende, Konstruktionen, die für den Betrieb der technischen Anlage erforderlich sind;
9. „gefährliche Stoffe" Stoffe oder Gemische, die in der **Anlage 5** Teil 2 angeführt sind oder die die in der **Anlage 5** Teil 1 festgelegten Kriterien erfüllen, einschließlich in Form eines Rohstoffs, End-, Zwischen- oder Nebenprodukts oder Rückstands;
10. „Gemisch" ein Gemisch oder eine Lösung, die aus zwei oder mehr Stoffen besteht;
11. „Vorhandensein gefährlicher Stoffe" das tatsächliche oder vorgesehene Vorhandensein gefährlicher Stoffe im Betrieb oder von gefährlichen Stoffen, bei denen vernünftigerweise vorhersehbar ist, dass sie bei außer Kontrolle geratenen Prozessen, einschließlich Lagerungstätigkeiten, die in einer der technischen Anlagen innerhalb des Betriebs anfallen, und zwar in Mengen, die den in der **Anlage 5** Teil 1 oder Teil 2 angeführten Mengenschwellen entsprechen oder darüber liegen;
12. „schwerer Unfall" ein Ereignis, das sich aus unkontrollierten Vorgängen in einem unter diesen Abschnitt fallenden Betrieb ergibt (etwa eine Emission, ein Brand oder eine Explosion größeren Ausmaßes), das unmittelbar oder später innerhalb oder außerhalb des Betriebs zu einer ernsten Gefahr für die menschliche Gesundheit oder die Umwelt führt und bei dem ein oder mehrere gefährliche Stoffe beteiligt sind;
13. „Beinahe-Unfall" ein im Betrieb aufgetretener Vorfall, der zu einem schweren Unfall hätte führen können;
14. „Gefahr" das Wesen eines gefährlichen Stoffes oder einer konkreten Situation, das darin besteht, der menschlichen Gesundheit oder der Umwelt Schaden zufügen zu können;
15. „Risiko" die Wahrscheinlichkeit, dass innerhalb einer bestimmten Zeitspanne oder unter bestimmten Umständen eine bestimmte Wirkung eintritt;
16. „Lagerung" das Vorhandensein einer Menge gefährlicher Stoffe (Z 9) zum Zweck der Einlagerung, der Hinterlegung zur sicheren Aufbewahrung oder der Lagerhaltung;
17. „Inspektion" alle Maßnahmen, einschließlich Besichtigungen vor Ort, Überprüfungen von internen Maßnahmen, Systemen, Berichten und Folgedokumenten sowie alle notwendigen Folgemaßnahmen, die von der Behörde durchgeführt werden, um die Einhaltung der Bestimmungen dieses Abschnitts zu überprüfen und zu fördern.

Allgemeine Pflichten des Betriebsinhabers

§ 84c. Der Betriebsinhaber hat alle nach dem Stand der Technik (§ 71a) notwendigen Maßnahmen zu ergreifen, um schwere Unfälle zu verhüten und deren Folgen für die menschliche Gesundheit und die Umwelt zu begrenzen.

Mitteilungen des Betriebsinhabers

§ 84d. (1) Der Betriebsinhaber hat der Behörde folgende Angaben zu übermitteln:

1. Name, Sitz und Anschrift des Inhabers sowie vollständige Anschrift des Betriebs einschließlich der mit der Anschrift übereinstimmenden geografischen Koordinaten;
2. Name und Funktion der für den Betrieb verantwortlichen Person, falls von Z 1 abweichend;
3. Verzeichnis gefährlicher Stoffe, bestehend aus ausreichenden Angaben

a) zur Identifizierung der gefährlichen Stoffe oder der Kategorie gefährlicher Stoffe und
b) über die Zuordnung der gefährlichen Stoffe zur entsprechenden Ziffer des Teils 1 oder des Teils 2 der **Anlage 5** und zu
c) Menge und physikalische Form der gefährlichen Stoffe;
4. die im Betrieb ausgeübten oder beabsichtigten Tätigkeiten;
5. Beschreibung der unmittelbaren Umgebung des Betriebs unter Berücksichtigung der Faktoren, die einen schweren Unfall auslösen oder dessen Folgen erhöhen können, einschließlich, soweit verfügbar, Einzelheiten zu benachbarten Betrieben, nicht unter den § 84b Z 1 fallenden benachbarten gewerblichen Betriebsanlagen und nicht den Bestimmungen des gewerblichen Betriebsanlagenrechts unterliegenden benachbarten Anlagen sowie zu Bereichen und Entwicklungen, von denen ein schwerer Unfall ausgehen könnte oder die das Risiko oder die Folgen eines schweren Unfalls oder von Domino-Effekten (§ 84i) vergrößern könnten.

(2) Die Mitteilung gemäß Abs. 1 muss der Behörde innerhalb folgender Fristen übermittelt werden:
1. bei neuen Betrieben oder bei Änderungen, die eine Änderung des Verzeichnisses gefährlicher Stoffe zur Folge haben, binnen einer angemessenen Frist vor Inbetriebnahme;
2. in den von der Z 1 nicht erfassten Fällen binnen einer Frist von einem Jahr ab dem Zeitpunkt, ab dem der Betrieb in den Geltungsbereich dieses Abschnitts fällt.

(3) Vor einer wesentlichen Vergrößerung oder Verringerung der in der Mitteilung gemäß Abs. 1 angegebenen Menge oder einer wesentlichen Änderung der Beschaffenheit oder der physikalischen Form der vorhandenen gefährlichen Stoffe (Änderung des Verzeichnisses gefährlicher Stoffe) oder einer wesentlichen Änderung der Verfahren, bei denen diese Stoffe eingesetzt werden, oder einer Änderung des Betriebs, aus der sich erhebliche Auswirkungen auf die Gefahren im Zusammenhang mit schweren Unfällen ergeben können, hat der Betriebsinhaber der Behörde eine entsprechend geänderte Mitteilung zu übermitteln.

(4) Der Betriebsinhaber hat der Behörde eine Änderung der Angaben im Sinne des Abs. 1 Z 1 und Z 2 sowie die endgültige Schließung oder die Unterbrechung des Betriebs im Voraus mitzuteilen; die §§ 80 und 83 bleiben unberührt.

(5) Nach einem schweren Unfall hat der Betriebsinhaber nach Maßgabe einer Verordnung gemäß § 84m unverzüglich in der am besten geeigneten Weise
1. der Behörde die Umstände des Unfalls, die beteiligten gefährlichen Stoffe, die zur Beurteilung der Unfallfolgen für die menschliche Gesundheit, die Umwelt und Sachwerte verfügbaren Daten sowie die eingeleiteten Sofortmaßnahmen mitzuteilen;
2. die Behörde über die Schritte zu unterrichten, die vorgesehen sind, um die mittel- und langfristigen Unfallfolgen abzumildern und eine Wiederholung eines solchen Unfalls zu vermeiden;
3. diese Informationen zu aktualisieren, wenn sich bei einer eingehenderen Untersuchung zusätzliche relevante Fakten ergeben.

Sicherheitskonzept

§ 84e. (1) Der Betriebsinhaber hat nach Maßgabe einer Verordnung gemäß § 84m ein Konzept zur Verhütung schwerer Unfälle (Sicherheitskonzept) auszuarbeiten, zu verwirklichen und zur Einsichtnahme durch die Behörde bereitzuhalten. Die Verwirklichung des Sicherheitskonzepts und gegebenenfalls der Änderung des Sicherheitskonzepts sind nachzuweisen.

(2) Das Sicherheitskonzept muss innerhalb folgender Fristen erstellt werden:
1. bei neuen Betrieben oder bei Änderungen, die eine Änderung des Verzeichnisses gefährlicher Stoffe zur Folge haben, binnen einer angemessenen Frist vor Inbetriebnahme;
2. in den von der Z 1 nicht erfassten Fällen binnen einer Frist von einem Jahr ab dem Zeitpunkt, ab dem der Betrieb in den Geltungsbereich dieses Abschnitts fällt.

(3) Das Sicherheitskonzept muss durch ein Sicherheitsmanagementsystem nach Maßgabe einer Verordnung gemäß § 84m umgesetzt werden. In Bezug auf Betriebe der unteren Klasse darf die Verpflichtung, das Konzept umzusetzen, durch andere angemessene Mittel, Strukturen und Managementsysteme ersetzt werden, wobei den Grundsätzen eines Sicherheitsmanagementsystems Rechnung getragen werden muss.

Sicherheitsbericht

§ 84f. (1) Der Inhaber eines Betriebs der oberen Klasse muss einen Sicherheitsbericht nach Maßgabe einer Verordnung gemäß § 84m erstellen, in dem dargelegt wird, dass:
1. ein Sicherheitskonzept umgesetzt wurde und ein Sicherheitsmanagementsystem zu seiner Anwendung vorhanden ist;
2. die Gefahren schwerer Unfälle ermittelt und alle erforderlichen Maßnahmen zur Verhütung derartiger Unfälle und zur Begrenzung der Folgen für die menschliche Gesundheit und die Umwelt ergriffen wurden;
3. die Auslegung, die Errichtung, der Betrieb und die Instandhaltung sämtlicher technischer Anlagen und die für ihr Funktionieren erforderlichen Infrastrukturen, die im Zusammenhang mit der Gefahr schwerer Unfälle im Betrieb stehen, ausreichend sicher und zuverlässig sind;

4. ein interner Notfallplan vorliegt, damit bei einem schweren Unfall die erforderlichen Maßnahmen ergriffen werden können, und dem zu entnehmen ist, dass den für die Erstellung des externen Notfallplans zuständigen Behörden Informationen bereitgestellt wurden, um die Erstellung des externen Notfallplans zu ermöglichen;
5. den für die örtliche und die überörtliche Raumplanung zuständigen Behörden ausreichende Informationen als Grundlage für Entscheidungen über die Ansiedlung neuer Tätigkeiten oder Entwicklungen in der Nachbarschaft bestehender Betriebe bereitgestellt wurden.

(2) Der Sicherheitsbericht muss der Behörde innerhalb folgender Fristen übermittelt werden:

1. bei neuen Betrieben oder bei Änderungen, die eine Änderung des Verzeichnisses gefährlicher Stoffe zur Folge haben, binnen einer angemessenen Frist vor Inbetriebnahme;
2. bei bestehenden Betrieben bis zum 1. Juni 2016;
3. bei sonstigen Betrieben binnen einer Frist von zwei Jahren ab dem Zeitpunkt, ab dem der Betrieb in den Geltungsbereich dieses Abschnitts fällt.

Überprüfung und Änderung von Sicherheitskonzept oder Sicherheitsbericht

§ 84g. (1) Der Betriebsinhaber hat das Sicherheitskonzept oder den Sicherheitsbericht zu überprüfen und zu aktualisieren, wenn neue Sachverhalte oder neue sicherheitstechnische Erkenntnisse dies erfordern, mindestens jedoch alle fünf Jahre; nach einem schweren Unfall muss der Sicherheitsbericht jedenfalls überprüft und erforderlichenfalls aktualisiert werden. Der Sicherheitsbericht muss auch auf Aufforderung der Behörde aktualisiert werden, wenn dies durch neue Erkenntnisse gerechtfertigt ist. Die aktualisierten Teile des Sicherheitsberichts müssen der Behörde unverzüglich übermittelt werden.

(2) Bei einer Änderung des Betriebs,

1. aus der sich erhebliche Auswirkungen für die Gefahren in Zusammenhang mit schweren Unfällen ergeben können,
2. die dazu führt, dass ein Betrieb der unteren Klasse zu einem Betrieb der oberen Klasse wird, oder
3. die dazu führt, dass ein Betrieb der oberen Klasse zu einem Betrieb der unteren Klasse wird,

hat der Betriebsinhaber die Mitteilung im Sinne des § 84d, das Sicherheitskonzept, den Sicherheitsbericht und das Sicherheitsmanagementsystem zu überprüfen und erforderlichenfalls zu ändern. Der Betriebsinhaber hat die Behörde vor Durchführung der Änderung des Betriebs im Einzelnen über die Änderungen des Sicherheitsberichts zu unterrichten.

Interner Notfallplan

§ 84h. (1) Inhaber von Betrieben der oberen Klasse haben nach Beteiligung des Betriebsrats, wenn ein solcher besteht, und der Beschäftigten einschließlich des relevanten langfristig beschäftigten Personals von Subunternehmen einen internen Notfallplan für Maßnahmen innerhalb des Betriebs nach Maßgabe einer Verordnung gemäß § 84m zu erstellen. Dieser interne Notfallplan ist der Behörde anzuzeigen und auf Verlangen vorzulegen. Der interne Notfallplan ist durch den Betriebsinhaber spätestens alle drei Jahre zu überprüfen, zu erproben und erforderlichenfalls im Hinblick auf Veränderungen im Betrieb und in den Notdiensten sowie auf neue Erkenntnisse und Erfahrungen zu aktualisieren und im Anlassfall anzuwenden.

(2) Die Verpflichtung gemäß Abs. 1 muss binnen folgender Fristen erfüllt werden:

1. bei neuen Betrieben oder Änderungen, die eine Änderung des Verzeichnisses gefährlicher Stoffe zur Folge haben, binnen einer angemessenen Frist vor Inbetriebnahme;
2. bei bestehenden Betrieben bis zum 1. Juni 2016;
3. bei sonstigen Betrieben binnen einer Frist von einem Jahr ab dem Zeitpunkt, ab dem der Betrieb in den Geltungsbereich dieses Abschnitts fällt.

Domino-Effekt

§ 84i. Zwischen benachbarten Betrieben, bei denen auf Grund ihres Standortes und ihrer Nähe zueinander sowie ihrer gefährlichen Stoffe eine erhöhtes Risiko schwerer Unfälle besteht oder diese Unfälle folgenschwerer sein können (Domino-Effekt), hat ein Austausch zweckdienlicher Informationen stattzufinden, die für das Sicherheitskonzept, für den Sicherheitsbericht, den internen Notfallplan oder das Sicherheitsmanagementsystem von Bedeutung sind.

Informationsverpflichtung

§ 84j. Der Betriebsinhaber ist verpflichtet, der Behörde auf Verlangen sämtliche Informationen bereitzustellen, die erforderlich sind, um die Möglichkeit des Eintritts eines schweren Unfalls beurteilen zu können, insbesondere soweit sie für die Erfüllung der Verpflichtung zur Durchführung von Inspektionen, zur Beurteilung der Möglichkeit des Auftretens von Domino-Effekten und zur genaueren Beurteilung der Eigenschaften gefährlicher Stoffe notwendig sind.

Inspektionssystem

§ 84k. (1) Die Behörde hat für die in ihrem örtlichen Zuständigkeitsbereich liegenden Betriebe ein System von Inspektionen oder sonstigen Kontrollmaßnahmen zu erstellen und auf der Grundlage dieses Systems die Einhaltung der Pflichten der Betriebsinhaber planmäßig und systematisch zu überwachen.

(2) Das Inspektionssystem besteht aus einem Inspektionsplan (Abs. 3) und einem Inspektionsprogramm (Abs. 4) und muss für die Überprüfung der betriebstechnischen, organisatorischen und managementspezifischen Systeme des jeweiligen Betriebs geeignet sein, und zwar insbesondere dahingehend, ob der Betriebsinhaber im Zusammenhang mit den betriebsspezifischen Tätigkeiten die zur Verhütung schwerer Unfälle erforderlichen Maßnahmen ergriffen hat, ob der Betriebsinhaber angemessene Mittel zur Begrenzung der Folgen schwerer Unfälle vorgesehen hat, ob die im Sicherheitsbericht oder in anderen Berichten enthaltenen Angaben und Informationen die Gegebenheiten in dem Betrieb wiedergeben und ob die Öffentlichkeit im Sinne des § 14 des Umweltinformationsgesetzes, BGBl. Nr. 495/1993, in der jeweils geltenden Fassung, unterrichtet wurde. Im Rahmen einer solchen Überprüfung im Sinne des § 338 dürfen Betriebsangehörige über ihre den angewendeten Sicherheitsmanagementsystemen dienenden Tätigkeiten als Auskunftspersonen befragt und Kontrollen des Bestandes an gefährlichen Stoffen vorgenommen werden.

(3) Der Inspektionsplan muss folgende Einzelheiten umfassen:

1. Eine allgemeine Beurteilung einschlägiger Sicherheitsfragen;
2. den räumlichen Anwendungsbereich des Plans;
3. eine Liste der vom Plan erfassten Betriebe;
4. allfällige Angaben zu Domino-Effekten;
5. jene Betriebe, bei denen externe Gefahrenquellen das Risiko eines schweren Unfalls erhöhen oder die Folgen des Unfalls verschlimmern können;
6. Verfahren für routinemäßige Inspektionen;
7. Verfahren für nicht routinemäßige Inspektionen;
8. Bestimmungen für die Zusammenarbeit zwischen Inspektionsbehörden.

(4) Auf der Grundlage des Inspektionsplans hat die Behörde ein Inspektionsprogramm über die zeitliche Abfolge der Inspektionen zu erstellen. Die zeitlichen Abstände für die Vor-Ort-Überprüfung der Betriebe der oberen Klasse dürfen nicht mehr als ein Jahr betragen, für Betriebe der unteren Klasse nicht mehr als drei Jahre, es sei denn, die Behörde hat im Inspektionsprogramm auf der Grundlage einer systematischen Bewertung der Gefahren schwerer Unfälle des in Betracht kommenden Betriebs anderes festgelegt. Bei dieser Bewertung sind folgende Kriterien in Betracht zu ziehen:

1. Mögliche Auswirkung der betreffenden Betriebe auf die menschliche Gesundheit und auf die Umwelt;
2. nachweisliche Einhaltung der Anforderungen dieses Abschnitts.

(5) Zusätzlich zu den routinemäßigen Inspektionen sind nicht routinemäßige Inspektionen dann durchzuführen, wenn dies nach Einschätzung der Behörde wegen schwerwiegender Beschwerden, ernster Unfälle, Zwischenfälle, Beinahe-Unfälle oder der Nichteinhaltung von Anforderungen nach diesem Abschnitt angemessen ist. Wurde ein bedeutender Verstoß gegen Anforderungen dieses Abschnitts bei einer Inspektion gemäß dem Inspektionsprogramm festgestellt, so hat die zusätzliche Inspektion längstens innerhalb von sechs Monaten nach der vorhergehenden Inspektion stattzufinden.

(6) Über jede Überprüfung muss eine Niederschrift verfasst werden. Innerhalb von vier Monaten nach jeder Inspektion muss die Behörde dem Betriebsinhaber ihre Schlussfolgerungen und alle ermittelten erforderlichen Maßnahmen mitteilen. Der Betriebsinhaber hat diese Maßnahmen innerhalb eines angemessenen Zeitraums nach Erhalt der Schlussfolgerungen der Inspektion einzuleiten. Innerhalb von vier Monaten nach der Vor-Ort-Überprüfung hat die Behörde im Internet bekannt zu geben, wann diese Überprüfung stattgefunden hat und wo weiterführende Informationen zu erhalten sind. Geschäfts- und Betriebsgeheimnisse sind zu wahren.

Behördenpflichten

§ 84l. (1) Die Behörde hat die einen Betrieb betreffenden Informationen gemäß § 84d Abs. 1 Z 1, und Z 5 sowie § 84d Abs. 3 und Abs. 4 unverzüglich nach ihrem Vorliegen dem Bundesminister für Wissenschaft, Forschung und Wirtschaft weiterzuleiten.

(2) In den Fällen des § 84f Abs. 2 Z 1 muss die Behörde vor Beginn der Inbetriebnahme, in den Fällen des § 84f Abs. 2 Z 2 und Z 3 sowie des § 84g Abs. 1 binnen angemessener Frist, den Sicherheitsbericht überprüfen und erforderlichenfalls die Inbetriebnahme oder die Weiterführung mit Bescheid untersagen.

(3) Die Behörde muss festlegen, bei welchen Betrieben der Informationsaustausch gemäß § 84i stattzufinden hat. Dafür muss sie erforderlichenfalls zusätzliche Angaben vom Betriebsinhaber einholen und die anlässlich einer Inspektion erlangten Informationen verwenden. Der Betriebsinhaber hat die diesbezüglichen Informationen zur Verfügung zu stellen, sofern sie für die Erfüllung dieser Bestimmung erforderlich sind. Wenn die Behörde über weitere Informationen verfügt, die für die Erfüllung dieser Bestimmung durch den Betriebsinhaber erforderlich sind, so muss sie diese dem Inhaber zur Verfügung stellen.

(4) Unbeschadet des Abs. 2 hat die Behörde die Inbetriebnahme oder das Weiterführen des Betriebs mit Bescheid ganz oder teilweise zu untersagen, wenn die vom Betriebsinhaber getroffenen Maßnahmen zur Verhütung schwerer Unfälle oder zur Begrenzung von Unfallfolgen nach dem

Stand der Technik (§ 71a) eindeutig unzureichend sind oder wenn der Betriebsinhaber Maßnahmen im Sinne des § 84k Abs. 6 nicht oder nicht vollständig setzt. Gleiches gilt, wenn der Betriebsinhaber die nach diesem Abschnitt erforderlichen Mitteilungen, Berichte oder sonstigen Informationen nicht fristgerecht übermittelt und deshalb eine Beurteilung des Betriebs nach dem Stand der Technik nicht gewährleistet ist. Die Untersagung ist aufzuheben, wenn die Voraussetzungen nicht mehr vorliegen.

(5) Die Behörde hat zur Sicherstellung der Wahrnehmung der Aufgaben im Bereich der Flächenausweisung und Flächennutzung die Mitteilung nach § 84d Abs. 1 sowie Änderungen der Mitteilung im Sinne des § 84d Abs. 3 und 4 an die für die örtliche Raumplanung zuständigen Behörden weiterzuleiten.

(6) Nach Einlangen einer Meldung über den Eintritt eines schweren Unfalls oder der Aktualisierung einer solchen Meldung (§ 84d Abs. 5) hat die Behörde die Meldung oder ihre Aktualisierung auf Vollständigkeit zu überprüfen, den Betriebsinhaber erforderlichenfalls zur Vervollständigung der Informationen aufzufordern und die vollständigen Unterlagen an den Bundesminister für Wissenschaft, Forschung und Wirtschaft weiterzuleiten.

(7) Nach einem schweren Unfall hat die Behörde jedenfalls eine Inspektion gemäß § 84k Abs. 5 zur vollständigen Analyse der Unfallursachen vorzunehmen. Dabei sind die technischen, organisatorischen und managementspezifischen Gesichtspunkte des Unfalls festzustellen. Weiters ist zu überprüfen, ob der Betriebsinhaber alle erforderlichen Abhilfemaßnahmen zur Begrenzung der Unfallfolgen getroffen hat, und es sind dem Betriebsinhaber Empfehlungen über künftige Verhütungsmaßnahmen in Zusammenhang mit dem eingetretenen schweren Unfall bekannt zu geben. Die Behörde hat das Ergebnis der Analyse der Unfallursachen zusammenzufassen und diese Zusammenfassung dem Bundesminister für Wissenschaft, Forschung und Wirtschaft mitzuteilen.

(8) Der Bundesminister für Wissenschaft, Forschung und Wirtschaft hat die ihm von der Behörde gemäß Abs. 1, Abs. 6 und Abs. 7 zur Verfügung gestellten Informationen der Erfüllung der Berichtspflichten der Richtlinie 2012/18/EU zur Beherrschung der Gefahren schwerer Unfälle mit gefährlichen Stoffen, zur Änderung und anschließenden Aufhebung der Richtlinie 96/82/EG, ABl. Nr. L 197 vom 24.07.2012 S. 1, zugrunde zu legen.

Verordnungsermächtigung

§ 84m. Der Bundesminister für Wissenschaft, Forschung und Wirtschaft hat im Einvernehmen mit dem Bundesminister für Land- und Forstwirtschaft, Umwelt und Wasserwirtschaft durch Verordnung nähere Bestimmungen über

1. die Pflichten des Betriebsinhabers nach einem schweren Unfall,
2. das Sicherheitskonzept,
3. das Sicherheitsmanagementsystem
4. den Sicherheitsbericht und
5. den internen Notfallplan

zu erlassen.

Bundeswarnzentrale

§ 84n. Die Bundeswarnzentrale beim Bundesministerium für Inneres unterrichtet andere EU-Mitgliedstaaten oder Vertragsstaaten der „Helsinki-Konvention“ (des UN-ECE-Übereinkommens über die grenzüberschreitenden Auswirkungen von Industrieunfällen, BGBl. III Nr. 119/2000) über im Bundesgebiet eingetretene schwere Unfälle mit möglicherweise grenzüberschreitenden Folgen und hat die Entgegennahme oder Weiterleitung von Ersuchen für internationale Hilfeleistung wahrzunehmen. Die Behörde hat die Bundeswarnzentrale unverzüglich über eingetretene schwere Unfälle in Kenntnis zu setzen und die Möglichkeit und das Ausmaß grenzüberschreitender Auswirkungen abzuschätzen. Die Bundeswarnzentrale hat unbeschadet bilateraler Abkommen einzelner Bundesländer eine Benachrichtigung der Rettungs- und Notfalldienste möglicherweise betroffener Staaten in die Wege zu leiten.

Übergangsbestimmungen für bestehende Betriebe

§ 84o. Inhaber bestehender Betriebe müssen der Behörde die Angaben gemäß § 84d Abs. 1 Z 1, 3 und 4 bis spätestens 31. Dezember 2015 übermitteln. Im Übrigen müssen sie den §§ 84d Abs. 1, 84e, 84f und 84h nur dann und in dem Maß nachkommen, als der Behörde die entsprechenden Informationen noch nicht übermittelt worden sind oder nicht mehr aktuell sind. Für die Übermittlung der ergänzten bzw. aktualisierten Unterlagenteile gelten die Fristen des § 84d Abs. 2 Z 2 (für Mitteilungen), des § 84e Abs. 2 Z 2 (für Sicherheitskonzepte), und des § 84f Abs. 2 Z 2 (für Sicherheitsberichte) sinngemäß.

8b. Gemeinschaftsrechtliche Berichtspflichten, Meldepflichten

§ 84p. Wer nach diesem Bundesgesetz oder auf Grund darauf beruhender behördlicher Anordnungen verpflichtet ist, Messungen oder andere geeignete Verfahren zur Bestimmung von Emissionen aus seiner Betriebsanlage durchzuführen und darüber Aufzeichnungen zu führen oder andere die Betriebsanlage betreffende Daten der Behörde zur Verfügung zu stellen, hat diese Aufzeichnungen und Daten auf Aufforderung der Behörde in geeigneter Form zu übermitteln, soweit dies zur Erfüllung unionsrechtlicher Berichtspflichten erforderlich ist. Die Vorlage ist gebührenfrei. Betriebs- und Geschäftsgeheimnisse sind zu wahren. Der

Bundesminister für Wirtschaft, Familie und Jugend kann im Einvernehmen mit dem Bundesminister für Land- und Forstwirtschaft, Umwelt und Wasserwirtschaft durch Verordnung nähere Anforderungen an die erforderlichen Messungen oder andere geeignete Verfahren zur Bestimmung von Emissionen entsprechend den jeweiligen Arten von Betriebsanlagen oder Schadstoffen, an die Art, den Aufbau und die Führung von Aufzeichnungen oder Daten sowie die Form der Übermittlung festlegen; soweit es zur Erfüllung gemeinschaftsrechtlicher Berichtspflichten notwendig ist, können in dieser Verordnung Messungen oder andere geeignete Verfahren zur Bestimmung von Emissionen aus Betriebsanlagen und die diesbezüglichen Aufzeichnungspflichten auch für bereits genehmigte Betriebsanlagen festgelegt werden.

§ 84q. (1) Der Inhaber einer in der Anlage 3 zu diesem Bundesgesetz angeführten Betriebsanlage, die in einem Ballungsraum gemäß § 3 Abs. 3 des Bundes-Umgebungslärmschutzgesetzes – Bundes-LärmG, BGBl. I Nr. 60/2005, in der jeweils geltenden Fassung, mit einer insgesamt jedenfalls 250 000 Einwohner übersteigenden Einwohnerzahl liegt, hat bis längstens vier Wochen nach der rechtskräftigen Genehmigung dieser Anlage oder nach der rechtskräftigen Genehmigung einer wesentlichen Änderung dieser Anlage der Behörde die von dieser Anlage ausgehenden Lärmemissionen (bezogen auf die Lärmquelle und die Betriebsanlagengrenze) und deren Quellen zu melden. Der Inhaber einer in der Anlage 3 zu diesem Bundesgesetz angeführten am 1. Jänner 2006 bereits genehmigten Betriebsanlage, die in einem gemäß § 3 Abs. 3 Bundes-LärmG festgelegten Ballungsraum mit einer insgesamt jedenfalls 250 000 Einwohner übersteigenden Einwohnerzahl liegt, hat der Behörde die von dieser Anlage ausgehenden Lärmemissionen (bezogen auf die Lärmquelle und die Betriebsanlagengrenze) und deren Quellen bis spätestens 1. Dezember 2006 zu melden. Die Behörde hat die Meldungen auf Plausibilität zu prüfen und unverzüglich an den Bundesminister für Wirtschaft und Arbeit weiterzuleiten.

(2) Der Inhaber einer in der Anlage 3 zu diesem Bundesgesetz angeführten Betriebsanlage, die in einem Ballungsraum gemäß § 3 Abs. 3 Bundes-LärmG mit einer insgesamt jedenfalls 100 000 Einwohner übersteigenden Einwohnerzahl liegt, hat bis längstens vier Wochen nach der rechtskräftigen Genehmigung dieser Anlage oder nach der rechtskräftigen Genehmigung einer wesentlichen Änderung dieser Anlage der Behörde die von dieser Anlage ausgehenden Lärmemissionen (bezogen auf die Lärmquelle und die Betriebsanlagengrenze) und deren Quellen zu melden. Der Inhaber einer in der Anlage 3 zu diesem Bundesgesetz angeführten am 1. Jänner 2011 bereits genehmigten Betriebsanlage, die in einem gemäß § 3 Abs. 3 Bundes-LärmG festgelegten Ballungsraum mit einer insgesamt jedenfalls 100 000 Einwohner übersteigenden Einwohnerzahl liegt, hat der Behörde die von dieser Anlage ausgehenden Lärmemissionen (bezogen auf die Lärmquelle und die Betriebsanlagengrenze) und deren Quellen bis spätestens 1. März 2011 zu melden. Die Behörde hat die Meldungen auf Plausibilität zu prüfen und unverzüglich an den Bundesminister für Wirtschaft und Arbeit weiterzuleiten.

(3) Die von einer in der Anlage 3 zu diesem Bundesgesetz angeführten Betriebsanlage ausgehenden Lärmemissionen sind als Lden (Tag-Abend-Nacht-Lärmindex) und als Lnight (Nachtlärmindex) im Sinne der Verordnung gemäß § 11 Bundes-LärmG jeweils an der Betriebsanlagengrenze anzugeben. Die Angabe des jeweiligen Wertes ist nur für jene Punkte der Betriebsanlagengrenze erforderlich, an denen der Lden den Wert von 55 dB, A-bewertet, und bzw. oder der Lnight den Wert von 50 dB, A-bewertet, erreicht bzw. übersteigt; sonst genügt die begründete Angabe, dass der Lden den Wert von 55 dB, A-bewertet, und bzw. oder der Lnight den Wert von 50 dB, A-bewertet, unterschreitet. Es sind auf Verlangen der Behörde die für die Ausbreitungsrechnung erforderlichen weiteren schalltechnischen auf die Betriebsanlage bezogenen Angaben (zB Schallleistungspegel, Schalldruckpegel, Emissionspunkte und Angaben über auf dem Betriebsanlagengelände befindliche relevante Schallhindernisse) anzugeben.

8c. Sicherheit und Gesundheitsschutz auf Baustellen

§ 84r. (1) Zum Schutz der Sicherheit und der Gesundheit auf Baustellen haben Gewerbetreibende, die selbst eine berufliche Tätigkeit auf der Baustelle ausüben, sinngemäß folgende Vorschriften einzuhalten:

1. § 15 ASchG, BGBl. Nr. 450/1994 in der Fassung BGBl. I Nr. 147/2006, mit der Maßgabe, dass sie auch für die Sicherheit und die Gesundheit derjenigen Personen Sorge zu tragen haben, die von ihren Handlungen und Unterlassungen betroffen sind, und den Anhang IV der Richtlinie 92/57/EWG über die auf zeitlich begrenzte oder ortsveränderliche Baustellen anzuwendenden Mindestvorschriften für die Sicherheit und den Gesundheitsschutz in der Fassung ABl. L 165 vom 27.06.2007 S. 21,
2. § 33 Abs. 2 bis 4 und § 38 ASchG, BGBl. Nr. 450/1994, § 3 Abs. 1 und § 16 der Arbeitsmittelverordnung, BGBl. II Nr. 164/2000, sowie die einschlägigen Bestimmungen in den Anhängen I und II der Richtlinie 2009/104/EG über Mindestvorschriften und Gesundheitsschutz bei Benutzung von Arbeitsmitteln durch Arbeitnehmer in der Fassung ABl. L 260 vom 03.10.2009 S. 5, und

3. § 69 Abs. 2, 4 und 5 sowie § 70 Abs. 1, 2, 4 und 5 ASchG, BGBl. Nr. 450/1994.

(2) Zum Schutz der Sicherheit und der Gesundheit auf Baustellen haben Gewerbetreibende sinngemäß die in Abs. 1 Z 1 bis 3 genannten Vorschriften sowie § 8 Abs. 1 des ASchG, BGBl. Nr. 450/1994 in der Fassung BGBl. I Nr. 147/2006, und § 3a der Bauarbeiterschutzverordnung – BauV, BGBl. Nr. 340/1994 in der Fassung BGBl. II Nr. 256/2009, einzuhalten.

(3) Die Gewerbetreibenden haben die Hinweise des Baustellenstellenkoordinators (§ 2 Abs. 7 des Bauarbeitenkoordinationsgesetzes, BGBl. I Nr. 37/1999 in der Fassung BGBl. I Nr. 159/2001), zu berücksichtigen.

(4) Baustellen im Sinne der Abs. 1 und 2 sind zeitlich begrenzte oder ortsveränderliche Ausführungsstätten, an denen Hoch- und Tiefbauarbeiten durchgeführt werden. Dazu zählen insbesondere folgende Arbeiten: Aushub, Erdarbeiten, Bauarbeiten im engeren Sinn, Errichtung und Abbau von Fertigbauelementen, Einrichtung oder Ausstattung, Umbau, Renovierung, Reparatur, Abbauarbeiten, Abbrucharbeiten, Wartung, Instandhaltungs-, Maler- und Reinigungsarbeiten, Sanierung.

...

IV. Hauptstück
Behörden und Verfahren
1. Allgemeine Bestimmungen
Einheitliche Anlaufstelle

§ 333. (1) Soweit nicht ausdrücklich anderes bestimmt ist, ist Behörde im Sinne dieses Bundesgesetzes, und zwar Behörde erster Instanz, die Bezirksverwaltungsbehörde.

(2) Gewerbetreibende können die Meldung, die sie als Pflichtversicherte zu Beginn der Pflichtversicherung bei der Sozialversicherungsanstalt der Selbständigen abzugeben und die Anzeige, die sie als Abgabepflichtige bei Aufnahme ihrer Geschäftstätigkeit an das zuständige Finanzamt zu erstatten haben, auch bei der Gewerbebehörde auf automationsunterstütztem Wege einbringen. Die Gewerbebehörde hat die Meldung des Pflichtversicherten unverzüglich an die Sozialversicherungsanstalt der Selbständigen und die Anzeige des Abgabepflichtigen an das zuständige Finanzamt zu übermitteln.

§ 333a. Schriften und Zeugnisse, die auf Grundlage dieses Bundesgesetzes erstellt und ausgestellt werden, sowie Eingaben, die auf das Erstellen und das Ausstellen von Schriften auf Grundlage dieses Bundesgesetzes gerichtet sind, sind von den Stempelgebühren und Verwaltungsabgaben des Bundes befreit.

§ 334. Ist in einer Sache der Bundesminister für Wirtschaft und Arbeit in erster Instanz zuständig, so kann er mit der Durchführung des Verfahrens ganz oder teilweise die nachgeordnete Behörde betrauen und diese auch ermächtigen, in seinem Namen zu entscheiden. Gesetzliche Mitwirkungs- und Anhörungsrechte werden hiedurch nicht berührt.

§ 335. Ist in Verfahren betreffend Betriebsanlagen in erster Instanz die örtliche Zuständigkeit mehrerer Bezirksverwaltungsbehörden gegeben (§ 333), ist diejenige Bezirksverwaltungsbehörde örtlich zuständig, in deren Bereich sich der größte Teil der Grundfläche der Betriebsanlage befindet. Die übrigen betroffenen Bezirksverwaltungsbehörden sind zu hören.

§ 335a.(1) Die Behörde hat die Einhaltung

1. der Verordnung (EU) Nr. 1286/2014 über Basisinformationsblätter für verpackte Anlageprodukte für Kleinanleger und Versicherungsanlageprodukte (PRIIP), ABl. Nr. L 352 vom 09.12.2014 S. 1, in der Fassung der Berichtigung ABl. Nr. L 358 vom 13.12.2014 S. 50, und der Verordnung (EU) 2016/2340 zur Änderung der Verordnung (EU) Nr. 1286/2014 über Basisinformationsblätter für verpackte Anlageprodukte für Kleinanleger und Versicherungsanlageprodukte im Hinblick auf den Geltungsbeginn, ABl. Nr. L 354 vom 23.12.2016 S. 35, sowie
2. der auf deren Grundlage erlassenen delegierten Rechtsakte der Europäischen Kommission
   a) Delegierte Verordnung (EU) 2017/653 zur Ergänzung der Verordnung (EU) Nr. 1286/2014 über Basisinformationsblätter für verpackte Anlageprodukte für Kleinanleger und Versicherungsanlageprodukte (PRIIP) durch technische Regulierungsstandards in Bezug auf die Darstellung, den Inhalt, die Überprüfung und die Überarbeitung dieser Basisinformationsblätter sowie die Bedingungen für die Erfüllung der Verpflichtung zu ihrer Bereitstellung, ABl. Nr. L 100 vom 12.04.2017 S. 1, zuletzt berichtigt durch ABl. Nr. L 186 vom 19.07.2017 S. 17, sowie
   b) Delegierte Verordnung (EU) 2016/1904 zur Ergänzung der Verordnung (EU) Nr. 1286/2014 im Hinblick auf die Produktintervention, ABl. Nr. L 295 vom 29.10.2016 S. 11,

durch Versicherungsvermittler (§ 94 Z 75 und 76), gemäß § 338 zu überwachen.

(2) Die Behörde hat die Einhaltung der delegierten Verordnungen gemäß Art. 38 der Richtlinie (EU) 2016/97

1. Durchführungsverordnung (EU) 2017/1469 zur Festlegung eines Standardformats für das Informationsblatt zu Versicherungsprodukten, ABl. Nr. L 209 vom 12.08.2017 S. 19,
2. Delegierte Verordnung (EU) 2017/2358 zur Ergänzung der Richtlinie (EU) 2016/97 in Bezug auf die Aufsichts- und Lenkungsanforderungen für Versicherungsunternehmen und

Versicherungsvertreiber, ABl. Nr. L 341 vom 20.12.2017 S. 1, sowie
3. Delegierte Verordnung (EU) 2017/2359 zur Ergänzung der Richtlinie (EU) 2016/97 in Bezug auf die für den Vertrieb von Versicherungsanlageprodukten geltenden Informationspflichten und Wohlverhaltensregeln, ABl. Nr. L 341 vom 20.12.2017 S. 8,

durch Versicherungsvermittler (§ 94 Z 75 und 76) gemäß § 338 zu überwachen.

§ 336. (1) Die Organe des öffentlichen Sicherheitsdienstes haben durch Maßnahmen zur Vorbeugung gegen drohende Verwaltungsübertretungen und Maßnahmen, die für die Einleitung von Verwaltungsstrafverfahren erforderlich sind, an der Vollziehung der §§ 366 Abs. 1 Z 1, 2, 3, 3a, 10, 367 Z 8, 35, 50 und 51, 366b und 367a sowie bei Verstößen gegen die Bestimmungen über Sperrstunden (§ 113) mitzuwirken.

(2) Die Organe des öffentlichen Sicherheitsdienstes haben im selben Umfang an der Vollziehung des § 367 Z 25 mitzuwirken, sofern es sich um im Hinblick auf musikalische Darbietungen vorgeschriebene Auflagen oder Aufträge handelt, die die Betriebsanlage eines Gastgewerbebetriebes betreffen.

(3) Die Organe des öffentlichen Sicherheitsdienstes haben im selben Umfang an der Vollziehung des § 368 mitzuwirken, sofern es sich um die in § 76a Abs. 1 oder Abs. 2 geregelten Zeiten oder Voraussetzungen handelt.

(4) Soweit der Behörde für die im Abs. 1 angeführten Aufgaben andere geeignete Organe zur Verfügung stehen, hat sie sich dieser anstelle der Organe des öffentlichen Sicherheitsdienstes zu bedienen.

§ 336a. (1) Die Bezirksverwaltungsbehörden, in Gebieten von Gemeinden, für die Landespolizeidirektionen zugleich Sicherheitsbehörde erster Instanz sind, diese, haben als Sicherheitsbehörden bei den im § 95 angeführten Gewerben bei der in dieser Bestimmung vorgeschriebenen Überprüfung der Zuverlässigkeit mitzuwirken. In Fällen, in denen dieses Bundesgesetz eine Mitwirkung des Bundesministers für Inneres oder der Landespolizeidirektion im Verfahren zur Erlangung einer Gewerbeberechtigung vorsieht (§§ 107 Abs. 5, 132 Abs. 1, 141 Abs. 1 und 148), obliegt diesen Behörden auch die Mitwirkung an der Feststellung der erforderlichen Zuverlässigkeit.

(2) Die Behörden gemäß Abs. 1, die auf Grund dieses Bundesgesetzes die Zuverlässigkeit einer Person sicherheitspolizeilich zu überprüfen haben, sind ermächtigt, die personenbezogenen Daten, die sie bei der Vollziehung von Bundes- oder Landesgesetzen über diese Person ermittelt haben, zu verarbeiten und Daten, die Bedenken an der Zuverlässigkeit des Betroffenen begründen, in den Fällen des Abs. 1 der Gewerbebehörde mitzuteilen.

§ 337. (1) Die in diesem Bundesgesetz (in den §§ 53, 76a Abs. 9, 113 Abs. 3 bis 5, 123 Abs. 4, 125 Abs. 2, 286, 289 bis 293 und 355) festgelegten Aufgaben der Gemeinde sind mit Ausnahme der Durchführung des Verwaltungsstrafverfahrens solche des eigenen Wirkungsbereiches.

(2) Die in diesem Bundesgesetz in den §§ 24 Abs. 1, 119 Abs. 5, 136a Abs. 6a, 136c, 137b Abs. 3a, 350, 351, 352, 352a Abs. 2 und 352b festgelegten Aufgaben von Wirtschaftskammern und Fachorganisationen sowie bei diesen eingerichteten Stellen sind solche des übertragenen Wirkungsbereiches der Organisationen der gewerblichen Wirtschaft. Die jeweils genannten Selbstverwaltungskörper und Stellen sind bei der Besorgung dieser Aufgaben an die Weisungen des Bundesministers für Wissenschaft, Forschung und Wirtschaft gebunden.

§ 338. (1) Soweit dies zur Vollziehung der gewerberechtlichen Vorschriften erforderlich ist, sind die Organe der zur Vollziehung dieser Vorschriften zuständigen Behörden sowie die von diesen Behörden herangezogenen Sachverständigen berechtigt, Betriebe sowie deren Lagerräume während der Betriebszeiten zu betreten und zu besichtigen und Kontrollen des Lagerbestandes vorzunehmen und in alle Geschäftsunterlagen Einsicht zu nehmen und Beweismittel zu sichern. Der Betriebsinhaber oder dessen Stellvertreter ist spätestens beim Betreten des Betriebes oder der Lagerräume zu verständigen. Insoweit die Organe des öffentlichen Sicherheitsdienstes gemäß § 336 bei der Vollziehung dieses Bundesgesetzes mitzuwirken haben, haben ihnen die Gewerbetreibenden auf Verlangen alle für die Gewerbeausübung maßgebenden behördlichen Urkunden vorzuweisen und zur Einsichtnahme auszuhändigen. Liegt gegen eine Person der Verdacht einer Verwaltungsübertretung gemäß § 366 Abs. 1 Z 1, 2, 3, 10 und § 367 Z 8 vor, so hat sich diese Person gegenüber den Organen des öffentlichen Sicherheitsdienstes auszuweisen.

(2) Soweit dies zur Vollziehung der gewerberechtlichen Vorschriften erforderlich ist, hat der Betriebsinhaber oder dessen Stellvertreter den Organen der im Abs. 1 genannten Behörden sowie den von diesen Behörden herangezogenen Sachverständigen das Betreten und die Besichtigung des Betriebes und der Lagerräume zu ermöglichen sowie den Anordnungen dieser Organe zur Inbetriebnahme oder Außerbetriebsetzung und über die Betriebsweise von Maschinen und Einrichtungen und zur Vornahme betrieblicher Verrichtungen zu entsprechen; weiters hat er den im Abs. 1 genannten Behörden die notwendigen Auskünfte zu geben, notwendige Unterlagen vorzulegen und erforderlichenfalls Einblick in die Aufzeichnungen über den Lagerbestand sowie über die Warenein- und -ausgänge zu gewähren.

(3) Soweit dies zur Vollziehung der gewerberechtlichen Vorschriften erforderlich ist, sind die

Organe der zur Vollziehung dieser Vorschriften zuständigen Behörden sowie die von diesen Behörden herangezogenen Sachverständigen auch berechtigt, Proben im unbedingt erforderlichen Ausmaß zu entnehmen. Dem Betriebsinhaber oder seinem Stellvertreter ist eine schriftliche Bestätigung über die Probenentnahme sowie auf Verlangen eine Gegenprobe auszufolgen. Auf Verlangen des Betriebsinhabers hat der Bund für die entnommene Probe eine von der zuständigen Behörde zu bestimmende Entschädigung in der Höhe des Einstandspreises zu leisten, falls dieser mehr als 36 € beträgt. Die Entschädigung entfällt, wenn auf Grund dieser Probe eine Maßnahme gemäß § 69 Abs. 4 oder § 360 getroffen worden ist oder eine bestimmte Person bestraft oder auf den Verfall der Probe erkannt worden ist.

(4) Die Organe der im Abs. 1 genannten Behörden haben bei den Amtshandlungen gemäß Abs. 1 und 2 darauf Bedacht zu nehmen, daß jede nicht unbedingt erforderliche Störung oder Behinderung des Betriebes vermieden wird.

(5) Die gemäß Abs. 2 letzter Halbsatz erhaltenen Angaben dürfen nur für die Vollziehung der gewerberechtlichen Vorschriften verwendet werden.

(6) Die Bestimmungen des Arbeitsinspektionsgesetzes 1993, BGBl. Nr. 27/1993, werden durch dieses Bundesgesetz nicht berührt.

(7) Die Organe der zur Vollziehung der gewerberechtlichen Vorschriften zuständigen Behörden sind berechtigt, die zuständigen Behörden zu verständigen, wenn sie im Rahmen ihrer Tätigkeit zu dem begründeten Verdacht gelangen, daß eine Übertretung arbeitsrechtlicher oder sozialversicherungsrechtlicher oder steuerrechtlicher Vorschriften vorliegt.

(8) Das Bundesministerium für Wissenschaft, Forschung und Wirtschaft und die FMA arbeiten bei der Vollziehung der Bestimmungen über Versicherungsvermittlung und Kreditvermittlung nach diesem Bundesgesetz sowie nach dem BWG und dem Versicherungsaufsichtsgesetz 2016, BGBl. I Nr. 34/2015, in wechselseitiger Hilfeleistung zusammen. Die Behörde hat mit den anderen in Art. 22 B-VG genannten Organen bei der Vollziehung der gewerberechtlichen Bestimmungen zusammenzuarbeiten. Die Behörde hat entsprechende systematische, wirksame Vorgehensweisen (Mechanismen) vorzusehen, die bei der Entwicklung und Umsetzung von Strategien und Maßnahmen zur Bekämpfung von Geldwäsche und Terrorismusfinanzierung die Zusammenarbeit und Koordinierung im Inland ermöglichen.

(9) Betreffend die Maschinen-Sicherheitsverordnung 2010 – MSV 2010, BGBl. II Nr. 282/2008 in der jeweils geltenden Fassung, sowie die Verordnung des Bundesministers für Wirtschaft und Arbeit über Geräuschemissionen von zur Verwendung im Freien vorgesehenen Geräten und Maschinen, BGBl. II Nr. 249/2001 in der jeweils geltenden Fassung, ist das Bundesamt für Eich- und Vermessungswesen die gemäß Art. 10 Abs. 2 der Verordnung (EU) 2019/1020 zuständige Behörde und im Rahmen dessen auch für die Abwicklung von Schutzklauselverfahren zuständig. Zur Durchführung der Aufgaben des Bundesamtes für Eich- und Vermessungswesen nach Maßgabe des IV. und V. Kapitels der Verordnung (EU) 2019/1020 gelten der § 6 Abs. 2 und 3 sowie die §§ 7 und 10 des Maschinen – Inverkehrbringungs- und NotifizierungsG (MING), BGBl. I Nr. 77/2015, in der Fassung des BGBl. I Nr. 204/2022, sinngemäß. Das Bundesamt für Eich- und Vermessungswesen hat zur Ausübung seiner Befugnis nach Art. 14 Abs. 4 lit. i der Verordnung (EU) 2019/1020 die zuständige Bezirksverwaltungsbehörde als andere Behörde im Sinne des Art. 14 Abs. 3 lit. b der Verordnung (EU) 2019/1020 zu verständigen, wenn es im Rahmen seiner Tätigkeit zu dem begründeten Verdacht gelangt, dass eine Verwaltungsübertretung begangen wurde. § 371c und § 33a VStG sind vom Bundesamt für Eich- und Vermessungswesen sinngemäß mit der Maßgabe anzuwenden, dass bei Erfüllung der schriftlichen Aufforderung innerhalb der gesetzten Frist von der Verständigung der Bezirksverwaltungsbehörde Abstand genommen werden kann und sofern eine Verständigung erfolgt diese einen Hinweis auf den Umstand der Erfüllung zu enthalten hat. § 371c Abs. 1 und § 33a VStG sind von der Bezirksverwaltungsbehörde nicht anzuwenden, wenn die Verständigung durch das Bundesamt für Eich- und Vermessungswesen erfolgt ist. Das Bundesamt für Eich- und Vermessungswesen kann zur Anordnung von Maßnahmen nach Art. 14 Abs. 4 lit. k sublit. ii der Verordnung (EU) 2019/1020 die Telekom-Control-Kommission als andere Behörde im Sinne des Art. 14 Abs. 3 lit. b der Verordnung (EU) 2019/1020 beauftragen, soweit der Wirtschaftsakteur oder falls die Identität des Wirtschaftsakteurs oder sein Aufenthalt unbekannt ist und nicht mit vertretbaren Mitteln festgestellt werden kann, der Anbieter des Dienstes der Informationsgesellschaft einer Anordnung der Marktüberwachungsbehörde gemäß Art. 14 Abs. 4 lit. k sublit. i der Verordnung (EU) 2019/1020 nicht binnen einer angemessenen Frist Folge geleistet hat. § 7 Abs. 6 und 8 sowie § 13a MING gelten dabei sinngemäß.

2. Besondere Verfahrensbestimmungen

a) Anmeldungsverfahren

§ 339. (1) Wer ein Gewerbe ausüben will, hat die Gewerbeanmeldung bei der Bezirksverwaltungsbehörde des Standortes zu erstatten.

(2) Die Anmeldung hat die genaue Bezeichnung des Gewerbes und des für die Ausübung in Aussicht genommenen Standortes zu enthalten. Bei

der Anmeldung des freien Gewerbes der Marktfahrer oder des freien Gewerbes des Feilbietens gemäß § 53 Abs. 1 Z 1 hat der Anmelder an Stelle der Bezeichnung eines Standortes die genaue Anschrift seiner Wohnung anzugeben; diese Wohnung gilt als Standort. Wenn es sich um Gewerbe handelt, die auf einem öffentlichen Verkehrsmittel, dessen Fahrt durch zwei oder mehrere Verwaltungsbezirke eines Bundeslandes oder durch zwei oder mehrere Bundesländer führt, oder in Verbindung mit Wanderveranstaltungen ausgeübt werden, hat der Anmelder als Standort die genaue Anschrift des Bürobetriebes anzugeben.

(3) Der Anmeldung sind folgende Belege anzuschließen:

1. Urkunden, die dem Nachweis über Vor- und Familiennamen der Person, ihre Wohnung, ihr Alter und ihre Staatsangehörigkeit dienen und
2. falls ein Befähigungsnachweis für das betreffende Gewerbe vorgeschrieben ist, die entsprechenden Belege, im Fall des § 16 Abs. 1 zweiter Satz die Anzeige der erfolgten Bestellung eines Geschäftsführers.

(Anm.: Z 3 aufgehoben durch Art. 2 Z 1, BGBl. I Nr. 56/2024)

(4) Die Anmeldung und die der Anmeldung anzuschließenden Belege können mit Telefax, im Wege automationsunterstützter Datenübertragung oder in jeder anderen technisch möglichen Weise, wie im Wege der Landeskammern der gewerblichen Wirtschaft, eingebracht werden. Hat die Behörde Zweifel an der Echtheit der angeschlossenen Belege, kann sie den Einschreiter auffordern, die Urkunden im Original vorzulegen. Eine solche Urkunde gilt erst als eingelangt, wenn sie im Original vorliegt. Der Anmelder ist von der Beibringung der Belege entbunden, wenn

1. die betreffenden Daten bereits im GISA eingetragen sind oder
2. sich die Gewerbebehörde über die betreffenden Daten durch automationsunterstützte Abfrage Kenntnis verschaffen kann oder die betreffenden Daten im Sinne des § 342 Abs. 1 Z 4 durch das GISA automatisiert validiert werden können. Es dürfen ausschließlich Daten abgefragt oder automationsunterstützt validiert werden, die zur Vollziehung der gewerberechtlichen Vorschriften erforderlich sind und für deren Abfrage eine gesetzliche Ermächtigung besteht.

§ 340. (1) Auf Grund der Anmeldung des Gewerbes (§ 339 Abs. 1) hat die Behörde zu prüfen, ob die gesetzlichen Voraussetzungen für die Ausübung des angemeldeten Gewerbes durch den Anmelder in dem betreffenden Standort vorliegen. Liegen die Voraussetzungen für die Ausübung des Gewerbes vor und hat die Anmeldung nicht ein in Abs. 2 genanntes Gewerbe zum Gegenstand, so hat die Behörde den Anmelder längstens binnen drei Monaten in das GISA einzutragen und durch Übermittlung eines Auszugs aus dem GISA von der Eintragung zu verständigen. Ist im Zeitpunkt der Gewerbeanmeldung ein Verfahren über eine erforderliche Nachsicht, eine Anerkennung gemäß § 373c oder eine Gleichhaltung gemäß § 373d oder § 373e anhängig, so hat die Behörde die innerhalb der im zweiten Satz festgelegten dreimonatigen Frist rechtskräftig erteilte Nachsicht, Anerkennung oder Gleichhaltung zu berücksichtigen. Als Tag der Gewerbeanmeldung gilt jener Tag, an welchem alle erforderlichen Nachweise (§ 339 Abs. 3) bei der Behörde eingelangt sind und die allenfalls erforderliche Feststellung der individuellen Befähigung gemäß § 19, eine erforderliche Nachsicht, eine Anerkennung gemäß § 373c oder eine Gleichhaltung gemäß § 373d oder § 373e rechtswirksam erfolgt ist. Als Mangel der gesetzlichen Voraussetzungen gilt auch, wenn der Firmenwortlaut im Hinblick auf den Inhalt des Gewerbes eine erhebliche Irreführung bedeuten würde.

(2) Hat die Anmeldung ein im § 95 genanntes Gewerbe zum Gegenstand, so hat die Behörde über das Ergebnis ihrer Feststellungen längstens binnen drei Monaten einen Bescheid zu erlassen. Erwächst der Bescheid, mit dem festgestellt wurde, dass die Voraussetzungen gemäß Abs. 1 vorliegen, in Rechtskraft, so hat die Behörde den Anmelder umgehend in das GISA einzutragen.

(2a) Hat die Anmeldung die im Rahmen des Rauchfangkehrergewerbes (§ 94 Z 55) ausgeübten sicherheitsrelevanten Tätigkeiten im Sinne des § 120 Abs. 1 zweiter Satz zum Gegenstand, so hat die Behörde über das Ergebnis ihrer Feststellungen über die Voraussetzungen gemäß § 120 Abs. 1 zweiter Satz und § 121 Abs. 1a längstens binnen drei Monaten einen Bescheid zu erlassen, sofern betreffend die Anmeldung nicht ein rechtkräftiger Bescheid gemäß Abs. 3 erlassen worden ist. Erwächst der Bescheid, mit dem festgestellt wurde, dass die Voraussetzungen gemäß § 120 Abs. 1 zweiter Satz und § 121 Abs. 1a vorliegen, in Rechtskraft, so hat die Behörde die Berechtigung, dass dem Gewerbetreibenden die Ausübung der sicherheitsrelevanten Tätigkeiten gemäß § 120 Abs. 1 zweiter Satz zusteht, und das für diese Berechtigung geltende Kehrgebiet unverzüglich im GISA einzutragen; § 365e Abs. 1 erster Satz und Abs. 2 bis 4 sind auf diese Daten sinngemäß anzuwenden.

(3) Liegen die im Abs. 1 genannten Voraussetzungen nicht vor, so hat die Behörde – unbeschadet eines Verfahrens nach § 366 Abs. 1 Z 1 – dies mit Bescheid festzustellen und die Ausübung des Gewerbes zu untersagen.

b) Genehmigungsverfahren

§ 341. Dem Ansuchen um Genehmigung der Bestellung eines Geschäftsführers oder eines Filialgeschäftsführers für die Ausübung eines im § 95 genannten Gewerbes sind die im § 339 Abs. 3 Z 1 und 2 angeführten Belege betreffend die Person des Geschäftsführers oder des Filialgeschäftsführers anzuschließen. Das Ansuchen um Genehmigung der Bestellung eines Filialgeschäftsführers für die Ausübung eines im § 95 genannten Gewerbes in einer weiteren Betriebsstätte ist bei der für die weitere Betriebsstätte zuständigen Behörde einzubringen.

§ 343 entfällt.

Besondere Verfahrensbestimmungen betreffend die Prüfung des Vorliegens gesetzlicher Voraussetzungen

§ 344. (1) Bei der Prüfung der gesetzlichen Voraussetzungen gemäß § 340 Abs. 1 erster Satz und § 345 Abs. 3 ist zum Nachweis des Nichtvorliegens von im Ausland entstandenen Ausschlussgründen gemäß § 13 ausreichend, wenn der Einschreiter im Anbringen eidesstattlich erklärt, dass für ihn und für alle natürlichen Personen, denen ein maßgebender Einfluss auf den Betrieb der Geschäfte zusteht, kein Gewerbeausschließungsgrund im Sinne des § 13 vorliegt.

(2) Bei der Erledigung von Anbringen anderer Rechtsträger als natürlicher Personen ist betreffend die Prüfung des Nichtvorliegens von Ausschlussgründen gemäß § 13 von natürlichen Personen, denen ein maßgebender Einfluss auf den Betrieb der Geschäfte eines anderen Rechtsträgers als einer natürlichen Person zusteht oder zugestanden ist, die Überprüfung jener natürlicher Personen, die sich unmittelbar aus dem den Einschreiter betreffenden Bestand des Firmenbuchs oder des Zentralen Vereinsregisters ergeben, ausreichend, wenn der Einschreiter im Anbringen eidesstattlich erklärt, dass für ihn und für alle natürlichen Personen, denen ein maßgebender Einfluss auf den Betrieb der Geschäfte zusteht, kein Gewerbeausschließungsgrund im Sinne des § 13 vorliegt.

(3) Bei der Erledigung von Anbringen natürlicher Personen ist betreffend die Prüfung des Nichtvorliegens von Ausschlussgründen gemäß § 13 Abs. 5 die Überprüfung jener anderen Rechtsträger als natürlicher Personen, zu denen der Einschreiter unmittelbar als Person im betreffenden Bestand des Firmenbuchs oder des Zentralen Vereinsregisters eingetragen ist, ausreichend, wenn der Einschreiter im Anbringen eidesstattlich erklärt, dass für ihn kein Gewerbeausschließungsgrund im Sinne des § 13 Abs. 5 vorliegt.

§ 344a. (1) Sofern die Gewerbeberechtigung nach dem gemäß § 87 Abs. 9 im GISA gesetzten Vermerk endet, ehe das Gewerbeentziehungsverfahren gemäß § 87 Abs. 1 Z 3a oder ein Widerrufsverfahren gemäß § 91 Abs. 1 oder das Entfernungsverfahren gemäß § 91 Abs. 2 abgeschlossen worden ist, hat die Behörde das betreffende Verfahren als Feststellungsverfahren fortzuführen und anstelle der Gewerbeentziehung, des Widerrufs oder der Entfernung mit Bescheid festzustellen, dass der Gewerbeinhaber, der gewerberechtliche Geschäftsführer oder eine natürliche Person, der ein maßgebender Einfluss auf den Betrieb der Geschäfte zusteht, eine wahrheitswidrige Eidesstattliche Erklärung im Sinne des § 344 abgegeben hat.

(2) Im Fall der Endigung der Gewerbeberechtigung aus dem Grund des Todes der natürlichen Person ist das Fortführungsverfahren gemäß Abs. 1 nicht zu führen.

(3) Wenn die jeweils zuständige Behörde ein Anbringen gemäß § 343 Abs. 2 nach Prüfung durch eine natürliche Person zu erledigen hat und der jeweils zuständigen Behörde in diesem Verfahren zur Kenntnis kommt, dass der Gewerbeinhaber, der gewerberechtliche Geschäftsführer oder eine natürliche Person, der ein maßgebender Einfluss auf den Betrieb der Geschäfte zusteht, eine wahrheitswidrige Eidesstattliche Erklärung im Sinne des § 344 abgegeben hat, hat die jeweils zuständige Behörde dies gleichzeitig mit der Erledigung mit Bescheid festzustellen.

(4) Im Fall einer Aufforderung zur Entfernung einer natürlichen Person, der ein maßgebender Einfluss auf den Betrieb der Geschäfte zusteht, gemäß § 91 Abs. 2 aus dem Grund des § 87 Abs. 1 Z 3a hat die Behörde gleichzeitig mit der Aufforderung mit Bescheid festzustellen, dass die natürliche Person, der ein maßgebender Einfluss auf den Betrieb der Geschäfte zusteht, eine wahrheitswidrige Eidesstattliche Erklärung im Sinne des § 344 abgegeben hat.

c) Anzeigeverfahren

§ 345. (1) Die Bestimmungen der Abs. 2 bis 5 gelten für die nach diesem Bundesgesetz zu erstattenden Anzeigen, die bewirken, dass die Behörde Daten in das GISA neu einzutragen oder eingetragene Daten zu ändern hat.

(2) Die Anzeigen sind zu erstatten

1. gemäß § 46 Abs. 2 Z 1 und § 47 Abs. 3 bei der für die weitere Betriebsstätte zuständigen Bezirksverwaltungsbehörde und
2. gemäß § 46 Abs. 2 Z 2 und 3 bei der für den neuen Standort zuständigen Bezirksverwaltungsbehörde.

Sonstige Anzeigen sind bei der Bezirksverwaltungsbehörde des Standortes zu erstatten.

(3) Für die Art der Einbringung der Anzeigen gilt § 339 Abs. 4. Den Anzeigen sind die zum Nachweis der gesetzlichen Voraussetzungen für die Maßnahme oder Tätigkeit, die Gegenstand der Anzeige ist, erforderlichen Belege anzuschließen. Betrifft die Anzeige die Tätigkeit einer natürlichen Person, so sind jedenfalls die Belege gemäß § 339 Abs. 3 Z 1 anzuschließen. Betrifft eine solche Anzeige die Tätigkeit als Geschäftsführer oder Filialgeschäftsführer, so sind überdies die Belege gemäß § 339 Abs. 3 Z 2 anzuschließen. Für die Anzeige gemäß § 46 Abs. 2 Z 1 erster Fall und für die Anzeigen gemäß § 46 Abs. 2 Z 2 und 3 gelten die Vorschriften des § 339 Abs. 2 sinngemäß. Der Erstatter einer Anzeige ist bei Vorliegen der

GewO

Voraussetzungen gemäß § 339 Abs. 4 Z 1 oder 2 von der Vorlage der Belege entbunden.

(4) Wenn die jeweils geforderten Voraussetzungen gegeben sind und in diesem Bundesgesetz nicht anderes bestimmt wird, hat die Behörde die sich aus der Anzeige ergebende Eintragung in das GISA vorzunehmen und den Erstatter der Anzeige von der Eintragung zu verständigen.

(5) Wenn die jeweils geforderten gesetzlichen Voraussetzungen nicht gegeben sind, hat die Behörde, bei der die Anzeige erstattet worden ist – unbeschadet eines Verfahrens nach §§ 366 ff. – dies mit Bescheid festzustellen und die Maßnahme oder die Tätigkeit, die Gegenstand der Anzeige ist, zu untersagen.

(6) Die Behörde hat Anzeigen gemäß § 81 Abs. 3 binnen zwei Monaten nach Erstattung der Anzeige mit Bescheid zur Kenntnis zu nehmen, wenn die geforderten Voraussetzungen gegeben sind. Der Bescheid bildet einen Bestandteil des Genehmigungsbescheides. Sind die gesetzlichen Voraussetzungen nicht erfüllt, hat die Behörde innerhalb von zwei Monaten nach Erstattung der Anzeige einen Bescheid im Sinne des Abs. 5 zu erlassen. Für die den Anzeigen gemäß § 81 Abs. 3 anzuschließenden Belege gilt § 353. Mit dem Betrieb der geänderten Betriebsanlage darf erst nach Erlassung des Bescheides im Sinne des ersten Satzes begonnen werden.

d) Nachsichtsverfahren

§ 346. (1) Im Nachsichtsverfahren gemäß §§ 26 und 27 kann die Behörde, wenn es zur Ermittlung des Sachverhaltes zweckentsprechend ist, die zuständige Gliederung der Landeskammer der gewerblichen Wirtschaft unter Anschluß der vorgelegten Belege auffordern, innerhalb einer Frist von vier Wochen ein Gutachten abzugeben; eine solche Aufforderung hat zu entfallen, wenn das Gutachten bereits vorliegt. Handelt es sich um ein Gewerbe, das die Mitgliedschaft zu einem Gremium der Sektion Handel der Kammer der gewerblichen Wirtschaft begründet, so ist die Sektion Handel die zuständige Gliederung der Landeskammer der gewerblichen Wirtschaft.

(2) Der Bescheid ist binnen vier Monaten zu erlassen.

e) Verfahren betreffend die Ausübung eines Gewerbes in der Form eines Industriebetriebes

§ 347. (1) Wird die Ausübung eines Gewerbes in der Form eines Industriebetriebes (§ 7) angemeldet ist es aber offenkundig, daß eine Ausübung des Gewerbes in dieser Form gar nicht beabsichtigt oder vorläufig überhaupt nicht möglich ist, so hat die Behörde die Ausübung des Gewerbes zu untersagen.

(2) Ist auf Grund der Anmeldung der Ausübung des Gewerbes in der Form eines Industriebetriebes eine Eintragung in das GISA erfolgt, ein Bescheid erlassen oder ein Gewerbeschein ausgefertigt worden, bestehen jedoch in der Folge Zweifel, ob das Gewerbe tatsächlich in dieser Form ausgeübt wird, so hat die Behörde über diese Frage zu entscheiden. Vor der Entscheidung hat sie die beteiligten Fachgruppen, die als zuständige Gliederungen der Landeskammer der gewerblichen Wirtschaft in Betracht kommen könnten, den beteiligten Fachverband der Industrie sowie die Landeskammer der gewerblichen Wirtschaft und die Kammer für Arbeiter und Angestellte zu hören, die ihre Gutachten binnen sechs Wochen abzugeben haben. Kommen von einer Sektion der Landeskammer der gewerblichen Wirtschaft mehrere Fachgruppen als zuständige Gliederungen in Betracht, dann tritt die betreffende Sektion der Landeskammer der gewerblichen Wirtschaft als zuständige Gliederung an die Stelle ihrer beteiligten Fachgruppen.

(3) Gegen den Bescheid steht den beteiligten Gliederungen der Landeskammer der gewerblichen Wirtschaft und dem beteiligten Fachverband der Industrie das Recht der Beschwerde zu, wenn die Entscheidung ihren fristgerecht abgegebenen Gutachten widerspricht oder wenn sie nicht gehört worden sind.

f) Feststellungsverfahren der Oberbehörde über die Anwendbarkeit der gewerberechtlichen Vorschriften und über den aufrechten Bestand von Gewerbeberechtigungen.

§ 348. (1) Wird eine Gewerbeanmeldung erstattet oder um die Genehmigung einer gewerblichen Betriebsanlage angesucht oder bei der Behörde die Feststellung beantragt, ob die Genehmigungspflicht einer Anlage im Sinne des § 74 gegeben ist, bestehen aber Zweifel, ob auf die betreffende Tätigkeit die Bestimmungen dieses Bundesgesetzes anzuwenden sind, so hat die Behörde über diese Frage zu entscheiden. Dies gilt auch für den Fall, wenn in einem Verwaltungsstrafverfahren gemäß § 366 Zweifel bestehen, ob auf die betreffende Tätigkeit die Bestimmungen dieses Bundesgesetzes anwendbar sind.

(2) Vor der Entscheidung hat die Behörde die Landeskammer der gewerblichen Wirtschaft und die nach der Sachlage in Betracht kommenden gesetzlichen beruflichen Interessenvertretungen zu hören, die ihre Gutachten binnen sechs Wochen abzugeben haben. Diesen steht gegen den Bescheid das Recht der Beschwerde zu, falls die Entscheidung ihren fristgerecht abgegebenen Gutachten widerspricht oder sie nicht gehört worden sind.

(Anm.: Abs. 3 aufgehoben durch BGBl. I Nr. 85/2013)

(4) Die Behörde hat von Amts wegen oder auf Antrag einer Person, die ein rechtliches Interesse an der Feststellung hat, mit Bescheid festzustellen, ob eine Gewerbeberechtigung aufrecht ist und verneinendenfalls, in welchem Zeitpunkt sie geendet hat.

g) Verfahren über den Umfang von Gewerbeberechtigungen und die Einreihung von Gewerben

§ 349. (1) Zur Entscheidung

1. über den Umfang einer Gewerbeberechtigung (§ 29) im Verhältnis zu einer anderen Gewerbeberechtigung und
2. über die Frage, ob eine gewerbliche Tätigkeit, die Gegenstand einer Gewerbeanmeldung ist, ein freies Gewerbe sein kann oder in den Berechtigungsumfang eines Teilgewerbes fällt oder einem reglementierten Gewerbe vorbehalten ist, ist der Bundesminister für Wirtschaft und Arbeit berufen.

(2) Der Antrag auf Entscheidung gemäß Abs. 1 kann

1. vom Gewerbeinhaber oder einer Person, die eine Gewerbeanmeldung erstattet, und
2. von einer berührten Gliederung der Landeskammer der gewerblichen Wirtschaft

gestellt werden. Der Antrag ist schriftlich zu stellen und zu begründen.

(3) Der Antrag auf Entscheidung gemäß Abs. 1 ist von Amts wegen zu stellen, wenn die betreffende Frage eine Vorfrage in einem nicht beim Bundesminister für wirtschaftliche Angelegenheiten anhängigen Verwaltungsverfahren ist und nicht ohne Bedachtnahme auf die im § 29 zweiter Satz enthaltenen Gesichtspunkte beurteilt werden kann, es sei denn, daß die Voraussetzung für die Zurückweisung des Antrages gemäß Abs. 4 vorliegt. Ist eine Vorfrage im Sinne des ersten Satzes in einem beim Bundesminister für wirtschaftliche Angelegenheiten anhängigen Verwaltungsverfahren zu beurteilen, so ist das Verfahren gemäß Abs. 1 von Amts wegen einzuleiten, wenn hievon nicht gemäß Abs. 4 abgesehen wird.

(4) Der Bundesminister für Wirtschaft, Familie und Jugend kann den Antrag zurückweisen oder von der Einleitung eines Verfahrens gemäß Abs. 1 von Amts wegen absehen, wenn ein ernst zu nehmender Zweifel über die zur Entscheidung gestellte Frage nicht besteht oder wenn über die Frage in den letzten fünf Jahren vom Bundesminister für Wirtschaft, Familie und Jugend rechtskräftig entschieden oder vom Verwaltungsgericht des Landes erkannt oder vom Verwaltungsgerichtshof in der Sache selbst entschieden worden ist.

(5) Andernfalls hat der Bundesminister für wirtschaftliche Angelegenheiten schriftliche Stellungnahmen der im Abs. 2 genannten Parteien und der sonst sachlich beteiligten Gliederungen der Landeskammer der gewerblichen Wirtschaft einzuholen.

(6) Im Verfahren sind die im Abs. 2 Z 1 genannten Personen und die im Abs. 2 Z 2 und Abs. 5 genannten Gliederungen der Landeskammer der gewerblichen Wirtschaft Parteien und es steht ihnen das Recht der Beschwerde an das Verwaltungsgericht des Landes und der Revision wegen Rechtswidrigkeit an den Verwaltungsgerichtshof zu.

Organisation und Verfahren bei Prüfungen

§ 350. Zur Durchführung der Meister- und Befähigungsprüfungen und der Unternehmerprüfung sind im übertragenen Wirkungsbereich der Landeskammern der gewerblichen Wirtschaft Meisterprüfungsstellen eingerichtet. Diese werden durch einen Leiter vertreten. Dieser muss mit den bezüglichen Rechtsvorschriften vertraut sein und über die für diese Tätigkeit erforderlichen Kenntnisse, Fertigkeiten und Kompetenz verfügen. Die Landeskammer der gewerblichen Wirtschaft hat die Funktion des Leiters der Meisterprüfungsstelle öffentlich in geeigneter Weise auszuschreiben. Die Bestellung erfolgt durch das satzungsgebende Organ der Landeskammer.

Zusammensetzung und Bestellung der Prüfungskommissionen

§ 351. (1) Die Meisterprüfungsstelle hat zur Durchführung der Prüfungen der Module 1 bis 3 der Meister- oder Befähigungsprüfungen sowie der Unternehmerprüfung bzw. im Fall einer gemäß § 22 Abs. 2 abweichenden inhaltlichen Struktur der Prüfungsordnung der den Modulen 1 bis 3 entsprechenden Prüfungsgegenstände die erforderliche Anzahl von Prüfungskommissionen zu bilden. Diese bestehen aus dem Vorsitzenden und zwei Beisitzern.

(2) Der Kommission hat höchstens ein weiterer Beisitzer anzugehören, wenn dessen Mitwirkung im Hinblick auf das zu prüfende Fachgebiet der Meister- oder Befähigungsprüfung in der Prüfungsordnung angeordnet wird. Soweit dies in der jeweiligen Prüfungsordnung angeordnet wird, haben den Kommissionen für das Gewerbe der Baumeister, das Gewerbe der Holzbau-Meister sowie für das Gewerbe der Ingenieurbüros (Beratende Ingenieure) jeweils höchstens zwei weitere Beisitzer anzugehören.

(3) Die Vorsitzenden sind vom Landeshauptmann mit Bescheid auf die Dauer von fünf Jahren zu bestellen. Sie müssen mit den für die Durchführung der Prüfung relevanten Rechtsvorschriften vertraut sein, über prüfungsdidaktische Kompetenz verfügen und zum Zeitpunkt ihrer Bestellung eine aktive Berufstätigkeit ausüben. Weiters ist bei der Bestellung des Vorsitzenden darauf zu achten, dass dieser im Gewerbe, auf das sich die

jeweilige Prüfung bezieht, nicht selbständig tätig ist, keine interessenpolitische Funktion ausübt und in keinem Beschäftigungsverhältnis zu einer entsprechenden Interessenvertretung steht. Die Funktion des Vorsitzenden ist regelmäßig öffentlich in geeigneter Weise auszuschreiben. Das Ausschreibungs- und Auswahlverfahren ist vom Leiter der Meisterprüfungsstelle durchzuführen. Die Meisterprüfungsstelle hat eine öffentlich einsehbare Liste über sämtliche Vorsitzende (Vorname, Familienname, Nachname) aufzulegen.

(4) Die Beisitzer sind von der Meisterprüfungsstelle mit Bescheid auf die Dauer von fünf Jahren zu bestellen. Sie müssen über eine der zu prüfenden Meister- oder Befähigungsprüfung entsprechende fachbezogene Qualifikation verfügen, im entsprechenden Beruf praktisch tätig sein und über mindestens fünf Jahre Berufserfahrung in verantwortlicher Stellung verfügen. Die Meisterprüfungsstelle hat eine öffentlich einsehbare Liste über sämtliche Beisitzer (Vorname, Familienname, Nachname) aufzulegen.

(5) Die Meisterprüfungsstellen haben darauf hinzuwirken, dass Prüfer in ausreichender Zahl zur Verfügung stehen und die betrauten Personen nach Möglichkeit abwechselnd eingesetzt werden. Die Meisterprüfungsstelle kann bei Verhinderung eines Vorsitzenden gemäß Abs. 3 oder Beisitzers gemäß Abs. 4 eine andere Person, die über die jeweiligen gesetzlichen Voraussetzungen verfügt, ad hoc mit der Übernahme der jeweiligen Prüftätigkeit betrauen. Personen mit Interesse an der Prüftätigkeit können bei der Meisterprüfungsstelle einen Antrag auf Eintragung in die Liste der Beisitzer stellen; diesem Ansuchen ist stattzugeben, wenn die betreffende Person über die Voraussetzungen gemäß Abs. 4 verfügt. Auf Verlangen ist über die Nicht-Eintragung mit Bescheid zu entscheiden.

(6) Die Prüfer haben ihre Tätigkeit im öffentlichen Interesse unparteiisch auszuüben. Sie haben sich als befangen zu erklären, wenn sie in einem Naheverhältnis zum Prüfungskandidaten, zB aufgrund eines Verwandtschaftsverhältnisses oder bei Beschäftigung im selben Unternehmen, stehen bzw. in den vergangenen zwei Jahren standen. Der Vorsitzende hat die Beisitzer vor Beginn der Prüfung über allfällige Ausschließungsgründe zu befragen. Die Prüfer haben dem Leiter der Meisterprüfungsstelle die gewissenhafte und unparteiische Ausübung ihres Amtes schriftlich oder mündlich zu versprechen. Wenn dieses Versprechen bereits einmal abgelegt wurde, genügt es, wenn an dieses Versprechen erinnert wird. Über den Ausschluss von Mitgliedern der Prüfungskommission entscheidet der Leiter der Meisterprüfungsstelle.

(7) Von der Bildung einer Prüfungskommission kann abgesehen werden, wenn in einem Bundesland keine ausreichende Zahl von Prüfungskandidaten im betreffenden Beruf zu erwarten ist oder wenn die für die Prüfung benötigte Infrastruktur nicht zur Verfügung steht.

(8) Der Landeshauptmann kann zur Überwachung des ordnungsgemäßen Vorganges bei der Prüfung einen Vertreter zur Prüfung entsenden.

Anmeldung zur Prüfung und Prüfungsverfahren

§ 352. (1) Die Meisterprüfungsstellen haben zur Durchführung der Prüfungen unter Berücksichtigung der Zahl der zu erwartenden Prüfungskandidaten regelmäßig Termine festzusetzen und für deren entsprechende Verlautbarung zu sorgen. Zwischen den Prüfungsterminen soll in der Regel ein Zeitraum von höchstens sechs Monaten liegen; jedenfalls ist ein Termin einmal im Jahr anzuberaumen.

(2) Die Anmeldung zur Prüfung hat spätestens sechs Wochen vor dem festgesetzten Termin (Abs. 1) bei der Meisterprüfungsstelle zu erfolgen. Die Wahl der Meisterprüfungsstelle steht den Prüfungskandidaten frei.

(3) Prüfungskandidaten sind von der Meisterprüfungsstelle rechtzeitig zur Prüfung einzuladen. Sind die Voraussetzungen für die Zulassung zur Prüfung nicht erfüllt, hat die Meisterprüfungsstelle mit Bescheid die Zulassung zu verweigern.

(4) Der mündliche Teil der Prüfung ist öffentlich, sofern der Prüfungskandidat dagegen keinen Einspruch erhebt und die räumlichen Verhältnisse es zulassen. Im Zweifelsfall entscheidet der Vorsitzende. Der mündliche Teil der Prüfung ist vor der gesamten Prüfungskommission abzulegen. Die Prüfungsordnungen können eine davon abweichende Regelung treffen, sofern dies aufgrund des Umfangs der Prüfung sachlich gerechtfertigt ist und die Unmittelbarkeit der Beurteilung durch die Mitglieder der Prüfungskommission, zB durch Abgrenzung nach einzelnen Prüfungsgegenständen, gewährleistet ist. Das Ergebnis des mündlichen Teils der Prüfung ist dem Prüfungskandidaten durch den Vorsitzenden vor der gesamten Prüfungskommission bekannt zu geben.

(5) Das Ergebnis des schriftlichen Teils der Prüfung ist durch die Meisterprüfungsstelle schriftlich bekannt zu geben. Dem Prüfungskandidaten ist auf sein Ersuchen innerhalb eines Jahres nach der Prüfung in der Meisterprüfungsstelle Einsicht in die Beurteilung seiner schriftlichen Prüfungsarbeiten zu gewähren.

(6) Über den Verlauf der Prüfung und die Beratung der Prüfungskommission ist eine Niederschrift anzufertigen, die von allen Prüfern zu unterzeichnen ist.

(7) Eine Prüfung ist positiv absolviert, wenn in allen Modulen bzw. im Fall einer gemäß § 22 Abs. 2 abweichenden inhaltlichen Struktur der Prüfungsordnung in allen vorgeschriebenen Prüfungsgegenständen die für die selbständige Berufsausübung erforderlichen Kenntnisse,

Fertigkeiten und Kompetenz gemäß dem vorgeschriebenen Qualifikationsniveau nachgewiesen wurden. Die Absolvierung mit Auszeichnung setzt eine exzellente Beherrschung der fachlich-praktischen Kenntnisse und Fertigkeiten sowie Problemlösungs- und Innovationsfähigkeit auch in unvorhersehbaren Arbeitskontexten voraus. Das Ergebnis bestimmt sich nach der Stimmenmehrheit, bei Stimmengleichheit entscheidet der Vorsitzende.

(8) Die Meisterprüfungsstelle hat für jedes positiv absolvierte Modul einer Prüfung eine Bestätigung auszustellen. Wurden sämtliche Module bzw. alle vorgeschriebenen Prüfungsgegenstände positiv absolviert, ist ein Meisterprüfungszeugnis oder Befähigungsprüfungszeugnis auszustellen. Sind die Voraussetzungen dafür nicht erfüllt, hat die Meisterprüfungsstelle über Verlangen des Prüfungskandidaten einen Bescheid zu erlassen.

(9) Hat der Prüfungskandidat die Prüfung lediglich teilweise bestanden, kann die Prüfungskommission unter Berücksichtigung der bei der Prüfung festgestellten Kenntnisse, Fertigkeiten und Kompetenz festlegen, welcher Prüfungsgegenstand bei der Prüfung nicht zu wiederholen ist. Über Verlangen des Prüfungskandidaten hat die Meisterprüfungsstelle darüber einen Bescheid zu erlassen.

(10) Bei der Durchführung der Prüfungen haben die Prüfungskandidaten ein Recht auf eine abweichende Prüfungsmethode, wenn eine Behinderung nachgewiesen wird, die die Ablegung der Prüfung in der vorgeschriebenen Methode unmöglich macht und der Inhalt und die Anforderungen der Prüfung dadurch erfüllt werden können.

(11) Prüfungen oder einzelne Module, deren Ergebnis durch eine gerichtlich strafbare Handlung herbeigeführt oder auf andere Weise erschlichen worden ist oder deren Aufgabenstellung oder Abwicklung nachweisbar schwere Mängel aufweist, können vom Landeshauptmann mit Bescheid für ungültig erklärt werden.

(12) Gegen Bescheide der Meisterprüfungsstelle steht dem Prüfungskandidaten das Recht auf Beschwerde an das Verwaltungsgericht des Landes zu.

(13) Alle Schriften, Zeugnisse und Amtshandlungen in Prüfungsangelegenheiten sind von den Gebühren gemäß dem Gebührengesetz 1957 und den Bundesverwaltungsabgaben befreit.

§ 352a. (1) Der Bundesminister für Wissenschaft, Forschung und Wirtschaft hat zum Zweck einer bundeseinheitlichen und transparenten Durchführung durch Verordnung nähere Bestimmungen zu erlassen über

1. die Anberaumung der Prüfungstermine,
2. die Anmeldung zur Prüfung,
3. das Prüfungsverfahren,
4. die auszustellenden Zeugnisse,
5. die Prüfungsgebühr,
6. die aus den Prüfungsgebühren zu bezahlende Entschädigung der Mitglieder der Prüfungskommission und
7. die Voraussetzungen für die Rückzahlung der Prüfungsgebühr bei Nichtablegung oder teilweiser Ablegung der Prüfung sowie die Höhe der rückzuzahlenden Prüfungsgebühr.

(2) Die zuständige Fachorganisation der Wirtschaftskammer Österreich kann in den Prüfungsordnungen unter Berücksichtigung der zu prüfenden Sachgebiete und von Art und Umfang der zu absolvierenden praktischen Arbeiten nähere Bestimmungen erlassen über

1. die Zahl zusätzlicher Beisitzer,
2. die an diese Beisitzer zu stellenden Anforderungen,
3. die Kostentragung für einen allfälligen praktischen Teil der Prüfung und
4. im Fall des lediglich teilweisen Bestehens der Prüfung zu wiederholende Prüfungsteile.

(3) Die Prüfungsgebühren gemäß Abs. 1 Z 5 sind so zu bemessen, dass der Personal- und Sachaufwand der Meisterprüfungsstelle und eine angemessene Entschädigung der Mitglieder der Prüfungskommission gedeckt sind. Auf die wirtschaftlichen Verhältnisse der Prüfungskandidaten kann durch Reduktion der Prüfungsgebühren Bedacht genommen werden.

GewO

Datenverarbeitung

§ 352b. Die Meisterprüfungsstellen sind zur Verarbeitung der nachstehenden personenbezogenen Daten sowie zu deren Übermittlung an die jeweiligen Oberbehörden ermächtigt, soweit die Verarbeitung Voraussetzung zur Durchführung der Verwaltungsverfahren sowie zur Erstellung von Statistiken über die abgelegten Prüfungen ist:

1. Name (Vorname, Familienname, Nachname),
2. bereichsspe-
zifisches Personenkennzeichen „Bildung und Forschung“ (bPK-BF) gemäß Teil 1 der Anlage zu § 3 Abs. 1 E–Government-Bereichsabgrenzungsverordnung – E-Gov-BerAbgrV, BGBl. II Nr. 289/2004, in der jeweils geltenden Fassung,
3. Geburtsdatum,
4. Sozialversicherungsnummer,
5. Geschlecht,
6. Staatsangehörigkeit, Aufenthalts- und Arbeitsberechtigungen,
7. Adresse des Wohnsitzes oder Aufenthaltsortes,
8. Telefonnummer, E-Mail-Adresse,
9. Beruf,
10. Ergebnis der Prüfung.

i) Verfahren betreffend Betriebsanlagen

§ 353. Dem Ansuchen um Genehmigung einer Betriebsanlage sind folgende Unterlagen anzuschließen:

1. in vierfacher Ausfertigung

a) eine Betriebsbeschreibung einschließlich eines Verzeichnisses der Maschinen und sonstigen Betriebseinrichtungen; das Verzeichnis hat zumindest aus Rahmenangaben von Prozess-, Leistungs- oder Emissionsdaten und von Stoffeigenschaften und -mengen (mit beispielhaft angeführten Maschinen, Geräten oder Ausstattungen sowie Gefährlichkeitsmerkmalen) zu bestehen, wobei diese Rahmenangaben jeweils den höchsten beabsichtigten Auslastungsgrad, die höchste beabsichtigte Emissionsintensität bzw. den höchsten Gefährlichkeitsgrad anzuführen haben,
b) die erforderlichen Pläne und Skizzen,
(c) ein Abfallwirtschaftskonzept; dieses hat zu enthalten:
1. Angaben über die Branchen und den Zweck der Anlage,
2. eine verfahrensbezogene Darstellung des Betriebs,
3. eine abfallrelevante Darstellung des Betriebs,
4. organisatorische Vorkehrungen zur Einhaltung abfallwirtschaftlicher Rechtsvorschriften und
5. eine Abschätzung der zukünftigen Entwicklung.
2. in einfacher Ausfertigung nicht unter Z 1 fallende für die Beurteilung des Projekts und der zu erwartenden Emissionen der Anlage im Ermittlungsverfahren erforderliche technische Unterlagen und
3. in einfacher Ausfertigung die zur Beurteilung des Schutzes jener Interessen erforderlichen Unterlagen, die die Behörde nach anderen Rechtsvorschriften im Verfahren zur Genehmigung der Betriebsanlage mitzuberücksichtigen hat.

Werden die in Z 1 genannten Unterlagen elektronisch eingebracht, genügt der Anschluss in einfacher Ausfertigung.

§ 353a. (1) Soweit nicht bereits nach § 353 erforderlich, hat der Genehmigungsantrag für eine gemäß § 77a zu genehmigende IPPC-Anlage folgende Angaben zu enthalten:
1. die in der Betriebsanlage verwendeten oder erzeugten Stoffe und Energie;
2. eine Beschreibung des Zustands des Betriebsanlagengeländes;
3. einen Bericht über den Ausgangszustand (Abs. 3) in Hinblick auf eine mögliche Verschmutzung des Bodens und Grundwassers auf dem Anlagengelände, wenn in der IPPC-Anlage relevante gefährliche Stoffe (§ 71b Z 6) verwendet, erzeugt oder freigesetzt werden;
4. die Quellen der Emissionen aus der Betriebsanlage;
5. Art und Menge der vorhersehbaren Emissionen aus der Betriebsanlage in jedes Umweltmedium;
6. die zu erwartenden erheblichen Auswirkungen der Emissionen auf die Umwelt;
7. Maßnahmen zur Überwachung der Emissionen;
8. Maßnahmen zur Vermeidung oder, sofern dies nicht möglich ist, Verminderung der Emissionen;
9. sonstige Maßnahmen zur Erfüllung der Voraussetzungen gemäß § 77a;
10. die wichtigsten vom Antragsteller gegebenenfalls geprüften Alternativen zu den vorgeschlagenen Technologien, Techniken und Maßnahmen in einer Übersicht;
11. eine allgemein verständliche Zusammenfassung der vorstehenden sowie der gemäß § 353 Z 1 lit. a und lit. c erforderlichen Angaben.

Sind Vorschriften des WRG 1959 mit anzuwenden (§ 356b Abs. 1), so hat der Genehmigungswerber schon vor dem Genehmigungsantrag dem wasserwirtschaftlichen Planungsorgan die Grundzüge des Projekts anzuzeigen.

(2) Der Abs. 1 gilt sinngemäß für den Antrag um Genehmigung einer wesentlichen Änderung (§ 81a Z 1) einer IPPC-Anlage.

(3) Der Bericht über den Ausgangszustand hat die Informationen zu enthalten, die erforderlich sind, um den Stand der Boden- und Grundwasserverschmutzung zu ermitteln, damit ein quantifizierter Vergleich mit dem Zustand bei der Auflassung der IPPC-Anlage (§ 83a) vorgenommen werden kann. Der Bericht muss jedenfalls
1. Informationen über die derzeitige Nutzung und, falls verfügbar, über die frühere Nutzung des Geländes, sowie
2. falls verfügbar, bestehende Informationen über Boden- und Grundwassermessungen, die den Zustand zum Zeitpunkt der Erstellung des Berichts widerspiegeln, oder neue Boden- und Grundwassermessungen bezüglich der Möglichkeit einer Verschmutzung des Bodens und des Grundwassers durch die gefährlichen Stoffe, die durch die betreffende Anlage verwendet, erzeugt oder freigesetzt werden sollen,

enthalten.

§ 353b. (1) In Verfahren betreffend Betriebsanlagen, die auf Erlassung eines an einen Antrag des Inhabers einer Betriebsanlage gebundenen Bescheides gerichtet sind, kann der Inhaber der Betriebsanlage für bestimmte Fachgebiete die Bestellung von nichtamtlichen Sachverständigen unwiderruflich beantragen. Der Antrag muss spätestens gleichzeitig mit dem verfahrenseinleitenden Anbringen gestellt werden und hat die genaue Bezeichnung des jeweiligen Fachgebietes, für das ein nichtamtlicher Sachverständiger bestellt werden soll, zu enthalten. § 13 Abs. 3 AVG ist auf Anträge, die keine genaue Bezeichnung des Fachgebietes enthalten, nicht anzuwenden. Verspätete Anträge oder Anträge, die keine genaue Bezeichnung des Fachgebietes enthalten, sind von der Behörde unverzüglich zurückzuweisen.

(2) Die Behörde hat dem Antragsteller innerhalb von vier Wochen ab Einlangen eines Antrages gemäß Abs. 1 oder ab Rechtskraft einer Entscheidung eines Verwaltungsgerichtes oder des Verwaltungsgerichtshofes, mit der ein Bescheid gemäß Abs. 1 letzter Satz aufgehoben worden ist, mit Verfahrensanordnung aufzutragen, dass ein von der Behörde zu bestimmender Betrag zur Deckung des mit der Aufnahme des Beweises durch nichtamtliche Sachverständige verbundenen Aufwandes vom Antragsteller innerhalb einer bestimmten angemessenen Frist vorschussweise zu erlegen ist. Wenn der Betrag nicht vollständig innerhalb dieser Frist vom Antragsteller bei der Behörde erlegt wird, wird der gemäß Abs. 1 gestellte Antrag unwirksam.

(3) Wenn ein Antrag gemäß Abs. 1 gestellt worden ist, beginnen die Fristen betreffend die Verpflichtung der Behörde zur Erlassung von Bescheiden ab Rechtskraft eines Bescheides gemäß Abs. 1 letzter Satz oder mit Ablauf der von der Behörde gemäß Abs. 2 zum Erlag eines vorschussweisen Betrages bestimmten Frist zu laufen.

(4) Die Kosten für die Heranziehung eines auf Grund eines Antrages gemäß Abs. 1 beigezogenen nichtamtlichen Sachverständigen sind im vollen Umfang vom Antragsteller zu tragen.

(5) Auf eine Verfahrensanordnung gemäß Abs. 2 ist § 63 Abs. 2 AVG mit der Maßgabe anzuwenden, dass sie nur hinsichtlich ihrer Höhe und nur dann anfechtbar ist, wenn der Gesamtbetrag der dem Antragsteller aufgetragenen Kostenvorschüsse 4 000 Euro übersteigt.

§ 354. Wenn sich das Ermittlungsverfahren wegen des außergewöhnlichen Umfangs oder der besonderen Beschaffenheit der Anlage voraussichtlich auf einen längeren Zeitraum erstrecken wird und anzunehmen ist, dass die Errichtung und der Betrieb der Anlage bei Vorschreibung bestimmter Auflagen zulässig sein wird, oder wenn zur Ausarbeitung des Projekts einer Anlage Vorarbeiten erforderlich sind oder wenn das Vorliegen des Ergebnisses bestimmter Vorarbeiten für die Entscheidung der Behörde von wesentlicher Bedeutung ist, kann diese Behörde nach Durchführung einer mündlichen Verhandlung mit Bescheid, erforderlichenfalls unter Vorschreibung bestimmter Auflagen, schon vor der Genehmigung der Errichtung und des Betriebs der Anlage die Durchführung der erforderlichen Arbeiten (zB eines Versuchsbetriebs) genehmigen. Gegen diese Genehmigung ist ein abgesondertes Rechtsmittel nicht zulässig.

§ 355. (1) Die Gemeinde ist im Verfahren zur Genehmigung der Betriebsanlage zum Schutz der öffentlichen Interessen im Sinne des § 74 Abs. 2 Z 2 bis 5 im Rahmen ihres Wirkungsbereiches zu hören.

(2) Im Verfahren zur Genehmigung einer Anlage zur Erzeugung oder Verarbeitung von Schieß- und Sprengmitteln (§ 2 Abs. 16) und im Verfahren zur Genehmigung einer Anlage zur Lagerung von Schieß- und Sprengmitteln (§ 2 Abs. 16) ist die Sicherheitsbehörde zum Schutz der öffentlichen Interessen im Sinne des § 74 Abs. 2 Z 2 bis 5 im Rahmen ihres Wirkungsbereiches zu hören.

§ 356. (1) Wird eine mündliche Verhandlung anberaumt, so hat die Behörde Gegenstand, Zeit und Ort der Verhandlung sowie die Voraussetzungen zur Aufrechterhaltung der Parteistellung (§ 42 AVG) in folgender Weise bekannt zu geben:

1. Kundmachung an der Amtstafel der Gemeinde (§ 41 AVG),
2. Verlautbarung auf der Internetseite der Behörde,
3. Anschlag auf dem Betriebsgrundstück und
4. Anschlag in den der Betriebsanlage unmittelbar benachbarten Häusern.

Die Eigentümer der betroffenen Häuser haben derartige Anschläge in ihren Häusern zu dulden. Statt durch Anschlag im Sinne der Z 3 und 4 kann die Bekanntgabe aus Gründen der Zweckmäßigkeit, Raschheit und Einfachheit durch persönliche Verständigung erfolgen.

(2) Ist die Gefahr der Verletzung eines Kunst-, Betriebs- oder Geschäftsgeheimnisses im Sinne des § 40 AVG gegeben, so ist den Nachbarn die Teilnahme an der Besichtigung der Anlage nur mit Zustimmung des Genehmigungswerbers gestattet, doch ist ihr allfälliges Recht auf Parteiengehör zu wahren.

(3) Im Verfahren betreffend die Vorschreibung anderer oder zusätzlicher Auflagen (§ 79 Abs. 1), im Verfahren betreffend die Genehmigung der Sanierung (§ 79 Abs. 3), im Verfahren betreffend die Aufhebung oder Abänderung von Auflagen (§ 79c Abs. 1), im Verfahren betreffend Abweichungen vom Genehmigungsbescheid einschließlich seiner Bestandteile (§ 79c Abs. 2), im Verfahren betreffend eine Betriebsübernahme (§ 79d), im Verfahren betreffend die Anpassung einer bereits genehmigten Betriebsanlage an eine Verordnung gemäß § 82 Abs. 1 (§ 82 Abs. 2), im Verfahren betreffend die Festlegung der von den Bestimmungen einer Verordnung gemäß § 82 Abs. 1 abweichenden Maßnahmen (§ 82 Abs. 3) und im Verfahren betreffend die Vorschreibung der über die Bestimmungen einer Verordnung gemäß § 82 Abs. 1 hinausgehenden Auflagen (§ 82 Abs. 4) haben jene Nachbarn Parteistellung, deren Parteistellung im Verfahren gemäß Abs. 1 aufrecht geblieben ist.

(4) Nachbarn haben in den Verfahren betreffend die Aufhebung oder Abänderung von Auflagen (§ 79c Abs. 1), Abweichungen vom Genehmigungsbescheid einschließlich seiner Bestandteile (§ 79c Abs. 2) und Betriebsübernahme (§ 79d) auch insoweit Parteistellung, als damit neue oder größere nachteilige Wirkungen im Sinne des § 74 Abs. 2 verbunden sein können.

§ 356a. (1) Die Behörde hat den Antrag um Genehmigung oder um Genehmigung einer wesentlichen Änderung einer IPPC-Anlage (§ 353a) in einer in der betroffenen Gemeinde verbreiteten periodisch erscheinenden Zeitung und im Internet bekannt zu geben. Betriebs- und Geschäftsgeheimnisse sind zu wahren. § 356 bleibt unberührt.

(2) Die Bekanntmachung gemäß Abs. 1 hat jedenfalls folgende Informationen zu enthalten:

1. den Hinweis, bei welcher Behörde der Antrag sowie die zum Zeitpunkt der Bekanntmachung bei der Behörde vorliegenden wichtigsten entscheidungsrelevanten Berichte und Empfehlungen innerhalb eines bestimmten, mindestens sechs Wochen betragenden Zeitraums während der Amtsstunden zur Einsichtnahme aufliegen und dass jedermann innerhalb dieses mindestens sechswöchigen Zeitraums zum Antrag Stellung nehmen kann;
2. den Hinweis, dass die Entscheidung mit Bescheid erfolgt;
3. den Hinweis, dass allfällige weitere entscheidungsrelevante Informationen, die zum Zeitpunkt der Bekanntmachung noch nicht vorgelegen sind, in der Folge während des Genehmigungsverfahrens bei der Behörde während der Amtsstunden zur Einsichtnahme aufliegen;
4. gegebenenfalls den Hinweis, dass Kontaktnahmen und Konsultationen gemäß Abs. 3 bis 5 erforderlich sind.

(3) Wenn die Verwirklichung eines Projekts für eine dem § 77a unterliegende Betriebsanlage oder für die wesentliche Änderung (§ 81a Z 1) einer solchen Betriebsanlage erhebliche Auswirkungen auf die Umwelt eines anderen Staats haben könnte oder wenn ein von den Auswirkungen eines solchen Projekts möglicherweise betroffener Staat ein diesbezügliches Ersuchen stellt, hat die Behörde diesen Staat spätestens, wenn die Bekanntgabe (Abs. 1) erfolgt, über das Projekt zu benachrichtigen; verfügbare Informationen über mögliche grenzüberschreitende Auswirkungen und über den Ablauf des Genehmigungsverfahrens sind zu erteilen; eine angemessene Frist für die Mitteilung des Wunsches, am Verfahren teilzunehmen, ist einzuräumen.

(4) Wünscht der Staat (Abs. 3 erster Satz) am Verfahren teilzunehmen, so sind ihm die Antragsunterlagen sowie allfällige weitere entscheidungsrelevante Unterlagen, die der Behörde zum Zeitpunkt der Bekanntgabe gemäß Abs. 1 noch nicht vorgelegen sind, zuzuleiten und ist ihm eine angemessene Frist zur Stellungnahme einzuräumen; diese Frist ist so zu bemessen, dass es dem am Verfahren teilnehmenden Staat ermöglicht wird, die Antragsunterlagen der Öffentlichkeit zugänglich zu machen und ihr Gelegenheit zur Stellungnahme zu geben. Erforderlichenfalls sind Konsultationen über mögliche grenzüberschreitende Auswirkungen und allfällige Maßnahmen zur Vermeidung oder Verminderung schädlicher grenzüberschreitender Umweltauswirkungen zu führen.

(5) Einem am Verfahren teilnehmenden Staat sind ferner die Ergebnisse des Ermittlungsverfahrens, die wesentlichen Entscheidungsgründe, Angaben über das Verfahren zur Beteiligung der Öffentlichkeit und die Entscheidung über den Genehmigungsantrag zu übermitteln.

(6) Wird im Rahmen eines in einem anderen Staat durchgeführten Verfahrens betreffend die Genehmigung oder die wesentliche Änderung (§ 81a Z 1) einer dem § 77a unterliegenden Betriebsanlage der Genehmigungsantrag übermittelt, so hat die Behörde im Sinne des Abs. 1 vorzugehen. Bei der Behörde eingelangte Stellungnahmen sind von der Behörde dem Staat zu übermitteln, in dem das Projekt, auf das sich der Genehmigungsantrag bezieht, verwirklicht werden soll.

(7) Die Absätze 3 bis 6 gelten für Staaten, die nicht Vertragspartei des Abkommens über den Europäischen Wirtschaftsraum sind, nur nach Maßgabe des Grundsatzes der Gegenseitigkeit.

(8) Besondere staatsvertragliche Regelungen bleiben unberührt.

§ 356b. (1) Bei nach diesem Bundesgesetz genehmigungspflichtigen Betriebsanlagen, zu deren Errichtung, Betrieb oder Änderung auch nach anderen Verwaltungsvorschriften des Bundes eine Genehmigung (Bewilligung) zum Schutz vor Auswirkungen der Anlage oder zum Schutz des Erscheinungsbildes der Anlage oder eine Bewilligung zur Verwendung von Waldboden zu anderen Zwecken als für solche der Waldkultur (Rodung) erforderlich ist, entfallen, soweit in den folgenden Absätzen nicht anderes bestimmt wird, gesonderte Genehmigungen (Bewilligungen) nach diesen anderen Verwaltungsvorschriften, es sind aber deren materiellrechtliche Genehmigungs- (Bewilligungs-)Regelungen bei Erteilung der Genehmigung anzuwenden. Dem Verfahren sind Sachverständige für die von den anderen Verwaltungsvorschriften erfassten Gebiete beizuziehen. Die Betriebsanlagengenehmigung bzw. Betriebsanlagenänderungsgenehmigung gilt auch als entsprechende Genehmigung (Bewilligung) nach den anderen Verwaltungsvorschriften des Bundes. Die Mitanwendung der Bestimmungen des Wasserrechtsgesetzes 1959 – WRG 1959, BGBl. Nr. 215/1959, in der jeweils geltenden Fassung, bezieht sich auf folgende mit Errichtung, Betrieb oder Änderung der Betriebsanlage verbundene Maßnahmen:

1. Wasserentnahmen aus Fließgewässern für Kühl- oder Feuerlöschzwecke (§ 9 WRG 1959);
2. Erd- und Wasserwärmepumpen (§ 31c Abs. 5 WRG 1959);
3. Abwassereinleitungen in Gewässer (§ 32 Abs. 2 lit. a, b und e WRG 1959), ausgenommen Abwassereinleitungen aus Anlagen zur

Behandlung der in einer öffentlichen Kanalisation gesammelten Abwässer;
4. Lagerung von Stoffen, die zur Folge haben, dass durch Eindringen (Versickern) von Stoffen in den Boden das Grundwasser verunreinigt wird (§ 32 Abs. 2 lit. c WRG 1959);
5. Abwassereinleitungen in wasserrechtlich bewilligte Kanalisationsanlagen (§ 32b WRG 1959);
6. Beseitigung von Dach-, Parkplatz- und Straßenwässern;
7. Brücken und Stege im Hochwasserabflussbereich (§ 38 WRG 1959).

Insbesondere sind die Bestimmungen des Wasserrechtsgesetzes 1959 betreffend Stand der Technik einschließlich der Gewährung von Ausnahmen vom Stand der Technik, persönliche Ladung von Parteien, Emissions- und Immissionsbegrenzungen sowie Überwachung jedenfalls mitanzuwenden. Dem wasserwirtschaftlichen Planungsorgan (§ 55 Abs. 4 WRG 1959) kommt in allen Verfahren, durch die wasserwirtschaftliche Interessen berührt werden, Parteistellung zur Wahrung dieser Interessen einschließlich der Beschwerdelegitimation an das Verwaltungsgericht des Landes, der Revision wegen Rechtswidrigkeit und des Antrages auf Fristsetzung wegen Verletzung der Entscheidungspflicht durch ein Verwaltungsgericht an den Verwaltungsgerichtshof zu.

(2) Die Behörde hat das Betriebsanlagengenehmigungsverfahren gemäß Abs. 1 mit den anderen zuständigen Behörden zu koordinieren, wenn nach anderen nicht gemäß Abs. 1 mitanzuwendenden Verwaltungsvorschriften eine Genehmigung, Bewilligung oder eine Anzeige zum Schutz vor Auswirkungen der Betriebsanlage oder zum Schutz des Erscheinungsbildes der Betriebsanlage erforderlich ist.

(3) Die nach anderen Verwaltungsvorschriften des Bundes im Sinne des Abs. 1 bestehenden behördlichen Befugnisse und Aufgaben zur Überprüfung der Ausführung der Anlage, zur Kontrolle, zur Herstellung des gesetzmäßigen Zustands, zur Gefahrenabwehr, zur nachträglichen Konsensanpassung, zur Vorschreibung und Durchführung von Maßnahmen bei Errichtung, Betrieb, Änderung und Auflassung, der Wiederverleihung von Rechten sind von der Behörde, hinsichtlich des Wasserrechtsgesetzes 1959 nur für die im Abs. 1 Z 1 bis 6 genannten Maßnahmen, wahrzunehmen. Die Zuständigkeit des Landeshauptmanns nach § 17 des Altlastensanierungsgesetzes, BGBl. Nr. 299/1989, zuletzt geändert durch das Bundesgesetz BGBl. Nr. 760/1992, bleibt unberührt. Die Bestimmungen betreffend die allgemeine Gewässeraufsicht (§§ 130ff WRG 1959) bleiben unberührt.

(4) Die Abs. 1 bis 3 gelten nicht für die Errichtung, den Betrieb oder die Änderung von Anlagen, die dem § 37 des Abfallwirtschaftsgesetzes 2002 – AWG 2002, BGBl. I Nr. 102, in der jeweils geltenden Fassung, oder dem Umweltverträglichkeitsprüfungsgesetz 2000 – UVP-G 2000, BGBl. Nr. 697/1993, in der jeweils geltenden Fassung, unterliegen.

(5) Die Absätze 1 bis 3 gelten auch für forstrechtliche Verfahren nach § 50 des Forstgesetzes 1975, BGBl. Nr. 440, in der jeweils geltenden Fassung.

(6) Abs. 3 ist hinsichtlich der Aufgaben und Befugnisse, die nach dem Arbeitsinspektionsgesetz 1993, BGBl. Nr. 27, in der jeweils geltenden Fassung den Arbeitsinspektionen obliegen, nicht anzuwenden.

(7) In Verfahren betreffend die Genehmigung oder die Genehmigung einer wesentlichen Änderung (§ 81a Z 1) einer IPPC-Anlage haben auch folgende Umweltorganisationen Parteistellung:

1. Gemäß § 19 Abs. 7 UVP-G 2000 anerkannte Umweltorganisationen, soweit sie während der Auflagefrist im Sinne des § 356a Abs. 2 Z 1 schriftliche Einwendungen erhoben haben; die Umweltorganisationen haben das Recht, die Einhaltung von Umweltschutzvorschriften im Verfahren geltend zu machen und Rechtsmittel zu ergreifen;
2. Umweltorganisationen aus einem anderen Staat,

a) sofern für die genehmigungspflichtige Errichtung, den genehmigungspflichtigen Betrieb oder die genehmigungspflichtige wesentliche Änderung eine Benachrichtigung des anderen Staates gemäß § 356a Abs. 3 erfolgt ist,
b) sofern die genehmigungspflichtige Errichtung, der genehmigungspflichtige Betrieb oder die genehmigungspflichtige wesentliche Änderung voraussichtlich Auswirkungen auf jenen Teil der Umwelt des anderen Staates hat, für deren Schutz die Umweltorganisation eintritt,
c) sofern sich die Umweltorganisation im anderen Staat am Verfahren betreffend die genehmigungspflichtige Errichtung, den genehmigungspflichtigen Betrieb oder die genehmigungspflichtige wesentliche Änderung einer im anderen Staat gelegenen dem § 77a unterliegenden Betriebsanlage beteiligen könnte, und
d) soweit sie während der Auflagefrist gemäß § 356a Abs. 2 Z 1 schriftliche Einwendungen erhoben haben; die Umweltorganisationen haben das Recht, die Einhaltung von Umweltschutzvorschriften im Verfahren geltend zu machen und Rechtsmittel zu ergreifen.

§ 356c. Liegen von mehr als 20 Personen im wesentlichen gleichgerichtete Einwendungen vor, so kann ihnen die Behörde den Auftrag erteilen, innerhalb einer gleichzeitig zu bestimmenden, angemessenen, mindestens aber zweiwöchigen Frist, einen gemeinsamen Zustellbevollmächtigten namhaft zu machen. Kommen die Nachbarn diesem Auftrag nicht fristgerecht nach, so hat die Behörde von Amts wegen einen gemeinsamen Zustellbevollmächtigten zu bestellen.

§ 356d. Im Fall der Festlegung weniger strenger Emissionsgrenzwerte im Sinne des § 77b Abs. 3 in einem Anpassungsverfahren gemäß § 81b sind die §§ 77a Abs. 7 bis 9, § 356a und § 356b Abs. 7 anzuwenden.

§ 356e. (1) Betrifft ein Genehmigungsansuchen eine verschiedenen Gewerbebetrieben zu dienen bestimmte, dem § 356 Abs. 1 unterliegende Betriebsanlage (Gesamtanlage) und wird in diesem Genehmigungsansuchen ausdrücklich nur eine Generalgenehmigung beantragt, so ist die Genehmigung hinsichtlich der nicht nur einem einzelnen Gewerbebetrieb dienenden Anlagenteile (wie Rolltreppen, Aufzüge, Brandmeldeeinrichtungen, Sprinklereinrichtungen, Lüftungseinrichtungen) zu erteilen (Generalgenehmigung) und bedarf die Anlage eines Gewerbebetriebes in der Gesamtanlage, sofern sie geeignet ist, die Schutzinteressen des § 74 Abs. 2 zu berühren, einer gesonderten, den Bestand der Generalgenehmigung für die Gesamtanlage voraussetzenden Genehmigung (Spezialgenehmigung).

(2) Mit dem Erlöschen der Generalgenehmigung erlischt auch die Spezialgenehmigung.

§ 357. Werden von Nachbarn privatrechtliche Einwendungen gegen die Anlage vorgebracht, so hat der Verhandlungsleiter auf eine Einigung hinzuwirken; die etwa herbeigeführte Einigung ist in der Niederschrift über die Verhandlung zu beurkunden. Im übrigen ist der Nachbar mit solchen Vorbringen auf den Zivilrechtsweg zu verweisen.

§ 358. (1) Werden Umstände bekannt, die die Genehmigungspflicht einer Anlage im Sinne des § 74 begründen könnten, zieht aber der Inhaber der Anlage in Zweifel, daß die Voraussetzungen für die Genehmigungspflicht gegeben seien, so hat die Behörde auf Antrag des Inhabers der Anlage die Anlage oder das Vorhaben zu prüfen und durch Bescheid festzustellen, ob die Errichtung und der Betrieb der Anlage der Genehmigung bedürfen. Ein Feststellungsbescheid ist jedoch nicht zu erlassen, wenn die Genehmigungspflicht der Anlage offenkundig ist. Ergeben sich im Feststellungsverfahren Zweifel, ob dieses Bundesgesetz auf jene Tätigkeit anzuwenden ist, der die Anlage regelmäßig zu dienen bestimmt ist, so ist dieses Verfahren zu unterbrechen und ein Feststellungsverfahren gemäß § 348 durchzuführen.

(2) Durch ein solches Verfahren zur Feststellung der Genehmigungspflicht wird späteren Feststellungen über Art und Umfang der möglichen Gefährdungen, Belästigungen, Beeinträchtigungen und nachteiligen Einwirkungen nicht vorgegriffen.

(3) Abs. 1 ist sinngemäß anzuwenden, wenn der Inhaber einer gewerblichen Betriebsanlage die Feststellung beantragt, ob eine gemäß § 82 Abs. 1 erlassene Verordnung oder der Abschnitt 8a betreffend die Beherrschung der Gefahren schwerer Unfälle mit gefährlichen Stoffen auf seine Betriebsanlage anzuwenden ist.

§ 359. (1) Im Bescheid, mit dem die Errichtung und der Betrieb der Anlage genehmigt werden, sind die allenfalls erforderlichen Auflagen anzuführen. Wenn es aus Gründen der Überwachung der Einhaltung der Auflagen notwendig ist, hat die Behörde im Genehmigungsbescheid anzuordnen, daß ihr die Fertigstellung der Anlage angezeigt wird; der Inhaber einer dem Abschnitt 8a betreffend die Beherrschung der Gefahren bei schweren Unfällen unterliegenden Betriebsanlage hat deren Fertigstellung der zur Genehmigung dieser Anlage zuständigen Behörde anzuzeigen, ohne daß es einer diesbezüglichen Anordnung im Genehmigungsbescheid bedarf. Die Behörde hat in den Genehmigungsbescheid gegebenenfalls einen Hinweis darauf aufzunehmen, daß ihrer Ansicht nach im Standort das Errichten und Betreiben der Anlage im Zeitpunkt der Bescheiderlassung durch Rechtsvorschriften verboten ist.

(2) Der für den Genehmigungswerber, für das Arbeitsinspektorat und für die Gemeinde bestimmten Ausfertigung des Genehmigungsbescheides sind eine Betriebsbeschreibung einschließlich eines Verzeichnisses der Maschinen und sonstigen Betriebseinrichtungen sowie die Pläne und Skizzen, die dem Verfahren zugrunde lagen, und die Beschreibung der beim Betrieb der Anlage zu erwartenden Abfälle und der betrieblichen Vorkehrungen zu deren Lagerung, Vermeidung, Verwertung oder Entsorgung anzuschließen; auf diesen Beilagen ist zu vermerken, daß sie Bestandteile des Genehmigungsbescheides bilden.

(3) Der Bescheid ist dem Genehmigungswerber, den sonstigen Parteien des Verfahrens, der Gemeinde und jenen Behörden zuzustellen, an deren Stelle die Gewerbebehörde tätig geworden ist.

(4) Das Recht der Beschwerde steht außer dem Genehmigungswerber den Nachbarn zu, die Parteien sind. Das Beschwerderecht der Arbeitsinspektorate wird hiedurch nicht berührt.

(5) Für Bescheide, mit denen gemäß § 79c Abs. 2 Abweichungen vom Genehmigungsbescheid einschließlich seiner Bestandteile zugelassen werden, gelten die Abs. 2 bis 4 sinngemäß.

§ 359a. (1) Soweit dieses Bundesgesetz nicht anderes bestimmt, hat die Behörde in Verfahren betreffend Betriebsanlagen längstens binnen vier Monaten nach Einlangen des Anbringens zu entscheiden.

(2) Soweit dieses Bundesgesetz nicht anderes bestimmt, haben die Verwaltungsgerichte der Länder in Verfahren betreffend Betriebsanlagen längstens binnen vier Monaten nach Einlangen der Beschwerde zu entscheiden.

§ 359b. (1) Ein vereinfachtes Genehmigungsverfahren gemäß Abs. 2 bis 4 ist durchzuführen, wenn

1. jene Maschinen, Geräte und Ausstattungen der Anlage, deren Verwendung die Genehmigungspflicht begründen könnte, ausschließlich solche sind, die in Verordnungen gemäß § 76 Abs. 1 oder Bescheiden gemäß § 76 Abs. 2 angeführt sind oder die nach ihrer Beschaffenheit und Wirkungsweise vornehmlich oder auch dazu bestimmt sind, in Privathaushalten verwendet zu werden, oder
2. das Ausmaß der der Betriebsanlage zur Verfügung stehenden Räumlichkeiten und sonstigen Betriebsflächen insgesamt nicht mehr als 800 m² beträgt und die elektrische Anschlussleistung der zur Verwendung gelangenden Maschinen und Geräte 300 kW nicht übersteigt oder
3. die Art der Betriebsanlage in einer Verordnung nach Abs. 5 genannt ist oder

(Anm.: Z 4 aufgehoben durch VfGH, BGBl. I Nr. 75/2023)

5. bei einer nach § 81 genehmigungspflichtigen Änderung hinsichtlich der Betriebsanlage einschließlich der geplanten Änderung einer der in Z 1 bis 4 festgelegten Tatbestände erfüllt ist.

(2) Ergibt sich aus dem Genehmigungsansuchen und dessen Beilagen (§ 353), dass zumindest eine der Voraussetzungen des Abs. 1 erfüllt ist, so hat die Behörde das Projekt mit dem Hinweis bekanntzugeben, dass die Projektunterlagen innerhalb eines bestimmten, drei Wochen nicht überschreitenden Zeitraumes bei der Behörde zur Einsichtnahme aufliegen und die Nachbarn innerhalb dieses Zeitraumes von ihrem Anhörungsrecht Gebrauch machen können. Für diese Bekanntgabe ist § 356 Abs. 1 sinngemäß anzuwenden. Innerhalb dieser Frist können Nachbarn (§ 75 Abs. 2) einwenden, dass die Voraussetzungen für die Durchführung des vereinfachten Verfahrens nicht vorliegen. Erheben sie innerhalb der gesetzten Frist keine diesbezüglichen Einwendungen, endet die Parteistellung. Auf diese Rechtsfolge ist in der Bekanntmachung ausdrücklich hinzuweisen. § 42 Abs. 3 AVG gilt sinngemäß. Darüber hinaus gehend steht den Nachbarn keine Parteistellung zu.

(3) Nach Ablauf der in der Bekanntgabe angeführten Frist hat die Behörde unter Bedachtnahme auf die eingelangten Äußerungen der Nachbarn und, wenn nach dem Stand der Technik (§ 71a) und dem Stand der medizinischen und der sonst in Betracht kommenden Wissenschaften zu erwarten ist, dass überhaupt oder bei Einhaltung der erforderlichenfalls vorzuschreibenden bestimmten geeigneten Auflagen die nach den Umständen des Einzelfalles voraussehbaren Gefährdungen im Sinne des § 74 Abs. 2 Z 1 vermieden und Belästigungen, Beeinträchtigungen oder nachteilige Einwirkungen im Sinne des § 74 Abs. 2 Z 2 bis 5 auf ein zumutbares Maß beschränkt werden, die die Anwendung des vereinfachten Verfahrens begründende Beschaffenheit der Anlage mit Bescheid festzustellen und erforderlichenfalls Aufträge zum Schutz der gemäß § 74 Abs. 2 sowie der gemäß § 77 Abs. 3 und 4 wahrzunehmenden Interessen zu erteilen.

(4) Der Bescheid gemäß Abs. 3 gilt als Genehmigungsbescheid für die Anlage. Die Behörde hat binnen zwei Monaten nach Einlangen des Genehmigungsansuchens und dessen Beilagen (§ 353) zu entscheiden. Die Verwaltungsgerichte der Länder haben spätestens zwei Monate nach Einlangen der Beschwerde gegen den Bescheid zu entscheiden. IPPC-Anlagen und Betriebe im Sinne des § 84b Z 1 sind nicht dem vereinfachten Genehmigungsverfahren zu unterziehen.

(5) Der Bundesminister für Wissenschaft, Forschung und Wirtschaft hat durch Verordnung Arten von Betriebsanlagen zu bezeichnen, die dem vereinfachten Verfahren gemäß Abs. 2 bis 4 zu unterziehen sind, weil auf Grund der vorgesehenen Ausführung der Anlagen (insbesondere der Beschaffenheit und Wirkungsweise der Maschinen, Geräte und Ausstattungen der Anlage, der elektrischen Anschlussleistung der eingesetzten Maschinen und Geräte, der Betriebsweise, der räumlichen Ausdehnung der Anlage, der Art und Menge der in der Anlage gelagerten, geleiteten, umgeschlagenen, verwendeten oder hergestellten Stoffe) nach Art, Ausmaß und Dauer der Emissionen dieser Anlagen zu erwarten ist, dass die gemäß § 74 Abs. 2 wahrzunehmenden Interessen hinreichend geschützt und Belastungen der Umwelt (§ 69a) vermieden werden.

(6) Der Bundesminister für Wissenschaft, Forschung und Wirtschaft hat im Einvernehmen mit dem Bundesminister für Land- und Forstwirtschaft, Umwelt und Wasserwirtschaft durch Verordnung jene Arten von Betriebsanlagen zu bezeichnen, die aus Gründen des vorsorgenden Umweltschutzes jedenfalls nicht dem vereinfachten Genehmigungsverfahren zu unterziehen sind, auch wenn im Einzelfall eine derartige Anlage die Voraussetzungen für die Anwendung des vereinfachten Genehmigungsverfahrens erfüllt.

§ 359c. Wird ein Genehmigungsbescheid vom Verwaltungsgerichtshof aufgehoben, so darf der Genehmigungswerber die betreffende Anlage bis zur Rechtskraft des Ersatzbescheides, längstens jedoch ein Jahr, weiter betreiben, wenn er die Anlage entsprechend dem aufgehobenen Genehmigungsbescheid betreibt. Das gilt nicht, wenn der Verwaltungsgerichtshof der Revision, die zur Aufhebung des Genehmigungsbescheides führte, die aufschiebende Wirkung zuerkannt hatte.

j) Einstweilige Zwangs- und Sicherheitsmaßnahmen

§ 360. (1) Besteht der Verdacht einer Übertretung gemäß § 366 Abs. 1 Z 1, 2 oder 3, so hat die Behörde unabhängig von der Einleitung eines Strafverfahrens den Gewerbeausübenden bzw. den Anlageninhaber mit Verfahrensanordnung zur Herstellung des der Rechtsordnung entsprechenden Zustandes innerhalb einer angemessenen, von der Behörde zu bestimmenden Frist aufzufordern; eine solche Aufforderung hat auch dann zu ergehen, wenn der Verdacht einer Übertretung gemäß § 367 Z 25 besteht und nicht bereits ein einschlägiges Verfahren gemäß § 79c oder § 82 Abs. 3 anhängig ist. Kommt der Gewerbeausübende bzw. der Anlageninhaber dieser Aufforderung innerhalb der gesetzten Frist nicht nach, so hat die Behörde mit Bescheid die zur Herstellung des der Rechtsordnung entsprechenden Zustandes jeweils notwendigen Maßnahmen, wie die Stillegung von Maschinen oder die Schließung von Teilen des Betriebes oder die Schließung des gesamten Betriebes zu verfügen.

(1a) In den Fällen des Verdachts einer Übertretung gemäß § 366 Abs. 1 Z 2 oder Z 3 oder § 367 Z 25 hat ein Bescheid gemäß Abs. 1 nicht zu ergehen, wenn und solange im konkreten Einzelfall

1. für die Behörde keine Bedenken vom Standpunkt des Schutzes der im § 74 Abs. 2 umschriebenen Interessen oder der Vermeidung von Belastungen der Umwelt (§ 69a) hervorkommen, und
2. innerhalb einer von der Behörde gleichzeitig mit der Verfahrensanordnung gemäß Abs. 1 bestimmten, angemessenen und nicht erstreckbaren Frist ein diesem Bundesgesetz entsprechendes Ansuchen (§ 353) um die erforderliche Genehmigung eingebracht und sodann auf Grund dieses Ansuchens ein entsprechender Genehmigungsbescheid erlassen wird.

Abs. 1a gilt nicht für in der Anlage 3 zu diesem Bundesgesetz angeführte Betriebsanlagen.

(2) Wenn bei einer Tätigkeit offenkundig der Verdacht einer Übertretung gemäß § 366 Abs. 1 Z 4, 5 oder 6 gegeben ist und wenn mit Grund anzunehmen ist, daß die solchermaßen gesetzwidrige Gewerbeausübung fortgesetzt wird, darf die Behörde auch ohne vorausgegangenes Verfahren und vor Erlassung eines Bescheides die zur Unterbindung dieser Gewerbeausübung notwendigen Maßnahmen, insbesondere auch die Beschlagnahme von Waren, Werkzeugen, Maschinen, Geräten und Transportmitteln, an Ort und Stelle treffen; hierüber ist jedoch binnen eines Monats ein schriftlicher Bescheid zu erlassen, widrigenfalls die getroffene Maßnahme als aufgehoben gilt. Der Bescheid gilt auch dann als erlassen, wenn er gemäß § 19 des Zustellgesetzes, BGBl. Nr. 200/1982, wegen Unzustellbarkeit an die Behörde zurückgestellt worden ist.

(3) Ist eine Übertretung gemäß § 366 Abs. 1 Z 1 offenkundig, so hat die Behörde ohne vorausgegangenes Verfahren und vor Erlassung eines Bescheides den gesamten der Rechtsordnung nicht entsprechenden Betrieb an Ort und Stelle zu schließen; eine solche Betriebsschließung liegt auch dann vor, wenn eine Gewerbeausübung unterbunden wird, die keine Betriebsstätte aufweist; hierüber ist jedoch binnen eines Monats ein schriftlicher Bescheid zu erlassen, widrigenfalls die getroffene Maßnahme als aufgehoben gilt. Der Bescheid gilt auch dann als erlassen, wenn er gemäß § 19 des Zustellgesetzes, BGBl. Nr. 200/1982, wegen Unzustellbarkeit an die Behörde zurückgestellt worden ist.

(4) Um die durch eine diesem Bundesgesetz unterliegende Tätigkeit oder durch Nichtbeachtung von Anforderungen an Maschinen, Geräte und Ausrüstungen (§ 71) verursachte Gefahr für das Leben oder die Gesundheit von Menschen oder für das Eigentum abzuwehren oder um die durch eine nicht genehmigte Betriebsanlage verursachte unzumutbare Belästigung der Nachbarn abzustellen, hat die Behörde, entsprechend dem Ausmaß der Gefährdung oder Belästigung, mit Bescheid die gänzliche oder teilweise Schließung des Betriebes, die Stillegung von Maschinen, Geräten oder Ausrüstungen oder deren Nichtverwendung oder sonstige die Anlage betreffende Sicherheitsmaßnahmen oder Vorkehrungen zu verfügen. Hat die Behörde Grund zur Annahme, daß zur Gefahrenabwehr Sofortmaßnahmen an Ort und Stelle erforderlich sind, so darf sie nach Verständigung des Betriebsinhabers, seines Stellvertreters oder des Eigentümers der Anlage oder, wenn eine Verständigung dieser Person nicht möglich ist, einer Person, die tatsächlich die Betriebsführung wahrnimmt, solche Maßnahmen auch ohne vorausgegangenes Verfahren und vor Erlassung eines Bescheides an Ort und Stelle treffen; hierüber ist jedoch binnen eines Monats ein schriftlicher Bescheid zu erlassen, widrigenfalls die getroffene Maßnahme als aufgehoben gilt. Der Bescheid gilt auch dann als erlassen, wenn er gemäß § 19 des Zustellgesetzes wegen Unzustellbarkeit an die Behörde zurückgestellt worden ist.

(5) Die Bescheide gemäß Abs. 1 zweiter Satz, 2, 3 oder 4 sind sofort vollstreckbar; wenn sie nicht kürzer befristet sind, treten sie mit Ablauf eines Jahres, vom Beginn der Vollstreckbarkeit an gerechnet, außer Wirksamkeit. Durch einen Wechsel in der Person des Inhabers der von den einstweiligen Zwangs- und Sicherheitsmaßnahmen betroffenen Anlagen, Anlagenteile oder Gegenstände wird die Wirksamkeit dieser Bescheide nicht berührt.

(6) Liegen die Voraussetzungen für die Erlassung eines Bescheides gemäß Abs. 1 zweiter Satz,

2, 3 oder 4 nicht mehr vor und ist zu erwarten, daß in Hinkunft jene gewerberechtlichen Vorschriften, deren Nichteinhaltung für die Maßnahmen nach Abs. 1 zweiter Satz, 2, 3 oder 4 bestimmend war, von der Person eingehalten werden, die die gewerbliche Tätigkeit ausüben oder die Betriebsanlage betreiben will, so hat die Behörde auf Antrag dieser Person die mit Bescheid gemäß Abs. 1 zweiter Satz, 2, 3 oder 4 getroffenen Maßnahmen ehestens zu widerrufen.

§ 360a. (1) Rechtskräftige Entscheidungen, mit denen eine verwaltungsrechtliche Sanktion oder Maßnahme wegen des Verstoßes gegen die Bestimmungen der §§ 137 bis 138 oder die Standesregeln für Versicherungsvermittlung verhängt werden, sind von der Behörde unverzüglich auf ihrer Homepage zu veröffentlichen. Dabei werden mindestens Art und Wesen des Verstoßes und die Identität der verantwortlichen Person bekanntgemacht. Dies gilt nicht im Fall von Entscheidungen, mit denen Maßnahmen mit Ermittlungscharakter verhängt werden. Hält die Behörde nach einer fallbezogenen Prüfung der Verhältnismäßigkeit der Veröffentlichung der Identität oder personenbezogener Daten der verantwortlichen Personen die Veröffentlichung dieser Daten für unverhältnismäßig oder gefährdet die Veröffentlichung dieser Daten die Stabilität von Finanzmärkten oder laufende Ermittlungen, so hat die Behörde zu entscheiden,

1. die Bekanntmachung zu verschieben,
2. die Verwaltungsstrafen auf anonymer Basis bekannt zu machen oder
3. von der Bekanntmachung abzusehen.

(2) Der von einer Veröffentlichung Betroffene kann eine Überprüfung der Rechtmäßigkeit der Veröffentlichung in einem mit Bescheid zu erledigenden Verfahren bei der Behörde beantragen. Die Behörde hat in diesem Falle die Einleitung eines solchen Verfahrens in gleicher Weise bekannt zu machen wie die ursprüngliche Veröffentlichung. Wird im Rahmen dieser Überprüfung die Rechtswidrigkeit der Veröffentlichung festgestellt, so hat die Behörde die Veröffentlichung richtig zu stellen oder auf Antrag des Betroffenen entweder zu widerrufen oder von ihrer Homepage zu entfernen. Soweit nicht bereits eine Entfernung gemäß dem dritten Satz oder auf Grund einer Entscheidung der Datenschutzbehörde erfolgt ist, hat Behörde die Veröffentlichung spätestens mit Ablauf von fünf Jahren nach Eintritt der Rechtskraft der Entscheidung gemäß Abs. 1 erster Satz von ihrer Homepage zu entfernen.

(3) Wurde gegen eine Entscheidung, eine Verwaltungsstrafe oder eine andere Maßnahme zu verhängen, ein Rechtsmittel eingelegt, hat die Behörde dies und alle weiteren Informationen über das Ergebnis des Rechtsmittelverfahrens unverzüglich auf ihrer Homepage bekannt zu machen. Ferner ist jede Entscheidung, mit der eine frühere bekannt gemachte Entscheidung über die Verhängung einer Verwaltungsstrafe oder einer anderen Maßnahme für ungültig erklärt wird, ebenfalls bekannt zu machen.

(4) Die Behörde hat die EIOPA über alle Verwaltungsstrafen und andere Maßnahmen, die zwar verhängt, im Einklang mit Abs. 1 aber nicht bekannt gemacht wurden, sowie über alle Rechtsmittel in Verbindung mit diesen Verwaltungsstrafen und die Ergebnisse der Rechtsmittelverfahren zu unterrichten.

(5) Im Falle von Versicherungsvermittlern, die den Wohlverhaltensregeln gemäß den Standesregeln für Versicherungsvermittlung beim Vertrieb von Versicherungsanlageprodukten nicht genügen, hat die Behörde die folgenden Maßnahmen zu verhängen:

1. die öffentliche Bekanntgabe der verantwortlichen natürlichen oder juristischen Person und der Art des Verstoßes,
2. eine Anordnung, wonach die verantwortliche natürliche oder juristische Person die Verhaltensweise einzustellen und von einer Wiederholung abzusehen hat.

GewO

(6) Im Falle von

1. Versicherungsvermittlern, die ihre Vertriebstätigkeiten nicht gemäß §§ 137b und 137c in Verbindung mit §§ 365a und 365b eintragen lassen,
2. Versicherungsvermittlern, die Versicherungsvertriebsdienstleistungen von Personen nach Z 1 in Anspruch nehmen,
3. Versicherungsvermittlern, die eine Eintragung aufgrund falscher Erklärungen oder auf sonstige rechtswidrige Weise unter Verstoß gegen §§ 137b und 137c in Verbindung mit §§ 365a und 365b erlangt haben,
4. Versicherungsvermittlern, die den Bestimmungen der §§ 136a und 137 bis 138 nicht genügen, oder
5. Versicherungsvermittlern, die Standesregeln für Versicherungsvermittlung beim Vertrieb anderer Versicherungsprodukte als Versicherungsanlageprodukten nicht genügen,

hat die Behörde unbeschadet § 367 Z 54 und Z 58 anzuordnen, dass die verantwortliche natürliche oder juristische Person die Verhaltensweise einzustellen und von einer Wiederholung abzusehen hat.

(7) Die Behörde hat die EIOPA wie folgt zu informieren:

1. über die Verwaltungssanktionen und anderen Maßnahmen, die verhängt, aber nicht gemäß Abs. 1 öffentlich bekannt gemacht wurden,
2. wenn die Behörde eine Verwaltungssanktion oder andere Maßnahme der Öffentlichkeit bekannt gemacht hat, gleichzeitig mit der Veröffentlichung und
3. durch Übermittlung einer jährlichen Zusammenfassung von Informationen über alle gemäß § 366c verhängten Verwaltungssanktionen und anderen Maßnahmen.

k) Verfahren bei Entziehung der Gewerbeberechtigung

§ 361. (1) Zur Entziehung der Gewerbeberechtigung (§§ 87 und 88), zu Feststellungen gemäß § 90 und zu Maßnahmen gemäß § 91 Abs. 1, soweit sich die Entziehungsgründe auf die Person des Geschäftsführers beziehen, und gemäß § 91 Abs. 2 ist die Bezirksverwaltungsbehörde berufen. Zu Maßnahmen gemäß § 91 Abs. 1, soweit sich die Entziehungsgründe auf die Person des Filialgeschäftsführers beziehen, ist die für die weitere Betriebsstätte jeweils zuständige Behörde berufen.

(2) Vor der Entziehung der Gewerbeberechtigung oder von Maßnahmen gemäß § 91 ist die zuständige Gliederung der Landeskammer der gewerblichen Wirtschaft und, wenn Arbeitnehmer im Betriebe beschäftigt sind, auch die zuständige Kammer zu hören. Dies gilt nicht im Fall einer Maßnahme gemäß § 91 Abs. 2 wegen rechtskräftiger Nichteröffnung oder Aufhebung des Insolvenzverfahrens mangels kostendeckenden Vermögens.

(3) Gegen Maßnahmen gemäß § 91 Abs. 1 steht das Recht der Beschwerde sowohl dem Gewerbeinhaber als auch dem Geschäftsführer oder Filialgeschäftsführer zu.

l) Wiederaufnahme des Verfahrens

§ 362. Die Wiederaufnahme eines auf Grund dieses Bundesgesetzes durchgeführten Verfahrens von Amts wegen gemäß § 69 Abs. 1 Z 2 AVG ist nur dann zulässig, wenn die neu hervorgekommenen Tatsachen oder Beweismittel den Mangel einer gesetzlichen Voraussetzung betreffen, der noch fortdauert.

m) Nichtigerklärung von Bescheiden und Löschung aus dem GISA

§ 363. (1) Bescheide, die auf Grund dieses Bundesgesetzes erlassen worden sind, die an einem der nachstehend angeführten Fehler leiden, sind mit Nichtigkeit im Sinne des § 68 Abs. 4 Z 4 AVG bedroht, und zwar wenn

1. dieses Bundesgesetz auf die betreffende Tätigkeit nicht anzuwenden ist;
2. die Zugehörigkeit einer gewerblichen Tätigkeit zu den reglementierten oder freien Gewerben oder zu einem Teilgewerbe (§ 31) unrichtig beurteilt worden ist;
3. die Frage des Vorliegens der allgemeinen gesetzlichen Voraussetzungen gemäß §§ 8 bis 14 für die Ausübung von Gewerben durch den Gewerbeinhaber oder für die Ausübung der Tätigkeit als Geschäftsführer oder Filialgeschäftsführer unrichtig oder der Befähigungsnachweis (§§ 18 und 19) zu Unrecht als erbracht beurteilt worden ist und in allen diesen Fällen der Mangel noch andauert;
4. der Bestand oder die Dauer des Rechtes zur Gewerbeausübung unrichtig beurteilt worden ist;
5. die gesetzlichen Voraussetzungen eines Fortbetriebsrechtes (§§ 41 bis 45) zu Unrecht als gegeben beurteilt worden sind;
6. zu Unrecht festgestellt oder davon ausgegangen wurde, daß eine Tätigkeit nicht diesem Bundesgesetz unterliegt.

(1a) Ein Verfahren betreffend die Nichtigerklärung gemäß Abs. 1 Z 3 ist nicht zu führen, wenn die Gewerbeberechtigung aus dem Grund des § 87 Abs. 1 Z 3a zu entziehen ist.

(2) In einem Verfahren betreffend die Nichtigerklärung gemäß Abs. 1 Z 1 sind die Landeskammer der gewerblichen Wirtschaft und die nach der Sachlage sonst in Betracht kommenden gesetzlichen beruflichen Interessenvertretungen Parteien, und es steht ihnen das Recht der Beschwerde an das Verwaltungsgericht des Landes und der Revision wegen Rechtswidrigkeit an den Verwaltungsgerichtshof zu.

(3) In einem Verfahren betreffend die Nichtigerklärung gemäß Abs. 1 Z 2 ist die Landeskammer der gewerblichen Wirtschaft Partei und es steht ihr das Recht der Beschwerde an das Verwaltungsgericht des Landes und der Revision wegen Rechtswidrigkeit an den Verwaltungsgerichtshof zu.

(4) Die sachlich in Betracht kommende Oberbehörde kann in Ausübung des Aufsichtsrechtes mit Bescheid die Löschung einer Eintragung in das GISA verfügen, wenn

1. a) eine natürliche Person oder ein sonstiger Rechtsträger auf Grund einer Anmeldung eines Gewerbes gemäß § 340 Abs. 1 in das GISA eingetragen wurde oder
   b) eine Maßnahme oder Tätigkeit, die Gegenstand einer Anzeige gemäß § 345 ist, in das GISA eingetragen wurde und
2. die Voraussetzungen für eine Nichtigerklärung gemäß Abs. 1 vorliegen.

Bis zum Eintritt der Rechtskraft des Löschungsbescheides darf das Gewerbe ausgeübt werden. Im Löschungsverfahren sind die Abs. 2 und 3 anzuwenden.

n) Einziehung von Ausweispapieren

§ 364. Gewerbescheine und sonstige Ausweispapiere, die nach den gewerberechtlichen Vorschriften ausgefertigt worden sind, aber den Tatsachen nicht mehr entsprechen oder ungültig geworden sind, sind der Behörde zurückzustellen. Auf Verlangen hat jedoch die Behörde diese Ausweispapiere, versehen mit einem deutlich ersichtlichen Ungültigkeitsvermerk, zurückzugeben.

o) Gewerbeinformationssystem Austria – GISA

§ 365. (1) Das Gewerbeinformationssystem Austria (GISA) und auf dessen Basis das

Versicherungs- und Kreditvermittlerregister sowie das Reiseinsolvenzabsicherungsverzeichnis werden automationsunterstützt geführt. Der Bundesminister für Digitalisierung und Wirtschaftsstandort, die Bundesländer und die Städte mit eigenem Statut sind als gemeinsam Verantwortliche gemäß Art. 4 Z 7 in Verbindung mit Art. 26 Abs. 1 DSGVO ermächtigt, die für die Wahrnehmung der ihnen nach diesem Bundesgesetz übertragenen Aufgaben erforderlichen personenbezogenen Daten gemeinsam zu verarbeiten. Die Behörden haben Daten über natürliche Personen und andere Rechtsträger als natürliche Personen und die Änderung dieser Daten nach Maßgabe der §§ 365a, 365b und 365d in das GISA einzutragen.

(2) Die Erfüllung von Informations-, Auskunfts-, Berichtigungs-, Löschungs- und sonstigen Pflichten nach den Bestimmungen der DSGVO gegenüber den Betroffenen obliegt jedem Verantwortlichen hinsichtlich jener Daten, die im Zusammenhang mit den von ihm geführten Verfahren oder den von ihm gesetzten Maßnahmen verarbeitet werden. Nimmt eine betroffene Person ein Recht nach der DSGVO gegenüber einem gemäß dem ersten Satz unzuständigen Verantwortlichen wahr, ist er an den zuständigen Verantwortlichen zu verweisen.

(3) Die Stadt Wien übt die Funktion des Auftragsverarbeiters gemäß Art. 4 Z 8 DSGVO aus. Sie ist in dieser Funktion verpflichtet, die Datenschutzpflichten gemäß Art. 28 Abs. 3 DSGVO wahrzunehmen. Der Bundesminister für Digitalisierung und Wirtschaftsstandort hat unbeschadet des Rechts der betroffenen Person auf Auskunft nach Art. 15 DSGVO jeder betroffenen Person sowie bei Anfragen von Behörden auf Antrag binnen zwölf Wochen alle Auskünfte zu geben, die notwendig sind, um den für die Verarbeitung ihrer Daten im Gewerbeinformationssystem Austria Verantwortlichen festzustellen. Sie trifft überdies die Verantwortung für die Umsetzung geeigneter technischer und organisatorischer Maßnahmen zur Gewährleistung der Datensicherheit.

Daten über natürliche Personen

§ 365a. (1) Die Behörde hat natürliche Personen in das GISA einzutragen, die in der Funktion als Gewerbeinhaber, Fortbetriebsberechtigte, Geschäftsführer oder Filialgeschäftsführer tätig sind. Hinsichtlich der genannten Personen sind folgende Daten in das GISA einzutragen:

1. die Funktion, in der die natürliche Person tätig wird,
2. Familienname und Vorname,
3. akademische Grade, akademische Berufsbezeichnungen sowie Standesbezeichnungen,
4. Geburtsdatum,
5. die genaue Bezeichnung des Gewerbes,
6. der Standort der Gewerbeberechtigung und die Standorte weiterer Betriebsstätten,
7. das Datum des Entstehens und der Endigung der Gewerbeberechtigung und des Beginns und der Einstellung der Ausübung des Gewerbes in einer weiteren Betriebsstätte,
8. die Angabe, durch wen die Bestellung des Geschäftsführers oder des Filialgeschäftsführers vorgenommen wurde,
9. Beginn und Ende der Funktion als Geschäftsführer oder Filialgeschäftsführer,
10. die Art des Fortbetriebes,
11. die GISA-Zahl und die Global Location Number (GLN),
12. die Firma und die Firmenbuchnummer,
13. beim Gewerbe des Immobilientreuhänders eine Haftungsabsicherung gemäß § 117 Abs. 7 sowie bei Gewerbetreibenden, die die Gewerbe Gewerbliche Vermögensberatung (§ 94 Z 75), sofern die Tätigkeit der Versicherungsvermittlung nicht durch den Gewerbeumfang ausgeschlossen ist, oder Versicherungsvermittlung, sei es auch nur als Nebengewerbe oder als Nebentätigkeit (§ 94 Z 76), angemeldet haben, auch
   a) jene anderen Vertragsstaaten des EWR, in denen der Versicherungsvermittler tätig ist einschließlich die Adresse einer ausländischen Niederlassung, Familienname und Vorname des Repräsentanten dieser Niederlassung,
   b) die Bezeichnung, Rechtsform und Firmenbuchnummer die Haftung absichernder Unternehmen im Sinne des § 137c Abs. 1 oder 2,
   c) einen Hinweis, ob die Absicherung nach § 137c Abs. 1 oder 2 erfolgt,
   d) eine Haftungsabsicherung gemäß § 136a Abs. 12,
   e) gegebenenfalls entweder die Tätigkeit als Wertpapiervermittler oder als gebundener Vermittler,
   f) der Vermerk der Einleitung eines Entziehungsverfahrens und
   g) im Fall von Verständigungen gemäß § 137b Abs. 7, die in diesen enthaltenen Daten,
14. einen Hinweis, ob das Gewerbe der Versicherungsvermittlung entweder in der Form „Versicherungsagent“ oder in der Form „Versicherungsmakler und Berater in Versicherungsangelegenheiten“ ausgeübt wird; bei Gewerblichen Vermögensberatern, sofern die Tätigkeit der Versicherungsvermittlung nicht durch den Gewerbeumfang ausgeschlossen ist, dass Versicherungsvermittlung bezüglich Lebens- und Unfallversicherungen zulässig ist, sowie bei Gewerbetreibenden, die die Versicherungsvermittlung als Nebengewerbe oder als Nebentätigkeit angemeldet haben, den Vermerk „Nebengewerbe“ bzw. „Nebentätigkeit“, sowie in allen diesen Fällen die Ausübungsform entweder als „Versicherungsagent“ oder als „Versicherungsmakler“,

GewO

15. alle Agenturverhältnisse eines Vermittlers einschließlich Versicherungszweig(e), wobei die Meldung gegenüber dem GISA über Abschluss und Beendigung auch durch das Versicherungsunternehmen, und zwar auch in automationsunterstützter Form, erfolgen kann,
16. bei Gewerbetreibenden, die die Gewerbe Gewerbliche Vermögensberatung (§ 94 Z 75) sofern die Tätigkeit der Versicherungsvermittlung nicht durch den Gewerbeumfang ausgeschlossen ist, oder Versicherungsvermittlung, sei es auch nur als Nebengewerbe oder als Nebentätigkeit (§ 94 Z 76), angemeldet haben, wenn eine Berechtigung zum Empfang von Prämien für ein Versicherungsunternehmen oder von für den Kunden bestimmten Beträgen besteht, das Bestehen dieser Empfangsberechtigung sowie der Name des Versicherungsunternehmens,
17. bei Gewerbetreibenden, die das Baumeistergewerbe (§ 94 Z 5) oder ein dem Baumeistergewerbe entstammendes Teilgewerbe ausüben, der Bestand einer Haftpflichtversicherung im Sinne des § 99 Abs. 7,
18. bei Versicherungsvermittlern im Sinne des § 137 Abs. 2, Immobilientreuhändern im Sinne des § 117, Gewerbetreibenden, die das Baumeistergewerbe (§ 94 Z 5) oder ein dem Baumeistergewerbe entstammendes Teilgewerbe ausüben und Gewerblichen Vermögensberatern im Sinne des § 136a das Ruhen und die Wiederaufnahme der Gewerbeausübung,
19. bei Gewerbetreibenden, die zur Kreditvermittlung befugt sind, in welchen Mitgliedstaaten der EU oder Vertragsstaaten des EWR die betreffenden Kreditvermittler im Rahmen der Niederlassungsfreiheit oder der Dienstleistungsfreiheit ihre Tätigkeit ausüben, und ob die Kreditvermittler gebunden sind oder nicht; im Falle von Mitteilungen gemäß § 136g die in diesen Mitteilungen enthaltenen Daten, und
20. Vermerke über die Einleitung eines Entziehungsverfahrens gemäß § 87 Abs. 9 sowie die Einleitung eines Verfahrens des Widerrufs eines Geschäftsführers oder Filialgeschäftsführers gemäß § 91 Abs. 1 aus dem Grund des Abs. 1 Z 3a.

(2) Weiters sind in das GISA einzutragen:

1. der Familienname vor der ersten Eheschließung oder vor der ersten Begründung einer eingetragenen Partnerschaft,
2. das Geschlecht,
3. das Geburtsland und der Geburtsort,
4. die Wohnanschrift,
5. die Staatsangehörigkeit,
6. die Sozialversicherungsnummer und nach Maßgabe des § 39 Abs. 4 die Dienstgeberkontonummer,
7. Nachsichtsvermerke und Vermerke über die Feststellung der individuellen Befähigung gemäß § 19,
8. Anerkennungen gemäß § 373c und Gleichhaltungen gemäß §§ 373d und 373e,
9. die Gründe für die Endigung der Gewerbeberechtigung und für den Widerruf der Bestellung zum Geschäftsführer oder Filialgeschäftsführer,
10. folgende Daten über natürliche Personen, bei denen ein Verfahren auf Feststellung der individuellen Befähigung, auf Erteilung einer Nachsicht von den Voraussetzungen für die Ausübung von Gewerben, auf Erteilung einer Anerkennung gemäß § 373c oder einer Gleichhaltung gemäß §§ 373d oder 373e geführt wurde und die nicht nach Abs. 1 einzutragen sind:
   a) die in Abs. 1 Z 2 bis 5 genannten Daten,
   b) Ausgang des Verfahrens, zuständige Behörde sowie das Datum und die Geschäftszahl der Erledigung.

In Fällen, in denen das Verfahren mit Abweisung, Zurückweisung, Untersagung der Ausübung des Gewerbes oder Zurückziehen des Antrages geendet hat, hat die Behörde die Daten aus dem GISA nach Ablauf eines Jahres nach der Eintragung zu löschen.

11. aus dem Tätigkeitsbereich Wirtschaft bPK-WT unverschlüsselt und aus dem Tätigkeitsbereich Personenidentität und Bürgerrechte (zur Person) bPK-ZP verschlüsselt (§ 9 E–Government-Gesetz – E-GovG, BGBl. I Nr. 10/2004, in der jeweils geltenden Fassung),
12. die Kennzahl Unternehmerregister (KUR),
13. folgende Daten über natürliche Personen, zu denen ein Ausschluss von der Ausübung eines Gewerbes gemäß § 13 Abs. 8 eingetreten ist:
   a) die in Abs. 1 Z 2 bis 4 genannten Daten,
   b) der Umstand, dass ein Ausschluss von der Ausübung eines Gewerbes gemäß § 13 Abs. 8 vorliegt,
   c) das Datum des Eintretens des Ausschlusses und das Datum des Endes der Wirksamkeit des Ausschlusses.

Die Behörde hat die Daten aus dem GISA am Folgetag des Endes der Wirksamkeit des Ausschlusses oder am Folgetag, nachdem der Behörde bekannt geworden ist, dass die betreffende Person verstorben ist, zu löschen.

(3) Daten über strafgerichtliche Verurteilungen dürfen in das GISA nicht eingetragen werden. Daten über strafgerichtliche Verurteilungen dürfen ausschließlich zum amtlichen Gebrauch während eines von der Behörde durchzuführenden Verfahrens, höchstens jedoch drei Tage lang, im GISA gespeichert werden.

(4) Betrifft eine Eingabe bei der Behörde die Tätigkeit einer natürlichen Person als Gewerbeinhaber, Fortbetriebsberechtigter, Geschäftsführer, Filialgeschäftsführer oder befähigter Arbeitnehmer gemäß § 37 Abs. 1, so hat die Partei der Behörde die Sozialversicherungsnummer der betreffenden natürlichen Person bekanntzugeben.

(5) Die Behörde ist zur Abfrage folgender Daten mittels automationsunterstützter Datenübermittlung befugt, soweit das Erfassen der Daten zur Vollziehung der gewerberechtlichen Vorschriften erforderlich ist:

1. aus dem Zentralen Personenstandsregister Familienname, Vorname, Geburtsdatum, Geburtsort, Geschlecht, Staatsangehörigkeit und den Zeitpunkt des Todes der natürlichen Person;
2. aus dem Zentralen Melderegister Familienname, Vorname, Geburtsdatum, Geburtsort, Geschlecht, Staatsangehörigkeit und die Wohnanschrift; die Berechtigung zur Abfrage des Zentralen Melderegisters umfasst auch Verknüpfungsabfragen im Sinne des § 16a Abs. 3 Meldegesetz 1991;
3. aus dem Strafregister Daten über nicht getilgte strafgerichtliche Verurteilungen, auch wenn die verhängte Freiheitsstrafe drei Monate oder die Geldstrafe 180 Tagessätze nicht übersteigt;
4. aus dem Datenbestand des Dachverbandes der Sozialversicherungsträger

a) Sozialversicherungsnummern der im Abs. 4 genannten natürlichen Personen und Dienstgeberkontonummern von nach diesem Bundesgesetz zu bestellenden Geschäftsführern, die Arbeitnehmer sind, und
b) Versicherungsdaten über Dienstverhältnisse; und

5. aus dem Finanzstrafregister Daten über Finanzvergehen gemäß § 13 Abs. 2.

Der Bundesminister für Inneres ist verpflichtet, dem Bundesminister für Wissenschaft, Forschung und Wirtschaft zum Zweck des Aufbaus und der Führung von GISA in geeigneter elektronischer Form aus dem Zentralen Melderegister einmal die in Z 2 genannten Daten über natürliche Personen, die gemäß Abs. 1 und Abs. 2 Z 10 und gemäß § 365b Abs. 2 Z 3 in das GISA einzutragen sind und für die ein bPK berechnet worden ist, zu übermitteln. Danach ist der Änderungsdienst gemäß § 16c Meldegesetz zu verwenden, wobei die Kosten im Einvernehmen zwischen dem Bundesminister für Inneres und dem Bundesminister für Wissenschaft, Forschung und Wirtschaft vereinbart werden. Steht zum Zeitpunkt der Inbetriebnahme von GISA der Änderungsdienst noch nicht zur Verfügung, hat der Bundesminister für Inneres dem Bundesminister für Wissenschaft, Forschung und Wirtschaft vor Inanspruchnahme des Änderungsdienstes die in Z 2 genannten Daten über natürliche Personen, die gemäß Abs. 1 und Abs. 2 Z 10 und gemäß § 365b Abs. 2 Z 3 in das GISA einzutragen sind und für die ein bPK berechnet worden ist, aktualisiert in geeigneter elektronischer Form aus dem Zentralen Melderegister nochmals zu übermitteln. Weiters ist der Bundesminister für Inneres verpflichtet, dem Bundesminister für Wissenschaft, Forschung und Wirtschaft ab Inbetriebnahme von GISA die Daten betreffend den Tag und Ort des Todes von natürlichen Personen, die gemäß Abs. 1 und Abs. 2 Z 10 und gemäß § 365b Abs. 2 Z 3 in das GISA einzutragen sind, aus dem Zentralen Personenstandsregister zu übermitteln.

Daten betreffend andere Rechtsträger als natürliche Personen

§ 365b. (1) Die Behörde hat andere Rechtsträger als natürliche Personen in das GISA einzutragen, die ein Gewerbe in der Funktion als Gewerbeinhaber oder Fortbetriebsberechtigte ausüben. Hinsichtlich der genannten Rechtsträger sind folgende Daten in das GISA einzutragen:

1. die Funktion, in der der Rechtsträger das Gewerbe ausübt,
2. die genaue Bezeichnung des Gewerbes,
3. der Standort der Gewerbeberechtigung und die Standorte weiterer Betriebsstätten,
4. die für Zustellungen maßgebliche Geschäftsanschrift,
5. das Datum des Entstehens und der Endigung der Gewerbeberechtigung und des Beginns und der Einstellung der Ausübung des Gewerbes in einer weiteren Betriebsstätte,
6. die Art des Fortbetriebes,
7. die Rechtsform,
8. die GISA-Zahl und die Global Location Number (GLN),
9. die Firma und die Firmenbuchnummer oder die ZVR-Zahl,
10. beim Gewerbe des Immobilientreuhänders eine Haftungsabsicherung gemäß § 117 Abs. 7 sowie bei Gewerbetreibenden, die die Gewerbe Gewerbliche Vermögensberatung (§ 94 Z 75), sofern die Tätigkeit der Versicherungsvermittlung nicht durch den Gewerbeumfang ausgeschlossen ist, oder Versicherungsvermittlung, sei es auch nur als Nebengewerbe oder als Nebentätigkeit (§ 94 Z 76), angemeldet haben, auch

a) die Namen der vertretungsbefugten Mitglieder des Leitungsorgans (Hinweis auf das Firmenbuch),
b) jene anderen Vertragsstaaten des EWR, in denen der Versicherungsvermittler tätig ist einschließlich die Adresse einer ausländischen Niederlassung, Familienname und Vorname des Repräsentanten dieser Niederlassung,
c) die Bezeichnung, Rechtsform und Firmenbuchnummer die Haftung absichernder Unternehmen im Sinne des § 137c Abs. 1 oder 2,
d) einen Hinweis, ob die Absicherung nach § 137c Abs. 1 oder 2 erfolgt,
e) eine Haftungsabsicherung gemäß § 136a Abs. 12,
f) gegebenenfalls entweder die Tätigkeit als Wertpapiervermittler oder als gebundener Vermittler,

GewO

g) der Vermerk der Einleitung eines Entziehungsverfahrens und
h) im Fall von Verständigungen gemäß § 137b Abs. 7, die in diesen enthaltenen Daten,
11. einen Hinweis, ob das Gewerbe der Versicherungsvermittlung entweder in der Form „Versicherungsagent“ oder in der Form „Versicherungsmakler und Berater in Versicherungsangelegenheiten“ ausgeübt wird; bei Gewerblichen Vermögensberatern, sofern die Tätigkeit der Versicherungsvermittlung nicht durch den Gewerbeumfang ausgeschlossen ist, dass Versicherungsvermittlung bezüglich Lebens- und Unfallversicherungen zulässig ist sowie bei Gewerbetreibenden, die die Versicherungsvermittlung als Nebengewerbe oder als Nebentätigkeit angemeldet haben, den Vermerk „Nebengewerbe“ bzw. „Nebentätigkeit“, sowie in allen diesen Fällen die Ausübungsform entweder als „Versicherungsagent“ oder als „Versicherungsmakler“,
12. alle Agenturverhältnisse eines Vermittlers einschließlich Versicherungszweig(e), wobei die Meldung gegenüber dem GISA über Abschluss und Beendigung auch durch das Versicherungsunternehmen und zwar auch in automationsunterstützter Form erfolgen kann,
13. bei Gewerbetreibenden, die die Gewerbe Gewerbliche Vermögensberatung (§ 94 Z 75) sofern die Tätigkeit der Versicherungsvermittlung nicht durch den Gewerbeumfang ausgeschlossen ist, oder Versicherungsvermittlung, sei es auch nur als Nebengewerbe oder als Nebentätigkeit (§ 94 Z 76), angemeldet haben, wenn eine Berechtigung zum Empfang von Prämien für ein Versicherungsunternehmen oder von für den Kunden bestimmten Beträgen besteht, das Bestehen dieser Empfangsberechtigung sowie der Name des Versicherungsunternehmens,
14. bei Gewerbetreibenden, die das Baumeistergewerbe (§ 94 Z 5) oder ein dem Baumeistergewerbe entstammendes Teilgewerbe ausüben, der Bestand einer Haftpflichtversicherung im Sinne des § 99 Abs. 7,
15. bei Versicherungsvermittlern im Sinne des § 137 Abs. 2, Immobilientreuhändern im Sinne des § 117, Gewerbetreibenden, die das Baumeistergewerbe (§ 94 Z 5) oder ein dem Baumeistergewerbe entstammendes Teilgewerbe ausüben und Gewerblichen Vermögensberatern im Sinne des § 136a das Ruhen und die Wiederaufnahme der Gewerbeausübung,
16. bei Gewerbetreibenden, die zur Kreditvermittlung befugt sind, in welchen Mitgliedstaaten der EU oder Vertragsstaaten des EWR die betreffenden Kreditvermittler im Rahmen der Niederlassungsfreiheit oder der Dienstleistungsfreiheit ihre Tätigkeit ausüben und ob die Kreditvermittler gebunden sind oder nicht; im Falle von Mitteilungen gemäß § 136g die in diesen Mitteilungen enthaltenen Daten, und
17. Vermerke über die Einleitung eines Entziehungsverfahrens gemäß § 87 Abs. 9 sowie die Einleitung eines Verfahrens des Widerrufs eines Geschäftsführers oder Filialgeschäftsführers gemäß § 91 Abs. 1 aus dem Grund des Abs. 1 Z 3a oder der Entfernung einer natürlichen Person, der ein maßgebender Einfluss auf den Betrieb der Geschäfte zusteht, gemäß § 91 Abs. 2 aus dem Grund des Abs. 1 Z3a.

(2) Weiters sind in das GISA einzutragen:

1. Nachsichtsvermerke,
2. die Gründe für die Endigung einer Gewerbeberechtigung,
3. folgende Daten über natürliche Personen, denen ein maßgebender Einfluss auf den Betrieb der Geschäfte eines im GISA einzutragenden anderen Rechtsträgers als einer natürlichen Person zusteht:
a) die in § 365a Abs. 1 Z 2 bis 4 genannten Daten,
b) die in § 365a Abs. 2 Z 1 bis 6 und Z 11 genannten Daten,
c) das Sterbedatum,
d) in Fällen, in denen ein Verfahren auf Erteilung einer Nachsicht von den Voraussetzungen für die Ausübung von Gewerben geführt wurde:
aa) Nachsichtsvermerke,
bb) Ausgang des Verfahrens, zuständige Behörde sowie das Datum und die Geschäftszahl der Erledigung.

In Fällen, in denen das Verfahren auf Erteilen einer Nachsicht mit Abweisung, Zurückweisung oder Zurückziehen des Antrages geendet hat, hat die Behörde die Daten aus dem GISA nach Ablauf eines Jahres nach der Eintragung zu löschen.

4. die in Abs. 1 Z 4, 7 und 9 sowie die in Abs. 2 Z 1 genannten Daten über andere Rechtsträger als natürliche Personen, denen ein maßgebender Einfluss auf den Betrieb der Geschäfte eines im GISA einzutragenden anderen Rechtsträgers als einer natürlichen Person zusteht,
5. folgende Daten über andere Rechtsträger als natürliche Personen, bei denen ein Verfahren auf Erteilung einer Nachsicht von den Voraussetzungen für die Ausübung von Gewerben geführt wurde und die nicht nach Abs. 1 einzutragen sind:
a) die in Abs. 1 Z 4, 7 und 9 sowie die in Abs. 2 Z 1 genannten Daten,
b) Ausgang des Verfahrens, zuständige Behörde sowie das Datum und die Geschäftszahl der Erledigung.

In Fällen, in denen das Verfahren mit Abweisung, Zurückweisung oder Zurückziehen des Antrages geendet hat, hat die Behörde die Daten aus dem GISA nach Ablauf eines Jahres nach der Eintragung zu löschen.

6. die Kennzahl Unternehmerregister (KUR),

7. folgende Daten über andere Rechtsträger als natürliche Personen, zu denen ein Ausschluss von der Ausübung eines Gewerbes gemäß § 13 Abs. 8 eingetreten ist:
a) die Firma, die Bezeichnung oder den Namen des Rechtsträgers,
b) die Rechtsform,
c) die für Zustellungen maßgebliche Geschäftsanschrift,
d) die Firmenbuchnummer oder die ZVR-Zahl,
e) die Global Location Number (GLN),
f) der Umstand, dass ein Ausschluss von der Ausübung eines Gewerbes gemäß § 13 Abs. 8 vorliegt,
g) das Datum des Eintretens des Ausschlusses und das Datum des Endes der Wirksamkeit des Ausschlusses.

Die Behörde hat die Daten aus dem GISA am Folgetag des Endes der Wirksamkeit des Ausschlusses oder am Folgetag, nachdem der Behörde bekannt geworden ist, dass der andere Rechtsträger als die natürliche Person rechtswirksam nicht mehr besteht, zu löschen.

Auszüge aus dem GISA

§ 365c. Die Behörde hat auf Ersuchen eines Auskunftswerbers jene Auskünfte, welche sie nach Maßgabe des § 365e zu erteilen hat, in folgender Weise durch Erstellen eines mit einer Amtssignatur zu versehenden elektronischen Auszuges aus dem GISA zu erteilen:

1. Auszug einer Gewerbelizenz aus dem GISA, welche folgende Informationen enthält, die zum Zeitpunkt des Erstellens des Auszuges aufrecht gültig sind:
a) Name des Gewerbeinhabers,
b) Firmenbuchnummer oder ZVR-Zahl, sofern der Gewerbeinhaber ein im Firmenbuch oder Zentralen Vereinsregister konstituierter Rechtsträger ist,
c) Bezeichnung der Gewerbe, welche von der Gewerbelizenz umfasst sind, einschließlich jeweils
ca) der zum Gewerbe gehörenden GISA Zahl,
cb) des Standortes des Gewerbes,
cc) des Datums, zu dem das Gewerbe entstanden ist;
2. Auszug einer Gewerbeberechtigung aus dem GISA, welche jene Informationen enthält, über die gemäß § 365e Abs. 1 erster Satz an jedermann Auskunft zu erteilen ist, und die zum Zeitpunkt der Erstellung des Auszuges aufrecht gültig sind;
3. Auszug einer Gewerbeberechtigung aus dem GISA, welche jene Informationen enthält, über die gemäß § 365e Abs. 1 erster Satz an jedermann Auskunft zu erteilen ist, wobei Informationen, die zum Zeitpunkt der Erstellung des Auszuges nicht mehr aufrecht gültig sind, als historische Information deutlich als historisch hervorzuheben sind;
4. Auszug einer Gewerbeberechtigung aus dem GISA, welche über die in Z 1 genannten Informationen auch Informationen gemäß § 365e Abs. 1 zweiter Satz enthält, für deren Erteilung der Auskunftswerber ein berechtigtes Interesse an der Auskunft glaubhaft zu machen hat, und die zum Zeitpunkt der Erstellung des Auszuges aufrecht gültig sind;
5. Auszug eines Gewerbeberechtigung aus dem GISA, welche über die in Z 1 genannten Informationen auch Informationen gemäß § 365e Abs. 1 zweiter Satz enthält, für deren Erteilung der Auskunftswerber ein berechtigtes Interesse an der Auskunft glaubhaft zu machen hat, wobei Informationen, die zum Zeitpunkt der Erstellung des Auszuges nicht mehr aufrecht gültig sind, als historische Information deutlich als historisch hervorzuheben sind.

§ 365d. Der Bundesminister für Digitalisierung und Wirtschaftsstandort hat bei Gewerbetreibenden, die Pauschalreisen veranstalten oder verbundene Reiseleistungen vermitteln, bezüglich dieser Tätigkeiten folgende durch Verordnung gemäß § 127 Abs. 1 näher zu bestimmende Daten in das Reiseinsolvenzabsicherungsverzeichnis (GISA) einzutragen:

1. Die Reiseleistungsausübungsberechtigung,
2. den Umsatz,
3. die Art und Höhe der Sicherheitsleistung,
4. den die Sicherheit gewährenden Versicherer oder Garanten,
5. das die Abwicklung von Ansprüchen gemäß § 127 Abs. 1 Z 1 und 2 vornehmende Unternehmen,
6. die Zahlungsmodalitäten.

Erteilung von Auskünften

§ 365e. (1) Die Behörde hat über die im § 365a Abs. 1, § 365b Abs. 1 und § 365d Z 1 und Z 3 bis 6 genannten Daten jedermann aus dem GISA Auskunft zu erteilen. Über die im § 365a Abs. 2 Z 1 bis 8, 12 und 13 und über die im § 365b Abs. 2 Z 1, 6 und 7 genannten Daten ist Auskunft zu erteilen, wenn der Auskunftswerber ein berechtigtes Interesse an der Auskunft glaubhaft macht. Über die im § 365a Abs. 2 Z 9 bis 11, § 365b Abs. 2 Z 2 bis 5 und § 365d Z 2 genannten Daten darf keine Auskunft erteilt werden.

(2) Der Wirtschaftskammer Österreich und den Empfängern von gemäß § 365f Abs. 4 zu übermittelnden Daten ist unbeschränkt Auskunft über die in das GISA einzutragenden Daten zu erteilen, soweit dies zur Wahrnehmung der ihnen gesetzlich übertragenen Aufgaben eine wesentliche Voraussetzung bildet. Ebenso ist den Sicherheitsbehörden zur Erfüllung ihrer Aufgaben im Rahmen der Sicherheitsverwaltung und der Tätigkeit im Dienste der Strafrechtspflege unbeschränkt Auskunft über die in das GISA einzutragenden Daten zu erteilen.

(3) Das Auskunftsbegehren kann mündlich, telefonisch, telegrafisch, schriftlich, fernschriftlich, mit Telefax, im Wege automationsunterstützter Datenübertragung oder in jeder anderen technisch möglichen Weise eingebracht werden. Dem Auskunftswerber kann die schriftliche Ausführung eines mündlich oder telefonisch angebrachten Auskunftsbegehrens aufgetragen werden, wenn aus dem Begehren der Inhalt oder der Umfang der gewünschten Auskunft nicht ausreichend klar hervorgeht. Das Auskunftsbegehren muß stets auf die Bekanntgabe von Daten über eine einzelne Person oder einen einzelnen Betrieb gerichtet sein.

(4) Die in § 365a Abs. 1, § 365b Abs. 1 und in § 365d Z 1 und Z 3 bis 6 genannten Daten des GISA sind durch das Bundesministerium für Digitalisierung und Wirtschaftsstandort im Internet zur Abfrage unentgeltlich bereitzustellen. Zusätzlich wird über die Daten nach Maßgabe der vorhandenen technischen Möglichkeiten auch auf telefonische oder schriftliche oder automationsunterstützte oder jede andere Art der Anfrage hin unentgeltlich Auskunft erteilt.

(Anm.: Abs. 5 aufgehoben durch Z 22, BGBl. I Nr. 94/2017)

Übermittlung und Abfrage von Daten

§ 365f. (1) Der Bundesminister für Wissenschaft, Forschung und Wirtschaft hat der Wirtschaftskammer Österreich die in das GISA einzutragenden Daten zu übermitteln, soweit dies zur Wahrnehmung der den Kammern der gewerblichen Wirtschaft gesetzlich übertragenen Aufgaben eine wesentliche Voraussetzung bildet.

(2) Die Übermittlung von in das GISA einzutragenden Daten zwischen den Behörden untereinander ist zulässig, soweit dies zur Wahrnehmung der ihnen gesetzlich übertragenen Aufgaben eine wesentliche Voraussetzung bildet.

(3) Der Bundesminister für Wissenschaft, Forschung und Wirtschaft hat den Landespolizeidirektionen zum Zweck der Wahrnehmung der gemäß § 336 Abs. 1 und 2 übertragenen Aufgaben unverzüglich mitzuteilen:

1. bei Erteilung einer Gewerbeberechtigung den Familiennamen und den Vornamen des Gewerbetreibenden, die genaue Bezeichnung des Gewerbes, den Standort der Gewerbeberechtigung und die Standorte weiterer Betriebsstätten;
2. Änderungen im GISA, die bei Daten gemäß Z 1 eintreten.

(4) Trifft die Behörde auf Grund dieses Bundesgesetzes oder anderer Rechtsvorschriften eine Verständigungspflicht über in das GISA einzutragende Daten, so kommt die Behörde der Verständigungspflicht auch durch die automationsunterstützte Übermittlung der betreffenden Daten aus dem GISA nach. Bei automationsunterstützter Übermittlung der Daten tritt an die Stelle des zu verständigenden Arbeitsinspektorates das Bundesministerium für Arbeit, Soziales und Konsumentenschutz. Die Behörde hat die betreffenden Daten aus dem GISA automationsunterstützt zu übermitteln, sofern der Empfänger technisch zur automationsunterstützten Verarbeitung der Daten in der Lage ist.

(5) Die Behörden, die Wirtschaftskammer Österreich und die Empfänger von gemäß Abs. 4 zu übermittelnden Daten sind nach Maßgabe der technischen und personellen Möglichkeiten zur Abfrage der in das GISA einzutragenden Daten mittels automationsunterstützter Datenübermittlung befugt. Ebenso sind die Sicherheitsbehörden zur Erfüllung ihrer Aufgaben im Rahmen der Sicherheitsverwaltung und der Tätigkeit im Dienste der Strafrechtspflege nach Maßgabe der technischen und personellen Möglichkeiten zur Abfrage der in das GISA einzutragenden Daten mittels automationsunterstützter Datenübermittlung ermächtigt. Weiters ist die Bundesarbeitskammer nach Maßgabe der technischen und personellen Möglichkeiten zur Abfrage der in das GISA einzutragenden Daten mittels automationsunterstützter Datenübermittlung ermächtigt, soweit dies zur Wahrnehmung der den Kammern für Arbeiter und Angestellte und der Bundesarbeitskammer gesetzlich übertragenen Aufgaben eine wesentliche Voraussetzung bildet.

Daten aus dem Firmenbuch

§ 365g. Die Gerichte haben der Behörde Abfragen aus dem Firmenbuch mittels automationsunterstützter Datenverarbeitung zu ermöglichen. Die zur Bearbeitung des GISA erforderlichen Daten sind dem GISA auf automationsunterstütztem Weg zur Verfügung zu stellen.

p) Schutzklauselverfahren

§ 365i. (1) Die Gewerbebehörden haben dem Bundesminister für wirtschaftliche Angelegenheiten alle gemäß § 360 gesetzten Maßnahmen und alle gemäß § 366 Abs. 1 Z 4, 5 oder 6 verhängten Strafen betreffend die nicht den grundlegenden Sicherheitsanforderungen einer Verordnung gemäß § 69 Abs. 1 oder § 71 entsprechenden Produkte, Maschinen, Geräte, Ausrüstungen oder deren Teile oder Zubehör umgehend mitzuteilen.

(2) Der Bundesminister für wirtschaftliche Angelegenheiten hat unverzüglich die auf Grund der internationalen Verträge vorgesehenen Stellen von diesen Maßnahmen zu unterrichten und die Entscheidung zu begründen. Insbesondere ist diesen Stellen auch mitzuteilen, ob die Abweichung von den grundlegenden Sicherheitsanforderungen

a) auf die Nichterfüllung der festgelegten grundlegenden Sicherheitsanforderungen,
b) auf die mangelhafte Anwendung einschlägiger harmonisierter Europäischer Normen,
c) auf einen Mangel der einschlägigen harmonisierten Europäischen Normen selbst zurückzuführen ist.

Sofern diese Stellen entscheiden, daß die betroffenen Produkte, Maschinen, Geräte, Ausrüstungen oder deren Teile oder Zubehör die vorgeschriebenen Sicherheitsanforderungen nicht erfüllen, hat der Bundesminister für wirtschaftliche Angelegenheiten diese Entscheidung auf geeignete Weise kundzumachen und geeignete Vorkehrungen zu treffen, um deren Inverkehrbringen zu verhindern und gegebenenfalls eine Nachrüstung oder Behebung des Mangels bei bereits in Verkehr gebrachten betroffenen Produkten, Maschinen, Geräten, Ausrüstungen oder deren Teilen oder Zubehör, allenfalls auch durch deren Rückruf, vorzuschreiben.

§ 365j. Wenn auf Grund einer amtswegigen oder über Antrag vorgenommenen Prüfung festgestellt wird, daß die einschlägigen harmonisierten Europäischen Normen nicht oder nicht zur Gänze den grundlegenden Sicherheitsanforderungen einer Verordnung gemäß § 69 Abs. 1 oder § 71 Abs. 4 entsprechen, so hat der Bundesminister für wirtschaftliche Angelegenheiten die jeweils auf Grund der internationalen Verträge eingesetzten Stellen oder Ausschüsse unter Darlegung der Gründe zu befassen.

§ 365k. Sofern in Verordnungen auf Grund des § 69 Abs. 1 oder § 71 vorgesehen ist, daß zugelassene Stellen (Zertifizierungsstellen, Prüfstellen, Überwachungsstellen) im Verfahren betreffend die Übereinstimmungserklärung mitwirken (wie Baumusterprüfung, Geräteprüfung, Einzelprüfung) und nach Durchführen dieser Prüfungen feststellen, daß das Produkt, die Maschine, das Gerät oder die Ausrüstung sowie ihre Teile und ihr Zubehör den zutreffenden grundlegenden Sicherheitsanforderungen oder Normen nicht oder nicht mehr entsprechen, haben sie unverzüglich den Bundesminister für wirtschaftliche Angelegenheiten zu befassen. Der Bundesminister für wirtschaftliche Angelegenheiten hat entsprechend § 365i Abs. 2 vorzugehen.

r) Maßnahmen zur Verhinderung der Geldwäsche und der Terrorismusfinanzierung

Ziel

§ 365m. Die §§ 365m1 bis 365z dienen der Umsetzung der Richtlinie (EU) 2015/849 zur Verhinderung der Nutzung des Finanzsystems zum Zwecke der Geldwäsche und der Terrorismusfinanzierung, zur Änderung der Verordnung (EU) Nr. 648/2012 und zur Aufhebung der Richtlinie 2005/60/EG und der Richtlinie 2006/70/EG, ABl. Nr. L 141 vom 05.06.2015 S. 73 in der Fassung der Richtlinie (EU) 2018/843 zur Änderung der Richtlinie (EU) 2015/849 zur Verhinderung der Nutzung des Finanzsystems zum Zwecke der Geldwäsche und der Terrorismusfinanzierung und zur Änderung der Richtlinien 2009/138/EG und 2013/36/EU, ABl. Nr. L 156 vom 19.06.2018 S. 43 („Geldwäsche-RL") sowie im Sinne der Erwägungsgründe der genannten Richtlinien auch der Empfehlungen der Arbeitsgruppe „Financial Action Task Force" (FATF) auf dem Gebiet der Bekämpfung der Geldwäsche und der Terrorismusfinanzierung. Die Behörde hat die Einhaltung der Vorschriften dieses Bundesgesetzes durch Gewerbetreibende im Sinne des § 365m1 mit dem Ziel zu überwachen, die Nutzung des Finanzsystems zum Zwecke der Geldwäscherei und der Terrorismusfinanzierung sowie der Nichtumsetzung und Umgehung gezielter finanzieller Sanktionen im Zusammenhang mit Proliferationsfinanzierung zu verhindern.

Allgemeines

§ 365m1. (1) Der Bundesminister für Wissenschaft, Forschung und Wirtschaft ist ermächtigt, durch Verordnung

1. diejenigen Regelungen zu erlassen, die notwendig sind, um allfällige weitere Durchführungsmaßnahmen der Europäischen Kommission insbesondere im Sinne der Art. 9 Abs. 2 und Art. 45 Abs. 7 der Geldwäsche-RL umzusetzen,
2. in Übereinstimmung mit dem risikobasierten Ansatz den Geltungsbereich der Bestimmungen dieses Abschnittes ganz oder teilweise auf Berufe oder Unternehmenskategorien dieses Bundesgesetzes auszudehnen, die zwar keine Gewerbetreibenden gemäß Abs. 2 sind, jedoch diesem Bundesgesetz unterliegende Tätigkeiten ausüben, bei denen es besonders wahrscheinlich ist, dass diese für Zwecke der Geldwäsche oder der Terrorismusfinanzierung genutzt werden; der Bundesminister für Wissenschaft, Forschung und Wirtschaft hat eine solche Ausdehnung der Europäischen Kommission mitzuteilen,
3. Empfehlungen der Europäischen Kommission im Sinne des Art. 6 Abs. 4 der Geldwäsche-RL umzusetzen.

(2) Die Bestimmungen dieses Abschnitts gelten für folgende Gewerbetreibende, und zwar sowohl für natürliche als auch für juristische Personen sowie eingetragene Personengesellschaften:

1.a) Handelsgewerbetreibende einschließlich Versteigerer, soweit sie Zahlungen von mindestens 10 000 Euro in bar tätigen oder entgegennehmen, unabhängig davon, ob die Transaktion in einem einzigen Vorgang oder in mehreren Vorgängen, zwischen denen eine Verbindung besteht oder zu bestehen scheint, getätigt wird;

b) Handelsgewerbetreibende, die mit Kunstwerken handeln oder beim Handel mit Kunstwerken als Vermittler tätig werden, auch Kunstgalerien und Auktionshäuser, sofern sich der Wert einer Transaktion oder einer Reihe verbundener Transaktionen auf 10 000 Euro oder mehr beläuft;

GewO

c) Gewerbetreibende, die Kunstwerke lagern, mit Kunstwerken handeln oder beim Handel mit Kunstwerken als Vermittler tätig werden, wenn dies durch Freihäfen ausgeführt wird, sofern sich der Wert einer Transaktion oder einer Reihe verbundener Transaktionen auf 10 000 Euro oder mehr beläuft;
2. Immobilienmakler, insbesondere im Hinblick sowohl auf Käufer als auch auf Verkäufer bzw. sowohl auf Mieter als auch auf Vermieter, aber nur in Bezug auf Transaktionen, bei denen sich die monatliche Miete auf 10 000 Euro oder mehr beläuft;
3. Unternehmensberater einschließlich der Unternehmensorganisation oder hinsichtlich der im Folgenden unter lit. c genannten Tätigkeiten auch sonstige Gewerbetreibende, wie insbesondere Berechtigte hinsichtlich Büroarbeiten und Büroservice, bei der Erbringung folgender Dienstleistungen für Gesellschaften oder Treuhandschaften:
a) Gründung von Gesellschaften oder anderen juristischen Personen oder
b) Ausübung der Leitungs- oder Geschäftsführungsfunktion einer Gesellschaft, der Funktion eines Gesellschafters einer Personengesellschaft oder einer vergleichbaren Funktion bei einer anderen juristischen Person oder Bestellung einer anderen Person für die zuvor genannten Funktionen oder
c) Bereitstellung eines Sitzes, einer Geschäfts-, Verwaltungs- oder Postadresse und anderer damit zusammenhängender Dienstleistungen für eine Gesellschaft, eine Personengesellschaft oder eine andere juristische Person oder rechtsgeschäftliche Vereinbarung oder
d) Ausübung der Funktion eines Treuhänders einer Treuhandschaft oder einer ähnlichen rechtsgeschäftlichen Vereinbarung oder Bestellung einer anderen Person für die zuvor genannten Funktionen oder
e) Ausübung der Funktion eines nominellen Anteilseigners für eine andere Person, bei der es sich nicht um eine auf einem geregelten Markt notierte Gesellschaft handelt, die dem Unionsrecht entsprechenden Offenlegungsanforderungen oder gleichwertigen internationalen Standards unterliegt, oder Bestellung einer anderen Person für die zuvor genannten Funktionen oder
4. Versicherungsvermittler im Sinne des § 137 Abs. 2, wenn diese im Zusammenhang mit Lebensversicherungen und anderen Dienstleistungen mit Anlagezweck tätig werden; ausgenommen hievon sind Versicherungsvermittler in der Form Versicherungsagent, die weder Prämien noch für Kunden bestimmte Beträge in Empfang nehmen und
a) keine Versicherungsprodukte vermitteln, die zueinander in Konkurrenz stehen, oder
b) nebengewerblich (§ 376 Z 18 Abs. 11) oder in Nebentätigkeit (§ 137 Abs. 3) tätig werden..

(3) Die Geldwäschemeldestelle nimmt Verdachtsmeldungen gemäß den §§ 365t bis 365z entgegen. Für alle anderen nicht direkt der Geldwäschemeldestelle zugewiesenen behördlichen Aufgaben, insbesondere die laufende Überwachung und Sicherstellung der Einhaltung der Bestimmungen dieses Abschnitts durch die Gewerbetreibenden einschließlich der Sanktionierung von Verstößen gegen diese Bestimmungen, ist die Behörde (§ 333) zuständig. Die Behörde hat die Einhaltung der Bestimmungen auf risikoorientierter Grundlage wirksam zu überwachen und die erforderlichen Maßnahmen zu treffen, um deren Einhaltung sicherzustellen. Dabei kommen ihr alle zur Wahrnehmung ihrer Aufgaben angemessenen Befugnisse und Mittel zu, einschließlich der Möglichkeit, alle Auskünfte im Bezug auf die Überwachung der einschlägigen Vorschriften zu verlangen und Kontrollen und Prüfungen vor Ort durchzuführen (§ 338).

(4) Hat ein Gewerbetreibender seinen Hauptsitz in einem anderen Mitgliedstaat der EU oder Vertragsstaat des EWR und im Bundesgebiet einen Standort oder weitere Betriebsstätten, so hat die Behörde mit den zuständigen Behörden des Mitgliedstaats, in dem der Verpflichtete seinen Hauptsitz hat, zusammenzuarbeiten, um eine wirksame Aufsicht zu gewährleisten. Bei Versicherungsvermittlern (§ 365m1 Abs. 2 Z 4), die Teil einer Gruppe sind, gilt dies auch im Hinblick auf die Behörden eines anderen Mitgliedstaates der EU oder eines anderen Vertragsstaats des EWR, in dem das Mutterunternehmen niedergelassen ist.

(5) Die Behörde hat bei der Aufsicht nach einem risikobasierten Ansatz vorzugehen und hat
1. ein klares Verständnis der in Österreich vorhandenen Risiken von Geldwäsche und Terrorismusfinanzierung sowie der Nichtumsetzung und Umgehung gezielter finanzieller Sanktionen im Zusammenhang mit Proliferationsfinanzierung zu entwickeln,
2. sich hinsichtlich der Häufigkeit und Intensität von Prüfungen von Gewerbetreibenden vor Ort an deren Risikoprofil und den vorhandenen Risiken von Geldwäsche und Terrorismusfinanzierung sowie der Nichtumsetzung und Umgehung gezielter finanzieller Sanktionen im Zusammenhang mit Proliferationsfinanzierung zu orientieren.

Der Gewerbetreibende hat der Behörde vor Ort Zugang zu allen relevanten Informationen über die besonderen nationalen und internationalen Risiken im Zusammenhang mit seinen Kunden, Produkten und Dienstleistungen zu gewähren.

(6) Die von den Europäischen Aufsichtsbehörden gemäß

1. Art. 16 der Verordnung (EU) Nr. 1093/2010 zur Errichtung einer Europäischen Aufsichtsbehörde (Europäische Bankenaufsichtsbehörde), zur Änderung des Beschlusses Nr. 716/2009/EG und zur Aufhebung des Beschlusses 2009/78/EG der Kommission, ABl. Nr. L 331 vom 15.12.2010 S. 12, zuletzt geändert durch die Richtlinie 2015/2366, ABl. Nr. L 337 vom 23.12.2015 S. 35,
2. Art. 16 der Verordnung (EU) Nr. 1094/2010 zur Errichtung einer Europäischen Aufsichtsbehörde (Europäische Aufsichtsbehörde für das Versicherungswesen und die betriebliche Altersversorgung), zur Änderung des Beschlusses Nr. 716/2009/EG und zur Aufhebung des Beschlusses 2009/79/EG der Kommission, ABl. Nr. L 331 vom 24.11.2010 S. 48, zuletzt geändert durch die Verordnung (EU) Nr. 258/2014, ABl. Nr. L 105 vom 08.04.2014 S. 1, und
3. Art. 16 der Verordnung (EU) Nr. 1095/2010 zur Errichtung einer Europäischen Aufsichtsbehörde (Europäische Wertpapier- und Marktaufsichtsbehörde), zur Änderung des Beschlusses Nr. 716/2009/EG und zur Aufhebung des Beschlusses 2009/77/EG der Kommission, ABl. Nr. L 331 vom 13.12.2010 S. 84, zuletzt geändert durch die Verordnung (EU) Nr. 258/2014, ABl. Nr. L 105 vom 08.04.2014 S. 1,

herausgegebenen Leitlinien über Merkmale eines risikobasierten Ansatzes für die Aufsicht und die bei der Aufsicht nach einem risikobasierten Ansatz zu unternehmenden Schritte sind von der Behörde zu berücksichtigen. Die Behörde hat den Europäischen Aufsichtsbehörden alle Informationen zur Verfügung zu stellen, die zur Durchführung ihrer Aufgaben aufgrund der Geldwäsche-RL *(Anm. 1)* erforderlich sind.

(7) Die Behörde hat das Risikoprofil des Gewerbetreibenden im Hinblick auf Geldwäsche und Terrorismusfinanzierung sowie die Nichtumsetzung und Umgehung gezielter finanzieller Sanktionen im Zusammenhang mit Proliferationsfinanzierung, einschließlich der Risiken der Nichteinhaltung einschlägiger Vorschriften, in regelmäßigen Abständen und bei Eintritt wichtiger Ereignisse oder Entwicklungen in der Geschäftsleitung und Geschäftstätigkeit zu bewerten.

(8) Die Behörde hat die Eignung und Umsetzung der internen Strategien, Kontrollen und Verfahren des Gewerbetreibenden in angemessener Weise zu überprüfen.

(9) Die Behörde hat über wirksame Mechanismen zu verfügen, die dazu ermutigen, Verstöße oder den Verdacht eines Verstoßes gegen die Bestimmungen dieses Abschnittes oder gegen auf der Grundlage dieses Abschnittes erlassene Verordnungen oder Bescheide anzuzeigen.

(10) Die in Abs. 9 genannten Mechanismen umfassen zumindest Folgendes:

1. spezielle Verfahren für die Entgegennahme der Meldung von Verstößen und diesbezüglicher Folgemaßnahmen;
2. einen angemessenen Schutz für Beschäftigte der Verpflichteten, die Verstöße innerhalb des Verpflichteten melden;
3. einen angemessenen Schutz für die beschuldigte Person;
4. den Schutz personenbezogener Daten gemäß den Grundsätzen der Datenschutz-Grundverordnung und des Datenschutzgesetzes – DSG sowohl für die Person, die die Verstöße meldet, als auch für die natürliche Person, die mutmaßlich für einen Verstoß verantwortlich ist;
5. klare Regeln, die die Geheimhaltung der Identität der Person, die die Verstöße anzeigt, gewährleisten, soweit nicht die Offenlegung der Identität im Rahmen eines staatsanwaltschaftlichen, gerichtlichen oder verwaltungsrechtlichen Verfahrens zwingend zu erfolgen hat;
6. einen oder mehrere sichere Kommunikationskanäle für die in Abs. 9 vorgesehene Meldung, durch die sichergestellt wird, dass die Identität der Personen, die Informationen zur Verfügung stellen, nur der Behörde bekannt ist.

(11) Der Gewerbetreibende hat über angemessene Verfahren zu verfügen, über die seine Angestellten oder Personen in einer vergleichbaren Position Verstöße intern über einen speziellen, unabhängigen und anonymen Kanal melden können und die in einem angemessenen Verhältnis zu Art und Größe des betreffenden Gewerbebetriebs stehen. Die Verfahren nach diesem Absatz müssen den Anforderungen des Abs. 10 Z 2 bis 5 entsprechen.

(12) Die Behörde hat die Europäischen Aufsichtsbehörden über alle verwaltungsrechtlichen Sanktionen und Maßnahmen, die gegen Versicherungsvermittler (§ 365m1 Abs. 2 Z 4) wegen schwerwiegenden, wiederholten oder systematischen Verstößen oder eine Kombination davon gegen die §§ 365p, 365q, 365r, 365s, 365t, 365u, 365y und 365z verhängt werden, sowie über alle diesbezüglichen Rechtsmittelverfahren und deren Ergebnisse zu informieren.

(13) Dem Bargeld gleichgestellt ist E-Geld (§ 365n Z 8), sofern nicht in einer Verordnung gemäß Abs. 1 Z 1 anderes festgelegt wurde.

(———————

Anm. 1: Z 10 der Novelle BGBl. I Nr. 65/2020 lautet: „In § 365m1 Abs. 1 Z 1 und Z 3 und Abs. 6 Z 1, … wird jeweils der Ausdruck „4. Geldwäsche-RL“ durch den Ausdruck „Geldwäsche-RL“ ersetzt.“. In § 365m1 Abs. 6 steht der zu ersetzende Ausdruck nicht in Z 1 sondern im Schlussteil des Absatzes.)

Definitionen

§ 365n. Im Sinne dieses Abschnitts bedeutet:

1. „Geldwäsche“ der Straftatbestand gemäß § 165 StGB, BGBl. Nr. 60/1974 in der jeweils geltenden Fassung, unter Einbeziehung von Vermögensbestandteilen, die aus einer strafbaren Handlung des Täters selbst herrühren (Eigengeldwäsche);
2. „Terrorismusfinanzierung“ die Leistung eines finanziellen Beitrages zur Unterstützung einer terroristischen Vereinigung gemäß § 278b StGB zur Begehung einer terroristischen Straftat gemäß § 278c StGB oder die Erfüllung des Straftatbestandes gemäß § 278d StGB;
3. „wirtschaftlicher Eigentümer“ alle natürlichen Personen, in deren Eigentum oder unter deren Kontrolle der Kunde letztlich steht, sowie natürliche Personen, in deren Auftrag eine Transaktion oder Tätigkeit ausgeführt wird; der Begriff des wirtschaftlichen Eigentümers umfasst dabei zumindest den in § 2 Z 1 bis 3 WiEReG angeführten Personenkreis;
4. „politisch exponierte Person“

eine natürliche Person, die wichtige öffentliche Ämter ausübt oder ausgeübt hat; hierzu zählen unter anderem:

a) Staatschefs, Regierungschefs, Minister, stellvertretende Minister und Staatssekretäre;
b) Parlamentsabgeordnete oder Mitglieder vergleichbarer Gesetzgebungsorgane;
c) Mitglieder der Führungsgremien politischer Parteien;
d) Mitglieder von obersten Gerichtshöfen, Verfassungsgerichtshöfen oder sonstigen hohen Gerichten, gegen deren Entscheidungen, von außergewöhnlichen Umständen abgesehen, kein Rechtsmittel mehr eingelegt werden kann;
e) Mitglieder von Rechnungshöfen oder der Leitungsorgane von Zentralbanken;
f) Botschafter, Geschäftsträger und hochrangige Offiziere der Streitkräfte;
g) Mitglieder der Verwaltungs-, Leitungs- oder Aufsichtsorgane staatseigener Unternehmen;
h) Direktoren, stellvertretende Direktoren und Mitglieder des Leitungsorgans oder eine vergleichbare Funktion bei einer internationalen Organisation;

keine der unter lit. a bis h genannten öffentlichen Funktionen umfasst Funktionsträger mittleren oder niedrigeren Ranges;

5. „Familienmitglieder“ unter anderem

a) der Ehepartner einer politisch exponierten Person oder eine dem Ehepartner einer politisch exponierten Person gleichgestellte Person,
b) die Kinder einer politisch exponierten Person und deren Ehepartner oder den Ehepartnern gleichgestellte Personen,
c) die Eltern einer politisch exponierten Person;

6. „bekanntermaßen nahestehende Personen“

a) natürliche Personen, die bekanntermaßen gemeinsam mit einer politisch exponierten Person wirtschaftliche Eigentümer von juristischen Personen oder Rechtsvereinbarungen sind oder sonstige enge Geschäftsbeziehungen zu einer politisch exponierten Person unterhalten;
b) natürliche Personen, die alleiniger wirtschaftlicher Eigentümer einer juristischen Person oder einer Rechtsvereinbarung sind, welche bekanntermaßen de facto zugunsten einer politisch exponierten Person errichtet wurde;

7. „Geschäftsbeziehung“ jede geschäftliche, berufliche oder kommerzielle Beziehung, die in Verbindung mit den gewerblichen Tätigkeiten der den Bestimmungen dieses Abschnitts unterliegenden Gewerbetreibenden unterhalten wird und bei der bei Zustandekommen des Kontakts davon ausgegangen wird, dass sie von einer gewissen Dauer sein wird;
8. „E-Geld“ E-Geld-gemäß § 1 Abs. 1 des E-Geldgesetzes 2010, BGBl. I Nr. 107/2010;
9. „Geldwäschemeldestelle“ die Geldwäschemeldestelle gemäß § 4 Abs. 2 Z 1 und 2 des Bundeskriminalamt-Gesetzes – BKA-G, BGBl. I Nr. 22/2002;
10. „Führungsebene“ Führungskräfte oder Mitarbeiter mit ausreichendem Wissen über die Risiken, die für den Gewerbetreibenden in Bezug auf Geldwäsche und Terrorismusfinanzierung bestehen, und ausreichendem Dienstalter, um Entscheidungen mit Auswirkungen auf die Risikolage treffen zu können, wobei es sich nicht in jedem Fall um ein Mitglied des Leitungsorgans handeln muss;
11. „Gruppe“ eine Gruppe von Unternehmen, die aus einem Mutterunternehmen, seinen Tochterunternehmen und den Unternehmen, an denen das Mutterunternehmen oder seine Tochterunternehmen eine Beteiligung halten, besteht, sowie Unternehmen, die untereinander durch eine Beziehung im Sinne von Art. 22 der Richtlinie 2013/34/EU über den Jahresabschluss, den konsolidierten Abschluss und damit verbundene Berichte von Unternehmen bestimmter Rechtsformen und zur Änderung der Richtlinie 2006/43/EG und zur Aufhebung der Richtlinien 78/660/EWG und 83/349/EWG, ABl. Nr. L 182 vom 29.06.2013 S. 19, zuletzt geändert durch die Richtlinie 2014/102/EU, ABl. Nr. L 334 vom 21.11.2014 S. 86, verbunden sind;
12. „gezielte finanzielle Sanktionen“ sowohl das Einfrieren von Vermögenswerten als auch das Verbot, Gelder oder andere Vermögenswerte unmittelbar oder mittelbar zugunsten der Personen und Organisationen bereitzustellen, die in Beschlüssen des Rates auf der Grundlage von Art. 29 des Vertrags über die Europäische Union auf der Grundlage von Art. 215 des Vertrags über die Arbeitsweise der Europäischen Union benannt wurden;

13. „gezielte finanzielle Sanktionen im Zusammenhang mit Proliferationsfinanzierung" die unter Z 12 genannten gezielten finanziellen Sanktionen, die gemäß dem Beschluss (GASP) 2016/849 und dem Beschluss 2010/413/GASP sowie gemäß der Verordnung (EU) 2017/1509 über restriktive Maßnahmen gegen die Demokratische Volksrepublik Korea und zur Aufhebung der Verordnung (EG) Nr. 329/2007, ABl. Nr. L 224 vom 31. 8. 2017 S. 1 verhängt werden.

Risikobewertung

§ 365n1. (1) Der Gewerbetreibende hat angemessene Schritte zu unternehmen, um die für ihn bestehenden Risiken der Geldwäsche und Terrorismusfinanzierung sowie der Nichtumsetzung und Umgehung gezielter finanzieller Sanktionen im Zusammenhang mit Proliferationsfinanzierung unter Berücksichtigung von Risikofaktoren, einschließlich in Bezug auf seine Kunden, Länder oder geografische Gebiete, Produkte, Dienstleistungen, Transaktionen oder Vertriebskanäle zu ermitteln und zu bewerten. Diese Schritte haben in einem angemessenen Verhältnis zu Art und Größe des Unternehmens zu stehen.

(2) Die in Abs. 1 genannten Risikobewertungen sind nachvollziehbar aufzuzeichnen, auf aktuellem Stand evident zu halten und der Behörde auf Anfrage in einem allgemein gebräuchlichen Format zur Verfügung zu stellen. Der Bundesminister für Wissenschaft, Forschung und Wirtschaft ist ermächtigt, durch Verordnung jene Sektoren festzulegen, in denen einzelne aufgezeichnete Risikobewertungen nicht erforderlich sind, weil die in dem Sektor bestehenden konkreten Risiken klar erkennbar sind und sie verstanden werden.

(3) Der Gewerbetreibende hat über Strategien, Kontrollen und Verfahren zur wirksamen Minderung und Steuerung der auf Unionsebene, auf mitgliedstaatlicher Ebene und bei sich selbst ermittelten Risiken von Geldwäsche und Terrorismusfinanzierung zu verfügen. Der Gewerbetreibende hat zusätzlich zu der Pflicht, gezielte finanzielle Sanktionen anzuwenden, das Risiko der Nichtumsetzung und Umgehung gezielter finanzieller Sanktionen im Zusammenhang mit Proliferationsfinanzierung zu mindern und zu steuern. Die laufende Einhaltung der internen Vorschriften, die Teil der Strategien, Kontrollen und Verfahren sind, durch die diesen unterworfenen Mitarbeiter, bedarf der Überwachung durch den zuständigen Beauftragten (Abs. 4 Z 1), wenn ein solcher nicht benannt ist, durch den Gewerbetreibenden. Die Strategien, Kontrollen und Verfahren haben in einem angemessenen Verhältnis zu Art und Größe des Unternehmens zu stehen und sind durch die Führungsebene zu genehmigen; getroffene Maßnahmen sind bei Bedarf zu überwachen und zu verbessern.

(4) Die in Abs. 3 genannten Strategien, Kontrollen und Verfahren umfassen

1. die Ausarbeitung interner Grundsätze, Kontrollen und Verfahren, unter anderem in Bezug auf eine vorbildliche Risikomanagementpraxis, Sorgfaltspflichten gegenüber Kunden inklusive Maßnahmen in Bezug auf neue Produkte, Praktiken und Technologien, Verdachtsmeldungen, Aufbewahrung von Unterlagen, interne Kontrolle, Einhaltung der einschlägigen Vorschriften einschließlich der Benennung eines für die Einhaltung der einschlägigen Vorschriften zuständigen Beauftragten auf Führungsebene, wenn dies angesichts des Umfangs und der Art der Geschäftstätigkeit angemessen ist, und regelmäßige Überprüfung der Arbeitsausführungen durch Mitarbeiter sowie bei der Auswahl ihrer Beschäftigten Prüfung auf Zuverlässigkeit in Bezug auf deren Verbundenheit mit den rechtlichen Werten;
2. eine unabhängige Prüfung, die die unter Z 1 genannten internen Strategien, Kontrollen und Verfahren testet, sofern dies im Hinblick auf Art und Umfang der Geschäftstätigkeit angemessen ist.

GewO

Allgemeine Sorgfaltspflichten

§ 365o. Die in diesem Abschnitt vorgeschriebenen Pflichten bestehen in den folgenden Fällen:

1. bei Begründung einer Geschäftsbeziehung;
2. bei Ausführung gelegentlicher Transaktionen in Höhe von 15 000 Euro oder mehr, und zwar unabhängig davon, ob die Transaktion in einem einzigen Vorgang oder in mehreren Vorgängen, zwischen denen eine Verbindung zu bestehen scheint, getätigt wird,

3.a) im Falle von Handelsgewerbetreibenden einschließlich Versteigerern bei Abwicklung gelegentlicher Transaktionen in bar in Höhe von 10 000 Euro oder mehr, und zwar unabhängig davon, ob die Transaktion in einem einzigen Vorgang oder in mehreren Vorgängen, zwischen denen eine Verbindung zu bestehen scheint, getätigt wird;

b) bei Handelsgewerbetreibenden, die mit Kunstwerken handeln oder beim Handel mit Kunstwerken als Vermittler tätig werden, auch Kunstgalerien und Auktionshäusern, sofern sich der Wert einer Transaktion oder einer Reihe verbundener Transaktionen auf 10 000 Euro oder mehr beläuft;

c) bei Gewerbetreibenden, die Kunstwerke lagern, mit Kunstwerken handeln oder beim Handel mit Kunstwerken als Vermittler tätig werden, wenn dies durch Freihäfen ausgeführt wird, sofern sich der Wert einer Transaktion oder einer Reihe verbundener Transaktionen auf 10 000 Euro oder mehr beläuft.

4. bei Verdacht oder bei berechtigtem Grund zu der Annahme, dass der Kunde einer terroristischen Vereinigung (§ 278b StGB) angehört oder dass der Kunde objektiv an Transaktionen mitwirkt, die der Geldwäscherei (§ 165 StGB – unter Einbeziehung von Vermögensbestandteilen, die aus einer strafbaren Handlung des Täters selbst herrühren) oder der Terrorismusfinanzierung (§ 278d StGB) dienen, ungeachtet etwaiger Ausnahmeregelungen, Befreiungen oder Schwellenwerte,
5. bei Zweifeln an der Echtheit oder der Angemessenheit von Kundenidentifikationsdaten.

Sorgfaltspflichten gegenüber Kunden

§ 365p. (1) Die Sorgfaltspflichten gegenüber Kunden umfassen:

1. Feststellung und Überprüfung der Kundenidentität bei
a) natürlichen Personen auf der Grundlage eines amtlichen Lichtbildausweises; als amtlicher Lichtbildausweis in diesem Sinn gelten von einer staatlichen Behörde ausgestellte Dokumente, die mit einem nicht austauschbaren erkennbaren Kopfbild der betreffenden Person versehen sind und den Namen, das Geburtsdatum und die Unterschrift der Person sowie die ausstellende Behörde enthalten; bei Reisedokumenten von Fremden müssen die Unterschrift und das vollständige Geburtsdatum dann nicht im Reisedokument enthalten sein, wenn dies dem Recht des ausstellenden Staates entspricht; dies schließt auch, soweit verfügbar, elektronische Mittel für die Identitätsfeststellung sowie einschlägige Vertrauensdienste gemäß der Verordnung (EU) Nr. 910/2014 über elektronische Identifizierung und Vertrauensdienste für elektronische Transaktionen im Binnenmarkt und zur Aufhebung der Richtlinie 1999/93/EG, ABl. Nr. L 257 vom 28.8.2014 S. 73 und andere sichere Verfahren zur Identifizierung aus der Ferne oder auf elektronischem Weg im Sinne des § 6 Abs. 4 des Bundesgesetzes zur Verhinderung der Geldwäscherei und Terrorismusfinanzierung im Finanzmarkt (Finanzmarkt-Geldwäschegesetz – FM-GwG), BGBl. I Nr. 118/2016, in der jeweils geltenden Fassung, mit ein;
b) juristischen Personen anhand von beweiskräftigen Urkunden, die gemäß dem am Sitz der juristischen Personen landesüblichen Rechtsstandard verfügbar sind; jedenfalls zu überprüfen sind der aufrechte Bestand, der Name, die Rechtsform, die Vertretungsbefugnis und der Sitz der juristischen Person;
2. Feststellung der Identität des wirtschaftlichen Eigentümers und Ergreifung angemessener Maßnahmen zur Überprüfung seiner Identität, bis der Gewerbetreibende davon überzeugt ist, zu wissen, wer der wirtschaftliche Eigentümer ist; im Fall von juristischen Personen, Trusts, Gesellschaften, Stiftungen und ähnlichen Rechtsvereinbarungen schließt dies ein, dass angemessene Maßnahmen ergriffen werden, um die Eigentums- und Kontrollstruktur des Kunden zu verstehen; wenn der ermittelte wirtschaftliche Eigentümer ein Angehöriger der Führungsebene im Sinne des § 365n Z 10 ist, hat der Gewerbetreibende die erforderlichen angemessenen Maßnahmen zu treffen, um die Identität der natürlichen Person, die die Position als Angehöriger der Führungsebene innehat, zu überprüfen und Aufzeichnungen über die ergriffenen Maßnahmen sowie über etwaige während des Überprüfungsvorgangs aufgetretene Schwierigkeiten zu führen. Eine angemessene Maßnahme ist die Einsicht in das Register der wirtschaftlichen Eigentümer nach Maßgabe des § 11 WiEReG.
3. die Bewertung und gegebenenfalls Einholung von Informationen über den Zweck und die angestrebte Art der Geschäftsbeziehung und
4. die kontinuierliche Überwachung der Geschäftsbeziehung, einschließlich einer Überprüfung der im Verlauf der Geschäftsbeziehung abgewickelten Transaktionen, um sicherzustellen, dass diese mit den Kenntnissen über den Kunden, seine Geschäftstätigkeit und sein Risikoprofil, einschließlich erforderlichenfalls der Herkunft der Mittel, übereinstimmen; der Gewerbetreibende hat zu gewährleisten, dass die betreffenden Dokumente, Daten oder Informationen auf aktuellem Stand gehalten werden.

Bei Durchführung der unter Z 1 und 2 genannten Maßnahmen hat sich der Gewerbetreibende zudem zu vergewissern, dass jede Person, die vorgibt, im Namen des Kunden zu handeln, dazu berechtigt ist; er hat die Identität dieser Person festzustellen und zu überprüfen.

(2) Der Umfang der in Abs. 1 genannten Sorgfaltspflichten bestimmt sich nach den vom Gewerbetreibenden zu bewertenden Risiken, insbesondere nach dem Zweck der Geschäftsbeziehung, der Höhe der von einem Kunden eingezahlten Vermögenswerte oder dem Umfang der Transaktion sowie Regelmäßigkeit oder Dauer der Geschäftsbeziehung.

(3) Die Angemessenheit der gesetzten Maßnahmen muss entsprechend dem ermittelten Risiko gegenüber der Behörde nachgewiesen werden können.

(4) Für Lebensversicherungen oder andere Versicherungen mit Anlagezweck haben Versicherungsvermittler (§ 365m1 Abs. 2 Z 4) neben den Sorgfaltspflichten gegenüber Kunden und wirtschaftlichen Eigentümern hinsichtlich der Begünstigten dieser Versicherungen die nachstehend genannten Sorgfaltspflichten zu erfüllen, sobald die Begünstigten ermittelt oder bestimmt sind:

1. bei Begünstigten, die als namentlich genannte Person oder Rechtsvereinbarung identifiziert werden, hat der Versicherungsvermittler (§ 365m1 Abs. 2 Z 4) den Namen dieser Person festzuhalten;
2. bei Begünstigten, die nach Merkmalen oder nach Kategorie oder auf andere Weise bestimmt werden, hat der Versicherungsvermittler (§ 365m1 Abs. 2 Z 4) ausreichende Informationen über diese Begünstigten einzuholen, um sicherzugehen, dass er zum Zeitpunkt der Auszahlung in der Lage sein wird, ihre Identität festzustellen.

In den in Z 1 und 2 genannten Fällen ist die Identität der Begünstigten zum Zeitpunkt der Auszahlung zu überprüfen. Wird die Lebens- oder andere Versicherung mit Anlagezweck ganz oder teilweise an einen Dritten abgetreten, so haben die über diese Abtretung unterrichteten Versicherungsvermittler (§ 365m1 Abs. 2 Z 4) die Identität des wirtschaftlichen Eigentümers zu dem Zeitpunkt festzustellen, in dem die Ansprüche aus der übertragenen Polizze an die natürliche oder juristische Person oder die Rechtsvereinbarung abgetreten werden.

(4a) Versicherungsvermittler (§ 365m1 Abs. 2 Z 4) dürfen keine anonymen Konten, anonyme Sparbücher oder anonyme Schließfächer führen. Auf Inhaber und Begünstigte bestehender anonymer Konten, anonymer Sparbücher oder anonymer Schließfächer sind die Sorgfaltspflichten gegenüber Kunden anzuwenden.

(5) Werden die Begünstigten von Trusts oder von ähnlichen Rechtsvereinbarungen nach besonderen Merkmalen oder nach Kategorie bestimmt, so hat ein Gewerbetreibender ausreichende Informationen über den Begünstigten einzuholen, um sicherzugehen, dass er zum Zeitpunkt der Auszahlung oder zu dem Zeitpunkt, zu dem der Begünstigte seine erworbenen Rechte wahrnimmt, in der Lage sein wird, die Identität des Begünstigten festzustellen.

(6) Die Gewerbetreibenden haben die Sorgfaltspflichten gemäß Abs. 1 bis Abs. 5 nicht nur in Bezug auf alle neuen Kunden, sondern zu geeigneter Zeit auch in Bezug auf die bestehende Kundschaft auf risikobasierter Grundlage zu erfüllen, oder auch dann, wenn sich bei einem Kunden maßgebliche Umstände ändern oder wenn der Gewerbetreibende rechtlich verpflichtet ist, den Kunden im Laufe des betreffenden Kalenderjahres zu kontaktieren, um etwaige einschlägige Informationen über den oder die wirtschaftlichen Eigentümer zu überprüfen, oder wenn der Verpflichtete gemäß der Richtlinie 2011/16/EU über die Zusammenarbeit der Verwaltungsbehörden im Bereich der Besteuerung und zur Aufhebung der Richtlinie 77/799/EWG, ABl. Nr. L 64, vom 11.3.2011 S. 1, dazu verpflichtet ist.

(7) Sofern der Gewerbetreibende nicht in der Lage ist, Abs. 1 Z 1 bis 4 nachzukommen, ist er verpflichtet, keine Transaktion über ein Bankkonto abzuwickeln, keine Geschäftsbeziehung zu begründen, keine Transaktion abzuwickeln oder eine Geschäftsbeziehung zu beenden. Weiters hat er die Notwendigkeit einer Verdachtsmeldung an die Geldwäschemeldestelle gemäß § 365t Abs. 1 Z 1 zu prüfen.

Zeitpunkt der Identitätsfeststellung

§ 365q. (1) Die Überprüfung der Identität des Kunden und des wirtschaftlichen Eigentümers hat vor Begründung einer Geschäftsbeziehung oder Ausführung der Transaktion zu erfolgen. Zu Beginn einer neuen Geschäftsbeziehung mit einem Rechtsträger gemäß § 1 WiEReG haben die Gewerbetreibenden den Nachweis der Registrierung oder einen Auszug aus dem Register gemäß § 9 oder § 10 WiEReG einzuholen. Zu Beginn einer neuen Geschäftsbeziehung mit einer Gesellschaft, einem Trust, einer Stiftung, einer mit einer Stiftung vergleichbaren juristischen Person oder mit einer trustähnlichen Rechtsvereinbarung mit Sitz in einem anderen Mitgliedstaat der EU oder einem Vertragsstaat des EWR oder in einem Drittland, die mit einem Rechtsträger im Sinne des § 1 WiEReG vergleichbar sind, haben die Verpflichteten den Nachweis der Registrierung oder einen Auszug aus dem Register einzuholen, sofern dessen wirtschaftliche Eigentümer in einem den Anforderungen der Art. 30 oder 31 der Geldwäsche-RL entsprechenden Register registriert werden müssen.

(2) Die Überprüfung der Identität des Kunden und des wirtschaftlichen Eigentümers darf entgegen Abs. 1 auch erst während der Begründung einer Geschäftsbeziehung abgeschlossen werden, wenn dies notwendig ist, um den normalen Geschäftsablauf nicht zu unterbrechen und nur ein geringes Risiko der Geldwäsche oder der Terrorismusfinanzierung besteht. In diesem Fall haben die betreffenden Identifikationsverfahren möglichst bald nach dem ersten Kontakt abgeschlossen zu werden.

Vereinfachte Sorgfaltspflichten gegenüber Kunden

§ 365r. (1) Stellt ein Gewerbetreibender aufgrund seiner Risikoanalyse (§ 365n1) fest, dass in bestimmten Bereichen nur ein geringes Risiko besteht, so darf der Gewerbetreibende vereinfachte Sorgfaltspflichten gegenüber Kunden anwenden.

(2) Bevor der Gewerbetreibende vereinfachte Sorgfaltspflichten gegenüber Kunden anwendet, hat er sich zu vergewissern, dass die Geschäftsbeziehung oder die Transaktion tatsächlich mit einem geringeren Risiko verbunden ist.

(3) Der Gewerbetreibende hat die Transaktionen und die Geschäftsbeziehungen in ausreichendem Umfang zu überwachen, um die Aufdeckung ungewöhnlicher oder verdächtiger Transaktionen zu ermöglichen.

(4) Wenn der Gewerbetreibende die Risiken von Geldwäsche und Terrorismusfinanzierung für bestimmte Arten von Kunden, geografische Gebiete und für bestimmte Produkte, Dienstleistungen, Transaktionen oder Vertriebskanäle bewertet, hat er zumindest die in der **Anlage 7** zu diesem Bundesgesetz dargelegten Faktoren für ein potenziell geringes Risiko zu berücksichtigen. Entsprechende Unterlagen zur Risikoanalyse und deren Ergebnis sind mindestens fünf Jahre aufzubewahren.

(5) Der Bundesminister für Wissenschaft, Forschung und Wirtschaft ist ermächtigt, aufgrund einer Risikoanalyse, die insbesondere auf Grundlage der gemäß § 365v Abs. 3 vorliegenden Daten erfolgt, durch Verordnung für bestimmte Arten von Kunden, geografische Gebiete und für bestimmte Produkte, Dienstleistungen, Transaktionen oder Vertriebskanäle vereinfachte Sorgfaltspflichten festzulegen. Dabei sind zumindest die in **Anlage 7** dargelegten Faktoren für ein potenziell geringes Risiko und von den Europäischen Aufsichtsbehörden gegebene Leitlinien zu berücksichtigen.

Verstärkte Sorgfaltspflichten gegenüber Kunden

§ 365s. (1) Der Gewerbetreibende hat zusätzlich zu den in § 365p festgelegten Sorgfaltspflichten gegenüber Kunden

1. über angemessene Risikomanagementsysteme einschließlich risikobasierter Verfahren zu verfügen, um feststellen zu können, ob es sich bei dem Kunden oder dem wirtschaftlichen Eigentümer des Kunden um eine politisch exponierte Person handelt,
2. im Falle von Geschäftsbeziehungen zu politisch exponierten Personen die Zustimmung seiner Führungsebene einzuholen, bevor er Geschäftsbeziehungen zu diesen Personen aufnimmt oder fortführt,
3. angemessene Maßnahmen zu ergreifen, um die Herkunft des Vermögens und der Gelder, die im Rahmen von Geschäftsbeziehungen oder Transaktionen mit diesen Personen eingesetzt werden, zu bestimmen und
4. die Geschäftsbeziehung einer verstärkten fortlaufenden Überwachung zu unterziehen.

(2) Versicherungsvermittler (§ 365m1 Abs. 2 Z 4) haben angemessene Maßnahmen zu treffen, um zu bestimmen, ob es sich bei den Begünstigten einer Lebensversicherungs- oder anderen Versicherungspolizze mit Anlagezweck und, sofern erforderlich, bei dem wirtschaftlichen Eigentümer des Begünstigten um politisch exponierte Personen handelt. Diese Maßnahmen sind spätestens zum Zeitpunkt der Auszahlung oder zum Zeitpunkt der vollständigen oder teilweisen Abtretung der Polizze zu treffen. Falls höhere Risiken ermittelt wurden, haben die Gewerbetreibenden zusätzlich zu den in § 365p vorgesehenen Sorgfaltspflichten

1. ihre Führungsebene vor Auszahlung der Versicherungserlöse zu unterrichten,
2. die gesamte Geschäftsbeziehung zu dem Versicherungsnehmer einer verstärkten Überprüfung zu unterziehen.

(3) Ist eine politisch exponierte Person nicht mehr mit einem wichtigen öffentlichen Amt in einem Mitgliedstaat oder Drittland oder mit einem wichtigen öffentlichen Amt bei einer internationalen Organisation betraut, so hat der Gewerbetreibende für mindestens zwölf Monate das von dieser Person weiterhin ausgehende Risiko zu berücksichtigen und so lange angemessene und risikoorientierte Maßnahmen zu treffen, bis davon auszugehen ist, dass diese Person kein Risiko mehr darstellt, das spezifisch für politisch exponierte Personen ist.

(4) Die in Abs. 1 bis 3 genannten Maßnahmen gelten auch für Familienmitglieder oder Personen, die politisch exponierten Personen bekanntermaßen nahestehen.

(5) In den in den Art. 18a bis 24 der Geldwäsche-RL genannten Fällen sowie in anderen Fällen mit erhöhten Risiken, die gemäß Abs. 6 festgelegt oder gemäß § 365n1 ermittelt wurden, hat der Gewerbetreibende verstärkte Sorgfaltspflichten gegenüber Kunden anzuwenden, um diese Risiken angemessen zu steuern und zu mindern. Der Gewerbetreibende hat bei seiner Risikoanalyse zumindest die in der **Anlage 8** zu diesem Bundesgesetz dargelegten Faktoren für ein potenziell erhöhtes Risiko sowie von den Europäischen Aufsichtsbehörden gegebene Leitlinien zu berücksichtigen. Entsprechende Unterlagen zur Risikoanalyse und deren Ergebnis sind vom Gewerbetreibenden zur jederzeitigen Einsichtnahme durch die Behörde aufzubewahren.

(6) Der Bundesminister für Wissenschaft, Forschung und Wirtschaft hat aufgrund einer Risikoanalyse, die insbesondere auf Grundlage der gemäß § 365v Abs. 3 vorliegenden Daten erfolgt, für ein potenziell erhöhtes Risiko verstärkte Sorgfaltspflichten durch Verordnung festzulegen. Dabei sind zumindest die in **Anlage 8** zu diesem Bundesgesetz dargelegten Faktoren für ein potenziell erhöhtes Risiko sowie von den Europäischen Aufsichtsbehörden gegebene Leitlinien zu berücksichtigen.

(7) Der Gewerbetreibende hat Hintergrund und Zweck aller komplexen und ungewöhnlich großen Transaktionen und aller ungewöhnlichen Muster von Transaktionen ohne offensichtlichen wirtschaftlichen oder rechtmäßigen Zweck zu untersuchen, soweit dies im angemessenen Rahmen möglich ist. Um zu bestimmen, ob diese Transaktionen oder Tätigkeiten verdächtig sind, verstärkt der Gewerbetreibende insbesondere den Umfang und die Art der Überwachung der Geschäftsbeziehung.

(8) In Bezug auf Geschäftsbeziehungen oder Transaktionen, an denen gemäß Art. 9 Abs. 2 der Geldwäsche-RL ermittelte Drittländer mit hohem Risiko beteiligt sind, haben die Gewerbetreibenden die folgenden verstärkten Sorgfaltsmaßnahmen gegenüber Kunden anzuwenden:

1. Einholung zusätzlicher Informationen über den Kunden und den/die wirtschaftlichen Eigentümer;
2. Einholung zusätzlicher Informationen über die angestrebte Art der Geschäftsbeziehung;
3. Einholung von Informationen über die Herkunft der Gelder und die Herkunft des Vermögens des Kunden und des wirtschaftlichen Eigentümers/der wirtschaftlichen Eigentümer;
4. Einholung von Informationen über die Gründe für die geplanten oder durchgeführten Transaktionen;
5. Einholung der Zustimmung der Führungsebene zur Schaffung oder Weiterführung der Geschäftsbeziehung;
6. verstärkte Überwachung der Geschäftsbeziehung durch häufigere und zeitlich besser geplante Kontrollen sowie durch Auswahl von Transaktionsmustern, die einer weiteren Prüfung bedürfen.

(9) Zusätzlich zu den in Abs. 8 vorgesehenen Maßnahmen kann der Bundesminister für Digitalisierung und Wirtschaftsstandort durch Verordnung festlegen, dass Gewerbetreibende auf natürliche oder juristische Personen, die Transaktionen durchführen, an denen gemäß Art. 9 Abs. 2 der Geldwäsche-RL ermittelte Drittländer mit hohem Risiko beteiligt sind, gegebenenfalls eine oder mehrere zusätzliche risikomindernde Maßnahmen anzuwenden haben. Diese Maßnahmen haben aus einem oder mehreren der folgenden Elemente zu bestehen:

1. der Anwendung zusätzlicher verstärkter Sorgfaltsmaßnahmen;
2. der Einführung verstärkter einschlägiger Meldemechanismen oder einer systematischen Meldepflicht für Finanztransaktionen;
3. der Beschränkung der geschäftlichen Beziehungen oder Transaktionen mit natürlichen oder juristischen Personen aus gemäß Art. 9 Abs. 2 der Geldwäsche-RL ermittelten Drittländern mit hohem Risiko.

(10) Im Umgang mit gemäß Art. 9 Abs. 2 der Geldwäsche-RL ermittelten Drittländern mit hohem Risiko kann der Bundesminister für Digitalisierung und Wirtschaftsstandort durch Verordnung gegebenenfalls zusätzlich zu den in Abs. 8 genannten Maßnahmen und im Einklang mit den internationalen Pflichten der Union eine oder mehrere der folgenden Maßnahmen vorsehen:

1. Verwehrung der Gründung von Tochtergesellschaften, Zweigniederlassungen oder Repräsentanzbüros von Gewerbetreibenden aus dem betreffenden Drittland oder anderweitige Berücksichtigung der Tatsache, dass der fragliche Gewerbetreibende aus einem Drittland stammt, das über keine angemessenen Systeme zur Bekämpfung der Geldwäsche oder der Terrorismusfinanzierung verfügt;
2. Einführung des für Gewerbetreibende geltenden Verbots der Gründung von Zweigniederlassungen oder Repräsentanzbüros in dem betreffenden Drittland oder anderweitige Berücksichtigung der Tatsache, dass sich die betreffende Zweigniederlassung beziehungsweise das betreffende Repräsentanzbüro in einem Drittland befinden würde, das über keine angemessenen Systeme zur Bekämpfung der Geldwäsche oder der Terrorismusfinanzierung verfügt;
3. Einführung der für Zweigniederlassungen und Tochtergesellschaften von in dem betreffenden Land niedergelassenen Verpflichteten geltenden Pflicht, sich einer verschärften aufsichtlichen Prüfung oder einem verschärften externen Audit zu unterziehen;
4. Einführung verschärfter Anforderungen in Bezug auf das externe Audit von in dem betreffenden Land niedergelassenen Zweigniederlassungen und Tochtergesellschaften von Finanzgruppen;
5. Einführung der für Versicherungsvermittler (§ 365m1 Abs. 2 Z 4) geltenden Pflicht, Korrespondenzbankbeziehungen zu Respondenzinstituten in dem betreffenden Land zu überprüfen und zu ändern oder erforderlichenfalls zu beenden.

(11) Der Bundesminister für Digitalisierung und Wirtschaftsstandort hat beim Erlass der in Abs. 9 und Abs. 10 genannten Maßnahmen gegebenenfalls einschlägige Evaluierungen, Bewertungen oder Berichte internationaler Organisationen oder von Einrichtungen für die Festlegung von Standards mit Kompetenzen im Bereich der Verhinderung von Geldwäsche und der Bekämpfung der Terrorismusfinanzierung hinsichtlich der von einzelnen Drittländern ausgehenden Risiken zu berücksichtigen.

(12) Der Bundesminister für Digitalisierung und Wirtschaftsstandort hat die Europäische Kommission vor dem Erlass der in Abs. 9 und Abs. 10 genannten Maßnahmen zu informieren.

§ 365s1. (1) Die Gewerbetreibenden können zur Erfüllung der in § 365p Abs. 1 Z 1 bis 4 genannten Sorgfaltspflichten gegenüber Kunden auf Dritte zurückgreifen, soweit ihnen nicht Hinweise vorliegen, die eine gleichwertige Erfüllung der genannten Pflichten bezweifeln lassen. Die endgültige Verantwortung für die Erfüllung dieser Anforderungen verbleibt jedoch bei dem Gewerbetreibenden, der auf den Dritten zurückgreift.

(2) Die Gewerbetreibenden haben bei dem Dritten, auf den sie zurückgreifen, die notwendigen Informationen zu den in § 365p Abs. 1 Z 1 bis 4

genannten Sorgfaltspflichten gegenüber Kunden unverzüglich einzuholen. Sie haben weiters angemessene Schritte zu unternehmen, um zu gewährleisten, dass der Dritte ihnen unverzüglich auf ihr Ersuchen Kopien der bei der Erfüllung dieser Sorgfaltspflichten verwendeten Unterlagen sowie anderer maßgeblicher Unterlagen über die Identität des Kunden oder des wirtschaftlichen Eigentümers weiterleiten kann. Dies umfasst auch elektronische Mittel für die Identitätsfeststellung und Vertrauensdienste gemäß der Verordnung (EU) Nr. 910/2014 sowie andere sichere Verfahren zur Identifizierung aus der Ferne oder auf elektronischem Weg nach Maßgabe des § 6 Abs. 4 FM-GwG.

(3) Als Dritte im Sinne dieses Paragraphen gelten Kredit- und Finanzinstitute mit Sitz im Inland, sofern sie nicht ausschließlich über eine Berechtigung für die Durchführung des Wechselstubengeschäfts (§ 1 Abs. 1 Z 22 des Bankwesengesetzes – BWG, BGBl. Nr. 532/1993, in der jeweils geltenden Fassung) verfügen, die in Art. 2 Abs. 1 Z 3 lit. a und b der Geldwäsche-RL genannten Personen und Versicherungsvermittler gemäß § 365m1 Abs. 2 Z 4 GewO 1994 mit Sitz im Inland.

(4) Als Dritte im Sinne dieses Paragraphen gelten auch Kredit- und Finanzinstitute gemäß Art. 3 Z 1 und 2 der Geldwäsche-RL, sofern sie nicht ausschließlich über eine Berechtigung für die Durchführung des Wechselstubengeschäfts verfügen, und die in Art. 2 Abs. 1 Z 3 lit. a und b der Geldwäsche-RL genannten Personen jeweils mit Sitz in einem anderen Mitgliedstaat und diesen entsprechende Verpflichtete mit Sitz in einem Drittland,

1. deren Sorgfalts- und Aufbewahrungspflichten den in der Geldwäsche-RL festgelegten entsprechen und
2. die einer Aufsicht in Bezug auf die Einhaltung dieser Anforderungen unterliegen, die dem 2. Abschnitt des Kapitel VI der Geldwäsche-RL entspricht.

Auf Dritte, die in Drittländern mit hohem Risiko niedergelassen sind, dürfen Gewerbetreibende nicht zurückgreifen. Dies gilt nicht für Zweigstellen bzw. Zweigniederlassungen von Dritten mit Sitz im Inland oder einem anderen Mitgliedstaat und deren Tochterunternehmen, wenn sich diese Zweigstellen bzw. Zweigniederlassungen und Tochterunternehmen uneingeschränkt an die gruppenweit anzuwendenden Strategien und Verfahren halten.

(5) § 14 und § 15 FM-GwG gelten sinngemäß.

Allgemeine Meldepflichten

§ 365t. (1) Der Gewerbetreibende hat mit der Geldwäschemeldestelle in vollem Umfang zusammenzuarbeiten, indem er unverzüglich von sich aus mittels einer Verdachtsmeldung die Geldwäschemeldestelle informiert, wenn er Kenntnis davon erhält, den Verdacht oder berechtigten Grund zu der Annahme hat, dass

1. eine versuchte, bevorstehende, laufende oder bereits erfolgte Transaktion im Zusammenhang mit Vermögensbestandteilen, die aus einer in § 165 StGB aufgezählten strafbaren Handlung herrühren (unter Einbeziehung von Vermögensbestandteilen, die aus einer strafbaren Handlung des Täters selbst herrühren), steht,
2. ein Vermögensbestandteil aus einer in § 165 StGB aufgezählten strafbaren Handlung herrührt (unter Einbeziehung von Vermögensbestandteilen, die aus einer strafbaren Handlung des Täters selbst herrühren) oder
3. die versuchte, bevorstehende, laufende oder bereits erfolgte Transaktion oder der Vermögensbestandteil im Zusammenhang mit einer kriminellen Organisation gemäß § 278a StGB, einer terroristischen Vereinigung gemäß § 278b StGB, einer terroristischen Straftat gemäß § 278c StGB oder der Terrorismusfinanzierung gemäß § 278d StGB steht.

Alle verdächtigen Transaktionen einschließlich versuchter Transaktionen müssen gemeldet werden. Die Verdachtsmeldung ist in einem geläufigen elektronischen Format unter Verwendung der durch die Geldwäschemeldestelle festgelegten sicheren Kommunikationskanäle zu übermitteln. Der Gewerbetreibende hat gegebenenfalls sein leitendes Personal und seine Angestellten entsprechend zu verpflichten. Der Gewerbetreibende hat der Geldwäschemeldestelle auf Verlangen unmittelbar alle erforderlichen Auskünfte zur Verfügung zu stellen. Die Person, die gemäß § 365n1 Abs. 4 benannt wurde, hat die genannten Informationen an die Geldwäschemeldestelle weiterzuleiten.

(2) Der Gewerbetreibende hat über angemessene Verfahren zu verfügen, über die seine Beschäftigten Verstöße intern über einen speziellen, unabhängigen und anonymen Kanal melden können und die in einem angemessenen Verhältnis zu Art und Größe des betreffenden Gewerbetreibenden stehen.

(3) Zur Verhinderung oder zur Verfolgung von Geldwäsche oder von Terrorismusfinanzierung ist die Geldwäschemeldestelle ermächtigt, die erforderlichen Daten von natürlichen und juristischen Personen sowie von sonstigen Einrichtungen mit Rechtspersönlichkeit zu ermitteln und gemeinsam mit Daten, die sie in Vollziehung von Bundes- oder Landesgesetzen verarbeitet hat, in einer Datenanwendung zu verarbeiten, soweit diese den Betroffenenkreisen und Datenarten der Anlage 1, SA037 der Standard und Muster-Verordnung 2004 – StMV, BGBl. II Nr. 312/2004, entsprechen. Die Daten sind zu löschen, sobald sie für die Erfüllung der Aufgaben nicht mehr benötigt

werden, längstens jedoch nach fünf Jahren. Übermittlungen sind nach Maßgabe des § 4 Abs. 2 Z 1 und 2 BKA-G zulässig.

Durchführung von Transaktionen

§ 365u. (1) Der Gewerbetreibende hat Transaktionen, von denen er weiß oder vermutet, dass sie mit Geldwäsche oder Terrorismusfinanzierung in Verbindung stehen, erst dann durchzuführen, wenn er die nach § 365t Abs. 1 erforderliche Maßnahme abgeschlossen und alle weiteren besonderen Anweisungen der Geldwäschemeldestelle oder der Behörde befolgt hat.

(2) Falls ein Verzicht auf die Durchführung der in Abs. 1 genannten Transaktionen nicht möglich ist oder die Unterlassung oder Verzögerung der Durchführung die Verfolgung der Begünstigten einer verdächtigen Transaktion behindern könnte, unterrichtet der Gewerbetreibende die Geldwäschemeldestelle umgehend im Anschluss daran.

(3) Die Geldwäschemeldestelle ist ermächtigt anzuordnen, dass eine laufende oder bevorstehende Transaktion, die gemäß § 365t Abs. 1 meldepflichtig ist, unterbleibt oder vorläufig aufgeschoben wird und dass Aufträge des Kunden über Geldausgänge nur mit Zustimmung der Geldwäschemeldestelle durchgeführt werden dürfen. Die Geldwäschemeldestelle hat die Staatsanwaltschaft ohne unnötigen Aufschub von der Anordnung zu verständigen. Der Kunde ist ebenfalls zu verständigen, wobei die Verständigung des Kunden längstens für fünf Werktage aufgeschoben werden kann, wenn diese ansonsten die Verfolgung der Begünstigten einer verdächtigen Transaktion behindern könnte. Der Gewerbetreibende ist über den Aufschub der Verständigung des Kunden zu informieren. Die Verständigung des Kunden hat den Hinweis zu enthalten, dass er oder ein sonst Betroffener berechtigt ist, Beschwerde wegen Verletzung seiner Rechte an das zuständige Verwaltungsgericht zu erheben.

(4) Die Geldwäschemeldestelle hat die Anordnung nach Abs. 3 aufzuheben, sobald die Voraussetzungen für die Erlassung weggefallen sind oder die Staatsanwaltschaft erklärt, dass die Voraussetzungen für eine Beschlagnahme gemäß § 109 Z 2 und § 115 Abs. 1 Z 3 StPO nicht bestehen. Die Anordnung tritt im Übrigen außer Kraft,

1. wenn seit ihrer Erlassung sechs Monate vergangen sind oder
2. sobald das Gericht über einen Antrag auf Beschlagnahme gemäß § 109 Z 2 und § 115 Abs. 1 Z 3 StPO rechtskräftig entschieden hat.

(5) Geben der Gewerbetreibende oder dessen Angestellte oder leitendes Personal im guten Glauben Informationen gemäß § 365t weiter, so gilt dies nicht als Verletzung einer vertraglich oder durch Rechts- oder Verwaltungsvorschriften geregelten Beschränkung der Informationsweitergabe und zieht für den Gewerbetreibenden oder dessen Angestellte oder leitendes Personal keinerlei Haftung nach sich, und zwar auch nicht in Fällen, in denen ihnen die zugrunde liegende kriminelle Tätigkeit nicht genau bekannt war, und unabhängig davon, ob tatsächlich eine rechtswidrige Handlung begangen wurde.

(6) Der Gewerbetreibende hat Einzelpersonen, einschließlich Angestellte und Vertreter des Gewerbetreibenden, die intern oder der Geldwäschemeldestelle einen Verdacht auf Geldwäsche oder Terrorismusfinanzierung melden, vor Bedrohungen, Vergeltungsmaßnahmen oder Anfeindungen und insbesondere vor nachteiligen oder diskriminierenden Maßnahmen im Beschäftigungsverhältnis zu schützen. Einzelpersonen, die einen Verdacht melden, dürfen deswegen

1. weder benachteiligt werden, insbesondere nicht beim Entgelt, beim beruflichen Aufstieg, bei Maßnahmen der Aus- und Weiterbildung, bei der Versetzung oder bei der Beendigung des Arbeitsverhältnisses,
2. noch nach strafrechtlichen Vorschriften verantwortlich gemacht werden, es sei denn, die Meldung ist vorsätzlich unwahr abgegeben worden.

Dem Arbeitgeber oder einem Dritten steht ein Schadenersatzanspruch nur bei einer offenbar unrichtigen Meldung, die die Einzelperson mit Schädigungsvorsatz erstattet hat, zu. Die Berechtigung zur Abgabe von Meldungen darf vertraglich nicht eingeschränkt werden. Entgegenstehende Vereinbarungen sind unwirksam. Die Behörde hat zu gewährleisten, dass Einzelpersonen, die Bedrohungen, Anfeindungen oder nachteiligen oder diskriminierenden Maßnahmen im Beschäftigungsverhältnis im Sinne dieses Absatzes ausgesetzt sind, weil sie intern oder nach § 365t einen Verdacht auf Geldwäsche oder Terrorismusfinanzierung gemeldet haben, bei der Behörde auf sichere Weise eine Beschwerde einreichen können.

(7) Der Gewerbetreibende darf keine anonymen Geschäftsbeziehungen begründen. Versicherungsvermittler dürfen darüber hinaus auch keine anonymen Konten führen.

Unterrichtung der Geldwäschemeldestelle

§ 365v. (1) Die Behörde hat die Geldwäschemeldestelle umgehend zu unterrichten, wenn sie im Rahmen von Kontrollen von Gewerbetreibenden oder bei anderen Gelegenheiten Tatsachen aufdeckt, die mit Geldwäsche oder Terrorismusfinanzierung zusammenhängen könnten. § 365w gilt sinngemäß.

(2) Die Behörde kann Auskunftsersuchen, die auf Belangen im Zusammenhang mit Geldwäsche, damit im Zusammenhang stehenden Vortaten oder Terrorismusfinanzierung beruhen, an die Geldwäschemeldestelle richten. Die Behörde hat der Geldwäschemeldestelle Rückmeldung über die Verwendung der von dieser bereitgestellten

Informationen und die Ergebnisse der auf Grundlage derselben durchgeführten Ermittlungen oder Prüfungen zu geben.

(Anm.: Abs. 3 aufgehoben durch Z 29, BGBl. I Nr. 65/2020)

Verbot der Informationsweitergabe

§ 365w. (1) Der Gewerbetreibende darf weder den betroffenen Kunden noch Dritte davon in Kenntnis setzen, dass gemäß § 365t eine Übermittlung von Informationen gerade erfolgt, erfolgen wird oder erfolgt ist oder dass eine Analyse wegen Geldwäsche oder Terrorismusfinanzierung gerade stattfindet oder stattfinden könnte. Der Gewerbetreibende hat auch sein leitendes Personal und seine Angestellten entsprechend zu verpflichten. Dieses Verbot bezieht sich nicht auf die Weitergabe von Informationen an die zuständigen Behörden oder auf die Weitergabe von Informationen zu Strafverfolgungszwecken. Zudem hat der Gewerbetreibende, wenn er Kenntnis davon erhält, den Verdacht oder berechtigten Grund zu der Annahme hat, dass ein meldepflichtiger Sachverhalt gemäß § 365t Abs. 1 vorliegt und er vernünftigerweise davon ausgehen kann, dass die Anwendung der Sorgfaltspflichten gegenüber Kunden die Verfolgung der Begünstigten einer verdächtigen Transaktion behindern könnte, die Anwendung der Sorgfaltspflichten gegenüber Kunden auszusetzen und hat stattdessen die Geldwäschemeldestelle umgehend mittels Verdachtsmeldung zu informieren.

(2) Das Verbot nach Abs. 1 steht einer Informationsweitergabe zwischen derselben Unternehmensgruppe angehörenden Kreditinstituten und Versicherungsvermittlern (§ 365m1 Abs. 2 Z 4) oder zwischen diesen Instituten und ihren Zweigstellen und mehrheitlich in ihrem Besitz befindlichen Tochterunternehmen in Drittländern nicht entgegen. Dies setzt voraus, dass sich diese Zweigstellen und Tochterunternehmen uneingeschränkt an die gruppenweit anzuwendenden Strategien und Verfahren gemäß § 365z Abs. 1 bis 6, darunter Verfahren für den Informationsaustausch innerhalb der Gruppe, halten und die gruppenweit anzuwendenden Strategien und Verfahren die Anforderungen der Geldwäsche – RL erfüllen.

(3) Bei Versicherungsvermittlern (§ 365m1 Abs. 2 Z 4) steht das Verbot nach Abs. 1 in Fällen, die sich auf denselben Kunden und dieselbe Transaktion beziehen und an denen zwei oder mehr Versicherungsvermittler (§ 365m1 Abs. 2 Z 4) beteiligt sind, einer Informationsweitergabe zwischen diesen nicht entgegen. Dies setzt voraus, dass es sich bei diesen um Versicherungsvermittler (§ 365m1 Abs. 2 Z 4) aus einem Mitgliedstaat oder um Einrichtungen in einem Drittland, in dem den Regelungen der Geldwäsche-RL gleichwertige Anforderungen gelten, handelt und sie derselben Berufskategorie angehören und gleichwertigen Verpflichtungen in Bezug auf das Berufsgeheimnis und den Schutz personenbezogener Daten unterliegen.

Datenschutz, Aufbewahrung von Aufzeichnungen und statistische Daten

§ 365y. (1) Der Gewerbetreibende hat die nachstehenden Dokumente und Informationen für die Zwecke der Verhinderung, Aufdeckung und Ermittlung möglicher Geldwäsche oder Terrorismusfinanzierung durch die Geldwäschemeldestelle oder die Behörde aufzubewahren:

1. bei Sorgfaltspflichten gegenüber Kunden eine Kopie der erhaltenen Dokumente und Informationen, die für die Erfüllung der Sorgfaltspflichten gegenüber Kunden erforderlich sind, einschließlich Informationen – soweit verfügbar –, die mittels elektronischer Mittel für die Identitätsfeststellung, einschlägiger Vertrauensdienste gemäß der Verordnung (EU) Nr. 910/2014 über elektronische Identifizierung und Vertrauensdienste für elektronische Transaktionen im Binnenmarkt und zur Aufhebung der Richtlinie 1999/93/EG ABl. Nr. L 257 vom 23. Juli 2014 S 73 oder mittels anderer anerkannter sicherer Verfahren zur Identifizierung aus der Ferne oder auf elektronischem Weg eingeholt wurden, für die Dauer von fünf Jahren nach Beendigung der Geschäftsbeziehung mit dem Kunden oder nach dem Zeitpunkt einer gelegentlichen Transaktion;
2. die Transaktionsbelege und -aufzeichnungen als Originale oder als Kopien, die für die Ermittlung von Transaktionen erforderlich sind, für die Dauer von fünf Jahren nach Beendigung der Geschäftsbeziehung mit dem Kunden oder nach dem Zeitpunkt einer gelegentlichen Transaktion. Der Gewerbetreibende hat einer Anforderung der Geldwäschemeldestelle im Rahmen ihrer Aufgaben zur Einholung und Nutzung von Informationen für deren im ersten Satz genannten Zweck zu entsprechen, selbst, wenn keine vorherige Meldung gemäß § 365t erstattet wurde.

(2) Der Gewerbetreibende hat die personenbezogenen Daten nach Ablauf der Aufbewahrungsfristen nach Abs. 1 zu löschen, sofern nicht nach anderen Bestimmungen eine Verpflichtung zur längeren Speicherung der Daten besteht.

(3) Der Gewerbetreibende hat über Systeme zu verfügen, die es ihm ermöglichen, über sichere Kommunikationskanäle und auf eine Art und Weise, die die vertrauliche Behandlung der Anfragen voll und ganz sicherstellt, auf Anfragen der Geldwäschemeldestelle oder anderer zuständiger Behörden vollständig und rasch Auskunft darüber zu geben, ob er mit bestimmten Personen eine Geschäftsbeziehung unterhalten oder während eines Zeitraums von fünf Jahren vor der Anfrage unterhalten hat, sowie über die Art dieser Geschäftsbeziehung.

(4) Die Verarbeitung personenbezogener Daten zu Zwecken der Verhinderung von Geldwäsche und Terrorismusfinanzierung auf der Grundlage von Art. 1 der Geldwäsche-RL ist als Angelegenheit von öffentlichem Interesse gemäß der Verordnung (EU) 2016/679 zum Schutz natürlicher Personen bei der Verarbeitung personenbezogener Daten, zum freien Datenverkehr und zur Aufhebung der Richtlinie 95/46/EG (Datenschutz-Grundverordnung), ABl. L 119 vom 4.5.2016 S. 1 anzusehen.

(5) Auf die Verarbeitung personenbezogener Daten im Rahmen dieses Abschnittes sind die Datenschutz-Grundverordnung und das Datenschutzgesetz anzuwenden.

(6) Personenbezogene Daten dürfen von Gewerbetreibenden auf der Grundlage dieses Abschnittes ausschließlich für die Zwecke der Verhinderung von Geldwäsche und Terrorismusfinanzierung verarbeitet werden und dürfen nicht in einer Weise weiterverarbeitet werden, die mit diesen Zwecken unvereinbar ist. Es ist untersagt, personenbezogene Daten auf der Grundlage dieses Abschnitts für andere Zwecke, wie beispielsweise für kommerzielle Zwecke, zu verarbeiten.

(7) Die Gewerbetreibenden haben neuen Kunden die nach Art. 13 und 14 der Datenschutz-Grundverordnung vorgeschriebenen Informationen zur Verfügung zu stellen, bevor sie eine Geschäftsbeziehung begründen oder gelegentliche Transaktionen ausführen. Diese Informationen haben insbesondere einen allgemeinen Hinweis zu den Rechtspflichten des Gewerbetreibenden gemäß dem vorliegenden Abschnitt bei der Verarbeitung personenbezogener Daten zu Zwecken der Verhinderung von Geldwäsche und Terrorismusfinanzierung zu enthalten.

(8) In Anwendung des Verbots der Informationsweitergabe gemäß § 365w Abs. 1 kann eine Sicherstellung öffentlicher Interessen gemäß Art. 23 Abs. 1 der Datenschutz-Grundverordnung dann vorliegen, wenn die Verweigerung einer Auskunft eine erforderliche und verhältnismäßige Maßnahme darstellt, um

1. dem Gewerbetreibenden oder der Behörde die ordnungsgemäße Wahrnehmung seiner oder ihrer Aufgaben für die Zwecke dieses Bundesgesetzes zu ermöglichen oder
2. behördliche oder gerichtliche Ermittlungen, Analysen, Untersuchungen oder Verfahren für die Zwecke dieses Bundesgesetzes nicht zu behindern und zu gewährleisten, dass die Verhinderung, Ermittlung und Aufdeckung von Geldwäscherei und Terrorismusfinanzierung nicht gefährdet wird.

(9) Die Behörde hat als Beitrag zur Vorbereitung der Risikobewertungen gemäß den §§ 365r Abs. 5 und 365s Abs. 6 sicherzustellen, dass sie die Wirksamkeit ihrer Systeme zur Bekämpfung von Geldwäsche oder Terrorismusfinanzierung überprüfen kann, indem sie umfassende Statistiken über Faktoren, die für die Wirksamkeit der Systeme relevant sind, führt. Die Behörde hat jedenfalls umfassende und nachhaltige Überprüfungsmaßnahmen, insbesondere durch Überprüfungen vor Ort hinsichtlich der Einhaltung der Bestimmungen, zu setzen. Die Statistiken haben zu erfassen:

1. Daten zur Messung von Größe und Bedeutung der verschiedenen Sektoren, die in den Geltungsbereich dieser Bestimmungen fallen, einschließlich der Anzahl der Unternehmen und natürlichen Personen und der Einheiten sowie der wirtschaftlichen Bedeutung jedes Sektors
2. die Zahl der behördlichen Meldungen an die Meldestelle und
3. jeweils aufgeschlüsselt nach gewerblichen Berufen die Zahl der Verstöße sowie die Zahl der wegen eines Verstoßes gegen § 366b geführten Verwaltungsstrafverfahren,
4. die Zahl der Maßnahmen vor Ort oder anderswo sowie
5. Anzahl und Höhe der auf Grundlage der festgestellten Verstöße verhängten Geldstrafen oder Verwaltungsmaßnahmen,
6. das Personal, das den für die Aufsicht über die Bekämpfung von Geldwäsche und Terrorismusfinanzierung zuständigen Behörden (§ 333) zugewiesen wurde.

Die Statistiken und Daten sind dem Bundesminister für Digitalisierung und Wirtschaftsstandort jeweils jährlich sowie auf Anfrage zur Verfügung zu stellen.

(10) Der Bundesminister für Digitalisierung und Wirtschaftsstandort hat die Statistiken zur Verwendung gemäß Art. 44 Abs. 3 und Abs. 4 der Geldwäsche-RL dem Bundesminister für Finanzen jährlich zu übermitteln.

(11) Um die wirksame Zusammenarbeit und insbesondere den Informationsaustausch zu erleichtern und zu fördern, hat der Bundesminister für Digitalisierung und Wirtschaftsstandort der Europäischen Kommission die Liste der zuständigen Behörden einschließlich ihrer Kontaktdaten zu übermitteln und dafür Sorge zu tragen, dass die der Kommission übermittelten Informationen auf dem neuesten Stand gehalten werden.

Interne Verfahren, Schulungen und Rückmeldung

§ 365z. (1) Der Gewerbetreibende, der Teil einer Gruppe ist, hat gruppenweit anzuwendende Strategien und Verfahren einzurichten, darunter Datenschutzstrategien sowie Strategien und Verfahren für den Informationsaustausch innerhalb der Gruppe für die Zwecke der Bekämpfung von Geldwäsche und Terrorismusfinanzierung. Diese Strategien und Verfahren müssen auf Ebene der

Zweigstellen und mehrheitlich im Besitz des Gewerbetreibenden befindlichen Tochterunternehmen in Mitgliedstaaten und Drittländern wirksam umgesetzt werden.

(2) Ein Gewerbetreibender mit Niederlassungen in einem anderen Mitgliedstaat hat sicherzustellen, dass diese Niederlassungen den zur Umsetzung der Geldwäsche-RL verabschiedeten nationalen Rechtsvorschriften des anderen Mitgliedstaats Folge leisten.

(3) Der Gewerbetreibende hat in dem Fall, dass er Zweigstellen oder mehrheitlich in seinem Besitz befindliche Tochterunternehmen in Drittländern hat, in denen die Mindestanforderungen an die Bekämpfung von Geldwäsche und Terrorismusfinanzierung weniger streng sind als die Anforderungen nach diesem Bundesgesetz, zu veranlassen, dass diese Zweigstellen und mehrheitlich in seinem Besitz befindlichen Tochterunternehmen in den betreffenden Drittländern die Anforderungen nach diesem Bundesgesetz einschließlich aller Bestimmungen über Datenschutz anwenden, soweit das Recht des Drittlandes dies zulässt.

(4) Die Behörde hat die Europäischen Aufsichtsbehörden über Fälle zu unterrichten, in denen die Umsetzung der gemäß Abs. 1 erforderlichen Strategien und Verfahren nach dem Recht eines Drittlandes nicht zulässig ist, um im Rahmen eines abgestimmten Vorgehens eine Lösung anzustreben. Bei der Beurteilung, welche Drittländer die Umsetzung der gemäß Abs. 1 erforderlichen Maßnahmen und Verfahren nicht gestatten, sind etwaige rechtliche Beschränkungen zu berücksichtigen, durch die die ordnungsgemäße Umsetzung dieser Maßnahmen und Verfahren behindert werden kann, einschließlich Beschränkungen in Bezug auf Geheimhaltungspflicht oder Datenschutz und andere Beschränkungen, die den Austausch von Informationen, die für diesen Zweck relevant sein können, behindern.

(4a) Bei einem Versicherungsvermittler, der Teil einer Gruppe ist und dessen Mutterunternehmen in Österreich niedergelassen ist, hat die Behörde die Einhaltung der Bestimmungen dieses Abschnittes sowie die wirksame Umsetzung der gruppenweiten Strategien und Verfahren gemäß Abs. 1 zu beaufsichtigen. Die Behörde hat mit den zuständigen Behörden des Mitgliedstaats, in dem der Gewerbetreibende seinen Hauptsitz hat, zusammenzuarbeiten, um eine wirksame Aufsicht in Bezug auf die Anforderungen der Geldwäsche-RL zu gewährleisten.

(5) In Fällen, in denen die Umsetzung der gemäß Abs. 1 erforderlichen Strategien und Verfahren nach dem Recht eines Drittlandes nicht zulässig ist, hat der Gewerbetreibende sicherzustellen, dass die Zweigstellen und mehrheitlich in seinem Besitz befindlichen Tochterunternehmen in diesem Drittland zusätzliche Maßnahmen anwenden, um dem Risiko der Geldwäsche oder Terrorismusfinanzierung wirksam zu begegnen, und die Behörde zu unterrichten. Reichen die zusätzlichen Maßnahmen nicht aus, so hat die Behörde zusätzliche Aufsichtsmaßnahmen zu treffen, wobei sie unter anderem vorschreibt, dass die Gruppe in dem Drittland keine Geschäftsbeziehungen eingeht oder diese beendet und keine Transaktionen in dem Drittland vornimmt, und nötigenfalls verlangt, dass die Gruppe ihre Geschäfte dort einstellt.

(6) Innerhalb der Gruppe muss ein Informationsaustausch zugelassen sein. Der Geldwäschemeldestelle übermittelte Informationen über einen Verdacht, dass Gelder aus kriminellen Tätigkeiten stammen oder mit Terrorismusfinanzierung in Verbindung stehen, haben innerhalb der Gruppe weitergegeben zu werden, es sei denn, die Geldwäschemeldestelle erteilt andere Anweisungen.

(7) Der Gewerbetreibende hat durch Maßnahmen, die in angemessenem Verhältnis zu seinen Risiken und der Art und Größe seines Gewerbebetriebs stehen, sicherzustellen, dass seine Angestellten die aufgrund dieses Gesetzes erlassenen Vorschriften, einschließlich einschlägiger Datenschutzbestimmungen, kennen. Diese Maßnahmen schließen die Teilnahme seiner Angestellten an besonderen fortlaufenden Fortbildungsprogrammen ein, bei denen sie lernen, möglicherweise mit Geldwäsche oder Terrorismusfinanzierung zusammenhängende Transaktionen zu erkennen und sich in solchen Fällen richtig zu verhalten.

(8) Die Geldwäschemeldestelle hat der Wirtschaftskammer Österreich zum Zwecke der Information der Gewerbetreibenden sowie der Behörde aktuelle Informationen über Methoden der Betreiber von Geldwäsche und der Terrorismusfinanzierung und über Anhaltspunkte, an denen sich verdächtige Transaktionen erkennen lassen, zur Verfügung zu stellen. Die Wirtschaftskammer Österreich hat die Gewerbetreibenden entsprechend zu informieren.

(9) Die Geldwäschemeldestelle hat dem Gewerbetreibenden eine zeitnahe Rückmeldung in Bezug auf die Wirksamkeit von Verdachtsmeldungen bei Geldwäsche oder Terrorismusfinanzierung und die daraufhin getroffenen Maßnahmen zu geben, soweit dies praktikabel ist.

s) Beschwerden in Versicherungsvermittlungsangelegenheiten

§ 365z1. (1) Das Bundesministerium für Wirtschaft und Arbeit hat Beschwerden von Kunden und anderen Betroffenen, insbesondere Verbraucherschutzeinrichtungen, über Versicherungsvermittler unentgeltlich entgegenzunehmen. Solche Beschwerden sind in jedem Fall zu behandeln und zu beantworten. Nach Möglichkeit ist auf eine Vermittlung hinzuwirken. Beschwerden über Kreditinstitute und Versicherungsunternehmen als Versicherungsvermittler sind auch der FMA zur Kenntnis zu bringen.

(2) Das Bundesministerium für Wirtschaft und Arbeit hat bei der Beilegung grenzüberschreitender Streitigkeiten mit vergleichbaren Stellen anderer Mitgliedstaaten zusammenzuarbeiten und die grenzüberschreitende Zusammenarbeit anderer Beschwerde- und Schlichtungsstellen zu fördern.

V. Hauptstück
Strafbestimmungen

§ 366. (1) Eine Verwaltungsübertretung, die mit Geldstrafe bis zu 3 600 € zu bestrafen ist, begeht, wer

1. ein Gewerbe ausübt, ohne die erforderliche Gewerbeberechtigung erlangt zu haben, und nicht Z 10 oder § 367 Z 8 anzuwenden sind;
2. eine genehmigungspflichtige Betriebsanlage (§ 74) ohne die erforderliche Genehmigung errichtet oder betreibt;
3. eine genehmigte Betriebsanlage ohne die erforderliche Genehmigung ändert oder nach der Änderung betreibt (§§ 81f);

3a. einen Gastgarten entgegen einem Bescheid gemäß § 76a Abs. 4 oder Abs. 5 betreibt;

4. entgegen § 69 Abs. 1 oder § 71 Maschinen, Geräte, Ausrüstungen oder deren Teile oder Zubehör in den inländischen Verkehr bringt oder im Inland ausstellt;
5. eine Übereinstimmungserklärung gemäß § 71 Abs. 3 abgibt oder ein Zeichen oder eine Plakette gemäß § 71 Abs. 6 anbringt, obwohl die Maschine, das Gerät, die Ausrüstung oder deren Teile oder Zubehör nicht den Anforderungen der gemäß § 71 Abs. 4 erlassenen Verordnungen oder den in der Übereinstimmungserklärung angeführten Bestimmungen einschlägiger Normen entsprechen;
6. die Hinweispflicht gemäß § 71 Abs. 7 verletzt;

6a. seinen Verpflichtungen gemäß Art. 4 Abs. 1, 3 oder 4, Art. 5 oder Art. 7 der Verordnung (EU) 2019/1020, soweit sie sich auf Produkte beziehen, die unter die Maschinen-Sicherheitsverordnung 2010 – MSV 2010, BGBl. II Nr. 282/2008 in der jeweils geltenden Fassung, sowie die Verordnung des Bundesministers für Wirtschaft und Arbeit über Geräuschemissionen von zur Verwendung im Freien vorgesehenen Geräten und Maschinen, BGBl. II Nr. 249/2001 in der jeweils geltenden Fassung fallen, oder einer Anordnung der Behörde nach § 338 Abs. 9 in sinngemäßer Anwendung des § 7 MING zuwiderhandelt;

7. entgegen § 84c nicht alle notwendigen Maßnahmen ergreift, um schwere Unfälle zu verhüten oder deren Folgen für die menschliche Gesundheit und die Umwelt zu begrenzen;
8. die Tätigkeit der Versicherungsvermittlung (§ 137 Abs. 1) ausübt, ohne in einem Mitgliedstaat im Sinne der Richtlinie 2002/92/EG eingetragen zu sein, soweit nicht Z 1 zutrifft; dem ist gleich zu halten, wenn eine Tätigkeit der Versicherungsvermittlung ausgeübt wird, obwohl eine Ruhendmeldung im GISA (Versicherungs- und Kreditvermittlerregister) vermerkt worden ist;
9. eine Pauschalreise veranstaltet oder eine verbundene Reiseleistung vermittelt, ohne über die erforderliche Reiseleistungsausübungsberechtigung zu verfügen;
10. wiederholt ein freies Gewerbe ausübt, ohne die erforderliche Berechtigung zur Ausübung des von der Gewerbelizenz umfassten Gewerbes erlangt zu haben;

(2) Abs. 1 Z 1 ist nicht anzuwenden, wenn eine Gewerbeberechtigung, die auf ein an einen Befähigungsnachweis gebundenes Gewerbe lautet, in der Form eines Industriebetriebes ausgeübt wird; desgleichen ist Abs. 1 Z 1 nicht anzuwenden, wenn eine Gewerbeberechtigung, die auf ein in der Form eines Industriebetriebes ausgeübtes Gewerbe lautet, nicht in der Form eines Industriebetriebes ausgeübt wird, sofern in diesem Fall der Gewerbeinhaber den für diese Tätigkeit erforderlichen Befähigungsnachweis erbringt.

§ 366a. Die Behörden des Bundes, die Gemeinden und die Träger der Sozialversicherung haben das Recht, der Gewerbebehörde diejenigen Daten bekanntzugeben, die für eine allfällige Entziehung der Gewerbeberechtigung (§ 87 Abs. 1 Z 3) im Zusammenhang mit der rechtswidrigen Beschäftigung von Bedeutung sind.

§ 366b. (1) Eine Verwaltungsübertretung, die mit Geldstrafe bis zu 30 000 Euro zu bestrafen ist, begeht, wer es entgegen den Bestimmungen des § 365t unterlässt, die Geldwäschemeldestelle umgehend zu informieren oder die erforderlichen Auskünfte zu erteilen.

(2) Eine Verwaltungsübertretung, die mit Geldstrafe bis zu 20 000 Euro zu bestrafen ist, begeht, wer die sonstigen Bestimmungen der §§ 365m1 bis 365z Abs. 7 betreffend Maßnahmen zur Verhinderung der Geldwäsche und Terrorismusfinanzierung sowie der Nichtumsetzung und Umgehung gezielter finanzieller Sanktionen im Zusammenhang mit Proliferationsfinanzierung nicht befolgt.

(3) Im Falle besonders schwerwiegender, wiederholter oder systematischer Verstöße oder einer Kombination davon gegen die Bestimmungen der §§ 365p, 365q, 365r, 365s, 365t, 365u, 365y und 365z Abs. 1 bis 7 betreffend Maßnahmen zur Verhinderung der Geldwäsche und Terrorismusfinanzierung sowie der Nichtumsetzung und Umgehung gezielter finanzieller Sanktionen im Zusammenhang mit Proliferationsfinanzierung hat die Behörde folgende Maßnahmen zu treffen:

1. die öffentliche Bekanntgabe der natürlichen oder juristischen Person und der Art des Verstoßes im Sinne des Abs. 5;

2. eine Geldstrafe bis zur zweifachen Höhe der infolge des Verstoßes erzielten Gewinne, soweit sich diese beziffern lassen, oder bis zu einer Höhe von 1 Million Euro.

(4) Im Falle von Versicherungsvermittlern (§ 365m1 Abs. 2 Z 4) beträgt abweichend von Abs. 3 Z 2:

1. bei einer juristischen Person die Geldstrafe bis zu 5 Millionen Euro oder bis zu 10 vH des jährlichen Gesamtumsatzes gemäß dem letzten Jahresabschluss; wenn es sich bei dem Gewerbetreibenden um eine Muttergesellschaft oder die Tochtergesellschaft einer Muttergesellschaft handelt, die einen konsolidierten Abschluss nach Art. 22 der Richtlinie 2013/14/EU zur Änderung der Richtlinie 2003/41/EG über die Tätigkeiten und die Beaufsichtigung von Einrichtungen der betrieblichen Altersvorsorge, der Richtlinie 2009/65/EG zur Koordinierung der Rechts- und Verwaltungsvorschriften betreffend bestimmte Organismen für gemeinsame Anlagen in Wertpapieren (OGAW) und der Richtlinie 2011/61/EU über die Verwalter alternativer Investmentfonds im Hinblick auf übermäßigen Rückgriff auf Ratings, ABl. Nr. L 145 vom 21.05.2013 S. 1, zuletzt geändert durch die Richtlinie (EU) 2016/2341, ABl. Nr. L 354 vom 23.12.2016 S. 37 aufzustellen hat, so ist der relevante jährliche Gesamtumsatz gemäß dem letzten verfügbaren konsolidierten Jahresabschluss festzustellen;
2. bei einer natürlichen Person die Geldstrafe bis zu 5 Millionen Euro.

(5) Rechtskräftige Entscheidungen, mit denen eine verwaltungsrechtliche Sanktion oder Maßnahme wegen des Verstoßes gegen die Bestimmungen der §§ 365m1 bis 365z Abs. 7 betreffend Maßnahmen zur Verhinderung der Geldwäsche und Terrorismusfinanzierung sowie der Nichtumsetzung und Umgehung gezielter finanzieller Sanktionen im Zusammenhang mit Proliferationsfinanzierung verhängt werden, sind von der Behörde unverzüglich, nachdem der betroffene Gewerbetreibende über diese Entscheidung unterrichtet wurde, auf ihrer Homepage zu veröffentlichen. Dabei werden mindestens Art und Wesen des Verstoßes und die Identität der verantwortlichen Personen bekanntgemacht. Dies gilt nicht im Fall von Entscheidungen, mit denen Maßnahmen mit Ermittlungscharakter verhängt werden. Hält die Behörde nach einer fallbezogenen Prüfung der Verhältnismäßigkeit der Veröffentlichung der Identität oder personenbezogener Daten der verantwortlichen Person die Veröffentlichung dieser Daten für unverhältnismäßig oder gefährdet die Veröffentlichung dieser Daten die Stabilität von Finanzmärkten oder laufende Ermittlungen, so hat die Behörde wie folgt zu verfahren:

1. sie macht die Entscheidung, mit der eine verwaltungsrechtliche Sanktion oder Maßnahme verhängt wird, erst dann bekannt, wenn die Gründe für ihre Nichtbekanntmachung weggefallen sind;
2. sie macht die Entscheidung, mit der eine verwaltungsrechtliche Sanktion oder Maßnahme verhängt wird, auf anonymer Basis bekannt, wenn diese anonymisierte Bekanntmachung einen wirksamen Schutz der betreffenden personenbezogenen Daten gewährleistet; wird die Veröffentlichung einer verwaltungsrechtlichen Sanktion oder Maßnahme auf anonymer Basis beschlossen, so kann die Veröffentlichung der diesbezüglichen Daten um einen angemessenen Zeitraum verschoben werden, wenn davon ausgegangen wird, dass die Gründe für eine anonymisierte Veröffentlichung innerhalb dieses Zeitraums wegfallen werden oder
3. sie sieht davon ab, die Entscheidung, mit der die verwaltungsrechtliche Sanktion oder Maßnahme verhängt wird, bekanntzumachen, wenn die Möglichkeiten nach Z 1 und 2 ihrer Ansicht nach nicht ausreichen, um zu gewährleisten, dass die Stabilität von Finanzmärkten nicht gefährdet wird, oder dass bei Maßnahmen, die als geringfügig angesehen werden, bei der Bekanntmachung der Entscheidungen die Verhältnismäßigkeit gewahrt ist.

(6) Die Behörde hat sicherzustellen, dass jede Bekanntmachung vom Zeitpunkt ihrer Veröffentlichung an mindestens fünf Jahre lang auf ihrer Homepage zugänglich bleibt. Enthält die Bekanntmachung jedoch personenbezogene Daten, so bleiben diese nur so lange auf der Homepage der Behörde einsehbar, wie dies nach den geltenden Datenschutzbestimmungen erforderlich ist.

(7) Die Behörde hat bei der Festsetzung von Art und Ausmaß der verwaltungsrechtlichen Sanktionen oder Maßnahmen gemäß den vorstehenden Absätzen alle maßgeblichen Umstände zu berücksichtigen, darunter gegebenenfalls die Schwere und Dauer des Verstoßes, den Verschuldensgrad der verantwortlich gemachten natürlichen oder juristischen Person, die Finanzkraft der verantwortlich gemachten natürlichen oder juristischen Person, wie sie sich beispielsweise aus dem Gesamtumsatz der verantwortlich gemachten juristischen Person oder den Jahreseinkünften der verantwortlich gemachten natürlichen Person ablesen lässt, von der verantwortlich gemachten natürlichen oder juristischen Person durch den Verstoß erzielte Gewinne, sofern sich diese beziffern lassen, die Verluste, die Dritten durch den Verstoß entstanden sind, sofern sich diese beziffern lassen, die Bereitwilligkeit der verantwortlich gemachten natürlichen oder juristischen Person, mit der Behörde zusammenzuarbeiten sowie frühere Verstöße der verantwortlich gemachten natürlichen oder juristischen Person. Dabei hat sie auch frühere Verurteilungen wegen § 165 StGB (Geldwäscherei),

§ 278a StGB (kriminelle Organisation), § 278b StGB (terroristischen Vereinigung), § 278c StGB (terroristischen Straftat) oder § 278d StGB (Terrorismusfinanzierung) oder Verurteilungen wegen vergleichbarer Straftaten in einem anderen Mitgliedstaat der EU oder einem Vertragsstaat des EWR oder in einem Drittland zu berücksichtigen. Die Bestimmungen des Verwaltungsstrafgesetz 1991 – VStG, BGBl. Nr. 52/1991, in der jeweils geltenden Fassung, bleiben durch diesen Absatz unberührt.

(7a) Die Behörde hat vor der Festsetzung von Art und Ausmaß der verwaltungsrechtlichen Sanktionen oder Maßnahmen gemäß den vorstehenden Absätzen eine Strafregisterauskunft über die beschuldigte natürliche Person oder über die natürliche(n) Persone(n), die gemäß § 370 Abs. 1a oder Abs. 1b allein oder als Teil eines Organs der juristischen Person gehandelt haben, einzuholen. Dies gilt auch, wenn Anhaltspunkte bestehen, die einen Eintrag in einem Strafregister eines anderen Mitgliedstaates der EU oder einem Vertragsstaat des EWR oder in einem Drittland nahelegen; in diesem Fall hat die Behörde die Landespolizeidirektion Wien um die Einholung von Strafregisterauskünften aus dem oder den betreffenden Staaten zu ersuchen.

(8) Die Behörde hat die Europäischen Aufsichtsbehörden über alle verwaltungsrechtlichen Sanktionen und Maßnahmen, die gemäß diesem Paragraph gegen Versicherungsvermittler (§ 365m1 Abs. 2 Z 4) bei deren Tätigkeiten im Zusammenhang mit Lebensversicherungen und anderen Dienstleistungen mit Anlagezweck verhängt werden, sowie über alle diesbezüglichen Rechtsmittelverfahren und deren Ergebnisse zu informieren.

§ 366c. Eine Verwaltungsübertretung, die mit einer Geldstrafe gemäß Z 1 oder Z 2 zu bestrafen ist, begeht, wer beim Vertrieb von Versicherungsanlageprodukten die Bestimmungen der Standesregeln für Versicherungsvermittlung nicht einhält.

1. Die Geldstrafe beträgt im Fall einer juristischen Person
   a) bis zum Zweifachen der infolge des Verstoßes erzielten Gewinne oder verhinderten Verluste, sofern sich diese beziffern lassen, oder
   b) bis zu 5 000 000 Euro oder 5 vH des jährlichen Gesamtumsatzes des Unternehmens entsprechend dem letzten Jahresabschluss; handelt es sich bei der juristischen Person um eine Muttergesellschaft oder eine Tochtergesellschaft der Muttergesellschaft, die einen konsolidierten Abschluss nach der Richtlinie 2013/14/EU zur Änderung der Richtlinie 2003/41/EG über die Tätigkeiten und die Beaufsichtigung von Einrichtungen der betrieblichen Altersvorsorge, der Richtlinie 2009/65/EG zur Koordinierung der Rechts- und Verwaltungsvorschriften betreffend bestimmte Organismen für gemeinsame Anlagen in Wertpapieren (OGAW) und der Richtlinie 2011/61/EU über die Verwalter alternativer Investmentfonds im Hinblick auf übermäßigen Rückgriff auf Ratings, ABl. Nr. L 145 vom 21.05.2013 S. 1, zuletzt geändert durch die Richtlinie (EU) 2016/2341, ABl. Nr. L 354 vom 23.12.2016 S. 37, aufzustellen hat, ist der relevante Gesamtumsatz der jährliche Gesamtumsatz, der im letzten verfügbaren konsolidierten Abschluss ausgewiesen ist, der vom Leitungsorgan der Muttergesellschaft an der Spitze gebilligt wurde.
2. Die Geldstrafe beträgt im Fall einer natürlichen Person
   a) bis zum Zweifachen der infolge des Verstoßes erzielten Gewinne oder verhinderten Verluste, sofern sich diese beziffern lassen, oder
   b) bis zu 700 000 Euro.

Umsätze, erzielte Gewinne, verhinderte Verluste sowie die sich daraus ergebenden Geldstrafen sind in Euro zu bemessen.

GewO

§ 367. Eine Verwaltungsübertretung, die mit Geldstrafe bis zu 2 180 € zu bestrafen ist, begeht, wer

1. trotz der gemäß § 8 Abs. 2 oder 3 oder gemäß § 9 oder gemäß § 16 Abs. 1 bestehenden Verpflichtung zur Bestellung eines Geschäftsführers ein Gewerbe ausübt, ohne die Anzeige gemäß § 39 Abs. 4 über die Bestellung eines dem § 39 Abs. 2 entsprechenden Geschäftsführers erstattet zu haben;
2. trotz der gemäß § 8 Abs. 2 oder 3 oder gemäß § 9 oder gemäß § 16 Abs. 1 oder gemäß § 39 Abs. 1 bestehenden Verpflichtung zur Bestellung eines Geschäftsführers eines der im § 95 angeführten Gewerbe ausübt, ohne die Genehmigung der Bestellung eines Geschäftsführers erhalten zu haben;
3. entgegen § 21 Abs. 4 die Worte „Meister“, „Meisterbetrieb“ oder Worte ähnlichen Inhalts oder ein den betreffenden Betrieb als „Meisterbetrieb“ kennzeichnendes Gütesiegel unbefugt verwendet oder bei der Verwendung des Gütesiegels der Verordnung gemäß § 21 Abs. 4 zuwiderhandelt;
4. entgegen § 22 Abs. 3 die Worte „staatlich geprüft“ bzw. „staatlich geprüfte“ oder Worte ähnlichen Inhalts oder ein das betreffende als „staatlich geprüft“ kennzeichnendes Gütesiegel unbefugt verwendet oder bei Verwendung des Gütesiegels der Verordnung gemäß § 22 Abs. 3 zuwiderhandelt;
5. sich für die Ausübung eines Gewerbes eines Geschäftsführers bedient, der nicht mehr den im § 39 Abs. 2 festgelegten Voraussetzungen entspricht;
6. die Funktion des Geschäftsführers entgegen § 39 Abs. 2 dritter Satz in der Fassung des Bundesgesetzes BGBl. Nr. 399/1988 bei mehr als zwei verschiedenen Gewerbetreibenden ausübt, soweit für Personen, die am 1. Juli 1993 als Geschäftsführer bestellt waren,

die Bestimmung des § 39 Abs. 2 dritter Satz in der Fassung des Bundesgesetzes BGBl. Nr. 399/1988 weiterhin anzuwenden ist;
7. sich für die Ausübung eines Gewerbes eines Geschäftsführers bedient, der sich entgegen § 39 Abs. 3 nicht im Betrieb entsprechend betätigt;
8. ein freies Gewerbe ausübt, ohne die erforderliche Berechtigung zur Ausübung des von der Gewerbelizenz umfassten Gewerbes erlangt zu haben und nicht § 366 Abs. 1 Z 10 anzuwenden ist;
9. ein Fortbetriebsrecht für ein Gewerbe ausübt, ohne die gemäß § 41 Abs. 4 erforderliche Bestellung eines Geschäftsführers angezeigt zu haben;
10. in den Fällen der §§ 107 Abs. 6, 125 Abs. 5, 132 Abs. 2 und 147 Abs. 1 ein Gewerbe trotz Untersagung in einer weiteren Betriebsstätte oder im neuen Standort ausübt;
11. sich für die Ausübung eines Gewerbes in einer weiteren Betriebsstätte eines Filialgeschäftsführers bedient, der entgegen § 47 Abs. 2 nicht mehr seinen Wohnsitz im Inland hat oder nicht mehr in der Lage ist, sich in der weiteren Betriebsstätte entsprechend zu betätigen;

(*Anm.: Z 12 und Z 13 aufgehoben durch BGBl. I Nr. 111/2002*)

14. mit den im § 50 Abs. 2 genannten oder durch auf Grund des § 50 Abs. 3 erlassene Verordnungen bezeichneten Waren entgegen diesen Bestimmungen den Versandhandel ausübt oder solche aus eigener Erzeugung stammende Waren oder zugekaufte Waren in der Art des Versandhandels an Letztverbraucher absetzt;
15. ein Gewerbe mittels Automaten entgegen § 52 Abs. 2 oder entgegen den Bestimmungen einer Verordnung gemäß § 52 Abs. 3 oder 4 ausübt, wenn nicht der Tatbestand des § 366 Abs. 1 Z 1 oder § 366 Abs. 1 Z 10 oder § 367 Z 8 gegeben ist;
16. ein Gewerbe in einer weiteren Betriebsstätte oder in einem neuen Standort ausübt, ohne die Anzeige gemäß § 46 Abs. 2 rechtzeitig erstattet zu haben;
17. ein Gewerbe unzulässigerweise im Umherziehen von Ort zu Ort oder von Haus zu Haus ausübt, auch wenn hiebei fortwährend Anzeigen über die Verlegung des Betriebes in die wechselnden Standorte erstattet werden und nicht der Tatbestand des § 366 Abs. 1 Z 1 oder § 366 Abs. 1 Z 10 oder § 367 Z 8 gegeben ist;
18. das den Bestimmungen der §§ 53 oder 53a unterliegende Feilbieten im Umherziehen von Ort zu Ort und von Haus zu Haus entgegen den Bestimmungen der §§ 53 oder 53a ausübt, wenn nicht der Tatbestand des § 366 Abs. 1 Z 1 oder § 366 Abs. 1 Z 10 oder § 367 Z 8 gegeben ist;
19. als Land- und Forstwirt in seinem land- und forstwirtschaftlichen Betrieb hervorgebrachte Erzeugnisse entgegen den Bestimmungen des § 53 Abs. 5 im Umherziehen von Ort zu Ort oder von Haus zu Haus feilbietet;
20. die Bestimmungen über das Sammeln und die Entgegennahme von Bestellungen (§§ 54, 57 bis 59, 61 und 133 Abs. 4) oder die Bestimmungen der auf Grund der §§ 54 Abs. 2 oder 57 Abs. 2 erlassenen Verordnungen nicht einhält;
20a. eine Werbeveranstaltung durchführt, obwohl diese von der Behörde untersagt wurde oder die Anzeige gemäß § 57 Abs. 5 nicht erstattet wurde;
20b. eine Werbeveranstaltung anbietet, obwohl das Anbieten von der Behörde gemäß § 57 Abs. 7a untersagt wurde oder die Anzeige gemäß § 57 Abs. 5 zweiter Satz nicht erstattet wurde;
21. die Bestimmungen des § 68 Abs. 1 über die Führung des Bundeswappens nicht einhält oder das Verbot der Führung des Bundeswappens nach § 68 Abs. 5 nicht befolgt;
22. die Bestimmungen von gemäß § 69 Abs. 1 oder 2 erlassenen Verordnungen oder die gemäß § 69 Abs. 4 erlassenen Aufträge eines Bescheides nicht einhält;
23. entgegen den Bestimmungen von gemäß § 70 Abs. 1 erlassenen Verordnungen Arbeiten von Personen ausführen läßt, die nicht die für diese Arbeiten festgelegte fachliche Befähigung nachweisen können;
24. entgegen § 72 Abs. 1 Maschinen oder Geräte in den inländischen Verkehr bringt oder die Bestimmungen der gemäß § 72 Abs. 2 erlassenen Verordnungen nicht einhält;
24a. entgegen § 76a Abs. 3 den Betrieb des Gastgartens nicht anzeigt;
24b. entgegen § 81b Abs. 1 die Mitteilung nicht erstattet oder die zur Anpassung an den Stand der Technik erforderlichen Anpassungsmaßnahmen nicht trifft;
24c. entgegen § 81d Abs. 1 die Behörde nicht informiert oder die erforderlichen Maßnahmen nicht ergreift;
25. Gebote oder Verbote von gemäß § 82 Abs. 1 oder § 84m erlassenen Verordnungen nicht befolgt oder die gemäß den Bestimmungen der §§ 74 bis 83 und 359b in Bescheiden vorgeschriebenen Auflagen oder Aufträge nicht einhält;
25a. die Prüfbescheinigung gemäß § 82b nicht, unvollständig oder mit unrichtigen Angaben erstellt;
26. den Bestimmungen des § 338 zuwiderhandelt;
27. die gemäß § 84 in Bescheiden vorgeschriebenen Aufträge nicht einhält;
28. das im § 92 Abs. 1 festgelegte Verbot der Ausübung eines Gewerbes oder des Betriebes einer gewerblichen Betriebsanlage nicht befolgt;

(Anm.: Z 29 und Z 30 aufgehoben durch BGBl. I Nr. 111/2002)

31. höhere Entgelte als die in den gemäß § 101 Abs. 4 und § 125 Abs. 1 erlassenen Höchsttarifen festgelegten Entgelte verlangt oder annimmt;

(Anm.: Z 32 aufgehoben durch BGBl. I Nr. 63/1997)

33. Arbeitnehmer beschäftigt, die nicht die gemäß § 32 Abs. 1 Z 9, Abs. 2 und 3, § 98 Abs. 1, § 99 Abs. 2, § 104 Abs. 5, § 106 Abs. 4, § 108 Abs. 7, § 116 Abs. 5, § 119 Abs. 3, § 130 Abs. 8, § 137b Abs. 1 erforderliche Eignung besitzen;

(Anm.: Z 34 aufgehoben durch Z 12, BGBl. I Nr. 45/2018)

35. entgegen der Bestimmung des § 112 Abs. 5 Alkohol ausschenkt;
36. die Bestimmungen des § 112 Abs. 2 oder Gebote oder Verbote von auf Grund des § 112 Abs. 2 erlassenen Verordnungen nicht befolgt;
37. bei der Ausübung des Altwarenhandels oder bei der Ausübung des Handels mit Antiquitäten und Kunstgegenständen die Bestimmungen des § 154 Abs. 2 nicht befolgt;

(Anm.: Z 38 aufgehoben durch BGBl. I Nr. 39/2010)

39. die in den §§ 151 und 152 festgelegten Gebote oder Verbote nicht befolgt;
40. Forderungen entgegen den Vorschriften des § 118 Abs. 2 oder 3 einzieht;

(Anm.: Z 41 aufgehoben durch BGBl. I Nr. 63/1997)

42. entgegen § 126 Abs. 4 keine Vorsorge für einen geeigneten Reisebetreuer trifft;
43. bei der Ausübung des Gewerbes der Pfandleiher sich keiner dem § 155 Abs. 2 entsprechenden Geschäftsordnung bedient oder diese nicht ersichtlich macht oder das Gewerbe vor Genehmigung der Geschäftsordnung ausübt oder den Pflichten des § 155 Abs. 3 nicht nachkommt;
44. sich bei Vornahme öffentlicher Versteigerungen (§ 117 Abs. 2 Z 6, § 158 Abs. 1) keiner dem § 158 Abs. 3 entsprechenden Geschäftsordnung bedient oder diese nicht ersichtlich macht;
45. den Betrieb eines Waffengewerbes entgegen § 141 Abs. 2 nicht einstellt;
46. bei der Ausübung eines Waffengewerbes die gemäß § 143 Abs. 1 und 2 erlassenen Verordnungen oder die gemäß § 143 Abs. 3 erster Satz erlassenen Aufträge eines Bescheides nicht einhält;
47. bei der Ausübung eines Waffengewerbes die Bestimmungen des § 139 Abs. 3 oder 4 oder des § 144 Abs. 4 nicht einhält;

(Anm.: Z 48 aufgehoben durch BGBl. I Nr. 131/2004)

49. gegen die Verschwiegenheitspflicht gemäß § 119 Abs. 4 oder § 130 Abs. 5 oder § 155 Abs. 2 oder § 160 Abs. 1 verstößt,
50. Arbeitnehmer beschäftigt, die nicht die gemäß den §§ 106 Abs. 4, 116 Abs. 5 oder 130 Abs. 8 erforderliche Zuverlässigkeit besitzen;
51. der Verpflichtung gemäß § 106 Abs. 5, § 116 Abs. 6 oder § 130 Abs. 9 zur Vorlage des Personalverzeichnisses oder zur Anzeige von Änderungen dieses Verzeichnisses nicht rechtzeitig nachgekommen ist;
52. bei der Ausübung des Bewachungsgewerbes Uniformen entgegen § 129 Abs. 6 gebraucht;

(Anm.: Z 53 aufgehoben durch BGBl. I Nr. 111/2002)

GewO

54. ohne sein Verhalten durch triftige Gründe rechtfertigen zu können, sich durch einen anderen eine Tätigkeit besorgen läßt oder einen anderen zu einer Tätigkeit veranlaßt, obwohl er wissen mußte, daß der andere durch die Ausübung dieser Tätigkeit eine Verwaltungsübertretung nach § 366 Abs. 1 Z 1 oder § 366 Abs. 1 Z 10 oder § 367 Z 8 begeht, oder dies nach seinem Beruf oder seiner Beschäftigung bei Anwendung entsprechender Aufmerksamkeit wissen konnte, und zwar auch dann, wenn der andere nicht strafbar ist;
55. entgegen § 84d Abs. 1, Abs. 2, Abs. 3 oder Abs. 4 der Behörde nicht fristgerecht Mitteilung macht;
56. entgegen § 84d Abs. 5 Mitteilungen an die Behörde unterlässt oder diese nicht aktualisiert,
57. entgegen § 84e Abs. 1 und Abs. 2 ein Konzept zur Verhütung schwerer Unfälle oder eine Änderung des Konzeptes zur Verhütung schwerer Unfälle nicht ausarbeitet, verwirklicht und zur Einsichtnahme durch die Behörde bereithält;

57a. Gebote oder Verbote nicht einhält, die in den im § 84r Abs. 1 und 2 angeführten Vorschriften festgelegt sind;

58. den Bestimmungen der §§ 136a bis 138 zuwiderhandelt, soweit nicht § 366 Abs. 1 Z 1 vorliegt.

§ 367a. Eine Verwaltungsübertretung, die mit Geldstrafe von mindestens 180 Euro bis zu 3 600 Euro zu bestrafen ist, begeht, wer entgegen der Bestimmung des § 114 Alkohol ausschenkt oder abgibt oder ausschenken oder abgeben lässt.

§ 368. Eine Verwaltungsübertretung, die mit einer Geldstrafe bis zu 1 090 Euro zu bestrafen ist, begeht, wer andere als in den §§ 366, 367 und 367a genannte Gebote oder Verbote dieses Bundesgesetzes oder der auf Grund dieses Bundesgesetzes erlassenen Verordnungen oder der Bescheide, die auf Grund der Bestimmungen dieses Bundesgesetzes oder auf Grund dieses Bundesgesetzes erlassener Verordnungen ergangen sind, nicht einhält.

§ 369. Der Verfall von Waren, Eintrittskarten einschließlich Anweisungen auf Eintrittskarten für Theater, Konzerte, Veranstaltungen uä., Werkzeugen, Maschinen, Geräten, Ausrüstungen oder Transportmitteln (§§ 10, 17 und 18 VStG) kann ausgesprochen werden, wenn diese Gegenstände mit einer Verwaltungsübertretung nach § 366 oder nach § 367 Z 15, 16, 17, 18, 19 oder 20 im Zusammenhang stehen; bei einer Verwaltungsübertretung nach § 367 Z 15 kann auch der Verfall des Automaten, mittels dessen die Gewerbeausübung erfolgte, ausgesprochen werden. Von der Verhängung der Strafe des Verfalles ist jedoch Abstand zu nehmen, wenn es sich um Gegenstände handelt, die der Beschuldigte zur Ausübung seines Berufes oder zur Führung seines Haushaltes benötigt.

§ 370. (1) Wurde die Bestellung eines Geschäftsführers angezeigt oder genehmigt, so sind Geld- oder Verfallsstrafen gegen den Geschäftsführer zu verhängen.

(1a) Geldstrafen können auch gegen juristische Personen oder eingetragene Personengesellschaften verhängt werden, wenn es sich um Verpflichtungen handelt, die sich aus den §§ 365m bis 365z (Maßnahmen zur Verhinderung der Geldwäsche und der Terrorismusfinanzierung) ergeben, die zu ihren Gunsten von einer Person begangen wurden, die entweder allein oder als Teil eines Organs der juristischen Person oder eingetragenen Personengesellschaft gehandelt hat und eine Führungsposition innerhalb der juristischen Person oder der eingetragenen Personengesellschaft aufgrund

1. der Befugnis zur Vertretung der juristischen Person oder der eingetragenen Personengesellschaft,
2. der Befugnis, Entscheidungen im Namen der juristischen Person oder der eingetragenen Personengesellschaft zu treffen, oder
3. einer Kontrollbefugnis innerhalb der juristischen Person oder der eingetragenen Personengesellschaft innehat.

(1b) Juristische Personen oder eingetragene Personengesellschaften können bei Verpflichtungen, die sich aus den §§ 365m bis 365z ergeben, auch verantwortlich gemacht werden, wenn mangelnde Überwachung oder Kontrolle durch eine in Abs. 1a genannte Person die Begehung von Verstößen nach Abs. 1a zugunsten der juristischen Person oder der eingetragenen Personengesellschaft durch eine ihr unterstellte Person ermöglicht hat.

(2) Verletzt der Geschäftsführer auf Grund einer besonderen Weisung des Gewerbeinhabers eine Verwaltungsvorschrift, so ist er dann nicht verantwortlich, wenn er glaubhaft zu machen vermag, dass ihm die Einhaltung dieser Verwaltungsvorschriften unzumutbar war.

(3) Der Gewerbetreibende ist neben dem Geschäftsführer strafbar, wenn er die Verwaltungsübertretung wissentlich duldet oder wenn er bei der Auswahl des Geschäftsführers es an der erforderlichen Sorgfalt hat fehlen lassen.

(4) Die Bestimmungen der Abs. 1 bis 3 gelten sinngemäß für den Fall der Anzeige oder der Genehmigung der Bestellung eines Filialgeschäftsführers gemäß § 47, dem nachweislich die entsprechende selbstverantwortliche Anordnungsbefugnis übertragen wurde, hinsichtlich der Betriebsstätte, für die er verantwortlich ist.

(5) Sofern in Staatsverträgen nicht anderes bestimmt wird, sind Strafbescheide an den gewerberechtlichen Geschäftsführer, der über keinen Wohnsitz im Inland verfügt (§ 39 Abs. 2a) am Sitz des Gewerbebetriebes im Inland zuzustellen. Ebenso ist in Fällen vorzugehen, in denen Strafbescheide mangels Vorhandenseins eines gewerberechtlichen Geschäftsführers unmittelbar an den Gewerbeinhaber beziehungsweise an dessen zur gesetzlichen Vertretung berufene Organe zuzustellen sind und diese über keinen Wohnsitz im Inland verfügen. Den Strafbescheiden gleichgestellt sind Verfahrensanordnungen, denen kein Bescheidcharakter zukommt.

§ 371. (1) Eine Verwaltungsübertretung liegt nicht vor, wenn eine in den §§ 366 bis 368 bezeichnete Tat den Tatbestand einer in die Zuständigkeit der Gerichte fallenden strafbaren Handlung bildet.

(2) Die Bestrafung wegen einer Verwaltungsübertretung nach § 366 Abs. 1 Z 1 schließt nicht die Bestrafung wegen bei der gemäß § 366 Abs. 1 Z 1 strafbaren Gewerbeausübung begangener sonstiger Übertretungen von Vorschriften dieses Bundesgesetzes oder auf Grund dieses Bundesgesetzes erlassener Verordnungen aus.

§ 371a. Der Landeshauptmann ist berechtigt, gegen Erkenntnisse des Verwaltungsgerichtes des Landes in Verfahren nach diesem Bundesgesetz, in denen nicht der Bundesminister für Wirtschaft, Familie und Jugend belangte Behörde des Verfahrens vor dem Verwaltungsgericht ist, Revision wegen Rechtswidrigkeit an den Verwaltungsgerichtshof zu erheben.

§ 371b. Stellt die Behörde fest, dass die Tätigkeiten im Bereich freier Gewerbe das von der Gewerbelizenz umfasste Ausmaß angezeigter Gewerbe samt der dem Gewerbetreibenden zustehenden Nebenrechte überschreiten, so hat die Behörde den Gewerbetreibenden schriftlich unter Angabe des festgestellten Sachverhalts aufzufordern, innerhalb einer Frist von drei Wochen die erforderliche Anzeige zu erstatten. Die schriftliche Aufforderung gilt als Verfolgungshandlung gemäß § 32 Abs. 2 und 3 VStG. Wird der schriftlichen Aufforderung innerhalb der von der Behörde festgelegten oder erstreckten Frist entsprochen, dann ist die weitere Verfolgung einer Person wegen der festgestellten überschreitenden Ausübungen, betreffend welche der den Rechtsvorschriften und behördlichen Verfügungen entsprechende Zustand hergestellt worden ist, unzulässig.

§ 371c.(1) Stellt die Behörde eine Übertretung gemäß § 366 Abs. 1 Z 2, 3, 3a, § 367 Z 24a bis 26 oder § 368, sofern die Übertretung gemäß § 368 gewerbliche Betriebsanlagen betrifft, fest und sind die Bedeutung des strafrechtlich geschützten Rechtsgutes und die Intensität seiner Beeinträchtigung durch die Tat gering und ist das Verschulden des Gewerbetreibenden leicht, so hat die Behörde den Gewerbetreibenden mit dem Ziel einer möglichst wirksamen Beendigung des strafbaren Verhaltens oder der strafbaren Tätigkeiten zu beraten und den Gewerbetreibenden schriftlich unter Angabe der festgestellten Sachverhalte aufzufordern, innerhalb einer angemessenen Frist den den Rechtsvorschriften und behördlichen Verfügungen entsprechenden Zustand herzustellen. Die schriftliche Aufforderung gilt als Verfolgungshandlung gemäß § 32 Abs. 2 und 3 VStG.

(2) Wird der schriftlichen Aufforderung innerhalb der von der Behörde festgelegten oder erstreckten Frist entsprochen, dann ist die weitere Verfolgung einer Person wegen jener Übertretungen, betreffend welche der den Rechtsvorschriften und behördlichen Verfügungen entsprechende Zustand hergestellt worden ist, unzulässig.

(3) Die Intensität der Beeinträchtigung des strafrechtlich geschützten Rechtsgutes ist jedenfalls nicht gering, wenn die Übertretung nachteilige Auswirkungen auf Personen oder Sachgüter bewirkt hat oder das Auftreten solcher Auswirkungen bei auch nur kurzem Andauern des strafbaren Verhaltens oder der strafbaren Tätigkeiten zu erwarten ist.

(4) Die Intensität der Beeinträchtigung des strafrechtlich geschützten Rechtsgutes gilt als gering, wenn geringfügige Abweichungen von technischen Maßen festgestellt wurden und keine im Abs. 3 genannten Umstände vorliegen.

(5) Abs. 1 und 2 sind jedenfalls nicht anzuwenden auf

1. Übertretungen von Verwaltungsvorschriften, die zur Strafbarkeit vorsätzliches Verhalten erfordern;
2. Übertretungen, die innerhalb der letzten drei Jahre vor Feststellung der Übertretung bereits Gegenstand einer Beratung und schriftlichen Aufforderung durch die Behörde waren oder zu denen einschlägige noch nicht getilgte Verwaltungsvorstrafen bei der Behörde aufscheinen;
3. Übertretungen, die Anlass zu behördlichen Maßnahmen gemäß § 360 Abs. 4 geben;
4. Übertretungen, für welche die Verwaltungsvorschriften die Maßnahme der Entziehung der Gewerbeberechtigung vorsehen.

§ 372. (1) Die auf Grund dieses Bundesgesetzes verhängten Geldstrafen sowie der Erlös der auf Grund des § 369 für verfallen erklärten Gegenstände fließen der Landeskammer der gewerblichen Wirtschaft zu, in deren Bereich die Behörde liegt, die die Verwaltungsübertretung geahndet hat. Die Landeskammer der gewerblichen Wirtschaft hat diese Beträge für die Wirtschaftsförderung sowie zur Unterstützung unverschuldet in Notlage geratener Gewerbetreibender und ehemaliger Gewerbetreibender zu verwenden.

(2) Abs. 1 ist nicht anzuwenden, wenn es sich um Betriebsanlagen betreffende Verwaltungsübertretungen (§ 366 Abs. 1 Z 2 und 3, § 367 Z 25, § 368 hinsichtlich der Anzeigen gemäß § 83 oder gemäß einer Anordnung auf Grund des § 359 Abs. 1) handelt.

§ 373. Die Bezirksverwaltungsbehörden haben den Landeskammern der gewerblichen Wirtschaft Mitteilungen darüber zu machen, welche Verfügungen über die von den Landeskammern oder deren Gliederungen erstatteten Anzeigen getroffen wurden, und den Kammern für Arbeiter und Angestellte Mitteilungen darüber zu machen, welche Verfügungen über die von ihnen erstatteten Anzeigen getroffen wurden.

VI. Hauptstück
EWR-Anpassungsbestimmungen
Vorübergehende grenzüberschreitende Dienstleistung im Rahmen der Dienstleistungsfreiheit

§ 373a. (1) Staatsangehörige eines Mitgliedstaates der EU oder eines Vertragsstaates des EWR, die in einem anderen Mitgliedstaat der EU oder Vertragsstaat des EWR niedergelassen sind und dort eine Tätigkeit befugt ausüben, auf die die Bestimmungen dieses Bundesgesetzes anzuwenden wären, dürfen diese Tätigkeit vorübergehend und gelegentlich unter den gleichen Voraussetzungen wie Inländer in Österreich ausüben. Die Erbringung des allenfalls vorgeschriebenen Befähigungsnachweises ist nicht erforderlich,

1. wenn die gewerbliche Tätigkeit im Niederlassungsmitgliedstaat reglementiert ist oder eine reglementierte Ausbildung im Sinne des Art. 3 lit. e der Richtlinie 2005/36/EG vorliegt oder
2. wenn die gewerbliche Tätigkeit oder die Ausbildung zwar nicht im Sinne der Z 1 reglementiert ist, der Dienstleister die gewerbliche Tätigkeit aber mindestens ein Jahr während der vorhergehenden zehn Jahre im Niederlassungsmitgliedstaat ausgeübt hat.

Der Bundesminister für Wirtschaft und Arbeit hat die Ausübung der den Gegenstand der Dienstleistung bildenden Tätigkeit zu verbieten, wenn die vorgenannten Voraussetzungen für die Erbringung der Dienstleistung nicht erfüllt sind oder wenn einer der im § 87 Abs. 1 angeführten Entziehungsgründe oder der im § 85 Z 2 angeführte Endigungsgrund oder der Entziehungsgrund des § 135 Abs. 5 auf den Dienstleistungserbringer zutrifft. Wurde eine vorgeschriebene Meldung nach diesem Bundesgesetz nicht erstattet oder gegen die Informationspflichten gemäß Abs. 8 verstoßen, kann der Bundesminister für Wirtschaft und Arbeit die Ausübung für eine dem Grunde des Verbotes angemessene Dauer untersagen. Zuwiderhandlungen gegen die Bestimmungen dieses Absatzes sind gemäß § 366 Abs. 1 Z 1 zu bestrafen.

(2) Der Dienstleister hat bei der Ausübung der den Gegenstand seiner Dienstleistung bildenden Tätigkeit die Ausübungsvorschriften nach diesem Bundesgesetz und den nach diesem Bundesgesetz erlassenen Verordnungen zu beachten. Zuwiderhandlungen gegen dieses Gebot sind nach den §§ 367 und 368 zu ahnden.

(3) Die Bestimmungen der Abs. 1 und 2 gelten auch für Gesellschaften im Sinne des Art. 34 des EWR-Abkommens, die nach den Rechtsvorschriften einer EWR-Vertragspartei gegründet wurden und ihren satzungsgemäßen Sitz, ihre Hauptverwaltung oder ihre Hauptniederlassung in einem EWR-Vertragsstaat haben. Wenn die genannten Gesellschaften lediglich ihren satzungsgemäßen Sitz in einem EWR-Vertragsstaat haben, muss ihre Tätigkeit in tatsächlicher und dauerhafter Verbindung mit der Wirtschaft eines EWR-Vertragsstaates stehen.

(4) Hat die grenzüberschreitende Tätigkeit ein im § 94 angeführtes Gewerbe oder Tätigkeiten, die diesen Gewerben zuzuordnen sind, zum Gegenstand, so hat der Dienstleister dem Bundesminister für Wirtschaft und Arbeit die erstmalige Aufnahme der Tätigkeit vorher schriftlich anzuzeigen und diesen dabei über Einzelheiten zu einem Versicherungsschutz oder einer anderen Art des individuellen oder kollektiven Schutzes in Bezug auf die Berufshaftpflicht zu informieren. Diese Anzeige ist einmal jährlich zu erneuern, wenn der Dienstleister beabsichtigt, während des betreffenden Jahres vorübergehend oder gelegentlich Dienstleistungen zu erbringen. Der Erstanzeige und einer weiteren jährlichen Anzeige bei wesentlichen Änderungen sind folgende Dokumente anzuschließen:

1. ein Nachweis über die Staatsangehörigkeit des Dienstleisters;
2. eine Bescheinigung darüber, dass der Dienstleister in einem Mitglied- oder Vertragsstaat rechtmäßig zur Ausübung der betreffenden Tätigkeiten niedergelassen ist, einschließlich der Adresse der Niederlassung, und dass ihm die Ausübung dieser Tätigkeiten zum Zeitpunkt der Vorlage der Bescheinigung nicht, auch nicht vorübergehend, untersagt ist;
3. ein Berufsqualifikationsnachweis des Dienstleisters;
4. in den in Abs. 1 Z 2 genannten Fällen ein Nachweis darüber, dass der Dienstleister die betreffende Tätigkeit während der vorhergehenden zehn Jahre mindestens ein Jahr lang ausgeübt hat;
5. sofern die Dienstleistung das Sicherheitsgewerbe (Berufsdetektive, Bewachungsgewerbe) gemäß § 94 Z 62, das Waffengewerbe gemäß § 94 Z 80 oder die Errichtung von Alarmanlagen für Betriebe, Gebäude oder Grundstücke gemäß § 106 Abs. 1 Z 3 zum Gegenstand hat, der Nachweis, dass beim Dienstleister und seinen Arbeitnehmern keine Vorstrafen vorliegen.

Ist der Dienstleister eine Gesellschaft im Sinne des Abs. 3, so sind der Anzeige die in Z 2 und 4 angeführten Dokumente sowie ein Berufsqualifikationsnachweis des verantwortlichen gesetzlichen Vertreters anzuschließen.

(5) Bei Anzeigen über die erstmalige Aufnahme einer Tätigkeit gemäß Abs. 4 ist vom Bundesminister für Wissenschaft, Forschung und Wirtschaft wie folgt zu verfahren:

1. Die Anzeigen über die erstmalige Aufnahme einer Tätigkeit gemäß Abs. 4 sind zu überprüfen; dem Antragsteller ist binnen eines Monats der Empfang der Unterlagen zu bestätigen; gegebenenfalls ist ihm mitzuteilen, welche Unterlagen gemäß Abs. 4 fehlen bzw. dass gegen die Ausübung der Tätigkeit kein Einwand besteht.
2. Der Bundesminister für Wissenschaft, Forschung und Wirtschaft hat vor der ersten Ausübung einer gewerblichen Tätigkeit neben dem Vorliegen der im Abs. 1 festgelegten Voraussetzungen zu überprüfen, ob aufgrund der mangelnden Berufsqualifikation des Dienstleisters eine schwerwiegende Beeinträchtigung der öffentlichen Gesundheit oder Sicherheit bzw. der Gesundheit oder Sicherheit des Dienstleistungsempfängers zu befürchten ist, sofern es sich um folgende Gewerbe oder diesen Gewerben zuzuordnende Tätigkeiten handelt:
   a) die Gewerbe gemäß § 94 Z 2 und 4, das Gewerbe gemäß § 94 Z 5 hinsichtlich der Planung, Berechnung und Leitung von Bauten, die Gewerbe gemäß § 94 Z 14, 23, 32, 33, 34, 41, 46, 48, 53 hinsichtlich der Orthopädieschuhmacher, 55, 62, 69 und 81, und das Gewerbe gemäß § 94 Z 82 hinsichtlich der Planung, Berechnung und Leitung von Holzbauten,
   b) das Gewerbe gemäß § 94 Z 5 hinsichtlich der ausführenden Tätigkeiten, die Gewerbe gemäß § 94 Z 6, 10, 16,, 18, 25, 28, 30, 42, 43, 58, 65, 66 und 80, und das Gewerbe gemäß § 94 Z 82 hinsichtlich der ausführenden Tätigkeiten, wenn der Dienstleister die Anerkennungsvoraussetzungen gemäß der nach § 373c Abs. 2 erlassenen Verordnung nicht erfüllt, und
   c) die gegebenenfalls gemäß Abs. 6 Z 2 durch Verordnung festgelegten weiteren Gewerbe.
3. Bei der Überprüfung nach Z 2 ist wie folgt weiter zu verfahren:

a) Wenn eine Beeinträchtigung aufgrund mangelnder Berufsqualifikation nicht zu befürchten ist, ist dies dem Anzeiger binnen einer Frist von höchstens einem Monat nach Eingang der vollständigen Unterlagen mitzuteilen. In diesem Fall ist die Tätigkeit ab Einlangen der Mitteilung des Bundesministers für Wissenschaft, Forschung und Wirtschaft beim Antragsteller zulässig.
b) Die Anzeige ist binnen einer Frist von höchstens einem Monat nach Eingang der vollständigen Unterlagen nur unter der Bedingung der Ablegung einer Eignungsprüfung nach Abs. 7 mit Bescheid zur Kenntnis zu nehmen, wenn zwischen der beruflichen Qualifikation des Dienstleisters und der in Österreich geforderten Ausbildung ein wesentlicher Unterschied in der Art besteht, dass dies der öffentlichen Gesundheit oder Sicherheit abträglich ist, und dieser Unterschied durch Berufserfahrung oder durch Kenntnisse, Fähigkeiten und Kompetenzen des Dienstleisters, die durch lebenslanges Lernen erworben und hiefür förmlich von einer dafür zuständigen Stelle als gültig anerkannt wurden, nicht ausgeglichen wird. Der Inhalt der Eignungsprüfung ist vom Bundesminister für Wissenschaft, Forschung und Wirtschaft im Bescheid festzulegen. Die Erbringung der Dienstleistung muss innerhalb des Monats erfolgen können, der auf die Entscheidung des Bundesministers für Wissenschaft, Forschung und Wirtschaft folgt.
c) Wenn im Verfahren Schwierigkeiten auftreten, die zu einer Verzögerung führen könnten, so unterrichtet der Bundesminister für Wissenschaft, Forschung und Wirtschaft den Antragsteller innerhalb eines Monats nach Eingang der Anzeige und der Begleitdokumente über die Gründe für diese Verzögerung und über den Zeitplan für eine Entscheidung. Die Entscheidung muss vor Ablauf des zweiten Monats ab Eingang der vollständigen Unterlagen beim Bundesminister für Wissenschaft, Forschung und Wirtschaft ergehen.
d) Wenn bis zum Ablauf des zweiten Monats ab Eingang der vollständigen Unterlagen beim Bundesminister für Wissenschaft, Forschung und Wirtschaft keine Reaktion des Bundesministers für Wissenschaft, Forschung und Wirtschaft erfolgt, darf die Tätigkeit erbracht werden.

Der Bundesminister für Wissenschaft, Forschung und Wirtschaft hat Dienstleister im Sinne des Abs. 4 bzw. des Abs. 6 Z 1 unter Angabe von Name (Firma), Vorname, Geburtsdatum, Staatsangehörigkeit, Adresse der Niederlassung, einer etwaigen Kontaktadresse, etwaigen sonstigen Kontaktdaten im Inland und der ausgeübten Tätigkeit im Internet sichtbar zu machen.

(6) Der Bundesminister für Wirtschaft und Arbeit kann durch Verordnung

1. zusätzlich zu den Gewerben gemäß § 94 auch freie Gewerbe bezeichnen, bei denen wegen Vorliegen einer Gefährdung der öffentlichen Ordnung, Sicherheit, Gesundheit oder des Schutzes der Umwelt eine Anzeige gemäß Abs. 4, jedoch ohne Verpflichtung zur Vorlage der Dokumente gemäß Abs. 4 Z 3 und 4, vorzunehmen ist, sowie
2. weitere Gewerbe gemäß § 94 (bzw. § 31) bezeichnen, für die eine Überprüfung gemäß Abs. 5 vorzunehmen ist. Unter Bedachtnahme auf die Richtlinie 2005/36/EG hat der Bundesminister für Wirtschaft und Arbeit dabei Gewerbe zu bezeichnen, die die öffentliche Gesundheit oder Sicherheit berühren und bei denen bei mangelnder Berufsqualifikation eines Dienstleisters eine schwerwiegende Beeinträchtigung der Gesundheit oder Sicherheit von Personen zu erwarten ist.

(7) Die im Abs. 5 genannte Eignungsprüfung ist vor einer von der Meisterprüfungstelle zu bildenden Kommission abzulegen. Dem Anzeiger ist zu ermöglichen, die Eignungsprüfung innerhalb eines Monats nach Rechtskraft des Bescheides abzulegen. Auf die Durchführung der Eignungsprüfung sind die Bestimmungen der §§ 350 bis 352 sinngemäß anzuwenden. Sofern die Eignungsprüfung oder ein Anpassungslehrgang gemäß Abs. 5 vom Prüfungswerber nicht erfolgreich absolviert worden sind, darf er die den Gegenstand seiner Anzeige bildende Dienstleistung nicht erbringen. Zuwiderhandlungen gegen dieses Verbot sind gemäß § 366 Abs. 1 Z 1 zu bestrafen.

(8) In Fällen von Gewerben gemäß Abs. 5 Z 2 und Abs. 6 Z 2 hat die Dienstleistung unter der Berufsbezeichnung des Aufnahmemitgliedstaates, in allen anderen Fällen unter der Berufsbezeichnung des Niederlassungsmitgliedstaates, sofern eine solche nicht existiert, unter Angabe des Ausbildungsnachweises in einer Amtssprache des Niederlassungsmitgliedstaates zu erfolgen. Bei nicht dem Abs. 5 Z 2 oder Abs. 6 unterliegenden Gewerben hat der Dienstleister zusätzlich zur Erfüllung sonstiger Informationsanforderungen dem Dienstleistungsempfänger schriftlich vor Vertragsabschluß folgende Informationen zu liefern:

1. falls der Dienstleister in ein Handelsregister oder ein ähnliches öffentliches Register eingetragen ist, das Register, in das er eingetragen ist, und die Nummer der Eintragung oder gleichwertige, der Identifikation dienende Angaben aus diesem Register;
2. falls die Tätigkeit im Niederlassungsmitgliedstaat zulassungspflichtig ist, den Namen und die Anschrift der zuständigen Aufsichtsbehörde;
3. die Berufskammern oder vergleichbare Organisationen, denen der Dienstleister angehört;

4. die Berufsbezeichnung oder, falls eine solche Berufsbezeichnung nicht existiert, den Ausbildungsnachweis des Dienstleisters und den Mitgliedstaat, in dem die Berufsbezeichnung verliehen bzw. der Ausbildungsnachweis ausgestellt wurde;
5. falls der Dienstleister eine mehrwertsteuerpflichtige Tätigkeit ausübt, die Umsatzsteueridentifikationsnummer nach Artikel 22 Absatz 1 der Richtlinie 77/388/EWG zur Harmonisierung der Rechtsvorschriften der Mitgliedstaaten über die Umsatzsteuern – Gemeinsames Mehrwertsteuersystem: einheitliche steuerpflichtige Bemessungsgrundlage;
6. Einzelheiten zu einem Versicherungsschutz oder einer anderen Art des individuellen oder kollektiven Schutzes in Bezug auf die Berufshaftpflicht.

§ 373b. (1) Die Bestimmungen des § 373a gelten für Staatsangehörige der Schweizerischen Eidgenossenschaft und Gesellschaften, die nach schweizerischem Recht gegründet wurden und ihren satzungsgemäßen Sitz, ihre Hauptverwaltung oder ihre Hauptniederlassung in der Schweiz haben, sinngemäß mit der Maßgabe, dass von ihnen Dienstleistungen in Österreich erbracht werden dürfen, deren tatsächliche Dauer 90 Arbeitstage pro Kalenderjahr nicht überschreitet. Hinsichtlich der Anerkennung von beruflichen Qualifikationen zum Zwecke der Gründung einer Niederlassung in Österreich sind Staatsangehörige der Schweizerischen Eidgenossenschaft Staatsangehörigen eines Mitgliedstaates der EU oder eines Vertragsstaates des EWR gleichgestellt.

(2) Nachfolgende Personen sind Staatsangehörigen eines Mitgliedstaates der EU, eines Vertragsstaates des EWR hinsichtlich der Anwendung der Bestimmung des § 373a gleichgestellt:

1. Familienangehörige von Staatsangehörigen eines Mitgliedstaates der EU oder eines Vertragsstaates des EWR, die zum Aufenthalt in einem Mitgliedstaat der EU oder einem Vertragsstaat des EWR berechtigt sind,
2. Personen, die durch eine österreichische Asylbehörde oder den Asylgerichtshof den Status eines Asylberechtigten gemäß § 3 Asylgesetz 2005, BGBl. I Nr. 100 in der jeweils geltenden Fassung, oder den Status eines subsidiär Schutzberechtigten gemäß § 8 Asylgesetz 2005 oder einen entsprechenden Status nach den vor Inkrafttreten des Asylgesetzes 2005 geltenden asylrechtlichen Bestimmungen zuerkannt erhalten haben,
3. Personen, die über einen Aufenthaltstitel mit einem Recht auf Niederlassung gemäß § 45 oder § 49 NAG verfügen,
4. Personen, die über einen Aufenthaltstitel „Blaue Karte EU" gemäß § 42 NAG verfügen.

(3) Hinsichtlich der in den §§ 373c bis 373f angeführten Tätigkeiten und Ausbildungen können Tätigkeiten und Ausbildungen aus einem Mitgliedstaat der EU, einem Vertragsstaat des EWR oder der Schweizerischen Eidgenossenschaft oder gleichgestellte Ausbildungsnachweise gemäß Art. 3 Abs. 3 der RL 2005/36/EG geltend gemacht werden.

Niederlassungsfreiheit
Regelungen für die Anerkennung von Ausbildungsnachweisen

§ 373c. (1) (1) Der Landeshauptmann hat auf Antrag die tatsächliche Ausübung von Tätigkeiten in einem anderen Mitgliedstaat der EU oder einem anderen Vertragsstaat des EWR als ausreichenden Nachweis der Befähigung mit Bescheid anzuerkennen, wenn die Tätigkeiten allenfalls in Verbindung mit einer einschlägigen Ausbildung nach Art und Dauer den Voraussetzungen der Verordnung gemäß Abs. 2 entsprechen.

(2) Der Bundesminister für Wirtschaft und Arbeit hat unter Berücksichtigung der Richtlinie 2005/36/EG über die Anerkennung der Berufsqualifikationen, sowie der Richtlinie 74/556/EWG über die Einzelheiten der Übergangsmassnahmen auf dem Gebiet der Tätigkeiten des Handels mit und der Verteilung von Giftstoffen und der Tätigkeiten, die die berufliche Verwendung dieser Stoffe umfassen, einschliesslich der Vermittlertätigkeiten, durch Verordnung Art und Dauer der Tätigkeiten festzulegen, deren Nachweis Voraussetzung für eine Anerkennung ist.

(3) Das Vorliegen der Anerkennungsvoraussetzungen ist nach Maßgabe der Anerkennungsregeln der im Abs. 2 genannten Richtlinien durch Bescheinigungen (§ 373f) folgender Art nachzuweisen:

1. Bescheinigung über eine einschlägige selbständige Tätigkeit,
2. Bescheinigung über eine einschlägige Tätigkeit in leitender Stellung oder als Betriebsleiter,
3. Bescheinigung über einschlägige unselbständige Tätigkeit anderer Art,
4. Bescheinigung über eine einschlägige Ausbildung.

(4) In einer Verordnung gemäß Abs. 2 kann nach Maßgabe der Anerkennungsregelungen der im Abs. 2 genannten Richtlinien hinsichtlich der im Abs. 3 Z 1 bis 3 genannten Tätigkeiten auch bestimmt werden, dass diese nur anzurechnen sind, wenn sie der Anerkennungswerber jedenfalls bis zu einem bestimmten Zeitpunkt vor der Antragsstellung auf Anerkennung ausgeübt hat.

(5) Werden die in der Verordnung gemäß Abs. 2 festgelegten Anerkennungsvoraussetzungen nicht erfüllt, kann ein Staatsangehöriger eines Mitgliedstaates der EU oder eines Vertragsstaates des EWR das Verfahren gemäß § 373d in Anspruch nehmen.

§ 373d. (1) Soweit nicht § 373c anzuwenden ist, hat der Landeshauptmann auf Antrag die vom Antragsteller erworbene und nachgewiesene Berufsqualifikation (Abs. 2) mit dem Befähigungsnachweis des betreffenden Gewerbes oder der betreffenden Tätigkeit des Gewerbes nach der Richtlinie 2005/36/EG gleichzuhalten, wenn die vom Anerkennungswerber erworbene und nachgewiesene Berufsqualifikation dem Befähigungsnachweis äquivalent ist.

(2) Zum Nachweis seiner in einem Mitgliedstaat der EU oder einem Vertragsstaat des EWR (Herkunftsmitgliedstaat) erworbenen Berufsqualifikation hat der Anerkennungswerber Befähigungs- oder Ausbildungsnachweise vorzulegen. Die vorgelegten Befähigungs- oder Ausbildungsnachweise müssen in einem Herkunftsmitgliedstaat von einer entsprechend dessen Rechts- und Verwaltungsvorschriften benannten zuständigen Behörde ausgestellt worden sein. Sofern der Beruf oder die beruflichen Tätigkeiten im Herkunftsmitgliedstaat reglementiert sind, muss der vorgelegte Befähigungs- oder Ausbildungsnachweis zur Aufnahme und Ausübung dieses Berufs oder dieser beruflichen Tätigkeiten im Hoheitsgebiet des Herkunftsmitgliedstaates berechtigen. Sofern der Beruf oder die beruflichen Tätigkeiten im Herkunftsmitgliedstaat nicht reglementiert sind, muss der Antragsteller über einen oder mehrere Befähigungs- oder Ausbildungsnachweise verfügen und diesen Beruf oder die beruflichen Tätigkeiten vollzeitlich ein Jahr lang oder während einer entsprechenden Gesamtdauer in Teilzeit in den vorangegangenen zehn Jahren in einem Herkunftsmitgliedstaat, in dem dieser Beruf nicht reglementiert ist, ausgeübt haben. Die einjährige Berufsausübung ist nicht nachzuweisen, wenn der Ausbildungsnachweis des Antragstellers eine reglementierte Ausbildung im Sinne des Art. 3 Abs. 1 lit. e der Richtlinie 2005/36/EG darstellt.

(3) Die Äquivalenz der Befähigungs- oder Ausbildungsnachweise ist nicht gegeben, wenn

1. die bisherige Ausbildung sich hinsichtlich der beruflichen Tätigkeit auf Fächer bezieht, die sich wesentlich von denen unterscheiden, die durch den Ausbildungsnachweis abgedeckt werden, der nach diesem Bundesgesetz vorgeschrieben ist, oder
2. das Gewerbe oder die gewerblichen Tätigkeiten eine oder mehrere berufliche Tätigkeiten umfassen, die im Herkunftsmitgliedstaat des Antragstellers nicht Bestandteil des entsprechenden reglementierten Berufs sind, und wenn dieser Unterschied in einer besonderen Ausbildung besteht, die nach diesem Bundesgesetz vorgeschrieben wird und sich auf Fächer bezieht, die sich wesentlich von denen unterscheiden, die von dem Befähigungs- oder Ausbildungsnachweis abgedeckt werden, den der Anerkennungswerber vorlegt.

Unter den Fächern gemäß Z 1 und 2, die sich wesentlich unterscheiden, sind jene Fächer zu verstehen, deren Kenntnis eine wesentliche Voraussetzung für die Ausübung des Berufs ist und bei denen die bisherige Ausbildung des Antragstellers bedeutende Abweichungen hinsichtlich Dauer und Inhalt gegenüber der nach diesem Bundesgesetz geforderten Ausbildung aufweist.

(4) Liegt keine Äquivalenz vor, so ist die Gleichhaltung unter der Bedingung einer Anpassung in Form eines Anpassungslehrganges (Abs. 5) oder einer Eignungsprüfung (Abs. 6) auszusprechen, wenn auf diese Weise die Äquivalenz erreicht werden kann. Vor der Gleichhaltung unter der Bedingung eines Anpassungslehrganges oder einer Eignungsprüfung ist nach dem Grundsatz der Verhältnismäßigkeit zu prüfen, ob die vom Anerkennungswerber während seiner Berufserfahrung oder durch lebenslanges Lernen erworbenen Kenntnisse die wesentlichen Unterschiede gemäß Abs. 3 Z 1 oder 2 ganz oder teilweise abdecken.

(5) Unter Anpassungslehrgängen sind Anpassungslehrgänge im Sinne des Art. 3 Abs. 1 lit. g der Richtlinie 2005/36/EG zu verstehen.

(6) Unter Eignungsprüfungen sind Eignungsprüfungen im Sinne des Art. 3 Abs. 1 lit. h der Richtlinie 2005/36/EG zu verstehen. Als Inhalt der vorzuschreibenden Eignungsprüfung kann auch die Ablegung bestimmter in Verordnungen auf Grund dieses Bundesgesetzes geregelter Befähigungsprüfungen und Meisterprüfungen oder von Teilen von diesen vorgesehen werden, wobei hinsichtlich der Durchführung der Eignungsprüfung die Bestimmungen der §§ 350 bis 352a und der auf diese Bestimmungen gegründeten Verordnungen zur Anwendung kommen.

(7) Wird die Gleichhaltung unter der Bedingung einer Anpassung in Form eines Anpassungslehrganges oder einer Eignungsprüfung ausgesprochen, ist dem Antragsteller die Wahlmöglichkeit zwischen Anpassungslehrgang (Abs. 5) und Eignungsprüfung (Abs. 6) einzuräumen. Davon ausgenommen sind

1. Gewerbe oder gewerbliche Tätigkeiten, deren Ausübung eine genaue Kenntnis des österreichischen Rechts erfordert und bei denen Beratung oder Beistand in Bezug auf das österreichische Recht ein wesentlicher und beständiger Teil der Berufsausübung sind, sowie
2. Gewerbe oder gewerblichen Tätigkeiten, bei denen auch § 373c anwendbar ist, insoweit der dafür vorgeschriebene Befähigungsnachweis die Kenntnis und die Anwendung bestimmter geltender österreichischer Rechtsvorschriften vorsieht.

(8) Die Äquivalenzprüfung gemäß Abs. 1 bis 7 hat innerhalb von vier Monaten nach Vorlage der vollständigen Unterlagen des Anerkennungswerbers zu erfolgen.

(9) Zum Nachweis seiner in einem Herkunftsmitgliedstaat (Abs. 2) erworbenen Berufsqualifikation zum Zweck der Gleichhaltung mit dem Befähigungsnachweis der gewerblichen Tätigkeit der Herstellung von Arzneimitteln und Giften hat der Anerkennungswerber abweichend von Abs. 2 folgende Befähigungs- oder Ausbildungsnachweise vorzulegen:

1. das Zeugnis im Sinne des Art. 11 lit. b der Richtlinie 2005/36/EG oder
2. das Diplom im Sinne des Art. 11 lit. c der Richtlinie 2005/36/EG oder
3. das Diplom im Sinne des Art. 11 lit. d der Richtlinie 2005/36/EG oder
4. den Nachweis im Sinne des Art. 11 lit. e der Richtlinie 2005/36/EG.

Jeder andere Ausbildungsnachweis oder jede Gesamtheit von anderen Ausbildungsnachweisen, die von einer zuständigen Behörde in einem Herkunftsmitgliedstaat ausgestellt wurden, sind den Nachweisen gemäß Z 1 bis 4 auch in Bezug auf das entsprechende Qualifikationsniveau gleichgestellt, sofern sie eine in einem Herkunftsmitgliedstaat erworbene Ausbildung abschließen und von dem ausstellenden Staat als gleichwertig anerkannt werden und in Bezug auf die Aufnahme oder Ausübung eines Berufs dieselben Rechte verleihen oder, sofern der ausstellende Staat den Beruf nicht reglementiert, auf die Ausübung dieses Berufs vorbereiten.

(10) Der Bundesminister für Wissenschaft, Forschung und Wirtschaft kann durch Verordnung weitere Gewerbe gemäß § 94 oder gemäß § 31 bezeichnen, für die Befähigungs- oder Ausbildungsnachweise gemäß Abs. 9 vorzulegen sind.

§ 373e. (1) Einem Antragsteller, der eine Berechtigung hinsichtlich der Planung von Hochbauten anstrebt, hat der Landeshauptmann die Gleichhaltung dann auszusprechen, wenn er in Bezug auf seine Berufsqualifikation Zeugnisse vorlegt, die

1. gemäß Art. 21 Abs. 1 der Richtlinie 2005/36/EG in Anhang 5.7.1. dieser Richtlinie angeführt sind oder
2. gemäß Art. 21 Abs. 7 der Richtlinie 2005/36/EG mitgeteilt und im Amtsblatt der Europäischen Union veröffentlicht wurden oder
3. gemäß Art. 49 der Richtlinie 2005/36/EG anerkannt werden.

(2) Falls der Antragsteller die Voraussetzungen gemäß Abs. 1 nicht erfüllt, kann er das Verfahren nach § 373d beanspruchen.

(3) Der Bundesminister für Wirtschaft und Arbeit hat auf Antrag eine Bescheinigung darüber auszustellen, dass die inländischen Ausbildungsnachweise des Antragstellers, die zumindest zur Planung von Hochbauten nach diesem Bundesgesetz berechtigen, den in Titel III Kapitel III der Richtlinie 2005/36/EG verlangten Nachweisen für Architekten entsprechen.

§ 373f. (1) Der Antragsteller hat zum Nachweis seiner in einem Herkunftsmitgliedstaat (§ 373d Abs. 2) erworbenen Berufsqualifikation, zum Nachweis seiner für die Ausübung des Gewerbes erforderlichen Sprachkenntnisse und im Falle einer etwa erforderlichen Prüfung der Zuverlässigkeit zum Nachweis der Zuverlässigkeit die Unterlagen und Bescheinigungen vorzulegen, wie sie entsprechend dem Gewerbe oder der bestimmten Tätigkeit eines Gewerbes, dessen Ausübung angestrebt wird, in Art. 50 und Anhang VII der Richtlinie 2005/36/EG angeführt sind. Davon ausgenommen sind die Bestimmungen über die vorübergehende grenzüberschreitende Dienstleistung im Rahmen der Dienstleistungsfreiheit gemäß § 373a. Die zuständige Behörde hat dem Antragsteller den Empfang der vorgelegten Nachweise binnen eines Monats zu bestätigen und diesem gegebenenfalls mitzuteilen, welche Unterlagen fehlen.

(2) Personen, die auf Grundlage eines Verfahrens nach den §§ 373a, 373c, 373d oder 373e zur Ausübung einer reglementierten gewerblichen Tätigkeit berechtigt sind, dürfen ihre in ihrem Herkunftsmitgliedstaat bestehende rechtmäßige Ausbildungsbezeichnung und die allenfalls bestehende Abkürzung in der Sprache des Herkunftsmitgliedstaates samt Hinweis auf Name und Ort der Lehranstalt, die diese Ausbildungsbezeichnung verliehen hat, oder des Prüfungsausschusses, der diese Ausbildungsbezeichnung verliehen hat, führen. Dies gilt jedoch im Falle der Niederlassung in Österreich nicht für das Führen einer allfälligen Berufsbezeichnung, die im Herkunftsmitgliedstaat rechtmäßig besteht. Auf das Führen der Berufsbezeichnung „Meister“ mit Beziehung auf das entsprechende Handwerk ist § 20 anzuwenden.

§ 373g. Hinsichtlich der inländischen Niederlassung von Finanzinstituten im Sinne des Art. 1 Z 6 der Richtlinie 89/646/EWG aus anderen Mitgliedstaaten der EU oder des EWR, die Tätigkeiten gemäß Z 2 bis 14 des Anhanges zur genannten Richtlinie, die diesem Bundesgesetz unterliegen, ausüben, und hinsichtlich der grenzüberschreitenden Dienstleistungserbringung durch solche Finanzinstitute nach Österreich gelten die diesbezüglichen Bestimmungen des Bankwesengesetzes. Den genannten Bestimmungen des Bankwesengesetzes entgegenstehende Bestimmungen dieses Bundesgesetzes sind nicht anzuwenden.

Ausstellung von Bescheinigungen

§ 373h. Die Behörde hat auf Antrag folgende Bescheinigungen auszustellen:

1. zum Zweck der Erbringung von Dienstleistungen eine Bescheinigung über die rechtmäßige Niederlassung zur Ausübung einer in diesem Bundesgesetz geregelten Tätigkeit und die Berechtigung zur Ausübung dieser Tätigkeit,

2. zum Zweck der Niederlassung oder der Erbringung von Dienstleistungen in einem anderen Mitgliedstaat der EU oder einem anderen Vertragsstaat des EWR eine Bescheinigung über eine inländische Ausbildung oder Befähigung, die zur Ausübung einer in diesem Bundesgesetz geregelten Tätigkeit berechtigt sowie die Ausübung einer selbständigen oder unselbständigen fachlichen Tätigkeit in einem Gewerbe.

Verwaltungszusammenarbeit nach der Richtlinie 2005/36/EG

§ 373i. (1) Die Behörden haben mit den zuständigen Behörden der anderen Mitgliedstaaten der EU oder eines Vertragsstaates des EWR und der Schweizerischen Eidgenossenschaft zur Anwendung von Art. 8 und Art. 56 der Richtlinie 2005/36/EG eng zusammenzuarbeiten und diesen Behörden Amtshilfe zu leisten. Zu diesem Zweck nutzen die zuständigen Behörden das Internal Market Information System (IMI) im Sinne der Verordnung (EU) Nr. 1024/2012 über die Verwaltungszusammenarbeit mit Hilfe des Binnenmarkt-Informationssystems und zur Aufhebung der Entscheidung 2008/49/EG der Kommission („IMI-Verordnung“), ABl. Nr. L 316 vom 14.11.2012 S. 1, zuletzt geändert durch die Richtlinie 2014/67/EU, ABl. Nr. L 159 vom 28.05.2014 S. 11. Die Vertraulichkeit der ausgetauschten Informationen ist sicherzustellen.

(2) Die Verpflichtungen nach Abs. 1 können insbesondere den Austausch folgender Informationen betreffend diesem Bundesgesetz unterliegende Personen umfassen:

1. Informationen über Berufsqualifikationen, Berufsbezeichnungen, die Reglementierung von Berufen und beruflichen Tätigkeiten, die Berechtigung zur Ausübung von beruflichen Tätigkeiten.
2. Informationen über disziplinarische oder strafrechtliche Sanktionen oder sonstige schwerwiegende genau bestimmte Sachverhalte, die sich auf die ausgeübten Tätigkeiten auswirken könnten.
3. Betreffend die Erbringung einer Dienstleistung

a) alle Informationen über die Rechtmäßigkeit der Niederlassung und die gute Führung des Dienstleisters,
b) alle Informationen, die im Falle von Beschwerden eines Dienstleistungsempfängers gegen einen Dienstleister für ein ordnungsgemäßes Beschwerdeverfahren erforderlich sind, wobei der Dienstleistungsempfänger über das Beschwerdeergebnis zu unterrichten ist, und
c) Informationen darüber, dass keine berufsbezogenen disziplinarischen oder strafrechtlichen Sanktionen vorliegen.

Verwaltungszusammenarbeit nach der Geldwäsche-RL

§ 373i1. (1) Die Behörde hat mit den zuständigen Behörden des Mitgliedstaats, in dem der Gewerbetreibende seinen Hauptsitz hat, zusammenzuarbeiten, um eine wirksame Aufsicht in Bezug auf die Anforderungen der Geldwäsche-RL zu gewährleisten.

(2) Der Bundesminister für Digitalisierung und Wirtschaftsstandort hat den europäischen Aufsichtsbehörden alle Informationen zur Verfügung zu stellen, die zur Durchführung ihrer Aufgaben aufgrund der Geldwäsche-RL erforderlich sind.

(3) Der Informationsaustausch oder die Amtshilfe zwischen den zuständigen Behörden für die Zwecke der Bekämpfung von Geldwäsche und Terrorismusfinanzierung unterliegt weder einem Verbot noch unangemessenen oder übermäßig restriktiven Bedingungen. Insbesondere darf die Behörde etwaige Amtshilfeersuchen nicht aus folgenden Gründen ablehnen:

1. das Ersuchen berührt nach ihrem Dafürhalten auch steuerliche Belange;
2. nationale Regelungen, die die Gewerbetreibenden zur Geheimhaltung oder Vertraulichkeit verpflichten, außer in den Fällen, in denen die einschlägigen Informationen, auf die sich das Ersuchen bezieht, durch ein Zeugnisverweigerungsrecht geschützt werden oder in denen ein Berufsgeheimnis gilt;
3. in dem ersuchenden Mitgliedstaat ist eine Ermittlung, eine Untersuchung oder ein Verfahren anhängig, es sei denn, die Ermittlung, die Untersuchung oder das Verfahren würde durch die Amtshilfe beeinträchtigt;
4. Art und Stellung der ersuchenden zuständigen Behörde unterscheiden sich von Art und Stellung der Behörde.

Berufsgeheimnis und Zusammenarbeit zwischen der Behörde und anderen Behörden im Rahmen der Bekämpfung der Geldwäscherei und Terrorismusfinanzierung hinsichtlich der Versicherungsvermittler

§ 373i1a. (1) Alle Personen, die für die Behörde bei der Beaufsichtigung der Versicherungsvermittler (§ 365m1 Abs. 2 Z 4) nach diesem Abschnitt tätig sind oder waren, und von der Behörde beauftragte Wirtschaftsprüfer und Sachverständige unterliegen dem Berufsgeheimnis. Mit Ausnahme der vom Strafrecht erfassten Fälle dürfen vertrauliche Informationen, die die im ersten Satz genannten Personen in Ausübung ihrer Pflichten nach diesem Abschnitt erhalten, nur in zusammengefasster oder aggregierter Form weitergegeben werden, sodass einzelne Versicherungsvermittler (§ 365m1 Abs. 2 Z 4) nicht identifiziert werden können.

(2) Abs. 1 steht einem Informationsaustausch und einer wechselseitigen Zusammenarbeit der

GewO

Behörde mit anderen Behörden in Mitgliedstaaten und Drittländern, die der Behörde entsprechende Aufgaben wahrnehmen, soweit dies für die Erfüllung der Aufgaben zur Verhinderung der Geldwäscherei und Terrorismusfinanzierung oder für andere gesetzliche Aufgaben im Rahmen der Aufsicht über den Finanzmarkt dienlich ist, nicht entgegen. Dies gilt ebenso gegenüber der Europäischen Zentralbank, wenn diese im Einklang mit der Verordnung (EU) Nr. 1024/2013 zur Übertragung besonderer Aufgaben im Zusammenhang mit der Aufsicht über Kreditinstitute auf die Europäische Zentralbank, ABl. Nr. L 287 vom 29.10.2013 S. 63, tätig wird.

(3) Der Bundesminister für Digitalisierung und Wirtschaftsstandort kann mit den anderen zuständigen Behörden, die Kredit- und Finanzinstitute gemäß der Geldwäsche-RL im Einklang mit dieser Richtlinie überwachen, und mit Unterstützung der Europäischen Aufsichtsbehörden, mit der Europäischen Zentralbank, wenn diese gemäß Art. 27 Abs. 2 der Verordnung (EU) Nr. 1024/2013 zur Übertragung besonderer Aufgaben im Zusammenhang mit der Aufsicht über Kreditinstitute auf die Europäische Zentralbank, ABl. Nr. L 287 vom 29.10.2013 S. 63 und Art. 56 Unterabsatz 1 lit. g der Richtlinie 2013/36/EU über den Zugang zur Tätigkeit von Kreditinstituten und die Beaufsichtigung von Kreditinstituten und Wertpapierfirmen, zur Änderung der Richtlinie 2002/87/EG und zur Aufhebung der Richtlinien 2006/48/EG und 2006/49/EG, ABl. Nr. L 176 vom 27.6.2013 S. 338, in der Fassung ihrer Berichtigung, ABl. Nr. L 208 vom 2.8.2013 S. 73 handelt, eine Vereinbarung über die praktischen Modalitäten für den Informationsaustausch abschließen.

(4) Die Behörde darf vertrauliche Informationen, die sie im Rahmen des Informationsaustausches mit anderen Behörden erhält, nur für die folgenden Zwecke verwenden:

1. in Ausübung ihrer Pflichten nach den §§ 365m bis 365z oder anderen nationalen oder europäischen Rechtsakten im Bereich der Bekämpfung der Geldwäsche und der Terrorismusfinanzierung und der Beaufsichtigung von Versicherungsvermittlern (§ 365m1 Abs. 2 Z 4), einschließlich der Verhängung von Verwaltungsstrafen,
2. im Rahmen eines Verfahrens über ein Rechtsmittel gegen eine Entscheidung der Behörde, einschließlich damit zusammenhängender Gerichtsverfahren,
3. im Rahmen eines Gerichtsverfahrens, das aufgrund besonderer Bestimmungen des Unionsrechts im Bereich der Geldwäsche – RL oder im Bereich der Finanzdienstleistungsaufsicht beziehungsweise Beaufsichtigung von Kredit- und Finanzinstituten eingeleitet wird.

(5) Die Behörde hat bei Beaufsichtigung der Versicherungsvermittler (§ 365m1 Abs. 2 Z 4) mit anderen zur Beaufsichtigung von Kredit- und Finanzinstituten zuständigen Behörden in anderen Mitgliedstaaten im größtmöglichen Umfang zusammenzuarbeiten. Eine solche Zusammenarbeit umfasst auch die Zulässigkeit, innerhalb der Befugnisse der zuständigen Behörde, um deren Unterstützung ersucht wurde, im Namen der ersuchenden zuständigen Behörde Untersuchungen durchzuführen, und den anschließenden Austausch der im Rahmen solcher Untersuchungen gewonnen Informationen.

(6) Unter Berücksichtigung der Anwendung der Bestimmungen der §§ 365m bis 365z und unter Berücksichtigung von beruflichen Verschwiegenheitsverpflichtungen kann die Behörde für die Zwecke der Verhinderung von Geldwäscherei und der Terrorismusfinanzierung Informationen betreffend Versicherungsvermittler (§ 365m1 Abs. 2 Z 4) mit folgenden Behörden austauschen:

1. die FMA;
2. die zuständigen Landesbehörden im Rahmen der Aufsicht über Landesbewilligte für Glücksspielautomaten und Wettunternehmer nach Maßgabe landesrechtlicher Vorschriften;
3. die Rechtsanwaltskammer im Rahmen der Aufsicht über Rechtsanwälte;
4. die Notariatskammer im Rahmen der Aufsicht über Notare;
5. die Kammer der Wirtschaftstreuhänder im Rahmen der Aufsicht über Wirtschaftsprüfer und Steuerberater;
6. der Präsident der Wirtschaftskammer Österreich im Rahmen der Aufsicht über Bilanzbuchhalter, Buchhalter und Personalverrechner gemäß § 1 Bundesgesetz über die Bilanzbuchhaltungsberufe (Bilanzbuchhaltungsgesetz 2014 – BiBuG 2014), BGBl. I Nr. 191/2013, in der jeweils geltenden Fassung.

Ebenso ist ein Austausch von Informationen mit Behörden in anderen Mitgliedstaaten oder Drittländern, die mit den in Z 1 bis 6 genannten Behörden vergleichbare Aufgaben wahrnehmen, zulässig, wenn gewährleistet ist, dass diese zumindest den Anforderungen an eine berufliche Geheimhaltungspflicht unterliegen, die jener gemäß Abs. 1 zumindest gleichwertig ist.

(7) Ungeachtet des Abs. 1 und des Abs. 3 kann die Behörde Informationen mit Strafverfolgungsbehörden, den Staatsanwaltschaften und den Gerichten für strafrechtliche Zwecke und für die Zwecke der Verhinderung von Geldwäscherei und der Terrorismusfinanzierung austauschen. Gemäß diesem Absatz ausgetauschte vertrauliche Informationen dürfen aber nur der Erfüllung der gesetzlichen Aufgaben der betreffenden Behörden dienen. Personen, die Zugang zu diesen Informationen haben, müssen den Anforderungen an eine berufliche Geheimhaltungspflicht unterliegen, die den

in Abs. 1 genannten Anforderungen mindestens gleichwertig sind.

Informationsaustausch und Verwaltungszusammenarbeit nach der Richtlinie über Versicherungsvertrieb (EU) 2016/97 und der Richtlinie über Wohnimmobilienkreditverträge 2014/17/EU einschließlich Vorgehen bei Pflichtverstößen

§ 373i2. (1) Die Behörden haben den zuständigen Behörden der anderen Mitgliedstaaten der EU oder Vertragsstaaten des EWR Amtshilfe zu leisten. Die Behörden haben mit den zuständigen Behörden der anderen Mitgliedstaaten der EU oder Vertragsstaaten des EWR insbesondere Informationen auszutauschen und bei Ermittlungen oder der Überwachung eng im Sinne einer wirksamen Beaufsichtigung von Kreditgebern, Kreditvermittlern und Versicherungsvermittlern, die ihre Dienstleistungen im Gebiet anderer Mitgliedstaaten gemäß dem freien Dienstleistungsverkehr erbringen, zusammenzuarbeiten. Sie haben das Tätigwerden bei grenzüberschreitenden Fällen zu koordinieren, um die ordnungsgemäße Anwendung der Richtlinie (EU) 2016/97 und der Richtlinie 2014/17/EU über Wohnimmobilienkreditverträge für Verbraucher und zur Änderung der Richtlinien 2008/48/EG und 2013/36/EU und der Verordnung (EU) Nr. 1093/2010 (im Folgenden: Wohnimmobilienkreditrichtlinie) ABl. Nr. L 60 vom 28.02.2014 S. 34, zuletzt berichtigt durch ABl. Nr. L 47 vom 20.02.2015 S. 34, in der Fassung der Verordnung (EU) 2016/1011, ABl. Nr. L 171 vom 29.06.2016 S. 1 sowie die Durchsetzung der Mindestanforderungen des Aufnahmemitgliedstaats an den guten Leumund und die beruflichen Kenntnisse und Fähigkeiten, kontinuierlich zu gewährleisten.

(2) Wurde ein Ersuchen um Zusammenarbeit, insbesondere um den Austausch von Informationen, abgelehnt oder ist innerhalb eines angemessenen Zeitraums keine Reaktion erfolgt, so können die Behörden im Hinblick

1. auf Kreditvermittler gemäß Art. 19 der Verordnung (EU) 1093/2010 zur Errichtung einer Europäischen Aufsichtsbehörde (Europäische Bankenaufsichtsbehörde), zur Änderung des Beschlusses Nr. 716/2009/EG und zur Aufhebung des Beschlusses 2009/78/EG der Kommission, ABl. Nr. L 331 vom 15.12.2010 S. 12, zuletzt geändert durch die Verordnung (EU) 806/2014, ABl. Nr. L 225 vom 30.07.2014 S. 1, die Europäische Bankenaufsichtsbehörde mit der Angelegenheit befassen und sie um Unterstützung bitten;
2. auf Versicherungsvermittler gemäß Art. 19 der Verordnung (EU) 1094/2010 die EIOPA mit der Angelegenheit befassen und um Unterstützung bitten.

(3) Hat die Behörde gegen einen in Österreich niedergelassenen Kreditvermittler oder Versicherungsvermittler, der in einem oder mehreren Mitgliedstaaten der EU oder Vertragsstaaten des EWR tätig ist, eine Maßnahme gemäß § 360 verfügt oder eine Verwaltungsstrafe gemäß § 366 Abs. 1 Z 1 verhängt, so hat sie die rechtskräftige Entscheidung über die Maßnahme oder die rechtskräftige Entscheidung über die Verwaltungsstrafe der zuständigen Behörde des Aufnahmemitgliedsstaates zu übermitteln.

(4) Die Behörde hat die zuständige Behörde des Aufnahmemitgliedsstaates von der Endigung der Gewerbeberechtigung gemäß § 85 oder vom Eintritt des Ruhens der Gewerbeausübung gemäß § 93 Abs. 3 und Abs. 5 eines in Österreich niedergelassenen Kreditvermittlers oder Versicherungsvermittlers zu verständigen.

(5) Hat der Bundesminister für Digitalisierung und Wirtschaftsstandort einem im GISA (Versicherungs- und Kreditvermittlerregister) gemäß § 136g Abs. 1 eingetragenen Kreditvermittler oder einem gemäß § 137b Abs. 7 eingetragenen Versicherungsvermittler aus einem anderen Mitgliedstaat der EU oder Vertragsstaat des EWR die Ausübung der Dienstleistung gemäß § 373a Abs. 1 in Österreich verboten oder für eine angemessene Dauer untersagt, so hat er die rechtskräftige Entscheidung über das Verbot oder die Untersagung der zuständigen Behörde des Herkunftsmitgliedsstaates zu übermitteln.

(6) Die Behörde hat die Befugnis, geeignete Maßnahmen zu ergreifen, um einen Versicherungsvermittler, der in einem anderen Mitgliedstaat niedergelassen ist, daran zu hindern, eine Tätigkeit in Österreich im Rahmen der Dienstleistungsfreiheit oder gegebenenfalls der Niederlassungsfreiheit auszuüben, wenn die entsprechende Tätigkeit gänzlich oder hauptsächlich auf Österreich zu dem einzigen Zweck gerichtet ist, die Rechtsvorschriften zu umgehen, die anwendbar wären, wenn der Versicherungsvermittler seinen Wohnsitz bzw. Sitz in Österreich hätte, und wenn zusätzlich seine Tätigkeit das reibungslose Funktionieren der Versicherungs- und Rückversicherungsmärkte in Österreich hinsichtlich des Verbraucherschutzes gefährdet. In diesem Fall darf die Behörde nach Unterrichtung der zuständigen Behörde des Herkunftsmitgliedstaats gegenüber diesem Versicherungsvermittler alle geeigneten Maßnahmen ergreifen, die notwendig sind, um die Rechte der Verbraucher zu schützen.

(7) Der Bundesminister für Digitalisierung und Wirtschaftsstandort hat der Europäischen Kommission mitzuteilen, wenn Versicherungsvermittler bei ihrer Niederlassung oder der Ausübung von Versicherungs- oder Rückversicherungsver-

triebstätigkeiten in einem Drittland auf allgemeine Schwierigkeiten stoßen.

Vorwarnmechanismus

§ 373j. (1) Sofern im Rahmen eines Verfahrens nach den §§ 373a Abs. 4 und 5, 373c, 373d oder 373e festgestellt wird, dass der Antragsteller gefälschte Berufsqualifikationsnachweise verwendet hat, hat die Behörde die zuständigen Behörden der anderen Mitgliedstaaten der EU und Vertragsstaaten des EWR im Wege des IMI binnen drei Tagen nach rechtskräftiger gerichtlicher Entscheidung nach den Bestimmungen des Art. 56a der Richtlinie 2005/36/EG und der Durchführungsverordnung (EU) 2015/983 betreffend das Verfahren zur Ausstellung des Europäischen Berufsausweises und die Anwendung des Vorwarnmechanismus gemäß der Richtlinie 2005/36/EG des Europäischen Parlaments und des Rates, ABl. Nr. L 159 vom 25.06.2015 S. 27, zu informieren. Die Behörde hat gleichzeitig mit der Abgabe der Vorwarnung den Betroffenen schriftlich über die Vorwarnung zu informieren. Der Betroffene kann eine Überprüfung der Rechtmäßigkeit der Vorwarnung in einem bescheidmäßig zu erledigenden Verfahren bei der Behörde, die die Vorwarnung abgegeben hat, beantragen. Wird im Rahmen der Überprüfung die Rechtswidrigkeit der Vorwarnung festgestellt, so hat die Behörde die Vorwarnung im Wege des IMI unverzüglich richtig zu stellen oder zurückzuziehen.

(2) Der Bundesminister für Wissenschaft, Forschung und Wirtschaft kann durch Verordnung nähere Bestimmungen über das Verfahren gemäß Abs. 1 festlegen.

Europäischer Berufsausweis

§ 373k. (1) Der Landeshauptmann hat auf Antrag die Verfahren betreffend die Anerkennung gemäß § 373c sowie die Gleichhaltung gemäß § 373d im Wege des Europäischen Berufsausweises nach den Bestimmungen der Art. 4a ff. der Richtlinie 2005/36/EG und der Durchführungsverordnung (EU) 2015/983 durchzuführen. Der Bundesminister für Wissenschaft, Forschung und Wirtschaft hat auf Antrag die Verfahren betreffend die vorübergehende grenzüberschreitende Dienstleistungserbringung gemäß § 373a Abs. 4 und 5 im Wege des Europäischen Berufsausweises nach den Bestimmungen der Art. 4a ff. der Richtlinie 2005/36/EG und der Durchführungsverordnung (EU) 2015/983 durchzuführen

(2) Wird dem Antrag vollinhaltlich im Wege des Europäischen Berufsausweises entsprochen, so gilt die Zustellung der Erledigung an den Antragsteller im elektronischen System des Berufsausweises entsprechend dem Antrag als Mitteilung gemäß § 373a Abs. 5 Z 1, dass gegen die Ausübung der Tätigkeit kein Einwand besteht, als Erteilung der Anerkennung gemäß § 373c oder als Erteilung der Gleichhaltung gemäß § 373d.

(3) Für Personen, die in Österreich gewerbliche Tätigkeiten nach diesem Bundesgesetz rechtmäßig ausüben und in einem anderen Mitgliedstaat der EU oder Vertragsstaat des EWR oder der Schweizerischen Eidgenossenschaft im Wege des Europäischen Berufsausweises die Anerkennung von Berufsqualifikationen zum Zweck der Niederlassung beantragen, sind vom Landeshauptmann die für den Herkunftsstaat nach den Art. 4a ff. der Richtlinie 2005/36/EG und der Durchführungsverordnung (EU) 2015/983 zugewiesenen Aufgaben durchzuführen. Für Personen, die in Österreich gewerbliche Tätigkeiten nach diesem Bundesgesetz rechtmäßig ausüben und in einem anderen Mitgliedstaat der EU oder Vertragsstaat des EWR oder der Schweizerischen Eidgenossenschaft im Wege des Europäischen Berufsausweises die vorübergehende grenzüberschreitende Dienstleistungserbringung beantragen, sind vom Bundesminister für Wissenschaft, Forschung und Wirtschaft die für den Herkunftsstaat nach den Art. 4a ff. der Richtlinie 2005/36/EG und der Durchführungsverordnung (EU) 2015/983 zugewiesenen Aufgaben durchzuführen.

(4) Der Bundesminister für Wissenschaft, Forschung und Wirtschaft kann durch Verordnung nähere Bestimmungen über die Verfahren gemäß Abs. 1 und 3 festlegen.

Verbindungsstelle

§ 373l. Die Verbindungsstelle hat die Behörden bei Schwierigkeiten im Zuge der Verwaltungszusammenarbeit nach den §§ 373i bis 373k zu unterstützen, insbesondere wenn eine zuständige Behörde keinen Zugang zum IMI hat. § 14 Abs. 2, § 15 Abs. 2, Abs. 3 Z 1 und 3, Abs. 5 und Abs. 6 des Dienstleistungsgesetzes – DLG, BGBl. I Nr. 100/2011, sind anzuwenden. Verbindungsstelle ist der örtlich zuständige Landeshauptmann.

VII. Hauptstück

Übergangsbestimmungen und Vollziehung

§ 374 entfällt.

1. Übergangsbestimmungen

§ 375. (1) Bis zur Neuregelung der entsprechenden Sachgebiete durch Verordnungen auf Grund dieses Bundesgesetzes in der Fassung der Novelle BGBl. Nr. 29/1993 bleiben folgende Rechtsvorschriften im bisherigen Umfang, soweit nicht durch dieses Bundesgesetz eine diesbezügliche Regelung getroffen wird, und zwar als Bundesgesetze, in Geltung:

1. Verordnung der Minister des Innern und des Handels vom 29. April 1874, RGBl. Nr. 53, betreffend das Gewerbe der Vertilgung von Ratten und Mäusen durch gifthältige Mittel, in der Fassung der Verordnung vom 19. Dezember 1966, BGBl. Nr. 312, mit Ausnahme des ersten Absatzes, soweit er Bestimmungen über die Konzessionspflicht enthält;

2. § 1 Abs. 5 zweiter Satz, Abs. 6 und 7 und § 2 der Verordnung der Ministerien des Handels, des Innern, der Finanzen und der Justiz vom 24. April 1885, RGBl. Nr. 49, betreffend den Betrieb des Pfandleihergewerbes, in der Fassung der Verordnung vom 10. Mai 1903, RGBl. Nr. 115;
3. entfällt.
4. entfällt.
5. entfällt.
6. entfällt.
7. Verordnung der Ministerien des Innern und des Handels vom 13. Oktober 1897, RGBl. Nr. 237, betreffend die Verwendung von Druckapparaten beim gewerbsmäßigen Ausschank des Bieres, in der Fassung der Verordnung vom 11. Juli 1905, RGBl. Nr. 112;
8. § 5 der Verordnung der Ministerien des Handels und des Innern vom 30. März 1899, RGBl. Nr. 64, betreffend die Regelung des Flaschenbierhandels, in der Fassung der Verordnung vom 4. Jänner 1927, BGBl. Nr. 19;
9. § 7 der Verordnung des Handelsministers im Einvernehmen mit dem Minister des Innern und dem Minister für Kultus und Unterricht vom 1. August 1907, RGBl. Nr. 183, betreffend das konzessionierte Gewerbe der Leichenbestattungsunternehmungen, in der Fassung der Verordnung BGBl. Nr. 373/1936;
10. entfällt.
11. Art. I Z 6 der Verordnung des Handelsministers im Einvernehmen mit dem Minister des Innern und dem Minister für Kultus und Unterricht vom 6. August 1907, RGBl. Nr. 196, über den nach § 23 Absatz 1 des Gesetzes vom 5. Februar 1907, RGBl. Nr. 26, betreffend die Abänderung und Ergänzung der Gewerbeordnung, zum Antritte der im § 15 Punkt 1, 2, 5, 6, 7, 8, 10, 11, 14, 17, 18, 20, 21, 22 und 23 des Gesetzes vom 15. März 1883, RGBl. Nr. 39, beziehungsweise des Gesetzes vom 5. Februar 1907, RGBl. Nr. 26, angeführten konzessionierten Gewerbe erforderlichen Nachweis der besonderen Befähigung, in der Fassung der Verordnung vom 12. Mai 1914, RGBl. Nr. 106;
12. Gesetz vom 13. Juli 1909, RGBl. Nr. 119, betreffend die Herstellung von Zündhölzchen und anderen Zündwaren;
13. entfällt.
14. entfällt.
15. entfällt.
16. entfällt.
17. entfällt.
18. entfällt.
19. entfällt.
20. entfällt.
21. entfällt.
22. entfällt.
23. entfällt.
24. entfällt.
25. Verordnung des Bundesministers für Handel und Verkehr im Einvernehmen mit dem Bundesminister für soziale Verwaltung vom 16. November 1929, BGBl. Nr. 372, über den Befähigungsnachweis für das konzessionierte Gewerbe nach § 15, Punkt 14, der Gewerbeordnung, in der Fassung der Verordnung vom 8. August 1934, BGBl. Nr. II Nr. 191 *(Anm.: richtig: BGBl. II Nr. 191)*, soweit sie sich nicht auf die Art des Nachweises oder den Ersatz der Beendigung des Lehrverhältnisses bezieht;
26. entfällt.
27. Art. II §§ 2 bis 4 der Verordnung des Bundesministers für Handel und Verkehr im Einvernehmen mit dem Bundesminister für soziale Verwaltung vom 25. Februar 1932, BGBl. Nr. 74, über die Erzeugung von Vaccinen, Seren und Bakterienpräparaten und die Schädlingsvertilgung mit hochgiftigen Gasen, in der Fassung der Verordnung BGBl. Nr. 41/1935;
28. entfällt.
29. entfällt.
30. entfällt.
31. entfällt.
32. entfällt.
33. entfällt.
34. §§ 10 und 14 Abs. 1 bis 5 der Verordnung des Bundesministers für Handel und Verkehr über die Meisterprüfung, BGBl. Nr. 246/1937, die auf Grund des § 14 Abs. 2 dieser Verordnung festgesetzten Prüfungsgebühren sowie die auf Grund des § 19 dieser Verordnung erlassenen Meisterprüfungsordnungen, soweit sie sich nicht auf die Art des Nachweises der Beendigung des Lehrverhältnisses beziehen;
35. entfällt.
36. entfällt.
37. §§ 15 bis 18 der Verordnung zur Durchführung des Waffengesetzes vom 19. März 1938, deutsches RGBl. I S. 270, in der Fassung der Dritten Verordnung zur Durchführung des Waffengesetzes vom 31. März 1939, deutsches RGBl. I S 656;
38. entfällt.
39. Z 3 bis 5, Z 8, Z 13, Z 15, Z 16 und Z 19 bis 25 der Anlage zur Anordnung über die Genehmigung von Vorschriften betreffend die Speicherung, Verteilung oder Verwendung von Gas vom 31. Juli 1940, II En 1215/40, RWMBl. 1940, S 474;

nachstehende unter Z 40 bis 44 bezeichnete Rechtsvorschriften, soweit sie sich auf die gewerbsmäßige Schädlingsbekämpfung beziehen und es sich nicht um Vorschriften zum Schutze der Arbeitnehmer handelt:

40. Verordnung zur Einführung von Vorschriften über die Schädlingsbekämpfung mit hochgiftigen Stoffen in den Reichsgauen der Ostmark und im Reichsgau Sudetenland vom 2. Februar 1941, deutsches RGBl. I S 69;

41. Verordnung über die Schädlingsbekämpfung mit hochgiftigen Stoffen vom 29. Jänner 1919, deutsches RGBl. S 165;
42. Verordnung zur Ausführung der Verordnung über die Schädlingsbekämpfung mit hochgiftigen Gasen vom 22. August 1927, deutsches RGBl. I S 297;
43. Verordnung zur Ausführung der Verordnung über die Schädlingsbekämpfung mit hochgiftigen Stoffen vom 29. März 1928, deutsches RGBl. I S 137;
44. Verordnung zur Ausführung der Verordnung über die Schädlingsbekämpfung mit hochgiftigen Stoffen vom 17. Juli 1934, deutsches RGBl. I S 712, in der Fassung der Verordnung vom 16. November 1934, deutsches RGBl. I S 1191, vom 24. April 1935, deutsches RGBl. I S 571, vom 20. Mai 1936, deutsches RGBl. I S 479, vom 15. Juni 1938, deutsches RGBl. I S 637, vom 2. April 1941, deutsches RGBl. I S 193, und vom 26. Februar 1942, deutsches RGBl. I S 116;
45. entfällt.
46. entfällt.
47. entfällt.
48. entfällt.
49. entfällt.
50. entfällt.
51. entfällt.
52. entfällt.
53. entfällt.
54. Maschinen-Schutzvorrichtungsverordnung, BGBl. Nr. 43/1961;
55. entfällt.
56. entfällt.
57. entfällt.
58. entfällt.
59. die §§ 61 bis 64, 78 und 80 der Befähigungsnachweisverordnung 1965, BGBl. Nr. 231, betreffend den Befähigungsnachweis für die gebundenen Gewerbe der Erzeugung von medizinischem Naht- und Organersatzmaterial und Handel mit diesen Erzeugnissen, Frachtenreklamation und Versteigerung beweglicher Sachen;
60. entfällt.
61. entfällt.
62. Verordnung des Bundesministeriums für Handel, Gewerbe und Industrie vom 19. Dezember 1966, BGBl. Nr. 312, über den Befähigungsnachweis für das Gewerbe der Schädlingsvertilgung mit anderen als hochgiftigen Gasen gemäß § 15 Abs. 1 Z 21 der Gewerbeordnung, soweit sie sich nicht auf die Art des Nachweises oder den Ersatz der Beendigung des Lehrverhältnisses bezieht;
63. entfällt.
64. entfällt.
65. entfällt.
66. entfällt.
67. entfällt.
68. entfällt.
69. die auf Grund des § 54 Abs. 1 und 2 der bis zum Inkrafttreten der Gewerbeordnung 1973 geltenden Gewerbeordnung erlassenen Verordnungen des zur Vollziehung der gewerberechtlichen Vorschriften zuständigen Bundesministers oder der Landeshauptmänner betreffend gewerbepolizeiliche Regelungen, ausgenommen die Verordnungen betreffend gewerbepolizeiliche Regelungen für die gewerbsmäßige Beförderung von Personen mit Kraftfahrzeugen im Sinne des Gelegenheitsverkehrs-Gesetzes, BGBl. Nr. 85/1952;
70. die auf Grund des § 54a Abs. 2 der bis zum Inkrafttreten der Gewerbeordnung 1973 geltenden Gewerbeordnung erlassenen Verordnungen über die Sperrzeiten im Gast- und Schankgewerbe;
71. die auf Grund des § 60 Abs. 4 der bis zum Inkrafttreten der Gewerbeordnung 1973 geltenden Gewerbeordnung erlassenen Verordnungen;
72. die auf Grund des § 69 der bis zum Inkrafttreten der Gewerbeordnung 1973 geltenden Gewerbeordnung erlassenen Verordnungen;
73. die auf Grund des § 70 der bis zum Inkrafttreten der Gewerbeordnung 1973 geltenden Gewerbeordnung erlassenen Marktordnungen.
74. Die nach den §§ 18 bis 22 und 351 Abs. 5 in der Fassung vor dem In-Kraft-Treten des Bundesgesetzes BGBl. I Nr. 111/2002, erlassenen Verordnungen betreffend den Befähigungsnachweis für Handwerke und gebundene Gewerbe gelten als Bundesgesetze weiter und treten mit Erlassung einer Verordnung gemäß den §§ 18, 21 oder 22 oder § 352a für das betreffende reglementierte Gewerbe außer Kraft. Von der Weitergeltung sind die Bestimmungen über die Voraussetzungen für die Zulassung zu einer Prüfung und die Zuständigkeit zur Prüfungsorganisation ausgenommen.

(2) Durch die Aufrechterhaltung der den Befähigungsnachweis betreffenden Rechtsvorschriften gemäß Abs. 1 bleiben die Bestimmungen des Berufsausbildungsgesetzes, BGBl. Nr. 142/1969, und die auf Grund dieses Gesetzes erlassenen Durchführungsverordnungen unberührt.

(3) Auf Übertretungen der gemäß Abs. 1 aufrechterhaltenen Rechtsvorschriften sind die Bestimmungen des V. Hauptstückes sinngemäß anzuwenden.

(4) Bis zu einer entsprechenden Neuregelung im Gelegenheitsverkehrs-Gesetz 1996 und im Güterbeförderungsgesetz 1995 gelten die Bestimmungen der Gewerbeordnung 1994 in der Fassung vor dem In-Kraft-Treten des Bundesgesetzes BGBl. I Nr. 111/2002, weiter.

§ 376. 1. Wer am Tag vor Inkrafttreten des Bundesgesetzes BGBl. I Nr. 99/2011 die Tätigkeit eines Finanzdienstleistungsassistenten gemäß § 2 Abs. 1 Z 14 Gewerbeordnung 1994 iVm § 2 Abs. 1 Z 15 WAG oder eines gebundenen

Vermittlers gemäß § 2 Abs. 1 Z 14 Gewerbeordnung 1994 iVm § 2 Abs. 1 Z 15 WAG, jeweils in der Fassung des Bundesgesetzes BGBl. I Nr. 60/2007, mindestens ein Jahr ausgeübt hat, darf diese Tätigkeit aufgrund der bisherigen Rechtslage bis zwei Jahre nach dem Inkrafttreten dieses Bundesgesetzes weiterhin ausüben.

2. (1) Wer am Tag vor Inkrafttreten des Bundesgesetzes BGBl. I Nr. 99/2011 die Tätigkeit eines Gewerblichen Vermögensberaters ausübt, muss den Abschluss einer Vermögensschadenhaftpflichtversicherung gemäß § 136a Abs. 12 GewO 1994 in der Fassung des Bundesgesetzes BGBl. I Nr. 99/2011 ehestmöglich, spätestens jedoch bis 1. April 2013, der Behörde nachweisen.

(2) Für Gewerbliche Vermögensberater, die am Tag des Inkrafttretens des Bundesgesetzes BGBl. I Nr. 85/2013 das Ruhen der Gewerbeausübung gemäß § 93 Abs. 1 angezeigt haben, ist § 93 Abs. 5 erster Satz nicht anzuwenden. Die Landeskammer der Gewerblichen Wirtschaft hat am Tag des Inkrafttretens des Bundesgesetzes BGBl. I Nr. 85/2013 bestehende Anzeigen des Ruhens der Gewerbeausübung des Gewerblichen Vermögensberaters der Behörde unverzüglich mitzuteilen; die Behörde hat § 93 Abs. 5 zweiter Satz, erster Halbsatz, in der Fassung des Bundesgesetzes BGBl. I Nr. 85/2013, mit der Maßgabe anzuwenden, dass die Eintragung des Ruhens der Gewerbeausübung im GISA ab dem Einlangen der Mitteilung der Landeskammer der Gewerblichen Wirtschaft vorzunehmen ist.

3. (Zu § 2:)

(1) Im Zeitpunkt des am 1. August 1974 erfolgten Inkrafttretens der Gewerbeordnung 1973 bestehende Bewilligungen zur Ausübung eines Wandergewerbes gemäß den Bestimmungen der Verordnung vom 29. März 1924, BGBl. Nr. 103, über Wandergewerbe, in der Fassung der Verordnung BGBl. Nr. 109/1925 und der Kundmachung BGBl. Nr. 199/1950 für

a) den Einkauf und das Einsammeln von gebrauchten Gegenständen, Altstoffen, Abfallstoffen und tierischen Nebenerzeugnissen (Häute, Knochen u. dgl.) und
b) gewerbliche Arbeiten im engeren Sinne des Wortes dürfen nach dem Inkrafttreten der Gewerbeordnung 1973 weiterhin im Umherziehen ausgeübt werden. Für die Ausübung dieser Bewilligung gelten die nachstehenden Bestimmungen.

(2) Befristet erteilte Bewilligungen für die Ausübung eines Wandergewerbes gelten als unbefristet.

(3) Der Inhaber hat die ihm auf Grund der im Abs. 1 genannten Bestimmungen ausgestellte Bewilligungsurkunde bei der Ausübung der Tätigkeit stets mitzuführen und auf Verlangen der behördlichen Organe und der Sicherheitsorgane vorzuweisen.

(4) Die Verwendung von Hilfskräften, bespannten Fuhrwerken, Lasttieren und Kraftfahrzeugen für die Ausübung eines Wandergewerbes bedarf einer Bewilligung der Behörde (Abs. 8). Diese Bewilligung ist zu erteilen, wenn der Bewerber um die Bewilligung glaubhaft macht, daß ihm ohne die Verwendung von Hilfskräften, bespannten Fuhrwerken, Lasttieren oder Kraftfahrzeugen die Ausübung des Wandergewerbes aus in seiner Person gelegenen Gründen nicht zumutbar ist. Die Erteilung einer solchen Bewilligung ist auf der Bewilligungsurkunde zu vermerken. Im Falle der Bewilligung der Verwendung einer Hilfskraft hat die Behörde (Abs. 8) ein Lichtbild dieser Hilfskraft auf der Bewilligungsurkunde anzubringen.

(5) Inhaber von Bewilligungen für den Einkauf und das Einsammeln von Alt- und Abfallstoffen dürfen diese Stoffe nur im Inland veräußern.

(6) Für den Verzicht auf eine Bewilligung für die Ausübung eines Wandergewerbes gelten die Bestimmungen des § 86 sinngemäß.

(7) Hinsichtlich der Entziehung einer Bewilligung zur Ausübung eines Wandergewerbes hat die Behörde (Abs. 8) die Bestimmungen der §§ 87 und 88 sinngemäß anzuwenden; hinsichtlich der Verlustigerklärung des Wandergewerbes durch das Urteil eines Gerichtes gilt § 90 sinngemäß.

(8) Unter Behörde im Sinne der vorhergehenden Absätze ist jene Bezirksverwaltungsbehörde zu verstehen, die die Bewilligung zur Ausübung des betreffenden Wandergewerbes erteilt hat. Wurde die Bewilligung auf Grund einer Berufung oder eines Verlangens gemäß § 73 AVG nicht von der Bezirksverwaltungsbehörde erteilt, so ist unter Behörde im Sinne der vorhergehenden Absätze jene Bezirksverwaltungsbehörde zu verstehen, die in diesem Fall in erster Instanz die Bewilligung zu erteilen gehabt hätte.

(9) Eine Verwaltungsübertretung, die mit einer Geldstrafe bis zu 1 450 € zu ahnden ist, begeht, wer bei der Ausübung der im Abs. 1 genannten Tätigkeiten den Bestimmungen der Abs. 3 bis 5 zuwiderhandelt.

4. (Zu § 5:)

(1) Sofern dieses Bundesgesetz nicht anderes bestimmt, gelten erlangte Gewerbeberechtigungen als Gewerbeberechtigungen für reglementierte Gewerbe oder freie Gewerbe je nach der Einstufung, die die betreffende Tätigkeit auf Grund dieses Bundesgesetzes in seiner jeweils geltenden Fassung erhält.

(2) Ist der Berechtigungsumfang des Gewerbes, dem die betreffende Tätigkeit neu eingereiht wird, größer als der Berechtigungsumfang des bis zum Zeitpunkt des Inkrafttretens der Neueinstufung bestehenden Gewerbes, so gelten, sofern in diesem Bundesgesetz nicht anderes bestimmt wird, die im Zeitpunkt des Inkrafttretens der Neueinstufung bereits erlangten und gemäß Abs. 1 neu

eingestuften Gewerbeberechtigungen als auf jene Tätigkeiten eingeschränkt, die dem bisherigen Berechtigungsumfang entsprechen.

(3) Der Befähigungsnachweis für ein reglementiertes Gewerbe ist nach der gemäß § 375 Abs. 1 Z 74 weiter geltenden Befähigungsnachweisverordnung für das gebundene Gewerbe oder Handwerk zu erbringen, das seiner Bezeichnung oder seinem Berufsbild nach dem neu geschaffenen reglementierten Gewerbe entspricht. Unter den Voraussetzungen des Abs. 2 gilt der Befähigungsnachweis gemäß dem ersten Satz nur für jene Tätigkeiten als erbracht, die dem bisherigen Berechtigungsumfang des neu eingestuften Gewerbes entsprechen.

(4) Im Zeitpunkt des Inkrafttretens des Bundesgesetzes BGBl. Nr. 29/1993 gemäß dem bisher geltenden § 103 Abs. 1 lit. b Z 25 erlangte Gewerbeberechtigungen für die uneingeschränkte Ausübung des Handelsgewerbes gelten als Gewerbeberechtigungen für das Handelsgewerbe gemäß § 124 Z 11.

4a. (Zu § 248 in der Fassung des Bundesgesetzes BGBl. Nr. 532/1993:)

Im Zeitpunkt des Inkrafttretens des Bankwesengesetzes, BGBl. Nr. 532/1993, auf Grund der Bestimmungen des Kreditwesengesetzes erteilte Konzessionen zur Ausübung des Wechselstubengeschäftes gelten als Bewilligungen gemäß § 248.

5. (Zu § 9 Abs. 3:)

Auf Personengesellschaften des Handelsrechtes, bei denen im Zeitpunkt des Inkrafttretens der Gewerbeordnung 1973 der gemäß §§ 3 und 55 der Gewerbeordnung in der bis zum Inkrafttreten der Gewerbeordnung 1973 geltenden Fassung bestellte Geschäftsführer nicht auch ein dem § 14d Abs. 1 und 4, § 13e Abs. 2 oder § 23a Abs. 4 der oben angeführten Gewerbeordnung entsprechender Gesellschafter ist, findet § 9 Abs. 3 bis zum Ausscheiden des Geschäftsführers oder des befähigten Gesellschafters keine Anwendung.

5a. (Übergangsregelungen zu § 10)

Auf noch nicht im Firmenbuch eingetragene Personengesellschaften des Handelsrechtes, deren Gewerbeberechtigung auf einer vor In-Kraft-Treten des Bundesgesetzes BGBl. I Nr. 161/2006 erstatteten Gewerbeanmeldung beruht, sind die Bestimmungen des § 10 und des § 85 Z 2 in der bis zum In-Kraft-Treten des vorangeführten Bundesgesetzes geltenden Fassung anzuwenden.

6. (Zu § 18:)

§ 18 Abs. 1 Z 7 gilt nicht für Absolventen, die den erfolgreichen Abschluß der Meisterschule oder Meisterklasse nicht durch die erfolgreiche Ablegung einer Abschlußprüfung nachgewiesen haben.

7. (Zu § 19:)

(1) entfällt.

(2) Personen, die nach den bis zum Inkrafttreten der Gewerbeordnung 1973 geltenden Vorschriften den Befähigungsnachweis für ein handwerksmäßiges Gewerbe erbringen, das nunmehr Teil eines Handwerks gemäß § 94 ist, erbringen den Befähigungsnachweis für dieses Handwerk gemäß § 94.

(3) entfällt.

8. (Zu § 30:)

Gewerbetreibende, die im Zeitpunkt des Inkrafttretens des Bundesgesetzes BGBl. I Nr. 63/1997 zur Ausübung eines Gewerbes berechtigt sind, das in ein verbundenes Gewerbe eingeordnet wird, sind unter den Voraussetzungen des § 30 Abs. 1 und 4 berechtigt, die Leistungen der anderen Gewerbe zu erbringen, aus denen sich das verbundene Gewerbe zusammensetzt.

9. Soweit bei Gewerben, deren Ausübung den Nachweis einer Befähigung voraussetzt, für den Nachweis der Befähigung weder durch dieses Bundesgesetz noch durch Verordnungen auf Grund dieses Bundesgesetzes Vorsorge getroffen wird, ist die Befähigung nachzuweisen durch Belege, die außer jeden Zweifel stellen, daß wegen der Kenntnisse und Fähigkeiten des Gewerbeanmelders auf dem Gebiet der in Aussicht genommenen gewerblichen Tätigkeit eine fachlich einwandfreie Ausübung dieses Gewerbes zu erwarten ist.

9a. (Pächter:)

Im Zeitpunkt des In-Kraft-Tretens des Bundesgesetzes BGBl. I Nr. 111/2002, aufrechte Pachtverhältnisse werden nicht beeinträchtigt. Auf die Tätigkeit der Pächter sind die bisherigen Vorschriften weiter anzuwenden. Ab dem im ersten Satz genannten Zeitpunkt dürfen Pächter nicht neu bestellt werden. Die Daten über bestehende Pächter und den Widerruf der Übertragung der Ausübung des Gewerbes an einen Pächter sind im GISA weiter zu führen.

9b. (Übergangsregelung zu § 63 Abs.1)

Vordrucke, Bestellscheine, Websites und E-Mail-Adressen haben bei den in § 63 Abs. 1 genannten Gewerbetreibenden spätestens ab 1. Jänner 2010 dem § 63 Abs. 1 in der Fassung des Bundesgesetzes BGBl. I Nr. 161/2006 zu entsprechen, soweit die dort festgelegten Anforderungen von den bis zum 31.12.2006 geltenden Bestimmungen abweichen.

10. (Zu § 68:)

§ 68 Abs. 1 gilt sinngemäß auch für Unternehmen, denen die Auszeichnung, im geschäftlichen Verkehr das Bundeswappen der Republik Österreich zu führen, vor dem Inkrafttreten der Gewerbeordnung 1973 verliehen wurde.

11. (Zu den §§ 74 bis 83:)

(1) Die §§ 79 bis 83 finden auch auf bestehende, nach den bis zum Inkrafttreten der Gewerbeordnung 1973 geltenden Vorschriften genehmigte Betriebsanlagen Anwendung.

(2) Die im Zeitpunkt des Inkrafttretens der Gewerbeordnung 1973 errichteten Betriebsanlagen, die nach den bisher geltenden Vorschriften nicht genehmigungspflichtig waren und nach den Bestimmungen dieses Bundesgesetzes genehmigungspflichtig wären, bedürfen keiner Genehmigung gemäß § 74 Abs. 2; § 79 und § 81 finden sinngemäß Anwendung.

(3) Für die im Zeitpunkt des In-Kraft-Tretens der Novelle BGBl. I Nr. 111/2002 bereits genehmigten Betriebsanlagen sowie für Betriebsanlagen, für die in diesem Zeitpunkt ein Genehmigungsverfahren anhängig ist, ist bis zum 31. Dezember 2003 ein Abfallwirtschaftskonzept gemäß § 353 Z 1 lit. c zu erstellen, wenn in der Betriebsanlage mehr als 20 Arbeitnehmer beschäftigt sind.

(Anm.: Abs. 4 und 5aufgehoben durch BGBl. I Nr. 111/2002)

12. (Zu § 94:)

Personen, die im Zeitpunkt des Inkrafttretens der Gewerbeordnung 1973 zur Ausübung eines handwerksmäßigen Gewerbes berechtigt sind, das nunmehr Teil eines Handwerks gemäß § 94 ist, sind zur Ausübung dieses Handwerks gemäß § 94 berechtigt.

13. Gewerbetreibende, die am Tag vor dem Inkrafttreten des Bundesgesetzes BGBl. I Nr. 85/2013 das Baumeistergewerbe (§ 94 Z 5) oder ein dem Baumeistergewerbe entstammendes Teilgewerbe ausgeübt haben, sind verpflichtet, der Behörde bis spätestens 31. Dezember 2013 den Bestand einer Haftpflichtversicherung für Personen-, Sach- und Vermögensschäden nach § 99 Abs. 7 nachzuweisen. Erfolgt ein solcher Nachweis nicht rechtzeitig, so ist § 99 Abs. 10 sinngemäß anzuwenden.

14. (Zu § 119:)

Fahrradmechanikern, die ihre Berechtigung nach den bis zum Inkrafttreten der Gewerbeordnung 1973 geltenden Bestimmungen erlangt haben, steht auch die Befugnis zur Instandsetzung von Motorrädern mit einem Hubraum von nicht mehr als 150 cm^3 und von Motorfahrrädern zu.

14a. Gewerbetreibende, die am 1. Jänner 1992 zur Ausübung des gebundenen Gewerbes Unternehmensberater einschließlich der Unternehmensorganisatoren (§ 124 Z 16) berechtigt sind, sind auch zur Ausübung der auf den Personenkreis der Führungskräfte eingeschränkten Arbeitsvermittlung berechtigt, ohne hiefür gemäß § 172 den für diese Tätigkeit vorgeschriebenen Teil des Befähigungsnachweises erbringen zu müssen.

14b. (Gastgewerbe:)

(1) Die Betriebsanlage eines Gastgewerbes, für das die Konzession gemäß den Bestimmungen der Gewerbeordnung 1973 in der Fassung vor dem In-Kraft-Treten der Gewerberechtsnovelle 1993, BGBl. Nr. 29/1993, erteilt worden ist, gilt im Umfang der Betriebsräume und der Betriebsflächen, auf die die Gastgewerbekonzession gemäß dem Konzessionserteilungsbescheid lautet, als gemäß § 74 Abs. 2 genehmigte Betriebsanlage. Weiters gilt auch die Betriebsstätte eines Gastgewerbes, für das eine Gast- und Schankgewerbekonzession gemäß den Bestimmungen der vor dem 1. August 1974 in Geltung gestandenen Gewerbeordnung erteilt worden ist, als gemäß § 74 Abs. 2 genehmigte Betriebsanlage, und zwar entsprechend den Plänen und Betriebsbeschreibungen, die Bestandteil des Konzessionserteilungsbescheides sind."

(2) Gastgewerbetreibenden, die in den letzten sechs Monaten vor Inkrafttreten des Bundesgesetzes BGBl. I Nr. 85/2013 die Rechte des § 111 Abs. 4 Z 4 in der Fassung des Bundesgesetzes BGBl. I Nr. 85/2012 ununterbrochen zulässigerweise an einem bestimmten Standort ausgeübt haben, stehen diese Rechte an diesem Standort weiterhin zu.

14c. (zu § 119 Abs. 5:)

Die Genehmigung für die Veranstaltung von Lehrgängen für Lebensberatung hat bis spätetens 1. Jänner 2004 zu erfolgen.

14d. (Handel mit Medizinprodukten:)

Gewerbetreibende, die innerhalb eines Jahres vor dem In-Kraft-Treten des Bundesgesetzes BGBl. I Nr. 111/2002 mindestens sechs Monate lang im Rahmen ihrer

Gewerbeberechtigung überwiegend den Handel mit

Medizinprodukten ausgeübt haben, sind berechtigt, bis zum 1. Juli 2004 den Medizinproduktehandel weiter auszuüben, ohne das entsprechende reglementierte Gewerbe anzumelden. Bisher bestehende Rechte einzelner reglementierter Gewerbe zum Handel mit Medizinprodukten stehen diesen Gewerben auch weiterhin zu."

(Anm.: Z 14eaufgehoben durch BGBl. I Nr. 18/2015)

15. (1) entfällt.

(2) entfällt.

(3) Der Befähigungsnachweis für den Antiquitäten- und Kunstgegenständehandel wird auch durch Personen erbracht, die im Zeitpunkt des Inkrafttretens der Gewerbeordnung 1973 den Befähigungsnachweis für die Ausübung des Handels mit Antiquitäten und Kunstgegenständen nach den bis zum Inkrafttreten dieses Bundesgesetzes geltenden Vorschriften erbringen; hiebei haben sie eine mindestens einjährige kaufmännische Tätigkeit im Handel mit Antiquitäten und Kunstgegenständen nachzuweisen.

(4) Gewerbetreibende, die am Tag vor dem Inkrafttreten des Bundesgesetzes BGBl. I Nr. 85/2012 das Pressefotografengewerbe ausgeübt haben, sind berechtigt, das Gewerbe Pressefotografie und Fotodesign im Umfang des § 150 Abs. 5 letzter Satz auszuüben.

15a. (Chemischputzer und Wäscher und Wäschebügler:)

Gewerbetreibende, die vor dem Inkrafttreten des Bundesgesetzes BGBl. Nr. 399/1988 eine Gewerbeberechtigung für das Gewerbe der Chemischputzer oder für das Gewerbe der Wäscher und Wäschebügler erlangt haben, sind zur Übernahme von Arbeiten für das Handwerk der Textilreiniger berechtigt.

16. (Viehschneider:)

(1) Gewerbetreibende, die im Zeitpunkt des Inkrafttretens des Bundesgesetzes BGBl. Nr. 29/1993 zur Ausübung des Gewerbes der Viehschneider berechtigt sind, dürfen das genannte Gewerbe nach Maßgabe der Abs. 2 und 3 weiter ausüben. Neue Berechtigungen dürfen nicht mehr begründet werden.

(2) Die im Abs. 1 genannten Gewerbetreibenden haben die für die Ausübung ihrer Tätigkeit erforderlichen Geräte in tadellosem Zustand zu erhalten und einen entsprechenden Vorrat an Desinfektionsmitteln mit sich zu führen.

(3) Unmittelbar vor und nach jedem Viehschnitt sind die Geräte und Kleider, das Schuhwerk sowie die Hände der bei der Verrichtung Beschäftigten zu reinigen und entsprechend zu desinfizieren. Vorher darf ein anderes Gehöft oder ein anderer Ort nicht betreten werden.

16a. (Immobilientreuhänder:)

(1) Personen, die schon vor dem Inkrafttreten des § 117 Abs. 7 die Berechtigung zur Ausübung des Gewerbes der Immobilientreuhänder besessen haben, sind verpflichtet, der Behörde vor Ablauf von sechs Monaten nach Inkrafttreten dieser Bestimmung den Bestand einer Vermögensschadenhaftpflichtversicherung nach § 117 Abs. 7 nachzuweisen. Erfolgt ein solcher Nachweis nicht rechtzeitig, so hat die Behörde unverzüglich ein Gewerbeentziehungsverfahren einzuleiten. Die Einleitung des Gewerbeentziehungsverfahrens ist in diesem Fall im GISA zu vermerken.

(2) Gewerbetreibende, die am Tag vor dem Inkrafttreten des Bundesgesetzes BGBl. I Nr. 85/2013 das Gewerbe der Immobilientreuhänder ausgeübt haben, sind verpflichtet, der Behörde vor Ablauf von sechs Monaten nach Inkrafttreten des Bundesgesetzes BGBl. I Nr. 85/2013 den Bestand einer Vermögensschadenhaftpflichtversicherung nach § 117 Abs. 7 nachzuweisen. Erfolgt ein solcher Nachweis nicht rechtzeitig, so ist § 117 Abs. 10 sinngemäß anzuwenden.

17. (Vermögensberater und Verwalter von beweglichem Vermögen:)

Der Entfall des Gewerbes der Vermögensberater und Verwalter von beweglichem Vermögen (§ 124 Z 23 GewO 1994 in der Fassung vor dem Inkrafttreten des Bundesgesetzes BGBl. I Nr. 63/1997) tritt mit Ablauf des 31. Dezember 1997 in Wirksamkeit.

17a. (Kreditvermittlung)

(1) Personen, die am Tag vor dem in § 382 Abs. 80 bestimmten Zeitpunkt des Inkrafttretens des Bundesgesetzes BGBl. I Nr. 155/2015 die Berechtigung zur Ausübung des Gewerbes Gewerbliche Vermögensberatung, sofern die Tätigkeit der Kreditvermittlung nicht durch den Gewerbeumfang ausgeschlossen ist, besessen haben, sind verpflichtet, der Behörde bis spätestens 30. September 2016 bekannt zu geben, ob sie diese Tätigkeit als gebundener Kreditvermittler oder als ungebundener Kreditvermittler (§ 136e Abs. 3) ausüben.

(2) Personen, die am Tag vor dem in § 382 Abs. 80 bestimmten Zeitpunkt des Inkrafttretens des Bundesgesetzes BGBl. I Nr. 155/2015 die Berechtigung zur Ausübung der Tätigkeit des Immobilienmaklers, sofern die Tätigkeit der Kreditvermittlung nicht durch den Gewerbeumfang ausgeschlossen ist, besessen haben, sind verpflichtet, der Behörde bis spätestens 30. September 2016 bekannt zu geben, ob sie diese Tätigkeit als gebundener Kreditvermittler oder als ungebundener Kreditvermittler (§ 136e Abs. 3) ausüben.

(3) Erfolgt eine Mitteilung gemäß Abs. 1 oder Abs. 2 nicht rechtzeitig, so gilt der Kreditvermittler, bis er eine anderslautende Meldung erstattet hat, als gebundener Kreditvermittler.

18. (Versicherungsvermittler)

(1) Gewerbeberechtigungen für das Gewerbe Vermögensberatung (Beratung bei Aufbau und Erhalt von Vermögen und der Finanzierung unter Einschluss insbesondere der Vermittlung von Veranlagungen, Investitionen, Personalkrediten, Hypothekarkrediten und Finanzierungen) werden zu Berechtigungen für das Gewerbe Gewerbliche Vermögensberatung, Gewerbeberechtigungen für das Gewerbe der Versicherungsagenten werden zu Berechtigungen für das Gewerbe Versicherungsvermittlung in der Form Versicherungsagent, Gewerbeberechtigungen für das Gewerbe Versicherungsmakler; Berater in Versicherungsangelegenheiten (verbundene Gewerbe) werden zu Berechtigungen für das Gewerbe Versicherungsvermittlung in der Form Versicherungsmakler und Berater in Versicherungsangelegenheiten. Auch diese müssen bis spätestens 15. Jänner 2005 den neuen Vorschriften entsprechen.

(2) Die gemäß der Verordnung BGBl. II Nr. 95/2003 erbrachten Nachweise über die Erfüllung der Zugangsvoraussetzungen für das Gewerbe der Vermögensberatung (Beratung bei Aufbau und Erhalt von Vermögen und der Finanzierung unter Einschluss insbesondere der Vermittlung

von Veranlagungen, Investitionen, Personalkrediten, Hypothekarkrediten und Finanzierungen) gelten bis zur Erlassung einer neuen Verordnung als Erbringung des Nachweises der Erfüllung der Zugangsvoraussetzungen für das Gewerbe Gewerbliche Vermögensberatung.

(3) Die gemäß der Verordnung BGBl. II Nr. 96/2003 erbrachten Nachweise über die Erfüllung der Zugangsvoraussetzungen für das Gewerbe der Versicherungsagenten gelten bis zur Erlassung einer neuen Verordnung als Erbringung des Nachweises der Erfüllung der Zugangsvoraussetzungen für das Gewerbe Versicherungsvermittlung in der Form Versicherungsagent.

(4) Die gemäß der Verordnung BGBl. II Nr. 97/2003 erbrachten Nachweise über die Erfüllung der Zugangsvoraussetzungen für das Gewerbe der Versicherungsmakler; Berater in Versicherungsangelegenheiten (verbundene Gewerbe) gelten bis zur Erlassung einer neuen Verordnung als Erbringung des Nachweises der Erfüllung der Zugangsvoraussetzungen für das Gewerbe Versicherungsvermittlung in der Form Versicherungsmakler und Berater in Versicherungsangelegenheiten.

(5) Personen, die schon vor dem 15. Jänner 2005 die Berechtigung zum Gewerbe Vermögensberatung, sofern die Tätigkeit der Versicherungsvermittlung nicht durch den Gewerbeumfang ausgeschlossen ist, zum Gewerbe Versicherungsagent oder zum Gewerbe Versicherungsmakler; Berater in Versicherungsangelegenheiten (verbundenes Gewerbe) besessen haben, sind verpflichtet, der Behörde vor Ablauf von sechs Monaten nach Inkrafttreten dieser Bestimmung zur Aufnahme in das (Versicherungs- und Kreditvermittlerregister) den Bestand einer Berufshaftpflichtversicherung oder einer sonstigen Haftungsabsicherung gemäß § 137c Abs. 1 oder 2 mit Gültigkeit spätestens ab 15. Jänner 2005 nachzuweisen. Erfolgt ein solcher Nachweis nicht rechtzeitig, so unterbleibt die Aufnahme und die Behörde hat unverzüglich ein Gewerbeentziehungsverfahren einzuleiten. Die Einleitung des Gewerbeentziehungsverfahrens ist in diesem Fall im GISA (Versicherungs- und Kreditvermittlerregister) zu vermerken. Bei Bedarf unterrichtet die Behörde die zuständigen Behörden des Vertragsstaates des EWR von der Streichung. Bei zum Gewerbe Vermögensberatung Berechtigten, bei denen die Tätigkeit der Versicherungsvermittlung durch den Gewerbeumfang ausgeschlossen ist, erfolgt keine Aufnahme in das (Versicherungs- und Kreditvermittlerregister).

(6) Das Recht zur Ausübung von Tätigkeiten der Versicherungsvermittlung als sonstiges Recht auf Grundlage von § 32 GewO 1994 vor In-Kraft-Treten der Novelle BGBl. I Nr. 131/2004 endet mit 15. Jänner 2005. Personen, die bisher die Tätigkeit der Versicherungsvermittlung nachweislich über einen Zeitraum von mindestens drei Jahren auf Grundlage einer sonstigen Berechtigung gemäß § 32 ausgeübt haben, müssen für die Weiterführung als Nebengewerbe zur Aufnahme in das GISA (Versicherungs- und Kreditvermittlerregister) der Behörde vor Ablauf von sechs Monaten nach In-Kraft-Treten dieser Bestimmung den Bestand einer Berufshaftpflichtversicherung oder einer sonstigen Haftungsabsicherung gemäß § 137c Abs. 1 oder 2 mit Gültigkeit spätestens ab 15. Jänner 2005 nachweisen. Es ist dabei anzugeben, in welcher Form die Versicherungsvermittlung ausgeübt werden soll und ob eine Berechtigung zum Empfang von Prämien oder von für den Kunden bestimmten Beträgen besteht. Nach Ablauf der genannten Frist darf die Tätigkeit nur mehr nach Begründung einer entsprechenden Berechtigung im Verfahren nach §§ 339 und 340 ausgeübt werden.

(7) Anlässlich der Überleitung bestehender Rechte zur Versicherungsvermittlung sind zur Aufnahme in das GISA (Versicherungs- und Kreditvermittlerregister) der Behörde gegenüber auch alle sonstigen Angaben zu machen, die nach diesem Gesetz vorgesehen sind und bei der Behörde noch nicht vorhanden sind, wie etwa betreffend bestehende Agenturverhältnisse oder die Berechtigung zum Empfang von Prämien oder für den Kunden bestimmten Beträgen.

(8) Alle Wortlaute von freien Gewerben, die in irgendeiner Weise, sei es auch in der Kurzbezeichnung, auf Tätigkeiten hinweisen, die in weiterer Folge zu einer Versicherungsvermittlung führen sollen, sei es insbesondere zur bloßen Benennung oder Namhaftmachung von Versicherungskunden, Versicherungsvermittlern oder Versicherungsunternehmen („Tippgeber“) oder in jeder anderen Weise, werden mit 15. Jänner 2005 zum freien Gewerbe „Namhaftmachung von Personen, die an der Vermittlung von Versicherungsverträgen interessiert sind, an einen Versicherungsvermittler oder ein Versicherungsunternehmen unter Ausschluss jeder einem zur Versicherungsvermittlung berechtigten Gewerbetreibenden vorbehaltenen Tätigkeit“. Diesem Gewerbe ist insbesondere eine auf einen bestimmten Versicherungsbedarf gerichtete über die allgemeinen Daten des Kunden hinausgehende Informationsaufnahme beim Kunden und insbesondere die Einholung der Unterschrift des Kunden auf einem Versicherungsantrag untersagt.

(9) Auf Personen, die zum Zeitpunkt des Inkrafttretens des Bundesgesetzes BGBl. I Nr. 18/2015 die Tätigkeit der Versicherungsvermittlung ausgeübt haben, ist § 137f Abs. 1 mit der Maßgabe anzuwenden, dass die bei der Versicherungsvermittlung verwendeten eigenen Papiere und Schriftstücke bis zum Ablauf von drei Jahren nach Inkrafttreten des Bundesgesetzes BGBl. I Nr. 18/2015 anstelle der GISA-Zahl die Gewerberegisternummer enthalten dürfen.

(10) Die Weiterbildungsverpflichtungen nach § 136a Abs. 6 und § 137b Abs. 3 beginnen einheitlich mit 1.1.2019 neu zu laufen.

(11) Nebengewerbliche Tätigkeiten im Sinne des § 137 Abs. 1 sind nur soweit zulässig, als

1. ein zwingender und wirtschaftlich sinnvoller enger Zweckzusammenhang mit dem Hauptinhalt des jeweiligen Geschäftsfalles besteht,
2. ein zwingender und wirtschaftlich sinnvoller enger Zweckzusammenhang zwischen den vermittelten Versicherungsverträgen und dem Haupttätigkeitsinhalt des Gewerbetreibenden besteht und
3. im Rahmen des jeweiligen Geschäftsfalles der Umsatzerlös aus der Versicherungsvermittlung einen Anteil von 20vH des Umsatzerlöses aus dem damit verbundenen Hauptgeschäftsfall nicht überschreitet.

Ein Nebengewerbe der Versicherungsvermittlung kann bis spätestens 31. Dezember 2008 neu begründet werden. Soweit nichts Abweichendes bestimmt ist, gelten für nebengewerbliche Tätigkeiten die Bestimmungen über Versicherungsvermittlung.

(12) Personen, die am Tag vor dem in § 382 Abs. 98 bestimmten Zeitpunkt des Inkrafttretens des Bundesgesetzes BGBl. I Nr. 112/2018 eine Berechtigung zur Ausübung der Tätigkeit der Versicherungsvermittlung

1. ohne Beschränkung auf eine bestimmte Form oder
2. eine Berechtigung zu Tätigkeiten der Versicherungsvermittlung in der Form Versicherungsagent und eine Berechtigung zur Tätigkeit in der Form Versicherungsmakler oder
3. mehrere Berechtigungen, die zur Versicherungsvermittlung in verschiedenen Formen berechtigen, sei es darunter auch im dem Gewerblichen Vermögensberater oder dem Nebengewerbe der Versicherungsvermittlung oder einem eingeschränkten Gewerbe zustehenden Umfang besessen haben,

sind verpflichtet, der Behörde bis spätestens zwölf Monate nach dem in § 382 Abs. 98 bestimmten Zeitpunkt des Inkrafttretens des Bundesgesetzes BGBl. I Nr. 112/2018 mitzuteilen, ob sie die Berechtigung oder, wenn es sich um mehrere Berechtigungen handelt, diese, entweder als Versicherungsvermittlung in der Form Versicherungsagent oder in der Form Versicherungsmakler ausüben wollen. Sind mehrere Berechtigungen vorhanden, hat die Erklärung hinsichtlich derselben einheitlich dieselbe Form zu bezeichnen. Übrige Berechtigungen gelten ab der Eintragung der gewünschten Form durch die Behörde als ruhend und sind von der Behörde im GISA entsprechend einzutragen.

(13) Erfolgt eine Mitteilung gemäß Abs. 12 nicht rechtzeitig, so gelten bestehende Berechtigungen bis eine anderslautende Meldung erstattet wurde, als Berechtigungen zur Versicherungsvermittlung in der Form Versicherungsagent, übrige Berechtigungen gelten als ruhend (§ 93) und sind als solche im GISA einzutragen.

(14) Auf Personen, die am Tag vor dem in § 382 Abs. 98 bestimmten Zeitpunkt des Inkrafttretens des Bundesgesetzes BGBl. I Nr. 112/2018 die Tätigkeit der Versicherungsvermittlung ausgeübt haben, sind § 137c Abs. 1 vorletzter und letzter Satz mit der Maßgabe anzuwenden, dass sie der Behörde den Nachweis bis spätestens zwölf Monate nach dem in § 382 Abs. 98 bestimmten Zeitpunkt des Inkrafttretens des Bundesgesetzes BGBl. I Nr. 112/2018 zu erbringen haben. Der Nachweis gilt auch als erbracht, wenn das Versicherungsunternehmen bis zum Ablauf der Frist nicht gemäß § 92 Abs. 2 angezeigt hat, dass die Nachhaftung zeitlich begrenzt ist.

19. (Zu § 183:)

§ 183 Abs. 2 gilt, soweit er sich auf § 183 Abs. 1 Z 1 bis 3 bezieht, nicht für Inhaber von Berechtigungen, die von der Übergangsbestimmung des Art. IV Z 7 der Gewerberechtsnovelle 1965, BGBl. Nr. 59, Gebrauch gemacht haben.

19a. (Zu § 188 Abs. 1:)

Die gemäß § 375 Abs. 1 Z 37 als Bundesgesetz in Geltung stehenden Vorschriften sind, soweit sie auf Faustfeuerwaffen anzuwenden sind, ab dem 1. Jänner 1986 auch auf andere nichtmilitärische Feuerwaffen als Faustfeuerwaffen anzuwenden, soweit nicht § 138 Abs. 1 GewO 1973 in seiner ab dem 1. Jänner 1986 in Geltung stehenden Fassung besondere Regelungen trifft.

20. (Zu § 188 Abs. 5:)

Die Bestimmung des § 188 Abs. 5 über die Aufbewahrung und Ablieferung der Waffenbücher findet auf die Waffenbücher und Waffenhandelsbücher, die auf Grund der Bestimmungen der §§ 15 bis 18 der Verordnung zur Durchführung des Waffengesetzes vom 19. März 1938, deutsches RGBl. I S. 270, in der Fassung der Dritten Verordnung zur Durchführung des Waffengesetzes vom 31. März 1939, deutsches RGBl. I

S. 656, geführt worden sind, sinngemäße Anwendung.

20a. (Zu § 189:)

Bereits vor dem 1. Jänner 1986 in den inländischen Verkehr gebrachte nichtmilitärische Feuerwaffen, auf die § 139 GewO 1973 in der vor dem 1. Jänner 1986 in Geltung gestandenen Fassung nicht anzuwenden war, dürfen nach dem 31. Dezember 1985 nur dann weiter in den inländischen Verkehr gebracht werden, wenn sie mit der Bezeichnung des Gewerbetreibenden, der die Waffe erstmals nach dem 31. Dezember 1985 in den inländischen Verkehr gebracht hat, und mit einer fortlaufenden Nummer gekennzeichnet sind.

21. entfällt.
22. (Zu § 202:)

(1) Personen, die vor dem Inkrafttreten des Bundesgesetzes vom 17. Juli 1957, BGBl. Nr. 179, ein Gewerbe angemeldet haben, das die Verfassung von Plänen oder Berechnungen auf dem Gebiete des Hoch- und Tiefbaues zum Gegenstand hat, dürfen ihre Tätigkeit nur dann weiter ausüben, wenn sie oder ein von ihnen nach den gewerberechtlichen Vorschriften bestellter Geschäftsführer oder Pächter den in den §§ 9 bis 12 des Gesetzes vom 26. Dezember 1893, RGBl. Nr. 193, betreffend die Regelung der konzessionierten Baugewerbe, oder in einer auf Grund der §§ 22 und 24 der Gewerbeordnung 1973 erlassenen Verordnung den für die Erlangung einer Konzession für das Baumeistergewerbe vorgeschriebenen Befähigungsnachweis erbringen.

(2) Personen, die vor dem Inkrafttreten des Bundesgesetzes vom 17. Juli 1957, BGBl. Nr. 179, durch acht Jahre ein im Abs. 1 genanntes Gewerbe ausgeübt haben oder in einem zur Verfassung von Plänen oder Berechnungen auf dem Gebiete des Hoch- oder Tiefbaues befugten Betriebe einschlägig beschäftigt worden sind, sind bei der Erbringung dieses Befähigungsnachweises (Abs. 1) von dem Nachweis der Erlernung des Baumeistergewerbes und der praktischen Ausbildung befreit, wenn der Befähigungsnachweis nur der Weiterführung des im Abs. 1 bezeichneten Gewerbes dient.

(3) Die Befugnis von Personen, die vor dem Inkrafttreten des Bundesgesetzes vom 17. Juli 1957, BGBl. Nr. 179, eine Berechtigung für das konzessionerte *(Anm.: richtig: konzessionierte)* Baumeistergewerbe erlangt haben, in den nicht als ausgenommen erklärten Orten (§ 2 Abs. 2 des Gesetzes vom 26. Dezember 1893, RGBl. Nr. 193) Arbeiten des Zimmermeistergewerbes auch auszuführen, bleibt unberührt.

(4) Die Befugnis von Personen, die vor dem Inkrafttreten der Gewerbeordnung 1973 eine Berechtigung für das konzessionierte Baumeistergewerbe erlangt haben, in den nicht als ausgenommen erklärten Orten (§ 2 Abs. 2 des Gesetzes vom 26. Dezember 1893, RGBl. Nr. 193) Arbeiten des Steinmetz- und Brunnenmeistergewerbes auch auszuführen, bleibt unberührt.

(5) Die Befugnis von Personen, die vor dem Inkrafttreten der Gewerbeordnung 1973 eine Berechtigung für das konzessionierte Baumeistergewerbe erlangt haben, die Arbeiten des Gewerbes der Aufstellung von Lüftungs-, Zentralheizungs- und Warmwasserbereitungsanlagen (§ 94 Z 15) auch auszuführen, bleibt unberührt.

(6) Wer ein im Abs. 1 genanntes Gewerbe ausübt, ohne den dort vorgeschriebenen Befähigungsnachweis selbst oder durch einen von ihm bestellten Geschäftsführer oder Pächter zu erbringen, oder den im Abs. 2 aufgestellten Voraussetzungen zu entsprechen, begeht eine Verwaltungsübertretung, die mit einer Geldstrafe bis zu 30 000 S zu ahnden ist.

23.

(1) § 3 des Gesetzes vom 26. Dezember 1893, RGBl. Nr. 193, über die Befugnisse der Maurermeister ist auf Personen, die vor dem Inkrafttreten der Gewerbeordnung 1973 eine Berechtigung für das konzessionierte Maurermeistergewerbe erlangt haben, weiterhin anzuwenden.

(2) Personen, die im Zeitpunkt des Inkrafttretens der Gewerbeordnung 1973 die als Voraussetzung für die Erteilung einer Konzession für das Maurermeistergewerbe vorgesehene Befähigung nachweisen, erbringen hiedurch den Befähigungsnachweis für das auf die Ausübung von Maurermeistertätigkeiten eingeschränkte Baumeistergewerbe.

GewO

24. (Zu § 205:)

§ 4 des Gesetzes vom 26. Dezember 1893, RGBl. Nr. 193, über die Befugnisse der Zimmermeister ist auf Personen, die vor dem Inkrafttreten der Gewerbeordnung 1973 eine Berechtigung für das konzessionierte Zimmermeistergewerbe erlangt haben, weiterhin anzuwenden.

25. (Zu § 205 Abs. 3:)

Zimmermeister dürfen die im § 205 Abs. 3 angeführten Arbeiten auch unter der Leitung eines Maurermeisters ausführen, der die Berechtigung zum Betrieb seines Gewerbes nach den bis zum Inkrafttreten der Gewerbeordnung 1973 geltenden Rechtsvorschriften erlangt hat, oder unter der Leitung eines Gewerbetreibenden, der seine Berechtigung auf Grund der Z 23 Abs. 2 erlangt hat.

26. (Steinmetzmeister einschließlich Kunststeinerzeuger und Terrazzomacher:) Die Befugnis des Steinmetzmeisters einschließlich Kunststeinerzeugers und Terrazzomachers zu den im § 206 Abs. 1 Z 2 genannten Arbeiten gilt auch unbeschadet des Rechtes jener Maurermeister zu den erforderlichen Ausmauerungsarbeiten für Grabmonumente und Grüfte, die die Berechtigung zum Betrieb ihres Gewerbes nach den bis zum Inkrafttreten der Gewerbeordnung 1973 geltenden Rechtsvorschriften erlangt haben, und unbeschadet des Rechtes von Gewerbetreibenden, die ihre Konzession auf Grund der Z 23 Abs. 2 erlangt haben.

27. Gewerbetreibende, die am Tag vor dem Inkrafttreten des § 150 Abs. 2a bis Abs. 2c in der Fassung des Bundesgesetzes BGBl. I Nr. 94/2017 zur Ausübung der Gewerbe

a) Aufräumen von Baustellen, bestehend im Zusammentragen und eigenverantwortlichem Trennen von Bauschutt und -abfällen entsprechend der Wiederverwertbarkeit einschließlich des Bereitstellens zum Abtransport sowie im Reinigen von Baumaschinen und Bauwerkzeugen durch Beseitigen von Rückständen mittels einfacher mechanischer Methoden, wie Abkratzen, Abspachteln und dergleichen und nachfolgendem Abspritzen mit Wasser, unter Verwendung ausschließlich eigener Arbeitsgeräte oder

b) Bauwerksabdichter (Abdichter gegen Feuchtigkeit, Druckwasser und Zugluft, Schwarzdecker) oder

c) Statisch nicht belangreiche Demontage und Entfernung von dauerhaft mit dem Mauerwerk verbundenen Gegenständen wie etwa Fliesen, Türstöcken, Fensterstöcken, Fußböden sowie von Gipskartonwänden sowie von fest verschraubten Gegenständen, wie etwa Sanitäranlagen, zur Vorbereitung des Abrisses des Gebäudes oder

d) Verspachteln von bereits montierten Gipskartonplatten oder

e) Verschließen von Bauwerksfugen

berechtigt sind und diese Gewerbe mindestens sechs Monate ausgeübt haben, dürfen diese Tätigkeiten aufgrund der bisherigen Rechtslage weiterhin ausüben. Die in lit. a genannte Berechtigung schließt die Grund- oder Bauschlussreinigung nicht ein und die in lit. c genannte Berechtigung darf nur mit der Maßgabe ausgeübt werden, dass vor Ausführung der Tätigkeiten eine Begutachtung und Beurteilung durch einen befugten Baumeister oder Baugewerbetreibenden, eingeschränkt auf Erdbau, zur Vorbereitung des Abrisses des Gebäudes durch befugte Baumeister oder Baugewerbetreibende, eingeschränkt auf Erdbau, erfolgt ist und außerdem vor der Ausführung von den dazu befugten Gewerbetreibenden sämtliche Öl-, Dampf-, Strom-, Gas- und Wasserleitungen und Rohre ordnungsgemäß nach den jeweils geltenden Vorschriften und Richtlinien von den Versorgungsnetzen getrennt und für den Abbruch vorbereitet wurden, sowie entsprechende schriftliche Bestätigungen ausgestellt wurden, die während der Ausführung am Ausführungsort und danach für die Dauer eines Jahres ab Beendigung der Ausführung am Standort zur jederzeitigen Einsichtnahme durch die Behörde bereit zu halten sind.

27a. entfällt.

28. (Zu § 113 Abs. 2:)

(1) Gewerbetreibende, die zur Ausübung von bis zum Inkrafttreten der Gewerbeordnung 1973 erteilten, nicht auf bestimmte Kehrgebiete gemäß § 106 Abs. 2 erster Satz eingeschränkten Konzessionen zum Betrieb des Rauchfangkehrergewerbes berechtigt sind, dürfen Kehrarbeiten nur in den Kehrgebieten verrichten, in denen sie ihren Standort haben.

(2) Die im Abs. 1 genannten Gewerbetreibenden, die – abgesehen von den Fällen gemäß § 106 Abs. 2 zweiter Satz – Kehrarbeiten in einem Kehrgebiet verrichten, in dem sie nicht ihren Standort haben, begehen hiedurch eine Verwaltungsübertretung, die mit einer Geldstrafe bis zu 2 180 € zu ahnden ist.

(Zu § 102 und § 104:)

(2a) Gewerbetreibende, die zum Zeitpunkt des Inkrafttretens des Bundesgesetzes BGBl. I Nr. 48/2015 zur Ausübung des Rauchfangkehrergewerbes mit einer Einschränkung auf ein Kehrgebiet berechtigt waren oder Kehrarbeiten nur in den Kehrgebieten verrichten durften, in denen sie ihren Standort haben, dürfen sicherheitsrelevante Tätigkeiten im Sinne des § 120 Abs. 1 zweiter Satz in der Fassung des Bundesgesetzes BGBl. I Nr. 48/2015 für das entsprechende Kehrgebiet im Sinne des § 123 Abs. 2 in der Fassung des Bundesgesetzes BGBl. I Nr. 48/2015 ausüben; die sonstigen Tätigkeiten des Rauchfangkehrergewerbes dürfen ohne Einschränkung auf ein Kehrgebiet ausgeübt werden.

(3) In Personengesellschaften des Handelsrechtes, denen die Konzession für das Rauchfangkehrergewerbe vor dem 1. Jänner 1989 erteilt wurde, dürfen nach diesem Zeitpunkt juristische Personen und Personengesellschaften des Handelsrechtes nicht mehr als persönlich haftende Gesellschafter neu eintreten, widrigenfalls die Gewerbeberechtigung von der Behörde (§ 361 Abs. 1) zu entziehen ist. Für natürliche Personen, die nach dem genannten Zeitpunkt geschäftsführungs- und vertretungsbefugte Gesellschafter einer solchen Personengesellschaft des Handelsrechtes werden, gilt § 102 Abs. 1 Z 2; bei Nichterfüllung dieser Bestimmung ist die Gewerbeberechtigung gemäß § 102 Abs. 3 zu entziehen. Gewerbeberechtigungen von Personengesellschaften des Handelsrechtes im Sinne des ersten Satzes, deren persönlich haftende Gesellschafter nach Ablauf von fünf Jahren ab dem Inkrafttreten des Bundesgesetzes BGBl. Nr. 29/1993 nicht ausschließlich natürliche Personen sind, erlöschen mit Ablauf der genannten Frist.

(4) Bei juristischen Personen, denen vor dem 1. Jänner 1989 die Konzession für das Rauchfangkehrergewerbe erteilt wurde, müssen Personen, die nach diesem Zeitpunkt in das zur gesetzlichen Vertretung berufene Organ der juristischen Person berufen werden, ihren Wohnsitz im Inland haben und österreichische Staatsbürger sein, widrigenfalls die Gewerbeberechtigung durch die Behörde (§ 361 Abs. 1) zu entziehen ist. Gewerbeberechtigungen von juristischen Personen im Sinne des ersten Satzes erlöschen mit Ablauf von fünf Jahren ab dem Inkrafttreten des Bundesgesetzes BGBl. Nr. 29/1993.

(5) Eine Ausübung des Rauchfangkehrergewerbes im Sinne des § 102 Abs. 1 Z 1 und des § 104 liegt auch vor, wenn dem Anmelder ein maßgebender Einfluß auf den Betrieb der Geschäfte einer zur Ausübung des Rauchfangkehrergewerbes berechtigten juristischen Person zusteht.

(6) Die zum Zeitpunkt des Inkrafttretens des Bundesgesetzes BGBl. I Nr. 63/1997 zur Ausübung des Raufangkehrerhandwerks *(Anm.: richtig: Rauchfangkehrerhandwerks)* berechtigten Personengesellschaften des Handelsrechtes müssen ihre Hauptniederlassung im Inland haben. Die geschäftsführungs- und vertretungsbefugten Gesellschafter müssen die österreichische Staatsbürgerschaft besitzen sowie ihren Wohnsitz im Inland haben. Die Gewerbeberechtigung ist von der Behörde (§ 361 Abs. 1) zu entziehen, wenn diese Voraussetzungen nicht mehr zur Gänze erfüllt werden.

(7) Eine Ausübung des Rauchfangkehrerhandwerks im Sinne des § 102 Abs. 1 Z 1 liegt vor, wenn der Anmelder persönlich haftender Gesellschafter einer Personengesellschaft des Handelsrechtes ist, die zur Ausübung des Rauchfangkehrerhandwerks berechtigt ist, oder wenn dem Anmelder sonst ein maßgebender Einfluß auf den Betrieb der Geschäfte einer zur Ausübung des Rauchfangkehrerhandwerks berechtigten Personengesellschaft des Handelsrechtes zusteht.

(8) Abweichend von § 9 Abs. 3 erster Satz muß der Geschäftsführer einer Personengesellschaft des Handelsrechtes persönlich haftender Gesellschafter sein, der nach dem Gesellschaftsvertrag zur Geschäftsführung und zur Vertretung der Gesellschaft berechtigt ist. Eine Ausübung des Rauchfangkehrerhandwerks im Sinne des § 104 liegt auch vor, wenn auf den Geschäftsführer oder Pächter die Voraussetzungen des Abs. 7 zutreffen.

28a. entfällt.

29. entfällt.

30. (Zu § 166 in der Fassung des Bundesgesetzes BGBl. Nr. 29/1993:)

(1) Eine im Zeitpunkt des Inkrafttretens des Bundesgesetzes BGBl. Nr. 29/1993 bereits erlangte Konzession zur Ausübung einer Teilberechtigung gemäß dem bisher geltenden § 208 Abs. 3 Z 1, 2 oder 3 darf als Gewerbeberechtigung für das entsprechend der bisherigen Teilberechtigung eingeschränkte Reisebürogewerbe weiter ausgeübt werden.

(2) Personen, die im Zeitpunkt des Inkrafttretens des Bundesgesetzes BGBl. Nr. 29/1993 den Nachweis der Befähigung für eine Konzession zur Ausübung einer Teilberechtigung des Reisebürogewerbes gemäß dem bisher geltenden § 208 Abs. 3 Z 1 oder 2 erbracht haben, dürfen Gewerbeanmeldungen auch mit einer Einschränkung erstatten, die einer Teilberechtigung gemäß dem bisher geltenden § 208 Abs. 3 Z 1 oder 2 entspricht.

31. (Zu § 166:)

(1) entfällt.

(2) Gewerbetreibenden, die zur Ausübung der nachstehenden, bis zum Inkrafttreten der Gewerbeordnung 1973 erteilten Konzessionen gemäß der Reisebüroverordnung 1935, BGBl. Nr. 148, berechtigt sind, stehen überdies folgende Berechtigungen zu:

a) Inhabern von Konzessionen gemäß § 2 lit. a dieser Verordnung die Vermittlung und Besorgung von Fahrausweisen sowie die Vermittlung von Personenbeförderungen durch Verkehrsunternehmen jeder Art;
b) Inhabern von Konzessionen gemäß § 2 lit. b dieser Verordnung die Vermittlung von Gesellschaftsfahrten;
c) Inhabern von Konzessionen gemäß § 2 lit. d dieser Verordnung die Vermittlung und die Besorgung von Unterkunft oder Verpflegung für Reisende und die Führung eines Fremdenzimmernachweises.

(3) entfällt.

32. entfällt.

32a. (Elektrotechniker:)

Im Zeitpunkt des Inkrafttretens des Bundesgesetzes BGBl. Nr. 29/1993 erlangte Konzessionen für die Ausübung des Gewerbes der Elektroinstallation der Unterstufe gelten als Bewilligungen für die Ausübung des Gewerbes der Elektrotechniker gemäß § 127 Z 9.

33. entfällt.

33a. entfällt.

34. (Schädlingsbekämpfung)

Bis zur Erlassung bundesgesetzlicher Regelungen, die eine Zulassung der Verwendung von Schädlingsbekämpfungsmitteln vorsehen, ist die Verwendung von Schwefelkohlenstoff, Tetrachloräthan und Trichloräthylen zur Raumdurchgasung verboten.

34a. entfällt.

34b. entfällt.

34c. (Ausgleichsvermittler:)

(1) Gewerbetreibende, die im Zeitpunkt des Inkrafttretens des Bundesgesetzes BGBl. Nr. 29/1993 zur Ausübung des Gewerbes der Ausgleichsvermittler berechtigt sind, dürfen das genannte Gewerbe nach Maßgabe der Abs. 2 bis 7 weiter ausüben. Neue Berechtigungen dürfen nicht mehr begründet werden.

(2) Die im Abs. 1 genannten Gewerbetreibenden sind verpflichtet, Bücher zu führen, aus denen der genaue Inhalt der vermittelten außergerichtlichen Ausgleiche und Sanierungsplanabschlüsse (Namen der Schuldner und Gläubiger, Gesamtsumme der Forderungen, Quote, allenfalls einzelnen Gläubigern eingeräumte besondere Vorteile, sofern deren Gewährung überhaupt zulässig ist, Namen der allfälligen Bürgen) und die Höhe der Entlohnung hervorzugehen hat.

(3) Die im Abs. 1 genannten Gewerbetreibenden sind verpflichtet, die im Abs. 2 genannten Bücher durch sieben Jahre aufzubewahren. Die Frist von sieben Jahren läuft vom Schluß jenes Kalenderjahres, in dem die letzte Eintragung vorgenommen wurde.

(4) Im Falle der Endigung der Gewerbeberechtigung sind die im Abs. 2 genannten Bücher an die Bezirksverwaltungsbehörde abzuliefern.

(5) Den im Abs. 1 genannten Gewerbetreibenden ist jegliche Werbung, insbesondere die Werbung für ihre Tätigkeit in Zeitungen, Rundschreiben u. dgl., untersagt. Sie dürfen ohne vorherige ausdrückliche schriftliche Aufforderung Schuldner weder persönlich aufsuchen noch sie durch dritte Personen aufsuchen lassen, um ihnen ihre Vermittlungstätigkeit anzubieten oder ihnen einen außergerichtlichen Ausgleich oder den Abschluss eines Sanierungsplanes im Rahmen eines Sanierungsverfahrens mit Eigenverwaltung (§§ 169 ff. IO) nahezulegen, noch dürfen sie ihnen unaufgefordert auf andere Art ihre Tätigkeit anbieten.

(6) Eine Ausnahme vom Verbot des Abs. 5 besteht nur für die Fälle, in denen den im Abs. 1 genannten Gewerbetreibenden hinsichtlich eines Schuldners nachweislich bekannt ist, dass über das Vermögen des Schuldners die Eröffnung eines Insolvenzverfahrens beantragt wurde oder der Schuldner mehr als drei Gläubigern einen außergerichtlichen Ausgleich angetragen hat.

(7) Die im Abs. 1 genannten Gewerbetreibenden sind zur berufsmäßigen Parteienvertretung in Insolvenzverfahren vor dem Gerichtshof erster Instanz und vor Behörden befugt. Die im Abs. 1 genannten Gewerbetreibenden sind verpflichtet, beim Verkehr mit den Gläubigern der von ihnen vertretenen Schuldner ausdrücklich darauf hinzuweisen, daß sie als Vertreter dieser Schuldner auftreten.

35. entfällt.
36. entfällt.
36a. entfällt.
37. entfällt.
38. entfällt.
39. Wenn Rechtsvorschriften auf die Strafbestimmungen der Gewerbeordnung verweisen, sind für Übertretungen dieser Rechtsvorschriften, sofern keine Übertretung gemäß §§ 366 bis 368 dieses Bundesgesetzes vorliegt, die im § 368 Z 14 vorgesehenen Strafen zu verhängen.
40. entfällt.
41. (Zu § 287 Abs. 3:)

(1) Bis zur Erlassung der im § 287 Abs. 3 vorgesehenen Verordnung, mit der jene Waren bezeichnet werden, die auf Märkten nicht feilgehalten werden dürfen, ist das Feilhalten von Bettfedern, Obstbäumen, Obststräuchern und Reben auf Märkten verboten.

(2) Wer das Verbot gemäß Abs. 1 übertritt, begeht eine Verwaltungsübertretung, die mit einer Geldstrafe bis zu 1 450 € zu ahnden ist.

42. (Prüfungen:)

Die im Zeitpunkt des In-Kraft-Tretens des Bundesgesetzes BGBl. I Nr. 111/2002 vom Landeshauptmann anberaumten Prüfungen sind bis zum Abschluss der laufenden Prüfungsverfahren und der daraus hervorgehenden Wiederholungsprüfungen vom Landeshauptmann organisatorisch abzuwickeln. Die auf Grund der bisherigen Vorschriften gebildeten Prüfungskommissionen bleiben noch acht Monate lang ab dem genannten Zeitpunkt im Amt. Erfordert die Bildung einer Prüfungskommission die Einsetzung zusätzlicher Fachleute gemäß § 351 Abs. 2, so bleiben die nach den bisherigen Vorschriften zusammengesetzten Prüfungskommissionen bis zur Erlassung einer Verordnung gemäß § 352a Abs. 2 in Funktion.

43. entfällt.
44.

(1) Den zur Ausübung des Mechanikergewerbes im Zeitpunkt des Inkrafttretens der Gewerbeordnung 1973 berechtigten Gewerbetreibenden stehen weiterhin die Befugnisse gemäß § 1b Abs. 4 der Gewerbeordnung in der im Zeitpunkt des Inkrafttretens der Gewerbeordnung 1973 geltenden Fassung zu.

(2) Den Getreidemüllern (§ 124 Z 9) steht weiterhin die Befugnis gemäß § 1b Abs. 5 der Gewerbeordnung in der bis zum Inkrafttreten der Gewerbeordnung 1973 geltenden Fassung zu.

45. entfällt.

(Anm.: Z 46 aufgehoben durch VfGH, BGBl. I Nr. 9/2000)

47.

(1) Bis zur Neuregelung der einschlägigen Bestimmungen bleiben die §§ 72, 73 und 76 bis 78e, 82 bis 84, 86, 88 und 90 bis 92 der Gewerbeordnung in der bis zum Inkrafttreten der Gewerbeordnung 1973 geltenden Fassung aufrecht.

(2) Bis zur Neuregelung der einschlägigen Bestimmungen begeht eine Verwaltungsübertretung, wer den Bestimmungen

a) der §§ 78 bis 78b, 88 oder 90 der Gewerbeordnung in der bis zum Inkrafttreten der Gewerbeordnung 1973 geltenden Fassung,
b) entfällt.
c) entfällt.
d) entfällt.

zuwiderhandelt.

(3) Eine Verwaltungsübertretung gemäß Abs. 2 ist mit einer Geldstrafe bis zu 2 180 € zu ahnden.

(4) Auf die gemäß Abs. 3 verhängten Geldstrafen ist § 372 Abs. 1 nicht anzuwenden.

48. (Übergangsregelungen für bereits genehmigte Schieß- und Sprengmittelanlagen):

(1) Am Tag des In-Kraft-Tretens des Bundesgesetzes BGBl. I Nr. 15/2006 nach dem Schieß- und Sprengmittelgesetz bereits genehmigte im § 2

Z 16 genannte Anlagen zur Erzeugung und Verarbeitung von Schieß- und Sprengmitteln oder Anlagen zur Lagerung von Schieß- und Sprengmitteln gelten als nach diesem Bundesgesetz genehmigt.

(2) Bedingungen, Beschränkungen und Anordnungen in einer nach dem Schieß- und Sprengmittelgesetz erteilten Genehmigung im Sinne des Abs. 1 bleiben aufrecht. Dies gilt insbesondere auch hinsichtlich des in einer solchen Genehmigung festgelegten Gefährdungsbereiches (des Raumes um eine Schieß- und Sprengmittelanlage, der im Falle eines Zündschlages noch gefährdet ist). Hinsichtlich des Gefährdungsbereiches gilt Folgendes:

a) In dem Raum um eine Anlage, in dem bei einem Zündschlag schwere Schäden mit Sicherheit zu erwarten sind (engerer Gefährdungsbereich), ist die Errichtung von Anlagen und Baulichkeiten jeder Art verboten, die nicht zur Schieß- und Sprengmittelanlage gehören. Die Herstellung von unter die Erde verlegten Kanal-, Wasserleitungs-, Gasleitungs- und elektrischen Anlagen ist, auch wenn diese Anlagen nicht zur Schieß- und Sprengmittelanlage gehören, unter den von der Behörde zu stellenden Bedingungen unter der Voraussetzung zulässig, dass die Schieß- und Sprengmittelanlage durch die Errichtung, den Bestand oder Betrieb solcher Anlagen nicht gefährdet wird.
b) Die Errichtung von Anlagen oder Baulichkeiten in dem Raum um eine Anlage, in dem bei einem Zündschlag nicht jede schädigende Wirkung ausgeschlossen erscheint (weiterer Gefährdungsbereich), ist nur zulässig, wenn neben den nach sonstigen Vorschriften erforderlichen Bewilligungen auch die zur Genehmigung der Schieß- und Sprengmittelanlage zuständige Behörde auf Ansuchen des Bauwerbers mit Bescheid die Zustimmung erteilt hat.

(3) Auf Verfahren zur Änderung einer Anlage gemäß Abs. 1 sind die Bestimmungen dieses Bundesgesetzes mit der Maßgabe anzuwenden, dass der Gefährdungsbereich in die Beurteilung der Gefahren im Falle eines Zündschlages weiterhin einzubeziehen ist. Anlagenänderungen dürfen nur dann genehmigt werden, wenn die Gefährdung im Falle eines Zündschlages nicht über den bestehenden Gefährdungsbereich hinausgeht. Wird durch die Änderungsgenehmigung sichergestellt, dass die Gefahr im Falle eines Zündschlages nicht mehr für den gesamten Gefährdungsbereich besteht, so ist dieser nach dem Stand der Technik (§ 71a) einzuschränken.

(4) In Genehmigungen im Sinne des Abs. 1 und 2 festgelegte Entschädigungsbeträge sind so lange zu zahlen, als der im Genehmigungsbescheid genannte Grund für die Festlegung des Entschädigungsbetrages weiter besteht.

(5) Wird eine Anlage gemäß Abs. 1 aufgelassen, so hat die Behörde die Löschung allenfalls auf Grund des Schieß- und Sprengmittelgesetzes in der Fassung vor In-Kraft-Treten des Bundesgesetzes, BGBl. I Nr. 15/2006, vorgenommener grundbücherlicher Ersichtlichmachungen zu veranlassen. Entsprechende Veranlassungen hat die Behörde auch im Falle der Einschränkung des Gefährdungsbereiches im Sinne des Abs. 3 zu treffen.

(Anm.: Abs. 6 aufgehoben durch BGBl. I Nr. 125/2013)

49. (Pyrotechnikunternehmen:)

Gewerbetreibende, die im Zeitpunkt des Inkrafttretens des Bundesgesetzes BGBl. I Nr. 121/2009 zur Erzeugung sowie zum Handel mit Zündmitteln und sonstigen Sprengmitteln, die nicht dem Schieß- und Sprengmittelgesetz, BGBl. Nr. 196/1935, unterlagen, berechtigt sind, dürfen diese Tätigkeiten nach den bisherigen Vorschriften weiter ausüben.

50. Auf am Tag des Inkrafttretens des Bundesgesetzes BGBl. I Nr. 66/2010 nach diesem Bundesgesetz bereits genehmigte Gastgärten ist § 76a Abs. 4 und Abs. 5 mit der Maßgabe anzuwenden, dass durch die Untersagung des Betriebes oder die Schließung des Gastgartens nicht in den Umfang der bereits bestehenden Genehmigung eingegriffen wird.
51. Auf der Grundlage des § 112 Abs. 3 GewO 1994 in der Fassung vor dem Bundesgesetz BGBl. I Nr. 66/2010 erlassene Verordnungen gelten als Verordnungen nach § 76a Abs. 9; für Änderungen oder Aufhebungen solcher Verordnungen ist § 76a Abs. 9 maßgeblich.
52. Im Zeitpunkt des Inkrafttretens des Bundesgesetzes BGBl. I Nr. 111/2010 bestehende integrierte Betriebe dürfen nach den bis dahin geltenden Vorschriften weiter geführt werden. § 17 Abs. 1 letzter Satz, § 37 und § 367 Z 3 GewO 1994 in der Fassung vor der Novelle BGBl. I Nr. 111/2010 sind für diese Betriebe weiter anzuwenden. Die Daten über die bestehenden Betriebsstätten integrierter Betriebe, die befähigten Arbeitnehmer dieser Betriebe und die Endigung des Rechtes zur Führung eines integrierten Betriebes sind im GISA weiter zu führen.
53. Ein Bescheid über die Erteilung der Nachsicht vom vorgeschriebenen Befähigungsnachweis gilt als Feststellungsbescheid gemäß § 19.
54. § 79c und § 335 in der Fassung des Bundesgesetzes BGBl. I Nr. 85/2013 sind auf im Zeitpunkt des Inkrafttretens des Bundesgesetzes BGBl. I Nr. 85/2013 noch nicht abgeschlossene Verfahren nicht anzuwenden. § 78 Abs. 2, § 81 Abs. 2 Z 1, § 356 Abs. 3 erster Teilsatz, § 359 Abs. 5 und § 360 Abs. 1 insoweit, als eine Aufforderung wegen eines einschlägigen und anhängigen Verfahrens gemäß § 78 Abs. 2 nicht zu ergehen hat, in der Fassung des Bundesgesetzes BGBl. I Nr. 85/2012 sind auf im

Zeitpunkt des Inkrafttretens des Bundesgesetzes BGBl. I Nr. 85/2013 noch nicht abgeschlossene Verfahren weiter anzuwenden.

55. (Übergangsregelungen für bestehende IPPC-Anlagen)

(1) Der **Anlage 3** zur Gewerbeordnung 1994 in der Fassung vor Inkrafttreten des Bundesgesetzes BGBl. I Nr. 125/2013 unterliegende IPPC-Anlagen, die vor Ablauf des 7. Jänner 2013 rechtskräftig genehmigt worden sind oder für die am 7. Jänner 2013 ein Genehmigungsverfahren anhängig war und die spätestens am 7. Jänner 2014 in Betrieb genommen wurden, sind im Rahmen der dem 7. Jänner 2014 folgenden nächsten Anpassung der IPPC-Anlage im Sinne des § 81b erforderlichenfalls an den in den BVT-Schlussfolgerungen enthaltenen Stand der Technik anzupassen.

(2) Nicht von der **Anlage 3** zur Gewerbeordnung 1994 in der Fassung vor Inkrafttreten des Bundesgesetzes BGBl. I Nr. 125/2013 erfasste am 7. Jänner 2013 bereits genehmigte IPPC-Anlagen sind im Rahmen der dem 7. Juli 2015 folgenden nächsten Anpassung der IPPC-Anlage im Sinne des § 81b erforderlichenfalls an den in den BVT-Schlussfolgerungen enthaltenen Stand der Technik anzupassen.

(3) Werden in einer IPPC-Anlage im Sinne des Abs. 1 relevante gefährliche Stoffe (§ 71b Z 6) verwendet, erzeugt oder freigesetzt, hat der Anlageninhaber mit Blick auf eine mögliche Verschmutzung des Bodens und des Grundwassers auf dem IPPC-Anlagengelände mit der dem 7. Jänner 2014 folgenden nächsten Anpassung der IPPC-Anlage im Sinne des § 81b einen Bericht über den Ausgangszustand zu erstellen und diesen der Behörde vorzulegen.

(4) Werden in einer IPPC-Anlage im Sinne des Abs. 2 relevante gefährliche Stoffe (§ 71b Z 6) verwendet, erzeugt oder freigesetzt, hat der Anlageninhaber mit Blick auf eine mögliche Verschmutzung des Bodens und des Grundwassers auf dem IPPC-Anlagengelände einen Bericht über den Ausgangszustand zu erstellen und diesen der Behörde mit der dem 7. Juli 2015 folgenden nächsten Anpassung der IPPC-Anlage im Sinne des § 81b vorzulegen.

56. Hinsichtlich zum Zeitpunkt des Inkrafttretens des Bundesgesetzes BGBl. I Nr. 125/2013 bereits veröffentlichter BVT-Schlussfolgerungen beginnt die Jahresfrist im Sinne des § 81b Abs. 1 erster Satz mit dem Tag des Inkrafttretens des Bundesgesetzes BGBl. I Nr. 125/2013 zu laufen.

57. § 82b und § 367 Z 25a in der Fassung des Bundesgesetzes BGBl. I Nr. 125/2013 sind auf Prüfbescheinigungen, die vor dem Inkrafttreten des Bundesgesetzes BGBl. I Nr. 125/2013 erstellt wurden, nicht anzuwenden; für diese Prüfbescheinigungen gilt die bis zum Inkrafttreten des Bundesgesetzes BGBl. I Nr. 125/2013 geltende Rechtslage.

58. § 356b Abs. 1 Z 6 in der Fassung des Bundesgesetzes BGBl. I Nr. 125/2013 ist auf im Zeitpunkt des Inkrafttretens des Bundesgesetzes BGBl. I Nr. 125/2013 noch nicht abgeschlossene Verfahren nicht anzuwenden."

59.

(1) Gewerbetreibende, die am Tag vor dem Inkrafttreten des Bundesgesetzes BGBl. I Nr. 81/2015 das Gewerbe der Personenbetreuung ausgeübt haben, sind bis zum Ablauf des 31. Dezember 2016 berechtigt, Tätigkeiten der Organisation von Personenbetreuung (§ 161) auszuüben.

(2) Die in Abs. 1 genannten Gewerbetreibenden dürfen Tätigkeiten der Organisation von Personenbetreuung (§ 161) auch nach dem Ablauf des 31. Dezember 2016 ausüben, wenn sie der Behörde bis spätestens 31. Dezember 2016 angezeigt haben, dass sie Tätigkeiten der Organisation von Personenbetreuung ausüben. Die Behörde hat die sich aus der Anzeige ergebende Eintragung in das GISA vorzunehmen und den Erstatter der Anzeige von der Eintragung zu verständigen.

60. Die Verordnung des Bundesministers für wirtschaftliche Angelegenheiten, mit der Arten von Betriebsanlagen bezeichnet werden, die dem vereinfachten Genehmigungsverfahren zu unterziehen sind, BGBl. Nr. 850/1994 in der Fassung der Verordnung BGBl. II Nr. 19/1999, gilt als auf der Grundlage des § 359b Abs. 5 in der Fassung des Bundesgesetzes BGBl. I Nr. 96/2017 erlassene Verordnung.

61. Die Verordnung des Bundesministers für wirtschaftliche Angelegenheiten, mit der jene Arten von Betriebsanlagen bezeichnet werden, die keinesfalls dem vereinfachten Genehmigungsverfahren zu unterziehen sind, BGBl. II Nr. 265/1998, gilt als auf Grundlage des § 359b Abs. 6 in der Fassung des Bundesgesetzes BGBl. I Nr. 96/2017 erlassene Verordnung.

62. Die 1. Teilgewerbe-Verordnung, BGBl. II Nr. 11/1998, tritt mit folgenden Maßgaben außer Kraft:

a) Ab dem in § 382 Abs. 85 bestimmten Zeitpunkt ist durch die in § 8 Abs. 3 in Verbindung mit § 9 1. Teilgewerbe-Verordnung genannten Belege die fachliche Qualifikation zum Antritt des Gewerbes Baugewerbetreibender, eingeschränkt auf Erdbau, als erfüllt anzusehen.

b) Ab dem in § 382 Abs. 85 bestimmten Zeitpunkt ist durch die in § 5 der 1. Teilgewerbe-Verordnung genannten Belege die fachliche Qualifikation zum Antritt des Gewerbes Baugewerbetreibender, eingeschränkt auf Betonbohren und -schneiden, als erfüllt anzusehen.

63. Gemäß § 21 Abs. 4 und § 22 Abs. 1 erlassene Meisterprüfungsordnungen und Befähigungsprüfungsordnungen, die am Tag vor dem Inkrafttreten des Bundesgesetzes BGBl. I Nr. 94/2017 in Kraft sind, gelten solange als gemäß § 24 in der Fassung des Bundesgesetzes BGBl. I Nr. 94/2017 erlassene Verordnungen weiter, bis entsprechende Verordnungen gemäß § 24 in der Fassung des Bundesgesetzes BGBl. I Nr. 94/2017 in Kraft getreten sind.
64. Die Allgemeine Prüfungsordnung, BGBl. II Nr. 110/2004, gilt als auf Grundlage des § 352a Abs. 1 in der Fassung des Bundesgesetzes BGBl. I Nr. 94/2017 erlassene Verordnung, bis eine Änderung oder Neuregelung auf Grund dieser Bestimmung erfolgt.
65. Die Gütesiegelverordnung, BGBl. II Nr. 313/2009, gilt als auf Grundlage des § 21 Abs. 4 in der Fassung des Bundesgesetzes BGBl. I Nr. 94/2017 erlassene Verordnung, bis eine Änderung oder Neuregelung auf Grund dieser Bestimmung erfolgt.
66. Die Unternehmerprüfungsordnung, BGBl. Nr. 453/1993, zuletzt geändert durch die Verordnung BGBl. II Nr. 114/2004, gilt als auf Grundlage des § 25 Abs. 2 in der Fassung des Bundesgesetzes BGBl. I Nr. 94/2017 erlassene Verordnung, bis eine Änderung oder Neuregelung auf Grund dieser Bestimmung erfolgt.
67. Prüfungskommissionen, die am Tag vor dem Inkrafttreten des Bundesgesetzes BGBl. I Nr. 94/2017 auf Grund der GewO 1994 bestellt sind, können bis zum Auslaufen ihrer Bestellungsperiode oder bis zur Beendigung ihrer Bestellung aus anderen Gründen als des Auslaufens ihrer Bestellungsperiode, jedoch längstens bis zum 31. Dezember 2021, weiterhin für die Prüftätigkeit, für die sie bestellt wurden, herangezogen werden.
68. Die nachstehenden Rechtsvorschriften treten außer Kraft:
a. Arbeitsvermittlungs-Verordnung, BGBl. II Nr. 26/2003;
b. Verordnung der Wirtschaftskammer Österreich über die Befähigungsprüfung für das reglementierte Gewerbe der Arbeitsvermittlung (Arbeitsvermittlungs-Befähigungsprüfungsordnung);
c. Kosmetikartikelerzeuger-Verordnung, BGBl. II Nr. 42/2003, zuletzt geändert durch die Verordnung BGBl. II Nr. 275/2014.
69. Die Verordnung des Bundesministers für Wissenschaft, Forschung und Wirtschaft über erhöhte Risiken der Geldwäsche oder Terrorismusfinanzierung nach der Gewerbeordnung 1994 (2. GTV-GewO 2015), BGBl. II Nr. 399/2015 tritt ab dem in § 382 Abs. 91 bestimmten Zeitpunkt außer Kraft.
70. Für Anlageninhaber, deren Betrieb gemäß den §§ 16a und 16b UMG aus dem Register gemäß § 15 UMG gestrichen wurde, beginnt die Frist für die wiederkehrende Prüfung gemäß § 82b ein Jahr nach Streichung der Eintragung aus dem Register zu laufen.
71. Personen, die vor dem Inkrafttreten des Bundesgesetzes BGBl. I Nr. 65/2020 eine Meisterprüfung erfolgreich abgelegt haben, dürfen von den Rechten gemäß § 21 Abs. 5 Gebrauch zu machen. Dieses Recht haben auch Personen, welche eine Meisterprüfung betreffend ein Gewerbe abgelegt haben, welches nach Ablegen der Meisterprüfung die Bezeichnung als Handwerk verloren hat.
72. Die zum Zeitpunkt des Inkrafttretens des Bundesgesetzes BGBl. I Nr. 171/2022 bereits ausgestellten Legitimationen gemäß der Gewerbelegitimationen-Verordnung, BGBl. Nr. 274/1974, bleiben weiterhin gültig, im Fall der Legitimation für Handlungsreisende bis zum Ablauf der Gültigkeitsdauer, und gelten für die in § 57 Abs. 3, § 58, § 108 Abs. 6 und § 130 Abs. 6 festgelegten Verpflichtungen als Legitimation bzw. als Gewerbelegitimation im Sinne des § 62. Wird eine Gewerbelegitimation im Sinne des § 62 in der Fassung BGBl. I Nr. 171/2022 beantragt, so verliert eine Legitimation gemäß der Gewerbelegitimationen-Verordnung, BGBl. Nr. 274/1974 mit der Zustellung der Gewerbelegitimation im Sinne des § 62 ihre Gültigkeit.
72. Für Gewerbeanmeldungen, die vor dem in § 382 Abs. 97 bestimmten Inkrafttreten dieses Bundesgesetzes bei der Behörde eingelangt sind, sind § 339 Abs. 3 und § 365g in der Fassung dieses Bundesgesetzes anzuwenden, sofern die Gewerbeberechtigung im GISA noch nicht freigegeben worden ist und nicht bereits entweder der Behörde ein dem § 339 Abs. 3 Z 3 in der Fassung vor dem Inkrafttreten dieses Bundesgesetzes entsprechender Firmenbuchauszug vorgelegt worden ist oder die Behörde gemäß § 365g Abs. 2 in der Fassung vor dem Inkrafttreten dieses Bundesgesetzes einen Firmenbuchauszug zur Verfügung gestellt hat.

...

14. Ökodesign-Verordnung 2007

Verordnung des Bundesministers für Wirtschaft und Arbeit zur Schaffung eines Rahmens für die Festlegung von Anforderungen an die umweltgerechte Gestaltung energieverbrauchsrelevanter Produkte (Ökodesign-Verordnung 2007 – ODV 2007)

StF: BGBl. II Nr. 126/2007

Letzte Novellierung: BGBl. II Nr. 187/2011 [CELEX-Nr.: 32009L0125]

Präambel

Auf Grund

wird verordnet:

GLIEDERUNG

Zweck und Ziel

§ 1. (1) Durch diese Verordnung werden Ökodesign-Anforderungen für energieverbrauchsrelevante Produkte festgelegt mit dem Ziel, den freien Verkehr dieser Produkte im Binnenmarkt zu gewährleisten.

(2) Die Bestimmungen dieser Verordnung werden durch die in § 2 Z 30 definierten Rechtsvorschriften ergänzt und sind ausschließlich im Zusammenwirken mit diesen anzuwenden.

(3) Diese Verordnung gilt nicht für Verkehrsmittel zur Personen- oder Güterbeförderung.

(4) Die Geltung der Rechtsvorschriften für die Abfallbewirtschaftung und für Chemikalien, einschließlich der Rechtsvorschriften für fluorierte Treibhausgase, wird durch diese Verordnung nicht berührt.

Begriffsbestimmungen

§ 2. Im Sinne dieser Verordnung bezeichnet der Ausdruck

1. „energieverbrauchsrelevantes Produkt" – kurz als „Produkt" bezeichnet – einen Gegenstand, dessen Nutzung den Verbrauch von Energie in irgendeiner Weise beeinflusst und der in Verkehr gebracht und/oder in Betrieb genommen wird, einschließlich Teilen, die zum Einbau in ein unter diese Verordnung fallendes energieverbrauchsrelevantes Produkt bestimmt sind, als Einzelteil für Endnutzer in Verkehr gebracht und/oder in Betrieb genommen werden und getrennt auf ihre Umweltverträglichkeit geprüft werden können;
2. „Bauteile und Baugruppen" Teile, die zum Einbau in Produkte bestimmt sind, jedoch nicht als Einzelteile für Endnutzer in Verkehr gebracht und/oder in Betrieb genommen werden können oder deren Umweltverträglichkeit nicht getrennt geprüft werden kann;
3. „Durchführungsmaßnahmen" auf der Grundlage der Richtlinie 2009/125/EG zur Schaffung eines Rahmens für die Festlegung von Anforderungen an die umweltgerechte Gestaltung energieverbrauchsrelevanter Produkte erlassene Maßnahmen zur Festlegung der Ökodesign-Anforderungen für bestimmte Produkte oder zu bestimmten Umweltaspekten;
4. „Inverkehrbringen" die erstmalige entgeltliche oder unentgeltliche Bereitstellung eines Produkts in Österreich, einem anderen Mitgliedstaat der Europäischen Union, einem anderen Vertragsstaat des Europäischen Wirtschaftsraums oder einem anderen gleichgestellten Staat, wobei die Vertriebsmethode ohne Belang ist;
5. „Inbetriebnahme" die erstmalige bestimmungsgemäße Verwendung eines Produkts durch einen Endnutzer in Österreich, einem anderen Mitgliedstaat der Europäischen Union, einem anderen Vertragsstaat des Europäischen Wirtschaftsraums oder einem anderen gleichgestellten Staat;

6. „Hersteller“ eine physische oder juristische Person, die Produkte herstellt und für die Übereinstimmung der Produkte mit dieser Verordnung zum Zweck des Inverkehrbringens und/oder der Inbetriebnahme
a) unter dem Namen oder der Handelsmarke des Herstellers oder
b) für den eigenen Gebrauch

verantwortlich ist. Gibt es weder einen Hersteller im Sinne des ersten Satzes noch einen Importeur im Sinne von Z 8, so gilt als Hersteller jede physische oder juristische Person, die Produkte in Verkehr bringt und/oder in Betrieb nimmt;

7. „Bevollmächtigter“ eine in Österreich, einem anderen Mitgliedstaat der Europäischen Union, einem anderen Vertragsstaat des Europäischen Wirtschaftsraums oder einem anderen gleichgestellten Staat niedergelassene physische oder juristische Person, die vom Hersteller schriftlich beauftragt worden ist, in seinem Namen den mit dieser Verordnung verbundenen Verpflichtungen und Förmlichkeiten vollständig oder teilweise nachzukommen;
8. „Importeur“ eine in Österreich, einem anderen Mitgliedstaat der Europäischen Union, einem anderen Vertragsstaat des Europäischen Wirtschaftsraums oder einem anderen gleichgestellten Staat niedergelassene physische oder juristische Person, die im Rahmen ihrer Geschäftstätigkeit ein aus einem Drittstaat stammendes Produkt in Österreich, einem anderen Mitgliedstaat der Europäischen Union, einem anderen Vertragsstaat des Europäischen Wirtschaftsraums oder einem anderen gleichgestellten Staat in Verkehr bringt;
9. „Materialien“ alle Materialien, die während des Lebenszyklus eines Produkts verwendet werden;
10. „Produktgestaltung“ die Gesamtheit der Prozesse zur Umsetzung rechtlicher und technischer Anforderungen, von Sicherheits-, Funktions- und Markterfordernissen oder sonstiger Anforderungen an ein Produkt in dessen technische Beschreibung;
11. „Umweltaspekt“ einen Bestandteil oder eine Funktion – darin enthalten auch eine Eigenschaft – eines Produkts; der Bestandteil oder die Funktion kann während des Lebenszyklus des Produkts mit der Umwelt in Wechselwirkung treten;
12. „Umweltauswirkung“ eine einem Produkt während seines Lebenszyklus ganz oder teilweise zurechenbare Veränderung der Umwelt;
13. „Lebenszyklus“ die Gesamtheit der aufeinander folgenden und miteinander verknüpften Existenzphasen eines Produkts von der Verarbeitung des Rohmaterials bis zur Entsorgung;
14. „Wiederverwendung“ eine Maßnahme, durch die ein Produkt, das das Ende seiner Erstnutzung erreicht hat, erneut für denselben Zweck verwendet wird, für den es ursprünglich bestimmt war, einschließlich der weiteren Nutzung eines Produkts, das bei einer Rücknahmestelle, einem Vertreiber, Recyclingbetrieb oder Hersteller abgegeben wurde, sowie die erneute Nutzung eines Produkts nach seiner Aufarbeitung;
15. „Recycling“ die industrielle Wiederaufbereitung von Abfallmaterialien für den ursprünglichen oder einen anderen Zweck, jedoch mit Ausnahme der energetischen Verwertung;
16. „Energetische Verwertung“ die Verwendung von Abfällen zur Energieerzeugung durch Verbrennung allein oder zusammen mit anderen Abfällen und unter Verwertung der dabei entstehenden Wärme;
17. „Verwertung“ eines der in Anlage II B der Richtlinie 2006/12/EG über Abfälle, ABl. Nr. L 114 vom 27.04.2006 S. 9, genannten anwendbaren Verfahren;
18. „Abfall“ einen Stoff oder Gegenstand im Sinne der Anlage I der Richtlinie 2006/12/EG, dessen sich sein Besitzer entledigt, entledigen will oder entledigen muss;
19. „gefährliche Abfälle“ Abfälle im Sinne des Art. 1 Abs. 4 der Richtlinie 91/689/EWG über gefährliche Abfälle, ABl. Nr. L 377 vom 31.12.1991 S. 20, geändert durch die Richtlinie 94/31/EG, ABl. Nr. L 168 vom 02.07.1994 S. 28;
20. „ökologisches Profil“ die Beschreibung – gemäß der für das Produkt einschlägigen ergänzenden Rechtsvorschrift – der einem Produkt während seines Lebenszyklus zurechenbaren, für seine Umweltauswirkung bedeutsamen Zufuhren und Abgaben (zB von Materialien, Emissionen und Abfällen), ausgedrückt in messbaren physikalischen Größen;
21. „Umweltverträglichkeit“ das in den technischen Unterlagen dokumentierte Ergebnis der Bemühungen des Herstellers um die Umweltaspekte eines Produkts;
22. „Verbesserung der Umweltverträglichkeit“ den sich über mehrere Produktgenerationen erstreckenden Prozess der Verbesserung der Bemühungen um die Umweltaspekte eines Produkts, wenn auch nicht unbedingt aller Umweltaspekte zugleich;
23. „umweltgerechte Gestaltung“ („Ökodesign“) die Berücksichtigung von Umwelterfordernissen bei der Produktgestaltung mit dem Ziel, die Umweltverträglichkeit des Produkts während seines gesamten Lebenszyklus zu verbessern;
24. „Ökodesign-Anforderung“ eine Anforderung an ein Produkt oder an seine Gestaltung, die zur Verbesserung seiner Umweltverträglichkeit bestimmt ist, oder die Anforderung, über Umweltaspekte des Produkts Auskunft zu geben;

25. „allgemeine Ökodesign-Anforderung“ eine Ökodesign-Anforderung, die das gesamte ökologische Profil eines Produkts ohne Grenzwerte für einen bestimmten Umweltaspekt betrifft;
26. „spezifische Ökodesign-Anforderung“ eine Ökodesign-Anforderung in Form einer messbaren Größe für einen bestimmten Umweltaspekt eines Produkts wie etwa den Energieverbrauch im Betrieb bei einer bestimmten Ausgangsleistung;
27. „harmonisierte Norm“ eine technische Spezifikation, die von einem anerkannten Normungsgremium im Auftrag der Kommission der Europäischen Gemeinschaften und nach den in der Richtlinie 98/34/EG über ein Informationsverfahren auf dem Gebiet der Normen und technischen Vorschriften, ABl. Nr. L 204 vom 21.07.1998 S. 37, zuletzt geändert durch die Beitrittsakte von 2003, genannten Verfahren zur Festlegung einer europäischen Anforderung ausgearbeitet und verabschiedet wurde, die jedoch nicht rechtsverbindlich ist;
28. „Chemikalien“ Stoffe, Zubereitungen und Fertigwaren im Sinne des Chemikaliengesetzes 1996 – ChemG 1996, BGBl. I Nr. 53/1997, in der jeweils geltenden Fassung,;
29. „zuständige Stelle“ eine öffentliche oder private Einrichtung, die vom Bundesminister für Wirtschaft, Familie und Jugend benannt wird und über die erforderliche Unparteilichkeit und den notwendigen technischen Sachverstand verfügt, um die Übereinstimmung eines Produkts mit den anwendbaren Durchführungsmaßnahmen überprüfen zu können;
30. „ergänzende Rechtsvorschriften“ zusätzliche und spezifische Bestimmungen für bestimmte Arten von Produkten in einer unmittelbar geltenden Durchführungsmaßnahme der Europäischen Union oder einer zur Umsetzung einer Durchführungsmaßnahme der Europäischen Union erlassenen nationalen Rechtsvorschrift.

Inverkehrbringen, Inbetriebnahme

§ 3. (1) Produkte dürfen nur in Verkehr gebracht und/oder in Betrieb genommen werden, wenn sie den für sie geltenden ergänzenden Rechtsvorschriften entsprechen und die CE-Kennzeichnung gemäß § 5 tragen.

(2) Die gemäß den gesetzlichen Grundlagen für die Marktüberwachung zuständige Behörde hinsichtlich des Inverkehrbringens von Produkten – nachfolgend „Marktüberwachungsbehörde“ genannt – ist befugt,

1. in angemessenem Umfang geeignete Kontrollen der Konformität der Produkte zu veranlassen und den Hersteller oder den Bevollmächtigten zu verpflichten, nichtkonforme Produkte gemäß § 7 vom Markt zu nehmen,
2. von den Betroffenen sämtliche notwendigen Informationen anzufordern, die in den ergänzenden Verordnungen genau angegeben sind, und
3. Proben von Produkten zu nehmen und diese einer Konformitätsprüfung zu unterziehen.

(3) Die genannte Behörde leitet der Kommission der Europäischen Gemeinschaften laufend Informationen über die Ergebnisse der Marktüberwachung zu, die, soweit zweckmäßig, von der Kommission der Europäischen Gemeinschaften an die übrigen Mitgliedstaaten weitergeleitet werden können.

(4) Die genannte Behörde sorgt dafür, dass die Verbraucher und andere Betroffene Gelegenheit haben, Bemerkungen im Zusammenhang mit der Konformität von Produkten vorzubringen.

Pflichten des Importeurs

§ 4. Ist der Hersteller nicht in der Gemeinschaft niedergelassen und gibt es keinen Bevollmächtigten, so hat der Importeur die Pflicht

1. sicherzustellen, dass das in Verkehr gebrachte und/oder in Betrieb genommene Produkt dieser Verordnung und den anwendbaren ergänzenden Rechtsvorschriften entspricht, sowie
2. die EG-Konformitätserklärung und die technische Dokumentation bereitzuhalten.

CE-Kennzeichnung, EG-Konformitätserklärung

§ 5. (1) Vor dem Inverkehrbringen und/oder der Inbetriebnahme eines von einer oder mehreren ergänzenden Rechtsvorschriften erfassten Produkts ist dieses mit der CE-Kennzeichnung zu versehen und eine EG-Konformitätserklärung für das Produkt auszustellen, mit der der Hersteller oder sein Bevollmächtigter zusichert, dass das Produkt allen einschlägigen Bestimmungen der jeweils geltenden ergänzenden Rechtsvorschrift entspricht.

(2) Die CE-Kennzeichnung besteht aus den Buchstaben „CE“ gemäß dem Muster in Anlage III.

(3) Die EG-Konformitätserklärung muss die in **Anlage VI** genannten Angaben enthalten und auf die einschlägige Durchführungsmaßnahme verweisen.

(4) An einem Produkt darf keine Kennzeichnung angebracht werden, die den Benutzer über die Bedeutung oder die Gestalt der CE-Kennzeichnung täuschen kann.

(5) Die Angaben gemäß Anlage I Teil 2 müssen in deutscher Sprache vorliegen, wenn das Produkt dem Endnutzer übergeben wird, es sei denn die Informationen werden durch harmonisierte Symbole, allgemein anerkannte Codes – einschließlich genormter Abkürzungen und Piktogramme – oder auf andere Weise wiedergegeben und auf diese Weise dem voraussichtlichen Benutzer des

Produkts alle erforderlichen Informationen übermittelt. Zusätzlich dürfen die Angaben auch in einer oder mehreren der anderen Amtssprachen der Europäischen Gemeinschaft sowie in anderen Sprachen abgefasst werden.

Freier Warenverkehr

§ 6. (1) Weder das Inverkehrbringen noch die Inbetriebnahme von Produkten, die mit der in § 5 genannten CE-Kennzeichnung versehen sind, darf unter Berufung auf die Ökodesign-Anforderungen betreffend die in Anlage I Teil 1 genannten Ökodesign-Parameter untersagt, beschränkt oder behindert werden, wenn

1. die betreffenden Ökodesign-Parameter von der jeweils geltenden ergänzenden Rechtsvorschrift erfasst sind und das Produkt allen einschlägigen Bestimmungen der jeweils geltenden ergänzenden Rechtsvorschrift entspricht oder
2. die jeweils geltende ergänzende Rechtsvorschrift vorsieht, dass keine Ökodesign-Anforderung erforderlich ist.

(3) Es ist zulässig, dass bei Messen, Ausstellungen, Vorführungen und dergleichen Produkte gezeigt werden, die den Bestimmungen der jeweils geltenden ergänzenden Rechtsvorschrift nicht entsprechen, sofern deutlich sichtbar darauf hingewiesen wird, dass sie erst in Verkehr gebracht und/oder in Betrieb genommen werden dürfen, wenn sie den Bestimmungen dieser Verordnung entsprechen.

Schutzklausel

§ 7. (1) Stellt die Marktüberwachungsbehörde fest, dass ein mit der in § 5 genannten CE-Kennzeichnung versehenes Produkt bei bestimmungsgemäßer Verwendung nicht alle einschlägigen Bestimmungen der jeweils geltenden ergänzenden Rechtsvorschrift erfüllt, so ist der Hersteller oder sein Bevollmächtigter verpflichtet, das Produkt in Übereinstimmung mit den Bestimmungen der geltenden ergänzenden Rechtsvorschrift und/oder der CE-Kennzeichnung zu bringen und den rechtswidrigen Zustand nach den Anweisungen der Marktüberwachungsbehörde abzustellen.

(2) Liegen ausreichende Hinweise dafür vor, dass ein Produkt nicht den anwendbaren Bestimmungen entsprechen könnte, so hat die Marktüberwachungsbehörde die erforderlichen Maßnahmen zu treffen, die je nach Schwere des Verstoßes bis zum Verbot des Inverkehrbringens des betreffenden Produkts, solange es den Bestimmungen nicht entspricht, reichen können.

(3) Besteht die Nichtübereinstimmung weiter, so hat die Marktüberwachungsbehörde eine Entscheidung zu treffen, mit der das Inverkehrbringen und/oder die Inbetriebnahme des betreffenden Produkts eingeschränkt oder untersagt wird, oder sie hat dafür zu sorgen, dass es vom Markt genommen wird.

(4) Wird ein Produkt verboten oder vom Markt genommen, so sind die Kommission der Europäischen Gemeinschaften und die anderen Mitgliedstaaten im Wege des Bundesministers für Wirtschaft, Familie und Jugend unverzüglich davon zu unterrichten.

(5) Jede nach dieser Verordnung erlassene Entscheidung, mit der das Inverkehrbringen und/oder die Inbetriebnahme eines Produkts untersagt oder eingeschränkt wird, hat mittels Bescheid zu erfolgen.

(6) Eine gemäß Abs. 1 bis 4 getroffene Entscheidung ist der Kommission der Europäischen Gemeinschaften unverzüglich unter Nennung der Gründe dafür mitzuteilen. Insbesondere ist anzugeben, ob es sich bei der festgestellten Nichtübereinstimmung um einen der folgenden Fälle handelt:

1. Nichterfüllung der Anforderungen der geltenden ergänzenden Rechtsvorschrift,
2. fehlerhafte Anwendung der in § 10 Abs. 2 genannten harmonisierten Normen,
3. Unzulänglichkeiten in den in § 10 Abs. 2 genannten harmonisierten Normen.

(7) In begründeten Fällen sind geeignete Maßnahmen zur Wahrung der Vertraulichkeit der übermittelten Informationen zu treffen.

(8) Der Bundesminister für Wirtschaft, Familie und Jugend hat zu veranlassen, dass die getroffenen Entscheidungen der Öffentlichkeit in transparenter Weise bekannt gemacht werden.

Konformitätsbewertung

§ 8. (1) Vor dem Inverkehrbringen eines von einer ergänzenden Rechtsvorschrift erfassten Produkts und/oder vor der Inbetriebnahme eines solchen Produkts muss der Hersteller oder sein Bevollmächtigter sicherstellen, dass die Konformität des Produkts mit allen einschlägigen Anforderungen der jeweils geltenden ergänzenden Rechtsvorschrift bewertet wird.

(2) Die Konformitätsbewertungsverfahren werden in den ergänzenden Rechtsvorschriften festgelegt und lassen – sofern nicht anders bestimmt – dem Hersteller die Wahl zwischen der in Anlage IV beschriebenen internen Entwurfskontrolle und dem in Anlage V beschriebenen Managementsystem.

(3) Liegen der Marktüberwachungsbehörde deutliche Anhaltspunkte dafür vor, dass ein Produkt den anwendbaren Bestimmungen nicht entspricht, so veröffentlicht die Marktüberwachungsbehörde so schnell wie möglich eine mit Gründen versehene Bewertung der Übereinstimmung dieses Produkts. Die Bewertung des Produkts kann von einer zuständigen Stelle durchgeführt werden, damit gegebenenfalls rechtzeitig korrigierende Maßnahmen getroffen werden können.

(4) Wurde ein von einer ergänzenden Rechtsvorschrift erfasstes Produkt von einer Organisation

entworfen, die nach den Bestimmungen der Verordnung (EG) Nr. 1221/2009 über die freiwillige Teilnahme von Organisationen an einem Gemeinschaftssystem für das Umweltmanagementsystem und die Umweltbetriebsprüfung und zur Aufhebung der Verordnung (EG) Nr. 761/2001, sowie der Beschlüsse der Kommission 2001/681/EG und 2006/193/EG, eingetragen ist, und schließt die Eintragung die Entwurfstätigkeit ein, so ist davon auszugehen, dass das Managementsystem dieser Organisation die Anforderungen der Anlage V erfüllt.

(5) Wurde ein von einer ergänzenden Rechtsvorschrift erfasstes Produkt von einer Organisation entworfen, die über ein Managementsystem verfügt, das die Entwurfstätigkeit einschließt und wird dieses System nach harmonisierten Normen umgesetzt, deren Fundstellen im Amtsblatt der Europäischen Union veröffentlicht wurden, so ist davon auszugehen, dass das Managementsystem die entsprechenden Anforderungen der Anlage V dieser Richtlinie erfüllt.

(6) Nach dem Inverkehrbringen oder der Inbetriebnahme eines von einer ergänzenden Rechtsvorschrift erfassten Produkts muss der Hersteller oder sein Bevollmächtigter die Unterlagen zur Konformitätsbewertung und die abgegebenen Konformitätserklärungen zehn Jahre nach Herstellung des letzten Exemplars dieses Produkts für die Marktüberwachungsbehörde zur Einsicht bereithalten. Die Unterlagen sind innerhalb von zehn Tagen nach Eingang einer Anforderung durch die Marktüberwachungsbehörde vorzulegen.

(7) Die in § 5 genannten Unterlagen zur Konformitätsbewertung und die Konformitätserklärung sind in einer Amtssprache der Europäischen Gemeinschaft abzufassen.

Konformitätsvermutung

§ 9. (1) Die Marktüberwachungsbehörde hat davon auszugehen, dass ein Produkt, das mit der in § 5 genannten CE-Kennzeichnung versehen ist, den einschlägigen Bestimmungen der jeweils geltenden ergänzenden Rechtsvorschrift entspricht.

(2) Wurde ein Produkt nach harmonisierten Normen hergestellt, deren Fundstellen im Amtsblatt der Europäischen Union veröffentlicht wurden, so ist davon auszugehen, dass es allen einschlägigen Anforderungen der geltenden ergänzenden Rechtsvorschrift entspricht, auf die sich diese Normen beziehen.

(3) Wurde für Produkte das gemeinschaftliche Umweltzeichen nach der Verordnung (EG) Nr. 1980/2000, ABl. Nr. L 237 vom 21.09.2000 S. 1, vergeben, so ist davon auszugehen, dass sie die Ökodesign-Anforderungen der jeweils geltenden ergänzenden Rechtsvorschrift erfüllen, sofern das Umweltzeichen die genannten Ökodesign-Anforderungen erfüllt.

(4) Zum Zwecke der Konformitätsvermutung im Rahmen dieser Verordnung können auch andere Umweltzeichen gleichwertige Bedingungen wie das gemeinschaftliche Umweltzeichen im Sinne der Verordnung (EG) Nr. 66/2010 über das EU-Umweltzeichen erfüllen, wenn dies von der Kommission der Europäischen Gemeinschaften nach dem in Art. 19 Abs. 2 der Richtlinie 2009/125/EG genannten Regelungsverfahren entschieden wurde. Bei Produkten, denen solche anderen Umweltzeichen zuerkannt wurden, ist davon auszugehen, dass sie die Ökodesign-Anforderungen der jeweils geltenden ergänzenden Rechtsvorschrift erfüllen, sofern das betreffende Umweltzeichen die genannten Ökodesign-Anforderungen erfüllt.

Harmonisierte Normen

§ 10. (1) Der Bundesminister für Wirtschaft, Familie und Jugend sorgt so weit wie möglich dafür, dass die betroffenen Kreise – einschließlich Konsumenten- und Umweltorganisationen – auf nationaler Ebene bei der Ausarbeitung und Überwachung harmonisierter Normen gehört werden.

(2) Sind das Österreichische Normungsinstitut (ON) und/oder der Österreichische Verband für Elektrotechnik (OVE) der Auffassung, dass eine harmonisierte Norm, deren Anwendung die Vermutung der Übereinstimmung mit einzelnen Bestimmungen einer geltenden ergänzenden Rechtsvorschrift begründet, diesen Bestimmungen nicht vollständig genügt, so hat der Bundesminister für Wirtschaft, Familie und Jugend unter Darlegung der Gründe den durch Art. 5 der Richtlinie 98/34/EG eingesetzten Ständigen Ausschuss zu befassen.

Bauteile, Baugruppen

§ 11. Hersteller oder ihre Bevollmächtigten, die Bauteile und Baugruppen in Verkehr bringen und/oder in Betrieb nehmen, können durch die ergänzenden Rechtsvorschriften verpflichtet werden, dem Hersteller eines von den ergänzenden Rechtsvorschriften erfassten Produkts relevante Angaben zur Materialzusammensetzung sowie zum Verbrauch von Energie, Materialien und/oder Ressourcen hinsichtlich der betreffenden Bauteile oder Baugruppen zu machen.

Verwaltungszusammenarbeit, Informationsaustausch

§ 12. (1) Die Marktüberwachungsbehörde ist dazu angehalten, mit den zuständigen Behörden anderer Mitgliedstaaten zusammenzuarbeiten. Für die Verwaltungszusammenarbeit und den Informationsaustausch sind so weit wie möglich elektronische Kommunikationsmittel zu nutzen.

(2) Die genaue Art und die Organisation des Informationsaustauschs zwischen der Kommission der Europäischen Gemeinschaften und den Mitgliedstaaten, festgelegt nach dem in Art. 19 Abs. 2

der Richtlinie 2009/125/EG genannten Verfahren, ist zu beachten.

Kleine und mittlere Unternehmen

§ 13. Der Bundesminister für Wirtschaft und Arbeit hat insbesondere durch Stärkung von Unterstützungsnetzen und –strukturen dazu beizutragen, dass sie kleine und mittlere Unternehmen (KMU) und Kleinstunternehmen dazu anregen, bereits in der Phase der Produktentwicklung einen umweltverträglichen Ansatz zu wählen und sich den künftigen gemeinschaftsrechtlichen Bestimmungen anzupassen.

Information der Verbraucher

§ 14. Nach Maßgabe der anwendbaren ergänzenden Rechtsvorschriften haben die Hersteller in der ihnen angemessen erscheinenden Form sicher zu stellen, dass Verbraucher eines Produkts über folgende Aspekte unterrichtet werden:

1. die Rolle, die sie bei der nachhaltigen Nutzung des betreffenden Produkts spielen können;
2. das ökologische Profil des betreffenden Produkts und die Vorteile des Ökodesigns, falls dies in den ergänzenden Rechtsvorschriften vorgesehen ist.

Durchführungsmaßnahmen

§ 15. (1) Von der Europäischen Kommission im Sinne der Richtlinie 2009/125/EG erlassene Durchführungsmaßnahmen sind als ergänzende Rechtsvorschriften zu dieser Verordnung zusammen mit dieser Verordnung anzuwenden, die jene zusätzlichen Bestimmungen festlegt, die von den ergänzenden Rechtsvorschriften nicht erfasst werden.

(2) Mit den ergänzenden Rechtsvorschriften werden Ökodesign-Anforderungen nach Anlage I und/oder Anlage II festgelegt. Für ausgewählte Produkteigenschaften mit erheblicher Umweltauswirkung werden spezifische Ökodesign-Anforderungen festgelegt. Die ergänzenden Rechtsvorschriften können auch vorsehen, dass für bestimmte Ökodesign-Parameter nach Anlage I Teil 1 keine Ökodesign-Anforderungen aufzustellen sind.

(3) Die Anforderungen sind so zu formulieren, dass gewährleistet ist, dass die Marktüberwachungsbehörde prüfen kann, ob das Produkt die Anforderungen der ergänzenden Rechtsvorschrift erfüllt. In der ergänzenden Rechtsvorschrift ist anzugeben, ob eine Überprüfung entweder direkt am Produkt oder anhand der technischen Unterlagen vorgenommen werden kann.

(4)(Anm.: aufgehoben durch BGBl. II Nr. 187/2011)

Selbstregulierung

§ 16. Freiwillige Vereinbarungen und andere im Rahmen dieser Verordnung als Alternativen zu Durchführungsmaßnahmen vorgestellte Selbstregulierungsinitiativen sind zumindest nach Anlage VIII zu bewerten.

Vertraulichkeit

§ 17. Die in § 11 und in Anlage I Teil 2 genannten Anforderungen an die vom Hersteller und/oder seinem Bevollmächtigten zu machenden Angaben müssen dem Verhältnismäßigkeitsprinzip genügen und dem legitimen Bedürfnis nach Vertraulichkeit wirtschaftlich sensibler Informationen Rechnung tragen.

In-Kraft-Treten

§ 18. (1) Diese Verordnung tritt mit 10. August 2007 in Kraft.

(2) Durch diese Verordnung wird die Richtlinie 2009/125/EG in österreichisches Recht umgesetzt.

Anlage I

Methode zur Festlegung allgemeiner Ökodesign-Anforderungen (gemäß § 15)

Die allgemeinen Ökodesign-Anforderungen stellen auf die Verbesserung der Umweltverträglichkeit des Produkts ab und sind vor allem auf wesentliche Umweltaspekte des Produkts ausgerichtet, ohne Grenzwerte festzulegen. Das in dieser Anlage festgelegte Verfahren wird angewandt, wenn die Festlegung von Grenzwerten für das untersuchte Produkt ungeeignet ist. Bei der Ausarbeitung von Durchführungsmaßnahmen, mit denen allgemeine Ökodesign-Anforderungen nach § 15 festgelegt werden, ist je nach dem Produkt, das von der Durchführungsmaßnahme erfasst wird, anzugeben, welche der in Teil 1 genannten Ökodesign-Parameter zutreffen und welche der in Teil 2 genannten Informationen vorgeschrieben werden, sowie die in Teil 3 genannten Anforderungen an den Hersteller.

Teil 1. Ökodesign-Parameter für Produkte

1.1 Die wesentlichen Umweltaspekte, soweit sie die Produktgestaltung betreffen, werden unter Berücksichtigung der nachstehenden Phasen des Lebenszyklus des Produkts festgelegt:

a) Auswahl und Einsatz von Rohmaterial,
b) Fertigung,
c) Verpackung, Transport und Vertrieb,
d) Installierung und Wartung,
e) Nutzung,
f) Ende der Lebensdauer d.h. der Zustand eines Produkts am Ende seiner Erstnutzung bis zur endgültigen Entsorgung.

1.2 Für jede dieser Phasen ist – soweit relevant – Folgendes abzuschätzen:

a) voraussichtlicher Verbrauch an Material, Energie und anderen Ressourcen wie etwa Frischwasser;
b) voraussichtliche Immissionen in Luft, Wasser und Boden;
c) voraussichtliche Umweltbelastung durch physikalische Einwirkungen wie Lärm, Schwingungen, Strahlung, elektromagnetische Felder;
d) Menge der voraussichtlich entstehenden Abfallstoffe;
e) Möglichkeiten der Wiederverwendung, des Recyclings und der Verwertung von Material und/oder Energie unter Berücksichtigung der Richtlinie 2002/96/EG des Europäischen Parlamentes und des Rates über Elektro- und Elektronik-Altgeräte, ABl. Nr. L 37 vom 13.02.2003 S. 24.

1.3 Die Verbesserung der in Nummer 1.2 genannten Umweltaspekte eines Produkts ist insbesondere nach folgenden Kriterien zu beurteilen, die bei Bedarf durch andere Kriterien ergänzt werden können:

a) Masse und Volumen des Produkts;
b) Verwendung von Recyclingmaterial;
c) Verbrauch an Energie, Wasser und anderen Ressourcen während des Produktlebenszyklus;
d) Verwendung von Stoffen, die gesundheits- und/oder umweltsgefährlich im Sinne des ChemG 1996 sind, unter Berücksichtigung der Rechtsvorschriften der für Stoffe auf Grundlage des ChemG 1996 erlassenen diesbezüglichen Verordnungen sowie einschlägiger Verordnungen der EU;
e) Art und Menge der für die bestimmungsgemäße Nutzung und die ordnungsgemäße Wartung benötigten Verbrauchsmaterialien;
f) Indikatoren der Wiederverwendbarkeit und Rezyklierbarkeit: Zahl der verwendeten Materialien und Bauteile, Verwendung von Normteilen, Zeitaufwand für das Zerlegen, Komplexität der zum Zerlegen benötigten Werkzeuge, Verwendung von Kennzeichnungsnormen für wieder verwendbare und rezyklierbare Bauteile und Materialien (einschließlich der Kennzeichnung von Kunststoffteilen nach ISO-Norm), Verwendung leicht rezyklierbarer Materialien, leichte Zugänglichkeit von wertvollen und anderen rezyklierbaren Bauteilen und Materialien, leichte Zugänglichkeit von Bauteilen und Materialien, die gefährliche Stoffe enthalten;
g) Verwendung gebrauchter Teile;
h) Vermeidung technischer Lösungen, die der Wiederverwendung und dem Recycling von Bauteilen und vollständigen Geräten entgegenstehen;
i) Indikatoren der Produktlebensdauer: garantierte Mindestlebensdauer, Mindestzeitraum der Lieferbarkeit von Ersatzteilen, Modularität, Nachrüstbarkeit, Reparierbarkeit;
j) entstehende Mengen von Abfällen und gefährlichen Abfällen;
k) Immissionen in die Atmosphäre (Treibhausgase, Säurebildner, flüchtige organische Verbindungen, Ozon abbauende Stoffe, persistente organische Schadstoffe, Schwermetalle, Fein- und Schwebstaubpartikel), jedoch unbeschadet der Richtlinie 97/68/EG zur Angleichung der Rechtsvorschriften der Mitgliedstaaten über Maßnahmen zur Bekämpfung der Emission von gasförmigen Schadstoffen und luftverunreinigenden Partikeln aus Verbrennungsmotoren für mobile Maschinen und

Geräte, ABl. Nr. L 59 vom 27.02.1998 S. 1, zuletzt geändert durch die Richtlinie 2004/26/EG, ABl. Nr. L 146 vom 30.04.2004 S. 1;

l) Immissionen in das Wasser (Schwermetalle, Stoffe mit nachteiligen Auswirkungen auf die Sauerstoffbilanz, persistente organische Schadstoffe);

m) Immissionen in den Boden (insbesondere durch Austritt gefährlicher Stoffe bei der Nutzung von Produkten und durch Auswaschung von Schadstoffen nach ihrer Deponierung).

Teil 2. Anforderungen an die Bereitstellung von Informationen

In den Durchführungsmaßnahmen kann vorgeschrieben werden, dass der Hersteller Angaben zu machen hat, die den Umgang mit dem Produkt, seine Nutzung oder sein Recycling durch andere Stellen als den Hersteller beeinflussen können, wozu gegebenenfalls folgende Angaben gehören:

– Informationen des Konstrukteurs zum Herstellungsprozess;
– Informationen für Verbraucher über die wesentlichen Umweltaspekte und die Eigenschaften des Produkts; diese Informationen sind dem Produkt beizufügen, wenn es in Verkehr gebracht wird, damit der Verbraucher verschiedene Produkte in ihren Umweltaspekten vergleichen kann;
– Informationen für Verbraucher darüber, wie das Produkt mit möglichst geringer Umweltbelastung zu installieren, zu nutzen und zu warten ist, wie es eine möglichst hohe Lebensdauer erreicht und wie es zu entsorgen ist, sowie gegebenenfalls Informationen über den Zeitraum der Lieferbarkeit von Ersatzteilen und die Nachrüstbarkeit der Geräte;
– Informationen über Entsorgungsbetriebe zu Zerlegung, Recycling oder Deponierung des Altprodukts.

Die Informationen sind am Produkt selbst anzubringen, wo immer das möglich ist. Hierbei sind die Bestimmungen des Gemeinschaftsrechts wie beispielsweise die der Richtlinie 2002/96/EG zu beachten.

Teil 3. Anforderungen an den Hersteller

1. Hersteller von Produkten sind verpflichtet, eine Analyse des Modells des Produkts für dessen gesamten Lebenszyklus vorzunehmen, die die in der Durchführungsmaßnahme festgelegten, durch die Gestaltung des Produkts wesentlich beeinflussbaren Umweltaspekte prüft und auf realistischen Annahmen der üblichen Nutzungsbedingungen und der Verwendungszwecke des Produkts beruht. Weitere Umweltaspekte können freiwillig geprüft werden. Anhand der Ergebnisse dieser Analyse erstellt der Hersteller das ökologische Profil des Produkts. In ihm sind alle umweltrelevanten Produkteigenschaften und alle dem Produkt während seines Lebenszyklus zurechenbaren und als physikalische Größen messbaren Aufwendungen/Abgaben zu berücksichtigen.
2. Anhand der Ergebnisse dieser Analyse bewerten die Hersteller Entwurfsalternativen und die erreichte Umweltverträglichkeit des Produkts anhand von Referenzwerten. Die Referenzwerte werden von der Kommission der Europäischen Gemeinschaften in der Durchführungsmaßnahme auf der Grundlage der während der Ausarbeitung dieser Maßnahme gesammelten Informationen ermittelt. Bei der Wahl einer bestimmten konstruktiven Lösung ist unter Beachtung aller geltenden Rechtsvorschriften ein sinnvoller Kompromiss zwischen den verschiedenen Umweltaspekten und zwischen den Erfordernissen des Umweltschutzes und anderen Erfordernissen wie Sicherheit und Gesundheitsschutz, funktionalen Erfordernissen, Qualität, Leistung und wirtschaftlichen Aspekten, einschließlich Herstellungskosten und Marktfähigkeit, zu erreichen.

Anlage II

Methode zur Festlegung spezifischer Ökodesign-Anforderungen (gemäß § 15)

Spezifische Ökodesign-Anforderungen werden mit dem Ziel festgelegt, ausgewählte Umweltaspekte des Produkts zu verbessern. Es kann sich dabei gegebenenfalls um Anforderungen für die reduzierte Verwendung eines bestimmten Materials handeln, wie etwa der Begrenzung der Verwendung dieses Materials in den verschiedenen Stadien des Produktlebenszyklus (zB Begrenzung des Wasserverbrauchs bei der Nutzung oder des Verbrauchs eines bestimmten Materials bei der Herstellung oder Mindestanforderungen für die Verwendung von Recyclingmaterial).

Bei der Ausarbeitung der Durchführungsmaßnahmen mit spezifischen Ökodesign-Anforderungen gemäß § 15 werden je nach dem Produkt, das von der Durchführungsmaßnahme erfasst wird, die entsprechenden Ökodesign-Parameter nach Anlage I Teil 1 ermittelt und die Höhe dieser Anforderungen nach dem in Art. 19 Abs. 2 der Richtlinie 2005/32/EG genannten Verfahren folgendermaßen festgelegt:

1. In einer technischen, ökologischen und wirtschaftlichen Analyse ist eine Reihe auf dem Markt befindlicher Modelle auszuwählen, die für das betreffende Produkt repräsentativ sind; an ihnen sind die wirtschaftlich tragfähigen technischen Möglichkeiten zur Verbesserung der Umweltverträglichkeit des Produkts zu ermitteln, wobei darauf zu achten ist, dass die Leistung und der Verbrauchernutzen des Produkts nicht wesentlich gemindert werden. Im Rahmen der technischen, ökologischen und wirtschaftlichen Analyse werden zudem in Bezug auf die geprüften Umweltaspekte die besten auf dem Markt befindlichen Produkte und Technologien ermittelt. Das Abschneiden von auf internationalen Märkten verfügbaren Produkten und in der Gesetzgebung anderer Länder bestehende Referenzwerte sollten sowohl bei der Analyse als auch bei der Festlegung von Anforderungen berücksichtigt werden. Anhand der Ergebnisse dieser Analyse sind unter Berücksichtigung der technischen und wirtschaftlichen Machbarkeit und des Verbesserungspotenzials konkrete Maßnahmen zur Minimierung der Umweltauswirkung des Produkts zu treffen. Die Anforderungen an die Energieeffizienz oder den Energieverbrauch im Betrieb sind so festzusetzen, dass die Lebenszykluskosten repräsentativer Modelle des Produkts für den Endnutzer möglichst niedrig sind, wobei die Auswirkungen auf die anderen Umweltaspekte zu berücksichtigen sind. Der Analyse der Lebenszykluskosten sind ein realer Diskontsatz, der auf den Angaben der Europäischen Zentralbank beruht, sowie eine realistische Produktlebensdauer zugrunde zu legen; zu betrachten ist die Summe der Veränderungen des Kaufpreises (entsprechend den Veränderungen der Herstellungskosten) und der Betriebskosten, die sich aus den entsprechenden Möglichkeiten der technischen Verbesserung der als repräsentativ ausgewählten Modelle des Produkts über deren Lebensdauer ergeben. Die Betriebskosten sind in erster Linie Energiekosten und Kosten für andere Ressourcen (wie Wasser und Waschmittel). Eine die maßgeblichen Faktoren (wie etwa Kosten für Energie, andere Ressourcen, Rohmaterial und Fertigung, Diskontsätze) und bei Bedarf die externen Umweltkosten, einschließlich der vermiedenen Treibhausgasemissionen, betreffende Sensibilitätsanalyse ist vorzunehmen, um festzustellen, ob sich wesentliche Änderungen ergeben, und um die Schlussfolgerungen zu überprüfen. Die Anforderung ist entsprechend anzupassen. Der Verbrauch anderer Ressourcen wie Wasser könnte auf ähnliche Weise analysiert werden.
2. Bei der Ausarbeitung der technischen, ökologischen und wirtschaftlichen Analysen kann auf Informationen zurückgegriffen werden, die im Rahmen anderer Maßnahmen der Europäischen Union (EU) gewonnen wurden. Gleiches gilt für Informationen aus bestehenden Programmen, die außerhalb der EU durchgeführt werden und auf die Festlegung spezifischer Ökodesign-Anforderungen an Produkte, die mit Wirtschaftspartnern der EU gehandelt werden, abstellen.
3. Die Anforderung darf erst nach Ablauf der für die Entwicklung eines neuen Produkts üblichen Zeit in Kraft treten.

Anlage III

CE-Kennzeichnung (gemäß § 5 Abs. 2)

Die CE-Kennzeichnung muss mindestens 5 mm hoch sein. Bei der Vergrößerung oder Verkleinerung der CE-Kennzeichnung müssen die im obigen Bild wiedergegebenen Proportionen gewahrt bleiben.

Die CE-Kennzeichnung ist auf dem energiebetriebenen Produkt anzubringen. Ist dies nicht möglich, ist sie stattdessen auf der Verpackung und den Begleitdokumenten anzubringen.

Anlage IV

Interne Entwurfskontrolle (gemäß § 8)

1. In dieser Anlage wird das Verfahren beschrieben, nach dem der Hersteller oder sein Bevollmächtigter, der den in Z 2 genannten Verpflichtungen nachkommt, gewährleistet und erklärt, dass ein energiebetriebenes Produkt die Anforderungen der jeweils geltenden ergänzenden Rechtsvorschrift erfüllt. Die Konformitätserklärung kann für ein Produkt oder mehrere Produkte ausgestellt werden und ist vom Hersteller aufzubewahren.
2. Der Hersteller muss technische Unterlagen zusammenstellen, anhand deren es möglich ist, die Übereinstimmung des energiebetriebenen Produkts mit den Anforderungen der jeweils geltenden ergänzenden Rechtsvorschrift zu beurteilen. Die technischen Unterlagen haben insbesondere zu umfassen:

a) eine allgemeine Beschreibung des Produkts und der Verwendung, für die es vorgesehen ist;
b) die Ergebnisse der vom Hersteller durchgeführten Analysen der Umweltauswirkungen und/oder Verweise auf einschlägige Literatur oder Fallstudien, auf die der Hersteller sich bei der Bewertung und Dokumentierung der Lösungen für die Gestaltung des Produkts und bei seinen diesbezüglichen Entscheidungen gestützt hat;
c) das ökologische Profil, sofern in der ergänzenden Rechtsvorschrift vorgeschrieben;
d) die Beschreibung der Umweltaspekte der Gestaltung des Produkts;
e) eine Liste der in § 10 genannten Normen, die ganz oder

teilweise angewandt wurden, und eine Beschreibung der Lösungen, mit denen den Anforderungen der jeweils geltenden ergänzenden Rechtsvorschrift entsprochen wird, falls keine Normen nach § 10 angewandt wurden oder falls die Normen den Anforderungen der ergänzenden Rechtsvorschrift nicht vollständig Rechnung tragen;

f) die Angaben nach Anlage I Teil 2 zu den umweltrelevanten Gestaltungsmerkmalen des Produkts;
g) die Ergebnisse der Messungen zur Prüfung der Übereinstimmung des Produkts mit den Ökodesign-Anforderungen einschließlich Angaben zur Konformität dieser Messungen im Vergleich zu den Ökodesign-Anforderungen der jeweils geltenden ergänzenden Rechtsvorschrift.

3. Der Hersteller hat den Fertigungsprozess so zu gestalten und zu überwachen, dass das Produkt den in Z 2 genannten Angaben entspricht und die Anforderungen der jeweils geltenden ergänzenden Rechtsvorschrift erfüllt.

Anlage V

Managementsystem für die Konformitätsbewertung (gemäß § 8)

1. In dieser Anlage wird das Verfahren beschrieben, nach dem der Hersteller, der den in Z 2 genannten Verpflichtungen nachkommt, gewährleistet und erklärt, dass ein Produkt die Anforderungen der jeweils geltenden ergänzenden Rechtsvorschrift erfüllt. Die Konformitätserklärung kann für ein Produkt oder mehrere Produkte ausgestellt werden und ist vom Hersteller aufzubewahren.
2. Für die Bewertung der Konformität des Produkts kann ein Managementsystem herangezogen werden, sofern der Hersteller die in Z 3 beschriebenen Umweltkomponenten darin einbezieht.
3. Umweltkomponenten des Managementsystems

Unter dieser Ziffer werden die Komponenten eines Managementsystems und die Verfahren beschrieben, mit denen der Hersteller nachweisen kann, dass das Produkt die Anforderungen der jeweils geltenden ergänzenden Rechtsvorschrift erfüllt.

3.1. Umweltorientierte Produktpolitik

Der Hersteller muss nachweisen können, dass die Anforderungen der maßgebenden ergänzenden Rechtsvorschrift erfüllt sind. Ferner muss der Hersteller zur Verbesserung der Umweltverträglichkeit der Produkte ein Rahmenkonzept für die Festlegung von Umweltverträglichkeitszielen und –indikatoren und deren Überprüfung vorlegen können. Alle Maßnahmen, die der Hersteller trifft, um die Umweltverträglichkeit insgesamt durch Produktgestaltung und Gestaltung des Herstellungsprozesses zu verbessern und das Umweltprofil zu ermitteln – sofern die ergänzende Rechtsvorschrift dies vorschreibt –,müssen strukturiert und schriftlich in Form von Verfahren und Anweisungen dokumentiert sein. Diese Verfahren und Anweisungen müssen insbesondere Folgendes in der Dokumentation hinreichend ausführlich beschreiben:

a) die Liste der Dokumente, die zum Nachweis der Konformität des Produkts zu erstellen und gegebenenfalls bereitzustellen sind;
b) die Umweltverträglichkeitsziele und –indikatoren sowie die Organisationsstruktur, die Verteilung der Zuständigkeiten und die Befugnisse der Geschäftsleitung und die Mittelausstattung in Bezug auf die Erfüllung und Beibehaltung dieser Ziele und Indikatoren;
c) die nach der Fertigung durchzuführenden Prüfungen des Produkts auf Übereinstimmung mit den Umweltverträglichkeitsvorgaben;
d) die Verfahren zur Kontrolle der vorgeschriebenen Dokumentation und zur Sicherstellung ihrer regelmäßigen Aktualisierung;
e) das Verfahren, mit dem die Einbeziehung und Wirksamkeit der Umweltkomponenten des Managementsystems überprüft wird.

3.2. Planung

Der Hersteller hat Folgendes auszuarbeiten und zu aktualisieren:

a) Verfahren zur Ermittlung des ökologischen Profils des Produkts,
b) Umweltverträglichkeitsziele und –indikatoren, die bei der Wahl technischer Lösungen neben technischen und wirtschaftlichen Erfordernissen zu berücksichtigen sind,
c) ein Programm zur Erreichung dieser Ziele.

3.3. Durchführung und Unterlagen

3.3.1. Die Unterlagen zum Managementsystem müssen insbesondere Angaben zu folgenden Aspekten enthalten:

a) Zuständigkeiten und Befugnisse sind festzulegen und zu dokumentieren, damit die umweltorientierte Produktpolitik wirksam durchgeführt werden kann, damit ihre Umsetzung schriftlich festgehalten wird und damit Kontrollen und Verbesserungsmaßnahmen möglich sind.
b) Die Methoden der Entwurfskontrolle und der Prüfung nach der Fertigung sowie die bei der Produktgestaltung zur Anwendung kommenden Verfahren und systematischen Maßnahmen sind schriftlich festzuhalten.
c) Der Hersteller muss Unterlagen erstellen und aktualisieren, in denen die wesentlichen Umweltkomponenten des Managementsystems und die Verfahren zur Prüfung aller benötigten Unterlagen beschrieben sind.

3.3.2. Die Unterlagen zu dem Produkt müssen insbesondere Angaben zu folgenden Aspekten enthalten:

a) eine allgemeine Beschreibung des Produkts und der Verwendung, für die es vorgesehen ist;
b) die Ergebnisse der vom Hersteller durchgeführten Analyse der Umweltauswirkungen und/oder Verweise auf einschlägige Literatur oder Fallstudien, auf die der Hersteller sich bei der Bewertung, Dokumentierung und Gestaltung des Produkts gestützt hat;
c) das ökologische Profil, sofern dies die ergänzende Rechtsvorschrift verlangt;

d) die Ergebnisse der Messungen zur Prüfung der Übereinstimmung des Produkts mit den Ökodesign-Anforderungen einschließlich Angaben zur Konformität dieser Messungen im Vergleich zu den Ökodesign-Anforderungen der jeweils geltenden ergänzenden Verordnung;
e) Spezifikationen des Herstellers, in denen insbesondere angegeben wird, welche harmonisierten Normen angewandt wurden; werden keine harmonisierten Normen nach § 10 angewandt oder tragen die harmonisierten Normen den Anforderungen der ergänzenden Verordnung nicht vollständig Rechnung, so muss dargelegt werden, mit welchen Mitteln die Erfüllung der Anforderungen gewährleistet wird;
f) die nach Anlage I Teil 2 zu machenden Angaben zu den umweltrelevanten Gestaltungsmerkmalen des Produkts.

3.4. Prüfungen und Abstellung von Mängeln

3.4.1. Der Hersteller muss

a) alle erforderlichen Maßnahmen ergreifen um sicherzustellen, dass das Produkt in Einklang mit den Gestaltungsspezifikationen und den Anforderungen der für das Produkt geltenden ergänzenden Verordnung hergestellt wird;
b) Verfahren ausarbeiten und aufrechterhalten, mit denen er auf Nichtkonformität reagiert und die dokumentierten Verfahren im Anschluss an die Abstellung der Mängel ändert, und
c) mindestens alle drei Jahre eine umfassende interne Prüfung (Audit) des Managementsystems in Bezug auf dessen Umweltkomponenten durchführen.

Anlage VI

EG-Konformitätserklärung (gemäß § 5 Abs. 3)

Die EG-Konformitätserklärung muss folgende Angaben enthalten:

1. Name und Anschrift des Herstellers oder seines Bevollmächtigten;
2. eine für die eindeutige Bestimmung des Produkts hinreichend ausführliche Beschreibung;
3. gegebenenfalls die Fundstellen der angewandten harmonisierten Normen;
4. gegebenenfalls die sonstigen angewandten technischen Normen und Spezifikationen;
5. gegebenenfalls die Erklärung der Übereinstimmung mit anderen einschlägigen Rechtsvorschriften der EU, die die CE-Kennzeichnung vorsehen;
6. Name und Unterschrift der für den Hersteller oder seinen Bevollmächtigten zeichnungsberechtigten Person.

Anlage VII

Inhalt der Durchführungsmaßnahmen (gemäß § 15)

In einer Durchführungsmaßnahme ist insbesondere Folgendes festzulegen:

1. die genaue Definition der von ihr erfassten Produktart(en);
2. die Ökodesign-Anforderung(en) an das (die) von ihr erfasste(n) Produkt(e), den Zeitpunkt des Inkrafttretens, eventuelle Stufen- oder Übergangsregelungen oder –fristen;

a) bei allgemeinen Ökodesign-Anforderungen die relevanten Phasen und Einzelaspekte unter denen gemäß Anlage I Nummer 1.1 und 1.2 zusammen mit Beispielen für Parameter aus der Liste in Anlage I Nummer 1.3 als Richtschnur für die Bewertung der Verbesserungen in Bezug auf die festgelegten Umweltaspekte;

b) bei spezifischen Ökodesign-Anforderungen deren Höhe;

3. die in Anlage I Teil 1 genannten Ökodesign-Parameter, für die keine Ökodesign-Anforderung erforderlich ist;
4. die Anforderungen an die Installation des Produkts, wenn diese einen unmittelbaren Einfluss auf dessen Umweltverträglichkeit hat;
5. die anzuwendenden Messnormen und/oder Messverfahren; soweit verfügbar, sind harmonisierte Normen, deren Fundstellen im Amtsblatt der Europäischen Union veröffentlicht sind, anzuwenden;
6. Angaben zur Konformitätsbewertung nach dem Beschluss Nr. 768/2008/EG über einen gemeinsamen Rechtsrahmen für die Vermarktung von Produkten und zur Aufhebung des Beschlusses 93/465/EWG,

a) wenn ein anderes Modul als Modul A anzuwenden ist: die Gründe für die Wahl dieses bestimmten Verfahrens,

b) gegebenenfalls die Kriterien für die Zulassung und/oder Zertifizierung Dritter;

sind in verschiedenen Unionsvorschriften für dasselbe Produkt verschiedene Module festgelegt, so ist das in der Durchführungsmaßnahme für die jeweilige Anforderung festgelegte Modul anzuwenden;

7. die Informationen, die der Hersteller zu übermitteln hat, namentlich über die Einzelheiten der technischen Unterlagen, die erforderlich sind, um die Prüfung der Übereinstimmung der Produkte mit der Durchführungsmaßnahme zu erleichtern;
8. die Länge der Übergangsfrist, während deren die Mitgliedstaaten das Inverkehrbringen und/oder die Inbetriebnahme der Produkte zulassen müssen, die zum Zeitpunkt der Verabschiedung der Durchführungsmaßnahme den in ihrem Hoheitsgebiet geltenden Vorschriften entsprechen;
9. das Datum für die Bewertung und mögliche Änderung der Durchführungsmaßnahme unter Berücksichtigung der Schnelligkeit des technischen Fortschritts.

Anlage VIII

Selbstregulierung (gemäß § 16)

Zusätzlich zu der grundlegenden rechtlichen Anforderung, dass Selbstregulierungsinitiativen mit sämtlichen Bestimmungen des Vertrags von Nizza, BGBl. III Nr. 4/2003, insbesondere des Binnenmarkt- und des Wettbewerbsrechts, sowie mit den internationalen Verpflichtungen der EU einschließlich der multilateralen Handelsbestimmungen in Einklang stehen müssen, kann folgende nicht erschöpfende Liste von Orientierungskriterien zur Beurteilung der Zulässigkeit von Selbstregulierungsinitiativen als Alternative zu einer Durchführungsmaßnahme im Rahmen der Richtlinie 2005/32/EG dienen:

1. Offenheit der Beteiligung

Selbstregulierungsinitiativen müssen sowohl in der Vorbereitungs- als auch der Durchführungsphase für Mitwirkende in Drittstaaten offen stehen.

2. Mehrwert

Selbstregulierungsinitiativen müssen einen Mehrwert (über das „Weitermachen wie bisher" hinaus) in Form einer besseren Gesamtumweltverträglichkeit des betroffenen energiebetriebenen Produkts schaffen.

3. Repräsentativität

Die Industrie und ihre Verbände, die an einer Selbstregulierungsmaßnahme mitwirken, müssen eine große Mehrheit des betreffenden Wirtschaftszweigs mit möglichst wenigen Ausnahmen repräsentieren. Es ist darauf zu achten, dass für die Einhaltung der Wettbewerbsbestimmungen gesorgt wird.

4. Quantifizierte und abgestufte Ziele

Die von den Interessengruppen festgelegten Ziele sind klar und eindeutig anhand gründlich definierter Ausgangspunkte zu formulieren. Erstreckt sich die Selbstregulierungsinitiative über einen langen Zeitraum, sind Zwischenziele aufzuführen. Es muss möglich sein, die Erfüllung der Ziele und Zwischenziele auf erschwingliche und glaubwürdige Art und Weise und anhand klarer, zuverlässiger Indikatoren nachzuprüfen. Forschungsdaten sowie wissenschaftliche und technologische Hintergrunddaten müssen die Aufstellung dieser Indikatoren erleichtern.

5. Beteiligung der Zivilgesellschaft

Damit Transparenz gewährleistet ist, werden Selbstregulierungsinitiativen öffentlich bekannt gegeben, auch mit Hilfe des Internet und sonstiger elektronischer Mittel der Informationsverbreitung. Das Gleiche gilt für vorläufige und endgültige Überwachungsberichte. Die Interessengruppen, einschließlich der Industrie, der nichtstaatlichen Umweltorganisationen und der Verbraucherverbände, müssen aufgefordert werden, Anmerkungen zu einer Selbstregulierungsinitiative zu machen.

6. Überwachung und Berichterstattung

Selbstregulierungsinitiativen müssen ein gründlich konzipiertes Überwachungssystem mit klar aufgeführten Aufgaben für die Industrie und die unabhängigen Prüfer umfassen. Der Überwachungs- und Berichterstattungsplan ist detailliert, transparent und objektiv auszuführen. Es obliegt den Dienststellen der Kommission der Europäischen Gemeinschaften, unterstützt durch den in Art. 19 Abs. 1 genannten Ausschuss, zu prüfen, ob die Gesamtziele der freiwilligen Vereinbarung oder anderer Selbstregulierungsmaßnahmen erreicht worden sind.

7. Kostenwirksamkeit der Verwaltung einer Selbstregulierungsinitiative

Die Kosten der Verwaltung von Selbstregulierungsinitiativen, besonders was die Überwachung angeht, dürfen keine gegenüber den Zielen der Initiative und den sonstigen verfügbaren politischen Instrumenten unverhältnismäßige administrative Belastung mit sich bringen.

8. Nachhaltigkeit

Selbstregulierungsinitiativen tragen der politischen Zielsetzung der Richtlinie 2009/125/EG einschließlich des integrierten Ansatzes Rechnung und stehen im Einklang mit den wirtschafts- und sozialpolitischen Aspekten einer nachhaltigen Entwicklung. Die Belange der Verbraucher, nämlich solche der Gesundheit und Lebensqualität und wirtschaftliche Belange, sind zu wahren.

9. Kompatibilität von Anreizen

Selbstregulierungsinitiativen sind nicht dazu angetan, die erwarteten Ergebnisse zu erbringen, wenn sonstige Faktoren und Anreize – Druck des Marktes, Besteuerung und nationales Recht – den an der Selbstregulierungsinitiative Beteiligten widersprüchliche Signale senden. Politische Konsequenz ist in dieser Hinsicht von entscheidender Bedeutung und muss bei der Bewertung der Wirksamkeit der Initiative berücksichtigt werden.

15. Ethik-Kodex der Werbewirtschaft

Österreichischer Werberat **gültig Februar 2021**
Das Selbstkontrollorgan der Österreichischen Werbewirtschaft

NEUFASSUNG
ETHIK-KODEX DER WERBEWIRTSCHAFT
Gemäß KOG idF vom 12.1.2021

In Österreich existiert - genauso wie in fast allen europäischen Ländern - ein duales System zur Beschränkung der Werbung, das sich einerseits aus gesetzlichen Regelungen und andererseits aus Selbstbeschränkungsrichtlinien zusammensetzt. Der Ethik-Kodex der Werbewirtschaft stellt einen Kernbereich des österreichischen Systems zum Schutze der VerbraucherInnen vor Missbrauch der Werbung dar. Selbstdisziplinäre Mechanismen der Werbewirtschaft dienen zur Überwachung und Korrektur von Fehlerscheinungen und Fehlentwicklungen im Vorfeld und am Rande der gesetzlichen Bestimmungen. Die Selbstbeschränkungsrichtlinien der Werbewirtschaft eines Landes müssen in Beziehung zum Ausmaß gesetzlicher Werbereglementierung stehen. Je fortgeschrittener das gesetzliche Regelungssystem betreffend Werbung und Verbraucherschutz in einem Lande ist - in Österreich ist es bereits sehr umfangreich - desto stärker verlagert sich die Aufgabe der Werbeselbstbeschränkung auf jene Gebiete der Ethik und Moral, die einem gesellschaftlichen Entwicklungsprozess (mit immer rascherem Wandel) unterworfen sind. Da diese gesetzlich nicht regelbar sind, weil sie sich ständig verändern und weiterentwickeln und ein kulturspezifisch schwer erfassbares Phänomen darstellen, ist eine Werbeselbstbeschränkung mit Augenmaß notwendig. Der Ethik-Kodex der Werbewirtschaft - also die Gesamtheit der Selbstbeschränkungsrichtlinien, die sich die österreichische Werbewirtschaft freiwillig auferlegt hat - teilt sich in zwei Teile. Der erste Teil "Grundsätzliche Verhaltensregeln" umfasst vornehmlich Richtlinien betreffend die erwähnten sensiblen Bereiche und stellt das "Herzstück" des Ethik-Kodex der Werbewirtschaft dar. Im zweiten Teil "Spezielle Verhaltensregeln" werden Bereiche geregelt, die im Laufe der Zeit entweder national oder international - wir sind auf dem Weg in eine grenzenlose Kommunikationsgesellschaft - besondere Aktualität erlangt haben und daher spezieller Regelungen bedürfen.

1. Grundsätzliche Verhaltensregeln
1.1. Allgemeine Werbegrundsätze
1.2. Ethik und Moral
1.3. Gewalt
1.4. Gesundheit
1.5. Sicherheit
1.6. Umwelt
1.7. Rechtswidriges Werbeumfeld
1.8. Influencer-Marketing

2. Spezielle Verhaltensregeln
2.1. Geschlechterdiskriminierende Werbung (sexistische Werbung)
2.2. Kinder und Jugendliche
2.3. Ältere Menschen

2.4. Alkohol
2.5. Tabak

2.6. Kraftfahrzeuge

1. GRUNDSÄTZLICHE VERHALTENSREGELN

1.1. ALLGEMEINE WERBEGRUNDSÄTZE

Präambel

Werbung kann und darf sich nicht im luftleeren Raum abseits von nationalen und internationalen rechtlichen Rahmenbedingungen, ethisch-moralischen Werten und den daraus abgeleiteten Ansprüchen der Gesellschaft bewegen. Das Bekenntnis der Werbewirtschaft zur Marktwirtschaft, zum Wettbewerb und zur freien Meinungsäußerung ist eingebunden in die rechtlichen und ethischen Grundlagen, auf denen Staat und Gesellschaft mit ihren gemeinschaftsfördernden Normen und Zielen beruhen und auf die Erkenntnis, dass Werbung durch ihre Massenwirkung Auswirkungen auf die gesamte Gesellschaft hat. Im Zuge der Sozialisation beeinflussen die Botschaften, die Werbung vermittelt, sowohl bewusst als auch unbewusst die Wahrnehmung und Ausbildung von Identität, insbesondere bei Kindern.

Werbung trägt somit soziale Verantwortung und muss auf die Rechte, Interessen und Gefühle von Einzelnen und Gruppen von Menschen Rücksicht nehmen.

1.1.1. Werbung soll vom Grundsatz sozialer Verantwortung geprägt sein, insbesondere gegenüber Kindern und Jugendlichen vor dem vollendeten 18. Lebensjahr.

1.1.2. Werbung muss gesetzlich zulässig sein und die gesetzlichen Normen strikt beachten.

1.1.3. Werbung muss den Grundsätzen der Lauterkeit, wie sie im Wirtschaftsleben allgemein anerkannt sind, entsprechen.

1.1.4. Werbung darf nicht gegen die allgemein anerkannten guten Sitten verstoßen.

1.1.5. Werbung darf nicht die Würde des Menschen verletzen, insbesondere durch entwürdigende oder diskriminierende Darstellungen

1.1.6. Werbung darf nicht gegen den Grundsatz der Redlichkeit und Wahrhaftigkeit verstoßen.

1.1.7. Werbung darf nicht durch anlehnende und nachahmende Darstellungen irreführen.

1.1.8. Werbung darf das Recht auf Schutz der Privatsphäre nicht verletzen.

1.1.9. Werbung muss als solche klar erkennbar sein.

1.1.10. Werbung soll keinen direkten oder indirekten Kaufzwang auf KonsumentInnen ausüben.

1.1.11. Werbung soll nicht auf Werbeträgern geschalten werden, die offensichtlich österreichischen Rechtsvorschriften widersprechen.

1.2. ETHIK UND MORAL

Präambel

Werbung steht im Blickpunkt der Öffentlichkeit und trägt damit soziale Verantwortung. Ungeachtet des grundsätzlichen Rechts auf Meinungsäußerung – und angesichts dessen rechtlicher Grenzen – muss der Tatsache Rechnung getragen werden, dass Werbung Auswirkungen auf die Gesellschaft hat.

Bei der Gestaltung von Werbung muss verantwortungsbewusst abgewogen werden, ob ein Sujet mit den rechtlichen Normen und den ethisch-moralischen Werten der Gesellschaft verträglich ist, oder nicht.

Den dafür anzuwendenden Referenzrahmen bilden unter anderem die allgemeinen Menschenrechte.

1.2.1. Werbung trägt soziale Verantwortung

1.2.2. Werbung hat die menschliche Würde und Unversehrtheit der Person zu achten und darf diese nicht verletzen.

1.2.3. Werbung darf niemanden mittelbar oder unmittelbar diskriminieren oder Diskriminierung fördern. Besonderen Schutz vor Diskriminierung bedürfen dabei die Diversitätskerndimensionen.

a) **Alter**: Werbung darf niemanden (mittelbar oder unmittelbar) aufgrund seines Alters oder seiner Generation diskriminieren. Bei älteren Menschen ist stets auf eine würdevolle Darstellung zu achten.

b) **Geschlecht**: Werbung darf niemanden (mittelbar oder unmittelbar) aufgrund seines Geschlechtes diskriminieren. Männer und Frauen sind stets als vollkommen gleichwertig zu betrachten und zu behandeln.

c) **Sexuelle Orientierung:** Werbung darf niemanden (mittelbar oder unmittelbar) aufgrund seiner sexuellen Orientierung diskriminieren.

d) **Behinderung, Beeinträchtigung:** Werbung darf behinderte oder beeinträchtigte Menschen nicht (mittelbar oder unmittelbar) diskriminieren. Ein respektvoller Umgang ist stets zu wahren.

e) **Religion:** Werbung darf niemanden (mittelbar oder unmittelbar) aufgrund seiner Religion oder seines Glaubens diskriminieren.

f) **Ethnizität/ Nationalität**: Werbung darf niemanden aufgrund seiner Nationalität bzw. seiner Herkunft diskriminieren. Menschen mit Migrationshintergrund sind stets als gleichwertig zu behandeln und dürfen nicht abgewertet werden.

1.2.4. Leid, Unglück oder Todesfälle dürfen nicht für Werbezwecke missbraucht werden; solche Darstellungen sind vielmehr nur dann zulässig, wenn sie das Ziel haben, dem Leid entgegen zu wirken, Unglück oder Unfälle zu verhindern, die Öffentlichkeit auf ein soziales Problem, einen Missstand, aufmerksam zu machen, oder wenn ein damit in unmittelbarem Zusammenhang stehendes Produkt beworben wird (z.B. Grabsteine etc).

1.3. GEWALT

Präambel

Definition von Gewalt
(laut Weltbericht Gewalt und Gesundheit – Definition der Weltgesundheitsorganisation)

Unter Gewalt wird in diesem Zusammenhang der absichtliche und tatsächliche Gebrauch oder die Androhung von körperlichem Zwang oder physischer Macht gegen die eigene oder eine andere Person, oder gegen eine Gruppe/Gemeinschaft verstanden, der entweder konkret oder mit hoher Wahrscheinlichkeit zu Tod, Verletzungen, psychischen Schäden, Fehlentwicklung oder Deprivation führt.

In unserer Gesellschaft ist ein deutlicher Trend zur Gewaltbereitschaft und zu Gewalttätigkeiten erkennbar. Diese Entwicklung, die eine Vielzahl von Wurzeln hat, ist weder aus ethisch-moralischen noch aus volkswirtschaftlichen Gründen zu billigen. Jedes Mittel, das mithilft, diesen Trend zu stoppen bzw. abzuschwächen, wird begrüßt. Werbung ist aufgrund ihrer sozialen Verantwortung aufgerufen, Gewalt darstellende und Gewalt fördernde Aussagen und Inhalte zu vermeiden.

Gewalt im Verständnis des Österreichischen Werberates umfasst jedenfalls physische, psychische und sexualisierte Gewalt.

1.3.1. Werbung darf keine gewalttätigen Darstellungen beinhalten.

a) Werbung darf sich keiner gewalttätigen, Gewalt verharmlosenden, Gewalt ästhetisierenden oder Gewalt verherrlichenden Inhalte bedienen.

b) Es dürfen keine Darstellungen und Aussagen erfolgen, die brutales, aggressives, asoziales oder gewalttätiges Verhalten abbilden oder zu solchen Verhaltensweisen ermutigen, diese fördern oder stillschweigend dulden, unabhängig von der Umsetzung (z. B. in der Form von Animation, Comics, Emojis und GIF's usw.).

c) Neben der physischen Gewalt darf Werbung auch nicht die Darstellung psychischer und sexualisierter Gewalt (z.B. Mobbing, Stalking) beinhalten. Auch heftige, aggressive Beschimpfungen sind unzulässig.

d) Darüber hinaus sind Darstellungen, die sexualisierte Gewalt beinhalten, abzulehnen.

e) Die Darstellung von Gewalt auch gegen Tiere sowie Vandalismus als inhaltlicher oder stilistischer Bestandteil werblicher Botschaften ist zu unterlassen.

f) Werbung darf weder Angst noch Furcht erzeugen. Angst- und furchterregende Darstellungen und Aussagen dürfen nur dann erfolgen, wenn sie zu einem klugen, vernünftigen, rechtskonformen und sicheren Verhalten animieren. Dabei ist jedoch zu beachten, dass furcht- und angsterregende Darstellungen in einem angemessenen Verhältnis zu der jeweiligen realen Gefährdung zu stehen haben.

g) Werbung darf keine Inhalte transportieren, die zwar vordergründig nicht gewalttätig erscheinen, im Gesamtzusammenhang aber als gewalttätig zu beurteilen sind. Auch heftige, aggressive Beschimpfungen sind unzulässig.

h) Massive Gewalt darf nicht humoristisch abgebildet werden.

1.3.2. *Waffenwerbung*

Präambel

Bei der Bewerbung von Waffen muss den besonderen Gefahren, die bei unsachgemäßem Umgang von diesen ausgehen und damit verbunden sind, Rechnung getragen werden.

Die Basis für die Definition von Waffen bildet das Österreichische Waffen-Gesetz (1996). Waffen werden in §1 des WaffG, als Gegenstände definiert, die ihrem Wesen nach dazu bestimmt sind, die Angriffs- oder Abwehrfähigkeit von Menschen durch unmittelbare Einwirkung zu beseitigen oder herabzusetzen oder bei der Jagd oder beim Schießsport zur Abgabe von Schüssen verwendet zu werden.

a) Bei der Bewerbung von Waffen muss darauf geachtet werden, dass der besonderen Gefahr, die bei deren unsachgemäßen Verwendung ausgeht, unbedingt Rechnung getragen wird. Daher muss bei der Bewerbung von Waffen grundsätzlich eine Kennzeichnung mittels Warnhinweis „Waffen gefährden bei unsachgemäßem Umgang Gesundheit & Leben“ erfolgen.

b) Waffen dürfen nicht im tatsächlichen Gebrauch, gerichtet gegen Lebewesen, dargestellt werden.

c) Bei der Bewerbung von Waffen soll auf eine besonders verharmlosende, bzw. verherrlichende Darstellung verzichtet werden.

d) Auch die humoristische Darstellung von Waffen ist abzulehnen.

e) Waffen dürfen nicht ohne direkten Zusammenhang mit dem beworbenen Produkt dargestellt werden.

1.4. GESUNDHEIT

Präambel

Gesundheit ist ein sehr umfassender Begriff. Gesundheit ist nicht nur individuell, als Grad des physischen, psychischen und sozialen Wohlbefindens, sondern auch im gesamtgesellschaftlichen Zusammenhang mit den entsprechenden volkswirtschaftlichen Auswirkungen zu sehen. Der Gesundheitszustand, der großen Einfluss sowohl auf die individuelle Lebensqualität als auch auf den gesellschaftlichen Wohlstand hat, ist laufend Schwankungen unterworfen und wird individuell sehr unterschiedlich bewertet. Gesundheitsbezogene Aussagen erfordern daher höchstes Verantwortungsbewusstsein.

Gesundheitswerbung ist auch gesetzlich umfassend geregelt und unterliegt strengen Vorgaben. Für Arzneimittel ist das Arzneimittelgesetz zu beachten.[1] Die Kennzeichnung und Aufmachung von Lebensmitteln und Getränken, Nahrungsergänzungsmitteln, Gebrauchsgegenständen sowie kosmetischen Mitteln sind in lebensmittelrechtlichen Vorschriften geregelt.[2] Darüber hinaus gilt:

1.4.1. Gesundheitswerbung darf nicht diskriminieren.

1.4.2. Es dürfen keine Darstellungen und Aussagen erfolgen, die Personen aufgrund ihrer körperlichen oder geistig-seelischen Schwächen bzw. Krankheiten herabsetzen oder entwürdigen. Gleiches gilt für die körperliche Erscheinung bzw. das Aussehen von Personen.

1.4.3. Es dürfen keine Darstellungen oder Aussagen erfolgen, die ein gesundheitsschädigendes Verhalten oder gesundheitsschädigende Körperformen - insbesondere in Bezug auf Körpergewicht (z.B. Bulimie, Anorexie, Adipositas etc) propagieren.

1.4.4. Werbung soll den Konsum von Arzneimitteln nicht verharmlosen und nicht zu einem übermäßigen Konsum von Arznei- oder Nahrungsergänzungsmitteln ermutigen.

1.4.5. Werbung für Arzneimittel und Nahrungsergänzungsmittel darf sich nicht an die Zielgruppe Kinder wenden.

1.4.6. Werbung für Arzneimittel, Nahrungsergänzungsmittel, insbesondere Mittel zur Gewichtsreduktion, und Kosmetika, soll keinen direkten oder indirekten Kaufzwang auf die KonsumentInnen ausüben.

1.4.7. Es sollen keine Darstellungen und Aussagen erfolgen, die geeignet sind, die Hoffnungen von leidenden Menschen auszunützen.

---

[1] Bundesgesetz über die Herstellung und das Inverkehrbringen von Arzneimitteln (AMG).

[2] z.B. Lebensmittelsicherheits- und Verbraucherschutzgesetz (LMSVG), EU-Verordnung über die allgemeinen Grundsätze des Lebensmittelrechts (EG-BasisVO Nr. 178/2002), der EU-Lebensmittelinformationsverordnung (EU-InformationsVO Nr. 1169/2011), EU-Verordnung über die Verwendung nährwert- und gesundheitsbezogener Angaben bei Lebensmitteln (EG-ClaimsVO Nr. 1924/2006), Nahrungsergänzungsmittelverordnung (NEMV) EU-Richtlinie zur Angleichung der Rechtsvorschriften über Nahrungsergänzungsmittel Nr. 2002/46/EG, EU-Verordnung über kosmetische Mittel Nr. 1223/2009, EU-Verordnung betreffend Werbeaussagen im Zusammenhang mit kosmetischen Mitteln Nr. 655/2013.

1.4.8. Gesundheitswerbung darf nicht irreführen.

a) Angaben, die sich auf physiologische oder pharmakologische Wirkungen berufen und bei den KonsumentInnen den Eindruck erwecken, dass das beworbene Produkt „Gesundheit" erhält, den Altersprozess aufhält oder rückgängig macht, bei gleichbleibender Lebensweise das Körpergewicht reduziert, eine diätetische Wirkung vortäuscht oder ähnliches, sind zu unterlassen.

b) Werbung soll keine medizinischen oder wissenschaftlichen Fachausdrücke verwenden, die den/die durchschnittlichen KonsumentInnen irreführen können.

c) Es sollen keine Darstellungen und Aussagen erfolgen, die den Eindruck erwecken, alternative Heilmittel, insbesondere homöopathische Produkte, seien generell wirkungsvoller oder sicherer als andere.

d) Es sollen keine Darstellungen und Aussagen erfolgen, die den Eindruck erwecken, ein beworbenes Produkt könne im Zusammenhang mit der Behandlung suchtartiger Abhängigkeiten oder der Abgewöhnung schlechter Angewohnheiten ohne besondere Anforderungen an die Willenskraft der KonsumentInnen wirkungsvoll sein.

e) Im Zusammenhang mit Vitamin-, Mineral- oder anderen Präparaten bzw. Nahrungsergänzungsmitteln sollen keine Darstellungen und Aussagen erfolgen, die den Eindruck erwecken, solche Produkte wären ein Ersatz für ausgewogene und gesunde Ernährung bzw. könnten einen wirksamen Schutz vor Krankheiten bieten. Krankheitsbezogene Angaben sind ausschließlich Arzneimitteln vorbehalten.

1.5. SICHERHEIT

Präambel

Sicherheit gehört zu den Grundbedürfnissen jedes Menschen. Die allgemeine Sicherheit zu erhalten bzw. zu erhöhen ist nicht nur Aufgabe des Staates, sondern auch jedes einzelnen Menschen. Der Staat ist von der Bevölkerung beauftragt, durch Erlassung von entsprechenden Regeln und Normen das Vertrauen des (der) Einzelnen in die Gesellschaft zu erhalten, damit chaotische, von Unsicherheit gezeichnete Zustände vermieden werden. Neben dieser staatlichen Funktion ist aber auch jedes einzelne Mitglied der Gesellschaft mitverantwortlich für die Aufrechterhaltung der Sicherheit in einem Land. Verantwortungsbewusste Werbung ist daher ebenfalls aufgerufen, die allgemeine Sicherheit durch entsprechende Darstellungen und Aussagen nicht zu gefährden.

1.5.1. Werbung soll die allgemeine Sicherheit nicht gefährden.

1.5.2. Es sollen keine Darstellungen und Aussagen erfolgen, die sicherheitsgefährdende Verhaltensweisen bzw. Situationen darstellen oder zu solchem Verhalten ermutigen können. Insbesondere sind Darstellungen von kriegerischen Auseinandersetzungen, gewalttätigem oder asozialem Verhalten zu unterlassen.

1.5.3. Werbung soll sich keiner unfallriskanten Bildmotive bedienen. Insbesondere ist die Darstellung falscher oder leichtsinniger Bedienung von Maschinen, Kraftfahrzeugen oder anderen Produkten zu unterlassen.

1.6. UMWELT

Präambel

Mit zunehmender Umweltverschmutzung und Ausbeutung der Ressourcen ist Umweltschutz zu einem wichtigen, ja zum Teil überlebenswichtigen Anliegen unserer Gesellschaft geworden. Umweltschutz geht über die grundsätzliche Verpflichtung der Achtung von Mensch, Tier und Umwelt hinaus und umfasst die nachhaltige Verbesserung und Erhaltung der Umweltqualität, damit auch kommende Generationen eine lebenswerte Umwelt vorfinden. Die Verantwortung unserer Generation erstreckt sich also nicht nur auf die Erhaltung der Lebensqualität unserer eigenen Generation, sondern auch auf die kommender Generationen.

Viele KonsumentInnen und Unternehmen haben die Zeichen der Zeit richtig verstanden und zeichnen sich durch umweltbewusstes Handeln aus. KonsumentInnen fragen vermehrt umweltfreundliche Produkte nach und die Wirtschaft reagiert darauf durch entsprechende Angebote. Aktives Umweltmanagement ist in der Wirtschaft kein Fremdwort mehr. Dennoch ergeben sich sowohl aufgrund der wissenschaftlich-technischen Komplexität von Umweltbelangen als auch aufgrund der zunehmenden Emotionalisierung in diesem Bereich Probleme, die insbesondere im Verantwortungsbereich der Werbewirtschaft liegen. Die Selbstbeschränkungsmaßnahmen der Werbung sollen verhindern, dass sich "schwarze Schafe" ungerechtfertigt ein "grünes" Image geben können und KonsumentInnen irregeführt werden.

1.6.1. Werbung, die Umwelt betreffend, bedarf einer besonders sensiblen Handhabung, damit keine Fehlvorstellungen hervorgerufen werden.

1.6.2. Es sollen keine Darstellungen und Aussagen erfolgen, die nicht durch Fakten belegt werden können.

1.6.3. Wenn Produkte nachgewiesenermaßen bisher keine nachteiligen Effekte auf die Umwelt hatten, sollen keine werblichen Darstellungen und Aussagen erfolgen, die den Eindruck erwecken können, das Produkt wäre durch besondere produktionstechnische Maßnahmen nachträglich umweltverträglich gemacht worden.

1.6.4. Es sollen keine Darstellungen und Aussagen erfolgen, die verschiedene Produktgruppen oder verschiedene Materialien in Bezug auf deren Umweltauswirkungen vergleichen (z.B. Kunststoff versus Papier). Insbesondere sind solche Vergleiche zu unterlassen, wenn aufgrund der Komplexität der Sachlage oder der raschen wissenschaftlichen und technischen Entwicklung auf einem Gebiet eine Irreführung der KonsumentInnen möglich ist.

1.6.5. Es sollen keine wissenschaftlichen Ausdrücke verwendet werden, wenn dies nicht unbedingt notwendig ist bzw. soll ihre Verwendung nicht irreführen.

1.6.6. Die Verwendung von Umweltzeichen ist zu unterlassen, wenn diese Zeichen nicht allgemein anerkannt sind - bzw. wenn damit falsche Tatsachen vorgetäuscht werden können.

1.7. RECHTSWIDRIGES WERBEUMFELD

Präambel

Mit zunehmender Bedeutung von Werbeschaltungen in Onlinemedien (Banner-Werbung, Internet-Spots udgl.) stellt sich immer häufiger die Frage der ethischen Bewertung des genutzten Werbeumfelds.

Werbung auf Webeträgern, deren Hauptzweck und – wirkungsweise offensichtlich den, auf dem Gebiet der Bundesrepublik Österreich geltenden – einschlägigen Gesetzen widerspricht (vgl. beispielhafte Aufzählung im folgenden Absatz), widerspricht den allgemeinen Werbegrundsätzen. Es muss das Anliegen einer verantwortungsvollen Werbewirtschaft sein, ihre Werbemaßnahme nicht in einem solchen Werbeumfeld zu platzieren. Dies gilt insbesondere im Online-Bereich.

Werbeträger, deren Hauptzweck und – wirkungsweise offensichtlich den auf dem Gebiet der Bundesrepublik Österreich geltenden einschlägigen Gesetzen widerspricht, sind insbesondere Werbeträger mit folgendem offenkundigem Hauptzweck und/oder folgender offenkundiger Hauptwirkungsweise:

- Verletzung des Datenschutzgesetzes;
- Verletzung von Rechten gemäß dem Urhebergesetz;
- Verstoß gegen das (NS-) Verbotsgesetz 1947;
- Verstoß gegen das Pornographiegesetz und/oder gegen die Bestimmungen des Strafgesetzbuches über strafbare Handlungen gegen die sexuelle Integrität und Selbstbestimmung;
- Verletzung der Bestimmungen des Strafgesetzbuches über strafbare Handlungen gegen den öffentlichen Frieden (insbesondere Verbreitung von terroristischen und/oder verhetzenden Inhalten);
- Verstoß gegen das Kriegsmaterialiengesetz und/oder das Waffengesetz;
- Verstoß gegen das Suchtmittelgesetz.

1.8 INFLUENCER MARKETING

Präambel

Der Österreichische Werberat erkennt Entwicklungen und Trends und hat deshalb im Bereich des **„Influencer Marketing (Werbung)"** den Fokus auf ethisch-moralischen Spielregeln gerichtet, um bei Auftraggebern (Marken), Bloggern und Konsumenten für seriöse Werbung einzutreten. Dabei sollen die allgemeinen Werberichtlinien der Werbewirtschaft und der Ethik-Kodex der Werbewirtschaft zur Anwendung kommen.

Gerade Influencer haben eine Verantwortung und Vorbildwirkung insbesondere gegenüber den meist jungen KonsumentInnen bis 18 Jahre. Diesem Umstand Rechnung tragend wurden spezielle Verhaltensregeln geschaffen. Bei Werbung mit Kindern und Jugendlichen und Werbung, die sich direkt an Kinder und Jugendliche wendet, wird damit besonderes Augenmerk auf die Reife und die Lebenserfahrung der Kinder und Jugendlichen gelegt. Die Art und Weise, wie Kinder und Jugendliche Werbung wahrnehmen und auf Werbung reagieren, muss bei allen werblichen Maßnahmen berücksichtigt werden, besonders im Hinblick darauf, dass Kinder auch durch Nachahmung lernen (siehe dazu „2.2 Kinder und Jugendliche").

Neben Influencern haben auch werbetreibende Unternehmen als Auftraggeber eine Verantwortung gegenüber Konsumenten, da sie bei einer beauftragten bzw. bezahlten Werbung einen unmittelbaren Einfluss auf die Kommunikation auf Social Media Kanälen ausüben.

Es muss das Anliegen einer verantwortungsvollen Werbewirtschaft sein, Werbemaßnahmen unter Einhaltung der einschlägigen Rechtsvorschriften (u.a. Telekommunikations-Gesetz, Medien-Gesetz, e-Commerce-Gesetz, ORF-Gesetz, Audiovisuelle Mediendienste-Gesetz, Privatradiogesetz, Urheberrechts-Gesetz, Unlauterer Wettbewerbs-Gesetz) umzusetzen. Dies gilt insbesondere im Online-Bereich für „Influencer-Marketing". Bei werblichen Darstellungen und Aussagen, die gegen oben genannte Rechtsvorschriften verstoßen, versteht sich der Österreichische Werberat als Ansprechpartner, ist jedoch nicht handlungsbefugt. Der Österreichische Werberat behält sich vor, Beschwerden dieser Art an die zuständigen Stellen weiterzuleiten.

Definition „Influencer Marketing"

Influencer sind Personen, die Einfluss auf das Verhalten von Konsumenten nehmen, indem sie über Blogs, Posts, Tweets, Videos und andere Social Media Maßnahmen für Marken, Services oder Produkte berichten oder sonstige Marketing- und Promotion-Tätigkeiten vornehmen. Influencer kommunizieren via verschiedener Kanäle, sind jedoch vor allem in den sozialen Netzwerken aktiv. Influencer Marketing findet im Interesse einer dritten Partei, in den meisten Fällen eines werbetreibenden Unternehmens, statt.

Influencer Marketing ist eine Form des Online Marketings, bei der Auftraggeber (in der Regel werbetreibende Unternehmen) bezahlte Werbung auf den Kanälen (wie etwa auf Social Media/Webseite/Blog/Video oder ähnlichen) von Meinungsbildnern buchen. Die mediale Präsenz, die Bekanntheit und die Reputation von Influencern unterstützen Unternehmen dabei, Marken bekannt zu machen, Images einer Marke zu verbessern oder den Verkauf von Produkten oder Dienstleistungen zu stimulieren. Influencer machen eine Marke zum Gesprächsgegenstand und empfehlen diese über Blogs, in Foren und Social Media sowie offline auf Events und im privaten Umfeld. Für den Influencer stellen bezogene Produktsamples, finanzielle Abgeltung oder sonstige bezogene Vorteile unternehmerische oder private Werte dar, die als Einkommen anzusehen sind.

Im Wesentlichen kennzeichnen zwei Voraussetzungen Influencer-Aktivitäten als Marketing-Kommunikation: Kompensation und inhaltliche Kontrolle.

Inhaltliche Kontrolle liegt dann vor, wenn das werbetreibende Unternehmen Vorgaben oder Vorschläge zu Texten, Struktur oder zur Gestaltung eines Beitrags macht, wie z.B. die Anfrage für eine positive Bewertung, eine gewisse Anzahl von Posts oder die Nutzung für spezifische Social Media Kanäle anregt. Klarer sichtbar wird inhaltliche Kontrolle dann, wenn Skripts oder Texte vom Werbetreibenden vorgegeben werden und vom Influencer vor Veröffentlichung validiert werden.

Kompensation meint neben einer allfälligen finanziellen Bezahlung auch die Entlohnung durch provisionsfreie Services und Produkte, die eine Incentivierung des Influencers darstellen. Dies inkludiert auch Gratis Produktproben von geringem Wert.

Kennzeichnung: Influencer Marketing Kommunikation soll wie jede werbliche Kommunikation so umgesetzt und gekennzeichnet sein, dass der Konsument diese unmittelbar als Werbung erkennt. Influencer Werbung muss für Dritte klar erkennbar und als Werbung gekennzeichnet sein, z. B. mit der Bezeichnung #Werbung (zu Beginn des Beitrages auf Social Media Kanälen und deren Plattformen wie Website/Blogs oder Kanal adäquat als Header in der Caption). Auch Produktplatzierungen und geringfügige Sachleistungen (z.B. Samplings) sind zum Schutz der Konsumenten ebenfalls mit #Werbung zu kennzeichnen.

Bei Verstößen gegen die Kennzeichnungspflicht, versteht sich der Österreichische Werberat als Ansprechpartner, ist jedoch nicht handlungsbefugt. Der Österreichische Werberat behält sich vor, Beschwerden dieser Art an die zuständigen Stellen weiterzuleiten.

Im Sinne von ethischen und moralischen Richtlinien für Influencer Marketing kommt der Ethik-Kodex der Österreichischen Werbewirtschaft zur Anwendung. Besonderes Augenmerk wird auf nachstehend angeführte Kodex-Punkte gelegt:

1.8.1. Insbesondere bei Werbung, die sich direkt an Kinder und Jugendliche richtet (2.2.) darf keine offensichtliche oder versteckte Aufforderung zum Kauf des beworbenen Produktes erfolgen.

1.8.2. Gesunde Körperformen: Es muss bei der Werbemaßnahme darauf geachtet werden, dass keine Abbildungen (Selfies, Bilder usw.) von Influencern eingesetzt werden, die ein gesundheitsschädigendes Verhalten oder gesundheitsschädigende Körperformen (z.B. Bulimie, Anorexie, Adipositas etc.) insbesondere in Bezug auf Körpergewicht propagieren - siehe dazu im Speziellen „1.4 Gesundheit (1.4.3.)“).

1.8.3. Diskriminierung und Ausgrenzung im Zusammenhang mit psychischer und sozialer Gewalt (siehe „1.3 Gewalt (1.3.1. b)“). Es ist darauf zu achten, dass Influencer auch keine psychische und verbale Gewalt anwenden. Dazu gehört insbesondere das Verächtlichmachen Einzelner oder von Gruppen, Beschimpfungen und Drohungen sowie die Erzeugung von Angst, etwa in Form von Praktiken wie dem „Pranking“.

2. SPEZIELLE VERHALTENSREGELN

2. SPEZIELLE VERHALTENSREGELN

2.1. GESCHLECHTERDISKRIMINIERENDE WERBUNG (sexistische Werbung):

Präambel

In der Vergangenheit hat sich das Wissen um Geschlechterverhältnisse sowie das Selbstverständnis und Selbstbild von Menschen stark verändert. Diese Veränderung hatte auch entsprechende Auswirkungen auf Menschen- und Geschlechterbilder in der Gesellschaft. Da Werbung nicht nur ein Spiegelbild gesellschaftlicher Einstellungen ist, sondern Auswirkungen auf die Gesellschaft hat, insbesondere darauf, welche Bilder und Vorstellungen von Erwachsenen, Kinder im Rahmen der Sozialisation erwerben, ist Werbung, die die Würde von Menschen verletzt, als Diskriminierung zu unterlassen. Den dafür zur Beurteilung anzuwendenden Referenzrahmen bilden die Menschenrechte; im Fall von Frauendiskriminierung die Menschenrechte von Frauen.

2.1.1. Werbung darf nicht aufgrund des Geschlechts diskriminieren.

Wesentlich dabei ist die Betrachtung der Werbemaßnahme im Gesamtkontext. Zu berücksichtigen sind insbesondere die verwendete Bild-Text-Sprache, Darstellungsweise (Ästhetik, künstlerische Gestaltungselemente), Zielgruppenausrichtung und damit einhergehend, in welchem Umfeld die Werbemaßnahme platziert ist.

Geschlechterdiskriminierende Werbung (sexistische Werbung) liegt insbesondere vor, wenn

2.1.2. Personen auf abwertende, verächtlich machende oder verspottende Weise dargestellt werden;

2.1.3. die Gleichwertigkeit der Geschlechter in Frage gestellt wird;

2.1.4. Unterwerfung oder Ausbeutung dargestellt oder zu verstehen gegeben wird, dass Gewalt oder Dominanzgebaren tolerierbar seien;

2.1.5. die Person auf Ihre Geschlechtsmerkmale reduziert und dies in den Mittelpunkt der Werbegestaltung gerückt wird.

2.1.6. sexualisierte Darstellungsweisen ohne direkten inhaltlichen Zusammenhang zum beworbenen Produkt verwendet werden. Wesentlich ist dabei die Betrachtung im Gesamtkontext.

2.1.7. die Würde des Menschen im Bereich der Sexualität verletzt wird.

2.1.8. Personen abgewertet werden, die nicht den vorherrschenden Vorstellungen über Zugehörigkeit zu einem Geschlecht entsprechen (z.B. intergeschlechtlich, transgender Menschen).

2.1.9. Werbung für sexuelle Dienstleistungen darf, soweit sie rechtlich zulässig ist, die Würde von Menschen, insbesondere von SexdienstleisterInnen, KonsumentInnen oder PassantInnen, nicht verletzen. Körper und insbesondere Sexualität dürfen in der Bild-Text-Sprache nicht unangemessen dargestellt werden. Dabei ist auch besonders auf die Platzierung, den Zeitpunkt und das jeweilige Umfeld des Werbesujets zu achten,

2.1.10. Werbung darf Aufstachelung zum Hass, insbesondere aufgrund der unter „1.2. Ethik und Moral", genannten Kategorien, weder aufweisen, noch billigen, fördern oder verherrlichen. Werbung darf insbesondere kein Material enthalten, das, wenn es im jeweiligen Zusammenhang beurteilt wird, Gewalt gegen Personen billigt, fördert oder verherrlicht oder Kinder und Jugendliche in sexualisierter Weise darstellt.

2.2. KINDER UND JUGENDLICHE

Präambel

Kinder und Jugendliche sind aufgrund ihrer geringen Reife und ihres Mangels an Lebenserfahrung besonders von Missbräuchen bedroht. Die Rechtsordnung stellt daher Kinder und Jugendliche unter besonderen Schutz, sowohl im Rahmen der nationalen und supranationalen Gesetzgebung, als auch durch internationale Übereinkünfte, wie die UN-Kinderrechtskonvention.

Der Österreichische Werberat trägt diesem Umstand Rechnung und hat spezielle Verhaltensregeln geschaffen. Werbung mit Kindern und Jugendlichen und Werbung, die sich direkt an Kinder und Jugendliche wendet, soll besonderes Augenmerk auf die Reife und die Lebenserfahrung der Kinder und Jugendlichen legen. Die Art und Weise, wie Kinder und Jugendliche Werbung wahrnehmen und auf Werbung reagieren, muss bei allen werblichen Maßnahmen berücksichtigt werden, besonders im Hinblick darauf, dass Kinder auch durch Nachahmung lernen.

Daher appelliert der Österreichische Werberat an alle Werbetreibenden, sich der Verantwortung gegenüber Kindern und Jugendlichen bewusst zu sein.

2.2.1. KINDER
(darunter werden Personen vor dem vollendeten 12. Lebensjahr verstanden)

2.2.1.1. Werbung allgemein:

a) Werbung darf kein gewaltsames, aggressives oder asoziales Verhalten als nachahmens- oder billigenswert darstellen oder erscheinen lassen.

b) Werbung darf keine Inhalte kommunizieren bzw. nicht mit Bildern arbeiten, die Kindern physischen, psychischen oder moralischen Schaden zufügen können.

c) Werbung darf das seelische Wohl von Kindern insbesondere durch Angst oder Schrecken erzeugende Darstellungen, nicht gefährden.

d) Werbung darf keine gefährlichen, ungesunden oder leichtsinnigen Handlungen darstellen oder Kinder zu solchen Verhaltensweisen animieren.

e) In der Werbung dürfen keine Erziehungsmaßnahmen angedeutet oder dargestellt werden, die geeignet sind, das körperliche oder seelische Wohl und die Würde des Kindes zu beeinträchtigen oder zu verletzen. Dies gilt vor allem, wenn diese Maßnahmen durch Personen dargestellt werden, die Eltern oder sonstige Erziehungsberechtigte oder PädagogInnen verkörpern.

f) Werbung darf Kinder nicht in diskriminierender Weise darstellen, wenn sie das beworbene Produkt nicht kaufen bzw. besitzen. Insbesondere sind Darstellungen und Aussagen zu unterlassen, die solche Kinder ausgrenzen, indem sie diese zum Beispiel als unpopulär, gesellschaftlich minderwertig oder unfolgsam erscheinen lassen.

g) Produktbezogene Angaben hinsichtlich Jugendschutz und weitere Warnhinweise müssen auch auf Werbemaßnahmen klar erkennbar sein.

h) Werbung darf Kinder nicht ohne berechtigten Grund in gefährlichen Situationen zeigen.

2.2.1.2. Werbung, die sich direkt an Kinder richtet:

a) Werbung oder Verkaufsförderungsmaßnahmen müssen den Mangel an Reife und Erfahrung von Kindern berücksichtigen. Darstellungen und Aussagen müssen dem jeweiligen Alter der Zielgruppe angepasst sein und dürfen die kindliche Vorstellungskraft nicht überfordern oder missbrauchen.

b) Werbung mit Kindern darf nicht geschlechterdiskriminierend sein.

c) Werbung für nicht kindergerechte Produkte wie z.B. Alkohol, Tabak, Arzneimittel, Waffen, Nahrungsergänzungsmittel und Schlankheitspräparate oder bestimmte Dienstleistungen (wie z.B. Glücksspiele, Wetten) darf sich nicht an die Zielgruppe Kinder wenden.

d) Kinder haben begrenztes Wissen, weniger Erfahrung und einen geringeren Wortschatz als Erwachsene. Werbung soll diesem Umstand durch einfache, klare und vollständige Informationen Rechnung tragen und darf Kinder nicht irreführen.

e) Werbung darf nicht mit Darstellungen arbeiten, in denen Kinder ihre Eltern oder Dritte unmittelbar dazu auffordern/überreden, ein bestimmtes Produkt zu kaufen.

f) An Kinder gerichtete Werbung muss besonders gekennzeichnet sein, sodass jede Verwechslung mit einem Teil des Programms bzw. einem redaktionellen Beitrag ausgeschlossen ist.

2.2.1.3. Werbung mit Kindern als DarstellerInnen:

a) Werbung mit Kindern darf nicht geschlechterdiskriminierend sein.

b) Kinder dürfen nicht in erotisierender oder sexualisierter Weise dargestellt werden bzw. darf die Darstellung von Kindern nicht darauf abzielen, sexuelles Begehren zu wecken.

c) Kinder dürfen niemals in entwürdigender Weise dargestellt oder lächerlich gemacht werden.

d) Kinder dürfen weder als Opfer von wie immer gearteter Gewalt, noch gewaltausübend dargestellt werden.

e) In Werbung für nicht kindergerechte Produkte oder Dienstleistungen, die geeignet sind, das Wohl oder die Gesundheit von Kindern zu beeinträchtigen oder zu gefährden, dürfen Kinder nicht als DarstellerInnen eingesetzt werden; insbesondere zählt dazu Werbung für Waffen, Schönheitsoperationen, Glücksspiele, Wetten, Tabak, Alkohol und Videospiele mit nicht kindgerechten und/oder gewaltverherrlichenden Inhalten.

f) Werbung soll keine Äußerungen oder Empfehlungen von Kindern über besondere Vorteile und Eigenarten des Produktes enthalten, welche nicht den natürlichen Lebensäußerungen eines Kindes entsprechen.

2.2.1.4. Unangebrachte audiovisuelle kommerzielle Kommunikation rund um Kindersendungen:

Die nachstehenden Richtlinien gelten für Anbieter audiovisueller Mediendienste, deren Angebot auch Kindersendungen umfasst. Sie zielen darauf ab, die Einwirkung audiovisueller Kommunikation für die im Folgenden näher beschriebenen Lebensmittel und Getränke auf Kinder wirkungsvoll zu verringern (siehe „Allgemeine Grundsätze“ und „Spezielle Bedingungen“ unten). Umfasst ist unangebrachte audiovisuelle kommerzielle Kommunikation, die Kindersendungen begleitet oder darin enthalten ist.

Als audiovisuelle kommerzielle Kommunikation gelten Bilder (mit oder ohne Ton), die der unmittelbaren oder mittelbaren Förderung des Absatzes von Lebensmitteln dienen und einer Sendung oder einem nutzergenerierten Video gegen Entgelt, eine ähnliche Gegenleistung oder als Eigenwerbung beigefügt bzw. darin enthalten sind.[3]

Dazu zählen unter anderem Fernsehwerbung und Werbung im Rahmen eines audiovisuellen Mediendienstes auf Abruf[4], Sponsoring, Teleshopping und Produktplatzierung[5].

Die nachstehenden Richtlinien betreffen unangebrachte audiovisuelle kommerzielle Kommunikation für Lebensmittel und Getränke, die Nährstoffe oder Substanzen mit ernährungsbezogener oder physiologischer Wirkung wie insbesondere Fett, Transfettsäuren, Salz/Natrium und Zucker enthalten, deren übermäßige Aufnahme im Rahmen der Gesamternährung nicht empfohlen wird.[6] Der Werberat entscheidet auf Basis des **Ethik-Kodex** der Werbewirtschaft. Im Sinne einer Entscheidungshilfe für den Werberat wird eine Expertise eines eigens eingerichteten Lebensmittelbeirats erstellt, die auf anerkannten Ernährungsleitlinien basiert.

Unangebracht sind Form oder Inhalt audiovisueller kommerzieller Kommunikation für die genannten Lebensmittel, welche unmittelbar vor, nach oder während (Werbeunterbrechungen) Sendungen ausgestrahlt wird, die sich ausschließlich oder überwiegend an Kinder (Personen unter 12 Jahren) richten, wenn sie folgenden Kriterien widersprechen:

---

[3] Vgl. Audiovisuelle Mediendienste-Gesetz (AMD-G) § 2 Z 2.
[4] Vgl. AMD-G § 2 Z 40.
[5] Produktplatzierung ist in Kindersendungen nicht gestattet, vgl. § 38 Abs 1 AMD-G.
[6] Vgl. AMD-G § 36 Abs 3, KommAustria-Gesetz § 33 Abs 3a Z 2, ORF-Gesetz § 13 Abs 8a.

2.2.1.4.1. Allgemeine Grundsätze

a) Audiovisuelle kommerzielle Kommunikation für diese Lebensmittel soll so gestaltet sein, dass das Vertrauen der Kinder in die Qualität der beworbenen Produkte nicht missbraucht wird.

b) Audiovisuelle kommerzielle Kommunikation für diese Lebensmittel soll einem gesunden, aktiven Lebensstil nicht entgegenwirken. Sie darf insbesondere nicht suggerieren, dass ein inaktiver Lebensstil körperlicher Bewegung vorzuziehen ist.

c) Audiovisuelle kommerzielle Kommunikation für diese Lebensmittel soll einer ausgewogenen, gesunden Ernährung nicht entgegenwirken oder diese herabsetzen. Sie darf insbesondere nicht den Konsum von frischem Obst oder Gemüse abwerten bzw. davon abraten/abschrecken.

d) Audiovisuelle kommerzielle Kommunikation für diese Lebensmittel soll nicht zu einem übermäßigen oder einseitigen Konsum der beworbenen Produkte auffordern. Die positive Darstellung zwang- oder krankhafter Essgewohnheiten ist unzulässig.

e) Audiovisuelle kommerzielle Kommunikation für diese Lebensmittel soll den Verzicht auf den Konsum der beworbenen Produkte nicht abwertend darstellen.

f) Positive Eigenschaften der beworbenen Lebensmittel und Getränke, deren übermäßige Aufnahme im Rahmen der Gesamternährung nicht empfohlen wird, dürfen nicht hervorgehoben werden.

2.2.1.4.2. Spezielle Bestimmungen

a) Audiovisuelle kommerzielle Kommunikation für diese Lebensmittel darf keinerlei Verbindung zwischen einer Verbesserung der schulischen Leistung und dem Genuss dieser Lebensmittel herstellen.

b) Audiovisuelle kommerzielle Kommunikation für diese Lebensmittel darf nicht den Eindruck erwecken, der Besitz oder der Konsum dieser Lebensmittel fördere sozialen Erfolg oder sichere einen höheren Status und größere Popularität in der Altersgruppe der Kinder.

c) Audiovisuelle kommerzielle Kommunikation für diese Lebensmittel darf keine therapeutische, heilende oder Krankheiten vorbeugende Wirkung dieser Lebensmittel suggerieren.

d) Audiovisuelle kommerzielle Kommunikation für diese Lebensmittel darf Unmäßigkeit im Genuss dieser Lebensmittel nicht fördern oder Mäßigung oder Enthaltsamkeit nicht negativ darstellen.

e) Audiovisuelle kommerzielle Kommunikation für diese Lebensmittel darf keine negativen Aussagen über Personen enthalten, die – aus welchem Grund auch immer – den Konsum dieser Lebensmittel reduzieren wollen.

f) Audiovisuelle kommerzielle Kommunikation für diese Lebensmittel darf nicht suggerieren, dass diese Lebensmittel eine Mahlzeit ersetzen könnten. Sie darf insbesondere nicht andeuten, dass diese Lebensmittel einen vollständigen Ersatz für Gemüse und/oder Obst darstellen können.

g) Audiovisuelle kommerzielle Kommunikation für kalorienreduzierte Abwandlungen dieser Lebensmittel („Light-Versionen") darf nicht zu exzessivem Konsum des kalorienreduzierten Lebensmittels auffordern.

h) Audiovisuelle kommerzielle Kommunikation für diese Lebensmittel und die darin angesprochenen Informationen über Geschmack, Portionsgröße und den möglichen Beitrag dieser Lebensmittel zu einer ausgewogenen Ernährung müssen wahrheitsgemäß, vollständig und nachvollziehbar sein.

i) Audiovisuelle kommerzielle Kommunikation für diese Lebensmittel und die darin enthaltenen Angaben über die in diesen Lebensmitteln enthaltene Menge an Kohlenhydraten, Fett oder Eiweiß dürfen nicht auf irreführende Weise positive Effekte für eine ausgewogene Gesamternährung suggerieren (z.B. sollen stark kohlenhydrathaltige Nahrungsmittel nicht durch einen Hinweis auf ihren fettarmen oder -losen Inhalt beworben werden und umgekehrt).

j) Wenn diese Lebensmittel in direktem Zusammenhang mit Kindersendungen stehen (z.B. Lizenzprodukte), darf die audiovisuelle kommerzielle Kommunikation dafür nicht unmittelbar vor, während oder nach diesen Sendungen ausgestrahlt werden.

k) Audiovisuelle kommerzielle Kommunikation für diese Lebensmittel darf Kindern weder körperlichen noch seelischen Schaden zufügen.

l) Audiovisuelle kommerzielle Kommunikation für diese Lebensmittel darf keine direkten Kaufappelle für diese Lebensmittel an Kinder richten, die deren Unerfahrenheit und Leichtgläubigkeit ausnutzen.

m) Audiovisuelle kommerzielle Kommunikation für diese Lebensmittel darf Kinder nicht unmittelbar dazu auffordern, ihre Eltern oder Dritte zum Kauf dieser Lebensmittel zu bewegen.

n) Audiovisuelle kommerzielle Kommunikation für diese Lebensmittel darf nicht in unangebrachter Weise durch explizite Kaufaufforderung das besondere Vertrauen ausnutzen, das Kinder zu Eltern, Lehrern und anderen natürlichen Vertrauenspersonen (u.a. „Kinderidole"[7]) haben und dadurch dem Erlernen einer ausgewogenen Ernährung und eines gesunden Lebensstils entgegenwirken. Sie darf weiters nicht suggerieren, dass der Konsum dieser Lebensmittel Kinder unmittelbar in die Lage versetzt, die Popularität oder den sozialen Status dieser Personen zu erlangen.

---

[7] Als „Kinderidole" gelten bekannte Persönlichkeiten (einschließlich virtuelle Figuren wie Comics), die wegen ihrer Popularität in an Kinder gerichteten Fernsehsendungen auftreten und daher für Kinder eine Vorbildfunktion haben. Davon ausgenommen sind vom Werbenden kreierte „Kinderidole".

Nähere Erläuterungen:

Die EU-Richtlinie über audiovisuelle Mediendienste[8] stellt Anforderungen an audiovisuelle kommerzielle Kommunikation für bestimmte Lebensmittel und Getränke, die Kindersendungen begleitet oder darin enthalten ist. Seit 2010 besteht eine entsprechende Selbstverpflichtung der österreichischen Rundfunkveranstalter unter Einbindung der Werbe- und Lebensmittelwirtschaft. In Umsetzung einer Novelle[9] wird diese Selbstverpflichtung auf Anbieter von Videoabrufdiensten und Video-Sharing-Plattformen erstreckt und auf weitere audiovisuelle Kanäle, etwa Videoclips und nutzergenerierte Inhalte, ausgedehnt. Umfasst sind auch soziale Netzwerke, die Sendungen und nutzergenerierte Videos bereitstellen.

Unabhängig von dieser werblichen Selbstbeschränkung rund um Kindersendungen zeichnen Lebensmittelunternehmen nicht nur für die Sicherheit und Qualität ihrer Produkte verantwortlich, sondern auch für die Täuschungsfreiheit der bereitgestellten Information über Lebensmittel. Für Unternehmer, die Lebensmittel in Verkehr bringen, gilt: Die Irreführung und Täuschung von Konsumentinnen und Konsumenten durch Kennzeichnung, Aufmachung und Werbung sind in Österreich und der EU gesetzlich verboten. [10]

Dieser Schutz umfasst die (angesprochenen) Verbraucherinnen und Verbraucher, somit Erwachsene und Kinder/Jugendliche. Die Einhaltung der Vorschriften wird von der amtlichen Lebensmittelkontrolle überprüft und Zuwiderhandeln sanktioniert.

Über diese gesetzlichen Vorgaben hinaus verpflichtet sich die Lebensmittelindustrie gemeinsam mit der Werbe- und der audiovisuellen Medienwirtschaft dazu beizutragen, die Einwirkung audiovisueller kommerzieller Kommunikation für bestimmte Lebensmittel und Nährstoffe auf Kinder wirkungsvoll zu verringern. Zusätzlich setzt die Lebensmittelbranche seit vielen Jahren Aktivitäten, um Nährstoffe, deren übermäßige Aufnahme in der Gesamternährung nicht empfohlen wird (u.a. Fett, Transfettsäuren[11], Salz/Natrium, Zucker) durch Reformulierung von Rezepturen schrittweise zu reduzieren und über die Nährwerteigenschaften von Lebensmitteln umfassend zu informieren. Ein breites Angebot an sicheren und qualitativen Lebensmitteln, umfassende Produktinformation sowie eine bessere Ernährungsbildung können dazu beitragen, dass Verbraucherinnen und Verbraucher die für ihre individuellen Ernährungsbedürfnisse ideale Kaufentscheidung treffen und sich ausgewogen ernähren.

Lebensmittelwerbung spielt gerade im Hinblick auf das multikausale Problem des Übergewichts in der Gesellschaft eine untergeordnete Rolle. Vielmehr hat Übergewicht komplexe Ursachen: neben einem unausgewogenen Ernährungsverhalten sind mangelnde Bewegung, Stress, Schlafmangel, sozioökonomische Faktoren, genetische Veranlagung und psychosoziale Aspekte entscheidend. Ein ausgewogenes Ernährungsverhalten und ein aktiver Lebensstil können zu einem gesunden Leben beitragen.

---

[8] Richtlinie Nr. 2010/13/EU.
[9] Richtlinie (EU) 2018/1808 zur Änderung der Richtlinie 2010/13/EU
[10] z.B. im Lebensmittelsicherheits- und Verbraucherschutzgesetz (LMSVG), dem Bundesgesetz gegen den unlauteren Wettbewerb (UWG), der EU-Verordnung über die allgemeinen Grundsätze des Lebensmittelrechts (EG-BasisVO Nr. 178/2002), der EU-Lebensmittelinformationsverordnung (EU-InformationsVO Nr. 1169/2011) oder der Verordnung über die Verwendung nährwert- und gesundheitsbezogener Angaben bei Lebensmitteln (EG-ClaimsVO Nr. 1924/2006).
[11] Der Trans-Fettsäuren-Gehalt in Lebensmitteln wird bereits durch die Verordnung des Bundesministers für Gesundheit über den Gehalt an trans-Fettsäuren in Lebensmitteln (Trans-Fettsäuren-Verordnung) verbindlich geregelt.

2.2.2. JUGENDLICHE
(darunter werden Personen zwischen dem vollendeten 12. und vor dem vollendeten 18. Lebensjahr verstanden)

2.2.2.1. Werbung allgemein:

Grundsätzlich gelten die unter 2.2.1.1. bis 2.2.1.3. angeführten Punkte auch für Jugendliche, wenn auch in altersadäquater Form.

Folgende Punkte sind aber im Zusammenhang mit Jugendlichen ganz besonders zu berücksichtigen:

a) Werbung darf keine leichtsinnigen und/oder gefährlichen Handlungen darstellen, die Jugendliche zur Nachahmung animieren.

b) Werbung mit Jugendlichen als DarstellerInnen oder Werbung, die sich an Jugendliche richtet, darf strafrechtlich relevante Darstellungen oder Aussagen nur dann beinhalten, wenn diese als eine Botschaft und Aufforderung zu rechtskonformen Verhalten zu verstehen ist.

c) Werbung für Produkte wie Tabak, Alkohol, Arzneimittel, Waffen, Nahrungsergänzungsmittel und Schlankheitspräparate darf sich nicht an die Zielgruppe der Jugendlichen wenden.

d) Es darf keine Werbung für Schönheitsoperationen für unter 18-Jährige erfolgen.

e) Zum Schutz von Jugendlichen dürfen keine Darstellungen oder Aussagen erfolgen, die gesundheitsschädigendes Verhalten fördern könnten.
Besonders im Hinblick auf Bulimie, Anorexie, Adipositas etc. ist darauf zu achten, dass gesundheitlich bedenkliche Körperformen, insbesondere in Bezug auf das Körpergewicht, nicht dargestellt, aber auch nicht lächerlich gemacht werden.

f) Des Weiteren dürfen keine Darstellungen und Aussagen erfolgen, die ein überidealisiertes Gesamt-Erscheinungsbild (z. B: Gesichtskorrekturen, Brustvergrößerungen, Übertrainiertheit) als anzustrebendes (Schönheits-) Ideal fördern könnten.

2.2.2.2. Unangebrachte audiovisuelle kommerzielle Kommunikation für alkoholische Getränke im Umfeld von Jugendlichen:

Die nachstehenden Richtlinien gelten für Anbieter audiovisueller Mediendienste. Sie zielen darauf ab, die Einwirkung audiovisueller Kommunikation für alkoholische Getränke auf Jugendliche (Personen unter 18 Jahren) wirkungsvoll zu verringern.

Auf Grundlage der EU-Richtlinie über audiovisuelle Mediendienste[12] werden besondere Anforderungen an auf alkoholische Getränke bezogene, unangebrachte audiovisuelle kommerzielle Kommunikation (vgl. die näheren Erläuterungen zu Kapitel 2.2.1.4.) gestellt, die im Umfeld von Jugendlichen gezeigt wird.

Als unangebracht sind Form oder Inhalt audiovisueller kommerzieller Kommunikation für alkoholische Getränke dann anzusehen, wenn sie den im Folgenden genannten sowie den in den beiden Anhängen zum Ethik-Kodex[13] genannten Kriterien für Bier und Spirituosen widersprechen.

Audiovisuelle Kommerzielle Kommunikation für alkoholische Getränke ist unangebracht, wenn sie den folgenden Kriterien widerspricht:

a) Audiovisuelle kommerzielle Kommunikation für alkoholische Getränke darf Kinder und Jugendliche unter 18 Jahren weder zum Trinken von alkoholischen Getränken auffordern, noch trinkende bzw. zum Trinken auffordernde Jugendliche zeigen.

b) Audiovisuelle kommerzielle Kommunikation für alkoholische Getränke soll nicht in Medien erfolgen, deren redaktioneller Teil sich mehrheitlich an Jugendliche richtet.

c) Audiovisuelle kommerzielle Kommunikation für alkoholische Getränke soll keine Aussagen enthalten, in denen Jugendliche als noch nicht alt genug für den Konsum alkoholhaltiger Getränke angesprochen und dadurch zum Trinken provoziert werden.

d) Audiovisuelle kommerzielle Kommunikation für alkoholische Getränke soll keine Personen darstellen, die aussagen, dass sie bereits als Jugendliche(r) alkoholische Getränke konsumiert haben.

e) Werden Personen in audiovisueller kommerzieller Kommunikation für alkoholische Getränke gezeigt, müssen sie mindestens, auch vom optischen Eindruck her, junge Erwachsene sein.

---

[12] Richtlinie Nr. 2010/13/EU in der geltenden Fassung

[13] Kommunikationskodex der österreichischen Brauwirtschaft und Kommunikationskodex der österreichischen Spirituosenindustrie.

2.3. ÄLTERE MENSCHEN

Präambel

Die Bedeutung und Wahrnehmung des realen Altersbildes wird für unsere gesellschaftliche Zukunft von existentieller Tragweite sein. Die Art und Weise, wie die Werbung das Altersbild zeichnet, wird Auskunft über den künftigen Umgang der Gesellschaft mit dem Alter geben. Die Zukunft unserer Gesellschaft soll auf der Basis neuer, positiver und generationenübergreifender Altersbilder erwachsen.

2.3.1. Jede diskriminierende Darstellung und verbale Äußerung über ältere Personen, besonders in Kombination mit Diskriminierung aufgrund des Geschlechts, ist zu vermeiden. Im Besonderen dürfen ältere Personen nicht vordergründig naiv, inkompetent oder lächerlich abgebildet werden.

2.3.2. Ältere Menschen sind in der Darstellung nicht auf ihre Defizite zu reduzieren. Besonders bei einer vergleichenden Gegenüberstellung mit anderen Generationen ist sensibel vorzugehen.

2.3.3. Bei der Darstellung von älteren Menschen in der Werbung ist stets auf einen würdevollen Umgang zu achten.

2.4. ALKOHOL

Präambel

Ungeachtet des legitimen Bekenntnisses der Werbewirtschaft zu einem freien, gesunden und lauteren Wettbewerb und ungeachtet der Tatsache, dass der maßvolle Konsum von alkoholischen Getränken in unserer Gesellschaft akzeptiert ist, muss sich Werbung im Zusammenhang mit Alkohol ihrer Verantwortung gegenüber der Gesellschaft bewusst sein. Werbung soll keine Sujets einsetzen, die geeignet sind, als Aufforderung zum Alkoholmissbrauch oder als Anreiz zum übermäßigen Konsum von alkoholischen Getränken missverstanden zu werden.

2.4.1. Werbung soll nicht zu übermäßigem oder missbräuchlichem Alkoholkonsum ermutigen.

2.4.2. Alkoholwerbung soll sich nicht an die Zielgruppe Kinder wenden.

2.4.3. Für Alkoholwerbung im Umfeld von Personen unter 18 Jahren gelten die Anforderungen des Kapitels 2.2.2.2.

2.4.4. Werbung soll sich keiner verharmlosenden Darstellungen bedienen. Darstellungen wie das Lenken von Fahrzeugen oder das Bedienen von Maschinen im Zusammenhang von Alkoholkonsum sind zu vermeiden.

2.4.5. Werbung soll nicht den Eindruck erwecken, Alkoholkonsum hätte therapeutische Wirkungen und könne mithelfen, private und soziale Probleme zu lösen.

2.4.6. Für Bier und Spirituosen sind die speziellen Kriterien in den beiden Anhängen Ethik-Kodex[14] zu berücksichtigen.

---

[14] Kommunikationskodex der österreichischen Brauwirtschaft und Kommunikationskodex der österreichischen Spirituosenindustrie.

2.5. TABAK

Präambel

Werbefreiheit ist ein fundamentales demokratisches Recht. Sie gilt als Voraussetzung für unsere funktionierende am freien Wettbewerb orientierte Marktwirtschaft. Ungeachtet dieses Grundrechtes auf Meinungsfreiheit ist sich die österreichische Werbewirtschaft ihrer ethisch-moralischen Verantwortung gegenüber der Gesellschaft bewusst und hat sich im Rahmen des seit Jahren sowohl national als auch international bestens bewährten Selbstbeschränkungssystems freiwillige Werbebeschränkungen betreffend Tabakwaren auferlegt. Werbung soll keine Sujets einsetzen, die auf eine allgemeine Ausweitung des Konsums von Tabakwaren abzielen bzw. zu übermäßigem Tabakkonsum auffordern.

2.5.1. Tabakwerbung muss die vereinbarten Selbstbeschränkungsrichtlinien strikt beachten.

2.5.2. Werbung soll Tabakkonsum weder verharmlosen, noch durch Darstellungen bzw. Aussagen zum übermäßigen Konsum ermutigen.

2.5.3. Tabakwerbung soll sich nicht an die Zielgruppe Kinder wenden.

2.5.4. Werbung soll nicht den Eindruck erwecken, Tabakkonsum steigere die soziale Akzeptanz.

2.5.5. Tabakwerbung soll NichtraucherInnen nicht diskriminieren.

2.6. KRAFTFAHRZEUGE

Präambel

Kraftfahrzeuge haben einen nicht mehr wegzudenkenden Beitrag zur Mobilität unserer Gesellschaft geleistet. Dennoch liegen in der zunehmenden Motorisierung Risken, die das Leben und die Gesundheit der VerkehrsteilnehmerInnen sowohl direkt im Straßenverkehr, als auch indirekt durch Umweltzerstörung und -ausbeutung gefährden können. Werbung für Kraftfahrzeuge, Zubehör und Treibstoff muss sich daher dieser Verantwortung stellen und soll alles vermeiden, was zu riskanten, asozialen oder umweltgefährdenden Fahrweisen ermutigt.

2.6.1. Werbung soll keine Fahrszenen darstellen, die nicht gesetzeskonform sind bzw. zu riskantem, aggressivem oder leichtsinnigem Fahren verleiten können.

2.6.2. Schnelligkeit, hohe Beschleunigung bzw. Motorleistung sollen nicht die dominierenden Aussagen der Werbebotschaft sein.

2.6.3. Das Hervorheben besonderer technischer Eigenschaften des Fahrzeuges oder des Zubehörs (insbesondere Sicherheitstechnik) soll nicht zu der Annahme verleiten, damit jede gefährliche Situation im Straßenverkehr meistern zu können und so zu risikoreichem Fahren ermutigen.

2.6.4. Werbung soll kein energievergeudendes und umweltschädliches Fahrverhalten propagieren.

16. Unternehmensgesetzbuch (Auszug)

Bundesgesetz über besondere zivilrechtliche Vorschriften für Unternehmen (Unternehmensgesetzbuch – UGB)

StF: dRGBl. S 219/1897 (GBlÖ Nr. 86/1939)
Letzte Novellierung: BGBl. I Nr. 133/2024

GLIEDERUNG

...

Unterlassen von Angaben

§ 242. (1) Kleinstkapitalgesellschaften brauchen keinen Anhang aufzustellen, wenn sie die nach § 237 Abs. 1 Z 2 und 3 geforderten Angaben unter der Bilanz machen. Bei Kleinstkapitalgesellschaften wird davon ausgegangen, dass der nach den Bestimmungen dieses Bundesgesetzes erstellte Jahresabschluss ein möglichst getreues Bild der Vermögens-, Finanz- und Ertragslage gemäß § 222 Abs. 2 vermittelt, weshalb § 222 Abs. 2 zweiter Satz und § 222 Abs. 3 keine Anwendung finden.

(2) Bei allen anderen Kapitalgesellschaften können die Angaben gemäß § 238 Abs. 1 Z 4 unterbleiben, soweit sie

1. nicht wesentlich (§ 189a Z 10) sind oder
2. nach vernünftiger unternehmerischer Beurteilung geeignet sind, dem Unternehmen oder dem anderen Unternehmen einen erheblichen Nachteil zuzufügen, wobei in diesem Fall die Anwendung dieser Ausnahmeregelung im Anhang erwähnt werden muss.

Die Angabe des Eigenkapitals und des Jahresergebnisses kann unterbleiben, wenn das Unternehmen, über das gemäß § 238 Abs. 1 Z 4 zu berichten ist, seinen Jahresabschluss nicht offenzulegen hat und es von der berichtenden Gesellschaft nicht beherrscht wird.

(3) Bei der Berichterstattung gemäß § 238 Abs. 1 Z 20 brauchen Einzelheiten nicht angegeben zu werden, soweit die Angaben nach vernünftiger unternehmerischer Beurteilung geeignet sind, dem Unternehmen oder einem verbundenen Unternehmen einen erheblichen Nachteil zuzufügen. Die Anwendung der Ausnahmeregelung ist im Anhang anzugeben.

(4) Betreffen die Aufschlüsselungen gemäß § 239 Abs. 1 Z 3 und 4 weniger als drei Personen, so dürfen sie bei Gesellschaften, die nicht zur Aufstellung eines Coporate Governance-Berichts nach § 243c verpflichtet sind, unterbleiben.

Lagebericht

§ 243. (1) Im Lagebericht sind der Geschäftsverlauf, einschließlich des Geschäftsergebnisses, und die Lage des Unternehmens so darzustellen, dass ein möglichst getreues Bild der Vermögens-, Finanz- und Ertragslage vermittelt wird, und die wesentlichen Risiken und Ungewissheiten, denen das Unternehmen ausgesetzt ist, zu beschreiben.

(2) Der Lagebericht hat eine ausgewogene und umfassende, dem Umfang und der Komplexität der Geschäftstätigkeit angemessene Analyse des Geschäftsverlaufs, einschließlich des Geschäftsergebnisses, und der Lage des Unternehmens zu enthalten. Abhängig von der Größe des Unternehmens und von der Komplexität des Geschäftsbetriebs hat die Analyse auf die für die jeweilige

Geschäftstätigkeit wichtigsten finanziellen Leistungsindikatoren einzugehen und sie unter Bezugnahme auf die im Jahresabschluss ausgewiesenen Beträge und Angaben zu erläutern.

(3) Der Lagebericht hat auch einzugehen auf

1. die voraussichtliche Entwicklung des Unternehmens;
2. Tätigkeiten im Bereich Forschung und Entwicklung;
3. den Bestand an eigenen Anteilen der Gesellschaft, die sie, ein verbundenes Unternehmen oder eine andere Person für Rechnung der Gesellschaft oder eines verbundenen Unternehmens erworben oder als Pfand genommen hat; dabei sind die Zahl dieser Anteile, der auf sie entfallende Betrag des Grundkapitals sowie ihr Anteil am Grundkapital, für erworbene Anteile ferner der Zeitpunkt des Erwerbs und die Gründe für den Erwerb anzugeben. Sind solche Anteile im Geschäftsjahr erworben oder veräußert worden, so ist auch über den Erwerb oder die Veräußerung unter Angabe der Zahl dieser Anteile, des auf sie entfallenden Betrags des Grundkapitals, des Anteils am Grundkapital und des Erwerbs- oder Veräußerungspreises sowie über die Verwendung des Erlöses zu berichten;
4. bestehende Zweigniederlassungen der Gesellschaft;
5. die Verwendung von Finanzinstrumenten, sofern dies für die Beurteilung der Vermögens-, Finanz- und Ertragslage wesentlich ist; diesfalls sind anzugeben

a) die Risikomanagementziele und –methoden, einschließlich der Methoden zur Absicherung aller wichtigen Arten geplanter Transaktionen, die im Rahmen der Bilanzierung von Sicherungsgeschäften angewandt werden, und
b) bestehende Preisänderungs-, Ausfall-, Liquiditäts- und Cashflow-Risiken.

(4) Kleine Gesellschaften mit beschränkter Haftung (§ 221 Abs. 1) brauchen den Lagebericht nicht aufzustellen.

(5) Für große Kapitalgesellschaften, die nicht der Pflicht nach § 243b unterliegen, umfasst die Analyse nach Abs. 2 letzter Satz auch die wichtigsten nichtfinanziellen Leistungsindikatoren, einschließlich Informationen über Umwelt- und Arbeitnehmerbelange. Abs. 3 bleibt unberührt.

§ 243a. (1) Eine Aktiengesellschaft, deren Aktien zum Handel auf einem geregelten Markt im Sinn des § 1 Z 2 Börsegesetz 2018 – BörseG 2018, BGBl. I Nr. 107/2017, zugelassen sind oder die ausschließlich andere Wertpapiere als Aktien auf einem solchen Markt emittiert und deren Aktien mit Wissen der Gesellschaft über ein multilaterales Handelssystem im Sinn des § 1 Z 24 Wertpapieraufsichtsgesetz 2018 – WAG 2018, BGBl. I Nr. 107/2017, gehandelt werden, hat im Lagebericht überdies anzugeben:

1. die Zusammensetzung des Kapitals einschließlich der Aktien, die nicht auf einem geregelten Markt im Sinne des § 1 Z 2 Börsegesetz 2018 – BörseG 2018, BGBl. I Nr. 107/2017, gehandelt werden, sowie gegebenenfalls die Angabe der verschiedenen Aktiengattungen und zu jeder Aktiengattung die Angabe der mit dieser Gattung verbundenen Rechte und Pflichten sowie des Anteils dieser Gattung am Gesellschaftskapital;
2. alle Beschränkungen, die Stimmrechte oder die Übertragung von Aktien betreffen, auch wenn sie in Vereinbarungen zwischen Gesellschaftern enthalten sind, soweit sie dem Vorstand der Gesellschaft bekannt sind;
3. direkte oder indirekte Beteiligungen am Kapital, die zumindest 10 vom Hundert betragen;
4. die Inhaber von Aktien mit besonderen Kontrollrechten und eine Beschreibung dieser Rechte;
5. die Art der Stimmrechtskontrolle bei einer Kapitalbeteiligung der Arbeitnehmer, wenn sie das Stimmrecht nicht unmittelbar ausüben;
6. die sich nicht unmittelbar aus dem Gesetz ergebenden Bestimmungen über die Ernennung und Abberufung der Mitglieder des Vorstands und des Aufsichtsrats und über die Änderung der Satzung der Gesellschaft;
7. die sich nicht unmittelbar aus dem Gesetz ergebenden Befugnisse der Mitglieder des Vorstands, insbesondere hinsichtlich der Möglichkeit, Aktien auszugeben oder zurückzukaufen;
8. alle bedeutenden Vereinbarungen, an denen die Gesellschaft beteiligt ist und die bei einem Kontrollwechsel in der Gesellschaft infolge eines Übernahmeangebots wirksam werden, sich ändern oder enden, sowie ihre Wirkungen; ausgenommen hiervon sind Vereinbarungen, deren Bekanntmachung der Gesellschaft erheblich schaden würde, es sei denn, die Gesellschaft ist zur Bekanntgabe derartiger Informationen aufgrund anderer Rechtsvorschriften ausdrücklich verpflichtet;
9. Bestand und wesentlicher Inhalt von Entschädigungsvereinbarungen zwischen der Gesellschaft und ihren Vorstands- und Aufsichtsratsmitgliedern oder Arbeitnehmern für den Fall eines öffentlichen Übernahmeangebots.

(2) Eine Gesellschaft nach § 189a Z 1 lit. a hat im Lagebericht darüber hinaus die wichtigsten Merkmale des internen Kontroll- und des Risikomanagementsystems im Hinblick auf den Rechnungslegungsprozess zu beschreiben.

Nichtfinanzielle Erklärung, nichtfinanzieller Bericht

§ 243b. (1) Große Kapitalgesellschaften, die Unternehmen von öffentlichem Interesse sind und an den Abschlussstichtagen das Kriterium erfüllen, im Jahresdurchschnitt (§ 221 Abs. 6) mehr als 500

Arbeitnehmer zu beschäftigen, haben in den Lagebericht an Stelle der Angaben nach § 243 Abs. 5 eine nichtfinanzielle Erklärung aufzunehmen.

(2) Die nichtfinanzielle Erklärung hat diejenigen Angaben zu enthalten, die für das Verständnis des Geschäftsverlaufs, des Geschäftsergebnisses, der Lage der Gesellschaft sowie der Auswirkungen ihrer Tätigkeit erforderlich sind und sich mindestens auf Umwelt-, Sozial- und Arbeitnehmerbelange, auf die Achtung der Menschenrechte und auf die Bekämpfung von Korruption und Bestechung beziehen. Die Analyse hat die nichtfinanziellen Leistungsindikatoren unter Bezugnahme auf die im Jahresabschluss ausgewiesenen Beträge und Angaben zu erläutern.

(3) Die Angaben nach Abs. 2 haben zu umfassen:

1. eine kurze Beschreibung des Geschäftsmodells der Gesellschaft;
2. eine Beschreibung der von der Gesellschaft in Bezug auf die in Abs. 2 genannten Belange verfolgten Konzepte;
3. die Ergebnisse dieser Konzepte;
4. die angewandten Due-Diligence-Prozesse;
5. die wesentlichen Risiken, die wahrscheinlich negative Auswirkungen auf diese Belange haben werden, und die Handhabung dieser Risiken durch die Gesellschaft, und zwar
   a. soweit sie aus der eigenen Geschäftstätigkeit der Gesellschaft entstehen und,
   b. wenn dies relevant und verhältnismäßig ist, soweit sie aus ihren Geschäftsbeziehungen, ihren Erzeugnissen oder ihren Dienstleistungen entstehen;
6. die wichtigsten nichtfinanziellen Leistungsindikatoren, die für die konkrete Geschäftstätigkeit von Bedeutung sind.

Verfolgt die Gesellschaft in Bezug auf einen oder mehrere der in Abs. 2 genannten Belange kein Konzept, hat die nichtfinanzielle Erklärung eine klare Begründung hiefür zu enthalten.

(4) In Ausnahmefällen können Informationen über künftige Entwicklungen oder Belange, über die Verhandlungen geführt werden, weggelassen werden, soweit

1. eine solche Angabe nach vernünftiger unternehmerischer Beurteilung geeignet ist, der Geschäftslage der Gesellschaft ernsthaft zu schaden, und
2. eine solche Nichtaufnahme ein den tatsächlichen Verhältnissen entsprechendes Verständnis des Geschäftsverlaufs, des Geschäftsergebnisses, der Lage der Gesellschaft sowie der Auswirkungen ihrer Tätigkeit nicht verhindert.

(5) Die Gesellschaft kann sich bei der Erstellung der nichtfinanziellen Erklärung auf nationale, unionsbasierte oder internationale Rahmenwerke stützen; wenn sie hiervon Gebrauch macht, hat sie anzugeben, auf welche Rahmenwerke sie sich stützt. Bei der Anwendung solcher Rahmenwerke ist sicherzustellen, dass die Anforderungen nach Abs. 2 und Abs. 3 erfüllt sind.

(6) Eine Gesellschaft ist von der Pflicht zur Erstellung einer nichtfinanziellen Erklärung im Lagebericht befreit, wenn sie einen gesonderten nichtfinanziellen Bericht erstellt, der zumindest die Anforderungen nach Abs. 2 bis Abs. 5 erfüllt. Dieser ist von den gesetzlichen Vertretern aufzustellen, von sämtlichen gesetzlichen Vertretern zu unterzeichnen, den Mitgliedern des Aufsichtsrats vorzulegen, von diesem zu prüfen und gemeinsam mit dem Lagebericht nach § 277 offenzulegen.

(7) Eine Gesellschaft ist auch dann von der Pflicht zur Erstellung einer nichtfinanziellen Erklärung befreit, wenn sie und ihre Tochterunternehmen in den Konzernlagebericht oder gesonderten konsolidierten nichtfinanziellen Bericht eines Mutterunternehmens mit Sitz in einem Mitgliedstaat der Europäischen Union oder einem Vertragsstaat des Abkommens über den Europäischen Wirtschaftsraum einbezogen sind, der nach den Anforderungen der Bilanz-Richtlinie erstellt und offengelegt wurde, und wenn sie im Anhang des Jahresabschlusses angibt, bei welchem Unternehmen sie in den Konzernlagebericht oder gesonderten konsolidierten nichtfinanziellen Bericht einbezogen ist und wo dieser erhältlich ist.

Corporate Governance-Bericht

§ 243c. (1) Eine Aktiengesellschaft, deren Aktien zum Handel auf einem geregelten Markt im Sinn des § 1 Z 2 BörseG 2018 zugelassen sind oder die ausschließlich andere Wertpapiere als Aktien auf einem solchen Markt emittiert und deren Aktien mit Wissen der Gesellschaft über ein multilaterales Handelssystem im Sinn des § 1 Z 24 WAG 2018 gehandelt werden, hat einen Corporate Governance-Bericht aufzustellen, der zumindest die folgenden Angaben enthält:

1. die Nennung eines in Österreich oder am jeweiligen Börseplatz allgemein anerkannten Corporate Governance Kodex;
2. die Angabe, wo dieser öffentlich zugänglich ist;
3. soweit sie von diesem abweicht, eine Erklärung, in welchen Punkten und aus welchen Gründen diese Abweichung erfolgt;
4. wenn sie beschließt, keinem Kodex im Sinn der Z 1 zu entsprechen, eine Begründung hiefür.

(2) In diesem Bericht sind anzugeben:

1. die Zusammensetzung und die Arbeitsweise des Vorstands und des Aufsichtsrats sowie seiner Ausschüsse;
2. welche Maßnahmen zur Förderung von Frauen im Vorstand, im Aufsichtsrat und in leitenden Stellungen (§ 80 AktG) der Gesellschaft gesetzt wurden;

3. soweit es sich auch ohne Anwendung des § 221 Abs. 3 zweiter Satz um eine große Aktiengesellschaft handelt, eine Beschreibung des Diversitätskonzepts, das im Zusammenhang mit der Besetzung des Vorstands und des Aufsichtsrats der Gesellschaft in Bezug auf Aspekte wie Alter, Geschlecht, Bildungs- und Berufshintergrund verfolgt wird, der Ziele dieses Diversitätskonzepts sowie der Art und Weise der Umsetzung dieses Konzepts und der Ergebnisse im Berichtszeitraum; wird kein derartiges Konzept angewendet, so ist dies zu begründen.

...

DRITTER ABSCHNITT

Konzernabschluss, Konzernlagebericht, konsolidierter Corporate Governance-Bericht und konsolidierter Bericht über Zahlungen an staatliche Stellen

ERSTER TITEL

Anwendungsbereich

Pflicht zur Aufstellung

§ 244. (1) Stehen Unternehmen unter der einheitlichen Leitung einer Kapitalgesellschaft (Mutterunternehmen) mit Sitz im Inland, so haben die gesetzlichen Vertreter des Mutterunternehmens einen Konzernabschluss, einen Konzernlagebericht sowie gegebenenfalls einen konsolidierten Corporate Governance-Bericht aufzustellen sowie dem Aufsichtsrat und der Hauptversammlung (Generalversammlung) des Mutterunternehmens innerhalb der für die Vorlage des Jahresabschlusses geltenden Fristen vorzulegen. Der Konzernabschluss, der Konzernlagebericht sowie der konsolidierte Corporate Governance-Bericht sind von sämtlichen gesetzlichen Vertretern zu unterzeichnen und der Haupt- oder Generalversammlung zusammen mit dem Jahresabschluss des Mutterunternehmens vorzulegen. Soweit in den folgenden Bestimmungen der Konzernlagebericht erwähnt wird, erfasst dieser Begriff gegebenenfalls auch den konsolidierten Corporate Governance-Bericht.

(2) Eine Kapitalgesellschaft mit Sitz im Inland ist stets zur Aufstellung eines Konzernabschlusses und eines Konzernlageberichtes verpflichtet (Mutterunternehmen), wenn ihr bei einem Unternehmen (Tochterunternehmen)

1. die Mehrheit der Stimmrechte der Gesellschafter zusteht,
2. das Recht zusteht, die Mehrheit der Mitglieder des Verwaltungs-, Leitungs- oder Aufsichtsorgans zu bestellen oder abzuberufen, und sie gleichzeitig Gesellschafter ist oder
3. das Recht zusteht, einen beherrschenden Einfluß auszuüben, oder
4. auf Grund eines Vertrages mit einem oder mehreren Gesellschaftern des Tochterunternehmens das Recht zur Entscheidung zusteht, wie Stimmrechte der Gesellschafter, soweit sie mit ihren eigenen Stimmrechten zur Erreichung der Mehrheit aller Stimmen erforderlich sind, bei Bestellung oder Abberufung der Mehrheit der Mitglieder des Leitungs- oder eines Aufsichtsorgans auszuüben sind.

(3) Eine Personengesellschaft im Sinn des § 189 Abs. 1 Z 2 unterliegt hinsichtlich der in den §§ 244 bis 267b geregelten Tatbestände den der Rechtsform ihres unbeschränkt haftenden Gesellschafters entsprechenden Rechtsvorschriften; ist dieser keine Kapitalgesellschaft, so gelten die Vorschriften für Gesellschaften mit beschränkter Haftung.

(4) Als Rechte, die einem Mutterunternehmen zustehen, gelten auch die Rechte eines anderen Tochterunternehmens oder von Personen, die für Rechnung des Mutterunternehmens oder eines anderen Tochterunternehmens handeln. Abzuziehen sind die Rechte, die mit Anteilen verbunden sind, die

1. vom Mutterunternehmen oder einem Tochterunternehmen für Rechnung einer anderen Person gehalten werden oder
2. als Sicherheit gehalten werden, sofern diese Rechte nach Weisung des Sicherungsgebers oder, wenn ein Kreditinstitut die Anteile als Sicherheit für eine Kreditgewährung hält, im Interesse des Sicherungsgebers ausgeübt werden.

(5) Bei Ermittlung der Mehrheit der Stimmrechte sind von der Zahl aller Stimmrechte die Stimmrechte aus eigenen Anteilen abzuziehen, die dem Tochterunternehmen selbst, einem seiner Tochterunternehmen oder einer anderen Person für Rechnung dieser Unternehmen gehören.

(Anm.: Abs. 6 aufgehoben durch BGBl. I Nr. 22/2015)

(7) Bei Meinungsverschiedenheiten über das Vorliegen einer Verpflichtung zur Aufstellung des Konzernabschlusses, des Konzernlageberichts und des konsolidierten Berichts über Zahlungen an staatliche Stellen entscheidet der für den Sitz des Unternehmens zuständige, zur Ausübung der Gerichtsbarkeit in Handelssachen berufene Gerichtshof erster Instanz im Verfahren außer Streitsachen. Vom Mutter- als auch vom Tochterunternehmen sind antragsberechtigt: jedes Vorstands- und Aufsichtsratsmitglied, der Abschlußprüfer und eine Minderheit, deren Anteile den zwanzigsten Teil des Nennkapitals oder den anteiligen Betrag von 700 000 Euro erreichen. Diese Regelung gilt sinngemäß für Personengesellschaften im Sinn des § 189 Abs. 1 Z 2.

...

Konsolidierte nichtfinanzielle Erklärung, konsolidierter nichtfinanzieller Bericht

§ 267a. (1) Unternehmen von öffentlichem Interesse, die Mutterunternehmen sind und an den

Abschlussstichtagen das Kriterium erfüllen, im Jahresdurchschnitt (§ 221 Abs. 6) auf konsolidierter Basis mehr als 500 Arbeitnehmer zu beschäftigen, haben, wenn sie nicht von der Aufstellung eines Konzernabschlusses nach § 246 Abs. 1 befreit sind, in den Konzernlagebericht an Stelle der Analyse der nichtfinanziellen Leistungsindikatoren nach § 267 Abs. 2 eine konsolidierte nichtfinanzielle Erklärung aufzunehmen.

(2) Die konsolidierte nichtfinanzielle Erklärung hat diejenigen Angaben zu enthalten, die für das Verständnis des Geschäftsverlaufs, des Geschäftsergebnisses, der Lage des Konzerns sowie der Auswirkungen seiner Tätigkeit erforderlich sind und sich mindestens auf Umwelt-, Sozial- und Arbeitnehmerbelange, auf die Achtung der Menschenrechte und auf die Bekämpfung von Korruption und Bestechung beziehen. Die Analyse hat die nichtfinanziellen Leistungsindikatoren unter Bezugnahme auf die im Konzernabschluss ausgewiesenen Beträge und Angaben zu erläutern.

(3) Die Angaben nach Abs. 2 haben zu umfassen:

1. eine kurze Beschreibung des Geschäftsmodells des Konzerns;
2. eine Beschreibung der vom Konzern in Bezug auf diese Belange verfolgten Konzepte;
3. die Ergebnisse dieser Konzepte;
4. die angewandten Due-Diligence-Prozesse;
5. die wesentlichen Risiken, die wahrscheinlich negative Auswirkungen auf diese Belange haben werden, und die Handhabung dieser Risiken durch den Konzern, und zwar
   a. soweit sie aus der eigenen Geschäftstätigkeit des Konzerns entstehen und,
   b. wenn dies relevant und verhältnismäßig ist, soweit sie aus seinen Geschäftsbeziehungen, seinen Erzeugnissen oder seinen Dienstleistungen entstehen;
6. die wichtigsten nichtfinanziellen Leistungsindikatoren, die für die konkrete Geschäftstätigkeit von Bedeutung sind.

Verfolgt der Konzern in Bezug auf einen oder mehrere dieser Belange kein Konzept, hat die konsolidierte nichtfinanzielle Erklärung eine klare und begründete Erläuterung zu enthalten, warum dies der Fall ist.

(4) In Ausnahmefällen können Informationen über künftige Entwicklungen oder Belange, über die Verhandlungen geführt werden, weggelassen werden, soweit

1. eine solche Angabe nach vernünftiger unternehmerischer Beurteilung geeignet ist, der Geschäftslage des Konzerns ernsthaft zu schaden, und
2. eine solche Nichtaufnahme ein den tatsächlichen Verhältnissen entsprechendes Verständnis des Geschäftsverlaufs, des Geschäftsergebnisses, der Lage des Konzerns sowie der Auswirkungen seiner Tätigkeit nicht verhindert.

(5) Das Mutterunternehmen kann sich bei der Erstellung der konsolidierten nichtfinanziellen Erklärung auf nationale, unionsbasierte oder internationale Rahmenwerke stützen; wenn es hiervon Gebrauch macht, hat es anzugeben, auf welche Rahmenwerke es sich stützt. Bei der Anwendung solcher Rahmenwerke ist sicherzustellen, dass die Anforderungen nach Abs. 2 und Abs. 3 erfüllt sind.

(6) Die konsolidierte nichtfinanzielle Erklärung kann als gesonderter konsolidierter nichtfinanzieller Bericht erstellt werden. Der gesonderte konsolidierte nichtfinanzielle Bericht ist von den gesetzlichen Vertretern aufzustellen, von sämtlichen gesetzlichen Vertretern zu unterzeichnen, dem Aufsichtsrat vorzulegen und von diesem zu prüfen, sowie gemeinsam mit dem konsolidierten Lagebericht nach § 280 offenzulegen.

(7) Ein Mutterunternehmen (§ 189a Z 6), das österreichischem Recht unterliegt, ist von der Verpflichtung zur Aufstellung einer konsolidierten nichtfinanziellen Erklärung befreit, wenn dieses Mutterunternehmen (befreites Unternehmen) und seine Tochterunternehmen in den Konzernlagebericht oder gesonderten konsolidierten nichtfinanziellen Bericht eines anderen Unternehmens einbezogen sind, der im Einklang mit der Bilanz-Richtlinie aufgestellt wurde. Ist das Mutterunternehmen zwar nach § 245 von der Aufstellung eines Teilkonzernabschlusses und Teilkonzernlageberichts befreit, nicht aber von der konsolidierten nichtfinanziellen Erklärung, hat es einen gesonderten konsolidierten nichtfinanziellen Bericht nach Abs. 6 aufzustellen.

Konsolidierter Corporate Governance-Bericht

§ 267b. Ein Mutterunternehmen, dessen Aktien zum Handel auf einem geregelten Markt im Sinn des § 1 Z 2 BörseG 2018 zugelassen sind oder das ausschließlich andere Wertpapiere als Aktien auf einem solchen Markt emittiert und dessen Aktien mit Wissen des Unternehmens über ein multilaterales Handelssystem im Sinn des § 1 Z 24 WAG 2018 gehandelt werden, hat einen konsolidierten Corporate Governance-Bericht aufzustellen, der die in § 243c vorgeschriebenen Angaben enthält, wobei die erforderlichen Anpassungen vorzunehmen sind, um die Lage der insgesamt in die Konsolidierung einbezogenen Unternehmen bewerten zu können. § 251 Abs. 3 ist entsprechend anzuwenden.

ZEHNTER TITEL

Konsolidierter Bericht über Zahlungen an staatliche Stellen

§ 267c. (1) Die gesetzlichen Vertreter eines großen (§ 221 Abs. 3) Mutterunternehmens (§ 189a Z 6) haben, wenn es selbst oder eines seiner Tochterunternehmen in der mineralgewinnenden Industrie oder auf dem Gebiet des Holzeinschlags in Primärwäldern tätig ist, auch wenn die Aufstellung des Konzernabschlusses im Einzelfall wegen der Anwendung des § 249 unterbleibt, jährlich einen konsolidierten Bericht über Zahlungen an staatliche Stellen nach den Vorgaben des § 243d aufzustellen und dem Aufsichtsrat und der Hauptversammlung (Generalversammlung) des Mutterunternehmens innerhalb der für die Vorlage des Jahresabschlusses geltenden Fristen vorzulegen. Der konsolidierte Bericht ist von sämtlichen gesetzlichen Vertretern zu unterzeichnen und der Hauptversammlung zusammen mit dem Jahresabschluss des Mutterunternehmens vorzulegen. Er hat sich nur auf Leistungen zu erstrecken, die sich aus der Geschäftstätigkeit in der mineralgewinnenden Industrie oder auf dem Gebiet des Holzeinschlags in Primärwäldern ergeben.

(2) Von der Erstellung eines konsolidierten Berichts über Zahlungen an staatliche Stellen sind Mutterunternehmen befreit, die gemäß § 246 von der Aufstellung eines Konzernabschlusses befreit sind oder Tochterunternehmen eines Unternehmens sind, das dem Recht eines Mitgliedstaats der Europäischen Union oder eines Vertragsstaat des Abkommens über den Europäischen Wirtschaftsraum unterliegt. Von der Einbeziehung eines Tochterunternehmens in den konsolidierten Bericht über Zahlungen an staatliche Stellen kann unter den Voraussetzungen des § 249 Abs. 1 abgesehen werden, wenn das Tochterunternehmen aus diesen Gründen auch nicht in den Konzernabschluss einbezogen wird. Schließlich sind Mutterunternehmen befreit, die einen konsolidierten Bericht nach gleichwertigen Berichtspflichten eines Drittlands erstellen und gemäß § 277 in deutscher Sprache oder in einer in internationalen Finanzkreisen gebräuchlichen Sprache offenlegen. Ob die Berichtspflichten eines Drittlands gleichwertig sind, ist nach den aufgrund des Art. 47 der Bilanz-Richtlinie ergangenen Durchführungsrechtsakten zu beurteilen.

...

Gegenstand und Umfang der Prüfung

§ 269. (1) Die Prüfung des Jahresabschlusses und des Konzernabschlusses hat sich darauf zu erstrecken, ob die gesetzlichen Vorschriften und ergänzende Bestimmungen des Gesellschaftsvertrags oder der Satzung beachtet worden sind. In die Prüfung des Jahresabschlusses ist die Buchführung einzubeziehen.

(1a) Für die Abschlussprüfung von Gesellschaften von öffentlichem Interesse im Sinn des § 189a Z 1 lit. a und lit. d gelten die Bestimmungen des Ersten Titels des Vierten Abschnitts, soweit nicht die Verordnung (EU) Nr. 537/2014 über spezifische Anforderungen an die Abschlussprüfung bei Unternehmen von öffentlichem Interesse und zur Aufhebung des Beschlusses 2005/909/EG, ABl. Nr. L 158 vom 27.05.2014 S. 77, in der Fassung der Berichtigung ABl. Nr. L 170 vom 11.06.2014 S. 66, anzuwenden ist.

(2) Der Abschlussprüfer des Konzernabschlusses trägt die volle Verantwortung für den Bestätigungsvermerk zum Konzernabschluss sowie gegebenenfalls für den zusätzlichen Bericht an den Prüfungsausschuss gemäß Art. 11 der Verordnung (EU) Nr. 537/2014. Er hat auch die im Konzernabschluss zusammengefassten Jahresabschlüsse daraufhin zu prüfen, ob sie den Grundsätzen ordnungsmäßiger Buchführung entsprechen und ob die für die Übernahme in den Konzernabschluss maßgeblichen Vorschriften beachtet worden sind. Wenn in den Konzernabschluss einbezogene Unternehmen von anderen Abschlussprüfern geprüft werden, hat der Konzernabschlussprüfer deren Tätigkeit in geeigneter Weise zu überwachen, soweit dies für die Prüfung des Konzernabschlusses maßgeblich ist.

(3) Der Lagebericht und der Konzernlagebericht von Kapitalgesellschaften sind darauf zu prüfen, ob der Lagebericht mit dem Jahresabschluss und der Konzernlagebericht mit dem Konzernabschluss in Einklang stehen und ob der Lagebericht und Konzernlagebericht nach den geltenden rechtlichen Anforderungen aufgestellt wurden. Gegenstand der Abschlussprüfung ist auch, ob eine nach § 243b oder § 267a erforderliche nichtfinanzielle Erklärung oder ein solcher Bericht und ob ein nach § 243c oder § 267b erforderlicher Corporate Governance-Bericht aufgestellt worden sind.

(4) Werden der Jahresabschluss, der Konzernabschluss, der Lagebericht oder der Konzernlagebericht nach Vorlage des Prüfungsberichts geändert, so ist die Änderung dem Abschlussprüfer bekanntzugeben, der sie mit ihren Auswirkungen zu prüfen hat. Über das Ergebnis der Prüfung ist zu berichten; der Bestätigungsvermerk ist gemäß § 274 entsprechend zu ergänzen und erforderlichenfalls zu ändern.

(5) Die Abschlussprüfung umfasst keine Zusicherung des künftigen Fortbestands der geprüften Gesellschaft oder der Wirtschaftlichkeit oder Wirksamkeit der bisherigen oder zukünftigen Geschäftsführung.

...

ZWEITER TITEL

Offenlegung, Veröffentlichung und Vervielfältigung, Prüfung durch das Firmenbuchgericht

Offenlegung

§ 277. (1) Die gesetzlichen Vertreter von Kapitalgesellschaften haben den Jahresabschluss und den Lagebericht sowie gegebenenfalls den gesonderten nichtfinanziellen Bericht, den Corporate Governance-Bericht und den Bericht über

Zahlungen an staatliche Stellen nach seiner Behandlung in der Hauptversammlung (Generalversammlung), jedoch spätestens neun Monate nach dem Bilanzstichtag, mit dem Bestätigungsvermerk beim Firmenbuchgericht des Sitzes der Kapitalgesellschaft einzureichen; innerhalb derselben Frist sind der Bericht des Aufsichtsrats und der Beschluss über die Verwendung des Ergebnisses einzureichen. Werden zur Wahrung dieser Frist der Jahresabschluss und der Lagebericht sowie gegebenenfalls der gesonderte nichtfinanzielle Bericht, der Corporate Governance-Bericht und der Bericht über Zahlungen an staatliche Stellen ohne die anderen Unterlagen eingereicht, so sind der Bericht des Aufsichtsrats nach seinem Vorliegen, die Beschlüsse nach der Beschlussfassung und der Vermerk nach der Erteilung unverzüglich einzureichen. Wird der Jahresabschluss bei nachträglicher Prüfung oder Feststellung geändert, so ist auch diese Änderung einzureichen.

(2) Der Vorstand einer großen Aktiengesellschaft (§ 221 Abs. 3) hat die Veröffentlichung des Jahresabschlusses unmittelbar nach seiner Behandlung in der Hauptversammlung, jedoch spätestens neun Monate nach dem Bilanzstichtag, mit dem Bestätigungsvermerk im „Amtsblatt zur Wiener Zeitung" zu veranlassen. Der Nachweis über die Veranlassung dieser Veröffentlichung ist gleichzeitig mit den in Abs. 1 bezeichneten Unterlagen beim Firmenbuchgericht einzureichen. Bei der Veröffentlichung ist das Firmenbuchgericht und die Firmenbuchnummer anzugeben. Dies gilt auch für allfällige Änderungen (Abs. 1 letzter Satz).

(2a) Anstatt die Veröffentlichung nach Abs. 2 selbst zu veranlassen, kann der Vorstand anlässlich der Einreichung der in Abs. 1 bezeichneten Unterlagen vom Firmenbuchgericht verlangen, dass dieses den Jahresabschluss oder allfällige Änderungen (Abs. 1 letzter Satz) zur Veröffentlichung an das „Amtsblatt zur Wiener Zeitung" übermittelt. Zu diesem Zweck hat der Vorstand auch eine ohne weitere Bearbeitung zum Abdruck geeignete elektronische Fassung des Jahresabschlusses oder der Änderung einzureichen, die vom Firmenbuchgericht ohne weitere Prüfung an die Wiener Zeitung weiterzuleiten ist. Die Wiener Zeitung GmbH hat das Entgelt der Aktiengesellschaft unmittelbar in Rechnung zu stellen.

(3) In der Offenlegung und der Veröffentlichung können alle Posten in vollen 1 000 Euro angegeben werden, nach Maßgabe der Wesentlichkeit (§ 189a Z 10) auch in größeren Einheiten.

(4) Die gesetzlichen Vertreter von Kapitalgesellschaften haben spätestens mit den Einreichungen gemäß Abs. 1 oder auf dem Jahresabschluss selbst anzugeben, in welche der Größenklassen des § 221 Abs. 1 bis 3 die Gesellschaft unter Bedachtnahme auf § 221 Abs. 4 im betreffenden Geschäftsjahr einzuordnen ist und gegebenenfalls, dass die Gesellschaft die Kriterien der § 243b Abs. 1 oder § 243c Abs. 1 erfüllt.

(5) Sonstige Veröffentlichungs- und Informationspflichten bleiben unberührt.

(6) Die Unterlagen nach Abs. 1 sind elektronisch einzureichen, in die Urkundensammlung des Firmenbuchs aufzunehmen und gemäß §§ 33 f. FBG öffentlich zugänglich zu machen. Überschreiten die Umsatzerlöse in den zwölf Monaten vor dem Abschlussstichtag des einzureichenden Jahresabschlusses nicht 70 000 Euro, kann der Jahresabschluss auch in Papierform eingereicht werden. Die Umsatzerlöse sind gleichzeitig mit der Einreichung bekannt zu geben. In Papierform eingereichte Jahresabschlüsse müssen für die Aufnahme in die Datenbank des Firmenbuchs geeignet sein. Der Bundesminister für Justiz kann durch Verordnung nähere Bestimmungen über die äußere Form der Jahresabschlüsse festlegen.

(Anm.: Abs. 7 aufgehoben durch Art. 1 Z 12, BGBl. I Nr. 186/2022)

(8) Die Oesterreichische Nationalbank ist berechtigt, von der BundesrechenzentrumGmbH die elektronische Übermittlung elektronisch eingereichter Jahresabschlüsse gegen kostendeckendes Entgelt zu verlangen, soweit sie diese Daten zur Erfüllung der ihr gesetzlich oder gemeinschaftsrechtlich zugewiesenen Aufgaben benötigt. Sie ist weiters berechtigt, die Daten an die Bundesanstalt Statistik Österreich weiterzugeben, soweit diese die Daten zur Erfüllung der ihr gesetzlich oder gemeinschaftsrechtlich zugewiesenen Aufgaben benötigt.

...

Offenlegung des Konzernabschlusses

§ 280. (1) Die gesetzlichen Vertreter einer Gesellschaft, die einen Konzernabschluss aufzustellen hat, haben den Konzernabschluss und den Konzernlagebericht sowie gegebenenfalls den gesonderten konsolidierten nichtfinanziellen Bericht, den konsolidierten Corporate Governance-Bericht und den konsolidierten Bericht über Zahlungen an staatliche Stellen mit dem Bestätigungsvermerk gleichzeitig mit dem Jahresabschluss beim Firmenbuchgericht des Sitzes der Gesellschaft einzureichen. § 277 Abs. 3 und Abs. 6 erster Satz gelten sinngemäß. § 277 Abs. 2 und 2a sind für die Veröffentlichung des Konzernabschlusses sinngemäß anzuwenden, wenn ein Tochterunternehmen eine große Aktiengesellschaft mit Sitz im Inland ist.

(2) Ist ein Tochterunternehmen in einen ausländischen Konzernabschluß mit befreiender Wirkung gemäß § 245 Abs. 1 einbezogen, so hat es diesen in deutscher Sprache oder in einer in internationalen Finanzkreisen gebräuchlichen Sprache

bei dem zuständigen Firmenbuchgericht zu hinterlegen; das gleiche gilt, falls eine große Kapitalgesellschaft in einen ausländischen Konzernabschluß einbezogen ist.

(Anm.: Abs. 3 und 4 aufgehoben durch BGBl. Nr. 304/1996)

...

DRITTER TITEL
Prüfungspflicht und Zwangsstrafen
Prüfungspflicht des Firmenbuchgerichts

§ 282. (1) Das Gericht hat zu prüfen, ob die gemäß §§ 277 bis 281 offenzulegenden Unterlagen vollzählig zum Firmenbuch eingereicht und ob, soweit Veröffentlichungen vorgeschrieben sind, diese veranlaßt worden sind.

(2) Gibt die Prüfung gemäß Abs. 1 Anlaß zu der Annahme, daß von der Größe der Gesellschaft abhängige Vorschriften nicht hätten in Anspruch genommen werden dürfen, so kann das Gericht zu seiner Unterrichtung von der Gesellschaft innerhalb einer angemessenen Frist die Mitteilung der Bilanzsumme, der Umsatzerlöse gemäß § 189a Z 5 und der durchschnittlichen Zahl der Arbeitnehmer gemäß § 221 Abs. 6 verlangen. Unterläßt die Gesellschaft die fristgemäße Mitteilung, so gelten die Vorschriften als zu Unrecht in Anspruch genommen.

(2a) Das Gericht kann eine Gesellschaft zu folgenden Erklärungen auffordern:

1. ob sie oder eines ihrer Tochterunternehmen im Sinn des § 243d Abs. 2 in der mineralgewinnenden Industrie oder auf dem Gebiet des Holzeinschlages in Primärwäldern tätig ist;
2. ob ihre übertragbaren Wertpapiere zum Handel an einem geregelten Markt im Sinne des § 189a Z 1 lit. a zugelassen sind.

Die Aufforderung ist zu begründen. Zur Abgabe einer Erklärung ist eine angemessene Frist zu setzen. Gibt die Gesellschaft innerhalb der Frist keine Erklärung ab, so wird vermutet, dass die Gesellschaft bei Unterlassen einer Erklärung nach Z 1 in den Anwendungsbereich des § 243d beziehungsweise des § 267c und bei Unterlassen einer Erklärung nach Z 2 in den Anwendungsbereich des § 243b beziehungsweise des § 267a fällt.

(3) Ist eine gebotene Veröffentlichung unterblieben, so hat das Gericht diese Tatsache ohne Durchführung eines Verbesserungsverfahrens auf Kosten der Gesellschaft bekanntzumachen, wenn dies ein Gesellschafter, Gläubiger, Betriebsrat (Zentralbetriebsrat) oder eine gesetzliche Interessenvertretung beantragt. Die Antragsberechtigung ist glaubhaft zu machen. Ein späterer Wegfall der Antragsberechtigung ist unschädlich. Der Antrag kann nicht zurückgenommen werden.

...

17. Aktiengesetz (Auszug)

Bundesgesetz über Aktiengesellschaften (Aktiengesetz – AktG)

StF: BGBl. Nr. 98/1965 idF BGBl. Nr. 24/1985 (DFB) (NR: GP X RV 301 AB 661 S. 76. BR: S. 226.)

Letzte Novellierung: BGBl. I Nr. 178/2023

...

Bericht an die Hauptversammlung

§ 96.(1) Der Vorstand hat dem Aufsichtsrat die Unterlagen gemäß § 222 Abs. 1 UGB, gegebenenfalls einen Vorschlag für die Gewinnverwendung sowie einen allfälligen gesonderten nichtfinanziellen Bericht vorzulegen. Der Aufsichtsrat hat diese Unterlagen innerhalb von zwei Monaten nach Vorlage zu prüfen, sich gegenüber dem Vorstand darüber zu erklären und einen Bericht an die Hauptversammlung zu erstatten.

(2) In dem Bericht hat der Aufsichtsrat mitzuteilen, in welcher Art und in welchem Umfang er die Geschäftsführung der Gesellschaft während des Geschäftsjahrs geprüft hat, welche Stelle den Jahresabschluß und den Lagebericht sowie gegebenenfalls den gesonderten nichtfinanziellen Bericht, den Corporate Governance-Bericht und den Bericht über Zahlungen an staatliche Stellen geprüft hat und ob diese Prüfungen nach ihrem abschließenden Ergebnis zu wesentlichen Beanstandungen Anlaß gegeben haben.

(3) Abs. 1 und 2 gelten sinngemäß auch für die Vorlage und Prüfung des Konzernabschlusses und des Konzernlageberichts sowie gegebenenfalls des gesonderten konsolidierten nichtfinanziellen Berichts, des konsolidierten Corporate Governance-Berichts und des konsolidierten Berichts über Zahlungen an staatliche Stellen.

(4) Billigt der Aufsichtsrat den Jahresabschluss, so ist dieser festgestellt, wenn sich nicht Vorstand und Aufsichtsrat für eine Feststellung durch die Hauptversammlung entscheiden.

...

Ordentliche Hauptversammlung

§ 104. (1) Der Vorstand hat jährlich eine Hauptversammlung einzuberufen, die in den ersten acht Monaten des Geschäftsjahrs stattzufinden hat (ordentliche Hauptversammlung), und ihr den Jahresabschluss samt Lagebericht und allfälligem Corporate Governance-Bericht, den allfälligen Konzernabschluss samt Konzernlagebericht, gegebenenfalls den Vorschlag für die Gewinnverwendung und den vom Aufsichtsrat erstatteten Bericht (§ 96) vorzulegen.

(2) Die Tagesordnung der ordentlichen Hauptversammlung hat zu enthalten:

1. die Vorlage der Unterlagen gemäß Abs. 1 und allenfalls die Feststellung des Jahresabschlusses (Abs. 3);
2. die Beschlussfassung über die Verwendung des Bilanzgewinns, wenn im Jahresabschluss ein solcher ausgewiesen ist (Gewinnverwendung, Abs. 4);
3. die Beschlussfassung über die Entlastung der Mitglieder des Vorstands und der Mitglieder des Aufsichtsrats.

Die Verhandlung über diese Gegenstände ist unter einem durchzuführen. Der Abschlussprüfer ist den Verhandlungen zuzuziehen. Die Verhandlung ist zu vertagen, wenn dies die Hauptversammlung mit einfacher Stimmenmehrheit beschließt oder eine Minderheit verlangt, deren Anteile zusammen zehn vom Hundert des Grundkapitals erreichen. Das Verlangen der Minderheit ist nur beachtlich, wenn sie bestimmte Posten des Jahresabschlusses bemängelt. Wurde die Verhandlung bereits vertagt, so kann keine neuerliche Vertagung verlangt werden.

(2a) Die Tagesordnung der ordentlichen Hauptversammlung einer börsenotierten Gesellschaft hat zusätzlich zu enthalten:

1. die Beschlussfassung über die Vergütungspolitik, wenn eine solche der Hauptversammlung vorzulegen ist;
2. die Beschlussfassung über den Vergütungsbericht.

(3) Die Hauptversammlung stellt den Jahresabschluss fest, wenn der Aufsichtsrat den Jahresabschluss nicht gebilligt hat oder sich Vorstand und Aufsichtsrat für eine Feststellung durch die Hauptversammlung entschieden haben.

(4) Bei der Beschlussfassung über die Verwendung des Bilanzgewinns ist die Hauptversammlung an den vom Vorstand mit Billigung des Aufsichtsrats festgestellten Jahresabschluss gebunden. Sie kann jedoch den Bilanzgewinn ganz oder teilweise von der Verteilung ausschließen, soweit sie auf Grund der Satzung hiezu ermächtigt ist. Die Änderungen des Jahresabschlusses, die hierdurch nötig werden, hat der Vorstand vorzunehmen.

...

18. GmbH-Gesetz (Auszug)

Gesetz vom 6. März 1906, über Gesellschaften mit beschränkter Haftung (GmbH-Gesetz – GmbHG)

StF: RGBl. Nr. 58/1906

Letzte Novellierung: BGBl. I Nr. 179/2023

...

§ 30k. (1) Der Aufsichtsrat hat die Unterlagen gemäß § 222 Abs. 1 UGB, gegebenenfalls einen Vorschlag für die Gewinnverwendung sowie einen allfälligen gesonderten nichtfinanziellen Bericht, zu prüfen und der Generalversammlung darüber zu berichten.

(2) In dem Bericht hat der Aufsichtsrat mitzuteilen, in welcher Art und in welchem Umfang er die Geschäftsführung der Gesellschaft während des Geschäftsjahrs geprüft hat, welche Stelle den Jahresabschluß und den Lagebericht sowie gegebenenfalls den gesonderten nichtfinanziellen Bericht, den Corporate Governance-Bericht und den Bericht über Zahlungen an staatliche Stellen geprüft hat und ob diese Prüfungen nach ihrem abschließenden Ergebnis zu wesentlichen Beanstandungen Anlaß gegeben haben.

(3) Abs. 1 und 2 gelten sinngemäß auch für die Vorlage und Prüfung des Konzernabschlusses und des Konzernlageberichts sowie gegebenenfalls des gesonderten konsolidierten nichtfinanziellen Berichts, des konsolidierten Corporate Governance-Berichts und des konsolidierten Berichts über Zahlungen an staatliche Stellen.

...

19. Bundesgesetz gegen den unlauteren Wettbewerb

Bundesgesetz gegen den unlauteren Wettbewerb 1984 – UWG

StF: BGBl. Nr. 448/1984 (WV)

Letzte Novellierung: BGBl. I Nr. 99/2023

GLIEDERUNG

Artikel IV
Umsetzung
(Anm.: aus BGBl. I Nr. 185/1999, zu BGBl. Nr. 448/1984)

Art. 4.

I. ABSCHNITT
ZIVILRECHTLICHE UND STRAFRECHTLICHE BESTIMMUNGEN
1. Handlungen unlauteren Wettbewerbes
Unlautere Geschäftspraktiken

§ 1. (1) Wer im geschäftlichen Verkehr

1. eine unlautere Geschäftspraktik oder sonstige unlautere Handlung anwendet, die geeignet ist, den Wettbewerb zum Nachteil von Unternehmen nicht nur unerheblich zu beeinflussen, oder
2. eine unlautere Geschäftspraktik anwendet, die den Erfordernissen der beruflichen Sorgfalt widerspricht und in Bezug auf das jeweilige Produkt geeignet ist, das wirtschaftliche Verhalten des Durchschnittsverbrauchers, den sie erreicht oder an den sie sich richtet, wesentlich zu beeinflussen,

kann auf Unterlassung und bei Verschulden auf Schadenersatz im Sinne des § 16 in Anspruch genommen werden.

(2) Wendet sich eine Geschäftspraktik an eine Gruppe von Verbrauchern, so ist Durchschnittsverbraucher das durchschnittliche Mitglied dieser Gruppe. Geschäftspraktiken gegenüber Verbrauchern, die voraussichtlich in einer für den Unternehmer vernünftigerweise vorhersehbaren Art und Weise das wirtschaftliche Verhalten nur einer eindeutig identifizierbaren Gruppe von Verbrauchern wesentlich beeinflussen, die auf Grund von geistigen oder körperlichen Gebrechen, Alter oder Leichtgläubigkeit im Hinblick auf diese Praktiken oder die ihnen zugrundeliegenden Produkte besonders schutzbedürftig sind, sind aus der Sicht eines durchschnittlichen Mitglieds dieser Gruppe zu beurteilen.

(3) Unlautere Geschäftspraktiken sind insbesondere solche, die

1. aggressiv im Sinne des § 1a oder
2. irreführend im Sinne des § 2

sind.

(4) Im Sinne dieses Gesetzes bedeutet

1. „Produkt“ jede Ware oder Dienstleistung, einschließlich Immobilien, digitaler Dienstleistungen und digitaler Inhalte, Rechten und Verpflichtungen;
2. „Geschäftspraktik“ jede Handlung, Unterlassung, Verhaltensweise oder Erklärung, kommerzielle Mitteilung einschließlich Werbung und Marketing eines Unternehmens, die unmittelbar mit der Absatzförderung, dem Verkauf oder der Lieferung eines Produkts zusammenhängt;
3. „wesentliche Beeinflussung des wirtschaftlichen Verhaltens des Verbrauchers“ die Anwendung einer Geschäftspraktik, um die Fähigkeit des Verbrauchers, eine informierte Entscheidung zu treffen, spürbar zu beeinträchtigen und damit den Verbraucher zu einer geschäftlichen Entscheidung zu veranlassen, die er andernfalls nicht getroffen hätte;
4. „Verhaltenskodex“ eine Vereinbarung oder einen Vorschriftenkatalog, die bzw. der nicht durch die Rechts- und Verwaltungsvorschriften eines Mitgliedstaates der Europäischen Union vorgeschrieben ist und das Verhalten der Unternehmen definiert, die sich in Bezug auf eine oder mehrere spezielle Geschäftspraktiken oder Wirtschaftszweige zur Einhaltung dieses Kodex verpflichten;
5. „Aufforderung zum Kauf“ jede kommerzielle Kommunikation, welche die Merkmale des Produkts und den Preis in einer Weise angibt, die den Mitteln der verwendeten kommerziellen Kommunikation angemessen ist und den Verbraucher dadurch in die Lage versetzt, einen Kauf zu tätigen;
6. „unzulässige Beeinflussung eines Verbrauchers“ die Ausnutzung einer Machtposition gegenüber dem Verbraucher zur Ausübung von Druck – auch ohne die Anwendung oder Androhung von körperlicher Gewalt –, wodurch die Fähigkeit des Verbrauchers, eine informierte Entscheidung zu treffen, wesentlich eingeschränkt wird;
7. „geschäftliche Entscheidung eines Verbrauchers“ jede Entscheidung dessen darüber, ob, wie und unter welchen Bedingungen er einen Kauf tätigen, eine Zahlung insgesamt oder teilweise leisten, ein Produkt behalten oder abgeben oder ein vertragliches Recht im Zusammenhang mit dem Produkt ausüben will, unabhängig davon, ob der Verbraucher beschließt, tätig zu werden oder ein Tätigwerden zu unterlassen;
8. „berufliche Sorgfalt“ den Standard an Fachkenntnissen und Sorgfalt, bei dem billigerweise davon ausgegangen werden kann, dass ihn der Unternehmer gemäß den anständigen Marktgepflogenheiten in seinem Tätigkeitsbereich anwendet;

9. „Ranking" die relative Hervorhebung von Produkten, wie sie vom Unternehmer dargestellt, organisiert oder kommuniziert wird, unabhängig von den technischen Mitteln, die für die Darstellung, Organisation oder Kommunikation verwendet werden;
10. „Online-Marktplatz" ein Dienst, der es Verbrauchern durch die Verwendung von Software, einschließlich einer Website, eines Teils einer Website oder einer Anwendung, die vom oder im Namen des Unternehmers betrieben wird, ermöglicht, Fernabsatzverträge mit anderen Unternehmern oder Verbrauchern, abzuschließen.

(5) Der Unternehmer hat in Verfahren auf Unterlassung oder Schadenersatz nach Abs. 1 bis 3 die Richtigkeit der Tatsachenbehauptungen im Zusammenhang mit einer Geschäftspraktik zu beweisen, wenn ein solches Verlangen unter Berücksichtigung der berechtigten Interessen des Unternehmers und anderer Marktteilnehmer wegen der Umstände des Einzelfalls angemessen erscheint.

Aggressive Geschäftspraktiken

§ 1a. (1) Eine Geschäftspraktik gilt als aggressiv, wenn sie geeignet ist, die Entscheidungs- oder Verhaltensfreiheit des Marktteilnehmers in Bezug auf das Produkt durch Belästigung, Nötigung, oder durch unzulässige Beeinflussung wesentlich zu beeinträchtigen und ihn dazu zu veranlassen, eine geschäftliche Entscheidung zu treffen, die er andernfalls nicht getroffen hätte.

(2) Bei der Feststellung, ob eine aggressive Geschäftspraktik vorliegt, ist auch auf

1. Zeitpunkt, Ort, Art oder Dauer,
2. die Verwendung von drohenden oder beleidigenden Formulierungen oder Verhaltensweisen,
3. die Ausnutzung von konkreten Unglückssituationen oder Umständen von solcher Schwere durch den Unternehmer, welche das Urteilsvermögen des Verbrauchers beeinträchtigen, worüber sich der Unternehmer bewusst ist, um die Entscheidung des Verbrauchers in Bezug auf das Produkt zu beeinflussen.
4. belastende oder unverhältnismäßige Hindernisse nichtvertraglicher Art, mit denen der Unternehmer den Verbraucher an der Ausübung seiner vertraglichen Rechte – insbesondere am Recht, den Vertrag zu kündigen oder zu einem anderen Produkt oder einem anderen Unternehmen zu wechseln – zu hindern versucht und
5. Drohungen mit rechtlich unzulässigen Handlungen

abzustellen.

(3) Jedenfalls als aggressiv gelten die im Anhang unter Z 24 bis 31 angeführten Geschäftspraktiken.

(4) Jedenfalls als aggressiv gilt auch die im Anhang unter Z 32 genannte Geschäftspraktik. Vereinbarungen darüber sind absolut nichtig.

Irreführende Geschäftspraktiken

§ 2. (1) Eine Geschäftspraktik gilt als irreführend, wenn sie unrichtige Angaben (§ 39) enthält oder sonst geeignet ist, einen Marktteilnehmer in Bezug auf das Produkt über einen oder mehrere der folgenden Punkte derart zu täuschen, dass dieser dazu veranlasst wird, eine geschäftliche Entscheidung zu treffen, die er andernfalls nicht getroffen hätte:

1. das Vorhandensein oder die Art des Produkts;
2. die wesentlichen Merkmale des Produkts oder die wesentlichen Merkmale von Tests oder Untersuchungen, denen das Produkt unterzogen wurde;
3. den Umfang der Verpflichtungen des Unternehmens, die Beweggründe für die Geschäftspraktik, die Art des Vertriebsverfahrens, die Aussagen oder Symbole jeder Art, die im Zusammenhang mit direktem oder indirektem Sponsoring stehen oder die sich auf eine Zulassung des Unternehmens oder des Produkts beziehen;
4. den Preis, die Art der Preisberechnung oder das Vorhandensein eines besonderen Preisvorteils;
5. die Notwendigkeit einer Leistung, eines Ersatzteils, eines Austauschs oder einer Reparatur;
6. die Person, die Eigenschaften oder die Rechte des Unternehmers oder seines Vertreters, wie Identität und Vermögen, seine Befähigungen, sein Status, seine Zulassung, Mitgliedschaften oder Beziehungen sowie gewerbliche oder kommerzielle Eigentumsrechte oder Rechte an geistigem Eigentum oder seine Auszeichnungen und Ehrungen;
7. die Rechte des Verbrauchers aus Gewährleistung und Garantie oder die Risiken, denen er sich möglicherweise aussetzt.

(2) Jedenfalls als irreführend gelten die im Anhang unter Z 1 bis 23c angeführten Geschäftspraktiken.

(3) Eine Geschäftspraktik gilt ferner als irreführend, wenn sie geeignet ist, einen Marktteilnehmer zu einer geschäftlichen Entscheidung zu veranlassen, die er andernfalls nicht getroffen hätte und das Folgende enthält:

1. jegliche Vermarktung eines Produkts einschließlich vergleichender Werbung, die eine Verwechslungsgefahr mit einem Produkt oder Unternehmenskennzeichen eines Mitbewerbers begründet;
2. das Nichteinhalten von Verpflichtungen, die der Unternehmer im Rahmen eines Verhaltenskodex, auf den er sich verpflichtet hat, eingegangen ist, sofern

a) es sich nicht um eine Absichtserklärung, sondern um eine eindeutige Verpflichtung handelt, deren Einhaltung nachprüfbar ist, und
b) der Unternehmer im Rahmen einer Geschäftspraktik darauf hinweist, dass er durch den Kodex gebunden ist;
3. jegliche Vermarktung einer Ware in einem Mitgliedstaat als identisch mit einer in anderen Mitgliedstaaten vermarkteten Ware, obgleich sich diese Waren in ihrer Zusammensetzung oder ihren Merkmalen wesentlich voneinander unterscheiden, sofern dies nicht sachlich gerechtfertigt ist.

(4) Eine Geschäftspraktik gilt auch als irreführend, wenn sie
1. unter Berücksichtigung aller tatsächlichen Umstände und der Beschränkungen des Kommunikationsmediums wesentliche Informationen vorenthält, die der Marktteilnehmer benötigt, um eine informierte geschäftliche Entscheidung zu treffen, oder
2. wesentliche Informationen gemäß Z 1 unter Berücksichtigung der darin beschriebenen Einzelheiten verheimlicht, oder auf unklare, unverständliche, zweideutige Weise oder nicht rechtzeitig bereitstellt oder ihren kommerziellen Zweck nicht kenntlich macht, sofern dieser sich nicht unmittelbar aus den Umständen ergibt

und somit geeignet ist, einen Marktteilnehmer zu einer geschäftlichen Entscheidung zu veranlassen, die er andernfalls nicht getroffen hätte.

(5) Als wesentliche Informationen im Sinne des Abs. 4 gelten jedenfalls die im Unionsrecht festgelegten Informationsanforderungen in Bezug auf kommerzielle Kommunikation einschließlich Werbung und Marketing. Bei der Beurteilung gemäß Abs. 4, ob bei der Geschäftspraktik im verwendeten Kommunikationsmedium Informationen vorenthalten wurden, sind die räumlichen oder zeitlichen Beschränkungen, die durch das Kommunikationsmedium auferlegt wurden und alle Maßnahmen, die der Unternehmer zur anderweitigen Zurverfügungstellung von Information getroffen hat, zu berücksichtigen.

(6) Bei einer Aufforderung an Verbraucher zum Kauf gelten folgende Informationen als wesentlich im Sinne des Abs. 4, sofern sich diese Informationen nicht unmittelbar aus den Umständen ergeben:
1. die wesentlichen Merkmale des Produkts in dem für das Medium und das Produkt angemessenen Umfang;
2. Name und geographische Anschrift des Unternehmens und gegebenenfalls des Unternehmens, für das gehandelt wird;
3. der Preis einschließlich aller Steuern und Abgaben oder, wenn dieser vernünftigerweise nicht im Voraus berechnet werden kann, die Art seiner Berechnung;
4. gegebenenfalls Fracht-, Liefer- und Zustellkosten oder, wenn diese vernünftigerweise nicht im Voraus berechnet werden können, die Tatsache, dass solche zusätzlichen Kosten anfallen können;
5. die Zahlungs-, Liefer- und Leistungsbedingungen, falls sie von den Erfordernissen der beruflichen Sorgfalt abweichen;
6. gegebenenfalls das Bestehen eines Rücktritts- oder Widerrufsrechts;
7. bei Anbieten von Produkten auf Online-Marktplätzen die Information des Anbieters eines Online-Marktplatzes, ob es sich bei einem Dritten, der Produkte auf diesem Online-Marktplatz anbietet, um einen Unternehmer handelt oder nicht, auf der Grundlage der Erklärung dieses Dritten gegenüber dem Anbieter des Online-Marktplatzes.

(6a) Wenn Verbrauchern die Möglichkeit geboten wird, mithilfe eines Stichworts, einer Wortgruppe oder einer anderen Eingabe nach Produkten zu suchen, die von verschiedenen Unternehmern oder von Verbrauchern angeboten werden, gelten unabhängig davon, wo Rechtsgeschäfte letztendlich abgeschlossen werden, allgemeine Informationen, die die Hauptparameter für die Festlegung des Rankings der dem Verbraucher im Ergebnis der Suche vorgeschlagenen Produkte, sowie die relative Gewichtung dieser Parameter im Vergleich zu anderen Parametern betreffen, als wesentlich im Sinne des Abs. 4. Diese Informationen sind in einem Bereich der Online-Benutzeroberfläche zur Verfügung zu stellen, der von der Seite, auf der die Suchergebnisse angezeigt werden, unmittelbar und leicht zugänglich ist.

(6b) Wenn ein Unternehmer Verbraucherbewertungen von Produkten zugänglich macht, gelten Informationen darüber, ob und wie der Unternehmer sicherstellt, dass die veröffentlichten Bewertungen von Verbrauchern stammen, die die Produkte tatsächlich verwendet oder erworben haben, als wesentlich im Sinne des Abs. 4.

(7) Der Anspruch auf Schadenersatz kann gegen Personen, die sich gewerbsmäßig mit der Verbreitung öffentlicher Ankündigungen befassen, nur geltend gemacht werden, wenn sie die Unrichtigkeit der Angaben kannten, gegen ein Medienunternehmen nur, wenn dessen Verpflichtung bestand, die Ankündigung auf ihre Wahrheit zu prüfen (§ 4 Abs. 2).

Vergleichende Werbung

§ 2a. (1) Vergleichende Werbung, die unmittelbar oder mittelbar einen Mitbewerber oder die Waren oder Leistungen, die von einem Mitbewerber angeboten werden, erkennbar macht, ist zulässig, wenn sie nicht gegen die §§ 1, 1a, 2, 7 oder 9 Abs. 1 bis 3 verstößt.

(2) Im Fall des Vergleichs von Waren mit Ursprungsbezeichnung ist jedenfalls auf Waren mit gleicher Bezeichnung Bezug zu nehmen.

(3) Wer im geschäftlichen Verkehr gegen Abs. 2 verstößt, kann auf Unterlassung und bei Verschulden auf Schadenersatz im Sinne des § 16 Abs. 2 in Anspruch genommen werden.

(4) § 1 Abs. 5 gilt sinngemäß.

§ 3. (1) Ist die in der irreführenden Geschäftspraktik enthaltene falsche Angabe in einer durch eine Zeitung veröffentlichten Mitteilung enthalten, die sich als eine von der Schriftleitung ausgehende Empfehlung des Unternehmens eines anderen darstellt, so besteht gegen den Herausgeber oder Eigentümer der Zeitung ein Anspruch auf Unterlassung der Veröffentlichung der Mitteilung.

(2) Die Anspruchsberechtigung (§ 14 erster Satz) richtet sich nach dem Unternehmen, auf das sich die empfehlende Mitteilung bezieht.

§ 4. (1) Wer im geschäftlichen Verkehr zu Zwecken des Wettbewerbes in einer öffentlichen Bekanntmachung oder in einem Medium (§ 1 Abs. 1 Z 1 MedienG) wissentlich aggressive oder irreführende Geschäftspraktiken anwendet, ist vom Gericht mit Geldstrafe bis zu 180 Tagessätzen zu bestrafen.

(2) Werden Angaben der im Abs. 1 erwähnten Art als Ankündigungen durch Medien veröffentlicht, so ist das Medienunternehmen nicht verpflichtet, ihre Wahrheit zu prüfen, sofern die Ankündigungen als entgeltliche deutlich zu erkennen sind.

(3) Die Verfolgung findet nur auf Verlangen eines nach § 14 erster Satz zur Geltendmachung des Unterlassungsanspruches Berechtigten statt. Zum Verfahren sind die in Mediensachen (§§ 40, 41 Abs. 2 und 3 MedienG) zuständigen Gerichte berufen.

(Anm.: Abs. 4 aufgehoben durch BGBl. I Nr. 79/2007)

Einziehung

§ 5. Auf Antrag des Anklägers oder des zur Anklage Berechtigten kann unter sinngemäßer Anwendung der §§ 33 und 41 des Mediengesetzes auf Einziehung erkannt werden.

§ 6. (1) Die Verwendung von Namen, die im geschäftlichen Verkehr zur Benennung gewisser Waren oder Leistungen dienen, ohne deren Herkunft bezeichnen zu sollen, fällt nicht unter die §§ 2 bis 4.

(2) Über die Frage, ob ein Name im geschäftlichen Verkehr eine solche Bedeutung hat, hat das Gericht ein Gutachten der Wirtschaftskammer Österreich einzuholen. Bei Einholung des Gutachtens ist der Wirtschaftskammer Österreich eine angemessene Frist zu bestimmen. Wird die Frist nicht eingehalten, so ist das Verfahren ohne weiteres Zuwarten fortzusetzen oder zu beenden.

(3) Die Abs. 1 und 2 sind auf Namen, die nach Maßgabe bestehender Vorschriften nur zur Kennzeichnung der Herkunft gebraucht werden dürfen, nicht anzuwenden.

Herabsetzung eines Unternehmens

§ 7. (1) Wer zu Zwecken des Wettbewerbes über das Unternehmen eines anderen, über die Person des Inhabers oder Leiters des Unternehmens, über die Waren oder Leistungen eines anderen Tatsachen behauptet oder verbreitet, die geeignet sind, den Betrieb des Unternehmens oder den Kredit des Inhabers zu schädigen, ist, sofern die Tatsachen nicht erweislich wahr sind, dem Verletzten zum Schadenersatz im Sinne des § 16 Abs. 2 verpflichtet. Der Verletzte kann auch den Anspruch geltend machen, daß die Behauptung oder Verbreitung der Tatsachen unterbleibe. Er kann ferner den Widerruf und dessen Veröffentlichung verlangen.

(2) Handelt es sich um vertrauliche Mitteilungen und hat der Mitteilende oder der Empfänger der Mitteilung an ihr ein berechtigtes Interesse, so ist der Anspruch auf Unterlassung nur zulässig, wenn die Tatsachen der Wahrheit zuwider behauptet oder verbreitet sind. Der Anspruch auf Schadenersatz kann nur geltend gemacht werden, wenn der Mitteilende die Unrichtigkeit der Tatsachen kannte oder kennen mußte.

Geographische Angaben

§ 8. (1) Auf den Schutz geographischer Angaben im Sinne des Abkommens über handelsbezogene Aspekte der Rechte des geistigen Eigentums (TRIPS-Abkommen), BGBl. Nr. 1/1995, Anhang 1C in der Fassung BGBl. Nr. 379/1995, sind, sofern sich ihr Schutz nicht aus sondergesetzlichen Regelungen ergibt, die §§ 4 und 7 unabhängig davon anzuwenden, ob die in diesen Bestimmungen genannten Handlungen zu Zwecken des Wettbewerbs angewendet wurden.

(2) Abs. 1 ist auch auf geographische Angaben zur Kennzeichnung der Herkunft von Dienstleistungen anzuwenden.

Mißbrauch von Kennzeichen eines Unternehmens

§ 9. (1) Wer im geschäftlichen Verkehr einen Namen, eine Firma, die besondere Bezeichnung eines Unternehmens oder eines Druckwerkes, für das § 80 des Urheberrechtsgesetzes nicht gilt, oder eine registrierte Marke in einer Weise benützt, die geeignet ist, Verwechslungen mit dem Namen, der Firma oder der besonderen Bezeichnung hervorzurufen, deren sich ein anderer befugterweise bedient, kann von diesem auf Unterlassung in Anspruch genommen werden.

(2) Der Benützende ist dem Verletzten zum Ersatz des Schadens im Sinne des § 16 Abs. 2 verpflichtet, wenn er wußte oder wissen mußte, daß die mißbräuchliche Art der Benützung geeignet war, Verwechslungen hervorzurufen.

(3) Der besonderen Bezeichnung eines Unternehmens stehen Geschäftsabzeichen und sonstige zur Unterscheidung des Unternehmens von anderen Unternehmen bestimmte Einrichtungen, insbesondere auch Ausstattungen von Waren, ihrer Verpackung oder Umhüllung und von Geschäftspapieren, gleich, die innerhalb beteiligter Verkehrskreise als Kennzeichen des Unternehmens gelten.

(4) Ergänzend zu den nach diesem Bundesgesetz aus Verletzungen von Kennzeichenrechten nach den Abs. 1 und 3 erwachsenden Ansprüchen gelten § 150 Abs. 1 und Abs. 2 lit. b (angemessenes Entgelt und Herausgabe des Gewinns) sowie die §§ 151 (Rechnungslegung) und 152 Abs. 2 (Unternehmerhaftung) des Patentgesetzes 1970, BGBl. Nr. 259, in der jeweils geltenden Fassung, sinngemäß. § 1489 ABGB gilt für alle Ansprüche in Geld und den Anspruch auf Rechnungslegung. Die Verjährung aller dieser Ansprüche wird auch durch die Klage auf Rechnungslegung unterbrochen.

(5) § 58 des Markenschutzgesetzes 1970, BGBl. Nr. 260, in der jeweils geltenden Fassung, ist hinsichtlich der in den Abs. 1 und 3 genannten Kennzeichen sinngemäß anzuwenden.

Bestechung von Bediensteten oder Beauftragten

§ 10. (1) Wer im geschäftlichen Verkehr zu Zwecken des Wettbewerbes dem Bediensteten oder Beauftragten eines Unternehmens Geschenke oder andere Vorteile anbietet, verspricht oder gewährt, um durch unlauteres Verhalten des Bediensteten oder Beauftragten bei dem Bezug von Waren oder Leistungen eine Bevorzugung für sich oder einen Dritten zu erlangen, ist vom Gericht mit Freiheitsstrafe bis zu drei Monaten oder mit Geldstrafe bis zu 180 Tagessätzen zu bestrafen. *(BGBl. Nr. 120/1980, Art. I Z 4)*

(2) Die gleiche Strafe trifft den Bediensteten oder Beauftragten eines Unternehmens, der im geschäftlichen Verkehr Geschenke oder andere Vorteile fordert, sich versprechen läßt oder annimmt, damit er durch unlauteres Verhalten einem anderen beim Bezug von Waren oder Leistungen im Wettbewerb eine Bevorzugung verschaffe.

(3) Die Abs. 1 und 2 sind nicht anzuwenden, wenn die Tat nach anderen Bestimmungen mit gleicher oder strengerer Strafe bedroht ist. *(BGBl. Nr. 120/1980, Art. I Z 5)*

(4) Die Verfolgung findet nur auf Verlangen eines nach § 14 erster Satz zur Geltendmachung des Unterlassungsanspruches Berechtigten statt. *(BGBl. Nr. 74/1971, Art. I Z 5)*

Verletzung von Geschäfts- oder Betriebsgeheimnissen. Mißbrauch anvertrauter Vorlagen

§ 11. (1) Wer als Bediensteter eines Unternehmens Geschäfts- oder Betriebsgeheimnisse, die ihm vermöge des Dienstverhältnisses anvertraut oder sonst zugänglich geworden sind, während der Geltungsdauer des Dienstverhältnisses unbefugt anderen zu Zwecken des Wettbewerbes mitteilt, ist vom Gericht mit Freiheitsstrafe bis zu einem Jahr oder mit Geldstrafe bis zu 720 Tagessätzen zu bestrafen.

(2) Die gleiche Strafe trifft den, der Geschäfts- oder Betriebsgeheimnisse, deren Kenntnis er durch eine der im Abs. 1 bezeichneten Mitteilungen oder durch eine gegen das Gesetz oder die guten Sitten verstoßende eigene Handlung erlangt hat, zu Zwecken des Wettbewerbes unbefugt verwertet oder an andere mitteilt.

(3) Der Täter ist nur mit Ermächtigung des in seinen Rechten Verletzten zu verfolgen. Das Hauptverfahren obliegt dem Einzelrichter des Landesgerichts.

§ 12. (1) Wer die ihm im geschäftlichen Verkehr anvertrauten Vorlagen oder Vorschriften technischer Art zu Zwecken des Wettbewerbes unbefugt verwertet oder anderen mitteilt, ist vom Gericht mit Freiheitsstrafe bis zu einem Jahr oder mit Geldstrafe bis zu 720 Tagessätzen zu bestrafen.

(2) Abs. 1 ist nicht anzuwenden, wenn die Vorlagen oder Vorschriften vom Inhaber eines Unternehmens seinem Bediensteten anvertraut worden sind.

(3) Der Täter ist nur mit Ermächtigung des in seinen Rechten Verletzten zu verfolgen. Das Hauptverfahren obliegt dem Einzelrichter des Landesgerichts.

Zivilrechtliche Ansprüche im Falle des § 10

§ 13. Wer dem § 10 zuwiderhandelt, kann außerdem auf Unterlassung und Schadenersatz im Sinne des § 16 Abs. 2 in Anspruch genommen werden.

2. Allgemeine Bestimmungen

Anspruch auf Unterlassung

§ 14. (1) In den Fällen der §§ 1, 1a, 2, 2a, 3 und 10 kann der Anspruch auf Unterlassung von jedem Unternehmer, der Waren oder Leistungen gleicher oder verwandter Art herstellt oder in den geschäftlichen Verkehr bringt (Mitbewerber), oder von Vereinigungen zur Förderung wirtschaftlicher Interessen von Unternehmern geltend gemacht werden, soweit diese Vereinigungen Interessen vertreten, die durch die Handlung berührt werden. In den Fällen der §§ 1, 1a, 2 und 2a kann der Anspruch auf Unterlassung auch von der Bundeskammer für Arbeiter und Angestellte, der Wirtschaftskammer Österreich, der Präsidentenkonferenz der Landwirtschaftskammern Österreichs, vom Österreichischen Gewerkschaftsbund oder von der Bundeswettbewerbsbehörde geltend gemacht werden. In den Fällen aggressiver oder irreführender Geschäftspraktiken nach § 1 Abs. 1 Z 2, Abs. 2 bis 4, §§ 1a oder 2 kann der Unterlassungsanspruch auch vom Verein für Konsumenteninformation geltend gemacht werden.

(2) Liegt der Ursprung des Verstoßes in den Fällen aggressiver oder irreführender Geschäftspraktiken nach § 1 Abs. 1 Z 2, Abs. 2 bis 4, §§ 1a oder 2 in Österreich, so kann der Anspruch auf Unterlassung auch von jeder der im Amtsblatt der Europäischen Gemeinschaften von der Kommission gemäß Art. 4 Abs. 3 der Richtlinie 98/27/EG über Unterlassungsklagen zum Schutz der Verbraucherinteressen, ABl. Nr. L 166 vom 11. Juni 1998, S 51, veröffentlichten Stellen und Organisationen eines anderen Mitgliedstaates der Europäischen Union geltend gemacht werden, sofern

1. die von dieser Einrichtung geschützten Interessen in diesem Mitgliedstaat beeinträchtigt werden und
2. der in der Veröffentlichung angegebene Zweck der Einrichtung diese Klagsführung rechtfertigt.

(3) Die Veröffentlichung nach Abs. 2 ist bei Klagseinbringung nachzuweisen.

Auskunftsanspruch

§ 14a. (1) Unternehmer, die Postdienste oder Telekommunikationsdienste anbieten und die im geschäftlichen Verkehr die von ihren Nutzern angegebenen Namen, Geburtsdaten und Anschriften für die Diensteerbringung verarbeiten, haben diese Daten binnen angemessener Frist auf schriftliches Verlangen (Abs. 2) einer der gemäß § 14 Abs. 1 zweiter und dritter Satz klagebefugten Einrichtungen oder des Schutzverbandes gegen unlauteren Wettbewerb bei deren begründetem Verdacht einer unlauteren Geschäftspraktik dieses Nutzers gemäß §§ 1, 1a oder § 2 schriftlich bekanntzugeben. Sie sind nur insoweit zur Auskunft verpflichtet, als diese Daten ohne weitere Nachforschungen verfügbar sind und ein inländisches Postfach oder eine nicht in einem allgemein zugänglichen Teilnehmerverzeichnis eingetragene inländische Rufnummer betreffen.

(2) Der Auskunftswerber hat bei sonstigem Verlust seines Auskunftsanspruches in seinem Verlangen die Gründe für seinen Verdacht anzugeben und darzulegen, dass er die in Abs. 1 genannten Daten für die Rechtsverfolgung unlauterer Geschäftspraktiken nach §§ 1, 1a oder § 2 benötigt, ausschließlich dafür verwendet und nicht durch allgemein zugängliche Informationsquellen beschaffen kann.

(3) Der Auskunftswerber, ausgenommen die Bundeswettbewerbsbehörde, hat dem zur Auskunft verpflichteten Diensteanbieter die angemessenen Kosten der Auskunftserteilung zu ersetzen. Auch hat er ihn für alle aus der Auskunftserteilung allenfalls erwachsenden Ansprüche seiner Nutzer schadlos zu halten. Eine Kopie seines schriftlichen Verlangens hat er für die Dauer von drei Jahren aufzubewahren.

§ 15. Der Anspruch auf Unterlassung umfaßt auch das Recht, die Beseitigung des den Vorschriften des Gesetzes widerstreitenden Zustandes vom Verpflichteten, soweit ihm die Verfügung hierüber zusteht, zu verlangen.

Anspruch auf Schadenersatz

§ 16. (1) Wer eine nach Z 1 bis 31 des Anhangs aggressive oder irreführende Geschäftspraktik oder eine sonst nach § 1 Abs. 1 Z 2, § 1a Abs. 1 bis 3, § 2 oder § 2a unlautere Geschäftspraktik anwendet und hierdurch Verbraucher zu einer geschäftlichen Entscheidung veranlasst, die sie andernfalls nicht getroffen hätten, ist den dadurch geschädigten Verbrauchern nach den allgemeinen Vorschriften zum Ersatz des daraus entstehenden positiven Schadens verpflichtet.

(2) Wird ein Unternehmer durch eine Zuwiderhandlung gegen §§ 1 bis 2a, 7, 9, 13, 21 Abs. 3 und 34 Abs. 3 geschädigt, ist er berechtigt, Schadenersatz und den entgangenen Gewinn zu verlangen.

Haftung mehrerer für einen Schaden verantwortlicher Personen

§ 17. Sind für einen Schaden, dessen Ersatz auf Grund dieses Gesetzes zu leisten ist, mehrere Personen verantwortlich, so haften sie zur ungeteilten Hand.

Bestimmungen über die Haftung für Handlungen im Betrieb eines Unternehmens

§ 18. Der Inhaber eines Unternehmens kann wegen einer nach den §§ 1, 1a, 2, 2a, 7, 9, 10 Abs. 1, 11 Abs. 2 und 12 unzulässigen Handlung auch dann auf Unterlassung in Anspruch genommen werden, wenn die Handlung im Betrieb seines Unternehmens von einer anderen Person begangen worden ist. Er haftet in diesen Fällen für Schadenersatz im Sinne des § 16, wenn ihm die Handlung bekannt war oder bekannt sein mußte.

§ 19. (1) Die Strafen, die auf die in den §§ 4, 10 Abs. 1, 11 Abs. 2, 12 mit Strafe bedrohten Handlungen gesetzt sind, treffen den Inhaber eines Unternehmens auch dann, wenn er vorsätzlich die im Betrieb seines Unternehmens von einer anderen Person begangene Handlung nicht gehindert hat. (BGBl. Nr. 120/1980, Art. I Z 10)

(Anm.: Abs. 2 aufgehoben durch BGBl. I Nr. 79/2007)

(3) Die im Abs. 1 bezeichneten Strafbestimmungen sind auf Bedienstete nicht anzuwenden, die die Handlung im Auftrag ihres Dienstgebers vorgenommen haben, sofern ihnen wegen ihrer wirtschaftlichen Abhängigkeit nicht zugemutet werden konnte, die Vornahme dieser Handlung abzulehnen.

Verjährung zivilrechtlicher Ansprüche

§ 20. (1) Unterlassungsansprüche nach diesem Gesetz verjähren sechs Monate, nachdem der Anspruchsberechtigte von der Gesetzesverletzung und von der Person des Verpflichteten erfahren hat; ohne Rücksicht darauf drei Jahre nach der Gesetzesverletzung.

(2) Solange ein gesetzwidriger Zustand fortbesteht, bleibt der Anspruch auf seine Beseitigung (§ 15) und auf Unterlassung der Gesetzesverletzung gewahrt.

(BGBl. Nr. 120/1980, Art. I Z 11)

Einstellung unerlaubter Mitteilungen in Druckwerken

§ 21. (1) Wenn eine geschäftliche Kundgebung oder eine Mitteilung, in Ansehung deren ein Exekutionstitel auf Unterlassung im Sinne der §§ 2, 2a, 7 und 9 vorliegt, in einem nicht der Verfügung des Verpflichteten unterliegenden Druckwerk erscheint, kann auf Antrag des betreibenden Gläubigers von dem zur Bewilligung der Exekution zuständigen Gericht an den Inhaber des mit dem Verlag oder der Verbreitung des Druckwerks befaßten Unternehmens (Herausgeber oder Eigentümer der Zeitung) das Gebot (§ 355 Exekutionsordnung – EO, RGBl. Nr. 79/1896, in der jeweils geltenden Fassung) erlassen werden, das fernere Erscheinen der Kundgebung oder Mitteilung in den nach Zustellung des Gebots erscheinenden Nummern, Ausgaben oder Auflagen des Druckwerks oder, wenn das Druckwerk nur diese Kundgebung oder Mitteilung enthält, seine fernere Verbreitung einzustellen.

(2) Diese Maßregel kann auch als einstweilige Verfügung im Sinne des § 382 EO nach Maßgabe der Bestimmungen der Exekutionsordnung auf Antrag einer gefährdeten Partei angeordnet werden. § 24 ist anzuwenden.

(3) Auf den dem Antragsteller wegen Zuwiderhandlungen gegen das Gebot (§ 355 EO) zustehenden Schadenersatzanspruch ist § 16 Abs. 2 anzuwenden.

§ 22.*(Entfallen samt Überschrift; BGBl. Nr. 135/1983, Art. XVII § 3 Z 3; Art. V Abs. 2 der Kundmachung)*

Strafbestimmungen für weitverbreitete Verstöße und weitverbreitete Verstöße mit Unions-Dimension

§ 22. (1) Ein Unternehmer, der wissentlich Verbraucherinteressen durch offensichtlich aggressive oder irreführende Geschäftspraktiken im Sinne der § 1a Abs. 1 bis 3 und § 2 verletzt, begeht eine Verwaltungsübertretung, wenn es sich dabei um einen weitverbreiteten Verstoß nach Art. 3 Z 3 oder einen weitverbreiteten Verstoß mit Unions-Dimension nach Art. 3 Z 4 der Verordnung (EU) Nr. 2017/2394 über die Zusammenarbeit zwischen den für die Durchsetzung der Verbraucherschutzgesetze zuständigen nationalen Behörden und zur Aufhebung der Verordnung (EG) Nr. 2006/2004, ABl. Nr L 345 vom 27.12.2017 S. 1, handelt, und kann im Rahmen einer Durchsetzungsmaßnahme nach Art. 21 der Verordnung (EU) Nr 2017/2394 mit einer Geldstrafe von bis zu 4% des im vorausgegangenen Geschäftsjahr erzielten Jahresumsatzes in den vom Verstoß betroffenen Mitgliedstaaten bestraft werden. Sind keine Informationen über den Jahresumsatz des Unternehmers verfügbar, können Geldstrafen von bis zu zwei Millionen Euro verhängt werden.

(2) Bei der Strafbemessung nach Abs. 1 sind insbesondere folgende Kriterien zu berücksichtigen:

1. Art, Schwere, Umfang und Dauer des Verstoßes;
2. Maßnahmen des Unternehmers zur Minderung oder Beseitigung des Schadens, der Verbrauchern entstanden ist;
3. frühere Verstöße des Unternehmers;
4. vom Unternehmer aufgrund des Verstoßes erlangte finanzielle Vorteile oder vermiedene Verluste, wenn dazu die entsprechenden Daten verfügbar sind;
5. Sanktionen, die gegen den Unternehmer für denselben Verstoß in grenzüberschreitenden Fällen in anderen Mitgliedstaaten verhängt wurden, sofern Informationen über solche Sanktionen im Rahmen des aufgrund der Verordnung (EU) Nr. 2017/2394 errichteten Mechanismus verfügbar sind;
6. andere erschwerende oder mildernde Umstände.

§ 23.*(Entfallen samt Überschrift; BGBl. Nr. 135/1983, Art. XVII § 3 Z 3; Art. V Abs. 2 der Kundmachung)*

§ 23. Wird in anderen als in den in § 1a Abs. 1 bis 3 und § 2 genannten Fällen von unlauteren Geschäftspraktiken nach § 1 Abs. 1 Z 2 im Rahmen einer Durchsetzungsmaßnahme nach Art. 21 der Verordnung (EU) Nr. 2017/2394 Unterlassungsexekution nach §§ 355 bis 369 EO, in der jeweils geltenden Fassung, geführt, weil ein Unternehmer eine solche unlautere Geschäftspraktik weiter anwendet, so soll die zu verhängende Geldstrafe abweichend von § 359 Abs. 1 EO bis zu 4% des im vorausgegangenen Geschäftsjahr erzielten Jahresumsatzes des Unternehmers in den vom Verstoß betroffenen Mitgliedstaaten betragen. § 22 Abs. 1 letzter Satz und Abs. 2 gelten sinngemäß.

Einstweilige Verfügungen

§ 24. Zur Sicherung der in diesem Gesetz bezeichneten Ansprüche auf Unterlassung können einstweilige Verfügungen erlassen werden, auch wenn die im § 381 EO bezeichneten Voraussetzungen nicht zutreffen. *(BGBl. Nr. 135/1983, Art. XVII § 3 Z 3)*

Urteilsveröffentlichung

§ 25. (1) In den Fällen der §§ 4 und 10 kann angeordnet werden, daß das verurteilende Erkenntnis auf Kosten des Verurteilten zu veröffentlichen sei.

(2) In den Fällen der §§ 4 und 10 kann das Gericht dem freigesprochenen Angeklagten auf seinen Antrag die Befugnis zusprechen, das freisprechende Urteil innerhalb bestimmter Frist auf Kosten des Privatanklägers zu veröffentlichen.

(3) Wird auf Unterlassung geklagt, so hat das Gericht der obsiegenden Partei, wenn diese daran ein berechtigtes Interesse hat, auf Antrag die Befugnis zuzusprechen, das Urteil innerhalb bestimmter Frist auf Kosten des Gegners zu veröffentlichen

(4) Die Veröffentlichung umfaßt den Urteilsspruch. Die Art der Veröffentlichung ist im Urteil zu bestimmen.

(5) Im Zivilverfahren kann das Gericht auf Antrag der obsiegenden Partei einen vom Urteilsspruch nach Umfang oder Wortlaut abweichenden oder ihn ergänzenden Inhalt der Veröffentlichung bestimmen. Dieser Antrag ist spätestens vier Wochen nach Rechtskraft des Urteils zu stellen. Ist der Antrag erst nach Schluß der mündlichen Streitverhandlung gestellt worden, so hat hierüber das Erstgericht nach Rechtskraft des Urteils mit Beschluß zu entscheiden.

(6) Das Gericht erster Instanz hat auf Antrag der obsiegenden Partei die Kosten der Veröffentlichung festzusetzen und dem Gegner deren Ersatz aufzutragen. Auf Antrag der obsiegenden Partei kann es der unterlegenen Partei auch die Vorauszahlung der voraussichtlich für die Veröffentlichung auflaufenden Kosten binnen einer Frist von vier Wochen auftragen. Von einem Auftrag zur Vorauszahlung der Kosten ist abzusehen, wenn die unterlegene Partei bescheinigt, dass ihre Einkommens- und Vermögensverhältnisse eine solche Leistung derzeit nicht zulassen. Der Lauf der Frist zur Urteilsveröffentlichung wird durch einen Antrag auf Erlag der voraussichtlichen Veröffentlichungskosten bis zum Tag des Einlangens der Vorauszahlung oder der Abweisung dieses Antrags gehemmt. Die obsiegende Partei hat nach erfolgter Veröffentlichung der unterlegenen Partei hierüber unter Bekanntgabe der tatsächlich aufgelaufenen Kosten einen Mehrbetrag samt Zinsen zurückzuerstatten.

(7) Die Veröffentlichung auf Grund eines rechtskräftigen Urteils oder eines anderen vollstreckbaren Exekutionstitels ist vom Medienunternehmer ohne unnötigen Aufschub vorzunehmen.

Ausschließung der Öffentlichkeit der Verhandlung

§ 26. Die Öffentlichkeit der Verhandlung über eine Anklage oder einen zivilrechtlichen Anspruch auf Grund dieses Gesetzes kann auf Antrag ausgeschlossen werden, wenn durch die Öffentlichkeit der Verhandlung ein Geschäfts- oder Betriebsgeheimnis gefährdet würde.

3. Zivilrechtliche Sonderbestimmungen zum Schutz von Geschäftsgeheimnissen

Geltungsbereich

§ 26a. (1) Die Bestimmungen dieses Unterabschnitts enthalten zivil- und zivilverfahrensrechtliche Sonderbestimmungen für den Schutz von Geschäftsgeheimnissen.

(2) Folgende Vorschriften bleiben von den Bestimmungen dieses Unterabschnitts unberührt:

1. Vorschriften, nach denen die Inhaber von Geschäftsgeheimnissen verpflichtet sind, aus Gründen des öffentlichen Interesses Informationen, auch Geschäftsgeheimnisse, gegenüber der Öffentlichkeit oder den Verwaltungsbehörden oder den Gerichten offenzulegen, damit diese ihre Aufgaben wahrnehmen können;
2. Vorschriften, die den Organen und Einrichtungen der Union oder den nationalen Behörden vorschreiben oder gestatten, von Unternehmen vorgelegte Informationen offenzulegen, über die diese Organe, Einrichtungen oder Behörden in Einhaltung der Pflichten und gemäß den Rechten, die im Unionsrecht oder im nationalen Recht niedergelegt sind, verfügen;
3. Vorschriften über Sozialpartner und ihr Recht, Kollektivverträge einzugehen.

Begriffsbestimmungen

§ 26b. (1) Geschäftsgeheimnis ist eine Information, die

1. geheim ist, weil sie weder in ihrer Gesamtheit noch in der genauen Anordnung und Zusammensetzung ihrer Bestandteile den Personen in den Kreisen, die üblicherweise mit dieser Art von Informationen zu tun haben, allgemein bekannt noch ohne weiteres zugänglich ist,
2. von kommerziellem Wert ist, weil sie geheim ist, und
3. Gegenstand von den Umständen entsprechenden angemessenen Geheimhaltungsmaßnahmen durch die Person ist, welche die rechtmäßige Verfügungsgewalt über diese Informationen ausübt.

(2) Inhaber eines Geschäftsgeheimnisses ist jede natürliche oder juristische Person, welche die rechtmäßige Verfügungsgewalt über ein Geschäftsgeheimnis besitzt.

(3) Rechtsverletzer ist jede natürliche oder juristische Person, die rechtswidrig Geschäftsgeheimnisse erwirbt, nutzt oder offenlegt.

(4) Rechtsverletzende Produkte sind Produkte, deren Konzeption, Merkmale, Funktionsweise, Herstellungsprozess oder Marketing in erheblichem Umfang auf rechtswidrig erworbenen, genutzten oder offengelegten Geschäftsgeheimnissen beruhen.

Rechtswidriger Erwerb, rechtswidrige Nutzung und rechtswidrige Offenlegung von Geschäftsgeheimnissen

§ 26c. (1) Der Erwerb eines Geschäftsgeheimnisses ist rechtswidrig, wenn er erfolgt durch

1. unbefugten Zugang zu, unbefugte Aneignung oder unbefugtes Kopieren von Dokumenten, Gegenständen, Materialien, Stoffen oder elektronischen Dateien, die der rechtmäßigen Verfügungsgewalt durch den Inhaber des Geschäftsgeheimnisses unterliegen und die das

UWG

Geschäftsgeheimnis enthalten oder aus denen sich das Geschäftsgeheimnis ableiten lässt;
2. jedes sonstige Verhalten, das unter den jeweiligen Umständen mit einer seriösen Geschäftspraktik nicht vereinbar ist.

(2) Die Nutzung oder Offenlegung eines Geschäftsgeheimnisses ist rechtswidrig, wenn sie durch eine Person erfolgt, die
1. das Geschäftsgeheimnis auf rechtswidrige Weise erworben hat oder
2. gegen eine Vertraulichkeitsvereinbarung oder eine vertragliche oder sonstige Verpflichtung, das Geschäftsgeheimnis nicht offenzulegen oder nur beschränkt zu nutzen, verstößt.

(3) Der Erwerb, die Nutzung oder die Offenlegung eines Geschäftsgeheimnisses ist weiters rechtswidrig, wenn eine Person zum Zeitpunkt des Erwerbs, der Nutzung oder der Offenlegung wusste oder unter den gegebenen Umständen hätte wissen müssen, dass ihr das Geschäftsgeheimnis unmittelbar oder mittelbar über eine andere Person, die dieses rechtswidrig im Sinne des Abs. 2 genutzt oder offengelegt hat, bekannt geworden ist.

(4) Das Herstellen, Anbieten oder Inverkehrbringen von rechtsverletzenden Produkten oder die Einfuhr, Ausfuhr oder Lagerung von rechtsverletzenden Produkten für diese Zwecke ist ebenfalls eine rechtswidrige Nutzung eines Geschäftsgeheimnisses, wenn die Person, die diese Tätigkeiten durchführt, wusste oder unter den gegebenen Umständen hätte wissen müssen, dass das Geschäftsgeheimnis rechtswidrig im Sinne des Abs. 2 genutzt oder offengelegt wurde.

Rechtmäßiger Erwerb, rechtmäßige Nutzung und rechtmäßige Offenlegung von Geschäftsgeheimnissen sowie Ausnahmen

§ 26d. (1) Mit Zustimmung des Inhabers eines Geschäftsgeheimnisses sind der Erwerb, die Nutzung und Offenlegung eines Geschäftsgeheimnisses rechtmäßig.

(2) Der Erwerb eines Geschäftsgeheimnisses ist rechtmäßig, wenn das Geschäftsgeheimnis
1. durch unabhängige Entdeckung oder Schöpfung,
2. durch Beobachtung, Untersuchung, Rückbau oder Testen eines Produkts oder Gegenstands, das bzw. der öffentlich verfügbar gemacht wurde oder sich im rechtmäßigen Besitz des Erwerbers der Information befindet, der keiner rechtsgültigen Pflicht zur Beschränkung des Erwerbs des Geschäftsgeheimnisses unterliegt,
3. durch Inanspruchnahme des Rechts der Arbeitnehmer oder Arbeitnehmervertreter auf Information und Anhörung gemäß den bestehenden Vorschriften oder
4. durch jede andere Vorgehensweise, die unter den gegebenen Umständen mit einer seriösen Geschäftspraktik vereinbar ist,

bekannt wird.

(3) Der Erwerb, die Nutzung oder die Offenlegung eines Geschäftsgeheimnisses ist rechtmäßig, wenn dies
1. durch Unionsrecht oder nationales Recht vorgeschrieben oder erlaubt ist, oder
2. in einem der folgenden Fälle erfolgt:
a) zur Ausübung des Rechts der Freiheit der Meinungsäußerung und Informationsfreiheit gemäß der Charta der Grundrechte der Europäischen Union, einschließlich der Achtung der Freiheit und der Pluralität der Medien;
b) zur Aufdeckung einer rechtswidrigen Handlung in Verbindung mit einem beruflichen Fehlverhalten oder einer illegalen Tätigkeit im Zusammenhang mit dem Geschäftsgeheimnis, sofern die Person, welche das Geschäftsgeheimnis erwirbt, nutzt oder offenlegt, in der Absicht gehandelt hat, das allgemeine öffentliche Interesse zu schützen;
c) durch die Offenlegung von Arbeitnehmern gegenüber ihren Vertretern im Rahmen der rechtmäßigen Erfüllung der Aufgaben dieser Vertreter gemäß dem Unionsrecht oder dem nationalen Recht, sofern die Offenlegung zur Erfüllung dieser Aufgaben erforderlich war;
d) zum Schutz eines durch das Unionsrecht oder das nationale Recht anerkannten legitimen Interesses.

Zivilrechtliche Ansprüche zum Schutz von Geschäftsgeheimnissen, Verjährung

§ 26e. (1) Wer Geschäftsgeheimnisse rechtswidrig erwirbt, nutzt oder offenlegt, kann auf Unterlassung, Beseitigung und bei Verschulden auf Schadenersatz in Anspruch genommen werden. Darüber hinaus kann der Geschädigte vom Rechtsverletzer einen immateriellen Schadenersatz verlangen, wenn dies der Billigkeit entspricht, den entgangenen Gewinn sowie etwaige durch den Rechtsverletzer erzielte Gewinne aus dem rechtswidrigen Erwerb, der rechtswidrigen Nutzung oder rechtswidrigen Offenlegung des Geschäftsgeheimnisses fordern. Zur Klage ist der Inhaber des Geschäftsgeheimnisses berechtigt.

(2) Unabhängig vom Nachweis der Höhe des Schadens kann der Inhaber des Geschäftsgeheimnisses als Ersatz des ihm schuldhaft zugefügten Vermögensschadens das Entgelt begehren, das ihm im Falle seiner Einwilligung in den Erwerb, die Nutzung oder Offenlegung gebührt hätte.

(3) Auf Antrag der Person, gegen die sich ein Unterlassungs- oder Beseitigungsbegehren nach Abs. 1 richtet, kann das Gericht dem Beklagten anstelle der Unterlassung oder Beseitigung die Zahlung einer angemessenen Entschädigung für die Fortsetzung der rechtswidrigen Nutzung des Geschäftsgeheimnisses auftragen, wenn

1. der Nutzer oder Offenleger erst nach Beginn der Nutzung oder Offenlegung Kenntnis von Tatsachen erlangt, aufgrund derer er wusste oder hätte wissen müssen, dass ihm das Geschäftsgeheimnis unmittelbar oder mittelbar über eine andere Person, die dieses rechtswidrig genutzt oder offengelegt hat, bekannt geworden ist,
2. dem Nutzer oder Offenleger durch die Unterlassung oder Beseitigung ein unverhältnismäßig großer Schaden entsteht und
3. diese Entschädigung für den Kläger ein angemessener Ersatz für den Unterlassungsanspruch ist.

(4) Ansprüche nach diesem Unterabschnitt verjähren in drei Jahren ab Kenntnis der Gesetzesverletzung und der Person des Rechtsverletzers, längstens aber nach sechs Jahren.

Unterlassungsanspruch und dessen Erlöschen

§ 26f. (1) Der Unterlassungsanspruch kann sich gegen die bereits erfolgte oder drohende rechtswidrige Verletzung eines Geschäftsgeheimnisses durch dessen Erwerb, Nutzung oder Offenlegung richten. Er umfasst auch das Verbot des Herstellens, Anbietens, Vermarktens oder der Nutzung rechtsverletzender Produkte und das Verbot der Einfuhr, Ausfuhr oder Lagerung rechtsverletzender Produkte für diese Zwecke.

(2) Der Anspruch auf Unterlassung erlischt, sobald die betroffenen Informationen aus Gründen, die dem Rechtsverletzer nicht zuzurechnen sind, kein Geschäftsgeheimnis mehr darstellen.

Beseitigungsanspruch

§ 26g. (1) Im Rahmen des Beseitigungsanspruchs kann der Inhaber des Geschäftsgeheimnisses verlangen, dass auf Kosten des Rechtsverletzers die rechtsverletzenden Produkte und die Dokumente, Gegenstände, Materialien, Stoffe oder elektronischen Dateien, die das Geschäftsgeheimnis enthalten oder verkörpern, vernichtet werden. Er kann überdies den Rückruf der rechtsverletzenden Produkte vom Markt und die Beseitigung der rechtsverletzenden Qualität der rechtsverletzenden Produkte verlangen.

(2) Enthalten die in Abs. 1 genannten Gegenstände Teile, deren unveränderter Bestand und deren Gebrauch das Geschäftsgeheimnis nicht verletzen, so hat das Gericht diese Teile in dem die Vernichtung aussprechenden Urteil zu bezeichnen. Bei der Vollstreckung sind diese Teile, soweit es möglich ist, von der Vernichtung auszunehmen, wenn der Verpflichtete die damit verbundenen Kosten im Voraus bezahlt.

(3) Bei der Beurteilung eines Anspruchs nach Abs. 1 ist zu prüfen, ob die beantragten Maßnahmen nach den besonderen Umständen des Falls verhältnismäßig sind. Kann der dem Gesetz widerstreitende Zustand durch eine andere als die in Abs. 1 genannte, mit keiner oder einer geringeren Wertvernichtung verbundene Art beseitigt werden, so kann der Inhaber des Geschäftsgeheimnisses nur Maßnahmen dieser Art begehren.

(4) Statt der Vernichtung von Gegenständen sowie beim Rückruf der rechtsverletzenden Produkte vom Markt kann der Inhaber des Geschäftsgeheimnisses verlangen, dass ihm die Gegenstände überlassen werden, wobei das Gericht dem Rechtsverletzer auf dessen Antrag unter Berücksichtigung der Verhältnismäßigkeit gemäß den besonderen Umständen des Falls eine angemessene, die Herstellungskosten nicht übersteigende Vergütung zusprechen kann.

(5) Der Beseitigungsanspruch richtet sich gegen den Rechtsverletzer, soweit ihm die Verfügung über die Gegenstände zusteht.

Wahrung der Vertraulichkeit von Geschäftsgeheimnissen im Verlauf von Gerichtsverfahren

§ 26h. (1) Die Information, von welcher der Inhaber behauptet, dass sie ein Geschäftsgeheimnis sei, ist im Verfahren zunächst nur so weit offenzulegen, als es unumgänglich ist, um das Vorliegen der Voraussetzungen eines Geschäftsgeheimnisses sowie seiner Verletzung glaubhaft darzulegen. In dem erstmals das Vorliegen eines Geschäftsgeheimnisses behauptenden Schriftsatz ist es hinreichend, wenn das Vorliegen eines Geschäftsgeheimnisses von der Partei vorgebracht wird und das Vorbringen zumindest soweit substanziiert ist, dass sich das Vorliegen eines Geschäftsgeheimnisses und der geltend gemachte Anspruch daraus schlüssig ableiten lassen.

(2) Das Gericht hat auf Antrag oder von Amts wegen Maßnahmen zu treffen, dass der Verfahrensgegner und Dritte keine Informationen über das Geschäftsgeheimnis erhalten, welche über ihren bisherigen diesbezüglichen Wissensstand hinausgehen. Die allenfalls zu treffenden Maßnahmen können auch umfassen, dass die Offenlegung des behaupteten Geschäftsgeheimnisses nur gegenüber einem vom Gericht bestellten Sachverständigen erfolgt. Der bestellte Sachverständige ist anzuweisen, dem Gericht eine Zusammenfassung vorzulegen, die keine vertraulichen Informationen über das Geschäftsgeheimnis enthält. Darüber hinaus hat er dem Gericht zur Beurteilung sämtliche Unterlagen, den Befund und das Gutachten zu den Geschäftsgeheimnissen vorzulegen und Geschäftsgeheimnisse als solche zu kennzeichnen. Diese Aktenbestandteile sind vom Recht auf Akteneinsicht ausgenommen. Das Gericht hat unbeschadet des Abs. 3 diese schriftlichen Aufzeichnungen über ein Geschäftsgeheimnis in einem gesonderten Aktenteil zu verwahren, der weder dem Verfahrensgegner noch Dritten zugänglich ist.

(3) Auf begründeten Antrag einer Partei kann das Gericht die Offenlegung des behaupteten

Geschäftsgeheimnisses im Verfahren auftragen, wenn die Kenntnis für die eigene Rechtsverfolgung oder Rechtsverteidigung im Interesse eines fairen Verfahrens oder zur Durchsetzung legitimer Interessen dieser Partei erforderlich ist. Dabei ist insbesondere auch der mögliche Schaden zu berücksichtigen, der einer Partei und gegebenenfalls etwaigen Dritten durch die Gewährung oder Ablehnung dieser Offenlegung entsteht. Die Entscheidung, in der die Offenlegung angeordnet wird, kann von dem zur Offenlegung Verpflichteten angefochten werden.

(4) Alle Personen, die ausschließlich aufgrund der Teilnahme an dem Verfahren oder des Zugangs zu den Dokumenten von einem Geschäftsgeheimnis oder einem behaupteten Geschäftsgeheimnis Kenntnis erlangen, sind verpflichtet, das Geschäftsgeheimnis oder behauptete Geschäftsgeheimnis geheim zu halten. Dies gilt auch nach Abschluss des Gerichtsverfahrens. Die betroffenen Personen sind vom Gericht über die Verpflichtung zu belehren, dass das Geschäftsgeheimnis weder genutzt noch offengelegt werden darf. Das Gericht hat die Vornahme der Belehrung im Akt festzuhalten.

(5) Die Verpflichtung zur Geheimhaltung nach Abs. 4 besteht auch noch nach Abschluss des Gerichtsverfahrens. Diese Verpflichtung endet jedoch, wenn durch rechtskräftige Entscheidung festgestellt wird,

1. dass kein Geschäftsgeheimnis vorliegt, oder
2. im Laufe der Zeit die in Frage stehenden Informationen für Personen in den Kreisen, die üblicherweise mit der betreffenden Art von Informationen umgehen, allgemein bekannt oder ohne weiteres zugänglich werden.

(6) Bei der Beurteilung des berechtigten Interesses nach § 25 Abs. 3 auf Urteilsveröffentlichung und deren Verhältnismäßigkeit ist den besonderen Umständen des Falls Rechnung zu tragen.

(7) Das Gericht hat von der schriftlichen Abfassung der Entscheidung auch eine Fassung herzustellen, in der die Geschäftsgeheimnisse enthaltenden Passagen gelöscht werden. Diese nicht vertrauliche Fassung ist als solche zu kennzeichnen und auch für Personenkreise außerhalb des Inhabers des Geschäftsgeheimnisses und des Gerichts zu verwenden bzw. der Veröffentlichung zugrunde zu legen.

Einstweilige Verfügung zur Sicherung vor Eingriffen in Geschäftsgeheimnisse

§ 26i. (1) Der Anspruch auf Unterlassung des rechtswidrigen Erwerbs, der rechtswidrigen Nutzung oder der rechtswidrigen Offenlegung eines Geschäftsgeheimnisses kann entsprechend § 24 mittels einstweiliger Verfügung insbesondere durch folgende Mittel gesichert werden:

1. Anordnung der Einstellung oder Verbot der Nutzung oder Offenlegung des Geschäftsgeheimnisses,
2. Verbot des Herstellens, Anbietens, Vermarktens oder der Nutzung rechtsverletzender Produkte oder der Ausfuhr oder Lagerung rechtsverletzender Produkte für diese Zwecke,
3. Beschlagnahme oder Herausgabe der rechtsverletzenden Produkte, einschließlich eingeführter Produkte, um deren Inverkehrbringen oder ihren Umlauf im Markt zu verhindern.

Sofern in diesem Gesetz nichts anderes geregelt ist, sind die §§ 379 bis 402 EO anzuwenden. Die einstweilige Verfügung kann auch zur Sicherung von Beweismitteln erlassen werden. § 26h gilt sinngemäß.

(2) Die Vollziehung der einstweiligen Verfügung ist auch dann zulässig, wenn seit deren Bewilligung mehr als ein Monat vergangen ist.

(3) Das Gericht kann anstelle der in Abs. 1 genannten Maßnahmen die Fortsetzung der behaupteten rechtswidrigen Nutzung eines Geschäftsgeheimnisses vom Erlag einer Sicherheit abhängig machen, die die Entschädigung des Inhabers des Geschäftsgeheimnisses sicherstellen soll. Die Offenlegung eines Geschäftsgeheimnisses gegen die Stellung von Sicherheiten darf nicht erlaubt werden.

Voraussetzungen für Antragstellung der einstweiligen Verfügung sowie Sicherungsmittel

§ 26j. (1) Der Antragsteller nach § 26i Abs. 1 hat zu bescheinigen, dass

1. ein Geschäftsgeheimnis vorliegt,
2. er Inhaber dieses Geschäftsgeheimnisses ist und
3. das Geschäftsgeheimnis rechtswidrig erworben, genutzt oder offengelegt wurde oder eine solche Verletzung droht.

(2) Bei der Entscheidung über den Antrag und die Beurteilung der Verhältnismäßigkeit ist den besonderen Umständen des Falls Rechnung zu tragen.

(3) Die einstweilige Verfügung darf bei nicht ausreichender Bescheinigung des Anspruchs nicht gegen eine Sicherheitsleistung erlassen werden.

(4) Die einstweilige Verfügung ist auf Antrag des Antragsgegners aufzuheben, wenn die in Frage stehenden Informationen aus Gründen, die dem Antragsgegner nicht zuzurechnen sind, nicht mehr die in § 26b Abs. 1 genannten Kriterien erfüllen.

(5) Wenn die in § 26i genannten Maßnahmen auf der Grundlage von § 391 Abs. 2 EO aufgehoben oder aufgrund einer Handlung oder Unterlassung des Antragstellers hinfällig werden oder in der Folge festgestellt wird, dass das Geschäftsgeheimnis nicht rechtswidrig erworben, genutzt oder offengelegt wurde und eine solche Verletzung auch nicht drohte, hat das Gericht auf Antrag des Antragsgegners oder eines unmittelbar geschädigten Dritten anzuordnen, dass der Antragsteller dem Antragsgegner oder dem geschädigten

Dritten angemessenen Ersatz für den durch diese Maßnahmen entstandenen Schaden zu leisten hat.

II. ABSCHNITT VERWALTUNGSRECHTLICHE BESTIMMUNGEN

1. Verbot des Abschlusses von Verträgen nach dem Schneeballsystem und glückspielartiger Formen des Vertriebes von Waren

§ 27. (1) Es ist untersagt, in einem Geschäftsbetrieb Verträge nach dem sogenannten Schneeballsystem abzuschließen.

(2) Unter dieser Bezeichnung sind Vereinbarungen zu verstehen, durch die einem Kunden gegen ein unbedingt zu leistendes Entgelt die Lieferung einer Ware oder die Verrichtung einer Leistung unter der Bedingung zugesichert wird, daß der Kunde mittels der ihm übergebenen Anweisungen oder Scheine dem Unternehmen des Zusichernden oder eines anderen weitere Abnehmer zuführt, die mit diesem Unternehmen in ein gleiches Vertragsverhältnis treten.

(3) Verträge dieser Art, die zwischen dem Geschäftsmann und dem Kunden oder zwischen diesem und einem Dritten geschlossen werden, sind nichtig.

(4) Das vom Kunden Geleistete kann gegen Verzicht auf die Lieferung der Ware oder auf die Verrichtung der Leistung oder gegen Rückstellung der schon empfangenen Ware zurückgefordert werden.

(5) Z 14 des Anhangs bleibt davon unberührt.

§ 28. Es ist verboten, Waren oder Leistungen in der Form zu vertreiben, daß die Lieferung der Ware oder die Verrichtung der Leistung vom Ergebnis einer Verlosung oder einem anderen Zufall abhängig gemacht ist.

§ 28a. (1) Es ist verboten, im geschäftlichen Verkehr zu Zwecken des Wettbewerbs für Eintragungen in Verzeichnisse, wie etwa Branchen-, Telefon- oder ähnliche Register, mit Zahlscheinen, Erlagscheinen, Rechnungen, Korrekturangeboten oder ähnlichem zu werben oder diese Eintragungen auf solche Art unmittelbar anzubieten, ohne entsprechend unmißverständlich und auch graphisch deutlich darauf hinzuweisen, daß es sich lediglich um ein Vertragsanbot handelt.

(2) Z 21 des Anhangs bleibt davon unberührt.

§ 29. (1) Es ist untersagt, im geschäftlichen Verkehr durch Zusenden von Einladungen, Berechtigungsscheinen u. dgl. oder überhaupt durch schriftliche Mitteilungen, die für einen größeren Kreis von Personen bestimmt sind, zum Abschluß der in den §§ 27 und 28 verbotenen Verträge aufzufordern.

(2) Wer diesem Verbot oder den in den §§ 27, 28 und 28a ausgesprochenen Verboten zuwiderhandelt, begeht – sofern die Tat nicht den Tatbestand einer gerichtlich strafbaren Handlung erfüllt – eine Verwaltungsübertretung und ist von der Bezirksverwaltungsbehörde mit Geldstrafe bis zu 2 900 € zu bestrafen.

3. Anmaßung von Auszeichnungen und Vorrechten

§ 31. (1) Es ist untersagt, beim Betrieb eines Unternehmens dem Inhaber oder dem Unternehmen eine ihnen nicht zustehende Auszeichnung beizulegen oder fälschlich den Besitz einer von einer Behörde anerkannten oder verliehenen Befähigung, Befugnis oder Berechtigung zuzuschreiben oder eine Auszeichnung oder eine auf eines der erwähnten Vorrechte hinweisende Bezeichnung in einer Weise zu gebrauchen, die zur Täuschung über den Anlaß oder Grund der Verleihung der Auszeichnung oder über den Umfang des Vorrechts geeignet ist.

(2) Mit Verordnung können Vorschriften darüber erlassen werden, welche Auszeichnungen und welche die im Abs. 1 angeführten Vorrechte betreffenden Bezeichnungen beim Betrieb eines Unternehmens geführt werden dürfen und in welcher Art und Weise der gestattete Gebrauch zulässig ist.

(3) Wer dem im Abs. 1 ausgesprochenen Verbot und den Vorschriften der auf Grund des Abs. 2 erlassenen Verordnungen zuwiderhandelt, begeht eine Verwaltungsübertretung und ist von der Bezirksverwaltungsbehörde mit Geldstrafe bis zu 2 900 € zu bestrafen.

(4) Z 2 des Anhangs bleibt davon unberührt.

UWG

4. Vorschriften über Kennzeichnungen

§ 32. (1) Mit Verordnung kann angeordnet werden, dass bestimmte Waren

1. nur in vorgeschriebenen Mengen, Verpackungen oder unter Einhaltung eines bestimmten Verhältnisses zwischen Verpackungsgröße und Füllmenge,
2. nur unter Ersichtlichmachung
   a) des Namens (Firma) und des Geschäftssitzes des Erzeugers oder Händlers,
   b) der Menge (Gewicht, Maß, Zahl),
   c) der Beschaffenheit (einschließlich der für die Verwendung wesentlichen Angaben),
   d) der für den ordnungsgemäßen Gebrauch und die Pflege wesentlichen Angaben sowie
   e) der örtlichen Herkunft

gewerbsmäßig feilgehalten oder sonst in Verkehr gesetzt werden dürfen.

(2) Mit Verordnung kann angeordnet werden, daß bestimmte Dienstleistungen

1. nur in vorgeschriebenen Mengeneinheiten (insbesondere Leistungs-, Maß- oder Zeiteinheiten),
2. nur unter Ersichtlichmachung

a) des Namens (Firma) und des Geschäftssitzes desjenigen, der die Dienstleistung anbietet oder erbringt,
b) der Menge (insbesondere Leistung, Maß, Zeit),
c) der Beschaffenheit (einschließlich der für den Empfänger der Dienstleistung wesentlichen Angaben) sowie
d) des Preises

gewerbsmäßig angeboten oder erbracht werden dürfen. Z 2 lit. d gilt nicht für Dienstleistungen, deren Anbieten der Gewerbeordnung 1973 in der jeweils geltenden Fassung unterliegt.

(3) Die Verordnungen nach den Abs. 1 oder 2 können angeben, wie die Beschaffenheitsmerkmale festzustellen sind; dabei ist auf den jeweiligen Stand der Technik Bedacht zu nehmen. Die Verordnungen können auch bestimmen, wie, wo (bei Waren nach Tunlichkeit auf diesen) und wann die vorgeschriebenen Kennzeichnungen anzubringen sind, und deren Inhalt sowie die wegen der Beschaffenheit der Waren oder Dienstleistungen oder besonderer Verhältnisse gestatteten Abweichungen oder Ausnahmen sowie die zur Einhaltung der Verordnung geeigneten Überwachungsmaßregeln festlegen. Je nach Art der Waren oder Dienstleistungen können sich die Verordnungen auf alle oder auch nur auf einzelne Kennzeichnungsmerkmale beziehen. Weiters können Verordnungen nach Abs. 1 auf Waren beschränkt werden, die zur Entnahme durch Kunden bestimmt sind. In Vorschriften über Warenkennzeichnung kann auch vorgesehen werden, daß für ihre Einhaltung nur der Hersteller oder Importeur verantwortlich ist.

(4) In Verordnungen nach Abs. 1 können für Waren, deren Gewicht oder Größe sich infolge ihrer natürlichen Beschaffenheit während des Aufbewahrens in der Regel verringert, die hiefür statthaften Grenzen besonders festgesetzt werden.

(5) Mit Verordnung können auch bestimmte Bezeichnungen für Waren und Dienstleistungen vorgeschrieben, zugelassen oder verboten werden. Die vorstehenden Absätze gelten, soweit sie anwendbar sind, auch für diese Verordnung.

(6) Die Abs. 1, 3 und 5 sind auf Lebensmittel, Verzehrprodukte und Zusatzstoffe nur insoweit anzuwenden, als durch Verordnung angeordnet werden kann, daß diese Waren nur in vorgeschriebenen Mengeneinheiten oder nur unter Ersichtlichmachung des Preises in Beziehung auf bestimmte Gewichts- oder Mengeneinheiten feilgehalten oder sonst in Verkehr gesetzt werden dürfen.

§ 33. (1) Wer

1. den Vorschriften einer auf Grund des § 32 erlassenen Verordnung oder
2. seinen Pflichten als Wirtschaftsakteur gemäß Art. 7 oder einer Anordnung oder einer Maßnahme gemäß Art. 14 Abs. 4 oder Art. 16 Verordnung (EU) 2019/1020 über Marktüberwachung und die Konformität von Produkten sowie zur Änderung der Richtlinie 2004/42/EG und der Verordnungen (EG) Nr. 765/2008 und (EU) Nr. 305/2011, ABl. Nr. L 169 vom 25.06.2019 S. 1, im Fall der Anwendung der unionsrechtlichen Vorschriften nach Z 1, 8 oder 40 des Anhanges I Verordnung (EU) 2019/1020 bzw. den damit im Zusammenhang stehenden nationalen Umsetzungsvorschriften oder Anpassungsmaßnahmen

zuwiderhandelt, begeht eine Verwaltungsübertretung und ist von der Bezirksverwaltungsbehörde – im Falle der Z 2 der Bezirksverwaltungsbehörde als anderer Behörde im Sinne des Art. 14 Abs. 3 lit. b der Verordnung (EU) 2019/1020 zur Ausübung der Befugnis nach Art. 14 Abs. 4 lit. i der Verordnung (EU) 2019/1020 – mit Geldstrafe bis zu 2 900 Euro zu bestrafen.

(1a) Das Bundesamt für Eich- und Vermessungswesen ist die zuständige Marktüberwachungsbehörde im Sinne der Verordnung (EU) 2019/1020 für den Anwendungsbereich der Verordnungen gemäß Abs. 1 Z 2 letzter Halbsatz und wird ermächtigt, in diesem Zusammenhang die Befugnisse der Marktüberwachungsbehörden nach Art. 14 Abs. 4 und Art. 16 Verordnung (EU) 2019/1020 wahrzunehmen. Für die Durchführung der Aufgaben des Bundesamtes für Eich- und Vermessungswesen nach Maßgabe des IV. und V. Kapitels der Verordnung (EU) 2019/1020 und der Aufgaben des Zollamtes Österreich nach Maßgabe des VII. Kapitels der Verordnung (EU) 2019/1020; zur Ausübung der Befugnis des Bundesamtes für Eich- und Vermessungswesen nach Art. 14 Abs. 4 lit. i der Verordnung (EU) 2019/1020; zur Anwendung von § 371c Gewerbeordnung 1994, BGBl. I Nr. 194/1994 und § 33a Verwaltungsstrafgesetz 1991, BGBl. 52/1991 in der jeweils geltenden Fassung und zur Anordnung von Maßnahmen nach Art. 14 Abs. 4 lit. k sublit. ii der Verordnung (EU) 2019/1020 an die Telekom-Control-Kommission als andere Behörde im Sinne des Art. 14 Abs. 3 lit. b der Verordnung (EU) 2019/1020 durch das Bundesamt für Eich- und Vermessungswesen gelten § 338 Abs. 9 zweiter Satz ff GewO 1994, BGBl. I Nr. 194/1994 idF BGBl. I Nr. 204/2022 samt Verweisungen sinngemäß.

(2) Im Fall der Bestrafung wegen Verstoßes gegen eine nach § 32 erlassene Kennzeichnungsverordnung ist auf Anbringung der fehlenden vorschriftsmäßigen Kennzeichnung auf den der Verfügung des Bestraften unterliegenden Gegenständen, gegebenenfalls unter Beseitigung der vorhandenen unrichtigen oder vorschriftswidrigen Kennzeichnung oder nach Erfordernis der diese tragenden Umhüllung oder Verpackung, oder, wenn

eines oder das andere nicht möglich ist, auf den Verfall dieser Gegenstände zu erkennen.

(3) Wenn einer nach § 32 Abs. 5 erlassenen Verordnung zuwidergehandelt wurde, ist im Fall der Bestrafung die Beseitigung der unrichtigen oder vorschriftswidrigen oder die Anbringung der fehlenden vorschriftsmäßigen Bezeichnung der der Verfügung des Bestraften unterliegenden Gegenstände oder, wenn dies nicht möglich ist, deren Verfall anzuordnen.

(4) Zur Sicherung dieser Maßregeln, die auf Kosten des Verurteilten zu vollziehen sind, kann die Bezirksverwaltungsbehörde schon während des Verfahrens die Beschlagnahme der Gegenstände verfügen, durch deren den Anordnungen der Verordnung nicht entsprechende Beschaffenheit die Übertretung begangen wurde.

(5) Ist die Verfolgung oder Verurteilung einer bestimmten Person nicht zulässig oder nicht ausführbar, so können die nach den Abs. 2 bis 4 zulässigen Verfügungen hinsichtlich der für den geschäftlichen Verkehr bestimmten Gegenstände selbständig getroffen werden. Gegen die Verfügung, die allen Beteiligten bekanntzugeben ist, steht jedem Beteiligten die Beschwerde zu.

(6) Einer gegen die Beschlagnahme (Abs. 4 oder 5) erhobenen Beschwerde kommt keine aufschiebende Wirkung zu.

4a. Ankündigung von Ausverkäufen aus besonderen Gründen

§ 33a. (1) Die Ankündigung eines Ausverkaufs mit der Behauptung, der Unternehmer werde demnächst sein Geschäft aufgeben oder seine Geschäftsräume verlegen, ist nur mit Bewilligung der nach dem Standort des Ausverkaufs zuständigen Bezirksverwaltungsbehörde zulässig. Das Ansuchen um die Bewilligung ist schriftlich einzubringen und hat nachstehende Angaben samt Unterlagen für die Glaubhaftmachung der Gründe zu enthalten:

1. die zu veräußernden Waren nach Menge, Beschaffenheit und Verkaufswert;
2. den genauen Standort des Ausverkaufs;
3. den Zeitraum, währenddessen der Ausverkauf stattfinden soll;
4. die Gründe, aus denen dieser Ausverkauf stattfinden soll, wie Ableben des Geschäftsinhabers, Einstellung des Gewerbebetriebes, Übersiedlung des Geschäftes oder andere belegbare Tatsachen;
5. im Falle der Ausübung des Gewerbes durch einen Pächter, der noch vor dem Inkrafttreten der Novelle zur Gewerbeordnung 1994, BGBl. I Nr. 111/2002, bestellt wurde, die Zustimmungserklärung des Verpächters zur Ankündigung eines Ausverkaufs, wenn die Bewilligung des Ansuchens die Endigung der Gewerbeberechtigung gemäß § 33b Abs. 1 nach sich zieht.

(2) Die Bezirksverwaltungsbehörde hat vor der Entscheidung über das Ansuchen die nach dem Standort des Ausverkaufs zuständige Landeskammer der Wirtschaftskammerorganisation aufzufordern, innerhalb einer Frist von zwei Wochen ein Gutachten abzugeben. Die Bezirksverwaltungsbehörde hat über das Ansuchen binnen einem Monat nach dessen Einlangen zu entscheiden.

(3) Die Bewilligung ist zu verweigern, wenn keine Gründe im Sinne des Abs. 1 Z 4 vorliegen und somit eine unrichtige Behauptung nach Z 15 des Anhangs vorliegt.

(4) Der Bewilligungsbescheid hat in seinem Spruch nachstehende Angaben zu enthalten:

1. die zu veräußernden Waren nach Menge, Beschaffenheit und Verkaufswert;
2. den genauen Standort des Ausverkaufs;
3. den Zeitraum, währenddessen der Ausverkauf stattfinden soll;
4. den Grund, aus dem der Ausverkauf stattfinden soll.

(5) Jede Ankündigung eines Ausverkaufs gemäß Abs. 1 hat insbesondere die Gründe des Ausverkaufs, den Zeitraum, währenddessen der Ausverkauf stattfinden soll, und eine allgemeine Bezeichnung der zum Verkauf gelangenden Waren zu enthalten. Diese Angaben müssen dem Bewilligungsbescheid entsprechen.

(6) Die Ankündigung eines Ausverkaufs wegen eines Elementarereignisses ist vor Beginn des beabsichtigten Ausverkaufs bei der nach dem Standort des Ausverkaufs zuständigen Bezirksverwaltungsbehörde anzuzeigen. Bei der Anzeige sind die Angaben gemäß Abs. 1 Z 1 bis 3 samt Unterlagen für die Glaubhaftmachung der Gründe für das konkrete Elementarereignis, wie Hochwasser, Brand und dergleichen, beizubringen.

(7) Stellt die Bezirksverwaltungsbehörde fest, dass die tatsächliche Ankündigung eines Ausverkaufs gemäß Abs. 1 oder 6 gegen die §§ 1, 1a oder 2 oder den Anhang verstößt, so hat sie, unbeschadet der Bestrafung, dem Gewerbetreibenden unverzüglich die Unterlassung jeder weiteren Ankündigung eines Ausverkaufs gemäß Abs. 1 oder 6 aufzutragen.

§ 33b. (1) Wurde die Bewilligung zur Ankündigung wegen gänzlicher Auflassung des Geschäftes erteilt, so endigt mit dem Ablauf des im Bewilligungsbescheid angegebenen Verkaufszeitraumes die der Verkaufstätigkeit zugrundeliegende Gewerbeberechtigung bzw. das Recht zur Ausübung des der Verkaufstätigkeit zugrundeliegenden Gewerbes in der betreffenden weiteren Betriebsstätte. Der Inhaber dieser Gewerbeberechtigung sowie im Falle der Verpachtung des Gewerbes auch der Pächter dürfen während der nachfolgenden drei Jahre in der Gemeinde des bisherigen Standortes weder einen gleichartigen Gewerbebetrieb eröffnen noch sich an einem solchen in einer Weise beteiligen, dass ihnen hieraus ein Gewinn zufließen kann. Ist der Träger der Bewilligung eine eingetragene Personengesellschaft, so gilt das Verbot auch für die persönlich haftenden Gesellschafter. Ist der Träger der Bewilligung eine juristische Person, so gilt das Verbot auch für Personen mit einem maßgebenden Einfluss auf den Betrieb der Geschäfte der juristischen Person. Während dieses Zeitraumes dürfen sie sich auch nicht als persönlich haftende Gesellschafter oder Kommanditisten an einer eingetragenen Personengesellschaft beteiligen, die in der Gemeinde des bisherigen Standortes ein gleichartiges Gewerbe ausübt.

(2) Die Bezirksverwaltungsbehörde kann Ausnahmen von Abs. 1 bewilligen, wenn eine nicht vom Einschreiter verschuldete Änderung der Umstände, die für die Auflassung des Gewerbebetriebes maßgebend war, eingetreten ist oder die Nichtbewilligung der Ausnahme eine schwerwiegende wirtschaftliche Beeinträchtigung des Einschreiters zur Folge hätte. Vor der Entscheidung über ein solches Ansuchen ist die nach dem Standort zuständige Landeskammer der Wirtschaftskammerorganisation aufzufordern, innerhalb einer Frist von vier Wochen ein Gutachten abzugeben.

(3) Die Abs. 1 und 2 gelten sinngemäß auch dann, wenn jemand den Ausverkauf gemäß § 33a Abs. 1 ohne Bewilligung ankündigt. Die betreffende Gewerbeberechtigung endigt hierbei mit der tatsächlichen Beendigung der Ankündigung des Ausverkaufs; die Bezirksverwaltungsbehörde hat diese Endigung mit Bescheid festzustellen.

§ 33c. Wer den Bestimmungen der §§ 33a Abs. 1, 5 und 6 und 33b Abs. 1 und 3 zuwiderhandelt, begeht eine Verwaltungsübertretung und ist von der Bezirksverwaltungsbehörde mit Geldstrafe bis zu 2900 € zu bestrafen.

4b. Verbot von Geoblocking

§ 33d. (1) Wer den Bestimmungen der Artikel 3 bis 5 der Verordnung (EU) 2018/302 über Maßnahmen gegen ungerechtfertigtes Geoblocking und andere Formen der Diskriminierung aufgrund der Staatsangehörigkeit, des Wohnsitzes oder des Ortes der Niederlassung des Kunden innerhalb des Binnenmarkts und zur Änderung der Verordnungen (EG) Nr. 2006/2004 und (EU) 2017/2394 sowie der Richtlinie 2009/22/EG, ABl. Nr. L 60 vom 02.03.2018 S. 1, zuwiderhandelt, begeht eine Verwaltungsübertretung und ist von der Bezirksverwaltungsbehörde mit Geldstrafe bis zu 2900 € zu bestrafen.

(2) Auf Übertretungen des Abs. 1 durch Unternehmer im Sinne des Art. 2 des Anhangs der Empfehlung der Kommission 2003/361/EG betreffend die Definition der Kleinstunternehmen sowie der kleinen und mittleren Unternehmen, ABl. Nr. L 124 vom 20.05.2003 S. 36, ist § 371c Abs. 1 und 2 GewO 1994, BGBl. I Nr. 194/1994, in der jeweils geltenden Fassung sinngemäß anzuwenden.

5. Allgemeine Bestimmungen zu den §§ 27 bis 33c

§ 34. (1) Den in diesem Abschnitt dem Täter angedrohten Strafen unterliegt auch, wer einen anderen zu der Handlung anstiftet oder wer ihm dazu Beihilfe leistet. § 19 ist entsprechend anzuwenden.

(Anm.: Abs. 2 aufgehoben durch BGBl. I Nr. 49/2015)

(3) Wer den Vorschriften nach §§ 27, 28a, 29, 31 und den Verordnungen nach § 32 zuwiderhandelt, kann unbeschadet der Strafverfolgung auf Unterlassung und bei Verschulden auf Schadenersatz im Sinne des § 16 Abs. 2 in Anspruch genommen werden. Der Anspruch kann nur im ordentlichen Rechtsweg geltend gemacht werden. Die §§ 14 bis 18 mit Ausnahme des § 16 Abs. 1 und 20 bis 26 sind entsprechend anzuwenden.

6. Zurückbehaltung von Waren durch das Zollamt Österreich

§ 35. Das Zollamt Österreich kann nach Maßgabe näherer, mit Verordnung zu erlassender Bestimmungen Waren, die einer auf Grund des § 32 erlassenen Verordnung nicht entsprechen, bei der Einfuhr oder Ausfuhr bis zur Verfügung der Bezirksverwaltungsbehörde zurückbehalten.

§ 36. (1) Das Zollamt Österreich kann nach Maßgabe näherer, mit Verordnung zu erlassender Bestimmungen Waren, die auf sich selbst oder auf ihrer Verpackung oder Umhüllung Bezeichnungen oder Aufschriften tragen, die falsche Angaben über die örtliche Herkunft oder die Beschaffenheit der Ware darstellen, auch wenn für sie eine auf Grund des § 32 erlassene Bezeichnungsvorschrift nicht besteht, bei der Einfuhr oder Ausfuhr zum Zwecke der Beseitigung der falschen Bezeichnung oder der Aufschrift bis zur Verfügung der Bezirksverwaltungsbehörde (Abs. 2) zurückbehalten.

(2) Die Beseitigung der Bezeichnung oder der Aufschrift wird von der Bezirksverwaltungsbehörde, in deren Bezirk die Ware zurückbehalten wurde, angeordnet und vollzogen. § 33 Abs. 3 bis 6 ist entsprechend anzuwenden. Die näheren Vorschriften über den von der Bezirksverwaltungsbehörde zu beobachtenden Vorgang werden mit Verordnung erlassen.

§ 37. (1) Das Zollamt Österreich hat dem über die Ware Verfügungsberechtigten die Gelegenheit zu geben, innerhalb angemessener Frist den für die Zurückbehaltung auf Grund der §§ 35 und 36 ursächlichen Mangel zu beheben.

(2) Wird der Mangel rechtzeitig behoben, so ist die Ware freizugeben. Anderenfalls ist die Zurückbehaltung unverzüglich der Bezirksverwaltungsbehörde, in deren Bezirk die Ware zurückbehalten

wurde, unter Mitteilung des Sachverhaltes anzuzeigen.

(3) Die Bezirksverwaltungsbehörde hat von den über eine solche Anzeige getroffenen Verfügungen das Zollamt Österreich, das die Ware zurückbehalten hat, sofort in Kenntnis zu setzen.

(4) Die Anwendung der Bestimmungen über die Bestrafung der Zollzuwiderhandlungen bleibt unberührt.

III. ABSCHNITT
GEMEINSAME UND SCHLUSSBESTIMMUNGEN

Anwendbarkeit des Gesetzes auf land- und forstwirtschaftliche Erzeugnisse und Leistungen

§ 38. Unter Waren im Sinne dieses Gesetzes sind auch land- und forstwirtschaftliche Erzeugnisse, unter Leistungen und wirtschaftlichen Interessen auch land- und forstwirtschaftliche zu verstehen.

Bildliche Darstellungen und sonstige Veranstaltungen

§ 39. (1) Als Behauptungen und Angaben im Sinne dieses Gesetzes sind auch bildliche Darstellungen und sonstige Veranstaltungen anzusehen, die wörtliche Angaben zu ersetzen bestimmt und geeignet sind.

(2) Zusätze, Weglassungen, Einschränkungen, Abänderungen und sonstige Veranstaltungen in solcher Art oder Form, daß sie ohne Anwendung besonderer Aufmerksamkeit der Wahrnehmung oder Beachtung entgehen, schließen bei den durch dieses Gesetz untersagten Handlungen die Anwendung dieses Gesetzes nicht aus.

Schutz von Ausländern

§ 40. Angehörige ausländischer Staaten, die im Inland eine Hauptniederlassung nicht besitzen, haben, sofern nicht zwischenstaatliche Vereinbarungen bestehen, auf den Schutz dieses Gesetzes nur insoweit Anspruch, als in dem Staat, in dem sich ihre Hauptniederlassung befindet, österreichische Staatsbürger nach einer im Bundesgesetzblatt verlautbarten Kundmachung entsprechenden Schutz genießen. *(BGBl. Nr. 74/1971, Art. I Z 12)*

Vergeltungsrecht

§ 41. Wenn im Ausland Waren, die aus dem Geltungsgebiet dieses Gesetzes stammen, bei der Einfuhr oder Durchfuhr hinsichtlich der Bezeichnung ungünstiger als die Waren anderer Länder behandelt werden, kann mit Verordnung der Bundesregierung ein Vergeltungsrecht in Anwendung gebracht werden.

Übergangsbestimmungen

§ 42. (1) Auf vor dem Inkrafttreten des Bundesgesetzes BGBl. I Nr. 111/1999 gemäß § 9 eingebrachte Klagen ist dieses Bundesgesetz in der vor dem Inkrafttreten des Bundesgesetzes BGBl. I Nr. 111/1999 geltenden Fassung weiter anzuwenden.

(2) Der Lauf der im § 58 des Markenschutzgesetzes 1970, BGBl. Nr. 260, in der jeweils geltenden Fassung, in Verbindung mit § 9 Abs. 5 geregelten Fünfjahresfrist beginnt hinsichtlich der im Zeitpunkt des Inkrafttretens des Bundesgesetzes BGBl. I Nr. 111/1999 bestehenden bestehender Ansprüche gegen den Inhaber einer vor dem Inkrafttreten dieses Bundesgesetzes BGBl. I Nr. 111/1999 registrierten Marke bzw. eines vor diesem Zeitpunkt erworbenen Kennzeichenrechts mit dem Inkrafttreten dieses Bundesgesetzes. Eine allfällig bereits eingetretene Verjährung bleibt von dieser Regelung unberührt.

(3) § 33 Abs. 1 und 1a in der Fassung des Bundesgesetzes BGBl. I Nr. 204/2022 ist auf alle Verfahren anzuwenden, die ab dem Zeitpunkt des Inkrafttretens dieses Bundesgesetzes gemäß § 44 Abs. 14 anhängig werden. Verfahren, die jedoch zu diesem Zeitpunkt bereits anhängig sind, sind von der zuständigen Bezirksverwaltungsbehörde fortzuführen.

§ 43. (1) Mit der Vollziehung dieses Gesetzes sind die Bundesminister für wirtschaftliche Angelegenheiten, für Finanzen, für Land- und Forstwirtschaft und für Justiz betraut; hinsichtlich der Erlassung von Verordnungen gemäß § 32, soweit es sich um Lebensmittel, Verzehrprodukte und Zusatzstoffe handelt, jedoch im Einvernehmen mit dem Bundeskanzler.

(2) Der Erlassung einer Verordnung auf Grund des zweiten Abschnittes dieses Gesetzes hat die Anhörung der Körperschaften voranzugehen, denen gesetzlich die Vertretung der in Betracht kommenden Interessen obliegt.

Inkrafttreten

§ 44. (1) Die §§ 2 Abs. 1 bis 6, 28a, 29 Abs. 2 und 43 Abs. 1 in der Fassung des Bundesgesetzes BGBl. I Nr. 185/1999 treten mit 1. April 2000 in Kraft.

(2) § 14 in der Fassung des Bundesgesetzes BGBl. I Nr. 185/1999 tritt mit 1. Jänner 2001 in Kraft.

(3) § 8 in der Fassung des Bundesgesetzes BGBl. I Nr. 111/1999 tritt rückwirkend mit 1. Jänner 1996 mit der Maßgabe in Kraft, dass diesbezüglich § 4 bis zum Inkrafttreten des Bundesgesetzes BGBl. I Nr. 55/2000 keine Anwendung findet.

(4) § 32 Abs. 1 in der Fassung des Bundesgesetzes BGBl. I Nr. 55/2000 tritt mit 1. September 2000 in Kraft.

(5) Die §§ 9a Abs. 2 Z 8, 29 Abs. 2, 30 Abs. 2, 31 Abs. 3, 33 Abs. 1 und 33f in der Fassung des Bundesgesetzes BGBl. I Nr. 136/2001 treten mit 1. Jänner 2002 in Kraft.

(6) § 14 Abs. 1 in der Fassung des Bundesgesetzes BGBl. I Nr. 106/2006 tritt mit dem der Kundmachung folgenden Tag in Kraft.

(7) Die §§ 1, 1a, 2, 2a, 3 Abs. 1, 4 Abs. 1 bis 3, 5, 6 Abs. 2, 8 Abs. 1, 14 Abs. 1 und 2, 18, 21, 27 Abs. 5, 28a, 31 Abs. 4, 33a Abs. 3, 45 und der Anhang in der Fassung des Bundesgesetzes BGBl. I Nr. 79/2007 treten mit 12. Dezember 2007 in Kraft. Die §§ 4 Abs. 4, 6a und 19 Abs. 2 treten mit 12. Dezember 2007 außer Kraft.

(8) § 9a samt seiner Überschrift in der Fassung des Bundesgesetzes BGBl. I Nr. 13/2013 tritt mit dem der Kundmachung folgenden Tag außer Kraft. § 14 Abs. 1, § 18, § 21 Abs. 1 sowie Z 6 des Anhangs in der Fassung des Bundesgesetzes BGBl. I Nr. 13/2013 treten mit dem der Kundmachung folgenden Tag in Kraft.

(9) § 30 samt Überschrift tritt mit Ablauf des Tages der Kundmachung im Bundesgesetzblatt, frühestens jedoch mit Ablauf des 30. Mai 2015 außer Kraft.

(10) § 1a Abs. 4 und Z 32 des Anhanges in der Fassung des Bundesgesetzes BGBl. I Nr. 99/2016 treten mit dem Ablauf eines Monats nach der Kundmachung in Kraft und sind auch auf Verträge anzuwenden, die vor diesem Zeitpunkt abgeschlossen wurden.

(11) Die §§ 13, 25 Abs. 3 und 26a bis 26j in der Fassung des Bundesgesetzes BGBl. I Nr. 109/2018 treten mit Ablauf eines Monats nach der Kundmachung in Kraft.

(12) Die Überschrift des 6. Unterabschnitts, § 35, § 36 Abs. 1 und § 37 Abs. 1 und 3 jeweils in der Fassung des Bundesgesetzes BGBl. I Nr. 104/2019, treten mit 1. Juli 2020 in Kraft.

(13) Die §§ 1, 2, 2a, 7, 9, 13, 14, 14a, 16, 18, 21, 22, 23, 26e, 34, 45 und 46 sowie Z 11a und Z 23a bis 23c des Anhangs in der Fassung des Bundesgesetzes BGBl. I Nr. 110/2022 treten mit dem der Kundmachung folgenden Tag in Kraft. §§ 22 und 23 sind auf Verstöße nach Inkrafttreten dieses Bundesgesetzes anzuwenden. § 9c samt Überschrift tritt mit dem der Kundmachung folgenden Tag außer Kraft.

(14) § 33 Abs. 1 und 1a und § 42 Abs. 3 in der Fassung des Bundesgesetzes BGBl. I Nr. 204/2022 treten vier Monate nach dem der Kundmachung im Bundesgesetzblatt folgenden Tag in Kraft.

(15) § 11 Abs. 1 und 3 und § 12 Abs. 1 und 3 in der Fassung des Bundesgesetzes BGBl. I Nr. 99/2023 treten mit 1. September 2023 in Kraft.

Bezugnahme auf Unionsrecht

§ 45. Durch dieses Bundesgesetz werden folgende Richtlinien in österreichisches Recht umgesetzt:

1. Richtlinie 2005/29/EG über unlautere Geschäftspraktiken, ABl. Nr. L 149 vom 11.06.2005 S. 22.
2. Richtlinie 2006/114/EG vom 12. Dezember 2006 über irreführende und vergleichende Werbung (kodifizierte Fassung), ABl. Nr. L 376 vom 27.12.2006 S. 21.
3. Richtlinie 2016/943/EU über den Schutz vertraulichen Know-hows und vertraulicher Geschäftsinformationen (Geschäftsgeheimnisse) vor rechtswidrigem Erwerb sowie rechtswidriger Nutzung und Offenlegung, ABl. Nr. L 157 vom 15.06.2016 S. 1.
4. Richtlinie 2019/2161/EU zur Änderung der Richtlinie 93/13/EWG und der Richtlinien 98/6/EG, 2005/29/EG und 2011/83/EU zur besseren Durchsetzung und Modernisierung der Verbraucherschutzvorschriften der Union, ABl. Nr. L 328 vom 18.12.2019 S. 7.

Sprachliche Gleichbehandlung

§ 46. Soweit in diesem Bundesgesetz personenbezogene Bezeichnungen nur in männlicher Form angeführt sind, beziehen sie sich auf alle Geschlechter in gleicher Weise.

Anhang

Irreführende Geschäftspraktiken

1. Die unrichtige Behauptung eines Unternehmers, zu den Unterzeichnern eines Verhaltenskodex zu gehören.
2. Die Verwendung von Gütezeichen, Qualitätskennzeichen oder Ähnlichem ohne die erforderliche Genehmigung.
3. Die unrichtige Behauptung, ein Verhaltenskodex sei von einer öffentlichen oder anderen Stelle gebilligt.
4. Die Behauptung, dass ein Unternehmen (einschließlich seiner Geschäftspraktiken) oder ein Produkt von einer öffentlichen oder privaten Stelle bestätigt, gebilligt oder genehmigt worden sei, obwohl dies nicht der Fall ist, oder das Aufstellen einer solchen Behauptung, ohne dass den Bedingungen für die Bestätigung, Billigung oder Genehmigung entsprochen wird.
5. Die Aufforderung zum Kauf von Produkten zu einem bestimmten Preis, ohne darüber aufzuklären, dass der Unternehmer hinreichende Gründe für die Annahme hat, dass er nicht in der Lage sein wird, dieses oder ein gleichwertiges Produkt zu dem genannten Preis für einen Zeitraum und in einer Menge zur Lieferung bereitzustellen oder durch ein anderes Unternehmen bereitstellen zu lassen, wie es in Bezug auf das Produkt, den Umfang der für das Produkt eingesetzten Werbung und den Angebotspreis angemessen wäre (Lockangebote).
6. Die Aufforderung zum Kauf von Produkten zu einem bestimmten Preis und dann

a. Weigerung, dem Umworbenen den beworbenen Artikel zu zeigen, oder
b. Weigerung, Bestellungen dafür anzunehmen oder innerhalb einer vertretbaren Zeit zu liefern, oder
c. Vorführung eines fehlerhaften Exemplars

in der Absicht, stattdessen ein anderes Produkt abzusetzen („bait-and-switch"-Technik).

7. Die unrichtige Behauptung, dass das Produkt nur eine sehr begrenzte Zeit oder nur eine sehr begrenzte Zeit zu bestimmten Bedingungen verfügbar sein werde, um so den Verbraucher zu einer sofortigen Entscheidung zu verleiten, so dass er weder Zeit noch Gelegenheit hat, eine informierte Entscheidung zu treffen.
8. Verbrauchern, mit denen das Unternehmen vor Abschluss des Geschäfts in einer Sprache kommuniziert hat, bei der es sich nicht um eine Amtssprache des Mitgliedstaats handelt, in dem das Unternehmen niedergelassen ist, wird eine nach Abschluss des Geschäfts zu erbringende Leistung zugesichert, diese Leistung anschließend aber nur in einer anderen Sprache erbracht, ohne dass der Verbraucher eindeutig hierüber aufgeklärt wird, bevor er das Geschäft tätigt.
9. Die unrichtige Behauptung oder anderweitiges Herbeiführen des unrichtigen Eindrucks, ein Produkt könne rechtmäßig verkauft werden.
10. Den Verbrauchern gesetzlich zugestandene Rechte werden als Besonderheit des Angebots des Unternehmens präsentiert.
11. Redaktionelle Inhalte werden in Medien zu Zwecken der Verkaufsförderung eingesetzt und das Unternehmen hat diese Verkaufsförderung bezahlt, ohne dass dies aus dem Inhalt oder aus für den Verbraucher klar erkennbaren Bildern und Tönen eindeutig hervorgehen würde (als Information getarnte Werbung).

11a. Die Anzeige von Suchergebnissen aufgrund der Online-Suchanfrage eines Verbrauchers ohne dass etwaige bezahlte Werbung oder spezielle Zahlungen, die dazu dienen, ein höheres Ranking der jeweiligen Produkte im Rahmen der Suchergebnisse zu erreichen, eindeutig offengelegt werden.

12. Die unrichtige Behauptung über die Art und das Ausmaß der Gefahr für die persönliche Sicherheit des Umworbenen oder seiner Familie für den Fall, dass er das Produkt nicht kauft.
13. Die Werbung für ein Produkt, das einem Produkt eines bestimmten Herstellers ähnlich ist, in einer Weise, die den Umworbenen absichtlich dazu verleitet, zu glauben, das Produkt sei von jenem Hersteller hergestellt worden, obwohl dies nicht der Fall ist.
14. Einführung, Betrieb oder Förderung eines Schneeballsystems zur Verkaufsförderung, bei dem der Verbraucher die Möglichkeit vor Augen hat, eine Vergütung zu erzielen, die überwiegend durch das Einführen neuer Verbraucher in ein solches System und weniger durch den Verkauf oder Verbrauch von Produkten zu erzielen ist.
15. Die unrichtige Behauptung, der Unternehmer werde demnächst sein Geschäft aufgeben oder seine Geschäftsräume verlegen.
16. Die unrichtige Behauptung, Produkte könnten die Gewinnchancen bei Glücksspielen erhöhen.
17. Die unrichtige Behauptung, ein Produkt könne Krankheiten, Funktionsstörungen oder Missbildungen heilen.

18. Unrichtige Informationen über die Marktbedingungen oder die Möglichkeit, das Produkt zu finden, mit dem Ziel, den Umworbenen dazu zu bewegen, das Produkt zu weniger günstigen als den normalen Marktbedingungen zu kaufen.
19. Das Anbieten von Wettbewerben und Preisausschreiben, ohne dass die beschriebenen Preise oder ein angemessenes Äquivalent vergeben werden.
20. Die Beschreibung eines Produktes als „gratis", „umsonst", „kostenfrei" oder ähnlich, obwohl der Umworbene weitergehende Kosten als die Kosten zu tragen hat, die im Rahmen des Eingehens auf die Geschäftspraktik und für die Abholung oder Lieferung der Ware unvermeidbar sind.
21. Die Beifügung einer Rechnung oder eines ähnlichen Dokuments mit einer Zahlungsaufforderung zu Werbematerialien, die dem Umworbenen den unrichtigen Eindruck vermittelt, dass er das beworbene Produkt bereits bestellt habe.
22. Die unrichtige Behauptung oder Erwecken des unrichtigen Eindrucks, dass der Händler nicht für die Zwecke seines Handels, Geschäfts, Gewerbes oder Berufs handelt, oder fälschliches Auftreten als Verbraucher.
23. Das Erwecken des unrichtigen Eindrucks, dass der Kundendienst im Zusammenhang mit einem Produkt in einem anderen Mitgliedstaat verfügbar sei als demjenigen, in dem das Produkt verkauft wird.
23a. Der Wiederverkauf von Eintrittskarten für Veranstaltungen an Verbraucher, wenn der Unternehmer diese Eintrittskarten unter Verwendung automatisierter Verfahren erworben hat, die dazu dienen, Beschränkungen in Bezug auf die Zahl der von einer Person zu erwerbenden Eintrittskarten oder andere für den Verkauf der Eintrittskarten geltende Regeln zu umgehen.
23b. Die Behauptung, dass Bewertungen eines Produkts von Verbrauchern stammen, die das Produkt tatsächlich verwendet oder erworben haben, ohne dass angemessene und verhältnismäßige Schritte unternommen wurden, um zu prüfen, ob die Bewertungen wirklich von solchen Verbrauchern stammen.
23c. Die Abgabe gefälschter Bewertungen oder Empfehlungen von Verbrauchern oder die Erteilung des Auftrags an andere juristische oder natürliche Personen, gefälschte Bewertungen oder Empfehlungen von Verbrauchern abzugeben, sowie die falsche Darstellung von Verbraucherbewertungen oder Empfehlungen in sozialen Medien zu Zwecken der Verkaufsförderung.

Aggressive Geschäftspraktiken

24. Das Erwecken des Eindrucks, der Umworbene könne die Räumlichkeiten ohne Vertragsabschluss nicht verlassen.
25. Die Nichtbeachtung der Aufforderung des Verbrauchers bei persönlichen Besuchen in dessen Wohnung, diese zu verlassen bzw. nicht zurückzukehren, außer in Fällen und in den Grenzen, in denen dies gerechtfertigt ist, um eine vertragliche Verpflichtung durchzusetzen.
26. Die Anwerbung von Kunden durch hartnäckiges und unerwünschtes Ansprechen über Telefon, Fax, E-Mail oder sonstige für den Fernabsatz geeignete Medien, außer in Fällen und in den Grenzen, in denen ein solches Verhalten gesetzlich gerechtfertigt ist, um eine vertragliche Verpflichtung durchzusetzen. Dies gilt unbeschadet des Artikels 10 der Richtlinie 97/7/EG sowie der Richtlinien 95/46/EG und 2002/58/EG.
27. Die Aufforderung eines Verbrauchers, der eine Versicherungspolizze in Anspruch nehmen möchte, Dokumente vorzulegen, die vernünftigerweise als für die Gültigkeit des Anspruchs nicht relevant anzusehen sind, oder systematisches Nichtbeantworten einschlägiger Schreiben, um so den Verbraucher von der Ausübung seiner vertraglichen Rechte abzuhalten.
28. Die Einbeziehung einer direkten Aufforderung an Kinder in der Werbung, die beworbenen Produkte zu kaufen oder ihre Eltern oder andere Erwachsene zu überreden, die beworbenen Produkte für sie zu kaufen.
29. Die Aufforderung des Verbrauchers zur sofortigen oder späteren Zahlung oder zur Rücksendung oder Verwahrung von Produkten, die der Gewerbetreibende ohne Veranlassung des Verbrauchers geliefert hat (unbestellte Waren und Dienstleistungen).
30. Der ausdrückliche Hinweis gegenüber dem Verbraucher, dass Arbeitsplatz oder Lebensunterhalt des Unternehmers gefährdet sind, falls der Verbraucher das Produkt oder die Dienstleistung nicht erwirbt.
31. Das Erwecken des unrichtigen Eindrucks, der Verbraucher habe bereits einen Preis gewonnen, werde einen Preis gewinnen oder werde durch eine bestimmte Handlung einen Preis oder einen sonstigen Vorteil gewinnen, obwohl
   a) es in Wirklichkeit keinen Preis oder sonstigen Vorteil gibt, oder
   b) die Möglichkeit des Verbrauchers, Handlungen zur Inanspruchnahme des Preises oder eines sonstigen Vorteils vorzunehmen, von der Zahlung eines Betrags oder der Übernahme von Kosten durch den Verbraucher abhängig gemacht wird.

32. Das Verlangen eines Betreibers einer Buchungsplattform gegenüber einem Beherbergungsunternehmen, dass dieses auf anderen Vertriebswegen inklusive seiner eigenen Website keinen günstigeren Preis oder keine anderen günstigeren Bedingungen als auf der Buchungsplattform anbieten darf.

Artikel IV
Umsetzung
(Anm.: aus BGBl. I Nr. 185/1999, zu BGBl. Nr. 448/1984)

Mit diesem Bundesgesetz werden die Richtlinie 97/7/EG über den Verbraucherschutz bei Vertragsabschlüssen im Fernabsatz, ABl. Nr. L 144 vom 4. Juni 1997, S 19, die Richtlinie 97/55/EG zur Änderung der Richtlinie 84/450/EWG über irreführende Werbung zwecks Einbeziehung der vergleichenden Werbung, ABl. Nr. L 290 vom 23. Oktober 1997, S 18, die Richtlinie 98/27/EG über Unterlassungsklagen zum Schutz der Verbraucherinteressen, ABl. Nr. L 166 vom 11. Juni 1998, S 51, und die Richtlinie 99/34/EG zur Änderung der Richtlinie 85/374/EWG des Rates zur Angleichung der Rechts- und Verwaltungsvorschriften der Mitgliedstaaten über die Haftung für fehlerhafte Produkte umgesetzt.

20. Verordnung (EU) 2018/848 über die ökologische/biologische Produktion und die Kennzeichnung von ökologischen/biologischen Erzeugnissen

ABl L 2018/150, S. 1 idgF

GLIEDERUNG

DAS EUROPÄSCHE PARLAMENT UND DER RAT DER EUROPÄISCHEN UNION —

gestützt auf den Vertrag über die Arbeitsweise der Europäischen Union, insbesondere auf Artikel 43 Absatz 2,

auf Vorschlag der Europäischen Kommission,

nach Zuleitung des Entwurfs des Gesetzgebungsakts an die nationalen Parlamente,

nach Stellungnahme des Europäischen Wirtschafts- und Sozialausschusses (1),

nach Stellungnahme des Ausschusses der Regionen (2),

gemäß dem ordentlichen Gesetzgebungsverfahren (3),

in Erwägung nachstehender Gründe:

(1) Die ökologische/biologische Produktion bildet ein Gesamtsystem der landwirtschaftlichen Betriebsführung und der Lebensmittelproduktion, das beste umweltschonende und klimaschützende Verfahren, ein hohes Maß an Artenvielfalt, den Schutz der natürlichen Ressourcen sowie die Anwendung hoher Tierschutz- und Produktionsstandards kombiniert, die der Tatsache Rechnung tragen, dass die Nachfrage der Verbraucher nach Erzeugnissen, die unter Verwendung natürlicher Stoffe und nach natürlichen Verfahren erzeugt worden sind, stetig steigt. Die ökologische/biologische Produktion spielt somit eine doppelte gesellschaftliche Rolle, denn sie bedient einerseits auf einem spezifischen Markt die Verbrauchernachfrage nach ökologischen/biologischen Erzeugnissen und stellt andererseits öffentliche Güter bereit, die einen Beitrag zu Umwelt- und Tierschutz ebenso wie zur Entwicklung des ländlichen Raums leisten.

(2) Die Einhaltung hoher Standards in den Bereichen Gesundheit, Umwelt und Tierschutz bei der Produktion ökologischer/biologischer Erzeugnisse ist für die hohe Qualität dieser Erzeugnisse von grundlegender Bedeutung. Wie in der Mitteilung der Kommission vom 28. Mai 2009 über die Qualitätspolitik für Agrarerzeugnisse hervorgehoben wurde, ist die ökologische/biologische Produktion zusammen mit den geografischen Angaben und den garantiert traditionellen Spezialitäten gemäß der Verordnung (EU) Nr. 1151/2012 des Europäischen Parlaments und des Rates [(4)] sowie den Erzeugnissen der Regionen in äußerster Randlage der Union gemäß der Verordnung (EU) Nr. 228/2013 des Europäischen Parlaments und des Rates [(5)] Teil der Qualitätsregelungen für Agrarerzeugnisse der Union. In dieser Hinsicht verfolgt die ökologische/biologische Produktion im Rahmen der Gemeinsamen Agrarpolitik die gleichen Ziele wie alle Qualitätsregelungen für Agrarerzeugnisse der Union.

(3) Die Ziele der ökologischen/biologischen Produktion fügen sich in die Ziele der Gemeinsamen Agrarpolitik ein, sodass sich die Beachtung der Vorschriften über die ökologische/biologische Produktion für die Landwirte auszahlt. Darüber hinaus werden durch die steigende Nachfrage der Verbraucher nach ökologischen/biologischen Erzeugnissen die Bedingungen für eine weitere Entwicklung und Erweiterung des Marktes für diese Erzeugnisse und somit für eine Erhöhung der finanziellen Vorteile der Landwirte, die in der ökologischen/biologischen Produktion tätig sind, geschaffen.

(4) Außerdem ist die ökologische/biologische Produktion ein System, das zur Einbeziehung der Umweltschutzerfordernisse in die Gemeinsame Agrarpolitik beiträgt und die nachhaltige landwirtschaftliche Erzeugung fördert. Aus diesem Grund wurden im Rahmen der Gemeinsamen Agrarpolitik Maßnahmen zur finanziellen Unterstützung der ökologischen/biologischen Produktion eingeführt, insbesondere mit der Verordnung (EU) Nr. 1307/2013 des Europäischen Parlaments und des Rates [(6)], und diese wurden insbesondere bei der Reform des Rechtsrahmens für die Politik zur Förderung der ländlichen Entwicklung gemäß der Verordnung (EU) Nr. 1305/2013 des Europäischen Parlaments und des Rates [(7)] verstärkt.

(5) Die ökologische/biologische Produktion trägt auch dazu bei, die Ziele der Umweltpolitik der Union zu erreichen, insbesondere die in den Mitteilungen der Kommission vom 22. September 2006 mit dem Titel „Thematische Strategie für den Bodenschutz", vom 3. Mai 2011 mit dem Titel „ Biologische Vielfalt — Naturkapital und Lebensversicherung: EU-Strategie zum Schutz der Biodiversität bis 2020" und vom 6. Mai 2013 mit dem Titel „Grüne Infrastruktur (GI) — Aufwertung des europäischen Naturkapitals" und in den Rechtsvorschriften im Umweltbereich wie den Richtlinien 2000/60/EG [(8)], 2001/81/EG [(9)], 2009/128/EG [(10)] und 2009/147/EG [(11)] des Europäischen Parlaments und des Rates und der Richtlinien 91/676 EWG [(12)] und 92/43/EWG [(13)] des Rates.

(6) Mit Blick auf die Ziele der Politik für den ökologischen/biologischen Landbau der Union sollte der für die Umsetzung dieser Politik geschaffene Rechtsrahmen darauf ausgerichtet sein, fairen Wettbewerb und das ordnungsgemäße Funktionieren des Binnenmarktes für ökologische/biologische Erzeugnisse zu gewährleisten, das Vertrauen der Verbraucher in als ökologisch/biologisch gekennzeichnete Erzeugnisse zu wahren und zu rechtfertigen, sowie Voraussetzungen zu schaffen, unter denen sich die Politik entsprechend den Produktions- und Marktentwicklungen fortentwickeln kann.

(7) Die politischen Prioritäten der Europa-2020-Strategie gemäß der Mitteilung der Kommission vom 3. März 2010 mit dem Titel „Europa 2020: Eine Strategie für intelligentes, nachhaltiges und integratives Wachstum" beinhalten die Verwirklichung einer wettbewerbsfähigen, auf Wissen und Innovation gestützten Wirtschaft, die Förderung einer Wirtschaft mit hoher Beschäftigung und sozialem und territorialem Zusammenhalt und die Unterstützung des Übergangs zu einer ressourcenschonenden und emissionsarmen Wirtschaft. Die Politik für die ökologische/biologische Produktion sollte den Erzeugern daher die richtigen Instrumente für eine bessere Kenntlichmachung und die Förderung des Absatzes ihrer Erzeugnisse an die Hand geben und sie gleichzeitig vor unlauteren Praktiken schützen.

(8) Die ökologische/biologische Landwirtschaft in der Union hat sich in den vergangenen Jahren nicht nur in Bezug auf die für diese Art der Landwirtschaft genutzte Fläche, sondern auch, was die

Anzahl der Betriebe und der insgesamt in der Union gemeldeten ökologisch/biologisch wirtschaftenden Unternehmer betrifft, rasant entwickelt.

(9) Angesichts der Dynamik des ökologischen/biologischen Sektors wurde in der Verordnung (EG) Nr. 834/2007 des Rates [(14)] die Notwendigkeit einer Überarbeitung der Unionsvorschriften für die ökologische/biologische Produktion unter Berücksichtigung der Erfahrungen bei der Anwendung dieser Vorschriften ermittelt. Die Ergebnisse dieser von der Kommission durchgeführten Überarbeitung zeigen, dass der Rechtsrahmen der Union für die ökologische/biologische Produktion dahingehend verbessert werden sollte, dass Vorschriften vorgesehen werden, die den hohen Erwartungen der Verbraucher gerecht werden und den Adressaten ausreichende Klarheit bieten. Die Verordnung (EG) Nr. 834/2007 sollte daher aufgehoben und durch eine neue Verordnung ersetzt werden.

(10) Die bisherigen Erfahrungen bei der Anwendung der Verordnung (EG) Nr. 834/2007 zeigen, dass geklärt werden muss, für welche Erzeugnisse diese Verordnung gilt. In erster Linie sollten dazu die in Anhang I des Vertrags über die Arbeitsweise der Europäischen Union (AEUV) verzeichneten Erzeugnisse der Landwirtschaft, einschließlich der Aquakultur und der Imkerei, gehören. Außerdem sollten dazu verarbeitete landwirtschaftliche Erzeugnisse, die zur Verwendung als Lebens- oder Futtermittel bestimmt sind, gehören, da das Inverkehrbringen solcher Erzeugnisse als ökologische/biologische Erzeugnisse einen wichtigen Markt für Agrarerzeugnisse bietet und sicherstellt, dass der Verbraucher erkennen kann, dass die Agrarerzeugnisse aus ökologischen/biologischen Erzeugnissen hergestellt wurden. Diese Verordnung sollte auch bestimmte andere Erzeugnisse erfassen, die ähnlich eng wie verarbeitete landwirtschaftliche Erzeugnisse zur Verwendung als Lebens- oder Futtermittel mit landwirtschaftlichen Erzeugnissen verbunden sind, da diese anderen Erzeugnisse entweder einen großen Markt für landwirtschaftliche Erzeugnisse darstellen oder Bestandteil des Produktionsprozesses sind. Schließlich sollten Meersalz und andere Salze für Lebens- und Futtermittel in den Geltungsbereich dieser Verordnung einbezogen werden, da sie unter Anwendung natürlicher Produktionstechniken erzeugt werden können und ihre Erzeugung zur Entwicklung ländlicher Räume beiträgt und somit unter die Ziele dieser Verordnung fällt. Aus Gründen der Klarheit sollten solche anderen Erzeugnisse, die nicht in Anhang I AEUV aufgeführt sind, im Anhang dieser Verordnung verzeichnet werden.

(11) Um bestimmte nicht wesentliche Vorschriften dieser Verordnung ergänzen oder ändern zu können, sollte der Kommission die Befugnis übertragen werden, gemäß Artikel 290 AEUV Rechtsakte zu erlassen. Es ist von besonderer Bedeutung, dass die Kommission im Zuge ihrer Vorbereitungsarbeit angemessene Konsultationen, auch auf der Ebene von Sachverständigen, durchführt, und dass diese Konsultationen mit den Grundsätzen im Einklang stehen, die in der Interinstitutionellen Vereinbarung vom 13. April 2016 über bessere Rechtsetzung [(15)] niedergelegt sind. Um insbesondere für eine gleichberechtigte Beteiligung an der Vorbereitung delegierter Rechtsakte zu sorgen, erhalten das Europäische Parlament und der Rat alle Dokumente zur gleichen Zeit wie die Sachverständigen der Mitgliedstaaten, und ihre Sachverständigen haben systematisch Zugang zu den Sitzungen der Sachverständigengruppen der Kommission, die mit der Vorbereitung der delegierten Rechtsakte befasst sind.

(12) Zur Berücksichtigung neuer Produktionsmethoden, neuen Materials oder internationaler Verpflichtungen sollte der Kommission die Befugnis übertragen werden, im Hinblick auf die Erweiterung des Verzeichnisses anderer eng mit der Landwirtschaft verbundener Erzeugnisse, die in den Geltungsbereich dieser Verordnung fallen, bestimmte Rechtsakte zu erlassen.

(13) Erzeugnisse, die unter diese Verordnung fallen, aber aus der Jagd und der Fischerei wildlebender Tiere stammen, sollten nicht als ökologische/biologische Erzeugnisse gelten, da ihr Produktionsprozess nicht vollständig kontrollierbar ist.

(14) Da Arbeitsvorgänge in gemeinschaftlichen Verpflegungseinrichtungen lokaler Art sind, werden Maßnahmen der Mitgliedstaaten und private Regelungen in diesem Bereich als angemessen angesehen, um das Funktionieren des Binnenmarktes zu gewährleisten. Daher sollten Lebensmittel, die von gemeinschaftlichen Verpflegungseinrichtungen in ihren Produktionsstätten zubereitet werden, nicht Gegenstand dieser Verordnung sein und sollten daher nicht mit dem Logo der Europäischen Union für ökologische/biologische Produktion gekennzeichnet oder beworben werden.

(15) Forschungsprojekte haben gezeigt, dass das Vertrauen der Verbraucher in den Markt für ökologische/biologische Lebensmittel von entscheidender Bedeutung ist. Langfristig gefährden nicht vertrauenswürdige Vorschriften das Vertrauen der Öffentlichkeit und führen zu Marktversagen. Daher sollte die nachhaltige Entwicklung der ökologischen/biologischen Produktion in der Union auf fundierten Produktionsvorschriften basieren, die unionsweit harmonisiert sind und den Erwartungen von Unternehmern und Verbrauchern hinsichtlich der Qualität ökologischer/biologischer Erzeugnisse sowie der Einhaltung der in dieser Verordnung festgeschriebenen Grundsätze und Vorschriften gerecht werden.

(16) Diese Verordnung sollte unbeschadet einschlägiger Rechtsvorschriften, insbesondere in den Bereichen Sicherheit der Lebensmittelkette, Tiergesundheit und Tierschutz, Pflanzengesundheit, Pflanzenvermehrungsmaterial, Kennzeichnung und Umweltschutz, gelten.

(17) Diese Verordnung sollte die Grundlage für eine nachhaltige Entwicklung der ökologischen/biologischen Produktion und ihre positiven Auswirkungen auf die Umwelt bilden und für ein wirksames Funktionieren des Binnenmarktes für ökologische/biologische Erzeugnisse und einen fairen Wettbewerb sorgen, womit dazu beigetragen wird, dass Landwirte ein gerechtes Einkommen erzielen, für Vertrauen seitens der Verbraucher gesorgt wird und Verbraucherinteressen geschützt werden sowie kurze Vertriebskanäle und die Produktion vor Ort gefördert werden. Diese Ziele sollten erreicht werden, indem die allgemeinen und spezifischen Grundsätze und die allgemeinen und spezifischen Vorschriften zur ökologischen/biologischen Produktion eingehalten werden.

(18) Unter Berücksichtigung der Besonderheiten der Systeme für die ökologische/biologische Produktion sollte die Auswahl von Pflanzensorten sich auf die agronomische Leistung, die genetische Vielfalt, die Widerstandsfähigkeit gegenüber Krankheiten, die Langlebigkeit, die Anpassung an die unterschiedlichen örtlichen Gegebenheiten in Bezug auf Boden und Klima konzentrieren sowie die natürlichen Kreuzungsbarrieren beachten.

(19) Die Gefahr eines Verstoßes gegen Vorschriften für die ökologische/biologische Produktion wird bei landwirtschaftlichen Betrieben, die nicht nach diesen Vorschriften bewirtschaftete Einheiten umfassen, für höher erachtet. Deshalb sollten alle landwirtschaftlichen Betriebe in der Union, die auf die ökologische/biologische Produktion umstellen wollen, nach einem angemessenen Umstellungszeitraum vollständig im Einklang mit den Auflagen für die ökologische/biologische Produktion bewirtschaftet werden. Betriebe sowohl mit Produktionseinheiten, die gemäß den Vorschriften für die ökologische/biologische Produktion bewirtschaftet werden, als auch mit Produktionseinheiten, die gemäß den Vorschriften für die nichtökologische/nichtbiologische Produktion bewirtschaftet werden, sollten unter bestimmten Voraussetzungen zugelassen werden, einschließlich insbesondere der Voraussetzung einer klaren und wirksamen Trennung zwischen ökologischen/biologischen Produktionseinheiten, Produktionseinheiten in Umstellung und nichtökologischen/nichtbiologischen Produktionseinheiten und zwischen Erzeugnissen, die von diesen Produktionseinheiten produziert werden.

(20) Da die Verwendung von externen Produktionsmitteln in der ökologischen/biologischen Produktion beschränkt werden sollte, sollten bestimmte Ziele festgelegt werden, für die Erzeugnisse und Stoffe häufig in der Produktion landwirtschaftlicher Erzeugnisse oder verarbeiteter landwirtschaftlicher Erzeugnisse verwendet werden. Sofern sie üblicherweise für diese Ziele verwendet werden, sollte der Einsatz von Erzeugnissen oder Stoffen nur erlaubt werden, wenn sie gemäß dieser Verordnung zugelassen sind. Eine solche Zulassung sollte indes nur solange gelten, wie die Verwendung von solchen externen Produktionsmitteln in der nichtökologischen/nichtbiologischen Produktion nicht nach Unionsrecht oder nach nationalem Recht, das sich auf Unionsrecht stützt, untersagt ist. Die Verwendung von Produkten oder Stoffen, die Pflanzenschutzmittel enthalten oder daraus bestehen, außer den Wirkstoffen, sollte in der ökologischen/biologischen Produktion erlaubt sein, solange ihre Verwendung gemäß Verordnung (EG) Nr. 1107/2009 des Europäischen Parlaments und des Rates [16] zugelassen ist und solange weder das Inverkehrbringen noch die Nutzung der betreffenden Pflanzenschutzmittel von den Mitgliedstaaten gemäß der vorgenannten Verordnung untersagt wurde.

(21) Sollen in dem gesamten Betrieb oder in Teilen des Betriebs ökologische/biologische Erzeugnisse produziert werden, so sollten der Betrieb oder die Teile des Betriebs einem Umstellungszeitraum unterliegen, in dem sie nach Vorschriften für die ökologische/biologische Produktion bewirtschaftet werden, aber keine ökologischen/biologischen Erzeugnisse produzieren dürfen. Erzeugnisse sollten erst dann als ökologische/biologische Erzeugnisse in Verkehr gebracht werden dürfen, wenn der Umstellungszeitraum beendet ist. Dieser Zeitraum sollte erst beginnen, wenn der Landwirt oder der Algen oder Aquakulturtiere produzierende Unternehmer den zuständigen Behörden des Mitgliedstaats, in dem der Betrieb belegen ist, diese Umstellung auf ökologische/biologische Produktion gemeldet hat und daher dem Kontrollsystem unterstellt ist, das die Mitgliedstaaten gemäß der Verordnung (EU) 2017/625 des Europäischen Parlaments und des Rates [17] und dieser Verordnung einzurichten haben. Die zuständigen Behörden sollten Zeiträume vor dem Tag der Meldung rückwirkend als Umstellungszeiträume nur anerkennen dürfen, wenn der Betrieb oder die relevanten Teile des Betriebs an von Unionfonds unterstützen Agrarumweltmaßnahmen teilgenommen haben oder natürliche oder landwirtschaftlich genutzte Flächen sind und während eines Zeitraums von mindestens drei Jahren nicht mit Erzeugnissen oder Stoffen behandelt wurden, die nicht zur Verwendung in der ökologischen/biologischen Produktion zugelassen sind.

(22) Um Qualität, Rückverfolgbarkeit, Einhaltung der Bestimmungen dieser Verordnung für die ökologische/biologische Produktion und die

Anpassung an technische Entwicklungen sicherzustellen, sollte der Kommission die Befugnis übertragen werden, bestimmte Rechtsakte in Bezug auf weitere Vorschriften über die Aufteilung von Betrieben in ökologische/biologische Produktionseinheiten, Produktionseinheiten in Umstellung und nichtökologische/nichtbiologische Produktionseinheiten zu erlassen.

(23) Die Verwendung ionisierender Strahlung, des Klonens von Tieren und der Zucht künstlich erzeugter polyploider Tiere oder genetisch veränderter Organismen (GVO) sowie von Erzeugnissen, die aus oder durch GVO erzeugt wurden, ist mit dem ökologischen/biologischen Produktionskonzept und der Auffassung der Verbraucher von ökologischen/biologischen Erzeugnissen unvereinbar. Diese Verwendungen sollten daher in der ökologischen/biologischen Produktion untersagt sein.

(24) Um die Einhaltung dieser Verordnung zu fördern und zu erleichtern, sollten die Unternehmer auf jeder Stufe der Erzeugung, der Aufbereitung und des Vertriebs gegebenenfalls Vorbeugungsmaßnahmen ergreifen, um den Erhalt der Artenvielfalt und die Bodenqualität zu gewährleisten, um Schädlinge und Krankheiten zu vermeiden und zu bekämpfen, und um negative Auswirkungen auf die Umwelt sowie die Tier- und Pflanzengesundheit zu vermeiden. Sie sollten außerdem gegebenenfalls verhältnismäßige Vorsorgemaßnahmen, die ihrem Einfluss unterliegen, ergreifen, um eine Kontamination durch Erzeugnisse oder Stoffe, die nicht für die Verwendung in der ökologischen/biologischen Produktion gemäß dieser Verordnung zugelassen sind, sowie eine Vermischung von ökologischen/biologischen Erzeugnissen, Umstellungserzeugnissen und nichtökologischen/nichtbiologischen Erzeugnissen zu vermeiden.

(25) Während des Umstellungszeitraums produzierte Erzeugnisse sollten nicht als ökologische/biologische Erzeugnisse in Verkehr gebracht werden. Damit Verbraucher nicht verwirrt oder irregeführt werden, sollten diese Erzeugnisse auch nicht als Umstellungserzeugnisse vermarktet werden, außer es handelt sich um Pflanzenvermehrungsmaterial und Lebens- oder Futtermittel pflanzlichen Ursprungs mit nur einer landwirtschaftlichen pflanzlichen Zutat, in allen Fällen unter der Voraussetzung, dass ein Umstellungszeitraum von mindestens 12 Monaten vor der Ernte eingehalten wurde.

(26) Um Qualität, Rückverfolgbarkeit, Einhaltung dieser Verordnung und die Anpassung an technische Entwicklungen sicherzustellen, sollte der Kommission die Befugnis übertragen werden, bestimmte Rechtsakte in Bezug auf die Umstellungsvorschriften für weitere Tierarten zu erlassen.

(27) Es sollten detaillierte Vorschriften für die Pflanzenproduktion, die Tierproduktion sowie die Aquakulturproduktion, einschließlich Vorschriften für das Sammeln von Wildpflanzen und Algen, und für die Produktion von verarbeiteten Lebensmitteln und Futtermitteln sowie von Wein und Hefe, die als Lebens- oder Futtermittel verwendet wird, festgelegt werden, um eine Harmonisierung und Einhaltung der Ziele und Grundsätze der ökologischen/biologischen Produktion zu gewährleisten.

(28) Da die ökologische/biologische pflanzliche Erzeugung auf dem Grundsatz beruht, dass Pflanzen ihre Nährstoffe in erster Linie über das Ökosystem des Bodens beziehen, sollten Pflanzen auf und in lebendigem Boden in Verbindung mit Unterboden und Grundgestein erzeugt werden. Hydrokultur und der Anbau von Pflanzen in Containern, Säcken oder Becken, bei denen die Wurzeln nicht mit dem lebenden Boden in Berührung kommen, sollten daher nicht zulässig sein.

(29) Einige anbautechnische Praktiken, die nicht bodengebunden sind, wie die Produktion von Keimlingen oder Chicoréesprossen, sowie die Produktion von Zierpflanzen und Kräutern, wenn diese Zierpflanzen und Kräuter dem Endverbraucher in Töpfen verkauft werden, bei denen der Grundsatz des bodengebundenen Pflanzenanbaus nicht geeignet ist oder bei denen nicht die Gefahr besteht, dass der Verbraucher hinsichtlich der Produktionsmethode irregeführt wird, sollten jedoch zugelassen werden. Damit die ökologische/biologische Produktion in einer früheren Phase des Pflanzenanbaus erleichtert wird, sollte auch der Anbau von Sämlingen oder Setzlingen in Behältnissen für die weitere Umpflanzung gestattet werden.

(30) Der Grundsatz des flächengebundenen Pflanzenanbaus und der Versorgung der Pflanzen mit Nährstoffen hauptsächlich über das Ökosystem des Bodens ist mit der Verordnung (EG) Nr. 834/2007 festgelegt worden. Einige Unternehmer haben jedoch eine Wirtschaftstätigkeit in Form des Anbaus von Kulturen in abgegrenzten Beeten entwickelt und sind von ihren nationalen Behörden als ökologisch/biologisch gemäß der Verordnung (EG) Nr. 834/2007 zertifiziert worden. Im Rahmen des ordentlichen Gesetzgebungsverfahrens ist am 28. Juni 2017 Einigung darüber erzielt worden, dass die ökologische/biologische Produktion auf der Versorgung der Pflanzen mit Nährstoffen hauptsächlich über das Ökosystem des Bodens beruhen und bodengebunden sein sollte und dass der Anbau von Pflanzen in abgegrenzten Beeten ab diesem Tag nicht mehr zugelassen werden sollte. Damit die Unternehmer, die bis zu diesem Tag eine solche Wirtschaftstätigkeit aufgenommen haben, die Möglichkeit haben, sich anzupassen, sollte es ihnen gestattet werden, ihre vor diesem Tag gemäß der Verordnung (EG) Nr. 834/2007 von ihren nationalen Behörden als

ökologisch/biologisch zertifizierten Produktionsflächen für weitere zehn Jahren ab dem Geltungsbeginn dieser Verordnung beizubehalten. Nach den Angaben, die die Mitgliedstaaten der Kommission übermittelt haben, ist eine solche Tätigkeit in der Union vor dem 28. Juni 2017 nur in Finnland, Schweden und Dänemark zugelassen worden. Die Nutzung abgegrenzter Beete in der ökologischen/biologischen Landwirtschaft sollte Gegenstand eines Berichts der Kommission sein, der fünf Jahre nach dem Geltungsbeginn dieser Verordnung veröffentlicht werden muss.

(31) In der ökologischen/biologischen pflanzlichen Erzeugung sollten Produktionstechniken verwendet werden, die Belastungen der Umwelt vermeiden oder so gering wie möglich halten.

(32) Während der nichtökologische/nichtbiologische Landwirtschaft mehr externe Mittel zur Anpassung an die Umwelt zur Verfügung stehen, damit ein optimaler Pflanzenanbau erreicht wird, wird für Systeme des ökologischen/biologischen Pflanzenbaus Pflanzenvermehrungsmaterial benötigt, mit dem eine Anpassung hinsichtlich der Widerstandsfähigkeit gegenüber Krankheiten, der unterschiedlichen örtlichen Gegebenheiten in Bezug auf Boden und Klima und der spezifischen Anbaupraktiken der ökologischen/biologischen Landwirtschaft als Beitrag zum Ausbau des ökologischen/biologischen Sektors erfolgen kann. Es ist daher wichtig, dass ökologisches/biologisches Pflanzenvermehrungsmaterial, das für die ökologische/biologische Landwirtschaft geeignet ist, entwickelt wird.

(33) In Bezug auf die Bodenbewirtschaftung und die Düngung sollten in der ökologischen/biologischen pflanzlichen Erzeugung zulässige Anbauverfahren und Bedingungen für den Einsatz von Düngemitteln und Bodenverbesserern festgelegt werden.

(34) Der Einsatz von Pflanzenschutzmitteln sollte maßgeblich eingeschränkt werden. Es sollten Maßnahmen bevorzugt werden, die mithilfe von Techniken, die keinen Einsatz von Pflanzenschutzmitteln vorsehen, beispielsweise dem Fruchtwechsel, Schäden durch Schädlinge und Unkraut vermeiden. Das Auftreten von Schädlingen und Unkraut sollte überwacht werden, sodass entschieden werden kann, ob ein Eingreifen wirtschaftlich und ökologisch gerechtfertigt ist. Der Einsatz bestimmter Pflanzenschutzmittel sollte jedoch dann erlaubt sein, wenn solche Techniken keinen angemessenen Schutz bieten und die Pflanzenschutzmittel gemäß der Verordnung (EG) Nr. 1107/2009 zugelassen sind, nachdem letztere bewertet wurden und festgestellt wurde, dass sie mit den Zielen und den Grundsätzen der ökologischen/biologischen Produktion, einschließlich der Fälle, in denen solche Mittel unter strengen Anwendungsauflagen zugelassen sind, vereinbar und folglich im Einklang mit der vorliegenden Verordnung zugelassen sind.

(35) Um Qualität, Rückverfolgbarkeit, Einhaltung dieser Verordnung und die Anpassung an technische Entwicklungen sicherzustellen, sollte der Kommission die Befugnis übertragen werden, bestimmte Rechtsakte in Bezug auf bestimmte abweichende Regelungen, die Verwendung von Umstellungspflanzenvermehrungsmaterial oder nichtökologischem/nichtbiologischem Pflanzenvermehrungsmaterial, Vereinbarungen zwischen Unternehmern landwirtschaftlicher Betriebe, weitere Maßnahmen zur Schädlings- und Unkrautbekämpfung und weitere detaillierte Vorschriften und Anbauverfahren für bestimmte Pflanzen und Pflanzenerzeugung zu erlassen.

(36) Die Forschung in der Union zu Pflanzenvermehrungsmaterial, das nicht die Sortendefinition hinsichtlich der Einheitlichkeit erfüllt, zeigt, dass es von Vorteil sein könnte, dieses uneinheitliche Material zu verwenden, insbesondere hinsichtlich der ökologischen/biologischen Produktion, beispielsweise zur Eindämmung der Ausbreitung von Krankheiten, zur Verbesserung der Widerstandskraft und zur Steigerung der biologischen Vielfalt.

(37) Daher sollte Pflanzenvermehrungsmaterial, das zu keiner Sorte gehört, sondern zu einer pflanzlichen Gesamtheit innerhalb eines einzigen botanischen Taxons, und das durch ein hohes Maß an genetischer und phänotypischer Vielfalt der einzelnen Vermehrungseinheiten gekennzeichnet ist, für die Verwendung in der ökologischen/biologischen Produktion zur Verfügung stehen.

Es sollte daher Unternehmern gestattet sein, Pflanzenvermehrungsmaterial aus ökologischem/biologischem heterogenem Material in Verkehr zu bringen, ohne dass die Anforderungen an die Eintragung und an die Zertifizierungskategorien von Vorstufenmaterial, Basismaterial und zertifiziertem Material oder die Anforderungen an andere Kategorien gemäß den Richtlinien 66/401/EWG [18], 66/402/EWG [19], 68/193/EWG [20], 98/56/EG [21], 2002/53/EG [22], 2002/54/EG [23], 2002/55/EG [24], 2002/56/EG [25], 2002/57/EG [26], 2008/72/EG [27] und 2008/90/EG [28] oder den nach diesen Richtlinien erlassenen Rechtsakten erfüllt werden müssen. Diese Vermarktung sollte nach einer Mitteilung an die zuständigen Stellen gemäß diesen Richtlinien und sobald die Kommission harmonisierte Anforderungen für dieses Material erlassen hat, sofern es diese Anforderungen erfüllt, stattfinden.

(38) Um Qualität, Rückverfolgbarkeit, Einhaltung der Vorschriften dieser Verordnung und die Anpassung an technische Entwicklungen sicherzustellen, sollte der Kommission die Befugnis übertragen werden, bestimmte Rechtsakte in Bezug auf die Festlegung bestimmter Vorschriften für die Erzeugung und Vermarktung von ökologischem/biologischem heterogenem Material besonderer Gattungen oder Arten zu erlassen.

(39) Um den Bedürfnissen ökologisch/biologisch wirtschaftender Erzeuger gerecht zu werden, die Forschung zu fördern und ökologische/biologische Sorten zu entwickeln, die für die ökologische/biologische Produktion geeignet sind und bei denen die spezifischen Bedürfnisse und Ziele der ökologischen/biologischen Landwirtschaft wie Verbesserung der genetischen Vielfalt, Widerstandsfähigkeit oder Toleranz gegenüber Krankheiten und Anpassung an unterschiedliche örtliche Gegebenheiten in Bezug auf Boden und Klima berücksichtigt werden, sollte ein befristeter Versuch gemäß den Richtlinien 66/401/EWG, 66/402/EWG, 68/193/EWG, 2002/53/EG, 2002/54/EG, 2002/55/EG, 2002/56/EG, 2002/57/EG, 2008/72/EG und 2008/90/EG organisiert werden. Dieser befristete Versuch sollte in einem Zeitraum von sieben Jahren und mit ausreichenden Mengen an Pflanzenvermehrungsmaterial durchgeführt werden und einer jährlichen Berichterstattung unterliegen. Er sollte dazu dienen, die Kriterien für die Beschreibung der Merkmale sowie die Definition der Voraussetzungen für die Produktion und die Vermarktung dieses Materials festzulegen.

(40) Da die Tierhaltung mit der Bewirtschaftung landwirtschaftlicher Nutzflächen einhergeht, auf denen Dünger als Nährstoff bei der pflanzlichen Erzeugung eingesetzt wird, sollte, ausgenommen im Falle der Bienenhaltung, eine flächenunabhängige Tierproduktion verboten werden. Bei der Wahl der Rassen sollte die Wahl von Merkmalen gefördert werden, die für die ökologische/biologische Landwirtschaft wichtig sind, beispielsweise hohe genetische Vielfalt, die Fähigkeit der Anpassung an die örtlichen Bedingungen und die Widerstandsfähigkeit gegenüber Krankheiten.

(41) Ökologische/Biologische Tiere sind nicht immer in ausreichender Menge und Qualität verfügbar, um den Bedarf von Landwirten zu decken, die erstmals eine Herde oder einen Bestand aufbauen oder ihren Tierbestand erweitern oder erneuern möchten. Unter bestimmten Voraussetzungen sollte es daher möglich sein, nichtökologisch/nichtbiologisch aufgezogene Tiere in eine ökologische/biologische Produktionseinheit einzubringen.

(42) Die Tiere sollten unter Berücksichtigung ihrer physiologischen Bedürfnisse mit Einzelfuttermitteln gefüttert werden, die nach den Vorschriften für den ökologischen/biologischen Landbau vorzugsweise im eigenen Betrieb des Landwirtes gewonnen wurden. Den Landwirten sollte jedoch die Möglichkeit gegeben werden, unter bestimmten Voraussetzungen auch Umstellungsfuttermittel aus ihrem eigenen Betrieb zu verwenden. Um den grundlegenden Ernährungsbedürfnissen der Tiere gerecht zu werden, sollte es Landwirten auch gestattet werden, unter genau festgelegten Bedingungen bestimmte Futtermittel mikrobiellen oder mineralischen Ursprungs oder bestimmte Futtermittelzusatzstoffe und Verarbeitungshilfsstoffe zu verwenden.

(43) Die Tiergesundheit sollte im Wesentlichen durch Krankheitsvorsorge gesichert werden. Darüber hinaus sollten bestimmte Reinigungs- und Desinfektionsmaßnahmen durchgeführt werden. Die vorbeugende Verabreichung chemisch-synthetischer allopathischer Arzneimittel, einschließlich Antibiotika, sollte in der ökologischen/biologischen Landwirtschaft verboten sein. Ist bei kranken oder verletzten Tieren eine sofortige Behandlung erforderlich, so ist die Verwendung solcher Produkte auf das notwendige Mindestmaß bis zur Gesundung des Tieres zu beschränken. Um die Integrität der ökologischen/biologischen Produktion für den Verbraucher zu gewährleisten, sollte die Wartezeit nach Verabreichung der in den relevanten Rechtsvorschriften der Union spezifizierten chemisch-synthetischen allopathischen Arzneimittel doppelt so lang wie die normale Wartezeit sein und eine Mindestdauer von 48 Stunden haben.

(44) Die Unterbringungsbedingungen und Haltungspraktiken für ökologische/biologische Tiere sollten die verhaltensbedingten Bedürfnisse von Tieren erfüllen und sollten ein hohes Tierschutzniveau gewährleisten, das bei bestimmten Aspekten über die Tierschutzstandards der Union für die Tierhaltung im Allgemeinen hinausgehen sollte. In den meisten Fällen sollten Tiere ständigen Zugang zu Freigelände haben, auf dem sie sich bewegen können. Ein Leiden der Tiere, Schmerzen oder Stress sollten während der gesamten Lebensdauer der Tiere vermieden oder so gering wie möglich gehalten werden. Anbindung und Verstümmelung wie das Kupieren von Schwänzen bei Schafen, das Schnabelstutzen bei höchstens drei Tage alten Tieren und das Entfernen der Hornknospen sollte nur unter bestimmten Bedingungen möglich sein und nur, wenn die zuständigen Behörden es erlaubt haben.

(45) Da die ökologische/biologische Produktion für Rinder, Schafe, Ziegen, Equiden, Geweihträger, Schweine, Geflügel, Kaninchen und Bienen am weitesten entwickelt ist, sollten zusätzliche detaillierte Produktionsvorschriften für diese Arten gelten. Es ist für diese Arten erforderlich, dass die Kommission bestimmte für die Produktion dieser Tiere wichtige Anforderungen festlegt, beispielsweise Anforderungen in Bezug auf die Besatzdichte, Mindestflächen und Merkmale sowie die technischen Anforderungen in Bezug auf die Unterbringung. Für andere Arten sollten diese Anforderungen festgelegt werden, wenn auch für sie zusätzliche detaillierte Produktionsvorschriften gelten.

(46) Um Qualität, Rückverfolgbarkeit, Einhaltung dieser Verordnung und die Anpassung an technische Entwicklungen sicherzustellen, sollte der Kommission die Befugnis übertragen werden,

bestimmte Rechtsakte in Bezug auf die Verringerung von abweichenden Regelungen in Bezug auf die Herkunft von Tieren, den Grenzwert von organischem Stickstoff für die Gesamtbesatzdichte, das Füttern von Bienenvölkern, die zulässigen Behandlungen zur Desinfektion von Bienenstöcken, Methoden und Behandlungen zur Bekämpfung von *Varroa destructor* sowie detaillierte Tierproduktionsvorschriften für andere Arten zu erlassen.

(47) Diese Verordnung spiegelt die Ziele der neuen Gemeinsamen Fischereipolitik bezüglich der Aquakultur wider, der eine Schlüsselrolle zukommt, wenn im Rahmen einer wachsenden weltweiten Nachfrage nach Fisch und Meeresfrüchten eine nachhaltige und langfristige Ernährungssicherheit sowie Wachstum und Beschäftigung sichergestellt werden sollen und gleichzeitig der Druck auf Wildfischbestände verringert werden soll. In der Mitteilung der Kommission vom 29. April 2013 zu den strategischen Leitlinien für eine nachhaltige Entwicklung einer EU-Aquakultur werden die wichtigsten Herausforderungen für die Aquakultur in der Union und ihr Wachstumspotenzial herausgestellt. Diese Mitteilung bezeichnet ökologische/biologische Aquakultur als besonders vielversprechenden Sektor, und die Wettbewerbsvorteile aufgrund einer ökologischen/biologischen Zertifizierung werden hervorgehoben.

(48) Die ökologische/biologische Aquakultur ist, im Vergleich zur ökologischen/biologischen Landwirtschaft mit ihrer langjährigen Erfahrung auf der Ebene landwirtschaftlicher Betriebe, ein verhältnismäßig junger Zweig der ökologischen/biologischen Produktion. Da das Verbraucherinteresse an ökologischen/biologischen Aquakulturerzeugnissen wächst, dürften immer mehr Betriebe auf die ökologische/biologische Produktionsweise umstellen. Dies wird zu mehr Erfahrungen, technischem Know-how und Fortschritt sowie zu Verbesserungen der ökologischen/biologischen Aquakultur führen, die in den Produktionsvorschriften zum Ausdruck kommen sollten.

(49) Die ökologische/biologische Aquakultur sollte auf der Aufzucht eines Jungbestands, der aus ökologischen/biologischen Produktionseinheiten stammt, beruhen. Ökologisch/biologisch erzeugte Aquakulturtiere zu Zuchtzwecken oder als Besatzmaterial stehen nicht immer in ausreichender Menge und Qualität zur Verfügung, um den Bedarf von Aquakulturtiere produzierenden Unternehmern zu decken. Unter bestimmten Voraussetzungen sollte es daher möglich sein, wild gefangene oder nichtökologisch/nichtbiologisch erzeugte Aquakulturtiere in eine ökologische/biologische Produktionseinheit einzubringen.

(50) Um Qualität, Rückverfolgbarkeit, Einhaltung der Vorschriften dieser Verordnung und die Anpassung an technische Entwicklungen sicherzustellen, sollte der Kommission die Befugnis übertragen werden, bestimmte Rechtsakte in Bezug auf die Fütterung von Aquakulturtieren und die tierärztliche Behandlung dieser Tiere und in Bezug auf detaillierte Bedingungen für die Bewirtschaftung der Brutbestände sowie für die Aufzucht und die Erzeugung von Jungfischen zu erlassen.

(51) Ökologische/Biologische Lebens- oder Futtermittel erzeugende Unternehmer sollten angemessene Verfahren anwenden, die sich auf die systematische Identifizierung kritischer Punkte im Verarbeitungsprozess stützen, um sicherzustellen, dass die hergestellten Verarbeitungserzeugnisse den Vorschriften für die ökologische/biologische Produktion genügen. Verarbeitete ökologische/biologische Erzeugnisse sollten mithilfe von Verarbeitungsmethoden erzeugt werden, die sicherstellen, dass die ökologischen/biologischen Merkmale und die Qualitätsmerkmale der Erzeugnisse auf allen Stufen der Produktionskette gewahrt bleiben.

(52) Es sollten Vorschriften für die Zusammensetzung verarbeiteter ökologischer/biologischer Lebensmittel und Futtermittel festgelegt werden. Insbesondere sollten solche Lebensmittel überwiegend aus Zutaten ökologischen/biologischen landwirtschaftlichen Ursprungs oder aus anderen Erzeugnissen aus ökologischer/biologischer Produktion, die in den Geltungsbereich dieser Verordnung fallen, hergestellt werden, mit der eingeschränkten Möglichkeit, bestimmte in dieser Verordnung festgelegte nichtökologische/nichtbiologische landwirtschaftliche Zutaten zu verwenden. Außerdem sollten nur bestimmte Erzeugnisse und Stoffe, die gemäß dieser Verordnung zugelassen sind, bei der Produktion verarbeiteter ökologischer/biologischer Lebensmittel und Futtermittel verwendet werden dürfen.

(53) Um Qualität, Rückverfolgbarkeit, Einhaltung der Vorschriften dieser Verordnung und die Anpassung an technische Entwicklungen sicherzustellen, sollte der Kommission die Befugnis übertragen werden, bestimmte Rechtsakte in Bezug auf Vorsorge- und Vorbeugungsmaßnahmen, die von verarbeitete Lebens- oder Futtermittel herstellenden Unternehmern zu treffen sind, die Art, Zusammensetzung und Bedingungen für die Verwendung von Erzeugnissen und Stoffen, die in verarbeiteten Lebensmitteln verwendet werden dürfen, und die Berechnung des prozentualen Anteils von Zutaten landwirtschaftlichen Ursprungs, einschließlich der Festlegung der für die Verwendung in der ökologischen/biologischen Produktion zugelassenen Lebensmittelzusatzstoffe, die zum Zweck der Berechnung des Prozentsatzes, der zu erreichen ist, damit das Erzeugnis in der Verkehrsbezeichnung als ökologisch/biologisch gekennzeichnet wird, zu den Zutaten landwirtschaftlichen Ursprungs gerechnet werden, zu erlassen.

(54) Ökologischer/Biologischer Wein sollte den relevanten Vorschriften für verarbeitete ökologische/biologische Lebensmittel unterliegen. Da Wein indes eine spezifische und wichtige Kategorie ökologischer/biologischer Erzeugnisse ist, sollten zusätzliche detaillierte Produktionsvorschriften speziell für ökologischen/biologischen Wein festgelegt werden. Ökologischer/Biologischer Wein sollte ausschließlich aus ökologischen/biologischen Ausgangsstoffen hergestellt werden, und es sollten nur bestimmte Erzeugnisse und Stoffe hinzugefügt werden dürfen, die gemäß dieser Verordnung zugelassen sind. Die Verwendung bestimmter önologische Verfahren, Prozesse und Behandlungen sollten bei der Herstellung von ökologischem/biologischem Wein verboten sein. Andere Verfahren, Prozesse und Behandlungen sollten unter genau festgelegten Bedingungen erlaubt sein.

(55) Um Qualität, Rückverfolgbarkeit, Einhaltung der Vorschriften dieser Verordnung und die Anpassung an technische Entwicklungen sicherzustellen, sollte der Kommission die Befugnis übertragen werden, bestimmte Rechtsakte in Bezug auf die Festlegung weiterer verbotener önologischer Verfahren, Prozesse und Behandlungen und die Änderung des Verzeichnisses erlaubter önologischer Verfahren, Prozesse und Behandlungen zu erlassen.

(56) Anfänglich wurde Hefe nicht als landwirtschaftliche Zutat im Sinne der Verordnung (EG) Nr. 834/2007 angesehen und daher bei der Zusammensetzung der ökologischen/biologischen Erzeugnisse landwirtschaftlichen Ursprungs nicht berücksichtigt. Mit der Verordnung (EG) Nr. 889/2008 der Kommission [(29)] wurde jedoch die Verpflichtung eingeführt, Hefe und Hefeprodukte für die Zwecke der ökologischen/biologischen Produktion zu den Zutaten landwirtschaftlichen Ursprungs zu rechnen, und zwar ab dem 31. Dezember 2013. Entsprechend sollten ab dem 1. Januar 2021 für die Herstellung ökologischer/biologischer Hefe, die als Lebensmittel oder Futtermittel verwendet werden soll, nur ökologisch/biologisch erzeugte Substrate verwendet werden. Darüber hinaus sollten nur bestimmte Erzeugnisse und Stoffe bei der Herstellung, Zubereitung und Formulierung von Hefe zulässig sein.

(57) Um Qualität, Rückverfolgbarkeit, Einhaltung der Vorschriften dieser Verordnung und die Anpassung an technische Entwicklungen sicherzustellen, sollte der Kommission die Befugnis übertragen werden, bestimmte Rechtsakte in Bezug auf zusätzliche detaillierte Produktionsvorschriften für Hefe zu erlassen.

(58) Während mit dieser Verordnung die Vorschriften für die ökologische/biologische Produktion in der Union für alle Erzeugnisse, die in den Geltungsbereich der Verordnung fallen, harmonisiert werden sollen und detaillierte Produktionsvorschriften für verschiedene Kategorien von Erzeugnissen festgelegt werden sollen, wird es erst zu einem späteren Zeitpunkt möglich sein, bestimmte Produktionsvorschriften wie zusätzliche detaillierte Produktionsvorschriften für andere Tierarten oder Erzeugnisse, die nicht zu den Kategorien gehören, für die detaillierte Produktionsvorschriften in dieser Verordnung festgelegt wurden, zu erlassen. In Ermangelung dieser Produktionsvorschriften auf Unionsebene sollten die Mitgliedstaaten weiterhin die Möglichkeit haben, für ihre eigene nationale Produktion nationale Vorschriften festzulegen, sofern diese Vorschriften nicht mit dieser Verordnung unvereinbar sind. Mitgliedstaaten sollten diese nationalen Vorschriften jedoch nicht auf Erzeugnisse, die in anderen Mitgliedstaaten produziert oder vermarktet wurden, anwenden, wenn diese Erzeugnisse mit dieser Verordnung im Einklang stehen. In Ermangelung solcher detaillierter nationaler Produktionsvorschriften sollten Unternehmer zumindest die allgemeinen Produktionsvorschriften und die Grundsätze der ökologischen/biologischen Produktion, sofern diese Vorschriften und Grundsätze auf die betreffenden Erzeugnisse angewendet werden können, einhalten, wenn sie solche Erzeugnisse in Verkehr bringen, bei denen auf ökologische/biologische Produktion Bezug genommen wird.

(59) Um einem eventuellen künftigen Bedarf an spezifischen Produktionsvorschriften für Erzeugnisse, deren Produktion nicht unter eine der Kategorien spezifischer Produktionsvorschriften dieser Verordnung fallen, Rechnung zu tragen und um Qualität, Rückverfolgbarkeit, Einhaltung dieser Verordnung und die anschließende Anpassung an technische Entwicklungen sicherzustellen, sollte der Kommission die Befugnis übertragen werden, bestimmte Rechtsakte in Bezug auf die Festlegung detaillierter Produktionsvorschriften sowie von Vorschriften über die Umstellungspflicht für solche Erzeugnisse zu erlassen.

(60) Ausnahmen von den Vorschriften für die ökologische/biologische Produktion sollten nur in Katastrophenfällen zulässig sein. Zur Erhaltung oder Wiederaufnahme der ökologischen/biologischen Produktion in solchen Fällen sollte der Kommission die Befugnis übertragen werden, bestimmte Rechtsakte in Bezug auf die Festlegung der Kriterien für die Einstufung einer Situation als Katastrophenfall sowie spezifische Vorschriften, einschließlich möglicher abweichender Regelungen von dieser Verordnung, für das Vorgehen der Mitgliedstaaten in solchen Katastrophenfällen und die notwendige Überwachung und die Berichtspflichten in diesen Fällen zu erlassen.

(61) Unter bestimmten Voraussetzungen können ökologische/biologische Erzeugnisse zusammen mit Umstellungserzeugnissen und nichtökologischen/nichtbiologischen Erzeugnissen gesam-

melt und befördert werden. Es sollten spezifische Vorschriften festgelegt werden, um die ordnungsgemäße Trennung ökologischer/biologischer Erzeugnisse und von Umstellungserzeugnissen und nichtökologischen/nichtbiologischen Erzeugnissen während ihrer Handhabung zu gewährleisten und jedes Vermischen der Erzeugnisse zu vermeiden.

(62) Um die Integrität der ökologischen/biologischen Produktion und die Anpassung an technische Entwicklungen sicherzustellen, sollte der Kommission die Befugnis übertragen werden, bestimmte Rechtsakte in Bezug auf Vorschriften betreffend Verpackung und Transport ökologischer/biologischer Erzeugnisse zu erlassen.

(63) Die Verwendung von bestimmten Produkten oder Stoffen als Wirkstoffe bei Pflanzenschutzmitteln, die in den Geltungsbereich der Verordnung (EG) Nr. 1107/2009 fallen, bei Düngemitteln, Bodenverbesserern, Nährstoffen, nichtökologischen/nichtbiologischen Bestandteilen der Tierernährung unterschiedlichen Ursprungs, Futtermittelzusatzstoffen, Verarbeitungshilfsstoffen und Reinigungs- und Desinfektionsmitteln sollte in der ökologischen/biologischen Produktion auf ein Minimum beschränkt werden und den in dieser Verordnung festgelegten spezifischen Bedingungen unterliegen. Der gleiche Ansatz sollte bei der Verwendung von Produkten und Stoffen als Lebensmittelzusätze und Verarbeitungshilfsstoffe sowie bei der Verwendung nichtökologischer/nichtbiologischer Zutaten landwirtschaftlichen Ursprungs bei der Herstellung verarbeiteter ökologischer/biologischer Lebensmittel verfolgt werden. Daher sollte der mögliche Einsatz solcher Produkte und Stoffe in der ökologischen/biologischen Produktion im Allgemeinen und bei der Herstellung verarbeiteter ökologischer/biologischer Lebensmittel im Besonderen vorbehaltlich der in dieser Verordnung festgelegten Grundsätze und bestimmter Kriterien festgelegt werden.

(64) Um Qualität, Rückverfolgbarkeit und Einhaltung der Vorschriften dieser Verordnung in Bezug auf die ökologische/biologische Produktion im Allgemeinen und die Herstellung verarbeiteter ökologischer/biologischer Lebensmittel im Besonderen sowie die Anpassung an technische Entwicklungen sicherzustellen, sollte der Kommission die Befugnis übertragen werden, im Hinblick auf zusätzliche Kriterien für die Zulassung oder Rücknahme der Zulassung von Produkten und Stoffen, die in der ökologischen/biologischen Produktion im Allgemeinen und bei der Herstellung verarbeiteter ökologischer/biologischer Lebensmittel im Besonderen verwendet werden dürfen, bestimmte Rechtsakte zu erlassen.

(65) Um den Zugang zu Zutaten landwirtschaftlichen Ursprungs sicherzustellen, wenn diese Zutaten für die Herstellung verarbeiteter ökologischer/biologischer Lebensmittel nicht in ausreichender Menge in ökologisch/biologisch hergestellter Form verfügbar sind, sollten die Mitgliedstaaten auch die Möglichkeit haben, unter bestimmten Bedingungen und für einen begrenzten Zeitraum die Verwendung von nichtökologischen/nichtbiologischen Zutaten landwirtschaftlichen Ursprungs zuzulassen.

(66) Um die ökologische/biologische Produktion zu fördern und dem Bedarf an verlässlichen Daten Rechnung zu tragen, sollten Informationen und Daten zur Verfügbarkeit auf dem Markt von ökologischem/biologischem Pflanzenvermehrungsmaterial und Umstellungspflanzenvermehrungsmaterial, von ökologischen/biologischen Tieren und von ökologischen/biologischen juvenilen Aquakulturtieren erhoben und den Landwirten und Unternehmern zur Verfügung gestellt werden. Zu diesem Zweck sollten die Mitgliedstaaten sicherstellen, dass in ihren Hoheitsgebieten regelmäßig aktualisierte Datenbanken und Systeme mit solchen Daten eingerichtet werden; die Kommission sollte diese Angaben veröffentlichen.

(67) Um die Einhaltung der Anforderungen an die ökologische/biologische Produktion sowie das Vertrauen der Verbraucher in diese Produktionsmethode zu gewährleisten, ist es notwendig, dass die Unternehmer den zuständigen Behörden oder gegebenenfalls den Kontrollbehörden oder Kontrollstellen Fälle melden, in denen ein begründeter oder nicht auszuräumender Verdacht auf einen Verstoß gegen diese Verordnung im Zusammenhang mit Produkten besteht, die sie erzeugen, aufbereiten, einführen oder von anderen Unternehmern beziehen. Ein solcher Verdacht kann unter anderem entstehen, wenn in einem Erzeugnis, das als ökologisches/biologisches Erzeugnis oder Umstellungserzeugnis verwendet oder vermarktet werden soll, ein Erzeugnis oder Stoff vorhanden ist, das/der nicht für die Verwendung in ökologischer/biologischer Produktion zugelassen ist. Die Unternehmer sollten die zuständigen Behörden unterrichten, wenn sie in der Lage sind, einen Verdacht auf einen Verstoß zu untermauern, oder wenn sie ihn nicht ausräumen können. In solchen Fällen sollten die betreffenden Produkte nicht als ökologische/biologische Erzeugnisse oder als Umstellungserzeugnisse in Verkehr gebracht werden, solange der Verdacht nicht ausgeräumt werden kann. Die Unternehmer sollten mit den zuständigen Behörden und gegebenenfalls mit den Kontrollbehörden oder Kontrollstellen bei der Ermittlung und Überprüfung der Gründe für solche Verstöße zusammenarbeiten.

(68) Zur Vermeidung der Kontamination der ökologischen/biologischen Produktion durch Erzeugnisse oder Stoffe, die nicht von der Kommission für bestimmte Zwecke zur Verwendung in der ökologischen/biologischen Produktion zugelassen wurden, sollten die Unternehmer verhältnismäßige und angemessene Maßnahmen, die ihrem

Einfluss unterliegen, ergreifen, um solche Kontaminationsrisiken zu ermitteln und zu vermeiden. Solche Maßnahmen sollten regelmäßig überprüft und erforderlichenfalls angepasst werden.

(69) Um hinsichtlich der Maßnahmen, die bei Verdacht auf einen Verstoß zu ergreifen sind, insbesondere wenn der Verdacht aufgrund des Vorhandenseins nicht zugelassener Erzeugnisse und Stoffe in ökologischen/biologischen Erzeugnissen oder Umstellungserzeugnissen entsteht —, ein unionsweit einheitliches Vorgehen zu gewährleisten und Unsicherheiten für die Unternehmer zu vermeiden, sollten die zuständigen Behörden oder gegebenenfalls die Kontrollbehörden oder Kontrollstellen eine amtliche Untersuchung gemäß der Verordnung (EU) 2017/625 zur Überprüfung der Einhaltung der Anforderungen an die ökologische/biologische Produktion durchführen. Besteht speziell der Verdacht auf einen Verstoß aufgrund des Vorhandenseins nicht zugelassener Erzeugnisse oder Stoffe, so sollten mit der Untersuchung die Quelle und die Ursache des Vorhandenseins solcher Erzeugnisse oder Stoffe ermittelt werden, um sicherzustellen, dass die Unternehmer die Anforderungen an die ökologische/biologische Produktion einhalten und dass sie insbesondere keine für die Verwendung in der ökologischen/biologischen Produktion nicht zugelassenen Erzeugnisse oder Stoffe verwendet und verhältnismäßige und angemessene Vorsorgemaßnahmen getroffen haben, um eine Kontamination der ökologischen/biologischen Produktion durch solche Erzeugnisse und Stoffe zu vermeiden. Diese Untersuchungen sollten in einem angemessenen Verhältnis zu dem Verdacht auf einen Verstoß stehen und daher unter Berücksichtigung der Haltbarkeit des Erzeugnisses und der Komplexität des betreffenden Falles so rasch wie möglich innerhalb eines angemessenen Zeitraums abgeschlossen werden. Dabei könnte jede als angemessen erachtete Methode und Technik für amtliche Kontrollen genutzt werden, um Fälle des Verdachts auf einen Verstoß gegen diese Verordnung effizient und ohne unnötige Verzögerung auszuräumen oder zu bestätigen; hierzu zählt auch die Heranziehung aller relevanten Informationen, die es ermöglichen könnten, den Verdacht auf einen Verstoß ohne eine Kontrolle vor Ort auszuräumen oder zu bestätigen.

(70) Fälle, in denen nicht für die Verwendung in der ökologischen/biologischen Produktion zugelassene Erzeugnisse oder Stoffe in Produkten vorhanden sind, die als ökologische/biologische Erzeugnisse oder Umstellungserzeugnisse vermarktet werden, und die in diesem Zusammenhang ergriffenen Maßnahmen sollten von den Mitgliedstaaten und der Kommission weiter beobachtet werden. Die Kommission sollte daher dem Europäischen Parlament und dem Rat vier Jahre nach Geltungsbeginn dieser Verordnung einen Bericht auf der Grundlage der Informationen vorlegen, die die Mitgliedstaaten über die Fälle erhoben haben, in denen Untersuchungen zu nicht zugelassenen Erzeugnissen und Stoffen in der ökologischen/biologischen Produktion durchgeführt wurden. Einem solchen Bericht könnte gegebenenfalls ein Gesetzgebungsvorschlag im Hinblick auf eine weitere Harmonisierung beigefügt werden.

(71) Mitgliedstaaten, die Konzepte entwickelt haben, um zu vermeiden, dass Produkte, die in bestimmtem Umfang Erzeugnisse oder Stoffe enthalten, welche nicht für bestimmte Zwecke zur Verwendung in der ökologischen/biologischen Produktion zugelassen wurden, als ökologische/biologische Erzeugnisse oder Umstellungserzeugnisse vermarktet werden, sollten — sofern es zu keiner solchen weiteren Harmonisierung kommt — die Möglichkeit haben, diese Konzepte weiterhin anzuwenden. Um jedoch den freien Warenverkehr für ökologische/biologische Erzeugnisse und Umstellungserzeugnisse im Binnenmarkt der Union sicherzustellen, dürfen solche Konzepte das Inverkehrbringen von Erzeugnissen, die in anderen Mitgliedstaaten unter Einhaltung der Anforderungen dieser Verordnung produziert wurden, nicht verbieten, einschränken oder behindern. Sie sollten daher nur bei Erzeugnissen angewandt werden, die im Hoheitsgebiet des Mitgliedstaats produziert werden, der sich dafür entscheidet, ein solches Konzept weiterhin anzuwenden. Mitgliedstaaten, die beschließen, diese Möglichkeit zu nutzen, sollten die Kommission unverzüglich davon in Kenntnis setzen.

(72) Zusätzlich zu den Verpflichtungen in Bezug auf Maßnahmen, die die Unternehmer, die ökologische/biologische Erzeugnisse und Umstellungserzeugnisse produzieren, aufbereiten, einführen oder verwenden, und die zuständigen Behörden oder gegebenenfalls die Kontrollbehörden oder Kontrollstellen gemäß dieser Verordnung zu ergreifen haben, um eine Kontamination von ökologischen/biologischen Erzeugnissen oder Umstellungserzeugnissen durch Erzeugnisse oder Stoffe, die nicht für die Verwendung in der ökologischen/biologischen Produktion zugelassen wurden, zu vermeiden, sollten die Mitgliedstaaten auch die Möglichkeit haben, in ihrem Hoheitsgebiet andere angemessene Maßnahmen zu ergreifen, um das unbeabsichtigte Vorhandensein nicht zugelassener Erzeugnisse und Stoffe in der ökologischen/biologischen Landwirtschaft zu vermeiden. Mitgliedstaaten, die beschließen, diese Möglichkeit zu nutzen, sollten die Kommission und die anderen Mitgliedstaaten unverzüglich davon in Kenntnis setzen.

(73) Die Kennzeichnung landwirtschaftlicher Erzeugnisse und Lebensmittel sollte den allgemeinen Vorschriften der Verordnung (EU) Nr. 1169/2011 des Europäischen Parlaments und des Rates [(30)] und insbesondere den Bestimmungen zur Vermeidung von Kennzeichnungen, die

den Verbraucher verwirren oder irreführen könnten, unterliegen. Mit der vorliegenden Verordnung sollten außerdem spezifische Vorschriften für die Kennzeichnung von ökologischen/biologischen Erzeugnissen und Umstellungserzeugnissen festgelegt werden. Ziel ist, sowohl das Interesse der Unternehmer an einer korrekten Kennzeichnung ihrer vermarkteten Erzeugnisse und an ausgewogenen Wettbewerbsbedingungen als auch das Interesse der Verbraucher zu schützen, damit diese fundierte Entscheidungen treffen können.

(74) Entsprechend sollten die zur Ausweisung ökologischer/biologischer Erzeugnisse verwendeten Begriffe unionsweit geschützt werden, damit sie, unabhängig von der verwendeten Sprache, nicht zur Kennzeichnung nichtökologischer/nichtbiologischer Erzeugnisse verwendet werden können. Dieser Schutz sollte sich auch auf die gebräuchlichen abgeleiteten Bezeichnungen und Diminutive erstrecken, ganz gleich, ob sie alleine oder kombiniert verwendet werden.

(75) Verarbeitete Lebensmittel sollten nur dann als ökologisch/biologisch gekennzeichnet werden, wenn alle oder fast alle Zutaten landwirtschaftlichen Ursprungs aus der ökologischen/biologischen Produktion stammen. Zur Förderung der Verwendung von Zutaten aus der ökologischen/biologischen Produktion sollte es auch möglich sein, nur im Verzeichnis der Zutaten verarbeiteter Lebensmittel auf die ökologische/biologische Produktion Bezug zu nehmen, wenn bestimmte Voraussetzungen erfüllt sind, insbesondere wenn das betreffende Lebensmittel bestimmten ökologischen/biologischen Produktionsvorschriften entspricht. Besondere Kennzeichnungsvorschriften sollten auch festgelegt werden, um es Unternehmern zu erlauben, ökologische/biologische Zutaten auszuweisen, die in Erzeugnissen verwendet werden, die im Wesentlichen aus einer Zutat bestehen, die aus der Jagd oder Fischerei stammt.

(76) Verarbeitete Futtermittel sollten nur dann als ökologisch/biologisch gekennzeichnet werden, wenn alle oder fast alle Zutaten landwirtschaftlichen Ursprungs aus der ökologischen/biologischen Produktion stammen.

(77) Um im gesamten Binnenmarkt Klarheit für den Verbraucher zu schaffen, sollte das Logo der Europäischen Union für ökologische/biologische Produktion für alle in der Union produzierten vorverpackten ökologischen/biologischen Lebensmittel zwingend sein. Zudem sollte dieses Logo für alle in der Union produzierten nicht vorverpackten ökologischen/biologischen Erzeugnisse und alle aus Drittländern eingeführten ökologischen/biologischen Erzeugnisse auf freiwilliger Basis benutzt werden können; dies auch zu Informations- und Bildungszwecken. Das Muster des Logos der Europäischen Union für ökologische/biologische Produktion sollte festgelegt werden.

(78) Um jedoch eine Irreführung des Verbrauchers bezüglich des ökologischen/biologischen Charakters des ganzen Erzeugnisses zu vermeiden, ist es angezeigt, die Verwendung dieses Logos auf Erzeugnisse zu beschränken, die ausschließlich oder fast ausschließlich ökologische/biologische Zutaten enthalten. Das Logo sollte daher nicht zur Kennzeichnung von während der Umstellungszeit produzierten Erzeugnissen oder von Verarbeitungserzeugnissen verwendet werden dürfen, bei denen weniger als 95 Gewichtsprozent der Zutaten landwirtschaftlichen Ursprungs aus ökologischer/biologischer Produktion stammen.

(79) Ferner sollten die Verbraucher zur Vermeidung etwaiger Unklarheiten darüber, ob ein Erzeugnis aus der Union stammt oder nicht, bei der Verwendung des Logos der Europäischen Union für ökologische/biologische Produktion über den Ort der Erzeugung der landwirtschaftlichen Ausgangsstoffe, aus denen sich das Erzeugnis zusammensetzt, informiert werden. Daher sollte es auch gestattet werden, auf den Etiketten von Erzeugnissen aus ökologischer/biologischer Aquakultur anstatt auf den landwirtschaftlichen Ursprung auf die Aquakultur zu verweisen.

(80) Um Klarheit für die Verbraucher zu schaffen und sicherzustellen, dass sie angemessen informiert werden, sollte der Kommission die Befugnis übertragen werden, bestimmte Rechtsakte zu erlassen, um zusätzliche Vorschriften für die Kennzeichnung von ökologischen/biologischen Erzeugnissen festzulegen und das in dieser Verordnung wiedergegebene Verzeichnis der auf die ökologische/biologische Produktion verweisenden Begriffe sowie das Logo der Europäischen Union für ökologische/biologische Produktion und die ihm zugrunde liegenden Vorschriften zu ändern.

(81) Bestimmte in Pflanzenschutzmitteln oder als Düngemittel verwendete Erzeugnisse oder Stoffe sollten nicht in den Anwendungsbereich dieser Verordnung fallen und sollten daher grundsätzlich deren Bestimmungen, einschließlich der Bestimmungen für die Kennzeichnung, nicht unterliegen. Da diese Erzeugnisse und Stoffe jedoch eine wichtige Rolle in der ökologischen/biologischen Landwirtschaft spielen und ihre Verwendung in der ökologischen/biologischen Produktion der Zulassung im Rahmen dieser Verordnung unterliegt, und da in der Praxis gewisse Unsicherheiten hinsichtlich ihrer Kennzeichnung — insbesondere was die Verwendung von Begriffen zum Verweis auf die ökologische/biologische Produktion angeht — aufgetreten sind, sollte klargestellt werden, dass diese Erzeugnisse oder Stoffe, wenn ihre Verwendung in der ökologischen/biologischen Produktion gemäß dieser Verordnung zugelassen ist, entsprechend gekennzeichnet werden können.

(82) Ökologische/Biologische Produktion ist nur glaubwürdig, wenn auf allen Stufen der Produktion, der Aufbereitung und des Vertriebs wirksame Prüfungen und Kontrollen vorgenommen werden.

(83) Es sollten spezifische Vorschriften für Unternehmer festgelegt werden, um sicherzustellen, dass diese Verordnung eingehalten wird. Insbesondere sollten Vorschriften für die Mitteilung der Tätigkeiten der Unternehmer an die zuständigen Behörden und für ein Zertifizierungssystem vorgesehen werden, damit die Unternehmer identifiziert werden können, die die Vorschriften für die ökologische/biologische Produktion und die Kennzeichnung ökologischer/biologischer Erzeugnisse einhalten. Diese Vorschriften sollten grundsätzlich auch für etwaige Subunternehmer der betreffenden Unternehmer gelten, außer wenn die im Rahmen von Unteraufträgen ausgeführte Tätigkeit vollständig in die Haupttätigkeit des Unteraufträge vergebenden Unternehmers integriert ist und in diesem Zusammenhang kontrolliert wird. Die Transparenz des Zertifizierungssystems sollte dadurch sichergestellt werden, dass den Mitgliedstaaten zur Auflage gemacht wird, die Verzeichnisse der Unternehmer, die ihre Tätigkeiten gemeldet haben, sowie etwaige Gebühren, die im Zusammenhang mit den Kontrollen, die zur Überprüfung der Einhaltung der Vorschriften für die ökologische/biologische Produktion durchgeführt werden, möglicherweise erhoben werden, zu veröffentlichen.

(84) Kleine Einzelhandelsgeschäfte, die keine anderen ökologischen/biologischen Erzeugnisse als vorverpackte ökologische/biologische Erzeugnisse verkaufen, stellen ein relativ geringes Risiko von Verstößen gegen die Vorschriften für die ökologische/biologische Produktion dar und sollten im Zusammenhang mit dem Verkauf ökologischer/biologischer Erzeugnisse nicht unverhältnismäßig hohen Belastungen ausgesetzt sein. Sie sollten deshalb nicht unter die Mitteilungs- und Zertifizierungspflichten fallen, sondern auch weiterhin amtlichen Kontrollen unterliegen, die zur Überprüfung der Einhaltung der Vorschriften für die ökologische/biologische Produktion und für die Kennzeichnung von ökologischen/biologischen Erzeugnissen durchgeführt werden. Desgleichen sollten auch kleine Einzelhandelsgeschäfte, die unverpackte ökologische/biologische Erzeugnisse verkaufen, amtlichen Kontrollen unterzogen werden; um die Vermarktung ökologischer/biologischer Erzeugnisse zu erleichtern, sollten die Mitgliedstaaten jedoch die Möglichkeit haben, diese Geschäfte von der Verpflichtung zur Zertifizierung ihrer Tätigkeit freizustellen.

(85) In der Union sind die Inspektionskosten und der Verwaltungsaufwand im Zusammenhang mit der Zertifizierung der ökologisch/biologischen Produktion für die einzelnen Kleinlandwirte und Kleinunternehmer, die Algen und Aquakulturtiere produzieren, relativ hoch. Es sollte ein System der Gruppenzertifizierung eingeführt werden, um die Inspektions- und Zertifizierungskosten und den damit verbundenen Verwaltungsaufwand zu reduzieren, lokale Netzwerke zu stärken, bessere Absatzmöglichkeiten zu erschließen und gleiche Ausgangsbedingungen für den Wettbewerb mit Drittlandunternehmern zu gewährleisten. Dazu sollte der Begriff der „Unternehmergruppe" eingeführt und definiert werden, und es sollten Vorschriften festgelegt werden, die den Bedürfnissen und der Ressourcenkapazität der Kleinlandwirte und Kleinunternehmer Rechnung tragen.

(86) Um die Wirksamkeit, Effizienz und Transparenz des Systems für die ökologische/biologische Produktion und die Kennzeichnung ökologischer/biologischer Erzeugnisse zu gewährleisten, sollte der Kommission die Befugnis übertragen werden, bestimmte Rechtsakte zu erlassen, um Unternehmer oder Unternehmergruppen zur Führung von Aufzeichnungen zu verpflichten und das Muster des Konformitätszertifikats festzulegen.

(87) Um sicherzustellen, dass die Zertifizierung von Unternehmergruppen wirksam und effizient erfolgt, sollte der Kommission die Befugnis übertragen werden, bestimmte Rechtsakte zu erlassen, um die Verantwortlichkeiten der einzelnen Mitglieder von Unternehmergruppen, die Kriterien zur Bestimmung der räumlichen Nähe ihrer Mitglieder sowie Aufbau und Funktionsweise ihrer Systeme für interne Kontrollen festzulegen.

(88) Die ökologische/biologische Produktion unterliegt amtlichen Kontrollen und anderen amtlichen Tätigkeiten, die nach Maßgabe der Verordnung (EU) 2017/625 durchgeführt werden, um die Einhaltung der Vorschriften für die ökologische/biologische Produktion und die Kennzeichnung ökologischer/biologischer Erzeugnisse zu überprüfen. Sofern die vorliegende Verordnung nichts anderes vorsieht, sollten für die ökologische/biologische Erzeugung allerdings, zusätzlich zu den in der oben genannten Verordnung festgelegten Bestimmungen, Vorschriften in Bezug auf Folgendes gelten: amtliche Kontrollen und Maßnahmen der zuständigen Behörden sowie gegebenenfalls der Kontrollbehörden und Kontrollstellen, die von den Unternehmern und Unternehmergruppen zu ergreifenden Maßnahmen, die Übertragung bestimmter Aufgaben der amtlichen Kontrolle oder bestimmter Aufgaben im Zusammenhang mit anderen amtlichen Tätigkeiten sowie deren Überwachung und Maßnahmen bei Verdachtsfällen und festgestellten Verstößen, einschließlich des Verbots der Vermarktung von Erzeugnissen als ökologische/biologische Erzeugnisse oder als Umstellungserzeugnisse, wenn der festgestellte Verstoß die Integrität solcher Erzeugnisse beeinträchtigt.

(89) Um ein einheitliches Vorgehen in ihren Zuständigkeitsgebieten sicherzustellen, sollte es allein Sache der zuständigen Behörden sein, einen Katalog von Maßnahmen bei Verdachtsfällen und festgestellten Verstößen zu erstellen.

(90) Bestimmungen über den Austausch bestimmter relevanter Informationen zwischen den zuständigen Behörden, Kontrollbehörden, Kontrollstellen und bestimmter anderer Einrichtungen und über Maßnahmen solcher Behörden und Stellen, zusätzlich zu den Bestimmungen der Verordnung (EU) 2017/625, sollten in der vorliegenden Verordnung festgelegt werden.

(91) Um die Durchführung der amtlichen Kontrollen und anderer amtlicher Tätigkeiten zur Überprüfung der Einhaltung dieser Verordnung zu unterstützen, sollte der Kommission die Befugnis übertragen werden, bestimmte Rechtsakte in Bezug auf spezifische Kriterien und Bedingungen für die Durchführung der amtlichen Kontrollen, mit denen die Rückverfolgbarkeit auf allen Stufen der Produktion, der Aufbereitung und des Vertriebs sowie die Einhaltung dieser Verordnung sichergestellt werden soll, und in Bezug auf zusätzliche Elemente, die bei der Bestimmung der Wahrscheinlichkeit eines Verstoßes auf der Grundlage praktischer Erfahrungen zu berücksichtigen sind, zu erlassen.

(92) Um die Durchführung der amtlichen Kontrollen und anderer amtlicher Tätigkeiten zur Überprüfung der Einhaltung dieser Verordnung zu unterstützen, sollte der Kommission die Befugnis übertragen werden, bestimmte Rechtsakte in Bezug auf die Bedingungen für die Übertragung von Aufgaben der amtlichen Kontrolle oder Aufgaben im Zusammenhang mit anderen amtlichen Tätigkeiten an die Kontrollstellen zusätzlich zu den in dieser Verordnung festgelegten Bedingungen zu erlassen.

(93) Die Erfahrung mit der Regelung für die Einfuhr ökologischer/biologischer Erzeugnisse in die Union gemäß der Verordnung (EG) Nr. 834/2007 hat gezeigt, dass diese Regelung überarbeitet werden muss, um der Verbrauchererwartung, dass eingeführte ökologische/biologische Erzeugnisse Standards erfüllen, die so hoch sind wie die der Union, gerecht zu werden und für ökologische/biologische Erzeugnisse aus der Union den Zugang zu internationalen Märkten zu erleichtern. Zudem müssen die Vorschriften für die Ausfuhr ökologischer/biologischer Erzeugnisse präzisiert werden, indem insbesondere eine Ausfuhrbescheinigung für ökologische/biologische Erzeugnisse vorgesehen wird.

(94) Die Vorschriften für die Einfuhr von Erzeugnissen, die den Produktions- und Kennzeichnungsvorschriften der Union entsprechen und bezüglich derer die betreffenden Unternehmer der Kontrolle der Kontrollbehörden oder Kontrollstellen, die von der Kommission für die Durchführung von Kontrollen und für die Zertifizierung im Bereich der ökologischen/biologischen Produktion in Drittländern anerkannt wurden, unterworfen waren, sollten weiter verschärft werden. Es sollten insbesondere Anforderungen an die Akkreditierungsstellen festgelegt werden, welche die für die Einfuhr konformer ökologischer/biologischer Erzeugnisse in die Union zuständigen Kontrollstellen akkreditieren, um gleiche Ausgangsbedingungen für die Überwachung der Kontrollstellen durch die Kommission zu schaffen. Darüber hinaus muss für die Kommission im Interesse einer effizienteren Überwachung von Kontrollbehörden bzw. Kontrollstellen die Möglichkeit vorgesehen werden, die Akkreditierungsstellen und die zuständigen Behörden in Drittländern direkt zu kontaktieren. Im Fall von Erzeugnissen, die aus Drittländern oder bestimmten Regionen in äußerster Randlage der Union eingeführt werden, wo besondere klimatische und lokale Bedingungen herrschen, sollte vorgesehen werden, dass die Kommission spezielle Zulassungen für die Verwendung von Erzeugnissen und Stoffen in der ökologischen/biologischen Produktion erteilen kann.

(95) Die Möglichkeit des Zugangs zum Unionsmarkt für ökologische/biologische Erzeugnisse, die zwar den Unionsvorschriften für die ökologische/biologische Produktion nicht entsprechen, aber aus Drittländern stammen, deren Systeme für ökologische/biologische Produktion und Kontrolle als dem Unionssystem gleichwertig anerkannt wurden, sollte beibehalten werden. Die Anerkennung der Gleichwertigkeit von Drittländern gemäß der Verordnung (EG) Nr. 834/2007 sollte jedoch nur im Rahmen internationaler Vereinbarungen zwischen der Union und jenen Drittländern gewährt werden, bei denen auch die Union auf der Grundlage der Gegenseitigkeit eine Gleichwertigkeitsanerkennung anstrebt.

(96) Drittländer, die für die Zwecke der Gleichwertigkeit im Rahmen der Verordnung (EG) Nr. 834/2007 anerkannt sind, sollten für einen begrenzten Zeitraum auch im Rahmen der vorliegenden Verordnung weiterhin als solche anerkannt werden, um einen reibungslosen Übergang zur Anerkennung im Rahmen einer internationalen Vereinbarung zu gewährleisten, vorausgesetzt, diese Länder garantieren weiterhin die Gleichwertigkeit ihrer ökologischen/biologischen Produktion und ihrer Kontrollvorschriften mit den relevanten geltenden Unionsvorschriften und erfüllen sämtliche Anforderungen bezüglich der Überwachung ihrer Anerkennung durch die Kommission. Diese Überwachung sollte insbesondere auf der Grundlage der Jahresberichte erfolgen, welche diese anerkannten Drittländer der Kommission übermitteln.

(97) Die Erfahrung mit dem System von Kontrollbehörden und Kontrollstellen, die von der Kommission für die Durchführung von Kontrollen und die Ausstellung von Bescheinigungen in Drittländern zum Zwecke der Einfuhr von Erzeugnissen, die gleichwertige Garantien bieten, anerkannt wurden, zeigt, dass die von diesen Behörden und Stellen angewandten Vorschriften anders sind und unter Umständen kaum als den diesbezüglichen Unionsvorschriften gleichwertig angesehen werden können. Des Weiteren erschwert die Vielzahl der Standards für Kontrollbehörden und Kontrollstellen eine angemessene Überwachung durch die Kommission. Aus diesem Grunde sollte dieses System der Gleichwertigkeitsanerkennung abgeschafft werden. Den betreffenden Kontrollbehörden und Kontrollstellen sollte jedoch genügend Zeit eingeräumt werden, sich auf ihre Anerkennung zum Zwecke der Einfuhr von Erzeugnissen, die den Unionsvorschriften entsprechen, vorzubereiten. Darüber hinaus sollten die neuen Vorschriften für die Anerkennung von Kontrollbehörden und Kontrollstellen für die Zwecke der Einfuhr konformer Erzeugnisse bereits ab dem Zeitpunkt des Inkrafttretens dieser Verordnung gelten, damit die Kommission die Möglichkeit erhält, die Anerkennung dieser Kontrollbehörden und Kontrollstellen ab dem Tag der Anwendung dieser Verordnung vorzubereiten.

(98) Das Inverkehrbringen eines Erzeugnisses als ökologisches/biologisches Erzeugnis, wenn das Erzeugnis im Rahmen einer der in dieser Verordnung vorgesehenen Einfuhrregelungen in die Union eingeführt wurde, sollte vom Vorliegen der Informationen abhängig gemacht werden, die zur Rückverfolgbarkeit des Erzeugnisses entlang der Nahrungskette erforderlich sind.

(99) Um einen fairen Wettbewerb zwischen Unternehmern zu gewährleisten, sollte der Kommission die Befugnis übertragen werden, bestimmte Rechtsakte zu erlassen, um die Übermittlung von für Drittlandzollbehörden bestimmten Dokumenten, insbesondere Ausfuhrbescheinigungen für ökologische/biologische Erzeugnisse, zu regeln.

(100) Um die Transparenz der Anerkennungs- und Überwachungsverfahren für Kontrollbehörden und Kontrollstellen im Zusammenhang mit der Einfuhr konformer ökologischer/biologischer Erzeugnisse und die Wirksamkeit, Effizienz und Transparenz der Kontrollen der eingeführten Erzeugnisse zu gewährleisten, sollte der Kommission die Befugnis übertragen werden, bestimmte Rechtsakte in Bezug auf Folgendes zu erlassen: zusätzliche Kriterien für die Anerkennung oder Rücknahme der Anerkennung von Kontrollbehörden und Kontrollstellen im Zusammenhang mit der Einfuhr ökologischer/biologischer Erzeugnisse, die diese Verordnung einhalten, die Ausübung der Überwachungsbefugnisse der von der Kommission anerkannten Kontrollbehörden und Kontrollstellen und die Kontrollen und sonstigen Maßnahmen, die von Kontrollbehörden und Kontrollstellen zu diesem Zweck durchzuführen sind.

(101) Wurden schwerwiegende oder wiederholte Verstöße in Bezug auf die Zertifizierung oder Kontrollen und Maßnahmen gemäß dieser Verordnung aufgedeckt und versäumt es die betreffende Kontrollbehörde oder Kontrollstelle, nach Aufforderung durch die Kommission rechtzeitig angemessene Abhilfemaßnahmen zu treffen, so ist die Anerkennung der betreffenden Kontrollbehörde oder Kontrollstelle unverzüglich zurückzunehmen.

(102) Um die ordnungsgemäße Führung des Verzeichnisses der Drittländer, die für die Zwecke der Gleichwertigkeit im Rahmen der Verordnung (EG) Nr. 834/2007 anerkannt sind, zu gewährleisten, sollte der Kommission die Befugnis übertragen werden, bestimmte Rechtsakte in Bezug auf die von diesen anerkannten Drittländern zu übermittelnden Informationen, die für die Überwachung ihrer Anerkennung und die Ausübung dieser Überwachung durch die Kommission erforderlich sind, zu erlassen.

(103) Es sollte sichergestellt werden, dass die Verbringung ökologischer/biologischer Erzeugnisse, die diese Verordnung einhalten und in einem Mitgliedstaat kontrolliert wurden, in einem anderen Mitgliedstaat nicht eingeschränkt werden kann.

(104) Um verlässliche Informationen für die Durchführung dieser Verordnung zur Verfügung zu haben, sollten die Mitgliedstaaten der Kommission regelmäßig alle notwendigen Informationen übermitteln. Aus Gründen der Klarheit und Transparenz sollten die Mitgliedstaaten aktualisierte Verzeichnisse der zuständigen Behörden, Kontrollbehörden und Kontrollstellen führen. Die Verzeichnisse der Kontrollbehörden und Kontrollstellen sollten von den Mitgliedstaaten publik gemacht und von der Kommission veröffentlicht werden.

(105) Mit Blick auf eine schrittweise Aufhebung der abweichenden Regelungen für die Verwendung von nichtökologischem/nichtbiologischem Pflanzenvermehrungsmaterial, nichtökologischem/nichtbiologischem Geflügel und nichtökologisch/nichtbiologisch produzierten Tieren zu Zuchtzwecken sollte die Kommission die Verfügbarkeit dieses Materials als ökologisches/biologisches Erzeugnis auf dem Unionsmarkt prüfen. Zu diesem Zweck und auf der Grundlage der Daten über die Verfügbarkeit von ökologischem/biologischem Material, die über die von den Mitgliedstaaten eingerichteten Datenbanken und Systeme erhoben werden, sollte die Kommission dem Europäischen Parlament und dem Rat fünf Jahre nach Beginn der Anwendung dieser Verordnung einen

Bericht über die Verfügbarkeit und die Gründe für einen möglichen begrenzten Zugang der ökologisch/biologisch wirtschaftenden Unternehmer zu diesem Material vorlegen.

(106) Mit Blick auf eine schrittweise Aufhebung der abweichenden Regelungen für die Verwendung nichtökologischer/nichtbiologischer Eiweißfuttermittel für Geflügel und Schweine und auf der Grundlage der Daten über die Verfügbarkeit solcher Eiweißfuttermittel als ökologische/biologische Erzeugnisse auf dem Unionsmarkt, die alljährlich von den Mitgliedstaaten bereitgestellt werden, sollte die Kommission dem Europäischen Parlament und dem Rat fünf Jahre nach Beginn der Anwendung dieser Verordnung einen Bericht über die Verfügbarkeit und die Gründe für einen möglichen eingeschränkten Zugang der ökologisch/biologisch wirtschaftenden Unternehmer zu solchen ökologischen/biologischen Eiweißfuttermitteln vorlegen.

(107) Um der Entwicklung bei der Verfügbarkeit auf dem Markt von ökologischem/biologischem Pflanzenvermehrungsmaterial, ökologischen/biologischen Tieren und ökologischen/biologischen Eiweißfuttermitteln für Geflügel und Schweine Rechnung zu tragen, sollte der Kommission die Befugnis übertragen werden, bestimmte Rechtsakte in Bezug auf die Beendigung oder die Verlängerung der abweichenden Regelungen und Zulassungen für die Verwendung von nichtökologischem/nichtbiologischem Pflanzenvermehrungsmaterial, nichtökologischen/nichtbiologischen Tieren und nichtökologischen/nichtbiologischen Eiweißfuttermitteln für Geflügel und Schweine zu erlassen.

(108) Es müssen Maßnahmen festgelegt werden, um einen reibungslosen Übergang zum Rechtsrahmen für die Einfuhr ökologischer/biologischer Erzeugnisse und von Umstellungserzeugnissen in die Union, wie er mit dieser Verordnung geändert wurde, zu gewährleisten.

(109) Außerdem sollte eine Frist für den Ablauf der gemäß Verordnung (EG) Nr. 834/2007 erteilten Anerkennung der Kontrollbehörden und Kontrollstellen im Hinblick auf die Gleichwertigkeit festgesetzt und Bestimmungen zur Regelung der Lage bis zum Ablauf der Anerkennung festgelegt werden. Des Weiteren sollten Vorschriften für Drittlandanträge auf Gleichwertigkeitsanerkennung festgelegt werden, die im Rahmen der Verordnung (EG) Nr. 834/2007 gestellt wurden und an dem Tag des Inkrafttretens dieser Verordnung noch anhängig sind.

(110) Um die Führung des Verzeichnisses der im Rahmen der Verordnung (EG) Nr. 834/2007 für die Zwecke der Gleichwertigkeit anerkannten Kontrollbehörden und Kontrollstellen zu gewährleisten, sollte der Kommission die Befugnis übertragen werden, bestimmte Rechtsakte zu erlassen, um die von diesen Kontrollbehörden und Kontrollstellen zwecks Überwachung ihrer Anerkennung zu übermittelnden Informationen und die Einzelheiten der Ausübung dieser Überwachung durch die Kommission festzulegen.

(111) Um den Abschluss der Prüfung der am Tag des Inkrafttretens der vorliegenden Verordnung anhängigen Anträge von Drittländern auf Gleichwertigkeitsanerkennung zu erleichtern, sollte der Kommission die Befugnis übertragen werden, bestimmte Rechtsakte in Bezug auf die Verfahrensvorschriften für die Prüfung anhängiger Drittlandanträge zu erlassen.

(112) Um einheitliche Bedingungen für die Durchführung dieser Verordnung zu gewährleisten, sollten der Kommission Durchführungsbefugnisse in Bezug auf Folgendes übertragen werden: zu übermittelnde Dokumente für die Anerkennung eines früheren Zeitraums als Teil des Umstellungszeitraums; Mindestzeitraum für die Fütterung von Tieren mit Muttermilch während der Säugeperiode und bestimmte technische Vorschriften für die Unterbringung und die Haltungspraktiken; detaillierte Vorschriften je Art oder Artengruppe von Algen und Aquakulturtieren für die Besatzdichte und die besonderen Merkmale der Produktions- und Haltungssysteme; zulässige Verarbeitungsverfahren für Lebens- und Futtermittel; Zulassung oder Rücknahme der Zulassung für Erzeugnisse und Stoffe, die für die ökologische/biologische Produktion im Allgemeinen und die Herstellung verarbeiteter ökologischer/biologischer Lebensmittel im Besonderen verwendet werden dürfen; sowie die Verfahrensvorschriften für die Zulassung und die Verzeichnisse dieser Erzeugnisse und Stoffe und gegebenenfalls ihre Beschreibung, ihre vorgegebene Zusammensetzung und ihre Verwendungsbedingungen.

(113) Um einheitliche Bedingungen für die Durchführung dieser Verordnung zu gewährleisten, sollten der Kommission Durchführungsbefugnisse in Bezug auf Folgendes übertragen werden: die technischen Einzelheiten zur Einrichtung und Pflege der Datenbanken für die Erfassung des verfügbaren ökologischen/biologischen Pflanzenvermehrungsmaterials oder Umstellungspflanzenvermehrungsmaterials aus ökologischer/biologischer Produktion, die technischen Einzelheiten zur Einrichtung und Pflege der Datenbanken der Systeme für die Bereitstellung von Daten über ökologisches/biologisches Pflanzenvermehrungsmaterial oder Umstellungspflanzenvermehrungsmaterial oder ökologische/biologische Tiere oder ökologische/biologische juvenile Aquakulturtiere sowie Spezifikationen zur Erhebung von Daten zu diesem Zweck, die Modalitäten für die Beteiligung der Unternehmer an diesen Systemen und die Einzelheiten zu den von den Mitgliedstaaten bereitzustellenden Informationen über abweichende Regelungen bezüglich der Verwendung von ökologischem/biologischem Pflanzenvermehrungsmate-

rial, ökologischen/biologischen Tieren und ökologischen/biologischen Futtermitteln sowie die Verfügbarkeit bestimmter ökologischer/biologischer Erzeugnisse auf dem Markt.

(114) Um einheitliche Bedingungen für die Durchführung dieser Verordnung zu gewährleisten, sollten der Kommission Durchführungsbefugnisse in Bezug auf Folgendes übertragen werden: die von den Unternehmern zu ergreifenden und zu überprüfenden Maßnahmen, um das Risiko einer Kontamination ökologischer/biologischer Produktion und ökologischer/biologischer Erzeugnisse durch nicht zugelassene Erzeugnisse und Stoffe zu ermitteln und zu vermeiden; die bei Verdacht auf einen Verstoß zu befolgenden Verfahrensschritte und die relevanten Unterlagen; die Methoden zur Feststellung und Bewertung des Vorhandenseins von nicht zugelassenen Erzeugnissen und Stoffen; die Einzelheiten und das Format der Informationen, die die Mitgliedstaaten der Kommission und den anderen Mitgliedstaaten über die Ergebnisse der Untersuchungen des Vorhandenseins nicht zugelassener Erzeugnisse oder Stoffe übermitteln müssen.

(115) Um einheitliche Bedingungen für die Durchführung dieser Verordnung zu gewährleisten, sollten der Kommission Durchführungsbefugnisse in Bezug auf Folgendes übertragen werden: detaillierte Anforderungen an die Kennzeichnung von und die Werbung für bestimmte Umstellungserzeugnisse; die praktischen Modalitäten der Verwendung, Gestaltung, Zusammensetzung und Größe der Angaben bezüglich der Codenummern von Kontrollbehörden und Kontrollstellen und der Verwendung, Gestaltung, Zusammensetzung und Größe der Angabe des Ortes der Erzeugung der landwirtschaftlichen Ausgangsstoffe; die Zuweisung von Codenummern an Kontrollbehörden und Kontrollstellen; und die Angabe des Ortes der Erzeugung der landwirtschaftlichen Ausgangsstoffe.

(116) Um einheitliche Bedingungen für die Durchführung dieser Verordnung zu gewährleisten, sollten der Kommission Durchführungsbefugnisse in Bezug auf Folgendes übertragen werden: Einzelheiten und Spezifikationen zu Format und technischen Mitteln für die Meldung der Tätigkeit der Unternehmer und Unternehmergruppen an die zuständigen Behörden; die Modalitäten für die Veröffentlichung der Verzeichnisse dieser Unternehmer und Unternehmergruppen; die Verfahren und Modalitäten für die Veröffentlichung der Gebühren, die für die Kontrollen erhoben werden können; Einzelheiten und Spezifikationen zur Form des Zertifikats für Unternehmer und Unternehmergruppen und zu den technischen Mitteln, mit denen es ausgestellt wird; die Zusammensetzung und Größe von Unternehmergruppen; die relevanten Systeme für die Dokumentation und für die Führung von Aufzeichnungen; das System für die interne Rückverfolgbarkeit und die Verzeichnisse der Unternehmer; sowie den Austausch von Informationen zwischen Unternehmergruppen und zuständigen Behörden, Kontrollbehörden oder Kontrollstellen sowie zwischen Mitgliedstaaten und Kommission.

(117) Um einheitliche Bedingungen für die Durchführung dieser Verordnung zu gewährleisten, sollten der Kommission Durchführungsbefugnisse in Bezug auf Folgendes übertragen werden: den Mindestprozentsatz aller amtlichen Kontrollen, die ohne Vorankündigung durchzuführen sind, und den Mindestprozentsatz zusätzlicher Kontrollen sowie die Mindestanzahl der zu nehmenden Proben und der zu kontrollierenden Unternehmer innerhalb einer Unternehmergruppe; die Aufzeichnungen zum Nachweis der Konformität; die für die amtlichen Kontrollen erforderlichen Erklärungen und anderen Mitteilungen; die relevanten praktischen Maßnahmen zur Sicherstellung der Konformität; einheitliche Vorkehrungen für Fälle, in denen die zuständigen Behörden Maßnahmen im Zusammenhang mit dem Verdacht auf einen Verstoß oder mit einem festgestellten Verstoß ergreifen müssen; die Informationen, die bei Verdacht auf einen Verstoß oder einem festgestellten Verstoß bereitzustellen sind; die Empfänger derartiger Informationen; und die Verfahren für die Bereitstellung solcher Informationen einschließlich der Funktionsweisen des genutzten Computersystems.

(118) Um einheitliche Bedingungen für die Durchführung dieser Verordnung zu gewährleisten, sollten der Kommission Durchführungsbefugnisse in Bezug auf Folgendes übertragen werden: den Inhalt der von Drittländern ausgestellten Kontrollbescheinigungen; das Verfahren für die Ausstellung und Überprüfung solcher Kontrollbescheinigungen; die technischen Mittel für deren Ausstellung; Anerkennung bzw. Rücknahme der Anerkennung von Kontrollbehörden und Kontrollstellen, die für die Durchführung von Kontrollen und die Ausstellung von Öko-/Bio-Zertifikaten in Drittländern zuständig sind; Erstellung des Verzeichnisses dieser Kontrollbehörden und Kontrollstellen; Bestimmungen zur Gewährleistung der Durchführung von Maßnahmen bei Verdachtsfällen und festgestellten Verstößen, insbesondere solchen, die die Integrität von eingeführten ökologischen/biologischen Erzeugnissen oder Umstellungserzeugnissen beeinträchtigen; Erstellung eines Verzeichnisses der nach Artikel 33 Absatz 2 der Verordnung (EG) Nr. 834/2007 anerkannten Drittländer und Änderung dieses Verzeichnisses; Bestimmungen zur Gewährleistung der Durchführung von Maßnahmen bei Verdachtsfällen und festgestellten Verstößen, insbesondere solchen, die die Integrität der aus diesen Ländern eingeführten ökologischen/biologischen Erzeugnisse oder Umstellungserzeugnisse beeinträchtigen.

(119) Um einheitliche Bedingungen für die Durchführung dieser Verordnung zu gewährleisten, sollten der Kommission Durchführungsbefugnisse in Bezug auf Folgendes übertragen werden: das System für die Übermittlung der für die Durchführung und Überwachung der vorliegenden Verordnung erforderlichen Informationen; Einzelheiten der zu übermittelnden Informationen und Zeitpunkt, bis zu dem diese zu übermitteln sind; Erstellung des Verzeichnisses der nach Artikel 33 Absatz 3 der Verordnung (EG) Nr. 834/2007 anerkannten Kontrollbehörden und Kontrollstellen sowie Änderung dieses Verzeichnisses.

(120) Die der Kommission übertragenen Durchführungsbefugnisse sollten nach Maßgabe der Verordnung (EU) Nr. 182/2011 des Europäischen Parlaments und des Rates [(31)] ausgeübt werden.

(121) Der Kommission sollte die Befugnis übertragen werden, sofort geltende Durchführungsrechtsakte zu erlassen, wenn dies in hinreichend begründeten Fällen im Zusammenhang mit unlauteren Praktiken oder Praktiken, die sich nicht mit den Grundsätzen und Regeln für die ökologische/biologische Produktion vereinbaren lassen, der Erhaltung des Verbrauchervertrauens oder der Sicherung eines fairen Wettbewerbs zwischen Unternehmern aus Gründen äußerster Dringlichkeit erforderlich ist, um bei Verdachtsfällen und festgestellten Verstößen, die der Kontrolle anerkannter Kontrollbehörden oder Kontrollstellen unterliegen, die Durchführung von Maßnahmen zu gewährleisten.

(122) Es sollte gestattet werden, Bestände von Erzeugnissen, die nach Maßgabe der Verordnung (EG) Nr. 834/2007 vor dem Zeitpunkt des Beginns der Anwendung der vorliegenden Verordnung produziert wurden, nach diesem Datum aufzubrauchen.

(123) Da die Ziele dieser Verordnung — insbesondere, was einen fairen Wettbewerb und ein reibungsloses Funktionieren des Binnenmarktes für ökologische/biologische Erzeugnisse sowie die Sicherung des Vertrauens der Verbraucher in diese Erzeugnisse und das Logo der Europäischen Union für ökologische/biologische Produktion anbelangt — von den Mitgliedstaaten selbst nicht ausreichend verwirklicht werden können, sondern aufgrund der erforderlichen Harmonisierung der Vorschriften für die ökologische/biologische Produktion auf Unionsebene besser zu verwirklichen sind, kann die Union im Einklang mit dem in Artikel 5 des Vertrags über die Europäische Union verankerten Subsidiaritätsprinzip Maßnahmen erlassen. Entsprechend dem in demselben Artikel genannten Grundsatz der Verhältnismäßigkeit geht diese Verordnung nicht über das zum Erreichen dieser Ziele erforderliche Maß hinaus.

(124) Es empfiehlt sich, einen Termin für die Anwendung dieser Verordnung festzusetzen, der es den Unternehmern gestattet, sich an die neuen Vorschriften anzupassen —

HABEN FOLGENDE VERORDNUNG ERLASSEN:

---

(1) ABl. C 12 vom 15.1.2015, S. 75.

(2) ABl. C 19 vom 21.1.2015, S. 84.

(3) Standpunkt des Europäischen Parlaments vom 19. April 2018 (noch nicht im Amtsblatt veröffentlicht) und Beschluss des Rates vom 22. Mai 2018.

(4) Verordnung (EU) Nr. 1151/2012 des Europäischen Parlaments und des Rates vom 21. November 2012 über Qualitätsregelungen für Agrarerzeugnisse und Lebensmittel (ABl. L 343 vom 14.12.2012, S. 1).

(5) Verordnung (EU) Nr. 228/2013 des Europäischen Parlaments und des Rates vom 13. März 2013 über Sondermaßnahmen im Bereich der Landwirtschaft zugunsten der Regionen in äußerster Randlage der Union und zur Aufhebung der Verordnung (EG) Nr. 247/2006 des Rates (ABl. L 78 vom 20.3.2013, S. 23).

(6) Verordnung (EU) Nr. 1307/2013 des Europäischen Parlaments und des Rates vom 17. Dezember 2013 mit Vorschriften über Direktzahlungen an Inhaber landwirtschaftlicher Betriebe im Rahmen von Stützungsregelungen der Gemeinsamen Agrarpolitik und zur Aufhebung der Verordnung (EG) Nr. 637/2008 des Rates und der Verordnung (EG) Nr. 73/2009 des Rates (ABl. L 347 vom 20.12.2013, S. 608).

(7) Verordnung (EU) Nr. 1305/2013 des Europäischen Parlaments und des Rates vom 17. Dezember 2013 über die Förderung der ländlichen Entwicklung durch den Europäischen Landwirtschaftsfonds für die Entwicklung des ländlichen Raums (ELER) und zur Aufhebung der Verordnung (EG) Nr. 1698/2005 (ABl. L 347 vom 20.12.2013, S. 487).

(8) Richtlinie 2000/60/EG des Europäischen Parlaments und des Rates vom 23. Oktober 2000 zur Schaffung eines Ordnungsrahmens für Maßnahmen der Gemeinschaft im Bereich der Wasserpolitik (ABl. L 327 vom 22.12.2000, S. 1).

(9) Richtlinie 2001/81/EG des Europäischen Parlaments und des Rates vom 23. Oktober 2001 über nationale Emissionshöchstmengen für bestimmte Luftschadstoffe (ABl. L 309 vom 27.11.2001, S. 22).

(10) Richtlinie 2009/128/EG des Europäischen Parlaments und des Rates vom 21. Oktober 2009 über einen Aktionsrahmen der Gemeinschaft für die nachhaltige Verwendung von Pestiziden (ABl. L 309 vom 24.11.2009, S. 71).

(11) Richtlinie 2009/147/EG des Europäischen Parlaments und des Rates vom 30. November 2009 über die Erhaltung der wildlebenden Vogelarten (ABl. L 20 vom 26.1.2010, S. 7).

(12) Richtlinie 91/676/EWG des Rates vom 12. Dezember 1991 zum Schutz der Gewässer vor Verunreinigung durch Nitrat aus landwirtschaftlichen Quellen (ABl. L 375 vom 31.12.1991, S. 1).

(13) Richtlinie 92/43/EWG des Rates vom 21. Mai 1992 zur Erhaltung der natürlichen Lebensräume sowie der wildlebenden Tiere und Pflanzen (ABl. L 206 vom 22.7.1992, S. 7).

(14) Verordnung (EG) Nr. 834/2007 des Rates vom 28. Juni 2007 über die ökologische/biologische Produktion und die Kennzeichnung von ökologischen/biologischen Erzeugnissen und zur Aufhebung der Verordnung (EWG) Nr. 2092/91 (ABl. L 189

vom 20.7.2007, S. 1).

(15) ABl. L 123 vom 12.5.2016, S. 1.

(16) Verordnung (EG) Nr. 1107/2009 des Europäischen Parlaments und des Rates vom 21. Oktober 2009 über das Inverkehrbringen von Pflanzenschutzmitteln und zur Aufhebung der Richtlinien 79/117/EWG und 91/414/EWG des Rates (ABl. L 309 vom 24.11.2009, S. 1).

(17) Verordnung (EU) 2017/625 des Europäischen Parlaments und des Rates vom 15. März 2017 über amtliche Kontrollen und andere amtliche Tätigkeiten zur Gewährleistung der Anwendung des Lebens- und Futtermittelrechts und der Vorschriften über Tiergesundheit und Tierschutz, Pflanzengesundheit und Pflanzenschutzmittel, zur Änderung der Verordnungen (EG) Nr. 999/2001, (EG) Nr. 396/2005, (EG) Nr. 1069/2009, (EG) Nr. 1107/2009, (EU) Nr. 1151/2012 und (EU) Nr. 652/2014, (EU) 2016/429 und (EU) 2016/2031 des Europäischen Parlaments und des Rates, der Verordnungen (EG) Nr. 1/2005 und (EG) Nr. 1099/2009 des Rates sowie der Richtlinien 98/58/EG, 1999/74/EG, 2007/43/EG, 2008/119/EG und 2008/120/EG des Rates und zur Aufhebung der Verordnungen (EG) Nr. 854/2004 und (EG) Nr. 882/2004 des Europäischen Parlaments und des Rates, der Richtlinien 89/608/EWG, 89/662/EWG, 90/425/EWG, 91/496/EEG, 96/23/EG, 96/93/EG und 97/78/EG des Rates und des Beschlusses 92/438/EWG des Rates (Verordnung über amtliche Kontrollen) (ABl. L 95 vom 7.4.2017, S. 1).

(18) Richtlinie 66/401/EWG des Rates vom 14. Juni 1966 über den Verkehr mit Futterpflanzensaatgut (ABl. 125 vom 11.7.1966, S. 2298).

(19) Richtlinie 66/402/EWG des Rates vom 14. Juni 1966 über den Verkehr mit Getreidesaatgut (ABl. 125 vom 11.7.1966, S. 2309).

(20) Richtlinie 68/193/EWG des Rates vom 9. April 1968 über den Verkehr mit vegetativem Vermehrungsgut von Reben (ABl. L 93 vom 17.4.1968, S. 15).

(21) Richtlinie 98/56/EG des Rates vom 20. Juli 1998 über das Inverkehrbringen von Vermehrungsmaterial von Zierpflanzen (ABl. L 226 vom 13.8.1998, S. 16).

(22) Richtlinie 2002/53/EG des Rates vom 13. Juni 2002 über einen gemeinsamen Sortenkatalog für landwirtschaftliche Pflanzenarten (ABl. L 193 vom 20.7.2002, S. 1).

(23) Richtlinie 2002/54/EG des Rates vom 13. Juni 2002 über den Verkehr mit Betarübensaatgut (ABl. L 193 vom 20.7.2002, S. 12).

(24) Richtlinie 2002/55/EG des Rates vom 13. Juni 2002 über den Verkehr mit Gemüsesaatgut (ABl. L 193 vom 20.7.2002, S. 33).

(25) Richtlinie 2002/56/EG des Rates vom 13. Juni 2002 über den Verkehr mit Pflanzkartoffeln (ABl. L 193 vom 20.7.2002, S. 60).

(26) Richtlinie 2002/57/EG des Rates vom 13. Juni 2002 über den Verkehr mit Saatgut von Öl- und Faserpflanzen (ABl. L 193 vom 20.7.2002, S. 74).

(27) Richtlinie 2008/72/EG des Rates vom 15. Juli 2008 über das Inverkehrbringen von Gemüsepflanzgut und Gemüsevermehrungsmaterial mit Ausnahme von Saatgut (ABl. L 205 vom 1.8.2008, S. 28).

(28) Richtlinie 2008/90/EG des Rates vom 29. September 2008 über das Inverkehrbringen von Vermehrungsmaterial und Pflanzen von Obstarten zur Fruchterzeugung (ABl. L 267 vom 8.10.2008, S. 8).

(29) Verordnung (EG) Nr. 889/2008 der Kommission vom 5. September 2008 mit Durchführungsvorschriften zur Verordnung (EG) Nr. 834/2007 des Rates über die ökologische/biologische Produktion und die Kennzeichnung von ökologischen/biologischen Erzeugnissen hinsichtlich der ökologischen/biologischen Produktion, Kennzeichnung und Kontrolle (ABl. L 250 vom 18.9.2008, S. 1).

(30) Verordnung (EU) Nr. 1169/2011 des Europäischen Parlaments und des Rates vom 25. Oktober 2011 betreffend die Information der Verbraucher über Lebensmittel und zur Änderung der Verordnungen (EG) Nr. 1924/2006 und (EG) Nr. 1925/2006 des Europäischen Parlaments und des Rates und zur Aufhebung der Richtlinie 87/250/EWG der Kommission, der Richtlinie 90/496/EWG des Rates, der Richtlinie 1999/10/EG der Kommission, der Richtlinie 2000/13/EG des Europäischen Parlaments und des Rates, der Richtlinien 2002/67/EG und 2008/5/EG der Kommission und der Verordnung (EG) Nr. 608/2004 der Kommission (ABl. L 304 vom 22.11.2011, S. 18).

(31) Verordnung (EU) Nr. 182/2011 des Europäischen Parlaments und des Rates vom 16. Februar 2011 zur Festlegung der allgemeinen Regeln und Grundsätze, nach denen die Mitgliedstaaten die Wahrnehmung der Durchführungsbefugnisse durch die Kommission kontrollieren (ABl. L 55 vom 28.2.2011, S. 13).

KAPITEL I
GEGENSTAND, GELTUNGSBEREICH UND BEGRIFFSBESTIMMUNGEN

Artikel 1
Gegenstand

In dieser Verordnung sind die Grundsätze der ökologischen/biologischen Produktion und die Vorschriften für diese Produktion, die damit verbundene Zertifizierung und die Verwendung von Angaben in der Kennzeichnung und Werbung, die auf die ökologische/biologische Produktion Bezug nehmen, sowie Vorschriften zu Kontrollen, die über die in der Verordnung (EU) 2017/625 aufgeführten Vorschriften hinausgehen, festgelegt.

Artikel 2
Geltungsbereich

(1) Diese Verordnung gilt für die folgenden in Anhang I AEUV aufgeführten Erzeugnisse der Landwirtschaft, einschließlich der Aquakultur und der Imkerei, und von ihnen stammende Erzeugnisse, sofern sie produziert, aufbereitet, gekennzeichnet, vertrieben, in Verkehr gebracht oder in die Union eingeführt bzw. aus der Union ausgeführt werden oder dazu bestimmt sind:

a) lebende oder unverarbeitete landwirtschaftliche Erzeugnisse einschließlich Saatgut und anderes Pflanzenvermehrungsmaterial,

b) verarbeitete landwirtschaftliche Erzeugnisse, die zur Verwendung als Lebensmittel bestimmt sind,

c) Futtermittel.

Diese Verordnung gilt auch für bestimmte andere eng mit der Landwirtschaft verbundene Erzeugnisse, sofern sie produziert, aufbereitet, gekennzeichnet, vertrieben, in Verkehr gebracht oder in die Union eingeführt bzw. aus der Union ausgeführt werden oder dazu bestimmt sind; diese Erzeugnisse sind in Anhang I dieser Verordnung aufgeführt.

(2) Diese Verordnung gilt für alle Unternehmer, die auf irgendeiner Stufe der Produktion, der Aufbereitung oder des Vertriebs von Erzeugnissen im Sinne von Absatz 1 tätig sind.

(3) Mit Ausnahme der Regelungen des vorliegenden Absatzes fallen Arbeitsgänge in gemeinschaftlichen Verpflegungseinrichtungen, die von einem Anbieter im Sinne des Artikels 2 Absatz 2 Buchstabe d der Verordnung (EU) Nr. 1169/2011 durchgeführt werden, nicht unter die vorliegende Verordnung.

Die Mitgliedstaaten können nationale Vorschriften oder, in Ermangelung dessen, private Standards für die Produktion, Kennzeichnung und Kontrolle von Erzeugnissen aus Arbeitsgängen in gemeinschaftlichen Verpflegungseinrichtungen anwenden. Das Logo der Europäischen Union für ökologische/biologische Produktion darf nicht in der Kennzeichnung und Aufmachung von diesen Erzeugnissen sowie in der Werbung für diese Erzeugnisse oder für die gemeinschaftliche Verpflegungseinrichtung verwendet werden.

(4) Soweit nichts anderes bestimmt ist, gilt diese Verordnung unbeschadet einschlägiger Rechtsvorschriften der Union, insbesondere in den Bereichen Sicherheit der Lebensmittelkette, Tiergesundheit und Tierschutz, Pflanzengesundheit und Pflanzenvermehrungsmaterial.

(5) Diese Verordnung gilt unbeschadet sonstigem spezifischen Unionsrecht betreffend das Inverkehrbringen von Erzeugnissen und insbesondere der Verordnung (EU) Nr. 1308/2013 des Europäischen Parlaments und des Rates ([1]) und der Verordnung (EU) Nr. 1169/2011.

(6) Der Kommission wird die Befugnis übertragen, gemäß Artikel 54 delegierte Rechtsakte zu erlassen, um das Verzeichnis der Erzeugnisse in Anhang I durch Hinzufügen weiterer Erzeugnisse in das Verzeichnis oder durch Änderungen dieser hinzugefügten Einträge zu ändern. Nur Erzeugnisse, die eng mit der landwirtschaftlichen Produktion verbunden sind, kommen für eine Aufnahme in dieses Verzeichnis in Betracht.

Artikel 3
Begriffsbestimmungen

Für die Zwecke dieser Verordnung gelten folgende Begriffsbestimmungen:

1. „ökologische/biologische Produktion": Anwendung, einschließlich während des Umstellungszeitraums gemäß Artikel 10, von Produktionsverfahren nach den Vorschriften dieser Verordnung auf allen Stufen der Produktion, der Aufbereitung und des Vertriebs;

2. „ökologisches/biologisches Erzeugnis": ein aus ökologischer/biologischer Produktion stammendes Erzeugnis, ausgenommen ein solches, das während des Umstellungszeitraums gemäß Artikel 10 hergestellt wird. Die Erzeugnisse der Jagd und der Fischerei wildlebender Tiere gelten nicht als ökologische/biologische Erzeugnisse.

3. „landwirtschaftlicher Ausgangsstoff": ein landwirtschaftliches Erzeugnis, das weder haltbar gemacht noch verarbeitet wurde;

4. „Vorbeugungsmaßnahmen": die von den Unternehmern auf jeder Stufe der Produktion, der Aufbereitung und des Vertriebs zu ergreifenden Maßnahmen, um den Erhalt der biologischen Vielfalt und die Bodenqualität zu gewährleisten, Maßnahmen zur Verhütung und Bekämpfung von Schädlingen und Krankheiten, und zur Vermeidung negativer Auswirkungen auf die Umwelt sowie die Tier- und Pflanzengesundheit zu ergreifende Maßnahmen;

5. „Vorsorgemaßnahmen": die von den Unternehmern auf jeder Stufe der Produktion, der Aufbereitung und des Vertriebs zu ergreifenden Maßnahmen, um eine Kontamination durch Erzeugnisse oder Stoffe, die nicht für die Verwendung in der ökologischen/biologischen Produktion gemäß dieser Verordnung zugelassen sind, sowie eine Vermischung ökologischer/biologischer Erzeugnisse mit nichtökologischen/nichtbiologischen Erzeugnissen zu vermeiden;

6. „Umstellung": Übergang von nichtökologischer/nichtbiologischer Produktion auf ökologische/biologische Produktion innerhalb eines bestimmten Zeitraums, in dem die Vorschriften dieser Verordnung für die ökologische/biologische Produktion gelten;

7. „Umstellungserzeugnis": ein Erzeugnis, das während des Umstellungszeitraums gemäß Artikel 10 hergestellt wird;

8. „Betrieb": alle Produktionseinheiten, die unter einheitlicher Betriebsführung zum Zweck der Produktion lebender oder unverarbeiteter landwirtschaftlicher Erzeugnisse, einschließlich von aus der Aquakultur und der Imkerei stammenden Erzeugnissen, gemäß Artikel 2 Absatz 1 Buchstabe a betrieben werden oder in Anhang I aufgeführte Erzeugnisse außer ätherische Öle und Hefe herstellen;

9. „Produktionseinheit": alle Wirtschaftsgüter eines Betriebs wie Primärproduktionsstätten, Landparzellen, Weiden, Auslaufflächen, Haltungsgebäude oder Teile davon, Bienenstöcke, Fischteiche, Haltungseinrichtungen für Algen oder Aquakulturtiere, Aufzuchtanlagen, Küsten-

oder Meeresbodenkonzessionen, und Lagerstätten für Pflanzen, pflanzliche Erzeugnisse, Algenerzeugnisse, tierische Erzeugnisse, Ausgangsstoffe und alle anderen relevanten Betriebsmittel, die gemäß den Nummern 10, 11 oder 12 bewirtschaftet werden;

10. „ökologische/biologische Produktionseinheit“: eine Produktionseinheit, ausgenommen während des Umstellungszeitraums gemäß Artikel 10, die unter Einhaltung der Anforderungen an die ökologische/biologische Produktion bewirtschaftet wird;

11. „Produktionseinheit in Umstellung“: eine Produktionseinheit, die während des Umstellungszeitraums gemäß Artikel 10 unter Einhaltung der für die ökologische/biologische Produktion geltenden Anforderungen bewirtschaftet wird; sie kann aus Landparzellen oder anderen Wirtschaftsgütern bestehen, für die der Umstellungszeitraum gemäß Artikel 10 zu unterschiedlichen Zeitpunkten beginnt;

12. „nichtökologische/nichtbiologische Produktionseinheit“: eine Produktionseinheit, die nicht unter Einhaltung der für die ökologische/biologische Produktion geltenden Anforderungen bewirtschaftet wird;

13. „Unternehmer“: die natürliche oder juristische Person, die für die Einhaltung der Vorschriften dieser Verordnung auf jeder ihrer Kontrolle unterstehenden Stufe der Produktion, der Aufbereitung und des Vertriebs verantwortlich ist;

14. „Landwirt“: eine natürliche oder juristische Person oder eine Vereinigung natürlicher oder juristischer Personen, unabhängig davon, welchen rechtlichen Status diese Vereinigung und ihre Mitglieder aufgrund nationalen Rechts besitzen, die eine landwirtschaftliche Tätigkeit ausübt;

15. „landwirt-
schaftliche Fläche“: landwirtschaftliche Fläche im Sinne des Artikels 4 Absatz 1 Buchstabe e der Verordnung (EU) Nr. 1307/2013;

16. „Pflanzen“: Pflanzen im Sinne des Artikels 3 Nummer 5 der Verordnung (EG) Nr. 1107/2009;

17. „Pflanzenvermehrungsmaterial“: Pflanzen sowie alle Teile von Pflanzen unabhängig von ihrem Wachstumsstadium, einschließlich Saatgut, die zur Erzeugung ganzer Pflanzen geeignet und bestimmt sind;

18. „ökologisches/biologisches heterogenes Material“: eine pflanzliche Gesamtheit innerhalb eines einzigen botanischen Taxons der untersten bekannten Rangstufe, die

a) gemeinsame phänotypische Merkmale aufweist;

b) durch ein hohes Maß an genetischer und phänotypischer Vielfalt der einzelnen Vermehrungseinheiten gekennzeichnet ist, sodass diese pflanzliche Gesamtheit durch das Material insgesamt und nicht durch eine kleine Zahl von Einheiten repräsentiert wird;

c) keine Sorte im Sinne des Artikels 5 Absatz 2 der Verordnung (EG) Nr. 2100/94 des Rates ([(2)]) ist;

d) keine Sortenmischung ist; und

e) im Einklang mit dieser Verordnung hergestellt worden ist;

19. „für die ökologische/biologische Produktion geeignete ökologische/biologische Sorte“: eine Sorte im Sinne des Artikels 5 Absatz 2 der Verordnung (EG) Nr. 2100/94, die

a) durch ein hohes Maß an genetischer und phänotypischer Vielfalt der einzelnen Vermehrungseinheiten gekennzeichnet ist; und

b) aus ökologischer/biologischer Züchtung gemäß Anhang II Teil I Nummer 1.8.4 dieser Verordnung stammt;

20. „Mutterpflanze“: eine bestimmte Pflanze, der Pflanzenvermehrungsmaterial zur Erzeugung neuer Pflanzen entnommen wird;

21. „Generation“: eine Pflanzengruppe, die eine Stufe innerhalb der Abstammungslinie von Pflanzen bildet;

22. „Pflanzenproduktion“: Erzeugung landwirtschaftlicher Kulturpflanzen, einschließlich der Ernte von Wildpflanzenerzeugnissen für Erwerbszwecke;

23. „Pflanzenerzeugnisse“: Pflanzenerzeugnisse im Sinne des Artikels 3 Nummer 6 der Verordnung (EG) Nr. 1107/2009;

24. „Schädling“: Schädling im Sinne des Artikels 1 Nummer 1 der Verordnung (EU) 2016/2031 des Europäischen Parlaments und des Rates ([(3)]);

25. „biodynamische Präparate“: Mischungen, die traditionell in der biodynamischen Landwirtschaft verwendet werden;

26. „Pflanzenschutzmittel“: Produkte gemäß Artikel 2 der Verordnung (EG) Nr. 1107/2009;

27. „Tierproduktion“: Erzeugung von an Land lebenden Haustieren oder domestizierten Tieren (einschließlich Insekten);

28. „ Veranda“: zusätzlicher, überdachter, nicht isolierter Außenbereich eines für Geflügel bestimmten Gebäudes, der auf der Längsseite in der Regel von einem Drahtzaun oder Netzen begrenzt ist, mit Außenklima, natürlicher und erforderlichenfalls künstlicher Beleuchtung und eingestreutem Boden;

29. „Junghennen“: Jungtiere der Art *Gallus gallus*, die unter 18 Wochen alt sind;

30. „Legehennen“: für die Produktion von für den Verzehr bestimmten Eiern vorgesehene Tiere der Art *Gallus gallus*, die mindestens 18 Wochen alt sind;

31. „nutzbare Fläche“: nutzbare Fläche im Sinne des Artikels 2 Absatz 2 der Richtlinie 1999/74/EG des Rates ([(4)]);

32. „Aquakultur“: Aquakultur im Sinne des Artikels 4 Absatz 1 Nummer 25 der Verordnung (EU) Nr. 1380/2013 des Europäischen Parlaments und des Rates ([(5)]);

33. „Aquakulturerzeugnisse“: Aquakulturerzeugnisse im Sinne des Artikels 4 Absatz 1 Nummer 34 der Verordnung (EU) Nr. 1380/2013;

34. „geschlossene Kreislaufanlage“: Aquakulturproduktion in einer geschlossenen Haltungseinrichtung an Land oder auf einem Schiff mit Rezirkulation des Wassers und erforderlicher permanenter Zufuhr von Energie zur Stabilisierung der Haltungsbedingungen der Aquakulturtiere;

35. „erneuerbare Energien“: erneuerbare, nicht fossile Energiequellen wie Wind, Sonne, Erdwärme, Wellen, Gezeiten, Wasserkraft, Deponiegas, Klärgas und Biogas;

36. „Brutstation“: eine Anlage für die Vermehrung, dem Schlüpfen und der Aufzucht während der ersten Lebensstadien von Aquakulturtieren, insbesondere Fischen, Weich- und Krebstieren;

37. „Jungtierstation“: eine Zwischenstation der Aquakulturproduktion für die Zeit zwischen Brut- und Abwachsstadium. Das Jungtierstadium wird mit Ausnahme der Arten, die eine Smoltifikation durchlaufen, im ersten Drittel des Produktionszyklus abgeschlossen;

38. „Gewässerverschmutzung“: im Sinne des Artikels 2 Nummer 33 der Richtlinie 2000/60/EG bzw. des Artikels 3 Nummer 8 der Richtlinie 2008/56/EG des Europäischen Parlaments und des Rates ([(6)]) die Verschmutzung der Gewässer, auf die sich diese Richtlinien beziehen;

39. „Polykultur“: die Aufzucht von zwei oder mehr Arten in der Regel unterschiedlicher trophischer Ebenen in Aquakultur in einer Haltungseinheit;

40. „Produktionszyklus“: die Lebensspanne eines Aquakulturtieres oder einer Alge vom frühesten Lebensstadium (befruchtete Brut im Falle von Aquakulturtieren) bis zur Ernte;

41. „heimische Zuchtarten“: Aquakulturarten, die weder nicht heimische noch gebietsfremde Arten im Sinne des Artikels 3 Nummer 6 bzw. 7 der Verordnung (EG) Nr. 708/2007 des Rates ([(7)]) sind, sowie die in Anhang IV der genannten Verordnung aufgeführten Arten;

42. „tierärztliche Behandlung“: alle Maßnahmen im Rahmen einer Heilbehandlung oder prophylaktischen Behandlung gegen das Auftreten einer bestimmten Krankheit;

43. „Tierarzneimittel“: Tierarzneimittel im Sinne des Artikels 1 Nummer 2 der Richtlinie 2001/82/EG des Europäischen Parlaments und des Rates ([(8)]);

44. „Aufbereitung“: Arbeitsgänge zur Haltbarmachung oder Verarbeitung ökologischer/biologischer Erzeugnisse oder von Umstellungserzeugnissen oder jeder andere Arbeitsgang, der an einem unverarbeiteten Erzeugnis durchgeführt wird, ohne das ursprüngliche Erzeugnis zu verändern, etwa Schlachtung, Zerlegung, Säuberung oder Mahlung, sowie Verpackung, Kennzeichnung oder Änderung der Kennzeichnung betreffend die ökologische/biologische Produktionsweise;

45. „Lebensmittel“: Lebensmittel im Sinne des Artikels 2 der Verordnung (EG) Nr. 178/2002 des Europäischen Parlaments und des Rates ([(9)]);

46. „Futtermittel“: Futtermittel im Sinne des Artikels 3 Nummer 4 der Verordnung (EG) Nr. 178/2002;

47. „Einzelfuttermittel“: Einzelfuttermittel im Sinne des Artikels 3 Absatz 2 Buchstabe g der Verordnung (EG) Nr. 767/2009 des Europäischen Parlaments und des Rates ([(10)]);

48. „Inverkehrbringen“: Inverkehrbringen im Sinne des Artikels 3 Nummer 8 der Verordnung (EG) Nr. 178/2002;

49. „Rückverfolgbarkeit“: die Möglichkeit, ein Lebensmittel oder Futtermittel, ein Erzeugnis gemäß Artikel 2 Absatz 1 oder einen Stoff, der dazu bestimmt ist oder von dem erwartet werden kann, dass er in einem Lebensmittel oder Futtermittel oder in einem Erzeugnis gemäß Artikel 2 Absatz 1 verarbeitet wird, durch alle Produktions-, Aufbereitungs- und Vertriebsstufen zu verfolgen;

50. „Stufe der Produktion, der Aufbereitung und des Vertriebs“: eine Stufe, angefangen bei der Primärproduktion eines ökologischen/biologischen Erzeugnisses bis zu seiner Lagerung, seiner Verarbeitung, seiner Beförderung, seinem Verkauf oder seiner Abgabe an den Endverbraucher und gegebenenfalls der Kennzeichnung, der Werbung, der Einfuhr, der Ausfuhr und der im Rahmen von Unteraufträgen ausgeführten Tätigkeiten;

51. „Zutat“: Zutat im Sinne des Artikels 2 Absatz 2 Buchstabe f der Verordnung (EU) Nr. 1169/2011 oder, für andere Erzeugnisse als Lebensmittel, alle bei der Herstellung oder Aufbereitung der Erzeugnisse verwendeten Stoffe oder Erzeugnisse, die — gegebenenfalls in veränderter Form — im Enderzeugnis noch vorhanden sind;

52. „Kennzeichnung“: alle Wörter, Angaben, Hersteller- oder Handelsmarken, Abbildungen oder Zeichen, die sich auf ein Erzeugnis beziehen und auf Verpackungen, Schriftstücken, Tafeln, Etiketten, Ringen oder Verschlüssen jeglicher Art angebracht sind und dieses Erzeugnis begleiten oder sich auf dieses Erzeugnis beziehen;

53. „Werbung“: jede Darstellung von Erzeugnissen gegenüber der Öffentlichkeit mit anderen

Mitteln als einem Etikett, mit der beabsichtigt oder wahrscheinlich die Einstellung, die Überzeugung oder das Verhalten beeinflusst oder verändert wird, um direkt oder indirekt den Verkauf von Erzeugnissen zu fördern;

54. „zuständige Behörden“: zuständige Behörden im Sinne des Artikels 3 Nummer 3 der Verordnung (EU) 2017/625;

55. „Kontrollbehörde“: eine ökologische/biologische Kontrollbehörde im Sinne des Artikels 3 Nummer 4 der Verordnung (EU) 2017/625 oder eine Behörde, die von der Kommission oder einem von der Kommission anerkannten Drittland dafür anerkannt wurde, in Drittländern Kontrollen für die Einfuhr ökologischer/biologischer Erzeugnisse und von Umstellungserzeugnissen in die Union durchzuführen;

56. „Kontrollstelle“: eine beauftragte Stelle im Sinne des Artikels 3 Nummer 5 der Verordnung (EU) 2017/625 oder eine Stelle, die von der Kommission oder einem von der Kommission anerkannten Drittland dafür anerkannt wurde, in Drittländern Kontrollen für die Einfuhr ökologischer/biologischer Erzeugnisse und von Umstellungserzeugnissen in die Union durchzuführen;

57. „Verstoß“: Nichteinhaltung der Bestimmungen dieser Verordnung oder der gemäß dieser Verordnung erlassenen delegierten Rechtsakte oder Durchführungsrechtsakte;

58. „genetisch veränderter Organismus“ oder „GVO“: ein genetisch veränderter Organismus im Sinne des Artikels 2 Nummer 2 der Richtlinie 2001/18/EG des Europäischen Parlaments und des Rates ([11]), der nicht aus einem der in Anhang I.B der genannten Richtlinie aufgeführten Verfahren der genetischen Veränderung hervorgegangen ist;

59. „aus GVO hergestellt“: ganz oder teilweise von GVO stammend, jedoch nicht aus GVO bestehend oder GVO enthaltend;

60. „durch GVO hergestellt“: unter Verwendung eines GVO als letztem lebenden Organismus im Produktionsverfahren produziert, jedoch nicht aus GVO bestehend, GVO enthaltend oder aus GVO hergestellt;

61. „Lebensmittelzusatzstoff“: ein Lebensmittelzusatzstoff im Sinne des Artikels 3 Absatz 2 Buchstabe a der Verordnung (EG) Nr. 1333/2008 des Europäischen Parlaments und des Rates ([12]);

62. „Futtermittelzusatzstoffe“: Futtermittelzusatzstoffe im Sinne des Artikels 2 Absatz 2 Buchstabe a der Verordnung (EG) Nr. 1831/2003 des Europäischen Parlaments und des Rates ([13]);

63. „technisch hergestelltes Nanomaterial“: ein technisch hergestelltes Nanomaterial im Sinne des Artikels 3 Absatz 2 Buchstabe f der Verordnung (EU) 2015/2283 des Europäischen Parlaments und des Rates ([14]);

64. „Gleichwertigkeit“: Erfüllung derselben Ziele und Grundsätze durch Anwendung von Vorschriften, die die gleiche Konformitätsgarantie bieten;

65. „Verarbeitungshilfsstoff“: ein Verarbeitungshilfsstoff im Sinne des Artikels 3 Absatz 2 Buchstabe b der Verordnung (EG) Nr. 1333/2008 für Lebensmittel und des Artikels 2 Absatz 2 Buchstabe h der Verordnung (EG) Nr. 1831/2003 für Futtermittel;

66. „Lebensmittelenzym“: ein Lebensmittelenzym im Sinne des Artikels 3 Absatz 2 Buchstabe a der Verordnung (EG) Nr. 1332/2008 des Europäischen Parlaments und des Rates ([15]);

67. „ionisierende Strahlung“: ionisierende Strahlung im Sinne des Artikels 4 Nummer 46 der Richtlinie 2013/59/Euratom des Rates ([16]);

68. „vorverpacktes Lebensmittel“: vorverpacktes Lebensmittel im Sinne des Artikels 2 Absatz 2 Buchstabe e der Verordnung (EU) Nr. 1169/2011;

69. „Geflügelstall“: ein festes oder bewegliches Gebäude für die Unterbringung von Geflügelherden, das alle überdachten Flächen einschließlich einer Veranda umfasst; der Stall kann in getrennte Stallabteile unterteilt sein, in denen jeweils eine einzelne Herde untergebracht ist;

70. „bodengebundener Pflanzenanbau“: Produktion in lebendem Boden oder in Boden, der gemischt und/oder gedüngt ist mit Materialien und Produkten, die in der ökologischen/biologischen Produktion zugelassen sind, in Verbindung mit Unterboden und Grundgestein;

71. „unverarbeitete Erzeugnisse“: unverarbeitete Erzeugnisse im Sinne des Artikels 2 Absatz 1 Buchstabe n der Verordnung (EG) Nr. 852/2004 des Europäischen Parlaments und des Rates ([17]), ungeachtet der Arbeitsgänge der Verpackung oder der Kennzeichnung;

72. „Verarbeitungserzeugnisse“: Verarbeitungserzeugnisse im Sinne des Artikels 2 Absatz 1 Buchstabe o der Verordnung (EG) Nr. 852/2004, ungeachtet der Arbeitsgänge der Verpackung oder der Kennzeichnung;

73. „Verarbeitung“: Verarbeitung im Sinne des Artikels 2 Absatz 1 Buchstabe m der Verordnung (EG) Nr. 852/2004; dies schließt die Verwendung von Stoffen gemäß den Artikeln 24 und 25 der vorliegenden Verordnung ein, jedoch nicht Arbeitsgänge der Verpackung oder der Kennzeichnung;

74. „Integrität der ökologischen/biologischen Erzeugnisse oder der Umstellungserzeugnisse“: bei dem Erzeugnis liegen keine Verstöße vor, die

a) die Merkmale, die das Erzeugnis als ökologisches/biologisches Erzeugnis oder als Umstellungserzeugnis kennzeichnen, auf irgendeiner Stufe der Produktion, der Aufbereitung und des Vertriebs beeinträchtigen; oder

b) wiederholt oder beabsichtigt sind;

75. „Gehege“: eine umzäunte Fläche, die einen Teilbereich umfasst, in dem die Tiere vor Extremwetter geschützt sind.

KAPITEL II
ZIELE UND GRUNDSÄTZE DER ÖKOLOGISCHEN/BIOLOGISCHEN PRODUKTION

Artikel 4
Ziele

Mit der ökologischen/biologischen Produktion werden die folgenden allgemeinen Ziele verfolgt:

a) Beitrag zum Schutz der Umwelt und des Klimas;

b) Erhalt der Bodenfruchtbarkeit auf lange Sicht;

c) Beitrag zu einem hohen Niveau der biologischen Vielfalt;

d) wesentlicher Beitrag zu einer giftfreien Umwelt;

e) Beitrag zu hohen Tierschutzstandards und insbesondere zur Erfüllung der artspezifischen verhaltensbedingten Bedürfnisse von Tieren;

f) Förderung kurzer Vertriebskanäle und der Produktion vor Ort in den verschiedenen Regionen der Union;

g) Förderung der Haltung seltener und einheimischer Rassen, die vom Aussterben bedroht sind;

h) Beitrag zum Ausbau des Angebots pflanzengenetischen Materials, das an die spezifischen Bedürfnisse und Ziele der ökologischen/biologischen Landwirtschaft angepasst ist;

i) Beitrag zu einem hohen Niveau der biologischen Vielfalt, insbesondere durch Verwendung uneinheitlichen pflanzengenetischen Materials wie etwa ökologischen/biologischen heterogenen Materials und für die ökologische/biologische Produktion geeigneter ökologischer/biologischer Sorten;

j) Förderung des Ausbaus ökologischer/biologischer Pflanzenzuchttätigkeiten, um einen Beitrag zu günstigen wirtschaftlichen Perspektiven des ökologischen/biologischen Sektors zu leisten.

Artikel 5
Allgemeine Grundsätze

Die ökologische/biologische Produktion ist ein nachhaltiges Bewirtschaftungssystem, das auf folgenden allgemeinen Grundsätzen beruht:

a) Respekt vor den Systemen und Kreisläufen der Natur sowie Förderung der Nachhaltigkeit und Verbesserung des Zustands von Boden, Wasser und Luft, der Gesundheit von Pflanzen und Tieren sowie des Gleichgewichts zwischen ihnen;

b) der Erhalt natürlicher Landschaftselemente wie der Naturerbestätten;

c) die verantwortungsvolle Nutzung von Energie und natürlichen Ressourcen wie Wasser, Boden, organischer Substanz und Luft;

d) die Herstellung einer reichen Vielfalt an hochwertigen Lebensmitteln und anderen Erzeugnissen der Landwirtschaft und der Aquakultur, die der Nachfrage der Verbraucher nach Erzeugnissen entsprechen, die durch Verfahren hergestellt wurden, die der Umwelt, der menschlichen Gesundheit, der Pflanzengesundheit sowie der Tiergesundheit und dem Tierschutz nicht abträglich sind;

e) Gewährleistung der Integrität der ökologischen/biologischen Produktion auf allen Stufen der Produktion, der Aufbereitung und des Vertriebs von Lebens- und Futtermitteln;

f) die angemessene Gestaltung und Handhabung biologischer Prozesse auf der Grundlage ökologischer Systeme und Nutzung systeminterner natürlicher Ressourcen und nach Methoden, für die Folgendes gilt:

i) Verwendung lebender Organismen und mechanischer Produktionsverfahren,

ii) bodengebundene Pflanzen- und flächengebundene Tiererzeugung bzw. Aquakultur nach dem Grundsatz der nachhaltigen Nutzung der aquatischen Ressourcen,

iii) keine Verwendung von GVO und von aus oder durch GVO hergestellten Erzeugnissen mit Ausnahme von Tierarzneimitteln,

iv) Vornahme von Risikobewertungen und gegebenenfalls Durchführung von Vorsorge- und Vorbeugungsmaßnahmen;

g) die Beschränkung der Verwendung externer Produktionsmittel; sind externe Produktionsmittel erforderlich oder gibt es keine angemessenen Bewirtschaftungspraktiken oder -verfahren gemäß Buchstabe f, so beschränken sich diese externen Produktionsmittel auf:

i) Produktionsmittel aus der ökologischen/biologischen Produktion; was Pflanzenvermehrungsmaterial betrifft, wird den im Hinblick auf die besonderen Bedürfnisse und Ziele der ökologischen/biologischen Landwirtschaft ausgewählten Sorten Priorität eingeräumt,

ii) natürliche oder auf natürlichem Wege gewonnene Stoffe,

iii) schwer lösliche mineralische Düngemittel;

h) erforderlichenfalls die Anpassung des Produktionsprozesses im Rahmen dieser Verordnung zur Berücksichtigung des Gesundheitszustands, regionaler Unterschiede beim ökologischen Gleichgewicht, des Klimas und örtlicher Verhältnisse, der Entwicklungsstadien und spezifischer Tierhaltungspraktiken;

i) der Verzicht auf das Klonen von Tieren, auf die Zucht künstlich erzeugter polyploider Tiere und auf ionisierende Strahlung in der gesamten ökologischen/biologischen Lebensmittelkette;

j) die Beachtung eines hohen Tierschutzniveaus unter Berücksichtigung der artspezifischen Bedürfnisse.

Artikel 6
Spezifische Grundsätze für landwirtschaftliche Tätigkeiten und die Aquakultur

Die ökologische/biologische Produktion beruht sowohl in der Landwirtschaft als auch in der Aquakultur insbesondere auf folgenden spezifischen Grundsätzen:

a) die Erhaltung und Förderung des Bodenlebens sowie der natürlichen Fruchtbarkeit, der Stabilität, des Wasserrückhaltevermögens und der biologischen Vielfalt des Bodens zwecks Verhinderung und Bekämpfung des Verlusts von organischer Bodensubstanz, der Bodenverdichtung und -erosion und zur Versorgung der Pflanzen mit Nährstoffen hauptsächlich über das Ökosystem des Bodens;

b) die Minimierung der Verwendung von nicht erneuerbaren Ressourcen und von externen Produktionsmitteln;

c) die Wiederverwertung von Abfallstoffen und Nebenerzeugnissen pflanzlichen und tierischen Ursprungs als Produktionsmittel in der pflanzlichen und tierischen Erzeugung;

d) die Erhaltung der Pflanzengesundheit durch Vorbeugungsmaßnahmen wie Auswahl von angemessene Arten, Sorten oder heterogenem Material, die gegen Schädlinge und Krankheiten resistent sind, durch angemessene Fruchtfolge, durch mechanische und physikalische Methoden und durch den Schutz von Nützlingen;

e) die Verwendung von Saatgut und Tieren mit hoher genetischer Vielfalt, Widerstandsfähigkeit gegen Krankheiten und Langlebigkeit;

f) die Auswahl von Pflanzensorten unter Berücksichtigung der Besonderheiten der spezifischen Systeme für die ökologische/biologische Produktion mit Schwerpunkt auf der agronomischen Leistung, der Widerstandsfähigkeit gegenüber Krankheiten, der Anpassung an die unterschiedlichen örtlichen Gegebenheiten in Bezug auf Boden und Klima sowie der Achtung der natürlichen Kreuzungsbarrieren;

g) die Verwendung von ökologischem/biologischem Pflanzenvermehrungsmaterial wie etwa Pflanzenvermehrungsmaterial aus ökologischem/biologischem heterogenem Material und aus für die ökologische/biologische Produktion geeigneten ökologischen/biologischen Sorten;

h) die Produktion ökologischer/biologischer Sorten auf der Grundlage der Fähigkeit zur natürlichen Vermehrung und mit Schwerpunkt auf der Achtung der natürlichen Kreuzungsbarrieren;

i) unbeschadet des Artikels 14 der Verordnung (EG) Nr. 2100/94 sowie der nationalen Sortenschutzrechte nach dem innerstaatlichen Recht der Mitgliedstaaten, die Möglichkeit für Landwirte, Pflanzenvermehrungsmaterial aus ihren eigenen Betrieben zur Förderung genetischer Ressourcen zu nutzen, die an die speziellen Bedingungen der ökologischen/biologischen Produktion angepasst sind;

j) die Wahl von Tierrassen mit Blick auf eine hohe genetische Vielfalt und unter Berücksichtigung ihrer Anpassungsfähigkeit an die örtlichen Bedingungen, ihres Zuchtwerts, ihrer Langlebigkeit, ihrer Vitalität und ihrer Widerstandsfähigkeit gegenüber Krankheiten oder Gesundheitsproblemen;

k) Betreiben einer an den Standort angepassten flächengebundenen Tiererzeugung;

l) die Anwendung von Tierhaltungspraktiken, durch die das Immunsystem der Tiere und ihre natürlichen Abwehrkräfte gegen Krankheiten gestärkt werden; dazu gehören unter anderem regelmäßige Bewegung und Zugang zu Freigelände und Weideland;

m) die Fütterung der Tiere mit ökologischen/biologischen Futtermitteln, die sich aus Zutaten landwirtschaftlichen Ursprungs aus ökologischer/biologischer Produktion und natürlichen, nichtlandwirtschaftlichen Stoffen zusammensetzen;

n) die Gewinnung ökologischer/biologischer tierischer Erzeugnisse von Tieren, die von ihrer Geburt bzw. dem Schlüpfen an ununterbrochen in ökologischen/biologischen Betrieben aufgezogen wurden;

o) die Erhaltung eines gesunden Wassermilieus und der Qualität angrenzender aquatischer und terrestrischer Ökosysteme;

p) die Fütterung von Wasserorganismen mit Futtermitteln aus der nachhaltigen Nutzung von Fischereiressourcen im Sinne der Verordnung (EU) Nr. 1380/2013 oder mit ökologischen/biologischen Futtermitteln, die sich aus Zutaten landwirtschaftlichen Ursprungs aus ökologischer/biologischer Produktion, einschließlich ökologischer/biologischer Aquakultur, und aus natürlichen, nichtlandwirtschaftlichen Stoffen zusammensetzen;

q) Vermeidung jeglicher Gefährdung unter Schutz gestellter Arten, die sich aus der ökologischen/biologischen Produktion ergeben könnte.

Artikel 7
Spezifische Grundsätze für die Verarbeitung ökologischer/biologischer Lebensmittel

Die Herstellung verarbeiteter ökologischer/biologischer Lebensmittel beruht insbesondere auf folgenden spezifischen Grundsätzen:

a) die Herstellung ökologischer/biologischer Lebensmittel aus ökologischen/biologischen Zutaten landwirtschaftlichen Ursprungs;

b) die Beschränkung der Verwendung von Lebensmittelzusatzstoffen, von nichtökologischen/nichtbiologischen

Zutaten mit überwiegend technischen und sensorischen Funktionen sowie von Mikronährstoffen und Verarbeitungshilfsstoffen auf ein Minimum und auf Fälle, in denen dies ein wesentliches technologisches Erfordernis darstellt oder besonderen Ernährungszwecken dient;

c) der Verzicht auf Stoffe und Verarbeitungsverfahren, die in Bezug auf die tatsächliche Beschaffenheit des Erzeugnisses irreführend sein könnten;

d) die sorgfältige Verarbeitung ökologischer/biologischer Lebensmittel, vorzugsweise unter Anwendung biologischer, mechanischer und physikalischer Methoden;

e) der Verzicht auf Lebensmittel, die technisch hergestellte Nanomaterialien enthalten oder aus solchen bestehen.

Artikel 8
Spezifische Grundsätze für die Verarbeitung ökologischer/biologischer Futtermittel

Die Herstellung verarbeiteter ökologischer/biologischer Futtermittel beruht insbesondere auf folgenden spezifischen Grundsätzen:

a) die Herstellung ökologischer/biologischer Futtermittel aus ökologischen/biologischen Einzelfuttermitteln;

b) die Beschränkung der Verwendung von Futtermittelzusatzstoffen und Verarbeitungshilfsstoffen auf ein Minimum und auf Fälle, in denen dies ein wesentliches technologisches oder zootechnisches Erfordernis darstellt oder besonderen Ernährungszwecken dient;

c) der Verzicht auf Stoffe und Verarbeitungsverfahren, die in Bezug auf die tatsächliche Beschaffenheit des Erzeugnisses irreführend sein könnten;

d) die sorgfältige Verarbeitung ökologischer/biologischer Futtermittel, vorzugsweise unter Anwendung biologischer, mechanischer und physikalischer Methoden.

KAPITEL III
PRODUKTIONSVORSCHRIFTEN

Artikel 9
Allgemeine Produktionsvorschriften

(1) Die Unternehmer halten die in diesem Artikel festgelegten allgemeinen Produktionsvorschriften ein.

(2) Der gesamte Betrieb ist unter Einhaltung der Anforderungen dieser Verordnung an die ökologische/biologische Produktion zu bewirtschaften.

(3) Für die in Artikel 24 und 25 sowie in Anhang II genannten Zwecke und Verwendungen dürfen in der ökologischen/biologischen Produktion nur gemäß diesen Bestimmungen zugelassene Erzeugnisse und Stoffe verwendet werden, sofern ihre Verwendung nach relevanten Unionsvorschriften und gegebenenfalls nach nationalen Vorschriften im Einklang mit dem Unionsrecht auch für die nichtökologische/nichtbiologische Produktion zugelassen ist.

Folgende in Artikel 2 Absatz 3 der Verordnung (EG) Nr. 1107/2009 genannten Erzeugnisse und Stoffe dürfen in der ökologischen/biologischen Produktion verwendet werden, sofern sie gemäß jener Verordnung zugelassen sind:

a) Safener, Synergisten und Beistoffe als Bestandteile von Pflanzenschutzmitteln;

b) Zusatzstoffe mit der Bestimmung, mit Pflanzenschutzmitteln vermischt zu werden.

Die Verwendung von Erzeugnissen und Stoffen in der ökologischen/biologischen Produktion zu nicht in dieser Verordnung geregelten anderen Zwecken ist zulässig, sofern ihre Verwendung im Einklang mit den in Kapitel II festgelegten Grundsätzen steht.

(4) Die Verwendung ionisierender Strahlen zur Behandlung ökologischer/biologischer Lebens- oder Futtermittel oder der in ökologischen/biologischen Lebens- oder Futtermitteln verwendeten Ausgangsstoffe ist verboten.

(5) Das Klonen von Tieren und die Zucht künstlich erzeugter polyploider Tiere ist verboten.

(6) Gegebenenfalls sind auf jeder Stufe der Produktion, der Aufbereitung und des Vertriebs Vorsorge- und Vorbeugungsmaßnahmen zu treffen.

(7) Ungeachtet des Absatzes 2 kann ein Betrieb in deutlich und wirksam getrennte ökologische/biologische Produktionseinheiten, Produktionseinheiten in Umstellung und nichtökologische/nichtbiologische Produktionseinheiten aufgeteilt werden, sofern bei den nichtökologischen/nichtbiologischen Produktionseinheiten Folgendes gegeben ist:

a) Bei Tieren handelt es sich um andere Arten;

b) bei Pflanzen handelt es sich um andere leicht zu unterscheidende Sorten.

Bei Algen und Aquakulturtieren kann es sich um die gleiche Art handeln, sofern eine klare und wirksame Trennung zwischen den Produktionsstätten bzw. Produktionseinheiten besteht.

(8) Abweichend von Absatz 7 Buchstabe b kann es sich bei mehrjährigen Kulturen, die eine Kulturzeit von mindestens drei Jahren erfordern, um verschiedene Sorten, die nicht leicht zu unterscheiden sind, oder um gleiche Sorten handeln, sofern die betreffende Produktion im Rahmen eines Umstellungsplans erfolgt und die Umstellung des letzten Teils der mit der betreffenden Produktion verbundenen Fläche auf die ökologische/biologische Produktion so bald wie möglich eingeleitet und innerhalb von höchstens fünf Jahren abgeschlossen wird.

In solchen Fällen gilt Folgendes:

a) Der Landwirt meldet der zuständigen Behörde oder gegebenenfalls der Kontrollbehörde oder

der Kontrollstelle den Beginn der Ernte jedes einzelnen der betreffenden Erzeugnisse mindestens 48 Stunden im Voraus;

b) nach abgeschlossener Ernte unterrichtet der Landwirt die zuständige Behörde oder gegebenenfalls die Kontrollbehörde oder die Kontrollstelle über die genauen Erntemengen in den betreffenden Einheiten und über die zur Trennung der Erzeugnisse durchgeführten Maßnahmen;

c) nach Anlaufen des Umstellungsplans werden der Umstellungsplan und die Maßnahmen zur Sicherstellung der wirksamen und klaren Trennung jedes Jahr von der zuständigen Behörde oder gegebenenfalls der Kontrollbehörde oder der Kontrollstelle bestätigt.

(9) die Anforderungen in Bezug auf verschiedene Arten und Sorten gemäß Absatz 7 Buchstaben a und b gelten nicht im Falle von Forschungs- und Bildungseinrichtungen, Baumschulen, Saatgutvermehrungsbetrieben sowie Zuchtbetrieben.

(10) Wenn in den Fällen gemäß den Absätzen 7, 8 und 9 nicht alle Produktionseinheiten eines Betriebs gemäß den Vorschriften für die ökologische/biologische Produktion bewirtschaftet werden,

a) halten die Unternehmer die für die ökologischen/biologischen Produktionseinheiten und die Produktionseinheiten in Umstellung verwendeten Erzeugnisse getrennt von den für die nichtökologischen/nichtbiologischen Produktionseinheiten verwendeten Erzeugnissen;

b) halten die Unternehmer die Erzeugnisse, die von den ökologischen/biologischen Produktionseinheiten, den Produktionseinheiten in Umstellung und den nichtökologischen/nichtbiologischen Produktionseinheiten produziert werden, voneinander getrennt;

c) führen die Unternehmer in angemessener Weise Aufzeichnungen über die wirksame Trennung von Produktionseinheiten und Erzeugnissen.

(11) Der Kommission wird die Befugnis übertragen, gemäß Artikel 54 delegierte Rechtsakte zur Änderung von Absatz 7 des vorliegenden Artikels zu erlassen, mit denen weitere Vorschriften zur Aufteilung eines Betriebs in ökologische/biologische Produktionseinheiten, Produktionseinheiten in Umstellung und nichtökologische/nichtbiologische Produktionseinheiten, insbesondere in Bezug auf die in Anhang I aufgeführten Erzeugnisse, hinzugefügt werden oder diese hinzugefügten Vorschriften geändert werden.

Artikel 10
Umstellung

(1) Landwirte und Unternehmer, die Algen oder Aquakulturtiere produzieren, halten einen Umstellungszeitraum ein. Während des gesamten Umstellungszeitraums wenden sie alle Vorschriften dieser Verordnung über die ökologische/biologische Produktion, insbesondere die in diesem Artikel und in Anhang II enthaltenen anwendbaren Vorschriften für die Umstellung an.

(2) Der Umstellungszeitraum beginnt frühestens, wenn der Landwirt oder der Algen oder Aquakulturtiere produzierende Unternehmer den gemäß Artikel 34 Absatz 1 zuständigen Behörden in dem Mitgliedstaat, in dem er die Tätigkeit ausübt und in dem der Betrieb des Landwirts oder Unternehmers dem Kontrollsystem unterstellt ist, seine Tätigkeit gemeldet hat.

(3) Frühere Zeiträume dürfen nicht rückwirkend als Teil des Umstellungszeitraums anerkannt werden, es sei denn,

a) die Landparzellen des Unternehmers waren Gegenstand von Maßnahmen, die im Rahmen eines gemäß der Verordnung (EU) Nr. 1305/2013 durchgeführten Programms festgelegt wurden und die gewährleisten, dass keine Erzeugnisse oder Stoffe, die nicht für die Verwendung in der ökologischen/biologischen Produktion zugelassen sind, auf diesen Parzellen verwendet wurden; oder

b) der Unternehmer kann nachweisen, dass die Landparzellen natürliche oder landwirtschaftlich genutzte Flächen waren und während eines Zeitraums von mindestens drei Jahren nicht mit Erzeugnissen oder Stoffen behandelt wurden, die nicht für die Verwendung in der ökologischen/biologischen Produktion zugelassen sind.

(4) Während des Umstellungszeitraums produzierte Erzeugnisse dürfen nicht als ökologische/biologische Erzeugnisse oder als Umstellungserzeugnisse vermarktet werden.

Allerdings dürfen die folgenden während des Umstellungszeitraums im Einklang mit Absatz 1 produzierten Erzeugnisse als Umstellungserzeugnisse vermarktet werden:

a) Pflanzenvermehrungsmaterial, sofern ein Umstellungszeitraum von mindestens zwölf Monaten eingehalten wurde;

b) Lebens- oder Futtermittel pflanzlichen Ursprungs, sofern das Erzeugnis nur eine landwirtschaftliche pflanzliche Zutat enthält und ein Umstellungszeitraum von mindestens zwölf Monaten vor der Ernte eingehalten wurde.

(5) Der Kommission wird die Befugnis übertragen, gemäß Artikel 54 delegierte Rechtsakte zur Änderung von Anhang II Teil II Nummer 1.2.2 zu erlassen, mit denen Vorschriften über die Umstellung für Arten, die am 17. Juni 2018 nicht unter Anhang II Teil II fallen, hinzugefügt werden oder diese hinzugefügten Vorschriften geändert werden.

(6) Die Kommission erlässt gegebenenfalls Durchführungsrechtsakte zur Festlegung der zu übermittelnden Dokumente im Hinblick auf die rückwirkende Anerkennung früherer Zeiträume gemäß Absatz 3 dieses Artikels.

Diese Durchführungsrechtsakte werden nach dem Prüfverfahren gemäß Artikel 55 Absatz 2 erlassen.

Artikel 11
Verbot der Verwendung von GVO

(1) GVO und aus oder durch GVO hergestellte Erzeugnisse dürfen nicht in Lebens- oder Futtermitteln oder als Lebensmittel, Futtermittel, Verarbeitungshilfsstoff, Pflanzenschutzmittel, Düngemittel, Bodenverbesserer, Pflanzenvermehrungsmaterial, Mikroorganismus oder Tier in der ökologischen/biologischen Produktion verwendet werden.

(2) Für die Zwecke des Verbots gemäß Absatz 1 können sich Unternehmer in Bezug auf GVO und aus GVO hergestellte Erzeugnisse im Zusammenhang mit Lebens- und Futtermitteln auf Etiketten oder auf etwaige andere Begleitpapiere verlassen, die gemäß der Richtlinie 2001/18/EG, der Verordnung (EG) Nr. 1829/2003 des Europäischen Parlaments und des Rates ([18]) oder der Verordnung (EG) Nr. 1830/2003 des Europäischen Parlaments und des Rates ([19]) auf dem Erzeugnis angebracht sind oder mit denen das Erzeugnis versehen ist.

(3) Die Unternehmer können davon ausgehen, dass keine GVO oder aus GVO hergestellte Erzeugnisse für die Herstellung gekaufter Lebens- und Futtermittel verwendet wurden, wenn an diesen nicht gemäß den in Absatz 2 genannten Rechtsakten ein Etikett angebracht ist oder sie mit einem Etikett oder Begleitpapier versehen sind, es sei denn, den Unternehmern liegen Informationen vor, die darauf hindeuten, dass die Kennzeichnung der betreffenden Erzeugnisse nicht mit den genannten Rechtsakten im Einklang steht.

(4) Für die Zwecke des Verbots gemäß Absatz 1 verlangen Unternehmer für Erzeugnisse, die nicht unter die Absätze 2 und 3 fallen, vom Verkäufer dann, wenn sie nichtökologische/nichtbiologische Erzeugnisse von Dritten beziehen und verwenden, eine Bestätigung dafür, dass diese Erzeugnisse nicht aus oder durch GVO hergestellt wurden.

Artikel 12
Vorschriften für die Pflanzenproduktion

(1) Unternehmer, die Pflanzen oder Pflanzenerzeugnisse produzieren, müssen insbesondere die detaillierten Vorschriften gemäß Anhang II Teil I einhalten.

(2) Der Kommission wird die Befugnis übertragen, gemäß Artikel 54 delegierte Rechtsakte zur Änderung folgender Abschnitte zu erlassen:

a) Anhang II Teil I Nummern 1.3 und 1.4 hinsichtlich abweichender Regelungen;

b) Anhang II Teil I Nummer 1.8.5 hinsichtlich der Verwendung von Umstellungspflanzenvermehrungsmaterial oder nichtökologischem/nichtbiologischem Pflanzenvermehrungsmaterial;

c) Anhang II Teil I Nummer 1.9.5 durch Hinzufügen weiterer Bestimmungen über die Vereinbarungen zwischen Unternehmern landwirtschaftlicher Betriebe oder durch Änderung dieser hinzugefügten Bestimmungen;

d) Anhang II Teil I Nummer 1.10.1 durch Hinzufügen weiterer Maßnahmen zur Schädlings- und Unkrautbekämpfung oder durch Änderung dieser hinzugefügten Maßnahmen;

e) Anhang II Teil I durch Hinzufügen weiterer detaillierter Vorschriften und Anbauverfahren für bestimmte Pflanzen und Pflanzenerzeugnisse, einschließlich von Vorschriften für Sprossen, oder durch Änderung dieser hinzugefügten Vorschriften.

Artikel 13
Besondere Bestimmungen über die Vermarktung von Pflanzenvermehrungsmaterial aus ökologischem/biologischem heterogenem Material

(1) Pflanzenvermehrungsmaterial aus ökologischem/biologischem heterogenem Material darf vermarktet werden, ohne dass die Anforderungen an die Eintragung und an die Zertifizierungskategorien von Vorstufenmaterial, Basismaterial und zertifiziertem Material oder die Anforderungen an andere Kategorien gemäß den Richtlinien 66/401/EWG, 66/402/EWG, 68/193/EWG, 98/56/EG, 2002/53/EG, 2002/54/EG, 2002/55/EG, 2002/56/EG, 2002/57/EG, 2008/72/EG und 2008/90/EG oder den nach diesen Richtlinien erlassenen Rechtsakten erfüllt werden müssen.

(2) Pflanzenvermehrungsmaterial aus ökologischem/biologischem heterogenem Material gemäß Absatz 1 darf vermarktet werden, nachdem der Anbieter das ökologische/biologische heterogene Material den zuständigen amtlichen Stellen gemäß den Richtlinien 66/401/EWG, 66/402/EWG, 68/193/EWG, 98/56/EG, 2002/53/EG, 2002/54/EG, 2002/55/EG, 2002/56/EG, 2002/57/EG, 2008/72/EG und 2008/90/EG mittels eines Dossiers notifiziert hat, in dem Folgendes enthalten ist:

a) die Kontaktangaben des Antragstellers;

b) die Arten und die Bezeichnung des ökologischen/biologischen heterogenen Materials;

c) eine Beschreibung der wichtigsten agronomischen und phänotypischen Merkmale, die der betreffenden pflanzlichen Gesamtheit gemein sind, einschließlich der Züchtungstechniken, der gegebenenfalls vorhandenen Versuchsergebnisse bezüglich solcher Merkmale, des Erzeugungslandes und des verwendeten Elternmaterials;

d) eine Erklärung durch den Antragsteller über die Richtigkeit der Angaben gemäß Buchstaben a, b und c; und

e) eine repräsentative Probe.

Diese Notifizierung wird per Einschreiben oder mittels jedes anderen von den amtlichen Stellen zugelassenen Kommunikationsmittels mit Empfangsbestätigung versandt.

Drei Monate nach dem auf dem Rückschein angegebenen Datum unter der Voraussetzung, dass keine zusätzlichen Informationen verlangt wurden oder dem Anbieter keine förmliche Ablehnung aufgrund der Unvollständigkeit des Dossiers oder aufgrund eines Verstoßes gemäß der Begriffsbestimmung in Artikel 3 Nummer 57 übermittelt wurde, gilt die Notifizierung und ihr Inhalt als von der zuständigen amtlichen Stelle bestätigt.

Nach der ausdrücklichen oder stillschweigenden Bestätigung der Notifizierung kann die zuständige amtliche Stelle die Aufnahme des notifizierten ökologischen/biologischen heterogenen Materials in die Liste vornehmen. Diese Aufnahme in die Liste ist für den Anbieter kostenlos.

Die Aufnahme eines ökologischen/biologischen heterogenen Materials in die Liste wird den zuständigen Behörden der anderen Mitgliedstaaten und der Kommission mitgeteilt.

Dieses ökologische/biologische heterogene Material muss die Anforderungen der gemäß Absatz 3 erlassenen delegierten Rechtsakte erfüllen.

(3) Der Kommission wird die Befugnis übertragen, gemäß Artikel 54 delegierte Rechtsakte zur Ergänzung der vorliegenden Verordnung zu erlassen, mit denen Vorschriften für die Erzeugung und Vermarktung von Pflanzenvermehrungsmaterial aus ökologischem/biologischem heterogenem Material besonderer Gattungen oder Arten festgelegt werden, die Folgendes betreffen:

a) die Beschreibung des ökologischen/biologischen heterogenen Materials, einschließlich der relevanten Züchtungstechniken und Produktionsverfahren und des verwendeten Elternmaterials;

b) die Mindestanforderungen hinsichtlich der Qualität von Saatgutpartien, einschließlich der Identität, der spezifischen Reinheit, der Keimfähigkeit und der gesundheitlichen Qualität;

c) Kennzeichnung und Verpackung;

d) die Aufzeichnungen und Proben im Rahmen der Erzeugung, die vom Unternehmer aufzubewahren sind;

e) gegebenenfalls die Erhaltung des ökologischen/biologischen heterogenen Materials.

Artikel 14
Vorschriften für die Tierproduktion

(1) Tierproduzenten müssen insbesondere die detaillierten Produktionsvorschriften einhalten, die in Anhang II Teil II und in den in Absatz 3 dieses Artikels genannten Durchführungsrechtsakten enthalten sind.

(2) Der Kommission wird die Befugnis übertragen, gemäß Artikel 54 delegierte Rechtsakte zur Änderung folgender Abschnitte zu erlassen:

a) Anhang II Teil II Nummern 1.3.4.2, 1.3.4.4.2 und 1.3.4.4.3 durch eine Verringerung der Prozentsätze in Bezug auf die Herkunft von Tieren, sobald festgestellt ist, dass auf dem Unionsmarkt eine hinreichende Anzahl ökologischer/biologischer Tiere zur Verfügung steht;

b) Anhang II Teil II Nummer 1.6.6 hinsichtlich des Grenzwerts von organischem Stickstoff für die Gesamtbesatzdichte;

c) Anhang II Teil II Nummer 1.9.6.2 Buchstabe b hinsichtlich des Fütterns von Bienenvölkern;

d) Anhang II Teil II Nummer 1.9.6.3 Buchstaben b und e hinsichtlich zulässiger Behandlungen zur Desinfektion von Bienenstöcken und Methoden und Behandlungen zur Bekämpfung von *Varroa destructor*;

e) Anhang II Teil II durch Hinzufügen von detaillierten Tierproduktionsvorschriften für andere Arten als die in dem genannten Teil am 17. Juni 2018 bereits erfassten Arten oder durch Änderung dieser hinzugefügten Vorschriften hinsichtlich

i) abweichende Regelungen in Bezug auf die Herkunft von Tieren;

ii) Ernährung;

iii) Unterbringung und Haltungspraktiken;

iv) Tiergesundheit;

v) Tierschutz.

(3) Die Kommission erlässt gegebenenfalls Durchführungsrechtsakte hinsichtlich Anhang II Teil II zur Festlegung von Vorschriften über

a) die in Nummer 1.4.1 Buchstabe g genannte Mindestdauer, die bei der Fütterung von Säugetieren mit Muttermilch während der Säugeperiode einzuhalten ist;

b) die Besatzdichte und die Mindeststallflächen und Mindestaußenflächen, die bei bestimmten Tierarten einzuhalten sind, um sicherzustellen, dass in Einklang mit den Nummern 1.6.3, 1.6.4 und 1.7.2 den entwicklungsbedingten, physiologischen und ethologischen Bedürfnissen der Tiere entsprochen wird;

c) die Merkmale und die technischen Anforderungen in Bezug auf die Mindeststallflächen und Mindestaußenflächen;

d) die Merkmale und die technischen Anforderungen in Bezug auf Gebäude und Gehege für alle Tierarten außer Bienen, um sicherzustellen, dass in Einklang mit der Nummer 1.7.2 den entwicklungsbedingten, physiologischen und ethologischen Bedürfnissen der Tiere entsprochen wird;

e) die Anforderungen in Bezug auf den Bewuchs und die Merkmale von Schutzvorrichtungen und Freigeländen.

Diese Durchführungsrechtsakte werden nach dem Prüfverfahren gemäß Artikel 55 Absatz 2 erlassen.

Artikel 15
Produktionsvorschriften für Algen und Aquakulturtiere

(1) Unternehmer, die Algen und Aquakulturtiere produzieren, müssen insbesondere die detaillierten Produktionsvorschriften einhalten, die in Anhang II Teil III und in den in Absatz 3 dieses Artikels genannten Durchführungsrechtsakten enthalten sind.

(2) Der Kommission wird die Befugnis übertragen, gemäß Artikel 54 delegierte Rechtsakte zur Änderung folgender Abschnitte zu erlassen:

a) Anhang II Teil III Nummer 3.1.3.3 hinsichtlich der Fütterung karnivorer Aquakulturtiere;

b) Anhang II Teil III Nummer 3.1.3.4 durch Hinzufügen weiterer spezifischer Vorschriften für die Fütterung bestimmter Aquakulturtiere oder durch Änderung dieser hinzugefügten Vorschriften;

c) Anhang II Teil III Nummer 3.1.4.2 hinsichtlich der tierärztlichen Behandlung von Aquakulturtieren;

d) Anhang II Teil III durch Hinzufügen weiterer detaillierter Bedingungen je Art für die Bewirtschaftung der Brutbestände sowie für die Aufzucht und die Erzeugung von Jungfischen oder durch Änderung dieser hinzugefügten detaillierten Bedingungen.

(3) Die Kommission erlässt gegebenenfalls Durchführungsrechtsakte, mit denen je Art oder Artengruppe detaillierte Vorschriften über die Besatzdichte und die besonderen Merkmale der Produktionssysteme und der Haltungssysteme festgelegt werden, um zu gewährleisten, dass die artenspezifischen Bedürfnisse erfüllt werden.

Diese Durchführungsrechtsakte werden nach dem Prüfverfahren gemäß Artikel 55 Absatz 2 erlassen.

(4) Für die Zwecke des vorliegenden Artikels sowie von Anhang II Teil III bedeutet „Besatzdichte“ das Lebendgewicht von Aquakulturtieren pro Kubikmeter Wasser zu jedem Zeitpunkt der Abwachsphase bzw. im Falle von Plattfischen und Garnelen das Gewicht pro Quadratmeter Fläche.

Artikel 16
Produktionsvorschriften für verarbeitete Lebensmittel

(1) Unternehmer, die verarbeitete Lebensmittel herstellen, müssen insbesondere die detaillierten Produktionsvorschriften einhalten, die in Anhang II Teil IV und in den in Absatz 3 dieses Artikels genannten Durchführungsrechtsakten enthalten sind.

(2) Der Kommission wird die Befugnis übertragen, gemäß Artikel 54 delegierte Rechtsakte zur Änderung folgender Abschnitte zu erlassen:

a) Anhang II Teil IV Nummer 1.4 hinsichtlich der von den Unternehmern zu ergreifenden Vorsorge- und Vorbeugungsmaßnahmen;

b) Anhang II Teil IV Nummer 2.2.2 hinsichtlich der Art, der Zusammensetzung und den Bedingungen für die Verwendung von Erzeugnissen und Stoffen, die in verarbeiteten Lebensmitteln verwendet werden dürfen;

c) Anhang II Teil IV Nummer 2.2.4 hinsichtlich der Berechnung des prozentualen Anteils von Zutaten landwirtschaftlichen Ursprungs gemäß Artikel 30 Absatz 5 Buchstabe a Ziffer ii und Buchstabe b Ziffer i, einschließlich der nach Artikel 24 für die Verwendung in der ökologischen/biologischen Produktion zugelassenen Lebensmittelzusatzstoffe, die für eine solche Berechnung zu den Zutaten landwirtschaftlichen Ursprungs gerechnet werden.

In diesen delegierten Rechtsakten darf nicht die Möglichkeit vorgesehen werden, Aromastoffe oder Aromaextrakte zu verwenden, die weder natürlich im Sinne von Artikel 16 Absätze 2 bis 4 der Verordnung (EG) Nr. 1334/2008 des Europäischen Parlaments und des Rates ([20]) noch ökologisch/biologisch sind.

(3) Die Kommission kann Durchführungsrechtsakte zur Festlegung der zulässigen Verarbeitungsverfahren für Lebensmittel erlassen.

Diese Durchführungsrechtsakte werden nach dem Prüfverfahren gemäß Artikel 55 Absatz 2 erlassen.

Artikel 17
Produktionsvorschriften für verarbeitete Futtermittel

(1) Unternehmer, die verarbeitete Futtermittel herstellen, müssen insbesondere die detaillierten Produktionsvorschriften einhalten, die in Anhang II Teil V und in den in Absatz 3 genannten Durchführungsrechtsakten enthalten sind.

(2) Der Kommission wird die Befugnis übertragen, gemäß Artikel 54 delegierte Rechtsakte zur Änderung von Anhang II Teil V Nummer 1.4 zu erlassen, mit denen weitere von den Unternehmern zu ergreifende Vorsorge- und Vorbeugungsmaßnahmen hinzugefügt werden oder diese hinzugefügten Maßnahmen geändert werden.

(3) Die Kommission kann Durchführungsrechtsakte zur Festlegung der zulässigen Verarbeitungsverfahren für Futtermittel erlassen.

Diese Durchführungsrechtsakte werden nach dem Prüfverfahren gemäß Artikel 55 Absatz 2 erlassen.

Artikel 18
Produktionsvorschriften für Wein

(1) Unternehmer, die Erzeugnisse des Weinsektors herstellen, müssen insbesondere die detaillierten Produktionsvorschriften gemäß Anhang II Teil VI einhalten.

(2) Der Kommission wird die Befugnis übertragen, gemäß Artikel 54 delegierte Rechtsakte zur Änderung folgender Abschnitte zu erlassen:

a) Anhang II Teil VI Nummer 3.2 durch Hinzufügen verbotener önologischer Verfahren, Prozesse und Behandlungen oder durch Änderung dieser hinzugefügten Elemente;

b) Anhang II Teil VI Nummer 3.3.

Artikel 19
Produktionsvorschriften für Hefe, die als Lebens- oder Futtermittel verwendet wird

(1) Unternehmer, die Hefe herstellen, die als Lebens- oder Futtermittel verwendet wird, müssen insbesondere die detaillierten Produktionsvorschriften gemäß Anhang II Teil VII einhalten.

(2) Der Kommission wird die Befugnis übertragen, gemäß Artikel 54 delegierte Rechtsakte zur Änderung von Anhang II Teil VII Nummer 1.3 zu erlassen, mit denen weitere detaillierte Produktionsvorschriften für Hefe hinzugefügt werden oder diese hinzugefügten Vorschriften geändert werden.

Artikel 20
Fehlen spezifischer Produktionsvorschriften für bestimmte Tierarten und bestimmte Arten von Aquakulturtieren

Bis zum Erlass von

a) zusätzlichen allgemeinen Vorschriften für Tierarten, die nicht unter Anhang II Teil II Nummer 1.9 fallen, gemäß Artikel 14 Absatz 2 Buchstabe e,

b) Durchführungsrechtsakten für Tierarten gemäß Artikel 14 Absatz 3, oder

c) Durchführungsrechtsakten für Arten oder Artengruppen von Aquakulturtieren gemäß Artikel 15 Absatz 3

kann ein Mitgliedstaat detaillierte nationale Produktionsvorschriften für bestimmte Arten oder Artengruppen von Tieren in Bezug auf die Elemente, die die Maßnahmen gemäß den Buchstaben a, b und c abdecken, anwenden, sofern die genannten nationalen Vorschriften mit dieser Verordnung in Einklang stehen und nicht das Inverkehrbringen von Erzeugnissen verbieten, einschränken oder behindern, die außerhalb seines Hoheitsgebietes produziert worden sind und diese Verordnung erfüllen.

Artikel 21
Produktionsvorschriften für Erzeugnisse, die nicht unter die in den Artikeln 12 bis 19 aufgeführten Kategorien von Erzeugnissen fallen

(1) Der Kommission wird die Befugnis übertragen, gemäß Artikel 54 delegierte Rechtsakte zur Änderung von Anhang II zu erlassen, mit denen detaillierte Produktionsvorschriften und Vorschriften über die Umstellungspflicht für Erzeugnisse, die nicht unter die in den Artikeln 12 bis 19 aufgeführten Kategorien von Erzeugnissen fallen, hinzugefügt werden oder diese hinzugefügten Vorschriften geändert werden.

Diese delegierten Rechtsakte beruhen auf den Zielen und Grundsätzen der ökologischen/biologischen Produktion gemäß Kapitel II und wahren die allgemeinen Produktionsvorschriften gemäß den Artikeln 9 bis 11 sowie die geltenden detaillierten Produktionsvorschriften für ähnliche Erzeugnisse gemäß Anhang II. Mit ihnen werden Anforderungen insbesondere in Bezug auf zulässige oder verbotene Behandlungen, Verfahren und Produktionsmittel oder in Bezug auf die Umstellungszeiträume für die betreffenden Erzeugnisse festgelegt.

(2) In Ermangelung der in Absatz 1 genannten detaillierten Produktionsvorschriften

a) halten die Unternehmer hinsichtlich der in Absatz 1 genannten Erzeugnisse die Grundsätze gemäß den Artikeln 5 und 6 und entsprechend die Grundsätze gemäß Artikel 7 sowie die allgemeinen Produktionsvorschriften gemäß den Artikeln 9 bis 11 ein;

b) kann ein Mitgliedstaat hinsichtlich der in Absatz 1 genannten Erzeugnisse detaillierte nationale Produktionsvorschriften anwenden, sofern die genannten Vorschriften mit dieser Verordnung in Einklang stehen und nicht das Inverkehrbringen von Erzeugnissen verbieten, einschränken oder behindern, die außerhalb seines Hoheitsgebietes produziert worden sind und die diese Verordnung erfüllen.

Artikel 22
Ausnahmen von den Produktionsvorschriften

(1) Der Kommission wird die Befugnis übertragen, gemäß Artikel 54 delegierte Rechtsakte zur Ergänzung der vorliegenden Verordnung zu erlassen, mit denen Folgendes festgelegt wird:

a) die Kriterien für die Einstufung einer Situation als Katastrophenfall infolge „widriger Witterungsverhältnisse“, „Tierseuchen“, eines „Umweltvorfalls“, einer „Naturkatastrophe“ oder eines „Katastrophenereignisses“ im Sinne des Artikels 2 Absatz 1 Buchstaben h, i, j, k bzw. l der Verordnung (EU) Nr. 1305/2013 oder von ähnlichen Situationen,

b) spezifische Vorschriften, einschließlich der möglichen abweichenden Regelungen zu dieser Verordnung, für das Vorgehen der Mitgliedstaaten in solchen Katastrophenfällen, wenn sie sich für die Anwendung dieses Artikels entscheiden, und

c) spezifische Vorschriften über die Überwachung und Berichterstattung in diesen Fällen.

Die genannten Kriterien und Vorschriften unterliegen den Grundsätzen der ökologischen/biologischen Produktion gemäß Kapitel II.

(2) Hat ein Mitgliedstaat ein Ereignis offiziell als Naturkatastrophe im Sinne von Artikel 18 Absatz 3 oder Artikel 24 Absatz 3 der Verordnung (EU) Nr. 1305/2013 anerkannt und macht dieses Ereignis es unmöglich, die in der vorliegenden Verordnung festgelegten Produktionsvorschriften einzuhalten, so kann dieser Mitgliedstaat vorbehaltlich der in Kapitel II dargelegten Grundsätze und etwaiger gemäß Absatz 1 erlassener delegierter Rechtsakte abweichende Regelungen zu den Produktionsvorschriften für einen begrenzten Zeitraum und bis zu dem Zeitpunkt, an dem die ökologische/biologische Produktion wieder aufgenommen werden kann, gewähren.

(3) Die Mitgliedstaaten können im Einklang mit den in Absatz 1 genannten delegierten Rechtsakten Maßnahmen zur Fortsetzung oder Wiederaufnahme der ökologischen/biologischen Produktion in Katastrophenfällen erlassen.

Artikel 23
Abholung, Verpackung, Beförderung und Lagerung

(1) Die Unternehmer stellen sicher, dass ökologische/biologische Erzeugnisse und Umstellungserzeugnisse nach den Vorschriften gemäß Anhang III abgeholt, verpackt, befördert und gelagert werden.

(2) Der Kommission wird die Befugnis übertragen, gemäß Artikel 54 delegierte Rechtsakte zur Änderung folgender Abschnitte zu erlassen:

a) Anhang III Abschnitt 2;

b) Anhang III Abschnitte 3, 4 und 6 durch Hinzufügen weiterer Sondervorschriften für die Beförderung und Annahme der betreffenden Erzeugnisse oder durch Änderung dieser hinzugefügten Vorschriften.

Artikel 24
Zulassung von Erzeugnissen und Stoffen, die in der ökologischen/biologischen Produktion verwendet werden

(1) Die Kommission kann bestimmte Erzeugnisse und Stoffe zur Verwendung in der ökologischen/biologischen Produktion für folgende Zwecke zulassen und nimmt alle solche zugelassenen Erzeugnisse und Stoffe in beschränkende Verzeichnisse auf:

a) als in Pflanzenschutzmitteln zu verwendende Wirkstoffe;

b) als Düngemittel, Bodenverbesserer und Nährstoffe;

c) als nichtökologische/nichtbiologische Einzelfuttermittel mit Ursprung in Pflanzen, Algen, Tieren oder Hefe oder Einzelfuttermittel mikrobiellen oder mineralischen Ursprungs;

d) als Futtermittelzusatzstoffe und Verarbeitungshilfsstoffe;

e) als Mittel zur Reinigung und Desinfektion von Teichen, Käfigen, Becken, Fließkanälen, Gebäuden oder Anlagen für die tierische Erzeugung;

f) als Mittel zur Reinigung und Desinfektion von Gebäuden und Anlagen für die pflanzliche Erzeugung, einschließlich Lagerung in einem landwirtschaftlichen Betrieb;

g) als Mittel zur Reinigung und Desinfektion in Verarbeitungs- und Lagerstätten.

(2) Zusätzlich zu den gemäß Absatz 1 zugelassenen Erzeugnissen und Stoffen, kann die Kommission bestimmte Erzeugnisse und Stoffe zur Verwendung in der Produktion von verarbeiteten ökologischen/biologischen Lebensmitteln und von Hefe, die als Lebens- oder Futtermittel verwendet wird, für folgende Zwecke zulassen und nimmt alle solche zugelassenen Erzeugnisse und Stoffe in beschränkende Verzeichnisse auf:

a) als Lebensmittelzusatzstoffe und Verarbeitungshilfsstoffe;

b) als nichtökologische/nichtbiologische Zutaten landwirtschaftlichen Ursprungs zur Verwendung in der Produktion von verarbeiteten ökologischen/biologischen Lebensmitteln;

c) als Verarbeitungshilfsstoffe für die Herstellung von Hefe und Hefeprodukten.

(3) Die Zulassung der in Absatz 1 genannten Erzeugnisse und Stoffe für die Verwendung in der ökologischen/biologischen Produktion unterliegt den Grundsätzen des Kapitels II sowie folgenden Kriterien, die als Ganzes zu bewerten sind:

a) Sie sind für eine dauerhafte Produktion und für die beabsichtigte Verwendung unerlässlich;

b) alle betreffenden Erzeugnisse und Stoffe müssen ihren Ursprung in Pflanzen, Algen oder Tieren haben bzw. mikrobiellen oder mineralischen Ursprungs sein, es sei denn, solche Erzeugnisse oder Stoffe sind nicht in ausreichender Menge oder Qualität erhältlich oder Alternativen stehen nicht zur Verfügung;

c) im Falle der in Absatz 1 Buchstabe a genannten Erzeugnisse

i) ist ihre Verwendung unerlässlich für die Bekämpfung eines Schädlings, d. h., es stehen keine anderen biologischen, physikalischen oder züchterischen Alternativen oder anbautechnischen Praktiken oder sonstigen wirksamen Bewirtschaftungspraktiken zur Verfügung;

ii) wird, wenn diese Erzeugnisse ihren Ursprung nicht in Pflanzen, Algen oder Tieren haben bzw. nicht mikrobiellen oder mineralischen Ursprungs sind und nicht mit ihrer natürlichen Form identisch sind, in ihren Verwendungsbedingungen jeglicher Kontakt mit den essbaren Teilen der Pflanze ausgeschlossen;

d) im Falle der in Absatz 1 Buchstabe b genannten Erzeugnisse ist die Verwendung unerlässlich, um die Fruchtbarkeit des Bodens zu fördern oder zu erhalten oder besondere Ernährungsbedürfnisse der Pflanzen zu decken oder spezifische Bodenverbesserungszwecke zu erfüllen;

e) im Falle der in Absatz 1 Buchstaben c und d genannten Erzeugnisse

i) ist ihre Verwendung im Interesse der Tiergesundheit, des Tierschutzes und der Vitalität der Tiere erforderlich und trägt zu einer angemessenen Ernährung bei, die den physiologischen Bedürfnissen und Verhaltensbedürfnissen der betreffenden Art entspricht, oder ist ihre Verwendung für die Herstellung oder Haltbarmachung von Futtermitteln erforderlich, da es ohne Rückgriff auf diese Stoffe unmöglich ist, solche Futtermittel herzustellen oder haltbar zu machen;

ii) sind Futtermittel mineralischen Ursprungs, Spurenelemente, Vitamine oder Provitamine natürlichen Ursprungs, es sei denn, solche Erzeugnisse oder Stoffe sind nicht in ausreichender Menge oder Qualität erhältlich oder Alternativen stehen nicht zur Verfügung;

iii) ist
die Verwendung von nichtökologischen/nichtbiologischen Einzelfuttermitteln pflanzlichen oder tierischen Ursprungs erforderlich, da Einzelfuttermittel pflanzlichen oder tierischen Ursprungs, die in Einklang mit den Vorschriften für die ökologische/biologische Produktion hergestellt wurden, nicht in ausreichender Menge zur Verfügung stehen;

iv) ist die Verwendung von nichtökologischen/nichtbiologischen Gewürzen, Kräutern und Melassen erforderlich, soweit solche Produkte nicht in ökologisch/biologisch hergestellter Form verfügbar sind; sie müssen ohne chemische Lösungsmittel produziert oder aufbereitet werden und ihre Verwendung ist auf 1 % der Futterration einer bestimmten Art beschränkt, jährlich berechnet als Prozentsatz der Trockenmasse der Futtermittel landwirtschaftlichen Ursprungs.

(4) Die Zulassung der in Absatz 2 genannten Erzeugnisse und Stoffe für die Verwendung in der Produktion von verarbeiteten ökologischen/biologischen Lebensmitteln oder von Hefe, die als Lebens- oder Futtermittel verwendet wird, unterliegt den Grundsätzen des Kapitels II sowie folgenden Kriterien, die als Ganzes zu bewerten sind:

a) alternative Erzeugnisse oder Stoffe, die gemäß diesem Artikel zugelassen sind, oder Verfahren, die mit dieser Verordnung vereinbar sind, stehen nicht zur Verfügung;

b) ohne Rückgriff auf diese Erzeugnisse und Stoffe kann das Lebensmittel nicht hergestellt oder haltbar gemacht werden oder können ernährungsspezifische Anforderungen, die aufgrund von Unionsrecht festgelegt wurden, nicht eingehalten werden;

c) sie müssen in der Natur vorkommen und dürfen nur mechanischen, physikalischen, biologischen, enzymatischen oder mikrobiologischen Prozessen unterzogen worden sein, außer wenn solche Erzeugnisse oder Stoffe nicht in ausreichender Menge oder Qualität erhältlich sind;

d) die ökologische/biologische Zutat ist nicht in ausreichender Menge erhältlich.

(5) Die Zulassung der Verwendung der chemisch-synthetischen Erzeugnisse und Stoffe gemäß den Absätzen 1 und 2 dieses Artikels ist strikt auf Fälle beschränkt, in denen die Verwendung von externen Produktionsmitteln gemäß Artikel 5 Buchstabe g zu unannehmbaren Auswirkungen auf die Umwelt beitragen würde.

(6) Der Kommission wird die Befugnis übertragen, gemäß Artikel 54 delegierte Rechtsakte zur Änderung der Absätze 3 und 4 des vorliegenden Artikels zu erlassen, mit denen weitere Kriterien für die Zulassung oder Rücknahme der Zulassung von Erzeugnissen und Stoffen gemäß den Absätzen 1 und 2 des vorliegenden Artikels für die Verwendung in der ökologischen/biologischen Produktion im Allgemeinen und die Herstellung verarbeiteter ökologischer/biologischer Lebensmittel im Besonderen hinzugefügt werden oder diese hinzufügten Kriterien geändert werden.

(7) Ist ein Mitgliedstaat der Ansicht, dass ein Erzeugnis oder Stoff in die in den Absätzen 1 und 2 genannten Verzeichnisse der zugelassenen Erzeugnisse und Stoffe aufgenommen oder daraus gestrichen werden sollte oder dass die in den Produktionsvorschriften genannten Verwendungsbedingungen geändert werden sollten, so stellt er sicher, dass der Kommission und den anderen Mitgliedstaaten offiziell ein Dossier mit den Gründen für die Aufnahme, Streichung oder andere Änderungen übermittelt und unter Wahrung der Datenschutzvorschriften der Union und der Mitgliedstaaten veröffentlicht wird.

Die Kommission veröffentlicht alle Anträge gemäß diesem Absatz.

(8) Die Kommission überprüft regelmäßig die in diesem Artikel genannten Verzeichnisse.

Das Verzeichnis von nichtökologischen/nichtbiologischen Zutaten gemäß Absatz 2 Buchstabe b wird mindestens einmal jährlich überprüft.

(9) Die Kommission erlässt Durchführungsrechtsakte für die Zulassung oder Rücknahme der

Zulassung der Erzeugnisse und Stoffe gemäß Absätzen 1 und 2, die in der ökologischen/biologischen Produktion im Allgemeinen und für die Herstellung verarbeiteter ökologischer/biologischer Lebensmittel im Besonderen verwendet werden dürfen, und zur Festlegung des Zulassungsverfahrens und der Verzeichnisse der betreffenden Erzeugnisse und Stoffe und gegebenenfalls ihrer Beschreibung, ihrer vorgegebenen Zusammensetzung und ihrer Verwendungsbedingungen.

Diese Durchführungsrechtsakte werden nach dem Prüfverfahren gemäß Artikel 55 Absatz 2 erlassen.

Artikel 25
Zulassung von nichtökologischen/nichtbiologischen Zutaten landwirtschaftlichen Ursprungs für verarbeitete ökologische/biologische Lebensmittel durch die Mitgliedstaaten

(1) Wenn es für die Sicherstellung des Zugangs zu bestimmten Zutaten landwirtschaftlichen Ursprungs erforderlich ist und solche Zutaten nicht in ausreichender Menge als ökologische/biologische Erzeugnisse zur Verfügung stehen, kann ein Mitgliedstaat auf Antrag eines Unternehmers die Verwendung von nichtökologischen/nichtbiologischen Zutaten landwirtschaftlichen Ursprungs für die Produktion von verarbeiteten ökologischen/biologischen Lebensmitteln in seinem Hoheitsgebiet für einen Zeitraum von höchstens sechs Monaten vorläufig zulassen. Diese Zulassung gilt für alle Unternehmer in diesem Mitgliedstaat.

(2) Der Mitgliedstaat notifiziert der Kommission und den anderen Mitgliedstaaten über ein von der Kommission bereitgestelltes Computersystem für den elektronischen Austausch von Dokumenten und Informationen unverzüglich jede für sein Hoheitsgebiet erteilte Zulassung gemäß Absatz 1.

(3) Der Mitgliedstaat kann die Zulassung gemäß Absatz 1 zweimal für jeweils höchstens sechs Monate verlängern, wenn kein anderer Mitgliedstaat unter Hinweis auf die Verfügbarkeit solcher Zutaten in ausreichender Menge als ökologische/biologische Erzeugnisse über das in Absatz 2 genannte System Einwände gegen die Notifizierung erhebt.

(4) Eine gemäß Artikel 46 Absatz 1 anerkannte Kontrollbehörde oder Kontrollstelle kann für einen Zeitraum von höchstens sechs Monaten eine vorläufige Zulassung gemäß Absatz 1 dieses Artikels an Drittlandunternehmen erteilen, die eine solche Zulassung beantragt haben und den Kontrollen dieser Kontrollbehörde oder Kontrollstelle unterliegen, wenn die in dem genannten Absatz festgelegten Bedingungen in dem betreffenden Drittland erfüllt sind. Die Zulassung kann höchstens zweimal für jeweils sechs Monate verlängert werden.

(5) Vertritt ein Mitgliedstaat nach zwei Verlängerungen einer vorläufigen Zulassung auf der Grundlage objektiver Informationen die Auffassung, dass diese Zutaten als ökologisches/biologisches Erzeugnis weiterhin in nicht hinreichendem Maße verfügbar sind, um den qualitativen und quantitativen Bedürfnissen der Unternehmer zu entsprechen, kann er bei der Kommission einen entsprechenden Antrag gemäß Artikel 24 Absatz 7 einreichen.

Artikel 26
Erhebung von Daten zur Verfügbarkeit auf dem Markt von ökologischem/biologischem Pflanzenvermehrungsmaterial und Umstellungspflanzenvermehrungsmaterial, ökologischen/biologischen Tieren und ökologischen/biologischen juvenilen Aquakulturtieren

(1) Die Mitgliedstaaten tragen dafür Sorge, dass zur Erfassung des ökologischen/biologischen Pflanzenvermehrungsmaterials bzw. des Umstellungspflanzenvermehrungsmaterials — mit Ausnahme von Sämlingen, aber einschließlich Saatkartoffeln —, das in ihrem Hoheitsgebiet zur Verfügung steht, eine regelmäßig aktualisierte Datenbank eingerichtet wird.

(2) Die Mitgliedstaaten müssen über Systeme verfügen, die es den Unternehmern, die ökologisches/biologisches Pflanzenvermehrungsmaterial, Umstellungspflanzenvermehrungsmaterial oder ökologische/biologische Tiere oder ökologische/biologische juvenile Aquakulturtiere vermarkten und in ausreichenden Mengen innerhalb eines angemessenen Zeitraums liefern können, ermöglichen, folgende Informationen freiwillig und kostenlos zusammen mit ihren Namen und Kontaktangaben zu veröffentlichen:

a) das zur Verfügung stehende ökologische/biologische Pflanzenvermehrungsmaterial und Umstellungspflanzenvermehrungsmaterial, wie etwa Pflanzenvermehrungsmaterial aus ökologischem/biologischem heterogenem Material oder aus für die ökologische/biologische Produktion geeigneten ökologischen/biologischen Sorten, mit Ausnahme von Sämlingen, aber einschließlich Saatkartoffeln; die Menge dieses Materials in Gewichtsangaben und der Jahreszeitraum der Verfügbarkeit; bei der Auflistung dieses Materials werden mindestens die lateinischen wissenschaftlichen Bezeichnungen verwendet;

b) die ökologischen/biologischen Tiere, für die gemäß Anhang II Teil II Nummer 1.3.4.4 abweichende Regelungen gewährt werden können; die Anzahl der verfügbaren Tiere aufgeschlüsselt nach Geschlecht; gegebenenfalls Angaben über die verfügbaren Rassen und Linien verschiedener Tierarten; die Rassen der Tiere, das Alter der Tiere und alle sonstigen relevanten Informationen;

c) die in dem Betrieb verfügbaren ökologischen/biologischen juvenilen Aquakulturtiere und deren Gesundheitsstatus gemäß der Richtlinie 2006/88/EG des Rates ([(21)]) und die Produktionskapazität für jede Aquakulturart.

(3) Die Mitgliedstaaten können auch Systeme einrichten, die es den Unternehmern, die an die ökologische/biologische Produktion angepasste Rassen und Linien gemäß Anhang II Teil II Nummer 1.3.3 oder ökologisch/biologisch gehaltene Junghennen vermarkten und diese Tiere in ausreichenden Mengen innerhalb eines angemessenen Zeitraums liefern können, ermöglichen, die relevanten Informationen freiwillig und kostenlos zusammen mit ihren Namen und Kontaktangaben zu veröffentlichen.

(4) Unternehmer, die sich dafür entscheiden, Information über Pflanzenvermehrungsmaterial, Tiere oder juvenile Aquakulturtiere in die in den Absätzen 2 und 3 genannten Systeme aufzunehmen, sorgen dafür, dass die Informationen regelmäßig aktualisiert werden bzw. aus den Verzeichnissen gestrichen werden, sobald das Pflanzenvermehrungsmaterial oder die Tiere oder die juvenilen Aquakulturtiere nicht mehr zur Verfügung steht bzw. stehen.

(5) Für die Zwecke der Absätze 1 bis 3 können die Mitgliedstaaten bereits vorhandene relevante Informationssysteme weiterhin nutzen.

(6) Die Kommission veröffentlicht auf einer eigens dafür eingerichteten Website der Kommission den jeweiligen Link zu jeder nationalen Datenbank oder jedem nationalen System, um den Nutzern in der gesamten Union den Zugang zu diesen Datenbanken oder Systemen zu ermöglichen.

(7) Die Kommission kann Durchführungsrechtsakte erlassen, zur Festlegung von

a) technischen Einzelheiten zur Einrichtung und Pflege der Datenbanken gemäß Absatz 1 und der Systeme gemäß Absatz 2,

b) Spezifikationen zur Erhebung von Informationen gemäß den Absätzen 1 und 2,

c) Spezifikationen zu den Modalitäten der Beteiligung an den Datenbanken gemäß Absatz 1 und an den Systemen gemäß den Absätzen 2 und 3 und

d) Einzelheiten zu den Informationen, die von den Mitgliedstaaten gemäß Artikel 53 Absatz 6 bereitzustellen sind,.

Diese Durchführungsrechtsakte werden nach dem Prüfverfahren gemäß Artikel 55 Absatz 2 erlassen.

Artikel 27

Pflichten und Maßnahmen bei Verdacht auf einen Verstoß

Hat ein Unternehmer den Verdacht, dass ein Erzeugnis, das er produziert, aufbereitet, eingeführt oder von einem anderen Unternehmer erhalten hat, nicht diese Verordnung erfüllt, geht er vorbehaltlich Artikel 28 Absatz 2 folgendermaßen vor:

a) Er identifiziert und isoliert das betreffende Erzeugnis;

b) er überprüft, ob der Verdacht begründet ist;

c) er bringt das betreffende Erzeugnis nicht als ökologisches/biologisches Erzeugnis oder Umstellungserzeugnis in Verkehr und verwendet es nicht in der ökologischen/biologischen Produktion, bis der Verdacht ausgeräumt werden kann;

d) wenn der Verdacht begründet ist oder nicht ausgeräumt werden kann, informiert er unverzüglich die betreffende zuständige Behörde oder gegebenenfalls die betreffende Kontrollbehörde oder Kontrollstelle und übermittelt ihnen sofern einschlägig die verfügbaren Informationen;

e) bei der Überprüfung und Feststellung der Gründe für den vermuteten Verstoß arbeitet er mit der betreffenden zuständigen Behörde oder gegebenenfalls der betreffenden Kontrollbehörde oder Kontrollstelle umfassend zusammen.

Artikel 28

Vorsorgemaßnahmen zur Vermeidung des Vorhandenseins nicht zugelassener Erzeugnisse und Stoffe

(1) Um eine Kontamination durch Erzeugnisse oder Stoffe, die nicht für die Verwendung in der ökologischen/biologischen Produktion gemäß Artikel 9 Absatz 3 Unterabsatz 1 zugelassen sind, zu vermeiden, ergreifen die Unternehmer auf jeder Stufe der Produktion, der Aufbereitung und des Vertriebs folgende Vorsorgemaßnahmen:

a) Sie ergreifen verhältnismäßige und angemessene Maßnahmen, mit denen Risiken der Kontamination der ökologischen/biologischen Produktion und von ökologischen/biologischen Erzeugnissen durch nicht zugelassene Erzeugnisse oder Stoffe ermittelt werden, wobei auch systematisch kritische Punkte bei den Verfahrensschritten identifiziert werden, und erhalten diese aufrecht;

b) sie ergreifen Maßnahmen, die verhältnismäßig und angemessen sind, um Risiken der Kontamination der ökologischen/biologischen Produktion und von ökologischen/biologischen Erzeugnissen durch nicht zugelassene Erzeugnisse oder Stoffe zu vermeiden, und erhalten diese aufrecht;

c) sie überprüfen regelmäßig diese Maßnahmen und passen sie an; und

d) sie erfüllen andere relevante Anforderungen dieser Verordnung, mit denen die Trennung der ökologischen/biologischen Erzeugnisse, der Umstellungserzeugnisse und nichtökologischen/nichtbiologischen Erzeugnisse gewährleistet wird.

(2) Hat ein Unternehmer den Verdacht, dass aufgrund des Vorhandenseins eines Erzeugnisses oder Stoffes, das/der nicht für die Verwendung

in der ökologischen/biologischen Produktion gemäß Artikel 9 Absatz 3 Unterabsatz 1 zugelassen ist, in einem Produkt, das als ökologisches/biologisches Erzeugnis oder Umstellungserzeugnis verwendet oder vermarktet werden soll, dieses Produkt dieser Verordnung nicht entspricht, geht er folgendermaßen vor:

a) er identifiziert und isoliert das betreffende Erzeugnis;

b) er überprüft, ob der Verdacht begründet ist;

c) er bringt das betreffende Erzeugnis nicht als ökologisches/biologisches Erzeugnis oder Umstellungserzeugnis in Verkehr und verwendet es nicht in der ökologischen/biologischen Produktion, bis der Verdacht ausgeräumt werden kann;

d) wenn der Verdacht begründet ist oder nicht ausgeräumt werden kann, informiert er unverzüglich die betreffende zuständige Behörde oder gegebenenfalls die betreffende Kontrollbehörde oder Kontrollstelle und übermittelt ihnen sofern einschlägig die verfügbaren Informationen;

e) bei der Feststellung und Überprüfung der Gründe für das Vorhandensein nicht zugelassener Erzeugnisse und Stoffe arbeitet er mit der betreffenden zuständigen Behörde oder gegebenenfalls der betreffenden Kontrollbehörde oder Kontrollstelle umfassend zusammen.

(3) Die Kommission kann Durchführungsrechtsakte erlassen, die einheitliche Vorschriften zur Festlegung folgender Aspekte enthalten:

a) der in Absatz 2 Buchstaben a bis e aufgeführten Verfahrensschritte, die von den Unternehmern zu befolgen sind, und der von ihnen vorzulegenden relevanten Unterlagen;

b) der verhältnismäßigen und angemessenen Maßnahmen, die von den Unternehmern gemäß Absatz 1 Buchstaben a, b und c zu ergreifen und zu überprüfen sind, um die Risiken der Kontamination zu ermitteln und zu vermeiden.

Diese Durchführungsrechtsakte werden nach dem Prüfverfahren gemäß Artikel 55 Absatz 2 erlassen.

Artikel 29
Zu ergreifende Maßnahmen bei Vorhandensein von nicht zugelassenen Erzeugnissen oder Stoffen

(1) Erhält die zuständige Behörde oder gegebenenfalls die Kontrollbehörde oder Kontrollstelle fundierte Informationen über das Vorhandensein von Erzeugnissen oder Stoffen, die gemäß Artikel 9 Absatz 3 Unterabsatz 1 nicht für die Verwendung in der ökologischen/biologischen Produktion zugelassen sind, oder wird sie von einem Unternehmer gemäß Artikel 28 Absatz 2 Buchstabe d darüber unterrichtet oder stellt sie solche Erzeugnisse oder Stoffe in einem ökologischen/biologischen Erzeugnis oder einem Umstellungserzeugnis fest,

a) führt sie zur Feststellung der Quellen und der Ursache unverzüglich eine amtliche Untersuchung gemäß der Verordnung (EU) 2017/625 durch, um die Einhaltung von Artikel 9 Absatz 3 Unterabsatz 1 und von Artikel 28 Absatz 1 zu überprüfen; diese Untersuchung ist unter Berücksichtigung der Haltbarkeit des Erzeugnisses und der Komplexität des Falls so rasch wie möglich innerhalb eines angemessenen Zeitraums abzuschließen,

b) verbietet sie vorläufig sowohl das Inverkehrbringen der betreffenden Erzeugnisse als ökologische/biologische Erzeugnisse oder Umstellungserzeugnisse als auch ihre Verwendung in der ökologischen/biologischen Produktion bis zum Vorliegen der Ergebnisse der in Buchstabe a genannten Untersuchung.

(2) Das betreffende Erzeugnis darf nicht als ökologisches/biologisches Erzeugnis oder Umstellungserzeugnis vermarktet oder in der ökologischen/biologischen Produktion verwendet werden, wenn die zuständige Behörde oder gegebenenfalls die Kontrollbehörde oder Kontrollstelle feststellt, dass der betreffende Unternehmer

a) Erzeugnisse oder Stoffe, die gemäß Artikel 9 Absatz 3 Unterabsatz 1 nicht für die Verwendung in der ökologischen/biologischen Produktion zugelassen sind, verwendet hat,

b) nicht die in Artikel 28 Absatz 1 genannten Vorsorgemaßnahmen ergriffen hat oder

c) auf frühere relevante Aufforderungen der zuständigen Behörden, Kontrollbehörden oder Kontrollstellen hin keine Maßnahmen ergriffen hat.

(3) Der betreffende Unternehmer erhält die Gelegenheit, eine Stellungnahme zu den Ergebnissen der Untersuchung gemäß Absatz 1 Buchstabe a abzugeben. Die zuständige Behörde oder gegebenenfalls die Kontrollbehörde oder Kontrollstelle führt Aufzeichnungen über die durchgeführte Untersuchung.

Der betreffende Unternehmer ergreift erforderlichenfalls die zur Vermeidung künftiger Kontamination notwendigen Abhilfemaßnahmen.

(4) Die Kommission legt dem Europäischen Parlament und dem Rat bis zum 31. Dezember 2025 einen Bericht über die Umsetzung dieses Artikels, über das Vorhandensein von Erzeugnissen oder Stoffen, die nicht für die Verwendung in der ökologischen/biologischen Produktion gemäß Artikel 9 Absatz 3 Unterabsatz 1 zugelassen sind, und über die Bewertung der in Absatz 5 dieses Artikels genannten nationalen Vorschriften vor. Diesem Bericht kann gegebenenfalls ein Gesetzgebungsvorschlag im Hinblick auf eine weitere Harmonisierung beigefügt werden.

(5) Mitgliedstaaten, in denen Vorschriften gelten, denen zufolge Erzeugnisse, die nicht für die Verwendung in der ökologischen/biologischen Produktion gemäß Artikel 9 Absatz 3 Unterabsatz 1 zugelassene Erzeugnisse oder Stoffe oberhalb einer bestimmten Grenze enthalten, nicht als

ökologische/biologische Erzeugnisse vermarktet werden dürfen, können diese Vorschriften weiterhin anwenden, vorausgesetzt, dass diese Vorschriften das Inverkehrbringen von Erzeugnissen, die in anderen Mitgliedstaaten unter Einhaltung der vorliegenden Verordnung produziert wurden, als ökologische/biologische Erzeugnisse nicht verbieten, einschränken oder behindern. Mitgliedstaaten, die diesen Absatz anwenden, unterrichten die Kommission unverzüglich darüber.

(6) Die zuständigen Behörden dokumentieren die Ergebnisse der in Absatz 1 genannten Untersuchungen sowie alle Maßnahmen, die zur Erarbeitung bewährter Verfahren ergriffen wurden, und weitere Maßnahmen zur Vermeidung des Vorhandenseins von Erzeugnissen und Stoffen, die nicht für die Verwendung in der ökologischen/biologischen Produktion gemäß Artikel 9 Absatz 3 Unterabsatz 1 zugelassen sind.

Die Mitgliedstaaten stellen diese Informationen den anderen Mitgliedstaaten und der Kommission über ein von der Kommission bereitgestelltes Computersystem für den elektronischen Austausch von Dokumenten und Informationen zur Verfügung.

(7) Die Mitgliedstaaten können angemessene Maßnahmen in ihrem Hoheitsgebiet ergreifen, um das unbeabsichtigte Vorhandensein in der ökologischen/biologischen Landwirtschaft von nicht für die Verwendung in der ökologischen/biologischen Produktion gemäß Artikel 9 Absatz 3 Unterabsatz 1 zugelassenen Erzeugnissen und Stoffen zu vermeiden. Diese Maßnahmen dürfen das Inverkehrbringen von Erzeugnissen, die in anderen Mitgliedstaaten unter Einhaltung der vorliegenden Verordnung produziert wurden, als ökologische/biologische Erzeugnisse oder Umstellungserzeugnisse nicht verbieten, einschränken oder behindern. Mitgliedstaaten, die diesen Absatz anwenden, unterrichten die Kommission und die anderen Mitgliedstaaten unverzüglich darüber.

(8) Die Kommission erlässt Durchführungsrechtsakte, die einheitliche Vorschriften zur Festlegung folgender Aspekte enthalten:

a) der von den zuständigen Behörden oder gegebenenfalls von den Kontrollbehörden oder Kontrollstellen anzuwendenden Methoden zur Feststellung und Bewertung des Vorhandenseins von nicht für die Verwendung in der ökologischen/biologischen Produktion gemäß Artikel 9 Absatz 3 Unterabsatz 1 zugelassenen Erzeugnissen und Stoffen;

b) der Einzelheiten und des Formats der Informationen, die die Mitgliedstaaten gemäß Absatz 6 dieses Artikels der Kommission und den anderen Mitgliedstaaten zur Verfügung stellen müssen.

Diese Durchführungsrechtsakte werden nach dem Prüfverfahren gemäß Artikel 55 Absatz 2 erlassen.

(9) Bis zum 31. März jedes Jahres übermitteln die Mitgliedstaaten der Kommission auf elektronischem Wege die relevanten Informationen über die im Vorjahr festgestellten Fälle einer Kontamination mit nicht zugelassenen Erzeugnissen oder Stoffen, einschließlich an Grenzkontrollstellen gesammelter Informationen, in Bezug auf die aufgetretene Art einer festgestellten Kontamination und insbesondere die Ursache, die Quelle und das Ausmaß der Kontamination sowie die Menge und Art der kontaminierten Erzeugnisse. Diese Informationen werden von der Kommission im Rahmen des von der Kommission bereitgestellten Computersystems gesammelt und herangezogen, um die Erarbeitung bewährter Verfahren zur Vermeidung von Kontaminationen zu erleichtern.

KAPITEL IV
KENNZEICHNUNG
Artikel 30
Verwendung von Bezeichnungen mit Bezug auf die ökologische/biologische Produktion

(1) Im Sinne dieser Verordnung gilt ein Erzeugnis als mit Bezug auf die ökologische/biologische Produktion gekennzeichnet, wenn in der Kennzeichnung, in der Werbung oder in den Geschäftspapieren das Erzeugnis, seine Zutaten oder die bei der Produktion verwendeten Einzelfuttermittel mit Bezeichnungen versehen werden, die dem Käufer den Eindruck vermitteln, dass das Erzeugnis, seine Zutaten oder die Einzelfuttermittel nach den Vorschriften dieser Verordnung produziert wurden. Insbesondere dürfen die in Anhang IV aufgeführten Bezeichnungen, und daraus abgeleitete Bezeichnungen und Diminutive wie „Bio-“ und „Öko-“, allein oder kombiniert, in der gesamten Union und in allen in dem genannten Anhang aufgeführten Sprachen zur Kennzeichnung der in Artikel 2 Absatz 1 genannten Erzeugnisse und in der Werbung für sie verwendet werden, wenn diese Erzeugnisse den Vorschriften dieser Verordnung entsprechen.

(2) In Bezug auf die in Artikel 2 Absatz 1 genannten Erzeugnisse dürfen die Begriffe gemäß Absatz 1 des vorliegenden Artikels nirgendwo in der Union und in keiner der in Anhang IV aufgeführten Sprachen für die Kennzeichnung, in Werbematerial oder in den Geschäftspapieren von Erzeugnissen verwendet werden, die den Vorschriften dieser Verordnung nicht entsprechen.

Darüber hinaus dürfen keine Bezeichnungen, einschließlich in Handelsmarken oder Firmennamen verwendeter Bezeichnungen, oder Praktiken in der Kennzeichnung oder Werbung verwendet werden, wenn sie den Verbraucher oder Nutzer irreführen können, indem sie ihn glauben lassen, dass das betreffende Erzeugnis oder die zu seiner Produktion verwendeten Zutaten den Vorschriften dieser Verordnung entspricht bzw. entsprechen.

(3) Während des Umstellungszeitraums produzierte Erzeugnisse dürfen nicht als ökologische/biologische Erzeugnisse oder als Umstellungserzeugnisse gekennzeichnet oder beworben werden.

Allerdings können Pflanzenvermehrungsmaterial und Lebens- und Futtermittel pflanzlichen Ursprungs, die während des Umstellungszeitraums erzeugt werden und mit Artikel 10 Absatz 4 in Einklang stehen, als Umstellungserzeugnisse gekennzeichnet und beworben werden, wobei der Begriff „Umstellung" oder eine dementsprechende Bezeichnung zusammen mit den in Absatz 1 genannten Bezeichnungen zu verwenden ist.

(4) Die Bezeichnungen nach den Absätzen 1 und 3 dürfen nicht für ein Erzeugnis verwendet werden, bei dem nach den Unionsvorschriften in der Kennzeichnung oder in der Werbung ein Hinweis enthalten sein muss, der besagt, dass das Erzeugnis GVO enthält, aus GVO besteht oder aus GVO hergestellt wurde.

(5) Bei verarbeiteten Lebensmitteln dürfen die Bezeichnungen nach Absatz 1 in folgenden Fällen verwendet werden:

a) in der Verkehrsbezeichnung und im Verzeichnis der Zutaten, wenn dieses Verzeichnis nach den Unionsvorschriften vorgeschrieben ist, vorausgesetzt,

i) die verarbeiteten Lebensmittel entsprechen den Produktionsvorschriften gemäß Anhang II Teil IV und den Vorschriften gemäß Artikel 16 Absatz 3;

ii) mindestens 95 Gewichtsprozent der Zutaten landwirtschaftlichen Ursprungs des Erzeugnisses sind ökologisch/biologisch; und

iii) im Falle von Aromen, wenn sie nur für natürliche Aromastoffe und natürliche Aromaextrakte verwendet werden, die gemäß Artikel 16 Absätze 2, 3 und 4 der Verordnung (EG) Nr. 1334/2008 gekennzeichnet sind, falls alle ihre aromatisierenden Bestandteile und deren Trägerstoffe ökologisch/biologisch sind;

b) nur im Verzeichnis der Zutaten, vorausgesetzt,

i) weniger als 95 Gewichtsprozent der Zutaten landwirtschaftlichen Ursprungs des Erzeugnisses sind ökologisch/biologisch und entsprechen den Produktionsvorschriften dieser Verordnung; und

ii) die verarbeiteten Lebensmittel entsprechen den Produktionsvorschriften gemäß Anhang II Teil IV Nummer 1.5, Nummer 2.1 Buchstaben a und b und Nummer 2.2.1, mit Ausnahme der Vorschriften über die Beschränkung der Verwendung von nichtökologischen/nichtbiologischen Zutaten landwirtschaftlichen Ursprungs gemäß Anhang II Teil IV Nummer 2.2.1, und den Vorschriften gemäß Artikel 16 Absatz 3;

c) in der Verkehrsbezeichnung und im Verzeichnis der Zutaten, vorausgesetzt,

i) die Hauptzutat ist ein Erzeugnis der Jagd oder der Fischerei;

ii) der in Absatz 1 genannte Begriff ist in der Verkehrsbezeichnung klar und deutlich mit einer anderen Zutat verbunden, die ökologisch/biologisch ist und sich von der Hauptzutat unterscheidet;

iii) alle anderen Zutaten landwirtschaftlichen Ursprungs sind ökologisch/biologisch; und

iv) die verarbeiteten Lebensmittel entsprechen den Produktionsvorschriften in Anhang II Teil IV Nummer 1.5, Nummer 2.1 Buchstaben a und b und Nummer 2.2.1, mit Ausnahme der Vorschriften über die Beschränkung der Verwendung von nichtökologischen/nichtbiologischen Zutaten landwirtschaftlichen Ursprungs gemäß Anhang II Teil IV Nummer 2.2.1, und den Vorschriften gemäß Artikel 16 Absatz 3.

Im Verzeichnis der Zutaten gemäß Unterabsatz 1 Buchstaben a, b und c ist anzugeben, welche Zutaten ökologisch/biologisch sind. Die Bezugnahmen auf die ökologische/biologische Produktion dürfen nur im Zusammenhang mit den ökologischen/biologischen Zutaten erscheinen.

In dem in Unterabsatz 1 Buchstaben b und c genannten Verzeichnis der Zutaten ist der Gesamtanteil der ökologischen/biologischen Zutaten an der Gesamtmenge der Zutaten landwirtschaftlichen Ursprungs anzugeben.

Die Begriffe gemäß Absatz 1, die in dem in Unterabsatz 1 Buchstaben a, b und c dieses Absatzes genannten Verzeichnis der Zutaten verwendet werden, sowie die Angabe des Prozentanteils gemäß Unterabsatz 3 dieses Absatzes müssen in derselben Farbe, Größe und Schrifttype wie die übrigen Angaben im Verzeichnis der Zutaten erscheinen.

(6) Bei verarbeiteten Futtermitteln können die in Absatz 1 genannten Begriffe in der Verkehrsbezeichnung und im Verzeichnis der Zutaten verwendet werden, vorausgesetzt,

a) die verarbeiteten Futtermittel entsprechen den Produktionsvorschriften gemäß Anhang II Teile II, III und V und den spezifischen Vorschriften gemäß Artikel 17 Absatz 3;

b) alle im verarbeiteten Futtermittel enthaltenen Zutaten landwirtschaftlichen Ursprungs sind ökologisch/biologisch; und

c) mindestens 95 % der Trockenmasse des Erzeugnisses sind ökologisch/biologisch.

(7) Der Kommission wird die Befugnis übertragen, gemäß Artikel 54 delegierte Rechtsakte zu erlassen, mit denen

a) der vorliegende Artikel durch Hinzufügen weiterer Vorschriften über die Kennzeichnung der in Anhang I aufgeführten Erzeugnisse oder durch Änderung dieser hinzugefügten Vorschriften geändert wird; und

b) die Liste der Angaben in Anhang IV aufgrund sprachlicher Entwicklungen in den Mitgliedstaaten geändert wird.

(8) Die Kommission kann Durchführungsrechtsakte zur Festlegung von detaillierten Anforderungen für die Anwendung von Absatz 3 dieses Artikels erlassen.

Diese Durchführungsrechtsakte werden nach dem Prüfverfahren gemäß Artikel 55 Absatz 2 erlassen.

Artikel 31
Kennzeichnung von in der Pflanzenproduktion verwendeten Erzeugnissen und Stoffen

Ungeachtet des in Artikel 2 Absatz 1 festgelegten Geltungsbereichs dieser Verordnung können Erzeugnisse oder Stoffe, die in Pflanzenschutzmitteln oder als Düngemittel, Bodenverbesserer oder Nährstoff verwendet werden und gemäß den Artikeln 9 und 24 zugelassen sind, einen Hinweis darauf tragen, dass diese Erzeugnisse oder die Stoffe für die Verwendung in der ökologischen/biologischen Produktion gemäß dieser Verordnung zugelassen sind.

Artikel 32
Verbindliche Angaben

(1) Sind Erzeugnisse mit den Bezeichnungen nach Artikel 30 Absatz 1 gekennzeichnet, einschließlich der nach Artikel 30 Absatz 3 als Umstellungserzeugnisse gekennzeichneten Erzeugnisse, so muss

a) die Kennzeichnung auch die Codenummer der Kontrollbehörde oder Kontrollstelle enthalten, die für die Kontrolle des Unternehmers zuständig ist, der den letzten Erzeugungs- oder Aufbereitungsvorgang vorgenommen hat; und

b) bei vorverpackten Lebensmitteln das Logo der Europäischen Union für ökologische/biologische Produktion gemäß Artikel 33 auch auf der Verpackung zu sehen sein, außer in den in Artikel 30 Absatz 3 und Absatz 5 Buchstaben b und c genannten Fällen.

(2) Bei der Verwendung des Logos der Europäischen Union für ökologische/biologische Produktion muss im selben Sichtfeld wie das Logo der Ort der Erzeugung der landwirtschaftlichen Ausgangsstoffe erscheinen, aus denen sich das Erzeugnis zusammensetzt, und zwar je nach Fall in einer der folgenden Formen:

a) „EU-Landwirtschaft“, wenn die landwirtschaftlichen Ausgangsstoffe in der Union erzeugt wurden;

b) „Nicht-EU-Landwirtschaft“, wenn die landwirtschaftlichen Ausgangsstoffe in Drittländern erzeugt wurden;

c) „EU-/Nicht-EU-Landwirtschaft“, wenn die landwirtschaftlichen Ausgangsstoffe zum Teil in der Union und zum Teil in einem Drittland erzeugt wurden.

Für die Zwecke des Unterabsatzes 1 kann das Wort „Landwirtschaft“ gegebenenfalls durch das Wort „Aquakultur“ ersetzt werden und das Wort „EU“ oder „Nicht-EU“ kann durch die Angabe eines Landes oder eines Landes und einer Region ersetzt oder um diese ergänzt werden, wenn alle landwirtschaftlichen Ausgangsstoffe, aus denen sich das Erzeugnis zusammensetzt, in dem genannten Land und gegebenenfalls in der genannten Region erzeugt worden sind.

Bei der Angabe eines Ortes gemäß Unterabsatz 1 und 3, in dem alle landwirtschaftlichen Ausgansstoffe, aus denen sich das Erzeugnis zusammensetzt, erzeugt worden sind, können kleine Gewichtsmengen an Zutaten außer Acht gelassen werden, sofern die Gesamtmenge der nicht berücksichtigten Zutaten 5 Gewichtsprozent der Gesamtmenge der landwirtschaftlichen Ausgangsstoffe nicht übersteigt.

Der Begriff „EU“ oder „Nicht-EU“ darf nicht in einer auffälligeren Farbe, Größe oder Schrifttype als die Verkehrsbezeichnung des Erzeugnisses erscheinen.

(3) Die Angaben nach den Absätzen 1 und 2 dieses Artikels und nach Artikel 33 Absatz 3 müssen an gut sichtbarer Stelle angebracht, deutlich lesbar und unverwischbar sein.

(4) Der Kommission wird die Befugnis übertragen, gemäß Artikel 54 delegierte Rechtsakte zur Änderung von Absatz 2 des vorliegenden Artikels und von Artikel 33 Absatz 3 zu erlassen, mit denen weitere Vorschriften über die Kennzeichnung hinzugefügt werden oder diese hinzugefügten Vorschriften geändert werden.

(5) Die Kommission legt im Wege von Durchführungsrechtsakten Folgendes fest:

a) praktische Modalitäten der Verwendung, Gestaltung, Zusammensetzung und Größe der Angaben gemäß Absatz 1 Buchstabe a und Absatz 2 des vorliegenden Artikels und gemäß Artikel 33 Absatz 3;

b) die Zuweisung von Codenummern an Kontrollbehörden und Kontrollstellen;

c) die Angabe des Ortes der Erzeugung der landwirtschaftlichen Ausgangsstoffe gemäß Absatz 2 des vorliegenden Artikels und gemäß Artikel 33 Absatz 3.

Diese Durchführungsrechtsakte werden nach dem Prüfverfahren gemäß Artikel 55 Absatz 2 erlassen.

Artikel 33
Logo der Europäischen Union für ökologische/biologische Produktion

(1) Das Logo der Europäischen Union für ökologische/biologische Produktion darf in der Kennzeichnung und Aufmachung von Erzeugnissen

sowie in der Werbung hierfür verwendet werden, sofern diese Erzeugnisse den Vorschriften dieser Verordnung entsprechen.

Das Logo der Europäischen Union für ökologische/biologische Produktion der darf auch zu Informations- und Bildungszwecken im Zusammenhang mit dem Bestehen des Logos an sich und der Werbung für das Logo selbst verwendet werden, sofern diese Verwendung den Verbraucher hinsichtlich der ökologischen/biologischen Produktion spezifischer Erzeugnisse nicht irreführen kann und das Logo gemäß den Vorschriften des Anhangs V wiedergegeben wird. In diesem Fall gelten die Anforderungen des Artikels 32 Absatz 2 und des Anhangs V Nummer 1.7 nicht.

Das Logo der Europäischen Union für ökologische/biologische Produktion wird nicht für verarbeitete Lebensmittel gemäß Artikel 30 Absatz 5 Buchstaben b und c und für Umstellungserzeugnisse gemäß Artikel 30 Absatz 3 verwendet.

(2) Sofern es nicht gemäß Absatz 1 Unterabsatz 2 verwendet wird, ist das Logo der Europäischen Union für ökologische/biologische Produktion eine amtliche Attestierung im Sinne der Artikel 86 und 91 der Verordnung (EU) 2017/625.

(3) Die Verwendung des Logos der Europäischen Union für ökologische/biologische Produktion für aus Drittländern eingeführte Erzeugnisse erfolgt auf freiwilliger Basis. Erscheint das Logo in der Kennzeichnung dieser Produkte, muss diese auch die Angabe gemäß Artikel 32 Absatz 2 enthalten.

(4) Das Logo der Europäischen Union für ökologische/biologische Produktion wird nach dem in Anhang V wiedergegebenen Muster und im Einklang mit den Vorschriften des Anhangs V erstellt.

(5) Nationale und private Logos dürfen in der Kennzeichnung und Aufmachung von Erzeugnissen sowie in der Werbung hierfür verwendet werden, sofern diese Erzeugnisse den Vorschriften dieser Verordnung entsprechen.

(6) Der Kommission wird die Befugnis übertragen, gemäß Artikel 54 delegierte Rechtsakte zur Änderung von Anhang V hinsichtlich des Logos der Europäischen Union für ökologische/biologische Produktion und die ihm zugrunde liegenden Vorschriften zu erlassen.

KAPITEL V
ZERTIFIZIERUNG

Artikel 34
Zertifizierungssystem

(1) Unternehmer oder Unternehmergruppen gemäß Artikel 36, die ökologische/biologische Erzeugnisse oder Umstellungserzeugnisse produzieren, aufbereiten, vertreiben oder lagern, solche Erzeugnisse aus einem Drittland einführen oder in ein Drittland ausführen oder solche Erzeugnisse in Verkehr bringen, sind verpflichtet, vor dem Inverkehrbringen von Erzeugnissen als ökologische/biologische Erzeugnisse oder als Umstellungserzeugnisse oder vor dem Umstellungszeitraum ihre Tätigkeit den zuständigen Behörden des Mitgliedstaats, in dem die Tätigkeit ausgeübt wird und in dem ihr Unternehmen dem Kontrollsystem unterstellt ist, zu melden.

Wenn die zuständigen Behörden mehr als einer einzigen Kontrollbehörde oder Kontrollstelle ihre Zuständigkeiten oder bestimmte Aufgaben der amtlichen Kontrolle oder bestimmte Aufgaben im Zusammenhang mit anderen amtlichen Tätigkeiten übertragen haben, gibt der Unternehmer oder die Unternehmergruppe in der Meldung gemäß Unterabsatz 1 die Kontrollbehörde oder Kontrollstelle an, die die Übereinstimmung seiner/ihrer Tätigkeiten mit dieser Verordnung überprüft und das in Artikel 35 Absatz 1 genannte Zertifikat ausstellt.

(2) Unternehmer, die vorverpackte ökologische/biologische Erzeugnisse direkt an Endverbraucher oder -nutzer verkaufen, sind von der Meldepflicht gemäß Absatz 1 dieses Artikels und von der Pflicht, im Besitz eines in Artikel 35 Absatz 2 genannten Zertifikats zu sein, ausgenommen, sofern sie solche Erzeugnisse nicht selbst erzeugen, aufbereiten, an einem anderen Ort als in Verbindung mit der Verkaufsstelle lagern oder aus einem Drittland einführen und die Ausübung solcher Tätigkeiten nicht als Unterauftrag an andere Unternehmer vergeben.

(3) Vergeben Unternehmer oder Unternehmergruppen die Ausübung einer ihrer Tätigkeiten als Unterauftrag an Dritte, so müssen sowohl die Unternehmer und Unternehmergruppen als auch die Dritten, an die diese Tätigkeiten als Unterauftrag vergeben wurden, die Vorschriften von Absatz 1 einhalten, es sei denn, der Unternehmer oder die Unternehmergruppe erklärt in der in Absatz 1 genannten Meldung, dass die Verantwortung für die ökologische/biologische Produktion nach wie vor bei dem Unternehmer oder der Unternehmergruppe liegt und nicht dem Subunternehmer übertragen wurde. In diesen Fällen überprüft die zuständige Behörde oder gegebenenfalls die Kontrollbehörde oder Kontrollstelle die Übereinstimmung der als Unterauftrag vergebenen Tätigkeiten mit den Bestimmungen dieser Verordnung im Rahmen der Kontrolle der Unternehmer oder Unternehmergruppen, die ihre Tätigkeiten als Unterauftrag vergeben haben.

(4) Die Mitgliedstaaten können eine Behörde oder Stelle bestimmen, die die in Absatz 1 genannten Meldungen entgegenzunehmen hat.

(5) Unternehmer, Unternehmergruppen und Subunternehmer führen Aufzeichnungen gemäß dieser Verordnung über die verschiedenen Tätigkeiten, die sie ausüben.

(6) Die Mitgliedstaaten führen aktualisierte Verzeichnisse mit Namen und Anschriften der

Unternehmer und Unternehmergruppen, die ihre Tätigkeiten gemäß Absatz 1 gemeldet haben, und veröffentlichen in angemessener Weise — so auch anhand von Links zu einer einzigen Website — ein umfassendes Verzeichnis mit diesen Angaben zusammen mit den Angaben zu den diesen Unternehmern und Unternehmergruppen gemäß Artikel 35 Absatz 1ausgestellten Zertifikaten. Die Mitgliedstaaten beachten dabei die Anforderungen an den Schutz personenbezogener Daten gemäß der Verordnung (EU) 2016/679 des Europäischen Parlaments und des Rates ([22]).

(7) Die Mitgliedstaaten stellen sicher, dass ein Unternehmer oder eine Unternehmergruppe, der/die die Vorschriften dieser Verordnung einhält und eine angemessene Gebühr zur Abdeckung der Kosten für die Kontrollen entrichtet, falls eine Gebühr gemäß den Artikeln 78 und 80 der Verordnung (EU) 2017/625 erhoben wird, einen Anspruch darauf hat, in das Kontrollsystem einbezogen zu werden. Die Mitgliedstaaten stellen sicher, dass die Gebühren, die möglicherweise erhoben werden, veröffentlicht werden.

(8) Der Kommission wird die Befugnis übertragen, gemäß Artikel 54 delegierte Rechtsakte zur Änderung von Anhang II hinsichtlich der Vorschriften für die Führung von Aufzeichnungen zu erlassen.

(9) Die Kommission kann im Wege von Durchführungsrechtsakten Einzelheiten und Spezifikationen zu folgenden Aspekten festlegen:

a) das Format und die technischen Mittel für die Meldung gemäß Absatz 1,

b) die Modalitäten für die Veröffentlichung der Verzeichnisse gemäß Absatz 6 und

c) die Verfahren und Modalitäten für die Veröffentlichung der Gebühren gemäß Absatz 7.

Diese Durchführungsrechtsakte werden nach dem Prüfverfahren gemäß Artikel 55 Absatz 2 erlassen.

Artikel 35
Zertifikat

(1) Die zuständigen Behörden oder gegebenenfalls die Kontrollbehörden oder Kontrollstellen stellen allen Unternehmern oder Unternehmergruppen, die ihre Tätigkeit gemäß Artikel 34 Absatz 1 gemeldet haben und die Vorschriften dieser Verordnung einhalten, ein Zertifikat aus. Das Zertifikat:

a) Wird möglichst in elektronischer Form ausgestellt;

b) gibt zumindest Aufschluss über die Identität des Unternehmers oder der Unternehmergruppe einschließlich der Liste ihrer Mitglieder, die Kategorie der Erzeugnisse, die durch das Zertifikat erfasst werden, und seine Geltungsdauer;

c) bescheinigt, dass die gemeldeten Tätigkeiten in Einklang mit dieser Verordnung stehen; und

d) wird entsprechend dem Muster in Anhang VI ausgestellt.

(2) Unbeschadet des Absatzes 8 dieses Artikels und des Artikels 34 Absatz 2 dürfen Unternehmer und Unternehmergruppen in Artikel 2 Absatz 1 genannte Erzeugnisse nicht als ökologische/biologische Erzeugnisse oder Umstellungserzeugnisse in Verkehr bringen, es sei denn, sie sind bereits im Besitz eines Zertifikats gemäß Absatz 1 dieses Artikels.

(3) Das in diesem Artikel genannte Zertifikat ist eine amtliche Bescheinigung im Sinne des Artikels 86 Absatz 1 Buchstabe a der Verordnung (EU) 2017/625.

(4) Unternehmer und Unternehmergruppen haben keinen Anspruch auf Erteilung eines Zertifikats durch mehr als eine Kontrollstelle für Tätigkeiten, die in demselben Mitgliedstaat für dieselbe Kategorie von Erzeugnissen durchgeführt werden, auch wenn sie auf verschiedenen Stufen der Produktion, der Aufbereitung und des Vertriebs tätig sind.

(5) Mitglieder einer Unternehmergruppe haben keinen Anspruch auf Erteilung eines Einzelzertifikats für Tätigkeiten, die durch ein Zertifikat der Unternehmergruppe, zu der sie gehören, abgedeckt sind.

(6) Die Unternehmer überprüfen die Zertifikate ihrer Lieferanten.

(7) Für die Zwecke der Absätze 1 und 4 dieses Artikels werden die Erzeugnisse in folgende Kategorien eingeteilt:

a) unverarbeitete Pflanzen und Pflanzenerzeugnisse, einschließlich Saatgut und anderes Pflanzenvermehrungsmaterial;

b) Tiere und unverarbeitete tierische Erzeugnisse;

c) Algen und unverarbeitete Aquakulturerzeugnisse;

d) verarbeitete landwirtschaftliche Erzeugnisse, einschließlich Aquakulturerzeugnisse, die zur Verwendung als Lebensmittel bestimmt sind;

e) Futtermittel;

f) Wein;

g) andere in Anhang I dieser Verordnung aufgeführte oder nicht durch die vorstehenden Kategorien erfasste Erzeugnisse.

(8) Die Mitgliedstaaten können Unternehmer von der Pflicht, im Besitz eines Zertifikats gemäß Absatz 2 zu sein, ausnehmen, wenn diese unverpackte ökologische/biologische Erzeugnisse, bei denen es sich nicht um Futtermittel handelt, direkt an Endverbraucher verkaufen, sofern diese Unternehmer die Erzeugnisse nicht selbst erzeugen, aufbereiten, an einem anderen Ort als in Verbindung mit der Verkaufsstelle lagern oder aus einem Drittland einführen und die Ausübung solcher Tätigkeiten nicht als Unterauftrag an Dritte vergeben, und wenn

a) die Verkäufe eine Menge von bis zu 5 000 kg pro Jahr nicht überschreiten;

b) die Verkäufe nicht einen Jahresumsatz mit unverpackten ökologischen/biologischen Erzeugnissen von 20 000 EUR überschreiten oder

c) die potenziellen Zertifizierungskosten des Unternehmers 2 % des Gesamtumsatzes mit durch diesen Unternehmer verkauften unverpackten ökologischen/biologischen Erzeugnissen überschreiten.

Beschließt ein Mitgliedstaat, die in Unterabsatz 1 genannten Unternehmer auszunehmen, kann er strengere Grenzwerte als die in Unterabsatz 1 aufgeführten Grenzwerte festlegen.

Die Mitgliedstaaten unterrichten die Kommission und die anderen Mitgliedstaaten über einen Beschluss, die in Unterabsatz 1 genannten Unternehmer auszunehmen, und über die Höhe der Grenzwerte für die Befreiung.

(9) Der Kommission wird die Befugnis übertragen, gemäß Artikel 54 delegierte Rechtsakte zur Änderung des Musters des Zertifikats in Anhang VI zu erlassen.

(10) Die Kommission erlässt im Wege von Durchführungsrechtsakten Einzelheiten und Spezifikationen in Bezug auf die Form des Zertifikats gemäß Absatz 1 und die technischen Mittel für seine Ausstellung.

Diese Durchführungsrechtsakte werden nach dem Prüfverfahren gemäß Artikel 55 Absatz 2 erlassen.

Artikel 36
Unternehmergruppe

(1) Jede Unternehmergruppe

a) setzt sich ausschließlich aus Landwirten oder Algen oder Aquakulturtiere produzierenden Unternehmern zusammen, die möglicherweise zusätzlich Lebens- oder Futtermittel verarbeiten, aufbereiten oder in Verkehr bringen;

b) setzt sich ausschließlich aus Mitgliedern zusammen,

i) deren Zertifizierungskosten sich jeweils auf mehr als 2 % des Umsatzes oder Standardoutputs jedes Mitglieds bei der ökologischen/biologischen Produktion belaufen und deren Jahresumsatz bei der ökologischen/biologischen Produktion höchstens 25 000 EUR oder deren Standardoutput bei der ökologischen/biologischen Produktion höchstens 15 000 EUR pro Jahr beträgt; oder

ii) die jeweils über folgende maximale Betriebsfläche verfügen:

— fünf Hektar,

— 0,5 Hektar bei Gewächshäusern oder

— 15 Hektar ausschließlich bei Dauergrünland;

c) ist in einem Mitgliedstaat oder in einem Drittstaat niedergelassen;

d) besitzt Rechtspersönlichkeit;

e) setzt sich ausschließlich aus Mitgliedern zusammen, deren Produktionstätigkeiten oder mögliche zusätzliche Tätigkeiten gemäß Buchstabe a in räumlicher Nähe zueinander in demselben Mitgliedstaat oder in demselben Drittland stattfinden;

f) richtet ein gemeinsames Vermarktungssystem für die von der Gruppe produzierten Erzeugnisse ein; und

g) richtet ein System für interne Kontrollen ein, das aus einer Reihe dokumentierter Kontrolltätigkeiten und -verfahren besteht, bei denen eine bestimmte Person oder Stelle dafür zuständig ist, die Einhaltung dieser Verordnung bei jedem Mitglied der Gruppe zu überprüfen.

Das System für interne Kontrollen (IKS) umfasst dokumentierte Verfahren zu folgenden Aspekten:

i) Registrierung der Mitglieder der Gruppe;

ii) interne Inspektionen, die jährliche interne physische Inspektionen vor Ort bei jedem Mitglied der Gruppe sowie etwaige zusätzliche risikobasierte Inspektionen umfassen, die in jedem Fall vom IKS-Verwalter geplant und von den IKS-Inspektoren durchgeführt werden, deren Aufgaben in Buchstabe h festgelegt sind;

iii) Zulassung neuer Mitglieder zu einer bestehenden Gruppe oder gegebenenfalls Zulassung neuer Produktionseinheiten oder neuer Tätigkeiten bestehender Mitglieder nach Genehmigung durch den IKS-Verwalter auf der Grundlage des internen Inspektionsberichts;

iv) Schulungen der IKS-Inspektoren, die mindestens einmal jährlich stattfinden, sowie eine Bewertung der von den Teilnehmern erworbenen Kenntnisse;

v) Schulungen der Mitglieder der Gruppe zu den IKS-Verfahren und den Anforderungen dieser Verordnung;

vi) Kontrolle der Unterlagen und Aufzeichnungen;

vii) Maßnahmen bei Verstößen, die bei den internen Inspektionen festgestellt werden, einschließlich Folgemaßnahmen;

viii) interne Rückverfolgbarkeit, aus der der Ursprung der im gemeinsamen Vermarktungssystem der Gruppe gelieferten Erzeugnisse hervorgeht und die die Rückverfolgung aller Erzeugnisse aller Mitglieder auf allen Stufen (Produktion, Verarbeitung, Aufbereitung oder Inverkehrbringen) ermöglicht, einschließlich der Schätzung und Gegenkontrolle der Erträge jedes Mitglieds der Gruppe;

h) benennt einen IKS-Verwalter und einen oder mehrere IKS-Inspektoren, die Mitglieder der Gruppe sein können. Die Positionen dürfen nicht miteinander kombiniert werden. Die Anzahl der IKS-Inspektoren muss insbesondere im Hinblick auf die Art, Struktur, Größe, die Erzeugnisse, die

Tätigkeiten und den Output der ökologischen/biologischen Produktion der Gruppe angemessen sein. Die IKS-Inspektoren müssen in Bezug auf die Erzeugnisse und Tätigkeiten der Gruppe kompetent sein.

Der IKS-Verwalter hat folgende Aufgaben:

i) Überprüfung der Erfüllung der Kriterien gemäß den Buchstaben a, b und e durch jedes Mitglied der Gruppe;

ii) Gewährleistung, dass zwischen allen Mitgliedern und der Gruppe eine schriftliche und unterzeichnete Mitgliedsvereinbarung vorliegt, mit der sich die Mitglieder verpflichten,

— die Bestimmungen dieser Verordnung einzuhalten;

— sich am IKS zu beteiligen und die IKS-Verfahren zu befolgen, einschließlich der ihnen vom IKS-Verwalter übertragenen Aufgaben und Zuständigkeiten sowie der Pflicht zur Aufbewahrung von Aufzeichnungen;

— Zugang zu den Produktionseinheiten und Räumlichkeiten zu gewähren und bei den internen Inspektionen der IKS-Inspektoren und den amtlichen Kontrollen der zuständigen Behörde oder gegebenenfalls der Kontrollbehörde oder der Kontrollstelle anwesend zu sein, ihnen alle Unterlagen und Aufzeichnungen zur Verfügung zu stellen und die Inspektionsberichte gegenzuzeichnen;

— die vom IKS-Verwalter oder der zuständigen Behörde oder gegebenenfalls der Kontrollbehörde oder Kontrollstelle beschlossenen Maßnahmen bei Verstößen zu akzeptieren und innerhalb der gesetzten Frist umzusetzen;

— bei Verdacht auf einen Verstoß den IKS-Verwalter unverzüglich zu informieren.

iii) Entwicklung der IKS-Verfahren und Ausarbeitung der entsprechenden Unterlagen und Aufzeichnungen, Aktualisierung und Verfügbarmachen dieser für die IKS-Inspektoren und gegebenenfalls die Mitglieder der Gruppe;

iv) Aufstellung und Aktualisierung der Liste der Mitglieder der Gruppe;

v) Zuweisung von Aufgaben und Zuständigkeiten an die IKS-Inspektoren;

vi) Sicherstellung der Verbindung zwischen den Mitgliedern der Gruppe und der zuständigen Behörde oder gegebenenfalls der Kontrollbehörde oder Kontrollstelle, einschließlich bei Anträgen auf Gewährung abweichender Regelungen;

vii) jährliche Überprüfung der Erklärungen zu Interessenkonflikten der IKS-Inspektoren;

viii) Anberaumung interner Inspektionen und Sicherstellung ihrer angemessenen Durchführung gemäß dem unter Buchstabe g Absatz 2 Ziffer ii genannten Plan des IKS-Verwalters;

ix) Sicherstellung angemessener Schulungen für die IKS-Inspektoren und Durchführung einer jährlichen Bewertung der Kompetenzen und Qualifikationen der IKS-Inspektoren;

x) Zulassung neuer Mitglieder oder neuer Produktionseinheiten oder neuer Tätigkeiten bestehender Mitglieder;

xi) Festlegung von Maßnahmen bei Verstößen entsprechend den IKS-Maßnahmen, die mittels dokumentierter Verfahren gemäß Buchstabe g festgelegt wurden, und Gewährleistung der Weiterverfolgung dieser Maßnahmen;

xii) Vergabe von Unteraufträgen, einschließlich Unterauftragsvergabe der Tätigkeiten von IKS-Inspektoren, und Unterzeichnung entsprechender Vereinbarungen oder Verträge.

Der IKS-Inspektor hat folgende Aufgaben:

i) Durchführung interner Inspektionen bei den Mitgliedern der Gruppe gemäß dem vom IKS-Verwalter vorgegebenen Zeitplan und den entsprechenden Verfahren;

ii) Verfassen von Berichten über interne Inspektionen anhand eines Musters und Übermittlung an den IKS-Verwalter innerhalb einer angemessenen Frist;

iii) Einreichung einer schriftlichen und unterzeichneten Erklärung über Interessenkonflikte bei der Ernennung und jährliche Aktualisierung;

iv) Teilnahme an Schulungen.

(2) Die zuständigen Behörden oder gegebenenfalls die Kontrollbehörden oder Kontrollstellen nehmen das Zertifikat nach Artikel 35 für die gesamte Gruppe zurück, wenn Mängel bei der Einrichtung oder Funktionsweise des Systems für interne Kontrollen nach Absatz 1, insbesondere die Nichtaufdeckung von oder fehlende Abhilfemaßnahmen bei Verstößen einzelner Mitglieder der Unternehmergruppe, die Integrität der ökologischen/biologischen Erzeugnisse und der Umstellungserzeugnisse beeinträchtigen.

Mindestens die folgenden Situationen gelten im IKS als Mängel:

a) Produktion, Verarbeitung, Aufbereitung oder Inverkehrbringen von Erzeugnissen von Mitgliedern oder Produktionseinheiten, deren Mitgliedschaft ausgesetzt oder zurückgezogen wurde;

b) Inverkehrbringen von Erzeugnissen, bei denen der IKS-Verwalter den Hinweis auf die ökologische/biologische Produktion in der Kennzeichnung oder Werbung untersagt hat;

c) Hinzufügen neuer Mitglieder in die Mitgliederliste oder Änderung der Tätigkeiten bestehender Mitglieder ohne Einhaltung des internen Genehmigungsverfahrens;

d) Ausbleiben der jährlichen physischen Inspektion vor Ort bei einem Mitglied der Gruppe in einem bestimmten Jahr;

e) Versäumnis, die Mitglieder, deren Mitgliedschaft ausgesetzt oder zurückgezogen wurde, in der Mitgliederliste anzugeben;

f) schwerwiegende Abweichungen zwischen den Feststellungen bei den internen Inspektionen durch die IKS-Inspektoren und den amtlichen

Kontrollen durch die zuständige Behörde oder gegebenenfalls die Kontrollbehörde oder Kontrollstelle;

g) schwerwiegende Mängel bei der Anordnung geeigneter Maßnahmen oder der Durchführung der erforderlichen Folgemaßnahmen als Reaktion auf Verstöße, die von den IKS-Inspektoren oder der zuständigen Behörde oder gegebenenfalls der Kontrollbehörde oder Kontrollstelle festgestellt wurden;

h) unangemessene Anzahl der IKS-Inspektoren oder unzureichende Kompetenzen der IKS-Inspektoren im Hinblick auf die Art, Struktur, Größe, die Erzeugnisse, die Tätigkeiten und den Output der ökologischen/biologischen Produktion der Gruppe.

(3) Der Kommission wird die Befugnis übertragen, gemäß Artikel 54 delegierte Rechtsakte zur Änderung der Absätze 1 und 2 des vorliegenden Artikels durch Hinzufügen von Bestimmungen oder durch Änderung dieser hinzugefügten Bestimmungen in Bezug auf Folgendes zu erlassen:

a) Verantwortlichkeiten der einzelnen Mitglieder einer Unternehmergruppe,

b) Kriterien zur Bestimmung der räumlichen Nähe der Mitglieder der Gruppe, z. B. die gemeinsame Nutzung von Anlagen oder Produktionsstätten,

c) Einrichtung und Funktionsweise des Systems für interne Kontrollen, einschließlich Umfang, Inhalt und Häufigkeit der durchzuführenden Kontrollen und Kriterien für die Feststellung von Mängeln bei der Einrichtung oder Funktionsweise des Systems für interne Kontrollen.

(4) Die Kommission kann im Wege von Durchführungsrechtsakten spezifische Vorschriften zu folgenden Aspekten erlassen:

a) Zusammensetzung und Größe einer Unternehmergruppe;

b) Systeme für die Dokumentation und für die Führung von Aufzeichnungen, das System für die interne Rückverfolgbarkeit und die Verzeichnisse der Unternehmer;

c) Austausch von Informationen zwischen Unternehmergruppen und zuständigen Behörden, Kontrollbehörden oder Kontrollstellen sowie zwischen Mitgliedstaaten und Kommission.

Diese Durchführungsrechtsakte werden nach dem Prüfverfahren gemäß Artikel 55 Absatz 2 erlassen.

KAPITEL VI
AMTLICHE KONTROLLEN UND ANDERE AMTLICHE TÄTIGKEITEN

Artikel 37
Verhältnis zur Verordnung (EU) 2017/625 und zusätzliche Vorschriften für amtliche Kontrollen und andere amtliche Tätigkeiten im Zusammenhang mit der ökologischen/biologischen Produktion und der Kennzeichnung von ökologischen/biologischen Erzeugnissen

Die spezifischen Vorschriften dieses Kapitels gelten — zusätzlich zu den Vorschriften der Verordnung (EU) 2017/625, soweit in Artikel 40 Absatz 2 der vorliegenden Verordnung nichts anderes bestimmt ist, und zusätzlich zu Artikel 29 der vorliegenden Verordnung, soweit in Artikel 41 Absatz 1 der vorliegenden Verordnung nichts anderes bestimmt ist — für amtliche Kontrollen und andere amtliche Tätigkeiten, mit denen auf allen Stufen der Produktion, der Aufbereitung und des Vertriebs im gesamten Prozess überprüft wird, ob die in Artikel 2 Absatz 1 der vorliegenden Verordnung genannten Erzeugnisse unter Einhaltung der vorliegenden Verordnung produziert wurden.

Artikel 38
Zusätzliche Vorschriften über amtliche Kontrollen und über die von den zuständigen Behörden zu ergreifenden Maßnahmen

(1) Die amtlichen Kontrollen, die gemäß Artikel 9 der Verordnung (EU) 2017/625 zur Überprüfung der Einhaltung der vorliegenden Verordnung durchgeführt werden, umfassen insbesondere Folgendes:

a) die Überprüfung der Anwendung der Vorbeugungs- und Vorsorgemaßnahmen gemäß Artikel 9 Absatz 6 und Artikel 28 der vorliegenden Verordnung durch die Unternehmer auf jeder Stufe der Produktion, der Aufbereitung und des Vertriebs;

b) in Fällen, in denen nichtökologische/nichtbiologische Produktionseinheiten oder Produktionseinheiten in Umstellung zum Betrieb gehören, die Überprüfung der Aufzeichnungen und der bestehenden Maßnahmen, Verfahren oder Vorkehrungen, um sicherzustellen, dass eine klare und wirksame Trennung zwischen ökologischen/biologischen Produktionseinheiten, Produktionseinheiten in Umstellung und nichtökologischen/nichtbiologischen Produktionseinheiten, zwischen Erzeugnissen, die von diesen Produktionseinheiten produziert werden, und von Stoffen und Erzeugnissen, die für ökologische/biologische Produktionseinheiten, Produktionseinheiten in Umstellung und nichtökologische/nichtbiologische Produktionseinheiten verwendet werden, erfolgt; zu diesen Überprüfungen zählen auch Kontrollen auf Parzellen, für die ein früherer Zeitraum rückwirkend als

Teil des Umstellungszeitraums anerkannt wurde, und Kontrollen von nichtökologischen/nichtbiologischen Produktionseinheiten;

c) in Fällen, in denen ökologische/biologische Erzeugnisse, Umstellungserzeugnisse und nichtökologische/nichtbiologische Erzeugnisse von Unternehmern gleichzeitig gesammelt oder in derselben Aufbereitungseinheit, in demselben Bereich oder in denselben Räumlichkeiten aufbereitet oder gelagert oder zu anderen Unternehmern oder Einheiten verbracht werden, die Überprüfung der Aufzeichnungen und der bestehenden Maßnahmen, Verfahren oder Vorkehrungen, um sicherzustellen, dass die Arbeitsgänge räumlich oder zeitlich getrennt voneinander durchgeführt werden, geeignete Reinigungsmaßnahmen und gegebenenfalls Maßnahmen zur Verhinderung des Austauschs von Erzeugnissen getroffen werden sowie ökologische/biologische Erzeugnisse und Umstellungserzeugnisse jederzeit identifiziert werden können und vor und nach der Aufbereitung räumlich oder zeitlich voneinander getrennt gelagert werden;

d) die Überprüfung der Einrichtung und Funktionsweise des Systems für interne Kontrollen der Unternehmergruppen;

e) in Fällen, in denen die Unternehmer gemäß Artikel 34 Absatz 2 dieser Verordnung von der Meldepflicht oder gemäß Artikel 35 Absatz 8 dieser Verordnung von der Pflicht, im Besitz eines Zertifikats zu sein, ausgenommen sind, die Überprüfung der Einhaltung der Anforderungen in Bezug auf die Befreiung und die Überprüfung der von diesen Unternehmern verkauften Erzeugnisse.

(2) Amtliche Kontrollen, die gemäß Artikel 9 der Verordnung (EU) 2017/625 zur Überprüfung der Einhaltung der vorliegenden Verordnung durchgeführt werden, sind im gesamten Prozess auf allen Stufen der Produktion, der Aufbereitung und des Vertriebs auf der Grundlage der Wahrscheinlichkeit von Verstößen gemäß der Begriffsbestimmung in Artikel 3 Nummer 57 dieser Verordnung durchzuführen, die unter Berücksichtigung insbesondere folgender Elemente, die zu den Elementen gemäß Artikel 9 der Verordnung (EU) 2017/625 hinzukommen, bestimmt wird:

a) Art, Größe und Struktur der Unternehmer und Unternehmergruppen;

b) Dauer des Zeitraums, in dem die Unternehmer und Unternehmergruppen in der ökologischen/biologischen Produktion und Aufbereitung und im ökologischen/biologischen Vertrieb tätig sind;

c) die Ergebnisse der gemäß dem vorliegenden Artikel durchgeführten Kontrollen;

d) der für die durchgeführten Tätigkeiten relevante Zeitpunkt;

e) Kategorien von Erzeugnissen;

f) Art, Menge und Wert der Erzeugnisse und deren Entwicklung im Laufe der Zeit;

g) Möglichkeit einer Vermischung der Erzeugnisse oder einer Kontamination mit nichtzugelassenen Erzeugnissen oder Stoffen;

h) Anwendung von abweichenden Regelungen oder Ausnahmen von den Vorschriften durch die Unternehmer und Unternehmergruppen;

i) kritische Punkte für Verstöße und Wahrscheinlichkeit von Verstößen auf jeder Stufe der Produktion, der Aufbereitung und des Vertriebs;

j) im Rahmen von Unteraufträgen ausgeführte Tätigkeiten.

(3) Bei allen Unternehmern und Unternehmergruppen mit Ausnahme der in Artikel 34 Absatz 2 und Artikel 35 Absatz 8 genannten muss auf jeden Fall mindestens einmal jährlich überprüft werden, ob sie die Vorschriften dieser Verordnung einhalten.

Zur Überprüfung der Einhaltung der Vorschriften findet auch eine jährliche physische Inspektion vor Ort statt, außer wenn folgende Bedingungen erfüllt werden:

a) Bei den vorangegangenen Kontrollen des betreffenden Unternehmers oder der betreffenden Unternehmergruppe wurde während der letzten drei aufeinander folgenden Jahre keinerlei Verstoß festgestellt, der die Integrität der ökologischen/biologischen Erzeugnisse oder der Umstellungserzeugnisse beeinträchtigt hat; und

b) bei dem betreffenden Unternehmer oder der betreffenden Unternehmergruppe wurde auf der Grundlage der Elemente gemäß Absatz 2 dieses Artikels und gemäß Artikel 9 der Verordnung (EU) 2017/625 im Rahmen einer Bewertung festgestellt, dass die Wahrscheinlichkeit von Verstößen niedrig ist.

In diesem Fall darf der Zeitraum zwischen zwei physischen Inspektionen vor Ort höchstens 24 Monate betragen.

(4) Bezüglich der amtlichen Kontrollen, die gemäß Artikel 9 der Verordnung (EU) 2017/625 zur Überprüfung der Einhaltung der vorliegenden Verordnung durchgeführt werden, gilt Folgendes:

a) Sie werden gemäß Artikel 9 Absatz 4 der Verordnung (EU) 2017/625 durchgeführt, wobei sichergestellt wird, dass ein Mindestprozentsatz aller amtlichen Kontrollen von Unternehmern oder Unternehmergruppen ohne Vorankündigung durchgeführt wird;

b) es wird sichergestellt, dass zusätzlich zu den in Absatz 3 dieses Artikels genannten Kontrollen ein Mindestprozentsatz zusätzlicher Kontrollen durchgeführt wird;

c) es wird eine Mindestanzahl an gemäß Artikel 14 Buchstabe h der Verordnung (EU) 2017/625 entnommenen Proben genommen;

d) es wird sichergestellt, dass eine Mindestanzahl an Unternehmern, die Mitglieder einer Unternehmergruppe sind, im Zusammenhang mit der Überprüfung der Einhaltung der Vorschriften gemäß Absatz 3 dieses Artikels kontrolliert wird.

(5) Die Ausstellung oder Erneuerung des Zertifikats gemäß Artikel 35 Absatz 1 erfolgt auf der Grundlage der Ergebnisse der Überprüfung der Einhaltung gemäß Absatz 1 bis 4 dieses Artikels.

(6) Die schriftlichen Aufzeichnungen, die über jede amtliche Kontrolle zur Überprüfung der Einhaltung der vorliegenden Verordnung gemäß Artikel 13 Absatz 1 der Verordnung (EU) 2017/625 zu erstellen sind, werden von dem Unternehmer oder der Unternehmergruppe gegengezeichnet, um den Empfang dieser schriftlichen Aufzeichnungen zu bestätigen.

(7) Artikel 13 Absatz 1 der Verordnung (EU) 2017/625 gilt nicht für Audits und Inspektionen, die von den zuständigen Behörden im Rahmen ihrer Aufsichtstätigkeiten betreffend Kontrollstellen, denen bestimmte Aufgaben der amtlichen Kontrolle oder bestimmte Aufgaben im Zusammenhang mit anderen amtlichen Tätigkeiten übertragen wurden, durchgeführt werden.

(8) Der Kommission wird die Befugnis übertragen, gemäß Artikel 54 delegierte Rechtsakte zu erlassen, um

a) diese Verordnung zu ergänzen, indem spezifische Kriterien und Bedingungen für die Durchführung amtlicher Kontrollen, mit denen die Rückverfolgbarkeit auf allen Stufen der Produktion, der Aufbereitung und des Vertriebs und die Einhaltung dieser Verordnung sichergestellt werden soll, in Bezug auf Folgendes festgelegt werden:

i) Prüfungen der Dokumentation;

ii) Kontrollen bestimmter Kategorien von Unternehmern;

iii) gegebenenfalls den Zeitraum, innerhalb dessen die Kontrollen gemäß dieser Verordnung, einschließlich der physischen Inspektion vor Ort gemäß Absatz 3 dieses Artikels, durchzuführen sind, und die spezifischen Räumlichkeiten oder Bereiche, die diesen Kontrollen zu unterziehen sind;

b) Absatz 2 dieses Artikels durch die Aufnahme zusätzlicher Elemente, die auf praktischen Erfahrungen beruhen, oder durch die Änderung dieser zusätzlichen Elemente zu ändern.

(9) Die Kommission kann Durchführungsrechtsakte erlassen, um Folgendes festzulegen:

a) den in Absatz 4 Buchstabe a genannten Mindestprozentsatz aller amtlichen Kontrollen von Unternehmern oder Unternehmergruppen, die ohne Vorankündigung durchzuführen sind;

b) den in Absatz 4 Buchstabe b genannten Mindestprozentsatz zusätzlicher Kontrollen;

c) die in Absatz 4 Buchstabe c genannte Mindestanzahl an Proben;

d) die in Absatz 4 Buchstabe d genannte Mindestanzahl an Unternehmern, die Mitglieder einer Unternehmergruppe sind.

Diese Durchführungsrechtsakte werden nach dem Prüfverfahren gemäß Artikel 55 Absatz 2 erlassen.

Artikel 39

Zusätzliche Vorschriften über von den Unternehmern und Unternehmergruppen zu ergreifende Maßnahmen

(1) Zusätzlich zur Erfüllung der Pflichten gemäß Artikel 15 der Verordnung (EU) 2017/625 müssen Unternehmer und Unternehmergruppen

a) Aufzeichnungen führen, um ihre Einhaltung der vorliegenden Verordnung nachzuweisen;

b) alle für die amtlichen Kontrollen erforderlichen Erklärungen und andere Mitteilungen machen;

c) relevante praktische Maßnahmen ergreifen, um die Einhaltung dieser Verordnung sicherzustellen;

d) in Form einer Erklärung, die zu unterzeichnen und erforderlichenfalls zu aktualisieren ist, Folgendes vorlegen:

i) die vollständige Beschreibung der ökologischen/biologischen Produktionseinheit oder der Produktionseinheit in Umstellung und der auszuführenden Tätigkeiten gemäß dieser Verordnung;

ii) relevante praktische Maßnahmen, die zu ergreifen sind, um die Einhaltung dieser Verordnung sicherzustellen;

iii) eine Verpflichtung,

— bei einem begründeten Verdacht eines Verstoßes, bei einem Verdacht eines Verstoßes, der nicht ausgeräumt werden kann, oder bei einem festgestellten Verstoß, der die Integrität der Erzeugnisse beeinträchtigt, Käufer des Erzeugnisses ohne ungebührliche Verzögerung darüber schriftlich zu unterrichten und die relevanten Informationen mit der zuständigen Behörde und gegebenenfalls der Kontrollbehörde oder Kontrollstelle auszutauschen,

— einzuwilligen, dass im Falle eines Wechsels der Kontrollbehörde oder Kontrollstelle die Kontrollakte übergeben wird oder im Falle des Rückzugs aus der ökologischen/biologischen Produktion die Kontrollakte für mindestens fünf Jahre von der letzten Kontrollbehörde oder Kontrollstelle aufbewahrt wird,

— im Falle des Rückzugs aus der ökologischen/biologischen Produktion die zuständige Behörde oder die gemäß Artikel 34 Absatz 4 benannte Behörde oder Stelle unverzüglich zu unterrichten,

— einzuwilligen, dass im Falle einer Kontrolle der Subunternehmer durch unterschiedliche Kontrollbehörden oder Kontrollstellen Informationen zwischen diesen Behörden oder Stellen ausgetauscht werden.

(2) Die Kommission kann im Wege von Durchführungsrechtsakten Einzelheiten und Spezifikationen zu folgenden Aspekten festlegen:

a) den Aufzeichnungen, um die Einhaltung der vorliegenden Verordnung nachzuweisen;

b) den für die amtlichen Kontrollen erforderlichen Erklärungen und anderen Mitteilungen;

c) den relevanten praktischen Maßnahmen zur Sicherstellung der Einhaltung dieser Verordnung.

Diese Durchführungsrechtsakte werden nach dem Prüfverfahren gemäß Artikel 55 Absatz 2 erlassen.

Artikel 40
Zusätzliche Vorschriften über die Übertragung von Aufgaben der amtlichen Kontrolle oder Aufgaben im Zusammenhang mit anderen amtlichen Tätigkeiten

(1) Die zuständigen Behörden können bestimmte Aufgaben der amtlichen Kontrolle oder bestimmte Aufgaben im Zusammenhang mit anderen amtlichen Tätigkeiten nur dann an Kontrollstellen übertragen, wenn zusätzlich zu den Bedingungen in Kapitel III der Verordnung (EU) 2017/625 folgende Bedingungen erfüllt sind:

a) Die Übertragung umfasst eine detaillierte Beschreibung der übertragenen Aufgaben der amtlichen Kontrolle oder Aufgaben im Zusammenhang mit anderen amtlichen Tätigkeiten, einschließlich der Verpflichtungen im Hinblick auf die Berichterstattung und sonstiger spezifischer Verpflichtungen, und der Bedingungen, unter denen die Kontrollstelle diese Aufgaben und Tätigkeiten ausführen darf. Die Kontrollstelle legt den zuständigen Behörden insbesondere Folgendes zur vorherigen Genehmigung vor:

i) ihr Risikobewertungsverfahren, mit dem insbesondere die Grundlage für die Intensität und Häufigkeit der Überprüfung der Einhaltung der Vorschriften durch die betreffenden Unternehmer und Unternehmergruppen bestimmt wird und das auf der Grundlage der Elemente gemäß Artikel 9 der Verordnung (EU) 2017/625 und Artikel 38 der vorliegenden Verordnung festgelegt wird und bei amtlichen Kontrollen von Unternehmern und Unternehmergruppen zu befolgen ist;

ii) das Standardkontrollverfahren mit einer ausführlichen Beschreibung der Kontrollmaßnahmen, zu deren Anwendung bei den ihrer Kontrolle unterliegenden Unternehmern und Unternehmergruppen sich die Kontrollstelle verpflichtet;

iii) eine Liste der Maßnahmen gemäß dem in Artikel 41 Absatz 4 genannten gemeinsamen Katalog, die bei Unternehmern und Unternehmergruppen anzuwenden sind, wenn der Verdacht auf einen Verstoß besteht oder ein Verstoß festgestellt wird;

iv) die Vorkehrungen für die wirksame Überwachung und die Berichterstattung in Bezug auf die Aufgaben der amtlichen Kontrolle und Aufgaben im Zusammenhang mit anderen amtlichen Tätigkeiten, die bei Unternehmern und Unternehmergruppen ausgeführt werden.

Die Kontrollstelle meldet der zuständigen Behörde sämtliche späteren Änderungen der in den Ziffern i bis iv genannten Elemente;

b) diese zuständigen Behörden verfügen über Verfahren und Vorkehrungen, um die Überwachung der Kontrollstellen zu gewährleisten, einschließlich zur Überprüfung, dass die übertragenen Aufgaben wirksam, unabhängig und objektiv durchgeführt werden, insbesondere hinsichtlich der Intensität und der Häufigkeit der Überprüfung der Einhaltung der Vorschriften.

Die zuständigen Behörden veranlassen mindestens einmal jährlich, dass Kontrollstellen, denen sie Aufgaben der amtlichen Kontrolle oder Aufgaben im Zusammenhang mit anderen amtlichen Tätigkeiten übertragen haben, gemäß Artikel 33 Buchstabe a der Verordnung (EU) 2017/625 Audits unterzogen werden.

(2) Abweichend von Artikel 31 Absatz 3 der Verordnung (EU) 2017/625 können die zuständigen Behörden einer Kontrollstelle die Entscheidung über die Aufgaben gemäß Artikel 138 Absatz 1 Buchstabe b und Artikel 138 Absätze 2 und 3 der genannten Verordnung übertragen.

(3) Für die Zwecke des Artikels 29 Buchstabe b Ziffer iv der Verordnung (EU) 2017/625 ist in dem unter die vorliegende Verordnung fallenden Bereich die relevante Norm für die Übertragung bestimmter Aufgaben der amtlichen Kontrolle und bestimmter Aufgaben im Zusammenhang mit anderen amtlichen Tätigkeiten zur Überprüfung der Einhaltung der Vorschriften der vorliegenden Verordnung die zuletzt bekannt gemachte Fassung der internationalen harmonisierten Norm „Konformitätsbewertung — Anforderungen an Stellen, die Produkte, Prozesse und Dienstleistungen zertifizieren“, deren Fundstelle im *Amtsblatt der Europäischen Union* veröffentlicht wurde.

(4) Die zuständigen Behörden dürfen den Kontrollstellen folgende Aufgaben der amtlichen Kontrolle und Aufgaben im Zusammenhang mit anderen amtlichen Tätigkeiten nicht übertragen:

a) die Überwachung und das Audit anderer Kontrollbehörden oder Kontrollstellen;

b) die Befugnis zur Gewährung von abweichenden Regelungen, außer für die Verwendung von nicht ökologisch/nicht biologisch erzeugtem Pflanzenvermehrungsmaterial;

c) die Befugnis zur Entgegennahme der Meldungen der Tätigkeiten durch die Unternehmer oder Unternehmergruppen gemäß Artikel 34 Absatz 1 der vorliegenden Verordnung;

d) die Bewertung der Wahrscheinlichkeit von Verstößen gegen die Vorschriften der vorliegenden Verordnung, mit denen im Einklang mit Artikel 54 der Verordnung (EU) 2017/625 die Häufigkeitsrate von Warenuntersuchungen bestimmt wird, die bei Sendungen ökologischer/biologischer Erzeugnisse vor ihrer Überlassung zum zollrechtlich freien Verkehr in der Union durchzuführen sind;

e) die Festlegung des in Artikel 41 Absatz 4 dieser Verordnung genannten gemeinsamen Maßnahmenkatalogs.

(5) Die zuständigen Behörden dürfen Aufgaben der amtlichen Kontrolle oder Aufgaben im Zusammenhang mit anderen amtlichen Tätigkeiten nicht an natürliche Personen übertragen.

(6) Die zuständigen Behörden sorgen dafür, dass die Informationen, die die Kontrollstellen auf der Grundlage von Artikel 32 der Verordnung (EU) 2017/625 erhalten haben, und die Informationen über Maßnahmen, die die Kontrollstellen bei einem festgestellten oder wahrscheinlichen Verstoß angewandt haben, von den zuständigen Behörden gesammelt und herangezogen werden, um die Tätigkeiten dieser Kontrollstellen zu beaufsichtigen.

(7) Hat eine zuständige Behörde die Übertragung bestimmter Aufgaben der amtlichen Kontrolle oder bestimmter Aufgaben im Zusammenhang mit anderen amtlichen Tätigkeiten gemäß Artikel 33 Buchstabe b der Verordnung (EU) 2017/625 ganz oder teilweise zurückgenommen, entscheidet sie, ob Zertifikate, die von den betreffenden Kontrollstellen vor dem Datum des Beschlusses über die vollständige oder teilweise Rücknahme ausgestellt wurden, weiterhin gültig bleiben, und unterrichtet die betreffenden Unternehmer über diese Entscheidung.

(8) Unbeschadet des Artikels 33 Buchstabe b der Verordnung (EU) 2017/625 können zuständige Behörden, bevor sie die Übertragung von Aufgaben der amtlichen Kontrolle oder Aufgaben im Zusammenhang mit anderen amtlichen Tätigkeiten in den in diesem Buchstaben genannten Fällen ganz oder teilweise zurücknehmen, diese Übertragung für folgende Zeiträume ganz oder teilweise aussetzen:

a) einen Zeitraum von höchstens zwölf Monaten, in dem die Kontrollstelle Maßnahmen zur Behebung von Mängeln, die bei den Audits und Inspektionen festgestellt wurden, oder zur Abhilfe bei Verstößen, über die Informationen mit anderen Kontrollbehörden und Kontrollstellen, anderen zuständigen Behörden und der Kommission gemäß Artikel 43 dieser Verordnung ausgetauscht wurden, zu ergreifen hat; oder

b) einen Zeitraum, in dem die Akkreditierung gemäß Artikel 29 Buchstabe b Ziffer iv der Verordnung (EU) 2017/625 in Verbindung mit Artikel 40 Absatz 3 der vorliegenden Verordnung ausgesetzt ist.

Wird die Übertragung von Aufgaben der amtlichen Kontrolle oder bestimmter Aufgaben im Zusammenhang mit anderen amtlichen Tätigkeiten ausgesetzt, stellen die betreffenden Kontrollstellen keine Zertifikate gemäß Artikel 35 für die Teile aus, für die die Übertragung ausgesetzt wurde. Die zuständigen Behörden entscheiden darüber, ob Zertifikate, die von den betreffenden Kontrollstellen vor dem Datum des Beschlusses über die vollständige oder teilweise Aussetzung ausgestellt wurden, weiterhin gültig bleiben, und unterrichten die betreffenden Unternehmer über diese Entscheidung.

Unbeschadet des Artikels 33 der Verordnung (EU) 2017/625 heben die zuständigen Behörden die Aussetzung der Übertragung von Aufgaben der amtlichen Kontrolle oder Aufgaben im Zusammenhang mit anderen amtlichen Tätigkeiten so bald wie möglich auf, nachdem die Kontrollstelle Maßnahmen zur Abhilfe bei Mängeln oder Verstößen gemäß Unterabsatz 1 Buchstabe a ergriffen oder die Akkreditierungsstelle die in Unterabsatz 1 Buchstabe b genannte Aussetzung der Akkreditierung aufgehoben hat.

(9) Wurde eine Kontrollstelle, der zuständige Behörden bestimmte Aufgaben der amtlichen Kontrolle oder bestimmte Aufgaben im Zusammenhang mit anderen amtlichen Tätigkeiten übertragen haben, auch von der Kommission gemäß Artikel 46 Absatz 1 der vorliegenden Verordnung für die Durchführung von Kontrolltätigkeiten in Drittländern anerkannt, und beabsichtigt die Kommission, die Anerkennung dieser Kontrollstelle zurückzunehmen, oder hat sie diese Anerkennung bereits zurückgenommen, veranlassen die zuständigen Behörden gemäß Artikel 33 Buchstabe a der Verordnung (EU) 2017/625, dass die Kontrollstelle in Bezug auf ihre Tätigkeit in dem/den betreffenden Mitgliedstaat(en) Audits oder Inspektionen unterzogen wird.

(10) Die Kontrollstellen übermitteln den zuständigen Behörden

a) jährlich spätestens bis zum 31. Januar ein Verzeichnis der Unternehmer, die am 31. Dezember des vorangegangenen Jahres ihrer Kontrolle unterstanden;

b) jährlich spätestens bis zum 31. März Informationen über die im vorangegangenen Jahr durchgeführten amtlichen Kontrollen oder anderen amtlichen Tätigkeiten, um die Vorbereitung des Teils des Jahresberichts gemäß Artikel 113 der Verordnung (EU) 2017/625 zu unterstützen, der sich mit der ökologischen/biologischen Produktion und der Kennzeichnung ökologischer/biologischer Erzeugnisse befasst.

(11) Der Kommission wird die Befugnis übertragen, gemäß Artikel 54 delegierte Rechtsakte zur Ergänzung der vorliegenden Verordnung im

Hinblick auf die Bedingungen für die Übertragung der Aufgaben der amtlichen Kontrolle und Aufgaben im Zusammenhang mit anderen amtlichen Tätigkeiten auf Kontrollstellen zu erlassen, die zu den Bedingungen gemäß Absatz 1 hinzukommen.

Artikel 41
Zusätzliche Vorschriften über Maßnahmen bei Verdachtsfällen und festgestellten Verstößen sowie gemeinsamer Maßnahmenkatalog

(1) Hat vorbehaltlich des Artikels 29 eine zuständige Behörde oder gegebenenfalls eine Kontrollbehörde oder Kontrollstelle den Verdacht oder erhält sie u. a. von anderen zuständigen Behörden oder gegebenenfalls von anderen Kontrollbehörden oder Kontrollstellen fundierte Informationen darüber, dass ein Unternehmer beabsichtigt, ein Erzeugnis zu verwenden oder in Verkehr zu bringen, das möglicherweise nicht dieser Verordnung entspricht, jedoch mit Verweis auf die ökologische/biologische Produktion gekennzeichnet ist, oder wird diese zuständige Behörde, Kontrollbehörde oder Kontrollstelle von einem Unternehmer über den Verdacht auf einen Verstoß gemäß Artikel 27 unterrichtet,

a) führt sie unverzüglich eine amtliche Untersuchung gemäß der Verordnung (EU) 2017/625 durch, um die Einhaltung der Anforderungen der vorliegenden Verordnung zu überprüfen; diese Untersuchung ist unter Berücksichtigung der Haltbarkeit des Erzeugnisses und der Komplexität des Falls so rasch wie möglich innerhalb eines angemessenen Zeitraums abzuschließen.

b) verbietet sie vorläufig sowohl das Inverkehrbringen der betreffenden Erzeugnisse als ökologische/biologische Erzeugnisse oder Umstellungserzeugnisse als auch ihre Verwendung in der ökologischen/biologischen Produktion bis zum Vorliegen der Ergebnisse der in Buchstabe a genannten Untersuchung. Bevor die zuständige Behörde oder gegebenenfalls die Kontrollbehörde oder Kontrollstelle einen solchen Beschluss fasst, gibt sie dem Unternehmer Gelegenheit zur Stellungnahme.

(2) Geht aus den Ergebnissen der in Absatz 1 Buchstabe a genannten Untersuchung hervor, dass kein Verstoß vorliegt, der die Integrität der ökologischen/biologischen Erzeugnisse oder der Umstellungserzeugnisse beeinträchtigt, darf der Unternehmer die betreffenden Produkte verwenden oder als ökologische/biologische Erzeugnisse oder Umstellungserzeugnisse in Verkehr bringen.

(3) Die Mitgliedstaaten ergreifen alle Maßnahmen und verhängen die erforderlichen Sanktionen, um den Missbrauch der in Kapitel IV dieser Verordnung aufgeführten Angaben zu verhindern.

(4) Die zuständigen Behörden erstellen einen gemeinsamen Katalog an Maßnahmen, die bei Verdachtsfällen und festgestellten Verstößen zu ergreifen und in ihrem Zuständigkeitsgebiet auch von Kontrollbehörden und Kontrollstellen anzuwenden sind.

(5) Die Kommission kann Durchführungsrechtsakte erlassen, um einheitliche Vorkehrungen für Fälle festzulegen, in denen die zuständigen Behörden Maßnahmen im Zusammenhang mit dem Verdacht auf einen Verstoß oder mit einem festgestellten Verstoß ergreifen müssen.

Diese Durchführungsrechtsakte werden nach dem Prüfverfahren gemäß Artikel 55 Absatz 2 erlassen.

Artikel 42
Zusätzliche Vorschriften über Maßnahmen bei Verstößen, die die Integrität beeinträchtigen

(1) Bei Verstößen auf allen Stufen der Produktion, der Aufbereitung und des Vertriebs, die die Integrität der ökologischen/biologischen Erzeugnisse oder der Umstellungserzeugnisse beeinträchtigen, weil beispielsweise nicht zugelassene Erzeugnisse oder Stoffe verwendet oder nicht zugelassene Verfahren angewandt wurden, oder eine Vermischung mit nichtökologischen/nichtbiologischen Erzeugnissen stattfand, stellen die zuständigen Behörden oder gegebenenfalls die Kontrollbehörden oder die Kontrollstellen sicher, dass zusätzlich zu den gemäß Artikel 138 der Verordnung (EU) 2017/625 zu ergreifenden Maßnahmen bei der Kennzeichnung und Werbung für die gesamte betreffende Partie oder Erzeugung nicht auf die ökologische/biologische Produktion Bezug genommen wird.

(2) Bei schwerwiegenden, wiederholten oder anhaltenden Verstößen sorgen die zuständigen Behörden und gegebenenfalls die Kontrollbehörden und die Kontrollstellen dafür, dass den betreffenden Unternehmern oder der betreffenden Unternehmergruppe zusätzlich zu den in Absatz 1 genannten Maßnahmen sowie allen angemessenen Maßnahmen, die insbesondere gemäß Artikel 138 der Verordnung (EU) 2017/625 ergriffen werden, die Vermarktung von Erzeugnissen mit einer Bezugnahme auf die ökologische/biologische Produktion für einen bestimmten Zeitraum untersagt und dass ihr Zertifikat gemäß Artikel 35 gegebenenfalls ausgesetzt oder zurückgenommen wird.

Artikel 43
Zusätzliche Vorschriften über den Informationsaustausch

(1) Zusätzlich zur Erfüllung der Pflichten gemäß Artikel 105 Absatz 1 und Artikel 106 Absatz 1 der Verordnung (EU) 2017/625 tauschen die zuständigen Behörden mit anderen zuständigen Behörden und der Kommission unverzüglich Informationen über jeden Verdacht auf einen Verstoß, der die Integrität der ökologischen/biologischen Erzeugnisse oder der Umstellungserzeugnisse beeinträchtigt, aus.

Die zuständigen Behörden tauschen diese Informationen mit anderen zuständigen Behörden und der Kommission über ein von der Kommission bereitgestelltes Computersystem für den elektronischen Austausch von Dokumenten und Informationen aus.

(2) Bei Verdachtsfällen und festgestellten Verstößen im Zusammenhang mit Erzeugnissen, die der Kontrolle anderer Kontrollbehörden oder Kontrollstellen unterliegen, unterrichten die Kontrollbehörden und Kontrollstellen unverzüglich diese anderen Kontrollbehörden oder Kontrollstellen darüber.

(3) Die Kontrollbehörden und Kontrollstellen tauschen weitere relevante Informationen mit anderen Kontrollbehörden und Kontrollstellen aus.

(4) Nach Eingang eines Antrags tauschen die Kontrollbehörden und Kontrollstellen einschlägige Informationen über die Ergebnisse ihrer Kontrollen mit anderen zuständigen Behörden und der Kommission aus, soweit der Antrag mit der Notwendigkeit begründet ist, zu gewährleisten, dass ein Erzeugnis nach den Vorschriften dieser Verordnung hergestellt wurde.

(5) Die zuständigen Behörden tauschen Informationen über die Überwachung der Kontrollstellen mit den nationalen Akkreditierungsstellen im Sinne des Artikels 2 Nummer 11 der Verordnung (EG) Nr. 765/2008 des Europäischen Parlaments und des Rates ([23]) aus.

(6) Die zuständigen Behörden ergreifen angemessene Maßnahmen und legen dokumentierte Verfahren fest, um zu gewährleisten, dass die Informationen über die Ergebnisse der Kontrollen entsprechend den Erfordernissen der Zahlstelle für die Zwecke des Artikels 58 der Verordnung (EU) Nr. 1306/2013 des Europäischen Parlaments und des Rates ([24]) und der auf Grundlage jenes Artikels angenommenen Rechtsakte an diese Zahlstelle übermittelt werden.

(7) Die Kommission kann Durchführungsrechtsakte erlassen, in denen festgelegt ist, welche Informationen die zuständigen Behörden, die Kontrollbehörden und die Kontrollstellen, die mit den amtlichen Kontrollen und anderen amtlichen Tätigkeiten gemäß diesem Artikel betraut sind, bereitzustellen haben, wer die relevanten Empfänger dieser Informationen sind und nach welchen Verfahren diese Informationen bereitzustellen sind, einschließlich der Funktionsweisen der in Absatz 1 genannten Computersysteme.

Diese Durchführungsrechtsakte werden nach dem Prüfverfahren gemäß Artikel 55 Absatz 2 erlassen.

KAPITEL VII
HANDEL MIT DRITTLÄNDERN

Artikel 44
Ausfuhr ökologischer/biologischer Erzeugnisse

(1) Ein Erzeugnis darf als ökologisches/biologisches Erzeugnis aus der Union ausgeführt werden und das Logo der Europäischen Union für ökologische/biologische Produktion tragen, sofern es den Vorschriften für ökologische/biologische Produktion dieser Verordnung entspricht.

(2) Der Kommission wird die Befugnis übertragen, gemäß Artikel 54 delegierte Rechtsakte zur Ergänzung dieser Verordnung im Hinblick auf die für Drittlandzollbehörden bestimmten Dokumente zu erlassen, insbesondere im Hinblick auf die Ausstellung von Ausfuhrbescheinigungen für ökologische/biologische Erzeugnisse wenn möglich in elektronischer Form und im Hinblick auf die Vorlage von Zusicherungen, dass die ausgeführten ökologischen/biologischen Erzeugnisse den Vorschriften dieser Verordnung entsprechen.

Artikel 45
Einfuhr ökologischer/biologischer Erzeugnisse und von Umstellungserzeugnissen

(1) Ein Produkt darf zum Zweck des Inverkehrbringens in der Union als ökologisches/biologisches Erzeugnis oder als Umstellungserzeugnis aus einem Drittland eingeführt werden, sofern folgende drei Bedingungen erfüllt sind:

a) es handelt sich um ein Erzeugnis gemäß Artikel 2 Absatz 1;

b) einer der folgenden Fälle liegt vor:

i) das Produkt entspricht den Vorschriften der Kapitel II, III und IV dieser Verordnung, und alle Unternehmer und Unternehmergruppen gemäß Artikel 36, einschließlich der Ausführer in dem betreffenden Drittland, wurden der Kontrolle durch nach Artikel 46 anerkannte Kontrollbehörden oder Kontrollstellen unterstellt, und diese Behörden oder Stellen haben all diesen Unternehmern, Unternehmergruppen und Ausführern eine Bescheinigung ausgestellt, in der bestätigt wird, dass sie die Vorschriften der vorliegenden Verordnung einhalten;

ii) wenn das Produkt aus einem gemäß Artikel 47 anerkannten Drittland stammt, dieses Produkt entspricht den Bedingungen, die in dem relevanten Handelsabkommen festgelegt sind; oder

iii) wenn das Produkt aus einem gemäß Artikel 48 anerkannten Drittland stammt, dieses Produkt entspricht den gleichwertigen Produktions- und Kontrollvorschriften des genannten Drittlands und wird mit einer von dessen zuständigen Behörden, Kontrollbehörden oder Kontrollstellen ausgestellten Kontrollbescheinigung eingeführt, in der die Einhaltung dieser Vorschriften bestätigt wird; und

c) die Drittlandunternehmer können den Einführern und den nationalen Behörden in der Union und in diesen Drittländern jederzeit Informationen vorlegen, die die Identifizierung der Unternehmer, die ihre Lieferanten sind, und der Kontrollbehörden oder Kontrollstellen dieser Lieferanten ermöglichen, um so die Rückverfolgbarkeit des betreffenden ökologischen/biologischen Erzeugnisses oder des betreffenden Umstellungserzeugnisses sicherzustellen. Diese Informationen werden auch den Kontrollbehörden oder Kontrollstellen der Einführer zugänglich gemacht.

(2) Die Kommission kann nach den Verfahren gemäß Artikel 24 Absatz 9 spezielle Zulassungen für die Verwendung von Erzeugnissen und Stoffen in Drittländern und in den Gebieten in äußerster Randlage der Union erteilen, wobei den Unterschieden beim ökologischen Gleichgewicht bei der pflanzlichen oder tierischen Erzeugung, den speziellen klimatischen Bedingungen, den Traditionen und den örtlichen Gegebenheiten in diesen Gebieten Rechnung zu tragen ist. Diese speziellen Zulassungen können für einen verlängerbaren Zeitraum von zwei Jahren erteilt werden und unterliegen den in Kapitel II festgelegten Grundsätzen und den Kriterien nach Artikel 24 Absätze 3 und 6.

(3) Bei der Festlegung der Kriterien für die Einstufung einer Situationen als Katastrophenfall und der Festlegung spezifischer Vorschriften für den Umgang mit solchen Fällen gemäß Artikel 22 berücksichtigt die Kommission auch die Unterschiede beim ökologischen Gleichgewicht sowie die klimatischen und örtlichen Gegebenheiten in Drittländern und den Gebieten in äußerster Randlage der Union.

(4) Die Kommission erlässt Durchführungsrechtsakte mit spezifischen Vorschriften über den Inhalt der in Absatz 1 Buchstabe b genannten Bescheinigungen, das Verfahren für deren Ausstellung und Überprüfung sowie die technischen Mittel der Ausstellung, insbesondere in Bezug auf die Rolle der zuständigen Behörden, Kontrollbehörden und Kontrollstellen, um die Rückverfolgbarkeit von eingeführten Erzeugnissen, die zum Inverkehrbringen als ökologische/biologische Erzeugnisse oder als Umstellungserzeugnisse gemäß Absatz 1 auf dem Unionsmarkt bestimmt sind, und die Einhaltung der Vorschriften durch diese Erzeugnisse zu gewährleisten.

Diese Durchführungsrechtsakte werden nach dem Prüfverfahren gemäß Artikel 55 Absatz 2 erlassen.

(5) Die Einhaltung der Bedingungen und Maßnahmen für die Einfuhr von ökologischen/biologischen Erzeugnissen und Umstellungserzeugnissen gemäß Absatz 1 in die Union wird gemäß Artikel 47 Absatz 1 der Verordnung (EU) 2017/625 an Grenzkontrollstellen kontrolliert. Die Häufigkeit der physischen Kontrollen gemäß Artikel 49 Absatz 2 der genannten Verordnung richtet sich nach der Wahrscheinlichkeit von Verstößen gemäß der Begriffsbestimmung in Artikel 3 Nummer 57.

Artikel 46
Anerkennung von Kontrollbehörden und Kontrollstellen

(1) Die Kommission kann Durchführungsrechtsakte zur Anerkennung bzw. Rücknahme der Anerkennung von Kontrollbehörden und Kontrollstellen, die für die Durchführung von Kontrollen und die Ausstellung eines Öko-/Bio-Zertifikats in Drittländern zuständig sind, sowie zur Erstellung eines Verzeichnisses anerkannter Kontrollbehörden und Kontrollstellen erlassen.

Diese Durchführungsrechtsakte werden nach dem Prüfverfahren gemäß Artikel 55 Absatz 2 erlassen.

(2) Kontrollbehörden und Kontrollstellen werden gemäß Absatz 1 für die Kontrolle der Einfuhr der in Artikel 35 Absatz 7 aufgeführten Kategorien von Erzeugnissen anerkannt, wenn sie die folgenden Kriterien erfüllen:

a) Sie haben ihren Sitz in einem einzigen Mitgliedstaat oder Drittland;

b) sie sind in der Lage, Kontrollen durchzuführen, um zu gewährleisten, dass die ökologischen/biologischen Erzeugnisse oder die Umstellungserzeugnisse, die zur Einfuhr in die Union bestimmt sind, die Bedingungen gemäß Artikel 45 Absatz 1 Buchstabe a, Buchstabe b Ziffer i und Buchstabe c und gemäß dem vorliegenden Artikel erfüllen, ohne Kontrollaufgaben zu delegieren; für die Zwecke dieses Buchstabens gelten Kontrollaufgaben nicht als delegiert, wenn sie von Personen wahrgenommen werden, die im Rahmen eines Einzelvertrags oder einer förmlichen Vereinbarung tätig sind, durch den/die sie dem Bereich der Leitung und den Verfahren der auftraggebenden Kontrollbehörden oder Kontrollstellen unterliegen, und gilt das Verbot der Delegierung von Kontrollaufgaben nicht für Probenahmen;

c) sie bieten angemessene Garantien für Objektivität und Unparteilichkeit und sind frei von jeglichem Interessenkonflikt in Bezug auf die Wahrnehmung ihrer Kontrollaufgaben; sie verfügen insbesondere über Verfahren, mit denen sichergestellt wird, dass das Personal, das Kontrollen und sonstige Maßnahmen durchführt, frei von jeglichem Interessenkonflikt ist und dass die Unternehmer nicht mehr als drei aufeinanderfolgende Jahre von denselben Inspektoren kontrolliert werden;

d) für Kontrollstellen gilt, dass sie zum Zweck ihrer Anerkennung gemäß dieser Verordnung von nur einer einzigen Akkreditierungsstelle gemäß der einschlägigen harmonisierten Norm „Konformitätsbewertung — Anforderungen an Stellen, die Produkte, Prozesse und Dienstleistungen zertifizieren“, deren Fundstelle im *Amtsblatt der Europäischen Union* veröffentlicht wurde, akkreditiert sind;

e) sie verfügen über die zur Ausübung von Kontrollaufgaben erforderliche Expertise, Ausrüstung und Infrastruktur und über eine ausreichende Zahl geeigneter, qualifizierter und erfahrener Mitarbeiter;

f) sie verfügen über die Kapazitäten und Kompetenzen, ihre Zertifizierungs- und Kontrolltätigkeiten gemäß den Anforderungen dieser Verordnung und insbesondere der Delegierten Verordnung (EU) 2021/1698 der Kommission ([25]) für jede Art von Unternehmer (einzelner Unternehmer oder Unternehmergruppe) in jedem Drittland und für jede Kategorie von Erzeugnissen, für die sie anerkannt werden möchten, durchzuführen;

g) sie verfügen über Verfahren und Vorkehrungen, um die Unparteilichkeit, Qualität, Einheitlichkeit, Wirksamkeit und Angemessenheit der von ihnen durchgeführten Kontrollen und sonstigen Maßnahmen zu gewährleisten;

h) sie verfügen über ausreichendes qualifiziertes und erfahrenes Personal, damit Kontrollen und sonstige Maßnahmen wirksam und fristgerecht durchgeführt werden können;

i) sie verfügen über geeignete und ordnungsgemäß gewartete Einrichtungen und Ausrüstungsgegenstände, um sicherzustellen, dass das Personal Kontrollen und sonstige Maßnahmen wirksam und fristgerecht durchführen kann;

j) sie verfügen über Verfahren, durch die gewährleistet wird, dass das Personal zur Wahrnehmung seiner Aufgaben Zugang zu den Betriebsstätten und zu den Unterlagen der Unternehmer hat;

k) sie verfügen über geeignete interne Kenntnisse, Schulungsangebote und Verfahren, um Unternehmer und gegebenenfalls das interne Kontrollsystem einer Unternehmergruppe wirksamen Kontrollen, einschließlich Inspektionen, zu unterziehen;

l) ihre frühere Anerkennung für ein bestimmtes Drittland und/oder für eine Kategorie von Erzeugnissen wurde nicht gemäß Absatz 2a zurückgenommen bzw. ihre Akkreditierung wurde nicht von einer Akkreditierungsstelle gemäß deren Verfahren für die Aussetzung oder die Rücknahme im Einklang mit der einschlägigen internationalen Norm, insbesondere der Norm 17011 der Internationalen Organisation für Normung (ISO) — Konformitätsbewertung — Allgemeine Anforderungen an Akkreditierungsstellen, die Konformitätsbewertungsstellen akkreditieren, zurückgenommen oder ausgesetzt, und zwar in den 24 Monaten vor

i) ihrem Antrag auf Anerkennung für dasselbe Drittland und/oder dieselbe Kategorie von Erzeugnissen, es sei denn, die frühere Anerkennung wurde gemäß Absatz 2a Buchstabe k zurückgenommen;

ii) ihrem Antrag auf Ausweitung der Anerkennung auf ein weiteres Drittland gemäß Artikel 2 der Delegierten Verordnung (EU) 2021/1698, es sei denn, die frühere Anerkennung wurde gemäß Absatz 2a Buchstabe k zurückgenommen;

iii) ihrem Antrag auf Ausweitung der Anerkennung auf eine weitere Kategorie von Erzeugnissen gemäß Artikel 2 der Delegierten Verordnung (EU) 2021/1698;

m) für Kontrollbehörden gilt, dass es sich um öffentliche Verwaltungseinrichtungen in dem Drittland handelt, für das sie die Anerkennung beantragen;

n) sie erfüllen die in Kapitel I der Delegierten Verordnung (EU) 2021/1698 festgelegten Verfahrensvorschriften und

o) sie erfüllen etwaige zusätzliche Kriterien, die in einem gemäß Absatz 7 erlassenen delegierten Rechtsakt festgelegt werden können.

(2a) Die Kommission kann die Anerkennung einer Kontrollbehörde oder Kontrollstelle für ein bestimmtes Drittland und/oder eine Kategorie von Erzeugnissen zurücknehmen, wenn

a) eines der in Absatz 2 genannten Anerkennungskriterien nicht mehr erfüllt ist;

b) die Kommission den Jahresbericht gemäß Artikel 4 der Delegierten Verordnung (EU) 2021/1698 nicht innerhalb der in dem genannten Artikel genannten Frist erhalten hat oder die im Jahresbericht enthaltenen Informationen unvollständig oder ungenau sind oder die Anforderungen der genannten Verordnung nicht erfüllen;

c) die Kontrollbehörde oder Kontrollstelle nicht alle Informationen im Zusammenhang mit dem technischen Dossier gemäß Absatz 4, dem von ihr angewandten Kontrollsystem, dem aktuellen Verzeichnis der Unternehmer oder Unternehmergruppen oder den ökologischen/biologischen Erzeugnissen, die unter ihre Anerkennung fallen, zur Verfügung stellt oder übermittelt;

d) die Kontrollbehörde oder Kontrollstelle die Kommission nicht innerhalb von 30 Kalendertagen über Änderungen ihres technischen Dossiers gemäß Absatz 4 unterrichtet;

e) die Kontrollbehörde oder Kontrollstelle die von der Kommission oder einem Mitgliedstaat angeforderten Informationen nicht innerhalb der gesetzten Fristen zur Verfügung stellt oder die Informationen unvollständig oder ungenau sind oder die Anforderungen der vorliegenden Verordnung, der Delegierten Verordnung (EU) 2021/1698 und eines gemäß Absatz 8 zu erlassenden Durchführungsrechtsakts nicht erfüllen oder die Kontrollbehörde oder Kontrollstelle, insbesondere bei der

Untersuchung eines Verstoßes, nicht mit der Kommission zusammenarbeitet;

f) die Kontrollbehörde oder Kontrollstelle einer Vor-Ort-Prüfung oder einem Audit, die/das von der Kommission veranlasst wird, nicht zustimmt;

g) das Ergebnis der Vor-Ort-Prüfung oder des Audits ein systematisches Versagen von Kontrollmaßnahmen zeigt oder die Kontrollbehörde oder Kontrollstelle nicht in der Lage ist, alle von der Kommission nach der Vor-Ort-Prüfung oder dem Audit abgegebenen Empfehlungen in ihrem der Kommission vorgelegten Aktionsplan umzusetzen;

h) die Kontrollbehörde oder Kontrollstelle nicht innerhalb einer Frist, die von der Kommission entsprechend der Schwere der Situation festgelegt wird und die nicht weniger als 30 Kalendertage beträgt, angemessene Abhilfemaßnahmen als Reaktion auf die festgestellten Verstöße ergreift;

i) die Kontrollbehörde oder Kontrollstelle im Falle des Wechsels der Kontrollbehörde oder Kontrollstelle eines Unternehmers der neuen Kontrollbehörde oder Kontrollstelle nicht innerhalb von höchstens 30 Kalendertagen nach Eingang des entsprechenden Antrags des Unternehmers oder der neuen Kontrollbehörde oder Kontrollstelle die relevanten Bestandteile der Kontrollakte des Unternehmers, einschließlich schriftlicher Aufzeichnungen, übermittelt;

j) die Gefahr besteht, dass der Verbraucher über die tatsächliche Art der unter die Anerkennung fallenden Erzeugnisse irregeführt wird, oder

k) die Kontrollbehörde oder Kontrollstelle während 48 aufeinanderfolgender Monate in dem Drittland, für das sie anerkannt ist, keinen Unternehmer zertifiziert hat.

(3) Die Akkreditierung gemäß Absatz 2 Buchstabe d kann nur vorgenommen werden von

a) einer Akkreditierungsstelle eines Mitgliedstaats der Union im Einklang mit den Vorschriften der Verordnung (EG) Nr. 765/2008 oder

b) einer Akkreditierungsstelle außerhalb der Union, die Unterzeichner einer multilateralen Vereinbarung über die Anerkennung unter der Schirmherrschaft des Internationalen Akkreditierungsforums ist.

(4) Die Kontrollbehörden und Kontrollstellen übermitteln der Kommission einen Antrag auf Anerkennung. Dieser Antrag besteht aus einem technischen Dossier, das alle Informationen enthält, die notwendig sind, um sicherzustellen, dass die in Absatz 2 aufgeführten Kriterien erfüllt sind.

Die Kontrollbehörden stellen den letzten Bewertungsbericht der zuständigen Behörde und die Kontrollstellen stellen die von der Akkreditierungsstelle ausgestellte Akkreditierungsurkunde zur Verfügung. Gegebenenfalls stellen die Kontrollbehörden oder Kontrollstellen auch die letzten Berichte über die regelmäßige Evaluierung vor Ort, die Überwachung und die mehrjährige Wiederbewertung ihrer Tätigkeiten zur Verfügung.

(5) Auf der Grundlage der Informationen nach Absatz 4 und aller sonstigen relevanten Informationen in Bezug auf die Kontrollbehörde oder Kontrollstelle stellt die Kommission eine angemessene Überwachung über die anerkannten Kontrollbehörden und Kontrollstellen sicher, indem sie eine regelmäßige Überprüfung ihrer Leistung und Anerkennung vornimmt. Für die Zwecke dieser Überwachung kann die Kommission zusätzliche Informationen bei den Akkreditierungsstellen oder gegebenenfalls den zuständigen Behörden anfordern.

(6) Die Art der Überwachung gemäß Absatz 5 wird anhand einer Bewertung der Wahrscheinlichkeit von Verstößen unter Berücksichtigung insbesondere der Tätigkeit der Kontrollbehörde oder Kontrollstelle, der Art der Erzeugnisse und der ihrer Kontrolle unterstehenden Unternehmer sowie der Veränderungen der Produktionsvorschriften und Kontrollmaßnahmen festgelegt.

Die Anerkennung von Kontrollbehörden oder Kontrollstellen gemäß Absatz 1 ist insbesondere dann unverzüglich nach dem Verfahren gemäß Absatz 1 zurückzunehmen, wenn schwerwiegende oder wiederholte Verstöße in Bezug auf die Zertifizierung oder die gemäß Absatz 8 festgelegten Kontrollen und Maßnahmen festgestellt wurden und wenn die betreffende Kontrollbehörde oder Kontrollstelle nach Aufforderung durch die Kommission nicht rechtzeitig angemessene Abhilfemaßnahmen innerhalb einer von der Kommission festgelegten Frist trifft. Diese Frist wird je nach Schwere des Problems festlegt und darf in der Regel nicht weniger als 30 Tage betragen.

(7) Der Kommission wird die Befugnis übertragen, gemäß Artikel 54 delegierte Rechtsakte zu erlassen

a) zur Änderung von Absatz 2 dieses Artikels zu erlassen, indem zusätzlich zu den darin festgelegten Kriterien weitere Kriterien für die Anerkennung oder Rücknahme der Anerkennung der Kontrollbehörden und Kontrollstellen gemäß Absatz 1 dieses Artikels festgelegt oder diese zusätzlichen Kriterien geändert werden;

b) zur Ergänzung dieser Verordnung in Bezug auf

i) die Ausübung der Überwachung der durch die Kommission gemäß Absatz 1 anerkannten Kontrollbehörden und Kontrollstellen, unter anderem durch Prüfungen vor Ort; und

ii) die Kontrollen und sonstigen Maßnahmen, die von diesen Kontrollbehörden und Kontrollstellen durchzuführen sind.

(8) Die Kommission kann Durchführungsrechtsakte erlassen, um bei Verdachtsfällen und

festgestellten Verstößen, insbesondere bei solchen, die die Integrität der im Rahmen der Anerkennung gemäß diesem Artikel eingeführten ökologischen/biologischen Erzeugnisse oder Umstellungserzeugnisse beeinträchtigen, die Durchführung von Maßnahmen zu gewährleisten. Solche Maßnahmen können insbesondere in der Überprüfung der Integrität der ökologischen/biologischen Erzeugnisse oder Umstellungserzeugnisse vor dem Inverkehrbringen in der Union und gegebenenfalls in der Aussetzung der Zulassung für das Inverkehrbringen solcher Erzeugnisse als ökologische/biologische Erzeugnisse oder Umstellungserzeugnisse in der Union bestehen.

Diese Durchführungsrechtsakte werden nach dem Prüfverfahren gemäß Artikel 55 Absatz 2 erlassen.

(9) In hinreichend begründeten Fällen äußerster Dringlichkeit im Zusammenhang mit unlauteren Praktiken oder Praktiken, die sich nicht mit den Grundsätzen und Regeln für die ökologische/biologische Produktion vereinbaren lassen, der Erhaltung des Verbrauchervertrauens oder der Sicherung eines fairen Wettbewerbs zwischen den Unternehmern erlässt die Kommission nach dem Verfahren gemäß Artikel 55 Absatz 3 sofort geltende Durchführungsrechtsakte, um die Maßnahmen nach Absatz 8 des vorliegenden Artikels zu treffen oder um über die Rücknahme der Anerkennung der Kontrollbehörden und Kontrollstellen gemäß Absatz 1 des vorliegenden Artikels zu beschließen.

Artikel 47
Gleichwertigkeit im Rahmen einer Handelsvereinbarung

Ein anerkanntes Drittland gemäß Artikel 45 Absatz 1 Buchstabe b Ziffer ii ist ein Drittland, für das die Union im Rahmen einer Handelsvereinbarung anerkannt hat, dass dessen Produktionssystem infolge der Anwendung von Vorschriften, die die gleiche Konformitätsgarantie bieten wie die Vorschriften der Union, die gleichen Ziele und Grundsätze erfüllt.

Artikel 48
Gleichwertigkeit im Rahmen der Verordnung (EG) Nr. 834/2007

(1) Ein anerkanntes Drittland gemäß Artikel 45 Absatz 1 Buchstabe b Ziffer iii ist ein Drittland, das für die Zwecke der Gleichwertigkeit gemäß Artikel 33 Absatz 2 der Verordnung (EG) Nr. 834/2007 anerkannt wurde, einschließlich der im Rahmen der Übergangsmaßnahme gemäß Artikel 58 dieser Verordnung anerkannten Drittländer.

Die Anerkennung gilt bis zum 31. Dezember 2026.

(2) Auf der Grundlage der Jahresberichte, die die Drittländer der Kommission nach Absatz 1 bis zum 31. März jedes Jahres über die Anwendung und Durchsetzung ihrer Kontrollmaßnahmen übermitteln müssen, und unter Berücksichtigung aller sonstigen eingegangenen Informationen stellt die Kommission eine angemessene Überwachung der anerkannten Drittländer sicher, indem sie deren Anerkennung regelmäßig überprüft. Hierzu kann sie von den Mitgliedstaaten Unterstützung erbitten. Die Art der Überwachung wird anhand einer Bewertung der Wahrscheinlichkeit von Verstößen unter Berücksichtigung insbesondere des Volumens der Ausfuhren aus diesem Drittland in die Union, der Ergebnisse der durchgeführten Beobachtungs- und Überwachungstätigkeiten durch die zuständige Behörde und der Ergebnisse früherer Kontrollen festgelegt. Die Kommission erstattet dem Europäischen Parlament und dem Rat regelmäßig Bericht über die Ergebnisse ihrer Überprüfungen.

(3) Die Kommission erstellt im Wege eines Durchführungsrechtsakts ein Verzeichnis der Drittländer nach Absatz 1 und kann dieses Verzeichnis im Wege von Durchführungsrechtsakten ändern.

Diese Durchführungsrechtsakte werden nach dem Prüfverfahren gemäß Artikel 55 Absatz 2 erlassen.

(4) Der Kommission wird die Befugnis übertragen, gemäß Artikel 54 delegierte Rechtsakte zur Ergänzung dieser Verordnung im Hinblick auf die Informationen zu erlassen, die von den in dem gemäß Absatz 3 dieses Artikels erstellten Verzeichnis aufgeführten Drittländern zu übermitteln sind zwecks Überwachung ihrer Anerkennung durch die Kommission und zwecks Ausübung der Überwachungsbefugnisse durch die Kommission, auch durch Prüfungen vor Ort.

(5) Die Kommission kann Durchführungsrechtsakte erlassen, um bei Verdachtsfällen und festgestellten Verstößen, insbesondere bei solchen, die die Integrität der ökologischen/biologischen Erzeugnisse oder Umstellungserzeugnisse beeinträchtigen, die aus gemäß diesem Artikel anerkannten Drittländern eingeführt werden, die Durchführung von Maßnahmen zu gewährleisten. Solche Maßnahmen können insbesondere in der Überprüfung der Integrität der ökologischen/biologischen Erzeugnisse oder Umstellungserzeugnisse vor dem Inverkehrbringen in der Union und gegebenenfalls in der Aussetzung der Zulassung für das Inverkehrbringen solcher Erzeugnisse als ökologische/biologische Erzeugnisse oder Umstellungserzeugnisse in der Union bestehen.

Diese Durchführungsrechtsakte werden nach dem Prüfverfahren gemäß Artikel 55 Absatz 2 erlassen.

Artikel 49
Bericht der Kommission über die Anwendung der Artikel 47 und 48

Die Kommission legt dem Europäischen Parlament und dem Rat bis zum 31. Dezember 2022 einen Bericht über den Stand der Anwendung der Artikel 47 und 48 vor, insbesondere in Bezug auf die Anerkennung von Drittländern für die Zwecke der Gleichwertigkeit.

ABSCHNITT 1
Freier Warenverkehr für ökologische/biologische Erzeugnisse und für Umstellungserzeugnisse

Artikel 50
Kein Verbot und keine Einschränkung der Vermarktung ökologischer/biologischer Erzeugnisse und von Umstellungserzeugnissen

Die zuständigen Behörden, Kontrollbehörden und Kontrollstellen dürfen die Vermarktung von ökologischen/biologischen Erzeugnissen und von Umstellungserzeugnissen, die von einer in einem anderen Mitgliedstaat ansässigen anderen zuständigen Behörde, Kontrollbehörde oder Kontrollstelle kontrolliert wurden, nicht aus Gründen des Produktionsverfahrens, der Kennzeichnung oder der Angebotsform der Erzeugnisse verbieten oder einschränken, sofern diese Erzeugnisse den Anforderungen dieser Verordnung entsprechen. Insbesondere dürfen keine anderen als die in der Verordnung (EU) 2017/625 vorgesehenen amtlichen Kontrollen und anderen amtlichen Tätigkeiten durchgeführt und keine anderen als die in Kapitel VI der genannten Verordnung vorgesehenen Gebühren für amtliche Kontrollen und andere amtliche Tätigkeiten erhoben werden.

ABSCHNITT 2
Information, Berichterstattung und diesbezügliche abweichende Regelungen

Artikel 51
Information über den ökologischen/biologischen Sektor und den Handel mit ökologischen/biologischen Erzeugnissen

(1) Die Mitgliedstaaten übermitteln der Kommission jährlich die Informationen, die für die Durchführung dieser Verordnung und die Überwachung ihrer Anwendung erforderlich sind. Diese Informationen basieren so weit wie möglich auf etablierten Datenquellen. Die Kommission trägt dem Datenbedarf und den Synergien zwischen potenziellen Datenquellen Rechnung, insbesondere deren Nutzung für statistische Zwecke, soweit zutreffend.

(2) Die Kommission erlässt Durchführungsrechtsakte betreffend das für die Übermittlung der Informationen nach Absatz 1 anzuwendende System, die Einzelheiten der zu übermittelnden Informationen und den Zeitpunkt, bis zu dem diese Informationen zu übermitteln sind.

Diese Durchführungsrechtsakte werden nach dem Prüfverfahren gemäß Artikel 55 Absatz 2 erlassen.

Artikel 52
Information über die zuständigen Behörden, Kontrollbehörden und Kontrollstellen

(1) Die Mitgliedstaaten führen ein regelmäßig aktualisiertes Verzeichnis mit:

a) Name und Anschrift der zuständigen Behörden; und

b) Name, Anschrift und Codenummer der Kontrollbehörden und Kontrollstellen.

Die Mitgliedstaaten übermitteln der Kommission diese Verzeichnisse und etwaige Änderungen und veröffentlichen sie, außer diese Übermittlung und Veröffentlichung ist gemäß Artikel 4 Absatz 4 der Verordnung (EU) 2017/625 erfolgt.

(2) Auf der Grundlage der Informationen gemäß Absatz 1 veröffentlicht die Kommission regelmäßig im Internet ein aktualisiertes Verzeichnis der Kontrollbehörden und Kontrollstellen nach Absatz 1 Buchstabe b.

Artikel 53
Abweichende Regelungen, Zulassungen und Bericht

(1) Die abweichenden Regelungen zur Verwendung von ökologischem/biologischem Pflanzenvermehrungsmaterial und ökologischen/biologischen Tieren gemäß Anhang II Teil I Nummer 1.8.5 und Teil II Nummern 1.3.4.3 und 1.3.4.4 mit Ausnahme von Anhang II Teil II Nummer 1.3.4.4.2 enden am 31. Dezember 2036.

(2) Der Kommission wird die Befugnis übertragen, ab 1. Januar 2029 auf der Grundlage der in dem Bericht gemäß Absatz 7 dieses Artikels dargelegten Erkenntnisse hinsichtlich der Verfügbarkeit von ökologischem/biologischem Pflanzenvermehrungsmaterial und ökologischen/biologischen Tieren gemäß Artikel 54 delegierte Rechtsakte zur Änderung dieser Verordnung zu erlassen, mit denen

a) die abweichenden Regelungen gemäß Anhang II Teil I Nummer 1.8.5 und Teil II Nummern 1.3.4.3 und 1.3.4.4 mit Ausnahme von Teil II Nummer 1.3.4.4.2 vor dem 31. Dezember 2036 beendet oder über dieses Datum hinaus verlängert werden oder

b) die abweichende Regelung gemäß Anhang II Teil II Nummer 1.3.4.4.2 beendet wird.

(3) Der Kommission wird die Befugnis übertragen, ab 1. Januar 2027 gemäß Artikel 54 delegierte Rechtsakte zu erlassen, mit denen Artikel 26

Absatz 2 Buchstabe b geändert wird, um den Geltungsbereich des in Artikel 26 Absatz 2 genannten Informationssystems auf Junghennen auszudehnen, sowie Anhang II Teil II Nummer 1.3.4.3 geändert wird, um die abweichenden Regelungen für Junghennen auf die nach diesem System erhobenen Daten zu stützen.

(4) Der Kommission wird die Befugnis übertragen, ab 1. Januar 2026 gemäß Artikel 54 delegierte Rechtsakte zu erlassen, mit denen auf der Grundlage der Informationen über die Verfügbarkeit von ökologischen/biologischen Eiweißfuttermitteln für Geflügel und Schweine, die von den Mitgliedstaaten gemäß Absatz 6 dieses Artikels bereitgestellt werden oder in dem Bericht gemäß Absatz 7 dieses Artikels dargelegt werden, die Zulassungen gemäß Anhang II Teil II Nummern 1.9.3.1 Buchstabe c und 1.9.4.2 Buchstabe c zur Verwendung nichtökologischer/nichtbiologischer Eiweißfuttermittel für Geflügel und Schweine vor dem 31. Dezember 2026 beendet oder über dieses Datum hinaus verlängert werden.

(5) Die Kommission nimmt Verlängerungen der abweichenden Regelungen oder Zulassungen gemäß den Absätzen 2, 3 und 4 nur vor, solange ihr — insbesondere vonseiten der Mitgliedstaaten gemäß Absatz 6 gelieferte — Informationen vorliegen, die die Nichtverfügbarkeit auf dem Unionsmarkt von dem betreffendem Pflanzenvermehrungsmaterial, Tier oder Futtermittel bestätigen.

(6) Zum 30. Juni jedes Jahres stellen die Mitgliedstaaten der Kommission und den anderen Mitgliedstaaten Folgendes zur Verfügung:

a) Informationen aus der Datenbank gemäß Artikel 26 Absatz 1 und den Systemen gemäß Artikel 26 Absatz 2 sowie gegebenenfalls den Systemen gemäß Artikel 26 Absatz 3;

b) Informationen hinsichtlich der gemäß Anhang II Teil I Nummer 1.8.5 und Teil II Nummern 1.3.4.3 und 1.3.4.4 gewährten abweichenden Regelungen; und

c) Informationen über die Verfügbarkeit von ökologischen/biologischen Eiweißfuttermitteln für Geflügel und Schweine auf dem Unionsmarkt und über die gemäß Anhang II Teil II Nummern 1.9.3.1 Buchstabe c und 1.9.4.2 Buchstabe c gewährten Zulassungen.

(7) Bis 31. Dezember 2026 legt die Kommission dem Europäischen Parlament und dem Rat einen Bericht über die Verfügbarkeit des Folgenden auf dem Unionsmarkt und gegebenenfalls über die Ursachen des beschränkten Zugangs dazu vor:

a) ökologisches/biologisches Pflanzenvermehrungsmaterial;

b) ökologische/biologische Tiere, die unter die abweichenden Regelungen gemäß Anhang II Teil II Nummern 1.3.4.3 und 1.3.4.4 fallen;

c) für die Ernährung von Geflügel und Schweinen bestimmte ökologische/biologische Eiweißfuttermittel, die den Zulassungen gemäß Anhang II Teil II Nummern 1.9.3.1 Buchstabe c und 1.9.4.2 Buchstabe c unterliegen.

Bei der Erstellung dieses Berichts berücksichtigt die Kommission insbesondere die gemäß Artikel 26 erhobenen Daten und die Informationen im Zusammenhang mit den abweichenden Regelungen und Zulassungen gemäß Absatz 6 dieses Artikels.

ABSCHNITT 1
Verfahrensvorschriften

Artikel 54
Ausübung der Befugnisübertragung

(1) Die Befugnis zum Erlass delegierter Rechtsakte wird der Kommission unter den in diesem Artikel festgelegten Bedingungen übertragen.

(2) Die Befugnis zum Erlass delegierter Rechtsakte gemäß Artikel 2 Absatz 6, Artikel 9 Absatz 11, Artikel 10 Absatz 5, Artikel 12 Absatz 2, Artikel 13 Absatz 3, Artikel 14 Absatz 2, Artikel 15 Absatz 2, Artikel 16 Absatz 2, Artikel 17 Absatz 2, Artikel 18 Absatz 2, Artikel 19 Absatz 2, Artikel 21 Absatz 1, Artikel 22 Absatz 1, Artikel 23 Absatz 2, Artikel 24 Absatz 6, Artikel 30 Absatz 7, Artikel 32 Absatz 4, Artikel 33 Absatz 6, Artikel 34 Absatz 8, Artikel 35 Absatz 9, Artikel 36 Absatz 3, Artikel 38 Absatz 8, Artikel 40 Absatz 11, Artikel 44 Absatz 2, Artikel 46 Absatz 7, Artikel 48 Absatz 4, Artikel 53 Absätze 2, 3 und 4, Artikel 57 Absatz 3 und Artikel 58 Absatz 2 wird der Kommission für einen Zeitraum von fünf Jahren ab dem 17. Juni 2018 übertragen. Die Kommission erstellt spätestens neun Monate vor Ablauf des Zeitraums von fünf Jahren einen Bericht über die Befugnisübertragung. Die Befugnisübertragung verlängert sich stillschweigend um Zeiträume gleicher Länge, es sei denn, das Europäische Parlament oder der Rat widersprechen einer solchen Verlängerung spätestens drei Monate vor Ablauf des jeweiligen Zeitraums.

(3) Die Befugnisübertragung gemäß Artikel 2 Absatz 6, Artikel 9 Absatz 11, Artikel 10 Absatz 5, Artikel 12 Absatz 2, Artikel 13 Absatz 3, Artikel 14 Absatz 2, Artikel 15 Absatz 2, Artikel 16 Absatz 2, Artikel 17 Absatz 2, Artikel 18 Absatz 2, Artikel 19 Absatz 2, Artikel 21 Absatz 1, Artikel 22 Absatz 1, Artikel 23 Absatz 2, Artikel 24 Absatz 6, Artikel 30 Absatz 7, Artikel 32 Absatz 4, Artikel 33 Absatz 6, Artikel 34 Absatz 8, Artikel 35 Absatz 9, Artikel 36 Absatz 3, Artikel 38 Absatz 8, Artikel 40 Absatz 11, Artikel 44 Absatz 2, Artikel 46 Absatz 7, Artikel 48 Absatz 4, Artikel 53 Absätze 2, 3 und 4, Artikel 57 Absatz 3 und Artikel 58 Absatz 2 kann vom Europäischen Parlament oder vom Rat jederzeit widerrufen werden. Der Beschluss über

den Widerruf beendet die Übertragung der in diesem Beschluss angegebenen Befugnis. Er wird am Tag nach seiner Veröffentlichung im *Amtsblatt der Europäischen Union* oder zu einem im Beschluss über den Widerruf angegebenen späteren Zeitpunkt wirksam. Die Gültigkeit von delegierten Rechtsakten, die bereits in Kraft sind, wird von dem Beschluss über den Widerruf nicht berührt.

(4) Vor dem Erlass eines delegierten Rechtsakts konsultiert die Kommission die von den einzelnen Mitgliedstaaten benannten Sachverständigen, im Einklang mit den in der Interinstitutionellen Vereinbarung vom 13. April 2016 über bessere Rechtsetzung enthaltenen Grundsätzen.

(5) Sobald die Kommission einen delegierten Rechtsakt erlässt, übermittelt sie ihn gleichzeitig dem Europäischen Parlament und dem Rat.

(6) Ein delegierter Rechtsakt, der gemäß Artikel 2 Absatz 6, Artikel 9 Absatz 11, Artikel 10 Absatz 5, Artikel 12 Absatz 2, Artikel 13 Absatz 3, Artikel 14 Absatz 2, Artikel 15 Absatz 2, Artikel 16 Absatz 2, Artikel 17 Absatz 2, Artikel 18 Absatz 2, Artikel 19 Absatz 2, Artikel 21 Absatz 1, Artikel 22 Absatz 1, Artikel 23 Absatz 2, Artikel 24 Absatz 6, Artikel 30 Absatz 7, Artikel 32 Absatz 4, Artikel 33 Absatz 6, Artikel 34 Absatz 8, Artikel 35 Absatz 9, Artikel 36 Absatz 3, Artikel 38 Absatz 8, Artikel 40 Absatz 11, Artikel 44 Absatz 2, Artikel 46 Absatz 7, Artikel 48 Absatz 4, Artikel 53 Absätze 2, 3 und 4, Artikel 57 Absatz 3 und Artikel 58 Absatz 2 erlassen wurde, tritt nur in Kraft, wenn weder das Europäische Parlament noch der Rat innerhalb einer Frist von zwei Monaten nach Übermittlung dieses Rechtsakts an das Europäische Parlament und den Rat Einwände erhoben haben oder wenn vor Ablauf dieser Frist das Europäische Parlament und der Rat beide der Kommission mitgeteilt haben, dass sie keine Einwände erheben werden. Auf Initiative des Europäischen Parlaments oder des Rates wird diese Frist um zwei Monate verlängert.

Artikel 55
Ausschussverfahren

(1) Die Kommission wird von einem Ausschuss unterstützt, der als „Ausschuss für ökologische/biologische Produktion" bezeichnet wird. Dieser Ausschuss ist ein Ausschuss im Sinne der Verordnung (EU) Nr. 182/2011.

(2) Wird auf diesen Absatz Bezug genommen, so gilt Artikel 5 der Verordnung (EU) Nr. 182/2011.

(3) Wird auf diesen Absatz Bezug genommen, so gilt Artikel 8 der Verordnung (EU) Nr. 182/2011 in Verbindung mit deren Artikel 5.

(4) Gibt der Ausschuss keine Stellungnahme ab, so erlässt die Kommission den Durchführungsrechtsakt nicht und Artikel 5 Absatz 4 Unterabsatz 3 der Verordnung (EU) Nr. 182/2011 findet Anwendung.

ABSCHNITT 2
Aufhebung und Übergangs- und Schlussbestimmungen

Artikel 56
Aufhebung

Die Verordnung (EG) Nr. 834/2007 wird aufgehoben.

Diese Verordnung gilt jedoch weiterhin in Bezug auf die Prüfung noch anhängiger Anträge aus Drittländern gemäß Artikel 58 der vorliegenden Verordnung bis zu deren Abschluss.

Bezugnahmen auf die aufgehobene Verordnung gelten als Bezugnahmen auf die vorliegende Verordnung.

Artikel 57
Übergangsmaßnahmen für Kontrollbehörden und Kontrollstellen, die gemäß Artikel 33 Absatz 3 der Verordnung (EG) Nr. 834/2007 anerkannt wurden

(1) Die gemäß Artikel 33 Absatz 3 der Verordnung (EG) Nr. 834/2007 erteilte Anerkennung von Kontrollbehörden und Kontrollstellen läuft spätestens am 31. Dezember 2024 ab.

(2) Die Kommission erstellt im Wege eines Durchführungsrechtsakts ein Verzeichnis der Kontrollbehörden und Kontrollstellen, die gemäß Artikel 33 Absatz 3 der Verordnung (EG) Nr. 834/2007 anerkannt sind, und kann dieses Verzeichnis im Wege von Durchführungsrechtsakten ändern.

Diese Durchführungsrechtsakte werden nach dem Prüfverfahren gemäß Artikel 55 Absatz 2 erlassen.

(3) Der Kommission wird die Befugnis übertragen, gemäß Artikel 54 delegierte Rechtsakte zur Ergänzung dieser Verordnung im Hinblick auf die von den in Absatz 2 des vorliegenden Artikels genannten Kontrollbehörden und Kontrollstellen zu übermittelnden Informationen, die für die Überwachung ihrer Anerkennung durch die Kommission und für die Ausübung der Überwachungsbefugnisse durch die Kommission, auch durch Prüfungen vor Ort, erforderlich sind, zu erlassen.

Artikel 58
Übergangsmaßnahmen für Anträge von Drittländern, die gemäß Artikel 33 Absatz 2 der Verordnung (EG) Nr. 834/2007 eingereicht wurden

(1) Die Kommission schließt die Prüfung der am 17. Juni 2018 anhängigen Anträge von Drittländern, die gemäß Artikel 33 Absatz 2 der Verordnung (EG) Nr. 834/2007 eingereicht wurden, ab. Für die Prüfung solcher Anträge findet die genannte Verordnung Anwendung.

(2) Der Kommission wird die Befugnis übertragen, gemäß Artikel 54 delegierte Rechtsakte zur

Ergänzung dieser Verordnung zu erlassen, mit denen die erforderlichen Verfahrensvorschriften für die Prüfung der Anträge nach Absatz 1 des vorliegenden Artikels, einschließlich der von den Drittländern zu übermittelnden Informationen, festgelegt werden.

Artikel 59

Übergangsmaßnahmen hinsichtlich der ersten Anerkennung von Kontrollbehörden und Kontrollstellen

Abweichend von dem in Artikel 61 Absatz 2 genannten Geltungsbeginn gilt Artikel 46 ab 17. Juni 2018, soweit dies für die rechtzeitige Anerkennung der Kontrollbehörden und Kontrollstellen erforderlich ist.

Artikel 60

Übergangsmaßnahmen für Bestände ökologischer/biologischer Erzeugnisse, die nach Maßgabe der Verordnung (EG) Nr. 834/2007 produziert wurden

Erzeugnisse, die nach Maßgabe der Verordnung (EG) Nr. 834/2007 vor dem 1. Januar 2022 produziert wurden, können weiterhin in Verkehr gebracht werden, bis die Bestände aufgebraucht sind.

Artikel 61

Inkrafttreten und Geltungsbeginn

Diese Verordnung tritt am dritten Tag nach ihrer Veröffentlichung im *Amtsblatt der Europäischen Union* in Kraft.

Sie gilt ab dem 1. Januar 2022.

ANHANG I

ANDERE ERZEUGNISSE NACH ARTIKEL 2 ABSATZ 1

— Hefen, die als Lebens- oder Futtermittel verwendet werden,

— Mate, Zuckermais, Weinblätter, Palmherzen, Hopfentriebe und andere ähnliche genießbare Pflanzenteile und daraus hergestellte Erzeugnisse,

— Meersalz und andere Salze für Lebens- und Futtermittel,

— Seidenraupenkokons, zum Abhaspeln geeignet,

— natürliche Gummis und Harze,

— Bienenwachs,

— ätherische Öle,

— Korkstopfen aus Naturkork, nicht zusammengepresst, und ohne Bindemittel,

— Baumwolle, weder gekrempelt noch gekämmt,

— Wolle, weder gekrempelt noch gekämmt,

— rohe Häute und unbehandelte Felle,

— traditionelle pflanzliche Zubereitungen auf pflanzlicher Basis.

ANHANG II

DETAILLIERTE PRODUKTIONSVORSCHRIFTEN GEMÄß KAPITEL III

Teil I: Vorschriften für die Pflanzenproduktion

Zusätzlich zu den Produktionsvorschriften in den Artikeln 9 bis 12 enthält dieser Teil Vorschriften für die ökologische/biologische Pflanzenproduktion.

1. Allgemeine Anforderungen

1.1. Die Produktion von ökologischen/biologischen Kulturen, ausgenommen derer, die natürlicherweise im Wasser gezogen werden, erfolgt in lebendigem Boden oder in lebendigem Boden, der mit Materialien und Produkten gemischt oder gedüngt ist, die in der ökologischen/biologischen Produktion zugelassen sind, in Verbindung mit Unterboden und Grundgestein.

1.2. Hydrokultur, d. h. eine Anbaumethode, bei der die Pflanzen, die natürlicherweise nicht in Wasser wachsen, ausschließlich in einer Nährstofflösung oder in einem inerten Medium wurzeln, dem eine Nährstofflösung zugegeben wird, ist verboten.

1.3. Abweichend von Nummer 1.1 ist Folgendes zulässig:

a) die Produktion von Sprossen, d. h. Sprossen, Keimen und Kresse, die ausschließlich von den Nährstoffreserven im Saatgut leben, durch die Befeuchtung in klarem Wasser, sofern das Saatgut ökologisch/biologisch ist. Die Verwendung von Kultursubstrat ist verboten, mit Ausnahme der Verwendung eines inerten Mediums, das ausschließlich dazu bestimmt ist, das Saatgut feucht zu halten, sofern die Bestandteile dieses inerten Mediums gemäß Artikel 24 zugelassen sind;

b) die Gewinnung von Chicoréesprossen, einschließlich durch Eintauchen in klares Wasser, sofern das Pflanzenvermehrungsmaterial ökologisch/biologisch ist. Die Verwendung eines Kultursubstrats ist nur zulässig, wenn seine Bestandteile gemäß Artikel 24 zugelassen sind.

1.4. Abweichend von Nummer 1.1 sind die folgenden Verfahren zulässig:

a) Anbau von Pflanzen für die Produktion von Zierpflanzen und Kräutern in Töpfen, die dem Endverbraucher in den Töpfen verkauft werden;

b) Anbau von Sämlingen oder Setzlingen in Behältnissen für weitere Umpflanzung.

1.5. Abweichend von Nummer 1.1 ist der Anbau von Kulturen in abgegrenzten Beeten nur auf den Flächen zulässig, die vor dem 28. Juni 2017 in Finnland, Schweden und Dänemark für dieses Verfahren als ökologisch/biologisch zertifiziert wurden. Eine Ausweitung dieser Flächen ist nicht erlaubt.

Diese abweichende Regelung endet am 31. Dezember 2031 .

Bis zum 31. Dezember 2026 legt die Kommission dem Europäischen Parlament und dem Rat einen Bericht über die Verwendung von abgegrenzten Beeten in der ökologischen/biologischen Landwirtschaft vor. Diesem Bericht kann gegebenenfalls ein Gesetzgebungsvorschlag in Bezug auf die Verwendung von abgegrenzten Beeten in der ökologischen/biologischen Landwirtschaft beigefügt werden.

1.6. Alle angewandten Anbauverfahren müssen dazu beitragen, Belastungen der Umwelt zu vermeiden oder so gering wie möglich zu halten.

1.7. Umstellung1.7.1. Damit Pflanzen und pflanzliche Erzeugnisse als ökologische/biologische Erzeugnisse gelten können, müssen die Produktionsvorschriften gemäß dieser Verordnung in Bezug auf Anbauflächen während eines Umstellungszeitraums von mindestens zwei Jahren vor der Aussaat oder — im Falle von Grünland oder mehrjährigen Futterkulturen — von mindestens zwei Jahren vor der Verwendung als ökologisches/biologisches Futtermittel oder — im Falle von anderen mehrjährigen Kulturen als Futterkulturen — von mindestens drei Jahren vor der ersten Ernte ökologischer/biologischer Erzeugnisse angewendet worden sein.

1.7.2. In Fällen, in denen die Fläche oder eine oder mehrere Parzellen davon mit Erzeugnissen oder Stoffen kontaminiert wurden, die für die Verwendung in der ökologischen/biologischen Produktion nicht zugelassen sind, kann die zuständige Behörde beschließen, den Umstellungszeitraum für die Fläche oder die jeweiligen Parzellen über den Zeitraum gemäß Nummer 1.7.1 hinaus zu verlängern.

1.7.3. Wurde mit einem Erzeugnis oder Stoff behandelt, das nicht für die Verwendung in der ökologischen/biologischen Produktion zugelassen ist, so schreibt die zuständige Behörde einen neuen Umstellungszeitraum gemäß Nummer 1.7.1 vor.

Dieser Zeitraum kann in den beiden folgenden Fällen verkürzt werden:

a) Im Rahmen einer von der zuständigen Behörde des betreffenden Mitgliedstaats vorgeschriebenen Schädlings- oder Unkrautbekämpfungsmaßnahme, einschließlich gegen Quarantäneschädlinge oder invasive Arten, wurde mit einem Erzeugnis oder Stoff behandelt, das nicht für die Verwendung in der ökologischen/biologischen Produktion zugelassen ist;

b) im Rahmen wissenschaftlicher Versuche, die die zuständige Behörde des betreffenden Mitgliedstaats genehmigt hat, wurde mit einem Erzeugnis oder Stoff behandelt, das nicht für die Verwendung in der ökologischen/biologischen Produktion zugelassen ist.

1.7.4. In den Fällen gemäß den Nummern 1.7.2 und 1.7.3 wird die Dauer des Umstellungszeitraums unter Berücksichtigung der folgenden Erfordernisse festgesetzt:

a) Aufgrund der Abbaurate des verwendeten Erzeugnisses oder Stoffes muss sichergestellt sein, dass der Gehalt an Rückständen im Boden und — bei mehrjährigen Kulturen — in der Pflanze am Ende des Umstellungszeitraums unbedeutend ist;

b) die auf die Behandlung folgende Ernte darf nicht als ökologische/biologische Erzeugnisse oder als Umstellungserzeugnisse in Verkehr gebracht werden.

1.7.4.1. Die Mitgliedstaaten informieren die Kommission und die anderen Mitgliedstaaten über alle ihre Entscheidungen, mit denen obligatorische Maßnahmen in Bezug auf die Behandlung mit einem nicht für die Verwendung in der ökologischen/biologischen Produktion zugelassenen Erzeugnis oder Stoff festgelegt werden.

1.7.4.2. Im Fall einer Behandlung mit einem Erzeugnis oder Stoff, das für die Verwendung in der ökologischen/biologischen Produktion nicht zugelassen ist, gilt Nummer 1.7.5.Buchstabe b nicht.

1.7.5. Für Flächen, die im Zusammenhang mit der ökologischen/biologischen Tierproduktion genutzt werden:

a) gelten die Umstellungsvorschriften für die gesamte Fläche der Produktionseinheit, auf der Futtermittel erzeugt werden;

b) kann unbeschadet des Buchstabens a der Umstellungszeitraum bei Weideland und Auslaufflächen für andere Tierarten als Pflanzenfresser auf ein Jahr gekürzt werden.

1.8. Herkunft der Pflanzen, einschließlich des Pflanzenvermehrungsmaterials1.8.1. Für die Produktion von Pflanzen und pflanzlichen Erzeugnissen außer Pflanzenvermehrungsmaterial darf nur ökologisches/biologisches Pflanzenvermehrungsmaterial verwendet werden.

1.8.2. Zur Erzeugung von ökologischem/biologischem Pflanzenvermehrungsmaterial zur Verwendung in der Produktion von Erzeugnissen außer Pflanzenvermehrungsmaterial müssen die zur Erzeugung von Pflanzenvermehrungsmaterial bestimmten Mutterpflanzen und gegebenenfalls anderen Pflanzen während mindestens einer Generation oder bei mehrjährigen Kulturen während mindestens einer Generation im Laufe von zwei Wachstumsperioden nach den Vorschriften dieser Verordnung erzeugt worden sein.

1.8.3. Bei der Auswahl von ökologischem/biologischem Pflanzenvermehrungsmaterial entscheiden sich Unternehmer vorzugsweise für ökologisches/biologisches Pflanzenvermehrungsmaterial, das für die ökologische/biologische Landwirtschaft geeignet ist.

1.8.4. Für die Produktion von für die ökologische/biologische Produktion geeigneten ökologischen/biologischen Sorten ist die ökologische/biologische Züchtung unter den Bedingungen des ökologischen/biologischen Landbaus durchzuführen und sie hat sich auf die Verbesserung der genetischen Vielfalt, das Vertrauen in die Fähigkeit zur natürlichen Vermehrung sowie die agronomische Leistung, die Widerstandsfähigkeit gegen Krankheiten und die Anpassung an verschiedene lokale Boden- und Klimabedingungen zu konzentrieren.

Alle Vermehrungsmethoden außer der Meristemkultur müssen in zertifizierter ökologischer/biologischer Bewirtschaftung durchgeführt werden.

1.8.5. Verwendung von Umstellungs- und nichtökologischem/nichtbiologischem Pflanzenvermehrungsmaterial

1.8.5.1. Abweichend von Nummer 1.8.1 kann ein Unternehmer, wenn die in der Datenbank gemäß Artikel 26 Absatz 1 oder den Systemen gemäß Artikel 26 Absatz 2 erfassten Daten zeigen, dass der qualitative oder quantitative Bedarf des Unternehmers in Bezug auf relevantes ökologisches/biologisches Pflanzenvermehrungsmaterial nicht gedeckt wird, Umstellungspflanzenvermehrungsmaterial gemäß Artikel 10 Absatz 4 Unterabsatz 2 Buchstabe a oder gemäß Nummer 1.8.6 genehmigtes Pflanzenvermehrungsmaterial verwenden.

Darüber hinaus können bei mangelnder Verfügbarkeit von ökologischen/biologischen Sämlingen gemäß Artikel 10 Absatz 4 Unterabsatz 2 Buchstabe a vermarktete Sämlinge in Umstellung verwendet werden, wenn sie folgendermaßen angebaut wurden:

a) durch einen mindestens 12 Monate andauernden Anbauzyklus vom Saatgut bis zum fertigen Sämling auf einer Landparzelle, die in demselben Zeitraum einen Umstellungszeitraum von mindestens 12 Monaten durchlaufen hat; oder

b) auf einer ökologisch/biologisch bewirtschafteten Parzelle oder auf einer Parzelle in Umstellung oder in Behältnissen, die unter die abweichende Regelung gemäß Nummer 1.4 fallen, sofern die

Sämlinge aus Umstellungssaatgut stammen, das von einer Pflanze geerntet wurde, die auf einer Landparzelle angebaut wurde, die einen Umstellungszeitraum von mindestens 12 Monaten durchlaufen hat.

Ist ökologisches/biologisches Pflanzenvermehrungsmaterial oder Umstellungspflanzenvermehrungsmaterial oder gemäß Nummer 1.8.6 genehmigtes Pflanzenvermehrungsmaterial nicht in ausreichender Qualität oder Menge verfügbar, um den Bedarf des Unternehmers zu decken, so können die zuständigen Behörden vorbehaltlich der Nummern 1.8.5.3 bis 1.8.5.8 die Verwendung von nichtökologischem/nichtbiologischem Pflanzenvermehrungsmaterial genehmigen.

Solche Einzelgenehmigungen werden nur erteilt, wenn

a) keine Sorte der Art, die der Unternehmer beschaffen möchte, in der Datenbank gemäß Artikel 26 Absatz 1 oder den Systemen gemäß Artikel 26 Absatz 2 erfasst ist;

b) kein Unternehmer, der Pflanzenvermehrungsmaterial vermarktet, in der Lage ist, das betreffende ökologische/biologische Pflanzenvermehrungsmaterial, Umstellungspflanzenvermehrungsmaterial oder gemäß Nummer 1.8.6 genehmigte Pflanzenvermehrungsmaterial rechtzeitig für die Aussaat oder Anpflanzung zu liefern, vorausgesetzt, der Verwender hat das Pflanzenvermehrungsmaterial so zeitgerecht bestellt, dass die Aufbereitung und Lieferung von ökologischem/biologischem Pflanzenvermehrungsmaterial, Umstellungspflanzenvermehrungsmaterial oder gemäß Nummer 1.8.6 genehmigtem Pflanzenvermehrungsmaterial möglich wäre;

c) die Sorte, die der Unternehmer beschaffen möchte, nicht als ökologisches/biologisches Pflanzenvermehrungsmaterial, Umstellungspflanzenvermehrungsmaterial oder gemäß Nummer 1.8.6 genehmigtes Pflanzenvermehrungsmaterial in der Datenbank gemäß Artikel 26 Absatz 1 oder den Systemen gemäß Artikel 26 Absatz 2 erfasst ist und der Unternehmer nachweisen kann, dass keine der erfassten Alternativen derselben Art insbesondere für die agronomischen und pedoklimatischen Bedingungen geeignet ist und die erforderlichen technologischen Eigenschaften aufweist, die für die geplante Erzeugung erforderlich sind;

d) dies zur Verwendung in der Forschung, zu Tests in kleinen Feldversuchen, zu Zwecken des Sortenerhalts oder zur Produktinnovation gerechtfertigt ist und von den zuständigen Behörden des betreffenden Mitgliedstaats genehmigt wurde.

Bevor Unternehmer eine solche Genehmigung beantragen, konsultieren sie die Datenbank gemäß Artikel 26 Absatz 1 oder die Systeme gemäß Artikel 26 Absatz 2, um zu überprüfen, ob relevantes ökologisches/biologisches Pflanzenvermehrungsmaterial, Umstellungspflanzenvermehrungsmaterial oder gemäß Nummer 1.8.6 genehmigtes Pflanzenvermehrungsmaterial verfügbar ist und ob ihr Antrag somit gerechtfertigt ist.

Unter Einhaltung von Artikel 6 Buchstabe i dürfen Unternehmer sowohl ökologisches/biologisches Pflanzenvermehrungsmaterial als auch Umstellungspflanzenvermehrungsmaterial aus ihrem eigenen Betrieb verwenden, und zwar unabhängig von der verfügbaren Qualität und Menge gemäß der in Artikel 26 Absatz 1 genannten Datenbank oder dem in Artikel 26 Absatz 2 Buchstabe a genannten System.

1.8.5.2. Abweichend von Nummer 1.8.1 dürfen Unternehmer in Drittländern Umstellungspflanzenvermehrungsmaterial gemäß Artikel 10 Absatz 4 Unterabsatz 2 Buchstabe a oder gemäß Nummer 1.8.6 genehmigtes Pflanzenvermehrungsmaterial verwenden, wenn nachweislich im Hoheitsgebiet des Drittlandes, in dem der Unternehmer seinen Sitz hat, ökologisches/biologisches Pflanzenvermehrungsmaterial nicht in ausreichender Qualität oder Menge verfügbar ist.

Unbeschadet der einschlägigen nationalen Vorschriften dürfen Unternehmer in Drittländern sowohl ökologisches/biologisches Pflanzenvermehrungsmaterial als auch Umstellungspflanzenvermehrungsmaterial aus ihrem eigenen Betrieb verwenden.

Nach Artikel 46 Absatz 1 anerkannte Kontrollbehörden oder Kontrollstellen können die Verwendung von nichtökologischem/nichtbiologischem Pflanzenvermehrungsmaterial in einer ökologischen/biologischen Produktionseinheit für Drittlandunternehmer genehmigen, wenn im Hoheitsgebiet des Drittlandes, in dem der Unternehmer seinen Sitz hat, ökologisches/biologisches Pflanzenvermehrungsmaterial, Umstellungspflanzenvermehrungsmaterial oder gemäß Nummer 1.8.6 genehmigtes Pflanzenvermehrungsmaterial nicht in ausreichender Menge oder Qualität verfügbar ist, wobei die unter den Nummern 1.8.5.3, 1.8.5.4, 1.8.5.5 und 1.8.5.8 festgelegten Bedingungen gelten.

1.8.5.3. Nichtökologisches/nichtbiologisches Pflanzenvermehrungsmaterial darf nach der Ernte nur mit Pflanzenschutzmitteln behandelt werden, die gemäß Artikel 24 Absatz 1 dieser Verordnung zur Behandlung von Pflanzenvermehrungsmaterial zugelassen sind, es sei denn, eine chemische Behandlung wird von den zuständigen Behörden des betreffenden Mitgliedstaats gemäß der Verordnung (EU) 2016/2031 zu Zwecken des Pflanzenschutzes für alle Sorten und heterogenes Material einer gegebenen Art in dem Gebiet, in dem das Pflanzenvermehrungsmaterial verwendet werden soll, angeordnet.

Wird nichtökologisches/nichtbiologisches Pflanzenvermehrungsmaterial verwendet, das einer angeordneten chemischen Behandlung gemäß Absatz 1 unterzogen wurde, so gilt für die Parzelle, auf der das behandelte Pflanzenvermehrungsmaterial angebaut wird, gegebenenfalls ein Umstellungszeitraum gemäß den Nummern 1.7.3 und 1.7.4.

1.8.5.4. Die Genehmigung zur Verwendung von nichtökologischem/nichtbiologischem Pflanzenvermehrungsmaterial muss vor der Aussaat oder Anpflanzung erteilt werden.

1.8.5.5. Die Genehmigung zur Verwendung von nichtökologischem/nichtbiologischem Pflanzenvermehrungsmaterial wird einzelnen Verwendern für jeweils eine Saison erteilt und die zuständigen Behörden, d. h. die für Genehmigungen verantwortlichen Kontrollbehörden oder Kontrollstellen, müssen die Mengen des genehmigten Pflanzenvermehrungsmaterials auflisten.

1.8.5.6. Die zuständigen Behörden der Mitgliedstaaten erstellen ein amtliches Verzeichnis der Arten, Unterarten oder Sorten (gegebenenfalls zusammengefasst), für die festgestellt wird, dass in ihrem Hoheitsgebiet ökologisches/biologisches Pflanzenvermehrungsmaterial oder Umstellungspflanzenvermehrungsmaterial für die entsprechenden Sorten in ausreichender Menge verfügbar ist. Für Arten, Unterarten oder Sorten, die im Hoheitsgebiet des betreffenden Mitgliedstaats gemäß Nummer 1.8.5.1 in diesem Verzeichnis aufgeführt sind, werden keine Genehmigungen erteilt, es sei denn, dies ist durch einen der Zwecke gemäß Nummer 1.8.5.1 Buchstabe d gerechtfertigt. Erweist sich die Menge oder Qualität von ökologischem/biologischem Pflanzenvermehrungsmaterial oder Umstellungspflanzenvermehrungsmaterial für eine in dem Verzeichnis aufgeführte Art, Unterart oder Sorte aufgrund außergewöhnlicher Umstände als unzureichend oder unangemessen, so können die zuständigen Behörden der Mitgliedstaaten eine Art, Unterart oder Sorte aus dem Verzeichnis streichen.

Die zuständigen Behörden der Mitgliedstaaten aktualisieren ihr Verzeichnis jährlich und machen es öffentlich zugänglich.

Die zuständigen Behörden der Mitgliedstaaten übermitteln der Kommission und den anderen Mitgliedstaaten bis zum 30. Juni eines jeden Jahres, erstmalig bis zum 30. Juni 2022, den Link zu der Website, auf der das aktualisierte Verzeichnis öffentlich zugänglich gemacht wird. Die Kommission veröffentlicht die Links zu den aktualisierten nationalen Verzeichnissen auf einer speziellen Website.

1.8.5.7. Abweichend von Nummer 1.8.5.5 können die zuständigen Behörden der Mitgliedstaaten allen betroffenen Unternehmern jährlich eine allgemeingültige Genehmigung erteilen für die Verwendung

a) einer bestimmten Art oder Unterart, wenn und soweit keine Sorte in der Datenbank gemäß Artikel 26 Absatz 1 oder dem System gemäß Artikel 26 Absatz 2 Buchstabe a erfasst ist;

b) einer bestimmten Sorte, wenn und soweit die Bedingungen gemäß Nummer 1.8.5.1 Buchstabe c erfüllt sind.

Bei der Nutzung einer allgemeingültigen Genehmigung führen die Unternehmer Aufzeichnungen über die verwendete Menge, und die für die Genehmigung zuständige Behörde führt die Mengen an zugelassenem nichtökologischem/nichtbiologischem Pflanzenvermehrungsmaterial auf.

Die zuständigen Behörden der Mitgliedstaaten aktualisieren das Verzeichnis der Arten, Unterarten oder Sorten, für die eine allgemeingültige Genehmigung erteilt wird, jährlich und machen es öffentlich zugänglich.

Die zuständigen Behörden der Mitgliedstaaten übermitteln der Kommission und den anderen Mitgliedstaaten bis zum 30. Juni eines jeden Jahres, erstmalig bis zum 30. Juni 2022, den Link zu der Website, auf der das aktualisierte Verzeichnis öffentlich zugänglich gemacht wird. Die Kommission veröffentlicht die Links zu den aktualisierten nationalen Verzeichnissen auf einer speziellen Website.

1.8.5.8. Die zuständigen Behörden genehmigen die Verwendung nichtökologischer/nichtbiologischer Sämlinge nicht bei Sämlingen von Arten, deren Anbauzyklus — von der Umpflanzung des Sämlings bis zur ersten Ernte des Erzeugnisses — in einer Vegetationsperiode abgeschlossen ist.

1.8.6. Die zuständigen Behörden oder gegebenenfalls die gemäß Artikel 46 Absatz 1 anerkannten Kontrollbehörden oder Kontrollstellen können Unternehmern, die Pflanzenvermehrungsmaterial zur Verwendung in der ökologischen/biologischen Produktion erzeugen, gestatten, nichtökologisches/nichtbiologisches Pflanzenvermehrungsmaterial zu verwenden, wenn Mutterpflanzen oder gegebenenfalls andere zur Produktion von Pflanzenvermehrungsmaterial bestimmte Pflanzen, die gemäß Nummer 1.8.2 produziert wurden, nicht in ausreichender Menge oder Qualität verfügbar sind, und dieses Material zur Verwendung in der ökologischen/biologischen Produktion in Verkehr zu bringen, sofern folgende Bedingungen erfüllt sind:

a) das verwendete nichtökologische/nichtbiologische Pflanzenvermehrungsmaterial wurde nach der Ernte nur mit Pflanzenschutzmitteln behandelt, die gemäß Artikel 24 Absatz 1 dieser Verordnung zugelassen sind, es sei denn, eine chemische Behandlung wird von den zuständigen Behörden des betreffenden Mitgliedstaats gemäß der Verordnung (EU) 2016/2031 zu Zwecken des Pflanzenschutzes für alle Sorten und heterogenes Material einer gegebenen Art in dem Gebiet, in dem das Pflanzenvermehrungsmaterial verwendet werden soll, angeordnet. Wird nichtökologisches/nichtbiologisches Pflanzenvermehrungsmaterial verwendet, das einer solchen angeordneten chemischen Behandlung unterzogen wurde, so gilt für die Parzelle, auf der das behandelte Pflanzenvermehrungsmaterial angebaut wird, gegebenenfalls ein Umstellungszeitraum gemäß den Nummern 1.7.3 und 1.7.4.;

b) bei dem nichtökologischen/nichtbiologischen Pflanzenvermehrungsmaterial handelt es sich nicht um Sämlinge von Arten, deren Anbauzyklus — von der Umpflanzung des Sämlings bis zur ersten Ernte des Erzeugnisses — in einer Vegetationsperiode abgeschlossen ist;

c) das Pflanzenvermehrungsmaterial wird in Übereinstimmung mit allen anderen einschlägigen Anforderungen an die ökologische/biologische Pflanzenproduktion angebaut;

d) die Genehmigung zur Verwendung von nichtökologischem/nichtbiologischem Pflanzenvermehrungsmaterial muss vor der Aussaat oder Anpflanzung dieses Materials eingeholt werden;

e) die für die Genehmigung zuständige Behörde, Kontrollbehörde oder Kontrollstelle erteilt die Genehmigung nur einzelnen Verwendern und jeweils für eine Saison und listet die Mengen des genehmigten Pflanzenvermehrungsmaterials auf;

f) abweichend von Buchstabe e können die zuständigen Behörden der Mitgliedstaaten jährlich eine allgemeingültige Genehmigung für die Verwendung einer bestimmten Art oder Unterart oder Sorte von nichtökologischem/nichtbiologischem Pflanzenvermehrungsmaterial erteilen, die Liste der Arten, Unterarten oder Sorten öffentlich zugänglich machen und sie jährlich aktualisieren. In diesem Fall müssen diese zuständigen Behörden die Mengen des genehmigten nichtökologischen/nichtbiologischen Pflanzenvermehrungsmaterials auflisten;

g) die gemäß diesem Absatz erteilten Genehmigungen laufen am 31. Dezember 2036 aus.

Die zuständigen Behörden der Mitgliedstaaten übermitteln der Kommission und den anderen Mitgliedstaaten bis zum 30. Juni eines jeden Jahres, erstmalig bis zum 30. Juni 2023, die Informationen über die gemäß Absatz 1 erteilten Genehmigungen.

Unternehmer, die gemäß Absatz 1 produziertes Pflanzenvermehrungsmaterial produzieren und vermarkten, dürfen die einschlägigen spezifischen Informationen über die Verfügbarkeit dieses Pflanzenvermehrungsmaterials in den gemäß Artikel 26 Absatz 2 eingerichteten nationalen Systemen auf freiwilliger Basis veröffentlichen. Unternehmer, die sich für die Aufnahme solcher Informationen entscheiden, stellen sicher, dass die Informationen regelmäßig aktualisiert werden und, sobald das Pflanzenvermehrungsmaterial nicht mehr verfügbar ist, aus den nationalen Systemen entfernt werden. Stützt sich der Unternehmer auf die allgemeingültige Genehmigung gemäß Buchstabe f, so führt er Aufzeichnungen über die verwendete Menge.

1.9. Bodenbewirtschaftung und Düngung1.9.1. Bei der ökologischen/biologischen Pflanzenproduktion müssen Bodenbearbeitungs- und Anbauverfahren angewendet werden, die die organische Bodensubstanz erhalten oder vermehren, die Bodenstabilität und die biologische Vielfalt im Boden verbessern und Bodenverdichtung und Bodenerosion verhindern.

1.9.2. Fruchtbarkeit und biologische Aktivität des Bodens müssen durch Folgendes erhalten und gesteigert werden:

a) ausgenommen im Falle von Grünland oder mehrjährigen Futterkulturen durch die Nutzung von mehrjähriger Fruchtfolge, die obligatorisch Leguminosen als Hauptfrucht oder Untersaat für Fruchtfolgenpflanzen und andere Gründüngungspflanzen einschließt, und

b) im Falle von Treibhäusern oder anderen mehrjährigen Kulturen als Futterkulturen durch die Nutzung von Kurzzeit-Gründüngungspflanzen und Leguminosen sowie die Nutzung der Pflanzenvielfalt und

c) in jedem Falle durch Einsatz von aus ökologischer/biologischer Produktion stammenden Wirtschaftsdüngern tierischer Herkunft oder organischen Substanzen, die vorzugsweise kompostiert sind.

1.9.3. Soweit der Nährstoffbedarf der Pflanzen durch die unter den Nummern 1.9.1 und 1.9.2 vorgesehenen Maßnahmen nicht gedeckt werden kann, dürfen lediglich Düngemittel und Bodenverbesserer, die nach Artikel 24 für die Verwendung in der ökologischen/biologischen Produktion zugelassen sind, und nur in dem erforderlichen Maße verwendet werden. Die Unternehmer müssen Aufzeichnungen über die Verwendung dieser Erzeugnisse führen, einschließlich des Zeitpunkts/der Zeitpunkte der Verwendung des einzelnen Erzeugnisses, der Bezeichnung des Erzeugnisses, der ausgebrachten Menge sowie der betreffenden Kulturen und Parzellen.

1.9.4. Die Gesamtmenge des in den Produktionseinheiten in Umstellung und in den ökologischen/biologischen Produktionseinheiten ausgebrachten Wirtschaftsdüngers tierischer Herkunft im Sinne der Richtlinie 91/676/EWG darf 170 kg Stickstoff je Jahr und Hektar landwirtschaftlicher Nutzfläche nicht überschreiten. Dieser Grenzwert gilt nur für Stallmist, getrockneten Stallmist und getrockneten Geflügelmist, Kompost aus tierischen Exkrementen, einschließlich Geflügelmist, kompostiertem Stallmist und flüssigen tierischen Exkrementen.

1.9.5. Zur Ausbringung von überschüssigem Wirtschaftsdünger aus ökologischen/biologischen Produktionseinheiten können Unternehmer landwirtschaftlicher Betriebe schriftliche Kooperationsvereinbarungen mit anderen Unternehmern landwirtschaftlicher Betriebe und Unternehmen treffen, jedoch ausschließlich mit solchen, die den ökologischen/biologischen Produktionsvorschriften genügen. Der maximale Grenzwert gemäß Nummer 1.9.4 wird auf Basis aller ökologischen/biologischen Produktionseinheiten berechnet, die an dieser Vereinbarung beteiligt sind.

1.9.6. Zur Verbesserung des Gesamtzustands des Bodens oder der Nährstoffverfügbarkeit im Boden oder in den Kulturen können Zubereitungen aus Mikroorganismen verwendet werden.

1.9.7. Für die Aktivierung von Kompost können geeignete Zubereitungen auf pflanzlicher Basis und Zubereitungen aus Mikroorganismen verwendet werden.

1.9.8. Mineralische Stickstoffdünger dürfen nicht verwendet werden.

1.9.9. Die Verwendung biodynamischer Präparate ist zulässig.

1.10. Schädlings- und Unkrautbekämpfung1.10.1. Die Vermeidung von Schäden durch Schädlinge und Unkraut stützt sich hauptsächlich auf

— natürliche Feinde;

— geeignete Auswahl von Arten, Sorten und heterogenem Material;

— Fruchtfolge;

— Anbauverfahren wie Biofumigation, mechanische und physikalische Methoden; und

— thermische Prozesse wie Solarisation und, im Falle von Pflanzen im geschützten Anbau, oberflächliche Dampfbehandlung des Bodens (bis in maximal 10 cm Tiefe).

1.10.2. Für den Fall, dass mit den Maßnahmen gemäß Nummer 1.10.1 kein angemessener Schutz der Pflanzen vor Schädlingen möglich ist, oder bei nachweislicher Bedrohung der Kultur dürfen lediglich Erzeugnisse und Stoffe, die nach den Artikeln 9 und 24 für die Verwendung in der ökologischen/biologischen Produktion zugelassen sind, und nur in dem erforderlichen Maße eingesetzt werden. Die Unternehmer müssen Aufzeichnungen über die Notwendigkeit der Verwendung solcher Erzeugnisse führen, einschließlich des Zeitpunkts/der Zeitpunkte der Verwendung des einzelnen Erzeugnisses, der Bezeichnung des Erzeugnisses, seiner Wirkstoffe, der ausgebrachten Menge, der betreffenden Kulturen und Parzellen sowie der zu bekämpfenden Schädlinge oder Krankheiten.

1.10.3. Im Fall von Erzeugnissen und Stoffen, die in Fallen oder Spendern verwendet werden, ausgenommen von Pheromonen, muss bei Fallen oder Spendern sichergestellt sein, dass die Erzeugnisse und Stoffe nicht in die Umwelt freigesetzt werden und nicht mit den Kulturpflanzen in Berührung kommen. Alle Fallen, auch Pheromonfallen, sind nach ihrer Verwendung einzusammeln und sicher zu entsorgen.

1.11. Reinigungs- und DesinfektionsmittelIn der Pflanzenproduktion dürfen nur solche Reinigungs- und Desinfektionsmittel eingesetzt werden, die nach Artikel 24 für die Verwendung in der ökologischen/biologischen Produktion für diesen Zweck zugelassen sind. Die Unternehmer müssen Aufzeichnungen über die Verwendung dieser Mittel führen, einschließlich des Zeitpunkts/der Zeitpunkte der Verwendung des einzelnen Mittels, der Bezeichnung des Mittels, seiner Wirkstoffe und des Orts der Verwendung.

1.12. Pflicht zur Führung von AufzeichnungenDie Unternehmer müssen Aufzeichnungen über die betreffenden Parzellen und die Erntemenge führen. Insbesondere müssen die Unternehmer Aufzeichnungen über alle sonstigen auf den einzelnen Parzellen verwendeten externen Produktionsmittel führen und gegebenenfalls Nachweise über etwaige abweichende Regelungen von den Produktionsvorschriften bereithalten, die ihnen gemäß Nummer 1.8.5 genehmigt wurden.

1.13. Aufbereitung unverarbeiteter ErzeugnisseWerden Pflanzen anderen Aufbereitungsvorgängen als einer Verarbeitung unterzogen, gelten die allgemeinen Vorschriften gemäß Teil IV Nummern 1.2, 1.3, 1.4, 1.5 und 2.2.3 sinngemäß auch für diese Vorgänge.

2. Durchführungsbestimmungen für bestimmte Pflanzen und pflanzliche Erzeugnisse

2.1. Vorschriften für die Pilzproduktion

Für die Produktion von Pilzen können Substrate verwendet werden, soweit sie sich ausschließlich aus den folgenden Bestandteilen zusammensetzen:

a) Stallmist und tierische Exkremente

i) entweder aus ökologischen/biologischen Produktionseinheiten oder aus Produktionseinheiten in Umstellung im zweiten Jahr ihrer Umstellung oder

ii) gemäß Nummer 1.9.3, jedoch nur, wenn die Erzeugnisse gemäß Ziffer i nicht verfügbar sind und wenn dieser Stallmist und diese tierischen Exkremente vor der Kompostierung 25 % des Gewichts aller Substratbestandteile ohne Deckmaterial und etwa zugesetztes Wasser nicht überschreiten;

b) nicht unter Buchstabe a fallende Erzeugnisse landwirtschaftlichen Ursprungs aus ökologischen/biologischen Produktionseinheiten;

c) nicht chemisch behandelter Torf;

d) Holz, das nach dem Einschlag nicht chemisch behandelt wurde;

e) mineralische Erzeugnisse gemäß Nummer 1.9.3, Wasser und Erde.

2.2. Vorschriften für das Sammeln von Wildpflanzen

Das Sammeln von Wildpflanzen und ihrer Teile, die in der freien Natur, in Wäldern und auf landwirtschaftlichen Flächen natürlich vorkommen, gilt als ökologische/biologische Produktion, sofern

a) diese Flächen vor dem Sammeln der Pflanzen mindestens drei Jahre nicht mit anderen als den nach den Artikeln 9 und 24 für die Verwendung in der ökologischen/biologischen Produktion zugelassenen Erzeugnissen und Stoffen behandelt worden sind;.

b) das Sammeln die Stabilität des natürlichen Lebensraums und die Erhaltung der Arten in dem Sammelgebiet nicht beeinträchtigt.

Die Unternehmer führen Aufzeichnungen über den Zeitraum und den Ort der Sammlung, die betreffenden Arten und die Menge der gesammelten Wildpflanzen.

Teil II: Vorschriften für die Tierproduktion

Zusätzlich zu den Produktionsvorschriften in den Artikeln 9, 10, 11 und 14 enthält dieser Teil Vorschriften für die ökologische/biologische Tierproduktion.

1. Allgemeine Anforderungen

1.1. Ausgenommen im Falle der Bienenhaltung ist eine flächenunabhängige Tierproduktion, bei der der Landwirt, der eine ökologische/biologische Tierhaltung zu betreiben beabsichtigt, keine landwirtschaftlichen Nutzflächen bewirtschaftet und keine schriftliche Kooperationsvereinbarung mit einem Landwirt hinsichtlich der Nutzung von ökologischen/biologischen Produktionseinheiten oder Produktionseinheiten in Umstellung für diese Tierhaltung getroffen hat, verboten.

Die Unternehmer müssen Nachweise über etwaige abweichende Regelungen von den Vorschriften für die Tierproduktion bereithalten, die ihnen gemäß den Nummern 1.3.4.3, 1.3.4.4, 1.7.5, 1.7.8, 1.9.3.1 Buchstabe c und Nummer 1.9.4.2 Buchstabe c genehmigt wurden.

1.2. Umstellung1.2.1. Im Falle einer gleichzeitig beginnenden Umstellung der Produktionseinheit einschließlich Weideland oder Futteranbaufläche und der Tiere, die sich zu Beginn des Umstellungszeitraums für diese Produktionseinheit gemäß Teil I Nummern 1.7.1 und 1.7.5 Buchstabe b in dieser Produktionseinheit befinden, können Tiere und tierische Erzeugnisse am Ende des Umstellungszeitraums für die Produktionseinheit als ökologisch/biologisch gelten, einschließlich in Fällen, in denen der Umstellungszeitraum für die betreffende Tierart gemäß Nummer 1.2.2 dieses Teils länger als der Umstellungszeitraum für die Produktionseinheit ist.

Abweichend von Nummer 1.4.3.1 dürfen die sich zu Beginn des Umstellungszeitraums in dieser Produktionseinheit befindenden Tiere im Falle einer solchen gleichzeitigen Umstellung und während des Umstellungszeitraums für die Produktionseinheit mit Umstellungsfuttermitteln, die in der Produktionseinheit in Umstellung im ersten Jahr der Umstellung erzeugt wurden, und/oder mit Futtermitteln gemäß Nummer 1.4.3.1 und/oder mit ökologischen/biologischen Futtermitteln gefüttert werden.

Nichtökologische/nichtbiologische Tiere dürfen gemäß Nummer 1.3.4 nach dem Beginn des Umstellungszeitraums in eine Produktionseinheit in Umstellung eingebracht werden.

1.2.2. Je nach Art der Tierproduktion sind spezifische Umstellungszeiträume wie folgt festgelegt:

a) zwölf Monate für Rinder und Equiden für die Fleischerzeugung, auf jeden Fall jedoch mindestens drei Viertel der Lebenszeit dieser Tiere;

b) sechs Monate für Schafe, Ziegen und Schweine sowie Milch produzierende Tiere;

c) zehn Wochen für Geflügel für die Fleischerzeugung, außer für Peking-Enten, das eingestallt wurde, bevor die Tiere drei Tage alt waren;

d) sieben Wochen für Peking-Enten, die eingestallt wurden, bevor die Tiere drei Tage alt waren;

e) sechs Wochen für Geflügel für die Eiererzeugung, das eingestallt wurde, bevor die Tiere drei Tage alt waren;

f) zwölf Monate für Bienen.

Während des Umstellungszeitraums wird das Wachs durch Wachs aus der ökologischen/biologischen Bienenhaltung ersetzt.

Nichtökologisches/nichtbiologisches Bienenwachs darf jedoch verwendet werden, wenn

i) auf dem Markt kein Wachs aus ökologischer/biologischer Bienenhaltung erhältlich ist;

ii) das Wachs erwiesenermaßen nicht durch Erzeugnisse oder Stoffe verunreinigt ist, die für die Verwendung in der ökologischen/biologischen Produktion nicht zugelassen sind, und

iii) das Wachs von den Deckeln stammt;

g) drei Monate für Kaninchen;

h) 12 Monate für Geweihträger.

1.3. Herkunft der Tiere1.3.1. Unbeschadet der Vorschriften für die Umstellung müssen ökologische/biologische Tiere in ökologischen/biologischen Produktionseinheiten geboren bzw. geschlüpft und aufgezogen worden sein.

1.3.2. Ökologische/Biologische Tierzucht:

a) Die Fortpflanzung hat auf natürlichem Wege zu erfolgen. Künstliche Befruchtung ist jedoch zulässig;

b) die Fortpflanzung darf außer im Rahmen einer therapeutischen tierärztlichen Behandlung eines einzelnen Tieres nicht durch die Behandlung mit Hormonen oder anderen Stoffen mit ähnlicher Wirkung eingeleitet oder behindert werden;

c) andere Formen der künstlichen Fortpflanzung, wie zum Beispiel Klonen und Embryonentransfer, sind untersagt;

d) es sind den Grundsätzen der ökologischen/biologischen Produktion angemessene Rassen auszuwählen, damit hohe Tierschutzstandards beachtet werden und vermieden wird, dass Tiere leiden und verstümmelt werden müssen.

1.3.3. Bei der Wahl der Rassen oder Linien bevorzugen die Unternehmer möglichst Rassen oder Linien mit hoher genetischer Vielfalt, unter Berücksichtigung ihrer Anpassungsfähigkeit an die örtlichen Bedingungen, ihres Zuchtwertes, ihrer Langlebigkeit, ihrer Vitalität und ihrer Widerstandsfähigkeit gegenüber Krankheiten oder Gesundheitsproblemen, ohne dass dadurch ihr Wohlbefinden beeinträchtigt wird. Darüber hinaus müssen die Rassen oder Linien so ausgewählt werden, dass bestimmte Krankheiten oder Gesundheitsprobleme vermieden werden, die für einige intensiv gehaltene Rassen oder Linien typisch sind, wie Stress-Syndrom der Schweine, das möglicherweise zu PSE-Fleisch (pale-soft-exudative = blass, weich, wässrig) führt, plötzlicher Tod, spontaner Abort und schwierige Geburten, die einen Kaiserschnitt erforderlich machen. Einheimischen Rassen und Linien ist der Vorzug zu geben.

Zwecks Wahl der Rassen und Linien gemäß Absatz 1 nutzen die Unternehmer die in den Systemen gemäß Artikel 26 Absatz 3 verfügbaren Informationen.

1.3.4. Verwendung von nichtökologischen/nichtbiologischen Tieren1.3.4.1. Abweichend von Nummer 1.3.1 können nichtökologisch/nichtbiologisch aufgezogene Tiere zu Zuchtzwecken in eine ökologische/biologische Produktionseinheit] eingestellt werden, wenn Rassen im Sinne von Artikel 28 Absatz 10 Buchstabe b der Verordnung (EU) Nr. 1305/2013 und von auf ihrer Grundlage angenommenen Rechtsakten gefährdet sind, der landwirtschaftlichen Nutzung verloren zu gehen. Dabei muss es sich bei den Tieren der betreffenden Rassen nicht unbedingt um Tiere handeln, die noch nicht geworfen haben.

1.3.4.2. Abweichend von Nummer 1.3.1 können zur Erneuerung von Bienenbeständen jährlich 20 % der Weiseln und Schwärme in der ökologischen/biologischen Produktionseinheit durch nichtökologische/nichtbiologische Weiseln und Schwärme ersetzt werden, sofern die Weiseln und Schwärme in den Bienenstöcken auf Waben oder Wachsböden aus ökologischen/biologischen Produktionseinheiten gesetzt werden. In jedem Fall kann pro Jahr ein Schwarm oder eine Weisel durch einen nichtökologischen/nichtbiologischen Schwarm bzw. eine nichtökologische/nichtbiologische Weisel ersetzt werden.

1.3.4.3. Abweichend von Nummer 1.3.1 kann die zuständige Behörde festlegen, dass — wenn beim erstmaligen Aufbau eines Geflügelbestands oder bei Erneuerung oder Wiederaufbau des Bestands der qualitative oder quantitative Bedarf der Landwirte nicht gedeckt werden kann — nichtökologisches/nichtbiologisches Geflügel in eine ökologische/biologische Geflügelproduktionseinheit eingestellt werden kann, sofern die Junghennen für die Eiererzeugung und das Geflügel für die Fleischerzeugung weniger als drei Tage alt sind. Aus ihnen gewonnene Erzeugnisse können nur unter Einhaltung des Umstellungszeitraums gemäß Nummer 1.2 als ökologisch/biologisch produziert gelten.

1.3.4.4. Abweichend von Nummer 1.3.1 können die zuständigen Behörden dann, wenn die in dem System gemäß Artikel 26 Absatz 2 Buchstabe b erfassten Daten zeigen, dass der qualitative oder quantitative Bedarf des Landwirts in Bezug auf ökologische/biologische Tiere nicht gedeckt wird, den Einsatz von nichtökologischen/nichtbiologischen Tieren in einer ökologischen/biologischen Produktionseinheit vorbehaltlich der Bedingungen gemäß den Nummern 1.3.4.4.1 bis 1.3.4.4.4 genehmigen.

Bevor der Landwirt um eine solche abweichende Regelung ersucht, ruft er die gemäß Artikel 26 Absatz 2 Buchstabe b erfassten Daten ab, um zu prüfen, ob sein Antrag gerechtfertigt ist.3

Für Drittlandunternehmer können nach Artikel 46 Absatz 1 anerkannte Kontrollbehörden und Kontrollstellen den Einsatz von nichtökologischen/nichtbiologischen Tieren in einer ökologischen/biologischen Produktionseinheit genehmigen, wenn im Hoheitsgebiet des Landes, in dem der Unternehmer seinen Sitz hat, ökologische/biologische Tiere nicht in ausreichender Anzahl zur Verfügung stehen.

1.3.4.4.1. Nichtökologische/nichtbiologische Jungtiere können zu Zuchtzwecken eingesetzt werden, wenn mit dem Aufbau einer Herde oder eines Bestands begonnen wird. Sie müssen unmittelbar nach dem Absetzen gemäß den ökologischen/biologischen Produktionsvorschriften aufgezogen werden. Für den Tag der Einstellung der Tiere in die Herde oder den Bestand gelten außerdem die folgenden Einschränkungen:

a) Rinder, Pferde und Geweihträger müssen weniger als sechs Monate alt sein;

b) Schafe und Ziegen müssen weniger als 60 Tage alt sein;

c) Schweine müssen weniger als 35 kg wiegen.

d) Kaninchen müssen weniger als drei Monate alt sein.

1.3.4.4.2. Zwecks Erneuerung einer Herde oder eines Bestands können nichtökologische/nichtbiologische ausgewachsene männliche und nullipare weibliche Tiere zu Zuchtzwecken eingesetzt werden. Sie sind anschließend gemäß den ökologischen/biologischen Produktionsvorschriften aufzuziehen. Darüber hinaus wird die Zahl der weiblichen Tiere pro Jahr wie folgt begrenzt:

a) bis maximal 10 % des Bestands an ausgewachsenen Equiden oder Rindern und 20 % des Bestands an ausgewachsenen Schweinen, Schafen, Ziegen, Kaninchen oder Geweihträgern können eingesetzt werden;

b) bei Einheiten mit weniger als zehn Equiden, Geweihträgern oder Rindern oder Kaninchen oder mit weniger als fünf Schweinen, Schafen oder Ziegen wird eine solche Bestands-/Herdenerneuerung auf maximal ein Tier pro Jahr begrenzt.

1.3.4.4.3. Vorbehaltlich der Bestätigung der zuständigen Behörde, dass eine der nachfolgenden Bedingungen erfüllt ist, können die Prozentsätze gemäß Nummer 1.3.4.4.2 auf bis zu 40 % erhöht werden:

a) die Tierhaltung wurde erheblich vergrößert;

b) eine Rasse wurde durch eine andere ersetzt;

c) es wurde mit dem Aufbau eines neuen Zweigs der Tierproduktion begonnen.

1.3.4.4.4. In den Fällen gemäß den Nummern 1.3.4.4.1, 1.3.4.4.2 und 1.3.4.4.3 können nichtökologische/nichtbiologische Tiere nur unter Einhaltung des Umstellungszeitraums gemäß Nummer 1.2 als ökologisch/biologisch gelten. Dieser Umstellungszeitraum gemäß Nummer 1.2.2 beginnt frühestens, wenn die Tiere in die Produktionseinheit in Umstellung eingebracht werden.

1.3.4.4.5. In den Fällen gemäß den Nummern 1.3.4.4.1 bis 1.3.4.4.4 müssen nichtökologische/nichtbiologische Tiere von anderen Tieren getrennt gehalten werden oder sie müssen bis zum Ende des Umstellungszeitraums gemäß Nummer 1.3.4.4.4 identifizierbar sein.

1.3.4.5. Die Unternehmer müssen Aufzeichnungen oder Nachweise über die Herkunft der Tiere führen, wobei die Tiere anhand geeigneter Systeme (je Tier oder nach Partie/Bestand/Bienenstock) identifiziert werden, sowie über die tierärztlichen Unterlagen der in den Betrieb eingestellten Tiere, das Einstelldatum und den Umstellungszeitraum führen.

1.4. Ernährung1.4.1. Allgemeine Ernährungsanforderungen

Für die Ernährung gilt Folgendes:

a) Futtermittel sind hauptsächlich in dem landwirtschaftlichen Betrieb, in dem die Tiere, für die sie bestimmt sind, gehalten werden, oder in ökologischen/biologischen Produktionseinheiten oder Produktionseinheiten in Umstellung anderer Betriebe in derselben Region zu erzeugen;

b) die Tiere sind mit ökologischen/biologischen Futtermitteln oder Umstellungsfuttermitteln zu füttern, die dem ernährungsphysiologischen Bedarf der Tiere in ihren verschiedenen Entwicklungsstadien entsprechen; restriktive Fütterung ist in der Tierproduktion verboten, sofern sie nicht aus tierärztlichen Gründen gerechtfertigt ist;

c) das Halten von Tieren unter Bedingungen oder bei einer Ernährung, die zu Anämie führen könnten, ist verboten;

d) bei den Mastpraktiken ist in jeder Phase des Aufzuchtprozesses ausnahmslos das normale Ernährungsverhalten der jeweiligen Arten und das Wohlbefinden der Tiere zu berücksichtigten; die Zwangsfütterung ist verboten;

e) mit der Ausnahme von Bienen, Schweinen und Geflügel müssen die Tiere ständigen Zugang zu Weideland, wann immer die Umstände dies gestatten, oder ständigen Zugang zu Raufutter haben;

f) die Verwendung von Wachstumsförderern und synthetischen Aminosäuren ist untersagt;

g) Säugetiere werden für eine von der Kommission nach Artikel 14 Absatz 3 Buchstabe a festgelegte Mindestdauer vorzugsweise mit Muttermilch gefüttert; Milchaustauschfutter mit chemisch-synthetischen Bestandteilen oder Bestandteilen pflanzlichen Ursprungs dürfen in diesem Zeitraum nicht verwendet werden;

h) Einzelfuttermittel mit Ursprung in Pflanzen, Algen, Tieren oder Hefe müssen ökologisch/biologisch sein;

i) nichtökologische/nichtbiologische Einzelfuttermittel mit Ursprung in Pflanzen, Algen, Tieren oder Hefe, Futtermittel mikrobiellen oder mineralischen Ursprungs, Futtermittelzusatzstoffe und Verarbeitungshilfsstoffe dürfen nur verwendet werden, wenn sie nach Artikel 24 für die Verwendung in der ökologischen/biologischen Produktion zugelassen sind.

1.4.2. Weiden

1.4.2.1. Weiden auf ökologisch bewirtschafteten Flächen

Unbeschadet der Nummer 1.4.2.2 müssen ökologische/biologische Tiere auf ökologisch/biologisch bewirtschafteten Flächen weiden. Nichtökologische/Nichtbiologische Tiere können jedoch jedes Jahr für einen begrenzten Zeitraum ökologisches/biologisches Weideland nutzen, sofern sie in umweltverträglicher Weise auf einer im Rahmen der Artikel 23, 25, 28, 30, 31 und 34 der Verordnung (EU) Nr. 1305/2013 geförderten Fläche aufgezogen wurden und sie sich nicht gleichzeitig mit ökologischen/biologischen Tieren auf der ökologisch/biologisch bewirtschafteten Fläche befinden.

1.4.2.2. Weiden auf Gemeinschaftsflächen und Wandertierhaltung

1.4.2.2.1. Ökologische/Biologische Tiere können auf Gemeinschaftsflächen weiden, sofern

a) die Gemeinschaftsflächen mindestens in den letzten drei Jahren nicht mit Erzeugnissen oder Stoffen behandelt wurden, die für die Verwendung in der ökologischen/biologischen Produktion nicht zugelassen sind;

b) nichtökologische/nichtbiologische Tiere, die auf den Gemeinschaftsflächen weiden, in umweltverträglicher Weise auf einer im Rahmen der Artikel 23, 25, 28, 30, 31 und 34 der Verordnung (EU) Nr. 1305/2013 geförderten Fläche aufgezogen wurden;

c) die von ökologischen/biologischen Tieren stammenden Erzeugnisse, die produziert wurden während diese Tiere auf Gemeinschaftsflächen geweidet haben, nicht als ökologische/biologische Erzeugnisse angesehen werden, es sei denn, es kann eine adäquate Trennung dieser Tiere von den nichtökologischen/nichtbiologischen Tieren nachgewiesen werden.

1.4.2.2.2. Während der Wander- bzw. Hüteperiode dürfen ökologische/biologische Tiere, wenn sie von einer Weidefläche auf eine andere getrieben werden, auf nichtökologischen/nichtbiologischen Flächen weiden. Während dieses Zeitraums müssen ökologische/biologische Tiere von anderen Tieren getrennt gehalten werden. Die Aufnahme nichtökologischer/nichtbiologischer Futtermittel beim Weiden in Form von Gras und anderem Bewuchs ist gestattet:

a) während eines Zeitraums von höchstens 35 Tagen, der den Auftrieb auf und den Abtrieb von den Weideplätzen einschließt; oder

b) für höchstens 10 % der gesamten jährlichen Futterration in Bezug auf die Trockenmasse der Futtermittel landwirtschaftlicher Herkunft.

1.4.3. Umstellungsfuttermittel

1.4.3.1. Bei landwirtschaftlichen Betrieben, die ökologische/biologische Tierhaltung betreiben,

a) dürfen im Durchschnitt bis zu 25 % der Futterration aus Umstellungsfuttermitteln bestehen, die im zweiten Jahr der Umstellung erzeugt wurden. Wenn die Umstellungsfuttermittel aus dem Betrieb stammen, in dem die Tiere gehalten werden, kann dieser Prozentsatz auf 100 % erhöht werden; und

b) dürfen im Durchschnitt bis zu 20 % der Gesamtmenge der an die Tiere verfütterten Futtermittel aus der Beweidung bzw. der Beerntung von Dauergrünland, mehrjährigen Futterkulturen oder von Eiweißpflanzen, die im ersten Jahr der Umstellung auf ökologisch/biologisch bewirtschafteten Parzellen angebaut wurden, stammen, sofern diese Flächen Teil des Betriebs selbst sind.

Wenn beide Arten der unter den Buchstaben a und b genannten Umstellungsfuttermittel zur Fütterung verwendet werden, darf der Gesamtprozentsatz dieser Futtermittel zusammengerechnet den Prozentsatz gemäß Buchstabe a nicht überschreiten.

1.4.3.2. Die Prozentwerte gemäß Nummer 1.4.3.1 werden jährlich als ein Prozentsatz der Trockenmasse der Futtermittel pflanzlichen Ursprungs berechnet.

1.4.4. Führung von Aufzeichnungen über das Fütterungsregime

Die Unternehmer müssen Aufzeichnungen über das Fütterungsregime und gegebenenfalls die Weidezeit führen. Sie müssen insbesondere Aufzeichnungen über die Bezeichnung des Futtermittels, einschließlich aller verwendeten Futtermittelarten, z. B. Mischfuttermittel, die Anteile der verschiedenen Einzelfuttermittel an den Rationen und den Anteil der Futtermittel aus dem eigenen Betrieb oder derselben Region sowie gegebenenfalls die Zeiträume des Zugangs zu Weideflächen, die mit Beschränkungen belegten Wander- bzw. Hüteperioden und Nachweise für die Anwendung der Nummern 1.4.2 und 1.4.3 führen.

1.5. Tiergesundheit1.5.1. Krankheitsvorsorge

1.5.1.1. Die Krankheitsvorsorge beruht auf Rassen- und Linienwahl, Tierhaltungspraktiken, hochwertigen Futtermitteln und Auslauf, angemessener Besatzdichte und einer geeigneten und angemessenen Unterbringung unter hygienischen Bedingungen.

1.5.1.2. Die Verwendung immunologisch wirksamer Tierarzneimittel ist gestattet.

1.5.1.3. Die präventive Verabreichung chemisch-synthetischer allopathischer Tierarzneimittel, einschließlich Antibiotika und Boli aus chemisch-synthetischen allopathischen Molekülen, ist verboten.

1.5.1.4. Die Verwendung von wachstums- oder leistungsfördernden Stoffen (einschließlich Antibiotika, Kokzidiostatika und anderen künstlichen Wachstumsförderern) sowie von Hormonen und ähnlichen Stoffen zur Kontrolle der Fortpflanzung oder zu anderen Zwecken (z. B. Einleitung oder Synchronisierung der Brunst) ist verboten.

1.5.1.5. Werden Tiere aus nichtökologischen/nichtbiologischen Produktionseinheiten beschafft, können je nach örtlichen Bedingungen besondere Maßnahmen wie Screeningtests oder Quarantänezeiträume vorgesehen werden.

1.5.1.6. Für die Reinigung und Desinfektion von Stallgebäuden und Anlagen dürfen nur solche Reinigungs- und Desinfektionsmittel eingesetzt werden, die nach Artikel 24 für die Verwendung in der ökologischen/biologischen Produktion für diesen Zweck zugelassen sind.

Die Unternehmer müssen Aufzeichnungen über die Verwendung dieser Mittel führen, einschließlich des Zeitpunkts/der Zeitpunkte der Verwendung des Mittels, der Bezeichnung des Mittels, seiner Wirkstoffe und des Orts der Verwendung.

1.5.1.7. Stallungen, Gehege, Ausrüstungen und Geräte sind sachgemäß zu reinigen und zu desinfizieren, um Kreuzinfektionen und der Vermehrung von Krankheitsüberträgern vorzubeugen. Kot, Urin und nicht gefressenes oder verschüttetes Futter sind so oft wie nötig zu beseitigen, um die Geruchsbildung einzugrenzen und keine Insekten oder Nager anzulocken. Zur Beseitigung von Insekten und anderen Schädlingen in Gebäuden und sonstigen Anlagen, in denen Tiere gehalten werden, können Rodentizide, die nur in Fallen verwendet werden, sowie die nach den Artikeln 9 und 24 für die Verwendung in der ökologischen/biologischen Produktion zugelassenen Mittel verwendet werden.

1.5.2. Tierärztliche Behandlung

1.5.2.1. Sollten Tiere trotz der Vorbeugungsmaßnahmen zur Erhaltung der Tiergesundheit krank werden oder sich verletzen, so sind sie unverzüglich zu behandeln.

1.5.2.2. Krankheiten sind unverzüglich zu behandeln, um ein Leiden der Tiere zu vermeiden; chemisch-synthetische allopathische Tierarzneimittel einschließlich Antibiotika dürfen erforderlichenfalls unter strengen Bedingungen und unter der Verantwortung eines Tierarztes verabreicht werden, wenn die Behandlung mit phytotherapeutischen, homöopathischen und anderen Mitteln ungeeignet ist. Insbesondere sind Beschränkungen in Bezug auf die Zahl der Behandlungen und Bestimmungen über die Wartezeiten festzulegen.

1.5.2.3. Einzelfuttermittel mineralischen Ursprungs und ernährungsphysiologische Zusatzstoffe, die nach Artikel 24 für die Verwendung in der ökologischen/biologischen Produktion zugelassen sind, sowie phytotherapeutische und homöopathische Präparate sind chemisch-synthetischen allopathischen Tierarzneimitteln, einschließlich Antibiotika, vorzuziehen, sofern ihre therapeutische Wirkung bei der betreffenden Tierart und der zu behandelnden Krankheit gewährleistet ist.

1.5.2.4. Erhält ein Tier oder eine Tiergruppe innerhalb von zwölf Monaten mehr als dreimal oder — falls der produktive Lebenszyklus des Tieres oder der Gruppe weniger als ein Jahr beträgt — mehr als einmal eine tierärztliche Behandlung mit chemisch-synthetischen allopathischen Tierarzneimitteln, einschließlich Antibiotika, wobei Impfungen, Parasitenbehandlungen und obligatorische Seuchentilgungsmaßnahmen ausgenommen sind, so dürfen die betreffenden Tiere und die von ihnen stammenden Erzeugnisse nicht als ökologische/biologische Erzeugnisse verkauft werden, und diese Tiere unterliegen den Umstellungsfristen gemäß Nummer 1.2.

1.5.2.5. Die Wartezeit zwischen der letzten Verabreichung eines chemisch-synthetischen allopathischen Tierarzneimittels, einschließlich eines Antibiotikums, an ein Tier unter normalen Anwendungsbedingungen und der Gewinnung ökologischer/biologischer Lebensmittel von diesem Tier muss doppelt so lang sein wie die gesetzlich vorgeschriebene Wartezeit im Sinne von Artikel 11 der Richtlinie 2001/82/EG und mindestens 48 Stunden betragen.

1.5.2.6. Nach dem Unionsrecht zum Schutz der Gesundheit von Mensch und Tier vorgeschriebene Behandlungen sind zulässig.

1.5.2.7. Die Unternehmer müssen Aufzeichnungen oder Nachweise über die vorgenommene Behandlung und insbesondere die Angaben zur Identifizierung der behandelten Tiere, das Datum der Behandlung, die Diagnose, die Dosierung, die Bezeichnung des Behandlungsmittels und gegebenenfalls die tierärztliche Verschreibung für die tierärztliche Behandlung sowie die Wartezeit, die eingehalten werden muss, bevor die tierischen Erzeugnisse als ökologisch/biologisch vermarktet und gekennzeichnet werden dürfen, führen.

1.6. Unterbringung und Haltungspraktiken1.6.1. Durch Isolierung, Beheizung und Belüftung des Gebäudes ist sicherzustellen, dass Luftzirkulation, Staubkonzentration, Temperatur, relative Luftfeuchtigkeit und Gaskonzentration innerhalb von Grenzen bleiben, die das Wohlbefinden der Tiere gewährleisten. Das Gebäude muss reichlich natürliche Belüftung und ausreichenden Tageslichteinfall gewährleisten.

1.6.2. In Gebieten mit Klimaverhältnissen, die es gestatten, dass die Tiere im Freien leben, sind Stallungen nicht vorgeschrieben. In diesen Fällen müssen die Tiere Zugang zu Unterständen oder schattigen Plätzen zum Schutz vor Extremwetter haben.

1.6.3. Die Besatzdichte in Stallgebäuden muss den Tieren Komfort und Wohlbefinden gewährleisten und gestatten, dass die Tiere ihre artspezifischen Bedürfnisse ausleben können, und muss von Art, Rasse und Alter der Tiere abhängen. Sie muss ferner den Verhaltensbedürfnissen der Tiere Rechnung tragen, die insbesondere von der Gruppengröße und dem Geschlecht der Tiere abhängen. Die Besatzdichte muss das Wohlbefinden der Tiere gewährleisten, d. h. sie müssen über ein ausreichendes Platzangebot verfügen, das natürliches Stehen, bequemes Abliegen, Umdrehen, Putzen, das Einnehmen aller natürlichen Stellungen und die Ausführung aller natürlichen Bewegungen wie Strecken und Flügelschlagen gestattet.

1.6.4. Die Mindeststallflächen und Mindestaußenflächen sowie die technischen Einzelheiten in Bezug auf die Unterbringung gemäß den Festlegungen in den Durchführungsrechtsakten gemäß Artikel 14 Absatz 3 sind einzuhalten.

1.6.5. Freigelände kann teilweise überdacht sein. Veranden gelten nicht als Freigelände.

1.6.6. Die Gesamtbesatzdichte darf den Grenzwert von 170 kg organischer Stickstoff pro Jahr und Hektar landwirtschaftliche Nutzfläche nicht überschreiten.

1.6.7. Zur Bestimmung der angemessenen Besatzdichte gemäß Nummer 1.6.6 legt die zuständige Behörde die dem unter Nummer 1.6.6 genannten Grenzwert entsprechenden Vieheinheiten fest, wobei sie die in den spezifischen Produktionsvorschriften für die jeweilige Tierart festgelegten Werte berücksichtigt.

1.6.8. Die Verwendung von Käfigen, Boxen und Flat-Deck-Anlagen zur Viehzucht ist für keine Tierart zulässig.

1.6.9. Wenn Tiere aus tierärztlichen Gründen einzeln behandelt werden, müssen sie in Bereichen mit festem Boden gehalten werden, die mit Stroh oder geeignetem Material ausgelegt sind. Das Tier muss sich leicht drehen und der ganzen Länge nach bequem niederlegen können.

1.6.10. Die ökologische/biologische Haltung von Tieren in einem Gehege mit sehr feuchtem oder sumpfigem Boden ist nicht zulässig.

1.7. Tierschutz1.7.1. Tierhalter und alle Personen, die während des Transports und der Schlachtung mit Tieren umgehen, müssen die nötigen Grundkenntnisse und -fähigkeiten in den Bereichen Tiergesundheit und Tierschutz besitzen und eine angemessene Schulung erhalten haben, wie sie insbesondere in der Verordnung (EG) Nr. 1/2005 des Rates ([26]) und der Verordnung (EG) Nr. 1099/2009 des Rates ([27]) gefordert wird, damit eine ordnungsgemäße Anwendung der Vorschriften dieser Verordnung gewährleistet wird.

1.7.2. Die Haltungspraktiken, einschließlich Besatzdichte und Unterbringung, müssen den entwicklungsbedingten, physiologischen und ethologischen Bedürfnissen der Tiere entsprechen.

1.7.3. Die Tiere müssen ständigen Zugang zu Freigelände, vorzugsweise zu Weideland, haben, auf dem sie sich bewegen können, wann immer die Witterungsbedingungen und jahreszeitlichen Bedingungen und der Zustand des Bodens dies erlauben, es sei denn, es gelten mit dem Unionsrecht im Einklang stehende Einschränkungen und Pflichten zum Schutz der Gesundheit von Mensch und Tier.

1.7.4. Die Besatzzahlen müssen so niedrig sein, dass Überweidung, Zertrampeln des Bodens, Erosion und Umweltbelastung verursacht durch die Tiere oder die Ausbringung des von ihnen stammenden Wirtschaftsdüngers möglichst gering gehalten werden.

1.7.5. Anbindung oder Isolierung der Tiere ist untersagt, außer wenn dies bei einzelnen Tieren aus tierärztlichen Gründen gerechtfertigt und zeitlich begrenzt ist. Eine Isolierung von Tieren kann für einen begrenzten Zeitraum nur dann genehmigt werden, wenn die Arbeitssicherheit gefährdet ist oder es aus Tierschutzgründen erforderlich ist. Die zuständigen Behörden können genehmigen, dass Rinder in landwirtschaftlichen Betrieben mit höchstens 50 Tieren (ausgenommen Jungtiere) angebunden werden, wenn es nicht möglich ist, die Rinder in Gruppen zu halten, deren Größe ihren Verhaltensbedürfnissen gerecht wird, sofern die Tiere während der Weidezeit Zugang zu Weideland und mindestens zweimal in der Woche Zugang zu Freigelände haben, wenn das Weiden nicht möglich ist.

1.7.6. Die Dauer von Tiertransporten muss möglichst kurz gehalten werden.

1.7.7. Ein Leiden der Tiere, Schmerzen und Stress sind während ihrer gesamten Lebensdauer sowie bei der Schlachtung zu vermeiden und so gering wie möglich zu halten.

1.7.8. Unbeschadet der Entwicklungen in der Tierschutzgesetzgebung der Union können das Kupieren von Schwänzen bei Schafen, das Schnabelstutzen bei höchstens drei Tage alten Tieren, und die Enthornung nur im Einzelfall ausnahmsweise zulässig sein, wenn sie der Verbesserung der Gesundheit, des Wohlbefindens oder der Hygienebedingungen der Tiere dienen oder wenn die Arbeitssicherheit anderenfalls gefährdet wäre. Die Entfernung der Hornknospen kann nur im Einzelfall zulässig sein, wenn sie der Verbesserung der Gesundheit, des Wohlbefindens oder der Hygienebedingungen der Tiere dient oder wenn die Arbeitssicherheit anderenfalls gefährdet wäre. Die zuständige Behörde genehmigt diese Eingriffe nur im Falle einer hinreichenden Begründung durch den Unternehmer, der die Gründe dieser zuständigen Behörde gemeldet hat, und wenn die Eingriffe von qualifiziertem Personal vorgenommen werden.

1.7.9. Jegliches Leid der Tiere ist auf ein Minimum zu begrenzen, indem angemessene Betäubungs- und/oder Schmerzmittel verabreicht werden und jeder Eingriff nur im angemessenen Alter und von qualifiziertem Personal vorgenommen wird.

1.7.10. Die operative Kastration ist zulässig, um die Qualität der Erzeugnisse zu gewährleisten und traditionellen Produktionspraktiken Rechnung zu tragen, allerdings nur unter den in Nummer 1.7.9 genannten Bedingungen.

1.7.11. Beim Ver- und Entladen von Tieren dürfen keine elektrischen oder anderen schmerzhaften Treibhilfen verwendet werden. Die Verabreichung allopathischer Beruhigungsmittel vor und während der Beförderung ist verboten.

1.7.12. Die Unternehmer müssen Aufzeichnungen oder Nachweise über jeden einzelnen Eingriff führen und die Anwendung der Nummern 1.7.5, 1.7.8, 1.7.9 oder 1.7.10 begründen. In Bezug auf die Tiere, die den Betrieb verlassen, müssen gegebenenfalls die folgenden Daten aufgezeichnet werden: Alter, Anzahl der Tiere, Gewicht von Schlachttieren, geeignete Angaben zur Identifizierung (je Tier oder nach Partie/Bestand/Bienenstock), Datum des Abtransports und Bestimmungsort.

1.8. Aufbereitung unverarbeiteter ErzeugnisseWerden Tiere anderen Aufbereitungsvorgängen als einer Verarbeitung unterzogen, gelten die allgemeinen Vorschriften gemäß Teil IV Nummern 1.2, 1.3, 1.4, 1.5 und 2.2.3 sinngemäß auch für diese Vorgänge.

1.9. Zusätzliche allgemeine Vorschriften1.9.1. Für Rinder, Schafe, Ziegen und Equiden

1.9.1.1. Ernährung

Für die Ernährung gilt Folgendes:

a) Mindestens 60 % der Futtermittel müssen aus dem Betrieb selbst stammen oder — falls dies nicht möglich ist oder diese nicht verfügbar sind — in Zusammenarbeit mit anderen ökologischen/biologischen Produktionseinheiten oder Produktionseinheiten in Umstellung und Futtermittelunternehmern, die Futtermittel und Einzelfuttermittel aus derselben Region verwenden, erzeugt werden. Am 1. Januar 2024 erhöht sich dieser Anteil auf 70 %;

b) die Tiere müssen Zugang zu Weideland haben, wann immer die Umstände dies gestatten;

c) unbeschadet Buchstabe b müssen über ein Jahr alte männliche Rinder Zugang zu Weideland oder Freigelände haben;

d) soweit die Tiere während der Weidezeit Zugang zu Weideland haben und die Winterstallung den Tieren Bewegungsfreiheit gewährleistet, muss der Verpflichtung zur Bereitstellung von Freigelände in den Wintermonaten nicht nachgekommen werden;

e) Aufzuchtsysteme müssen je nach Verfügbarkeit von Weiden zu verschiedenen Zeiten des Jahres ein Maximum an Weidegang gewährleisten;

f) mindestens 60 % der Trockenmasse in der Tagesration v müssen aus frischem, getrocknetem oder siliertem Raufutter bestehen. Bei Milchvieh ist für eine Höchstdauer von drei Monaten in der frühen Laktationsphase eine Verringerung dieses Prozentsatzes auf 50 % zulässig.

1.9.1.2. Unterbringung und Haltungspraktiken

Für die Unterbringung und Haltungspraktiken gilt Folgendes:

a) Stallböden müssen glatt, aber rutschfest sein;

b) Ställe müssen ausreichend große, bequeme, saubere und trockene Liege- oder Ruheflächen aufweisen, die in fester, nicht perforierter Bauweise ausgeführt sind. Im Ruhebereich muss reichlich trockene Einstreu vorhanden sein. Die Einstreu muss aus Stroh oder anderem geeigneten Naturmaterial bestehen. Die Einstreu kann mit Mineralstoffen, die nach Artikel 24 als Düngemittel oder Bodenverbesserer für die Verwendung in der ökologischen/biologischen Produktion zugelassen sind, verbessert und angereichert werden.

c) Unbeschadet von Artikel 3 Absatz 1 Unterabsatz 1 Buchstabe a und Unterabsatz 2 der Richtlinie 2008/119/EG des Rates ([28]) ist die Unterbringung von Kälbern in Einzelboxen nach der ersten Lebenswoche verboten, außer wenn dies bei einzelnen Tieren aus tierärztlichen Gründen gerechtfertigt und zeitlich begrenzt ist.

d) Wenn ein Kalb aus tierärztlichen Gründen einzeln behandelt wird, muss es in Bereichen mit festem Boden gehalten werden, die mit Stroh ausgelegt sind. Das Kalb muss sich leicht drehen und der ganzen Länge nach bequem niederlegen können.

1.9.2. Für Geweihträger

1.9.2.1. Ernährung

Für die Ernährung gilt Folgendes:

a) Mindestens 60 % der Futtermittel müssen aus dem Betrieb selbst stammen oder — falls dies nicht möglich ist oder diese nicht verfügbar sind — in Zusammenarbeit mit anderen ökologischen/biologischen Produktionseinheiten oder Produktionseinheiten in Umstellung und Futtermittelunternehmern, die Futtermittel und Einzelfuttermittel aus derselben Region verwenden, erzeugt werden. Am 1. Januar 2024 erhöht sich dieser Anteil auf 70 %;

b) die Tiere müssen Zugang zu Weideland haben, wann immer die Umstände dies gestatten;

c) soweit die Tiere während der Weidezeit Zugang zu Weideland haben und die Winterstallung den Tieren Bewegungsfreiheit gewährleistet, muss der Verpflichtung zur Bereitstellung von Freigelände in den Wintermonaten nicht nachgekommen werden;

d) Aufzuchtsysteme müssen je nach Verfügbarkeit von Weiden zu verschiedenen Zeiten des Jahres ein Maximum an Weidegang gewährleisten;

e) mindestens 60 % der Trockenmasse in der Tagesration müssen aus frischem, getrocknetem oder siliertem Raufutter bestehen. Bei weiblichen Tieren ist für eine Höchstdauer von drei Monaten in der frühen Laktationsphase eine Verringerung dieses Prozentsatzes auf 50 % zulässig;

f) im Gehege muss während der Vegetationsperiode eine natürliche Weide vorhanden sein. Gehege, in denen während der Vegetationsperiode kein Futter auf einer Weide zur Verfügung steht, sind nicht zulässig;

g) Zufütterung ist nur im Fall eines Futtermangels auf der Weide wegen ungünstiger Witterungsverhältnisse zulässig;

h) im Gehege gehaltenen Tieren muss sauberes und frisches Wasser zur Verfügung stehen. Ist keine natürliche und für die Tiere leicht zugängliche natürliche Wasserquelle verfügbar, müssen Tränken bereitgestellt werden.

1.9.2.2. Unterbringung und Haltungspraktiken

Für die Unterbringung und Haltungspraktiken gilt Folgendes:

a) Den Geweihträgern müssen Verstecke, Unterstände und Umzäunungen zur Verfügung gestellt werden, die den Tieren keinen Schaden zufügen;

b) in Rotwildgehegen muss den Tieren das Suhlen im Schlamm ermöglicht werden, damit sie ihr Fell pflegen und ihre Körperwärme regulieren können;

c) die Böden der Ställe müssen glatt, aber rutschfest sein;

d) die Ställe müssen ausreichend große, bequeme, saubere und trockene Liege- oder Ruheflächen aufweisen, die in fester, nicht perforierter Bauweise ausgeführt sind. Im Ruhebereich muss reichlich trockene Einstreu vorhanden sein. Die Einstreu muss aus Stroh oder anderem geeigneten Naturmaterial bestehen. Die Einstreu kann mit Mineralstoffen, die nach Artikel 24 als Düngemittel oder Bodenverbesserer für die Verwendung in der ökologischen/biologischen Produktion zugelassen sind, verbessert und angereichert werden;

e) die Futterplätze müssen an Stellen eingerichtet werden, die vor Witterungseinflüssen geschützt und sowohl für die Tiere als auch für ihre Heger zugänglich sind. An den Futterplätzen muss der Boden befestigt sein, und die Futteranlagen müssen überdacht sein;

f) kann das Futter nicht ständig zugänglich gemacht werden, müssen die Futterplätze so gestaltet sein, dass alle Tiere gleichzeitig äsen können.

1.9.3. Für Schweine

1.9.3.1. Ernährung

Für die Ernährung gilt Folgendes:

a) Mindestens 30 % der Futtermittel müssen aus dem Betrieb selbst stammen oder — falls dies nicht möglich ist oder diese nicht verfügbar sind — in Zusammenarbeit mit anderen ökologischen/biologischen Produktionseinheiten oder Produktionseinheiten in Umstellung und Futtermittelunternehmern, die Futtermittel und Einzelfuttermittel aus derselben Region verwenden, erzeugt werden;

b) der Tagesration von Schweinen ist frisches, getrocknetes oder siliertes Raufutter beizugeben;

c) wenn Tierhaltern keine ausschließlich aus ökologischer/biologischer Produktion stammende Eiweißfuttermittel zur Verfügung stehen und die zuständige Behörde bestätigt hat, dass ökologische/biologische Eiweißfuttermittel nicht in ausreichender Menge zur Verfügung stehen, dürfen nichtökologische/nichtbiologische Eiweißfuttermittel bis zum 31. Dezember 2026 eingesetzt werden, sofern folgende Bedingungen erfüllt sind:

i) sie sind nicht in ökologisch/biologisch hergestellter Form verfügbar;

ii) sie werden ohne chemische Lösungsmittel produziert oder aufbereitet;

iii) ihre Verwendung ist auf die Fütterung von Ferkeln bis 35 kg mit bestimmten Eiweißverbindungen beschränkt; und

iv) der je Zeitraum von zwölf Monaten für diese Tierarten zulässige Prozentsatz beträgt maximal 5 %. Der Prozentsatz der Trockenmasse der Futtermittel landwirtschaftlichen Ursprungs ist zu berechnen.

1.9.3.2. Unterbringung und Haltungspraktiken

Für die Unterbringung und Haltungspraktiken gilt Folgendes:

a) Die Böden der Ställe müssen glatt, aber rutschfest sein;

b) die Ställe müssen ausreichend große, bequeme, saubere und trockene Liege- oder Ruheflächen aufweisen, die in fester, nicht perforierter Bauweise ausgeführt sind. Im Ruhebereich muss reichlich trockene Einstreu vorhanden sein. Die Einstreu muss aus Stroh oder anderem geeigneten Naturmaterial bestehen. Die Einstreu kann mit Mineralstoffen, die nach Artikel 24 als Düngemittel oder Bodenverbesserer für die Verwendung in der ökologischen/biologischen Produktion zugelassen sind, verbessert und angereichert werden;

c) es muss immer ein ausreichend großes Bett aus Stroh oder einem anderen geeigneten Material geben, mit dem sichergestellt ist, dass alle in einem Gehege gehaltenen Schweine gleichzeitig in der raumfüllendsten Art und Weise liegen können;

d) Sauen sind außer in den letzten Phasen der Trächtigkeit und während der Säugezeit in Gruppen zu halten; sie müssen in diesem Zeitraum in der Lage sein, sich frei in ihren Gehegen zu bewegen, und ihre Bewegungsfreiheit darf nur für kurze Zeiträume eingeschränkt werden;

e) unbeschadet zusätzlicher Vorschriften für Stroh müssen Sauen einige Tage vor dem Abferkeln mit einer angemessenen Menge Stroh oder anderem geeignetem Naturmaterial zum Nestbau versorgt werden;

f) Schweinen müssen Bewegungsflächen zum Misten und zum Wühlen zur Verfügung stehen. Zum Wühlen können verschiedene Substrate verwendet werden.

1.9.4. Für Geflügel

1.9.4.1. Herkunft der Tiere

Um intensive Aufzuchtmethoden zu vermeiden, wird Geflügel entweder bis zum Erreichen eines Mindestalters aufgezogen oder es muss von langsam wachsenden, an die Freilandhaltung angepassten Rassen/Linien stammen.

Die zuständige Behörde legt die Kriterien für langsam wachsende Rassen/Linien fest oder erstellt eine Liste dieser Rassen/Linien und teilt Unternehmern, anderen Mitgliedstaaten und der Kommission diese Informationen mit.

Werden keine langsam wachsenden Rassen/Linien verwendet, so beträgt das Mindestalter bei der Schlachtung

a) 81 Tage bei Hühnern;

b) 150 Tage bei Kapaunen;

c) 49 Tage bei Pekingenten;

d) 70 Tage bei weiblichen Barbarie-Enten;

e) 84 Tage bei männlichen Barbarie-Enten;

f) 92 Tage bei Mulardenten;

g) 94 Tage bei Perlhühnern;

h) 140 Tage bei Truthähnen und Bratgänsen und

i) 100 Tage bei Truthennen.

1.9.4.2. Ernährung

Für die Ernährung gilt Folgendes:

a) Mindestens 30 % der Futtermittel müssen aus dem Betrieb selbst stammen oder — falls dies nicht möglich ist oder diese nicht verfügbar sind — in Zusammenarbeit mit anderen ökologischen/biologischen Produktionseinheiten oder Produktionseinheiten in Umstellung und Futtermittelunternehmern, die Futtermittel und Einzelfuttermittel aus derselben Region verwenden, erzeugt werden;

b) der Tagesration von Geflügel ist frisches, getrocknetes oder siliertes Raufutter beizugeben;

c) wenn Tierhaltern keine ausschließlich aus ökologischer/biologischer Produktion stammende Eiweißfuttermittel für Geflügel zur Verfügung stehen und die zuständige Behörde bestätigt hat, dass ökologische/biologische Eiweißfuttermittel nicht in ausreichender Menge zur Verfügung stehen, dürfen nichtökologische/nichtbiologische Eiweißfuttermittel bis zum 31. Dezember 2026 eingesetzt werden, sofern folgende Bedingungen erfüllt sind:

i) sie sind nicht in ökologisch/biologisch hergestellter Form verfügbar;

ii) sie werden ohne chemische Lösungsmittel produziert oder aufbereitet;

iii) ihre Verwendung ist auf die Fütterung von Junggeflügel mit bestimmten Eiweißverbindungen beschränkt; und

iv) der je Zeitraum von zwölf Monaten für diese Tierarten zulässige Prozentsatz beträgt maximal 5 %. Der Prozentsatz der Trockenmasse der Futtermittel landwirtschaftlichen Ursprungs ist zu berechnen.

1.9.4.3. Tierschutz

Das Rupfen von lebendem Geflügel ist verboten.

1.9.4.4. Unterbringung und Haltungspraktiken

Für die Unterbringung und Haltungspraktiken gilt Folgendes:

a) Mindestens ein Drittel der Bodenfläche muss von fester Beschaffenheit sein, d. h., es darf sich nicht um Spaltenböden oder Gitterroste handeln, und muss mit Streumaterial in Form von Stroh, Holzspänen, Sand oder Torf bedeckt sein;

b) in Ställen für Legehennen ist ein ausreichend großer Teil der den Hennen zur Verfügung stehenden Bodenfläche als Kotgrube vorzusehen;

c) Geflügelställe müssen vor Belegung mit einer neuen Partie geräumt werden. Die Ställe und Einrichtungen sind während dieser Zeit zu reinigen und zu desinfizieren. Ferner muss für die Ausläufe nach jeder Belegung eine von den Mitgliedstaaten festzulegende Ruhezeit eingehalten werden, damit die Vegetation nachwachsen kann. Der Unternehmer muss Aufzeichnungen oder Nachweise über die Einhaltung einer solchen Ruhezeit führen. Diese Vorschriften gelten nicht in Fällen, in denen Geflügel nicht in Partien aufgezogen wird, nicht in Ausläufen gehalten wird und den ganzen Tag freien Auslauf hat;

d) Geflügel muss während mindestens eines Drittels seiner Lebensdauer Zugang zu Freigelände haben. Legehennen und Mastgeflügel müssen bzw. muss jedoch während mindestens eines Drittels ihrer bzw. seiner Lebensdauer Zugang zu Freigelände haben, ausgenommen bei unionsrechtlich vorgesehenen vorübergehenden Beschränkungen;

e) die Tiere müssen vom frühestmöglichen Alter an tagsüber uneingeschränkten Zugang zu einem Freigelände haben, wann immer die physiologischen und physischen Bedingungen dies gestatten, ausgenommen bei unionsrechtlich vorgesehenen vorübergehenden Beschränkungen;

f) abweichend von Nummer 1.6.5 gelten für Elterntiere und für Junghennen unter 18 Wochen und bei Einhaltung der in Nummer 1.7.3 genannten Bedingungen hinsichtlich der unionsrechtlich vorgesehenen Einschränkungen und Pflichten zum Schutz der Gesundheit von Mensch und Tier, die Elterntiere und Junghennen unter 18 Wochen am Zugang zu Freigelände hindern, Veranden als Freigelände und müssen in diesem Fall mit Maschendraht ausgestattet sein, um andere Vögel am Zugang zu hindern;

g) Freigelände für Geflügel muss den Tieren ungehinderten Zugang zu einer angemessenen Anzahl Tränken gewähren;

h) Freigelände für Geflügel muss überwiegend aus einer Vegetationsdecke bestehen;

i) ist das Futterangebot im Freigelände begrenzt (z. B. bei lang anhaltender Schneedecke oder längeren Trockenzeiten), so ist dem Geflügelfutter Raufutter beizugeben;

j) soweit Geflügel gemäß unionsrechtlich vorgesehenen Beschränkungen oder Verpflichtungen im Stall gehalten wird, müssen die Tiere ständigen Zugang zu ausreichend Raufutter und geeignetem Material haben, um ihren ethologischen Bedürfnissen nachkommen zu können;

k) soweit Witterung und Hygienebedingungen dies gestatten, muss Wassergeflügel Zugang zu einem Bach, Teich, See oder Wasserbecken haben, damit sie ihre artspezifischen Bedürfnisse ausleben können und die Tierschutzanforderungen erfüllt sind; falls die Witterung dies nicht gestattet, müssen die Tiere Zugang zu Wasser haben, in das sie ihren Kopf eintauchen und so ihr Gefieder reinigen können;

l) das natürliche Licht kann durch eine künstliche Beleuchtung ergänzt werden, damit ein Maximum von 16 Lichtstunden täglich und eine ununterbrochene Nachtruhe ohne künstliche Beleuchtung von mindestens acht Stunden gewährleistet ist;

m) die Gesamtnutzfläche von Ställen für die Geflügelmast darf bei keiner Produktionseinheit 1 600 m2 überschreiten;

n) in einem einzelnen Stallabteil eines Geflügelstalls dürfen nicht mehr als 3 000 Legehennen gehalten werden.

1.9.5. Für Kaninchen

1.9.5.1. Ernährung

Für die Ernährung gilt Folgendes:

a) Mindestens 70 % der Futtermittel müssen aus dem Betrieb selbst stammen oder — falls dies nicht möglich ist oder diese nicht verfügbar sind — in Zusammenarbeit mit anderen ökologischen/biologischen Produktionseinheiten oder Produktionseinheiten in Umstellung und Futtermittelunternehmern, die Futtermittel und Einzelfuttermittel aus derselben Region verwenden, erzeugt werden;

b) Kaninchen müssen Zugang zu Weideland haben, wann immer es den Umständen entsprechend möglich ist;

c) Aufzuchtsysteme müssen je nach Verfügbarkeit von Weiden zu verschiedenen Zeiten des Jahres ein Maximum an Weidegang gewährleisten;

d) faserhaltiges Raufutter wie Stroh oder Heu muss bereitgestellt werden, wenn nicht ausreichend Gras vorhanden ist. Grundfutter muss mindestens 60 % der Futtermittel ausmachen.

1.9.5.2. Unterbringung und Haltungspraktiken

Für die Unterbringung und Haltungspraktiken gilt Folgendes:

a) Ställe müssen ausreichend große, bequeme, saubere und trockene Liege- oder Ruheflächen aufweisen, die in fester, nicht perforierter Bauweise ausgeführt sind. Im Ruhebereich muss reichlich trockene Einstreu vorhanden sein. Die Einstreu muss aus Stroh oder anderem geeigneten Naturmaterial bestehen. Die Einstreu kann mit Mineralstoffen, die nach Artikel 24 als Düngemittel oder Bodenverbesserer für die Verwendung in der ökologischen/biologischen Produktion zugelassen sind, verbessert und angereichert werden;

b) Kaninchen sind in Gruppen zu halten;

c) die Betriebe müssen widerstandsfähige Rassen verwenden, die an die Freilandhaltung angepasst sind;

d) Kaninchen müssen Zugang haben zu

i) überdachten Unterständen, einschließlich dunkler Verstecke;

ii) einem Auslauf mit Pflanzenbewuchs, vorzugsweise Weideland;

iii) einer erhöhten Plattform, auf der sie entweder drinnen oder draußen sitzen können;

iv) Nestmaterial für alle säugenden Muttertieren.

1.9.6. Für Bienen

1.9.6.1. Herkunft der Tiere

Bei der Bienenzucht ist *Apis mellifera* und ihren lokalen Ökotypen der Vorzug zu geben.

1.9.6.2. Ernährung

Für die Ernährung gilt Folgendes:

a) Am Ende der Produktionssaison muss für die Überwinterung der Bienen genügend Honig und Pollen in den Bienenstöcken verbleiben;

b) das Füttern von Bienenvölkern ist nur zulässig, wenn das Überleben des Volks klimabedingt gefährdet ist. In diesem Falle dürfen Bienenvölker mit ökologischem/biologischem Honig, ökologischem/biologischem Pollen, ökologischen/biologischen Zuckersirupen oder ökologischem/biologischem Zucker gefüttert werden.

1.9.6.3. Tiergesundheit

Für die Tiergesundheit gilt Folgendes:

a) Um Rahmen, Bienenstöcke und Waben insbesondere vor Schädlingen zu schützen, dürfen nur Rodentizide (die in Fallen verwendet werden) und geeignete Erzeugnisse und Stoffe verwendet werden, die nach den Artikeln 9 und 24 für die Verwendung in der ökologischen/biologischen Produktion zugelassen sind;

b) physikalische Behandlungen zur Desinfektion von Beuten (wie Dampf oder Abflammen) sind gestattet;

c) männliche Brut darf nur vernichtet werden, um den Befall mit *Varroa destructor* einzudämmen;

d) wenn die Bienenvölker trotz aller Vorbeugungsmaßnahmen erkranken oder befallen sind, sind sie unverzüglich zu behandeln, und sie können erforderlichenfalls isoliert aufgestellt werden;

e) bei Befall mit *Varroa destructor* dürfen Ameisensäure, Milchsäure, Essigsäure und Oxalsäure sowie Menthol, Thymol, Eukalyptol oder Kampfer verwendet werden;

f) werden chemisch-synthetische allopathische Mittel, einschließlich Antibiotika, verabreicht, die keine nach den Artikeln 9 und 24 für die Verwendung in der ökologischen/biologischen Produktion zugelassenen Erzeugnisse und Stoffe sind, so sind die behandelten Bienenvölker während dieser Zeit isoliert aufzustellen und das gesamte Wachs ist durch Wachs aus ökologischer/biologischer Bienenhaltung zu ersetzen. Diese Bienenvölker unterliegen anschließend der Umstellungsfrist von zwölf Monaten gemäß Nummer 1.2.2.

1.9.6.4. Tierschutz

Für die Bienenhaltung gelten folgende zusätzliche allgemeine Vorschriften:

a) Die Vernichtung von Bienen in den Waben als Methode zur Ernte der Imkereierzeugnisse ist untersagt;

b) Verstümmelungen wie das Beschneiden der Flügel von Weiseln sind verboten.

1.9.6.5. Unterbringung und Haltungspraktiken

Für die Unterbringung und Haltungspraktiken gilt Folgendes:

a) Der Standort von Bienenstöcken muss so gewählt werden, dass Nektar- und Pollenquellen vorhanden sind, die im Wesentlichen aus ökologisch/biologisch erzeugten Pflanzen oder gegebenenfalls aus Wildpflanzen oder nichtökologisch/nichtbiologisch bewirtschafteten Wäldern oder Kulturpflanzen bestehen, die nur nach Methoden mit geringer Umweltauswirkung bewirtschaftet werden;

b) der Standort von Bienenstöcken muss sich in ausreichender Entfernung von Verschmutzungsquellen befinden, die die Imkereierzeugnisse kontaminieren oder die Gesundheit der Bienen beeinträchtigen können;

c) die Bienenstöcke sind so aufzustellen, dass im Umkreis von drei Kilometern um den Standort Nektar- und Pollentrachten im Wesentlichen aus ökologischen/biologischen Kulturen oder Wildpflanzen oder Kulturen bestehen, die nach Methoden mit geringer Umweltauswirkung behandelt werden, die denen gemäß den Artikeln 28 und 30 der Verordnung (EU) Nr. 1305/2013 gleichwertig sind und die die ökologische/biologische Qualität der Imkereierzeugnisse nicht beeinträchtigen können. Diese Anforderung gilt nicht, wenn keine Pflanzenblüte stattfindet, und nicht während der Ruhezeit der Bienenvölker;

d) die Beuten und das Imkereizubehör müssen grundsätzlich aus natürlichen Materialien bestehen, bei denen keine Gefahr besteht, dass Umwelt oder Imkereierzeugnisse kontaminiert werden;

e) Bienenwachs für neue Mittelwände muss aus ökologischen/biologischen Produktionseinheiten stammen;

f) in den Bienenstöcken dürfen nur natürliche Produkte wie Propolis, Wachs und Pflanzenöle verwendet werden;

g) während der Honiggewinnung ist die Verwendung chemisch-synthetischer Repellents untersagt;

h) Waben, die Brut enthalten, dürfen nicht zur Honiggewinnung verwendet werden;

i) die Bienenhaltung gilt nicht als ökologisch/biologisch, wenn sie in Regionen oder Gebieten stattfindet, die von den Mitgliedstaaten als Regionen oder Gebiete ausgewiesen wurden, in denen die Bienenhaltung nach den Vorschriften für die ökologische/biologische Produktion nicht praktikabel ist.

1.9.6.6. Pflicht zur Führung von Aufzeichnungen

Die Unternehmer müssen eine Karte in geeignetem Maßstab anfertigen oder geografische Koordinaten des Standorts der Bienenstöcke aufzeichnen, die der Kontrollbehörde oder Kontrollstelle vorzulegen ist/sind und aus der/denen hervorgeht, dass die den Bienenvölkern zugänglichen Gebiete die Anforderungen dieser Verordnung erfüllen.

In Bezug auf die Fütterung sind die folgenden Angaben in das Bienenstockverzeichnis einzutragen: Bezeichnung des verwendeten Erzeugnisses, Fütterungszeitpunkte, Mengen und betreffende Bienenstöcke.

Der Bereich, in dem sich der Bienenstock befindet, muss zusammen mit den Angaben zur Identifizierung der Bienenstöcke und dem Zeitpunkt der Umsetzung aufgezeichnet werden.

Alle angewendeten Maßnahmen müssen in das Bienenstockverzeichnis eingetragen werden, einschließlich der Vorgänge der Entnahme der Honigwaben und der Honigschleuderung. Die Menge und die Zeitpunkte der Honiggewinnung müssen ebenfalls aufgezeichnet werden.

Teil III: Produktionsvorschriften für Algen und Aquakulturtiere

1. Allgemeine Anforderungen

1.1. Es werden Standorte gewählt, die nicht durch Erzeugnisse oder Stoffe, die für eine ökologische/biologische Produktion nicht zugelassen sind, oder durch Schadstoffe kontaminiert sind, die den ökologischen/biologischen Charakter der Erzeugnisse beeinträchtigen würden.

1.2. Ökologische/Biologische und nichtökologische/nichtbiologische Produktionseinheiten werden angemessen in der von den Mitgliedstaaten vorgeschriebenen Mindestdistanz voneinander getrennt. Bei diesen Maßnahmen sind die natürliche Lage, getrennte Wasserführung, Entfernungen, Gezeitenströmungen und der flussaufwärts oder flussabwärts gelegene Standort der ökologischen/biologischen Produktionseinheit zu beachten. Die Produktion von Algen und Aquakulturtieren gilt nicht als ökologisch/biologisch, wenn sie an Standorten oder in Gebieten erfolgt, die von den Behörden der Mitgliedstaaten als ungeeignet für solche Tätigkeiten ausgewiesen wurden.

1.3. Für alle neuen Anlagen, die zur ökologischen/biologischen Produktion angemeldet werden und jährlich mehr als 20 Tonnen Aquakulturerzeugnisse produzieren, muss eine der Größe der Produktionseinheit angemessene Umweltprüfung durchgeführt werden, um den Zustand der Produktionseinheit und ihres unmittelbaren Umfeldes sowie die wahrscheinlichen Auswirkungen ihrer Inbetriebnahme zu beurteilen. Der Unternehmer legt die Ergebnisse der Umweltprüfung der Kontrollbehörde oder Kontrollstelle vor. Die Umweltprüfung basiert auf den Angaben in Anhang IV der Richtlinie 2011/92/EU des Europäischen Parlaments und des Rates ([29]). Wurde für die betreffende Produktionseinheit bereits eine gleichwertige Prüfung durchgeführt, kann diese verwendet werden.

1.4. Die Zerstörung von Mangrovenbeständen ist nicht zulässig.

1.5. Der Unternehmer erstellt einen der Größe der Produktionseinheit angemessenen Nachhaltigkeitsplan für die Aquakultur und Algenernte.

1.6. Der Plan wird jährlich aktualisiert und enthält Angaben zu den Auswirkungen auf die Umwelt, zur vorgesehenen Umweltüberwachung und zu den Maßnahmen, die ergriffen werden sollen, um die Umweltbelastung der angrenzenden Gewässer und Landflächen, etwa den Nährstoffeintrag pro Produktionszyklus oder pro Jahr, auf ein Mindestmaß zu reduzieren. Ebenfalls im Plan vermerkt werden die Wartung und Reparaturen der technischen Anlagen.

1.7. Schutz- und Vorbeugungsmaßnahmen gegen Prädatoren gemäß der Richtlinie 92/43/EWG sowie einzelstaatliche Vorschriften werden im Nachhaltigkeitsplan aufgeführt.

1.8. Gegebenenfalls koordinieren benachbarte Unternehmer ihre Nachhaltigkeitspläne.

1.9. Unternehmer, die Aquakulturtiere und/oder Algen produzieren, stellen im Rahmen des Nachhaltigkeitsplans ein Abfallreduzierungskonzept auf, das bei Aufnahme des Betriebs umgesetzt wird. Die Nutzung von Restwärme ist, soweit möglich, auf erneuerbare Energien zu beschränken.

1.10. Aufbereitung unverarbeiteter Erzeugnisse

Werden Algen oder Aquakulturtiere anderen Aufbereitungsvorgängen als einer Verarbeitung unterzogen, gelten die allgemeinen Vorschriften gemäß Teil IV Nummern 1.2, 1.3, 1.4, 1.5 und 2.2.3 sinngemäß auch für diese Vorgänge.

1.11. Die Unternehmer müssen Nachweise über etwaige abweichende Regelungen von den Produktionsvorschriften für Aquakulturtiere bereithalten, die ihnen gemäß der Nummer 3.1.2.1 Buchstaben d und e genehmigt wurden.

2. Vorschriften für Algen

Zusätzlich zu den allgemeinen Produktionsvorschriften in den Artikeln 9, 10, 11 und 15 und gegebenenfalls Abschnitt 1 dieses Teils enthält der vorliegende Abschnitt Vorschriften für das ökologische/biologische Sammeln und die ökologische/biologische Produktion von Algen. Er gilt sinngemäß auch für die Produktion von Phytoplankton.

2.1. Umstellung

2.1.1. Für eine Produktionseinheit für das Sammeln von Algenbeträgt der Umstellungszeitraum sechs Monate.

2.1.2. Für eine Produktionseinheit für die Algenzucht beträgt der Umstellungszeitraum sechs Monate oder einen vollen Produktionszyklus, wenn dieser länger als sechs Monate ist.

2.2. Produktionsvorschriften für Algen

2.2.1. Das Sammeln von wild wachsenden Algen und ihrer Teile gilt als ökologische/biologische Produktion, sofern

a) die Aufwuchsgewässer in gesundheitlicher Hinsicht geeignet und sehr guten ökologischen Zustand im Sinne der Richtlinie 2000/60/EG aufweisen oder von vergleichbarer Qualität sind wie

— den in der Verordnung (EG) Nr. 854/2004 des Europäischen Parlaments und des Rates ([30]) als A und B eingestuften Erzeugungsgebieten bis zum 13. Dezember 2019 oder

— den entsprechend eingestuften Gebieten gemäß den von der Kommission nach Artikel 18 Absatz 8 der Verordnung (EU) 2017/625 erlassenen Durchführungsrechtsakten ab dem 14. Dezember 2019;

b) das Sammeln die Stabilität des natürlichen Ökosystems und die Erhaltung der Arten in dem Sammelgebiet nicht beeinträchtigt.

2.2.2. Die Algenzucht erfolgt in Gebieten, deren ökologische und gesundheitliche Voraussetzungen mindestens den unter Nummer 2.2.1 Buchstabe a beschriebenen Voraussetzungen entsprechen müssen, damit die Algenproduktion als ökologisch/biologisch gelten kann. Zusätzlich gelten die folgenden Produktionsvorschriften:

a) Auf allen Produktionsstufen von der Sammlung der Jungalgen bis zur Ernte sind nachhaltige Praktiken anzuwenden;

b) um den Zuchtbestand in Innenanlagen zu erhalten und dessen Vielfalt zu fördern und sicherzustellen, dass ein großer Genpool erhalten bleibt, sind regelmäßig Jungalgen in freien Gewässern zu sammeln;

c) außer in Innenanlagen dürfen keine Düngemittel verwendet werden; es dürfen nur solche Düngemittel eingesetzt werden, die gemäß Artikel 24 für die Verwendung in der ökologischen/biologischen Produktion zu diesem Zweck zugelassen sind.

Die Unternehmer müssen Aufzeichnungen über die Verwendung dieser Stoffe führen, einschließlich des Zeitpunkts/der Zeitpunkte der Verwendung des einzelnen Stoffs, der Bezeichnung des Stoffs, der ausgebrachten Menge sowie Angaben zu den betreffenden Partien/Behältnisse/Becken.

2.3. Algenzucht

2.3.1. Bei Algenkulturen im Meer werden nur Nährstoffe verwendet, die in den Gewässern natürlich vorkommen oder aus der ökologischen/biologischen Produktion von Aquakulturtieren stammen, die vorzugsweise nahegelegen als Teil eines Polykultursystems stattfindet.

2.3.2. Bei Anlagen an Land, bei denen Nährstoffe von außen zugeführt werden, darf der Nährstoffgehalt des Abwassers nachweislich nicht höher sein als der Nährstoffgehalt des zufließenden Wassers. Verwendet werden dürfen nur die nach Artikel 24 für die Verwendung in der ökologischen/biologischen Produktion zugelassenen pflanzlichen oder mineralischen Nährstoffe.

Die Unternehmer müssen Aufzeichnungen über die Verwendung dieser Stoffe führen, einschließlich des Zeitpunkts/der Zeitpunkte der Verwendung des Stoffs, der Bezeichnung des Stoffs, der ausgebrachten Menge sowie Angaben zu den betreffenden Partien/Behältnisse/Becken.

2.3.3. Die Kulturdichte oder Bewirtschaftungsintensität wird aufgezeichnet und gewährleistet die Unversehrtheit der aquatischen Umwelt, indem sichergestellt wird, dass die Höchstmenge an Algen, die ohne Schaden für die Umwelt entnommen werden kann, nicht überschritten wird.

2.3.4. Seile und andere Vorrichtungen für die Algenproduktion werden, soweit möglich, wiederverwendet oder wiederverwertet.

2.4. Nachhaltige Sammlung wilder Algenbestände

2.4.1. Für das Sammeln von Algen wird bei Aufnahme der Tätigkeit eine einmalige Schätzung der Biomasse vorgenommen.

2.4.2. In der Einheit oder in den Betriebsstätten werden Aufzeichnungen geführt, sodass der Unternehmer feststellen und die Kontrollbehörde oder Kontrollstelle überprüfen kann, dass ausschließlich wilde, im Einklang mit den Bestimmungen dieser Verordnung erzeugte Algen gesammelt und geliefert wurden.

2.4.3. Das Sammeln von Algen darf mengenmäßig keinen gravierenden Eingriff in den Zustand der aquatischen Umwelt darstellen. Es wird durch geeignete Maßnahmen wie Sammeltechniken, Mindestgrößen, Alter, Reproduktionszyklen oder Größe des verbleibenden Algenbestands sichergestellt, dass sich die Algenbestände erneuern können und Beifänge vermieden werden.

2.4.4. Werden Algen in einem miteinander geteilten oder gemeinsamen Sammelgebiet gesammelt, so ist durch die von dem betreffenden Mitgliedstaat benannte betreffende Behörde zu belegen, dass die gesamte Sammelmenge mit den Vorschriften dieser Verordnung im Einklang steht.

3. Vorschriften für Aquakulturtiere

Zusätzlich zu den allgemeinen Produktionsvorschriften in den Artikeln 9, 10, 11, 15 und gegebenenfalls Abschnitt 1 dieses Teils enthält dieser Abschnitt Vorschriften für die ökologische/biologische Produktion bestimmter Arten von Fischen, Krebstieren, Stachelhäutern und Weichtieren. Diese Vorschriften gelten sinngemäß auch für die Produktion von Zooplankton, Kleinkrebse, Rädertierchen, Würmer und anderen aquatischen Futtertieren.

3.1. Allgemeine Anforderungen

3.1.1. Umstellung

Für Aquakulturproduktionseinheiten einschließlich der vorhandenen Aquakulturtiere gelten je nach Art der Anlage folgende Umstellungszeiträume:

a) für Anlagen, die nicht entleert, gereinigt und desinfiziert werden können, ein Umstellungszeitraum von 24 Monaten;

b) für Anlagen, die entleert wurden oder in denen eine Ruhezeit eingehalten wurde, ein Umstellungszeitraum von 12 Monaten;

c) für Anlagen, die entleert, gereinigt und desinfiziert wurden, ein Umstellungszeitraum von sechs Monaten;

d) für Anlagen im offenen Gewässer, einschließlich Muschelkulturen, ein Umstellungszeitraum von drei Monaten.

3.1.2. Herkunft der Aquakulturtiere

3.1.2.1. Für die Herkunft der Aquakulturtiere gilt Folgendes:

a) Die ökologische/biologische Aquakultur beruht auf der Aufzucht eines Jungbestands, der aus ökologischen/biologischen Brutbeständen und ökologischen/biologischen Produktionseinheiten stammt;

b) verwendet werden heimische Arten, und Ziel der Zucht sind besser an die Produktionsbedingungen angepasste, gesunde und das Futter gut verwertende Stämme. Der zuständigen Behörde oder gegebenenfalls der Kontrollbehörde oder Kontrollstelle werden Aufzeichnungen über Herkunft und Behandlung der Tiere vorgelegt;

c) es werden Arten gewählt, die robust sind und deren Produktion für Wildbestände weitgehend gefahrlos ist;

d) zu Zuchtzwecken dürfen wild gefangene oder nichtökologisch/nichtbiologisch erzeugte Aquakulturtiere nur in hinreichend begründeten Fällen, wenn keine ökologisch/biologisch erzeugten Zuchttiere verfügbar sind oder nach Genehmigung durch die zuständige Behörde der Genbestand in der Produktionseinheit für Zuchtzwecke erneuert wird, in einen Betrieb eingebracht werden, um die Eignung des Genbestands zu verbessern. Sie müssen mindestens drei Monate ökologisch/biologisch bewirtschaftet werden, bevor sie zu Zuchtzwecken eingesetzt werden dürfen. Für Tiere, die auf der Roten Liste gefährdeter Arten der Weltnaturschutzunion (IUCN) stehen, darf die Genehmigung der Verwendung von wild gefangenen Exemplaren nur im Rahmen der von der entsprechenden für die Erhaltung zuständigen Behörde anerkannten Artenschutzprogramme erteilt werden;

e) die Verwendung von wild gefangenen juvenilen Aquakulturtieren als Besatzmaterial ist nur in den nachstehenden Fällen erlaubt:

i) natürliches Einströmen von Fisch- oder Krebstierlarven und Juvenilen beim Auffüllen von Teichen und anderen Haltungseinrichtungen;

ii) Besatz mit wilder Fischbrut oder Krebstierlarven von Arten, die nicht auf der Roten Liste gefährdeter Arten der IUCN stehen, in extensiver Aquakultur in Feuchtgebieten wie etwa Brackwasserteichen, Gezeitenzonen und Lagunen des Küstenraums, sofern

— der Besatz mit den Bewirtschaftungsmaßnahmen im Einklang steht, die von den zuständigen Behörden genehmigt wurden, um die nachhaltige Bewirtschaftung der betreffenden Art zu gewährleisten, und

— die Tiere ausschließlich mit Futtermitteln gefüttert werden, die in dem Umfeld natürlich vorkommen.

Abweichend von Buchstabe a können die Mitgliedstaaten das Einbringen von maximal 50 % nichtökologischer/nichtbiologischer Jungtiere von Arten, die zum 1. Januar 2022 in der Union nicht als ökologisch/biologisch erzeugt wurden, als Besatzmaterial in eine ökologische/biologische Produktionseinheit genehmigen, sofern sie mindestens die letzten zwei Drittel des Produktionszyklus in ökologischer/biologischer Haltung verbringen. Eine solche abweichende Regelung darf für einen maximalen Zeitraum von zwei Jahren gewährt werden und ist nicht verlängerbar.

Für Aquakulturbetriebe außerhalb der Union kann eine solche abweichende Regelung nur von gemäß Artikel 46 Absatz 1 anerkannten Kontrollbehörden oder Kontrollstellen für Arten gewährt werden, die weder im Hoheitsgebiet des Landes, in dem sich der Betrieb befindet, noch in der Union als ökologisch/biologisch erzeugt wurden. Eine solche abweichende Regelung darf für einen maximalen Zeitraum von zwei Jahren gewährt werden und ist nicht verlängerbar.

3.1.2.2. Für die Züchtung gilt Folgendes:

a) Der Einsatz von Hormonen und Hormonderivaten ist verboten;

b) die künstliche Erzeugung von gleichgeschlechtlichen Stämmen (mit Ausnahme einer manuellen Sortierung), Polyploidie-Induktion, künstliche Hybridisierung und das Klonen sind untersagt;

c) es sind angemessene Stämme auszuwählen.

3.1.2.3. Erzeugung von Jungfischen

Bei der Aufzucht von Larven von Seefischarten sind Aufzuchtsysteme (vorzugsweise „Mesokosmos-System“ oder „Großtank-Aufzucht“) zulässig. Diese Aufzuchtsysteme müssen folgende Voraussetzungen erfüllen:

a) die anfängliche Besatzdichte liegt unter 20 Eiern bzw. Larven pro Liter;

b) der Larvenaufzuchttank hat ein Fassungsvermögen von mindestens 20 m3 und

c) die Larven ernähren sich von natürlichem Plankton, das sich im Tank entwickelt und gegebenenfalls durch extern erzeugtes Phytoplankton und Zooplankton ergänzt wird.

3.1.2.4. Die Unternehmer müssen Aufzeichnungen über die Herkunft der Tiere, einschließlich Angaben zur Identifizierung der Tiere/Tierpartien, das Ankunftsdatum und Arten, Mengen, den ökologischen/biologischen oder nichtökologischen/nichtbiologischen Status und den Umstellungszeitraum führen.

3.1.3. Ernährung

3.1.3.1. Für die Fütterung von Fischen, Krebstieren und Stachelhäutern gilt Folgendes:

a) Die Tiere sind mit Futtermitteln zu füttern, die dem Ernährungsbedarf der Tiere in ihren verschiedenen Entwicklungsstadien entsprechen;

b) die maßgeblichen Anforderungen an ein Fütterungsregime sind:

i) Tiergesundheit und Tierschutz;

ii) hohe Produktqualität, einschließlich einer Nährwertzusammensetzung des Erzeugnisses, die eine hohe Qualität des verzehrbaren Endproduktes gewährleistet;

iii) geringe Umweltbelastung;

c) der pflanzliche Anteil der Futtermittel muss ökologisch/biologisch sein und der aus Wassertieren gewonnene Anteil der Futtermittel muss aus ökologischer/biologischer Aquakultur oder aus Fischereien stammen, deren Nachhaltigkeit im Rahmen einer Regelung, die gemäß den Grundsätzen der Verordnung (EU) Nr. 1380/2013 von der zuständigen Behörde anerkannt ist, zertifiziert wurde;

d) nichtökologische/nichtbiologische Einzelfuttermittel mit Ursprung in Pflanzen, Tieren, Algen oder Hefe, Einzelfuttermittel mineralischen oder mikrobiellen Ursprungs, Futtermittelzusatzstoffe und Verarbeitungshilfsstoffe dürfen nur dann verwendet werden, wenn sie gemäß dieser Verordnung für die Verwendung in der ökologischen/biologischen Produktion zugelassen sind;

e) die Verwendung von Wachstumsförderern und synthetischen Aminosäuren ist untersagt.

3.1.3.2. Für Muscheln und andere Arten, die nicht gefüttert werden, sondern sich von natürlichem Plankton ernähren, gelten folgende Vorschriften:

a) Diese Tiere, die sich durch Ausfiltern von Kleinlebewesen aus dem Wasser ernähren, müssen ihren Ernährungsbedarf aus der Natur decken; dies gilt nicht für Jungtiere, die in Brutanlagen und Aufzuchtbecken gehalten werden;

b) die Aufwuchsgewässer müssen in gesundheitlicher Hinsicht geeignet sein und einen sehr guten ökologischen Zustand im Sinne der Richtlinie 2000/60/EG aufweisen oder einen guten Umweltzustand im Sinne der Richtlinie 2008/56/EG aufweisen oder von vergleichbarer Qualität sind wie

— den in der Verordnung (EG) Nr. 854/2004 als A eingestuften Erzeugungsgebieten bis zum 13. Dezember 2019 oder

— den entsprechend eingestuften Gebieten gemäß den von der Kommission nach Artikel 18 Absatz 8 der Verordnung (EU) 2017/625 erlassenen Durchführungsrechtsakten ab dem 14. Dezember 2019.

3.1.3.3. Spezifische Vorschriften für die Fütterung karnivorer Aquakulturtiere

Karnivore Aquakulturtiere werden in folgender Rangfolge gefüttert:

a) mit Futtermitteln aus ökologischer/biologischer Aquakulturproduktion;

b) mit Fischmehl und Fischöl aus Überresten der Verarbeitung von Fischen, Krebstieren oder Weichtieren aus ökologischer/biologischer Aquakultur;

c) mit Fischmehl und Fischöl und anderen Einzelfuttermitteln aus Fisch aus Überresten der Verarbeitung von Fischen, Krebstieren oder Weichtieren, die aus nachhaltiger Fischerei stammen und für den menschlichen Verzehr bestimmt sind;

d) mit Fischmehl und Fischöl und anderen Einzelfuttermitteln aus Fisch von ganzen Fischen, Krebstieren, oder Weichtieren, die aus nachhaltiger Fischerei stammen und nicht für den menschlichen Verzehr bestimmt sind;

e) mit ökologischen/biologischen Einzelfuttermitteln pflanzlichen oder tierischen Ursprungs.

3.1.3.4. Spezifische Vorschriften für die Fütterung bestimmter Aquakulturtiere

Während der Abwachsphase werden Fische in Binnengewässern, Geißelgarnelen, Süßwassergarnelen und tropische Süßwasserfische wie folgt gefüttert:

a) Sie ernähren sich über das natürliche Nahrungsangebot in Teichen und Seen;

b) steht eine natürliche Nahrung gemäß Buchstabe a nicht in ausreichender Menge zur Verfügung, dürfen ökologische/biologische Futtermittel pflanzlichen Ursprungs, die vorzugsweise aus dem Betrieb selbst stammen, oder Algen zugefüttert werden. Die Notwendigkeit des Zufütterns ist von den Unternehmern zu dokumentieren;

c) bei Zufütterung mit natürlicher Nahrung gemäß Buchstabe b

i) darf die Futterration für Geißelgarnelen und Süßwassergarnelen (*Macrobrachium* spp.) maximal 25 % Fischmehl und 10 % Fischöl aus nachhaltiger Fischerei enthalten,

ii) darf die Futterration für Haiwelse (*Pangasius* spp.) maximal 10 % Fischmehl oder Fischöl aus nachhaltiger Fischerei enthalten.

Während der Abwachsphase und in früheren Lebensstadien in Brutanlagen und Aufzuchtbecken darf ökologisch/biologisch erzeugtes Cholesterin verwendet werden, um das Nahrungsangebot für Geißelgarnelen und Süßwassergarnelen (*Macrobrachium* spp.) zu ergänzen und so die erforderliche Futtermittelmenge bereitstellen zu können.

3.1.3.5. Die Unternehmer müssen Aufzeichnungen über das spezifische Fütterungsregime, insbesondere über die Bezeichnung und Menge der Futtermittel und die Verwendung zugefütterter Futtermittel sowie über die jeweiligen Tiere/Tierpartien führen, die gefüttert wurden.

3.1.4. Tiergesundheit

3.1.4.1. Krankheitsvorsorge

Für die Krankheitsvorsorge gilt Folgendes:

a) Die Krankheitsvorsorge beruht auf der Haltung der Tiere unter optimalen Bedingungen, d. h. angemessene Standortwahl, wobei u. a. den Bedürfnissen der Art unter dem Aspekt der Wasserqualität, der Wasserdurchfluss- und Wasseraustauschrate Rechnung getragen wird, optimale Gestaltung des Betriebs, Anwendung guter Haltungs- und Bewirtschaftungspraktiken, einschließlich regelmäßiger Reinigung und Desinfektion der Anlagen, hochwertige Futtermittel, angemessene Besatzdichte und Wahl geeigneter Rassen und Linien;

b) die Verwendung immunologisch wirksamer Tierarzneimittel ist gestattet;

c) der Tiergesundheitsplan sieht Maßnahmen zur biologischen Sicherheit und Krankheitsvorsorge vor und schließt eine schriftliche Vereinbarung über eine der Produktionseinheit angemessene Gesundheitsberatung mit qualifizierten Gesundheitsdiensten für Aquakulturtiere ein, die den Betrieb mindestens einmal im Jahr (bei Muschelzucht mindestens einmal alle zwei Jahre) besichtigen;

d) Haltungssysteme, Ausrüstungen und Geräte werden ordentlich gereinigt und desinfiziert;

e) biologischer Bewuchs wird nur mechanisch oder von Hand entfernt und gegebenenfalls in einiger Entfernung von der Anlage ins Meer zurückgeworfen;

f) für die Reinigung und Desinfektion der Ausrüstung und Anlagen dürfen nur Mittel verwendet werden, die nach Artikel 24 für die Verwendung in der ökologischen/biologischen Produktion zugelassen sind;

g) für die Ruhezeiten gilt Folgendes:

i) Die zuständige Behörde oder gegebenenfalls die Kontrollbehörde oder Kontrollstelle entscheidet, ob eine Ruhezeit erforderlich ist, und legt gegebenenfalls einen angemessenen Zeitraum fest; diese Ruhezeit wird daraufhin nach jedem Produktionszyklus in Haltungseinrichtungen im offenen Meer eingehalten und dokumentiert;

ii) für die Muschelzucht sind solche Zeiten nicht vorgeschrieben;

iii) in der Ruhezeit werden die Netzkäfige oder sonstigen Haltungseinrichtungen geleert und desinfiziert und bleiben bis zur Wiederverwendung unbesetzt;

h) gegebenenfalls werden vorhandene Fischfutterreste, Ausscheidungen und tote Tiere sofort entfernt, um keine deutliche Verschlechterung der Wasserqualität zu riskieren, Krankheitsrisiken einzuschränken und keine Insekten oder Nager anzulocken;

i) der Einsatz von ultraviolettem Licht und Ozon ist nur in Brut- und Jungtierstationen erlaubt;

j) für die biologische Bekämpfung von Ektoparasiten werden vorzugsweise Putzerfische eingesetzt und Süßwasser, Salzwasser und Natriumchloridlösungen verwendet.

3.1.4.2. Tierärztliche Behandlung

Für die tierärztliche Behandlung gilt Folgendes:

a) Krankheiten sind unverzüglich zu behandeln, um ein Leiden der Tiere zu vermeiden; chemisch-synthetische allopathische Tierarzneimittel einschließlich Antibiotika dürfen erforderlichenfalls unter strengen Bedingungen und unter der Verantwortung eines Tierarztes verabreicht werden, wenn die Behandlung mit phytotherapeutischen, homöopathischen und anderen Erzeugnissen ungeeignet ist. Gegebenenfalls sind Beschränkungen in Bezug auf die Zahl der Behandlungen und Bestimmungen über die Wartezeiten festzulegen;

b) nach dem Unionsrecht zum Schutz der Gesundheit von Mensch und Tier vorgeschriebene Behandlungen sind zulässig;

c) tritt trotz der Vorbeugungsmaßnahmen zur Sicherstellung der Tiergesundheit gemäß Nummer 3.1.4.1 ein Gesundheitsproblem auf, können Tierarzneimittel in nachstehender Rangfolge verabreicht werden:

i) pflanzliche, tierische oder mineralische Stoffe in homöopathischer Verdünnung;

ii) Pflanzen und Pflanzenextrakte, die keine betäubende Wirkung haben; und

iii) Substanzen wie Spurenelemente, Metalle, natürliche Immunostimulanzien oder zugelassene Probiotika;

d) allopathische Behandlungen sind auf zwei Behandlungen jährlich beschränkt, ausgenommen Impfungen und Maßnahmen im Rahmen obligatorischer Tilgungspläne. Bei einem Produktionszyklus von weniger als einem Jahr darf jedoch nur einmal allopathisch behandelt werden. Wird häufiger allopathisch behandelt, dürfen die betreffenden Tiere nicht als ökologisches/biologisches Erzeugnis vermarktet werden;

e) Parasitenbehandlungen, obligatorische Seuchenbekämpfungsprogramme der Mitgliedstaaten ausgenommen, unterliegen folgenden Beschränkungen:

i) bei Lachs höchstens zwei Behandlungen pro Jahr bzw. bei einem Produktionszyklus von weniger als 18 Monaten eine Behandlung pro Jahr;

ii) bei allen anderen Arten außer Lachs zwei Behandlungen pro Jahr bzw. bei einem Produktionszyklus von weniger als 12 Monaten eine Behandlung pro Jahr;

iii) bei allen Arten unabhängig von der Länge des Produktionszyklus der Art insgesamt höchstens vier Behandlungen;

f) die Wartezeit nach Verabreichung allopathischer Tierarzneimittel und nach Parasitenbehandlungen gemäß Buchstabe d, auch im Rahmen obligatorischer Seuchenbekämpfungs- und -tilgungsprogramme, ist doppelt so lang wie die vorgeschriebene Wartezeit gemäß Artikel 11 der Richtlinie 2001/82/EG oder beträgt, wenn keine Wartezeit festgelegt ist, 48 Stunden;

g) der Einsatz von Tierarzneimitteln ist der zuständigen Behörde oder gegebenenfalls der Kontrollbehörde oder Kontrollstelle zu melden, bevor die Tiere als ökologische/biologische Erzeugnisse vermarktet werden. Behandelte Tiere müssen eindeutig gekennzeichnet sein.

3.1.4.3. Führung von Aufzeichnungen über Krankheitsvorsorge

Die Unternehmer müssen Aufzeichnungen über die zur Krankheitsvorsorge ergriffenen Maßnahmen führen, einschließlich Einzelheiten zu Ruhezeiten, zur Reinigung und Wasserbehandlung sowie etwaigen tierärztlichen oder sonstigen angewendeten Parasitenbehandlungen, insbesondere das Datum der Behandlung, die Diagnose, die Dosierung, die Bezeichnung des Behandlungsmittels und gegebenenfalls die tierärztliche Verschreibung für die tierärztliche Behandlung sowie die Wartezeit, die eingehalten werden muss, bevor die Aquakulturerzeugnisse als ökologisch/biologisch vermarktet und gekennzeichnet werden dürfen.

3.1.5. Unterbringung und Haltungspraktiken

3.1.5.1. Geschlossene Kreislaufanlagen für die Tierproduktion in Aquakultur sind verboten, ausgenommen Brut- und Jungtierstationen oder Anlagen für die Erzeugung von ökologischen/biologischen Futterorganismen.

3.1.5.2. Das Wasser darf nur in Brut- und Jungtierstationen künstlich erwärmt oder gekühlt werden. Natürliches Brunnenwasser kann auf allen Produktionsstufen zum Erwärmen oder Kühlen des Wassers verwendet werden.

3.1.5.3. Die Anlagen müssen so gestaltet sein, dass die Aquakulturtiere artgerecht gehalten werden können; dies erfordert:

a) ausreichenden Bewegungsraum für ihr Wohlbefinden und die relevante Besatzdichte gemäß den in Artikel 15 Absatz 3 genannten Durchführungsrechtsakten;

b) Wasser guter Qualität u. a. mit einer angemessenen Durchfluss- und Wasseraustauschrate, ausreichendem Sauerstoffgehalt und niedriger Metabolitenkonzentration;

c) artgerechte und den geografischen Standort berücksichtigende Temperaturen und Lichtverhältnisse.

Da sich die Besatzdichte auf das Wohlbefinden der Aquakulturfische auswirkt, werden der Zustand der Fische (Flossen- oder andere Verletzungen, Wachstumsraten, Verhalten und allgemeiner Gesundheitszustand) sowie die Wasserqualität regelmäßig überwacht und berücksichtigt.

Für Süßwasserfische sind möglichst naturnahe Bodenverhältnisse vorzusehen.

Für Karpfen und verwandte Arten gilt Folgendes:

— Es ist natürlicher Erdboden vorzusehen;

— für eine organische und mineralische Düngung der Teiche und Seen dürfen nur Düngemittel und Bodenverbesserer, die nach Artikel 24 für die Verwendung in der ökologischen/biologischen Produktion zugelassen sind, mit einer Höchstgabe von 20 kg Stickstoff/ha verwendet werden;

— der Einsatz chemisch-synthetischer Mittel zur Kontrolle des Pflanzenwuchses in den Produktionsgewässern ist verboten.

Die Unternehmer müssen Aufzeichnungen über die Maßnahmen zur Überwachung und Wahrung des Tierschutzes und der Wasserqualität führen. Bei der Düngung von Teichen und Seen müssen die Unternehmer Aufzeichnungen über die Ausbringung von Düngemitteln und Bodenverbesserern führen, einschließlich des Ausbringungsdatums, der Bezeichnung des Mittels, der ausgebrachten Menge und des Ortes der betreffenden Ausbringung.

3.1.5.4. Design und Konstruktion der aquatischen Haltungseinrichtungen bewirken Wasseraustauschraten und physikalisch-chemische Parameter, die Gesundheit und Wohlbefinden der Tiere gewährleisten und ihnen artgerechtes Verhalten ermöglichen.

Die spezifischen Merkmale der Produktions- und Haltungseinrichtungen für Arten oder Artengruppen gemäß den in Artikel 15 Absatz 3 genannten Durchführungsrechtsakten müssen eingehalten werden.

3.1.5.5. Aufzuchtanlagen an Land müssen folgende Voraussetzungen erfüllen:

a) Bei Durchflussanlagen besteht die Möglichkeit, die Wasseraustauschrate und die Wasserqualität des zufließenden und des abfließenden Wassers zu überwachen und zu kontrollieren;

b) mindestens 10 % der Fläche am Rand der Anlage („Teichrand") bestehen aus natürlicher Vegetation.

3.1.5.6. Haltungseinrichtungen im Meer müssen folgende Voraussetzungen erfüllen:

a) Wasserströmung, Wassertiefe und Wasseraustausch am gewählten Standort gewährleisten, dass Auswirkungen auf den Meeresboden und den umliegenden Wasserkörper auf ein Mindestmaß reduziert werden;

b) Design, Konstruktion und Wartung der Netzkäfige sind an die am Standort herrschenden Umweltbedingungen angepasst.

3.1.5.7. Konstruktion, Standort und Betrieb der Haltungseinrichtungen sind so konzipiert, dass das Risiko eines Entweichens der Tiere minimiert wird.

3.1.5.8. Sollten Fische oder Krebstiere entweichen, sind angemessene Maßnahmen zu ergreifen, gegebenenfalls einschließlich Wiedereinfang, um nachteilige Auswirkungen auf das lokale Ökosystem zu vermindern. Über derartige Maßnahmen sind Aufzeichnungen zu führen.

3.1.5.9. Bei Aquakultur in Teichen, Becken oder Fließkanälen verfügen die Anlagen entweder über natürliche Filterbetten, Absetzbecken, biologische oder mechanische Filter für den Rückhalt von Abfallnährstoffen oder verwenden Algen oder Tiere (Muscheln), die zur Verbesserung der Abwasserqualität beitragen. Das Ablaufwasser wird gegebenenfalls regelmäßig kontrolliert.

3.1.6. Tierschutz

3.1.6.1. Die Halter von Aquakulturtieren müssen die nötigen Grundkenntnisse und Fähigkeiten in den Bereichen Tiergesundheit und Tierschutz besitzen.

3.1.6.2. Das Manipulieren von Aquakulturtieren wird auf ein Mindestmaß reduziert und unter Verwendung geeigneter Geräte und Verfahren mit äußerster Sorgfalt vorgenommen, um Stress und Verletzungen, die mit Manipulationen einhergehen, zu vermeiden. Beim Manipulieren von Elterntieren wird darauf geachtet, Verletzungen und Stress auf ein Mindestmaß zu beschränken; gegebenenfalls sind die Tiere zu betäuben. Sortiervorgänge werden auf ein Mindestmaß reduziert und werden nur durchgeführt, wenn dies zur Sicherstellung des Wohlbefindens der Tiere notwendig ist.

3.1.6.3. Folgende Einschränkungen gelten für die Verwendung von künstlichem Licht:

a) Die Tageslichtdauer darf nicht künstlich über das Höchstmaß hinaus verlängert werden, das den ethologischen Bedürfnissen, den geografischen Gegebenheiten und dem allgemeinen Gesundheitszustand der Tiere Rechnung trägt; Fortpflanzungszwecke ausgenommen beträgt dieses Höchstmaß 14 Stunden pro Tag;

b) beim Übergang werden durch den Einsatz von Dimmern oder Hintergrundbeleuchtung abrupte Wechsel in der Lichtintensität vermieden.

3.1.6.4. Eine Belüftung der Anlagen ist im Interesse des Tierschutzes und der Tiergesundheit erlaubt. Mechanische Belüftungsgeräte werden vorzugsweise mit erneuerbaren Energien betrieben.

3.1.6.5. Der Einsatz von Sauerstoff ist nur in den nachstehenden Fällen zulässig, wenn die Gesundheit und der Schutz der Tiere sowie kritische Phasen der Produktion oder des Transports dies erfordern:

a) bei außergewöhnlichem Temperaturänderungen, Druckabfall oder versehentlicher Verschmutzung des Wassers;

b) bei vereinzelten Bewirtschaftungsverfahren wie Probenahmen und Sortieren;

c) um das Überleben des Bestands sicherzustellen.

Die Unternehmer müssen Aufzeichnungen über solche Einsätze führen, aus denen hervorgeht, ob sie gemäß Buchstabe a, b oder c angewendet wurden.

3.1.6.6. Es sind angemessene Maßnahmen zu treffen, um die Dauer des Transports von Aquakulturtieren möglichst kurz zu halten.

3.1.6.7. Ein Leiden der Tiere ist während ihrer gesamten Lebensdauer sowie bei der Schlachtung so gering wie möglich zu halten.

3.1.6.8. Das Entfernen der Augenstiele, einschließlich aller vergleichbaren Praktiken wie Abschnüren, Einschneiden und Abzwicken, ist verboten.

3.1.6.9. Beim Schlachten wird darauf geachtet, dass die Fische sofort betäubt sind und keinen Schmerz empfinden. Beim Manipulieren der Tiere vor dem Schlachten wird darauf geachtet, Verletzungen und Stress auf ein Mindestmaß zu beschränken. Bei der Entscheidung über die beste Schlachtmethode muss den unterschiedlichen Fischgrößen, Arten und Produktionsstandorten Rechnung getragen werden.

3.2. Detaillierte Vorschriften für Weichtiere

3.2.1. Herkunft der Muschelsaat

Für die Herkunft der Muschelsaat gilt Folgendes:

a) Soweit die Umwelt hierdurch nicht spürbar geschädigt wird und die lokalen Vorschriften dies gestatten, darf Muschelsaat von wilden, außerhalb der Produktionseinheit gelegenen Muschelkolonien verwendet werden, wenn:

i) sie von Muschelbänken stammt, die den Winter voraussichtlich nicht überleben, oder von Bänken, die für die Erhaltung der Wildbestände verzichtbar sind; oder

ii) es sich um natürliche Ansiedlungen von Muschelsaat auf Kollektoren handelt;

b) im Falle der Pazifischen Auster (*Crassostrea gigas*) wird vorzugsweise selektiv gezüchtetes Bestandsmaterial verwendet, das sich in freier Wildbahn seltener vermehrt;

c) es werden Aufzeichnungen darüber geführt, wie, wo und wann Muschelsaat aus Wildbeständen gesammelt wurde, um eine Rückverfolgung bis zum Sammelgebiet zu ermöglichen;

d) das Sammeln von Muschelsaat aus Wildbeständen bedarf der vorherigen Genehmigung der zuständigen Behörde.

3.2.2. Unterbringung und Haltungspraktiken

Für die Unterbringung und Haltungspraktiken gilt Folgendes:

a) Die Produktion kann in demselben Gewässer wie ökologische/biologische Fisch- und Algenproduktion in Polykultur erfolgen, die im Nachhaltigkeitsplan näher zu beschreiben ist. Muscheln können in Polykultur auch zusammen mit Schnecken wie der Gemeinen Strandschnecke kultiviert werden;

b) ökologische/biologische Muschelproduktion erfolgt in Gebieten, die durch Pfähle oder Schwimmkörper oder auf andere Art klar gekennzeichnet sind, und nutzt zur Eingrenzung gegebenenfalls Netze, Käfige oder andere künstliche Strukturen;

c) potenzielle Gefahren ökologischer/biologischer Schalentierkulturen für andere, unter Schutz gestellte Arten werden so weit wie möglich ausgeschlossen. Netze zum Schutz gegen Prädatoren sind so konstruiert, dass tauchende Vögel keinen Schaden nehmen können.

3.2.3. Zucht

Für die Zucht gilt Folgendes:

a) Die Muschelzucht an hängenden Leinen und andere in den Durchführungsrechtsakten gemäß Artikel 15 Absatz 3 aufgelistete Methoden sind in der ökologischen/biologischen Produktion zulässig;

b) Weichtierkulturen am Meeresboden sind nur zulässig, wenn an den Aufzucht- und Sammelplätzen keine spürbar negativen Auswirkungen auf die Umwelt entstehen. Eine Untersuchung einschließlich Bericht zum Nachweis geringstmöglicher Umweltbelastungen ist dem Nachhaltigkeitsplan als separates Kapitel beizufügen und vom Unternehmer bei der zuständigen Behörde oder gegebenenfalls der Kontrollbehörde oder Kontrollstelle vor Aufnahme des Betriebs vorzulegen.

3.2.4. Bewirtschaftung

Für die Bewirtschaftung gilt Folgendes:

a) Die Besatzdichte übersteigt nicht die Besatzdichte von nichtökologisch/nichtbiologisch bewirtschafteten Schalentierproduktionsanlagen am selben Standort. Sortieren, Ausdünnen und Anpassen der Besatzdichte erfolgen auf Basis der Biomasse, unter Beachtung des Tierschutzes und mit dem Ziel hoher Produktqualität;

b) biologischer Bewuchs wird mechanisch oder von Hand entfernt und gegebenenfalls in größerer Entfernung von den Zuchtanlagen ins Meer zurückgeworfen. Schalentiere dürfen zum Schutz gegen schädliche Bewuchsorganismen einmal im Laufe des Produktionszyklus mit einer Kalklösung behandelt werden.

3.2.5. Spezifische Kultivierungsvorschriften für Austern

Die Kultivierung in Säcken auf Tischen ist zulässig. Diese Tische und andere Vorrichtungen zur Austernzucht sind so aufzustellen, dass keine durchgehende Sperre entlang der Uferlinie entsteht. Für eine optimale Produktion werden die Austern sorgfältig unter Beachtung der Gezeitenströmung platziert. Die Produktion muss den in den Durchführungsrechtsakten gemäß Artikel 15 Absatz 3 festgelegten Anforderungen genügen.

Teil IV: Produktionsvorschriften für verarbeitete Lebensmittel

Zusätzlich zu den allgemeinen Produktionsvorschriften in den Artikeln 9, 11 und 16 enthält dieser Teil Vorschriften für die ökologische/biologische Produktion verarbeiteter Lebensmittel.

1. Allgemeine Anforderungen für die Herstellung verarbeiteter Lebensmittel

1.1. Bei der Verwendung von Zusatzstoffen, Verarbeitungshilfsstoffen und anderen Stoffen und Zutaten für die Verarbeitung von Lebensmitteln sowie bei der Anwendung jeglicher Verarbeitungspraktiken, wie z. B. des Räucherns, sind die Grundsätze der guten Herstellungspraxis ([31]) zu beachten.

1.2. Verarbeitete Lebensmittel herstellende Unternehmer müssen angemessene Verfahren einrichten und aktualisieren, die auf einer systematischen Identifizierung der kritischen Stufen im Verarbeitungsprozess beruhen.

1.3. Die Anwendung der Verfahren gemäß Nummer 1.2 muss jederzeit gewährleisten, dass die hergestellten Verarbeitungserzeugnisse den Vorschriften dieser Verordnung genügen.

1.4. Die Unternehmer müssen die Verfahrensvorschriften gemäß Nummer 1.2 anwenden und einhalten; sie müssen unbeschadet des Artikels 28 insbesondere

a) Vorsorgemaßnahmen treffen und Aufzeichnungen über diese Maßnahmen führen;

b) geeignete Reinigungsmaßnahmen durchführen, deren Wirksamkeit überwacht wird und über die Aufzeichnungen geführt werden;

c) sicherstellen, dass nichtökologische/nichtbiologische Erzeugnisse nicht mit Hinweis auf die ökologische/biologische Produktion in Verkehr gebracht werden.

1.5. Die Aufbereitung von ökologischen/biologischen Erzeugnissen, von Umstellungserzeugnissen und von nichtökologischen/nichtbiologischen Erzeugnissen muss räumlich oder zeitlich voneinander getrennt erfolgen. Soweit in der betreffenden Aufbereitungseinheit ökologische/biologische Erzeugnisse, Umstellungserzeugnisse und nichtökologische/nichtbiologische Erzeugnisse in beliebiger Kombination aufbereitet oder gelagert werden, trägt der Unternehmer dafür Sorge, dass

a) die zuständige Behörde oder gegebenenfalls die Kontrollbehörde oder Kontrollstelle diesbezüglich informiert wird;

b) die Arbeitsgänge räumlich oder zeitlich getrennt von ähnlichen Arbeitsgängen mit Erzeugnissen jeder Art (ökologische/biologische Erzeugnisse, Umstellungserzeugnisse oder nichtökologische/nichtbiologische Erzeugnisse) kontinuierlich in geschlossener Folge durchgeführt werden, bis die Erzeugung abgeschlossen ist;

c) ökologische/biologische Erzeugnisse, Umstellungserzeugnisse und nichtökologische/nichtbiologische Erzeugnisse vor und nach den Arbeitsgängen räumlich oder zeitlich voneinander getrennt gelagert werden;

d) ein aktualisiertes Verzeichnis über sämtliche Arbeitsgänge und verarbeiteten Mengen geführt wird;

e) alle erforderlichen Vorkehrungen getroffen werden, um die Partien/Lose zu identifizieren und jedes Vermischen oder Vertauschen von ökologischen/biologischen Erzeugnissen, Umstellungserzeugnissen und nichtökologischen/nichtbiologischen Erzeugnissen zu vermeiden;

f) die Arbeitsgänge mit ökologischen/biologischen Erzeugnissen oder Umstellungserzeugnissen erst nach einer geeigneten Reinigung der Produktionsanlagen durchgeführt werden.

1.6. Erzeugnisse, Stoffe und Verfahren, die bei der Verarbeitung und Lagerung ökologischer/biologischer Lebensmittel verloren gegangene Eigenschaften wiederherstellen oder das Ergebnis nachlässiger Verarbeitung korrigieren oder anderweitig in Bezug auf die tatsächliche Beschaffenheit dieser als ökologische/biologische Lebensmittel zu vermarktenden Erzeugnisse irreführend sein könnten, dürfen nicht verwendet werden.

1.7. Die Unternehmer müssen Nachweise über Zulassungen für die Verwendung nichtökologischer/nichtbiologischer Zutaten landwirtschaftlichen Ursprungs bei der Herstellung verarbeiteter ökologischer/biologischer Lebensmittel gemäß Artikel 25 bereithalten, wenn sie solche Zulassungen erhalten oder in Anspruch genommen haben.

2. Detaillierte Anforderungen für die Herstellung verarbeiteter Lebensmittel

2.1. Für die Zusammensetzung verarbeiteter ökologischer/biologischer Lebensmittel gilt Folgendes:

a) Das Erzeugnis wird überwiegend aus Zutaten landwirtschaftlichen Ursprungs hergestellt oder aus in Anhang I aufgelisteten Erzeugnissen, die für die Verwendung als Lebensmittel vorgesehen sind; bei der Bestimmung, ob ein Erzeugnis überwiegend aus solchen Erzeugnissen hergestellt ist, werden hinzugefügtes Wasser und Kochsalz nicht berücksichtigt;

b) eine ökologische/biologische Zutat darf nicht zusammen mit der gleichen nichtökologischen/nichtbiologischen Zutat vorkommen;

c) eine während der Umstellung erzeugte Zutat darf nicht zusammen mit der gleichen ökologischen/biologischen oder nichtökologischen/nichtbiologischen Zutat vorkommen.

2.2. Verwendung bestimmter Erzeugnisse und Stoffe bei der Verarbeitung von Lebensmitteln

2.2.1. Bei der Verarbeitung von Lebensmitteln, ausgenommen Erzeugnisse und Stoffe aus dem Weinsektor, für die die Bestimmungen von Teil VI Nummer 2 gelten, und Hefe, für die die Bestimmungen von Teil VII Nummer 1.3 gelten, dürfen nur gemäß Artikel 24 oder Artikel 25 für die Verwendung in der ökologischen/biologischen Produktion zugelassene Lebensmittelzusatzstoffe, Verarbeitungshilfsstoffe und nichtökologische/nichtbiologische Zutaten landwirtschaftlichen Ursprungs sowie die Erzeugnisse und Stoffe gemäß Nummer 2.2.2 verwendet werden.

2.2.2. Folgende Erzeugnisse und Stoffe dürfen für die Verarbeitung von Lebensmitteln verwendet werden:

a) Zubereitungen aus Mikroorganismen und Lebensmittelenzymen, die üblicherweise bei der Lebensmittelverarbeitung verwendet werden; Lebensmittelenzyme, die als Lebensmittelzusatzstoffe verwendet werden sollen, müssen jedoch gemäß Artikel 24 für die Verwendung in der ökologischen/biologischen Produktion zugelassen sein;

b) Stoffe und Erzeugnisse gemäß der Definition in Artikel 3 Absatz 2 Buchstabe c und Buchstabe d Ziffer i der Verordnung (EG) Nr. 1334/2008, die gemäß Artikel 16 Absätze 2, 3 und 4 der genannten Verordnung als natürliche Aromastoffe oder natürliche Aromaextrakte gekennzeichnet sind;

c) Farbstoffe zum Stempeln von Fleisch und Eierschalen gemäß Artikel 17 der Verordnung (EG) Nr. 1333/2008;

d) natürliche Farben und natürliche Überzugsstoffe für das traditionelle dekorative Färben der Schale gekochter Eier mit dem Ziel, diese zu einer bestimmten Zeit des Jahres in Verkehr zu bringen;

e) Trinkwasser und ökologische/biologische oder nichtökologische/nichtbiologische Salze (hauptsächlich aus Natrium- oder Kaliumchlorid), die im Allgemeinen bei der Lebensmittelverarbeitung verwendet werden;

f) Mineralstoffe (einschließlich Spurenelemente), Vitamine, Aminosäuren und Mikronährstoffe, jedoch nur

i) soweit ihre Verwendung in Lebensmitteln für den allgemeinen Verzehr „unmittelbar gesetzlich vorgeschrieben ist" in dem Sinne, dass sie nach dem Unionsrecht oder nach nationalen Rechtsvorschriften, die mit dem Unionsrecht vereinbar sind, unmittelbar vorgeschrieben sind, was dazu führt, dass die Lebensmittel nicht als Lebensmittel für den allgemeinen Verzehr in Verkehr gebracht werden können, wenn diese Mineralstoffe, Vitamine, Aminosäuren oder Mikronährstoffe nicht zugegeben wurden; oder

ii) im Hinblick auf Lebensmittel, die als Lebensmittel mit besonderen Eigenschaften oder Wirkungen in Bezug auf Gesundheit oder Ernährung oder in Bezug auf die Bedürfnisse spezifischer Verbrauchergruppen in Verkehr gebracht werden:

— in Erzeugnissen gemäß Artikel 1 Absatz 1 Buchstaben a und b der Verordnung (EU) Nr. 609/2013 des Europäischen Parlaments und des Rates ([32]), soweit ihre Verwendung nach der genannten Verordnung und nach Rechtsakten, die auf der Grundlage von Artikel 11 Absatz 1 der genannten Verordnung für die betreffenden Erzeugnisse erlassen werden, oder

— in Erzeugnissen nach der Richtlinie 2006/125/EG der Kommission ([33]), soweit ihre Verwendung nach vorgenannter Richtlinie zugelassen ist.

2.2.3. Für Reinigung und Desinfektion dürfen nur solche Reinigungs- und Desinfektionsmittel eingesetzt werden, die nach Artikel 24 für die Verarbeitung zugelassen sind.

Die Unternehmer müssen Aufzeichnungen über die Verwendung dieser Mittel führen, einschließlich des Zeitpunkts/der Zeitpunkte der Verwendung des einzelnen Mittels, der Bezeichnung des Mittels, seiner Wirkstoffe und des Orts der Verwendung.

2.2.4. Für die Zwecke der Berechnung gemäß Artikel 30 Absatz 5 gilt Folgendes:

a) Bestimmte Lebensmittelzusatzstoffe, die nach Artikel 24 für die Verwendung in der ökologischen/biologischen Produktion zugelassen sind, werden zu den Zutaten landwirtschaftlichen Ursprungs gerechnet;

b) Zubereitungen und Stoffe gemäß Nummer 2.2.2 Buchstaben a, c, d, e und f werden nicht zu den Zutaten landwirtschaftlichen Ursprungs gerechnet;

c) Hefe und Hefeprodukte werden zu den Zutaten landwirtschaftlichen Ursprungs gerechnet.

2.3. Die Unternehmer müssen Aufzeichnungen über alle bei der Lebensmittelproduktion verwendeten Produktionsmittel führen. Bei der Herstellung zusammengesetzter Erzeugnisse müssen für die zuständige Behörde oder Kontrollstelle vollständige Rezepturen/Formeln mit Angabe der Input- und Outputmengen bereitgehalten werden.

Teil V: Produktionsvorschriften für verarbeitete Futtermittel

Zusätzlich zu den allgemeinen Produktionsvorschriften in den Artikeln 9, 11 und 17 enthält dieser Teil Vorschriften für die ökologische/biologische Produktion verarbeiteter Futtermittel.

1. Allgemeine Anforderungen für die Herstellung verarbeiteter Futtermittel

1.1. Bei der Verwendung von Zusatzstoffen, Verarbeitungshilfsstoffen und anderen Stoffen und Zutaten für die Verarbeitung von Futtermitteln sowie bei der Anwendung jeglicher Verarbeitungspraktiken, wie z. B. des Räucherns, sind die Grundsätze der guten Herstellungspraxis zu beachten.

1.2. Verarbeitete Futtermittel herstellende Unternehmer müssen angemessene Verfahren einrichten und aktualisieren, die auf einer systematischen Identifizierung der kritischen Stufen im Verarbeitungsprozess beruhen.

1.3. Die Anwendung der Verfahren gemäß Nummer 1.2 muss jederzeit gewährleisten, dass die hergestellten Verarbeitungserzeugnisse den Vorschriften dieser Verordnung genügen.

1.4. Die Unternehmer müssen die Verfahrensvorschriften gemäß Nummer 1.2 anwenden und einhalten; sie müssen unbeschadet des Artikels 28 insbesondere

a) Vorsorgemaßnahmen treffen und Aufzeichnungen über diese Maßnahmen führen;

b) geeignete Reinigungsmaßnahmen durchführen, deren Wirksamkeit überwacht wird und über die Aufzeichnungen geführt werden;

c) sicherstellen, dass nichtökologische/nichtbiologische Erzeugnisse nicht mit Hinweis auf die ökologische/biologische Produktion in Verkehr gebracht werden.

1.5. Die Aufbereitung von ökologischen/biologischen Erzeugnissen, von Umstellungserzeugnissen und von nichtökologischen/nichtbiologischen Erzeugnissen muss räumlich oder zeitlich voneinander getrennt erfolgen. Soweit in der betreffenden Aufbereitungseinheit ökologische/biologische Erzeugnisse, Umstellungserzeugnisse und nichtökologische/nichtbiologische Erzeugnisse in beliebiger Kombination aufbereitet oder gelagert werden, trägt der Unternehmer dafür Sorge, dass

a) die Kontrollbehörde oder Kontrollstelle diesbezüglich informiert wird;

b) die Arbeitsgänge räumlich oder zeitlich getrennt von ähnlichen Arbeitsgängen mit Erzeugnissen jeder Art (ökologische/biologische Erzeugnisse, Umstellungserzeugnisse oder nichtökologische/nichtbiologische Erzeugnisse) kontinuierlich in geschlossener Folge durchgeführt werden, bis die Erzeugung abgeschlossen ist;

c) ökologische/biologische Erzeugnisse, Umstellungserzeugnisse und nichtökologische/nichtbiologische Erzeugnisse vor und nach den Arbeitsgängen räumlich oder zeitlich voneinander getrennt gelagert werden;

d) ein aktualisiertes Verzeichnis über sämtliche Arbeitsgänge und verarbeiteten Mengen geführt wird;

e) alle erforderlichen Vorkehrungen getroffen werden, um die Partien/Lose zu identifizieren und jedes Vermischen oder Vertauschen von ökologischen/biologischen Erzeugnissen, Umstellungserzeugnissen und nichtökologischen/nichtbiologischen Erzeugnissen zu vermeiden;

f) die Arbeitsgänge mit ökologischen/biologischen Erzeugnissen oder Umstellungserzeugnissen erst nach einer geeigneten Reinigung der Produktionsanlagen durchgeführt werden.

2. Detaillierte Anforderungen für die Herstellung verarbeiteter Futtermittel

2.1. Ökologische/Biologische Einzelfuttermittel oder Umstellungseinzelfuttermittel dürfen nicht zusammen mit den gleichen Einzelfuttermitteln aus nichtökologischer/nichtbiologischer Produktion zur Herstellung eines ökologischen/biologischen Futtermittels verwendet werden.

2.2. Einzelfuttermittel, die in der ökologischen/biologischen Produktion eingesetzt oder weiterverarbeitet werden, dürfen nicht unter Einsatz von chemisch-synthetischen Lösungsmitteln hergestellt worden sein.

2.3. Bei der Verarbeitung von Futtermitteln dürfen nur gemäß Artikel 24 für die Verwendung in der ökologischen/biologischen Produktion zugelassene nichtökologische/nichtbiologische Einzelfuttermittel mit Ursprung in Pflanzen, Algen, Tieren oder Hefe, Einzelfuttermittel mineralischen Ursprungs, Futtermittelzusatzstoffe und Verarbeitungshilfsstoffe verwendet werden.

2.4. Für Reinigung und Desinfektion dürfen nur solche Reinigungs- und Desinfektionsmittel eingesetzt werden, die nach Artikel 24 für die Verarbeitung zugelassen sind.

Die Unternehmer müssen Aufzeichnungen über die Verwendung dieser Mittel führen, einschließlich des Zeitpunkts/der Zeitpunkte der Verwendung des einzelnen Mittels, der Bezeichnung des Mittels, seiner Wirkstoffe und des Orts der Verwendung.

2.5. Die Unternehmer müssen Aufzeichnungen über alle bei der Futtermittelproduktion verwendeten Produktionsmittel führen. Bei der Herstellung zusammengesetzter Erzeugnisse müssen für die zuständige Behörde oder Kontrollstelle vollständige Rezepturen/Formeln mit Angabe der Input- und Outputmengen bereitgehalten werden.

Teil VI: Wein

1. Geltungsbereich

1.1. Zusätzlich zu den allgemeinen Produktionsvorschriften in den Artikeln 9, 10, 11, 16 und 18 enthält dieser Teil Vorschriften für die ökologische/biologische Produktion von Erzeugnissen des Weinsektors gemäß Artikel 1 Absatz 2 Buchstabe l der Verordnung (EU) Nr. 1308/2013.

1.2. Sofern in diesem Teil nicht ausdrücklich etwas anderes bestimmt ist, finden die Delegierten Verordnungen (EU) 2019/934 ([34]) und (EU) 2019/33 ([35]) der Kommission Anwendung.

2. Verwendung bestimmter Erzeugnisse und Stoffe

2.1. Erzeugnisse des Weinsektors werden aus ökologischen/biologischen Ausgangsstoffen hergestellt.

2.2. Bei der Herstellung von Erzeugnissen des Weinsektors, einschließlich während der önologischen Verfahren, Prozesse und Behandlungen nach Maßgabe der Bedingungen und Einschränkungen gemäß der Verordnung (EU) Nr. 1308/2013 und der Delegierten Verordnung (EU) 2019/934 und insbesondere Anhang I Teil A der genannten Delegierten Verordnung, dürfen nur Erzeugnisse und Stoffe verwendet werden, die gemäß Artikel 24 für die Verwendung in der ökologischen/biologischen Produktion zugelassen sind.

2.3. Die Unternehmer müssen Aufzeichnungen über etwaige Erzeugnisse und Stoffe führen, die in der Weinerzeugung und zur Reinigung und Desinfektion verwendet wurden, einschließlich des Zeitpunkts/der Zeitpunkte der Verwendung des einzelnen Erzeugnisses, der Bezeichnung des Erzeugnisses, seiner Wirkstoffe und gegebenenfalls des Orts der Verwendung.

3. Önologische Verfahren und Einschränkungen

3.1. Unbeschadet der Abschnitte 1 und 2 dieses Teils und der in den Abschnitten 3.2., 3.3. und 3.4. vorgesehenen besonderen Verbote und Einschränkungen sind nur solche önologischen Verfahren, Prozesse und Behandlungen, einschließlich der Einschränkungen gemäß Artikel 80 und Artikel 83 Absatz 2 der Verordnung (EU) Nr. 1308/2013 und gemäß Artikel 3, den Artikeln 5 bis 9 sowie 11 bis 13 der Delegierten Verordnung (EU) 2019/934 sowie gemäß den Anhängen dieser Verordnungen, zugelassen, die vor dem 1. August 2010 angewendet wurden.

3.2. Die Anwendung der folgenden önologischen Verfahren, Prozesse und Behandlungen ist verboten:

a) teilweise Konzentrierung durch Kälte gemäß Anhang VIII Teil I Abschnitt B Nummer 1 Buchstabe c der Verordnung (EU) Nr. 1308/2013;

b) Entschwefelung durch physikalische Verfahren gemäß Anhang I Teil A Tabelle 1 Eintrag 5 der Delegierten Verordnung (EU) 2019/934;

c) Behandlung durch Elektrodialyse zur Weinsteinstabilisierung des Weins gemäß Anhang I Teil A Tabelle 1 Eintrag 10 der Delegierten Verordnung (EU) 2019/934;

d) Korrektur des Alkoholgehalts von Wein gemäß Anhang I Teil A Tabelle 1 Eintrag 12 der Delegierten Verordnung (EU) 2019/934;

e) Behandlung mit Kationenaustauschern zur Weinsteinstabilisierung gemäß Anhang I Teil A Tabelle 1 Eintrag 13 der Delegierten Verordnung (EU) 2019/934.

3.3. Die Anwendung der folgenden önologischen Verfahren, Prozesse und Behandlungen ist unter folgenden Bedingungen erlaubt:

a) Bei thermischen Behandlungen gemäß Anhang I Teil A Tabelle 1 Eintrag 2 der Delegierten Verordnung (EU) 2019/934 darf die Temperatur 75 °C nicht übersteigen;

b) bei der Zentrifugierung und Filtrierung mit oder ohne inerte Filtrierhilfsstoffe gemäß Anhang I Teil A Tabelle 1 Eintrag 3 der Delegierten Verordnung (EU) 2019/934 darf die Porengröße nicht unter 0,2 Mikrometern liegen;

c) die teilweise Vakuumverdampfung gemäß Anhang VIII Teil I Abschnitt E Buchstabe a der Verordnung (EU) Nr. 1308/2013, entweder einzeln oder kombiniert mit der Destillation gemäß Buchstabe d dieses Abschnitts, darf nur für die Herstellung von entalkoholisiertem Wein mit einem Alkoholgehalt von höchstens 0,5 % vol verwendet werden, wobei die verwendete Temperatur 75 °C nicht übersteigen und die Größe der Filterporen nicht unter 0,2 Mikrometern liegen darf;

d) die Destillation gemäß Anhang VIII Teil I Abschnitt E Buchstabe c der Verordnung (EU) Nr. 1308/2013, entweder einzeln oder kombiniert mit der teilweisen Vakuumverdampfung gemäß Buchstabe c dieses Abschnitts, darf nur für die Herstellung von entalkoholisiertem Wein mit einem Alkoholgehalt von höchstens 0,5 % vol verwendet werden, wobei die Destillation unter Vakuum erfolgen muss und die verwendete Temperatur 75 °C nicht übersteigen und die Größe der Filterporen nicht unter 0,2 Mikrometern liegen darf.

3.4. Nach dem 1. August 2010 eingeführte Änderungen in Bezug auf die in der Verordnung (EU) Nr. 1308/2013 oder in der Delegierten Verordnung (EU) 2019/934 vorgesehenen önologischen Verfahren, Prozesse und Behandlungen dürfen bei der ökologischen/biologischen Herstellung von Wein erst nach Aufnahme dieser Maßnahmen als erlaubte Maßnahmen in diesen Abschnitt und, falls erforderlich, einem Bewertungsprozess gemäß Artikel 24 der vorliegenden Verordnung angewendet werden.

Teil VII: Hefe, die als Lebens- oder Futtermittel verwendet wird

Zusätzlich zu den allgemeinen Produktionsvorschriften in den Artikeln 9, 11, 16, 17 und 19 enthält dieser Teil Vorschriften für die ökologische/biologische Produktion von Hefe, die als Lebens- oder Futtermittel verwendet wird.

1. Allgemeine Anforderungen

1.1. Für die Herstellung ökologischer/biologischer Hefe dürfen nur ökologisch/biologisch erzeugte Substrate verwendet werden. Bis zum 31. Dezember 2024 ist jedoch das Hinzufügen von bis zu 5 % nichtökologischem/nichtbiologischem Hefeextrakt oder -autolysat zum Substrat (berechnet in Gewicht der Trockenmasse) für die Herstellung von ökologischer/biologischer Hefe erlaubt, wenn die Unternehmer nicht in der Lage sind, Hefeextrakt oder -autolysat aus ökologischer/biologischer Erzeugung zu erhalten.

1.2. Ökologische/Biologische Hefe darf in ökologischen/biologischen Lebens- oder Futtermitteln nicht zusammen mit nichtökologischer/nichtbiologischer Hefe vorkommen.

1.3. Folgende Erzeugnisse und Stoffe dürfen bei der Herstellung, Zubereitung und Formulierung von ökologischer/biologischer Hefe verwendet werden:

a) Verarbeitungshilfsstoffe, die nach Artikel 24 für die Verwendung in der ökologischen/biologischen Produktion zugelassen sind;

b) Erzeugnisse und Stoffe nach Teil IV Nummer 2.2.2 Buchstaben a, b und e.

1.4. Für Reinigung und Desinfektion dürfen nur solche Reinigungs- und Desinfektionsmittel eingesetzt werden, die nach Artikel 24 für die Verarbeitung zugelassen sind.

1.5. Die Unternehmer müssen Aufzeichnungen über etwaige Erzeugnisse und Stoffe führen, die in der Hefeherstellung und zur Reinigung und Desinfektion verwendet wurden, einschließlich des Zeitpunkts/der Zeitpunkte der Verwendung des einzelnen Erzeugnisses, der Bezeichnung des Erzeugnisses, seiner Wirkstoffe und des Orts der Verwendung.

ANHANG III

ABHOLUNG, VERPACKUNG, BEFÖRDERUNG UND LAGERUNG VON ERZEUGNISSEN

1. Abholung und Beförderung von Erzeugnissen zu Aufbereitungseinheiten

Die Unternehmer können ökologische/biologische Erzeugnisse, Umstellungserzeugnisse und nichtökologische/nichtbiologische Erzeugnisse nur dann im Sammeltransportverfahren gleichzeitig abholen, wenn angemessene Vorkehrungen getroffen wurden, um jedes mögliche Vermischen oder Vertauschen von ökologischen/biologischen Erzeugnissen, Umstellungserzeugnissen und nichtökologischen/nichtbiologischen Erzeugnissen zu vermeiden, und die Identifizierung der ökologischen/biologischen Erzeugnisse und der Umstellungserzeugnisse gewährleistet ist. Der Unternehmer hält der Kontrollbehörde oder Kontrollstelle Informationen über die Tage und Uhrzeiten der Abholung, die Abholrunde sowie das Datum und die Uhrzeit der Annahme der Erzeugnisse zur Verfügung.

2. Verpackung und Beförderung von Erzeugnissen zu anderen Unternehmern oder Einheiten

2.1. Bereitzustellende Angaben

2.1.1. Die Unternehmer tragen dafür Sorge, dass ökologische/biologische Erzeugnisse und Umstellungserzeugnisse zu anderen Unternehmern oder Einheiten, einschließlich Groß- und Einzelhändlern, nur in geeigneten Verpackungen, Behältnissen oder Transportmitteln befördert werden, die so verschlossen sind, dass der Inhalt ohne Manipulation oder Zerstörung der Plombe/des Siegels nicht verändert oder ausgetauscht werden kann, und deren Etikett unbeschadet anderer nach Unionsrecht vorgeschriebener Angaben folgende Angaben enthält:

a) den Namen und die Anschrift des Unternehmers und, soweit es sich um eine andere Person handelt, des Eigentümers oder Verkäufers des Erzeugnisses;

b) die Bezeichnung des Erzeugnisses;

c) den Namen oder die Codenummer der Kontrollbehörde oder Kontrollstelle, die für den Unternehmer zuständig ist, und

d) gegebenenfalls die Kennzeichnung der Partie/des Loses, die nach einem System vorgenommen wurde, das entweder auf nationaler Ebene zugelassen ist oder dem von der Kontrollbehörde oder Kontrollstelle zugestimmt wurde, und anhand der die Partie/das Los den Bucheintragungen nach Artikel 34 Absatz 5 zugeordnet werden kann.

2.1.2. Die Unternehmer tragen dafür Sorge, dass für die ökologische/biologische Produktion zugelassene Mischfuttermittel, die zu anderen Unternehmern oder Betrieben, einschließlich Groß- und Einzelhändlern, befördert werden, mit einem Etikett versehen sind, das zusätzlich zu anderen nach Unionsrecht vorgeschriebenen Angaben folgende Angaben enthält:

a) die Angaben gemäß Nummer 2.1.1;

b) gegebenenfalls nach Gewicht der Trockenmasse

i) den Gesamtanteil der ökologischen/biologischen Einzelfuttermittel in Prozent;

ii) den Gesamtanteil von Umstellungseinzelfuttermitteln in Prozent;

iii) den Gesamtanteil der Einzelfuttermittel, die nicht unter die Ziffern i und ii fallen, in Prozent;

iv) den Gesamtanteil der Futtermittel landwirtschaftlichen Ursprungs in Prozent;

c) sofern sachdienlich, die Bezeichnungen der ökologischen/biologischen Einzelfuttermittel;

d) sofern sachdienlich, die Bezeichnungen der Umstellungseinzelfuttermittel;

e) bei Mischfuttermitteln, die nicht im Einklang mit Artikel 30 Absatz 6 gekennzeichnet werden können, die Angabe, dass solche Futtermittel im Einklang mit dieser Verordnung in der ökologischen/biologischen Produktion verwendet werden dürfen.

2.1.3. Unbeschadet der Richtlinie 66/401/EWG tragen die Unternehmer dafür Sorge, dass das Verpackungsetikett einer Futterpflanzensaatgutmischung, die ökologisches/biologisches Saatgut, Umstellungssaatgut und nichtökologisches/nichtbiologisches Saatgut von bestimmten unterschiedlichen Pflanzenarten umfasst, für die unter den einschlägigen Bedingungen gemäß Anhang II Teil I Nummer 1.8.5 dieser Verordnung eine Genehmigung erteilt wurde, Angaben zu den genauen Bestandteilen der Mischung in Form des Massenanteils jeder enthaltenen Art und gegebenenfalls Sorte enthält.

Zusätzlich zu den einschlägigen Anforderungen im Rahmen des Anhangs IV der Richtlinie 66/401/EWG umfassen diese Informationen neben den in Absatz 1 verlangten Angaben auch die Liste der in der Mischung enthaltenen Arten, die als ökologisch/biologisch oder in Umstellung befindlich gekennzeichnet sind. Der minimale Gesamtmassenanteil von ökologischem/biologischem Saatgut und Umstellungssaatgut der Mischung muss mindestens 70 % betragen.

Enthält die Mischung nichtökologisches/nichtbiologisches Saatgut, muss das Etikett darüber hinaus folgenden Hinweis enthalten: „Diese Mischung darf nur im Rahmen der Genehmigung und im

Hoheitsgebiet des Mitgliedstaats der zuständigen Behörde verwendet werden, die die Verwendung dieser Mischung im Einklang mit Anhang II Nummer 1.8.5 der Verordnung (EU) 2018/848 über die ökologische/biologische Produktion und die Kennzeichnung von ökologischen/biologischen Erzeugnissen genehmigt hat."

2.1.4. Die Informationen nach den Nummern 2.1.1 und 2.1.2 können ausschließlich auf einem Begleitpapier vermerkt werden, wenn dieses Papier eindeutig der Verpackung, dem Behältnis oder dem Transportmittel des Erzeugnisses zugeordnet werden kann. Dieses Begleitpapier muss Angaben über den Lieferanten oder das Transportunternehmen enthalten.

2.2. Die Verpackung, die Behältnisse oder die Transportmittel müssen nicht verschlossen werden, wenn

a) die Erzeugnisse auf direktem Wege zwischen zwei Unternehmern befördert werden, die beide dem ökologischen/biologischen Kontrollsystem unterliegen,

b) nur ökologische/biologische Erzeugnisse oder nur Umstellungserzeugnisse befördert werden;

c) die Erzeugnisse von einem Dokument begleitet werden, das die unter Nummer 2.1 genannten Angaben enthält, und

d) sowohl Versender als auch Empfänger über diese Transportvorgänge Aufzeichnungen führen und die Aufzeichnungen der zuständigen Kontrollbehörde oder Kontrollstelle zur Verfügung halten.

3. Sondervorschriften für die Beförderung von Futtermitteln zu anderen Produktions- oder Aufbereitungseinheiten oder Lagerstätten

Unternehmer tragen bei der Beförderung von Futtermitteln zu anderen Produktions- oder Aufbereitungseinheiten oder Lagerstätten dafür Sorge, dass die folgenden Bedingungen erfüllt sind:

a) Ökologisch/Biologisch erzeugte Futtermittel, Umstellungsfuttermittel und nichtökologische/nichtbiologische Futtermittel sind bei der Beförderung räumlich voneinander getrennt;

b) Transportmittel oder Behältnisse, in denen nichtökologische/nichtbiologische Erzeugnisse befördert wurden, werden zur Beförderung von ökologischen/biologischen Erzeugnissen oder Umstellungserzeugnissen nur verwendet, sofern

i) vor der Beförderung von ökologischen/biologischen Erzeugnissen oder Umstellungserzeugnissen geeignete Reinigungsmaßnahmen durchgeführt wurden, deren Wirksamkeit kontrolliert wurde, und die Unternehmer über diese Maßnahmen Aufzeichnungen führen;

ii) je nach den im Rahmen der Kontrollvorkehrungen bewerteten Risiken alle angemessenen Maßnahmen getroffen wurden und der Unternehmer erforderlichenfalls garantiert, dass nichtökologische/nichtbiologische Erzeugnisse nicht mit Hinweis auf die ökologische/biologische Produktion in Verkehr gebracht werden können;

iii) der Unternehmer über die Beförderungsvorgänge Aufzeichnungen führt und die Aufzeichnungen der Kontrollbehörde oder Kontrollstelle zur Verfügung hält;

c) ökologische/biologische Futtermittel-Fertigerzeugnisse oder Umstellungsfuttermittel-Fertigerzeugnis werden räumlich oder zeitlich von anderen Fertigerzeugnissen getrennt befördert;

d) bei der Beförderung werden die Erzeugnismenge zu Beginn der Auslieferungsrunde sowie alle während der Auslieferungsrunde einzeln ausgelieferten Erzeugnismengen aufgezeichnet.

4. Transport von lebenden Fischen

4.1. Lebende Fische werden in geeigneten Behältnissen mit sauberem Wasser, das die physiologischen Ansprüche der Fische hinsichtlich Temperatur und Sauerstoffgehalt erfüllt, transportiert.

4.2. Bevor ökologisch/biologisch erzeugte Fische und ökologische/biologische Fischerzeugnisse transportiert werden, werden die Behältnisse gründlich gereinigt, desinfiziert und ausgespült.

4.3. Es werden Vorkehrungen zur Stressvermeidung getroffen. Zum Schutz der Tiere wird eine artgerechte Transportdichte eingehalten.

4.4. Über die Vorgänge nach den Nummern 4.1, 4.2 und 4.3 werden Aufzeichnungen geführt.

5. Annahme von Erzeugnissen von anderen Unternehmern oder aus anderen Einheiten

Bei Annahme eines ökologischen/biologischen Erzeugnisses oder eines Umstellungserzeugnisses kontrolliert der Unternehmer den Verschluss der Verpackung, des Behältnisses oder des Fahrzeugs, soweit dieser vorgeschrieben ist, sowie das Vorhandensein der Angaben gemäß Abschnitt 2.

Der Unternehmer führt eine Gegenkontrolle der Angaben auf dem Etikett gemäß Abschnitt 2 mit den Angaben auf den Begleitpapieren durch. Das Ergebnis dieser Überprüfung wird in den Aufzeichnungen nach Artikel 34 Absatz 5 ausdrücklich vermerkt.

6. Sondervorschriften für die Annahme von Erzeugnissen aus Drittländern

Ökologische/Biologische Erzeugnisse oder Umstellungserzeugnisse aus Drittländern sind in geeigneten Verpackungen oder Behältnissen einzuführen, die so verschlossen sind, dass ihr Inhalt nicht ausgetauscht werden kann, und die mit Angaben zur Identifizierung des Ausführers sowie anderen Zeichen und Nummern, mit denen die Partie/das Los identifiziert werden kann, und gegebenenfalls mit der Kontrollbescheinigung für Einfuhren aus Drittländern versehen sind.

Bei Annahme eines aus einem Drittland eingeführten ökologischen/biologischen Erzeugnisses oder Umstellungserzeugnisses kontrolliert die natürliche oder juristische Person, an die die eingeführte Sendung zur weiteren Aufbereitung oder zur Vermarktung geliefert wird, den Verschluss der Verpackung oder des Behältnisses und, bei gemäß Artikel 45 Absatz 1 Buchstabe b Ziffer iii eingeführten Erzeugnissen, die Übereinstimmung der Angaben auf der Kontrollbescheinigung gemäß dem genannten Artikel mit der Art der Erzeugnisse in der Sendung. Das Ergebnis dieser Überprüfung wird in den Aufzeichnungen nach Artikel 34 Absatz 5 ausdrücklich vermerkt.

7. Lagerung von Erzeugnissen

7.1. Bereiche, in denen Erzeugnisse gelagert werden, sind so zu bewirtschaften, dass die gelagerten Partien/Lose identifiziert werden können und jede Vermischung mit oder Verunreinigung durch Erzeugnisse oder Stoffe, die den Vorschriften für die ökologische/biologische Produktion nicht genügen, vermieden wird. Ökologische/Biologische Erzeugnisse und Umstellungserzeugnisse müssen jederzeit eindeutig identifizierbar sein.

7.2. Die Lagerung von anderen als den nach Artikeln 9 und 24 für die Verwendung in der ökologischen/biologischen Produktion zugelassenen Betriebsmitteln oder Stoffen in ökologischen/biologischen Pflanzen- und Tierproduktionseinheiten oder Pflanzen- und Tierproduktionseinheiten in Umstellung ist verboten.

7.3. Die Lagerung von allopathischen Tierarzneimitteln, einschließlich Antibiotika, in landwirtschaftlichen Betrieben und Aquakulturbetrieben ist zulässig, sofern sie von einem Tierarzt im Rahmen der Behandlung gemäß Anhang II Teil II Nummer 1.5.2.2 und Teil III Nummer 3.1.4.2 Buchstabe a verschrieben wurden sowie an einem überwachten Ort aufbewahrt und in die Aufzeichnungen nach Artikel 34 Absatz 5 eingetragen werden.

7.4. Soweit Unternehmer mit, ökologischen/biologischen Erzeugnissen, Umstellungserzeugnissen oder nichtökologischen/nichtbiologischen Erzeugnissen in beliebiger Kombination hantieren und die ökologischen/biologischen Erzeugnisse oder Umstellungserzeugnisse in Lagerstätten gelagert werden, die auch zur Aufbewahrung anderer Agrarprodukte oder Lebensmittel dienen, sind

a) die ökologischen/biologischen Erzeugnisse oder Umstellungserzeugnisse von den anderen Agrarprodukten oder Lebensmitteln getrennt aufzubewahren;

b) alle erforderlichen Maßnahmen zu treffen, um die Identifizierung der Warensendungen sicherzustellen und jedes Vermischen oder Vertauschen von ökologischen/biologischen Erzeugnissen, Umstellungserzeugnissen und nichtökologischen/nichtbiologischen Erzeugnissen zu vermeiden;

c) vor der Einlagerung von ökologischen/biologischen Erzeugnissen oder Umstellungserzeugnissen geeignete Reinigungsmaßnahmen durchzuführen, deren Wirksamkeit kontrolliert wurde, und die Unternehmer über diese Maßnahmen Aufzeichnungen führen.

7.5. Für Reinigung und Desinfektion dürfen in Lagerstätten nur solche Reinigungs- und Desinfektionsmittel eingesetzt werden, die nach Artikel 24 zur Verwendung in der ökologischen/biologischen Produktion zugelassen sind.

ANHANG IV

ANGABEN NACH ARTIKEL 30

BG	:	биологичен.
ES	:	ecológico, biológico, orgánico.
CS	:	ekologické, biologické.
DA	:	økologisk.
DE	:	ökologisch, biologisch.
ET	:	mahe, ökoloogiline.
EL	:	βιολογικό.
EN	:	organic.
FR	:	biologique.
GA	:	orgánach.
HR	:	ekološki.
IT	:	biologico.
LV	:	bioloģisks, ekoloģisks.
LT	:	ekologiškas.
LU	:	biologesch, ökologesch.
HU	:	ökológiai.
MT	:	organiku.
NL	:	biologisch.
PL	:	ekologiczne.
PT	:	biológico.
RO	:	ecologic.
SK	:	ekologické, biologické.
SL	:	ekološki.
FI	:	luonnonmukainen.
SV	:	ekologisk.

ANHANG V

LOGO DER EUROPÄISCHEN UNION FÜR ÖKOLOGISCHE/BIOLOGISCHE PRODUKTION UND CODENUMMERN

1. Logo

1.1. Das Logo der Europäischen Union für ökologische/biologische Produktion muss dem nachstehenden Muster entsprechen:

1.2. Die Referenzfarbe ist Green 50/0/100/0 im CMYK-Druck, Nr. 376 im Pantone-Farbsystem und 169/201/56 im RGB-Farbmodell.

1.3. Das Logo der Europäischen Union für ökologische/biologische Produktion kann auch, wie nachstehend aufgeführt, in Schwarz-Weiß oder vollständig invertiert in Weiß-Schwarz (Negativformat) ausgeführt werden, allerdings nur dann, wenn eine Umsetzung der farbigen Ausführung nicht zweckmäßig wäre:

1.4. Ist die Hintergrundfarbe der Verpackung oder des Etiketts dunkel, so können die Symbole unter Verwendung der Hintergrundfarbe der Verpackung oder des Etiketts im Negativformat ausgeführt werden.

1.5. Bei Verwendung des Logos auf einem Hintergrund, der es schwer erkennbar macht, ist das Logo mit einer umlaufenden Konturlinie zu versehen, damit es sich besser vom Hintergrund abhebt.

1.6. Wenn die Angaben auf einer Verpackung in einer einzigen Farbe gehalten sind, kann das Logo der Europäischen Union für ökologische/biologische Produktion in derselben Farbe ausgeführt werden.

1.7. Das Logo der Europäischen Union für ökologische/biologische Produktion muss eine Mindesthöhe von 9 mm und eine Mindestbreite von 13,5 mm haben; das Verhältnis Höhe/Breite beträgt stets 1:1,5. Bei sehr kleinen Verpackungen kann die Mindestgröße ausnahmsweise auf eine Höhe von 6 mm verringert werden.

1.8. Das Logo der Europäischen Union für ökologische/biologische Produktion kann mit grafischen Elementen oder Textelementen, die auf die ökologische/biologische Produktion Bezug nehmen, kombiniert werden, sofern diese den Charakter des Logos oder die Angaben gemäß Artikel 32 nicht verändern. Bei einer Kombination mit nationalen oder privaten Logos, die in einem anderen Grün als der in Nummer 1.*2* genannten Referenzfarbe ausgeführt sind, kann das Logo der Europäischen Union für ökologische/biologische Produktion in dieser Nicht-Referenzfarbe ausgeführt werden.

2. Codenummern

Die Codenummern weisen das nachstehende allgemeine Format auf:

AB-CDE-999

Dabei ist

a) „AB“ der ISO-Code des Landes, in dem die Kontrollen stattfinden,

b) „CDE“ eine von der Kommission oder jedem Mitgliedstaat festgelegte Bezeichnung in drei Buchstaben wie z. B. „bio“, „öko“, „org“ oder „eko“, die auf die ökologische/biologische Produktion hinweist, und

c) „999“ die höchstens dreistellige Referenznummer, die vergeben wird von

i) der zuständigen Behörde jedes Mitgliedstaats an die Kontrollbehörden oder Kontrollstellen, denen sie Kontrollaufgaben übertragen hat;

ii) der Kommission an

— die Kontrollbehörden und Kontrollstellen, die die Kommission gemäß Artikel 46 anerkannt hat,

— die zuständigen Drittlandsbehörden, die die Kommission gemäß Artikel 48 anerkannt hat.

ANHANG VI

MUSTER DES ZERTIFIKATS

ZERTIFIKAT GEMÄSS ARTIKEL 35 ABSATZ 1 DER VERORDNUNG (EU) 2018/848 ÜBER DIE ÖKOLOGISCHE/BIOLOGISCHE PRODUKTION UND DIE KENNZEICHNUNG VON ÖKOLOGISCHEN/BIOLOGISCHEN ERZEUGNISSEN

Teil I: Verbindliche Angaben

1. Nummer des Zertifikats	2. (Zutreffendes auswählen) — Unternehmer — Unternehmergruppe – siehe Feld 9
3. Name und Anschrift des Unternehmers oder der Unternehmergruppe	4. Name und Anschrift der zuständigen Behörde oder gegebenenfalls der Kontrollbehörde oder Kontrollstelle des Unternehmers oder der Unternehmergruppe und im Falle einer Kontrollbehörde oder Kontrollstelle die Codenummer
5. Tätigkeit(en) des Unternehmers oder der Unternehmergruppe (Zutreffendes auswählen)	
— Produktion	
— Aufbereitung	
— Vertrieb/Inverkehrbringen	
— Lagerung	
— Einfuhr	
— Ausfuhr	
6. Erzeugniskategorie(n) gemäß Artikel 35 Absatz 7 der Verordnung (EU) 2018/848 des Europäischen Parlaments und des Rates ([1]) und Produktionsverfahren (Zutreffendes auswählen)	
a) unverarbeitete Pflanzen und Pflanzenerzeugnisse, einschließlich Saatgut und anderes Pflanzenvermehrungsmaterial Produktionsverfahren: ☐ ökologische/biologische Produktion außer während des Umstellungszeitraums ☐ Produktion während des Umstellungszeitraums ☐ ökologische/biologische Produktion mit nichtökologischer/nichtbiologischer Produktion	
b) Tiere und unverarbeitete tierische Erzeugnisse Produktionsverfahren: ☐ ökologische/biologische Produktion außer während des Umstellungszeitraums ☐ Produktion während des Umstellungszeitraums ☐ ökologische/biologische Produktion mit nichtökologischer/nichtbiologischer Produktion	
c) Algen und unverarbeitete Aquakulturerzeugnisse Produktionsverfahren: ☐ ökologische/biologische Produktion außer während des Umstellungszeitraums ☐ Produktion während des Umstellungszeitraums ☐ ökologische/biologische Produktion mit nichtökologischer/nichtbiologischer Produktion	
d) verarbeitete landwirtschaftliche Erzeugnisse, einschließlich Aquakulturerzeugnisse, die zur Verwendung als Lebensmittel bestimmt sind Produktionsverfahren: ☐ Produktion ökologischer/biologischer Erzeugnisse ☐ Produktion von Umstellungserzeugnissen ☐ ökologische/biologische Produktion mit nichtökologischer/nichtbiologischer Produktion	
e) Futtermittel Produktionsverfahren: ☐ Produktion ökologischer/biologischer Erzeugnisse ☐ Produktion von Umstellungserzeugnissen ☐ ökologische/biologische Produktion mit nichtökologischer/nichtbiologischer Produktion	

VO 2018/848

f) Wein Produktionsverfahren: ☐ Produktion ökologischer/biologischer Erzeugnisse ☐ Produktion von Umstellungserzeugnissen ☐ ökologische/biologische Produktion mit nichtökologischer/nichtbiologischer Produktion
g) andere in Anhang I der Verordnung (EU) 2018/848 aufgeführte Erzeugnisse oder nicht durch die vorstehenden Kategorien erfasste Erzeugnisse Produktionsverfahren: ☐ Produktion ökologischer/biologischer Erzeugnisse ☐ Produktion von Umstellungserzeugnissen ☐ ökologische/biologische Produktion mit nichtökologischer/nichtbiologischer Produktion
Dieses Dokument wurde gemäß der Verordnung (EU) 2018/848 ausgestellt, um zu bestätigen, dass der Unternehmer oder die Unternehmergruppe (Nichtzutreffendes streichen) die Anforderungen dieser Verordnung erfüllt.

7. Datum, Ort Name und Unterschrift im Namen der ausstellenden zuständigen Behörde oder gegebenenfalls der Kontrollbehörde oder Kontrollstelle oder qualifiziertes elektronisches Siegel:	8. Zertifikat gültig vom … [Datum einfügen] bis zum … [Datum einfügen]

([1]) Verordnung (EU) 2018/848 des Europäischen Parlaments und des Rates vom 30. Mai 2018 über die ökologische/biologische Produktion und die Kennzeichnung von ökologischen/biologischen Erzeugnissen sowie zur Aufhebung der Verordnung (EG) Nr. 834/2007 des Rates (ABl. L 150 vom 14.6.2018, S. 1).

9. Mitgliederliste der Unternehmergruppe gemäß Artikel 36 der Verordnung (EU) 2018/848

Name des Mitglieds	Anschrift oder andere Form der Identifizierung des Mitglieds

Teil II: Spezifische optionale Angaben

Eine Angabe oder mehrere Angaben, die auf Beschluss der zuständigen Behörde oder gegebenenfalls der Kontrollbehörde oder Kontrollstelle zu ergänzen ist bzw. sind, die das Zertifikat gemäß Artikel 35 der Verordnung (EU) 2018/848 für den Unternehmer oder die Unternehmergruppe ausstellt.

1. Verzeichnis der Erzeugnisse

Name des Erzeugnisses und/oder Code-Nummer der Kombinierten Nomenklatur (KN-Code) gemäß der Verordnung (EWG) Nr. 2658/87 des Rates ([1]) für Erzeugnisse im Geltungsbereich der Verordnung (EU) 2018/848	☐ ökologisch/biologisch ☐ in Umstellung

([1]) Verordnung (EWG) Nr. 2658/87 des Rates vom 23. Juli 1987 über die zolltarifliche und statistische Nomenklatur sowie den Gemeinsamen Zolltarif (ABl. L 256 vom 7.9.1987, S. 1).

2. Erzeugnismenge

Name des Erzeugnisses und/oder KN-Code gemäß der Verordnung (EWG) Nr. 2658/87 für Erzeugnisse im Geltungsbereich der Verordnung (EU) 2018/848	☐ ökologisch/biologisch ☐ in Umstellung	Geschätzte Menge in Kilogramm, Litern oder gegebenenfalls in Stückzahl

3. Informationen zur landwirtschaftlichen Fläche

Name des Erzeugnisses	☐ ökologisch/biologisch ☐ in Umstellung ☐ nichtökologisch/nichtbiologisch	Fläche in Hektar

4. Liste der Betriebsstätten oder Einheiten, in denen der Unternehmer oder die Unternehmergruppe die Tätigkeiten durchführt

Anschrift oder Lage	Beschreibung der Tätigkeit(en) gemäß Teil I Feld 5

5. Informationen über die Tätigkeit(en), die von dem Unternehmer oder der Unternehmergruppe ausgeübt wird bzw. werden, und Angaben dazu, ob die Tätigkeit(en) in eigener Angelegenheit oder als Subunternehmer, der die Tätigkeit(en) für einen anderen Unternehmer durchführt, ausgeübt wird bzw. werden, wobei der Subunternehmer für die ausgeübte(n) Tätigkeit(en) verantwortlich bleibt

Beschreibung der Tätigkeit(en) gemäß Teil I Feld 5	☐ Ausübung der Tätigkeit(en) in eigener Angelegenheit ☐ Ausübung der Tätigkeit(en) als Subunternehmer für einen anderen Unternehmer, wobei der Subunternehmer für die ausgeübte(n) Tätigkeit(en) verantwortlich bleibt

6. Informationen über vom Subunternehmer gemäß Artikel 34 Absatz 3 der Verordnung (EU) 2018/848 durchgeführte Tätigkeit(en)

Beschreibung der Tätigkeit(en) gemäß Teil I Feld 5	☐ Die Verantwortung liegt nach wie vor bei dem Unternehmer oder der Unternehmergruppe. ☐ Der Subunternehmer trägt die Verantwortung.

7. Liste der Subunternehmer, die für den Unternehmer oder die Unternehmergruppe gemäß Artikel 34 Absatz 3 der Verordnung (EU) 2018/848 (eine) Tätigkeit(en) ausüben, für die der Unternehmer oder die Unternehmergruppe in Bezug auf die ökologische/biologische Produktion verantwortlich bleibt und für die er/sie diese Verantwortung nicht auf den Subunternehmer übertragen hat

Name und Anschrift	Beschreibung der Tätigkeit(en) gemäß Teil I Feld 5

8. Information über die Akkreditierung der Kontrollstelle gemäß Artikel 40 Absatz 3 der Verordnung (EU) 2018/848

a) Name der Akkreditierungsstelle;

b) Hyperlink zur Akkreditierungsurkunde.

9. Weitere Angaben

(1) Verordnung (EU) Nr. 1308/2013 des Europäischen Parlaments und des Rates vom 17. Dezember 2013 über eine gemeinsame Marktorganisation für landwirtschaftliche Erzeugnisse und zur Aufhebung der Verordnungen (EWG) Nr. 922/72, (EWG) Nr. 234/79, (EG) Nr. 1037/2001 und (EG) Nr. 1234/2007 des Rates (ABl. L 347 vom 20.12.2013, S. 671).

(2) Verordnung (EG) Nr. 2100/94 des Rates vom 27. Juli 1994 über den gemeinschaftlichen Sortenschutz (ABl. L 227 vom 1.9.1994, S. 1).

(3) Verordnung (EU) 2016/2031 des Europäischen Parlaments und des Rates vom 26. Oktober 2016 über Maßnahmen zum Schutz vor Pflanzenschädlingen, zur Änderung der Verordnungen (EU) Nr. 228/2013, (EU) Nr. 652/2014 und (EU) Nr. 1143/2014 des Europäischen Parlaments und des Rates und zur Aufhebung der Richtlinien 69/464/EWG, 74/647/EWG, 93/85/EWG, 98/57/EG, 2000/29/EG, 2006/91/EG und 2007/33/EG des Rates (ABl. L 317 vom 23.11.2016, S. 4).

(4) Richtlinie 1999/74/EG des Rates vom 19. Juli 1999 zur Festlegung von Mindestanforderungen zum Schutz von Legehennen (ABl. L 203 vom 3.8.1999, S. 53).

(5) Verordnung (EU) Nr. 1380/2013 des Europäischen Parlaments und des Rates vom 11. Dezember 2013 über die Gemeinsame Fischereipolitik und zur Änderung der Verordnungen (EG) Nr. 1954/2003 und (EG) Nr. 1224/2009 des Rates sowie zur Aufhebung der Verordnungen (EG) Nr. 2371/2002 und (EG) Nr. 639/2004 des Rates und des Beschlusses 2004/585/EG des Rates (ABl. L 354 vom 28.12.2013, S. 22).

(6) Richtlinie 2008/56/EG des Europäischen Parlaments und des Rates vom 17. Juni 2008 zur Schaffung eines Ordnungsrahmens für Maßnahmen der Gemeinschaft im Bereich der Meeresumwelt (Meeresstrategie-Rahmenrichtlinie) (ABl. L 164 vom 25.6.2008, S. 19).

(7) Verordnung (EG) Nr. 708/2007 des Rates vom 11. Juni 2007 über die Verwendung nicht heimischer und gebietsfremder Arten in der Aquakultur (ABl. L 168 vom 28.6.2007, S. 1).

(8) Richtlinie 2001/82/EG des Europäischen Parlaments und des Rates vom 6. November 2001 zur Schaffung eines Gemeinschaftskodexes für Tierarzneimittel (ABl. L 311 vom 28.11.2001, S. 1).

(9) Verordnung (EG) Nr. 178/2002 des Europäischen Parlaments und des Rates vom 28. Januar 2002 zur Festlegung der allgemeinen Grundsätze und Anforderungen des Lebensmittelrechts, zur Errichtung der Europäischen Behörde für Lebensmittelsicherheit und zur Festlegung von Verfahren zur Lebensmittelsicherheit (ABl. L 31 vom 1.2.2002, S. 1).

(10) Verordnung (EG) Nr. 767/2009 des Europäischen Parlaments und des Rates vom 13. Juli 2009 über das Inverkehrbringen und die Verwendung von Futtermitteln, zur Änderung der Verordnung (EG) Nr. 1831/2003 des Europäischen Parlaments und des Rates und zur Aufhebung der Richtlinien 79/373/EWG des Rates, 80/511/EWG der Kommission, 82/471/EWG des Rates, 83/228/EWG des Rates, 93/74/EWG des Rates, 93/113/EG des Rates und 96/25/EG des Rates und der Entscheidung 2004/217/EG der Kommission (ABl. L 229 vom 1.9.2009, S. 1).

(11) Richtlinie 2001/18/EG des Europäischen Parlaments und des Rates vom 12. März 2001 über die absichtliche Freisetzung genetisch veränderter Organismen in die Umwelt und zur Aufhebung der Richtlinie 90/220/EWG des Rates (ABl. L 106 vom 17.4.2001, S. 1).

(12) Verordnung (EG) Nr. 1333/2008 des Europäischen Parlaments und des Rates vom 16. Dezember 2008 über Lebensmittelzusatzstoffe (ABl. L 354 vom 31.12.2008, S. 16).

(13) Verordnung (EG) Nr. 1831/2003 des Europäischen Parlaments und des Rates vom 22. September 2003 über Zusatzstoffe zur Verwendung in der Tierernährung (ABl. L 268 vom 18.10.2003, S. 29).

(14) Verordnung (EU) 2015/2283 des Europäischen Parlaments und des Rates vom 25. November 2015 über neuartige Lebensmittel, zur Änderung der Verordnung (EU) Nr. 1169/2011 des Europäischen Parlaments und des Rates und zur Aufhebung der Verordnung (EG) Nr. 258/97 des Europäischen Parlaments und des Rates und der Verordnung (EG) Nr. 1852/2001 der Kommission (ABl. L 327 vom 11.12.2015, S. 1).
(15) Verordnung (EG) Nr. 1332/2008 des Europäischen Parlaments und des Rates vom 16. Dezember 2008 über Lebensmittelenzyme und zur Änderung der Richtlinie 83/417/EWG des Rates, der Verordnung (EG) Nr. 1493/1999 des Rates, der Richtlinie 2000/13/EG, der Richtlinie 2001/112/EG des Rates sowie der Verordnung (EG) Nr. 258/97 (ABl. L 354 vom 31.12.2008, S. 7).
(16) Richtlinie 2013/59/Euratom des Rates vom 5. Dezember 2013 zur Festlegung grundlegender Sicherheitsnormen für den Schutz vor den Gefahren einer Exposition gegenüber ionisierender Strahlung und zur Aufhebung der Richtlinien 89/618/Euratom, 90/641/Euratom, 96/29/Euratom, 97/43/Euratom und 2003/122/Euratom (ABl. L 13 vom 17.1.2014, S. 1).
(17) Verordnung (EG) Nr. 852/2004 des Europäischen Parlaments und des Rates vom 29. April 2004 über Lebensmittelhygiene (ABl. L 139 vom 30.4.2004, S. 1).
(18) Verordnung (EG) Nr. 1829/2003 des Europäischen Parlaments und des Rates vom 22. September 2003 über genetisch veränderte Lebensmittel und Futtermittel (ABl. L 268 vom 18.10.2003, S. 1).
(19) Verordnung (EG) Nr. 1830/2003 des Europäischen Parlaments und des Rates vom 22. September 2003 über die Rückverfolgbarkeit und Kennzeichnung von genetisch veränderten Organismen und über die Rückverfolgbarkeit von aus genetisch veränderten Organismen hergestellten Lebensmitteln und Futtermitteln sowie zur Änderung der Richtlinie 2001/18/EG (ABl. L 268 vom 18.10.2003, S. 24).
(20) Verordnung (EG) Nr. 1334/2008 des Europäischen Parlaments und des Rates vom 16. Dezember 2008 über Aromen und bestimmte Lebensmittelzutaten mit Aromaeigenschaften zur Verwendung in und auf Lebensmitteln sowie zur Änderung der Verordnung (EWG) Nr. 1601/91 des Rates, der Verordnungen (EG) Nr. 2232/96 und (EG) Nr. 110/2008 und der Richtlinie 2000/13/EG (ABl. L 354 vom 31.12.2008, S. 34).
(21) Richtlinie 2006/88/EG des Rates vom 24. Oktober 2006 mit Gesundheits- und Hygienevorschriften für Tiere in Aquakultur und Aquakulturerzeugnisse und zur Verhütung und Bekämpfung bestimmter Wassertierkrankheiten (ABl. L 328 vom 24.11.2006, S. 14).
(22) Verordnung (EU) 2016/679 des Europäischen Parlaments und des Rates vom 27. April 2016 zum Schutz natürlicher Personen bei der Verarbeitung personenbezogener Daten, zum freien Datenverkehr und zur Aufhebung der Richtlinie 95/46/EG (Datenschutz-Grundverordnung) (ABl. L 119 vom 4.5.2016, S. 1).
(23) Verordnung (EG) Nr. 765/2008 des Europäischen Parlaments und des Rates vom 9. Juli 2008 über die Vorschriften für die Akkreditierung und Marktüberwachung im Zusammenhang mit der Vermarktung von Produkten und zur Aufhebung der Verordnung (EWG) Nr. 339/93 des Rates (ABl. L 218 vom 13.8.2008, S. 30).
(24) Verordnung (EU) Nr. 1306/2013 des Europäischen Parlaments und des Rates vom 17. Dezember 2013 über die Finanzierung, die Verwaltung und das Kontrollsystem der Gemeinsamen Agrarpolitik und zur Aufhebung der Verordnungen (EWG) Nr. 352/78, (EG) Nr. 165/94, (EG) Nr. 2799/98, (EG) Nr. 814/2000, (EG) Nr. 1290/2005 und (EG) Nr. 485/2008 des Rates (ABl. L 347 vom 20.12.2013, S. 549).
(25) Delegierte Verordnung (EU) 2021/1698 der Kommission vom 13. Juli 2021 zur Ergänzung der Verordnung (EU) 2018/848 des Europäischen Parlaments und des Rates durch Verfahrensvorschriften für die Anerkennung von Kontrollbehörden und Kontrollstellen, die für die Durchführung von Kontrollen von als ökologisch/biologisch zertifizierten Unternehmern und Unternehmergruppen und ökologischen/biologischen Erzeugnissen in Drittländern zuständig sind, und durch Vorschriften über deren Überwachung sowie über die Kontrollen und sonstigen Maßnahmen, die von diesen Kontrollbehörden und Kontrollstellen durchgeführt werden (ABl. L 336 vom 23.9.2021, 7).
(26) Verordnung (EG) Nr. 1/2005 des Rates vom 22. Dezember 2004 über den Schutz von Tieren beim Transport und damit zusammenhängenden Vorgängen sowie zur Änderung der Richtlinien 64/432/EWG und 93/119/EG und der Verordnung (EG) Nr. 1255/97 (ABl. L 3 vom 5.1.2005, S. 1).
(27) Verordnung (EG) Nr. 1099/2009 des Rates vom 24. September 2009 über den Schutz von Tieren zum Zeitpunkt der Tötung (ABl. L 303 vom 18.11.2009, S. 1).
(28) Richtlinie 2008/119/EG des Rates vom 18. Dezember 2008 über Mindestanforderungen für den Schutz von Kälbern (ABl. L 10 vom 15.1.2009, S. 7).
(29) Richtlinie 2011/92/EU des Europäischen Parlaments und des Rates vom 13. Dezember 2011 über die Umweltverträglichkeitsprüfung bei bestimmten öffentlichen und privaten Projekten (ABl. L 26 vom 28.1.2012, S. 1).
(30) Verordnung (EG) Nr. 854/2004 des Europäischen Parlaments und des Rates vom 29. April 2004 mit besonderen Verfahrensvorschriften für die amtliche Überwachung von zum menschlichen Verzehr bestimmten Erzeugnissen tierischen Ursprungs (ABl. L 139 vom 30.4.2004, S. 206).
(31) Gute Herstellungspraxis (Good manufacturing practice — GMP) im Sinne von Artikel 3 Buchstabe a der Verordnung (EG) Nr. 2023/2006 der Kommission vom 22. Dezember 2006 über gute Herstellungspraxis für Materialien und Gegenstände, die dazu bestimmt sind, mit Lebensmitteln in Berührung zu kommen (ABl. L 384 vom 29.12.2006, S. 75).
(32) Verordnung (EU) Nr. 609/2013 des Europäischen Parlaments und des Rates vom 12. Juni 2013 über Lebensmittel für Säuglinge und Kleinkinder, Lebensmittel für besondere medizinische Zwecke und Tagesrationen für gewichtskontrollierende Ernährung und zur Aufhebung der Richtlinie 92/52/EWG des Rates, der Richtlinien 96/8/EG, 1999/21/EG, 2006/125/EG und 2006/141/EG der Kommission, der Richtlinie 2009/39/EG des Europäischen Parlaments und des Rates sowie der Verordnungen (EG) Nr. 41/2009 und (EG) Nr. 953/2009 der Kommission (ABl. L 181 vom 29.6.2013, S. 35).
(33) Richtlinie 2006/125/EG der Kommission vom 5. Dezember 2006 über Getreidebeikost und andere Beikost für Säuglinge und Kleinkinder (ABl. L 339 vom 6.12.2006, S. 16).
(34) Delegierte Verordnung (EU) 2019/934 der Kommission vom 12. März 2019 zur Ergänzung der Verordnung (EU) Nr. 1308/2013 des Europäischen Parlaments und des Rates hinsichtlich der Anbauflächen, auf denen der Alkoholgehalt der Weine erhöht werden darf, der zugelassenen önologischen Verfahren und der Einschränkungen für die Erzeugung und Haltbarmachung von Weinbauerzeugnissen, des Mindestalkoholgehalts von Nebenerzeugnissen und deren Beseitigung sowie der Veröffentlichung von OIV-Dossiers (ABl. L 149 vom 7.6.2019, S. 1. ELI: http://data.europa.eu/eli/reg_del/2019/934/oj).

[35] Delegierte Verordnung (EU) 2019/33 der Kommission vom 17. Oktober 2018 zur Ergänzung der Verordnung (EU) Nr. 1308/2013 des Europäischen Parlaments und des Rates in Bezug auf Anträge auf Schutz von Ursprungsbezeichnungen, geografischen Angaben und traditionellen Begriffen im Weinsektor, das Einspruchsverfahren, Einschränkungen der Verwendung, Änderungen der Produktspezifikationen, die Löschung des Schutzes sowie die Kennzeichnung und Aufmachung (ABl. L 9 vom 11.1.2019, S. 2. ELI: http://data.europa.eu/eli/reg_del/2019/33/oj).

21. Durchführungsverordnung (EU) 2021/1165 über die Zulassung bestimmter Erzeugnisse und Stoffe zur Verwendung in der ökologischen/biologischen Produktion und zur Erstellung entsprechender Verzeichnisse

ABl L 2021/253, S. 13 idgF

GLIEDERUNG

DIE EUROPÄISCHE KOMMISSION —

gestützt auf den Vertrag über die Arbeitsweise der Europäischen Union,

gestützt auf die Verordnung (EU) 2018/848 des Europäischen Parlaments und des Rates vom 30. Mai 2018 über die ökologische/biologische Produktion und die Kennzeichnung von ökologischen/biologischen Erzeugnissen sowie zur Aufhebung der Verordnung (EG) Nr. 834/2007 des Rates [(1)], insbesondere auf Artikel 24 Absatz 9 und Artikel 39 Absatz 2 Buchstabe a,

in Erwägung nachstehender Gründe:

(1) Nach Artikel 9 Absatz 3 der Verordnung (EU) 2018/848 dürfen nur gemäß Artikel 24 der genannten Verordnung zugelassene Erzeugnisse und Stoffe in der ökologischen/biologischen Produktion verwendet werden, sofern ihre Verwendung nach relevanten Unionsvorschriften auch für die nichtökologische/nichtbiologische Produktion zugelassen ist. Die Kommission hat die Verwendung bestimmter Erzeugnisse und Stoffe in der ökologischen/biologischen Produktion bereits auf der Grundlage der Ziele und Grundsätze gemäß der Verordnung (EG) Nr. 834/2007 des Rates [(2)] bewertet. Die ausgewählten Erzeugnisse und Stoffe wurden daraufhin unter Festlegung besonderer Bedingungen mit der Verordnung (EG) Nr. 889/2008 der Kommission [(3)] zugelassen und in bestimmten Anhängen der genannten Verordnung aufgelistet. Die Ziele und Grundsätze der Verordnung (EU) 2018/848 entsprechen denen der Verordnung (EG) Nr. 834/2007. Da es notwendig ist, die Kontinuität der ökologischen/biologischen Produktion sicherzustellen, sollten diese Erzeugnisse und Stoffe in die beschränkenden Verzeichnisse aufgenommen werden, die auf der Grundlage der Verordnung (EU) 2018/848 erstellt werden.

(2) Im Einklang mit Artikel 24 Absatz 7 der Verordnung (EU) 2018/848 haben einige Mitgliedstaaten der Kommission und den anderen Mitgliedstaaten zudem Dossiers für die Zulassung bestimmter Erzeugnisse und Stoffe und deren Aufnahme in die Verzeichnisse, die im Rahmen der genannten Verordnung erstellt werden, übermittelt.

(3) Unter bestimmten Umständen und Voraussetzungen, die insbesondere in Anhang II Teil I Nummer 1.10.2 der Verordnung (EU) 2018/848 festgelegt sind, dürfen bestimmte zugelassene Erzeugnisse und Stoffe zum Schutz von Pflanzen verwendet werden. Zu diesem Zweck sollte die Kommission in Pflanzenschutzmitteln zu verwendende Wirkstoffe gemäß Artikel 24 Absatz 1 Buchstabe a der Verordnung (EU) 2018/848 zulassen und ein Verzeichnis dieser Wirkstoffe erstellen.

(4) Unter bestimmten Umständen und Voraussetzungen, die insbesondere in Anhang II Teil I Num-

mer 1.9.3, Teil II Nummer 1.9.1.2 Buchstabe b, Nummer 1.9.2.2 Buchstabe d, Nummer 1.9.3.2 Buchstabe b und Nummer 1.9.5.2 Buchstabe a sowie Teil III Nummer 2.2.2 Buchstabe c, Nummer 2.3.2 und Nummer 3.1.5.3 Absatz 4 zweiter Gedankenstrich der Verordnung (EU) 2018/848 aufgeführt sind, dürfen bestimmte Düngemittel, Bodenverbesserer und Nährstoffe zur Pflanzenernährung, zur Verbesserung und Anreicherung von Einstreu, zur Algenzucht oder in Anlagen für Aquakulturtiere verwendet werden. Zu diesem Zweck sollte die Kommission Düngemittel, Bodenverbesserer und Nährstoffe gemäß Artikel 24 Absatz 1 Buchstabe b der Verordnung (EU) 2018/848 zulassen und ein entsprechendes Verzeichnis erstellen.

(5) Unter bestimmten Umständen und Voraussetzungen, die insbesondere in Anhang II Teil II Nummer 1.4.1 Buchstabe i und Nummer 1.5.2.3, Teil III Nummer 3.1.3.1 Buchstabe d und Teil V Nummer 2.3 der Verordnung (EU) 2018/848 aufgeführt sind, dürfen bestimmte nichtökologische/nichtbiologische Einzelfuttermittel mit Ursprung in Pflanzen, Algen, Tieren oder Hefe, oder Einzelfuttermittel mikrobiellen oder mineralischen Ursprungs, Futtermittelzusatzstoffe und Verarbeitungshilfsstoffe in der Tierernährung verwendet werden. Zu diesem Zweck sollte die Kommission nichtökologische/nichtbiologische Einzelfuttermittel mit Ursprung in Pflanzen, Algen, Tieren oder Hefe, oder Einzelfuttermittel mikrobiellen oder mineralischen Ursprungs und Futtermittelzusatzstoffe und Verarbeitungshilfsstoffe gemäß Artikel 24 Absatz 1 Buchstaben c und d der Verordnung (EU) 2018/848 zulassen und entsprechende Verzeichnisse erstellen.

(6) Darüber hinaus sind einige nichtökologische/nichtbiologische Einzelfuttermittel unmittelbar durch die Verordnung (EU) 2018/848 zugelassen. Im Interesse der Klarheit sollten diese Einzelfuttermittel ebenfalls gemeinsam mit den Einzelfuttermitteln aufgeführt werden, die durch die vorliegende Verordnung zugelassen werden, unter Bezugnahme auf die spezifischen Bestimmungen der Verordnung (EU) 2018/848.

(7) Unter bestimmten Umständen und Voraussetzungen, die insbesondere in Anhang II Teil I Nummer 1.11, Teil II Nummer 1.5.1.6, Nummer 1.5.1.7 und Nummer 1.9.4.4 Buchstabe c, Teil III Nummer 3.1.4.1 Buchstabe f, Teil IV Nummer 2.2.3, Teil V Nummer 2.4 und Teil VII Nummer 1.4 sowie Anhang III Nummer 4.2 und Nummer 7.5 der Verordnung (EU) 2018/848 aufgeführt sind, dürfen nur bestimmte Erzeugnisse und Stoffe für die Reinigung und Desinfektion verwendet werden. Zu diesem Zweck sollte die Kommission Mittel für die Reinigung und Desinfektion gemäß Artikel 24 Absatz 1 Buchstaben e, f und g der Verordnung (EU) 2018/848 zulassen und entsprechende Verzeichnisse erstellen.

(8) Bestimmte Mittel für die Reinigung und Desinfektion von Gebäuden und Anlagen für die tierische Erzeugung, Aquakulturtiere und Meeresalgen wurden bewertet und in Anhang VII der Verordnung (EG) Nr. 889/2008 aufgeführt. Mittel für die Reinigung und Desinfektion von Gebäuden und Anlagen für die pflanzliche Erzeugung sowie von Verarbeitungs- und Lagerstätten werden bisher ausschließlich von den Mitgliedstaaten bewertet und zugelassen. Vor der Zulassung dieser Mittel für die ökologische/biologische Produktion sollte die Kommission mit Unterstützung der Sachverständigengruppe für technische Beratung bezüglich der ökologischen/biologischen Produktion eine Bewertung auf Unionsebene vornehmen. Diese Bewertung sollte eine Überprüfung aller zugelassenen Erzeugnisse und Stoffe für die Reinigung und Desinfektion umfassen.

(9) Um die Kontinuität der ökologischen/biologischen Produktion zu gewährleisten, sollten die im Anhang VII der Verordnung (EG) Nr. 889/2008 aufgeführten und die auf Ebene der Mitgliedstaaten zugelassenen Erzeugnisse weiterhin bis zum 31. Dezember 2023 zugelassen sein, um die Erstellung der Verzeichnisse von Mitteln zur Reinigung und Desinfektion im Einklang mit den Bestimmungen gemäß Artikel 24 Absatz 1 Buchstaben e, f und g der Verordnung (EU) 2018/848 zu ermöglichen. Diese Erzeugnisse müssen dennoch die einschlägigen Anforderungen des Unionsrechts, insbesondere der Verordnung (EG) Nr. 648/2004 des Europäischen Parlaments und des Rates [(4)] und der Verordnung (EU) Nr. 528/2012 des Europäischen Parlaments und des Rates [(5)] sowie die Kriterien für die ökologische/biologische Produktion gemäß Kapitel II Artikel 24 Absatz 3 Buchstaben a und b der Verordnung (EU) 2018/848 erfüllen.

(10) Unter bestimmten Umständen und Voraussetzungen, die insbesondere in Anhang II Teil IV Nummer 2.2.1 und Nummer 2.2.2 Buchstabe a der Verordnung (EU) 2018/848 aufgeführt sind, dürfen bestimmte Lebensmittelzusatzstoffe, einschließlich Lebensmittelenzymen, die als Lebensmittelzusatzstoffe verwendet werden, und Verarbeitungshilfsstoffe bei der Produktion von verarbeiteten ökologischen/biologischen Lebensmitteln verwendet werden. Zu diesem Zweck sollte die Kommission Lebensmittelzusatzstoffe und Verarbeitungshilfsstoffe gemäß Artikel 24 Absatz 2 Buchstabe a der Verordnung (EU) 2018/848 zulassen und ein entsprechendes Verzeichnis erstellen.

(11) Lebensmittelzusatzstoffe und Verarbeitungshilfsstoffe, die in der Produktion von verarbeiteten ökologischen/biologischen Lebensmitteln verwendet werden, wurden in Anhang VIII Abschnitte A, B und C der Verordnung (EG)

Nr. 889/2008 aufgeführt. Je nach ihrer Verwendung und Funktion im Enderzeugnis werden einige dieser Erzeugnisse unter Umständen als Zusatzstoffe und nicht als Verarbeitungshilfsstoffe eingestuft. Diese Einstufung setzt eine genaue und vollständige Analyse der in der Produktion von verarbeiteten ökologischen/biologischen Lebensmitteln verwendeten Erzeugnisse voraus. Eine solche Analyse sollte für alle in der Verordnung (EG) Nr. 889/2008 als Verarbeitungshilfsstoffe aufgeführten Erzeugnisse durchgeführt werden. Dieses Verfahren wird Zeit in Anspruch nehmen und kann nicht vor dem Datum des Geltungsbeginns der Verordnung (EU) 2018/848 abgeschlossen werden. Die Erzeugnisse, die derzeit in der Verordnung (EG) Nr. 889/2008 als Verarbeitungshilfsstoffe aufgeführt sind, werden daher in der vorliegenden Verordnung als Verarbeitungshilfsstoffe aufgeführt, bis eine genaue und vollständige Analyse durchgeführt wurde.

(12) Unter bestimmten Umständen und Voraussetzungen, die insbesondere in Anhang II Teil IV Nummer 2.2.1 der Verordnung (EU) 2018/848 festgelegt sind, dürfen bestimmte nichtökologische/nichtbiologische Zutaten landwirtschaftlichen Ursprungs für die Produktion von verarbeiteten ökologischen/biologischen Lebensmitteln verwendet werden. Zu diesem Zweck sollte die Kommission solche nichtökologischen/nichtbiologischen Zutaten landwirtschaftlichen Ursprungs gemäß Artikel 24 Absatz 2 Buchstabe b der Verordnung (EU) 2018/848 zulassen und ein entsprechendes Verzeichnis erstellen. Die Dossiers zu nichtökologischen/nichtbiologischen Zutaten landwirtschaftlichen Ursprungs zur Verwendung in der Produktion von verarbeiteten ökologischen/biologischen Lebensmitteln, die im Einklang mit Artikel 24 Absatz 7 der Verordnung (EU) 2018/848 von den Mitgliedstaaten übermittelt wurden, wurden vom Ausschuss für die ökologische/biologische Produktion bewertet. Die ausgewählten Erzeugnisse und Stoffe, die den Zielen und Grundsätzen der Verordnung (EU) 2018/848 entsprechen, sollten in das gemäß der vorliegenden Verordnung zu erstellende beschränkende Verzeichnis, gegebenenfalls unter Festlegung besonderer Bedingungen, aufgenommen werden.

(13) Um Unternehmer jedoch ausreichend Zeit einzuräumen, um sich an das neue beschränkende Verzeichnis zugelassener nichtökologischer/nichtbiologischer Zutaten anzupassen und insbesondere um Zutaten landwirtschaftlichen Ursprungs, die im Einklang mit der Verordnung (EU) 2018/848 erzeugt wurden, zu beschaffen, sollte das Verzeichnis der mit der vorliegenden Verordnung zugelassenen nichtökologischen/nichtbiologischen Zutaten landwirtschaftlichen Ursprungs für die Verwendung bei der Verarbeitung ökologischer/biologischer Lebensmittel ab dem 1. Januar 2024 gelten.

(14) In Anbetracht der Zusammensetzung bestimmter nichtökologischer/nichtbiologischer Zutaten landwirtschaftlichen Ursprungs können bestimmte Verwendungen in verarbeiteten ökologischen/biologischen Lebensmitteln der Verwendung von Lebensmittelzusatzstoffen, Verarbeitungshilfsstoffen oder Erzeugnissen und Stoffen gemäß Anhang II Teil IV Nummer 2.2.2 der Verordnung (EU) 2018/848 entsprechen. Diese Verwendungen setzen eine spezielle Zulassung gemäß Anhang II Teil IV Nummer 2.2 der Verordnung (EU) 2018/848 voraus und solche Verwendungen sollten nicht im Wege einer Zulassung nichtökologischer/nichtbiologischer Zutaten landwirtschaftlichen Ursprungs zugelassen werden.

(15) Unter bestimmten Umständen und Voraussetzungen, die insbesondere in Anhang II Teil VII Nummer 1.3 Buchstabe a der Verordnung (EU) 2018/848 festgelegt sind, dürfen bestimmte Verarbeitungshilfsstoffe für die Herstellung von Hefe und Hefeprodukten verwendet werden. Zu diesem Zweck sollte die Kommission Verarbeitungshilfsstoffe für die Herstellung von Hefe und Hefeprodukten gemäß Artikel 24 Absatz 2 Buchstabe c der Verordnung (EU) 2018/848 zulassen und ein entsprechendes Verzeichnis erstellen.

(16) Im Einklang mit Anhang II Teil VI Nummer 2.2. der Verordnung (EU) 2018/848 dürfen bei der Herstellung von Erzeugnissen des Weinsektors gemäß Artikel 1 Absatz 2 Buchstabe l der Verordnung (EU) Nr. 1308/2013 des Europäischen Parlaments und des Rates [(6)] nur Erzeugnisse und Stoffe verwendet werden, die gemäß Artikel 24 der Verordnung (EU) 2018/848 für die Verwendung in der ökologischen/biologischen Produktion zugelassen sind. Zu diesem Zweck sollte die Kommission solche Erzeugnisse und Stoffe zulassen und ein entsprechendes Verzeichnis erstellen.

(17) Mit Artikel 45 Absatz 2 der Verordnung (EU) 2018/848 wurde der Kommission die Befugnis übertragen, spezielle Zulassungen für die Verwendung von Erzeugnissen und Stoffen in Drittländern und in Gebieten in äußerster Randlage der Union zu erteilen. In Artikel 24 Absatz 7 der genannten Verordnung ist festgelegt, wie das von den Mitgliedstaaten einzuhaltende Verfahren in Bezug auf die Regionen in äußerster Randlage der Union eingeleitet wird. Das einzuhaltende Verfahren für solche Zulassungen in Bezug auf Drittländer ist jedoch in der Verordnung (EU) 2018/848 nicht spezifiziert. Daher sollte das Verfahren in der vorliegenden Verordnung im Einklang mit dem einzuhaltenden Verfahren der Zulassung von Erzeugnissen und Stoffen für die Verwendung in der ökologischen/biologischen Produktion in der Union, wie in Artikel 24 der Verordnung (EU) 2018/848 festgelegt, geregelt werden. Da diese Zulassungen für einen verlängerbaren Zeitraum von 2 Jahren erteilt werden, sollten die betreffenden Erzeugnisse und Stoffe zur Vermeidung von

Verwechslungen mit unbefristet zugelassenen Erzeugnissen und Stoffen in einem eigenen Anhang aufgeführt werden.

(18) Der Klarheit und Rechtssicherheit halber sollte die Verordnung (EG) Nr. 889/2008 aufgehoben werden. Da die Verzeichnisse der Mittel zur Reinigung und Desinfektion nicht vor dem 1. Januar 2024 erstellt sein werden, sollte Anhang VII der Verordnung (EG) Nr. 889/2008 jedoch bis zum 31. Dezember 2023 weiter gelten. In diesem Zusammenhang sollte spezifiziert werden, dass Erzeugnisse, die in dem genannten Anhang aufgeführt und nicht gemäß der Verordnung (EU) Nr. 528/2012 zugelassen sind, nicht als Biozidprodukte verwendet werden dürfen. Des Weiteren wird das Verzeichnis von nichtökologischen/nichtbiologischen Zutaten landwirtschaftlichen Ursprungs zur Verwendung in der Produktion von verarbeiteten ökologischen/biologischen Lebensmitteln, das im Rahmen der vorliegenden Verordnung erstellt wurde, erst ab dem 1. Januar 2024 gelten. Daher sollte vorgesehen werden, dass verarbeitete ökologische/biologische Lebensmittel, die vor dem 1. Januar 2024 unter Verwendung der in Anhang IX der Verordnung (EG) Nr. 889/2008 aufgeführten nichtökologischen/nichtbiologischen Zutaten landwirtschaftlichen Ursprungs hergestellt wurden, auch nach diesem Datum bis zur Erschöpfung der Lagerbestände weiterhin in Verkehr gebracht werden dürfen.

(19) Das Zertifikat, das den Unternehmern in Einklang mit Artikel 35 Absatz 1 der Verordnung (EU) 2018/848 von den zuständigen Behörden oder gegebenenfalls den Kontrollbehörden oder Kontrollstellen ausgestellt werden muss, kann ab dem 1. Januar 2022 ausgestellt werden. Es wird jedoch nicht allen Unternehmen an diesem Tag ausgestellt. Um die Kontinuität der ökologischen/biologischen Produktion sicherzustellen und abweichend von Artikel 35 Absatz 2 der Verordnung (EU) 2018/848 sollten die den Unternehmen vor dem 1. Januar 2022 von den Kontrollbehörden oder Kontrollstellen gemäß Artikel 68 der Verordnung (EG) Nr. 889/2008 ausgestellten Bescheinigungen bis zum Ende der Gültigkeitsdauer gültig bleiben. Da gemäß Artikel 38 Absatz 3 der Verordnung (EU) 2018/848 mindestens einmal jährlich überprüft wird, ob Unternehmer die Vorschriften der genannten Verordnung einhalten, und gemäß Artikel 38 Absatz 5 derselben Verordnung die Ausstellung der Zertifikate auf der Grundlage der Ergebnisse dieser Überprüfung erfolgt, sollte die Geltungsdauer nicht über den 31. Dezember 2022 hinausgehen.

(20) Im Interesse der Klarheit und Rechtssicherheit sollte diese Verordnung ab dem Geltungsbeginn der Verordnung (EU) 2018/848 gelten. Aus den in Erwägungsgrund 18 der vorliegenden Verordnung dargelegten Gründen sollten jedoch die Bestimmungen über die Verzeichnisse der Mittel für Reinigung und Desinfektion und über das Verzeichnis nichtökologischer/nichtbiologischer Zutaten landwirtschaftlichen Ursprungs zur Verwendung in der Produktion von verarbeiteten ökologischen/biologischen Lebensmitteln ab dem 1. Januar 2024 gelten.

(21) Die in dieser Verordnung vorgesehenen Maßnahmen entsprechen der Stellungnahme des Ausschusses für die ökologische/biologische Produktion —

HAT FOLGENDE VERORDNUNG ERLASSEN:

---

(1) ABl. L 150 vom 14.6.2018, S. 1.

(2) Verordnung (EG) Nr. 834/2007 des Rates vom 28. Juni 2007 über die ökologische/biologische Produktion und die Kennzeichnung von ökologischen/biologischen Erzeugnissen und zur Aufhebung der Verordnung (EWG) Nr. 2092/91 (ABl. L 189 vom 20.7.2007, S. 1).

(3) Verordnung (EG) Nr. 889/2008 der Kommission vom 5. September 2008 mit Durchführungsvorschriften zur Verordnung (EG) Nr. 834/2007 des Rates über die ökologische/biologische Produktion und die Kennzeichnung von ökologischen/biologischen Erzeugnissen hinsichtlich der ökologischen/biologischen Produktion, Kennzeichnung und Kontrolle (ABl. L 250 vom 18.9.2008, S. 1).

(4) Verordnung (EG) Nr. 648/2004 des Europäischen Parlaments und des Rates vom 31. März 2004 über Detergenzien (ABl. L 104 vom 8.4.2004, S. 1).

(5) Verordnung (EU) Nr. 528/2012 des Europäischen Parlaments und des Rates vom 22. Mai 2012 über die Bereitstellung auf dem Markt und die Verwendung von Biozidprodukten (ABl. L 167 vom 27.6.2012, S. 1).

(6) Verordnung (EU) Nr. 1308/2013 des Europäischen Parlaments und des Rates vom 17. Dezember 2013 über eine gemeinsame Marktorganisation für landwirtschaftliche Erzeugnisse und zur Aufhebung der Verordnungen (EWG) Nr. 922/72, (EWG) Nr. 234/79, (EG) Nr. 1037/2001 und (EG) Nr. 1234/2007 des Rates (ABl. L 347 vom 20.12.2013, S. 671).

Artikel 1
Wirkstoffe in Pflanzenschutzmitteln

Für die Zwecke von Artikel 24 Absatz 1 Buchstabe a der Verordnung (EU) 2018/848 dürfen in Pflanzenschutzmitteln, die gemäß Anhang I der vorliegenden Verordnung in der ökologischen/biologischen Produktion eingesetzt werden, nur die in dem genannten Anhang aufgeführten Wirkstoffe enthalten sein, sofern diese Pflanzenschutzmittel

a) nach der Verordnung (EG) Nr. 1107/2009 des Europäischen Parlaments und des Rates ([(1)]) zugelassen wurden,

b) die bei der von den Mitgliedstaaten erteilten Zulassung der Erzeugnisse, die diese Wirkstoffe enthalten, festgelegten Bedingungen für die Verwendung erfüllen und

c) unter Einhaltung der Bedingungen gemäß dem Anhang der Durchführungsverordnung (EU) Nr. 540/2011 der Kommission ([(2)]) verwendet werden.

Artikel 2
Düngemittel, Bodenverbesserer und Nährstoffe

Für die Zwecke von Artikel 24 Absatz 1 Buchstabe b der Verordnung (EU) 2018/848 dürfen nur die in Anhang II der vorliegenden Verordnung aufgeführten Erzeugnisse und Stoffe als Düngemittel, Bodenverbesserer und Nährstoffe zur Pflanzenernährung, zur Verbesserung und Anreicherung von Einstreu, zur Algenzucht oder in Anlagen für Aquakulturtiere in der ökologischen/biologischen Produktion verwendet werden, sofern diese im Einklang mit den einschlägigen Unionsvorschriften stehen, insbesondere mit der Verordnung (EG) Nr. 2003/2003 des Europäischen Parlaments und des Rates ([(3)]), den einschlägigen geltenden Artikeln der Verordnung (EU) 2019/1009 des Europäischen Parlaments und des Rates ([(4)]), der Verordnung (EG) Nr. 1069/2009 des Europäischen Parlaments und des Rates ([(5)]) und der Verordnung (EU) Nr. 142/2011 der Kommission ([(6)]), und gegebenenfalls mit nationalen Vorschriften im Einklang mit dem Unionsrecht.

Artikel 3
Nichtökologische/nichtbiologische Einzelfuttermittel mit Ursprung in Pflanzen, Algen, Tieren oder Hefe, oder Einzelfuttermittel mikrobiellen oder mineralischen Ursprungs

Für die Zwecke von Artikel 24 Absatz 1 Buchstabe c der Verordnung (EU) 2018/848 dürfen nur die in Anhang III Teil A der vorliegenden Verordnung aufgeführten Erzeugnisse und Stoffe als nichtökologische/nichtbiologische Einzelfuttermittel mit Ursprung in Pflanzen, Algen, Tieren oder Hefe, oder Einzelfuttermittel mikrobiellen oder mineralischen Ursprungs in der ökologischen/biologischen Produktion verwendet werden, sofern ihre Verwendung im Einklang mit den einschlägigen Unionsvorschriften steht, insbesondere mit der Verordnung (EG) Nr. 767/2009 des Europäischen Parlaments und des Rates ([(7)]), und gegebenenfalls mit nationalen Vorschriften auf der Grundlage des Unionsrechts.

Artikel 4
Futtermittelzusatzstoffe und Verarbeitungshilfsstoffe

Für die Zwecke von Artikel 24 Absatz 1 Buchstabe d der Verordnung (EU) 2018/848 dürfen nur die in Anhang III Teil B der vorliegenden Verordnung aufgeführten Erzeugnisse und Stoffe in der ökologischen/biologischen Produktion als Futtermittelzusatzstoffe und Verarbeitungshilfsstoffe in der Tierernährung verwendet werden, sofern ihre Verwendung im Einklang mit den einschlägigen Unionsvorschriften steht, insbesondere mit der Verordnung (EG) Nr. 1831/2003 des Europäischen Parlaments und des Rates ([(8)]), und gegebenenfalls mit nationalen Vorschriften auf der Grundlage des Unionsrechts.

Artikel 5
Mittel zur Reinigung und Desinfektion

(1) Für die Zwecke von Artikel 24 Absatz 1 Buchstabe e der Verordnung (EU) 2018/848 dürfen nur die in Anhang IV Teil A der vorliegenden Verordnung aufgeführten Mittel zur Reinigung und Desinfektion von Teichen, Käfigen, Becken, Fließkanälen, Gebäuden oder Anlagen für die tierische Erzeugung verwendet werden, sofern diese Mittel im Einklang mit den einschlägigen Unionsvorschriften stehen, insbesondere mit der Verordnung (EG) Nr. 648/2004 und der Verordnung (EU) Nr. 528/2012, und gegebenenfalls mit nationalen Vorschriften auf der Grundlage des Unionsrechts.

(2) Für die Zwecke von Artikel 24 Absatz 1 Buchstabe f der Verordnung (EU) 2018/848 dürfen nur die in Anhang IV Teil B der vorliegenden Verordnung aufgeführten Mittel zur Reinigung und Desinfektion von Gebäuden und Anlagen für die pflanzliche Erzeugung, einschließlich Lagerung in einem landwirtschaftlichen Betrieb, verwendet werden, sofern diese Mittel im Einklang mit den einschlägigen Unionsvorschriften stehen, insbesondere mit der Verordnung (EG) Nr. 648/2004 und der Verordnung (EU) Nr. 528/2012, und gegebenenfalls mit nationalen Vorschriften auf der Grundlage des Unionsrechts.

(3) Für die Zwecke von Artikel 24 Absatz 1 Buchstabe g der Verordnung (EU) 2018/848 dürfen nur die in Anhang IV Teil C der vorliegenden Verordnung aufgeführten Mittel zur Reinigung und Desinfektion in Verarbeitungs- und Lagerstätten verwendet werden, sofern diese Mittel im Einklang mit den einschlägigen Unions-

vorschriften stehen, insbesondere mit der Verordnung (EG) Nr. 648/2004 und der Verordnung (EU) Nr. 528/2012, und gegebenenfalls mit nationalen Vorschriften auf der Grundlage des Unionsrechts.

(4) Bis zu ihrer Aufnahme in die Teile A, B oder C des Anhangs IV der vorliegenden Verordnung dürfen die in Artikel 24 Absatz 1 Buchstaben e, f und g der Verordnung (EU) 2018/848 aufgeführten Mittel zur Reinigung und Desinfektion, die gemäß der Verordnung (EG) Nr. 834/2007 oder gemäß nationalen Rechtsvorschriften vor dem Geltungsbeginn der Verordnung (EU) 2018/848 für die Verwendung in der ökologischen/biologischen Produktion zugelassen wurden, weiterhin verwendet werden, wenn sie im Einklang mit den einschlägigen Bestimmungen der Unionsvorschriften stehen, insbesondere mit der Verordnung (EG) Nr. 648/2004 und der Verordnung (EU) Nr. 528/2012, und gegebenenfalls mit nationalen Vorschriften auf der Grundlage des Unionsrechts.

Artikel 6
Lebensmittelzusatzstoffe und Verarbeitungshilfsstoffe

Für die Zwecke von Artikel 24 Absatz 2 Buchstabe a der Verordnung (EU) 2018/848 dürfen nur die in Anhang V Teil A der vorliegenden Verordnung aufgeführten Erzeugnisse und Stoffe in der Produktion von verarbeiteten ökologischen/biologischen Lebensmitteln als Lebensmittelzusatzstoffe, einschließlich Lebensmittelenzymen, die als Lebensmittelzusatzstoffe verwendet werden, und Verarbeitungshilfsstoffe verwendet werden, sofern ihre Verwendung im Einklang mit den einschlägigen Unionsvorschriften steht, insbesondere mit der Verordnung (EG) Nr. 1333/2008 des Europäischen Parlaments und des Rates ([9]), und gegebenenfalls mit nationalen Vorschriften auf der Grundlage des Unionsrechts.

Artikel 7
Nichtökologische/nichtbiologische Zutaten landwirtschaftlichen Ursprungs zur Verwendung in der Produktion von verarbeiteten ökologischen/biologischen Lebensmitteln

Für die Zwecke von Artikel 24 Absatz 2 Buchstabe b der Verordnung (EU) 2018/848 dürfen nur die in Anhang V Teil B der vorliegenden Verordnung aufgeführten nichtökologischen/nichtbiologischen Zutaten landwirtschaftlichen Ursprungs in der Produktion von verarbeiteten ökologischen/biologischen Lebensmitteln verwendet werden, sofern ihre Verwendung im Einklang mit den einschlägigen Unionsvorschriften und gegebenenfalls mit nationalen Vorschriften auf der Grundlage des Unionsrechts steht.

Absatz 1 lässt die detaillierten Vorschriften in Anhang II Teil IV Abschnitt 2 der Verordnung (EU) 2018/848 für die ökologische/biologische Produktion verarbeiteter Lebensmittel unberührt. Insbesondere gilt Absatz 1 nicht für nichtökologische/nichtbiologische Zutaten landwirtschaftlichen Ursprungs, die als Lebensmittelzusatzstoffe, Verarbeitungshilfsstoffe oder Erzeugnisse und Stoffe gemäß Anhang II Teil IV Nummer 2.2.2 der Verordnung (EU) 2018/848 verwendet werden.

Artikel 8
Verarbeitungshilfsstoffe für die Herstellung von Hefe und Hefeprodukten

Für die Zwecke von Artikel 24 Absatz 2 Buchstabe c der Verordnung (EU) 2018/848 dürfen nur die in Anhang V Teil C der vorliegenden Verordnung aufgeführten Erzeugnisse und Stoffe als Verarbeitungshilfsstoffe für die Herstellung von Hefe und Hefeprodukten für Lebens- und Futtermittel verwendet werden, sofern ihre Verwendung im Einklang mit den einschlägigen Unionsvorschriften und gegebenenfalls mit nationalen Vorschriften auf der Grundlage des Unionsrechts steht.

Artikel 9
Erzeugnisse und Stoffe für die Verwendung in der ökologischen/biologischen Herstellung von Wein

Für die Zwecke von Anhang II Teil VI Nummer 2.2 der Verordnung (EU) 2018/848 dürfen nur Erzeugnisse und Stoffe, die in Anhang V Teil D der vorliegenden Verordnung aufgeführt sind, für die Herstellung und Haltbarmachung von ökologischen/biologischen Weinbauerzeugnissen gemäß Anhang VII Teil II der Verordnung (EU) Nr. 1308/2013 verwendet werden, sofern ihre Verwendung im Einklang mit den einschlägigen Unionsvorschriften steht, insbesondere mit den Grenzwerten und Bedingungen gemäß der Verordnung (EU) Nr. 1308/2013 und der Delegierten Verordnung (EU) 2019/934 der Kommission ([10]), und gegebenenfalls mit nationalen Vorschriften auf der Grundlage des Unionsrechts.

Artikel 10
Verfahren der Erteilung von speziellen Zulassungen für die Verwendung von Erzeugnissen und Stoffen in bestimmten Gebieten von Drittländern

(1) Ist eine gemäß Artikel 46 Absatz 1 der Verordnung (EU) 2018/848 anerkannte Kontrollbehörde oder Kontrollstelle der Ansicht, dass ein Erzeugnis oder Stoff aufgrund der besonderen Umstände gemäß Artikel 45 Absatz 2 der genannten Verordnung eine spezielle Zulassung für die Verwendung in einem bestimmten Gebiet außerhalb der Union erhalten sollte, kann diese Behörde oder Stelle die Kommission ersuchen, eine Bewertung vorzunehmen. Zu diesem Zweck übermittelt sie der Kommission ein Dossier, in dem das betreffende Erzeugnis oder der betreffende Stoff unter

Angabe der Gründe für diese spezielle Zulassung beschrieben wird und erläutert wird, warum die gemäß dieser Verordnung zugelassenen Erzeugnisse und Stoffe aufgrund der besonderen Umstände nicht für eine Verwendung in dem betreffenden Gebiet geeignet sind. Sie stellt sicher, dass das Dossier unter Wahrung der Datenschutzvorschriften der Union und der Mitgliedstaaten öffentlich zugänglich gemacht werden kann.

(2) Die Kommission leitet den Antrag gemäß Absatz 1 an die Mitgliedstaaten weiter und veröffentlicht diese Anträge.

(3) Die Kommission prüft das in Absatz 1 genannte Dossier. Die Kommission lässt das Erzeugnis oder den Stoff angesichts der besonderen Umstände, auf die im Dossier eingegangen wird, nur dann zu, wenn die Prüfung insgesamt ergibt, dass

a) eine solche spezielle Zulassung in dem betreffenden Gebiet begründet ist,

b) das in dem Dossier beschriebene Erzeugnis bzw. der Stoff mit den Grundsätzen gemäß Kapitel II, den Kriterien gemäß Artikel 24 Absatz 3 und der Bedingung gemäß Artikel 24 Absatz 5 der Verordnung (EU) 2018/848 in Einklang steht und

c) die Verwendung des Erzeugnisses oder Stoffes im Einklang mit den einschlägigen Unionsvorschriften steht und bei in Pflanzenschutzmitteln enthaltenen Wirkstoffen insbesondere der Verordnung (EG) Nr. 396/2005 des Europäischen Parlaments und des Rates ([11]) entspricht.

Das zugelassene Erzeugnis oder der zugelassene Stoff wird in Anhang VI der vorliegenden Verordnung aufgeführt.

(4) Nach Auslaufen des in Artikel 45 Absatz 2 der Verordnung (EU) 2018/848 festgelegten Zeitraums von zwei Jahren wird die Zulassung automatisch um einen weiteren Zeitraum von zwei Jahren verlängert, sofern keine neuen Elemente verfügbar sind und kein Mitgliedstaat und keine gemäß Artikel 46 Absatz 1 der Verordnung (EU) 2018/848 anerkannte Kontrollbehörde oder Kontrollstelle Einwände erhoben hat, die rechtfertigen, dass die Schlussfolgerung der Kommission gemäß Artikel 3 neu bewertet werden muss.

Artikel 11
Aufhebung

Die Verordnung (EG) Nr. 889/2008 wird aufgehoben.

Die Anhänge VII und IX gelten jedoch weiter bis zum 31. Dezember 2023.

Artikel 12
Übergangsbestimmungen

(1) Für die Zwecke von Artikel 5 Absatz 4 der vorliegenden Verordnung dürfen die in Anhang VII der Verordnung (EG) Nr. 889/2008 aufgeführten Reinigungs- und Desinfektionsmittel bis zum 31. Dezember 2025 weiterhin für die Reinigung und Desinfektion von Teichen, Käfigen, Becken, Fließkanälen, Gebäuden oder Anlagen für die tierische Erzeugung, die unter Anhang IV Teil D der vorliegenden Verordnung fallen, verwendet werden.

(2) Für die Zwecke von Artikel 24 Absatz 2 Buchstabe b der Verordnung (EU) 2018/848 dürfen die in Anhang IX der Verordnung (EG) Nr. 889/2008 aufgeführten nichtökologischen/nichtbiologischen Zutaten landwirtschaftlichen Ursprungs bis zum 31. Dezember 2023 weiterhin für die Herstellung von verarbeiteten ökologischen/biologischen Lebensmitteln verwendet werden. Verarbeitete ökologische/biologische Lebensmittel, die vor dem 1. Januar 2024 unter Verwendung dieser nichtökologischen/nichtbiologischen Zutaten landwirtschaftlichen Ursprungs hergestellt wurden, dürfen bis zur Erschöpfung der Lagerbestände auch nach diesem Datum weiterhin in Verkehr gebracht werden.

(3) Gemäß Artikel 68 der Verordnung (EG) Nr. 889/2008 vor dem 1. Januar 2022 ausgestellte Bescheinigungen bleiben bis zum Ende der Gültigkeitsdauer gültig, aber nicht über den 31. Dezember 2022 hinaus.

Artikel 13
Inkrafttreten und Geltungsbeginn

Diese Verordnung tritt am zwanzigsten Tag nach ihrer Veröffentlichung im *Amtsblatt der Europäischen Union* in Kraft.

Sie gilt ab dem 1. Januar 2022.

Artikel 5 Absätze 1, 2 und 3 gelten ab dem 1. Januar 2026.

Artikel 7 gilt ab dem 1. Januar 2024.

ANHANG I

In Pflanzenschutzmitteln enthaltene Wirkstoffe, zugelassen zur Verwendung in der ökologischen/biologischen Produktion gemäß Artikel 24 Absatz 1 Buchstabe a der Verordnung (EU) 2018/848

Die in diesem Anhang aufgeführten Wirkstoffe dürfen in Pflanzenschutzmitteln enthalten sein, die gemäß diesem Anhang in der ökologischen/biologischen Produktion verwendet werden, sofern diese Pflanzenschutzmittel gemäß der Verordnung (EG) Nr. 1107/2009 zugelassen sind. Die Verwendung dieser Pflanzenschutzmittel muss mit den im Anhang der Durchführungsverordnung (EU) Nr. 540/2011 festgelegten und den in den Zulassungen der Mitgliedstaaten, in denen sie verwendet werden dürfen, angegebenen Bedingungen im Einklang stehen. Strengere Verwendungsvorschriften für die ökologische/biologische Produktion sind in der letzten Spalte jeder Tabelle angegeben.

Im Einklang mit Artikel 9 Absatz 3 der Verordnung (EU) 2018/848 sind Safener, Synergisten und Beistoffe als Bestandteile von Pflanzenschutzmitteln und Hilfsstoffe, die den Pflanzenschutzmitteln beigefügt werden, zur Verwendung in der ökologischen/biologischen Produktion zugelassen, sofern sie gemäß der Verordnung (EG) Nr. 1107/2009 zugelassen sind. Die in diesem Anhang aufgeführten Stoffe dürfen nur zur Bekämpfung von Schädlingen im Sinne von Artikel 3 Nummer 24 der Verordnung (EU) 2018/848 eingesetzt werden.

Im Einklang mit Anhang II Teil I Nummer 1.10.2 der Verordnung (EU) 2018/848 dürfen diese Stoffe nur für den Fall verwendet werden, dass mit den Maßnahmen gemäß Teil I Nummer 1.10.1 kein angemessener Schutz der Pflanzen vor Schädlingen möglich ist, insbesondere durch den Einsatz biologischer Bekämpfungsmittel wie nützlichen Insekten, Milben und Nematoden im Einklang mit den Bestimmungen der Verordnung (EU) Nr. 1143/2014 des Europäischen Parlaments und des Rates ([12]).

Für die Zwecke dieses Anhangs sind Wirkstoffe in die folgenden Unterkategorien eingeteilt:

1. Grundstoffe

In Teil C des Anhangs der Durchführungsverordnung (EU) Nr. 540/2011 aufgeführte Grundstoffe, die pflanzlichen oder tierischen Ursprungs sind und auf Lebensmitteln im Sinne von Artikel 2 der Verordnung (EG) Nr. 178/2002 des Europäischen Parlaments und des Rates ([13]) basieren, dürfen in der ökologischen/biologischen Produktion für den Pflanzenschutz verwendet werden. Solche Grundstoffe sind in der nachstehenden Tabelle mit einem Sternchen gekennzeichnet. Ihre Verwendung muss im Einklang mit den in den einschlägigen Bewertungsberichten ([14]) festgelegten Verwendungen, Bedingungen und Einschränkungen stehen und etwaige zusätzliche Einschränkungen, die in der rechten Spalte der nachstehenden Tabelle aufgeführt sind, berücksichtigen.

Weitere Grundstoffe, die in Teil C des Anhangs der Durchführungsverordnung (EU) Nr. 540/2011 aufgeführt sind, dürfen zum Pflanzenschutz in der ökologischen/biologischen Produktion nur dann verwendet werden, wenn sie in der nachstehenden Tabelle aufgeführt sind. Die Verwendung solcher Grundstoffe muss im Einklang mit den in den einschlägigen Bewertungsberichten3 festgelegten Verwendungen, Bedingungen und Einschränkungen stehen und etwaige zusätzliche Einschränkungen, die in der rechten Spalte der nachstehenden Tabelle aufgeführt sind, berücksichtigen.

Grundstoffe dürfen nicht als Herbizide verwendet werden.

Nummer und Teil des Anhangs ([1])	CAS-Nr.	Bezeichnung	Besondere Bedingungen und Einschränkungen
1C		Equisetum arvense L.*	
▼M2			
2C	70694-72-3	Chitosanhydrochlorid ([2])	Aus Aspergillus oder ökologischer/biologischer Aquakultur oder aus nachhaltiger Fischerei, wie in Artikel 2 der Verordnung (EU) Nr. 1380/2013 des Europäischen Parlaments und des Rates ([2]) definiert
▼B			

3C	57-50-1	Saccharose*	
4C	1305-62-0	Calciumhydroxid	
5C	90132-02-8	Essig*	
6C	8002-43-5	Lecithine*	
7C	-	Salix spp. Cortex*	
8C	57-48-7	Fructose*	
9C	144-55-8	Natriumhydrogencarbonat	
10C	92129-90-3	Molke*	
11C	7783-28-0	Diammoniumphosphat	Nur in Fallen
12C	8001-21-6	Sonnenblumenöl*	
14C	84012-40-8 90131-83-2	Urtica spp. (Urtica-dioica-Extrakt) (Urtica-urens-Extrakt)*	
15C	7722-84-1	Wasserstoffperoxid	
16C	7647-14-5	Natriumchlorid	
17C	8029-31-0	Bier*	
18C	-	Senfsaatpulver*	
▼M1			
19C	14807-96-6	Magnesiumhydrogenmetasilicat Silicatmineral (Talkum E553b)	Lebensmittelqualität in Übereinstimmung mit der Verordnung (EU) Nr. 231/2012 der Kommission ([3])
▼B			

20C	8002-72-0	Zwiebelöl*	
21C	52-89-1	L-Cystein (E 920)	
22C	8049-98-7	Kuhmilch*	
23C	-	Extrakt der Zwiebel von Allium cepa* L.	
		Weitere Grundstoffe, die pflanzlichen oder tierischen Ursprungs sind und auf Lebensmitteln basieren*	

▼M2

24C	9012-76-4	Chitosan*	Gewonnen aus Aspergillus oder aus ökologischer/biologischer Aquakultur oder aus nachhaltiger Fischerei, wie in Artikel 2 der Verordnung (EU) Nr. 1380/2013 definiert

▼B

(1) Listung gemäß der Durchführungsverordnung (EU) Nr. 540/2011, Nummern und Kategorie: Teil A: Wirkstoffe, die als gemäß der Verordnung (EG) Nr. 1107/2009 genehmigt gelten, Teil B: Wirkstoffe, die gemäß der Verordnung (EG) Nr. 1107/2009 genehmigt wurden, Teil C: Grundstoffe, Teil D: Wirkstoffe mit geringem Risiko und Teil E: Substitutionskandidaten.

(2) Verordnung (EU) Nr. 1380/2013 des Europäischen Parlaments und des Rates vom 11. Dezember 2013 über die Gemeinsame Fischereipolitik und zur Änderung der Verordnungen (EG) Nr. 1954/2003 und (EG) Nr. 1224/2009 des Rates sowie zur Aufhebung der Verordnungen (EG) Nr. 2371/2002 und (EG) Nr. 639/2004 des Rates und des Beschlusses 2004/585/EG des Rates (ABl. L 354 vom 28.12.2013, S. 22).

►M1 (3) Verordnung (EU) Nr. 231/2012 der Kommission vom 9. März 2012 mit Spezifikationen für die in den Anhängen II und III der Verordnung (EG) Nr. 1333/2008 des Europäischen Parlaments und des Rates aufgeführten Lebensmittelzusatzstoffe (ABl. L 83 vom 22.3.2012, S. 1). ◄

2. Wirkstoffe mit geringem Risiko

Wirkstoffe mit geringem Risiko, die keine Mikroorganismen sind und die in Teil D des Anhangs der Durchführungsverordnung (EU) Nr. 540/2011 aufgeführt sind, dürfen zum Pflanzenschutz in der ökologischen/biologischen Produktion eingesetzt werden, wenn sie in der untenstehenden Tabelle oder an anderer Stelle in diesem Anhang aufgeführt sind. Die Verwendung solcher Wirkstoffe mit geringem Risiko muss im Einklang mit den in der Verordnung (EG) Nr. 1107/2009 festgelegten Verwendungen, Bedingungen und Einschränkungen stehen und etwaige zusätzliche Einschränkungen, die in der rechten Spalte der nachstehenden Tabelle aufgeführt sind, berücksichtigen.

Nummer und Teil des Anhangs (1)	CAS-Nr.	Bezeichnung	Besondere Bedingungen und Einschränkungen
2D		COS-OGA	
3D		Cerevisan und andere Erzeugnisse, die auf Zellfragmenten von Mikroorganismen basieren	Kein GVO-Ursprung

5	D	10045-86-6	Eisen-III-Phosphat (Eisen-III-Orthophosphat)	
12	D	9008-22-4	Laminarin	Tang muss aus ökologischer/biologischer Aquakultur gewonnen werden oder auf nachhaltige Weise gemäß Anhang II Teil III Nummer 2.4 der Verordnung (EU) 2018/848 gesammelt werden

▼M1

16	D	CAS-Nr. nicht vergeben	ABE–IT 56 (Lysatbestandteile von Saccharomyces cerevisiae Stamm DDSF623)	Kein GVO-Ursprung Nicht unter Verwendung von Kultursubstraten mit GVO-Ursprung hergestellt
20	D	10058-44-3	Eisenpyrophosphat	

▼M2

24	D	144-55-8	Natriumhydrogencarbonat	

▼M1

28	D	Wässriger Extrakt aus gekeimten Samenkörnern der Süßlupine Lupinus albus	

▼M2

		Sonstige Stoffe pflanzlichen oder tierischen Ursprungs mit geringem Risiko*	Verwendung als Herbizid nicht zulässig

▼B

([1]) Listung gemäß der Durchführungsverordnung (EU) Nr. 540/2011, Nummern und Kategorie: Teil A: Wirkstoffe, die als gemäß der Verordnung (EG) Nr. 1107/2009 genehmigt gelten, Teil B: Wirkstoffe, die gemäß der Verordnung (EG) Nr. 1107/2009 genehmigt wurden, Teil C: Grundstoffe, Teil D: Wirkstoffe mit geringem Risiko und Teil E: Substitutionskandidaten.

3. Mikroorganismen

Alle in den Teilen A, B und D des Anhangs der Durchführungsverordnung (EU) Nr. 540/2011 aufgeführten Mikroorganismen dürfen nur in der ökologischen/biologischen Produktion verwendet werden, sofern sie nicht GVO-Ursprungs sind und sofern sie in Einklang mit den in den einschlägigen Bewertungsberichten3 aufgeführten Verwendungen, Bedingungen und Einschränkungen verwendet werden. Mikroorganismen, einschließlich Viren, sind biologische Bekämpfungsmittel, die gemäß der Verordnung (EG) Nr. 1107/2009 als Wirkstoffe gelten.

4. In keiner der oben genannten Kategorien enthaltene Wirkstoffe

Die Wirkstoffe, die gemäß der Verordnung (EG) Nr. 1107/2009 zugelassen und in der nachstehenden Tabelle aufgeführt sind, dürfen in der ökologischen/biologischen Produktion nur als Pflanzenschutzmittel verwendet werden, wenn sie im Einklang mit den in der Verordnung (EG) Nr. 1107/2009 festgelegten Verwendungen, Bedingungen und Einschränkungen verwendet werden und wenn etwaige zusätzliche Einschränkungen, die in der rechten Spalte der nachstehenden Tabelle aufgeführt sind, berücksichtigt werden.

Nummer und Teil des Anhangs ([1])	CAS-Nr.	Bezeichnung	Besondere Bedingungen und Einschränkungen

VO 2021/1165

139	A	131929-60-7 131929-63-0	Spinosad	
225	A	124-38-9	Kohlendioxid	
227	A	74-85-1	Ethylen	Nur bei Bananen und Kartoffeln; darf jedoch auch bei Zitrusfrüchten als Teil einer Strategie zur Vermeidung von Schäden durch Fruchtfliegen eingesetzt werden
230	A	u. a. 67701-09-1	Fettsäuren	Alle Verwendungen zugelassen, außer als Herbizid
231	A	8008-99-9	Knoblauchextrakt (Allium sativum)	
234	A	CAS-Nr. nicht vergeben CIPAC-Nr.: 901	Hydrolysierte Proteine, ausgenommen Gelatine	
244	A	298-14-6	Kaliumhydrogencarbonat	
249	A	98999-15-6	geruchswirksame Repellents tierischen oder pflanzlichen Ursprungs/Schafsfett	
255 und andere	A		Pheromone und andere Semiochemikalien	Nur in Fallen und Spendern
220	A	1332-58-7	Aluminiumsilicat (Kaolin)	
236	A	61790-53-2	Kieselgur (Diatomeenerde)	
247	A	14808-60-7 7637-86-9	Quarzsand	
343	A	11141-17-6 84696-25-3	Azadirachtin (Margosaextrakt)	Aus Samen des Neembaumes gewonnen (Azadirachta indica)
240	A	8000-29-1	Citronellöl	Alle Verwendungen zugelassen, außer als Herbizid
241	A	84961-50-2	Nelkenöl	Alle Verwendungen zugelassen, außer als Herbizid
242	A	8002-13-9	Rapsöl	Alle Verwendungen zugelassen, außer als Herbizid
243	A	8008-79-5	Grüne-Minze-Öl	Alle Verwendungen zugelassen, außer als Herbizid
56	A	8028-48-6 5989-27-5	Orangenöl	Alle Verwendungen zugelassen, außer als Herbizid

228A	68647-73-4	Teebaumöl	Alle Verwendungen zugelassen, außer als Herbizid
246A	8003-34-7	Pyrethrine gewonnen aus Pflanzen	
292A	7704-34-9	Schwefel	
294A 295A	64742-46-7 72623-86-0 97862-82-3 8042-47-5	Paraffinöle	
345A	1344-81-6	Schwefelkalk (Calciumpolysulfid)	
44B	9050-36-6	Maltodextrin	
45B	97-53-0	Eugenol	
46B	106-24-1	Geraniol	
47B	89-83-8	Thymol	
10E	20427-59-2	Kupferhydroxid	Im Einklang mit der Durchführungsverordnung (EU) Nr. 540/2011 sind nur Verwendungen zulässig, bei denen die Gesamtausbringung maximal 28 kg Kupfer je Hektar während eines Zeitraums von 7 Jahren beträgt
10E	1332-65-6 1332-40-7	Kupferoxychlorid	
10E	1317-39-1	Kupferoxid	
10E	8011-63-0	Kupferkalkbrühe (Bordeauxbrühe)	
10E	12527-76-3	Dreibasisches Kupfersulfat	

▼M1

40A	52918-63-5	Deltamethrin	Nur in Fallen mit spezifischen Lockmitteln gegen den Befall mit Bactrocera oleae, Ceratitis capitata und Rhagoletis completa

▼B

5E	91465-08-6	Lambda-Cyhalothrin	Nur in Fallen mit spezifischen Lockmitteln gegen den Befall mit Bactrocera oleae und Ceratitis capitata

([1]) Listung gemäß der Durchführungsverordnung (EU) Nr. 540/2011, Nummern und Kategorie: Teil A: Wirkstoffe, die als gemäß der Verordnung (EG) Nr. 1107/2009 genehmigt gelten, Teil B: Wirkstoffe, die gemäß der Verordnung (EG) Nr. 1107/2009 genehmigt wurden, Teil C: Grundstoffe, Teil D: Wirkstoffe mit geringem Risiko und Teil E: Substitutionskandidaten.

VO 2021/1165

ANHANG II

Zugelassene Düngemittel, Bodenverbesserer und Nährstoffe gemäß Artikel 24 Absatz 1 Buchstabe b der Verordnung (EU) 2018/848

Düngemittel, Bodenverbesserer und Nährstoffe ([15]), die in diesem Anhang aufgeführt sind, dürfen in der ökologischen/biologischen Produktion verwendet werden, sofern sie mit folgenden Rechtsgrundlagen in Einklang stehen:

— den einschlägigen Rechtsvorschriften der Union und den nationalen Rechtsvorschriften über Düngeprodukte, insbesondere gegebenenfalls den Verordnungen (EG) Nr. 2003/2003 und (EU) 2019/1009 und

— den Rechtsvorschriften der Union über tierische Nebenprodukte, insbesondere den Verordnungen (EG) Nr. 1069/2009 und (EU) Nr. 142/2011, insbesondere den Anhängen V und XI.

Gemäß Anhang II Teil I Nummer 1.9.6 der Verordnung (EU) 2018/848 können zur Verbesserung des Gesamtzustandes des Bodens oder der Nährstoffverfügbarkeit im Boden oder in den Kulturen Zubereitungen von Mikroorganismen verwendet werden.

Düngemittel, Bodenverbesserer und Nährstoffe dürfen nur gemäß den Spezifikationen und Verwendungsbeschränkungen der genannten Rechtsvorschriften der Union und der nationalen Rechtsvorschriften verwendet werden. Strengere Verwendungsvorschriften für die ökologische/biologische Produktion sind jeweils in der rechten Spalte der Tabellen angegeben.

Bezeichnung Erzeugnisse, die nur nachstehende Stoffe enthalten oder Gemische daraus	Beschreibung, besondere Bedingungen und Einschränkungen
Stallmist	Gemisch aus tierischen Exkrementen und pflanzlichem Material (Einstreu und Futtermittel). Erzeugnis darf nicht aus industrieller Tierhaltung stammen

Getrockneter Stallmist und getrockneter Geflügelmist	Erzeugnis darf nicht aus industrieller Tierhaltung stammen
Kompost aus tierischen Exkrementen, einschließlich Geflügelmist und kompostierter Stallmist	Erzeugnis darf nicht aus industrieller Tierhaltung stammen
Flüssige tierische Exkremente	Verwendung nach kontrollierter Fermentation und/oder geeigneter Verdünnung Erzeugnis darf nicht aus industrieller Tierhaltung stammen

▼M2

Kompostierte oder fermentierte Bioabfälle (Richtlinie 2008/98/EG des Europäischen Parlaments und des Rates (2))	Erzeugnis aus an der Anfallstelle getrennt gesammelten Bioabfällen, gewonnen durch Kompostierung oder Vergärung bei der Erzeugung von Biogas Nur pflanzliche und tierische Bioabfälle Gewonnen in einem geschlossenen und kontrollierten, vom Mitgliedstaat zugelassenen Sammelsystem Höchstgehalte in der Trockenmasse in mg/kg: Cadmium: 0,7, Kupfer: 70, Nickel: 25; Blei: 45; Zink: 200; Quecksilber: 0,4; Chrom (insgesamt): 70; Chrom (VI): nicht nachweisbar

▼B

Torf	Nur für Gartenbauzwecke (Gemüsebau, Ziergartenbau, Gehölze, Baumschulen)
Substrat von Pilzkulturen	Ausgangssubstrat darf nur aus den gemäß diesem Anhang zulässigen Erzeugnissen bestehen

Exkremente von Würmern (Wurmkompost) und Substratmischung von Insektenexkrementen	Gegebenenfalls im Einklang mit der Verordnung (EG) Nr. 1069/2009
Guano	
Kompostiertes oder fermentiertes Gemisch aus pflanzlichem Material	Erzeugnis aus gemischtem pflanzlichem Material, gewonnen durch Kompostierung oder anaerobe Gärung bei der Erzeugung von Biogas

Biogasgärreste, die tierische Nebenprodukte enthalten, vergärt mit Material pflanzlichen oder tierischen Ursprungs, die in diesem Anhang aufgeführt sind	Tierische Nebenprodukte (einschließlich Nebenprodukte von Wildtieren) der Kategorie 3 und Magen- und Darminhalt der Kategorie 2 (Kategorien gemäß der Definition in der Verordnung (EG) Nr. 1069/2009) Erzeugnis darf nicht aus industrieller Tierhaltung stammen Die Prozesse müssen der Verordnung (EU) Nr. 142/2011 entsprechen Nicht auf essbare Teile der Pflanze anzuwenden

Nachstehende Produkte oder Nebenprodukte tierischen Ursprungs: Blutmehl Hufmehl Hornmehl Knochenmehl bzw. entleimtes Knochenmehl Fischmehl Fleischmehl Federn-, Haar- und Hautmehl Wolle Pelze (1) Haare Milcherzeugnisse Hydrolysierte	(1) Höchstgehalt der Trockenmasse an Chrom (VI) in mg/kg: nicht nachweisbar (2) Nicht auf essbare Teile der Pflanze anzuwenden

Produkte und Nebenprodukte pflanzlichen Ursprungs für Düngezwecke	z. B.: Filterkuchen von Ölfrüchten, Kakaoschalen, Malzkeime
Hydrolysierte Proteine pflanzlichen Ursprungs	
Algen und Algenerzeugnisse	Ausschließlich gewonnen durch: i) physikalische Verfahren einschließlich Dehydratisierung, Gefrieren oder Mahlen ii) Extraktion mit Wasser oder sauren und/oder alkalischen wässrigen Lösungen iii) Fermentation Tang muss aus ökologischer/biologischer Aquakultur gewonnen werden oder auf nachhaltige Weise gemäß Anhang II Teil III Nummer 2.4 der Verordnung (EU) 2018/848 gesammelt werden
Sägemehl und Holzschnitt	Holz, das nach dem Einschlag nicht chemisch behandelt wurde
Rindenkompost	Holz, das nach dem Einschlag nicht chemisch behandelt wurde
Holzasche	Von Holz, das nach dem Einschlag nicht chemisch behandelt wurde

Weicherdiges Rohphosphat	Durch Vermahlen weicherdiger Rohphosphate gewonnenes Erzeugnis, das als Hauptbestandteile Tricalciumphosphat sowie Calciumcarbonat enthält Mindestgehalt an Nährstoffen (Gewichtsverhältnis) 25 % P2O5 Phosphor, ausgedrückt als mineralsäurelösliches P2O5, bei dem mindestens 55 % des angegebenen Gehalts an P2O5 in 2%iger Ameisensäure löslich sind Partikelgröße: — mindestens 90 % Massenanteil Siebdurchgang bei einer Maschenweite von 0,063 mm — mindestens 99 % Massenanteil Siebdurchgang bei einer Maschenweite von 0,125 mm Bis zum 15. Juli 2022 Cadmiumgehalt höchstens 90 mg/kg P2O5 Ab dem 16. Juli 2022 gelten die einschlägigen Beschränkungen des Gehalts an Kontaminanten gemäß der Verordnung (EU) 2019/1009.
Aluminium-calcium-phosphat	Durch thermische Behandlung und Mahlen in amorpher Form gewonnenes Erzeugnis, das als Hauptbestandteile Aluminium- und Calciumphosphate enthält Mindestgehalt an Nährstoffen (Gewichtsverhältnis): 30 % P2O5 Phosphor, ausgedrückt als mineralsäurelösliches P2O5, bei dem mindestens 75 % des angegebenen Gehalts an P2O5 in alkalischem Ammoniumcitrat (nach Joulie) löslich sind Partikelgröße: — mindestens 90 % Massenanteil Siebdurchgang bei einer Maschenweite von 0,160 mm — mindestens 98 % Massenanteil Siebdurchgang bei einer Maschenweite von 0,630 mm Bis zum 15. Juli 2022 Cadmiumgehalt höchstens 90 mg/kg P2O5 Ab dem 16. Juli 2022 gelten die einschlägigen Beschränkungen des Gehalts an Kontaminanten gemäß der Verordnung (EU) 2019/1009. Nur auf alkalischen Böden zu verwenden (pH > 7,5)
Dephosphorationsschlacken (Thomasphosphat oder Thomasphosphatschlacken)	In Stahlwerken durch Bearbeitung phosphorhaltiger Schmelzen gewonnenes Erzeugnis, das als Hauptbestandteil Calciumsilicophosphate enthält Mindestgehalt an Nährstoffen (Gewichtsverhältnis): 12 % P2O5 Phosphor, ausgedrückt als mineralsäurelösliches Phosphorpentoxid, bei dem mindestens 75 % des angegebenen Gehalts an Phosphorpentoxid in 2%iger Zitronensäure löslich sind oder 10 % P2O5 Phosphor, ausgedrückt als Phosphorpentoxid, in 2%iger Zitronensäure löslich Partikelgröße: — mindestens 75 % Siebdurchgang bei einer Maschenweite von 0,160 mm — mindestens 96 % Siebdurchgang bei einer Maschenweite von 0,630 mm Ab dem 16. Juli 2022 gelten die einschlägigen Beschränkungen des Gehalts an Kontaminanten gemäß der Verordnung (EU) 2019/1009.
Kalirohsalz	Aus Kalirohsalzen gewonnenes Erzeugnis Mindestgehalt an Nährstoffen (Gewichtsverhältnis): 9 % K2O Kali, ausgedrückt als wasserlösliches K2O 2 % MgO Magnesium in Form wasserlöslicher Salze, ausgedrückt als Magnesiumoxid Ab dem 16. Juli 2022 gelten die einschlägigen Beschränkungen des Gehalts an Kontaminanten gemäß der Verordnung (EU) 2019/1009.

Kaliumsulfat, möglicherweise Magnesiumsalz enthaltend	Aus Kalirohsalz durch physikalische Extraktion gewonnen, möglicherweise Magnesiumsalz enthaltend
Schlempe und Schlempeextrakt	Keine Ammoniakschlempe
Calciumcarbonat, zum Beispiel: Kreide, Mergel, Kalksteinmehl, Algenkalk, Phosphatkreide usw.	Nur natürlichen Ursprungs
Muschelabfälle	Nur aus ökologischer/biologischer Aquakultur oder aus nachhaltiger Fischerei gemäß Artikel 2 der Verordnung (EU) Nr. 1380/2013

Eierschalen	Erzeugnis darf nicht aus industrieller Tierhaltung stammen
Calcium- und Magnesiumcarbonat	Nur natürlichen Ursprungs z. B. Magnesiumkalk, Magnesiumkalksteinmehl, Kalkstein
Magnesiumsulfat (Kieserit)	Nur natürlichen Ursprungs
Calciumchloridlösung	Nur zur Blattbehandlung bei Apfelbäumen zur Vorbeugung von Calciummangel
Calciumsulfat (Gips)	Naturprodukt, das Calciumsulfat in verschiedenen Hydrationsgraden enthält Mindestgehalt an Nährstoffen (Gewichtsverhältnis): 25 % CaO 35 % SO3 Calcium und Schwefel, ausgedrückt als Gesamt-CaO und -SO3 Mahlfeinheit: — mindestens 80 % Siebdurchgang bei einer Maschenweite von 2 mm — mindestens 99 % Siebdurchgang bei einer Maschenweite von 10 mm Ab dem 16. Juli 2022 gelten die einschlägigen Beschränkungen des Gehalts an Kontaminanten gemäß der Verordnung (EU) 2019/1009.
Industriekalk aus der Zuckerherstellung	Nebenprodukt der Zuckerherstellung aus Zuckerrüben und Zuckerrohr

Industriekalk aus der Siedesalzherstellung	Nebenprodukt der Siedesalzherstellung aus Sole, die bergmännisch gewonnen wird
Elementarer Schwefel	Bis zum 15. Juli 2022: wie in Anhang I Teil D der Verordnung (EG) Nr. 2003/2003 aufgeführt Ab dem 16. Juli 2022 gelten die einschlägigen Beschränkungen des Gehalts an Kontaminanten gemäß der Verordnung (EU) 2019/1009.
Mineralische Spurennährstoffdünger	Bis zum 15. Juli 2022: wie in Anhang I Teil E der Verordnung (EG) Nr. 2003/2003 aufgeführt Ab dem 16. Juli 2022 gelten die einschlägigen Beschränkungen des Gehalts an Kontaminanten gemäß der Verordnung (EU) 2019/1009.
Natriumchlorid	
Steinmehl, Tonerde und Tonminerale	

Leonardit (organisches Sediment mit hohem Gehalt an Huminsäuren)	Nur als Nebenprodukt aus Bergbautätigkeiten
Humin- und Fulvinsäuren	Nur aus anorganischen Salzen/Lösungen außer Ammoniumsalzen oder aus der Trinkwasseraufbereitung
Xylit	Nur als Nebenprodukt von Bergbautätigkeiten (z. B. Nebenprodukt des Braunkohlebergbaus)
Chitin (Polysaccharid, gewonnen aus dem Panzer von Krebstieren)	Aus ökologischer/biologischer Aquakultur oder aus nachhaltiger Fischerei gemäß Artikel 2 der Verordnung (EU) Nr. 1380/2013

Organisches Sediment aus Binnengewässern, entstanden unter Ausschluss von Sauerstoff (z. B. Faulschlamm)	Nur organisches Sediment gewonnen als Nebenprodukt der Binnenwasserwirtschaft oder aus einstigen Binnengewässern Die Gewinnung sollte gegebenenfalls auf eine Art und Weise erfolgen, die minimale Auswirkungen auf das aquatische System hat. Nur Sedimente aus Quellen frei von jeglicher Kontamination durch Pestizide, langlebige organische Schadstoffe und benzinähnliche Stoffe Bis zum 15. Juli 2022: Höchstgehalte in der Trockenmasse in mg/kg: Cadmium: 0,7; Kupfer: 70; Nickel: 25; Blei: 45; Zink: 200; Quecksilber: 0,4; Chrom (insgesamt): 70; Chrom (VI): nicht nachweisbar Ab dem 16. Juli 2022 gelten die einschlägigen Beschränkungen des Gehalts an Kontaminanten gemäß der Verordnung (EU) 2019/1009.

Pflanzenkohle — Pyrolyseprodukt aus einem breiten Spektrum von organischen Materialien pflanzlichen Ursprungs; als Bodenverbesserer verwendet	Nur aus pflanzlichen Stoffen, sofern diese nach der Ernte ausschließlich mit in Anhang I aufgeführten Erzeugnissen behandelt wurden Bis zum 15. Juli 2022: Höchstwert von 4 mg polyzyklischen aromatischen Kohlenwasserstoffen (PAK) pro kg Trockenmasse Ab dem 16. Juli 2022 gelten die einschlägigen Beschränkungen des Gehalts an Kontaminanten gemäß der Verordnung (EU) 2019/1009.

▼M1

Zurückgewonnener Struvit und gefällte Phosphatsalze	Sofern sie die Anforderungen der Verordnung (EU) 2019/1009 erfüllen Tierische Exkremente als Ausgangsstoff dürfen nicht aus industrieller Tierhaltung stammen

Natriumnitrat	Nur für die Algenproduktion an Land in geschlossenen Systemen
Kaliumchlorid	Nur natürlichen Ursprungs
▼M2	
Selensalze	Nur bei Mangelerscheinungen bei Böden, die für die Tierhaltung und/oder die Beweidung oder für die Erzeugung von Futterpflanzen genutzt werden
▼B	

([1]) „Organisch" bezieht sich hier auf organische Chemie.
([2]) Richtlinie 2008/98/EG des Europäischen Parlaments und des Rates vom 19. November 2008 über Abfälle und zur Aufhebung bestimmter Richtlinien (ABl. L 312 vom 22.11.2008, S. 3).

ANHANG III

Zur Verwendung als Futtermittel oder zur Futtermittelherstellung zugelassene Erzeugnisse und Stoffe

TEIL A

Zugelassene nichtökologische/nichtbiologische Einzelfuttermittel mit Ursprung in Pflanzen, Algen, Tieren oder Hefe, oder Einzelfuttermittel mikrobiellen oder mineralischen Ursprungs gemäß Artikel 24 Absatz 1 Buchstabe c der Verordnung (EU) 2018/848

(1) EINZELFUTTERMITTEL MINERALISCHEN URSPRUNGS

Nummer im Katalog der Einzelfuttermittel ([1])	Bezeichnung	Besondere Bedingungen und Einschränkungen
11.1.1	Calciumcarbonat	
11.1.2	Kohlensaurer Muschelkalk	
11.1.4	Kohlensaurer Algenkalk (Maerl-Kalk)	
11.1.5	Lithothamnium	

▼M2

Nummer im Katalog der Einzelfuttermittel ([1])	Bezeichnung	Besondere Bedingungen und Einschränkungen
11.1.6	Calciumchlorid	Beschränkt auf die Verwendung gemäß der Verordnung (EU) 2020/354 der Kommission ([2]) als Futtermittel für besondere Ernährungszwecke: Verringerung des Risikos von Milchfieber und subklinischer Hypokalzämie bei Milchkühen Auf die selektive Anwendung beschränkt (nur für einzelne betroffene Tiere und für einen begrenzten Zeitraum) Calciumchlorid aus der Aufbereitung von natürlich vorkommender Salzlake, sofern verfügbar

▼B

Nummer im Katalog der Einzelfuttermittel ([1])	Bezeichnung	Besondere Bedingungen und Einschränkungen
11.1.13	Calciumgluconat	
11.2.1	Magnesiumoxid	
11.2.4	Magnesiumsulfat, wasserfrei	
11.2.6	Magnesiumchlorid	
11.2.7	Magnesiumcarbonat	
11.3.1	Dicalciumphosphat	

▼M1

Nummer im Katalog der Einzelfuttermittel ([1])	Bezeichnung	Besondere Bedingungen und Einschränkungen
11.3.2	Monodicalciumphosphat	

▼B

Nummer im Katalog der Einzelfuttermittel ([1])	Bezeichnung	Besondere Bedingungen und Einschränkungen
11.3.3	Monocalciumphosphat	
11.3.5	Calcium-Magnesiumphosphat	

11.3.8	Magnesiumphosphat	
11.3.10	Mononatriumphosphat	
11.3.16	Calcium-Natrium-Phosphat	
11.3.17	Monoammoniumphosphat (Ammoniumdihydrogenorthophosphat)	Nur für Aquakulturen

▼M1

11.3.19	Pentanatriumtriphosphat	Nur für Heimtierfutter
11.3.27	Dinatriumdihydrogendiphosphat	Nur für Heimtierfutter

▼B

11.4.1	Natriumchlorid	
11.4.2	Natriumbicarbonat	
11.4.4	Natriumcarbonat	
11.4.6	Natriumsulfat	
11.5.1	Kaliumchlorid	

([1]) Verordnung (EU) Nr. 68/2013 der Kommission vom 16. Januar 2013 zum Katalog der Einzelfuttermittel (ABl. L 29 vom 30.1.2013, S. 1).
([2]) Verordnung (EU) 2020/354 der Kommission vom 4. März 2020 zur Erstellung eines Verzeichnisses der vorgesehenen Verwendungen von Futtermitteln für besondere Ernährungszwecke und zur Aufhebung der Richtlinie 2008/38/EG (ABl. L 67 vom 5.3.2020, S. 1).

(2) SONSTIGE EINZELFUTTERMITTEL

Nummer im Katalog der Einzelfuttermittel ([1])	Bezeichnung	Besondere Bedingungen und Einschränkungen
▼M2		
ex 7.1.4	Algenöl	Öl, das durch Extraktion aus Mikroalgen mittels Fermentation gewonnen wird Kultursubstrat für den Fermentierungsprozess darf nicht aus GVO stammen und sollte, sofern verfügbar, aus ökologischen/biologischen Rohstoffen stammen.

▼B

10	Mehl, Öl und andere Einzelfuttermittel, gewonnen aus Fisch oder anderen Wassertieren	Vorausgesetzt, sie stammen aus Fischereien, deren Nachhaltigkeit im Rahmen einer Regelung zertifiziert wurde, die gemäß den Grundsätzen der Verordnung (EU) Nr. 1380/2013 von der zuständigen Behörde anerkannt ist. Sofern sie ohne chemisch-synthetische Lösungsmittel produziert oder aufbereitet werden Ihre Verwendung ist nur für andere Tierarten ans Pflanzenfresser zugelassen. Die Verwendung von hydrolysiertem Fischeiweiß ist nur für Jungtiere anderer Tierarten als Pflanzenfresser zugelassen.
10	Mehl, Öl und andere Einzelfuttermittel, gewonnen aus Fisch, Weich- oder Krebstieren	Für karnivore Aquakulturtiere Aus Fischereien, deren Nachhaltigkeit im Rahmen einer Regelung zertifiziert wurde, die gemäß den Grundsätzen der Verordnung (EU) Nr. 1380/2013 von der zuständigen Behörde anerkannt ist, gemäß Anhang II Teil III Nummer 3.1.3.1 Buchstabe c der Verordnung (EU) 2018/848 Aus Überresten der Verarbeitung von Fischen, Krebstieren oder Weichtieren, die bereits gefangen wurden und für den menschlichen Verzehr bestimmt sind, gemäß Anhang II Teil III Nummer 3.1.3.3 Buchstabe c der Verordnung (EU) 2018/848, oder aus ganzen Fischen, Krebstieren oder Weichtieren, die gefangen wurden und nicht für den menschlichen Verzehr bestimmt sind, gemäß Anhang II Teil III Nummer 3.1.3.3 Buchstabe d der Verordnung (EU) 2018/848

10	Fischmehl und Fischöl	Während der Abwachsphase für Fische in Binnengewässern, Geißelgarnelen, Süßwassergarnelen und tropische Süßwasserfische Aus Fischereien, deren Nachhaltigkeit im Rahmen einer Regelung zertifiziert wurde, die gemäß den Grundsätzen der Verordnung (EU) Nr. 1380/2013 von der zuständigen Behörde anerkannt ist, gemäß Anhang II Teil III Nummer 3.1.3.1 Buchstabe c der Verordnung (EU) 2018/848 Nur, wo natürliche Futtermittel in Teichen und Seen nicht in ausreichender Menge zur Verfügung stehen, höchstens 25 % Fischmehl und 10 % Fischöl im Futter für Geißelgarnelen und Süßwassergarnelen (Macrobrachium spp.) sowie höchstens 10 % Fischmehl oder Fischöl im Futter für Haiwelse (Pangasius spp.), gemäß Anhang II Teil III Nummer 3.1.3.4 Buchstabe c Ziffern i und ii der Verordnung (EU) 2018/848

▼M1

12.1.5	Hefen	Wenn nicht aus ökologischer/biologischer Produktion verfügbar
12.1.12	Hefeerzeugnisse	Wenn nicht aus ökologischer/biologischer Produktion verfügbar

▼M2

13.11.1	Propylenglycol; [1,2-Propandiol]; [Propan-1,2-diol]	Beschränkt auf die Verwendung gemäß der Verordnung (EU) 2020/354 der Kommission als Futtermittel für besondere Ernährungszwecke: Verringerung der Ketosegefahr bei Milchkühen, Mutterschafen und Ziegen Auf die selektive Anwendung beschränkt (nur für einzelne betroffene Tiere und für einen begrenzten Zeitraum)

▼B

	Cholesterin	Erzeugnis, das aus Wollfett (Lanolin) durch Verseifung, Trennung und Kristallisieren aus Muscheln oder anderen Quellen gewonnen wird Bereitstellung der erforderlichen Futtermittelmenge für Geißelgarnelen und Süßwassergarnelen (Macrobrachium spp.) in Aufzucht- und Brutanlagen während der Abwachsphase und früherer Entwicklungsstadien Wenn nicht aus ökologischer/biologischer Produktion verfügbar
	Kräuter	Gemäß Artikel 24 Absatz 3 Buchstabe e Ziffer iv der Verordnung (EU) 2018/848, insbesondere — wenn nicht in ökologischer/biologischer Form verfügbar — ohne chemische Lösungsmittel produziert oder aufbereitet — höchstens 1 % in der Futterration enthalten
	Melassen	Gemäß Artikel 24 Absatz 3 Buchstabe e Ziffer iv der Verordnung (EU) 2018/848, insbesondere — wenn nicht in ökologischer/biologischer Form verfügbar — ohne chemische Lösungsmittel produziert oder aufbereitet — höchstens 1 % in der Futterration enthalten

	Phytoplankton und Zooplankton	Nur in der Larvenaufzucht ökologischer/biologischer Jungtiere
	Bestimmte Eiweißverbindungen	Gemäß den Nummern 1.9.3.1 Buchstabe c und 1.9.4.2 Buchstabe c der Verordnung (EU) 2018/848: — bis 31. Dezember 2026 — wenn nicht in ökologischer/biologischer Form verfügbar — ohne chemische Lösungsmittel produziert oder aufbereitet — für die Fütterung von Ferkeln bis 35 kg oder Junggeflügel — höchstens 5 % der Trockenmasse der Futtermittel landwirtschaftlichen Ursprungs pro Zeitraum von 12 Monaten
	Gewürze	Gemäß Artikel 24 Absatz 3 Buchstabe e Ziffer iv der Verordnung (EU) 2018/848, insbesondere — wenn nicht in ökologischer/biologischer Form verfügbar — ohne chemische Lösungsmittel produziert oder aufbereitet — höchstens 1 % in der Futterration enthalten
([1]) Gemäß der Verordnung (EU) Nr. 68/2013.		

TEIL B

Zugelassene Futtermittelzusatzstoffe und Verarbeitungshilfsstoffe, die gemäß Artikel 24 Absatz 1 Buchstabe d der Verordnung (EU) 2018/848 in der Tierernährung verwendet werden

Die in dem vorliegenden Teil aufgeführten Futtermittelzusatzstoffe müssen gemäß der Verordnung (EG) Nr. 1831/2003 zugelassen sein.

Die hier festgelegten besonderen Bedingungen gelten zusätzlich zu den Zulassungsbedingungen gemäß der Verordnung (EG) Nr. 1831/2003.

(1) TECHNOLOGISCHE ZUSATZSTOFFE

a) *Konservierungsmittel*

Kennnummer oder Funktionsgruppe	Bezeichnung	Besondere Bedingungen und Einschränkungen
E 200	Sorbinsäure	
E 236	Ameisensäure	
E 237	Natriumformiat	
E 260	Essigsäure	
E 270	Milchsäure	
E 280	Propionsäure	
E 330	Zitronensäure	

b) *Antioxidantien*

Kennnummer oder Funktionsgruppe	Bezeichnung	Besondere Bedingungen und Einschränkungen
1b306(i)	Tocopherolhaltige Extrakte aus pflanzlichen Ölen	
1b306(ii)	Stark tocopherolhaltige Extrakte aus pflanzlichen Ölen (mit hohem Delta-Tocopherol-Anteil)	

c) *Emulgatoren, Stabilisatoren, Verdickungsstoffe und Geliermittel*

Kennnummer oder Funktionsgruppe	Bezeichnung	Besondere Bedingungen und Einschränkungen
1c322, 1c322i	Lecithine	Nur aus ökologischen/biologischen Rohstoffen Verwendung beschränkt auf Futtermittel für Aquakulturtiere
▼M1		
E 407	Carrageen	Nur für Heimtierfutter
E 410	Johannisbrotkernmehl	Nur für Heimtierfutter Nur durch ein Röstverfahren gewonnen Wenn verfügbar aus ökologischer/biologischer Produktion
E 414	Gummi arabicum (Akaziengummi)	Nur für Heimtierfutter Wenn verfügbar aus ökologischer/biologischer Produktion
E 415	Xanthan	
E 412	Guarkernmehl	
▼B		

d) *Bindemittel und Fließhilfsstoffe*

Kennnummer oder Funktionsgruppe	Bezeichnung	Besondere Bedingungen und Einschränkungen
▼M1		
▼B		
E 535	Natriumferrocyanid	Höchstdosis: 20 mg/kg NaCl (berechnet als Ferrocyanidanion)
E 551b	Kolloidales Siliciumdioxid	
E 551c	Kieselgur (Diatomeenerde, gereinigt)	
1m558	Bentonit	
E 559	Kaolinit-Tone, asbestfrei	

E 560	Natürliche Mischungen von Steatiten und Chlorit	
E 561	Vermiculit	
E 562	Sepiolith	
▼M1		
E 563	Sepiolit-Ton	
▼B		
E 566	Natrolith-Phonolith	
1g568	Klinoptilolit sedimentären Ursprungs	
E 599	Perlit	
▼M1		
1g599	Illit-Montmorillonit-Kaolinit	

▼B

e) *Silierzusatzstoffe*

Kennnummer oder Funktionsgruppe	Bezeichnung	Besondere Bedingungen und Einschränkungen
1k	Enzyme, Mikroorganismen	Nur für die Sicherstellung einer angemessenen Gärung zugelassen
1k236	Ameisensäure	
1k237	Natriumformiat	
1k280	Propionsäure	
1k281	Natriumpropionat	

f) *Stoffe zur Verringerung der Kontamination von Futtermitteln mit Mykotoxinen*

Kennnummer oder Funktionsgruppe	Bezeichnung	Besondere Bedingungen und Einschränkungen
1m558	Bentonit	

(2) SENSORISCHE ZUSATZSTOFFE

Kennnummer oder Funktionsgruppe	Bezeichnung	Besondere Bedingungen und Einschränkungen

VO 2021/1165

ex2a	Astaxanthin	Nur aus ökologischen/biologischen Quellen wie Schalen ökologisch/biologisch erzeugter Krebstiere Nur im Futter für Lachse und Forellen im Rahmen ihrer physiologischen Bedürfnisse Ist kein Astaxanthin aus ökologischen/biologischen Quellen verfügbar, darf Astaxanthin aus natürlichen Quellen wie astaxanthinreichen Phaffia rhodozyma verwendet werden.
ex2b	Aromastoffe	Nur Extrakte aus landwirtschaftlichen Erzeugnissen, einschließlich Edelkastanienextrakt (Castanea sativa Mill.)

(3) ERNÄHRUNGSPHYSIOLOGISCHE ZUSATZSTOFFE

a) *Vitamine, Provitamine und chemisch definierte Stoffe mit ähnlicher Wirkung*

Kennnummer oder Funktionsgruppe	Bezeichnung	Besondere Bedingungen und Einschränkungen
ex3a	Vitamine und Provitamine	Aus landwirtschaftlichen Erzeugnissen gewonnen Wenn nicht aus landwirtschaftlichen Erzeugnissen verfügbar: — synthetisch gewonnen, für Monogastriden und Aquakulturtiere dürfen nur diejenigen verwendet werden, die mit aus landwirtschaftlichen Erzeugnissen gewonnenen Vitaminen identisch sind. — synthetisch gewonnen, für Wiederkäuer dürfen nur Vitamine A, D und E verwendet werden, die mit aus landwirtschaftlichen Erzeugnissen gewonnenen Vitaminen identisch sind; die Verwendung ist abhängig von der vorherigen Genehmigung der Mitgliedstaaten auf Basis der Prüfung der Frage, ob ökologische/biologische Wiederkäuer die genannten Vitamine in der notwendigen Menge nicht über ihre Futterration erhalten können.

▼M1

3a370	Taurin	Nur für Katzen und Hunde Wenn verfügbar nicht synthetischen Ursprungs

▼M1

3a920	Betainanhydrat	Nur für Monogastriden und Fische Aus ökologischer/biologischer Produktion; falls nicht verfügbar, natürlichen Ursprungs

▼B

b) *Verbindungen von Spurenelementen*

Kennnummer oder Funktionsgruppe	Bezeichnung	Besondere Bedingungen und Einschränkungen
3b10	Eisen(II)carbonat (Siderit)	

3b103	Eisen(II)sulfat-Monohydrat	
3b104	Eisen(II)sulfat-Heptahydrat	

▼M2

3b107	Eisen(II)-Protein-Hydrolysatchelat	Wenn verfügbar aus ökologischer/biologischer Sojaproduktion
3b110	Eisendextran 10 %	Beschränkt auf die Verwendung gemäß der Verordnung (EU) 2020/354 der Kommission als Futtermittel für besondere Ernährungszwecke: Ausgleich unzureichender Eisen-Verfügbarkeit nach der Geburt nur für Saugferkel Kultursubstrat für die Fermentation von Dextran darf nicht aus GVO stammen Auf die selektive Anwendung beschränkt (nur für betroffene Ferkel und für einen begrenzten Zeitraum)

▼B

3b201	Kaliumjodid	
3b202	Kalciumjodat, wasserfrei	
3b203	Gecoatetes Kalciumjodat-Granulat, wasserfrei	
3b301	Cobalt(II)acetat-Tetrahydrat	
3b302	Cobalt(II)carbonat	
3b303	Cobalt(II)carbonathydroxid(2:3)-Monohydrat	
3b304	Gecoatetes Cobalt(II)carbonat-Granulat	
3b305	Cobalt(II)sulfat-Heptahydrat	
3b402	Kupfer(II)-carbonat-dihydroxy-Monohydrat	
3b404	Kupfer(II)-oxid	
3b405	Kupfer(II)-sulfat-Pentahydrat	

▼M2

3b407	Kupfer(II)-Protein-Hydrolysatchelat	Wenn verfügbar aus ökologischer/biologischer Sojaproduktion

▼B

3b409	Dikupferchlorid-Trihydroxid	
3b502	Mangan(II)-oxid	
3b503	Mangan(II)sulfat, Monohydrat	

▼M2

VO 2021/1165

3b503	Proteinhydrolysate-Manganchelate	Wenn verfügbar aus ökologischer/biologischer Sojaproduktion
▼B		
3b602	Zinkoxid	
3b604	Zinksulfat-Heptahydrat	
3b605	Zinksulfat-Monohydrat	
3b609	Zinkchloridhydroxid-Monohydrat	
▼M2		
3b612	Proteinhydrolysate-Zinkchelat	Wenn verfügbar aus ökologischer/biologischer Sojaproduktion
▼B		
3b701	Natriummolybdat-Dihydrat	
3b801	Natriumselenit	
3b802 3b803	Gecoatetes Natriumselenit-Granulat Natriumselenat	
3b810	Selenhefe, Saccharomyces cerevisiae CNCM I-3060, inaktiviert	
▼M2		
3b810	Selenhefe aus Saccharomyces cerevisiae CNCM I-3060, inaktiviert	
▼B		
3b811	Selenhefe, Saccharomyces cerevisiae NCYC R397, inaktiviert	
3b812	Selenhefe, Saccharomyces cerevisiae CNCM I-3399, inaktiviert	
3b813	Selenhefe, Saccharomyces cerevisiae NCYC R646, inaktiviert	
3b817	Selenhefe, Saccharomyces cerevisiae NCYC R645, inaktiviert	

c) *Aminosäuren, deren Salze und Analoge*

Kennnummer oder Funktionsgruppe	Bezeichnung	Besondere Bedingungen und Einschränkungen
3c3.5.1 und 3c3.5.2	L-Histidin-Monohydrochlorid-Monohydrat	Hergestellt durch Fermentation Darf Bestandteil der Futterration von Salmoniden sein, wenn durch die in Anhang II Teil II Nummer 3.1.3.3 der Verordnung (EU) 2018/848 aufgeführten Futtermittel keine ausreichende Menge an Histidin gewährleistet werden kann, um den Nahrungsmittelbedarf der Fische zu decken

(4) ZOOTECHNISCHE ZUSATZSTOFFE

Kennnummer oder Funktionsgruppe	Bezeichnung	Besondere Bedingungen und Einschränkungen
4a, 4b, 4c und 4d	Enzyme und Mikroorganismen	
▼M1		
4d7 und 4d8	Ammoniumchlorid	Nur für Katzen
▼B		

ANHANG IV

Zugelassene Mittel zur Reinigung und Desinfektion gemäß Artikel 24 Absatz 1 Buchstaben e, f und g der Verordnung (EU) 2018/848

TEIL A

Mittel zur Reinigung und Desinfektion von Teichen, Käfigen, Becken, Fließkanälen, Gebäuden oder Anlagen für die tierische Erzeugung

TEIL B

Mittel zur Reinigung und Desinfektion von Gebäuden und Anlagen für die pflanzliche Erzeugung, einschließlich Lagerung in einem landwirtschaftlichen Betrieb

TEIL C

Mittel zur Reinigung und Desinfektion in Verarbeitungs- und Lagerstätten

TEIL D

Erzeugnisse gemäß Artikel 12 Absatz 1 der vorliegenden Verordnung

Die im Folgenden aufgeführten Erzeugnisse oder Erzeugnisse, die die folgenden, in Anhang VII der Verordnung (EG) Nr. 889/2008 aufgeführten Wirkstoffe enthalten, dürfen nicht als Biozidprodukte verwendet werden:

— Ätznatron

— Ätzkali

— Oxalsäure

— natürliche Pflanzenessenzen, außer Leinöl, Lavendelöl und Pfefferminzöl

— Salpetersäure

— Phosphorsäure

— Natriumcarbonat

— Kupfersulfat

— Kaliumpermanganat

— Kamelienölkuchen (tea seed cake) aus natürlichen Kameliensamen

— Huminsäure

— Peroxyessigsäure, außer Peressigsäure

ANHANG V

Zugelassene Erzeugnisse und Stoffe zur Verwendung in der Produktion von verarbeiteten ökologischen/biologischen Lebensmitteln und von Hefe, die als Lebens- oder Futtermittel verwendet wird

TEIL A

Zugelassene Lebensmittelzusatzstoffe und Verarbeitungshilfsstoffe gemäß Artikel 24 Absatz 2 Buchstabe a der Verordnung (EU) 2018/848

ABSCHNITT A1 — LEBENSMITTELZUSATZSTOFFE, EINSCHLIEßLICH TRÄGER

Die ökologischen/biologischen Lebensmittel, denen Lebensmittelzusatzstoffe zugefügt werden dürfen, stehen im Einklang mit den Zulassungen gemäß der Verordnung (EG) Nr. 1333/2008.

Die hier festgelegten besonderen Bedingungen und Einschränkungen gelten zusätzlich zu den Zulassungsbedingungen gemäß der Verordnung (EG) Nr. 1333/2008.

Zur Berechnung der Prozentsätze für die Zwecke von Artikel 30 Absatz 5 der Verordnung (EU) 2018/848 werden Lebensmittelzusatzstoffe, die in der Spalte „Code" mit einem Sternchen ausgewiesen sind, zu den Zutaten landwirtschaftlichen Ursprungs gerechnet.

Code	Bezeichnung	Ökologische/biologische Lebensmittel, denen sie zugefügt werden dürfen	Besondere Bedingungen und Einschränkungen
E 153	Pflanzenkohle	Essbare Käserinde von geaschtem Ziegenkäse Morbier-Käse	
E 160b(i)*	Annatto, Bixin	Roter Leicester-Käse Double-Gloucester-Käse Cheddar Mimolette-Käse	
E 160b(ii)*	Annatto, Norbixin	Roter Leicester-Käse Double-Gloucester-Käse Cheddar Mimolette-Käse	
E 170	Calciumcarbonat	Erzeugnisse pflanzlichen und tierischen Ursprungs	Darf nicht als Farb- oder Calciumzusatz verwendet werden

E 220	Schwefeldioxid	Obstweine (Wein aus anderem Obst als Weintrauben, einschließlich Apfel- und Birnenwein) sowie Met mit und ohne Zuckerzusatz	100 mg/l (Höchstwerte beziehen sich auf die in allen Bestandteilen enthaltene Gesamtmenge, ausgedrückt als SO2 mg/l)
E 223	Natriummetabisulfit	Krebstiere	
E 224	Kaliummetabisulfit	Obstweine (Wein aus anderem Obst als Weintrauben, einschließlich Apfel- und Birnenwein) sowie Met mit und ohne Zuckerzusatz	100 mg/l (Höchstwerte beziehen sich auf die in allen Bestandteilen enthaltene Gesamtmenge, ausgedrückt als SO2 mg/l)
E 250	Natriumnitrit	Fleischerzeugnisse	Darf nur verwendet werden, wenn der zuständigen Behörde glaubhaft nachgewiesen wurde, dass keine technologische Alternative zur Verfügung steht, die dieselben Garantien bietet und/oder die es gestattet, die besonderen Merkmale des Erzeugnisses beizubehalten Nicht in Verbindung mit E 252 Zugabehöchstmenge, ausgedrückt als NaNO2: 80 mg/kg, Rückstandshöchstmenge, ausgedrückt als NaNO2: 50 mg/kg
E 252	Kaliumnitrat	Fleischerzeugnisse	Darf nur verwendet werden, wenn der zuständigen Behörde glaubhaft nachgewiesen wurde, dass keine technologische Alternative zur Verfügung steht, die dieselben Garantien bietet und/oder die es gestattet, die besonderen Merkmale des Erzeugnisses beizubehalten Nicht in Verbindung mit E250 Zugabehöchstmenge, ausgedrückt als NaNO3: 80 mg/kg, Rückstandshöchstmenge, ausgedrückt als NaNO3: 50 mg/kg
E 270	Milchsäure	Erzeugnisse pflanzlichen und tierischen Ursprungs	
E 290	Kohlendioxid	Erzeugnisse pflanzlichen und tierischen Ursprungs	

E 296	Äpfelsäure	Erzeugnisse pflanzlichen Ursprungs	
▼M2			
E 300	Ascorbinsäure	Erzeugnisse pflanzlichen Ursprungs Fleischerzeugnisse (Kategorie 08.3 ([2])) und Fleischzubereitungen (Kategorie 08.2 ([2])), denen neben Zusatzstoffen und Salz auch andere Zutaten zugesetzt wurden“	
▼B			
E 301	Natriumascorbat	Fleischerzeugnisse	Nur in Verbindung mit Nitrit oder Nitrat
E 306	Stark tocopherolhaltiger Extrakt	Erzeugnisse pflanzlichen und tierischen Ursprungs	Antioxidans
▼M2			
E 322*	Lecithine	Erzeugnisse pflanzlichen Ursprungs Erzeugnisse tierischen Ursprungs	Nur aus ökologischer/biologischer Produktion
▼B			
E 325	Natriumlactat	Erzeugnisse pflanzlichen Ursprungs Erzeugnisse auf Milchbasis und Fleischerzeugnisse	

E 330	Zitronensäure	Erzeugnisse pflanzlichen und tierischen Ursprungs	
E 331	Natriumcitrate	Erzeugnisse pflanzlichen und tierischen Ursprungs	
E 333	Calciumcitrate	Erzeugnisse pflanzlichen Ursprungs	
E 334	Weinsäure (L(+)–)	Erzeugnisse pflanzlichen Ursprungs Met	

▼M2

E 335	Natriumtartrate	Erzeugnisse pflanzlichen Ursprungs	Ab dem 1. Januar 2027 nur aus ökologischer/biologischer Produktion
E 336	Kaliumtartrate	Erzeugnisse pflanzlichen Ursprungs	Ab dem 1. Januar 2027 nur aus ökologischer/biologischer Produktion

▼M2

E 337	Kaliumnatriumtartrat	Erzeugnisse pflanzlichen Ursprungs	Ab dem 1. Januar 2027 nur aus ökologischer/biologischer Produktion

▼B

E 341 (i)	Monocalciumphosphat	Backtriebmittel für Mehl	Triebmittel
E 392*	Extrakte aus Rosmarin	Erzeugnisse pflanzlichen und tierischen Ursprungs	Nur aus ökologischer/biologischer Produktion

E 400	Alginsäure	Erzeugnisse pflanzlichen Ursprungs Milcherzeugnisse	
E 401	Natriumalginat	Erzeugnisse pflanzlichen Ursprungs Milcherzeugnisse Wurstwaren auf Fleischbasis	
E 402	Kaliumalginat	Erzeugnisse pflanzlichen Ursprungs Erzeugnisse auf Milchbasis	
E 406	Agar-Agar	Erzeugnisse pflanzlichen Ursprungs Erzeugnisse auf Milchbasis und Fleischerzeugnisse	
E 407	Carrageen	Erzeugnisse pflanzlichen Ursprungs Erzeugnisse auf Milchbasis	
E 410	Johannisbrotkernmehl	Erzeugnisse pflanzlichen und tierischen Ursprungs	Nur aus ökologischer/biologischer Produktion
E 412	Guarkernmehl	Erzeugnisse pflanzlichen und tierischen Ursprungs	Nur aus ökologischer/biologischer Produktion
E 414	Gummi arabicum	Erzeugnisse pflanzlichen und tierischen Ursprungs	Nur aus ökologischer/biologischer Produktion
E 415	Xanthan	Erzeugnisse pflanzlichen und tierischen Ursprungs	
E 417	Tarakernmehl	Erzeugnisse pflanzlichen und tierischen Ursprungs	Verdickungsmittel Nur aus ökologischer/biologischer Produktion

VO 2021/1165

▼M1

E 418	Gellan	Erzeugnisse pflanzlichen und tierischen Ursprungs	Nur in der stark acylhaltigen Form Nur aus ökologischer/biologischer Produktion, gilt ab dem 1. Januar 2026

▼B

E 422	Glycerin	Pflanzenextrakte Aromen	Nur pflanzlichen Ursprungs Lösungsmittel und Träger in Pflanzenextrakten und Aromen Feuchthaltemittel in Gelatinekapseln Beschichtung von Filmtabletten Nur aus ökologischer/biologischer Produktion
E 440(i)	Pektin	Erzeugnisse pflanzlichen Ursprungs Erzeugnisse auf Milchbasis	
E 460	Cellulose	Gelatine	
E 464	Hydroxypropylmethylcellulose	Erzeugnisse pflanzlichen und tierischen Ursprungs	Herstellung von Kapselhüllen
E 500	Natriumcarbonate	Erzeugnisse pflanzlichen und tierischen Ursprungs	
E 501	Kaliumcarbonate	Erzeugnisse pflanzlichen Ursprungs	

E 503	Ammoniumcarbonate	Erzeugnisse pflanzlichen Ursprungs	
E 504	Magnesiumcarbonate	Erzeugnisse pflanzlichen Ursprungs	
E 509	Calciumchlorid	Erzeugnisse auf Milchbasis	Koagulationsmittel
E 516	Calciumsulfat	Erzeugnisse pflanzlichen Ursprungs	Träger
E 524	Natriumhydroxid	Aromen für Laugengebäck	Oberflächenbehandlung Säureregulierung
▼M1			
E 551	Siliciumdioxid	Kakao, Kräuter und Gewürze in getrockneter Pulverform Aromen Propolis	Für Kakao nur zur Verwendung in automatischen Ausgabemaschinen
E 553b	Talkum	Erzeugnisse pflanzlichen Ursprungs Wurstwaren auf Fleischbasis	Für Wurstwaren auf Fleischbasis nur Oberflächenbehandlung
▼B			
E 901	Bienenwachs	Zuckerwaren	Überzugmittel Nur aus ökologischer/biologischer Produktion

E 903	Carnaubawachs	Zuckerwaren Zitrusfrüchte	Überzugmittel Konservierende Beschichtung von Früchten, die gemäß der Durchführungsrichtlinie (EU) 2017/1279 der Kommission ([1]) im Zuge einer verpflichtenden Quarantänemaßnahme zum Schutz vor Schadorganismen einer Extremkältebehandlung unterzogen werden Nur aus ökologischer/biologischer Produktion
E 938	Argon	Erzeugnisse pflanzlichen und tierischen Ursprungs	
E 939	Helium	Erzeugnisse pflanzlichen und tierischen Ursprungs	
E 941	Stickstoff	Erzeugnisse pflanzlichen und tierischen Ursprungs	
E 948	Sauerstoff	Erzeugnisse pflanzlichen und tierischen Ursprungs	
E 968	Erythrit	Erzeugnisse pflanzlichen und tierischen Ursprungs	Nur aus ökologischer/biologischer Produktion ohne Einsatz von Ionenaustauschtechnologie

([1]) Durchführungsrichtlinie (EU) 2017/1279 der Kommission vom 14. Juli 2017 zur Änderung der Anhänge I bis V der Richtlinie 2000/29/EG des Rates über Maßnahmen zum Schutz der Gemeinschaft gegen die Einschleppung und Ausbreitung von Schadorganismen der Pflanzen und Pflanzenerzeugnisse (ABl. L 184 vom 15.7.2017, S. 33).

([2]) Lebensmittelkategorien in Anhang II Teil D der Verordnung (EG) Nr. 1333/2008 des Europäischen Parlaments und des Rates vom 16. Dezember 2008 über Lebensmittelzusatzstoffe (ABl. L 354 vom 31.12.2008, S. 16).

ABSCHNITT A2 — VERARBEITUNGSHILFSSTOFFE UND SONSTIGE ERZEUGNISSE, DIE BEI DER VERARBEITUNG ÖKOLOGISCHER/BIOLOGISCHER ZUTATEN LANDWIRTSCHAFTLICHEN URSPRUNGS VERWENDET WERDEN DÜRFEN

Die hier festgelegten besonderen Bedingungen und Einschränkungen gelten zusätzlich zu den Zulassungsbedingungen gemäß der Verordnung (EG) Nr. 1333/2008.

Bezeichnung	Nur für die Verarbeitung der folgenden ökologischen/biologischen Lebensmittel zugelassen	Besondere Bedingungen und Einschränkungen
Wasser	Erzeugnisse pflanzlichen und tierischen Ursprungs	Trinkwasser im Sinne der Richtlinie 98/83/EG des Rates ([1])

Calcium-chlorid	Erzeugnisse pflanzlichen Ursprungs Wurstwaren auf Fleischbasis	Koagulationsmittel
Calcium-carbonat	Erzeugnisse pflanzlichen Ursprungs	
Calcium-hydroxid	Erzeugnisse pflanzlichen Ursprungs	
Calcium-sulfat	Erzeugnisse pflanzlichen Ursprungs	Koagulationsmittel
Magnesium-chlorid (Nigari)	Erzeugnisse pflanzlichen Ursprungs	Koagulationsmittel
Kalium-carbonat	Weintrauben	Trocknungsmittel
Natrium-carbonat	Erzeugnisse pflanzlichen und tierischen Ursprungs	
Milchsäure	Käse	Zur Regulierung des pH-Wertes des Salzbades bei der Käseherstellung

L(+)-Milchsäure aus Gärsubstraten	Pflanzenproteinextrakte	
Zitronensäure	Erzeugnisse pflanzlichen und tierischen Ursprungs	
Natriumhydroxid	Zucker Öl pflanzlichen Ursprungs, ausgenommen Olivenöl Pflanzenproteinextrakte	
Schwefelsäure	Gelatine Zucker	

▼M1

Hopfenextrakt	Erzeugnisse pflanzlichen Ursprungs	Nur für antimikrobielle Zwecke Wenn verfügbar aus ökologischer/biologischer Produktion
Piniennharzextrakt	Erzeugnisse pflanzlichen Ursprungs	Nur für antimikrobielle Zwecke Wenn verfügbar aus ökologischer/biologischer Produktion

▼B

Salzsäure	Gelatine Gouda, Edamer und Maasdamer Käse, Boerenkaas, Friese und Leidse Nagelkaas	Gelatineherstellung gemäß der Verordnung (EG) Nr. 853/2004 des Europäischen Parlaments und des Rates ([2]) Zur Regulierung des pH-Wertes des Salzbades bei der Käseverarbeitung
Ammoniumhydroxid	Gelatine	Gelatineherstellung gemäß der Verordnung (EG) Nr. 853/2004

Wasserstoffperoxid	Gelatine	Gelatineherstellung gemäß der Verordnung (EG) Nr. 853/2004
Kohlendioxid	Erzeugnisse pflanzlichen und tierischen Ursprungs	
Stickstoff	Erzeugnisse pflanzlichen und tierischen Ursprungs	
Ethanol	Erzeugnisse pflanzlichen und tierischen Ursprungs	Lösungsmittel
Gerbsäure	Erzeugnisse pflanzlichen Ursprungs	Filtrierhilfe
Eiweißalbumin	Erzeugnisse pflanzlichen Ursprungs	
Casein	Erzeugnisse pflanzlichen Ursprungs	
Gelatine	Erzeugnisse pflanzlichen Ursprungs	
Hausenblase	Erzeugnisse pflanzlichen Ursprungs	
Pflanzliche Öle	Erzeugnisse pflanzlichen und tierischen Ursprungs	Schmier- bzw. Trennmittel oder Schaumverhüter Nur aus ökologischer/biologischer Produktion

Siliciumdioxid als Gel oder kolloidale Lösung	Erzeugnisse pflanzlichen Ursprungs	
Aktivkohle (CAS-7440-44-0)	Erzeugnisse pflanzlichen und tierischen Ursprungs	
Talkum	Erzeugnisse pflanzlichen Ursprungs	Gemäß den spezifischen Reinheitsnormen für den Lebensmittelzusatzstoff E 553b
Bentonit	Erzeugnisse pflanzlichen Ursprungs Met	Verdickungsmittel für Met
Cellulose	Erzeugnisse pflanzlichen Ursprungs Gelatine	
Kieselgur	Erzeugnisse pflanzlichen Ursprungs Gelatine	
Perlit	Erzeugnisse pflanzlichen Ursprungs Gelatine	
Haselnussschalen	Erzeugnisse pflanzlichen Ursprungs	
Reismehl	Erzeugnisse pflanzlichen Ursprungs	

Bienenwachs	Erzeugnisse pflanzlichen Ursprungs	Trennmittel Nur aus ökologischer/biologischer Produktion
Carnaubawachs	Erzeugnisse pflanzlichen Ursprungs	Trennmittel Nur aus ökologischer/biologischer Produktion
Essigsäure/Essig	Erzeugnisse pflanzlichen Ursprungs Fisch	Nur aus ökologischer/biologischer Produktion Aus natürlicher Fermentation
Thiaminhydrochlorid	Obstweine, Apfel- und Birnenwein sowie Met	
Diammoniumphosphat	Obstweine, Apfel- und Birnenwein sowie Met	
Holzfasern	Erzeugnisse pflanzlichen und tierischen Ursprungs	Die Herkunft des Holzes sollte auf zertifiziertes, nachhaltig geschlagenes Holz begrenzt sein. Das verwendete Holz darf keine toxischen Bestandteile enthalten (Behandlung nach dem Einschlag, natürlich vorkommende Toxine oder Toxine aus Mikroorganismen)

([1]) Richtlinie 98/83/EG des Rates vom 3. November 1998 über die Qualität von Wasser für den menschlichen Gebrauch (ABl. L 330 vom 5.12.1998, S. 32).
([2]) Verordnung (EG) Nr. 853/2004 des Europäischen Parlaments und des Rates vom 29. April 2004 mit spezifischen Hygienevorschriften für Lebensmittel tierischen Ursprungs (ABl. L 139 vom 30.4.2004, S. 55).

TEIL B

Für die Herstellung von verarbeiteten ökologischen/biologischen Lebensmitteln zugelassene nichtökologische/nichtbiologische Zutaten landwirtschaftlichen Ursprungs gemäß Artikel 24 Absatz 2 Buchstabe b der Verordnung (EU) 2018/848

Bezeichnung	Besondere Bedingungen und Einschränkungen
Arame-Algen (Eisenia bicyclis) sowohl unverarbeitet als auch als Erzeugnisse der ersten Verarbeitungsstufe, die mit diesen Algen in unmittelbarem Zusammenhang stehen	
Hijiki-Algen (Hizikia fusiforme) sowohl unverarbeitet als auch als Erzeugnisse der ersten Verarbeitungsstufe, die mit diesen Algen in unmittelbarem Zusammenhang stehen	

Rinde des Pau d'Arco Baumes Handroanthus impetiginosus („lapacho")	Nur für Kombucha und Teemischungen
Därme	Aus natürlichen tierischen Rohstoffen oder pflanzlichen Ursprungs
Gelatine	Aus anderen Quellen als von Schweinen
Milchmineral (pulverförmig oder flüssig)	Nur bei Verwendung aufgrund seiner sensorischen Funktion, um Natriumchlorid ganz oder teilweise zu ersetzen
Wildfisch und wild lebende Wassertiere sowohl unverarbeitet als auch daraus hergestellte Verarbeitungserzeugnisse	Nur aus Fischereien, deren Nachhaltigkeit im Rahmen einer Regelung zertifiziert wurde, die gemäß den Grundsätzen der Verordnung (EU) Nr. 1380/2013 von der zuständigen Behörde anerkannt ist, gemäß Anhang II Teil III Nummer 3.1.3.1 Buchstabe c der Verordnung (EU) 2018/848 Nur, wenn nicht aus ökologischer/biologischer Aquakultur verfügbar

TEIL C

Für die Herstellung von Hefe und Hefeerzeugnissen zugelassene Verarbeitungshilfsstoffe und andere Erzeugnisse gemäß Artikel 24 Absatz 2 Buchstabe c der Verordnung (EU) 2018/848

Bezeichnung	Primärhefe	Herstellung, Zubereitung und Formulierung von Hefe	Besondere Bedingungen und Einschränkungen
Calciumchlorid	X		
Kohlendioxid	X	X	
Zitronensäure	X		Zur Regulierung des pH-Werts bei der Hefeherstellung
Milchsäure	X		Zur Regulierung des pH-Werts bei der Hefeherstellung
Stickstoff	X	X	
Sauerstoff	X	X	
Kartoffelstärke	X	X	Zur Filterung Nur aus ökologischer/biologischer Produktion
Natriumcarbonat	X	X	Zur Regulierung des pH-Werts
Pflanzliche Öle	X	X	Schmier- bzw. Trennmittel oder Schaumverhüter Nur aus ökologischer/biologischer Produktion

TEIL D

Für die Herstellung und Konservierung ökologischer/biologischer Weinbauerzeugnisse des Weinsektors zugelassene Erzeugnisse und Stoffe gemäß Anhang II Teil VI Nummer 2.2 der Verordnung (EU) 2018/848

Bezeichnung	Kennnummer	Fundstelle in Anhang I der Delegierten Verordnung (EU) 2019/934	Besondere Bedingungen und Einschränkungen
Luft		Teil A, Tabelle 1, Nummern 1 und 8	
Gasförmiger Sauerstoff	E 948 CAS-Nr. 17778-80-2	Teil A, Tabelle 1, Nummer 1 Teil A, Tabelle 2, Nummer 8.4	
Argon	E 938 CAS-Nr. 7440-37-1	Teil A, Tabelle 1, Nummer 4 Teil A, Tabelle 2, Nummer 8.1	Darf nicht zum Durchperlen verwendet werden.
Stickstoff	E 941 CAS-Nr. 7727-37-9	Teil A, Tabelle 1, Nummern 4, 7 und 8 Teil A, Tabelle 2, Nummer 8.2	
Kohlendioxid	E 290 CAS-Nr. 124-38-9	Teil A, Tabelle 1, Nummern 4 und 8 Teil A, Tabelle 2, Nummer 8.3	
Eichenholzstücke		Teil A, Tabelle 1, Nummer 11	
Weinsäure (L(+)-)	E 334 CAS-Nr. 87-69-4	Teil A, Tabelle 2, Nummer 1.1	
Milchsäure	E 270	Teil A, Tabelle 2, Nummer 1.3	
Kalium-L(+)tartrat	E 336(ii) CAS-Nr. 921-53-9	Teil A, Tabelle 2, Nummer 1.4	
Kaliumbicarbonat	E 501(ii) CAS-Nr. 298-14-6	Teil A, Tabelle 2, Nummer 1.5	
Calciumcarbonat	E 170 CAS-Nr. 471-34-1	Teil A, Tabelle 2, Nummer 1.6	
Calciumsulfat	E 516	Teil A, Tabelle 2, Nummer 1.8	

VO 2021/1165

Schwefeldioxid	E 220 CAS-Nr. 7446-09-5	Teil A, Tabelle 2, Nummer 2.1	Der maximale Schwefeldioxidgehalt darf bei Rotwein gemäß Anhang I Teil B Abschnitt A Nummer 1 Buchstabe a der Delegierten Verordnung (EU) 2019/934 100 mg/l bei einem Restzuckergehalt unter 2 g/l nicht übersteigen. Der maximale Schwefeldioxidgehalt darf bei Weiß- und Roséwein gemäß Anhang I Teil B Abschnitt A Nummer 1 Buchstabe b der Verordnung (EU) 2019/934 150 mg/l bei einem Restzuckergehalt unter 2 g/l nicht übersteigen. Bei allen anderen Weinen wird der gemäß Anhang I Teil B der Delegierten Verordnung (EU) 2019/934 geltende maximale Schwefeldioxidgehalt um 30 mg/l verringert.
Kaliumbisulfit	E 228 CAS-Nr. 7773-03-7	Teil A, Tabelle 2, Nummer 2.2	
Kaliummetabisulfit	E 224 CAS-Nr. 16731-55-8	Teil A, Tabelle 2, Nummer 2,3	
L-Ascorbinsäure	E 300	Teil A, Tabelle 2, Nummer 2.6	
Önologische Holzkohle		Teil A, Tabelle 2, Nummer 3.1	
Diammoniumhydrogenphosphat	E 342/CAS-Nr. 7783-28-0	Teil A, Tabelle 2, Nummer 4.2	
Thiaminhydrochlorid	CAS-Nr. 67-03-8	Teil A, Tabelle 2, Nummer 4.5	
Hefeautolysate		Teil A, Tabelle 2, Nummer 4.6	
Heferinden		Teil A, Tabelle 2, Nummer 4.7	
Inaktivierte Hefen		Teil A, Tabelle 2, Nummer 4.8 Teil A, Tabelle 2, Nummer 10.5 Teil A, Tabelle 2, Nummer 11.5	

Speisegelatine	CAS-Nr. 9000-70-8	Teil A, Tabelle 2, Nummer 5.1	Wenn verfügbar aus ökologischen/biologischen Ausgangsstoffen
Weizenprotein		Teil A, Tabelle 2, Nummer 5.2	Wenn verfügbar aus ökologischen/biologischen Ausgangsstoffen
Erbsenprotein		Teil A, Tabelle 2, Nummer 5.3	Wenn verfügbar aus ökologischen/biologischen Ausgangsstoffen
Kartoffelprotein		Teil A, Tabelle 2, Nummer 5.4	Wenn verfügbar aus ökologischen/biologischen Ausgangsstoffen
Hausenblase		Teil A, Tabelle 2, Nummer 5.5	Wenn verfügbar aus ökologischen/biologischen Ausgangsstoffen
Casein	CAS-Nr. 9005-43-0	Teil A, Tabelle 2, Nummer 5.6	Wenn verfügbar aus ökologischen/biologischen Ausgangsstoffen
Kaliumcaseinate	CAS-Nr. 68131-54-4	Teil A, Tabelle 2, Nummer 5.7	
Eieralbumin	CAS-Nr. 9006-59-1	Teil A, Tabelle 2, Nummer 5.8	Wenn verfügbar aus ökologischen/biologischen Ausgangsstoffen
Bentonit	E 558	Teil A, Tabelle 2, Nummer 5.9	
Siliciumdioxid als Gel oder kolloidale Lösung	E 551	Teil A, Tabelle 2, Nummer 5.10	
Tannine		Teil A, Tabelle 2, Nummer 5.12 Teil A, Tabelle 2, Nummer 6.4	Wenn verfügbar aus ökologischen/biologischen Ausgangsstoffen
Aus Aspergillus niger gewonnenes Chitosan	CAS-Nr. 9012-76-4	Teil A, Tabelle 2, Nummer 5.13 Teil A, Tabelle 2, Nummer 10.3	
Hefeproteinextrakte		Teil A, Tabelle 2, Nummer 5.15	Wenn verfügbar aus ökologischen/biologischen Ausgangsstoffen
Kaliumalginat	E 402/CAS-Nr. 9005-36-1	Teil A, Tabelle 2, Nummer 5.18	

VO 2021/1165

Kaliumhydrogentartrat	E 336(i)/CAS-Nr. 868-14-4	Teil A, Tabelle 2, Nummer 6.1	
Zitronensäure	E 330	Teil A, Tabelle 2, Nummer 6.3	
Metaweinsäure	E 353	Teil A, Tabelle 2, Nummer 6.7	
Gummiarabikum	E 414/CAS-Nr. 9000-01-5	Teil A, Tabelle 2, Nummer 6.8	Wenn verfügbar aus ökologischen/biologischen Ausgangsstoffen
Hefe-Mannoproteine		Teil A, Tabelle 2, Nummer 6.10	
Pectinlyasen	EC 4.2.2.10	Teil A, Tabelle 2, Nummer 7.2	Nur für önologische Zwecke bei der Klärung
Pectinmethylesterase	EC 3.1.1.11	Teil A, Tabelle 2, Nummer 7.3	Nur für önologische Zwecke bei der Klärung
Polygalacturonase	EC 3.2.1.15	Teil A, Tabelle 2, Nummer 7.4	Nur für önologische Zwecke bei der Klärung
Hemicellulase	EC 3.2.1.78	Teil A, Tabelle 2, Nummer 7.5	Nur für önologische Zwecke bei der Klärung
Cellulase	EC 3.2.1.4	Teil A, Tabelle 2, Nummer 7.6	Nur für önologische Zwecke bei der Klärung
Hefen zur Weinbereitung		Teil A, Tabelle 2, Nummer 9.1	Für die individuellen Hefestämme: wenn verfügbar ökologisch/biologisch
Milchsäurebakterien		Teil A, Tabelle 2, Nummer 9.2	
Kupfercitrat	CAS-Nr. 866-82-0	Teil A, Tabelle 2, Nummer 10.2	
Aleppokiefernharz		Teil A, Tabelle 2, Nummer 11.1	
Weinhefen		Teil A, Tabelle 2, Nummer 11.2	Nur aus ökologischer/biologischer Produktion

ANHANG VI

Für die Verwendung in ökologischen/biologischen Erzeugnissen in bestimmten Gebieten von Drittländern zugelassene Erzeugnisse und Stoffe gemäß Artikel 45 Absatz 2 der Verordnung (EU) 2018/848

---

(1) Verordnung (EG) Nr. 1107/2009 des Europäischen Parlaments und des Rates vom 21. Oktober 2009 über das Inverkehrbringen von Pflanzenschutzmitteln (ABl. L 309 vom 24.11.2009, S. 1).
(2) Durchführungsverordnung (EU) Nr. 540/2011 der Kommission vom 25. Mai 2011 zur Durchführung der Verordnung (EG) Nr. 1107/2009 des Europäischen Parlaments und des Rates hinsichtlich der Liste zugelassener Wirkstoffe (ABl. L 153 vom 11.6.2011, S. 1).
(3) Verordnung (EG) Nr. 2003/2003 des Europäischen Parlaments und des Rates vom 13. Oktober 2003 über Düngemittel (ABl. L 304 vom 21.11.2003, S. 1).
(4) Verordnung (EU) 2019/1009 des Europäischen Parlaments und des Rates vom 5. Juni 2019 mit Vorschriften für die Bereitstellung von EU-Düngeprodukten auf dem Markt und zur Änderung der Verordnungen (EG) Nr. 1069/2009 und (EG) Nr. 1107/2009 sowie zur Aufhebung der Verordnung (EG) Nr. 2003/2003 (ABl. L 170 vom 25.6.2019, S. 1).
(5) Verordnung (EG) Nr. 1069/2009 des Europäischen Parlaments und des Rates vom 21. Oktober 2009 mit Hygienevorschriften für nicht für den menschlichen Verzehr bestimmte tierische Nebenprodukte und zur Aufhebung der Verordnung (EG) Nr. 1774/2002 (ABl. L 300 vom 14.11.2009, S. 1).
(6) Verordnung (EU) Nr. 142/2011 der Kommission vom 25. Februar 2011 zur Durchführung der Verordnung (EG) Nr. 1069/2009 des Europäischen Parlaments und des Rates mit Hygienevorschriften für nicht für den menschlichen Verzehr bestimmte tierische Nebenprodukte sowie zur Durchführung der Richtlinie 97/78/EG des Rates hinsichtlich bestimmter gemäß der genannten Richtlinie von Veterinärkontrollen an der Grenze befreiter Proben und Waren (ABl. L 54 vom 26.2.2011, S. 1).
(7) Verordnung (EG) Nr. 767/2009 des Europäischen Parlaments und des Rates vom 13. Juli 2009 über das Inverkehrbringen und die Verwendung von Futtermitteln, zur Änderung der Verordnung (EG) Nr. 1831/2003 des Europäischen Parlaments und des Rates und zur Aufhebung der Richtlinien 79/373/EWG des Rates, 80/511/EWG der Kommission, 82/471/EWG des Rates, 83/228/EWG des Rates, 93/74/EWG des Rates, 93/113/EG des Rates und 96/25/EG des Rates und der Entscheidung 2004/217/EG der Kommission (ABl. L 229 vom 1.9.2009, S. 1).
(8) Verordnung (EG) Nr. 1831/2003 des Europäischen Parlaments und des Rates vom 22. September 2003 über Zusatzstoffe zur Verwendung in der Tierernährung (ABl. L 268 vom 18.10.2003, S. 29).
(9) Verordnung (EG) Nr. 1333/2008 des Europäischen Parlaments und des Rates vom 16. Dezember 2008 über Lebensmittelzusatzstoffe (ABl. L 354 vom 31.12.2008, S. 16).
(10) Delegierte Verordnung (EU) 2019/934 der Kommission vom 12. März 2019 zur Ergänzung der Verordnung (EU) Nr. 1308/2013 des Europäischen Parlaments und des Rates hinsichtlich der Anbauflächen, auf denen der Alkoholgehalt der Weine erhöht werden darf, der zugelassenen önologischen Verfahren und der Einschränkungen für die Erzeugung und Haltbarmachung von Weinbauerzeugnissen, des Mindestalkoholgehalts von Nebenerzeugnissen und deren Beseitigung sowie der Veröffentlichung von OIV-Dossiers (ABl. L 149 vom 7.6.2019, S. 1).
(11) Verordnung (EG) Nr. 396/2005 des Europäischen Parlaments und des Rates vom 23. Februar 2005 über Höchstgehalte an Pestizidrückständen in oder auf Lebens- und Futtermitteln pflanzlichen und tierischen Ursprungs und zur Änderung der Richtlinie 91/414/EWG des Rates (ABl. L 70 vom 16.3.2005, S. 1).
(12) Verordnung (EU) Nr. 1143/2014 des Europäischen Parlaments und des Rates vom 22. Oktober 2014 über die Prävention und das Management der Einbringung und Ausbreitung invasiver gebietsfremder Arten (ABl. L 317 vom 4.11.2014, S. 35).
(13) Verordnung (EG) Nr. 178/2002 des Europäischen Parlaments und des Rates vom 28. Januar 2002 zur Festlegung der allgemeinen Grundsätze und Anforderungen des Lebensmittelrechts, zur Errichtung der Europäischen Behörde für Lebensmittelsicherheit und zur Festlegung von Verfahren zur Lebensmittelsicherheit (ABl. L 31 vom 1.2.2002, S. 1).
(14) Verfügbar in der Pestiziddatenbank: https://ec.europa.eu/food/plant/pesticides/eu-pesticides-database/active-substances/?event=search.as
(15) Dies umfasst insbesondere alle in Anhang I Teil I der Verordnung (EU) 2019/1009 aufgeführten Produktfunktionskategorien.

22. Verordnung 1924/2006 über nährwert- und gesundheitsbezogene Angaben über Lebensmittel

ABl L 2006/404, S. 9 idgF

GLIEDERUNG

DAS EUROPÄISCHE PARLAMENT UND DER RAT DER EUROPÄISCHEN UNION —

gestützt auf den Vertrag zur Gründung der Europäischen Gemeinschaft, insbesondere auf Artikel 95,

auf Vorschlag der Kommission,

nach Stellungnahme des Europäischen Wirtschafts- und Sozialausschusses [(1)],

gemäß dem Verfahren des Artikels 251 des Vertrags [(2)],

in Erwägung nachstehender Gründe:

(1) Zunehmend werden Lebensmittel in der Gemeinschaft mit nährwert- und gesundheitsbezogenen Angaben gekennzeichnet, und es wird mit diesen Angaben für sie Werbung gemacht. Um dem Verbraucher ein hohes Schutzniveau zu gewährleisten und ihm die Wahl zu erleichtern, müssen die im Handel befindlichen Produkte sicher sein und eine angemessene Kennzeichnung aufweisen.

(2) Unterschiede zwischen den nationalen Bestimmungen über solche Angaben können den freien Warenverkehr behindern und ungleiche Wettbewerbsbedingungen schaffen. Sie haben damit eine unmittelbare Auswirkung auf das Funktionieren des Binnenmarktes. Es ist daher notwendig, Gemeinschaftsregeln für die Verwendung von nährwert- und gesundheitsbezogenen Angaben über Lebensmittel zu erlassen.

(3) Die Richtlinie 2000/13/EG des Europäischen Parlaments und des Rates vom 20. März 2000 zur Angleichung der Rechtsvorschriften der Mitgliedstaaten über die Etikettierung und Aufma-

chung von Lebensmitteln sowie die Werbung hierfür [(3)] enthält allgemeine Kennzeichnungsbestimmungen. Mit der Richtlinie 2000/13/EG wird allgemein die Verwendung von Informationen untersagt, die den Käufer irreführen können oder den Lebensmitteln medizinische Eigenschaften zuschreiben. Mit der vorliegenden Verordnung sollten die allgemeinen Grundsätze der Richtlinie 2000/13/EG ergänzt und spezielle Vorschriften für die Verwendung von nährwert- und gesundheitsbezogenen Angaben bei Lebensmitteln, die als solche an den Endverbraucher abgegeben werden sollen, festgelegt werden.

(4) Diese Verordnung sollte für alle nährwert- und gesundheitsbezogenen Angaben gelten, die in kommerziellen Mitteilungen, u. a. auch in allgemeinen Werbeaussagen über Lebensmittel und in Werbekampagnen wie solchen, die ganz oder teilweise von Behörden gefördert werden, gemacht werden. Auf Angaben in nichtkommerziellen Mitteilungen, wie sie z. B. in Ernährungsrichtlinien oder -empfehlungen von staatlichen Gesundheitsbehörden und -stellen oder in nichtkommerziellen Mitteilungen und Informationen in der Presse und in wissenschaftlichen Veröffentlichungen zu finden sind, sollte sie jedoch keine Anwendung finden. Diese Verordnung sollte ferner auf Handelsmarken und sonstige Markennamen Anwendung finden, die als nährwert- oder gesundheitsbezogene Angabe ausgelegt werden können.

(5) Nährwertbezogene Angaben mit negativen Aussagen fallen nicht unter den Anwendungsbereich dieser Verordnung; Mitgliedstaaten, die nationale Regelungen für negative nährwertbezogene Angaben einzuführen gedenken, sollten dies der Kommission und den anderen Mitgliedstaaten gemäß der Richtlinie 98/34/EG des Europäischen Parlaments und des Rates vom 22. Juni 1998 über ein Informationsverfahren auf dem Gebiet der Normen und technischen Vorschriften und der Vorschriften für die Dienste der Informationsgesellschaft [(4)] mitteilen.

(6) Auf internationaler Ebene hat der Codex Alimentarius 1991 allgemeine Leitsätze für Angaben und 1997 Leitsätze für die Verwendung nährwertbezogener Angaben verabschiedet. Die Codex-Alimentarius-Kommission hat eine Änderung des letztgenannten Dokuments verabschiedet. Dabei geht es um die Aufnahme gesundheitsbezogener Angaben in die Leitsätze von 1997. Die in den Codex-Leitsätzen vorgegebenen Definitionen und Bedingungen werden entsprechend berücksichtigt.

(7) Die in der Verordnung (EG) Nr. 2991/94 des Rates vom 5. Dezember 1994 mit Normen für Streichfette [(5)] vorgesehene Möglichkeit, für Streichfette die Angabe „fettarm" zu verwenden, sollte so bald wie möglich an die Bestimmungen dieser Verordnung angepasst werden. Zwischenzeitlich gilt die Verordnung (EG) Nr. 2991/94 für die darin erfassten Erzeugnisse.

(8) Es gibt eine Vielzahl von Nährstoffen und anderen Substanzen — unter anderem Vitamine, Mineralstoffe einschließlich Spurenelementen, Aminosäuren, essenzielle Fettsäuren, Ballaststoffe, verschiedene Pflanzen- und Kräuterextrakte und andere — mit ernährungsbezogener oder physiologischer Wirkung, die in Lebensmitteln vorhanden und Gegenstand entsprechender Angaben sein können. Daher sollten allgemeine Grundsätze für alle Angaben über Lebensmittel festgesetzt werden, um ein hohes Verbraucherschutzniveau zu gewährleisten, dem Verbraucher die notwendigen Informationen für eine sachkundige Entscheidung zu liefern und gleiche Wettbewerbsbedingungen für die Lebensmittelindustrie zu schaffen.

(9) Lebensmittel, die mit entsprechenden Angaben beworben werden, können vom Verbraucher als Produkte wahrgenommen werden, die gegenüber ähnlichen oder anderen Produkten, denen solche Nährstoffe oder andere Stoffe nicht zugesetzt sind, einen nährwertbezogenen, physiologischen oder anderweitigen gesundheitlichen Vorteil bieten. Dies kann den Verbraucher zu Entscheidungen veranlassen, die die Gesamtaufnahme einzelner Nährstoffe oder anderer Substanzen unmittelbar in einer Weise beeinflussen, die den einschlägigen wissenschaftlichen Empfehlungen widersprechen könnte. Um diesem potenziellen unerwünschten Effekt entgegenzuwirken, wird es für angemessen erachtet, gewisse Einschränkungen für Produkte, die solche Angaben tragen, festzulegen. In diesem Zusammenhang sind Faktoren wie das Vorhandensein von bestimmten Substanzen — etwa Alkoholgehalt — in einem Produkt oder das Nährwertprofil des Produkts ein geeignetes Kriterium für die Entscheidung, ob das Produkt Angaben tragen darf. Die Verwendung solcher Kriterien auf nationaler Ebene ist zwar für den Zweck gerechtfertigt, dem Verbraucher sachkundige Entscheidungen über seine Ernährung zu ermöglichen, könnte jedoch zu Behinderungen des innergemeinschaftlichen Handels führen und sollte daher auf Gemeinschaftsebene harmonisiert werden.

(10) Durch die Anwendung des Nährwertprofils als Kriterium soll vermieden werden, dass die nährwert- und gesundheitsbezogenen Angaben den Ernährungsstatus eines Lebensmittels verschleiern und so den Verbraucher irreführen können, wenn dieser bemüht ist, durch ausgewogene Ernährung eine gesunde Lebensweise anzustreben. Die in dieser Verordnung vorgesehenen Nährwertprofile dienen einzig dem Zweck festzulegen, unter welchen Voraussetzungen solche Angaben gemacht werden dürfen. Sie sollten sich auf allgemein anerkannte wissenschaftliche Erkenntnisse über das Verhältnis zwischen Ernährung und Gesundheit stützen. Die Nährwertprofile sollten jedoch auch Produktinnovationen ermöglichen und die Verschiedenartigkeit der Ernährungsgewohnheiten und -traditionen sowie den Umstand, dass

einzelne Produkte eine bedeutende Rolle im Rahmen der Gesamternährung spielen können, berücksichtigen.

(11) Bei der Festlegung von Nährwertprofilen sollten die Anteile verschiedener Nährstoffe und Substanzen mit ernährungsbezogener Wirkung oder physiologischer Wirkung, insbesondere solcher wie Fett, gesättigte Fettsäuren, trans-Fettsäuren, Salz/Natrium und Zucker, deren übermäßige Aufnahme im Rahmen der Gesamternährung nicht empfohlen wird, sowie mehrfach und einfach ungesättigte Fettsäuren, verfügbare Kohlenhydrate außer Zucker, Vitamine, Mineralstoffe, Proteine und Ballaststoffe, berücksichtigt werden. Bei der Festlegung der Nährwertprofile sollten die verschiedenen Lebensmittelkategorien sowie der Stellenwert und die Rolle dieser Lebensmittel in der Gesamternährung berücksichtigt werden. Ausnahmen von der Anforderung, etablierte Nährwertprofile zu berücksichtigen, können für bestimmte Lebensmittel oder Lebensmittelkategorien je nach ihrer Rolle und ihrer Bedeutung für die Ernährung der Bevölkerung erforderlich sein. Dies würde eine komplexe technische Aufgabe bedeuten und die Verabschiedung entsprechender Maßnahmen sollte daher der Kommission übertragen werden, wobei den Empfehlungen der Europäischen Behörde für Lebensmittelsicherheit Rechnung zu tragen ist.

(12) Die in der Richtlinie 2002/46/EG des Europäischen Parlaments und des Rates vom 10. Juni 2002 über die Angleichung der Rechtsvorschriften der Mitgliedstaaten über Nahrungsergänzungsmittel [(6)] definierten Nahrungsergänzungsmittel, die in flüssiger Form dargereicht werden und mehr als 1,2 % vol. Alkohol enthalten, gelten nicht als Getränke im Sinne dieser Verordnung.

(13) Es gibt eine Vielzahl von Angaben, die derzeit bei der Kennzeichnung von Lebensmitteln und der Werbung hierfür in manchen Mitgliedstaaten gemacht werden und sich auf Stoffe beziehen, deren positive Wirkung nicht nachgewiesen wurde bzw. zu denen derzeit noch keine ausreichende Einigkeit in der Wissenschaft besteht. Es muss sichergestellt werden, dass für Stoffe, auf die sich eine Angabe bezieht, der Nachweis einer positiven ernährungsbezogenen Wirkung oder physiologischen Wirkung erbracht wird.

(14) Um zu gewährleisten, dass die Angaben der Wahrheit entsprechen, muss die Substanz, die Gegenstand der Angabe ist, im Endprodukt in einer ausreichenden Menge vorhanden bzw. im umgekehrten Fall nicht vorhanden oder ausreichend reduziert sein, um die behauptete ernährungsbezogene Wirkung oder physiologische Wirkung zu erzeugen. Die Substanz sollte zudem in einer für den Körper verwertbaren Form verfügbar sein. Außerdem sollte —falls sachgerecht — eine wesentliche Menge der Substanz, die für die behauptete ernährungsbezogene Wirkung oder physiologische Wirkung verantwortlich ist, durch den Verzehr einer vernünftigerweise anzunehmenden Menge des Lebensmittels bereitgestellt werden.

(15) Es ist wichtig, dass Angaben über Lebensmittel vom Verbraucher verstanden werden können und es ist angezeigt, alle Verbraucher vor irreführenden Angaben zu schützen. Der Gerichtshof der Europäischen Gemeinschaften hat es allerdings in seiner Rechtsprechung in Fällen im Zusammenhang mit Werbung seit dem Erlass der Richtlinie 84/450/EWG des Rates vom 10. September 1984 über irreführende und vergleichende Werbung [(7)] für erforderlich gehalten, die Auswirkungen auf einen fiktiven typischen Verbraucher zu prüfen. Entsprechend dem Grundsatz der Verhältnismäßigkeit und im Interesse der wirksamen Anwendung der darin vorgesehenen Schutzmaßnahmen nimmt diese Verordnung den normal informierten, aufmerksamen und verständigen Durchschnittsverbraucher unter Berücksichtigung sozialer, kultureller und sprachlicher Faktoren nach der Auslegung des Gerichtshofs als Maßstab, zielt mit ihren Bestimmungen jedoch darauf ab, die Ausnutzung von Verbrauchern zu vermeiden, die aufgrund bestimmter Charakteristika besonders anfällig für irreführende Angaben sind. Richtet sich eine Angabe speziell an eine besondere Verbrauchergruppe wie z. B. Kinder, so sollte die Auswirkung der Angabe aus der Sicht eines Durchschnittsmitglieds dieser Gruppe beurteilt werden. Der Begriff des Durchschnittsverbrauchers beruht dabei nicht auf einer statistischen Grundlage. Die nationalen Gerichte und Verwaltungsbehörden müssen sich bei der Beurteilung der Frage, wie der Durchschnittsverbraucher in einem gegebenen Fall typischerweise reagieren würde, auf ihre eigene Urteilsfähigkeit unter Berücksichtigung der Rechtsprechung des Gerichtshofs verlassen.

(16) Eine wissenschaftliche Absicherung sollte der Hauptaspekt sein, der bei der Verwendung nährwert- und gesundheitsbezogener Angaben berücksichtigt wird, und die Lebensmittelunternehmer, die derartige Angaben verwenden, sollten diese auch begründen.

(17) Eine nährwert- oder gesundheitsbezogene Angabe sollte nicht gemacht werden, wenn sie den allgemein akzeptierten Ernährungs- und Gesundheitsgrundsätzen zuwiderläuft oder wenn sie zum übermäßigen Verzehr eines Lebensmittels verleitet oder diesen gutheißt oder von vernünftigen Ernährungsgewohnheiten abbringt.

(18) Angesichts des positiven Bildes, das Lebensmitteln durch nährwert- und gesundheitsbezogene Angaben verliehen wird, und der potenziellen Auswirkung solcher Lebensmittel auf Ernährungsgewohnheiten und die Gesamtaufnahme an Nährstoffen sollte der Verbraucher in die Lage versetzt werden, den Nährwert insgesamt zu beurteilen. Daher sollte die Nährwertkennzeichnung

obligatorisch und bei allen Lebensmitteln, die gesundheitsbezogene Angaben tragen, umfassend sein.

(19) Die Richtlinie 90/496/EWG des Rates vom 24. September 1990 über die Nährwertkennzeichnung von Lebensmitteln [8] enthält allgemeine Vorschriften für die Nährwertkennzeichnung von Lebensmitteln. Nach der genannten Richtlinie sollte die Nährwertkennzeichnung zwingend vorgeschrieben sein, wenn auf dem Etikett, in der Aufmachung oder in der Werbung, mit Ausnahme allgemeiner Werbeaussagen, eine nährwertbezogene Angabe gemacht wurde. Bezieht sich eine nährwertbezogene Angabe auf Zucker, gesättigte Fettsäuren, Ballaststoffe oder Natrium, so sind die Angaben der in Artikel 4 Absatz 1 der Richtlinie 90/496/EWG definierten Gruppe 2 zu machen. Im Interesse eines hohen Verbraucherschutzniveaus sollte diese Pflicht, die Angaben der Gruppe 2 zu liefern, entsprechend für gesundheitsbezogene Angaben, mit Ausnahme allgemeiner Werbeaussagen, gelten.

(20) Es sollte eine Liste zulässiger nährwertbezogener Angaben und der spezifischen Bedingungen für ihre Verwendung erstellt werden, beruhend auf den Verwendungsbedingungen für derartige Angaben, die auf nationaler und internationaler Ebene vereinbart sowie in Gemeinschaftsvorschriften festgelegt wurden. Für jede Angabe, die als für den Verbraucher gleich bedeutend mit einer in der oben genannten Aufstellung aufgeführten nährwertbezogenen Angabe angesehen wird, sollten die in dieser Aufstellung angegebenen Verwendungsbedingungen gelten. So sollten beispielsweise für Angaben über den Zusatz von Vitaminen und Mineralstoffen wie „mit …“, „mit wieder hergestelltem Gehalt an …“, „mit Zusatz von …“, „mit … angereichert“ die Bedingungen gelten, die für die Angabe „Quelle von …“ festgelegt wurden. Die Liste sollte zur Berücksichtigung des wissenschaftlichen und technischen Fortschritts regelmäßig aktualisiert werden. Außerdem müssen bei vergleichenden Angaben dem Endverbraucher gegenüber die miteinander verglichenen Produkte eindeutig identifiziert werden.

(21) Die Bedingungen für die Verwendung von Angaben wie „laktose-“ oder „glutenfrei“, die an eine Verbrauchergruppe mit bestimmten Gesundheitsstörungen gerichtet sind, sollten in der Richtlinie 89/398/EWG des Rates vom 3. Mai 1989 zur Angleichung der Rechtsvorschriften der Mitgliedstaaten über Lebensmittel, die für eine besondere Ernährung bestimmt sind [9], geregelt werden. Überdies bietet die genannte Richtlinie die Möglichkeit, bei für den allgemeinen Verzehr bestimmten Lebensmitteln auf ihre Eignung für diese Verbrauchergruppen hinzuweisen, sofern die Bedingungen für einen solchen Hinweis erfüllt sind. Bis die Bedingungen für solche Hinweise auf Gemeinschaftsebene festgelegt worden sind, können die Mitgliedstaaten einschlägige nationale Maßnahmen beibehalten oder erlassen.

(22) Gesundheitsbezogene Angaben sollten für die Verwendung in der Gemeinschaft nur nach einer wissenschaftlichen Bewertung auf höchstmöglichem Niveau zugelassen werden. Damit eine einheitliche wissenschaftliche Bewertung dieser Angaben gewährleistet ist, sollte die Europäische Behörde für Lebensmittelsicherheit solche Bewertungen vornehmen.

(23) Neben die Ernährung betreffenden gibt es zahlreiche andere Faktoren, die den psychischen Zustand und die Verhaltensfunktion beeinflussen können. Die Kommunikation über diese Funktionen ist somit sehr komplex, und es ist schwer, in einer kurzen Angabe bei der Kennzeichnung von Lebensmitteln und in der Werbung hierfür eine umfassende, wahrheitsgemäße und bedeutungsvolle Aussage zu vermitteln. Daher ist es angebracht, bei der Verwendung von Angaben, die sich auf psychische oder verhaltenspsychologische Wirkungen beziehen, einen wissenschaftlichen Nachweis zu verlangen.

(24) Im Lichte der Richtlinie 96/8/EG der Kommission vom 26. Februar 1996 über Lebensmittel für kalorienarme Ernährung zur Gewichtsverringerung [10], in der festgelegt ist, dass die Kennzeichnung und die Verpackung der Erzeugnisse sowie die Werbung hierfür keine Angaben über Dauer und Ausmaß der aufgrund ihrer Verwendung möglichen Gewichtsabnahme enthalten dürfen, wird es als angemessen betrachtet, diese Einschränkung auf alle Lebensmittel auszudehnen.

(25) Andere gesundheitsbezogene Angaben als Angaben über die Reduzierung eines Krankheitsrisikos, die sich auf allgemein anerkannte wissenschaftliche Erkenntnisse stützen, sollten einer anderen Art von Bewertung und Zulassung unterzogen werden. Es ist daher erforderlich, nach Konsultation der Europäischen Behörde für Lebensmittelsicherheit eine Gemeinschaftsliste solcher zulässiger Angaben zu erstellen.

(26) Zur Anpassung an den wissenschaftlichen und technischen Fortschritt sollte die vorstehend erwähnte Liste umgehend geändert werden, wann immer dies nötig ist. Eine solche Überarbeitung ist eine Durchführungsmaßnahme technischer Art, deren Erlass der Kommission übertragen werden sollte, um das Verfahren zu vereinfachen und zu beschleunigen.

(27) Eine abwechslungsreiche und ausgewogene Ernährung ist Grundvoraussetzung für eine gute Gesundheit, und einzelne Produkte sind nur von relativer Bedeutung im Kontext der Gesamternährung. Auch ist die Ernährung nur einer von vielen Faktoren, die das Auftreten bestimmter Krankheiten beim Menschen beeinflussen. Andere Faktoren wie Alter, genetische Veranlagung, körperliche Aktivität, Konsum von Tabak und anderen Drogen, Umweltbelastungen und Stress können

ebenfalls das Auftreten von Krankheiten beeinflussen. Daher sollten für Angaben, die sich auf die Verringerung eines Krankheitsrisikos beziehen, spezifische Kennzeichnungsvorschriften gelten.

(28) Damit sichergestellt ist, dass gesundheitsbezogene Angaben wahrheitsgemäß, klar, verlässlich und für den Verbraucher bei der Entscheidung für eine gesunde Ernährungsweise hilfreich sind, sollte die Formulierung und Aufmachung gesundheitsbezogener Angaben beim Gutachten der Europäischen Behörde für Lebensmittelsicherheit und im anschließenden Zulassungsverfahren berücksichtigt werden.

(29) In manchen Fällen kann die wissenschaftliche Risikobewertung allein nicht alle Informationen bereitstellen, die für eine Risikomanagemententscheidung erforderlich sind. Andere legitime Faktoren, die für die zu prüfende Frage relevant sind, sollten daher ebenfalls berücksichtigt werden.

(30) Im Sinne der Transparenz und zur Vermeidung wiederholter Anträge auf Zulassung bereits bewerteter Angaben sollte die Kommission ein öffentliches Register mit den Listen solcher Angaben erstellen und laufend aktualisieren.

(31) Zur Förderung von Forschung und Entwicklung in der Agrar- und Lebensmittelindustrie sind die Investitionen, die von Innovatoren bei der Beschaffung von Informationen und Daten zur Unterstützung eines Antrags auf Zulassung nach dieser Verordnung getätigt werden, zu schützen. Dieser Schutz sollte jedoch befristet werden, um die unnötige Wiederholung von Studien und Erprobungen zu vermeiden.

(32) Angesichts der besonderen Eigenschaften von Lebensmitteln, die solche Angaben tragen, sollten den Überwachungsstellen neben den üblichen Möglichkeiten zusätzliche Instrumente zur Verfügung gestellt werden, um eine effiziente Überwachung dieser Produkte zu ermöglichen.

(33) Es sind angemessene Übergangsmaßnahmen erforderlich, damit sich die Lebensmittelunternehmer an die Bestimmungen dieser Verordnung anpassen können.

(34) Da das Ziel dieser Verordnung, nämlich das ordnungsgemäße Funktionieren des Binnenmarkts für nährwert- und gesundheitsbezogene Angaben sicherzustellen, und gleichzeitig ein hohes Verbraucherschutzniveau zu bieten, auf Ebene der Mitgliedstaaten nicht ausreichend erreicht werden kann und daher besser auf Gemeinschaftsebene zu erreichen ist, kann die Gemeinschaft im Einklang mit dem in Artikel 5 des Vertrags niedergelegten Subsidiaritätsgrundsatz tätig werden. Entsprechend dem in demselben Artikel genannten Verhältnismäßigkeitsprinzip geht diese Verordnung nicht über das zur Erreichung dieses Ziels erforderliche Maß hinaus.

(35) Die zur Durchführung dieser Verordnung erforderlichen Maßnahmen sollten gemäß dem Beschluss 1999/468/EG des Rates vom 28. Juni 1999 zur Festlegung der Modalitäten für die Ausübung der der Kommission übertragenen Durchführungsbefugnisse [11] erlassen werden —

HABEN FOLGENDE VERORDNUNG ERLASSEN:

(1) ABl. C 110 vom 30.4.2004, S. 18.
(2) Stellungnahme des Europäischen Parlaments vom 26. Mai 2005 (noch nicht im Amtsblatt veröffentlicht), Gemeinsamer Standpunkt des Rates vom 8. Dezember 2005 und Beschluss des Europäischen Parlaments vom … (noch nicht im Amtsblatt veröffentlicht).
(3) ABl. L 109 vom 6.5.2000, S. 29. Zuletzt geändert durch die Richtlinie 2003/89/EG (ABl. L 308 vom 25.11.2003, S. 15).
(4) ABl. L 204 vom 21.7.1998, S. 37. Zuletzt geändert durch die Beitrittsakte von 2003.
(5) ABl. L 316 vom 9.12.1994, S. 2.
(6) ABl. L 183 vom 12.7.2002, S. 51.
(7) ABl. L 250 vom 19.9.1984, S. 17. Zuletzt geändert durch die Richtlinie 2005/29/EG des Europäischen Parlaments und des Rates (ABl. L 149 vom 11.6.2005, S. 22).
(8) ABl. L 276 vom 6.10.1990, S. 40. Zuletzt geändert durch die Richtlinie 2003/120/EG der Kommission (ABl. L 333 vom 20.12.2003, S. 51).
(9) ABl. L 186 vom 30.6.1989, S. 27. Zuletzt geändert durch die Verordnung (EG) Nr. 1882/2003 des Europäischen Parlaments und des Rates (ABl. L 284 vom 31.10.2003, S. 1).
(10) ABl. L 55 vom 6.3.1996, S. 22.
(11) ABl. L 184 vom 17.7.1999, S. 23.

KAPITEL I
GEGENSTAND, ANWENDUNGSBEREICH UND BEGRIFFSBESTIMMUNGEN

Artikel 1
Gegenstand und Anwendungsbereich

(1) Mit dieser Verordnung werden die Rechts- und Verwaltungsvorschriften der Mitgliedstaaten über nährwert- und gesundheitsbezogene Angaben harmonisiert, um das ordnungsgemäße Funktionieren des Binnenmarkts zu gewährleisten und gleichzeitig ein hohes Verbraucherschutzniveau zu bieten.

(2) Diese Verordnung gilt für nährwert- und gesundheitsbezogene Angaben, die in kommerziellen Mitteilungen bei der Kennzeichnung und Aufmachung von oder bei der Werbung für Lebensmittel gemacht werden, die als solche an den Endverbraucher abgegeben werden sollen.

Auf nicht vorverpackte Lebensmittel (einschließlich Frischprodukte wie Obst, Gemüse oder Brot), die dem Endverbraucher oder Einrichtungen zur Gemeinschaftsverpflegung zum Kauf angeboten werden, und auf Lebensmittel, die entweder an der Verkaufsstelle auf Wunsch des Käufers verpackt oder zum sofortigen Verkauf fertig verpackt werden, finden Artikel 7 und Artikel 10 Absatz 2 Buchstaben a und b keine Anwendung. Einzelstaatliche Bestimmungen können angewandt werden, bis gegebenenfalls Gemeinschaftsmaßnahmen zur Änderung nicht wesentlicher Bestimmungen dieser Verordnung, auch durch Ergänzung, nach dem in Artikel 25 Absatz 3 genannten Regelungsverfahren mit Kontrolle erlassen werden.

Diese Verordnung gilt auch für Lebensmittel, die für Restaurants, Krankenhäuser, Schulen, Kantinen und ähnliche Einrichtungen zur Gemeinschaftsverpflegung bestimmt sind.

(3) Handelsmarken, Markennamen oder Phantasiebezeichnungen, die in der Kennzeichnung, Aufmachung oder Werbung für ein Lebensmittel verwendet werden und als nährwert- oder gesundheitsbezogene Angabe aufgefasst werden können, dürfen ohne die in dieser Verordnung vorgesehenen Zulassungsverfahren verwendet werden, sofern der betreffenden Kennzeichnung, Aufmachung oder Werbung eine nährwert- oder gesundheitsbezogene Angabe beigefügt ist, die dieser Verordnung entspricht.

(4) Im Fall allgemeiner Bezeichnungen, die traditionell zur Angabe einer Eigenschaft einer Kategorie von Lebensmitteln oder Getränken verwendet werden und die auf Auswirkungen auf die menschliche Gesundheit hindeuten könnten, kann auf Antrag der betroffenen Lebensmittelunternehmer eine Ausnahme von Absatz 3, die eine Änderung nicht wesentlicher Bestimmungen dieser Verordnung durch Ergänzung bewirkt, nach dem in Artikel 25 Absatz 3 genannten Regelungsverfahren mit Kontrolle erlassen werden. Der Antrag ist an die zuständige nationale Behörde eines Mitgliedstaats zu richten, die ihn unverzüglich an die Kommission weiterleitet. Die Kommission erlässt und veröffentlicht Regeln, nach denen Lebensmittelunternehmer derartige Anträge stellen können, um sicherzustellen, dass der Antrag in transparenter Weise und innerhalb einer vertretbaren Frist bearbeitet wird.

(5) Diese Verordnung gilt unbeschadet der folgenden Bestimmungen des Gemeinschaftsrechts:

a) Richtlinie 89/398/EWG und Richtlinien, die über Lebensmittel erlassen werden, die für besondere Ernährungszwecke bestimmt sind;

b) Richtlinie 80/777/EWG des Rates vom 15. Juli 1980 zur Angleichung der Rechtsvorschriften der Mitgliedstaaten über die Gewinnung von und den Handel mit natürlichen Mineralwässern ([(12)]);

c) Richtlinie 98/83/EG des Rates vom 3. November 1998 über die Qualität von Wasser für den menschlichen Gebrauch ([(13)]);

d) Richtlinie 2002/46/EG.

Artikel 2
Begriffsbestimmungen

(1) Für die Zwecke dieser Verordnung

a) gelten für „Lebensmittel", „Lebensmittelunternehmer", „Inverkehrbringen" und „Endverbraucher" die Begriffsbestimmungen in Artikel 2 und Artikel 3 Nummern 3, 8 und 18 der Verordnung (EG) Nr. 178/2002 des Europäischen Parlaments und des Rates vom 28. Januar 2002 zur Festlegung der allgemeinen Grundsätze und Anforderungen des Lebensmittelrechts, zur Errichtung der Europäischen Behörde für Lebensmittelsicherheit und zur Festlegung von Verfahren zur Lebensmittelsicherheit ([(14)]);

b) gilt für „Nahrungsergänzungsmittel" die Begriffsbestimmung der Richtlinie 2002/46/EG;

c) gelten für „Nährwertkennzeichnung", „Eiweiß", „Kohlenhydrat", „Zucker", „Fett", „gesättigte Fettsäuren", „einfach ungesättigte Fettsäuren", „mehrfach ungesättigte Fettsäuren" und „Ballaststoffe" die Begriffsbestimmungen der Richtlinie 90/496/EWG;

d) gilt für „Kennzeichnung" die Begriffsbestimmung in Artikel 1 Absatz 3 Buchstabe a der Richtlinie 2000/13/EG.

(2) Ferner bezeichnet der Ausdruck

1. „Angabe" jede Aussage oder Darstellung, die nach dem Gemeinschaftsrecht oder den nationalen Vorschriften nicht obligatorisch ist, einschließlich Darstellungen durch Bilder, grafische Elemente oder Symbole in jeder Form, und mit der erklärt, suggeriert oder auch nur mittelbar zum Ausdruck gebracht wird, dass ein Lebensmittel besondere Eigenschaften besitzt;

2. „Nährstoff" ein Protein, ein Kohlenhydrat, ein Fett, einen Ballaststoff, Natrium, eines der im Anhang der Richtlinie 90/496/EWG aufgeführten Vitamine und Mineralstoffe, sowie jeden Stoff, der zu einer dieser Kategorien gehört oder Bestandteil eines Stoffes aus einer dieser Kategorien ist;

3. „andere Substanz" einen anderen Stoff als einen Nährstoff, der eine ernährungsbezogene Wirkung oder eine physiologische Wirkung hat;

4. „nährwertbezogene Angabe" jede Angabe, mit der erklärt, suggeriert oder auch nur mittelbar zum Ausdruck gebracht wird, dass ein Lebensmittel besondere positive Nährwerteigenschaften besitzt, und zwar aufgrund

a) der Energie (des Brennwerts), die es

i) liefert,

ii) in vermindertem oder erhöhtem Maße liefert oder

iii) nicht liefert, und/oder

b) der Nährstoffe oder anderen Substanzen, die es

i) enthält,

ii) in verminderter oder erhöhter Menge enthält oder

iii) nicht enthält;

5. „gesundheitsbezogene Angabe" jede Angabe, mit der erklärt, suggeriert oder auch nur mittelbar zum Ausdruck gebracht wird, dass ein Zusammenhang zwischen einer Lebensmittelkategorie, einem Lebensmittel oder einem seiner Bestandteile einerseits und der Gesundheit andererseits besteht;

6. „Angabe über die Reduzierung eines Krankheitsrisikos" jede Angabe, mit der erklärt, suggeriert oder auch nur mittelbar zum Ausdruck gebracht wird, dass der Verzehr einer Lebensmittelkategorie, eines Lebensmittels oder eines Lebensmittelbestandteils einen Risikofaktor für die Entwicklung einer Krankheit beim Menschen deutlich senkt;

7. „Behörde" die Europäische Behörde für Lebensmittelsicherheit, die durch die Verordnung (EG) Nr. 178/2002 eingesetzt wurde.

KAPITEL II
ALLGEMEINE GRUNDSÄTZE
Artikel 3
Allgemeine Grundsätze für alle Angaben

Nährwert- und gesundheitsbezogene Angaben dürfen bei der Kennzeichnung und Aufmachung von Lebensmitteln, die in der Gemeinschaft in Verkehr gebracht werden, bzw. bei der Werbung hierfür nur verwendet werden, wenn sie der vorliegenden Verordnung entsprechen.

Unbeschadet der Richtlinien 2000/13/EG und 84/450/EWG dürfen die verwendeten nährwert- und gesundheitsbezogenen Angaben

a) nicht falsch, mehrdeutig oder irreführend sein;

b) keine Zweifel über die Sicherheit und/oder die ernährungsphysiologische Eignung anderer Lebensmittel wecken;

c) nicht zum übermäßigen Verzehr eines Lebensmittels ermutigen oder diesen wohlwollend darstellen;

d) nicht erklären, suggerieren oder auch nur mittelbar zum Ausdruck bringen, dass eine ausgewogene und abwechslungsreiche Ernährung generell nicht die erforderlichen Mengen an Nährstoffen liefern kann; bei Nährstoffen, von denen eine ausgewogene und abwechslungsreiche Ernährung keine ausreichenden Mengen liefern kann, können unter Beachtung der in Mitgliedstaaten vorliegenden besonderen Umstände abweichende Regelungen, einschließlich der Bedingungen für ihre Anwendung zur Änderung nicht wesentlicher Bestimmungen dieser Verordnung durch Ergänzung nach dem in Artikel 25 Absatz 3 genannten Regelungsverfahren mit Kontrolle erlassen werden;

e) nicht — durch eine Textaussage oder durch Darstellungen in Form von Bildern, grafischen Elementen oder symbolische Darstellungen — auf Veränderungen bei Körperfunktionen Bezug nehmen, die beim Verbraucher Ängste auslösen oder daraus Nutzen ziehen könnten.

Artikel 4
Bedingungen für die Verwendung nährwert- und gesundheitsbezogener Angaben

(1) Bis zum 19. Januar 2009 legt die Kommission spezifische Nährwertprofile, einschließlich der Ausnahmen, fest, denen Lebensmittel oder bestimmte Lebensmittelkategorien entsprechen müssen, um nährwert- oder gesundheitsbezogene Angaben tragen zu dürfen, sowie die Bedingungen für die Verwendung von nährwert- oder gesundheitsbezogenen Angaben bei Lebensmitteln oder Lebensmittelkategorien in Bezug auf die Nährwertprofile. Diese Maßnahmen zur Änderungen nicht wesentlicher Bestimmungen dieser Verordnung durch Ergänzung werden nach dem in dem in Artikel 25 Absatz 3 genannten Regelungsverfahren mit Kontrolle erlassen.

Die Nährwertprofile für Lebensmittel und/oder bestimmte Lebensmittelkategorien werden insbesondere unter Berücksichtigung folgender Faktoren festgelegt:

a) der Mengen bestimmter Nährstoffe und anderer Substanzen, die in dem betreffenden Lebensmittel enthalten sind, wie z.B. Fett, gesättigte Fettsäuren, trans-Fettsäuren, Zucker und Salz/Natrium;

b) der Rolle und der Bedeutung des Lebensmittels (oder der Lebensmittelkategorie) und seines (oder ihres) Beitrags zur Ernährung der Bevölkerung allgemein oder gegebenenfalls bestimmter Risikogruppen, einschließlich Kindern;

c) der gesamten Nährwertzusammensetzung des Lebensmittels und des Vorhandenseins von Nährstoffen, deren Wirkung auf die Gesundheit wissenschaftlich anerkannt ist.

Die Nährwertprofile stützen sich auf wissenschaftliche Nachweise über die Ernährung und ihre Bedeutung für die Gesundheit.

Bei der Festlegung der Nährwertprofile fordert die Kommission die Behörde auf, binnen zwölf Monaten sachdienliche wissenschaftliche Ratschläge zu erarbeiten, die sich auf folgende Kernfragen konzentrieren:

i) ob Nährwertprofile für Lebensmittel generell und/oder für Lebensmittelkategorien erarbeitet werden sollten

ii) die Auswahl und Ausgewogenheit der zu berücksichtigenden Nährstoffe

iii) die Wahl der Referenzqualität/Referenzbasis für Nährwertprofile

iv) den Berechnungsansatz für die Nährwertprofile

v) die Durchführbarkeit und die Erprobung eines vorgeschlagenen Systems.

Bei der Festlegung der Nährwertprofile führt die Kommission Anhörungen der Interessengruppen, insbesondere von Lebensmittelunternehmern und Verbraucherverbänden, durch.

Nährwertprofile und die Bedingungen für ihre Verwendung, die eine Änderung nicht wesentlicher Bestimmungen dieser Verordnung durch Ergänzung bewirken, werden zur Berücksichtigung maßgeblicher wissenschaftlicher Entwicklungen nach Anhörung der Interessengruppen, insbesondere von Lebensmittelunternehmern und Verbraucherverbänden, nach dem in Artikel 25 Absatz 3 genannten Regelungsverfahren mit Kontrolle aktualisiert.

(2) Abweichend von Absatz 1 sind nährwertbezogene Angaben zulässig,

a) die sich auf die Verringerung von Fett, gesättigten Fettsäuren, trans-Fettsäuren, Zucker und Salz/Natrium beziehen, ohne Bezugnahme auf ein Profil für den/die konkreten Nährstoff(e), zu dem/denen die Angabe gemacht wird, sofern sie den Bedingungen dieser Verordnung entsprechen;

b) wenn ein einziger Nährstoff das Nährstoffprofil übersteigt, sofern in unmittelbarer Nähe der nährwertbezogenen Angabe auf derselben Seite und genau so deutlich sichtbar wie diese ein Hinweis auf diesen Nährstoff angebracht wird. Dieser Hinweis lautet: „Hoher Gehalt an ([(15)])".

(3) Getränke mit einem Alkoholgehalt von mehr als 1,2 Volumenprozent dürfen keine gesundheitsbezogenen Angaben tragen.

Bei Getränken mit einem Alkoholgehalt von mehr als 1,2 Volumenprozent sind nur nährwertbezogene Angaben zulässig, die sich auf einen geringen Alkoholgehalt oder eine Reduzierung des Alkoholgehalts oder eine Reduzierung des Brennwerts beziehen.

(4) In
Ermangelung spezifischer Gemeinschaftsbestimmungen über nährwertbezogene Angaben zu geringem Alkoholgehalt oder dem reduzierten bzw. nicht vorhandenen Alkoholgehalt oder Brennwert von Getränken, die normalerweise Alkohol enthalten, können nach Maßgabe der Bestimmungen des Vertrags die einschlägigen einzelstaatlichen Regelungen angewandt werden.

(5) Maßnahmen zur Bestimmung anderer als der in Absatz 3 genannten Lebensmittel oder Kategorien von Lebensmitteln, bei denen die Verwendung nährwert- oder gesundheitsbezogener Angaben eingeschränkt oder verboten werden soll, und zur Änderung nicht wesentlicher Bestimmungen dieser Verordnung können im Licht wissenschaftlicher Nachweise nach dem in Artikel 25 Absatz 3 genannten Regelungsverfahren mit Kontrolle erlassen werden.

Artikel 5
Allgemeine Bedingungen

(1) Die Verwendung nährwert- und gesundheitsbezogener Angaben ist nur zulässig, wenn die nachstehenden Bedingungen erfüllt sind:

a) Es ist anhand allgemein anerkannter wissenschaftlicher Nachweise nachgewiesen, dass das Vorhandensein, das Fehlen oder der verringerte Gehalt des Nährstoffs oder der anderen Substanz, auf die sich die Angabe bezieht, in einem Lebensmittel oder einer Kategorie von Lebensmitteln eine positive ernährungsbezogene Wirkung oder physiologische Wirkung hat.

b) Der Nährstoff oder die andere Substanz, für die die Angabe gemacht wird,

i) ist im Endprodukt in einer gemäß dem Gemeinschaftsrecht signifikanten Menge oder, wo einschlägige Bestimmungen nicht bestehen, in einer Menge vorhanden, die nach allgemein anerkannten wissenschaftlichen Nachweisen geeignet ist, die behauptete ernährungsbezogene Wirkung oder physiologische Wirkung zu erzielen, oder

ii) ist nicht oder in einer verringerten Menge vorhanden, was nach allgemein anerkannten wissenschaftlichen Nachweisen geeignet ist, die behauptete ernährungsbezogene Wirkung oder physiologische Wirkung zu erzielen.

c) Soweit anwendbar liegt der Nährstoff oder die andere Substanz, auf die sich die Angabe bezieht, in einer Form vor, die für den Körper verfügbar ist.

d) Die Menge des Produkts, deren Verzehr vernünftigerweise erwartet werden kann, liefert eine gemäß dem Gemeinschaftsrecht signifikante Menge des Nährstoffs oder der anderen Substanz, auf die sich die Angabe bezieht, oder, wo einschlägige Bestimmungen nicht bestehen, eine signifikante Menge, die nach allgemein anerkannten wissenschaftlichen Nachweisen geeignet ist, die behauptete ernährungsbezogene Wirkung oder physiologische Wirkung zu erzielen.

e) Die besonderen Bedingungen in Kapitel III bzw. Kapitel IV, soweit anwendbar, sind erfüllt.

(2) Die Verwendung nährwert- oder gesundheitsbezogener Angaben ist nur zulässig, wenn vom durchschnittlichen Verbraucher erwartet werden kann, dass er die positive Wirkung, wie sie in der Angabe dargestellt wird, versteht.

(3) Nährwert- und gesundheitsbezogene Angaben müssen sich gemäß der Anweisung des Herstellers auf das verzehrfertige Lebensmittel beziehen.

Artikel 6
Wissenschaftliche Absicherung von Angaben

(1) Nährwert- und gesundheitsbezogene Angaben müssen sich auf allgemein anerkannte wissenschaftliche Nachweise stützen und durch diese abgesichert sein.

(2) Ein Lebensmittelunternehmer, der eine nährwert- oder gesundheitsbezogene Angabe macht, muss die Verwendung dieser Angabe begründen.

(3) Die zuständigen Behörden der Mitgliedstaaten können einen Lebensmittelunternehmer oder eine Person, die ein Produkt in Verkehr bringt, verpflichten, alle einschlägigen Angaben zu machen und Daten vorzulegen, die die Übereinstimmung mit dieser Verordnung belegen.

Artikel 7
Nährwertkennzeichnung

Die Nährwertkennzeichnung von Erzeugnissen, bei denen nährwert- und/oder gesundheitsbezogene Angaben gemacht werden, ist obligatorisch, es sei denn, es handelt sich um produktübergreifende Werbeaussagen. Es sind die in Artikel 30 Absatz 1 der Verordnung (EU) Nr. 1169/2011 des Europäischen Parlaments und des Rates vom 25. Oktober 2011 betreffend die Information der Verbraucher über Lebensmittel ([16]) aufgeführten Angaben zu machen. Bei nährwert- und/oder gesundheitsbezogenen Angaben für einen in Artikel 30 Absatz 2 der Verordnung (EU) Nr. 1169/2011 genannten Nährstoff wird die Menge dieses Nährstoffs nach Maßgabe der Artikel 31 bis 34 der genannten Verordnung angegeben.

Für Stoffe, die Gegenstand einer nährwert- oder gesundheitsbezogenen Angabe sind und nicht in der Nährwertkennzeichnung erscheinen, sind die jeweiligen Mengen nach Maßgabe der Artikel 31, 32 und 33 der Verordnung (EU) Nr. 1169/2011 in demselben Blickfeld anzugeben wie die Nährwertkennzeichnung. Zur Angabe der Mengen werden den jeweiligen einzelnen Stoffen angemessene Maßeinheiten verwendet.

Im Falle von Nahrungsergänzungsmitteln ist die Nährwertkennzeichnung gemäß Artikel 8 der Richtlinie 2002/46/EG anzugeben.

KAPITEL III
NÄHRWERTBEZOGENE ANGABEN

Artikel 8
Besondere Bedingungen

(1) Nährwertbezogene Angaben dürfen nur gemacht werden, wenn sie im Anhang aufgeführt sind und den in dieser Verordnung festgelegten Bedingungen entsprechen.

(2) Änderungen des Anhangs werden nach dem in Artikel 25 Absatz 3 genannten Regelungsverfahren mit Kontrolle, gegebenenfalls nach Anhörung der Behörde, erlassen. Gegebenenfalls bezieht die Kommission Interessengruppen, insbesondere Lebensmittelunternehmer und Verbraucherverbände, ein, um die Wahrnehmung und das Verständnis der betreffenden Angaben zu bewerten.

Artikel 9
Vergleichende Angaben

(1) Unbeschadet der Richtlinie 84/450/EWG ist ein Vergleich nur zwischen Lebensmitteln derselben Kategorie und unter Berücksichtigung einer Reihe von Lebensmitteln dieser Kategorie zulässig. Der Unterschied in der Menge eines Nährstoffs und/oder im Brennwert ist anzugeben, und der Vergleich muss sich auf dieselbe Menge des Lebensmittels beziehen.

(2) Vergleichende nährwertbezogene Angaben müssen die Zusammensetzung des betreffenden Lebensmittels mit derjenigen einer Reihe von Lebensmitteln derselben Kategorie vergleichen, deren Zusammensetzung die Verwendung einer Angabe nicht erlaubt, darunter auch Lebensmittel anderer Marken.

KAPITEL IV
GESUNDHEITSBEZOGENE ANGABEN

Artikel 10
Spezielle Bedingungen

(1) Gesundheitsbezogene Angaben sind verboten, sofern sie nicht den allgemeinen Anforderungen in Kapitel II und den speziellen Anforderungen im vorliegenden Kapitel entsprechen, gemäß dieser Verordnung zugelassen und in die Liste der zugelassenen Angaben gemäß den Artikeln 13 und 14 aufgenommen sind.

(2) Gesundheitsbezogene Angaben dürfen nur gemacht werden, wenn die Kennzeichnung oder, falls diese Kennzeichnung fehlt, die Aufmachung der Lebensmittel und die Lebensmittelwerbung folgende Informationen tragen:

a) einen Hinweis auf die Bedeutung einer abwechslungsreichen und ausgewogenen Ernährung und einer gesunden Lebensweise,

b) Informationen zur Menge des Lebensmittels und zum Verzehrmuster, die erforderlich sind, um die behauptete positive Wirkung zu erzielen,

c) gegebenenfalls einen Hinweis an Personen, die es vermeiden sollten, dieses Lebensmittel zu verzehren, und

d) einen geeigneten Warnhinweis bei Produkten, die bei übermäßigem Verzehr eine Gesundheitsgefahr darstellen könnten.

(3) Verweise auf allgemeine, nichtspezifische Vorteile des Nährstoffs oder Lebensmittels für die Gesundheit im Allgemeinen oder das gesundheitsbezogene Wohlbefinden sind nur zulässig, wenn ihnen eine in einer der Listen nach Artikel 13 oder 14 enthaltene spezielle gesundheitsbezogene Angabe beigefügt ist.

(4) Gegebenenfalls werden nach dem in Artikel 25 Absatz 2 genannten Verfahren und, falls erforderlich, nach der Anhörung der Interessengruppen, insbesondere von Lebensmittelunternehmern und Verbraucherverbänden, Leitlinien für die Durchführung dieses Artikels angenommen.

Artikel 11
Nationale Vereinigungen von Fachleuten der Bereiche Medizin, Ernährung oder Diätetik und karitative medizinische Einrichtungen

Fehlen spezifische Gemeinschaftsvorschriften über Empfehlungen oder Bestätigungen von nationalen Vereinigungen von Fachleuten der Bereiche Medizin, Ernährung oder Diätetik oder karitativen gesundheitsbezogenen Einrichtungen, so können nach Maßgabe der Bestimmungen des Vertrags einschlägige nationale Regelungen angewandt werden.

Artikel 12
Beschränkungen der Verwendung bestimmter gesundheitsbezogener Angaben

Die folgenden gesundheitsbezogenen Angaben sind nicht zulässig:

a) Angaben, die den Eindruck erwecken, durch Verzicht auf das Lebensmittel könnte die Gesundheit beeinträchtigt werden;

b) Angaben über Dauer und Ausmaß der Gewichtsabnahme;

c) Angaben, die auf Empfehlungen von einzelnen Ärzten oder Angehörigen von Gesundheitsberufen und von Vereinigungen, die nicht in Artikel 11 genannt werden, verweisen.

Artikel 13
Andere gesundheitsbezogene Angaben als Angaben über die Reduzierung eines Krankheitsrisikos sowie die Entwicklung und die Gesundheit von Kindern

(1) In der in Absatz 3 vorgesehenen Liste genannte gesundheitsbezogene Angaben, die

a) die Bedeutung eines Nährstoffs oder einer anderen Substanz für Wachstum, Entwicklung und Körperfunktionen,

b) die psychischen Funktionen oder Verhaltensfunktionen oder

c) unbeschadet der Richtlinie 96/8/EG die schlank machenden oder gewichtskontrollierenden Eigenschaften des Lebensmittels oder die Verringerung des Hungergefühls oder ein verstärktes Sättigungsgefühl oder eine verringerte Energieaufnahme durch den Verzehr des Lebensmittels

beschreiben oder darauf verweisen, dürfen gemacht werden, ohne den Verfahren der Artikel 15 bis 19 zu unterliegen, wenn sie

i) sich auf allgemein anerkannte wissenschaftliche Nachweise stützen und

ii) vom durchschnittlichen Verbraucher richtig verstanden werden.

(2) Die Mitgliedstaaten übermitteln der Kommission spätestens am 31. Januar 2008 Listen von Angaben gemäß Absatz 1 zusammen mit den für sie geltenden Bedingungen und mit Hinweisen auf die entsprechende wissenschaftliche Absicherung.

(3) Nach Anhörung der Behörde verabschiedet die Kommission nach dem in Artikel 25 Absatz 3 genannten Regelungsverfahren mit Kontrolle spätestens am 31. Januar 2010 als Änderung nicht wesentlicher Bestimmungen dieser Verordnung durch Ergänzung eine Gemeinschaftsliste zulässiger Angaben gemäß Absatz 1 sowie alle für die Verwendung dieser Angaben notwendigen Bedingungen.

(4) Änderungen an der in Absatz 3 genannten Liste, die auf allgemein anerkannten wissenschaftlichen Nachweisen beruhen, und zur Änderung nicht wesentlicher Elemente dieser Verordnung durch Ergänzung werden nach Anhörung der Behörde auf eigene Initiative der Kommission oder auf Antrag eines Mitgliedstaats nach dem in Artikel 25 Absatz 3 genannten Regelungsverfahren mit Kontrolle erlassen.

(5) Weitere Angaben, die auf neuen wissenschaftlichen Nachweisen beruhen und/oder einen Antrag auf den Schutz geschützter Daten enthalten, werden nach dem Verfahren des Artikels 18 in die in Absatz 3 genannte Liste aufgenommen, mit Ausnahme der Angaben über die Entwicklung und die Gesundheit von Kindern, die nach dem

Verfahren der Artikel 15, 16, 17 und 19 zugelassen werden.

Artikel 14
Angaben über die Verringerung eines Krankheitsrisikos sowie Angaben über die Entwicklung und die Gesundheit von Kindern

(1) Ungeachtet des Artikels 2 Absatz 1 Buchstabe b der Richtlinie 2000/13/EG können die folgenden Angaben gemacht werden, wenn sie nach dem Verfahren der Artikel 15, 16, 17 und 19 der vorliegenden Verordnung zur Aufnahme in eine Gemeinschaftsliste zulässiger Angaben und aller erforderlichen Bedingungen für die Verwendung dieser Angaben zugelassen worden sind:

a) Angaben über die Verringerung eines Krankheitsrisikos,

b) Angaben über die Entwicklung und die Gesundheit von Kindern.

(2) Zusätzlich zu den allgemeinen Anforderungen dieser Verordnung und den spezifischen Anforderungen in Absatz 1 muss bei Angaben über die Verringerung eines Krankheitsrisikos die Kennzeichnung oder, falls diese Kennzeichnung fehlt, die Aufmachung der Lebensmittel und die Lebensmittelwerbung außerdem eine Erklärung dahin gehend enthalten, dass die Krankheit, auf die sich die Angabe bezieht, durch mehrere Risikofaktoren bedingt ist und dass die Veränderung eines dieser Risikofaktoren eine positive Wirkung haben kann oder auch nicht.

Artikel 15
Beantragung der Zulassung

(1) Bei Bezugnahme auf diesen Artikel ist ein Antrag auf Zulassung nach Maßgabe der nachstehenden Absätze zu stellen.

(2) Der Antrag wird der zuständigen nationalen Behörde eines Mitgliedstaats zugeleitet.

a) Die zuständige nationale Behörde

i) bestätigt den Erhalt eines Antrags schriftlich innerhalb von 14 Tagen nach Eingang. In der Bestätigung ist das Datum des Antragseingangs zu vermerken;

ii) informiert die Behörde unverzüglich und

iii) stellt der Behörde den Antrag und alle vom Antragsteller ergänzend vorgelegten Informationen zur Verfügung.

b) Die Behörde

i) unterrichtet die Mitgliedstaaten und die Kommission unverzüglich über den Antrag und stellt ihnen den Antrag sowie alle vom Antragsteller ergänzend vorgelegten Informationen zur Verfügung;

ii) stellt die in Absatz 3 Buchstabe g genannte Zusammenfassung des Antrags der Öffentlichkeit zur Verfügung.

(3) Der Antrag muss Folgendes enthalten:

a) Name und Anschrift des Antragstellers;

b) Bezeichnung des Nährstoffs oder der anderen Substanz oder des Lebensmittels oder der Lebensmittelkategorie, wofür die gesundheitsbezogene Angabe gemacht werden soll, sowie die jeweiligen besonderen Eigenschaften;

c) eine Kopie der Studien einschließlich — soweit verfügbar — unabhängiger und nach dem Peer-Review-Verfahren erstellter Studien zu der gesundheitsbezogenen Angabe sowie alle sonstigen verfügbaren Unterlagen, aus denen hervorgeht, dass die gesundheitsbezogene Angabe die Kriterien dieser Verordnung erfüllt;

d) gegebenenfalls einen Hinweis, welche Informationen als eigentumsrechtlich geschützt einzustufen sind, zusammen mit einer entsprechenden nachprüfbaren Begründung;

e) eine Kopie anderer wissenschaftlicher Studien, die für die gesundheitsbezogene Angabe relevant sind;

f) einen Vorschlag für die Formulierung der gesundheitsbezogenen Angabe, deren Zulassung beantragt wird, gegebenenfalls einschließlich spezieller Bedingungen für die Verwendung;

g) eine Zusammenfassung des Antrags.

(4) Nach vorheriger Anhörung der Behörde legt die Kommission nach dem in Artikel 25 Absatz 2 genannten Verfahren Durchführungsvorschriften zum vorliegenden Artikel, einschließlich Vorschriften zur Erstellung und Vorlage des Antrags, fest.

(5) Um den Lebensmittelunternehmern, insbesondere den KMU, bei der Vorbereitung und Stellung eines Antrags auf wissenschaftliche Bewertung behilflich zu sein, stellt die Kommission in enger Zusammenarbeit mit der Behörde geeignete technische Anleitungen und Hilfsmittel bereit.

Artikel 16
Stellungnahme der Behörde

(1) Bei der Abfassung ihrer Stellungnahme hält die Behörde eine Frist von fünf Monaten ab dem Datum des Eingangs eines gültigen Antrags ein. Wenn die Behörde beim Antragsteller zusätzliche Informationen gemäß Absatz 2 anfordert, wird diese Frist um bis zu zwei Monate nach dem Datum des Eingangs der vom Antragsteller übermittelten Informationen verlängert.

(2) Die Behörde — oder über sie eine nationale zuständige Behörde — kann gegebenenfalls den Antragsteller auffordern, die Unterlagen zum Antrag innerhalb einer bestimmten Frist zu ergänzen.

(3) Zur Vorbereitung ihrer Stellungnahme überprüft die Behörde, ob

a) die gesundheitsbezogene Angabe durch wissenschaftliche Nachweise abgesichert ist;

b) die Formulierung der gesundheitsbezogenen Angabe den Kriterien dieser Verordnung entspricht.

(4) Wird in der Stellungnahme die Zulassung der Verwendung der gesundheitsbezogenen Angabe befürwortet, so muss sie außerdem folgende Informationen enthalten:

a) Name und Anschrift des Antragstellers;

b) Bezeichnung des Nährstoffs oder der anderen Substanz oder des Lebensmittels oder der Lebensmittelkategorie, wofür die gesundheitsbezogene Angabe gemacht werden soll, sowie die jeweiligen besonderen Eigenschaften;

c) einen Vorschlag für die Formulierung der gesundheitsbezogenen Angabe, gegebenenfalls einschließlich der speziellen Bedingungen für ihre Verwendung;

d) gegebenenfalls Bedingungen für die oder Beschränkungen der Verwendung des Lebensmittels und/oder zusätzliche Erklärungen oder Warnungen, die die gesundheitsbezogene Angabe auf dem Etikett oder bei der Werbung begleiten sollten.

(5) Die Behörde übermittelt der Kommission, den Mitgliedstaaten und dem Antragsteller ihre Stellungnahme einschließlich eines Berichts mit der Beurteilung der gesundheitsbezogenen Angabe, einer Begründung ihrer Stellungnahme und über die Informationen, auf denen ihre Stellungnahme beruht.

(6) Die Behörde veröffentlicht ihre Stellungnahme gemäß Artikel 38 Absatz 1 der Verordnung (EG) Nr. 178/2002.

Der Antragsteller bzw. Vertreter der Öffentlichkeit können innerhalb von 30 Tagen nach dieser Veröffentlichung gegenüber der Kommission Bemerkungen dazu abgeben.

Artikel 17
Gemeinschaftszulassung

(1) Innerhalb von zwei Monaten nach Erhalt der Stellungnahme der Behörde legt die Kommission dem in Artikel 23 Absatz 2 genannten Ausschuss einen Entwurf für eine Entscheidung über die Listen der zugelassenen gesundheitsbezogenen Angaben vor, wobei die Stellungnahme der Behörde, alle einschlägigen Bestimmungen des Gemeinschaftsrechts und andere für den jeweils zu prüfenden Sachverhalt relevante legitime Faktoren berücksichtigt werden. Stimmt der Entwurf der Entscheidung nicht mit der Stellungnahme der Behörde überein, so erläutert die Kommission die Gründe für die Abweichung.

(2) Jeder Entwurf für eine Entscheidung zur Änderung der Listen der zugelassenen gesundheitsbezogenen Angaben enthält die in Artikel 16 Absatz 4 genannten Informationen.

(3) Die endgültige Entscheidung über den Antrag zur Änderung nicht wesentlicher Bestimmungen dieser Verordnung durch Ergänzung wird nach dem in Artikel 25 Absatz 3 genannten Regelungsverfahren mit Kontrolle getroffen.

In den Fällen, in denen die Kommission auf das Ersuchen eines Antragstellers um den Schutz geschützter Daten hin beabsichtigt, die Verwendung der Angabe zugunsten des Antragstellers einzuschränken, gilt jedoch folgendes:

a) Eine Entscheidung über die Zulassung der Angabe wird nach dem in Artikel 25 Absatz 2 genannten Regelungsverfahren getroffen. In solchen Fällen wird die erteilte Zulassung nach fünf Jahren ungültig.

b) Vor Ablauf der fünf Jahre legt die Kommission, falls die Angabe immer noch den Anforderungen dieser Verordnung entspricht, einen Entwurf von Maßnahmen zur Änderung nicht wesentlicher Bestimmungen dieser Verordnung durch Ergänzung zur Zulassung der Angabe ohne Einschränkung ihrer Verwendung vor; über diesen Entwurf wird nach dem in Artikel 25 Absatz 3 genannten Regelungsverfahren mit Kontrolle entschieden.

(4) Die Kommission unterrichtet den Antragsteller unverzüglich über die Entscheidung und veröffentlicht die Einzelheiten dieser Entscheidung im *Amtsblatt der Europäischen Union*.

(5) Gesundheitsbezogene Angaben, die in den Listen nach den Artikeln 13 und 14 enthalten sind, können von jedem Lebensmittelunternehmer unter den für sie geltenden Bedingungen verwendet werden, wenn ihre Verwendung nicht nach Artikel 21 eingeschränkt ist.

(6) Die Erteilung der Zulassung schränkt die allgemeine zivil- und strafrechtliche Haftung eines Lebensmittelunternehmens für das betreffende Lebensmittel nicht ein.

Artikel 18
Angaben gemäß Artikel 13 Absatz 5

(1) Ein Lebensmittelunternehmer, der eine gesundheitsbezogene Angabe zu verwenden beabsichtigt, die nicht in der in Artikel 13 Absatz 3 vorgesehenen Liste aufgeführt ist, kann die Aufnahme der Angabe in diese Liste beantragen.

(2) Der Aufnahmeantrag ist bei der zuständigen nationalen Behörde eines Mitgliedstaats einzureichen, die den Eingang des Antrags innerhalb von 14 Tagen nach Eingang schriftlich bestätigt. In der Bestätigung ist das Datum des Eingangs des Antrags anzugeben. Der Antrag muss die in Artikel 15 Absatz 3 aufgeführten Daten und eine Begründung enthalten.

(3) Der gültige Antrag, der gemäß den in Artikel 15 Absatz 5 genannten Anweisungen erstellt wurde, sowie alle vom Antragsteller übermittelten Informationen werden unverzüglich der Behörde für eine wissenschaftliche Bewertung sowie der Kommission und den Mitgliedstaaten zur Kenntnisnahme übermittelt. Die Behörde gibt ihre Stellungnahme innerhalb einer Frist von fünf Monaten ab dem Datum des Eingangs des Antrags ab. Diese Frist kann um bis zu einem Monat verlängert werden, falls es die Behörde für erforderlich erachtet, zusätzliche Informationen vom

Antragsteller anzufordern. In diesem Fall übermittelt der Antragsteller die angeforderten Informationen binnen 15 Tagen ab dem Datum des Erhalts der Anfrage der Behörde.

Das Verfahren des Artikels 16 Absatz 3 Buchstaben a und b, Absatz 5 und Absatz 6 findet sinngemäß Anwendung.

(4) Gibt die Behörde nach der wissenschaftlichen Bewertung eine Stellungnahme zu Gunsten der Aufnahme der betreffenden Angabe in die in Artikel 13 Absatz 3 vorgesehene Liste ab, so entscheidet die Kommission binnen zwei Monaten nach Eingang der Stellungnahme der Behörde, und nachdem sie die Mitgliedstaaten konsultiert hat, über den Antrag, wobei sie die Stellungnahme der Behörde, alle einschlägigen Vorschriften des Gemeinschaftsrechts und sonstige für die betreffende Angelegenheit relevante legitime Faktoren berücksichtigt.

(5) Gibt die Behörde eine Stellungnahme ab, in der die Aufnahme der betreffenden Angabe in die in Absatz 4 genannte Liste nicht befürwortet wird, wird nach dem in Artikel 25 Absatz 3 genannten Regelungsverfahren mit Kontrolle eine Entscheidung über den Antrag zur Änderung nicht wesentlicher Bestimmungen dieser Verordnung durch Ergänzung getroffen.

In den Fällen, in denen die Kommission auf das Ersuchen eines Antragstellers um den Schutz geschützter Daten hin vorschlägt, die Verwendung der Angabe zugunsten des Antragstellers einzuschränken, gilt jedoch folgendes:

a) Eine Entscheidung über die Zulassung der Angabe wird nach dem in Artikel 25 Absatz 2 genannten Regelungsverfahren getroffen. In solchen Fällen wird die erteilte Zulassung nach fünf Jahren ungültig.

b) Vor Ablauf der fünf Jahre legt die Kommission, falls die Angabe immer noch den Bedingungen dieser Verordnung entspricht, einen Entwurf von Maßnahmen zur Änderung nicht wesentlicher Bestimmungen dieser Verordnung durch Ergänzung zur Zulassung der Angabe ohne Einschränkung ihrer Verwendung vor; über diesen Entwurf wird nach dem in Artikel 25 Absatz 3 genannten Regelungsverfahren mit Kontrolle entschieden.

Artikel 19
Änderung, Aussetzung und Widerruf von Zulassungen

(1) Der Antragsteller/Nutzer einer Angabe, die in einer der Listen nach den Artikeln 13 und 14 aufgeführt ist, kann eine Änderung der jeweils einschlägigen Liste beantragen. Das Verfahren der Artikel 15 bis 18 findet sinngemäß Anwendung.

(2) Die Behörde legt auf eigene Initiative oder auf Antrag eines Mitgliedstaats oder der Kommission eine Stellungnahme darüber vor, ob eine in einer der Listen nach den Artikeln 13 und 14 aufgeführte gesundheitsbezogene Angabe immer noch den Bedingungen dieser Verordnung entspricht.

Sie übermittelt ihre Stellungnahme unverzüglich der Kommission, den Mitgliedstaaten und gegebenenfalls dem ursprünglichen Antragsteller, der die Verwendung der betreffenden Angabe beantragt hat. Die Behörde veröffentlicht ihre Stellungnahme gemäß Artikel 38 Absatz 1 der Verordnung (EG) Nr. 178/2002.

Der Antragsteller/Nutzer bzw. ein Vertreter der Öffentlichkeit kann innerhalb von 30 Tagen nach dieser Veröffentlichung gegenüber der Kommission Bemerkungen dazu abgeben.

Die Kommission prüft die Stellungnahme der Behörde sowie alle eingegangenen Bemerkungen so bald wie möglich. Gegebenenfalls wird die Zulassung nach dem Verfahren der Artikel 17 und 18 abgeändert, ausgesetzt oder widerrufen.

KAPITEL V
ALLGEMEINE UND SCHLUSSBESTIMMUNGEN

Artikel 20
Gemeinschaftsregister

(1) Die Kommission erstellt und unterhält ein Gemeinschaftsregister der nährwert- und gesundheitsbezogenen Angaben über Lebensmittel, nachstehend „Register“ genannt.

(2) Das Register enthält Folgendes:

a) die nährwertbezogenen Angaben und die Bedingungen für ihre Verwendung gemäß dem Anhang;

b) gemäß Artikel 4 Absatz 5 festgelegte Einschränkungen;

c) die zugelassenen gesundheitsbezogenen Angaben und die Bedingungen für ihre Verwendung nach Artikel 13 Absätze 3 und 5, Artikel 14 Absatz 1, Artikel 19 Absatz 2, Artikel 21, Artikel 24 Absatz 2 und Artikel 28 Absatz 6 sowie die innerstaatlichen Maßnahmen nach Artikel 23 Absatz 3;

d) eine Liste abgelehnter gesundheitsbezogener Angaben und die Gründe für ihre Ablehnung.

Gesundheitsbezogene Angaben, die aufgrund geschützter Daten zugelassen wurden, werden in einen gesonderten Anhang des Registers aufgenommen, zusammen mit folgenden Informationen:

1. Datum der Zulassung der gesundheitsbezogenen Angabe durch die Kommission und Name des ursprünglichen Antragstellers, dem die Zulassung erteilt wurde;

2. die Tatsache, dass die Kommission die gesundheitsbezogene Angabe auf der Grundlage geschützter Daten und mit Einschränkung der Verwendung zugelassen hat;

3. in den in Artikel 17 Absatz 3 Unterabsatz 2 und Artikel 18 Absatz 5 Unterabsatz 2 genannten

Fällen die Tatsache, dass die gesundheitsbezogene Angabe auf begrenzte Zeit zugelassen ist.

(3) Das Register wird veröffentlicht.

Artikel 21
Datenschutz

(1) Die wissenschaftlichen Daten und anderen Informationen in dem in Artikel 15 Absatz 3 vorgeschriebenen Antrag dürfen während eines Zeitraums von fünf Jahren ab dem Datum der Zulassung nicht zugunsten eines späteren Antragstellers verwendet werden, es sei denn, dieser nachfolgende Antragsteller hat mit dem früheren Antragsteller vereinbart, dass solche Daten und Informationen verwendet werden können, vorausgesetzt,

a) die wissenschaftlichen Daten und anderen Informationen wurden vom ursprünglichen Antragsteller zum Zeitpunkt des ursprünglichen Antrags als geschützt bezeichnet und

b) der ursprüngliche Antragsteller hatte zum Zeitpunkt des ursprünglichen Antrags ausschließlichen Anspruch auf die Nutzung der geschützten Daten und

c) die gesundheitsbezogene Angabe hätte ohne die Vorlage der geschützten Daten durch den ursprünglichen Antragsteller nicht zugelassen werden können.

(2) Bis zum Ablauf des in Absatz 1 genannten Zeitraums von fünf Jahren hat kein nachfolgender Antragsteller das Recht, sich auf von einem vorangegangenen Antragsteller als geschützt bezeichnete Daten zu beziehen, sofern und solange die Kommission nicht darüber entscheidet, ob eine Angabe ohne die von dem vorangegangenen Antragsteller als geschützt bezeichneten Daten in die in Artikel 14 oder gegebenenfalls in Artikel 13 vorgesehene Liste aufgenommen werden könnte oder hätte aufgenommen werden können.

Artikel 22
Nationale Vorschriften

Die Mitgliedstaaten dürfen unbeschadet des Vertrags, insbesondere seiner Artikel 28 und 30, den Handel mit Lebensmitteln oder die Werbung für Lebensmittel, die dieser Verordnung entsprechen, nicht durch die Anwendung nicht harmonisierter nationaler Vorschriften über Angaben über bestimmte Lebensmittel oder über Lebensmittel allgemein einschränken oder verbieten.

Artikel 23
Notifizierungsverfahren

(1) Hält ein Mitgliedstaat es für erforderlich, neue Rechtsvorschriften zu erlassen, so teilt er der Kommission und den übrigen Mitgliedstaaten die in Aussicht genommenen Maßnahmen mit einer schlüssigen Begründung mit, die diese rechtfertigen.

(2) Die Kommission hört den mit Artikel 58 Absatz 1 der Verordnung (EG) Nr. 178/2002 eingesetzten Ständigen Ausschuss für die Lebensmittelkette und Tiergesundheit (nachstehend „Ausschuss“ genannt) an, sofern sie dies für nützlich hält oder ein Mitgliedstaat es beantragt, und nimmt zu den in Aussicht genommenen Maßnahmen Stellung.

(3) Der betroffene Mitgliedstaat kann die in Aussicht genommenen Maßnahmen sechs Monate nach der Mitteilung nach Absatz 1 und unter der Bedingung treffen, dass er keine gegenteilige Stellungnahme der Kommission erhalten hat.

Ist die Stellungnahme der Kommission ablehnend, so entscheidet die Kommission nach dem in Artikel 25 Absatz 2 genannten Verfahren vor Ablauf der in Unterabsatz 1 des vorliegenden Absatzes genannten Frist, ob die in Aussicht genommenen Maßnahmen durchgeführt werden dürfen. Die Kommission kann bestimmte Änderungen an den vorgesehenen Maßnahmen verlangen.

Artikel 24
Schutzmaßnahmen

(1) Hat ein Mitgliedstaat stichhaltige Gründe für die Annahme, dass eine Angabe nicht dieser Verordnung entspricht oder dass die wissenschaftliche Absicherung nach Artikel 6 unzureichend ist, so kann er die Verwendung der betreffenden Angabe in seinem Hoheitsgebiet vorübergehend aussetzen.

Er unterrichtet die übrigen Mitgliedstaaten und die Kommission und begründet die Aussetzung.

(2) Eine Entscheidung hierüber wird gegebenenfalls nach Einholung einer Stellungnahme der Behörde nach dem in Artikel 25 Absatz 2 genannten Verfahren getroffen.

Die Kommission kann dieses Verfahren auf eigene Initiative einleiten.

(3) Der in Absatz 1 genannte Mitgliedstaat kann die Aussetzung beibehalten, bis ihm die in Absatz 2 genannte Entscheidung notifiziert wurde.

Artikel 25

Ausschussverfahren

(1) Die Kommission wird vom Ausschuss unterstützt.

(2) Wird auf diesen Absatz Bezug genommen, so gelten die Artikel 5 und 7 des Beschlusses 1999/468/EG unter Beachtung von dessen Artikel 8.

Der Zeitraum nach Artikel 5 Absatz 6 des Beschlusses 1999/468/EG wird auf drei Monate festgesetzt.

(3) Wird auf diesen Absatz Bezug genommen, so gelten Artikel 5a Absätze 1 bis 4 und Artikel 7

des Beschlusses 1999/468/EG unter Beachtung von dessen Artikel 8.

Artikel 26
Überwachung

Um die wirksame Überwachung von Lebensmitteln mit nährwert- oder gesundheitsbezogenen Angaben zu erleichtern, können die Mitgliedstaaten die Hersteller oder die Personen, die derartige Lebensmittel in ihrem Hoheitsgebiet in Verkehr bringen, verpflichten, die zuständige Behörde über das Inverkehrbringen zu unterrichten und ihr ein Muster des für das Produkt verwendeten Etiketts zu übermitteln.

Artikel 27
Bewertung

Spätestens am 19. Januar 2013 legt die Kommission dem Europäischen Parlament und dem Rat einen Bericht über die Anwendung dieser Verordnung vor, insbesondere über die Entwicklung des Markts für Lebensmittel, für die nährwert- oder gesundheitsbezogene Angaben gemacht werden, und darüber, wie die Angaben von den Verbrauchern verstanden werden; gegebenenfalls fügt sie diesem Bericht einen Vorschlag für Änderungen bei. Der Bericht umfasst auch eine Beurteilung der Auswirkungen dieser Verordnung auf die Wahl der Ernährungsweise und der möglichen Auswirkungen auf Übergewicht und nicht übertragbare Krankheiten.

Artikel 28
Übergangsmaßnahmen

(1) Lebensmittel, die vor dem Beginn der Anwendung dieser Verordnung in Verkehr gebracht oder gekennzeichnet wurden und dieser Verordnung nicht entsprechen, dürfen bis zu ihrem Mindesthaltbarkeitsdatum, jedoch nicht länger als bis zum 31. Juli 2009 weiter in Verkehr gebracht werden. Unter Berücksichtigung von Artikel 4 Absatz 1 dürfen Lebensmittel bis 24 Monate nach Annahme der entsprechenden Nährwertprofile und der Bedingungen für ihre Verwendung in Verkehr gebracht werden.

(2) Produkte mit bereits vor dem 1. Januar 2005 bestehenden Handelsmarken oder Markennamen, die dieser Verordnung nicht entsprechen, dürfen bis zum 19. Januar 2022 weiterhin in den Verkehr gebracht werden; danach gelten die Bestimmungen dieser Verordnung.

(3) Nährwertbezogene Angaben, die in einem Mitgliedstaat vor dem 1. Januar 2006 gemäß den einschlägigen innerstaatlichen Vorschriften verwendet wurden und nicht im Anhang aufgeführt sind, dürfen bis zum 19. Januar 2010 unter der Verantwortung von Lebensmittelunternehmern verwendet werden; dies gilt unbeschadet der Annahme von Schutzmaßnahmen gemäß Artikel 24.

(4) Nährwertbezogene Angaben in Form von Bildern, Grafiken oder Symbolen, die den allgemeinen Grundsätzen dieser Verordnung entsprechen, jedoch nicht im Anhang aufgeführt sind, und die entsprechend den durch einzelstaatliche Bestimmungen oder Vorschriften aufgestellten besonderen Bedingungen und Kriterien verwendet werden, unterliegen folgenden Bestimmungen:

a) Die Mitgliedstaaten übermitteln der Kommission spätestens bis zum 31. Januar 2008 diese nährwertbezogenen Angaben und die anzuwendenden einzelstaatlichen Bestimmungen oder Vorschriften zusammen mit den wissenschaftlichen Daten zu deren Absicherung;

b) Die Kommission fasst nach dem in Artikel 25 Absatz 3 genannten Regelungsverfahren mit Kontrolle einen Beschluss über die Verwendung solcher Angaben zur Änderung nicht wesentlicher Bestimmungen dieser Verordnung.

Nährwertbezogene Angaben, die nicht nach diesem Verfahren zugelassen wurden, können bis zu zwölf Monate nach Erlass des Beschlusses weiter verwendet werden.

(5) Gesundheitsbezogene Angaben im Sinne des Artikels 13 Absatz 1 Buchstabe a dürfen ab Inkrafttreten dieser Verordnung bis zur Annahme der in Artikel 13 Absatz 3 genannten Liste unter der Verantwortung von Lebensmittelunternehmern verwendet werden, sofern die Angaben dieser Verordnung und den einschlägigen einzelstaatlichen Vorschriften entsprechen; dies gilt unbeschadet der Annahme von Schutzmaßnahmen gemäß Artikel 24.

(6) Für gesundheitsbezogene Angaben, die nicht unter Artikel 13 Absatz 1 Buchstabe a und Artikel 14 Absatz 1 Buchstabe a fallen und unter Beachtung der nationalen Rechtsvorschriften vor dem Inkrafttreten dieser Verordnung verwendet wurden, gilt Folgendes:

a) Gesundheitsbezogene Angaben, die in einem Mitgliedstaat einer Bewertung unterzogen und zugelassen wurden, werden nach folgendem Verfahren zugelassen:

i) Die Mitgliedstaaten übermitteln der Kommission spätestens bis zum 31. Januar 2008 die betreffenden Angaben sowie den Bericht mit der Bewertung der zur Absicherung der Angaben vorgelegten wissenschaftlichen Daten;

ii) nach Anhörung der Behörde fasst die Kommission nach dem in Artikel 25 Absatz 3 genannten Regelungsverfahren mit Kontrolle einen Beschluss über die gesundheitsbezogenen Angaben, die auf diese Weise zugelassen wurden, zur Änderung nicht wesentlicher Bestimmungen dieser Verordnung durch Ergänzung.

Gesundheitsbezogene Angaben, die nicht nach diesem Verfahren zugelassen wurden, dürfen bis zu sechs Monate nach Erlass des Beschlusses weiter verwendet werden.

b) Gesundheitsbezogene Angaben, die keiner Bewertung in einem Mitgliedstaat unterzogen und nicht zugelassen wurden, dürfen weiterhin verwendet werden, sofern vor dem 19. Januar 2008 ein Antrag nach dieser Verordnung gestellt wird; gesundheitsbezogene Angaben, die nicht nach diesem Verfahren zugelassen wurden, dürfen bis zu sechs Monate nach einer Entscheidung im Sinne des Artikels 17 Absatz 3 weiter verwendet werden.

Artikel 29
Inkrafttreten

Diese Verordnung tritt am zwanzigsten Tag nach ihrer Veröffentlichung im *Amtsblatt der Europäischen Union* in Kraft.

Sie gilt ab dem 1. Juli 2007.

Diese Verordnung ist in allen ihren Teilen verbindlich und gilt unmittelbar in jedem Mitgliedstaat.

ANHANG

Nährwertbezogene Angaben und Bedingungen für ihre Verwendung

ENERGIEARM

Die Angabe, ein Lebensmittel sei energiearm, sowie jede Angabe, die für den Verbraucher voraussichtlich dieselbe Bedeutung hat, ist nur zulässig, wenn das Produkt im Falle von festen Lebensmitteln nicht mehr als 40 kcal (170 kJ)/100 g oder im Falle von flüssigen Lebensmitteln nicht mehr als 20 kcal (80 kJ)/100 ml enthält. Für Tafelsüßen gilt ein Grenzwert von 4 kcal (17 kJ) pro Portion, die der süßenden Wirkung von 6 g Saccharose (ca. 1 Teelöffel Zucker) entspricht.

ENERGIEREDUZIERT

Die Angabe, ein Lebensmittel sei energiereduziert, sowie jegliche Angabe, die für den Verbraucher voraussichtlich dieselbe Bedeutung hat, ist nur zulässig, wenn der Brennwert um mindestens 30 % verringert ist; dabei sind die Eigenschaften anzugeben, die zur Reduzierung des Gesamtbrennwerts des Lebensmittels führen.

ENERGIEFREI

Die Angabe, ein Lebensmittel sei energiefrei, sowie jegliche Angabe, die für den Verbraucher voraussichtlich dieselbe Bedeutung hat, ist nur zulässig, wenn das Produkt nicht mehr als 4 kcal (17 kJ)/100 ml enthält. Für Tafelsüßen gilt ein Grenzwert von 0,4 kcal (1,7 kJ) pro Portion, die der süßenden Wirkung von 6 g Saccharose (ca. 1 Teelöffel Zucker) entspricht.

FETTARM

Die Angabe, ein Lebensmittel sei fettarm, sowie jegliche Angabe, die für den Verbraucher voraussichtlich dieselbe Bedeutung hat, ist nur zulässig, wenn das Produkt im Fall von festen Lebensmitteln nicht mehr als 3 g Fett/100 g oder nicht mehr als 1,5 g Fett/100 ml im Fall von flüssigen Lebensmitteln enthält (1,8 g Fett pro 100 ml bei teilentrahmter Milch).

FETTFREI/OHNE FETT

Die Angabe, ein Lebensmittel sei fettfrei/ohne Fett, sowie jegliche Angabe, die für den Verbraucher voraussichtlich dieselbe Bedeutung hat, ist nur zulässig, wenn das Produkt nicht mehr als 0,5 g Fett pro 100 g oder 100 ml enthält. Angaben wie „X % fettfrei" sind verboten.

ARM AN GESÄTTIGTEN FETTSÄUREN

Die Angabe, ein Lebensmittel sei arm an gesättigten Fettsäuren, sowie jegliche Angabe, die für den Verbraucher voraussichtlich dieselbe Bedeutung hat, ist nur zulässig, wenn die Summe der gesättigten Fettsäuren und der trans-Fettsäuren bei einem Produkt im Fall von festen Lebensmitteln 1,5 g/100 g oder 0,75 g/100 ml im Fall von flüssigen Lebensmitteln nicht übersteigt; in beiden Fällen dürfen die gesättigten Fettsäuren und die trans-Fettsäuren insgesamt nicht mehr als 10 % des Brennwerts liefern.

FREI VON GESÄTTIGTEN FETTSÄUREN

Die Angabe, ein Lebensmittel sei frei von gesättigten Fettsäuren, sowie jegliche Angabe, die für den Verbraucher voraussichtlich dieselbe Bedeutung hat, ist nur zulässig, wenn die Summe der gesättigten Fettsäuren und der trans-Fettsäuren 0,1 g je 100 g bzw. 100 ml nicht übersteigt.

ZUCKERARM

Die Angabe, ein Lebensmittel sei zuckerarm, sowie jegliche Angabe, die für den Verbraucher voraussichtlich dieselbe Bedeutung hat, ist nur zulässig, wenn das Produkt im Fall von festen Lebensmitteln nicht mehr als 5 g Zucker pro 100 g oder im Fall von flüssigen Lebensmitteln 2,5 g Zucker pro 100 ml enthält.

ZUCKERFREI

Die Angabe, ein Lebensmittel sei zuckerfrei, sowie jegliche Angabe, die für den Verbraucher voraussichtlich dieselbe Bedeutung hat, ist nur zulässig, wenn das Produkt nicht mehr als 0,5 g Zucker pro 100 g bzw. 100 ml enthält.

OHNE ZUCKERZUSATZ

Die Angabe, einem Lebensmittel sei kein Zucker zugesetzt worden, sowie jegliche Angabe, die für den Verbraucher voraussichtlich dieselbe Bedeutung hat, ist nur zulässig, wenn das Produkt keine zugesetzten Mono- oder Disaccharide oder irgend ein anderes wegen seiner süßenden Wirkung verwendetes Lebensmittel enthält. Wenn das Lebensmittel von Natur aus Zucker enthält, sollte das Etikett auch den folgenden Hinweis enthalten: „ENTHÄLT VON NATUR AUS ZUCKER".

NATRIUMARM/KOCHSALZARM

Die Angabe, ein Lebensmittel sei natrium-/kochsalzarm, sowie jegliche Angabe, die für den Verbraucher voraussichtlich dieselbe Bedeutung hat, ist nur zulässig, wenn das Produkt nicht mehr als 0,12 g Natrium oder den gleichwertigen Gehalt an Salz pro 100 g bzw. 100 ml enthält. Bei anderen

Wässern als natürlichen Mineralwässern, die in den Geltungsbereich der Richtlinie 80/777/EWG fallen, darf dieser Wert 2 mg Natrium pro 100 ml nicht übersteigen.

SEHR NATRIUMARM/KOCHSALZARM

Die Angabe, ein Lebensmittel sei sehr natrium-/salzarm, sowie jegliche Angabe, die für den Verbraucher voraussichtlich dieselbe Bedeutung hat, ist nur zulässig, wenn das Produkt nicht mehr als 0,04 g Natrium oder den entsprechenden Gehalt an Salz pro 100 g bzw. 100 ml enthält. Für natürliche Mineralwässer und andere Wässer darf diese Angabe nicht verwendet werden.

NATRIUMFREI oder KOCHSALZFREI

Die Angabe, ein Lebensmittel sei natriumfrei oder kochsalzfrei, sowie jegliche Angabe, die für den Verbraucher voraussichtlich dieselbe Bedeutung hat, ist nur zulässig, wenn das Produkt nicht mehr als 0,005 g Natrium oder den gleichwertigen Gehalt an Salz pro 100 g enthält.

OHNE ZUSATZ VON NATRIUM/KOCHSALZ

Die Angabe, einem Lebensmittel sei kein Natrium/Kochsalz zugesetzt worden, sowie jegliche Angabe, die für den Verbraucher voraussichtlich dieselbe Bedeutung hat, ist nur zulässig, wenn das Produkt kein zugesetztes Natrium/Kochsalz oder irgendeine andere Zutat enthält, der Natrium/Kochsalz zugesetzt wurde, und das Produkt nicht mehr als 0,12 g Natrium oder den entsprechenden Gehalt an Kochsalz pro 100 g bzw. 100 ml enthält.

BALLASTSTOFFQUELLE

Die Angabe, ein Lebensmittel sei eine Ballaststoffquelle, sowie jegliche Angabe, die für den Verbraucher voraussichtlich dieselbe Bedeutung hat, ist nur zulässig, wenn das Produkt mindestens 3 g Ballaststoffe pro 100 g oder mindestens 1,5 g Ballaststoffe pro 100 kcal enthält.

HOHER BALLASTSTOFFGEHALT

Die Angabe, ein Lebensmittel habe einen hohen Ballaststoffgehalt, sowie jegliche Angabe, die für den Verbraucher voraussichtlich dieselbe Bedeutung hat, ist nur zulässig, wenn das Produkt mindestens 6 g Ballaststoffe pro 100 g oder mindestens 3 g Ballaststoffe pro 100 kcal enthält.

PROTEINQUELLE

Die Angabe, ein Lebensmittel sei eine Proteinquelle, sowie jegliche Angabe, die für den Verbraucher voraussichtlich dieselbe Bedeutung hat, ist nur zulässig, wenn auf den Proteinanteil mindestens 12 % des gesamten Brennwerts des Lebensmittels entfallen.

HOHER PROTEINGEHALT

Die Angabe, ein Lebensmittel habe einen hohen Proteingehalt, sowie jegliche Angabe, die für den Verbraucher voraussichtlich dieselbe Bedeutung hat, ist nur zulässig, wenn auf den Proteinanteil mindestens 20 % des gesamten Brennwerts des Lebensmittels entfallen.

[NAME DES VITAMINS/DER VITAMINE] UND/ODER [NAME DES MINERALSTOFFS/DER MINERALSTOFFE]-QUELLE

Die Angabe, ein Lebensmittel sei eine Vitaminquelle oder Mineralstoffquelle, sowie jegliche Angabe, die für den Verbraucher voraussichtlich dieselbe Bedeutung hat, ist nur zulässig, wenn das Produkt mindestens eine gemäß dem Anhang der Richtlinie 90/496/EWG signifikante Menge oder eine Menge enthält, die den gemäß Artikel 6 der Verordnung (EG) Nr. 1925/2006 des Europäischen Parlaments und des Rates vom 20. Dezember 2006 über den Zusatz von Vitaminen und Mineralstoffen sowie bestimmten anderen Stoffen zu Lebensmitteln ([17]) zugelassenen Abweichungen entspricht.

HOHER [NAME DES VITAMINS/DER VITAMINE] UND/ODER [NAME DES MINERALSTOFFS/DER MINERALSTOFFE]-GEHALT

Die Angabe, ein Lebensmittel habe einen hohen Vitamingehalt und/oder Mineralstoffgehalt, sowie jegliche Angabe, die für den Verbraucher voraussichtlich dieselbe Bedeutung hat, ist nur zulässig, wenn das Produkt mindestens das Doppelte des unter „[NAME DES VITAMINS/ DER VITAMINE] und/oder [NAME DES MINERALSTOFFS/DER MINERALSTOFFE]-Quelle“ genannten Werts enthält.

ENTHÄLT [NAME DES NÄHRSTOFFS ODER DER ANDEREN SUBSTANZ]

Die Angabe, ein Lebensmittel enthalte einen Nährstoff oder eine andere Substanz, für die in dieser Verordnung keine besonderen Bedingungen vorgesehen sind, sowie jegliche Angabe, die für den Verbraucher voraussichtlich dieselbe Bedeutung hat, ist nur zulässig, wenn das Produkt allen entsprechenden Bestimmungen dieser Verordnung und insbesondere Artikel 5 entspricht. Für Vitamine und Mineralstoffe gelten die Bedingungen für die Angabe „Quelle von“.

ERHÖHTER [NAME DES NÄHRSTOFFS]-ANTEIL

Die Angabe, der Gehalt an einem oder mehreren Nährstoffen, die keine Vitamine oder Mineralstoffe sind, sei erhöht worden, sowie jegliche Angabe, die für den Verbraucher voraussichtlich dieselbe

Bedeutung hat, ist nur zulässig, wenn das Produkt die Bedingungen für die Angabe „Quelle von" erfüllt und die Erhöhung des Anteils mindestens 30 % gegenüber einem vergleichbaren Produkt ausmacht.

REDUZIERTER [NAME DES NÄHRSTOFFS]-ANTEIL

Die Angabe, der Gehalt an einem oder mehreren Nährstoffen sei reduziert worden, sowie jegliche Angabe, die für den Verbraucher voraussichtlich dieselbe Bedeutung hat, ist nur zulässig, wenn die Reduzierung des Anteils mindestens 30 % gegenüber einem vergleichbaren Produkt ausmacht; ausgenommen sind Mikronährstoffe, für die ein 10 %iger Unterschied im Nährstoffbezugswert gemäß der Richtlinie 90/496/EWG akzeptabel ist, sowie Natrium oder der entsprechende Gehalt an Salz, für das ein 25 %iger Unterschied akzeptabel ist.

Die Angabe „reduzierter Anteil an gesättigten Fettsäuren" sowie jegliche Angabe, die für den Verbraucher voraussichtlich dieselbe Bedeutung hat, ist nur in folgenden Fällen zulässig:

a) wenn bei einem Produkt mit dieser Angabe die Summe der gesättigten Fettsäuren und der trans-Fettsäuren mindestens 30 % unter der Summe der gesättigten Fettsäuren und der trans-Fettsäuren eines vergleichbaren Produkts liegt und

b) wenn bei einem Produkt mit dieser Angabe der Gehalt an trans-Fettsäuren gleich oder geringer ist als in einem vergleichbaren Produkt.

Die Angabe „reduzierter Zuckeranteil" sowie jegliche Angabe, die für den Verbraucher voraussichtlich dieselbe Bedeutung hat, ist nur zulässig, wenn der Brennwert des Produkts mit dieser Angabe gleich oder geringer ist als der Brennwert eines vergleichbaren Produkts.

LEICHT

Die Angabe, ein Produkt sei „leicht", sowie jegliche Angabe, die für den Verbraucher voraussichtlich dieselbe Bedeutung hat, muss dieselben Bedingungen erfüllen wie die Angabe „reduziert"; die Angabe muss außerdem mit einem Hinweis auf die Eigenschaften einhergehen, die das Lebensmittel „leicht" machen.

VON NATUR AUS/NATÜRLICH

Erfüllt ein Lebensmittel von Natur aus die in diesem Anhang aufgeführte(n) Bedingung(en) für die Verwendung einer nährwertbezogenen Angabe, so darf dieser Angabe der Ausdruck „von Natur aus/natürlich" vorangestellt werden.

QUELLE VON OMEGA-3-FETTSÄUREN

Die Angabe, ein Lebensmittel sei eine Quelle von Omega-3-Fettsäuren, sowie jegliche Angabe, die für den Verbraucher voraussichtlich dieselbe Bedeutung hat, ist nur zulässig, wenn das Produkt mindestens 0,3 g Alpha-Linolensäure pro 100 g und pro 100 kcal oder zusammengenommen mindestens 40 mg Eicosapentaensäure und Docosahexaenoidsäure pro 100 g und pro 100 kcal enthält.

MIT EINEM HOHEN GEHALT AN OMEGA-3-FETTSÄUREN

Die Angabe, ein Lebensmittel habe einen hohen Gehalt an Omega-3-Fettsäuren, sowie jegliche Angabe, die für den Verbraucher voraussichtlich dieselbe Bedeutung hat, ist nur zulässig, wenn das Produkt mindestens 0,6 g Alpha-Linolensäure pro 100 g und pro 100 kcal oder zusammengenommen mindestens 80 mg Eicosapentaensäure und Docosahexaenoidsäure pro 100 g und pro 100 kcal enthält.

MIT EINEM HOHEN GEHALT AN EINFACH UNGESÄTTIGTEN FETTSÄUREN

Die Angabe, ein Lebensmittel habe einen hohen Gehalt an einfach ungesättigten Fettsäuren, sowie jegliche Angabe, die für den Verbraucher voraussichtlich dieselbe Bedeutung hat, ist nur zulässig, wenn mindestens 45 % der im Produkt enthaltenen Fettsäuren aus einfach ungesättigten Fettsäuren stammen und sofern die einfach ungesättigten Fettsäuren über 20 % der Energie des Produktes liefern.

MIT EINEM HOHEN GEHALT AN MEHRFACH UNGESÄTTIGTEN FETTSÄUREN

Die Angabe, ein Lebensmittel habe einen hohen Gehalt an mehrfach ungesättigten Fettsäuren, sowie jegliche Angabe, die für den Verbraucher voraussichtlich dieselbe Bedeutung hat, ist nur zulässig, wenn mindestens 45 % der im Produkt enthaltenen Fettsäuren aus mehrfach ungesättigten Fettsäuren stammen und sofern die mehrfach ungesättigten Fettsäuren über 20 % der Energie des Produktes liefern.

MIT EINEM HOHEN GEHALT AN UNGESÄTTIGTEN FETTSÄUREN

Die Angabe, ein Lebensmittel habe einen hohen Gehalt an ungesättigten Fettsäuren, sowie jegliche Angabe, die für den Verbraucher voraussichtlich dieselbe Bedeutung hat, ist nur zulässig, wenn mindestens 70 % der Fettsäuren im Produkt aus ungesättigten Fettsäuren stammen und sofern die ungesättigten Fettsäuren über 20 % der Energie des Produktes liefern.

---

(12) ABl. L 229 vom 30.8.1980, S. 1. Zuletzt geändert durch die Verordnung (EG) Nr. 1882/2003.

(13) ABl. L 330 vom 5.12.1998, S. 32. Geändert durch die Verordnung (EG) Nr. 1882/2003.
(14) ABl. L 31 vom 1.2.2002, S. 1. Zuletzt geändert durch die Verordnung (EG) Nr. 575/2006 der Kommission (ABl. L 100 vom 8.4.2006, S. 3).
(15) Name des Nährstoffs, der das Nährstoffprofil übersteigt.
(16) ABl. L 304 vom 22.11.2011, S. 18.
(17) ABl. L 404 vom 30.12.2006, S. 26.() ABl. L 404 vom 30.12.2006, S. 26.

23. Verordnung 432/2012 zur Festlegung einer Liste zulässiger anderer gesundheitsbezogener Angaben über Lebensmittel als Angaben über die Reduzierung eines Krankheitsrisikos sowie die Entwicklung und die Gesundheit von Kindern

ABl L 2012/136, S. 1 idgF

DIE EUROPÄISCHE KOMMISSION —

gestützt auf den Vertrag über die Arbeitsweise der Europäischen Union,

gestützt auf die Verordnung (EG) Nr. 1924/2006 des Europäischen Parlaments und des Rates vom 20. Dezember 2006 über nährwert- und gesundheitsbezogene Angaben über Lebensmittel [(1)], insbesondere auf Artikel 13 Absatz 3,

in Erwägung nachstehender Gründe:

(1) Gemäß Artikel 10 Absatz 1 der Verordnung (EG) Nr. 1924/2006 sind gesundheitsbezogene Angaben über Lebensmittel verboten, sofern sie nicht von der Kommission im Einklang mit der genannten Verordnung zugelassen und in eine Liste zulässiger Angaben aufgenommen wurden.

(2) Artikel 13 Absatz 2 der Verordnung (EG) Nr. 1924/2006 sieht vor, dass die Mitgliedstaaten der Kommission spätestens am 31. Januar 2008 nationale Listen gesundheitsbezogener Angaben über Lebensmittel gemäß Artikel 13 Absatz 1 der genannten Verordnung übermitteln. Zusammen mit diesen Listen sind auch die für diese Angaben geltenden Bedingungen und Hinweise auf die entsprechende wissenschaftliche Absicherung vorzulegen.

(3) In Artikel 13 Absatz 3 der Verordnung (EG) Nr. 1924/2006 ist festgelegt, dass die Kommission nach Anhörung der Europäischen Behörde für Lebensmittelsicherheit (EFSA, die „Behörde") spätestens am 31. Januar 2010 eine Liste zulässiger gesundheitsbezogener Angaben über Lebensmittel gemäß Artikel 13 Absatz 1 der genannten Verordnung sowie alle für die Verwendung dieser Angaben erforderlichen Bedingungen verabschiedet.

(4) Am 31. Januar 2008 waren bei der Kommission Listen mit über 44 000 gesundheitsbezogenen Angaben aus den Mitgliedstaaten eingegangen. Aufgrund der bei der Prüfung festgestellten zahlreichen Doppeleinträge und nach Beratungen mit den Mitgliedstaaten mussten die nationalen Listen zu einer konsolidierten Liste der Angaben zusammengeführt werden, zu der die Behörde eine wissenschaftliche Begutachtung vorlegen sollte („konsolidierte Liste") [(2)].

(5) Am 24. Juli 2008 übermittelte die Kommission der Behörde formell ein Ersuchen um ein wissenschaftliches Gutachten gemäß Artikel 13 Absatz 3 der Verordnung (EG) Nr. 1924/2006 zusammen mit einem Mandat und einem ersten Teil der konsolidierten Liste. Weitere Teile der konsolidierten Liste wurden im November und Dezember 2008 übermittelt. Zum Abschluss übermittelte die Kommission der Behörde am 12. März 2010 ein Addendum. Einige Angaben der konsolidierten Liste wurden von den Mitgliedstaaten zurückgezogen, bevor sie von der Behörde bewertet worden waren. Die Behörde schloss die wissenschaftliche Bewertung mit ihren Gutachten ab, die sie im Zeitraum von Oktober 2009 bis Juli 2011 veröffentlichte [(3)].

(6) Bei der Bewertung stellte die Behörde fest, dass in einigen Einträgen verschiedene Wirkungen angegeben waren oder dieselbe angegebene Wirkung Gegenstand mehrerer Einträge war. Daher kann eine unter die vorliegende Verordnung fallende gesundheitsbezogene Angabe auf einen oder mehrere Einträge in der konsolidierten Liste zurückgeführt werden.

(7) Bei einigen der gesundheitsbezogenen Angaben kam die Behörde auf der Grundlage der vorgelegten Daten zu dem Schluss, dass zwischen der Lebensmittelkategorie, dem Lebensmittel oder einem Lebensmittelbestandteil und der angegebenen Wirkung ein kausaler Zusammenhang nachgewiesen worden war. Gesundheitsbezogene Angaben, die dieser Schlussfolgerung entsprechen und den Anforderungen der Verordnung (EG) Nr. 1924/2006 genügen, sollten gemäß Artikel 13 Absatz 3 der Verordnung (EG) Nr. 1924/2006 zugelassen und in eine Liste zulässiger Angaben aufgenommen werden.

(8) Artikel 13 Absatz 3 der Verordnung (EG) Nr. 1924/2006 sieht vor, dass zusammen mit den zulässigen gesundheitsbezogenen Angaben alle erforderlichen Bedingungen (einschließlich Beschränkungen) für deren Verwendung festzulegen sind. Daher sollte die Liste zulässiger Angaben gemäß den Bestimmungen der Verordnung (EG) Nr. 1924/2006 und den Gutachten der Behörde den Wortlaut der Angaben und spezielle Bedingungen für ihre Verwendung sowie gegebenenfalls Bedingungen bzw. Beschränkungen hinsichtlich ihrer Verwendung und/oder zusätzliche Erklärungen oder Warnungen enthalten.

(9) Mit der Verordnung (EG) Nr. 1924/2006 soll u. a. sichergestellt werden, dass gesundheitsbezogene Angaben wahrheitsgemäß, klar, verlässlich und für den Verbraucher hilfreich sind. Formulierung und Aufmachung der Angaben sind vor diesem Hintergrund zu bewerten. In den Fällen, in denen der Wortlaut einer Angabe aus Verbrauchersicht gleichbedeutend ist mit demjenigen einer zugelassenen gesundheitsbezogenen Angabe, weil damit auf den gleichen Zusammenhang zwischen einer Lebensmittelkategorie, einem Lebensmittel oder einem Lebensmittelbestandteil und einer bestimmten Wirkung auf die Gesundheit hingewiesen wird, sollte diese Angabe auch den Verwendungsbedingungen für die zugelassene gesundheitsbezogene Angabe unterliegen.

(10) Aus den zur Bewertung vorgelegten Angaben hat die Kommission eine Reihe von Angaben ermittelt, die sich auf die Wirkung pflanzlicher Stoffe beziehen und die gemeinhin als „Botanicals" bezeichnet werden; diese müssen von der Behörde erst noch wissenschaftlich bewertet werden. Bestimmte andere gesundheitsbezogene Angaben müssen ferner erneut bewertet werden, bevor die Kommission über ihre Aufnahme in die Liste zulässiger Angaben befinden kann, bzw. über andere bereits bewertete Angaben kann die Kommission aus anderen gerechtfertigten Gründen zum gegenwärtigen Zeitpunkt nicht abschließend befinden.

(11) Angaben, deren Bewertung durch die Behörde oder deren Prüfung durch die Kommission noch nicht abgeschlossen ist, werden auf der Kommissions-Website [(4)] veröffentlicht und dürfen gemäß Artikel 28 Absätze 5 und 6 der Verordnung (EG) Nr. 1924/2006 weiter verwendet werden.

(12) Gemäß Artikel 6 Absatz 1 und Artikel 13 Absatz 1 der Verordnung (EG) Nr. 1924/2006 müssen sich gesundheitsbezogene Angaben auf allgemein anerkannte wissenschaftliche Nachweise stützen. Folglich sollten gesundheitsbezogene Angaben, deren wissenschaftliche Absicherung von der Behörde nicht positiv bewertet wurde, weil ein kausaler Zusammenhang zwischen der Lebensmittelkategorie, dem Lebensmittel oder einem seiner Bestandteile und der angegebenen Wirkung nicht als nachgewiesen galt, nicht zugelassen werden. Die Zulassung kann auch dann rechtmäßig verweigert werden, wenn eine gesundheitsbezogene Angabe gegen andere allgemeine oder spezifische Anforderungen der Verordnung (EG) Nr. 1924/2006 verstößt, und zwar auch dann, wenn ihre wissenschaftliche Bewertung durch die Behörde positiv ausgefallen ist. Es sollten keine gesundheitsbezogenen Angaben gemacht werden, die den allgemein anerkannten Ernährungs- und Gesundheitsgrundsätzen zuwiderlaufen. Bei einer Angabe [(5)] zur Wirkung von Fett auf die normale Aufnahme fettlöslicher Vitamine und einer weiteren Angabe [(6)] zur Wirkung von Natrium auf die Beibehaltung der normalen Muskelfunktion schloss die Behörde, dass ein kausaler Zusammenhang nachgewiesen worden war. Die Verwendung dieser gesundheitsbezogenen Angaben würde jedoch ein widersprüchliches und verwirrendes Signal an die Verbraucher senden, da diese zum Verzehr der genannten Nährstoffe aufgerufen würden, für die europäische, nationale und internationale Behörden aufgrund allgemein anerkannter wissenschaftlicher Nachweise den Verbrauchern eine Verringerung des Verzehrs empfohlen. Daher verstoßen die genannten beiden Angaben gegen Artikel 3 Absatz 2 Buchstabe a der Verordnung (EG) Nr. 1924/2006, demzufolge keine mehrdeutigen oder irreführenden Angaben verwendet werden dürfen. Selbst wenn die betreffenden gesundheitsbezogenen Angaben nur mit speziellen Bedingungen für ihre Verwendung und/oder mit zusätzlichen Erklärungen oder Warnungen zugelassen würden, würde die Irreführung der Verbraucher nicht genügend eingedämmt, so dass von einer Zulassung dieser Angaben abgesehen werden sollte.

(13) Geltungsbeginn der vorliegenden Verordnung sollte sechs Monate nach ihrem Inkrafttreten sein, damit sich die Lebensmittelunternehmer an die dort festgelegten Anforderungen anpassen können, worunter auch das Verbot gemäß Artikel 10 Absatz 1 der Verordnung (EG) Nr. 1924/2006 in Bezug auf diejenigen gesundheitsbezogenen Angaben fällt, deren Bewertung durch die Behörde und deren Prüfung durch die Kommission abgeschlossen ist.

(14) Artikel 20 Absatz 1 der Verordnung (EG) Nr. 1924/2006 sieht vor, dass die Kommission ein EU-Register der nährwert- und gesundheitsbezogenen Angaben über Lebensmittel, nachstehend „Register" genannt, erstellt und unterhält. Das Register enthält alle zugelassenen Angaben und u. a. auch die Bedingungen für ihre Verwendung. Das Register enthält ferner eine Liste abgelehnter gesundheitsbezogener Angaben und die Gründe für ihre Ablehnung.

(15) Gesundheitsbezogene Angaben, die von den Mitgliedstaaten zurückgezogen wurden, werden nicht in der Liste der abgelehnten Angaben im EU-Register geführt. Das Register wird in regelmäßigen Abständen und je nach dem Fortschritt bei den gesundheitsbezogenen Angaben, deren Bewertung durch die Behörde und/oder deren Prüfung durch die Kommission bisher noch nicht abgeschlossen ist, aktualisiert.

(16) Bei der Festlegung der in der vorliegenden Verordnung vorgesehenen Maßnahmen wurden Bemerkungen und Stellungnahmen der Öffentlichkeit sowie der betroffenen Kreise gebührend berücksichtigt.

(17) Für den Zusatz von Stoffen zu Lebensmitteln bzw. ihre Verwendung in Lebensmitteln wie auch für die Einstufung von Produkten als Lebensmittel oder Arzneimittel gelten spezifische EU- und einzelstaatliche Rechtsvorschriften. Eine gemäß der Verordnung (EG) Nr. 1924/2006

getroffene Entscheidung über eine gesundheitsbezogene Angabe, wie die Aufnahme in die Liste zulässiger Angaben gemäß Artikel 13 Absatz 3 der genannten Verordnung, ist nicht gleichbedeutend mit einer Zulassung für das Inverkehrbringen des Stoffes, auf den sich die Angabe bezieht, einer Entscheidung darüber, ob der Stoff in Lebensmitteln verwendet werden darf, bzw. einer Einstufung eines bestimmten Produkts als Lebensmittel.

(18) Die in dieser Verordnung vorgesehenen Maßnahmen entsprechen der Stellungnahme des Ständigen Ausschusses für die Lebensmittelkette und Tiergesundheit und weder das Europäische Parlament noch der Rat haben ihnen widersprochen —

HAT FOLGENDE VERORDNUNG ERLASSEN:

(1) ABl. L 404 vom 30.12.2006, S. 9.
(2) http://www.efsa.europa.eu/en/ndaclaims13/docs/ndaclaims13.zip
(3) http://www.efsa.europa.eu/en/topics/topic/article13.htm
(4) http://ec.europa.eu/food/food/labellingnutrition/claims/index_en.htm
(5) Entspricht den Einträgen ID 670 und ID 2902 in der konsolidierten Liste.
(6) Entspricht Eintrag ID 359 der konsolidierten Liste.

Artikel 1
Zugelassene gesundheitsbezogene Angaben

(1) Die Liste der zulässigen gesundheitsbezogenen Angaben gemäß Artikel 13 Absatz 3 der Verordnung (EG) Nr. 1924/2006, die über Lebensmittel gemacht werden dürfen, ist im Anhang dieser Verordnung festgelegt.

(2) Die in Absatz 1 genannten gesundheitsbezogenen Angaben dürfen gemäß den im Anhang aufgeführten Bedingungen über Lebensmittel gemacht werden.

Artikel 2
Inkrafttreten und Gültigkeit

Diese Verordnung tritt am zwanzigsten Tag nach ihrer Veröffentlichung im *Amtsblatt der Europäischen Union* in Kraft.

Diese Verordnung gilt ab dem 14. Dezember 2012.

ANHANG

LISTE DER ZULÄSSIGEN GESUNDHEITSBEZOGENEN ANGABEN

Nährstoff, Substanz, Lebensmittel oder Lebensmittelkategorie	Angabe	Bedingungen für die Verwendung der Angabe	Bedingungen und/oder Beschränkungen hinsichtlich der Verwendung des Lebensmittels und/oder zusätzliche Erklärungen oder Warnungen	**Nummer im EFSA Journal**	**Nummer des I trags in der k solidierten Li die der EFSA Bewertung vo legt wurde**
Aktivkohle	Aktivkohle trägt zur Verringerung übermäßiger Blähungen nach dem Essen bei	Die Angabe darf nur für Lebensmittel verwendet werden, die 1 g Aktivkohle je angegebene Portion enthalten. ►C2 Damit die Angabe zulässig ist, sind die Verbraucher darüber zu unterrichten, dass sich die positive Wirkung einstellt, wenn 1 g mindestens 30 Minuten vor und 1 g kurz nach der Mahlzeit aufgenommen werden. ◄		2011; 9(4):2049	1938

▼M1

Alpha-Cyclodextrin	Der Verzehr von Alpha-Cyclodextrin als Bestandteil einer stärkehaltigen Mahlzeit trägt dazu bei, dass der Blutzuckerspiegel nach der Mahlzeit weniger stark ansteigt	Die Angabe darf verwendet werden für Lebensmittel, die mindestens 5 g Alpha-Cyclodextrin pro 50 g Stärke in einer angegebenen Portion als Teil einer Mahlzeit enthalten. Damit die Angabe zulässig ist, sind die Verbraucher darüber zu unterrichten, dass sich die positive Wirkung einstellt, wenn Alpha-Cyclodextrin als Bestandteil der Mahlzeit aufgenommen wird.		2012;10(6):2713	2926

▼B

Alpha-Linolensäure (ALA)	ALA trägt zur Aufrechterhaltung eines normalen Cholesterinspiegels im Blut bei	Die Angabe darf nur für Lebensmittel verwendet werden, die die Mindestanforderungen an eine ALA-Quelle gemäß der im Anhang der Verordnung (EG) Nr. 1924/2006 aufgeführten Angabe QUELLE VON OMEGA-3-FETTSÄUREN erfüllen. Unterrichtung der Verbraucher, dass sich die positive Wirkung bei einer täglichen Aufnahme von 2 g ALA einstellt.	2009; 7(9):1252 2011; 9(6):2203 493, 568
Arabinoxylan, hergestellt aus Weizenendosperm	Die Aufnahme von Arabinoxylan als Bestandteil einer Mahlzeit trägt dazu bei, dass der Blutzuckerspiegel nach der Mahlzeit weniger stark ansteigt	Die Angabe darf nur für Lebensmittel verwendet werden, die mindestens 8 g Arabinoxylan (AX)-reiche Fasern aus Weizenendosperm (mit einem Gewichtsanteil von mindestens 60 % AX) je 100 g verfügbare Kohlenhydrate in einer angegebenen Portion als Bestandteil der Mahlzeit enthalten. Damit die Angabe zulässig ist, sind die Verbraucher darüber zu unterrichten, dass sich die positive Wirkung einstellt, wenn Arabinoxylan (AX)-reiche Fasern aus Weizenendosperm als Bestandteil der Mahlzeit aufgenommen werden.	2011; 9(6):2205 830
Beta-Glucane	Beta-Glucane tragen zur Aufrechterhaltung eines normalen Cholesterinspiegels im Blut bei	Die Angabe darf nur für Lebensmittel verwendet werden, die mindestens 1 g Beta-Glucane aus Hafer, Haferkleie, Gerste oder Gerstenkleie bzw. aus Gemischen dieser Getreide je angegebene Portion enthalten. Damit die Angabe zulässig ist, sind die Verbraucher darüber zu unterrichten, dass sich die positive Wirkung bei einer täglichen Aufnahme von 3 g Beta-Glucanen aus Hafer, Haferkleie, Gerste oder Gerstenkleie bzw. aus Gemischen dieser Getreide einstellt.	2009; 7(9):1254 2011;9(6):2207 754, 755, 757, 801, 1465, 2934 1236, 1299
Beta-Glucane aus Hafer und Gerste	Die Aufnahme von Beta-Glucanen aus Hafer oder Gerste als Bestandteil einer Mahlzeit trägt dazu bei, dass der Blutzuckerspiegel nach der Mahlzeit weniger stark ansteigt	Die Angabe darf nur für Lebensmittel verwendet werden, die mindestens 4 g Beta-Glucane aus Hafer oder Gerste je 30 g verfügbare Kohlenhydrate in einer angegebenen Portion als Bestandteil der Mahlzeit enthalten. Damit die Angabe zulässig ist, sind die Verbraucher darüber zu unterrichten, dass sich die positive Wirkung einstellt, wenn Beta-Glucane aus Hafer oder Gerste als Bestandteil der Mahlzeit aufgenommen werden.	2011;9(6):2207 821, 824

Betain	Betain trägt zu einem normalen Homocystein-Stoffwechsel bei	Die Angabe darf nur für Lebensmittel verwendet werden, die mindestens 500 mg Betain je angegebene Portion enthalten. Damit die Angabe zulässig ist, sind die Verbraucher darüber zu unterrichten, dass sich die positive Wirkung bei einer täglichen Aufnahme von 1,5 g Betain einstellt.	Damit die Angabe zulässig ist, sind die Verbraucher darüber zu unterrichten, dass eine tägliche Aufnahme von mehr als 4 g den Blut-Cholesterinspiege erheblich erhöhen kann.	2011; 9(4):2 432.
Biotin	Biotin trägt zu einem normalen Energiestoffwechsel bei	Die Angabe darf nur für Lebensmittel verwendet werden, die die Mindestanforderungen an eine Biotinquelle gemäß der im Anhang der Verordnung (EG) Nr. 1924/2006 aufgeführten Angabe [NAME DES VITAMINS/DER VITAMINE] UND/ODER [NAME DES MINERALSTOFFS/DER MINERALSTOFFE]-QUELLE erfüllen.		2009; 7(9): 114,
Biotin	Biotin trägt zu einer normalen Funktion des Nervensystems bei	Die Angabe darf nur für Lebensmittel verwendet werden, die die Mindestanforderungen an eine Biotinquelle gemäß der im Anhang der Verordnung (EG) Nr. 1924/2006 aufgeführten Angabe [NAME DES VITAMINS/DER VITAMINE] UND/ODER [NAME DES MINERALSTOFFS/DER MINERALSTOFFE]-QUELLE erfüllen.		116 7(9): 2009;
Biotin	Biotin trägt zu einem normalen Stoffwechsel von Makronährstoffen bei	Die Angabe darf nur für Lebensmittel verwendet werden, die die Mindestanforderungen an eine Biotinquelle gemäß der im Anhang der Verordnung (EG) Nr. 1924/2006 aufgeführten Angabe [NAME DES VITAMINS/DER VITAMINE] UND/ODER [NAME DES MINERALSTOFFS/DER MINERALSTOFFE]-QUELLE erfüllen.		2009; 7(9): 2010; 8(10) 113, 114, 117, 4
Biotin	Biotin trägt zur normalen psychischen Funktion bei	Die Angabe darf nur für Lebensmittel verwendet werden, die die Mindestanforderungen an eine Biotinquelle gemäß der im Anhang der Verordnung (EG) Nr. 1924/2006 aufgeführten Angabe [NAME DES VITAMINS/DER VITAMINE] UND/ODER [NAME DES MINERALSTOFFS/DER MINERALSTOFFE]-QUELLE erfüllen.		2010;8(10):17 120

Biotin	Biotin trägt zur Erhaltung normaler Haare bei	Die Angabe darf nur für Lebensmittel verwendet werden, die die Mindestanforderungen an eine Biotinquelle gemäß der im Anhang der Verordnung (EG) Nr. 1924/2006 aufgeführten Angabe [NAME DES VITAMINS/DER VITAMINE] UND/ODER [NAME DES MINERALSTOFFS/DER MINERALSTOFFE]-QUELLE erfüllen.		2009; 7(9):1209 2010;8(10):1728	121, 2876 118,
Biotin	Biotin trägt zur Erhaltung normaler Schleimhäute bei	Die Angabe darf nur für Lebensmittel verwendet werden, die die Mindestanforderungen an eine Biotinquelle gemäß der im Anhang der Verordnung (EG) Nr. 1924/2006 aufgeführten Angabe [NAME DES VITAMINS/DER VITAMINE] UND/ODER [NAME DES MINERALSTOFFS/DER MINERALSTOFFE]-QUELLE erfüllen.		2009; 7(9):1209	115
Biotin	Biotin trägt zur Erhaltung normaler Haut bei	Die Angabe darf nur für Lebensmittel verwendet werden, die die Mindestanforderungen an eine Biotinquelle gemäß der im Anhang der Verordnung (EG) Nr. 1924/2006 aufgeführten Angabe [NAME DES VITAMINS/DER VITAMINE] UND/ODER [NAME DES MINERALSTOFFS/DER MINERALSTOFFE]-QUELLE erfüllen.		2009; 7(9):1209 2010;8(10):1728	115, 121
Calcium	Calcium trägt zu einer normalen Blutgerinnung bei	Die Angabe darf nur für Lebensmittel verwendet werden, die die Mindestanforderungen an eine Calciumquelle gemäß der im Anhang der Verordnung (EG) Nr. 1924/2006 aufgeführten Angabe [NAME DES VITAMINS/DER VITAMINE] UND/ODER [NAME DES MINERALSTOFFS/DER MINERALSTOFFE]-QUELLE erfüllen.		2009; 7(9):1210	230, 236
Calcium	Calcium trägt zu einem normalen Energiestoffwechsel bei	Die Angabe darf nur für Lebensmittel verwendet werden, die die Mindestanforderungen an eine Calciumquelle gemäß der im Anhang der Verordnung (EG) Nr. 1924/2006 aufgeführten Angabe [NAME DES VITAMINS/DER VITAMINE] UND/ODER [NAME DES MINERALSTOFFS/DER MINERALSTOFFE]-QUELLE erfüllen.		2009; 7(9):1210	234
Calcium	Calcium trägt zu einer normalen Muskelfunktion bei	Die Angabe darf nur für Lebensmittel verwendet werden, die die Mindestanforderungen an eine Calciumquelle gemäß der im Anhang der Verordnung (EG) Nr. 1924/2006 aufgeführten Angabe [NAME DES VITAMINS/DER VITAMINE] UND/ODER [NAME DES MINERALSTOFFS/DER MINERALSTOFFE]-QUELLE erfüllen.		2009; 7(9):1210	235 226, 230,
Calcium	Calcium trägt zu einer normalen Signalübertragung zwischen den Nervenzellen bei	Die Angabe darf nur für Lebensmittel verwendet werden, die die Mindestanforderungen an eine Calciumquelle gemäß der im Anhang der Verordnung (EG) Nr. 1924/2006 aufgeführten Angabe [NAME DES VITAMINS/DER VITAMINE] UND/ODER [NAME DES MINERALSTOFFS/DER MINERALSTOFFE]-QUELLE erfüllen.		2009; 7(9):1210	235 230, 227,

Calcium	Calcium trägt zur normalen Funktion von Verdauungsenzymen bei	Die Angabe darf nur für Lebensmittel verwendet werden, die die Mindestanforderungen an eine Calciumquelle gemäß der im Anhang der Verordnung (EG) Nr. 1924/2006 aufgeführten Angabe [NAME DES VITAMINS/DER VITAMINE] UND/ODER [NAME DES MINERALSTOFFS/DER MINERALSTOFFE]-QUELLE erfüllen.		2009; 7(9):1	355
Calcium	Calcium hat eine Funktion bei der Zellteilung und -spezialisierung	Die Angabe darf nur für Lebensmittel verwendet werden, die die Mindestanforderungen an eine Calciumquelle gemäß der im Anhang der Verordnung (EG) Nr. 1924/2006 aufgeführten Angabe [NAME DES VITAMINS/DER VITAMINE] UND/ODER [NAME DES MINERALSTOFFS/DER MINERALSTOFFE]-QUELLE erfüllen.	2010;8(10):1725		237
Calcium	Calcium wird für die Erhaltung normaler Knochen benötigt	Die Angabe darf nur für Lebensmittel verwendet werden, die die Mindestanforderungen an eine Calciumquelle gemäß der im Anhang der Verordnung (EG) Nr. 1924/2006 aufgeführten Angabe [NAME DES VITAMINS/DER VITAMINE] UND/ODER [NAME DES MINERALSTOFFS/DER MINERALSTOFFE]-QUELLE erfüllen. 2010;8(10):1725 2011;9(6):2203	2009; 230, 350, 354,	7(9):1 2009; 7(9):1	224, 2 315 431 431 470 470
Calcium	Calcium wird für die Erhaltung normaler Zähne benötigt	Die Angabe darf nur für Lebensmittel verwendet werden, die die Mindestanforderungen an eine Calciumquelle gemäß der im Anhang der Verordnung (EG) Nr. 1924/2006 aufgeführten Angabe [NAME DES VITAMINS/DER VITAMINE] UND/ODER [NAME DES MINERALSTOFFS/DER MINERALSTOFFE]-QUELLE erfüllen.	2009; 7(9):1210 2010;8(10):1725 2011;9(6):2203		224, 230, 2 309 431 431 470 470
Chitosan	Chitosan trägt zur Aufrechterhaltung eines normalen Cholesterinspiegels im Blut bei	Die Angabe darf nur für Lebensmittel verwendet werden, deren Verzehr eine tägliche Aufnahme von 3 g Chitosan gewährleistet. Damit die Angabe zulässig ist, sind die Verbraucher darüber zu unterrichten, dass sich die positive Wirkung bei einer täglichen Aufnahme von 3 g Chitosan einstellt.	2011;9(6):2214		466
Chlorid	Chlorid trägt durch die Bildung von Magensäure zu einer normalen Verdauung bei	Die Angabe darf nur für Lebensmittel verwendet werden, die die Mindestanforderungen an eine Chloridquelle gemäß der im Anhang der Verordnung (EG) Nr. 1924/2006 aufgeführten Angabe [NAME DES VITAMINS/DER VITAMINE] UND/ODER [NAME DES MINERALSTOFFS/DER MINERALSTOFFE]-QUELLE erfüllen. 2010;8(10):1764	Die Angabe darf nicht für Chlorid verwendet werden, das aus Natriumchlorid gewonnen wird.		326

Cholin	Cholin trägt zu einem normalen Homocystein-Stoffwechsel bei	Die Angabe darf nur für Lebensmittel verwendet werden, die mindestens 82,5 mg Cholin je 100 g oder 100 ml bzw. je Portion Lebensmittel enthalten.		3090	2011;9(4):2056
Cholin	Cholin trägt zu einem normalen Fettstoffwechsel bei	Die Angabe darf nur für Lebensmittel verwendet werden, die mindestens 82,5 mg Cholin je 100 g oder 100 ml bzw. je Portion Lebensmittel enthalten.		3186	2011;9(4):2056
Cholin	Cholin trägt zur Erhaltung einer normalen Leberfunktion bei	Die Angabe darf nur für Lebensmittel verwendet werden, die mindestens 82,5 mg Cholin je 100 g oder 100 ml bzw. je Portion Lebensmittel enthalten.		1501, 712, 1633	2011;9(4):2056 2011;9(6):2203
Chrom	Chrom trägt zu einem normalen Stoffwechsel von Makronährstoffen bei	Die Angabe darf nur für Lebensmittel verwendet werden, die die Mindestanforderungen an eine Quelle von dreiwertigem Chrom gemäß der im Anhang der Verordnung (EG) Nr. 1924/2006 aufgeführten Angabe [NAME DES VITAMINS/DER VITAMINE] UND/ODER [NAME DES MINERALSTOFFS/DER MINERALSTOFFE]-QUELLE erfüllen.		260, 401, 4665, 4666, 4667	2010;8(10):1732
Chrom	Chrom trägt zur Aufrechterhaltung eines normalen Blutzuckerspiegels bei	Die Angabe darf nur für Lebensmittel verwendet werden, die die Mindestanforderungen an eine Quelle von dreiwertigem Chrom gemäß der im Anhang der Verordnung (EG) Nr. 1924/2006 aufgeführten Angabe [NAME DES VITAMINS/DER VITAMINE] UND/ODER [NAME DES MINERALSTOFFS/DER MINERALSTOFFE]-QUELLE erfüllen.		262, 4667, 4698	2010;8(10):1732 2011;9(6):2203

Docosahexaensäure (DHA)	DHA trägt zur Erhaltung einer normalen Gehirnfunktion bei	Die Angabe darf nur für Lebensmittel verwendet werden, die mindestens 40 mg DHA je 100 g und je 100 kcal enthalten. Damit die Angabe zulässig ist, sind die Verbraucher darüber zu unterrichten, dass sich die positive Wirkung bei einer täglichen Aufnahme von 250 mg DHA einstellt.		2010;8(10):1734 2011;9(4):2078	565, 626, 631, 689, 704, 742, 3148, 690, 3151, 497, 501, 510, 513, 519, 521, 534, 540, 688, 1323, 1360, 4294
Docosahexaensäure (DHA)	DHA trägt zur Erhaltung normaler Sehkraft bei	Die Angabe darf nur für Lebensmittel verwendet werden, die mindestens 40 mg DHA je 100 g und je 100 kcal enthalten. Damit die Angabe zulässig ist, sind die Verbraucher darüber zu unterrichten, dass sich die positive Wirkung bei einer täglichen Aufnahme von 250 mg DHA einstellt.		2010;8(10):1734 2011;9(4):2078	627, 632, 743, 3149, 2903, 508, 510, 513, 519, 529, 540, 688, 4294

▼M1

Docosahexaensäure (DHA)	DHA trägt zur Aufrechterhaltung eines normalen Triglyceridspiegels im Blut bei	Die Angabe darf nur für Lebensmittel verwendet werden, deren Verzehr eine tägliche Aufnahme von 2 g DHA gewährleistet und die DHA in Kombination mit Eicosapentaensäure (EPA) enthalten. Damit die Angabe zulässig ist, sind die Verbraucher darüber zu unterrichten, dass sich die positive Wirkung bei einer täglichen Aufnahme von 2 g DHA einstellt. ►C1 Wird die Angabe bei Nahrungsergänzungsmitteln und/oder angereicherten Lebensmitteln verwendet, sind die Verbraucher darüber zu unterrichten, dass eine tägliche Gesamtaufnahme aus diesen Lebensmitteln von 5 g EPA und DHA kombiniert nicht überschritten werden darf. ◄	Die Angabe darf nicht für Lebensmittel verwendet werden, die für Kinder bestimmt sind.		533, 691, 3150

2010;8(10):1734

Docosahexaensäure und Eicosapentaensäure (DHA/EPA)	DHA und EPA tragen zur Aufrechterhaltung eines normalen Blutdrucks bei	Die Angabe darf nur für Lebensmittel verwendet werden, deren Verzehr eine tägliche Aufnahme von 3 g EPA und DHA gewährleistet. Damit die Angabe zulässig ist, sind die Verbraucher darüber zu unterrichten, dass sich die positive Wirkung bei einer täglichen Aufnahme von 3 g EPA und DHA einstellt. Wird die Angabe bei Nahrungsergänzungsmitteln und/oder angereicherten Lebensmitteln verwendet, sind die Verbraucher darüber zu unterrichten, dass eine tägliche Gesamtaufnahme aus diesen Lebensmitteln von 5 g EPA und DHA kombiniert nicht überschritten werden darf.	Die Angabe darf nicht für Lebensmittel verwendet werden, die für Kinder bestimmt sind.	2009; 7(9):1263 2010;8(10):1796	703, 1317, 1324 516, 506, 502,
Docosahexaensäure und Eicosapentaensäure (DHA/EPA)	DHA und EPA tragen zur Aufrechterhaltung eines normalen Triglyceridspiegels im Blut bei	Die Angabe darf nur für Lebensmittel verwendet werden, deren Verzehr eine tägliche Aufnahme von 2 g EPA und DHA gewährleistet. Damit die Angabe zulässig ist, sind die Verbraucher darüber zu unterrichten, dass sich die positive Wirkung bei einer täglichen Aufnahme von 2 g EPA und DHA einstellt. Wird die Angabe bei Nahrungsergänzungsmitteln und/oder angereicherten Lebensmitteln verwendet, sind die Verbraucher darüber zu unterrichten, dass eine tägliche Gesamtaufnahme aus diesen Lebensmitteln von 5 g EPA und DHA kombiniert nicht überschritten werden darf.	Die Angabe darf nicht für Lebensmittel verwendet werden, die für Kinder bestimmt sind.	2009; 7(9):1263 2010;8(10):1796	527, 538, 1317, 1324, 1325 506, 517,

▼B

Eicosapentaensäure und Docosahexaensäure (EPA/DHA)	EPA und DHA tragen zu einer normalen Herzfunktion bei	Die Angabe darf nur für Lebensmittel verwendet werden, die die Mindestanforderungen an eine EPA- bzw. DPA-Quelle gemäß der im Anhang der Verordnung (EG) Nr. 1924/2006 aufgeführten Angabe QUELLE VON OMEGA3-FETTSÄUREN erfüllen. Damit die Angabe zulässig ist, sind die Verbraucher darüber zu unterrichten, dass sich die positive Wirkung bei einer täglichen Aufnahme von 250 mg EPA und DHA einstellt.	2010;8(10):1796 2011;9(4):2078		504, 506, 516, 527, 538, 703, 1128 [illegible] 1324, 1325, 510, 688, 1360

Einfach ungesättigte und/oder mehrfach ungesättigte Fettsäuren	Der Ersatz gesättigter Fettsäuren durch einfach und/oder mehrfach ungesättigte Fettsäuren in der Ernährung trägt zur Aufrechterhaltung eines normalen Cholesterinspiegels im Blut bei	Die Angabe darf nur für Lebensmittel verwendet werden, die einen hohen Gehalt an ungesättigten Fettsäuren gemäß der im Anhang der Verordnung (EG) Nr. 1924/2006 aufgeführten Angabe MIT EINEM HOHEN GEHALT AN UNGESÄTTIGTEN FETTSÄUREN aufweisen.	2011;9(4):2069, 621, 2011;9(6):2203, 1190 1203 2906 2910 3065 674, 4335
Eisen	Eisen trägt zu einer normalen kognitiven Funktion bei	Die Angabe darf nur für Lebensmittel verwendet werden, die die Mindestanforderungen an eine Eisenquelle gemäß der im Anhang der Verordnung (EG) Nr. 1924/2006 aufgeführten Angabe [NAME DES VITAMINS/DER VITAMINE] UND/ODER [NAME DES MINERALSTOFFS/DER MINERALSTOFFE]-QUELLE erfüllen.	2009; 253, 7(9):1
Eisen	Eisen trägt zu einem normalen Energiestoffwechsel bei	Die Angabe darf nur für Lebensmittel verwendet werden, die die Mindestanforderungen an eine Eisenquelle gemäß der im Anhang der Verordnung (EG) Nr. 1924/2006 aufgeführten Angabe [NAME DES VITAMINS/DER VITAMINE] UND/ODER [NAME DES MINERALSTOFFS/DER MINERALSTOFFE]-QUELLE erfüllen.	2009; 251, 7(9); 258 255 2010;8(10):174
Eisen	Eisen trägt zur normalen Bildung von roten Blutkörperchen und Hämoglobin bei	Die Angabe darf nur für Lebensmittel verwendet werden, die die Mindestanforderungen an eine Eisenquelle gemäß der im Anhang der Verordnung (EG) Nr. 1924/2006 aufgeführten Angabe [NAME DES VITAMINS/DER VITAMINE] UND/ODER [NAME DES MINERALSTOFFS/DER MINERALSTOFFE]-QUELLE erfüllen.	2009; 7(9); 258 2010;8(10):174, 374 288 249,
Eisen	Eisen trägt zu einem normalen Sauerstofftransport im Körper bei	Die Angabe darf nur für Lebensmittel verwendet werden, die die Mindestanforderungen an eine Eisenquelle gemäß der im Anhang der Verordnung (EG) Nr. 1924/2006 aufgeführten Angabe [NAME DES VITAMINS/DER VITAMINE] UND/ODER [NAME DES MINERALSTOFFS/DER MINERALSTOFFE]-QUELLE erfüllen.	2009; 7(9):1 2010;8(10):174 255 256, 254, 250,
Eisen	Eisen trägt zu einer normalen Funktion des Immunsystems bei	Die Angabe darf nur für Lebensmittel verwendet werden, die die Mindestanforderungen an eine Eisenquelle gemäß der im Anhang der Verordnung (EG) Nr. 1924/2006 aufgeführten Angabe [NAME DES VITAMINS/DER VITAMINE] UND/ODER [NAME DES MINERALSTOFFS/DER MINERALSTOFFE]-QUELLE erfüllen.	2009; 259 7(9):1215 252,

Eisen	Eisen trägt zur Verringerung von Müdigkeit und Ermüdung bei	Die Angabe darf nur für Lebensmittel verwendet werden, die die Mindestanforderungen an eine Eisenquelle gemäß der im Anhang der Verordnung (EG) Nr. 1924/2006 aufgeführten Angabe [NAME DES VITAMINS/DER VITAMINE] UND/ODER [NAME DES MINERALSTOFFS/DER MINERALSTOFFE]-QUELLE erfüllen.	2010;8(10):1740	255, 374, 2889
Eisen	Eisen hat eine Funktion bei der Zellteilung	Die Angabe darf nur für Lebensmittel verwendet werden, die die Mindestanforderungen an eine Eisenquelle gemäß der im Anhang der Verordnung (EG) Nr. 1924/2006 aufgeführten Angabe [NAME DES VITAMINS/DER VITAMINE] UND/ODER [NAME DES MINERALSTOFFS/DER MINERALSTOFFE]-QUELLE erfüllen.		2009; 7(9):1215 368
Fleisch und Fisch	Fleisch bzw. Fisch trägt bei Verzehr mit anderen eisenhaltigen Lebensmitteln zu einer verbesserten Eisenaufnahme bei	Die Angabe darf nur für Lebensmittel verwendet werden, die mindestens 50 g Fleisch oder Fisch je angegebene Einzelportion enthalten. Damit die Angabe zulässig ist, sind die Verbraucher darüber zu unterrichten, dass sich die positive Wirkung einstellt, wenn 50 g Fleisch oder Fisch zusammen mit einem oder mehreren Lebensmitteln verzehrt werden, die Nicht-Häm-Eisen enthalten.		2012;9(4):2040
Fluorid	Fluorid trägt zur Erhaltung der Zahnmineralisierung bei	Die Angabe darf nur für Lebensmittel verwendet werden, die die Mindestanforderungen an eine Fluoridquelle gemäß der im Anhang der Verordnung (EG) Nr. 1924/2006 aufgeführten Angabe [NAME DES VITAMINS/DER VITAMINE] UND/ODER [NAME DES MINERALSTOFFS/DER MINERALSTOFFE]-QUELLE erfüllen.	2010;8(10):1797	2009; 7(9):1212 4238, 276, 275, 338,
Folat	Folat trägt zum Wachstum des mütterlichen Gewebes während der Schwangerschaft bei	Die Angabe darf nur für Lebensmittel verwendet werden, die die Mindestanforderungen an eine Folatquelle gemäß der im Anhang der Verordnung (EG) Nr. 1924/2006 aufgeführten Angabe [NAME DES VITAMINS/DER VITAMINE] UND/ODER [NAME DES MINERALSTOFFS/DER MINERALSTOFFE]-QUELLE erfüllen.		20[illegible] 7([illegible]
Folat	Folat trägt zu einer normalen Aminosäuresynthese bei	Die Angabe darf nur für Lebensmittel verwendet werden, die die Mindestanforderungen an eine Folatquelle gemäß der im Anhang der Verordnung (EG) Nr. 1924/2006 aufgeführten Angabe [NAME DES VITAMINS/DER VITAMINE] UND/ODER [NAME DES MINERALSTOFFS/DER MINERALSTOFFE]-QUELLE erfüllen.		2010;8(10):1760 195, 2881

Folat	Folat trägt zu einer normalen Blutbildung bei	Die Angabe darf nur für Lebensmittel verwendet werden, die die Mindestanforderungen an eine Folatquelle gemäß der im Anhang der Verordnung (EG) Nr. 1924/2006 aufgeführten Angabe [NAME DES VITAMINS/DER VITAMINE] UND/ODER [NAME DES MINERALSTOFFS/DER MINERALSTOFFE]-QUELLE erfüllen.		2009; 7(9):1 79
Folat	Folat trägt zu einem normalen Homocystein-Stoffwechsel bei	Die Angabe darf nur für Lebensmittel verwendet werden, die die Mindestanforderungen an eine Folatquelle gemäß der im Anhang der Verordnung (EG) Nr. 1924/2006 aufgeführten Angabe [NAME DES VITAMINS/DER VITAMINE] UND/ODER [NAME DES MINERALSTOFFS/DER MINERALSTOFFE]-QUELLE erfüllen.		2009; 7(9):1 80
Folat	Folat trägt zur normalen psychischen Funktion bei	Die Angabe darf nur für Lebensmittel verwendet werden, die die Mindestanforderungen an eine Folatquelle gemäß der im Anhang der Verordnung (EG) Nr. 1924/2006 aufgeführten Angabe [NAME DES VITAMINS/DER VITAMINE] UND/ODER [NAME DES MINERALSTOFFS/DER MINERALSTOFFE]-QUELLE erfüllen.		2010;8(10):1760 81 85, 86, 88
Folat	Folat trägt zu einer normalen Funktion des Immunsystems bei	Die Angabe darf nur für Lebensmittel verwendet werden, die die Mindestanforderungen an eine Folatquelle gemäß der im Anhang der Verordnung (EG) Nr. 1924/2006 aufgeführten Angabe [NAME DES VITAMINS/DER VITAMINE] UND/ODER [NAME DES MINERALSTOFFS/DER MINERALSTOFFE]-QUELLE erfüllen.		2009; 7(9):1 91
Folat	Folat trägt zur Verringerung von Müdigkeit und Ermüdung bei	Die Angabe darf nur für Lebensmittel verwendet werden, die die Mindestanforderungen an eine Folatquelle gemäß der im Anhang der Verordnung (EG) Nr. 1924/2006 aufgeführten Angabe [NAME DES VITAMINS/DER VITAMINE] UND/ODER [NAME DES MINERALSTOFFS/DER MINERALSTOFFE]-QUELLE erfüllen.		2010;8(10):176 84
Folat	Folat hat eine Funktion bei der Zellteilung	Die Angabe darf nur für Lebensmittel verwendet werden, die die Mindestanforderungen an eine Folatquelle gemäß der im Anhang der Verordnung (EG) Nr. 1924/2006 aufgeführten Angabe [NAME DES VITAMINS/DER VITAMINE] UND/ODER [NAME DES MINERALSTOFFS/DER MINERALSTOFFE]-QUELLE erfüllen.		2009; 7(9):1 2010;8(10):176 288 193, 195,

▼M1

Fructose	►C1 Der Verzehr von Lebensmitteln, die Fructose enthalten, führt zu einem geringeren Glucoseanstieg im Blut im Vergleich zu Lebensmitteln, die Saccharose oder Glucose enthalten ◄	►C1 Damit die Angabe zulässig ist, sollte in zuckergesüßten Lebensmitteln oder Getränken Glucose und/oder Saccharose durch Fructose ersetzt werden, so dass die Verringerung des Glucose- und/oder Saccharosegehalts in diesen Lebensmitteln oder Getränken mindestens 30 % beträgt. ◄	2011;9(6):2223	558

▼B

Gerstenkorn-Ballaststoffe	Gerstenkorn-Ballaststoffe tragen zur Erhöhung des Stuhlvolumens bei	Die Angabe darf nur für Lebensmittel verwendet werden, die einen hohen Gehalt an diesem Ballaststoff gemäß der im Anhang der Verordnung (EG) Nr. 1924/2006 aufgeführten Angabe HOHER BALLASTSTOFFGEHALT haben.	2011;9(6):2249	819

▼M1

Getrocknete Pflaumen von „prunus"-Kultivaren (Prunus domestica L.)	Getrocknete Pflaumen tragen zu einer normalen Darmfunktion bei	Die Angabe darf nur für Lebensmittel verwendet werden, deren Verzehr eine tägliche Aufnahme von 100 g getrockneter Pflaumen gewährleistet. Damit die Angabe zulässig ist, sind die Verbraucher darüber zu unterrichten, dass sich die positive Wirkung bei einer täglichen Aufnahme von 100 g getrockneter Pflaumen einstellt.	2012;10(6):2712	1164

▼B

Glucomannan (Konjak Mannan)	Glucomannan trägt zur Aufrechterhaltung eines normalen Cholesterinspiegels im Blut bei	Die Angabe darf nur für Lebensmittel verwendet werden, deren Verzehr eine tägliche Aufnahme von 4 g Glucomannan gewährleistet. Damit die Angabe zulässig ist, sind die Verbraucher darüber zu unterrichten, dass sich die positive Wirkung bei einer täglichen Aufnahme von 4 g Glucomannan einstellt.	Warnung, dass bei Verbrauchern mit Schluckbeschwerden oder bei unzureichender Flüssigkeitszufuhr Erstickungsgefahr besteht — Empfehlung der Einnahme mit reichlich Wasser, damit Glucomannan in den Magen gelangt.	2009; 7(9):1 2010;8 (10):1 3217 3100 1560 836,	

Glucomannan (Konjak Mannan)	Glucomannan trägt im Rahmen einer kalorienarmen Ernährung zu Gewichtsverlust bei	Die Angabe darf nur für Lebensmittel verwendet werden, die 1 g Glucomannan je angegebene Portion enthalten. Damit die Angabe zulässig ist, sind die Verbraucher darüber zu unterrichten, dass sich die positive Wirkung bei einer täglichen Aufnahme von 3 g Glucomannan in drei Portionen à 1 g in Verbindung mit 1-2 Gläsern Wasser vor den Mahlzeiten und im Rahmen einer kalorienarmen Ernährung einstellt. 2010;8(10):1798	Warnung, dass bei Verbrauchern mit Schluckbeschwerden oder bei unzureichender Flüssigkeitszufuhr Erstickungsgefahr besteht — Empfehlung der Einnahme mit reichlich Wasser, damit Glucomannan in den Magen gelangt.		854, 1556, 3725,

Guarkernmehl	Guarkernmehl trägt zur Aufrechterhaltung eines normalen Cholesterinspiegels im Blut bei	Die Angabe darf nur für Lebensmittel verwendet werden, deren Verzehr eine tägliche Aufnahme von 10 g Guarkernmehl gewährleistet. Damit die Angabe zulässig ist, sind die Verbraucher darüber zu unterrichten, dass sich die positive Wirkung bei einer täglichen Aufnahme von 10 g Guarkernmehl einstellt. 2010;8(2):1464	Warnung, dass bei Verbrauchern mit Schluckbeschwerden oder bei unzureichender Flüssigkeitszufuhr Erstickungsgefahr besteht — Empfehlung der Einnahme mit reichlich Wasser, damit Guarkernmehl in den Magen gelangt.		808
Haferkorn-Ballaststoffe	Haferkorn-Ballaststoffe tragen zur Erhöhung des Stuhlvolumens bei	Die Angabe darf nur für Lebensmittel verwendet werden, die einen hohen Gehalt an diesem Ballaststoff gemäß der im Anhang der Verordnung (EG) Nr. 1924/2006 aufgeführten Angabe HOHER BALLASTSTOFFGEHALT aufweisen.	2011;9(6):2249	822	

Hydroxypropylmethylcellulose (HPMC)	Die Aufnahme von Hydroxypropylmethylcellulose im Rahmen einer Mahlzeit trägt dazu bei, dass der Blutzuckerspiegel nach der Mahlzeit weniger stark ansteigt	Die Angabe darf nur für Lebensmittel verwendet werden, die 4 g HPMC je angegebene Portion im Rahmen einer Mahlzeit enthalten. Damit die Angabe zulässig ist, sind die Verbraucher darüber zu unterrichten, dass sich die positive Wirkung einstellt, wenn 4 g HPMC im Rahmen der Mahlzeit aufgenommen werden. 2010;8(10):1739	Warnung, dass bei Verbrauchern mit Schluckbeschwerden oder bei unzureichender Flüssigkeitszufuhr Erstickungsgefahr besteht — Empfehlung der Einnahme mit reichlich Wasser, damit Hydroxypropylmethylcellulose in den Magen gelangt.		814

2010;8(10):1739

Hydroxypropylmethylcellulose (HPMC)	Hydroxypropylmethylcellulose trägt zur Aufrechterhaltung eines normalen Cholesterinspiegels im Blut bei	Die Angabe darf nur für Lebensmittel verwendet werden, deren Verzehr eine tägliche Aufnahme von 5 g HPMC gewährleistet. Damit die Angabe zulässig ist, sind die Verbraucher darüber zu unterrichten, dass sich die positive Wirkung bei einer täglichen Aufnahme von 5 g HPMC einstellt.	Warnung, dass bei Verbrauchern mit Schluckbeschwerden oder bei unzureichender Flüssigkeitszufuhr Erstickungsgefahr besteht — Empfehlung der Einnahme mit reichlich Wasser, damit Hydroxypropylmethylcellulose in den Magen gelangt.		815
Jod	Jod trägt zu einer normalen kognitiven Funktion bei	Die Angabe darf nur für Lebensmittel verwendet werden, die die Mindestanforderungen an eine Jodquelle gemäß der im Anhang der Verordnung (EG) Nr. 1924/2006 aufgeführten Angabe [NAME DES VITAMINS/DER VITAMINE] UND/ODER [NAME DES MINERALSTOFFS/DER MINERALSTOFFE]-QUELLE erfüllen.		2010;8(10):18	273
Jod	Jod trägt zu einem normalen Energiestoffwechsel bei	Die Angabe darf nur für Lebensmittel verwendet werden, die die Mindestanforderungen an eine Jodquelle gemäß der im Anhang der Verordnung (EG) Nr. 1924/2006 aufgeführten Angabe [NAME DES VITAMINS/DER VITAMINE] UND/ODER [NAME DES MINERALSTOFFS/DER MINERALSTOFFE]-QUELLE erfüllen.		2009; 7(9):1214 2010;8(10):1	402 274,
Jod	Jod trägt zu einer normalen Funktion des Nervensystems bei	Die Angabe darf nur für Lebensmittel verwendet werden, die die Mindestanforderungen an eine Jodquelle gemäß der im Anhang der Verordnung (EG) Nr. 1924/2006 aufgeführten Angabe [NAME DES VITAMINS/DER VITAMINE] UND/ODER [NAME DES MINERALSTOFFS/DER MINERALSTOFFE]-QUELLE erfüllen.		2010;8(10):18	273

Jod	Jod trägt zur Erhaltung normaler Haut bei	Die Angabe darf nur für Lebensmittel verwendet werden, die die Mindestanforderungen an eine Jodquelle gemäß der im Anhang der Verordnung (EG) Nr. 1924/2006 aufgeführten Angabe [NAME DES VITAMINS/DER VITAMINE] UND/ODER [NAME DES MINERALSTOFFS/DER MINERALSTOFFE]-QUELLE erfüllen.		2009; 7(9):1214	370
Jod	Jod trägt zu einer normalen Produktion von Schilddrüsenhormonen und zu einer normalen Schilddrüsenfunktion bei	Die Angabe darf nur für Lebensmittel verwendet werden, die die Mindestanforderungen an eine Jodquelle gemäß der im Anhang der Verordnung (EG) Nr. 1924/2006 aufgeführten Angabe [NAME DES VITAMINS/DER VITAMINE] UND/ODER [NAME DES MINERALSTOFFS/DER MINERALSTOFFE]-QUELLE erfüllen.		2009; 7(9):1214 2010;8(10):1800	274, 1237

▼M7

Kakaoflavanole	Kakaoflavanole fördern die Elastizität der Blutgefäße, was zum normalen Blutfluss beiträgt (*5) (*6)	Die Verbraucher sind darüber zu informieren, dass die positive Wirkung bei einer täglichen Aufnahme von 200 mg Kakaoflavanolen erzielt wird. Die Angabe darf nur bei Kakaogetränken (mit Kakaopulver) oder bei dunkler Schokolade verwendet werden, die mindestens eine tägliche Aufnahme von 200 mg Kakaoflavanolen mit einem Polymerisationsgrad von 1-10 liefern (*6). Die Angabe darf nur für Kapseln oder Tabletten mit Kakaoextrakt mit einem hohen Anteil an Flavanolen verwendet werden, die mindestens eine tägliche Aufnahme von 200 mg Kakaoflavanolen mit einem Polymerisationsgrad von 1-10 liefern (*6).	—	2012;10(7):2809 (*6) 2014;12(5):3654 (*6)	—

▼B

Kalium	Kalium trägt zu einer normalen Funktion des Nervensystems bei	Die Angabe darf nur für Lebensmittel verwendet werden, die die Mindestanforderungen an eine Kaliumquelle gemäß der im Anhang der Verordnung (EG) Nr. 1924/2006 aufgeführten Angabe [NAME DES VITAMINS/DER VITAMINE] UND/ODER [NAME DES MINERALSTOFFS/DER MINERALSTOFFE]-QUELLE erfüllen.		2010; 8(2):1469	386
Kalium	Kalium trägt zu einer normalen Muskelfunktion bei	Die Angabe darf nur für Lebensmittel verwendet werden, die die Mindestanforderungen an eine Kaliumquelle gemäß der im Anhang der Verordnung (EG) Nr. 1924/2006 aufgeführten Angabe [NAME DES VITAMINS/DER VITAMINE] UND/ODER [NAME DES MINERALSTOFFS/DER MINERALSTOFFE]-QUELLE erfüllen.		2010; 8(2):1469	320

VO 432/2012

Kalium	Kalium trägt zur Aufrechterhaltung eines normalen Blutdrucks bei	Die Angabe darf nur für Lebensmittel verwendet werden, die die Mindestanforderungen an eine Kaliumquelle gemäß der im Anhang der Verordnung (EG) Nr. 1924/2006 aufgeführten Angabe [NAME DES VITAMINS/DER VITAMINE] UND/ODER [NAME DES MINERALSTOFFS/DER MINERALSTOFFE]-QUELLE erfüllen.	8(2):14	20[illegible] 69	

▼M3

Kohlenhydrate	Kohlenhydrate tragen zur Aufrechterhaltung einer normalen Gehirnfunktion bei	Damit die Angabe zulässig ist, sind die Verbraucher darüber zu unterrichten, dass sich die positive Wirkung bei einer täglichen Aufnahme von 130 g Kohlenhydraten aus allen Quellen einstellt. Die Angabe darf verwendet werden für Lebensmittel, die mindestens 20 g vom Menschen verstoffwechselbare Kohlenhydrate außer Polyolen pro quantifizierter Portion enthalten und der nährwertbezogenen Angabe ZUCKERARM oder OHNE ZUCKERZUSATZ gemäß dem Anhang der Verordnung (EG) Nr. 1924/2006 entsprechen.	Die Angabe darf nicht für Lebensmittel verwendet werden, die zu 100 % aus Zucker bestehen.	6 2011;):222	03

▼M6

Kohlenhydrate	Kohlenhydrate tragen nach sehr intensiver und/oder sehr langer körperlicher Betätigung, die zur Erschöpfung der Muskulatur und der Glykogenvorräte in der Skelettmuskulatur führt, zur Wiederherstellung der normalen Muskelfunktion (Kontraktion) bei.	Die Angabe darf nur für Lebensmittel verwendet werden, die vom Menschen verstoffwechselbare Kohlenhydrate (außer Polyole) bereitstellen. Die Verbraucher sind darüber zu unterrichten, dass die positive Wirkung durch den Verzehr von insgesamt 4 g Kohlenhydraten pro kg Körpergewicht aus allen Quellen in einzelnen Dosen in den ersten 4 Stunden und spätestens 6 Stunden nach Beendigung der sehr intensiven und/oder sehr langen körperlichen Betätigung, die zur Erschöpfung der Muskulatur und der Glykogenvorräte in der Skelettmuskulatur führt, erreicht wird. 2013;11(10):3409	Die Angabe darf nur für Lebensmittel verwendet werden, die für erwachsene Menschen bestimmt sind, die sich sehr intensiv und/oder sehr lange körperlich betätigt und damit ihre Muskulatur und Glykogenvorräte in der Skelettmuskulatur erschöpft haben.		

▼B

Kohlenhydrat-Elektrolyt-Lösungen	Kohlenhydrat-Elektrolyt-Lösungen tragen zur Aufrechterhaltung der Ausdauerleistung bei längerem Ausdauertraining bei	Damit die Angabe zulässig ist, sollten Kohlenhydrat-Elektrolyt-Lösungen 80-350 kcal/l aus Kohlenhydraten enthalten und mindestens 75 % der Energie sollten aus Kohlenhydraten gewonnen werden, die eine deutliche blutzuckersteigernde Wirkung haben, wie Glucose, Glucosepolymere und Saccharose. Die Getränke sollten ferner zwischen 20 mmol/l (460 mg/l) und 50 mmol/l (1 150 mg/l) Natrium enthalten und eine Osmolalität von 200-330 mOsm/kg Wasser aufweisen.		2011;9(6):2211	466, 469
Kohlenhydrat-Elektrolyt-Lösungen	Kohlenhydrat-Elektrolyt-Lösungen verbessern die Aufnahme von Wasser während der körperlichen Betätigung	Damit die Angabe zulässig ist, sollten Kohlenhydrat-Elektrolyt-Lösungen 80-350 kcal/l aus Kohlenhydraten enthalten und mindestens 75 % der Energie sollten aus Kohlenhydraten gewonnen werden, die eine deutliche blutzuckersteigernde Wirkung haben, wie Glucose, Glucosepolymere und Saccharose. Die Getränke sollten ferner zwischen 20 mmol/l (460 mg/l) und 50 mmol/l (1 150 mg/l) Natrium enthalten und eine Osmolalität von 200-330 mOsm/kg Wasser aufweisen.		2011;9(6):2211	314, 315, 316, 317, 319, 322, 325, 332, 408, 465, 473, 1168, 1574, 1593, 1618, 4302, 4309

▼M14

Kohlenhydratlösungen	Kohlenhydratlösungen tragen zur Verbesserung der körperlichen Leistungsfähigkeit während einer intensiven und lang anhaltenden körperlichen Betätigung bei trainierten Erwachsenen bei.	Die Angabe darf nur für Kohlenhydratlösungen verwendet werden, die nach der Gebrauchsanweisung zwischen 30 g und 90 g Kohlenhydrate pro Stunde liefern, sofern es sich bei den betreffenden Kohlenhydraten um Glucose, Saccharose, Fructose und/oder Maltodextrine handelt, unter folgenden Bedingungen: a) Fructose (aus Fructose und/oder Saccharose) sollte nicht mehr als 1/3 der Gesamtkohlenhydrate ausmachen und b) Glucose (aus Glucose, Saccharose und/oder Maltodextrinen) sollte 60 g/h nicht überschreiten. Verbraucher müssen darüber in Kenntnis gesetzt werden, dass die vorteilhafte Wirkung nur bei trainierten Erwachsenen eintritt, die eine intensive (mindestens 65 % der VO2max) und lang anhaltende (mindestens 60 Minuten) körperliche Betätigung absolvieren.	Die Angabe darf nur für Lebensmittel verwendet werden, die für trainierte Erwachsene bestimmt sind, die sich intensiv und lang anhaltend körperlich betätigen.	2018;16(3):5191	

▼B

VO 432/2012

Kreatin	Kreatin erhöht die körperliche Leistung bei Schnellkrafttraining im Rahmen kurzzeitiger intensiver körperlicher Betätigung	Die Angabe darf nur für Lebensmittel verwendet werden, deren Verzehr eine tägliche Aufnahme von 3 g Kreatin gewährleistet. Damit die Angabe zulässig ist, sind die Verbraucher darüber zu unterrichten, dass sich die positive Wirkung bei einer täglichen Aufnahme von 3 g Kreatin einstellt.	Die Angabe darf nur für Lebensmittel verwendet werden, die für Erwachsene bestimmt sind, die einer intensiven körperlichen Betätigung nachgehen.	2011; 9(7):23 1520 1521 1522 1523 1525 1526 1531 1532 1533 1534 1922 1923 1924 73

▼M11

Kreatin	Die tägliche Einnahme von Kreatin kann die Wirkung von Krafttraining auf die Muskelkraft von Erwachsenen über 55 Jahre steigern.	Die Verbraucher sind darüber zu unterrichten, dass — die Angabe für Erwachsene über 55 Jahre gilt, die regelmäßig Krafttraining betreiben; — sich die positive Wirkung bei einer täglichen Aufnahme von 3 g Kreatin in Verbindung mit Krafttraining einstellt, bei dem die Belastung im Laufe der Zeit gesteigert werden kann und das mindestens dreimal wöchentlich über mehrere Wochen mit einer Intensität von mindestens 65 % bis 75 % des 1-Repetition-Maximums (*10) betrieben werden sollte. 2016;14(2):4400	Die Angabe darf nur für Lebensmittel verwendet werden, die für Erwachsene über 55 Jahre bestimmt sind, die regelmäßig Krafttraining betreiben.	

▼B

Kupfer	Kupfer trägt zur Erhaltung von normalem Bindegewebe bei	Die Angabe darf nur für Lebensmittel verwendet werden, die die Mindestanforderungen an eine Kupferquelle gemäß der im Anhang der Verordnung (EG) Nr. 1924/2006 aufgeführten Angabe [NAME DES VITAMINS/DER VITAMINE] UND/ODER [NAME DES MINERALSTOFFS/DER MINERALSTOFFE]-QUELLE erfüllen.		2009; 7(9):1 172 271 265,
Kupfer	Kupfer trägt zu einem normalen Energiestoffwechsel bei	Die Angabe darf nur für Lebensmittel verwendet werden, die die Mindestanforderungen an eine Kupferquelle gemäß der im Anhang der Verordnung (EG) Nr. 1924/2006 aufgeführten Angabe [NAME DES VITAMINS/DER VITAMINE] UND/ODER [NAME DES MINERALSTOFFS/DER MINERALSTOFFE]-QUELLE erfüllen.	2011;9(4):2079	2009; 7(9):1 1729 266,

Kupfer	Kupfer trägt zu einer normalen Funktion des Nervensystems bei	Die Angabe darf nur für Lebensmittel verwendet werden, die die Mindestanforderungen an eine Kupferquelle gemäß der im Anhang der Verordnung (EG) Nr. 1924/2006 aufgeführten Angabe [NAME DES VITAMINS/DER VITAMINE] UND/ODER [NAME DES MINERALSTOFFS/DER MINERALSTOFFE]-QUELLE erfüllen.		2009;7(9):1211 2011;9(4):2079	267, 1723
Kupfer	Kupfer trägt zu einer normalen Haarpigmentierung bei	Die Angabe darf nur für Lebensmittel verwendet werden, die die Mindestanforderungen an eine Kupferquelle gemäß der im Anhang der Verordnung (EG) Nr. 1924/2006 aufgeführten Angabe [NAME DES VITAMINS/DER VITAMINE] UND/ODER [NAME DES MINERALSTOFFS/DER MINERALSTOFFE]-QUELLE erfüllen.		2009;7(9):1211	268, 1724
Kupfer	Kupfer trägt zu einem normalen Eisentransport im Körper bei	Die Angabe darf nur für Lebensmittel verwendet werden, die die Mindestanforderungen an eine Kupferquelle gemäß der im Anhang der Verordnung (EG) Nr. 1924/2006 aufgeführten Angabe [NAME DES VITAMINS/DER VITAMINE] UND/ODER [NAME DES MINERALSTOFFS/DER MINERALSTOFFE]-QUELLE erfüllen.		2009;7(9):1211	270, 269, 1727
Kupfer	Kupfer trägt zu einer normalen Hautpigmentierung bei	Die Angabe darf nur für Lebensmittel verwendet werden, die die Mindestanforderungen an eine Kupferquelle gemäß der im Anhang der Verordnung (EG) Nr. 1924/2006 aufgeführten Angabe [NAME DES VITAMINS/DER VITAMINE] UND/ODER [NAME DES MINERALSTOFFS/DER MINERALSTOFFE]-QUELLE erfüllen.		2009;7(9):1211	268, 1724
Kupfer	Kupfer trägt zu einer normalen Funktion des Immunsystems bei	Die Angabe darf nur für Lebensmittel verwendet werden, die die Mindestanforderungen an eine Kupferquelle gemäß der im Anhang der Verordnung (EG) Nr. 1924/2006 aufgeführten Angabe [NAME DES VITAMINS/DER VITAMINE] UND/ODER [NAME DES MINERALSTOFFS/DER MINERALSTOFFE]-QUELLE erfüllen.		2009;7(9):1211 2011;9(4):2079	264, 1725
Kupfer	Kupfer trägt dazu bei, die Zellen vor oxidativem Stress zu schützen	Die Angabe darf nur für Lebensmittel verwendet werden, die die Mindestanforderungen an eine Kupferquelle gemäß der im Anhang der Verordnung (EG) Nr. 1924/2006 aufgeführten Angabe [NAME DES VITAMINS/DER VITAMINE] UND/ODER [NAME DES MINERALSTOFFS/DER MINERALSTOFFE]-QUELLE erfüllen.		2009;7(9):1211	263, 1726

Lactase	Bei Personen, die Probleme mit der Verdauung von Lactose haben, verbessert Lactase die Lactoseverdauung	Die Angabe darf nur verwendet werden für Nahrungsergänzungsmittel mit einem Mindestgehalt von 4 500 FCC-Einheiten (Food Chemicals Codex) in Verbindung mit der an die Zielgruppe gerichteten Empfehlung der Einnahme bei jeder lactosehaltigen Mahlzeit.	Die Zielgruppe ist ferner darüber zu unterrichten, dass es Unterschiede bei der Lactosetoleranz gibt und dass die Betroffenen sich Rat bezüglich der Funktion des Stoffes bei ihrer Ernährung holen sollten.	2009; 7(9):1	1974 1818 1697.
		2011;9(6):2203			
▼M12					
Lactitol	Lactitol trägt durch Erhöhung der Stuhlfrequenz zu einer normalen Darmfunktion bei.	Die Angabe darf nur für Nahrungsergänzungsmittel verwendet werden, die 10 g Lactitol je angegebene Tagesportion enthalten. Damit die Angabe zulässig ist, sind die Verbraucher darüber zu unterrichten, dass sich die positive Wirkung bei einer täglichen Einnahme von 10 g Lactitol einstellt. 2015;13(10):4252	Die Angabe darf nicht für Lebensmittel verwendet werden, die für Kinder bestimmt sind.		
▼B					
Lactulose	Lactulose trägt zur Beschleunigung der Darmpassage bei	Die Angabe darf nur für Lebensmittel verwendet werden, die 10 g Lactulose je angegebene Portion enthalten. Damit die Angabe zulässig ist, sind die Verbraucher darüber zu unterrichten, dass sich die positive Wirkung bei einmaliger Aufnahme von 10 g Lactulose pro Tag einstellt.		2010;8(10):1806	807
▼M2					

Langsam verdauliche Stärke	Beim Verzehr von Erzeugnissen mit einem hohen Gehalt an langsam verdaulicher Stärke (SDS) steigt die Blutzuckerkonzentration nach einer Mahlzeit weniger stark an als beim Verzehr von Erzeugnissen mit geringem SDS-Gehalt (*4).	Die Angabe darf nur bei Lebensmitteln verwendet werden, bei denen die verdaulichen Kohlenhydrate mindestens 60 % der gesamten Energieaufnahme liefern und bei denen mindestens 55 % dieser Kohlenhydrate aus verdaulicher Stärke bestehen, wobei diese zu mindestens 40 % aus SDS besteht.	— 2011;9(7):2292		—

▼B

Lebende Joghurtkulturen	Die Verdauung der im Produkt enthaltenen Lactose wird durch Lebendkulturen in Joghurt oder fermentierter Milch bei Personen, die Probleme mit der Lactoseverdauung haben, verbessert	Damit die Angabe zulässig ist, sollte der Joghurt bzw. die fermentierte Milch mindestens 10^8 koloniebildende Einheiten lebender Startermikroorganismen (Lactobacillus delbrueckii subsp. bulgaricus und Streptococcus thermophilus) je Gramm enthalten.	1143, 2010;8(10):1763		2976
Lebensmittel mit geringem oder reduziertem Gehalt an gesättigten Fettsäuren	Eine Reduzierung der Aufnahme an gesättigten Fettsäuren trägt zur Aufrechterhaltung eines normalen Cholesterinspiegels im Blut bei	Die Angabe darf nur für Lebensmittel verwendet werden, die die Mindestanforderungen an einen geringen Gehalt an gesättigten Fettsäuren gemäß der im Anhang der Verordnung (EG) Nr. 1924/2006 aufgeführten Angabe ARM AN GESÄTTIGTEN FETTSÄUREN oder an einen reduzierten Gehalt an gesättigten Fettsäuren gemäß der in der genannten Verordnung aufgeführten Angabe REDUZIERTER [NAME DES NÄHRSTOFFS]-ANTEIL erfüllen.	2011;9(4):2062		620, 671, 4332

Lebensmittel mit geringem oder reduziertem Natriumgehalt	Eine Reduzierung der Natrium-Aufnahme trägt zur Aufrechterhaltung eines normalen Blutdrucks bei	Die Angabe darf nur für Lebensmittel verwendet werden, die die Mindestanforderungen an einen geringen Gehalt an Natrium/Kochsalz gemäß der im Anhang der Verordnung (EG) Nr. 1924/2006 aufgeführten Angabe NATRIUMARM/KOCHSALZARM oder an einen reduzierten Natrium-/Kochsalzgehalt gemäß der in der genannten Verordnung aufgeführten Angabe REDUZIERTER [NAME DES NÄHRSTOFFS]-ANTEIL erfüllen.	2011;9(6):2237 705, 1148 1178 1185 1420 336,
Linolsäure	Linolsäure trägt zur Aufrechterhaltung eines normalen Cholesterinspiegels im Blut bei	Die Angabe darf nur für Lebensmittel verwendet werden, die mindestens 1,5 g Linolsäure je 100 g und je 100 kcal bereitstellen. Unterrichtung der Verbraucher, dass sich die positive Wirkung bei einer täglichen Aufnahme von 10 g Linolsäure einstellt.	2009; 7(9):1 2011;9(6):2235 2899 489,
Magnesium	Magnesium trägt zur Verringerung von Müdigkeit und Ermüdung bei	Die Angabe darf nur für Lebensmittel verwendet werden, die die Mindestanforderungen an eine Magnesiumquelle gemäß der im Anhang der Verordnung (EG) Nr. 1924/2006 aufgeführten Angabe [NAME DES VITAMINS/DER VITAMINE] UND/ODER [NAME DES MINERALSTOFFS/DER MINERALSTOFFE]-QUELLE erfüllen.	244, 2010;8(10):18
Magnesium	Magnesium trägt zum Elektrolytgleichgewicht bei	Die Angabe darf nur für Lebensmittel verwendet werden, die die Mindestanforderungen an eine Magnesiumquelle gemäß der im Anhang der Verordnung (EG) Nr. 1924/2006 aufgeführten Angabe [NAME DES VITAMINS/DER VITAMINE] UND/ODER [NAME DES MINERALSTOFFS/DER MINERALSTOFFE]-QUELLE erfüllen.	2009; 7(9):1 238
Magnesium	Magnesium trägt zu einem normalen Energiestoffwechsel bei	Die Angabe darf nur für Lebensmittel verwendet werden, die die Mindestanforderungen an eine Magnesiumquelle gemäß der im Anhang der Verordnung (EG) Nr. 1924/2006 aufgeführten Angabe [NAME DES VITAMINS/DER VITAMINE] UND/ODER [NAME DES MINERALSTOFFS/DER MINERALSTOFFE]-QUELLE erfüllen.	2009; 7(9):1 248 240, 247,
Magnesium	Magnesium trägt zu einer normalen Funktion des Nervensystems bei	Die Angabe darf nur für Lebensmittel verwendet werden, die die Mindestanforderungen an eine Magnesiumquelle gemäß der im Anhang der Verordnung (EG) Nr. 1924/2006 aufgeführten Angabe [NAME DES VITAMINS/DER VITAMINE] UND/ODER [NAME DES MINERALSTOFFS/DER MINERALSTOFFE]-QUELLE erfüllen.	2009; 7(9):1 242

Magnesium	Magnesium trägt zu einer normalen Muskelfunktion bei	Die Angabe darf nur für Lebensmittel verwendet werden, die die Mindestanforderungen an eine Magnesiumquelle gemäß der im Anhang der Verordnung (EG) Nr. 1924/2006 aufgeführten Angabe [NAME DES VITAMINS/DER VITAMINE] UND/ODER [NAME DES MINERALSTOFFS/DER MINERALSTOFFE]-QUELLE erfüllen.		2009; 7(9):1216 2010;8(10):1807	241, 380, 3083
Magnesium	Magnesium trägt zu einer normalen Eiweißsynthese bei	Die Angabe darf nur für Lebensmittel verwendet werden, die die Mindestanforderungen an eine Magnesiumquelle gemäß der im Anhang der Verordnung (EG) Nr. 1924/2006 aufgeführten Angabe [NAME DES VITAMINS/DER VITAMINE] UND/ODER [NAME DES MINERALSTOFFS/DER MINERALSTOFFE]-QUELLE erfüllen.		2009; 7(9):1216	364
Magnesium	Magnesium trägt zur normalen psychischen Funktion bei	Die Angabe darf nur für Lebensmittel verwendet werden, die die Mindestanforderungen an eine Magnesiumquelle gemäß der im Anhang der Verordnung (EG) Nr. 1924/2006 aufgeführten Angabe [NAME DES VITAMINS/DER VITAMINE] UND/ODER [NAME DES MINERALSTOFFS/DER MINERALSTOFFE]-QUELLE erfüllen.		2010;8(10):1807	245, 246
Magnesium	Magnesium trägt zur Erhaltung normaler Knochen bei	Die Angabe darf nur für Lebensmittel verwendet werden, die die Mindestanforderungen an eine Magnesiumquelle gemäß der im Anhang der Verordnung (EG) Nr. 1924/2006 aufgeführten Angabe [NAME DES VITAMINS/DER VITAMINE] UND/ODER [NAME DES MINERALSTOFFS/DER MINERALSTOFFE]-QUELLE erfüllen.		2009; 7(9):1216	239
Magnesium	Magnesium trägt zur Erhaltung normaler Zähne bei	Die Angabe darf nur für Lebensmittel verwendet werden, die die Mindestanforderungen an eine Magnesiumquelle gemäß der im Anhang der Verordnung (EG) Nr. 1924/2006 aufgeführten Angabe [NAME DES VITAMINS/DER VITAMINE] UND/ODER [NAME DES MINERALSTOFFS/DER MINERALSTOFFE]-QUELLE erfüllen.		2009; 7(9):1216	2[illegible]
Magnesium	Magnesium hat eine Funktion bei der Zellteilung	Die Angabe darf nur für Lebensmittel verwendet werden, die die Mindestanforderungen an eine Magnesiumquelle gemäß der im Anhang der Verordnung (EG) Nr. 1924/2006 aufgeführten Angabe [NAME DES VITAMINS/DER VITAMINE] UND/ODER [NAME DES MINERALSTOFFS/DER MINERALSTOFFE]-QUELLE erfüllen.		2009; 7(9):1216	365

▼M10

Mahlzeitersatz für eine gewichtskontrollierende Ernährung	►M13 Das Ersetzen von einer der täglichen Hauptmahlzeiten im Rahmen einer kalorienarmen Ernährung durch einen solchen Mahlzeitersatz trägt dazu bei, das Gewicht nach Gewichtsabnahme zu halten ◄	Damit die Angabe zulässig ist, sollte das Lebensmittel folgenden Anforderungen entsprechen: 1. Energiegehalt Der Energiegehalt darf nicht weniger als 200 kcal (840 kJ) und nicht mehr als 250 kcal (1 046 kJ) je Mahlzeit betragen (*8). 2. Fettgehalt und -zusammensetzung Der Brennwert der Fette darf 30 % des gesamten Brennwertes des Erzeugnisses nicht überschreiten. Die Erzeugnisse müssen mindestens 1 g Linolsäure (in Form von Glyceriden) enthalten. 3. Proteingehalt und -zusammensetzung Der Brennwert des Lebensmittels muss zu mindestens 25 und höchstens 50 % auf Proteine entfallen. Der chemische Proteinindex muss dem Index entsprechen, den die Weltgesundheitsorganisation in ihren „Energy and protein requirements" (Brennwert- und Proteinanforderungen) festgelegt hat. Bericht einer gemeinsamen FAO/WHO/UNU-Tagung. Genf: Weltgesundheitsorganisation, 1985 (WHO Technical Report Series: 724). Anforderungsschema für Aminosäuren (g/100 g Protein)Cystin + Methionin 1,7 Histidin 1,6 Isoleucin 1,3 Leucin 1,9 Lysin 1,6 Phenylalanin + Tyrosin 1,9 Threonin 0,9 Tryptophan 0,5 Valin 1,3 Der chemische Index ist das kleinste Verhältnis zwischen der Menge der einzelnen essentiellen Aminosäuren des Testproteins und der Menge der entsprechenden Aminosäure des Referenzproteins. Liegt der chemische Index unter 100 % des Indexes des Referenzproteins, ist der Mindestproteingehalt entsprechend zu erhöhen. Der chemische Index des Proteins muss in jedem Fall zumindest bei 80 % des Indexes des Referenzproteins liegen. In allen Fällen ist der Zusatz von Aminosäuren nur zur Verbesserung des Nährwerts der Proteine und in den hierfür notwendigen Mengen gestattet. 4. Vitamine und Mineralstoffe Die Lebensmittel müssen je Mahlzeit mindestens 30 % der Nährstoffbezugswerte für Vitamine und Mineralstoffe gemäß Anhang XIII der Verordnung (EU) Nr. 1169/2011 enthalten. Diese Vorschrift gilt nicht für Fluorid, Chrom, Chlorid und Molybdän. Die Natriummenge in einem Lebensmittel muss je Mahlzeit mindestens 172,5 mg betragen. Die Kaliummenge in einem Lebensmittel je Mahlzeit muss mindestens 500 mg betragen (*9).	Damit die Angabe zulässig ist, müssen die Verbraucher über die Bedeutung einer ausreichenden täglichen Flüssigkeitsaufnahme aufgeklärt und auf die Tatsache hingewiesen werden, dass die Erzeugnisse ihren Zweck nur erfüllen, wenn sie im Rahmen einer kalorienarmen Ernährung verwendet werden, zu der notwendigerweise auch andere Lebensmittel gehören. Um die angegebene Wirkung zu erzielen, sollte täglich eine Hauptmahlzeit durch einen Mahlzeitersatz ersetzt werde	2014; 8(2):1 2015; 13(11

Mahlzeitersatz für eine gewichtskontrollierende Ernährung	Das Ersetzen von zwei der täglichen Hauptmahlzeiten im Rahmen einer kalorienarmen Ernährung durch einen solchen Mahlzeitersatz trägt zu Gewichtsabnahme bei	Damit die Angabe zulässig ist, sollte das Lebensmittel folgenden Anforderungen entsprechen: 1. Energiegehalt Der Energiegehalt darf nicht weniger als 200 kcal (840 kJ) und nicht mehr als 250 kcal (1 046 kJ) je Mahlzeit betragen (*8). 2. Fettgehalt und -zusammensetzung Der Brennwert der Fette darf 30 % des gesamten Brennwertes des Erzeugnisses nicht überschreiten. Die Erzeugnisse müssen mindestens 1 g Linolsäure (in Form von Glyceriden) enthalten. 3. Proteingehalt und -zusammensetzung Der Brennwert des Lebensmittels muss zu mindestens 25 und höchstens 50 % auf Proteine entfallen. Der chemische Proteinindex muss dem Index entsprechen, den die Weltgesundheitsorganisation in ihren „Energy and protein requirements" (Brennwert- und Proteinanforderungen) festgelegt hat. Bericht einer gemeinsamen FAO/WHO/UNU-Tagung. Genf: Weltgesundheitsorganisation, 1985 (WHO Technical Report Series: 724). Anforderungsschema für Aminosäuren (g/100 g Protein)Cystin + Methionin 1,7 Histidin 1,6 Isoleucin 1,3 Leucin 1,9 Lysin 1,6 Phenylalanin + Tyrosin 1,9 Threonin 0,9 Tryptophan 0,5 Valin 1,3 Der chemische Index ist das kleinste Verhältnis zwischen der Menge der einzelnen essentiellen Aminosäuren des Testproteins und der Menge der entsprechenden Aminosäure des Referenzproteins. Liegt der chemische Index unter 100 % des Indexes des Referenzproteins, ist der Mindestproteingehalt entsprechend zu erhöhen. Der chemische Index des Proteins muss in jedem Fall zumindest bei 80 % des Indexes des Referenzproteins liegen. In allen Fällen ist der Zusatz von Aminosäuren nur zur Verbesserung des Nährwerts der Proteine und in den hierfür notwendigen Mengen gestattet. 4. Vitamine und Mineralstoffe Die Lebensmittel müssen je Mahlzeit mindestens 30 % der Nährstoffbezugswerte für Vitamine und Mineralstoffe gemäß Anhang XIII der Verordnung (EU) Nr. 1169/2011 enthalten. Diese Vorschrift gilt nicht für Fluorid, Chrom, Chlorid und Molybdän. Die Natriummenge in einem Lebensmittel muss je Mahlzeit mindestens 172,5 mg betragen. Die Kaliummenge in einem Lebensmittel je Mahlzeit muss mindestens 500 mg betragen (*9).	Damit die Angabe zulässig ist, müssen die Verbraucher über die Bedeutung einer ausreichenden täglichen Flüssigkeitsaufnahme aufgeklärt und auf die Tatsache hingewiesen werden, dass die Erzeugnisse ihren Zweck nur erfüllen, wenn sie im Rahmen einer kalorienarmen Ernährung verwendet werden, zu der notwendigerweise auch andere Lebensmittel gehören. Um die angegebene Wirkung zu erzielen, sollten täglich zwei Hauptmahlzeiten durch je einen Mahlzeitersatz ersetzt werden.	2014;7 8(2):1466 2015; 13(11):4287

▼B

Mangan	Mangan trägt zu einem normalen Energiestoffwechsel bei	Die Angabe darf nur für Lebensmittel verwendet werden, die die Mindestanforderungen an eine Manganquelle gemäß der im Anhang der Verordnung (EG) Nr. 1924/2006 aufgeführten Angabe [NAME DES VITAMINS/DER VITAMINE] UND/ODER [NAME DES MINERALSTOFFS/DER MINERALSTOFFE]-QUELLE erfüllen.	20[illegible]; 7([illegible] 2010;8(10):1808
Mangan	Mangan trägt zur Erhaltung normaler Knochen bei	Die Angabe darf nur für Lebensmittel verwendet werden, die die Mindestanforderungen an eine Manganquelle gemäß der im Anhang der Verordnung (EG) Nr. 1924/2006 aufgeführten Angabe [NAME DES VITAMINS/DER VITAMINE] UND/ODER [NAME DES MINERALSTOFFS/DER MINERALSTOFFE]-QUELLE erfüllen.	2009; 7(9):1 310
Mangan	Mangan trägt zu einer normalen Bindegewebsbildung bei	Die Angabe darf nur für Lebensmittel verwendet werden, die die Mindestanforderungen an eine Manganquelle gemäß der im Anhang der Verordnung (EG) Nr. 1924/2006 aufgeführten Angabe [NAME DES VITAMINS/DER VITAMINE] UND/ODER [NAME DES MINERALSTOFFS/DER MINERALSTOFFE]-QUELLE erfüllen.	404 2010;8(10):18
Mangan	Mangan trägt dazu bei, die Zellen vor oxidativem Stress zu schützen	Die Angabe darf nur für Lebensmittel verwendet werden, die die Mindestanforderungen an eine Manganquelle gemäß der im Anhang der Verordnung (EG) Nr. 1924/2006 aufgeführten Angabe [NAME DES VITAMINS/DER VITAMINE] UND/ODER [NAME DES MINERALSTOFFS/DER MINERALSTOFFE]-QUELLE erfüllen.	2009; 7(9):1 309
Melatonin	Melatonin trägt zur Linderung der subjektiven Jetlag-Empfindung bei	Die Angabe darf nur für Lebensmittel verwendet werden, die mindestens 0,5 mg Melatonin je angegebene Portion enthalten. Damit die Angabe zulässig ist, sind die Verbraucher darüber zu unterrichten, dass sich die positive Wirkung einstellt, wenn am ersten Reisetag kurz vor dem Schlafengehen sowie an den ersten Tagen nach Ankunft am Zielort mindestens 0,5 mg aufgenommen werden.	2010; 8(2):1 1953
Melatonin	Melatonin trägt dazu bei, die Einschlafzeit zu verkürzen	Die Angabe darf nur für Lebensmittel verwendet werden, die 1 mg Melatonin je angegebene Portion enthalten. Damit die Angabe zulässig ist, sind die Verbraucher darüber zu unterrichten, dass sich die positive Wirkung einstellt, wenn kurz vor dem Schlafengehen 1 mg Melatonin aufgenommen wird.	2011;9(6):2241 178 408 169
Molybdän	Molybdän trägt zu einer normalen Verstoffwechslung schwefelhaltiger Aminosäuren bei	Die Angabe darf nur für Lebensmittel verwendet werden, die die Mindestanforderungen an eine Molybdänquelle gemäß der im Anhang der Verordnung (EG) Nr. 1924/2006 aufgeführten Angabe [NAME DES VITAMINS/DER VITAMINE] UND/ODER [NAME DES MINERALSTOFFS/DER MINERALSTOFFE]-QUELLE erfüllen.	313 2010;8(10):1

▼M15 ———					
▼M8					
Natives Zichorieninulin	Zichorieninulin trägt durch Erhöhung der Stuhlfrequenz zu einer normalen Darmfunktion bei (*7)	Die Verbraucher sind darüber zu unterrichten, dass sich die positive Wirkung bei einer täglichen Aufnahme von 12 g Zichorieninulin einstellt. Die Angabe darf nur für Lebensmittel verwendet werden, deren Verzehr eine tägliche Aufnahme von mindestens 12 g nativem Zichorieninulin liefert, einer nicht fraktionierten Mischung von Monosacchariden (< 10 %), Disacchariden, inulinartigen Fructanen und aus Zichorienwurzeln gewonnenem Inulin mit einem mittleren Polymerisationsgrad von ≥ 9.		2015;13(1):3951	
▼M2					
Neuformuliertes alkoholfreies säuerliches Getränk mit — weniger als 1 g gärfähigem Kohlenhydrat pro 100 ml (Zucker und sonstige Kohlenhydrate mit Ausnahme von mehrwertigen Alkoholen); — einem Calciumgehalt zwischen 0,3 und 0,8 mol pro mol Säuerungsmittel; — Anzeige eines pH-Werts zwischen 3,7 und 4,0.	Wer zuckerhaltige säuerliche Getränke wie Soft Drinks (die typischerweise 8-12 g Zucker/100 ml enthalten) durch neuformulierte Getränke ersetzt, trägt zur Erhaltung der Mineralisierung der Zähne bei (*3).	Neuformulierte säuerliche Getränke dürfen nur dann mit der Angabe versehen werden, wenn sie der Beschreibung des Lebensmittels entsprechen, zu dem die Angabe gemacht wird.	—	2010;8(12):1884	—
▼B					
Niacin	Niacin trägt zu einem normalen Energiestoffwechsel bei	Die Angabe darf nur für Lebensmittel verwendet werden, die die Mindestanforderungen an eine Niacinquelle gemäß der im Anhang der Verordnung (EG) Nr. 1924/2006 aufgeführten Angabe [NAME DES VITAMINS/DER VITAMINE] UND/ODER [NAME DES MINERALSTOFFS/DER MINERALSTOFFE]-QUELLE erfüllen.		2009; 7(9);1224 2010;8(10):1757	43, 49, 54, 51

Niacin	Niacin trägt zu einer normalen Funktion des Nervensystems bei	Die Angabe darf nur für Lebensmittel verwendet werden, die die Mindestanforderungen an eine Niacinquelle gemäß der im Anhang der Verordnung (EG) Nr. 1924/2006 aufgeführten Angabe [NAME DES VITAMINS/DER VITAMINE] UND/ODER [NAME DES MINERALSTOFFS/DER MINERALSTOFFE]-QUELLE erfüllen.	2009; 7(9):1224		44, 53
Niacin	Niacin trägt zur normalen psychischen Funktion bei	Die Angabe darf nur für Lebensmittel verwendet werden, die die Mindestanforderungen an eine Niacinquelle gemäß der im Anhang der Verordnung (EG) Nr. 1924/2006 aufgeführten Angabe [NAME DES VITAMINS/DER VITAMINE] UND/ODER [NAME DES MINERALSTOFFS/DER MINERALSTOFFE]-QUELLE erfüllen.	2010;8(10):17		55
Niacin	Niacin trägt zur Erhaltung normaler Schleimhäute bei	Die Angabe darf nur für Lebensmittel verwendet werden, die die Mindestanforderungen an eine Niacinquelle gemäß der im Anhang der Verordnung (EG) Nr. 1924/2006 aufgeführten Angabe [NAME DES VITAMINS/DER VITAMINE] UND/ODER [NAME DES MINERALSTOFFS/DER MINERALSTOFFE]-QUELLE erfüllen.	2009; 7(9):1224		45, 52, 470
Niacin	Niacin trägt zur Erhaltung normaler Haut bei	Die Angabe darf nur für Lebensmittel verwendet werden, die die Mindestanforderungen an eine Niacinquelle gemäß der im Anhang der Verordnung (EG) Nr. 1924/2006 aufgeführten Angabe [NAME DES VITAMINS/DER VITAMINE] UND/ODER [NAME DES MINERALSTOFFS/DER MINERALSTOFFE]-QUELLE erfüllen.	2009; 7(9):1224 2010;8(10):1757		50 52, 4700 48, 45,
Niacin	Niacin trägt zur Verringerung von Müdigkeit und Ermüdung bei	Die Angabe darf nur für Lebensmittel verwendet werden, die die Mindestanforderungen an eine Niacinquelle gemäß der im Anhang der Verordnung (EG) Nr. 1924/2006 aufgeführten Angabe [NAME DES VITAMINS/DER VITAMINE] UND/ODER [NAME DES MINERALSTOFFS/DER MINERALSTOFFE]-QUELLE erfüllen.	2010;8(10):1757		47

▼M9

Nicht fermentierbare Kohlenhydrate	Der Verzehr von Lebensmitteln/Getränken, die anstelle von fermentierbaren Kohlenhydraten <Bezeichnung aller verwendeten nicht fermentierbaren Kohlenhydrate> enthalten, trägt zur Erhaltung der Zahnmineralisierung bei.	Damit die Angabe zulässig ist, sollten fermentierbare Kohlenhydrate ([1]**) in Lebensmitteln oder Getränken durch nicht fermentierbare Kohlenhydrate ([2]***) ersetzt werden, und zwar in solchen Anteilen, dass der Verzehr dieser Lebensmittel oder Getränke den pH-Wert des Zahnbelags während des Verzehrs und bis 30 Minuten nach dem Verzehr nicht unter 5,7 absenkt. ([1]**) Fermentierbare Kohlenhydrate werden definiert als in Lebensmitteln oder Getränken verzehrte Kohlenhydrate oder Kohlenhydratmischungen, die den in vivo oder in situ durch pH- Telemetrietests bestimmten pH-Wert des Zahnbelags während des Verzehrs und bis 30 Minuten nach dem Verzehr durch bakterielle Fermentation unter 5,7 absenken. ([2]***) Nicht fermentierbare Kohlenhydrate werden definiert als in Lebensmitteln oder Getränken verzehrte Kohlenhydrate oder Kohlenhydratmischungen, die den in vivo oder in situ durch pH-Telemetrietests bestimmten pH-Wert des Zahnbelags während des Verzehrs und bis 30 Minuten nach dem Verzehr durch bakterielle Fermentation nicht unter einen konservativen Wert von 5,7 absenken.	2013;11(7):3329		

▼B

Olivenöl-Polyphenole	Olivenöl-Polyphenole tragen dazu bei, die Blutfette vor oxidativem Stress zu schützen	Die Angabe darf nur für Olivenöl verwendet werden, das mindestens 5 mg Hydroxytyrosol und dessen Derivate (z. B. Oleuropein-Komplex und Tyrosol) je 20 g Olivenöl enthält. Damit die Angabe zulässig ist, sind die Verbraucher darüber zu unterrichten, dass sich die positive Wirkung bei einer täglichen Aufnahme von 20 g Olivenöl einstellt.	2011;9(4):2033		1333, 1638, 1639, 1696, 2865
Ölsäure	Der Ersatz von gesättigten Fettsäuren durch ungesättigte Fettsäuren in der Ernährung trägt zur Aufrechterhaltung eines normalen Cholesterinspiegels im Blut bei. Ölsäure ist eine ungesättigte Fettsäure	Die Angabe darf nur für Lebensmittel verwendet werden, die einen hohen Gehalt an ungesättigten Fettsäuren gemäß der im Anhang der Verordnung (EG) Nr. 1924/2006 aufgeführten Angabe MIT EINEM HOHEN GEHALT AN UNGESÄTTIGTEN FETTSÄUREN aufweisen.	2011;9(4):2043		6[illegible] 728, 729, 1302, 4334

VO 432/2012

Pantothensäure	Pantothensäure trägt zu einem normalen Energiestoffwechsel bei	Die Angabe darf nur für Lebensmittel verwendet werden, die die Mindestanforderungen an eine Pantothensäurequelle gemäß der im Anhang der Verordnung (EG) Nr. 1924/2006 aufgeführten Angabe [NAME DES VITAMINS/DER VITAMINE] UND/ODER [NAME DES MINERALSTOFFS/DER MINERALSTOFFE]-QUELLE erfüllen.	56, 7(9):1218		59, 60, 64, 171, 172, 208
Pantothensäure	Pantothensäure trägt zu einer normalen Synthese und zu einem normalen Stoffwechsel von Steroidhormonen, Vitamin D und einigen Neurotransmittern bei	Die Angabe darf nur für Lebensmittel verwendet werden, die die Mindestanforderungen an eine Pantothensäurequelle gemäß der im Anhang der Verordnung (EG) Nr. 1924/2006 aufgeführten Angabe [NAME DES VITAMINS/DER VITAMINE] UND/ODER [NAME DES MINERALSTOFFS/DER MINERALSTOFFE]-QUELLE erfüllen.	2009; 7(9):1218		181
Pantothensäure	Pantothensäure trägt zur Verringerung von Müdigkeit und Ermüdung bei	Die Angabe darf nur für Lebensmittel verwendet werden, die die Mindestanforderungen an eine Pantothensäurequelle gemäß der im Anhang der Verordnung (EG) Nr. 1924/2006 aufgeführten Angabe [NAME DES VITAMINS/DER VITAMINE] UND/ODER [NAME DES MINERALSTOFFS/DER MINERALSTOFFE]-QUELLE erfüllen.	2010;8(10):1758		63
Pantothensäure	Pantothensäure trägt zu einer normalen geistigen Leistung bei	Die Angabe darf nur für Lebensmittel verwendet werden, die die Mindestanforderungen an eine Pantothensäurequelle gemäß der im Anhang der Verordnung (EG) Nr. 1924/2006 aufgeführten Angabe [NAME DES VITAMINS/DER VITAMINE] UND/ODER [NAME DES MINERALSTOFFS/DER MINERALSTOFFE]-QUELLE erfüllen.	2009; 7(9):1218 2010;8(10):17		57, 58

Pektine	Pektine tragen zur Aufrechterhaltung eines normalen Cholesterinspiegels im Blut bei	Die Angabe darf nur für Lebensmittel verwendet werden, deren Verzehr eine tägliche Aufnahme von 6 g Pektinen gewährleistet. Damit die Angabe zulässig ist, sind die Verbraucher darüber zu unterrichten, dass sich die positive Wirkung bei einer täglichen Aufnahme von 6 g Pektinen einstellt.	Warnung, dass bei Verbrauchern mit Schluckbeschwerden oder bei unzureichender Flüssigkeitszufuhr Erstickungsgefahr besteht — Empfehlung der Einnahme mit reichlich Wasser, damit die Pektine in den Magen gelangen.	2010;8(10):1747	4236

VO 432/2012

Pektine	Die Aufnahme von Pektinen im Rahmen einer Mahlzeit trägt dazu bei, dass der Blutzuckerspiegel nach der Mahlzeit weniger stark ansteigt	Die Angabe darf nur für Lebensmittel verwendet werden, die 10 g Pektine je angegebene Portion enthalten. Damit die Angabe zulässig ist, sind die Verbraucher darüber zu unterrichten, dass sich die positive Wirkung einstellt, wenn 10 g Pektine als Bestandteil der Mahlzeit aufgenommen werden.	Warnung, dass bei Verbrauchern mit Schluckbeschwerden oder bei unzureichender Flüssigkeitszufuhr Erstickungsgefahr besteht — Empfehlung der Einnahme mit reichlich Wasser, damit die Pektine in den Magen gelangen.	2010;8(10):1747 786
Phosphor	Phosphor trägt zu einem normalen Energiestoffwechsel bei	Die Angabe darf nur für Lebensmittel verwendet werden, die die Mindestanforderungen an eine Phosphorquelle gemäß der im Anhang der Verordnung (EG) Nr. 1924/2006 aufgeführten Angabe [NAME DES VITAMINS/DER VITAMINE] UND/ODER [NAME DES MINERALSTOFFS/DER MINERALSTOFFE]-QUELLE erfüllen.		2009; 7(9):1 329,
Phosphor	Phosphor trägt zu einer normalen Funktion der Zellmembran bei	Die Angabe darf nur für Lebensmittel verwendet werden, die die Mindestanforderungen an eine Phosphorquelle gemäß der im Anhang der Verordnung (EG) Nr. 1924/2006 aufgeführten Angabe [NAME DES VITAMINS/DER VITAMINE] UND/ODER [NAME DES MINERALSTOFFS/DER MINERALSTOFFE]-QUELLE erfüllen.		2009; 7(9):1[illegible] 328
Phosphor	Phosphor trägt zur Erhaltung normaler Knochen bei	Die Angabe darf nur für Lebensmittel verwendet werden, die die Mindestanforderungen an eine Phosphorquelle gemäß der im Anhang der Verordnung (EG) Nr. 1924/2006 aufgeführten Angabe [NAME DES VITAMINS/DER VITAMINE] UND/ODER [NAME DES MINERALSTOFFS/DER MINERALSTOFFE]-QUELLE erfüllen.		2009; 7(9):1 324, 327

Phosphor	Phosphor trägt zur Erhaltung normaler Zähne bei	Die Angabe darf nur für Lebensmittel verwendet werden, die die Mindestanforderungen an eine Phosphorquelle gemäß der im Anhang der Verordnung (EG) Nr. 1924/2006 aufgeführten Angabe [NAME DES VITAMINS/DER VITAMINE] UND/ODER [NAME DES MINERALSTOFFS/DER MINERALSTOFFE]-QUELLE erfüllen.		2009; 7(9):1219	327, 324,
Phytosterine und Phytostanole	Phytosterine/Phytostanole tragen zur Aufrechterhaltung eines normalen Cholesterinspiegels im Blut bei	Damit die Angabe zulässig ist, sind die Verbraucher darüber zu unterrichten, dass sich die positive Wirkung bei einer täglichen Aufnahme von mindestens 0,8 g Phytosterinen/Phytostanolen einstellt.		2010;8(10):1813 2011;9(6):2203	549, 550, 567, 713, 1234, 1235, 1466, 1634, 1984, 2909, 3140 568
Proteine	Proteine tragen zu einer Zunahme an Muskelmasse bei	Die Angabe darf nur für Lebensmittel verwendet werden, die die Mindestanforderungen an eine Proteinquelle gemäß der im Anhang der Verordnung (EG) Nr. 1924/2006 aufgeführten Angabe PROTEINQUELLE erfüllen.		2010;8(10):1811 2011;9(6):2203	415, 417, 593, 594, 595, 715 1398
Proteine	Proteine tragen zur Erhaltung von Muskelmasse bei	Die Angabe darf nur für Lebensmittel verwendet werden, die die Mindestanforderungen an eine Proteinquelle gemäß der im Anhang der Verordnung (EG) Nr. 1924/2006 aufgeführten Angabe PROTEINQUELLE erfüllen.		2010;8(10):1811 2011;9(6):2203	415, 417, 593, 594, 595, 715 1[illegible]
Proteine	Proteine tragen zur Erhaltung normaler Knochen bei	Die Angabe darf nur für Lebensmittel verwendet werden, die die Mindestanforderungen an eine Proteinquelle gemäß der im Anhang der Verordnung (EG) Nr. 1924/2006 aufgeführten Angabe PROTEINQUELLE erfüllen.		2010;8(10):1811 2011;9(6):2203	416, 4704
Resistente Stärke	Der Ersatz von verdaulicher Stärke durch resistente Stärke in einer Mahlzeit trägt dazu bei, dass der Blutzuckerspiegel nach der Mahlzeit weniger stark ansteigt	Die Angabe darf nur für Lebensmittel verwendet werden, in denen die verdauliche Stärke durch resistente Stärke ersetzt wurde, wobei der Anteil der resistenten Stärke am Stärkegehalt insgesamt mindestens 14 % beträgt.		2011;9(4):2024	681

Riboflavin (Vitamin B2)	Riboflavin trägt zu einem normalen Energiestoffwechsel bei	Die Angabe darf nur für Lebensmittel verwendet werden, die die Mindestanforderungen an eine Riboflavinquelle gemäß der im Anhang der Verordnung (EG) Nr. 1924/2006 aufgeführten Angabe [NAME DES VITAMINS/DER VITAMINE] UND/ODER [NAME DES MINERALSTOFFS/DER MINERALSTOFFE]-QUELLE erfüllen.	2010;8(10):1814	29, 35, 36, 42
Riboflavin (Vitamin B2)	Riboflavin trägt zu einer normalen Funktion des Nervensystems bei	Die Angabe darf nur für Lebensmittel verwendet werden, die die Mindestanforderungen an eine Riboflavinquelle gemäß der im Anhang der Verordnung (EG) Nr. 1924/2006 aufgeführten Angabe [NAME DES VITAMINS/DER VITAMINE] UND/ODER [NAME DES MINERALSTOFFS/DER MINERALSTOFFE]-QUELLE erfüllen.	2010;8(10):18	213
Riboflavin (Vitamin B2)	Riboflavin trägt zur Erhaltung normaler Schleimhäute bei	Die Angabe darf nur für Lebensmittel verwendet werden, die die Mindestanforderungen an eine Riboflavinquelle gemäß der im Anhang der Verordnung (EG) Nr. 1924/2006 aufgeführten Angabe [NAME DES VITAMINS/DER VITAMINE] UND/ODER [NAME DES MINERALSTOFFS/DER MINERALSTOFFE]-QUELLE erfüllen.	2010;8(10):181	31
Riboflavin (Vitamin B2)	Riboflavin trägt zur Erhaltung normaler roter Blutkörperchen bei	Die Angabe darf nur für Lebensmittel verwendet werden, die die Mindestanforderungen an eine Riboflavinquelle gemäß der im Anhang der Verordnung (EG) Nr. 1924/2006 aufgeführten Angabe [NAME DES VITAMINS/DER VITAMINE] UND/ODER [NAME DES MINERALSTOFFS/DER MINERALSTOFFE]-QUELLE erfüllen.	2010;8(10):18	40
Riboflavin (Vitamin B2)	Riboflavin trägt zur Erhaltung normaler Haut bei	Die Angabe darf nur für Lebensmittel verwendet werden, die die Mindestanforderungen an eine Riboflavinquelle gemäß der im Anhang der Verordnung (EG) Nr. 1924/2006 aufgeführten Angabe [NAME DES VITAMINS/DER VITAMINE] UND/ODER [NAME DES MINERALSTOFFS/DER MINERALSTOFFE]-QUELLE erfüllen.	2010;8(10):1	31, 33
Riboflavin (Vitamin B2)	Riboflavin trägt zur Erhaltung normaler Sehkraft bei	Die Angabe darf nur für Lebensmittel verwendet werden, die die Mindestanforderungen an eine Riboflavinquelle gemäß der im Anhang der Verordnung (EG) Nr. 1924/2006 aufgeführten Angabe [NAME DES VITAMINS/DER VITAMINE] UND/ODER [NAME DES MINERALSTOFFS/DER MINERALSTOFFE]-QUELLE erfüllen.	2010;8(10):181	39
Riboflavin (Vitamin B2)	Riboflavin trägt zu einem normalen Eisenstoffwechsel bei	Die Angabe darf nur für Lebensmittel verwendet werden, die die Mindestanforderungen an eine Riboflavinquelle gemäß der im Anhang der Verordnung (EG) Nr. 1924/2006 aufgeführten Angabe [NAME DES VITAMINS/DER VITAMINE] UND/ODER [NAME DES MINERALSTOFFS/DER MINERALSTOFFE]-QUELLE erfüllen.	2010;8(10):181	30, 37

Riboflavin (Vitamin B2)	Riboflavin trägt dazu bei, die Zellen vor oxidativem Stress zu schützen	Die Angabe darf nur für Lebensmittel verwendet werden, die die Mindestanforderungen an eine Riboflavinquelle gemäß der im Anhang der Verordnung (EG) Nr. 1924/2006 aufgeführten Angabe [NAME DES VITAMINS/DER VITAMINE] UND/ODER [NAME DES MINERALSTOFFS/DER MINERALSTOFFE]-QUELLE erfüllen.		2010;8(10):1814	207
Riboflavin (Vitamin B2)	Riboflavin trägt zur Verringerung von Müdigkeit und Ermüdung bei	Die Angabe darf nur für Lebensmittel verwendet werden, die die Mindestanforderungen an eine Riboflavinquelle gemäß der im Anhang der Verordnung (EG) Nr. 1924/2006 aufgeführten Angabe [NAME DES VITAMINS/DER VITAMINE] UND/ODER [NAME DES MINERALSTOFFS/DER MINERALSTOFFE]-QUELLE erfüllen.		2010;8(10):1814	41
Roggen-Ballaststoffe	Roggen-Ballaststoffe tragen zu einer normalen Darmfunktion bei	Die Angabe darf nur für Lebensmittel verwendet werden, die einen hohen Gehalt an diesem Ballaststoff gemäß der im Anhang der Verordnung (EG) Nr. 1924/2006 aufgeführten Angabe HOHER BALLASTSTOFFGEHALT haben.		2011;9(6):2258	825
Selen	Selen trägt zu einer normalen Spermabildung bei	Diese Angabe darf nur für Lebensmittel verwendet werden, die die Mindestanforderungen an eine Selenquelle gemäß der im Anhang der Verordnung (EG) Nr. 1924/2006 aufgeführten Angabe [NAME DES VITAMINS/DER VITAMINE] UND/ODER [NAME DES MINERALSTOFFS/DER MINERALSTOFFE]-QUELLE erfüllen.		2009; 7(9):1220	396
Selen	Selen trägt zur Erhaltung normaler Haare bei	Die Angabe darf nur für Lebensmittel verwendet werden, die die Mindestanforderungen an eine Selenquelle gemäß der im Anhang der Verordnung (EG) Nr. 1924/2006 aufgeführten Angabe [NAME DES VITAMINS/DER VITAMINE] UND/ODER [NAME DES MINERALSTOFFS/DER MINERALSTOFFE]-QUELLE erfüllen.		2010;8(10):1727	281
Selen	Selen trägt zur Erhaltung normaler Nägel bei	Die Angabe darf nur für Lebensmittel verwendet werden, die die Mindestanforderungen an eine Selenquelle gemäß der im Anhang der Verordnung (EG) Nr. 1924/2006 aufgeführten Angabe [NAME DES VITAMINS/DER VITAMINE] UND/ODER [NAME DES MINERALSTOFFS/DER MINERALSTOFFE]-QUELLE erfüllen.		2010;8(10):1727	281
Selen	Selen trägt zu einer normalen Funktion des Immunsystems bei	Die Angabe darf nur für Lebensmittel verwendet werden, die die Mindestanforderungen an eine Selenquelle gemäß der im Anhang der Verordnung (EG) Nr. 1924/2006 aufgeführten Angabe [NAME DES VITAMINS/DER VITAMINE] UND/ODER [NAME DES MINERALSTOFFS/DER MINERALSTOFFE]-QUELLE erfüllen.		2009; 7(9):1220 2010;8(10):1727	278, 1750

Selen	Selen trägt zu einer normalen Schilddrüsenfunktion bei	Die Angabe darf nur für Lebensmittel verwendet werden, die die Mindestanforderungen an eine Selenquelle gemäß der im Anhang der Verordnung (EG) Nr. 1924/2006 aufgeführten Angabe [NAME DES VITAMINS/DER VITAMINE] UND/ODER [NAME DES MINERALSTOFFS/DER MINERALSTOFFE]-QUELLE erfüllen. 2010;8(10):1727	282, 286,	279, 2009; 7(9):1 410, 1289 1290 1291 1292 1293
Selen	Selen trägt dazu bei, die Zellen vor oxidativem Stress zu schützen	Die Angabe darf nur für Lebensmittel verwendet werden, die die Mindestanforderungen an eine Selenquelle gemäß der im Anhang der Verordnung (EG) Nr. 1924/2006 aufgeführten Angabe [NAME DES VITAMINS/DER VITAMINE] UND/ODER [NAME DES MINERALSTOFFS/DER MINERALSTOFFE]-QUELLE erfüllen. 2010;8(10):1727		2009; 7(9):1 286, 1289 1290 1291 1293 1751 410, 1292
Thiamin	Thiamin trägt zu einem normalen Energiestoffwechsel bei	Die Angabe darf nur für Lebensmittel verwendet werden, die die Mindestanforderungen an eine Thiaminquelle gemäß der im Anhang der Verordnung (EG) Nr. 1924/2006 aufgeführten Angabe [NAME DES VITAMINS/DER VITAMINE] UND/ODER [NAME DES MINERALSTOFFS/DER MINERALSTOFFE]-QUELLE erfüllen.		2009; 7(9):1 28
Thiamin	Thiamin trägt zu einer normalen Funktion des Nervensystems bei	Die Angabe darf nur für Lebensmittel verwendet werden, die die Mindestanforderungen an eine Thiaminquelle gemäß der im Anhang der Verordnung (EG) Nr. 1924/2006 aufgeführten Angabe [NAME DES VITAMINS/DER VITAMINE] UND/ODER [NAME DES MINERALSTOFFS/DER MINERALSTOFFE]-QUELLE erfüllen.		2009; 7(9):1 22,
Thiamin	Thiamin trägt zur normalen psychischen Funktion bei	Die Angabe darf nur für Lebensmittel verwendet werden, die die Mindestanforderungen an eine Thiaminquelle gemäß der im Anhang der Verordnung (EG) Nr. 1924/2006 aufgeführten Angabe [NAME DES VITAMINS/DER VITAMINE] UND/ODER [NAME DES MINERALSTOFFS/DER MINERALSTOFFE]-QUELLE erfüllen.		2005;
Thiamin	Thiamin trägt zu einer normalen Herzfunktion bei	Die Angabe darf nur für Lebensmittel verwendet werden, die die Mindestanforderungen an eine Thiaminquelle gemäß der im Anhang der Verordnung (EG) Nr. 1924/2006 aufgeführten Angabe [NAME DES VITAMINS/DER VITAMINE] UND/ODER [NAME DES MINERALSTOFFS/DER MINERALSTOFFE]-QUELLE erfüllen.		2009; 7(9):1

▼M9

Unverdauliche Kohlenhydrate	Der Verzehr von Lebensmitteln/Getränken, die anstelle von Zucker <Bezeichnung aller verwendeten unverdaulichen Kohlenhydrate> enthalten, bewirkt, dass der Blutzuckerspiegel nach ihrem Verzehr weniger stark ansteigt als beim Verzehr von zuckerhaltigen Lebensmitteln/Getränken.	Damit die Angabe zulässig ist, sollten Zucker in Lebensmitteln oder Getränken durch unverdauliche Kohlenhydrate ersetzt werden, die im Dünndarm weder verdaut noch absorbiert werden, sodass der Zuckergehalt der Lebensmittel oder Getränke mindestens um den in der Angabe REDUZIERTER [NAME DES NÄHRSTOFFS]-Anteil gemäß dem Anhang der Verordnung (EG) Nr. 1924/2006 genannten Anteil reduziert ist.	2014;12(1):3513 2014;12(10):3838 2014;12(10):3839		
▼B					
Vitamin A	Vitamin A trägt zu einem normalen Eisenstoffwechsel bei	Die Angabe darf nur für Lebensmittel verwendet werden, die die Mindestanforderungen an eine Vitamin-A-Quelle gemäß der im Anhang der Verordnung (EG) Nr. 1924/2006 aufgeführten Angabe [NAME DES VITAMINS/DER VITAMINE] UND/ODER [NAME DES MINERALSTOFFS/DER MINERALSTOFFE]-QUELLE erfüllen.	206	2009; 7(9):1221	
Vitamin A	Vitamin A trägt zur Erhaltung normaler Schleimhäute bei	Die Angabe darf nur für Lebensmittel verwendet werden, die die Mindestanforderungen an eine Vitamin-A-Quelle gemäß der im Anhang der Verordnung (EG) Nr. 1924/2006 aufgeführten Angabe [NAME DES VITAMINS/DER VITAMINE] UND/ODER [NAME DES MINERALSTOFFS/DER MINERALSTOFFE]-QUELLE erfüllen.	2009; 7(9):1221 2010;8(10):1754		15, 4702
Vitamin A	Vitamin A trägt zur Erhaltung normaler Haut bei	Die Angabe darf nur für Lebensmittel verwendet werden, die die Mindestanforderungen an eine Vitamin-A-Quelle gemäß der im Anhang der Verordnung (EG) Nr. 1924/2006 aufgeführten Angabe [NAME DES VITAMINS/DER VITAMINE] UND/ODER [NAME DES MINERALSTOFFS/DER MINERALSTOFFE]-QUELLE erfüllen.	2009; 7(9):1221 2010;8(10):1754		15, 17, 4702 4660,

Vitamin A	Vitamin A trägt zur Erhaltung normaler Sehkraft bei	Die Angabe darf nur für Lebensmittel verwendet werden, die die Mindestanforderungen an eine Vitamin-A-Quelle gemäß der im Anhang der Verordnung (EG) Nr. 1924/2006 aufgeführten Angabe [NAME DES VITAMINS/DER VITAMINE] UND/ODER [NAME DES MINERALSTOFFS/DER MINERALSTOFFE]-QUELLE erfüllen.	2009; 7(9):1221 2010;8(10):1754	16, 4239, 4701
Vitamin A	Vitamin A trägt zu einer normalen Funktion des Immunsystems bei	Die Angabe darf nur für Lebensmittel verwendet werden, die die Mindestanforderungen an eine Vitamin-A-Quelle gemäß der im Anhang der Verordnung (EG) Nr. 1924/2006 aufgeführten Angabe [NAME DES VITAMINS/DER VITAMINE] UND/ODER [NAME DES MINERALSTOFFS/DER MINERALSTOFFE]-QUELLE erfüllen.	2009; 7(9):1 2011;9(4):202	1462 200, 14,
Vitamin A	Vitamin A hat eine Funktion bei der Zellspezialisierung	Die Angabe darf nur für Lebensmittel verwendet werden, die die Mindestanforderungen an eine Vitamin-A-Quelle gemäß der im Anhang der Verordnung (EG) Nr. 1924/2006 aufgeführten Angabe [NAME DES VITAMINS/DER VITAMINE] UND/ODER [NAME DES MINERALSTOFFS/DER MINERALSTOFFE]-QUELLE erfüllen.	2009; 7(9):1	14
Vitamin B12	Vitamin B12 trägt zu einem normalen Energiestoffwechsel bei	Die Angabe darf nur für Lebensmittel verwendet werden, die die Mindestanforderungen an eine Vitamin-B12-Quelle gemäß der im Anhang der Verordnung (EG) Nr. 1924/2006 aufgeführten Angabe [NAME DES VITAMINS/DER VITAMINE] UND/ODER [NAME DES MINERALSTOFFS/DER MINERALSTOFFE]-QUELLE erfüllen.	2009; 7(9):1223	99, 190
Vitamin B12	Vitamin B12 trägt zu einer normalen Funktion des Nervensystems bei	Die Angabe darf nur für Lebensmittel verwendet werden, die die Mindestanforderungen an eine Vitamin-B12-Quelle gemäß der im Anhang der Verordnung (EG) Nr. 1924/2006 aufgeführten Angabe [NAME DES VITAMINS/DER VITAMINE] UND/ODER [NAME DES MINERALSTOFFS/DER MINERALSTOFFE]-QUELLE erfüllen.	2010;	95, 97, 98, 100, 102, 109
Vitamin B12	Vitamin B12 trägt zu einem normalen Homocystein-Stoffwechsel bei	Die Angabe darf nur für Lebensmittel verwendet werden, die die Mindestanforderungen an eine Vitamin-B12-Quelle gemäß der im Anhang der Verordnung (EG) Nr. 1924/2006 aufgeführten Angabe [NAME DES VITAMINS/DER VITAMINE] UND/ODER [NAME DES MINERALSTOFFS/DER MINERALSTOFFE]-QUELLE erfüllen.	2010;8(10):4114	96, 103, 106

Vitamin B12	Vitamin B12 trägt zur normalen psychischen Funktion bei	Die Angabe darf nur für Lebensmittel verwendet werden, die die Mindestanforderungen an eine Vitamin-B12-Quelle gemäß der im Anhang der Verordnung (EG) Nr. 1924/2006 aufgeführten Angabe [NAME DES VITAMINS/DER VITAMINE] UND/ODER [NAME DES MINERALSTOFFS/DER MINERALSTOFFE]-QUELLE erfüllen.	2010;8(10):4114 97, 98, 100, 102, 109 95,
Vitamin B12	Vitamin B12 trägt zu einer normalen Bildung roter Blutkörperchen bei	Die Angabe darf nur für Lebensmittel verwendet werden, die die Mindestanforderungen an eine Vitamin-B12-Quelle gemäß der im Anhang der Verordnung (EG) Nr. 1924/2006 aufgeführten Angabe [NAME DES VITAMINS/DER VITAMINE] UND/ODER [NAME DES MINERALSTOFFS/DER MINERALSTOFFE]-QUELLE erfüllen.	2009; 7(9):1223 101 92,
Vitamin B12	Vitamin B12 trägt zu einer normalen Funktion des Immunsystems bei	Die Angabe darf nur für Lebensmittel verwendet werden, die die Mindestanforderungen an eine Vitamin-B12-Quelle gemäß der im Anhang der Verordnung (EG) Nr. 1924/2006 aufgeführten Angabe [NAME DES VITAMINS/DER VITAMINE] UND/ODER [NAME DES MINERALSTOFFS/DER MINERALSTOFFE]-QUELLE erfüllen.	107 7(9):1223 2009;
Vitamin B12	Vitamin B12 trägt zur Verringerung von Müdigkeit und Ermüdung bei	Die Angabe darf nur für Lebensmittel verwendet werden, die die Mindestanforderungen an eine Vitamin-B12-Quelle gemäß der im Anhang der Verordnung (EG) Nr. 1924/2006 aufgeführten Angabe [NAME DES VITAMINS/DER VITAMINE] UND/ODER [NAME DES MINERALSTOFFS/DER MINERALSTOFFE]-QUELLE erfüllen.	2010;8(10):4114 108
Vitamin B12	Vitamin B12 hat eine Funktion bei der Zellteilung	Die Angabe darf nur für Lebensmittel verwendet werden, die die Mindestanforderungen an eine Vitamin-B12-Quelle gemäß der im Anhang der Verordnung (EG) Nr. 1924/2006 aufgeführten Angabe [NAME DES VITAMINS/DER VITAMINE] UND/ODER [NAME DES MINERALSTOFFS/DER MINERALSTOFFE]-QUELLE erfüllen.	20 7(9):1223 2010;8(10):1756
Vitamin B6	Vitamin B6 trägt zu einer normalen Cystein-Synthese bei	Die Angabe darf nur für Lebensmittel verwendet werden, die die Mindestanforderungen an eine Vitamin-B6-Quelle gemäß der im Anhang der Verordnung (EG) Nr. 1924/2006 aufgeführten Angabe [NAME DES VITAMINS/DER VITAMINE] UND/ODER [NAME DES MINERALSTOFFS/DER MINERALSTOFFE]-QUELLE erfüllen.	4283 2010;8(10):1759

Vitamin B6	Vitamin B6 trägt zu einem normalen Energiestoffwechsel bei	Die Angabe darf nur für Lebensmittel verwendet werden, die die Mindestanforderungen an eine Vitamin-B6-Quelle gemäß der im Anhang der Verordnung (EG) Nr. 1924/2006 aufgeführten Angabe [NAME DES VITAMINS/DER VITAMINE] UND/ODER [NAME DES MINERALSTOFFS/DER MINERALSTOFFE]-QUELLE erfüllen.		20[illegible];[illegible] 214	
Vitamin B6	Vitamin B6 trägt zu einer normalen Funktion des Nervensystems bei	Die Angabe darf nur für Lebensmittel verwendet werden, die die Mindestanforderungen an eine Vitamin-B6-Quelle gemäß der im Anhang der Verordnung (EG) Nr. 1924/2006 aufgeführten Angabe [NAME DES VITAMINS/DER VITAMINE] UND/ODER [NAME DES MINERALSTOFFS/DER MINERALSTOFFE]-QUELLE erfüllen.		20[illegible]; 7(9):1[illegible]	
Vitamin B6	Vitamin B6 trägt zu einem normalen Homocystein-Stoffwechsel bei	Die Angabe darf nur für Lebensmittel verwendet werden, die die Mindestanforderungen an eine Vitamin-B6-Quelle gemäß der im Anhang der Verordnung (EG) Nr. 1924/2006 aufgeführten Angabe [NAME DES VITAMINS/DER VITAMINE] UND/ODER [NAME DES MINERALSTOFFS/DER MINERALSTOFFE]-QUELLE erfüllen.		20[illegible];[illegible] 76, 199	
Vitamin B6	Vitamin B6 trägt zu einem normalen Eiweiß- und Glycogenstoffwechsel bei	Die Angabe darf nur für Lebensmittel verwendet werden, die die Mindestanforderungen an eine Vitamin-B6-Quelle gemäß der im Anhang der Verordnung (EG) Nr. 1924/2006 aufgeführten Angabe [NAME DES VITAMINS/DER VITAMINE] UND/ODER [NAME DES MINERALSTOFFS/DER MINERALSTOFFE]-QUELLE erfüllen.		20[illegible]; 7([illegible]):1 71	
Vitamin B6	Vitamin B6 trägt zur normalen psychischen Funktion bei	Die Angabe darf nur für Lebensmittel verwendet werden, die die Mindestanforderungen an eine Vitamin-B6-Quelle gemäß der im Anhang der Verordnung (EG) Nr. 1924/2006 aufgeführten Angabe [NAME DES VITAMINS/DER VITAMINE] UND/ODER [NAME DES MINERALSTOFFS/DER MINERALSTOFFE]-QUELLE erfüllen.		20[illegible];[illegible]	
Vitamin B6	Vitamin B6 trägt zur normalen Bildung roter Blutkörperchen bei	Die Angabe darf nur für Lebensmittel verwendet werden, die die Mindestanforderungen an eine Vitamin-B6-Quelle gemäß der im Anhang der Verordnung (EG) Nr. 1924/2006 aufgeführten Angabe [NAME DES VITAMINS/DER VITAMINE] UND/ODER [NAME DES MINERALSTOFFS/DER MINERALSTOFFE]-QUELLE erfüllen.		20[illegible]; 7([illegible]):1 186	

Vitamin B6	Vitamin B6 trägt zu einer normalen Funktion des Immunsystems bei	Die Angabe darf nur für Lebensmittel verwendet werden, die die Mindestanforderungen an eine Vitamin-B6-Quelle gemäß der im Anhang der Verordnung (EG) Nr. 1924/2006 aufgeführten Angabe [NAME DES VITAMINS/DER VITAMINE] UND/ODER [NAME DES MINERALSTOFFS/DER MINERALSTOFFE]-QUELLE erfüllen.		2009; 7(9):1225
Vitamin B6	Vitamin B6 trägt zur Verringerung von Müdigkeit und Ermüdung bei	Die Angabe darf nur für Lebensmittel verwendet werden, die die Mindestanforderungen an eine Vitamin-B6-Quelle gemäß der im Anhang der Verordnung (EG) Nr. 1924/2006 aufgeführten Angabe [NAME DES VITAMINS/DER VITAMINE] UND/ODER [NAME DES MINERALSTOFFS/DER MINERALSTOFFE]-QUELLE erfüllen.		2010;8(10):1759
Vitamin B6	Vitamin B6 trägt zur Regulierung der Hormontätigkeit bei	Die Angabe darf nur für Lebensmittel verwendet werden, die die Mindestanforderungen an eine Vitamin-B6-Quelle gemäß der im Anhang der Verordnung (EG) Nr. 1924/2006 aufgeführten Angabe [NAME DES VITAMINS/DER VITAMINE] UND/ODER [NAME DES MINERALSTOFFS/DER MINERALSTOFFE]-QUELLE erfüllen.		2009; 7(9):1225
Vitamin C	Vitamin C trägt zu einer normalen Funktion des Immunsystems während und nach intensiver körperlicher Betätigung bei	Die Angabe darf nur für Lebensmittel verwendet werden, deren Verzehr eine tägliche Aufnahme von 200 mg Vitamin C gewährleistet. Damit die Angabe zulässig ist, sind die Verbraucher darüber zu unterrichten, dass sich die positive Wirkung einstellt, wenn zusätzlich zu der empfohlenen Tagesdosis an Vitamin C täglich 200 mg eingenommen werden.		2009; 7(9):1226
Vitamin C	Vitamin C trägt zu einer normalen Kollagenbildung für eine normale Funktion der Blutgefäße bei	Die Angabe darf nur für Lebensmittel verwendet werden, die die Mindestanforderungen an eine Vitamin-C-Quelle gemäß der im Anhang der Verordnung (EG) Nr. 1924/2006 aufgeführten Angabe [NAME DES VITAMINS/DER VITAMINE] UND/ODER [NAME DES MINERALSTOFFS/DER MINERALSTOFFE]-QUELLE erfüllen.		20[illegible], 7([illegible]):1226 149
Vitamin C	Vitamin C trägt zu einer normalen Kollagenbildung für eine normale Funktion der Knochen	Die Angabe darf nur für Lebensmittel verwendet werden, die die Mindestanforderungen an eine Vitamin-C-Quelle gemäß der im Anhang der Verordnung (EG) Nr. 1924/2006 aufgeführten Angabe [NAME DES VITAMINS/DER VITAMINE] UND/ODER [NAME DES MINERALSTOFFS/DER MINERALSTOFFE]-QUELLE erfüllen.		20[illegible], 7([illegible])1226

Vitamin C	Vitamin C trägt zu einer normalen Kollagenbildung für eine normale Knorpelfunktion bei	Die Angabe darf nur für Lebensmittel verwendet werden, die die Mindestanforderungen an eine Vitamin-C-Quelle gemäß der im Anhang der Verordnung (EG) Nr. 1924/2006 aufgeführten Angabe [NAME DES VITAMINS/DER VITAMINE] UND/ODER [NAME DES MINERALSTOFFS/DER MINERALSTOFFE]-QUELLE erfüllen.	131, 149	2009; 7(9):1
Vitamin C	Vitamin C trägt zu einer normalen Kollagenbildung für eine normale Funktion des Zahnfleisches bei	Die Angabe darf nur für Lebensmittel verwendet werden, die die Mindestanforderungen an eine Vitamin-C-Quelle gemäß der im Anhang der Verordnung (EG) Nr. 1924/2006 aufgeführten Angabe [NAME DES VITAMINS/DER VITAMINE] UND/ODER [NAME DES MINERALSTOFFS/DER MINERALSTOFFE]-QUELLE erfüllen.	131, 136,	2009; 7(9):1 149
Vitamin C	Vitamin C trägt zu einer normalen Kollagenbildung für eine normale Funktion der Haut bei	Die Angabe darf nur für Lebensmittel verwendet werden, die die Mindestanforderungen an eine Vitamin-C-Quelle gemäß der im Anhang der Verordnung (EG) Nr. 1924/2006 aufgeführten Angabe [NAME DES VITAMINS/DER VITAMINE] UND/ODER [NAME DES MINERALSTOFFS/DER MINERALSTOFFE]-QUELLE erfüllen.	131, 137,	2009; 7(9):1 149
Vitamin C	Vitamin C trägt zu einer normalen Kollagenbildung für eine normale Funktion der Zähne bei	Die Angabe darf nur für Lebensmittel verwendet werden, die die Mindestanforderungen an eine Vitamin-C-Quelle gemäß der im Anhang der Verordnung (EG) Nr. 1924/2006 aufgeführten Angabe [NAME DES VITAMINS/DER VITAMINE] UND/ODER [NAME DES MINERALSTOFFS/DER MINERALSTOFFE]-QUELLE erfüllen.	2009; 149	131, 7(9):1
Vitamin C	Vitamin C trägt zu einem normalen Energiestoffwechsel bei	Die Angabe darf nur für Lebensmittel verwendet werden, die die Mindestanforderungen an eine Vitamin-C-Quelle gemäß der im Anhang der Verordnung (EG) Nr. 1924/2006 aufgeführten Angabe [NAME DES VITAMINS/DER VITAMINE] UND/ODER [NAME DES MINERALSTOFFS/DER MINERALSTOFFE]-QUELLE erfüllen.	2009; 2334, 2010;8(10):181	135, 7(9):1 319
Vitamin C	Vitamin C trägt zu einer normalen Funktion des Nervensystems bei	Die Angabe darf nur für Lebensmittel verwendet werden, die die Mindestanforderungen an eine Vitamin-C-Quelle gemäß der im Anhang der Verordnung (EG) Nr. 1924/2006 aufgeführten Angabe [NAME DES VITAMINS/DER VITAMINE] UND/ODER [NAME DES MINERALSTOFFS/DER MINERALSTOFFE]-QUELLE erfüllen.		2009; 7(9):1 133

Vitamin C	Vitamin C trägt zur normalen psychischen Funktion bei	Die Angabe darf nur für Lebensmittel verwendet werden, die die Mindestanforderungen an eine Vitamin-C-Quelle gemäß der im Anhang der Verordnung (EG) Nr. 1924/2006 aufgeführten Angabe [NAME DES VITAMINS/DER VITAMINE] UND/ODER [NAME DES MINERALSTOFFS/DER MINERALSTOFFE]-QUELLE erfüllen.	2010;8(10):1815	140
Vitamin C	Vitamin C trägt zu einer normalen Funktion des Immunsystems bei	Die Angabe darf nur für Lebensmittel verwendet werden, die die Mindestanforderungen an eine Vitamin-C-Quelle gemäß der im Anhang der Verordnung (EG) Nr. 1924/2006 aufgeführten Angabe [NAME DES VITAMINS/DER VITAMINE] UND/ODER [NAME DES MINERALSTOFFS/DER MINERALSTOFFE]-QUELLE erfüllen.	2009; 7(9):1226 2010;8(10):1815	134, 4321
Vitamin C	Vitamin C trägt dazu bei, die Zellen vor oxidativem Stress zu schützen	Die Angabe darf nur für Lebensmittel verwendet werden, die die Mindestanforderungen an eine Vitamin-C-Quelle gemäß der im Anhang der Verordnung (EG) Nr. 1924/2006 aufgeführten Angabe [NAME DES VITAMINS/DER VITAMINE] UND/ODER [NAME DES MINERALSTOFFS/DER MINERALSTOFFE]-QUELLE erfüllen.	2009; 7(9):1226 2010;8(10):1815	148, 3331 143, 129, 138,
Vitamin C	Vitamin C trägt zur Verringerung von Müdigkeit und Ermüdung bei	Die Angabe darf nur für Lebensmittel verwendet werden, die die Mindestanforderungen an eine Vitamin-C-Quelle gemäß der im Anhang der Verordnung (EG) Nr. 1924/2006 aufgeführten Angabe [NAME DES VITAMINS/DER VITAMINE] UND/ODER [NAME DES MINERALSTOFFS/DER MINERALSTOFFE]-QUELLE erfüllen.	2010;8(10):1815	139, 2622
Vitamin C	Vitamin C trägt zur Regeneration der reduzierten Form von Vitamin E bei	Die Angabe darf nur für Lebensmittel verwendet werden, die die Mindestanforderungen an eine Vitamin-C-Quelle gemäß der im Anhang der Verordnung (EG) Nr. 1924/2006 aufgeführten Angabe [NAME DES VITAMINS/DER VITAMINE] UND/ODER [NAME DES MINERALSTOFFS/DER MINERALSTOFFE]-QUELLE erfüllen.	20	
Vitamin C	Vitamin C erhöht die Eisenaufnahme	Die Angabe darf nur für Lebensmittel verwendet werden, die die Mindestanforderungen an eine Vitamin-C-Quelle gemäß der im Anhang der Verordnung (EG) Nr. 1924/2006 aufgeführten Angabe [NAME DES VITAMINS/DER VITAMINE] UND/ODER [NAME DES MINERALSTOFFS/DER MINERALSTOFFE]-QUELLE erfüllen.	2009; 7(9):1226	147 132,

Vitamin D	Vitamin D trägt zu einer normalen Aufnahme/Verwertung von Calcium und Phosphor bei	Die Angabe darf nur für Lebensmittel verwendet werden, die die Mindestanforderungen an eine Vitamin-D-Quelle gemäß der im Anhang der Verordnung (EG) Nr. 1924/2006 aufgeführten Angabe [NAME DES VITAMINS/DER VITAMINE] UND/ODER [NAME DES MINERALSTOFFS/DER MINERALSTOFFE]-QUELLE erfüllen.		152, 7(9):1 215 2009; 157,
Vitamin D	Vitamin D trägt zu einem normalen Calciumspiegel im Blut bei	Die Angabe darf nur für Lebensmittel verwendet werden, die die Mindestanforderungen an eine Vitamin-D-Quelle gemäß der im Anhang der Verordnung (EG) Nr. 1924/2006 aufgeführten Angabe [NAME DES VITAMINS/DER VITAMINE] UND/ODER [NAME DES MINERALSTOFFS/DER MINERALSTOFFE]-QUELLE erfüllen.		2009; 7(9):1 2011; 152, 157 215
Vitamin D	Vitamin D trägt zur Erhaltung normaler Knochen bei	Die Angabe darf nur für Lebensmittel verwendet werden, die die Mindestanforderungen an eine Vitamin-D-Quelle gemäß der im Anhang der Verordnung (EG) Nr. 1924/2006 aufgeführten Angabe [NAME DES VITAMINS/DER VITAMINE] UND/ODER [NAME DES MINERALSTOFFS/DER MINERALSTOFFE]-QUELLE erfüllen.		2009; 7(9):1 158, 350 150, 151,
Vitamin D	Vitamin D trägt zur Erhaltung einer normalen Muskelfunktion bei	Die Angabe darf nur für Lebensmittel verwendet werden, die die Mindestanforderungen an eine Vitamin-D-Quelle gemäß der im Anhang der Verordnung (EG) Nr. 1924/2006 aufgeführten Angabe [NAME DES VITAMINS/DER VITAMINE] UND/ODER [NAME DES MINERALSTOFFS/DER MINERALSTOFFE]-QUELLE erfüllen.		2010; 8(2):1 155
Vitamin D	Vitamin D trägt zur Erhaltung normaler Zähne bei	Die Angabe darf nur für Lebensmittel verwendet werden, die die Mindestanforderungen an eine Vitamin-D-Quelle gemäß der im Anhang der Verordnung (EG) Nr. 1924/2006 aufgeführten Angabe [NAME DES VITAMINS/DER VITAMINE] UND/ODER [NAME DES MINERALSTOFFS/DER MINERALSTOFFE]-QUELLE erfüllen.		2009; 7(9):1 151, 158
Vitamin D	Vitamin D trägt zu einer normalen Funktion des Immunsystems bei	Die Angabe darf nur für Lebensmittel verwendet werden, die die Mindestanforderungen an eine Vitamin-D-Quelle gemäß der im Anhang der Verordnung (EG) Nr. 1924/2006 aufgeführten Angabe [NAME DES VITAMINS/DER VITAMINE] UND/ODER [NAME DES MINERALSTOFFS/DER MINERALSTOFFE]-QUELLE erfüllen.		2010; 8(2):1 154, 159

Vitamin D	Vitamin D hat eine Funktion bei der Zellteilung	Die Angabe darf nur für Lebensmittel verwendet werden, die die Mindestanforderungen an eine Vitamin-D-Quelle gemäß der im Anhang der Verordnung (EG) Nr. 1924/2006 aufgeführten Angabe [NAME DES VITAMINS/DER VITAMINE] UND/ODER [NAME DES MINERALSTOFFS/DER MINERALSTOFFE]-QUELLE erfüllen.		2009; 7(9):1227 153
Vitamin E	Vitamin E trägt dazu bei, die Zellen vor oxidativem Stress zu schützen	Die Angabe darf nur für Lebensmittel verwendet werden, die die Mindestanforderungen an eine Vitamin-E-Quelle gemäß der im Anhang der Verordnung (EG) Nr. 1924/2006 aufgeführten Angabe [NAME DES VITAMINS/DER VITAMINE] UND/ODER [NAME DES MINERALSTOFFS/DER MINERALSTOFFE]-QUELLE erfüllen.		2010;8(10):1816 162, 1947 160,
Vitamin K	Vitamin K trägt zu einer normalen Blutgerinnung bei	Die Angabe darf nur für Lebensmittel verwendet werden, die die Mindestanforderungen an eine Vitamin-K-Quelle gemäß der im Anhang der Verordnung (EG) Nr. 1924/2006 aufgeführten Angabe [NAME DES VITAMINS/DER VITAMINE] UND/ODER [NAME DES MINERALSTOFFS/DER MINERALSTOFFE]-QUELLE erfüllen.		2009; 7 126 (9):1228 124,
Vitamin K	Vitamin K trägt zur Erhaltung normaler Knochen bei	Die Angabe darf nur für Lebensmittel verwendet werden, die die Mindestanforderungen an eine Vitamin-K-Quelle gemäß der im Anhang der Verordnung (EG) Nr. 1924/2006 aufgeführten Angabe [NAME DES VITAMINS/DER VITAMINE] UND/ODER [NAME DES MINERALSTOFFS/DER MINERALSTOFFE]-QUELLE erfüllen.		2009; 7 127, (9):1228 2879 123, 128,
Walnüsse	Walnüsse tragen dazu bei, die Elastizität der Blutgefäße zu verbessern	Die Angabe darf nur für Lebensmittel verwendet werden, die eine tägliche Verzehrsmenge von 30 g Walnüssen gewährleisten. Damit die Angabe zulässig ist, sind die Verbraucher darüber zu unterrichten, dass sich die positive Wirkung bei einem täglichen Verzehr von 30 g Walnüssen einstellt.		20[illegible] 1157

Wasser	Wasser trägt zur Erhaltung normaler körperlicher und kognitiver Funktionen bei	Damit die Angabe zulässig ist, sind die Verbraucher darüber zu unterrichten, dass täglich mindestens 2,0 l Wasser (aus allen Quellen) verzehrt werden sollten, um die angegebene Wirkung zu erzielen. 2011;9(4):2075	Die Angabe darf nur für Wasser verwendet werden, das den Anforderungen der Richtlinien 2009/54/EG und/oder 98/83/EG genügt.		1102 1209 1294 1331
Wasser	Wasser trägt zur Erhaltung einer normalen Regulierung der Körpertemperatur bei	Damit die Angabe zulässig ist, sind die Verbraucher darüber zu unterrichten, dass täglich mindestens 2,0 l Wasser (aus allen Quellen) verzehrt werden sollten, um die angegebene Wirkung zu erzielen. 2011;9(4):2075	Die Angabe darf nur für Wasser verwendet werden, das den Anforderungen der Richtlinien 2009/54/EG und/oder 98/83/EG genügt.		1208
Weizenkleie	Weizenkleie trägt zur Beschleunigung der Darmpassage bei	Die Angabe darf nur für Lebensmittel verwendet werden, die einen hohen Gehalt an diesem Ballaststoff gemäß der im Anhang der Verordnung (EG) Nr. 1924/2006 aufgeführten Angabe HOHER BALLASTSTOFFGEHALT haben. Damit die Angabe zulässig ist, sind die Verbraucher darüber zu unterrichten, dass sich die positive Wirkung bei einer täglichen Aufnahme von mindestens 10 g Weizenkleie einstellt.	2010;8(10):181		828 839 306 469
Weizenkleie	Weizenkleie trägt zur Erhöhung des Stuhlvolumens bei	Die Angabe darf nur für Lebensmittel verwendet werden, die einen hohen Gehalt an diesem Ballaststoff gemäß der im Anhang der Verordnung (EG) Nr. 1924/2006 aufgeführten Angabe HOHER BALLASTSTOFFGEHALT haben.	2010;8(10):1817		306
Zink	Zink trägt zu einem normalen Säure-Basen-Stoffwechsel bei	Die Angabe darf nur für Lebensmittel verwendet werden, die die Mindestanforderungen an eine Zinkquelle gemäß der im Anhang der Verordnung (EG) Nr. 1924/2006 aufgeführten Angabe [NAME DES VITAMINS/DER VITAMINE] UND/ODER [NAME DES MINERALSTOFFS/DER MINERALSTOFFE]-QUELLE erfüllen.	360	2009; 7(9):1	

Zink	Zink trägt zu einem normalen Kohlenhydrat-Stoffwechsel bei	Die Angabe darf nur für Lebensmittel verwendet werden, die die Mindestanforderungen an eine Zinkquelle gemäß der im Anhang der Verordnung (EG) Nr. 1924/2006 aufgeführten Angabe [NAME DES VITAMINS/DER VITAMINE] UND/ODER [NAME DES MINERALSTOFFS/DER MINERALSTOFFE]-QUELLE erfüllen.	2010;8(10):1819	382
Zink	Zink trägt zu einer normalen kognitiven Funktion bei	Die Angabe darf nur für Lebensmittel verwendet werden, die die Mindestanforderungen an eine Zinkquelle gemäß der im Anhang der Verordnung (EG) Nr. 1924/2006 aufgeführten Angabe [NAME DES VITAMINS/DER VITAMINE] UND/ODER [NAME DES MINERALSTOFFS/DER MINERALSTOFFE]-QUELLE erfüllen.	2009; 7(9):1229	296
Zink	Zink trägt zu einer normalen DNA-Synthese bei	Die Angabe darf nur für Lebensmittel verwendet werden, die die Mindestanforderungen an eine Zinkquelle gemäß der im Anhang der Verordnung (EG) Nr. 1924/2006 aufgeführten Angabe [NAME DES VITAMINS/DER VITAMINE] UND/ODER [NAME DES MINERALSTOFFS/DER MINERALSTOFFE]-QUELLE erfüllen.	2010;8(10):1819	293, 1759 292,
Zink	Zink trägt zu einer normalen Fruchtbarkeit und einer normalen Reproduktion bei	Die Angabe darf nur für Lebensmittel verwendet werden, die die Mindestanforderungen an eine Zinkquelle gemäß der im Anhang der Verordnung (EG) Nr. 1924/2006 aufgeführten Angabe [NAME DES VITAMINS/DER VITAMINE] UND/ODER [NAME DES MINERALSTOFFS/DER MINERALSTOFFE]-QUELLE erfüllen.	2009; 7(9):1229	300 297,
Zink	Zink trägt zu einem normalen Stoffwechsel von Makronährstoffen bei	Die Angabe darf nur für Lebensmittel verwendet werden, die die Mindestanforderungen an eine Zinkquelle gemäß der im Anhang der Verordnung (EG) Nr. 1924/2006 aufgeführten Angabe [NAME DES VITAMINS/DER VITAMINE] UND/ODER [NAME DES MINERALSTOFFS/DER MINERALSTOFFE]-QUELLE erfüllen.	2010;8(10):1819	2890
Zink	Zink trägt zu einem normalen Fettsäurestoffwechsel bei	Die Angabe darf nur für Lebensmittel verwendet werden, die die Mindestanforderungen an eine Zinkquelle gemäß der im Anhang der Verordnung (EG) Nr. 1924/2006 aufgeführten Angabe [NAME DES VITAMINS/DER VITAMINE] UND/ODER [NAME DES MINERALSTOFFS/DER MINERALSTOFFE]-QUELLE erfüllen.	2009; 7(9):1229	302
Zink	Zink trägt zu einem normalen Vitamin-A-Stoffwechsel bei	Die Angabe darf nur für Lebensmittel verwendet werden, die die Mindestanforderungen an eine Zinkquelle gemäß der im Anhang der Verordnung (EG) Nr. 1924/2006 aufgeführten Angabe [NAME DES VITAMINS/DER VITAMINE] UND/ODER [NAME DES MINERALSTOFFS/DER MINERALSTOFFE]-QUELLE erfüllen.	2009; 7(9):1229	361

Zink	Zink trägt zu einer normalen Eiweißsynthese bei	Die Angabe darf nur für Lebensmittel verwendet werden, die die Mindestanforderungen an eine Zinkquelle gemäß der im Anhang der Verordnung (EG) Nr. 1924/2006 aufgeführten Angabe [NAME DES VITAMINS/DER VITAMINE] UND/ODER [NAME DES MINERALSTOFFS/DER MINERALSTOFFE]-QUELLE erfüllen.		2009;8 4293
Zink	Zink trägt zur Erhaltung normaler Knochen bei	Die Angabe darf nur für Lebensmittel verwendet werden, die die Mindestanforderungen an eine Zinkquelle gemäß der im Anhang der Verordnung (EG) Nr. 1924/2006 aufgeführten Angabe [NAME DES VITAMINS/DER VITAMINE] UND/ODER [NAME DES MINERALSTOFFS/DER MINERALSTOFFE]-QUELLE erfüllen.		2009; 7(9):1 295, 1756
Zink	Zink trägt zur Erhaltung normaler Haare bei	Die Angabe darf nur für Lebensmittel verwendet werden, die die Mindestanforderungen an eine Zinkquelle gemäß der im Anhang der Verordnung (EG) Nr. 1924/2006 aufgeführten Angabe [NAME DES VITAMINS/DER VITAMINE] UND/ODER [NAME DES MINERALSTOFFS/DER MINERALSTOFFE]-QUELLE erfüllen.		2010;8 412
Zink	Zink trägt zur Erhaltung normaler Nägel bei	Die Angabe darf nur für Lebensmittel verwendet werden, die die Mindestanforderungen an eine Zinkquelle gemäß der im Anhang der Verordnung (EG) Nr. 1924/2006 aufgeführten Angabe [NAME DES VITAMINS/DER VITAMINE] UND/ODER [NAME DES MINERALSTOFFS/DER MINERALSTOFFE]-QUELLE erfüllen.		2010; 412
Zink	Zink trägt zur Erhaltung normaler Haut bei	Die Angabe darf nur für Lebensmittel verwendet werden, die die Mindestanforderungen an eine Zinkquelle gemäß der im Anhang der Verordnung (EG) Nr. 1924/2006 aufgeführten Angabe [NAME DES VITAMINS/DER VITAMINE] UND/ODER [NAME DES MINERALSTOFFS/DER MINERALSTOFFE]-QUELLE erfüllen.		2010; 293
Zink	Zink trägt zur Erhaltung eines normalen Testosteronspiegels im Blut bei	Die Angabe darf nur für Lebensmittel verwendet werden, die die Mindestanforderungen an eine Zinkquelle gemäß der im Anhang der Verordnung (EG) Nr. 1924/2006 aufgeführten Angabe [NAME DES VITAMINS/DER VITAMINE] UND/ODER [NAME DES MINERALSTOFFS/DER MINERALSTOFFE]-QUELLE erfüllen.		2010; 301
Zink	Zink trägt zur Erhaltung normaler Sehkraft bei	Die Angabe darf nur für Lebensmittel verwendet werden, die die Mindestanforderungen an eine Zinkquelle gemäß der im Anhang der Verordnung (EG) Nr. 1924/2006 aufgeführten Angabe [NAME DES VITAMINS/DER VITAMINE] UND/ODER [NAME DES MINERALSTOFFS/DER MINERALSTOFFE]-QUELLE erfüllen.		2009; 7(9):1 361

Zink	Zink trägt zu einer normalen Funktion des Immunsystems bei	Die Angabe darf nur für Lebensmittel verwendet werden, die die Mindestanforderungen an eine Zinkquelle gemäß der im Anhang der Verordnung (EG) Nr. 1924/2006 aufgeführten Angabe [NAME DES VITAMINS/DER VITAMINE] UND/ODER [NAME DES MINERALSTOFFS/DER MINERALSTOFFE]-QUELLE erfüllen.		2009; 7(9):1229 291, 1757
Zink	Zink trägt dazu bei, die Zellen vor oxidativem Stress zu schützen	Die Angabe darf nur für Lebensmittel verwendet werden, die die Mindestanforderungen an eine Zinkquelle gemäß der im Anhang der Verordnung (EG) Nr. 1924/2006 aufgeführten Angabe [NAME DES VITAMINS/DER VITAMINE] UND/ODER [NAME DES MINERALSTOFFS/DER MINERALSTOFFE]-QUELLE erfüllen.		2009; 7(9):1229 294, 1758
Zink	Zink hat eine Funktion bei der Zellteilung	Die Angabe darf nur für Lebensmittel verwendet werden, die die Mindestanforderungen an eine Zinkquelle gemäß der im Anhang der Verordnung (EG) Nr. 1924/2006 aufgeführten Angabe [NAME DES VITAMINS/DER VITAMINE] UND/ODER [NAME DES MINERALSTOFFS/DER MINERALSTOFFE]-QUELLE erfüllen.		2009; 7(9):1229 1759 292, 293,

▼M4

Zuckerrübenfasern	Zuckerrübenfasern tragen zur Erhöhung des Stuhlvolumens bei	Die Angabe darf nur für Lebensmittel verwendet werden, die einen hohen Gehalt an diesem Ballaststoff gemäß der im Anhang der Verordnung (EG) Nr. 1924/2006 aufgeführten Angabe HOHER BALLASTSTOFFGEHALT haben.	2011;9(12):2468	

▼B

Zuckerersatzstoffe, d. h. stark süßende Verbindungen; Xylit, Sorbit, Mannit, Maltit, Lactit, Isomalt, Erythrit, Sucralose und Polydextrose; D-Tagatose und Isomaltulose	Der Verzehr von Lebensmitteln/Getränken, die anstelle von Zucker <name of sugar replacer> (*1) enthalten, bewirkt, dass der Blutzuckerspiegel nach ihrem Verzehr weniger stark ansteigt als beim Verzehr von zuckerhaltigen Lebensmitteln/Getränken	Damit die Angabe zulässig ist, sollten Zuckerarten im Lebensmittel bzw. Getränk durch Zuckerersatzstoffe, d. h. stark süßende Verbindungen, Xylit, Sorbit, Mannit, Maltit, Lactit, Isomalt, Erythrit, Sucralose oder Polydextrose bzw. durch eine Kombination dieser Stoffe ersetzt werden, so dass der Zuckergehalt des Lebensmittels bzw. Getränks mindestens um den in der Angabe REDUZIERTER [NAME DES NÄHRSTOFFS]-Anteil gemäß dem Anhang der Verordnung (EG) Nr. 1924/2006 genannten Anteil reduziert ist. Mit D-Tagatose und Isomaltulose sollten vergleichbare Anteile anderer Zuckerarten im gleichen Verhältnis wie in der im Anhang der Verordnung (EG) Nr. 1924/2006 aufgeführten Angabe REDUZIERTER [NAME DES NÄHRSTOFFS]-Anteil ersetzt werden.	2011;9(4):2076 2011;9(6):2229 617, 619, 1590, 1762, 2903, 2908, 2920 4298	

Zuckerersatzstoffe, d. h. stark süßende Verbindungen; Xylit, Sorbit, Mannit, Maltit, Lactit, Isomalt, Erythrit, Sucralose und Polydextrose; D-Tagatose und Isomaltulose	Der Verzehr von Lebensmitteln/Getränken, die anstelle von Zucker <name of sugar replacer> (*2) enthalten, trägt zur Erhaltung der Zahnmineralisierung bei	Damit die Angabe zulässig ist, sollten Zuckerarten in Lebensmitteln bzw. Getränken (die den pH-Wert des Zahnbelags unter 5,7 absenken) durch Zuckerersatzstoffe, d. h. stark süßende Verbindungen, Xylit, Sorbit, Mannit, Maltit, Lactit, Isomalt, Erythrit, D-tagatose, Isomaltulose, Sucralose oder Polydextrose bzw. durch eine Kombination aus diesen Stoffen ersetzt werden, und zwar in solchen Anteilen, dass der Verzehr dieser Lebensmittel bzw. Getränke den pH-Wert des Zahnbelags während des Verzehrs und bis 30 Minuten nach dem Verzehr nicht unter 5,7 absenkt.		[illegible] [illegible] 563, 618, 647, 1182 1591 2907 2921 4300 1134 1167 1283
Zuckerfreier Kaugummi	Zuckerfreier Kaugummi trägt zur Erhaltung der Zahnmineralisierung bei	Die Angabe darf nur für Kaugummi verwendet werden, der den Verwendungsbedingungen für die im Anhang der Verordnung (EG) Nr. 1924/2006 aufgeführte nährwertbezogene Angabe ZUCKERFREI entspricht. Unterrichtung der Verbraucher, dass sich die positive Wirkung bei mindestens 20-minütigem Kauen nach dem Essen oder Trinken einstellt.		2009; 7(9):1 2011;9 2011;9 1181 1154 486, 562,
Zuckerfreier Kaugummi	Zuckerfreier Kaugummi trägt zur Neutralisierung der Säuren des Zahnbelags bei	Die Angabe darf nur für Kaugummi verwendet werden, der den Verwendungsbedingungen für die im Anhang der Verordnung (EG) Nr. 1924/2006 aufgeführte nährwertbezogene Angabe ZUCKERFREI entspricht. Unterrichtung der Verbraucher, dass sich die positive Wirkung bei mindestens 20-minütigem Kauen nach dem Essen oder Trinken einstellt.		2009; 7(9):1 2011;6 485 115
Zuckerfreier Kaugummi	Zuckerfreier Kaugummi trägt zur Verringerung von Mundtrockenheit bei	Die Angabe darf nur für Kaugummi verwendet werden, der den Verwendungsbedingungen für die im Anhang der Verordnung (EG) Nr. 1924/2006 aufgeführte nährwertbezogene Angabe ZUCKERFREI entspricht. Unterrichtung der Verbraucher, dass sich die positive Wirkung einstellt, wenn der Kaugummi jedes Mal bei Trockenheitsgefühl im Mund verwendet wird.		2009; 7(9):1 124
Zuckerfreier Kaugummi mit Carbamid	Zuckerfreier Kaugummi mit Carbamid neutralisiert die Säuren des Zahnbelags wirksamer als zuckerfreier Kaugummi ohne Carbamid	Die Angabe darf nur für Kaugummi verwendet werden, der den Verwendungsbedingungen für die im Anhang der Verordnung (EG) Nr. 1924/2006 aufgeführte nährwertbezogene Angabe ZUCKERFREI entspricht. Damit die Angabe zulässig ist, sollte jedes Stück zuckerfreier Kaugummi mindestens 20 mg Carbamid enthalten. Unterrichtung der Verbraucher, dass der Kaugummi nach dem Essen oder Trinken mindestens 20 Minuten lang gekaut werden sollte.		2011; 115

(*1) Im Fall von D-Tagatose und Isomaltulose muss es hier „andere Zuckerarten" heißen
(*2) Im Fall von D-Tagatose und Isomaltulose muss es hier „andere Zuckerarten" heißen
►M2 (*3) Zugelassen am 24.9.2013, für einen Zeitraum von fünf Jahren beschränkt auf die Verwendung durch GlaxoSmithKline Services Unlimited und die dazugehörigen Tochterunternehmen, GSK House, 980 Great West Road, Brentford, TW89GS, Vereinigtes Königreich.
(*4) Zugelassen am 24.9.2013, für einen Zeitraum von fünf Jahren beschränkt auf die Verwendung durch Mondelēz International group, Three Parkway North Deerfield, IL 60015, USA. ◄
►M7 (*5) Zugelassen am 24. September 2013, für einen Zeitraum von fünf Jahren beschränkt auf die Verwendung durch Barry Callebaut Belgium NV, Aalstersestraat 122, B-9280 Lebbeke-Wieze, Belgien.
(*6) Zugelassen am 21. April 2015, für einen Zeitraum von fünf Jahren beschränkt auf die Verwendung durch Barry Callebaut Belgium NV, Aalstersestraat 122, B-9280 Lebbeke-Wieze, Belgien. ◄
►M8 (*7) Zugelassen am 1. Januar 2016, für einen Zeitraum von fünf Jahren beschränkt auf die Verwendung durch BENEO-Orafti S.A., Rue L. Maréchal 1, B-4360 Oreye, Belgien. ◄
►M10 (*8) Vom 21. Juli 2016 bis zum 14. September 2019 darf der Energiegehalt der Lebensmittel nicht weniger als 200 kcal (840 kJ) und nicht mehr als 400 kcal (1 680 kJ) betragen.
(*9) Vom 21. Juli 2016 bis zum 14. September 2019 muss das Lebensmittel je Mahlzeit mindestens 30 % der Mengen an Vitaminen und Mineralstoffen enthalten, die in der nachstehenden Tabelle angegeben sind:

Vitamin A	(µg Retinol-Äquivalent)	700
Vitamin D	(µg)	5
Vitamine E	(mg)	10
Vitamin C	(mg)	45
Thiamin	(mg)	1,1
Riboflavin	(mg)	1,6
Niacin	(mg Nicotinsäureamid-Äquivalent)	18
Vitamin B6	(mg)	1,5
Folat	(µg)	200
Vitamin B12	(µg)	1,4
Biotin	(µg)	15
Pantothensäure	(mg)	3
Calcium	(mg)	700
Phosphor	(mg)	550
Eisen	(mg)	16
Zink	(mg)	9,5
Kupfer	(mg)	1,1
Jod	(µg)	130
Selen	(µg)	55
Natrium	(mg)	575
Magnesium	(mg)	150
Mangan	(mg)	1

Vom 21. Juli 2016 bis zum 14. September 2019 muss die Kaliummenge in einem Lebensmittel je Mahlzeit mindestens 500 mg betragen. ◄
►M11 (*10) 1-Repetition-Maximum bezeichnet das Maximalgewicht, das eine Person bei einer Übungsausführung heben kann, bzw. die Maximalkraftleistung. ◄

24. Verordnung 1169/2011 betreffend die Information der Verbraucher über Lebensmittel

ABl L 2011/304, S. 18 idgF

GLIEDERUNG

DAS EUROPÄISCHE PARLAMENT UND DER RAT DER EUROPÄISCHEN UNION —

gestützt auf den Vertrag über die Arbeitsweise der Europäischen Union, insbesondere auf Artikel 114,

auf Vorschlag der Europäischen Kommission,

nach Stellungnahme des Europäischen Wirtschafts- und Sozialausschusses [(1)],

gemäß dem ordentlichen Gesetzgebungsverfahren [(2)],

in Erwägung nachstehender Gründe:

(1) Nach Artikel 169 des Vertrags über die Arbeitsweise des Europäischen Union (AEUV) leistet die Union durch die Maßnahmen, die sie nach Artikel 114 des Vertrags erlässt, einen Beitrag zur Erreichung eines hohen Verbraucherschutzniveaus.

(2) Der freie Verkehr mit sicheren und gesunden Lebensmitteln ist ein wichtiger Aspekt des Binnenmarkts und trägt wesentlich zum Schutz der Gesundheit und des Wohlergehens der Bürger und zur Wahrung ihrer sozialen und wirtschaftlichen Interessen bei.

(3) Um auf dem Gebiet des Gesundheitsschutzes der Verbraucher ein hohes Niveau zu erreichen und das Recht der Verbraucher auf Information zu gewährleisten, sollte sichergestellt werden, dass die Verbraucher in Bezug auf die Lebensmittel, die sie verzehren, in geeigneter Weise informiert werden. Die Wahl der Verbraucher kann unter anderem durch gesundheitsbezogene, wirtschaftliche, umweltbezogene, soziale und ethische Erwägungen beeinflusst werden.

(4) Nach der Verordnung (EG) Nr. 178/2002 des Europäischen Parlaments und des Rates vom 28. Januar 2002 zur Festlegung der allgemeinen Grundsätze und Anforderungen des Lebensmittelrechts, zur Errichtung der Europäischen Behörde für Lebensmittelsicherheit und zur Festlegung von Verfahren zur Lebensmittelsicherheit [(3)] ist es ein allgemeiner Grundsatz des Lebensmittelrechts, den Verbrauchern die Möglichkeit zu bieten, in Bezug auf die Lebensmittel, die sie verzehren, eine fundierte Wahl zu treffen, und alle Praktiken, die die Verbraucher irreführen können, zu verhindern.

(5) Die Richtlinie 2005/29/EG des Europäischen Parlaments und des Rates vom 11. Mai 2005 über unlautere Geschäftspraktiken von Unternehmen gegenüber Verbrauchern im Binnenmarkt [(4)] umfasst bestimmte Aspekte der Information der Verbraucher, insbesondere um irreführende Verhaltensweisen oder Unterlassungen im Zusammenhang mit Informationen zu verhindern. Die allgemeinen Grundsätze in Bezug auf unlautere Geschäftspraktiken sollten durch spezielle Regelungen für die Information der Verbraucher über Lebensmittel ergänzt werden.

(6) Für alle Lebensmittel geltende Unionsvorschriften für die Kennzeichnung von Lebensmitteln finden sich in der Richtlinie 2000/13/EG des Europäischen Parlaments und des Rates vom 20. März 2000 zur Angleichung der Rechtsvorschriften der Mitgliedstaaten über die Etikettierung und Aufmachung von Lebensmitteln sowie die Werbung hierfür [(5)]. Die meisten Bestimmungen dieser Richtlinie gehen auf das Jahr 1978 zurück und sollten deshalb aktualisiert werden.

(7) Die Richtlinie 90/496/EWG des Rates vom 24. September 1990 über die Nährwertkennzeichnung von Lebensmitteln [(6)] regelt den Inhalt und die Darstellung von Informationen zum Nährwert auf vorverpackten Lebensmitteln. Nach diesen Regeln ist die Aufnahme von Informationen zum Nährwert freiwillig, es sei denn, es wird eine nährwertbezogene Angabe zum Lebensmittel gemacht. Die meisten Bestimmungen dieser Richtlinie gehen auf das Jahr 1990 zurück und sollten deshalb aktualisiert werden.

(8) Die allgemeinen Kennzeichnungsanforderungen werden ergänzt durch eine Reihe von Vorschriften, die unter bestimmten Umständen für alle Lebensmittel oder für bestimmte Klassen von Lebensmitteln gelten. Darüber hinaus gibt es mehrere spezielle Regelungen, die für bestimmte Lebensmittel gelten.

(9) Die geltenden Kennzeichnungsvorschriften sind in ihren ursprünglichen Zielsetzungen und Kernbestimmungen weiterhin gültig, müssen jedoch gestrafft werden, um den Akteuren die Einhaltung zu erleichtern und ihnen mehr Klarheit zu verschaffen; außerdem müssen sie modernisiert werden, um neuen Entwicklungen im Bereich der Lebensmittelinformation Rechnung zu tragen.

Diese Verordnung dient sowohl den Binnenmarktinteressen, indem sie die Rechtsvorschriften vereinfacht, für Rechtssicherheit sorgt und den Verwaltungsaufwand verringert, als auch den Bürgern, indem sie eine klare, verständliche und lesbare Kennzeichnung von Lebensmitteln vorschreibt.

(10) In der allgemeinen Öffentlichkeit besteht Interesse an dem Zusammenhang zwischen Ernährung und Gesundheit und an der Wahl einer geeigneten, individuellen Bedürfnissen entsprechenden Ernährung. Die Kommission hat in ihrem Weißbuch vom 30. Mai 2007„Ernährung, Übergewicht, Adipositas: Eine Strategie für Europa" („Weißbuch der Kommission") ausgeführt, dass die Nährwertkennzeichnung eine wichtige Methode darstellt, um Verbraucher über die Zusammensetzung von Lebensmitteln zu informieren und ihnen zu helfen, eine fundierte Wahl zu treffen. In der Mitteilung der Kommission vom 13. Mai 2007 mit dem Titel „Verbraucherpolitische Strategie der EU (2007-2013) Stärkung der Verbraucher — Verbesserung des Verbraucherwohls — wirksamer Verbraucherschutz" wird betont, dass es für einen wirksamen Wettbewerb und das Wohlergehen der Verbraucher wichtig ist, dass diese eine fundierte Wahl treffen können. Die Kenntnis der wichtigsten Ernährungsgrundsätze und eine angemessene Information über den Nährwert von Lebensmitteln würden wesentlich dazu beitragen, den Verbrauchern eine solche fundierte Wahl zu ermöglichen. Aufklärungs- und Informationskampagnen sind ein wichtiges Instrument, um das Verständnis der Verbraucher von Informationen über Lebensmittel zu verbessern.

(11) Im Interesse einer größeren Rechtssicherheit sowie einer rationalen und kohärenten Durchsetzung sollten die Richtlinien 90/496/EWG und 2000/13/EG aufgehoben und durch eine einzige Verordnung ersetzt werden, die Verbrauchern und anderen betroffenen Akteuren Gewissheit bringt und den Verwaltungsaufwand verringert.

(12) Aus Gründen der Klarheit sollten andere horizontale Rechtsakte aufgehoben und in diese Verordnung aufgenommen werden, namentlich die Richtlinie 87/250/EWG der Kommission vom 15. April 1987 betreffend die Angabe des Alkoholgehalts als Volumenkonzentration in der Etikettierung von alkoholhaltigen, für den Endverbraucher bestimmten Lebensmitteln [(7)], die Richtlinie 1999/10/EG der Kommission vom 8. März 1999 über Ausnahmen von Artikel 7 der Richtlinie 79/112/EWG des Rates hinsichtlich der Etikettierung von Lebensmitteln [(8)], die Richtlinie 2002/67/EG der Kommission vom 18. Juli 2002 über die Etikettierung von chininhaltigen und von koffeinhaltigen Lebensmitteln [(9)], die Verordnung (EG) Nr. 608/2004 der Kommission vom 31. März 2004 über die Etikettierung von Lebensmitteln und Lebensmittelzutaten mit Phytosterin-, Phytosterinester-, Phytostanol- und/oder Phytostanolesterzusatz [(10)] und die Richtlinie 2008/5/EG der Kommission vom 30. Januar 2008 über Angaben, die zusätzlich zu den in der Richtlinie 2000/13/EG des Europäischen Parlaments und des Rates aufgeführten Angaben auf dem Etikett bestimmter Lebensmittel verpflichtend sind [(11)].

(13) Es ist notwendig, gemeinsame Begriffsbestimmungen, Grundsätze, Anforderungen und Verfahren festzulegen, um einen klaren Rahmen und eine gemeinsame Grundlage für die Maßnahmen der Union und einzelstaatliche Maßnahmen zur Regulierung der Information über Lebensmittel zu schaffen.

(14) Um bei der Information der Verbraucher über die Lebensmittel, die sie verzehren, ein umfassendes und entwicklungsorientiertes Konzept zu verfolgen sollte der Begriff des Lebensmittelinformationsrechts weit gefasst werden und allgemeine wie auch spezielle Regelungen einbeziehen; ebenso sollte der Begriff der Information über Lebensmittel weit gefasst werden und Informationen einbeziehen, die auch auf andere Weise als durch das Etikett bereitgestellt werden.

(15) Das Unionsrecht sollte nur für Unternehmen gelten, wobei der Unternehmensbegriff eine gewisse Kontinuität der Aktivitäten und einen gewissen Organisationsgrad voraussetzt. Tätigkeiten wie der gelegentliche Umgang mit Lebensmitteln und deren Lieferung, das Servieren von Mahlzeiten und der Verkauf von Lebensmitteln durch Privatpersonen z. B. bei Wohltätigkeitsveranstaltungen oder auf Märkten und Zusammenkünften auf lokaler Ebene sollten nicht in den Anwendungsbereich dieser Verordnung fallen.

(16) Das Lebensmittelinformationsrecht sollte hinreichend flexibel sein, um neuem Informationsbedarf der Verbraucher Rechnung zu tragen und um das Gleichgewicht zwischen dem Schutz des Binnenmarkts und den unterschiedlichen Erwartungen der Verbraucher in den Mitgliedstaaten zu wahren.

(17) Die Einführung verpflichtender Informationen über Lebensmittel sollte hauptsächlich dem Zweck dienen, die Verbraucher in die Lage zu versetzen, das gewünschte Lebensmittel zu finden und in geeigneter Weise zu verwenden und eine Wahl zu treffen, die ihren individuellen Ernährungsbedürfnissen entspricht. Zu diesem Zweck sollten die Lebensmittelunternehmer diese Informationen auch für Sehbehinderte leichter zugänglich machen.

(18) Damit das Lebensmittelinformationsrecht den sich wandelnden Informationsbedürfnissen der Verbraucher Rechnung tragen kann, sollte bei der Prüfung, ob eine Information über ein Lebensmittel verpflichtend sein muss, auch dem nachweislich großen Interesse der Mehrheit der Verbraucher an der Offenlegung bestimmter Informationen Rechnung getragen werden.

(19) Neue Anforderungen hinsichtlich der verpflichtenden Informationen über Lebensmittel sollten jedoch nur dann aufgestellt werden, wenn und soweit sie im Einklang mit den Grundsätzen der Subsidiarität, der Verhältnismäßigkeit und der Nachhaltigkeit notwendig sind.

(20) Das Lebensmittelinformationsrecht sollte die Verwendung von Informationen verbieten, die die Verbraucher irreführen würden, insbesondere in Bezug auf die Merkmale des Lebensmittels, seine Wirkungen oder Eigenschaften, oder die den Lebensmitteln medizinische Eigenschaften zuschreiben. Um wirksam zu sein, sollte dieses Verbot auch auf die Lebensmittelwerbung und auf die Aufmachung der Lebensmittel ausgedehnt werden.

(21) Damit es nicht zu einer Zersplitterung der Rechtsvorschriften über die Haftung von Lebensmittelunternehmern für Informationen über Lebensmittel kommt, sollten die Pflichten der Lebensmittelunternehmer auf diesem Gebiet geklärt werden. Diese Klarstellung sollte im Einklang mit den Zuständigkeiten im Hinblick auf die Verbraucher gemäß Artikel 17 der Verordnung (EG) Nr. 178/2002 erfolgen.

(22) Es sollte eine Liste aller verpflichtenden Informationen erstellt werden, die grundsätzlich zu allen für Endverbraucher oder Anbieter von Gemeinschaftsverpflegung bestimmten Lebensmitteln bereitzustellen sind. Diese Liste sollte weiterhin diejenigen Informationen enthalten, die schon jetzt nach geltendem Unionsrecht verpflichtend sind, da das geltende Recht allgemein als wertvolle Errungenschaft im Hinblick auf Verbraucherinformationen betrachtet wird.

(23) Damit Änderungen und Entwicklungen im Bereich der Information über Lebensmittel berücksichtigt werden können, sollte die Kommission ermächtigt werden, die Bereitstellung bestimmter Angaben durch andere Mittel zuzulassen. Die Anhörung der betroffenen Akteure sollte zügige und gezielte Änderungen an den Vorschriften für die Information über Lebensmittel erleichtern.

(24) Bestimmte Zutaten oder andere Stoffe oder Erzeugnisse (wie Verarbeitungshilfsstoffe), die bei der Herstellung von Lebensmitteln verwendet werden und darin verbleiben, können bei manchen Menschen Allergien und Unverträglichkeiten verursachen, die teilweise die Gesundheit der Betroffenen gefährden. Es ist wichtig, dass die Verbraucher Informationen zum Vorhandensein von Lebensmittelzusatzstoffen, Verarbeitungshilfen und sonstigen Stoffen oder Erzeugnissen, bei denen wissenschaftlich belegt ist, dass sie Allergien oder Unverträglichkeiten verursachen können, erhalten, damit insbesondere diejenigen Verbraucher, die unter einer Lebensmittelallergie oder -unverträglichkeit leiden, eine fundierte Wahl treffen und Lebensmittel auswählen können, die für sie unbedenklich sind.

(25) Um Verbraucher über das Vorhandensein von technisch hergestellten Nanomaterialien in Lebensmitteln zu informieren, sollte eine Begriffsbestimmung für technisch hergestellte Nanomaterialien vorgesehen werden. Da Lebensmittel, die technisch hergestellte Nanomaterialien enthalten oder aus solchen bestehen, als neuartige Lebensmittel gelten können, sollte der angemessene Rechtsrahmen für diese Begriffsbestimmung im Zusammenhang mit der anstehenden Überarbeitung der Verordnung (EG) Nr. 258/97 des Europäischen Parlaments und des Rates vom 27. Januar 1997 über neuartige Lebensmittel und neuartige Lebensmittelzutaten [(12)] überprüft werden.

(26) Die Etiketten von Lebensmitteln sollten klar und verständlich sein, um Verbraucher zu unterstützen, die sich auf der Grundlage besserer Informationen für bestimmte Lebensmittel und die gewünschte Ernährungsweise entscheiden möchten. Studien haben gezeigt, dass gute Lesbarkeit eine erhebliche Rolle dabei spielt, wie stark sich die Kunden durch die Informationen auf den Etiketten beeinflussen lassen, und dass eine unleserliche Produktinformation eine der Hauptursachen der Unzufriedenheit der Verbraucher mit Lebensmitteletiketten ist. Daher sollte ein umfassendes Konzept entwickelt werden, das allen Aspekten in Bezug auf die Lesbarkeit, einschließlich Schriftart, Farbe und Kontrast, Rechnung trägt.

(27) Um die Bereitstellung der Informationen über Lebensmittel sicherzustellen, müssen alle Arten der Bereitstellung von Lebensmitteln an Verbraucher berücksichtigt werden, darunter der Verkauf mittels Fernkommunikation. Zwar sollten Lebensmittel, die im Fernabsatz geliefert werden, hinsichtlich der Information selbstverständlich denselben Anforderungen unterliegen wie Lebensmittel, die in Geschäften verkauft werden, doch ist eine Klarstellung dahingehend geboten, dass in solchen Fällen die einschlägigen verpflichtenden Informationen schon vor dem Abschluss des Kaufvertrags verfügbar sein sollten.

(28) Die beim Einfrieren von Lebensmitteln eingesetzte Technologie hat sich in den letzten Jahrzehnten erheblich weiterentwickelt und findet inzwischen breite Anwendung, was den Warenverkehr auf dem Binnenmarkt der Union verbessert und die Risiken im Bereich der Lebensmittelsicherheit verringert. Allerdings wird durch das Einfrieren und das spätere Auftauen von bestimmten Lebensmitteln, insbesondere Fleisch- und Fischereierzeugnissen, ihre mögliche Weiterverwendung eingeschränkt und möglicherweise ihre Sicherheit, ihr Geschmack und ihre äußere Beschaffenheit beeinträchtigt. Hingegen hat das Einfrieren bei anderen Erzeugnissen, insbesondere Butter, keine derartigen Auswirkungen. Daher sollte der Endverbraucher über den Zustand von Lebensmitteln, die aufgetaut wurden, angemessen informiert werden.

(29) Das Ursprungsland oder der Herkunftsort eines Lebensmittels sollten immer dann angegeben werden, wenn ohne diese Angabe die Verbraucher über das eigentliche Ursprungsland oder den eigentlichen Herkunftsort dieses Erzeugnisses irregeführt werden könnten. In allen Fällen sollte die Angabe des Ursprungslands oder des Herkunftsorts so gestaltet sein, dass die Verbraucher nicht getäuscht werden; ferner sollte sie auf eindeutig definierten Kriterien beruhen, die gleiche Ausgangsbedingungen für Unternehmen gewährleisten und das Verständnis der Informationen zum Ursprungsland oder Herkunftsort eines Lebensmittels seitens der Verbraucher fördern. Für Angaben zum Namen oder zur Anschrift des Lebensmittelunternehmers sollten keine derartigen Kriterien gelten.

(30) Mitunter wollen Lebensmittelunternehmer möglicherweise freiwillige Ursprungsangaben zu einem Lebensmittel liefern, um auf diese Weise die Verbraucher auf die Qualität ihres Erzeugnisses aufmerksam zu machen. Derartige Angaben sollten ebenfalls harmonisierten Kriterien entsprechen.

(31) Ursprungsangaben sind derzeit in der Union aufgrund der Krise um die Spongiforme Rinderenzephalopathie (BSE) für Rindfleisch und Rindfleischerzeugnisse verpflichtend [(13)], was zu einer gewissen Erwartungshaltung der Verbraucher geführt hat. Die Folgenabschätzung der Kommission bestätigt, dass die Herkunft des Fleisches das wichtigste Anliegen der Verbraucher zu sein scheint. In der Union ist auch der Verbrauch anderer Fleischsorten, wie Schweine-, Schaf-, Ziegen- und Geflügelfleisch, weit verbreitet. Es ist daher angezeigt, für diese Erzeugnisse die Angabe des Ursprungs verbindlich vorzuschreiben. Je nach Fleischsorte könnten entsprechend den Merkmalen der Tierart unterschiedliche spezielle Ursprungsangaben verpflichtend werden. Es ist angezeigt, durch Durchführungsvorschriften zwingende Anforderungen vorzuschreiben, die sich je nach Fleischsorte unterscheiden können, wobei der Grundsatz der Verhältnismäßigkeit und der Verwaltungsaufwand für Lebensmittelunternehmer und Aufsichtsbehörden zu berücksichtigen sind.

(32) Auf der Grundlage vertikaler Ansätze sind bereits zwingende Ursprungsangaben ausgearbeitet worden, so etwa für Honig [(14)], Obst und Gemüse [(15)], Fisch [(16)], Rindfleisch und Rindfleischerzeugnisse [(17)] sowie Olivenöl [(18)]. Es muss geprüft werden, ob es möglich ist, auch für andere Lebensmittel Ursprungsangaben verbindlich vorzuschreiben. Daher sollte die Kommission ersucht werden, Berichte zu folgenden Lebensmitteln zu erstellen: andere Fleischsorten als Rind-, Schweine-, Schaf-, Ziegen- und Geflügelfleisch; Milch; Milch, die als Zutat in Milchprodukten verwendet wird; als Zutat verwendetem Fleisch; unverarbeiteten Lebensmitteln; Erzeugnisse aus einer Zutat; sowie Zutaten, die über 50 % eines Lebensmittels ausmachen. Da Milch als eines der Erzeugnisse gilt, für die eine Ursprungsangabe von besonderem Interesse ist, sollte der Bericht der Kommission zu diesem Erzeugnis baldmöglichst vorgelegt werden. Die Kommission kann auf der Grundlage der Schlussfolgerungen solcher Berichte Vorschläge zur Änderung der einschlägigen Unionsvorschriften vorlegen oder gegebenenfalls neue Initiativen für die verschiedenen Sektoren ergreifen.

(33) Die nicht präferenziellen Ursprungsregeln der Union sind in der Verordnung (EWG) Nr. 2913/92 des Rates vom 12. Oktober 1992 zur Festlegung des Zollkodex der Gemeinschaften [(19)] und ihren Durchführungsvorschriften gemäß der Verordnung (EWG) Nr. 2454/93 der Kommission vom 2. Juli 1993 mit Durchführungsvorschriften zu der Verordnung (EWG) Nr. 2913/92 des Rates zur Festlegung des Zollkodex der Gemeinschaften [(20)] festgelegt. Die Bestimmung des Ursprungslands von Lebensmitteln wird auf den genannten Vorschriften beruhen, die den Lebensmittelunternehmern und Behörden bereits bekannt sind, und sollte deren Umsetzung erleichtern.

(34) Die Nährwertdeklaration für Lebensmittel bezieht sich auf Informationen zum Energiegehalt und zu bestimmten Nährstoffen in Lebensmitteln. Die Pflicht zur Information über den Nährwert auf der Verpackung sollte Ernährungsmaßnahmen als Bestandteil der Gesundheitspolitik ergänzen, die wissenschaftliche Empfehlungen im Bereich der Aufklärung der Öffentlichkeit über Ernährungsfragen umfassen und eine fundierte Auswahl von Lebensmitteln fördern können.

(35) Aus Gründen der Vergleichbarkeit von Produkten in unterschiedlichen Packungsgrößen ist es sinnvoll, weiterhin vorzuschreiben, dass sich die verpflichtende Nährwertdeklaration auf Mengen von 100 g oder 100 ml beziehen sollte, und gegebenenfalls zusätzliche Angaben auf Portionsbasis zuzulassen. Ist das Lebensmittel in Form von Einzelportionen oder Verzehreinheiten vorverpackt, sollte zusätzlich zur Angabe je 100 g oder je 100 ml eine Nährwertdeklaration je Portion oder je Verzehreinheit zulässig sein. Damit vergleichbare Angaben zu den Portionen oder den Verzehreinheiten bereitgestellt werden, sollte der Kommission die Befugnis übertragen werden, Vorschriften über die Nährwertdeklaration je Portion oder je Verzehreinheit bei bestimmten Klassen von Lebensmitteln zu erlassen.

(36) Im Weißbuch der Kommission wurden bestimmte Nährwertelemente, die für die öffentliche Gesundheit von Bedeutung sind, wie gesättigtes Fett, Zucker oder Natrium, besonders hervorgehoben. Deshalb sollten die Anforderungen an die verpflichtenden Informationen zum Nährwert diese Elemente berücksichtigen.

(37) Da das Ziel dieser Verordnung darin besteht, dem Endverbraucher eine Grundlage für eine fundierte Wahl zu schaffen, ist es wichtig, in diesem Zusammenhang dafür zu sorgen, dass die auf der Kennzeichnung angegebenen Informationen für den Endverbraucher leicht verständlich sind. Daher ist es angezeigt, auf der Kennzeichnung die Bezeichnung „Salz" anstelle der entsprechenden Nährstoffbezeichnung „Natrium" zu verwenden.

(38) Im Interesse der Stimmigkeit und Kohärenz des Unionsrechts sollten freiwillige nährwert- oder gesundheitsbezogene Angaben auf den Etiketten von Lebensmitteln der Verordnung (EG) Nr. 1924/2006 des Europäischen Parlaments und des Rates vom 20. Dezember 2006 über nährwert- und gesundheitsbezogene Angaben über Lebensmittel entsprechen [(21)].

(39) Um eine unnötige Belastung der Lebensmittelunternehmen zu vermeiden, sollten bestimmte Klassen von Lebensmitteln, die unverarbeitet sind oder bei denen Informationen zum Nährwert für die Kaufentscheidung der Verbraucher nicht ausschlaggebend sind oder deren Verpackung zu klein ist, um die Pflichtkennzeichnung aufzubringen, von der Pflicht zur Bereitstellung einer Nährwertdeklaration ausgenommen werden, es sei denn, andere Rechtsvorschriften der Union sehen bereits eine Pflicht zur Bereitstellung solcher Information vor.

(40) Angesichts der Besonderheiten alkoholischer Getränke sollte die Kommission aufgefordert werden, die Anforderungen an Informationen für diese Produkte weiter zu analysieren. Daher sollte die Kommission innerhalb von drei Jahren nach Inkrafttreten dieser Verordnung einen Bericht über die Anwendung der Anforderungen in Bezug auf die Bereitstellung von Informationen über die Zutaten in alkoholischen Getränken und deren Nährwert ausarbeiten, wobei sie die erforderliche Kohärenz mit anderen einschlägigen Politikbereichen der Union berücksichtigen sollte. Unter Berücksichtigung der Entschließung des Europäischen Parlaments vom 5. September 2007 zur EU-Strategie zur Unterstützung der Mitgliedstaaten bei der Verringerung alkoholbedingter Schäden [(22)], der Stellungnahme des Europäischen Wirtschafts- und Sozialausschusses [(23)], der Tätigkeiten der Kommission und der allgemeinen Besorgnis wegen der durch Alkohol bedingten Schäden insbesondere bei jungen und empfindlichen Verbrauchern sollte die Kommission nach Konsultation der betroffenen Akteure und der Mitgliedstaaten prüfen, ob eine Begriffsbestimmung für Getränke wie „Alkopops", die gezielt auf junge Menschen ausgerichtet sind, erforderlich ist. Die Kommission sollte gegebenenfalls auch spezielle Anforderungen in Bezug auf alkoholische Getränke im Rahmen dieser Verordnung vorschlagen.

(41) Damit die Informationen zum Nährwert den Durchschnittsverbraucher ansprechen und den Informationszweck erfüllen, für den sie eingeführt werden, sollten sie — in Anbetracht des derzeitigen Kenntnisstands über das Thema Ernährung — einfach und leicht verständlich sein. Es kann den Verbraucher verwirren, wenn ein Teil der Informationen zum Nährwert im allgemein als Packungsvorderseite bekannten Hauptsichtfeld und ein Teil auf einer anderen Packungsseite, wie z. B. der Packungsrückseite, steht. Deshalb sollten alle Bestandteile der Nährwertdeklaration im selben Sichtfeld stehen. Ferner können auf freiwilliger Basis die wichtigsten Bestandteile der Nährwertdeklaration ein weiteres Mal im Hauptsichtfeld erscheinen, damit die Verbraucher die wesentlichen Informationen zum Nährwert beim Kauf von Lebensmitteln leicht sehen können. Es könnte den Verbraucher verwirren, wenn frei gewählt werden kann, welche Informationen ein weiteres Mal erscheinen. Deshalb ist es notwendig zu präzisieren, welche Informationen ein weiteres Mal erscheinen dürfen.

(42) Um die Lebensmittelunternehmer dazu anzuhalten, die in der Nährwertdeklaration vorgesehenen Informationen über Lebensmittel, wie alkoholische Getränke und unverpackte Lebensmittel, für die unter Umständen keine Nährwertdeklaration vorgeschrieben ist, auf freiwilliger Basis zu erteilen, sollte es möglich sein, die Nährwertdeklaration auf bestimmte Bestandteile zu beschränken. Dennoch ist es angezeigt, eindeutig festzulegen, welche Informationen freiwillig erteilt werden können, damit die Verbraucher durch die freie Wahl der Lebensmittelunternehmen nicht irregeführt werden.

(43) In jüngster Zeit hat es bei der Nährwertdeklaration, die von der Angabe je 100 g, je 100 ml oder je Portion abweicht, bzw. bei ihrer Darstellungsform insofern Entwicklungen gegeben, als von einigen Mitgliedstaaten und Organisationen der Lebensmittelbranche grafische Formen oder Symbole verwendet werden. Diese zusätzlichen Angabe- und Darstellungsformen können dem Verbraucher helfen, die Nährwertdeklaration besser zu verstehen. Es gibt jedoch unionsweit keinen gültigen hinreichenden Nachweis dafür, wie der Durchschnittsverbraucher diese zusätzlichen Angabe- und Darstellungsformen versteht und verwendet. Daher ist es angezeigt zuzulassen, auf Grundlage der in dieser Verordnung festgelegten Kriterien weitere Angabe- und Darstellungsformen zu entwickeln, und die Kommission zu ersuchen, einen Bericht darüber zu erstellen, inwieweit diese Angabe- und Darstellungsformen verwendet werden, wie sie sich auf den Binnenmarkt auswirken und ob eine weitere Harmonisierung angezeigt ist.

(44) Um der Kommission bei der Erstellung dieses Berichts zu helfen, sollten die Mitgliedstaaten ihr einschlägige Informationen über die auf dem

Markt in ihrem Hoheitsgebiet verwendeten zusätzlichen Angabe- und Darstellungsformen bei der Nährwertdeklaration übermitteln. Deshalb sollten die Mitgliedstaaten ermächtigt werden, Lebensmittelunternehmer, die in ihrem Hoheitsgebiet Lebensmittel mit zusätzlichen Angabe- und Darstellungsformen in Verkehr bringen, zu verpflichten, den nationalen Behörden die Verwendung dieser zusätzlichen Formen mitzuteilen und einschlägige Belege dafür vorzulegen, dass die Anforderungen dieser Verordnung erfüllt sind.

(45) Die Entwicklung zusätzlicher Angabe- und Darstellungsformen bei der Nährwertdeklaration sollte in gewissem Grade kohärent verlaufen. Daher sollte es unterstützt werden, dass die Mitgliedstaaten sich untereinander und mit der Kommission fortlaufend über bewährte Verfahren und Erfahrungen austauschen und dass sich auch andere Akteure an diesem Austausch beteiligen.

(46) Die Angabe der Mengen der einzelnen Nährwertelemente und von vergleichenden Indikatoren, die in leicht erkennbarer Form im selben Blickfeld erscheinen soll, damit die ernährungsphysiologischen Eigenschaften eines Lebensmittels beurteilt werden können, sollte in ihrer Gesamtheit als Bestandteil der Nährwertdeklaration betrachtet und nicht als Gruppe von Einzelangaben behandelt werden.

(47) Erfahrungsgemäß wird die Klarheit der verpflichtenden Informationen über Lebensmittel in vielen Fällen durch freiwillig hinzugefügte Informationen beeinträchtigt. Aus diesem Grund sollten Kriterien festgelegt werden, mit deren Hilfe die Lebensmittelunternehmer und Aufsichtsbehörden für ein ausgewogenes Verhältnis zwischen verpflichtenden und freiwilligen Informationen sorgen können.

(48) Die Mitgliedstaaten sollten weiterhin die Möglichkeit haben, entsprechend den örtlichen Gegebenheiten und praktischen Umständen Regelungen über die Bereitstellung von Informationen über nicht vorverpackte Lebensmittel festzulegen. Obgleich die Verbraucher in solchen Fällen kaum andere Informationen verlangen, betrachten sie Informationen über potenzielle Allergene als sehr wichtig. Es hat sich gezeigt, dass die meisten Fälle von Lebensmittelallergien durch nicht vorverpackte Lebensmittel ausgelöst werden. Deshalb sollten die Verbraucher Informationen über potenzielle Allergene immer erhalten.

(49) Es sollte den Mitgliedstaaten nicht gestattet sein, in Bezug auf die durch diese Verordnung speziell harmonisierten Aspekte einzelstaatliche Vorschriften zu erlassen, es sei denn, das Unionsrecht gestattet dies. Diese Verordnung sollte die Mitgliedstaaten nicht daran hindern, einzelstaatliche Maßnahmen zu nicht speziell durch diese Verordnung harmonisierten Aspekten zu erlassen. Allerdings sollten diese einzelstaatlichen Maßnahmen nicht den freien Verkehr der Waren, die dieser Verordnung entsprechen, unterbinden, behindern oder einschränken.

(50) Die Verbraucher in der Union sind zunehmend daran interessiert, dass beim Schlachten die Tierschutzvorschriften der Union angewandt werden, und möchten unter anderem wissen, ob die Tiere vor dem Schlachten betäubt wurden. In diesem Zusammenhang sollte im Rahmen einer künftigen Strategie der Union für den Tierschutz und das Wohlergehen der Tiere die Durchführung einer Studie in Betracht gezogen werden, in der untersucht wird, ob den Verbrauchern einschlägige Informationen über die Betäubung von Tieren zur Verfügung gestellt werden sollten.

(51) Die Vorschriften über Lebensmittelinformationen sollten an sich rasch wandelnde soziale, wirtschaftliche und technologische Rahmenbedingungen angepasst werden können.

(52) Die Mitgliedstaaten sollten amtliche Kontrollen durchführen, um die Einhaltung der vorliegenden Verordnung gemäß der Verordnung (EG) Nr. 882/2004 des Europäischen Parlaments und des Rates vom 29. April 2004 über amtliche Kontrollen zur Überprüfung der Einhaltung des Lebensmittel- und Futtermittelrechts sowie der Bestimmungen über Tiergesundheit und Tierschutz durchzusetzen [(24)].

(53) Die Bezugnahmen auf die Richtlinie 90/496/EWG in der Verordnung (EG) Nr. 1924/2006 und in der Verordnung (EG) Nr. 1925/2006 des Europäischen Parlaments und des Rates vom 20. Dezember 2006 über den Zusatz von Vitaminen und Mineralstoffen sowie bestimmten anderen Stoffen zu Lebensmitteln [(25)] sollten unter Berücksichtigung der vorliegenden Verordnung aktualisiert werden. Die Verordnungen (EG) Nr. 1924/2006 und (EG) Nr. 1925/2006 sollten daher entsprechend geändert werden.

(54) Unregelmäßige und häufige Aktualisierungen der Anforderungen an Informationen für Lebensmittel können zu einem erheblichen Verwaltungsaufwand für Lebensmittelunternehmen, insbesondere für kleine und mittlere Unternehmen, führen. Daher sollte sichergestellt werden, dass Maßnahmen, die die Kommission in Ausübung der ihr durch diese Verordnung übertragenen Befugnisse erlassen kann, nach einer angemessenen Übergangsfrist in jedem Kalenderjahr am selben Tag zur Anwendung gelangen. Ausnahmen von diesem Grundsatz sollten in Notfällen gestattet sein, sofern die betreffenden Maßnahmen dem Schutz der menschlichen Gesundheit dienen.

(55) Damit die Lebensmittelunternehmer die Kennzeichnung ihrer Erzeugnisse an die mit dieser Verordnung eingeführten neuen Anforderungen anpassen können, ist es wichtig, angemessene Übergangsfristen für die Anwendung dieser Verordnung festzulegen.

(56) In Anbetracht der Tatsache, dass die Anforderungen an die Nährwertkennzeichnung —

insbesondere in Bezug auf den Inhalt der Nährwertdeklaration — mit dieser Verordnung erheblich geändert werden, sollte den Lebensmittelunternehmern gestattet werden, diese Verordnung schon früher als vorgeschrieben anzuwenden.

(57) Da die Ziele dieser Verordnung auf Ebene der Mitgliedstaaten nicht ausreichend verwirklicht werden können und daher besser auf Unionsebene zu erreichen sind, kann die Union im Einklang mit dem in Artikel 5 des Vertrags über die Europäische Union niedergelegten Subsidiaritätsprinzip tätig werden. Entsprechend dem in demselben Artikel genannten Grundsatz der Verhältnismäßigkeit geht diese Verordnung nicht über das zur Erreichung dieser Ziele erforderliche Maß hinaus.

(58) Der Kommission sollte die Befugnis übertragen werden, gemäß Artikel 290 AEUV delegierte Rechtakte zu erlassen, in denen unter anderem Folgendes geregelt wird: die Bereitstellung bestimmter verpflichtender Angaben auf andere Weise als auf der Verpackung oder auf dem Etikett, das Verzeichnis der Lebensmittel, für die kein Zutatenverzeichnis erforderlich ist, die Überprüfung des Verzeichnisses der Stoffe oder Erzeugnisse, die Allergien oder Unverträglichkeiten auslösen, oder das Verzeichnis der Nährwerte, die freiwillig deklariert werden dürfen. Es ist von besonderer Wichtigkeit, dass die Kommission im Zuge ihrer Vorbereitungsarbeit angemessene Konsultationen, auch auf der Ebene von Sachverständigen, durchführt. Bei der Vorbereitung und Ausarbeitung delegierter Rechtsakte sollte die Kommission gewährleisten, dass die einschlägigen Dokumente dem Europäischen Parlament und dem Rat gleichzeitig, rechtzeitig und auf angemessene Weise übermittelt werden.

(59) Zur Gewährleistung einheitlicher Bedingungen für die Durchführung dieser Verordnung sollten der Kommission Durchführungsbefugnisse übertragen werden, damit sie Durchführungsrechtsakte erlassen kann, in denen unter anderem Folgendes geregelt wird: die Modalitäten für die Angabe einer oder mehrerer Informationen mit Hilfe von Piktogrammen oder Symbolen statt mit Worten oder Zahlen, die Art und Weise, in der das Mindesthaltbarkeitsdatum anzugeben ist, die Art und Weise, in der bei Fleisch das Ursprungsland oder der Herkunftsort anzugeben ist, die Genauigkeit der in der Nährwertdeklaration anzugebenden Werte oder die Angabe je Portion oder je Verzehreinheit in der Nährwertdeklaration. Diese Befugnisse sollten im Einklang mit der Verordnung (EU) Nr. 182/2011 des Europäischen Parlaments und des Rates vom 16. Februar 2011 zur Festlegung der allgemeinen Regeln und Grundsätze, nach denen die Mitgliedstaaten die Wahrnehmung der Durchführungsbefugnisse durch die Kommission kontrollieren [26], wahrgenommen werden —

HABEN FOLGENDE VERORDNUNG ERLASSEN:

---

(1) ABl. C 77 vom 31.3.2009, S. 81.
(2) Standpunkt des Europäischen Parlaments vom 16. Juni 2010 (ABl. C 236 E vom 12.8.2011, S. 187) und Standpunkt des Rates in erster Lesung vom 21. Februar 2011 (ABl. C 102 E vom 2.4.2011, S. 1). Standpunkt des Europäischen Parlaments vom 6. Juli 2011 (noch nicht im Amtsblatt veröffentlicht) und Beschluss des Rates vom 29. September 2011.
(3) ABl. L 31 vom 1.2.2002, S. 1.
(4) ABl. L 149 vom 11.6.2005, S. 22.
(5) ABl. L 109 vom 6.5.2000, S. 29.
(6) ABl. L 276 vom 6.10.1990, S. 40.
(7) ABl. L 113 vom 30.4.1987, S. 57.
(8) ABl. L 69 vom 16.3.1999, S. 22.
(9) ABl. L 191 vom 19.7.2002, S. 20.
(10) ABl. L 97 vom 1.4.2004, S. 44.
(11) ABl. L 27 vom 31.1.2008, S. 12.
(12) ABl. L 43 vom 14.2.1997, S. 1.
(13) Verordnung (EG) Nr. 1760/2000 des Europäischen Parlaments und des Rates vom 17. Juli 2000 zur Einführung eines Systems zur Kennzeichnung und Registrierung von Rindern und über die Etikettierung von Rindfleisch und Rindfleischerzeugnissen (ABl. L 204 vom 11.8.2000, S. 1).
(14) Richtlinie 2001/110/EG des Rates vom 20. Dezember 2001 über Honig (ABl. L 10 vom 12.1.2002, S. 47).
(15) Verordnung (EG) Nr. 1580/2007 der Kommission vom 21. Dezember 2007 mit Durchführungsbestimmungen zu den Verordnungen (EG) Nr. 2200/96, (EG) Nr. 2201/96 und (EG) Nr. 1182/2007 des Rates im Sektor Obst und Gemüse (ABl. L 350 vom 31.12.2007, S. 1).
(16) Verordnung (EG) Nr. 104/2000 des Rates vom 17. Dezember 1999 über die gemeinsame Marktorganisation für Erzeugnisse der Fischerei und der Aquakultur (ABl. L 17 vom 21.1.2000, S. 22).
(17) Verordnung (EG) Nr. 1760/2000.
(18) Verordnung (EG) Nr. 1019/2002 der Kommission vom 13. Juni 2002 mit Vermarktungsvorschriften für Olivenöl (ABl. L 155 vom 14.6.2002, S. 27).
(19) ABl. L 302 vom 19.10.1992, S. 1.
(20) ABl. L 253 vom 11.10.1993, S. 1.
(21) ABl. L 404 vom 30.12.2006, S. 9.
(22) ABl. C 187 E vom 24.7.2008, S. 160.

(23) ABl. C 77 vom 31.3.2009, S. 81.
(24) ABl. L 165 vom 30.4.2004, S. 1.
(25) ABl. L 404 vom 30.12.2006, S. 26.
(26) ABl. L 55 vom 28.2.2011, S. 13.

KAPITEL I
ALLGEMEINE VORSCHRIFTEN

Artikel 1
Gegenstand und Anwendungsbereich

(1) Diese Verordnung bildet die Grundlage für die Gewährleistung eines hohen Verbraucherschutzniveaus in Bezug auf Informationen über Lebensmittel unter Berücksichtigung der unterschiedlichen Erwartungen der Verbraucher und ihrer unterschiedlichen Informationsbedürfnisse bei gleichzeitiger Gewährleistung des reibungslosen Funktionierens des Binnenmarkts.

(2) Diese Verordnung legt allgemeine Grundsätze, Anforderungen und Zuständigkeiten für die Information über Lebensmittel und insbesondere für die Kennzeichnung von Lebensmitteln fest. Unter Berücksichtigung der Notwendigkeit einer hinreichenden Flexibilität, damit künftigen Entwicklungen und neuen Informationserfordernissen Rechnung getragen werden kann, legt sie die Mittel zur Wahrung des Rechts der Verbraucher auf Information und die Verfahren für die Bereitstellung von Informationen über Lebensmittel fest.

(3) Diese Verordnung gilt für Lebensmittelunternehmer auf allen Stufen der Lebensmittelkette, sofern deren Tätigkeiten die Bereitstellung von Information über Lebensmittel an die Verbraucher betreffen. Sie gilt für alle Lebensmittel, die für den Endverbraucher bestimmt sind, einschließlich Lebensmitteln, die von Anbietern von Gemeinschaftsverpflegung abgegeben werden, sowie für Lebensmittel, die für die Lieferung an Anbieter von Gemeinschaftsverpflegung bestimmt sind.

Diese Verordnung gilt für durch Verkehrsunternehmen erbrachte Verpflegungsdienstleistungen, wenn der Abfahrtsort innerhalb der Hoheitsgebiete der Mitgliedstaaten liegt, für die die Verträge gelten.

(4) Diese Verordnung gilt unbeschadet der in speziellen Rechtsvorschriften der Union für bestimmte Lebensmittel enthaltenen Kennzeichnungsvorschriften.

Artikel 2
Begriffsbestimmungen

(1) Für die Zwecke dieser Verordnung gelten folgende Begriffsbestimmungen:

a) die Begriffsbestimmungen für „Lebensmittel", „Lebensmittelrecht", „Lebensmittelunternehmen", „Lebensmittelunternehmer", „Einzelhandel", „Inverkehrbringen" und „Endverbraucher" in Artikel 2 und Artikel 3 Absätze 1, 2, 3, 7, 8 und 18 der Verordnung (EG) Nr. 178/2002;

b) die Begriffsbestimmungen für „Verarbeitung", „unverarbeitete Erzeugnisse" und „Verarbeitungserzeugnisse" in Artikel 2 Absatz 1 Buchstaben m, n und o der Verordnung (EG) Nr. 852/2004 des Europäischen Parlaments und des Rates vom 29. April 2004 über Lebensmittelhygiene ((1));

c) die Begriffsbestimmung für „Lebensmittelenzym" in Artikel 3 Absatz 2 Buchstabe a der Verordnung (EG) Nr. 1332/2008 des Europäischen Parlaments und des Rates vom 16. Dezember 2008 über Lebensmittelenzyme ((2));

d) die Begriffsbestimmungen für „Lebensmittelzusatzstoff" und „Verarbeitungshilfsstoff" und „Trägerstoff" in Artikel 3 Absatz 2 Buchstaben a und b und Anhang I Ziffer 5 der Verordnung (EG) Nr. 1333/2008 des Europäischen Parlaments und des Rates vom 16. Dezember 2008 über Lebensmittelzusatzstoffe ((3));

e) die Begriffsbestimmung für „Aroma" in Artikel 3 Absatz 2 Buchstabe a der Verordnung (EG) Nr. 1334/2008 des Europäischen Parlaments und des Rates vom 16. Dezember 2008 über Aromen und bestimmte Lebensmittelzutaten mit Aromaeigenschaften zur Verwendung in und auf Lebensmitteln ((4));

f) die Begriffsbestimmungen für „Fleisch", „Separatorenfleisch", „Fleischzubereitungen", „Fischereierzeugnisse" und „Fleischerzeugnisse" in Anhang I Nummern 1.1, 1.14, 1.15, 3.1 und 7.1 der Verordnung (EG) Nr. 853/2004 des Europäischen Parlaments und des Rates vom 29. April 2004 mit spezifischen Hygienevorschriften für Lebensmittel tierischen Ursprungs ((5));

g) die Begriffsbestimmung für „Werbung" in Artikel 2 Buchstabe a der Richtlinie 2006/114/EG des Europäischen Parlaments und des Rates vom 12. Dezember 2006 über irreführende und vergleichende Werbung ((6));

h) die Begriffsbestimmung für „technisch hergestellte Nanomaterialien" in Artikel 3 Absatz 2 Buchstabe f der Verordnung (EU) 2015/2283 des Europäischen Parlaments und des Rates ((7)).

(2) Ferner bezeichnet der Ausdruck

a) „Information über Lebensmittel" jede Information, die ein Lebensmittel betrifft und dem Endverbraucher durch ein Etikett, sonstiges Begleitmaterial oder in anderer Form, einschließlich über moderne technologische Mittel oder mündlich, zur Verfügung gestellt wird;

b) „Lebensmittelinformationsrecht" die Unionsvorschriften auf dem Gebiet der Information über Lebensmittel, insbesondere Kennzeichnungsvorschriften, einschließlich Vorschriften allgemeiner

Art, die unter bestimmten Umständen für alle Lebensmittel oder für bestimmte Klassen von Lebensmittel gelten, sowie Vorschriften, die nur für bestimmte Lebensmittel gelten;

c) „verpflichtende Informationen über Lebensmittel" diejenigen Angaben, die dem Endverbraucher aufgrund von Unionsvorschriften bereitgestellt werden müssen;

d) „Anbieter von Gemeinschaftsverpflegung" Einrichtungen jeder Art (darunter auch Fahrzeuge oder fest installierte oder mobile Stände) wie Restaurants, Kantinen, Schulen, Krankenhäuser oder Catering-Unternehmen, in denen im Rahmen einer gewerblichen Tätigkeit Lebensmittel für den unmittelbaren Verzehr durch den Endverbraucher zubereitet werden;

e) „vorverpacktes Lebensmittel" jede Verkaufseinheit, die als solche an den Endverbraucher und an Anbieter von Gemeinschaftsverpflegung abgegeben werden soll und die aus einem Lebensmittel und der Verpackung besteht, in die das Lebensmittel vor dem Feilbieten verpackt worden ist, gleichviel, ob die Verpackung es ganz oder teilweise umschließt, jedoch auf solche Weise, dass der Inhalt nicht verändert werden kann, ohne dass die Verpackung geöffnet werden muss oder eine Veränderung erfährt; Lebensmittel, die auf Wunsch des Verbrauchers am Verkaufsort verpackt oder im Hinblick auf ihren unmittelbaren Verkauf vorverpackt werden, werden von dem Begriff „vorverpacktes Lebensmittel" nicht erfasst;

f) „Zutat" jeden Stoff und jedes Erzeugnis, einschließlich Aromen, Lebensmittelzusatzstoffen und Lebensmittelenzymen, sowie jeden Bestandteil einer zusammengesetzten Zutat, der bei der Herstellung oder Zubereitung eines Lebensmittels verwendet wird und der — gegebenenfalls in veränderter Form — im Enderzeugnis vorhanden bleibt; Rückstände gelten nicht als „Zutaten";

g) „Herkunftsort" den Ort, aus dem ein Lebensmittel laut Angabe kommt und der nicht sein „Ursprungsland" im Sinne der Artikel 23 bis 26 der Verordnung (EWG) Nr. 2913/92 ist; der Name, die Firma oder die Anschrift des Lebensmittelunternehmens auf dem Etikett gilt nicht als Angabe des Ursprungslands oder Herkunftsorts von Lebensmitteln im Sinne dieser Verordnung;

h) „zusammengesetzte Zutat" eine Zutat, die selbst aus mehr als einer Zutat besteht;

i) „Etikett" alle Aufschriften, Marken- oder Kennzeichen, bildlichen oder anderen Beschreibungen, die auf die Verpackung oder das Behältnis des Lebensmittels geschrieben, gedruckt, geprägt, markiert, graviert oder gestempelt werden bzw. daran angebracht sind;

j) „Kennzeichnung" alle Wörter, Angaben, Hersteller- oder Handelsmarken, Abbildungen oder Zeichen, die sich auf ein Lebensmittel beziehen und auf Verpackungen, Schriftstücken, Tafeln, Etiketten, Ringen oder Verschlüssen jeglicher Art angebracht sind und dieses Lebensmittel begleiten oder sich auf dieses Lebensmittel beziehen;

k) „Sichtfeld" alle Oberflächen einer Verpackung, die von einem einzigen Blickpunkt aus gelesen werden können;

l) „Hauptsichtfeld" das Sichtfeld einer Verpackung, das vom Verbraucher beim Kauf höchstwahrscheinlich auf den ersten Blick wahrgenommen wird und ihm ermöglicht, die Beschaffenheit oder die Art und gegebenenfalls die Handelsmarke eines Produkts sofort zu erkennen. Hat eine Verpackung mehrere identische Hauptsichtfelder, gilt das vom Lebensmittelunternehmen ausgewählte Sichtfeld als Hauptsichtfeld;

m) „Lesbarkeit" das äußere Erscheinungsbild von Informationen, durch das die Informationen für die Allgemeinheit visuell zugänglich sind und das von verschiedenen Faktoren bestimmt wird, so u. a. der Schriftgröße, dem Buchstabenabstand, dem Zeilenabstand, der Strichstärke der Schrift, der Schriftfarbe, der Schriftart, dem Verhältnis zwischen Buchstabenbreite und -höhe, der Materialoberfläche und dem Kontrast zwischen Schrift und Hintergrund;

n) „rechtlich vorgeschriebene Bezeichnung" die Bezeichnung eines Lebensmittels, die durch die für dieses Lebensmittel geltenden Rechtsvorschriften der Union vorgeschrieben ist, oder, wenn es keine derartigen Unionsvorschriften gibt, die Bezeichnung, welche in den Rechts- und Verwaltungsvorschriften des Mitgliedstaats vorgesehen ist, in dem das Lebensmittel an die Endverbraucher oder Anbieter von Gemeinschaftsverpflegung verkauft wird;

o) „verkehrsübliche Bezeichnung" eine Bezeichnung, die von den Verbrauchern in dem Mitgliedstaat, in dem das Lebensmittel verkauft wird, als Bezeichnung dieses Lebensmittels akzeptiert wird, ohne dass eine weitere Erläuterung notwendig wäre;

p) „beschreibende Bezeichnung" eine Bezeichnung, die das Lebensmittel und erforderlichenfalls seine Verwendung beschreibt und die hinreichend genau ist, um es den Verbrauchern zu ermöglichen, die tatsächliche Art des Lebensmittels zu erkennen und es von Erzeugnissen zu unterscheiden, mit denen es verwechselt werden könnte;

q) „primäre Zutat" diejenige Zutat oder diejenigen Zutaten eines Lebensmittels, die über 50 % dieses Lebensmittels ausmachen oder die die Verbraucher üblicherweise mit der Bezeichnung des Lebensmittels assoziieren und für die in den meisten Fällen eine mengenmäßige Angabe vorgeschrieben ist;

r) „Mindesthaltbarkeitsdatum eines Lebensmittels" das Datum, bis zu dem dieses Lebensmittel bei richtiger Aufbewahrung seine spezifischen Eigenschaften behält;

s) „Nährstoff“ Eiweiße, Kohlenhydrate, Fett, Ballaststoffe, Natrium, Vitamine und Mineralstoffe, die in Anhang XIII Teil A Nummer 1 dieser Verordnung aufgeführt sind, sowie Stoffe, die zu einer dieser Klassen gehören oder Bestandteil einer dieser Klassen sind.

u) „Fernkommunikationstechnik“ jedes Kommunikationsmittel, das zum Abschluss eines Vertrags zwischen einem Verbraucher und einem Lieferer ohne gleichzeitige körperliche Anwesenheit der Vertragsparteien eingesetzt werden kann.

(3) Für die Zwecke dieser Verordnung bezieht sich der Begriff „Ursprungsland eines Lebensmittels“ auf den Ursprung eines Lebensmittels im Sinne der Artikel 23 bis 26 der Verordnung (EWG) Nr. 2913/92.

(4) Die speziellen Begriffsbestimmungen in Anhang I gelten ebenfalls.

KAPITEL II
ALLGEMEINE GRUNDSÄTZE DER INFORMATION ÜBER LEBENSMITTEL

Artikel 3
Allgemeine Ziele

(1) Die Bereitstellung von Informationen über Lebensmittel dient einem umfassenden Schutz der Gesundheit und Interessen der Verbraucher, indem Endverbrauchern eine Grundlage für eine fundierte Wahl und die sichere Verwendung von Lebensmitteln unter besonderer Berücksichtigung von gesundheitlichen, wirtschaftlichen, umweltbezogenen, sozialen und ethischen Gesichtspunkten geboten wird.

(2) Ziel des Lebensmittelinformationsrechts ist es, in der Union den freien Verkehr von rechtmäßig erzeugten und in Verkehr gebrachten Lebensmitteln zu gewährleisten, wobei gegebenenfalls die Notwendigkeit des Schutzes der berechtigten Interessen der Erzeuger und der Förderung der Erzeugung qualitativ guter Erzeugnisse zu berücksichtigen ist.

(3) Werden im Lebensmittelinformationsrecht neue Anforderungen eingeführt, so wird für die Zeit nach dem Inkrafttreten der neuen Anforderungen — außer in hinreichend begründeten Fällen — eine Übergangsfrist gewährt. Während dieser Übergangsfrist dürfen Lebensmittel, deren Etikett nicht den neuen Anforderungen entspricht, in Verkehr gebracht werden, und dürfen die Bestände solcher Lebensmittel, die vor dem Ablauf der Übergangsfrist in Verkehr gebracht wurden, bis zur Erschöpfung der Bestände verkauft werden.

(4) Bei der Erarbeitung, Bewertung und Überprüfung des Lebensmittelinformationsrechts ist unmittelbar oder über Vertretungsgremien in offener und transparenter Weise eine Konsultation der Öffentlichkeit, einschließlich der betroffenen Akteure, durchzuführen, es sei denn, dies ist aus Dringlichkeitsgründen nicht möglich.

Artikel 4
Grundsätze für verpflichtende Informationen über Lebensmittel

(1) Schreibt das Lebensmittelinformationsrecht verpflichtende Informationen über Lebensmittel vor, so gilt dies insbesondere für Informationen, die unter eine der folgenden Kategorien fallen:

a) Informationen zu Identität und Zusammensetzung, Eigenschaften oder sonstigen Merkmalen des Lebensmittels;

b) Informationen zum Schutz der Gesundheit der Verbraucher und zur sicheren Verwendung eines Lebensmittels. Hierunter fallen insbesondere Informationen zu

i) einer Zusammensetzung, die für die Gesundheit bestimmter Gruppen von Verbrauchern schädlich sein könnte;

ii) Haltbarkeit, Lagerung und sicherer Verwendung;

iii) den Auswirkungen auf die Gesundheit, insbesondere zu den Risiken und Folgen eines schädlichen und gefährlichen Konsums von Lebensmitteln;

c) Informationen zu ernährungsphysiologischen Eigenschaften, damit die Verbraucher — auch diejenigen mit besonderen Ernährungsbedürfnissen — eine fundierte Wahl treffen können.

(2) Bei der Prüfung, ob verpflichtende Informationen über Lebensmittel erforderlich sind, und um Verbraucher zu einer fundierten Wahl zu befähigen, ist zu berücksichtigen, ob ein weit verbreiteter, eine Mehrheit der Verbraucher betreffender Bedarf an bestimmten Informationen besteht, denen sie erhebliche Bedeutung beimessen, oder ob Verbrauchern durch verpflichtende Informationen nach allgemeiner Auffassung ein Nutzen entsteht.

Artikel 5
Anhörung der Europäischen Behörde für Lebensmittelsicherheit

Alle Maßnahmen der Union auf dem Gebiet des Lebensmittelinformationsrechts, die sich auf die öffentliche Gesundheit auswirken können, werden nach Anhörung der Europäischen Behörde für Lebensmittelsicherheit („European Food Safety Agency — EFSA“) erlassen.

KAPITEL III
ALLGEMEINE ANFORDERUNGEN AN DIE INFORMATION ÜBER LEBENSMITTEL UND PFLICHTEN DER LEBENSMITTELUNTERNEHMER

Artikel 6
Grundlegende Anforderung

Jedem Lebensmittel, das für die Lieferung an Endverbraucher oder Anbieter von Gemeinschaftsverpflegung bestimmt ist, sind Informationen nach Maßgabe dieser Verordnung beizufügen.

Artikel 7
Lauterkeit der Informationspraxis

(1) Informationen über Lebensmittel dürfen nicht irreführend sein, insbesondere

a) in Bezug auf die Eigenschaften des Lebensmittels, insbesondere in Bezug auf Art, Identität, Eigenschaften, Zusammensetzung, Menge, Haltbarkeit, Ursprungsland oder Herkunftsort und Methode der Herstellung oder Erzeugung;

b) indem dem Lebensmittel Wirkungen oder Eigenschaften zugeschrieben werden, die es nicht besitzt;

c) indem zu verstehen gegeben wird, dass sich das Lebensmittel durch besondere Merkmale auszeichnet, obwohl alle vergleichbaren Lebensmittel dieselben Merkmale aufweisen, insbesondere durch besondere Hervorhebung des Vorhandenseins oder Nicht-Vorhandenseins bestimmter Zutaten und/oder Nährstoffe;

d) indem durch das Aussehen, die Bezeichnung oder bildliche Darstellungen das Vorhandensein eines bestimmten Lebensmittels oder einer Zutat suggeriert wird, obwohl tatsächlich in dem Lebensmittel ein von Natur aus vorhandener Bestandteil oder eine normalerweise in diesem Lebensmittel verwendete Zutat durch einen anderen Bestandteil oder eine andere Zutat ersetzt wurde;

(2) Informationen über Lebensmittel müssen zutreffend, klar und für die Verbraucher leicht verständlich sein.

(3) Vorbehaltlich der in den Unionsvorschriften über natürliche Mineralwässer und über Lebensmittel, die für eine besondere Ernährung bestimmt sind, vorgesehenen Ausnahmen dürfen Informationen über ein Lebensmittel diesem keine Eigenschaften der Vorbeugung, Behandlung oder Heilung einer menschlichen Krankheit zuschreiben oder den Eindruck dieser Eigenschaften entstehen lassen.

(4) Die Absätze 1, 2 und 3 gelten auch für

a) die Werbung;

b) die Aufmachung von Lebensmitteln, insbesondere für ihre Form, ihr Aussehen oder ihre Verpackung, die verwendeten Verpackungsmaterialien, die Art ihrer Anordnung und den Rahmen ihrer Darbietung.

Artikel 8
Verantwortlichkeiten

(1) Verantwortlich für die Information über ein Lebensmittel ist der Lebensmittelunternehmer, unter dessen Namen oder Firma das Lebensmittel vermarktet wird, oder, wenn dieser Unternehmer nicht in der Union niedergelassen ist, der Importeur, der das Lebensmittel in die Union einführt.

(2) Der für die Information über das Lebensmittel verantwortliche Lebensmittelunternehmer gewährleistet gemäß dem anwendbaren Lebensmittelinformationsrecht und den Anforderungen der einschlägigen einzelstaatlichen Rechtsvorschriften das Vorhandensein und die Richtigkeit der Informationen über das Lebensmittel.

(3) Lebensmittelunternehmer, deren Tätigkeiten die Informationen über Lebensmittel nicht beeinflussen, dürfen keine Lebensmittel abgeben, von denen sie aufgrund der ihnen im Rahmen ihrer Berufstätigkeit vorliegenden Informationen wissen oder annehmen müssen, dass sie dem anwendbaren Lebensmittelinformationsrecht und den Anforderungen der einschlägigen einzelstaatlichen Rechtsvorschriften nicht entsprechen.

(4) Lebensmittelunternehmer dürfen in den ihrer Kontrolle unterstehenden Unternehmen keine Änderung der Informationen zu einem Lebensmittel vornehmen, wenn diese Änderung den Endverbraucher irreführen oder in anderer Weise den Verbraucherschutz und die Möglichkeit des Endverbrauchers, eine fundierte Wahl zu treffen, verringern würde. Die Lebensmittelunternehmer sind für jede Änderung, die sie an den Informationen zu einem Lebensmittel vornehmen, verantwortlich.

(5) Unbeschadet der Absätze 2 bis 4 stellen die Lebensmittelunternehmer in den ihrer Kontrolle unterstehenden Unternehmen die Einhaltung der für ihre Tätigkeiten relevanten Anforderungen des Lebensmittelinformationsrechts und der einschlägigen einzelstaatlichen Rechtsvorschriften sicher und prüfen die Einhaltung dieser Vorschriften nach.

(6) Die Lebensmittelunternehmer stellen in den ihrer Kontrolle unterstehenden Unternehmen sicher, dass Informationen über nicht vorverpackte Lebensmittel, die für die Abgabe an Endverbraucher oder Anbieter von Gemeinschaftsverpflegung bestimmt sind, an den Lebensmittelunternehmer übermittelt werden, der die Lebensmittel erhält, damit erforderlichenfalls verpflichtende Informationen über das Lebensmittel an den Endverbraucher weitergegeben werden können.

(7) In folgenden Fällen stellen die Lebensmittelunternehmer in den ihrer Kontrolle unterstehenden Unternehmen sicher, dass die nach den Artikeln 9 und 10 verlangten verpflichtenden Angaben auf der Vorverpackung oder auf einem mit ihr verbundenen Etikett oder aber auf den Handelspapieren, die sich auf das Lebensmittel beziehen, erscheinen, sofern gewährleistet werden kann, dass diese Papiere entweder dem Lebensmittel, auf das sie sich beziehen, beiliegen oder aber vor oder gleichzeitig mit der Lieferung versendet wurden:

a) wenn vorverpackte Lebensmittel für den Endverbraucher bestimmt sind, aber auf einer dem Verkauf an den Endverbraucher vorangehenden

Stufe vermarktet werden, sofern auf dieser Stufe nicht der Verkauf an einen Anbieter von Gemeinschaftsverpflegung erfolgt;

b) wenn vorverpackte Lebensmittel für die Abgabe an Anbieter von Gemeinschaftsverpflegung bestimmt sind, um dort zubereitet, verarbeitet, aufgeteilt oder geschnitten zu werden.

Ungeachtet des Unterabsatzes 1 stellen Lebensmittelunternehmer sicher, dass die in Artikel 9 Absatz 1 Buchstaben a, f, g und h genannten Angaben auch auf der Außenverpackung erscheinen, in der die vorverpackten Lebensmittel vermarktet werden.

(8) Lebensmittelunternehmer, die anderen Lebensmittelunternehmern Lebensmittel liefern, die nicht für die Abgabe an Endverbraucher oder Anbieter von Gemeinschaftsverpflegung bestimmt sind, stellen sicher, dass diese anderen Lebensmittelunternehmer ausreichende Informationen erhalten, um ihre Verpflichtungen nach Absatz 2 erfüllen zu können.

ABSCHNITT 1
Inhalt und Darstellungsform

Artikel 9
Verzeichnis der verpflichtenden Angaben

(1) Nach Maßgabe der Artikel 10 bis 35 und vorbehaltlich der in diesem Kapitel vorgesehenen Ausnahmen sind folgende Angaben verpflichtend:

a) die Bezeichnung des Lebensmittels;

b) das Verzeichnis der Zutaten;

c) alle in Anhang II aufgeführten Zutaten und Verarbeitungshilfsstoffe sowie Zutaten und Verarbeitungshilfsstoffe, die Derivate eines in Anhang II aufgeführten Stoffes oder Erzeugnisses sind, die bei der Herstellung oder Zubereitung eines Lebensmittels verwendet werden und — gegebenenfalls in veränderter Form — im Enderzeugnis vorhanden sind und die Allergien und Unverträglichkeiten auslösen;

d) die Menge bestimmter Zutaten oder Klassen von Zutaten;

e) die Nettofüllmenge des Lebensmittels;

f) das Mindesthaltbarkeitsdatum oder das Verbrauchsdatum;

g) gegebenenfalls besondere Anweisungen für Aufbewahrung und/oder Anweisungen für die Verwendung;

h) der Name oder die Firma und die Anschrift des Lebensmittelunternehmers nach Artikel 8 Absatz 1;

i) das Ursprungsland oder der Herkunftsort, wo dies nach Artikel 26 vorgesehen ist;

j) eine Gebrauchsanleitung, falls es schwierig wäre, das Lebensmittel ohne eine solche angemessen zu verwenden;

k) für Getränke mit einem Alkoholgehalt von mehr als 1,2 Volumenprozent die Angabe des vorhandenen Alkoholgehalts in Volumenprozent;

l) eine Nährwertdeklaration.

(2) Die in Absatz 1 genannten Angaben sind in Worten und Zahlen zu machen. Unbeschadet des Artikels 35 können sie zusätzlich durch Piktogramme oder Symbole ausgedrückt werden.

(3) Erlässt die Kommission die in diesem Artikel genannten delegierten Rechtsakte und Durchführungsrechtsakte, können die in Absatz 1 genannten Angaben alternativ durch Piktogramme oder Symbole anstatt durch Worte oder Zahlen ausgedrückt werden.

Um sicherzustellen, dass die Verbraucher verpflichtende Informationen über Lebensmittel auch auf andere Weise als durch Worte oder Zahlen erhalten, und sofern derselbe Umfang an Informationen wie mit Worten oder Zahlen gewährleistet ist, kann die Kommission gemäß Artikel 51 durch delegierte Rechtsakte die Kriterien festlegen, anhand deren eine oder mehrere der in Absatz 1 genannten Angaben durch Piktogramme oder Symbole anstatt durch Worte oder Zahlen ausgedrückt werden können, wobei sie Nachweisen eines einheitlichen Verständnisses der Verbraucher Rechnung trägt.

(4) Um die einheitliche Durchführung von Absatz 3 dieses Artikels zu gewährleisten, kann die Kommission Durchführungsrechtsakte zu den Modalitäten der Anwendung der gemäß Absatz 3 festgelegten Kriterien erlassen, nach denen eine oder mehrere Angaben durch Piktogramme oder Symbole anstatt durch Worte oder Zahlen ausgedrückt werden können. Diese Durchführungsrechtsakte werden gemäß dem in Artikel 48 Absatz 2 genannten Prüfverfahren erlassen.

Artikel 10
Weitere verpflichtende Angaben für bestimmte Arten oder Klassen von Lebensmitteln

(1) Zusätzlich zu den in Artikel 9 Absatz 1 aufgeführten Angaben sind in Anhang III für bestimmte Arten oder Klassen von Lebensmitteln weitere Angaben verpflichtend.

(2) Um die Information des Verbrauchers über bestimmte Arten oder Klassen von Lebensmitteln sicherzustellen und dem technischen Fortschritt, dem Stand der Wissenschaft, dem Schutz der Gesundheit der Verbraucher oder der sicheren Verwendung eines Lebensmittels Rechnung zu tragen, kann die Kommission Anhang III gemäß Artikel 51 durch delegierte Rechtsakte ändern.

Ist dies im Falle einer Gefährdung der Gesundheit der Verbraucher aus Gründen äußerster Dringlichkeit erforderlich, so findet das Verfahren gemäß Artikel 52 auf delegierte Rechtsakte, die gemäß dem vorliegenden Artikel erlassen werden, Anwendung.

Artikel 11
Maße und Gewichte

Artikel 9 lässt speziellere Bestimmungen der Union über Maße und Gewichte unberührt.

Artikel 12
Bereitstellung und Platzierung verpflichtender Informationen über Lebensmittel

(1) Die verpflichtenden Informationen über Lebensmittel müssen gemäß dieser Verordnung bei allen Lebensmitteln verfügbar und leicht zugänglich sein.

(2) Bei vorverpackten Lebensmitteln sind die verpflichtenden Informationen über Lebensmittel direkt auf der Verpackung oder auf einem an dieser befestigten Etikett anzubringen.

(3) Um sicherzustellen, dass die Verbraucher verpflichtende Informationen über Lebensmittel auch auf eine andere, für bestimmte verpflichtende Angaben besser geeignete Weise erhalten, und sofern derselbe Umfang an Informationen wie auf der Verpackung oder auf dem Etikett gewährleistet ist, kann die Kommission gemäß Artikel 51 durch delegierte Rechtsakte Kriterien festlegen, anhand deren bestimmte verpflichtende Angaben auf andere Weise als auf der Verpackung oder auf dem Etikett ausgedrückt werden können, wobei sie Nachweisen eines einheitlichen Verständnisses der Verbraucher und der verbreiteten Nutzung der entsprechenden Ausdrucksmittel durch die Verbraucher Rechnung trägt.

(4) Um die einheitliche Durchführung von Absatz 3 dieses Artikels zu gewährleisten, kann die Kommission Durchführungsrechtsakte zu den Modalitäten der Anwendung der gemäß Absatz 3 festgelegten Kriterien erlassen, nach denen bestimmte verpflichtende Angaben auf andere Weise als auf der Verpackung oder auf dem Etikett ausgedrückt werden können. Diese Durchführungsrechtsakte werden gemäß dem in Artikel 48 Absatz 2 genannten Prüfverfahren erlassen.

(5) Im Fall von nicht vorverpackten Lebensmitteln gelten die Bestimmungen des Artikels 44.

Artikel 13
Darstellungsform der verpflichtenden Angaben

(1) Unbeschadet der gemäß Artikel 44 Absatz 2 erlassenen einzelstaatlichen Vorschriften sind verpflichtende Informationen über Lebensmittel an einer gut sichtbaren Stelle deutlich, gut lesbar und gegebenenfalls dauerhaft anzubringen. Sie dürfen in keiner Weise durch andere Angaben oder Bildzeichen oder sonstiges eingefügtes Material verdeckt, undeutlich gemacht oder getrennt werden, und der Blick darf nicht davon abgelenkt werden.

(2) Unbeschadet spezieller Unionsvorschriften, die auf bestimmte Lebensmittel anwendbar sind, sind die verpflichtenden Angaben gemäß Artikel 9 Absatz 1, wenn sie auf der Packung oder dem daran befestigten Etikett gemacht werden, auf die Verpackung oder das Etikett in einer Schriftgröße mit einer x-Höhe gemäß Anhang IV von mindestens 1,2 mm so aufzudrucken, dass eine gute Lesbarkeit sichergestellt ist.

(3) Bei Verpackungen oder Behältnissen, deren größte Oberfläche weniger als 80 cm2 beträgt, beträgt die x-Höhe der Schriftgröße gemäß Absatz 2 mindestens 0,9 mm.

(4) Damit die Ziele dieser Verordnung erreicht werden, legt die Kommission durch delegierte Rechtsakte gemäß Artikel 51 Vorschriften zur Lesbarkeit fest.

Zu dem in Unterabsatz 1 genannten Zweck kann die Kommission außerdem durch delegierte Rechtsakte gemäß Artikel 51 die Anforderungen des Absatzes 5 dieses Artikels auf weitere verpflichtende Angaben für bestimmte Arten oder Klassen von Lebensmitteln ausdehnen.

(5) Die in Artikel 9 Absatz 1 Buchstaben a, e und k aufgeführten Angaben müssen im selben Sichtfeld erscheinen.

(6) Absatz 5 dieses Artikels gilt nicht in den in Artikel 16 Absätze 1 und 2 aufgeführten Fällen.

Artikel 14
Fernabsatz

(1) Unbeschadet der Informationspflichten, die sich aus Artikel 9 ergeben, gilt im Falle von vorverpackten Lebensmitteln, die durch Einsatz von Fernkommunikationstechniken zum Verkauf angeboten werden, Folgendes:

a) Verpflichtende Informationen über Lebensmittel mit Ausnahme der Angaben gemäß Artikel 9 Absatz 1 Buchstabe f müssen vor dem Abschluss des Kaufvertrags verfügbar sein und auf dem Trägermaterial des Fernabsatzgeschäfts erscheinen oder durch andere geeignete Mittel, die vom Lebensmittelunternehmer eindeutig anzugeben sind, bereitgestellt werden. Wird auf andere geeignete Mittel zurückgegriffen, so sind die verpflichtenden Informationen über Lebensmittel bereitzustellen, ohne dass der Lebensmittelunternehmer den Verbrauchern zusätzliche Kosten in Rechnung stellt;

b) alle verpflichtenden Angaben müssen zum Zeitpunkt der Lieferung verfügbar sein.

(2) Im Falle von nicht vorverpackten Lebensmitteln, die durch Einsatz von Fernkommunikationstechniken zum Verkauf angeboten werden, sind die nach Artikel 44 vorgeschriebenen Angaben gemäß Absatz 1 des vorliegenden Artikels verfügbar zu machen.

(3) Absatz 1 Buchstabe a gilt nicht für Lebensmittel, die in Automaten oder automatisierten Anlagen zum Verkauf angeboten werden.

Artikel 15
Sprachliche Anforderungen

(1) Unbeschadet des Artikels 9 Absatz 3 sind verpflichtende Informationen über Lebensmittel in einer für die Verbraucher der Mitgliedstaaten, in denen ein Lebensmittel vermarktet wird, leicht verständlichen Sprache abzufassen.

(2) Innerhalb ihres Hoheitsgebiets können die Mitgliedstaaten, in denen ein Lebensmittel vermarktet wird, bestimmen, dass diese Angaben in einer Amtssprache oder mehreren Amtssprachen der Union zu machen sind.

(3) Die Absätze 1 und 2 stehen der Abfassung der Angaben in mehreren Sprachen nicht entgegen.

Artikel 16
Ausnahmen von dem Erfordernis bestimmter verpflichtender Angaben

(1) Bei zur Wiederverwendung bestimmten Glasflaschen, die eine nicht entfernbare Aufschrift tragen und dementsprechend weder ein Etikett noch eine Halsschleife noch ein Brustschild haben, sind nur die in Artikel 9 Absatz 1 Buchstaben a, c, e, f und l aufgeführten Angaben verpflichtend.

(2) Bei Verpackungen oder Behältnissen, deren größte Oberfläche weniger als 10 cm2 beträgt, sind nur die in Artikel 9 Absatz 1 Buchstaben a, c, e und f aufgeführten Angaben auf der Packung oder dem Etikett verpflichtend. Die in Artikel 9 Absatz 1 Buchstabe b genannten Angaben sind auf andere Weise zu machen oder dem Verbraucher auf Wunsch zur Verfügung zu stellen.

(3) Unbeschadet anderer Unionsvorschriften, die eine Nährwertdeklaration vorschreiben, ist die in Artikel 9 Absatz 1 Buchstabe l genannte Deklaration bei in Anhang V aufgeführten Lebensmitteln nicht verpflichtend.

(4) Unbeschadet anderer Unionsvorschriften, die ein Zutatenverzeichnis oder eine Nährwertdeklaration vorschreiben, sind die in Artikel 9 Absatz 1 Buchstaben b und l aufgeführten Angaben nicht verpflichtend für Getränke mit einem Alkoholgehalt von mehr als 1,2 Volumenprozent.

Die Kommission legt bis zum 13. Dezember 2014 einen Bericht über die Anwendung von Artikel 18 und Artikel 30 Absatz 1 auf die in diesem Absatz genannten Erzeugnisse vor, der auch darauf eingeht, ob alkoholische Getränke in Zukunft insbesondere der Pflicht zur Angabe des Brennwertes unterliegen sollten, und die Gründe für mögliche Ausnahmen angibt, wobei der Notwendigkeit der Kohärenz mit den übrigen einschlägigen Politiken der Union Rechnung zu tragen ist. In diesem Zusammenhang prüft die Kommission, ob es erforderlich ist, eine Begriffsbestimmung für „Alkopops" vorzuschlagen.

Die Kommission fügt diesem Bericht gegebenenfalls einen Gesetzgebungsvorschlag bei, in dem die Regeln für ein Zutatenverzeichnis oder eine verpflichtende Nährwertdeklaration für diese Erzeugnisse festgelegt werden.

ABSCHNITT 2
Detaillierte Bestimmungen für verpflichtende Angaben

Artikel 17
Bezeichnung des Lebensmittels

(1) Ein Lebensmittel wird mit seiner rechtlich vorgeschriebenen Bezeichnung bezeichnet. Fehlt eine solche, so wird das Lebensmittel mit seiner verkehrsüblichen Bezeichnung oder, falls es keine verkehrsübliche Bezeichnung gibt oder diese nicht verwendet wird, mit einer beschreibenden Bezeichnung bezeichnet.

(2) Die Verwendung der Bezeichnung des Lebensmittels, unter der das Erzeugnis im Herstellungsmitgliedstaat rechtmäßig hergestellt und vermarktet wird, ist im Vermarktungsmitgliedstaat zulässig. Wenn jedoch die Anwendung der anderen Bestimmungen dieser Verordnung, insbesondere denjenigen des Artikels 9, es den Verbrauchern im Vermarktungsmitgliedstaat nicht ermöglicht, die tatsächliche Art des Lebensmittels zu erkennen und es von Lebensmitteln zu unterscheiden, mit denen es verwechselt werden könnte, ist die Bezeichnung des Lebensmittels durch weitere beschreibende Informationen zu ergänzen, die in der Nähe der Bezeichnung des Lebensmittels anzubringen sind.

(3) In Ausnahmefällen darf die Bezeichnung des Lebensmittels im Herstellungsmitgliedstaat im Vermarktungsmitgliedstaat nicht verwendet werden, wenn das mit ihr im Herstellungsmitgliedstaat bezeichnete Lebensmittel im Hinblick auf seine Zusammensetzung oder Herstellung von dem unter dieser Bezeichnung im Vermarktungsmitgliedstaat bekannten Lebensmittel derart abweicht, dass Absatz 2 nicht ausreicht, um im Vermarktungsmitgliedstaat eine korrekte Unterrichtung des Käufers zu gewährleisten.

(4) Die Bezeichnung des Lebensmittels darf durch keine als geistiges Eigentum geschützte Bezeichnung, Handelsmarke oder Fantasiebezeichnung ersetzt werden.

(5) Anhang VI enthält spezielle Vorschriften für die Bezeichnung eines Lebensmittels und die Angaben, die dazu zu machen sind.

Artikel 18
Zutatenverzeichnis

(1) Dem Zutatenverzeichnis ist eine Überschrift oder eine geeignete Bezeichnung voranzustellen,

in der das Wort „Zutaten“ erscheint. Das Zutatenverzeichnis besteht aus einer Aufzählung sämtlicher Zutaten des Lebensmittels in absteigender Reihenfolge ihres Gewichtsanteils zum Zeitpunkt ihrer Verwendung bei der Herstellung des Lebensmittels.

(2) Die Zutaten werden mit ihrer speziellen Bezeichnung, gegebenenfalls nach Maßgabe der Bestimmungen in Artikel 17 und Anhang VI, bezeichnet.

(3) Alle Zutaten, die in Form technisch hergestellter Nanomaterialien vorhanden sind, müssen im Zutatenverzeichnis eindeutig aufgeführt werden. Auf die Bezeichnung solcher Zutaten muss das in Klammern gesetzte Wort „Nano“ folgen.

(4) Anhang VII enthält technische Vorschriften für die Anwendung der Absätze 1 und 2 dieses Artikels.

Artikel 19
Ausnahme vom Erfordernis eines Zutatenverzeichnisses

(1) Ein Zutatenverzeichnis ist bei folgenden Lebensmitteln nicht erforderlich:

a) frischem Obst und Gemüse — einschließlich Kartoffeln —, das nicht geschält, geschnitten oder auf ähnliche Weise behandelt worden ist;

b) Tafelwasser, das mit Kohlensäure versetzt ist und in dessen Beschreibung dieses Merkmal aufgeführt ist,

c) Gärungsessig, der nur aus einem Grundstoff hergestellt ist und dem keine weitere Zutat zugesetzt worden ist;

d) Käse, Butter, fermentierter Milch und Sahne, denen keine Zutat zugesetzt wurde außer für die Herstellung notwendige Milchinhaltsstoffe, Lebensmittelenzyme und Mikroorganismen-Kulturen oder für die Herstellung von Käse — ausgenommen Frisch- oder Schmelzkäse — notwendiges Salz;

e) Lebensmitteln, die aus einer einzigen Zutat bestehen, sofern

i) die Bezeichnung des Lebensmittels mit der Zutatenbezeichnung identisch ist oder

ii) die Bezeichnung des Lebensmittels eindeutig auf die Art der Zutat schließen lässt.

(2) Um der Bedeutung eines Zutatenverzeichnisses für die Verbraucher bei bestimmten Arten oder Klassen von Lebensmitteln Rechnung zu tragen, kann die Kommission in Ausnahmefällen die in Absatz 1 dieses Artikels enthaltene Liste durch delegierte Rechtsakte gemäß Artikel 51 ergänzen, sofern das Fehlen des Zutatenverzeichnisses nicht dazu führt, dass Endverbraucher oder Anbieter von Gemeinschaftsverpflegung unzureichend informiert werden.

Artikel 20
Ausnahme vom Erfordernis der Angabe von Bestandteilen von Lebensmitteln im Zutatenverzeichnis

Unbeschadet des Artikels 21 brauchen die folgenden Bestandteile eines Lebensmittels nicht im Zutatenverzeichnis aufgeführt zu werden:

a) Bestandteile einer Zutat, die während der Herstellung vorübergehend entfernt und dann dem Lebensmittel wieder hinzugefügt werden, ohne dass sie mengenmäßig ihren ursprünglichen Anteil überschreiten;

b) Lebensmittelzusatzstoffe und Lebensmittelenzyme,

i) deren Vorhandensein in einem Lebensmittel lediglich darauf beruht, dass sie — in Übereinstimmung mit dem Übertragungsgrundsatz gemäß Artikel 18 Absatz 1 Buchstaben a und b der Verordnung (EG) Nr. 1333/2008 — in einer Zutat oder in mehreren Zutaten dieses Lebensmittels enthalten waren, sofern sie im Enderzeugnis keine technologische Wirkung mehr ausüben, oder

ii) die als Verarbeitungshilfsstoffe verwendet werden;

c) Trägerstoffe und andere Stoffe, die keine Lebensmittelzusatzstoffe sind, aber in derselben Weise und zu demselben Zweck verwendet werden wie Trägerstoffe, und die nur in den unbedingt erforderlichen Mengen verwendet werden;

d) Stoffe, die keine Lebensmittelzusatzstoffe sind, aber auf dieselbe Weise und zu demselben Zweck wie Verarbeitungshilfsstoffe verwendet werden und — selbst wenn in veränderter Form — im Enderzeugnis vorhanden sind;

e) Wasser:

i) wenn das Wasser bei der Herstellung lediglich dazu dient, eine Zutat in konzentrierter oder getrockneter Form in ihren ursprünglichen Zustand zurückzuführen; oder

ii) bei Aufgussflüssigkeit, die üblicherweise nicht mitverzehrt wird.

Artikel 21
Kennzeichnung bestimmter Stoffe oder Erzeugnisse, die Allergien oder Unverträglichkeiten auslösen

(1) Unbeschadet der gemäß Artikel 44 Absatz 2 erlassenen Vorschriften müssen die in Artikel 9 Absatz 1 Buchstabe c genannten Angaben den folgenden Anforderungen entsprechen:

a) sie sind in dem Zutatenverzeichnis nach den Vorschriften, die in Artikel 18 Absatz 1 niedergelegt sind, aufzuführen, und zwar unter genauer Bezugnahme auf die in Anhang II aufgeführte Bezeichnung des Stoffs oder Erzeugnisses; und

b) die in Anhang II aufgeführte Bezeichnung des Stoffs oder Erzeugnisses wird durch einen Schriftsatz hervorgehoben, durch den sie sich von dem Rest des Zutatenverzeichnisses eindeutig abhebt, z. B. durch die Schriftart, den Schriftstil oder die Hintergrundfarbe.

Ist kein Zutatenverzeichnis vorgesehen, so umfasst die Angabe gemäß Artikel 9 Absatz 1 Buchstabe c das Wort „Enthält", gefolgt von der in Anhang II aufgeführten Bezeichnung des Stoffs oder Erzeugnisses.

Wurden mehrere Zutaten oder Verarbeitungshilfsstoffe eines Lebensmittels aus einem einzigen in Anhang II aufgeführten Stoff oder Erzeugnis gewonnen, so muss die Kennzeichnung dies für jede dieser Zutaten oder Verarbeitungshilfsstoffe deutlich machen.

Die Angaben gemäß Artikel 9 Absatz 1 Buchstabe c sind nicht erforderlich, wenn sich die Bezeichnung des Lebensmittels eindeutig auf den betreffenden Stoff oder das betreffende Erzeugnis bezieht.

(2) Um eine bessere Information der Verbraucher sicherzustellen und den neuesten wissenschaftlichen und technischen Erkenntnissen Rechnung zu tragen, überprüft die Kommission das Verzeichnis in Anhang II systematisch und aktualisiert es erforderlichenfalls durch delegierte Rechtsakte gemäß Artikel 51.

Ist dies im Falle einer Gefährdung der Gesundheit der Verbraucher aus Gründen äußerster Dringlichkeit erforderlich, so findet das Verfahren gemäß Artikel 52 auf delegierte Rechtsakte, die gemäß dem vorliegenden Artikel erlassen werden, Anwendung.

Artikel 22
Quantitative Angabe der Zutaten

(1) Die Angabe der Menge einer bei der Herstellung oder Zubereitung eines Lebensmittels verwendeten Zutat oder Zutatenklasse ist erforderlich, wenn die betreffende Zutat oder Zutatenklasse:

a) in der Bezeichnung des Lebensmittels genannt ist oder normalerweise von Verbrauchern mit dieser Bezeichnung in Verbindung gebracht wird;

b) auf der Kennzeichnung durch Worte, Bilder oder eine graphische Darstellung hervorgehoben ist; oder

c) von wesentlicher Bedeutung für die Charakterisierung eines Lebensmittels und seine Unterscheidung von anderen Erzeugnissen ist, mit denen es aufgrund seiner Bezeichnung oder seines Aussehens verwechselt werden könnte.

(2) Anhang VIII enthält technische Vorschriften für die Anwendung von Absatz 1, die sich auch auf spezielle Fälle beziehen können, in denen eine Mengenangabe für bestimmte Zutaten nicht erforderlich ist.

Artikel 23
Nettofüllmenge

(1) Die Nettofüllmenge eines Lebensmittels ist in Litern, Zentilitern, Millilitern, Kilogramm oder Gramm auszudrücken, und zwar, je nachdem, was angemessen ist:

a) bei flüssigen Erzeugnissen in Volumeneinheiten,

b) bei sonstigen Erzeugnissen in Masseeinheiten.

(2) Um ein besseres Verständnis der Verbraucher für die Information über Lebensmittel auf der Kennzeichnung sicherzustellen, kann die Kommission für bestimmte Lebensmittel durch delegierte Rechtsakte gemäß Artikel 51 eine andere Art der Angabe der Nettofüllmenge als die in Absatz 1 dieses Artikels beschriebene Art festlegen.

(3) Anhang IX enthält technische Vorschriften für die Anwendung von Absatz 1, auch für spezielle Fälle, in denen die Angabe der Nettofüllmenge nicht erforderlich ist.

Artikel 24
Mindesthaltbarkeits- und Verbrauchsdatum und Datum des Einfrierens

(1) Bei in mikrobiologischer Hinsicht sehr leicht verderblichen Lebensmitteln, die folglich nach kurzer Zeit eine unmittelbare Gefahr für die menschliche Gesundheit darstellen können, wird das Mindesthaltbarkeitsdatum durch das Verbrauchsdatum ersetzt. Nach Ablauf des Verbrauchsdatums gilt ein Lebensmittel als nicht sicher im Sinne von Artikel 14 Absätze 2 bis 5 der Verordnung (EG) Nr. 178/2002.

(2) Das jeweilige Datum ist gemäß Anhang X auszudrücken.

(3) Um eine einheitliche Anwendung der Art der Angabe des in Anhang X Nummer 1 Buchstabe c genannten Mindesthaltbarkeitsdatums sicherzustellen, kann die Kommission Durchführungsrechtsakte erlassen, in denen Vorschriften hierzu festgelegt werden. Diese Durchführungsrechtsakte werden gemäß dem in Artikel 48 Absatz 2 genannten Prüfverfahren erlassen.

Artikel 25
Aufbewahrungs- oder Verwendungsbedingungen

(1) Erfordern Lebensmitteln besondere Aufbewahrungs- und/oder Verwendungsbedingungen, müssen diese angegeben werden.

(2) Um eine angemessene Aufbewahrung oder Verwendung der Lebensmittel nach dem Öffnen der Verpackung zu ermöglichen, müssen

gegebenenfalls die Aufbewahrungsbedingungen und/oder der Verzehrzeitraum angegeben werden.

Artikel 26
Ursprungsland oder Herkunftsort

(1) Die Anwendung dieses Artikels lässt die Kennzeichnungsvorschriften bestimmter Rechtsvorschriften der Union, insbesondere der Verordnung (EG) Nr. 509/2006 des Rates vom 20. März 2006 über die garantiert traditionellen Spezialitäten bei Agrarerzeugnissen und Lebensmitteln ([8]) und der Verordnung (EG) Nr. 510/2006 des Rates vom 20. März 2006 zum Schutz von geografischen Angaben und Ursprungsbezeichnungen für Agrarerzeugnisse und Lebensmittel ([9]) unberührt.

(2) Die Angabe des Ursprungslands oder des Herkunftsorts ist in folgenden Fällen verpflichtend:

a) falls ohne diese Angabe eine Irreführung der Verbraucher über das tatsächliche Ursprungsland oder den tatsächlichen Herkunftsort des Lebensmittels möglich wäre, insbesondere wenn die dem Lebensmittel beigefügten Informationen oder das Etikett insgesamt sonst den Eindruck erwecken würden, das Lebensmittel komme aus einem anderen Ursprungsland oder Herkunftsort;

b) bei Fleisch, das in die Codes der Kombinierten Nomenklatur (KN) fällt, die in Anhang XI aufgeführt sind. Für die Anwendung dieses Buchstabens müssen zuvor die Durchführungsbestimmungen gemäß Absatz 8 erlassen worden sein.

(3) Ist das Ursprungsland oder der Herkunftsort eines Lebensmittels angegeben und dieses/dieser nicht mit dem Ursprungsland oder dem Herkunftsort seiner primären Zutat identisch, so

a) ist auch das Ursprungsland oder der Herkunftsort der primären Zutat anzugeben; oder

b) ist anzugeben, dass die primäre Zutat aus einem anderen Ursprungsland oder Herkunftsort kommt als das Lebensmittel.

Für die Anwendung dieses Absatzes müssen zuvor die Durchführungsrechtsakte gemäß Absatz 8 erlassen worden sein.

(4) Die Kommission übermittelt binnen fünf Jahren ab Anwendung des Absatzes 2 Buchstabe b einen Bericht an das Europäische Parlament und den Rat, in dem die verpflichtende Angabe des Ursprungslands oder Herkunftsorts bei der Kennzeichnung der in dem genannten Buchstaben genannten Erzeugnisse bewertet wird.

(5) Die Kommission übermittelt bis zum 13. Dezember 2014 einen Bericht an das Europäische Parlament und den Rat über die verpflichtende Angabe des Ursprungslands oder Herkunftsorts bei folgenden Lebensmitteln:

a) anderen Arten von Fleisch als Rindfleisch und den in Absatz 2 Buchstabe b genannten;

b) Milch;

c) Milch, die als Zutat in Milchprodukten verwendet wird;

d) unverarbeiteten Lebensmitteln;

e) Erzeugnissen aus einer Zutat;

f) Zutaten, die über 50 % eines Lebensmittels ausmachen.

(6) Die Kommission übermittelt bis zum 13. Dezember 2013 einen Bericht an das Europäische Parlament und den Rat über die verpflichtende Angabe des Ursprungslands oder Herkunftsorts bei Fleisch, das als Zutat verwendet wird.

(7) Die in den Absätzen 5 und 6 genannten Berichte berücksichtigen die Notwendigkeit der Information der Verbraucher, die Frage, ob die Beibringung der verpflichtenden Angabe des Ursprungslands oder des Herkunftsorts praktikabel ist, und eine Analyse der Kosten und des Nutzens der Einführung solcher Maßnahmen einschließlich der rechtlichen Auswirkungen auf den Binnenmarkt und der Auswirkungen auf den internationalen Handel.

Die Kommission kann diesen Berichten Vorschläge zur Änderung der entsprechenden Unionsvorschriften beifügen.

(8) Die Kommission erlässt nach der Durchführung von Folgenabschätzungen bis zum 13. Dezember 2013 Durchführungsrechtsakte zur Anwendung von Absatz 2 Buchstabe b und Absatz 3 dieses Artikels. Diese Durchführungsrechtsakte werden gemäß dem in Artikel 48 Absatz 2 genannten Prüfverfahren erlassen.

(9) Bei den in Absatz 2 Buchstabe b, Absatz 5 Buchstabe a und Absatz 6 genannten Lebensmitteln ist in den Berichten und Folgenabschätzungen nach diesem Artikel unter anderem zu prüfen, welche Optionen es für die Modalitäten der Angabe des Ursprungslands oder Herkunftsorts dieser Lebensmittel gibt, insbesondere in Bezug auf sämtliche folgenden im Leben eines Tieres entscheidenden Punkte:

a) Geburtsort;

b) Aufzuchtsort;

c) Schlachtort.

Artikel 27
Gebrauchsanweisung

(1) Die Gebrauchsanweisung für ein Lebensmittel muss so abgefasst sein, dass die Verwendung des Lebensmittels in geeigneter Weise ermöglicht wird.

(2) Die Kommission kann Durchführungsrechtsakte erlassen, in denen Durchführungsbestimmungen zu Absatz 1 für bestimmte Lebensmittel festgelegt werden. Diese Durchführungs-

rechtsakte werden gemäß dem in Artikel 48 Absatz 2 genannten Prüfverfahren erlassen.

Artikel 28
Alkoholgehalt

(1) In Bezug auf die Angabe des Alkoholgehalts in Volumenprozent gelten für Erzeugnisse, die in KN-Code 2204 eingereiht sind, die in den auf solche Erzeugnisse anwendbaren speziellen Unionsvorschriften festgelegten Bestimmungen.

(2) Der vorhandene Alkoholgehalt in Volumenprozent anderer als der in Absatz 1 genannten Getränke, die mehr als 1,2 Volumenprozent Alkohol enthalten, ist gemäß Anhang XII anzugeben.

ABSCHNITT 3
Nährwertdeklaration

Artikel 29
Verhältnis zu anderen Rechtsvorschriften

(1) Dieser Abschnitt gilt nicht für Lebensmittel, die in den Geltungsbereich der folgenden Rechtsvorschriften fallen:

a) Richtlinie 2002/46/EG des Europäischen Parlaments und des Rates vom 10. Juni 2002 zur Angleichung der Rechtsvorschriften der Mitgliedstaaten über Nahrungsergänzungsmittel ([(10)]);

b) Richtlinie 2009/54/EG des Europäischen Parlaments und des Rates vom 18. Juni 2009 über die Gewinnung von und den Handel mit natürlichen Mineralwässern ([(11)]).

(2) Dieser Abschnitt gilt unbeschadet der Richtlinie 2009/39/EG des Europäischen Parlaments und des Rates vom 6. Mai 2009 über Lebensmittel, die für eine besondere Ernährung bestimmt sind ([(12)]), und der in Artikel 4 Absatz 1 dieser Richtlinie genannten speziellen Richtlinien.

Artikel 30
Inhalt

(1) Die verpflichtende Nährwertdeklaration enthält folgende Angaben:

a) Brennwert und

b) die Mengen an Fett, gesättigten Fettsäuren, Kohlenhydraten, Zucker, Eiweiß und Salz.

Gegebenenfalls kann in unmittelbarer Nähe zur Nährwertdeklaration eine Angabe erscheinen, wonach der Salzgehalt ausschließlich auf die Anwesenheit natürlich vorkommenden Natriums zurückzuführen ist.

(2) Der Inhalt der verpflichtenden Nährwertdeklaration gemäß Absatz 1 kann durch die Angabe der Mengen eines oder mehrerer der nachfolgenden Stoffe ergänzt werden:

a) einfach ungesättigte Fettsäuren,

b) mehrfach ungesättigte Fettsäuren,

c) mehrwertige Alkohole,

d) Stärke,

e) Ballaststoffe;

f) jegliche in Anhang XIII Teil A Nummer 1 aufgeführten und gemäß den in Anhang XIII Teil A Nummer 2 angegebenen Werten in signifikanten Mengen vorhandenen Vitamine oder Mineralstoffe.

(3) Enthält die Kennzeichnung eines vorverpackten Lebensmittels die verpflichtende Nährwertdeklaration gemäß Absatz 1, so können die folgenden Angaben darauf wiederholt werden:

a) der Brennwert oder

b) der Brennwert zusammen mit den Mengen an Fett, gesättigten Fettsäuren, Zucker und Salz.

(4) Abweichend von Artikel 36 Absatz 1 darf sich für den Fall, dass die Kennzeichnung der Erzeugnisse gemäß Artikel 16 Absatz 4 eine Nährwertdeklaration enthält, der Inhalt der Deklaration lediglich auf den Brennwert beschränken.

(5) Unbeschadet des Artikels 44 und abweichend von Artikel 36 Absatz 1 darf sich für den Fall, dass die Kennzeichnung der in Artikel 44 Absatz 1 genannten Erzeugnisse eine Nährwertdeklaration enthält, der Inhalt der Deklaration lediglich auf

a) den Brennwert oder

b) den Brennwert zusammen mit den Mengen an Fett, gesättigten Fettsäuren, Zucker und Salz beschränken.

(6) Um der Bedeutung der in den Absätzen 2 bis 5 dieses Artikels genannten Angaben für die Information der Verbraucher Rechnung zu tragen, kann die Kommission durch delegierte Rechtsakte gemäß Artikel 51 die in den Absätzen 2 bis 5 dieses Artikels enthaltenen Listen durch Hinzufügung oder Streichung bestimmter Angaben ändern.

(7) Unter Berücksichtigung der in den Mitgliedstaaten gewonnenen wissenschaftlichen Erkenntnisse und Erfahrungen legt die Kommission bis zum 13. Dezember 2014 einen Bericht über Trans-Fettsäuren in Lebensmitteln und in der generellen Ernährung der Bevölkerung der Union vor. Mit diesem Bericht sollen die Auswirkungen geeigneter Mittel bewertet werden, die den Verbrauchern die Möglichkeit an die Hand geben könnten, sich für gesündere Lebensmittel und für eine gesündere generelle Ernährung zu entscheiden, oder mit denen ein größeres Angebot an gesünderen Lebensmitteln für die Verbraucher gefördert werden kann; dazu gehört auch die Bereitstellung von Verbraucherinformationen über Trans-Fettsäuren oder die Beschränkung ihrer Verwendung. Die Kommission fügt dem Bericht gegebenenfalls einen entsprechenden Gesetzgebungsvorschlag bei.

Artikel 31
Berechnung

(1) Der Brennwert ist unter Verwendung der in Anhang XIV aufgeführten Umrechnungsfaktoren zu berechnen.

(2) Die Kommission kann durch delegierte Rechtsakte gemäß Artikel 51 Umrechnungsfaktoren für die in Anhang XIII Teil A Nummer 1 genannten Vitamine und Mineralstoffe festlegen, um den Gehalt solcher Vitamine und Mineralstoffe in Lebensmitteln genauer zu berechnen. Diese Umrechnungsfaktoren werden in Anhang XIV hinzugefügt.

(3) Der Brennwert und die Nährstoffmengen gemäß Artikel 30 Absätze 1 bis 5 sind diejenigen des Lebensmittels zum Zeitpunkt des Verkaufs.

Gegebenenfalls können sich diese Informationen auf das zubereitete Lebensmittel beziehen, sofern ausreichend genaue Angaben über die Zubereitungsweise gemacht werden und sich die Informationen auf das verbrauchsfertige Lebensmittel beziehen.

(4) Die angegebenen Zahlen sind Durchschnittswerte, die je nach Fall beruhen auf

a) der Lebensmittelanalyse des Herstellers,

b) einer Berechnung auf der Grundlage der bekannten oder tatsächlichen durchschnittlichen Werte der verwendeten Zutaten oder

c) einer Berechnung auf der Grundlage von allgemein nachgewiesenen und akzeptierten Daten.

Die Kommission kann Durchführungsrechtsakte erlassen, in denen Durchführungsbestimmungen für die einheitliche Durchführung dieses Absatzes hinsichtlich der Genauigkeit der angegebenen Werte, etwa im Hinblick auf Abweichungen zwischen den angegebenen und den bei amtlichen Überprüfungen festgestellten Werten, festgelegt sind. Diese Durchführungsrechtsakte werden gemäß dem in Artikel 48 Absatz 2 genannten Prüfverfahren erlassen.

Artikel 32

Angabe je 100 g oder je 100 ml

(1) Der Brennwert und die Nährstoffmengen gemäß Artikel 30 Absätze 1 bis 5 sind unter Verwendung der in Anhang XV aufgeführten Maßeinheiten auszudrücken.

(2) Der Brennwert und die Nährstoffmengen gemäß Artikel 30 Absätze 1 bis 5 sind je 100 g oder je 100 ml anzugeben.

(3) Eine etwaige Deklaration der Vitamine und Mineralstoffe ist zusätzlich zu der in Absatz 2 genannten Form der Angabe als Prozentsatz der in Anhang XIII Teil A Nummer 1 festgelegten Referenzmengen im Verhältnis zu 100 g oder zu 100 ml auszudrücken.

(4) Der Brennwert und die Nährstoffmengen gemäß Artikel 30 Absätze 1, 3, 4 und 5 können zusätzlich zu der in Absatz 2 dieses Artikels genannten Form der Angabe gegebenenfalls als Prozentsatz der in Anhang XIII Teil B festgelegten Referenzmengen im Verhältnis zu 100 g oder zu 100 ml ausgedrückt werden.

(5) Werden Angaben nach Absatz 4 gemacht, muss in unmittelbarer Nähe folgende zusätzliche Erklärung angegeben werden: „Referenzmenge für einen durchschnittlichen Erwachsenen (8 400 kJ/2 000 kcal)“.

Artikel 33

Angabe je Portion oder je Verzehreinheit

(1) In den folgenden Fällen können der Brennwert und die Mengen an Nährstoffen gemäß Artikel 30 Absätze 1 bis 5 je Portion und/oder je Verzehreinheit in für Verbraucher leicht erkennbarer Weise ausgedrückt werden, sofern die zugrunde gelegte Portion bzw. Verzehreinheit auf dem Etikett quantifiziert wird und die Anzahl der in der Packung enthaltenen Portionen bzw. Verzehreinheiten angegeben ist:

a) zusätzlich zu der Form der Angabe je 100 g oder je 100 ml gemäß Artikel 32 Absatz 2;

b) zusätzlich zu der Form der Angabe je 100 g oder je 100 ml gemäß Artikel 32 Absatz 3 betreffend den Gehalt an Vitaminen und Mineralstoffen;

c) zusätzlich zu oder anstelle der Form der Angabe je 100 g oder je 100 ml gemäß Artikel 32 Absatz 4.

(2) Abweichend von Artikel 32 Absatz 2 dürfen in den Fällen gemäß Artikel 30 Absatz 3 Buchstabe b die Nährstoffmengen und/oder der Prozentsatz der in Anhang XIII Teil B festgelegten Referenzmengen auch nur je Portion oder je Verzehreinheit ausgedrückt werden.

Sind die Nährstoffmengen gemäß Unterabsatz 1 lediglich je Portion oder je Verzehreinheit ausgedrückt, wird der Brennwert je 100 g oder je 100 ml und je Portion oder je Verzehreinheit ausgedrückt.

(3) Abweichend von Artikel 32 Absatz 2 dürfen in den Fällen gemäß Artikel 30 Absatz 5 der Brennwert und die Nährstoffmengen und/oder der Prozentsatz der in Anhang XIII Teil B festgelegten Referenzmengen auch nur je Portion oder je Verzehreinheit ausgedrückt werden.

(4) Die zugrunde gelegte Portion oder Verzehreinheit ist in unmittelbarer Nähe zu der Nährwertdeklaration anzugeben.

(5) Um die einheitliche Durchführung der Angabe der Nährwertdeklaration je Portion oder je Verzehreinheit sicherzustellen und eine einheitliche Vergleichsbasis für Verbraucher bereitzustellen, erlässt die Kommission unter Berücksichtigung tatsächlicher Verbrauchsmuster der Verbraucher und Ernährungsempfehlungen durch Durchführungsrechtsakte Vorschriften für die Angabe je Portion oder je Verzehreinheit für bestimmte Klassen von Lebensmitteln. Diese Durchführungsrechtsakte werden gemäß dem in Artikel 48 Absatz 2 genannten Prüfverfahren erlassen.

Artikel 34

Darstellungsform

(1) Die Angaben gemäß Artikel 30 Absätze 1 und 2 müssen im selben Sichtfeld erscheinen. Sie

müssen als Ganzes in einem übersichtlichen Format und gegebenenfalls in der in Anhang XV vorgegebenen Reihenfolge erscheinen.

(2) Die Angaben gemäß Artikel 30 Absätze 1 und 2 sind, sofern genügend Platz vorhanden ist, in Tabellenform darzustellen, wobei die Zahlen untereinander stehen. Bei Platzmangel können sie hintereinander aufgeführt werden.

(3) Die Angaben gemäß Artikel 30 Absatz 3 müssen wie folgt dargestellt werden:

a) im Hauptsichtfeld und

b) unter Verwendung einer Schriftgröße im Einklang mit Artikel 13 Absatz 2.

Die Angaben gemäß Artikel 30 Absatz 3 können in anderer Form als der Form gemäß Absatz 2 dieses Artikels erscheinen.

(4) Die Angaben gemäß Artikel 30 Absätze 4 und 5 können in anderer Form als der Form gemäß Absatz 2 dieses Artikels erscheinen.

(5) Sind der Brennwert oder die Nährstoffmenge(n) in einem Erzeugnis vernachlässigbar, so können die Angaben dazu durch eine Angabe wie „Enthält geringfügige Mengen von …" ersetzt werden, die in unmittelbarer Nähe zu einer etwaigen Nährwertdeklaration stehen muss.

Um die einheitliche Durchführung dieses Absatzes sicherzustellen, kann die Kommission Durchführungsrechtsakte zum Brennwert und zu den Mengen an Nährstoffen gemäß Artikel 30 Absätze 1 bis 5, die als vernachlässigbar gelten können, erlassen. Diese Durchführungsrechtsakte werden gemäß dem in Artikel 48 Absatz 2 genannten Prüfverfahren erlassen.

(6) Um eine einheitliche Anwendung der Darstellungsweise der Nährwertdeklaration in den in den Absätzen 1 bis 4 dieses Artikels genannten Formen sicherzustellen, kann die Kommission hierzu Durchführungsrechtsakte erlassen. Diese Durchführungsrechtsakte werden gemäß dem in Artikel 48 Absatz 2 genannten Prüfverfahren erlassen.

Artikel 35
Weitere Formen der Angabe und der Darstellung

(1) Zusätzlich zu den Formen der Angabe gemäß Artikel 32 Absätze 2 und 4 und Artikel 33 und der Darstellungsform gemäß Artikel 34 Absatz 2 können der Brennwert und die Nährstoffmengen gemäß Artikel 30 Absätze 1 bis 5 in anderer Form angegeben und/oder mittels grafischer Formen oder Symbole zusätzlich zu Worten oder Zahlen dargestellt werden, sofern diese Angabe- bzw. Darstellungsformen folgende Anforderungen erfüllen:

a) sie beruhen auf fundierten und wissenschaftlich haltbaren Erkenntnissen der Verbraucherforschung und sind für Verbraucher nicht irreführend im Sinne des Artikels 7;

b) ihre Entwicklung ist das Ergebnis der Konsultation einer Vielzahl von Gruppen betroffener Akteure;

c) sie sollen Verbrauchern das Verständnis dafür erleichtern, welchen Beitrag das Lebensmittel für den Energie- und Nährstoffgehalt einer Ernährungsweise leistet oder welche Bedeutung es für sie hat;

d) es gibt wissenschaftlich haltbare Nachweise dafür, dass diese Formen der Angabe oder Darstellung vom Durchschnittsverbraucher verstanden werden;

e) sie basieren, im Falle anderer Formen der Angabe, entweder auf den in Anhang XIII genannten harmonisierten Referenzmengen oder, falls es solche nicht gibt, auf allgemein akzeptierten wissenschaftlichen Empfehlungen in Bezug auf die Zufuhr von Energie und Nährstoffen;

f) sie sind objektiv und nicht diskriminierend; und

g) ihre Anwendung beeinträchtigt nicht den freien Warenverkehr.

(2) Die Mitgliedstaaten können den Lebensmittelunternehmern empfehlen, eine oder mehrere zusätzliche Formen der Angabe oder Darstellung der Nährwertdeklaration zu verwenden, die ihrer Ansicht nach die in Absatz 1 Buchstaben a bis g dargelegten Anforderungen am besten erfüllen. Die Mitgliedstaaten teilen der Kommission die Einzelheiten dieser zusätzlichen Formen der Angabe oder Darstellung mit.

(3) Die Mitgliedstaaten gewährleisten eine angemessene Beobachtung der zusätzlichen Formen der Angabe oder Darstellung der Nährwertdeklaration, die auf dem Markt in ihrem Hoheitsgebiet vorhanden sind.

Um die Beobachtung der Verwendung dieser zusätzlichen Formen der Angabe oder Darstellung zu erleichtern, können die Mitgliedstaaten verlangen, dass die Lebensmittelunternehmer, die auf dem Markt in ihrem Hoheitsgebiet Lebensmittel in Verkehr bringen, die solche Informationen tragen, die zuständige Behörde über die Verwendung einer zusätzlichen Form der Angabe oder Darstellung unterrichten und ihnen die einschlägigen Belege für die Erfüllung der in Absatz 1 Buchstaben a bis g niedergelegten Anforderungen vorlegen. In diesem Fall kann auch eine Unterrichtung über die Einstellung der Verwendung solcher zusätzlicher Formen der Angabe oder Darstellung verlangt werden.

(4) Die Kommission erleichtert und organisiert den Austausch von Informationen zwischen den Mitgliedstaaten und ihr selbst sowie den einschlägigen Akteuren über Angelegenheiten im Zusammenhang mit der Verwendung zusätzlicher Formen der Angabe oder Darstellung der Nährwertdeklaration.

(5) Anhand der gewonnenen Erfahrungen übermittelt die Kommission dem Europäischen Parlament und dem Rat bis zum 13. Dezember 2017 einen Bericht über die Verwendung zusätzlicher Formen der Angabe oder Darstellung, über deren Wirkung auf dem Binnenmarkt und darüber, ob eine weitere Harmonisierung dieser Formen der Angabe und Darstellung empfehlenswert ist. Zu diesem Zweck stellen die Mitgliedstaaten der Kommission die einschlägigen Informationen über die Verwendung solcher zusätzlicher Formen der Angabe oder Darstellung auf dem Markt in ihrem Hoheitsgebiet zur Verfügung. Die Kommission kann diesem Bericht Vorschläge zur Änderung der entsprechenden Unionsvorschriften beifügen.

(6) Um die einheitliche Anwendung dieses Artikels sicherzustellen, erlässt die Kommission Durchführungsrechtsakte, in denen die Durchführungsbestimmungen zu den Absätzen 1, 3 und 4 dieses Artikels festgelegt werden. Diese Durchführungsrechtsakte werden gemäß dem in Artikel 48 Absatz 2 genannten Prüfverfahren erlassen.

KAPITEL V
FREIWILLIGE INFORMATIONEN ÜBER LEBENSMITTEL

Artikel 36
Geltende Anforderungen

(1) Werden Informationen über Lebensmittel gemäß den Artikeln 9 und 10 freiwillig bereitgestellt, so müssen sie den Anforderungen des Kapitels IV Abschnitte 2 und 3 entsprechen.

(2) Freiwillig bereitgestellte Informationen über Lebensmittel müssen den folgenden Anforderungen entsprechen:

a) sie dürfen für die Verbraucher nicht irreführend im Sinne des Artikels 7 sein;

b) sie dürfen für Verbraucher nicht zweideutig oder missverständlich sein; und

c) sie müssen gegebenenfalls auf einschlägigen wissenschaftlichen Daten beruhen.

(3) Die Kommission erlässt Durchführungsrechtsakte zur Anwendung der in Absatz 2 dieses Artikels genannten Anforderungen für die folgenden freiwillig bereitgestellten Informationen über Lebensmittel:

a) Informationen über das mögliche und unbeabsichtigte Vorhandensein von Stoffen oder Erzeugnissen im Lebensmittel, die Allergien oder Unverträglichkeiten auslösen;

b) Informationen über die Eignung eines Lebensmittels für Vegetarier oder Veganer;

c) die Angabe von Referenzmengen für spezifische Bevölkerungsgruppen zusätzlich zu den in Anhang XIII festgelegten Referenzmengen; und

d) Informationen über das Nichtvorhandensein oder das reduzierte Vorhandensein von Gluten in Lebensmitteln.

Diese Durchführungsrechtsakte werden gemäß dem in Artikel 48 Absatz 2 genannten Prüfverfahren erlassen.

(4) Um eine angemessene Information der Verbraucher sicherzustellen, wenn Lebensmittelunternehmer auf abweichender Basis freiwillige Informationen über Lebensmittel bereitstellen, die Verbraucher irreführen oder zu Verwechslungen führen könnten, kann die Kommission durch delegierte Rechtsakte gemäß Artikel 51 zusätzliche Fälle der Bereitstellung freiwilliger Informationen über Lebensmittel über die in Absatz 3 dieses Artikels genannten Fälle hinaus vorsehen.

Artikel 37
Darstellungsform

Freiwillig bereitgestellte Informationen über Lebensmittel dürfen nicht auf Kosten des für verpflichtende Informationen über Lebensmittel verfügbaren Raums gehen.

KAPITEL VI
EINZELSTAATLICHE VORSCHRIFTEN

Artikel 38
Einzelstaatliche Vorschriften

(1) Die Mitgliedstaaten dürfen in Bezug auf die speziell durch diese Verordnung harmonisierten Aspekte einzelstaatliche Vorschriften weder erlassen noch aufrechterhalten, es sei denn, dies ist nach dem Unionsrecht zulässig. Diese einzelstaatlichen Vorschriften dürfen nicht den freien Warenverkehr behindern, beispielsweise durch die Diskriminierung von Lebensmitteln aus anderen Mitgliedstaaten.

(2) Unbeschadet des Artikels 39 dürfen die Mitgliedstaaten einzelstaatliche Vorschriften zu Aspekten erlassen, die nicht speziell durch diese Verordnung harmonisiert sind, sofern diese Vorschriften den freien Verkehr der Waren, die dieser Verordnung entsprechen, nicht unterbinden, behindern oder einschränken.

Artikel 39
Einzelstaatliche Vorschriften über zusätzliche verpflichtende Angaben

(1) Zusätzlich zu den in Artikel 9 Absatz 1 und Artikel 10 genannten verpflichtenden Angaben können die Mitgliedstaaten nach dem Verfahren des Artikels 45 Vorschriften erlassen, die zusätzliche Angaben für bestimmte Arten oder Klassen von Lebensmitteln vorschreiben, die aus mindestens einem der folgenden Gründe gerechtfertigt sind:

a) Schutz der öffentlichen Gesundheit;

b) Verbraucherschutz;

c) Betrugsvorbeugung;

d) Schutz von gewerblichen und kommerziellen Eigentumsrechten, Herkunftsbezeichnungen, eingetragenen Ursprungsbezeichnungen sowie vor unlauterem Wettbewerb.

(2) Die Mitgliedstaaten können auf der Grundlage von Absatz 1 nur dann Maßnahmen hinsichtlich der verpflichtenden Angabe des Ursprungslands oder des Herkunftsorts von Lebensmitteln treffen, wenn nachweislich eine Verbindung zwischen bestimmten Qualitäten des Lebensmittels und seinem Ursprung oder seiner Herkunft besteht. Bei der Mitteilung solcher Maßnahmen an die Kommission weisen die Mitgliedstaaten nach, dass die Mehrheit der Verbraucher diesen Informationen wesentliche Bedeutung beimisst.

Artikel 40

Milch und Milcherzeugnisse

Die Mitgliedstaaten können für Milch und Milcherzeugnisse in Glasflaschen, die zur Wiederverwendung bestimmt sind, Maßnahmen erlassen, die von Artikel 9 Absatz 1 und Artikel 10 Absatz 1 abweichen.

Sie übermitteln der Kommission unverzüglich den Wortlaut dieser Maßnahmen.

Artikel 41

Alkoholische Getränke

Die Mitgliedstaaten können bis zum Erlass der in Artikel 16 Absatz 4 genannten Unionsvorschriften einzelstaatliche Vorschriften über das Zutatenverzeichnis von Getränken mit einem Alkoholgehalt von mehr als 1,2 Volumenprozent beibehalten.

Artikel 42

Angabe der Nettofüllmenge

Bestehen keine Unionsvorschriften im Sinne des Artikels 23 Absatz 2 hinsichtlich der Angabe der Nettofüllmenge für bestimmte Lebensmittel in einer anderen als der in Artikel 23 Absatz 1 vorgesehenen Art, so können die Mitgliedstaaten einzelstaatliche Vorschriften, die vor dem 12. Dezember 2011 erlassen wurden, aufrechterhalten.

Die Mitgliedstaaten teilen der Kommission die entsprechenden Vorschriften bis zum 13. Dezember 2014 mit. Die Kommission unterrichtet die anderen Mitgliedstaaten hiervon.

Artikel 43

Freiwillige Angabe von Referenzmengen für spezifische Bevölkerungsgruppen

Bis zum Erlass der in Artikel 36 Absatz 3 Buchstabe c genannten Unionsvorschriften können die Mitgliedstaaten einzelstaatliche Maßnahmen zur freiwilligen Angabe von Referenzmengen für spezifische Bevölkerungsgruppen erlassen.

Die Mitgliedstaaten übermitteln der Kommission unverzüglich den Wortlaut dieser Maßnahmen.

Artikel 44

Einzelstaatliche Vorschriften für nicht vorverpackte Lebensmittel

(1) Werden Lebensmittel Endverbrauchern oder Anbietern von Gemeinschaftsverpflegung ohne Vorverpackung zum Verkauf angeboten oder auf Wunsch des Verbrauchers am Verkaufsort verpackt oder im Hinblick auf ihren unmittelbaren Verkauf vorverpackt, so

a) sind die Angaben gemäß Artikel 9 Absatz 1 Buchstabe c verpflichtend;

b) sind die anderen Angaben gemäß den Artikeln 9 und 10 nicht verpflichtend, es sei denn, die Mitgliedstaaten erlassen nationale Vorschriften, nach denen einige oder alle dieser Angaben oder Teile dieser Angaben verpflichtend sind.

(2) Die Mitgliedstaaten können nationale Vorschriften darüber erlassen, auf welche Weise und gegebenenfalls in welcher Form der Angabe und Darstellung die Angaben oder die Teile der Angaben gemäß Absatz 1 bereitzustellen sind.

(3) Die Mitgliedstaaten teilen der Kommission den Wortlaut der Vorschriften gemäß Absatz 1 Buchstabe b und Absatz 2 unverzüglich mit.

Artikel 45

Mitteilungsverfahren

(1) Bei Bezugnahme auf diesen Artikel teilt der Mitgliedstaat, der den Erlass neuer Rechtsvorschriften auf dem Gebiet der Information über Lebensmittel für erforderlich hält, der Kommission und den anderen Mitgliedstaaten die geplanten Vorschriften zuvor unter Angabe der Gründe mit.

(2) Die Kommission konsultiert den durch Artikel 58 Absatz 1 der Verordnung (EG) Nr. 178/2002 eingesetzten Ständigen Ausschuss für die Lebensmittelkette und Tiergesundheit, wenn sie dies für zweckdienlich hält oder wenn ein Mitgliedstaat dies beantragt. In diesem Fall sorgt die Kommission dafür, dass dieser Prozess für alle betroffenen Akteure transparent ist.

(3) Der Mitgliedstaat, der den Erlass neuer Rechtsvorschriften auf dem Gebiet der Information über Lebensmittel für erforderlich hält, darf die in Aussicht genommenen Vorschriften erst drei Monate nach der Mitteilung nach Absatz 1 und unter der Bedingung treffen, dass er keine ablehnende Stellungnahme der Kommission erhalten hat.

(4) Ist die Stellungnahme der Kommission ablehnend, so leitet die Kommission vor Ablauf der in Absatz 3 dieses Artikels genannten Frist das in Artikel 48 Absatz 2 genannte Prüfverfahren ein, um zu bestimmen, ob die in Aussicht genommenen Vorschriften — gegebenenfalls mit geeigneten Änderungen — zur Anwendung gebracht werden können.

(5) Die Richtlinie 98/34/EG des Europäischen Parlaments und des Rates vom 22. Juni 1998 über ein Informationsverfahren auf dem Gebiet der Normen und technischen Vorschriften und der Vorschriften für die Dienste der Informationsgesellschaft ([13]) gilt nicht für die unter das Mitteilungsverfahren nach diesem Artikel fallenden Vorschriften.

KAPITEL VII
DURCHFÜHRUNGS-, ÄNDERUNGS- UND SCHLUSSBESTIMMUNGEN

Artikel 46
Änderungen der Anhänge

Um dem technischen Fortschritt, dem Stand der Wissenschaft, der Gesundheit der Verbraucher oder dem Informationsbedarf der Verbraucher Rechnung zu tragen, kann die Kommission vorbehaltlich der Bestimmungen des Artikels 10 Absatz 2 und des Artikels 21 Absatz 2 über Änderungen an den Anhängen II und III die Anhänge dieser Verordnung durch delegierte Rechtsakte gemäß Artikel 51 ändern.

Artikel 47
Übergangszeitraum für und Beginn der Anwendung von Durchführungsmaßnahmen oder delegierten Rechtsakten

(1) Unbeschadet des Absatzes 2 dieses Artikels wird die Kommission bei der Ausübung der ihr durch diese Verordnung übertragenen Befugnisse zum Erlass von Maßnahmen durch Durchführungsrechtsakte gemäß dem in Artikel 48 Absatz 2 genannten Prüfverfahren oder durch delegierte Rechtsakte gemäß Artikel 51

a) eine geeignete Übergangsfrist für die Anwendung der neuen Maßnahmen festlegen, in der Lebensmittel, deren Etiketten nicht den neuen Maßnahmen entsprechen, in Verkehr gebracht werden dürfen und in der die Bestände solcher Lebensmittel, die vor dem Ablauf der Übergangsfrist in Verkehr gebracht wurden, bis zur Erschöpfung der Bestände verkauft werden dürfen, und

b) sicherstellen, dass diese Maßnahmen ab dem 1. April eines Kalenderjahres anwendbar sind.

(2) Absatz 1 gilt nicht in dringenden Fällen, in denen die in Absatz 1 genannten Maßnahmen dem Schutz der menschlichen Gesundheit dienen.

Artikel 48
Ausschuss

(1) Die Kommission wird durch den Ständigen Ausschuss für die Lebensmittelkette und Tiergesundheit, der durch Artikel 58 Absatz 1 der Verordnung (EG) Nr. 178/2002 eingesetzt wurde, unterstützt. Dieser Ausschuss ist ein Ausschuss im Sinne der Verordnung (EU) Nr. 182/2011.

(2) Wird auf diesen Absatz Bezug genommen, so gilt Artikel 5 der Verordnung (EU) Nr. 182/2011.

Gibt der Ausschuss keine Stellungnahme ab, so erlässt die Kommission den Durchführungsrechtsakt nicht und Artikel 5 Absatz 4 Unterabsatz 3 der Verordnung (EU) Nr. 182/2011 findet Anwendung.

Artikel 49
Änderungen der Verordnung (EG) Nr. 1924/2006

Artikel 7 Absätze 1 und 2 der Verordnung (EG) Nr. 1924/2006 erhalten folgende Fassung:

„Die Nährwertkennzeichnung von Erzeugnissen, bei denen nährwert- und/oder gesundheitsbezogene Angaben gemacht werden, ist obligatorisch, es sei denn, es handelt sich um produktübergreifende Werbeaussagen. Es sind die in Artikel 30 Absatz 1 der Verordnung (EU) Nr. 1169/2011 des Europäischen Parlaments und des Rates vom 25. Oktober 2011 betreffend die Information der Verbraucher über Lebensmittel ([14]) aufgeführten Angaben zu machen. Bei nährwert- und/oder gesundheitsbezogenen Angaben für einen in Artikel 30 Absatz 2 der Verordnung (EU) Nr. 1169/2011 genannten Nährstoff wird die Menge dieses Nährstoffs nach Maßgabe der Artikel 31 bis 34 der genannten Verordnung angegeben.

Für Stoffe, die Gegenstand einer nährwert- oder gesundheitsbezogenen Angabe sind und nicht in der Nährwertkennzeichnung erscheinen, sind die jeweiligen Mengen nach Maßgabe der Artikel 31, 32 und 33 der Verordnung (EU) Nr. 1169/2011 in demselben Blickfeld anzugeben wie die Nährwertkennzeichnung. Zur Angabe der Mengen werden den jeweiligen einzelnen Stoffen angemessene Maßeinheiten verwendet.

Artikel 50
Änderungen der Verordnung (EG) Nr. 1925/2006

Artikel 7 Absatz 3 der Verordnung (EG) Nr. 1925/2006 erhält folgende Fassung:

„(3) Die Nährwertkennzeichnung von Erzeugnissen, denen Vitamine und Mineralstoffe zugesetzt wurden und die in den Anwendungsbereich dieser Verordnung fallen, ist obligatorisch. Es sind die in Artikel 30 Absatz 1 der Verordnung (EU) Nr. 1169/2011 des Europäischen Parlaments und des Rates vom 25. Oktober 2011 betreffend die Information der Verbraucher über Lebensmittel ([15]) aufgeführten Angaben zu machen und es ist der Gesamtgehalt an Vitaminen und Mineralstoffen anzugeben, den das Lebensmittel nach dem Zusatz aufweist.

Artikel 51
Ausübung der Befugnisübertragung

(1) Die Befugnis zum Erlass delegierter Rechtsakte wird der Kommission unter den in diesem Artikel festgelegten Bedingungen übertragen.

(2) Die Befugnis zum Erlass delegierter Rechtsakte gemäß Artikel 9 Absatz 3, Artikel 10 Absatz 2, Artikel 12 Absatz 3, Artikel 13 Absatz 4, Artikel 18 Absatz 5, Artikel 19 Absatz 2, Artikel 21

Absatz 2, Artikel 23 Absatz 2, Artikel 30 Absatz 6, Artikel 31 Absatz 2, Artikel 36 Absatz 4 und Artikel 46 wird der Kommission für einen Zeitraum von fünf Jahren ab dem 12. Dezember 2011 übertragen. Die Kommission erstellt spätestens neun Monate vor Ablauf des Zeitraums von fünf Jahren einen Bericht über die Befugnisübertragung. Die Befugnisübertragung verlängert sich stillschweigend um Zeiträume gleicher Länge, es sei denn, das Europäische Parlament oder der Rat widersprechen einer solchen Verlängerung spätestens drei Monate vor Ablauf des jeweiligen Zeitraums.

(3) Die Befugnisübertragung gemäß Artikel 9 Absatz 3, Artikel 10 Absatz 2, Artikel 12 Absatz 3, Artikel 13 Absatz 4, Artikel 18 Absatz 5, Artikel 19 Absatz 2, Artikel 21 Absatz 2, Artikel 23 Absatz 2, Artikel 30 Absatz 6, Artikel 31 Absatz 2, Artikel 36 Absatz 4 und Artikel 46 kann vom Europäischen Parlament oder vom Rat jederzeit widerrufen werden. Der Beschluss über den Widerruf beendet die Übertragung der in diesem Beschluss angegebenen Befugnis. Er wird am Tag nach seiner Veröffentlichung im *Amtsblatt der Europäischen Union* oder zu einem im Beschluss über den Widerruf angegebenen späteren Zeitpunkt wirksam. Die Gültigkeit von delegierten Rechtsakten, die bereits in Kraft sind, wird von dem Beschluss über den Widerruf nicht berührt.

(4) Sobald die Kommission einen delegierten Rechtsakt erlässt, übermittelt sie ihn gleichzeitig dem Europäischen Parlament und dem Rat.

(5) Ein delegierter Rechtsakt, der gemäß Artikel 9 Absatz 3, Artikel 10 Absatz 2, Artikel 12 Absatz 3, Artikel 13 Absatz 4, Artikel 18 Absatz 5, Artikel 19 Absatz 2, Artikel 21 Absatz 2, Artikel 23 Absatz 2, Artikel 30 Absatz 6, Artikel 31 Absatz 2, Artikel 36 Absatz 4 und Artikel 46 erlassen wurde, tritt nur in Kraft, wenn weder das Europäische Parlament noch der Rat innerhalb einer Frist von zwei Monaten nach Übermittlung dieses Rechtsakts an das Europäische Parlament und den Rat Einwände erhoben haben oder wenn vor Ablauf dieser Frist das Europäische Parlament und der Rat beide der Kommission mitgeteilt haben, dass sie keine Einwände erheben werden. Auf Initiative des Europäischen Parlaments oder des Rates wird diese Frist um zwei Monate verlängert.

Artikel 52
Dringlichkeitsverfahren

(1) Delegierte Rechtsakte, die gemäß diesem Artikel erlassen werden, treten umgehend in Kraft und sind anwendbar, solange keine Einwände gemäß Absatz 2 erhoben werden. Bei der Übermittlung eines delegierten Rechtsakts an das Europäische Parlament und den Rat werden die Gründe für die Anwendung des Dringlichkeitsverfahrens angegeben.

(2) Das Europäische Parlament oder der Rat können gemäß dem Verfahren des Artikels 51 Absatz 5 Einwände gegen einen delegierten Rechtsakt erheben. In diesem Fall hebt die Kommission den Rechtsakt umgehend nach der Übermittlung des Beschlusses des Europäischen Parlaments oder des Rates, Einwände zu erheben, auf.

Artikel 53
Aufhebung

(1) Die Richtlinien 87/250/EWG, 90/496/EWG, 1999/10/EG, 2000/13/EG, 2002/67/EG und 2008/5/EG und die Verordnung (EG) Nr. 608/2004 werden mit Wirkung vom 13. Dezember 2014 aufgehoben.

(2) Bezugnahmen auf die aufgehobenen Rechtsakte gelten als Bezugnahmen auf die vorliegende Verordnung.

Artikel 54
Übergangsmaßnahmen

(1) Lebensmittel, die vor dem 13. Dezember 2014 in Verkehr gebracht oder gekennzeichnet wurden, die den Anforderungen dieser Verordnung jedoch nicht entsprechen, dürfen weiterhin vermarktet werden, bis die jeweiligen Bestände erschöpft sind.

Lebensmittel, die vor dem 13. Dezember 2016 in Verkehr gebracht oder gekennzeichnet wurden, die den in Artikel 9 Absatz 1 Buchstabe l niedergelegten Anforderungen jedoch nicht entsprechen, dürfen weiterhin vermarktet werden, bis die jeweiligen Bestände erschöpft sind.

Lebensmittel, die vor dem 1. Januar 2014 in Verkehr gebracht oder gekennzeichnet wurden, die den in Anhang VI Teil B niedergelegten Anforderungen nicht entsprechen, dürfen weiterhin vermarktet werden, bis die jeweiligen Bestände erschöpft sind.

(2) Zwischen dem 13. Dezember 2014 und dem 13. Dezember 2016 muss eine Nährwertdeklaration, die freiwillig bereitgestellt wird, den Artikeln 30 bis 35 entsprechen.

(3) Ungeachtet der Richtlinie 90/496/EWG, des Artikels 7 der Verordnung (EG) Nr. 1924/2006 und des Artikels 7 Absatz 3 der Verordnung (EG) Nr. 1925/2006 dürfen gemäß den Artikeln 30 bis 35 dieser Verordnung gekennzeichnete Lebensmittel vor dem 13. Dezember 2014 in Verkehr gebracht werden.

Ungeachtet der Verordnung (EG) Nr. 1162/2009 der Kommission vom 30. November 2009 zur Festlegung von Übergangsregelungen für die Durchführung der Verordnungen (EG) Nr. 853/2004, (EG) Nr. 854/2004 und (EG) Nr. 882/2004 des Europäischen Parlament und des

Rates ([16]) dürfen gemäß Anhang VI Teil B dieser Verordnung gekennzeichnete Lebensmittel vor dem 1. Januar 2014 in Verkehr gebracht werden.

Artikel 55
Inkrafttreten und Anwendung

Diese Verordnung tritt am zwanzigsten Tag nach ihrer Veröffentlichung im *Amtsblatt der Europäischen Union* in Kraft.

Sie gilt ab dem 13. Dezember 2014, mit Ausnahme des Artikels 9 Absatz 1 Buchstabe l, der ab dem 13. Dezember 2016 gilt, und Anhang VI Teil B, der ab dem 1. Januar 2014 gilt.

ANHANG I
SPEZIELLE BEGRIFFSBESTIMMUNGEN
im Sinne von Artikel 2 Absatz 4

1. „Nährwertdeklaration" oder „Nährwertkennzeichnung" bedeutet Informationen über

a) den Brennwert oder

b) den Brennwert sowie lediglich einen oder mehrere der folgenden Nährstoffe:

— Fett (gesättigte Fettsäuren, einfach ungesättigte Fettsäuren, mehrfach ungesättigte Fettsäuren);

— Kohlenhydrate (Zucker, mehrwertige Alkohole, Stärke);

— Salz;

— Ballaststoffe;

— Eiweiß;

— in Anhang XIII Teil A Nummer 1 aufgeführte Vitamine und Mineralstoffe, die gemäß der Begriffsbestimmung in Anhang XIII Teil A Nummer 2 in erheblichen Mengen vorkommen;

2. „Fett" bedeutet alle Lipide, einschließlich Phospholipide;

3. „gesättigte Fettsäuren" bedeutet Fettsäuren ohne Doppelbindung;

4. „Trans-Fettsäuren" bedeutet Fettsäuren mit mindestens einer nicht konjugierten (namentlich durch mindestens eine Methylengruppe unterbrochenen) Kohlenstoff-Kohlenstoff-Doppelbindung in der trans-Konfiguration;

5. „einfach ungesättigte Fettsäuren" bedeutet Fettsäuren mit einer cis-Doppelbindung;

6. „mehrfach ungesättigte Fettsäuren" bedeutet Fettsäuren mit zwei oder mehr durch cis-Methylengruppen unterbrochenen Doppelbindungen in der cis-Konfiguration;

7. „Kohlenhydrat" bedeutet jegliches Kohlenhydrat, das im Stoffwechsel des Menschen umgesetzt wird, einschließlich mehrwertiger Alkohole;

8. „Zucker" bedeutet alle in Lebensmitteln vorhandenen Monosaccharide und Disaccharide, ausgenommen mehrwertige Alkohole;

9. „mehrwertige Alkohole" bedeutet Alkohole, die mehr als zwei Hydroxylgruppen enthalten;

10. „Eiweiß" bedeutet den nach folgender Formel berechneten Eiweißgehalt: Eiweiß = Gesamtstickstoff (nach Kjeldahl) × 6,25;

11. „Salz" bedeutet den nach folgender Formel berechneten Gehalt an Salzäquivalent: Salz = Natrium × 2,5;

12. „Ballaststoffe" bedeutet Kohlenhydratpolymere mit drei oder mehr Monomereinheiten, die im Dünndarm des Menschen weder verdaut noch absorbiert werden und zu folgenden Klassen zählen:

— essbare Kohlenhydratpolymere, die in Lebensmitteln, wenn diese verzehrt werden, auf natürliche Weise vorkommen;

— essbare Kohlenhydratpolymere, die auf physikalische, enzymatische oder chemische Weise aus Lebensmittelrohstoffen gewonnen werden und laut allgemein anerkannten wissenschaftlichen Nachweisen eine positive physiologische Wirkung besitzen;

— essbare synthetische Kohlenhydratpolymere, die laut allgemein anerkannten wissenschaftlichen Nachweisen eine positive physiologische Wirkung besitzen;

13. „Durchschnittswert" bedeutet den Wert, der die in einem bestimmten Lebensmittel enthaltenen Nährstoffmengen am besten repräsentiert und jahreszeitlich bedingte Unterschiede, Verbrauchsmuster und sonstige Faktoren berücksichtigt, die eine Veränderung des tatsächlichen Wertes bewirken können.

ANHANG II

STOFFE ODER ERZEUGNISSE, DIE ALLERGIEN ODER UNVERTRÄGLICHKEITEN AUSLÖSEN

1. Glutenhaltiges Getreide, namentlich Weizen (wie Dinkel und Khorasan-Weizen), Roggen, Gerste, Hafer oder Hybridstämme davon, sowie daraus hergestellte Erzeugnisse, ausgenommen

a) Glukosesirupe auf Weizenbasis einschließlich Dextrose ([17]);

b) Maltodextrine auf Weizenbasis (17) ;

c) Glukosesirupe auf Gerstenbasis;

d) Getreide zur Herstellung von alkoholischen Destillaten einschließlich Ethylalkohol landwirtschaftlichen Ursprungs;

2. Krebstiere und daraus gewonnene Erzeugnisse;

3. Eier und daraus gewonnene Erzeugnisse;

4. Fische und daraus gewonnene Erzeugnisse, außer

a) Fischgelatine, die als Trägerstoff für Vitamin- oder Karotinoidzubereitungen verwendet wird;

b) Fischgelatine oder Hausenblase, die als Klärhilfsmittel in Bier und Wein verwendet wird;

5. Erdnüsse und daraus gewonnene Erzeugnisse;

6. Sojabohnen und daraus gewonnene Erzeugnisse, außer

a) vollständig raffiniertes Sojabohnenöl und -fett (17) ;

b) natürliche gemischte Tocopherole (E306), natürliches D-alpha-Tocopherol, natürliches D-alpha-Tocopherolacetat, natürliches D-alpha-Tocopherolsukzinat aus Sojabohnenquellen;

c) aus pflanzlichen Ölen gewonnene Phytosterine und Phytosterinester aus Sojabohnenquellen;

d) aus Pflanzenölsterinen gewonnene Phytostanolester aus Sojabohnenquellen;

7. Milch und daraus gewonnene Erzeugnisse (einschließlich Laktose), außer

a) Molke zur Herstellung von alkoholischen Destillaten einschließlich Ethylalkohol landwirtschaftlichen Ursprungs;

b) Lactit;

8. Schalenfrüchte, namentlich Mandeln (*Amygdalus communis* L.), Haselnüsse *(Corylus avellana)*, Walnüsse *(Juglans regia)*, Kaschunüsse *(Anacardium occidentale)*, Pecannüsse (*Carya illinoiesis* (Wangenh.) K. Koch), Paranüsse *(Bertholletia excelsa)*, Pistazien *(Pistacia vera)*, Macadamia- oder Queenslandnüsse *(Macadamia ternifolia)* sowie daraus gewonnene Erzeugnisse, außer Nüssen zur Herstellung von alkoholischen Destillaten einschließlich Ethylalkohol landwirtschaftlichen Ursprungs;

9. Sellerie und daraus gewonnene Erzeugnisse;

10. Senf und daraus gewonnene Erzeugnisse, außer

Behensäure mit einer Reinheit von mindestens 85 %, hergestellt nach zwei Destillationsschritten, zur Herstellung der Emulgatoren E 470a, E 471 und E 477;

11. Sesamsamen und daraus gewonnene Erzeugnisse;

12. Schwefeldioxid und Sulphite in Konzentrationen von mehr als 10 mg/kg oder 10 mg/l als insgesamt vorhandenes SO_2, die für verzehrfertige oder gemäß den Anweisungen des Herstellers in den ursprünglichen Zustand zurückgeführte Erzeugnisse zu berechnen sind;

13. Lupinen und daraus gewonnene Erzeugnisse;

14. Weichtiere und daraus gewonnene Erzeugnisse.

ANHANG III

ART ODER KLASSE DES LEBENSMITTELS	ANGABEN
1. In bestimmten Gasen verpackte Lebensmittel	
1.1. Lebensmittel, deren Haltbarkeit durch nach der Verordnung (EG) Nr. 1333/2008 zugelassenes Packgas verlängert wurde	„unter Schutzatmosphäre verpackt"
2. Lebensmittel, die Süßungsmittel enthalten	
2.1. Lebensmittel, die ein oder mehrere nach der Verordnung (EG) Nr. 1333/2008 zugelassene Süßungsmittel enthalten	„mit Süßungsmittel(n)"; dieser Hinweis ist in Verbindung mit der Bezeichnung des Lebensmittels anzubringen
2.2. Lebensmittel, die sowohl einen Zuckerzusatz oder mehrere Zuckerzusätze als auch ein oder mehrere nach der Verordnung (EG) Nr. 1333/2008 zugelassene Süßungsmittel enthalten	„mit Zucker(n) und Süßungsmittel(n)"; dieser Hinweis ist in Verbindung mit der Bezeichnung des Lebensmittels anzubringen
2.3. Lebensmittel, die nach der Verordnung (EG) Nr. 1333/2008 zugelassenes Aspartam/Aspartam-Acesulfamsalz enthalten	Der Hinweis „enthält Aspartam (eine Phenylalaninquelle)" muss auf dem Etikett erscheinen, wenn das Aspartam/Aspartam-Acesulfamsalz in der Zutatenliste lediglich mit der E-Nummer aufgeführt ist. Der Hinweis „enthält eine Phenylalaninquelle" muss auf dem Etikett erscheinen, wenn das Aspartam/Aspartam-Acesulfamsalz in der Zutatenliste mit seiner spezifischen Bezeichnung benannt ist.
2.4. Lebensmittel mit über 10 % zugesetzten, nach der Verordnung (EG) Nr. 1333/2008 zugelassenen mehrwertigen Alkoholen	„kann bei übermäßigem Verzehr abführend wirken"
3. Lebensmittel, die Glycyrrhizinsäure oder deren Ammoniumsalz enthalten	
3.1. Süßwaren oder Getränke, die Glycyrrhizinsäure oder deren Ammoniumsalz durch Zusatz der Substanz(en) selbst oder der Süßholzpflanze *Glycyrrhiza glabra* in einer Konzentration von mindestens 100 mg/kg oder 10 mg/l enthalten	Der Hinweis „enthält Süßholz" ist unmittelbar nach der Zutatenliste anzufügen, es sei denn, der Begriff „Süßholz" ist bereits im Zutatenverzeichnis oder in der Bezeichnung des Lebensmittels enthalten. Ist kein Zutatenverzeichnis vorgesehen, ist der Hinweis in Verbindung mit der Bezeichnung des Lebensmittels anzubringen.
3.2. Süßwaren, die Glycyrrhizinsäure oder ihr Ammoniumsalz durch Zusatz der Substanz(en) selbst oder der Süßholzpflanze *Glycyrrhiza glabra* in Konzentrationen von mindestens 4 g/kg enthalten	Der Hinweis „enthält Süßholz — bei hohem Blutdruck sollte ein übermäßiger Verzehr dieses Erzeugnisses vermieden werden" ist unmittelbar nach dem Zutatenverzeichnis anzufügen. Ist kein Zutatenverzeichnis vorgesehen, ist der Hinweis in Verbindung mit der Bezeichnung des Lebensmittels anzubringen.
3.3. Getränke, die Glycyrrhizinsäure oder ihr Ammoniumsalz durch Zusatz der Substanz(en) selbst oder der Süßholzpflanze *Glycyrrhiza glabra* in Konzentrationen von mindestens 50 mg/l oder mindestens 300 mg/l im Fall von Getränken enthalten, die einen Volumenanteil von mehr als 1,2 % Alkohol enthalten[1].	Der Hinweis „enthält Süßholz — bei hohem Blutdruck sollte ein übermäßiger Verzehr dieses Erzeugnisses vermieden werden" ist unmittelbar nach dem Zutatenverzeichnis anzufügen. Ist kein Zutatenverzeichnis vorgesehen, ist der Hinweis in Verbindung mit der Bezeichnung des Lebensmittels anzubringen.
4. Getränke mit erhöhtem Koffeingehalt oder Lebensmittel mit Zusatz von Koffein	

[1] *Diese Menge gilt für verzehrfertige oder gemäß den Anweisungen des Herstellers in den ursprünglichen Zustand zurückgeführte Erzeugnisse.*

4.1. Getränke mit Ausnahme derjenigen, die auf Kaffee, Tee bzw. Kaffee- oder Teeextrakt basieren und bei denen der Begriff „Kaffee" oder „Tee" in der Bezeichnung vorkommt, die – zur Aufnahme in unverarbeitetem Zustand bestimmt sind und Koffein aus beliebiger Quelle in einer Menge enthalten, die 150 mg/l übersteigt, oder – konzentriert oder getrocknet sind und nach der Rekonstituierung Koffein aus beliebiger Quelle in einer Menge enthalten, die 150 mg/l übersteigt	Der Hinweis „Erhöhter Koffeingehalt. Für Kinder und schwangere oder stillende Frauen nicht empfohlen" muss im selben Sichtfeld wie die Bezeichnung des Getränks erscheinen, gefolgt von einem Hinweis in Klammern nach Artikel 13 Absatz 1 dieser Verordnung auf den Koffeingehalt, ausgedrückt in mg je 100 ml.
4.2. Andere Lebensmittel als Getränke, denen zu physiologischen Zwecken Koffein zugesetzt wird.	Der Hinweis „Enthält Koffein. Für Kinder und schwangere Frauen nicht empfohlen" muss im selben Sichtfeld wie die Bezeichnung des Lebensmittels erscheinen, gefolgt von einem Hinweis in Klammern nach Artikel 13 Absatz 1 dieser Verordnung auf den Koffeingehalt, ausgedrückt in mg je 100 g/ml. Bei Nahrungsergänzungsmitteln ist der Koffeingehalt pro empfohlener täglicher Verzehrsmenge, die in der Kennzeichnung angegeben ist, anzugeben.
5. Lebensmittel, denen Phytosterine, Phytosterinester, Phytostanole oder Phytostanolester zugesetzt sind	
5.1. Lebensmittel oder Lebensmittelzutaten, denen Phytosterine, Phytosterinester, Phytostanole oder Phytostanolester zugesetzt sind	(1) „mit zugesetzten Pflanzensterinen" bzw. „mit zugesetzten Pflanzenstanolen" im selben Sichtfeld wie die Bezeichnung des Lebensmittels; (2) die Menge an zugesetzten Phytosterinen, Phytosterinestern, Phytostanolen oder Phytostanolestern (Angabe in % oder g der freien Pflanzensterine/Pflanzenstanole je 100 g oder 100 ml des Lebensmittels) muss im Zutatenverzeichnis aufgeführt sein; (3) „Hinweis darauf, dass das Erzeugnis nicht für Personen bestimmt ist, die ihren Cholesterinspiegel im Blut nicht zu kontrollieren brauchen;" *(ABl L 27 vom 30. 1. 2014, S. 7)* (4) Hinweis darauf, dass Patienten, die Arzneimittel zur Senkung des Cholesterinspiegels einnehmen, das Erzeugnis nur unter ärztlicher Aufsicht zu sich nehmen sollten; (5) gut sichtbarer Hinweis darauf, dass das Erzeugnis für die Ernährung schwangerer und stillender Frauen sowie von Kindern unter fünf Jahren möglicherweise nicht geeignet ist; (6) Empfehlung, das Erzeugnis als Bestandteil einer ausgewogenen und abwechslungsreichen Ernährung zu verwenden, zu der auch zur Aufrechterhaltung des Carotinoid-Spiegels der regelmäßige Verzehr von Obst und Gemüse zählt; (7) im selben Sichtfeld, das den unter Nummer 3 genannten Hinweis enthält, Hinweis darauf, dass die Aufnahme von mehr als 3 g/Tag an

	zugesetzten Pflanzensterinen/Pflanzenstanolen vermieden werden sollte; (8) Definition einer Portion des betreffenden Lebensmittels oder der Lebensmittelzutat (vorzugsweise in g oder ml) unter Angabe der Menge an Pflanzensterinen/Pflanzenstanolen, die in einer Portion enthalten ist.
6. Eingefrorenes Fleisch, eingefrorene Fleischzubereitungen und eingefrorene unverarbeitete Fischereierzeugnisse	
6.1. Eingefrorenes Fleisch, eingefrorene Fleischzubereitungen und eingefrorene unverarbeitete Fischereierzeugnisse	gemäß Anhang X Nummer 3 das Datum des Einfrierens oder das Datum des ersten Einfrierens in Fällen, in denen das Produkt mehr als einmal eingefroren wurde

ANHANG IV

DEFINITION DER X-HÖHE

x-Höhe

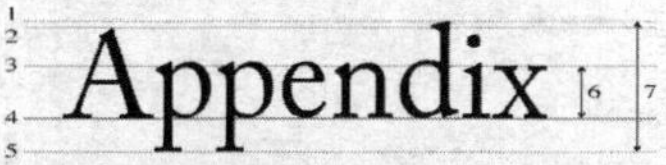

Legende

1	Oberlinie
2	Versallinie
3	Mittelinie
4	Grundlinie
5	Unterlinie
6	x-Höhe
7	Schriftgröße

VO 1169/2011

ANHANG V

LEBENSMITTEL, DIE VON DER VERPFLICHTENDEN NÄHRWERTDEKLARATION AUSGENOMMEN SIND

1. Unverarbeitete Erzeugnisse, die nur aus einer Zutat oder Zutatenklasse bestehen;

2. verarbeitete Erzeugnisse, die lediglich einer Reifungsbehandlung unterzogen wurden und die nur aus einer Zutat oder Zutatenklasse bestehen;

3. für den menschlichen Gebrauch bestimmtes Wasser, auch solches, dem lediglich Kohlendioxid und/oder Aromen zugesetzt wurden;

4. Kräuter, Gewürze oder Mischungen daraus;

5. Salz und Salzsubstitute;

6. Tafelsüßen;

7. Erzeugnisse im Sinne der Richtlinie 1999/4/EG des Europäischen Parlaments und des Rates vom 22. Februar 1999 über Kaffee- und Zichorien-Extrakte ([18]), ganze oder gemahlene Kaffeebohnen und ganze oder gemahlene entkoffeinierte Kaffeebohnen;

8. Kräuter- oder Früchtetees, Tee, entkoffeinierter Tee, Instant- oder löslicher Tee oder Teeextrakt, entkoffeinierter Instant- oder löslicher Tee oder Teeextrakt ohne Zusatz weiterer Zutaten als Aromen, die den Nährwert des Tees nicht verändern;

9. Gärungsessig und Essigersatz, auch solche, denen lediglich Aromen zugesetzt wurden;

10. Aromen;

11. Lebensmittelzusatzstoffe;

12. Verarbeitungshilfsstoffe;

13. Lebensmittelenzyme;

14. Gelatine;

15. Gelierhilfen für Konfitüre;

16. Hefe;

17. Kaugummi;

18. Lebensmittel in Verpackungen oder Behältnissen, deren größte Oberfläche weniger als 25 cm2 beträgt;

19. Lebensmittel, einschließlich handwerklich hergestellter Lebensmittel, die direkt in kleinen Mengen von Erzeugnissen durch den Hersteller an den Endverbraucher oder an lokale Einzelhandelsgeschäfte abgegeben werden, die die Erzeugnisse unmittelbar an den Endverbraucher abgeben.

ANHANG VI

BEZEICHNUNG DES LEBENSMITTELS UND SPEZIELLE ZUSÄTZLICHE ANGABEN

TEIL A — VERPFLICHTENDE ANGABEN ZUR ERGÄNZUNG DER BEZEICHNUNG DES LEBENSMITTELS

1. Die Bezeichnung des Lebensmittels enthält oder wird ergänzt durch Angaben zum physikalischen Zustand des Lebensmittels oder zur besonderen Behandlung, die es erfahren hat (z. B. pulverisiert, wieder eingefroren, gefriergetrocknet, tiefgefroren, konzentriert, geräuchert), sofern die Unterlassung einer solchen Angabe geeignet wäre, den Käufer irrezuführen.

2. Im Falle von Lebensmitteln, die vor dem Verkauf tiefgefroren wurden und aufgetaut verkauft werden, wird der Bezeichnung des Lebensmittels der Hinweis „aufgetaut" hinzugefügt.

Diese Anforderung gilt nicht für:

a) Zutaten, die im Enderzeugnis enthalten sind;

b) Lebensmittel, bei denen das Einfrieren ein technologisch notwendiger Schritt im Herstellungsprozess ist;

c) Lebensmittel, bei denen das Auftauen keine negativen Auswirkungen auf die Sicherheit oder Qualität des Lebensmittels hat.

Diese Nummer lässt Nummer 1 unberührt.

3. Mit ionisierenden Strahlen behandelte Lebensmittel müssen mit einer der folgenden Angaben versehen sein:

„bestrahlt" oder „mit ionisierenden Strahlen behandelt" oder einer anderen in der Richtlinie 1999/2/EG des Europäischen Parlaments und des Rates vom 22. Februar 1999 zur Angleichung der Rechtsvorschriften der Mitgliedstaaten über mit ionisierenden Strahlen behandelte Lebensmittel und Lebensmittelbestandteile genannten Angabe ([(19)]).

4. Im Falle von Lebensmitteln, bei denen ein Bestandteil oder eine Zutat, von dem/der die Verbraucher erwarten, dass er/sie normalerweise verwendet wird oder von Natur aus vorhanden ist, durch einen anderen Bestandteil oder eine andere Zutat ersetzt wurde, muss die Kennzeichnung — zusätzlich zum Zutatenverzeichnis — mit einer deutlichen Angabe des Bestandteils oder der Zutat versehen sein, der/die für die teilweise oder vollständige Ersetzung verwendet wurde, und zwar

a) in unmittelbarer Nähe zum Produktnamen und

b) in einer Schriftgröße, deren x-Höhe mindestens 75 % der x-Höhe des Produktnamens beträgt und die nicht kleiner als die in Artikel 13 Absatz 2 dieser Verordnung vorgeschriebene Mindestschriftgröße sein darf.

5. Bei Fleischerzeugnissen, Fleischzubereitungen und Fischereierzeugnissen, die zugesetzte Eiweiße als solche, einschließlich hydrolysierte Proteine, unterschiedlicher tierischer Herkunft enthalten, ist die Bezeichnung des Lebensmittels mit einem Hinweis auf das Vorhandensein dieser Eiweiße und ihren Ursprung zu versehen.

6. Bei Fleischerzeugnissen und Fleischzubereitungen, die aussehen wie ein Abschnitt, ein Stück, eine Scheibe oder eine Portion Fleisch oder wie ein Tierkörper, enthält die Bezeichnung des Lebensmittels die Angabe, dass Wasser zugesetzt wurde, wenn das zugesetzte Wasser mehr als 5 % des Gewichts des Enderzeugnisses ausmacht. Diese Bestimmung gilt auch für Fischereierzeugnisse und zubereitete Fischereierzeugnisse, die aussehen wie ein Abschnitt, ein Stück, eine Scheibe oder eine Portion Fisch, ein Filet oder wie ein ganzes Fischereierzeugnis.

7. Fleischerzeugnisse, Fleischzubereitungen und Fischereierzeugnisse, die den Anschein erwecken könnten, dass es sich um ein gewachsenes Stück Fleisch oder Fisch handelt, die jedoch tatsächlich aus verschiedenen Stücken bestehen, die durch andere Zutaten, einschließlich Lebensmittelzusatzstoffe und Enzyme, oder durch andere Mittel zusammengefügt sind, tragen den folgenden Hinweis:

auf Bulgarisch	:	„формовано месо" und „формована риба";
auf Spanisch	:	„elaborado a partir de piezas de carne" und „elaborado a partir de piezas de pescado";
auf Tschechisch	:	„ze spojovaných kousků masa" und „ze spojovaných kousků rybího masa";

auf Dänisch	:	„Sammensat af stykker af kød“ und „Sammensat af stykker af fisk“;
auf Deutsch	:	„aus Fleischstücken zusammengefügt“ und „aus Fischstücken zusammengefügt“;
auf Estnisch	:	„liidetud liha“ und „liidetud kala“;
auf Griechisch	:	„μορφοποιημένο κρέας“ und „μορφοποιημένο ψάρι“;
auf Englisch	:	„formed meat“ und „formed fish“;
auf Französisch	:	„viande reconstituée“ und „poisson reconstitué“;
auf Irisch	:	„píosaí feola ceangailte“ und „píosaí éisc ceangailte“;
auf Italienisch	:	„costituito da parti di carne“ und „costituito da parti di pesce“;
auf Lettisch	:	„formēta gaļa“ und „formēta zivs“;
auf Litauisch	:	„sudarytas (-a) iš mėsos gabalų“ und „sudarytas (-a) iš žuvies gabalų“;
auf Ungarisch	:	„darabokból újraformázott hús“ und „darabokból újraformázott hal“;
auf Maltesisch	:	„laħam rikostitwit“ und „ħut rikostitwit“;
auf Niederländisch	:	„samengesteld uit stukjes vlees“ und „samengesteld uit stukjes vis“;
auf Polnisch	:	„z połączonych kawałków mięsa“ und „z połączonych kawałków ryby“;
auf Portugiesisch	:	„carne reconstituída“ und „peixe reconstituído“;
auf Rumänisch	:	„carne formată“ und „carne de pește formată“;
auf Slowakisch	:	„zo spájaných kúskov mäsa“ und „zo spájaných kúskov ryby“;
auf Slowenisch	:	„sestavljeno, iz koščkov oblikovano meso“ und „sestavljene, iz koščkov oblikovane ribe“;
auf Finnisch	:	„paloista yhdistetty liha“ und „paloista yhdistetty kala“;
auf Schwedisch	:	„sammanfogade bitar av kött“ und „sammanfogade bitar av fisk“.

TEIL B — SPEZIELLE ANFORDERUNGEN AN DIE BEZEICHNUNG „HACKFLEISCH/FASCHIERTES"

1. Auf der Grundlage eines Tagesdurchschnitts kontrollierte Zusammensetzung:

	Fettgehalt	Verhältnis Kollagen/Fleischeiweiß [1]
— mageres Hackfleisch/Faschiertes	≤ 7 %	≤ 12 %
— reines Rinderhackfleisch/-faschiertes	≤ 20 %	≤ 15 %
— Hackfleisch/Faschiertes mit Schweinefleischanteil	≤ 30 %	≤ 18 %
— Hackfleisch/Faschiertes von anderen Tierarten	≤ 25 %	≤ 15 %

([1]) Das Verhältnis Kollagen/Fleischeiweiß wird als Prozentsatz des im Fleischeiweiß enthaltenen Kollagens ausgedrückt. Der Kollagengehalt ist der mit dem Faktor 8 vervielfältigte Gehalt an Hydroxyprolin.

2. Neben den Anforderungen gemäß Anhang III Abschnitt V Kapitel IV der Verordnung (EG) Nr. 853/2004 muss die Kennzeichnung die folgenden Angaben enthalten:

— „Fettgehalt geringer als …";

— „Verhältnis Kollagen/Fleischeiweiß geringer als …".

3. Die Mitgliedstaaten können gestatten, dass auf ihrem Inlandsmarkt Hackfleisch/Faschiertes, das die Kriterien der Nummer 1 dieses Teils nicht erfüllt, mit einem nationalen Kennzeichen, das nicht mit den Kennzeichen gemäß Artikel 5 Absatz 1 der Verordnung (EG) Nr. 853/2004 verwechselt werden kann, in Verkehr gebracht wird.

TEIL C — SPEZIELLE ANFORDERUNGEN AN DIE BEZEICHNUNG VON WURSTHÜLLEN

Ist eine Wursthülle nicht essbar, muss dies angegeben werden.

ANHANG VII

ANGABE UND BEZEICHNUNG VON ZUTATEN

TEIL A — SPEZIELLE VORSCHRIFTEN FÜR DIE ANGABE VON ZUTATEN IN ABSTEIGENDER REIHENFOLGE IHRES GEWICHTSANTEILS

Zutatenklasse	Vorschriften für die Angabe des Gewichtsanteils
1. Zugefügtes Wasser und flüchtige Zutaten	Werden nach Maßgabe ihres Gewichtsanteils am Enderzeugnis angegeben. Die in einem Lebensmittel als Zutat verwendete Menge Wasser wird durch Abzug aller anderen einbezogenen Zutaten von der Gesamtmenge des Enderzeugnisses bestimmt. Stellt die Menge nicht mehr als 5 % des Gewichts des Enderzeugnisses dar, so kann sie unberücksichtigt bleiben. Diese Ausnahme gilt nicht für Fleisch, Fleischzubereitungen, unverarbeitete Fischereierzeugnisse und unverarbeitete Muscheln.
2. In konzentrierter oder getrockneter Form verwendete und bei der Herstellung in ihren ursprünglichen Zustand zurückgeführte Zutaten	Können nach Maßgabe ihres Gewichtsanteils vor der Eindickung oder vor dem Trocknen im Verzeichnis angegeben werden.
3. Zutaten, die in konzentrierten oder getrockneten Lebensmitteln verwendet werden, denen Wasser zugesetzt werden muss, um sie in ihren ursprünglichen Zustand zurückzuführen	Können in der Reihenfolge der Anteile an dem in seinen ursprünglichen Zustand zurückgeführten Erzeugnis aufgezählt werden, sofern das Zutatenverzeichnis eine Wendung wie „Zutaten des in seinen ursprünglichen Zustand zurückgeführten Erzeugnisses“ oder „Zutaten des gebrauchsfertigen Erzeugnisses“ enthält.
4. Obst, Gemüse oder Pilze, von denen keines nach seinem Gewichtsanteil deutlich dominiert und die mit potenziell veränderlichen Anteilen in einer Mischung als Zutat für ein Lebensmittel verwendet werden	Können im Zutatenverzeichnis unter der Bezeichnung „Obst“, „Gemüse“ oder „Pilze“ zusammengefasst werden, gefolgt von der Wendung „in veränderlichen Gewichtsanteilen“, wobei unmittelbar danach die vorhandenen Obst-, Gemüse- oder Pilzsorten aufzuführen sind. In diesen Fällen wird die Mischung gemäß Artikel 18 Absatz 1 nach dem Gewichtsanteil der Gesamtheit der vorhandenen Obst-, Gemüse- oder Pilzsorten im Zutatenverzeichnis aufgeführt.
5. Mischungen aus Gewürzen oder Kräutern, die sich in ihrem Gewichtsanteil nicht wesentlich unterscheiden	Können in einer anderen Reihenfolge aufgezählt werden, sofern das Verzeichnis der Zutaten eine Wendung wie „in veränderlichen Gewichtsanteilen“ enthält.
6. Zutaten, die weniger als 2 % des Enderzeugnisses ausmachen	Können in anderer Reihenfolge nach den übrigen Zutaten aufgezählt werden.
7. Ähnliche und untereinander austauschbare Zutaten, die bei der Herstellung oder Zubereitung eines Lebensmittels verwendet werden können, ohne dass sie dessen Zusammensetzung, dessen Art oder dessen empfundenen Wert verändern, sofern sie weniger als 2 % des Enderzeugnisses ausmachen	Können im Zutatenverzeichnis mit der Angabe „Enthält … und/oder …“ aufgeführt werden, sofern mindestens eine von höchstens zwei Zutaten im Enderzeugnis vorhanden ist. Diese Vorschrift gilt nicht für in Teil C dieses Anhangs aufgeführte Lebensmittelzusatzstoffe oder Zutaten und in Anhang II aufgeführte Stoffe oder Erzeugnisse, die Allergien oder Unverträglichkeiten auslösen.

8. Raffinierte Öle pflanzlicher Herkunft	Können im Zutatenverzeichnis unter der Bezeichnung „pflanzliche Öle“ zusammengefasst werden, wobei unmittelbar danach eine Liste mit den Angaben der speziellen pflanzlichen Herkunft aufzuführen ist, nach der die Wendung „in veränderlichen Gewichtsanteilen“ folgen kann. Im Falle einer Zusammenfassung werden die pflanzlichen Öle gemäß Artikel 18 Absatz 1 nach dem Gewichtsanteil der Gesamtheit der vorhandenen pflanzlichen Öle im Zutatenverzeichnis aufgeführt. Der Hinweis auf ein gehärtetes Öl muss gegebenenfalls mit dem Ausdruck „ganz gehärtet“ oder „teilweise gehärtet“ versehen sein.
9. Raffinierte Fette pflanzlicher Herkunft	Können im Zutatenverzeichnis unter der Bezeichnung „pflanzliche Fette“ zusammengefasst werden, wobei unmittelbar danach eine Liste mit den Angaben der speziellen pflanzlichen Herkunft aufzuführen ist, nach der die Wendung „in veränderlichen Gewichtsanteilen“ folgen kann. Im Falle einer Zusammenfassung werden die pflanzlichen Fette gemäß Artikel 18 Absatz 1 nach dem Gewichtsanteil der Gesamtheit der vorhandenen pflanzlichen Fette im Zutatenverzeichnis aufgeführt. Der Hinweis auf ein gehärtetes Fett muss gegebenenfalls mit dem Ausdruck „ganz gehärtet“ oder „teilweise gehärtet“ versehen sein.

TEIL B — BEZEICHNUNG BESTIMMTER ZUTATEN, BEI DENEN DIE SPEZIELLE BEZEICHNUNG DURCH DIE BEZEICHNUNG EINER KLASSE ERSETZT WERDEN KANN

Unbeschadet des Artikels 21 können Zutaten, die zu einer der im Folgenden aufgeführten Lebensmittelklasse gehören und die Bestandteile eines anderen Lebensmittels sind, statt mit ihrer speziellen Bezeichnung mit der Bezeichnung der betreffenden Klasse benannt werden.

Definition der Lebensmittelklasse	Bezeichnung

1. Raffinierte Öle tierischer Herkunft	„Öl“, ergänzt entweder durch das Adjektiv „tierisch“ oder die Angabe der speziellen tierischen Herkunft Der Hinweis auf ein gehärtetes Öl muss gegebenenfalls mit dem Ausdruck „ganz gehärtet“ oder „teilweise gehärtet“ versehen sein.

2. Raffinierte Fette tierischer Herkunft	„Fett“, ergänzt entweder durch das Adjektiv „tierisch“ oder die Angabe der speziellen tierischen Herkunft Der Hinweis auf ein gehärtetes Fett muss gegebenenfalls mit dem Ausdruck „ganz gehärtet“ oder „teilweise gehärtet“ versehen sein.
3. Mischungen von Mehl aus zwei oder mehr Getreidearten	„Mehl“, gefolgt von der Aufzählung der Getreidearten, aus denen es hergestellt ist, in abnehmender Reihenfolge ihres Gewichtsanteils
4. Natürliche Stärke und auf physikalischem oder enzymatischem Wege modifizierte Stärke	„Stärke“
5. Fisch aller Art, wenn der Fisch Zutat eines anderen Lebensmittels ist und sofern sich Bezeichnung und Darstellung dieses Lebensmittels nicht auf eine bestimmte Fischart beziehen	„Fisch“
6. Käse aller Art, wenn der Käse oder die Käsemischung Zutat eines anderen Lebensmittels ist und sofern sich Bezeichnung und Darstellung dieses Lebensmittels nicht auf eine bestimmte Käseart beziehen	„Käse“

7. Gewürze jeder Art, die nicht mehr als 2 Gewichtsprozent des Lebensmittels ausmachen	„Gewürz(e)“ oder „Gewürzmischung“
8. Kräuter oder Kräuterteile jeder Art, die nicht mehr als 2 Gewichtsprozent des Lebensmittels ausmachen	„Kräuter“ oder „Kräutermischung“
9. Grundstoffe jeder Art, die für die Herstellung der Kaumasse von Kaugummi verwendet werden	„Kaumasse“
10. Paniermehl jeglichen Ursprungs	„Paniermehl“
11. Saccharose jeder Art	„Zucker“
12. Dextroseanhydrid oder Dextrosemonohydrat	„Dextrose“
13. Glucosesirup und getrockneter Glucosesirup	„Glukosesirup“
14. Milcheiweiß aller Art (Kaseine, Kaseinate und Molkenproteine) und Mischungen daraus	„Milcheiweiß“
15. Kakaopressbutter, Expeller-Kakaobutter, raffinierte Kakaobutter	„Kakaobutter“
16. Weine aller Art gemäß Anhang XIb der Verordnung (EG) Nr. 1234/2007 (1)	„Wein“
17. Skelettmuskeln (2) von Tieren der Spezies „Säugetiere“ und „Vögel“, die als für den menschlichen Verzehr geeignet gelten, mitsamt dem natürlicherweise darin eingebetteten oder damit verbundenen Gewebe, deren Gesamtanteil an Fett und Bindegewebe die nachstehend aufgeführten Werte nicht übersteigt, und soweit das Fleisch Zutat eines anderen Lebensmittels ist. Höchstwerte der Fett- und Bindegewebeanteile für Zutaten, die mit dem Begriff „… fleisch“ bezeichnet werden: Art Fettgehalt Verhältnis Kollagen/Fleischeiweiß (1) — Säugetiere (ausgenommen Kaninchen und Schweine) und Mischungen von Tierarten, bei denen Säugetiere überwiegen 25 % 25 % — Schweine 30 % 25 % — Vögel und Kaninchen 15 % 10 % (1) Das Verhältnis Kollagen/Fleischeiweiß wird als Prozentsatz des im Fleischeiweiß enthaltenen Kollagens ausgedrückt. Der Kollagengehalt ist der mit dem Faktor 8 vervielfältigte Gehalt an Hydroxyprolin. Werden diese Höchstwerte überschritten und sind alle anderen Kriterien der Definition von „… fleisch“ erfüllt, so muss der „… fleisch-Anteil“ entsprechend nach unten angepasst werden und das Zutatenverzeichnis muss neben der Angabe des Begriffs „… fleisch“ die Angabe der Zutat Fett bzw. Bindegewebe enthalten. Die unter die Definition von „Separatorenfleisch“ fallenden Erzeugnisse fallen nicht unter die vorliegende Definition.	„… fleisch“, dem der Name/die Namen (3) der Tierart, von der/denen es stammt, vorangestellt ist/sind

18. Alle Arten von Erzeugnissen, die unter die Definition von „Separatorenfleisch" fallen	„Separatorenfleisch", dem der Name/die Namen ([3]) der Tierart/Tierarten, von der/denen es stammt, vorangestellt ist/sind

([1]) Verordnung (EG) Nr. 1234/2007 des Rates vom 22. Oktober 2007 über eine gemeinsame Organisation der Agrarmärkte und mit Sondervorschriften für bestimmte landwirtschaftliche Erzeugnisse (Verordnung über die einheitliche GMO) (ABl. L 299 vom 16.11.2007, S. 1).

([2]) Das Zwerchfell und die Kaumuskeln gehören zu den Skelettmuskeln, während das Herz, die Zunge, die Muskeln des Kopfes (außer den Kaumuskeln), des Karpal- und Tarsalgelenks und des Schwanzes nicht darunter fallen.

([3]) Bei der Kennzeichnung in englischer Sprache kann diese Bezeichnung durch die allgemeine Bezeichnung für das Fleisch der betreffenden Tierspezies ersetzt werden.

TEIL C — NENNUNG BESTIMMTER ZUTATEN MIT DER BEZEICHNUNG DER BETREFFENDEN KLASSE, GEFOLGT VON IHRER SPEZIELLEN BEZEICHNUNG ODER DER E-NUMMER

Unbeschadet des Artikels 21 sind Lebensmittelzusatzstoffe und Lebensmittelenzyme, die nicht in Artikel 20 Buchstabe b aufgeführt sind und zu einer der in diesem Teil aufgeführten Klassen gehören, mit der Bezeichnung dieser Klasse zu benennen, gefolgt von ihrer speziellen Bezeichnung, oder gegebenenfalls der E-Nummer. Gehört eine Zutat zu mehreren Klassen, so ist die Klasse anzugeben, der die Zutat aufgrund ihrer hauptsächlichen Wirkung für das betreffende Lebensmittel zuzuordnen ist.

AntioxidationsmittelBacktriebmittelEmulgator FarbstoffFestigungsmittelFeuchthaltemittelFüllstoffGeliermittelGeschmacksverstärkerKomplexbildnerKonservierungsstoffMehlbehandlungsmittelModifizierte Stärke ([20]) SäuerungsmittelSäureregulatorSchaummittelSchaumverhüter Schmelzsalz ([21]) StabilisatorSüßungsmittelTreibgasTrennmittelÜberzugsmittelVerdickungsmittel

TEIL D — BEZEICHNUNG VON AROMEN IM ZUTATENVERZEICHNIS

1. Aromen sind mit folgenden Begriffen zu bezeichnen:

— „Aroma/Aromen" oder einer genaueren Bezeichnung bzw. einer Beschreibung des Aromas, wenn der Aromabestandteil Aromen im Sinne von Artikel 3 Absatz 2 Buchstaben b, c, d, e, f, g oder h der Verordnung (EG) Nr. 1334/2008 enthält;

— „Raucharoma/Raucharomen" oder „Raucharoma/Raucharomen aus einem Lebensmittel/Lebensmitteln bzw. einer Lebensmittelklasse bzw. einem Ausgangsstoff/Ausgangsstoffen" (z. B. „Raucharoma aus Buchenholz"), wenn der Aromabestandteil Aromen im Sinne von Artikel 3 Absatz 2 Buchstabe f der Verordnung (EG) Nr. 1334/2008 enthält und den Lebensmitteln einen Räuchergeschmack verleiht.

2. Der Begriff „natürlich" wird zur Bezeichnung von Aromen im Sinne von Artikel 16 der Verordnung (EG) Nr. 1334/2008 verwendet.

3. Chinin und/oder Koffein, die als Aromen bei der Herstellung oder Zubereitung von Lebensmitteln Verwendung finden, sind im Zutatenverzeichnis unmittelbar nach dem Begriff „Aroma/Aromen" unter ihrer Bezeichnung aufzuführen.

TEIL E — BEZEICHNUNG VON ZUSAMMENGESETZTEN ZUTATEN

1. Eine zusammengesetzte Zutat kann im Zutatenverzeichnis unter ihrer Bezeichnung, sofern diese in einer Rechtsvorschrift festgelegt oder üblich ist, nach Maßgabe ihres Gesamtgewichtsanteils angegeben werden, sofern unmittelbar danach eine Aufzählung ihrer Zutaten folgt.

2. Unbeschadet des Artikels 21 ist das Zutatenverzeichnis bei zusammengesetzten Zutaten nicht verpflichtend,

a) wenn die Zusammensetzung der zusammengesetzten Zutat in einer geltenden Unionsvorschrift festgelegt ist, sofern die zusammengesetzte Zutat weniger als 2 % des Enderzeugnisses ausmacht; dies gilt jedoch vorbehaltlich des Artikels 20 Buchstaben a bis d nicht für Zusatzstoffe; oder

b) für die aus Gewürz- und/oder Kräutermischungen bestehenden zusammengesetzten Zutaten, die weniger als 2 % des Enderzeugnisses ausmachen, mit Ausnahme von Lebensmittelzusatzstoffen, vorbehaltlich des Artikels 20 Buchstaben a bis d; oder

c) wenn die zusammengesetzte Zutat ein Lebensmittel ist, für das nach Unionsvorschriften kein Zutatenverzeichnis erforderlich ist.

ANHANG VIII

MENGENMÄSSIGE ANGABE DER ZUTATEN

1. Die mengenmäßige Angabe ist nicht erforderlich

a) für eine Zutat oder Zutatenklasse,

i) deren Abtropfgewicht gemäß Anhang IX Nummer 5 angegeben ist;

ii) deren Mengenangabe aufgrund von Unionsvorschriften bereits in der Kennzeichnung aufzuführen ist;

iii) die in kleinen Mengen zur Geschmacksgebung verwendet wird; oder

iv) die, obwohl sie in der Bezeichnung des Lebensmittels vorkommt, für die Wahl des Verbrauchers im Land der Vermarktung nicht ausschlaggebend ist, weil unterschiedliche Mengen für die Charakterisierung des betreffenden Lebensmittels nicht wesentlich sind oder es nicht von ähnlichen Lebensmitteln unterscheiden;

b) wenn in speziellen Unionsbestimmungen die Menge der Zutat oder der Zutatenklasse präzise festgelegt, deren Angabe in der Kennzeichnung aber nicht vorgesehen ist; oder

c) in den in Anhang VII Teil A Nummern 4 und 5 genannten Fällen.

2. Artikel 22 Absatz 1 Buchstaben a und b gelten nicht für

a) Zutaten oder Zutatenklassen, die unter die Angabe „mit Süßungsmittel(n)" oder „mit Zucker(n) und Süßungsmittel(n)" fallen, wenn diese Angabe gemäß Anhang III in Verbindung mit der Bezeichnung des Lebensmittels erscheint; oder

b) zugesetzte Vitamine und Mineralstoffe, wenn diese Stoffe in eine Nährwertdeklaration aufgenommen werden müssen.

3. Die Angabe der Menge einer Zutat oder Zutatenklasse erfolgt

a) als Prozentsatz der Menge der Zutat bzw. Zutaten zum Zeitpunkt ihrer Verwendung; und

b) erscheint entweder in der Bezeichnung des Lebensmittels selbst oder in ihrer unmittelbaren Nähe oder im Zutatenverzeichnis zusammen mit der betreffenden Zutat oder Zutatenklasse.

4. Abweichend von Nummer 3

a) ist die Menge bei Lebensmitteln, denen infolge einer Hitzebehandlung oder einer sonstigen Behandlung Feuchtigkeit entzogen wurde, als Prozentsatz auszudrücken, der der Menge der verarbeiteten Zutat oder Zutaten, bezogen auf das Enderzeugnis, entspricht, es sei denn, diese Menge oder die in der Kennzeichnung angegebene Gesamtmenge aller Zutaten übersteigt 100 %; in diesem Fall erfolgt die Angabe nach Maßgabe des Gewichts der für die Zubereitung von 100 g des Enderzeugnisses verwendeten Zutat bzw. Zutaten;

b) wird die Menge der flüchtigen Zutaten nach Maßgabe ihres Gewichtsanteils am Enderzeugnis angegeben;

c) kann die Menge derjenigen Zutaten, die in konzentrierter oder getrockneter Form verwendet und während der Herstellung in ihren ursprünglichen Zustand zurückgeführt werden, nach Maßgabe ihres Gewichtsanteils vor der Konzentration oder der Trocknung angegeben werden;

d) kann die Menge der Zutaten bei konzentrierten oder getrockneten Lebensmitteln, denen Wasser zugefügt werden muss, nach Maßgabe ihres Gewichtsanteils im in seinen ursprünglichen Zustand zurückgeführten Erzeugnis angegeben werden.

ANHANG IX

ANGABE DER NETTOFÜLLMENGE

1. Die Angabe der Nettofüllmenge ist nicht verpflichtend bei Lebensmitteln,

a) bei denen in Volumen oder Masse erhebliche Verluste auftreten können und die nach Stückzahlen in den Verkehr gebracht oder in Anwesenheit des Käufers abgewogen werden;

b) deren Nettofüllmenge unter 5 g oder 5 ml liegt; dies gilt jedoch nicht für Gewürze und Kräuter; oder

c) die normalerweise nach Stückzahlen in den Verkehr gebracht werden, sofern die Stückzahl von außen leicht zu sehen und einfach zu zählen ist oder anderenfalls in der Kennzeichnung angegeben ist.

2. Ist die Angabe einer bestimmten Mengenart (wie Nennfüllmenge, Mindestmenge, mittlere Menge) in den Unionsvorschriften oder — falls solche fehlen — in den einzelstaatlichen Vorschriften vorgesehen, so gilt diese Menge als Nettofüllmenge im Sinne dieser Verordnung.

3. Besteht eine Vorverpackung aus zwei oder mehr Einzelpackungen mit derselben Menge desselben Erzeugnisses, so wird die Nettofüllmenge in der Weise angegeben, dass die in jeder Einzelpackung enthaltene Nettofüllmenge und die Gesamtzahl der Einzelpackungen angegeben werden. Diese Angaben sind jedoch nicht verpflichtend, wenn die Gesamtzahl der Einzelpackungen von außen leicht zu sehen und einfach zu zählen ist und wenn mindestens eine Angabe der Nettofüllmenge jeder Einzelpackung deutlich von außen sichtbar ist.

4. Besteht eine Vorverpackung aus zwei oder mehr Einzelpackungen, die nicht als Verkaufseinheiten anzusehen sind, so wird die Nettofüllmenge in der Weise angegeben, dass die Gesamtnettofüllmenge und die Gesamtzahl der Einzelpackungen angegeben werden.

5. Befindet sich ein festes Lebensmittel in einer Aufgussflüssigkeit, so ist auch das Abtropfgewicht des Lebensmittels anzugeben. Bei glasierten Lebensmitteln ist das Überzugsmittel nicht im angegebenen Nettogewicht des Lebensmittels enthalten.

Als Aufgussflüssigkeiten im Sinne dieser Nummer gelten folgende Erzeugnisse — gegebenenfalls in Mischungen und auch gefroren oder tiefgefroren —, sofern sie gegenüber den wesentlichen Bestandteilen der betreffenden Zubereitung nur eine untergeordnete Rolle spielen und folglich für den Kauf nicht ausschlaggebend sind: Wasser, wässrige Salzlösungen, Salzlake, Genusssäure in wässriger Lösung; Essig, wässrige Zuckerlösungen, wässrige Lösungen von anderen Süßungsstoffen oder -mitteln, Frucht- oder Gemüsesäfte bei Obst und Gemüse.

ANHANG X
MINDESTHALTBARKEITSDATUM, VERBRAUCHSDATUM UND DATUM DES EINFRIERENS

1. Das Mindesthaltbarkeitsdatum wird wie folgt angegeben:

a) Diesem Datum geht folgende Angabe voran:

— „mindestens haltbar bis …“, wenn der Tag genannt wird;

— „mindestens haltbar bis Ende …“ in den anderen Fällen.

b) In Verbindung mit der Angabe nach Buchstabe a wird angegeben

— entweder das Datum selbst oder

— ein Hinweis darauf, wo das Datum in der Kennzeichnung zu finden ist.

Diese Angaben werden erforderlichenfalls durch eine Beschreibung der Aufbewahrungsbedingungen ergänzt, deren Einhaltung die angegebene Haltbarkeit gewährleistet.

c) Das Datum besteht aus der unverschlüsselten Angabe von Tag, Monat und gegebenenfalls Jahr in dieser Reihenfolge.

Ausreichend ist jedoch im Falle von Lebensmitteln,

— deren Haltbarkeit weniger als drei Monate beträgt: die Angabe des Tages und des Monats;

— deren Haltbarkeit mehr als drei Monate, jedoch höchstens achtzehn Monate beträgt: die Angabe des Monats und des Jahres;

— deren Haltbarkeit mehr als achtzehn Monate beträgt: die Angabe des Jahres.

d) Die Angabe des Mindesthaltbarkeitsdatums ist vorbehaltlich der Unionsvorschriften, in denen andere Datumsangaben vorgeschrieben sind, nicht erforderlich bei

— frischem Obst und Gemüse — einschließlich Kartoffeln —, das nicht geschält, geschnitten oder auf ähnliche Weise behandelt worden ist; diese Ausnahmeregelung gilt nicht für Keime von Samen und ähnliche Erzeugnisse, wie Sprossen von Hülsenfrüchten;

— Wein, Likörwein, Schaumwein, aromatisiertem Wein und ähnlichen Erzeugnissen aus anderen Früchten als Weintrauben sowie aus Weintrauben oder Traubenmost gewonnenen Getränken des KN-Codes 2206 00 ;

— Getränken mit einem Alkoholgehalt von 10 oder mehr Volumenprozent;

— Backwaren, die ihrer Art nach normalerweise innerhalb von 24 Stunden nach der Herstellung verzehrt werden;

— Essig;

— Speisesalz;

— Zucker in fester Form;

— Zuckerwaren, die fast nur aus Zuckerarten mit Aromastoffen und/oder Farbstoffen bestehen;

— Kaugummi und ähnlichen Erzeugnissen zum Kauen.

2. Das Verbrauchsdatum wird wie folgt angegeben:

a) Dem Datum geht der Wortlaut „zu verbrauchen bis“ voran.

b) Dem unter Buchstabe a genannten Wortlaut wird Folgendes hinzugefügt:

— entweder das Datum selbst oder

— ein Hinweis darauf, wo das Datum in der Kennzeichnung zu finden ist.

Diesen Angaben folgt eine Beschreibung der einzuhaltenden Aufbewahrungsbedingungen.

c) Das Datum besteht aus der unverschlüsselten Angabe von Tag, Monat und gegebenenfalls Jahr in dieser Reihenfolge.

d) Das Verbrauchsdatum wird auf jeder vorverpackten Einzelportion angegeben.

3. Das Datum des Einfrierens bzw. das Datum des ersten Einfrierens gemäß Anhang III Nummer 6 wird wie folgt angegeben:

a) Dem Datum geht der Wortlaut „eingefroren am …“ voran.

b) Dem in Buchstabe a genannten Wortlaut wird Folgendes hinzugefügt:

— entweder das Datum selbst oder

— ein Hinweis darauf, wo das Datum in der Kennzeichnung zu finden ist.

c) Das Datum besteht aus der unverschlüsselten Angabe von Tag, Monat und Jahr in dieser Reihenfolge.

ANHANG XI

SORTEN VON FLEISCH, FÜR DIE DIE ANGABE DES URSPRUNGSLANDS ODER DES HERKUNFTSORTS VERPFLICHTEND IST

KN-Codes (Kombinierte Nomenklatur 2010)	Beschreibung
0203	Fleisch von Schweinen, frisch, gekühlt oder gefroren
0204	Fleisch von Schafen oder Ziegen, frisch, gekühlt oder gefroren
Ex 02 07	Fleisch von Hausgeflügel der Position 0105 , frisch, gekühlt oder gefroren

ANHANG XII

ALKOHOLGEHALT

Der vorhandene Alkoholgehalt von Getränken mit einem Alkoholgehalt von mehr als 1,2 Volumenprozent ist durch eine Ziffer mit nicht mehr als einer Dezimalstelle anzugeben. Ihr ist das Symbol „% vol" anzufügen; dieser Angabe darf das Wort „Alkohol" oder die Abkürzung „ oder alc. " vorangestellt werden.

Der Alkoholgehalt wird bei 20 °C bestimmt.

Die für die Angabe des Alkoholgehalts zugelassenen und in absoluten Werten ausgedrückten Abweichungen nach oben und nach unten werden in der folgenden Tabelle festgesetzt. Sie gelten unbeschadet der Toleranzen, die sich aus der für die Bestimmung des Alkoholgehalts verwendeten Analysenmethode ergeben.

Beschreibung des Getränks	Positive oder negative Abweichungen
1. Bier des KN-Codes 2203 00 mit einem Alkoholgehalt von höchstens 5,5 % vol; nicht schäumende Getränke des KN-Codes 2206 00 , die aus Weintrauben gewonnen werden	0,5 % vol
2. Bier mit einem Alkoholgehalt von mehr als 5,5 % vol; schäumende Getränke des KN-Codes 2206 00 , die aus Weintrauben gewonnen werden, Apfelwein, Birnenwein, Fruchtwein und ähnliche gegorene Getränke, die aus anderen Früchten als Weintrauben gewonnen werden, auch perlend oder schäumend; Met/Honigwein	1 % vol
3. Getränke mit eingelegten Früchten oder Pflanzenteilen	1,5 % vol
4. Sonstige Getränke mit einem Alkoholgehalt von mehr als 1,2 Volumenprozent	0,3 % vol

ANHANG XIII

REFERENZMENGEN

TEIL A — REFERENZMENGEN FÜR DIE TÄGLICHE ZUFUHR VON VITAMINEN UND MINERALSTOFFEN (ERWACHSENE)

1. Vitamine und Mineralstoffe, die angegeben werden können, sowie ihre Nährstoffbezugswerte (nutrient reference values — NRV)

Vitamin A (µg)	800
Vitamin D (µg)	5
Vitamin E (mg)	12
Vitamin K (µg)	75
Vitamin C (mg)	80
Thiamin (mg)	1,1
Riboflavin (mg)	1,4
Niacin (mg)	16
Vitamin B6 (mg)	1,4
Folsäure (µg)	200
Vitamin B12 (µg)	2,5
Biotin (µg)	50
Pantothensäure (mg)	6
Kalium (mg)	2 000
►C1 Chlorid (mg) ◄	800
Calcium (mg)	800
Phosphor (mg)	700
Magnesium (mg)	375
Eisen (mg)	14
Zink (mg)	10
Kupfer (mg)	1
Mangan (mg)	2
►C1 Fluorid (mg) ◄	3,5
Selen (µg)	55
Chrom (µg)	40
Molybdän (µg)	50
Jod (µg)	150

2. Signifikante Menge an Vitaminen und Mineralstoffen

Bei der Festsetzung der signifikanten Menge sollten in der Regel folgende Werte berücksichtigt werden:

— 15 % der Nährstoffbezugswerte nach Nummer 1 je 100 g oder 100 ml im Falle von anderen Erzeugnissen als Getränken;

— 7,5 % der Nährstoffbezugswerte nach Nummer 1 je 100 ml im Falle von Getränken; oder

— 15 % der Nährstoffbezugswerte nach Nummer 1 je Portion, wenn die Packung nur eine einzige Portion enthält.

TEIL B — REFERENZMENGEN FÜR DIE ZUFUHR VON ENERGIE UND AUSGEWÄHLTEN NÄHRSTOFFEN, DIE KEINE VITAMINE ODER MINERALSTOFFE SIND (ERWACHSENE)

Energie oder Nährstoff	Referenzmenge
Energie	8 400 kJ/2 000 kcal
Gesamtfett	70 g
gesättigte Fettsäuren	20 g
Kohlenhydrate	260 g
Zucker	90 g
Eiweiß	50 g
Salz	6 g

ANHANG XIV

UMRECHNUNGSFAKTOREN

UMRECHNUNGSFAKTOREN FÜR DIE BERECHNUNG DER ENERGIE

Der anzugebende Brennwert wird unter Anwendung der folgenden Umrechnungsfaktoren berechnet:

— Kohlenhydrate (ausgenommen mehrwertige Alkohole)	17 kJ/g — 4 kcal/g
— mehrwertige Alkohole	10 kJ/g — 2,4 kcal/g
— Eiweiß	17 kJ/g — 4 kcal/g
— Fett	37 kJ/g — 9 kcal/g
— Salatrims	25 kJ/g — 6 kcal/g
— Ethylalkohol	29 kJ/g — 7 kcal/g
— organische Säuren	13 kJ/g — 3 kcal/g
— Ballaststoffe	8 kJ/g — 2 kcal/g
— Erythritol	0 kJ/g — 0 kcal/g

ANHANG XV

ABFASSUNG UND DARSTELLUNG DER NÄHRWERTDEKLARATION

In der Nährwertdeklaration sind für die Energiewerte (Kilojoule (kJ) und Kilokalorien (kcal)) und für die Masse (Gramm (g), Milligramm (mg) oder Mikrogramm (µg)) folgende Maßeinheiten zu verwenden und die entsprechenden Angaben müssen in der nachstehenden Reihenfolge erscheinen:

Energie	kJ/kcal
Fett	g
davon:	
— gesättigte Fettsäuren	g
— einfach ungesättigte Fettsäuren	g
— mehrfach ungesättigte Fettsäuren	g
Kohlenhydrate	g
davon:	
— Zucker	g
— mehrwertige Alkohole	g
— Stärke	g
Ballaststoffe	g
Eiweiß	g
Salz	g
Vitamine und Mineralstoffe	in Anhang XIII Teil A Nummer 1 angegebene Maßeinheiten

(1) ABl. L 139 vom 30.4.2004, S. 1.
(2) ABl. L 354 vom 31.12.2008, S. 7.
(3) ABl. L 354 vom 31.12.2008, S. 16.
(4) ABl. L 354 vom 31.12.2008, S. 34.
(5) ABl. L 139 vom 30.4.2004, S. 55.
(6) ABl. L 376 vom 27.12.2006, S. 21.
(7) Verordnung (EU) 2015/2283 des Europäischen Parlaments und des Rates vom 25. November 2015 über neuartige Lebensmittel, zur Änderung der Verordnung (EU) Nr. 1169/2011 des Europäischen Parlaments und des Rates und zur Aufhebung der Verordnung (EG) Nr. 258/97 des Europäischen Parlaments und des Rates und der Verordnung (EG) Nr. 1852/2001 der Kommission (ABl. L 327 vom 11.12.2015, S. 1).
(8) ABl. L 93 vom 31.3.2006, S. 1.
(9) ABl. L 93 vom 31.3.2006, S. 12.
(10) ABl. L 183 vom 12.7.2002, S. 51.
(11) ABl. L 164 vom 26.6.2009, S. 45.
(12) ABl. L 124 vom 20.5.2009, S. 21.
(13) ABl. L 204 vom 21.7.1998, S. 37.
(14) ABl. L 304 vom 22.11.2011, S. 18 “.
(15) ABl. L 304 vom 22.11.2011, S. 18 “.
(16) ABl. L 314 vom 1.12.2009, S. 10.
(17) und daraus gewonnene Erzeugnisse, soweit das Verfahren, das sie durchlaufen haben, die Allergenität, die von der EFSA für das entsprechende Erzeugnis ermittelt wurde, aus dem sie gewonnen wurden, wahrscheinlich nicht erhöht.
(18) ABl. L 66 vom 13.3.1999, S. 26.
(19) ABl. L 66 vom 13.3.1999, S. 16.
(20) Die Angabe der spezifischen Bezeichnung oder der E-Nummer ist nicht erforderlich.
(21) Nur im Fall von Schmelzkäse und von Erzeugnissen auf der Grundlage von Schmelzkäse.

25. Durchführungsverordnung 2018/775 mit den Einzelheiten zur Anwendung von Artikel 26 Absatz 3 der Verordnung (EU) Nr. 1169/2011 des Europäischen Parlaments und des Rates betreffend die Information der Verbraucher über Lebensmittel hinsichtlich der Vorschriften für die Angabe des Ursprungslands oder Herkunftsorts der primären Zutat eines Lebensmittels

ABl L 2018/131, S. 8 idgF

DIE EUROPÄISCHE KOMMISSION —

gestützt auf den Vertrag über die Arbeitsweise der Europäischen Union,

gestützt auf die Verordnung (EU) Nr. 1169/2011 des Europäischen Parlaments und des Rates vom 25. Oktober 2011 betreffend die Information der Verbraucher über Lebensmittel [(1)], insbesondere auf Artikel 26 Absatz 8,

in Erwägung nachstehender Gründe:

(1) In Artikel 26 der Verordnung (EU) Nr. 1169/2011 sind allgemeine Vorschriften und Bestimmungen für die Angabe des Ursprungslands oder des Herkunftsorts von Lebensmitteln festgelegt, die unbeschadet bestimmter Rechtsvorschriften der Union gelten.

(2) Nach Artikel 26 Absatz 2 Buchstabe a der Verordnung (EU) Nr. 1169/2011 ist die Angabe des Ursprungslands oder des Herkunftsorts erforderlich, falls ohne diese Angabe eine Irreführung der Verbraucher über das tatsächliche Ursprungsland oder den tatsächlichen Herkunftsort des Enderzeugnisses möglich wäre, insbesondere wenn die dem Lebensmittel beigefügten Informationen oder das Etikett insgesamt sonst den Eindruck erwecken würden, das Lebensmittel komme aus einem anderen Ursprungsland oder Herkunftsort. Dieser Artikel zielt darauf ab, irreführende Informationen über Lebensmittel zu vermeiden, die den Eindruck eines bestimmten Ursprungs eines Lebensmittels erwecken, der aber nicht dessen tatsächlichem Ursprung entspricht.

(3) In Artikel 26 Absatz 3 der Verordnung (EU) Nr. 1169/2011 ist festgelegt, dass in den Fällen, in denen das Ursprungsland oder der Herkunftsort eines Lebensmittels angegeben und dieses/dieser nicht mit dem seiner primären Zutat identisch ist, auch das Ursprungsland oder der Herkunftsort der jeweiligen primären Zutat zu nennen ist oder anzugeben ist, dass die primäre Zutat aus einem anderen Ursprungsland oder Herkunftsort kommt als das Lebensmittel. Weiter heißt es, dass für die Anwendung dieser Vorschriften ein Durchführungsrechtsakt erlassen werden muss.

(4) Artikel 26 Absatz 3 der Verordnung (EU) Nr. 1169/2011 betrifft Fälle, für die die Angabe des Ursprungslands oder des Herkunftsorts gemäß Artikel 26 Absatz 2 Buchstabe a der Verordnung verpflichtend ist oder freiwillig durch Angaben wie Erklärungen, Begriffe' Piktogramme oder Symbole erfolgt.

(5) Freiwillige Hinweise wie etwa geografische Angaben, die in der Bezeichnung des Lebensmittels enthalten sind oder mit ihr einhergehen, können auch Bestandteil der Warenbezeichnungen sein, die gemäß den spezifischen EU-Rechtsvorschriften als geografische Angaben oder Marken geschützt sind.

(6) Angaben zum Ursprungsland oder Herkunftsort eines Lebensmittels, die Bestandteil von Warenbezeichnungen sind, die gemäß den Verordnungen (EU) Nr. 1151/2012 [(2)], (EU) Nr. 1308/2013 [(3)], (EG) Nr. 110/2008 [(4)] oder (EU) Nr. 251/2014 des Europäischen Parlaments und des Rates [(5)] als geografische Angaben geschützt oder gemäß internationalen Übereinkünften geschützt sind, fallen in den Anwendungsbereich von Artikel 26 Absatz 3 der Verordnung (EU) Nr. 1169/2011. Da diese Warenbezeichnungen einen wesentlichen Zusammenhang zwischen den Merkmalen des Erzeugnisses und dem geografischen Ursprung aufweisen und durch spezifische Vorschriften geregelt sind, einschließlich Vorschriften für die Kennzeichnung, sowie unter Berücksichtigung der Tatsache, dass für diese Bezeichnungen Rechte des geistigen Eigentums gelten, ist es erforderlich, genauer zu prüfen, wie der Ursprung der primären Zutat gemäß Artikel 26 Absatz 3 der Verordnung (EU) Nr. 1169/2011 für diese Bezeichnungen angegeben werden sollte.

(7) Angaben zum Ursprungsland oder Herkunftsort eines Lebensmittels, die Bestandteil eingetragener Marken sind, fallen in den Anwendungsbereich von Artikel 26 Absatz 3 der Verordnung (EU) Nr. 1169/2011. Marken können Zeichen aller Art sein, insbesondere Wörter, einschließlich Personennamen, oder Abbildungen, Buchstaben, Zahlen, Farben, die Form oder Verpackung der Ware oder Klänge, soweit solche Zeichen geeignet sind, den Waren oder Dienstleistungen eines Unternehmens Unterscheidungskraft zu verleihen. Der Zweck von Marken be-

steht darin, dem Verbraucher die Identifizierung einer bestimmten Geschäftsquelle oder Handelsherkunft im Zusammenhang mit bestimmten Waren und/oder Dienstleistungen zu ermöglichen. In Anbetracht des spezifischen Charakters und Zwecks von Marken ist es angezeigt, genauer zu prüfen, wie der Ursprung der primären Zutat gemäß Artikel 26 Absatz 3 der Verordnung (EU) Nr. 1169/2011 angegeben werden sollte, wenn dies für Marken erforderlich ist.

(8) Verkehrsübliche Bezeichnungen und Gattungsbezeichnungen, einschließlich geografischer Begriffe, die den Ursprung wortwörtlich angeben, die jedoch allgemein nicht als Ursprungsangabe oder Herkunftsort des Lebensmittels verstanden werden, sollten nicht in den Anwendungsbereich der vorliegenden Verordnung fallen.

(9) Für die Zwecke dieser Verordnung sollten Identitätskennzeichen, die Lebensmitteln gemäß der Verordnung (EG) Nr. 853/2004 des Europäischen Parlaments und des Rates [(6)] mit spezifischen Hygienevorschriften für Lebensmittel tierischen Ursprungs beigefügt werden, nicht als Angabe des Ursprungslands oder des Herkunftsorts gelten.

(10) Damit die Verbraucher auf der Grundlage besserer Informationen Entscheidungen treffen können, ist es erforderlich, durch die vorliegende Verordnung besondere Vorschriften festzulegen, die gelten sollten, wenn das Ursprungsland oder der Herkunftsort der primären Zutat angegeben ist. Diese Vorschriften sollen sicherstellen, dass derartige Informationen hinreichend präzise und aussagekräftig sind.

(11) Daher ist es angezeigt, dass eine solche Angabe zu einer primären Zutat auf ein geografisches Gebiet Bezug nimmt, das für den Verbraucher leicht verständlich sein sollte. Die Verwendung von Phantasienamen für Regionen oder andere geografische Gebiete, die keine aussagekräftige Information darstellen oder den Verbraucher über den tatsächlichen Herkunftsort der primären Zutat irreführen könnten, sollte verboten werden.

(12) Handelt es sich bei einer primären Zutat um ein Lebensmittel, das spezifischen Unionsvorschriften über die Angabe des Ursprungslands oder des Herkunftsorts unterliegt, so könnten diese alternativ für die Zwecke von Artikel 26 Absatz 3 Buchstabe a der Verordnung (EU) Nr. 1169/2011 verwendet werden.

(13) Für den Fall, dass Lebensmittelunternehmer sich dafür entscheiden, lediglich anzugeben, dass das Ursprungsland oder der Herkunftsort der primären Zutat nicht dem des Lebensmittels entspricht, beispielsweise aufgrund mehrerer oder unterschiedlicher Bezugsquellen und besonderer Herstellungsprozesse, ist es angezeigt, einen Rahmen zu schaffen, in dem die verschiedenen Umstände der Lebensmittelverarbeitung berücksichtigt werden. Die entsprechende Angabe sollte verständliche Informationen für die Verbraucher enthalten.

(14) Die Informationen, die im Einklang mit der vorliegenden Verordnung über die primäre Zutat bereitgestellt werden, sollten die Informationen ergänzen, die den Verbrauchern zum Ursprungsland oder Herkunftsort des Lebensmittels gegeben werden und deutlich, gut lesbar und gegebenenfalls dauerhaft angebracht werden.

(15) Für die Anwendung dieser Verordnung sollte eine geeignete Übergangsfrist gemäß Artikel 47 der Verordnung (EU) Nr. 1169/2011festgelegt werden, demzufolge neue Maßnahmen zu Informationen über Lebensmittel ab dem 1. April eines Kalenderjahres anwendbar sind.

(16) Die in der vorliegenden Verordnung vorgesehenen Maßnahmen entsprechen der Stellungnahme des Ständigen Ausschusses für Pflanzen, Tiere, Lebensmittel und Futtermittel —

HAT FOLGENDE VERORDNUNG ERLASSEN:

---

(1) Verordnung (EU) Nr. 1169/2011 des Europäischen Parlaments und des Rates vom 25. Oktober 2011 betreffend die Information der Verbraucher über Lebensmittel und zur Änderung der Verordnungen (EG) Nr. 1924/2006 und (EG) Nr. 1925/2006 des Europäischen Parlaments und des Rates und zur Aufhebung der Richtlinie 87/250/EWG der Kommission, der Richtlinie 90/496/EWG des Rates, der Richtlinie 1999/10/EG der Kommission, der Richtlinie 2000/13/EG des Europäischen Parlaments und des Rates, der Richtlinien 2002/67/EG und 2008/5/EG der Kommission und der Verordnung (EG) Nr. 608/2004 der Kommission (ABl. L 304 vom 22.11.2011, S. 18).

(2) Verordnung (EU) Nr. 1151/2012 des Europäischen Parlaments und des Rates vom 21. November 2012 über Qualitätsregelungen für Agrarerzeugnisse und Lebensmittel (ABl. L 343 vom 14.12.2012, S. 1).

(3) Verordnung (EU) Nr. 1308/2013 des Europäischen Parlaments und des Rates vom 17. Dezember 2013 über eine gemeinsame Marktorganisation für landwirtschaftliche Erzeugnisse und zur Aufhebung der Verordnungen (EWG) Nr. 922/72, (EWG) Nr. 234/79, (EG) Nr. 1037/2001 und (EG) Nr. 1234/2007 (ABl. L 347 vom 20.12.2013, S. 671).

(4) Verordnung (EG) Nr. 110/2008 des Europäischen Parlaments und des Rates vom 15. Januar 2008 zur Begriffsbestimmung, Bezeichnung, Aufmachung und Etikettierung von Spirituosen sowie zum Schutz geografischer Angaben für Spirituosen und zur Aufhebung der Verordnung (EWG) Nr. 1576/89 des Rates (ABl. L 39 vom 13.2.2008, S. 16).

(5) Verordnung (EU) Nr. 251/2014 des Europäischen Parlaments und des Rates vom 26. Februar 2014 über die Begriffsbestimmung, Beschreibung, Aufmachung und Etikettierung von aromatisierten Weinerzeugnissen sowie den Schutz geografischer Angaben für aromatisierte Weinerzeugnisse und zur Aufhebung der Verordnung (EWG) Nr. 1601/91 des Rates (ABl. L 84 vom 20.3.2014, S. 14).

(6) Verordnung (EG) Nr. 853/2004 des Europäischen Parlaments und des Rates vom 29. April 2004 mit spezifischen Hygienevorschriften für Lebensmittel tierischen Ursprungs (ABl. L 139 vom 30.4.2004, S. 55).

Artikel 1
Gegenstand

1. In dieser Verordnung werden die Modalitäten für die Anwendung von Artikel 26 Absatz 3 der Verordnung (EU) Nr. 1169/2011 in Fällen festgelegt, in denen das Ursprungsland oder der Herkunftsort eines Lebensmittels durch Angaben wie Erklärungen, Piktogramme, Symbole oder Begriffe erfolgt, die sich auf Orte oder geografische Gebiete beziehen, ausgenommen geografische Begriffe, die in verkehrsüblichen Bezeichnungen und Gattungsbezeichnungen enthalten sind, sofern diese Begriffe den Ursprung wortwörtlich angeben, sie jedoch allgemein nicht als Angabe des Ursprungslands oder Herkunftsorts des Lebensmittels verstanden werden.

2. Diese Verordnung gilt weder für geografische Angaben, die gemäß der Verordnung (EU) Nr. 1151/2012, der Verordnung (EU) Nr. 1308/2013, der Verordnung (EG) Nr. 110/2008 oder der Verordnung (EU) Nr. 251/2014 oder gemäß internationalen Übereinkünften geschützt sind, noch für eingetragene Marken, wenn letztere eine Ursprungsangabe darstellen, solange keine besonderen Vorschriften über die Anwendung von Artikel 26 Absatz 3 auf derartige Angaben erlassen wurden.

Artikel 2
Angabe des Ursprungslands oder Herkunftsorts der primären Zutat

Das Ursprungsland oder der Herkunftsort einer primären Zutat, das/der nicht mit dem angegebenen Ursprungsland oder Herkunftsort des Lebensmittels identisch ist, ist anzugeben:

a) unter Bezugnahme auf eines der folgenden geografischen Gebiete:

i) „EU“, „Nicht-EU“ oder „EU und nicht-EU“; oder

ii) eine Region oder ein anderes geografisches Gebiet, die/das entweder in mehreren Mitgliedstaaten oder in Drittländern liegt, sofern sie/es völkerrechtlich als solche/s definiert ist oder für einen normal informierten Durchschnittsverbraucher verständlich ist; oder

iii) ein FAO-Fischereigebiet oder ein Meeres- oder Süßwassergebiet, sofern es völkerrechtlich als solches definiert ist oder für einen normal informierten Durchschnittsverbraucher verständlich ist; oder

iv) ein Mitgliedstaat (Mitgliedstaaten) oder Drittland (Drittländer); oder

v) eine Region oder ein anderes geografisches Gebiet in einem Mitgliedstaat oder Drittland, sofern sie/es für einen normal informierten Durchschnittsverbraucher verständlich ist; oder

vi) das Ursprungsland oder der Herkunftsort im Einklang mit besonderen Unionsvorschriften, die für die primäre(n) Zutat(en) als solche gelten;

b) oder mit folgender Erklärung:

„(Bezeichnung der primären Zutat) stammt/stammen nicht aus (Ursprungsland oder Herkunftsort des Lebensmittels)“ oder einem ähnlichen Wortlaut, der für den Verbraucher dieselbe Bedeutung haben sollte.

Artikel 3
Darstellungsform der Informationen

1. Die Informationen gemäß Artikel 2 sind in einer Schriftgröße anzugeben, die nicht kleiner als die Mindestschriftgröße gemäß Artikel 13 Absatz 2 der Verordnung (EU) Nr. 1169/2011 ist.

2. Unbeschadet des Absatzes 1 müssen in Fällen, in denen das Ursprungsland oder der Herkunftsort eines Lebensmittels mit Worten angegeben ist, die Informationen gemäß Artikel 2 im selben Sichtfeld erscheinen wie die Angabe des Ursprungslands oder Herkunftsorts des Lebensmittels und die x-Höhe der Schriftgröße muss mindestens 75 % der x-Höhe der Angabe des Ursprungslands oder des Herkunftsorts des Lebensmittels betragen.

3. Unbeschadet des Absatzes 1 müssen in Fällen, in denen das Ursprungsland oder der Herkunftsort des Lebensmittels nicht schriftlich angegeben ist, die Informationen gemäß Artikel 2 im selben Sichtfeld erscheinen wie die Angabe des Ursprungslands oder Herkunftsorts des Lebensmittels.

Artikel 4
Inkrafttreten, Geltungsbeginn und Übergangsmaßnahmen

Diese Verordnung tritt am dritten Tag nach ihrer Veröffentlichung im *Amtsblatt der Europäischen Union* in Kraft.

Sie gilt ab dem 1. April 2020.

Lebensmittel, die vor dem Geltungsbeginn dieser Verordnung in Verkehr gebracht oder gekennzeichnet wurden, können bis zur Erschöpfung der Bestände in Verkehr gebracht werden.

26. CSDDD (Richtlinie (EU) 2024/1760)

vom 13. Juni 2024
über die Sorgfaltspflichten von Unternehmen im Hinblick auf Nachhaltigkeit und zur Änderung der Richtlinie (EU) 2019/1937 und der Verordnung (EU) 2023/2859
(Text von Bedeutung für den EWR)

ABl L 2024/1760 idgF

GLIEDERUNG

DAS EUROPÄISCHE PARLAMENT UND DER RAT DER EUROPÄISCHEN UNION —

gestützt auf den Vertrag über die Arbeitsweise der Europäischen Union, insbesondere auf Artikel 50 Absatz 1, Artikel 50 Absatz 2 Buchstabe g und Artikel 114,

auf Vorschlag der Europäischen Kommission,

nach Zuleitung des Entwurfs des Gesetzgebungsakts an die nationalen Parlamente,

nach Stellungnahme des Europäischen Wirtschafts- und Sozialausschusses[(1)],

gemäß dem ordentlichen Gesetzgebungsverfahren[(2)],

in Erwägung nachstehender Gründe:

(1) Nach Artikel 2 des Vertrags über die Europäische Union (EUV) gründet sich die Union auf die Werte der Achtung der Menschenwürde, Freiheit, Demokratie, Gleichheit, Rechtsstaatlichkeit und der Wahrung der Menschenrechte, wie sie

CSDDD

in der Charta der Grundrechte der Europäischen Union (im Folgenden „Charta“) verankert sind. Diese grundlegenden Werte der Union, die für ihre eigene Entstehung maßgebend waren, sowie die universelle Gültigkeit und Unteilbarkeit der Menschenrechte und Grundfreiheiten und die Achtung der Grundsätze der Charta der Vereinten Nationen und des Völkerrechts sollten das Handeln der Union auf internationaler Ebene leiten. Zu einem solchen Handeln gehört auch die Förderung einer nachhaltigen wirtschaftlichen, sozialen und ökologischen Entwicklung der Entwicklungsländer.

(2) Im Einklang mit Artikel 191 des Vertrags über die Arbeitsweise der Europäischen Union (AEUV) zählen ein hohes Maß an Umweltschutz und Verbesserung der Umweltqualität sowie die Förderung europäischer Grundwerte zu den Prioritäten der Union, wie in der Mitteilung der Kommission vom 11. Dezember 2019 mit dem Titel „Der europäische Grüne Deal“ dargelegt. Diese Ziele erfordern eine Mitwirkung nicht nur der Behörden, sondern auch der privaten Akteure, insbesondere der Unternehmen.

(3) In ihrer Mitteilung vom 14. Januar 2020 mit dem Titel „Ein starkes soziales Europa für einen gerechten Übergang“ verpflichtete sich die Kommission zur Modernisierung der sozialen Marktwirtschaft in Europa, um einen gerechten Übergang zur Nachhaltigkeit zu erreichen und sicherzustellen, dass niemand zurückgelassen wird. Die vorliegende Richtlinie wird auch zur Europäischen Säule sozialer Rechte beitragen, die Rechte wie faire Arbeitsbedingungen fördert. Sie ist Teil der politischen Maßnahmen und Strategien der Union zur Förderung menschenwürdiger Arbeit weltweit, auch in globalen Wertschöpfungsketten, wie dies in der Mitteilung der Kommission vom 23. Februar 2022 über menschenwürdige Arbeit weltweit deutlich gemacht wird.

(4) Das Verhalten von Unternehmen in allen Wirtschaftszweigen ist von entscheidender Bedeutung im Hinblick auf die erfolgreiche Umsetzung der Nachhaltigkeitsziele der Union, da Unternehmen in der Union, insbesondere große, auf globale Wertschöpfungsketten angewiesen sind. Angesichts der Tatsache, dass diese Themen Verbraucher und Anleger mehr und mehr beschäftigen, liegt es auch im Interesse der Unternehmen, die Menschenrechte und die Umwelt zu schützen. Es gibt bereits mehrere Initiativen zur Förderung von Unternehmen, die einen wertorientierten Wandel unterstützen, sowohl auf Ebene der Union als auch auf nationaler Ebene.

(5) Bestehende internationale Standards für verantwortungsvolles unternehmerisches Handeln legen fest, dass Unternehmen die Menschenrechte schützen sollten, und legen dar, wie sie den Schutz der Umwelt in allen ihren Tätigkeiten und Wertschöpfungsketten berücksichtigen sollten. In den Leitprinzipien der Vereinten Nationen für Wirtschaft und Menschenrechte (im Folgenden „Leitprinzipien der Vereinten Nationen“) wird die Verantwortung von Unternehmen für die Erfüllung der Sorgfaltspflicht in Bezug auf die Menschenrechte anerkannt, indem sie die negativen Auswirkungen der menschenrechtsbezogenen Risiken ihrer Tätigkeit ermitteln, verhindern und mindern sowie Rechenschaft darüber ablegen, wie sie diesen Auswirkungen begegnen. In den Leitprinzipien der Vereinten Nationen heißt es, dass Unternehmen vermeiden sollten, gegen Menschenrechte zu verstoßen und dass sie negativen Auswirkungen auf die Menschenrechte, die sie im Rahmen ihrer eigenen Geschäftstätigkeit, der ihrer Tochterunternehmen und durch ihre direkten und indirekten Geschäftsbeziehungen verursacht haben, zu denen sie beigetragen haben oder die in Verbindung mit ihnen stehen, begegnen sollten.

(6) Das Konzept der menschenrechtlichen Sorgfaltspflicht wurde in den Leitsätzen für multinationale Unternehmen (Guidelines for Multinational Enterprises, im Folgenden „MNE-Leitsätze“) der Organisation für wirtschaftliche Zusammenarbeit und Entwicklung (OECD) spezifiziert und weiterentwickelt, mit denen die Anwendung der Sorgfaltspflicht auf Themen der Umwelt und der Unternehmensführung ausgeweitet wurde. Der OECD-Leitfaden für die Erfüllung der Sorgfaltspflicht für verantwortungsvolles unternehmerisches Handeln (im Folgenden „Leitfaden für verantwortungsvolles unternehmerisches Handeln“) und branchenspezifische Leitfäden sind international anerkannte Rahmenvorgaben, in denen praktische Schritte zur Erfüllung der Sorgfaltspflicht festgelegt sind, um Unternehmen dabei zu unterstützen, tatsächliche und potenzielle Auswirkungen im Zusammenhang mit ihrer Geschäftstätigkeit, ihren Lieferketten und sonstigen Geschäftsbeziehungen zu ermitteln, zu verhindern, zu mindern und darüber Rechenschaft abzulegen. Das Konzept der Sorgfaltspflicht ist auch in den Empfehlungen der Dreigliedrigen Grundsatzerklärung der Internationalen Arbeitsorganisation (IAO) über multinationale Unternehmen und Sozialpolitik verankert.

(7) Alle Unternehmen tragen die Verantwortung für die Achtung der Menschenrechte, die universell gültig, unteilbar und miteinander verknüpft sind und einander bedingen.

(8) Die Ziele der Vereinten Nationen für nachhaltige Entwicklung, die 2015 von allen Mitgliedstaaten der Vereinten Nationen angenommen wurden, umfassen die Förderung eines dauerhaften, inklusiven und nachhaltigen Wirtschaftswachstums. Die Union hat sich selbst das Ziel gesetzt, die Ziele der Vereinten Nationen für nachhaltige Entwicklung umzusetzen. Der Privatsektor trägt zu diesen Zielen bei.

(9) Die globalen Wertschöpfungsketten, insbesondere die der kritischen Rohstoffe, sind von den negativen Auswirkungen natürlicher oder von

Menschen verursachter Gefahren betroffen. Die Häufigkeit und die Auswirkungen der Schocks, die Risiken für kritische Wertschöpfungsketten mit sich bringen, werden in Zukunft wahrscheinlich zunehmen. Der Privatsektor könnte eine wichtige Rolle dabei spielen, wenn es gilt, ein dauerhaftes, inklusives und nachhaltiges Wirtschaftswachstum zu fördern und gleichzeitig der Entstehung von Ungleichgewichten auf dem Binnenmarkt vorzubeugen. Dadurch wird deutlich, dass es wichtig ist, die Resilienz von Unternehmen gegenüber negativen Szenarien im Zusammenhang mit ihren Wertschöpfungsketten zu stärken, wobei externe Effekte sowie Umwelt-, Sozial- und Unternehmensführungsrisiken zu berücksichtigen sind.

(10) In internationalen Übereinkommen auf der Grundlage des Rahmenübereinkommens der Vereinten Nationen über Klimaänderungen, denen die Union und ihre Mitgliedstaaten beigetreten sind, wie dem am 12. Dezember 2015 im Rahmen des Rahmenübereinkommens der Vereinten Nationen über Klimaänderungen angenommenen Pariser Klimaschutzübereinkommen (im Folgenden „Übereinkommen von Paris")[(3)] und dem vor Kurzem verabschiedeten Klimapakt von Glasgow, sind konkrete Wege zur Bekämpfung des Klimawandels und zur Begrenzung der Erderwärmung auf 1,5 oC dargelegt. Neben spezifischen Maßnahmen, die von allen Unterzeichnerparteien erwartet werden, wird auch die Rolle, die der Privatsektor übernimmt, insbesondere seine Anlagestrategien, als entscheidend für die Verwirklichung dieser Ziele betrachtet.

(11) Mit der Verordnung (EU) 2021/1119 des Europäischen Parlaments und des Rates[(4)] hat sich die Union zudem rechtlich verpflichtet, bis 2050 klimaneutral zu werden und die Emissionen bis 2030 um mindestens 55 % zu senken. Für die Erfüllung beider Verpflichtungen ist eine Änderung der Art und Weise erforderlich, in der Unternehmen produzieren und beschaffen. In der Arbeitsunterlage der Kommissionsdienststellen, die der Mitteilung der Kommission vom 17. September 2020 mit dem Titel „Mehr Ehrgeiz für das Klimaziel Europas bis 2030 — In eine klimaneutrale Zukunft zum Wohl der Menschen investieren" (Klimazielplan 2030) beigefügt ist, werden unterschiedliche Grade der Verringerung von Emissionen modelliert, die von verschiedenen Wirtschaftssektoren gefordert werden, wenngleich in allen Szenarien erhebliche Verringerungen von allen Seiten erforderlich sind, damit die Union ihre Klimaziele erreichen kann. In dem Plan wird ferner betont, dass Änderungen der Regeln und Praktiken der Unternehmensführung, auch im Bereich des nachhaltigen Finanzwesens, Eigentümer und Manager von Unternehmen dazu bringen werden, Nachhaltigkeitszielen bei ihren Maßnahmen und Strategien Vorrang einzuräumen. In der Mitteilung der Kommission über den europäischen Grünen Deal wird dargelegt, dass alle Maßnahmen und Strategien der Union auf dasselbe Ziel ausgerichtet sein sollten, damit der Union ein gerechter Übergang zu einer nachhaltigen Zukunft gelingen kann. Ferner wird darin dargelegt, dass Nachhaltigkeit stärker in den Corporate-Governance-Rahmen integriert werden sollte. Ferner wird darin dargelegt, dass Nachhaltigkeit stärker in den Corporate-Governance-Rahmen integriert werden sollte. Mit dem Rahmen für Maßnahmen der Union im Bereich Umwelt und Klima, der in dem Beschluss (EU) 2022/591 des Europäischen Parlaments und des Rates[(5)] festgelegt wurde, wird darauf abgezielt, den grünen Wandel zu einer klimaneutralen, nachhaltigen, schadstofffreien, ressourceneffizienten, auf Energie aus erneuerbaren Quellen beruhenden, resilienten und wettbewerbsfähigen Kreislaufwirtschaft auf faire, ausgewogene und inklusive Weise zu beschleunigen und den Zustand der Umwelt zu schützen, wiederherzustellen und zu verbessern, indem unter anderem der Rückgang der biologischen Vielfalt aufgehalten und diese Tendenz umgekehrt wird.

(12) Gemäß der Mitteilung der Kommission vom 24. Februar 2021 mit dem Titel „Ein klimaresilientes Europa aufbauen" , in der die Strategie der Union für die Anpassung an den Klimawandel vorgestellt wird, sollten alle neuen Entscheidungen sowohl über Investitionen als auch strategischer Art klimabewusst und zukunftsfähig sein, auch die größerer Unternehmen, die Wertschöpfungsketten verwalten. Die vorliegende Richtlinie sollte mit jener Strategie im Einklang stehen. Desgleichen sollte sie im Einklang mit der Richtlinie (EU) 2024/1619 des Europäischen Parlaments und des Rates[(6)] stehen, in der klare Anforderungen an die Unternehmensführungsvorschriften von Banken festgelegt sind, die auch beinhalten, dass auf Ebene des Verwaltungsrats Kenntnis von den Umwelt-, Sozial- und Unternehmensführungsrisiken besteht.

(13) Die Mitteilung der Kommission vom 11. März 2020 mit dem Titel „Ein neuer Aktionsplan für die Kreislaufwirtschaft — Für ein saubereres und wettbewerbsfähigeres Europa" (Aktionsplan für die Kreislaufwirtschaft), die Mitteilung der Kommission vom 20. März 2020 mit dem Titel „EU-Biodiversitätsstrategie für 2030: Mehr Raum für die Natur in unserem Leben" (Biodiversitätsstrategie), die Mitteilung der Kommission vom 20. März 2020 mit dem Titel „Vom Hof auf den Tisch — eine Strategie für ein faires, gesundes und umweltfreundliches Lebensmittelsystem" (Strategie „Vom Hof auf den Tisch") und die Mitteilung der Kommission vom 14. Oktober 2020 mit dem Titel „Chemikalienstrategie für Nachhaltigkeit — Für eine schadstofffreie Umwelt" (Chemikalienstrategie), die Mitteilung der Kommission vom 12. Mai 2021 über den EU-Aktionsplan: „Schadstofffreiheit von Luft, Wasser und Boden" , die Mitteilung der Kommission vom

5. Mai 2021 mit dem Titel „Aktualisierung der neuen Industriestrategie von 2020: einen stärkeren Binnenmarkt für die Erholung Europas aufbauen“ , der Ansatz der Kommission mit der Bezeichnung „Industrie 5.0“ , die Mitteilung der Kommission vom 4. März 2021 über den Aktionsplan zur europäischen Säule sozialer Rechte und die Mitteilung der Kommission vom 18. Februar 2021 mit dem Titel „Überprüfung der Handelspolitik: Eine offene, nachhaltige und entschlossene Handelspolitik“ enthalten eine Initiative zur nachhaltigen Unternehmensführung als einen ihrer Bestandteile. Zudem sollten die in der vorliegenden Richtlinie vorgesehenen Sorgfaltspflichten zur Verwirklichung der Ziele des EU-Aktionsplans mit dem Titel „Schadstofffreiheit von Luft, Wasser und Boden“ beitragen, nämlich der Schaffung einer schadstofffreien Umwelt und des Schutzes der Gesundheit und des Wohlergehens von Menschen, Tieren und Ökosystemen vor Umweltrisiken und negativen Auswirkungen.

(14) Die vorliegende Richtlinie steht im Einklang mit der gemeinsamen Mitteilung der Kommission mit dem Titel „EU-Aktionsplan für Menschenrechte und Demokratie 2020-2024“ . Eine der Prioritäten dieses Aktionsplans ist die Stärkung des Engagements der Union zur aktiven Förderung der weltweiten Umsetzung der Leitprinzipien der Vereinten Nationen und anderer einschlägiger internationaler Leitlinien wie der MNE-Leitsätze, unter anderem durch die Förderung einschlägiger Sorgfaltspflichtstandards.

(15) In seiner Entschließung vom 10. März 2021 mit Empfehlungen an die Kommission zur Sorgfaltspflicht und Rechenschaftspflicht von Unternehmen forderte das Europäische Parlament die Kommission auf, Unionsvorschriften für umfassende Sorgfaltspflichten von Unternehmen vorzuschlagen, in denen Konsequenzen bis hin zur zivilrechtlichen Haftung für diejenigen Unternehmen vorgesehen sind, die einzeln oder gemeinsam einen Schaden verursachen, indem sie die Sorgfaltspflicht nicht erfüllen. In den Schlussfolgerungen des Rates vom 1. Dezember 2020 zu Menschenrechten und menschenwürdiger Arbeit in globalen Lieferketten wurde die Kommission aufgefordert, einen Vorschlag für einen Rechtsrahmen der Union für eine nachhaltige Unternehmensführung, einschließlich branchenübergreifender Sorgfaltspflichten von Unternehmen entlang der globalen Lieferketten, vorzulegen. Darüber hinaus fordert das Europäische Parlament in seinem Initiativbericht vom 2. Dezember 2020 über nachhaltige Unternehmensführung eine Klarstellung der Pflichten von Mitgliedern der Unternehmensleitung. In ihrer Gemeinsamen Erklärung vom 21. Dezember 2021 über die legislativen Prioritäten der EU für 2022 haben sich das Europäische Parlament, der Rat der Europäischen Union und die Kommission verpflichtet, eine Wirtschaft im Dienste der Menschen zu verwirklichen und den Rechtsrahmen für eine nachhaltige Unternehmensführung zu verbessern.

(16) Mit der vorliegenden Richtlinie soll sichergestellt werden, dass im Binnenmarkt tätige Unternehmen zur nachhaltigen Entwicklung und zur Nachhaltigkeitswende der Volkswirtschaften und Gesellschaften beitragen, indem sie potenzielle oder tatsächliche negative Auswirkungen auf die Menschenrechte und die Umwelt im Zusammenhang mit der eigenen Geschäftstätigkeit, der Geschäftstätigkeit ihrer Tochterunternehmen und ihrer Geschäftspartner in den Aktivitätsketten der Unternehmen ermitteln und erforderlichenfalls priorisieren, vermeiden, abschwächen, beheben, minimieren und diesbezügliche Abhilfe leisten sowie sicherstellen, dass diejenigen, die von der Nichteinhaltung dieser Pflicht betroffen sind, Zugang zu Justiz und Rechtsmitteln haben. Die vorliegende Richtlinie berührt nicht die Verantwortung der Mitgliedstaaten für die Achtung und den Schutz der Menschenrechte und der Umwelt gemäß dem Völkerrecht.

(17) Die vorliegende Richtlinie berührt nicht die Verpflichtungen in den Bereichen Menschenrechte, Beschäftigung und soziale Rechte, Umweltschutz und Klimawandel im Rahmen anderer Rechtsakte der Union. Stehen die Bestimmungen der vorliegenden Richtlinie im Widerspruch zu Bestimmungen eines anderen Rechtsakts der Union, mit dem dieselben Ziele verfolgt und weitergehende oder spezifischere Verpflichtungen vorgesehen werden, so sollten die Bestimmungen des anderen Rechtsakts der Union maßgebend sein und auf die genannten spezifischen Verpflichtungen Anwendung finden. Beispiele für derlei Verpflichtungen in Rechtsakten der Union sind Verpflichtungen im Rahmen der Verordnung (EU) 2017/821 des Europäischen Parlaments und des Rates(7), der Verordnung (EU) 2023/1542 des Europäischen Parlaments und des Rates(8) und der Verordnung (EU) 2023/1115 des Europäischen Parlaments und des Rates(9).

(18) Die vorliegende Richtlinie gilt nicht für Altersversorgungseinrichtungen, die nach dem Unionsrecht Systeme der sozialen Sicherheit betreiben. Hat sich ein Mitgliedstaat dafür entschieden, die Richtlinie (EU) 2016/2341 des Europäischen Parlaments und des Rates(10) gemäß Artikel 5 der genannten Richtlinie ganz oder teilweise nicht auf eine Einrichtung der betrieblichen Altersversorgung anzuwenden, so gilt die vorliegende Richtlinie nicht für diese Einrichtungen der betrieblichen Altersversorgung.

(19) Unternehmen sollten geeignete Schritte unternehmen, um in Bezug auf ihre eigene Geschäftstätigkeit, die ihrer Tochterunternehmen sowie ihrer direkten oder indirekten Geschäftspartner entlang ihrer Aktivitätsketten gemäß dieser

Richtlinie Maßnahmen zur Erfüllung der Sorgfaltspflicht einzuführen und durchzuführen. Mit dieser Richtlinie sollten die Unternehmen nicht dazu verpflichtet werden, unter allen Umständen zu gewährleisten, dass überhaupt keine negativen Auswirkungen auftreten oder dass diese gestoppt werden. So kann beispielsweise ein Unternehmen in Bezug auf Geschäftspartner, bei denen die negativen Auswirkungen auf staatliche Eingriffe zurückzuführen sind, möglicherweise nicht in der Lage sein, solche Ergebnisse zu erreichen. Daher sollten die wichtigsten Verpflichtungen in dieser Richtlinie „Mittelverpflichtungen“ sein. Das Unternehmen sollte geeignete Maßnahmen ergreifen, mit denen die Ziele der Sorgfaltspflicht erreicht werden können, indem die negativen Auswirkungen in einer Weise angegangen werden, die dem Schweregrad und der Wahrscheinlichkeit der negativen Auswirkungen angemessen ist. Dabei sollten die Umstände des Einzelfalls, die Art und der Umfang der negativen Auswirkungen und relevanten Risikofaktoren — auch bei der Verhinderung und Minimierung der negativen Auswirkungen —, die Besonderheiten der Geschäftstätigkeit des Unternehmens und seiner Aktivitätskette, des Wirtschaftszweigs oder des geografischen Gebiets des Unternehmens, in dem seine Geschäftspartner tätig sind, die Fähigkeit des Unternehmens, seine direkten und indirekten Geschäftspartner zu beeinflussen, sowie die Frage berücksichtigt werden, ob das Unternehmen seine Einflussmöglichkeiten erhöhen könnte.

(20) Das in dieser Richtlinie festgelegte Verfahren zur Erfüllung der Sorgfaltspflicht sollte die sechs im Leitfaden für verantwortungsvolles unternehmerisches Handeln festgelegten Schritte umfassen, zu denen Maßnahmen zur Erfüllung der Sorgfaltspflicht für Unternehmen gehören, um negative Auswirkungen auf die Menschenrechte und die Umwelt zu ermitteln und zu bekämpfen. Hierbei handelt es sich um die folgenden Schritte: 1) Einbeziehung der Sorgfaltspflicht in die Unternehmenspolitik und die Managementsysteme, 2) Ermittlung und Bewertung negativer Auswirkungen auf die Menschenrechte und die Umwelt, 3) Verhinderung, Abstellung oder Minimierung tatsächlicher und potenzieller negativer Auswirkungen auf die Menschenrechte und die Umwelt, 4) Überwachung und Bewertung der Wirksamkeit von Maßnahmen, 5) Kommunikation und 6) Bereitstellung von Abhilfemaßnahmen.

(21) Um die Wirksamkeit der Sorgfaltspflicht zu erhöhen und den Aufwand für Unternehmen zu verringern, sollten die Unternehmen befugt sein, Ressourcen und Informationen innerhalb ihrer jeweiligen Unternehmensgruppe und mit anderen juristischen Personen auszutauschen. Den Muttergesellschaften, die in den Anwendungsbereich dieser Richtlinie fallen, sollte es gestattet sein, auch einige der Sorgfaltspflichten im Namen ihrer Tochterunternehmen, die in den Anwendungsbereich dieser Richtlinie fallen, zu erfüllen, wenn so eine wirksame Einhaltung sichergestellt wird. Dies sollte unbeschadet des Umstands gelten, dass die Tochterunternehmen den von der Aufsichtsbehörde ausgeübten Befugnissen und der zivilrechtlichen Haftung gemäß der vorliegenden Richtlinie unterliegen. Erfüllt eine Muttergesellschaft die Verpflichtungen im Hinblick auf die Bekämpfung des Klimawandels im Namen des Tochterunternehmens, so sollte das Tochterunternehmen diese Verpflichtungen im Einklang mit dem Klimaschutzplan der Muttergesellschaft, der an ihr Geschäftsmodell und ihre Geschäftsstrategie angepasst ist, erfüllen. Fällt das Tochterunternehmen nicht in den Anwendungsbereich dieser Richtlinie, da es nicht zur Erfüllung der Sorgfaltspflicht verpflichtet ist, so sollte die Muttergesellschaft die Geschäftstätigkeit des Tochterunternehmens im Rahmen ihrer eigenen Sorgfaltspflichten abdecken. Wenn die Tochterunternehmen in den Anwendungsbereich dieser Richtlinie fallen, nicht aber die Muttergesellschaft, so sollte es ihnen dennoch gestattet sein, Ressourcen und Informationen innerhalb der Unternehmensgruppe auszutauschen. Ungeachtet dessen sollten die Tochterunternehmen für die Erfüllung der in dieser Richtlinie vorgesehenen Sorgfaltspflichten verantwortlich sein.

(22) Die Erfüllung einiger der Sorgfaltspflichten auf Gruppenebene sollte die zivilrechtliche Haftung von Tochterunternehmen im Rahmen der vorliegenden Richtlinie gegenüber Opfern, denen der Schaden entstanden ist, unberührt lassen. Sind die Voraussetzungen für die zivilrechtliche Haftung erfüllt, so könnte das Tochterunternehmen für den eingetretenen Schaden haftbar gemacht werden, und zwar unabhängig davon, ob die Sorgfaltspflichten von dem Tochterunternehmen oder von der Muttergesellschaft im Namen des Tochterunternehmens erfüllt wurden.

(23) Geschäftspartner sollten nicht verpflichtet sein, einem Unternehmen, das den sich aus der vorliegenden Richtlinie ergebenden Verpflichtungen nachkommt, Informationen offenzulegen, bei denen es sich um ein Geschäftsgeheimnis im Sinne der Richtlinie (EU) 2016/943 des Europäischen Parlaments und des Rates[11] handelt, unbeschadet der Offenlegung der Identität der direkten oder indirekten Geschäftspartner, oder wesentliche Informationen offenzulegen, die zur Ermittlung tatsächlicher oder möglicher negativer Auswirkungen notwendig sind, wenn dies mit Blick auf die Einhaltung der Sorgfaltspflichten des Unternehmens erforderlich und hinreichend begründet ist. Dies sollte die Möglichkeit der Geschäftspartner unberührt lassen, ihre Geschäftsgeheimnisse durch die in der Richtlinie (EU) 2016/943 festgelegten

Mechanismen zu schützen. Geschäftspartner sollten niemals dazu verpflichtet werden, Verschlusssachen oder andere Informationen offenzulegen, deren Offenlegung wesentliche Sicherheitsinteressen eines Staates gefährden würde.

(24) Negative Auswirkungen auf die Menschenrechte und die Umwelt könnten bei der eigenen Geschäftstätigkeit der Unternehmen, der Geschäftstätigkeit ihrer Tochterunternehmen und ihrer Geschäftspartner in den Aktivitätsketten der Unternehmen auftreten, insbesondere auf der Ebene der Rohstoffbeschaffung oder der Herstellung. Damit die Sorgfaltspflicht zu sinnvollen Ergebnissen führt, sollte sie negative Auswirkungen auf die Menschenrechte und die Umwelt abdecken, die während eines Großteils des Lebenszyklus der Produktion, des Vertriebs, der Beförderung und der Lagerung eines Produkts oder der Erbringung von Dienstleistungen auf der Ebene der eigenen Geschäftstätigkeit der Unternehmen, der Geschäftstätigkeit ihrer Tochterunternehmen und ihrer Geschäftspartner in ihren Aktivitätsketten verursacht werden.

(25) Die Aktivitätskette sollte Tätigkeiten der vorgelagerten Geschäftspartner eines Unternehmens im Zusammenhang mit der Herstellung von Waren oder der Erbringung von Dienstleistungen durch das Unternehmen, einschließlich der Gestaltung, der Gewinnung, der Beschaffung, der Herstellung, der Beförderung, der Lagerung und der Lieferung von Rohstoffen, Produkten oder Teilen von Produkten sowie der Entwicklung des Produkts oder der Dienstleistung, und Tätigkeiten der nachgelagerten Geschäftspartner eines Unternehmens im Zusammenhang mit dem Vertrieb, der Beförderung und der Lagerung des Produkts, sofern die Geschäftspartner diese Tätigkeiten für das Unternehmen oder im Namen des Unternehmens ausüben, umfassen. Die vorliegende Richtlinie sollte nicht für die Entsorgung des Produkts gelten. Darüber hinaus sollte die Aktivitätskette gemäß der vorliegenden Richtlinie nicht den Vertrieb, die Beförderung, die Lagerung und die Entsorgung eines Produkts umfassen, das der Ausfuhrkontrolle durch einen Mitgliedstaat unterliegt, d. h. entweder der Ausfuhrkontrolle im Rahmen der Verordnung (EU) 2021/821 des Europäischen Parlaments und des Rates(12) oder der Ausfuhrkontrolle in Bezug auf Waffen, Munition oder Kriegsmaterial im Rahmen nationaler Ausfuhrkontrollregelungen, nachdem die Ausfuhr des Produkts genehmigt wurde. Die vorliegende Richtlinie wird durch weitere Rechtsakte ergänzt, die sich ebenfalls mit negativen und nachteiligen Auswirkungen im Bereich der Menschenrechte oder des Umweltschutzes befassen. Insbesondere wird mit der Verordnung (EU) 2021/821 eine Regelung für die Kontrolle der Ausfuhr, der Vermittlung, der technischen Unterstützung der Durchfuhr und der Verbringung betreffend Güter mit doppeltem Verwendungszweck eingeführt, die unter anderem Software und Technologien abdeckt, die für die Zwecke der digitalen Überwachung eingesetzt werden können. Nach dieser Regelung sollten die Mitgliedstaaten insbesondere das Risiko berücksichtigen, dass diese Güter im Zusammenhang mit interner Repression oder der Begehung schwerwiegender Verstöße gegen die Menschenrechte und das humanitäre Völkerrecht verwendet werden. Darüber hinaus wird in der Verordnung (EU) 2019/125 des Europäischen Parlaments und des Rates(13) die Ausfuhr von Gütern wie chemischen Substanzen, die zur Vollstreckung der Todesstrafe oder zum Zwecke der Folter oder anderer grausamer, unmenschlicher oder erniedrigender Behandlung oder Strafe verwendet werden oder verwendet werden könnten, je nach Einzelfall verboten oder reguliert. Darüber hinaus wird mit mehreren anderen Gesetzgebungsinitiativen darauf abgezielt, die Umweltauswirkungen von Produkten während ihres gesamten Lebenszyklus abzumildern, auch indem Ökodesign-Anforderungen auf der Grundlage von Aspekten der Nachhaltigkeit und der Kreislauffähigkeit der Produkte festgelegt werden. Die Einhaltung der vorliegenden Richtlinie sollte die Einhaltung der Bestimmungen und Ziele dieser anderen Rechtsakte und der Bedingungen der im Rahmen dieser Rechtsakte erteilten anwendbaren Genehmigungen erleichtern. Ausführer sollten bei der Einhaltung dieser anderen Rechtsakte den Ergebnissen ihrer Erkenntnisse Rechnung tragen, die sie im Rahmen der Sorgfaltspflicht gemäß der vorliegenden Richtlinie erlangt haben. Die Bestimmung des Begriffs „Aktivitätskette" gemäß der vorliegenden Richtlinie lässt die Bestimmung der Begriffe „Wertschöpfungskette" oder „Lieferkette" gemäß den bzw. im Sinne der anderen EU-Rechtsvorschriften unberührt.

(26) Die Bestimmung des Begriffs „Aktivitätskette" sollte nicht die Tätigkeiten der nachgelagerten Geschäftspartner eines Unternehmens im Zusammenhang mit den Dienstleistungen des Unternehmens umfassen. Bei beaufsichtigten Finanzunternehmen sollte die Bestimmung des Begriffs „Aktivitätskette" keine nachgelagerten Geschäftspartner umfassen, die ihre Dienstleistungen und Produkte erhalten. Was beaufsichtigte Finanzunternehmen betrifft, sollte daher nur der vorgelagerte Teil, nicht aber der nachgelagerte Teil ihrer Aktivitätskette unter die vorliegende Richtlinie fallen.

(27) Gemäß dieser Richtlinie sollten Unternehmen, die nach den Rechtsvorschriften eines Mitgliedstaats gegründet wurden, Sorgfaltspflichten unterliegen, wenn sie bestimmte Bedingungen, einschließlich Schwellenwerte für den Umsatz und in bestimmten Fällen für die Zahl der Beschäftigten, erfüllen. Zwar beziehen sich diese Bedingungen auf einzelne Geschäftsjahre, doch sollte die vorliegende Richtlinie nur gelten, wenn das Unternehmen diese Bedingungen in jedem der

beiden letzten aufeinanderfolgenden Geschäftsjahre erfüllt hat, und nicht mehr gelten, wenn sie in jedem der beiden letzten relevanten Geschäftsjahre nicht mehr erfüllt wurden. Dies gilt auch für Unternehmen, die nach den Rechtsvorschriften eines Drittlandes gegründet wurden und das einschlägige Umsatzkriterium der Union für jedes der letzten beiden Geschäftsjahre erfüllen sollten. Aus Gründen der Klarheit und unter Berücksichtigung der stufenweisen Anwendung der Richtlinie müssen sowohl Unternehmen aus der Union als auch Unternehmen aus Drittländern die Kriterien des Anwendungsbereichs für zwei aufeinanderfolgende Geschäftsjahre vor den entsprechenden Daten des Geltungsbeginns, die nach den Vorschriften für die Umsetzung der vorliegenden Richtlinie festgelegt wurden, erfüllen. Was die Schwellenwerte für die Zahl der Beschäftigten betrifft, sollten Leiharbeitnehmer und Arbeitnehmer, die gemäß Artikel 1 Absatz 3 Buchstabe c der Richtlinie 96/71/EG des Europäischen Parlaments und des Rates[14] entsandt wurden, in die Berechnung der Zahl der Beschäftigten des entleihenden Unternehmens einbezogen werden. Entsandte Arbeitnehmer gemäß Artikel 1 Absatz 3 Buchstaben a und b der Richtlinie 96/71/EG sollten nur in die Berechnung der Zahl der Beschäftigten des entsendenden Unternehmens einbezogen werden. Andere Arbeitnehmer in atypischen Beschäftigungsverhältnissen sollten auch in die Berechnung der Zahl der Beschäftigten einbezogen werden, sofern sie die vom Gerichtshof der Europäischen Union (EuGH) aufgestellten Kriterien für die Feststellung des Status eines Arbeitnehmers erfüllen. Saisonarbeitnehmer sollten bei der Berechnung der Zahl der Beschäftigten proportional zur Zahl der Monate, für die sie beschäftigt sind, einbezogen werden. Bei der Berechnung dieser Werte gemäß der vorliegenden Richtlinie sollten die Zahl der Beschäftigten und der Umsatz der Tochterunternehmen eines Unternehmens einbezogen werden, bei denen es sich um andere Geschäftsstellen als den Hauptfirmensitz handelt, die rechtlich von diesem abhängig sind und daher gemäß den Rechtsvorschriften der Union und den nationalen Rechtsvorschriften als Teil des Unternehmens betrachtet werden. Dies sollte auch für Unternehmensgruppen gelten, wenn die Schwellenwerte auf konsolidierter Basis berechnet werden. Sofern nicht anders angegeben, sollten die Schwellenwerte, die erreicht werden müssen, damit ein Unternehmen unter die vorliegende Richtlinie fällt, als Schwellenwerte verstanden werden, die auf Einzelbasis berechnet werden.

(28) In der Union niedergelassene Unternehmen, die im letzten Geschäftsjahr, für das ein Jahresabschluss angenommen wurde oder hätte angenommen werden müssen, im Durchschnitt mehr als 1000 Beschäftigte hatten und einen weltweiten Nettoumsatz von mehr als 450000000 EUR erzielt haben, sollten verpflichtet sein, die in der vorliegenden Richtlinie festgelegten Sorgfaltspflichten zu erfüllen. Unternehmen, die in der Union Franchise- oder Lizenzvereinbarungen gegen Lizenzgebühren mit unabhängigen Drittunternehmen geschlossen haben, sofern durch diese Vereinbarungen eine gemeinsame Identität, ein gemeinsames Geschäftskonzept und die Anwendung einheitlicher Geschäftsmethoden sichergestellt werden und sich diese Lizenzgebühren im letzten Geschäftsjahr, für das ein Jahresabschluss angenommen wurde oder hätte angenommen werden müssen, auf mehr als 22500000 EUR beliefen, und sofern das Unternehmen im letzten Geschäftsjahr, für das ein Jahresabschluss angenommen wurde oder hätte angenommen werden müssen, einen weltweiten Nettoumsatz von über 80000000 EUR erzielt hat, sollten ebenfalls verpflichtet sein, die in der vorliegenden Richtlinie festgelegten Sorgfaltspflichten zu erfüllen. Dasselbe gilt für die obersten Muttergesellschaften von Unternehmensgruppen, die zusammengenommen diese Voraussetzungen erfüllen. Bei diesen obersten Muttergesellschaften sollten die Verpflichtungen aus der vorliegenden Richtlinie von der obersten Muttergesellschaft oder — falls deren Haupttätigkeit im Halten von Anteilen an operativen Tochterunternehmen besteht und sie sich nicht an managementspezifischen, betrieblichen oder finanziellen Entscheidungen mit Auswirkungen auf die Gruppe oder eines oder mehrere ihrer Tochterunternehmen beteiligt — statt von der obersten Muttergesellschaft von einem in der Union niedergelassenen operativen Tochterunternehmen unter den in dieser Richtlinie festgelegten Bedingungen erfüllt werden.

(29) Damit die Ziele dieser Richtlinie in Bezug auf die negativen Auswirkungen auf die Menschenrechte und die Umwelt durch die Geschäftstätigkeit von Unternehmen, die Geschäftstätigkeit ihrer Tochterunternehmen und ihrer Geschäftspartner in den Aktivitätsketten der Unternehmen in vollem Umfang erreicht werden, sollten auch Unternehmen aus Drittländern, die in erheblichem Umfang in der Union tätig sind, einbezogen werden. Genauer gesagt sollte die Richtlinie für Unternehmen aus Drittländern gelten, die in dem Geschäftsjahr, das dem letzten abgeschlossenen Geschäftsjahr vorangeht, in der Union einen Nettoumsatz von über 450000000 EUR erzielt haben. Unternehmen, die in der Union Franchise- oder Lizenzvereinbarungen gegen Lizenzgebühren mit unabhängigen Drittunternehmen geschlossen haben, sofern durch diese Vereinbarungen eine gemeinsame Identität, ein gemeinsames Geschäftskonzept und die Anwendung einheitlicher Geschäftsmethoden sichergestellt werden und sich diese Lizenzgebühren im Geschäftsjahr vor dem letzten abgeschlossenen Geschäftsjahr auf mehr

als 22500000 EUR beliefen, und sofern das Unternehmen im Geschäftsjahr vor dem letzten abgeschlossenen Geschäftsjahr einen Nettoumsatz von über 80000000 EUR erzielt hat, sollten ebenfalls verpflichtet sein, die in der vorliegenden Richtlinie festgelegten Sorgfaltspflichten zu erfüllen. Dasselbe gilt für die obersten Muttergesellschaften von Unternehmensgruppen, die zusammengenommen diese Voraussetzungen erfüllen. Bei diesen obersten Muttergesellschaften sollten die Verpflichtungen aus der vorliegenden Richtlinie von der obersten Muttergesellschaft oder — falls deren Haupttätigkeit im Halten von Anteilen an operativen Tochterunternehmen besteht und sie sich nicht an managementspezifischen, betrieblichen oder finanziellen Entscheidungen mit Auswirkungen auf die Gruppe oder eines oder mehrere ihrer Tochterunternehmen beteiligt — statt von der obersten Muttergesellschaft von einem in der Union niedergelassenen operativen Tochterunternehmen unter den in dieser Richtlinie festgelegten Bedingungen erfüllt werden.

(30) Um die Unternehmen aus Drittländern festzustellen, die in den Anwendungsbereich dieser Richtlinie fallen, sollte das beschriebene Umsatzkriterium gewählt werden, da es eine territoriale Verbindung zwischen den Drittlandunternehmen und dem Gebiet der Union herstellt. Der Umsatz ist ein Anhaltspunkt für die Auswirkungen, die die Tätigkeiten dieser Unternehmen auf den Binnenmarkt haben könnten. Solche Auswirkungen rechtfertigen im Einklang mit dem Völkerrecht die Anwendung des Unionsrechts auf Unternehmen aus Drittländern. Um sicherzustellen, dass der relevante Umsatz der betreffenden Unternehmen ermittelt wird, sollten die Methoden zur Berechnung des Nettoumsatzes für Unternehmen aus Drittländern gemäß der Richtlinie 2013/34/EU des Europäischen Parlaments und des Rates[(15)] angewandt werden. Im Interesse einer wirksamen Durchsetzung dieser Richtlinie sollte bei der Ermittlung der Unternehmen aus Drittländern, die unter diese Richtlinie fallen, jedoch kein Schwellenwert für die Anzahl der Beschäftigten angewandt werden, da der für die Zwecke dieser Richtlinie genutzte Begriff „Beschäftigte" auf dem Unionsrecht beruht und nicht ohne Weiteres außerhalb der Union umgesetzt werden könnte. Da es — auch in den Rechnungslegungsrahmen — keine klare und kohärente Methodik zur Ermittlung der Beschäftigten von Unternehmen aus Drittländern gibt, würde ein solcher Schwellenwert zu Rechtsunsicherheit führen und für Aufsichtsbehörden nur schwer anwendbar sein. Der Begriff „Umsatz" sollte auf der Grundlage der Richtlinie 2013/34/EU definiert werden, in der die Methoden zur Berechnung des Nettoumsatzes für Unternehmen aus Drittländern bereits festgelegt sind, da die Definitionen von Umsatz und Umsatzerlöse in den internationalen Rechnungslegungsrahmen ähnlich sind. Um sicherzustellen, dass die Aufsichtsbehörde weiß, welche Unternehmen aus Drittländern in der Union den Umsatz erzielen, der dazu führt, dass sie in den Anwendungsbereich dieser Richtlinie fallen, sollte in dieser Richtlinie vorgeschrieben werden, dass der Bevollmächtigte des Drittlandsunternehmens oder das Unternehmen selbst eine Aufsichtsbehörde des Mitgliedstaats, in dem der Bevollmächtigte des Drittlandunternehmens seinen Wohnsitz oder Sitz hat, und — sofern es sich um unterschiedliche Mitgliedstaaten handelt — eine Aufsichtsbehörde des Mitgliedstaats, in dem das Unternehmen den größten Teil seines Nettoumsatzes in der Union im Geschäftsjahr vor dem letzten abgeschlossenen Geschäftsjahr erzielt hat, darüber informiert, dass es sich bei dem Unternehmen um ein Unternehmen handelt, das in den Anwendungsbereich dieser Richtlinie fällt. Der Mitgliedstaat sollte die Kommission ersuchen können, ihn über den in der Union erzielten Nettoumsatz des Drittlandsunternehmens zu unterrichten, falls dies notwendig ist, um zu ermitteln, in welchem Mitgliedstaat das Drittlandsunternehmen den größten Teil seines Nettoumsatzes in der Union erzielt hat. Die Kommission sollte ein System einrichten, mit dem ein solcher Informationsaustausch sichergestellt werden kann.

(31) Angesichts der wichtigen Rolle, die Unternehmen als Säule für den Aufbau einer nachhaltigen Gesellschaft und Wirtschaft zukommt, ist es von entscheidender Bedeutung, einen Unionsrahmen für einen verantwortungsvollen und nachhaltigen Ansatz in Bezug auf globale Wertschöpfungsketten zu schaffen. Die Einführung verbindlicher Rechtsvorschriften in mehreren Mitgliedstaaten hat dazu geführt, dass gleiche Wettbewerbsbedingungen für Unternehmen geschaffen werden müssen, um eine Fragmentierung zu vermeiden und Rechtssicherheit für auf dem Binnenmarkt tätige Unternehmen zu schaffen. Dennoch sollte die vorliegende Richtlinie die Mitgliedstaaten nicht daran hindern, strengere nationale Bestimmungen einzuführen, die von den in anderen Artikeln als Artikel 8 Absätze 1 und 2, Artikel 10 Absatz 1 und Artikel 11 Absatz 1 festgelegten Bestimmungen abweichen, auch wenn durch diese Bestimmungen möglicherweise indirekt das Schutzniveau der Artikel 8 Absätze 1 und 2, Artikel 10 Absatz 1 und Artikel 11 Absatz 1 erhöht wird, etwa die Bestimmungen betreffend den Geltungsbereich, die Begriffsbestimmungen, angemessene Abhilfemaßnahmen für tatsächliche negative Auswirkungen, die sinnvolle Einbeziehung von Interessenträgern und die zivilrechtliche Haftung, oder nationale Bestimmungen einzuführen, die hinsichtlich ihres Ziels oder des abgedeckten Bereichs spezifischer sind, etwa nationale Bestimmungen zur Regelung spezifischer negativer Auswirkungen oder spezifischer Wirtschaftszweige, um ein anderes Schutzniveau in den Bereichen Menschenrechte, Beschäftigung und soziale Rechte, Umwelt oder Klimaschutz zu erreichen.

(32) Mit dieser Richtlinie sollen die Menschenrechte umfassend abgedeckt werden, einschließlich aller fünf grundlegenden Prinzipien und Rechte bei der Arbeit im Sinne der Erklärung der IAO von 1998 über grundlegende Prinzipien und Rechte bei der Arbeit. Bei der Erfüllung der Sorgfaltspflicht im Rahmen dieser Richtlinie sollten negative Auswirkungen auf die Menschenrechte hinsichtlich Personen einbezogen werden, die sich aus der Verletzung eines der Rechte ergeben, die in den in Teil I Abschnitt 1 des Anhangs dieser Richtlinie aufgeführten internationalen Instrumenten verankert sind, damit ein sinnvoller Beitrag zur Nachhaltigkeitswende geleistet wird. Der Begriff „Verletzung" sollte im Einklang mit den internationalen Menschenrechtsnormen ausgelegt werden. Um sicherzustellen, dass die Menschenrechte umfassend abgedeckt werden, sollte auch eine Verletzung eines in Teil I Abschnitt 1 des Anhangs dieser Richtlinie nicht ausdrücklich aufgeführten Menschenrechts, die von einem Unternehmen oder einer juristischen Person verübt werden kann und die zu einer unmittelbaren Beeinträchtigung eines durch die in Teil I Abschnitt 2 des Anhangs dieser Richtlinie aufgeführten Menschenrechtsinstrumente geschützten rechtlichen Interesses führt, als negative Auswirkung auf die Menschenrechte im Sinne dieser Richtlinie betrachtet werden; Voraussetzung ist, dass das betreffende Unternehmen die Gefahr einer solchen Menschenrechtsverletzung nach vernünftigem Ermessen hätte vorhersehen können, wobei alle relevanten Umstände des Einzelfalls, einschließlich der Art und des Umfangs der Geschäftstätigkeit des Unternehmens und seiner Aktivitätskette, des Wirtschaftszweigs und der geografischen und operativen Rahmenbedingungen, zu berücksichtigen sind. Die Sorgfaltspflicht sollte darüber hinaus negative Auswirkungen auf die Umwelt umfassen, die sich aus einem Verstoß gegen Verbote und Verpflichtungen die in Teil II des Anhangs dieser Richtlinie aufgeführt sind ergeben, sowie negative Auswirkungen, die sich aus einem Verstoß gegen eines der Verbote, die im Anhang Teil I Nummern 15 und 16 dieser Richtlinie aufgeführt sind, umfassen, wobei die nationalen Rechtsvorschriften, die mit den Bestimmungen der im Anhang aufgeführten Instrumente zusammenhängen, zu berücksichtigen sind. Diese Verbote und Verpflichtungen sollten im Einklang mit dem Völkerrecht und den allgemeinen Grundsätzen des Umweltrechts der Union gemäß Artikel 191 AEUV ausgelegt und angewandt werden. Zu diesen Verboten gehört das Verbot, messbare Umweltschädigungen wie schädliche Bodenveränderung, Wasser- oder Luftverschmutzung, schädliche Emissionen, übermäßigen Wasserverbrauch, Landschädigung oder andere Auswirkungen auf natürliche Ressourcen wie Entwaldung zu verursachen, die natürliche Grundlagen für die Erhaltung und Erzeugung von Lebensmitteln maßgeblich beeinträchtigen, die einer Person den Zugang zu sicherem und sauberem Trinkwasser verwehren, die den Zugang zu sanitären Einrichtungen für eine Person erschweren oder solche Einrichtungen zerstören, die die Gesundheit einer Person, die Sicherheit oder die normale Nutzung von Land und rechtmäßig erworbenem Eigentum beeinträchtigen oder die Ökosystemleistungen, durch die ein Ökosystem direkt oder indirekt zum Wohlergehen der Menschen beiträgt, erheblich beeinträchtigen. Bei der Beurteilung, ob der Schaden an den Ökosystemleistungen erheblich ist, sollten, soweit zutreffend, die folgenden Elemente berücksichtigt werden: der Ausgangszustand der betroffenen Umwelt, die Frage, ob es sich um einen lang anhaltenden, mittelfristigen oder kurzfristigen Schaden handelt, die Ausdehnung des Schadens und die Umkehrbarkeit des Schadens. Die Sorgfaltspflichten im Rahmen dieser Richtlinie sollten daher zur Erhaltung und Wiederherstellung der biologischen Vielfalt und zur Verbesserung des Zustands der Umwelt, insbesondere der Luft, des Wassers und des Bodens, beitragen, auch um die Menschenrechte besser zu schützen. Der Kommission sollte die Befugnis übertragen werden, delegierte Rechtsakte zur Änderung des Anhangs I der vorliegenden Richtlinie für die in Artikel 3 Absatz 2 genannten Zwecke zu erlassen, auch indem ein Verweis auf das IAO-Übereinkommen von 1981 über Arbeitsschutz und Arbeitsumwelt (Nr. 155) und das IAO-Übereinkommen von 2006 über den Förderungsrahmen für den Arbeitsschutz (Nr. 187), die zu den grundlegenden IAO-Instrumenten gehören, hinzugefügt wird, sobald diese von allen Mitgliedstaaten ratifiziert wurden.

(33) Je nach den Umständen müssen Unternehmen möglicherweise zusätzliche Standards in Erwägung ziehen. Unter Berücksichtigung spezifischer Kontexte oder sich überschneidender Faktoren wie Geschlecht, Alter, Rasse, ethnische Herkunft, Klasse, Kastenzugehörigkeit, Bildung, Migrationsstatus, Behinderung sowie sozialer und wirtschaftlicher Status sollten Unternehmen so im Rahmen eines geschlechter- und kulturgerechten Ansatzes für die Sorgfaltspflicht ein besonderes Augenmerk auf etwaige negative Auswirkungen auf Personen legen, die aufgrund von Marginalisierung, Schutzbedürftigkeit oder anderen Umständen einzeln oder als Teil bestimmter Gruppen oder Gemeinschaften — einschließlich indigener Völker, die gemäß der Erklärung der Vereinten Nationen über die Rechte der indigenen Völker, auch in Bezug auf die freiwillige, vorherige und in Kenntnis der Sachlage erteilte Zustimmung, geschützt sind — einem erhöhten Risiko ausgesetzt sind. Dabei müssen Unternehmen gegebenenfalls internationalen Instrumenten wie dem Internationalen Übereinkommen zur Beseitigung jeder Form von Rassendiskriminierung, dem Übereinkommen zur Beseitigung jeder Form von Diskriminierung der Frau oder dem Übereinkommen

über die Rechte von Menschen mit Behinderungen Rechnung tragen.

(34) Unternehmen sollten dafür verantwortlich sein, ihren Einfluss geltend zu machen, um zu einem angemessenen Lebensstandard in den Aktivitätsketten beizutragen. Darunter wird unter anderem ein existenzsichernder Lohn für Beschäftigte und ein existenzsicherndes Einkommen für Selbstständige und Kleinlandwirte, den bzw. das sie durch ihre Arbeit und Produktion verdienen, verstanden.

(35) In dieser Richtlinie wird das Konzept „Eine Gesundheit" der Weltgesundheitsorganisation als ein integrierter und übergreifender Ansatz anerkannt, mit dem darauf abgezielt wird, die Gesundheit von Menschen, Tieren und Ökosystemen auf nachhaltige Weise in ein ausgewogenes Verhältnis zu bringen und zu optimieren. Mit dem Konzept „Eine Gesundheit" wird anerkannt, dass die Gesundheit von Menschen, Haus- und Wildtieren und Pflanzen sowie die Umwelt im weiteren Sinne, einschließlich der Ökosysteme, eng miteinander verknüpft und voneinander abhängig sind. Es ist daher angemessen, festzulegen, dass es zur Sorgfaltspflicht der Unternehmen gehören sollte, Umweltzerstörung, die zu Gesundheitsschäden wie Epidemien führt, zu vermeiden und das Recht auf eine saubere, gesunde und nachhaltige Umwelt zu wahren.

(36) Negative Auswirkungen auf die Menschenrechte und die Umwelt können eng miteinander verbunden oder durch Faktoren wie Korruption und Bestechung gestützt werden. Es kann daher erforderlich sein, dass Unternehmen diese Faktoren berücksichtigen, wenn sie ihre Sorgfaltspflicht in Bezug auf Menschenrechte und die Umwelt erfüllen, und zwar in einer Weise, die mit dem Übereinkommen der Vereinten Nationen gegen Korruption im Einklang steht.

(37) Zur Bewertung der negativen Auswirkungen auf die Menschenrechte stehen den Unternehmen Leitlinien zur Verfügung, die veranschaulichen, wie sich ihre Tätigkeit auf die Menschenrechte auswirken kann und welches Verhalten von Unternehmen gemäß international anerkannten Menschenrechten verboten ist. Solche Leitlinien sind beispielsweise im Berichtsrahmen für die Leitprinzipien der Vereinten Nationen und im Auslegungsleitfaden „The corporate responsibility to respect human rights" (Die Verantwortung von Unternehmen zur Achtung der Menschenrechte) enthalten.

(38) Um eine angemessene Sorgfaltspflicht im Zusammenhang mit Menschenrechten und Umweltschutz hinsichtlich ihrer Geschäftstätigkeit, der Geschäftstätigkeit ihrer Tochterunternehmen und der Geschäftstätigkeit ihrer Geschäftspartner in den Aktivitätsketten der Unternehmen zu erfüllen, sollten die unter diese Richtlinie fallenden Unternehmen die Sorgfaltspflicht zum integralen Bestandteil ihrer Unternehmenspolitik und ihrer Risikomanagementsysteme machen, tatsächliche und potenzielle negative Auswirkungen auf die Menschenrechte und die Umwelt ermitteln und bewerten, erforderlichenfalls priorisieren, vermeiden, abschwächen und beheben sowie das Ausmaß potenzieller und tatsächlicher negativer Auswirkungen auf die Menschenrechte und die Umwelt minimieren, Abhilfemaßnahmen im Zusammenhang mit tatsächlichen negativen Auswirkungen bereitstellen, Interessenträger sinnvoll einbeziehen, ein Melde- und Beschwerdeverfahren einrichten und aufrechterhalten, die Wirksamkeit der ergriffenen Maßnahmen im Einklang mit den in dieser Richtlinie festgelegten Anforderungen überwachen und öffentlich über die Wahrnehmung ihrer Sorgfaltspflicht kommunizieren. Zur Schaffung von Klarheit für die Unternehmen sollten insbesondere die Schritte zur Verhinderung und Minderung potenzieller negativer Auswirkungen und zur Abstellung oder, wenn dies nicht möglich ist, Minimierung des Ausmaßes der tatsächlichen negativen Auswirkungen in dieser Richtlinie klar voneinander unterschieden werden.

(39) Damit sichergestellt ist, dass die Sorgfaltspflicht Bestandteil der Unternehmenspolitik und ihrer Risikomanagementsysteme ist und im Einklang mit dem einschlägigen internationalen Rahmen steht, sollten Unternehmen die Sorgfaltspflicht in ihre jeweilige Unternehmenspolitik und ihre jeweiligen Risikomanagementsysteme und auf allen einschlägigen Ebenen ihrer Geschäftstätigkeit integrieren und über eine Strategie zur Erfüllung der Sorgfaltspflicht verfügen. Die Strategie zur Erfüllung der Sorgfaltspflicht sollte nach vorheriger Konsultation der Beschäftigten des Unternehmens und ihrer Vertreter ausgearbeitet werden und eine Beschreibung des Ansatzes enthalten, den das Unternehmen — auch langfristig — in Bezug auf die Sorgfaltspflicht verfolgt; ein Verhaltenskodex sollte in die Strategie aufgenommen werden, in dem die innerhalb des gesamten Unternehmens und seiner Tochterunternehmen sowie gegebenenfalls von direkten oder indirekten Geschäftspartnern des Unternehmens einzuhaltenden Regeln und Grundsätze beschrieben sind; in der Strategie sollten die Verfahren zur Einbeziehung der Sorgfaltspflicht in alle einschlägigen Bereiche der Unternehmenspolitik und zur Umsetzung der Sorgfaltspflicht beschrieben sein, einschließlich der Maßnahmen zur Überprüfung der Einhaltung des Verhaltenskodex und zur Ausweitung seiner Anwendung auf Geschäftspartner. Mit der Strategie zur Erfüllung der Sorgfaltspflicht sollte eine risikobasierte Sorgfaltspflicht sichergestellt werden. Der Verhaltenskodex sollte für

alle relevanten Unternehmensfunktionen und Geschäftstätigkeiten gelten, auch für Entscheidungen des Beschaffungs-, Beschäftigungs- und des Auftragswesens. Für die Zwecke der vorliegenden Richtlinie sollte der Begriff „Arbeitnehmer" auch Leiharbeitnehmer und andere Arbeitnehmer in atypischen Beschäftigungsverhältnissen umfassen, sofern sie die vom EuGH aufgestellten Kriterien für die Feststellung des Status eines Arbeitnehmers erfüllen.

(40) Um ihren Sorgfaltspflichten nachzukommen, müssen Unternehmen geeignete Maßnahmen ergreifen, um negative Auswirkungen zu ermitteln, zu verhindern und abzustellen, zu minimieren und diesbezüglich Abhilfe zu leisten, und Interessenträger sinnvoll in das gesamte Verfahren zur Erfüllung der Sorgfaltspflicht einbeziehen. Unter dem Begriff „geeignete Maßnahmen" sollten Maßnahmen verstanden werden, mit denen die Ziele der Sorgfaltspflicht erreicht werden können, indem die negativen Auswirkungen in einer Weise wirksam angegangen werden, die dem Schweregrad und der Wahrscheinlichkeit der negativen Auswirkungen entspricht und die dem Unternehmen nach vernünftigem Ermessen zur Verfügung steht, wobei den Umständen des Einzelfalls, einschließlich der Art und des Umfangs der negativen Auswirkungen und einschlägigen Risikofaktoren, Rechnung getragen wird. Wenn die erforderlichen Informationen, einschließlich Informationen, die als Geschäftsgeheimnis gelten, aufgrund tatsächlicher oder rechtlicher Hindernisse unter angemessenem Aufwand nicht eingeholt werden können, etwa weil ein Geschäftspartner die Bereitstellung der Informationen verweigert und es keine rechtliche Grundlage gibt, um diese durchzusetzen, können solche Umstände dem Unternehmen nicht zur Last gelegt werden; diese sollten jedoch erläutern können, warum derartige Informationen nicht eingeholt werden konnten, und erforderliche und angemessene Maßnahmen ergreifen, um sie so bald wie möglich einzuholen.

(41) Im Rahmen der in dieser Richtlinie festgelegten Sorgfaltspflichten sollte ein Unternehmen tatsächliche oder potenzielle negative Auswirkungen auf die Menschenrechte und die Umwelt ermitteln und bewerten. Für eine umfassende Ermittlung und Bewertung der negativen Auswirkungen sollten quantitative und qualitative Informationen, einschließlich relevanter aufgeschlüsselter Daten, die unter angemessenem Aufwand von einem Unternehmen eingeholt werden können, herangezogen werden. Unternehmen sollten angemessene Methoden und Ressourcen nutzen, einschließlich öffentlicher Berichte. Beispielsweise sollte das Unternehmen in Bezug auf negative Auswirkungen auf die Umwelt Informationen über den Ausgangszustand an Standorten oder in Anlagen mit höherem Risiko in seinen Aktivitätsketten einholen. Im Rahmen der Verpflichtung, negative Auswirkungen zu ermitteln, sollten die Unternehmen geeignete Maßnahmen ergreifen, um ihre eigene Geschäftstätigkeit sowie die ihrer Tochterunternehmen und — sofern sie mit ihren Aktivitätsketten in Verbindung stehen — die ihrer Geschäftspartner zu erfassen, um allgemeine Bereiche zu ermitteln, in denen negative Auswirkungen am wahrscheinlichsten oder am schwerwiegendsten sind. Auf der Grundlage der Ergebnisse dieser Erfassung sollten Unternehmen eine eingehende Bewertung ihrer eigenen Geschäftstätigkeit sowie der ihrer Tochterunternehmen und — sofern sie mit ihren Aktivitätsketten in Verbindung stehen — der ihrer Geschäftspartner in den Gebieten vornehmen, in denen die negativen Auswirkungen als am wahrscheinlichsten oder am schwerwiegendsten eingestuft wurden. Bei der Ermittlung und Bewertung der negativen Auswirkungen sollten Unternehmen auf der Grundlage einer allgemeinen Bewertung mögliche relevante Risikofaktoren berücksichtigen, darunter Risikofaktoren auf Unternehmensebene — etwa ob es sich bei dem Geschäftspartner um ein Unternehmen handelt, das nicht unter die vorliegende Richtlinie fällt —, Risikofaktoren der Geschäftstätigkeiten, geografische und kontextbezogene Risikofaktoren — wie das Niveau der Strafverfolgung in Bezug auf die Art der negativen Auswirkungen —, Risikofaktoren der Produkte und Dienstleistungen sowie branchenspezifische Risikofaktoren. Im Zuge der Ermittlung und Bewertung negativer Auswirkungen sollten Unternehmen auch die Auswirkungen des Geschäftsmodells und der Strategien von Geschäftspartnern, einschließlich Handels-, Beschaffungs- und Preisbildungspraktiken, ermitteln und bewerten. Zur Verringerung der Belastung kleinerer Unternehmen aufgrund von Informationsersuchen sollten Unternehmen, wenn Informationen, die für die Ermittlung negativer Auswirkungen erforderlich sind, von Geschäftspartnern auf verschiedenen Ebenen der Aktivitätsketten eingeholt werden können, Zurückhaltung gegenüber Geschäftspartnern üben, die selbst keine Risiken für negative Auswirkungen bergen, und eine direkte Kontaktaufnahme vorziehen, sofern angemessen, um detailliertere Informationen von den Geschäftspartnern auf Ebenen der Aktivitätsketten zu erhalten, auf denen auf der Grundlage der Erfassung tatsächliche oder mögliche negative Auswirkungen am wahrscheinlichsten auftreten werden. Zur Ermittlung negativer Auswirkungen sollte eine in regelmäßigen Abständen durchgeführte dynamische Bewertung der Gegebenheiten in Bezug auf die Menschenrechte und die Umwelt gehören, die unverzüglich nach Eintreten einer wesentlichen Änderung, mindestens jedoch alle zwölf Monate, während der gesamten Dauer einer Tätigkeit oder Geschäftsbeziehung durchgeführt werden sollte und wenn hinreichende Gründe für die Annahme bestehen, dass neue Risiken auftreten könnten. Unter einer wesentlichen Änderung sollte eine Änderung des

Status quo der eigenen Geschäftstätigkeit des Unternehmens, der Geschäftstätigkeit seiner Tochterunternehmen oder Geschäftspartner, des rechtlichen Umfelds oder des Unternehmensumfelds oder jede andere wesentliche Änderung der Lage des Unternehmens oder seiner operativen Rahmenbedingungen verstanden werden. Beispiele für eine wesentliche Änderung könnten Fälle sein, in denen das Unternehmen in einem neuen Wirtschaftszweig oder einem neuen geografischen Gebiet tätig wird, mit der Herstellung neuer Produkte beginnt oder die Art und Weise der Herstellung bestehender Produkte verändert und dabei eine Technologie mit potenziell stärkeren negativen Auswirkungen verwendet oder seine Unternehmensstruktur durch Umstrukturierung, Fusionen oder Übernahmen verändert. Hinreichende Gründe für die Annahme, dass neue Risiken bestehen, können sich auf unterschiedliche Weise ergeben, unter anderem aufgrund öffentlich zugänglicher Informationen, in denen über die negativen Auswirkungen berichtet wird, durch die Einbeziehung von Interessenträgern oder durch entsprechende Meldungen. Haben die Unternehmen geeignete Maßnahmen für die Ermittlung negativer Auswirkungen ergriffen und verfügen dennoch nicht über alle erforderlichen Informationen in Bezug auf ihre Aktivitätsketten, so sollten sie erläutern können, warum diese Informationen nicht eingeholt werden konnten, und erforderliche und angemessene Maßnahmen ergreifen, um sie so bald wie möglich einzuholen.

(42) In Konflikt- und Hochrisikogebieten im Sinne der Verordnung (EU) 2017/821 treten Menschenrechtsverletzungen mit größerer Wahrscheinlichkeit auf und fallen schwerwiegender aus. Unternehmen sollten dies bei der Einbeziehung der Sorgfaltspflicht in ihre Unternehmenspolitik und Risikomanagementsysteme berücksichtigen, um sicherzustellen, dass Verhaltenskodizes und Verfahren zur Umsetzung der Sorgfaltspflicht auf eine Weise, die mit dem humanitären Völkerrecht gemäß den Genfer Abkommen von 1949 und deren Zusatzprotokollen vereinbar ist, an Konflikt- und Hochrisikogebiete angepasst werden. Ferner sollten Unternehmen dem Umstand Rechnung tragen, dass diese Situationen besondere geografische und kontextbezogene Risikofaktoren darstellen, wenn sie eingehende Bewertungen als Teil des Ermittlungs- und Bewertungsverfahrens durchführen, wenn sie geeignete Maßnahmen ergreifen, um ermittelte negative Auswirkungen zu verhindern, zu mindern, abzustellen und zu minimieren, und wenn sie Interessenträger einbeziehen. Zu diesem Zweck können sich Unternehmen auf die Leitlinien der Kommission zur Bewertung von Risikofaktoren im Zusammenhang mit Konflikt- und Hochrisikogebieten stützen, in denen die Leitlinien des Entwicklungsprogramms der Vereinten Nationen mit dem Titel „Heightened Human Rights Due Diligence for Business in Conflict Affected Contexts. A Guide“ (Verstärkte Sorgfaltspflichten im Bereich der Menschenrechte für Geschäftstätigkeiten in konfliktbehafteten Kontexten. Ein Leitfaden) berücksichtigt werden sollten.

(43) Die vorliegende Richtlinie sollte die Vorschriften zur Wahrung des Berufsgeheimnisses, das für Rechtsanwälte oder andere zertifizierte Fachleute, die nach Unionsrecht oder nationalem Recht befugt sind, ihre Mandanten in Gerichtsverfahren zu vertreten, unberührt lassen.

(44) Wenn ein Unternehmen nicht das Ausmaß aller ermittelten tatsächlichen und potenziellen negativen Auswirkungen gleichzeitig in vollem Umfang verhindern, mindern, abstellen oder minimieren kann, sollte es die negativen Auswirkungen auf der Grundlage ihrer Schwere und Wahrscheinlichkeit priorisieren. Der Schweregrad einer negativen Auswirkung sollte auf der Grundlage des Ausmaßes, der Tragweite oder des irreversiblen Charakters der negativen Auswirkung unter Berücksichtigung der Schwere der Auswirkung bewertet werden, einschließlich der Anzahl der Personen, die betroffen sind oder betroffen sein werden, des Ausmaßes, in dem die Umwelt geschädigt wird oder werden kann, der Unumkehrbarkeit der Auswirkung und der Grenzen der Möglichkeiten, die betroffenen Personen oder die Umwelt innerhalb eines angemessenen Zeitraums in eine Situation oder einen Zustand zu versetzen, die bzw. der der Situation oder dem Zustand vor der Auswirkung entspricht. Sobald die schwerwiegendsten und wahrscheinlichsten negativen Auswirkungen innerhalb einer angemessenen Frist angegangen wurden, sollte das Unternehmen die weniger schwerwiegenden und weniger wahrscheinlichen negativen Auswirkungen angehen. Andererseits sollten der tatsächliche oder potenzielle Einfluss des Unternehmens auf seine Geschäftspartner, der Grad der Beteiligung des Unternehmens an den negativen Auswirkungen, die Nähe zu dem Tochterunternehmen oder dem Geschäftspartner oder seine potenzielle Haftung nicht als maßgebliche Faktoren für die Priorisierung negativer Auswirkungen betrachtet werden.

(45) Gemäß den in dieser Richtlinie festgelegten Sorgfaltspflichten sollte ein Unternehmen, das potenzielle negative Auswirkungen auf die Menschenrechte oder die Umwelt feststellt, geeignete Maßnahmen ergreifen, um diese zu verhindern oder angemessen zu mindern. Um Rechtsklarheit und Rechtssicherheit für Unternehmen zu schaffen, sollte in dieser Richtlinie festgelegt werden, welche Maßnahmen von den Unternehmen gegebenenfalls zur Verhinderung und Minderung möglicher negativer Auswirkungen je nach den Umständen zu ergreifen sind. Bei der Bewertung der geeigneten Maßnahmen, mit denen negative Auswirkungen verhindert oder angemessen gemindert werden sollen, sollten der „Grad der Beteiligung des Unternehmens an den negativen

Auswirkungen“ im Einklang mit den internationalen Rahmenwerken und die Fähigkeit des Unternehmens, Einfluss auf den Geschäftspartner zu nehmen, der die tatsächlichen negativen Auswirkungen allein oder gemeinsam mit anderen verursacht, gebührend berücksichtigt werden. Unternehmen sollten angemessene Maßnahmen ergreifen, um die negativen Auswirkungen, die sie selbst verursachen (negative Auswirkungen „verursachen“ im Sinne des internationalen Rahmens) oder gemeinsam mit ihren Tochterunternehmen oder Geschäftspartnern verursachen (zu den negativen Auswirkungen „beitragen“ im Sinne des internationalen Rahmens), zu verhindern oder zu mindern. Dies gilt unabhängig davon, ob auch Dritte außerhalb der Aktivitätskette des Unternehmens die negativen Auswirkungen verursachen. Die gemeinsame Verursachung der negativen Auswirkungen beschränkt sich nicht auf den Fall, dass das Unternehmen, sein Tochterunternehmen oder sein Geschäftspartner in gleichem Maße daran beteiligt sind, sondern sollte sich auf alle Fälle erstrecken, in denen die negativen Auswirkungen durch Handlungen oder Unterlassungen des Unternehmens in Verbindung mit den Handlungen und Unterlassungen der Tochterunternehmen oder Geschäftspartner verursacht werden; dies schließt auch Fälle ein, in denen das Unternehmen in erheblichem Maße erleichtert oder fördert, dass ein Geschäftspartner negative Auswirkungen verursacht, d. h. geringfügige oder unerhebliche Beiträge werden nicht berücksichtigt. Wenn Unternehmen die negativen Auswirkungen in ihren Aktivitätsketten nicht selbst oder gemeinsam mit anderen juristischen Personen verursachen, sondern die negativen Auswirkungen ausschließlich von ihren Geschäftspartnern in den Aktivitätsketten der Unternehmen verursacht werden („in direktem Zusammenhang stehen“ mit den negativen Auswirkungen im Sinne des internationalen Rahmens), sollten sie dennoch bestrebt sein, ihren Einfluss geltend zu machen, um die von ihren Geschäftspartnern verursachten negativen Auswirkungen zu verhindern oder zu mindern, oder ihren Einfluss in diesem Sinne zu erhöhen. Indem anstelle der oben angeführten in den internationalen Rahmenwerken verwendeten Begriffe lediglich der Ausdruck negative Auswirkungen „verursachen“ verwendet wird, wird eine Verwechslung mit bestehenden Rechtsbegriffen in den nationalen Rechtssystemen vermieden, zugleich aber derselbe kausale Zusammenhang erfasst, wie in diesen Rahmenwerken beschrieben. In diesem Zusammenhang sollte unter dem Einfluss des Unternehmens auf einen Geschäftspartner im Einklang mit den internationalen Rahmenwerken zum einen seine Fähigkeit verstanden werden, den Geschäftspartner von der Verhinderung negativer Auswirkungen zu überzeugen (z. B. über Marktmacht, Präqualifikationsanforderungen oder die Verknüpfung von Geschäftsanreizen mit der Leistung in den Bereichen Menschenrechte und Umwelt), und zum anderen der Grad des Einflusses oder Drucks, den das Unternehmen nach vernünftigem Ermessen ausüben könnte, etwa durch Zusammenarbeit mit dem betreffenden Geschäftspartner oder im Zusammenwirken mit einem anderen Unternehmen, das ein direkter Geschäftspartner des mit den negativen Auswirkungen verbundenen Geschäftspartners ist.

(46) Die Unternehmen sollten verpflichtet werden, gegebenenfalls die folgenden angemessenen Maßnahmen zu ergreifen, um ihren Vermeidungs- und Abschwächungspflichten gemäß dieser Richtlinie nachzukommen. Wenn dies aufgrund der Komplexität der Vermeidungsmaßnahmen erforderlich ist, sollten die Unternehmen einen Präventionsaktionsplan ausarbeiten und umsetzen. Unternehmen sollten anstreben, dass ein direkter Geschäftspartner die Einhaltung des Verhaltenskodex und erforderlichenfalls des Präventionsaktionsplans vertraglich zusichert und unter anderem von seinen Partnern entsprechende vertragliche Zusicherungen verlangt, soweit deren Tätigkeiten Teil der Aktivitätsketten der Unternehmen sind. Vertragliche Zusicherungen sollten so gestaltet sein, dass eine angemessene Aufteilung der Verantwortung zwischen dem Unternehmen und den Geschäftspartnern sichergestellt ist. Die vertraglichen Zusicherungen sollten von geeigneten Maßnahmen zur Überprüfung der Einhaltung begleitet werden. Das Unternehmen sollte jedoch lediglich verpflichtet sein, die vertraglichen Zusicherungen zu verlangen, da der Erhalt solcher Zusicherungen von verschiedenen Faktoren abhängen kann. Um eine umfassende Vermeidung potenzieller negativer Auswirkungen zu gewährleisten, sollten Unternehmen auch finanzielle oder nichtfinanzielle Investitionen, Anpassungen oder Verbesserungen tätigen, die darauf abzielen, negative Auswirkungen zu verhindern, und dabei im Einklang mit dem Unionsrecht mit anderen Unternehmen zusammenarbeiten. Unternehmen sollten gegebenenfalls die Geschäftspläne, die Gesamtstrategien und die Geschäftstätigkeit, einschließlich Beschaffungsverfahren, anpassen und eine Beschaffungspolitik entwickeln und verfolgen, mit der zu existenzsichernden Löhnen und Einkommen für ihre Lieferanten beigetragen wird und mögliche negative Auswirkungen auf Menschenrechte oder die Umwelt nicht gefördert werden. Um ihren Sorgfaltspflichten wirksam und effizient nachzukommen, sollten Unternehmen ferner notwendige Änderungen oder Verbesserungen an ihren Entwurfs- und Vertriebsverfahren vornehmen, um negative Auswirkungen, die sich sowohl im vorgelagerten als auch im nachgelagerten Teil ihrer Aktivitätsketten ergeben, vor und nach der Herstellung des Produkts anzugehen. Die Einführung und die Anpassung, falls erforderlich, dieser Verfahren könnte für das Unternehmen von besonderer Bedeutung sein, um negative Auswirkungen von

Beginn an zu vermeiden. Diese Maßnahmen könnten auch für die Beseitigung negativer Auswirkungen relevant sein, die von dem Unternehmen und seinen Geschäftspartnern gemeinsam verursacht werden, etwa aufgrund von Fristen oder Spezifikationen, die letzteren vom Unternehmen auferlegt werden. Darüber hinaus tragen verantwortungsvolle Beschaffungs- oder Vertriebsverfahren durch eine bessere Verteilung der Wertschöpfung entlang der Aktivitätskette zur Bekämpfung der Kinderarbeit bei, die häufig in Ländern oder Gebieten mit hohem Armutsniveau auftritt. Darüber hinaus sollten Unternehmen gezielte und angemessene Unterstützung für kleine und mittlere Unternehmen (KMU) leisten, die Geschäftspartner des Unternehmens sind, indem unter anderem der Zugang zu Kapazitätsaufbau, Schulungen oder die Modernisierung von Managementsystemen bereitgestellt bzw. ermöglicht werden, sofern dies angesichts der Ressourcen, des Wissens und der Beschränkungen des KMU erforderlich ist, und indem gezielte und angemessene finanzielle Unterstützung geleistet wird, beispielsweise durch direkte Finanzierung, zinsgünstige Darlehen, Garantien für die fortgesetzte Beschaffung und Mitwirkung bei der Sicherstellung von Finanzierung, sofern die Einhaltung des Verhaltenskodexes oder des Präventionsaktionsplans die Tragfähigkeit des KMU gefährden würde. Der Begriff der „Gefährdung der Tragfähigkeit eines KMU" sollte so verstanden werden, dass möglicherweise eine Insolvenz des KMU verursacht wird oder das KMU in eine Lage gebracht wird, in der unmittelbar eine Insolvenz droht.

(47) Die Bekämpfung schädlicher Beschaffungsmethoden und des Preisdrucks auf die Erzeuger, insbesondere auf kleinere Wirtschaftsteilnehmer, ist im Zusammenhang mit dem Verkauf von landwirtschaftlichen Erzeugnissen sowie Nahrungs- und Futtermitteln besonders wichtig. Um die Machtungleichgewichte im Agrarsektor zu beheben, faire Preise für alle Glieder der Lebensmittelkette sicherzustellen und die Position der Landwirte zu stärken, sollten große Lebensmittelverarbeiter und Einzelhändler ihre Beschaffungsmethoden anpassen und eine Beschaffungspolitik entwickeln und verfolgen, mit der zu existenzsichernden Löhnen und Einkommen für ihre Lieferanten beigetragen wird. Die vorliegende Richtlinie findet nur auf das Geschäftsgebaren der größten Wirtschaftsteilnehmer, d. h. derjenigen mit einem weltweiten Nettoumsatz von mehr als 450000000 EUR, Anwendung und sollte somit landwirtschaftlichen Erzeugern mit einer geringeren Verhandlungsmacht zugutekommen. Da Unternehmen, die nach dem Recht eines Drittlandes gegründet wurden, gleichermaßen unter diese Richtlinie fallen, würde dies darüber hinaus die landwirtschaftlichen Erzeuger in der Union vor unlauterem Wettbewerb und vor schädlichen Methoden von Wirtschaftsteilnehmern, die nicht nur innerhalb, sondern auch außerhalb der Union niedergelassen sind, schützen.

(48) In dieser Richtlinie sollte des Weiteren auf die Möglichkeit verwiesen werden, dass das Unternehmen vertragliche Zusicherungen von dem indirekten Geschäftspartner einholen kann, um die Einhaltung des Verhaltenskodexes des Unternehmens oder eines Präventionsaktionsplans zu erreichen, und auch geeignete Maßnahmen ergreifen kann, um zu überprüfen, ob der indirekte Geschäftspartner den vertraglichen Zusicherungen nachkommt, damit das gesamte Spektrum an Optionen für das Unternehmen in Fällen erfasst wird, in denen potenzielle negative Auswirkungen durch die beschriebenen Präventions- oder Minderungsmaßnahmen nicht bewältigt werden könnten.

(49) Es ist möglich, dass zur Verhinderung potenzieller negativer Auswirkungen eine Zusammenarbeit mit einem anderen Unternehmen erforderlich wäre, z. B. auf der Ebene indirekter Geschäftspartner eines Unternehmens, das eine direkte vertragliche Beziehung zu dem betreffenden indirekten Geschäftspartner unterhält. In einigen Fällen könnte eine Zusammenarbeit mit anderen Einrichtungen die einzige realistische Möglichkeit sein, um potenzielle negative Auswirkungen zu verhindern, sogar wenn diese durch direkte Geschäftspartner verursacht werden, wenn der Einfluss des Unternehmens nicht ausreicht. Das Unternehmen sollte mit derjenigen Einrichtung zusammenarbeiten, die potenzielle negative Auswirkungen allein oder gemeinsam mit dem Unternehmen oder anderen juristischen Personen am wirksamsten verhindern oder mindern kann, wobei das geltende Recht, insbesondere das Wettbewerbsrecht, einzuhalten ist.

(50) Um sicherzustellen, dass die geeigneten Maßnahmen zur Verhinderung und Minderung potenzieller negativer Auswirkungen wirksam sind, sollten die Unternehmen vorrangig aktiv mit den Geschäftspartnern in ihren Aktivitätsketten zusammenarbeiten, anstatt die Geschäftsbeziehungen zu beenden, was ein letztes Mittel bleiben sollte, nachdem der Versuch, negative Auswirkungen zu verhindern und zu mindern, erfolglos geblieben ist. In der vorliegenden Richtlinie sollte jedoch auch für die Fälle, in denen mit solchen geeigneten Maßnahmen potenzielle negative Auswirkungen nicht angegangen werden konnten, auf die Verpflichtung der Unternehmen verwiesen werden, als letztes Mittel keine neuen Beziehungen mit dem betreffenden Geschäftspartner einzugehen und bestehende Beziehungen zu diesem Partner nicht zu verlängern, und, wenn es keine realistische Aussicht auf eine Veränderung — etwa durch Nutzung oder Erhöhung des Drucks seitens des Unternehmens, indem die Geschäftsbeziehungen in Bezug auf die betreffenden Tätigkeiten vorübergehend ausgesetzt werden —

gibt, unverzüglich einen verstärkten Präventionsaktionsplan für die spezifischen negativen Auswirkungen anzunehmen und umzusetzen, einschließlich eines spezifischen und angemessenen Zeitplans für die Annahme und Umsetzung aller darin vorgesehenen Maßnahmen, innerhalb dessen das Unternehmen auch alternative Geschäftspartner suchen kann. Zu den Faktoren, anhand derer die Angemessenheit des Zeitplans für die Annahme und Umsetzung solcher Maßnahmen festgestellt werden kann, könnten die Schwere der negativen Auswirkungen, das Erfordernis, zur Verhinderung oder Minderung etwaiger zusätzlicher negativer Auswirkungen — einschließlich der Auswirkungen auf KMU oder Kleinlandwirte — Maßnahmen zu ermitteln und zu ergreifen, zählen. Die Unternehmen sollten ihre Geschäftsbeziehungen zu dem Geschäftspartner aussetzen, wodurch der Druck seitens des Unternehmens und die Wahrscheinlichkeit, dass die Auswirkungen angegangen werden, erhöht werden. Wenn berechtigterweise nicht davon auszugehen ist, dass solche Bemühungen erfolgreich sein werden, etwa in Situationen mit vom Staat auferlegter Zwangsarbeit, oder wenn die negativen Auswirkungen durch die Umsetzung des verstärkten Präventionsaktionsplans nicht verhindern oder gemindert wurden, sollte das Unternehmen verpflichtet werden, die Geschäftsbeziehungen in Bezug auf die betreffenden Tätigkeiten zu beenden, wenn die potenziellen negativen Auswirkungen schwerwiegend sind. Damit Unternehmen dieser Verpflichtung nachkommen können, sollten die Mitgliedstaaten die Möglichkeit vorsehen, dass die Geschäftsbeziehungen in Verträgen, die ihrem Recht unterliegen, beendet werden können. Bei der Entscheidung, eine Geschäftsbeziehung zu beenden oder auszusetzen, sollte das Unternehmen bewerten, ob davon auszugehen ist, dass die dadurch verursachten negativen Auswirkungen offensichtlich schwerwiegender ausfallen werden als die negativen Auswirkungen, die nicht verhindert oder angemessen gemindert werden konnten. Entscheiden Unternehmen, die Geschäftsbeziehungen vorübergehend auszusetzen oder zu beenden, so sollten sie Maßnahmen ergreifen, um die Auswirkungen der Aussetzung oder Beendigung zu verhindern, zu mindern oder abzustellen, den Geschäftspartner in angemessener Weise informieren und diese Entscheidung fortlaufend überprüfen. Möglicherweise erfordert die Verhinderung negativer Auswirkungen auf der Ebene indirekter Geschäftsbeziehungen eine Zusammenarbeit mit einem anderen Unternehmen. In einigen Fällen könnte die Zusammenarbeit mit einem anderen Unternehmen die einzige realistische Möglichkeit sein, negative Auswirkungen auf der Ebene indirekter Geschäftsbeziehungen zu verhindern, insbesondere wenn der indirekte Geschäftspartner nicht bereit ist, einen Vertrag mit dem Unternehmen zu schließen.

(51) Obwohl beaufsichtigte Finanzunternehmen nur Sorgfaltspflichten in Bezug auf den vorgelagerten Teil ihrer Aktivitätsketten unterliegen, werden mit den Besonderheiten von Finanzdienstleistungen und den MNE-Leitsätzen Anhaltspunkte für Arten von angemessenen und wirksamen Maßnahmen gegeben, die Finanzunternehmen im Rahmen ihrer Verfahren zur Erfüllung der Sorgfaltspflicht ergreifen können. Wie in den MNE-Leitsätzen herausgestellt, müssen die Besonderheiten von Finanzdienstleistungen anerkannt werden. Von beaufsichtigten Finanzunternehmen wird erwartet, dass sie negativen Auswirkungen Rechnung tragen und ihren sogenannten „Druck" nutzen, um Unternehmen zu beeinflussen. Eine Möglichkeit, diesen Druck auszunutzen, ist die Ausübung von Aktionärsrechten.

(52) Was direkte und indirekte Geschäftspartner betrifft, so kann mit Industrie- und Multi-Stakeholder-Initiativen zur Erzeugung von zusätzlichem Druck beigetragen werden, um negative Auswirkungen zu ermitteln, zu mindern und zu verhindern. Unternehmen sollten sich daher an solchen Initiativen beteiligen können, um die Erfüllung der Verpflichtungen gemäß den Artikeln 7 bis 16 der vorliegenden Richtlinie zu unterstützen, insoweit solche Initiativen geeignet sind, die Erfüllung dieser Verpflichtungen zu unterstützen. Der Begriff „Initiativen" ist weit gefasst und umfasst eine Kombination von freiwilligen Verfahren, Instrumenten und Mechanismen zur Erfüllung der Sorgfaltspflichten, die von Regierungen, Industrieverbänden, interessierten Organisationen, einschließlich Organisationen der Zivilgesellschaft, oder Gruppierungen bzw. Kombinationen davon, an denen sich Unternehmen beteiligen könnten, um die Erfüllung der Sorgfaltspflichten zu unterstützen, entwickelt und überwacht werden. Unternehmen könnten nach Bewertung ihrer Angemessenheit einschlägige Risikoanalysen, die im Rahmen von Industrieinitiativen bzw. Multi-Stakeholder-Initiativen oder von Mitgliedern dieser Initiativen durchgeführt wurden, nutzen oder sich daran beteiligen und über diese Initiativen wirksame geeignete Maßnahmen ergreifen oder sich daran beteiligen. Dabei sollten die Unternehmen die Wirksamkeit dieser Maßnahmen überwachen und gegebenenfalls weiterhin geeignete Maßnahmen ergreifen, um die Erfüllung ihrer Verpflichtungen sicherzustellen. In dieser Richtlinie sollte auch darauf hingewiesen werden, dass die Kommission und die Mitgliedstaaten die Verbreitung von Informationen über solche Initiativen und ihre Ergebnisse erleichtern können, um so vollständige Informationen über solche Initiativen sicherzustellen. Die Kommission sollte in Zusammenarbeit mit den Mitgliedstaaten Leitlinien zur Festlegung von Eignungskriterien und einer Methode, mit der Unternehmen die Eignung von

Industrie- und Multi-Stakeholder-Initiativen bewerten sollen, herausgeben. Unternehmen könnten auch Überprüfungen durch unabhängige Dritte von Unternehmen in ihren Aktivitätsketten, die von diesen Unternehmen vorgelegt werden, verwenden, um die Erfüllung der Sorgfaltspflichten zu unterstützen, soweit diese Überprüfung geeignet ist, um die Erfüllung der einschlägigen Verpflichtungen zu unterstützen. Die Überprüfung durch unabhängige Dritte könnte auch von anderen Unternehmen oder einer Industrieinitiative bzw. Multi-Stakeholder-Initiative durchgeführt werden. Mit der unabhängigen Überprüfung betraute Dritte sollten objektiv und völlig unabhängig vom Unternehmen handeln, frei von jeglichen Interessenkonflikten sein, frei von jedweder direkten oder indirekten äußeren Einflussnahme sein und jede Handlung unterlassen, die mit ihrer Unabhängigkeit unvereinbar ist. Je nach Art der negativen Auswirkungen sollten sie über Erfahrung und Kompetenz in Umwelt- oder Menschenrechtsfragen verfügen, und sie sollten für die Qualität und Zuverlässigkeit der Überprüfung verantwortlich sein. Die Kommission sollte in Zusammenarbeit mit den Mitgliedstaaten Leitlinien zur Festlegung von Eignungskriterien und einer Methode, mit der Unternehmen die Eignung von mit der unabhängigen Überprüfung betrauten Dritten bewerten sollen, und Leitlinien für die Überwachung der Richtigkeit, der Wirksamkeit und der Integrität der von Dritten durchgeführten Überprüfung herausgeben. Diese Leitlinien sind von wesentlicher Bedeutung, um Mängel von unwirksamen Prüfungen zu beheben. Unternehmen, die an Industrieinitiativen bzw. Multi-Stakeholder-Initiativen teilnehmen oder die Überprüfung durch Dritte oder Vertragsklauseln in Anspruch nehmen, um die Erfüllung der Sorgfaltspflichten zu unterstützen, sollten dennoch bestraft oder für Verstöße gegen die vorliegende Richtlinie sowie für Schäden, die Betroffene aufgrund des Verstoßes erlitten haben, haftbar gemacht werden können.

(53) Gemäß den in dieser Richtlinie vorgesehenen Sorgfaltspflichten sollte ein Unternehmen, das tatsächliche negative Auswirkungen auf die Menschenrechte oder die Umwelt ermittelt, geeignete Maßnahmen ergreifen, um diese abzustellen. Es ist davon auszugehen, dass ein Unternehmen in der Lage ist, tatsächliche negative Auswirkungen in seiner eigenen Geschäftstätigkeit und in der seiner Tochterunternehmen abzustellen. Allerdings sollte klargestellt werden, dass die Unternehmen, bei denen negative Auswirkungen nicht abgestellt werden können, das Ausmaß dieser Auswirkungen minimieren sollten. Bei einer Minimierung des Ausmaßes negativer Auswirkungen sollte ein Ergebnis verlangt werden, das dem Abstellen der negativen Auswirkungen möglichst nahe kommt. Daher sollte das Unternehmen regelmäßig die Umstände, aufgrund deren es die negativen Auswirkungen nicht abstellen konnte, und die Frage, ob die Abstellung der negativen Auswirkungen möglich ist, neu bewerten. Um Rechtsklarheit und Rechtssicherheit für Unternehmen zu schaffen, sollte in dieser Richtlinie festgelegt werden, welche Maßnahmen die Unternehmen ergreifen müssen, um die tatsächlichen negativen Auswirkungen auf die Menschenrechte und die Umwelt abzustellen oder je nach den Umständen deren Ausmaß gegebenenfalls zu minimieren. Bei der Bewertung der geeigneten Maßnahmen, um negative Auswirkungen abzustellen oder ihr Ausmaß zu minimieren, sollte der „Grad der Beteiligung des Unternehmens an den negativen Auswirkungen" im Einklang mit den internationalen Rahmenwerken und die Fähigkeit des Unternehmens, Einfluss auf den Geschäftspartner zu nehmen, der die tatsächlichen negativen Auswirkungen allein oder gemeinsam mit anderen verursacht, gebührend berücksichtigt werden. Unternehmen sollten geeignete Maßnahmen ergreifen, um negative Auswirkungen, die sie selbst verursachen (negative Auswirkungen „verursachen" im Sinne des internationalen Rahmens) oder gemeinsam mit ihren Tochterunternehmen oder Geschäftspartnern verursachen (zu den negativen Auswirkungen „beitragen" im Sinne des internationalen Rahmens), abzustellen oder ihr Ausmaß zu minimieren. Dies gilt unabhängig davon, ob auch Dritte außerhalb der Aktivitätskette des Unternehmens die negativen Auswirkungen verursachen. Die gemeinsame Verursachung der negativen Auswirkungen beschränkt sich nicht auf den Fall, dass das Unternehmen, sein Tochterunternehmen oder sein Geschäftspartner in gleichem Maße daran beteiligt sind, sondern sollte sich auf alle Fälle erstrecken, in denen die negativen Auswirkungen durch Handlungen oder Unterlassungen des Unternehmens in Verbindung mit den Handlungen und Unterlassungen der Tochterunternehmen oder Geschäftspartner verursacht werden; dies schließt auch Fälle ein, in denen das Unternehmen in erheblichem Maße erleichtert oder fördert, dass ein Geschäftspartner negative Auswirkungen verursacht, d. h. geringfügige oder unerhebliche Beiträge werden nicht berücksichtigt. Wenn Unternehmen die negativen Auswirkungen in ihren Aktivitätsketten nicht selbst oder gemeinsam mit anderen juristischen Personen verursachen, sondern die negativen Auswirkungen ausschließlich von ihrem Geschäftspartner in den Aktivitätsketten der Unternehmen verursacht werden („in direktem Zusammenhang stehen" mit den negativen Auswirkungen im Sinne des internationalen Rahmens), sollten sie dennoch bestrebt sein, ihren Einfluss geltend zu machen, um die von ihren Geschäftspartnern verursachten negativen Auswirkungen abzustellen oder zu minimieren, oder ihren Einfluss in diesem Sinne zu erhöhen. Indem anstelle der oben angeführten in den internationalen Rahmenwerken verwendeten

Begriffe lediglich der Ausdruck negative Auswirkungen „verursachen“ verwendet wird, wird eine Verwechslung mit bestehenden Rechtsbegriffen in den nationalen Rechtssystemen vermieden, zugleich aber derselbe kausale Zusammenhang erfasst, wie in diesen Rahmenwerken beschrieben. In diesem Zusammenhang sollte unter dem Einfluss des Unternehmens auf einen Geschäftspartner im Einklang mit den internationalen Rahmenwerken zum einen seine Fähigkeit verstanden werden, den Geschäftspartner von der Abstellung negativer Auswirkungen oder der Minimierung ihres Ausmaßes zu überzeugen (z. B. über Marktmacht, Präqualifikationsanforderungen, die Verknüpfung von Geschäftsanreizen mit der Leistung in den Bereichen Menschenrechte und Umwelt), und zum anderen der Grad des Einflusses oder Drucks, den das Unternehmen nach vernünftigem Ermessen ausüben könnte, etwa durch Zusammenarbeit mit dem betreffenden Geschäftspartner oder im Zusammenwirken mit einem anderen Unternehmen, das ein direkter Geschäftspartner des mit den negativen Auswirkungen verbundenen Geschäftspartners ist.

(54) Um den in dieser Richtlinie vorgesehenen Pflichten, die tatsächlichen negativen Auswirkungen auf die Menschenrechte und die Umwelt abzustellen oder je nach den Umständen deren Ausmaß gegebenenfalls zu minimieren, sollten die Unternehmen verpflichtet werden, die folgenden geeigneten Maßnahmen zu ergreifen. Falls dies aufgrund der Tatsache, dass die negativen Auswirkungen nicht unmittelbar abgestellt werden können, notwendig ist, sollten die Unternehmen einen Korrekturmaßnahmenplan entwickeln und umsetzen. Unternehmen sollten anstreben, dass ein direkter Geschäftspartner die Einhaltung des Verhaltenskodexes und erforderlichenfalls des Korrekturmaßnahmenplans vertraglich zusichert und unter anderem von seinen Partnern entsprechende vertragliche Zusicherungen verlangt, soweit deren Tätigkeiten Teil der Aktivitätskette des Unternehmens sind. Vertragliche Zusicherungen sollten so gestaltet sein, dass eine angemessene Aufteilung der Verantwortung zwischen dem Unternehmen und den Geschäftspartnern sichergestellt ist. Die vertraglichen Zusicherungen sollten von geeigneten Maßnahmen zur Überprüfung der Einhaltung begleitet werden. Das Unternehmen sollte jedoch lediglich verpflichtet sein, die vertraglichen Zusicherungen zu verlangen, da der Erhalt solcher Zusicherungen von verschiedenen Faktoren abhängen kann. Ferner sollten die Unternehmen finanzielle oder nichtfinanzielle Investitionen, Anpassungen oder Verbesserungen tätigen, die darauf abzielen, negative Auswirkungen abzustellen oder ihr Ausmaß zu minimieren, und dabei im Einklang mit dem Unionsrecht mit anderen Unternehmen zusammenarbeiten. Unternehmen sollten gegebenenfalls die Geschäftspläne, die Gesamtstrategien und die Geschäftstätigkeit, einschließlich Beschaffungsverfahren, anpassen und eine Beschaffungspolitik entwickeln und verfolgen, mit der zu existenzsichernden Löhnen und Einkommen für ihre Lieferanten beigetragen wird und tatsächliche negative Auswirkungen auf Menschenrechte oder die Umwelt nicht gefördert werden. Um ihren Sorgfaltspflichten wirksam und effizient nachzukommen, sollten Unternehmen ferner notwendige Änderungen oder Verbesserungen an ihren Entwurfs- und Vertriebsverfahren vornehmen, um negative Auswirkungen, die sich sowohl im vorgelagerten als auch im nachgelagerten Teil ihrer Aktivitätsketten ergeben, vor und nach der Herstellung des Produkts anzugehen. Die Einführung und die Anpassung, falls erforderlich, dieser Verfahren könnte für das Unternehmen von besonderer Bedeutung sein, um negative Auswirkungen zu Beginn zu vermeiden. Diese Maßnahmen könnten auch für die Beseitigung negativer Auswirkungen relevant sein, die von dem Unternehmen und seinen Geschäftspartnern gemeinsam verursacht werden, etwa aufgrund der letzteren vom Unternehmen auferlegten Fristen oder Spezifikationen. Darüber hinaus tragen verantwortungsvolle Beschaffungs- oder Vertriebsverfahren durch eine bessere Verteilung der Wertschöpfung entlang der Aktivitätskette zur Bekämpfung der Kinderarbeit bei, die häufig in Ländern oder Gebieten mit hohem Armutsniveau auftritt. Darüber hinaus sollten Unternehmen gezielte und angemessene Unterstützung für ein KMU leisten, das ein Geschäftspartner des Unternehmens ist, indem unter anderem der Zugang zu Kapazitätsaufbau, Schulungen oder die Modernisierung von Managementsystemen bereitgestellt bzw. ermöglicht werden, sofern dies angesichts der Ressourcen, des Wissens und der Beschränkungen des KMU erforderlich ist, und indem gezielte und angemessene finanzielle Unterstützung geleistet wird, beispielsweise durch direkte Finanzierung, zinsgünstige Darlehen, Garantien für die fortgesetzte Beschaffung und Mitwirkung bei der Sicherstellung von Finanzierung, sofern die Einhaltung des Verhaltenskodexes oder des Präventionsaktionsplans die Tragfähigkeit des KMU gefährden würde. Der Begriff der „Gefährdung der Tragfähigkeit eines KMU“ sollte verstanden werden, dass möglicherweise eine Insolvenz des KMU verursacht wird oder das KMU in eine Lage gebracht wird, in der unmittelbar eine Insolvenz droht.

(55) In dieser Richtlinie sollte des Weiteren auf die Möglichkeit verwiesen werden, dass das Unternehmen vertragliche Zusicherungen von dem indirekten Geschäftspartner einholen kann, um die Einhaltung des Verhaltenskodexes des Unternehmens oder eines Korrekturmaßnahmenplans zu erreichen, und auch geeignete Maßnahmen ergreifen kann, um zu überprüfen, ob der indirekte Geschäftspartner den vertraglichen Zusicherungen nachkommt, damit das gesamte Spektrum an Optionen für das Unternehmen in Fällen erfasst

wird, in denen tatsächliche negative Auswirkungen durch die beschriebenen Maßnahmen nicht bewältigt werden könnten.

(56) Werden vertragliche Zusicherungen von einem KMU eingeholt, das ein indirekter Geschäftspartner ist, so sollten die Unternehmen bewerten, ob die vertraglichen Zusicherungen mit geeigneten Maßnahmen für KMU einhergehen sollten. Wenn das KMU um Übernahme eines Teils der Kosten ersucht oder wenn das Unternehmen dem zustimmt, sollte das KMU die Ergebnisse der Überprüfung mit anderen Unternehmen teilen können.

(57) Um sicherzustellen, dass die geeigneten Maßnahmen zur Abstellung oder Minimierung tatsächlicher negativer Auswirkungen wirksam sind, sollten die Unternehmen vorrangig aktiv mit den Geschäftspartnern in ihren Aktivitätsketten zusammenarbeiten, anstatt die Geschäftsbeziehungen zu beenden, was ein letztes Mittel bleiben sollte, nachdem der Versuch, tatsächliche negative Auswirkungen abzustellen oder ihr Ausmaß zu minimieren, erfolglos geblieben ist. In dieser Richtlinie sollte jedoch auch für die Fälle, in denen mit solchen geeigneten Maßnahmen tatsächliche negative Auswirkungen nicht abgestellt konnten oder ihr Ausmaß nicht angemessen minimiert werden konnte, auf die Verpflichtung der Unternehmen verwiesen werden, als letztes Mittel keine neuen Beziehungen mit dem betreffenden Geschäftspartner einzugehen und bestehende Beziehungen zu diesem Partner nicht zu verlängern, und, wenn es eine realistische Aussicht auf eine Veränderung — etwa durch Nutzung oder Erhöhung des Drucks seitens des Unternehmens, indem die Geschäftsbeziehungen in Bezug auf die betreffenden Tätigkeiten vorübergehend ausgesetzt werden — gibt, unverzüglich einen verstärkten Korrekturmaßnahmenplan für die spezifischen negativen Auswirkungen anzunehmen und umzusetzen, einschließlich eines spezifischen und angemessenen Zeitplans für die Annahme und Umsetzung aller darin vorgesehenen Maßnahmen, innerhalb dessen das Unternehmen auch alternative Geschäftspartner suchen kann. Zu den Faktoren, anhand derer die Angemessenheit des Zeitplans für die Annahme und Umsetzung dieser Maßnahmen festgestellt werden kann, könnten die Schwere der negativen Auswirkungen, das Erfordernis, zur Abstellung zusätzlicher negativer Auswirkungen oder zur Minimierung ihres Ausmaßes Maßnahmen zu ermitteln und zu ergreifen, und die Auswirkungen auf KMU oder Kleinlandwirte zählen. Die Unternehmen sollten ihre Geschäftsbeziehungen zu dem Geschäftspartner aussetzen, wodurch der Druck seitens des Unternehmens und die Wahrscheinlichkeit, dass die Auswirkungen angegangen werden, erhöht werden. Wenn berechtigterweise nicht davon auszugehen ist, dass solche Bemühungen erfolgreich sein werden, etwa in Situationen mit vom Staat auferlegter Zwangsarbeit, oder wenn die negativen Auswirkungen durch die Umsetzung des verstärkten Korrekturmaßnahmenplans nicht abgestellt wurden oder ihr Ausmaß nicht minimiert wurde, sollte das Unternehmen verpflichtet werden, die Geschäftsbeziehungen in Bezug auf die betreffenden Tätigkeiten zu beenden, wenn die tatsächlichen negativen Auswirkungen schwerwiegend sind. Damit Unternehmen dieser Verpflichtung nachkommen können, sollten die Mitgliedstaaten die Möglichkeit vorsehen, dass die Geschäftsbeziehungen in Verträgen, die ihrem Recht unterliegen, beendet werden können. Bei der Entscheidung, eine Geschäftsbeziehung zu beenden oder auszusetzen, sollte das Unternehmen bewerten, ob davon auszugehen ist, dass die dadurch verursachten negativen Auswirkungen offensichtlich schwerwiegender ausfallen werden als die negativen Auswirkungen, die nicht abgestellt werden konnten oder deren Ausmaß nicht angemessen minimiert werden konnte. Entscheiden Unternehmen, die Geschäftsbeziehungen vorübergehend auszusetzen oder zu beenden, so sollten sie Maßnahmen ergreifen, um die Auswirkungen der Aussetzung oder Beendigung zu verhindern, zu mindern oder abzustellen, den Geschäftspartner in angemessener Weise informieren und diese Entscheidung fortlaufend überprüfen. Möglicherweise erfordert die Abstellung negativer Auswirkungen auf der Ebene indirekter Geschäftsbeziehungen eine Zusammenarbeit mit einem anderen Unternehmen. In einigen Fällen könnte die Zusammenarbeit mit einem anderen Unternehmen die einzige realistische Möglichkeit sein, tatsächliche negative Auswirkungen auf der Ebene indirekter Geschäftsbeziehungen abzustellen, insbesondere wenn der indirekte Geschäftspartner nicht bereit ist, einen Vertrag mit dem Unternehmen zu schließen.

(58) Wurde eine tatsächliche negative Auswirkung von einem Unternehmen allein oder gemeinsam mit anderen verursacht, so sollte das Unternehmen Abhilfe leisten. Der Begriff „Abhilfe" bezeichnet die Wiederherstellung der Situation oder des Zustands, in der/dem sich die betroffene Person/die betroffenen Personen, die Gemeinschaften oder die Umwelt ohne die eingetretenen tatsächlichen negativen Auswirkungen befinden würden, und die in einem angemessenen Verhältnis zur Beteiligung des Unternehmens an den negativen Auswirkungen stehen muss, unter anderem durch eine finanzielle oder nichtfinanzielle Entschädigung, die das Unternehmen einer oder mehreren von den tatsächlichen negativen Auswirkungen betroffenen Personen bereitstellt, und soweit zutreffend die Erstattung jeglicher den Behörden durch die Abhilfemaßnahmen entstandenen Kosten. Die Mitgliedstaaten sollten sicherstellen, dass die von negativen Auswirkungen betroffenen Interessenträger nicht verpflichtet sind, sich um Abhilfe zu bemühen, bevor sie ihre Ansprüche vor

Gericht geltend machen. Für den Fall, dass es das Unternehmen versäumt, bei einer von ihm allein oder gemeinsam verursachten tatsächlichen negativen Auswirkung Abhilfe zu leisten, sollten die Mitgliedstaaten sicherstellen, dass die zuständige Aufsichtsbehörde von Amts wegen oder infolge begründeter Bedenken, die ihr gemäß dieser Richtlinie mitgeteilt wurden, befugt ist, das Unternehmen anzuweisen, angemessene Abhilfe zu leisten. In einem solchen Fall gilt dies unbeschadet der Verhängung von Sanktionen für Verstöße gegen einzelstaatliche Vorschriften, die gemäß dieser Richtlinie erlassen wurden, und der zivilrechtlichen Haftung, die vor einem nationalen Gericht geltend gemacht wird. Werden die tatsächlichen negativen Auswirkungen lediglich vom Geschäftspartner des Unternehmens verursacht, so kann das Unternehmen freiwillig Abhilfe leisten. Das Unternehmen kann auch seine Fähigkeit nutzen, Einfluss auf den Geschäftspartner zu nehmen, der die negativen Auswirkungen allein oder gemeinsam verursacht, um so Abhilfe zu ermöglichen.

(59) Unternehmen sollten Personen und Organisationen die Möglichkeit einräumen, Beschwerden direkt an sie richten zu können, wenn berechtigte Bedenken hinsichtlich tatsächlicher oder potenzieller negativer Auswirkungen auf die Menschenrechte und die Umwelt bestehen. Zu den Personen und Organisationen, die solche Beschwerden vorbringen könnten, sollten Personen gehören, die betroffen sind oder hinreichend Grund zu der Annahme haben, dass sie betroffen sein könnten, sowie die rechtmäßigen Vertreter dieser Personen, die in ihrem Namen handeln, wie etwa Organisationen der Zivilgesellschaft und Menschenrechtsverteidiger, Gewerkschaften und andere Arbeitnehmervertreter, die in der betreffenden Aktivitätskette tätige Personen vertreten, und Organisationen der Zivilgesellschaft, die in den Bereichen tätig sind, die mit den negativen Auswirkungen auf die Umwelt, die Gegenstand der Beschwerde sind, verbunden sind, und über Erfahrung in diesen Bereichen verfügen. Die Unternehmen sollten ein gerechtes, öffentlich verfügbares, zugängliches, berechenbares und transparentes Verfahren für die Bearbeitung dieser Beschwerden einrichten und die einschlägigen Arbeitnehmer, Gewerkschaften und andere Arbeitnehmervertreter über solche Verfahren informieren. Die Unternehmen sollten auch einen zugänglichen Mechanismus für die Übermittlung von Meldungen durch Personen und Organisationen einrichten, wenn letztere Informationen oder Bedenken hinsichtlich tatsächlicher oder potenzieller negativer Auswirkungen haben. Um den Aufwand für die Unternehmen zu verringern, sollten sie sich an gemeinsamen Beschwerdeverfahren und Meldemechanismen beteiligen können, etwa an Verfahren, die von Unternehmen (z. B. von einer Unternehmensgruppe) über Industrieverbände, Multi-Stakeholder-Initiativen oder globale Rahmenvereinbarungen gemeinsam eingerichtet werden. Die Geltendmachung einer Meldung oder Beschwerde sollte weder eine Voraussetzung sein, noch ausschließen, dass die sie geltend machende Person Zugang zu dem Verfahren bei begründeten Bedenken oder zu gerichtlichen oder anderen außergerichtlichen Verfahren hat, etwa zu nationalen Kontaktstellen der Organisation für wirtschaftliche Zusammenarbeit und Entwicklung (OECD), sofern solche bestehen. Mit den Bestimmungen über das Beschwerdeverfahren und dem Meldemechanismus im Rahmen dieser Richtlinie sollte verhindert werden, dass der Zugang zu Vertretern eines Unternehmens zu einer unangemessenen Kontaktaufnahme führt. Im Einklang mit internationalen Standards sollten Personen, die Beschwerden einreichen — sofern sie diese nicht anonym einreichen — berechtigt sein, von dem Unternehmen eine zügige und angemessene Nachverfolgung der Beschwerde zu verlangen und auf geeigneter Ebene mit Vertretern des Unternehmens zusammenzutreffen, um tatsächliche oder potenzielle schwerwiegende negative Auswirkungen, die Gegenstand der Beschwerde sind, zu erörtern ebenso wie potenzielle Abhilfemaßnahmen, die zusammen mit der Begründung, warum eine Beschwerde als begründet oder unbegründet erachtet wurde und — sofern sie als begründet erachtet wurde — mit Informationen über die Schritte und Maßnahmen, die von dem Unternehmen unternommen wurden oder werden sollen, vorzulegen sind. Unternehmen sollten auch die nach vernünftigem Ermessen zur Verfügung stehenden Maßnahmen ergreifen, um jegliche Form von Vergeltung zu verhindern, indem sie im Einklang mit dem nationalen Recht gewährleisten, dass die Identität der Person oder Organisation, die die Beschwerde oder Meldung einreicht, vertraulich behandelt wird. Die Formulierung „gerecht, öffentlich verfügbar, zugänglich, berechenbar und transparent“ sollte im Sinne des Grundsatzes 31 der Leitprinzipien der Vereinten Nationen verstanden werden, wonach die Verfahren rechtmäßig, zugänglich, berechenbar, gerecht, transparent, mit den Menschenrechten vereinbar und eine Quelle für kontinuierliches Lernen sein müssen, wie dies auch in der Allgemeinen Bemerkung Nr. 16 des Ausschusses der Vereinten Nationen für die Rechte des Kindes niedergelegt ist. Arbeitnehmer sowie ihre Vertreter sollten außerdem ausreichend geschützt werden, und alle außergerichtlichen Abhilfemaßnahmen sollten unbeschadet der Förderung von Tarifverhandlungen und der Anerkennung von Gewerkschaften erfolgen und durch sie sollte keinesfalls die Rolle legitimer Gewerkschaften oder Arbeitnehmervertreter bei der Beilegung arbeitsrechtlicher Streitigkeiten untergraben werden. Die Unternehmen sollten sicherstellen, dass die Interessenträger Zugang zu den Meldemechanismen und Beschwerdeverfahren haben, wobei

die einschlägigen Hindernisse gebührend zu berücksichtigen sind.

(60) Aufgrund der größeren Anzahl von Personen oder Organisationen, die zur Einreichung einer Beschwerde berechtigt sind, und des breiteren Spektrums an Beschwerdegegenständen sollte das Beschwerdeverfahren im Rahmen dieser Richtlinie rechtlich als ein gesonderter Mechanismus gegenüber dem Verfahren für interne Meldungen verstanden werden, das die Unternehmen gemäß der Richtlinie (EU) 2019/1937 des Europäischen Parlaments und des Rates(16) eingerichtet haben. Kann ein Verstoß gegen das Unionsrecht oder das nationale Recht, der in den sachlichen Anwendungsbereich jener Richtlinie fällt, als negative Auswirkungen betrachtet werden und handelt es sich bei dem Hinweisgeber um einen Beschäftigten eines Unternehmens, der unmittelbar von den negativen Auswirkungen betroffen ist, so könnte diese Person beide Verfahren — also das Beschwerdeverfahren gemäß der vorliegenden Richtlinie und ein Verfahren für interne Meldungen gemäß der Richtlinie (EU) 2019/1937 — in Anspruch nehmen. Ist eine der oben genannten Bedingungen jedoch nicht erfüllt, so sollte die Person nur eines der Verfahren in Anspruch nehmen können.

(61) Unternehmen sollten die Umsetzung und Wirksamkeit ihrer Maßnahmen zur Erfüllung der Sorgfaltspflicht überwachen. Sie sollten regelmäßig Bewertungen ihrer eigenen Geschäftstätigkeit, der ihrer Tochterunternehmen und — soweit mit der Aktivitätskette des Unternehmens verbunden — der Tätigkeiten ihrer Geschäftspartner vornehmen, um die Umsetzung zu bewerten und die Angemessenheit und die Wirksamkeit der Ermittlung, Verhinderung, Minimierung, Abstellung und Minderung von negativen Auswirkungen zu überwachen. Im Rahmen dieser Bewertungen sollte überprüft werden, ob negative Auswirkungen ordnungsgemäß ermittelt werden, ob Maßnahmen zur Erfüllung der Sorgfaltspflicht getroffen worden sind und ob negative Auswirkungen tatsächlich verhindert oder abgestellt wurden. Um sicherzustellen, dass diese Bewertungen aktuell sind, sollten sie unverzüglich nach Eintreten einer wesentlichen Änderung, mindestens jedoch alle 12 Monate, durchgeführt werden, und es sollten zusätzliche Überprüfungen in einem kürzeren Abstand erfolgen, wenn hinreichende Gründe für die Annahme bestehen, dass neue Risiken negativer Auswirkungen entstanden sein könnten. Unter einer wesentlichen Änderung sollte eine Veränderung des Status quo der eigenen Geschäftstätigkeit des Unternehmens, der Geschäftstätigkeit seiner Tochterunternehmen oder Geschäftspartner, des rechtlichen oder des Unternehmensumfelds oder jede andere wesentliche Änderung bezüglich der Lage des Unternehmens oder seiner operativen Rahmenbedingungen verstanden werden. Beispiele für eine wesentliche Änderung könnten Fälle sein, in denen das Unternehmen in einem neuen Wirtschaftszweig oder einem neuen geografischen Gebiet tätig wird, mit der Herstellung neuer Produkte beginnt oder die Art und Weise der Herstellung bestehender Produkte verändert und dabei eine Technologie mit potenziell stärkeren negativen Auswirkungen verwendet oder seine Unternehmensstruktur durch Umstrukturierung, Fusionen oder Übernahmen verändert. Hinreichende Gründe für die Annahme, dass neue Risiken bestehen, können sich auf unterschiedliche Weise ergeben, unter anderem aufgrund öffentlich zugänglicher Informationen, in denen über die negativen Auswirkungen berichtet wird, durch die Einbeziehung von Interessenträgern oder durch entsprechende Meldungen. Unternehmen sollten die Unterlagen, die belegen, dass sie diese Anforderung einhalten, mindestens fünf Jahre lang aufbewahren. Diese Unterlagen sollten — sofern relevant — mindestens die ermittelten Auswirkungen und eingehenden Bewertungen gemäß Artikel 8, den Präventions- und/oder Korrekturmaßnahmenplan gemäß Artikel 10 Absatz 2 Buchstabe a und Artikel 11 Absatz 3 Buchstabe b, die gemäß Artikel 10 Absatz 2 Buchstabe b, Artikel 10 Absatz 4, Artikel 11 Absatz 3 Buchstabe c und Artikel 11 Absatz 5 erhaltenen vertraglichen Bestimmungen oder geschlossenen Verträge, die Überprüfungen gemäß Artikel 10 Absatz 5 und Artikel 11 Absatz 6, Abhilfemaßnahmen, regelmäßige Bewertungen im Rahmen der Überwachungspflicht des Unternehmens sowie Mitteilungen und Beschwerden umfassen. Finanzunternehmen sollten lediglich ihre eigene Geschäftstätigkeit sowie die ihrer Tochterunternehmen und ihrer vorgelagerten Geschäftspartner regelmäßig bewerten.

(62) Wie in den bestehenden internationalen Standards, die in den Leitprinzipien der Vereinten Nationen und im OECD-Rahmen festgelegt sind, ist es Teil der Anforderungen in Bezug auf die Sorgfaltspflicht, extern relevante Informationen zu Strategien, Verfahren und Tätigkeiten zur Wahrnehmung der Sorgfaltspflicht, die der Ermittlung und Bewältigung tatsächlicher oder potenzieller negativer Auswirkungen dienen, zu kommunizieren, wozu auch die Erkenntnisse und Ergebnisse dieser Tätigkeiten zählen. In der Richtlinie 2013/34/EU sind die einschlägigen Berichtspflichten von Unternehmen, die unter diese Richtlinie fallen, festgelegt. Darüber hinaus werden in der Verordnung (EU) 2019/2088 des Europäischen Parlaments und des Rates(17) weitere Berichtspflichten betreffend die nachhaltigkeitsbezogenen Offenlegungspflichten in der Finanzdienstleistungsbranche für Finanzunternehmen festgelegt. Um Überschneidungen bei den Berichtspflichten zu vermeiden, sollten mit der vorliegenden Richtlinie daher für die unter die Richtlinie 2013/34/EU fallenden Unternehmen keine neuen Berichtspflichten eingeführt werden, die über

die in der genannten Richtlinie festgelegten Berichtspflichten sowie über die in deren Rahmen zu entwickelnden Standards für die Berichterstattung hinausgehen. Um ihrer Verpflichtung, über die Wahrnehmung ihrer Sorgfaltspflicht im Rahmen der vorliegenden Richtlinie zu informieren, nachzukommen, sollten die Unternehmen eine jährliche Erklärung in mindestens einer der Amtssprachen der Union abgeben, die sie innerhalb eines angemessenen Zeitraums spätestens aber zwölf Monate nach dem Bilanzstichtag des Geschäftsjahres, auf das sich die Erklärung bezieht, auf ihrer Website veröffentlichen, es sei denn das entsprechende Unternehmen unterliegt den in der Richtlinie 2013/34/EU vorgesehenen Anforderungen an die Nachhaltigkeitsberichterstattung. Ist ein Unternehmen nicht zur Berichterstattung gemäß Artikel 19a oder Artikel 29a der Richtlinie 2013/34/EU verpflichtet, so sollte die Erklärung spätestens am Tag der Offenlegung des Jahresabschlusses veröffentlicht werden. Die jährliche Erklärung sollte der benannten Sammelstelle vorgelegt werden, damit sie über das mit der Verordnung (EU) 2023/2859 des Europäischen Parlaments und des Rates(18) eingerichtete zentrale europäische Zugangsportal (ESAP) zugänglich gemacht werden kann. Zur Gewährleistung einheitlicher Bedingungen für die Durchführung der Vorschriften über die Zugänglichkeit von Informationen über das ESAP sollten der Kommission Durchführungsbefugnisse übertragen werden. Um die Rechtssicherheit zu erhöhen, sollte der Anhang der Verordnung (EU) 2023/2859 geändert werden, indem ein Verweis auf die vorliegende Richtlinie aufgenommen wird.

(63) Anforderungen an Unternehmen, die in den Anwendungsbereich dieser Richtlinie fallen und gleichzeitig den Berichtspflichten gemäß den Artikeln 19a, 29a und 40a der Richtlinie 2013/34/EU unterliegen und gemäß den Artikeln 19a, 29a und 40a der Richtlinie 2013/34/EU über ihre Sorgfaltspflichtverfahren berichten müssen, sollten als Verpflichtungen für Unternehmen gelten, gemäß denen diese beschreiben müssen, wie sie die in dieser Richtlinie vorgesehene Sorgfaltspflicht umsetzen.

(64) Es ist nicht das Ziel dieser Richtlinie, Unternehmen dazu zu verpflichten, intellektuelles Kapital, geistiges Eigentum, Know-how oder die Ergebnisse von Innovationen, die gemäß der Richtlinie (EU) 2016/943 als Geschäftsgeheimnisse gelten, öffentlich preiszugeben. Die in dieser Richtlinie vorgesehenen Berichtspflichten sollten daher unbeschadet der Richtlinie (EU) 2016/943 gelten. Diese Richtlinie sollte ebenfalls unbeschadet der Verordnung (EU) Nr. 596/2014 des Europäischen Parlaments und des Rates(19) gelten.

(65) Um eine sinnvolle Sorgfaltspflicht in den Bereichen Menschenrechte und Umweltschutz erfüllen zu können, sollten Unternehmen im Interesse des Prozesses der Durchführung der Sorgfaltspflichten geeignete Maßnahmen für eine wirksame Einbeziehung der Interessenträger ergreifen. Unbeschadet der Richtlinie (EU) 2016/943 sollte eine wirksame Einbeziehung die Bereitstellung sachdienlicher und umfassender Informationen für die konsultierten Interessenträger sowie fortlaufende Konsultationen umfassen, die eine echte Interaktion und einen echten Dialog auf geeigneter Ebene, z. B. auf Projekt- oder Standortebene, ermöglichen und es sollte ein angemessener Turnus vorgesehen werden. Eine sinnvolle Einbeziehung der konsultierten Interessenträger sollte den Hindernissen für ihre Einbeziehung gebührend Rechnung tragen und sicherstellen, dass die Interessenträger nicht Opfer von Vergeltungsmaßnahmen oder Revanche sind, unter anderem durch die Aufrechterhaltung der Vertraulichkeit und Anonymität, und besondere Aufmerksamkeit sollte auf die Bedürfnisse von gefährdeten Interessenträgern sowie auf sich überschneidende Schwachstellen und Faktoren gerichtet werden, unter anderem durch die Berücksichtigung potenziell gefährdeter Gruppierungen oder Gemeinschaften, beispielsweise geschützte indigene Völker im Sinne der Erklärung der Vereinten Nationen über die Rechte der indigenen Völker und jene, die unter die Erklärung der Vereinten Nationen über die Menschenrechtsverteidiger fallen. Es kann Situationen geben, in denen es nicht möglich ist, betroffene Interessenträger sinnvoll einzubeziehen, oder in denen die Einholung von zusätzlichen Expertenmeinungen sinnvoll ist, um es dem Unternehmen zu ermöglichen, die Verpflichtungen dieser Richtlinie uneingeschränkt zu erfüllen. In solchen Fällen sollten Unternehmen zusätzlich Sachverständige konsultieren, wie zivilgesellschaftliche Organisationen oder natürliche oder juristische Personen, die sich für die Menschenrechte und die Umwelt einsetzen, um glaubwürdige Erkenntnisse über tatsächliche oder potenzielle negative Auswirkungen zu erhalten. Die Anhörung der Arbeitnehmer und ihrer Vertreter sollte im Einklang mit dem einschlägigen Unionsrecht erfolgen und gegebenenfalls dem nationalen Recht und den Tarifverträgen sowie unbeschadet ihrer bestehenden Rechte auf Unterrichtung, Anhörung und Beteiligung, insbesondere jener gemäß den einschlägigen Rechtsvorschriften der Union im Bereich Beschäftigung und soziale Rechte, einschließlich der Richtlinie 2001/86/EG des Rates(20) sowie der Richtlinien 2002/14/EG(21) und 2009/38/EG des Europäischen Parlaments und des Rates(22). Für die Zwecke der vorliegenden Richtlinie sollte der Begriff „Arbeitnehmer“ auch Leiharbeitnehmer und andere Arbeitnehmer in atypischen Beschäftigungsverhältnissen umfassen, sofern sie die vom EuGH aufgestellten Kriterien für die Feststellung des Status eines Arbeitnehmers erfüllen. Bei der Durchführung von Konsultationen sollte es Unternehmen möglich sein, sich auf Industrieinitiativen zu stützen, soweit diese geeignet sind, eine wirksame Einbeziehung zu fördern. Der Rückgriff auf

Industrieinitiativen bzw. Multi-Stakeholder-Initiativen allein reicht nicht aus, um der Pflicht zur Anhörung der Arbeitnehmer und ihrer Vertreter nachzukommen.

(66) Um den Unternehmen Instrumente an die Hand zu geben, die sie bei der Erfüllung ihrer Sorgfaltspflichten entlang ihrer Aktivitätsketten unterstützen, sollte die Kommission in Abstimmung mit den Mitgliedstaaten und Interessenträgern Leitlinien für Mustervertragsklauseln bereitstellen, die von den Unternehmen freiwillig als Instrument zur Unterstützung bei der Erfüllung ihrer Pflichten gemäß den Artikeln 10 und 11 verwendet werden können. Die Leitlinien sollten darauf abzielen, eine klare Aufgabenverteilung zwischen den Vertragsparteien und die laufende Zusammenarbeit in einer Weise zu ermöglichen, dass die in dieser Richtlinie vorgesehenen Verpflichtungen nicht auf einen Geschäftspartner übertragen werden können, womit der Vertrag im Falle eines Verstoßes automatisch nichtig würde. Die Leitlinien sollten den Grundsatz widerspiegeln, dass die in dieser Richtlinie vorgesehenen Sorgfaltspflichtstandards durch die bloße Abgabe vertraglicher Zusicherungen nicht erfüllt werden können.

(67) Die Kommission sollte ferner unter Heranziehung einschlägiger internationaler Leitlinien und Standards und in Abstimmung mit den Mitgliedstaaten und Interessenträgern, der Agentur der Europäischen Union für Grundrechte, der Europäischen Umweltagentur, der Europäischen Arbeitsbehörde und gegebenenfalls internationaler Organisationen und anderer Gremien, die über Fachwissen im Bereich der Sorgfaltspflicht verfügen, Leitlinien — einschließlich allgemeiner Leitlinien und Leitlinien für bestimmte Branchen oder in Bezug auf spezifische negative Auswirkungen und zum Zusammenspiel zwischen dieser Richtlinie und anderen Gesetzgebungsakten der Union, mit denen dieselben Ziele verfolgt werden und die umfassendere oder spezifischere Pflichten vorsehen — herausgeben, um die Unternehmen bei der Erfüllung ihrer Sorgfaltspflichten oder die Behörden der Mitgliedstaaten bei der Bewertung, wie Unternehmen ihre Sorgfaltspflichten erfüllen, in der Praxis zu unterstützen und ihnen praktische Instrumente an die Hand zu geben und um die Interessenträger zu unterstützen.

(68) Digitale Instrumente und Technologien, etwa solche, die zur Verfolgung, Überwachung oder Rückverfolgung von Rohstoffen, Waren und Produkten über Wertschöpfungsketten hinweg eingesetzt werden — z. B. Satelliten, Drohnen, Radare oder plattformbasierte Lösungen —, könnten die Datenerhebung für das Management von Wertschöpfungsketten unterstützen und die diesbezüglichen Kosten senken; dies könnte die Ermittlung und Bewertung negativer Auswirkungen, deren Vermeidung und Minderung sowie die Überwachung der Wirksamkeit von Maßnahmen zur Erfüllung der Sorgfaltspflicht einschließen. Um Unternehmen bei der Erfüllung ihrer Sorgfaltspflichten entlang ihrer Wertschöpfungskette zu unterstützen, sollte der Einsatz solcher Instrumente und Technologien unterstützt und gefördert werden. Zu diesem Zweck sollte die Kommission Leitlinien mit nützlichen Informationen und Referenzen bezüglich angemessener Ressourcen herausgeben. Beim Einsatz digitaler Werkzeuge und Technologien sollten Unternehmen etwaige damit verbundene Risiken berücksichtigen und diese angemessen angehen sowie Mechanismen einrichten, um die Angemessenheit der erhaltenen Informationen zu überprüfen.

(69) Obwohl KMU nicht in den Anwendungsbereich dieser Richtlinie fallen, könnten sich ihre Bestimmungen auf KMU als Auftragnehmer oder Unterauftragnehmer der in den Anwendungsbereich dieser Richtlinie fallenden Unternehmen auswirken. Ziel ist es jedoch, den finanziellen oder administrativen Aufwand für KMU zu verringern, von denen viele bereits vor dem Hintergrund der weltweiten Wirtschafts- und Gesundheitskrise zu kämpfen haben. Zur Unterstützung von KMU sollten die Mitgliedstaaten mit der Hilfe der Kommission einzeln oder gemeinsam spezielle benutzerfreundliche Websites, Portale oder Plattformen einrichten und betreiben, um Informationen und Unterstützung für die Unternehmen bereitzustellen; die Mitgliedstaaten könnten KMU auch finanziell unterstützen und ihnen beim Aufbau von Kapazitäten helfen. Eine solche Unterstützung könnte auch vorgelagerten Wirtschaftsbeteiligten in Drittländern zugänglich gemacht und erforderlichenfalls angepasst und ausgeweitet werden. Unternehmen, deren Geschäftspartner KMU sind, werden auch ermutigt, diese bei der Erfüllung der Sorgfaltspflichten zu unterstützen, und faire, angemessene, diskriminierungsfreie und verhältnismäßige Anforderungen gegenüber den KMU anzuwenden.

(70) Die Kommission sollte einen zentralen Helpdesk zur Sorgfaltspflicht von Unternehmen im Hinblick auf Nachhaltigkeit einrichten. Dieser zentrale Helpdesk sollte in der Lage sein, mit den zuständigen nationalen Behörden in jedem Mitgliedstaat zusammenzuarbeiten und Informationen von ihnen anzufordern, sofern vorhanden unter Einbeziehung nationaler Helpdesks, um beispielsweise bei der gezielten Anpassung der Informationen und Leitlinien an den jeweiligen nationalen Kontext und bei deren Verbreitung zu helfen und dies unbeschadet der Aufteilung von Zuständigkeiten und Befugnissen zwischen Behörden innerhalb der nationalen Systeme. Der zentrale Helpdesk und die zuständigen nationalen Behörden sollten sich auch untereinander abstimmen, um die grenzüberschreitende Zusammenarbeit sicherzustellen.

(71) Um die von den Mitgliedstaaten an Unternehmen einschließlich KMU geleistete Unterstützung bei der Umsetzung der Sorgfaltspflichten

zu ergänzen, kann die Kommission sich auf bestehende Unionsinstrumente, Projekte und andere Maßnahmen stützen, die bei der Umsetzung der Sorgfaltspflicht in der Union und in Drittländern helfen. Außerdem kann die Kommission neue Unterstützungsmaßnahmen einführen, die Unternehmen, einschließlich KMU, bei der Erfüllung der Sorgfaltspflichten unterstützen, einschließlich einer Beobachtungsstelle für die Transparenz von Aktivitätsketten und der Erleichterung von Brancheninitiativen oder gemeinsamer Initiativen von Interessenträgern.

(72) Die Kommission könnte die Unterstützungsmaßnahmen der Mitgliedstaaten aufbauend auf den bestehenden Maßnahmen der Union ergänzen, um so vorgelagerte Wirtschaftsbeteiligte beim Aufbau von Kapazitäten zu unterstützen, mit denen negative Auswirkungen ihrer Tätigkeiten und Geschäftsbeziehungen auf die Menschenrechte und die Umwelt wirksam verhindert und verringert werden, wobei den Herausforderungen, mit denen Kleinbetriebe konfrontiert sind, besondere Aufmerksamkeit gewidmet werden sollte. Die Union und ihre Mitgliedstaaten werden ermutigt, im Rahmen ihrer jeweiligen Zuständigkeiten ihre Instrumente für Nachbarschaft, Entwicklungszusammenarbeit und internationale Zusammenarbeit, einschließlich Handelsabkommen, zu nutzen, um Regierungen von Drittländern und vorgelagerte Wirtschaftsbeteiligte in Drittländern bei der Bewältigung der negativen Auswirkungen ihrer Tätigkeiten und vorgelagerter Geschäftsbeziehungen auf die Menschenrechte und die Umwelt zu unterstützen. Dazu könnte die Zusammenarbeit mit den Regierungen der Partnerländer, der lokalen Privatwirtschaft und Interessenträgern bei der Bekämpfung der Ursachen für negative Auswirkungen auf die Menschenrechte und die Umwelt gehören.

(73) Diese Richtlinie ist ein wichtiges Rechtsinstrument, um den Übergang von Unternehmen zu einer nachhaltigen Wirtschaft sicherzustellen, unter anderem um die existenzbedrohenden Schäden und Kosten des Klimawandels zu mindern, die Angleichung an das globale Ziel der Klimaneutralität bis 2050 sicherzustellen, irreführende Aussagen in Bezug auf eine solche Angleichung zu verhindern und der Grünfärberei, der Desinformation und dem Ausbau fossiler Brennstoffe weltweit Einhalt zu gebieten, um die internationalen und europäischen Klimaziele zu erreichen. Um sicherzustellen, dass diese Richtlinie wirksam zur Bekämpfung des Klimawandels beiträgt, sollten die Unternehmen einen Plan zur Minderung der Folgen des Klimawandels annehmen und umsetzen, mit dem sichergestellt werden soll, dass sie alles in ihrer Macht stehende tun, um ihr Geschäftsmodell und ihre Strategie mit dem Übergang zu einer nachhaltigen Wirtschaft und der Begrenzung der Erderwärmung auf 1,5 oC, wie im Übereinkommen von Paris festgeschrieben, sowie mit dem Ziel, Klimaneutralität zu erreichen, wie in der Verordnung (EU) 2021/1119 einschließlich ihrer Zwischenziele und des Ziels der Klimaneutralität bis 2050 vorgesehen, in Einklang zu bringen. Der Plan sollte gegebenenfalls auch die Beteiligung des Unternehmens an Tätigkeiten in Verbindung mit Kohle, Öl und Gas angehen. Diese Anforderungen sollten als Handlungspflicht und nicht als Erfolgspflicht verstanden werden. Da es sich um eine Handlungspflicht handelt, sollten die Fortschritte der Unternehmen sowie die Komplexität dieses Übergangs und die diesbezügliche weitere Entwicklung gebührend berücksichtigt werden. Zwar sollten sich die Unternehmen bemühen, die in ihren Plänen enthaltenen Ziele hinsichtlich der Verringerung der Treibhausgasemissionen zu erreichen, jedoch können besondere Umstände — nämlich wenn dies nicht mehr sinnvoll ist — dazu führen, dass Unternehmen diese Ziele nicht mehr erreichen können. Der Plan sollte auf schlüssigen wissenschaftlichen Erkenntnissen beruhende zeitgebundene Zielvorgaben im Zusammenhang mit dem Klimawandel für das Jahr 2030 und in Fünfjahresschritten bis 2050 und — sofern zweckmäßig — absolute Zielvorgaben für die Verringerung der Treibhausgasemissionen für Scope-1-, Scope-2- und Scope-3-Treibhausgasemissionen enthalten. In dem Plan sollten die Durchführungsmaßnahmen dargelegt werden, mit denen die Unternehmen ihre Klimaziele erreichen wollen; sie sollten auf schlüssigen wissenschaftlichen Erkenntnissen beruhen, d. h. auf Erkenntnissen mit unabhängiger wissenschaftlicher Validierung, die mit der Begrenzung der globalen Erwärmung auf 1,5 oC gemäß der Definition des Zwischenstaatlichen Ausschusses für Klimaänderungen (Weltklimarat) übereinstimmen und den Empfehlungen des Europäischen Wissenschaftlichen Beirats für Klimaänderungen Rechnung tragen. Die Aufsichtsbehörden sollten verpflichtet sein, zumindest die Annahme und Gestaltung des Plans und dessen Aktualisierungen im Einklang mit den in dieser Richtlinie festgelegten Anforderungen zu überwachen. Da der Inhalt des Plans zur Minderung der Folgen des Klimawandels mit den Berichterstattungsanforderungen der Richtlinie 2013/34/EU hinsichtlich der Nachhaltigkeitsberichterstattung von Unternehmen im Einklang stehen sollte, sollte davon ausgegangen werden, dass Unternehmen, die einen solchen Plan gemäß der Richtlinie 2013/34/EU melden, die spezifische Pflicht zur Annahme eines Plans gemäß dieser Richtlinie erfüllt haben. Auch wenn die Pflicht zur Annahme des Plans als erfüllt gilt, sollten die Unternehmen noch ihrer Verpflichtung nachkommen, diesen Plan umzusetzen und ihn jährlich zu aktualisieren, um die Fortschritte bei der Verwirklichung der Ziele zu bewerten.

(74) Drittlandsunternehmen sollten einen mit einem hinreichenden Mandat ausgestatteten Bevollmächtigten in der Union benennen und Informationen über ihre Bevollmächtigten zur Verfügung stellen, damit eine wirksame Beaufsichtigung und erforderlichenfalls Durchsetzung dieser Richtlinie in Bezug auf diese Unternehmen ermöglicht wird. Die Bevollmächtigten sollten auch als eine Kontaktstelle fungieren können, sofern die einschlägigen Anforderungen dieser Richtlinie eingehalten werden. Benennt das Drittlandsunternehmen keinen Bevollmächtigten, so sollten alle Mitgliedstaaten, in denen dieses Unternehmen tätig ist, dafür zuständig sein, die Erfüllung dieser Verpflichtung — insbesondere zur Benennung einer natürlichen oder juristischen Person in einem der Mitgliedstaaten, in dem es tätig ist — im Einklang mit dem im nationalen Recht festgelegten Durchsetzungsrahmen durchzusetzen. Die Mitgliedstaaten, die eine solche Durchsetzung einleiten, sollten die Aufsichtsbehörden der anderen Mitgliedstaaten über ein Europäisches Netz der Aufsichtsbehörden hiervon in Kenntnis setzen, damit die Durchsetzung nicht durch andere Mitgliedstaaten erfolgt.

(75) Um die Überwachung der ordnungsgemäßen Umsetzung der Sorgfaltspflichten der Unternehmen und die ordnungsgemäße Durchsetzung dieser Richtlinie sicherzustellen, sollten die Mitgliedstaaten eine oder mehrere nationale Aufsichtsbehörden benennen. Bei diesen Aufsichtsbehörden sollte es sich um staatliche Stellen handeln, die unabhängig von den in den Anwendungsbereich dieser Richtlinie fallenden Unternehmen oder anderen Marktinteressen sind und bei denen keine Interessenkonflikte oder direkte oder indirekte externe Einflussnahme vorliegen. Um ihre Befugnisse unparteiisch ausüben zu können, sollten diese Aufsichtsbehörden weder Weisungen einholen noch entgegennehmen. Die Mitgliedstaaten sollten im Einklang mit ihrem nationalen Recht gewährleisten, dass jede Aufsichtsbehörde mit den personellen und finanziellen Ressourcen ausgestattet ist, die sie benötigt, um ihre Aufgaben und Befugnisse wirksam wahrnehmen zu können. Sie sollten über die Befugnis verfügen, von sich aus oder aufgrund von begründeten Bedenken, die gemäß dieser Richtlinie vorgebracht werden, Untersuchungen durchzuführen. Diese Untersuchungen könnten gegebenenfalls Untersuchungen vor Ort und die Anhörung betroffener Interessenträger umfassen. Falls Behörden mit einer Zuständigkeit gemäß sektoralen Rechtsvorschriften bestehen, könnten die Mitgliedstaaten festlegen, dass diese Behörden in ihrem jeweiligen Zuständigkeitsbereich für die Anwendung dieser Richtlinie verantwortlich sind. Die Aufsichtsbehörden sollten auf einer Website einen jährlichen Bericht über ihre bisherigen Tätigkeiten, einschließlich der schwerwiegendsten festgestellten Verstöße, veröffentlichen und zugänglich machen. Die Mitgliedstaaten sollten einen zugänglichen Mechanismus für die Entgegennahme begründeter Bedenken — entweder kostenlos oder gegen Entrichtung einer ausschließlich auf die Verwaltungskosten beschränkten Gebühr — einrichten und sicherstellen, dass der Öffentlichkeit praktische Informationen über die Ausübung dieses Rechts zur Verfügung gestellt werden.

(76) Um die wirksame Durchsetzung der nationalen Rechtsvorschriften zur Umsetzung dieser Richtlinie zu gewährleisten, sollten die Mitgliedstaaten abschreckende, verhältnismäßige und wirksame Sanktionen für Verstöße gegen diese Maßnahmen vorsehen. Damit eine solche Sanktionsregelung wirksam ist, sollten die von den nationalen Aufsichtsbehörden zu verhängenden Sanktionen Zwangsgelder und eine öffentliche Erklärung umfassen, in der das verantwortliche Unternehmen und die Art des Verstoßes angegeben werden, falls das Unternehmen es versäumt, einem Beschluss, mit dem ein Zwangsgeld verhängt wird, innerhalb der geltenden Frist nachzukommen. Diese Sanktionsregelung berührt nicht die Befugnis, das Inverkehrbringen und die Bereitstellung von Produkten auf dem Unionsmarkt sowie die Ausfuhr von Produkten aus der Union im Rahmen anderer Gesetzgebungsakte der Union, die umfassendere oder spezifischere Sorgfaltspflichten vorsehen, wie etwa die Verordnung (EU) 2023/1115, zurückzunehmen und zu verbieten. Die Mitgliedstaaten sollten sicherstellen, dass das Zwangsgeld dem weltweiten Nettoumsatz des Unternehmens zum Zeitpunkt der Verhängung angemessen ist. Dies sollte die Mitgliedstaaten jedoch nicht dazu verpflichten, das Zwangsgeld in jedem Einzelfall ausschließlich am Nettoumsatz des Unternehmens auszurichten. Die Mitgliedstaaten sollten im Einklang mit dem nationalen Recht entscheiden, ob die Sanktionen direkt von den Aufsichtsbehörden in Zusammenarbeit mit anderen Behörden verhängt werden sollten oder ob dies bei den zuständigen Justizbehörden beantragt werden sollte. Um sicherzustellen, dass die Anwendung der Vorschriften dieser Richtlinie der öffentlichen Aufsicht unterliegt, sollten Beschlüsse der Aufsichtsbehörden, mit denen Sanktionen gegen Unternehmen aufgrund der Nichteinhaltung der nationalen Rechtsvorschriften zur Umsetzung dieser Richtlinie verhängt werden, veröffentlicht und dem europäischen Netz der Aufsichtsbehörden übermittelt werden sowie mindestens drei Jahre lang öffentlich zugänglich bleiben. Der veröffentlichte Beschluss darf keine personenbezogenen Daten im Sinne der Verordnung (EU) 2016/679 des Europäischen Parlaments und des Rates[(23)] enthalten. Die Veröffentlichung des Namens des Unternehmens sollte auch dann zulässig sein, wenn er den Namen einer natürlichen Person enthält.

(77) Um eine künstliche Reduzierung potenzieller Geldbußen zu verhindern, sollten die Mitgliedstaaten sicherstellen, dass bei der Verhängung ei-

ner Geldbuße gegen ein Unternehmen, das einer Gruppe angehört, solche Geldbußen unter Berücksichtigung des konsolidierten Umsatzes berechnet werden, der auf der Ebene der obersten Muttergesellschaft berechnet wurde.

(78) Um die einheitliche Anwendung und Durchsetzung der gemäß dieser Richtlinie erlassenen Bestimmungen des nationalen Rechts zu gewährleisten, sollten die nationalen Aufsichtsbehörden zusammenarbeiten und ihre Maßnahmen abstimmen. Zu diesem Zweck sollte die Kommission ein Europäisches Netz der Aufsichtsbehörden einrichten, und die Aufsichtsbehörden sollten einander bei der Erfüllung ihrer Aufgaben unterstützen und einander Amtshilfe leisten.

(79) Um zu gewährleisten, dass Opfer negativer Auswirkungen wirksamen Zugang zur Justiz und zu Entschädigung haben, sollten die Mitgliedstaaten verpflichtet sein, Vorschriften über die zivilrechtliche Haftung von Unternehmen für Schäden festzulegen, die einer natürlichen oder juristischen Person zugefügt wurden, vorausgesetzt das Unternehmen hat es vorsätzlich oder fahrlässig versäumt, potenzielle negative Auswirkungen zu verhindern oder zu mindern oder tatsächliche Auswirkungen abzustellen oder ihr Ausmaß zu minimieren, und eine natürliche oder juristische Person ist infolge eines solchen Versäumnisses zu Schaden gekommen. Ein Schaden an den geschützten rechtlichen Interessen einer Person sollte nach Maßgabe des nationalen Rechts ausgelegt werden, beispielsweise Tod, körperliche oder seelische Verletzung, Entzug der persönlichen Freiheit, Verlust der Menschenwürde oder Beschädigung des Eigentums einer Person. Die Voraussetzung, dass der Schaden einer Person dadurch entstanden sein muss, dass das Unternehmen seiner Verpflichtung, die negativen Auswirkungen anzugehen, nicht nachgekommen ist — wenn die im Anhang dieser Richtlinie aufgeführten Rechte, Verbote oder Pflichten, deren Verletzung oder Missachtung zu den negativen Auswirkungen, die hätten angegangen werden müssen, geführt haben, dem Schutz der natürlichen oder juristischen Person, der der Schaden entstanden ist, dienen sollen —, sollte so verstanden werden, dass ein abgeleiteter Schaden (der indirekt anderen Personen entstanden ist, die nicht Opfer negativer Auswirkungen sind und nicht durch die im Anhang dieser Richtlinie aufgeführten Rechte, Verbote oder Pflichten geschützt sind) nicht abgedeckt ist. Wenn beispielsweise ein Beschäftigter eines Unternehmens einen Schaden erlitten hat, weil das Unternehmen vorgeschriebene Sicherheitsstandards am Arbeitsplatz nicht eingehalten hat, sollte es dem Vermieter eines solchen Beschäftigten nicht gestattet sein, gegenüber dem Unternehmen einen wirtschaftlichen Schaden geltend zu machen, der dadurch entstanden ist, dass der Beschäftigte nicht in der Lage ist, die Miete zu zahlen. Die Kausalität im Sinne der zivilrechtlichen Haftung wird in dieser Richtlinie nicht geregelt, mit der Ausnahme, dass die Unternehmen nicht im Rahmen dieser Richtlinie haftbar gemacht werden sollten, wenn der Schaden lediglich von den Geschäftspartnern in den Aktivitätsketten der Unternehmen verursacht wird („in direktem Zusammenhang stehen" im Sinne des internationalen Rahmens). Die Opfer sollten ein Recht auf vollständige Entschädigung für den entstandenen Schaden nach Maßgabe des nationalen Rechts und im Einklang mit diesem gemeinsamen Grundsatz haben. Die Abschreckung durch Schadensersatz (Schadensersatz mit Strafwirkung) oder jede andere Form der Überkompensierung sollte verboten werden.

(80) Da die negativen Auswirkungen entsprechend ihrer Schwere und Wahrscheinlichkeit prioritär und schrittweise angegangen werden sollten, falls es nicht möglich ist, gleichzeitig alle ermittelten negativen Auswirkungen in vollem Umfang anzugehen, sollte ein Unternehmen gemäß dieser Richtlinie auch nicht für Schäden haften, die auf weniger gravierende negative Auswirkungen zurückzuführen sind, die noch nicht angegangen wurden. Bei der Feststellung, ob die Voraussetzungen für die Haftung des Unternehmens erfüllt sind, sollte jedoch bewertet werden, ob die von dem Unternehmen vorgenommene Priorisierung der negativen Auswirkungen korrekt ist, und zwar im Rahmen der Bewertung, ob das Unternehmen gegen seine Verpflichtung verstoßen hat, die von ihm ermittelten negativen Auswirkungen angemessen anzugehen.

(81) Die Haftungsregelung enthält keine Bestimmungen dazu, wer nachweisen muss, ob die Voraussetzungen für die Haftung unter den Umständen des Einzelfalls gegeben sind oder unter welchen Voraussetzungen das Zivilverfahren eingeleitet werden kann; daher bleiben diese Fragen dem nationalen Recht überlassen.

(82) Um das Recht auf einen wirksamen Rechtsbehelf gemäß Artikel 2 Absatz 3 des Internationalen Pakts über bürgerliche und politische Rechte, Artikel 8 der Allgemeinen Erklärung der Menschenrechte und Artikel 9 Absatz 3 des Übereinkommens über den Zugang zu Informationen, die Öffentlichkeitsbeteiligung an Entscheidungsverfahren und den Zugang zu Gerichten in Umweltangelegenheiten (Übereinkommen von Aarhus) sicherzustellen, werden mit dieser Richtlinie bestimmte praktische und verfahrensrechtliche Hindernisse für den Zugang zur Justiz, die sich für Opfer negativer Auswirkungen stellen, angegangen, darunter Schwierigkeiten beim Zugang zu Beweismitteln, begrenzte Verjährungsfristen, das Fehlen angemessener Verbandsklageverfahren und die übermäßig hohen Kosten von zivilrechtlichen Verfahren.

(83) Wenn ein Kläger eine hinreichende Begründung vorlegt, die mit zumutbarem Aufwand zugängliche Tatsachen und Beweismittel enthält, die ausreichen, um die Plausibilität seines Schadensersatzanspruchs zu belegen, und er angibt, dass zusätzliche Beweise in der Verfügungsgewalt des Unternehmens liegen, so sollten die Mitgliedstaaten dafür sorgen, dass die Gerichte anordnen können, dass diese Beweise von dem Unternehmen im Einklang mit dem nationalen Verfahrensrecht offengelegt werden, wobei diese Offenlegung auf das notwendige und verhältnismäßige Maß beschränkt ist. Zu diesem Zweck sollten die nationalen Gerichte prüfen, inwieweit die Klage oder die Klageerwiderung durch zugängliche Tatsachen und Beweismittel gestützt wird, die den Antrag auf Offenlegung rechtfertigen, und den Umfang und die Kosten der Offenlegung sowie die berechtigten Interessen aller Parteien einschließlich zur Verhinderung nicht gezielter Suchen nach Informationen, die für die Verfahrensbeteiligten wahrscheinlich nicht relevant sind, berücksichtigen. Enthalten solche Beweismittel vertrauliche Informationen, so sollten die nationalen Gerichte deren Offenlegung nur anordnen können, wenn sie dies als für die Schadensersatzklage relevant erachten, und sollten wirksame Maßnahmen zum Schutz dieser Informationen ergreifen.

(84) Die Mitgliedstaaten sollten angemessene Bedingungen vorsehen, unter denen ein mutmaßlich Geschädigter in der Lage sein sollte, eine Gewerkschaft, eine nichtstaatliche Menschenrechts- oder Umweltorganisation oder eine sonstige Nichtregierungsorganisation und — im Einklang mit dem nationalen Recht — nationale Menschenrechtsinstitutionen mit Sitz in einem Mitgliedstaat zu ermächtigen, zivilrechtliche Haftungsklagen zur Durchsetzung der Rechte von Opfern zu erheben, wenn diese Einrichtungen den Anforderungen des nationalen Rechts genügen, beispielsweise wenn sie eine eigene ständige Vertretung aufrechterhalten und im Einklang mit ihrer Satzung nicht kommerziell und nicht nur vorübergehend an der Durchsetzung der durch diese Richtlinie geschützten Rechte oder der entsprechenden Rechte im nationalen Recht beteiligt sind. Dies könnte durch Bestimmungen der nationalen Zivilverfahrensordnung über die Ermächtigung zur Vertretung des Opfers im Rahmen einer Intervention Dritter erreicht werden, die auf der ausdrücklichen Zustimmung des mutmaßlichen Geschädigten beruht, und sollte nicht so ausgelegt werden, dass für die Mitgliedstaaten eine Verpflichtung entsteht, ihre Bestimmungen des nationalen Rechts über Verbandsklagen im Sinne der Richtlinie (EU) 2020/1828 des Europäischen Parlaments und des Rates[24] auszuweiten.

(85) Die Verjährungsfristen für die Erhebung von zivilrechtlichen Schadensersatzansprüchen sollten mindestens fünf Jahre betragen und keinesfalls kürzer sein als die Verjährungsfrist, die in allgemeinen nationalen Regelungen der zivilrechtlichen Haftung vorgesehen ist. Nationale Vorschriften über den Beginn, die Dauer, die Aussetzung oder die Unterbrechung von Verjährungsfristen sollten die Erhebung von Schadensersatzklagen nicht unangemessen behindern und sollten in jedem Fall nicht weniger streng als die allgemeinen nationalen Regelungen der zivilrechtlichen Haftung sein.

(86) Um entsprechende Rechtsbehelfe sicherzustellen, sollten Kläger darüber hinaus Unterlassungsmaßnahmen in Form einer endgültigen oder vorläufigen Maßnahme beantragen können, um Verstöße gegen die gemäß dieser Richtlinie erlassenen Bestimmungen des nationalen Rechts durch Vornahme oder Einstellung einer Handlung abzustellen.

(87) Hinsichtlich der Vorschriften über die zivilrechtliche Haftung gilt, dass die zivilrechtliche Haftung eines Unternehmens für Schäden, die dadurch entstehen, dass das Unternehmen keine angemessene Sorgfaltsprüfung durchgeführt hat, die zivilrechtliche Haftung seiner Tochterunternehmen oder die entsprechende zivilrechtliche Haftung direkter und indirekter Geschäftspartner in seiner Aktivitätskette unberührt lässt. Wenn das Unternehmen den Schaden gemeinsam mit seinem Tochterunternehmen oder seinem Geschäftspartner verursacht hat, so sollte es mit diesem Tochterunternehmen oder diesem Geschäftspartner gesamtschuldnerisch haften. Dies sollte im Einklang mit den nationalen Rechtsvorschriften über die Voraussetzungen für eine gesamtschuldnerische Haftung erfolgen und die Vorschriften der Union oder der Mitgliedstaaten über die gesamtschuldnerische Haftung und über Regressansprüche für die gesamte Entschädigung, die von einer gesamtschuldnerisch haftenden Partei gezahlt wird, nicht berühren.

(88) Die zivilrechtliche Haftung nach dieser Richtlinie sollte die Vorschriften der Union oder der Mitgliedstaaten über die zivilrechtliche Haftung im Zusammenhang mit negativen Auswirkungen auf die Menschenrechte oder die Umwelt unberührt lassen, die eine Haftung in Situationen, die nicht unter diese Richtlinie fallen, oder eine strengere Haftung vorsehen als diese Richtlinie. Eine strengere Haftungsregelung sollte auch als zivilrechtliche Haftungsregelung verstanden werden, die eine Haftung auch in Fällen vorsieht, in denen die Anwendung der Haftungsvorschriften gemäß dieser Richtlinie keine Haftung des Unternehmens bewirken würde.

(89) Hinsichtlich der zivilrechtlichen Haftung aufgrund negativer Auswirkungen auf die Umwelt gilt, dass Geschädigte auch dann Schadenersatz gemäß dieser Richtlinie geltend machen können, wenn sich derartige Ansprüche mit Ansprüchen

aus der Verletzung von Menschenrechten überschneiden.

(90) Um sicherzustellen, dass Opfer von Menschenrechtsverletzungen und Umweltschäden auch für Schäden Schadenersatzklagen erheben und Schadenersatzansprüche geltend machen können, die das Unternehmen infolge der vorsätzlichen oder fahrlässigen Nichteinhaltung der sich aus dieser Richtlinie ergebenden Sorgfaltspflichten verursacht hat, sollte diese Richtlinie die Mitgliedstaaten verpflichten, dafür zu sorgen, dass ihre nationalen Rechtsvorschriften zur Umsetzung der Regelung der zivilrechtlichen Haftung gemäß dieser Richtlinie zwingend in Fällen anwendbar sind, in denen das auf derartige Ansprüche anzuwendende Recht nicht das nationale Recht eines Mitgliedstaats ist — was beispielsweise gemäß den Regeln des internationalen Privatrechts der Fall sein könnte, wenn der Schaden in einem Drittland eintritt. Dies bedeutet, dass die Mitgliedstaaten auch dafür sorgen sollten, dass die Anforderungen an die Geltendmachung von Ansprüchen durch natürliche oder juristische Personen, die Verjährung und die Offenlegung von Beweisen zwingend anwendbar sind. Bei der Umsetzung der in dieser Richtlinie vorgesehenen Regelung der zivilrechtlichen Haftung und bei der Wahl der hierzu notwendigen Methoden sollten die Mitgliedstaaten auch alle einschlägigen nationalen Vorschriften berücksichtigen können, soweit diese für den Schutz der Opfer erforderlich und für den Schutz der öffentlichen Interessen der Mitgliedstaaten — wie ihre jeweilige politische, soziale oder wirtschaftliche Organisation — von entscheidender Bedeutung sind.

(91) Die in der vorliegenden Richtlinie vorgesehene Regelung der zivilrechtlichen Haftung sollte die Richtlinie 2004/35/EG des Europäischen Parlaments und des Rates[25] unberührt lassen. Die vorliegende Richtlinie sollte die Mitgliedstaaten nicht daran hindern, Unternehmen weitere, strengere Pflichten aufzuerlegen oder auf andere Weise weitere Maßnahmen zu ergreifen, die dieselben Ziele wie die Richtlinie 2004/35/EG verfolgen.

(92) Die Mitgliedstaaten sollten sicherstellen, dass die Einhaltung der Verpflichtungen, die sich aus den nationalen Rechtsvorschriften zur Umsetzung dieser Richtlinie ergeben, oder deren freiwillige Umsetzung als umweltrelevanter und/oder sozialer Aspekt oder Element gilt, den die öffentlichen Auftraggeber im Einklang mit der Richtlinie 2014/23/EU[26], der Richtlinie 2014/24/EU[27] und der Richtlinie 2014/25/EU[28] des Europäischen Parlaments und des Rates als Teil der Vergabekriterien für öffentliche Aufträge und Konzessionsverträge berücksichtigen oder in Bezug auf die Ausführung solcher Aufträge und Verträge festlegen können. Öffentliche Auftraggeber und sonstige Auftraggeber können jeden Wirtschaftsbeteiligten von der Teilnahme an einem Vergabeverfahren einschließlich eines Verfahrens zur Vergabe einer Konzession ausschließen oder von den Mitgliedstaaten hierzu verpflichtet werden, wenn sie mit geeigneten Mitteln nachweisen können, dass gegen geltende umwelt-, sozial- und arbeitsrechtliche Verpflichtungen verstoßen wurde, einschließlich derjenigen, die sich aus bestimmten von allen Mitgliedstaaten ratifizierten und in den genannten Richtlinien aufgeführten internationalen Übereinkünften ergeben, oder dass der Wirtschaftsbeteiligte im Rahmen seiner beruflichen Tätigkeit eine schwere Verfehlung begangen hat, die seine Integrität in Frage stellt. Um die Kohärenz der Unionsvorschriften sicherzustellen und die Umsetzung zu unterstützen, sollte die Kommission prüfen, ob eine dieser Richtlinien aktualisiert werden sollte, insbesondere im Hinblick auf die Anforderungen und Maßnahmen, die die Mitgliedstaaten ergreifen müssen, um die Einhaltung der Nachhaltigkeits- und Sorgfaltspflichten während des gesamten Auftragsvergabe- und Konzessionsverfahrens sicherzustellen.

(93) Personen, die für den Sorgfaltspflichten gemäß dieser Richtlinie unterliegende Unternehmen arbeiten oder die im Rahmen ihrer beruflichen Tätigkeit mit solchen Unternehmen in Kontakt stehen, können eine Schlüsselrolle bei der Aufdeckung von Verstößen gegen die nationalen Rechtsvorschriften zur Umsetzung dieser Richtlinie spielen. Sie können somit zur Verhinderung und Abschreckung solcher Verstöße und zur Verbesserung der Durchsetzung dieser Richtlinie beitragen. Für die Meldung von Verstößen gegen die nationalen Rechtsvorschriften zur Umsetzung dieser Richtlinie und den Schutz von Personen, die solche Verstöße melden, sollte die Richtlinie (EU) 2019/1937 gelten.

(94) Um die Rechtssicherheit zu erhöhen, sollte sich die Anwendbarkeit der Richtlinie (EU) 2019/1937 im Sinne der vorliegenden Richtlinie auf Meldungen von Verstößen gegen die nationalen Rechtsvorschriften zur Umsetzung der vorliegenden Richtlinie und auf den Schutz von Personen, die solche Verstöße melden, in der Richtlinie (EU) 2019/1937 widerspiegeln. Der Anhang der Richtlinie (EU) 2019/1937 sollte daher entsprechend geändert werden. Es ist Sache der Mitgliedstaaten, sicherzustellen, dass diese Änderung in ihren gemäß der Richtlinie (EU) 2019/1937 erlassenen Umsetzungsmaßnahmen berücksichtigt wird.

(95) Um festzulegen, welche Informationen Unternehmen, die keinen Berichtspflichten nach den Bestimmungen über die Nachhaltigkeitsberichterstattung von Unternehmen gemäß der Richtlinie 2013/34/EU unterliegen, zu den unter diese Richtlinie fallenden Angelegenheiten übermitteln sollten, sollte der Kommission die Befugnis zum Erlass von Rechtsakten gemäß Artikel 290 AEUV übertragen werden, um zusätzliche Vorschriften über den Inhalt und die Kriterien einer solchen

Berichterstattung festzulegen, in denen die Informationen zur Beschreibung der Sorgfaltspflicht, zu tatsächlichen und potenziellen Auswirkungen und zu diesbezüglich ergriffenen Maßnahmen verankert sind. Es ist von besonderer Bedeutung, dass die Kommission im Zuge ihrer Vorbereitungsarbeit angemessene Konsultationen, auch auf der Ebene von Sachverständigen, durchführt, die mit den Grundsätzen in Einklang stehen, die in der Interinstitutionellen Vereinbarung vom 13. April 2016 über bessere Rechtsetzung[(29)] niedergelegt wurden. Um insbesondere für eine gleichberechtigte Beteiligung an der Vorbereitung delegierter Rechtsakte zu sorgen, erhalten das Europäische Parlament und der Rat alle Dokumente zur gleichen Zeit wie die Sachverständigen der Mitgliedstaaten, und ihre Sachverständigen haben systematisch Zugang zu den Sitzungen der Sachverständigengruppen der Kommission, die mit der Vorbereitung der delegierten Rechtsakte befasst sind.

(96) Bei der Anwendung dieser Richtlinie sollten die Rechtsvorschriften der Union zum Datenschutz eingehalten sowie das Recht auf Schutz des Privatlebens und personenbezogener Daten gemäß Artikel 7 und 8 der Charta gewahrt werden. Jede Verarbeitung personenbezogener Daten im Rahmen dieser Richtlinie erfolgt im Einklang mit der Verordnung (EU) 2016/679, einschließlich der Anforderungen an Zweckbindung, Datenminimierung und Speicherbegrenzung.

(97) Der Europäische Datenschutzbeauftragte wurde gemäß Artikel 28 Absatz 2 der Verordnung (EU) 2018/1725 des Europäischen Parlaments und des Rates[(30)] angehört und hat am 17. März 2022 eine Stellungnahme abgegeben.

(98) Die Kommission sollte dem Europäischen Parlament und dem Rat regelmäßig über die Umsetzung dieser Richtlinie und ihre Wirksamkeit bezüglich der Erreichung der darin festgelegten Ziele, insbesondere bei der Bekämpfung negativer Auswirkungen, Bericht erstatten. Der erste Bericht sollte sich unter anderem auf die Auswirkungen dieser Richtlinie auf KMU und auf ihren Geltungsbereich hinsichtlich der unter diese Richtlinie fallenden Unternehmen erstrecken, ob die Begriffsbestimmung der „Aktivitätskette" überarbeitet werden muss, ob der Anhang dieser Richtlinie geändert werden muss und die Liste der einschlägigen internationalen Übereinkommen, auf die in dieser Richtlinie Bezug genommen wird, geändert werden sollte, insbesondere angesichts internationaler Entwicklungen, ob die Vorschriften über die Bekämpfung des Klimawandels und über die Befugnisse der Aufsichtsbehörden in Bezug auf diese Vorschriften überarbeitet werden müssen, wie wirksam die auf nationaler Ebene eingerichteten Durchsetzungsmechanismen, die Sanktionen und die Vorschriften über die zivilrechtliche Haftung sind und ob Änderungen des Harmonisierungsgrads dieser Richtlinie erforderlich sind, um gleiche Wettbewerbsbedingungen für Unternehmen im Binnenmarkt sicherzustellen. Die Kommission sollte dem Europäischen Parlament und dem Rat zum frühestmöglichen Zeitpunkt nach Inkrafttreten dieser Richtlinie, spätestens jedoch zwei Jahre nach diesem Datum, auch einen Bericht dazu vorlegen, ob zusätzliche, auf beaufsichtigte Finanzunternehmen zugeschnittene Sorgfaltspflichten im Bereich der Nachhaltigkeit in Bezug auf die Erbringung von Finanzdienstleistungen und Anlagetätigkeiten notwendig sind, und die Optionen für solche Sorgfaltspflichten und ihre Auswirkungen im Einklang mit den Zielen dieser Richtlinie aufzeigen, wobei andere Gesetzgebungsakte der Union, die für beaufsichtigte Finanzunternehmen gelten, zu berücksichtigen sind. Diesem Bericht sollte gegebenenfalls ein Gesetzgebungsvorschlag beigefügt werden.

(99) Da die Ziele dieser Richtlinie, nämlich das Potenzial des Binnenmarkts besser auszuschöpfen, um zum Übergang zu einer nachhaltigen Wirtschaft beizutragen, und die nachhaltige Entwicklung durch Verhinderung und Minderung tatsächlicher oder potenzieller negativer Auswirkungen auf die Menschenrechte und die Umwelt in den Aktivitätsketten von Unternehmen zu unterstützen, von den Mitgliedstaaten nicht ausreichend verwirklicht werden können, sondern vielmehr wegen des Umfangs und der Wirkungen der Maßnahme, insbesondere der Tatsache, dass die Probleme und Ursachen dieser Probleme, die Gegenstand dieser Richtlinie sind, eine transnationale Dimension haben, da viele Unternehmen unionsweit oder weltweit tätig sind und sich ihre Wertschöpfungsketten auf andere Mitgliedstaaten und Drittländer erstrecken und die Maßnahmen einzelner Mitgliedstaaten möglicherweise unwirksam sind und zu einer Fragmentierung des Binnenmarkts führen, auf Unionsebene besser zu verwirklichen sind, kann die Union im Einklang mit dem in Artikel 5 EUV verankerten Subsidiaritätsprinzip tätig werden. Entsprechend dem in demselben Artikel genannten Grundsatz der Verhältnismäßigkeit geht diese Richtlinie nicht über das für die Verwirklichung dieser Ziele erforderliche Maß hinaus —

HABEN FOLGENDE RICHTLINIE ERLASSEN:

Artikel 1
Gegenstand

(1) Diese Richtlinie enthält Vorschriften über

a) die Verpflichtungen von Unternehmen in Bezug auf tatsächliche und potenzielle negative Auswirkungen auf die Menschenrechte und die Umwelt im Zusammenhang mit ihrer eigenen Geschäftstätigkeit, der Geschäftstätigkeit ihrer Tochterunternehmen und der Geschäftstätigkeit, die von ihren Geschäftspartnern in den Aktivitätsketten dieser Unternehmen ausgeführt wird,

b) die Haftung für Verstöße gegen die unter Buchstabe a genannten Pflichten und

c) die Verpflichtung für Unternehmen zur Annahme und Umsetzung eines Übergangsplans zur Minderung der Folgen des Klimawandels, mit dem die Vereinbarkeit des Geschäftsmodells und der Strategie des Unternehmens mit dem Übergang zu einer nachhaltigen Wirtschaft und mit der Begrenzung der Erderwärmung auf 1,5 oC gemäß dem Übereinkommen von Paris nach besten Kräften gewährleistet werden soll.

(2) Diese Richtlinie darf nicht als Rechtfertigung für eine Senkung des in den Rechtsvorschriften der Mitgliedstaaten oder in zum Zeitpunkt der Annahme dieser Richtlinie geltenden Tarifverträgen vorgesehenen Niveaus des Schutzes der Menschenrechte, Beschäftigungs- und sozialen Rechte oder des Umwelt- oder Klimaschutzes dienen.

(3) Diese Richtlinie berührt nicht die Verpflichtungen in den Bereichen Menschenrechte, Beschäftigungs- und soziale Rechte, Umweltschutz und Klimawandel, die sich aus anderen Rechtsakten der Union ergeben. Steht eine Bestimmung dieser Richtlinie im Widerspruch zu einer Bestimmung eines anderen Gesetzgebungsakts der Union, mit dem dieselben Ziele verfolgt und weitergehende oder spezifischere Verpflichtungen vorgesehen werden, so ist die Bestimmung dieses anderen Gesetzgebungsakts der Union maßgebend und finden auf diese spezifischen Verpflichtungen Anwendung.

Artikel 2
Geltungsbereich

(1) Diese Richtlinie gilt für Unternehmen, die nach den Rechtsvorschriften eines Mitgliedstaats gegründet wurden und eine der folgenden Bedingungen erfüllen:

a) Das Unternehmen hatte im letzten Geschäftsjahr, für das ein Jahresabschluss angenommen wurde oder hätte angenommen werden müssen, im Durchschnitt mehr als 1000 Beschäftigte und erzielte einen weltweiten Nettoumsatz von mehr als 450000000 EUR;

b) das Unternehmen erreichte die unter Buchstabe a genannten Schwellenwerte nicht, ist jedoch die oberste Muttergesellschaft einer Gruppe, die die Schwellenwerte im letzten Geschäftsjahr, für das ein konsolidierter Jahresabschluss angenommen wurde oder hätte angenommen werden müssen, erreicht hat;

c) das Unternehmen hat in der Union Franchise- oder Lizenzvereinbarungen gegen Lizenzgebühren mit unabhängigen Drittunternehmen geschlossen oder ist die oberste Muttergesellschaft einer Gruppe, die solche Vereinbarungen geschlossen hat, sofern diese Vereinbarungen eine gemeinsame Identität, ein gemeinsames Geschäftskonzept und die Anwendung einheitlicher Geschäftsmethoden gewährleisten und sich diese Lizenzgebühren im letzten Geschäftsjahr, für das ein Jahresabschluss angenommen wurde oder hätte angenommen werden müssen, auf mehr als 22500000 EUR beliefen, und sofern das Unternehmen im letzten Geschäftsjahr, für das ein Jahresabschluss angenommen wurde oder hätte angenommen werden müssen, einen weltweiten Nettoumsatz von mehr als 80000000 EUR erzielt hat oder die oberste Muttergesellschaft einer Gruppe ist, die im letzten Geschäftsjahr, für das ein Jahresabschluss angenommen wurde oder hätte angenommen werden müssen, einen weltweiten Nettoumsatz von mehr als 80000000 EUR erzielt hat;

(2) Diese Richtlinie gilt zudem für Unternehmen, die nach den Rechtsvorschriften eines Drittlandes gegründet wurden und eine der folgenden Bedingungen erfüllen:

a) Das Unternehmen erzielte im Geschäftsjahr vor dem letzten abgeschlossenen Geschäftsjahr einen Nettoumsatz von mehr als 450000000 EUR in der Union;

b) das Unternehmen erreichte den unter Buchstabe a genannten Schwellenwert nicht, ist jedoch die oberste Muttergesellschaft einer Gruppe, die im Geschäftsjahr vor dem letzten abgeschlossenen Geschäftsjahr diesen Schwellenwert auf konsolidierter Basis erreicht hat;

c) das Unternehmen ist die oberste Muttergesellschaft einer Gruppe, die in der Union Franchise- oder Lizenzvereinbarungen gegen Lizenzgebühren mit unabhängigen Drittunternehmen geschlossen hat, sofern diese Vereinbarungen eine gemeinsame Identität, ein gemeinsames Geschäftskonzept und die Anwendung einheitlicher Geschäftsmethoden gewährleisten und sich diese Lizenzgebühren in der Union im Geschäftsjahr vor dem letzten Geschäftsjahr auf mehr als 22500000 EUR beliefen und sofern das Unternehmen im Geschäftsjahr vor dem letzten abgeschlossenen Geschäftsjahr einen Nettoumsatz von mehr als 80000000 EUR in der Union erzielt hat oder die oberste Muttergesellschaft einer Gruppe ist, die im Geschäftsjahr vor dem letzten abgeschlossenen Geschäftsjahr einen Nettoumsatz von mehr als 80000000 EUR in der Union erzielt hat;

(3) Besteht die Haupttätigkeit der obersten Muttergesellschaft im Halten von Anteilen an operativen Tochterunternehmen und beteiligt sie sich

nicht an managementspezifischen, betrieblichen oder finanziellen Entscheidungen mit Auswirkungen auf die Gruppe oder eines oder mehrere ihrer Tochterunternehmen, so kann sie von der Erfüllung der Verpflichtungen gemäß dieser Richtlinie befreit werden. Diese Ausnahme gilt unter der Bedingung, dass eines der in der Union niedergelassenen Tochterunternehmen der obersten Muttergesellschaft zur Erfüllung der Verpflichtungen nach den Artikeln 6 bis 16 und Artikel 22 im Namen der obersten Muttergesellschaft, einschließlich der Verpflichtungen der obersten Muttergesellschaft in Bezug auf die Tätigkeiten ihrer Tochterunternehmen, benannt ist. In einem solchen Fall werden dem benannten Tochterunternehmen alle erforderlichen Mittel zur Verfügung gestellt und alle rechtlichen Befugnisse erteilt, um diesen Verpflichtungen wirksam nachzukommen, insbesondere zur Gewährleistung, dass das benannte Tochterunternehmen von den Unternehmen der Gruppe die relevanten Informationen und Unterlagen erhält, um den Verpflichtungen der obersten Muttergesellschaft gemäß dieser Richtlinie nachzukommen.

Die oberste Muttergesellschaft beantragt die in Unterabsatz 1 dieses Absatzes genannte Ausnahme bei der zuständigen Aufsichtsbehörde im Einklang mit Artikel 24, damit beurteilt wird, ob die in Unterabsatz 1 dieses Absatzes genannten Voraussetzungen erfüllt sind. Sind die Voraussetzungen erfüllt, so gewährt die zuständige Aufsichtsbehörde die Ausnahme. Gegebenenfalls unterrichtet diese Behörde die zuständige Aufsichtsbehörde des Mitgliedstaats, in dem das benannte Tochterunternehmen niedergelassen ist, ordnungsgemäß über den Antrag und anschließend über ihre Entscheidung.

Die oberste Muttergesellschaft haftet weiterhin gemeinsam mit dem benannten Tochterunternehmen für die Nichterfüllung seiner Verpflichtungen gemäß Unterabsatz 1 dieses Absatzes.

(4) Für die Zwecke des Absatzes 1 wird die Zahl der Teilzeitbeschäftigten in Vollzeitäquivalenten berechnet. Leiharbeitnehmer und andere Arbeitnehmer in atypischen Beschäftigungsverhältnissen werden — sofern sie die vom Gerichtshof der Europäischen Union aufgestellten Kriterien für die Feststellung der Arbeitnehmereigenschaft erfüllen — werden bei der Berechnung der Zahl der Beschäftigten so behandelt, als ob sie im Bezugszeitraum direkt vom Unternehmen eingestellte Mitarbeiter wären.

(5) Die vorliegende Richtlinie gilt nur für Unternehmen, die die in den Absätzen 1 und 2 genannten Bedingungen in zwei aufeinanderfolgenden Geschäftsjahren erfüllen. Die vorliegende Richtlinie gilt nicht mehr für Unternehmen im Sinne von Absatz 1 oder 2, wenn die in Absatz 1 oder 2 festgelegten Bedingungen nicht mehr in jedem der beiden letzten relevanten Geschäftsjahre erfüllt wurden.

(6) In Bezug auf die in Absatz 1 genannten Unternehmen ist der Mitgliedstaat, in dem das Unternehmen seinen Sitz hat, für die Regelung der unter diese Richtlinie fallenden Angelegenheiten zuständig.

(7) In Bezug auf ein Unternehmen gemäß Absatz 2 ist der Mitgliedstaat, in dem dieses Unternehmen eine Zweigstelle hat, für die Regelung der unter diese Richtlinie fallenden Angelegenheiten zuständig. Hat ein Unternehmen keine Zweigstelle in einem Mitgliedstaat oder hat es Zweigstellen in verschiedenen Mitgliedstaaten, so ist für die Regelung der unter diese Richtlinie fallenden Angelegenheiten der Mitgliedstaat zuständig, in dem dieses Unternehmen in dem Geschäftsjahr, das dem letzten abgeschlossenen Geschäftsjahr vorausgeht, den höchsten Nettoumsatz in der Union erzielt hat.

(8) Diese Richtlinie gilt nicht für AIF im Sinne von Artikel 4 Nummer 1 Buchstabe a der Richtlinie 2011/61/EU des Europäischen Parlaments und des Rates(31) oder für Organismen für gemeinsame Anlagen in Wertpapieren (OGAW) im Sinne von Artikel 1 Absatz 2 der Richtlinie 2009/65/EG des Europäischen Parlaments und des Rates(32).

Artikel 3
Begriffsbestimmungen

(1) Für die Zwecke dieser Richtlinie bezeichnet der Ausdruck

a) „Unternehmen" Folgendes:

i) eine juristische Person, die als eine der in den Anhängen I und II der Richtlinie 2013/34/EU aufgeführten Rechtsformen gegründet wurde;

ii) eine juristische Person, die nach dem Recht eines Drittlandes als eine Rechtsform gegründet wurde, die mit den in den Anhängen I und II der Richtlinie 2013/34/EU aufgeführten Rechtsformen vergleichbar ist;

iii) ein beaufsichtigtes Finanzunternehmen, bei dem es sich unabhängig von seiner Rechtsform um Folgendes handelt:

–ein Kreditinstitut im Sinne von Artikel 4 Absatz 1
Nummer 1 der Verordnung (EU) Nr. 575/2013 des Europäischen Parlaments und des Rates(33);

–eine Wertpapierfirma im Sinne von Artikel 4 Absatz 1 Nummer 1 der Richtlinie 2014/65/EU des Europäischen Parlaments und des Rates(34);

–ein Verwalter alternativer Investmentfonds im Sinne von Artikel 4 Nummer 1 Buchstabe b der Richtlinie 2011/61/EU, einschließlich Verwalter von Europäischen Risikokapitalfonds (EuVECA) gemäß der Verordnung (EU) Nr. 345/2013 des Europäischen Parlaments und des Rates(35), Verwalter von Europäischen Fonds für soziales Unternehmertum (EuSEF) gemäß der Verordnung (EU) Nr. 346/2013 des Europäischen Parlaments und des Rates[36] und Verwalter Europäischer langfristiger Investmentfonds (ELTIF) gemäß der Verordnung (EU) 2015/760 des Europäischen Parlaments und des Rates[37];

–eine Verwaltungsgesellschaft im Sinne von Artikel 2 Nummer 1 Buchstabe b der Richtlinie 2009/65/EG;

–ein Versicherungsunternehmen im Sinne von Artikel 13 Nummer 1 der Richtlinie 2009/138/EG des Europäischen Parlaments und des Rates[38];

–ein Rückversicherungsunternehmen im Sinne von Artikel 13 Nummer 4 der Richtlinie 2009/138/EG;

–eine Einrichtung der betrieblichen Altersversorgung, die nach Artikel 2 der Richtlinie (EU) 2016/2341 in deren Anwendungsbereich fällt, es sei denn, ein Mitgliedstaat hat nach Artikel 5 der genannten Richtlinie beschlossen, diese auf die betreffenden Einrichtungen nicht oder nur teilweise anzuwenden;

–eine zentrale Gegenpartei im Sinne von Artikel 2 Nummer 1 der Verordnung (EU) Nr. 648/2012 des Europäischen Parlaments und des Rates[39];

–einen Zentralverwahrer im Sinne von Artikel 2 Absatz 1 Nummer 1 der Verordnung (EU) Nr. 909/2014 des Europäischen Parlaments und des Rates[40];

–eine Zweckgesellschaft für Versicherungen oder Rückversicherungen, die gemäß Artikel 211 der Richtlinie 2009/138/EG zugelassen wurde;

–eine „Verbriefungszweckgesellschaft" im Sinne von Artikel 2 Nummer 2 der Verordnung (EU) 2017/2402 des Europäischen Parlaments und des Rates[41];

–eine Finanzholdinggesellschaft im Sinne von Artikel 4 Absatz 1 Nummer 20 der Verordnung (EU) Nr. 575/2013, eine Versicherungsholdinggesellschaft im Sinne von Artikel 212 Absatz 1 Buchstabe f der Richtlinie 2009/138/EG oder eine gemischte Finanzholdinggesellschaft im Sinne von Artikel 212 Absatz 1 Buchstabe h der Richtlinie 2009/138/EG, die Teil einer Versicherungsgruppe ist, die der Gruppenaufsicht gemäß Artikel 213 der genannten Richtlinie unterliegt, und die nicht gemäß Artikel 214 Absatz 2 der Richtlinie 2009/138/EG von der Gruppenaufsicht ausgenommen ist;

–ein Zahlungsinstitut im Sinne von Artikel 1 Absatz 1 Buchstabe d der Richtlinie (EU) 2015/2366 des Europäischen Parlaments und des Rates[42];

–ein E-Geld-Institut im Sinne von Artikel 2 Nummer 1 der Richtlinie 2009/110/EG des Europäischen Parlaments und des Rates[43];

–einen „Schwarmfinanzierungsdienstleister" im Sinne von Artikel 2 Absatz 1 Buchstabe e der Verordnung (EU) 2020/1503 des Europäischen Parlaments und des Rates[44];

–einen Anbieter von Kryptowerte-Dienstleistungen im Sinne von Artikel 3 Absatz 1 Nummer 15 der Verordnung (EU) 2023/1114 des Europäischen Parlaments und des Rates[45], der eine oder mehrere Kryptowerte-Dienstleistungen im Sinne von Artikel 3 Absatz 1 Nummer 16 der genannten Verordnung erbringt;

b) „negative Auswirkungen auf die Umwelt" nachteilige Auswirkungen auf die Umwelt, die sich aus einem Verstoß gegen die Verbote und Verpflichtungen nach Teil I Abschnitt 1 Nummern 15 und 16 und Teil II des Anhangs dieser Richtlinie ergeben, wobei die nationalen Rechtsvorschriften, die mit den Bestimmungen der darin aufgeführten Instrumente zusammenhängen, zu berücksichtigen sind;

c) „negative Auswirkungen auf die Menschenrechte" Auswirkungen auf Personen, die sich aus Folgendem ergeben:

i) einer Verletzung eines der in Teil I Abschnitt 1 des Anhangs dieser Richtlinie aufgeführten Menschenrechte, da diese Menschenrechte in den in Teil I Abschnitt 2 des Anhangs dieser Richtlinie genannten internationalen Instrumenten verankert sind;

ii) einer Verletzung eines Menschenrechts, das nicht in Teil I Abschnitt 1 des Anhangs dieser Richtlinie aufgeführt, aber in den in Teil I Abschnitt 2 des Anhangs dieser Richtlinie verankert ist, sofern

–das Menschenrecht durch ein Unternehmen oder eine juristische Person verletzt werden kann,

–die Menschenrechtsverletzung unmittelbar ein rechtliches Interesse, das durch die in Teil I Abschnitt 2 des Anhangs dieser Richtlinie aufgeführten Menschenrechtsinstrumente geschützt ist, beeinträchtigt und

–das Unternehmen das Risiko einer Beeinträchtigung des Menschenrechts — unter Berücksichtigung der Umstände des Einzelfalls, einschließlich der Art und des Umfangs der Geschäftstätigkeit des Unternehmens und seiner Aktivitätskette, der Besonderheiten des Wirtschaftszweigs sowie der geografischen und operativen Rahmenbedingungen — nach vernünftigem Ermessen hätte vorhersehen können;

d) „negative Auswirkungen" nachteilige Auswirkungen auf die Umwelt oder die Menschenrechte;

e) „Tochterunternehmen" eine juristische Person im Sinne von Artikel 2 Nummer 10 der Richtlinie 2013/34/EU und eine juristische Person, über die die Tätigkeit eines „kontrollierten Unternehmens" im Sinne von Artikel 2 Absatz 1 Buchstabe f der Richtlinie 2004/109/EG des Europäischen Parlaments und des Rates[46] ausgeübt wird;

f) „Geschäftspartner" eine Einrichtung,

i) mit der das Unternehmen eine Geschäftsvereinbarung über die Tätigkeiten, Produkte oder Dienstleistungen des Unternehmens geschlossen hat oder für die das Unternehmen im Einklang mit Buchstabe g Dienstleistungen erbringt („direkter Geschäftspartner"), oder

ii) die kein direkter Geschäftspartner ist, die jedoch mit den Tätigkeiten, Produkten oder Dienstleistungen des Unternehmens zusammenhängende Geschäftstätigkeiten ausübt („indirekter Geschäftspartner");

g) „Aktivitätskette"

i) Tätigkeiten der vorgelagerten Geschäftspartner eines Unternehmens im Zusammenhang mit der Produktion von Waren oder der Erbringung von Dienstleistungen durch dieses Unternehmen, einschließlich der Entwicklung, Gewinnung, Beschaffung, Herstellung, Beförderung, Lagerung und Lieferung von Rohstoffen, Produkten oder Teilen von Produkten und der Entwicklung des Produkts oder der Dienstleistung, und

ii) die Tätigkeiten der nachgelagerten Geschäftspartner eines Unternehmens im Zusammenhang mit dem Vertrieb, der Beförderung und der Lagerung eines Produkts dieses Unternehmens, sofern die Geschäftspartner diese Tätigkeiten für das Unternehmen oder im Namen des Unternehmens ausüben; davon ausgenommen ist der Vertrieb, die Beförderung, die Lagerung des Produkts, das Ausfuhrkontrollen gemäß der Verordnung (EU) 2021/821 oder Ausfuhrkontrollen in Bezug auf Waffen, Munition oder Kriegsmaterial unterliegt, sobald die Ausfuhr des Produkts genehmigt wurde;

h) „Überprüfung durch unabhängige Dritte" die Überprüfung der Einhaltung der sich aus dieser Richtlinie ergebenden Menschenrechts- und Umweltanforderungen seitens eines Unternehmens oder Teilen seiner Aktivitätskette durch einen objektiven und von dem Unternehmen völlig unabhängigen Sachverständigen, der frei von Interessenkonflikten und externer Einflussnahme ist, je nach Art der negativen Auswirkungen Erfahrung und Kompetenz in Umwelt- oder Menschenrechtsfragen besitzt und hinsichtlich der Qualität und Zuverlässigkeit der Überprüfung rechenschaftspflichtig ist;

i) „KMU" Kleinstunternehmen, kleine oder mittlere Unternehmen unabhängig von ihrer Rechtsform, die nicht Teil einer großen Gruppe sind, gemäß den Definitionen in Artikel 3 Absätze 1, 2, 3 und 7 der Richtlinie 2013/34/EU;

j) „Industrieinitiative bzw. Multi-Stakeholder-Initiative" eine Kombination von freiwilligen Verfahren, Instrumenten und Mechanismen zur Erfüllung der Sorgfaltspflichten, die von Regierungen, Industrieverbänden, interessierten Organisationen, einschließlich Organisationen der Zivilgesellschaft, oder Gruppierungen bzw. Kombinationen davon, an denen sich Unternehmen beteiligen können, um die Erfüllung der Sorgfaltspflichten zu unterstützen, entwickelt und überwacht werden;

k) „Bevollmächtigter" eine in der Union ansässige oder niedergelassene natürliche oder juristische Person, die von einem Unternehmen im Sinne von Buchstabe a Ziffer ii beauftragt ist, in Bezug auf die Erfüllung der aus dieser Richtlinie resultierenden Verpflichtungen dieses Unternehmens in dessen Namen zu handeln;

l) „schwerwiegende negative Auswirkungen" negative Auswirkungen, die aufgrund ihrer Art, wie etwa Auswirkungen, die das Leben, die Gesundheit oder die Freiheit von Menschen schädigen, oder aufgrund ihrer Größe, ihrer Tragweite oder ihres irreversiblen Charakters unter Berücksichtigung ihrer Schwere, einschließlich der Anzahl von Personen, die betroffen sind oder sein können, des Ausmaßes, in dem die Umwelt geschädigt oder anderweitig beeinträchtigt wird oder werden kann, ihrer Unumkehrbarkeit und der Grenzen der Möglichkeiten, die betroffenen Personen oder die Umwelt innerhalb eines angemessenen Zeitraums wieder in eine Situation oder einen Zustand zu versetzen, die der Situation bzw. der dem Zustand vor den Auswirkungen entspricht, besonders gravierend sind;

m) „Nettoumsatz"

i) die „Nettoumsatzerlöse" im Sinne von Artikel 2 Nummer 5 der Richtlinie 2013/34/EU oder

ii) Umsatzerlöse gemäß der Definition durch die bzw. im Sinne der Rechnungslegungsgrundsätze, auf deren Grundlage die Abschlüsse des Unternehmens erstellt werden, wenn das Unternehmen auf der Grundlage der Verordnung (EG) Nr. 1606/2002 des Europäischen Parlaments und des Rates[47] angenommene internationale Rechnungslegungsstandards anwendet oder ein Unternehmen im Sinne von Buchstabe a Ziffer ii ist;

n) „Interessenträger" die Beschäftigten des Unternehmens, die Beschäftigten seiner Tochterunternehmen, Gewerkschaften und Arbeitnehmervertreter, Verbraucher sowie andere Einzelpersonen, Gruppen, Gemeinschaften oder Einrichtungen, deren Rechte oder Interessen durch die Produkte, Dienstleistungen und Geschäftstätigkeiten dieses Unternehmens, seiner Tochterunternehmen und seiner Geschäftspartner beeinträchtigt werden oder beeinträchtigt werden könnten, einschließlich der Beschäftigten, Gewerkschaften und Arbeitnehmervertreter der Geschäftspartner des Unternehmens, nationaler Menschenrechts- und Umweltorganisationen, Organisationen der Zivilgesellschaft, deren Zwecke den Schutz der Umwelt umfassen, und der rechtmäßigen Vertreter dieser Personen, Gruppen, Gemeinschaften oder Einrichtungen;

o) „geeignete Maßnahmen" Maßnahmen, mit denen die Ziele der Sorgfaltspflicht erreicht werden können, indem die negativen Auswirkungen in einer Weise angegangen werden, die angemessen ist und dem Schweregrad und der Wahrscheinlichkeit der negativen Auswirkungen entspricht, und die dem Unternehmen nach vernünftigem Ermessen zur Verfügung stehen, wobei den Umständen des Einzelfalls, einschließlich der Art und des Umfangs der negativen Auswirkungen und relevanten Risikofaktoren, Rechnung getragen wird;

p) „Geschäftsbeziehung" die Beziehung eines Unternehmens zu einem Geschäftspartner;

q) „Muttergesellschaft" ein Unternehmen, das eines oder mehrere Tochterunternehmen kontrolliert;

r) „oberste Muttergesellschaft" eine Muttergesellschaft, die gemäß den in Artikel 22 Absätze 1 bis 5 der Richtlinie 2013/34/EU genannten Kriterien direkt oder indirekt eines oder mehrere Tochterunternehmen kontrolliert und nicht von einem anderen Unternehmen kontrolliert wird;

s) „Unternehmensgruppe" oder „Gruppe" eine Muttergesellschaft und alle ihre Tochterunternehmen;

t) „Abhilfe" die Wiederherstellung der Situation oder des Zustands, in der/dem sich die betroffene Person/die betroffenen Personen, die Gemeinschaften oder die Umwelt ohne eingetretene tatsächliche negative Auswirkungen befunden hätten, und die bzw. der in einem angemessenen Verhältnis zur Beteiligung des Unternehmens an den negativen Auswirkungen stehen muss, einschließlich einer finanziellen oder nichtfinanziellen Entschädigung, die das Unternehmen einer oder mehreren von den tatsächlichen negativen Auswirkungen betroffenen Personen bereitstellt, und soweit zutreffend die Erstattung jeglicher den Behörden durch die notwendigen Abhilfemaßnahmen entstandenen Kosten;

u) „Risikofaktoren" Tatsachen, Situationen oder Umstände, die den Schweregrad und die Wahrscheinlichkeit nachteiliger Auswirkungen betreffen, darunter Tatsachen, Situationen oder Umstände auf Unternehmensebene, die Geschäftstätigkeiten betreffende, geografische und kontextbezogene, auf die Produkte und Dienstleistungen bezogene sowie branchenspezifische Tatsachen, Situationen oder Umstände;

v) „Schweregrad negativer Auswirkungen" das Ausmaß, die Tragweite oder den irreversiblen Charakter negativer Auswirkungen unter Berücksichtigung der Schwere negativer Auswirkungen, einschließlich der Anzahl der Personen, die betroffen sind oder betroffen sein können, des Ausmaßes, in dem die Umwelt geschädigt wird oder werden kann, der Unumkehrbarkeit der Auswirkungen und der Grenzen der Möglichkeiten, die betroffenen Personen oder die Umwelt innerhalb eines angemessenen Zeitraums in eine Situation oder einen Zustand zu versetzen, die bzw. der der Situation oder dem Zustand vor der Auswirkung entspricht.

(2) Der Kommission wird die Befugnis übertragen, gemäß Artikel 34 delegierte Rechtsakte zu erlassen, um den Anhang der vorliegenden Richtlinie dahin gehend zu ändern,

a) dass Bezugnahmen auf Artikel von im Anhang dieser Richtlinie aufgeführten internationalen Instrumenten aufgenommen werden, die von allen Mitgliedstaaten ratifiziert wurden und in den Anwendungsbereich eines spezifischen Rechts, Verbots oder einer spezifischen Verpflichtung im Zusammenhang mit dem Schutz der Menschenrechte, der Grundfreiheiten und der Umwelt fallen;

b) dass erforderlichenfalls Bezugnahmen auf im Anhang dieser Richtlinie aufgeführte internationale Instrumente im Hinblick auf ihre Änderung, Verdrängung oder Aufhebung geändert werden;

c) entsprechend den Entwicklungen in den einschlägigen internationalen Foren in Bezug auf die in Teil 1 Abschnitt 2 des Anhangs dieser Richtlinie aufgeführten Instrumente:

i) dass Bezugnahmen auf die aufgeführten Instrumente durch Bezugnahmen auf neue Instrumente, die denselben Gegenstand abdecken und von allen Mitgliedstaaten ratifiziert wurden, ersetzt werden oder

ii) dass Bezugnahmen auf neue Instrumente, die denselben Gegenstand wie die aufgeführten und von allen Mitgliedstaaten ratifizierten Instrumente abdecken, hinzugefügt werden.

Artikel 4
Grad der Harmonisierung

(1) Unbeschadet des Artikels 1 Absätze 2 und 3 erlassen die Mitgliedstaaten in ihrem nationalen Recht auf dem unter diese Richtlinie fallenden Gebiet keine von Artikel 8 Absätze 1 und 2, Artikel 10 Absatz 1 und Artikel 11 Absatz 1 abweichenden Bestimmungen zur Festlegung von Sorgfaltspflichten in den Bereichen Menschenrechte und Umweltschutz.

(2) Ungeachtet des Absatzes 1 werden die Mitgliedstaaten durch die vorliegende Richtlinie nicht daran gehindert, in ihrem nationalen Recht strengere Bestimmungen einzuführen, die von den in anderen Bestimmungen als Artikel 8 Absätze 1 und 2, Artikel 10 Absatz 1 und Artikel 11 Absatz 1 festgelegten Bestimmungen abweichen, oder Bestimmungen einzuführen, die hinsichtlich ihres Ziels oder des abgedeckten Bereichs spezifischer sind, um ein anderes Niveau des Schutzes

der Menschenrechte, Beschäftigungs- und sozialen Rechte, des Umwelt- oder des Klimaschutzes zu erreichen.

Artikel 5
Sorgfaltspflicht

(1) Die Mitgliedstaaten stellen sicher, dass Unternehmen die in den Artikeln 7 bis 16 festgelegte risikobasierte Sorgfaltspflicht in den Bereichen Menschenrechte und Umwelt („Sorgfaltspflicht") durch folgende Maßnahmen erfüllen:

a) Einbeziehung der Sorgfaltspflicht in ihre Unternehmenspolitik und Risikomanagementsysteme nach Artikel 7;

b) Ermittlung und Bewertung tatsächlicher oder potenzieller negativer Auswirkungen nach Artikel 8 und erforderlichenfalls Priorisierung tatsächlicher oder potenzieller negativer Auswirkungen nach Artikel 9;

c) Verhinderung und Minderung potenzieller negativer Auswirkungen, Abstellung tatsächlicher negativer Auswirkungen und Minimierung ihres Ausmaßes nach den Artikeln 10 und 11;

d) Leistung von Abhilfe für tatsächliche negative Auswirkungen nach Artikel 12;

e) sinnvolle Einbeziehung von Interessenträgern nach Artikel 13;

f) Einrichtung und Aufrechterhaltung eines Meldemechanismus und Beschwerdeverfahrens nach Artikel 14;

g) Überwachung der Wirksamkeit ihrer Strategien und Maßnahmen zur Erfüllung der Sorgfaltspflicht nach Artikel 15;

h) öffentliche Kommunikation über die Sorgfaltspflicht nach Artikel 16.

(2) Die Mitgliedstaaten stellen sicher, dass Unternehmen zum Zwecke der Sorgfaltspflicht berechtigt sind, Ressourcen und Informationen innerhalb ihrer jeweiligen Unternehmensgruppen sowie mit anderen juristischen Personen auszutauschen.

(3) Die Mitgliedstaaten stellen sicher, dass Geschäftspartner nicht verpflichtet sind, einem Unternehmen, das den sich aus der vorliegenden Richtlinie ergebenden Verpflichtungen nachkommt, Informationen offenzulegen, bei denen es sich um ein Geschäftsgeheimnis im Sinne von Artikel 2 Nummer 1 der Richtlinie (EU) 2016/943 handelt, unbeschadet der Offenlegung der Identität der direkten oder indirekten Geschäftspartner oder wesentlicher Informationen, die zur Ermittlung tatsächlicher oder potenzieller negativer Auswirkungen notwendig sind, wenn diese Informationen erforderlich und mit Blick auf die Einhaltung der Sorgfaltspflichten des Unternehmens hinreichend begründet sind. Dies lässt die Möglichkeit der Geschäftspartner unberührt, ihre Geschäftsgeheimnisse durch die in der Richtlinie (EU) 2016/943 festgelegten Mechanismen zu schützen. Geschäftspartner können nicht dazu verpflichtet werden, Verschlusssachen oder andere Informationen offenzulegen, durch deren Offenlegung wesentliche Sicherheitsinteressen eines Staates gefährdet würden.

(4) Die Mitgliedstaaten schreiben den Unternehmen vor, die Unterlagen über die Maßnahmen, die sie zur Erfüllung ihrer Sorgfaltspflichten ergriffen haben, einschließlich einschlägiger Belege, zum Nachweis der Einhaltung der Sorgfaltspflichten mindestens fünf Jahre lang ab dem Zeitpunkt aufzubewahren, zu dem diese Unterlagen vorgelegt oder eingeholt wurden.

Ist bei Ablauf der in Unterabsatz 1 genannten Aufbewahrungsfrist ein Gerichts- oder Verwaltungsverfahren nach der vorliegenden Richtlinie anhängig, so verlängert sich die Aufbewahrungsfrist bis zum Abschluss der Angelegenheit.

Artikel 6
Unterstützung auf Gruppenebene bei der Erfüllung der Sorgfaltspflicht

(1) Die Mitgliedstaaten stellen sicher, dass Muttergesellschaften, die in den Anwendungsbereich der vorliegenden Richtlinie fallen, die in den Artikeln 7 bis 11 und Artikel 22 genannten Verpflichtungen im Namen von Unternehmen, bei denen es sich um Tochterunternehmen dieser Muttergesellschaften handelt und die in den Anwendungsbereich der vorliegenden Richtlinie fallen, erfüllen können, wenn so eine wirksame Einhaltung sichergestellt wird. Dies gilt unbeschadet der Tatsache, dass die Tochterunternehmen der Ausübung der Befugnisse der Aufsichtsbehörde nach Artikel 25 und der zivilrechtlichen Haftung nach Artikel 29 unterliegen.

(2) Für die Erfüllung der in den Artikeln 7 bis 16 festgelegten Sorgfaltspflichten durch eine Muttergesellschaft gemäß Absatz 1 gelten alle folgenden Voraussetzungen:

a) Das Tochterunternehmen und die Muttergesellschaft stellen einander alle erforderlichen Informationen zur Verfügung und arbeiten zusammen, um die sich aus der vorliegenden Richtlinie ergebenden Verpflichtungen zu erfüllen;

b) das Tochterunternehmen hält sich an die entsprechend angepasste Strategie seiner Muttergesellschaft zur Erfüllung der Sorgfaltspflicht, damit die in Artikel 7 Absatz 1 festgelegten Verpflichtungen in Bezug auf das Tochterunternehmen erfüllt werden;

c) das Tochterunternehmen nimmt die Sorgfaltspflicht im Einklang mit Artikel 7 in alle Bereiche seiner Unternehmenspolitik und Risikomanagementsysteme auf, wobei klar beschrieben wird, welche Verpflichtungen die Muttergesellschaft erfüllen muss, und teilt dies erforderlichenfalls den betroffenen Interessenträgern mit;

d) das Tochterunternehmen ergreift erforderlichenfalls weiterhin geeignete Maßnahmen gemäß den Artikeln 10 und 11 und erfüllt weiterhin seine Verpflichtungen gemäß den Artikeln 12 und 13;

e) erforderlichenfalls holt das Tochterunternehmen vertragliche Zusicherungen von einem direkten Geschäftspartner gemäß Artikel 10 Absatz 2 Buchstabe b oder Artikel 11 Absatz 3 Buchstabe c bzw. von einem indirekten Geschäftspartner gemäß Artikel 10 Absatz 4 oder Artikel 11 Absatz 5 ein und setzt die Geschäftsbeziehung gemäß Artikel 10 Absatz 6 oder Artikel 11 Absatz 7 vorübergehend aus oder beendet diese Geschäftsbeziehung.

(3) Erfüllt die Muttergesellschaft im Einklang mit Artikel 1 des vorliegenden Artikels die Verpflichtungen nach Artikel 22 im Namen des Tochterunternehmens, so muss das Tochterunternehmen die in Artikel 22 festgelegten Verpflichtungen im Einklang mit dem Plan der Muttergesellschaft zur Minderung der Folgen des Klimawandels erfüllen, der entsprechend an sein Geschäftsmodell und seine Geschäftsstrategie angepasst wird.

Artikel 7
Einbeziehung der Sorgfaltspflicht in die Unternehmenspolitik und die Risikomanagementsysteme des Unternehmens

(1) Die Mitgliedstaaten stellen sicher, dass Unternehmen die Sorgfaltspflicht in alle einschlägigen Bereiche ihrer Unternehmenspolitik und Risikomanagementsysteme einbeziehen und über eine Strategie zur Erfüllung der Sorgfaltspflicht verfügen, mit der eine risikobasierte Sorgfaltspflicht sichergestellt wird.

(2) Die in Absatz 1 genannte Strategie zur Erfüllung der Sorgfaltspflicht wird nach vorheriger Konsultation der Beschäftigten des Unternehmens und ihrer Vertreter ausgearbeitet und umfasst alle folgenden Elemente:

a) eine Beschreibung des Ansatzes, den das Unternehmen — auch langfristig — hinsichtlich der Sorgfaltspflicht verfolgt,

b) einen Verhaltenskodex, in dem die Regeln und Grundsätze beschrieben werden, die im gesamten Unternehmen und seinen Tochterunternehmen sowie seinen direkten oder indirekten Geschäftspartnern gemäß Artikel 10 Absatz 2 Buchstabe b, Artikel 10 Absatz 4, Artikel 11 Absatz 3 Buchstabe c oder Artikel 11 Absatz 5 einzuhalten sind, und

c) eine Beschreibung der Verfahren zur Einbeziehung der Sorgfaltspflicht in alle einschlägigen Bereiche der Unternehmenspolitik und zur Umsetzung der Sorgfaltspflicht, einschließlich der Maßnahmen zur Überprüfung der Einhaltung des in Buchstabe b genannten Verhaltenskodexes und zur Ausweitung der Anwendung dieses Kodexes auf Geschäftspartner.

(3) Die Mitgliedstaaten stellen sicher, dass die Unternehmen ihre Strategien zur Erfüllung der Sorgfaltspflicht unverzüglich aktualisieren, sobald eine wesentliche Änderung eintritt, und diese Strategien mindestens alle 24 Monate überprüfen und erforderlichenfalls aktualisieren.

Zu den in Unterabsatz 1 genannten Zwecken berücksichtigen die Unternehmen die bereits gemäß Artikel 8 ermittelten negativen Auswirkungen sowie die geeigneten Maßnahmen, die gemäß den Artikeln 10 und 11 ergriffen wurden, um diese negativen Auswirkungen anzugehen, und die Ergebnisse der gemäß Artikel 15 durchgeführten Bewertungen.

Artikel 8
Ermittlung und Bewertung tatsächlicher und potenzieller negativer Auswirkungen

(1) Die Mitgliedstaaten stellen sicher, dass die Unternehmen geeignete Maßnahmen ergreifen, um gemäß dem vorliegenden Artikel tatsächliche und potenzielle negative Auswirkungen zu ermitteln und zu bewerten, die sich aus ihrer eigenen Geschäftstätigkeit und der ihrer Tochterunternehmen und — sofern sie mit ihren Aktivitätsketten in Verbindung stehen — der ihrer Geschäftspartner ergeben.

(2) Im Rahmen der in Absatz 1 niedergelegten Verpflichtung ergreifen die Unternehmen unter Berücksichtigung relevanter Risikofaktoren geeignete Maßnahmen, um

a) ihre eigene Geschäftstätigkeit und der ihrer Tochterunternehmen und — sofern sie mit ihren Aktivitätsketten in Verbindung stehen — der ihrer Geschäftspartner zu erfassen, um allgemeine Bereiche zu ermitteln, in denen negative Auswirkungen am wahrscheinlichsten oder am schwerwiegendsten sind;

b) auf der Grundlage der Ergebnisse der unter Buchstabe a genannten Erfassung eine eingehende Bewertung ihrer eigenen Geschäftstätigkeit und der ihrer Tochterunternehmen und — sofern sie mit ihren Aktivitätsketten in Verbindung stehen — der ihrer Geschäftspartner in den Gebieten vorzunehmen, in denen die negativen Auswirkungen als am wahrscheinlichsten oder am schwerwiegendsten eingestuft wurden.

(3) Die Mitgliedstaaten stellen sicher, dass die Unternehmen für die Zwecke der Ermittlung und Bewertung der in Absatz 1 genannten negativen Auswirkungen, soweit erforderlich auf der Grundlage quantitativer und qualitativer Informationen, berechtigt sind, auf angemessene Ressourcen zurückzugreifen, einschließlich unabhängiger Berichte und Informationen, die im Rahmen des Meldemechanismus und des Beschwerdeverfahrens nach Artikel 14 gesammelt werden.

(4) Können die für die in Absatz 2 Buchstabe b genannte eingehende Bewertung erforderlichen Informationen von Geschäftspartnern auf

verschiedenen Ebenen der Aktivitätskette eingeholt werden, so muss das Unternehmen diese Informationen, sofern angemessen, vorrangig direkt von den Geschäftspartnern anfordern, bei denen die negativen Auswirkungen am wahrscheinlichsten auftreten.

Artikel 9
Priorisierung der ermittelten tatsächlichen und potenziellen negativen Auswirkungen

(1) Die Mitgliedstaaten stellen sicher, dass Unternehmen bei der Erfüllung der in Artikel 10 oder 11 festgelegten Verpflichtungen den gemäß Artikel 8 ermittelten negativen Auswirkungen Priorität einräumen, wenn es nicht möglich ist, alle ermittelten negativen Auswirkungen gleichzeitig in vollem Umfang zu verhindern, zu mindern, abzustellen oder zu minimieren.

(2) Die in Absatz 1 genannte Priorisierung erfolgt auf der Grundlage ihrer Schwere und Wahrscheinlichkeit.

(3) Sobald die schwerwiegendsten und wahrscheinlichsten negativen Auswirkungen gemäß den Artikeln 10 und 11 innerhalb einer angemessenen Frist angegangen wurden, muss das Unternehmen die weniger schwerwiegenden und weniger wahrscheinlichen negativen Auswirkungen angehen.

Artikel 10
Verhinderung potenzieller negativer Auswirkungen

(1) Die Mitgliedstaaten stellen sicher, dass die Unternehmen geeignete Maßnahmen ergreifen, um potenzielle negative Auswirkungen, die nach Artikel 8 ermittelt wurden oder hätten ermittelt werden müssen, im Einklang mit Artikel 9 und dem vorliegenden Artikel zu verhindern oder, falls sie nicht oder nicht unmittelbar verhindert werden können, angemessen zu mindern.

Bei der Festlegung der in Unterabsatz 1 genannten geeigneten Maßnahmen wird Folgendes gebührend berücksichtigt:

a) ob die potenziellen negativen Auswirkungen lediglich vom Unternehmen verursacht werden können, ob sie vom Unternehmen gemeinsam mit einem Tochterunternehmen oder einem Geschäftspartner durch Handlungen oder Unterlassungen verursacht werden können oder ob sie lediglich von einem Geschäftspartner des Unternehmens in der Aktivitätskette verursacht werden können;

b) ob die potenziellen negativen Auswirkungen im Zuge der Geschäftstätigkeit eines Tochterunternehmens, eines direkten Geschäftspartners oder eines indirekten Geschäftspartners eintreten können; und

c) ob das Unternehmen in der Lage ist, Einfluss auf den Geschäftspartner zu nehmen, der die potenziellen negativen Auswirkungen allein oder gemeinsam mit anderen verursachen kann.

(2) Die Unternehmen sind verpflichtet, erforderlichenfalls die folgenden geeigneten Maßnahmen zu ergreifen:

a) unverzügliche Entwicklung und Umsetzung eines Präventionsaktionsplans mit angemessenen und klar festgelegten Zeitplänen für die Umsetzung geeigneter Maßnahmen und mit qualitativen wie quantitativen Indikatoren für die Messung der Verbesserung, falls dies aufgrund der Art oder Komplexität der für die Verhinderung erforderlichen Maßnahmen notwendig ist; die Unternehmen können ihre Aktionspläne in Zusammenarbeit mit Industrieinitiativen bzw. Multi-Stakeholder-Initiativen entwickeln; der Präventionsaktionsplan wird an die Geschäftstätigkeit und die Aktivitätskette der Unternehmen angepasst;

b) Einholung vertraglicher Zusicherungen eines direkten Geschäftspartners, dass er die Einhaltung des Verhaltenskodexes des Unternehmens und erforderlichenfalls eines Präventionsaktionsplans sicherstellt, auch durch Einholung entsprechender vertraglicher Zusicherungen von dessen Partnern, soweit deren Tätigkeiten Teil der Aktivitätskette des Unternehmens sind; werden solche vertraglichen Zusicherungen gemacht, so findet Absatz 5 Anwendung;

c) Tätigung der erforderlichen finanziellen oder nichtfinanziellen Investitionen bzw. Vornahme der erforderlichen Anpassungen oder Verbesserungen, etwa bei den Einrichtungen, Produktionsprozessen oder anderen operativen Prozessen und bei der Infrastruktur;

d) Vornahme der erforderlichen Anpassungen oder Verbesserungen des eigenen Geschäftsplans, der Gesamtstrategien und Geschäftstätigkeit des Unternehmens, einschließlich der Beschaffungs-, Entwurfs- und Vertriebspraxis;

e) Leistung gezielter und angemessener Unterstützung für ein KMU, das ein Geschäftspartner des Unternehmens ist, indem unter anderem der Zugang zu Kapazitätsaufbau, Schulungen oder die Modernisierung von Managementsystemen bereitgestellt bzw. ermöglicht werden, sofern dies angesichts der Ressourcen, des Wissens und der Beschränkungen des KMU erforderlich ist, und indem gezielte und angemessene finanzielle Unterstützung geleistet wird, beispielsweise durch direkte Finanzierung, zinsgünstige Darlehen, Garantien für die fortgesetzte Beschaffung und Mitwirkung bei der Sicherstellung von Finanzierung, sofern durch die Einhaltung des Verhaltenskodexes oder des Präventionsaktionsplans die Tragfähigkeit des KMU gefährdet würde;

f) Zusammenarbeit mit anderen Unternehmen im Einklang mit dem Unionsrecht, einschließlich des Wettbewerbsrechts, auch um erforderlichenfalls die Fähigkeit des Unternehmens zu verbessern, die negativen Auswirkungen zu verhindern oder zu mindern, insbesondere wenn keine andere Maßnahme geeignet oder wirksam ist.

(3) Unternehmen können erforderlichenfalls neben den in Absatz 2 aufgeführten Maßnahmen zusätzliche geeignete Maßnahmen ergreifen, etwa die Verständigung mit einem Geschäftspartner hinsichtlich der Erwartungen des Unternehmens in Bezug auf die Verhinderung und Minderung der potenziellen negativen Auswirkungen oder die Bereitstellung oder Ermöglichung des Zugangs zu Kapazitätsaufbau, Beratung, administrativer und finanzieller Unterstützung, etwa Darlehen oder Finanzierung, wobei die Ressourcen, das Wissen und die Beschränkungen des Geschäftspartners zu berücksichtigen sind.

(4) Im Hinblick auf potenzielle negative Auswirkungen, die durch die in Absatz 2 aufgeführten geeigneten Maßnahmen nicht verhindert oder angemessen gemindert werden konnten, kann das Unternehmen vertragliche Zusicherungen von einem indirekten Geschäftspartner einholen, um die Einhaltung des Verhaltenskodexes des Unternehmens oder eines Präventionsaktionsplans zu erreichen. Werden solche vertraglichen Zusicherungen gemacht, so findet Absatz 5 Anwendung;

(5) Die in Absatz 2 Buchstabe b und in Absatz 4 genannten vertraglichen Zusicherungen oder der Vertrag müssen von geeigneten Maßnahmen zur Überprüfung der Einhaltung flankiert werden. Zur Überprüfung der Einhaltung kann das Unternehmen eine Überprüfung durch unabhängige Dritte, einschließlich im Rahmen von Industrieinitiativen bzw. Multi-Stakeholder-Initiativen, in Anspruch nehmen.

Erteilt ein KMU vertragliche Zusicherungen oder wird ein Vertrag mit einem KMU geschlossen, so müssen die angewandten Bedingungen fair, angemessen und diskriminierungsfrei sein. Das Unternehmen muss ferner bewerten, ob die von einem KMU erteilten vertraglichen Zusicherungen von in Absatz 2 Buchstabe e genannten geeigneten Maßnahmen für KMU begleitet werden sollten. Werden Maßnahmen zur Überprüfung der Einhaltung in Bezug auf KMU durchgeführt, so trägt das Unternehmen die Kosten für die Überprüfung durch unabhängige Dritte. Wenn das KMU um Übernahme zumindest eines Teils der Kosten der Überprüfung durch unabhängige Dritte ersucht oder wenn das Unternehmen dem zustimmt, kann das KMU anderen Unternehmen die Ergebnisse einer solchen Überprüfung weitergeben.

(6) Im Hinblick auf die in Absatz 1 genannten potenziellen negativen Auswirkungen, die durch in den Absätzen 2, 4 und 5 festgelegte Maßnahmen nicht verhindert oder angemessen gemindert werden konnten, ist das Unternehmen verpflichtet, als letztes Mittel mit einem Geschäftspartner, von dem bzw. von dessen Aktivitätskette die Auswirkungen ausgehen, keine neuen Beziehungen mehr einzugehen bzw. bestehende Beziehungen nicht mehr auszubauen, und hat — wenn das für ihre Beziehungen maßgebende Recht dies vorsieht — als letztes Mittel folgende Maßnahmen zu ergreifen:

a) Es nimmt unverzüglich einen verstärkten Präventionsaktionsplan für die spezifischen negativen Auswirkungen an und setzt ihn um, indem die Geschäftsbeziehungen in Bezug auf die betreffenden Tätigkeiten vorübergehend ausgesetzt werden und so der Druck seitens des Unternehmens genutzt oder erhöht wird, sofern berechtigterweise davon auszugehen ist, dass diese Bemühungen kurzfristig erfolgreich sein werden; der Aktionsplan enthält für die Annahme und Umsetzung aller darin enthaltenen Maßnahmen einen spezifischen und angemessenen Zeitplan, innerhalb dessen das Unternehmen auch alternative Geschäftspartner suchen kann;

b) wenn berechtigterweise nicht davon auszugehen ist, dass diese Bemühungen erfolgreich sein würden, oder wenn die negativen Auswirkungen durch die Umsetzung des verstärkten Präventionsaktionsplans nicht verhindert oder gemindert wurden, beendet es die Geschäftsbeziehung in Bezug auf die betreffenden Tätigkeiten, wenn die potenziellen negativen Auswirkungen schwerwiegend sind.

Vor der vorübergehenden Aussetzung oder Beendigung der Geschäftsbeziehung bewertet das Unternehmen, ob berechtigterweise davon ausgegangen werden kann, dass die dadurch verursachten negativen Auswirkungen offensichtlich schwerwiegender ausfallen als die negativen Auswirkungen, die nicht verhindert oder angemessen gemindert werden konnten. Sollte dies der Fall sein, ist das Unternehmen nicht verpflichtet, die Geschäftsbeziehung auszusetzen oder zu beenden, und muss in der Lage sein, der zuständigen Aufsichtsbehörde eine hinreichende Begründung für diese Entscheidung vorzulegen.

Die Mitgliedstaaten stellen sicher, dass die ihrem Recht unterliegenden Verträge im Einklang mit Unterabsatz 1 die Möglichkeit der vorübergehenden Aussetzung oder der Beendigung der Geschäftsbeziehung vorsehen, es sei denn, es handelt sich um Verträge, zu deren Abschluss die Parteien gesetzlich verpflichtet sind.

Entscheidet das Unternehmen, die Geschäftsbeziehung vorübergehend auszusetzen oder zu beenden, so ergreift es Maßnahmen, um die Auswirkungen der Aussetzung oder Beendigung zu verhindern, zu mindern oder abzustellen, informiert den betroffenen Geschäftspartner in angemessener Weise und überprüft diese Entscheidung fortlaufend.

Entscheidet das Unternehmen im Einklang mit dem vorliegenden Artikel, die Geschäftsbeziehung nicht vorübergehend auszusetzen bzw. nicht zu beenden, so überwacht das Unternehmen die potenziellen negativen Auswirkungen und überprüft regelmäßig seine Entscheidung und ob weitere geeignete Maßnahmen zur Verfügung stehen.

Artikel 11
Behebung tatsächlicher negativer Auswirkungen

(1) Die Mitgliedstaaten stellen sicher, dass Unternehmen geeignete Maßnahmen ergreifen, um tatsächliche negative Auswirkungen, die nach Artikel 8 ermittelt wurden oder hätten ermittelt werden müssen, im Einklang mit Artikel 9 und dem vorliegenden Artikel abzustellen.

Bei der Festlegung der in Unterabsatz 1 genannten geeigneten Maßnahmen wird Folgendes gebührend berücksichtigt:

a) ob die tatsächlichen negativen Auswirkungen lediglich vom Unternehmen verursacht werden, ob sie vom Unternehmen gemeinsam mit einem Tochterunternehmen oder einem Geschäftspartner durch Handlungen oder Unterlassungen verursacht werden oder ob sie lediglich von einem Geschäftspartner des Unternehmens in der Aktivitätskette verursacht werden;

b) ob die tatsächlichen negativen Auswirkungen im Zuge der Geschäftstätigkeit eines Tochterunternehmens, eines direkten Geschäftspartners oder eines indirekten Geschäftspartners eingetreten sind, und

c) ob das Unternehmen in der Lage ist, Einfluss auf den Geschäftspartner zu nehmen, der die tatsächlichen negativen Auswirkungen allein oder gemeinsam mit anderen verursacht hat.

(2) Können die negativen Auswirkungen nicht sofort abgestellt werden, so stellen die Mitgliedstaaten sicher, dass die Unternehmen das Ausmaß dieser Auswirkungen minimieren.

(3) Die Unternehmen sind verpflichtet, erforderlichenfalls die folgenden geeigneten Maßnahmen zu ergreifen:

a) Neutralisierung oder Minimierung des Ausmaßes der negativen Auswirkungen; diese Maßnahmen haben in einem angemessenen Verhältnis zum Schweregrad der negativen Auswirkungen und zur Beteiligung des Unternehmens an den negativen Auswirkungen zu erfolgen;

b) unverzügliche Entwicklung und Umsetzung eines Korrekturmaßnahmenplans mit angemessenen und klar festgelegten Zeitplänen für die Umsetzung geeigneter Maßnahmen und qualitativen wie quantitativen Indikatoren für die Messung der Verbesserung, falls dies, weil die negativen Auswirkungen nicht unmittelbar abgestellt werden können, notwendig ist. die Unternehmen können ihre Aktionspläne in Zusammenarbeit mit Industrieinitiativen bzw. Multi-Stakeholder-Initiativen entwickeln; der Korrekturmaßnahmenplan wird an die Geschäftstätigkeit und die Aktivitätskette der Unternehmen angepasst;

c) Einholung vertraglicher Zusicherungen eines direkten Geschäftspartners, dass er die Einhaltung des Verhaltenskodexes des Unternehmens und erforderlichenfalls eines Korrekturmaßnahmenplans sicherstellt, auch durch Einholung entsprechender vertraglicher Zusicherungen von dessen Partnern, soweit deren Tätigkeiten Teil der Aktivitätskette des Unternehmens sind; werden solche vertraglichen Zusicherungen erteilt, so findet Absatz 6 Anwendung;

d) Tätigung der erforderlichen finanziellen oder nichtfinanziellen Investitionen bzw. Vornahme der erforderlichen Anpassungen oder Verbesserungen, etwa bei den Einrichtungen, Produktionsprozessen oder anderen operativen Prozessen und bei der Infrastruktur;

e) Vornahme der erforderlichen Anpassungen oder Verbesserungen des eigenen Geschäftsplans, der Gesamtstrategien und Geschäftstätigkeit des Unternehmens, einschließlich der Beschaffungs-, Entwurfs- und Vertriebspraxis;

f) Leistung gezielter und angemessener Unterstützung für ein KMU, das ein Geschäftspartner des Unternehmens ist, indem unter anderem der Zugang zu Kapazitätsaufbau, Schulungen oder die Modernisierung von Managementsystemen bereitgestellt bzw. ermöglicht werden, sofern dies angesichts der Ressourcen, des Wissens und der Beschränkungen des KMU erforderlich ist, und indem gezielte und angemessene finanzielle Unterstützung geleistet wird, beispielsweise durch direkte Finanzierung, zinsgünstige Darlehen, Garantien für die fortgesetzte Beschaffung und Mitwirkung bei der Sicherstellung von Finanzierung, sofern durch die Einhaltung des Verhaltenskodexes oder des Korrekturmaßnahmenplans die Tragfähigkeit des KMU gefährdet würde;

g) Zusammenarbeit mit anderen Unternehmen im Einklang mit dem Unionsrecht, einschließlich des Wettbewerbsrechts, auch um erforderlichenfalls die Fähigkeit des Unternehmens zu verbessern, die negativen Auswirkungen abzustellen oder ihr Ausmaß zu minimieren, insbesondere wenn keine anderen Maßnahmen geeignet oder wirksam sind;

h) Leistung von Abhilfe nach Artikel 12.

(4) Unternehmen können erforderlichenfalls neben den in Absatz 3 aufgeführten Maßnahmen zusätzliche geeignete Maßnahmen ergreifen, etwa die Verständigung mit einem Geschäftspartner hinsichtlich der Erwartungen des Unternehmens in Bezug auf die Abstellung der tatsächlichen negativen Auswirkungen oder der Minimierung ihres Ausmaßes oder die Bereitstellung oder Ermöglichung des Zugangs zu Kapazitätsaufbau, Beratung, administrativer und finanzieller Unterstützung, etwa Darlehen oder Finanzierung, wobei die Ressourcen, das Wissen und die Beschränkungen des Geschäftspartners zu berücksichtigen sind.

(5) Im Hinblick auf tatsächliche negative Auswirkungen, die durch die in Absatz 3 aufgeführten geeigneten Maßnahmen nicht abgestellt oder in ihrem Ausmaß angemessen minimiert werden konnten, kann das Unternehmen vertragliche Zusicherungen von einem indirekten Geschäftspartner einholen, um die Einhaltung des Verhaltenskodexes des Unternehmens oder eines Korrekturmaßnahmenplans zu erreichen. Werden solche vertraglichen Zusicherungen erteilt, so findet Absatz 6 Anwendung;

(6) Die in Absatz 3 Buchstabe c und in Absatz 5 genannten vertraglichen Zusicherungen müssen von geeigneten Maßnahmen zur Überprüfung der Einhaltung flankiert werden. Zur Überprüfung der Einhaltung kann das Unternehmen eine Überprüfung durch unabhängige Dritte, einschließlich im Rahmen von Industrieinitiativen bzw. Multi-Stakeholder-Initiativen, in Anspruch nehmen.

Erteilt ein KMU vertragliche Zusicherungen oder wird ein Vertrag mit einem KMU geschlossen, so müssen die angewandten Bedingungen fair, angemessen und diskriminierungsfrei sein. Das Unternehmen muss ferner bewerten, ob die von einem KMU erteilten vertraglichen Zusicherungen von in Absatz 3 Buchstabe f genannten geeigneten Maßnahmen für KMU begleitet werden sollten. Werden Maßnahmen zur Überprüfung der Einhaltung in Bezug auf KMU durchgeführt, so trägt das Unternehmen die Kosten für die Überprüfung durch unabhängige Dritte. Wenn das KMU um Übernahme zumindest eines Teils der Kosten der Überprüfung durch unabhängige Dritte ersucht oder wenn das Unternehmen dem zustimmt, kann das KMU anderen Unternehmen die Ergebnisse einer solchen Überprüfung weitergeben.

(7) Im Hinblick auf die in Absatz 1 genannten tatsächlichen negativen Auswirkungen, die durch in den Absätzen 3, 5 und 6 festgelegte Maßnahmen nicht abgestellt oder in ihrem Ausmaß minimiert werden konnten, ist das Unternehmen verpflichtet, als letztes Mittel mit dem Geschäftspartner, von dem bzw. von dessen Aktivitätskette die Auswirkungen ausgehen, keine neuen Beziehungen mehr einzugehen bzw. bestehende Beziehungen nicht mehr auszubauen, und — wenn das für ihre Beziehungen maßgebende Recht dies vorsieht — als letztes Mittel folgende Maßnahmen zu ergreifen:

a) Es nimmt unverzüglich einen verstärkten Korrekturmaßnahmenplan für die spezifischen negativen Auswirkungen an und setzt ihn um, etwa indem die Geschäftsbeziehungen in Bezug auf die betreffenden Tätigkeiten vorübergehend ausgesetzt werden und so der Druck seitens des Unternehmens genutzt oder erhöht wird, sofern berechtigterweise davon auszugehen ist, dass diese Bemühungen kurzfristig erfolgreich sein werden; der Aktionsplan enthält für die Annahme und Umsetzung aller darin enthaltenen Maßnahmen einen spezifischen und angemessenen Zeitplan, innerhalb dessen das Unternehmen auch alternative Geschäftspartner suchen kann;

b) wenn berechtigterweise nicht davon auszugehen ist, dass die unter Buchstabe a genannten Bemühungen erfolgreich sein werden, oder wenn die negativen Auswirkungen durch die Umsetzung des verstärkten Korrekturmaßnahmenplans nicht abgestellt werden oder ihr Ausmaß nicht gemindert wird, beendet es die Geschäftsbeziehung in Bezug auf die betreffenden Tätigkeiten, wenn die tatsächlichen negativen Auswirkungen schwerwiegend sind.

Vor der vorübergehenden Aussetzung oder Beendigung einer Geschäftsbeziehung bewertet das Unternehmen, ob berechtigterweise davon ausgegangen werden kann, dass die dadurch verursachten negativen Auswirkungen offensichtlich schwerwiegender ausfallen werden als die negativen Auswirkungen, die nicht abgestellt werden konnten oder deren Ausmaß nicht angemessen minimiert werden konnte. Sollte dies der Fall sein, ist das Unternehmen nicht verpflichtet, die Geschäftsbeziehung auszusetzen oder zu beenden, und muss in der Lage sein, der zuständigen Aufsichtsbehörde eine hinreichende Begründung für diese Entscheidung vorzulegen.

Die Mitgliedstaaten stellen sicher, dass die ihrem Recht unterliegenden Verträge im Einklang mit Unterabsatz 1 die Möglichkeit der vorübergehenden Aussetzung oder der Beendigung der Geschäftsbeziehung vorsehen, es sei denn, es handelt sich um Verträge, zu deren Abschluss die Parteien gesetzlich verpflichtet sind.

Entscheidet das Unternehmen, die Geschäftsbeziehung vorübergehend auszusetzen oder zu beenden, so ergreift es Maßnahmen, um die Auswirkungen der Aussetzung oder Beendigung zu verhindern, zu mindern oder abzustellen, informiert den Geschäftspartner in angemessener Weise und überprüft diese Entscheidung fortlaufend.

Entscheidet das Unternehmen im Einklang mit dem vorliegenden Artikel, die Geschäftsbeziehung nicht vorübergehend auszusetzen bzw. nicht zu beenden, so überwacht das Unternehmen die tatsächlichen negativen Auswirkungen und überprüft regelmäßig seine Entscheidung und ob weitere geeignete Maßnahmen zur Verfügung stehen.

Artikel 12
Abhilfe für tatsächliche negative Auswirkungen

(1) Die Mitgliedstaaten stellen sicher, dass ein Unternehmen Abhilfe leistet, wenn es eine tatsächliche negative Auswirkung allein oder gemeinsam mit anderen verursacht hat.

(2) Werden die tatsächlichen negativen Auswirkungen lediglich vom Geschäftspartner des Unternehmens verursacht, so kann das Unternehmen freiwillig Abhilfe leisten. Das Unternehmen kann

auch seine Fähigkeit nutzen, Einfluss auf den Geschäftspartner zu nehmen, der die negativen Auswirkungen verursacht, um so Abhilfe zu schaffen.

Artikel 13
Sinnvolle Einbeziehung von Interessenträgern

(1) Die Mitgliedstaaten stellen sicher, dass die Unternehmen geeignete Maßnahmen ergreifen, um die Interessenträger im Einklang mit dem vorliegenden Artikel wirksam einzubeziehen.

(2) Um die Konsultationen mit Interessenträgern wirksam und transparent zu gestalten, stellen Unternehmen den konsultierten Interessenträgern unbeschadet der Richtlinie (EU) 2016/943 erforderlichenfalls sachdienliche und umfassende Informationen zur Verfügung. Unbeschadet der Richtlinie (EU) 2016/943 ist es den konsultierten Interessenträgern gestattet, ein begründetes Ersuchen um relevante zusätzliche Informationen zu stellen, die das Unternehmen innerhalb einer angemessenen Frist und in einem geeigneten und verständlichen Format zur Verfügung stellt. Lehnt das Unternehmen ein Ersuchen um zusätzliche Informationen ab, so haben die konsultierten Interessenträger Anspruch auf eine schriftliche Begründung für diese Ablehnung.

(3) Die Konsultation der Interessenträger erfolgt in folgenden Schritten im Rahmen des Verfahrens zur Erfüllung der Sorgfaltspflicht:

a) Sammlung der erforderlichen Informationen über tatsächliche oder potenzielle negative Auswirkungen, um negative Auswirkungen gemäß den Artikeln 8 und 9 zu ermitteln, zu bewerten und zu priorisieren;

b) Entwicklung von Präventions- und Korrekturmaßnahmenplänen gemäß Artikel 10 Absatz 2 und Artikel 11 Absatz 3 und Entwicklung verstärkter Präventions- und Korrekturmaßnahmenpläne gemäß Artikel 10 Absatz 6 und Artikel 11 Absatz 7;

c) Entscheidung, eine Geschäftsbeziehung gemäß Artikel 10 Absatz 6 und Artikel 11 Absatz 7 zu beenden oder auszusetzen;

d) Annahme geeigneter Abhilfemaßnahmen für negative Auswirkungen gemäß Artikel 12;

e) gegebenenfalls die Entwicklung qualitativer und quantitativer Indikatoren für die gemäß Artikel 15 erforderliche Überwachung.

(4) Ist es nach vernünftigem Ermessen nicht möglich, die Interessenträger wirksam einzubeziehen, soweit dies zur Erfüllung der Anforderungen der vorliegenden Richtlinie erforderlich ist, so konsultieren die Unternehmen zusätzlich Sachverständige, die glaubwürdige Erkenntnisse über tatsächliche oder potenzielle negative Auswirkungen geben können.

(5) Bei der Konsultation von Interessenträgern ermitteln die Unternehmen Hindernisse für ihre Einbeziehung, beseitigen diese und stellen sicher, dass die Teilnehmer nicht Opfer von Repressalien oder Revanche sind, unter anderem durch Wahrung der Vertraulichkeit und Anonymität.

(6) Die Mitgliedstaaten stellen sicher, dass es den Unternehmen gestattet ist, die in dem vorliegenden Artikel festgelegten Verpflichtungen erforderlichenfalls im Rahmen von Industrieinitiativen bzw. Multi-Stakeholder-Initiativen zu erfüllen, sofern die Konsultationsverfahren die in dem vorliegenden Artikel festgelegten Anforderungen erfüllen. Der Rückgriff auf Industrieinitiativen bzw. Multi-Stakeholder-Initiativen allein reicht nicht aus, um der Verpflichtung zur Konsultation der Beschäftigten des Unternehmens und ihrer Vertreter nachzukommen.

(7) Die Einbeziehung Beschäftigter und ihrer Vertreter lässt die einschlägigen Rechtsvorschriften der Union und der Mitgliedstaaten im Bereich Beschäftigung und soziale Rechte sowie geltende Tarifverträge unberührt.

Artikel 14
Meldemechanismus und Beschwerdeverfahren

(1) Die Mitgliedstaaten stellen sicher, dass die Unternehmen den in Absatz 2 aufgeführten Personen und Stellen die Möglichkeit einräumen, Beschwerden an die jeweiligen Unternehmen zu richten, wenn diese Personen oder Stellen berechtigte Bedenken hinsichtlich tatsächlicher oder potenzieller negativer Auswirkungen der Geschäftstätigkeit des Unternehmens selbst, der Geschäftstätigkeit seiner Tochterunternehmen oder der Geschäftstätigkeit seiner Geschäftspartner in der Aktivitätskette der Unternehmen haben.

(2) Die Mitgliedstaaten stellen sicher, dass die Beschwerden eingereicht werden können von

a) natürlichen oder juristischen Personen, die betroffen sind oder berechtigten Grund zu der Annahme haben, dass sie von negativen Auswirkungen betroffen sein könnten, sowie den rechtmäßigen Vertretern dieser Personen, die in ihrem Namen handeln, wie etwa Organisationen der Zivilgesellschaft und Menschenrechtsverteidiger,

b) Gewerkschaften und anderen Arbeitnehmervertretern, die in der betreffenden Aktivitätskette tätige natürliche Personen vertreten, und

c) Organisationen der Zivilgesellschaft, die in verwandten Bereichen tätig sind und über Erfahrung in diesen Bereichen verfügen, wenn negative Auswirkungen auf die Umwelt Gegenstand der Beschwerde sind.

(3) Die Mitgliedstaaten stellen sicher, dass Unternehmen ein gerechtes, öffentlich verfügbares, zugängliches, berechenbares und transparentes Verfahren für die Bearbeitung von Beschwerden nach Absatz 1 einrichten, einschließlich eines Verfahrens, wenn das Unternehmen die Beschwerde für unbegründet erachtet, und sie unterrichten die

Vertreter und Gewerkschaften der betroffenen Arbeitnehmer über dieses Verfahren. Unternehmen ergreifen die nach vernünftigem Ermessen zur Verfügung stehenden Maßnahmen, um jegliche Form von Repressalien zu verhindern, indem sie im Einklang mit dem nationalen Recht gewährleisten, dass die Identität der Person oder Organisation, die die Beschwerde einreicht, vertraulich behandelt wird. Wenn Informationen weitergegeben werden müssen, hat dies auf eine Weise zu geschehen, die die Sicherheit des Beschwerdeführers nicht gefährdet, auch durch die Nichtoffenlegung seiner Identität.

Die Mitgliedstaaten stellen sicher, dass bei einer begründeten Beschwerde die negativen Auswirkungen, die Gegenstand der Beschwerde sind, als im Sinne von Artikel 8 ermittelt gelten, und dass das Unternehmen geeignete Maßnahmen nach den Artikeln 10, 11 und 12 ergreift.

(4) Die Mitgliedstaaten stellen sicher, dass Beschwerdeführer berechtigt sind,

a) angemessene Folgemaßnahmen zu der Beschwerde von dem Unternehmen, bei dem sie eine Beschwerde gemäß Absatz 1 eingereicht haben, zu fordern;

b) Vertreter des Unternehmens auf geeigneter Ebene zu treffen, um tatsächliche oder potenzielle schwerwiegende negative Auswirkungen, die Gegenstand der Beschwerde sind, und potenzielle Abhilfemaßnahmen im Einklang mit Artikel 12 zu erörtern;

c) vom Unternehmen die Begründung, warum eine Beschwerde als begründet oder unbegründet erachtet wurde, und — sofern sie als begründet erachtet wurde — Informationen über die Schritte und Maßnahmen, die unternommen wurden oder werden sollen, zu erhalten.

(5) Die Mitgliedstaaten stellen sicher, dass die Unternehmen einen zugänglichen Mechanismus für die Übermittlung von Meldungen durch Personen und Stellen einrichten, wenn Letztere Informationen oder Bedenken hinsichtlich tatsächlicher oder potenzieller negativer Auswirkungen der Geschäftstätigkeit des Unternehmens, der Geschäftstätigkeit seiner Tochterunternehmen und der Geschäftstätigkeit seiner Geschäftspartner in der Aktivitätskette der Unternehmen haben.

Mit dem Mechanismus wird sichergestellt, dass Meldungen entweder anonym oder vertraulich im Einklang mit nationalem Recht erfolgen können. Unternehmen ergreifen die nach vernünftigem Ermessen zur Verfügung stehenden Maßnahmen, um jegliche Form von Repressalien zu verhindern, indem sie im Einklang mit dem nationalen Recht gewährleisten, dass die Identität der Person oder Stelle, die die Meldung vornimmt, vertraulich behandelt wird. Das Unternehmen kann die Personen oder Stellen, die Meldungen vornehmen, erforderlichenfalls über die ergriffenen oder zu ergreifenden Schritte und Maßnahmen informieren.

(6) Die Mitgliedstaaten stellen sicher, dass Unternehmen die in Absatz 1, Absatz 3 Unterabsatz 1 und Absatz 5 festgelegten Verpflichtungen erfüllen können, indem sie sich an gemeinsamen Beschwerdeverfahren und Meldemechanismen beteiligen, einschließlich solcher, die von Unternehmen über Industrieverbände, Multi-Stakeholder-Initiativen oder globale Rahmenvereinbarungen gemeinsam eingerichtet werden, sofern solche gemeinsamen Verfahren und Mechanismen die in diesem Artikel festgelegten Anforderungen erfüllen.

(7) Die Einreichung einer Mitteilung oder Beschwerde nach dem vorliegenden Artikel ist keine Voraussetzung dafür und schließt nicht aus, dass die sie einreichenden Personen Zugang zu den Verfahren nach den Artikeln 26 und 29 oder zu anderen außergerichtlichen Verfahren haben.

Artikel 15
Überwachung

Die Mitgliedstaaten stellen sicher, dass die Unternehmen regelmäßig Bewertungen ihrer eigenen Geschäftstätigkeit und Maßnahmen sowie jener ihrer Tochterunternehmen und — sofern sie mit den Aktivitätsketten des Unternehmens in Verbindung stehen — jener ihrer Geschäftspartner durchführen, um die Umsetzung zu bewerten und die Angemessenheit und Wirksamkeit der Ermittlung, Verhinderung, Minderung, Abstellung und Minimierung des Ausmaßes der negativen Auswirkungen zu überwachen. Diese Bewertungen stützen sich, sofern angemessen, auf qualitative und quantitative Indikatoren und werden unverzüglich nach Eintreten einer wesentlichen Änderung, mindestens jedoch alle 12 Monate, durchgeführt; sie werden auch dann durchgeführt, wenn die begründete Annahme besteht, dass neue Risiken des Eintretens dieser negativen Auswirkungen entstehen können. Sofern angemessen, werden die Strategie zur Erfüllung der Sorgfaltspflicht, die ermittelten negativen Auswirkungen und die daraus abgeleiteten geeigneten Maßnahmen nach Maßgabe der Ergebnisse dieser Bewertungen und unter gebührender Berücksichtigung einschlägiger Informationen von Interessenträgern aktualisiert.

Artikel 16
Kommunikation

(1) Unbeschadet der Ausnahme nach Absatz 2 des vorliegenden Artikels stellen die Mitgliedstaaten sicher, dass Unternehmen zu den unter diese Richtlinie fallenden Angelegenheiten Bericht erstatten, indem sie auf ihrer Website jährlich eine Erklärung veröffentlichen. Diese jährliche Erklärung wird wie folgt veröffentlicht:

a) in mindestens einer der Amtssprachen der Union, die im Mitgliedstaat der gemäß Artikel 24 benannten Aufsichtsbehörde verwendet wird, und, sofern es sich bei keiner davon um eine in der internationalen Geschäftswelt gebräuchliche Verkehrssprache handelt, in einer solchen Sprache;

b) innerhalb eines angemessenen Zeitraums, spätestens jedoch 12 Monate nach dem Bilanzstichtag des Geschäftsjahres, auf das sich die Erklärung bezieht, oder im Falle von Unternehmen, die freiwillig gemäß der Richtlinie 2013/34/EU Bericht erstatten, spätestens bis zum Tag der Offenlegung des Jahresabschlusses.

Im Falle eines Unternehmens, das nach den Rechtsvorschriften eines Drittlandes gegründet wurde, muss die Erklärung auch die Angaben nach Artikel 23 Absatz 2 über den Bevollmächtigten des Unternehmens enthalten.

(2) Absatz 1 des vorliegenden Artikels gilt nicht für Unternehmen, die den Anforderungen an die Nachhaltigkeitsberichterstattung gemäß den Artikeln 19a, 29a oder 40a der Richtlinie 2013/34/EU unterliegen, einschließlich Unternehmen, die gemäß Artikel 19a Absatz 9 oder Artikel 29a Absatz 8 der genannten Richtlinie ausgenommen sind.

(3) Die Kommission nimmt bis zum 31. März 2027 delegierte Rechtsakte im Einklang mit Artikel 34 zur Ergänzung dieser Richtlinie an, wobei sie den Inhalt und die Kriterien für die Berichterstattung gemäß Absatz 1 und insbesondere festlegt, welche hinreichend detaillierten Angaben zur Beschreibung der Sorgfaltspflicht, zu ermittelten tatsächlichen und potenziellen negativen Auswirkungen und zu den in Bezug auf diese Auswirkungen ergriffenen geeigneten Maßnahmen zu machen sind. Bei der Ausarbeitung dieser delegierten Rechtsakte trägt die Kommission den gemäß den Artikeln 29b und 40b der Richtlinie 2013/34/EU angenommenen Standards für die Nachhaltigkeitsberichterstattung gebührend Rechnung und passt sie gegebenenfalls an sie an.

Bei der Annahme der in Unterabsatz 1 genannten delegierten Rechtsakte stellt die Kommission sicher, dass es bei den Berichtspflichten für die in Artikel 3 Absatz 1 Buchstabe a Ziffer iii genannten Unternehmen, die Berichtspflichten gemäß Artikel 4 der Verordnung (EU) 2019/2088 unterliegen, nicht zu Überschneidungen kommt, wobei sie die in dieser Richtlinie festgelegten Mindestverpflichtungen in vollem Umfang aufrechterhält.

Artikel 17
Zugänglichkeit von Informationen im zentralen europäischen Zugangsportal

(1) Die Mitgliedstaaten stellen ab dem 1. Januar 2029 sicher, dass die Unternehmen die in Artikel 16 Absatz 1 dieser Richtlinie genannte jährliche Erklärung gleichzeitig mit ihrer Veröffentlichung an die in Absatz 3 des vorliegenden Artikels genannte Sammelstelle übermitteln, damit diese Informationen im zentralen europäischen Zugangsportal (European Single Access Point, ESAP), das gemäß der Verordnung (EU) 2023/2859 eingerichtet wird, zugänglich gemacht werden.

Die Mitgliedstaaten stellen sicher, dass die in der jährlichen Erklärung gemäß Unterabsatz 1 enthaltenen Informationen die folgenden Anforderungen erfüllen:

a) Sie werden in einem datenextrahierbaren Format im Sinne von Artikel 2 Nummer 3 der Verordnung (EU) 2023/2859 oder, sofern nach Unionsrecht oder nationalem Recht vorgeschrieben, in einem maschinenlesbaren Format gemäß Artikel 2 Nummer 4 der genannten Verordnung übermittelt;

b) sie enthalten die folgenden Metadaten:

i) alle Namen des Unternehmens, auf das sich die Informationen beziehen;

ii) die Rechtsträgerkennung des Unternehmens gemäß Artikel 7 Absatz 4 Buchstabe b der Verordnung (EU) 2023/2859;

iii) die Größenklasse des Unternehmens gemäß Artikel 7 Absatz 4 Buchstabe d der Verordnung (EU) 2023/2859;

iv) den Wirtschaftszweig bzw. die Wirtschaftszweige der wirtschaftlichen Tätigkeiten des Unternehmens gemäß Artikel 7 Absatz 4 Buchstabe e der Verordnung (EU) 2023/2859;

v) die Art der Informationen gemäß Artikel 7 Absatz 4 Buchstabe c der Verordnung (EU) 2023/2859;

vi) eine Angabe, ob die Informationen personenbezogene Daten enthalten.

(2) Für die Zwecke von Absatz 1 Buchstabe b Ziffer ii stellen die Mitgliedstaaten sicher, dass sich Unternehmen eine Rechtsträgerkennung ausstellen lassen.

(3) Damit die in Absatz 1 dieses Artikels genannten Informationen im ESAP zugänglich gemacht werden, benennen die Mitgliedstaaten bis zum 31. Dezember 2028 mindestens eine Sammelstelle im Sinne von Artikel 2 Nummer 2 der Verordnung (EU) 2023/2859 und teilen dies der Europäischen Wertpapier- und Marktaufsichtsbehörde mit.

(4) Um die effiziente Sammlung und Verwaltung der gemäß Absatz 1 übermittelten Informationen sicherzustellen, wird der Kommission die Befugnis übertragen, Durchführungsmaßnahmen zu erlassen, um Folgendes festzulegen:

a) etwaige sonstige Metadaten, die den Informationen beizufügen sind,

b) die Strukturierung der Daten in den Informationen und

c) für welche Informationen ein maschinenlesbares Format erforderlich und welches maschinenlesbare Format in diesen Fällen zu verwenden ist.

Artikel 18
Mustervertragsklauseln

Um die Unternehmen bei der Einhaltung von Artikel 10 Absatz 2 Buchstabe b und Artikel 11 Absatz 3 Buchstabe c zu unterstützen, nimmt die Kommission in Abstimmung mit den Mitgliedstaaten und Interessenträgern bis zum 26. Januar 2027 Leitlinien zu freiwilligen Mustervertragsklauseln an.

Artikel 19
Leitlinien

(1) Die Kommission gibt in Abstimmung mit den Mitgliedstaaten und Interessenträgern, der Agentur der Europäischen Union für Grundrechte, der Europäischen Umweltagentur, der Europäischen Arbeitsagentur und erforderlichenfalls mit internationalen Organisationen und anderen Gremien, die über Fachwissen im Bereich der Sorgfaltspflicht verfügen, Leitlinien — einschließlich allgemeiner Leitlinien und Leitlinien für bestimmte Branchen oder in Bezug auf spezifische negative Auswirkungen — heraus, um die Unternehmen bei der Erfüllung ihrer Sorgfaltspflichten oder die Behörden der Mitgliedstaaten bei der Bewertung, wie Unternehmen ihre Sorgfaltspflichten erfüllen, in der Praxis zu unterstützen und um die Interessenträger zu unterstützen.

(2) Die nach Absatz 1 herauszugebenden Leitlinien haben Folgendes zu umfassen:

a) Leitlinien und bewährte Verfahren für die Erfüllung der Sorgfaltspflicht im Einklang mit den Verpflichtungen nach den Artikeln 5 bis 16, insbesondere das Ermittlungsverfahren nach Artikel 8, die Priorisierung der Auswirkungen nach Artikel 9, geeignete Maßnahmen zur Anpassung der Beschaffungspraktiken nach Artikel 10 Absatz 2 und Artikel 11 Absatz 3, einen verantwortungsvollen Rückzug nach Artikel 10 Absatz 6 und Artikel 11 Absatz 7, geeignete Abhilfemaßnahmen gemäß Artikel 12, und hinsichtlich der Ermittlung und Einbeziehung von Interessenträgern gemäß Artikel 13, auch über den Meldemechanismus bzw. das Beschwerdeverfahren nach Artikel 14;

b) praktische Leitlinien für den Übergangsplan gemäß Artikel 22;

c) sektorspezifische Leitlinien;

d) Leitlinien für die Bewertung von Risikofaktoren auf Unternehmensebene, Risikofaktoren der Geschäftstätigkeiten, geografischen und kontextbezogenen Risikofaktoren, Risikofaktoren der Produkte und Dienstleistungen sowie branchenspezifischen Risikofaktoren, einschließlich der Risikofaktoren im Zusammenhang mit Konflikt- und Hochrisikogebieten;

e) Verweise auf Daten und Informationsquellen, die für die Einhaltung der Verpflichtungen aus der vorliegenden Richtlinie zur Verfügung stehen, sowie auf digitale Instrumente und Technologien, die die Einhaltung erleichtern und unterstützen könnten;

f) Informationen darüber, wie im Einklang mit dem Schutz von Geschäftsgeheimnissen gemäß Artikel 5 Absatz 3 und dem Schutz vor möglichen Repressalien und Revanche gemäß Artikel 13 Absatz 5 Ressourcen und Informationen zwischen Unternehmen und anderen juristischen Personen zum Zwecke der Einhaltung der gemäß der vorliegenden Richtlinie erlassenen nationalen Rechtsvorschriften ausgetauscht werden können;

g) Informationen für Interessenträger und ihre Vertreter darüber, wie sie sich während des gesamten Verfahrens zur Erfüllung der Sorgfaltspflicht einbringen können.

(3) Die Leitlinien nach Absatz 2 Buchstaben a, d und e werden bis zum 26. Januar 2027 zur Verfügung gestellt. Die Leitlinien nach Absatz 2 Buchstaben b, f und g werden bis zum 26. Juli 2027 zur Verfügung gestellt.

(4) Die im vorliegenden Artikel genannten Leitlinien werden in allen Amtssprachen der Union zur Verfügung gestellt. Die Kommission überprüft die Leitlinien regelmäßig und passt sie erforderlichenfalls an.

Artikel 20
Begleitmaßnahmen

(1) Die Mitgliedstaaten richten einzeln oder gemeinsam spezielle Websites, Plattformen oder Portale ein und betreiben diese, um Unternehmen, deren Geschäftspartner und Interessenträger zu informieren und zu unterstützen. In diesem Zusammenhang sind KMU, die den Aktivitätsketten von Unternehmen angehören, besonders zu berücksichtigen. Diese Websites, Plattformen oder Portale bieten insbesondere Zugang zu

a) dem Inhalt und den Kriterien für die Berichterstattung, wie sie von der Kommission in den gemäß Artikel 16 Absatz 3 erlassenen delegierten Rechtsakten festgelegt sind,

b) den Leitlinien der Kommission zu freiwilligen Mustervertragsklauseln nach Artikel 18 und den Leitlinien, die sie gemäß Artikel 19 herausgibt,

c) dem zentralen Helpdesk gemäß Artikel 21 und

d) Informationen für Interessenträger und ihre Vertreter darüber, wie sie sich während des gesamten Verfahrens zur Erfüllung der Sorgfaltspflicht einbringen können.

(2) Unbeschadet der Vorschriften für staatliche Beihilfen können die Mitgliedstaaten KMU finanziell unterstützen. Die Mitgliedstaaten können auch Interessenträger unterstützen, um ihnen die Ausübung der in der vorliegenden Richtlinie festgelegten Rechte zu erleichtern.

(3) Die Kommission kann auf der Grundlage bestehender Maßnahmen der Union zur Unterstützung der Sorgfaltspflicht in der Union und in Drittländern die Unterstützungsmaßnahmen der Mitgliedstaaten ergänzen und neue Maßnahmen ausarbeiten, darunter zur Erleichterung von Industrieinitiativen bzw. Multi-Stakeholder-Initiativen, um die Unternehmen bei der Erfüllung ihrer Verpflichtungen zu unterstützen.

(4) Unternehmen können sich unbeschadet der Artikel 25, 26 und 29 an Industrieinitiativen bzw. Multi-Stakeholder-Initiativen beteiligen, um die Erfüllung der Verpflichtungen nach den Artikeln 7 bis 16 zu unterstützen, insofern diese Initiativen geeignet sind, die Erfüllung dieser Verpflichtungen zu unterstützen. Insbesondere können Unternehmen nach Bewertung ihrer Angemessenheit einschlägige Risikoanalysen, die im Rahmen von Industrieinitiativen bzw. Multi-Stakeholder-Initiativen oder von Mitgliedern dieser Initiativen durchgeführt wurden, nutzen oder sich daran beteiligen und über diese Initiativen wirksame angemessene Maßnahmen ergreifen oder sich daran beteiligen. Dabei überwachen die Unternehmen die Wirksamkeit dieser Maßnahmen und ergreifen erforderlichenfalls weiterhin geeignete Maßnahmen, um die Erfüllung ihrer Verpflichtungen sicherzustellen.

Die Kommission und die Mitgliedstaaten können die Verbreitung von Informationen über solche Initiativen und deren Ergebnis erleichtern. Die Kommission gibt in Zusammenarbeit mit den Mitgliedstaaten Leitlinien zur Festlegung von Eignungskriterien und einer Methode, mit der Unternehmen die Eignung von Industrieinitiativen bzw. Multi-Stakeholder-Initiativen bewerten sollen, heraus.

(5) Unternehmen können unbeschadet der Artikel 25, 26 und 29 Überprüfungen durch unabhängige Dritte von Unternehmen in ihrer Aktivitätskette in Anspruch nehmen, um die Erfüllung der Sorgfaltspflichten zu unterstützen, soweit diese Überprüfung geeignet ist, um die Erfüllung der einschlägigen Verpflichtungen zu unterstützen. Die Überprüfung durch unabhängige Dritte kann auch von anderen Unternehmen oder einer Industrieinitiative bzw. Multi-Stakeholder-Initiative durchgeführt werden. Mit der unabhängigen Überprüfung betraute Dritte müssen objektiv und völlig unabhängig vom Unternehmen handeln, frei von jeglichen Interessenkonflikten sein, frei von jedweder direkten oder indirekten äußeren Einflussnahme sein und jede Handlung unterlassen, die mit ihrer Unabhängigkeit unvereinbar ist. Je nach Art der negativen Auswirkungen müssen sie über Erfahrung und Kompetenz in Umwelt- oder Menschenrechtsfragen verfügen, und sie müssen für die Qualität und Zuverlässigkeit ihrer Überprüfung verantwortlich sein.

Die Kommission gibt in Zusammenarbeit mit den Mitgliedstaaten Leitlinien zur Festlegung von Eignungskriterien und einer Methode, mit der Unternehmen die Eignung von mit der unabhängigen Überprüfung betrauten Dritten bewerten sollen, und Leitlinien für die Überwachung der Richtigkeit, der Wirksamkeit und der Integrität der von Dritten durchgeführten Überprüfung heraus.

Artikel 21
Zentraler Helpdesk

(1) Die Kommission richtet einen zentralen Helpdesk ein, über den Unternehmen Informationen, Leitlinien und Unterstützung mit Blick auf die Erfüllung ihrer in dieser Richtlinie festgelegten Verpflichtungen anfordern können.

(2) Die zuständigen nationalen Behörden in jedem Mitgliedstaat arbeiten mit dem zentralen Helpdesk zusammen, um bei der gezielten Anpassung der Informationen und Leitlinien an den jeweiligen nationalen Kontext und bei der Verbreitung dieser Informationen und Leitlinien zu helfen.

Artikel 22
Eindämmung des Klimawandels

(1) Die Mitgliedstaaten stellen sicher, dass die in Artikel 2 Absatz 1 Buchstaben a, b und c und in Artikel 2 Absatz 2 Buchstaben a, b und c genannten Unternehmen einen Plan zur Minderung der Folgen des Klimawandels annehmen und umsetzen, mit dem gewährleistet werden soll, dass sie alles in ihrer Macht stehende tun, um ihr Geschäftsmodell und ihre Strategie mit dem Übergang zu einer nachhaltigen Wirtschaft und der Begrenzung der Erderwärmung auf 1,5 oC, wie im Übereinkommen von Paris festgeschrieben, sowie mit dem Ziel, Klimaneutralität zu erreichen, wie in der Verordnung (EU) 2021/1119 vorgesehen, in Einklang zu bringen, und darin ihre Klimazwischenziele und das Ziel der Klimaneutralität bis 2050 sowie erforderlichenfalls die Beteiligung des Unternehmens an Tätigkeiten in Verbindung mit Kohle, Öl und Gas angeben.

Die Gestaltung des Plans zur Minderung der Folgen des Klimawandels nach Unterabsatz 1 muss Folgendes enthalten:

a) auf schlüssigen wissenschaftlichen Erkenntnissen beruhende zeitgebundene Zielvorgaben im Zusammenhang mit dem Klimawandel für das Jahr 2030 und in Fünfjahresschritten bis 2050 und — sofern zweckmäßig — absolute Zielvorgaben für die Verringerung der Treibhausgasemissionen für Scope-1-, Scope-2- und Scope-3-Treibhausgasemissionen für jede erhebliche Kategorie;

b) eine Beschreibung der ermittelten Dekarbonisierungsfaktoren und der geplanten wichtigsten Maßnahmen zur Erreichung der in Buchstabe a genannten Ziele, erforderlichenfalls einschließlich der Änderungen des Produkt- und

Dienstleistungsportfolios des Unternehmens und der Einführung neuer Technologien;

c) eine Erläuterung und Quantifizierung der Investitionen und Finanzmittel zur Unterstützung der Umsetzung des Plans zur Minderung der Folgen des Klimawandels und

d) eine Beschreibung der Rolle der Verwaltungs-, Leitungs- und Aufsichtsorgane im Zusammenhang mit dem Plan zur Minderung der Folgen des Klimawandels.

(2) Bei Unternehmen, die einen Plan zur Minderung der Folgen des Klimawandels im Einklang mit den Artikeln 19a, 29a bzw. 40a der Richtlinie 2013/34/EU vorlegen, wird davon ausgegangen, dass sie die Verpflichtung zur Annahme eines Plans zur Minderung der Folgen des Klimawandels gemäß Absatz 1 des vorliegenden Artikels erfüllt haben.

Bei Unternehmen, die in dem im Einklang mit Artikel 29a bzw. Artikel 40a der Richtlinie 2013/34/EU vorgelegten Plan zur Minderung der Folgen des Klimawandels ihres Mutterunternehmens enthalten sind, wird davon ausgegangen, dass sie die Anforderung zur Annahme eines Plans zur Minderung der Folgen des Klimawandels gemäß Absatz 1 des vorliegenden Artikels erfüllt haben.

(3) Die Mitgliedstaaten stellen sicher, dass der in Absatz 1 genannte Plan zur Minderung der Folgen des Klimawandels alle 12 Monate aktualisiert wird und eine Beschreibung der Fortschritte enthält, die das Unternehmen bei der Erreichung der in Absatz 1 Unterabsatz 2 Buchstabe a genannten Zielvorgaben erzielt hat.

Artikel 23
Bevollmächtigter

(1) Die Mitgliedstaaten fordern, dass ein in Artikel 2 Absatz 2 genanntes Unternehmen, das in einem Mitgliedstaat tätig ist, als seinen Bevollmächtigten eine natürliche oder juristische Person benennt, die in einem der Mitgliedstaaten, in dem das Unternehmen tätig ist, niedergelassen oder ansässig ist. Die Benennung ist gültig, wenn sie vom Bevollmächtigten angenommen wird.

(2) Die Mitgliedstaaten fordern, dass der Bevollmächtigte oder das Unternehmen den Namen, die Anschrift, die E-Mail-Adresse und die Telefonnummer des Bevollmächtigten einer Aufsichtsbehörde in dem Mitgliedstaat, in dem der Bevollmächtigte ansässig oder niedergelassen ist, und — sofern es sich um unterschiedliche Mitgliedstaaten handelt — der zuständigen Aufsichtsbehörde gemäß Artikel 24 Absatz 3 meldet. Die Mitgliedstaaten sorgen dafür, dass der Bevollmächtigte verpflichtet ist, einer Aufsichtsbehörde auf Ersuchen eine Abschrift der Benennung in einer Amtssprache eines Mitgliedstaats vorzulegen.

(3) Die Mitgliedstaaten fordern, dass der Bevollmächtigte oder das Unternehmen einer Aufsichtsbehörde des Mitgliedstaats, in dem der Bevollmächtigte niedergelassen oder ansässig ist, und — sofern es sich um unterschiedliche Mitgliedstaaten handelt — der zuständigen Aufsichtsbehörde gemäß Artikel 24 Absatz 3 mitteilt, dass es sich bei dem Unternehmen um ein Unternehmen im Sinne von Artikel 2 Absatz 2 handelt.

(4) Die Mitgliedstaaten fordern, dass jedes Unternehmen seinen Bevollmächtigten ermächtigt, Mitteilungen von den Aufsichtsbehörden in allen Belangen zu empfangen, die für die Einhaltung und Durchsetzung der nationalen Rechtsvorschriften zur Umsetzung dieser Richtlinie notwendig sind. Die Unternehmen sind verpflichtet, ihren Bevollmächtigten mit den erforderlichen Befugnissen und Ressourcen für die Zusammenarbeit mit den Aufsichtsbehörden auszustatten.

(5) Kommt das in Artikel 2 Absatz 2 genannte Unternehmen den im vorliegenden Artikel festgelegten Verpflichtungen nicht nach, so sind alle Mitgliedstaaten, in denen dieses Unternehmen tätig ist, dafür zuständig, die Erfüllung dieser Verpflichtungen im Einklang mit ihrem nationalen Recht durchzusetzen. Ein Mitgliedstaat, der beabsichtigt, die in diesem Artikel festgelegten Verpflichtungen durchzusetzen, teilt dies den Aufsichtsbehörden über das gemäß Artikel 28 eingerichtete europäische Netz der Aufsichtsbehörden mit, damit die Durchsetzung nicht durch andere Mitgliedstaaten erfolgt.

Artikel 24
Aufsichtsbehörden

(1) Jeder Mitgliedstaat benennt eine oder mehrere Aufsichtsbehörde(n), die für die Überwachung der Einhaltung der Verpflichtungen aus den nach Artikel 7 bis 16 und Artikel 22 angenommenen nationalen Rechtsvorschriften zuständig ist bzw. sind.

(2) Für das in Artikel 2 Absatz 1 genannte Unternehmen ist die zuständige Aufsichtsbehörde die Aufsichtsbehörde des Mitgliedstaats, in dem das Unternehmen seinen eingetragenen Sitz hat.

(3) Für das in Artikel 2 Absatz 2 genannte Unternehmen ist die zuständige Aufsichtsbehörde die Aufsichtsbehörde des Mitgliedstaats, in dem das Unternehmen eine Zweigstelle hat. Hat das Unternehmen keine Zweigstelle in einem Mitgliedstaat oder hat es Zweigstellen in verschiedenen Mitgliedstaaten, so ist die zuständige Aufsichtsbehörde die Aufsichtsbehörde des Mitgliedstaats, in dem das Unternehmen in dem Geschäftsjahr vor dem letzten abgeschlossenen Geschäftsjahr, das dem in Artikel 37 genannten Zeitpunkt oder dem Zeitpunkt, zu dem das Unternehmen erstmals die Kriterien nach Artikel 2 Absatz 2 erfüllt, vorausgeht, je nachdem welcher Zeitpunkt der spätere ist, den größten Teil seines Nettoumsatzes in der Union erzielt hat.

Ein Unternehmen nach Artikel 2 Absatz 2 kann auf der Grundlage einer Änderung der Umstände, die dazu führt, dass der größte Teil des Umsatzes in der Union in einem anderen Mitgliedstaat erzielt wird, einen hinreichend begründeten Antrag auf einen Wechsel der Aufsichtsbehörde, die in Bezug auf dieses Unternehmen für die Regulierung der unter diese Richtlinie fallenden Angelegenheiten zuständig ist, stellen.

(4) Erfüllt ein Mutterunternehmen die sich aus der vorliegenden Richtlinie ergebenden Verpflichtungen gemäß Artikel 6 im Namen seiner Tochterunternehmen, so arbeitet die für die Muttergesellschaft zuständige Aufsichtsbehörde mit der für das Tochterunternehmen zuständigen Aufsichtsbehörde zusammen, die weiterhin dafür zuständig ist, sicherzustellen, dass das Tochterunternehmen der Ausübung der Befugnisse nach Artikel 25 unterliegt. In diesem Zusammenhang erleichtert das nach Artikel 28 eingerichtete europäische Netz der Aufsichtsbehörden die erforderliche Zusammenarbeit, Koordinierung und Leistung von Amtshilfe gemäß Artikel 28.

(5) Benennt ein Mitgliedstaat mehr als eine Aufsichtsbehörde, so stellt er sicher, dass die jeweiligen Zuständigkeiten dieser Aufsichtsbehörden klar geregelt sind und dass sie eng und wirksam zusammenarbeiten.

(6) Die Mitgliedstaaten können die für die Überwachung beaufsichtigter Finanzunternehmen benannten Behörden auch als Aufsichtsbehörden für die Zwecke dieser Richtlinie benennen.

(7) Bis zum 26. Juli 2026 teilen die Mitgliedstaaten der Kommission die Namen und Kontaktdaten der nach diesem Artikel benannten Aufsichtsbehörden sowie deren jeweilige Zuständigkeiten mit, sofern mehrere Aufsichtsbehörden benannt wurden. Sie unterrichten die Kommission über jede diesbezügliche Änderung.

(8) Die Kommission veröffentlicht unter anderem auf ihrer Website ein Verzeichnis der Aufsichtsbehörden und, wenn es in einem Mitgliedstaat mehrere Aufsichtsbehörden gibt, die jeweiligen Zuständigkeiten dieser Behörden im Zusammenhang mit der vorliegenden Richtlinie. Die Kommission aktualisiert das Verzeichnis regelmäßig auf der Grundlage der von den Mitgliedstaaten übermittelten Informationen.

(9) Die Mitgliedstaaten gewährleisten die Unabhängigkeit der Aufsichtsbehörden und sorgen dafür, dass sie und alle Personen, die für sie arbeiten bzw. für sie gearbeitet haben, sowie von ihr beauftragte Wirtschaftsprüfer, Sachverständige und alle anderen von ihr beauftragten Personen, ihre Befugnisse unparteiisch, transparent und unter Wahrung des Berufsgeheimnisses ausüben. Die Mitgliedstaaten gewährleisten, dass die Aufsichtsbehörden rechtlich und funktional unabhängig und frei von jedweder direkten oder indirekten äußeren Einflussnahme sind, einschließlich der in den Anwendungsbereich dieser Richtlinie fallenden Unternehmen oder anderer Marktinteressen, d. h., dass ihr Personal und die für die Leitung zuständigen Personen keinen Interessenkonflikten ausgesetzt sind, dass sie Vertraulichkeitsanforderungen unterliegen und sich jeder Handlung enthalten, die nicht mit ihren Aufgaben vereinbar ist.

(10) Die Mitgliedstaaten stellen sicher, dass die Aufsichtsbehörden jährlich einen Bericht über ihre Tätigkeiten im Rahmen der vorliegenden Richtlinie veröffentlichen und online zugänglich machen.

Artikel 25
Befugnisse der Aufsichtsbehörden

(1) Die Mitgliedstaaten stellen sicher, dass die Aufsichtsbehörden über angemessene Befugnisse und Ressourcen verfügen, um die ihnen durch diese Richtlinie übertragenen Aufgaben wahrzunehmen, einschließlich der Befugnis, Unternehmen zu verpflichten, Informationen bereitzustellen und Untersuchungen im Zusammenhang mit der Einhaltung der in den Artikeln 7 bis 16 festgelegten Verpflichtungen durchzuführen. Die Mitgliedstaaten verpflichten die Aufsichtsbehörden, die Annahme und Gestaltung des Plans zur Minderung der Folgen des Klimawandels im Einklang mit den in Artikel 22 Absatz 1 genannten Anforderungen zu überwachen.

(2) Eine Aufsichtsbehörde kann auf eigene Initiative oder aufgrund ihr nach Artikel 26 übermittelter begründeter Bedenken eine Untersuchung einleiten, wenn sie der Auffassung ist, dass ihr ausreichend Informationen vorliegen, die auf einen möglichen Verstoß eines Unternehmens gegen die Verpflichtungen aus den nach dieser Richtlinie erlassenen nationalen Rechtsvorschriften hindeuten.

(3) Untersuchungen werden im Einklang mit dem nationalen Recht des Mitgliedstaats, in dem die Untersuchung stattfindet, und nach vorheriger Warnung des Unternehmens durchgeführt, es sei denn, die vorherige Warnung würde die Wirksamkeit der Untersuchung beeinträchtigen. Wenn eine Aufsichtsbehörde im Rahmen ihrer Untersuchung im Hoheitsgebiet eines anderen Mitgliedstaats eine Untersuchung durchführen möchte, so ersucht sie die Aufsichtsbehörde in diesem Mitgliedstaat nach Artikel 28 Absatz 3 um Amtshilfe.

(4) Ermittelt eine Aufsichtsbehörde als Ergebnis der Maßnahmen nach den Absätzen 1 und 2 einen Verstoß gegen die nach dieser Richtlinie erlassenen nationalen Rechtsvorschriften, so gewährt sie dem betreffenden Unternehmen eine angemessene Frist, um Abhilfe zu schaffen, sofern dies möglich ist.

Im Einklang mit Artikel 27 bzw. 29 schließen Abhilfemaßnahmen die Verhängung von Sanktionen oder das Eintreten der zivilrechtlichen Haftung nicht aus.

(5) Zur Wahrnehmung ihrer Aufgaben verfügen die Aufsichtsbehörden mindestens über die Befugnis

a) das Unternehmen anzuweisen,

i) Verstöße gegen die nach dieser Richtlinie erlassenen nationalen Rechtsvorschriften durch das Ergreifen einer Maßnahme oder das Einstellen des Verhaltens abzustellen,

ii) jegliche Wiederholung des betreffenden Verhaltens zu unterlassen und

iii) gegebenenfalls Abhilfemaßnahmen zu ergreifen, die dem Verstoß angemessen und erforderlich sind, um ihn zu beenden;

b) Sanktionen im Einklang mit Artikel 27 zu verhängen und

c) wenn das unmittelbare Risiko eines schweren und nicht wiedergutzumachenden Schadens besteht, vorläufige Maßnahmen zu verhängen.

(6) Die Aufsichtsbehörden üben die in diesem Artikel genannten Befugnisse im Einklang mit dem nationalen Recht aus, und zwar

a) unmittelbar;

b) in Zusammenarbeit mit anderen Behörden oder

c) durch Antragstellung bei den zuständigen Justizbehörden, wodurch sichergestellt wird, dass Rechtsbehelfe wirksam sind und die gleiche Wirkung wie direkt von Aufsichtsbehörden verhängte Sanktionen haben.

(7) Die Mitgliedstaaten stellen sicher, dass jede natürliche oder juristische Person im Einklang mit dem nationalen Recht das Recht auf einen wirksamen gerichtlichen Rechtsbehelf gegen einen sie betreffenden rechtsverbindlichen Beschluss einer Aufsichtsbehörde hat.

(8) Die Mitgliedstaaten stellen sicher, dass die Aufsichtsbehörden Aufzeichnungen über die in Absatz 1 genannten Untersuchungen führen, in denen insbesondere die Art und das Ergebnis der Untersuchungen festgehalten werden, sowie Aufzeichnungen über etwaige gemäß Absatz 5 ergriffene Durchsetzungsmaßnahmen.

(9) Beschlüsse der Aufsichtsbehörden betreffend die Einhaltung der gemäß dieser Richtlinie erlassenen nationalen Rechtsvorschriften durch ein Unternehmen lassen die zivilrechtliche Haftung des Unternehmens nach Artikel 29 unberührt.

Artikel 26
Begründete Bedenken

(1) Die Mitgliedstaaten stellen sicher, dass natürliche und juristische Personen berechtigt sind, über leicht zugängliche Kanäle vor jeder Aufsichtsbehörde begründete Bedenken geltend zu machen, sollten sie anhand objektiver Umstände Grund zu der Annahme haben, dass ein Unternehmen gegen die nach dieser Richtlinie erlassenen nationalen Rechtsvorschriften verstößt.

(2) Die Mitgliedstaaten stellen sicher, dass die Aufsichtsbehörde — in den Fällen, in denen Personen, die begründete Bedenken geltend machen, darum ersuchen — die erforderlichen Maßnahmen zum angemessenen Schutz der Identität dieser Person und zum angemessenen Schutz ihrer personenbezogenen Informationen, deren Offenlegung der betreffenden Person schaden würde, ergreift.

(3) Fallen begründete Bedenken in die Zuständigkeit einer anderen Aufsichtsbehörde, so übermittelt die Behörde, vor der die begründeten Bedenken geltend gemacht wurden, diese der anderen Behörde.

(4) Die Mitgliedstaaten stellen sicher, dass die Aufsichtsbehörden begründete Bedenken innerhalb eines angemessenen Zeitraums prüfen und erforderlichenfalls ihre Befugnisse nach Artikel 25 ausüben.

(5) Die Aufsichtsbehörde informiert die in Absatz 1 genannten Personen so bald als möglich und im Einklang mit den einschlägigen Bestimmungen des nationalen Rechts sowie des Unionsrechts über das Ergebnis der Prüfung dieser begründeten Bedenken und begründet dieses Ergebnis. Die Aufsichtsbehörde informiert ferner die Personen, die solche begründeten Bedenken geltend machen und die im Einklang mit dem nationalen Recht ein berechtigtes Interesse an dieser Angelegenheit haben, über ihre Entscheidung, der Aufforderung zum Tätigwerden stattzugeben oder sie abzulehnen, und legt eine Beschreibung ihrer zukünftigen Schritte und Maßnahmen und praktische Informationen über den Zugang zu verwaltungsbehördlichen und gerichtlichen Überprüfungsverfahren vor.

(6) Die Mitgliedstaaten stellen sicher, dass die Personen, die begründete Bedenken gemäß diesem Artikel geltend machen und die im Einklang mit dem nationalen Recht ein berechtigtes Interesse an dieser Angelegenheit haben, Zugang zu einem Gericht oder einer anderen unabhängigen und unparteiischen öffentlichen Stelle erhalten, die dafür zuständig ist, die verfahrensrechtliche und materielle Rechtmäßigkeit der Entscheidungen, Handlungen oder Unterlassungen der Aufsichtsbehörde zu überprüfen.

Artikel 27
Sanktionen

(1) Die Mitgliedstaaten erlassen Vorschriften über Sanktionen, einschließlich Zwangsgeldern, die bei Verstößen gegen die gemäß dieser Richtlinie erlassenen nationalen Rechtsvorschriften zu verhängen sind, und treffen alle für die Anwendung der Sanktionen erforderlichen Maßnahmen. Die vorgesehenen Sanktionen müssen wirksam, verhältnismäßig und abschreckend sein.

(2) Bei der Entscheidung über die Verhängung von Sanktionen und bei der Festlegung ihrer

Art und ihrer angemessenen Höhe ist folgenden Aspekten gebührend Rechnung zu tragen:

a) der Art, Schwere und Dauer des Verstoßes und dem Schweregrad der Auswirkungen, die sich aus diesem Verstoß ergeben;

b) etwaigen getätigten Investitionen und einer gemäß den Artikeln 10 und 11 geleisteten gezielten Unterstützung;

c) etwaiger Zusammenarbeit mit anderen Unternehmen, um die betreffenden Auswirkungen anzugehen;

d) gegebenenfalls dem Ausmaß der im Einklang mit Artikel 9 getroffenen Entscheidungen zur Festlegung von Prioritäten;

e) etwaigen einschlägigen früheren Verstößen des Unternehmens gegen die nach dieser Richtlinie erlassenen nationalen Rechtsvorschriften, die in einer bestandskräftigen Entscheidung festgestellt wurden;

f) dem Umfang, in dem das Unternehmen Abhilfemaßnahmen hinsichtlich des betreffenden Gegenstands ergriffen hat;

g) vom Unternehmen aufgrund des Verstoßes erlangten finanziellen Vorteilen oder vermiedenen Verlusten;

h) allen sonstigen erschwerenden oder mildernden Umständen im jeweiligen Fall.

(3) Die Mitgliedstaaten sehen mindestens folgende Sanktionen vor:

a) Zwangsgelder;

b) wenn ein Unternehmen einem Beschluss, mit dem ein Zwangsgeld verhängt wird, nicht innerhalb der geltenden Frist nachkommt, eine öffentliche Erklärung, in der das für den Verstoß verantwortliche Unternehmen und die Art des Verstoßes dargelegt werden.

(4) Werden Zwangsgelder verhängt, so müssen sich diese nach dem weltweiten Nettoumsatz des Unternehmens richten. Das Höchstmaß der Zwangsgelder beläuft sich auf mindestens 5 % des weltweiten Nettoumsatzes des Unternehmens im Geschäftsjahr vor der Entscheidung über die Verhängung des Zwangsgelds.

Die Mitgliedstaaten stellen sicher, dass Zwangsgelder mit Hinblick auf Unternehmen nach Artikel 2 Absatz 1 Buchstabe b und Artikel 2 Absatz 2 Buchstabe b unter Berücksichtigung des von der obersten Muttergesellschaft gemeldeten konsolidierten Umsatzes berechnet werden.

(5) Die Mitgliedstaaten stellen sicher, dass jegliche Beschlüsse der Aufsichtsbehörden, die Sanktionen im Zusammenhang mit Verstößen gegen die gemäß dieser Richtlinie erlassenen nationalen Rechtsvorschriften betreffen, veröffentlicht werden, mindestens fünf Jahre lang öffentlich zugänglich bleiben und dem gemäß Artikel 28 eingerichteten europäischen Netz der Aufsichtsbehörden übermittelt werden. Der veröffentlichte Beschluss darf keine personenbezogenen Daten im Sinne von Artikel 4 Absatz 1 der Verordnung (EU) 2016/679 enthalten.

Artikel 28

Europäisches Netz der Aufsichtsbehörden

(1) Die Kommission richtet ein aus Vertretern der Aufsichtsbehörden bestehendes europäisches Netz der Aufsichtsbehörden ein. Das europäische Netz der Aufsichtsbehörden erleichtert die Zusammenarbeit mit den Aufsichtsbehörden und die Koordinierung und Konvergenz der Regulierungs-, Untersuchungs-, Sanktions- und Aufsichtsverfahren sowie den Informationsaustausch zwischen diesen Aufsichtsbehörden.

Die Kommission kann Agenturen der Union mit einschlägigem Fachwissen in den unter diese Richtlinie fallenden Bereichen ersuchen, sich dem europäischen Netz der Aufsichtsbehörden anzuschließen.

(2) Die Mitgliedstaaten arbeiten mit dem europäischen Netz der Aufsichtsbehörden zusammen, um alle unter diese Richtlinie fallenden Unternehmen aus Drittländern zu ermitteln, insbesondere durch die Bereitstellung aller erforderlichen Informationen, um beurteilen zu können, ob ein Unternehmen aus einem Drittland die in Artikel 2 festgelegten Kriterien erfüllt. Die Kommission richtet ein gesichertes System für den Austausch von Informationen über den in der Union erzielten Nettoumsatz von Unternehmen im Sinne von Artikel 2 Absatz 2, die keine Zweigstelle in einem Mitgliedstaat haben oder die Zweigstellen in verschiedenen Mitgliedstaaten haben, ein, über das die Mitgliedstaaten regelmäßig die ihnen vorliegenden Informationen über den von solchen Unternehmen erzielten Nettoumsatz übermitteln. Die Kommission analysiert diese Informationen innerhalb eines angemessenen Zeitraums und teilt dem Mitgliedstaat, in dem das Unternehmen in dem Geschäftsjahr, das dem letzten abgeschlossenen Geschäftsjahr vorausgeht, den größten Teil seines Nettoumsatzes in der Union erzielt hat, mit, dass es sich bei dem betreffenden Unternehmen um ein Unternehmen gemäß Artikel 2 Absatz 2 handelt und somit gemäß Artikel 24 Absatz 3 die Aufsichtsbehörde des Mitgliedstaats zuständig ist.

(3) Die Aufsichtsbehörden übermitteln sich gegenseitig einschlägige Informationen, gewähren einander Amtshilfe und erlassen Maßnahmen für eine wirksame Zusammenarbeit. Gegenseitige Amtshilfe umfasst die Zusammenarbeit bei der Ausübung der Befugnisse nach Artikel 25, unter anderem in Bezug auf Untersuchungen und Auskunftsersuchen.

(4) Die Aufsichtsbehörden ergreifen alle geeigneten Schritte, um einem Ersuchen einer anderen Aufsichtsbehörde unverzüglich und spätestens innerhalb eines Monats nach Eingang des Ersuchens nachzukommen. Wenn aufgrund der Umstände des Einzelfalls erforderlich, kann die Frist auf der

Grundlage einer angemessenen Begründung um höchstens zwei Monate verlängert werden. Zu den genannten Schritten kann insbesondere auch die Übermittlung relevanter Informationen über die Durchführung einer Untersuchung gehören.

(5) Amtshilfeersuchen enthalten alle erforderlichen Informationen, einschließlich des Zwecks und der Gründe des Ersuchens. Die Aufsichtsbehörden dürfen die im Rahmen eines Amtshilfeersuchens erhaltene Informationen ausschließlich zu dem Zweck verwenden, für den sie angefordert wurden.

(6) Die ersuchte Aufsichtsbehörde informiert die ersuchende Aufsichtsbehörde über die Ergebnisse oder, je nach Einzelfall, über den Fortgang der Maßnahmen, die getroffen wurden, um dem Amtshilfeersuchen nachzukommen.

(7) Aufsichtsbehörden verlangen für Tätigkeiten und Maßnahmen aufgrund eines Amtshilfeersuchens keine Gebühren.

Die Aufsichtsbehörden können jedoch untereinander Regeln vereinbaren, um einander in Ausnahmefällen besondere, aufgrund der Amtshilfe entstandene Ausgaben zu erstatten.

(8) Die nach Artikel 24 Absatz 3 zuständige Aufsichtsbehörde unterrichtet das europäische Netz der Aufsichtsbehörden über diesen Umstand und über jeden Antrag auf einen Wechsel der zuständigen Aufsichtsbehörde.

(9) Bestehen Zweifel an der Zuständigkeitszuweisung, so werden die Informationen, auf denen diese Zuweisung gründet, dem europäischen Netz der Aufsichtsbehörden mitgeteilt, das Bemühungen um eine Lösung koordinieren kann.

(10) Das europäische Netz der Aufsichtsbehörden veröffentlicht

a) die Beschlüsse der Aufsichtsbehörden, die Sanktionen gemäß Artikel 27 Absatz 5 enthalten, und

b) eine indikative Liste von Unternehmen aus Drittländern, die der vorliegenden Richtlinie unterliegen.

Artikel 29
Zivilrechtliche Haftung von Unternehmen und Anspruch auf vollständige Entschädigung

(1) Die Mitgliedstaaten stellen sicher, dass ein Unternehmen für Schaden haftbar gemacht werden kann, der einer natürlichen oder juristischen Person entstanden ist, sofern

a) das Unternehmen es vorsätzlich oder fahrlässig versäumt hat, den Pflichten gemäß den Artikeln 10 und 11 nachzukommen, wenn die im Anhang aufgeführten Rechte, Verbote oder Pflichten dem Schutz der natürlichen oder juristischen Person dienen, und

b) durch das Versäumnis nach Buchstabe a die nach nationalem Recht geschützten rechtlichen Interessen der natürlichen oder juristischen Person beschädigt wurden.

Ein Unternehmen kann nicht haftbar gemacht werden, wenn der Schaden nur von seinen Geschäftspartnern in seiner Aktivitätskette verursacht wurde.

(2) Wird ein Unternehmen im Einklang mit Absatz 1 haftbar gemacht, so hat eine natürliche oder juristische Person ein Recht auf vollständige Entschädigung für den Schaden nach Maßgabe des nationalen Rechts. Die vollständige Entschädigung im Rahmen dieser Richtlinie darf nicht zu Überkompensierung führen, unabhängig davon, ob es sich dabei um Strafschadensersatz, Mehrfachentschädigung oder andere Arten von Schadensersatz handelt.

(3) Die Mitgliedstaaten stellen Folgendes sicher:

a) nationale Vorschriften über den Beginn, die Dauer, die Aussetzung oder die Unterbrechung von Verjährungsfristen behindern die Erhebung von Schadensersatzklagen nicht unangemessen und sind in jedem Fall nicht weniger streng als die allgemeinen nationalen Regelungen zur zivilrechtlichen Haftung;

die Verjährungsfristen für die Erhebung von Schadensersatzklagen nach dieser Richtlinie beträgt mindestens fünf Jahre und ist keinesfalls kürzer als die Verjährungsfrist, die in den allgemeinen nationalen Regelungen zur zivilrechtlichen Haftung vorgesehen ist;

die Verjährungsfrist beginnt nicht, bevor der Verstoß beendet wurde und der Kläger von Folgendem Kenntnis erlangt hat oder diese Kenntnis vernünftigerweise erwartet werden kann:

i) dem Verhalten und der Tatsache, dass es einen Verstoß darstellt,

ii) der Tatsache, dass ihm durch den Verstoß ein Schaden entstanden ist, und

iii) der Identität des Rechtsverletzers;

b) die Verfahrenskosten sind für Kläger, die ihre Rechte geltend machen, nicht unverhältnismäßig hoch;

c) Kläger können Unterlassungsmaßnahmen, auch im Rahmen von Eilverfahren, beantragen; dabei handelt es sich um endgültige oder vorläufige Unterlassungsmaßnahmen, zum Abstellen von Verstößen gegen die gemäß dieser Richtlinie erlassenen Bestimmungen des nationalen Rechts durch das Ergreifen einer Maßnahme oder das Einstellen eines Verhaltens;

d) unbeschadet der nationalen Zivilverfahrensordnungen werden angemessene Bedingungen vorgesehen, unter denen ein mutmaßlich Geschädigter eine Gewerkschaft, eine nichtstaatliche Menschenrechts- oder Umweltorganisation oder eine sonstige Nichtregierungsorganisation und — im Einklang mit dem nationalen Recht — nationale Menschenrechtsinstitutionen mit Sitz in einem Mitgliedstaat ermächtigen kann, Klagen zur Durchsetzung der Rechte des mutmaßlich Geschädigten zu erheben;

eine Gewerkschaft oder nichtstaatliche Organisation kann nach Unterabsatz 1 ermächtigt werden, wenn diese den Anforderungen des nationalen Rechts genügt; zu diesen Anforderungen kann gehören, dass eine eigene ständige Vertretung aufrechterhalten wird und die Gewerkschaft oder nichtstaatliche Organisation im Einklang mit ihrer Satzung nicht kommerziell und nicht nur vorübergehend an der Durchsetzung der durch diese Richtlinie geschützten Rechte oder der entsprechenden Rechte im nationalen Recht beteiligt ist;

e) Wenn eine Klage erhoben wird und ein Kläger eine hinreichende Begründung vorlegt, die mit zumutbarem Aufwand zugängliche Tatsachen und Beweismittel enthält, die ausreichen, um die Plausibilität des Schadensersatzanspruchs zu belegen, und angegeben hat, dass zusätzliche Beweismittel in der Verfügungsgewalt des Unternehmens liegen, so können die Gerichte anordnen, dass diese Beweismittel von dem Unternehmen im Einklang mit dem nationalen Verfahrensrecht offengelegt werden;

die nationalen Gerichte beschränken die Offenlegung der geforderten Beweismittel und die Maßnahmen zur Beweissicherung auf das Maß, das erforderlich und verhältnismäßig ist, um einen Schadensersatzanspruch eines Klägers oder potenziellen Klägers zu stützen; bei der Feststellung, ob eine Anordnung zur Offenlegung oder Sicherung von Beweismitteln verhältnismäßig ist, prüfen die nationalen Gerichte, inwieweit die Klage oder die Klageerwiderung durch zugängliche Tatsachen und Beweismittel gestützt wird, die den Antrag auf Offenlegung von Beweismitteln rechtfertigen; den Umfang und die Kosten der Offenlegung sowie die berechtigten Interessen aller Parteien, einschließlich etwaige betroffene Dritte, einschließlich zur Verhinderung nicht gezielter Suchen nach Informationen, die für die Verfahrensbeteiligten wahrscheinlich nicht relevant sind; ob die offenzulegenden Beweismittel vertrauliche Informationen — insbesondere Dritte betreffende Informationen — enthalten und welche Vorkehrungen zum Schutz dieser vertraulichen Informationen bestehen.

Die Mitgliedstaaten stellen sicher, dass die nationalen Gerichte befugt sind, die Offenlegung von Beweismitteln, die vertrauliche Informationen enthalten, anzuordnen, wenn sie diese als sachdienlich für die Schadensersatzklage erachten. Die Mitgliedstaaten stellen sicher, dass die nationalen Gerichte bei der Anordnung der Offenlegung solcher Informationen über wirksame Maßnahmen für deren Schutz verfügen.

(4) Unternehmen, die an Industrie- oder Multi-Stakeholder-Initiativen teilgenommen haben oder die unabhängige Überprüfung durch Dritte oder Vertragsklauseln in Anspruch nehmen, um die Erfüllung der Sorgfaltspflichten zu unterstützen, können dennoch gemäß diesem Artikel haftbar gemacht werden.

(5) Die zivilrechtliche Haftung eines Unternehmens aus dieser Bestimmung berührt nicht die zivilrechtliche Haftung ihrer Tochterunternehmen oder direkter indirekter Geschäftspartner in der Aktivitätskette des Unternehmens.

Wurde der Schaden von dem Unternehmen und seinem Tochterunternehmen oder direkten oder indirekten Geschäftspartner gemeinsam verursacht, so haften sie gesamtschuldnerisch, unbeschadet der nationalen Rechtsvorschriften über die Voraussetzungen für eine gesamtschuldnerische Haftung und über Regressansprüche.

(6) Die zivilrechtliche Haftung nach dieser Richtlinie schränkt die Haftung der Unternehmen gemäß den nationalen Rechtssystemen oder denen der Union nicht ein und lässt Vorschriften der Union oder der Mitgliedstaaten über die zivilrechtliche Haftung im Zusammenhang mit negativen Auswirkungen auf die Menschenrechte oder die Umwelt unberührt, in denen für Situationen, die nicht unter diese Richtlinie fallen, eine Haftung oder eine strengere Haftung als in der vorliegenden Richtlinie vorgesehen ist.

(7) Die Mitgliedstaaten stellen sicher, dass die nationalen Rechtsvorschriften zur Umsetzung dieses Artikels zwingend Anwendung finden und Vorrang haben in Fällen, in denen das auf entsprechende Ansprüche anzuwendende Recht nicht das nationale Recht eines Mitgliedstaats ist.

Artikel 30

Meldung von Verstößen und Schutz von Hinweisgebern

Die Mitgliedstaaten treffen die erforderlichen Maßnahmen, um sicherzustellen, dass die Richtlinie (EU) 2019/1937 für die Meldung von Verstößen gegen die nationalen Maßnahmen zur Umsetzung dieser Richtlinie und den Schutz von Personen, die solche Verstöße melden, gilt.

Artikel 31

Öffentliche Unterstützung, öffentliche Auftragsvergabe und öffentliche Konzessionen

Die Mitgliedstaaten stellen sicher, dass die Einhaltung der Verpflichtungen, die sich aus den Bestimmungen des nationalen Rechts zur Umsetzung dieser Richtlinie ergeben, oder deren freiwillige Umsetzung als ein umweltrelevanter oder sozialer Aspekt gilt, den die öffentlichen Auftraggeber im Einklang mit den Richtlinien 2014/23/EU,

2014/24/EU und 2014/25/EU als Teil der Vergabekriterien für öffentliche Aufträge und Konzessionsverträge sowie als umweltrelevante oder soziale Bedingung berücksichtigen können, die die öffentlichen Auftraggeber im Einklang mit den genannten Richtlinien in Bezug auf die Ausführung von öffentlichen Aufträgen und Konzessionsverträgen festlegen können.

Artikel 32

Änderung der Richtlinie (EU) 2019/1937

In Teil I Nummer E.2 des Anhangs der Richtlinie (EU) 2019/1937 wird folgende Ziffer angefügt:

„vii) Richtlinie (EU) 2024/1760 des Europäischen Parlaments und des Rates vom 13. Mai 2024 über die Sorgfaltspflichten von Unternehmen im Hinblick auf Nachhaltigkeit und zur Änderung der Richtlinie (EU) 2019/1937 und Verordnung (EU) 2023/2859 (ABl. L, 2024/1760, 5.7.2024, ELI: http://data.europa.eu/eli/dir/2024/1760/oj).“

Artikel 33

Änderung der Verordnung (EU) 2023/2859

In Teil B des Anhangs der Verordnung (EU) 2023/2859 wird folgende Ziffer angefügt:

„17. Richtlinie (EU) 2024/1760 des Europäischen Parlaments und des Rates vom 13. Mai 2024 über die Sorgfaltspflichten von Unternehmen im Hinblick auf Nachhaltigkeit und zur Änderung der Richtlinie (EU) 2019/1937 und Verordnung (EU) 2023/2859 (ABl. L, 2024/1760, 5.7.2024, ELI: http://data.europa.eu/eli/dir/2024/1760/oj).“

Artikel 34

Ausübung der Befugnisübertragung

(1) Die Befugnis zum Erlass delegierter Rechtsakte wird der Kommission unter den in diesem Artikel festgelegten Bedingungen übertragen.

(2) Die Befugnis zum Erlass delegierter Rechtsakte gemäß Artikel 3 Absatz 2 und Artikel 16 wird der Kommission auf unbestimmte Zeit ab dem 25. Juli 2024 übertragen.

(3) Die Befugnisübertragung gemäß Artikel 3 Absatz 2 und Artikel 16 kann vom Europäischen Parlament oder vom Rat jederzeit widerrufen werden. Der Beschluss über den Widerruf beendet die Übertragung der in diesem Beschluss angegebenen Befugnis. Er wird am Tag nach seiner Veröffentlichung im *Amtsblatt der Europäischen Union* oder zu einem im Beschluss über den Widerruf angegebenen späteren Zeitpunkt wirksam. Die Gültigkeit von delegierten Rechtsakten, die bereits in Kraft sind, wird von dem Beschluss über den Widerruf nicht berührt.

(4) Vor dem Erlass eines delegierten Rechtsakts konsultiert die Kommission die von den einzelnen Mitgliedstaaten benannten Sachverständigen im Einklang mit den in der Interinstitutionellen Vereinbarung vom 13. April 2016 über bessere Rechtsetzung enthaltenen Grundsätzen.

(5) Sobald die Kommission einen delegierten Rechtsakt erlässt, übermittelt sie ihn gleichzeitig dem Europäischen Parlament und dem Rat.

(6) Ein delegierter Rechtsakt, der gemäß Artikel 3 Absatz 2 oder Artikel 16 erlassen wurde, tritt nur in Kraft, wenn weder das Europäische Parlament noch der Rat innerhalb einer Frist von zwei Monaten nach Übermittlung dieses Rechtsakts an das Europäische Parlament und den Rat Einwände erhoben haben oder wenn vor Ablauf dieser Frist das Europäische Parlament und der Rat beide der Kommission mitgeteilt haben, dass sie keine Einwände erheben werden. Auf Initiative des Europäischen Parlaments oder des Rates wird diese Frist um zwei Monate verlängert.

Artikel 35

Ausschussverfahren

(1) Die Kommission wird von einem Ausschuss unterstützt. Dieser Ausschuss ist ein Ausschuss im Sinne der Verordnung (EU) Nr. 182/2011 des Europäischen Parlaments und des Rates[48].

(2) Wird auf diesen Absatz Bezug genommen, so gilt Artikel 4 der Verordnung (EU) Nr. 182/2011.

Artikel 36

Überprüfung und Berichterstattung

(1) Die Kommission legt dem Europäischen Parlament und dem Rat einen Bericht dazu vor, ob zusätzliche, auf beaufsichtigte Finanzunternehmen zugeschnittene Sorgfaltspflichten im Bereich der Nachhaltigkeit in Bezug auf die Erbringung von Finanzdienstleistungen und Anlagetätigkeiten notwendig sind, und zeigt die Optionen für solche Sorgfaltspflichten und ihre Auswirkungen im Einklang mit den Zielen dieser Richtlinie auf.

In dem Bericht werden andere Gesetzgebungsakte der Union, die für beaufsichtigte Finanzunternehmen gelten, berücksichtigt. Er wird zum frühestmöglichen Zeitpunkt nach dem 25. Juli 2024, spätestens jedoch zum 26. Juli 2026, veröffentlicht. Dem Bericht wird gegebenenfalls ein Gesetzgebungsvorschlag beigefügt.

(2) Die Kommission legt dem Europäischen Parlament und dem Rat bis zum 26. Juli 2030 und danach alle drei Jahre einen Bericht über die Umsetzung dieser Richtlinie und deren Wirksamkeit bezüglich der Erreichung der darin festgelegten Ziele — insbesondere bei der Bekämpfung negativer Auswirkungen — vor. Dem Bericht wird gegebenenfalls ein Gesetzgebungsvorschlag beigefügt. In dem ersten Bericht wird unter anderem Folgendes bewertet:

a) die Auswirkungen dieser Richtlinie auf KMU, zusammen mit einer Bewertung der Wirksamkeit der verschiedenen Maßnahmen und Instrumente zur Unterstützung der KMU durch die Kommission und die Mitgliedstaaten;

b) der Geltungsbereich dieser Richtlinie hinsichtlich der unter diese Richtlinie fallenden Unternehmen, ob durch ihn sichergestellt wird, dass diese Richtlinie im Lichte ihrer Ziele wirksam ist, gleiche Wettbewerbsbedingungen zwischen den erfassten Unternehmen herrschen und Unternehmen die Anwendung dieser Richtlinie nicht umgehen können, einschließlich der Fragen,

–ob Artikel 3 Absatz 1 Buchstabe a dahingehend überarbeitet werden muss, dass auch Unternehmen, die als eine andere Rechtsform als die in Anhang I oder Anhang II der Richtlinie 2013/34/EU aufgeführten Rechtsformen gegründet wurden, von dieser Richtlinie erfasst werden;

–ob Geschäftsmodelle oder Formen der wirtschaftlichen Zusammenarbeit mit Drittunternehmen, die nicht unter Artikel 2 fallen, in den Geltungsbereich dieser Richtlinie einbezogen werden müssen;

–ob die in Artikel 2 festgelegten Schwellenwerte für die Beschäftigtenzahl und den Nettoumsatz überarbeitet werden müssen und ob in Sektoren mit hohem Risiko ein sektorspezifischer Ansatz eingeführt werden muss;

–ob das in Artikel 2 Absatz 2 festgelegte Kriterium des in der Union erzielten Nettoumsatzes überarbeitet werden muss;

c) ob die Definition des Begriffs „Aktivitätskette“ überarbeitet werden muss;

d) ob der Anhang geändert werden muss, auch vor dem Hintergrund internationaler Entwicklungen, und ob er ausgeweitet werden sollte, um zusätzliche negative Auswirkungen zu umfassen, insbesondere negative Auswirkungen auf die verantwortungsvolle Staatsführung;

e) ob die in dieser Richtlinie vorgesehenen Vorschriften zur Bekämpfung des Klimawandels, insbesondere in Bezug auf die Gestaltung von Übergangsplänen zur Eindämmung des Klimawandels, deren Annahme und die Umsetzung dieser Pläne durch die Unternehmen, sowie die Befugnisse der Aufsichtsbehörden im Zusammenhang mit diesen Vorschriften überarbeitet werden müssen;

f) die Wirksamkeit der auf nationaler Ebene eingerichteten Durchsetzungsmechanismen, der Sanktionen und der Vorschriften über die zivilrechtliche Haftung;

g) ob Änderungen des in dieser Richtlinie vorgesehenen Harmonisierungsgrads erforderlich sind, um gleiche Wettbewerbsbedingungen für Unternehmen auf dem Binnenmarkt sicherzustellen, auch in Bezug auf die Annäherung und Abweichung zwischen nationalen Rechtsvorschriften zur Umsetzung dieser Richtlinie.

Artikel 37
Umsetzung

(1) Die Mitgliedstaaten erlassen und veröffentlichen spätestens am 26. Juli 2027 die Rechts- und Verwaltungsvorschriften, die erforderlich sind, um dieser Richtlinie nachzukommen. Sie teilen der Kommission unverzüglich den Wortlaut dieser Vorschriften mit.

Sie wenden diese Maßnahmen ab dem

a) 26. Juli 2028 auf in Artikel 2 Absatz 1 Buchstaben a und b genannte Unternehmen an, die nach den Rechtsvorschriften des Mitgliedstaats gegründet wurden und im letzten abgeschlossenen Geschäftsjahr vor dem 26. Juli 2028, für das ein Jahresabschluss angenommen wurde oder hätte angenommen werden müssen, im Durchschnitt mehr als 3000 Beschäftigte hatten und einen weltweiten Nettoumsatz von mehr als 900000000 EUR erzielt haben, mit Ausnahme der Maßnahmen, die erforderlich sind, um Artikel 16 nachzukommen; diese wenden die Mitgliedstaaten auf die genannten Unternehmen für am oder nach dem 1. Januar 2029 beginnende Geschäftsjahre an;

b) 26. Juli 2028 auf in Artikel 2 Absatz 2 Buchstaben a und b genannte Unternehmen an, die nach den Rechtsvorschriften eines Drittlandes gegründet wurden und im Geschäftsjahr vor dem letzten abgeschlossenen Geschäftsjahr vor dem 26. Juli 2028 einen Nettoumsatz von mehr als 900000000 EUR in der Union erzielt haben, mit Ausnahme der Maßnahmen, die erforderlich sind, um Artikel 16 nachzukommen; diese wenden die Mitgliedstaaten auf die genannten Unternehmen für am oder nach dem 1. Januar 2029 beginnende Geschäftsjahre an;

c) 26. Juli 2029 auf alle anderen in Artikel 2 Absatz 1 Buchstaben a und b und in Artikel 2 Absatz 2 Buchstaben a und b genannten Unternehmen sowie in Artikel 2 Absatz 1 Buchstabe c und in Artikel 2 Absatz 2 Buchstabe c genannten Unternehmen an, mit Ausnahme der Maßnahmen, die erforderlich sind, um Artikel 16 nachzukommen; diese wenden die Mitgliedstaaten auf die genannten Unternehmen für am oder nach dem 1. Januar 2030 beginnende Geschäftsjahre an.

Bei Erlass dieser Vorschriften nehmen die Mitgliedstaaten in den Vorschriften selbst oder durch einen Hinweis bei der amtlichen Veröffentlichung auf die vorliegende Richtlinie Bezug. Die Mitgliedstaaten regeln die Einzelheiten dieser Bezugnahme.

(2) Die Mitgliedstaaten teilen der Kommission den Wortlaut der wichtigsten nationalen Vorschrif-

ten mit, die sie auf dem unter diese Richtlinie fallenden Gebiet erlassen.

Artikel 38
Inkrafttreten

Diese Richtlinie tritt am zwanzigsten Tag nach ihrer Veröffentlichung im *Amtsblatt der Europäischen Union* in Kraft.

Artikel 39
Adressaten

Diese Richtlinie ist an die Mitgliedstaaten gerichtet.

---

(1) ABl. C 443 vom 22.11.2022, S. 81.
(2) Standpunkt des Europäischen Parlaments vom 24. April 2024 (noch nicht im Amtsblatt veröffentlicht) und Beschluss des Rates vom 24. Mai 2024.
(3) ABl. L 282 vom 19.10.2016, S. 4.
(4) Verordnung (EU) 2021/1119 des Europäischen Parlaments und des Rates vom 30. Juni 2021 zur Schaffung des Rahmens für die Verwirklichung der Klimaneutralität und zur Änderung der Verordnungen (EG) Nr. 401/2009 und (EU) 2018/1999 („Europäisches Klimagesetz“) (ABl. L 243 vom 9.7.2021, S. 1).
(5) Beschluss (EU) 2022/591 des Europäischen Parlaments und des Rates vom 6. April 2022 über ein allgemeines Umweltaktionsprogramm der Union für die Zeit bis 2030 (ABl. L 114 vom 12.4.2022, S. 22).
(6) Richtlinie (EU) 2024/1619 des Europäischen Parlaments und des Rates vom 31. Mai 2024 zur Änderung der Richtlinie 2013/36/EU im Hinblick auf Aufsichtsbefugnisse, Sanktionen, Zweigstellen aus Drittländern sowie Umwelt-, Sozial- und Unternehmensführungsrisiken (Eigenkapitalrichtlinie) (ABl. L, 2024/1619, 19.6.2024, ELI: http://data.europa.eu/eli/dir/2024/1619/oj).
(7) Verordnung (EU) 2017/821 des Europäischen Parlaments und des Rates vom 17. Mai 2017 zur Festlegung von Pflichten zur Erfüllung der Sorgfaltspflichten in der Lieferkette für Unionseinführer von Zinn, Tantal, Wolfram, deren Erzen und Gold aus Konflikt- und Hochrisikogebieten (ABl. L 130 vom 19.5.2017, S. 1).
(8) Verordnung (EU) 2023/1542 des Europäischen Parlaments und des Rates vom 12. Juli 2023 über Batterien und Altbatterien, zur Änderung der Richtlinie 2008/98/EG und der Verordnung (EU) 2019/1020 und zur Aufhebung der Richtlinie 2006/66/EG (ABl. L 191 vom 28.7.2023, S. 1).
(9) Verordnung (EU) 2023/1115 des Europäischen Parlaments und des Rates vom 31. Mai 2023 über die Bereitstellung bestimmter Rohstoffe und Erzeugnisse, die mit Entwaldung und Waldschädigung in Verbindung stehen, auf dem Unionsmarkt und ihre Ausfuhr aus der Union sowie zur Aufhebung der Verordnung (EU) Nr. 995/2010 (ABl. L 150 vom 9.6.2023, S. 206).
(10) Richtlinie (EU) 2016/2341 des Europäischen Parlaments und des Rates vom 14. Dezember 2016 über die Tätigkeiten und die Beaufsichtigung von Einrichtungen der betrieblichen Altersversorgung (EbAV) (ABl. L 354 vom 23.12.2016, S. 37).
(11) Richtlinie (EU) 2016/943 des Europäischen Parlaments und des Rates vom 8. Juni 2016 über den Schutz vertraulichen Know-hows und vertraulicher Geschäftsinformationen (Geschäftsgeheimnisse) vor rechtswidrigem Erwerb sowie rechtswidriger Nutzung und Offenlegung (ABl. L 157 vom 15.6.2016, S. 1).
(12) Verordnung (EU) 2021/821 des Europäischen Parlaments und des Rates vom 20. Mai 2021 über eine Unionsregelung für die Kontrolle der Ausfuhr, der Vermittlung, der technischen Unterstützung der Durchfuhr und der Verbringung betreffend Güter mit doppeltem Verwendungszweck (ABl. L 206 vom 11.6.2021, S. 1).
(13) Verordnung (EU) 2019/125 des Europäischen Parlaments und des Rates vom 16. Januar 2019 über den Handel mit bestimmten Gütern, die zur Vollstreckung der Todesstrafe, zu Folter oder zu anderer grausamer, unmenschlicher oder erniedrigender Behandlung oder Strafe verwendet werden könnten (ABl. L 30 vom 31.1.2019, S. 1).
(14) Richtlinie 96/71/EG des Europäischen Parlaments und des Rates vom 16. Dezember 1996 über die Entsendung von Arbeitnehmern im Rahmen der Erbringung von Dienstleistungen (ABl. L 18 vom 21.1.1997, S. 1).
(15) Richtlinie 2013/34/EU des Europäischen Parlaments und des Rates vom 26. Juni 2013 über den Jahresabschluss, den konsolidierten Abschluss und damit verbundene Berichte von Unternehmen bestimmter Rechtsformen und zur Änderung der Richtlinie 2006/43/EG des Europäischen Parlaments und des Rates und zur Aufhebung der Richtlinien 78/660/EWG und 83/349/EWG des Rates (ABl. L 182 vom 29.6.2013, S. 19).
(16) Richtlinie (EU) 2019/1937 des Europäischen Parlaments und des Rates vom 23. Oktober 2019 zum Schutz von Personen, die Verstöße gegen das Unionsrecht melden (ABl. L 305 vom 26.11.2019, S. 17).
(17) Verordnung (EU) 2019/2088 des Europäischen Parlaments und des Rates vom 27. November 2019 über nachhaltigkeitsbezogene Offenlegungspflichten im Finanzdienstleistungssektor (ABl. L 317 vom 9.12.2019, S. 1).
(18) Verordnung (EU) 2023/2859 des Europäischen Parlaments und des Rates vom 13. Dezember 2023 zur Einrichtung eines zentralen europäischen Zugangsportals für den zentralisierten Zugriff auf öffentlich verfügbare, für Finanzdienstleistungen, Kapitalmärkte und Nachhaltigkeit relevante Informationen (ABl. L, 2023/2859, 20.12.2023, ELI: http://data.europa.eu/eli/reg/2023/2859/oj).
(19) Verordnung (EU) Nr. 596/2014 des Europäischen Parlaments und des Rates vom 16. April 2014 über Marktmissbrauch (Marktmissbrauchsverordnung) und zur Aufhebung der Richtlinie 2003/6/EG des Europäischen Parlaments und des Rates und der Richtlinien 2003/124/EG, 2003/125/EG und 2004/72/EG der Kommission (ABl. L 173 vom 12.6.2014, S. 1).
(20) Richtlinie 2001/86/EG des Rates vom 8. Oktober 2001 zur Ergänzung des Statuts der Europäischen Gesellschaft hinsichtlich der Beteiligung der Arbeitnehmer (ABl. L 294 vom 10.11.2001, S. 22).
(21) Richtlinie 2002/14/EG des Europäischen Parlaments und des Rates vom 11. März 2002 zur Festlegung eines allgemeinen Rahmens für die Unterrichtung und Anhörung der Arbeitnehmer in der Europäischen Gemeinschaft — Gemeinsame Erklärung des Europäischen Parlaments, des Rates und der Kommission zur Vertretung der Arbeitnehmer (ABl. L 80 vom 23.3.2002, S. 29).
(22) Richtlinie 2009/38/EG des Europäischen Parlaments und des Rates vom 6. Mai 2009 über die Einsetzung eines Europäischen Betriebsrats oder die Schaffung eines Verfahrens zur Unterrichtung und Anhörung der Arbeitnehmer in gemeinschaftsweit

operierenden Unternehmen und Unternehmensgruppen (ABl. L 122 vom 16.5.2009, S. 28).
[23] Verordnung (EU) 2016/679 des Europäischen Parlaments und des Rates vom 27. April 2016 zum Schutz natürlicher Personen bei der Verarbeitung personenbezogener Daten, zum freien Datenverkehr und zur Aufhebung der Richtlinie 95/46/EG (Datenschutz-Grundverordnung) (ABl. L 119 vom 4.5.2016, S. 1).
[24] Richtlinie (EU) 2020/1828 des Europäischen Parlaments und des Rates vom 25. November 2020 über Verbandsklagen zum Schutz der Kollektivinteressen der Verbraucher und zur Aufhebung der Richtlinie 2009/22/EG (ABl. L 409 vom 4.12.2020, S. 1).
[25] Richtlinie 2004/35/EG des Europäischen Parlaments und des Rates vom 21. April 2004 über Umwelthaftung zur Vermeidung und Sanierung von Umweltschäden (ABl. L 143 vom 30.4.2004, S. 56).
[26] Richtlinie 2014/23/EU des Europäischen Parlaments und des Rates vom 26. Februar 2014 über die Konzessionsvergabe (ABl. L 94 vom 28.3.2014, S. 1).
[27] Richtlinie 2014/24/EU des Europäischen Parlaments und des Rates vom 26. Februar 2014 über die öffentliche Auftragsvergabe und zur Aufhebung der Richtlinie 2004/18/EG (ABl. L 94 vom 28.3.2014, S. 65).
[28] Richtlinie 2014/25/EU des Europäischen Parlaments und des Rates vom 26. Februar 2014 über die Vergabe von Aufträgen durch Auftraggeber im Bereich der Wasser-, Energie- und Verkehrsversorgung sowie der Postdienste und zur Aufhebung der Richtlinie 2004/17/EG (ABl. L 94 vom 28.3.2014, S. 243).
[29] ABl. L 123 vom 12.5.2016, S. 1.
[30] Verordnung (EU) 2018/1725 des Europäischen Parlaments und des Rates vom 23. Oktober 2018 zum Schutz natürlicher Personen bei der Verarbeitung personenbezogener Daten durch die Organe, Einrichtungen und sonstigen Stellen der Union, zum freien Datenverkehr, zum freien Datenverkehr und zur Aufhebung der Verordnung (EG) Nr. 45/2001 und des Beschlusses Nr. 1247/2002/EG (ABl. L 295 vom 21.11.2018, S. 39).
[31] Richtlinie 2011/61/EU des Europäischen Parlaments und des Rates vom 8. Juni 2011 über die Verwalter alternativer Investmentfonds und zur Änderung der Richtlinien 2003/41/EG und 2009/65/EG und der Verordnungen (EG) Nr. 1060/2009 und (EU) Nr. 1095/2010 (ABl. L 174 vom 1.7.2011, S. 1).
[32] Richtlinie 2009/65/EG des Europäischen Parlaments und des Rates vom 13. Juli 2009 zur Koordinierung der Rechts- und Verwaltungsvorschriften betreffend bestimmte Organismen für gemeinsame Anlagen in Wertpapieren (OGAW) (ABl. L 302 vom 17.11.2009, S. 32).
[33] Verordnung (EU) Nr. 575/2013 des Europäischen Parlaments und des Rates vom 26. Juni 2013 über Aufsichtsanforderungen an Kreditinstitute und Wertpapierfirmen und zur Änderung der Verordnung (EU) Nr. 648/2012 (ABl. L 176 vom 27.6.2013, S. 1).
[34] Richtlinie 2014/65/EU des Europäischen Parlaments und des Rates vom 15. Mai 2014 über Märkte für Finanzinstrumente sowie zur Änderung der Richtlinien 2002/92/EG und 2011/61/EU (ABl. L 173 vom 12.6.2014, S. 349).
[35] Verordnung (EU) Nr. 345/2013 des Europäischen Parlaments und des Rates vom 17. April 2013 über Europäische Risikokapitalfonds (ABl. L 115 vom 25.4.2013, S. 1).
[36] Verordnung (EU) Nr. 346/2013 des Europäischen Parlaments und des Rates vom 17. April 2013 über Europäische Fonds für soziales Unternehmertum (ABl. L 115 vom 25.4.2013, S. 18).
[37] Verordnung (EU) 2015/760 des Europäischen Parlaments und des Rates vom 29. April 2015 über europäische langfristige Investmentfonds (ABl. L 123 vom 19.5.2015, S. 98).
[38] Richtlinie 2009/138/EG des Europäischen Parlaments und des Rates vom 25. November 2009 betreffend die Aufnahme und Ausübung der Versicherungs- und der Rückversicherungstätigkeit (Solvabilität II) (ABl. L 335 vom 17.12.2009, S. 1).
[39] Verordnung (EU) Nr. 648/2012 des Europäischen Parlaments und des Rates vom 4. Juli 2012 über OTC-Derivate, zentrale Gegenparteien und Transaktionsregister (ABl. L 201 vom 27.7.2012, S. 1).
[40] Verordnung (EU) Nr. 909/2014 des Europäischen Parlaments und des Rates vom 23. Juli 2014 zur Verbesserung der Wertpapierlieferungen und -abrechnungen in der Europäischen Union und über Zentralverwahrer sowie zur Änderung der Richtlinien 98/26/EG und 2014/65/EU und der Verordnung (EU) Nr. 236/2012 (ABl. L 257 vom 28.8.2014, S. 1).
[41] Verordnung (EU) 2017/2402 des Europäischen Parlaments und des Rates vom 12. Dezember 2017 zur Festlegung eines allgemeinen Rahmens für Verbriefungen und zur Schaffung eines europäischen spezifischen Rahmens für eine einfache, transparente und standardisierte Verbriefung und zur Änderung der Richtlinien 2009/65/EG, 2009/138/EG, 2011/61/EU und der Verordnungen (EG) Nr. 1060/2009 und (EU) Nr. 648/2012 (ABl. L 347 vom 28.12.2017, S. 35).
[42] Richtlinie (EU) 2015/2366 des Europäischen Parlaments und des Rates vom 25. November 2015 über Zahlungsdienste im Binnenmarkt, zur Änderung der Richtlinien 2002/65/EG, 2009/110/EG und 2013/36/EU und der Verordnung (EU) Nr. 1093/2010 sowie zur Aufhebung der Richtlinie 2007/64/EG (ABl. L 337 vom 23.12.2015, S. 35).
[43] Richtlinie 2009/110/EG des Europäischen Parlaments und des Rates vom 16. September 2009 über die Aufnahme, Ausübung und Beaufsichtigung der Tätigkeit von E-Geld-Instituten, zur Änderung der Richtlinien 2005/60/EG und 2006/48/EG sowie zur Aufhebung der Richtlinie 2000/46/EG (ABl. L 267 vom 10.10.2009, S. 7).
[44] Verordnung (EU) 2020/1503 des Europäischen Parlaments und des Rates vom 7. Oktober 2020 über Europäische Schwarmfinanzierungsdienstleister für Unternehmen und zur Änderung der Verordnung (EU) 2017/1129 und der Richtlinie (EU) 2019/1937 (ABl. L 347 vom 20.10.2020, S. 1).
[45] Verordnung (EU) 2023/1114 des Europäischen Parlaments und des Rates vom 31. Mai 2023 über Märkte für Kryptowerte und zur Änderung der Verordnungen (EU) Nr. 1093/2010 und (EU) Nr. 1095/2010 sowie der Richtlinien 2013/36/EU und (EU) 2019/1937 (ABl. L 150 vom 9.6.2023, S. 40).
[46] Richtlinie 2004/109/EG des Europäischen Parlaments und des Rates vom 15. Dezember 2004 zur Harmonisierung der Transparenzanforderungen in Bezug auf Informationen über Emittenten, deren Wertpapiere zum Handel auf einem geregelten Markt zugelassen sind, und zur Änderung der Richtlinie 2001/34/EG (ABl. L 390 vom 31.12.2004, S. 38).
[47] Verordnung (EG) Nr. 1606/2002 des Europäischen Parlaments und des Rates vom 19. Juli 2002 betreffend die Anwendung internationaler Rechnungslegungsstandards (ABl. L 243 vom 11.9.2002, S. 1).
[48] Verordnung (EU) Nr. 182/2011 des Europäischen Parlaments und des Rates vom 16. Februar 2011 zur Festlegung der allgemeinen Regeln und Grundsätze, nach denen die Mitgliedstaaten die Wahrnehmung der Durchführungsbefugnisse durch

die Kommission kontrollieren (ABl. L 55 vom 28.2.2011, S. 13).

CSDDD

ANHANG

Teil I

1. IN INTERNATIONALEN MENSCHENRECHTSINSTRUMENTEN ENTHALTENE RECHTE UND VERBOTE

1. das Recht auf Leben in der Auslegung nach Artikel 6 Absatz 1 des Internationalen Pakts über bürgerliche und politische Rechte; Die missbräuchliche Nutzung dieses Rechts schließt unter anderem das private oder öffentliche Sicherheitspersonal zum Schutz der Ressourcen, der Einrichtungen oder des Personals des Unternehmens ein, das aufgrund mangelnder Anweisungen oder Kontrolle durch das Unternehmen den Tod einer Person verursacht;

2. das Verbot von Folter, grausamer, unmenschlicher oder erniedrigender Behandlung in der Auslegung nach Artikel 7 des Internationalen Pakts über bürgerliche und politische Rechte. dies schließt unter anderem das private oder öffentliche Sicherheitspersonal zum Schutz der Ressourcen, der Einrichtungen oder des Personals des Unternehmens ein, das aufgrund mangelnder Anweisungen oder Kontrolle durch das Unternehmen eine Person der Folter oder grausamer, unmenschlicher oder erniedrigender Behandlung aussetzt;

3. das Recht auf Freiheit und Sicherheit in der Auslegung nach Artikel 9 Absatz 1 des Internationalen Pakts über bürgerliche und politische Rechte;

4. das Verbot willkürlicher oder rechtswidriger Eingriffe in das Privatleben, die Familie, die Wohnung oder den Schriftverkehr einer Person und rechtswidriger Beeinträchtigungen ihrer Ehre oder ihres Rufes in der Auslegung nach Artikel 17 des Internationalen Pakts über bürgerliche und politische Rechte;

5. das Verbot der Beeinträchtigung der Gedanken-, Gewissens- und Religionsfreiheit in der Auslegung nach Artikel 18 des Internationalen Pakts über bürgerliche und politische Rechte;

6. das Recht auf gerechte und günstige Arbeitsbedingungen, einschließlich eines gerechten und eines angemessenen existenzsichernden Lohns für Beschäftigte und eines angemessenen existenzsichernden Einkommens für Selbstständige und Kleinlandwirte, den bzw. das sie durch ihre Arbeit und Produktion verdienen, angemessener Lebensstandards, sicherer und gesunder Arbeitsbedingungen und einer angemessenen Begrenzung der Arbeitszeit, in der Auslegung nach Artikel 7 und 11 des Internationalen Pakts über wirtschaftliche, soziale und kulturelle Rechte;

7. das Verbot, den Zugang der Beschäftigten zu angemessener Unterbringung zu beschränken, wenn die Arbeitskräfte in einer vom Unternehmen bereitgestellten Unterkunft untergebracht sind, und den Zugang der Beschäftigten zu angemessener Ernährung, Bekleidung sowie Wasser- und Sanitärversorgung am Arbeitsplatz zu beschränken, in der Auslegung nach Artikel 11 des Internationalen Pakts über wirtschaftliche, soziale und kulturelle Rechte;

8. das Recht des Kindes auf das erreichbare Höchstmaß an Gesundheit in der Auslegung nach Artikel 24 des Übereinkommens über die Rechte des Kindes; das Recht auf Bildung in der Auslegung nach Artikel 28 des Übereinkommens über die Rechte des Kindes; das Recht auf einen angemessenen Lebensstandard in der Auslegung nach Artikel 27 des Übereinkommens über die Rechte des Kindes; das Recht des Kindes, vor wirtschaftlicher Ausbeutung geschützt und nicht zu einer Arbeit herangezogen zu werden, die Gefahren mit sich bringen, die Erziehung des Kindes behindern oder die Gesundheit des Kindes oder seine körperliche, geistige, seelische, sittliche oder soziale Entwicklung schädigen könnte, in der Auslegung nach Artikel 32 des Übereinkommens über die Rechte des Kindes; das Recht des Kindes auf Schutz vor allen Formen sexueller Ausbeutung und sexuellen Missbrauchs sowie auf Schutz vor Entführung, Verkauf oder rechtswidriger Verbringung an einen anderen Ort innerhalb oder außerhalb ihres Landes zum Zwecke der Ausbeutung, in der Auslegung nach den Artikeln 34 und 35 des Übereinkommens über die Rechte des Kindes;

9. das Verbot der Beschäftigung von Kindern vor Erreichung des Alters, an dem die Schulpflicht endet, und das auf keinen Fall unter 15 Jahren liegen darf, ausgenommen dort, wo das Recht des Beschäftigungsorts dies im Einklang mit Artikel 2 Absatz 4 des Übereinkommens der Internationalen Arbeitsorganisation über das Mindestalter für die Zulassung zur Beschäftigung von 1973 (Nr. 138) vorsieht, in der Auslegung nach den Artikeln 4 bis 8 des Übereinkommens der Internationalen Arbeitsorganisation über das Mindestalter für die Zulassung zur Beschäftigung von 1973 (Nr. 138);

10. das Verbot der schlimmsten Formen der Kinderarbeit (Personen unter 18 Jahren), in der Auslegung nach Artikel 3 des Übereinkommens der Internationalen Arbeitsorganisation zur Beseitigung der schlimmsten Formen der Kinderarbeit von 1999 (Nr. 182). Unter anderem gilt es, Folgendes zu beachten:

a) alle Formen der Sklaverei oder alle sklavereiähnlichen Praktiken wie den Verkauf von Kindern und den Kinderhandel, Schuldknechtschaft und Leibeigenschaft sowie Zwangs- oder Pflichtarbeit, einschließlich der Zwangs- oder Pflichtrekrutierung von Kindern für den Einsatz in bewaffneten Konflikten;

b) das Heranziehen, Vermitteln oder Anbieten eines Kindes zur Prostitution, zur Herstellung von Pornografie oder zu pornografischen Darbietungen;

c) das Heranziehen, Vermitteln oder Anbieten eines Kindes zu unerlaubten Tätigkeiten, insbesondere zur Gewinnung von oder zum Handel mit Drogen, und

d) Arbeit, die ihrer Natur nach oder aufgrund der Umstände, unter denen sie verrichtet wird, voraussichtlich für die Gesundheit, die Sicherheit oder die Sittlichkeit von Kindern schädlich ist;

11. das Verbot der Zwangs- oder Pflichtarbeit, d. h. jede Art von Arbeit oder Dienstleistung, die von einer Person unter Androhung irgendeiner Strafe verlangt wird und für die sie sich nicht freiwillig zur Verfügung gestellt hat, beispielsweise infolge von Schuldknechtschaft oder Menschenhandel, in der Auslegung nach Artikel 2 Absatz 1 des Übereinkommens der Internationalen Arbeitsorganisation über Zwangsarbeit von 1930 (Nr. 29). Unter Zwangs- oder Pflichtarbeit sind keine Arbeiten oder Dienstleistungen zu verstehen, die im Einklang mit Artikel 2 Absatz 2 des Übereinkommens der Internationalen Arbeitsorganisation über Zwangsarbeit von 1930 (Nr. 29) oder mit Artikel 8 Absatz 3 Buchstaben b und c des Internationalen Pakts über bürgerliche und politische Rechte stehen;

12. das Verbot aller Formen der Sklaverei und des Sklavenhandels, einschließlich sklavereiähnlicher Praktiken, Leibeigenschaft oder anderer Formen der Beherrschung oder Unterdrückung am Arbeitsplatz, wie extreme wirtschaftliche oder sexuelle Ausbeutung und Erniedrigung oder Menschenhandel in der Auslegung nach Artikel 8 des Internationalen Pakts über bürgerliche und politische Rechte;

13. das Recht auf Vereinigungsfreiheit, Versammlungsfreiheit, das Vereinigungsrecht und das Recht zu Kollektivverhandlungen in der Auslegung nach den Artikeln 21 und 22 des Internationalen Pakts über bürgerliche und politische Rechte, nach Artikel 8 des Internationalen Pakts über wirtschaftliche, soziale und kulturelle Rechte, dem Übereinkommen der Internationalen Arbeitsorganisation über die Vereinigungsfreiheit und den Schutz des Vereinigungsrechts von 1948 (Nr. 87) und dem Übereinkommen der Internationalen Arbeitsorganisation über die Anwendung der Grundsätze des Vereinigungsrechts und des Rechtes zu Kollektivverhandlungen von 1949 (Nr. 98). Diese Rechte sind unter anderem die Folgenden:

a) Arbeitnehmern steht es frei, Gewerkschaften zu bilden oder ihnen beizutreten;

b) die Bildung, der Beitritt zu und die Mitgliedschaft in einer Gewerkschaft dürfen nicht als Grund für ungerechtfertigte Diskriminierung oder Vergeltungsmaßnahmen herangezogen werden;

c) den Gewerkschaften steht es frei, im Einklang mit ihren Verfassungen und Regeln ohne Einmischung der Behörden tätig zu werden, und

d) das Streikrecht und das Recht zu Kollektivverhandlungen;

14. das Verbot der Ungleichbehandlung in der Beschäftigung, es sei denn, dies ist durch die Erfordernisse der Beschäftigung in der Auslegung nach den Artikeln 2 und 3 des Übereinkommens der Internationalen Arbeitsorganisation über die Gleichheit des Entgelts von 1951 (Nr. 100), den Artikeln 1 und 2 des Übereinkommens der Internationalen Arbeitsorganisation über die Diskriminierung in Beschäftigung und Beruf von 1958 (Nr. 111) und Artikel 7 des Internationalen Pakts über wirtschaftliche, soziale und kulturelle Rechte gerechtfertigt. Dies umfasst insbesondere

a) die Zahlung eines ungleichen Entgelts für gleichwertige Arbeit und

b) die Diskriminierung aus Gründen der nationalen Abstammung oder der sozialen Herkunft, der Rasse, der Hautfarbe, des Geschlechts, des Glaubensbekenntnisses oder der politischen Meinung;

15. das Verbot, messbare Umweltschädigungen wie schädliche Bodenveränderung, Wasser- oder Luftverschmutzung, schädliche Emissionen, übermäßigen Wasserverbrauch, Landschädigung oder andere Auswirkungen auf natürliche Ressourcen wie Entwaldung zu verursachen, die

a) die natürlichen Grundlagen für die Erhaltung und Erzeugung von Lebensmitteln maßgeblich beeinträchtigen;

b) einer Person den Zugang zu sicherem und sauberem Trinkwasser verwehren;

c) den Zugang zu sanitären Einrichtungen für eine Person erschweren oder solche Einrichtungen zerstören;

d) die Gesundheit, Sicherheit, normale Nutzung von Land oder rechtmäßig erworbenem Eigentum einer Person beeinträchtigen;

e) die Ökosystemleistungen, durch die ein Ökosystem direkt oder indirekt zum Wohlergehen der Menschen beiträgt, erheblich beeinträchtigen;

in der Auslegung nach Artikel 6 Absatz 1 des Internationalen Pakts über bürgerliche und politische Rechte sowie den Artikeln 11 und 12 des Internationalen Pakts über wirtschaftliche, soziale und kulturelle Rechte;

16. Das Recht von Einzelpersonen, Gruppierungen und Gemeinschaften auf Land und Ressourcen sowie darauf, nicht ihrer Existenzmittel beraubt zu werden, was das Verbot der widerrechtlichen Vertreibung oder der widerrechtlichen Inbesitznahme von Land, Wäldern und Gewässern beim Erwerb, bei der Entwicklung oder bei einer anderweitigen Nutzung von Land, Wäldern und Gewässern (einschließlich durch Entwaldung), deren Nutzung die Lebensgrundlage einer Person in der Auslegung nach Artikel 1 und Artikel 27 des Internationalen Pakts über bürgerliche und politische Rechte sowie Artikel 1, 2 und 11 des Internationalen Pakts über wirtschaftliche, soziale und kulturelle Rechte sichert, umfasst.

2. INSTRUMENTE ZU MENSCHENRECHTEN UND GRUNDFREIHEITEN

–Internationaler Pakt über bürgerliche und politische Rechte

–Internationaler Pakt über wirtschaftliche, soziale und kulturelle Rechte

–Übereinkommen über die Rechte des Kindes

–Kern-/Grundübereinkommen der Internationalen Arbeitsorganisation:

–Übereinkommen über die Vereinigungsfreiheit und den Schutz des Vereinigungsrechts, 1948 (Nr. 87);

–Übereinkommen über das Vereinigungsrecht und das Recht zu Kollektivverhandlungen, 1949 (Nr. 98),

–Übereinkommen über Zwangsarbeit, 1930 (Nr. 29) und das Protokoll von 2014 zum Übereinkommen über Zwangsarbeit;

–Übereinkommen über die Abschaffung der Zwangsarbeit, 1957 (Nr. 105);

–Übereinkommen über das Mindestalter, 1973 (Nr. 138);

–Übereinkommen über die schlimmsten Formen der Kinderarbeit, 1999 (Nr. 182);

–Übereinkommen über die Gleichheit des Entgelts, 1951 (Nr. 100);

–Übereinkommen über die Diskriminierung in Beschäftigung und Beruf, 1958 (Nr. 111);

Teil II

In Instrumenten im Bereich der Umwelt enthaltene Verbote und Verpflichtungen

1. Die Verpflichtung, negative Auswirkungen auf die biologische Vielfalt zu vermeiden oder zu minimieren, in der Auslegung nach Artikel 10 Buchstabe b des Übereinkommens von 1992 über die biologische Vielfalt und des in dem betreffenden Hoheitsgebiet anwendbaren Rechts, einschließlich der Verpflichtungen des Protokolls von Cartagena über die Entwicklung, Handhabung, Beförderung, Nutzung, Weitergabe und Freisetzung lebender veränderter Organismen und des Protokolls von Nagoya vom 12. Oktober 2014 über den Zugang zu genetischen Ressourcen und die ausgewogene und gerechte Aufteilung der sich aus ihrer Nutzung ergebenden Vorteile zum Übereinkommen über die biologische Vielfalt.

2. das Verbot der Einfuhr, Ausfuhr, Wiederausfuhr oder das Einbringen aus dem Meer von Exemplaren einer in den Anhängen I bis III des Übereinkommens über den internationalen Handel mit gefährdeten Arten frei lebender Tiere und Pflanzen (CITES) vom 3. März 1973 aufgeführten Art ohne Genehmigung in der Auslegung nach den Artikeln III, IV und V des Übereinkommens;

3. das Verbot der Herstellung, Einfuhr und Ausfuhr von mit Quecksilber versetzten Produkten, die in Anlage A Teil I des Übereinkommens von Minamata über Quecksilber vom 10. Oktober 2013 (Übereinkommen von Minamata) aufgeführt sind, in der Auslegung nach Artikel 4 Absatz 1 des Übereinkommens;

4. das Verbot der Verwendung von Quecksilber oder Quecksilberverbindungen in den in Anlage B Teil I des Übereinkommens von Minamata aufgeführten Herstellungsprozessen nach dem im Übereinkommen für die jeweiligen Prozesse festgelegten Ausstiegsdatum in der Auslegung nach Artikel 5 Absatz 2 des Übereinkommens;

5. das Verbot der unrechtmäßigen Behandlung von Quecksilberabfällen in der Auslegung nach Artikel 11 Absatz 3 des Übereinkommens von Minamata und Artikel 13 der Verordnung (EU) 2017/852 des Europäischen Parlaments und des Rates(1);

6. das Verbot der Produktion und Verwendung von Chemikalien, die in Anlage A zum Stockholmer Übereinkommen vom 22. Mai 2001 über persistente organische Schadstoffe (POP-Übereinkommen) aufgeführt sind, in der Auslegung nach Artikel 3 Absatz 1 Buchstabe a Ziffer i des Übereinkommens und der Verordnung (EU) 2019/1021 des Europäischen Parlaments und des Rates(2);

7. das Verbot der unrechtmäßigen Handhabung, Sammlung, Lagerung und Entsorgung von Abfällen in der Auslegung nach Artikel 6 Absatz 1 Buchstabe d Ziffern i und ii des POP-Übereinkommens und Artikel 7 der Verordnung (EU) 2019/1021;

8. das Verbot der Einfuhr oder Ausfuhr von Chemikalien, die in Anlage III zum Rotterdamer Übereinkommen über das Verfahren der vorherigen Zustimmung nach Inkenntnissetzung für bestimmte gefährliche Chemikalien sowie Pflanzenschutz- und Schädlingsbekämpfungsmittel im internationalen Handel (UNEP/FAO) vom 10. September 1998 aufgeführt sind, in der Auslegung nach Artikel 10 Absatz 1, Artikel 11 Absatz 1 Buchstabe b und Artikel 11 Absatz 2 des Übereinkommens und entsprechend den Angaben der einführenden oder ausführenden Vertragspartei des Übereinkommens im Einklang mit dem Verfahren der vorherigen Zustimmung nach Inkenntnissetzung (PIC-Verfahren);

9. das Verbot der unrechtmäßigen Produktion, des unrechtmäßigen Verbrauchs sowie der unrechtmäßigen Einfuhr und Ausfuhr geregelter Stoffe, die in den Anlagen A, B, C und E des der Wiener Konvention zum Schutz der Ozonschicht beigefügten Montrealer Protokolls über Stoffe, die zu einem Abbau der Ozonschicht führen, aufgeführt sind, in der Auslegung nach Artikel 4b des Montrealer Protokolls und den Genehmigungsvorschriften des in dem betreffenden Hoheitsgebiet anwendbaren Rechts;

10. das Verbot der Ausfuhr gefährlicher oder anderer Abfälle in der Auslegung nach Artikel 1 Absätze 1 und 2 des Basler Übereinkommens über die Kontrolle der grenzüberschreitenden Verbringung gefährlicher Abfälle und ihrer Entsorgung vom 22. März 1989 (Basler Übereinkommen) und der Verordnung (EG) Nr. 1013/2006 des Europäischen Parlaments und des Rates(3):

a) in eine Vertragspartei des Übereinkommens, die die Einfuhr solcher gefährlicher und anderer Abfälle verboten hat, in der Auslegung nach Artikel 4 Absatz 1 Buchstabe b des Basler Übereinkommens;

b) in einen Einfuhrstaat, der nicht seine schriftliche Einwilligung zu der bestimmten Einfuhr erteilt hat, für den Fall, dass dieser Einfuhrstaat die Einfuhr dieser Abfälle nicht verboten hat, in der Auslegung nach Artikel 4 Absatz 1 Buchstabe c des Basler Übereinkommens;

c) in eine Nichtvertragspartei des Basler Übereinkommens in der Auslegung nach Artikel 4 Absatz 5 des Basler Übereinkommens;

d) in einen Einfuhrstaat, wenn diese gefährlichen oder anderen Abfälle im Einfuhrstaat oder anderswo nicht umweltgerecht behandelt werden, in der Auslegung nach Artikel 4 Absatz 8 Satz 1 des Basler Übereinkommens;

11. das Verbot der Ausfuhr gefährlicher Abfälle aus Staaten, die in Anlage VII des Basler Übereinkommens aufgeführt sind, in Staaten, die nicht in Anlage VII aufgeführt sind, für die in Anlage IV des Basler Übereinkommens aufgeführten Verfahren in der Auslegung nach Artikel 4a des Basler Übereinkommens sowie den Artikeln 34 und 36 der Verordnung (EG) Nr. 1013/2006;

12. das Verbot der Einfuhr gefährlicher Abfälle und anderer Abfälle aus Nichtvertragsparteien, die das Basler Übereinkommen nicht ratifiziert haben, in der Auslegung nach Artikel 4 Absatz 5 des Basler Übereinkommens;

13. die Verpflichtung, negative Auswirkungen auf als Naturerbe abgegrenzte Grundstücke im Sinne des Artikels 2 des Übereinkommens zum Schutz des Kultur- und Naturerbes der Welt vom 16. November 1972 („Welterbeübereinkommen") zu verhindern oder zu minimieren, in der Auslegung nach Artikel 5 Buchstabe d des Welterbeübereinkommens und des in dem betreffenden Hoheitsgebiet anwendbaren Rechts;

14. die Verpflichtung, negative Auswirkungen auf Feuchtgebiete im Sinne von Artikel 1 des Übereinkommens über Feuchtgebiete, insbesondere als Lebensraum für Wasser- und Watvögel, von internationaler Bedeutung vom 2. Februar 1971 (Übereinkommen von Ramsar), zu vermeiden oder zu minimieren, in der Auslegung nach Artikel 4 Absatz 1 des Übereinkommens von Ramsar und des in dem betreffenden Hoheitsgebiet anwendbaren Rechts;

15. die Verpflichtung, die Verschmutzung durch Schiffe zu verhindern, in der Auslegung nach dem Internationalen Übereinkommen zur Verhütung der Meeresverschmutzung durch Schiffe vom 2. November 1973 in der Fassung des Protokolls von 1978 (MARPOL 73/78). Dies umfasst Folgendes:

a) das Verbot der Einleitung des Folgenden ins Meer:

i) Öl oder ölhaltiger Gemische im Sinne der Regel 1 der Anlage I zu MARPOL 73/78, in der Auslegung nach den Regeln 9 bis 11 der Anlage I zu MARPOL 73/78;

ii) schädlicher flüssiger Stoffe im Sinne der Regel 1 Nummer 6 der Anlage II zu MARPOL 73/78, in der Auslegung nach den Regeln 5 und 6 der Anlage II zu MARPOL 73/78, und

iii) von Schiffsabwasser im Sinne der Regel 1 Nummer 3 der Anlage IV zu MARPOL 73/78, in der Auslegung nach den Regeln 8 und 9 der Anlage IV zu MARPOL 73/78;

b) das Verbot der Meeresverschmutzung durch Schadstoffe, die in verpackter Form befördert werden, im Sinne der Regel 1 der Anlage III zu MARPOL 73/78, in der Auslegung nach den Regeln 1 bis 7 der Anlage III zu MARPOL 73/78, und

c) das Verbot der Meeresverschmutzung durch Schiffsmüll im Sinne der Regel 1 der Anlage V zu MARPOL 73/78, in der Auslegung nach den Regeln 3 bis 6 der Anlage V zu MARPOL 73/78;

16. die Verpflichtung, die Verschmutzung der Meeresumwelt durch Einbringen in der Auslegung nach Artikel 210 des Seerechtsübereinkommens der Vereinten Nationen vom 10. Dezember 1982 (SRÜ) und des in dem betreffenden Hoheitsgebiet anwendbaren Rechts zu verhindern, zu verringern und zu überwachen.

---

(1) Verordnung (EU) 2017/852 des Europäischen Parlaments und des Rates vom 17. Mai 2017 über Quecksilber und zur Aufhebung der Verordnung (EG) Nr. 1102/2008 (ABl. L 137 vom 24.5.2017, S. 1).

(2) Verordnung (EU) 2019/1021 des Europäischen Parlaments und des Rates vom 20. Juni 2019 über persistente organische Schadstoffe (ABl. L 169 vom 25.6.2019, S. 45).

(3) Verordnung (EG) Nr. 1013/2006 des Europäischen Parlaments und des Rates vom 14. Juni 2006 über die Verbringung von Abfällen (ABl. L 190 vom 12.7.2006, S. 1).